Inhalt

Vorwort des Übersetzers V
Vorwort des Herausgebers IX
Tipps zum Bibellesen X

Das Alte Testament

Genesis, das erste Buch Mose (1. Mose) 1
Exodus, das zweite Buch Mose (2. Mose) 78
Leviticus, das dritte Buch Mose (3. Mose) 142
Numeri, das vierte Buch Mose (4. Mose) 187
Deuteronomium, das fünfte Buch Mose (5. Mose) 247
Das Buch Josua 303
Das Buch der Richter 341
Das Buch Rut 382
Das erste Buch Samuel (1. Samuel) 388
Das zweite Buch Samuel (2. Samuel) 437
Das erste Buch von den Königen (1. Könige) 479
Das zweite Buch von den Königen (2. Könige) 527
Das erste Buch der Chronik (1. Chronik) 577
Das zweite Buch der Chronik (2. Chronik) 619
Das Buch Esra 673
Das Buch Nehemia 689
Das Buch Ester 711
Das Buch Hiob 723
Die Psalmen 763
Sprichwörter (Sprüche) 859
Der Prediger 893
Das Hohelied 905
Der Prophet Jesaja 913
Der Prophet Jeremia 999
Die Klagelieder 1087
Der Prophet Hesekiel 1096
Der Prophet Daniel 1171
Der Prophet Hosea 1197
Der Prophet Joel 1211
Der Prophet Amos 1216
Der Prophet Obadja 1227

Inhalt

Der Prophet Jona 1229
Der Prophet Micha 1233
Der Prophet Nahum 1241
Der Prophet Habakuk 1245
Der Prophet Zefanja 1249
Der Prophet Haggai 1254
Der Prophet Sacharja 1257
Der Prophet Maleachi 1272

Das Neue Testament
Die gute Botschaft, aufgeschrieben von Matthäus 1
Die gute Botschaft, aufgeschrieben von Markus 56
Die gute Botschaft, aufgeschrieben von Lukas 90
Die gute Botschaft, aufgeschrieben von Johannes 147
Die Taten der Apostel, aufgeschrieben von Lukas (Apostelgeschichte) 189
Brief des Paulus an die Christen in Rom (Römer) 251
Erster Brief des Paulus an die Christen in Korinth (1. Korinther) 277
Zweiter Brief des Paulus an die Christen in Korinth (2. Korinther) 301
Brief des Paulus an die Gemeinden in Galatien (Galater) 316
Brief des Paulus an die Christen in der Provinz Asia (Epheser) 326
Brief des Paulus an die Christen in Philippi (Philipper) 334
Brief des Paulus an die Christen in Kolossä (Kolosser) 340
Erster Brief des Paulus an die Christen in Thessalonich (1. Thessalonicher) 346
Zweiter Brief des Paulus an die Christen in Thessalonich (2. Thessalonicher) 352
Erster Brief des Paulus an Timotheus (1. Timotheus) 356
Zweiter Brief des Paulus an Timotheus (2. Timotheus) 363
Brief des Paulus an Titus 369
Brief des Paulus an Philemon 373
Brief an die Hebräer 375
Brief des Jakobus an das Volk Gottes 393
Erster Brief des Petrus (1. Petrus) 400
Zweiter Brief des Petrus (2. Petrus) 407
Erster Brief des Johannes (1. Johannes) 412
Zweiter Brief des Johannes (2. Johannes) 419
Dritter Brief des Johannes (3. Johannes) 420
Der Brief des Judas 421
Offenbarung von Jesus Christus an Johannes 423

Bibelleseplan XIII
Karten und Übersichten XVII

Vorwort des Übersetzers

Die *Neue evangelistische Übersetzung* (NeÜ) ist eine Übertragung der Bibel ins heutige Deutsch (bibel.heute). Sie wurde unter Zuhilfenahme deutsch- und englischsprachiger Übersetzungen und Kommentare und unter Beachtung des hebräischen, aramäischen und griechischen Grundtextes erarbeitet. Die Übersetzung versucht Sinn und Struktur des Textes zu erfassen und auch für einen Leser aus nichtchristlichem Umfeld verständlich wiederzugeben. Dabei legt sie wesentlich größeren Wert auf die sprachliche Klarheit, als auf eine wörtliche Wiedergabe.

Diese Übersetzung verzichtet darauf, bestimmte Begriffe des Grundtextes immer gleich zu übersetzen, sondern passt sie dem jeweiligen Textzusammenhang und dem deutschen Sprachgefühl an. Bei den poetischen Stücken der Bibel haben wir versucht, die Texte in einem gewissen Sprachrhythmus wiederzugeben, der durch »/« oder die Versnummer gekennzeichnet ist und den man beim lauten Lesen gut erkennt. Überhaupt ist die *NeÜ bibel.heute* bewusst für hörbares Lesen konzipiert. Deshalb ist sie auch gut zum Vorlesen geeignet.

Die Übersetzung ist als Einführung in die Bibel gedacht, die ein großflächiges Lesen ermöglicht. Sie soll einen Eindruck von der lebendigen Kraft, aber auch von der Schönheit des Wortes Gottes vermitteln. Letztlich soll sie – wie jede Übersetzung – zum Glauben an Jesus Christus, den Messias Israels und Sohn Gottes, führen.

Die Fußnoten

Die Anmerkungen in den Fußnoten versuchen die Begriffe und Hintergründe zu erklären, die nicht aus dem unmittelbaren Textzusammenhang heraus verständlich sind, sobald sie das erste Mal in einem biblischen Buch auftauchen.

Die Grundlage aller unserer Bibelausgaben bilden Handschriften, Abschriften von Abschriften der inspirierten Originale. Aus den Tausenden von erhaltenen Handschriften des Alten und Neuen Testaments kann man den Grundtext so gut rekonstruieren, dass man praktisch vom Original ausgehen kann. Es gibt nur wenige Textstellen, an denen die Quellen kein eindeutiges Bild vermitteln. Auf solche abweichenden Lesarten wird in den Anmerkungen verwiesen.

Der alttestamentliche Gottesname

In dieser Übersetzung wird der alttestamentliche Gottesname, der im Hebräischen nur aus den vier Buchstaben JHWH besteht, mit *Jahwe* wiedergegeben. Damit schließt sie sich an die alten Übersetzungen an, die den Gottesnamen allerdings mit *Jehovah* wiedergaben. Die letztere Aussprache beruht auf einem Missverständnis, das durch spätere Bearbeiter und Kopisten des hebräischen Textes hervorgerufen wurde. Diese sogenannten Masoreten fügten zwischen 780 und 930 n.Chr. dem ursprünglich nur aus Konsonanten bestehenden Bibeltext Vokalzeichen bei, weil damals die richtige Aussprache nicht mehr geläufig war. Und weil die Juden schon in neutestamentlicher Zeit den Namen *Jahwe* aus Furcht vor Versündigung überhaupt nicht mehr aussprachen, sondern stattdessen *Adonaj,* Herr, sagten, fügten die Masoreten bei JHWH die Vokalzeichen von *Adonaj* hinzu (bzw. von *Elohim*, Gott, wenn das Wort *Adonaj* schon mit JHWH im Bibeltext stand). Zusammen gelesen ergibt JHWH plus Vokalzeichen *Jehowah* (oder *Jehowih*), was ein Jude aber niemals so ausgesprochen hat.

Die vorliegende Übersetzung folgt nicht dem Trend der Übersetzungen, die in Anlehnung an die Masoreten den Namen Gottes durch einen Begriff »HERR« ersetzen. Dadurch vermeidet sie auch die unschöne Konstruktion »Herr HERR«, wo der Bibeltext selbst den Begriff *Herr* mit dem Gottesnamen *Jahwe* verbindet, was immerhin 281 Mal im Alten Testament vorkommt.

Der Messias (Christus)

Der hebräische Begriff *Messias* bedeutet der *Gesalbte* und heißt auf Griechisch *Christus*. In Israel wurden Könige und Hohe Priester durch eine feierliche Salbung in ihr Amt eingeführt. Gott hatte seinem Volk Israel nun einen Messiaskönig versprochen, der ein Nachkomme Davids und gleichzeitig Hoher Priester sein würde. Der Begriff *Christus* wird im Neuen Testament noch einige Male im Sinn des Messiaskönigs verwendet, tendiert in seinem Gebrauch aber mehr und mehr zum Eigennamen. Gemeint ist immer *Jesus Christus*, der alle rettet, die an ihn glauben.

Biblische Chronologie

Durch ihre vielfältigen Zeitangaben (Lebensalter, Alter bei Geburt des ersten Sohnes, bei Herrschaftsantritt eines Königs, Regierungsjahre u.a.) ermöglicht es die Bibel, eine nahezu lückenlose Chronologie des Alten Testaments von der Geburt Abrahams bis zur Zeit Nehemias zu erstellen. Die Ereignisse werden dabei in Beziehung zueinander gesetzt, z.B. so:

> »Im fünften Regierungsjahr von Joram Ben-Ahab, dem König von Israel, trat Joram Ben-Joschafat, der bis dahin nur Mitregent war, die Herrschaft über Juda an. Er war damals 32 Jahre alt und regierte acht Jahre in Jerusalem.« (2. Könige 8,16-17)

Auf diese Weise entsteht unter Berücksichtigung von Mitregentschaften, unterschiedlichen Datierungsarten, Zählweisen und Kalendersystemen eine chronologische Kette. Manchmal werden Ereignisse auch zu wesentlich früheren Zeiten in

Beziehung gesetzt, wie der Beginn des Tempelbaus in Jerusalem zum Auszug Israels aus Ägypten:

> »Im April des 4. Jahres, in dem Salomo über Israel regierte – es war das 480. Jahr nach dem Auszug der Israeliten aus Ägypten –, begann der König das Haus für Jahwe zu bauen.« (1. Könige 6,1)

Wenn man diese Angabe ernst nimmt und außerdem beachtet, dass im Richterbuch einige Richter nur regionale Bedeutung hatten und teilweise gleichzeitig regierten, bekommt man eine relative Chronologie bis zum Auszug Israels aus Ägypten. Dieser hätte dann 1446 v.Chr stattgefunden. (Diese Frühdatierung gewinnt neuerdings wieder archäologische Relevanz durch eine Revision der Chronologie Ägyptens und die daraus folgende Neueinordnung archäologischer Epochen im Gebiet Israels.)

Für noch weiter zurückliegende Ereignisse können keine genauen Angaben gemacht werden, weil hierfür nur die Geschlechtsregister vorliegen, deren Strukturen (wie z.B. Matthäus 1,1-17) Lücken nicht generell ausschließen. Wenn hier dennoch Jahreszahlen für diesen Zeitraum angeben werden, um die Ereignisse in eine chronologische Ordnung zu bringen, so richten sich diese ausschließlich nach den biblischen Angaben.

Um die relative alttestamentliche Chronologie in eine absolute Chronologie umzuwandeln, benötigt man mindestens einen Fixpunkt, an dem die biblischen Angaben mit unabhängig überlieferten außerbiblischen Angaben zusammentreffen, deren Datum man genau angeben kann. Für das Alte Testament bietet die Schlacht von Karkar dieses Datum, das mit Hilfe assyrischer Aufzeichnungen und einer astronomisch datierbaren Sonnenfinsternis (15. Juni 763 v.Chr.) auf das Jahr 853 v.Chr. festgelegt werden kann, das Todesjahr des Königs Ahab von Israel.

Für das Neue Testament, das nur einen Zeitraum von etwa 100 Jahren umfasst, stehen als Fixpunkte der Chronologie das 15. Jahr des Kaisers Tiberius zur Verfügung, das ins Jahr 27 n.Chr. für den Beginn der Wirksamkeit Johannes des Täufers führt (Lukas 3,1) und vor allem der Aufenthalt Gallios als Prokonsul in Korinth, der unter anderem durch eine Inschrift bezeugt ist und auf den 1. Juli 51 bis 30. Juni 52 datiert werden kann. In dieser Zeit ist Paulus ihm dort begegnet (Apostelgeschichte 18,12-17).

Der Schaltmonat

Der hebräische Kalender kombinierte das Sonnen- mit dem Mondjahr: die Sonne bestimmte das Jahr in seinem landwirtschaftlichen Rhythmus, der jeweilige Neumond bestimmte die 12 Monate von abwechselnd 29 und 30 Tagen Länge. Das heilige Jahr begann mit dem Neumond der Frühjahrs-Tag-und-Nacht-Gleiche.

Weil das Mondjahr aber rund elf Tage kürzer ist als das Sonnenjahr, musste etwa alle drei Jahre ein Schaltmonat von 30 Tagen eingefügt werden (genauer: dreimal in acht Jahren). Welche Jahre nun die Schaltjahre wurden, ist für die Zeit des Alten Testaments nicht mehr feststellbar. Schon von daher ist es nicht möglich, die biblischen Datumsangaben mit einem genauen Datum des heutigen gregorianischen Kalenders wiederzugeben. Und selbst wenn man den genauen Beginn des Schaltmonats im entsprechenden Jahr kennen würde (wie in Babylon seit 425 v.Chr., wo man sieben Schaltmonaten in 19 Jahren einfügte), bleibt immer noch eine Schwankungsbreite von durchschnittlich 14 Tagen für den Jahresbeginn.

Um dennoch die vielen konkreten biblischen Angaben verständlich und anschaulich zu übertragen, gehen wir von einem normalen Jahr aus und setzen den 1. des 1. Monats (Nisan) gleich dem 1. April, den 1. des 2. Monats (Ijjar) gleich dem 1. Mai usw. Damit können wir die biblischen Tageszählungen im Monat beibehalten und bleiben mit ausreichender Genauigkeit im erkennbaren Rahmen.

Maße und Gewichte

Für Maße, Gewichte, Geld- und Zeiteinheiten sind grundsätzlich Umrechnungen und Begriffe verwendet worden, die im deutschsprachigen Umfeld verständlich und vorstellbar sind. Dabei wurde gewöhnlich auf- oder abgerundet. Die Originalangaben finden sich dann in den Fußnoten.

Abkürzungen

LXX — Griechische Übersetzung des Alten Testaments, die im 3.-2. Jahrhundert v.Chr. in Alexandria entstand, die sogenannte Septuaginta (=LXX). Sie hatte Jahrhunderte lang eine große Bedeutung für Juden und Christen.

n.Chr. — nach Christus. Die Zählung wurde erst im Jahr 532 n.Chr. eingeführt (im 248. Jahr nach der Thronbesteigung des römischen Kaisers Diokletian) und hat sich allgemein durchgesetzt, obwohl sie heute meist mit »u. Z.« (unsere Zeitrechnung) wiedergegeben wird.

v.Chr. — vor Christus. Man beachte, dass es ein Jahr Null nie gegeben hat. Dem Jahr 1 v.Chr. folgt in den Berechnungen unmittelbar das Jahr 1 n.Chr.

oï, ië — Trema. Der horizontale Doppelpunkt über einem Vokal bedeutet, dass nebeneinanderstehende Vokale getrennt gesprochen werden, zum Beispiel Lo-ïs, Eli-ëser.

Der Übersetzer bedankt sich herzlich bei allen, die durch Korrekturen und Verbesserungsvorschläge mitgeholfen haben, dass das Werk so weit gedeihen konnte. Er ist aber nach wie vor für jeden Hinweis dankbar.

Karl-Heinz Vanheiden
www.derbibelvertrauen.de / bibel@kh-vanheiden.de

Vorwort des Herausgebers

Mit der *NeÜ bibel.heute* liegt die Bibel in einer Übersetzung vor, die sich durch große Nähe zum Grundtext auszeichnet, gleichzeitig aber auch dem modernen Sprachgebrauch und -empfinden entgegenkommt.

Wir haben uns zur Herausgabe dieser Bibel entschlossen, um damit einem heute so verbreitetem Bedürfnis entgegenzukommen, die Bibel selbst zu lesen und auch ohne großen Studieraufwand unmittelbar zu verstehen. Dabei ist natürlich klar, dass dies nur ein erster, aber vielleicht entscheidender Zugang zur Bibel ist, dass jedoch die Tiefe und Weite göttlicher Offenbarung in seinem Wort ohne ein detaillierteres Studieren nicht ausreichend erfasst werden kann. Dennoch bietet eine solche Übertragung eine wertvolle Hilfe, indem sie den Zugang zur Welt der Bibel und ihrer Botschaft erleichtert. Selbst diejenigen, die sich als fortgeschrittene Bibelleser einstufen, werden beim Lesen dieser Bibel Gewinn haben, da sie sich hervorragend für ein paralleles Lesen zu einer wortgenauen Übersetzung und dem darauf gründenden detaillierten Schriftstudium anbietet.

Wer die biblischen Bücher schnell und leicht erfassen und kennenlernen möchte, kann genau dies mit Hilfe der *NeÜ bibel.heute* erreichen. Ein großflächiges Lesen geht erstaunlich gut vonstatten. Man gewinnt schnell einen Überblick, und das Ziel, jedes Buch der Bibel kennenzulernen und seinen Inhalt wirklich zu verstehen, wird realistisch. Das Leben mit der Bibel fällt leichter. Die Komplexität der Bibel mit ihrer Spannweite über riesige Zeiträume der Geschichte hinweg ist müheloser zu bewältigen.

Und genau das ist die Absicht vom Autor und vom Herausgeber der *NeÜ bibel.heute*. Bibellesen, Gott und sein Wort näher kennenlernen, das zu fördern, ist unser Wunsch. Aus diesem Grund gibt es auch so verschiedene Ausgaben, die ganz unterschiedliche Zielgruppen ansprechen und mit denen eine Art Bibellesekampagne in Gang gesetzt und unterstützt werden soll – die *NeÜ bibel.heute* soll helfen, Veränderung zu schaffen, Veränderung im persönlichen Leben; Veränderung, für die Gott in seinem Wort die entscheidenden Akzente setzt! Der erste Schritt, eine solche Veränderung in Gang zu setzen, beginnt mit dem Lesen, Verstehen und Anwenden der Bibel.

Wir wünschen allen Lesern der *NeÜ bibel.heute*, dass sie Veränderung in ihrem Leben erfahren im Sinne des von Gott gewollten und in seinem Sohn Jesus Christus gnädig herbeigeführten Heils für uns Menschen.

Christliche Verlagsgesellschaft mbH

Tipps zum Bibellesen

1 **Regelmäßig lesen.** Am besten legt man sich eine ganz bestimmte Zeit am Tag fest, die für das Bibellesen reserviert bleibt. Viele Menschen haben schon die Erfahrung gemacht, dass solch eine regelmäßige »Stille Zeit« ihnen hilft.

2 **Systematisch lesen.** Wer die Bibel an irgendeiner Stelle aufschlägt und zu lesen beginnt, ist schnell verwirrt. Kleine, fortlaufende »Happen« sind besser, z. B. eines der Evangelien. Viele Christen benutzen einen fortlaufenden Bibelleseplan.

3 **Die ganze Bibel berücksichtigen.** Wenn ich versuche, einen Text zu verstehen, dann darf ich mich ruhig daran erinnern, was in den anderen Texten stand. Die Bibeltexte geben mir ein Bild von Gott wie bei einem Puzzlespiel. Alle Texte gehören irgendwie zusammen.

4 **Lesen mit Phantasie.** Was wollte der Schreiber? Was die handelnden Personen? Was haben die ersten Zuhörer oder Leser gedacht? Viele notieren sich nach dem Bibellesen ein oder zwei Merksätze.

5 **Meine Antwort.** Gott redet zu mir durch die Bibel. Und er wünscht sich meine Antwort. Wenn ich Gottes Reden gehört habe, soll ich in meinem Alltag danach leben – und Gott dankbar sein für sein Reden. Es kommt nicht darauf an, wie viel ich gelesen habe, sondern ob ich nach dem Gelesenen handle.

6 **Schwierige Bibelstellen.** Nicht alle Bibelstellen muss ich gleich verstehen. Schlaue Leute haben meterweise Bücher zur Bibel geschrieben – und haben immer noch viele Fragen. Aber es gibt genug Texte, die ich verstehen kann – und die gilt es zu erforschen.

7 **Keine großen Geheimnisse.** Natürlich redet die Bibel in vielen Bildern. Aber nicht hinter jedem Wort steht ein großes Geheimnis. Wir müssen also nicht endlos stöbern, um alles ganz genau zu begreifen.

8 **Kein Glücksbringer-Horoskop.** Die Bibel ist kein Zauberbuch. Wir können sie nicht an einer beliebigen Stelle aufschlagen und dann eine göttliche Zauberantwort erwarten. Die Bibel ist Gottes Botschaft an uns. Sie enthält alles, was wir brauchen.

9 **Keine Bibeldiät.** Gott will uns vieles sagen. Darum sollen wir nicht immer nur dieselben Texte lesen, sondern uns mutig auch mal an neue Abschnitte heranwagen. Bibellesehilfen sind auch gerade dafür sehr nützlich.

10 **Bibelgespräch.** Mit Freunden, Bekannten oder in der Familie über das zu sprechen, was man beim Bibellesen entdeckt hat, lässt andere teilhaben an den gefundenen Schätzen und festigt gleichzeitig das erworbene Wissen.

Das Alte Testament

Genesis, das erste Buch Mose

Das erste Buch der Bibel wird auch Genesis (d.h. Ursprung oder Entstehung) genannt. Es zeigt uns den Anfang der Schöpfung, der Menschheitsgeschichte, des Volkes Israel und der Geschichte Gottes mit den Menschen überhaupt. Es ist grundlegend für das Verständnis der ganzen Bibel, denn alle späteren biblischen Bücher nehmen in irgendeiner Weise auf dieses Buch Bezug.

Der Verfasser des Pentateuch, also aller fünf Mosebücher, ist nach biblischer Aussage Mose, der am ägyptischen Königshof erzogene Führer Israels. Er lebte wahrscheinlich von 1527-1407 v.Chr. Alle Versuche, den Text verschiedenen Quellen zuzuordnen und seine Entstehung in verschiedenen Schichten herauszuarbeiten, haben bisher nur zu Spekulation und Subjektivität geführt. Tatsächlich hätte niemand eine bessere Qualifikation zum Schreiben der Bücher gehabt als Mose.

Der Anfang der Welt

1 1 Im Anfang schuf Gott* Himmel
und Erde.
2 Die Erde war formlos und leer.
Finsternis lag über der Tiefe, und der
Geist Gottes schwebte über dem wo-
genden Wasser. 3 Da sprach Gott: »Es
werde Licht!« Und das Licht ent-
stand. 4 Gott sah es an: Es war gut. Da
trennte Gott das Licht von der Finster-
nis. 5 Das Licht nannte er »Tag« und
die Finsternis »Nacht«. Es wurde
Abend und wieder Morgen – *ein* Tag.
6 Dann sprach Gott: »Im Wasser
soll eine Wölbung* entstehen, eine
Trennung zwischen den Wasser-
massen!« 7 So geschah es auch. Gott
machte die Wölbung und trennte
die Wassermassen unterhalb der
Wölbung von denen darüber. 8 Die
Wölbung nannte Gott »Himmel«. Es
wurde Abend und wieder Morgen –
zweiter Tag.
9 Dann sprach Gott: »Die Wasser-
massen unter dem Himmel sollen sich
an einer Stelle sammeln. Das Land
soll zum Vorschein kommen.« So ge-
schah es. 10 Und Gott nannte das
trockene Land »Erde«. Die Ansamm-
lung der Wasser aber nannte er
»Meer«. Gott sah alles an. Es war gut.
11 Dann sprach Gott: »Die Erde lasse
Gras hervorsprießen. Pflanzen und
Bäume jeder Art sollen wachsen und
Samen und samenhaltige Früchte
tragen.« So geschah es. 12 Die Erde
brachte frisches Grün hervor, alle
Sorten samentragender Pflanzen und

1,1 *schuf Gott*. Im Hebräischen steht das Verb *bara (schuf)* in der Einzahl, *Gott* und *Himmel* aber in der Mehrzahl. *Bara* im Sinn von »schaffen« wird im Alten Testament nur für das Schaffen Gottes verwendet. Nie wird dabei ein Stoff erwähnt, aus dem Gott schafft.

1,6 *Wölbung*. Hebräisch *rakia*, wahrscheinlich etwas sehr Festes und sehr Dünnes; vielleicht das, was wir heute Atmosphäre nennen, siehe Vers 6-8.

jede Art von Bäumen mit samenhalti-
gen Früchten. Gott sah es an: Es war
gut. 13 Es wurde Abend und wieder
Morgen – dritter Tag.

14 Dann sprach Gott: »An der Wöl-
bung des Himmels sollen Lichter ent-
stehen. Sie sollen Tag und Nacht von-
einander trennen, und als leuchtende
Zeichen sollen sie die Zeiten
bestimmen: Tage, Feste und Jahre.
15 Außerdem sollen sie als Lichter am
Himmelsgewölbe die Erde beleuch-
ten.« So geschah es. 16 Gott machte
die beiden großen Lichter: das grö-
ßere, das den Tag regiert, und das
kleinere für die Nacht; und dazu die
Sterne. 17 Er setzte sie an das Him-
melsgewölbe, damit sie über die Erde
leuchten. 18 Sie sollten den Tag und
die Nacht regieren und Licht und Fins-
ternis voneinander trennen. Gott sah
es an: Es war gut. 19 Es wurde Abend
und wieder Morgen – vierter Tag.

20 Dann sprach Gott: »Im Wasser
soll es von Lebewesen aller Art wim-
meln und am Himmel sollen Vögel
fliegen!« 21 Da schuf Gott die großen
Seeungeheuer und Wesen aller Art,
von denen die Wasser wimmeln, dazu
alle Arten von geflügelten Tieren. Gott
sah es an. Es war gut. 22 Da segnete
Gott seine Geschöpfe: »Seid fruchtbar
und vermehrt euch und füllt das Was-
ser in den Meeren! Und auch ihr
Vögel, vermehrt euch auf der Erde!«
23 Es wurde Abend und wieder Mor-
gen – fünfter Tag.

24 Dann sprach Gott: »Die Erde soll
alle Arten von Lebewesen hervorbrin-
gen: Herdenvieh und wilde Tiere und
alles, was kriecht!« So geschah es.
25 Gott machte alle Arten von wilden
Tieren, von Herdenvieh und von
allem, was sich auf der Erde regt. Gott
sah es an: Es war gut.

26 Dann sprach Gott: »Lasst uns*
Menschen* machen als Abbild von
uns, uns ähnlich*. Sie sollen über die
Fische im Meer herrschen, über die
Vögel am Himmel und über die Land-
tiere, über die ganze Erde und alles,
was auf ihr kriecht!« 27 Da schuf Gott
den Menschen nach seinem Bild, als
sein Ebenbild schuf er ihn. Er schuf sie
als Mann und Frau.* 28 Gott segnete
sie dann und sagte zu ihnen: »Seid
fruchtbar und vermehrt euch!* Füllt
die Erde und macht sie euch untertan!
Herrscht über die Fische im Meer,
über die Vögel am Himmel und über
alle Tiere, die auf der Erde leben!«

29 Gott sagte: »Zur Nahrung gebe
ich euch alle samentragenden Pflan-
zen und alle samenhaltigen Früchte
von Bäumen – überall auf der Erde.

1,26 *uns.* Die Mehrzahl könnte hier schon ein erster Hinweis auf die Dreieinheit Gottes sein.

Menschen. Hebräisch *adam* (= der vom Erdboden [*adamah*] Genommene) bedeutet Mensch im Allgemeinen und ist zugleich der Name des ersten Menschen. Das Wort wird nur in der Einzahl gebraucht, auch wenn von mehreren Menschen die Rede ist.

ähnlich. Das deutet eine personale und wesensmäßige Ähnlichkeit an, wie sie auch zwischen Adam und seinem Sohn Set sichtbar wurde (siehe 1. Mose 5,3).

1,27 Wird im Neuen Testament von Jesus Christus zitiert: Matthäus 19,4; Markus 10,6.

1,28 *vermehrt euch.* Nach jüdischer Tradition ist dies das erste der 613 Gebote.

30 Allen Landtieren, allen Vögeln und
allen Lebewesen, die auf dem Boden
kriechen, gebe ich Gras und Blätter
zur Nahrung.« So geschah es. 31 Gott
sah alles an, was er gemacht hatte: Es
war sehr gut. Es wurde Abend und
wieder Morgen – der sechste Tag.

2 1 So entstanden Himmel und
Erde mit all ihren Lebewesen.
2 Am siebten Tag hatte Gott das Werk
vollendet und ruhte von seiner Ar-
beit.* 3 Gott segnete ihn und machte
ihn zu einem besonderen Tag, denn
an diesem Tag ruhte Gott, nachdem
er sein Schöpfungswerk vollendet
hatte.

Der Anfang der Geschichte

4 Es folgt die Fortsetzung* der Ge-
schichte von Himmel und Erde, wie
Gott sie geschaffen hat: Als Jahwe*,
Gott, Himmel und Erde machte, 5 gab
es zunächst weder Sträucher noch
Feldpflanzen auf dem Erdboden, denn
Jahwe, Gott, hatte es noch nicht reg-
nen lassen. Es gab auch noch keinen
Menschen, der das Land bearbeiten
konnte. 6 Grundwasser stieg in der
Erde auf und befeuchtete den Boden.
7 Dann formte Jahwe, Gott, den Men-
schen aus loser Erde vom Ackerboden
und hauchte Lebensatem in sein Ge-
sicht*. So wurde der Mensch ein le-
bendes Wesen*.

8 Nun hatte Jahwe, Gott, im Osten,
in Eden*, einen Garten angelegt.
Dorthin versetzte er den von ihm ge-
bildeten Menschen. 9 Aus dem Erd-
boden hatte er verschiedenartige
Bäume wachsen lassen. Sie sahen
prachtvoll aus und trugen wohl-
schmeckende Früchte. Mitten im Gar-
ten stand der Baum des Lebens und
der Baum, der Gut und Böse erkennen
ließ. 10 In Eden entsprang auch ein
Strom, der den Garten bewässerte
und sich dann in vier Arme teilte.
11 Der erste davon heißt Pischon. Er
umfließt das ganze Land Hawila*, wo
das Gold vorkommt, 12 – das Gold

2,2 Wird im Neuen Testament zitiert: Hebräer 4,4.

2,4 *Fortsetzung*. Das hebräische *toledot* bedeutet Weiterentwicklung aus Vorhandenem, es zeigt, wie die Geschichte weitergeht (oder nennt weitere Einzelheiten). Es handelt sich hier also nicht um die Nahtstelle zu einem zweiten Schöpfungsbericht. *Toledot* wird immer als Überschrift gebraucht, siehe 1. Mose 5,1; 6,9; 10,1; 11,10.27; 25,12.19; 36,1; 37,2.

Jahwe ist der Name Gottes, der besonders die Gegenwart Gottes dem Menschen gegenüber ausdrückt. Siehe das Vorwort des Übersetzers, sowie die Fußnote zu 2. Mose 6,3.

2,7 *sein Gesicht*. Das hebräische *appaw* bedeutet nicht nur seine Nase, sondern sein Gesicht im Allgemeinen. Je nach Zusammenhang sind Nase, Wangen oder Mund gemeint.

Wesen oder *Seele*. Der gleiche Ausdruck wird 1. Mose 1,20.24; 2,19 auf die Tiere bezogen. Der Mensch hat durchaus körperliche Ähnlichkeiten mit Säugetieren. Doch als sein Ebenbild stellte Gott den Menschen über alle anderen Lebewesen. Es ist auch zu beachten, dass hier nicht steht: Ein Lebewesen wurde Mensch. Der Mensch ist eine gesonderte Schöpfung Gottes und geht nicht aus vormenschlichem Leben hervor. – Der Satz wird im Neuen Testament von Paulus zitiert: 1. Korinther 15,45.

2,8 *Eden*. Eden bedeutet *Wonne*. Gott hatte ein *Land der Wonne* für den Menschen geschaffen.

2,11 *Hawila*. Bisher sind keine Belege über ein solches Land mit dem Fluss *Pischon* gefunden worden.

dieses Landes ist besonders rein – das
Bedolach-Harz* und der Schoham-
Stein*. 13 Der zweite Strom heißt
Gihon. Er umfließt das Land Kusch*.
14 Der dritte Strom heißt Tigris. Er
fließt östlich von Assyrien. Der vierte
Strom ist der Euphrat.
15 Jahwe, Gott, brachte also den
Menschen in den Garten Eden, damit
er diesen bearbeite und beschütze,
16 und wies ihn an: »Von allen Bäu-
men im Garten darfst du nach Be-
lieben essen, 17 nur nicht von dem
Baum, der dich Gut und Böse erken-
nen lässt. Sobald du davon isst, musst
du sterben.«
18 Dann sagte Jahwe, Gott: »Es ist
nicht gut, dass der Mensch so allein
ist. Ich will ihm eine Hilfe machen, die
ihm genau entspricht.« 19 Jahwe,
Gott, hatte nämlich alle Landtiere und
Vögel, die er aus dem Erdboden ge-
formt hatte, zum Menschen gebracht,
um zu sehen, wie er sie nennen würde.
Genauso sollten all die Lebewesen
dann heißen. 20 So hatte der Mensch
dem Herdenvieh, den Vögeln und
allen Landtieren Namen gegeben.
Aber für sich selbst fand er nichts, was
ihm als Hilfe entsprochen hätte. 21 Da
ließ Jahwe, Gott, einen Tiefschlaf über
den Menschen kommen. Er nahm
eine seiner beiden Seiten heraus und
verschloss die Stelle mit Fleisch.
22 Aus der Seite baute er eine Frau
und brachte sie zum Menschen. 23 Da
rief der Mensch:

»Diesmal ist sie es! / Sie ist
genau wie ich, / und sie gehört zu
mir, / sie ist ein Stück von mir! /
Sie soll Isch-scha heißen, Frau, /
denn sie kam vom Isch, dem
Mann.«

24 Aus diesem Grund verlässt ein
Mann seinen Vater und seine Mutter,
verbindet sich mit seiner Frau und
wird völlig eins mit ihr.*
25 Der Mann und seine Frau
waren nackt, aber sie schämten sich
nicht voreinander.

Die erste Sünde und ihre Folgen

3 1 Die Schlange war listiger als all
die Tiere, die Jahwe, Gott, ge-
macht hatte. Sie fragte die Frau: »Hat
Gott wirklich gesagt, dass ihr von kei-
nem Baum im Garten essen dürft?«
2 »Natürlich essen wir von den Früch-
ten«, entgegnete die Frau, 3 »nur von
den Früchten des Baumes in der Mitte
des Gartens hat Gott gesagt: ›Davon
dürft ihr nicht essen – sie nicht einmal
berühren – sonst müsst ihr sterben.‹«
4 »Sterben?«, widersprach die Schlan-
ge, »sterben werdet ihr nicht. 5 Aber
Gott weiß genau, dass euch die Augen
aufgehen, wenn ihr davon esst. Ihr
werdet wissen, was Gut und Böse ist,
und werdet sein wie Gott.«

2,12 *Bedolach* ist ein kostbares, wohlriechendes Harz. *Schoham* ein Edelstein, vielleicht Onyx oder Karneol.

2,13 *Kusch*. Es könnte sich um das Land der Kassiten handeln, ein Gebiet in den Bergen östlich von Mesopotamien, was auch zu 1. Mose 10,8-12 passen würde. Dann müsste der Fluss *Gihon* östlich des Tigris zu finden sein. Doch ein Fluss mit diesem Namen ist bisher in der antiken Literatur nicht gefunden worden.

2,24 Wird im Neuen Testament von Jesus Christus und Paulus zitiert: Matthäus 19,5; Markus 10,7-8; 1. Korinther 6,16; Epheser 5,31.

6 Als die Frau nun sah, wie gut von
dem Baum zu essen wäre, was für
eine Augenweide er war und wie viel
Einsicht er versprach, da nahm sie
eine Frucht und aß. Sie gab auch
ihrem Mann davon, der neben ihr
stand. Auch er aß. 7 Da gingen bei-
den die Augen auf. Sie merkten auf
einmal, dass sie nackt waren. Des-
halb machten sie sich Lendenschurze
aus zusammengehefteten Feigen-
blättern.

8 Am Abend, als es kühler wurde,
hörten sie Gott durch den Garten
gehen. Da versteckten sich der Mann
und seine Frau vor Gott zwischen den
Bäumen. 9 Doch Jahwe, Gott, rief den
Menschen*: »Wo bist du?« 10 Der ant-
wortete: »Ich hörte dich durch den
Garten gehen und bekam Angst, weil
ich nackt bin. Deshalb habe ich mich
versteckt.« 11 »Wer hat dir gesagt,
dass du nackt bist?«, fragte Gott.
»Hast du etwa von dem verbotenen
Baum gegessen?« 12 Der Mensch er-
widerte: »Die Frau, die du mir zur Seite
gestellt hast, gab mir etwas davon; da
habe ich gegessen.« 13 »Was hast du
da getan?«, fragte Jahwe, Gott, die
Frau. »Die Schlange hat mich ver-
führt«, entgegnete sie. 14 Da sagte
Jahwe, Gott, zur Schlange:

»Weil du das getan hast, / sei
mehr verflucht als alles Herden-
vieh / und mehr als alle wilden
Tiere! / Kriech auf dem Bauch /
und friss den Staub* dein Leben
lang! 15 Ich stelle Feindschaft zwi-
schen dich und die Frau, / deinem
Nachwuchs und ihrem. / Er wird
dir den Kopf zertreten, / und du
wirst ihm die Ferse zerbeißen.«

16 Zur Frau sagte er:

»Viele Beschwerden werden über
dich kommen, / und dazu noch
deine Schwangerschaft. / Die Kin-
der wirst du mit Schmerzen gebä-
ren. / Und wenn du versuchst, dei-
nen Mann zu regieren*, / wird er
doch über dich herrschen.«

17 Zu Adam* sagte er: »Weil du auf
deine Frau gehört und von dem Baum
gegessen hast, obwohl ich dir das
ausdrücklich verboten habe, vernimm
das Folgende:

›Wegen dir sei der Acker
verflucht! / Um dich von ihm
zu ernähren, / musst du dich
lebenslang mühen. 18 Dornen
und Disteln werden dort
wachsen, / doch du bist angewiesen
auf die Frucht. 19 Mit Schweiß
wirst du dein Brot verdienen, /
bis du zurückkehrst zur Erde*, /
von der du genommen bist. /
Denn Staub bist du, / und zu
Staub wirst du werden.‹«

3,9 *Mensch.* Siehe Fußnote zu Vers 17.

3,14 Das heißt nicht, dass sie sich vom *Staub* ernähren muss, sondern durch ihre Fortbewegungsart wird sie immer auch Staub aufnehmen müssen.

3,16 *befehlen.* Der hebräische Begriff meint *die Anstrengung, jemand zu beherrschen*; *sich jemandes bemächtigen.*

3,17 *Adam* ist das hebräische Wort für *Mensch* und kann gleichzeitig als Eigenname des ersten Menschen verstanden werden.

3,19 *Erde.* Aus dem hebräischen Wort für den Erdboden *Adama* ist Adam abgeleitet.

20 Adam gab seiner Frau den Namen
Eva, Leben, denn sie sollte die Mutter
aller lebenden Menschen werden.
21 Dann bekleidete Jahwe, Gott,
Adam und seine Frau mit Gewändern
aus Fell 22 und sagte: »Nun ist der
Mensch wie einer von uns geworden.
Er erkennt Gut und Böse. Auf keinen
Fall darf er jetzt auch noch vom Baum
des Lebens essen, um ewig zu leben.«
23 Deshalb schickte Jahwe, Gott, ihn
aus dem Garten Eden hinaus. Er soll-
te den Ackerboden bearbeiten, von
dem er genommen war. 24 So vertrieb
er den Menschen. Östlich vom Garten
Eden stellte er Cherubim auf, Engel-
wesen mit Flammenschwertern, die
den Weg zum Baum des Lebens be-
wachen.

Der erste Mord und seine Folgen

4 1 Adam hatte mit seiner Frau
Eva geschlafen. Nun wurde sie
schwanger und gebar Kain. Da sagte
sie: »Ich habe einen Mann erworben*,
Jahwe*.« 2 Danach bekam sie seinen
Bruder Abel*. Abel wurde ein Schaf-
hirt*, Kain ein Landwirt. 3 Nach ge-
raumer Zeit brachte Kain vom Ertrag
seines Feldes Jahwe ein Opfer. 4 Auch
Abel brachte ihm eine Opfergabe, das
Beste von den erstgeborenen Läm-
mern seiner Herde. Jahwe sah freund-
lich auf Abel und sein Opfer. 5 Aber auf
Kain und seine Opfergabe achtete er
nicht. Da geriet Kain in heftigen Zorn
und senkte finster sein Gesicht.
6 Jahwe fragte ihn:

»Warum bist du so zornig? /
Was soll dein finsterer Blick? /
Hast du Gutes im Sinn, / dann
heb den Kopf hoch! 7 Wenn aber
nicht, / dann lauert die Sünde vor
der Tür / und will dich
verschlingen. / Aber du,
du musst sie bezwingen.«

8 Doch Kain sprach seinen Bruder
an.* Und als sie auf dem Feld waren,
fiel er über Abel her und schlug ihn
tot. 9 Da sagte Jahwe zu Kain: »Wo ist
Abel, dein Bruder?« Der entgegnete:
»Ich weiß nicht. Bin ich etwa sein Auf-
passer?« – »Was hast du da getan!«,
erwiderte Gott, 10 »Hörst du nicht das
Blut deines Bruders aus dem Acker-
boden zu mir schreien? 11 Verflucht
seiest du, verbannt vom Ackerboden!
Denn du hast ihn mit dem Blut deines
Bruders getränkt. 12 Wenn du ihn
künftig bebaust, wird er dir keinen Er-
trag mehr bringen. Als ruheloser
Flüchtling wirst du auf der Erde um-
herirren.« 13 Da sagte Kain zu Jahwe:
»Diese Strafe ist zu schwer für mich.
Ich werde sie nicht ertragen können.
14 Du vertreibst mich vom frucht-
baren Land, und auch vor dir muss
ich mich verstecken. Als ruheloser
Flüchtling werde ich umherirren, und
jeder, der mich sieht*, kann mich un-
gestraft töten.« 15 »Nein«, erwiderte

4,1 *erworben.* Hebräisch: *qanah.* Wortspiel mit Kain (*qajin*).

Jahwe. Die meisten ergänzen: Mit (Hilfe) Jahwes. Doch vielleicht gibt Eva ihrem Erstgeborenen den Gottesnamen Jahwe, weil sie hofft, dass er der verheißene Mann sein würde, der der Schlange den Kopf zertritt.

4,2 *Abel.* Hebräisch: *habäl.* Der Name klingt an Hauch, Nichtigkeit an (*häbäl*).

Schafhirt. Eigentlich *Kleinviehhirt.* Kleinvieh meinte Schafe und Ziegen.

4,8 *sprach ... an.* Eine hebräische Handschrift und einige alte Übersetzungen fügen hier ein: *»Lass uns aufs Feld gehen!«*

Jahwe, »ich ordne an: Wer Kain er-
schlägt, wird siebenfach bestraft!«
Und er machte ein Zeichen an Kain,
damit niemand es wagen würde, ihn
zu erschlagen, wenn er ihm begegne-
te. 16 So verließ Kain die Nähe Jahwes
und siedelte sich östlich von Eden an,
im Land der Heimatlosigkeit, in Nod.

17 Als Kain mit seiner Frau schlief,
wurde sie schwanger und gebar He-
noch. Und als Kain dann eine Stadt
gründete, benannte er sie nach seinem
Sohn Henoch. 18 Dem Henoch wurde
Irad geboren. Irad zeugte Mehujael
und der wiederum Metuschael. Metu-
schael wurde der Vater von Lamech.
19 Lamech aber nahm sich zwei Frau-
en: Eine hieß Ada, die andere Zilla.
20 Ada gebar ihm Jabal. Das wurde so-
zusagen der Stammvater aller Noma-
den, die in Zelten wohnen und mit
ihren Herden umherziehen. 21 Sein
Bruder hieß Jubal. Er war der erste
aller späteren Zither- und Flötenspie-
ler. 22 Auch Zilla bekam einen Sohn,
Tubal-Kain, den Schmied. Er war der
erste, der Kupfer und Eisen bearbeite-
te. Seine Schwester hieß Naama.
23 Lamech sagte zu seinen Frauen:

»Ada und Zilla, hört meine Rede! /
Lamechs Frauen, lauscht meinem
Spruch! / Ich habe den Mann
erschlagen, der mich verwundet
hat, / und den Jungen getötet,
der mich berührte. 24 Wird Kain
siebenfach gerächt, / dann
Lamech siebenundsiebzigfach!«

25 Nachdem Adam wieder mit seiner
Frau Eva geschlafen hatte, gebar sie
ihm einen Sohn und nannte ihn Seth,
Setzling. »Gott hat mir wieder einen
Sprössling geschenkt«, sagte sie,
»anstelle von Abel, weil Kain ihn er-
schlug.« 26 Auch Seth wurde ein Sohn
geboren. Enosch, Menschlein, nannte
er ihn. Damals fing man an, den
Namen Jahwes anzurufen*.

Wie es nach Adam weiterging

5 1 Es folgt das Verzeichnis der
Nachkommen* Adams.

Als Gott den Menschen schuf, ge-
staltete er ihn nach seinem Abbild.
2 Er schuf ihn als Mann und Frau.*
Dann segnete er sie und gab ihnen
noch am Tag ihrer Erschaffung den
Namen »Mensch«.

3 Als Adam 130 Jahre gelebt hatte,
zeugte er einen Sohn namens Set, der
ihm wie sein Ebenbild ähnlich war.
4 Nach der Geburt Sets lebte Adam
noch 800 Jahre und zeugte weitere
Söhne und Töchter, 5 bis er im Alter
von 930 Jahren starb.

6 Set war 105 Jahre alt, als er
Enosch zeugte. 7 Nach dessen Geburt
lebte er noch 807 Jahre und zeugte
weitere Söhne und Töchter, 8 bis er im
Alter von 912 Jahren starb.

9 Als Enosch 90 Jahre gelebt hatte,
zeugte er Kenan. 10 Nach dessen

4,14 *jeder, der mich sieht.* Das meint natürlich jüngere Verwandte von ihm (siehe Kapitel 5,4), die ihm wegen der Langlebigkeit der ersten Generationen noch gefährlich werden konnten. Die damalige Weltbevölkerung vermehrte sich enorm schnell.

4,26 *anzurufen.* Oder: *auszurufen.* Das heißt, zu ihm zu beten oder von ihm zu predigen.

5,1 Wörtlich: *Buch der Geschlechterfolge* (Hebräisch: *sefer toledot*, siehe 1. Mose 2,4).

5,2 Wird im Neuen Testament von Jesus Christus zitiert: Matthäus 19,4; Markus 10,6.

Geburt lebte er noch 815 Jahre und
zeugte weitere Söhne und Töchter,
11 bis er im Alter von 905 Jahren
starb.
12 Kenan war 70 Jahre alt, als er Ma-
halalel zeugte. 13 Nach dessen Geburt
lebte er noch 840 Jahre und zeugte
weitere Söhne und Töchter, 14 bis er
im Alter von 910 Jahren starb.
15 Als Mahalalel 65 Jahre alt war,
zeugte er Jered. 16 Nach dessen Ge-
burt lebte er noch 830 Jahre und zeug-
te weitere Söhne und Töchter, 17 bis er
im Alter von 895 Jahren starb.
18 Jered war 162 Jahre alt, als er He-
noch zeugte. 19 Nach dessen Geburt
lebte er noch 800 Jahre und zeugte
weitere Söhne und Töchter, 20 bis er
im Alter von 962 Jahren starb.
21 Als Henoch 65 Jahre alt war,
zeugte er Metuschelach*. 22 Nach
dessen Geburt lebte er noch 300 Jahre
mit Gott und zeugte weitere Söhne
und Töchter, 23 bis er 365 Jahre alt
war.* 24 Henoch hatte beständig mit
Gott gelebt, und dann war er plötzlich
nicht mehr da, weil Gott ihn wegge-
nommen hatte.*
25 Metuschelach war 187 Jahre alt,
als er Lamech zeugte. 26 Nach dessen
Geburt lebte er noch 782 Jahre und
zeugte weitere Söhne und Töchter,
27 bis er im Alter von 969 Jahren
starb*.
28 Als Lamech 182 Jahre alt war*,
zeugte er einen Sohn, 29 den er Noah,
Tröster, nannte, und sagte: »Der wird
uns Trost verschaffen bei der harten
Arbeit auf dem Ackerboden, den Jahwe
verflucht hat.« 30 Nach Noahs Geburt
lebte Lamech noch 595 Jahre und
zeugte weitere Söhne und Töchter,
31 bis er im Alter von 777 Jahren starb.
32 Von seinem 500. Lebensjahr an
zeugte Noah Sem, Ham und Jafet.*

Noah vor der großen Flut

6 1 Als die Menschen immer
zahlreicher wurden und sich
auf der Erde ausbreiteten, 2 sahen
die Gottessöhne*, wie schön die
Töchter der Menschen waren, und
nahmen sich die zu Frauen, die
ihnen gefielen. 3 Da sagte Jahwe:
»Mein Geist soll nicht für immer in

5,21 *Metuschelach.* Der Mensch, der offenbar am längsten auf der Erde gelebt hat, siehe Vers 26. Als *Methusalem* ist er sprichwörtlich geworden.

5,23 *bis er 365 Jahre alt war.* Das war im Jahr 987 nach Adams Erschaffung.

5,24 Wird im Neuen Testament zitiert: Hebräer 11,5.

5,27 *im Alter von 969 Jahren.* Das war im Jahr 1656 nach Adam, im Jahr der Sintflut.

5,28 *182 Jahre alt war.* Das Geburtsjahr Noahs wäre also das Jahr 1056 nach Adam.

5,32 *Sem, Ham und Jafet.* Die Namen sind nach ihrer Bedeutung geordnet. Nach 1. Mose 11,10 kann man das Geburtsjahr Sems mit 1558 nach Adam berechnen, das entspricht dem 502. Jahr Noahs. Nach 1. Mose 9,24 war Ham der jüngste Sohn Noahs. Demnach wird Jafet als der Älteste im 500. Jahr Noahs geboren worden sein. Siehe Fußnote zu 1. Mose 10,21.

6,2 *Gottessöhne.* Der Begriff kann in der Bibel sowohl Engelwesen als auch Menschen bezeichnen. Vielleicht bezieht er sich hier auf damalige despotische Herrscher, die sich Städte bauen ließen und den Lebensstil und die Grausamkeit Lamechs nachahmten. Sie fingen an, sich *Göttersöhne* zu nennen und hatten Umgang mit dämonischen Mächten (vergleiche Hesekiel 28,11-15; Daniel 10,13). Gegen die Deutung, dass es sich bei ihnen um Engel handeln würde, spricht Matthäus 22,30 und Judas 6-7. Außerdem wären dann Menschen für das bestraft worden, was Engel verschuldet haben. Gegen die Deutung *Menschen der Linie Set* spricht, dass sie sich eben nicht *Töchter Kains*, sondern *Töchter der Menschen* nahmen.

diesen sterblichen Menschen bleiben. Ich gebe ihnen noch eine Frist* von 120 Jahren.« 4 Damals lebten die Riesen auf der Erde und auch dann noch, als die Gottessöhne Kinder mit den Menschentöchtern hatten. Das wurden die Helden der Vorzeit, berühmte Männer.

5 Jahwe aber sah, wie groß die Bosheit der Menschen auf der Erde war. Ihr ganzes Denken und Streben, alles, was aus ihrem Herzen kam, war immer nur böse. 6 Jahwe bekümmerte es, den Menschen erschaffen zu haben, und es schmerzte ihn bis in sein Innerstes hinein. 7 Er beschloss: »Ich werde den Menschen, den ich geschaffen habe, vom Erdboden wegwischen, samt dem Vieh, den Kriechtieren und Vögeln, denn ich bedaure, sie gemacht zu haben.« 8 Nur Noah fand Gnade vor Jahwe.

9 Es folgt die Geschichte* Noahs. Noah war ein gerechter* Mann. Seine Zeitgenossen fanden nichts Tadelnswertes an ihm. Er lebte beständig mit Gott. 10 Drei Söhne hatte er: Sem, Ham und Jafet. 11 Die Erde aber verdarb vor Gott und füllte sich mit Verbrechen. 12 Gott sah sich das an: Die Erde war vollkommen verdorben, denn alle Menschen waren vom rechten Weg abgekommen. 13 Da sagte Gott zu Noah: »Ich habe beschlossen, Mensch und Tier zu vernichten, denn durch sie ist die Erde von Gewalttat erfüllt. 14 Baue dir eine Arche, einen Kasten aus Tannenholz! Teile ihn in mehrere Räume ein und dichte ihn innen und außen mit Asphalt* ab! 15 Er soll 150 Meter* lang sein, 25 Meter breit und 15 Meter hoch. 16 Sorge auch für eine Lichtöffnung! Sie darf bis zu einem halben Meter unter den Dachrand reichen. Setze eine Tür in die Mitte ihrer Längsseite. Drei Stockwerke soll die Arche insgesamt haben. 17 Denn ich, ich werde die Flut kommen lassen, eine Wasserflut über die Erde. Alles Lebendige soll darin umkommen, alle Menschen und Tiere. 18 Mit dir aber schließe ich folgenden Bund: Du sollst mit deiner Frau, deinen Söhnen und ihren Frauen in die Arche gehen. 19 Und von allen Tieren sollst du je ein Männchen und ein Weibchen in die Arche bringen, damit sie zusammen mit dir am Leben bleiben. 20 Von jeder Art der Vögel, der Land- und Kriechtiere soll je ein Pärchen in die Arche kommen, damit sie überleben können. 21 Lege ausreichend Vorräte an, dass ihr und die Tiere damit versorgt werden

---

6,3 *Frist.* Manche Übersetzungen beziehen die 120 Jahre auf das Lebensalter. Das ist aber nicht sinnvoll, weil auch nach der Flut Menschen noch viel älter wurden und Gott ja auch nicht androhte, das Lebensalter zu verringern, sondern die Menschen zu vernichten. Die 120 Jahre beziehen sich eher auf die Zeit bis zur Flut.

6,9 *Geschichte.* Hebräisch *toledot*, siehe 1. Mose 2,4.

Der *Gerechte* im Alten Testament ist ein Mensch, der mit Gott und Menschen im richtigen Verhältnis lebt und sich nach Gottes Geboten richtet. Er steht im Gegensatz zu dem, der sich an Gott und Menschen schuldig macht, dem Gottlosen, dem Frevler.

6,14 *Asphalt.* Siehe Fußnote zu 1. Mose 14,10.

6,15 *150 Meter.* Wörtlich: dreihundert Ellen. Weil die für eine Elle angegebenen Maße zwischen 44,42 und 52,45 cm schwanken, gehen wir für die meisten Umrechnungen von 50 cm aus. Dadurch werden auch die Proportionen deutlicher.

können.« 22 Noah machte alles ge-
nauso, wie Gott es ihm befohlen
hatte.

Die große Flut
kommt über die Erde

7 1 Dann sagte Jahwe zu Noah:
»Komm du mit deiner ganzen Fa-
milie in die Arche, denn du bist der
einzige Gerechte in dieser Generation.
2 Nimm dir von allen reinen Tieren* je
sieben Männchen und Weibchen mit,
von den unreinen aber nur je ein Pär-
chen. 3 Auch von den Vögeln bringe je
sieben Männchen und Weibchen mit,
dass jede Art auf der ganzen Erde er-
halten bleibt und sich vermehren
kann. 4 In sieben Tagen werde ich
einen Regen über die Erde kommen
lassen, der 40 Tage lang, Tag und
Nacht, andauern wird. So werde ich
alles Bestehende, alles, was ich ge-
macht habe, von der Erdoberfläche
wegwischen.« 5 Noah machte alles
genauso, wie Jahwe es ihm befohlen
hatte.

6 Als die Flut über die Erde herein-
brach, war Noah 600 Jahre alt. 7 Er
ging also mit seiner Frau, seinen Söh-
nen und deren Frauen in die Arche,
um sich vor den Wassermassen in Si-
cherheit zu bringen. 8 Alle reinen und
unreinen Tiere, die Vögel und die
Kriechtiere 9 kamen paarweise in die
Arche, je ein Männchen und ein Weib-
chen, wie Gott es Noah befohlen
hatte. 10 Sieben Tage später kamen
die Fluten über die Erde.

11 Im 600. Lebensjahr Noahs, am
17. Tag des zweiten Monats, wurden
die Schleusen des Himmels geöffnet,
und alle Quellen der großen Tiefe*
brachen auf. 12 Es regnete in Strömen
40 Tage lang, Tag und Nacht. 13 An
dem oben genannten Tag also war
Noah mit seinen Söhnen Sem, Ham
und Jafet, mit seiner Frau und den
Frauen seiner Söhne in die Arche ge-
gangen 14 und mit allen Arten von
Wildtieren und Herdenvieh, Kriech-
tieren und vielfältig gefiederten Vö-
geln. 15 Alle Lebewesen, alle, die
Atem in sich hatten, waren paarweise
zu Noah in die Arche gekommen.
16 Es waren immer ein Männchen und
ein Weibchen, wie Gott es Noah be-
fohlen hatte. Dann schloss Jahwe hin-
ter ihm zu.

17 40 Tage lang ergoss sich die Flut
über die Erde. 18 Das Wasser stieg
und hob die Arche vom Boden ab.
19 Es stieg immer höher und höher,
bis alle hohen Berge auf der Erde zu-
gedeckt waren. 20 Mehr als sieben
Meter hoch* deckte das Wasser die
Berge zu. 21 Da ging alles zugrunde,
was auf der Erde lebte und sich regte:
Vögel, Herdenvieh und wilde Tiere
und alle Menschen. 22 Alles, was
einen Lebenshauch in sich trug und
auf dem Festland lebte, ging zugrun-
de. 23 So löschte Gott alles aus, was
auf dem Erdboden bestand: vom
Menschen bis zum Herdenvieh, von
den Vögeln bis zu den Kriechtieren.
Alle fanden den Tod. Nur Noah und
alle, die mit ihm in der Arche waren,
blieben übrig. 24 150 Tage lang über-
flutete das Wasser die Erde.

7,2 Was *reine* und unreine *Tiere* sind, wird in 3. Mose 11 definiert. Reine Tiere waren für das Volk Israel zur Speise freigegeben.

7,11 *Tiefe*. Dasselbe Wort wie 1. Mose 1,2.

7,20 *sieben Meter hoch*. Das könnte der Tiefgang der Arche gewesen sein.

Das Ende der Flut

8 1 Gott dachte an Noah und an all
die Wildtiere und das Herden-
vieh, das mit ihm in der Arche war,
und er ließ einen Wind über die Erde
wehen. Da zog sich das Wasser zu-
rück, 2 die Quellen der Tiefe und die
Schleusen des Himmels wurden ver-
schlossen und der Regen zurückge-
halten. 3 Allmählich verliefen sich die
Wassermassen. Im Lauf von 150
Tagen nahmen sie immer mehr ab,
4 und am 17. Tag des siebten Monats
setzte die Arche irgendwo auf dem
Gebirge Ararat auf. 5 Das Wasser
nahm immer weiter ab, sodass man
am ersten Tag des zehnten Monats die
Bergspitzen sehen konnte. 6 40 Tage
später öffnete Noah das Fenster, das
er in die Arche eingelassen hatte, und
ließ einen Raben hinaus. 7 Der flog
hin und zurück, immer wieder, bis die
Erde trocken war. 8 Später ließ Noah
eine Taube fliegen, um zu sehen, ob
sich das Wasser vom Erdboden ver-
laufen hätte. 9 Doch die Taube fand
keinen Ruheplatz für sich, überall
stand noch Wasser auf der Erde. Da
kehrte sie zu ihm zurück. Er langte
mit dem Arm hinaus und holte sie
wieder in die Arche. 10 Dann wartete
er weitere sieben Tage und ließ sie
noch einmal fliegen. 11 Gegen Abend
kam die Taube. Im Schnabel hatte sie
ein frisch abgerissenes Olivenblatt.
Noah erkannte jetzt, dass sich das
Wasser von der Erde verlaufen hatte.
12 Er wartete noch einmal sieben
Tage und ließ die Taube wieder hin-
aus. Jetzt kehrte sie nicht mehr zu
ihm zurück.

13 Im 601. Lebensjahr Noahs, am
ersten Tag des ersten Monats, war das
Wasser von der Erde abgetrocknet.
Als Noah jetzt das Dach der Arche
entfernte und Ausschau hielt, sah er,
dass kein Wasser mehr auf der Erde
stand. 14 Am 27. Tag des zweiten Mo-
nats war die Erde trocken. 15 Da sagte
Gott zu Noah: 16 »Verlass jetzt die
Arche mit deiner Frau, deinen Söhnen
und ihren Frauen. 17 Und lass alle
Tiere, die bei dir sind, mit hinauszie-
hen: die Vögel, das Herdenvieh und
alles, was sich auf der Erde regt. Sie
sollen fruchtbar sein und sich vermeh-
ren. Auf der Erde soll es wieder wim-
meln von ihnen.« 18 Da ging Noah mit
seinen Söhnen, seiner Frau und sei-
nen Schwiegertöchtern ins Freie.
19 Auch alle Arten von Tieren, alles,
was kriecht und fliegt und sich auf der
Erde regt, zog aus der Arche.

20 Dann baute Noah Jahwe einen
Altar. Dort opferte er ihm einige von
den reinen Tieren und Vögeln als
Brandopfer. 21 Jahwe roch den ange-
nehmen Duft und sagte sich: »Nicht
noch einmal werde ich nur wegen des
Menschen den Erdboden verfluchen.
Alles, was aus seinem Herzen kommt,
ist ja böse – von seiner frühesten
Jugend an. Nicht noch einmal werde
ich alles Lebendige auslöschen, wie
ich es tat.

22 Von jetzt an, / solange die Erde
besteht, / soll nicht aufhören: /
Saat und Ernte, / Frost und
Hitze, / Sommer und Winter, /
Tag und Nacht.«

Gottes Bund mit Noah und mit allen Menschen

9 1 Dann segnete Gott Noah und
seine Söhne. Er sagte: »Seid
fruchtbar, vermehrt euch und füllt die

Erde. 2 Alle Tiere, alle Vögel, alles,
was sich auf der Erde regt, und auch
alle Fische sind in eure Gewalt gege-
ben. Sie werden vor euch erschrecken
und sich fürchten. 3 Und alles, was da
lebt und sich regt, soll euch wie die
Pflanzen zur Nahrung dienen. 4 Nur
das Fleisch, das sein Lebensblut noch
in sich hat, dürft ihr nicht essen.

5 Euer eigenes Blut darf auf keinen
Fall vergossen werden, denn ich
wache darüber und werde es wieder
einfordern, vom Tier genauso wie
vom Menschen. Ich werde Rechen-
schaft für das Leben jedes Menschen
fordern.

6 Wer das Blut von Menschen
vergießt – durch Menschen
werde vergossen sein Blut! /
Denn der Mensch ist zum Abbild
Gottes gemacht.

7 Und ihr, seht zu, dass ihr viele Nach-
kommen habt! Bevölkert die Erde!«
8 Und dann sagte Gott zu Noah und
seinen Söhnen: 9 »Ich schließe diesen
Bund mit euch und euren Nachkom-
men 10 und auch mit allen Lebewesen
bei euch, mit den Tieren, die in der
Arche waren. 11 Und ich sichere euch
zu: Nie wieder werde ich das Leben
durch eine Wasserflut vernichten. Nie
mehr wird eine Flut die Erde zerstören.
12 Dieser Bund zwischen mir und euch
gilt jeder kommenden Generation und
jedem Lebewesen bei euch. 13 Und als
Zeichen dafür setze ich meinen Bogen
in die Wolken. 14 Jedes Mal, wenn ich
Wolken über der Erde zusammenziehe
und wenn dann der Bogen erscheint,
15 werde ich an mein Versprechen
denken, das ich euch und allen Lebe-
wesen gegeben habe: Nie mehr sollen
die Wassermassen zu einer Flut wer-
den, die alles Leben vernichtet. 16 Der
Regenbogen wird in den Wolken ste-
hen, und ich werde ihn ansehen und
an den ewigen Bund denken, den ich
mit euch und allen Lebewesen auf der
Erde geschlossen habe. 17 Und dieser
Bogen«, sagte Gott zu Noah, »ist das
Zeichen für den gültigen Bund.«

18 Zusammen mit Noah hatten auch
Sem, Ham und Jafet die Arche ver-
lassen. Ham war übrigens der Stamm-
vater von Kanaan. 19 Von diesen drei
Söhnen Noahs stammen alle Völker
der Erde ab. 20 Noah begann als
Ackerbauer und legte auch Weinberge
an. 21 Eines Tages trank er so viel
von seinem Wein, dass er betrunken
wurde und entblößt in seinem Zelt
lag. 22 Ham, der Stammvater Kana-
ans, sah ihn in seiner Nacktheit dalie-
gen und erzählte es seinen Brüdern
draußen. 23 Aber Sem und Jafet nah-
men einen Mantel, hielten ihn zwi-
schen ihre Schultern und gingen rück-
wärts ins Zelt. Das Gesicht abge-
wandt deckten sie ihren Vater zu,
denn sie wollten seine Nacktheit nicht
sehen. 24 Als Noah seinen Rausch
ausgeschlafen hatte, erfuhr er von
dem beschämenden Verhalten seines
jüngsten Sohnes 25 und sagte über
einen von dessen Nachkommen:

»Verflucht sei Kanaan! /
Der niedrigste Sklave wird er
seinen Brüdern sein! 26 Doch
gepriesen sei Jahwe, Sems Gott! /
Und Kanaan sei ein Sklave von
Sem! 27 Gott kehre ein* zu Jafet /
und wohne in den Zelten von
Sem! / Und Kanaan wird auch
sein Sklave sein.«

28 Nach der Flut lebte Noah noch 350
Jahre. 29 Er starb im Alter von insge-
samt 950 Jahren.

10 1 Es folgt das Verzeichnis
der Nachkommen* von Sem,
Ham und Jafet, den Söhnen Noahs,
deren Söhne aber erst nach der
großen Flut geboren wurden.

Die Jafetiten

2 Die Söhne Jafets waren Gomer,
Magog, Madai, Jawan, Tubal, Me-
schech und Tiras. 3 Gomers Söhne
waren Aschkenas, Rifat und Togarma.
4 Die Nachkommen Jawans waren
Elischa und Tarschisch, außerdem die
Kittäer und die Rodaniter. 5 Jawans
Nachkommen breiteten sich in den
Küstenländern bis zum Rand der Erde
aus. Sie wuchsen zu Völkern mit eige-
nen Sprachen heran und lebten in
ihren Gebieten in Sippen zusammen.

Die Hamiten

6 Die Söhne Hams waren Kusch,
Mizrajim, Put und Kanaan. 7 Von
Kusch stammen Seba, Hawila, Sabta,
Ragma und Sabtecha ab. Ragmas
Söhne waren Saba und Dedan.
8 Kusch war auch der Vater von Nim-
rod, dem ersten Gewaltherrscher auf
der Erde. 9 Der war ein kühner Jäger.
Deshalb sagt man heute noch* sprich-
wörtlich: »Er ist ein gewaltiger Jäger
vor Jahwe wie Nimrod.« 10 Zuerst
herrschte er über die Städte Babel,
Erech* und Akkad, die im Gebiet von
Schinar* liegen. 11 Von da aus zog
er in das Land Assur und gründete
dort Ninive mit seinen weiten offenen
Plätzen* und Kelach* 12 sowie Resen
zwischen Ninive und Kelach. Das war
das große Städtezentrum.
13 Von Mizrajim stammen die Lu-
diter, Anamiter, Lehabiter und Naf-
tuhiter, 14 die Patrusiter und die
Kasluhiter, von denen die Philister
herkommen, und die Kaftoriter.
15 Kanaan war der Vater von Sidon
und Het. Sidon war sein Erstgebore-
ner. 16 Außerdem stammen von ihm
die Jebusiter, die Amoriter und die
Girgaschiter ab, 17 die Hiwiter, Arki-
ter, Siniter, 18 Arwaditer, Zemariter
und Hamatiter. Später haben sich
die Sippen der Kanaaniter weiter
ausgebreitet, 19 sodass ihr Gebiet
von Sidon* bis nach Gerar und Gaza*
reichte und ostwärts bis nach Sodom
und Gomorra, Adma, Zebojim und
Lescha*. 20 Die Nachkommen Hams
wuchsen zu Völkern mit eigenen

9,27 *Gott kehre ein.* Hebräisch *jaft*, was an Jafet anklingt. Das Verb kann noch nicht befriedigend erklärt werden. Es wird hier in Anlehnung an das arabische *fata* mit *einkehren* wiedergegeben.

10,1 *Verzeichnis der Nachkommen.* Hebräisch *toledot*, siehe 1. Mose 2,4. Hier in Kapitel 10, der »Völkertafel«, werden insgesamt 70 Namen aufgeführt. Deshalb symbolisiert die Zahl 70 in der Theologie der Rabbinen die Völkerwelt.

10,9 *heute noch.* Das meint den Zeitpunkt, als das Buch verfasst wurde.

10,10 *Babel, Erech.* Die Städte lagen im Umkreis von 100 km um Babylon. Erech (oder *Uruk*, heute: *Warka*) war eine der wichtigsten Städte im alten Mesopotamien.

Schinar. Anderer Name für Babylonien.

10,11 *offenen Plätzen.* Hebräisch: *Rehobot-Ir.* Das ist wahrscheinlich eine nähere Beschreibung von Ninive.

Kelach. Die Städte liegen etwa 500 km nördlich von Babel. Kelach (heute: *Nimrud*) befindet sich 40 km südlich von Ninive am Ostufer des Tigris.

Sprachen heran und lebten in ihren
Gebieten in Sippen zusammen.

Die Semiten

21 Auch Sem, dem Bruder des älteren
Jafet*, wurden Söhne geboren. Er ist
der Stammvater aller Nachkommen
Ebers. 22 Die Söhne Sems waren
Elam, Assur, Arpachschad, Lud und
Aram. 23 Arams Söhne hießen Uz,
Hul, Geter und Masch. 24 Arpach-
schad war der Vater von Schelach und
Schelach der Vater von Eber. 25 Eber
wurden zwei Söhne geboren. Der eine
hieß Peleg, Teilung, weil zu seiner Zeit
die Erde geteilt wurde,* und der ande-
re Joktan. 26 Joktans Söhne waren
Almodad, Schelef, Hazarmawet und
Jerach, 27 Hadoram, Usal und Dikla,
28 Obal, Abimael und Saba, 29 Ofir,
Hawila und Jobab. Das waren also die
Nachkommen Joktans. 30 Ihr Gebiet
reicht von Mescha über Sefar bis an
das Gebirge im Osten.* 31 Die Nach-
kommen Sems wuchsen zu Völkern
mit eigenen Sprachen heran und leb-
ten in ihren Gebieten in Sippen zu-
sammen. 32 Diese Sippen sind Nach-
kommen der Söhne Noahs. Von ihnen
stammen alle Völker ab, die sich nach
der Flut auf der ganzen Erde ausge-
breitet haben.

Der Turm von Babel

11 1 Die Menschen hatten da-
mals alle noch dieselbe Spra-
che und dieselben Wörter. 2 Als sie
nach Osten zogen, fanden sie eine
Ebene im Land Schinar und ließen
sich dort nieder. 3 Sie sagten zueinan-
der: »Los! Wir machen Ziegel aus
Lehm und brennen sie zu Stein!« Die
Ziegel wollten sie als Bausteine ver-
wenden und Asphalt als Mörtel.
4 Dann sagten sie: »Los! Bauen wir
eine Stadt und einen Turm, der bis an
den Himmel reicht! So werden wir
uns einen Namen machen und verhin-
dern, dass wir uns über die ganze Erde
zerstreuen.«
5 Jahwe kam herab, um sich anzuse-
hen, was die Menschen da bauten –
eine Stadt mit einem Turm! 6 Da sagte
er: »Es ist offensichtlich: Sie sind ein
einziges Volk und sprechen nur eine
Sprache. Und was sie jetzt begonnen
haben, zeigt, dass ihnen künftig
nichts unmöglich sein wird. Sie wer-
den alles tun, was sie sich ausdenken.
7 Los! Steigen wir hinunter und ver-
wirren ihre Sprache, dass keiner mehr
den anderen versteht!« 8 So zerstreu-
te Jahwe die Menschen von dort aus
über die ganze Erde, und sie mussten

10,19 *Sidon* war eine Stadt in Phönizien, heute Saida im Libanon.

Gaza. Das Gebiet, in dem sich später die Philister ansiedelten. 300 km südlich von Sidon.

Lescha. Fünf kanaanäische Stadtstaaten, die in dem Gebiet lagen, das heute vom südlichen Teil des Toten Meeres bedeckt wird.

10,21 *älteren Jafet.* Kann theoretisch auch übersetzt werden: *älteren Bruder Jafets.* Doch wegen 1. Mose 9,24; 11,10 wird Jafet der Älteste gewesen sein. Siehe Fußnote zu 1. Mose 5,32!

10,25 *geteilt wurde.* Das könnte man im Sinn einer Aufteilung der Erdoberfläche unter die Völker verstehen wie sie in 1. Mose 11 berichtet ist. Manche sehen hier aber auch einen Hinweis auf den Beginn der Kontinentalverschiebung, was geologisch allerdings sehr problematisch ist.

10,30 *Gebiet ... Osten.* Das Gebiet lag vermutlich in Arabien, südlich von Israel.

aufhören, die Stadt zu bauen. 9 Des-
wegen gab man der Stadt den Namen
Babel, Verwirrung, denn Jahwe hatte
dort die Sprache der Menschen ver-
wirrt und sie von diesem Ort aus über
die ganze Erde zerstreut.

Von Sem bis Abram

10 Es folgt das Verzeichnis der Nach-
kommen Sems: Zwei Jahre nach der
Flut wurde Sem der Vater von Arpach-
schad. Er war damals 100 Jahre alt
11 und lebte noch 500 Jahre, in denen
er weitere Söhne und Töchter zeugte.
12 Arpachschad wurde mit 35 Jahren
der Vater von Schelach 13 und lebte
noch 403 Jahre, in denen er ebenfalls
weitere Söhne und Töchter zeugte.
14 Mit 30 Jahren zeugte Schelach Eber
15 und lebte danach noch 403 Jahre, in
denen ihm weitere Söhne und Töchter
geboren wurden. 16 Eber war 34 Jahre
alt, als er Peleg zeugte, 17 und lebte
dann noch 430 Jahre, in denen er wei-
tere Söhne und Töchter zeugte.
18 Peleg wurde mit 30 Jahren der Vater
von Regu. 19 Er lebte noch 209 Jahre,
in denen er ebenfalls weitere Söhne
und Töchter zeugte. 20 Regu zeugte
mit 32 Jahren Serug 21 und lebte dann
noch 207 Jahre, in denen er Söhne und
Töchter zeugte. 22 Mit 30 Jahren
wurde Serug der Vater von Nahor
23 und lebte dann noch 119 Jahre, in
denen er weitere Söhne und Töchter
zeugte. 24 Mit 29 Jahren wurde Nahor
der Vater von Terach. 25 Danach lebte
er noch 119 Jahre und bekam weitere
Söhne und Töchter. 26 Von seinem 70.
Lebensjahr an zeugte Terach Abram,
Nahor und Haran.*

27 Es folgt das Verzeichnis der Nach-
kommen Terachs. Terach wurde der
Vater von Abram, Nahor und Haran.
Haran war der Vater Lots 28 und starb
noch zu Lebzeiten seines Vaters Te-
rach in seiner Heimatstadt Ur* in
Chaldäa*. 29 Abram und Nahor heira-
teten dann. Abrams Frau hieß Sarai*,
Nahors Frau Milka. Sie war die Toch-
ter Harans* und Schwester von Jiska.
30 Doch Sarai konnte keine Kinder be-
kommen. 31 Terach brach aus Ur in
Chaldäa auf, um nach Kanaan* zu zie-
hen. Er nahm seinen Sohn Abram,
seinen Enkel Lot und seine Schwie-
gertochter Sarai mit. Doch als sie
nach Haran* gekommen waren,
ließen sie sich dort nieder. 32 Dort
starb auch Terach im Alter von 205
Jahren.

11,26 Die Namen sind wie in Vers 27 nach ihrer Bedeutung geordnet. Abram wurde erst im 130. Jahr Terachs geboren (siehe 1. Mose 11,32; 12,4; Apostelgeschichte 7,4).

11,28 *Ur* war wohl die bedeutendste Stadt im südlichen Zweistromland (Mesopotamien). Nach Ausgrabungen zu urteilen hatte sie schon vor Abrams Zeit eine hohe Kulturstufe erreicht.

Chaldäa. So wurde das Gebiet des südlichen Zweistromlandes bezeichnet. Der Begriff konnte später auch für ganz Babylonien stehen.

11,29 *Sarai*. Nach 1. Mose 20,12 war das seine Halbschwester. Im Gesetz Moses wurde das später verboten (vergleiche 3. Mose 18,9; 20,17; 5. Mose 27,22).

Tochter Harans. Nahor heiratete also seine Nichte, was auch später im Gesetz des Mose nicht verboten war.

11,31 *Kanaan*. Das Land umfasste etwa das Gebiet des heutigen Libanon und Israel.

In *Haran* wurde genauso wie in Ur der Mondgott verehrt. Die Stadt lag aber noch 800 km von Kanaan entfernt.

Abrams Berufung

12 1 Da sagte Jahwe zu Abram:
»Zieh aus deinem Land weg!
Verlass deine Sippe und auch die
Familie deines Vaters und geh in das
Land, das ich dir zeigen werde!*
2 Ich will dich zu einem großen Volk
werden lassen; ich werde dich segnen
und deinen Namen bekannt machen.
Du wirst ein Segen für andere sein.
3 Ich will segnen, die dich segnen,
und verfluchen, die dir fluchen. Alle
Sippen der Erde werden durch dich
gesegnet sein.«*

Abram in Kanaan

4 Abram gehorchte dem Befehl Jah-
wes und brach auf. Lot zog mit ihm.
Abram war 75 Jahre alt, als er Haran
verließ. 5 Seine Frau Sarai und sein
Neffe Lot begleiteten ihn. Sie nahmen
alle Menschen, die sie in Haran erwor-
ben hatten, und ihren ganzen Besitz
mit. So zogen sie nach Kanaan.
6 Abram durchzog das Land bis zu
einem Platz bei Sichem* in der Nähe
des Wahrsagebaums*. Damals waren
ja noch die Kanaaniter im Land.
7 Dort ließ sich Jahwe von Abram
sehen* und sagte zu ihm: »Dieses
Land will ich deinen Nachkommen
geben!« Da baute Abram an dieser
Stelle einen Altar für Jahwe, der ihm
erschienen war. 8 Später zog er in das
Bergland östlich von Bet-El und
schlug seine Zelte so auf, dass er Bet-
El im Westen und Ai im Osten hatte.
Auch dort baute er Jahwe einen Altar
und machte so den Namen Jahwes be-
kannt*. 9 Dann brach er wieder auf
und zog immer weiter in den Negev*
hinein.

Abram und Sarai in Ägypten

10 Als eine schwere Hungersnot im
Land ausbrach, suchte Abram Zuflucht
in Ägypten. 11 Kurz vor der ägyptischen
Grenze sagte er zu seiner Frau Sarai:
»Ich weiß, dass du eine sehr schöne
Frau bist. 12 Wenn die Ägypter dich
sehen, werden sie sagen: ›Das ist seine
Frau!‹, und sie werden mich totschla-
gen, um dich zu bekommen. 13 Sag
doch, dass du meine Schwester bist,
dann werden sie mich deinetwegen gut
behandeln und am Leben lassen!«
14 Tatsächlich geschah es so, als
Abram nach Ägypten kam. Überall fiel
seine Frau durch ihre Schönheit auf.
15 Die Hofleute rühmten sie vor dem
Pharao, und der ließ sie in seinen Palast
holen. 16 Ihretwegen überhäufte er
Abram mit Geschenken. Er ließ ihm

12,1 Wird im Neuen Testament von Stephanus zitiert: Apostelgeschichte 7,3.

12,3 Wird im Neuen Testament mit 1. Mose 18,18 von Paulus zitiert: Galater 3,8.

12,6 *Sichem* war eine strategisch und religiös bedeutende Stadt auf dem Pass (*Sichem* = Schulter) zwischen den Bergen Ebal im Norden und Garizim im Süden.

Wahrsagebaum. Wörtlich: Orakelterebinthe. Unter solchen Bäumen vernahmen die Wahrsager angeblich die Stimme Gottes im Rauschen der Zweige.

12,7 *Jahwe ... sehen.* Bei dieser und anderen Gotteserscheinungen lässt Jahwe sich von Menschen (manchmal von mehreren gleichzeitig) in einer Art und Weise sehen, die diese (oft gerade noch) ertragen und verstehen können. Nie offenbart er sich in ganzer Herrlichkeit, denn das wäre für jeden Menschen tödlich (2. Mose 33,20). Vergleiche auch die Fußnote zu 1. Mose 15,1!

12,8 *machte ... bekannt.* Das hebräische Wort kann *an*rufen (=beten) oder *aus*rufen (=bekannt machen) bedeuten.

12,9 *Negev* bezeichnet das Südland Kanaans.

Schafe, Ziegen, Rinder und Esel zu-
kommen, Sklaven und Sklavinnen,
Eselstuten und Kamele. 17 Doch weil
der Pharao Abrams Frau zu sich ge-
nommen hatte, schlug Jahwe ihn und
seine Familie mit schweren Krank-
heiten. 18 Da ließ der Pharao Abram zu
sich rufen. »Was hast du mir da ange-
tan?«, warf er ihm vor. »Warum hast du
mir nicht gesagt, dass sie deine Frau ist?
19 Du hast sie als deine Schwester aus-
gegeben, und nur deshalb habe ich sie
mir zur Frau genommen! Nun, hier
ist deine Frau! Nimm sie und geh!«
20 Dann gab der Pharao seinen Män-
nern Befehl, Abram und seinen Besitz
sicher aus dem Land zu bringen.

Abram und Lot

13 1 Von Ägypten kehrte Abram
mit seiner Frau, seinem Besitz
und seinem Neffen Lot wieder in den
Negev zurück. 2 Abram war sehr
reich. Eine Menge Vieh und Silber
und Gold gehörten ihm. 3 Er zog von
einem Lagerplatz zum anderen, bis
er wieder an die Stelle kam, wo sein
Zelt zuerst gestanden hatte, zwischen
Bet-El und Ai, 4 wo er früher den Altar
gebaut hatte. Dort rief er den Namen
Jahwes an.

5 Auch Lot, der mit Abram gezogen
war, besaß Kleinvieh, Rinder und Zelte.
6 Doch das Weideland reichte nicht für
beide aus. Ihr Herdenbesitz war zu
groß. So konnten sie unmöglich bei-
sammen bleiben. 7 Es gab immer Streit
zwischen den Hirten von Abrams und
Lots Vieh. Damals wohnten ja auch
noch die Kanaaniter und Perisiter* im
Land. 8 Abram besprach das mit Lot. Er
sagte: »Es soll kein Streit zwischen uns
sein, auch nicht zwischen unseren Hir-
ten. Wir sind doch Brüder! 9 Steht dir
nicht das ganze Land offen? Trenn dich
doch von mir! Willst du nach links,
dann gehe ich nach rechts, und willst du
nach rechts, dann gehe ich nach links.«

10 Lot schaute sich um und sah, dass
es in der Jordanebene reichlich Wasser
gab. Bevor Jahwe nämlich Sodom und
Gomorra zerstörte, war diese Gegend
bis nach Zoar* hin wie der Garten Jah-
wes und wie Ägypten. 11 Deshalb ent-
schied sich Lot für die Jordangegend
und zog nach Osten. So trennten sich
beide: 12 Abram blieb im Land Kanaan,
Lot zog ins Gebiet der Jordanstädte und
kam mit seinen Zelten bis nach Sodom.
13 Doch die Einwohner von Sodom
waren sehr böse und sündigten schwer
gegen Jahwe.

14 Nachdem Lot weggezogen war,
sagte Jahwe zu Abram: »Blick auf und
schau dich nach allen Seiten gründ-
lich um! 15 Das ganze Land, das du
siehst, will ich dir und deinen Nach-
kommen* für immer geben. 16 Und
deine Nachkommen werde ich zahl-
reich machen wie den Staub der Erde.
Nur wenn jemand die Staubkörner zäh-
len könnte, können auch deine Nach-
kommen gezählt werden. 17 Mach dich
auf, und durchziehe das Land nach
allen Richtungen! Denn dir will ich
es geben.« 18 Abram zog mit seinen

13,7 *Perisiter.* Bewohner Kanaans; manche verstehen sie nicht als eigenen Stamm, sondern als die Dorfbewohner.

13,10 *Zoar.* Stadt am Südende des Toten Meeres, die beim Gericht über Sodom und Gomorra wegen Lot verschont wurde.

13,15 *deinen Nachkommen.* Wörtlich: *deinem Samen* (Singular). Wird im Neuen Testament von Paulus zitiert: Galater 3,16.

Zelten weiter und nahm seinen
Wohnsitz unter den Terebinthen* von
Mamre* bei Hebron. Dort baute er
Jahwe einen Altar.

14 1 In dieser Zeit führten die
Könige Amrafel von Schinar,
Arjoch von Ellasar, Kedor-Laomer
von Elam sowie der Völkerkönig
Tidal* 2 Krieg gegen die Könige Bera
von Sodom, Birscha von Gomorra,
Schinab von Adma, Schemeber von
Zebojim und den König von Bela, das
heute Zoar heißt.* 3 Diese fünf hatten
sich verbündet und waren in das Tal
Siddim gezogen, wo heute das Salz-
meer* ist. 4 Zwölf Jahre waren sie
Kedor-Laomer untertan gewesen,
doch im dreizehnten hatten sie gegen
seine Herrschaft rebelliert. 5 Jetzt im
vierzehnten Jahr rückten Kedor-Lao-
mer und die mit ihm verbündeten
Könige heran. Zuerst besiegten sie die
Refaïter bei Aschterot-Karnajim*, die
Susiter bei Ham*, die Emiter in der
Ebene von Kirjatajim* 6 und die Hori-
ter, die im Bergland von Seïr* bis nach
El-Paran am Rand der Wüste lebten.
7 Dann zogen sie in nordwestlicher
Richtung bis nach En-Mischpat, das
jetzt Kadesch* heißt, und verwüsteten
das ganze Gebiet der Amalekiter und
auch die Gegend von Hazezon-Ta-
mar*, die von Amoritern* besiedelt
war. 8 Im Tal Siddim stellten sich
ihnen die fünf Stadtkönige entgegen
9 und kämpften gegen die vier an-
greifenden Könige. 10 Nun war das
Siddimtal voll von Asphaltgruben*,
und als die Könige von Sodom und
Gomorra flohen, gerieten sie da hin-
ein. Die anderen Könige flohen ins
Gebirge. 11 Die Sieger plünderten
Sodom und Gomorra und nahmen
alle Lebensmittelvorräte mit. 12 Auch
Abrams Neffen Lot, der inzwischen in
Sodom wohnte, schleppten sie mit
und dazu seinen ganzen Besitz.

13,18 *Terebinthen.* Belaubter Baum mit breitem Wipfel, der nicht mehr als 7 m hoch und als Schattenspender geschätzt wird.

Mamre liegt dem heutigen Hebron gegenüber. Damals hat es dort wenigstens einen Brunnen und einen Hain von Terebinthen gegeben.

14,1 *... Tidal.* Es handelt sich offenbar um Könige aus dem syrisch-babylonischen Raum.

14,2 *... Zoar heißt.* Die Namen der Stadtkönige aus dem Tal des Toten Meeres sind amoritisch.

14,3 *Salzmeer.* Gemeint ist das Tote Meer, das einen Salzgehalt von 25% hat, sodass kein Fisch darin leben kann.

14,5 *Aschterot* und *Karnajim* lagen etwa 35 km östlich des Sees Gennesaret.

Ham liegt etwa 65 km nördlich von Amman im Ostjordanland.

Die *Ebene von Kirjatajim* liegt vermutlich östlich vom Toten Meer.

14,6 Das *Bergland von Seïr* erstreckt sich östlich der Araba bis nach Eilat (*El-Paran*) am Roten Meer.

14,7 *Kadesch* (Kadesch-Barnea) lag an der Südgrenze von Kanaan, etwa 80 km südwestlich von Beerscheba.

Hazezon-Tamar liegt etwa 43 km südwestlich vom Toten Meer.

Amoriter kann sowohl für einen einzelnen Stamm als auch für alle Bewohner Kanaans stehen. Es waren semitische Einwanderer aus der Arabischen Wüste, die um 2000 v.Chr. ins Kulturland eindrangen.

14,10 *Asphaltgruben.* Asphalt entsteht auch auf natürliche Weise aus Erdöl, das durch Verdunstung und Oxidation zu Bitumen wird und sich dabei mit Mineralstoffen vermischt. Es wurde als Mörtel und zum Abdichten von Schiffen und Gefäßen verwendet.

13 Einer von denen, die entkommen konnten, berichtete dem Hebräer* Abram, was geschehen war. Abram wohnte damals noch unter den Terebinthen des Amoriters Mamre. Das war ein Bruder von Eschkol und Aner, Abrams Verbündeten. 14 Als Abram hörte, dass sein Brudersohn in Gefangenschaft geraten war, rief er die kampferprobten Leute zusammen, die in seinen Zelten geboren worden waren, 318 Mann*. Mit ihnen verfolgte er den Heerhaufen. In Dan* holte er sie ein 15 und überfiel sie in der Nacht. Er hatte seine Männer in zwei Gruppen geteilt. So schlug er sie in die Flucht und verfolgte sie noch bis nach Hoba*, das nördlich von Damaskus liegt. 16 Er nahm ihnen die ganze Beute ab und befreite seinen Neffen Lot, die Frauen und alle anderen Gefangenen.

17 Als Abram nach seinem Sieg über Kedor-Laomer und die anderen Könige zurückkehrte, zog ihm der König von Sodom entgegen ins Schawetal, das heute Königstal* heißt. 18 Auch Melchisedek*, der König von Salem*, kam dorthin und brachte Brot und Wein mit. Er war Priester Gottes, des Höchsten, 19 und segnete Abram. Er sagte:

»Gesegnet sei Abram von Gott,
dem Höchsten, dem Himmel und
Erde gehört. 20 Und gepriesen
sei Gott, der Höchste, der deine
Feinde dir ausgeliefert hat.«

Abram gab ihm den zehnten Teil von aller Beute. 21 Da sagte der König von Sodom zu Abram: »Gib mir meine Leute zurück, alles andere kannst du behalten!« 22 Doch Abram erwiderte: »Ich schwöre bei Jahwe, bei Gott, dem Höchsten, dem Himmel und Erde gehört: 23 Nicht einen Faden oder Schuhriemen werde ich von dem behalten, was dir gehört! Du sollst niemals sagen können: ›Ich habe Abram reich gemacht.‹ 24 Ich nehme nichts für mich. Nur das behalte ich, was meine Männer verzehrt haben und was meinen Bundesgenossen Aner, Eschkol und Mamre zusteht. Die sollen ihren Anteil an der Beute erhalten.«

Gottes Bund mit Abram

15 1 Nach diesen Ereignissen empfing Abram folgende Botschaft Jahwes in einer Vision*: »Hab

---

14,13 *Hebräer.* In der Bibel wird der Begriff meist von Nichtisraeliten als herabsetzende Bezeichnung für die Nachkommen Abrahams gebraucht.

14,14 *318 Mann.* Wenn Abram so viel kriegstüchtige Männer von seinen hausgeborenen Sklaven aufbieten konnte, muss er über einen Hausstand von mindestens 1000 Mann verfügt haben.

Die Stadt *Dan* lag an der Nordgrenze Israels, am Fuß des Berges Hermon, etwa 250 km von Abrams Siedlungsplatz entfernt.

14,15 Die genaue Lage von *Hoba* ist unbekannt, die Stadt muss etwa 80 km nordöstlich von Dan gelegen haben.

14,17 *Königstal.* Zur Zeit der Niederschrift des 1. Buches Mose und mindestens bis zur Zeit Abschaloms (vergleiche 2. Samuel 18,18) hieß das Kidrontal, das auf der Ostseite von Jerusalem liegt, *Königstal*.

14,18 *Melchisedek* bedeutet: »Mein König ist Gerechtigkeit«, vergleiche Hebräer 7,2.

Salem ist eine Kurzform von Jerusalem, vergleiche Psalm 76,3, und klingt an das hebräische Wort für »Frieden« an, vergleiche Hebräer 7,2.

15,1 *Vision.* Übernatürliche visuell-akustische Erfahrung eines einzelnen Menschen, durch die ihm Gott eine Botschaft mitteilt. Sie unterscheidet sich deutlich von einem Traum. Vergleiche auch die Fußnote zu 1. Mose 12,7!

keine Angst, Abram! Ich selbst bin dein
Schutz. Du wirst reich belohnt wer-
den.« 2 Da erwiderte Abram: »Jahwe,
mein Herr, was willst du mir denn
geben? Ich werde ja kinderlos sterben,
und meinen Besitz erbt Eliëser von
Damaskus*. 3 Du hast mir doch keinen
Sohn gegeben. Der Sklave, der in mei-
nem Haus geboren wurde, wird mich
beerben.« 4 Da kam das Wort Jahwes
zu ihm: »Nein, er wird nicht dein Erbe
sein, sondern einer, den du zeugen
wirst, der soll dich beerben.« 5 Darauf
führte er ihn ins Freie und sagte: »Blick
doch zum Himmel auf und zähle die
Sterne*, wenn du es kannst!« Und
fügte hinzu: »So wird deine Nachkom-
menschaft sein!«*

6 Abram glaubte Jahwe, und das rech-
nete er ihm als Gerechtigkeit an.*
7 Dann sagte er: »Ich, Jahwe, habe dich
aus Ur in Chaldäa geführt, um dir dieses
Land als Eigentum zu geben.«
8 »Jahwe, mein Herr«, erwiderte Ab-
ram, »woran könnte ich erkennen, dass
ich es je besitzen werde?« 9 Da sagte er:
»Bring mir eine dreijährige Kuh, eine
dreijährige Ziege, einen dreijährigen
Schafbock, eine Turteltaube und eine
junge Taube!« 10 Abram holte die Tiere,
zerteilte jedes in zwei Hälften und legte
die Teile einander gegenüber.* Nur die
Vögel zerteilte er nicht. 11 Da fielen
Raubvögel über die Fleischstücke her,
doch Abram verscheuchte sie.

12 Als nun die Sonne unterging, fiel
ein Tiefschlaf auf Abram, und eine
unheimliche, erdrückende Angst legte
sich auf ihn. 13 Da sagte Jahwe zu ihm:
»Du sollst jetzt erfahren, dass deine
Nachkommen als Fremde in einem
Land leben werden, das ihnen nicht ge-
hört. Dort werden sie unterdrückt und
zu Sklavendiensten gezwungen – vier-
hundert Jahre lang.* 14 Aber auch das
Volk, dem sie dienen müssen, wird mein
Strafgericht treffen. Und dann werden
sie mit großem Besitz von dort wegzie-
hen. 15 Du selbst wirst ein hohes Alter
erreichen und in Frieden sterben und
begraben werden. 16 Erst die vierte Ge-
neration wird hierher zurückkehren,
denn die Schuld der Amoriter* hat noch
nicht ihr volles Maß erreicht.«
17 Als dann die Sonne untergegangen
und es ganz finster geworden war, fuhr
auf einmal etwas zwischen den zerteil-
ten Tieren hindurch, das wie ein rau-
chender Schmelzofen aussah und wie
eine brennende Fackel. 18 So schloss

15,2 *Eliëser von Damaskus* war offenbar der oberste Verwalter von Abrams Besitztümern, vgl. 1. Mose 24,2. Abram hatte ihn nach damaligem Recht als Wahlerbe eingesetzt, der allerdings zurücktreten musste, wenn doch noch ein Sohn geboren wurde.

15,5 *Sterne*. Siehe Anmerkung zu 1. Mose 22,17!

Wird im Neuen Testament von Paulus zitiert: Römer 4,18.

15,6 Wird im Neuen Testament von Paulus und Jakobus zitiert: Römer 4,3; Galater 3,6; Jakobus 2,23.

15,10 *zerteilte ... gegenüber*. Damit wurde ein feierlich beschworener Vertrag vorbereitet. Die Vertragspartner gingen dann mit einer brennenden Fackel zwischen den zerschnittenen Tierkörpern hindurch. Damit erklärten sie: Im Fall eines Meineides soll es mir so wie diesen Tieren ergehen.

15,13 Wird im Neuen Testament von Stephanus zitiert: Apostelgeschichte 7,6-7. Es handelt sich um eine runde Zahl, siehe 2. Mose 12,40.

15,16 *Schuld der Amoriter*. Vergleiche 1. Mose 14,7.

15,18 *Strom Ägyptens*. Nach Josua 15,4 war der *Bach Ägyptens* die Grenze zwischen Israel und Ägypten. Heute: Wadi El Arisch. Dies ist wohl hier auch gemeint.

Jahwe damals einen Bund mit Abram und versprach ihm: »Deinen Nachkommen gebe ich dieses Land, vom Strom Ägyptens* bis an den Euphrat, 19 das ganze Gebiet der Keniter, Kenasiter und Kadmoniter, 20 der Hetiter, Perisiter und Refaïter, 21 der Amoriter, Kanaaniter, Girgaschiter und Jebusiter.«

Hagar und Ismaël

16 1 Doch Abrams Frau Sarai blieb kinderlos. Nun hatte sie eine ägyptische Sklavin, namens Hagar. 2 Da sagte sie zu Abram: »Du siehst, dass Jahwe mich keine Kinder bekommen lässt. Wenn du dich jedoch mit meiner Sklavin einlässt, komme ich vielleicht durch sie zu einem Kind.« Abram war einverstanden. 3 Da gab Sarai ihm ihre ägyptische Sklavin zur Frau. Abram lebte damals schon zehn Jahre im Land Kanaan. 4 Er schlief mit Hagar, und sie wurde schwanger. Als sie merkte, dass sie schwanger war, begann sie, auf ihre Herrin herabzusehen. 5 Da sagte Sarai zu Abram: »Du sollst das Unrecht tragen, das mir geschieht! Ich habe dir meine Sklavin überlassen. Kaum merkt sie, dass sie schwanger ist, verachtet sie mich. Jahwe richte zwischen dir und mir!*« 6 Abram erwiderte: »Hier ist deine Sklavin. Mach mit ihr, was du willst!« Da behandelte Sarai sie so hart, dass sie ihr davonlief.

7 Doch der Engel Jahwes* fand sie an einer Wasserstelle in der Wüste, bei dem Brunnen, der am Weg nach Schur* liegt, 8 und fragte sie: »Hagar, Sklavin Sarais! Wo kommst du her, und wo willst du hin?« – »Ich bin meiner Herrin davongelaufen«, erwiderte sie. 9 Da sagte der Engel Jahwes zu ihr: »Geh zu deiner Herrin zurück und ertrage ihre harte Behandlung! 10 Ich werde dir so viele Nachkommen schenken, dass man sie nicht mehr zählen kann.« 11 Dann fügte er hinzu: »Du bist schwanger und wirst einen Sohn bekommen, den du Ismaël, ›Gott hört‹, nennen sollst, denn Jahwe hat dein Jammern gehört. 12 Er wird ein Wildesel von Mann sein, im Streit mit allen und von allen bekämpft. Und er wird seinen Brüdern auf der Nase herumtanzen.« 13 Da rief Hagar den Namen Jahwes an, der mit ihr geredet hatte. »Du bist der Gott des Schauens!«, sagte sie und rief: »Habe ich denn wirklich dem nachgeschaut, der nach mir schaute?« 14 Darum nennt man den Brunnen jetzt Beer-Lahai-Roi, ›Brunnen des Lebendigen, der nach mir schaut‹. Er liegt zwischen Kadesch und Bered.

15 Hagar gebar Abram einen Sohn und Abram nannte ihn Ismaël. 16 Abram war damals 86 Jahre alt.

Gottes Bund mit Abraham

17 1 Als Abram 99 Jahre alt war, erschien ihm Jahwe und sagte: »Ich bin El-Schaddai, ›Gott, der Allmächtige‹, geh deinen Weg vor

---

16,5 *richte zwischen dir und mir.* Ein Ausdruck von Feindschaft oder Misstrauen.

16,7 *Engel Jahwes.* Hebräisch *Malach Jahwe.* Das war kein gewöhnlicher Engel, sondern eine Erscheinung Gottes.

Die Wüste *Schur* liegt zwischen dem »Bach Ägyptens« und dem heutigen Suez-Kanal. Der Ort *Schur* war eventuell das heutige Tell Fara, ein Vorposten der Ägypter. Hagar war also auf dem Weg nach Ägypten.

mir und halte dich ganz an mich! 2 Ich
schließe meinen Bund mit dir und
werde dir unermesslich viele Nach-
kommen geben.« 3 Da warf sich
Abram vor Gott nieder mit dem Ge-
sicht auf die Erde, und Gott sagte zu
ihm: 4 »Pass auf! Mein Bund sieht so
aus: Du wirst zum Vater vieler Völker
werden. 5 Deshalb sollst du auch
nicht mehr Abram* heißen, sondern
Abraham*! Denn ich habe dich zum
Vater vieler Völker bestimmt.* 6 Ich
werde dich überaus fruchtbar ma-
chen, sodass deine Nachkommen zu
ganzen Völkern werden. Selbst Köni-
ge werden von dir abstammen. 7 Ich
richte meinen Bund zwischen mir und
dir und deinen Nachkommen* auf
durch alle Generationen hindurch,
einen ewigen Bund, um dein und
deiner Nachkommen Gott zu sein.
8 Ich werde euch das ganze Land
Kanaan geben, in dem du jetzt als
Fremder lebst. Es wird deinen Nach-
kommen für immer gehören. Und ich
werde ihr Gott sein.«

9 Weiter sagte Gott: »Doch du, du
sollst meinen Bund halten, du und
deine Nachkommen, durch alle Gene-
rationen hindurch! 10 Eure Verpflich-
tung mir gegenüber besteht darin,
dass ihr jeden Mann und jeden eurer
männlichen Nachkommen beschnei-
den müsst. 11 Bei allen müsst ihr die
Vorhaut am Geschlechtsteil entfer-
nen. Das ist das Zeichen für den Bund
zwischen mir und euch. 12 Am achten
Tag muss jeder männliche Neuge-
borene beschnitten werden. Das gilt
auch für die Sklaven, die bei euch
geboren werden oder die ihr von
Fremden kauft, auch dann, wenn sie
nicht zu deiner Nachkommenschaft
gehören. 13 Sie müssen unbedingt
beschnitten werden! Ihr sollt das
Zeichen meines Bundes am Körper
tragen, denn mein Bund gilt für alle
Zeit. 14 Ein Unbeschnittener, ein
Mann, bei dem die Vorhaut nicht
entfernt wurde, muss von seinem
Stammesverband beseitigt* werden.
Er hat meinen Bund gebrochen.«

15 Dann sagte Gott zu Abraham:
»Sarai, deine Frau, sollst du nicht
mehr Sarai nennen. Von jetzt an soll
sie Sara heißen*. 16 Ich werde sie
segnen und dir einen Sohn von ihr
schenken. Ich segne sie so, dass sie die
Mutter ganzer Völker wird, selbst
Könige werden von ihr stammen.«
17 Da warf sich Abraham vor Gott nie-
der und lachte innerlich. Er dachte:
»Einem Hundertjährigen soll noch
ein Sohn geboren werden, und eine
Neunzigjährige soll noch ein Kind
bekommen?« 18 Dann sagte er zu
Gott: »Wenn nur Ismaël vor dir leben
kann!« 19 Aber Gott sagte: »Nein,
deine Frau Sara wird dir einen Sohn
gebären, den du Isaak, Lacher, nennen

17,5 *Abram* heißt: Gott, der Vater, ist erhaben. Es war ein Bekenntnis von Abrams Eltern zu Gott.

Abraham heißt: Vater einer großen Menge. Das war ein Bekenntnis Gottes zu Abraham.

Wird im Neuen Testament von Paulus zitiert: Römer 4,17.

17,7 *deinen Nachkommen*. Wörtlich: *deinem Samen* (Singular). Wird im Neuen Testament von Paulus zitiert: Galater 3,16.

17,14 *beseitigt*. Entweder durch Verbannung oder Tod.

17,15 *Sarai* bedeutet »meine Fürstin«, *Sara* »Fürstin«, oder »Prinzessin«, was offenbar eine umfassendere Bedeutung hat, denn von ihr würden Könige abstammen.

sollst. Ihm und seinen Nachkommen
gilt mein Bund für alle Zeiten.
20 Doch auch wegen Ismaël habe
ich dich erhört. Ich werde ihn segnen
und fruchtbar machen, und er wird
sehr viele Nachkommen haben. Zwölf
Fürsten wird er zeugen, und ich
mache ihn zum Vater eines großen
Volkes. 21 Aber meinen Bund richte
ich mit Isaak auf, den Sara dir im
nächsten Jahr um diese Zeit schenken
wird.« 22 Als Gott das Gespräch mit
Abraham beendet hatte, fuhr er wie-
der in den Himmel auf.

23 Noch am gleichen Tag beschnitt
Abraham seinen Sohn Ismaël und alle
Sklaven, die in seinem Haus geboren
oder bei Fremden gekauft worden
waren, wie Gott es ihm gesagt hatte.
24 Auch er selbst ließ sich beschnei-
den. Damals war er 99 Jahre alt,
25 und sein Sohn Ismaël war dreizehn.
26 Abraham und Ismaël wurden also
am gleichen Tag beschnitten 27 zu-
sammen mit allen Männern, die zu
Abrahams Haushalt gehörten.

Jahwes Besuch bei Abraham

18 1 Dann erschien Jahwe Abra-
ham bei den Terebinthen von
Mamre, als dieser in der Mittagshitze
gerade am Eingang seines Zeltes saß.
2 Abraham blickte hoch und sah auf
einmal drei Männer vor sich stehen.
Sofort sprang er auf, verneigte sich
vor ihnen bis zur Erde 3 und sagte zu
dem, der voranging: »Mein Herr,
wenn ich Gnade vor dir gefunden
habe, dann geh doch nicht an deinem
Diener vorüber! 4 Man wird gleich ein
wenig Wasser bringen, damit ihr euch
die Füße waschen könnt. Dann macht
es euch bequem unter dem Baum.
5 Ich hole inzwischen einen Bissen
Brot, damit ihr euch stärken und dann
euren Weg fortsetzen könnt. Wozu
seid ihr sonst bei eurem Diener vor-
beigekommen?« – »Tu, was du vor-
hast«, sagten die Männer.

6 Da eilte Abraham zu Sara ins Zelt
und rief: »Schnell, drei Maß* vom
feinsten Mehl! Mach Teig und back
Fladenbrot*!« 7 Er lief weiter zum
Vieh, suchte ein schönes, zartes Kalb
heraus und befahl seinem Sklaven, es
schnell zuzubereiten. 8 Dann holte er
saure und süße Milch, nahm das ge-
kochte Fleisch und setzte alles seinen
Gästen vor. Während sie aßen, stand
er unter dem Baum und bediente sie.

9 Dann fragten sie ihn: »Wo ist deine
Frau Sara?« – »Im Zelt«, erwiderte er.
10 Da sagte Jahwe: »Nächstes Jahr um
diese Zeit komme ich wieder zu dir,
dann wird deine Frau Sara einen Sohn
haben.«* Sara horchte am Zeltein-
gang hinter Abraham. 11 Beide waren
damals schon alt, und Sara war lange
über die Wechseljahre hinaus. 12 Da
lachte Sara innerlich und dachte:
»Jetzt, wo ich verwelkt bin, soll ich
noch Liebeslust haben? Und mein
Ehemann ist ja auch alt.« 13 Da sagte
Jahwe zu Abraham: »Warum hat Sara
denn gelacht und denkt: ›Soll ich alte
Frau wirklich noch Mutter werden
können?‹ 14 Sollte für Jahwe denn

18,6 *drei Maß*. Hebräisch: Sea. 1 Sea = 1/3 Epha = 7 Liter = 4 Kilogramm. Ein Maß Mehl wäre mehr als genug für alle gewesen.

Fladenbrote wurden auf heißen Steinen gebacken, sie waren bis zu 1 cm dick und hatten einen Durchmesser von 20-30 cm.

18,10 Wird im Neuen Testament von Paulus zitiert: Römer 9,9.

irgendetwas unmöglich sein? Nächs-
tes Jahr, zur genannten Zeit, komme
ich wieder, dann hat Sara einen
Sohn.« *15* »Ich habe doch nicht ge-
lacht«, leugnete Sara, denn sie hatte
Angst bekommen. Aber er sagte:
»Doch, du hast gelacht.«

Abraham bittet für Sodom

16 Dann brachen die Männer auf.
Abraham begleitete sie. Als sie die
Ebene von Sodom unter sich liegen
sahen, *17* dachte Jahwe: »Soll ich
Abraham verheimlichen, was ich vor-
habe? *18* Er soll doch der Vater eines
großen und mächtigen Volkes wer-
den, und durch ihn sollen alle Völker
der Erde Segen empfangen.* *19* Denn
mit ihm habe ich Verbindung aufge-
nommen, damit er seinen Söhnen und
seinen weiteren Nachkommen auf-
trägt, den Geboten Jahwes zu folgen,
das Recht zu achten und Gerechtig-
keit zu üben. So kann Jahwe auch
seine Zusage an ihn einlösen.«

20 Jahwe sagte also: »Schwere Kla-
gen sind über Sodom und Gomorra zu
mir gedrungen. Ihre Sünde ist offen-
bar gewaltig groß. *21* Darum will ich
hinabsteigen und sehen, ob ihr Tun
wirklich dem Schreien entspricht, das
zu mir gedrungen ist. Ich will wissen,
ob es so ist oder nicht.« *22* Da wand-
ten sich die Männer ab und gingen
nach Sodom, während Abraham noch
bei Jahwe stehen blieb.

23 Nun trat Abraham vor und sagte:
»Willst du wirklich den Gerechten mit
dem Gottlosen umbringen? *24* Viel-
leicht gibt es 50 Gerechte in der Stadt.
Willst du die mit umkommen lassen
und den Ort nicht wegen der 50 ver-
schonen? *25* Du kannst doch den
Gerechten nicht mit dem Gottlosen
töten und die einen nicht genauso wie
die anderen behandeln! Das kannst
du auf keinen Fall tun! Sollte sich der
Richter der ganzen Welt nicht selbst
an das Recht halten?« *26* »Wenn ich
50 Gerechte in der Stadt finde«, er-
widerte Jahwe, »werde ich ihretwegen
dem ganzen Ort vergeben.« *27* Da
nahm Abraham wieder das Wort: »Ich
habe mich nun einmal vorgewagt, zu
meinem Herrn zu reden, obwohl ich
nur Staub und Asche bin. *28* Vielleicht
fehlen an den 50 Gerechten nur fünf.
Willst du wegen dieser fünf die ganze
Stadt vernichten?« – »Nein, ich werde
sie nicht vernichten, wenn ich 45 dort
finde«, erwiderte er. *29* Abraham fuhr
fort: »Und wenn es nur 40 sind?« –
»Dann verschone ich sie wegen der
40«, erwiderte er. *30* »Bitte, mein
Herr«, sagte Abraham, »werde nicht
zornig, wenn ich weiterrede! Viel-
leicht finden sich nur 30?« – »Dann
verschone ich sie wegen der 30.«
31 Da fing er wieder an: »Ich habe es
nun einmal gewagt, zu meinem Herrn
zu reden: Vielleicht finden sich 20
dort.« – »Auch wenn es nur 20 sind,
vernichte ich sie nicht.« *32* »Bitte,
werde nicht zornig, Herr!«, sagte
Abraham. »Ich will nur noch einmal
reden: Vielleicht findet man auch nur
zehn.« – »Ich verschone sie auch
wegen der zehn«, antwortete Jahwe.

18,18 Wird mit 1. Mose 12,3 im Neuen Testament von Paulus zitiert: Galater 3,8.

19,1 Der Platz *im Tor* ist der geräumige Durchgang der turmartigen Torbefestigungen und der anschließende Platz. Tagsüber wurde hier Markt gehalten und Recht gesprochen, abends trafen sich die Männer dort.

33 Dann brach er das Gespräch ab
und ging weg. Abraham kehrte nach
Hause zurück.

Gottes Gericht über Sodom und Gomorra

19 1 Am Abend trafen die beiden
Gottesboten in Sodom ein.
Lot saß gerade im Tor* der Stadt. Als
er sie kommen sah, ging er ihnen ent-
gegen und warf sich nieder mit dem
Gesicht zur Erde. 2 »Meine Herren«,
sagte er, »ich bin euer Diener. Mein
Haus steht euch offen. Ihr könnt eure
Füße waschen und bei mir übernach-
ten. Und morgen früh könnt ihr
weiterziehen.« – »Nein, auf keinen
Fall!«, erwiderten sie. »Wir wollen
hier auf dem Platz übernachten.« 3 Er
redete ihnen aber so lange zu, bis sie
in sein Haus mitkamen. Dann machte
er ihnen etwas zu essen und backte
ungesäuertes Fladenbrot für sie. Nach
der Mahlzeit 4 wollten sie sich gerade
niederlegen, da kamen die Männer
von Sodom herbei und umstellten das
Haus. Es waren alle Männer der
Stadt, alte und junge. 5 Sie schrien
nach Lot und riefen: »Wo sind die
Männer, die heute Abend zu dir ge-
kommen sind? Los, gib sie heraus!
Wir wollen es ihnen besorgen!«* 6 Da
trat Lot vor die Tür und schloss sie
hinter sich zu. 7 »Ach, meine Brü-
der!«, rief er. »Tut doch nicht so etwas
Böses! 8 Seht, ich habe zwei Töchter,
die noch kein Mann berührt hat; die
will ich zu euch herausbringen. Macht
mit ihnen, was ihr wollt, aber tut diesen
Männern nichts. Sie sind meine Gäste
und stehen unter meinem Schutz.«
9 Doch sie schrien: »Weg mit dir! Da
kommt dieser Fremde hierher und
spielt sich schon als Richter auf! Pass
mal auf, wir werden es mit dir noch
schlimmer treiben, als mit denen!«
Sie fielen über Lot her und versuchten,
die Tür aufzubrechen. 10 Da zogen die
beiden Männer Lot zurück ins Haus
und verschlossen die Tür. 11 Und all die
Männer draußen schlugen sie mit
Blindheit, sodass diese es schließlich
aufgaben, den Eingang zu suchen.

12 Die Männer sagten zu Lot: »Hast
du noch andere Verwandte hier –
einen Schwiegersohn, Söhne, Töch-
ter? Wer auch immer zu dir gehört,
schaff sie aus der Stadt hinaus!
13 Denn wir werden diesen Ort ver-
nichten. Dazu hat Jahwe uns nämlich
geschickt, denn über seine Bewohner
sind schwere Klagen vor ihn gekom-
men.« 14 Da ging Lot zu seinen künf-
tigen Schwiegersöhnen* und sagte:
»Schnell, ihr müsst diese Stadt verlas-
sen! Jahwe wird den Ort vernichten!«
Aber sie nahmen ihn nicht ernst, sie
dachten nur, er mache Spaß.

15 Im Morgengrauen drängten die
Männer Lot zur Eile: »Schnell, nimm
deine Frau und deine beiden Töchter
hier, sonst wird die Schuld der Stadt
auch euch umbringen!« 16 Als er
immer noch zögerte, packten die
Männer Lot bei der Hand, dazu seine
Frau und seine Töchter, und führten
ihn aus dem Ort. Erst draußen ließen
sie ihn wieder los, weil Jahwe ihn ver-
schonen wollte. 17 Als sie dann auf

19,5 *es ihnen besorgen.* Die Männer Sodoms wollten ihre homosexuelle Gier befriedigen.

19,14 *künftige Schwiegersöhne.* Die Sprachform lässt auch zu, hier an schon verheiratete Schwiegersöhne zu denken. Dann hätte Lot wenigstens vier Töchter gehabt.

dem freien Feld waren, sagte er:
»Lauf, so schnell du kannst! Es geht
um dein Leben! Bleib nicht stehen
und schaue dich nicht um! Rette dich
auf die Berge, sonst bist du verloren!«
18 Aber Lot sagte: »Ach nein, mein
Herr! 19 Du warst so gnädig zu deinem Diener, und du hast mir die
Gunst erwiesen, dass ich am Leben
bleiben kann. Aber ich kann nicht auf
die Berge fliehen, sonst erreicht mich
das Unheil doch noch und ich müsste
sterben. 20 Sieh doch, diese Stadt ist
ganz in der Nähe. Bis dahin könnten
wir es schaffen, und sie ist ja nur so
klein. Dürfen wir uns nicht dorthin retten, um am Leben zu bleiben? Es ist
doch nur eine kleine Stadt.« 21 »Gut«,
sagte er, »auch das will ich dir gewähren. Ich vernichte die Stadt nicht.
22 Schnell, rette dich dorthin! Denn
ich kann nichts tun, bevor du da bist.«
Deshalb nennt man die Stadt Zoar*.

23 Die Sonne ging gerade auf, als
Lot nach Zoar kam. 24 Da ließ Jahwe
Feuer und Schwefel auf Sodom und
Gomorra regnen. Es kam von ihm,
vom Himmel herab, 25 und verwüstete die Städte und ihre ganze Umgebung. Alle Menschen dort kamen
um, und alles, was auf den Feldern
wuchs, wurde vernichtet. 26 Lots Frau
aber hatte sich hinter seinem Rücken
umgeschaut und war zu einer Salzsäule erstarrt.

27 Früh am nächsten Morgen ging
Abraham wieder an die Stelle, wo er
vor Jahwe gestanden hatte, 28 und
schaute auf die Tiefebene mit Sodom
und Gomorra herab. Da sah er eine
Rauchwolke vom Land aufsteigen wie
von einem Schmelzofen. 29 Aber Gott
hatte an Abraham gedacht, als er die
Städte in der Ebene vernichtete. Er
sorgte dafür, dass Lot, der mitten in
diesen Städten gewohnt hatte, der
Katastrophe entging.

Lot und seine Töchter

30 Aber Lot hatte Angst, in Zoar zu
bleiben. Deshalb zog er mit seinen beiden Töchtern ins Gebirge und wohnte
in einer Höhle. 31 Eines Tages sagte die
ältere Tochter zur jüngeren: »Unser
Vater ist alt, und es gibt weit und breit
keinen Mann, der mit uns schlafen
könnte, wie es überall gemacht wird.
32 Komm, wir geben unserem Vater
Wein zu trinken und legen uns dann zu
ihm, damit wir von ihm Kinder bekommen.« 33 Noch am selben Abend
machten sie ihren Vater betrunken.
Dann legte sich die Ältere zu ihm.
Doch ihr Vater merkte nichts davon,
weder wie sie zu ihm kam noch wie sie
von ihm aufstand. 34 Am Morgen sagte
sie zu ihrer Schwester: »Siehst du, ich
habe heute Nacht mit unserem Vater
geschlafen. Wir wollen ihn auch heute
Abend mit Wein betrunken machen,
und dann legst du dich zu ihm, damit
wir von ihm Kinder bekommen.«
35 Am Abend machten sie ihren Vater
wieder betrunken. Dann legte sich die
Jüngere zu ihm. Doch ihr Vater merkte
wieder nichts davon, weder wie sie zu
ihm kam noch wie sie von ihm aufstand. 36 So wurden die beiden Töchter
Lots von ihrem eigenen Vater schwanger. 37 Die Ältere bekam einen Sohn
und nannte ihn Moab, »Vom Vater«.

19,22 *Zoar* bedeutet so viel wie »Winzig« und liegt etwa 8 km vom Süd-Ende des Toten Meeres entfernt in der Tiefebene. Zum Gebirge wäre es kaum weiter gewesen.

Er gilt bis heute als der Stammvater
der Moabiter. 38 Als auch die Jüngere
einen Sohn bekam, nannte sie ihn
Ben-Ammi, »Sohn meiner Leute«. Er
gilt bis heute als der Stammvater
der Ammoniter.

Abraham bei Abimelech

20 1 Abraham brach nun von
Mamre auf und zog weiter
in den Negev. Er schlug sein Lager
zwischen Kadesch und Schur* auf
und lebte dann eine Zeitlang in
Gerar*. 2 Dort gab er seine Frau Sara
wieder als seine Schwester aus. Da
ließ Abimelech*, der König von Gerar,
Sara zu sich holen. 3 Aber in der
Nacht kam Gott im Traum zu Abime-
lech und sagte: »Du musst sterben,
weil du diese Frau genommen hast,
denn sie ist verheiratet und gehört
einem anderen.« 4 Abimelech hatte
sie noch nicht berührt und erwiderte:
»Herr, willst du denn unschuldige
Leute umbringen? 5 Er hat doch
selbst zu mir gesagt: ›Sie ist meine
Schwester.‹ Und auch sie hat das
bestätigt und mir gesagt: ›Er ist mein
Bruder.‹ Ich habe das mit reinem
Gewissen und unschuldigen Händen
getan.« 6 »Das weiß ich auch«, sagte
Gott im Traum zu ihm. »Ja, du hast
das mit reinem Gewissen getan. Des-
halb habe ich dich auch davon abge-
halten, vor mir schuldig zu werden,
und dir nicht gestattet, sie zu berüh-
ren. 7 Doch jetzt gib die Frau dem
Mann zurück! Er ist nämlich ein Pro-
phet und wird für dich beten, damit du
am Leben bleibst. Wenn du sie aber
behältst, wirst du sterben, du und
alles, was zu dir gehört.«

8 Am nächsten Morgen stand Abi-
melech früh auf, rief seine Leute zu-
sammen und berichtete ihnen, was
geschehen war. Da bekamen es alle
mit der Angst zu tun. 9 Abimelech ließ
Abraham rufen und sagte zu ihm:
»Was hast du uns da angetan? Womit
habe ich mich an dir versündigt, dass
du mich und mein Volk in diese
schwere Schuld gestürzt hast? Du
hast mir etwas angetan, was man
einfach nicht tun darf! 10 Was hast
du dir dabei nur gedacht?« 11 Ab-
raham entgegnete: »Ich dachte, an
diesem Ort hat man bestimmt keine
Ehrfurcht vor Gott, und man wird
mich umbringen wegen meiner Frau.
12 Außerdem ist sie wirklich meine
Schwester. Sie ist die Tochter meines
Vaters, hat aber eine andere Mutter.
Darum konnte ich sie heiraten. 13 Als
Gott mich dann aus meiner Heimat
in die Fremde schickte, sagte ich zu
ihr: ›Tu mir den Gefallen und gib
mich überall, wo wir hinkommen, als
deinen Bruder aus!‹«

14 Da machte Abimelech Abraham
ein Geschenk und ließ Kleinvieh,
Rinder, Sklaven und Sklavinnen zu
ihm bringen. Auch seine Frau Sara
gab er ihm zurück. 15 Dabei sagte er:
»Mein ganzes Land steht dir offen. Du
kannst dich niederlassen, wo es dir
gefällt.« 16 Und an Sara gewandt,
sagte er: »Ich gebe deinem Bruder
1000 Silberstücke. Damit sei vor allen

20,1 *Kadesch und Schur*. Vergleiche die Anmerkungen zu Kapitel 14,7 und 16,7.

Gerar liegt in der Nähe von Gaza, 27 km nordwestlich von Beerscheba.

20,2 *Abimelech* heißt »mein Vater ist König«. Das war der Titel vieler kanaanäischer Stadtkönige.

Leuten bestätigt, dass deine Ehre
nicht angetastet worden ist und nie-
mand dir etwas nachsagen kann.«
17 Nun betete Abraham zu Gott. Da-
raufhin nahm Gott die Strafe von
Abimelech, seiner Frau und allen sei-
nen Sklavinnen weg, dass sie wieder
Kinder bekommen konnten. 18 Denn
wegen Abrahams Frau Sara hatte
Jahwe im ganzen Haushalt Abime-
lechs jeden Mutterleib verschlossen.

Die Geburt Isaaks

21 1 Jahwe dachte an Sara und
tat an ihr, was er zugesagt
hatte. 2 Sie wurde schwanger und
gebar Abraham in seinem Alter noch
einen Sohn. Es war genau zu der Zeit,
die Gott angegeben hatte. 3 Abraham
nannte den Sohn, den Sara ihm gebo-
ren hatte, Isaak. 4 Als sein Sohn acht
Tage alt geworden war, beschnitt Ab-
raham ihn, wie Gott es angeordnet
hatte. 5 Hundert Jahre alt war er bei
der Geburt Isaaks. 6 Sara sagte: »Gott
hat mir ein Lachen geschenkt! Jeder,
der es hört, wird mit mir lachen. 7 Wer
hätte Abraham je zugeraunt: ›Sara
wird ein Söhnchen stillen!‹ Und doch
habe ich ihm in seinem Alter noch
einen Sohn geboren!«
8 Das Kind wuchs heran. Als es von
der Mutterbrust entwöhnt wurde,
feierte Abraham ein großes Fest.

Hagar und Ismaël müssen fort

9 Eines Tages bemerkte Sara, wie Is-
maël, der Sohn der Ägypterin Hagar,
den diese Abraham geboren hatte,
herumtollte. 10 Da sagte sie zu Abra-
ham: »Jag mir die Sklavin und ihren
Sohn weg! Der Sohn dieser Sklavin
darf nicht gemeinsam mit meinem
Sohn Isaak das Erbe antreten!«*
11 Abraham missfiel das sehr, denn
Ismaël war sein Sohn. 12 Aber Gott
sagte zu ihm: »Gräm dich nicht wegen
des Jungen und wegen deiner Sklavin.
Hör auf alles, was Sara dir sagt! Denn
Isaaks Nachkommen werden dein
genannt werden.* 13 Doch auch den
Sohn der Sklavin mache ich zu einem
Volk, weil er von dir abstammt.«
14 Am frühen Morgen stand Abraham
auf, nahm Brot und einen Schlauch
mit Wasser, packte Hagar alles auf die
Schulter, übergab ihr das Kind und
schickte sie fort. Hagar ging weg,
doch verirrte sie sich in der Wüste von
Beerscheba*. 15 Als ihnen das Wasser
im Schlauch ausgegangen war, legte
sie den Jungen unter einen Strauch
16 und setzte sich einen Bogenschuss
weit entfernt auf die Erde. Denn sie
sagte sich: »Ich kann es nicht mit an-
sehen, wie der Junge stirbt!« So saß
sie ihm dort gegenüber und weinte.
17 Aber Gott hörte den Jungen. Da rief
der Engel Gottes Hagar vom Himmel
aus zu: »Was ist mit dir, Hagar? Hab
keine Angst! Gott hat den Jungen ge-
hört, wo er jetzt liegt. 18 Steh auf und
nimm ihn bei der Hand! Ich werde ihn
zu einem großen Volk werden lassen.«
19 Dann öffnete Gott ihr die Augen,
und sie sah einen Wasserbrunnen. Da
ging sie hin, füllte den Schlauch mit

21,10 Wird im Neuen Testament von Paulus zitiert: Galater 4,30.

21,12 Wird im Neuen Testament von Paulus und im Hebräerbrief zitiert: Römer 9,7; Hebräer 11,18.

21,14 *Beerscheba* wurde später die wichtigste Stadt im Negev und liegt etwa 40 km südwestlich von Hebron.

Wasser und gab dem Jungen zu
trinken. 20 Gott kümmerte sich auch
weiter um ihn. Er wuchs in der Wüste
heran und wurde ein Bogenschütze.
21 Es war die Wüste Paran*, in der er
lebte und wo seine Mutter ihm eine
Ägypterin zur Frau gab.

Der Vertrag mit Abimelech

22 Um diese Zeit kam Abimelech mit
seinem Heerführer Pichol zu Abraham
und sagte zu ihm: »Gott ist mit dir und
lässt dir alles gelingen, was du tust.
23 So schwöre mir jetzt bei Gott, dass
du weder mich noch meine Kinder und
Kindeskinder betrügen wirst. Ich habe
dir nur Gutes erwiesen. Handle du
ebenso an mir und dem Land, in dem
du als Fremder lebst!« 24 »Ja, ich
schwöre es«, sagte Abraham.

25 Er beklagte sich aber bei Abime-
lech, dass dessen Leute ihm gewalt-
sam einen Brunnen weggenommen
hatten. 26 »Ich weiß nicht, wer das
war«, sagte Abimelech. »Du hast mir
bis heute nichts davon gesagt, und ich
habe auch sonst noch nichts davon
gehört.« 27 Da übergab Abraham Ab-
imelech eine Anzahl Kleinvieh und
Rinder, und die beiden schlossen
einen Bund. 28 Abraham hatte aber
noch sieben Schaflämmer aus seiner
Herde ausgesondert. 29 »Was sollen
diese sieben Lämmer?«, fragte Abi-
melech. 30 Abraham erwiderte: »Die
musst du extra von mir annehmen,
damit du auf diese Weise bestätigst,
dass der Brunnen mir gehört.«
31 Deshalb nennt man diesen Ort
Beerscheba, ›Brunnen des Sieben-
schwurs‹, weil beide dort ihren Ver-
trag beschworen hatten. 32 Nachdem
sie so einen Bund in Beerscheba ge-
schlossen hatten, kehrten Abimelech
und sein Heerführer Pichol ins Land
der Philister zurück. 33 Abraham aber
pflanzte eine Tamariske* und rief
dort den Namen Jahwes, des ewigen
Gottes, an. 34 Er hielt sich noch lange
als Fremder im Land der Philister auf.

Abrahams Opfergang

22 1 Einige Zeit danach* stellte
Gott Abraham auf die Probe.
»Abraham«, sagte er zu ihm. »Ja?«,
antwortete er. 2 »Nimm deinen Sohn,
deinen einzigen, den du lieb hast, den
Isaak! Zieh ins Land Morija und opfe-
re ihn als Brandopfer auf dem Berg*,
den ich dir zeigen werde!«

3 Am nächsten Morgen stand Abra-
ham früh auf. Er spaltete Holz für
das Brandopfer und sattelte seinen
Esel. Dann nahm er zwei seiner Leute
und seinen Sohn Isaak und machte
sich mit ihnen auf den Weg zu dem
Ort, den Gott ihm genannt hatte.

21,21 Die *Wüste Paran* hat man vermutlich in der nördlichen Sinaihalbinsel westlich der Araba zu suchen.

21,33 Die *Tamariske* ist ein reich verzweigter immergrüner Baum, der bis zu 10 Meter hoch wird. Er ist im Sandgebiet des Negev verbreitet.

22,1 *Zeit danach.* Nach biblischer Chronologie (siehe Vorwort des Übersetzers) wurde Isaak im Jahr 2066 v.Chr. geboren, als Abraham 100 Jahre alt war (1. Mose 21,5). Frühestmöglicher Zeitpunkt von Abrahams Opfergang wäre 2057 v.Chr. (Isaak neun Jahre alt), spätestmöglicher das Todesjahr Saras 2029 v.Chr. (Isaak 37 Jahre alt).

22,2 *Berg.* Nach 2. Chronik 3,1 ist das der Tempelberg in Jerusalem. Das *Land Morija* meint dann die Gegend um den Berg herum. Der Berg lag damals außerhalb der alten Jebusiterstadt.

4 Am dritten Tag erblickte er den Berg
aus der Ferne. 5 Da sagte er zu seinen
Leuten: »Ihr bleibt mit dem Esel hier!
Ich werde mit dem Jungen dort
hinaufgehen, um anzubeten. Dann
kommen wir wieder zurück.«

6 Abraham lud seinem Sohn die
Holzscheite auf den Rücken. Er selbst
nahm den Topf mit den glühenden
Kohlen und das Messer. So gingen
beide miteinander. 7 Da sagte Isaak:
»Vater!« – »Ja, mein Sohn?« –
»Schau, wir haben Feuer und Holz.
Aber wo ist das Lamm zum Brand-
opfer?« 8 »Gott wird schon für ein
Lamm sorgen, mein Sohn.« So gin-
gen beide miteinander.

9 Als sie die Stelle erreichten, die
Gott ihm genannt hatte, baute Ab-
raham den Altar. Dann schichtete er
das Holz auf, fesselte seinen Sohn
Isaak und legte ihn auf den Altar, oben
auf das Holz. 10 Und dann griff er
nach dem Messer, um seinen Sohn
zu schlachten. 11 Da rief der Engel
Jahwes vom Himmel her: »Abraham!
Abraham!« – »Ja?«, erwiderte er.
12 »Halt ein! Tu dem Jungen nichts
zuleide! Jetzt weiß ich, dass du Gott
gehorchst, denn du hast mir deinen
einzigen Sohn nicht verweigert.«
13 Als Abraham dann aufblickte, sah
er einen Schafbock, der sich mit sei-
nen Hörnern im Gebüsch hinter ihm
verfangen hatte. Abraham holte das
Tier und opferte es anstelle seines
Sohnes auf dem Altar. 14 Abraham
nannte den Ort »Jahwe sorgt vor«.
Noch heute sagt man: »Auf dem Berg
Jahwes ist vorgesorgt.«

15 Noch einmal rief der Engel Jahwes
Abraham vom Himmel herab zu:
16 »Ich schwöre bei mir selbst, sagt
Jahwe: Weil du das getan und mir dei-
nen einzigen Sohn nicht verweigert
hast, 17 werde ich dich mit Segen über-
schütten und deine Nachkommen
überaus zahlreich machen,* so wie die
Sterne am Himmel und die Sandkör-
ner am Strand.* Sie werden ihre Fein-
de besiegen und ihre Städte erobern.
18 Und durch deinen Nachkommen
werden alle Völker der Erde gesegnet
sein,* weil du mir gehorcht hast.«

19 Abraham kehrte wieder zu seinen
Leuten zurück, und sie gingen mitein-
ander nach Beerscheba. Dort blieb
Abraham wohnen.

Die Nachkommen Nahors

20 Einige Zeit später erhielt Abraham
die Nachricht: »Milka hat deinem
Bruder Nahor Söhne geboren!« 21 Es
waren Uz, sein Erstgeborener, dann
Bus und Kemuël, von dem die Syrer
abstammen, 22 Kesed und Haso, Pil-
dasch, Jidlaf und Betuël, der Vater von
Rebekka. 23 Diese acht Söhne hatte
Milka Nahor, dem Bruder Abrahams,
geboren. 24 Auch von seiner Neben-
frau Rëuma hatte Nahor Kinder: Te-
bach, Gaham, Tahasch und Maacha.

22,17 Wird im Neuen Testament zitiert: Hebräer 6,13-14.

Sterne ... Sandkörner. Die Zahl der Sterne, die man mit bloßem Auge erkennen kann, beträgt etwa 5000. Die Gesamtzahl der Sterne, die man prinzipiell mit modernen Teleskopen sichtbar machen kann, schätzt man heute auf 70 Trilliarden. Das entspricht der Zahl Sieben mit 22 Nullen. Die Zahl aller Sandkörner der Erde dürfte nach neueren Abschätzungen noch weit höher sein.

22,18 Wird im Neuen Testament von Petrus zitiert: Apostelgeschichte 3,25

Saras Tod und Begräbnis

23 1 Sara wurde 127 Jahre alt,
2 dann starb sie* in Kirjat-
Arba, dem späteren Hebron, im Land
Kanaan. Abraham trauerte um sie und
hielt die Totenklage. 3 Dann ging er von
seiner Toten weg und redete mit den
Hetitern: 4 »Ich bin ein Ausländer und
lebe nur als Gast unter euch. Verkauft
mir ein Stück Land als Grabstätte für
meine Familie, dass ich meine Tote dort
bestatten kann.« 5 Die Hetiter erwider-
ten Abraham: 6 »Hör uns an, Herr! Du
bist ein Fürst Gottes unter uns. Bestatte
deine Tote im vornehmsten unserer Grä-
ber! Keiner von uns wird dir sein Grab
verweigern, damit du deine Tote begra-
ben kannst.« 7 Da stand Abraham auf,
verneigte sich vor den Leuten des Lan-
des 8 und sagte: »Wenn ihr also damit
einverstanden seid, dass ich meine Tote
hier bei euch bestatte, dann legt bitte bei
Efron Ben-Zohar ein Wort für mich ein.
9 Ich bitte ihn um die Höhle Machpela,
die am Rand seines Grundbesitzes liegt.
Ich bezahle ihm dafür, was er verlangt,
damit ich ein Familiengrab unter euch
bekomme.«

10 Efron saß selbst unter den Heti-
tern, die sich im Tor ihrer Stadt ver-
sammelt hatten. In ihrer Gegenwart
sagte er zu Abraham: 11 »Nein, mein
Herr, hör mir zu! Ich schenke dir das
Grundstück und die Höhle! Hier vor
meinen Landsleuten schenke ich sie
dir, damit du deine Tote bestatten
kannst!« 12 Da verneigte sich Abra-
ham vor den Leuten des Landes 13 und
sagte in ihrer Gegenwart zu Efron:
»Bitte, hör mich doch an! Ich zahle dir
den Preis für das Land. Nimm ihn von
mir an, damit ich meine Tote dort be-
statten kann.« 14 Efron erwiderte:
15 »Hör mich an, Herr! Was bedeutet
schon ein Stück Land zwischen dir und
mir, das 400 Silberstücke* wert ist? Du
kannst deine Tote dort bestatten.«

16 Abraham ging darauf ein und wog
dem Efron die Menge Silber ab, von der
dieser gesprochen hatte, 400 Silber-
stücke nach dem bei den Händlern üb-
lichen Gewicht. 17 So ging das Grund-
stück Efrons, das bei Machpela gegen-
über von Mamre liegt, in den Besitz
Abrahams über: die Höhle und das da-
zugehörende Land mit allen Bäumen
darauf. 18 Vor den Augen aller Männer,
die im Tor versammelt waren, wurde es
als Eigentum Abrahams bestätigt.

19 Dort in der Höhle von Machpela
gegenüber von Mamre bei Hebron im
Land Kanaan begrub Abraham seine
Frau Sara. 20 So kam das Feld und die
Höhle der Hetiter als Grabstätte für
seine Familie in den Besitz Abrahams.

Eine Braut für Isaak

24 1 Abraham war inzwischen
sehr alt geworden, und Jah-
we hatte ihn in jeder Hinsicht geseg-
net. 2 Da sagte Abraham zu seinem
ältesten Diener, der alles verwaltete,
was er besaß: »Schwöre bei meiner
Nachkommenschaft!* 3 Ich will dich

23,2 *dann starb sie.* Nach biblischer Chronologie 2029 v.Chr.

23,15 *400 Silberstücke.* Das war ein sehr hoher Preis. Vergleiche 1. Könige 16,24; Jeremia 32,9!

24,2 *Schwöre ... Nachkommenschaft.* Wörtlich: *Lege deine Hand unter meine Hüfte.* Das ist offenbar symbolisch gemeint – nicht als Berührung des Geschlechtsteils wie in heidnischen Fruchtbarkeitsriten. Solch eine Vorstellung ist dem Alten Testament fremd. Die Schwurgeste bestand in der erhobenen Hand, vergleiche 1. Mose 14,22.

schwören lassen bei Jahwe, dem Gott
des Himmels und der Erde, dass du
meinem Sohn keine Frau auswählst,
die hier aus dem Land Kanaan
stammt. 4 Du sollst in meine Heimat
gehen und dort unter meiner Ver-
wandtschaft eine Frau für meinen
Sohn Isaak suchen!« 5 Der Diener er-
widerte: »Was soll ich aber tun, wenn
die Frau mir nicht in dieses Land hier
folgen will? Soll ich dann deinen Sohn
in deine Heimat zurückbringen?«
6 »Auf keinen Fall!«, sagte Abraham.
»Mein Sohn soll niemals dorthin zu-
rück! 7 Jahwe, der Gott des Himmels,
der mich aus meiner Sippe und Hei-
mat geholt, der mir geschworen hat,
meinen Nachkommen* dieses Land
hier zu geben, der wird seinen Engel
vor dir herschicken, dass du eine Frau
für meinen Sohn von dort holen
kannst. 8 Wenn die Frau dir nicht
folgen will, bist du von dem Schwur
frei. Aber meinen Sohn darfst du nicht
dorthin zurückbringen!« 9 Da schwor
der Diener bei der Nachkommen-
schaft Abrahams, seines Herrn, so zu
handeln.

10 Dann nahm er zehn von den Ka-
melen seines Herrn und machte sich
mit allerlei kostbaren Geschenken aus
dem Besitz seines Herrn auf den Weg.
Er reiste nach Mesopotamien in die
Stadt Nahors. 11 In der Nähe des
Brunnens vor der Stadt ließ er die
Kamele niederknien. Es war gegen
Abend um die Zeit, wenn die Frauen
zum Wasserholen herauskommen.
12 Dann betete er: »Jahwe, Gott
meines Herrn Abraham, lass es mir
doch heute gelingen und erfülle den
Wunsch meines Herrn! 13 Du siehst,
ich stehe hier an der Quelle und gleich
kommen die jungen Frauen aus der
Stadt, um Wasser zu holen. 14 Dann
will ich eine von ihnen bitten: ›Neige
doch deinen Krug, dass ich trinken
kann!‹ Wenn sie dann sagt: ›Trink
nur! Ich will auch deine Kamele
tränken!‹, dann lass es die sein, die du
für deinen Diener Isaak bestimmt
hast. Daran werde ich erkennen, dass
du meinem Herrn gnädig bist.«

15 Er hatte noch nicht zu Ende ge-
betet, als Rebekka mit einem Wasser-
krug auf der Schulter aus der Stadt
kam. Sie war die Tochter von Betuël
und Enkelin von Milka, der Frau von
Abrahams Bruder Nahor. 16 Rebekka
war sehr schön, eine unberührte jun-
ge Frau; noch hatte kein Mann mit
ihr geschlafen. Sie stieg die Stufen zur
Quelle hinunter, füllte ihren Krug und
kam wieder herauf. 17 Da lief der
Diener ihr entgegen und sagte: »Lass
mich doch ein wenig Wasser aus
deinem Krug schlürfen!« 18 »Trink
nur, Herr!«, sagte sie, nahm den Krug
von der Schulter in die Hand und ließ
ihn trinken. 19 Als er genug getrunken
hatte, sagte sie: »Ich will auch für
deine Kamele schöpfen, bis sie aus-
reichend getränkt sind.« 20 Schnell
goss sie ihren Krug in die Tränkrinne
aus und eilte zur Quelle zurück. Sie
schöpfte so lange, bis alle Kamele
genug hatten.

21 Der Mann beobachtete sie,
schwieg aber, um zu sehen, ob Jahwe
seine Reise gelingen lassen würde.
22 Als alle Kamele genug hatten, holte

24,7 *meinen Nachkommen.* Wörtlich: *deinem Samen* (Singular). Wird im Neuen Testament von Paulus zitiert: Galater 3,16.

er einen kostbaren* goldenen Nasen-
ring heraus, sowie zwei schwere* gol-
dene Armreifen 23 und fragte sie:
»Wessen Tochter bist du? Und gibt es
vielleicht im Haus deines Vaters einen
Platz zum Übernachten für uns?«
24 »Ich bin die Tochter von Betuël«,
erwiderte sie, »den Milka dem Nahor
geboren hat. 25 Wir haben jede Menge
Stroh und Futter und auch Platz zum
Übernachten.« 26 Da kniete sich der
Mann hin, verbeugte sich vor Jahwe
27 und betete: »Gepriesen sei Jahwe,
der Gott meines Herrn Abraham! Er
hat ihm seine Güte und Treue nicht
entzogen, denn er hat mich zum Haus
der Verwandten meines Herrn ge-
führt.«

28 Das Mädchen war inzwischen ins
Haus ihrer Mutter gelaufen und hatte
alles erzählt. 29 Nun hatte Rebekka
einen Bruder namens Laban. Der lief
gleich zu dem Mann an die Quelle
hinaus, 30 denn er hatte den Nasen-
ring und die Armreifen an seiner
Schwester gesehen und gehört, was
sie von ihm erzählt hatte. Als er hin-
auskam, stand der Mann tatsächlich
noch bei den Kamelen an der Quelle.
31 »Komm herein zu uns!«, rief
Laban. »Du bist von Jahwe gesegnet.
Warum bleibst du draußen? Ich habe
schon alles herrichten lassen, und
auch für die Kamele ist Platz!«

32 Da ging der Mann mit ins Haus.
Man sattelte die Kamele ab, gab ihnen
Stroh und Futter und brachte ihm
und seinen Männern Wasser, damit
sie sich die Füße waschen konnten.
33 Dann wurde ihm zu essen vorge-
setzt. Doch er sagte: »Ich will nicht
essen, bevor ich meine Botschaft aus-
gerichtet habe.« – »Sprich!«, sagte
Laban.

34 Er begann: »Ich bin Abrahams
Diener. 35 Jahwe hat meinen Herrn
reich gesegnet und ihm ein großes
Vermögen geschenkt. Er gab ihm
Kleinvieh und Rinder, Silber und
Gold, Sklaven und Sklavinnen, Kame-
le und Esel. 36 Dazu hat Sara, die Frau
meines Herrn, ihm noch im Alter
einen Sohn geschenkt. Ihm hat er
seinen ganzen Besitz vermacht.
37 Nun hat mein Herr mich schwören
lassen und mir aufgetragen: ›Du
darfst meinem Sohn keine Frau aus-
wählen, die hier aus dem Land Ka-
naan stammt, 38 sondern du sollst zur
Familie meines Vaters gehen und dort
unter meiner Verwandtschaft eine
Frau für meinen Sohn suchen!‹ 39 Als
ich einwandte, dass die Frau mir viel-
leicht nicht folgen will, 40 sagte er zu
mir: ›Jahwe, vor dem ich lebe, wird
seinen Engel mit dir schicken und
deine Reise gelingen lassen, dass du
eine Frau für meinen Sohn aus meiner
Verwandtschaft, der Familie meines
Vaters, holen kannst. 41 Wenn meine
Verwandten dir die Frau nicht geben,
bist du von dem Schwur frei.‹ 42 So
kam ich heute zu der Quelle und bete-
te: ›Jahwe, Gott meines Herrn Abra-
ham, lass doch meine Reise gelingen!
43 Du siehst, ich stehe hier an der
Quelle, lass es doch bitte geschehen,
dass die junge Frau, die heraus-
kommt, um Wasser zu holen, und die

24,22 *kostbaren*. Wörtlich: von einem halben Schekel Gewicht, rund 6 Gramm.

schwere. Wörtlich: mit einem Gewicht von 10 Schekel, etwa 115 Gramm, wenn man von einem Schekelgewicht von 11,5 Gramm ausgeht.

ich um einen Schluck Wasser aus
ihrem Krug bitte, 44 dass sie dann
sagt: ›Trink nur! Ich will auch deine
Kamele tränken!‹, dass es die ist, die
du für deinen Diener Isaak bestimmt
hast. 45 Ich hatte in meinem Herzen
noch nicht zu Ende gebetet, als Re-
bekka mit einem Wasserkrug auf der
Schulter herauskam, zur Quelle hin-
unterstieg und Wasser schöpfte. Da
sagte ich zu ihr: ›Gib mir doch etwas
zu trinken!‹ 46 Da nahm sie gleich den
Krug von der Schulter und sagte:
›Trink nur, ich werde auch deine Ka-
mele tränken!‹ Ich trank, und sie
tränkte auch die Kamele. 47 Als ich sie
fragte, wessen Tochter sie sei, sagte
sie: ›Ich bin die Tochter von Betuël,
den Milka dem Nahor geboren hat.‹
Da legte ich den Ring an ihre Nase
und die Reifen an ihre Arme. 48 Dann
kniete ich mich hin und verbeugte
mich vor Jahwe. Ich dankte Jahwe,
dem Gott meines Herrn Abraham,
dass er mich in Treue den Weg geführt
hat, dass ich die Tochter vom Bruder
meines Herrn als Frau für seinen
Sohn erbitten kann. 49 Wenn ihr nun
meinem Herrn Gunst und Vertrauen
schenken wollt, sagt es mir! Und
wenn nicht, sagt es mir auch! Dann
werde ich anderswo suchen.«

50 Da antworteten Laban und Betu-
ël: »Das hat Jahwe gefügt! Wir kön-
nen weder Ja noch Nein dazu sagen.
51 Hier ist Rebekka, nimm sie mit! Sie
soll den Sohn deines Herrn heiraten,
wie es Jahwe gefügt hat.«

52 Als Abrahams Diener das hörte,
warf er sich auf die Erde und huldigte
Jahwe. 53 Dann packte er Silber- und
Goldschmuck aus, holte festliche
Kleider hervor und schenkte alles
Rebekka. Auch ihrem Bruder und
ihrer Mutter gab er kostbare Geschen-
ke. 54 Dann aß und trank er zusam-
men mit seinen Männern, und sie leg-
ten sich schlafen.

Am nächsten Morgen sagte Abra-
hams Diener: »Lasst mich nun zu mei-
nem Herrn zurückkehren!« 55 Doch
Rebekkas Bruder und ihre Mutter sag-
ten: »Lass das Mädchen doch noch
zehn Tage oder so bei uns bleiben,
dann mag sie mit dir gehen!« 56 Doch
er erwiderte: »Haltet mich nicht auf,
nachdem Jahwe meine Reise hat ge-
lingen lassen. Lasst mich zu meinem
Herrn zurückkehren!« 57 Da sagten
sie: »Wir rufen das Mädchen und fra-
gen sie selbst!« 58 Sie riefen Rebekka
und fragten: »Willst du mit diesem
Mann reisen?« – »Ja, das will ich«, er-
widerte sie. 59 So verabschiedeten sie
ihre Schwester Rebekka mit ihrer
Amme und den Diener Abrahams mit
seinen Männern. 60 Sie segneten Re-
bekka mit den Worten:

»Du, unsere Schwester, / werde
zu tausendmal Tausenden! /
Deine Nachkommen sollen
siegreich sein / und das Tor ihrer
Feinde besetzen!«

61 So brach Rebekka mit ihren Diene-
rinnen auf. Sie bestiegen die Kamele
und folgten dem Mann. Der Diener
nahm Rebekka mit und trat die Rück-
reise an.

62 Isaak kam gerade von einem
Gang zum Brunnen Lahai-Roi*, denn
er wohnte zu dieser Zeit im Negev.

24,62 *Lahai-Roi.* Vergleiche 1. Mose 16,14.

63 Am späten Nachmittag war er hin-
ausgegangen, um mit seinen Gedan-
ken allein zu sein. Da sah er auf ein-
mal Kamele kommen. 64 Auch Rebek-
ka hatte Isaak erblickt. Sie glitt vom
Kamel herab und fragte den Diener:
65 »Wer ist der Mann, der uns dort
entgegenkommt?« – »Das ist mein
Herr«, erwiderte dieser. Da nahm sie
den Schleier und verhüllte sich. 66 Der
Diener erzählte Isaak, wie alles gegan-
gen war, 67 und Isaak führte Rebekka
ins Zelt seiner Mutter Sara. Er nahm
sie zur Frau und gewann sie lieb und
tröstete sich über den Verlust seiner
Mutter.

Weitere Nachkommen Abrahams

25 1 Auch Abraham heiratete
wieder. Seine Frau hieß
Ketura. 2 Sie gebar ihm Simran,
Jokschan, Medan, Midian, Jischbak
und Schuach. 3 Jokschan zeugte Saba
und Dedan. Von Dedan stammen die
Aschuriter, die Letuschiter und die
Lëummiter ab. 4 Midians Söhne
waren Efa, Efer, Henoch, Abida
und Eldaga. Sie alle waren Nach-
kommen von Ketura.

5 Abraham hatte Isaak seinen gan-
zen Besitz vermacht. 6 Den Söhnen
seiner Nebenfrauen gab er eine Ab-
findung und schickte sie noch zu
seinen Lebzeiten von Isaak weg,
ostwärts ins Ostland.

Abrahams Tod

7 Abraham wurde 175 Jahre alt. 8 Er
starb* nach einem erfüllten Leben und
wurde im Tod mit seinen Stammesge-
nossen vereint. 9 Seine Söhne Isaak
und Ismaël bestatteten ihn in der Höhle
Machpela. Sie liegt auf dem Grund-
stück, das Efron Ben-Zohar gehört
hatte, gegenüber von Mamre, 10 das
Abraham damals von den Hetitern ge-
kauft hatte. Dort also sind Abraham
und seine Frau Sara bestattet. 11 Nach
Abrahams Tod segnete Gott dessen
Sohn Isaak, der sich beim Brunnen
Lahai-Roi niedergelassen hatte.

Die Nachkommen Ismaëls

12 Es folgt das Verzeichnis der Nach-
kommen von Ismaël Ben-Abraham,
den die ägyptische Sklavin Hagar Ab-
raham geboren hatte, 13 die Namen
der Nachkommen Ismaëls nach ihrer
Geschlechterfolge: Nebajot, der Erst-
geborene, Kedar, Adbeel, Mibsam,
14 Mischma, Duma, Massa, 15 Ha-
dad, Tema, Jetur, Nafisch und Kedma.
16 Das sind die Söhne Ismaëls und
ihre Namen in den Niederlassungen
und Zeltlagern: Sie waren die Begrün-
der von zwölf Stämmen.

17 Ismaël starb im Alter von 137
Jahren und wurde im Tod mit seinen
Stammesgenossen vereint. 18 Sie
schlugen ihre Zelte zwischen Hawila*
und Schur auf, das östlich von Ägyp-
ten am Weg nach Assur liegt. So setz-
te er sich seinen Brüdern vor die Nase.

Die Nachkommen Isaaks

19 Es folgt die Geschichte der Nach-
kommen von Isaak Ben-Abraham: Ab-
raham war der Vater Isaaks. 20 Isaak
war vierzig Jahre alt, als er heiratete.*

25,8 *starb.* Nach biblischer Chronologie 1991 v.Chr.

25,18 *Hawila.* Wahrscheinlich irgendwo in Arabien.

25,20 *vierzig ... heiratete.* Die Hochzeit Isaaks fand also drei Jahre nach Saras Tod 2026 v.Chr. statt.

Seine Frau hieß Rebekka und war die
Tochter des Aramäers Betuël aus dem
oberen Mesopotamien, die Schwester
Labans. 21 Isaak betete eindringlich
für seine Frau zu Jahwe, denn sie
bekam keine Kinder. Jahwe erhörte ihn
und Rebekka wurde schwanger. 22 Als
die Kinder in ihrem Bauch einander
wegstießen, sagte sie: »Wenn es so
steht, warum bin ich dann schwanger
geworden?« Sie ging, um Jahwe zu be-
fragen.* 23 Jahwe sagte zu ihr:

»Zwei Völker trägst du jetzt in
deinem Leib, / zwei Stämme
scheiden sich in deinem Schoß, /
ein Volk wird stärker als das
andere sein, / und der Ältere wird
dem Jüngeren dienen.«*

24 Und tatsächlich! Als die Stunde der
Geburt kam, brachte sie Zwillinge zur
Welt. 25 Der erste, der herauskam, war
am ganzen Körper mit rötlichen Haa-
ren bedeckt. Sie nannten ihn Esau, den
Behaarten. 26 Danach war sein Bruder
herausgekommen, der Esau an der
Ferse festhielt. Ihn nannten sie Jakob,
den Fersenhalter. Bei ihrer Geburt war
Isaak sechzig Jahre alt.*

27 Die Kinder wuchsen heran. Esau
wurde ein Jäger, ein Mann der freien
Steppe. Jakob wurde ein gesitteter
Mann, der bei den Zelten blieb. 28 Ihr
Vater Isaak hatte eine Vorliebe für
Esau, weil er gern Wild aß. Jakob war
der Liebling der Mutter.

Esau verkauft sein Erstgeburtsrecht

29 Eines Tages hatte Jakob ein Gericht
gekocht, als Esau erschöpft nach Hause
kam. 30 »Lass mich doch schnell etwas
von dem Roten da hinunterschlingen«,
rief Esau, »dem roten Zeug da, ich bin
ganz erschöpft!« Deshalb nannte man
ihn auch Edom, den Roten. 31 Doch
Jakob erwiderte: »Nur wenn du mir
dein Erstgeburtsrecht verkaufst!«
32 »Ich sterbe vor Hunger«, erwiderte
Esau, »was nützt mir da mein Erstge-
burtsrecht!« 33 »Schwöre es mir!«,
verlangte Jakob. Esau schwor es ihm
und verkaufte so sein Erstgeburts-
recht an Jakob. 34 Da gab Jakob Esau
Brot und eine Schüssel gekochter
Linsen. Esau aß und trank, stand auf
und ging davon. So missachtete er
sein Erstgeburtsrecht.

Isaak und Abimelech

26 1 Wieder einmal brach eine
Hungersnot über das Land
herein, wie schon damals zur Zeit
Abrahams. Da zog Isaak nach Gerar
zu Abimelech, dem Philisterkönig.
2 Jahwe war ihm nämlich erschienen
und hatte gesagt: »Zieh nicht nach
Ägypten, bleib in dem Land, das ich
dir sage! 3 Lebe als Fremder in diesem
Land, dann werde ich mit dir sein und
dich segnen. Denn dir und deinen
Nachkommen werde ich all diese Län-
der geben. Ich halte den Eid, den ich
deinem Vater Abraham geschworen
habe. 4 Ich mache deine Nachkom-
men so zahlreich wie die Sterne am

25,22 *Jahwe zu befragen.* Vielleicht ging sie zu Abraham, der zu dieser Zeit noch am Leben und auch ein Prophet war, vergleiche 1. Mose 20,7.

25,23 Wird im Neuen Testament von Paulus zitiert: Römer 9,12.

25,26 *sechzig Jahre alt.* Die Kinder werden 20 Jahre nach Isaaks Eheschließung 2006 v.Chr. geboren.

Himmel und gebe ihnen all diese Län-
der. Und durch deine Nachkommen
werden alle Völker der Erde gesegnet
sein, 5 weil Abraham auf mich gehört
und meine Befehle, Gebote und Wei-
sungen befolgt hat.« 6 So blieb Isaak
in Gerar.

7 Als nun die Männer am Ort sich
nach seiner Frau erkundigten, sagte
er: »Sie ist meine Schwester«, denn
er dachte: »Die Männer hier werden
mich wegen Rebekka umbringen,
sie ist ja so schön.« 8 Als er schon
längere Zeit dort war, schaute der
Philisterkönig Abimelech einmal aus
dem Fenster und sah, wie Isaak mit
Rebekka schmuste. 9 Da ließ er ihn
zu sich rufen und sagte: »Sie ist ja
doch deine Frau! Wie konntest du
nur sagen: ›Sie ist meine Schwes-
ter‹?« – »Ich befürchtete, wegen ihr
umgebracht zu werden«, erwiderte
Isaak. 10 »Was hast du uns da ange-
tan?«, rief Abimelech. »Wie leicht
hätte es geschehen können, dass
einer meiner Leute mit ihr geschlafen
hätte! Dann hättest du uns in schwe-
re Schuld gestürzt!« 11 Darauf ließ
Abimelech dem ganzen Volk bekannt
machen: »Wer diesen Mann oder
seine Frau antastet, wird in jedem
Fall mit dem Tod bestraft.«

12 Isaak säte in diesem Land Getrei-
de aus und erntete in jenem Jahr das
Hundertfache. So segnete Jahwe ihn.
13 Sein Besitz vermehrte sich immer
mehr, und er wurde ein sehr reicher
Mann. 14 Er hatte Kleinvieh- und
Rinderherden und ein zahlreiches
Gesinde. Da wurden die Philister nei-
disch auf ihn. 15 Deshalb schütteten
sie alle Brunnen zu,* die von den Leu-
ten seines Vaters Abraham gegraben
worden waren, und füllten sie mit
Schutt. 16 Und Abimelech sagte zu
Isaak: »Zieh von uns weg, denn du
bist uns zu mächtig geworden!« 17 Da
verließ Isaak die Stadt und schlug sein
Lager im Tal von Gerar auf.

18 Danach legte er die Brunnen
wieder frei, die zur Zeit seines Vaters
Abraham gegraben worden waren
und die die Philister nach dessen Tod
zugeschüttet hatten. Er gab ihnen die
gleichen Namen, die sein Vater ihnen
gegeben hatte. 19 Isaaks Leute gru-
ben auch im Talgrund und stießen
dabei auf Quellwasser. 20 Doch die
Hirten von Gerar fingen Streit mit
den Hirten Isaaks an und erklärten:
»Das Wasser gehört uns!« Deshalb
nannte Isaak den Brunnen Esek,
Zank, weil sie sich mit ihm herumge-
zankt hatten. 21 Sie gruben einen an-
deren Brunnen; aber auch um den
stritten sie. Da nannte er ihn Sitna,
Anklage. 22 Danach zog er von dort
weiter und grub noch einen Brunnen.
Um den gab es keinen Streit. Deshalb
nannte Isaak ihn Rehobot, Weite, und
sagte: »Jetzt hat Jahwe uns freien
Raum gegeben, dass wir uns im Land
ausbreiten können.«

23 Von dort zog er nach Beerscheba
hinauf. 24 In derselben Nacht er-
schien ihm Jahwe und sagte: »Ich bin
der Gott deines Vaters Abraham. Hab
keine Angst, denn ich stehe dir bei!
Wegen Abraham werde ich dich seg-
nen und deine Nachkommenschaft
zahlreich machen.« 25 Isaak baute

26,15 *schütteten ... Brunnen zu.* Das war in wasserarmen Gegenden eine der schwersten Verletzungen des Eigentumsrechts.

dort einen Altar und rief den Namen
Jahwes an. Er schlug sein Lager in der
Nähe auf, und seine Leute begannen,
einen Brunnen zu graben.
26 Da besuchte ihn Abimelech aus
Gerar zusammen mit seinem Rat-
geber Ahusat und seinem Heerführer
Pichol. 27 »Warum kommt ihr zu
mir?«, fragte Isaak sie. »Ihr habt
mich doch wie einen Feind behandelt
und von euch fortgejagt!« 28 »Wir
haben deutlich gesehen, dass Jahwe
auf deiner Seite steht«, erwiderten
sie. »Deshalb haben wir uns gedacht:
›Es müsste eine eidliche Verpflich-
tung zwischen uns stehen!‹ Wir wol-
len einen Vertrag mit dir schließen,
29 dass du uns keinen Schaden zu-
fügst. Wir haben dir ja auch nichts
zuleide getan; wir haben dir nur
Gutes erwiesen und dich in Frieden
ziehen lassen. Du bist nun einmal
von Jahwe gesegnet.« 30 Daraufhin
ließ Isaak ihnen ein Mahl zubereiten,
und sie aßen und tranken. 31 Früh am
nächsten Morgen leisteten sie ein-
ander den Schwur. Dann ließ Isaak
sie in Frieden ziehen.
32 Am selben Tag kamen seine Leute,
die den Brunnen gegraben hatten, und
meldeten: »Wir haben Wasser gefun-
den!« 33 Da nannte Isaak den Brunnen
Schiba, Schwur. Deshalb heißt die
Stadt bis heute Beerscheba, Schwur-
brunnen.

Esaus Frauen

34 Als Esau vierzig Jahre alt war, hei-
ratete er zwei Frauen: Jehudit, die
Tochter des Hetiters Beeri, und Base-
mat, die Tochter des Hetiters Elon.
35 Das war ein schwerer Kummer für
Isaak und Rebekka.

Der Erstgeburtssegen

27 1 Isaak war alt geworden und
konnte nicht mehr sehen.
Da rief er eines Tages seinen älteren
Sohn Esau zu sich und sagte: »Mein
Sohn!« – »Ja, ich bin hier«, erwiderte
dieser. 2 »Ich bin alt geworden und weiß
nicht, wie lange ich noch lebe. 3 Nimm
dein Jagdzeug, deinen Köcher und dei-
nen Bogen und jage ein Stück Wild für
mich. 4 Dann mach mir einen Lecker-
bissen zurecht, wie ich ihn liebe, und
bring ihn mir zum Essen herein, damit
ich dich segne, bevor ich sterbe.«
5 Rebekka hatte das Gespräch zwi-
schen Isaak und seinem Sohn Esau
mitgehört. Als Esau nun in die Steppe
hinauszog, um ein Stück Wild für sei-
nen Vater zu erjagen, 6 sagte Rebekka
zu ihrem Sohn Jakob: »Pass auf! Ich
habe gehört, wie dein Vater zu dei-
nem Bruder Esau sagte: 7 ›Bring mir
ein Stück Wild und mach mir ein
schmackhaftes Mahl, dass ich esse
und dich dann vor Jahwe segne, bevor
ich sterbe!‹ 8 Nun hör genau zu, mein
Sohn, und tu, was ich dir sage! 9 Hol
mir von der Herde zwei gute Ziegen-
böckchen! Ich werde einen Lecker-
bissen für deinen Vater daraus ma-
chen, so wie er es mag. 10 Das bringst
du ihm dann zum Essen, damit er
dich vor seinem Tod segnet.«
11 »Aber Esau ist doch überall be-
haart, und ich habe eine glatte Haut«,
erwiderte Jakob seiner Mutter.
12 »Vielleicht betastet mich mein
Vater, dann würde ich als Betrüger
vor ihm stehen und einen Fluch statt
Segen auf mich bringen.« 13 Doch
seine Mutter erwiderte: »Den Fluch
nehme ich auf mich, mein Sohn. Tu
nur, was ich dir gesagt habe!«

14 Jakob holte die Böckchen und
brachte sie seiner Mutter. Die machte
einen Leckerbissen daraus, wie sein
Vater ihn mochte. 15 Dann nahm Re-
bekka die guten Kleider von Esau,
ihrem Ältesten, die sie im Haus hatte,
und zog sie ihrem jüngeren Sohn Jakob
an. 16 Mit den Fellen der Ziegenböck-
chen umwickelte sie seine Arme und
seinen glatten Hals. 17 Dann gab sie
ihm das leckere Fleisch und das Brot,
das sie frisch gebacken hatte.

18 So ging er zu seinem Vater hinein
und sagte: »Vater!« – »Ja«, sagte Isaak,
»welcher von meinen Söhnen bist
du?« 19 »Ich bin Esau, dein Erstge-
borener«, erwiderte Jakob, »ich habe
gemacht, was du mir aufgetragen hast.
Setz dich doch auf und iss von mei-
nem Wild und segne mich nachher.«
20 Doch Isaak fragte: »Wie hast du so
schnell etwas gefunden, mein Sohn?«
– »Jahwe, dein Gott, hat es mir über
den Weg laufen lassen«, erwiderte
Jakob. 21 Da sagte Isaak: »Komm her,
mein Sohn! Ich will fühlen, ob du wirk-
lich mein Sohn Esau bist.« 22 Jakob
trat zu seinem Vater heran. Der be-
tastete ihn und sagte: »Die Stimme ist
die von Jakob, aber die Hände sind die
von Esau.« 23 Er erkannte Jakob nicht,
weil seine Hände behaart waren wie
die von seinem Bruder Esau. Und so
segnete er ihn. 24 Er fragte noch ein-
mal: »Bist du wirklich mein Sohn
Esau?« – »Ja, der bin ich«, erwiderte
Jakob. 25 »Dann reich es mir her!«,
sagte Isaak. »Ich will vom Wild meines
Sohnes essen und ihn dann segnen.«
Jakob reichte es ihm und Isaak aß.
Dann brachte er ihm Wein und er
trank. 26 Darauf sagte Isaak: »Komm
her und küss mich, mein Sohn!« 27 Als
Jakob nun herantrat und ihn küsste,
roch er den Duft seiner Gewänder. Da
segnete er ihn. Er sagte:

»Ja, der Duft meines Sohnes /
ist wie der Duft eines Feldes, /
das Jahwe gesegnet hat. 28 So gebe
dir Gott / vom Tau des Himmels /
und vom Fett des Erdbodens /
Korn und Most im Überfluss.
29 Nationen sollen dir dienen /
und Völker sich vor dir verneigen. /
Du wirst der Herr über deine
Brüder sein! / Die Söhne deiner
Mutter müssen sich beugen vor
dir! / Wer dir flucht, der sei
verflucht, / wer dich segnet,
soll gesegnet sein!«

30 Als Isaak den Segen über Jakob zu
Ende gesprochen hatte und Jakob
eben von seinem Vater weggegangen
war, kam sein Bruder Esau von der
Jagd. 31 Auch er bereitete ein leckeres
Mahl, brachte es zu seinem Vater und
sagte: »Mein Vater, setz dich auf und
iss von meinem Wild, damit du mich
segnen kannst!« 32 »Wer bist denn
du?«, sagte Isaak zu ihm. »Ich bin dein
Sohn, dein Erstgeborener, Esau«,
bekam er zur Antwort. 33 Da erschrak
Isaak sehr und begann heftig zu zit-
tern. »Wer war denn der, der das Wild
gejagt und mir gebracht hat, bevor du
kamst? Ich habe ihn gesegnet – und er
wird auch gesegnet bleiben.« 34 Als
Esau das hörte, schrie er voller Bitter-

27,36 *betrogen.* Hebräisch *jaakob* (Jakob), *jaakebeni* (betrügen, an der Ferse packen, hintergehen). Jedoch beim Erstgeburtsrecht hatte Jakob nicht betrogen. Siehe auch Hebräer 12,16!

keit laut auf. »Vater«, rief er, »segne
mich, segne auch mich!« 35 Aber
Isaak erwiderte: »Dein Bruder ist
gekommen und hat dich mit Hinter-
list um deinen Segen gebracht.«
36 »Heißt er deshalb Jakob, weil er
mich nun schon zweimal betrogen*
hat?«, sagte Esau. »Erst nahm er mir
das Erstgeburtsrecht und jetzt auch
noch meinen Segen! Hast du denn
keinen Segen mehr für mich übrig?«
37 Isaak erwiderte: »Ich habe ihn zum
Herrn über dich gesetzt, und alle seine
Brüder müssen ihm dienen. Mit Korn
und Most habe ich ihn versehen. Was
kann ich da noch für dich tun, mein
Sohn?« 38 Esau sagte: »Hast du nur
diesen einen Segen, mein Vater?
Segne mich, segne auch mich, Vater!«
Und Esau fing an, laut zu weinen.
39 Da sagte sein Vater Isaak:

»Fern vom Fett der Erde wird dein
Wohnsitz sein, / fern vom Tau des
Himmels oben. 40 Von deinem
Schwert wirst du dich ernähren /
und wirst ein Diener deines
Bruders sein. / Doch wenn du
dich losreißt, / wirfst du sein Joch
von deinen Schultern ab.«

41 Esau feindete Jakob wegen des Se-
gens an, den dieser von seinem Vater
erhalten hatte. Er dachte: »Mein Vater
lebt nicht mehr lange. Wenn dann die
Trauerzeit vorbei ist, werde ich mei-
nen Bruder Jakob erschlagen.« 42 Re-
bekka wurde zugetragen, dass ihr äl-
terer Sohn solche Reden führte. Da
ließ sie ihren jüngeren Sohn Jakob
rufen und sagte zu ihm: »Dein Bruder
Esau will sich an dir rächen und dich
erschlagen. 43 Darum hör auf mich,
mein Sohn! Flieh zu meinem Bruder
Laban nach Haran 44 und bleib einige
Zeit dort, bis sich der Zorn deines
Bruders gelegt hat 45 und er nicht
mehr wütend auf dich ist und vergisst,
was du ihm angetan hast. Dann werde
ich hinschicken und dich wieder holen
lassen. Ich will euch doch nicht beide
an einem Tag verlieren!«
46 Und zu Isaak sagte Rebekka:
»Diese Hetiterinnen* verleiden mir
das Leben. Wenn Jakob auch noch
eine Frau aus dem Land hier nimmt,
was soll mir dann noch mein Leben!«

Jakobs Flucht nach Haran

28 1 Da ließ Isaak Jakob zu sich
rufen. Er segnete ihn und
sagte: »Du darfst dir keine Frau aus
dem Land Kanaan nehmen. 2 Zieh ins
obere Mesopotamien zur Sippe Be-
tuëls, des Vaters deiner Mutter, und
nimm dir eine Frau von den Töchtern
Labans, des Bruders deiner Mutter.
3 El-Schaddai, der allmächtige Gott,
wird dich segnen. Er mache dich
fruchtbar und lasse dich zahlreich
werden, sodass aus dir eine ganze
Schar von Völkern wird. 4 Er gebe dir
und deinen Nachkommen den Segen
Abrahams, damit du das Land in Be-
sitz nimmst, das Gott Abraham gege-
ben hat und in dem du jetzt noch als
Fremder lebst!« 5 So ließ Isaak Jakob
ziehen, und dieser machte sich auf
den Weg ins obere Mesopotamien zu
Laban, dem Sohn des Aramäers Be-
tuël, dem Bruder Rebekkas, seiner
und Esaus Mutter.

27,46 *Hetiterinnen*, vergleiche 1. Mose 26,34!

6 Als nun Esau erfuhr, dass
Isaak Jakob gesegnet und ins obere
Mesopotamien geschickt hatte, damit
er sich dort eine Frau suche, und dass
er ihm beim Segnen befohlen hatte:
»Du darfst dir keine Frau aus dem
Land Kanaan nehmen!«, 7 und dass
Jakob seinem Vater und seiner Mutter
gehorcht hatte und bereits aufgebro-
chen war, 8 da begriff Esau, dass die
Frauen Kanaans seinem Vater zuwi-
der waren. 9 Er ging zu Ismaël und
nahm zu seinen Frauen noch eine wei-
tere hinzu, nämlich Mahalat, die
Tochter Ismaëls, die Schwester Neba-
jots und Enkelin Abrahams.

10 Jakob hatte sich von Beerscheba
auf den Weg nach Haran gemacht.
11 Dabei kam er an einen bestimmten
Ort und übernachtete dort, weil die
Sonne schon untergegangen war. Er
nahm einen der Steine des Platzes,
machte ihn zu seinem Kopflager und
legte sich schlafen. 12 Im Traum sah
er einen Treppenaufgang*, dessen
Spitze bis an den Himmel reichte.
Engel stiegen auf ihm hinauf und
herab. 13 Und auf einmal stand Jahwe
über ihm und sagte: »Ich bin Jahwe,
der Gott deines Vaters Abraham und
der Gott Isaaks. Das Land, auf dem
du liegst, will ich dir und deinen
Nachkommen geben. 14 Deine Nach-
kommen werden zahlreich sein wie
der Staub auf der Erde. Du wirst dich
ausbreiten nach Westen und Osten,
Norden und Süden. Durch dich und
deine Nachkommenschaft sollen alle
Sippen der Erde gesegnet werden.
15 Und ich werde dir beistehen. Ich
beschütze dich überall, wo du hin-
gehst, und bringe dich wieder in die-
ses Land zurück. Ich werde dich nicht
verlassen und tue alles, was ich dir
versprochen habe.«

16 Da erwachte Jakob und sagte:
»Tatsächlich, Jahwe ist an diesem Ort,
und ich habe es nicht gewusst.« 17 Er
fürchtete sich und rief: »Ehrfurcht ge-
bietet dieser Ort! Hier ist wirklich das
Haus Gottes, das Tor des Himmels.«
18 Früh am Morgen stand Jakob auf.
Er stellte den Stein, der an seinem
Kopfende gelegen hatte, als Gedenk-
stein auf, goss Öl auf seine Spitze
19 und gab dem Ort den Namen Bet-
El, Haus Gottes. Vorher hieß der Ort
Lus. 20 Dann legte Jakob ein Gelübde
ab: »Wenn Gott mir beisteht und mich
auf meiner Reise behütet, wenn er mir
Nahrung und Kleidung gibt 21 und ich
wohlbehalten zu meiner Familie zu-
rückkomme, dann soll Jahwe mein
Gott sein. 22 Und hier an dieser Stelle,
wo ich den Stein aufgestellt habe, soll
ein Haus Gottes stehen. Und von
allem, was du mir gibst, werde ich dir
treu den zehnten Teil zurückgeben.«

Jakob arbeitet um zwei Frauen

29 1 Jakob setzte seine Wande-
rung fort und zog in das Land
im Osten. 2 Eines Tages sah er einen
Brunnen auf dem freien Feld. Drei
Herden Schafe und Ziegen lagerten
an ihm, denn aus diesem Brunnen
tränkte man sie. Doch auf der Öff-
nung des Brunnens lag ein schwerer
Stein. 3 Die Hirten warteten, bis

28,12 *Treppenaufgang.* Das hebräische Wort, das nur hier vorkommt, könnte am ehesten mit *Aufschüttung* übersetzt werden. Man sollte sich nicht eine Leiter mit Sprossen, sondern eher Stufen wie bei einem Zikkurat, einem Tempelturm, vorstellen.

alle Herden beisammen waren,
dann wälzten sie den Stein von der
Öffnung, tränkten das Kleinvieh und
brachten ihn dann wieder an seinen
Platz. 4 »Meine Brüder, wo seid ihr
her?«, fragte Jakob die Hirten. »Wir
sind von Haran«, erwiderten sie.
5 »Kennt ihr Laban Ben-Nahor?«,
fragte er weiter. »Gewiss«, sagten sie.
6 »Geht es ihm gut?« – »O ja«, ant-
worteten sie. »Da kommt gerade seine
Tochter Rahel mit dem Kleinvieh.«
7 Darauf sagte er: »Aber es ist noch
mitten am Tag und viel zu früh, die
Herden zusammenzutreiben. Tränkt
sie und lasst sie wieder weiden!«
8 »Das geht nicht«, erwiderten die
Hirten, »erst müssen die anderen
Herden hier sein. Dann wälzen wir
den Stein von der Brunnenöffnung
und tränken die Tiere.«

9 Während er noch mit ihnen redete,
war Rahel schon mit dem Kleinvieh
ihres Vaters herangekommen. Sie
war nämlich Hirtin. 10 Sobald Jakob
Rahel, die Tochter Labans, des Bru-
ders seiner Mutter, und dessen Herde
sah, ging er zum Brunnen, wälzte den
Stein von dessen Öffnung und tränkte
die Tiere seines Onkels. 11 Dann küss-
te er Rahel und weinte laut. 12 Er sagte
ihr, dass er der Neffe ihres Vaters und
der Sohn Rebekkas sei. Da lief sie zu
ihrem Vater und erzählte es ihm. 13 Als
Laban hörte, dass der Sohn seiner
Schwester gekommen war, lief er ihm
entgegen, umarmte und küsste ihn
und führte ihn in sein Haus. Jakob er-
zählte ihm alles, was geschehen war.
14 Da sagte Laban zu ihm: »Ja, du bist
wirklich mein Fleisch und Blut.«

Jakob war nun schon einen Monat
bei ihm, 15 da sagte Laban zu ihm: »Du
sollst nicht umsonst bei mir arbeiten,
nur weil du mein Neffe bist. Was willst
du als Lohn?« 16 Nun hatte Laban
zwei Töchter. Die ältere hieß Lea, die
jüngere Rahel. 17 Lea hatte ausdrucks-
lose Augen, Rahel hatte eine schöne
Gestalt und ein schönes Gesicht.
18 Jakob liebte Rahel und sagte des-
halb: »Gib mir Rahel, deine jüngere
Tochter, zur Frau. Dafür will ich sieben
Jahre bei dir arbeiten.« 19 Laban er-
widerte: »Es ist besser, ich gebe sie dir,
als einem Fremden. Bleib also bei mir.«
20 So arbeitete Jakob sieben Jahre für
Rahel, und weil er sie liebte, kam ihm
die Zeit wie ein paar Tage vor.

21 Dann sagte er zu Laban: »Gib mir
nun meine Frau, denn meine Zeit ist
um, und ich möchte sie heiraten.« 22 Da
lud Laban alle Leute des Ortes zur
Hochzeitsfeier ein. 23 Und am Abend
führte er seine Tochter Lea* ins Braut-
gemach. Jakob schlief mit ihr. 24 Als
Dienerin hatte Laban ihr seine Sklavin
Silpa mitgegeben. 25 Am Morgen stellte
Jakob aber fest, dass Lea neben ihm lag.
Da stellte er Laban zur Rede: »Was hast
du mir da angetan? Ich habe doch um
Rahel für dich gearbeitet! Warum hast
du mich betrogen?« 26 Laban erwider-
te: »Es ist hierzulande nicht üblich, die
Jüngere vor der Älteren wegzugeben.
27 Verbringe jetzt mit dieser die Hoch-
zeitswoche, dann soll dir auch die

29,23 *Lea.* Die Verschleierung der Braut, die Dunkelheit der Nacht und vielleicht auch der Wein ließen Jakob den Betrug nicht erkennen.

29,29 *Sklavin Bilha.* Die eine Sklavin war das Mindeste, was eine Tochter erwarten konnte. Sie wurde mitgegeben, falls die Ehe kinderlos blieb.

andere gegeben werden. Dafür wirst du
noch einmal sieben Jahre bei mir arbei-
ten.« 28 Jakob ging darauf ein und voll-
endete die Hochzeitswoche mit Lea.
Dann gab Laban ihm auch seine Toch-
ter Rahel zur Frau. 29 Und als Dienerin
gab er Rahel seine Sklavin Bilha.* 30 Da
schlief Jakob auch mit Rahel, und er
hatte sie lieber als Lea. Dann arbeitete
er noch einmal sieben Jahre für Laban.

Jakobs Kinder

31 Als Jahwe sah, dass Lea ungeliebt
war, machte er sie fruchtbar, während
Rahel kinderlos blieb. 32 So wurde Lea
schwanger. Sie bekam einen Sohn und
sagte: »Jahwe hat meinen Kummer
gesehen, jetzt wird mein Mann mich
lieben.« Deshalb nannte sie ihn Ru-
ben*. 33 Danach wurde sie wieder
schwanger und gebar einen zweiten
Sohn. Sie sagte: »Jahwe hat gehört,
dass ich ungeliebt bin. So hat er mir
auch den gegeben.« Sie nannte ihn Si-
meon*. 34 Wieder wurde sie schwan-
ger und bekam einen Sohn. Da sagte
sie: »Jetzt endlich wird mein Mann
sich mir anschließen, denn ich habe
ihm drei Söhne geboren.« Darum
nannte sie ihn Levi*. 35 Dann wurde
sie noch einmal schwanger und bekam
einen Sohn. »Diesmal will ich Jahwe
preisen!«, sagte sie. Darum gab sie
ihm den Namen Juda*. Dann bekam
sie lange Zeit keine Kinder mehr.

30 1 Als Rahel merkte, dass sie
keine Kinder für Jakob bekom-
men konnte, wurde sie auf ihre
Schwester eifersüchtig. »Sorge dafür,
dass ich Kinder bekomme!«, sagte sie
zu Jakob. »Wenn nicht, sterbe ich!«
2 Da wurde Jakob zornig auf Rahel und
sagte: »Stehe ich etwa an Gottes Stelle,
der dir Kinder versagt hat?« 3 »Dann
gebe ich dir eben meine Sklavin Bilha.
Geh zu ihr und mach sie schwanger!
Wenn sie das Kind dann auf meinem
Schoß zur Welt bringt, ist es wie mein
eigenes.« 4 So gab sie ihm ihre Sklavin
Bilha zur Frau und er schlief mit ihr.
5 Da wurde Bilha schwanger und gebar
Jakob einen Sohn. 6 Rahel sagte: »Gott
hat mir Recht verschafft, er hat meine
Bitten gehört und mir einen Sohn
geschenkt!« Darum nannte sie ihn
Dan*. 7 Darauf wurde Rahels Sklavin
Bilha noch einmal schwanger und
schenkte Jakob noch einen Sohn. 8 Da
sagte Rahel: »Einen Gotteskampf habe
ich mit meiner Schwester ausgefochten
und habe auch gesiegt.« Sie nannte ihn
Naftali*.

9 Als Lea dann merkte, dass sie
keine Kinder mehr bekam, gab sie
Jakob ihre Sklavin Silpa zur Frau.
10 Auch Silpa schenkte Jakob einen
Sohn. 11 Da sagte Lea: »Das Glück ist
gekommen!« und nannte ihn Gad,
Glück. 12 Als Silpa Jakob einen zwei-
ten Sohn schenkte, 13 sagte Lea: »Ich
Glückliche! Alle Frauen werden mich

29,32 *Ruben. Seht, ein Sohn!* Der Name klingt aber auch an hebr. *raa* (sehen) und *beonji* (Kummer) an.

29,33 *Simeon.* Von hebr. *schama* (gehört) abgeleitet.

29,34 *Levi.* Von hebr. *jillawe* (anschließen).

29,35 *Juda.* Von hebr. *ode* (huldigen, preisen) abgeleitet.

30,6 *Dan.* Von hebr. *dananni* (Recht verschaffen) abgeleitet.

30,8 *Naftali.* Von hebr. *naftule* Kampf

glücklich preisen!« Darum nannte sie
ihn Ascher*.

14 Zur Zeit der Weizenernte fand
Ruben einmal Alraunfrüchte* auf
dem Feld und brachte sie seiner Mut-
ter Lea. Da bat Rahel ihre Schwester:
»Gib mir doch ein paar von den Liebes-
äpfeln, die dein Sohn gefunden hat!«
15 Aber Lea sagte zu ihr: »Reicht es
dir nicht, dass du mir meinen Mann
weggenommen hast? Musst du auch
noch die Liebesäpfel meines Sohnes
haben?« Rahel erwiderte: »Wenn du
sie mir gibst, soll er heute Nacht bei
dir schlafen!« 16 Als Jakob abends
vom Feld kam, ging Lea ihm entgegen
und sagte: »Heute musst du mit mir
schlafen, denn ich habe bezahlt. Ich
habe dich mit den Liebesäpfeln mei-
nes Sohnes erkauft.« Da schlief Jakob
in dieser Nacht mit ihr; 17 und Gott er-
hörte Leas Bitte, sodass sie schwan-
ger wurde und Jakob einen fünften
Sohn schenkte. 18 Sie sagte: »Gott hat
mich dafür belohnt, dass ich meine
Sklavin meinem Mann gegeben ha-
be.« Darum nannte sie ihn Issachar,
mein Lohn.

19 Als Lea noch einmal schwanger
wurde und Jakob einen sechsten Sohn
schenkte, 20 sagte sie: »Gott hat mir
ein schönes Geschenk gemacht; dies-
mal wird mein Mann mich annehmen,
denn ich habe ihm sechs Söhne gebo-
ren.« Deshalb gab sie ihm den Namen
Sebulon*. 21 Danach gebar sie eine
Tochter und gab ihr den Namen Dina.

22 Nun dachte Gott aber auch an
Rahel. Er erhörte sie und öffnete ihren
Mutterschoß. 23 Sie wurde daraufhin
schwanger und brachte einen Sohn zur
Welt. Da sagte sie: »Gott hat meine
Schande weggenommen.« 24 Sie nann-
te ihn Josef* und sagte: »Jahwe gebe
mir noch einen anderen Sohn.«

Jakob kommt zu Vermögen

25 Als Rahel Josef geboren hatte,
sagte Jakob zu Laban: »Entlass mich,
ich will in meine Heimat ziehen!
26 Gib mir meine Frauen und Kinder,
für die ich bei dir gearbeitet habe und
lass mich gehen! Du weißt ja selbst,
was ich mit meiner Arbeit für dich ge-
leistet habe.« 27 Aber Laban erwider-
te: »Könnte ich doch dein Wohlwollen
finden und dich zum Bleiben be-
wegen! Durch Wahrsagung habe ich
erfahren, dass Jahwe mich deinet-
wegen gesegnet hat. 28 Was willst du
als Lohn? Ich gebe dir, was du ver-
langst.« 29 Jakob sagte: »Du weißt ja,
wie ich für dich geschuftet habe und
was aus deinem Vieh bei mir ge-
worden ist. 30 Das wenige, das du vor
meiner Zeit hattest, hat sich gewaltig
vermehrt, und Jahwe hat dich bei
jedem meiner Schritte gesegnet. Jetzt
muss ich endlich für meine Familie
sorgen!« 31 Da fragte Laban: »Was
verlangst du als Lohn?« – »Du sollst

30,13 *Ascher.* Von hebr. *oschri* (ich Glückliche) abgeleitet.

30,14 *Alraunfrüchte.* Die Frucht der Alraune ähnelt einem kleinen Apfel, riecht scharf und galt damals als Mittel zur Förderung der Fruchtbarkeit (»Liebesapfel«).

30,20 *Sebulon.* Vielleicht von hebräisch *jisbeleni* (mich annehmen) abgeleitet. Die Übersetzung ist unsicher, weil der Begriff nur einmal in der Bibel vorkommt.

30,24 *Josef.* Von hebr. *josef* (hinzufügen, nochmals tun).

30,32 *gesprenkelte Ziege.* Schafe waren in der Regel weiß, Ziegen schwarzbraun, gesprenkelte und gefleckte Tiere selten.

mir gar nichts geben«, erwiderte
Jakob, »wenn du mir Folgendes zuge-
stehst, werde ich auch weiterhin für
dein Kleinvieh sorgen: 32 Ich will
heute aus deinen Herden jedes dunkel
gesprenkelte und gefleckte Schaf ent-
fernen, sowie jede hell gefleckte und
gesprenkelte Ziege*. Das soll mein
Lohn sein! 33 Meine Redlichkeit wird
für mich zeugen, wenn du morgen
kommst, um meinen Lohn anzuse-
hen: Alle Ziegen, die nicht hell geflek-
kt und gesprenkelt und alle Schaf-
lämmer, die nicht braun sind, sollen
als gestohlen gelten, wenn sie bei mir
sind.« 34 Da sagte Laban: »Gut, es soll
so sein, wie du gesagt hast.« 35 Aber
er suchte noch am selben Tag alle Zie-
gen und Ziegenböcke heraus, an
denen etwas Helles, und alle Schafe,
an denen etwas Dunkles war, und gab
sie seinen Söhnen. 36 Dann entfernte
er sich mit ihnen von Jakob, und zwar
drei Tagereisen weit. Jakob weidete
nun die restlichen Tiere Labans.

37 Nun schnitt sich Jakob frische
Zweige von Silberpappeln, Mandel-
bäumen und Platanen und schälte
Streifen von der Rinde ab. Diese hell-
gestreiften Stöcke 38 legte er in die
Tränkrinnen.* Wenn dann die Tiere,
die zum Tränken kamen, brünstig
wurden 39 und sich besprangen, war-
fen sie lauter gestreifte, gesprenkelte
und gefleckte Junge. 40 Diese Läm-
mer sonderte Jakob aus und machte
alle gestreiften und braunen Tiere zu
einer eigenen Herde. So züchtete er
sich eine besondere Herde, die er
nicht zu den Tieren Labans gab.
41 Jakob legte die Stäbe aber nur dann
in die Tränkrinnen, wenn die kräftigen
Tiere sich besprangen; 42 bei den
schwächlichen tat er das nicht. So
blieben die schwächlichen Tiere bei
Laban und Jakob bekam die kräftigen.
43 Auf diese Weise wurde Jakob rei-
cher und reicher und besaß schließ-
lich sehr viele Schafe und Ziegen,
dazu Sklaven und Sklavinnen und
ebenso Kamele und Esel.

Jakobs Flucht

31 1 Da hörte Jakob, was die
Söhne Labans über ihn rede-
ten. »Jakob hat alles an sich gerissen,
was unserem Vater gehörte. Sein
Reichtum stammt aus unserem Be-
sitz.« 2 Auch Laban war ihm nicht
mehr so zugetan wie früher. Das
konnte er ihm ansehen. 3 Da sagte
Jahwe zu Jakob: »Kehre ins Land
deiner Vorfahren und zu deinen Ver-
wandten zurück! Ich werde bei dir
sein.«

4 Da ließ Jakob Rahel und Lea zu
sich auf die Weide rufen. 5 Er sagte
zu ihnen: »Ich sehe die Miene eures Va-
ters und merke, dass er nicht mehr so
zu mir ist wie früher. Aber es war der
Gott meines Vaters, der mir beistand.
6 Ihr wisst selbst, dass ich mit ganzer
Kraft für euren Vater gearbeitet habe.
7 Doch er hat mich betrogen und mei-
nen Lohn zehnmal verändert. Aber
Gott hat ihm nicht erlaubt, mir zu
schaden. 8 Wenn euer Vater sagte: ›Die
Gesprenkelten sollen dein Lohn sein‹,
dann wurden lauter gesprenkelte

30,38 *Zweige … Tränkrinnen.* Dieser Trick wurde im Orient bei der Züchtung angewandt und galt als Kunstgriff eines klugen, versierten Hirten. Doch später erkannte Jakob, dass es Gott selbst war, der eingegriffen hatte (1. Mose 31,7-12).

Lämmer geboren. Und wenn er sagte:
›Nein, die Gestreiften‹, warf die ganze
Herde gestreifte Lämmer. 9 Es war
Gott, der eurem Vater das Vieh wegge-
nommen und mir gegeben hat.
10 Während der Brunstzeit der Tiere
sah ich einmal im Traum, dass alle
Böcke, die die Tiere besprangen, ge-
streift, gesprenkelt und gescheckt
waren. 11 Da sagte der Engel Gottes
im Traum zu mir: ›Jakob!‹ ›Ja!‹, er-
widerte ich. 12 ›Sieh genau hin‹, sagte
er, ›schau dir die Böcke an, die die
Tiere bespringen, sie sind alle ge-
streift, gesprenkelt und gescheckt. Ich
habe alles gesehen, was Laban dir
antut. 13 Ich bin der Gott, der dir in
Bet-El begegnet ist, wo du den Stein
gesalbt und mir ein Gelübde abgelegt
hast. Brich jetzt auf, verlass dieses
Land und kehre zu deiner Verwandt-
schaft zurück!« 14 Rahel und Lea
antworteten: »Haben wir denn noch
Teil am Erbe unseres Vaters? 15 Hat
er uns nicht wie Fremde behandelt?
Er hat uns ja verkauft und das Geld
völlig für sich verbraucht. 16 Der
ganze Reichtum, den Gott unserem
Vater entzogen hat, gehört uns und
unseren Kindern. Tu, was Gott dir
gesagt hat!«

17 Da brach Jakob auf. Er setzte
seine Frauen und Kinder auf die Ka-
mele, 18 führte all sein Vieh weg, sein
ganzes Hab und Gut und die Tiere,
die er in Mesopotamien erworben
hatte, um ins Land Kanaan zu seinem
Vater Isaak heimzukehren. 19 Als
Laban gerade zur Schafschur gegan-
gen war, stahl Rahel den Hausgott*
ihres Vaters. 20 Jakob aber bestahl das
Herz des Aramäers Laban, indem er
ihm seine Flucht verheimlichte. 21 Er
entfloh mit allem, was ihm gehörte,
überquerte den Euphrat und zog auf
das Bergland von Gilead* zu. 22 Erst
am dritten Tag erfuhr Laban, dass
Jakob geflohen war. 23 Da nahm er
seine Verwandten mit und jagte hinter
ihm her. Nach sieben Tagen holte er
ihn im Bergland von Gilead ein.
24 Doch da erschien Gott dem Ara-
mäer Laban im Traum und sagte zu
ihm: »Hüte dich, mit Jakob anders als
freundlich zu reden!«

25 Laban erreichte Jakob, als dieser
gerade seine Zelte im Bergland aufge-
schlagen hatte. Auch Laban und seine
Verwandten bauten ihr Lager dort auf.
26 Laban sagte zu Jakob: »Warum
hast du mein Herz gestohlen und
meine Töchter wie Kriegsgefangene
weggeschleppt? 27 Warum bist du
heimlich geflohen? Warum hast du
mich getäuscht und mir nichts ge-
sagt? Ich hätte dir mit Gesang, mit
Tamburin und Zithern das Geleit ge-
geben! 28 Du hast mir nicht einmal
gestattet, meine Enkel und meine
Töchter zum Abschied zu küssen. Das
hast du dir nicht gut überlegt! 29 Ich
hätte sehr wohl die Macht, euch übel
mitzuspielen, aber der Gott eures
Vaters hat mich letzte Nacht gewarnt
und mir gesagt: ›Hüte dich, mit Jakob
anders als freundlich zu reden!‹
30 Nun gut, du bist nun einmal weg-
gezogen, weil du dich so sehr nach
deiner Verwandtschaft sehntest. Aber

31,19 *Hausgott.* Hebräisch *Terafim*, eine geschnitzte Figur oder Figurengruppe, die als Schutzgott des Hauses galt.

31,21 *Gilead* bezeichnet das mittlere, manchmal auch das ganze Ostjordanland.

warum hast du mir auch noch meinen
Hausgott gestohlen?«
31 Jakob erwiderte: »Ich hatte Angst,
du würdest mir deine Töchter weg-
nehmen. 32 Bei wem du aber deinen
Hausgott findest, der soll nicht am
Leben bleiben! Durchsuche alles in
Gegenwart unserer Verwandten und
nimm, was dir gehört!« Jakob wusste
nicht, dass Rahel ihn gestohlen hatte.
33 Da durchsuchte Laban das Zelt Ja-
kobs, das Zelt Leas und das Zelt der
beiden Sklavinnen und fand nichts.
Dann ging er in das Zelt Rahels. 34 Sie
hatte den Hausgott in die Tasche des
Kamelsattels gesteckt und sich darauf
gesetzt. Laban tastete das ganze Zelt
ab, fand aber nichts. 35 Rahel aber
sagte zu ihrem Vater: »Sei nicht zor-
nig, mein Herr, wenn ich nicht vor dir
aufstehe. Ich habe meine Tage und
mir geht es nicht gut.« Laban durch-
suchte alles, konnte aber nichts
finden.
36 Da wurde Jakob zornig und be-
gann mit Laban zu streiten. »Was
habe ich denn verbrochen?«, sagte er.
»Was habe ich dir angetan, dass du so
hitzig hinter mir her bist? 37 Nun hast
du alle meine Sachen durchwühlt.
Und was hast du gefunden, das dir
gehört? Lege es hierher vor meine und
deine Verwandten! Sie sollen ent-
scheiden, wer von uns beiden im
Recht ist! 38 Zwanzig Jahre bin ich bei
dir gewesen. Deine Schafe und Ziegen
haben nie fehlgeworfen. Nicht einen
Schafbock deiner Herde habe ich für
mich geschlachtet. 39 Wenn ein Stück
von wilden Tieren gerissen wurde,
durfte ich dir damit nicht kommen.
Ersetzen musste ich es, egal ob es bei
Tag oder bei Nacht geraubt worden
war! 40 Am Tag verging ich vor Hitze,
und nachts litt ich unter der Kälte. Oft
konnte ich nicht schlafen. 41 Zwanzig
Jahre habe ich das auf mich genom-
men; vierzehn Jahre habe ich um
deine Töchter gearbeitet und sechs
um die Herde; und zehnmal hast du
meinen Lohn verändert! 42 Wenn ich
nicht den Gott meines Vaters auf
meiner Seite gehabt hätte, den Gott
Abrahams und den, den Isaak fürch-
tet, dann würdest du mich jetzt mit
leeren Händen fortschicken! Aber
Gott hat gesehen, wie ich mich für
dich abgemüht und geschuftet habe,
und hat gestern Nacht entschieden.«
43 Da antwortete Laban: »Es sind
meine Töchter, meine Kinder und
meine Tiere. Alles, was du hier siehst,
gehört mir! Aber was kann ich jetzt
noch für meine Töchter und die Söhne
tun, die sie geboren haben? 44 Doch
komm jetzt, lass uns einen Vertrag
schließen, der als Zeuge zwischen mir
und dir dienen kann!«
45 Da packte Jakob einen Stein und
wuchtete ihn als Gedenkstein hoch.
46 Dann forderte er seine Verwandten
auf, Steine zu sammeln und sie zu
einem Hügel zu schichten. Und auf
diesem Steinhügel hielten sie ein ge-
meinsames Mahl. 47 Laban nannte
ihn Jegar-Sahaduta und Jakob Gal-
Ed, Zeugenhügel*. 48 »Dieser Stein-
hügel ist Zeuge für unseren Vertrag«,
sagte Laban. Deshalb bekam er den
Namen Gal-Ed. 49 Er nannte ihn aber
auch Mizpa, Wachtturm, denn er

31,47 *Zeugenhügel. Gal-Ed* ist hebräisch. *Jegar-Sahaduta* bedeutet dasselbe auf aramäisch.

sagte: »Jahwe möge ein wachsames
Auge auf uns haben, wenn wir uns aus
dem Gesicht verlieren!
50 Hüte dich,
meine Töchter zu kränken oder noch
weitere Frauen zu nehmen! Kein
Mensch ist hier dabei, aber Gott ist
unser Zeuge!«
51 Weiter sagte Laban
zu Jakob: »Dieser Steinhügel und dieser Gedenkstein, den ich zwischen
uns errichtet habe,
52 seien Zeugen,
dass keiner von uns über diesen Hügel
hinaus in böser Absicht zum anderen
zieht.
53 Der Gott Abrahams und der
Gott Nahors, der Gott ihres Vaters soll
den bestrafen, der sich nicht daran
hält.«

So leistete Jakob einen Eid bei dem
Gott, den sein Vater Isaak fürchtete.
54 Dann schlachtete er dort auf dem
Berg ein Opfertier und lud seine Verwandten zur Opfermahlzeit ein. Sie
aßen miteinander und verbrachten die
Nacht auf dem Berg.

32
1 Früh am nächsten Morgen
küsste Laban zum Abschied
seine Enkel und seine Töchter und
segnete sie. Dann kehrte er in seine
Heimat zurück.

2 Als dann auch Jakob weiterzog,
begegneten ihm Engel Gottes.
3 »Hier
ist das Lager Gottes!«, sagte er, als er
sie sah. Deshalb nannte er jenen Ort
Mahanajim, Doppellager.

Jakob nähert sich Esau

4 Nun schickte Jakob Boten zu seinem
Bruder Esau voraus, der sich im Bergland von Seïr* im Gebiet Edoms aufhielt.
5 Er befahl ihnen: »Wenn ihr zu
meinem Herrn, zu Esau kommt, sollt
ihr sagen: ›Dein Diener Jakob lässt dir
sagen: Die ganze Zeit über habe
ich mich als Fremder bei Laban aufgehalten.
6 Ich habe Rinder, Esel und
Kleinvieh erworben, Sklaven und
Sklavinnen. Das wollte ich dir,
meinem Herrn, mitteilen, um dein
Wohlwollen zu gewinnen.«
7 Als die
Boten zurückkamen, berichteten sie:
»Wir waren bei deinem Bruder, bei
Esau. Er ist schon unterwegs und
zieht dir mit vierhundert Mann entgegen.«
8 Jakob wurde angst und bange.
Er teilte die Leute, die er bei sich
hatte, in zwei Lager, dazu das Kleinvieh, die Rinder und die Kamele,
9 denn er sagte sich: »Wenn Esau auf
das eine Lager trifft und alles erschlägt, kann doch das andere entkommen.«

10 Dann betete Jakob: »Jahwe, Gott
meines Vaters Abraham und Gott meines Vaters Isaak! Du hast zu mir gesagt: ›Kehr in deine Heimat und zu
deiner Verwandtschaft zurück; ich
werde es dir gut gehen lassen!‹
11 Ich
bin zu gering für alle Barmherzigkeit
und Treue, die du an mir, deinem Diener, erwiesen hast. Denn nur mit meinem Stab bin ich über diesen Jordan
gegangen, und nun bin ich zu zwei
Lagern geworden.
12 Rette mich doch
vor meinem Bruder, vor Esau. Ich habe Angst vor ihm, dass er nicht etwa
kommt und uns alle umbringt, auch
die Mütter und die Kinder.
13 Du hast
mir doch versprochen: ›Ich will dir
viel Gutes tun, und deine Nachkommen sollen werden wie der Sand am
Meer, den niemand zählen kann.‹«

14 Er blieb die Nacht über dort und
stellte aus seinem Besitz ein Geschenk

32,4 *Seïr.* Siehe 1. Mose 14,6!

für seinen Bruder Esau zusammen:
15 200 Ziegen und 20 Ziegenböcke,
200 Mutterschafe und 20 Schafböcke,
16 30 Kamelstuten mit ihren Jungen,
40 Kühe, 10 Stiere, 20 Eselinnen und
10 Esel. 17 Jede dieser Herden über-
gab er einem seiner Leute und sagte:
»Zieht voraus und lasst einen Abstand
zwischen den Herden!« 18 Dem ers-
ten befahl er: »Wenn mein Bruder
Esau dir entgegenkommt, wird er
fragen: ›Wem gehörst du und wohin
gehst du? Und wem gehören die
Tiere, die du treibst?‹, 19 dann sollt ihr
sagen: ›Es gehört alles deinem Diener
Jakob, und es ist ein Geschenk, das er
meinem Herrn Esau macht. Er selbst
kommt hinter uns her.‹« 20 Dieselbe
Anweisung gab er auch dem zweiten,
dem dritten und allen anderen, die
hinter den Herden gingen: »Genau
dasselbe sollt ihr zu Esau sagen, wenn
ihr ihn trefft. 21 Und sagt immer:
›Dein Diener Jakob kommt auch noch
hinter uns her.‹« Denn er dachte: »Ich
will ihn durch das Geschenk, das vor
mir herzieht, versöhnen. Erst dann
will ich ihm selbst unter die Augen
treten. Vielleicht nimmt er mich
freundlich auf.« 22 So zog das Ge-
schenk ihm voraus, während er die
Nacht über im Lager blieb.

Jakob ringt mit Gott

23 Doch mitten in der Nacht stand er
auf, nahm seine beiden Frauen, die
beiden Sklavinnen und seine elf
Söhne und überquerte mit ihnen den
Jabbok an einer Furt. 24 Auch alle
seine Herden und seinen Besitz
brachte er über den Fluss. 25 Nur
Jakob selbst blieb zurück. Da rang ein
Mann mit ihm, bis die Morgenröte
heraufzog. 26 Als jener merkte, dass
Jakob sich nicht niederringen ließ,
schlug er auf dessen Hüftgelenk, so-
dass es sich ausrenkte. 27 Dann sagte
er: »Lass mich los, die Morgenröte
zieht schon herauf!« Doch Jakob er-
widerte: »Ich lass dich nicht los, wenn
du mich nicht vorher segnest!«
28 »Wie heißt du?«, fragte der Mann.
»Jakob«, erwiderte er. 29 Da sagte er:
»Du sollst nicht mehr Jakob heißen,
sondern Israel, Gotteskämpfer! Denn
du hast mit Gott und mit Menschen
gekämpft und hast gesiegt.« 30 Da
bat Jakob: »Sag mir doch, wie du
heißt!« Doch er erwiderte nur:
»Warum fragst du?«; und er segnete
ihn. 31 »Ich habe Gott ins Gesicht ge-
sehen«, sagte Jakob, »und ich lebe
noch!« Darum nannte er jenen Ort
Pnuël, Gottes Gesicht. 32 Als Jakob
Pnuël verließ, ging die Sonne über
ihm auf. Er hinkte wegen seiner
Hüfte. 33 Deshalb lehnen es die Israe-
liten bis heute ab, den Muskel zu
essen, der über dem Hüftgelenk liegt,
weil Jakob an dieser Stelle von Gott
geschlagen worden war.

Jakob versöhnt sich mit Esau

33 1 Als Jakob aufblickte, sah er
Esau mit seinen 400 Männern
kommen. Da verteilte er die Kinder
auf Lea, Rahel und die beiden Skla-
vinnen. 2 Dann stellte er die Sklavin-
nen mit ihren Kindern voran, dahinter
Lea und ihre Kinder und zuletzt Rahel
mit Josef. 3 Er selbst ging vor ihnen
her und warf sich siebenmal zur Erde,
bis er zu seinem Bruder kam.

4 Da lief Esau ihm entgegen und
umarmte ihn; er fiel ihm um den Hals
und küsste ihn; beide weinten. 5 Dann

sah Esau die Frauen und die Kinder
und fragte: »Wer sind die dort bei
dir?« – »Das sind die Kinder, die Gott
deinem Diener geschenkt hat«, sagte
er. 6 Dann traten die Sklavinnen mit
ihren Kindern heran und warfen sich
nieder, 7 ebenso Lea mit ihren Kindern
und zuletzt Rahel mit Josef. 8 »Was
wolltest du denn mit dem ganzen Lager,
auf das ich gestoßen bin?«, fragte Esau.
»Gnade finden vor meinem Herrn!«, erwiderte Jakob. 9 Da sagte Esau: »Ich
habe genug, mein Bruder! Behalte nur,
was dir gehört.« 10 »Nein, nein!«, sagte
Jakob. »Wenn ich überhaupt Gnade vor
dir gefunden habe, dann nimm mein
Geschenk an! Denn ich habe dein Gesicht gesehen, wie man Gottes Angesicht schaut: So freundlich warst du
zu mir! 11 Nimm doch mein Geschenk
an! Denn Gott war mir gnädig, und
ich habe alles.« So drängte er seinen
Bruder, bis er es annahm.

12 Dann schlug Esau vor: »Lass uns
aufbrechen und weiterziehen! Ich
werde dich begleiten.« 13 Doch Jakob
erwiderte: »Mein Herr, du siehst ja,
dass die Kinder noch zart sind und ich
auch säugende Schafe und Rinder bei
mir habe. Wenn man sie nur einen Tag
zu schnell treiben würde, ginge mir
die ganze Herde ein. 14 Mein Herr,
zieh du ruhig voraus! Ich werde dir
nach Seïr folgen, will das aber ganz
gemächlich tun, wie es dem Vieh und
meinen Kindern angemessen ist.«
15 »Dann lasse ich wenigstens ein
paar von meinen Leuten bei dir«,
sagte Esau. »Wozu das?«, erwiderte
Jakob. »Hauptsache, ich habe Gnade
vor dir, meinem Herrn, gefunden.«
16 Da machte sich Esau auf den Rückweg nach Seïr.

Jakob in Sichem

17 Jakob zog weiter nach Sukkot*.
Dort baute er sich ein Haus und Hütten für sein Vieh. Deshalb nannte er
den Ort Sukkot, Hütten. 18 Später zog
Jakob in friedlicher Absicht nach Sichem im Land Kanaan. Draußen vor
der Stadt schlug er sein Lager auf.
19 Dann kaufte er von den Söhnen Hamors, des Stadtgründers, das Stück
Land, auf dem er seine Zelte aufgeschlagen hatte. Er bezahlte ihnen
100 Kesita* dafür. 20 Dort errichtete
er auch einen Altar und nannte ihn:
»Gott ist der Gott Israels«.

Dinas Vergewaltigung und das Blutbad in Sichem

34 1 Eines Tages wollte Dina,
die Tochter von Lea und Jakob, sich unter den Mädchen des
Landes umsehen. 2 Als Sichem sie sah
– er war der Sohn von Hamor, dem führenden Mann der ganzen Gegend –, fiel
er über sie her und vergewaltigte sie.
3 Er hatte aber eine Zuneigung zu
Dina gefasst. Deshalb redete er mit
ihr und suchte ihr Herz zu gewinnen.
Er liebte das Mädchen 4 und sagte zu
seinem Vater Hamor: »Sorge dafür,
dass ich dieses Mädchen heiraten
kann!« 5 Als Jakob hörte, dass seine
Tochter Dina vergewaltigt worden
war, verhielt er sich ruhig, bis seine
Söhne heimkamen. Sie waren nämlich bei den Tieren auf der Weide.

33,17 *Sukkot.* Das ist in westliche statt in südliche Richtung nach Seïr (=Edom). Er überquerte dabei erneut den Jabbok und später den Jordan auf dem Weg nach Sichem.

33,19 *Kesita.* Geldeinheit/Geldgewicht ist bis heute unbekannt.

6 Sichems Vater Hamor kam zu Jakob
heraus, um mit ihm über die Sache zu
reden. 7 Als die Söhne Jakobs nach
Hause kamen und von der Sache hör-
ten, fühlten sich die Männer schwer
gekränkt. Sie wurden sehr zornig,
denn durch die Vergewaltigung einer
Tochter Jakobs hatte Sichem eine
Schandtat in Israel verübt. So etwas
durfte nicht geschehen.

8 Doch Hamor redete ihnen zu.
»Mein Sohn Sichem hängt an dem
Mädchen. Gebt sie ihm doch zur Frau!
9 Warum sollen wir uns nicht mit euch
verschwägern? Gebt uns eure Töchter
und ihr heiratet unsere. 10 Siedelt euch
unter uns an; das Land steht euch
offen! Bewohnt es, bereist es und
macht euch darin ansässig!«

11 Und Sichem sagte zu Dinas Vater
und zu ihren Brüdern: »Lasst mich
Gnade vor euch finden! Ich will euch
alles geben, was ihr verlangt. 12 Ihr
könnt den Preis für die Braut und die
Hochzeitsgabe so hoch machen, wie
ihr wollt. Ich werde es bezahlen. Nur
gebt mir das Mädchen zur Frau!«
13 Doch die Söhne Jakobs gaben Si-
chem und seinem Vater eine hinter-
hältige Antwort, weil Sichem ihre
Schwester Dina entehrt hatte. 14 »Wir
können unsere Schwester keinem
Mann geben, der eine Vorhaut hat.
Das wäre eine Schande für uns.
15 Nur unter einer Bedingung können
wir eurem Wunsch entsprechen:
Ihr müsst so werden wie wir! Alle
männlichen Personen müssen sich
beschneiden* lassen! 16 Dann geben
wir euch unsere Töchter und können
auch eure Töchter heiraten; dann
wollen wir bei euch wohnen bleiben
und mit euch zusammen ein Volk
bilden. 17 Doch wenn ihr nichts da-
von wissen wollt, nehmen wir unsere
Tochter und gehen.« 18 Hamor und
sein Sohn waren mit dem Vorschlag
einverstanden.

19 Der junge Mann nahm die Sache
gleich in die Hand, denn er hatte Ge-
fallen an der Tochter Jakobs. Und im
ganzen Haus seines Vaters hörten alle
auf ihn. 20 So gingen Hamor und Si-
chem ans Tor ihrer Stadt und redeten
zu den dort versammelten Männern:
21 »Diese Männer sind uns friedlich
gesinnt. Lassen wir sie doch bei uns
im Land wohnen und darin umherzie-
hen. Das Land ist ja weit genug für
sie. Wir können uns durch gegenseiti-
ge Heirat mit ihnen verbinden. 22 Je-
doch sind sie nur dann bereit, bei uns
zu bleiben und ein Volk mit uns zu
werden, wenn sich alle männlichen
Personen unter uns beschneiden las-
sen, wie es bei ihnen der Fall ist.
23 Wir sollten auf ihren Vorschlag ein-
gehen, damit sie bei uns bleiben. Ihre
Herden, ihr Besitz und all ihr Lastvieh
wird dann doch uns gehören!« 24 Die
Männer der Stadt hörten auf Hamor
und seinen Sohn Sichem; und alle
männlichen Personen, die zur Stadt
gehörten, ließen sich beschneiden.

25 Drei Tage später, als sie im Wund-
fieber lagen, nahmen die Brüder Di-
nas, die Jakobssöhne Simeon und
Levi, ihre Schwerter, überfielen die
sorglose Stadt und töteten alle männ-
lichen Bewohner. 26 Sie erschlugen
auch Hamor und seinen Sohn Sichem,
holten ihre Schwester aus Sichems
Haus und nahmen sie mit. 27 Dann

***34,15** beschneiden.* Vergleiche 1. Mose 17,9-14!

plünderten die Söhne Jakobs die Stadt
und raubten die Erschlagenen aus,
weil sie ihre Schwester entehrt hatten.
28 Sie nahmen ihr Kleinvieh, ihre Rin-
der und Esel, alles, was in der Stadt
und auf dem freien Feld war, 29 und
raubten alles, was sie in den Häusern
fanden. Auch ihre Kinder und Frauen
schleppten sie als Beute weg.

30 Da sagte Jakob zu Simeon und
Levi: »Ihr stürzt mich ins Unglück,
denn ihr habt mich bei den Bewoh-
nern des Landes verhasst gemacht,
bei den Kanaanitern und Perisitern.
Ich habe doch nur eine zählbare
Mannschaft. Wenn sie sich gegen
mich zusammentun, werden sie mich
erschlagen, dann bringen sie mich
und meine Familie um.« 31 Aber sie
erwiderten: »Durfte er unsere Schwes-
ter denn wie eine Hure behandeln?«

Jakob in Bethel

35 1 Gott sagte zu Jakob: Zieh
nach Bet-El hinauf, lass dich
dort nieder und baue einen Altar für
den Gott, der dir erschienen ist, als du
vor deinem Bruder Esau geflohen
bist.« 2 Da befahl Jakob seiner ganzen
Familie und allen, die bei ihm waren:
»Schafft die fremden Götter weg, die
ihr noch habt! Reinigt euch und zieht
frische Sachen an! 3 Wir werden nach
Bet-El hinaufziehen, und ich werde
dort einen Altar bauen für den Gott,
der mich in meiner Not erhört hat und
mir auf meinem ganzen Weg zur Seite
stand. 4 Da gaben sie Jakob ihre Göt-
terfiguren und ihre Ohrringe*, und er
vergrub sie unter der Terebinthe bei
Sichem. 5 Dann brachen sie auf. Nie-
mand wagte es, sie zu verfolgen, denn
auf den umliegenden Städten lag ein
Schrecken Gottes. 6 So kam Jakob mit
seinen Leuten nach Lus im Land Ka-
naan, das jetzt Bet-El heißt. 7 Dort
baute er einen Altar und nannte die
Opferstätte El-Bet-El*, denn hier war
ihm Gott erschienen, als er vor seinem
Bruder Esau floh.

8 Während sie dort waren, starb De-
bora, die Amme Rebekkas. Sie begru-
ben sie unterhalb von Bet-El unter der
Steineiche, die davon den Namen
Allon Bachut, Klageeiche, erhielt.

9 Da erschien Gott Jakob und segne-
te ihn. Es war das zweite Mal seit sei-
ner Rückkehr aus Mesopotamien.
10 Gott sagte: »Du heißt Jakob. Doch
von jetzt an sollst du nicht mehr Jakob,
sondern Israel genannt werden!« So
gab er ihm den Namen Israel. 11 Wei-
ter sagte Gott zu ihm: »Ich bin El-
Schaddai, der allmächtige Gott. Sei
fruchtbar und vermehre dich! Ein
Volk, ja eine ganze Schar von Völkern
wird von dir abstammen, selbst Köni-
ge werden unter deinen direkten
Nachkommen sein. 12 Das Land, das
ich Abraham und Isaak zugesprochen
habe, werde ich dir und deinen Nach-
kommen geben.« 13 Als Gott das Ge-
spräch mit ihm beendet hatte, fuhr er
von diesem Ort wieder in den Himmel
auf. 14 Jakob stellte einen Gedenkstein
dorthin, wo Gott mit ihm geredet
hatte. Er goss ein Trankopfer darüber
und salbte ihn mit Öl. 15 Die Stelle, wo
Gott mit ihm geredet hatte, nannte er
Bet-El, Haus Gottes.

35,4 *Ohrringe* wurden offenbar als Amulette getragen.

35,7 *El-Bet-El.* Das heißt »Gott von Bet-El«, bzw. »Gott vom Haus Gottes«.

Die schwere Geburt Benjamins

16 Dann brachen sie wieder von Bet-El
auf. Als sie nur noch ein Stück von
Efrata entfernt waren, setzten die
Wehen bei Rahel ein. Sie hatte eine
sehr schwere Geburt. 17 Als ihr die Ge-
burt so schwer wurde, sagte die Heb-
amme zu ihr: »Hab keine Angst, es
wird wieder ein Sohn!« 18 Aber Rahel
spürte, dass ihr das Leben entwich
und sie sterben würde. Da nannte sie
ihn Ben-Oni, Sohn meiner Totenkla-
ge. Sein Vater aber nannte ihn Benja-
min, Sohn meines Glücks. 19 So starb
Rahel und wurde dort am Weg nach
Efrata begraben, das jetzt Bethlehem
heißt. 20 Jakob errichtete einen Ge-
denkstein auf ihrem Grab, der noch
heute als Grabmal Rahels dort steht.

Jakobs Söhne

21 Dann zog Israel weiter und schlug
seine Zelte jenseits von Migdal-Eder*
auf. 22 Dort geschah es, dass Ruben
mit Bilha, der Nebenfrau seines Va-
ters, schlief. Und Israel erfuhr davon.

Jakob hatte zwölf Söhne. 23 Die
Söhne Leas: Ruben, der Erstgeborene
Jakobs, Simeon, Levi, Juda, Issachar
und Sebulon. 24 Die Söhne Rahels:
Josef und Benjamin. 25 Die Söhne
Bilhas, der Sklavin Rahels: Dan und
Naftali. 26 Die Söhne Silpas, der Skla-
vin Leas: Gad und Ascher. Alle wur-
den noch in Mesopotamien geboren.

Isaaks Tod

27 Jakob kam dann zu seinem Vater
Isaak nach Mamre bei Kirjat-Arba,
das jetzt Hebron heißt. Dort hatten
Abraham und Isaak sich niedergelas-
sen. 28 Isaak wurde 180 Jahre alt.
29 Er starb nach einem langen und er-
füllten Leben und wurde im Tod mit
seinen Stammesgenossen vereint.
Seine beiden Söhne Esau und Jakob
begruben ihn.

Esaus Nachkommen

36 1 Es folgt das Verzeichnis der
Nachkommen* Esaus, der
auch Edom heißt. 2 Esau hatte Frauen
aus dem Land Kanaan geheiratet. Es
waren Ada, die Tochter des Hetiters
Elon, Oholibama, eine Tochter Anas
und Enkelin des Hiwiters Zibon, 3 und
Basemat. Das war eine Tochter Isma-
ëls und die Schwester von Nebajot.
4 Ada gebar Elifas, Basemat gebar Re-
guël, 5 und Oholibama gebar Jëusch,
Jalam und Korach. Diese Söhne wur-
den Esau im Land Kanaan geboren.

6 Später zog Esau von seinem Bru-
der Jakob weg in ein anderes Land.
Seine Frauen, seine Söhne und Töch-
ter nahm er mit und alle seine Leute,
seine Herden und den ganzen Besitz,
den er im Land Kanaan erworben
hatte. 7 Ihr Besitz war nämlich viel zu
groß, um zusammenbleiben zu kön-
nen, denn in dem Land, in dem sie als
Fremde wohnten, gab es nicht ge-
nügend Weiden für ihr Vieh. 8 So ließ
sich Esau, also Edom, im im Bergland
von Seïr* nieder.

35,21 *Migdal-Eder* heißt Herdenturm. Es war ein Platz mit Wachtturm, von dem aus die Herden überwacht werden konnten. Die Lage dieses Ortes ist nicht mehr festzustellen, vermutlich war es in der Nähe von Jerusalem.

36,1 *Verzeichnis der Nachkommen.* Hebräisch *toledot*, siehe 1. Mose 2,4.

36,8 Das *Bergland von Seïr* erstreckt sich östlich der Araba bis nach Elat (El-Paran) am Roten Meer.

9 Es folgt das Verzeichnis der Nach-
kommen von Esau, dem Stammvater
der Edomiter, die im Gebirge Seïr
leben. 10 Die Namen der Söhne Esaus
waren: Elifas, Sohn der Ada, und
Reguël, Sohn der Basemat. 11 Elifas
wurde der Vater von Teman, Omar,
Zefo, Gatam und Kenas. 12 Von seiner
Nebenfrau Timna hatte Elifas noch
Amalek. Sie alle stammen von Esaus
Frau Ada ab. 13 Reguël wurde der
Vater von Nahat, Serach, Schamma
und Misa. Sie stammen von Esaus
Frau Basemat ab. 14 Von Oholibama,
der Tochter Anas und Enkelin Zibons,
stammen Esaus Söhne Jëusch, Jalam
und Korach.

15 Es folgen die Namen der Stam-
mesfürsten, die sich von Esau herlei-
ten. Von Elifas, dem Erstgeborenen
Esaus, stammen: Teman, Omar, Zefo,
Kenas, 16 Korach, Gatam und Ama-
lek. Sie alle gehen auf Esaus Frau Ada
zurück. 17 Von Esaus Sohn Reguël
stammen: Nahat, Serach, Schamma
und Misa. Sie gehen auf Esaus Frau
Basemat zurück. 18 Von Esaus Frau
Oholibama stammen Jëusch, Jalam
und Korach. 19 Das sind also die Edo-
miter, Esaus Nachkommen und ihre
Stammesfürsten.

20 Es folgen die Namen der dort an-
sässigen Bewohner, Nachkommen des
Horiters Seïr. Seine Söhne hießen
Lotan, Schobal, Zibon, Ana, 21 Di-
schon, Ezer und Dischan. Das waren
die Stammesfürsten der Horiter. 22 Lo-
tans Söhne hießen Hori und Heman.
Lotans Schwester war Timna. 23 Die
Söhne Schobals hießen Alwan, Mana-
hat, Ebal, Schefo und Onam. 24 Die
Söhne Zibons waren Aja und Ana. Ana
war es, der Jemim* in der Wildnis
fand, als er die Esel seines Vaters hüte-
te. 25 Anas Sohn hieß Dischon, seine
Tochter Oholibama. 26 Die Söhne Di-
schons hießen Hemdan, Eschban,
Jitran und Keran. 27 Die Söhne Ezers
waren Bilhan, Saawan und Akan.
28 Die Söhne Dischans waren Uz und
Aran. 29 Das sind also die Stammes-
fürsten der Horiter: Lotan, Schobal,
Zibon, Ana, 30 Dischon, Ezer und Di-
schan, aufgeführt in der Reihenfolge
ihrer Stammväter.

31 Folgende Könige herrschten
nacheinander über das Land Edom,
noch bevor es einen König in Israel
gab: 32 Bela, der Sohn Beors, in der
Stadt Dinhaba; 33 Jobab, der Sohn
Serachs, aus der Stadt Bozra; 34 Hu-
scham aus dem Gebiet des Stammes
Teman; 35 Hadad, der Sohn Bedads,
in der Stadt Awit; er besiegte die Midi-
aniter in einer Schlacht auf dem Ge-
biet von Moab; 36 Samla aus der Stadt
Masreka; 37 Schaul aus Rehobot am
Strom; 38 Baal-Hanan, der Sohn Ach-
bors; 39 Hadar in der Stadt Pagu;
seine Frau Mehetabel war eine Toch-
ter Matreds und Enkelin Me-Sahabs.

40 Folgende Fürsten der Nachkom-
men Esaus haben ihren Sippen und
Städten den Namen gegeben: Tim-
na, Alwa, Jetet, 41 Oholibama, Ela,
Pinon, 42 Kenas, Teman, Mibzar,
43 Magdiël und Iram. Das waren die
Fürsten Edoms nach ihren Siedlungs-
gebieten in dem Land, das sie be-
saßen. So viel zu Esau, dem Stamm-
vater der Edomiter.

36,24 *Jemim.* Die Bedeutung des hebräischen Wortes, das nur einmal in der Bibel vorkommt, ist unsicher (heiße Quellen?, Vipern?).

Josefs Träume

37 1 Jakob hatte seinen Wohn-
sitz im Land Kanaan, wo
schon sein Vater als Fremder gelebt
hatte. 2 Es folgt die Geschichte der
Nachkommen* Jakobs.
Josef war noch ein junger Bursche
von 17 Jahren, als er mit seinen Brü-
dern, den Söhnen von Bilha und Silpa,
das Kleinvieh hütete. Er hinterbrachte
seinem Vater, was die Leute Schlech-
tes über sie redeten. 3 Doch Israel
hatte Josef lieber als alle seine anderen
Söhne, weil er ihm erst im Alter gebo-
ren worden war. Deshalb ließ er ihm
ein prächtiges Gewand machen. 4 Als
seine Brüder sahen, dass ihr Vater ihn
mehr liebte als sie alle, hassten sie ihn
und konnten kein freundliches Wort
mehr mit ihm reden.
5 Einmal hatte Josef einen Traum
und erzählte ihn seinen Brüdern. Da
wurde ihr Hass noch größer. 6 »Hört
doch, was ich geträumt habe!«, sagte
er zu ihnen. 7 »Wir waren auf dem
Feld und banden das Getreide in Gar-
ben zusammen. Auf einmal stellte sich
meine Garbe auf und blieb stehen.
Und zu meiner Überraschung stellten
sich eure Garben ringsherum auf und
verneigten sich vor meiner.« 8 Seine
Brüder sagten zu ihm: »Du möchtest
wohl noch König über uns werden
und über uns herrschen?« Wegen
seiner Träume und Reden hassten sie
ihn noch mehr.
9 Er hatte nämlich noch einen ande-
ren Traum und erzählte ihnen auch
den. »Passt auf! Ich hatte noch einen
Traum«, sagte er. »Ich sah die Sonne,
den Mond und elf Sterne. Und auf ein-
mal verneigten sie sich vor mir.«
10 Als er dies seinem Vater und seinen
Brüdern erzählte, fuhr sein Vater ihn
an. »Was soll dieser Traum!«, rief er.
»Sollen wir uns vielleicht alle vor dir
niederwerfen, ich, deine Mutter und
deine Brüder?« 11 Seine Brüder wa-
ren eifersüchtig auf Josef, aber sein
Vater vergaß die Sache nicht.

Josef wird als Sklave verkauft

12 Einmal weideten Josefs Brüder
das Kleinvieh ihres Vaters in der Nähe
von Sichem. 13 Da sagte Israel zu
Josef: »Du weißt, dass deine Brüder
mit den Herden in der Nähe von
Sichem sind. Komm, ich will dich zu
ihnen schicken!« – »Ich bin bereit«,
erwiderte er. 14 »Schau nach, ob es
deinen Brüdern und den Herden gut
geht, und bring mir Nachricht!«,
sagte sein Vater. Er schickte ihn aus
dem Tal von Hebron nach Sichem.
15 Als Josef dort auf dem freien Feld
umherirrte, traf ihn ein Mann. »Was
suchst du?«, fragte er ihn. 16 »Ich
suche meine Brüder«, erwiderte er,
»kannst du mir sagen, wo sie mit den
Herden sind?« 17 »Sie sind von hier
fortgezogen. Ich hörte sie sagen: ›Wir
wollen nach Dotan* gehen!‹« Da ging
Josef seinen Brüdern nach und fand
sie bei Dotan.
18 Sie sahen ihn schon von weitem.
Und noch bevor er herangekommen
war, hatten sie sich verschworen, ihn
zu töten. 19 »Seht, da kommt ja der
Meister der Träume!«, sagten sie

37,2 *Geschichte der Nachkommen.* Hebräisch *toledot*, siehe 1. Mose 2,4.

37,17 Die Stadt *Dotan* lag auf einem Hügel in der Jesreel-Ebene, 18 km nördlich von Samaria.

zueinander. 20 »Los, wir schlagen ihn
tot und werfen ihn in die Zisterne
dort! Wir sagen einfach: ›Ein wildes
Tier hat ihn gefressen!‹, dann werden
wir schon sehen, was aus seinen
Träumen wird.«
21 Als Ruben das hörte, wollte er
Josef retten. »Nein, lassen wir ihn
leben!«, sagte er. 22 »Vergießt kein
Blut! Werft ihn in die Zisterne dort in
der Steppe, aber vergreift euch nicht
an ihm!« Er wollte ihn aus ihrer Ge-
walt retten und zu seinem Vater zu-
rückbringen.
23 Als Josef bei seinen Brüdern
ankam, zogen sie ihm das Oberge-
wand aus, das Prachtstück, das er an-
hatte. 24 Dann packten sie ihn und
warfen ihn in die Zisterne. Sie war
leer, ohne Wasser. 25 Dann setzten sie
sich zum Essen nieder. Auf einmal
sahen sie eine Karawane von Ismaëli-
ten*, die aus Gilead kamen. Ihre Ka-
mele waren mit kostbaren Harzen,
mit Tragakant, Mastix und Ladanum*
beladen. 26 Da sagte Juda zu seinen
Brüdern: »Was haben wir davon,
wenn wir unseren Bruder erschlagen
und die Bluttat verheimlichen müs-
sen. 27 Verkaufen wir ihn doch an die
Ismaëliten und vergreifen uns nicht
an ihm! Schließlich ist er unser Bru-
der, unser eigenes Fleisch und Blut.«
Seine Brüder hörten auf ihn. 28 Als
die midianitischen* Händler heranka-
men, zogen sie Josef aus der Zisterne.
Sie verkauften ihn für 20 Silberstücke
an die Ismaëliten, die ihn nach Ägyp-
ten mitnahmen.
29 Als nun Ruben zu der Zisterne zu-
rückkam, war Josef auf einmal nicht
mehr da. Da riss er sein Obergewand
ein*, 30 ging zu seinen Brüdern und
rief: »Der Junge ist nicht mehr da!
Was soll ich jetzt bloß machen?«
31 Da schlachteten sie einen Ziegen-
bock und tauchten Josefs Oberge-
wand in das Blut. 32 Dann schickten
sie das prächtige Gewand zu ihrem
Vater und ließen ihm sagen: »Das
haben wir gefunden. Ist es vielleicht
das Gewand deines Sohnes?« 33 Er
erkannte es und schrie auf: »Das Ge-
wand meines Sohnes! Ein böses Tier
hat ihn gefressen! Zerfleischt, zer-
fleischt ist Josef!« 34 Er riss sein
Obergewand ein, band den Sack* um
die Hüfte und trauerte lange Zeit um
Josef. 35 Alle seine Söhne und Töchter
kamen, um ihn zu trösten, aber er
wollte sich nicht trösten lassen.
»Nein«, sagte er, »trauernd werde ich
zu meinem Sohn ins Totenreich hin-
unterfahren!« So weinte sein Vater
um ihn.

37,25 *Ismaëliten* sind Nachkommen Ismaëls, siehe 1. Mose 16. Weil diese als Nomaden in der Wüste lebten (siehe 1. Mose 25,12-18; Richter 8,24), wurden damals alle Wüstenstämme so bezeichnet.

37,25 *Tragakant, Mastix* und *Ladanum* sind Gummiharze, die als Grundstoffe für Medikamente und zur Parfümherstellung dienten. In Ägypten wurden sie vor allem zum Einbalsamieren verwendet.

37,28 Die *Midianiter* waren ein Nomadenvolk, das in der Araba und in Transjordanien umherzog. Die Ismaëliten (=Wüstennomaden) hier gehörten also speziell zum Stamm der Midianiter.

37,29 *riss ... ein.* Als Zeichen von Trauer und Entsetzen riss man das Kleidungsstück vom Halsausschnitt an mit einem heftigen Ruck etwa eine Handlänge ein.

37,34 Der *Sack* war ein grobes, einfaches Trauergewand.

36 Die Midianiter brachten Josef
nach Ägypten und verkauften ihn dort
an Potifar, einen Hofbeamten des
Pharao, den Befehlshaber der Leib-
wache.

Juda und Tamar

38 1 Damals trennte sich Juda
von seinen Brüdern und zog
zu einem Mann aus Adullam*, na-
mens Hira. 2 Dort sah er die Tochter
eines Kanaaniters namens Schua. Er
heiratete sie und schlief mit ihr. 3 Sie
wurde schwanger und brachte einen
Sohn zur Welt. Juda nannte ihn Er.
4 Dann wurde Schua wieder schwan-
ger und gebar einen zweiten Sohn;
den nannte sie Onan. 5 Ihren dritten
Sohn nannte sie Schela. Zur Zeit sei-
ner Geburt wohnten sie in Kesib*.

6 Juda verheiratete seinen ältesten
Sohn Er mit einer Frau namens
Tamar. 7 Doch sein Erstgeborener tat,
was Jahwe missfiel, und Jahwe ließ
ihn sterben. 8 Da sagte Juda zu Onan:
»Schlafe mit der Frau deines Bruders
und vollziehe die Schwagerehe mit
ihr. Du bist verpflichtet, deinem Bru-
der Nachkommen zu verschaffen.«
9 Weil Onan wusste, dass das Kind
nicht ihm gehören würde, ließ er je-
des Mal, wenn er mit Tamar schlief,
den Samen auf die Erde ausfließen
und verderben. Er wollte seinem Bru-
der keine Nachkommen verschaffen.
10 Das missfiel Jahwe, und er ließ
auch Onan sterben. 11 Da sagte Juda
zu seiner Schwiegertochter Tamar:
»Bleib jetzt als Witwe im Haus deines
Vaters, bis mein Sohn Schela alt
genug ist.« Denn er befürchtete, dass
auch dieser sterben würde wie seine
Brüder. So ging Tamar zur Familie
ihres Vaters zurück.

12 Jahre vergingen. Da starb Judas
Frau, die Tochter Schuas. Als die
Trauerzeit vorüber war, ging Juda mit
seinem Freund Hira aus Adullam
nach Timna* zu den Schafscherern.
13 Als Tamar erfuhr, dass ihr Schwie-
gervater zur Schafschur nach Timna
ging, 14 legte sie ihre Witwenkleider
ab, verhüllte sich mit einem Schleier
und setzte sich an den Eingang von
Enajim, das am Weg nach Timna
liegt. Denn sie hatte bemerkt, dass
Schela erwachsen geworden war und
sie ihm doch nicht als Frau gegeben
wurde. 15 Als Juda sie so verschleiert
erblickte, hielt er sie für eine Hure.
16 Er ging zu ihr hin und sagte: »Lass
mich mit dir schlafen!« Denn er merk-
te nicht, dass es seine Schwiegertoch-
ter war. »Was gibst du mir, wenn ich
dich lasse?«, erwiderte sie. 17 »Ich
schicke dir ein Ziegenböckchen von
meiner Herde«, versprach er. »Gut«,
sagte sie, »du musst mir nur ein Pfand
dalassen.« 18 »Was für ein Pfand
willst du denn haben?«, fragte er.
»Dein Rollsiegel mit Schnur* und den
Stab* in deiner Hand«, erwiderte sie.

38,1 *Adullam* lag 26 km westlich von Jerusalem.

38,5 *Kesib* lag 4 km südwestlich von Adullam; heute: Tel el-beda.

38,12 *Timna* liegt im Hügelland Judäas, etwa 35 km westlich von Jerusalem.

38,18 *Rollsiegel* waren kleine Hohlzylinder, die an einer Schnur um den Hals getragen wurden. Mit ihnen wurden Tontäfelchen durch Abrollen in den weichen Ton signiert.

Der *Stab* besaß einen geschnitzten Knauf mit dem Wahrzeichen des Besitzers.

Er gab ihr, was sie wollte, und kam zu
ihr, und sie wurde von ihm schwanger.
19 Dann ging sie von dort weg, legte
den Schleier ab und zog die Witwen-
kleider wieder an.

20 Nun schickte Juda seinen Freund
aus Adullam mit dem Ziegenböck-
chen los, um das Pfand einzulösen.
Aber die Frau war nicht mehr zu fin-
den. 21 Er fragte die Leute im Ort:
»Wo ist denn die Geweihte*, die hier
in Enajim am Weg saß?« – »Hier gibt
es keine Geweihte«, sagten sie. 22 Da
kehrte er zu Juda zurück und sagte:
»Ich habe sie nicht gefunden. Auch
die Leute dort kennen keine Geweih-
te.« 23 »Soll sie die Sachen behalten«,
sagte Juda, »sonst machen wir uns
noch zum Gespött. Ich habe ja das
Böckchen geschickt, aber du hast sie
nicht gefunden.«

24 Etwa drei Monate später wurde
Juda berichtet: »Deine Schwieger-
tochter Tamar hat sich mit einem
Mann eingelassen und ist sogar
schwanger geworden!« – »Führt sie
aus dem Ort hinaus!«, befahl Juda.
»Sie soll verbrannt werden.« 25 Als
man sie hinausführen wollte, schickte
sie jemand zu ihrem Schwiegervater
und ließ ihm sagen: »Schau dir dieses
Rollsiegel, die Schnur und den Stab
genau an! Von dem Mann, dem das
gehört, bin ich schwanger.« 26 Juda
sah sich die Sachen genau an und
sagte: »Sie ist im Recht, die Schuld
liegt bei mir. Ich hätte sie meinem
Sohn Schela zur Frau geben müssen.«
Er nahm sie bei sich auf, schlief aber
nicht wieder mit ihr.

27 Kurz vor der Entbindung stellte
sich heraus, dass Tamar Zwillinge
bekam. 28 Während der Geburt streckte
einer seine Hand heraus. Die Hebamme
band einen roten Faden um das Hand-
gelenk und sagte: »Das ist der Erstge-
borene.« 29 Der zog seine Hand aber
wieder zurück, und sein Bruder kam
zuerst heraus. »Mit was für einem Riss
hast du dir den Vortritt verschafft!«,
sagte die Hebamme. Deshalb nannte
man ihn Perez, Riss. 30 Erst dann kam
sein Bruder heraus, an dessen Handge-
lenk der rote Faden war. Ihn nannte
man Serach, Rotglanz.

Josef bei Potifar

39 1 Josef war von den Ismaëli-
ten nach Ägypten gebracht
worden. Sie verkauften ihn an einen
ägyptischen Hofbeamten des Pharao
namens Potifar. Er war der Befehls-
haber der Leibwache. 2 Doch Jahwe
stand Josef bei, sodass ihm alles ge-
lang, was er tat. Er durfte im Haus sei-
nes ägyptischen Herrn bleiben. 3 Und
weil der Ägypter sah, dass Jahwe Josef
beistand und ihm alles gelingen ließ,
4 schenkte er ihm seine Gunst und
machte ihn zu seinem persönlichen
Diener. Er übergab ihm die Aufsicht
über sein Hauswesen und vertraute
ihm die Verwaltung seines ganzen Be-
sitzes an. 5 Und von diesem Zeitpunkt
an segnete Jahwe das Haus des Ägyp-
ters. Wegen Josef ruhte der Segen
Jahwes auf allem, was er besaß, im
Haus und auf dem Feld. 6 So überließ
Potifar Josef alles, was er hatte, und
kümmerte sich um nichts mehr, außer
um sein eigenes Essen.

38,21 *Geweihte.* Eine Tempelprostituierte im Dienst der Fruchtbarkeitsgöttin Astarte.

Doch Josef war ein außergewöhnlich schöner Mann. 7 So kam es, dass die Frau seines Herrn ein Auge auf ihn warf. »Schlaf mit mir!«, sagte sie zu ihm. 8 Doch er weigerte sich und erwiderte: »Sieh doch, mein Herr verlässt sich auf mich und kümmert sich um nichts mehr, was im Haus vorgeht, und hat mir alles anvertraut, was ihm gehört. 9 In diesem Haus gilt er nicht mehr als ich. Nichts hat er mir vorenthalten als nur dich, seine Frau. Wie könnte ich da ein so großes Unrecht begehen! Ich würde mich an Gott versündigen!« 10 Obwohl sie Tag für Tag auf Josef einredete, mit ihr zu schlafen und ihr zu Willen zu sein, hörte er nicht auf sie. 11 Einmal hatte Josef im Haus zu tun, und niemand von der Dienerschaft war dort. 12 Da fasste sie ihn am Gewand. »Komm mit mir ins Bett!«, drängte sie. Doch er riss sich los und flüchtete hinaus. Das Gewand blieb in ihrer Hand zurück. 13 Als ihr bewusst wurde, dass er fort war, aber sein Gewand in ihrer Hand zurückgelassen hatte, 14 rief sie die Dienerschaft herbei und sagte: »Seht euch das an! Er hat uns diesen Hebräer ins Haus gebracht, der nun seinen Mutwillen mit uns treibt! Er ist zu mir gekommen und wollte mit mir schlafen. Da habe ich laut geschrien. 15 Als er meinen Aufschrei hörte, ließ er sein Gewand bei mir liegen und rannte hinaus.« 16 Sie ließ Josefs Gewand neben sich liegen, bis sein Herr nach Hause kam. 17 Ihm erzählte sie dieselbe Geschichte: »Der hebräische Sklave, den du uns ins Haus gebracht hast, ist zu mir gekommen, um seinen Mutwillen mit mir zu treiben. 18 Als ich zu schreien anfing, ließ er sein Gewand neben mir liegen und rannte hinaus.« 19 Als Potifar hörte, was sie seinem Sklaven vorwarf, packte ihn der Zorn. 20 Er ließ Josef ergreifen und ins Gefängnis bringen. So kam Josef ins königliche Gefängnis.

Josef im Gefängnis

21 Aber Jahwe in seiner Treue stand Josef bei. Er sorgte dafür, dass der Gefängnisverwalter ihm sein Wohlwollen schenkte. 22 Er übertrug Josef die Aufsicht über alle Gefangenen und alles, was man dort zu tun hatte. 23 Der Gefängnisverwalter vertraute ihm völlig und gab ihm freie Hand, denn Jahwe stand Josef bei und ließ ihm alles gelingen, was er unternahm.

Traumdeutung im Gefängnis

40 1 Bald darauf ließen sich der Mundschenk des Königs von Ägypten und sein Bäcker* etwas gegen ihren Herrn, den Pharao, zuschulden kommen. 2 Der wurde über seine beiden Beamten zornig 3 und ließ sie in das Gefängnis bringen, in dem auch Josef war. Der Befehlshaber der Leibwache hatte dort die Oberaufsicht. 4 Dieser beauftragte Josef mit ihrer Bedienung. Als sie einige Zeit in Haft waren, 5 hatte jeder von ihnen in derselben Nacht einen Traum, der für ihn von Bedeutung war. 6 Als Josef am Morgen zu ihnen kam, bemerkte er gleich, dass sie schlecht aussahen. 7 »Warum lasst ihr heute den Kopf

---

40,1 *Bäcker.* Die Ägypter waren Feinschmecker und kannten 57 verschiedene Brotsorten und 38 verschiedene Arten von Kuchen.

hängen?«, fragte er die Beamten des
Pharao. 8 »Wir haben beide einen
Traum gehabt«, erwiderten sie, »aber
es gibt niemand, der ihn deuten
kann.« Da sagte Josef: »Deutungen
sind Gottes Sache. Erzählt mir doch!«
9 Da erzählte der oberste Mund-
schenk seinen Traum: »Ich sah einen
Weinstock vor mir. 10 Er hatte drei
Ranken. Kaum wuchs er, da trieb er
auch schon seine Blüte, und seine
Trauben reiften heran. 11 Ich hatte den
Becher des Pharao in der Hand, nahm
die Trauben, presste sie in den Becher
aus und gab ihn dem Pharao in die
Hand.« 12 Da sagte Josef zu ihm: »Die
Deutung ist so: Die drei Ranken sind
drei Tage. 13 In drei Tagen wird der
Pharao dich herausholen und wieder
in dein Amt einsetzen. Du wirst dem
Pharao den Becher reichen wie früher,
als du noch Mundschenk bei ihm
warst. 14 Aber vergiss mich nicht,
wenn es dir gut geht. Erweise mir die
Freundlichkeit und mache den Pharao
auf mich aufmerksam, damit ich aus
diesem Haus herauskomme. 15 Man
hat mich nämlich aus dem Land der
Hebräer entführt, und auch hier habe
ich nichts getan, wofür ich eingesperrt
werden müsste.«
16 Als der Oberbäcker merkte,
dass Josef eine gute Deutung gege-
ben hatte, sagte er: »Auch ich sah in
meinem Traum etwas Ähnliches: Ich
hatte drei Körbe mit Weißbrot auf
meinem Kopf. 17 Im obersten Korb
lagen Backwaren für den Pharao.
Da kamen Vögel und fraßen den
Korb leer.« 18 Josef sagte: »Die Deu-
tung ist so: Die drei Körbe sind drei
Tage. 19 In drei Tagen wird der Pha-
rao dich herausholen und an einen
Baum hängen lassen, und die Vögel
werden dein Fleisch von dir weg-
fressen.«
20 Am dritten Tag darauf hatte der
Pharao Geburtstag. Er gab ein Fest
für alle seine Beamten und lud dabei
den obersten Mundschenk und den
Oberbäcker vor. 21 Den obersten
Mundschenk setzte er wieder in sein
Amt ein, sodass er ihm den Becher
reichen durfte. 22 Den Oberbäcker
ließ er hängen. Es war genauso, wie
Josef es ihnen gedeutet hatte. 23 Aber
der oberste Mundschenk dachte nicht
mehr an Josef, er vergaß ihn.

Die Träume des Pharao

41 1 So vergingen zwei Jahre. Da
träumte der Pharao, dass er
plötzlich am Nil stand. 2 Aus dem
Strom stiegen sieben schöne, wohlge-
nährte Kühe und weideten im Ried-
gras. 3 Auf einmal stiegen sieben
andere Kühe aus dem Strom, hässlich
und mager, und stellten sich neben
sie. 4 Und die hässlichen, mageren
Kühe fraßen die sieben schönen,
wohlgenährten auf. Da erwachte der
Pharao. 5 Er schlief aber wieder ein
und hatte noch einen Traum. Er sah,
wie sieben dicke, volle Ähren auf
einem einzigen Halm wuchsen.
6 Nach ihnen wuchsen sieben andere
Ähren auf, mager und vom Ostwind
versengt. 7 Und die mageren Ähren
verschlangen die sieben dicken und

41,8 Die *Magier* waren sternkundige Priester, die auch die Hieroglyphenschrift Ägyptens beherrschten. Sie standen in dem Ruf, die Zukunft voraussagen zu können.

vollen Ähren. Da erwachte der Pharao
und merkte, dass es ein Traum war.
8 Am Morgen war er sehr beun-
ruhigt und ließ alle Gelehrten und
Magier* Ägyptens rufen. Er erzählte
ihnen, was er geträumt hatte, doch
keiner von ihnen konnte es ihm deu-
ten. 9 Da sagte der oberste Mund-
schenk zum Pharao: »Ich muss heute
an meine Verfehlung erinnern. 10 Als
der Pharao über seine Diener aufge-
bracht war, ließ er mich im Gefängnis
des Befehlshabers der Leibwache
festsetzen, mich und den Oberbäcker.
11 Dort hatte jeder von uns in einer
Nacht einen Traum, der für ihn von
Bedeutung war. 12 Nun war dort ein
junger Hebräer bei uns, ein Sklave des
Befehlshabers der Leibwache. Ihm
erzählten wir unsere Träume, und er
deutete sie jedem von uns. 13 Und so,
wie er es uns gedeutet hatte, traf es
auch ein: Ich wurde wieder in mein
Amt eingesetzt und der andere wurde
gehängt.«
14 Da schickte der Pharao nach
Josef. Man holte ihn schnell aus dem
Gefängnis. Er ließ sich Haar und Bart
scheren und wechselte die Kleidung.
Dann trat er vor den Pharao. 15 Der
sagte zu Josef: »Ich habe etwas ge-
träumt, aber niemand kann mir
sagen, was es bedeutet. Nun wurde
mir von dir berichtet, dass du einen
Traum nur hören musst, um ihn zu
deuten.« 16 »Nein, nicht ich«, er-
widerte Josef, »Gott wird eine Ant-
wort geben, die dem Pharao zum
Guten ist.«
17 Da sagte der Pharao: »In meinem
Traum stand ich am Nil 18 und sah
sieben schöne, wohlgenährte Kühe
aus dem Strom steigen und im Ried-
gras weiden. 19 Auf einmal stiegen
sieben andere Kühe aus dem Strom,
dürr und sehr hässlich. Sie waren bis
auf die Knochen abgemagert. Ich
habe in ganz Ägypten noch nie so
hässliche gesehen. 20 Und die mage-
ren, hässlichen Kühe fraßen die sie-
ben wohlgenährten auf. 21 Als sie
diese verschlungen hatten, merkte
man nichts davon, dass sie in ihren
Bauch gekommen waren. Sie waren
so hässlich wie zuvor. Da wachte ich
auf. 22 Danach sah ich im Traum, wie
sieben dicke, volle Ähren auf einem
einzigen Halm wuchsen. 23 Nach
ihnen wuchsen sieben andere Ähren
auf, mager und vom Ostwind ver-
sengt. 24 Und die mageren Ähren ver-
schlangen die sieben schönen Ähren.
Ich habe es den Magiern erzählt, aber
keiner konnte mir sagen, was es be-
deutet.«
25 Da sagte Josef zum Pharao: »Die
beiden Träume bedeuten dasselbe.
Gott hat dem Pharao mitgeteilt, was
er tun will. 26 Es ist eigentlich ein
einziger Traum. Die sieben schönen
Kühe und die sieben schönen Ähren
bedeuten sieben Jahre. 27 Auch die
sieben mageren und hässlichen Kühe,
die nach ihnen kamen, bedeuten sie-
ben Jahre. Und die sieben kümmer-
lichen, vom Ostwind versengten
Ähren, werden sieben Hungerjahre
sein. 28 Wie ich es dem Pharao schon
gesagt habe: Gott hat ihn sehen las-
sen, was er tun will. 29 In den nächs-
ten sieben Jahren wird in ganz Ägyp-
ten Überfluss herrschen. 30 Aber dann
kommen sieben Hungerjahre, wo aller
Überfluss in Ägypten vergessen sein
wird. Die Hungersnot wird das Land
erschöpfen. 31 Man wird nichts mehr

von dem Überfluss merken, der vor-
her im Land war. Die Hungersnot
wird sehr schwer sein. 32 Dass der
Pharao zweimal die gleiche Botschaft
im Traum erhalten hat, bedeutet: Gott
ist fest entschlossen, seinen Plan un-
verzüglich auszuführen.«

Josefs Rat

33 »Deshalb rate ich dem Pharao, sich
nach einem einsichtigen und weisen
Mann umzusehen, dem man die Ver-
antwortung über Ägypten übertragen
kann. 34 Dann sollte der Pharao in
den sieben Jahren des Überflusses
den fünften Teil der Ernte als Steuer
erheben. Dazu sollte er Aufseher über
das Land einsetzen, 35 die das Getrei-
de in den guten Jahren einsammeln
und in den Städten als Nahrungs-
mittel speichern. 36 Dann ist ein Vor-
rat da für die sieben Jahre des Hun-
gers, die über Ägypten kommen
werden, und das Land wird nicht an
Hunger zugrunde gehen.«

Josef wird Herr über Ägypten

37 Die Rede gefiel dem Pharao und
allen seinen Beratern. 38 Er sagte zu
ihnen: »Werden wir noch so einen
Mann wie diesen finden, in dem der
Geist Gottes wohnt?« 39 Zu Josef
sagte er: »Nachdem dich Gott das
alles hat wissen lassen, gibt es keinen,
der so einsichtig und weise wäre wie
du. 40 Du also sollst über mein Haus
gesetzt sein, und deinem Wort soll
sich mein ganzes Volk beugen; nur um
den Thron will ich höher sein als du.
41 Hiermit stelle ich dich über das
ganze Land Ägypten!« 42 Mit diesen
Worten zog der Pharao seinen Siegel-
ring vom Finger und steckte ihn Josef
an. Dann ließ er ihn in feinstes ägypti-
sches Leinen kleiden und legte ihm
eine goldene Halskette um. 43 Er ließ
ihn auf seinen zweiten Wagen steigen
und vor ihm her ausrufen: »Abrek,
Achtung!*« So machte er ihn zum
Herrn über ganz Ägypten. 44 »Ich bin
und bleibe der Pharao«, sagte er zu
Josef, »aber ohne deine Erlaubnis soll
keiner in Ägypten Hand oder Fuß rüh-
ren.« 45 Er verlieh Josef den Namen
Zafenat-Paneach* und gab ihm Ase-
nat, die Tochter des Priesters von
Heliopolis*, zur Frau. So wurde Josef
Herr über ganz Ägypten.

Josefs Macht über Ägypten

46 Josef war dreißig Jahre alt, als er in
den Dienst des Pharao, des Königs
von Ägypten, trat. Bald darauf verließ
er den Königshof und bereiste das
ganze Land.

47 Die sieben Jahre des Überflusses
brachten dem Land überreiche Ern-
ten. 48 Josef ließ während dieser Jahre
alle Nahrungsmittel in die Städte
bringen, das heißt, den Ertrag der
Felder, die in ihrem Umkreis lagen.
49 Josef speicherte Getreide wie Sand
am Meer. Die Menge überstieg jedes
Maß, sodass man mit Zählen und
Messen aufhörte.

41,43 *Abrek.* Vielleicht: *Achtung!* Die genaue Bedeutung des Begriffs ist bis heute unbekannt.

41,45 *Zafenat-Paneach.* Das heißt vielleicht: »Gott spricht: Er lebt!«, oder nach einer anderen Deutung: »Retter des Weltkreises«.

41,45 *Heliopolis,* Sonnenstadt. Die Stadt lag 16 km nordöstlich des modernen Kairo. Dort stand ein Tempel für die Verehrung des Sonnengottes Ra.

50 Bevor die Hungerjahre heranka-
men, gebar Asenat, die Tochter des
Priesters von Heliopolis, Josef zwei
Söhne. 51 Den Ältesten nannte Josef
Manasse, Vergessen-Macher. »Denn
Gott«, sagte er, »hat mich alle Not
und den Verlust meines Vaterhauses
vergessen lassen.« 52 Den zweiten
nannte er Efraïm, Fruchtbar-Macher.
»Denn Gott hat mich im Land meines
Elends fruchtbar gemacht«, sagte er.

53 Dann waren die sieben Jahre des
Überflusses vorüber, 54 und die Hun-
gerjahre begannen, wie es Josef vor-
ausgesagt hatte. In allen Ländern
ringsherum herrschte Hungersnot,
nur im Land Ägypten gab es Brot.
55 Als nun der Hunger in Ägypten be-
gann und die Menschen zum Pharao
nach Brot schrien, ließ dieser verkün-
den: »Wendet euch an Josef und tut,
was er euch sagt!« 56 Die Hungersnot
erstreckte sich über das ganze Land.
Da öffnete Josef die Kornspeicher
und verkaufte den Ägyptern Getreide.
Die Hungersnot aber wurde immer
drückender in Ägypten. 57 Und alle
Welt kam, um bei Josef Getreide zu
kaufen, denn auch in den anderen
Ländern herrschte der Hunger.

Josefs Brüder kommen nach Ägypten

42 1 Als Jakob erfuhr, dass es in
Ägypten Getreide gab, sagte
er zu seinen Söhnen: »Was seht ihr
euch einander an? 2 Ich habe gehört,
dass es in Ägypten Getreide gibt.
Zieht hin und kauft uns welches,
damit wir nicht verhungern!« 3 Da
zogen die zehn Brüder Josefs nach
Ägypten. 4 Nur Benjamin, den direk-
ten Bruder Josefs, schickte Jakob
nicht mit, denn er fürchtete, dass ihm
etwas zustoßen könnte. 5 So waren
auch die Söhne Jakobs unter denen,
die in Ägypten Getreide kaufen woll-
ten, denn die Hungersnot herrschte
auch in Kanaan.

6 Josef war der Machthaber im
Land; er war es, der den Getreide-
verkauf an das Volk überwachte. Als
nun die Brüder Josefs kamen, warfen
sie sich vor ihm auf den Boden. 7 Er
erkannte sie sofort, ließ sich aber
nichts anmerken und redete hart mit
ihnen. »Wo kommt ihr her?«, fragte
er sie. »Aus dem Land Kanaan«, er-
widerten sie. »Wir möchten Getreide
kaufen.« 8 Josef erkannte zwar seine
Brüder, aber sie begriffen nicht, wer er
war. 9 Da musste er daran denken,
was er von ihnen geträumt hatte, und
fuhr sie an: »Spione seid ihr! Ihr seid
nur gekommen, um das Land aus-
zukundschaften!« 10 »Nein, Herr!«,
riefen sie. »Deine Diener sind nur
gekommen, um Nahrungsmittel zu
kaufen. 11 Wir alle sind Söhne eines
einzigen Mannes, ehrliche Leute.
Deine Diener sind keine Spione!«
12 »Das glaube ich nicht!«, sagte er.
»Ihr wollt nur das Land auskund-
schaften!« 13 Sie erwiderten: »Deine
Diener sind zwölf Brüder, Söhne eines
einzigen Mannes aus dem Land Ka-
naan. Der Jüngste blieb bei unserem
Vater und einer – er ist nicht mehr
da.« 14 »Nein, ihr seid Spione, wie
ich es gesagt habe! 15 Ich werde eure
Behauptung prüfen! Und ich schwöre
euch beim Leben des Pharao, dass
ihr hier nicht wieder herauskommt,
wenn ihr nicht euren jüngsten Bruder
herbeischafft! 16 Einer von euch soll
euren Bruder holen! Ihr anderen

bleibt so lange gefangen. Dann wird
man ja sehen, ob ihr die Wahrheit
gesagt habt! Und wenn nicht: Beim
Pharao, dann seid ihr doch Spione!«

17 Dann ließ er sie für drei Tage
ins Gefängnis schaffen. 18 Doch am
dritten Tag sagte er zu ihnen: »Wenn
ihr tut, was ich euch sage, bleibt ihr
am Leben, denn ich fürchte Gott.
19 Wenn ihr wirklich aufrichtig seid,
dann lasst einen von euch hier im
Gefängnis zurück. Ihr anderen kehrt
heim und nehmt das Getreide für den
Hunger in euren Häusern mit. 20 Aber
ihr müsst mir euren jüngsten Bruder
herbringen, damit sich zeigt, ob ihr
die Wahrheit gesagt habt, und ihr
nicht sterben müsst!« Sie gingen
darauf ein, 21 sagten aber zueinander:
»Das büßen wir für unseren Bruder.
Wir sahen, welche Angst er hatte, als
er um Erbarmen flehte. Aber wir
haben nicht darauf gehört. Deshalb
sind wir jetzt in diese Bedrängnis ge-
kommen.« 22 Ruben entgegnete ihnen:
»Ich habe euch doch gesagt: ›Ver-
greift euch nicht an dem Jungen!‹
Aber ihr wolltet nicht hören! Jetzt
müssen wir für sein Blut büßen.«
23 Sie ahnten nicht, dass Josef sie ver-
stand, denn er hatte durch einen Dol-
metscher mit ihnen gesprochen. 24 Er
wandte sich von ihnen ab und weinte.
Als er wieder sprechen konnte, ließ er
Simeon festnehmen und vor ihren
Augen fesseln.

25 Dann befahl er, ihre Säcke mit
Getreide zu füllen und jedem sein
Geld, das er bezahlt hatte, wieder
oben hinein zu legen. Außerdem sollte
man ihnen Verpflegung für die Reise
mitgeben. Als das geschehen war,
26 luden die Brüder das Getreide auf
ihre Esel und zogen davon. 27 Als
einer von ihnen an dem Platz, wo sie
übernachten wollten, seinen Sack öff-
nete, um dem Esel Futter zu geben, da
sah er obenauf sein Geld liegen.
28 »Mein Geld ist zurückgegeben wor-
den!«, berichtete er seinen Brüdern.
»Seht, hier im Sack!« Da verließ sie
der Mut. Erschrocken sahen sie sich
an und sagten: »Was hat Gott uns da
angetan?«

29 So kamen sie zu ihrem Vater
Jakob zurück und berichteten ihm
alles, was passiert war. Sie sagten:
30 »Der Mann, der in Ägypten die
Macht hat, fuhr uns hart an und
behandelte uns wie Spione. 31 Wir
sagten zwar zu ihm: ›Wir sind ehr-
liche Leute, keine Spione. 32 Zwölf
Brüder sind wir, Söhne unseres Va-
ters. Einer von uns ist nicht mehr, und
der Jüngste ist bei unserem Vater im
Land Kanaan.‹ 33 Aber der Mann
sagte zu uns: ›Ich werde sehen, ob ihr
ehrliche Leute seid. Lasst einen eurer
Brüder bei mir, ihr anderen kehrt
heim und nehmt mit, was ihr für den
Hunger in euren Häusern braucht.
34 Aber euren jüngsten Bruder müsst
ihr mir herbringen! Dann sehe ich,
dass ihr keine Spione, sondern ehr-
liche Leute seid. Und dann werde ich
euch euren anderen Bruder zurückge-
ben und ihr könnt euch ungehindert
im Land bewegen.‹«

35 Als sie ihre Säcke ausschütten
wollten, fand jeder den Geldbeutel
oben im Sack. Und als sie sahen, dass
es ihre Beutel waren, erschraken sie
und ihr Vater auch. 36 Jakob rief: »Ihr
raubt mir meine Kinder! Josef ist weg,
Simeon ist weg und Benjamin wollt
ihr mir wegnehmen! Nichts bleibt mir

erspart!« 37 Da sagte Ruben zu sei-
nem Vater: »Wenn ich ihn dir nicht
wiederbringe, darfst du meine beiden
Söhne töten. Vertraue ihn mir an! Ich
bringe ihn dir zurück!« 38 »Mein
Sohn wird nicht mit euch ziehen«,
sagte Jakob. »Sein Bruder* ist tot,
und ich habe nur noch ihn. Sollte ihm
unterwegs etwas zustoßen, würdet ihr
mein graues Haar mit Kummer ins
Totenreich bringen.«

Juda bürgt für Benjamin

43 1 Der Hunger lastete schwer
auf dem Land. 2 Das Getrei-
de, das sie aus Ägypten geholt hatten,
war inzwischen völlig aufgezehrt. Da
sagte ihr Vater zu ihnen: »Geht noch
einmal hin und kauft uns etwas zu
essen!« 3 Juda entgegnete: »Der
Mann hat uns ernstlich verwarnt.
›Kommt mir nicht unter die Augen
ohne euren Bruder!‹, hat er gesagt.
4 Wenn du unseren Bruder mitgehen
lässt, ziehen wir hin und kaufen Nah-
rung für dich; 5 wenn nicht, bleiben
wir hier, denn der Mann hat gesagt:
›Kommt mir nicht unter die Augen
ohne euren Bruder!‹« 6 Da sagte Is-
rael: »Warum habt ihr mir das Leid
angetan und ihm verraten, dass ihr
noch einen Bruder habt?« 7 Sie er-
widerten: »Der Mann erkundigte sich
genau nach uns und unserer Familie.
›Lebt euer Vater noch?‹, wollte er wis-
sen. ›Habt ihr noch einen Bruder?‹ Da
haben wir ihm gesagt, wie es sich ver-
hält. Wir konnten doch nicht ahnen,
dass er sagen würde: ›Bringt euren
Bruder her!‹« 8 Da sagte Juda zu sei-
nem Vater Israel: »Schick den Jungen
mit mir, damit wir aufbrechen können
und nicht alle sterben müssen, wir
und du und unsere Kinder. 9 Ich selbst
will Bürge für ihn sein. Von mir sollst
du ihn zurückfordern. Mein Leben
lang will ich vor dir schuldig sein,
wenn ich ihn nicht lebend zu dir zu-
rückbringe! 10 Hätten wir nicht so
lange gezögert, wären wir schon zwei-
mal wieder da.« 11 Da sagte Israel, ihr
Vater, zu ihnen: »Wenn es also sein
muss, nehmt ihn mit. Aber nehmt
dem Mann ein Geschenk vom Besten
unseres Landes mit: ein wenig Mastix,
Tragakant und Ladanum*, ein wenig
Traubenhonig*, Pistazien und Man-
deln! 12 Nehmt auch den doppelten
Geldbetrag mit und bringt das Geld,
das sich oben in euren Säcken fand,
eigenhändig zurück. Vielleicht war es
ein Versehen. 13 Und dann nehmt
euren Bruder mit und kehrt zu dem
Mann zurück! 14 El-Schaddai, der all-
mächtige Gott, lasse euch Erbarmen
bei dem Mann finden, dass er euren
anderen Bruder und Benjamin wieder
mit euch heimkehren lässt. Und ich –
wenn ich kinderlos sein soll, muss ich
eben kinderlos sein.«

Zweite Reise nach Ägypten

15 Dann packten die Männer das dop-
pelte Geld und die Geschenke ein und
reisten mit Benjamin nach Ägypten.
So kamen sie zu Josef. 16 Als Josef
Benjamin bei ihnen sah, sagte er zu

42,38 *Bruder.* Gemeint ist der von der gleichen Mutter geborene Josef.

43,11 Zu *Mastix, Tragakant* und *Ladanum* siehe 1. Mose 37,25.

Traubenhonig war ein dick eingekochter Sirup, der mit Wasser vermischt auch als Wein getrunken wurde.

seinem Hausverwalter: »Lass die
Männer ins Haus kommen, lass
schlachten und zurichten, denn sie
sollen bei mir zu Mittag essen!« 17 Der
gehorchte und führte die Männer zum
Haus Josefs. 18 Als sie merkten, dass
sie dorthin geführt wurden, bekamen
sie Angst und sagten zueinander:
»Das ist wegen des Geldes, das wieder
in unsere Säcke geraten ist. Sie wer-
den über uns herfallen, uns die Esel
wegnehmen und uns zu Sklaven ma-
chen.« 19 Darum wandten sie sich an
den Verwalter Josefs und sprachen
ihn noch vor dem Tor an. 20 »Bitte
Herr«, sagten sie zu ihm, »wir sind
das vorige Mal wirklich nur herge-
kommen, um Getreide zu kaufen.
21 Als wir dann aber in die Herberge
kamen und unsere Säcke öffneten,
fanden wir das ganze Geld, das wir be-
zahlt hatten, oben im Sack liegen.
Darum haben wir es wieder mitge-
bracht 22 und dazu neues Geld, um
Nahrungsmittel zu kaufen. Wir wis-
sen nicht, wer uns das Geld wieder in
die Säcke gelegt hat.« 23 Doch er
sagte: »Friede sei mit euch! Habt
keine Angst! Euer Gott, der Gott eures
Vaters, hat euch einen Schatz in eure
Säcke gegeben! Euer Geld habe ich
erhalten.« Dann brachte er Simeon zu
ihnen 24 und führte sie alle miteinan-
der in Josefs Haus. Er ließ ihnen Was-
ser bringen, damit sie ihre Füße wa-
schen konnten, und ihren Eseln ließ er
Futter geben. 25 Sie legten inzwischen
die Geschenke zurecht, bis Josef am
Mittag käme, denn sie hatten gehört,
dass sie dort essen sollten.

26 Als Josef nach Hause kam, brach-
ten sie ihm die Geschenke und warfen
sich vor ihm auf den Boden. 27 Josef
erkundigte sich nach ihrem Wohlerge-
hen und fragte dann: »Geht es eurem
alten Vater wohl, von dem ihr gespro-
chen habt? Lebt er noch?« 28 Sie
sagten: »Es geht deinem Diener,
unserem Vater, gut. Ja, er lebt noch.«
Und noch einmal warfen sie sich vor
ihm nieder. 29 Da erblickte er seinen
Bruder Benjamin, den Sohn seiner ei-
genen Mutter. »Ist das euer jüngster
Bruder, von dem ihr gesprochen
habt?«, fragte er und sagte: »Gott
segne dich, mein Sohn!« 30 Dann lief
er schnell hinaus, denn beim Anblick
seines Bruders wurde er sehr bewegt
und war nahe daran zu weinen. Er
ging in sein Privatzimmer und weinte
dort. 31 Dann wusch er sich das Ge-
sicht und kam zurück. Er nahm sich
zusammen und befahl: »Tragt das
Essen auf!« 32 Man trug das Essen
auf, getrennt für ihn, für sie und für
die anwesenden Ägypter. Ägypter
essen nicht an einem Tisch mit He-
bräern, denn das gilt ihnen als Gräuel.
33 Die Brüder kamen vor Josef zu sit-
zen, genau nach ihrem Alter geordnet.
Da sahen sie sich staunend an.
34 Josef ließ ihnen von den Gerichten
servieren, die auf seinem eigenen
Tisch aufgetragen wurden. Die Por-
tion Benjamins war fünfmal größer
als die der anderen. Sie tranken mit
ihm, bis sie in ausgelassener Stim-
mung waren.

Der Silberkelch

44 1 Später befahl Josef seinem
Hausverwalter: »Füll die
Säcke der Männer mit Getreide. Gib
ihnen, so viel sie tragen können, und
lege ihr Geld wieder oben hinein. 2 In
den Sack des Jüngsten legst du noch

meinen Kelch dazu, den silbernen!«
Der Verwalter machte es genau, wie
Josef es ihm befohlen hatte. 3 Am
Morgen, als es hell wurde, schickte
man die Männer mit ihren Eseln nach
Hause. 4 Sie waren noch nicht weit
von der Stadt entfernt, als Josef sei-
nem Hausverwalter befahl: »Los, jag
ihnen nach! Wenn du sie eingeholt
hast, sag ihnen: ›Warum habt ihr
Gutes mit Bösem vergolten und den
Kelch gestohlen? 5 Es ist doch der, aus
dem mein Herr zu trinken pflegt und
aus dem er Wahrsagungen* emp-
fängt! Da habt ihr wirklich etwas
Böses getan!‹« 6 Als der Verwalter sie
erreicht hatte, stellte er sie mit diesen
Worten zur Rede. 7 »Warum sagst du
so etwas, Herr?«, erwiderten sie.
»Niemals hätten wir, deine Diener, so
etwas getan! 8 Wir haben dir doch
selbst das Geld, das wir oben in unse-
ren Säcken fanden, aus Kanaan zu-
rückgebracht! Wie kämen wir darauf,
aus dem Haus deines Herrn Silber
oder Gold zu stehlen? 9 Derjenige von
deinen Dienern, bei dem der Kelch ge-
funden wird, soll sterben. Und uns
alle kannst du dann zu deinen Sklaven
machen, Herr!« 10 »Nun gut«, sagte
der Verwalter, »es sei, wie ihr gesagt
habt. Aber nur der, bei dem sich der
Kelch findet, soll mein Sklave sein. Ihr
anderen geht frei aus.« 11 Da hob
jeder schnell seinen Sack auf die Erde
und öffnete ihn. 12 Der Verwalter
durchsuchte sie. Beim Ältesten fing er
an, und beim Jüngsten hörte er auf.
Im Sack Benjamins fand sich der
Kelch.

13 Da rissen sie entsetzt ihre Ober-
gewänder ein, beluden ihre Esel und
kehrten in die Stadt zurück. 14 So kam
Juda mit seinen Brüdern ins Haus
Josefs, der dort auf sie gewartet hatte.
Sie warfen sich vor ihm auf die Erde.
15 Josef herrschte sie an: »Was habt
ihr euch dabei gedacht? Wusstet ihr
nicht, dass ein Mann wie ich wahrsa-
gen kann?« 16 »Was sollen wir sagen,
Herr?«, erwiderte Juda. »Wie können
wir uns nur rechtfertigen? Wir haben
keine Worte! Gott hat die Schuld
deiner Diener gefunden. Wir alle sind
jetzt deine Sklaven, nicht nur der, bei
dem der Kelch gefunden wurde!«
17 Doch er erwiderte: »Auf keinen
Fall! Nur der, bei dem der Kelch ge-
funden wurde, soll mein Sklave sein;
ihr anderen könnt in Frieden zu eurem
Vater hinaufziehen.«

18 Da trat Juda vor und sagte:
»Bitte, mein Herr, lass mich doch ein
Wort zu dir reden und werde nicht
zornig über deinen Diener, denn du
bist mächtig wie der Pharao. 19 Mein
Herr fragte seine Diener: ›Habt ihr
noch einen Vater oder Bruder?‹
20 Und wir haben geantwortet: ›Ja,
wir haben einen alten Vater und einen
kleinen Bruder, der ihm noch im Alter
geboren wurde. Dessen Bruder ist tot.
So ist dies der Einzige, der ihm von
seiner Mutter geblieben ist. Und sein
Vater hängt sehr an ihm.‹ 21 Da sag-
test du zu deinen Dienern: ›Bringt ihn
her zu mir. Ich will ihn mit eigenen
Augen sehen!‹ 22 Aber wir sagten zu
meinem Herrn: ›Es wäre der Tod für
unseren Vater, wenn er den Jungen

44,5 *Wahrsagungen.* Damit ist nicht gesagt, dass Josef wirklich Wahrsagerei betrieb, doch sollte er den Brüdern als echter ägyptischer Herrscher erscheinen, der so etwas zu tun pflegte.

hergeben müsste. Er kann nicht von
ihm weg.‹ 23 Doch du sagtest zu dei-
nen Dienern: ›Ohne ihn dürft ihr mir
nicht wieder unter die Augen kom-
men!‹ 24 Als wir dann zu deinem Die-
ner, meinem Vater, heimgekommen
waren, berichteten wir ihm alle Worte
meines Herrn. 25 Als unser Vater dann
zu uns sagte: ›Kauft uns noch einmal
etwas Brotgetreide!‹, 26 wandten wir
ein: ›Wir können so nicht reisen! Wir
brechen erst auf, wenn unser jüngster
Bruder bei uns ist, denn ohne ihn dür-
fen wir dem Mann nicht unter die
Augen kommen.‹ 27 Da sagte mein
Vater zu uns: ›Ihr wisst, dass meine
Frau mir nur zwei Söhne geboren hat.
28 Der eine ist fort von mir; ein Raub-
tier muss ihn zerrissen haben, und ich
habe ihn bis heute nicht wieder gese-
hen. 29 Wenn ihr nun auch den ande-
ren von mir wegnehmt, und es stößt
ihm unterwegs etwas zu, dann würdet
ihr mein graues Haar mit Kummer ins
Totenreich bringen.‹

30 Wenn ich nun zu deinem Sklaven,
meinem Vater, zurückkäme und der
Junge, an dem er so hängt, wäre nicht
mehr bei uns, 31 dann würde er ster-
ben, wenn er sähe, dass der Junge
nicht mehr da ist. Dann hätten deine
Sklaven das graue Haar unseres Va-
ters mit Kummer ins Totenreich ge-
bracht. 32 Denn dein Sklave hat bei
meinem Vater für den Jungen gebürgt
und gesagt: ›Wenn ich ihn nicht zu dir
zurückbringe, will ich mein Leben
lang vor meinem Vater schuldig sein.‹
33 Erlaube mir doch, anstelle des Jun-
gen als dein Sklave hier zu bleiben.
Aber ihn lass mit seinen Brüdern
heimkehren! 34 Denn wie könnte ich
ohne ihn zu meinem Vater zurück-
kommen! Dann müsste ich das Un-
glück, das meinen Vater trifft, mit
ansehen.«

Josef gibt sich zu erkennen

45 1 Da konnte Josef sich vor sei-
nen Leuten nicht länger be-
herrschen. Schnell schickte er sie alle
hinaus. So stand niemand mehr bei
ihm, als er sich seinen Brüdern zu er-
kennen gab. 2 Er weinte so laut, dass
die Ägypter es hörten; auch am Hof
des Pharao hörte man bald davon.
3 »Ich bin Josef!«, sagte er zu seinen
Brüdern. »Lebt mein Vater noch?«
Seine Brüder aber brachten kein Wort
heraus; fassungslos standen sie vor
ihm. 4 Da sagte Josef zu seinen Brü-
dern: »Kommt doch her!« Und als sie
herantraten, sagte er: »Ich bin Josef,
euer Bruder, den ihr nach Ägypten ver-
kauft habt. 5 Erschreckt nicht und
macht euch deswegen keine Vorwür-
fe! Denn Gott hat mich vor euch hier-
her geschickt, um viele Leben zu er-
halten. 6 Denn die Hungersnot ist
schon zwei Jahre im Land, und noch
fünf Jahre lang wird es kein Pflügen
und Ernten geben. 7 Doch Gott hat
mich vor euch her geschickt, um euch
Fortbestand auf der Erde zu geben und
euch als eine große Schar von Gerette-
ten am Leben zu erhalten. 8 Nicht ihr
habt mich hierher gebracht, sondern
Gott. Er hat mich zum Vater* für den
Pharao gemacht, zum Herrn für sei-
nen Hof und zum Herrscher über das
ganze Land Ägypten. 9 Macht euch

45,8 *Vater* meint hier einen ägyptischen Ehrentitel, der hohen Beamten verliehen werden konnte.

schnell auf den Weg zu meinem Vater
und sagt ihm:
›So spricht dein Sohn Josef: Gott
hat mich zum Herrn von ganz
Ägypten gemacht. Komm her zu mir,
lass dich nicht aufhalten! 10 Du sollst
im Gebiet von Goschen* wohnen,
ganz in meiner Nähe. Bring deine
Kinder und Enkel mit, deine Schafe,
deine Rinder und alles, was du hast.
11 Ich will dich dort versorgen, damit
du mit deiner Familie nicht in Armut
gerätst, denn die Hungersnot dauert
noch fünf Jahre.‹

12 Ihr seht es doch mit eigenen
Augen, dass ich es bin, der mit euch
redet, und auch du, mein Bruder
Benjamin! 13 Ihr müsst meinem Vater
von meiner Stellung hier in Ägypten
erzählen. Berichtet ihm alles, was ihr
gesehen habt! Und beeilt euch und
bringt meinen Vater zu mir her!«

14 Dann fiel er seinem Bruder Ben-
jamin um den Hals, und beide wein-
ten. 15 Danach küsste er unter Tränen
auch seine anderen Brüder. Erst dann
fanden diese ihre Sprache wieder und
redeten mit ihm.

16 »Josefs Brüder sind gekommen!«
Als diese Nachricht den Hof des
Pharao erreichte, löste sie bei ihm
und seinen Beamten Freude aus.
17 Der Pharao sagte zu Josef: »Sag
deinen Brüdern, sie sollen ihre Tiere
beladen, ins Land Kanaan reisen
18 und euren Vater und eure Familien
herholen. Ich will euch das Beste
geben, was Ägypten zu bieten hat,
ihr sollt die besten Erzeugnisse des
Landes genießen. 19 Du bist berech-
tigt, sie anzuweisen: ›Nehmt euch
Wagen aus Ägypten für eure Frauen
und Kinder mit und lasst euren Vater
aufsteigen und kommt! 20 Bedauert
nicht den Verlust eures Hausrats,
denn das Beste, was Ägypten zu
bieten hat, soll euch gehören.‹«

21 Die Söhne Israels machten es so.
Nach Weisung des Pharao gab Josef
ihnen Wagen und Verpflegung für die
Reise mit. 22 Jedem schenkte er ein
Festgewand. Doch Benjamin gab er
fünf Festgewänder und 300 Silber-
stücke dazu. 23 Seinem Vater schickte
er zehn Esel, beladen mit dem Besten
Ägyptens, und zehn Eselinnen, be-
laden mit Getreide, Brot und ande-
ren Nahrungsmitteln für die Reise.
24 Dann verabschiedete er seine
Brüder, und sie zogen los. »Streitet
euch nicht auf dem Weg!«, rief er
ihnen nach.

25 Sie zogen also von Ägypten hin-
auf und kamen nach Kanaan zu ihrem
Vater Jakob. 26 »Josef lebt!«, riefen sie.
»Er ist sogar der Herr über ganz
Ägypten!« Aber sein Herz blieb kalt.
Er glaubte ihnen nicht. 27 Da er-
zählten sie ihm ausführlich alles, was
Josef ihnen aufgetragen hatte. Und
als ihr Vater die Wagen sah, die Josef
mitgeschickt hatte, um ihn zu holen,
kam wieder Leben in ihn. 28 »Ge-
nug!«, rief er. »Mein Sohn Josef lebt
noch! Ich will hin und ihn sehen,
bevor ich sterbe!«

Jakobs Übersiedlung nach Ägypten

46 1 Israel brach auf mit allem,
was er hatte. Als er nach Beer-
scheba kam, schlachtete er einige
Tiere und brachte sie dem Gott seines

***45,10** Goschen* ist ein sehr fruchtbares Gebiet östlich des Nildeltas.

Vaters Isaak als Opfer. 2 In der Nacht
sprach Gott zu ihm in einer Vision:
»Jakob! Jakob!« – »Ja?«, antwortete
er. 3 »Ich bin Gott, der Gott deines
Vaters. Hab keine Angst, nach Ägyp-
ten zu ziehen, denn ich lasse dich dort
zu einem großen Volk werden. 4 Ich
selbst ziehe mit dir nach Ägypten und
werde dich auch wieder hier herauf-
bringen. Und Josef wird dir die Augen
zudrücken.«

5 Dann brach Jakob von Beerscheba
auf. Seine Söhne setzten ihn und ihre
Kinder und Frauen auf die Wagen, die
der Pharao mitgeschickt hatte, um sie
zu holen. 6 Mit ihren Herden und
allem, was sie in Kanaan erworben
hatten, kamen sie nach Ägypten,
Jakob und seine ganze Familie, 7 seine
Söhne und Töchter, seine Enkel und
Enkelinnen. Seine ganze Nachkom-
menschaft brachte Israel mit nach
Ägypten.

8 Es folgen die Namen der Söhne
Israels, die nach Ägypten kamen: Zu-
nächst Jakob selbst und sein Sohn
Ruben, der Erstgeborene. 9 Dann
dessen Söhne Henoch, Pallu, Hezron
und Karmi. 10 Simeon und seine
Söhne Jemuël, Jamin, Ohad, Jachin,
Zohar und Schaul, der Sohn einer Ka-
naaniterin. 11 Levi und seine Söhne
Gerschon, Kehat und Merari. 12 Juda
und seine Söhne Er, Onan, Schela,
Perez und Serach; die beiden ersten
waren schon in Kanaan gestorben;
Perez hatte zwei Söhne: Hezron und
Hamul. 13 Issachar und seine Söhne
Tola, Puwa, Jaschub und Schimron.
14 Sebulon und seine Söhne Sered,
Elon und Jachleel. 15 Das sind die
Nachkommen, die Lea dem Jakob
noch in Mesopotamien geboren hatte,
dazu eine Tochter: Dina. Es waren
also 33 Söhne und Töchter.

16 Die Söhne Gads waren Zifjon,
Haggi, Schuni, Ezbon, Eri, Arod und
Areli. 17 Die Söhne Aschers: Jimna,
Jischwa, Jischwi und Beria, dazu
seine Tochter Serach; Beria hatte zwei
Söhne: Heber und Malkiël. 18 Das
sind die Nachkommen der Sklavin
Silpa, die Laban seiner Tochter Lea
mitgegeben hatte: 16 Personen.

19 Von Jakobs Frau Rahel stammen
Josef und Benjamin. 20 Von Josef
stammen Manasse und Efraïm, die
ihm Asenat, die Tochter des Priesters
Potifera aus Heliopolis, in Ägypten ge-
boren hatte. 21 Die Söhne Benjamins
waren Bela, Becher, Aschbel, Gera,
Naaman, Ehi, Rosch, Muppim, Hup-
pim und Ard. 22 Die Nachkommen
Rahels waren also 14 Personen.

23 Dans Sohn hieß Huschim.
24 Naftalis Söhne waren Jachzeel,
Guni, Jezer und Schillem. 25 Das sind
die Nachkommen der Sklavin Bilha,
die Laban seiner Tochter Rahel mitge-
geben hatte: sieben Personen. 26 Die
Gesamtzahl der Personen, die mit
Jakob nach Ägypten kamen und von
ihm abstammten, betrug ohne die
Frauen der Söhne Jakobs 66 Perso-
nen. 27 Dazu kommen die Söhne Jo-
sefs, die ihm in Ägypten geboren

46,27 *70 Personen*. Zu den 66 Personen kommen also noch die beiden Söhne Josefs und Jakob und Josef selbst hinzu. Die LXX, fügt in Vers 20 noch weitere fünf Personen hinzu: einen Sohn und einen Enkel von Manasse und zwei Söhne und einen Enkel von Ephraim, sodass nach der LXX, auf die Stephanus sich in Apostelgeschichte 7,14 bezieht, die Familie Jakobs 75 Personen umfasste.

wurden, zwei Personen. Insgesamt
waren 70 Personen* von der Familie
Jakobs nach Ägypten gekommen.
28 So kam Jakob ins Land Goschen.
Er hatte Juda zu Josef vorausgeschik-
kt, damit dieser die entsprechenden
Anweisungen gebe und sie nach Go-
schen ziehen könnten. 29 Josef ließ
seinen Wagen anspannen und zog sei-
nem Vater Israel nach Goschen entge-
gen. Als er ihn zu Gesicht bekam, fiel
er ihm um den Hals und weinte lange.
30 »Nun will ich gerne sterben!«,
sagte Israel zu ihm, »nachdem ich
dich wiedergesehen habe und weiß,
dass du noch am Leben bist.« 31 Dann
sagte Josef zu seinen Brüdern und
ihren Familien: »Ich gehe jetzt zum
Pharao und werde ihm sagen: ›Die
ganze Familie meines Vaters, die im
Land Kanaan lebte, ist zu mir gekom-
men. 32 Die Männer sind Schafhirten,
Viehzüchter seit eh und je. Sie haben
ihren ganzen Besitz, ihre Schafe,
Ziegen und Rinder mitgebracht.‹
33 Wenn der Pharao euch dann zu
sich rufen lässt und euch nach eurer
Tätigkeit fragt, 34 sagt ihm: ›Deine
Diener sind von Jugend an Viehzüch-
ter gewesen wie unsere Vorfahren.‹
Dann könnt ihr hier in Goschen blei-
ben. Den Ägyptern sind Kleinvieh-
hirten nämlich ein Gräuel.«

47 1 Josef ging zum Pharao und
berichtete ihm: »Mein Vater
und meine Brüder sind aus dem Land
Kanaan hier eingetroffen. Sie haben
ihren ganzen Besitz, ihr Kleinvieh
und ihre Rinder mitgebracht und
sind in Goschen angekommen.« 2 Er
hatte fünf Männer aus dem Kreis sei-
ner Brüder mitgebracht und stellte
sie dem Pharao vor. 3 Der fragte sie:
»Was ist eure Tätigkeit?« – »Deine
Diener sind Kleinviehhirten wie
schon unsere Vorfahren.« 4 Weiter
sagten sie: »Wir möchten als Gäste
im Land bleiben, denn in Kanaan gibt
es wegen der Dürre keine Weiden
mehr für unsere Herden. Erlaube
uns doch, im Gebiet von Goschen zu
siedeln!« 5 Da sagte der Pharao zu
Josef: »Dein Vater und deine Brüder
sind also zu dir gekommen. 6 Ägyp-
ten steht dir offen. Lass sie im besten
Teil des Landes wohnen. Sie können
in Goschen bleiben. Und wenn tüch-
tige Leute unter ihnen sind, dann
setze sie als Oberhirten für mein eige-
nes Vieh ein.«
7 Dann brachte Josef auch seinen
Vater Jakob hinein und stellte ihn
dem Pharao vor. Und Jakob segnete
den Pharao. 8 Dieser fragte ihn: »Wie
hoch ist eigentlich die Zahl deiner Le-
bensjahre?« 9 »130 Jahre lebe ich als
Fremder auf dieser Erde«, erwiderte
Jakob. »Die Zeit meines Lebens war
kurz und mühselig und reicht nicht
an die Lebensjahre meiner Väter
heran, die ebenso heimatlos auf der
Erde lebten.« 10 Mit einem Segens-
wunsch verabschiedete sich Jakob
vom Pharao.
11 Josef wies seinem Vater und sei-
nen Brüdern Wohnsitze an und gab
ihnen Grundbesitz im Land Ägypten,
im besten Teil des Landes in der Ge-
gend von Ramses*, wie der Pharao
befohlen hatte. 12 Er sorgte dafür,

47,11 *Ramses* war eine Stadt im östlichen Nildelta, etwa 30 km südlich von Tanis/ Zoan.

dass seine Angehörigen entsprechend
ihrer Kopfzahl Nahrungsmittel be-
kamen.

Josefs Verwaltung von Ägypten

13 Im ganzen Land gab es kein Brot,
und die Hungersnot wurde immer
schlimmer. Auch das Land Ägypten
war vom Hunger erschöpft, Kanaan
ebenso. 14 Durch das Getreide, das
Josef verkaufte, brachte er schließlich
alles Geld zusammen, das in beiden
Ländern in Umlauf war, und übergab
es dem Pharao. 15 Als dann in Ägyp-
ten und Kanaan das Geld ausgegan-
gen war, kamen die Ägypter zu Josef
und sagten: »Schaff uns Brot her!
Oder sollen wir hier vor deinen Augen
verhungern? Wir haben kein Geld
mehr.« 16 Da sagte Josef: »Bringt mir
statt Geld euer Vieh, dann gebe ich
euch dafür Getreide.« 17 Da brachten
sie ihr Vieh zu Josef, ihre Pferde, ihre
Schaf- und Rinderherden, ihre Esel;
und Josef versorgte sie das ganze Jahr
über mit Nahrung.

18 Im folgenden Jahr kamen sie wie-
der und sagten: »Wir können es dir,
unserem Herrn, nicht verschweigen:
Unser Geld ist ausgegangen, unser
Vieh ist in deinem Besitz. Wir haben
nur noch uns selbst und unsere Fel-
der. 19 Sollen wir hier vor deinen
Augen sterben – so wie unser Acker-
land stirbt? Kaufe uns und unsere Fel-
der für den Pharao, dann wollen wir
auf unserem Ackerland für ihn arbei-
ten. Aber gib uns Getreide, damit wir
leben können und Saatgut für unsere
Felder haben, und damit das Acker-
land nicht verödet.« 20 So kaufte
Josef das ganze Land auf und machte
es zum Eigentum des Pharao. Weil
die Hungersnot so groß war, musste
jeder Ägypter sein Ackerland verkau-
fen. 21 Von einem Ende Ägyptens bis
zum anderen ließ Josef das Volk dazu
in die Städte kommen*. 22 Nur das
Land der Priester kaufte er nicht auf,
denn die Priester lebten von einem
festen Einkommen, das der Pharao
für sie festgesetzt hatte; deshalb
mussten sie ihr Land nicht verkaufen.
23 Zum Volk sagte Josef: »Heute habe
ich euch und euer Ackerland für den
Pharao erworben. Hier habt ihr Saat-
gut, bestellt eure Felder! 24 Von der
Ernte müsst ihr den fünften Teil an
den Pharao abgeben*, die anderen
vier Teile sind für neues Saatgut und
zur Ernährung für euch und eure
Familien bestimmt.« 25 Sie sagten:
»Du hast uns das Leben erhalten!
Wenn wir Gunst vor dir finden, wol-
len wir gern Sklaven des Pharao
sein.« 26 Josef machte es zum Gesetz,
dass ein Fünftel der Ernte dem Pha-
rao abzuliefern war. Das gilt bis zum
heutigen Tag. Nur das Land der Prie-
ster kam nicht an den Pharao.

47,21 *Volk ... kommen.* Offenbar, um die Grundstücksangelegenheiten zu regeln und Saatgut zu erhalten. Die LXX liest hier: ... *machte Josef das Volk zu dessen Sklaven.*

47,24 *fünften Teil ... abgeben.* Josef machte die Bevölkerung nicht zu Sklaven, sondern zu Pächtern. 20% Abgaben waren keinesfalls überhöht, andernorts lagen sie bei 40% oder sogar 60%.

47,27 *Israel.* Der Name, den Jakob von Gott erhalten hatte, geht hier schon auf seine Nachkommen über.

47,29 *Nachkommenschaft.* Siehe Fußnote zu 1. Mose 24,2.

Jakobs letzter Wille

27 So wohnte Israel* also in Ägypten.
Die Israeliten machten sich im Gebiet
von Goschen ansässig, waren frucht-
bar und vermehrten sich sehr. 28 Jakob
lebte noch 17 Jahre in Ägypten. Er
wurde 147 Jahre alt. 29 Als das Ende
nahte, ließ er seinen Sohn Josef rufen
und sagte zu ihm: »Erweise mir die
Gunst und schwöre bei meiner Nach-
kommenschaft*, dass du mit Liebe
und Treue an mir handelst und mich
nicht in Ägypten begräbst! 30 Wenn
ich im Tod mit meinen Vorfahren ver-
eint bin, dann bring mich aus Ägypten
weg und begrabe mich bei meinen
Vorfahren!« Josef versprach ihm: »Ich
werde tun, was du gesagt hast!«
31 »Schwöre es mir!«, sagte Jakob,
und Josef schwor es ihm. Dann ver-
neigte sich Israel ehrfürchtig zum
Kopfende seines Bettes hin.*

Jakobs Segen

48 1 Einige Zeit danach sagte
man Josef: »Dein Vater ist
krank.« Da nahm er seine beiden
Söhne Manasse und Efraïm und mach-
te sich auf den Weg. 2 Als Jakob gesagt
wurde: »Dein Sohn Josef kommt zu
dir«, nahm er alle seine Kraft zusam-
men und setzte sich im Bett auf. 3 Er
sagte zu Josef: »El-Schaddai, der all-
mächtige Gott, erschien mir in Lus im
Land Kanaan. Er segnete mich 4 und
sagte: ›Ich will dich fruchtbar machen
und vermehren. Zu einer ganzen Schar
von Völkern sollst du werden. Und
dieses Land werde ich deiner Nach-
kommenschaft für alle Zeiten zum Be-
sitz geben.‹ 5 Deine beiden Söhne, die
dir hier in Ägypten geboren wurden,
bevor ich ins Land kam, nehme ich als
meine Söhne an. Efraïm und Manasse
sollen genauso viel gelten wie Ruben
und Simeon. 6 Aber die Kinder, die dir
später geboren werden, gelten als
deine Nachkommen. Sie bekommen
jedoch Anteil am Landbesitz ihrer älte-
ren Brüder. 7 Und ich – als ich aus Me-
sopotamien ins Land Kanaan zurük-
kkam, starb Rahel kurz vor Efrata.
Und ich begrub sie dort am Weg nach
Efrata, das jetzt Bethlehem heißt.«
8 Israel bemerkte Josefs Söhne und
fragte: »Wen hast du da mitgebracht?«
9 »Das sind die Söhne, die Gott mir
hier geschenkt hat«, erwiderte Josef.
»Bring sie her«, sagte Jakob, »ich will
sie segnen!« 10 Seine Augen waren al-
tersschwach geworden, und er konnte
nicht mehr sehen. Josef ließ seine
Söhne zu ihm herantreten und Israel
küsste und umarmte sie. 11 Dann sagte
er zu Josef: »Ich hätte nie geglaubt,
dich wiederzusehen, und nun hat Gott
mich sogar deine Nachkommen sehen
lassen!« 12 Josef nahm sie von seinen
Knien weg und beugte sich nieder, mit
dem Gesicht bis zur Erde. 13 Dann
nahm er Efraïm an die rechte Hand –
von Jakob aus gesehen links – und Ma-
nasse an die linke – von Jakob aus ge-
sehen rechts – und brachte sie so zu
seinem Vater. 14 Doch Israel kreuzte
seine Hände und legte seine rechte
Hand auf Efraïms Kopf – obwohl er
der Jüngere war – und die linke auf den
Kopf Manasses, obwohl dies der Erst-
geborene war. 15 Dann segnete er Josef
und sagte:

47,31 Es sollte deutlich werden, dass er sich vor Gott (siehe 1. Könige 1,47-48) verneigt, nicht vor seinem Sohn Josef.

»Gott, vor dem meine Väter
Abraham und Isaak lebten, /
Gott, der mein Leben lang und bis
heute mein Hirt ist, 16 der Engel,
der mich von allem Übel erlöst
hat, / segne die Jungen. /
In ihnen lebe mein Name weiter /
und der meiner Väter Abraham
und Isaak. / Zahlreich sollen sie
werden, / mitten im Land!«

17 Josef hatte gesehen, dass sein Vater
die rechte Hand auf Efraïms Kopf
legte. Das missfiel ihm und er nahm
sie, um sie auf Manasses Kopf zu
legen. 18 »Nicht so, mein Vater!«,
sagte er. »Dies ist der Erstgeborene.
Leg deine rechte Hand auf ihn!«
19 Aber sein Vater weigerte sich und
sagte: »Ich weiß es, mein Sohn, ich
weiß es. Auch er wird zu einem Volk
werden, auch er wird groß sein.
Aber sein jüngerer Bruder wird noch
größer werden als er. Seine Nach-
kommen werden zu einer Menge von
Völkern.« 20 So segnete er sie an
jenem Tag und sagte zu Josef: »Mit
dir wird Israel sich segnen und sagen:
›Gott mache dich wie Efraïm und
Manasse!‹« So stellte er Efraïm vor
Manasse.

21 Dann sagte Israel zu Josef: »Ich
sterbe jetzt. Doch Gott wird bei euch
sein und euch zurückführen in das Land
eurer Väter. 22 Und ich gebe dir ein
Stück Land* über deine Brüder hinaus,
das ich den Amoritern* mit Schwert
und Bogen* weggenommen habe.«

Jakob segnet seine zwölf Söhne

49 1 Dann rief Jakob alle seine
Söhne zu sich und sagte:
»Versammelt euch, damit ich
verkünde, / was euch begegnet in
künftiger Zeit. 2 Kommt und hört,
ihr Jakobssöhne, / hört auf euren
Vater Israel!

3 Ruben, du mein Erstgebore-
ner, / meine Stärke und der Erst-
ling meiner Kraft! / Erster an
Hoheit und Erster an Macht! 4 Du
brodeltest wie Wasser. / Du sollst
nicht der Erste sein, / denn du
bestiegst das Bett deines Vaters, /
da hast du es entweiht, / du, der
mein Lager bestieg!

5 Die Brüder Simeon und Levi, /
ihre Waffen sind Werkzeuge der
Gewalt. 6 Mit ihren Plänen habe
ich nichts zu tun, / meine Ehre ist
nicht eins mit ihrer Schar, / denn
im Zorn haben sie Männer gemor-
det, / mutwillig Stiere gelähmt.
7 Verflucht sei ihr zorniges Wüten, /
weil es roh und grausam ist! / Ich
teile sie unter Jakob auf, / ich zer-
streue sie in Israel.

8 Dich, Juda, preisen deine
Brüder, / weil du den Feind im
Nacken packst! / Dir beugen
sich die Söhne deines Vaters.
9 Du gleichst dem jungen Löwen,
Juda. / Vom Raub kommst du,
mein Sohn, herauf. / Er kauert
hingestreckt, / dem Löwen und

48,22 *ein Stück Land.* Wörtlich: *Schulter*, hebräisch: *schechäm.* Es meint das Stück Land bei Sichem, das Jakob nach 1. Mose 33,18 gehörte und wo Josef nach Josua 24,32 später endgültig bestattet wurde.

Amoriter. Siehe Fußnote zu 1. Mose 14,7.

Schwert und Bogen. Davon wird sonst nichts berichtet. Wahrscheinlich ist es hier im übertragenen Sinn zu verstehen: *mit eigener Kraft.*

der Löwin gleich. / Wer wagt ihn
aufzustören? 10 Nie weicht das
Zepter von Juda, / der Herrscher-
stab von seinem Schoß, / bis der
kommt, dem er gehört. / Und ihm
werden die Völker gehorchen.
11 Am Weinstock bindet er sein
Reittier fest, / sein Eselsfohlen
an der Edelrebe*. Sein Gewand
wäscht er in Wein, / in Trauben-
blut den Mantel. 12 Die Augen
sind dunkler als Wein, / die Zähne
weißer als Milch.
13 Sebulon wohnt nah am
Meer, / an der Küste bei den
Schiffen, / den Rücken an Sidon*
gelehnt.
14 Issachar ist ein knochiger
Esel, / der zwischen seinen Sattel-
körben liegt.* 15 Er sah die schöne
Ruhe / und dieses freundliche
Land, / da beugte er seine Schul-
ter zum Tragen / und leistete
Zwangsarbeit.
16 Dan wird Richter sein in
seinem Volk / wie nur einer von
Israels Stämmen. 17 Dan ist wie
eine Schlange am Weg, / eine
Hornotter am Pfad. / Sie beißt das
Pferd in die Fesseln, / sein Reiter
stürzt rücklings herab.
18 – Ich warte auf deine Hilfe,
Jahwe! –

19 Gad wird von Räuberscharen
umdrängt, / doch er bedrängt
ihre Ferse.
20 Aschers Nahrung ist die beste,
die es gibt, / er liefert Speise für
den Tisch des Königs.
21 Naftali, die flüchtige Hirsch-
kuh, / versteht sich auf gefällige
Rede.
22 Ein junger Fruchtbaum ist
Josef, / ein junger Fruchtbaum
am Quell, / seine Zweige ranken
über die Mauer. 23 Da reizten ihn
die Bogenschützen, / feindselig
beschossen sie ihn. 24 Aber sein
Bogen bleibt fest, / mit rascher
Hand schießt er zurück, / gelenkt
von den Händen des Mächtigen, /
von Jakobs Gott, / dem Hirten und
dem Stein von Israel, 25 vom Gott
deines Vaters, der dir hilft, / dem
Allmächtigen, der dich segnet. /
Er segnet dich mit Regen aus dem
Himmel / und mit Wasser aus der
Tiefe, / mit Überfluss aus Mutter-
brüsten / und Fruchtbarkeit
vom Mutterschoß. 26 Der Segen
deines Vaters übertrifft den Segen
der uralten Berge / und das
Begehrenswerte der ewigen
Hügel. / Dieser Segen sei auf
Josefs Haupt, / dem Auserwählten
seiner Brüder.
27 Benjamin ist wie ein reißender
Wolf: / Am Morgen frisst er die
Beute, / am Abend teilt er den
Raub.«

28 Diese alle sind die Stämme Israels,
und das ist es, was ihr Vater zu ihnen
sagte, als er sie segnete. Jeden von
ihnen bedachte er mit dem Segen, der
ihm zukam. 29 Dann befahl er ihnen:

49,11 *an der Edelrebe.* Der achtlose Umgang mit kostbaren Dingen ist ein Zeichen von Wohlstand.

49,13 *Sidon* war eine Stadt in Phönizien, heute Saida im Libanon.

49,14 *Sattelkörben liegt.* Packesel legten sich oft störrisch mitsamt den beiden Sattelkörben nieder.

»Wenn ich zu meinem Volk eingeholt
worden bin, begrabt mich bei meinen
Vätern in der Höhle, die auf dem Feld
des Hetiters Efron liegt; 30 in der
Höhle auf dem Feld Machpela östlich
von Mamre im Land Kanaan auf dem
Grundstück, das Abraham als Grab-
stätte für seine Familie von dem
Hetiter Efron erworben hat. 31 Dort
wurden Abraham und seine Frau Sara
begraben; dort liegen Isaak und Re-
bekka, und auch Lea habe ich dort
beigesetzt. 32 Das Feld und die Höhle
darauf sind unser rechtmäßiges Ei-
gentum, das wir von den Hetitern
erworben haben.« 33 Nachdem Jakob
seinen Söhnen diese Anweisungen
gegeben hatte, zog er seine Füße aufs
Bett herauf. Er starb und wurde im
Tod mit seinen Vorfahren vereint.

Jakobs Begräbnis

50 1 Josef warf sich über seinen
Vater, weinte um ihn und
küsste ihn. 2 Dann befahl er den Ärz-
ten, die ihm dienten, seinen Vater Is-
rael einzubalsamieren. 3 Das dauerte
wie üblich vierzig Tage. Ganz Ägypten
trauerte siebzig Tage um Israel. 4 Als
die Trauerzeit vorüber war, bat Josef
die königlichen Hofbeamten: »Wenn
ihr mir eine Gunst erweisen wollt,
dann richtet dem Pharao aus: 5 ›Mein
Vater hat mich schwören lassen, ihn
im Land Kanaan beizusetzen, in dem
Grab, das er für sich vorbereitet hat.
Lass mich hinziehen und meinen
Vater dort begraben! Dann komme
ich wieder zurück.‹« 6 Der Pharao
ließ ihm antworten: »Zieh hin und
begrabe deinen Vater, wie du es ihm
geschworen hast!« 7 Josef machte
sich auf den Weg. Die hohen Beamten
des Pharao und die führenden Män-
ner Ägyptens begleiteten ihn. 8 Dazu
kam das ganze Haus Josefs, alle seine
Brüder und die Familie seines Vaters.
Nur ihre Kinder und ihre Schafe und
Rinder ließen sie in Goschen zurück.
9 Sogar Streitwagen und Reiter zogen
mit ihm hinauf. Es wurde ein gewalti-
ges Heerlager.

10 Als sie bis nach Goren-Atad* in
der Nähe des Jordan gekommen
waren, hielten sie eine sehr große und
würdige Trauerfeier. Sieben Tage lang
ließ Josef die Totenklage für seinen
Vater dauern. 11 Die Einheimischen,
die Bewohner des Landes Kanaan,
beobachteten die Trauerfeier in Go-
ren-Atad und sagten: »Eine würdige
Trauer ist das für Ägypten!« Darum
nannten sie den Platz Abel-Mizrajim,
Trauer der Ägypter.

12 So erfüllten Jakobs Söhne den
letzten Wunsch ihres Vaters. 13 Sie
brachten ihn ins Land Kanaan und be-
gruben ihn in der Höhle des Grund-
stücks von Machpela. Abraham hatte
dieses Grundstück gegenüber von
Mamre als eigene Grabstätte von dem
Hetiter Efron gekauft. 14 Nachdem
Josef seinen Vater beigesetzt hatte,
kehrte er mit seinen Brüdern und
allen, die mit ihm gezogen waren,
nach Ägypten zurück.

Bestätigung der Vergebung

15 Nach dem Tod ihres Vaters gerieten
Josefs Brüder in Sorge: »Was ist,
wenn Josef sich nun feindlich gegen

50,10 *Goren-Atad* heißt *Stechdorn-Tenne*, seine Ortslage ist unbekannt.

uns stellt und uns das Böse heimzahlt,
das wir ihm angetan haben?« 16 So
ließen sie Josef sagen: »Dein Vater hat
uns vor seinem Tod aufgetragen:
17 ›Bittet Josef: Vergib doch die Sünde
und das Verbrechen deiner Brüder;
vergib, dass sie dir Böses angetan
haben!‹ Deshalb bitten wir dich: Ver-
gib uns das Verbrechen! Wir dienen
doch demselben Gott wie unser
Vater!« Als Josef das hörte, weinte er.
18 Danach kamen die Brüder selbst zu
Josef, fielen vor ihm nieder und sag-
ten: »Wir sind deine Sklaven!« 19 Aber
Josef erwiderte: »Habt keine Angst!
Bin ich denn an Gottes Stelle? 20 Ihr
hattet zwar Böses mit mir vor, aber
Gott hat es zum Guten gewendet, um
zu erreichen, was heute geschieht: ein
großes Volk am Leben zu erhalten.
21 Habt also keine Angst! Ich werde
euch und eure Kinder versorgen.« So
beruhigte er sie und redete ihnen zu
Herzen.

Josefs Ende

22 Josef blieb mit allen Nachkommen
seines Vaters in Ägypten. Er wurde
110 Jahre alt 23 und sah noch Efraïms
Söhne und Enkel. Auch die Söhne von
Machir Ben-Manasse, wurden auf
Josefs Knien geboren*. 24 Josef sagte
zu seinen Brüdern: »Ich muss sterben,
aber Gott wird euch nicht vergessen.
Er wird euch aus diesem Land wieder
in das Land bringen, das er Abraham,
Isaak und Jakob zugeschworen hat.«
25 Dann ließ Josef die Söhne Israels
schwören: »Wenn Gott sich euer an-
nimmt, dann nehmt meine Gebeine
von hier mit!« 26 Josef starb im Alter
von 110 Jahren. Man balsamierte ihn
ein und legte ihn in einen Sarg in
Ägypten.

50,23 *auf Josefs Knien geboren.* Das heißt, sie wurden von Josef adoptiert.

Exodus, das zweite Buch Mose

Das zweite Buch Mose wird auch »Exodus« genannt, »Auszug«, denn es beinhaltet die Geschichte vom Auszug des Volkes Israel aus der Sklaverei in Ägypten. Das Buch ist in zwei Hauptteile gegliedert: Kapitel 1-19: Auszug aus Ägypten; Kapitel 20-40: Gesetzgebung am Berg Sinai und Bau des Heiligtums. In diesem Buch wird der Verfasser, Mose, selbst zum Träger der Handlung.

Man kann davon ausgehen, dass er dieses Buch während oder kurz nach dem Aufenthalt des Volkes am Sinai 1446 v.Chr. niederschrieb. Gott hatte ihn verschiedentlich dazu aufgefordert (2. Mose 17,14; 34,27). Auch andere biblische Bücher und Jesus selbst bestätigen die Verfasserschaft Moses (1. Könige 2,3; Nehemia 8,1; Markus 7,10; 12,26).

Israels Unterdrückung in Ägypten

1 *1* Das sind die Namen der Israeliten, die mit ihrem Vater Jakob und ihren Familien nach Ägypten gekommen waren: *2* Ruben und Simeon, Levi und Juda, *3* Issachar, Sebulon und Benjamin, *4* Dan und Naftali, Gad und Ascher. *5* Zusammen waren es siebzig Personen, die alle von Jakob abstammten.* Josef war schon vorher nach Ägypten gekommen. *6* Dann starben Josef und seine Brüder. Auch von ihren Zeitgenossen lebte niemand mehr. *7* Aber die Israeliten waren fruchtbar und vermehrten sich und wurden überaus stark. Das Land füllte sich mit ihnen.

8 Da trat ein neuer König die Herrschaft über Ägypten an, der Josef nicht mehr kannte. *9* Er sagte zu seinen Leuten: »Passt auf! Das Volk der Israeliten ist zahlreicher und stärker als wir. *10* Wir müssen geschickt gegen sie vorgehen, damit sie nicht noch stärker werden! Sonst laufen sie in einem Krieg womöglich zu unseren Feinden über und kämpfen gegen uns und ziehen dann aus dem Land weg.«

11 Deshalb setzten die Ägypter Aufseher ein, um die Israeliten mit Zwangsarbeit unter Druck zu setzen. Sie mussten die Vorratsstädte Pitom* und Ramses* für den Pharao* bauen. *12* Aber je mehr sie die Israeliten unterdrückten, umso stärker vermehrten sich diese. Sie breiteten sich derartig aus, dass die Ägypter das Grauen vor den Israeliten packte. *13* Darum gingen sie hart gegen sie vor und zwangen sie zu Sklavendiensten. *14* Sie machten ihnen das Leben zur Hölle. Die Israeliten mussten

---

1,5 *abstammten.* Siehe Fußnote zu 1. Mose 46,27. Jakobs Ankunft in Ägypten könnte um das Jahr 1867 v.Chr. stattgefunden haben.

1,11 *Pitom.* Stadt im Nordosten Ägyptens.

Ramses. Stadt im östlichen Nildelta, etwa 30 km südlich von Tanis/Zoan.

Pharao. Das ägyptische Wort bedeutet »großes Haus« und ist ein königlicher Titel.

in Schwerstarbeit Ziegel aus Lehm
herstellen und harte Feldarbeiten ver-
richten.
15 Dann ließ der König von Ägypten
die Hebammen für die Hebräer,*
Schifra und Pua, zu sich rufen 16 und
befahl ihnen: »Wenn ihr den hebräi-
schen Frauen bei der Entbindung
helft und seht, dass ein Junge zur
Welt kommt, dann tötet ihn sofort!
Mädchen dürft ihr am Leben lassen.«
17 Aber die Hebammen fürchteten
Gott und befolgten den Befehl des
ägyptischen Königs nicht. Sie ließen
die Jungen am Leben. 18 Da rief der
König sie wieder zu sich und fragte
sie: »Warum tut ihr das und lasst die
Jungen am Leben?« 19 Sie erwiderten
dem Pharao: »Weil die hebräischen
Frauen nicht so wie die ägyptischen
sind. Sie sind kräftig und haben ihre
Kinder schon zur Welt gebracht, ehe
die Hebamme zu ihnen kommt.«
20 So vermehrte sich das Volk und
wurde sehr stark. Gott tat den He-
bammen Gutes. 21 Und weil sie Ehr-
furcht vor ihm hatten, schenkte er
ihnen Nachkommenschaft. 22 Da ließ
der Pharao einen Befehl an sein gan-
zes Volk ergehen: »Werft jeden Jun-
gen, der den Hebräern geboren wird,
in den Nil! Nur die Mädchen dürfen
am Leben bleiben.«

Moses Kindheit

2 1 Ein Mann von den Nachkom-
men Levis heiratete eine Frau
aus dem gleichen Stamm. 2 Sie
wurde schwanger und brachte einen
Sohn zur Welt. Als sie sah, wie
schön der Junge war, hielt sie ihn
drei Monate lang versteckt. 3 Län-
ger konnte sie ihn nicht verbergen.
Deshalb nahm sie ein Kästchen*
aus Papyrusrohr, dichtete es mit
Erdharz und Pech ab und legte das
Kind hinein. Dann setzte sie es im
Schilf am Nilufer aus. 4 Seine
Schwester blieb in der Nähe stehen,
um zu sehen, was mit ihm gesche-
hen würde.
5 Da kam die Tochter des Pharao
an den Nil, um zu baden. Ihre Diene-
rinnen gingen am Ufer hin und her.
Auf einmal sah sie das Kästchen mit-
ten im Schilf und schickte eine Die-
nerin hin, um es zu holen. 6 Als sie es
öffnete, fand sie einen weinenden
Jungen darin. Mitleidig rief sie:
»Das ist ja eins von den Kindern der
Hebräer!« 7 Da sagte seine Schwe-
ster zur Tochter des Pharao: »Soll
ich eine hebräische Frau holen, die
das Kind für dich stillen kann?«
8 »Ja, hole sie!«, sagte die Tochter
des Pharao. Da holte das Mädchen
die Mutter des Kindes. 9 Die Phara-
ostochter sagte zu ihr: »Nimm die-
ses Kind und stille es für mich! Ich
werde dich dafür bezahlen.« Da
nahm die Frau das Kind zu sich und
stillte es. 10 Als der Junge größer ge-
worden war, übergab sie ihn der
Tochter des Pharao, die ihn als ihren
Sohn annahm. Sie nannte ihn Mose
und sagte: »Ich habe ihn ja aus dem
Wasser gezogen.«*

1,15 *für die Hebräer.* Entweder gehörten die Hebammen zu den Israeliten (Hebräer) oder es waren gottesfürchtige Ägypterinnen.

2,3 *Kästchen.* Das gleiche Wort wird nur noch einmal in der Bibel für Noahs Arche verwendet.

2,10 *Mose* erinnert im Hebräischen an »herausziehen«.

Mose entdeckt seine Brüder

11 Als Mose erwachsen war, ging er
einmal zu seinen Brüdern* hinaus und
schaute ihnen bei ihren Lastarbeiten
zu. Da wurde er Zeuge, wie ein ägypti-
scher Mann einen von seinen Stam-
mesbrüdern misshandelte*. 12 Mose
schaute sich nach allen Seiten um, und
als er sah, dass niemand in der Nähe
war, erschlug er den Ägypter und ver-
scharrte ihn im Sand.

13 Am nächsten Tag ging er wie-
der hinaus. Da sah er zwei Hebräer
miteinander streiten. Er sagte zu
dem, der im Unrecht war: »Warum
schlägst du einen Mann aus deinem ei-
genen Volk?« 14 »Wer hat dich denn
zum Aufseher und Richter über uns
eingesetzt?«, erwiderte dieser. »Willst
du mich auch umbringen wie den
Ägypter?« Da erschrak Mose. »Also ist
es doch herausgekommen«, dachte er.

Mose in Midian

15 Als der Pharao davon hörte, wollte
er Mose töten lassen. Mose aber ent-
kam ihm und hielt sich im Land Midi-
an* auf. Eines Tages saß er dort an
einem Brunnen. 16 Da kamen die sie-
ben Töchter des Priesters von Midian
zu dem Brunnen, um das Kleinvieh*
ihres Vaters zu tränken. Als sie gerade
die Tränkrinnen voll Wasser ge-
schöpft hatten, 17 kamen Hirten und
trieben sie weg. Da stand Mose auf
und half ihnen, ihre Herde zu tränken.
18 Als sie zu ihrem Vater Reguël* zu-
rückkamen, fragte er: »Warum seid
ihr heute so früh gekommen?«
19 »Ein ägyptischer Mann hat uns
gegen die Hirten verteidigt«, erwider-
ten sie. »Er hat uns sogar beim
Tränken geholfen und auch selbst
Wasser geschöpft.« 20 »Und wo ist
er?«, fragte er seine Töchter. »Warum
habt ihr den Mann draußen gelassen?
Ladet ihn zum Essen ein!« 21 Mose
willigte dann ein, bei dem Mann zu
bleiben. Dieser gab ihm später seine
Tochter Zippora zur Frau. 22 Als sie
einen Sohn zur Welt brachte, nannte
Mose ihn Gerschom, Gast in der Öde,
und sagte: »Ich bin Gast in einem
fremden Land geworden.«

Gott hört den Hilferuf der Israeliten

23 Jahre später starb der König von
Ägypten. Die Israeliten stöhnten unter
der Zwangsarbeit und schrien um
Hilfe. Ihr Schreien wegen der Arbeit
drang zu Gott. 24 Gott hörte ihr Stöh-
nen und dachte an den Bund, den er mit
Abraham, Isaak und Jakob geschlossen
hatte. 25 Gott sah also nach den Israeli-
ten und kümmerte sich um sie.

Moses Berufung

3 1 Mose war Hirt für das Kleinvieh
seines Schwiegervaters Jitro*,
des Priesters von Midian. Als er die

2,11 *Brüder* meint hier seine hebräischen Volksgenossen.
misshandelte. Das hebräische Wort kann auch »erschlug« bedeuten.

2,15 Die *Midianiter* waren ein Nomadenvolk, das in der Araba (südliches Jordantal) und in Transjordanien umherzog.

2,16 *Kleinvieh.* Gemeint sind Schafe und/oder Ziegen.

2,18 *Reguël* heißt »Freund Gottes«. Sein anderer Name *Jitro* (2. Mose 3,1) könnte ein Titel sein mit der Bedeutung »seine Exzellenz«.

3,1 *Jitro.* Siehe Fußnote zu *Reguël* (2. Mose 2,18).

Herde hinter die Steppe führte, kam
er an den Gottesberg, den Horeb*.
2 Dort erschien ihm der Engel
Jahwes* in einer lodernden Flamme,
die aus einem Dornbusch heraus-
schlug. Mose sah, dass der Busch
brannte, aber nicht von den Flammen
verzehrt wurde. 3 »Warum verbrennt
der Dornbusch nicht?«, dachte Mose.
»Das muss ich mir aus der Nähe an-
sehen!«

4 Als Jahwe sah, dass Mose näher
kam, rief Gott ihm aus dem Dorn-
busch heraus zu: »Mose! Mose!« –
»Hier bin ich«, erwiderte dieser.
5 »Komm nicht näher!«, sagte Gott.
»Zieh deine Sandalen aus, denn der
Ort, auf dem du stehst, ist heiliges
Land.« 6 Dann sagte er: »Ich bin der
Gott deines Vaters, ich bin der Gott
Abrahams, Isaaks und Jakobs.«* Da
verhüllte Mose sein Gesicht, denn er
fürchtete sich, Gott anzusehen*.
7 Doch Jahwe sprach weiter: »Ich
habe sehr wohl gesehen, wie mein
Volk Israel in Ägypten misshandelt
wird, und habe sein Schreien wegen
der Antreiber gehört. Ja, ich kenne
seine Schmerzen. 8 Nun bin ich ge-
kommen, um es aus der Gewalt der
Ägypter zu befreien. Ich will es aus
Ägypten herausführen in ein gutes
und geräumiges Land. Ich bringe es in
ein Land, das von Milch und Honig
überfließt. Es ist das Land der Kanaa-
niter*, Hetiter*, Amoriter*, Perisi-
ter*, Hiwiter* und Jebusiter*. 9 Ja,
die Hilfeschreie der Israeliten sind bei
mir angekommen, und ich habe auch
gesehen, wie grausam die Ägypter sie
unterdrücken. 10 Und nun geh! Ich
will dich zum Pharao senden. Du
sollst mein Volk, die Israeliten, aus
Ägypten herausführen!«

11 Mose erwiderte Gott: »Wer bin
ich denn, dass ich zum Pharao
gehen und die Israeliten aus Ägyp-
ten führen könnte?« 12 Da sagte
Gott: »Ich werde dir ja beistehen.
Und das hier ist das Zeichen, dass

3,1 *Horeb.* Anderer Name für den Berg Sinai oder einen anderen Gipfel in derselben Bergregion. Der Sinai wird meist mit dem Dschebel Musa im Südosten der Sinai-Halbinsel identifiziert, was aber nicht sicher ist.

3,2 *Engel Jahwes.* Hebräisch *Mal'ach Jahwe.* Das war kein gewöhnlicher Engel, sondern eine Erscheinung Gottes.

3,6 Wird im Neuen Testament von Jesus Christus und von Stephanus zitiert: Matthäus 22,32; Markus 12,26; Lukas 20,37; Apostelgeschichte 7,32.

Gott anzusehen. Das heißt hier: in die Flamme hineinzusehen, mit der Gott sich verhüllte.

3,8 *Kanaaniter.* Bewohner des Landes Kanaan auf dem Gebiet des heutigen Israel. Sie besaßen eine gemeinsame Sprache, Religion und Kultur, waren politisch aber in viele Kleinkönigtümer und Stadtstaaten - zersplittert.

Das Reich der *Hetiter* erstreckte sich nach Norden weit bis in die heutige Türkei.

Amoriter kann sowohl für einen einzelnen Stamm als auch für alle Bewohner Kanaans stehen. Es waren semitische Einwanderer aus der Arabischen Wüste, die um 2000 v.Chr. ins Kulturland eindrangen.

Perisiter. Nicht näher bekanntes Volk in Kanaan; möglicherweise die bäuerliche Bevölkerung.

Hiwiter. Bewohner Kanaans. Die Einwohner der Städte Gibeon, Kefira, Beerot und Kirjat-Jearim gehörten zu ihnen. Ihr Hauptsiedlungsgebiet scheint am Libanon zwischen Hermon und Hamat gelegen zu haben.

Jebusiter siedelten auf dem Gebirge in Kanaan und bewohnten auch die Stadt Jerusalem.

ich dich beauftragt habe: Wenn du das Volk aus Ägypten herausgeführt hast, werdet ihr an diesem Berg Gott anbeten.« 13 Mose sagte zu Gott: »Wenn ich nun zu den Israeliten komme und ihnen sage: ›Der Gott eurer Vorfahren hat mich zu euch geschickt‹, und sie mich dann fragen: ›Wie heißt er denn?‹, was soll ich ihnen sagen?« 14 Da sagte Gott zu Mose: »Ich bin der, der ist und immer sein wird. Sag den Israeliten: Der ›Ich-bin‹* hat mich zu euch geschickt.« 15 Weiter sagte Gott zu Mose: »Sag den Israeliten: ›Jahwe, der Gott eurer Vorfahren, der Gott Abrahams, Isaaks und Jakobs, hat mich zu euch geschickt.‹ Das ist mein Name für immer. Mit diesem Namen sollen mich auch die kommenden Generationen ansprechen.«

Moses Auftrag

16 »Nun geh, ruf die Ältesten Israels zusammen und sag ihnen: ›Jahwe, der Gott eurer Vorfahren, der Gott Abrahams, Isaaks und Jakobs, ist mir erschienen und hat gesagt: Ich habe genau auf euch achtgegeben und gesehen, was man euch in Ägypten antut, 17 und mich entschlossen, euch aus dem Elend Ägyptens herauszuführen. Ich bringe euch in das Land der Kanaaniter, Hetiter, Amoriter, Perisiter, Hiwiter und Jebusiter, in ein Land, das von Milch und Honig überfließt.‹ 18 Wenn du ihnen das sagst, werden sie auf dich hören. Dann sollst du mit den Ältesten Israels zum König von Ägypten gehen und ihm sagen: ›Jahwe, der Gott der Hebräer, ist uns erschienen. Nun lass uns doch drei Tagereisen* weit in die Wüste ziehen, damit wir Jahwe, unserem Gott, dort Opfertiere schlachten.‹ 19 Ich weiß wohl, dass der König von Ägypten euch nicht ziehen lassen will. Auch durch eine starke Hand will er sich nicht zwingen lassen. 20 Deshalb werde ich meine Hand ausstrecken und die Ägypter schlagen. Schreckenerregende Wunder werde ich unter ihnen tun. Dann erst wird er euch ziehen lassen. 21 Ich werde euch bei den Ägyptern Achtung verschaffen. Ihr werdet das Land nicht mit leeren Händen verlassen. 22 Jede israelitische Frau soll von ihrer Nachbarin Silber- und Goldschmuck und Obergewänder verlangen. Das können dann eure Söhne und Töchter tragen. So sollt ihr die Ägypter ausplündern.«

Moses Einwände

4 1 Da erwiderte Mose: »Und was ist, wenn sie mir nicht glauben, wenn sie nicht auf mich hören und sagen: ›Jahwe ist dir gar nicht erschienen!‹?« 2 »Was hast du da in der Hand?«, fragte Jahwe ihn. »Einen Stab«, erwiderte Mose. 3 »Wirf ihn auf die Erde!«, befahl Jahwe. Mose tat es. Da wurde der Stab zu einer Schlange, und Mose lief vor ihr davon. 4 Jahwe rief: »Pack sie beim Schwanz!« Mose griff nach ihr, und sie wurde in seiner Hand wieder zum Stab. 5 »So werden sie glauben, dass Jahwe dir erschienen ist, der Gott ihrer Vorfahren, der Gott Abrahams, Isaaks und

---

3,14 Das Hebräische (*Ehje = Ich bin*) klingt an den Gottesnamen Jahwe an. Die Juden verstehen *Ehje* jedoch als zusätzlichen Gottesnamen.

3,18 Eine *Tagesreise* entspricht etwa dreißig Kilometern.

Jakobs.« 6 Dann befahl Jahwe ihm: »Steck deine Hand in dein Gewand!« Mose tat es, und als er die Hand wieder hervorzog, war sie voller Aussatz*, weiß wie Schnee. 7 Da befahl er ihm: »Steck deine Hand noch einmal ins Gewand!« Mose tat es, und als er sie hervorzog, war sie wieder gesund. 8 »Wenn sie dir auf das erste Zeichen hin nicht glauben, werden sie sich durch das zweite überzeugen lassen. 9 Und wenn sie selbst diesen beiden Zeichen nicht glauben und nicht auf dich hören wollen, dann nimm etwas Nilwasser und schütte es auf den Boden. Es wird dort zu Blut werden.«

10 Doch Mose erwiderte Jahwe: »Ach Herr, ich bin kein Redner. Ich konnte das noch nie. Und auch seit du mit deinem Sklaven sprichst, ist es nicht besser geworden. Ich bin schwerfällig und unbeholfen, wenn ich reden soll.« 11 Da sagte Jahwe zu ihm: »Wer hat dem Menschen denn den Mund gemacht? Wer macht Menschen stumm oder taub, sehend oder blind? Doch wohl ich, Jahwe! 12 Also geh jetzt! Ich werde deinem Mund schon beistehen und dir beibringen, was du sagen sollst.« 13 Doch Mose erwiderte: »Ach Herr, schick doch lieber einen anderen!«

14 Da wurde Jahwe zornig über Mose und sagte: »Hast du nicht noch einen Bruder, den Leviten Aaron? Er kann reden, das weiß ich. Er ist schon auf dem Weg zu dir und wird sich freuen, wenn er dich wiedersieht. 15 Dann teilst du ihm alles mit, was er sagen soll. Ich helfe dir dabei und werde auch ihm helfen und sage euch auch, was ihr tun sollt. 16 Wenn er für dich zum Volk redet, wird das so sein, als ob er dein Sprecher ist und du sein Gott* bist. 17 Und diesen Stab hier nimm in deine Hand! Mit ihm sollst du die Wunderzeichen tun.«

Moses Rückkehr nach Ägypten

18 Daraufhin kehrte Mose zu seinem Schwiegervater Jitro zurück und sagte: »Ich möchte gern zu meinen Brüdern nach Ägypten zurückkehren und sehen, ob sie noch am Leben sind.« – »Zieh in Frieden!«, sagte Jitro zu Mose.

19 Noch im Land Midian hatte Jahwe zu Mose gesagt: »Du kannst ruhig nach Ägypten zurückkehren, denn alle, die dich töten wollten, sind gestorben.« 20 So ließ Mose seine Frau mit den kleinen Kindern auf dem Esel reiten und machte sich mit ihnen auf den Weg nach Ägypten. Den Stab Gottes hatte er in der Hand.

21 Jahwe sagte zu Mose: »Wenn du wieder nach Ägypten kommst, dann sollst du vor dem Pharao die Wunderzeichen vollbringen, zu denen ich dich bevollmächtigt habe. Ich werde ihn allerdings starrsinnig machen, sodass er das Volk nicht ziehen lassen wird. 22 Dann sollst du dem Pharao verkünden: ›So spricht Jahwe: Israel ist mein erstgeborener Sohn. 23 Und ich sage dir: Lass meinen Sohn ziehen, dass er mir dient. Wenn du dich weigerst, ihn ziehen zu lassen, pass

---

4,6 *Aussatz.* Bezeichnung für rasch um sich greifende Hautkrankheiten, Lepra eingeschlossen.

4,16 *du sein Gott.* Der Pharao sollte glauben, dass Mose ein Gott ist, der mit seinem Sprecher vor ihm auftritt (siehe 2. Mose 7,1).

auf: Dann werde ich deinen erstgebo-
renen Sohn umbringen.‹«
24 Unterwegs am Rastplatz fiel
Jahwe über Mose her und wollte ihn
töten.* 25 Da nahm Zippora einen
scharfen Stein, schnitt die Vorhaut am
Glied ihres Sohnes ab und berührte
damit die Scham von Mose.* Dabei
sagte sie: »Du bist mir wirklich ein
Blutsbräutigam!« 26 Wegen der Be-
schneidung sagte sie »Blutsbräuti-
gam« zu ihm. Da ließ Jahwe von Mose
ab.

27 Zu Aaron hatte Jahwe gesagt:
»Geh in die Wüste, Mose entgegen!«
Aaron machte sich auf den Weg. Am
Berg Gottes traf er Mose und be-
grüßte ihn mit einem Kuss. 28 Mose
berichtete Aaron in allen Einzelhei-
ten, was Jahwe ihm aufgetragen hatte
und welche Wunderzeichen er tun
sollte. 29 Dann gingen beide nach
Ägypten und riefen die Ältesten des
Volkes Israel zusammen. 30 Aaron
wiederholte vor ihnen alle Worte, die
Jahwe zu Mose gesagt hatte, und
Mose tat die Wunderzeichen vor dem
Volk. 31 Da glaubten die Israeliten
und begriffen, dass Jahwe ihr Elend
gesehen hatte und zu ihnen gekom-
men war. Sie verneigten sich und
beteten Gott an.

Mose und Aaron vor dem Pharao – Verschlimmerung der Lage

5 1 Dann gingen Mose und Aaron
zum Pharao und sagten: »So
spricht Jahwe, der Gott Israels: Lass
mein Volk ziehen, damit es in der
Wüste ein Fest für mich feiern kann!«
2 »Jahwe, wer ist das überhaupt«, er-
widerte der Pharao. »dass er mir be-
fehlen will, Israel ziehen zu lassen?
Ich kenne Jahwe nicht und werde Is-
rael auch nicht ziehen lassen!« 3 Da
sagten sie: »Er ist der Gott der He-
bräer, der uns begegnet ist. Darum
wollen wir drei Tagereisen weit in die
Wüste ziehen und Jahwe, unserem
Gott, Opfer schlachten, damit er nicht
mit Pest oder Schwert über uns her-
fällt.« 4 Der Ägypterkönig erwiderte:
»Warum wollt ihr das Volk von seiner
Arbeit abhalten, Mose und Aaron?
Macht euch an die Arbeit!« 5 Dann
fügte er noch hinzu: »Es gibt schon
mehr als genug von diesem Volk, und
da wollt ihr sie auch noch von ihrer
Arbeit abhalten?«

6 Noch am selben Tag gab der Pha-
rao den ägyptischen Sklaventreibern
und den israelitischen Aufsehern die
Anweisung: 7 »Ab sofort dürft ihr den
Leuten kein Häcksel* mehr zur Her-
stellung der Ziegel liefern. Sie sollen
sich das Stroh selbst zusammensu-
chen! 8 Aber sie müssen genauso viele
Ziegel abliefern wie bisher! Ihr dürft
ihnen nichts erlassen, denn sie sind
faul. Darum schreien sie ja: ›Wir wol-
len losziehen und unserem Gott Opfer
schlachten!‹ 9 Die Arbeit muss den
Männern Druck machen! Wenn sie

4,24 *töten.* Mose hatte es versäumt, dem Gebot Gottes zu gehorchen und seinen Sohn zu beschneiden (1. Mose 17,9-14). Deswegen ließ Gott offenbar eine tödliche Krankheit über ihn kommen.

4,25 *Scham von Mose.* Das war möglicherweise ein symbolischer Akt, in dem der Gehorsam den Ungehorsam ersetzte.

5,7 Das Stroh wurde zu *Häcksel* geschnitten und diente bei der Ziegelherstellung als Bindemittel für den Lehm. Die Ziegel waren 38 x 18 x 11 cm groß und wurden in der Sonne getrocknet.

daran genug zu schaffen haben, kümmern sie sich nicht um leeres Geschwätz!«

10 So kamen die Sklaventreiber und die Aufseher des Volkes zu den Israeliten und sagten: »Der Pharao hat befohlen, dass ihr kein Häcksel mehr bekommt. 11 Geht selbst und sucht euch Stroh, wo ihr es finden könnt! Doch euer Soll wird nicht gekürzt!« 12 Daraufhin verteilte sich das Volk im ganzen Land Ägypten, um Strohstoppeln für Häcksel zu sammeln. 13 Die Sklaventreiber drängten sie und sagten: »Ihr müsst jeden Tag genauso viele Ziegel abliefern wie früher, als es noch Häcksel gab!« 14 Auch die israelitischen Aufseher, die die Sklaventreiber des Pharao eingesetzt hatten, wurden geschlagen und angeschrien: »Warum habt ihr gestern und heute euer Soll an Ziegeln nicht erfüllt?«

15 Da gingen die israelitischen Aufseher zum Pharao und beklagten sich: »Warum tust du das mit deinen Dienern? 16 Man liefert unseren Leuten kein Häcksel mehr und verlangt dennoch, dass sie Ziegel herstellen. Sie werden sogar geschlagen, und dabei sind deine Leute daran schuld!« 17 »Faul seid ihr«, erwiderte der Pharao, »faul! Deswegen schreit ihr: ›Wir wollen losziehen und Jahwe Opfer schlachten!‹ 18 Macht euch wieder an die Arbeit! Häcksel bekommt ihr nicht, aber euer Soll an Ziegeln müsst ihr erfüllen!«

19 Da sahen sich die Aufseher aus dem Volk Israel in einer üblen Lage, weil man ihnen sagte: »Nichts von eurem täglichen Soll an Ziegeln wird euch erlassen!«

20 Als sie vom Pharao kamen, trafen sie Mose und Aaron, die auf sie warteten. 21 »Jahwe möge euch bestrafen!«, sagten sie zu beiden. »Ihr habt uns beim Pharao und seinen Leuten verhasst gemacht. Ihr habt ihnen eine Waffe in die Hand gegeben, mit der sie uns umbringen werden!« 22 Da wandte sich Mose an Jahwe und sagte: »Herr, warum behandelst du dieses Volk so schlecht? Wozu hast du mich denn hergeschickt? 23 Seit ich zum Pharao gegangen bin und in deinem Namen gesprochen habe, misshandelt er das Volk nur noch mehr. Du hast dein Volk keineswegs gerettet!«

Gottes Zusagen für Israel

6 1 Da sagte Jahwe zu Mose: »Jetzt wirst du erleben, was ich mit dem Pharao machen werde. Eine starke Hand wird ihn zwingen, sie ziehen zu lassen, ja, er wird sie sogar aus seinem Land fortjagen.« 2 Gott fuhr fort: »Ich bin Jahwe! 3 Ich bin Abraham, Isaak und Jakob als Gott, der Allmächtige, erschienen. Aber unter meinem Namen Jahwe habe ich mich ihnen noch nicht zu erkennen gegeben.* 4 Und dann habe ich auch meinen Bund mit ihnen geschlossen und habe versprochen, ihnen das Land Kanaan zu

6,3 *erkennen gegeben.* Das heißt nicht, dass sie den *Namen Jahwe* noch nicht kannten (siehe 1. Mose 12,8), sondern dass sie dessen eigentliche Bedeutung noch nicht erfassen konnten, weil Jahwe auch der ist, der sein Volk befreien wird (2. Mose 3,8.13-15). Das konnte erst das aus Ägypten befreite Volk richtig verstehen. Der Name *Jahwe* selbst kann aus der Wurzel *haja* (»sein«) abgeleitet werden (2. Mose 3,14). Die Kausativform dieser Wurzel lautet *jahwe* (»der, der ins Sein bringt«).

geben, das Land, in dem sie als Frem-
de lebten. 5 Auch das Stöhnen der Is-
raeliten, die von den Ägyptern wie
Sklaven behandelt werden, habe ich
gehört. Da habe ich an meinen Bund
gedacht. 6 Sag deshalb zu den Israeli-
ten: ›Ich bin Jahwe. Ich befreie euch
von der Zwangsarbeit für die Ägypter.
Ich rette euch aus der Sklaverei. Mit
starker Hand und durch große Straf-
gerichte werde ich euch erlösen. 7 Ich
nehme euch als mein Volk an und
werde euer Gott sein. Ihr sollt erken-
nen, dass ich Jahwe bin, euer Gott, der
euch von der Zwangsarbeit für die
Ägypter befreit hat. 8 Ich bringe euch
in das Land, das ich Abraham, Isaak
und Jakob unter Eid versprochen
habe, und gebe es euch zum bleiben-
den Besitz, ich, Jahwe.‹«

9 Mose sagte das alles den Israeli-
ten. Aber sie glaubten ihm nicht, so
entmutigt und erschöpft waren sie
von der schweren Arbeit. 10 Da sagte
Jahwe zu Mose: 11 »Geh zum Pharao,
dem König von Ägypten, und verlange
von ihm, die Israeliten aus seinem
Land ziehen zu lassen.« 12 Doch
Mose erwiderte Jahwe: »Nicht einmal
die Israeliten haben auf mich gehört,
wie sollte es da der Pharao tun! Ich bin
nun einmal ungeschickt im Reden.«
13 Aber Jahwe schickte Mose und
Aaron erneut zu den Israeliten und
zum Pharao, weil er sein Volk aus dem
Land Ägypten herausführen wollte.

Die Herkunft von Mose und Aaron

14 Es folgt die Liste der Sippenober-
häupter: Die Nachkommen Rubens,
des erstgeborenen Sohnes Israels,
unterteilen sich in die Sippen Henoch,
Pallu, Hezron und Karmi, 15 die
Nachkommen Simeons in die Sippen
Jemuël, Jamin, Ohad, Jachin, Zohar
und Schaul – Schaul war der Sohn
einer Kanaaniterin. 16 Mit Levi ging
es folgendermaßen weiter: Seine
Söhne waren Gerschon, Kehat und
Merari. Levi selbst war 137 Jahre alt
geworden. 17 Die Nachkommen Ger-
schons unterteilten sich in die Sippen
Libni und Schimi, 18 die Nachkom-
men Kehats in die Sippen Amram, Jiz-
har, Hebron und Usiël – Kehat wurde
133 Jahre alt. 19 Die Nachkommen
Meraris unterteilten sich in die Sippen
Machli und Muschi.

20 Amram* heiratete Jochebed, die
Schwester seines Vaters*. Sie gebar
ihm Aaron und Mose. Amram wur-
de 137 Jahre alt. 21 Jizhars Söhne
hießen: Korach, Nefeg und Sichri;
22 Usiëls Söhne: Mischaël, Elizafan
und Sitri. 23 Aaron heiratete Elische-
ba, eine Tochter Amminadabs und
Schwester Nachschons. Sie brachte
ihm vier Söhne zur Welt: Nadab,
Abihu, Eleasar und Itamar. 24 Die
Nachkommen Korachs unterteilten
sich in die Sippen Assir, Elkana und
Abiasaf. 25 Aarons Sohn Eleasar hei-
ratete eine Tochter Putiëls. Sie gebar

6,20 *Amram* ist nicht identisch mit dem in Vers 18 genannten, denn Kehat, der Vater dieses Amrams, war schon geboren, bevor Jakob nach Ägypten kam (1. Mose 46,11). Zwischen diesem Datum und dem des Auszugs aus Ägypten lagen 430 Jahre (2. Mose 12,40-41). Auf jeden Fall will Gottes Wort deutlich machen, dass Mose zur Sippe Amram gehörte.

Schwester seines Vaters. Eine Ehe mit so nahen Verwandten hat Gott später gesetzlich verboten (3. Mose 18,12).

ihm einen Sohn namens Pinhas. Damit sind die Familienhäupter der Leviten aufgezählt. 26 Die hier genannten Aaron und Mose sind diejenigen, denen Jahwe befohlen hatte: »Führt die Israeliten in geordneten Scharen aus Ägypten hinaus.« 27 Es sind die, die mit dem Pharao redeten, um die Israeliten aus Ägypten herauszuführen. 28 Jahwe hatte in Ägypten zu Mose gesagt: 29 »Ich bin Jahwe! Sag dem König von Ägypten alles, was ich dir auftrage!« 30 Mose aber hatte eingewandt: »Ich bin so ungeschickt im Reden, wie sollte der Pharao da auf mich hören?«

Aaron, der Sprecher Moses

7 1 Jahwe sagte zu Mose: »Pass auf! Für den Pharao habe ich dich zu einem Gott gemacht und Aaron wird dein Prophet sein. 2 Du gibst ihm alles weiter, was ich dir befehle, und dein Bruder Aaron wird dann vom Pharao fordern, dass er die Israeliten aus seinem Land ziehen lässt. 3 Ich selbst werde den Pharao starrsinnig machen und werde viele Zeichen und Wunder im Land Ägypten tun. 4 Der Pharao wird nicht auf euch hören. Deshalb wird Ägypten meine Macht zu spüren bekommen, und ich werde meine Scharen, mein Volk, die Israeliten, unter gewaltigen Strafgerichten aus dem Land Ägypten herausführen. 5 Die Ägypter sollen erkennen, dass ich es bin, Jahwe, wenn ich sie meine Macht spüren lasse und die Israeliten aus ihrem Land wegführe.«

6 Mose und Aaron taten, was Jahwe ihnen befohlen hatte. 7 Mose war damals 80 Jahre alt und Aaron 83 Jahre. 8 Jahwe hatte Mose und Aaron noch gesagt: 9 »Wenn der Pharao verlangt, dass ihr euch durch ein Wunder ausweist, dann sagst du zu Aaron: ›Wirf deinen Stab vor dem Pharao auf den Boden!‹ Dann wird er zu einer Schlange werden.«

10 Da gingen Mose und Aaron zum Pharao und taten, was Jahwe ihnen aufgetragen hatte. Aaron warf den Stab vor dem Pharao und seinen Hofbeamten hin und er wurde zur Schlange. 11 Da rief der Pharao seine Weisen und Zauberer. Diese seine Magier vollbrachten mit ihren Zauberkünsten dasselbe. 12 Jeder warf seinen Stab auf den Boden, und es wurden Schlangen daraus. Doch Aarons Stab verschlang ihre Stäbe. 13 Der Pharao aber blieb hart. Er hörte nicht auf Mose und Aaron, wie Jahwe es gesagt hatte.

1. Plage: Wasser wird Blut

14 Jahwe sagte zu Mose: »Der Pharao bleibt hart. Er weigert sich, das Volk ziehen zu lassen. 15 Geh morgen früh zu ihm, wenn er ans Wasser hinunter geht. Nimm den Stab mit, der sich in eine Schlange verwandelt hat, und tritt dem Pharao am Ufer des Nils entgegen! 16 Sag zu ihm: ›Jahwe, der Gott der Hebräer, hat mich zu dir geschickt und fordert dich auf: Lass mein Volk ziehen, damit es mir in der Wüste dient! Aber bis jetzt hast du nicht darauf gehört. 17 So spricht Jahwe: Jetzt wirst du merken, dass ich, Jahwe, es bin. Pass auf! Ich werde mit dem Stab in meiner Hand auf das Wasser im Nil schlagen, und es wird sich in Blut verwandeln. 18 Dann werden die Fische im Nil verenden und der Fluss wird stinken, sodass

die Ägypter sich ekeln, Nilwasser zu
trinken.‹«
19 Dann sagte Jahwe zu Mose: »Sag
Aaron: ›Strecke deinen Stab über alle
Gewässer Ägyptens aus, über die
Flüsse und Kanäle, die Sümpfe* und
alle Wasserstellen! Dann wird alles
Wasser in Ägypten zu Blut, selbst in
den entlegenen Ecken*.‹« 20 Mose
und Aaron taten, was Jahwe ihnen
aufgetragen hatte. Aaron hob den
Stab und schlug vor den Augen des
Pharao und seiner Hofbeamten auf
das Wasser im Nil. Da verwandelte
sich alles Wasser im Strom zu Blut.
21 Die Fische starben, und das Wasser
begann zu stinken, sodass die Ägypter
das Nilwasser nicht mehr trinken
konnten. Im ganzen Land war das
Wasser zu Blut geworden.* 22 Aber
die ägyptischen Magier machten es
mit ihren Zauberkünsten nach. Des-
halb blieb der Pharao hart. Er hörte
nicht auf Mose und Aaron, wie Jahwe
es gesagt hatte. 23 Er drehte ihnen den
Rücken zu und ging in seinen Palast
zurück. Er nahm es nicht ernst. 24 Alle
Ägypter aber gruben in der Umge-
bung des Nil nach Trinkwasser, denn
das Nilwasser* war ungenießbar ge-
worden, 25 nachdem Jahwe den Nil
geschlagen hatte.* So vergingen sie-
ben Tage.

2. Plage: Frösche

26 Da sagte Jahwe zu Mose: »Geh zum
Pharao und sage ihm: ›So spricht
Jahwe: Lass mein Volk ziehen, damit
es mir dienen kann! 27 Wenn du dich
weigerst, dann pass auf! Ich werde
eine Froschplage über dein ganzes
Land kommen lassen. 28 Der Nil wird
von Fröschen wimmeln; sie werden
das Wasser verlassen und in deinen Pa-
last kommen, in dein Schlafzimmer
und in dein Bett. Auch in die Häuser
deiner Beamten und des ganzen Volkes
werden sie kommen und sich in die
Backtröge und Backöfen setzen.
29 Über dich und alle deine Untertanen
wird diese Froschplage kommen.‹«

8 1 Dann sagte Jahwe zu Mose:
»Sag Aaron: ›Strecke deinen Stab
über alle Gewässer Ägyptens aus,
über die Flüsse, Kanäle und Sümpfe,
und lass die Frösche über das Land
Ägypten kommen!‹« 2 Aaron streckte
seine Hand über die Gewässer Ägyp-
tens aus. Da kamen so viele Frösche*

7,19 *Sümpfe*, die nach der Nilüberschwemmung an einzelnen Stellen zurückblieben.

entlegenen Ecken. Wörtlich: Holz und Stein. Das war ein Synonym für entlegene unfruchtbare Gegenden.

7,21 *Blut geworden*. Vielleicht benutzte Gott dazu Unmengen an Flaggellaten, Mikroorganismen, die sowohl die Rotfärbung des Wassers als auch den Verwesungsgeruch verursachen konnten. Außerdem hätten sie dem Wasser nachts große Mengen an Sauerstoff entzogen, sodass die Fische sterben mussten.

7,24 *Nilwasser*. Das heißt: alle mit dem Nil verbundenen Gewässer.

7,25 *Nil geschlagen*. Offenbar sollten das die Ägypter als Angriff auf Hapi, den Gott des Nils, und die zahlreichen Fischgottheiten verstehen.

8,2 *Frösche* wurden von den Ägyptern als heilige Tiere angesehen. Auch eine der ägyptischen Hauptgöttinnen, Heqet, wurde in Froschgestalt oder mit einem Froschkopf dargestellt. Sie war für die Entbindung zuständig. Frösche durften nicht getötet werden. Ihr Quaken galt als Signal, dass die Götter das Land durch die Nilüberschwemmung wieder fruchtbar gemacht hatten. Doch hier brachten sie die gewohnte Ordnung aus dem Tritt.

heraus, dass sie das ganze Land be-
deckten. 3 Aber die ägyptischen Ma-
gier machten es mit ihren Zauber-
künsten nach und ließen Frösche über
Ägypten kommen.* 4 Da ließ der Pha-
rao Mose und Aaron rufen und sagte
zu ihnen: »Bittet Jahwe für mich,*
dass er die Frösche von mir und mei-
nem Volk wegschafft. Dann will ich
euer Volk ziehen lassen, damit sie
Jahwe Opfer schlachten können.«
5 Mose erwiderte dem Pharao: »Ver-
füge über mich! Wann sollen die Frö-
sche aus euren Häusern verschwin-
den und nur noch im Nil übrig blei-
ben? Für welche Zeit also soll ich für
dich, deine Beamten und dein Volk
beten?« 6 »Für morgen«, erwiderte er.
»Gut, es wird nach deinem Wunsch
geschehen«, sagte Mose, »denn du
sollst erkennen, dass niemand Jahwe,
unserem Gott, gleicht. 7 Die Frösche
werden aus deinem Palast verschwin-
den und dich, deine Hofbeamten und
dein Volk in Ruhe lassen. Nur im Nil
werden noch welche übrig bleiben.«
8 Mose und Aaron verließen den
Pharao, und Mose bat Jahwe drin-
gend, der Froschplage ein Ende zu
machen. 9 Jahwe erhörte Mose, und
überall in den Häusern, auf den Ge-
höften und Feldern starben die Frö-
sche. 10 Haufenweise schüttete man
sie zusammen, und das ganze Land
war von Gestank erfüllt. 11 Als der
Pharao sah, dass er wieder Luft hatte,
verschloss er sein Herz und hörte
nicht auf Mose und Aaron, wie Jahwe
es gesagt hatte.

3. Plage: Mücken

12 Jahwe sagte zu Mose: »Sag Aaron,
dass er seinen Stab ausstrecken und
damit auf die Erde schlagen soll. Dann
wird der Staub zu Mücken* werden.«
13 Sie taten es. Aaron schlug mit sei-
nem Stab auf den Staub der Erde. Da
wurde der ganze Staub in Ägypten zu
Mücken. Sie überfielen Menschen und
Tiere. 14 Die Magier versuchten mit
ihren Zauberkünsten ebenfalls Mücken
hervorzubringen. Aber sie konnten es
nicht, und die Mücken setzten Mensch
und Vieh zu. 15 Da sagten sie zum Pha-
rao: »Das ist Gottes Finger*!« Aber der
Pharao blieb hart und hörte nicht auf
sie, wie Jahwe es gesagt hatte.

4. Plage: Stechfliegen

16 Jahwe sagte zu Mose: »Geh mor-
gen früh zum Pharao, wenn er ans
Wasser hinausgeht, und sag zu ihm:
›So spricht Jahwe: Lass mein Volk
ziehen, damit es mir dient! 17 Sonst
werde ich die Stechfliegen* zu dir

8,3 *ließen ... kommen.* Sie machten also die Plage noch schlimmer, anstatt sie rückgängig zu machen.

8,4 *bittet Jahwe.* Es war eine Demütigung für den »göttlichen« Pharao, dass andere für ihn zu einem anderen Gott beten mussten.

8,12 *Mücken.* Vielleicht sind die kleinen Stechmücken gemeint, die man mit bloßem Auge kaum sehen kann. Möglicherweise sahen die Ägypter das als Angriff auf den Wüstengott Set und auf die Priester, die ihre penible Reinheit durch die überall sitzenden Mücken nicht mehr aufrecht halten konnten.

8,15 *Gottes Finger.* Bildhafte Ausdrucksweise für die Macht Gottes, die auch Jesus gebraucht (Lukas 11,20).

8,17 *Stechfliegen.* Wahrscheinlich sind Hundsfliegen gemeint, die für ihr unangenehmes Stechverhalten bekannt sind. Welche Gottheit sie für die Ägypter repräsentierten, ist nicht bekannt.

ziehen lassen. Sie werden über dich,
deine Hofbeamten und dein Volk
kommen. Eure Häuser werden voller
Fliegen sein, auch das ganze Land
draußen. 18 Aber das Gebiet von Go-
schen*, in dem sich mein Volk auf-
hält, werde ich davon ausnehmen.
Dort werden keine Stechfliegen sein,
damit du erkennst, dass ich, Jahwe,
mitten in deinem Land bin. 19 Ich
werde ein Zeichen der Erlösung zwi-
schen mein und dein Volk stellen.
Morgen wird es geschehen.‹«
20 Jahwe machte es so. Die Stechflie-
gen kamen in großen Schwärmen in
den Palast des Pharao und seiner Hof-
beamten und verheerten ganz Ägyp-
ten. 21 Da ließ der Pharao Mose und
Aaron zu sich rufen und sagte: »Geht
und schlachtet eurem Gott Opfer. Es
muss aber hier im Land geschehen!«
22 »Das können wir nicht«, erwiderte
Mose, »denn unsere Art, Opfer für
Jahwe, unseren Gott, zu schlachten,
wäre für die Ägypter ein Gräuel. Wenn
sie das zu sehen bekämen, würden sie
uns gewiss steinigen. 23 Drei Tagerei-
sen weit wollen wir in die Wüste zie-
hen und Jahwe, unserem Gott, Opfer
schlachten, wie er es uns befohlen
hat.« 24 Da sagte der Pharao: »Gut,
ich will euch gehen lassen, damit ihr
Jahwe, eurem Gott, in der Wüste
Opfer schlachten könnt. Entfernt euch
aber nicht zu weit und betet auch für
mich!« 25 Mose erwiderte: »Pass auf!
Wenn ich jetzt von dir weggehe, werde
ich zu Jahwe beten, dass der Pharao,
seine Hofbeamten und sein Volk mor-
gen von den Stechfliegen befreit wer-
den. Aber der Pharao möge uns nicht
wieder täuschen, dass er das Volk doch
nicht ziehen und Jahwe Opfer bringen
lässt!« 26 Mose verließ den Pharao
und betete zu Jahwe. 27 Jahwe erhörte
Moses Gebet und befreite den Pharao,
seine Beamten und sein Volk von den
Stechfliegen. Keine einzige blieb
übrig. 28 Aber der Pharao blieb auch
diesmal hart und ließ das Volk nicht
ziehen.

5. Plage: Viehpest

9 1 Da sagte Jahwe zu Mose: »Geh
zum Pharao und sag ihm: ›So
spricht Jahwe, der Gott der Hebräer:
Lass mein Volk ziehen, damit es mir
dient! 2 Denn wenn du dich weigerst
und es weiter festhältst, 3 dann pass
auf! Jahwe wird eine schwere Seuche
über deine Viehherden auf den Wei-
den bringen, über Pferde, Esel, Ka-
mele, Rinder* und das Kleinvieh.
4 Außerdem wird Jahwe einen Unter-
schied zwischen dem Vieh Israels
und dem Vieh der Ägypter machen.
Vom Vieh, das den Israeliten gehört,
wird auch nicht ein Stück verenden.
5 Jahwe hat eine bestimmte Zeit dafür
festgesetzt und zwar morgen!‹«
6 Am nächsten Tag schickte Jahwe
die Seuche. Da verendete das ganze
Herdenvieh der Ägypter, aber vom
Vieh der Israeliten kam kein einziges
Tier um. 7 Der Pharao ließ es nach-

9,3 *Goschen* war ein sehr fruchtbares Gebiet östlich vom Nildelta.

9,3 *Rinder.* Vielleicht verstanden das die Ägypter als Angriff auf ihre Göttin Hator, die Liebe, Freude und Schönheit repräsentierte und als Frau mit Kuhkopf dargestellt wurde. Auch Khnum, eine Gottheit, die als Schafbock dargestellt wurde, könnte gemeint sein, ebenso die Stiergötter Apis, Buchis und Month und selbst der Pharao, der häufig in Stiergestalt abgebildet war.

prüfen, und tatsächlich war bei den Israeliten nicht ein einziges Stück Vieh eingegangen. Dennoch blieb der Pharao starrsinnig und ließ das Volk nicht ziehen.

6. Plage: Geschwüre

8 Da sagte Jahwe zu Mose und Aaron:
»Nehmt beide Hände voll Ofenruß.
Mose soll ihn vor den Augen des Pha-
rao hochwerfen! 9 Er wird dann als
feiner Staub auf ganz Ägypten nieder-
gehen und an Menschen und Tieren
Geschwüre hervorrufen, die in Blasen
aufbrechen.« 10 Da nahmen sie Ruß
und traten vor den Pharao. Mose warf
ihn in die Luft. Schon nach kurzer
Zeit litten Menschen und Tiere an auf-
brechenden Geschwüren*. 11 Wegen
ihrer Geschwüre konnten die Magier
Mose nicht entgegentreten, denn sie
waren genauso davon befallen wie alle
Ägypter. 12 Doch Jahwe machte den
Pharao starrsinnig, sodass er auch
diesmal nicht auf Mose und Aaron
hörte, wie Jahwe es gesagt hatte.

7. Plage: Hagel

13 Jahwe sagte zu Mose: »Geh mor-
gen früh zum Pharao und sag zu ihm:
›So spricht Jahwe, der Gott der He-
bräer: Lass mein Volk ziehen, damit es
mir dient! 14 Diesmal werde ich dich
mit meinen Plagen ins Herz treffen,
dich, deine Hofbeamten und dein
Volk. Du sollst erkennen, dass nie-
mand auf der ganzen Erde mir gleich-
kommt. 15 Denn schon jetzt hätte ich
dich mit der Pest schlagen können.
Dann wärst du vom Erdboden ver-
schwunden. 16 Aber ich habe dich am
Leben gelassen, um meine Macht an
dir zu beweisen, damit mein Name in
der ganzen Welt bekannt gemacht
wird.* 17 Du stellst dich immer noch
gegen mein Volk und lässt es nicht zie-
hen. 18 Morgen um diese Zeit werde
ich einen so schweren Hagel kommen
lassen, wie es ihn noch nie gegeben
hat, solange Ägypten besteht. 19 Lass
dein Vieh in Sicherheit bringen und
alles, was du noch im Freien hast! Alle
Menschen und Tiere, die im Freien
bleiben und nicht ins Haus kommen,
wird der Hagel erschlagen.‹« 20 Die
Minister des Pharao, die das Wort
Jahwes fürchteten, ließen ihre Skla-
ven und ihr Vieh in die Häuser flüch-
ten. 21 Wer das Wort Jahwes aber
nicht ernst nahm, ließ seine Sklaven
und sein Vieh draußen.

22 Jahwe sagte zu Mose: »Streck
deine Hand zum Himmel aus! Dann
wird in ganz Ägypten ein Hagel auf
Menschen, Tiere und Pflanzen
niedergehen.« 23 Mose hob seinen
Stab zum Himmel hoch. Da ließ
Jahwe es donnern und hageln. Blitze
fuhren auf die Erde herab. So ließ
Jahwe den Hagel auf Ägypten
niedergehen, 24 und mitten im
Hagel zuckten die Blitze. Einen so
schweren Hagel hatte es noch nie
gegeben, solange Ägypten eine Na-
tion war. 25 Überall im Land tötete
der Hagel die Menschen und Tiere,

9,10 *Geschwüren.* Nach dem Glauben der Ägypter war die löwenköpfige Göttin Sechmet sowohl für das Ausbrechen als auch für die Heilung von Seuchen zuständig. Auch der Hauptgott von Theben, Amon-Re, war für das Heilen von Krankheiten zuständig. Beide waren offensichtlich machtlos.

9,16 Wird im Neuen Testament von Paulus zitiert: Römer 9,17.

die sich im Freien befanden. Er zer-
schlug alles, was auf den Feldern
wuchs, und brach die Äste von den
Bäumen. 26 Nur im Gebiet von Go-
schen, wo die Israeliten lebten, fiel
kein Hagel.

27 Da ließ der Pharao Mose und
Aaron rufen und sagte ihnen: »Dies-
mal habe ich mich schuldig gemacht.
Jahwe ist im Recht, ich und mein Volk
sind im Unrecht. 28 Betet zu Jahwe!
Die Donnerstimme Gottes und der
Hagel, das ist zu viel.* Ich will euch
ziehen lassen. Niemand wird euch zu-
rückhalten.« 29 Da sagte Mose zu
ihm: »Sobald ich die Stadt verlassen
habe, werde ich meine Hände zu
Jahwe ausbreiten. Dann wird der
Donner aufhören und kein neuer
Hagel mehr entstehen. Daran wirst du
erkennen, dass Jahwe die ganze Erde
gehört. 30 Aber ich weiß: Du und
deine Hofbeamten, ihr fürchtet euch
immer noch nicht vor Gott, vor
Jahwe!«

31 Flachs und Gerste waren zer-
schlagen, denn die Gerste hatte schon
Ähren angesetzt und der Flachs stand
in Blüte. 32 Weizen und Dinkel blie-
ben verschont, weil sie später reif
werden.

33 Mose verließ den Pharao und
ging aus der Stadt hinaus. Dort brei-
tete er seine Hände zu Jahwe aus. Da
hörten Donner und Hagel auf, und es
regnete auch nicht mehr. 34 Als der
Pharao sah, dass das Unwetter aufge-
hört hatte, blieb er bei seiner Sünde.
Er und seine Hofbeamten verschlos-
sen ihr Herz. 35 So blieb der Pharao
hart und ließ die Israeliten nicht zie-
hen, wie Jahwe es durch Mose ange-
kündigt hatte.

8. Plage: Heuschrecken

10 1 Nun sagte Jahwe zu Mose:
»Geh zum Pharao! Ich selbst
habe ihn und seine Hofbeamten hart
gemacht, denn ich wollte diese Wun-
derzeichen unter ihnen tun. 2 Du
sollst deinen Kindern und Enkeln ein-
mal erzählen, wie ich den Ägyptern
mitgespielt und welche Wunderzei-
chen ich unter ihnen getan habe. So
werdet ihr erkennen, dass ich, Jahwe,
es bin.«

3 Mose und Aaron gingen wieder
zum Pharao und sagten ihm: »So
spricht Jahwe, der Gott der Hebräer:
Wie lange dauert es noch, bis du dich
vor mir beugst? Lass mein Volk zie-
hen, dass es mir dient! 4 Wenn du dich
weigerst, mein Volk ziehen zu lassen,
schicke ich morgen Heuschrecken
über dein Land. 5 Sie werden das
Land so bedecken, dass man den
Boden nicht mehr sehen kann. Alles,
was der Hagel verschont hat, werden
sie abfressen, selbst die Bäume auf
euren Feldern. 6 Deine Paläste und
die Häuser deiner Hofbeamten und
aller Ägypter werden voller Heu-
schrecken* sein. So etwas haben
deine Väter und Vorväter noch nie ge-
sehen, seit sie auf diesem Boden sess-
haft wurden.« Damit drehte Mose
sich um und verließ den Pharao. 7 Da

9,28 *Hagel* war in Ägypten etwas ganz Außergewöhnliches. Gewitter waren gefürchtet, weil man sie für Manifestationen der Götter hielt. Die Ägypter merkten, dass Osiris, ihr Gott der Ernte und der Fruchtbarkeit, die Feldfrüchte nicht schützen konnte.

10,6 Um *Heuschrecken* abzuschrecken, beteten die Ägypter zu Senehem, der zusammen mit anderen Göttern dafür zuständig war.

sagten die Hofbeamten zum Pharao: »Wie lange soll der uns noch zum Fallstrick sein? Lass die Leute ziehen, dass sie Jahwe, ihrem Gott, dienen! Siehst du nicht, dass Ägypten zugrunde geht?« 8 Darauf wurden Mose und Aaron zum Pharao zurückgebracht. Er sagte zu ihnen: »Zieht hin und dient Jahwe, eurem Gott! Wer soll denn alles mitgehen?« 9 Mose erwiderte: »Mit unseren Jungen und Alten wollen wir gehen, mit unseren Söhnen und Töchtern, mit unserm Kleinvieh und mit unseren Rindern, denn es ist ein Fest Jahwes für uns!« 10 »Dann möge Jahwe so wenig mit euch sein, wie ich euch mit euren Kindern ziehen lasse!«, sagte der Pharao. »Es ist doch klar, dass ihr Böses im Schild führt! 11 Nein, so nicht! Zieht ihr Männer hin und dient Jahwe, denn das wolltet ihr doch!« Damit ließ der Pharao sie hinauswerfen.

12 Da sagte Jahwe zu Mose: »Streck deine Hand über Ägypten aus, um die Heuschrecken kommen zu lassen. Sie sollen alles abfressen – alles, was der Hagel übrig gelassen hat!« 13 Mose streckte seinen Stab über Ägypten aus. Da ließ Jahwe den ganzen Tag und die ganze Nacht einen Ostwind über das Land wehen. Am nächsten Morgen hatte der Ostwind die Heuschrecken gebracht. 14 Sie kamen über ganz Ägypten und ließen sich in riesigen Schwärmen nieder. Eine solche Menge Heuschrecken hatte es noch nie gegeben und wird es auch nie wieder geben. 15 Sie verfinsterten den Himmel und bedeckten den ganzen Boden. Sie fraßen alles Grüne am Boden ab, die Früchte der Bäume, überhaupt alles, was der Hagel verschont hatte. In ganz Ägypten blieb nichts Grünes übrig. 16 Da ließ der Pharao in aller Eile Mose und Aaron herbeirufen und sagte: »Ich habe mich an Jahwe, eurem Gott, versündigt und auch an euch. 17 Vergebt mir meine Sünde nur noch dieses eine Mal! Bittet Jahwe, euren Gott, dass er diese tödliche Plage von mir nimmt.«

18 Mose verließ den Pharao wieder und betete zu Jahwe. 19 Da ließ Jahwe den Wind umschlagen. Ein sehr starker Westwind trug die Heuschrecken weg und warf sie ins Schilfmeer. In ganz Ägypten blieb nicht eine davon übrig. 20 Aber Jahwe machte den Pharao starrsinnig, sodass er die Israeliten nicht ziehen ließ.

9. Plage: Finsternis

21 Darauf sagte Jahwe zu Mose: »Streck deine Hand zum Himmel aus! Dann wird eine solche Finsternis* über Ägypten kommen, dass man sie mit Händen greifen kann.« 22 Mose erhob seine Hand, und drei Tage lang wurde es stockfinster in ganz Ägypten. 23 Keiner sah den anderen. Drei Tage lang stand niemand von seinem Platz auf. Nur die Israeliten hatten Licht in ihren Siedlungen. 24 Da ließ der Pharao Mose rufen und sagte: »Geht und dient Jahwe! Eure Kinder dürfen mit. Nur eure Schafe, Ziegen

10,21 Die *Finsternis* werden die Ägypter als Angriff auf ihren Hauptgott Re verstanden haben, der, begleitet von seinem Wesir Thot, dem ägyptischen Mondgott, und seiner Tochter Maat, der Verkörperung der kosmischen Ordnung, den Himmelsozean überquert.

und Rinder müssen zurückbleiben.«
25 Mose erwiderte: »Willst du uns
vielleicht Tiere zur Verfügung stellen,
die wir Jahwe, unserem Gott, als
Schlacht- und Brandopfer* darbrin-
gen können? 26 Nein, auch unser Vieh
zieht mit! Nicht eine Klaue bleibt zu-
rück. Denn davon werden wir das
nehmen, womit wir Jahwe dienen.
Wir wissen ja erst, wenn wir dort sind,
welche Tiere wir zur Verehrung Jah-
wes brauchen.« 27 Aber Jahwe mach-
te den Pharao starrsinnig, sodass er
nicht bereit war, sie ziehen zu lassen.
28 »Verschwinde!«, rief der Pharao.
»Hüte dich, mir jemals wieder unter
die Augen zu kommen, sonst bist du
ein toter Mann!« 29 »Du hast Recht«,
erwiderte Mose. »Ich werde dir nie
wieder unter die Augen kommen.«

Ankündigung der 10. Plage

11 1 Nun hatte Jahwe zu Mose
gesagt: »Noch eine Plage will
ich über den Pharao und ganz Ägyp-
ten bringen. Dann wird er euch ziehen
lassen. Ja, er wird euch nicht nur zie-
hen lassen, sondern euch regelrecht
von hier fortjagen. 2 Sag dem Volk,
dass jeder Mann seinen Nachbarn
und jede Frau ihre Nachbarin um sil-
berne und goldene Schmuckstücke
bitten soll.« 3 Jahwe hatte dem Volk
hohes Ansehen bei den Ägyptern ver-
schafft. Und Mose wurde in ganz
Ägypten sehr hoch geachtet, sowohl
von den Hofbeamten des Pharao als
auch von der Bevölkerung.
4 Bevor Mose ging, sagte er zum
Pharao: »So spricht Jahwe: ›Um Mit-
ternacht werde ich durch Ägypten
gehen. 5 Dann werden alle Erstgebo-
renen in Ägypten sterben,* vom
ältesten Sohn des Pharao an, der ein-
mal auf seinem Thron sitzen soll, bis
zum Erstgeborenen der Sklavin, die
an der Handmühle kniet. Selbst beim
Vieh wird alle Erstgeburt sterben.
6 Dann wird es ein großes Geschrei in
ganz Ägypten geben, wie es keins je
gegeben hat oder geben wird.‹ 7 Aber
keinen der Israeliten wird auch nur
ein Hund anknurren. Weder Men-
schen noch Tieren wird etwas gesche-
hen. Denn ihr sollt merken, dass
Jahwe einen Unterschied zwischen
den Ägyptern und den Israeliten
macht. 8 Dann werden deine Hofbe-
amten zu mir kommen und mich auf
Knien anflehen: ›Zieht endlich weg,
du und das ganze Volk, das dir folgt!‹
Und dann werden wir das Land ver-
lassen!« Glühend vor Zorn ging er
vom Pharao weg.
9 Jahwe hatte allerdings zu Mose ge-
sagt: »Der Pharao wird nicht auf euch
hören, damit meine Wunder sich im
Land Ägypten mehren.« 10 Mose und
Aaron haben all diese Wunderzeichen
vor dem Pharao gewirkt. Doch Jahwe
hatte den Pharao hart gemacht, so-
dass er die Israeliten nicht aus seinem
Land ziehen ließ.

10,25 *Schlachtopfer*. Allgemeine Bezeichnung für jedes Opfer, bei dem ein Tier geschlachtet wurde. Beim *Brandopfer* wurde das geschlachtete Tier vollständig auf dem Altar verbrannt.

11,5 *Erstgeborenen ... sterben*. Diese Plage traf den *Pharao* direkt, der nach dem Glauben der Ägypter als Gott auf Erden eine Vermittlerfunktion zwischen der diesseitigen und jenseitigen Welt hatte. Ihr Pharaonen-Gott war völlig machtlos.

Das Passafest

12 1 Jahwe sagte zu Mose und
Aaron, als sie noch in Ägyp-
ten waren: 2 »Dieser Monat soll von
jetzt an der Beginn des Jahres* für
euch sein. 3 Sagt der ganzen Gemein-
schaft Israels: ›Am 10. dieses Monats
soll jeder ein Lamm für seine Familie
auswählen, ein Lamm für jedes Haus.
4 Ist die Familie zu klein, um ein gan-
zes Tier zu essen, dann soll sie sich mit
der Nachbarsfamilie zusammentun.
Es sollen so viele Menschen von dem
Lamm essen, dass es für alle reicht
und nichts übrig bleibt. 5 Es muss ein
Schaf- oder Ziegenböckchen sein, ein-
jährig und ohne Fehler. 6 Ihr sollt es
bis zum 14. des Monats gesondert hal-
ten und am späten Nachmittag* die-
ses Tages schlachten. 7 Dann sollen sie
etwas von dem Blut nehmen und es an
den Türsturz und die beiden Türpfo-
sten streichen. Das muss bei den Häu-
sern geschehen, wo sie das Lamm
essen. 8 Das Fleisch muss am Feuer
gebraten und noch in derselben Nacht
zusammen mit ungesäuertem Fladen-
brot und bitteren Kräutern gegessen
werden. 9 Ihr dürft das Fleisch nicht
roh* oder im Wasser gekocht essen.
Es muss über dem Feuer gebraten
sein, und zwar das ganze Tier mit
Kopf, Unterschenkeln und Innereien.
10 Es darf nichts davon bis zum Mor-
gen übrig bleiben. Die Reste müsst ihr
verbrennen. 11 Ihr sollt euch beim
Essen beeilen und schon für die Reise
angezogen* sein, Sandalen tragen
und den Wanderstab in der Hand
haben. Es ist ein Passa für Jahwe. 12 In
dieser Nacht werde ich durch Ägypten
gehen und jede männliche Erstgeburt
bei Mensch und Vieh töten. An allen
Göttern Ägyptens werde ich das Ge-
richt vollstrecken,* ich, Jahwe. 13 Das
Blut an den Häusern, in denen ihr
euch befindet, soll ein Schutzzeichen
für euch sein. Wenn ich das Blut sehe,
werde ich vorübergehen*, und der
Schlag, mit dem ich das Land Ägypten
treffe, wird euch nicht verderben.
14 Dieser Tag soll für euch ein Gedenk-
tag sein. Ihr sollt ihn als Fest für Jahwe
feiern. Das gilt für euch und alle Gene-
rationen nach euch.‹«

Das Fest der ungesäuerten Brote

15 »Vom Passa-Abend an sollt ihr sie-
ben Tage lang ungesäuerte Brotfladen
essen. Vorher müsst ihr den Sauerteig

12,2 *Beginn des Jahres.* Gemeint ist das heilige Jahr, das mit dem ersten Erscheinen der schmalen Mondsichel nach der Tag-und-Nacht-Gleiche im Frühjahr (März/April) begann. Der Monat wurde Abib (Ährenmonat), später Nisan genannt. Das bürgerliche Jahr begann mit dem Herbstmonat (Etanim) nach der herbstlichen Tag-und-Nacht-Gleiche.

12,6 *späten Nachmittag.* Wörtlich: Zwischen den zwei Abenden. Gemeint ist wahrscheinlich die Zeit zwischen Niedergang (15 Uhr) und Untergang der Sonne.

12,9 *roh.* Oder: *halbgar.* Das Wort ist in diesem Sinn sonst nirgends im Alten Testament belegt. Seine Bedeutung kann nur aus dem Zusammenhang geschlossen werden.

12,11 *angezogen.* Wörtlich: Die Lenden gegürtet. Das fußlange Obergewand wurde mit einem Gurt um die Hüften hochgerafft.

12,12 *Göttern ... Gericht vollstrecken.* Viele Götter Ägyptens wurden durch Tiere repräsentiert und viele Tiere waren den Göttern geweiht. Wenn die Götter nicht einmal »ihre« Tiere schützen konnten, geschweige denn die Menschen, offenbarte das ihre völlige Nutzlosigkeit.

12,13 *vorübergehen.* Hebräisch: *pasachti*, wovon Passa abgeleitet ist.

aus euren Häusern entfernen. Jeder,
der in diesen sieben Tagen etwas mit
Sauerteig isst, muss sterben und so
aus Israel beseitigt werden. 16 Am er-
sten und am siebten Tag sollt ihr euch
zu einem heiligen Fest versammeln.
Da muss jede Arbeit ruhen. Nur das
Essen darf zubereitet werden. 17 Hal-
tet das Fest der ungesäuerten Brote
auch in allen kommenden Generatio-
nen, denn am ersten Tag dieses Festes
habe ich euch in geordneten Scharen
aus dem Land Ägypten herausge-
führt. 18 Vom Abend des 14. bis zum
Abend des 21. April* müsst ihr unge-
säuerte Brotfladen essen. 19 Sieben
Tage lang darf kein Sauerteig in euren
Häusern zu finden sein. Denn jeder,
der etwas mit Sauerteig isst, muss
sterben und so aus der Gemeinschaft
Israels beseitigt werden. Das gilt für
den Einheimischen genauso wie für
den Fremden. 20 In dieser Zeit dürft
ihr nichts essen, was mit Sauerteig zu-
bereitet ist. Das gilt für alle eure
Wohnsitze.«

10. Plage: Tötung der Erstgeborenen

21 Mose rief die Ältesten Israels zu-
sammen und sagte zu ihnen: »Sucht
euch ein Schaf- oder Ziegenböckchen
für eure Sippen heraus und schlachtet
es für das Passa! 22 Nehmt dann ein
Büschel Ysop* und taucht ihn in das
Blut, das ihr in einer Schüssel aufge-
fangen habt! Bestreicht damit den
Türsturz und die beiden Türpfosten.
Danach darf bis zum nächsten Mor-
gen niemand mehr das Haus verlas-
sen. 23 Jahwe wird durch das Land
gehen, um die Ägypter zu töten. Wenn
er das Blut am Türsturz und den
beiden Türpfosten sieht, wird er an
dieser Tür vorübergehen und dem tod-
bringenden Engel nicht gestatten,
eure Häuser zu betreten.

24 Haltet euch an diese Anweisun-
gen! Sie gelten euch und euren Nach-
kommen als feste Regel. 25 Auch
wenn ihr in das Land kommt, das
Jahwe euch geben wird, sollt ihr an
diesem Brauch festhalten. 26 Und
wenn euch eure Kinder fragen, was
das bedeutet, 27 dann erklärt ihnen:
›Es ist das Passaopfer für Jahwe, der
in Ägypten an den Häusern der Israe-
liten vorüberging und uns verschonte,
als er den Schlag gegen die Ägypter
führte.‹«

Da warf sich das Volk zur Anbetung
nieder. 28 Dann gingen die Israeliten
und machten alles genauso, wie
Jahwe es Mose und Aaron befohlen
hatte.

29 Um Mitternacht erschlug Jahwe
alle Erstgeburt in Ägypten vom äl-
testen Sohn des Pharao an, der einmal
auf seinem Thron sitzen sollte, bis
zum Erstgeborenen des Sträflings im
Gefängnis, ja selbst die Erstgeburt
beim Vieh. 30 Der Pharao und alle
seine Hofbeamten fuhren aus dem
Schlaf, ganz Ägypten schreckte in
dieser Nacht hoch. Überall im Land
hörte man Wehgeschrei, denn es
gab kein Haus, in dem nicht ein
Toter war.

12,18 *April.* Zum Datum siehe unter *Schaltmonat* im Vorwort des Übersetzers.

12,22 *Ysop*, ein Busch mit stark riechenden Blättern, der bei Reinigungsopfern zum Besprengen verwendet wurde. Seine Stängel werden bis zu 80 Zentimeter lang.

Der Auszug Israels

31 Noch in der Nacht ließ der Pharao
Mose und Aaron zu sich rufen und
sagte zu ihnen: »Verlasst sofort mein
Volk, ihr und die Israeliten! Geht
und dient Jahwe, wie ihr es wolltet!
32 Nehmt eure Schafe, Ziegen und
Rinder mit, wie ihr es verlangt habt!
Geht und segnet auch mich!« 33 Die
Ägypter drängten das Volk und woll-
ten sie so schnell wie möglich aus dem
Land haben. »Sonst kommen wir alle
noch um«, sagten sie.

34 So nahmen die Israeliten ihren
noch ungesäuerten Brotteig in Back-
schüsseln mit. Sie wickelten die
Schüsseln in ihre Kleidung und tru-
gen sie auf den Schultern. 35 Auf
Moses Anweisung hatten sie sich von
den Ägyptern silberne und goldene
Schmuckstücke und festliche Klei-
dung erbeten. 36 Jahwe hatte ihnen
bei den Ägyptern Achtung verschafft,
sodass sie ihnen gaben, was sie ver-
langten. Auf diese Weise plünderten
sie die Ägypter aus.

37 Die Israeliten brachen von Ram-
ses* in Richtung Sukkot* auf. Es
waren etwa 600.000 Männer zu
Fuß, die Kinder nicht mitgerechnet.
38 Auch eine Menge Nichtisraeliten
hatte sich ihnen angeschlossen. Dazu
kamen große Herden an Schafen,
Ziegen und Rindern. 39 Aus dem un-
gesäuerten Teig, den sie aus Ägypten
mitgenommen hatten, backten sie
Fladenbrote. Sie waren ja aus Ägypten
vertrieben worden und hatten nicht
warten können. So hatten sie auch
keine Verpflegung für unterwegs vor-
bereitet.

40 430 Jahre* hatten die Israeliten in
Ägypten zugebracht. 41 Nach Ablauf
dieser Zeit zogen die Heerscharen
Jahwes aus dem Land Ägypten weg.
42 Jahwe wachte über sie, als er sie in
der Nacht aus Ägypten führte. Seit-
dem gilt diese Nacht für die Israeliten
als Nacht des Wachens zur Ehre
Jahwes.

Vorschriften für das Passafest

43 Jahwe sagte zu Mose und Aaron:
»Beim Passa sollt ihr folgende Vor-
schriften beachten: Es darf kein Frem-
der daran teilnehmen. 44 Doch ein
ausländischer Sklave, der von einem
Israeliten gekauft und auch beschnit-
ten* worden ist, darf mitessen, 45 aber
kein ausländischer Nachbar oder
Lohnarbeiter. 46 Das Lamm muss in
dem Haus gegessen werden, in dem es
zubereitet wurde. Weder darfst du ein
Stück davon nach draußen bringen
noch einen Knochen an ihm zerbre-
chen.* 47 Die ganze Gemeinschaft Is-
raels soll das Passa feiern. 48 Wenn
ein Fremder bei euch lebt und das
Passa für Jahwe mitfeiern will, muss
er alle männlichen Familienangehöri-
gen beschneiden lassen. Dann gilt er

12,37 *Ramses* war eine Stadt im östlichen Nildelta, etwa 30 km südlich von Tanis/Zoan.

Sukkot war vielleicht das heutige Tell el-Maskuta im Wadi Tumilat, 14 km westlich von Ismailia im Nordosten Ägyptens.

12,40 *430 Jahre*. Abraham war die Zahl von rund 400 Jahren genannt worden (1. Mose 15,13).

12,44 *beschnitten*. Vergleiche 1. Mose 17, 10-14!

12,46 Wird im Neuen Testament von Johannes in Bezug auf Jesus zitiert: Johannes 19,36.

als Einheimischer und darf das Passa
mitessen. Kein Unbeschnittener darf
davon essen. 49 Ein und dasselbe Ge-
setz gilt für den Einheimischen und
den Fremden, der bei euch lebt.«

50 Alle Israeliten machten es genau-
so, wie Jahwe es Mose und Aaron be-
fohlen hatte. 51 An diesem Tag führte
Jahwe die Israeliten in geordneten
Scharen aus Ägypten heraus.

13 1 Jahwe hatte auch zu Mose
gesagt: 2 »Jede Erstgeburt
soll mir geweiht werden!* Alles, was
das erste Mal aus einem Mutter-
schoß kommt, gehört mir! Das soll
bei den Israeliten für Mensch und
Tier gelten!«

Das Fest der ungesäuerten Brote

3 Mose sagte nun zum Volk: »Erinnert
euch immer wieder an diesen Tag, an
dem ihr aus dem Sklavenhaus Ägypten
gezogen seid! Denn Jahwe hat euch
mit starker Hand von dort herausge-
führt. Darum soll nichts gegessen wer-
den, worin Sauerteig ist. 4 Heute im
Ährenmonat* zieht ihr aus. 5 Jahwe
hat euren Vätern geschworen, euch das
Land zu geben, das von Milch und
Honig überfließt. Wenn Jahwe euch
dann in das Land bringt, das jetzt den
Hetitern, Amoritern, Hiwitern und Je-
busitern gehört, dann sollt ihr das Fest
immer in diesem Monat begehen.
6 Sieben Tage lang sollt ihr ungesäuer-
te Brotfladen essen, und am siebten
Tag ein Fest für Jahwe feiern. 7 Wäh-
rend dieser sieben Tage dürft ihr nur
ungesäuerte Brotfladen essen. Nichts,
was mit Sauerteig zubereitet wurde,
soll bei euch und in eurem ganzen
Wohngebiet gesehen werden! 8 Dei-
nem Sohn sollst du es so erklären: ›Wir
tun das zur Erinnerung an das, was
Jahwe für uns getan hat, als wir aus
Ägypten zogen.‹ 9 Das soll dir wie ein
Zeichen auf Hand und Stirn sein,
damit du das Gesetz Jahwes in deinem
Mund führst! Denn Jahwe hat euch
mit starker Hand aus Ägypten heraus-
geführt. 10 Jahr für Jahr zur festgesetz-
ten Zeit sollt ihr euch an diese Ord-
nung halten!«

Bestimmungen für die Erstgeburten

11 Weiter sagte Mose: »Wenn Jahwe
euch in das Land der Kanaaniter
bringt und es euch übergibt, wie er
das euren Vorfahren und euch selbst
geschworen hat, 12 dann sollt ihr
jedes männliche Erstgeborene Jahwe
übergeben. Auch jeder erste männ-
liche Wurf eines Muttertiers gehört
Jahwe. 13 Jede Erstgeburt eines Esels
sollt ihr mit einem Lamm auslösen.
Wer das nicht tun will, muss dem Foh-
len das Genick brechen. Auch für eure
erstgeborenen Söhne müsst ihr Jahwe
einen Ersatz geben. 14 Wenn dein
Sohn dich künftig fragt, was das be-
deutet, dann sollst du ihm sagen:
›Jahwe hat uns mit starker Hand aus
dem Sklavenhaus von Ägypten her-
ausgeführt. 15 Denn als der Pharao
sich weigerte, uns ziehen zu lassen,
brachte Jahwe alle Erstgeborenen im
Land Ägypten bei Mensch und Vieh

13,2 Wird im Neuen Testament von Lukas zitiert: Lukas 2,23.

13,4 *Ährenmonat.* Hebräisch: Abib. Entspricht dem April 1446 v.Chr. Zum Datum siehe unter Biblische Chronologie im Vorwort des Übersetzers.

um. Darum opfere ich Jahwe jede männliche Erstgeburt, aber meinen erstgeborenen Sohn löse ich durch ein Ersatzopfer aus.‹
16 Das soll euch wie ein Zeichen auf Hand und Stirn sein, denn Jahwe hat euch mit starker Hand aus Ägypten herausgeführt.«

Zug zum Rand der Wüste

17 Als der Pharao das Volk ziehen ließ, führte Gott es nicht den Weg durch das Land der Philister,* obwohl das der kürzeste Weg gewesen wäre, denn Gott dachte: »Wenn das Volk merkt, dass es kämpfen muss, könnte es seine Meinung ändern und nach Ägypten zurückkehren.«
18 Aus diesem Grund ließ Gott das Volk einen Umweg machen und führte es den Wüstenweg zum Schilfmeer. Die Israeliten zogen wie ein Kriegsheer aus Ägypten.
19 Mose nahm die Gebeine Josefs mit, denn dieser hatte es die Söhne Israels ausdrücklich schwören lassen und gesagt: »Gott wird euch gewiss wieder aufsuchen. Nehmt dann meine Gebeine von hier mit!«*
20 Von Sukkot zogen sie nach Etam*. Dort, am Rand der Wüste, schlugen sie ihr Lager auf.
21 Jahwe zog vor ihnen her, um ihnen den Weg zu zeigen. Tagsüber führte er sie in einer Wolkensäule und nachts in einer Feuersäule, um ihnen zu leuchten. So konnten sie Tag und Nacht weiterziehen.
22 Tagsüber sahen sie die Wolkensäule vor sich, nachts die Feuersäule.

Israel am Schilfmeer

14
1 Jahwe sagte zu Mose:
2 »Befiehl den Israeliten, umzukehren und ihr Lager vor Pi-Hahirot zwischen Migdol* und dem Meer aufzuschlagen, gegenüber von Baal-Zefon.
3 Der Pharao wird denken: ›Sie irren ziellos im Land herum und sitzen in der Wüste fest.‹
4 Ich werde ihn so starrsinnig machen, dass er euch verfolgen wird. Dann will ich ihm und seinem ganzen Heer meine Macht zeigen. Die Ägypter sollen erkennen, dass ich Jahwe bin.« Die Israeliten folgten dem Befehl.

5 Als man dem König von Ägypten meldete, Israel sei geflohen, bereuten er und seine Hofbeamten ihre Nachgiebigkeit. Sie sagten: »Wie konnten wir Israel nur aus unserem Dienst entlassen!«
6 So ließ er seinen Streitwagen anspannen und bot seine ganze Kriegsmacht auf.
7 Alle verfügbaren Streitwagen Ägyptens folgten den 600 Wagen seiner Elitetruppe. Auf allen war ein dritter zusätzlicher Wagenkämpfer*.
8 Jahwe hatte den Pharao,

13,17 *Weg ... Philister.* Es wäre der Weg an der Küste des Mittelmeeres entlang gewesen, der bei ungestörter Reise nur zehn Tage gedauert hätte. Er war aber einerseits durch eine Kette ägyptischer Festungen gesichert und hätte andererseits in Kanaan zuerst durch das Gebiet der kriegerischen Philister geführt.

13,19 *Gebeine ... mit.* Siehe 1. Mose 50,25!

13,20 *Etam.* Das ägyptische Wort bedeutet »Festung«. Wahrscheinlich handelte es sich um eine der Festungen, die die Ostgrenze von Ägypten bewachten.

14,2 *Migdol* ist das semitische Wort für Festung. Alle genannten Orte können Festungen meinen, die in der Nähe des heutigen Suez-Kanals lagen. *Pi-Hahirot* und Migdol werden in ägyptischen Quellen genannt.

14,7 *Wagenkämpfer.* Die Streitwagenbesatzung bestand normalerweise aus dem Wagenlenker und einem Bogenschützen.

den König von Ägypten, starrsinnig
gemacht, sodass er die Israeliten ver-
folgte, die kühn* aus dem Land
zogen. 9 Die Ägypter jagten mit allen
Pferden und Streitwagen des Pharao,
mit seinen Reitern und seiner ganzen
Streitmacht hinter ihnen her und
holten sie ein, während sie bei Pi-Ha-
hirot gegenüber Baal-Zefon am Meer
lagerten.
10 Als der Pharao sich näherte und
die Israeliten sahen, dass die Ägypter
sie verfolgten, wurden sie von Angst
gepackt und schrien zu Jahwe.
11 Mose warfen sie vor: »Es gab wohl
keine Gräber in Ägypten, dass du uns
zum Sterben in die Wüste geführt
hast? Was hast du uns da angetan!
Warum hast du uns aus Ägypten her-
ausgeführt? 12 Haben wir es dir nicht
schon dort gesagt: ›Lass uns in Ruhe,
wir wollen den Ägyptern dienen!‹?
Wir wären besser Sklaven der Ägyp-
ter, als hier in der Wüste umzukom-
men!« 13 Mose antwortete ihnen:
»Habt keine Angst! Stellt euch auf
und schaut euch an, wie Jahwe euch
heute retten wird! Denn die Ägypter,
die ihr heute noch seht, werdet ihr nie
wieder erblicken. 14 Jahwe wird für
euch kämpfen, ihr selbst braucht gar
nichts zu tun.«

Israels Rettung durch das Schilfmeer hindurch

15 Jahwe sagte zu Mose: »Was
schreist du zu mir? Sag den Israeliten,
sie sollen aufbrechen. 16 Und du heb
deinen Stab hoch und streck deine
Hand über das Meer aus! Spalte es,
damit die Israeliten auf dem Trocke-
nen ins Meer hineingehen können!
17 Ich aber werde die Ägypter so starr-
sinnig machen, dass sie hinter ihnen
her jagen. Dann werde ich am Pharao
und seiner ganzen Heeresmacht, an
seinen Streitwagen und Reitern
meine Macht beweisen. 18 Die Ägyp-
ter sollen erkennen, dass ich Jahwe
bin, wenn ich am Pharao, seinen
Wagen und Männern meine Macht
beweise.«
19 Der Engel Gottes, der den Zug
der Israeliten anführte, ging nun ans
Ende der Kolonne, und die Wolken-
säule, die sonst immer vor ihnen war,
stellte sich hinter sie. 20 So kam sie
zwischen die beiden Heerlager. Auf
der Seite der Ägypter stand eine fins-
tere Wolke, aber auf der Seite der Is-
raeliten erhellte sie die Nacht. So
konnten die Ägypter ihnen die ganze
Nacht nicht näherkommen. 21 Mose
streckte seine Hand über das Meer
aus, und Jahwe ließ die ganze Nacht
einen starken Ostwind wehen, der das
Wasser zurücktrieb. So verwandelte
sich das Meer in trockenes Land. Das
Wasser hatte sich geteilt. 22 Die Israe-
liten gingen auf dem Trockenen mit-
ten durchs Meer. Das Wasser stand
wie eine Mauer auf beiden Seiten.
23 Die Ägypter verfolgten sie. Alle
Pferde und Streitwagen des Pharao
und alle seine Reiter jagten ins Meer.
24 Kurz vor Tagesanbruch schaute
Jahwe in der Feuer- und Wolkensäule
auf das Heer der Ägypter herab und
brachte es durcheinander. 25 Er ließ
die Räder ihrer Streitwagen sich lo-
ckern und sie nur mühsam vorankom-
men. Da sagten die Ägypter: »Wir

14,8 *kühn.* Wörtlich: *Mit erhobener Hand.*

müssen fliehen! Jahwe kämpft für Israel und ist gegen uns.«

26 Da sagte Jahwe zu Mose: »Streck deine Hand über das Meer aus! Dann wird das Wasser zurückfluten und die Ägypter, ihre Streitwagen und ihre Reiter bedecken.« 27 Mose streckte seine Hand aus, und bei Tagesanbruch strömte das Wasser zurück. Die fliehenden Ägypter rannten geradewegs hinein. Jahwe trieb sie mitten ins Meer. 28 Das Wasser kehrte zurück und bedeckte Wagen und Reiter, die ganze Heeresmacht des Pharao, die den Israeliten ins Meer gefolgt war. Nicht einer von ihnen entkam. 29 Die Israeliten aber waren auf dem Trockenen mitten durchs Meer gegangen, während das Wasser wie eine Mauer links und rechts neben ihnen stand. 30 So rettete Jahwe an diesem Tag die Israeliten aus der Gewalt der Ägypter. Israel sah die Ägypter nur noch tot am Strand liegen. 31 Als den Israeliten bewusst wurde, dass Jahwe seine große Macht an den Ägyptern demonstriert hatte, fürchteten sie Jahwe. Sie glaubten an ihn und vertrauten seinem Diener Mose.

Das Danklied der Befreiten

15 1 Damals sangen Mose und die Israeliten ein Lied zur Ehre Jahwes:

Jahwe will ich singen, / denn hoch ist er und unerreicht. / Pferd und Reiter warf er ins Meer. 2 Jah* ist meine Stärke und mein Lied, / denn er ist mein Retter geworden. / Er ist mein Gott, / ihn will ich preisen. / Er war schon der Gott meines Vaters, / er, den ich lobe. 3 Jahwe ist ein Kämpfer, / Jahwe ist sein Name! 4 Pharaos Wagen und seine ganze Macht, / die warf er ins Meer. / Die Elite seiner Wagenkämpfer / ist im Schilfmeer versunken. 5 Die Fluten haben sie bedeckt. / Sie fuhren in die Tiefe wie ein Stein.

6 Jahwe, deine Rechte ist mit Kraft geschmückt, / deine Hand zerschmettert den Feind! 7 In deiner unerreichten Größe / wirfst du deine Gegner zu Boden. / Du schickst deinen glühenden Zorn; / er frisst sie wie Feuer das Stroh. 8 Du schnaubtest vor Zorn, / da türmten sich die Wasser, / da standen die Wogen als Wall. / Die Fluten erstarrten mitten im Meer.

9 Es prahlte der Feind: »Ich will sie jagen, ich hole sie ein, / verteile die Beute, stille die Gier! / Ich zücke mein Schwert und lösche sie aus!« 10 Doch als dein Atem blies, verschlang sie das Meer. / Sie versanken wie Blei in den mächtigen Wogen.

11 Wer von allen Göttern ist dir gleich, Jahwe? / Wer ist so herrlich und heilig wie du, / der Furcht erregt und Lobgesänge weckt, / der Wunderbares tut? 12 Du strecktest die Hand aus, / und schon verschlang sie die Erde.

13 Du lenkst mit Liebe das gerettete Volk, / führst es in Kraft zu deiner heiligen Wohnung. 14 Als die Völker das hörten, erzitterten sie; / ein Schütteln packte die

---

15,2 *Jah.* Kurzform für Jahwe.

Philister. 15 Da erschraken die An-
führer Edoms, / die Mächtigen
Moabs begannen zu zittern, /
Kanaans Bewohner verloren den
Mut. 16 Furcht und Schrecken
packte sie. / Vor deinem mächti-
gen Arm / wurden sie starr wie
Stein, / bis dein Volk hindurchzog,
Jahwe, / bis hindurchzog das
Volk, das dir gehört. 17 Du bringst
sie hin, du pflanzt sie ein / auf
dem Berg, der dir gehört, / am
Ort, wo du wohnst, Jahwe, / beim
Heiligtum, das du errichtet hast.

18 Jahwe ist König für immer
und ewig!

19 Die Pferde und Streitwagen des Pha-
rao waren also mit den Reitern ins Meer
gezogen, und Jahwe hatte das Wasser
über sie zurückfluten lassen. Die Israeli-
ten aber waren auf dem Trockenen mit-
ten durchs Meer gegangen.

Das Lied der Mirjam

20 Dann nahm die Prophetin Mirjam,
Aarons Schwester, ihr Tamburin zur
Hand. Alle Frauen schlossen sich ihr
an. Sie schlugen ihre Handpauken
und zogen im Reigentanz hinter ihr
her. 21 Mirjam sang ihnen zu:

Singt Jahwe, denn hoch ist er
und unerreicht! / Pferd und Reiter
warf er ins Meer.

Das Wasser von Mara und von Elim

22 Mose ließ Israel vom Schilfmeer
aufbrechen. Sie zogen los und kamen
in die Wüste Schur*. Drei Tage waren
sie in der Wüste unterwegs und fan-
den kein Wasser. 23 Dann kamen sie
nach Mara*. Dort gab es Wasser, aber
man konnte es nicht trinken, weil es
bitter war. Deshalb hatte der Ort auch
den Namen Mara, Bitterwasser. 24 Da
stellte sich das Volk gegen Mose und
murrte: »Was sollen wir nun trin-
ken?« 25 Mose schrie zu Jahwe, und
Jahwe zeigte ihm ein Stück Holz. Das
warf Mose ins Wasser. Da wurde es zu
Süßwasser.

Dort legte Gott Vorschriften und
Rechte für das Volk fest und stellte es
auf die Probe. 26 Er sagte: »Wenn du
auf Jahwe, deinen Gott, hörst und
tust, was ihm gefällt, wenn du seinen
Geboten folgst und dich an seine Vor-
schriften hältst, dann werde ich dir
keine von den Krankheiten schicken,
die ich den Ägyptern auferlegt habe.
Denn ich bin Jahwe, dein Arzt.«

27 Dann kamen sie nach Elim*.
Dort am Wasser schlugen sie ihr
Lager auf. In Elim gab es nämlich
zwölf Quellen und siebzig Palmen.

Wachteln und Manna

16 1 Von Elim aus zogen die Is-
raeliten weiter und kamen in
die Wüste Sin*, die zwischen Elim
und Sinai liegt. Es war am 15. Tag im

15,22 *Schur*. Die Wüste liegt im nordwestlichen Teil der Halbinsel Sinai. In 4. Mose 33,8 wird sie Wüste *Etam* genannt. *Schur* ist das hebräische und *Etam* das ägyptische Wort für »Festungswall«.

15,23 *Mara* war eine Oase, ungefähr drei Tagereisen von Ägypten entfernt, vielleicht identisch mit Ain Hawarah, 75 km südöstlich von Suez.

15,27 *Elim* lag elf Kilometer südlich von Ain Hawarah im gut bewässerten Tal von Gharandel. Die Identifikation der Orte hängt allerdings davon ab, welcher Berg mit dem Sinai identifiziert wird.

2. Monat nach ihrem Auszug aus
Ägypten. 2 Hier in der Wüste stellte
sich die ganze Gemeinschaft der Is-
raeliten gegen Mose und Aaron. Sie
ärgerten sich: 3 »Hätte Jahwe uns
doch in Ägypten sterben lassen, als
wir an Fleischtöpfen saßen und genug
Brot zu essen hatten! Aber ihr habt
uns dort herausgeführt und in diese
Wüste gebracht, damit wir alle ver-
hungern!« 4 Da sagte Jahwe zu Mose:
»Pass auf! Ich werde euch Brot vom
Himmel regnen lassen. Dann sollen
die Leute aus dem Lager hinausgehen
und so viel sammeln, wie sie für einen
Tag brauchen, aber nicht mehr. Ich
will das Volk prüfen, ob es nach mei-
ner Weisung leben wird oder nicht.
5 Wenn sie am sechsten Tag die einge-
sammelte Nahrung zubereiten, wer-
den sie entdecken, dass es doppelt so
viel ist, wie sie sonst gesammelt
haben.«

6 Mose und Aaron sagten zu allen Is-
raeliten: »Heute Abend werdet ihr er-
fahren, dass Jahwe es war, der euch
aus Ägypten herausgeführt hat. 7 Und
morgen früh werdet ihr die Herrlich-
keit Jahwes erkennen. Er hat euer
Murren gehört. Denn wer sind wir
schon, dass ihr gegen uns murrt!«
8 Weiter sagte Mose: »Er wird euch
am Abend Fleisch zu essen geben und
am Morgen Brot, dass ihr euch satt
essen könnt, weil Jahwe euer Murren
gehört hat. Denn wer sind wir schon?
Euer Murren hat sich nicht gegen uns
gerichtet, sondern gegen Jahwe.«

9 Dann sagte Mose zu Aaron: »Be-
fiehl der ganzen Gemeinschaft Israels:
›Kommt her und stellt euch vor Jahwe
auf, denn er hat euer Murren ge-
hört!‹« 10 Während Aaron noch zu
den Israeliten redete und alle zur
Wüste hinschauten, erschien die
Herrlichkeit Jahwes in der Wolke.
11 Jahwe sagte zu Mose: 12 »Ich habe
das Murren der Israeliten gehört. Sag
zu ihnen: ›Am späten Nachmittag
werdet ihr Fleisch essen können und
am Morgen Brot, bis ihr satt seid. So
werdet ihr erkennen, dass ich Jahwe,
euer Gott, bin.‹«

13 Gegen Abend kamen Wachteln
und ließen sich überall im Lager nie-
der. Und am Morgen lag Tau rings um
das Lager. 14 Als der Tau verdunstet
war, blieben auf dem Wüstenboden
feine Körner zurück, die aussahen wie
Reif. 15 Als die Israeliten das sahen,
sagten sie zueinander: »Was ist das?«*
Denn sie wussten nicht, was es war.
Mose sagte zu ihnen: »Das ist das Brot,
das Jahwe euch zu essen gibt. 16 Und
er befiehlt euch: ›Sammelt davon, so
viel wie ihr braucht, etwa zwei Liter*
pro Kopf, je nachdem, wie viele Perso-
nen ihr im Zelt habt.‹«

17 Die Israeliten sammelten es also,
der eine mehr, der andere weniger.
18 Als sie es zu Hause abmaßen, hatte
keiner, der viel gesammelt hatte, zu
viel, und keiner, der wenig gesammelt
hatte, zu wenig.* Jeder hatte genau

16,1 Die Wüste *Sin* lag wahrscheinlich im südwestlichen Teil der Sinaihalbinsel in dem Gebiet, das heute Debbet-er-Ramleh genannt wird.

16,15 *Was ist das?* Hebräisch: *Man hu.* Damit wird bereits der Name *Manna* angedeutet.

16,16 *zwei Liter.* Wörtlich: ein Gomer = 2,2 Liter.

16,18 Wird im Neuen Testament von Paulus zitiert: 2. Korinther 8,15.

so viel gesammelt, wie er brauchte.
19 Mose sagte zu ihnen: »Niemand
darf bis morgen etwas davon übrig
lassen!« 20 Einige hörten nicht auf ihn
und legten etwas für den nächsten Tag
zurück. Aber am nächsten Morgen
war es voller Maden und stank. Mose
war zornig über sie. 21 Morgen für
Morgen sammelte nun jeder so viel er
brauchte. Wenn es heiß wurde, zer-
schmolz das, was draußen lag.

22 Am sechsten Tag hatten sie dop-
pelt so viel Brot gesammelt, etwa vier
Liter pro Person. Die Vertreter der Ge-
meinschaft kamen zu Mose und be-
richteten es ihm. 23 Er erwiderte:
»Damit ist genau eingetroffen, was
Jahwe gesagt hat. Morgen ist ein Ru-
hetag, ein Sabbat, der Jahwe geweiht
ist. Backt, was ihr backen wollt, und
kocht, was ihr kochen wollt, und be-
wahrt den Rest für morgen auf.«
24 Sie bewahrten es also bis zum
nächsten Morgen auf, wie Mose es an-
geordnet hatte. Tatsächlich fing es
nicht an zu stinken, und es waren
auch keine Maden darin. 25 Mose
sagte: »Esst das heute! Heute ist ein
Sabbat für Jahwe. Heute werdet ihr
draußen nichts finden. 26 Sechs Tage
sollt ihr es sammeln, aber am siebten
Tag ist Sabbat; da gibt es nichts.«

27 Trotzdem gingen am siebten Tag
einige Leute vom Volk hinaus und
wollten sammeln. Aber sie fanden
nichts. 28 Da sagte Jahwe zu Mose:
»Wie lange wollt ihr euch noch wei-
gern, meine Gebote und Anordnun-
gen zu befolgen? 29 Ihr seht, Jahwe
hat euch den Sabbat gegeben. Des-
halb gibt er euch am sechsten Tag
Brot für zwei Tage. Jeder bleibe also
am siebten Tag zu Hause und gehe
nicht hinaus!« 30 Da hielt das Volk
den siebten Tag als Ruhetag ein.

Eine Probe Manna zur Erinnerung

31 Die Israeliten nannten es Manna*.
Es war weiß wie Koriandersamen*
und schmeckte wie Honigkuchen.
32 Mose sagte: »Jahwe hat befohlen,
einen Gomer* voll Manna für eure
Nachkommen aufzubewahren. Sie
sollen das Brot sehen, das er euch in
der Wüste zu essen gab, nachdem er
euch aus Ägypten herausgeführt
hatte.« 33 Dann sagte er zu Aaron:
»Nimm ein Gefäß und füll es mit
einem Gomer Manna. Dann stell es
vor Jahwe, damit es für künftige Ge-
nerationen aufbewahrt wird.« 34 Aa-
ron tat es und stellte es zur Aufbewah-
rung vor die Bundeslade*. 35 Vierzig
Jahre lang aßen die Israeliten das
Manna, bis sie an der Grenze des
Landes Kanaan in bewohntes Land
kamen.* 36 Ein Gomer ist der zehnte
Teil eines Efa*.

Wasser aus dem Felsen

17 1 Nach dem Befehl Jahwes
brach die Gemeinschaft der
Israeliten das Lager in der Wüste Sin

16,31 *Manna.* Siehe Vers 15!

Koriander. Die Übersetzung des hebräischen Wortes *gad* mit Koriander, dessen 2-3 Millimeter große Samenkörner braun sind, ist nicht sicher.

16,32 *Gomer.* Siehe Verse 16 und 36!

16,34 *Bundeslade.* Wörtlich: Zeugnis. Die Anweisung ab Vers 32 bezieht sich offenbar auf die Zeit nach dem Bau des heiligen Zeltes.

16,35 Siehe Josua 5,12!

16,36 *Efa* ist ein Hohlmaß von 22 Litern.

ab. Sie zogen weiter, von einem Lager-
platz zum anderen. Als sie ihr Lager
in Refidim* aufschlugen, fanden sie
kein Trinkwasser. 2 Da machten sie
Mose schwere Vorwürfe und forder-
ten: »Gib uns Wasser zum Trinken!«
Mose erwiderte: »Was streitet ihr mit
mir? Warum stellt ihr Jahwe auf die
Probe?« 3 Aber die Israeliten quälte
der Durst. So murrten sie gegen Mose
und sagten: »Wozu hast du uns über-
haupt aus Ägypten herausgeführt?
Willst du uns und unsere Kinder
und unser Vieh vor Durst umkommen
lassen?«

4 Da schrie Mose zu Jahwe: »Was
soll ich nur mit diesem Volk machen?
Es fehlt nicht viel, dann steinigen sie
mich!« 5 Jahwe antwortete ihm: »Ruf
einige von den Ältesten Israels und
geh mit ihnen dem Volk voran. Nimm
den Stab in die Hand, mit dem du auf
das Nilwasser geschlagen hast. 6 Dort
drüben, auf dem Felsen am Horeb*
werde ich vor dir stehen. Dann sollst
du an den Felsen schlagen. Es wird
Wasser herauskommen, und das Volk
kann trinken.« Mose machte es so,
und zwar vor den Augen der Ältesten
Israels. 7 Dann nannte er den Ort
Massa und Meriba, Versuchung und
Vorwurf. Denn dort hatten die Israeli-
ten Mose Vorwürfe gemacht und
Jahwe auf die Probe gestellt. Sie hat-
ten nämlich gesagt: »Ist Jahwe nun
unter uns oder nicht?«

Abwehr der Amalekiter

8 Bei Refidim geschah es auch, dass
die Amalekiter* anrückten, um gegen
Israel zu kämpfen. 9 Mose sagte zu
Josua*: »Wähl uns Männer aus und
zieh in den Kampf gegen die Amaleki-
ter! Ich selbst werde morgen oben auf
dem Hügel stehen und den Stab Got-
tes in der Hand halten.« 10 Josua tat,
was Mose ihm aufgetragen hatte, und
zog in den Kampf gegen die Amaleki-
ter. Mose, Aaron und Hur* stiegen auf
die Spitze des Hügels. 11 Solange
Mose seine Hand erhob, hatte Israel
die Oberhand. Wenn er seine Hand
sinken ließ, waren die Amalekiter
überlegen. 12 Als Mose die Hände
immer schwerer wurden, brachten
Aaron und Hur einen Stein herbei, auf
dem Mose sitzen konnte. Sie selbst
standen rechts und links neben ihm
und stützten seine Arme. So blieben
seine Hände erhoben, bis die Sonne
unterging. 13 Auf diese Weise konnte
Josua das Heer der Amalekiter mit
dem Schwert besiegen.

14 Danach sagte Jahwe zu Mose:
»Schreib es in ein Buch, damit es
nicht in Vergessenheit gerät, und
präge es Josua ein: ›Ich werde das
Andenken an Amalek in der ganzen
Welt vollständig auslöschen.‹« 15 Mo-
se baute einen Altar und nannte ihn:
»Mein Feldzeichen ist Jahwe!« 16 Er

17,1 *Refidim.* Vielleicht das Wadi Refajid oder Wadi Feiran im Süden der Sinai-Halbinsel. Die Lage des Ortes hängt davon ab, wo der biblische Berg Sinai liegt.

17,6 *Horeb.* Siehe Fußnote zu 2. Mose 3,1!

17,8 Die *Amalekiter* lebten als Nomaden im Negev, südlich von Beerscheba.

17,9 *Josua* bedeutet: Jahwe ist Rettung (griechisch: Jesus). Er war Moses Diener und späterer Nachfolger.

17,10 *Hur* Ben-Kaleb war der Großvater von Bezaleel, einem der Erbauer der Stiftshütte (siehe 2. Mose 31,2-11).

rief: »Hand zum Thron* Jahwes!
Krieg Jahwes gegen Amalek in jeder
Generation!«

Jitros Rat: Berufung von Richtern

18 1 Jitro, der Priester von Mi-
dian und Schwiegervater Mo-
ses, erfuhr, was Gott alles für Mose
und für sein Volk Israel getan und dass
er sie aus Ägypten herausgeführt
hatte. 2 Da machte er sich mit Zippo-
ra, Moses Frau, auf den Weg. Mose
hatte sie nämlich zu ihrem Vater zu-
rückgeschickt. 3 Jitro nahm auch die
beiden Söhne Zipporas mit. Der eine
hieß Gerschom, Gast in der Öde, weil
Mose gesagt hatte: »Ich bin Gast in
einem fremden Land geworden.«
4 Der andere hieß Eliëser, Gotthilf,
denn Mose hatte gesagt: »Der Gott
meines Vaters hat mir geholfen, denn
er hat mich vom Schwert des Pharao
gerettet.« 5 So kam Jitro, der Schwie-
gervater Moses, also mit dessen Frau
und seinen Söhnen zu ihm an den La-
gerplatz in der Wüste beim Gottes-
berg. 6 Er ließ Mose ausrichten: »Dein
Schwiegervater Jitro kommt zusam-
men mit deiner Frau und deinen bei-
den Söhnen zu dir.« 7 Da ging Mose
seinem Schwiegervater entgegen, ver-
neigte sich und küsste ihn. Sie fragten
einander nach dem Wohlergehen und
gingen ins Zelt. 8 Mose erzählte sei-
nem Schwiegervater alles, was Jahwe
am Pharao und den Ägyptern getan
hatte, um Israel zu befreien. Er erzähl-
te von den vielen Schwierigkeiten
unterwegs, und wie Jahwe ihnen her-
ausgeholfen hatte. 9 Da freute sich
Jitro, dass Jahwe so viel Gutes an den
Israeliten getan und sie aus der Gewalt
der Ägypter gerettet hatte. 10 Er sagte:
»Jahwe sei gepriesen, der euch aus der
Gewalt des Pharao und der Ägypter
und von ihrer Unterdrückung befreit
hat. 11 Jetzt weiß ich, dass Jahwe
größer ist als alle Götter, denn das hat
sich gerade an der Vermessenheit der
Ägypter gezeigt.« 12 Dann opferte er
Gott ein Brand- und ein Schlachtop-
fer. Aaron und alle Ältesten Israels
nahmen an dem Opfermahl in der
Gegenwart Gottes teil.

13 Am nächsten Tag setzte sich
Mose hin, um Recht zu sprechen. Die
Leute standen vom Morgen bis zum
Abend vor ihm. 14 Als Moses Schwie-
gervater das alles sah, fragte er ihn:
»Was machst du da mit dem Volk?
Warum sitzt du allein hier, und die
Leute stehen vom Morgen bis zum
Abend um dich herum?« 15 Mose er-
widerte: »Die Leute kommen zu mir,
um Gott zu befragen. 16 Auch wenn
sie einen Streitfall haben, kommen sie
zu mir. Ich entscheide ihren Fall und
mache sie mit den Vorschriften und
Weisungen Gottes bekannt.« 17 Da
sagte sein Schwiegervater: »Das
machst du nicht besonders gut. 18 Es
ist viel zu viel für dich und auch für die
Leute, die vor dir stehen. Die Aufgabe
ist zu schwer, du kannst sie nicht al-
lein bewältigen! 19 Hör auf meinen
Rat, und Gott möge mit dir sein: Du
solltest das Volk vor Gott vertreten
und ihre Anliegen vor ihn bringen.
20 Erkläre ihnen die Vorschriften und
Weisungen Gottes und zeig ihnen,
was sie tun und lassen sollen. 21 Sieh

17,16 *Hand zum Thron.* Die Bedeutung der Wendung ist unbekannt. Es handelt sich vielleicht um eine Schwurformel: »Erhebt die Hand zum Thron Jahwes!«

dich aber im ganzen Volk nach tüchti-
gen und zuverlässigen Männern um.
Sie müssen Gott fürchten, die Wahr-
heit lieben und Bestechung hassen.
Setze sie als Verantwortliche für je
tausend, hundert, fünfzig oder zehn
ein. 22 Sie sollen die alltäglichen Strei-
tigkeiten schlichten und nur mit den
schwierigeren Fällen zu dir kommen.
Mach dir die Last leichter und lass sie
mittragen. 23 Wenn du das tust, so-
fern Gott es dir befiehlt, wirst du bei
Kräften bleiben, und dieses Volk wird
seinen Bestimmungsort sicher errei-
chen.« 24 Mose nahm den Rat seines
Schwiegervaters an und handelte da-
nach. 25 Er wählte zuverlässige Män-
ner aus ganz Israel aus und setzte sie
als Verantwortliche für je tausend,
hundert, fünfzig und zehn ein. 26 Von
nun an konnten sie jederzeit Recht
sprechen und regelten die einfachen
Streitfälle selbst. Nur mit den schwie-
rigen Fällen kamen sie zu Mose.
27 Dann ließ Mose seinen Schwieger-
vater ziehen, und der kehrte heim in
sein Land.

Israel am Sinai

19 1 Genau am dritten Neu-
mondstag nach ihrem Auszug
aus Ägypten erreichten die Israeliten
die Wüste Sinai. 2 Sie waren von Refi-
dim aufgebrochen und schlugen nun
ihr Lager in der Wüste dem Berg
gegenüber auf. 3 Mose stieg hinauf,
um Gott zu begegnen. Da rief ihm
Jahwe vom Berg aus zu: »Sage es den
Nachkommen Jakobs, rede zu den Is-
raeliten: 4 ›Ihr habt gesehen, was ich
mit den Ägyptern gemacht habe. Ihr
habt erlebt, dass ich euch wie auf Ad-
lersflügeln getragen und bis hierher
zu mir gebracht habe. 5 Wenn ihr nun
auf mich hört und meinen Bund hal-
tet, dann sollt ihr unter allen Völkern
mein persönliches Eigentum sein.
Denn mir gehört die ganze Erde. 6 Ihr
sollt mir ein Königreich von Priestern
sein, ein heiliges Volk!‹* Das sollst du
den Israeliten sagen!«
7 Da ging Mose zurück und rief die
Ältesten des Volkes zusammen. Er
legte ihnen vor, was Jahwe ihm aufge-
tragen hatte. 8 Das ganze Volk war
sich einig: »Wir wollen alles tun, was
Jahwe gesagt hat!« Mose ging, um
Jahwe die Antwort des Volkes zu über-
bringen. 9 Jahwe sagte zu ihm: »Pass
auf! Ich werde in einer dichten Wolke
zu dir kommen, damit das Volk es
hören kann, wenn ich mit dir rede,
und damit sie dir immer glauben.«
Nun teilte Mose Jahwe die Antwort
des Volkes mit.
10 Dann sagte Jahwe zu Mose: »Geh
zum Volk und sorge dafür, dass sie
sich heute und morgen auf die Begeg-
nung mit mir vorbereiten!* Sie sollen
ihre Gewänder waschen, 11 damit sie
für den dritten Tag bereit sind. Denn
am dritten Tag wird Jahwe vor den
Augen des ganzen Volkes auf den
Berg Sinai herabsteigen. 12 Du musst
das Volk ringsum abgrenzen und
ihnen einschärfen: ›Nehmt euch in
acht! Steigt nicht auf den Berg,
kommt nicht einmal an seinen Fuß!‹
Jeder, der den Berg antastet, muss ge-
tötet werden. 13 Keine Hand darf ihn

19,6 Wird im Neuen Testament von Petrus zitiert: 1. Petrus 2,9.

19,10 *auf ... vorbereiten.* Wörtlich: *Heilige das Volk!* So auch Vers 14.

berühren! Und wer es dennoch tut,
darf nicht am Leben bleiben! Er muss
mit schweren Steinen erschlagen oder
mit Pfeilen erschossen werden, ganz
egal, ob Mensch oder Tier.* Erst wenn
das Widderhorn* anhaltend dröhnt,
dürfen sie auf den Berg steigen.«

14 Mose stieg wieder zum Volk hin-
unter und ordnete an, dass die Leute
ihre Gewänder wuschen und sich dar-
auf vorbereiteten, Gott zu begegnen.
15 Er sagte zu ihnen: »Haltet euch für
den dritten Tag bereit! Bis dahin darf
niemand mit seiner Frau schlafen!«

16 Im Morgengrauen des dritten
Tages begann es zu donnern und zu
blitzen. Eine schwere Wolke lag auf
dem Berg, und das überlaute Dröhnen
des Schofar war zu hören. Das Volk im
Lager zitterte vor Angst. 17 Doch Mose
führte es aus dem Lager heraus, Gott
entgegen. Am Fuß des Berges stellten
sie sich auf. 18 Der ganze Berg Sinai
war in dichten Rauch gehüllt, weil
Jahwe im Feuer auf ihn herabgekom-
men war. Rauch stieg von ihm auf wie
von einem Schmelzofen. Der ganze
Berg wurde von einem gewaltigen
Beben geschüttelt. 19 Das Dröhnen
des Schofar wurde immer lauter. Mose
rief, und Gott antwortete ihm mit Don-
nerstimme.

20 Dann stieg Jahwe ganz auf den
Gipfel des Berges herab und rief Mose
zu sich. Mose stieg hinauf. 21 Jahwe
sagte zu ihm: »Geh noch einmal zu-
rück und warne das Volk, dass sie ja
nicht zu Jahwe durchbrechen, um ihn
zu sehen. Sonst würden viele von
ihnen den Tod finden. 22 Auch die
Priester*, die sich Jahwe nähern,
müssen sich dafür weihen, sonst ist
ihr Leben in Gefahr.« 23 Mose sagte
zu Jahwe: »Das Volk kann gar nicht
auf den Berg Sinai steigen, denn du
hast uns ja gewarnt und befohlen, eine
Grenze um den Berg zu ziehen und
ihn für heilig zu erklären.« 24 Doch
Jahwe sagte zu ihm: »Geh und steig
hinunter! Und komm dann mit Aaron
wieder herauf! Aber die Priester und
das Volk dürfen nicht durchbrechen,
um zu Jahwe hinaufzusteigen, damit
er keine Bresche in ihre Linie bricht.«
25 Da stieg Mose hinunter und warnte
das Volk.

Die zehn Gebote

20 1 Dann redete Gott. Er sagte:
2 »Ich bin Jahwe, dein Gott!
Ich habe dich aus dem Sklavenhaus
Ägyptens befreit. 3 Du wirst* keine
anderen Götter vor mich stellen!

4 Du wirst dir kein Götterbild ma-
chen, kein Abbild von irgendetwas im
Himmel, auf der Erde oder im Meer!
5 Wirf dich niemals vor ihnen nieder
und verehre sie auf keinen Fall! Denn

19,13 Wird im Neuen Testament vom Hebräerbrief zitiert: Hebräer 12,20.

Widderhorn. Hebräisch: *Jobel.* Signalhorn, das aus den gewundenen Hörnern von Schafböcken hergestellt wurde.

19,16 Der *Schofar* wurde aus den gewundenen Hörnern des männlichen Fettschwanzschafes hergestellt und brachte einen dumpfen, durchdringenden Ton hervor.

19,22 *Priester.* Siehe auch Vers 24! Bevor es die offizielle aaronitische Priesterschaft in Israel gab (2. Mose 28,1), wurden priesterliche Funktionen von den Ältesten (2. Mose 3,18; 18,12) oder von jungen Männern wahrgenommen (2. Mose 24,5).

20,3 *wirst.* Das heißt: »Ich habe dich befreit, deshalb sollte es undenkbar für dich sein, das zu tun.« Es meint aber auch ein unbedingtes Verbot.

ich, Jahwe, ich, dein Gott, bin ein
eifersüchtiger Gott. Wer mich ver-
achtet und beiseite stellt, bei dem ver-
folge ich die Schuld der Väter noch bis
zur dritten und vierten Generation.
6 Doch wer mich liebt und meine Ge-
bote hält, dem schenke ich meine
Gunst auf tausend Generationen hin.

7 Du wirst den Namen Jahwes, dei-
nes Gottes, nie missbrauchen! Denn
Jahwe wird jeden bestrafen, der sei-
nen Namen mit Nichtigkeiten in Ver-
bindung bringt.

8 Denk an den Sabbattag und reser-
viere ihn für Gott! 9 Sechs Tage hast
du, um all deine Arbeit zu tun, 10 aber
der siebte Tag ist Sabbat für Jahwe,
deinen Gott. An diesem Tag sollst du
nicht arbeiten, weder du, noch dein
Sohn oder deine Tochter, weder dein
Sklave noch deine Sklavin, nicht ein-
mal dein Vieh oder der Fremde, der in
deinem Ort wohnt. 11 Denn in sechs
Tagen hat Jahwe den Himmel und die
Erde gemacht, das Meer und alles,
was dazugehört. Am siebten Tag aber
ruhte er. Deshalb hat er den Sabbattag
gesegnet und für sich bestimmt.

12 Ehre deinen Vater und deine Mut-
ter! Dann wirst du lange in dem Land
leben, das Jahwe, dein Gott, dir gibt.

13 Morde nicht!*

14 Brich die Ehe nicht!*

15 Stiehl nicht!

16 Sag nichts Unwahres über deinen
Mitmenschen!

17 Begehre nichts*, was deinem
Mitmenschen gehört,* weder seine
Frau noch seinen Sklaven oder seine
Sklavin, sein Rind oder seinen Esel
oder sonst etwas, das ihm gehört!«

18 Als das ganze Volk den Donner
und die Flammen wahrnahm, das
Dröhnen des Schofar und den rau-
chenden Berg, da zitterte es vor Angst.
Es hielt sich in der Ferne 19 und sagte
zu Mose: »Rede du mit uns! Wir wer-
den auf dich hören. Gott soll nicht mit
uns reden, sonst müssen wir sterben.«
20 Da sagte Mose zum Volk: »Ihr
müsst keine Angst haben. Gott ist nur
gekommen, um euch auf die Probe zu
stellen. Die Furcht vor ihm sollte über
euch kommen, damit ihr nicht sün-
digt.« 21 So blieb das Volk in der Ferne
stehen. Mose aber näherte sich dem
Dunkel, wo Gott war.

Das Altargesetz

22 Jahwe sagte zu Mose: »Sag den Is-
raeliten: ›Ihr habt erlebt, wie ich vom
Himmel her zu euch gesprochen habe.
23 Darum sollt ihr keine selbst ge-
machten Götter neben mich stellen,
weder aus Silber noch aus Gold.
24 Macht mir einen Altar aus Erde und
bringt darauf eure Schafe und Rinder
als Brand- und Freudenopfer* dar. An
jedem Ort, wo ihr durch ein Opfer an
mich denkt, werde ich euch nahe sein
und euch segnen. 25 Wenn ihr mir

20,13 Wird im Neuen Testament von Jesus Christus und Jakobus zitiert: Matthäus 5,21; Jakobus 2,11.

20,14 Wird im Neuen Testament von Jesus Christus und Jakobus zitiert: Matthäus 5,27; Jakobus 2,11.

20,17 Wird im Neuen Testament von Paulus zitiert: Römer 7,7.

20,17 Die Verse 13-17 werden im Neuen Testament von Paulus zitiert: Römer 13,9.

20,24 Beim *Freudenopfer* wurde im Gegensatz zum Brandopfer nur das Fett auf dem Altar verbrannt. Der größte Teil des Tieres durfte bei einer fröhlichen Opfermahlzeit gemeinsam mit Verwandten und Freunden verzehrt werden.

einen Altar aus Steinen bauen wollt, dürft ihr nur unbehauene Steine dafür verwenden. Wenn ihr sie mit einem Meißel bearbeiten würdet, hättet ihr den Altar entweiht. 26 Du sollst nicht auf Stufen zu meinem Altar hinaufsteigen, damit deine Nacktheit unter dem Gewand nicht zum Vorschein kommt.‹«

Das Bundesbuch (Kapitel 21-23)

21 1 »Folgende Rechtsordnungen sollst du ihnen vorlegen:

Hebräische Sklaven

2 ›Wenn du einen hebräischen Sklaven kaufst, soll er dir sechs Jahre lang dienen. Im siebten Jahr soll er unentgeltlich als freier Mann entlassen werden. 3 Ist er allein gekommen, soll er allein gehen. War er verheiratet, soll seine Frau mitgehen. 4 Falls sein Herr ihm eine Frau gegeben hat, bleiben die Frau und ihre Kinder Eigentum ihres Herrn. Nur er selbst ist frei. 5 Wenn der Sklave aber sagt: »Ich liebe meinen Herrn, meine Frau und meine Kinder; ich will nicht freigelassen werden!«, 6 dann soll sein Herr ihn in der Gegenwart Gottes an die Tür oder den Türpfosten stellen und ihm das Ohr mit einer Ahle durchbohren. So wird er für immer sein Sklave sein.

7 Wenn jemand seine Tochter als Sklavin verkauft hat, darf sie nicht so wie ein Sklave freigelassen werden. 8 Hatte ihr Herr sie für sich selbst bestimmt, aber sie gefiel ihm nicht, dann soll er sie zurückkaufen lassen. Er hat nicht das Recht, sie an Fremde zu verkaufen, weil er seine Zusage nicht eingehalten hat. 9 Hat er sie als Frau für seinen Sohn bestimmt, muss er ihr die Rechte einer Tochter einräumen. 10 Heiratet er sie und später noch eine andere, dann darf er sie in Nahrung, Kleidung und sexueller Gemeinschaft nicht benachteiligen. 11 Vernachlässigt er eine dieser drei Pflichten, muss er sie unentgeltlich freilassen.‹

Totschlag und Mord

12 ›Wer einen Menschen so schlägt, dass er stirbt, wird mit dem Tod bestraft. 13 Hat er ihn nicht absichtlich getötet, sondern Gott hat es durch seine Hand geschehen lassen, dann werde ich dir einen Ort bestimmen, wohin er fliehen kann. 14 Doch wenn jemand seinen Mitmenschen vorsätzlich und hinterhältig umbringt, findet er nicht einmal an meinem Altar Schutz. Er muss von dort weggeholt und getötet werden.‹

Misshandlung der Eltern

15 ›Wer seinen Vater oder seine Mutter schlägt, wird mit dem Tod bestraft.‹

Menschenraub

16 ›Wer einen Menschen raubt, wird mit dem Tod bestraft, gleichgültig, ob er ihn schon verkauft oder noch in seiner Gewalt hat.‹

Verfluchung der Eltern

17 ›Wer seinen Vater oder seine Mutter verflucht, wird mit dem Tod bestraft.‹*

Körperverletzung

18 ›Wenn Männer in Streit geraten und einer verletzt den anderen mit einem Stein oder der Faust, sodass er

bettlägerig wird, 19 aber später wieder
aufstehen und draußen am Stock
umherlaufen kann, ist der Täter nicht
körperlich zu bestrafen. Er muss den
Verletzten aber für seine Arbeitsunfähigkeit entschädigen und ihm die
Heilungskosten erstatten.

20 Wenn jemand seinen Sklaven mit
einem Stock so schlägt, dass er ihm
unter der Hand stirbt, dann muss das
bestraft werden. Dasselbe gilt bei einer
Sklavin. 21 Wenn der Sklave aber noch
einen oder zwei Tage am Leben bleibt,
muss die Tat nicht bestraft werden,
denn er schadet sich ja selbst.*

22 Wenn Männer sich prügeln und
dabei eine schwangere Frau stoßen,
sodass sie eine Frühgeburt hat, aber
sonst kein ernstlicher Schaden entstanden ist, dann muss der Schuldige
eine Geldstrafe bezahlen. Die Höhe
wird vom Ehemann der betreffenden
Frau bestimmt und nach gerichtlicher
Bestätigung bezahlt. 23 Ist aber ein
weiterer Schaden entstanden, dann
muss gegeben werden: Leben für
Leben, 24 Auge für Auge, Zahn für
Zahn,* Hand für Hand, Fuß für Fuß,
25 Brandmal für Brandmal, Wunde für
Wunde, Strieme für Strieme. 26 Wenn
jemand seinem Sklaven ein Auge oder
einen Zahn ausschlägt, muss er ihn als
Entschädigung dafür freilassen.
27 Dasselbe gilt bei einer Sklavin.‹

Körperverletzung durch Haustiere

28 ›Wenn ein Rind einen Mann oder
eine Frau stößt, sodass sie sterben,
muss das Rind mit schweren Steinen
erschlagen werden. Sein Fleisch darf
man nicht essen. Der Besitzer jedoch
bleibt straffrei. 29 Hat das Rind aber
schon früher Menschen gestoßen und
sein Besitzer hat es nicht eingesperrt,
obwohl man ihn gewarnt hatte, dann
muss nicht nur das Rind gesteinigt,
sondern auch sein Besitzer getötet
werden. 30 Wenn ihm die Zahlung
eines Sühngeldes erlaubt wird, dann
muss er als Lösegeld für sein Leben
alles bezahlen, was man ihm auferlegt. 31 Der gleiche Grundsatz gilt
auch, wenn das Rind einen Jungen
oder ein Mädchen tödlich verletzt.
32 Bei einem Sklaven oder einer Sklavin muss der Besitzer des Rindes
ihrem Herrn dreißig Silberstücke*
zahlen, und das Rind muss gesteinigt
werden.‹

Schadenersatz bei fremdem Vieh

33 ›Wenn jemand eine Zisterne offen
lässt oder eine gräbt und nicht abdekkt, und ein Rind oder ein Esel fällt hinein, 34 dann muss er das Tier seinem
Besitzer bezahlen. Das tote Tier kann
er behalten. 35 Wenn jemandes Rind
das Rind eines anderen stößt, sodass
es verendet, dann sollen beide Besitzer das lebende Tier verkaufen und
den Erlös teilen. Auch das tote Tier
sollen sie sich teilen. 36 Hat das Rind
aber schon früher gestoßen und sein

21,17 Wird im Neuen Testament von Jesus Christus zitiert: Matthäus 15,4; Markus 7,10.

21,21 *schadet sich ja selbst.* Wörtlich: es ist sein eigenes Geld. Wenn der Sklave stirbt, hat der Herr eine Arbeitskraft verloren.

21,24 Wird im Neuen Testament von Jesus Christus in der Bergpredigt zitiert: Matthäus 5,38.

21,32 *Silberstücke.* Wörtlich: Schekel. Nach archäologischen Funden kann das Durchschnittsgewicht eines Schekel mit 11,5 Gramm angenommen werden.

Besitzer hat es nicht eingesperrt, muss er ein lebendes Rind für das tote erstatten. Das tote darf er behalten.‹

Schadenersatz bei Diebstahl

37 ›Wenn jemand ein Rind oder ein Stück Kleinvieh stiehlt und es schlachtet oder verkauft, dann muss er für das Rind fünffachen Ersatz leisten und für das Schaf oder die Ziege vierfachen.‹

22 1 ›Wenn der Dieb beim Einbruch ertappt und so geschlagen wird, dass er stirbt, so liegt keine Blutschuld vor. 2 War jedoch die Sonne schon aufgegangen, zählt es als Mord. Ein Dieb jedenfalls muss vollen Ersatz leisten. Ist er dazu nicht imstande, wird er als Sklave verkauft.
3 Findet man das Gestohlene aber noch lebend in seinem Besitz, sei es Rind, Esel, Schaf oder Ziege, dann muss er doppelten Ersatz leisten.‹

Schadenersatz bei Ernteschädigung

4 ›Wenn jemand ein Feld oder einen Weinberg abweiden lässt und sein Vieh dabei nicht beaufsichtigt, sodass es auch das Feld eines anderen abweidet, muss er es mit dem Besten vom Ertrag seines eigenen Feldes oder Weinbergs ersetzen. 5 Wenn jemand Feuer macht und es erfasst eine Dornenhecke und greift auf einen Garbenhaufen über oder es vernichtet stehendes Getreide, dann muss er vollen Ersatz leisten.‹

Haftung für fremdes Eigentum

6 ›Wenn jemand einem anderen Geld oder Gegenstände zur Aufbewahrung übergibt und es wird etwas davon aus dessen Haus gestohlen, dann muss der Dieb den doppelten Wert erstatten, falls er gefunden wird. 7 Kann der Dieb nicht ermittelt werden, muss der Hausbesitzer vor Gott erscheinen, damit festgestellt wird, ob er das Eigentum seines Nächsten unterschlagen hat. 8 Bei jedem Fall von Veruntreuung, ganz gleich, ob es sich um ein Rind, einen Esel, ein Schaf, eine Ziege oder ein Kleidungsstück handelt, von dem jeder Beteiligte behauptet, es sei sein Eigentum, muss die Sache vor Gott entschieden werden. Wen Gott für schuldig erklärt, der muss seinem Nächsten das Doppelte erstatten. 9 Wenn jemand einem anderen einen Esel, ein Rind, ein Schaf oder ein anderes Tier in Verwahrung gibt und es stirbt oder bricht sich etwas oder es wird von Feinden weggetrieben, ohne dass es jemand gesehen hat, 10 dann soll der, dem es anvertraut wurde, vor Jahwe einen Eid schwören, dass er sich nicht an dem fremden Eigentum vergriffen hat. Der Besitzer muss das gelten lassen und darf keinen Ersatz fordern.
11 Ist es jedoch nachweislich gestohlen worden, muss er es dem Besitzer voll erstatten. 12 Ist es von wilden Tieren gerissen worden und kann er es als Beweis herbeibringen, muss er es nicht erstatten. 13 Wenn jemand sich von einem anderen ein Stück Vieh leiht und es bricht sich etwas oder stirbt, muss er es erstatten, wenn sein Besitzer nicht dabei war. 14 War der Besitzer dabei, muss er es nicht erstatten. Und wenn es gemietet war, ist es durch den Mietpreis abgegolten.‹

Verführung eines Mädchens

15 ›Wenn jemand ein noch nicht ver-
lobtes Mädchen verführt und mit ihm
schläft, muss er den Brautpreis bezah-
len und sie heiraten. 16 Falls sich ihr
Vater weigert, sie ihm zu geben, muss
er ihm dennoch den üblichen Braut-
preis für ein unberührtes Mädchen
bezahlen.‹

Todeswürdige Verbrechen

17 ›Eine Zauberin* darfst du nicht am
Leben lassen!

18 Jeder, der mit einem Tier Ge-
schlechtsverkehr hat, muss getötet
werden.

19 Wer einer Gottheit Opfer bringt,
außer Jahwe, soll dem Bann verfal-
len*.‹

Schutz der Schwachen

20 ›Einen Fremden darfst du weder
ausbeuten noch unterdrücken. Ihr
seid ja selbst Fremde im Land Ägyp-
ten gewesen.

21 Keine Witwe oder Waise dürft ihr
benachteiligen. 22 Wenn du sie den-
noch in irgendeiner Weise bedrückst,
und sie zu mir um Hilfe schreien,
werde ich bestimmt auf sie hören.
23 Dann wird mein Zorn auflodern,
und ich werde euch durch das
Schwert umkommen lassen. Eure
Frauen werden dann zu Witwen
werden und eure Kinder zu Waisen.

24 Wenn du einem Armen aus mei-
nem Volk Geld leihst, dann verhalte
dich nicht wie ein Wucherer. Verlange
keine Zinsen von ihm!

25 Falls du wirklich den Mantel eines
anderen zum Pfand nimmst, dann gib
ihn noch vor Sonnenuntergang zu-
rück, 26 denn das ist seine einzige
Decke für die Nacht. Womit soll er
sich sonst zudecken? Wenn er dann
zu mir um Hilfe schreit, werde ich
ganz bestimmt auf ihn hören, denn
ich bin gnädig.‹

Pflichten gegen Gott

27 ›Gott sollst du nicht lästern und
einen Fürsten in deinem Volk nicht
verfluchen.*

28 Hinterzieht nicht den Ertrag
eurer Felder und Weinberge! Eure
erstgeborenen Söhne sollt ihr mir
übereignen. 29 Ebenso sollt ihr es mit
euren Rindern und dem Kleinvieh ma-
chen. Sieben Tage soll das erstgebore-
ne Jungtier bei seiner Mutter bleiben,
am achten Tag sollst du es mir über-
eignen. 30 Ihr seid Menschen, die mir
geweiht sind. Deshalb dürft ihr kein
Fleisch essen, das von Raubtieren ge-
rissen wurde. Das kannst du deinen
Hunden hinwerfen.‹

Gerechtigkeit und Nächstenliebe

23 1 ›Verbreite kein falsches Ge-
rücht! Lass dich nicht von
einem Schuldigen zur Falschaussage
verleiten! 2 Schließ dich nicht der
Mehrheit an, wenn sie im Unrecht ist!
Und wenn du vor Gericht aussagen
musst, richte dich nicht nach der
Mehrheit, wenn sie das Recht ver-
dreht. 3 Aber auch einen Armen darfst
du vor Gericht nicht begünstigen.

22,17 *Zauberin.* Eine Frau, die okkulte und magische Praktiken betreibt.

22,19 *dem Bann verfallen.* Das heißt, er muss mit seinem ganzen Besitz vernichtet werden.

22,27 Wird im Neuen Testament von Paulus zitiert: Apostelgeschichte 23,5.

4 Wenn du einem verirrten Rind
oder Esel deines Feindes begegnest,
dann bringe ihm das Tier ohne Zögern
zurück. 5 Wenn der Esel deines Fein-
des unter seiner Last zusammenge-
brochen ist, dann geh nicht einfach
vorbei, sondern hilf ihm, das Tier
wieder auf die Beine zu bringen.

6 Du darfst das Recht eines Armen
vor Gericht nicht beugen! 7 Halte dich
von einer Lügensache fern! Hilf nie
dabei, einen, der unschuldig und ge-
recht ist, umzubringen! Denn ich
gebe dem Schuldigen nicht Recht.
8 Nimm keine Bestechung an, denn
das trübt das Urteilsvermögen und
verdreht das Recht.

9 Unterdrücke die Fremden nicht!
Ihr wisst doch, wie einem Fremden
zumute ist, denn auch ihr seid Fremde
in Ägypten gewesen.‹

Sabbatjahr und Feiertage

10 ›Sechs Jahre sollst du dein Land
bearbeiten und seinen Ertrag ernten.
11 Doch im siebten Jahr sollst du es
brachliegen lassen, damit die Armen
deines Volkes davon essen können.
Den Rest überlass dem Wild! Ebenso
sollst du es mit deinen Weinbergen
und Ölbäumen halten.

12 Sechs Tage sollst du deine Arbeit
tun, aber am siebten Tag sollst du alles
ruhen lassen! Auch dein Rind und
dein Esel sollen sich ausruhen. Auch
der Sohn deiner Sklavin und der
Fremde sollen aufatmen können.

13 Haltet euch an alles, was ich
euch gesagt habe! Den Namen einer
anderen Gottheit dürft ihr nicht er-
wähnen, er soll nicht über eure Lippen
kommen!

14 Dreimal im Jahr sollst du mir ein
Fest feiern, 15 als erstes das Fest der
ungesäuerten Brote. Dabei sollst du
zur festgesetzten Zeit sieben Tage
lang ungesäuerte Brotfladen essen,
wie ich es dir befohlen habe. Das
soll im Ährenmonat geschehen, dem
Monat deines Auszugs aus Ägypten.
Keiner soll mit leeren Händen vor
mir erscheinen. 16 Dann kommt das
Erntefest, wenn du das erste Getreide
einbringst, das du ausgesät hast, und
schließlich das Wein- und Obstlese-
fest im Herbst, wenn ihr die Früchte
von den Weinbergen und Obstplan-
tagen geerntet habt.

17 Dreimal im Jahr soll alles, was
männlich ist, vor dem Herrn, vor
Jahwe, erscheinen.

18 Das Blut eines Schlachtopfers
darfst du nicht zusammen mit gesäu-
erten Brotfladen vor mich bringen.
Und das Fett eines Opfertiers darf
nicht bis zum nächsten Morgen auf-
gehoben werden.

19 Die Besten von deinen ersten
Feldfrüchten sollst du in das Haus
Jahwes, deines Gottes, bringen. Ein
Böckchen darfst du nicht in der Milch
seiner Mutter kochen.‹

Schlussmahnungen

20 ›Pass auf! Ich werde einen Engel
vor dir her schicken, der dich unter-
wegs behütet und dich an den Ort
bringt, den ich für dich bestimmt
habe. 21 Hüte dich vor ihm und hör
auf das, was er sagt! Lehn dich nicht
gegen ihn auf! Er würde euch das
nicht vergeben, denn mein Name ist
in ihm. 22 Doch wenn du ihm aufs
Wort gehorchst, wenn du alles tust,
was ich durch ihn sage, dann werde

ich deine Feinde befeinden und deine
Bedränger bedrängen.
23 Mein Engel geht vor dir her und
bringt dich zu den Amoritern, Heti-
tern, Perisitern, Kanaanitern, Hiwi-
tern und Jebusitern, die ich alle besei-
tigen werde. 24 Folge nicht dem Bei-
spiel dieser Völker! Wirf dich nicht
vor ihren Göttern nieder und diene
ihnen nicht! Stürze ihre Götterbilder
um und zerschlage ihre Steinmale!
25 Dient Jahwe, eurem Gott! Dann
wird er dein Brot und Wasser segnen.
Ich werde Krankheiten von dir fern-
halten. 26 Keine Frau in deinem Land
wird eine Fehlgeburt haben oder kin-
derlos bleiben. Niemand wird vor der
Zeit sterben.
27 Angst und Schrecken schicke ich
vor dir her. Alle Völker, zu denen du
kommst, werden in Verwirrung gera-
ten. Ich werde dafür sorgen, dass du
nur den Rücken deiner Feinde siehst.
28 Ich lasse Panik vor dir ausbrechen.
Sie wird die Hiwiter, Kanaaniter und
Hetiter vor dir her treiben. 29 Aller-
dings werde ich sie nicht in einem ein-
zigen Jahr vertreiben, sonst würde das
Land verwildern und die wilden Tiere
würden überhand nehmen. 30 Ich
werde sie nach und nach vertreiben,
bis du dich so vermehrt hast, dass du
das Land in Besitz nehmen kannst.
31 Dein Gebiet wird vom Golf von
Elat* bis zum Mittelmeer* reichen,
von der Wüste bis an den Euphrat. Ich
gebe die Bewohner dieses Landes in
deine Gewalt, dass du sie vertreiben
kannst. 32 Doch du darfst weder mit
ihnen noch mit ihren Göttern einen
Bund schließen. 33 Sie dürfen nicht
bei dir wohnen bleiben, denn sonst
würden sie dich verführen, mir untreu
zu werden und ihre Götter zu ver-
ehren. Das würde zu einer Falle für
dich.‹«

Gott schließt seinen Bund mit Israel

24 1 Jahwe hatte zu Mose gesagt:
»Steig zu mir herauf und
nimm Aaron, Nadab, Abihu* und
siebzig von den Ältesten Israels mit.
Werft euch in gebührender Entfer-
nung vor mir nieder! 2 Nur Mose darf
in die Nähe Jahwes kommen, die an-
deren nicht. Das Volk darf überhaupt
nicht auf den Berg steigen.«
3 Dann trat Mose vor das Volk und
gab ihm alle Worte und Bestimmungen
Jahwes weiter. Das ganze Volk antwor-
tete wie aus einem Mund: »Wir wollen
alles tun, was Jahwe uns befohlen hat.«
4 Daraufhin schrieb Mose alle Worte
Jahwes auf. Am nächsten Morgen er-
richtete er am Fuß des Berges einen
Altar und stellte zwölf Gedenksteine
nach der Zahl der Stämme Israels auf.
5 Dann beauftragte er junge israeliti-
sche Männer, Jahwe Brandopfer zu
bringen und junge Stiere als Freuden-
opfer zu schlachten. 6 Die Hälfte des
Blutes goss Mose in Schalen, die ande-
re Hälfte sprengte er an den Altar.
7 Anschließend nahm er die Schrift-
rolle mit dem Bundesgesetz in die
Hand und las alles dem Volk vor. Es
erwiderte: »Alles, was Jahwe gesagt

23,31 *Golf von Elat.* Wörtlich: Schilfmeer. Hier ist das Rote Meer am Golf von Akaba/Elat gemeint.

Mittelmeer. Wörtlich: Meer der Philister.

24,1 *Nadab* und *Abihu* waren die beiden ältesten Söhne Aarons.

hat, wollen wir gehorsam tun.« 8 Da-
rauf nahm Mose die Schalen mit dem
Blut und sprengte es über das Volk.
Dabei rief er: »Seht, das ist das Blut des
Bundes, den Jahwe aufgrund dieser
Gebote mit euch geschlossen hat!«*

9 Danach stiegen Mose und Aaron,
Nadab, Abihu und siebzig von den Äl-
testen Israels den Berg hinauf. 10 Da
sahen sie den Gott Israels. Der Boden
unter seinen Füßen sah aus, als ob
er mit Saphirplatten belegt wäre,
klar und leuchtend wie der Himmel.
11 Gott griff diese ausgewählten Män-
ner Israels nicht an, sondern sie durf-
ten ihn sehen* und aßen und tranken
in seiner Gegenwart.

12 Jahwe sagte zu Mose: »Steig nun
zu mir auf den Berg herauf und bleib
dort, damit ich dir die Steintafeln
geben kann, auf die ich das Gesetz und
die Gebote für die Unterweisung Is-
raels geschrieben habe.« 13 Da machte
sich Mose mit seinem Diener Josua be-
reit, auf den Gottesberg zu steigen.
14 Zu den Ältesten sagte er: »Wartet
hier auf uns, bis wir zurück sind. Ihr
seht ja, dass Aaron und Hur bei euch
sind. Wenn jemand einen Streitfall hat,
soll er sich an sie wenden.«

15 Als Mose auf den Berg stieg, war
dieser von der Wolke verhüllt. 16 Die
Herrlichkeit Jahwes ließ sich auf den
Berg Sinai herab. Sechs Tage lang be-
deckte die Wolke den Berg. Dann, am
siebten Tag, rief Gott Mose aus der
Wolke heraus zu sich. 17 Für die Israe-
liten sah die Herrlichkeit Jahwes wie
ein rasendes Feuer aus, das auf dem
Gipfel loderte. 18 Jetzt ging Mose in
die Wolke hinein und stieg auf den
Berg. 40 Tage und 40 Nächte blieb er
dort.

Anordnungen für das Heiligtum
(Kapitel 25-30)

25 1 Jahwe sagte zu Mose:
2 »Sag den Israeliten, dass
sie mir freiwillige Gaben bringen. Von
jedem, der es gern gibt, sollt ihr diese
Opfergabe annehmen. 3 Sie kann aus
Gold, Silber oder Bronze bestehen.
4 Es kann blauer oder roter Purpur
sein, Karmesinstoff, Leinen oder Zie-
genhaar. 5 Lasst rot gefärbte Felle
von Schafböcken bringen, Tachasch-
Häute* und Akazienholz, 6 Öl für den
Leuchter, wohlriechende Zutaten für
das Salböl und die Weihrauchmi-
schung, 7 dazu Edelsteine und Onyx
zum Schmuck für das Efod* und die
Brusttasche. 8 Sie sollen mir ein Hei-
ligtum bauen, weil ich unter ihnen
wohnen will. 9 Ich habe dir das Modell
dieser Wohnung samt ihren Einrich-
tungsgegenständen gezeigt. Dement-
sprechend sollt ihr sie bauen.«

Die Bundeslade

10 »Sie sollen eine Lade aus Akazien-
holz machen: eineinviertel Meter*
lang, dreiviertel Meter breit und eben-
so hoch. 11 Innen und außen soll sie

24,8 Wird im Neuen Testament im Hebräerbrief zitiert: Hebräer 9,20.

24,11 *ihn sehen.* Nach Vers 10 sahen sie nur den Fußboden, auf dem sein Thron stand. Gott selbst verhüllt sich in strahlendem Licht, denn Gottes Gesicht zu sehen ist für jeden Menschen tödlich (2. Mose 33,20-23).

25,5 *Tachasch-Häute.* Weichgegerbtes Leder aus Tümmler- oder Dachshäuten.

25,7 *Efod.* Ein sehr kostbares ärmelloses Gewand, das der Hohe Priester über dem Obergewand trug (2. Mose 39). Am Efod waren die mit Edelsteinen besetzten Schulterstücke und das Brustschild befestigt.

mit reinem Gold überzogen sein und
oben mit einer Goldleiste verziert.
12 Lass vier Ringe aus Gold gießen
und so an den vier Ecken anbringen,
dass an jeder Längsseite zwei Ringe
sind. 13 Lass dann Stangen aus Aka-
zienholz anfertigen und mit Gold
überziehen. 14 Diese Stangen sollen
in die Ringe an der Längsseite gestek-
kt werden, damit man die Lade tragen
kann. 15 Die Stangen müssen in den
Ringen bleiben und dürfen nicht her-
ausgezogen werden.

16 In die Lade sollst du die Tafeln mit
dem Zeugnis des Bundes legen, die ich
dir geben werde. 17 Lass dann eine
Deckplatte* aus reinem Gold herstel-
len: eineinviertel Meter lang und drei-
viertel Meter breit. 18 Weiter lass zwei
Cherubim-Figuren* aus getriebenem
Gold herstellen. 19 Sie sollen sich an
den beiden Enden der Deckplatte be-
finden und fest mit ihr verbunden sein.
20 Die Cherubim sollen ihre Flügel
nach oben über die Deckplatte ausge-
breitet halten. Ihre Gesichter sollen
einander zugewandt und ihr Blick auf
die Deckplatte gerichtet sein. 21 In die
Lade sollst du die beiden Tafeln legen,
die ich dir geben werde. Verschließ
dann die Lade mit der Deckplatte.
22 Dort über der Deckplatte werde ich
dir begegnen und von der Stelle zwi-
schen den zwei Cherubim aus mit dir
reden und dir die Anweisungen für die
Israeliten geben.«

Der Tisch für die geweihten Brote

23 »Lass einen Tisch aus Akazienholz
machen, einen Meter lang, einen hal-
ben Meter breit und dreiviertel Meter
hoch! 24 Lass ihn mit Gold überziehen
und mit einer goldenen Schmucklei-
ste einfassen! 25 Er soll auch einen
Rahmen von zehn Zentimeter Höhe
haben, der ebenfalls von einer golde-
nen Schmuckleiste eingefasst ist.
26 Lass vier goldene Ringe für ihn an-
fertigen und an den Kanten der vier
Füße befestigen! 27 Die Ringe sollen
dicht an dem Rahmen sein und als
Ösen für die Stangen dienen, damit
man den Tisch tragen kann. 28 Die
Tragstangen sollen aus Akazienholz
sein und ebenfalls mit Gold überzogen
werden. 29 Lass schließlich die Schüs-
seln und Schalen, die Kannen und
Kellen anfertigen, die für das Trank-
opfer gebraucht werden. Auch sie
müssen aus reinem Gold hergestellt
werden. 30 Auf dem Tisch sollen
immer die geweihten Brote vor mir
ausgelegt sein.«

Der goldene Leuchter

31 »Lass einen Leuchter aus reinem
Gold machen. Der Leuchter, sein
Fußgestell und sein Schaft, seine
Kelche, Knäufe und Blüten sollen
aus einem Stück getrieben sein.
32 Von seinem Schaft sollen je drei
Arme nach beiden Seiten ausgehen,
33 jeder von ihnen mit drei Kelchen in

25,10 *Meter*. Wörtlich: *zweieinhalb Ellen*. Weil die für eine Elle angegebenen Maße zwischen 44,42 und 52,45 cm schwanken, gehen wir für die meisten Umrechnungen von 50 cm aus. Dadurch werden auch die Proportionen deutlicher.

25,17 *Deckplatte*. Das hebräische Wort ist von einem Verb abgeleitet, das ursprünglich »verdecken«, gewöhnlich aber »sühnen, versöhnen« bedeutet. Vergleiche Hebräer 9,5!

25,18 *Cherub*, Mehrzahl: *Cherubim*: Majestätisches (Engel-)Wesen, das Gottes Herrlichkeit repräsentiert.

Form von Mandelblüten verziert und
jede mit · einem Knauf darunter.
34 Auch auf dem Schaft selbst sollen
sich vier solcher Blütenkelche mit
Knauf befinden, 35 drei davon unter
den Ansatzstellen der Armpaare.
36 Der ganze Leuchter mit seinen
Knäufen und Armen soll aus einem
Stück gearbeitet sein und aus reinem
Gold bestehen. 37 Lass dann sieben
Lampen machen und setze sie so dar-
auf, dass sie ihr Licht nach vorn fallen
lassen. 38 Auch seine Dochtscheren
und Pfännchen sollen aus reinem
Gold sein. 39 Aus einem Block* reinen
Goldes sollst du ihn und seine Geräte
anfertigen lassen. 40 Und achte dar-
auf, dass alles genau nach dem Modell
angefertigt wird, das dir hier auf dem
Berg gezeigt worden ist!«

Die Zeltdecken für das Heiligtum

26 1 »Für die Wohnung sollst du
zehn Zeltdecken anfertigen
lassen. Sie sollen aus gezwirnten Lei-
nenfäden gewebt und künstlerisch
mit Cherubim aus blauer, roter und
karmesinroter Wolle bestickt sein.
2 Jede dieser Zeltdecken soll vierzehn
Meter lang und zwei Meter breit sein.
3 Je fünf Zeltdecken sollen an den
Längsseiten miteinander vernäht
werden. 4 Auch die so entstandenen
Stücke sollen zusammengefügt wer-
den können. Lass deshalb an den bei-
den Längsseiten je fünfzig Schlaufen
aus blauem Purpur anbringen, 5 die
sich genau gegenüber stehen, wenn
man die Stücke nebeneinander legt.
6 Dann lass fünfzig Haken aus Gold
herstellen, mit denen man beide Zelt-
decken verbinden kann, sodass es ein
Ganzes wird.
7 Weiterhin sollst du für die Über-
dachung elf Zeltbahnen aus Ziegen-
haar herstellen lassen. 8 Jede einzelne
Bahn muss fünfzehn Meter lang und
zwei Meter breit sein. 9 Fünf dieser
Zeltbahnen sollen miteinander ver-
bunden werden und ebenso die ande-
ren sechs. Die sechste Bahn soll dann
an der Vorderseite des Zeltes doppelt
gelegt werden. 10 Am Ende der beiden
großen Stücke, die verbunden werden
sollen, lass je fünfzig Schlaufen an-
bringen. 11 Dann lass fünfzig Bronze-
haken herstellen und in die Schlaufen
einfügen, sodass es ein Ganzes wird.
12 Die halbe Zeltbahn, die übersteht,
soll dann über der Rückseite der
Wohnung hängen. 13 Und was von
der Länge der Bahnen übersteht, soll
links und rechts an den Seiten der
Wohnung je einen halben Meter
überhängen. 14 Lass schließlich noch
eine Decke aus rot gefärbten Fellen
von Schafböcken herstellen und oben
darüber eine Decke aus Tachasch-
Häuten.«

Die Holzwände des Heiligtums

15 »Lass auch Bretter für die Woh-
nung herstellen! Sie sollen aus Aka-
zienholz sein und aufrecht stehen.
16 Jedes Brett muss fünf Meter lang
und dreiviertel Meter breit sein 17 und
unten zwei nebeneinanderstehende
Zapfen haben. 18 Zwanzig Bretter
sollen die Südseite der Wohnung
bilden. 19 Unter jedem Brett müssen
zwei Bodenplatten aus Silber ange-
bracht sein, für jeden Zapfen eine,

25,39 *einem Block.* Hebräisch: ein Kikkar = Talent, d.h. etwa 34,5 Kilogramm.

vierzig insgesamt. 20 Auch die andere
Längsseite der Wohnung, die Nord-
seite, wird aus zwanzig Brettern
21 mit ihren vierzig silbernen Boden-
platten gebildet, je zwei unter einem
Brett. 22 Für die Rückwand nach
Westen lass sechs Bretter machen.
23 Dazu kommen zwei Bretter für die
Ecken an der Rückseite. 24 Sie sollen
die Rückwand mit den Seitenwänden
verbinden.* 25 Es sollen also acht
Bretter mit sechzehn silbernen Bo-
denplatten sein, zwei unter jedem
Brett.

26 Lass auch Riegel aus Akazienholz
anfertigen, um die Bretter der Woh-
nung zusammenzuhalten, 27 je fünf
für die beiden Längsseiten und fünf
für die nach Westen gerichtete Rück-
seite. 28 Der jeweils mittlere Riegel
soll in der Mitte der Bretter von einem
Ende bis zum anderen durchlaufen.*
29 Die Bretter selbst sollen mit Gold
überzogen werden, ebenso die Riegel.
Die Ösen für die Riegel sollen aus
Gold hergestellt werden. 30 So lass
die Wohnung nach dem Bauplan auf-
richten, der dir auf dem Berg gezeigt
worden ist.«

Die Vorhänge für das Heiligtum

31 »Lass einen Vorhang aus gezwirn-
tem Leinen anfertigen, der künstlerisch
mit Cherubim aus blauer, roter und
karmesinroter Wolle bestickt ist.
32 Den sollst du an vier Säulen aus
Akazienholz hängen, die mit Gold
überzogen sind, Haken aus Gold
haben und auf silbernen Bodenplat-
ten stehen. 33 Häng den Vorhang an
die Haken. Er soll das Heilige vom
Höchstheiligen trennen. Hinter den
Vorhang stellst du die Bundeslade
34 und legst dort im Höchstheiligen
die Deckplatte darauf. 35 Vor den Vor-
hang stellst du den Tisch an die Nord-
seite der Wohnung und ihm gegen-
über an die Südseite den Leuchter.
36 Für den Eingang des Zeltes lass
einen Vorhang aus gezwirntem Lei-
nen machen, worin blaue, rote und
karmesinrote Wollfäden eingewebt
sind. 37 Für den Vorhang lass fünf
Säulen aus Akazienholz herstellen,
die mit Gold überzogen sind. Sie sol-
len Haken aus Gold haben, und jede
soll auf einer aus Bronze gegossenen
Bodenplatte stehen.«

Der tragbare Brandopferaltar

27 1 »Lass den Altar aus Aka-
zienholz anfertigen. Er soll
viereckig sein, zweieinhalb Meter
lang und ebenso breit und eineinhalb
Meter hoch. 2 An seinen vier oberen
Ecken sollen Hörner aufragen, die
aus einem Stück mit dem Altar beste-
hen. Lass ihn mit Bronzeblechen be-
schlagen. 3 Auch die Töpfe, die man
braucht, um ihn von der Fettasche*
zu reinigen, die Schaufeln, die Scha-
len zum Auffangen des Blutes, die
Fleischgabeln und Feuerbecken sol-
len aus Bronze hergestellt werden.
4 Lass ein netzartiges Gitter aus
Bronze anfertigen und befestige vier

26,24 *verbinden.* Die Ausdrücke für die genaue Beschreibung der Eckbohlen sind unverständlich.

26,28 *durchlaufen.* Manche nehmen an, dass der mittlere Riegel durch eine Bohrung der Bretter lief, wofür es aber sonst keinen Hinweis gibt.

27,3 *Fettasche* bildete sich aus den verbrannten Holz- und Fettstücken.

Ringe an seinen Ecken. 5 Dieses Git-
ter soll von unten her in die Einfas-
sung des Altars geführt werden, dass
es innen bis zur halben Höhe des Al-
tars reicht. 6 Lass auch Stangen aus
Akazienholz für den Altar machen
und mit Bronze überziehen. 7 Die
Stangen werden durch die Ringe ge-
steckt, sodass sie sich an beiden Sei-
ten des Altars befinden, wenn man
ihn trägt. 8 Der Altar soll aus Brettern
zusammengefügt und innen hohl
sein. Lass ihn so machen, wie es dir
auf dem Berg gezeigt worden ist.«

Der Vorhof des Heiligtums

9 »Lass den Vorhof der Wohnung mit
einer Abgrenzung umgeben. An seiner
Südseite sollen auf fünfzig Meter
Länge Planen aus gezwirnter Lein-
wand hängen, 10 die von zwanzig Säu-
len gehalten werden. Die Säulen müs-
sen Sockel aus Bronze haben. Die
Haken und die Verbindungsstangen
sollen jedoch aus Silber bestehen.
11 Genauso soll die fünfzig Meter
lange Nordseite aussehen. 12 Auf der
Westseite soll der Vorhof 25 Meter
breit sein. Seine Planen sollen von
zehn Säulen gehalten werden. 13 Auch
die dem Sonnenaufgang zugekehrte
Ostseite soll 25 Meter breit sein. 14 An
ihrer linken Seite sollen Planen auf sie-
beneinhalb Meter Länge an drei Säu-
len hängen 15 und ebenso an ihrer
rechten Seite. 16 Das Tor des Vorhofs
soll eine Plane von zehn Meter Breite
haben, die aus gezwirntem Leinen be-
steht, worin blaue, rote und karmesin-
rote Wollfäden eingewebt sind. Sie
soll an vier Säulen aufgehängt werden.
17 Alle Säulen des Vorhofs sollen Ver-
bindungsstangen und Haken aus
Silber und Sockel aus Bronze haben.
18 Der ganze Vorhof ist also fünfzig
Meter lang und 25 Meter breit. Die
Planen aus dem gezwirnten Leinen
ringsherum sind zweieinhalb Meter
hoch. Die Sockel müssen alle aus
Bronze sein. 19 Alle Geräte der Woh-
nung, die zu irgendeiner Sache ge-
braucht werden, auch die Zeltpflöcke
für die Wohnung und den Vorhof, sol-
len aus Bronze sein.«

Das Öl für den Leuchter im Heiligtum

20 »Nun befiehl den Israeliten, dass sie
dir reines Öl aus zerstoßenen Oliven
für den Leuchter bringen, um das Licht
am Brennen zu halten. 21 Aaron und
seine Söhne sollen dafür sorgen, dass
die Lampen im Zelt der Gottesbegeg-
nung, außerhalb des Vorhangs vor der
Bundeslade, vom Abend bis zum Mor-
gen brennen. Das ist eine beständige
Ordnung für die Israeliten, auch in
künftigen Generationen.«

Die Amtskleidung des Hohen Priesters

28 1 »Du sollst nun deinen Bru-
der Aaron und seine Söhne
aus der Mitte der Israeliten zu dir
kommen lassen, denn sie sollen mir
als Priester dienen: Aaron und seine
Söhne Nadab, Abihu, Eleasar und Ita-
mar. 2 Lass für deinen Bruder Aaron
besondere Gewänder anfertigen, die
Würde und Schönheit ausdrücken.
3 Rede mit allen, die etwas davon ver-
stehen und von mir mit Weisheit er-
füllt wurden. Sie sollen die Gewänder
für Aaron anfertigen, die zeigen, dass
er mir als geweihter Priester dient.
4 Folgende Kleidungsstücke sollen sie

für deinen Bruder Aaron und seine
Nachfolger anfertigen: eine Brust-
tasche, ein Efod, ein Obergewand, ein
Hemd mit eingewebten Mustern,
einen Kopfbund und einen Gürtel.
5 Als Material sollen sie Gold, blaue,
rote und karmesinrote Wolle und
Leinen nehmen.
6 Das Efod sollen sie aus gezwirn-
tem Leinen machen und künstlerisch
mit Goldfäden, blauer, roter und kar-
mesinroter Wolle besticken. 7 Es soll
auf beiden Seiten ein Paar mit ihm
verbundene Schulterstücke haben.
8 Der Gürtel, mit dem es befestigt
wird, soll aus demselben Material be-
stehen und mit ihm verbunden sein.
9 Dann sollst du auf zwei Onyxsteinen
die Namen der Söhne Israels eingra-
vieren lassen, 10 auf jeden Stein sechs
Namen nach der Reihenfolge ihrer
Geburt. 11 Die Namen sollen wie bei
der Siegelgravur in die mit Gold ein-
gefassten Steine eingearbeitet wer-
den. 12 Die beiden Steine müssen
an den Schulterstücken des Efods be-
festigt werden, die Steine, die Jahwe
an die Israeliten erinnern. Aaron soll
ihre Namen auf den Schulterstücken
tragen und sie so vor Jahwe in Erinne-
rung bringen. 13 Lass goldene Einfas-
sungen machen 14 und zwei Kettchen
aus reinem Gold anfertigen, die wie
Schnüre gedreht und an den Einfas-
sungen befestigt sind.«

Die Brusttasche des Hohen Priesters

15 »Lass die Brusttasche für den
Schiedsspruch anfertigen. Sie soll
wie das Efod aus gezwirntem Leinen
gemacht und künstlerisch mit Gold-
fäden und blauer, roter und karme-
sinroter Wolle bestickt sein. 16 Sie
muss quadratisch, 25 mal 25 Zenti-
meter* groß und doppelt gelegt sein.
17 Lass sie mit eingefassten Edelstei-
nen in vier Reihen besetzen. In der er-
sten Reihe ein Karneol, ein Topas
und ein Smaragd, 18 in der zweiten
Reihe ein Rubin, ein Saphir und ein
Jaspis, 19 in der dritten Reihe ein Hy-
azinth, ein Achat und ein Amethyst,
20 und in der vierten Reihe ein Türkis,
ein Onyx und ein Nephrit. Alle sollen
mit Gold eingefasst sein. 21 In die
Steine sollen die Namen der zwölf
Söhne Israels eingraviert sein, in
jedem Stein ein Name für einen
Stamm. 22 Lass zwei gedrehte Ket-
tenschnüre aus reinem Gold für das
Brustschild herstellen. 23 An den bei-
den oberen Ecken des Brustschilds
lass zwei goldene Ringe anbringen
24 und die beiden goldenen Schnüre
dort befestigen. 25 Die Enden dieser
beiden Schnüre sollen an der Vorder-
seite der Schulterstücke befestigt
werden. 26 Lass auch zwei goldene
Ringe an den beiden unteren Enden
der Brusttasche anbringen, und zwar
auf der Rückseite, 27 und noch ein-
mal zwei Goldringe für die beiden
Schulterstücke des Efods. Sie sollen
dicht an seiner Naht, aber oberhalb
des Gürtels vom Efod befestigt wer-
den. 28 Man soll das Brustschild mit
einer blauen Schnur von seinen Rin-
gen aus mit den Ringen des Efods

28,16 *25 mal 25 Zentimeter.* Wörtlich: eine Spanne lang und eine Spanne breit. Es ist das Maß vom Daumen bis zum kleinen Finger, wenn die Hand gespreizt ist (= eine halbe Elle = 23-25 cm).

verknüpfen, sodass es über dem Gurt des Efods sitzt und sich nicht verschieben kann.
29 So soll Aaron auf der Brusttasche für den Schiedsspruch die Namen der Söhne Israels zur ständigen Erinnerung vor Jahwe auf seinem Herzen tragen, wenn er ins Heiligtum hineingeht.
30 In die Brusttasche für den Schiedsspruch lege die Urim und Tummim*, damit sie auf dem Herzen Aarons sind, wenn er hineingeht, um vor Jahwe zu stehen. So soll Aaron den Schiedsspruch für die Israeliten immer vor Jahwe auf dem Herzen tragen.«

Das Obergewand

31 »Das Obergewand, das unter dem Efod getragen wird, soll ganz aus purpurblauem Stoff bestehen.
32 Die Öffnung für den Kopf in der Mitte soll wie bei der Halseinfassung eines Panzerhemdes mit einer gewebten Borte eingefasst sein, damit sie nicht einreißt.
33 Am unteren Saum sollst du Granatäpfel aus blauer, roter und karmesinroter Wolle befestigen und dazwischen goldene Glöckchen anbringen,
34 sodass um den ganzen Saum herum immer ein Glöckchen auf einen Granatapfel folgt.
35 Aaron soll das Gewand beim Dienst im Heiligtum tragen. Man soll die Glöckchen hören, wenn er zu Jahwe hineingeht und wieder herauskommt, damit er nicht stirbt.«

Weitere Teile der Kleidung

36 »Dann lass ein Stirnblatt aus reinem Gold herstellen und darauf eingravieren: ›Heilig für Jahwe‹.
37 Das soll mit einer blauen Schnur vorn am Kopfbund befestigt werden,
38 damit es an Aarons Stirn sei. Denn er trägt die Verantwortung für die Verfehlungen im Zusammenhang mit den heiligen Gaben, die die Israeliten zum Opfer bringen. Es soll immer an seiner Stirn sein, damit die Gaben Jahwe gefallen.

39 Lass das leinene Hemd mit eingewebten Mustern anfertigen und den Kopfbund ebenfalls aus Leinen, schließlich den bunt gewirkten Gürtel.«

Die Ausstattung der Priester

40 »Auch den Söhnen Aarons sollst du Hemden, Gürtel und Kopfbunde machen, die Würde und Schönheit ausdrücken.

41 Dann sollst du Aaron und seinen Söhnen die Priesterkleidung anlegen. Salbe sie, setze sie ins Amt ein und weihe sie, damit sie mir als Priester dienen.

42 Lass auch leinene Kniehosen für sie anfertigen, damit ihre Scham bedeckt ist.
43 Aaron und seine Söhne sollen sie tragen, wenn sie in das Zelt der Gottesbegegnung gehen oder am Brandopferaltar Dienst tun, damit sie nicht schuldig werden und sterben. Diese Vorschrift gilt ihm und allen seinen Nachkommen für immer.«

28,30 *Urim und Tummim* waren die heiligen Lose, die bei schwierigen Entscheidungen den Schiedsspruch herbeiführten. Die Bedeutung der hebräischen Begriffe ist unsicher. Nach der LXX, der griechischen Übersetzung des Alten Testaments, bedeuteten sie *Licht und Recht*.

Regeln für die Einsetzung der Priester

29 1 »Tu folgendes, um sie in
den Priesterdienst einzuset-
zen: Wähle einen junge Stier und zwei
Schafböcke aus, fehlerfreie Tiere,
2 dazu ungesäuertes Lochbrot* und
ungesäuertes mit Öl zubereitetes Ku-
chenbrot und mit Öl bestrichene Fla-
den aus feinem Weizenmehl. 3 Die
legst du in einen Korb und bringst sie
im Korb herbei, dazu den jungen Stier
und die beiden Schafböcke. 4 Führe
Aaron und seine Söhne dann an den
Eingang vom Zelt der Gottesbegeg-
nung und wasche sie dort mit Wasser.
5 Dann lege Aaron die Priesterkleider
an: das Priesterhemd und das Oberge-
wand mit dem Efod und der Brustta-
sche. Binde ihm den Gürtel um, der
am Efod befestigt ist. 6 Setze ihm den
Kopfbund auf und befestige das heili-
ge Stirnblatt daran. 7 Dann gieß ihm
das Salböl über den Kopf und weihe
ihn. 8 Lass auch seine Söhne heran-
treten und bekleide sie mit dem
Priesterhemd. 9 Dann legst du ihnen
den Gürtel an und bindest ihnen die
Kopfbunde um. So setzt du Aaron
und seine Söhne zum Priesterdienst
ein, der ihnen nun für immer über-
tragen ist.

10 Lass dann den jungen Stier vor das
Zelt der Gottesbegegnung bringen.
Aaron und seine Söhne sollen ihre
Hände fest auf den Kopf des Stiers
legen. 11 Dann schlachte den Stier vor
Jahwe am Eingang des Zeltes.
12 Nimm etwas von dem Blut und
streiche es mit dem Finger an die
Hörner des Altars. Das restliche Blut
schütte unten an den Altar. 13 Alles Fett
an den Eingeweiden, den Fettlappen
über der Leber, die beiden Nieren mit
ihrem Fett lass auf dem Altar in Rauch
aufsteigen. 14 Das Fleisch des jungen
Stiers, seine Haut und seine Eingewei-
de samt Inhalt sollst du außerhalb vom
Lager verbrennen. Es ist ein Sündopfer
für Jahwe.

15 Aaron und seine Söhne sollen
nun ihre Hände fest auf den Kopf
des einen Schafbocks legen. 16 Dann
schlachte das Tier und sprenge sein
Blut ringsum an den Altar. 17 Zerlege
es und leg die Stücke und den Kopf
auf den Altar. Die Eingeweide und
Unterschenkel wäschst du vorher ab.
18 Lass dann den ganzen Schafbock in
Rauch aufgehen, es ist ein Brandopfer
für Jahwe, ein Feueropfer für ihn, ein
Geruch, der ihm angenehm ist.

19 Aaron und seine Söhne sollen
ihre Hände dann ebenso auf den Kopf
des zweiten Schafbocks legen. 20 An-
schließend musst du das Tier schlach-
ten. Nimm etwas von seinem Blut und
tupfe es auf das rechte Ohrläppchen,
den rechten Daumen und die rechte
große Zehe Aarons und seiner Söhne.
Das übrige Blut sprengst du ringsum
an den Altar. 21 Nimm dann etwas von
diesem Blut am Altar und von dem
Salböl und sprenge es auf Aaron und
seine Gewänder und auch auf seine
Söhne und ihre Gewänder, damit sie
samt ihrer Kleidung zum Dienst ge-
weiht sind.

22 Dieser zweite Schafbock ist das
Einsetzungsopfer. Nimm sein Fett,

29,2 *Lochbrot.* Ein runder Brotlaib, der in der Mitte durchstoßen ist und so auf einer Stange aufgehängt werden kann zum Schutz gegen Schimmel und Tierfraß.

den Fettschwanz, das Fett an den Ein-
geweiden, den Fettlappen an der
Leber, die beiden Nieren mit ihrem
Fett sowie die rechte Hinterkeule,
23 dazu ein Lochbrot, einen Ölkuchen
und einen mit Öl bestrichenen Fladen
aus dem Korb der ungesäuerten
Brote, der vor Jahwe steht, 24 und leg
das alles Aaron und seinen Söhnen in
die Hände. Sie sollen es Jahwe
hin- und herschwingend darbieten.
25 Dann nimmst du es ihnen wieder
aus den Händen und lässt es auf dem
Altar über dem Brandopfer in Rauch
aufgehen, ein Geruch, der Jahwe an-
genehm ist. Es ist ein Feueropfer für
Jahwe. 26 Nimm dann die Brust von
dem Einsetzungsopfer für Aaron und
biete sie Jahwe schwingend dar. Das
soll dein Anteil sein. 27 Dann sondere
von dem Einsetzungsopfer für Aaron
und seine Söhne das Bruststück des
Schwingopfers und die Hinterkeule
des Hebopfers ab, welche geschwun-
gen und dann emporgehoben worden
sind. 28 Sie gehören Aaron und seinen
Söhnen als dauerndes Anrecht gegen-
über den Israeliten, denn es ist ein
Hebopfer. Auch bei den Freudenop-
fern der Israeliten sind diese Stücke
ein Hebopfer für Jahwe.

29 Die heiligen Gewänder Aarons
gehen nach ihm auf seine Nachfolger
über. In ihnen sollen sie gesalbt und
geweiht werden. 30 Derjenige von sei-
nen Nachkommen, dem es zufällt, als
sein Nachfolger ins Zelt der Gottesbe-
gegnung zu gehen und im Heiligtum
Dienst zu tun, soll die Gewänder bei
seiner Einsetzung sieben Tage lang
tragen.

31 Das Fleisch des Einsetzungsopfers
sollst du im Bereich des Heiligtums
kochen. 32 Dann sollen Aaron und
seine Söhne das Fleisch und das Brot
im Korb am Eingang vom Zelt der Got-
tesbegegnung essen. 33 Sie sollen die
Stücke essen, mit denen die Sühne voll-
zogen wurde, um sie zum Dienst zu
weihen. Niemand sonst darf davon
essen, es ist heilig. 34 Was vom Fleisch
des Einsetzungsopfers und vom Brot
am nächsten Morgen noch übrig ist,
muss verbrannt werden. Man darf es
nicht essen, es ist heilig.

35 An sieben Tagen nacheinander
sollst du das ganze Einsetzungs-
opfer wiederholen. 36 Täglich sollst
du einen jungen Stier als Sündopfer
schlachten und den Altar entsündi-
gen. Du sollst die Sühne an ihm voll-
ziehen und ihn durch Salbung heili-
gen. 37 An sieben Tagen sollst du das
wiederholen. Dann wird der Altar
höchst heilig sein: Alles, was ihn be-
rührt, ist dem Heiligtum verfallen.«

Die täglichen Opfer

38 »Jeden Tag sollst du zwei einjähri-
ge Lämmer als Brandopfer darbrin-
gen lassen, 39 das eine am Morgen,
das zweite am späten Nachmittag.
40 Dazu kommen als Speisopfer je-
weils zwei Litergefäße* mit Fein-
mehl, das mit einem knappen Liter*
Öl aus zerstoßenen Oliven vermengt
ist, und als Trankopfer je einen knap-
pen Liter Wein. 41 Das ist ein Feu-
eropfer für Jahwe, ein Geruch, der
ihm angenehm ist. 42 Ihr sollt das als

29,40 *Litergefäße.* Wörtlich: ein Zehntel (Efa) = 2,2 Liter.

Litergefäße. Wörtlich: ein Viertel Hin = 0,9 Liter

regelmäßiges Brandopfer vor Jahwe
darbringen, und zwar am Eingang
vom Zelt der Gottesbegegnung, also
dort, wo ich euch begegnen werde,
um mit dir zu reden.
43 Dort werde ich den Israeliten be-
gegnen, und das Zelt wird durch
meine Herrlichkeit geheiligt sein.
44 Ich werde das Zelt der Gottesbe-
gegnung und den Altar heiligen. Auch
Aaron und seine Söhne mache ich hei-
lig, damit sie mir als Priester dienen
können. 45 Und ich werde mitten
unter den Israeliten wohnen und ihr
Gott sein. 46 Und sie werden erken-
nen, dass ich, Jahwe, ihr Gott bin, der
sie aus Ägypten herausgeführt hat,
um in ihrer Mitte zu wohnen; ich,
Jahwe, ihr Gott.«

Der Räucheraltar

30 1 »Du sollst auch einen Räu-
cheraltar machen lassen, auf
dem Weihrauch verbrannt wird. Er
muss aus Akazienholz bestehen 2 und
viereckig, einen halben Meter lang,
ebenso breit und einen Meter hoch
sein. Seine Hörner müssen aus einem
Stück mit ihm bestehen. 3 Lass ihn mit
reinem Gold überziehen, seine Platte,
seine Wände und seine Hörner, und
lass ringsum eine goldene Leiste an-
bringen. 4 Unter dieser Leiste müssen
an beiden Seiten je zwei goldene Ringe
angebracht sein, durch die die Trag-
stangen gesteckt werden können. 5 Die
Stangen müssen aus Akazienholz sein
und mit Gold überzogen werden. 6 Stell
diesen Altar vor dem Vorhang auf, hin-
ter dem sich die Bundeslade und ihre
Deckplatte befinden, von der aus ich dir
begegnen will. 7 Aaron soll jeden Mor-
gen, wenn er die Lampen zurichtet,
wohlriechenden Weihrauch auf ihm
verbrennen. 8 Auch wenn er am späten
Nachmittag die Lampen aufsetzt, soll
er Weihrauch aufsteigen lassen. Dieses
Räucheropfer soll auch in künftigen
Generationen regelmäßig vor Jahwe
aufsteigen. 9 Ihr dürft keine fremden
Duftstoffe auf diesem Altar verbren-
nen, auch kein Brand- oder Speisopfer.
Auch kein Trankopfer darf über ihm
ausgegossen werden. 10 Einmal im
Jahr soll Aaron mit dem Blut des Sünd-
opfers der Versöhnung an seinen Hör-
nern die Sühne vollziehen. Das gilt
auch für alle weiteren Generationen,
denn der Altar ist höchst heilig für
Jahwe.«

Die Kopfsteuer für das Heiligtum

11 Jahwe sagte zu Mose: 12 »Wenn du
die Gesamtzahl der Israeliten er-
mittelst, dann soll jeder Gemusterte
Jahwe ein Lösegeld für sein Leben
zahlen, damit bei der Musterung
keine Seuche über das Volk kommt.
13 Jeder, der bei der Musterung erfasst
wird, soll ein halbes Silberstück ge-
ben, wobei ein Silberstück nach dem
Gewicht des Heiligtums zwölf Gramm
wiegt. Es ist eine Abgabe für Jahwe.
14 Jeder männliche Israelit ab zwanzig
Jahren, der durch die Musterung
geht, soll sie für Jahwe geben. 15 Ein
Reicher soll nicht mehr und ein Armer
nicht weniger als ein halbes Silber-
stück geben, wenn ihr Jahwe diese
Abgabe bringt, um Sühne für euer
Leben zu erwirken. 16 Du sollst dieses
Sühnegeld von den Israeliten für die
Arbeit am Zelt der Gottesbegegnung
nehmen. So bringt es die Israeliten vor
Jahwe in Erinnerung und wird euer
Leben bewahren.«

Das Wasserbecken

17 Jahwe sagte zu Mose: 18 »Lass ein
Wasserbecken aus Bronze und dazu
einen bronzenen Untersatz anferti-
gen. Stell es zwischen das Zelt der
Gottesbegegnung und den Altar und
füll es mit Wasser. 19 Aaron und seine
Söhne sollen ihre Hände und Füße
dort waschen. 20 Sie sollen sich wa-
schen, wenn sie ins Zelt der Gottes-
begegnung gehen, damit sie nicht
sterben. Auch wenn sie an den Altar
herantreten, um ein Opfer für Jahwe
dort in Rauch aufgehen zu lassen,
21 sollen sie Hände und Füße wa-
schen, damit sie nicht sterben. Diese
Anordnung gilt für Aaron und alle
seine Nachkommen.«

Salböl und Weihrauch

22 Jahwe sagte zu Mose: 23 »Nimm
dir Balsamöle von bester Sorte: sechs
Kilogramm selbst ausgeflossene
Myrrhe*, je drei Kilogramm wohlrie-
chenden Zimt, Würzrohr* 24 und
Kassia*, wie es dem Gewicht des Hei-
ligtums entspricht, dazu dreieinhalb
Liter Olivenöl. 25 Lass daraus ein
wohlriechendes Salböl für heilige
Salbungen herstellen, wie Salbenmi-
scher das machen. 26 Damit sollst du
das Zelt der Gottesbegegnung und
die Bundeslade salben, 27 auch den
Tisch mit seinen Gegenständen, den
Leuchter mit allem, was dazu gehört,
und den Räucheraltar, 28 den Brand-
opferaltar mit allen Gegenständen,
die dazu gehören, und schließlich das
Wasserbecken und sein Gestell.
29 Dadurch wird alles mir geweiht
und höchst heilig sein. Jeder Unbe-
fugte, der etwas davon berührt, ist
dem Heiligtum verfallen. 30 Auch
Aaron und seine Söhne sollst du mit
dem Öl salben, wenn du sie in den
Priesterdienst einsetzt.
31 Den Israeliten aber sollst du
sagen: ›Das ist ein Öl, das nur für
mich bestimmt ist und nur für die hei-
lige Salbung gebraucht werden darf.
32 Es darf nicht auf die Haut gewöhn-
licher Menschen kommen. Ihr dürft
auch nichts herstellen, was diesem Öl
in seiner Zusammensetzung gleicht.
Es ist heilig und ihr sollt es auch so
achten. 33 Wer eine solche Mischung
herstellt oder etwas von dem Öl auf
einen Unbefugten streicht, soll von
der Gemeinschaft des Volkes besei-
tigt* werden.‹«
34 Jahwe sagte zu Mose: »Nimm dir
Duftstoffe zu gleichen Teilen: Stakte-
tropfen*, Räucherklaue*, wohlriechen-
des Galbanum* und reines Weihrauch-
harz 35 und lass daraus eine Mischung
für das Räucheropfer herstellen, wie es

30,23 *Myrrhe.* Ein sehr kostbares wohlriechendes Harz afrikanisch-arabischer Herkunft, das in Salbölen und Arzneien verarbeitet wurde.

Würzrohr. Gemeint ist das Mark aus den Wurzeln einer Schilfpflanze.

30,24 *Kassia.* Gemeint sind wahrscheinlich Duftstoffe und das Öl, das aus der Rinde des Zimt-Kassienbaums in Südchina gewonnen wurde.

30,33 *beseitigt.* Das bedeutete entweder Verbannung oder Tod.

30,34 *Staktetropfen.* Wahrscheinlich ein wohlriechendes Harz.

Räucherklaue. Gehäuse einer Meeresschneckenart, das beim Verbrennen stark riecht.

Galbanum. Saft aus einem in Syrien heimischen Arzneikraut.

Salbenmischer machen. Füge auch
etwas Salz hinzu und verwende nur
reine Stoffe. 36 Zerstoße jeweils einen
Teil davon zu Pulver und leg es vor die
Bundeslade im Zelt der Gottesbegeg-
nung, also dorthin, wo ich dir begeg-
nen werde. Es soll euch als etwas
Höchstheiliges gelten. 37 Ihr dürft
nichts herstellen, was dieser Weih-
rauchmischung gleicht. Es soll euch
als etwas Heiliges gelten, das Jahwe
gehört. 38 Wer es nachmacht, um
daran zu riechen, soll von der
Gemeinschaft des Volkes beseitigt
werden.«

Die Berufung der Kunsthandwerker

31 1 Jahwe sagte zu Mose:
2 »Pass auf! Ich habe Bezalel
Ben-Uri, den Enkel von Hur aus dem
Stamm Juda, berufen 3 und ihn mit
dem Geist Gottes erfüllt, mit Weisheit
und Verstand und kunsthandwerkli-
chem Geschick. 4 Er kann Pläne ent-
werfen und danach Gegenstände aus
Gold, Silber und Bronze anfertigen.
5 Er kann Edelsteine schneiden und
einfassen, er versteht sich auf Holz-
schnitzerei und ist in jeder künstleri-
schen Technik erfahren.

6 Ich habe ihm Oholiab Ben-Ahisa-
mach aus dem Stamm Dan zur Seite
gestellt. Dazu habe ich alle kunstbe-
gabten Handwerker befähigt, alles
herzustellen, was ich angeordnet
habe: 7 das Zelt der Gottesbegeg-
nung, die Bundeslade und die Deck-
platte darauf und alle Gegenstände,
die zum Zelt gehören; 8 dazu den
Tisch mit seinen Gegenständen, den
Leuchter aus reinem Gold und alles,
was dazugehört, den Räucheraltar,
9 den Brandopferaltar und alles, was
dazugehört, das Becken und sein Ge-
stell, 10 die Dienstkleider und die hei-
ligen Gewänder für Aaron und die
Priesterkleider für seine Söhne, 11 das
Salböl und die Weihrauchmischung
für das Heiligtum. Sie sollen alles ge-
nauso machen, wie ich es dir befohlen
habe.«

Das Sabbatgebot

12 Jahwe sagte zu Mose: 13 »Du sollst
den Israeliten einschärfen, dass sie
nur ja meine Sabbate halten. Denn sie
sind ein Zeichen für den Bund zwi-
schen mir und euch, auch für alle spä-
teren Generationen. Daran soll man
erkennen, dass ich Jahwe bin, der
euch heiligt. 14 Haltet also den Sab-
bat! Ja, als heilig soll er euch gelten!
Jeder, der an diesem Tag eine Arbeit
verrichtet, soll von der Gemeinschaft
des Volkes beseitigt werden. 15 Sechs
Tage in der Woche soll man arbeiten,
aber am siebten Tag ist Sabbat, ein
Tag völliger Ruhe, der Jahwe gehört.
Jeder, der am Sabbat arbeitet, muss
unbedingt getötet werden. 16 Die Is-
raeliten sollen also den Sabbat halten.
Und auch all ihre Nachkommen sol-
len ihn als ewigen Bund feiern. 17 Er
ist ein Zeichen des Bundes zwischen
mir und den Israeliten für immer.
Denn in sechs Tagen hat Jahwe Him-
mel und Erde gemacht. Am siebten
Tag jedoch hat er geruht und Atem ge-
schöpft.«

18 Als Jahwe Mose auf dem Berg
Sinai alles gesagt hatte, übergab er
ihm die beiden Tafeln mit dem
Bundesgesetz, auf die der Finger
Gottes geschrieben hatte.

Das goldene Kalb: der Bundesbruch

32 1 Als dem Volk das Warten auf
die Rückkehr Moses zu viel
wurde, sammelten sie sich bei Aaron
und sagten zu ihm: »Los! Mach uns
einen Gott, der vor uns herzieht! Denn
was aus diesem Mose geworden ist,
der uns aus Ägypten hergeführt hat,
wissen wir nicht.« 2 Aaron erwiderte:
»Nehmt euren Frauen, Söhnen und
Töchtern die goldenen Ringe ab und
bringt sie mir!« 3 Da zerrten sich alle
die goldenen Ohrringe ab und brach-
ten sie zu Aaron. 4 Der nahm das Gold
entgegen, schmolz es ein und verwen-
dete es, um die Skulptur* von einem
Kalb anzufertigen. Da riefen alle:
»Hier ist dein Gott, Israel, der dich aus
dem Land Ägypten herausgeführt
hat!« 5 Als Aaron das sah, baute er
einen Altar davor und rief: »Morgen ist
ein Fest für Jahwe!« 6 Am folgenden
Tag standen sie früh auf und opferten
Brand- und Freudenopfer. Dann setz-
ten sie sich hin, um zu essen und zu
trinken. Anschließend standen sie auf,
um sich zu vergnügen.*

7 Da sagte Jahwe zu Mose: »Geh,
steig hinunter, denn dein Volk, das du
aus Ägypten hierher geführt hast, läuft
ins Verderben! 8 Sie sind schnell von
dem Weg abgewichen, den ich ihnen
vorgeschrieben habe. Ein Stierkalb
haben sie sich gebaut und sind vor ihm
niedergefallen. Sie haben ihm Opfer
gebracht und gesagt: ›Das ist dein
Gott, Israel, der dich aus dem Land
Ägypten hierher geführt hat.‹«

9 Weiter sagte Jahwe zu Mose: »Ich
habe gesehen, wie eigensinnig dieses
Volk ist. 10 Lass mich jetzt meinen
Zorn über sie ausschütten und sie
vernichten. Dafür werde ich dich zu
einem großen Volk machen.« 11 Doch
Mose flehte Jahwe, seinen Gott, an
und sagte: »O Jahwe, warum willst du
deinen Zorn über dein Volk ausschüt-
ten, das du eben erst mit großer Macht
und starker Hand aus Ägypten her-
ausgeführt hast? 12 Warum sollen die
Ägypter sagen dürfen: ›Er hat sie nur
herausgeführt, um sie dort am Berg
umzubringen und vom Erdboden ver-
schwinden zu lassen.‹? Lass ab von
deinem glühenden Zorn und lass das
Unheil nicht über dein Volk kommen!
13 Denk an deine Diener Abraham,
Isaak und Israel, denen du bei dir
selbst geschworen hast, ihre Nach-
kommen so zahlreich zu machen wie
die Sterne am Himmel. Du hast ihnen
zugesichert, dass ihre Nachkommen
dieses Land für immer in Besitz neh-
men werden.« 14 Da tat es Jahwe leid,
seinem Volk das angedrohte Unheil
anzutun.

15 Mose kehrte um und stieg den
Berg hinunter. In der Hand hielt er die
beiden Tafeln mit dem Bundesgesetz.
Sie waren vorn und hinten beschrie-
ben. 16 Diese Tafeln waren Gottes
Werk, und die Schrift darauf war von
Gott selbst eingraviert worden.

17 Als Josua den Lärm hörte, den
das Volk im Lager machte, sagte er zu
Mose: »Es muss Krieg im Lager
sein!« 18 »Nein«, sagte Mose, »das
klingt nicht wie Siegesjubel und auch
nicht wie das Klagegeschrei nach

32,4 *Skulptur.* Vermutlich ein mit Goldblech beschlagenes Holzmodell, denn es wurde später (V. 20) verbrannt.

32,6 Wird im Neuen Testament von Paulus zitiert: 1. Korinther 10,7.

einer Niederlage. Was ich höre, klingt nach Festgesang!«
19 Als Mose dem Lager näher kam und das Stierkalb erblickte und die Reigentänze sah, packte ihn der Zorn, und er zerschmetterte die Tafeln unten am Berg.
20 Dann nahm er das Stierkalb, das sie gemacht hatten, und warf es ins Feuer. Schließlich zermalmte er alles zu Staub und streute ihn auf das Wasser, das die Israeliten trinken mussten.
21 Zu Aaron sagte er: »Was hat dir das Volk angetan, dass du es in so schwere Sünde gebracht hast?«
22 Aaron erwiderte: »Werde bitte nicht zornig, mein Herr. Du weißt doch, wie böse dieses Volk ist.
23 Sie haben zu mir gesagt: ›Mach uns einen Gott, der vor uns herzieht! Denn wir wissen nicht, was aus diesem Mose geworden ist, der uns aus Ägypten hierher geführt hat.‹
24 Da fragte ich sie: ›Wer hat Gold?‹ Da rissen sie es sich ab und gaben es mir. Ich habe es ins Feuer geworfen, und da ist dieses Stierkalb daraus geworden.«
25 Mose begriff, dass das Volk zügellos geworden war, denn Aaron hatte die Zügel schleifen lassen – zur Schadenfreude ihrer Feinde.
26 Mose stellte sich an den Eingang des Lagers und rief: »Her zu mir, wer für Jahwe ist!« Da sammelten sich alle Leviten* um ihn.
27 Er sagte zu ihnen: »So spricht Jahwe, der Gott Israels: Jeder von euch hole sein Schwert! Dann geht ihr durch das ganze Lager hin und her von einem Tor zum andern und erschlagt alle Götzendiener*, selbst wenn es der eigene Bruder, Freund oder Verwandte ist.«
28 Die Leviten führten den Befehl Moses aus und töteten an jenem Tag etwa dreitausend Mann.
29 Darauf sagte Mose zu ihnen: »Weiht euch heute für Jahwe, damit er seinen Segen auf euch legt, denn keiner von euch hat den eigenen Sohn oder Bruder verschont.«
30 Am nächsten Tag sagte Mose zum Volk: »Ihr habt gesündigt, schwer gesündigt! Darum will ich jetzt zu Jahwe hinaufsteigen. Vielleicht darf ich eure Sünde zudecken.«
31 Darauf kehrte Mose zu Jahwe zurück und sagte: »Ach, dieses Volk hat eine schwere Sünde begangen: Sie haben sich einen Gott aus Gold gemacht.
32 Wenn du ihnen doch ihre Sünde vergeben könntest! Wenn aber nicht, dann lösch meinen Namen aus dem Buch, das du geschrieben hast.«
33 Doch Jahwe sagte: »Ich lösche nur den aus meinem Buch, der sich an mir vergangen hat.
34 Geh jetzt und führ das Volk an den Ort, den ich dir genannt habe! Pass auf, mein Engel wird vor dir hergehen. Wenn die Zeit gekommen ist, werde ich sie für ihre Sünde zur Rechenschaft ziehen.«
35 Jahwe schlug die Israeliten, weil sie Aaron verleitet hatten, das Stierkalb zu machen.

33
1 Jahwe sagte zu Mose: »Ihr brecht jetzt auf! Bring das Volk, das du aus Ägypten hierher geführt hast, in das Land, das ich Abraham, Isaak und Jakob unter Eid für ihre Nachkommen versprochen habe.

32,26 *Leviten* sind die Nachkommen des Stammes Levi (2. Mose 1,2).

32,27 *Alle Götzendiener*. Hinzugefügt nach der Aussage von 1. Korinther 10,7, die sich auf dieses Geschehen hier bezieht.

2 Ich werde einen Engel vor dir her-
schicken und die Kanaaniter, Amori-
ter, Hetiter, Perisiter, Hiwiter und Je-
busiter vertreiben. 3 Ihr kommt in ein
Land, das von Milch und Honig über-
fließt. Aber ich selbst werde nicht mit
euch ziehen, denn ihr seid ein wider-
spenstiges Volk, und vielleicht müsste
ich euch deshalb unterwegs vernich-
ten.« 4 Als die Israeliten diese harten
Worte vernahmen, trauerten sie. Kei-
ner legte seinen Schmuck an. 5 Denn
Jahwe hatte zu Mose gesagt: »Sag den
Israeliten: Ihr seid ein widerspensti-
ges Volk. Würde ich auch nur einen
Augenblick in eurer Mitte sein, müss-
te ich euch vernichten. Aber wenn ihr
jetzt euren Schmuck ablegt, werde ich
sehen, was ich für euch tun kann.«
6 Da trugen die Israeliten vom Berg
Horeb an keinen Schmuck mehr.

Die Erneuerung des Bundes

7 Von da an schlug Mose das Zelt jedes
Mal entfernt vom Lager auf. Er nannte
es Zelt der Gottesbegegnung.* Jeder,
der Jahwe suchte, musste aus dem
Lager hinaus zu diesem Zelt gehen.
8 Wenn Mose zu dem Zelt ging, stan-
den alle auf. Sie traten an den Eingang
ihrer Zelte und sahen Mose nach, bis
er im Zelt verschwunden war. 9 Und
wenn Mose dort hineinging, kam die
Wolkensäule herab und blieb am Ein-
gang des Zeltes stehen. Dann redete
Gott mit Mose. 10 Wenn die Israeliten
die Wolkensäule am Eingang des Zel-
tes stehen sahen, standen sie alle auf
und warfen sich am Eingang ihrer
Zelte nieder. 11 Jahwe redete direkt
mit Mose, so, wie ein Mann mit sei-
nem Freund redet. Dann kehrte Mose
ins Lager zurück. Sein Diener Josua
Ben-Nun, ein junger Mann, blieb
ständig im Zelt.*

12 Mose sagte zu Jahwe: »Du be-
fiehlst mir, dieses Volk in sein Land zu
führen, aber du hast mir nicht offen-
bart, wen du mitschicken wirst. Dabei
hast du mir doch gesagt, dass du mich
mit Namen kennst und mir deine
Gunst geschenkt hast. 13 Wenn ich
also wirklich deine Gunst genieße,
dann lass mich doch erkennen, was du
vorhast. Ich möchte dich besser ver-
stehen und auch weiter in deiner
Gunst bleiben. Denk doch daran: Die-
ses Volk ist dein Volk!« 14 Jahwe er-
widerte: »Wenn ich mitgehe, würde
dich das dann beruhigen?« 15 Mose
entgegnete: »Wenn du nicht mit-
gehst, dann bring uns lieber nicht von
hier weg! 16 Woran soll man denn
sonst erkennen, dass wir in deiner
Gnade stehen, ich und dein Volk?
Doch nur daran, dass du mit uns
ziehst und uns dadurch vor allen an-
deren Völkern der Welt auszeichnest,
mich und dein Volk!« 17 Jahwe er-
widerte: »Auch diese Bitte werde ich
dir erfüllen, denn du stehst in meiner
Gunst und ich kenne dich genau!«

18 Doch er bat ihn weiter: »Lass
mich doch deine Herrlichkeit sehen!«
19 Er antwortete: »Ich selbst werde all
meine Güte an dir vorüberziehen las-
sen und den Namen Jahwe vor dir aus-
rufen. Ich entscheide, wem ich gnädig

33,7 *Zelt der Gottesbegegnung.* Damit ist noch nicht das Heiligtum gemeint, denn dessen Bau wird erst in den folgenden Kapiteln berichtet; es stand mitten im Lager.

33,11 *blieb ... im Zelt.* Josua hatte offenbar die Aufgabe, sich um dieses Zelt zu kümmern.

bin, und schenke mein Erbarmen,
wem ich will.«* 20 Dann sagte er: »Du
kannst mein Gesicht nicht sehen, denn
kein Mensch, der mich sieht, bleibt am
Leben.« 21 Jahwe sagte weiter: »Pass
auf! Hier auf dem Felsen ist ein Platz
bei mir. Da kannst du stehen. 22 Wenn
dann meine Herrlichkeit vorüberzieht,
werde ich dich in einen Felsspalt stel-
len und meine Hand als Schutz über
dich halten, bis ich vorüber bin.
23 Dann werde ich meine Hand weg-
nehmen, und du kannst mich von hin-
ten sehen. Aber mein Gesicht darf
nicht gesehen werden.«

Die neuen Gesetzestafeln

34 1 Dann sagte Jahwe zu Mose:
»Hau dir zwei Steintafeln zu-
recht wie die ersten, die du zerbrochen
hast! Ich werde die Worte darauf
schreiben, die schon auf den ersten
Tafeln standen. 2 Halte dich für mor-
gen bereit! Morgen früh steigst du auf
den Berg Sinai und erwartest mich auf
dem Gipfel. 3 Es darf niemand mit dir
heraufkommen. Es darf überhaupt
niemand auf dem Berg gesehen wer-
den. Auch das Vieh darf nicht an sei-
nem Fuß weiden.«

4 So hieb Mose zwei Tafeln aus Stein
zurecht wie die ersten. Am nächsten
Morgen stand er früh auf und stieg mit
den Tafeln in der Hand auf den Berg,
wie Jahwe es ihm befohlen hatte. 5 Da
kam Jahwe in einer Wolke auf den Berg
herab, stellte sich an die Seite von Mose
und rief den Namen Jahwes aus.
6 Dann zog er vor seinen Augen vorbei
und rief: »Jahwe, Jahwe, Gott: barm-
herzig und gnädig, langmütig und reich
an Güte und Treue, 7 der Gnade über
tausend Generationen hin erweist, der
Schuld, Vergehen und Sünde vergibt,
aber keineswegs ungestraft lässt, der
die Schuld der Väter an den Kindern
und Enkeln bis in die dritte und vierte
Generation verfolgt.« 8 Sofort warf sich
Mose auf die Erde und betete an. 9 Er
sagte: »Herr, wenn du mir deine Gunst
geschenkt hast, dann sei in unserer
Mitte. Wenn es auch ein widerspensti-
ges Volk ist, so vergib uns doch unsere
Schuld und Sünde und nimm uns als
Eigentum an.«

10 Da sagte er: »Hiermit schließe ich
einen Bund: Vor deinem ganzen Volk
werde ich Wunder tun, wie sie bisher
unter allen Völkern der Erde noch nie
vollbracht worden sind. Das ganze
Volk, in dessen Mitte du stehst, soll
das Tun Jahwes sehen. Es wird furcht-
erregend sein, was ich für dich tun
werde.

11 Merk dir genau, was ich dir heute
befehle! Ich werde die Amoriter, Ka-
naaniter, Hetiter, Perisiter, Hiwiter
und Jebusiter vor dir vertreiben.
12 Hüte dich, mit den Bewohnern des
Landes, in das du kommen wirst,
einen Bund zu schließen. Sie werden
dir sonst eine Falle sein, wenn sie
unter dir leben. 13 Du sollst vielmehr
ihre Altäre niederreißen, ihre Stein-
male zerschlagen und ihre Aschera-
Pfähle umhauen.

14 Du darfst dich vor keinem ande-
ren Gott anbetend niederwerfen, denn
Jahwe ist ein eifersüchtiger Gott und
heißt auch ›der Eifersüchtige‹!

15 Hüte dich, einen Bund mit den
Bewohnern des Landes zu schließen!

33,19 Wird im Neuen Testament von Paulus zitiert: Römer 9,15.

Denn sonst könnten sie dich einladen,
wenn sie sich ihren Göttern anbie-
ten*, wenn sie ihnen opfern und ihre
Opfermahlzeiten feiern. 16 Vielleicht
würdest du deine Söhne mit ihren
Töchtern verheiraten; und wenn ihre
Töchter sich dann ihren Göttern an-
bieten, könnten sie deine Söhne ver-
führen, das ebenfalls zu tun.

17 Du sollst dir auch keine Götter
aus Metall gießen!

18 Das Fest der ungesäuerten Brote
sollst du halten. Zur festgesetzten Zeit
im Ährenmonat sollst du sieben Tage
lang ungesäuerte Brotfladen essen,
wie ich es dir befohlen habe. Denn
in diesem Monat bist du aus Ägypten
gezogen.

19 Alles, was das erste Mal aus einem
Mutterschoß kommt, gehört mir! Auch
die Erstgeburt von deinen Rindern,
Schafen und Ziegen, wenn es männli-
che Tiere sind. 20 Die Erstgeburt eines
Esels sollst du mit einem Lamm auslö-
sen. Wenn du das nicht tun willst, musst
du dem Fohlen das Genick brechen.
Auch deine erstgeborenen Söhne sollst
du auslösen. Keiner soll mit leeren Hän-
den vor mir erscheinen.

21 Sechs Tage sollst du arbeiten und
am siebten Tag ruhen. Das gilt auch
für die Zeit des Pflügens und des Ern-
tens. 22 Auch das Erntefest sollst du
feiern, wenn du das erste Getreide ein-
bringst, und im Herbst das Wein- und
Obstlesefest.

23 Dreimal im Jahr sollen alle deine
Männer vor dem Herrn, vor Jahwe,
dem Gott Israels, erscheinen. 24 In
dieser Zeit wird niemand in dein Land
einfallen, denn ich werde die Völker
vor dir vertrieben und deine Grenzen
erweitert haben.

25 Das Blut meiner Schlachtopfer
darf nicht zusammen mit Backwaren
aus Sauerteig dargebracht werden.
Das Schlachtopfer vom Passafest darf
nicht bis zum nächsten Morgen auf-
bewahrt bleiben.

26 Die Besten von deinen ersten
Feldfrüchten sollst du in das Haus
Jahwes, deines Gottes, bringen. Ein
Böckchen darfst du nicht in der Milch
seiner Mutter kochen.«

27 Dann sagte Jahwe zu Mose:
»Schreib alles auf, was ich dir gesagt
habe. Denn auf dieser Grundlage
schließe ich mit dir und mit Israel
einen Bund.«

28 Vierzig Tage und Nächte blieb
Mose dort bei Jahwe, und dieser
schrieb die zehn Gebote des Bundes
auf die Steintafeln. Während der gan-
zen Zeit aß und trank Mose nichts.

Gottes Herrlichkeit auf Moses Gesicht

29 Als Mose vom Berg herabstieg,
hatte er die beiden Tafeln mit dem
Bundesgesetz in der Hand. Er wusste
aber nicht, dass durch das Reden mit
Gott seine Gesichtshaut zu leuchten
begonnen hatte. 30 Aaron und alle Is-
raeliten sahen das Leuchten auf der
Gesichtshaut Moses und fürchteten
sich, in seine Nähe zu kommen.
31 Erst als Mose sie rief, kamen Aaron
und die führenden Männer der Ge-
meinschaft zu ihm, und Mose konnte
mit ihnen reden. 32 Dann kamen auch
die anderen Israeliten. Mose gab
ihnen alle Anordnungen weiter, die

34,15 *sich Göttern anbieten*. Wörtlich: nachhuren.

Jahwe ihm auf dem Berg Sinai gege-
ben hatte. 33 Als er ihnen alles gesagt
hatte, verhüllte er sein Gesicht.
34 Immer wenn er ins Zelt ging, um
mit Jahwe zu reden, nahm er die Ver-
hüllung ab, bis er wieder hinausging.
Draußen sagte er den Israeliten, was
ihm aufgetragen war. 35 Da sahen sie
das Leuchten auf der Gesichtshaut
von Mose. Dann verhüllte Mose sein
Gesicht, bis er wieder ins Zelt ging,
um mit Gott zu reden.

Das Sabbatgebot

35 1 Mose rief die ganze Ge-
meinschaft der Israeliten zu-
sammen und sagte zu ihnen: »Folgen-
des hat Jahwe euch befohlen zu tun:
2 Sechs Tage sollt ihr arbeiten, aber
der siebte Tag soll euch heilig sein. Da
feiert ihr einen Sabbat völliger Ruhe
zur Ehre Jahwes. Wer an diesem Tag
arbeitet, muss getötet werden. 3 Ihr
dürft am Sabbat auch kein Herdfeuer
anzünden, egal, wo ihr wohnt.«

Spenden für das Heiligtum

4 Weiter sagte Mose der ganzen Ge-
meinschaft der Israeliten: »Folgendes
hat Jahwe euch befohlen: 5 Bringt
Jahwe eine freiwillige Gabe aus eurem
Besitz! Jeder, der es gern gibt, soll
diese Opfergabe für Jahwe herbringen.
Es kann Gold, Silber oder Bronze sein,
6 blauer oder roter Purpur, Karmesin-
stoff, Leinen oder Ziegenhaar. 7 Ihr
könnt rot gefärbte Felle von Schafbök-
ken bringen, Tachasch-Häute und
Akazienholz, 8 Öl für den Leuchter,
wohlriechende Zutaten für das Salböl
und die Weihrauchmischung, 9 dazu
Edelsteine und Onyx zum Schmuck
für das Efod und die Brusttasche.
10 Jeder kunstbegabte Handwerker
soll kommen und alles anfertigen, was
Jahwe befohlen hat: 11 die Wohnung,
ihr Zeltdach und ihre Hülle, ihre
Haken, Bretter, Riegel, Säulen und
Sockel, 12 die Bundeslade und ihre
Stangen, die Deckplatte und den alles
verhüllenden Vorhang; 13 den Tisch
mit Stangen und Zubehör für die
heiligen Brote; 14 den Leuchter mit
seinen Lampen und allem Zubehör
und das Öl für die Lampen; 15 auch
den Räucheraltar mit seinen Stan-
gen, das Salböl und die Weihrauch-
mischung und den Eingangsvorhang
für das Zelt; 16 den Brandopferaltar
mit seinem Gitter aus Bronze, seinen
Stangen und allem Zubehör, das
Wasserbecken und sein Gestell; 17 die
Behänge für den Vorhof, die Säulen
und ihre Sockel und den Vorhang für
den Eingang zum Vorhof; 18 die
Pflöcke für die Wohnung und den
Vorhof mit den dazugehörigen Seilen;
19 die Kleidung für den Dienst im Hei-
ligtum, die heiligen Gewänder, die
Aaron und seine Söhne beim Priester-
dienst tragen sollen.«
20 Da ging die versammelte Ge-
meinschaft der Israeliten von Mose
weg. 21 Dann kamen alle wieder, die
gern etwas geben wollten, und die es
aus innerem Antrieb taten. Sie brach-
ten ein freiwilliges Opfer für Jahwe.
Es war für die Arbeit am Zelt der Got-
tesbegegnung und den ganzen Dienst
darin und für die heiligen Gewänder.
22 Männer und Frauen brachten be-
reitwillig Spangen, Ohr- und Siegel-
ringe, Halskettchen und goldene
Schmucksachen. Jeder brachte das
Gold hin- und herschwingend vor
Jahwe. 23 Und jeder, bei dem sich

blauer oder roter Purpur vorfand, Karmesinstoff, Leinen oder Ziegenhaar, rot gefärbte Felle von Schafböcken oder Tachasch-Häute, brachte es herbei. 24 Jeder, der Jahwe eine Opfergabe aus Silber oder Bronze geben wollte, brachte sie herbei; und jeder, bei dem sich Akazienholz vorfand, das für irgendetwas beim Bau gebraucht werden konnte, brachte es. 25 Alle begabten Frauen spannen in Handarbeit und brachten das Gesponnene: blauen und roten Purpur, Karmesinstoff und Leinen. 26 Und begabte Frauen, die sich dazu angespornt fühlten, spannen Ziegenhaar. 27 Die führenden Männer brachten Onyx und andere Edelsteine für das Efod und die Brusttasche, 28 außerdem Balsam, Öl für den Leuchter und Duftstoffe für das Salböl und die Weihrauchmischung. 29 Alle Männer und Frauen Israels, die gern zu dem Werk beitragen wollten, das Jahwe durch Mose angeordnet hatte, brachten Jahwe eine freiwillige Gabe.

Mose beauftragt die Kunsthandwerker

30 Nun sagte Mose zu den Israeliten: »Seht, Jahwe hat Bezalel Ben-Uri, den Enkel von Hur aus dem Stamm Juda, berufen. 31 Er hat ihn mit dem Geist Gottes erfüllt, mit Weisheit und Verstand und kunsthandwerklichem Geschick. 32 Er kann Pläne entwerfen und danach Gegenstände aus Gold, Silber und Bronze anfertigen. 33 Er kann Edelsteine schneiden und einfassen, er versteht sich auf Holzschnitzerei und ist in jeder künstlerischen Technik erfahren. 34 Dazu hat Jahwe ihm und Oholiab Ben-Ahisamach aus dem Stamm Dan die Gabe geschenkt, andere zu unterweisen. 35 Beiden hat er die Fähigkeit gegeben, jeden Entwurf eines Kunsthandwerkers, Kunststickers oder Buntwirkers ausführen zu können, ob es um blauen und roten Purpur, Karmesinstoff oder Leinen geht, um Weberei oder Stickerei. Sie können alle möglichen Entwürfe machen und sie ausführen.

36 1 Bezalel und Oholiab und alle begabten Männer, denen Jahwe Weisheit und Einsicht gegeben hat, sollen nun alle Arbeiten zum Bau des Heiligtums ausführen, wie es Jahwe befohlen hat.«

2 Mose berief also Bezalel und Oholiab und jeden begabten Mann, dem Jahwe Weisheit und Einsicht gegeben hatte und den sein Herz antrieb, sich ans Werk zu machen. 3 Sie nahmen von Mose alle freiwilligen Gaben der Israeliten entgegen, die für den Bau des Heiligtums gegeben worden waren. Auch weiterhin brachten die Leute Morgen für Morgen freiwillige Gaben. 4 Da ließen die Kunsthandwerker, die das Heiligtum errichten sollten, ihre Arbeit liegen, 5 gingen zu Mose und sagten: »Die Leute bringen zu viel. Es ist mehr da, als für die Arbeit benötigt wird, die uns Jahwe aufgetragen hat.« 6 Darauf ließ Mose im Lager ausrufen: »Ihr Männer und Frauen, ihr braucht nichts mehr für den Bau des Heiligtums herzustellen!« So hörte das Volk auf, noch mehr zu bringen. 7 Es war bereits mehr als genug Material für alle Arbeiten vorhanden.

Die Ausführung aller Anweisungen für das Heiligtum und die Priesterkleidung (Kapitel 36 – 39)

Der Bau des Heiligtums

8 So machten sich alle, die etwas
davon verstanden, an die Arbeit. Sie
stellten die Wohnung aus zehn Zelt-
decken her. Die Zeltbahnen waren aus
gezwirnten Leinenfäden gewebt und
künstlerisch mit Cherubim aus blauer,
roter und karmesinroter Wolle bestik-
kt. 9 Jede dieser Zeltbahnen war vier-
zehn Meter lang und zwei Meter breit.
10 Je fünf Zeltdecken vernähte man an
den Längsseiten miteinander. 11 An
den beiden Längsseiten der so ent-
standenen Stücke brachte man
Schlaufen aus blauem Purpur an, 12 je
fünfzig, die sich genau gegenüber
standen, wenn man die Stücke neben-
einander legte. 13 Dann wurden fünf-
zig Haken aus Gold hergestellt, mit
denen man beide Zeltdecken verbin-
den konnte, sodass es ein Ganzes
wurde.

14 Die Männer webten elf Zeltbah-
nen aus Ziegenhaar. 15 Jede einzelne
Bahn war fünfzehn Meter lang und
zwei Meter breit. 16 Sie verbanden
einmal fünf und einmal sechs dieser
Zeltbahnen miteinander. 17 Am Ende
der beiden großen Stücke brachten sie
je fünfzig Schlaufen an. 18 Dann stell-
ten sie fünfzig Bronzehaken her und
fügten sie in die Schlaufen ein, sodass
es ein Ganzes wurde. 19 Sie fertigten
schließlich noch eine Decke aus rot
gefärbten Fellen von Schafböcken
an und oben darüber eine Decke aus
Tachasch-Häuten.

20 Die Bretter für die Wohnung
machten sie aus Akazienholz. Sie
standen aufrecht. 21 Jedes Brett war
fünf Meter lang, dreiviertel Meter
breit 22 und hatte unten zwei neben-
einanderstehende Zapfen. 23 Zwan-
zig Bretter bildeten die Südseite
der Wohnung. 24 Unter jedem Brett
waren zwei Bodenplatten aus Silber
angebracht, für jeden Zapfen eine,
also insgesamt vierzig. 25 Auch die
andere Längsseite der Wohnung, die
Nordseite, bestand aus zwanzig Bret-
tern 26 mit ihren vierzig silbernen Bo-
denplatten, je zwei unter einem Brett.
27 Für die Rückwand nach Westen
machten sie sechs Bretter, 28 dazu die
zwei Bretter für die Ecken an der Rük-
kseite. 29 Sie verbanden die Rück-
wand mit den Seitenwänden. 30 Es
waren also acht Bretter mit sechzehn
silbernen Bodenplatten, zwei unter
jedem Brett. 31 Dann fertigten sie Rie-
gel aus Akazienholz an, um die Bretter
der Wohnung zusammenzuhalten,
32 je fünf für die beiden Längsseiten
und fünf für die nach Westen gerich-
tete Rückseite. 33 Der jeweils mittlere
Riegel lief in der Mitte der Bretter von
einem Ende bis zum anderen durch.
34 Die Bretter selbst wurden mit Gold
überzogen, ebenso die Riegel. Die
Ösen für die Riegel wurden aus Gold
hergestellt.

35 Dann fertigten sie den Vorhang
aus gezwirntem Leinen an und bestik-
kten ihn künstlerisch mit Cherubim
aus blauer, roter und karmesinroter
Wolle. 36 Dazu machten sie vier Säu-
len aus Akazienholz und überzogen
sie mit Gold. Auch ihre Haken waren
aus Gold. Sie standen auf silbernen
Bodenplatten. 37 Für den Eingang des
Zeltes fertigten sie einen Vorhang aus
gezwirntem Leinen, worin blaue, rote

und karmesinrote Wollfäden einge-
webt waren. 38 Er wurde an fünf Säu-
len aus Akazienholz gehängt, deren
Köpfe und Bindestäbe mit Gold über-
zogen waren. Die Bodenplatten
waren hier aus Bronze.

Die Bundeslade

37 1 Die Lade stellte Bezalel aus
Akazienholz her. Sie war
eineinviertel Meter lang, dreiviertel
Meter breit und ebenso hoch. 2 Innen
und außen überzog er sie mit reinem
Gold und verzierte sie oben mit einer
Goldleiste. 3 Dann goss er vier Ringe
aus Gold und machte sie so an den vier
Ecken fest, dass an jeder Längsseite
zwei Ringe waren. 4 Er fertigte Stan-
gen aus Akazienholz an und überzog
sie mit Gold. 5 Diese Stangen steckte
er in die Ringe an der Längsseite,
damit man die Lade tragen konnte.
6 Dann stellte er eine Deckplatte aus
reinem Gold her, eineinviertel Meter
lang und dreiviertel Meter breit. 7 An
beide Enden dieser Platte stellte er
zwei Cherubim-Figuren, die aus ge-
triebenem Gold gefertigt waren. 8 Sie
standen einander gegenüber und
waren fest mit der Platte verbunden.
9 Die Cherubim hielten ihre Flügel
nach oben über die Deckplatte ausge-
breitet. Ihre Gesichter waren einander
zugewandt, und ihr Blick war auf die
Deckplatte gerichtet.

Der Tisch

10 Den Tisch machte er aus Akazien-
holz, einen Meter lang, einen halben
Meter breit und dreiviertel Meter
hoch. 11 Er überzog ihn mit reinem
Gold und fasste ihn mit einer golde-
nen Schmuckleiste ein. 12 Dazu
machte er einen Rahmen von zehn
Zentimetern Höhe, der ebenfalls von
einer goldenen Schmuckleiste einge-
fasst war. 13 Dann fertigte er vier gol-
dene Ringe für ihn an und befestigte
sie an den Kanten der vier Füße.
14 Die Ringe waren dicht an dem Rah-
men befestigt und dienten als Ösen
für die Stangen, damit man den Tisch
tragen konnte. 15 Die Tragstangen
machte er aus Akazienholz und über-
zog sie mit Gold. 16 Dann fertigte
er die Schüsseln und Schalen, die
Kannen und Kellen an, die für das
Trankopfer gebraucht werden, alles
aus reinem Gold.

Der Leuchter

17 Den Leuchter machte er aus reinem
Gold. Er war mit seinem Fußgestell,
seinem Schaft, seinen Kelchen, Knäu-
fen und Blüten aus einem Stück getrie-
ben. 18 Von seinem Schaft gingen je
drei Arme nach beiden Seiten aus.
19 Jeder von ihnen war mit drei Kel-
chen in Form von Mandelblüten ver-
ziert, jede mit einem Knauf darunter.
20 Auf dem Schaft selbst befanden sich
vier solcher Blütenkelche mit Knauf,
21 drei davon unter den Ansatzstellen
der Armpaare. 22 Der ganze Leuchter
mit seinen Knäufen und Armen war
aus einem Stück gearbeitet und be-
stand aus reinem Gold. 23 Auch seine
sieben Lampen, seine Dochtscheren
und Pfännchen waren aus reinem
Gold. 24 Aus einem Block reinen Gol-
des fertigte er ihn und seine Geräte an.

Der Räucheraltar

25 Er machte auch einen Räucheraltar
aus Akazienholz. Der war viereckig,
einen halben Meter lang, ebenso breit

und einen Meter hoch. Seine Hörner be-
standen aus einem Stück mit ihm.
26 Dann überzog er ihn mit reinem
Gold: seine Platte, seine Wände und
seine Hörner, und brachte ringsum eine
goldene Leiste an. 27 Unter dieser Leiste
waren an beiden Seiten je zwei goldene
Ringe angebracht, durch die Tragstan-
gen gesteckt werden konnten. 28 Die
Stangen wurden aus Akazienholz ge-
macht und mit Gold überzogen.
29 Von kundigen Salbenmischern
ließ er das heilige Salböl und den wohl-
riechenden Weihrauch herstellen.

Der Brandopferaltar

38 1 Den Brandopferaltar fertig-
te er aus Akazienholz. Er war
viereckig, zweieinhalb Meter lang,
ebenso breit und eineinhalb Meter
hoch. 2 An seinen vier oberen Ecken
ließ er Hörner aufragen, die aus einem
Stück mit dem Altar bestanden. Dann
beschlug er ihn mit Bronzeblechen.
3 Auch die Töpfe, Schaufeln und
Schalen, die Fleischgabeln und Feuer-
becken waren aus Bronze. 4 Er fertig-
te auch ein netzartiges Gitter aus
Bronze an, das von unten her in die
Einfassung des Altars geführt wurde
und bis zu seiner halben Höhe reichte.
5 Dann goss er vier Ringe und befe-
stigte sie an seinen Ecken. Sie dienten
als Ösen für die Tragstangen, 6 die er
aus Akazienholz machte und mit
Bronze überzog. 7 Die Stangen wur-
den in die Ringe an den Seiten des Al-
tars gesteckt, damit er so getragen
werden konnte. Er war aus Brettern
zusammengefügt und innen hohl.

Das Wasserbecken

8 Dann stellte er aus den Spiegeln*
der Frauen, die sich am Eingang vom
Zelt* der Gottesbegegnung zusam-
menscharten*, ein Wasserbecken aus
Bronze und dazu einen bronzenen
Untersatz her.

Der Vorhof

9 Als Abgrenzung des Vorhofs an der
Südseite ließ er auf fünfzig Metern
Länge Planen aus gezwirnter Lein-
wand aufhängen, 10 die von zwanzig
Säulen gehalten wurden. Die Säulen
hatten Sockel aus Bronze. Die Haken
und Verbindungsstangen waren je-
doch aus Silber. 11 Genauso war es bei
der fünfzig Meter langen Nordseite.
12 Auf der Westseite war der Vorhof 25
Meter breit. Seine Planen wurden von
zehn Säulen gehalten. Auch sie hatten
Sockel aus Bronze und Haken und Ver-
bindungsstangen aus Silber. 13 Auch
die dem Sonnenaufgang zugekehrte
Ostseite war 25 Meter breit. 14 Links
vom Tor waren Planen auf siebenein-
halb Meter Länge an drei Säulen auf-
gehängt 15 und ebenso rechts davon.
16 Die Planen waren aus gezwirnter
Leinwand gefertigt. 17 Alle Säulen des
Vorhofs hatten Verbindungsstangen
und Haken aus Silber und Sockel aus

38,8 *Spiegel* bestanden im Altertum aus poliertem Metall, hier aus Bronze.

Eingang vom Zelt meint hier wie auch an einigen anderen Stellen nicht den Eingang zum Heiligtum, sondern den Platz vor dem Eingang zum Vorhof, wo sich auch das ganze Volk versammeln konnte (3. Mose 8,3; 4. Mose 10,3; 25,6).

Frauen ... zusammenscharten. Das Verb bedeutet eigentlich: kämpfen gegen, in den Krieg ziehen. Was diese Frauen, die auch in 1. Samuel 2,22 erwähnt werden, wirklich taten, ist unbekannt.

Bronze. Ihre Köpfe waren mit Silber
überzogen. 18 Das Tor des Vorhofs war
eine Plane von zehn Meter Breite und
zweieinhalb Meter Höhe, die aus ge-
zwirntem Leinen bestand, worin
blaue, rote und karmesinrote Wollfä-
den eingewebt waren. 19 Sie war an
vier Säulen aufgehängt, deren Sockel
aus Bronze bestanden. Die Köpfe und
Verbindungsstangen waren jedoch mit
Silber überzogen, und die Haken be-
standen aus Silber. 20 Alle Zeltpflöcke
für die Wohnung und den Vorhof
waren aus Bronze.

Das verwendete Material

21 Es folgt eine Liste des Materials,
das für die Wohnung des Bundes-
buches* verwendet wurde. Man hatte
sie auf Anweisung Moses unter der
Leitung von Itamar, dem Sohn des
Priesters Aaron, aufgestellt. 22 Bezalel
Ben-Uri, der Enkel von Hur aus dem
Stamm Juda, hatte alle Arbeiten aus-
geführt, die Jahwe Mose befohlen
hatte. 23 Unterstützt wurde er von
Oholiab Ben-Ahisamach aus dem
Stamm Dan, einem Kunsthandwer-
ker, der sich besonders auf das kunst-
fertige Weben und Sticken mit blauer,
roter und karmesinroter Wolle und
gezwirntem Leinen verstand.

24 Die Goldmenge, die zum Bau des
Heiligtums gespendet und verarbeitet
worden war, betrug nach dem Ge-
wicht des Heiligtums 1009 Kilo-
gramm*. 25 Das Silber von den Män-
nern, die gemustert worden waren,
wog insgesamt 3470 Kilogramm,
26 es war das halbe Silberstück für die
603.550 Männer der Gemeinschaft,
die zwanzig Jahre und älter waren.*
27 3450 Kilogramm waren zum
Gießen der 100 silbernen Bodenplat-
ten verwendet worden, die die Wände
des Heiligtums und die Säulen für die
Vorhänge trugen. 28 Aus den übrig ge-
bliebenen 20 Kilogramm wurden die
Haken für die Säulen hergestellt und
außerdem die Köpfe der Säulen und
die Tragstangen versilbert.

29 Die gespendete Kupfermenge hatte
ein Gewicht von 2443 Kilogramm.
30 Daraus wurden die Sockel für den
Eingang vom Zelt der Gottesbegeg-
nung gemacht, der Metallüberzug für
den Altar, sein Bronzegitter und alle
seine Geräte, 31 die Sockel für die Säu-
len rund um den Vorhof und für seinen
Eingang, sowie die Pflöcke für das Zelt
und die Abgrenzung des Vorhofs.

Die Kleidung der Priester

39 1 Nach der Anweisung, die
Mose von Jahwe erhalten
hatte, wurden die heiligen Gewänder
hergestellt, wie sie Aaron für den
Dienst im Heiligtum benötigte. Man
nahm dazu blauen und roten Purpur
und Karmesinstoff*.

Das Efod

2 Das Efod machten sie aus Gold,
blauer, roter und karmesinroter Wolle
und gezwirntem Leinen. 3 Sie häm-
merten dünne Goldbleche und zer-

38,21 *Wohnung des Bundesbuches.* Anderer Name für Zelt der Gottesbegegnung.

38,24 *1009 Kilogramm.* Wörtlich: 29 Talente und 730 Schekel. Ein Talent hatte 3000 Schekel. Ein Schekel wog etwa 11,5 Gramm.

38,26 Siehe 2. Mose 30,13!

39,1 *Karmesinstoff.* Siehe Fußnote zu 2. Chronik 2,13!

schnitten sie zu schmalen Streifen,
um sie künstlerisch in das Material
einzuarbeiten. 4 Sie machten auch die
beiden mit ihm verbundenen Schul-
terstücke 5 und den Gürtel, mit dem
es befestigt wird. Er bestand aus
demselben Material und war mit
ihm verbunden, so, wie es Jahwe
Mose befohlen hatte.

6 Dann fassten sie die zwei Onyx-
steine in Gold, gravierten in die Steine
die Namen der Söhne Israels 7 und
brachten sie auf den Schulterstücken
des Efods an – die Steine zur Erinne-
rung an die Israeliten; so wie Jahwe es
Mose befohlen hatte.

Das Brustschild

8 Die Brusttasche machte man wie das
Efod aus gezwirntem Leinen. Sie
wurde mit Goldfäden, blauer, roter
und karmesinroter Wolle künstlerisch
bestickt. 9 Sie war quadratisch, 25 mal
25 Zentimeter groß, und doppelt ge-
legt. 10 Dann wurde sie mit Edelstei-
nen in vier Reihen besetzt. In der er-
sten Reihe ein Karneol, ein Topas und
ein Smaragd; 11 in der zweiten Reihe
ein Rubin, ein Saphir und ein Jaspis;
12 in der dritten Reihe ein Hyazinth,
ein Achat und ein Amethyst; 13 und in
der vierten Reihe ein Türkis, ein Onyx
und ein Nephrit. Alle waren mit Gold
eingefasst. 14 In die Steine waren die
Namen der zwölf Söhne Israels ein-
graviert, in jedem Stein ein Name für
einen Stamm. 15 Dann wurden zwei
gedrehte Kettenschnüre aus reinem
Gold für das Brustschild hergestellt.
16 An den beiden oberen Ecken des
Brustschilds wurden zwei goldene
Ringe angebracht 17 und die beiden
goldenen Schnüre dort befestigt.
18 Die Enden dieser beiden Schnüre
wurden an der Vorderseite der Schul-
terstücke befestigt. 19 Auch an den
beiden unteren Enden der Brusttasche
wurden zwei goldene Ringe ange-
bracht, 20 ebenso an den beiden
Schulterstücken des Efods. Sie wur-
den dicht an ihrer Naht, aber oberhalb
des Gürtels vom Efod befestigt.
21 Man verknüpfte das Brustschild mit
einer blauen Schnur von seinen Rin-
gen aus mit den Ringen des Efods, so-
dass es über dem Gurt des Efods saß
und sich nicht verschieben konnte; so
wie Jahwe es Mose befohlen hatte.

Andere Kleidungsstücke

22 Das Obergewand, das unter dem
Efod getragen wurde, bestand aus
purpurblauem Stoff. 23 Die Öffnung
für den Kopf in der Mitte war wie bei
der Halseinfassung eines Panzerhem-
des mit einer gewebten Borte einge-
fasst, damit sie nicht einriss. 24 Am
unteren Saum waren Granatäpfel aus
blauer, roter und karmesinroter Wolle
befestigt. 25 Dazwischen hatte man
goldene Glöckchen angebracht, 26 so-
dass um den ganzen Saum herum
immer ein Glöckchen auf einen Gra-
natapfel folgte. In diesem Gewand
sollte der Dienst im Heiligtum ver-
richtet werden, wie Jahwe es Mose be-
fohlen hatte.

27 Weiter machten sie aus Leinen
für Aaron und seine Söhne Hemden,
28 Kopfbünde, turbanartige Kopfbe-
deckungen und Kniehosen. 29 Auch
der bunt gewirkte Gürtel bestand aus
gezwirntem Leinen; so wie Jahwe es
Mose befohlen hatte.

30 Schließlich machten sie das
Stirnblatt, das heilige Diadem, aus

reinem Gold und gravierten darauf
ein: »Heilig für Jahwe«. 31 Das wurde
mit einer blauen Schnur vorn am
Kopfbund befestigt, wie Jahwe es
Mose befohlen hatte.

Mose besichtigt das Heiligtum

32 So wurde die ganze Arbeit für die
Wohnung, das Zelt der Gottesbegeg-
nung, vollendet. Die Israeliten mach-
ten es genauso, wie Jahwe es Mose be-
fohlen hatte. 33 Dann brachten sie
alles zu Mose: das Zelt und alles, was
dazu gehörte; seine Haken, Bretter,
Riegel, Säulen und Bodenplatten,
34 die Decke aus rot gefärbten Fellen
von Schafböcken, die Decke aus Ta-
chasch-Häuten, den Vorhang, der
alles verhüllte, 35 die Lade für das
Bundesgesetz, ihre Tragstangen und
die Deckplatte, 36 den Tisch für die
geweihten Brote mit allem, was dazu
gehört; 37 den Leuchter mit seinen
Lampen, dem Öl und allem Zubehör,
38 den goldenen Altar, das Salböl, den
Weihrauch und den Vorhang für den
Eingang, 39 den Bronzealtar, sein
Bronzegitter, seine Tragstangen und
alles Zubehör, das Becken und sein
Gestell, 40 die Planen für den Vorhof,
dazu die Säulen und Bodenplatten,
die Plane für den Eingang zum Vor-
hof, dazu die Seile, Pflöcke und was
sonst noch dazugehört; 41 die gewirk-
ten Gewänder für den Priesterdienst
im Heiligtum, die heiligen Gewänder
für Aaron und die für seine Söhne.
42 Die Israeliten hatten alles genauso
gemacht, wie Jahwe es Mose befohlen
hatte. 43 Mose sah sich alles an, was
sie gemacht hatten. Es war alles ge-
nauso geworden, wie Jahwe es befoh-
len hatte. Da segnete Mose sie.

Der Aufbau des Heiligtums

40 1 Jahwe sagte zu Mose:
2 »Am 1. April* sollst du die
Wohnung aufrichten, das Zelt der
Gottesbegegnung. 3 Bring die Lade
mit dem Bundesbuch hinein und ver-
decke sie mit dem Vorhang! 4 Dann
stell den Tisch auf und richte alles her,
was dazu gehört! Bring auch den
Leuchter hinein und setze seine Licht-
schalen darauf. 5 Stell dann den gol-
denen Räucheraltar der Lade mit dem
Bundesgesetz gegenüber und hänge
den Vorhang am Eingang zur Woh-
nung auf!
6 Den Brandopferaltar stell vor dem
Eingang zum Zelt der Gottesbegeg-
nung auf! 7 Dann stell das Becken
zwischen das Zelt und den Altar und
füll es mit Wasser! 8 Errichte die Ab-
grenzung rings um den Vorhof und
häng die Plane an seinem Eingang
auf!
9 Nimm dann das Salböl und salbe
damit die Wohnung und alles, was
darin ist! Dadurch wird sie mit allem,
was darin ist, heilig. 10 Salbe auch den
Brandopferaltar und alles, was dazu
gehört, damit der Altar höchst heilig
wird! 11 Salbe auch das Becken und
sein Gestell und heilige es!
12 Dann lass Aaron und seine Söhne
an den Eingang vom Zelt der Gottes-
begegnung treten und wasch sie mit
Wasser! 13 Leg Aaron die heiligen
Gewänder an und salbe ihn. Dadurch
heiligst du ihn zum Priesterdienst
für mich. 14 Lass auch seine Söhne

40,2 Genau ein Jahr nach Einsetzung des Passa (2. Mose 12,2).

herantreten und bekleide sie mit den
Priesterhemden! 15 Salbe sie dann,
wie du ihren Vater gesalbt hast, damit
sie mir als Priester dienen. Damit
überträgst du ihnen und ihren Nach-
kommen den Priesterdienst für im-
mer.« 16 Mose machte alles genauso,
wie Jahwe es ihm aufgetragen hatte.

17 Am 1. April im zweiten Jahr* nach
dem Auszug aus Ägypten wurde die
Wohnung aufgerichtet. 18 Mose stellte
die Bretter auf die Bodenplatten, setz-
te ihre Riegel ein und stellte auch die
Säulen auf. 19 Dann breitete er das
Zeltdach aus und legte noch die
Schutzdecke darüber, wie Jahwe es
ihm befohlen hatte.

20 Anschließend legte er die Tafeln
mit dem Bundesbuch in die Lade. Er
steckte die Tragstangen in die Ringe
und legte die Deckplatte auf. 21 Dann
brachte er die Lade in die Wohnung,
hängte den verhüllenden Vorhang auf
und verdeckte so den Blick zur Bundes-
lade. 22 Dann trug er den Tisch in das
Zelt der Gottesbegegnung und stellte
ihn an die Nordseite vor den Vorhang.
23 Schließlich legte er die Brote über-
einander geschichtet darauf, wie Jah-
we es ihm befohlen hatte.

24 Den Leuchter stellte er an der
Südseite im Zelt der Gottesbegeg-
nung auf, dem Tisch gegenüber. 25 Er
legte vor Jahwe die Lichtschalen dar-
auf, ganz wie er es ihm befohlen hatte.

26 Dann stellte er den goldenen Altar
im Zelt der Gottesbegegnung vor den
inneren Vorhang 27 und verbrannte
Weihrauch darauf, wie Jahwe es ihm
befohlen hatte. 28 Schließlich brachte
er den Vorhang am Eingang der Woh-
nung an.

29 Den Brandopferaltar stellte er vor
den Eingang der Wohnung. Dann op-
ferte er Brand- und Speisopfer darauf,
wie Jahwe es ihm befohlen hatte.

30 Schließlich stellte er das Becken
zwischen das Zelt der Gottesbegeg-
nung und den Altar und füllte es mit
Wasser. 31 Mose selbst, Aaron und
seine Söhne wuschen Hände und Füße
darin. 32 Immer wenn sie ins Zelt der
Gottesbegegnung gingen oder an den
Altar traten, wuschen sie sich, wie
Jahwe es Mose befohlen hatte.

33 Zuletzt errichtete Mose die Ab-
grenzung des Vorhofs um die Woh-
nung und den Altar herum und brach-
te die Plane am Eingang zum Vorhof
an. So vollendete Mose das ganze
Werk.

Die Herrlichkeit Jahwes

34 Da verhüllte die Wolke das Zelt der
Gottesbegegnung und die Herrlich-
keit Jahwes erfüllte die ganze Woh-
nung. 35 Weil die Wolke sich auf dem
Zelt niedergelassen hatte und die
Herrlichkeit Jahwes alles erfüllte,
konnte Mose nicht hineingehen.

36 Während der ganzen Wander-
schaft richteten sich die Israeliten
nach der Wolke. Immer wenn sie sich
erhob, brachen sie auf; 37 und wenn
sie ruhte, blieben sie an ihrem Lager-
platz. Wenn sie sich wieder erhob,
zogen sie weiter. 38 Bei Tag schwebte
die Wolke Jahwes über der Wohnung.
Bei Nacht war ein Feuer in ihr, das
alle Israeliten während ihrer ganzen
Wanderung sehen konnten.

40,17 *Jahr.* Nach biblischer Chronologie (siehe Vorwort des Übersetzers) entspricht das dem Jahr 1445 v.Chr.

Leviticus, das dritte Buch Mose

Das dritte Buch Mose heißt auch Leviticus, weil in ihm die Priestergesetze aufgeschrieben sind und die Priester aus dem Stamm Levi kamen. Die Botschaft, die in den vorgeschriebenen Opfern und Festen liegt, lautet: »Bring dein Leben mit Gott in Ordnung und bleib in seiner Gegenwart!« Die Opfer sind dabei keine Leistung, die der Israelit bringen musste, sondern eine Heilsgabe Gottes an Israel, um für entstandene Schuld Sühne zu schaffen. Das Buch handelt von Heiligkeit und Heiligung. Dieser Grundgedanke spiegelt sich mehrfach in den Worten: »Seid heilig, denn ich bin heilig!« (11,45; 19,2; 20,7.26).

1 1 Jahwe rief Mose und sprach dann aus dem Zelt der Gottesbegegnung zu ihm: 2 »Sag den Israeliten Folgendes: Wenn jemand von euch Jahwe eine Opfergabe bringen möchte, sollt ihr dafür ein Rind, ein Schaf oder eine Ziege nehmen.

Anweisungen für das Brandopfer

3 Wenn er ein Rind als Brandopfer bringen will, muss es ein fehlerfreies männliches Tier sein. Er muss das Tier zum Eingang des Zeltes der Gottesbegegnung bringen, wenn es Jahwe gefallen soll. 4 Dann soll er seine Hand auf den Kopf des Brandopfers stützen, damit es wohlgefällig angenommen wird und Sühnung für ihn erwirkt. 5 Anschließend soll er das junge Rind vor Jahwe schlachten. Ein Priester* aus der Nachkommenschaft Aarons soll das Blut des Opfertiers ringsherum an den Altar sprengen, der vor dem Eingang zum Zelt der Gottesbegegnung steht. 6 Dann soll er dem Brandopfer die Haut abziehen und es in Stücke zerlegen. 7 Die Priester aus der Nachkommenschaft Aarons sollen Feuer auf den Altar tun und Holz darüber schichten. 8 Auf das Holz über dem Feuer sollen sie die Stücke, den Kopf und die Fettteile legen. 9 Die Eingeweide und die Unterschenkel muss der Betreffende vorher mit Wasser gewaschen haben. Der Priester lässt dann alles auf dem Altar verbrennen. So ist es ein Brandopfer, ein Feueropfer, dessen Geruch Jahwe befriedigt.

10 Wenn jemand ein Schaf oder eine Ziege als Brandopfer bringen will, muss es ein männliches Tier ohne Fehler sein. 11 Er soll es an der Nordseite des Altars vor Jahwe schlachten, und ein Priester aus der Nachkommenschaft Aarons soll sein Blut ringsherum an den Altar sprengen. 12 Er soll es in seine Stücke, den Kopf und die Fettteile zerlegen. Der Priester soll sie dann auf das Holz über dem Altar-

1,5 *ein Priester.* Wörtlich: *Die Priester.* Die Mehrzahl bedeutet nicht, dass mehrere oder gar alle Priester an der Opferhandlung beteiligt waren. Es soll vielmehr deutlich werden, dass nur Nachkommen Aarons den Priesterdienst tun durften.

feuer schichten. 13 Die Eingeweide
und die Unterschenkel muss der Be-
treffende vorher mit Wasser gewa-
schen haben. Der Priester lässt dann
alles auf dem Altar verbrennen. So ist
es ein Brandopfer, ein Feueropfer,
dessen Geruch Jahwe befriedigt.

14 Wenn jemand vom Geflügel ein
Brandopfer bringen will, dann soll es
eine Turteltaube oder eine andere
junge Taube sein. 15 Der Priester brin-
ge sie zum Altar, kneife ihr den Kopf
ab und verbrenne ihn im Altarfeuer.
Ihr Blut drücke er an der Wand des Al-
tars aus. 16 Dann soll er den Kropf
samt Inhalt abtrennen und ihn neben
den Altar Richtung Osten auf den
Haufen mit der Fettasche* werfen.
17 Er reiße die Taube an den Flügeln
ein, trenne sie aber nicht ab. Dann soll
der Priester sie auf dem Holz über dem
Altarfeuer verbrennen. So ist es ein
Brandopfer, ein Feueropfer, dessen
Geruch Jahwe befriedigt.

Anweisungen für das Speisopfer

2 1 Wenn jemand Jahwe ein Speis-
opfer bringen möchte, dann soll
es aus Feinmehl bestehen, auf das er
Öl gießen und Weihrauch legen muss.
2 Er soll es zu den Priestern aus der
Nachkommenschaft Aarons bringen.
Dann nehme er eine Handvoll von
dem mit Öl durchtränkten Mehl und
dem Weihrauch, und der Priester
verbrenne diesen Teil der Gabe auf
dem Altar. Es ist ein Feueropfer, des-
sen Geruch Jahwe befriedigt. 3 Der
Rest der Gabe fällt den Priestern aus
der Nachkommenschaft Aarons zu.
Es ist etwas Höchstheiliges, weil es
von den Feueropfern Jahwes stammt.

4 Wenn du ein Ofengebäck als
Speisopfer bringen willst, dann soll
es aus Feinmehl sein und ohne Sauer-
teig zubereitet werden, entweder ein
Lochbrot* mit Öl angefeuchtet oder
ein Fladenbrot, das mit Öl bestrichen
ist. 5 Wenn deine Opfergabe auf einer
Eisenplatte gebacken wurde, soll sie
ohne Sauerteig aus Feinmehl und mit
Öl vermengt zubereitet sein. 6 Du
sollst sie in Stücke zerbrechen und Öl
darauf gießen. Es ist ein Speisopfer.
7 Wenn du etwas in der Pfanne Ge-
backenes als Speisopfer bringen
willst, soll es aus Feinmehl zubereitet
und in Öl gebacken sein.

8 Du sollst die so zubereitete Gabe
Jahwe bringen und dem Priester über-
reichen. Der soll es zum Altar tragen.
9 Dann hebe er den zum Verbrennen
bestimmten Teil davon ab und lasse
ihn auf dem Altar in Rauch aufgehen.
So ist es ein Feueropfer, dessen Ge-
ruch Jahwe befriedigt. 10 Der Rest der
Gabe fällt den Priestern aus der Nach-
kommenschaft Aarons zu. Es ist
etwas Höchstheiliges, weil es von den
Feueropfern Jahwes stammt.

11 Kein Speisopfer, das ihr Jahwe
bringt, darf mit Sauerteig zubereitet
sein. Denn weder vom Sauerteig noch
vom Honig darf etwas als Feueropfer
in Rauch aufgehen. 12 Nur als Erst-
lingsgabe dürft ihr sie Jahwe bringen.
Auf den Altar aber dürfen sie nicht zum
befriedigenden Geruch beitragen.

1,16 *Fettasche* bildete sich aus den verbrannten Holz- und Fettstücken.

2,4 *Lochbrot.* Ein runder Brotlaib, der in der Mitte durchstoßen ist und so auf einer Stange zum Schutz gegen Schimmel und Tierfraß aufgehängt werden kann.

13 Alle Speisopfer und überhaupt alle
Opfergaben müssen gesalzen werden.
Denn das Salz ist das Zeichen des
Gottesbundes.

14 Wenn du Jahwe eine Gabe von
den ersten reifen Früchten bringen
willst, dann sollen es frische Körner
sein, die geröstet zerstoßen werden.
15 Gieß Öl darüber und leg Weihrauch
darauf. Es ist ein Speisopfer. 16 Der
Priester verbrennt einen Teil davon
samt dem Weihrauch. Es ist ein
Feueropfer für Jahwe.

Anweisungen für das Freudenopfer

3 1 Wenn jemand ein Freudenop-
fer* bringen möchte und seine
Opfergabe für Jahwe aus einem Rind
besteht, dann kann er ein männliches
oder weibliches Tier bringen. Es muss
aber fehlerfrei sein. 2 Er soll seine
Hand auf den Kopf des Opfers stützen
und es am Eingang vom Zelt der Got-
tesbegegnung schlachten. Ein Pries-
ter aus der Nachkommenschaft Aa-
rons soll das Blut des Opfertiers rings-
herum an den Altar sprengen. 3 Ein
Teil des Freudenopfers soll für Jahwe
verbrannt werden, und zwar alles Fett
an den Eingeweiden, 4 die beiden Nie-
ren mit ihrem Fett und das Fett an den
Lenden. Den Lappen über der Leber
trenne er mit den Nieren ab. 5 Der
Priester aus der Nachkommenschaft
Aarons soll es zusammen mit den
Brandopfern auf dem Altar in Rauch
aufgehen lassen. So ist es ein Feuerop-
fer, dessen Geruch Jahwe befriedigt.

6 Wenn jemand ein Schaf oder eine
Ziege als Freudenopfer bringen will,
kann es ein männliches oder weibliches
Tier sein. Es darf aber keine Fehler
haben.

7 Wenn seine Opfergabe ein Schaf-
böckchen ist, soll er es zu Jahwe
bringen, 8 seine Hand auf den Kopf
des Opfers stützen und es vor dem
Zelt der Gottesbegegnung schlachten.
Einer von den Nachkommen Aarons
soll sein Blut ringsherum an den Altar
sprengen. 9 Das Fett des Freudenop-
fers soll als Feueropfer für Jahwe ver-
brannt werden: der Fettschwanz* – er
soll dicht beim Schwanzwirbel abge-
trennt werden – und alles Fett, das an
den Eingeweiden ist, 10 dazu die bei-
den Nieren mit ihrem Fett und das
Fett an den Lenden. Den Lappen über
der Leber trenne er mit den Nieren ab.
11 Der Priester soll es auf dem Altar in
Rauch aufgehen lassen. So ist es eine
Speise für das Feueropfer Jahwes.

12 Wenn seine Opfergabe eine
Ziege ist, soll er sie zu Jahwe bringen,
13 seine Hand auf ihren Kopf stützen
und sie vor dem Zelt der Gottesbegeg-
nung schlachten. Einer von den
Nachkommen Aarons soll ihr Blut
ringsherum an den Altar sprengen.
14 Das Fett des Freudenopfers soll als
Feueropfer für Jahwe verbrannt wer-
den: alles Fett, das an den Eingewei-
den ist, 15 dazu die beiden Nieren mit

3,1 Beim *Freudenopfer* wurde im Gegensatz zum Brandopfer nur das Fett auf dem Altar verbrannt. Der größte Teil des Tieres durfte bei einer fröhlichen Opfermahlzeit gemeinsam mit Verwandten und Freunden verzehrt werden.

3,9 *Fettschwanz*. Im Orient gab es Schafe mit schwerem Fettschwanz, der mehr als fünf Kilogramm wiegen konnte und als besondere Delikatesse galt.

ihrem Fett und das Fett an den Len-
den. Den Lappen über der Leber tren-
ne er mit den Nieren ab. 16 Der Prie-
ster soll es auf dem Altar in Rauch
aufgehen lassen. So ist es eine Speise
für das Feueropfer, ein Geruch der
Befriedigung.

Alles Fett gehört Jahwe. 17 Das soll
eine ewige Ordnung bei allen euren
Nachkommen sein, überall, wo sie
wohnen: Keiner von euch darf irgend-
welches Fett* oder Blut essen!«

Das Sündopfer für unabsichtliche Sünden ...

4 1 Jahwe sagte zu Mose: 2 »Gib
den Israeliten weiter: Wenn je-
mand unabsichtlich etwas tut, was
Jahwe verboten hat, und gegen
irgendein Gebot Jahwes verstößt, gilt
Folgendes:

... eines Priesters

3 Wenn der gesalbte Priester sich ver-
fehlt und dadurch Schuld über das
ganze Volk bringt, dann muss er für
seine begangene Sünde Jahwe einen
fehlerfreien jungen Stier als Sündop-
fer bringen. 4 Er muss den Stier an
den Eingang vom Zelt der Gottesbe-
gegnung zu Jahwe bringen, seine
Hand auf dessen Kopf stützen und
den Stier vor Jahwe schlachten.
5 Dann bringe er einen Teil des Blutes
ins Zelt der Gottesbegegnung. 6 Er
tauche seinen Finger in das Blut und
sprenge siebenmal etwas davon in
Richtung des Vorhangs*. 7 Dann
streiche er etwas von dem Blut an die
Hörner* des Altars, der im Zelt der
Gottesbegegnung vor Jahwe steht und
auf dem wohlriechender Weihrauch
verbrannt wird. Den Rest des Blutes
schütte er an den Fuß des Brandopfer-
altars, der vor dem Zelt der Gottesbe-
gegnung steht. 8 Dann soll er das
ganze Fett vom Stier des Sündopfers
abheben: das gesamte Fett an den Ein-
geweiden, 9 dazu die beiden Nieren
mit ihrem Fett und das Fett an den
Lenden. Den Lappen über der Leber
trenne er mit den Nieren ab. 10 Er soll
es genauso abheben, wie es beim Stier
des Freudenopfers gemacht wird.
Dann soll der Priester es auf dem
Brandopferaltar in Rauch aufgehen
lassen. 11 Aber die Haut des Stiers und
sein ganzes Fleisch, auch seinen Kopf,
die Unterschenkel, die Eingeweide
und den Mageninhalt, 12 also den
ganzen übrigen Stier, soll er aus dem
Lager hinausbringen an den abge-
sonderten Ort, wo man die Fettasche
hinschüttet. Dort, auf dem Schutt-
haufen der Fettasche, soll er den Stier
auf Holzscheiten verbrennen.

... der Gemeinschaft

13 Wenn die ganze Gemeinschaft Is-
raels unabsichtlich sündigt und die
Sache der Versammlung verborgen
geblieben ist, dass sie irgendetwas
von dem tut, was Jahwe verboten hat,
und dadurch schuldig wird, 14 dann
muss sie, sobald die Sünde erkannt
wird, einen jungen Stier als Sündop-
fer vor das Zelt der Gottesbegegnung

3,17 *Fett*. Gemeint ist das Hartfett, das lose aufliegt und sich leicht ablösen lässt.

4,6 Es ist der *Vorhang* vor dem Höchstheiligen, so auch Vers 17.

4,7 Die *Hörner* waren Vorsprünge an den vier Ecken des Altars.

bringen. 15 Die Ältesten der Gemein-
schaft sollen vor Jahwe ihre Hände
auf den Kopf des Stiers stützen und
den Stier dann vor Jahwe schlachten.
16 Der gesalbte Priester bringe dann
etwas von dem Blut des Stiers ins
Zelt der Gottesbegegnung. 17 Er tau-
che seinen Finger in das Blut und
sprenge siebenmal etwas davon in
Richtung des Vorhangs. 18 Dann
streiche er etwas von dem Blut an die
Hörner des Altars, der vor Jahwe,
also im Zelt der Gottesbegegnung,
steht. Den Rest des Blutes schütte er
am Fuß des Brandopferaltars aus,
der vor dem Zelt steht. 19 All sein Fett
soll er von ihm abheben und auf dem
Altar in Rauch aufgehen lassen. 20 Er
soll mit dem jungen Stier genauso
verfahren wie mit dem Stier des
Sündopfers. So erwirke der Priester
Sühnung für die Gemeinschaft und
es wird ihr vergeben werden. 21 Dann
soll man den Stier nach draußen vor
das Lager bringen und ihn verbren-
nen, wie man es mit dem ersten Stier
getan hat. Es ist ein Sündopfer der
Versammlung.

... eines Oberen

22 Wenn einer der Oberen sündigt
und unabsichtlich irgendetwas von
dem tut, was Jahwe, sein Gott, verbo-
ten hat, wird er schuldig. 23 Sobald
ihm seine Schuld bewusst wird, muss
der Betreffende einen fehlerfreien
Ziegenbock als Opfergabe bringen.
24 Er soll seine Hand auf den Kopf des
Ziegenbocks stützen und ihn am Platz
des Brandopfers vor Jahwe schlach-
ten. Es ist ein Sündopfer. 25 Der Pries-
ter streiche dann mit dem Finger
etwas von dem Blut an die Hörner des
Brandopferaltars und gieße den Rest
an dessen Fuß aus. 26 Das ganze Fett
aber soll er auf dem Altar in Rauch
aufgehen lassen so wie das Fett des
Freudenopfers. Auf diese Weise er-
wirke der Priester ihm Sühne für sei-
ne Sünde, und es wird ihm vergeben
werden.

... eines einzelnen Israeliten

27 Wenn irgendjemand aus dem Volk
unabsichtlich sündigt, indem er et-
was von dem tut, was Jahwe verboten
hat, wird er schuldig. 28 Sobald ihm
seine Schuld bewusst wird, soll er
eine fehlerfreie Ziege als Opfergabe
für seine Sünde bringen, ein weibli-
ches Tier. 29 Er soll seine Hand fest
auf den Kopf des Sündopfers legen
und es dort schlachten, wo man das
Brandopfer schlachtet. 30 Der Pries-
ter streiche dann mit dem Finger
etwas von dem Blut an die Hörner des
Brandopferaltars und gieße den Rest
am Fuß des Altars aus. 31 Alles Fett
soll er abtrennen, wie das auch beim
Freudenopfer geschieht. Der Priester
lasse es auf dem Altar in Rauch aufge-
hen als einen Geruch, der Jahwe be-
friedigt. So erwirke der Priester ihm
Sühne, und es wird ihm vergeben
werden.

32 Wenn er ein Schaf als Sündopfer
bringen will, dann soll es ein fehler-
loses weibliches Tier sein. 33 Er soll
seine Hand fest auf den Kopf des
Sündopfers legen und es am Platz des
Brandopfers schlachten. 34 Der Prie-
ster streiche dann mit dem Finger
etwas von dem Blut an die Hörner des
Brandopferaltars und gieße den Rest
an dessen Fuß aus. 35 Alles Fett soll
er abtrennen, wie das auch beim

Freudenopfer geschieht. Der Priester
lasse es auf dem Altar, auf dem Feuer
Jahwes, in Rauch aufgehen. So er-
wirke der Priester ihm Sühne für die
Sünde, die er begangen hat, und es
wird ihm vergeben werden.

Gesetze vom Sünd- und Schuldopfer

5 1 Wenn jemand dadurch sündigt,
dass er den Bannfluch* am Be-
ginn eines Prozesses zwar hört, aber
als Zeuge der Sache dennoch keine
Aussage macht, lädt er Schuld auf
sich. 2 Wenn jemand etwas Unreines
berührt, zum Beispiel das Aas irgend-
eines Tieres, wird er schuldig, sobald
er es erkennt. 3 Oder wenn jemand
mit der Unreinheit eines Menschen in
Berührung kommt – egal, wodurch
sie verursacht wurde, – wird er schul-
dig, sobald er es erkennt. 4 Oder wenn
jemand unbedacht schwört, ohne es
wahrzunehmen, egal ob zum Schaden
oder zum Nutzen, so wie ein Schwur
eben unbedacht über die Lippen kom-
men kann, auch durch so etwas wird
er schuldig, sobald er es erkennt.

5 Wenn also jemand in einem dieser
Fälle schuldig wird, soll er bekennen,
wodurch er gesündigt hat. 6 Er muss
Jahwe ein Schuldopfer für die be-
gangene Sünde bringen, ein weibli-
ches Tier vom Kleinvieh, ein Schaf
oder eine Ziege. So soll der Priester
Sühne für ihn erwirken. 7 Wenn seine
Mittel für ein Lamm nicht ausreichen,
soll er Jahwe als Schuldopfer für seine
Verfehlung zwei Turteltauben oder
zwei junge Tauben bringen, eine zum
Sündopfer und eine zum Brandopfer.
8 Der Priester nehme zuerst die zum
Sündopfer bestimmte und kneife ihr
den Kopf am Genick ab. Er soll ihn
aber nicht völlig abtrennen. 9 Dann
sprenge er etwas vom Blut des Sünd-
opfers an die Wand des Altars. Das
übrige Blut drücke er am Fuß des
Altars aus. Es ist ein Sündopfer.
10 Die zweite Taube soll er als Brand-
opfer nach Vorschrift darbringen. So
erwirke der Priester ihm Sühne für die
Sünde, die er begangen hat, und es
wird ihm vergeben werden.

11 Wenn seine Mittel für zwei Tur-
teltauben oder Jungtauben nicht aus-
reichen, dann bringe er als Sündopfer
zwei Liter* Feinmehl. Er soll aber kein
Öl darauf gießen und keinen Weih-
rauch darauf legen, denn es ist ein
Sündopfer. 12 Der Priester nimmt eine
Handvoll davon und lässt diesen Teil
auf dem Altar, auf dem Feuer Jahwes,
in Rauch aufgehen. Es ist ein Sünd-
opfer. 13 So erwirke der Priester ihm
Sühne für die Sünde, die er in einem
der Fälle begangen hat, und es wird
ihm vergeben werden. Das übrige
Mehl gehört dem Priester wie beim
Speisopfer.«

Das Schuldopfer

14 Jahwe sagte zu Mose: 15 »Wenn je-
mand ohne Absicht etwas veruntreut

5,1 *Bannfluch.* Ein Prozess in Israel wurde durch Zeugen entschieden. Deshalb wurden am Beginn des Prozesses alle Zeugen unter den Anwesenden aufgerufen, auch tatsächlich auszusagen (und nicht aus Sympathie mit dem Angeklagten zu schweigen), denn sonst würden sie sich vor Gott schuldig machen.

5,11 *zwei Liter.* Wörtlich: ein Zehntel Efa. Efa ist ein Hohlmaß von 22 Litern.

und sich so an den heiligen Gaben für
Jahwe versündigt, dann soll er Jahwe
sein Schuldopfer bringen: einen feh-
lerfreien Schaf- oder Ziegenbock im
Wert von einigen Silberstücken nach
dem Gewicht des Heiligtums. 16 Und
die Gaben, die der Betreffende schul-
dig geblieben ist, muss er dem Priester
erstatten und noch ein Fünftel dazu-
geben. Mit dem Bock soll der Priester
ihm Sühne erwirken, dann wird ihm
vergeben werden.
17 Wenn jemand sich verfehlt und
etwas tut, was Jahwe verboten hat,
hat er damit Schuld auf sich geladen,
auch, wenn er es nicht erkannte.
18 Der Betreffende soll dem Priester
einen fehlerlosen Schaf- oder Ziegen-
bock im üblichen Wert als Schuldop-
fer bringen. Der Priester soll ihm
Sühne für das Vergehen erwirken, das
er, ohne es zu erkennen, begangen
hat. Dann wird ihm vergeben werden.
19 Es handelt sich um ein Schuldop-
fer. Er ist auf jeden Fall an Jahwe
schuldig geworden.«
20 Jahwe sagte zu Mose: 21 »Wenn
jemand sündigt und Jahwe untreu
wird, indem er etwas, das sein Nächs-
ter ihm zur Aufbewahrung anvertraut
hat, ableugnet oder ein Darlehen, das
dieser ihm gab, nicht zurückzahlt,
oder etwas von ihm raubte oder er-
presste, 22 oder wenn er etwas Verlo-
renes gefunden hat und das ableug-
net, oder wenn er falsch schwört oder
wenn er sonst etwas tut und sich
versündigt, 23 dann ist er schuldig
geworden. Er muss das Geraubte
oder Erpresste, das ihm Anvertraute
oder das Gefundene zurückerstatten,
24 auch alles, was er durch falschen
Eid bekam. Er muss es erstatten und
noch ein Fünftel hinzufügen. Am Tag
seines Schuldopfers soll er es zurück-
geben. 25 Und sein Schuldopfer soll er
Jahwe bringen, indem er dem Priester
einen fehlerfreien Schaf- oder Ziegen-
bock übergibt. 26 Der Priester soll ihm
vor Jahwe Sühne erwirken, dann wird
ihm alles vergeben werden, wodurch
er schuldig geworden ist.«

Opfervorschriften für die Priester ...

6 1 Jahwe sagte zu Mose: 2 »Gib
Aaron und seinen Söhnen folgen-
de Weisungen weiter:

... für das Brandopfer

Für das Brandopfer gilt folgende An-
ordnung: Es muss die ganze Nacht
über auf dem Altarfeuer bleiben und
das Feuer muss bis zum Morgen in
Brand gehalten werden. 3 Dann soll
der Priester das Gewand aus Leinen
und die leinene Kniehose anziehen.
Anschließend nehme er die Fettasche
des Brandopfers vom Feuer und
schütte sie neben den Altar. 4 Dann
wechsle er seine Kleidung und trage
die Fettasche hinaus vor das Lager an
einen abgesonderten Ort. 5 Das Feuer
auf dem Altar muss immer in Brand
gehalten werden, es darf nicht erlö-
schen. Der Priester soll jeden Morgen
Holz anzünden und die Fettstücke der
Freudenopfer auf ihm in Rauch aufge-
hen lassen. 6 Auf dem Altar muss ein
beständiges Feuer in Brand gehalten
werden. Es darf nicht erlöschen.

... für das Speisopfer

7 Für das Speisopfer gilt folgende An-
ordnung: Die Nachkommen Aarons

müssen es Jahwe auf dem Altar dar-
bringen. 8 Der Priester nehme eine
Handvoll von dem mit Öl durchtränk-
ten Feinmehl, auf dem sich der Weih-
rauch befindet, und lasse es auf dem
Altar in Rauch aufgehen. Der Geruch
von diesem, zum Verbrennen be-
stimmten Teil, befriedigt Jahwe.
9 Den Rest davon müssen die Priester
essen. Es muss aber ohne Sauerteig
zubereitet und an heiliger Stätte, im
Vorhof zum Heiligtum, gegessen wer-
den. 10 Es darf nicht mit Sauerteig
verbacken werden, denn es ist ihr An-
teil von meinen Feueropfern, es ist
höchst heilig wie das Sünd- und das
Schuldopfer. 11 Nur die männlichen
Nachkommen Aarons dürfen davon
essen. Das gilt für jede Generation. Es
ist ihr immerwährendes Anrecht an
den Feueropfern Jahwes. Alles, was
mit ihnen in Berührung kommt, wird
heilig.«

... für das Opfer bei der Priesterweihe

12 Jahwe sagte zu Mose: 13 »Folgende
Opfergabe sollen Aaron und seine
Nachkommen Jahwe bringen, und
zwar vom Tag ihrer Salbung an: zwei
Liter Feinmehl als regelmäßiges
Speisopfer, die eine Hälfte am Mor-
gen, die andere am Abend. 14 Es soll
in einer Pfanne mit Öl eingerührt und
zu einem Fladen verbacken werden.
Dieser Fladen soll dann in Stücke
zerbrochen und so Jahwe gebracht
werden, damit daraus ein Geruch ent-
steht, der ihn befriedigt. 15 Der Pries-
ter, der an Aarons Stelle zum Hohen
Priester gesalbt wird, soll es opfern.
Das ist eine immerwährende Ord-
nung: Es soll für Jahwe ganz in Rauch
aufgehen. 16 Jedes Speisopfer eines
Priesters ist ein Ganzopfer. Es darf
nicht gegessen werden.«

... für das Sündopfer

17 Jahwe sagte zu Mose: 18 »Gib
Aaron und seinen Söhnen folgende
Anweisung für das Sündopfer weiter:
Dort, wo das Brandopfer geschlachtet
wird, muss auch das Sündopfer vor
Jahwe geschlachtet werden. Es ist
höchst heilig. 19 Der Priester, der das
Tier als Sündopfer darbringt, darf es
essen. Es muss allerdings an heiliger
Stätte gegessen werden, im Vorhof
vom Zelt der Gottesbegegnung.
20 Alles, was mit dem Fleisch in Be-
rührung kommt, wird geheiligt sein.
Wenn ein Spritzer von seinem Blut
auf ein Kleidungsstück kommt, muss
der Fleck an heiliger Stätte ausgewa-
schen werden. 21 Wenn es in einem
Tongefäß gekocht wird, muss dieses
anschließend zerbrochen werden, ein
Metallgefäß muss anschließend ge-
scheuert und mit Wasser gespült wer-
den. 22 Nur die männlichen Mitglie-
der der Priesterfamilien dürfen davon
essen. Es ist höchst heilig. 23 Aber
jedes Sündopfer, von dessen Blut
etwas ins Zelt der Gottesbegegnung
gebracht wird, um dort im Heiligtum
Sühne zu bewirken, darf man nicht
essen. Es muss verbrannt werden.

... für das Schuldopfer

7 1 Folgende Anordnung gilt für
das Schuldopfer: Es ist höchst
heilig. 2 Dort, wo das Brandopfer ge-
schlachtet wird, muss auch das
Schuldopfer geschlachtet werden. Der
Priester soll das Blut des Opfertiers
ringsherum an den Altar sprengen.

3 Alles Fett davon muss er opfern: das
Fett an den Eingeweiden, 4 die beiden
Nieren mit ihrem Fett und das Fett an
den Lenden. Den Lappen über der
Leber trenne er mit den Nieren ab.
5 Der Priester soll es auf dem Altar als
ein Feueropfer für Jahwe in Rauch
aufgehen lassen. Es ist ein Schuldop-
fer. 6 Nur die männlichen Mitglieder
der Priesterfamilien dürfen davon
essen. Und es darf nur an heiliger
Stätte gegessen werden, denn es ist
höchst heilig. 7 Für das Schuldopfer
gilt dieselbe Ordnung wie für das
Sündopfer. Es gehört dem Priester,
der damit Sühnung erwirkt. 8 Dem
Priester, der ein Brandopfer für je-
mand darbringt, gehört die Haut des
Opfers. 9 Auch jedes Speisopfer, das
im Ofen gebacken oder in der Pfanne
oder auf einer Eisenplatte zubereitet
wird, gehört dem Priester, der es dar-
bringt. 10 Alle übrigen Speisopfer, die
mit Öl vermengt oder trocken sind,
sollen unter allen Priestern aus der
Nachkommenschaft Aarons aufge-
teilt werden.

... für das Freudenopfer

11 Für das Freudenopfer, das man
Jahwe bringt, gilt folgende Anord-
nung: 12 Wird es als Dankopfer ge-
bracht, sollen außerdem noch mit Öl
angefeuchtete Lochbrote und mit Öl
bestrichene Brotfladen gebracht wer-
den, beides ohne Sauerteig zuberei-
tet. Dazu kommt Lochbrot aus Fein-
mehl, das mit Öl vermengt worden
ist. 13 Außer dem Lochbrot soll man
auch gesäuertes Brot als Gabe zu dem
Friedens-Dankopfer bringen. 14 Von
jeder Art Brot hebe der Opfernde ein
Stück für Jahwe ab und übergebe es
dem Priester, der das Blut des Freu-
denopfers versprengt. Ihm soll es ge-
hören. 15 Das Fleisch des Friedens-
Dankopfers soll an dem Tag gegessen
werden, an dem das Opfer gebracht
wird. Es darf nichts davon bis zum
nächsten Morgen liegengelassen wer-
den. 16 Wenn es sich um ein Gelübde
oder ein freiwilliges Opfer handelt,
soll das Fleisch des Schlachtopfers
ebenfalls an dem Tag gegessen wer-
den, an dem es gebracht wurde. Hier-
von darf man allerdings auch am
nächsten Tag noch essen, was übrig-
geblieben ist. 17 Wenn am dritten Tag
immer noch etwas davon übrig ist,
muss es verbrannt werden. 18 Wenn
vom Fleisch des Freudenopfers am
dritten Tag noch etwas gegessen
wird, wird der, der es darbringt, kein
Wohlgefallen finden. Es wird ihm
nicht angerechnet werden. Es gilt als
unrein. Und wer davon isst, wird sich
Schuld aufladen.

19 Fleisch, das mit irgendetwas Un-
reinem in Berührung kommt, darf
nicht gegessen, sondern muss ver-
brannt werden. Alles andere Fleisch
aber darf von jedem gegessen werden,
der rein ist.

20 Wenn aber eine Person im Zu-
stand der Unreinheit vom Fleisch
des Freudenopfers isst, das Jahwe
geweiht wurde, muss diese Person
aus dem Volk beseitigt werden.
21 Wenn eine Person etwas Unreines
berührt, sei es die Unreinheit an
einem Menschen, einem Stück Vieh
oder eine unreine Abscheulichkeit,
und isst vom Fleisch des Freudenop-
fers, das Jahwe geweiht wurde, muss
diese Person aus dem Volk beseitigt
werden.«

Das Verbot von Fett- und Blutgenuss

22 Jahwe sagte zu Mose: 23 »Gib den
Israeliten Folgendes weiter: Ihr dürft
keinerlei Fett essen, weder vom Stier
noch vom Schaf noch von der Ziege.
24 Das Fett von verendeten oder zer-
rissenen Tieren dürft ihr für irgend-
welche Zwecke verwenden, aber ihr
dürft es auf keinen Fall essen. 25 Jeder,
der dennoch vom Fett eines Tieres
isst, das Jahwe als Opfer gebracht
werden kann: Diese Person muss aus
dem Volk beseitigt werden. 26 Ihr
dürft auch kein Blut verzehren, weder
von Vögeln noch vom Vieh, wo immer
ihr auch wohnt. 27 Jede Person, die
irgendwelches Blut isst, muss aus
dem Volk beseitigt werden.«

Der Priesteranteil am Opfer

28 Jahwe sagte zu Mose: 29 »Gib den
Israeliten Folgendes weiter: Wer
Jahwe ein Freudenopfer bringt, soll
folgende Opfergaben davon für Jahwe
herbeibringen: 30 Mit seinen Händen
bringe er das, was zum Feueropfer
gehört: das Fett zusammen mit der
Brust. Die Brust soll er hin- und her-
schwingend Jahwe darbieten. 31 Das
Fett soll der Priester auf dem Altar in
Rauch aufgehen lassen, die Brust aber
soll den Priestern gehören. 32 Auch
die rechte Hinterkeule sollt ihr von
euren Freudenopfern abheben und
dem Priester geben. 33 Wer von den
Nachkommen Aarons das Blut und
das Fett des Freudenopfers darbringt,
dem steht auch die rechte Hinterkeule
zu. 34 Denn die Brust der Schwing-
gabe und die Gabe der rechten Hinter-
keule nehme ich von ihren Freuden-
opfern und gebe sie den Priestern
aus der Nachkommenschaft Aarons.
Diese Anordnung gilt für alle in Israel
und für immer. 35 Das also ist der An-
teil, der Aaron und seinen Nachkom-
men von den Feueropfern Jahwes zu-
steht, und zwar von dem Tag an, an
dem sie zum Priesterdienst gesalbt
wurden. 36 Aufgrund der Anordnung
Jahwes sind die Israeliten verpflichtet,
den Priestern diesen Anteil zu geben.
Das ist eine immerwährende Ord-
nung von Generation zu Generation.«
37 Das sind die Anordnungen für
das Brandopfer, das Speisopfer und
das Sündopfer, für das Schuldopfer,
das Einweihungsopfer und das Freu-
denopfer. 38 Jahwe gab diese Anwei-
sungen Mose auf dem Berg Sinai an
dem Tag, als er den Israeliten in der
Wüste Sinai befahl, ihm Opfer zu
bringen.

Die Priesterweihe

8 1 Jahwe sagte zu Mose: 2 »Nimm
Aaron und seine Söhne mit dir,
dazu die Priesterkleider, das Salböl,
den Stier für das Sündopfer, die bei-
den Schafböcke und den Korb mit den
ungesäuerten Broten 3 und lass die
ganze Gemeinschaft Israels zum Ein-
gang vom Zelt der Gottesbegegnung
kommen!« 4 Mose machte es so, wie
Jahwe es ihm befohlen hatte, und die
Gemeinschaft versammelte sich am
Eingang vom Zelt der Gottesbegeg-
nung. 5 Dann sagte Mose zu ihnen:
»Was ihr mich jetzt tun seht, hat
Jahwe befohlen.« 6 Mose ließ Aaron
und seine Söhne herantreten und be-
goss sie mit Wasser. 7 Dann zog er
Aaron das Priesterhemd an und band
ihm den Gürtel um. Er legte ihm das

Obergewand an, darüber das Efod*
und band es mit dem dazugehörenden
Gürtel fest. 8 Dann hängte er ihm die
Brusttasche um, welche die Urim und
Tummim* enthielt. 9 Er band ihm den
Kopfbund um und befestigte daran
das heilige Diadem, das Stirnblatt aus
Gold, so wie Jahwe es ihm befohlen
hatte. 10 Danach salbte Mose mit dem
Öl die Wohnstätte und alles, was
darin war, und weihte sie damit.
11 Sieben Mal sprengte er von dem
Öl auf den Altar und salbte ihn so, um
ihn zu weihen, ebenfalls alle dazu-
gehörenden Geräte, auch das Becken
und sein Gestell. 12 Dann goss er
etwas von dem Öl über den Kopf
Aarons und salbte ihn auf diese
Weise, um ihn zum Priester zu wei-
hen. 13 Anschließend ließ Mose die
Söhne Aarons herantreten, bekleidete
sie mit Priesterhemd, Gürtel und
Kopfbund, wie Jahwe es ihm befohlen
hatte.

14 Dann ließ er den jungen Stier
für das Sündopfer herbeiführen, und
Aaron und seine Söhne stützten ihre
Hände auf den Kopf des Sündopfer-
stiers. 15 Dann schlachtete Mose den
Stier, nahm Blut von ihm und strich es
mit dem Finger an die Hörner des Al-
tars. Auf diese Weise entsündigte er
den Altar. Den Rest des Blutes schüt-
tete er am Fuß des Altars aus. Auf
diese Weise erwirkte er Sühne für ihn
und heiligte ihn. 16 Dann nahm er das
ganze Fett, das an den Eingeweiden
ist, den Lappen an der Leber und die
beiden Nieren mit ihrem Fett und ließ
sie auf dem Altar in Rauch aufgehen.
17 Den Rest des jungen Stiers, seine
Haut, sein Fleisch und seine Einge-
weide, verbrannte er draußen vor dem
Lager, wie Jahwe es ihm befohlen
hatte.

18 Dann ließ er den Schafbock
für das Brandopfer herbeibringen.
Aaron und seine Söhne stützten
ihre Hände auf dessen Kopf. 19 An-
schließend schlachtete Mose den
Bock und sprengte sein Blut ringsum
an den Altar. 20 Er zerlegte das Tier
und ließ den Kopf, die Rumpfstücke
und das Fett in Rauch aufgehen.
21 Die Eingeweide und Unterschenkel
spülte er im Wasser ab und verbrann-
te auch sie auf dem Altar. So war es ein
Brandopfer, dessen Geruch Jahwe be-
friedigte, ein Feueropfer für Jahwe,
genauso, wie er es befohlen hatte.

22 Dann ließ er den zweiten Schaf-
bock, den Bock zur Priesterweihe,
herbeibringen. Aaron und seine
Söhne stützten ihre Hände auf dessen
Kopf. 23 Mose schlachtete ihn, nahm
etwas von dem Blut und betupfte
damit Aarons rechtes Ohrläppchen,
seinen rechten Daumen und seine
rechte große Zehe. 24 Anschließend
ließ er die Söhne Aarons hervortreten
und betupfte auch bei ihnen das rechte

8,7 *Efod.* Ein sehr kostbares ärmelloses Gewand, das der Hohepriester über dem Obergewand trug (2. Mose 39). Am Efod waren die mit Edelsteinen besetzten Schulterstücke und das Brustschild befestigt.

8,8 *Urim und Tummim* waren die heiligen Lose, die bei schwierigen Entscheidungen den Schiedsspruch herbeiführten. Die Bedeutung der hebräischen Begriffe ist unsicher. Nach der griechischen Übersetzung des Alten Testaments, die im 3. Jahrhundert vor Christus in Alexandria entstand, der sogenannten Septuaginta (=LXX), bedeuteten sie *Licht und Recht.*

Ohrläppchen, den rechten Daumen
und die rechte große Zehe. Das übrige
Blut sprengte Mose ringsum an den
Altar.
25 Darauf nahm er die Fettstücke,
den Fettschwanz, alles Fett an den
Eingeweiden, den Lappen an der
Leber, die beiden Nieren samt ihrem
Fett und die rechte Hinterkeule.
26 Aus dem Korb mit den ungesäuer-
ten Broten, der vor Jahwe stand,
nahm er ein gewöhnliches Lochbrot,
eins, das mit Öl bestrichen war, und
ein Fladenbrot und legte es auf die
Fettstücke und die rechte Hinterkeu-
le. 27 Das alles gab er Aaron und sei-
nen Söhnen in die Hände und ließ es
vor Jahwe als Weihgabe hin- und her-
schwingen. 28 Dann nahm Mose es
wieder aus ihren Händen und ließ es
auf dem Altar über dem Brandopfer
in Rauch aufgehen. Es war ein Ein-
weihungsopfer, dessen Geruch Jah-
we befriedigte, ein Feueropfer für
Jahwe.
29 Dann nahm Mose das Bruststück
und schwang es als Weihgabe vor
Jahwe hin und her. Jahwe hatte be-
stimmt, dass dieser Teil des Einwei-
hungsopfers Mose gehören sollte.
30 Mose nahm etwas von dem Salböl
und etwas vom Blut auf dem Altar und
sprengte beides auf Aaron und seine
Söhne und ihre Gewänder und heilig-
te sie so. 31 Dann sagte er zu ihnen:
»Kocht das Fleisch am Eingang vom
Zelt der Gottesbegegnung und esst es
dort, ebenso das Brot, das im Korb für
das Einweihungsopfer liegt, denn ich
habe es mit diesen Worten angeord-
net: ›Aaron und seine Nachkommen
sollen davon essen!‹ 32 Den Rest vom
Fleisch und Brot sollt ihr verbrennen.
33 Sieben Tage lang sollt ihr am Ein-
gang vom Zelt der Gottesbegegnung
bleiben. Ihr dürft euch nicht davon
entfernen, bis die Tage für das Einwei-
hungsopfer vorbei sind, denn sieben
Tage wird man euch die Hände füllen,
34 wie man es heute gemacht hat. So
hat Jahwe es befohlen, um euch
Sühne zu erwirken. 35 Bleibt also sie-
ben Tage lang, Tag und Nacht, am
Eingang vom Zelt der Gottesbegeg-
nung und beachtet die Anweisungen,
damit ihr nicht sterben müsst. So hat
Jahwe es mir befohlen.« 36 Aaron und
seine Söhne machten es so, wie Jahwe
es durch Mose angeordnet hatte.

Der erste Opfergottesdienst

9 1 Am achten Tag rief Mose Aaron,
dessen Söhne und die Ältesten Is-
raels zusammen. 2 Dann sagte er zu
Aaron: »Nimm dir ein Stierkalb zum
Sündopfer und einen Schafbock zum
Brandopfer und bringe sie vor Jahwe.
Die Tiere müssen ohne Fehler sein.
3 Sag auch den Israeliten: ›Bringt
einen Ziegenbock für das Sündopfer,
ein Stierkalb und ein Schaf zum
Brandopfer. Es müssen fehlerfreie
einjährige Tiere sein. 4 Dazu noch
einen Stier und einen Schafbock für
das Freudenopfer, um sie vor Jahwe
zu schlachten, und ein Speisopfer, das
mit Öl vermengt wurde. Denn heute
wird Jahwe euch erscheinen.‹«
5 Sie brachten alles vor das Zelt der
Gottesbegegnung, wie Mose es ange-
ordnet hatte. Und die ganze Gemein-
schaft versammelte sich dort vor
Jahwe. 6 Mose sagte: »Das ist es, was
Jahwe euch zu tun befohlen hat. Nun
wird euch die Herrlichkeit Jahwes er-
scheinen.« 7 Zu Aaron sagte Mose:

»Tritt an den Altar und bring das
Sünd- und das Brandopfer für dich
dar. Erwirke Sühne für dich und das
Volk! Bring die Opfer für die Schuld
des Volkes und erwirke Sühnung für
sie, wie Jahwe es befohlen hat!«
8 Aaron trat an den Altar und
schlachtete das Stierkalb für seine ei-
gene Sünde. 9 Seine Söhne brachten
ihm das Blut. Er tauchte seinen Fin-
ger hinein und strich etwas davon an
die Hörner des Altars. Den Rest goss
er am Fuß des Altars aus. 10 Die Fett-
stücke, die Nieren und den Lappen an
der Leber ließ er auf dem Altar in
Rauch aufgehen, so wie Jahwe es
Mose befohlen hatte. 11 Das Fleisch
und die Haut verbrannte er draußen
vor dem Lager. 12 Dann schlachtete
er das Brandopfer. Seine Söhne
brachten ihm das Blut, und er spreng-
te es ringsherum an den Altar.
13 Dann reichten sie ihm die Stücke
des Opfertiers und den Kopf, und er
ließ alles auf dem Altar in Rauch auf-
gehen. 14 Die Eingeweide und die
Unterschenkel wusch er im Wasser
und verbrannte sie ebenfalls auf dem
Altar.
15 Dann ließ er die Opfergabe des
Volkes herbringen. Er schlachtete den
Ziegenbock als Opfer für die Sünden
des Volkes so, wie er das Sündopfer
für sich geschlachtet hatte. 16 Auch
das Brandopfer brachte er nach der
Vorschrift dar. 17 Vom Speisopfer
nahm er eine Handvoll und ließ es auf
dem Altar in Rauch aufgehen, zusätz-
lich zu dem Morgen-Brandopfer.
18 Anschließend schlachtete er den
Stier und den Schafbock als Freuden-
opfer für das Volk. Seine Söhne brach-
ten ihm das Blut, und er sprengte es
ringsherum an den Altar. 19 Sie brach-
ten ihm auch die Fettstücke von bei-
den Tieren, den Fettschwanz, das Fett,
das die Eingeweide bedeckt, die Nie-
ren mit ihrem Fett und den Lappen
an der Leber 20 und legten es auf
die Bruststücke, damit Aaron sie auf
dem Altar in Rauch aufgehen lassen
würde. 21 Die Bruststücke und die
rechte Hinterkeule schwang Aaron als
Weihgabe vor Jahwe hin und her, wie
Mose es angeordnet hatte.
22 Nachdem Aaron das Sünd-, das
Brand- und das Freudenopfer darge-
bracht hatte, erhob er seine Hände
und segnete alles Volk. Dann stieg er
herab. 23 Mose und Aaron gingen an-
schließend in das Zelt der Gottesbe-
gegnung hinein. Als sie wieder her-
auskamen, segneten sie das Volk. Da
zeigte sich die Herrlichkeit Jahwes
dem ganzen Volk. 24 Flammen gingen
von ihm aus und verzehrten das
Brandopfer auf dem Altar und die
Fettstücke. Bei diesem Anblick brach
das Volk in Jubel aus, und alle warfen
sich zu Boden.

Ein unerlaubtes Opfer

10 1 Zwei Söhne Aarons, es
waren Nadab und Abihu,
nahmen ihre Räucherpfannen, legten
Glut und Räucherwerk darauf und
brachten Jahwe ein unerlaubtes Feu-
eropfer, das er ihnen nicht geboten
hatte. 2 Da ging Feuer von Jahwe aus
und verzehrte sie. So starben sie vor
Jahwe. 3 Mose sagte zu Aaron: »Das
ist es, was Jahwe meinte, als er sagte:

An denen, die mir nahe sind, /
erweise ich mich als heilig. /

Und vor dem ganzen Volk /
will ich verherrlicht sein!«

Aaron schwieg. 4 Mose rief Mischaël und Elizafan, die Söhne von Aarons Onkel Usiël, und sagte zu ihnen: »Kommt her und schafft die Leichen eurer Verwandten vom Heiligtum weg! Bringt sie aus dem Lager hinaus!« 5 Sie gehorchten dem Befehl Moses und schafften die Toten in ihren Priesterhemden aus dem Lager hinaus. 6 Mose sagte zu Aaron und dessen Söhnen Eleasar und Itamar: »Ihr dürft euer Haupthaar jetzt nicht ungepflegt herunterhängen lassen und eure Kleidung nicht zerreißen,* damit ihr nicht auch sterben müsst und Gott über die ganze Gemeinschaft zornig wird. Lasst eure Brüder, die anderen Israeliten, diesen Brand beweinen, den Jahwe angerichtet hat. 7 Entfernt euch nicht vom Eingang des Zeltes der Gottesbegegnung, damit ihr nicht sterben müsst, denn das Öl der Salbung Jahwes ist auf euch.« Sie taten, wie Mose es gesagt hatte.

Besondere Bestimmungen für Priester

8 Jahwe sagte zu Aaron: 9 »Wenn ihr ins Zelt der Gottesbegegnung hineingeht, dürft ihr weder Wein noch Bier trinken, sonst müsst ihr sterben. Das ist eine ewige Ordnung für dich und deine Nachkommen. 10 Denn ihr sollt unterscheiden zwischen dem, was heilig, und dem, was nicht heilig ist, zwischen dem, was rein, und dem, was unrein ist. 11 Und ihr sollt die Israeliten unterweisen in all den Ordnungen, die Jahwe euch durch Mose gegeben hat.«

12 Mose sagte zu Aaron und seinen überlebenden Söhnen Eleasar und Itamar: »Was von den Speisopfern übrig bleibt und nicht als Feueropfer für Jahwe verbrannt wird, dürft ihr nehmen und als ungesäuerte Fladen in der Nähe des Altars essen, denn es ist höchst heilig. 13 Ihr müsst es an heiliger Stätte essen, denn es ist der Anteil, der dir und deinen Söhnen von den Feueropfern Jahwes zusteht. So ist es mir geboten worden. 14 Das Bruststück und die Hinterkeule, die dir und deinen Söhnen und Töchtern von den Freudenopfern der Israeliten zustehen, könnt ihr auch an einem anderen reinen Ort verzehren. 15 Die Hinterkeule und die Brust sollt ihr zusammen mit den Fettstücken für das Feueropfer zum Altar bringen und dort vor Jahwe hin- und herschwingen. Danach gehören sie dir und deinen Nachkommen. Das steht euch für alle Zeit als Anteil zu. So hat Jahwe es befohlen.«

16 Als Mose nach dem Ziegenbock für das Sündopfer suchte, stellte sich heraus, dass er schon verbrannt worden war. Da wurde Mose zornig auf Eleasar und Itamar, die Söhne, die Aaron geblieben waren. 17 »Warum habt ihr das Sündopfer nicht an geweihter Stätte gegessen? Es ist doch höchst heilig! Jahwe hat es euch gegeben, um die Schuld von der Gemeinschaft wegzunehmen, indem ihr Sühne für sie erwirkt. 18 Sein Blut ist nicht ins Heiligtum hineingebracht

---

10,6 *nicht zerreißen.* Das heißt: Ihr dürft die herkömmlichen Trauerbräuche nicht anwenden.

worden. Ihr hättet es auf jeden Fall im Heiligtum essen sollen, wie ich es angewiesen habe.« 19 Aaron erwiderte Mose: »Du weißt doch, dass meine Söhne ihr Sünd- und Brandopfer Jahwe gebracht haben. Und da ist mir so etwas zugestoßen*. Meinst du, es hätte Jahwe gefallen, wenn ich heute das Sündopfer gegessen hätte?« 20 Als Mose das hörte, gab er sich zufrieden.

Reine und unreine Tiere

11 1 Jahwe sagte zu Mose und Aaron: 2 »Gebt den Israeliten weiter: Folgende Landtiere dürft ihr essen: 3 Alle, die deutlich gespaltene Hufe haben und ihre Nahrung wiederkäuen. 4 Es gibt aber einige von den wiederkäuenden Arten, die ihr nicht essen dürft, weil sie keine gespaltenen Hufe haben. Sie sollen euch als unrein gelten. Dazu gehört das Kamel, 5 der Klippdachs 6 und der Hase*. 7 Auch das Schwein soll euch als unrein gelten, denn es hat zwar gespaltene Hufe, käut aber nicht wieder. 8 Ihr dürft nichts von ihrem Fleisch essen und sie auch nicht berühren, wenn sie verendet sind. Sie sollen euch als unrein gelten.

9 Von den Wassertieren dürft ihr alles essen, was Flossen und Schuppen hat, egal ob sie in Flüssen, Seen oder im Meer leben. 10 Aber alles, was keine Flossen oder Schuppen hat und in Süß- oder Salzwasser lebt, jedes andere Lebewesen dort, soll euch etwas Abscheuliches sein. 11 Ihr sollt euch voller Ekel davon abwenden, ihr Fleisch nicht essen und das Verendete verabscheuen. 12 Alle Tiere im Wasser, die keine Flossen und Schuppen haben, sollen für euch etwas Abscheuliches sein.

13 Von den fliegenden Tieren dürfen Folgende nicht gegessen werden, ihr sollt sie verabscheuen: den Gänsegeier, den Lämmergeier und den Mönchsgeier, 14 den Milan und alle Arten von Habichten, 15 alle Arten von Raben, 16 den Strauß, die Schwalbe, die Möwe und alle Arten von Falken, 17 das Käuzchen, die Fischeule und den Uhu, 18 die Schleiereule, die Ohreule und den Aasgeier, 19 den Storch, alle Arten von Reihern, den Wiedehopf und die Fledermaus.

20 Alle geflügelten Insekten, die wie Vierfüßer laufen, sollt ihr verabscheuen, 21 mit Ausnahme derer, die Sprungbeine haben und damit auf der Erde hüpfen können. 22 Von den Folgenden aber dürft ihr alle Arten essen: von den Wanderheuschrecken, den Feldheuschrecken, den Laubheuschrecken und Springheuschrecken. 23 Alles übrige geflügelte vierbeinige Kleingetier sollt ihr verabscheuen.

24 An all den folgenden Tieren verunreinigt ihr euch. Jeder, der ihr Aas berührt, ist bis zum Abend unrein,

---

10,19 *zugestoßen.* Er hatte mit einem Schlag zwei seiner Söhne verloren.

11,6 *Hasen* werden zoologisch nicht zu den rinderartigen Wiederkäuern gerechnet, trotzdem kauen sie einen Teil ihrer Nahrung zweimal. Neben ihrem üblichen Kot scheiden sie nämlich von einem Vlies umgebene vitaminreiche Kügelchen aus, so genannte Caecotrophe. Diese werden sofort wieder aufgenommen und an einer bestimmten Stelle des Magens, der Cardiaregion, noch einmal verdaut. Hindert man die Tiere an dieser Form des Wiederkäuens, sterben sie nach kurzer Zeit.

25 und jeder, der etwas von dem Aas
aufhebt, muss seine Kleidung wa-
schen und ist bis zum Abend unrein.
26 Jedes Tier, das gespaltene, aber
nicht ganz gespaltene Klauen hat und
nicht wiederkäut, ist unrein für euch.
Jeder, der sie berührt, wird unrein.
27 Alle Vierbeiner, die auf Tatzen
gehen, sollen euch unrein sein. Jeder,
der ihr Aas berührt, wird unrein bis
zum Abend. 28 Wer ihr Aas trägt,
muss seine Kleidung waschen und ist
bis zum Abend unrein. Sie sind für
euch unrein.

29 Von den kleinen Landtieren, die
auf der Erde wimmeln, sind die Fol-
genden unrein für euch: der Maulwurf
und die Springmaus, alle Arten von
Dornschwanzechsen, 30 der Gecko,
der Waran, die Eidechse, die Blind-
schleiche und das Chamäleon. 31 Von
dem Kleingetier sind diese also unrein
für euch. Jeder, der sie berührt, wenn
sie verendet sind, ist bis zum Abend
unrein.

32 Und jeder Gegenstand, auf den
ein solches totes Tier fällt, wird unrein
sein, ob es ein Holzgerät ist, ein Kleid,
ein Stück Leder, ein Sack, jeder
Gegenstand, mit dem man eine Arbeit
verrichtet. Er muss ins Wasser gelegt
werden und bleibt unrein bis zum
Abend. Dann wird er wieder rein.
33 Fällt solch ein totes Tier in ein Ton-
gefäß, wird alles, was sich darin befin-
det, unrein, und das Gefäß muss zer-
schlagen werden. 34 Jede Speise, die
man essen will und die mit Wasser aus
solch einem Gefäß in Berührung
kommt, wird unrein sein. Auch jedes
Getränk aus solch einem Gefäß wird
unrein. 35 Alles, worauf etwas von
dem Aas fällt, wird unrein. Ein Back-
ofen und ein Herd muss eingerissen
werden. Sie sind unrein und sollen
euch als unrein gelten. 36 Nur Quellen
und Zisternen, in denen sich Wasser
sammelt, bleiben rein. Wer aber das
Aas darin berührt, wird unrein sein.
37 Wenn solches Aas auf Saatgut fällt,
bleibt es rein. 38 Wenn man aber Was-
ser auf das Saatgut gießt und es fällt
solches Aas darauf, wird es unrein
sein.

39 Und wenn eins von den Tieren
verendet, die ihr eigentlich essen
dürft, wird derjenige, der das Aas be-
rührt, unrein bis zum Abend. 40 Wer
von dem Aas isst, muss seine Klei-
dung waschen und bleibt unrein bis
zum Abend. Wer das Aas aufhebt,
muss ebenfalls seine Kleidung wa-
schen und bleibt unrein bis zum
Abend.

41 Und alles Kleingetier, das auf der
Erde wimmelt, ist etwas Abscheuli-
ches. Es darf nicht gegessen werden.
42 Alles, was auf dem Bauch kriecht,
und alles, was auf vier oder mehr
Füßen läuft, alles Kleingetier, das auf
der Erde wimmelt, dürft ihr nicht
essen. Es ist etwas Abscheuliches.
43 Macht euch selbst nicht zu etwas
Abscheulichem durch das wimmeln-
de Kleingetier, verunreinigt euch
nicht an ihnen und lasst euch nicht
verunreinigen durch sie. 44 Denn ich
bin Jahwe, euer Gott. Heiligt euch!
Ihr sollt heilig sein, denn ich bin hei-
lig! Und ihr sollt euch nicht selbst
verunreinigen durch all das Kleinge-
tier, das sich auf der Erde regt.
45 Denn ich bin Jahwe, der euch aus
Ägypten geführt hat, um euer Gott zu
sein: So sollt ihr heilig sein, denn ich
bin heilig!«

46 Das ist die Weisung über das Vieh, die Vögel und alle Lebewesen, die sich im Wasser regen, und alles, was auf der Erde wimmelt, 47 damit man unterscheiden kann zwischen rein und unrein, zwischen Tieren, die gegessen werden dürfen, und solchen, die man nicht essen darf.

Reinheitsvorschriften für Wöchnerinnen

12 1 Jahwe sagte zu Mose: 2 »Gebt den Israeliten Folgendes weiter: Wenn eine Frau einen Sohn zur Welt bringt, ist sie sieben Tage lang unrein, so wie während ihrer monatlichen Blutung. 3 Am achten Tag soll der Sohn beschnitten* werden. 4 Dann soll sie noch 33 Tage zur Reinigung von ihrem Blut zu Hause bleiben. Sie darf nichts Heiliges berühren und nicht ins Heiligtum kommen, bis die Zeit ihrer Reinigung vorbei ist. 5 Wenn sie eine Tochter zur Welt bringt, ist sie zwei Wochen lang unrein, so wie während ihrer monatlichen Blutung. Und 66 Tage soll sie zur Reinigung von ihrem Blut zu Hause bleiben. 6 Wenn die Zeit ihrer Reinigung für einen Sohn oder eine Tochter vorbei ist, soll sie ein einjähriges Lamm als Brandopfer und eine Taube oder eine Turteltaube als Sündopfer zum Priester an den Eingang zum Zelt der Gottesbegegnung bringen. 7 Dieser soll es Jahwe darbringen und Sühne für sie erwirken. Dann wird sie rein von ihrem Blutfluss sein. Das sind die Reinheitsvorschriften für Wöchnerinnen. 8 Reichen ihre Mittel für ein Schaf aber nicht aus, soll sie zwei Turteltauben oder zwei junge Tauben bringen,* eine zum Brandopfer und eine zum Sündopfer. Der Priester soll Sühne für sie erwirken, dann wird sie rein.«

Aussatz an Menschen

13 1 Jahwe sagte zu Mose und Aaron: 2 »Wenn sich auf der Haut eines Menschen eine Schwellung, ein schuppiger Ausschlag oder ein heller Fleck bildet und somit der Verdacht auf Aussatz besteht, dann muss er zum Priester gebracht werden, zu Aaron oder einem seiner Söhne. 3 Der Priester muss die befallene Stelle auf der Haut besehen. Hat sich das Haar an dieser Stelle weiß gefärbt und erscheint sie tiefer als die übrige Haut, dann handelt es sich um Aussatz. Wenn der Priester das sieht, soll er denjenigen für unrein erklären. 4 Falls es ein heller Fleck auf seiner Haut ist, der nicht tiefer als die Haut erscheint und dessen Haar nicht weiß geworden ist, dann soll der Priester ihn für sieben Tage isolieren. 5 Am siebten Tag soll der Priester ihn untersuchen. Wenn der Fleck in seinen Augen unverändert ist und nicht um sich gegriffen hat, soll der Priester ihn für weitere sieben Tage isolieren. 6 Am siebten Tag soll der Priester ihn noch einmal untersuchen. Ist der Fleck dann blass geworden und hat sich auf der Haut nicht ausgebreitet, soll der Priester ihn für rein erklären. Es ist ein Ausschlag. Derjenige soll seine Kleidung waschen und ist dann rein. 7 Wenn der Ausschlag auf der

---

12,3 *beschnitten.* Siehe 1. Mose 17,9-14.

12,8 Wird im Neuen Testament von Lukas zitiert: Lukas 2,24.

Haut sich aber ausgebreitet hat, nach-
dem der Betreffende sich dem Priester
zeigte, dann muss er sich dem Priester
ein zweites Mal zeigen. 8 Der Priester
soll es untersuchen. Wenn sich der
Ausschlag auf der Haut ausgebreitet
hat, muss der Priester ihn für unrein
erklären.

9 Wenn sich ein Aussatzmal bei
einem Menschen bildet, dann soll
er zum Priester gebracht werden.
10 Stellt der Priester fest, dass sich
eine weiße Schwellung auf der Haut
zeigt, dass die Haare heller geworden
sind und sich an dieser Stelle eine
Wucherung aus rohem Fleisch befin-
det, 11 dann ist das ein fortgeschritte-
ner Aussatz auf seiner Haut. Der
Priester braucht ihn nicht erst zu iso-
lieren, sondern muss ihn gleich für
unrein erklären, denn er ist unrein.
12 Breitet sich der Aussatz aber über
die ganze Haut aus und bedeckt den
Kranken von Kopf bis Fuß, soweit der
Priester es sehen kann, 13 soll er es
untersuchen. Wenn der Aussatz den
ganzen Körper bedeckt, soll er den
Kranken für rein erklären. Weil die
ganze Haut weiß geworden ist, gilt er
als rein. 14 Sobald sich aber eine Wu-
cherung an ihm zeigt, ist er unrein.
15 Wenn der Priester die Wucherung
sieht, soll er ihn für unrein erklären.
Es ist Aussatz. 16 Wenn die Wuche-
rung zurückgeht und weiß wird, soll
der Kranke zum Priester kommen,
17 und der Priester soll ihn untersu-
chen. Wenn die Stelle weiß geworden
ist, soll er ihn für rein erklären. Er ist
rein.

18 Wenn auf der Haut eines Men-
schen ein Geschwür entsteht und wie-
der abheilt, 19 aber an der Stelle des
Geschwürs bildet sich eine weiße Er-
höhung oder ein weiß-rötlicher Fleck,
dann soll derjenige sich dem Priester
zeigen. 20 Der Priester soll es untersu-
chen. Erscheint der Fleck tiefer als die
übrige Haut und sind die Haare dort
weiß geworden, soll der Priester ihn
für unrein erklären. Es ist ein Aussatz-
mal, das sich in dem Geschwür gebil-
det hat. 21 Untersucht der Priester
aber die Stelle und es findet sich kein
weißes Haar darauf und sie ist auch
nicht tiefer als die übrige Haut, soll
der Priester ihn für sieben Tage isolie-
ren. 22 Hat das Mal sich danach aus-
gedehnt, muss der Priester den Kran-
ken für unrein erklären. Es ist ein Aus-
satzmal. 23 Bleibt der Fleck jedoch an
seiner Stelle und breitet sich nicht
aus, dann ist es die Narbe des Ge-
schwürs, und der Priester soll ihn für
rein erklären.

24 Wenn jemand eine Brandwunde
auf der Haut hat und darin bildet sich
ein weiß-rötlicher oder ein weißer
Fleck, 25 soll der Priester ihn untersu-
chen. Erscheint der Fleck tiefer als die
übrige Haut und sind die Haare dort
weiß geworden, dann ist Aussatz in
der Brandwunde aufgebrochen. Der
Priester soll ihn für unrein erklären.
Es ist ein Aussatzmal. 26 Untersucht
er aber die Stelle und es findet sich
kein weißes Haar darauf und sie ist
auch nicht tiefer als die übrige Haut,
soll er ihn für sieben Tage isolieren.
27 Am siebten Tag soll der Priester ihn
wieder untersuchen. Wenn sich der
Fleck auf der Haut ausbreitet, soll er
ihn für unrein erklären. Es ist ein Aus-
satzmal. 28 Wenn der Fleck sich nicht
ausgebreitet hat und blass aussieht,
so ist es eine Schwellung der Brand-

wunde, und der Priester soll ihn
für rein erklären. Es ist nur eine
Wundnarbe.

29 Wenn ein Mann oder eine Frau
einen Ausschlag auf dem Kopf oder
unter dem Bart bekommt, 30 soll
der Priester das Übel untersuchen.
Erscheint es tiefer liegend als die
Haut, und goldglänzende dünne
Haare wachsen darauf, dann muss
der Priester die Person für unrein erklären. Es ist eine Flechte, ein Aussatz
des Kopfes oder Bartes. 31 Wenn der
Priester aber die von der Flechte befallene Stelle untersucht und sie nicht
tiefer als die übrige Haut erscheint
und sich keine schwarzen Haare darauf befinden, dann soll der Priester
die Person für sieben Tage isolieren.
32 Am siebten Tag soll er die Stelle
wieder untersuchen. Hat die Flechte
nicht um sich gegriffen und ist kein
goldglänzendes Haar darin und erscheint sie nicht tiefer als die Haut,
33 dann soll die Person sich das Haar
rund um die Stelle abrasieren lassen.
Der Priester isoliere sie noch einmal
sieben Tage. 34 Wenn er die Flechte
am siebten Tag untersucht und sie hat
nicht um sich gegriffen und erscheint
nicht tiefer als die Haut, dann soll er
die Person für rein erklären. Sie soll
ihre Kleidung waschen und ist rein.
35 Wenn die Flechte nach der Reinigung aber doch um sich greift, 36 soll
der Priester die Person noch einmal
untersuchen. Wenn die Flechte in der
Haut um sich gegriffen hat, muss der
Priester nicht nach goldglänzenden
Haaren suchen. Die Person ist unrein.
37 Ist die Flechte aber in seinen Augen
unverändert geblieben und schwarze
Haare sind darin gewachsen, ist
die Flechte geheilt. Die Person ist rein
und der Priester soll sie für rein
erklären.

38 Zeigen sich bei einem Mann oder
einer Frau weiße Flecken auf der
Haut, 39 soll der Priester sie untersuchen. Sind es nur blassweiße Flecken,
dann ist es ein gutartiger Ausschlag,
der auf der Haut ausgebrochen ist.
Die Person ist rein.

40 Wenn ein Mann auf dem Hinterkopf kahl wird, hat er eine Glatze. Er
ist rein. 41 Wenn sein Kopf auf der
Vorderseite kahl wird, hat er eine
Stirnglatze. Er ist rein. 42 Wenn an
den kahlen Stellen hinten oder vorn
ein weiß-rötlicher Fleck entsteht,
dann ist Aussatz bei ihm ausgebrochen. 43 Der Priester soll ihn untersuchen. Wenn das erhöhte Mal auf seiner hinteren oder vorderen Glatze
weiß-rötlich aussieht wie Aussatz auf
der Haut, 44 dann ist er ein aussätziger Mann. Der Priester soll ihn unbedingt für unrein erklären. Er hat auf
seinem Kopf ein Aussatzmal.

45 Der Aussätzige, an dem ein solches Mal ist, muss zerrissene Kleidung
tragen, sein Kopfhaar verwildern lassen und den Lippenbart verhüllen,
und er soll rufen: Unrein, unrein.
46 Solange er die Krankheit an sich
hat, bleibt er unrein. Er ist unrein und
soll abgesondert leben. Seine Wohnung soll außerhalb vom Lager sein.«

Aussatz an der Kleidung

47 »Wenn an einem Kleidungsstück
aus Leinen oder Wolle ein Aussatzmal
entsteht 48 oder an einem gewebten
oder gewirkten Stoff aus Leinen oder
Wolle oder an Leder oder etwas, das
aus Leder angefertigt ist, 49 und das

Mal am Kleidungsstück, am Leder, am
gewebten oder gewirkten Stoff oder
am ledernen Gegenstand ist grünlich
oder rötlich, dann ist es ein Aussatzmal
und muss dem Priester gezeigt werden.
50 Der Priester untersuche das Mal und
schließe das Stück sieben Tage lang
ein. 51 Untersucht er es am siebten Tag
und sieht, dass das Mal sich am Klei-
dungsstück, am gewebten oder ge-
wirkten Stoff, am Leder oder am leder-
nen Gegenstand ausgeweitet hat, dann
ist es ein bösartiger Aussatz. Das Stück
ist unrein. 52 Man soll das Kleidungs-
stück oder den gewebten oder gewirk-
ten Stoff aus Wolle oder Leinen oder
den ledernen Gegenstand verbrennen,
denn es handelt sich um bösartigen
Aussatz. Das Stück muss verbrannt
werden. 53 Wenn der Priester das Mal
untersucht und sieht, dass es auf dem
Kleidungsstück, dem gewebten oder
gewirkten Stück oder dem ledernen
Gegenstand nicht um sich gegriffen
hat, 54 dann soll der Priester anordnen,
dass man das, woran das Mal ist,
wäscht. Dann soll er es noch ein-
mal sieben Tage lang einschließen.
55 Wenn der Priester das Mal nach dem
Waschen untersucht und es hat sich
nicht verändert, auch nicht um sich ge-
griffen, ist das Stück dennoch unrein.
Es muss verbrannt werden. Es ist eine
eingefressene Vertiefung auf seiner
Vorder- oder Rückseite. 56 Wenn der
Priester das Mal untersucht und es ist
nach dem Waschen blass geworden,
dann soll er es vom Kleidungsstück,
vom Leder, vom Gewebten oder Ge-
wirkten abreißen. 57 Zeigt sich der Be-
fall aber erneut an dem Kleidungs-
stück, am Gewebten oder Gewirkten
oder einem Gegenstand aus Leder, ist
es ein neu ausbrechender Aussatz.
Dann muss das Stück mit dem Mal ver-
brannt werden. 58 Aber das Kleidungs-
stück, der gewebte oder gewirkte Stoff
oder ein Gegenstand aus Leder, von
denen das Mal nach dem Waschen ver-
schwindet, soll noch einmal gewa-
schen werden und ist dann rein. 59 Das
ist die Weisung für ein Aussatzmal an
einem Kleidungsstückaus Wolle oder
Leinen oder an einem gewebten oder
gewirkten Stoff oder an einem Gegen-
stand aus Leder, nach der man diese
für rein oder unrein erklären muss.«

Reinigungsopfer für Geheilte

14 1 Jahwe sagte zu Mose:
2 »Folgende Bestimmung gilt
für einen Aussätzigen an dem Tag, an
dem er für rein erklärt wird: Er muss
zum Priester gebracht werden. 3 Dazu
muss der Priester nach draußen vor
das Lager gehen und den Aussätzigen
untersuchen. Wenn das Aussatzmal
verheilt ist, 4 lasse der Priester für
den, der sich reinigen lässt, zwei
reine, lebende Vögel holen, Zedern-
holz, Karmesin* und Ysop*. 5 Der
Priester soll den reinen Vogel über
einem Tongefäß mit frischem Wasser
schlachten lassen. 6 Dann soll er den
lebenden Vogel nehmen, das Zedern-
holz, das Karmesinrot und den Ysop-
zweig und dies alles, auch den leben-
den Vogel, in das Blut des Vogels tau-
chen, der über dem frischen Wasser

14,4 *Karmesin*, (scharlach)roter Farbstoff, der aus getrockneten weiblichen Kochenilleläusen gewonnen wird.

Ysop. Busch mit stark riechenden Blättern.

geschlachtet wurde. 7 Nun besprenge
er den, der vom Aussatz zu reinigen
ist, sieben Mal damit und reinige ihn
so. Den lebenden Vogel lasse er fort-
fliegen. 8 Der, der sich reinigen lässt,
soll seine Kleidung waschen, alle
seine Haare scheren und sich mit
Wasser übergießen. Dann ist er rein.
Danach darf er ins Lager kommen,
muss aber noch sieben Tage außer-
halb seines Zeltes zubringen. 9 Am
siebten Tag soll er wieder sein Haar
scheren, seinen Kopf, seinen Bart,
seine Augenbrauen und all sein übri-
ges Haar. Er soll seine Kleidung wa-
schen und sich mit Wasser über-
gießen. Dann ist er rein.

10 Am achten Tag soll er zwei makel-
lose männliche Schaflämmer und ein
fehlerloses einjähriges weibliches
Lamm nehmen, dazu sieben Liter*
Feinmehl, das mit Öl zum Speisopfer
angerührt ist, und ein drittel Liter*
Olivenöl. 11 Der Priester, der die Rei-
nigung vollzieht, soll den Mann mit
seinen Opfergaben an den Eingang
zum Zelt der Gottesbegegnung brin-
gen. 12 Dann soll der Priester das eine
männliche Lamm nehmen und es
zusammen mit dem drittel Liter Oli-
venöl als Schuldopfer darbringen. Er
schwinge sie als Weihgabe vor Jahwe
hin und her 13 und schlachte das
Lamm an der Stelle, wo man das
Sünd- und Brandopfer schlachtet, an
heiligem Ort. Genau wie das Sündop-
fer gehört das Schuldopfer dem Pries-
ter. Es ist höchst heilig. 14 Der Priester
nehme etwas von dem Blut des
Schuldopfers und betupfe damit das
rechte Ohrläppchen, den rechten
Daumen und die rechte große Zehe
von dem, der zu reinigen ist. 15 Dann
gieße er sich etwas von dem Öl in die
hohle linke Hand, 16 tauche seinen
rechten Finger hinein und versprenge
damit siebenmal etwas vor Jahwe.
17 Dann betupfe er damit das rechte
Ohrläppchen, den rechten Daumen
und die rechte große Zehe von dem,
der zu reinigen ist, 18 und streiche ihm
den Rest davon auf den Kopf. 19 Dann
soll der Priester das Sündopfer für ihn
darbringen. Danach schlachte er das
Brandopfer. 20 Das Brand- und Speis-
opfer bringe er auf den Altar. So erwir-
ke er Sühne für den Betreffenden,
dann ist er rein.

21 Wenn er arm ist und seine Mittel
dafür nicht ausreichen, dann soll er
ein Lamm als Schuldopfer nehmen,
als Weihgabe, um Sühne für sich zu
erwirken. Als Speisopfer bringe er
zwei Liter Feinmehl, das er mit Öl an-
gerührt hat und ein drittel Liter Öl,
22 dazu zwei Turteltauben oder zwei
junge Tauben, was er eben aufbringen
kann, die eine als Sündopfer, die ande-
re als Brandopfer. 23 Er bringe dies
alles zu seiner Reinigung am achten
Tag vor den Priester an den Eingang
zum Zelt der Gottesbegegnung und
trete damit vor Jahwe. 24 Der Priester
nehme das Lamm des Schuldopfers
und das Öl und schwinge es als Weih-
gabe vor Jahwe hin und her. 25 Dann
schlachte er das Lamm für das
Schuldopfer. Er nehme etwas von des-
sen Blut und betupfe damit das rechte

14,10 *sieben Liter.* Wörtlich: *drei Zehntel* (Efa).

ein drittel Liter. Wörtlich: *ein Log.* Die vermutlich kleine Maßeinheit kommt nur in diesem Kapitel vor.

Ohrläppchen, den rechten Daumen
und die rechte große Zehe von dem,
der zu reinigen ist. 26 Dann gieße er
sich etwas von dem Öl in die hohle
linke Hand, 27 versprenge mit seinem
rechten Finger siebenmal etwas
davon vor Jahwe. 28 Dann betupfe er
damit das rechte Ohrläppchen, den
rechten Daumen und die rechte große
Zehe von dem, der zu reinigen ist,
dorthin, wo auch das Blut vom
Schuldopfer kam. 29 Den Rest davon
streiche er dem, der zu reinigen ist,
auf den Kopf, um Sühne für ihn zu er-
wirken. 30 Dann soll dieser zusam-
men mit dem Speisopfer eine von den
Turteltauben oder den Jungtauben,
die er sich leisten konnte, bringen,
31 die eine als Sündopfer, die andere
als Brandopfer; und der Priester er-
wirke Sühne für ihn. 32 Das ist die An-
ordnung für den, der ein Aussatzmal
hat, wenn seine Mittel zur Reinigung
nicht für mehr ausreichen.«

Aussatz an Häusern

33 Jahwe sagte zu Mose und Aaron:
34 »Wenn ihr in das Land Kanaan
kommt, das ich euch zum Besitz gebe,
und ich ein Aussatzmal an ein Haus
eures Landbesitzes kommen lasse,
35 dann muss der Besitzer des Hauses
zum Priester gehen und melden: ›An
meinem Haus zeigt sich etwas wie ein
Aussatzmal.‹ 36 Der Priester muss das
Haus ausräumen lassen, bevor er hin-
eingeht, um das Mal zu untersuchen,
damit nicht alles unrein wird, was sich
im Haus befindet. Erst danach geht er
hinein und sieht sich das Haus an.
37 Stellt er fest, dass an den Wänden
grünliche oder rötliche Flecken sind,
die tiefer erscheinen als die übrige
Wand, 38 dann soll er hinausgehen
und das Haus für sieben Tage versper-
ren. 39 Am siebten Tag soll der Priester
wiederkommen und das Haus unter-
suchen. Wenn sich das Mal an den
Wänden des Hauses ausgebreitet hat,
40 soll er die befallenen Steine heraus-
brechen und außerhalb der Stadt an
einen unreinen Platz bringen lassen.
41 Dann muss das Haus innen voll-
ständig abgekratzt werden. Den abge-
kratzten Lehm muss man ebenfalls vor
die Stadt an den unreinen Platz brin-
gen. 42 Dann soll man andere Steine
anstelle der alten einsetzen und das
Haus neu verputzen. 43 Wenn das Mal
dann aber von neuem erscheint, ob-
wohl man die alten Steine entfernt,
das Haus abgekratzt und neu verputzt
hat, 44 muss der Priester wiederkom-
men. Wenn sich das Mal am Haus aus-
gebreitet hat, ist es ein bösartiger Aus-
satz am Haus. Es ist unrein 45 und
muss niedergerissen werden. Steine,
Holz und aller Lehmputz muss an
einen unreinen Platz außerhalb der
Stadt geschafft werden.

46 Wenn jemand das Haus betritt,
während es abgesperrt ist, wird er un-
rein bis zum Abend. 47 Wer in dem
Haus schläft oder isst, soll seine Klei-
dung waschen. 48 Wenn der Priester
aber hineinkommt und feststellt, dass
das Mal, nachdem der Putz erneuert
wurde, nicht wieder aufgetreten ist,
dann soll er das Haus für rein erklä-
ren, denn der Befall ist beseitigt.
49 Um das Haus zu entsündigen, soll
er zwei Vögel, Zedernholz, Karme-
sin und Ysop herbeibringen. 50 Er
schlachte den einen Vogel über einem
Tongefäß mit frischem Wasser.
51 Dann soll er das Zedernholz

nehmen, den Ysop, die Karmesinfarbe
und den lebenden Vogel und alles zu-
sammen in das Blut des geschlach-
teten Vogels und das frische Wasser
tauchen und dann damit das Haus sie-
benmal besprengen. 52 So entsündigt
er das Haus mit dem Blut des Vogels,
mit dem frischen Wasser, dem leben-
den Vogel, dem Zedernholz, dem
Ysop und dem Karmesin. 53 Dann soll
er den lebenden Vogel aus der Stadt
hinaus ins offene Feld fliegen lassen.
So erwirkt er Sühne für das Haus, und
es wird rein.

54 Das ist die Weisung, die für jedes
Aussatzmal und jede Flechte gilt,
55 für den Aussatz an Kleidung und
Häusern, 56 für Schwellungen, den
schuppigen Ausschlag und die hellen
Flecken, 57 damit man beurteilen
kann, wann etwas für rein oder unrein
zu erklären ist. Das ist die Weisung
für Aussatz.«

Unreinheit bei Männern

15 1 Jahwe sagte zu Mose und
Aaron: 2 »Gib den Israeliten
Folgendes weiter: Jeder Mann, der
einen krankhaften Ausfluss aus sei-
nem Glied hat, wird dadurch unrein.
3 Hat er diesen Ausfluss, so bleibt die
Unreinheit bestehen, ob sein Glied
den Ausfluss fließen lässt oder ihn zu-
rückhält. 4 Alles, worauf der Kranke
liegt oder sitzt, wird unrein. 5 Wer
dessen Lager berührt, soll seine Klei-
dung waschen und sich mit Wasser
übergießen. Er wird bis zum Abend
unrein sein. 6 Wer sich auf einen
Gegenstand setzt, auf dem der an Aus-
fluss Leidende zu sitzen pflegt, soll
seine Kleidung waschen und sich mit
Wasser übergießen. Er wird bis zum
Abend unrein sein. 7 Auch wer den
Körper des Kranken berührt, soll
seine Kleidung waschen und sich mit
Wasser übergießen. Er wird bis zum
Abend unrein sein. 8 Und wenn der
Kranke einen Reinen anspuckt, soll
dieser seine Kleidung waschen und
sich mit Wasser übergießen. Er wird
bis zum Abend unrein sein. 9 Jeder
Sattel, auf dem der an Ausfluss Lei-
dende sitzt, ist unrein. 10 Jeder, der
irgendetwas berührt, was dieser unter
sich hatte, wird bis zum Abend unrein
sein. Und wer es trägt, soll seine Klei-
dung waschen und sich mit Wasser
übergießen. Er wird bis zum Abend
unrein sein. 11 Und jeder, der den an
Ausfluss Leidenden berührt, ohne
sich anschließend die Hände abzu-
spülen, muss seine Kleidung waschen
und sich mit Wasser übergießen. Er
wird bis zum Abend unrein sein.
12 Jedes Tongefäß, das der Kranke
berührt, muss zerschlagen und jedes
Holzgefäß muss im Wasser abgespült
werden.

13 Wird dieser Mann von seinem
Ausfluss rein, dann soll er noch sieben
Tage auf seine Reinigung warten. Er
soll seine Kleidung waschen und sich
mit frischem Wasser übergießen.
Dann wird er rein sein. 14 Am achten
Tag nehme er sich zwei Turteltauben
oder zwei junge Tauben, komme an
den Eingang zum Zelt der Gottesbe-
gegnung vor Jahwe und übergebe sie
dem Priester. 15 Der Priester soll sie
opfern, eine als Sündopfer und eine
als Brandopfer. So erwirke der Pries-
ter vor Jahwe Sühne für ihn wegen
seines Ausflusses.

16 Wenn ein Mann einen Samener-
guss hat, soll er sich mit Wasser

übergießen und ist unrein bis zum
Abend. 17 Und jedes Kleidungs- und
Lederstück, auf das etwas von dem
Samenerguss gekommen ist, soll im
Wasser gewaschen werden. Es ist bis
zum Abend unrein. 18 Und wenn ein
Mann mit einer Frau schläft und dabei
einen Samenerguss hat, sollen sich
beide mit Wasser übergießen und sind
bis zum Abend unrein.

Unreinheit bei Frauen

19 Wenn eine Frau einen Ausfluss hat
und Blut aus ihrer Scheide fließt, ist
sie sieben Tage lang unrein. Jeder, der
sie berührt, wird bis zum Abend un-
rein sein. 20 Alles, worauf sie sich
während ihrer monatlichen Blutung
legt oder setzt, wird unrein sein.
21 Wer ihr Lager berührt, muss seine
Kleidung waschen und sich mit Was-
ser übergießen und ist bis zum Abend
unrein. 22 Jeder, der einen Gegen-
stand berührt, worauf sie zu sitzen
pflegt, muss seine Kleidung waschen
und sich mit Wasser übergießen und
ist bis zum Abend unrein. 23 Auch wer
irgendetwas auf ihrem Lager oder
ihrer Sitzgelegenheit berührt, wird bis
zum Abend unrein sein. 24 Hat ein
Mann Geschlechtsverkehr mit ihr,
kommt ihre Unreinheit auch auf ihn.
Dann wird auch er sieben Tage lang
unrein und alles, worauf er liegt, wird
unrein.

25 Wenn eine Frau Blutungen
außerhalb ihrer monatlichen Regel
oder über die normale Zeit hinaus hat,
ist sie während dieser Zeit genauso
unrein wie während ihrer Monats-
blutung.* 26 Jedes Lager, auf dem sie
liegt, und jeder Gegenstand, auf den
sie sich setzt, wird dann unrein wie
während ihrer Regel. 27 Und jeder,
der diese Dinge berührt, wird unrein.
Er muss seine Kleidung waschen und
sich mit Wasser übergießen und ist
bis zum Abend unrein. 28 Ist die Frau
rein geworden von ihrem Ausfluss,
soll sie sieben Tage abwarten, dann ist
sie rein. 29 Am achten Tag nehme sie
sich zwei Turteltauben oder zwei
junge Tauben und bringe sie zum
Priester an den Eingang zum Zelt der
Gottesbegegnung. 30 Der Priester soll
sie opfern, eine als Sündopfer und
eine als Brandopfer. So erwirke er
Sühne vor Jahwe für sie wegen ihres
unreinen Ausflusses.

31 Ihr sollt die Israeliten vor ihrer
eigenen Unreinheit warnen, damit sie
nicht ihrer Unreinheit wegen sterben,
wenn sie meine Wohnung, die unter
ihnen ist, verunreinigen.

32 Das ist die Weisung für einen
Mann, der durch einen Ausfluss oder
einen Samenerguss unrein wurde,
33 und für die Frau, die ihre monat-
liche Blutung hat, und für alle, die
einen Ausfluss haben, Mann oder
Frau, und für den Mann, der mit einer
unrein gewordenen Frau schläft.«

Der Versöhnungstag

16 1 Nach dem Tod der beiden
Söhne Aarons, die starben,
als sie in die Nähe Jahwes kamen, re-
dete Jahwe zu Mose. 2 Er sagte zu
ihm: »Sprich mit deinem Bruder
Aaron, dass er nicht zu jeder Zeit ins
Heiligtum hinter den Vorhang geht,

15,25 *unrein ... Monatsblutung.* Das war der Zustand jener Frau, die Jesus berührte (Matthäus 9,20; Markus 5,25).

vor die Deckplatte auf der Lade. Sonst
muss er sterben. Denn ich zeige mich
in der Wolke über der Deckplatte. 3 Er
darf nur ins Heiligtum hineingehen,
wenn er vorher einen jungen Stier als
Sündopfer und einen Schafbock als
Brandopfer dargebracht hat. 4 Er soll
ein Priesterhemd aus Leinen anhaben
und leinene Kniehosen tragen, die
seine Scham bedecken. Auch Gürtel
und Kopfbund müssen aus Leinen be-
stehen. Es sind heilige Gewänder.
Bevor er sie anzieht, muss er sich mit
Wasser übergießen. 5 Von der Ge-
meinschaft der Israeliten lasse er sich
zwei Ziegenböcke für das Sündopfer
und einen Schafbock für das Brand-
opfer geben. 6 Für sich selbst soll er
den Stier des Sündopfers bereithal-
ten, mit dem er Sühne für sich und
seine Familie erwirkt. 7 Die beiden
Ziegenböcke bringe er vor Jahwe an
den Eingang vom Zelt der Gottesbe-
gegnung. 8 Dann soll er das Los ent-
scheiden lassen, welcher Bock für
Jahwe und welcher für Asasel* be-
stimmt ist. 9 Den Ziegenbock, auf den
das Los für Jahwe gefallen ist, soll
Aaron als Sündopfer schlachten.
10 Der Ziegenbock, auf den das Los
für Asasel gefallen ist, soll lebend vor
Jahwe gestellt werden, damit man
über ihm die Sühnehandlung voll-
ziehe und ihn dann für Asasel in die
Wüste treibe.

11 Aaron soll nun den jungen Stier
darbringen, der als Sündopfer für ihn
bestimmt ist. Er soll ihn schlachten
und Sühne für sich und seine Familie
erwirken. 12 Dann nehme er von
dem Altar, der vor Jahwe steht, eine
Räucherpfanne voll glühender Koh-
len, dazu zwei Handvoll von der
zerstoßenen wohlriechenden Weih-
rauchmischung und bringe es in
den Raum innerhalb des Vorhangs.
13 Dort, vor Jahwe, streue er den
Weihrauch über die Glut, damit der
aufsteigende Rauch die Deckplatte
über der Lade mit dem Bundesgesetz
verhüllt und er nicht sterben muss.
14 Dann nehme er etwas von dem Blut
des jungen Stiers und sprenge es mit
dem Finger auf die Vorderseite der
Deckplatte in Richtung Osten und sie-
benmal vor ihr auf den Boden. 15 Da-
nach schlachte er den Ziegenbock für
das Sündopfer, das für das Volk be-
stimmt ist, und bringe dessen Blut
hinter den Vorhang. Davon sprenge er
etwas auf die Deckplatte und vor sie
hin, wie er es mit dem Blut des Stiers
getan hat. 16 Auf diese Weise erwirke
er Sühne für das Heiligtum wegen der
Unreinheiten der Israeliten und ihrer
Vergehen, mit denen sie sich versün-
digt haben. Ebenso soll er mit dem
Zelt der Gottesbegegnung verfahren,
das bei ihnen steht, mitten in ihren
Unreinheiten. 17 Kein Mensch darf im
Zelt der Gottesbegegnung sein, wenn
Aaron hineingeht, um im Heiligtum
die Sühnehandlung zu vollziehen, bis
er wieder herauskommt. Auf diese
Weise soll er Sühne erwirken für sich,

16,8 *Asasel* könnte ein Eigenname für eine teuflische Macht sein, sodass die Sünden symbolisch zu ihrem eigentlichen Urheber zurückgeschickt wurden. Die LXX deutet den Begriff, der nur hier vorkommt, als »Ziegenbock der Vertreibung«, andere meinen, es wäre ein abstrakter Begriff für »völlige Beseitigung«. Von der im Text beschriebenen Handlungsweise kommt der Begriff »Sündenbock«.

seine Familie und die ganze Versamm-
lung Israels.

18 Dann soll er zu dem Altar hinaus-
gehen, der vor Jahwe steht, und für
ihn die Sühnehandlung vollziehen. Er
nehme etwas von dem Blut des Stiers
und dem des Ziegenbocks und be-
streiche damit die Hörner des Altars.
19 Dann sprenge er mit seinem Finger
siebenmal etwas von dem Blut an den
Altar. So soll er ihn von den Unrein-
heiten der Israeliten reinigen und ihn
heiligen. 20 Wenn Aaron die Sühne-
handlung für das Heiligtum, das Zelt
der Gottesbegegnung und den Altar
vollzogen hat, soll er den lebenden
Ziegenbock herbeibringen. 21 Er
stütze beide Hände auf den Kopf die-
ses Ziegenbocks und bekenne über
ihm alle Schuld der Israeliten und all
ihre Vergehen, mit denen sie sich
schuldig gemacht haben. Er soll sie
auf den Kopf des Bocks legen und ihn
dann durch einen bereitstehenden
Mann in die Wüste schaffen lassen,
22 damit der Ziegenbock all ihre
Schuld mit sich in die Öde trägt.
Dann schicke er den Bock in die
Wüste.

23 Anschließend soll Aaron in das
Zelt der Gottesbegegnung gehen und
die Kleidungsstücke aus Leinen aus-
ziehen, die er angezogen hatte, als er
in das Heiligtum hineinging, und soll
sie dort niederlegen. 24 Dann soll er
sich an heiliger Stätte mit Wasser
übergießen und seine eigene Kleidung
anziehen. Er soll anschließend her-
auskommen und das Brandopfer für
sich und das Volk darbringen, um so
für sich und das Volk Sühne zu erwir-
ken. 25 Auch die Fettstücke des Sünd-
opfers soll er auf dem Altar in Rauch
aufgehen lassen.

26 Der Mann, der den Ziegenbock
zu Asasel hinausgetrieben hat, soll
seine Kleidung waschen und sich mit
Wasser übergießen, bevor er wieder
ins Lager zurückkommt. 27 Die Reste
von dem jungen Stier und dem Zie-
genbock für das Sündopfer, deren
Blut ins Heiligtum gebracht wurde,
um Sühne zu erwirken, bringe man
vor das Lager. Dort soll man ihre
Häute, ihr Fleisch und ihre Eingewei-
de verbrennen. 28 Der, der sie ver-
brannt hat, soll seine Kleidung wa-
schen und sich selbst mit Wasser
übergießen, bevor er wieder ins Lager
zurückkommt.

29 Diese Bestimmungen gelten für
alle Zukunft. Am 10. Oktober* sollt
ihr euch selbst demütigen und dürft
an diesem Tag keine Arbeit verrichten.
Das gilt auch für die Fremden, die bei
euch leben. 30 Denn an diesem Tag er-
wirkt man Sühne für euch, um euch
zu reinigen. Vor Jahwe sollt ihr von all
euren Sünden rein werden. 31 Ein
Sabbat, ein Feiertag ist es für euch, an
dem ihr euch selbst demütigen sollt.
Das ist eine ewige Ordnung. 32 Die
Sühnehandlung soll der Priester voll-
ziehen, den man anstelle seines Vaters
gesalbt und eingesetzt hat. Er soll
dabei die Gewänder aus Leinen anzie-
hen, die dafür bestimmt sind, 33 und
für das gesamte Heiligtum Sühne er-
wirken, für das Zelt der Gottesbegeg-
nung und den Altar, für die Priester

16,29 *Oktober.* Wörtlich: des 7. Monats. Zum Datum siehe unter *Schaltmonat* im Vorwort des Übersetzers.

und die ganze Volksversammlung.
34 Das soll eine ewige Ordnung für
euch sein, einmal im Jahr Sühne für
alle Sünden der Israeliten zu erwir-
ken.« Aaron führte alles so aus, wie
Jahwe es Mose befohlen hatte.

Das Blutverbot

17 1 Jahwe sagte dann zu Mose:
2 »Gib Aaron, seinen Söhnen
und allen Israeliten folgende Anord-
nungen Jahwes weiter: 3 Jeder Israe-
lit, der ein Rind, ein Schaf oder eine
Ziege schlachtet, sei es im Lager oder
außerhalb davon, 4 und das Tier nicht
an den Eingang zum Zelt der Gottes-
begegnung bringt, um es dort vor der
Wohnung Jahwes als Opfergabe für
ihn zu schlachten, dem soll es als Blut-
schuld angerechnet werden. Er hat
Blut vergossen und muss aus der
Mitte seines Volkes entfernt* werden.
5 Deshalb sollen die Israeliten ihre
Opfer, die sie jetzt noch auf dem freien
Feld schlachten, zu Jahwe an den Ein-
gang zum Zelt der Gottesbegegnung
bringen und ihm als Freudenopfer
schlachten. 6 Der Priester soll das
Blut an den Altar Jahwes vor dem Zelt
der Gottesbegegnung sprengen und
das Fett in Rauch aufgehen lassen als
einen Geruch, der Jahwe befriedigt.
7 Sie sollen ihre Tiere nicht mehr als
Opfer für die Dämonen schlachten,
denen sie nachlaufen. Das ist eine
ewige Ordnung für alle ihre Genera-
tionen.

8 Weiter sollst du ihnen sagen: Jeder
Israelit und jeder Fremde, der unter
ihnen lebt, der ein Brand- oder
Schlachtopfer darbringt 9 und es
nicht zum Eingang vom Zelt der
Gottesbegegnung bringt, um es
Jahwe zu opfern, soll von seinem Volk
beseitigt werden.

10 Genauso geht es jedem Israeliten
und jedem Fremden unter euch, der
irgendwelches Blut isst. Ich selbst
wende mich gegen jede Person, die
Blut isst, und werde sie aus ihrem Volk
beseitigen. 11 Denn das Leben des
Körpers ist in seinem Blut. Ich habe
bestimmt, dass es auf den Altar gege-
ben wird, um Sühne für euch zu erwir-
ken. Denn das Blut bewirkt Sühne
durch das Leben darin. 12 Darum
habe ich zu den Israeliten gesagt: Nie-
mand von euch darf Blut essen, auch
die Fremden nicht, die bei euch leben.

13 Und jeder von den Israeliten oder
den Fremden, die bei euch leben, der
Wild oder Vögel jagt, die ihr essen
dürft, soll ihr Blut ausfließen lassen
und es mit Erde bedecken. 14 Denn
das Leben allen Fleisches ist sein Blut,
und ich habe zu den Israeliten gesagt:
Es ist euch nicht erlaubt, das Blut
irgendeines Wesens aus Fleisch zu
essen, denn das Leben allen Fleisches
ist sein Blut. Jeder, der es isst, muss
beseitigt werden.

15 Und jeder, der ein verendetes
oder gerissenes Tier isst, er sei Ein-
heimischer oder Fremder, muss seine
Kleidung waschen und sich mit Was-
ser übergießen und bleibt bis zum
Abend unrein. 16 Wenn er seine Klei-
dung nicht wäscht und seinen Körper
nicht mit Wasser übergießt, muss er
seine Schuld tragen.«

17,4 *entfernt*. Entweder durch Verbannung oder Tod.

Verbotene sexuelle Beziehungen

18 1 Jahwe sagte weiter zu Mose:
2 »Sprich zu den Israeliten:
Ich bin Jahwe, euer Gott! 3 Lebt nicht
nach den Sitten des Landes Ägypten,
wo ihr gewohnt habt, auch nicht nach
den Gewohnheiten des Landes Ka-
naan, wohin ich euch bringe. Ihr sollt
nicht nach ihren Ordnungen leben.
4 Meine Vorschriften sollt ihr befolgen
und euch nach meinen Ordnungen
richten! Ich bin Jahwe, euer Gott!
5 Ihr sollt euch nach meinen Vor-
schriften und Ordnungen richten.
Wer sie befolgt, wird durch sie leben.*
Ich bin Jahwe!

6 Niemand von euch soll mit einem
seiner Blutsverwandten eine sexuelle
Beziehung haben. Ich bin Jahwe!
7 Die Scham deines Vaters und die
Scham deiner Mutter sollst du nicht
entblößen. Es ist deine Mutter und du
sollst ihre Scham nicht entblößen.
8 Die Scham der Frau deines Vaters
sollst du nicht entblößen, es ist die
Scham deines Vaters. 9 Die Scham
deiner Schwester, der Tochter deines
Vaters oder deiner Mutter, sollst du
nicht entblößen, egal ob sie in der Fa-
milie oder außerhalb von ihr geboren
wurde. 10 Die Scham deiner Enkel-
tochter sollst du nicht entblößen,
denn es ist deine eigene Scham. 11 Die
Scham der Tochter von einer der Frauen
deines Vaters sollst du nicht ent-
blößen. Sie ist deine Schwester. 12 Die
Scham der Schwester deines Vaters
darfst du nicht entblößen. Sie ist die
Blutsverwandte deines Vaters. 13 Die
Scham der Schwester deiner Mutter
darfst du nicht entblößen. Sie ist die
Blutsverwandte deiner Mutter. 14 Die
Scham des Bruders deines Vaters
sollst du nicht entblößen und dich sei-
ner Frau nicht nähern. Sie ist deine
Tante. 15 Die Scham deiner Schwie-
gertochter sollst du nicht entblößen.
Sie ist die Frau deines Sohnes. 16 Die
Scham der Frau deines Bruders sollst
du nicht entblößen, es ist die Scham
deines Bruders. 17 Du sollst nicht die
Scham einer Frau und ihrer Tochter
entblößen. Die Tochter ihres Sohnes
oder ihrer Tochter sollst du nicht neh-
men und ihre Scham entblößen. Sie
sind deine Blutsverwandten. Es wäre
eine Schandtat. 18 Und solange eine
Frau lebt, sollst du ihre Schwester
nicht zur Nebenfrau nehmen und ihre
Scham neben ihr entblößen.

19 Du darfst dich einer Frau, die
wegen ihrer monatlichen Blutung un-
rein ist, nicht nähern und ihre Scham
entblößen. 20 Mit der Frau eines an-
deren Mannes darfst du nicht schla-
fen, denn dadurch wirst du unrein.
21 Keinen von deinen Nachkommen
darfst du dem Moloch* als Opfer ver-
brennen. Du sollst den Namen deines
Gottes nicht entweihen. Ich bin
Jahwe! 22 Du darfst mit keinem
anderen Mann* Geschlechtsverkehr
haben. Das verabscheue ich. 23 Du
sollst nicht mit einem Tier Ge-
schlechtsverkehr haben. Dadurch
verunreinigst du dich. Und eine Frau
soll sich nicht vor ein Tier stellen, um

18,5 Wird im Neuen Testament von Paulus zitiert: Römer 10,5; Galater 3,12.

18,21 *Moloch* war ein ammonitischer Götze, dem Kinder geopfert wurden.

18,22 *Mann.* Wörtlich: männlichen. Gemeint ist ein Mensch männlichen Geschlechts, gleich welchen Alters.

sich mit ihm zu paaren. Das ist
schändlich.
24 Verunreinigt euch nicht durch
solche Dinge! Denn durch all dieses
haben sich die Völker verunreinigt,
die ich vor euch vertreibe. 25 Sie
haben das Land unrein gemacht, und
ich habe es zur Rechenschaft gezo-
gen, sodass es seine Bewohner aus-
gespuckt hat.
26 Ihr aber sollt euch an meine Ord-
nungen und Vorschriften halten, eben-
so die Fremden, die bei euch leben. Tut
nicht solch abscheuliche Dinge 27 wie
die Menschen, die vor euch im Land
waren. Denn dadurch ist das Land un-
rein geworden. 28 Sonst wird euch das
Land ebenso ausspucken, wie es das
Volk ausgespuckt hat, das vor euch da
war. 29 Jeder, der irgendetwas von die-
sen Abscheulichkeiten tut, soll von sei-
nem Volk beseitigt werden. 30 Ge-
horcht also meinen Anweisungen,
keine dieser abscheulichen Bräuche
zu übernehmen, die man vor euch aus-
geübt hat, und verunreinigt euch nicht
durch sie. Ich bin Jahwe, euer Gott.«

Heiligung des täglichen Lebens

19 1 Jahwe sagte weiter zu Mose:
2 »Gib der ganzen Versamm-
lung der Israeliten Folgendes weiter:
Ihr sollt heilig sein, denn ich, Jahwe,
euer Gott, bin heilig.* 3 Jeder von
euch soll seine Mutter und seinen
Vater ehren. Haltet meine Sabbate
ein. Ich bin Jahwe, euer Gott. 4 Ihr
sollt euch nicht den Götzen zuwenden
und euch auch keine Götter aus Metall
gießen. Ich bin Jahwe, euer Gott!
5 Wenn ihr Jahwe ein Freudenopfer
schlachtet, sollt ihr es so tun, dass ihr
Wohlwollen findet. 6 Es muss am Tag
der Schlachtung gegessen werden
und auch noch am Tag danach. Wenn
am dritten Tag noch etwas übrig ist,
muss es verbrannt werden. 7 Wird
noch am dritten Tag von dem Fleisch
gegessen, ist es unrein geworden und
das Opfer wird nicht mein Gefallen
finden. 8 Wer davon isst, lädt Schuld
auf sich, denn er hat entweiht, was
Jahwe heilig ist. Diese Person muss
von ihrem Volk beseitigt werden.
9 Wenn ihr eure Ernte einbringt,
sollst du das Feld nicht bis an den
Rand abernten. Du sollst auch keine
Nachlese halten. 10 Auch in deinem
Weinberg sollst du nicht nachlesen
und das Heruntergefallene nicht auf-
heben. Lass es für die Armen und
Fremden übrig. Ich bin Jahwe, euer
Gott!
11 Ihr sollt nicht stehlen, nicht lügen
und einander nicht betrügen. 12 Miss-
braucht meinen Namen nicht, um
falsch zu schwören, denn damit ent-
weiht ihr ihn.* Ich bin Jahwe! 13 Du
sollst deinen Nächsten weder unter-
drücken noch berauben. Den Lohn
eines Tagelöhners darfst du nicht über
Nacht bis zum nächsten Morgen
behalten. 14 Einen Tauben sollst du
nicht schmähen und vor einen Blin-
den kein Hindernis legen. Du sollst
dich vor deinem Gott fürchten, denn
ich bin Jahwe!
15 Tut kein Unrecht im Gericht. Einen
Geringen darfst du nicht bevorzugen

19,2 Wird im Neuen Testament von Petrus zitiert: 1. Petrus 1,16.

19,12 Wird zusammen mit 4. Mose 30,3 im Neuen Testament von Jesus Christus zitiert: Matthäus 5,33.

und einen Großen nicht ehren. Du
sollst ein gerechtes Urteil über deinen
Nächsten sprechen. 16 Du sollst nicht
als Verleumder in deiner Sippe um-
hergehen. Trete nicht gegen das
Leben deines Nächsten auf. Ich bin
Jahwe!

17 Du sollst im Herzen keinen Hass
gegen deinen Bruder tragen. Weise
deinen Nächsten ernstlich zurecht,
damit du nicht seinetwegen Schuld
auf dich lädst. 18 Räche dich nicht
selbst und trage deinen Volksgenos-
sen nichts nach. Deinen Nächsten
sollst du lieben wie dich selbst.* Ich
bin Jahwe!

19 Ihr sollt euch an meine Ordnun-
gen halten. Kreuzt nicht Tiere ver-
schiedener Art miteinander. Besät
eure Felder nicht mit zweierlei Samen.
Tragt keine Gewänder aus zweierlei
Stoff.

20 Wenn ein Mann mit einer Sklavin
schläft, die für einen anderen Mann
bestimmt ist, aber noch nicht losge-
kauft oder freigelassen wurde, muss
er Schadenersatz leisten. Die beiden
müssen nicht getötet werden, denn
die Frau ist nicht frei gewesen. 21 Der
Mann muss Jahwe einen Schafbock
als Schuldopfer an den Eingang zum
Zelt der Gottesbegegnung bringen.
22 Der Priester soll ihm damit vor
Jahwe Sühne für die begangene
Sünde erwirken. Dann wird ihm ver-
geben werden.

23 Wenn ihr in das Land kommt und
Fruchtbäume pflanzt, dann sollt ihr
die Früchte wie eine Vorhaut unbe-
schnitten lassen. Drei Jahre lang sol-
len sie euch als unbeschnitten gelten.
Sie dürfen nicht gegessen werden.
24 Im vierten Jahr sollt ihr sie Jahwe
als Festgabe weihen. 25 Vom fünften
Jahr an dürft ihr die Früchte der
Fruchtbäume genießen. So wird ihr
Ertrag umso größer sein. Ich bin
Jahwe, euer Gott!

26 Ihr dürft nichts Blutiges essen.
Treibt keine Wahrsagerei und deutet
keine Zeichen. 27 Rasiert euch das
Haar nicht rings um den Kopf ab,
stutzt auch nicht eure Bärte 28 und
macht euch keine Einschnitte am
Körper wegen eines Toten. Ihr sollt
euch auch keine Zeichen eintätowie-
ren. Ich bin Jahwe! 29 Entehre deine
Tochter nicht und treibe sie nicht zur
Prostitution, damit das Land nicht
sexueller Unmoral verfällt und voller
Schandtaten ist.

30 Meine Sabbate sollt ihr halten
und mein Heiligtum fürchten. Ich bin
Jahwe! 31 Wendet euch nicht an To-
tengeister und sucht keine Wahrsager
auf. Denn durch sie verunreinigt ihr
euch. Ich bin Jahwe, euer Gott! 32 Vor
grauem Haar stehe auf und begegne
alten Menschen mit Respekt. Fürchte
dich vor deinem Gott. Ich bin Jahwe!

33 Wenn ein Fremder mit euch zu-
sammen in eurem Land lebt, dürft ihr
ihn nicht unterdrücken. 34 Wie ein
Einheimischer soll er euch gelten. Du
sollst ihn lieben wie dich selbst, denn
ihr seid selber Fremde in Ägypten ge-
wesen. Ich bin Jahwe, euer Gott!

35 Ihr sollt niemand Unrecht zufü-
gen im Gericht, beim Messen, beim

19,18 Wird im Neuen Testament von Jesus Christus zitiert: Matthäus 19,19; 22,39; Markus 12,31, ebenso von Paulus (Galater 5,14) und Jakobus (Jakobus 2,8).

Wiegen und Abmessen. 36 Eure
Waage muss stimmen, die Gewichte
und die Hohlmaße* müssen dem
Grundmaß entsprechen. Ich bin Jah-
we, euer Gott, der euch aus Ägypten
herausgeführt hat! 37 Ihr sollt auf alle
meine Ordnungen und Vorschriften
achten und euch danach richten. Ich
bin Jahwe, euer Gott!«

Strafe für schwere Vergehen

20 1 Jahwe sagte dann zu Mose:
2 »Gib den Israeliten Folgen-
des weiter: Wenn ein Israelit oder ein
Fremder, der in Israel lebt, eins von
seinen Kindern dem Moloch opfert,
muss er getötet werden. Das Volk des
Landes soll ihn steinigen. 3 Ich werde
mich gegen diesen Mann wenden und
ihn aus seinem Volk beseitigen, denn
er hat eins von seinen Kindern dem
Moloch gegeben, mein Heiligtum un-
rein gemacht und meinen heiligen
Namen entweiht. 4 Und wenn das
Volk des Landes die Augen vor diesem
Mann verschließt, der einen seiner
Nachkommen dem Moloch opferte,
wenn es ihn nicht tötet, 5 dann werde
ich selbst mich gegen diesen Mann
und seine Sippe wenden und gegen
alle, die es ihm nachmachen und sich
mit dem Moloch einlassen. Ich werde
sie aus ihrem Volk beseitigen.

6 Ich werde mich auch gegen jede Per-
son stellen, die sich mit Totengeistern
oder Wahrsagern einlässt, und sie aus
ihrem Volk beseitigen. 7 So sondert
euch von alldem ab und lebt heilig, denn
ich bin Jahwe, euer Gott! 8 Ihr sollt euch
nach meinen Ordnungen richten! Ich
bin Jahwe, der euch heiligt!

9 Jeder, der seinen Vater oder seine
Mutter verflucht, muss getötet wer-
den. Die Blutschuld dafür lastet auf
ihm selbst.

10 Wenn jemand mit der Frau eines
anderen Ehebruch begeht, müssen
beide getötet werden: der Ehebrecher
und die Ehebrecherin. 11 Und wenn
jemand mit einer der Frauen seines
Vaters schläft, hat er die Scham seines
Vaters entblößt. Beide müssen getötet
werden. Die Blutschuld dafür lastet
auf ihnen. 12 Wenn jemand mit seiner
Schwiegertochter schläft, müssen
beide getötet werden. Sie haben sich
auf schändliche Weise befleckt. Die
Blutschuld dafür lastet auf ihnen.
13 Wenn ein Mann mit einem ande-
ren Mann* Geschlechtsverkehr hat,
haben sich beide auf abscheuliche
Weise vergangen. Sie müssen getötet
werden. Die Blutschuld dafür lastet
auf ihnen. 14 Wenn ein Mann eine
Frau und ihre Mutter heiratet, ist das
ein schändliches Vergehen. Man soll
ihn und beide Frauen verbrennen.
Etwas so Schändliches darf es bei
euch nicht geben.

15 Wenn ein Mann mit einem Vieh
geschlechtlich verkehrt, muss er ge-
tötet werden. Auch das Tier müsst ihr
umbringen. 16 Wenn eine Frau sich
irgendeinem Stück Vieh nähert, um
mit ihm geschlechtlich zu verkehren,
müsst ihr die Frau und das Tier um-
bringen. Sie müssen unbedingt ge-
tötet werden. Die Blutschuld für ihren
Tod lastet auf ihnen selbst.

19,36 *Hohlmaße.* Wörtlich: *Efa und Hin*, die Grundmaße für Getreide und Flüssigkeiten.

20,13 *Mann.* Wörtlich: männlichen. Gemeint ist ein Mensch männlichen Geschlechts, gleich welchen Alters.

17 Wenn ein Mann seine Schwester
nimmt, eine Tochter seines Vaters
oder seiner Mutter, und ihre Scham
sieht, und sie sieht seine Scham, dann
ist das eine Schandtat. Beide sollen
vor dem versammelten Volk getötet
werden. Der Mann hat die Scham
seiner Schwester aufgedeckt. Die
Blutschuld dafür lastet auf ihm.
18 Wenn ein Mann mit einer mens-
truierenden Frau schläft und so ihre
Scham entblößt, hat er ihre Quelle
entblößt, und sie hat die Quelle ihres
Blutes aufgedeckt. Beide müssen
von ihrem Volk beseitigt werden.
19 Auch die Scham der Schwester dei-
ner Mutter oder der Schwester deines
Vaters darfst du nicht aufdecken.
Denn wer das tut, hat seine Blutsver-
wandte entblößt. Beide müssen ihre
Schuld tragen. 20 Wenn ein Mann mit
der Frau seines Onkels schläft, hat er
die Scham seines Onkels entblößt.
Die beiden müssen ihre Sünde tragen
und sollen kinderlos sterben. 21 Wenn
jemand mit der Frau seines Bruders
schläft, ist das eine Befleckung. Er hat
die Scham seines Bruders entblößt.
Sie werden kinderlos bleiben.

22 Haltet euch an meine Ordnungen
und lebt nach meinen Geboten, damit
euch das Land, in das ich euch brin-
gen will, nicht ausspuckt. 23 Ihr sollt
die Sitten der Leute, die ich vor euch
vertreibe, nicht annehmen. Denn sie
haben all diese Dinge getan und ekel-
ten mich damit an. 24 Deshalb habe
ich zu euch gesagt: ›Ihr sollt ihr Land
in Besitz nehmen, euch werde ich das
Land geben, das von Milch und Honig
überfließt.‹ Ich bin Jahwe, euer Gott!
Ich habe euch zu einem besonderen
Volk gemacht. 25 Ihr sollt zwischen
reinen und unreinen Tieren unter-
scheiden, zwischen unreinen und
reinen Vögeln, und euch selbst nicht
zum Abscheu machen durch das Vieh,
die Vögel und das, was sich auf dem
Erdboden regt, was von mir für unrein
erklärt wurde. 26 Ihr sollt heilig für
mich sein, denn ich, Jahwe, bin heilig.
Ich habe euch von den Völkern unter-
schieden, dass ihr mir gehört.

27 Und wenn in einem Mann oder
einer Frau ein Toten- oder Wahrsage-
geist ist, müssen sie getötet werden.
Man soll sie steinigen. Die Blutschuld
dafür lastet auf ihnen.«

Anweisungen für Priester

21 1 Jahwe sagte zu Mose: Gib
den Priestern, den Nachkom-
men Aarons, Folgendes weiter: »Kein
Priester darf sich verunreinigen, in-
dem er einen Toten aus seinem Volk
berührt. 2 Ausgenommen davon sind
nur seine Mutter und sein Vater, sein
Sohn und seine Tochter, sein Bruder
3 und seine unverheiratete Schwester,
wenn sie in seinem Haushalt lebt.
4 Als Herr unter seinen Volksleuten
darf er sich nicht unrein machen. Er
würde dadurch entweiht. 5 Priester
dürfen sich weder den Kopf kahl
scheren noch den Bart stutzen oder
Einschnitte am Körper machen. 6 Sie
sollen ihrem Gott geheiligt sein und
den Namen ihres Gottes nicht entwei-
hen. Denn sie bringen die Feueropfer
Jahwes dar, die Speise ihres Gottes,
und müssen deshalb heilig sein.

7 Sie dürfen keine Prostituierte oder
Vergewaltigte heiraten, auch keine von
ihrem Mann verstoßene Frau, denn ein
Priester ist seinem Gott geweiht. 8 Du
sollst ihn als Gott geweiht ansehen,

denn er bringt die Opferspeise deines
Gottes dar. Er soll heilig für dich sein,
denn ich bin heilig, ich bin Jahwe, der
euch für sich geheiligt hat. 9 Wenn die
Tochter eines Priesters sich prostitu-
iert, entweiht sie dadurch nicht nur
sich selbst, sondern auch ihren Vater.
Sie muss verbrannt werden.

10 Der Hohe Priester, auf dessen
Kopf das Salböl gegossen wurde und
den man bei seiner Einsetzung mit
den entsprechenden Gewändern be-
kleidet hat, darf auch bei einem Trau-
erfall* sein Haupthaar nicht unge-
pflegt herunterhängen lassen und
seine Kleidung zerreißen. 11 Er darf
zu keinem Leichnam gehen, auch
wenn es sein Vater oder seine Mutter
ist, damit er sich nicht verunreinigt.
12 In diesem Fall* soll er das Heilig-
tum nicht verlassen, denn sonst
würde er das Heiligtum seines Gottes
entweihen. Die Weihe des Salböls
Gottes ist ja auf ihm. Ich bin Jahwe!

13 Er darf nur eine Frau heiraten, die
noch unberührt ist. 14 Eine Witwe,
eine Verstoßene, eine Vergewaltigte
oder eine Prostituierte darf er nicht
zur Frau nehmen. Es muss eine unbe-
rührte junge Frau aus seinem eigenen
Volk sein. 15 Sonst würde er seine
Nachkommen unter seinem Volk ent-
weihen. Denn ich bin Jahwe, der ihn
heiligt!«

16 Jahwe sagte zu Mose: 17 »Gib
Aaron Folgendes weiter: Sollte einer
deiner künftigen Nachkommen mit
einem Gebrechen behaftet sein, darf
er nicht zum Altar kommen, um die
Speise seines Gottes zu opfern.
18 Denn keiner, der ein Gebrechen
hat, darf in meine Nähe kommen: kein
Blinder oder Lahmer, keiner, der eine
Scharte hat oder missgebildet ist,
19 keiner, der Arm oder Bein gebro-
chen hat, 20 kein Buckliger oder
Kleinwüchsiger, keiner, der eine
Augen- oder Hautkrankheit hat, auch
keiner mit zerquetschten Hoden.
21 Von den Nachkommen des Pries-
ters Aaron darf keiner, der ein Gebre-
chen hat, herantreten, um die Feu-
eropfer Jahwes darzubringen. Er hat
ein Gebrechen und soll nicht heran-
treten, um die Speise seines Gottes zu
opfern. 22 Doch von den Opfern, die
seinem Gott gebracht werden, darf er
essen, sowohl vom Heiligen, als auch
dem Höchstheiligen. 23 Aber weil er
ein Gebrechen hat, darf er nicht zum
Vorhang kommen und sich auch dem
Altar nicht nähern, damit er meine
heiligen Dinge nicht entweiht. Denn
ich bin Jahwe, der sie heiligt!«

24 Mose sagte dies Aaron und allen
Israeliten.

Anweisungen für den Genuss von Opfergaben

22 1 Jahwe sagte zu Mose:
2 »Sag Aaron und seinen
Söhnen, dass sie achtsam mit den
heiligen Gaben umgehen, welche die
Israeliten mir aussondern, dass sie
meinen heiligen Namen nicht entwei-
hen. Ich bin Jahwe! 3 Sag zu ihnen:
Wenn jemand von euch oder euren
Nachkommen sich im Zustand der
Unreinheit diesen heiligen Gaben

21,10 *auch bei einem Trauerfall.* Zusatz des Übersetzers zur Verdeutlichung.

21,12 *In diesem Fall.* Gemeint ist offenbar der Fall, dass der Leichnam seines Vaters oder seiner Mutter in seinem Haus aufgebahrt ist.

nähert, die die Israeliten für Jahwe
aussondern, muss diese Person besei-
tigt und aus meiner Gegenwart weg-
geschafft werden. Ich bin Jahwe!
4 Wer von den Nachkommen Aarons
Aussatz hat oder an Ausfluss leidet,
darf nicht von den heiligen Gaben
essen, bis er wieder rein ist. Und wenn
jemand irgendetwas berührt, das
durch einen Toten unrein wurde, oder
wer einen Samenerguss hatte 5 oder
wer Kleingetier berührt, das für ihn
unrein ist, oder einen Menschen, der
durch irgendeinen Grund für ihn un-
rein ist, 6 wer so etwas berührt, wird
bis zum Abend unrein sein. Er darf
nicht von den heiligen Gaben essen,
sondern soll seinen Körper mit Was-
ser übergießen. 7 Erst wenn die Sonne
untergegangen ist, ist er wieder rein.
Dann darf er von den heiligen Gaben
essen, es ist ja seine Speise. 8 Er darf
kein verendetes oder zerrissenes Tier
essen, denn daran wird er unrein. Ich
bin Jahwe! 9 So sollen sie meine An-
weisungen befolgen, damit sie des-
wegen keine Schuld auf sich laden
und sterben müssen, weil sie das Ge-
heiligte entweihen. Ich bin Jahwe, der
sie heiligt!
10 Kein Unbefugter darf etwas Hei-
liges essen, auch nicht, wenn er bei
einem Priester wohnt oder für Lohn
bei ihm arbeitet. 11 Wenn der Priester
aber jemand für Geld kauft, dann
darf diese Person davon essen, eben-
falls der im Haus geborene Sklave.
12 Wenn die Tochter eines Priesters
einen Mann heiratet, der kein Priester
ist, darf sie nicht von den heiligen
Gaben essen. 13 Wenn sie aber als
Witwe oder Verstoßene in ihr Vater-
haus zurückkehrt und keine Kinder
hat, darf sie wie früher von der Speise
ihres Vaters essen. Aber kein Unbe-
fugter darf davon essen.
14 Wenn jemand aus Versehen
etwas Heiliges isst, muss er ein Fünf-
tel hinzufügen und das Heilige dem
Priester erstatten. 15 Die Priester dür-
fen die heiligen Gaben nicht entwei-
hen, die die Israeliten Jahwe bringen.
16 Wenn sie andere Israeliten davon
essen lassen, würden sie ihnen eine
schwere Schuld aufladen. Denn ich
bin Jahwe, der sie heiligt!«

Die Tauglichkeit der Opfertiere

17 Jahwe sagte zu Mose: 18 »Gib
Aaron, seinen Söhnen und allen Israe-
liten Folgendes weiter: Wenn ein Is-
raelit oder ein Fremder, der in Israel
lebt, Jahwe ein Brandopfer bringt, ob
es nach einem Gelübde ist oder eine
freiwillige Gabe, 19 dann muss es ein
fehlerfreies männliches Tier von den
Rindern, Schafen oder Ziegen sein,
damit ihr Wohlwollen bei Gott findet.
20 Alles, was einen Fehler hat, dürft
ihr nicht bringen, denn es wird euch
nicht wohlgefällig machen. 21 Auch
wenn jemand Jahwe ein Freudenopfer
bringt, um ein Gelübde zu erfüllen
oder wenn er ihm eine freiwillige Gabe
vom Rind oder vom Kleinvieh bringt,
muss das Tier ohne Fehler sein, damit
ihr Wohlwollen findet. Es darf kein
Makel daran sein. 22 Ein blindes, ver-
letztes oder verstümmeltes Tier dürft
ihr Jahwe nicht bringen, auch dann
nicht, wenn es Warzen, die Krätze
oder eine Flechte hat. Nichts davon
darf auf Jahwes Altar kommen.
23 Einen Stier oder ein Schaf, das
missgebildet oder verkümmert ist,
kannst du als freiwillige Gabe opfern.

Zur Erfüllung eines Gelübdes aber wird es kein Gefallen finden. 24 Ein Tier, dessen Hoden zerquetscht, zerstoßen, abgerissen oder abgeschnitten sind, dürft ihr Jahwe nicht bringen. Ihr dürft in eurem Land kein Tier kastrieren. 25 Selbst wenn solche Tiere aus dem Besitz eines Ausländers stammen, dürft ihr sie eurem Gott nicht als Speise darbringen. Sie haben einen Schaden, ein Makel, und werden euch kein Wohlwollen bringen.«

26 Jahwe sagte zu Mose: 27 »Wenn ein Stierkalb, ein Schaf- oder Ziegenlamm geboren wird, muss es sieben Tage bei seinem Muttertier bleiben. Erst vom achten Tag an findet es als Feueropfer Jahwes Gefallen. 28 Ihr dürft auch nicht das Muttertier am gleichen Tag wie sein Junges schlachten. 29 Wenn ihr Jahwe ein Dankopfer schlachtet, sollt ihr es so tun, dass ihr Wohlwollen findet. 30 Es muss noch am selben Tag gegessen werden. Ihr dürft nichts davon bis zum Morgen übriglassen. Ich bin Jahwe! 31 Beachtet und befolgt meine Gebote! Ich bin Jahwe! 32 Entweiht meinen heiligen Namen nicht, damit ich unter den Israeliten heilig gehalten werde. Ich bin Jahwe, der euch heiligt 33 und euch aus Ägypten geführt hat, um euer Gott zu sein. Ich bin Jahwe!«

23 1 Jahwe sagte zu Mose: 2 »Gib den Israeliten weiter: Die Feste Jahwes, meine Feste, die ihr als heilige Versammlungen ausrufen sollt, sind die Folgenden:

Der Sabbat

3 Sechs Tage darf man eine Arbeit tun, aber am siebten Tag ist Sabbat, ein Feiertag, eine heilige Versammlung. Da dürft ihr keinerlei Arbeit tun. Es ist ein Sabbat für Jahwe, wo immer ihr wohnt.

Passa- und Mazzenfest

4 Folgende Feste Jahwes sind heilige Versammlungen, die ihr zu bestimmten Zeiten ausrufen sollt: 5 Das Passa* Jahwes beginnt am späten Nachmittag* des 14. April*. 6 Am darauffolgenden Tag beginnt das Mazzenfest Jahwes, an dem ihr sieben Tage lang Mazzen, ungesäuertes Brot, essen sollt. 7 Am ersten Tag sollt ihr eine heilige Versammlung abhalten und dürft keinerlei Arbeit verrichten. 8 Und an jedem der sieben Tage sollt ihr Jahwe ein Feueropfer bringen. Am siebten Tag sollt ihr wieder eine heilige Versammlung abhalten und dürft keinerlei Arbeit verrichten.«

Das Fest der Ersten Garbe

9 Jahwe sagte zu Mose: 10 »Gib den Israeliten Folgendes weiter: Wenn ihr in dem Land, das ich euch gebe, die Ernte einbringt, sollt ihr die erste Garbe eurer Ernte dem Priester bringen. 11 Dieser soll sie am Tag nach dem Sabbat vor Jahwe hin- und herschwingen, damit ihr sein Wohlwollen erlangt. 12 An dem Tag, an dem

---

23,5 *Passa.* Siehe 2. Mose 12-13.

Am späten Nachmittag. Wörtlich: Zwischen den zwei Abenden. Gemeint ist wahrscheinlich die Zeit zwischen Niedergang (15 Uhr) und Untergang der Sonne.

April. Wörtlich: des 1. Monats.

ihr die Garbe hin- und herschwingen
lasst, sollt ihr ein fehlerfreies einjähri-
ges Lamm als Brandopfer zu Jahwe
bringen, 13 dazu als Speisopfer vier
Liter Feinmehl mit Ölivenöl ver-
mengt, beides als Feueropfer für
Jahwe, damit der Geruch ihn befrie-
digt. Als Trankopfer bringt einen Liter
Wein. 14 Bis zu dem Tag, an dem ihr
Gott diese Gaben gebracht habt, dürft
ihr von der neuen Ernte weder Brot
noch geröstete Körner noch Jungkorn
essen. Das gilt für alle Zukunft und
überall, wo ihr wohnt.

Das Wochenfest (Pfingsten)

15 Vom Tag nach dem Sabbat, an dem
ihr die Garbe für das Schwingopfer
gebracht habt, sollt ihr sieben volle
Wochen zählen. 16 Bis zum Tag nach
dem siebten Sabbat sollen es fünfzig
Tage sein. Dann sollt ihr Jahwe ein
Speisopfer von der neuen Ernte brin-
gen. 17 Von euren Wohnstätten bringt
Jahwe zwei geweihte Brote als Erst-
linge. Sie sollen aus vier Litern Fein-
mehl mit Sauerteig gebacken sein.
18 Außer dem Brot sollt ihr Jahwe sie-
ben fehlerlose einjährige Lämmer,
einen jungen Stier und zwei Schaf-
böcke als Brandopfer bringen, da-
zu die vorgeschriebenen Speis- und
Trankopfer. So ist es ein Feueropfer,
dessen Geruch Jahwe befriedigt.
19 Als Sündopfer sollt ihr einen
Ziegenbock bringen und als Freuden-
opfer zwei einjährige Lämmer. 20 Der
Priester soll die beiden Lämmer zu-
sammen mit dem Erstlingsbrot vor
Jahwe hin- und herschwingen. Sie
sind Jahwe geweiht und fallen dem
Priester zu. 21 An diesem Tag sollt ihr
eine heilige Versammlung ausrufen
und dürft keinerlei Arbeit verrichten.
Diese Weisung gilt für alle Zeiten und
an allen euren Wohnorten. 22 Und
wenn ihr die Ernte eures Landes ein-
bringt, sollst du das Feld nicht bis an
den Rand abernten. Du sollst auch
keine Nachlese halten. Lass es für die
Armen und Fremden übrig. Ich bin
Jahwe, euer Gott!«

Der Neujahrstag

23 Jahwe sagte zu Mose: 24 »Gib den
Israeliten Folgendes weiter: Der 1.
Oktober* soll ein Ruhetag für euch
sein, eine heilige Versammlung, in Er-
innerung gerufen durch Hörnerschall.
25 Ihr dürft keinerlei Arbeit verrichten
und sollt Jahwe ein Feueropfer dar-
bringen.«

Der Versöhnungstag

26 Jahwe sagte Mose noch Folgendes:
27 »Doch am 10. dieses Monats ist der
Versöhnungstag. Da sollt ihr eine hei-
lige Versammlung abhalten, euch de-
mütigen und Jahwe ein Feueropfer
bringen. 28 Ihr dürft an diesem Tag
keinerlei Arbeit verrichten, denn es ist
der Versöhnungstag, an dem für euch
vor Jahwe, eurem Gott, Sühne erwirkt
wird. 29 Denn jede Person, die sich an
diesem Tag nicht demütigt, soll vom
Volk beseitigt werden.* 30 Und jede
Person, die an diesem Tag irgendeine
Arbeit tut, werde ich aus ihrem Volk

23,24 *Oktober.* Wörtlich: des 7. Monats.

23,29 Wird im Neuen Testament von Petrus zitiert: Apostelgeschichte 3,23.

beseitigen. 31 Ihr dürft am Versöh-
nungstag keinerlei Arbeit verrichten.
Das gilt für alle Zukunft und überall,
wo ihr wohnt. 32 Es soll ein Sabbat, ein
Feiertag, für euch sein und ihr sollt
euch demütigen. Diese Feiertagsruhe
soll schon am Abend vorher beginnen,
also am 9. des Monats, und bis zum
nächsten Abend dauern.«

Das Laubhüttenfest

33 Jahwe sagte zu Mose: 34 »Gib den
Israeliten Folgendes weiter: Am 15.
Oktober* beginnt das siebentägige
Laubhüttenfest für Jahwe. 35 Am ers-
ten Tag soll eine heilige Versammlung
sein. Ihr dürft keinerlei Arbeit verrich-
ten. 36 Sieben Tage lang sollt ihr
Jahwe täglich Feueropfer bringen. Am
achten Tag soll wieder eine heilige
Versammlung stattfinden, eine Fest-
versammlung. Ihr sollt Jahwe ein Feu-
eropfer bringen und dürft keinerlei
Arbeit verrichten.

37 Das sind die Festzeiten Jahwes,
die ihr als heilige Versammlungen
ausrufen sollt, um Jahwe Feueropfer
zu bringen: Brandopfer und Speisop-
fer, Schlachtopfer und Trankopfer,
jedes an seinem Tag. 38 Die Sabbate
Jahwes und die anderen Gaben, sowie
die Opfer, die ihr Jahwe durch ein Ge-
lübde zugesagt oder ihm freiwillig ge-
bracht habt, bleiben davon unbe-
rührt.

39 Nachdem ihr die Ernte einge-
bracht habt, sollt ihr sieben Tage lang,
vom 15. Oktober an, das Fest Jahwes
feiern. Der erste und der achte Tag soll
ein Ruhetag sein. 40 Am ersten Tag
sollt ihr euch die schönsten Baum-
früchte nehmen, Palmwedel und
Zweige von Laubbäumen und Bach-
weiden und sollt euch sieben Tage
lang vor Jahwe, eurem Gott, freuen.
41 Jedes Jahr sollt ihr dieses Fest im
Oktober sieben Tage lang für Jahwe
feiern. Das ist eine immerwährende
Ordnung für alle Generationen.
42 Während dieser sieben Tage sollen
alle Einheimischen in Israel in Laub-
hütten wohnen, 43 damit eure Nach-
kommen wissen, dass ich die Israeli-
ten in Laubhütten wohnen ließ, als ich
sie aus Ägypten herausführte. Ich bin
Jahwe, euer Gott!«

44 So verkündete Mose den Israeli-
ten die Festzeiten Jahwes.

Leuchter und Schaubrote

24 1 Jahwe sagte zu Mose:
2 »Befiehl den Israeliten, dir
reines Öl aus zerstoßenen Oliven zu
bringen, damit man einen Leuchter
aufstellen kann, dessen Lampen stän-
dig brennen. 3 Aaron soll diesen
Leuchter im Zelt der Gottesbegeg-
nung vor dem Vorhang zur Lade mit
dem Bundesgesetz aufstellen und
dafür sorgen, dass seine Lampen
ständig vor Jahwe brennen, vom
Abend bis zum Morgen. Diese Anord-
nung gilt für alle Zukunft. 4 Auf dem
reinen Leuchter soll er die Lampen
herrichten, dass sie ständig vor Jahwe
sind.

5 Dann sollst du aus je vier Litern
Feinmehl zwölf Lochbrote backen
6 und sie auf dem reinen Tisch vor
Jahwe in zwei Stapeln aufschichten,
sechs auf jedem Stapel. 7 Auf jeden

23,34 Oktober. Wörtlich: des 7. Monats.

Stapel sollst du reinen Weihrauch legen, der dann vom Brot als der zu verbrennende Teil genommen wird. So wird es ein Feueropfer für Jahwe. 8 An jedem Sabbat soll Aaron die Brote immer wieder neu vor Jahwe auflegen, als ewige Bundesverpflichtung der Israeliten. 9 Das Brot soll Aaron und seinen Nachkommen gehören. Für alle Zukunft steht ihnen das zu. Es muss aber an heiliger Stätte gegessen werden, denn es ist ein höchst heiliger Teil von den Feueropfern Jahwes.«

Gotteslästerung, Totschlag und Körperverletzung

10 Der Sohn einer Israelitin und eines Ägypters ging unter die Israeliten und geriet im Lager mit einem israelitischen Mann in Streit. 11 Dabei lästerte der Sohn der Israelitin den Namen Gottes und verfluchte ihn. Seine Mutter war Schelomit, eine Tochter Dibris aus dem Stamm Dan. Man brachte den Mann zu Mose. 12 Der ließ ihn einsperren, bis Jahwe eine Weisung für diesen Fall geben würde. 13 Jahwe sagte Mose: 14 »Bring den Flucher aus dem Lager hinaus! Dort sollen alle, die seine Lästerung gehört haben, ihre Hände auf seinen Kopf stützen, und die ganze Gemeinschaft muss ihn steinigen. 15 Zu den Israeliten aber sollst du sagen: ›Jeder, der seinen Gott verflucht, muss seine Schuld tragen. 16 Wer den Namen Jahwes lästert, muss getötet werden. Die ganze Gemeinschaft soll ihn steinigen. Das gilt für die Fremden unter euch genauso wie für die Einheimischen: Wer den Namen lästert, muss getötet werden.

17 Wenn jemand einen Menschen erschlägt, muss er getötet werden. 18 Wer ein Stück Vieh totschlägt, muss es erstatten, Leben für Leben. 19 Wenn jemand seinem Nächsten einen Schaden zufügt, soll man ihm antun, was er getan hat. 20 Knochenbruch für Knochenbruch, Auge für Auge, Zahn für Zahn.* Der Schaden, den er einem Menschen zufügt, soll ihm zugefügt werden. 21 Wer ein Stück Vieh totschlägt, soll es erstatten, wer aber einen Menschen totschlägt, soll selbst getötet werden. 22 Ein und dasselbe Recht gilt für euch alle, für den Fremden wie für den Einheimischen. Denn ich bin Jahwe, euer Gott!‹«

23 Mose sagte dies alles den Israeliten. Da brachten sie den Flucher aus dem Lager hinaus und steinigten ihn. Die Israeliten machten alles so, wie Jahwe es Mose befohlen hatte.

Das Sabbatjahr

25 1 Auf dem Berg Sinai sagte Jahwe zu Mose: 2 »Gib den Leuten von Israel Folgendes weiter: Wenn ihr in das Land kommt, das ich euch gebe, soll das Land einen Sabbat für Jahwe feiern. 3 Sechs Jahre sollst du dein Feld bestellen und deinen Weinberg beschneiden und ihre Erträge einbringen. 4 Aber im siebten Jahr soll das Land einen Sabbat haben, ein Ruhejahr, einen Sabbat für Jahwe. Dann sollst du dein Feld nicht

24,20 Wird im Neuen Testament von Jesus Christus zitiert: Matthäus 5,38.

bestellen und deinen Weinberg nicht
beschneiden. 5 Was nach deiner Ernte
wächst, sollst du nicht einsammeln, und die Trauben deines unbeschnittenen Weinstocks sollst du nicht abschneiden. Es soll ein Sabbatjahr sein
für das Land. 6 Was das Land aber
während des Sabbats hervorbringt, soll euch und allen, die bei euch leben, zur Nahrung dienen, deinen Sklaven und Sklavinnen, deinen Tagelöhnern
und Gastarbeitern. 7 Auch deinem
Vieh und dem Wild in deinem Land soll sein Ertrag zur Speise dienen.«

Das Jubeljahr

8 »Zähl dir sieben Sabbatjahre ab, also sieben mal sieben Jahre, sodass insgesamt 49 Jahre vergangen sind. 9 Dann
sollst du am 10. Oktober* den Schofar*, das Signalhorn, blasen. Am Versöhnungstag sollt ihr den Schofar im
ganzen Land erschallen lassen. 10 Dieses 50. Jahr sollt ihr für heilig erklären und überall im Land eine Freilassung für seine Bewohner ausrufen. Es soll ein Jubeljahr* für euch sein, denn jeder wird wieder zu seinem Eigentum kommen und jeder soll zu seiner Sippe
zurückkehren. 11 Das 50. Jahr soll ein Jubeljahr für euch sein. Ihr sollt nicht säen und, was nachwächst, nicht ernten, und die Trauben der unbeschnittenen Weinstöcke nicht lesen. 12 Denn
es ist ein Jubeljahr: Es soll euch heilig sein. Nur was das Feld von selber trägt, sollt ihr essen.

13 In diesem Jubeljahr soll jeder wieder zu seinem Eigentum kommen.
14 Das müsst ihr unbedingt beachten,
wenn ihr eurem Nächsten etwas verkauft oder etwas von ihm kauft. 15 Der
Preis soll sich nach der Zahl der Jahre richten, die seit dem Jubeljahr vergangen sind. Nach der Zahl der Jahre, die es dir Ertrag bringt, soll er es dir ver-
kaufen. 16 Je mehr Jahre es noch sind,
desto höher soll der Kaufpreis sein, und je weniger Jahre, desto niedriger soll der Kaufpreis sein. Denn er verkauft dir eine Anzahl von Jahreserträ-
gen. 17 Niemand soll seinen Nächsten
übervorteilen. Fürchte dich vor deinem Gott, denn ich bin Jahwe, euer Gott!

18 Haltet euch an meine Ordnungen
und richtet euch nach meinen Geboten! Dann werdet ihr ruhig und sicher
in eurem Land wohnen. 19 Das Land
wird seine Frucht geben, und ihr werdet euch satt essen können und sicher
wohnen. 20 Wenn ihr aber sagt: ›Was
sollen wir im 7. Jahr essen? Wir dürfen ja nicht säen und den Ertrag nicht
ernten‹, 21 so werde ich im 6. Jahr
meinen Segen für euch aufbieten, dass es den Ertrag von drei Jahren
bringt. 22 Wenn ihr im 8. Jahr ausge-
sät habt, könnt ihr noch von diesem Ertrag essen. Bis der Ertrag des 9. Jahres eingebracht ist, werdet ihr noch vom alten Getreide essen.

25,9 *Oktober*. Wörtlich: des 7. Monats. Der *Schofar* war aus den gewundenen Hörnern des männlichen Fettschwanzschafes hergestellt und brachte einen dumpfen, durchdringenden Ton hervor.

25,10 *Jubeljahr*. Hebräisch: *jobel* = Horn eines Schafbocks. Das deutsche Wort Jubel ist davon abgeleitet. Durch das Blasen dieser Signalhörner, die Schofar hießen, wurde das Jubeljahr eingeleitet.

23 Das Land darf nicht endgültig
verkauft werden, denn das Land ge-
hört mir. Für mich seid ihr nur wie
Fremde und Gastarbeiter. 24 Im gan-
zen Land sollt ihr ein Rückkaufsrecht
auf Grund und Boden gewähren.
25 Wenn dein Bruder verarmt und
etwas von seinem Grundbesitz ver-
kauft, muss sein nächster Verwandter
als Löser eintreten und das Ver-
äußerte zurückkaufen. 26 Wenn je-
mand keinen Löser hat und später
selbst genug zum Rückkauf aufbringt,
27 dann soll er die Jahre seit dem Ver-
kauf berechnen und dem Käufer den
Restbetrag erstatten und so wieder zu
seinem Besitz kommen. 28 Kann er
die Mittel zum Rückkauf nicht auf-
bringen, dann bleibt sein Besitz bis
zum Jubeljahr in der Hand des
Käufers und fällt dann wieder an
ihn als den ursprünglichen Besitzer
zurück.

29 Wenn jemand ein Wohnhaus in
einer ummauerten Stadt verkauft,
bleibt sein Rückkaufsrecht vom Zeit-
punkt des Verkaufs an ein volles Jahr
bestehen. 30 Kauft er es innerhalb
dieser Frist nicht zurück, dann geht
es unwiderruflich in den Besitz des
Käufers und seiner Erben über.
Auch im Jubeljahr fällt es nicht an
den ursprünglichen Besitzer zurück.
31 Doch die Häuser in Dörfern, die
nicht von einer Mauer umgeben sind,
werden zum freien Feld des Landes
gerechnet. Für solch ein Haus besteht
Rückkaufsrecht, und es fällt im Jubel-
jahr an den ursprünglichen Besitzer
zurück. 32 Auch in den Levitenstädten
besteht ein unbefristetes Rückkaufs-
recht. 33 Einer der Leviten kann als
Löser auftreten oder das Haus fällt im
Jubeljahr an seinen ursprünglichen
Besitzer zurück. Denn die Häuser der
Leviten sind ihr Erbbesitz unter den
Israeliten. 34 Das Weideland aber, das
zu ihren Städten gehört, darf nicht
verkauft werden, denn es gehört
ihnen als ewiger Besitz.

35 Wenn dein Bruder neben dir ver-
armt und sich nicht mehr neben dir
halten kann, dann sollst du ihn unter-
stützen. Er soll wie ein Fremder oder
Gastarbeiter sein Leben bei dir fristen
können. 36 Fordere keine Zinsen von
ihm, sondern fürchte dich vor deinem
Gott, damit dein Bruder neben dir
leben kann. 37 Verlange keine Zinsen
für dein Geld und keinen Zuschlag,
wenn du ihm Nahrungsmittel leihst.
38 Ich bin Jahwe, euer Gott, der euch
aus Ägypten geführt hat, um euch das
Land Kanaan zu geben und euer Gott
zu sein.

39 Wenn dein Bruder neben dir so
verarmt, dass er sich selbst an dich
verkauft, sollst du ihn nicht wie einen
Sklaven behandeln, 40 sondern wie
einen Tagelöhner oder Gastarbeiter.
Bis zum nächsten Jubeljahr soll er für
dich arbeiten. 41 Dann soll er samt
seiner Familie frei werden, zu seiner
Sippe zurückkehren und seinen Erb-
besitz wiederbekommen. 42 Denn es
sind meine Leute, die ich aus Ägyp-
ten herausgeführt habe. Sie dürfen
nicht wie Sklaven verkauft werden.
43 Du sollst also nicht mit Gewalt
über ihn herrschen, sondern dich vor
deinem Gott fürchten. 44 Wenn ihr
Sklaven und Sklavinnen braucht,
könnt ihr sie von euren Nachbarvöl-
kern kaufen. 45 Auch von den Gastar-
beitern, die bei euch leben, und von

deren Nachkommen, die in eurem
Land geboren sind, könnt ihr Skla-
ven kaufen und dürft sie besitzen.
46 Ihr dürft sie sogar euren Söhnen
als dauernden Besitz vererben. *Sie*
dürft ihr als Sklaven arbeiten lassen.
Aber über eure Brüder, die Israeliten,
dürft ihr nicht mit Gewalt herrschen.
47 Wenn ein Fremder oder Gastar-
beiter neben dir zu Vermögen kommt,
und dein Bruder neben ihm verarmt
so, dass er sich dem Fremden oder
Gastarbeiter oder dem Nachkommen
eines Fremden verkauft, 48 dann soll
jederzeit das Lösungsrecht für ihn
bestehen. Einer seiner Brüder kann
ihn freikaufen. 49 Es kann auch sein
Onkel sein, der Sohn seines Onkels
oder einer seiner näheren Verwand-
ten. Und wenn er das Geld selbst auf-
bringt, kann er sich selbst freikaufen.
50 Er soll mit seinem Käufer von dem
Jahr an, in dem er sich verkauft hat,
bis zum nächsten Jubeljahr rechnen.
Und sein Verkaufspreis soll sich nach
der Zahl der Jahre richten. Den Jah-
ressatz berechne man nach dem Lohn
eines Tagelöhners. 51 Sind es noch
viele Jahre, soll er für seinen Loskauf
einen entsprechenden Teil des Kauf-
preises erstatten. 52 Wenn nur noch
wenige Jahre bis zum Jubeljahr übrig
sind, soll man es ihm anrechnen. Sei-
nen Dienstjahren entsprechend soll er
sich loskaufen. 53 Sein Herr soll ihn
wie einen Tagelöhner behandeln. Du
darfst nicht zulassen, dass er wie ein
Sklave behandelt wird. 54 Wird er
nicht auf diese Weise losgekauft, sol-
len er und seine Kinder im Jubeljahr
freigelassen werden. 55 Denn die
Israeliten sind mein Eigentum, es sind
meine Leute, die ich aus Ägypten
herausgeführt habe. Ich bin Jahwe,
euer Gott!«

Segen und Fluch

26 1 »Ihr sollt euch keine nich-
tigen Götzen machen, euch
kein Gottesbild und keine Steinsäule
aufstellen, auch keine Steine mit ein-
gemeißelten Bildern, um euch zur An-
betung davor niederzuwerfen, denn
ich bin Jahwe, euer Gott. 2 Ihr sollt
meine Sabbate halten und mein Hei-
ligtum fürchten. Ich bin Jahwe!
3 Wenn ihr nach meinen Vorschrif-
ten lebt und meine Gebote befolgt,
4 werde ich euch den Regen schicken
zur rechten Zeit, sodass euer Land sei-
nen Ertrag gibt und die Bäume ihre
Frucht. 5 Die Dreschzeit wird sich bis
zur Weinlese ausdehnen und die
Weinlese bis zur Aussaat. Ihr werdet
genug zu essen haben und sicher in
eurem Land wohnen. 6 Ich werde für
Frieden in eurem Land sorgen, dass
ihr euch niederlegen könnt und nie-
mand euch aufschreckt. Ich werde die
bösen Tiere im Land ausrotten, und
kein Schwert wird durchs Land zie-
hen. 7 Ihr werdet eure Feinde verfol-
gen. Vor euren Augen fallen sie durch
das Schwert. 8 Fünf von euch werden
hundert verfolgen, und hundert von
euch zehntausend. Eure Feinde fallen
durch das Schwert. 9 Ich wende mich
euch zu und mache euch fruchtbar
und stehe zu meinem Bund mit euch.
10 Ihr werdet noch vom alten Getreide
zu essen haben, wenn ihr Platz für das
neue schaffen müsst. 11 Ich werde
meine Wohnung mitten unter euch
haben und mich nicht mit Abscheu
von euch wenden. 12 Ich werde unter
euch leben und euer Gott sein. Und

ihr seid mein Volk.* 13 Ich bin Jahwe,
euer Gott, der euch aus Ägypten her-
ausgeführt hat, wo ihr Sklaven gewe-
sen seid. Ich habe die Hölzer eures
Jochs zerbrochen und euch wieder
aufrecht gehen lassen.

14 Wenn ihr mir aber nicht gehorcht
und diese Gebote nicht befolgt,
15 wenn ihr meine Vorschriften miss-
achtet und meine Rechtsordnungen
verabscheut, sodass meine Gebote
unbeachtet bleiben und mein Bund
gebrochen wird, 16 dann werde ich
euch Folgendes antun: Ich werde Ent-
setzen über euch bringen, Schwind-
sucht und Fieber, die euch die Augen
erlöschen und die Seele verkümmern
lassen. Vergeblich werdet ihr eure
Saat ausbringen, denn eure Feinde
werden sie verzehren. 17 Ich werde
mich gegen euch stellen und lasse
eure Feinde über euch siegen. Die
euch hassen, werden über euch herr-
schen. Ihr werdet fliehen, obwohl
euch niemand verfolgt.

18 Und wenn ihr auch dann noch
nicht auf mich hört, werde ich euch
noch siebenmal härter für eure Sün-
den bestrafen. 19 Ich werde euren
maßlosen Stolz brechen und mache
euren Himmel wie Eisen und eure
Erde wie Erz. 20 Umsonst verbraucht
ihr dann eure Kraft: Euer Land wird
seinen Ertrag nicht geben, und die
Bäume des Landes werden keine
Früchte tragen. 21 Und wenn ihr euch
mir entgegenstellt und mir nicht ge-
horchen wollt, werde ich euch noch
siebenmal härter für eure Sünden be-
strafen. 22 Dann lasse ich die Raub-
tiere auf euch los. Sie werden euch
kinderlos machen, euer Vieh ausrot-
ten und eure Zahl gering machen, so-
dass die Wege bei euch verlassen
sind.

23 Und wenn ihr euch dadurch
nicht zurechtweisen lasst und euch
weiter gegen mich stellt, 24 dann
werde auch ich mich gegen euch stel-
len und euch noch siebenmal härter
für eure Sünden bestrafen. 25 Ich
werde ein Schwert über euch kom-
men lassen, das die Rache des Bun-
des vollstreckt. Zieht ihr euch dann in
eure Städte zurück, schicke ich die
Pest unter euch und lasse euch von
Feinden belagern. 26 Wenn ich dann
euren Brotvorrat vernichte, werden
zehn Frauen nur noch einen einzigen
Backofen brauchen. Dann bringen sie
euch das Brot abgewogen zurück.
Und wenn ihr gegessen habt, seid ihr
nicht satt.

27 Wenn ihr mir dann immer noch
nicht gehorcht und euch immer noch
weiter gegen mich stellt, 28 dann trete
ich im Zorn gegen euch an und be-
strafe euch noch siebenmal härter für
eure Sünden. 29 Dann werdet ihr das
Fleisch eurer eigenen Söhne und
Töchter essen. 30 Ich werde eure
Höhenheiligtümer zerstören und die
Räucheraltäre zerschlagen. Ich werde
euch verabscheuen und eure Leichen
auf die Trümmer eurer Mistgötzen
werfen. 31 Eure Städte werde ich in
Schutt und Asche legen und eure Hei-
ligtümer öde machen. Den befriedi-
genden Geruch eurer Opfer will ich
dann nicht mehr riechen. 32 Ich werde
das Land so verwüsten, dass sich

26,12 Wird im Neuen Testament von Paulus zitiert: 2. Korinther 6,16.

selbst eure Feinde, die sich darin
niederlassen, darüber entsetzen.
33 Euch werde ich unter die Völker
zerstreuen. Mit gezücktem Schwert
bin ich hinter euch her. Euer Land
wird veröden und eure Städte werden
Trümmerhaufen sein. 34 Dann, wenn
das Land verödet daliegt, holt es seine
Sabbatjahre nach. Während ihr im
Land eurer Feinde leben müsst, wird
das Land endlich ruhen und seine
Sabbate ersetzt bekommen. 35 Wäh-
rend der ganzen Zeit, in der es öde da-
liegt, wird es ruhen, wie es an den
Sabbaten nicht ruhen konnte, als ihr
darin wohntet. 36 Und die von euch,
die das überleben, werde ich im Land
ihrer Feinde so schreckhaft machen,
dass sie von einem raschelnden Blatt
aufgescheucht werden. Sie werden
fliehen, wie man vor dem Schwert
flieht, und fallen, obwohl sie niemand
verfolgt. 37 Einer wird über den ande-
ren stürzen wie auf der Flucht vor dem
Schwert, obwohl sie niemand ver-
folgt. Ihr könnt vor euren Feinden
nicht bestehen 38 und werdet in der
Fremde zugrunde gehen. Das Land
eurer Feinde wird euch fressen. 39 Die
Restlichen von euch werden im Land
eurer Feinde verfaulen wegen ihrer
Schuld, dahinsiechen wegen der
Schuld ihrer Väter. 40 Dann werden
sie ihre Schuld und die Schuld ihrer
Väter bekennen, dass sie mir die Treue
gebrochen und sich mir widersetzt
haben. 41 Doch ich werde mich ihnen
widersetzen und sie in das Land ihrer
Feinde bringen, bis sich ihr trotziges
Herz endlich beugt und sie ihre
Schuld bezahlen.

42 Dann werde ich an meinen Bund
mit Jakob denken, mich erinnern an
meinen Bund mit Isaak und Abraham,
und dann denke ich auch an das Land.
43 Das Land aber muss zunächst von
ihnen verlassen werden, damit es
seine Sabbatjahre nachholt, wenn es
verödet daliegt ohne sie. Und sie
müssen ihre Schuld bezahlen, weil sie
meine Vorschriften missachtet und
meine Ordnungen verabscheut ha-
ben. 44 Doch selbst, wenn sie dann im
Land ihrer Feinde sind, verwerfe ich
sie nicht und hege keinen Widerwillen
gegen sie. Ich gebe sie nicht dem
Untergang preis, denn sonst müsste
ich meinen Bund mit ihnen brechen.
Ich bin doch Jahwe, ihr Gott! 45 Nein,
um ihretwillen denke ich an meinen
Bund mit ihren Vorfahren, die ich vor
den Augen der Völker aus Ägypten
herausgeführt habe, um ihr Gott zu
sein. Ich bin Jahwe!«

46 Das sind die Rechtsordnungen,
Gebote und Gesetze, die Jahwe auf
dem Berg Sinai zwischen sich und
dem Volk Israel durch Mose erlassen
hat.

Die Auslösung von Gelübden und Weihgaben

27 1 Jahwe sagte zu Mose: 2 »Gib
den Israeliten Folgendes wei-
ter: Wenn jemand gelobt, Jahwe einen
Menschen zu weihen, ihn dann aber
wieder auslösen will, 3 beträgt der
Wert eines zwanzig- bis sechzigjähri-
gen Mannes fünfzig Silberstücke, wie
es dem Gewicht des Heiligtums ent-
spricht. 4 Der Richtwert für eine Frau
beträgt dreißig Silberstücke. 5 Wenn
die Person zwischen fünf und zwanzig
Jahre alt ist, beträgt der Richtwert für
die männliche Person zwanzig Silber-
stücke, für die weibliche zehn. 6 Im

Alter von einem Monat bis zu fünf Jah-
ren ist der Richtwert für einen Knaben
fünf Silberstücke, für ein Mädchen
drei. 7 Für Personen von sechzig Jah-
ren und darüber beträgt der Richtwert
für einen Mann fünfzehn Silberstücke,
für eine Frau zehn. 8 Wenn jemand zu
arm ist, um den Richtwert zu zahlen,
soll er die Person vor den Priester tre-
ten lassen, und der Priester soll sie
nach dem Vermögen dessen einschät-
zen, der das Gelübde abgelegt hat.

9 Wenn es sich um ein Stück Vieh
handelt, das man Jahwe opfern darf,
dann soll alles, was man Jahwe davon
gibt, heilig sein. 10 Man soll es nicht
auswechseln und austauschen, ein
gutes Tier nicht gegen ein schlechtes
und ein schlechtes nicht gegen ein
gutes. Wenn man es dennoch tut, soll
das eine wie das andere Tier Jahwe ge-
weiht sein. 11 Handelt es sich um ein
unreines Tier, das man Jahwe nicht
opfern darf, dann soll man es vor den
Priester stellen. 12 Der Priester soll es
nach seinen Vorzügen und Mängeln
einschätzen, und bei seiner Schät-
zung soll es bleiben. 13 Wenn der Be-
sitzer das Tier zurückhaben will, muss
er ein Fünftel zum Schätzwert dazu-
zahlen.

14 Wenn jemand Jahwe sein Haus
als heilige Gabe weiht, dann soll der
Priester es nach seinen Vorzügen und
Mängeln einschätzen, und bei seiner
Schätzung soll es bleiben. 15 Wenn
der Betreffende das Haus zurück-
kaufen will, muss er ein Fünftel zum
Schätzwert dazuzahlen, dann gehört
es wieder ihm.

16 Wenn jemand einen Teil seines
Feldbesitzes Jahwe weiht, soll sich
der Wert nach der Aussaat richten:
Fünfzig Silberstücke für 165 Kilo-
gramm Gerste*. 17 Weiht er sein Feld
vom Jubeljahr an, soll dieser Schätz-
wert gelten. 18 Weiht er es nach dem
Jubeljahr, soll der Priester ihm den
Preis nach den Jahren berechnen, die
bis zum nächsten Jubeljahr bleiben
und die Summe ermäßigen. 19 Wenn
der Betreffende das Feldstück unbe-
dingt wieder zurückkaufen will, muss
er ein Fünftel zum Schätzwert dazu-
zahlen, dann gehört es wieder ihm.
20 Wenn er das Feldstück aber nicht
wieder einlöst und es einem anderen
verkauft wird, kann es nicht mehr zu-
rückgekauft werden. 21 Wird es dann
im Jubeljahr frei, ist es wie ein Feld
unter Bann für immer Jahwe geweiht.
Es geht in den Besitz des Priesters
über.

22 Wenn jemand Jahwe ein gekauf-
tes Feldstück weiht, das nicht zu sei-
nem Erbbesitz gehört, 23 soll ihm der
Priester die Höhe des Schätzwertes
bis zum Jubeljahr berechnen. Der
Betrag gehört Jahwe und muss noch
am gleichen Tag bezahlt werden.
24 Im Jubeljahr fällt das Feldstück an
den zurück, von dem es der Betreffen-
de gekauft hat. 25 Allen Schätzwerten
sollst du das Gewicht des Heiligtums
zugrunde legen, ein Silberstück zu
zwölf Gramm*.

27,16 *Kilogramm Gerste.* Hebräisch: *ein Homer* = 10 Efa = 220 Liter = 165 Kilogramm Gerstenkörner.

27,25 *zwölf Gramm.* Wörtlich: *ein Schekel zu zwanzig Gera.* Das Gewicht eines Schekels betrug nach archäologischen Funden durchschnittlich etwa 11,5 Gramm, ein Gera demnach rund 0,6 Gramm.

26 Eine Erstgeburt von den Rindern,
Schafen oder Ziegen gehört als Erst-
lingsgabe sowieso Jahwe und darf
ihm nicht noch einmal geweiht wer-
den. 27 Handelt es sich aber um unrei-
nes Vieh, soll man es nach dem
Schätzwert auslösen und noch ein
Fünftel hinzufügen. Wird es nicht
ausgelöst, soll es nach dem Schätz-
wert verkauft werden.

28 Doch alles mit einem Bann beleg-
te Gut, das jemand Jahwe weiht, sei es
ein Mensch, ein Tier oder ein Stück
Land, darf nicht ausgelöst oder ver-
kauft werden. Es ist höchst heilig und
gehört Jahwe. 29 Kein Mensch, der
mit dem Bann belegt wird, darf ausge-
löst werden. Man muss ihn töten.

30 Der zehnte Teil von jeder Ernte,
auch von den Baumfrüchten, ist
Jahwe geweiht und gehört ihm.
31 Will jemand etwas von seinem
Zehnten zurückkaufen, muss er zum
Gegenwert noch ein Fünftel hinzu-
zahlen. 32 Jedes zehnte Tier von Rin-
dern, Schafen oder Ziegen, das unter
dem Hirtenstab hindurchgeht, soll
Jahwe geweiht sein. 33 Man soll nicht
untersuchen, ob es gut oder schlecht
ist, und darf es nicht austauschen.
Tauscht man dennoch eins aus, sind
beide Tiere Jahwe geweiht und kön-
nen nicht mehr ausgelöst werden.«

34 Das sind die Gebote, die Jahwe
Mose für die Israeliten auf dem Berg
Sinai gegeben hat.

Numeri, das vierte Buch Mose

Das vierte Buch Mose wird auch »Numeri«, d.h. »Zählungen« genannt. Es bekam seinen Namen, weil es von zwei Volkszählungen Israels berichtet und eine Menge Statistiken und Listen enthält. Man hätte es aber auch »das Murren des Volkes« nennen können, denn es ist die traurige Geschichte von Klagen, Unzufriedenheit und göttlichem Gericht. Das Buch umfasst die 38 Jahre der Geschichte Israels, in denen das Volk in der Wüste Sinai umherzog, und hat deshalb in der hebräischen Bibel den Namen »Bemidbar«, »in der Wüste«, nach dem fünften Wort im ersten Kapitel. Die ganze Schilderung der Wüstenwanderung geht offensichtlich auf einen Augenzeugen zurück. Wer anders als Mose könnte dafür in Betracht kommen? Er müsste das Buch dann im Jahr 1406 v.Chr., einige Zeit vor seinem Tod, vollendet haben.

Die Volks- und Heeresordnung am Sinai

1 1 Jahwe redete zu Mose. Es ge-
schah in der Wüste Sinai, im Zelt
der Gottesbegegnung. Ein Jahr und
ein Monat waren seit dem Auszug aus
Ägypten vergangen.* Er sagte: 2 »Er-
mittelt die Gesamtzahl der Gemein-
schaft der Israeliten, geordnet nach
ihren Sippen und Familien, Name für
Name, Kopf für Kopf, alle Männer,
3 die zwanzig Jahre und älter sind, alle
wehrfähigen Israeliten. Mustert sie
für ihre Heeresverbände, du und
Aaron. 4 Und von jedem Stamm soll
euch ein Mann dabei helfen, der
ein Sippenoberhaupt ist. 5 Folgende
Männer sollen euch beistehen: aus
dem Stamm Ruben Elizur Ben-Sche-
dëur, 6 aus dem Stamm Simeon
Schelumiël Ben-Zurischaddai, 7 aus
dem Stamm Juda Nachschon Ben-
Amminadab, 8 aus dem Stamm Issa-
char Netanel Ben-Zuar, 9 aus dem
Stamm Sebulon Eliab Ben-Helon,
10 aus den Stämmen Josefs für Efraïm
Elischama Ben-Ammihud und für
Manasse Gamliël Ben-Pedazur, 11 aus
dem Stamm Benjamin Abidan Ben-
Gidoni, 12 aus dem Stamm Dan
Ahiëser Ben-Ammischaddai, 13 aus
dem Stamm Ascher Pagiël Ben-Och-
ran, 14 aus dem Stamm Gad Eljasaf
Ben-Dëuël, 15 aus dem Stamm Naftali
Ahira Ben-Enan.«

16 Das waren die Berufenen der Ge-
meinschaft, die Fürsten der Stämme
ihrer Väter, die Häupter der Heeres-
einheiten Israels.

17 Mose und Aaron ließen diese
namentlich bestimmten Männer zu
sich kommen 18 und riefen die ganze
Gemeinschaft am 1. Mai* zusam-
men. Da wurden die Männer in die
Geburtsverzeichnisse nach ihren

1,1 *Jahr ... vergangen.* Nach biblischer Chronologie (siehe Vorwort des Übersetzers) geschah das im April 1445 v.Chr.

1,18 *Mai.* Wörtlich: des 2. Monats. Zum Datum siehe unter *Schaltmonat* im Vorwort des Übersetzers.

Sippen und Familien eingetragen,
Name für Name, Kopf für Kopf, und
zwar alle, die zwanzig Jahre und älter
waren. 19 So hatte Jahwe es Mose
befohlen. Und so musterte er sie in
der Wüste Sinai.

20 Zuerst kamen die Nachkommen
Rubens, des Erstgeborenen Israels:
Man ermittelte ihre Geschlechterfolge
nach Sippen und Familien, Name für
Name, Kopf für Kopf, und zwar alle,
die zwanzig Jahre und älter und wehr-
fähig waren. 21 Vom Stamm Ruben
waren es 46.500 Mann.

22 Dann kamen die Nachkommen
Simeons: Man ermittelte ihre Ge-
schlechterfolge nach Sippen und Fa-
milien, Name für Name, Kopf für
Kopf, und zwar alle, die zwanzig Jahre
und älter und wehrfähig waren.
23 Vom Stamm Simeon waren es
59.300 Mann.

24 Dann die Nachkommen Gads:
Man ermittelte ihre Geschlechterfolge
nach Sippen und Familien, Name für
Name, Kopf für Kopf, und zwar alle,
die zwanzig Jahre und älter und wehr-
fähig waren. 25 Vom Stamm Gad
waren es 45.650 Mann.

26 Die Nachkommen Judas: Man er-
mittelte ihre Geschlechterfolge nach
Sippen und Familien, Name für
Name, Kopf für Kopf, und zwar alle,
die zwanzig Jahre und älter und wehr-
fähig waren. 27 Vom Stamm Juda
waren es 74.600 Mann.

28 Die Nachkommen Issachars:
Man ermittelte ihre Geschlechterfolge
nach Sippen und Familien, Name für
Name, Kopf für Kopf, und zwar alle,
die zwanzig Jahre und älter und wehr-
fähig waren. 29 Vom Stamm Issachar
waren es 54.400 Mann.

30 Die Nachkommen Sebulons:
Man ermittelte ihre Geschlechterfolge
nach Sippen und Familien, Name für
Name, Kopf für Kopf, und zwar alle,
die zwanzig Jahre und älter und wehr-
fähig waren. 31 Vom Stamm Sebulon
waren es 57.400 Mann.

32 Von den Söhnen Josefs kamen die
Nachkommen Efraïms. Man ermittelte
ihre Geschlechterfolge nach Sippen
und Familien, Name für Name, Kopf für
Kopf, und zwar alle, die zwanzig Jahre
und älter und wehrfähig waren. 33 Vom
Stamm Efraïm waren es 40.500 Mann.

34 Und dann die Nachkommen Ma-
nasses: Man ermittelte ihre Geschlech-
terfolge nach Sippen und Familien,
Name für Name, Kopf für Kopf, und
zwar alle, die zwanzig Jahre und älter
und wehrfähig waren. 35 Vom Stamm
Manasse waren es 32.200 Mann.

36 Dann kamen die Nachkommen
Benjamins: Man ermittelte ihre Ge-
schlechterfolge nach Sippen und Fa-
milien, Name für Name, Kopf für
Kopf, und zwar alle, die zwanzig Jahre
und älter und wehrfähig waren.
37 Vom Stamm Benjamin waren es
35.400 Mann.

38 Die Nachkommen Dans: Man er-
mittelte ihre Geschlechterfolge nach
Sippen und Familien, Name für
Name, Kopf für Kopf, und zwar alle,
die zwanzig Jahre und älter und wehr-
fähig waren. 39 Vom Stamm Dan
waren es 62.700 Mann.

40 Die Nachkommen Aschers: Man
ermittelte ihre Geschlechterfolge
nach Sippen und Familien, Name für
Name, Kopf für Kopf, und zwar alle,
die zwanzig Jahre und älter und wehr-
fähig waren. 41 Vom Stamm Ascher
waren es 41.500 Mann.

42 Die Nachkommen Naftalis: Man
ermittelte ihre Geschlechterfolge
nach Sippen und Familien, Name für
Name, Kopf für Kopf, und zwar alle,
die zwanzig Jahre und älter und wehr-
fähig waren. 43 Vom Stamm Naftali
waren es 53.400 Mann.

44 Das waren die von Mose, Aaron
und den Fürsten Israels gemusterten
wehrfähigen Israeliten nach ihren Fa-
milien 45 und zwar alle, die zwanzig
Jahre und älter waren. 46 Ihre Ge-
samtzahl betrug 603.550.

Die Sonderstellung der Leviten

47 Der Stamm Levi wurde nicht mit
den anderen Stämmen erfasst. 48 Jah-
we hatte nämlich zu Mose gesagt:
49 »Nur den Stamm Levi sollst du
nicht mit den Israeliten mustern und
zählen. 50 Die Leviten sollst du mit der
Sorge für die Wohnung des Bundes-
gesetzes beauftragen und für alles,
was dazu gehört. Sie sollen für die
Wohnung und all ihr Gerät sorgen, sie
tragen und sich um die Wohnung
herum lagern. 51 Wenn die Wohnung
weiterzieht, sollen die Leviten sie ab-
bauen, und wenn die Wohnung Halt
macht, sollen die Leviten sie aufbau-
en. Jeder Unbefugte, der sich ihr nä-
hert, soll getötet werden. 52 Die übri-
gen Israeliten sollen sich bei ihrer
Heeresabteilung um ihr Feldzeichen
lagern. 53 Doch die Leviten sollen ihr
Lager rings um die Wohnung des
Bundesgesetzes herum aufschlagen,
damit nicht mein Zorn über die
Menge der Israeliten kommt. Und die
Leviten sollen ihren Dienst an der
Wohnung verrichten.«

54 Die Israeliten machten alles so,
wie Jahwe es Mose befohlen hatte.

Die Lagerordnung

2 1 Jahwe sagte zu Mose und Aaron:
2 »Die Israeliten sollen ihre Zelte
bei ihren Verbänden, den Zeichen ihrer
Familien, aufschlagen, und zwar rings
um das Zelt der Gottesbegegnung he-
rum und mit Blick darauf.«

3 Vorn, im Osten, hatten die Verbän-
de des Lagers von Juda ihren Platz.
Fürst der Nachkommen Judas war
Nachschon Ben-Amminadab. 4 Sein
Heer zählte 74.600 Mann. 5 Neben
ihm sollte der Stamm Issachar sein
Lager aufschlagen. Fürst der Nach-
kommen Issachars war Netanel Ben-
Zuar. 6 Sein Heer zählte 54.400
Mann. 7 Dann kam der Stamm Sebu-
lon mit seinem Fürsten Eliab Ben-
Helon. 8 Sein Heer zählte 57.400
Mann. 9 Zum Lager Juda gehörten
also insgesamt 186.400 Mann. Diese
Abteilung sollte beim Weitermarsch
zuerst aufbrechen.

10 Auf der Südseite hatten die Ver-
bände des Lagers von Ruben ihren
Platz. Fürst der Nachkommen Rubens
war Elizur Ben-Schedëur. 11 Sein
Heer zählte 46.500 Mann. 12 Neben
ihm schlug der Stamm Simeon sein
Lager auf. Fürst der Nachkommen Si-
meons war Schelumiël Ben-Zuri-
schaddai. 13 Sein Heer zählte 59.300
Mann. 14 Dann kam der Stamm Gad
mit seinem Fürsten Eljasaf Ben-
Dëuël. 15 Sein Heer zählte 45.650
Mann. 16 Zum Lager Ruben gehörten
also insgesamt 151.450 Mann. Diese
Abteilung sollte beim Weitermarsch
als zweite aufbrechen.

17 Dann sollte das Zelt der Gottesbe-
gegnung aufbrechen, das Lager der
Leviten in der Mitte der anderen Lager.
Wie sie ihre Zelte aufgeschlagen

hatten, so sollten sie aufbrechen,
jeder an seiner Stelle, Feldzeichen um
Feldzeichen.

18 Auf der Westseite hatten die Ver-
bände des Lagers von Efraïm ihren
Platz. Fürst der Nachkommen Efra-
ïms war Elischama Ben-Ammihud.
19 Sein Heer zählte 40.500 Mann.
20 Neben ihm schlug der Stamm
Manasse sein Lager auf. Fürst der
Nachkommen Manasses war Gam-
liël Ben-Pedazur. 21 Sein Heer zähl-
te 32.200 Mann. 22 Dann kam der
Stamm Benjamin mit seinem Fürsten
Abidan Ben-Gidoni. 23 Sein Heer
zählte 35.400 Mann. 24 Zum Lager
Efraïm gehörten also insgesamt
108.100 Mann. Diese Abteilung sollte
beim Weitermarsch als dritte auf-
brechen.

25 Auf der Nordseite hatten die Ver-
bände des Lagers von Dan ihren Platz.
Fürst der Nachkommen Dans war
Ahiëser Ben-Ammischaddai. 26 Sein
Heer zählte 62.700 Mann. 27 Neben
ihm schlug der Stamm Ascher sein
Lager auf. Fürst der Nachkommen
Aschers war Pagiël Ben-Ochran.
28 Sein Heer zählte 41.500 Mann.
29 Dann kam der Stamm Naftali mit
seinem Fürsten Ahira Ben-Enan.
30 Sein Heer zählte 53.400 Mann.
31 Zum Lager Dan gehörten also ins-
gesamt 157.600 Mann. Diese Abtei-
lung sollte beim Weitermarsch zuletzt
aufbrechen.

32 Das waren die Gemusterten der Is-
raeliten nach ihren Familien. Die Ge-
samtzahl aller Verbände aller Lager be-
trug 603.550. 33 Aber die Leviten wur-
den nicht mit den Israeliten gemustert,
wie Jahwe es Mose befohlen hatte.
34 Die Israeliten machten alles genauso,
wie Jahwe es Mose befohlen hatte. Sie
schlugen ihr Lager nach ihren Verbän-
den auf und brachen auf, jeder bei sei-
ner Sippe mit seiner Familie.

Die Musterung der Leviten

3 1 Es folgt das Verzeichnis der
Stammesverwandten von Aaron
und Mose, die zu der Zeit lebten, als
Jahwe auf dem Berg Sinai mit Mose
redete. 2 Aarons Söhne waren Nadab,
der Erstgeborene, dann Abihu, Elea-
sar und Itamar. 3 Sie waren durch
Salbung zu Priestern geweiht und ein-
gesetzt worden. 4 Nadab und Abihu
starben vor Jahwe, als sie ihm in der
Wüste Sinai ein unerlaubtes Feuerop-
fer brachten. Sie hatten keine Söhne.
So versahen Eleasar und Itamar den
priesterlichen Dienst unter Aufsicht
ihres Vaters Aaron.

5 Jahwe sagte zu Mose: 6 »Lass die
Männer des Stammes Levi herkom-
men und vor den Priester Aaron tre-
ten. Sie sollen seine Helfer sein. 7 Sie
sollen ihm und der ganzen Gemein-
schaft vor dem Zelt der Gottesbegeg-
nung dienen und die notwendigen
Arbeiten an der Wohnung verrichten.
8 Sie sollen alle Gegenstände, die
zum Zelt der Gottesbegegnung ge-
hören, in Ordnung halten und stell-
vertretend für die Israeliten die Arbeit
an der Wohnung verrichten. 9 Du
sollst die Leviten Aaron und seinen
Söhnen übergeben, denn sie sind
ihnen von den übrigen Israeliten ge-
geben* worden. 10 Aaron und seine

3,9 *gegeben.* Wörtlich: »Gegebene«. Dieser Begriff wurde später zur Bezeichnung für die Tempeldiener.

Nachkommen sollst du mit dem
Priesterdienst beauftragen. Jeder Un-
befugte, der sich das anmaßt, soll
getötet werden.«
11 Jahwe sagte weiter zu Mose:
12 »Pass auf! Ich selbst habe die Levi-
ten anstelle eurer erstgeborenen
Söhne für mich ausgesondert. Sie ge-
hören mir. 13 Denn jede Erstgeburt
gehört mir. Als ich im Land Ägypten
jede Erstgeburt tötete, habe ich mir
alles vorbehalten, was zuerst aus dem
Mutterschoß kommt. Es gehört mir,
Jahwe.«
14 In der Wüste Sinai sagte Jahwe
noch zu Mose: 15 »Mustere die Nach-
kommen Levis nach ihren Familien
und Sippen, und zwar alle männ-
lichen, die älter als einen Monat sind.«
16 Mose tat, was Jahwe ihm befohlen
hatte. 17 Die Söhne Levis waren Ger-
schon, Kehat und Merari. 18 Die
Söhne Gerschons waren Libni und
Schimi, 19 die Söhne Kehats Amram,
Jizhar, Hebron und Usiël, 20 und die
Söhne Meraris Machli und Muschi.
Das sind die Sippen der Leviten nach
ihren Familien geordnet.
21 Zu Gerschon gehörten die Sip-
pen Libni und Schimi. 22 Die Ge-
samtzahl ihrer männlichen Angehö-
rigen, die älter waren als einen
Monat, betrug 7500. 23 Die Sippen
der Gerschoniten schlugen ihr Lager
hinter der Wohnung im Westen auf.
24 Ihr Oberhaupt war Eljasaf Ben-
Laël. 25 Die Gerschoniten hatten
beim Zelt der Gottesbegegnung für
die Wohnung und das Zeltdach zu
sorgen, für seine Decke und den
Vorhang am Eingang zum Zelt,
26 für die Behänge des Vorhofs, der
die Wohnung und den Altar umgibt,
und die dazugehörigen Seile, und
für den Vorhang am Eingang des
Vorhofs.
27 Zu Kehat gehörten die Sippen
Amram, Jizhar, Hebron und Usiël.
28 Die Gesamtzahl ihrer männlichen
Angehörigen, die älter als einen
Monat und für den Dienst im Heilig-
tum bestimmt waren, betrug 8600.
29 Die Sippen der Kehatiten schlugen
ihr Lager an der Südseite der Woh-
nung auf. 30 Ihr Oberhaupt war Eliza-
fan Ben-Usiël. 31 Sie hatten für die
Lade zu sorgen, für den Tisch, den
Leuchter, die Altäre und die heiligen
Geräte, mit denen man den Dienst
versieht, sowie den Vorhang, samt
aller Arbeit daran.
32 Über den Oberhäuptern der Le-
viten stand der Priester Eleasar Ben-
Aaron. Er hatte die Aufsicht über alle,
die mit einer Aufgabe beim Heiligtum
betraut waren.
33 Zu Merari gehörten die Sippen
Machli und Muschi. 34 Die Gesamt-
zahl ihrer männlichen Angehörigen,
die älter waren als einen Monat, be-
trug 6200. 35 Ihr Oberhaupt war Zuri-
ël Ben-Abihajil. Sie schlugen ihr
Lager an der Nordseite der Wohnung
auf. 36 Die Merariten hatten für die
Bretter der Wohnung zu sorgen, für
ihre Riegel, Säulen, Bodenplatten und
alles weitere Zubehör, samt aller Ar-
beit daran, 37 ebenso für die Säulen
des Vorhofs ringsum und ihre Sockel,
Pflöcke und Seile.
38 An der Ostseite der Wohnung,
vor dem Zelt der Gottesbegegnung,
schlugen Mose, Aaron und dessen
Söhne ihr Lager auf. Sie erfüllten ihre
Aufgabe für das Heiligtum, wie es den
Israeliten aufgetragen war. Doch

jeder andere, der sich das anmaßte,
musste getötet werden.
39 Die Gesamtzahl der Leviten, die
Mose und Aaron nach Jahwes Befehl
musterten, alle männlichen Personen,
die älter als einen Monat waren, be-
trug 22.000.
40 Jahwe sagte zu Mose: »Mustere
alle männlichen Erstgeborenen der
Israeliten, die älter als einen Monat
sind und nimm ihre Zahl auf.
41 Dann beanspruche für mich die
Leviten anstelle aller Erstgeborenen
bei den Israeliten – ich bin Jahwe –
und das Vieh der Leviten anstelle
aller erstgeborenen Tiere der Israeli-
ten.« 42 Da musterte Mose alle Erst-
geborenen bei den Israeliten, wie
Jahwe es ihm befohlen hatte 43 und
kam auf eine Gesamtzahl von
22.273.
44 Da sagte Jahwe zu Mose: 45 »Be-
anspruche die Leviten anstelle aller
Erstgeborenen bei den Israeliten und
das Vieh der Leviten anstelle ihres
Viehs. Die Leviten sollen mir gehören,
ich bin Jahwe! 46 Zur Auslösung der
273 Erstgeborenen, die die Zahl der
Leviten übersteigen, 47 sollst du pro
Kopf je fünf Silberstücke nehmen, die
dem Gewicht des Heiligtums entspre-
chen, zwölf Gramm das Stück*.
48 Das Geld sollst du zur Auslösung
der überzähligen Israeliten Aaron und
seinen Söhnen geben.« 49 Mose nahm
das Lösegeld von den Überzähligen,
die durch die Leviten nicht ausgelöst
waren. 50 Von den Erstgeborenen der
Israeliten nahm er das Geld, 1365 Sil-
berstücke nach dem Gewicht des Hei-
ligtums. 51 Mose gab das Lösegeld
Aaron und seinen Söhnen, wie Jahwe
es ihm befohlen hatte.

Die Kehatiten

4 1 Jahwe sagte zu Mose und Aaron:
2 »Ermittelt die Zahl der Kehati-
ten unter den Leviten nach ihren Sip-
pen und Familien. 3 Es geht um alle,
die zwischen 30 und 50 Jahre alt und
zum Dienst am Zelt der Gottesbegeg-
nung verpflichtet sind. 4 Sie sind für
das Höchstheilige verantwortlich.
5 Wenn das Lager weiterzieht, sollen
Aaron und seine Söhne hineingehen,
den verhüllenden Vorhang abnehmen
und über die Lade mit dem Bundesge-
setz decken. 6 Dann sollen sie eine
Decke aus Tachasch-Leder* darüber
ausbreiten und oben darauf ein Tuch
aus violettem Purpur. Zum Schluss
sollen sie die Stangen anbringen.
7 Auch über den Tisch, auf dem das ge-
weihte Brot ausgelegt ist, sollen sie ein
Tuch aus violettem Purpur ausbreiten
und darauf die Schüsseln und Schalen,
die Opferschalen und die Kannen zum
Trankopfer stellen. Auch das beständi-
ge Brot soll darauf liegen. 8 Darüber
sollen sie ein Tuch aus Karmesin aus-
breiten und dies mit einer Decke aus
Tachasch-Leder bedecken. Zum Schluss
sollen sie die Stangen anbringen.
9 Dann sollen sie den Leuchter samt
seinen Lichtschalen in ein Tuch aus
violettem Purpur einhüllen, außerdem
die Dochtscheren, Feuerbecken und
Ölgefäße, die dazugehören. 10 Dann
müssen sie alles zusammen in eine

3,47 *zwölf Gramm das Stück*. Wörtlich: zwanzig Gera der Schekel. Nach archäologischen Funden kann das Durchschnittsgewicht eines Schekel mit 11,5 Gramm angenommen werden.

4,6 *Tachasch-Leder*. Weichgegerbtes Leder aus Tümmler- oder Dachshäuten.

Decke aus Tachasch-Leder wickeln
und es auf die Trage legen. 11 Auch
über den goldenen Altar sollen sie ein
Tuch aus violettem Purpur ausbreiten,
eine Decke aus Tachasch-Leder dar-
überlegen und seine Stangen anbrin-
gen. 12 Alle anderen Geräte, die man
zum Dienst im Heiligtum braucht, sol-
len sie in ein Tuch aus violettem Purpur
hüllen, dann in eine Decke aus Ta-
chasch-Leder einwickeln und es auf die
Trage legen. 13 Dann sollen sie den
Altar von der Fettasche* reinigen und
ein Tuch aus rotem Purpur darüber
ausbreiten. 14 Auf dieses Tuch sollen
sie alle Geräte legen, die zum Dienst
am Altar gebraucht werden: die Feuer-
becken, Fleischgabeln, Schaufeln und
Sprengschalen. Schließlich müssen sie
eine Decke aus Tachasch-Leder darü-
ber decken und seine Stangen anbrin-
gen. 15 Erst wenn Aaron und seine
Söhne beim Aufbruch des Lagers das
Heiligtum und alle seine Gegenstände
vollständig bedeckt haben, sollen die
Nachkommen Kehats kommen, um sie
zu tragen. Sie dürfen das Heilige nicht
berühren, sonst müssen sie sterben.
Das alles haben die Kehatiten vom Zelt
der Gottesbegegnung zu tragen.
16 Eleasar, der Sohn des Priesters
Aaron, hat die Aufsicht über das Öl für
das Licht, die Weihrauchmischung,
das regelmäßige Speisopfer und das
Salböl, die Verantwortung für die
ganze Wohnung und alles, was darin
ist, das Heiligtum und alle seine
Gegenstände.«

17 Jahwe sagte zu Mose und Aaron:
18 »Ihr müsst Sorge dafür tragen,
dass der Stamm der Kehatitensippen
unter den Leviten nicht ausgerottet
wird. 19 Ihr müsst Folgendes für sie
tun, damit sie am Leben bleiben und
nicht sterben, wenn sie in die Nähe
des Höchstheiligen kommen: Aaron
und seine Söhne sollen hineingehen
und jedem Einzelnen zuweisen, was
er zu tun und zu tragen hat. 20 Sie
dürfen nicht von sich aus hineinge-
hen, damit sie nicht einen Augenblick
lang das Heilige sehen. Sonst müssen
sie sterben.«

Die Gerschoniten

21 Jahwe sagte zu Mose: 22 »Ermittle
auch die Zahl der Gerschoniten nach
ihren Sippen und Familien. 23 Es
geht um alle, die zwischen 30 und 50
Jahre alt und zum Dienst am Zelt der
Gottesbegegnung verpflichtet sind.
24 Die Gerschoniten haben Folgen-
des zu tun und zu tragen: 25 Sie sol-
len die Zeltbahnen der Wohnung und
das Zelt tragen, seine Decke und die
Tachasch-Decke, die darüber liegt,
und den Vorhang vom Eingang des
Zeltes, 26 dazu die Behänge des Vor-
hofs, der die Wohnung und den Altar
umgibt, den Vorhang vom Eingang,
die Seile und alle Arbeitsgeräte. Sie
sollen alles tun, was dabei anfällt.
27 Die Arbeit der Gerschoniten soll
auf Anordnung Aarons und seiner
Söhne hin geschehen. Sie sollen sie
anweisen, was sie zu tragen und zu
tun haben.« 28 Das ist die Arbeit der
Gerschoniten am Zelt der Gottesbe-
gegnung, die unter der Aufsicht des
Priesters Itamar Ben-Aaron getan
werden soll.

4,13 *Fettasche* bildet sich aus verbrannten Holz- und Fettstücken.

Die Merariten

29 Auch die Merariten sollst du nach
ihren Sippen und Familien mustern.
30 Es geht um alle, die zwischen 30
und 50 Jahre alt und zum Dienst am
Zelt der Gottesbegegnung verpflichtet
sind. 31 Bei ihrem Dienst am Zelt
haben sie die Bretter der Wohnung zu
tragen, ihre Riegel, Säulen und Bo-
denplatten, 32 die Säulen des Vorhofs
ringsum, ihre Sockel, Pflöcke und
Seile und alle Arbeitsgeräte dazu. Ihr
sollt ihnen die Gegenstände, die sie zu
tragen haben, mit Namen einzeln zu-
weisen.« 33 Das ist die Arbeit der Me-
rariten am Zelt der Gottesbegegnung,
die unter der Aufsicht des Priesters
Itamar Ben-Aaron getan werden soll.

Die Zahl der dienstfähigen Leviten

34 Mose, Aaron und die Oberhäupter
der Gemeinschaft musterten nun die
Kehatiten nach ihren Sippen und Fa-
milien 35 und zwar alle, die zwischen
30 und 50 Jahre alt und zum Dienst
am Zelt der Gottesbegegnung ver-
pflichtet waren. 36 Es waren 2750
Männer 37 von den Sippen der Kehati-
ten, die am Zelt der Gottesbegegnung
dienten und nach Anordnung Jahwes
an Mose von Mose und Aaron gemus-
tert wurden.

38 Von den Gerschoniten wurden
nach ihren Sippen und Familien alle
gemustert, 39 die zwischen 30 und 50
Jahre alt und zum Dienst am Zelt der
Gottesbegegnung verpflichtet waren.
40 Es waren 2630 Männer 41 von den
Sippen der Gerschoniten, die am Zelt
der Gottesbegegnung dienten und
nach Anordnung Jahwes von Mose
und Aaron gemustert wurden.

42 Von den Merariten wurden nach
ihren Sippen und Familien alle ge-
mustert, 43 die zwischen 30 und 50
Jahre alt und zum Dienst am Zelt der
Gottesbegegnung verpflichtet waren.
44 Es waren 3200 Männer 45 von den
Sippen der Merariten, die nach An-
ordnung Jahwes an Mose von Mose
und Aaron gemustert wurden.

46 Die Gesamtzahl der gemusterten
Leviten 47 zwischen 30 und 50 Jahren,
die zum Dienst am Zelt der Gottesbe-
gegnung verpflichtet wurden, 48 war
8580. 49 Nach dem Befehl Jahwes
betraute man jeden von ihnen unter
Moses Leitung mit dem, was er zu tun
und zu tragen hatte.

Wenn jemand unrein ist

5 1 Jahwe sagte zu Mose: 2 »Befiehl
den Israeliten, dass sie alle aus
dem Lager weisen, die an Aussatz
oder Ausfluss leiden oder sich durch
die Berührung einer Leiche unrein ge-
macht haben. 3 Das gilt für Männer
und Frauen. Ihr sollt sie vor das Lager
schicken, damit sie das Lager, in dem
ich wohne, nicht verunreinigen.«
4 Die Israeliten machten es so und
wiesen die Betroffenen vor das Lager
hinaus, wie Jahwe es Mose angewie-
sen hatte.

Eigentumsvergehen

5 Jahwe befahl Mose, 6 den Israeliten
zu sagen: »Wenn ein Mann oder eine
Frau irgendeine Sünde begeht – so
wie die Menschen sie begehen und da-
durch Jahwe untreu werden – wird
diese Person schuldig. 7 Dann sollen
sie ihre Sünde bekennen, die sie be-
gangen haben. Dann soll man voll er-
statten, was man schuldig ist, und

noch ein Fünftel hinzufügen. Man soll es dem geben, an dem man schuldig geworden ist. *8* Gibt es aber keinen nahen Verwandten*, dem man die Schuld zurückerstatten kann, dann gehört der erstattete Schuldbetrag Jahwe und fällt dem Priester zu, zusätzlich zu dem Schafbock, mit dem er Sühne für ihn erwirkt. *9* Und jede Abgabe von allen heiligen Gaben der Israeliten, die sie zum Priester bringen, soll diesem gehören. *10* Jede heilige Gabe soll ihm gehören, was jemand dem Priester gibt, soll diesem gehören.«

Verdacht auf Ehebruch

11 Jahwe befahl Mose, *12* den Israeliten zu sagen: »Wenn eine Ehefrau auf Abwege gerät und ihrem Mann untreu wird, *13* wenn sie also mit einem anderen Mann schläft und es bleibt ihrem Ehemann verborgen; sie bleibt unentdeckt, obwohl sie sich verunreinigt hat, es gibt keinen Zeugen und sie ist nicht ertappt worden; *14* und wenn dann ein Geist der Eifersucht über ihn kommt, dass er eifersüchtig auf seine Frau wird, weil sie sich wirklich verunreinigt hat, oder es kommt ein Geist der Eifersucht über ihn, dass er eifersüchtig auf seine Frau wird, obwohl sie sich nicht verunreinigt hat, *15* dann soll der Mann seine Frau zum Priester bringen und als Opfergabe für sie gut zwei Liter* Gerstenmehl mitbringen. Er darf kein Öl darauf gießen und keinen Weihrauch darauf legen, denn es ist ein Eifersuchtsopfer, ein Erinnerungsopfer, das Schuld aufdeckt. *16* Der Priester soll die Frau herantreten lassen und vor Jahwe stellen. *17* Er soll ein Tongefäß mit geweihtem Wasser nehmen und Staub vom Boden der Wohnung hineinstreuen. *18* Dann muss er die Frau vor Jahwe stellen. Er soll ihr das Haar auflösen und ihr das Erinnerungsopfer in die Hände legen, das Opfer der Eifersucht. Das bittere, fluchbringende Wasser soll der Priester in der Hand halten. *19* Dann soll er die Frau schwören lassen und zu ihr sagen: ›Wenn kein fremder Mann mit dir geschlafen hat und du deinen Mann nicht betrogen hast, dann bleibst du unversehrt von diesem bitteren, fluchbringenden Wasser. *20* Wenn du aber deinen Mann mit einem anderen betrogen hast, wenn du auf Abwege geraten bist und dich verunreinigt hast, wenn ein anderer als dein Mann mit dir geschlafen hat‹ – *21* jetzt soll der Priester die Frau den Fluch schwören lassen und zu ihr sagen – ›dann mache Jahwe dich zum Schwur- und Fluchwort in deinem Volk, indem Jahwe deine Hüfte einfallen und deinen Bauch anschwellen lässt. *22* Dieses fluchbringende Wasser soll in deine Eingeweide kommen, deinen Bauch anschwellen und deine Hüfte schwinden lassen.‹ Die Frau soll sprechen: ›Amen, Amen!‹* *23* Danach soll der Priester diese Flüche auf ein Blatt schreiben und sie im bitteren Wasser abwaschen. *24* Er soll die Frau das bittere, fluchbringende Wasser trinken

---

5,8 *Verwandten.* Das setzt offenbar voraus, dass der Geschädigte nicht mehr am Leben ist.

5,15 *zwei Liter.* Wörtlich: 1/10 Efa = 2,2 Liter = bei Mehl etwa 1 Kilogramm.

5,22 *Amen.* Hebräisch: *Es werde wahr!* Oder: *So sei es!*

lassen, damit dieses Fluchwasser in
sie eindringt und ihr bittere Schmer-
zen bereitet. 25 Dann soll der Priester
aus der Hand der Frau das Eifer-
suchtsopfer nehmen, es vor Jahwe hin
und her schwingen und zum Altar
bringen. 26 Von diesem Opfer soll er
eine Handvoll zum Verbrennen neh-
men und auf dem Altar in Rauch auf-
gehen lassen. Danach soll er der Frau
das Wasser zu trinken geben. 27 Wenn
das geschehen ist, wird das Wasser in
ihr wirken. Falls sie sich verunreinigt
hat und ihrem Mann untreu geworden
ist, wird das fluchbringende Wasser in
sie eindringen und ihr bittere Schmer-
zen verursachen. Ihr Bauch wird an-
schwellen und ihre Hüfte einfallen.
Die Frau wird zum Fluchwort in
ihrem Volk werden. 28 Falls sich
die Frau aber nicht verunreinigt hat
und rein ist, wird sie unversehrt und
fruchtbar bleiben.«

29 Das ist das Eifersuchtsgesetz für
eine Frau, die ihren Mann betrügt und
sich verunreinigt, 30 oder wenn der
Geist der Eifersucht über einen Mann
kommt und er eifersüchtig auf seine
Frau wird, soll er sie vor Jahwe brin-
gen und der Priester soll mit ihr nach
diesem Gesetz verfahren. 31 Der
Mann wird von Schuld frei sein, die
Frau aber muss ihre Schuld tragen.

Wenn Menschen sich Gott weihen

6 1 Jahwe befahl Mose, 2 den Israe-
liten zu sagen: »Wenn ein Mann
oder eine Frau das besondere Gelübde
eines Nasiräers ablegt, um sich Jahwe
zu weihen, 3 dann soll er sich von
Wein und Bier enthalten. Er soll
nichts trinken, was aus Wein oder
Bier zubereitet wurde, auch keinen
Traubensaft. Er darf weder frische
noch getrocknete Weintrauben essen.
4 Während seiner ganzen Weihezeit
darf er nichts zu sich nehmen, was
vom Weinstock stammt, nicht einmal
Kerne oder Schalen. 5 Während der
ganzen Zeit seines Gelübdes darf er
sich Haar und Bart nicht schneiden.
Bis die Zeit um ist, für die er sich
Jahwe geweiht hat, soll er sein Haupt-
haar frei wachsen lassen. 6 Die ganze
Zeit, für die er sich Jahwe geweiht hat,
darf er sich keinem Toten nähern.
7 Nicht einmal an seinem Vater, seiner
Mutter, seinem Bruder oder seiner
Schwester darf er sich verunreinigen,
wenn sie sterben, denn die Weihe sei-
nes Gottes ist über ihm.

8 Während der ganzen Zeit seiner
Weihe ist der Nasiräer Jahwe geweiht.
9 Wenn nun jemand ganz plötzlich
neben ihm stirbt und sein geweihtes
Haupt dadurch unrein wird, dann soll
er am siebten Tag, an dem er wieder
rein wird, seine Haare abschneiden*.
10 Am achten Tag soll er zwei Turtel-
tauben oder zwei andere Tauben zum
Priester an den Eingang zum Zelt der
Gottesbegegnung bringen. 11 Der
Priester soll die eine als Sünd- und die
andere als Brandopfer* darbringen
und so Sühne für den Betroffenen er-
wirken, weil er sich wegen des Toten
versündigt hat. Dann soll er dessen

6,9 *Haare abschneiden.* Nach rabbinischer Tradition musste das abgeschnittene Haar begraben werden, weil es als verunreinigt galt.

6,11 Beim *Brandopfer* wurde das geschlachtete Tier vollständig auf dem Altar verbrannt.

Haupt an diesem Tag wieder heiligen.
12 Der Betreffende muss sich noch
einmal für die gleiche Zeit Jahwe wei-
hen und ein einjähriges Lamm als
Schuldopfer* bringen, denn die erste
Zeit ist verfallen, weil seine Weihe un-
rein gemacht worden ist.

13 So lautet das Nasiräergesetz:
Wenn die Zeit seiner Weihe um ist, soll
man ihn an den Eingang zum Zelt der
Gottesbegegnung bringen. 14 Dort soll
er Jahwe seine Gabe übergeben: ein
einjähriges männliches Lamm als
Brandopfer, ein einjähriges weibliches
Lamm als Sündopfer* und einen
Schafbock als Freudenopfer*. Alle
Tiere müssen ohne Fehler sein.
15 Dazu einen Korb mit ungesäuerten
Broten, es sollen Lochbrote* von Fein-
mehl sein, das vor dem Backen mit Öl
vermengt wurde, und Fladenbrote, die
mit Öl bestrichen wurden, und die da-
zugehörigen Speis- und Trankopfer.
16 Das alles soll der Priester zu Jahwe
bringen und sowohl das Sünd- als auch
das Brandopfer vollziehen. 17 Den
Schafbock soll er Jahwe als Freuden-
opfer darbringen, samt dem Korb mit
den ungesäuerten Broten. Dann soll er
das Speis- und Trankopfer darbringen.
18 Der Nasiräer soll am Eingang vom
Zelt der Gottesbegegnung sein ge-
weihtes Haar abschneiden und in das
Feuer werfen*, das unter dem Freu-
denopfer brennt. 19 Der Priester aber
soll das gekochte Schulterstück des
Schafbocks nehmen, ein ungesäuertes
Lochbrot und ein Fladenbrot aus dem
Korb und alles auf die Hände des Nasi-
räers legen, dem das Weihezeichen ge-
schoren wurde. 20 Der Priester soll sie
dann selbst in die Hand nehmen und
vor Jahwe hin und her schwingen. Es
ist eine heilige Gabe für den Priester,
samt der geweihten Brust und der als
Abgabe bestimmten Keule. Danach
darf der Nasiräer wieder Wein trinken.

21 Das ist das Gesetz für den Nasi-
räer, der ein Gelübde ablegt, für seine
Opfergabe, die er Jahwe bringt, abge-
sehen von dem, was er sonst noch auf-
bringen kann. Seinem Gelübde ge-
mäß soll er handeln. So entspricht es
dem Gesetz seiner Weihe.«

Der priesterliche Segen

22 Jahwe befahl Mose, 23 Aaron und
seinen Söhnen zu sagen: »So sollt ihr
die Israeliten segnen. Sagt:

24 Jahwe segne dich / und behüte
dich! 25 Möge sein Angesicht
über dir leuchten / und er dir
gnädig sein! 26 Jahwe blicke dich
freundlich an / und gebe dir
Frieden!

6,12 Beim *Schuldopfer* wurde die Sünde auf ein Opfertier übertragen, und es musste Wiedergutmachung geleistet werden.

6,14 Beim *Sündopfer* musste das Opfertier die Sünde und die Todesstrafe dafür auf sich nehmen und wurde zum Teil auf dem Altar und zum Teil außerhalb vom Lager verbrannt.

Beim *Freudenopfer* wurde im Gegensatz zum Brandopfer nur das Fett auf dem Altar verbrannt. Der größte Teil des Tieres durfte bei einer fröhlichen Opfermahlzeit gemeinsam mit Verwandten und Freunden verzehrt werden.

6,15 *Lochbrot*. Ein runder Brotlaib, der in der Mitte durchstoßen ist und so auf einer Stange aufgehängt werden kann zum Schutz gegen Schimmel und Tierfraß.

6,18 *in das Feuer werfen*. Es wurde nicht als Opfer verbrannt, sondern nur, um seine Entweihung zu verhindern.

27 So sollen sie meinen Namen auf
die Israeliten legen, und ich werde
sie segnen.«

Die Weihgaben der Stammesfürsten

7 1 An dem Tag, als Mose die Woh-
nung fertig aufgerichtet, sie mit
all ihren Gegenständen, dem Altar
und allen dazugehörigen Geräten ge-
salbt und geheiligt hatte, 2 brachten
die Fürsten Israels, die Oberhäupter
ihrer Sippen, die Fürsten der Stämme
und Führer der Gemusterten 3 ihre
Gaben vor Jahwe. Es waren sechs
Planwagen und zwölf Rinder, je einen
Wagen von zwei Fürsten und je ein
Rind von einem Fürst. Sie brachten
sie vor die Wohnung.

4 Jahwe sagte zu Mose: 5 »Nimm
sie von ihnen an. Sie sollen am Zelt
der Gottesbegegnung Verwendung
finden. Übergib sie den Leviten ent-
sprechend den Anforderungen ihrer
Arbeit.« 6 Da nahm Mose die Wagen
und die Rinder an und übergab sie
den Leviten. 7 Zwei Wagen und vier
Rinder gab er den Gerschoniten für
ihren Dienst. 8 Vier Wagen und acht
Rinder gab er den Merariten entspre-
chend ihrem Dienst unter der Lei-
tung des Priesters Itamar Ben-Aaron.
9 Den Kehatiten gab er nichts, denn
ihr Dienst bezog sich auf die Gegen-
stände im Heiligtum, die nur auf den
Schultern getragen werden durften.
10 Außerdem brachten die Fürsten an
dem Tag, an dem der Altar gesalbt
wurde, Gaben zu seiner Einweihung.
11 Doch Jahwe sagte zu Mose:
»Jeden Tag soll nur ein Fürst seine
Gabe zur Einweihung des Altars
bringen.«

12 Am ersten Tag brachte Nach-
schon Ben-Amminadab vom Stamm
Juda seine Gabe. 13 Es war eine
Silberschüssel im Gewicht von 1500
Gramm* und eine 800 Gramm*
schwere Sprengschale aus Silber,
nach dem Gewicht des Heiligtums.
Beide enthielten als Speisopfer Fein-
mehl, das mit Olivenöl vermengt war.
14 Dazu kam noch eine 115 Gramm*
schwere Schale aus Gold, die mit
Weihrauch gefüllt war. 15 Dann
brachte er noch einen jungen Stier,
einen Schafbock und ein einjähriges
Lamm zum Brandopfer, 16 einen Zie-
genbock zum Sündopfer 17 und zwei
Rinder, fünf Schafböcke, fünf Ziegen-
böcke und fünf einjährige Lämmer
zum Freudenopfer. Das war die Gabe
von Nachschon Ben-Amminadab.

18 Am zweiten Tag brachte Netanel
Ben-Zuar, der Fürst des Stammes Is-
sachar, seine Gabe. 19 Es war eine Sil-
berschüssel im Gewicht von 1500
Gramm und eine 800 Gramm schwere
Sprengschale aus Silber nach dem
Gewicht des Heiligtums. Beide ent-
hielten als Speisopfer Feinmehl, das
mit Olivenöl vermengt war. 20 Dazu
kam noch eine 115 Gramm schwere
Schale aus Gold, die mit Weihrauch
gefüllt war. 21 Dann brachte er noch
einen jungen Stier, einen Schafbock
und ein einjähriges Lamm zum

7,13 *1500 Gramm.* Wörtlich: 130 Schekel. Nach dem Gewicht des Heiligtums (4. Mose 3,47) waren das 11,5 Gramm pro Schekel = 1495 Gramm.

800 Gramm. Wörtlich: 70 Schekel.

7,14 *115 Gramm.* Wörtlich: 10 Schekel.

Brandopfer, 22 einen Ziegenbock zum
Sündopfer 23 und zwei Rinder, fünf
Schafböcke, fünf Ziegenböcke und
fünf einjährige Lämmer zum Freu-
denopfer. Das war die Gabe von Net-
anel Ben-Zuar.

24 Am dritten Tag brachte der Fürst
des Stammes Sebulon, Eliab Ben-
Helon, seine Gabe. 25 Es war eine Sil-
berschüssel im Gewicht von 1500
Gramm und eine 800 Gramm schwere
Sprengschale nach dem Gewicht des
Heiligtums. Beide enthielten als
Speisopfer Feinmehl, das mit Olivenöl
vermengt war. 26 Dazu kam noch eine
115 Gramm schwere Schale aus Gold,
die mit Weihrauch gefüllt war.
27 Dann brachte er noch einen jungen
Stier, einen Schafbock und ein einjäh-
riges Lamm zum Brandopfer, 28 einen
Ziegenbock zum Sündopfer 29 und
zwei Rinder, fünf Schafböcke, fünf
Ziegenböcke und fünf einjährige
Lämmer zum Freudenopfer. Das war
die Gabe von Eliab Ben-Helon.

30 Am vierten Tag brachte der Fürst
des Stammes Ruben, Elizur Ben-
Schedëur, seine Gabe. 31 Es war eine
Silberschüssel im Gewicht von 1500
Gramm und eine 800 Gramm schwe-
re Sprengschale nach dem Gewicht
des Heiligtums. Beide enthielten als
Speisopfer Feinmehl, das mit Oliven-
öl vermengt war. 32 Dazu kam noch
eine 115 Gramm schwere Schale aus
Gold, die mit Weihrauch gefüllt war.
33 Dann brachte er noch einen jun-
gen Stier, einen Schafbock und ein
einjähriges Lamm zum Brandopfer,
34 einen Ziegenbock zum Sündopfer
35 und zwei Rinder, fünf Schafböc-
ke, fünf Ziegenböcke und fünf ein-
jährige Lämmer zum Freudenopfer.
Das war die Gabe von Elizur Ben-
Schedëur.

36 Am fünften Tag brachte der Fürst
des Stammes Simeon, Schelumiël
Ben-Zurischaddai, seine Gabe. 37 Es
war eine Silberschüssel im Gewicht
von 1500 Gramm und eine 800
Gramm schwere Sprengschale nach
dem Gewicht des Heiligtums. Beide
enthielten als Speisopfer Feinmehl,
das mit Olivenöl vermengt war.
38 Dazu kam noch eine 115 Gramm
schwere Schale aus Gold, die mit
Weihrauch gefüllt war. 39 Dann
brachte er noch einen jungen Stier,
einen Schafbock und ein einjähriges
Lamm zum Brandopfer, 40 einen Zie-
genbock zum Sündopfer 41 und zwei
Rinder, fünf Schafböcke, fünf Ziegen-
böcke und fünf einjährige Lämmer
zum Freudenopfer. Das war die Gabe
von Schelumiël Ben-Zurischaddai.

42 Am sechsten Tag brachte der
Fürst des Stammes Gad, Eljasaf Ben-
Dëuël, seine Gabe. 43 Es war eine Sil-
berschüssel im Gewicht von 1500
Gramm und eine 800 Gramm schwere
Sprengschale nach dem Gewicht des
Heiligtums. Beide enthielten als
Speisopfer Feinmehl, das mit Olivenöl
vermengt war. 44 Dazu kam noch eine
115 Gramm schwere Schale aus Gold,
die mit Weihrauch gefüllt war.
45 Dann brachte er noch einen jungen
Stier, einen Schafbock und ein einjäh-
riges Lamm zum Brandopfer, 46 einen
Ziegenbock zum Sündopfer 47 und
zwei Rinder, fünf Schafböcke, fünf
Ziegenböcke und fünf einjährige
Lämmer zum Freudenopfer. Das war
die Gabe von Eljasaf Ben-Dëuël.

48 Am siebten Tag brachte der Fürst
des Stammes Efraïm, Elischama Ben-

Ammihud, seine Gabe. 49 Es war eine
Silberschüssel im Gewicht von 1500
Gramm und eine 800 Gramm schwere
Sprengschale nach dem Gewicht des
Heiligtums. Beide enthielten als
Speisopfer Feinmehl, das mit Olivenöl
vermengt war. 50 Dazu kam noch eine
115 Gramm schwere Schale aus Gold,
die mit Weihrauch gefüllt war.
51 Dann brachte er noch einen jungen
Stier, einen Schafbock und ein ein-
jähriges Lamm zum Brandopfer,
52 einen Ziegenbock zum Sündopfer
53 und zwei Rinder, fünf Schafböcke,
fünf Ziegenböcke und fünf einjährige
Lämmer zum Freudenopfer. Das
war die Gabe von Elischama Ben-
Ammihud.

54 Am achten Tag brachte der Fürst
des Stammes Manasse, Gamliël Ben-
Pedazur, seine Gabe. 55 Es war eine
Silberschüssel im Gewicht von 1500
Gramm und eine 800 Gramm schwere
Sprengschale nach dem Gewicht des
Heiligtums. Beide enthielten als
Speisopfer Feinmehl, das mit Olivenöl
vermengt war. 56 Dazu kam noch eine
115 Gramm schwere Schale aus Gold,
die mit Weihrauch gefüllt war.
57 Dann brachte er noch einen jungen
Stier, einen Schafbock und ein einjäh-
riges Lamm zum Brandopfer, 58 einen
Ziegenbock zum Sündopfer 59 und
zwei Rinder, fünf Schafböcke, fünf
Ziegenböcke und fünf einjährige
Lämmer zum Freudenopfer. Das war
die Gabe von Gamliël Ben-Pedazur.

60 Am neunten Tag brachte der
Fürst des Stammes Benjamin, Abidan
Ben-Gidoni, seine Gabe. 61 Es war
eine Silberschüssel im Gewicht von
1500 Gramm und eine 800 Gramm
schwere Sprengschale nach dem
Gewicht des Heiligtums. Beide ent-
hielten als Speisopfer Feinmehl, das
mit Olivenöl vermengt war. 62 Dazu
kam noch eine 115 Gramm schwere
Schale aus Gold, die mit Weihrauch
gefüllt war. 63 Dann brachte er noch
einen jungen Stier, einen Schafbock
und ein einjähriges Lamm zum
Brandopfer, 64 einen Ziegenbock zum
Sündopfer 65 und zwei Rinder, fünf
Schafböcke, fünf Ziegenböcke und
fünf einjährige Lämmer zum Freu-
denopfer. Das war die Gabe von Ab-
idan Ben-Gidoni.

66 Am zehnten Tag brachte der Fürst
des Stammes Dan, Ahiëser Ben-Am-
mischaddai, seine Gabe. 67 Es war
eine Silberschüssel im Gewicht von
1500 Gramm und eine 800 Gramm
schwere Sprengschale nach dem Ge-
wicht des Heiligtums. Beide enthiel-
ten als Speisopfer Feinmehl, das mit
Olivenöl vermengt war. 68 Dazu kam
noch eine 115 Gramm schwere Schale
aus Gold, die mit Weihrauch gefüllt
war. 69 Dann brachte er noch einen
jungen Stier, einen Schafbock und ein
einjähriges Lamm zum Brandopfer,
70 einen Ziegenbock zum Sündopfer
71 und zwei Rinder, fünf Schafböcke,
fünf Ziegenböcke und fünf einjährige
Lämmer zum Freudenopfer. Das war
die Gabe von Ahiëser Ben-Ammi-
schaddai.

72 Am elften Tag brachte der Fürst
des Stammes Ascher, Pagiël Ben-
Ochran, seine Gabe. 73 Es war eine
Silberschüssel im Gewicht von 1500
Gramm und eine 800 Gramm schwere
Sprengschale nach dem Gewicht des
Heiligtums. Beide enthielten als
Speisopfer Feinmehl, das mit Olivenöl
vermengt war. 74 Dazu kam noch eine

115 Gramm schwere Schale aus Gold,
die mit Weihrauch gefüllt war.
75 Dann brachte er noch einen jungen
Stier, einen Schafbock und ein einjähriges Lamm zum Brandopfer,
76 einen
Ziegenbock zum Sündopfer
77 und
zwei Rinder, fünf Schafböcke, fünf Ziegenböcke und fünf einjährige Lämmer zum Freudenopfer. Das war die Gabe von Pagiël Ben-Ochran.

78 Am zwölften Tag brachte der Fürst des Stammes Naftali, Ahira Ben-Enan, seine Gabe.
79 Es war eine
Silberschüssel im Gewicht von 1500 Gramm und eine 800 Gramm schwere Sprengschale nach dem Gewicht des Heiligtums. Beide enthielten als Speisopfer Feinmehl, das mit Olivenöl vermengt war.
80 Dazu kam noch eine
115 Gramm schwere Schale aus Gold,
die mit Weihrauch gefüllt war.
81 Dann brachte er noch einen jungen
Stier, einen Schafbock und ein einjähriges Lamm zum Brandopfer,
82 einen
Ziegenbock zum Sündopfer
83 und
zwei Rinder, fünf Schafböcke, fünf Ziegenböcke und fünf einjährige Lämmer zum Freudenopfer. Das war die Gabe von Ahira Ben-Enan.

84 Das war die Gabe der Fürsten Israels zur Salbung und Einweihung des Altars: zwölf Silberschüsseln,
zwölf Sprengschalen aus Silber und
zwölf goldene Schalen.
85 Eine Silberschüssel wog 1500 Gramm und eine Sprengschale 800 Gramm. Insgesamt waren es nach dem Gewicht des Heiligtums rund 28 Kilogramm* Silber.
86 Dazu kamen die mit Weihrauch gefüllten zwölf goldenen Schalen mit einem Goldgewicht von insgesamt rund 1400 Gramm*.
87 Es waren zum
Brandopfer: zwölf Stiere, zwölf Schafböcke, zwölf einjährige Lämmer und die dazugehörigen Speisopfer, und zwölf Ziegenböcke zum Sündopfer.
88 Zum Freudenopfer waren es insgesamt 24 Stiere, 60 Schafböcke, 60 Ziegenböcke und 60 einjährige Lämmer. Das war die Gabe zur Einweihung des Altars, nachdem er gesalbt worden war.

89 Wenn Mose in das Zelt der Gottesbegegnung hineinging, um mit Gott zu reden, hörte er dessen Stimme von der Deckplatte herab zu ihm sprechen, die auf der Bundeslade lag, zwischen den beiden Cherubim* hervor.

Die Pflege des goldenen Leuchters

8
1 Jahwe sagte zu Mose,
2 er solle
Aaron Folgendes weitergeben: »Wenn du die sieben Lampen aufsetzt, dann sollen sie ihr Licht nach vorn fallen lassen.«
3 Aaron machte es
so: Er setzte die Lampen so auf, dass ihr Licht vor den Leuchter* fiel, wie Jahwe es Mose gesagt hatte.
4 Der
Leuchter bestand aus reinem Gold und war vom Fuß bis zu den Blüten aus einem Stück getrieben. Nach dem Bild, das Jahwe Mose gezeigt hatte, war der Leuchter hergestellt worden.

7,85 *28 Kilogramm.* Wörtlich: 2400 Schekel.

7,86 *1400 Gramm.* Wörtlich: 120 Schekel.

7,89 *Cherub, Mehrzahl: Cherubim.* Majestätisches (Engel)Wesen, das Gottes Herrlichkeit repräsentiert. Zwei Cherubim-Figuren waren auf dem Deckel der Bundeslade angebracht.

8,3 *Leuchter.* Hebräisch: *menorah.* Die genaue Beschreibung findet sich in 2. Mose 25,31-40.

Die Einsetzung der Leviten

5 Jahwe sagte zu Mose: 6 »Sondere
die Leviten aus den Israeliten aus und
reinige* sie! 7 Das sollst du folgender-
maßen tun: Besprenge sie mit Ent-
sündigungswasser und sorge dafür,
dass sie ihren ganzen Körper rasieren
und ihre Kleidung waschen, damit sie
rein werden. 8 Dann sollen sie einen
jungen Stier nehmen und das dazuge-
hörige Speisopfer: mit Öl vermengtes
Feinmehl. Auch du sollst einen jungen
Stier zum Sündopfer nehmen. 9 Lass
dann die Leviten vor das Zelt der Got-
tesbegegnung treten und die ganze
Gemeinde der Israeliten zusammen-
kommen. 10 Du sollst die Leviten vor
Jahwe stellen, und die Israeliten sollen
ihre Hände auf sie legen. 11 Aaron soll
Jahwe die Leviten als Weihgabe der
Israeliten darbringen, damit sie den
Dienst für Jahwe tun. 12 Und die Levi-
ten sollen ihre Hände auf den Kopf der
jungen Stiere stützen. Einen der bei-
den Stiere sollst du Jahwe als Sündop-
fer und den anderen als Brandopfer
darbringen, um Sühne für die Leviten
zu erwirken. 13 Auf diese Weise sollst
du die Leviten vor Aaron und seine
Söhne stellen und sie als Weihgabe
Jahwe bringen. 14 So werden sie von
den Israeliten ausgesondert, damit sie
mir gehören.

15 Danach sollen die Leviten mit
ihrem Dienst am Zelt der Gottesbe-
gegnung beginnen. Du sollst sie also
reinigen und Jahwe als Weihgabe
bringen. 16 Denn sie sind mir von den
Israeliten als besonderes Eigentum
gegeben, als Ersatz für alle erstgebo-
renen Söhne Israels habe ich sie ange-
nommen. 17 Denn mir gehört alles,
was zuerst aus dem Mutterschoß
kommt, von Mensch und Tier. An dem
Tag, als ich jede Erstgeburt in Ägyp-
ten erschlug, habe ich sie für mich ge-
weiht 18 und die Leviten anstelle der
Erstgeborenen Israels angenommen.
19 Dann habe ich die Leviten Aaron
und seinen Nachkommen als Gabe
der Israeliten übergeben, damit sie
den Dienst am Zelt der Gottesbegeg-
nung anstelle der Israeliten tun, um
für sie Sühne zu erwirken. So wird
keine Plage über die Israeliten kom-
men, wenn diese sich dem Heiligtum
nähern.«

20 Mose, Aaron und die ganze
Menge der Israeliten machten es so
mit den Leviten, genauso, wie Jahwe
es Mose befohlen hatte. 21 Die Leviten
ließen sich entsündigen und wuschen
ihre Kleidung. Aaron brachte sie dann
als Weihgabe vor Jahwe dar und er-
wirkte Sühne für sie, um sie zu reini-
gen. 22 Danach traten die Leviten
ihren Dienst bei Aaron und seinen
Söhnen im Zelt der Gottesbegegnung
an. So wie Jahwe es Mose für die Levi-
ten aufgetragen hatte, machten es die
Israeliten.

Das Dienstalter der Leviten

23 Jahwe sagte zu Mose: 24 »Für die
Leviten gilt Folgendes: Mit 25 Jahren*

8,6 *reinige.* Leviten wurden nur gereinigt, nicht geweiht wie die Priester.

8,24 *Mit 25 Jahren.* In 4. Mose 4,3.23.30 wurde das Alter mit 30 Jahren angegeben, was sich dort aber auf das Tragen verschiedener Teile der Stiftshütte bezog. Ihren allgemeinen Hilfsdienst begannen die Leviten schon mit 25 Jahren. David setzte später das Eintrittsalter auf 20 Jahre herab (1. Chronik 23,24.27; Esra 3,8).

soll ein Levit in die Arbeit am Zelt der
Gottesbegegnung eintreten. 25 Wer
50 Jahre alt ist, soll von der Dienstver-
pflichtung zurücktreten und keinen
Dienst mehr tun. 26 Er kann seinen
Brüdern bei der Arbeit am Zelt helfen,
soll aber keinen Dienst mehr tun. So
sollst du es mit den Leviten und ihren
Aufgaben halten. «

Zur Passaordnung

9 1 Im April* des zweiten Jahres
nach dem Auszug aus Ägypten
redete Jahwe in der Wüste Sinai zu
Mose. Er sagte: 2 »Die Israeliten sol-
len das Passa* zur festgesetzten Zeit
feiern 3 und zwar am 14. Tag dieses
Monats am späten Nachmittag* zur
festgelegten Zeit. Ihr sollt es nach
allen Ordnungen und Vorschriften
tun.« 4 Mose sagte den Israeliten,
dass sie das Passa feiern sollten. 5 So
feierten sie das Fest am späten Nach-
mittag des 14. April in der Wüste
Sinai, wie Jahwe es Mose angewiesen
hatte. Genauso taten sie es.

6 Es gab aber Männer, die an einem
Toten unrein geworden waren und das
Passa an diesem Tag nicht feiern
konnten. Sie kamen zu Mose und
Aaron 7 und sagten zu ihnen: »Wir
sind an einem Toten unrein geworden.
Warum soll es uns verwehrt sein, die
Opfergabe für Jahwe zur festgesetzten
Zeit zu bringen?« 8 Mose entgegnete:
»Wartet, ich will hören, was Jahwe für
euch anordnet.«

9 Jahwe befahl Mose, 10 den Israeli-
ten zu sagen: »Wenn jemand bei euch
oder euren nachfolgenden Generatio-
nen an einem Toten unrein geworden
ist oder sich auf einer weiten Reise be-
findet und trotzdem Jahwe das Passa
feiern will, 11 der soll es am 14. des
nächsten Monats am späten Nachmit-
tag tun. Man soll es zu ungesäuerten
Broten und bitteren Kräutern essen.
12 Sie dürfen nichts bis zum nächsten
Morgen übrig lassen und keinen der
Knochen des Lammes zerbrechen. Sie
müssen die Passaordnung einhalten.
13 Wer aber rein ist und sich nicht auf
einer Reise befindet und es trotzdem
unterlässt, das Passa zu feiern, soll
von der Volksgemeinschaft beseitigt
werden, denn er hat die Opfergabe für
Jahwe nicht zur festgesetzten Zeit ge-
bracht. Dieser Mann muss seine
Schuld tragen. 14 Wenn ein Fremder
bei euch lebt und Jahwe das Passa
feiern will, soll er es nach den Ord-
nungen und Vorschriften des Passafe-
stes tun. Für den Fremden und den
Einheimischen im Land gilt dieselbe
Ordnung.«

Die Wolken- und Feuersäule

15 An dem Tag, als man die Wohnung,
das Zelt der Gottesbegegnung, auf-
richtete, wurde sie von der Wolke be-
deckt – der Wolke, die vom Abend bis
zum Morgen wie ein Feuerschein
leuchtete. 16 So war es ständig: Tags-
über stand die Wolke über der Woh-
nung, nachts war es der Feuerschein.
17 Immer, wenn die Wolke sich vom
Zelt erhob, brachen die Israeliten auf.

9,1 *April.* Wörtlich: *im ersten Monat.* Es war noch das Jahr 1445 v.Chr.

9,2 *Passa.* Siehe 2. Mose 12-13.

9,3 *späten Nachmittag.* Wörtlich: *Zwischen den zwei Abenden.* Gemeint ist wahrscheinlich die Zeit zwischen Niedergang (15 Uhr) und Untergang der Sonne.

Und dort, wo die Wolke sich nieder-
ließ, lagerten sie. 18 Nach dem Befehl
Jahwes brachen die Israeliten auf und
nach seinem Befehl schlugen sie ihr
Lager auf. Sie blieben immer so lange,
wie die Wolke auf dem Zelt ruhte.
19 Wenn die Wolke viele Tage auf der
Wohnung stehen blieb, folgten die Is-
raeliten der Weisung Jahwes und
machten einen längeren Aufenthalt.
20 Blieb sie nur wenige Tage, zogen sie
entsprechend früher weiter, immer
nach Jahwes Befehl. 21 Es kam auch
vor, dass die Wolke nur eine Nacht
blieb oder nur einen Tag und eine
Nacht. Wenn die Wolke sich erhob,
brachen sie auf. 22 Oder es waren zwei
Tage oder einen Monat oder längere
Zeit – wenn die Wolke auf der Woh-
nung ruhte, schlugen die Israeliten ihr
Lager auf und blieben so lange, bis sie
sich wieder erhob. 23 Nach dem Be-
fehl Jahwes blieben sie und nach dem
Befehl Jahwes brachen sie auf. Sie be-
folgten die Anweisung, die Jahwe
ihnen durch Mose gegeben hatte.

Die silbernen Trompeten

10 1 Jahwe sagte zu Mose:
2 »Lass zwei Trompeten aus
getriebenem Silber anfertigen. Sie
sollen dazu dienen, die Gemeinschaft
zusammenzurufen und das Zeichen
zum Aufbruch zu geben. 3 Wenn man
beide bläst, soll sich die ganze Ge-
meinschaft bei dir am Eingang zum
Zelt der Gottesbegegnung versam-
meln. 4 Wenn man nur eine bläst, sol-
len sich die Fürsten, die Oberhäupter
der Heereseinheiten Israels bei dir
versammeln. 5 Wenn ihr das Signal
blast, sollen die Stämme aufbrechen,
die im Osten lagern. 6 Blast ihr das
Signal zum zweiten Mal, sollen die
Stämme aufbrechen, die im Süden la-
gern. 7 Wenn aber die Versammlung
einberufen werden soll, dürft ihr nicht
dieses Signal blasen. 8 Die Trompeten
sollen von den Nachkommen Aarons,
den Priestern, geblasen werden. Das
ist eine immerwährende Ordnung, die
auch für nachfolgende Generationen
gilt. 9 Und wenn ihr gegen einen
Feind, der in euer Land einfällt, in den
Krieg ziehen müsst, dann sollt ihr mit
den Trompeten das Signal geben.
Dann wird bei Jahwe, eurem Gott, an
euch gedacht werden, und ihr werdet
vor euren Feinden gerettet. 10 Auch
bei freudigen Anlässen, an den Festen
und Neumondstagen, sollt ihr die
Trompeten zu euren Brand- und Freu-
denopfern blasen. Sie sollen euch vor
Gott in Erinnerung bringen. Ich bin
Jahwe, euer Gott.«

Aufbruch vom Sinai

11 Im zweiten Jahr nach dem Auszug
aus Ägypten, am 20. Mai*, erhob sich
die Wolke von der Wohnung des
Bundesgesetzes. 12 Da zogen die Is-
raeliten aus der Wüste Sinai weiter
von Lagerplatz zu Lagerplatz, bis
sich die Wolke schließlich in der
Wüste Paran* niederließ. 13 So bra-
chen sie zum ersten Mal auf, wie
Jahwe es Mose befohlen hatte.

14 Zuerst brach die Abteilung unter
dem Feldzeichen des Stammes Juda
auf. Judas Heeresverband wurde von

10,11 *Mai.* Wörtlich: im 2. Monat. Es war noch das Jahr 1445 v.Chr.

10,12 Die *Wüste Paran* hat man vermutlich in der nördlichen Sinaihalbinsel westlich der Araba zu suchen.

Nachschon Ben-Amminadab geführt.
15 Der Heeresverband des Stammes
Issachar wurde von Netanel Ben-Zuar
geführt 16 und der Heeresverband des
Stammes Sebulon von Eliab Ben-
Helon. 17 Nachdem die Wohnung ab-
gebaut war, brachen die Gerschoniten
und die Merariten auf, die die Woh-
nung trugen.

18 Dann kam die Abteilung unter
dem Feldzeichen des Stammes Ru-
ben. Rubens Heeresverband wurde
von Elizur Ben-Schedëur geführt.
19 Der Heeresverband des Stammes
Simeon wurde von Schelumiël Ben-
Zurischaddai geführt und 20 der Hee-
resverband des Stammes Gad von El-
jasaf Ben-Dëuël. 21 Dann brachen die
Kehatiten auf, die das Heilige trugen.
Und man baute die Wohnung auf, bis
sie ankamen.

22 Hinter ihnen zog die Abteilung
unter dem Feldzeichen des Stammes
Efraïm. Efraïms Heeresverband wur-
de von Elischama Ben-Ammihud
geführt. 23 Der Heeresverband des
Stammes Manasse wurde von Gamliël
Ben-Pedazur geführt und 24 der Hee-
resverband des Stammes Benjamin
von Abidan Ben-Gidoni.

25 Die Nachhut für alle Lager bilde-
te die Abteilung unter dem Feldzei-
chen des Stammes Dan. Dans Heeres-
verband wurde von Ahiëser Ben-Am-
mischaddai geführt. 26 Der Heeres-
verband des Stammes Ascher wurde
von Pagiël Ben-Ochran geführt 27 und
der Heeresverband des Stammes Naf-
tali von Ahira Ben-Enan. 28 So bra-
chen die Israeliten auf, Heerschar um
Heerschar.

29 Mose sagte zu Hobab, dem Sohn
seines midianitischen Schwiegerva-
ters Reguël*: »Wir machen uns jetzt
auf den Weg zu dem Ort, den Jahwe
uns versprochen hat. Geh mit uns!
Wir werden dir Gutes tun, denn
Jahwe hat Israel Gutes zugesagt.«
30 Doch Hobab erwiderte: »Nein, ich
werde nicht mitkommen, sondern in
mein Land und zu meiner Verwandt-
schaft gehen.« 31 »Verlass uns doch
nicht!«, bat Mose. »Du weißt, wo
wir uns in der Wüste lagern können,
und sollst uns als Auge dienen.
32 Wenn du mit uns kommst und all
das Gute geschieht, das Jahwe uns
zugesagt hat, werden wir auch dir
Gutes tun.«

33 So zogen sie vom Berg Jahwes
aus drei Tagereisen weit. Die Bundes-
lade Jahwes zog vor ihnen her, um den
Lagerplatz zu bestimmen, 34 und die
Wolke Jahwes war über ihnen, wenn
sie auszogen. 35 Immer wenn die Lade
aufbrach, sagte Mose:

»Steh auf, Jahwe! / Dann laufen
deine Feinde auseinander, / dann
fliehen die, die dich hassen.«

36 Und wenn sie Halt machte, sagte er:
»Komm wieder Jahwe, / zu den
Abertausenden* Israels!«

Unzufriedenheit unter dem Volk

11 1 Das Volk lag Jahwe mit
schweren Klagen in den
Ohren. Als Jahwe das vernahm, ent-
flammte sein Zorn. Er schickte ein
Feuer, das am Rand des Lagers

10,29 *Reguël.* Siehe 2. Mose 2,18-21!

10,36 *Abertausenden.* Wörtlich: Zehntausenden der Tausenden (Heereseinheiten).

aufloderte und um sich fraß. 2 Da
schrie das Volk zu Mose um Hilfe.
Mose betete zu Jahwe und das Feuer
fiel in sich zusammen. 3 Den Ort nann-
te man Tabera, Brand, weil das Feuer
Jahwes gegen sie aufgelodert war.

4 Doch das hergelaufene Gesindel*
unter ihnen wurde gierig. Aber auch
die Israeliten fingen wieder an zu jam-
mern und sagten: »Wer gibt uns
Fleisch zu essen? 5 Wir denken an die
Fische, die wir in Ägypten umsonst
bekamen, an die Gurken und Melo-
nen, den Porree, die Zwiebeln und den
Knoblauch. 6 Uns ist jetzt der Appetit
vergangen, denn nichts von alldem ist
da. Hier sehen wir immer nur das
Manna.«

7 Das Manna war wie Koriandersa-
men* und sah aus wie Bedolach-
Harz*. 8 Die Leute streiften umher,
sammelten es ein, zermahlten es in
Handmühlen oder zerstampften es in
Mörsern, sie kochten es im Topf oder
machten Brotfladen daraus. Es hatte
einen Geschmack wie Ölkuchen.
9 Wenn nachts der Tau auf das Lager
fiel, fiel auch das Manna.

10 Mose hörte die Leute jammern,
eine Sippe wie die andere. Sie standen
vor ihren Zelten und der Zorn Jahwes
flammte heftig auf. Das missfiel Mose
sehr. 11 Er sagte zu Jahwe: »Warum
behandelst du deinen Diener so
schlecht und womit habe ich es ver-
dient, dass du die Last dieses ganzen
Volkes auf mich legst? 12 Bin ich denn
mit diesem Volk schwanger gegangen
oder habe ich es geboren, dass du von
mir verlangst, es wie ein Wärter an der
Brust zu tragen und in das Land zu
bringen, das du ihren Vätern zugesagt
hast? 13 Woher soll ich denn Fleisch
nehmen, um es diesem ganzen Volk zu
geben? Sie liegen mir in den Ohren
mit ihrem Geschrei und wollen
Fleisch zu essen haben. 14 Ich allein
kann dieses Volk nicht tragen. Das ist
mir zu schwer. 15 Wenn du aber wei-
ter so mit mir umgehen willst, dann
töte mich lieber, wenn du mir gnädig
bist, damit ich mein Unglück nicht
länger ansehen muss.«

16 Da sagte Jahwe zu Mose: »Ver-
sammle mir siebzig Männer von den
Ältesten Israels, von denen du weißt,
dass sie sich als Aufseher des Volkes
bewährt haben, und nimm sie mit
zum Zelt der Gottesbegegnung. Dort
sollen sie sich mit dir hinstellen.
17 Dann komme ich herab und rede
dort mit dir. Ich nehme von dem Geist,
der auf dir ruht, und lege ihn auf sie.
So können sie zusammen mit dir an
der Last des Volkes tragen, und du
musst es nicht mehr allein tun.
18 Zum Volk aber sollst du sagen:
›Heiligt euch für morgen, da werdet
ihr Fleisch zu essen haben, denn ihr
habt Jahwe die Ohren vollgejammert
und gefragt, wer euch Fleisch zu essen
gibt, denn in Ägypten wäre es euch ja
gut gegangen.‹ Jahwe wird euch
Fleisch geben, das ihr essen könnt.
19 Und das nicht nur ein, zwei Tage
lang, auch nicht nur fünf, zehn oder
zwanzig Tage, 20 sondern einen gan-

11,4 *hergelaufenes Volk*. Siehe 2. Mose 12,38!

11,7 *Koriandersamen*. Die Übersetzung des hebräischen Wortes *»gad«* mit Koriander, dessen 2-3 Millimeter große Samenkörner grau-weiß sind, ist nicht sicher.

Bedolach. Ein duftendes durchscheinendes Edelharz.

zen Monat, bis es euch zum Hals heraushängt und euch übel davon wird. Denn ihr habt Jahwe verworfen, der unter euch gegenwärtig ist, und vor ihm gesagt: ›Warum sind wir nur aus Ägypten gezogen?‹«

21 Da erwiderte Mose: »Das Volk, zu dem ich gehöre, zählt allein 600.000 wehrfähige Männer, und du sagst, dass du ihnen einen Monat lang Fleisch zu essen geben willst? 22 Können denn so viele Schafe, Ziegen und Rinder für sie geschlachtet werden, dass es für alle genug ist? Oder soll man alle Fische des Meeres für sie fangen, dass es reicht?« 23 Jahwe sagte zu Mose: »Ist die Hand Jahwes etwa zu kurz? Jetzt wirst du sehen, ob mein Wort eintrifft oder nicht.«

24 Mose ging hinaus und teilte dem Volk mit, was Jahwe ihm gesagt hatte. Dann versammelte er siebzig Männer von den Ältesten Israels und stellte sie rings um das Zelt auf. 25 Da kam Jahwe in der Wolke herab und sprach mit ihm. Er nahm von dem Geist, der auf ihm ruhte, und legte ihn auf die siebzig Männer, die Ältesten. Als der Geist Gottes über sie kam, redeten sie auf einmal wie Propheten, aber nur für kurze Zeit. 26 Zwei von den Männern, die auf der Liste standen, waren nicht zum Zelt hinausgegangen, sondern im Lager zurückgeblieben. Einer hieß Eldad, der andere Medad. Auch auf sie kam der Geist und sie redeten wie Propheten im Lager. 27 Da lief ein junger Mann zu Mose und berichtete ihm: »Im Lager reden Eldad und Medad wie Propheten.« 28 Josua Ben-Nun, der von Jugend an Moses Diener war, sagte: »Lass das nicht zu, mein Herr, Mose!« 29 Aber Mose sagte zu ihm: »Was eiferst du für mich? Könnten doch alle im Volk Jahwes Propheten sein, weil Jahwe seinen Geist auf sie legt!« 30 Dann zog Mose sich mit den Ältesten Israels ins Lager zurück.

31 Nun brach ein Wind los, von Jahwe geschickt. Er trieb Wachteln vom Meer heran und ließ sie ins Lager einfallen. Sie flatterten im Umkreis von etwa 30 Kilometern in einem Meter* Höhe über dem Boden. 32 Den ganzen Rest des Tages, die folgende Nacht und noch den nächsten Tag sammelte das Volk die Wachteln ein. Das wenigste, was einer zusammenbrachte, waren etwa eine halbe Tonne* Fleisch. Sie breiteten die Tiere rings um das Lager zum Dörren aus. 33 Doch hatten sie das Fleisch noch zwischen den Zähnen, es war noch nicht zerkaut, da flammte Jahwes Zorn gegen sie auf. Er schlug zu und traf das Volk mit einem schweren Schlag. 34 Deshalb nannte man den Ort Kibrot-Taawa, Lustgräber, weil man dort die Leute begrub, die von der Gier gepackt worden waren. 35 Von Kibrot-Taawa zog das Volk nach Hazerot* und schlug dort sein Lager auf.

11,31 *30 ... Meter.* Wörtlich: *einen Tagesmarsch weit und zwei Ellen Höhe.* Andere verstehen den Text so, dass die Vögel einen Meter hoch auf dem Boden lagen und die Israeliten hindurchwaten mussten, was aber nicht zu Vers 32 passt.

11,32 *eine halbe Tonne.* Wörtlich: 10 Homer (Eselsladungen) = 2200 Liter Hohlraum = etwa 5000 Wachteln.

11,35 *Hazerot.* Dritter Lagerplatz, nachdem die Israeliten den Sinai verlassen hatten. Vielleicht En Khadra, 64 Kilometer nordöstlich von Dschebel Musa, wenn dies der Berg Sinai bzw. Horeb war (2. Mose 3,1).

Rebellion der eigenen Geschwister

12 1 Mirjam und Aaron* redeten
schlecht über Mose, weil er
eine kuschitische* Frau geheiratet
hatte. 2 Sie sagten: »Spricht Jahwe
wirklich nur durch Mose? Spricht er
nicht auch durch uns?« Jahwe hörte
es.

3 Mose war ein demütiger Mann,
bescheidener als alle anderen Men-
schen auf der Welt.

4 Da sagte Jahwe plötzlich zu Mose,
Aaron und Mirjam: »Geht zum Zelt
der Gottesbegegnung hinaus, ihr
drei!« So gingen sie aus dem Lager.
5 Da kam Jahwe in einer Wolkensäule
herab, stellte sich an den Eingang des
Zeltes und rief Aaron und Mirjam.
Beide traten vor, 6 und er sagte: »Hört
her! Wenn ein Prophet Jahwes unter
euch ist, dann offenbare ich mich ihm
in einer Vision oder ich spreche im
Traum zu ihm. 7 Mit meinem Diener
Mose aber ist es anders. Ihm habe ich
die Verwaltung über mein ganzes Volk
anvertraut. 8 Mit ihm rede ich von
Mund zu Mund, in klaren und eindeu-
tigen Worten. Er nimmt sogar Jahwes
Gestalt wahr. Wie konntet ihr es
wagen, schlecht über meinen Diener
Mose zu reden?« 9 Der Zorn Jahwes
flammte gegen sie auf, und er ging
weg.

10 Als die Wolke das Zelt verlassen
hatte, stellte sich plötzlich heraus,
dass Mirjam von Aussatz überschneit
war. Aaron drehte sich zu ihr um, und
wirklich: Sie war aussätzig. 11 Da
sagte er zu Mose: »Bitte, mein Herr,
leg nicht die Schuld dafür auf uns,
dass wir uns erdreistet und gesündigt
haben. 12 Lass Mirjam doch nicht wie
eine Totgeburt sein, deren Körper
schon halb verwest ist, wenn sie aus
dem Mutterschoß kommt!«

13 Da schrie Mose zu Jahwe: »Gott,
lass sie doch wieder gesund werden!«

14 Jahwe antwortete: »Wenn ihr
Vater ihr ins Gesicht gespuckt hätte,
müsste sie sich sieben Tage lang schä-
men. Deshalb soll sie auch sieben
Tage lang außerhalb des Lagers einge-
schlossen bleiben. Dann könnt ihr sie
wieder aufnehmen.« 15 So wurde Mir-
jam sieben Tage außerhalb vom Lager
eingeschlossen. Das Volk zog aber
nicht weiter, bis Mirjam wieder aufge-
nommen war. 16 Dann verließen sie
Hazerot und schlugen ihr Lager in der
Wüste Paran auf.

Die Erkundung des Landes Kanaan

13 1 Jahwe sagte zu Mose: 2 »Du
kannst einige Männer los-
schicken*, die das Land Kanaan er-
kunden sollen, das ich den Nachkom-
men Israels geben will! Nimm dazu
aus jedem Stamm je einen der führen-
den Männer!« 3 Da schickte Mose die
Männer von der Wüste Paran aus los,
wie Jahwe es ihm erlaubt hatte. Sie

12,1 *Mirjam und Aaron* waren ältere Geschwister von *Mose*. Mirjam war etwa sieben Jahre älter (2. Mose 2,4), Aaron drei Jahre (2. Mose 7,7). Mose war zu diesem Zeitpunkt (ein reichliches Jahr nach dem Auszug aus Ägypten) 81 Jahre alt.

Kuschitisch. Gemeint ist wohl nicht das Land Kusch (Nubien), sondern Kuschan in der Nachbarschaft von Midian (Habakuk 3,7). Dann würde es sich um die midianitische Priestertochter (2. Mose 2,15-22) handeln, die Anstoß erregte.

13,1 *losschicken*. Die Verbform macht deutlich, dass Gott hier keinen Befehl, sondern eine Erlaubnis gab (vgl. 5. Mose 1,22).

alle waren Führer unter den Israeliten.
4 Es waren aus dem Stamm Ruben:
Schammua Ben-Sakkur; 5 aus dem
Stamm Simeon: Schafat Ben-Hori;
6 aus dem Stamm Juda: Kaleb Ben-Je-
funne; 7 aus dem Stamm Issachar:
Jigal Ben-Josef; 8 aus dem Stamm
Efraïm: Hoschea Ben-Nun; 9 aus dem
Stamm Benjamin: Palti Ben-Rafu;
10 aus dem Stamm Sebulon: Gaddiël
Ben-Sodi; 11 aus dem Stamm Manas-
se: Gaddi Ben-Susi; 12 aus dem
Stamm Dan: Ammiël Ben-Gemalli;
13 aus dem Stamm Ascher: Setur
Ben-Michael; 14 aus dem Stamm
Naftali: Nachbi Ben-Wofsi; 15 aus
dem Stamm Gad: Gëuël Ben-Machi.
16 Diese zwölf Männer schickte Mose
aus, um das Land zu erkunden. Ho-
schea Ben-Nun gab er den Namen
Josua*.

17 Als Mose sie losschickte, sagte er
zu ihnen: »Nehmt den Weg durch den
Negev* und steigt dann auf das Gebir-
ge. 18 Seht euch das Land und die
Menschen dort genau an. Findet her-
aus, ob sie stark oder schwach, wenig
oder zahlreich sind, 19 ob das Land
gut oder schlecht ist! Achtet darauf,
ob sie in offenen Siedlungen wohnen
oder in befestigten Städten. 20 Seht,
ob das Land fruchtbar ist und ob es
dort Wälder gibt. Fasst Mut und
bringt Proben von den Früchten des
Landes mit!« Es war gerade die Jah-
reszeit, in der die ersten Trauben reif
werden.

21 So zogen sie hinauf und erkunde-
ten das Land von der Wüste Zin* bis
Rehob bei Lebo-Hamat*. 22 Sie zogen
durch den Negev und kamen nach He-
bron*. Dort wohnten Ahiman, Sche-
schai und Talmai, die Nachkommen
Anaks. Die Stadt Hebron war noch
vor Zoan* in Ägypten gegründet wor-
den. 23 Als die Männer schließlich ins
Traubental* kamen, schnitten sie eine
Weinranke mit einer Traube ab und
trugen sie an einer Stange, auch Gra-
natäpfel und Feigen nahmen sie mit.
24 Das Tal bekam erst später den
Namen Wadi Eschkol, Traubental,
weil die Israeliten dort eine Traube ab-
geschnitten hatten.

25 Vierzig Tage lang hatten sie das
Land erkundet 26 und kehrten dann
zu Mose und Aaron und der ganzen
Gemeinschaft Israels nach Ka-
desch* in die Wüste Paran zurück.

13,16 *Josua*. Hebräisch: *Jehoschua*. Hoschea bedeutet: Rettung. Durch Hinzufügung des J verweisen die ersten beiden Konsonanten JH jetzt auf Jahwe. Also bedeutet Josua: Jahwe ist Rettung.

13,17 *Negev*. Das heiße Südland Israels, zum Teil gebirgige Wüste. In biblischer Zeit war der Negev noch fruchtbar und besaß 29 Städte (Josua 15,21-32).

13,21 *Zin*. Wüste südlich von Kanaan, offenbar ein Teil der Wüste Paran.

Rehob bei Lebo-Hamat. Orte im Libanon, etwa 70 Kilometer nördlich vom Gipfel des Hermon entfernt.

13,22 *Hebron*. Die Stadt liegt etwa 35 km südlich von Jerusalem und 30 km westlich vom Toten Meer.

Zoan. Die Stadt ist wahrscheinlich mit Tanis identisch, das im nordöstlichen Teil des Nildeltas lag.

13,23 *Traubental*. Offenbar auf der Rückreise kamen die Kundschafter durch dieses Bach- oder Flusstal (Wadi), das nur in der Regenzeit Wasser führte. Das muss wieder in der Nähe von Hebron gewesen sein.

13,26 *Kadesch* (Kadesch-Barnea) lag an der Südgrenze von Kanaan, etwa 80 km südwestlich von Beerscheba.

Sie erstatteten ihnen Bericht und
zeigten die mitgebrachten Früchte.
27 Sie berichteten Mose: »Wir sind in
dem Land gewesen, in das du uns ge-
schickt hast. Es ist wirklich ein Land,
das von Milch und Honig überfließt.
Sieh dir nur diese Früchte an! 28 Aller-
dings ist das Volk, das dort wohnt,
stark, und seine Städte sind groß und
gut befestigt. Und dann haben wir
auch noch die Söhne Anaks dort gese-
hen! 29 Im Negev wohnen die Amale-
kiter, im Bergland die Hetiter, Jebusi-
ter und Amoriter, am Meer und in der
Jordanebene die Kanaaniter.«

30 Kaleb beschwichtigte das Volk,
das über Mose aufgebracht war. Er
sagte: »Wir werden hinaufziehen und
das Land in Besitz nehmen! Wir kön-
nen es sehr wohl erobern.« 31 Aber die
anderen Kundschafter sagten: »Wir
können es nicht! Das Volk im Land ist
stärker als wir.« 32 Sie erzählten den
Israeliten schreckliche Dinge über das
Land, das sie erkundet hatten. »Die-
ses Land verschlingt seine Bewoh-
ner«, sagten sie. »Alle Leute, die wir
gesehen haben, sind sehr groß, 33 be-
sonders die Nachkommen Anaks, die
Riesen. Ihnen gegenüber kamen wir
uns wie Heuschrecken vor. Und so
haben sie auch uns angesehen.«

Aufruhr im Volk

14 1 Da fing die ganze Volks-
gemeinschaft an, laut zu
schreien. Und sie weinten die ganze
Nacht. 2 Alle Israeliten beklagten sich
über Mose und Aaron, und die ganze
Menge sagte zu ihnen: »Wären wir
doch im Land Ägypten gestorben oder
hier in der Wüste. 3 Wozu bringt uns
Jahwe in dieses Land? Sollen wir jetzt
im Kampf umkommen, sollen unsere
Frauen und unsere kleinen Kinder zur
Beute werden? Wäre es nicht besser
für uns, nach Ägypten zurückzu-
kehren?« 4 Schon sagten einige zu-
einander: »Lasst uns einen neuen
Anführer wählen und nach Ägypten
zurückkehren!«

5 Da warfen sich Mose und Aaron
vor den Augen der ganzen Versamm-
lung der Israeliten nieder, mit dem Ge-
sicht zum Boden. 6 Doch Josua Ben-
Nun und Kaleb Ben-Jefunne von den
Kundschaftern rissen entsetzt ihre
Obergewänder ein* 7 und sagten der
ganzen Menge der Israeliten: »Das
Land, das wir erkundet haben, ist
sehr, sehr gut. 8 Wenn Jahwe Gefallen
an uns hat, wird er uns in dieses Land
bringen, ein Land, das von Milch und
Honig überfließt. 9 Lehnt euch doch
nicht gegen ihn auf! Und habt doch
keine Angst vor dem Volk dieses Lan-
des! Wir werden sie verschlingen wie
Brot, denn ihr Schutz ist von ihnen
gewichen und Jahwe ist mit uns!
Fürchtet euch doch nicht vor ihnen!«
10 Schon sprach die ganze Menge
davon, sie zu steinigen, da erschien
die Herrlichkeit Jahwes allen Israeli-
ten am Zelt der Gottesbegegnung.

11 Jahwe sagte zu Mose: »Wie lange
will mich dieses Volk noch verachten?
Wie lange noch wollen sie mir nicht
glauben, obwohl ich ihnen so viele
Zeichen meiner Macht und Fürsorge

14,6 *rissen ... ein.* Als Zeichen von Trauer und Entsetzen riss man vom Halsausschnitt an das Gewand mit einem heftigen Ruck etwa eine Handlänge ein.

gab? 12 Ich will sie mit der Pest schla-
gen und beseitigen. Aber dich werde
ich zu einem Volk machen, größer und
stärker als sie.« 13 Doch Mose sagte
zu Jahwe: »Aber das werden die Ägyp-
ter hören. Denn aus ihrer Mitte hast
du dieses Volk durch deine Kraft he-
rausgeführt. 14 Und sie werden zu den
Bewohnern dieses Landes sagen, sie
hätten gehört, dass du, Jahwe, bei
diesem Volk bist, dass du ihnen Auge
in Auge erscheinst, dass deine Wolke
über ihnen steht und du in einer Wol-
kensäule vor ihnen hergehst bei Tag
und in einer Feuersäule bei Nacht.
15 Wenn du nun dieses Volk auf einen
Schlag tötest, werden die Völker, die
von deinen Taten gehört haben,
sagen: 16 ›Weil Jahwe dieses Volk
nicht in das Land bringen konnte, das
er ihnen mit Eid zugesichert hatte,
schlachtete er sie in der Wüste ab.‹
17 Gerade jetzt möge die Kraft Jahwes
sich als groß erweisen, wie du gesagt
hast: 18 ›Jahwe ist sehr geduldig und
gnädig, er vergibt Schuld und Verge-
hen, lässt aber nicht ungestraft, son-
dern sucht die Schuld der Väter an den
Söhnen heim bis zur dritten und vier-
ten Generation.‹ 19 Vergib doch die
Schuld dieses Volkes, wie es deiner
großen Gnade entspricht und wie du
diesem Volk von Ägypten an bis hier-
her immer wieder vergeben hast!«

20 Da sagte Jahwe: »Ich vergebe
nach deinem Wort! 21 Aber so gewiss
ich lebe, und die ganze Erde von der
Herrlichkeit Jahwes erfüllt werden
wird: 22 Alle Männer, die meine Herr-
lichkeit und meine Wunderzeichen
gesehen haben, die ich in Ägypten und
in der Wüste tat, und die mich nun
zehnmal auf die Probe gestellt und
nicht auf mich gehört haben, 23 sie
werden das Land nicht sehen, das ich
ihren Vorfahren unter Eid zugesagt
habe. Alle, die mich verachten, wer-
den es nicht sehen. 24 Aber meinen
Diener Kaleb, in dem ein anderer
Geist war und der treu zu mir gehalten
hat, ihn werde ich in das Land brin-
gen, das er schon betreten hat, und
seine Nachkommen werden es in Be-
sitz nehmen. 25 Die Amalekiter und
Kanaaniter bleiben in der Ebene woh-
nen. Brecht also morgen auf und zieht
durch die Wüste in Richtung Schilf-
meer.«

Vierzig Jahre Wüste

26 Jahwe sagte zu Mose und Aaron:
27 »Wie lange soll es mit dem Murren
dieser bösen Versammlung von Israe-
liten noch weitergehen? Ich habe
wohl gehört, wie sie gegen mich mur-
ren. 28 Sag zu ihnen: ›So wahr ich
lebe, spricht Jahwe, ich werde genau
das mit euch machen, was ihr vor mir
gesagt habt: 29 In dieser Wüste wer-
den eure Leichen zerfallen, alle wehr-
fähigen Männer, die zwanzig Jahre
und älter sind, weil ihr gegen mich
gemurrt habt. 30 Niemals werdet ihr
in das Land kommen, das ich euch mit
Eid zugesichert habe. Ausgenommen
sind nur Kaleb Ben-Jefunne und
Josua Ben-Nun. 31 Aber eure kleinen
Kinder, von denen ihr gesagt habt, sie
würden zur Beute werden, sie werde
ich hinbringen, sie sollen das Land
kennenlernen, das ihr verschmäht
habt. 32 Doch eure Leichen werden
hier in der Wüste zerfallen. 33 Und
eure Kinder werden vierzig Jahre lang
in der Wüste Hirten sein und eure
Hurereien tragen müssen, bis eure

Leichen in der Wüste vollzählig sind.
34 Nach der Zahl der Tage, die ihr das
Land erkundet habt, werdet ihr nun
vierzig Jahre, für jeden Tag ein Jahr,
eure Schuld tragen müssen. Ihr sollt
merken, wie es ist, wenn ich mich ab-
wende!‹ 35 Ich, Jahwe, habe es gesagt.
Das werde ich dieser ganzen bösen
Gemeinschaft antun, die sich gegen
mich zusammengerottet hat! Hier in
dieser Wüste werden sie umkommen,
hier sollen sie sterben!«

36 Die Männer, die Mose geschickt
hatte, um das Land zu erkunden, und
die nach ihrer Rückkehr die ganze
Menge dazu gebracht hatten, gegen
ihn aufzubegehren, indem sie ein
böses Gerücht über das Land verbrei-
teten, 37 diese Männer starben auf
einen Schlag vor Jahwe. 38 Von den
Kundschaftern blieben nur Josua
Ben-Nun und Kaleb Ben-Jefunne am
Leben.

39 Mose brachte allen Israeliten die
Antwort Jahwes, und das Volk trauer-
te sehr. 40 Früh am anderen Morgen
aber rüsteten sie sich, um zum Kamm
des Gebirges hinaufzuziehen. Sie sag-
ten: »Jetzt sind wir bereit. Wir ziehen
zu dem Ort hinauf, von dem Jahwe ge-
redet hat. Ja, wir haben gesündigt.«
41 Aber Mose sagte zu ihnen: »Warum
wollt ihr den Befehl Jahwes schon
wieder übertreten? Es wird euch nicht
gelingen! 42 Zieht nicht hinauf, sonst
werdet ihr von euren Feinden ge-
schlagen, denn Jahwe ist nicht bei
euch! 43 Dort stehen euch die Ama-
lekiter und Kanaaniter entgegen, und
ihr werdet im Kampf umkommen.
Jahwe wird nicht mit euch sein,
denn ihr habt euch von ihm abge-
kehrt.« 44 Aber sie hatten es sich in
den Kopf gesetzt, zum Kamm des
Gebirges hinaufzuziehen. Doch Mose
und die Lade des Bundes mit Jahwe
verließen das Lager nicht. 45 Die
Amalekiter und Kanaaniter, die das
Gebirge bewohnten, griffen die Israe-
liten von oben her an, schlugen sie
in die Flucht und versprengten sie
bis Horma*.

Vorschriften für Speis- und Trankopfer

15 1 Jahwe befahl Mose, 2 den
Israeliten zu sagen: »Wenn
ihr einmal in das Land eurer Wohn-
stätten kommt, das ich euch gebe,
3 und ihr Jahwe ein Feueropfer von
Rindern, Schafen oder Ziegen dar-
bringt, ein Brand- oder Schlachtopfer,
um ein Gelübde zu erfüllen oder als
freiwillige Gabe, oder an euren Fes-
ten, um Jahwe einen Geruch zu be-
reiten, der ihm angenehm ist, 4 dann
soll der, der Jahwe seine Opfergabe
bringt, auch ein Speisopfer dabei
haben: zwei Litergefäße* mit Fein-
mehl, das mit einem knappen Liter*
Öl vermengt ist. 5 Wenn du ein
Lamm als Brand- oder Schlachtopfer
bringst, muss als Trankopfer auch ein
knapper Liter Wein dabei sein. 6 Bei
einem Schafbock sollst du als Speis-
opfer viereinhalb Liter* Feinmehl

14,45 *Horma* war eine Stadt, 27 km südlich von Hebron.

15,4 *zwei Litergefäße.* Wörtlich: ein Zehntel (Efa) = 2,2 Liter

ein knapper Liter. Wörtlich: ein Viertel Hin = 0,9 Liter

15,6 *viereinhalb Liter.* Wörtlich: zwei Zehntel (Efa) = 4,4 Liter

bringen, das mit eineindrittel Liter* Öl vermengt wurde, 7 und als Trankopfer eineindrittel Liter Wein: ein Geruch, der Jahwe angenehm ist.
8 Wenn du ein junges Rind als Brand- oder Schlachtopfer bringst, um ein besonderes Gelübde zu erfüllen oder einfach als Freudenopfer für Jahwe,
9 dann sollst du dazu sechseinhalb Liter* Feinmehl bringen, das mit knapp zwei Litern* Öl vermengt wurde, 10 und als Trankopfer knapp zwei Liter Wein. Es ist ein Feueropfer zum angenehmen Geruch für Jahwe.
11 So soll man es bei jedem Rind und jedem Schafbock, bei jedem Schaf und jeder Ziege machen, 12 und zwar bei jedem einzelnen Tier, wie viel ihr auch opfert. 13 Das gilt für jeden Einheimischen, der ein Feueropfer zum angenehmen Geruch für Jahwe darbringt. 14 Wenn ein Fremder, der bei euch weilt oder schon seit Generationen unter euch lebt, Jahwe ein Feueropfer zum angenehmen Geruch bringen will, dann soll er es genauso machen wie ihr. 15 Im ganzen Reich soll ein und dieselbe Ordnung für euch und den Fremden gelten, der bei euch lebt. Das gilt auch für alle kommenden Generationen. Vor Jahwe ist der Fremde euch gleich. 16 Ein und dasselbe Gesetz, ein und dasselbe Recht gelten für euch und den Fremden, der bei euch wohnt.«

15,6 *eineindrittel Liter.* Wörtlich: ein Drittel Hin = 1,3 Liter

15,9 *sechseinhalb Liter.* Wörtlich: drei Zehntel (Efa) = 6,6 Liter

zwei Liter. Wörtlich: ein halbes Hin = 1,9 Liter

Das erste Brot

17 Jahwe befahl Mose, 18 den Israeliten zu sagen: »Wenn ihr in das Land kommt, in das ich euch bringe, 19 und vom Brot des Landes esst, sollt ihr eine Abgabe für Jahwe entrichten.
20 Als erste Gabe eures Teigs sollt ihr ein Lochbrot als Abgabe entrichten, genauso wie die Abgabe vom Dreschplatz. 21 Das erste Brot der neuen Ernte gehört Jahwe. Das gilt auch für alle kommenden Generationen.«

Opfer für Vergehen aus Versehen

22 »Und wenn ihr oder eure Nachkommen aus Versehen gegen eins dieser Gebote sündigt, die Jahwe Mose 23 von Anfang an mitgeteilt hat, 24 falls es von der Gemeinschaft unbemerkt aus Versehen geschehen ist, dann soll die ganze Versammlung Jahwe einen jungen Stier als Brandopfer zum angenehmen Geruch bringen und dazu gemäß der Vorschrift das Speis- und Trankopfer und einen Ziegenbock als Sündopfer. 25 Der Priester soll für die ganze Versammlung der Israeliten Sühne erwirken. Dann wird ihnen vergeben werden, denn es war ein Versehen, und sie haben ihre Opfergabe, ein Feueropfer für Jahwe und das Sündopfer, für ihr Versehen vor Jahwe gebracht.
26 Der ganzen Gemeinschaft der Israeliten und den Fremden, die unter ihnen leben, wird vergeben werden, denn es passierte dem Volk aus Versehen.

27 Wenn eine Einzelperson aus Versehen sündigt, dann soll sie eine einjährige Ziege als Sündopfer bringen.
28 Der Priester soll Sühne für die Person erwirken, die aus Versehen vor

Jahwe gesündigt hat, dann wird ihr
vergeben. 29 Für den Einheimischen
bei den Israeliten und für den Frem-
den, der unter ihnen lebt, soll ein und
dasselbe Gesetz gelten, wenn jemand
etwas aus Versehen tut.

30 Wenn jemand aber mit Absicht
handelt, der lästert Jahwe. Diese Per-
son muss vom Volk beseitigt werden,
sei es ein Einheimischer oder ein
Fremder. 31 Denn sie hat das Wort
Jahwes verachtet und sein Gebot un-
gültig gemacht. Diese Person muss
unbedingt beseitigt werden. Die
Schuld dafür liegt auf ihr selbst.«

Ein Fall von Sabbatschändung

32 Als die Israeliten noch in der Wüste
waren, ertappten sie einen Mann, der
am Sabbat Holz aufsammelte. 33 Die
Leute, die ihn ertappt hatten, brach-
ten ihn zu Mose und Aaron vor die
ganze Versammlung. 34 Sie sperrten
ihn ein, denn es war noch nicht ent-
schieden, was mit ihm geschehen
sollte. 35 Da sagte Jahwe zu Mose:
»Der Mann muss unbedingt getötet
werden. Die ganze Menge soll ihn
außerhalb vom Lager steinigen.«
36 Da führte ihn die ganze Menge vor
das Lager und steinigte ihn dort, dass
er starb, wie Jahwe es Mose befohlen
hatte.

Quasten an der Kleidung

37 Jahwe sagte zu Mose: 38 »Sag den
Israeliten, dass sie sich Quasten an die
Zipfel ihrer Obergewänder nähen.
Das gilt auch für die kommenden Ge-
nerationen. Und an jeder Quaste soll
eine violette Kordel sein. 39 Und wenn
ihr die Quasten seht, sollt ihr an alle
Gebote Jahwes denken und sie
einhalten. Ihr sollt euch nicht von
euren Herzen und Augen zur Untreue
verführen lassen, 40 sondern an alle
meine Gebote denken und sie tun. Ihr
sollt eurem Gott heilig sein. 41 Ich bin
Jahwe, euer Gott, der euch aus Ägyp-
ten herausgeführt hat, um euer Gott
zu sein. Ich bin Jahwe, euer Gott!«

Aufruhr der Anhänger Korachs

16 1 Korach Ben-Jizhar, ein Le-
vit von den Nachkommen Ke-
hats, erhob sich zusammen mit den
Rubeniten Datan und Abiram, den
Söhnen Eliabs, und On Ben-Pelet
2 gegen Mose. Hinter ihnen standen
250 führende Israeliten, Berufene der
Gemeinschaft, angesehene Männer.
3 Sie rotteten sich gegen Mose und
Aaron zusammen und warfen ihnen
vor: »Ihr nehmt euch zu viel heraus!
Die ganze Gemeinschaft ist heilig,
und zwar alle. Und Jahwe ist in ihrer
Mitte. Warum erhebt ihr euch über die
Gemeinde Jahwes?« 4 Als Mose das
hörte, warf er sich nieder, mit dem Ge-
sicht zum Boden. 5 Dann sagte er zu
Korach und seiner ganzen Versamm-
lung: »Morgen wird Jahwe zeigen,
wer zu ihm gehört und wer heilig ist,
dass er ihn in seine Nähe kommen
lässt. 6 Macht Folgendes, du, Korach,
und ihr, seine Anhänger: Nehmt euch
Räucherpfannen, 7 tut morgen früh
Glut hinein und legt Weihrauch vor
Jahwe darauf. Und der Mann, den
Jahwe erwählen wird, der ist heilig.
Ihr nehmt euch zu viel heraus, ihr
Leviten!«

8 Dann sagte Mose zu Korach:
»Hört zu, ihr Leviten! 9 Ist es euch zu
wenig, dass Israels Gott euch aus der
Menge der Israeliten ausgesondert

hat, sodass ihr in seine Nähe kommen
und den Dienst an der Wohnung Jah-
wes ausüben dürft und dass ihr vor
der Gemeinde steht, um ihr zu die-
nen? 10 Er ließ dich und deine Brüder,
die Leviten, in seine Nähe kommen.
Und jetzt wollt ihr auch noch das
Priesteramt! 11 Du und dein ganzer
Anhang, ihr habt euch gegen Jah-
we zusammengerottet. Denn wer ist
schon Aaron, dass ihr gegen ihn
murrt?« 12 Mose ließ Datan und
Abiram, die Söhne Eliabs, rufen. Aber
sie ließen ihm sagen: »Wir kommen
nicht! 13 Ist es dir zu wenig, dass du
uns aus einem Land, wo Milch und
Honig fließen, heraufgeführt hast, um
uns in der Wüste sterben zu lassen?
Musst du dich auch noch als Herr-
scher aufspielen? 14 Hast du uns denn
in ein Land geführt, wo Milch und
Honig fließen, hast uns Äcker und
Weinberge zum Besitz gegeben?
Hältst du uns denn für blind? Nein,
wir kommen nicht!« 15 Da wurde
Mose sehr zornig und sagte zu Jahwe:
»Wende dich ihrem Opfer nicht zu!
Nicht einen einzigen Esel habe ich
ihnen weggenommen. Keinem Einzi-
gen von ihnen habe ich etwas an-
getan.«

16 Zu Korach sagte Mose: »Morgen
wirst du mit deinem Anhang vor
Jahwe erscheinen, du, sie und Aaron!
17 Jeder nehme seine Räucherpfanne,
lege Weihrauch darauf und bringe
sie vor Jahwe, 250 Räucherpfannen,
auch du und Aaron, jeder seine Räu-
cherpfanne!« 18 So nahm jeder seine
Räucherpfanne, legte Glut und Weih-
rauch darauf und trat an den Eingang
vom Zelt der Gottesbegegnung, auch
Mose und Aaron. 19 Korach hatte
seine ganze Anhängerschaft gegen
Mose und Aaron am Eingang vom
Zelt der Gottesbegegnung zusam-
mengebracht. Da erschien die Herr-
lichkeit Jahwes vor der ganzen Ver-
sammlung.

20 Und Jahwe sagte zu Mose und
Aaron: 21 »Entfernt euch aus dieser
Versammlung! Ich will sie in einem
Augenblick vernichten.« 22 Da warfen
die beiden sich nieder und sagten:
»Gott, du Gott des Lebens aller Men-
schen! Ein einziger Mann hat gesün-
digt, und du wirst zornig über die
ganze Versammlung?«

23 Da befahl Jahwe Mose, 24 der
Versammlung zu sagen: »Entfernt
euch aus dem Umkreis der Wohnun-
gen von Korach, Datan und Abiram!«
25 Mose stand auf und ging mit den
Ältesten Israels zu Datan und Abiram.
26 Er sagte zu der ganzen Versamm-
lung: »Entfernt euch von den Zelten
dieser gottlosen Männer! Fasst nichts
an, was ihnen gehört! Sonst werdet
ihr samt ihnen und ihren Sünden weg-
gerissen!« 27 Alle entfernten sich aus
dem Umkreis der Wohnungen von
Korach, Datan und Abiram. Datan
und Abiram waren herausgekommen
und standen mit ihren Frauen, ihren
Söhnen und kleinen Kindern am Ein-
gang ihrer Zelte. 28 Mose sagte: »An
dem, was jetzt geschieht, sollt ihr er-
kennen, dass Jahwe mich beauftragt
hat, all diese Taten zu vollbringen, und
dass ich das nicht eigenmächtig getan
habe. 29 Wenn diese hier sterben, wie
alle Menschen sterben; wenn sie zur
Rechenschaft gezogen werden, wie
das bei allen Menschen geschieht,
dann hat Jahwe mich nicht beauf-
tragt. 30 Wenn Jahwe aber etwas

Unerhörtes schafft, wenn die Erde
ihren Rachen aufsperrt und sie mit
allem, was zu ihnen gehört, ver-
schlingt und sie lebendig zu den Toten
hinabstürzen, dann werdet ihr erken-
nen, dass diese Männer Jahwe verach-
tet haben.«
31 Kaum hatte er das gesagt, da
spaltete sich der Boden unter ihnen,
32 die Erde öffnete ihren Rachen und
verschlang sie mit allem Hab und Gut,
mit ihren Familien und allen Anhän-
gern Korachs. 33 So stürzten sie mit
allem, was zu ihnen gehörte, lebendig
zu den Toten hinab, und die Erde
schloss sich über ihnen. So wurden
sie mitten aus der Versammlung weg-
gerissen. 34 Ganz Israel, das um sie
herumstand, floh bei ihrem Geschrei.
»Dass uns nur die Erde nicht ver-
schlingt!«, riefen sie. 35 Und die 250
Männer, die das Rauchopfer darge-
bracht hatten, verzehrte ein Feuer, das
von Jahwe ausging.

17 1 Dann sagte Jahwe zu Mose:
2 »Befiehl dem Priester Elea-
sar Ben-Aaron, die Räucherpfannen
aus der Brandstätte aufzuheben – sie
sind nun einmal geheiligt – und die
glühenden Kohlen darin weit umher
zu verstreuen. 3 Aus den Räucher-
pfannen dieser Männer, die durch ihre
Sünde das Leben verloren haben, lass
Bleche zum Überzug für den Altar
schmieden. Denn sie haben die Pfan-
nen vor Jahwe gebracht, und so sind
sie heilig geworden. Nun sollen sie
den Israeliten zu einem Zeichen sein.«
4 Da hob der Priester Eleasar die Räu-
cherpfannen aus Bronze auf, die die
Verbrannten mitgebracht hatten, und
ließ sie als Überzug für den Altar
breithämmern. 5 Es wurde ein Er-
innerungszeichen für die Israeliten,
damit kein Unbefugter, jemand, der
nicht zu den Nachkommen Aarons
gehört, in die Nähe Jahwes kommt,
um Weihrauch aufsteigen zu lassen,
damit es ihm nicht ergehe wie Korach
und seinen Anhängern. So hatte
Jahwe es durch Mose befohlen.

Dauerndes Murren

6 Am nächsten Tag murrte die ganze
Menge der Israeliten gegen Mose und
Aaron. »Ihr habt das Volk Jahwes
sterben lassen!«, warfen sie ihnen vor.
7 Als die Versammlung, die sich gegen
Mose und Aaron gestellt hatte, zum
Zelt der Gottesbegegnung blickte,
sahen sie es auf einmal von der Wolke
bedeckt und die Herrlichkeit Jahwes
erschien. 8 Da traten Mose und Aaron
vor das Zelt der Gottesbegegnung.
9 Jahwe sagte zu Mose: 10 »Entfernt
euch aus dieser Versammlung! Ich
will sie in einem Augenblick vernich-
ten.« Da warfen die beiden sich nie-
der. 11 Mose sagte zu Aaron: »Nimm
die Räucherpfanne und Glut vom
Altar und gib Weihrauch darauf und
bring es schnell zur Versammlung,
um Sühne für sie zu erwirken. Denn
der Zorn ist von Jahwe ausgegangen
und das Sterben hat schon begon-
nen.« 12 Aaron nahm die Räucher-
pfanne, wie Mose es gesagt hatte, und
lief mitten in die Versammlung hinein.
Tatsächlich hatte das Sterben schon
begonnen. Aaron legte den Weih-
rauch auf und erwirkte so Sühne für
das Volk. 13 Er stand zwischen den
Toten und den Lebenden. Da hörte
das Sterben auf. 14 14.700 Menschen
waren gestorben, nicht gerechnet die,

die wegen Korach umgekommen
waren. 15 Aaron kehrte zu Mose an
den Eingang vom Zelt der Gottesbe-
gegnung zurück. Dem Sterben war
Einhalt geboten.

Der blühende Stab Aarons

16 Jahwe sagte zu Mose: 17 »Rede zu
den Israeliten und lass dir von jeder
Familie einen Stab geben, von ihren
Fürsten, Familie um Familie, insge-
samt zwölf. Schreib auf jeden Stab
den Namen des Stammes. 18 Aarons
Namen schreibst du auf den Stab
Levis, denn je ein Stab soll für ein
Stammesoberhaupt stehen. 19 Dann
sollst du die Stäbe ins Zelt der Got-
tesbegegnung bringen und vor dem
Bundesgesetz niederlegen, dort, wo
ich euch begegne. 20 Der Stab von
dem Mann, den ich auswähle, wird
Blätter treiben. So werde ich das
Murren der Israeliten gegen euch
zum Schweigen bringen.« 21 Mose
sagte das alles den Israeliten, und
ihre Fürsten gaben ihm je einen Stab
für ein Stammesoberhaupt. Es waren
zwölf Stäbe, und der Stab Aarons war
dabei. 22 Mose legte die Stäbe im Zelt
vor Jahwe und dem Bundesgesetz
nieder. 23 Als er am nächsten Morgen
ins Zelt zum Bundesgesetz ging,
hatte der Stab Aarons auf einmal
ausgeschlagen, Knospen hervorge-
bracht, Blüten getrieben und Man-
deln reifen lassen. 24 Mose brachte
alle Stäbe von Jahwe zu allen Israeli-
ten hinaus. Sie sahen sie und jeder
nahm seinen Stab.

25 Jahwe sagte zu Mose: »Bring
den Stab Aarons zurück vor das
Bundesgesetz. Er soll dort als Zei-
chen für Widerspenstige aufbewahrt
werden. So sollst du ihrem Murren
vor mir ein Ende machen, damit sie
nicht sterben.« 26 Mose machte es,
wie Jahwe ihm befohlen hatte. 27 Die
Israeliten aber sagten zu Mose: »Wir
werden alle noch umkommen, wir
sind verloren. Bald wird keiner von
uns mehr übrig sein. 28 Jeder, der in
die Nähe von Jahwes Wohnung
kommt, stirbt. Sollen wir denn alle-
samt umkommen?«

Die Verantwortung der Priester und Leviten

18 1 Jahwe sagte zu Aaron: »Du,
deine Söhne und dein ganzes
Vaterhaus, ihr müsst die Schuld tra-
gen, wenn sich jemand am Heiligtum
vergeht. Und wenn sich jemand im
Priesterdienst vergeht, dann musst du
mit deinen Söhnen die Schuld tragen.
2 Lass auch deine Brüder vom Stamm
Levi, deinem väterlichen Stamm, sich
dir anschließen und dir dienen, wäh-
rend du mit deinen Söhnen vor dem
Zelt des Bundesgesetzes bist. 3 Sie
sollen ihre Aufgaben für dich und das
Zelt erfüllen, aber sie dürfen nicht in
die Nähe der Gegenstände im Heilig-
tum und zum Altar kommen, damit
sie nicht sterben, und ihr mit ihnen.
4 Sie sollen dir beigeordnet sein und
den Dienst am Zelt der Gottesbegeg-
nung verrichten, alle Arbeiten, die
dort anfallen. Aber kein Unbefugter
darf in eure Nähe kommen. 5 Ihr sollt
eure Aufgaben am Heiligtum und am
Altar verrichten, damit kein Zornge-
richt mehr über die Israeliten kommt.
6 Seht, ich habe eure Brüder, die Levi-
ten, von den Israeliten ausgesondert
und euch als Geschenk für Jahwe
übergeben, damit sie die Arbeit am

Zelt der Gottesbegegnung tun. 7 Du
und deine Söhne mit dir, ihr sollt den
Priesterdienst am Altar und innerhalb
des Vorhangs tun. Das Priesteramt
habe ich euch als Geschenk überge-
ben. Jeder Unbefugte, der sich nähert,
muss getötet werden.«

8 Jahwe sagte zu Aaron: »Pass auf,
ich habe dir die Verwaltung der für
mich bestimmten Abgaben übertra-
gen. Von allen heiligen Opfergaben
der Israeliten habe ich dir und deinen
Söhnen einen Anteil gegeben. Das gilt
für alle Zeiten. 9 Vom Höchstheiligen
soll dir alles gehören, was nicht ver-
brannt wird: von allen Speisopfern,
Sündopfern und Schuldopfern, die
die Israeliten mir bringen. Als Höchst-
heiliges gehört es dir und deinen
Nachkommen. 10 Die männlichen
Angehörigen der Priesterfamilien sol-
len es am höchst heiligen Ort essen,
denn es soll dir heilig sein. 11 Die
Weihgaben der Israeliten gehören dir
und allen deinen Nachkommen, Söh-
nen und Töchtern. Diese Ordnung gilt
für alle Zeit. Jede Person in deinem
Haus, die rein ist, darf davon essen.
12 Das Beste vom Öl und das Beste
von Most und Getreide, die ersten
Gaben jeder Ernte, die sie Jahwe brin-
gen, habe ich dir gegeben. 13 Die ers-
ten Früchte von allem, was auf ihrem
Land wächst, die sie Jahwe bringen,
sollen dir gehören. Jede Person in dei-
nem Haus, die rein ist, darf davon
essen. 14 Alles geweihte Gut in Israel
soll dir gehören. 15 Alles, was zuerst
aus dem Mutterschoß kommt, von
Mensch und Tier, das sie Jahwe dar-
bringen, soll dir gehören. Nur die
Erstgeburt bei Menschen und bei
unreinen Tieren musst du auslösen
lassen. 16 Das soll im Alter von einem
Monat geschehen. Je nach deiner
Schätzung soll der Wert fünf Silber-
stücke betragen, gewogen nach dem
Vollgewicht des Heiligtums, ein Sil-
berstück zu zwölf Gramm*. 17 Die
Erstgeburten von Rindern, Schafen
oder Ziegen dürft ihr nicht auslösen
lassen. Sie sind heilig. Ihr Blut sollst
du an den Altar sprengen, und ihr Fett
sollst du als Feueropfer in Rauch auf-
gehen lassen zum angenehmen Ge-
ruch für Jahwe. 18 Ihr Fleisch soll
dir gehören, so wie die Brust beim
Schwingopfer und die rechte Keule.
19 Alle Abgaben von den heiligen
Gaben, die die Israeliten Jahwe brin-
gen, habe ich dir und deinen Familien-
angehörigen gegeben. Diese Ordnung
gilt für alle Zeit. Es ist ein ewiger Salz-
bund* vor Jahwe für dich und deine
Nachkommen.«

20 Jahwe sagte zu Aaron: »Wenn die
Israeliten in ihr Land kommen, wirst
du keinen Grundbesitz unter ihnen er-
halten, denn ich bin dein Anteil und
dein Besitz unter ihnen. 21 Den Levi-
ten weise ich als Erbgut für ihre Arbeit
und ihren Dienst am Zelt der Gottes-
begegnung den gesamten Zehnten
Israels zu. 22 Die Israeliten aber sollen
dem Zelt der Gottesbegegnung nicht

18,16 *zwölf Gramm.* Wörtlich: *ein Schekel zu zwanzig Gera.* Das Gewicht eines Schekels betrug nach archäologischen Funden durchschnittlich etwa 11,5 Gramm, ein Gera demnach rund 0,6 Gramm.

18,19 *Salzbund.* Nach 3. Mose 2,13 war Salz ein Zeichen des Gottesbundes. Vielleicht sollte es die Priesterfamilien immer an diesen Bund erinnern, wenn sie von dem Opferfleisch aßen.

mehr nahe kommen, sonst laden sie
Schuld auf sich und müssen sterben.
23 Vielmehr sollen die Leviten die Ar-
beit am Zelt der Gottesbegegnung
tun, und sie allein sollen die Verant-
wortung dafür tragen. Diese Ordnung
gilt auch für die nachfolgenden Gene-
rationen. Aber einen Grundbesitz
unter den Israeliten sollen sie nicht
erhalten, 24 denn ich habe ihnen den
Zehnten der Israeliten gegeben, den
diese als Abgabe für Jahwe entrichten.
Deshalb sagte ich, dass sie keinen
Erbbesitz unter den Israeliten er-
halten.«

25 Jahwe befahl Mose, 26 den Levi-
ten zu sagen: »Wenn ihr den Zehnten
von den Israeliten nehmt, den ich
euch als euren Erbanteil gegeben
habe, dann sollt auch ihr eine Abgabe
davon für Jahwe entrichten, den
Zehnten vom Zehnten. 27 Das wird
euch als eure Abgabe angerechnet
werden, so wie das Getreide vom
Dreschplatz und der Ertrag von der
Kelter. 28 Auf diese Weise sollt auch
ihr eine Abgabe für Jahwe von dem
Zehnten entrichten, den ihr von den
Israeliten nehmt, und sie als Abgabe
für Jahwe dem Priester Aaron geben.
29 Von allen Gaben, die euch zufallen,
sollt ihr die ganze Abgabe Jahwe ent-
richten, vom Besten den heiligen Teil.
30 Wenn ihr das Beste davon entrich-
tet, wird es den Leviten angerechnet
werden wie der Ertrag vom Dresch-
platz und der Ertrag von der Kelter.
31 Ihr dürft es mit euren Familien
essen, wo ihr wollt. Das ist der Lohn
für eure Arbeit am Zelt der Gottesbe-
gegnung. 32 Wenn ihr das Beste
davon entrichtet, werdet ihr keine
Sünde auf euch laden und die heiligen
Gaben der Israeliten nicht entweihen
und nicht sterben müssen, wenn ihr
davon esst.«

Das Reinigungswasser

19 1 Jahwe sagte zu Mose und
Aaron: 2 »Das ist die gesetzli-
che Anordnung*, die Jahwe erlassen
hat: Sag den Israeliten, dass sie dir
eine rote junge Kuh bringen, die ohne
Fehler ist, an der sich kein Makel fin-
det und die noch kein Joch getragen
hat. 3 Übergebt sie dem Priester Elea-
sar. Der soll sie vor das Lager führen,
und man soll sie dort in seiner Gegen-
wart schlachten. 4 Dann soll der
Priester Eleasar mit dem Finger von
ihrem Blut siebenmal etwas in Rich-
tung auf die Vorderseite des Zeltes der
Gottesbegegnung hin sprengen. 5 An-
schließend soll man die junge Kuh vor
seinen Augen verbrennen: Ihr Fell, ihr
Fleisch, ihr Blut und den Inhalt ihres
Magens soll man verbrennen. 6 In die-
ses Feuer hinein soll der Priester Ze-
dernholz, Ysop* und Karmesin* wer-
fen. 7 Dann soll der Priester seine
Kleidung waschen und sich mit Was-
ser übergießen. Danach darf er ins
Lager zurückgehen. Er wird aber bis
zum Abend unrein bleiben. 8 Auch

19,2 *gesetzliche Anordnung*. Hebräisch: *Tora*, was auf die Wurzel *jarah* = lehren/leiten zurückgeht und Belehrung, Unterweisung, Gesetz bedeutet.

19,6 *Ysop*, ein Busch mit stark riechenden Blättern, der bei Reinigungsopfern zum Besprengen verwendet wurde. Seine Stängel werden bis zu 80 Zentimeter lang.

Karmesin, (scharlach)roter Farbstoff, der aus getrockneten weiblichen Koschenilleläusen gewonnen wird.

derjenige, der die Kuh verbrannt hat,
soll seine Kleidung waschen und sich
mit Wasser übergießen. Auch er wird
bis zum Abend unrein sein. 9 Jemand,
der rein ist, soll dann die Asche der
jungen Kuh einsammeln und an einen
reinen Platz außerhalb vom Lager
bringen. Dort soll die Asche für die
Gemeinschaft der Israeliten auf-
bewahrt werden. Sie ist für das
Reinigungswasser bestimmt. Es ist
ein Sündopfer. 10 Derjenige, der die
Asche der jungen Kuh eingesammelt
hat, soll seine Kleidung waschen. Er
wird bis zum Abend unrein sein.

Und das soll eine immerwährende
Ordnung sein für die Israeliten und die
Fremden bei ihnen: 11 Wer einen Toten
berührt, den Leichnam eines Men-
schen, wird für sieben Tage unrein
sein. 12 Am dritten Tag soll er sich mit
diesem Wasser entsündigen. Am sieb-
ten Tag wird er dann rein sein. Wenn er
das nicht tut, wird er auch am siebten
Tag nicht rein werden. 13 Jeder, der
einen Toten berührt, die Leiche eines
Menschen, der gestorben ist, und sich
nicht entsündigt, hat die Wohnung
Jahwes unrein gemacht. Er soll aus Is-
rael beseitigt werden. Weil das Reini-
gungswasser nicht auf ihn gesprengt
wurde, ist und bleibt er unrein.

14 Folgendes Gesetz gilt, wenn ein
Mensch in einem Zelt stirbt: Jeder, der
dieses Zelt betritt, und jeder, der sich
darin befindet, wird für sieben Tage
unrein sein. 15 Jedes offene Gefäß, auf
dem kein Deckel festgebunden ist,
wird unrein sein. 16 Und jeder, der auf
dem freien Feld einen berührt, der mit
dem Schwert erschlagen wurde, oder
einen Verstorbenen oder die Knochen
eines Menschen oder ein Grab, wird
für sieben Tage unrein sein. 17 Um die
Unreinheit zu beseitigen, nehmt ihr
etwas Asche des verbrannten Sünd-
opfers in ein Gefäß und gießt frisches
Wasser darüber. 18 Dann soll ein reiner
Mann ein Ysopbüschel in die Hand
nehmen, ihn in das Wasser eintauchen
und damit das Zelt, die Gefäße und die
Menschen, die dort gewesen sind, be-
sprengen, auch die Person, die die
Knochen oder den Erschlagenen, den
Verstorbenen oder das Grab berührt
hat. 19 Ein Reiner soll den Unreinen
am dritten und am siebten Tag be-
sprengen und ihn so entsündigen. Die-
ser soll seine Kleidung waschen und
sich mit Wasser übergießen. Am
Abend wird er dann rein sein. 20 Wenn
aber jemand unrein wird und sich nicht
entsündigt, ein solcher Mensch muss
von der Gemeinschaft beseitigt wer-
den, denn er hat das Heiligtum Jahwes
unrein gemacht. Es ist kein Reini-
gungswasser auf ihn gesprengt wor-
den. Er ist unrein. 21 Das soll eine
immerwährende Ordnung für sie sein.
Auch der, der das Reinigungswasser
versprengt hat, soll seine Kleidung wa-
schen. Und wer mit dem Reinigungs-
wasser in Berührung kommt, ist bis
zum Abend unrein. 22 Alles, was ein
Unreiner berührt, wird unrein sein,
und wer einen Unreinen berührt, wird
bis zum Abend unrein sein.«

Nach 40 Jahren an der Grenze des Landes

Das Wasser von Meriba

20 1 Die ganze Menge der Israe-
liten kam nun in die Wüste
Zin. Das war im April*. Sie blieben in
Kadesch. Dort starb Mirjam und

wurde auch dort begraben. 2 Als das
Volk kein Wasser mehr hatte, rotteten
sich die Leute gegen Mose und Aaron
zusammen. 3 Sie waren wütend auf
Mose und sagten: »Wären wir doch
umgekommen wie die anderen, die
Jahwe sterben ließ! 4 Warum habt ihr
die Gemeinde Jahwes in diese Wüste
gebracht? Damit wir hier sterben,
samt unserem Vieh? 5 Warum habt
ihr uns überhaupt aus Ägypten her-
ausgeführt? Um uns an diesen bösen
Ort hier zu bringen? Hier kann man
nicht säen, es gibt keine Feigenbäu-
me, keine Weinstöcke, keine Granat-
apfelbäume, nicht einmal Wasser zum
Trinken!« 6 Mose und Aaron gingen
aus der Versammlung weg zum Ein-
gang vom Zelt der Gottesbegegnung
und warfen sich dort nieder, mit dem
Gesicht zum Boden. Da erschien
ihnen die Herrlichkeit Jahwes.

7 Jahwe sagte zu Mose: 8 »Nimm
den Stab und versammle die Gemein-
de, du und dein Bruder Aaron.
Sprecht dann vor ihren Augen zu dem
Felsen, dass er sein Wasser hergebe.
So wirst du ihnen aus dem Felsen
Wasser hervorbringen und Menschen
und Vieh zu trinken geben.« 9 Mose
nahm den Stab, der im Heiligtum vor
Jahwe lag, und tat, wie ihm befohlen
war. 10 Zusammen mit Aaron brachte
er die Menge vor dem Felsen zusam-
men und rief: »Hört her, ihr Wider-
spenstigen! Können wir denn aus die-
sem Felsen Wasser für euch hervor-
kommen lassen?« 11 Mose hob den
Stab und schlug damit zweimal gegen
den Felsen. Da kam viel Wasser her-
aus, sodass Menschen und Vieh
genug zu trinken hatten.

12 Da sagte Jahwe zu Mose und
Aaron: »Weil ihr mir nicht vertraut
und mich den Israeliten nicht als hei-
lig vor Augen gestellt habt, dürft ihr
diese Gemeinschaft nicht in das Land
bringen, das ich ihnen gegeben ha-
be.« 13 Das ist die Quelle von Meriba,
Vorwurf, weil die Israeliten hier Jahwe
Vorwürfe machten und er sich ihnen
als der Heilige erwies.

Die Edomiter verweigern den Durchzug

14 Von Kadesch aus schickte Mose
Boten an den König von Edom. Sie
sollten ihm Folgendes ausrichten: »So
spricht dein Bruder Israel: Du weißt,
was wir alles durchgemacht haben.
15 Unsere Vorfahren zogen nach
Ägypten und haben lange dort ge-
wohnt. Aber die Ägypter behandelten
uns und unsere Väter schlecht. 16 Da
schrien wir zu Jahwe, und er hat uns
gehört. Er schickte einen Engel, der
uns aus Ägypten herausführte. Und
nun sind wir in Kadesch, einer Stadt
am Rand deines Gebiets. 17 Lass uns
doch durch dein Land ziehen! Wir
werden eure Felder und Weinberge
nicht betreten und auch kein Wasser
aus den Brunnen trinken. Wir werden
auf der Königsstraße bleiben und kei-
nen Schritt von ihr abweichen, solan-
ge wir durch dein Gebiet ziehen.«
18 Doch Edom ließ Mose sagen: »Du
wirst nicht bei mir durchziehen, sonst
werde ich gegen dich kämpfen.«
19 Die Israeliten versicherten noch
einmal: »Wir wollen auf der festen

20,1 *April.* Wörtlich: im 1. Monat. Ein Vergleich von V. 22-29 mit Kapitel 33,38 zeigt, dass es sich um das 40. Jahr nach dem Auszug aus Ägypten handelte, April 1406 v.Chr.

Straße bleiben. Und wenn wir oder
unser Vieh Wasser brauchen, werden
wir es euch bezahlen. Wir kommen zu
Fuß und wollen nur durch euer Land
hindurch, weiter nichts.« 20 Doch
Edom sagte: »Du wirst nicht durch-
ziehen!« und rückte mit starker Hee-
resmacht gegen sie aus. 21 So weiger-
te sich Edom, Israel durch sein Gebiet
ziehen zu lassen. Deshalb wählten die
Israeliten einen anderen Weg.

Aarons Tod

22 Sie brachen von Kadesch auf, und
die ganze Gemeinschaft der Israeli-
ten kam zum Berg Hor*, 23 der an
der Grenze des Landes Edom liegt.
Dort sagte Jahwe zu Mose und
Aaron: 24 »Aaron wird nun mit sei-
nen Vorfahren vereint werden, denn
er soll nicht in das Land kommen,
das ich den Israeliten gegeben habe,
weil ihr euch am Wasser von Meriba
gegen meinen Befehl aufgelehnt
habt. 25 Steig mit Aaron und seinem
Sohn Eleasar auf den Berg Hor!
26 Dort ziehst du Aaron die Amtsge-
wänder aus und legst sie seinem
Sohn Eleasar an. Aaron wird dort
sterben und mit seinen Vorfahren
vereint werden.« 27 Mose machte es
so, wie Jahwe ihm befohlen hatte.
Vor den Augen der ganzen Gemein-
schaft stiegen sie auf den Berg Hor.
28 Mose streifte Aaron die Amtsge-
wänder ab und legte sie dessen Sohn
Eleasar an. Aaron starb dort auf dem
Gipfel des Berges. Und Mose stieg
mit Eleasar wieder den Berg hinab.
29 Die ganze Versammlung sah nun,
dass Aaron gestorben war. Dreißig
Tage lang trauerte das ganze Haus Is-
rael um Aaron.

Die Zerstörung von Arad

21 1 Als der Kanaaniterkönig
von Arad* im Negev erfuhr,
dass Israel auf dem Weg der Kund-
schafter heranzog, griff er die Israeli-
ten an und nahm einige von ihnen ge-
fangen. 2 Da legte Israel Jahwe ein
Gelübde ab und sagte: »Wenn du
dieses Volk wirklich in meine Hand
gibst, werde ich seine Städte mit dem
Bann belegen.*« 3 Jahwe hörte auf
Israel und gab die Kanaaniter preis.
Israel vernichtete sie und ihre Städte
und nannte den Ort Horma, Bann.

Die Bronzeschlange

4 Als die Israeliten vom Berg Hor
weiterzogen, wandten sie sich zu-
nächst in Richtung Schilfmeer, um
das Land Edom zu umgehen. Doch
auf dem Weg wurde das Volk unge-
duldig. 5 Es lehnte sich gegen Gott
und Mose auf und sagte: »Wozu habt
ihr uns aus Ägypten heraufgeführt?
Damit wir in der Wüste sterben? Hier
gibt es weder Brot noch Wasser, und
es ekelt uns vor diesem elenden Fraß.«
6 Da schickte Jahwe Brandnattern
unter das Volk, sodass viele der Israe-
liten gebissen wurden und starben.
7 Da lief das Volk zu Mose und sagte:
»Wir haben gesündigt, dass wir uns
gegen Jahwe und gegen dich aufge-
lehnt haben. Bete doch zu Jahwe, dass

20,22 *Berg Hor*. Vielleicht ist der Hor Hahar im Massiv des Dschebel Madeira südlich vom Toten Meer gemeint.

21,1 *Arad*. Stadt an der Südgrenze Kanaans. Heute Tell Arad, 27 km südlich von Hebron.

21,2 *mit dem Bann belegen*. Das bedeutete die vollständige Vernichtung von Menschen, Tieren und Gütern.

er uns von den Schlangen befreit!«
Mose betete für das Volk. 8 Und
Jahwe sagte zu ihm: »Mach dir eine
Brandnatter und befestige sie an einer
Stange. Dann wird jeder, der gebissen
wurde und sie ansieht, am Leben blei-
ben.« 9 So fertigte Mose eine Bronze-
schlange und machte sie am Ende
einer Stange fest. Wer nun von einer
Schlange gebissen wurde und zur
Bronzeschlange aufblickte, blieb am
Leben.

Die Siege über die Könige Sihon und Og

10 Die Israeliten zogen weiter und
schlugen ihr Lager in Obot* auf.
11 Ihr nächstes Lager schlugen sie in
Ije-Abarim* auf, in der Wüste, die öst-
lich von Moab* liegt. 12 Von dort aus
zogen sie ins Tal des Sered-Bachs*
13 und von da aus weiter bis an den
Arnon, der durch die Wüste fließt und
im Gebiet der Amoriter entspringt.
Denn der Arnon bildet die Grenze zwi-
schen Moab und den Amoritern.
14 Darum heißt es im Buch der Kriege
Jahwes*:

Waheb in Sufa* und die Bäche
des Arnon 15 und den Hang der
Täler, / der sich neigt zur
Wohnstatt von Ar* / und sich
lehnt an die Grenze von Moab.

16 Von dort aus ging es weiter
nach Beër. Das ist der Brunnen, von
dem Jahwe zu Mose gesagt hatte:
»Versammle das Volk, ich will ihnen
Wasser geben.« 17 Damals sang Israel
dieses Lied:

Brunnen, steige auf, / singt von
ihm, 18 dem Brunnen, den Fürsten
gegraben, / den die Edlen des
Volkes gebohrt / mit dem Führer-
stab und mit ihren Stäben.

Aus der Wüste zogen sie weiter nach
Mattana, 19 von dort nach Nahaliël
und dann weiter nach Bamot*. 20 Von
Bamot zogen sie in das Tal, das im Ge-
biet von Moab liegt beim Gipfel des
Pisga*, der auf das Ödland schaut.
21 Israel schickte Boten zu Sihon,
dem König der Amoriter, und ließ ihm
sagen: 22 »Lass uns durch dein Land
ziehen! Wir werden eure Felder und
Weinberge nicht betreten und auch
kein Wasser aus den Brunnen trinken.
Wir werden auf der Königsstraße
bleiben, solange wir durch dein Ge-
biet ziehen.« 23 Aber Sihon gab Israel
den Durchzug nicht frei, sondern rief
sein Heer zusammen und zog Israel in

21,10 *Obot*. Vermutlich ist die heutige Oase Ain el-Weibe (neuhebräisch: *Ein Yahav*) gemeint.

21,11 *Ije-Abarim*, die Hügel von Abarim. Vielleicht das heutige Mahai, südöstlich vom Toten Meer.

Die *Moabiter* lebten östlich des Toten Meeres zwischen den Flüssen Arnon und Zered.

21,12 *Sered-Bach*. Wadi el-Hesa, das ins südöstliche Ende des Toten Meeres mündet.

21,14 *Buch der Kriege Jahwes*. Dieses Buch wird nur hier erwähnt. Es enthielt wahrscheinlich Loblieder auf Gott.

Waheb in Sufa. Vielleicht Orte in der Arnon-Schlucht.

21,15 *Ar*. Stadt oder Region in Moab in der Nähe des Arnon.

21,19 *Mattana ... Bamot*. Die erwähnten Orte müssen östlich des Toten Meeres und nördlich des Arnon gelegen haben.

21,20 *Pisga*. Berg oder Bergkette, wahrscheinlich in der Nähe des Nebo, 14 km östlich vom Nordende des Toten Meeres.

die Wüste entgegen. Bei Jahaz kam es
zur Schlacht. 24 Aber Israel brachte
ihm eine schwere Niederlage bei und
nahm sein Land in Besitz vom Arnon
bis an den Jabbok. Dort begann das
Gebiet der Ammoniter, deren Grenze
gut gesichert war. 25 Israel besetzte
die Städte der Amoriter, besonders
Heschbon* und seine Tochterstädte
und ließ sich darin nieder. 26 Hesch-
bon war die Stadt des Amoriterkönigs
Sihon gewesen. Dieser hatte gegen
den früheren König der Moabiter ge-
kämpft und ihm das ganze Gebiet bis
zum Arnon weggenommen. 27 Darum
sagen die Spruchdichter:

> Kommt nach Heschbon! / Baut
> Sihons Stadt und macht sie stark!
> 28 Feuer ging von Heschbon aus, /
> eine Flamme von der Stadt
> Sihons. / Sie fraß Ar-Moab, /
> die Herren der Höhen am Arnon.
> 29 Weh dir Moab! / Volk des
> Kemosch*, du bist verloren! /
> Seine Söhne gab er als
> Flüchtlinge hin, / seine Töchter
> als Gefangene / von Sihon,
> dem König der Amoriter.
> 30 Aber wir haben sie
> beschossen. / Bis nach Dibon*
> ist Heschbon verloren, / wir
> haben es bis Nofach verwüstet, /
> das bei Medeba* liegt.

31 So ließ Israel sich im Land der
Amoriter nieder. 32 Mose ließ die
Stadt Jaser* erkunden. Die Israeliten
eroberten ihre Tochterstädte und ver-
trieben die Amoriter, die dort wohn-
ten. 33 Dann zogen sie nordwärts zum
Baschan*. Og, der König von Ba-
schan, trat ihnen mit seinem Heer bei
Edreï* entgegen. 34 Jahwe sagte zu
Mose: »Hab keine Angst vor ihm.
Denn in deine Hand habe ich ihn, sein
Volk und sein Land gegeben. Mach
mit ihm, was du mit dem Amoriterkö-
nig Sihon gemacht hast, der in Hesch-
bon thronte.« 35 Da schlugen sie ihn,
seine Söhne und sein ganzes Volk.
Nicht ein Einziger entkam. Und sie
nahmen sein Land in Besitz.

Balaks Auftrag an den Seher Bileam

22 1 Die Israeliten brachen wie-
der auf und schlugen ihr
Lager in den Steppen Moabs auf,
gegenüber von Jericho, auf der Ostsei-
te des Jordan. 2 Als Balak Ben-Zippor
sah, was Israel den Amoritern ange-
tan hatte 3 und wie groß das Volk war,
bekam ganz Moab Angst vor den Is-
raeliten, das Grauen packte sie. 4 Die

21,25 *Heschbon*. Hauptstadt der Amoriter, später der Moabiter, 25 km östlich der Jordanmündung.

21,29 *Kemosch*. Gott der Moabiter und zeitweise auch der Amoriter.

21,30 *Dibon*. Eine der bedeutendsten Städte Moabs. Heute: Dhiban, 21 km östlich vom Toten Meer und 5 km nördlich der Arnon-Schlucht.

Medeba. Moabitische Stadt. Heute: Madeba in Jordanien, 32 km südlich von Amman, 20 km östlich vom Toten Meer.

21,32 *Jaser*. Vielleicht Khirbet es Sar, 10 km westlich von Amman.

21,33 *Baschan*. Fruchtbare Bergregion östlich vom See Gennesaret.

Edreï. Heute: Dera, 96 km südlich von Damaskus.

Moabiter ließen den Ältesten von Mi-
dian sagen: »Nun wird dieser Haufen
alles um uns herum abfressen, wie das
Rind das letzte Grün auf dem Feld ab-
frisst.« Balak Ben-Zippor war damals
König von Moab. 5 Da schickte er
Boten zu Bileam Ben-Beor nach
Petor* am Euphrat, wo Leute aus sei-
nem Volk lebten, um ihn zu rufen. Er
ließ ihm sagen: »Da ist ein Volk aus
Ägypten herangezogen, das das ganze
Land bedeckt. Es hat sich direkt
neben mir niedergelassen. 6 Komm
doch und verfluche dieses Volk, denn
es ist mir zu stark! Vielleicht kann ich
es dann schlagen und aus dem Land
vertreiben. Ich weiß ja: Wen du seg-
nest, der ist gesegnet, und wen du ver-
fluchst, der ist verflucht.« 7 Da gingen
die Ältesten von Moab und Midian los.
Den Wahrsagerlohn nahmen sie mit.
Als sie zu Bileam kamen, richteten sie
ihm die Botschaft Balaks aus. 8 Der
sagte zu ihnen: »Bleibt heute Nacht
hier, dann will ich euch Bescheid
geben, wie Jahwe zu mir gesprochen
hat.« Da blieben die Abgesandten von
Moab bei Bileam.

9 Gott kam zu Bileam und fragte:
»Wer sind diese Männer bei dir?«
10 Bileam erwiderte: »König Balak
Ben-Zippor von Moab hat sie zu mir
geschickt: 11 Da ist ein Volk aus Ägyp-
ten herangezogen, das das ganze
Land bedeckt. Komm doch und ver-
fluche es mir! Vielleicht kann ich es
dann bekämpfen und aus dem Land
vertreiben.« 12 Doch Gott sagte zu Bi-
leam: »Du sollst nicht mitgehen! Du
sollst das Volk nicht verfluchen, denn
es ist gesegnet.« 13 Am Morgen stand
Bileam auf und sagte zu den Fürsten
Balaks: »Ihr müsst allein in euer Land
zurück. Jahwe hat sich geweigert, mir
zu gestatten, mit euch zu gehen.«
14 Da machten sich die Abgesandten
Moabs wieder auf den Weg. Als sie zu
Balak kamen, sagten sie: »Bileam hat
sich geweigert, mit uns zu gehen.«

15 Da schickte Balak eine noch
größere Gesandtschaft von Männern,
die noch angesehener waren. 16 Als
sie zu Bileam kamen, sagten sie zu
ihm: »So spricht Balak Ben-Zippor:
Lass dich doch nicht abhalten, zu mir
zu kommen! 17 Ich werde dich reich
belohnen und alles tun, was du von
mir verlangst. Komm doch und verflu-
che dieses Volk für mich!« 18 Doch Bi-
leam erwiderte den Gesandten Ba-
laks: »Selbst wenn Balak mir sein
Haus voll Silber und Gold geben
würde, könnte ich den Befehl meines
Gottes Jahwe nicht übertreten, weder
im Kleinen noch im Großen. 19 Aber
bleibt auch ihr die Nacht über bei mir.
Dann werde ich erfahren, was Jahwe
mir noch sagt.« 20 In der Nacht kam
Gott zu Bileam und sagte: »Wenn die
Männer gekommen sind, um dich zu
holen, dann mach dich auf den Weg!
Aber du darfst nur das tun, was ich dir
sage!«

Bileams Eselin

21 Am Morgen brach Bileam auf, sat-
telte seine Eselin und machte sich mit
der Gesandtschaft Moabs auf den
Weg. 22 Da flammte Gottes Zorn auf,
weil er mitging, und der Engel Jahwes

22,5 *Petor*. Vielleicht Tell el-Abmar, 19 km südlich von Karkemisch am Westufer des oberen Euphrat.

stellte sich ihm als Gegner in den
Weg. Bileam ritt gerade auf seiner
Eselin und wurde von zwei Dienern
begleitet. 23 Die Eselin sah den Engel
Jahwes mit dem gezückten Schwert
auf dem Weg stehen. Sie wich vom
Weg ab und ging auf dem Feld weiter.
Bileam schlug sie und trieb sie auf den
Weg zurück. 24 Da stellte sich der
Engel Jahwes in einen Hohlweg zwi-
schen den Weinbergen. Links und
rechts waren Mauern. 25 Die Eselin
sah den Engel Jahwes und drückte
sich an die Mauer. Dabei drückte sie
den Fuß Bileams an die Wand. Da
schlug er sie wieder. 26 Der Engel Jah-
wes ging nochmals ein Stück weiter
und trat an eine so enge Stelle, dass es
keine Möglichkeit zum Ausweichen
gab, weder rechts noch links. 27 Als
die Eselin ihn sah, legte sie sich unter
Bileam hin. Bileam schlug wütend mit
dem Stock auf sie ein.
28 Da ließ Jahwe die Eselin spre-
chen. Sie sagte zu Bileam: »Was habe
ich dir denn getan, dass du mich nun
schon dreimal geschlagen hast?«
29 »Weil du mich zum Narren hältst«,
schrie Bileam. »Hätte ich nur ein
Schwert in der Hand, wärst du jetzt
schon tot.« 30 Das Tier erwiderte:
»Bin ich nicht deine Eselin, auf der du
zeitlebens geritten bist? Habe ich je-
mals so reagiert wie heute?« – »Nein«,
sagte er. 31 Da öffnete Jahwe ihm die
Augen, und er sah den Engel Jahwes
mit dem gezückten Schwert auf dem
Weg. Bileam verneigte sich und knie-
te sich hin mit dem Gesicht zum
Boden. 32 Der Engel Jahwes sagte zu
ihm: »Warum hast du deine Eselin
nun schon dreimal geschlagen? Ich
selbst habe mich gegen dich gestellt,
denn dein Weg ist ganz gegen mich.
33 Die Eselin sah mich und wich vor
mir aus, nun schon dreimal! Hätte sie
das nicht getan, dann hätte ich dich
erschlagen und sie am Leben gelas-
sen.« 34 Da sagte Bileam zu dem
Engel Jahwes: »Ich habe Unrecht
getan. Ich habe nicht gemerkt, dass
du dich mir entgegengestellt hast.
Wenn dir nun die Sache missfällt,
will ich umkehren.« 35 »Geh mit den
Männern!«, sagte der Engel Jahwes.
»Aber du darfst nur das aussprechen,
was ich dir sage!« So zog Bileam mit
der Gesandtschaft Balaks weiter.

Bileam trifft Balak

36 Als Balak hörte, dass Bileam zu
ihm unterwegs war, zog er ihm bis zur
Grenzstadt Moabs am Arnonfluss ent-
gegen. 37 »Warum bist du nicht gleich
gekommen?«, sagte er zu Bileam.
»Ich habe doch dringend nach dir ge-
schickt! Kann ich dich vielleicht nicht
angemessen belohnen?« 38 »Nun bin
ich ja hier«, erwiderte Bileam. »Ob
ich aber wirklich etwas sagen kann,
weiß ich nicht. Ich werde nur das
sagen, was Gott mir befiehlt.« 39 Bile-
am ging mit Balak bis nach Kirjat-
Huzot*. 40 Dort ließ der König Rin-
der, Schafe und Ziegen für ein Opfer-
mahl schlachten und bewirtete Bile-
am und die Fürsten, die bei ihm
waren. 41 Am nächsten Morgen ging
Balak mit Bileam auf die Baalshöhen.
Von dort aus konnte er ein kleines
Stück von Israel sehen.

Bileams erster Spruch

23 1 Bileam sagte zu Balak: »Er-
richte mir hier sieben Altäre
und halte mir sieben Stiere und sieben

Schafböcke bereit.« 2 Balak tat, was
Bileam gesagt hatte, und beide opfer-
ten auf jedem Altar einen Stier und
einen Schafbock. 3 Dann sagte Bile-
am zu Balak: »Bleib hier neben dei-
nem Brandopfer stehen! Ich aber will
ein Stück weggehen. Vielleicht wird
Jahwe mir begegnen. Und was er
mich sehen lassen wird, werde ich dir
berichten.« Bileam stieg auf eine
kahle Anhöhe. 4 Gott kam Bileam ent-
gegen. Dieser sagte zu ihm: »Die sie-
ben Altäre habe ich errichtet und auf
jedem Altar einen Stier und einen
Schafbock geopfert.« 5 Jahwe wies
Bileam an, was er sagen sollte, und
schickte ihn zu Balak zurück. 6 Balak
stand noch bei seinem Brandopfer.
Und alle Fürsten Moabs waren bei
ihm. 7 Bileam begann seinen Spruch:

»Aus Syrien führte Balak mich
her, / Moabs König von den
Bergen des Ostens: / Komm,
verfluche Jakob für mich, / ja,
komm, verfluche Israel. 8 Wie
kann ich fluchen, wem Gott nicht
flucht, / wie soll ich drohen, wem
Jahwe nicht droht? 9 Vom Gipfel
der Felsen sehe ich es, / ich
erblicke es vom Hügel aus. / Seht,
ein Volk, das abgesondert wohnt /
und sich nicht zu den anderen
Völkern zählt. 10 Wer weiß die
Zahl von Jakobs Staub / und wer
kann Israels Gewimmel
ermessen? / Den Tod der
Aufrechten möchte ich sterben, /
mein Ende sei dem ihren gleich.«

11 Da sagte Balak zu Bileam: »Was
hast du mir da angetan? Ich habe dich
holen lassen, um meine Feinde zu ver-
fluchen, und nun segnest du sie!«
12 Bileam antwortete: »Ich darf doch
nur das aussprechen, was Jahwe mir
zu sagen befiehlt!«

Bileams zweiter Spruch

13 Da sagte Balak zu ihm: »Komm mit
an eine andere Stelle, von wo aus du
das Volk sehen kannst. Du wirst frei-
lich nur einen Bruchteil von ihm
sehen, ganz überblicken kannst du es
nicht. Und dort verfluche es für
mich.« 14 Er nahm ihn mit zum Beob-
achtungsplatz auf den Gipfel des
Pisga. Auch dort ließ er sieben Altäre
bauen und opferte einen Stier und
einen Schafbock auf jedem. 15 Bileam
sagte zu Balak: »Stell dich hier neben
dein Brandopfer, ich aber will dort auf
eine Begegnung warten.« 16 Jahwe
kam zu Bileam, wies ihn an, was er
sagen sollte, und schickte ihn zu Balak
zurück. 17 Balak stand noch bei sei-
nem Brandopfer und fragte: »Was hat
Jahwe gesagt?« Die Fürsten Moabs
waren bei ihm. 18 Bileam begann sei-
nen Spruch:

»Steh auf, Balak, und höre, /
Ben-Zippor, hör zu! 19 Gott ist
ja kein Mensch, der lügt, / kein
Menschensohn, der etwas
bereut. / Wenn er etwas sagt,
dann tut er es auch, / und was
er verspricht, das hält er gewiss.
20 Er wies mich an, das Volk zu
segnen. / Er hat gesegnet, ich
kann es nicht ändern! 21 Er sieht
nichts Böses in Jakob, / kein
Unglück wird Israel treffen. /
Denn Jahwe, sein Gott, ist mit

22,39 *Kirjat-Huzot*. Die genaue Ortslage ist unbekannt.

ihm, / und diesem König jubeln
sie zu. 22 Gott hat sie aus Ägypten
geführt, / stark wie die Hörner des
Wildstiers sind sie. 23 Gegen Jakob
wirkt keine Zauberei, / gegen
Israel hilft Wahrsagen nicht. /
Jetzt sagt man von ihnen: / Was
hat Gott gewirkt! 24 Ein Volk wie
ein Löwe, der aufsteht, / wie eine
Löwin, die sich erhebt. / Es legt
sich nicht hin, bis es Beute
verzehrt / und das Blut der
Erschlagenen trinkt.«

25 Da sagte Balak zu Bileam: »Wenn
du sie schon nicht verfluchen kannst,
dann segne sie nicht auch noch!«
26 Aber Bileam erwiderte: »Ich habe
dir doch schon gesagt, dass ich nur
das tun kann, was Jahwe mir befiehlt.«

Bileams dritter Spruch

27 Da sagte Balak zu Bileam: »Komm
mit an eine andere Stelle. Vielleicht ist
es Gott recht, wenn du mir das Volk
von dort aus verfluchst.« 28 Balak
führte Bileam auf den Gipfel des Peor,
von dem aus man das untere Jordantal sieht. 29 Bileam sagte zu Balak:
»Errichte mir hier sieben Altäre und
halte mir sieben Stiere und sieben
Schafböcke bereit.« 30 Balak tat, was
Bileam gesagt hatte, und opferte
einen Stier und einen Schafbock auf
jedem Altar.

24 1 Bileam wusste nun, dass
Jahwe Israel segnen wollte.
So ging er nicht wie die vorigen Male
aus, um Wahrsagezeichen zu finden,
sondern wandte sein Gesicht der
Wüste zu. 2 Er richtete seinen Blick
auf die Israeliten, die dort nach ihren
Stämmen geordnet lagerten. Da kam
der Geist Gottes über ihn, 3 und er begann seinen Spruch:

»Es spricht Bileam Ben-Beor, /
der Mann mit offenen Augen.
4 Es spricht der, der Gottesworte
hört, / der eine Schau des
Allmächtigen hat, / hingesunken
mit entschleiertem Blick.
5 Wie schön sind deine Zelte,
Jakob, / und deine Heime, Israel!
6 Wie Täler ziehen sie sich hin, /
wie Gärten am Strom, / wie Aloebäume* von Jahwe gepflanzt, /
wie Zedern*, die am Wasser stehn.
7 Wasser strömt aus seinen
Schöpfeimern, / und seine Saat
steht gut bewässert da. / Sein
König wird mächtiger als Agag
sein. / Sein Königtum wird sich
erheben. 8 Gott hat es aus Ägypten
geführt, / stark wie die Hörner
des Wildstiers ist es. / Seine
Feinde, ganze Völker, wird es
fressen / und ihre Gebeine
zermalmen. / Seine Pfeile reißen
tödliche Wunden. 9 Es kauert, liegt
da wie ein Löwe / und wie eine
Löwin – wer stört es auf? / Ja, wer
dich segnet, ist gesegnet / und wer
dir flucht, ist verflucht.«

10 Da wurde Balak wütend über Bileam, er schlug seine Hände zusammen

---

24,6 *Aloebäume.* Schlanke Bäume, wegen ihres Öls und Dufts sehr gefragt.

Zeder. Prächtiger Nadelbaum mit ausgebreiteter Krone, kann mehr als 1000 Jahre alt und bis zu 40 m hoch werden.

und sagte: »Meine Feinde zu verflu-
chen habe ich dich gerufen. Und jetzt
hast du sie schon dreimal gesegnet!
11 Mach, dass du fortkommst, wo du
hingehörst! Ich hatte dir reiche Beloh-
nung versprochen. Du siehst, Jahwe
hat sie dir verwehrt.« 12 Bileam er-
widerte Balak: »Schon zu deinen
Boten, die du mir geschickt hast, habe
ich gesagt: 13 ›Selbst wenn Balak mir
sein Haus voll Silber und Gold geben
würde, könnte ich den Befehl Jahwes
nicht übertreten, um irgendetwas von
mir aus zu tun. Ich muss das sagen,
was Jahwe mir befiehlt.‹ 14 Pass auf,
ich gehe jetzt zu meinem Volk. Vorher
werde ich dir aber verkünden, was die-
ses Volk deinem Volk in Zukunft antun
wird.« 15 Er begann seinen Spruch:

»Es spricht Bileam Ben-Beor, /
der Mann mit offenen Augen.
16 Es spricht der, der Gottesworte
hört, / der Erkenntnisse vom
Höchsten hat, / eine Schau des
Allmächtigen, / hingesunken mit
entschleiertem Blick. 17 Ich sehe
ihn, aber nicht jetzt, / ich schaue
ihn, aber nicht nah. / Ein Stern
tritt aus Jakob hervor, / ein Zepter
erhebt sich aus Israel, / das die
Fronten Moabs zerschmettert /
das Schlachtgetümmel zerschlägt.
18 Das ganze Seïr nimmt er in
Besitz, / das Land seiner edomiti-
schen Feinde. / Israel wird mäch-
tig sein. 19 Und einer aus Jakob
wird herrschen / und vernichten,
die aus der Stadt fliehen.«

20 Dann sah er Amalek vor sich und
begann seinen Spruch:
»Amalek ist der Erstling der Völ-
ker, / doch zuletzt geht es unter.«

21 Er sah die Keniter vor sich und be-
gann seinen Spruch:
»Dein Wohnsitz, Kain*, ist sicher
und fest, / dein Nest ist auf Felsen
gebaut. 22 Doch es wird der Verwüs-
tung verfallen, / wenn Assyrien dich
in Gefangenschaft führt.«

23 Er begann seinen Spruch:

»Weh, wer bleibt am Leben,
wenn Gott das tut? 24 Schiffe von
der Küste der Kittäer* / beugen
Assyrien nieder und auch Eber*. /
Doch auch das führt zum
Untergang.«

25 Bileam machte sich auf den Weg
und kehrte an seinen Ort zurück.
Auch Balak ging seines Wegs.

Verführung zum Götzendienst

25 1 Als Israel sich in Schittim
aufhielt, begann das Volk,
sich sexuell mit moabitischen Frauen
einzulassen. 2 Diese luden die Israeli-
ten zu den Opferfesten ihres Gottes
ein. Sie kamen und aßen mit ihnen
und warfen sich vor ihrem Gott nie-
der. 3 So ließ sich Israel in das Joch
des Baal-Peor einspannen. Da flamm-
te Jahwes Zorn gegen Israel auf. 4 Er

24,21 *Kain.* Hier eine andere Bezeichnung für die Keniter.

24,24 *Kittäer.* Bewohner der Insel Zypern. Hier sind vielleicht auch alle westlichen Mittelmeermächte gemeint.

Eber ist hier wohl eine poetische Beschreibung Israels, von Hebräer abgeleitet.

sagte zu Mose: »Nimm alle Anführer
des Volkes fest und richte sie im Licht
der Sonne vor Jahwe hin, damit Jah-
wes glühender Zorn sich von Israel
abwendet.« 5 Mose befahl den Rich-
tern Israels: »Jeder töte die von seinen
Leuten, die sich an den Baal-Peor ge-
hängt haben!«

6 Die ganze Gemeinschaft der Israe-
liten hatte sich inzwischen bei Mose
vor dem Zelt der Gottesbegegnung
versammelt und weinte. Da kam ein
Israelit und brachte vor aller Augen
eine Midianiterin ins Lager seiner
Sippe. 7 Als der Priester Pinhas Ben-
Eleasar, der Enkel Aarons, das sah,
stand er auf und verließ die Versamm-
lung. Er nahm einen Speer, 8 ging den
beiden nach in den innersten Raum
des Zeltes und stieß ihn dem Israeliten
und der Frau durch den Bauch. Da
hörte die unter den Israeliten wütende
Plage auf. 9 An dieser Plage waren be-
reits 24.000 Menschen gestorben.

10 Jahwe sagte zu Mose: 11 »Der
Priester Pinhas Ben-Eleasar, der En-
kel des Priesters Aaron, hat meinen
Grimm von den Israeliten abgewen-
det, weil er an meiner Statt unter
ihnen geeifert hat. So habe ich die Is-
raeliten in meinem Zorneseifer nicht
völlig vernichtet. 12 Darum sag ihm,
dass ich ihm meinen Friedensbund
gewähre. 13 Ihm und seinen Nach-
kommen soll ein Bund dauerhaften
Priestertums zuteil werden, weil er für
seinen Gott geeifert und Sühne für die
Israeliten erwirkt hat.« 14 Der Israelit,
der zusammen mit der Midianiterin
getötet wurde, war Simri Ben-Salu,
das Oberhaupt einer Sippe der Simeo-
niten. 15 Die Midianiterin war Kosbi,
die Tochter Zurs, dem Oberhaupt
einer midianitischen Stammes-
gruppe.

16 Jahwe sagte zu Mose: 17 »Greift
die Midianiter an und schlagt sie!
18 Denn sie haben euch durch ihre
List in der Sache mit dem Peor heim-
tückisch angegriffen und auch in der
Sache mit Kosbi, der Tochter eines
Oberhaupts von Midian, die am Tag
der Plage wegen des Peor erschlagen
wurde.«

Die zweite Volkszählung

19 Nach der Plage

26 1 sagte Jahwe zu Mose und
dem Priester Eleasar Ben-
Aaron: 2 »Zählt die ganze Gemein-
schaft der Israeliten. Erfasst alle wehr-
fähigen Männer ab 20 Jahren nach
ihren Sippen geordnet.« 3 Mose und
Eleasar sagten das den Israeliten. Das
geschah in der Jordanebene bei Jericho,
dem moabitischen Steppengebiet. 4 Es
ging um die Männer ab 20 Jahren, wie
Jahwe es Mose befohlen hatte. Nun
folgt die Liste der Männer Israels, die
aus Ägypten ausgezogen waren:

5 Ruben, der Erstgeborene Israels.
Von seinen Söhnen Henoch, Pallu,
Hezron und Karmi 6 stammen die
Sippen der Henochiten, Palluiten,
Hezroniten und Karmiten ab. 7 Insge-
samt waren es 43.730 Wehrfähige.
8 Von Pallu stammten Eliab 9 und
dessen Söhne Nemuel, Datan und
Abiram ab, die Berufene der Gemein-
schaft waren und sich zusammen mit
den Anhängern Korachs gegen Mose
und Aaron aufgelehnt hatten, als je-
ne Gruppe gegen Jahwe rebellierte.
10 Damals hatte sich die Erde geöffnet
und sie und Korach verschlungen, da-

mals, als Korachs Rotte von 250 Män-
nern durch das Feuer starb. Sie wur-
den zu einem warnenden Beispiel.
11 Aber die Nachkommen Korachs
starben nicht.

12 Von Simeons Söhnen Jemuël,
Jamin, Jachin, Serach und Schaul
13 stammen die Sippen der Jemuëli-
ten, Jaminiten, Jachiniten, Serachiten
und Schauliten ab. 14 Insgesamt
waren es 22.200 Männer.

15 Von Gads Söhnen Zifjon, Haggi,
Schuni, Osni, Eri, Arod und Areli
16 stammen die Sippen der Zifjoniten,
Haggiten, Schuniten, Osniten, Eriten,
17 Aroditen und Areliten ab. 18 Insge-
samt waren es 40.500 Wehrfähige.

19 Judas Söhne Er und Onan star-
ben schon im Land Kanaan. 20 Von
Judas Söhnen Schela, Perez, Serach,
Hezron und Hamul 21 stammen die
Sippen der Schelaniten, Pereziten, Se-
rachiten, Hezroniten und Hamuliten
ab. 22 Insgesamt waren es 76.500
Wehrfähige.

23 Von den Söhnen Issachars To-
la, Puwa, Jaschub und Schimron
24 stammen die Sippen der Tolaiten,
Puwaniten, Jaschubiten und Schim-
roniten ab. 25 Insgesamt waren es
64.300 Wehrfähige.

26 Von Sebulons Söhnen Sered,
Elon und Jachleel stammen die Sip-
pen der Serediten, Eloniten und Jach-
leeliten ab. 27 Insgesamt waren es
60.500 Wehrfähige.

28 Die Söhne Josefs waren Manasse
und Efraïm.

29 Von Manasses Sohn Machir
stammt die Sippe der Machiriten ab.
Machir wurde der Vater von Gilead,
vom dem die Sippe der Gileaditer ab-
stammt. 30 Von Gileads Söhnen Ieser,
Helke, Asriël, Sichem, Schemida und
Hefer 31 stammen die Sippen der
Iesriten, Helekiten, Asriëliten, 32 der
Sichemiten, Schemidaiten und Hefri-
ten ab. 33 Zelofhad, der Sohn Hefers,
hatte keine Söhne, sondern Töchter.
Es waren Machla, Noa, Hogla, Milka
und Tirza. 34 Insgesamt waren es
52.700 Wehrfähige.

35 Von Efraïms Söhnen Schutelach,
Becher und Tahan stammen die Sip-
pen der Schutelachiten, Becheriten
und Tahaniten ab. 36 Von Schutelachs
Sohn Eran stammt die Sippe der Era-
niten ab. 37 Insgesamt waren es
32.500 Männer.

Das waren die Sippen der Nach-
kommen Josefs.

38 Von Benjamins Söhnen Bela, Asch-
bel, Ahiram, Schufam und Hufam
39 stammen die Sippen der Belaiten,
Aschbeliten, Ahiramiten, Schufami-
ten und Hufamiten ab. 40 Von Belas
Söhnen Arad und Naaman stammen
die Sippen der Araditen und Naama-
niten ab. 41 Insgesamt waren es
45.600 Wehrfähige.

42 Von Dans Sohn Schuham stam-
men die Sippen der Schuhamiten ab.
43 Insgesamt waren es 64.400 Wehr-
fähige.

44 Von Aschers Söhnen Jimna,
Jischwi und Beria stammen die Sip-
pen der Jimnaiten, Jischwiten und Be-
riiten ab. 45 Von Berias Söhnen He-
ber und Malkiël stammen die Sippen
der Heberiten und Malkiëliten ab.
46 Aschers Tochter hieß Serach. 47 Ins-
gesamt waren es 53.400 Wehrfähige.

48 Von Naftalis Söhnen Jachzeel,
Guni, Jezer und Schillem 49 stam-
men die Sippen der Jachzeeliten, Gu-
niten, Jezeriten und Schillemiten ab.

50 Insgesamt waren es 45.400 Wehr-
fähige.
51 Die Gesamtzahl der wehrfähigen
Männer Israels betrug 601.730.

52 Jahwe sagte zu Mose: 53 »Diesen
soll das Land als Erbbesitz zugeteilt
werden, und zwar entsprechend ih-
rer Anzahl. 54 Einem großen Stamm
sollst du einen großen Erbbesitz zutei-
len und einem kleinen einen kleinen.
Jedem Stamm soll sein Erbbesitz nach
der Zahl seiner Gemusterten zugeteilt
werden. 55 Die Verteilung selbst soll
dann durch das Los geschehen. Nach
dem Namen der Stämme ihrer Vor-
fahren sollen sie Erbbesitz erhalten.
56 Nach dem Losentscheid soll der
Erbbesitz zwischen den größeren und
kleineren Stämmen verteilt werden.«
57 Von Levis Söhnen Gerschon, Ke-
hat und Merari stammen die Sippen
der Gerschoniten, Kehatiten und Me-
rariten ab. 58 Zu Levi gehören auch
die Sippen der Libniten, Hebroniten,
Machliten, Muschiten und Korachi-
ten. Kehat war der Vater von Amram.
59 Dessen Frau hieß Jochebed. Sie
war eine Tochter Levis und wurde
schon in Ägypten geboren. Mit Am-
ram bekam sie Mose, Aaron und
deren Schwester Mirjam. 60 Aaron
wurde der Vater von Nadab, Abihu,
Eleasar und Itamar. 61 Nadab und
Abihu starben, als sie Jahwe ein uner-
laubtes Feueropfer brachten. 62 Die
Gesamtzahl aller männlichen gemus-
terten Leviten betrug 23.000. Sie wur-
den nicht zusammen mit den Isra-
eliten erfasst, weil ihnen kein Erb-
besitz zustand.
63 Das waren diejenigen, die durch
Mose und Eleasar im moabitischen
Steppengebiet der Jordanebene ge-
genüber von Jericho gemustert wur-
den. 64 Es war keiner unter ihnen, der
schon von Mose und Aaron in der
Wüste Sinai erfasst worden war.
65 Denn Jahwe hatte ihnen gesagt, sie
müssten alle in der Wüste sterben.
Nur Kaleb Ben-Jefunne und Josua
Ben-Nun waren von ihnen allen übrig
geblieben.

Das Erbrecht von Töchtern

27 1 Da kamen die Töchter von
Zelofhad Ben-Hefer, dem
Enkel Gileads, der über Machir und
Manasse von Josef abstammte. Es
waren Machla, Noa, Hogla, Milka und
Tirza. 2 Sie traten vor den Eingang
vom Zelt der Gottesbegegnung und
sagten zu Mose und Eleasar, den Obe-
ren und der ganzen Versammlung:
3 »Unser Vater ist in der Wüste ge-
storben. Er gehörte aber nicht zu den
Anhängern Korachs, die sich gegen
Jahwe auflehnten, sondern ist wie alle
anderen seiner Generation an seiner
Sünde gestorben. Aber er hatte keine
Söhne. 4 Warum soll der Name unse-
res Vaters aus seiner Sippe verschwin-
den, nur weil er keinen Sohn hat? Gib
uns Grundbesitz bei den Brüdern
unseres Vaters!« 5 Mose brachte ihre
Rechtssache vor Jahwe. 6 Jahwe er-
widerte ihm: 7 »Die Töchter Zelof-
hads haben Recht, du sollst ihnen erb-
lichen Grundbesitz bei den Brüdern
ihres Vaters geben und seinen Erbbe-
sitz auf seine Töchter übergehen las-
sen! 8 Zu den Israeliten sollst du Fol-
gendes sagen: Wenn ein Mann stirbt
und keinen Sohn hat, soll sein Erb-
besitz auf seine Tochter übergehen.
9 Hat er aber keine Tochter, soll sein

Erbbesitz seinen Brüdern zufallen.
10 Hat er keine Brüder, dann fällt der
Erbbesitz den Brüdern seines Vaters
zu. 11 Hat auch sein Vater keine Brü-
der, dann fällt der Erbbesitz dem
Nächstverwandten aus seiner Sippe
zu. Das soll bei den Israeliten gültiges
Recht werden, wie Jahwe es Mose be-
fohlen hat.«

Die Einsetzung Josuas

12 Jahwe sagte zu Mose: »Steig auf
das Abarim-Gebirge* und sieh dir das
Land an, das ich den Israeliten gege-
ben habe! 13 Wenn du es gesehen
hast, wirst auch du mit deinen Vorfah-
ren vereint werden wie dein Bruder
Aaron, 14 weil ihr euch in der Wüste
Zin, als die Menge Israels aufbegehr-
te, meinem Befehl widersetzt habt. Ihr
habt mich ihnen durch das Wasser
nicht als heilig vor Augen gestellt. Das
ist das Wasser von Meriba bei Ka-
desch in der Wüste Zin.«
15 Mose sagte zu Jahwe: 16 »Jahwe,
der Gott, von dem alles Leben kommt,
setze einen Mann ein, der die Gemein-
schaft führt, 17 der vor ihnen her
auszieht und vor ihnen her einzieht,
der sie hinausführt und sie heimführt,
damit die Gemeinde Jahwes nicht wie
eine Schafherde ohne Hirten ist.«
18 Jahwe sagte zu Mose: »Nimm Josua
Ben-Nun, einen Mann, in dem der
Geist ist, und lege deine Hand auf ihn!
19 Stell ihn vor den Priester Eleasar
und die ganze Versammlung und be-
auftrage ihn vor ihren Augen. 20 Und
gib ihm von deiner Autorität ab, damit
die ganze Gemeinschaft der Israeliten
auf ihn hört. 21 Er soll bei jeder Ent-
scheidung vor den Priester Eleasar tre-
ten, und der soll vor Jahwe die Ent-
scheidung der Urim* für ihn einholen.
Nach diesem Befehl sollen sie auszie-
hen und nach diesem Befehl zurük-
kkehren. Das gilt für Josua und alle Is-
raeliten, die ganze Gemeinschaft.«
22 Mose machte es, wie Jahwe ihm be-
fohlen hatte. Er holte Josua, stellte ihn
vor den Priester Eleasar und die ganze
Versammlung. 23 Er legte ihm die
Hände auf und beauftragte ihn, wie
Jahwe es ihm gesagt hatte.

Die täglichen Opfer

28 1 Jahwe sagte zu Mose: 2 »Be-
fiehl den Israeliten, darauf zu
achten, mir meine Opfergaben zur
festgesetzten Zeit zu bringen, meine
Speise als Feueropfer zum angeneh-
men Geruch. 3 Sag zu ihnen: Das
Feueropfer, das ihr Jahwe bringen
sollt, besteht täglich aus zwei makel-
losen einjährigen Lämmern als re-
gelmäßiges Brandopfer. 4 Das erste
Lamm sollst du am Morgen bringen
und das andere am späten Nachmit-
tag. 5 Dazu kommen als Speisopfer
jeweils zwei Litergefäße* voll Fein-
mehl, das mit einem knappen Liter*

27,12 *Abarim-Gebirge.* Bergkette in Transjordanien, östlich vom Nordende des Toten Meeres. Der Berg Nebo war Teil dieser Bergkette.

27,21 *Urim (und Tummim)* waren die heiligen Lose, die bei schwierigen Entscheidungen den Schiedsspruch herbeiführten. Die Bedeutung der hebräischen Begriffe ist unsicher. Nach der LXX, der griechischen Übersetzung des Alten Testaments, bedeuteten sie *Licht und Recht.*

28,5 *zwei Litergefäße.* Wörtlich: ein Zehntel (Efa) = 2,2 Liter

ein knapper Liter. Wörtlich: ein Viertel Hin = 0,9 Liter

Öl aus zerstoßenen Oliven vermengt
ist. 6 Das ist das ständige Brandopfer,
wie es zum ersten Mal am Berg Sinai
dargebracht wurde. Es ist ein Feu-
eropfer für Jahwe zum angenehmen
Geruch. 7 Das dazugehörige Trankop-
fer: ein knapper Liter Wein je Lamm.
Dieses berauschende Getränk sollst
du im Heiligtum für Jahwe ausgießen.
8 Das zweite Lamm sollst du am spä-
ten Nachmittag zurichten. Mit dem
gleichen Speisopfer wie am Morgen
und dem dazugehörigen Trankopfer
sollst du es bringen als Feueropfer an-
genehmen Geruchs für Jahwe.«

Die Sabbat-Opfer

9 »Am Sabbat bringe zwei einjährige
makellose Lämmer, dazu als Speis-
opfer viereinhalb Liter* Feinmehl, das
mit Öl vermengt ist, und das dazuge-
hörige Trankopfer. 10 Es ist das Sab-
bat-Brandopfer, das an jedem Sabbat
zusätzlich zum ständigen Brandopfer
und dem dazugehörigen Trankopfer
gebracht werden soll.«

Die monatlichen Opfer

11 »Am Anfang jedes Monats sollt ihr
Jahwe ein Brandopfer bringen: zwei
junge Stiere, einen Schafbock und
sieben makellose einjährige Lämmer.
12 Zu jedem Stier gehören als Speis-
opfer sechseinhalb Liter* mit Öl
vermengtes Feinmehl und zu jedem
Schafbock viereinhalb Liter. 13 Auch
zu jedem Lamm gehören als Speisop-
fer zwei Liter mit Öl vermengtes Fein-
mehl. Es ist ein Brandopfer zum ange-
nehmen Geruch, ein Feueropfer für
Jahwe. 14 Dazu kommen noch die
Trankopfer: Zum Stier gehören knapp
zwei Liter* Wein, zum Schafbock
ein guter Liter* und zum Lamm ein
knapper Liter. Das ist das Brandopfer
an jedem Neumondstag des Jahres.
15 Zusätzlich zum regelmäßigen
Brand- und Trankopfer soll Jahwe
ein Ziegenbock als Sündopfer ge-
bracht werden.«

Das Passaopfer

16 »Am 14. April* ist Passa für Jahwe.
17 Am 15. beginnt ein siebentägiges
Fest, an dem ihr ungesäuerte Brotfla-
den essen sollt. 18 Am ersten Tag sollt
ihr euch zu einem heiligen Fest ver-
sammeln. Da muss jede Arbeit ruhen.
19 Ihr sollt ein Feueropfer bringen, ein
Brandopfer für Jahwe: zwei junge Stie-
re, einen Schafbock und sieben einjäh-
rige makellose Lämmer. 20 Dazu als
Speisopfer mit Öl vermengtes Fein-
mehl: sechseinhalb Liter für einen
Stier und viereinhalb Liter für einen
Schafbock 21 und für jedes der sieben
Lämmer zwei Liter. 22 Dazu kommt
noch ein Ziegenbock als Sündopfer,
um Sühne für euch zu erwirken.
23 Diese Opfer sollen zusätzlich zu den
normalen Morgen-Brandopfern dar-
gebracht werden. 24 Dieselben Opfer
sollt ihr jeden Tag sieben Tage lang
bringen, als eine Feueropferspeise,
zum angenehmen Geruch für Jahwe.

28,9 *viereinhalb Liter.* Wörtlich: zwei Zehntel (Efa) = 4,4 Liter

28,12 *sechseinhalb Liter.* Wörtlich: drei Zehntel (Efa) = 6,6 Liter

28,14 *knapp zwei Liter.* Wörtlich: ein halbes Hin = 1,9 Liter

ein guter Liter. Wörtlich: ein Drittel Hin = 1,3 Liter

28,16 *April.* Wörtlich: im 1. Monat.

Das soll zusätzlich zu dem regel-
mäßigen Brandopfer und den dazuge-
hörigen Trankopfern dargebracht wer-
den. 25 Am siebten Tag sollt ihr euch zu
einem heiligen Fest versammeln. Da
muss jede Arbeit ruhen.«

Das Wochenfest

26 »Am Tag der Erstlingsfrüchte,
wenn ihr Jahwe ein neues Speisopfer
bringt, an eurem Wochenfest, sollt ihr
zu einer heiligen Versammlung zu-
sammenkommen. Da muss jede Ar-
beit ruhen. 27 Ihr sollt zum angeneh-
men Geruch für Jahwe ein Brandopfer
bringen: zwei junge Stiere, einen
Schafbock, sieben einjährige Lämmer
28 und das dazugehörige Speisopfer,
mit Öl vermengtes Feinmehl: sechs-
einhalb Liter zu jedem Stier, vierein-
halb Liter zu jedem Schafbock 29 und
je zwei Liter für jedes der sieben Läm-
mer. 30 Dazu kommt noch ein Ziegen-
bock, um Sühne für euch zu erwirken.
31 Das soll zusätzlich zu dem regel-
mäßigen Brandopfer und den dazuge-
hörigen Speisopfern mit den Trank-
opfern dargebracht werden. Alles soll
makellos sein.«

Der Neujahrstag

29 1 »Am 1. Oktober* sollt ihr
euch zu einem heiligen Fest
versammeln. Da muss jede Arbeit
ruhen. Es soll ein Tag des Signalblasens
für euch sein. 2 Ihr sollt ein Brandopfer
zum angenehmen Geruch für Jahwe
bringen: einen jungen Stier, einen
Schafbock und sieben makellose
einjährige Lämmer, 3 und das dazuge-
hörende Speisopfer, mit Öl vermengtes
Feinmehl: sechseinhalb Liter zu jedem
Stier, viereinhalb Liter zu jedem Schaf-
bock 4 und zwei Liter für jedes der sie-
ben Lämmer. 5 Da-zu kommt noch ein
Ziegenbock als Sündopfer, um Sühne
für euch zu erwirken. 6 Das soll zusätz-
lich zu dem Brandopfer am Neumonds-
tag und dem dazugehörigen Speisopfer
gebracht werden und dem regel-
mäßigen Brandopfer und den dazuge-
hörigen Speis- und Trankopfern nach
den für sie geltenden Vorschriften als
angenehmen Geruch, ein Feueropfer
für Jahwe.«

Der Versöhnungstag

7 »Am 10. Oktober sollt ihr euch zu
einem heiligen Fest versammeln und
euch demütigen. Da muss jede Arbeit
ruhen. 8 Ihr sollt Jahwe ein Brandop-
fer zum angenehmen Geruch brin-
gen: einen jungen Stier, einen Schaf-
bock und sieben makellose einjährige
Lämmer, 9 und das dazugehörige
Speisopfer, mit Öl vermengtes Fein-
mehl: sechseinhalb Liter zu jedem
Stier, viereinhalb Liter zu jedem
Schafbock 10 und zwei Liter für jedes
der sieben Lämmer. 11 Dazu kommt
noch ein Ziegenbock als Sündopfer,
zusätzlich zu dem Sündopfer der Ver-
söhnung und dem regelmäßigen
Brandopfer und den dazugehörigen
Speis- und Trankopfern.«

Das Laubhüttenfest

12 »Am 15. Oktober* sollt ihr euch zu
einem heiligen Fest versammeln.
Da muss jede Arbeit ruhen. Sieben
Tage lang sollt ihr Jahwe ein Fest
feiern. 13 Ihr sollt ihm ein Brandopfer

29,1 *Oktober.* Wörtlich: des 7. Monats.

bringen, ein Feueropfer zum ange-
nehmen Geruch: dreizehn junge Stie-
re, zwei Schafböcke und vierzehn
makellose einjährige Lämmer, 14 und
das dazugehörige Speisopfer, mit Öl
vermengtes Feinmehl: sechseinhalb
Liter zu jedem der dreizehn Stiere,
viereinhalb Liter zu jedem der beiden
Schafböcke 15 und zwei Liter für jedes
der vierzehn Lämmer. 16 Dazu kommt
noch ein Ziegenbock als Sündopfer,
zusätzlich zu dem regelmäßigen
Brandopfer und den dazugehörigen
Speis- und Trankopfern.

17 Am zweiten Tag sollt ihr zwölf
junge Stiere, zwei Schafböcke und
vierzehn makellose einjährige Läm-
mer bringen, 18 und das dazugehörige
Speis- und Trankopfer zu den Stieren,
den Schafböcken und den Lämmern
entsprechend ihrer Anzahl und Vor-
schrift. 19 Dazu kommt noch ein
Ziegenbock als Sündopfer, zusätzlich
zu dem regelmäßigen Brandopfer
und den dazugehörigen Speis- und
Trankopfern.

20 Am dritten Tag sollt ihr elf junge
Stiere, zwei Schafböcke und vierzehn
makellose einjährige Lämmer brin-
gen, 21 und das dazugehörige Speis-
und Trankopfer zu den Stieren, den
Schafböcken und den Lämmern ent-
sprechend ihrer Anzahl und Vor-
schrift. 22 Dazu kommt noch ein
Ziegenbock als Sündopfer, zusätzlich
zu dem regelmäßigen Brandopfer
und den dazugehörigen Speis- und
Trankopfern.

23 Am vierten Tag sollt ihr zehn
Stiere, zwei Schafböcke und vierzehn
makellose einjährige Lämmer brin-
gen, 24 und das dazugehörige Speis-
und Trankopfer zu den Stieren, den
Schafböcken und den Lämmern ent-
sprechend ihrer Anzahl und Vor-
schrift. 25 Dazu kommt noch ein Zie-
genbock als Sündopfer, zusätzlich zu
dem regelmäßigen Brandopfer und
den dazugehörigen Speis- und Trank-
opfern.

26 Am fünften Tag sollt ihr neun
Stiere, zwei Schafböcke und vierzehn
makellose einjährige Lämmer brin-
gen, 27 und das dazugehörige Speis-
und Trankopfer zu den Stieren, den
Schafböcken und den Lämmern ent-
sprechend ihrer Anzahl und Vor-
schrift. 28 Dazu kommt noch ein
Ziegenbock als Sündopfer, zusätzlich
zu dem regelmäßigen Brandopfer
und den dazugehörigen Speis- und
Trankopfern.

29 Am sechsten Tag sollt ihr acht
Stiere, zwei Schafböcke und vierzehn
makellose einjährige Lämmer brin-
gen, 30 und das dazugehörige Speis-
und Trankopfer zu den Stieren, den
Schafböcken und den Lämmern ent-
sprechend ihrer Anzahl und Vor-
schrift. 31 Dazu kommt noch ein
Ziegenbock als Sündopfer, zusätzlich
zu dem regelmäßigen Brandopfer und
den dazugehörigen Speis- und Trank-
opfern.

32 Am siebten Tag sollt ihr sieben
Stiere, zwei Schafböcke und vierzehn
makellose einjährige Lämmer brin-
gen, 33 und das dazugehörige Speis-
und Trankopfer zu den Stieren, den
Schafböcken und den Lämmern ent-
sprechend ihrer Anzahl und Vor-
schrift. 34 Dazu kommt noch ein

29,12 *Oktober.* Wörtlich: des 7. Monats.

Ziegenbock als Sündopfer, zusätzlich
zu dem regelmäßigen Brandopfer
und den dazugehörigen Speis- und
Trankopfern.

35 Am achten Tag sollt ihr euch zu
einem heiligen Fest versammeln. Da
muss jede Arbeit ruhen. 36 Ihr sollt
ein Brandopfer bringen, ein Feu-
eropfer für Jahwe zum angenehmen
Geruch: einen Stier, einen Schaf-
bock und sieben makellose einjähri-
ge Lämmer, 37 und das dazugehöri-
ge Speis- und Trankopfer zu dem
Stier, dem Schafbock und den Läm-
mern entsprechend ihrer Anzahl
und Vorschrift. 38 Dazu kommt
noch ein Ziegenbock als Sündopfer,
zusätzlich zu dem regelmäßigen
Brandopfer und den dazugehörigen
Speis- und Trankopfern. 39 Das sollt
ihr an euren Festtagen Jahwe op-
fern, zusätzlich zu dem, was ihr ge-
lobt und was ihr freiwillig gebt an
Brand- und Speisopfern, an Trank-
und Freudenopfern.«

30 1 Mose sagte den Israeliten
alles genauso, wie Jahwe es
ihm geboten hatte.

Die Gültigkeit von Gelübden

2 Mose sagte zu den Stammeshäup-
tern der Israeliten: »Folgendes hat
Jahwe geboten: 3 Wenn ein Mann
Jahwe etwas gelobt oder einen Eid
ablegt, sich von etwas zu enthalten,
dann darf er sein Wort nicht brechen.
Er muss alles genauso machen, wie er
es ausgesprochen hat.

4 Wenn eine Frau Jahwe etwas ge-
lobt oder ein Enthaltungsgelübde
auf sich nimmt und sie ist noch ledig
und lebt im Haus ihres Vaters,
5 dann ist ihr Gelübde gültig, wenn
ihr Vater, sobald er davon hört, kei-
nen Einspruch erhebt. 6 Hat ihr
Vater aber an dem Tag, als er davon
hörte, seine Zustimmung versagt, so
sind alle Gelübde und Enthaltungen,
die sie sich auferlegt hat, ungültig.
Jahwe wird ihr vergeben, weil ihr
Vater seine Zustimmung versagt hat.
7 Heiratet sie einen Mann, während
sie durch ein Gelübde oder ein unbe-
dachtes Wort gebunden ist, 8 dann
ist ihr Gelübde gültig, wenn ihr
Mann, sobald er davon hört, keinen
Einspruch erhebt. 9 Wenn ihr Mann
aber am gleichen Tag, an dem er
davon hört, seine Zustimmung ver-
weigert, setzt er das Gelübde oder
das unbedachte Wort außer Kraft
und Jahwe wird ihr vergeben.
10 Aber das Gelübde einer Witwe
oder einer Geschiedenen ist in allem
gültig.

11 Wenn eine verheiratete Frau et-
was gelobt oder ein Enthaltungsge-
lübde auf sich nimmt 12 und ihr
Mann sagt nichts dagegen, dann gel-
ten alle ihre Gelübde. 13 Wenn ihr
Mann aber am gleichen Tag, an dem
er davon hörte, sie ausdrücklich auf-
gehoben hat, dann ist alles, was
seine Frau gelobt hat, ungültig ge-
worden. Ihr Mann hat ihre Gelübde
aufgehoben und Jahwe wird ihr ver-
geben. 14 Ihr Mann kann jedes Ge-
lübde und jeden Eid, der sie zu einer
Enthaltung verpflichtet, bestätigen
oder außer Kraft setzen. 15 Schweigt
ihr Mann dazu bis zum nächsten
Tag, bestätigt er alle ihre Gelübde.
16 Wenn er sie aber ausdrücklich
aufhebt, nachdem er davon gehört
hat, muss er die Folgen tragen.«

17 Das sind die Anweisungen, die Jahwe Mose gegeben hat. Sie gelten für einen Mann gegenüber seiner Frau und für einen Vater gegenüber seiner Tochter, solange sie noch bei ihm zu Hause ist.

Die Bestrafung der Midianiter

31 1 Jahwe sagte zu Mose: 2 »Bestrafe die Midianiter für das, was sie Israel angetan haben. Danach wirst du mit deinen Vorfahren vereint werden.« 3 Daraufhin sagte Mose zum Volk: »Ein Teil eurer Männer soll sich zum Kriegsdienst bewaffnen. Sie werden gegen die Midianiter ziehen, um die Rache Jahwes an ihnen zu vollstrecken. 4 Von jedem Stamm sollen 1000 Mann in den Kampf ziehen.« 5 So wählten sie aus jedem Stamm der vielen Israeliten tausend Kämpfer aus, sodass ein Heer von 12.000 Mann zusammenkam. 6 Mose schickte auch Pinhas, den Sohn des Priesters Eleasar, mit den heiligen Geräten und den Signaltrompeten zum Heer. 7 Sie kämpften gegen Midian, wie Jahwe es Mose befohlen hatte, und brachten alle Männer um, 8 auch die fünf Könige der Midianiter: Ewi, Rekem, Zur, Hur und Reba. Auch Bileam Ben-Beor töteten sie. 9 Die Frauen und Kinder der Midianiter nahmen sie gefangen. Sie erbeuteten ihre Viehherden und ihren ganzen Besitz. 10 Doch all ihre Städte und Dörfer brannten sie nieder. 11 Die ganze Beute, auch alle Menschen und das Vieh 12 brachten sie zu Mose und Eleasar und der Gemeinschaft der Israeliten ins Lager in der moabitischen Steppe am Jordan bei Jericho.

13 Mose ging ihnen mit Eleasar und den Oberhäuptern der Gemeinschaft entgegen. 14 Als er sie sah, wurde er zornig über die Befehlshaber des Heeres, die Führer der Tausend- und Hundertschaften, die aus dem Krieg kamen. 15 Er sagte zu ihnen: »Warum habt ihr die Frauen am Leben gelassen? 16 Gerade sie brachten doch auf den Rat Bileams die Israeliten dazu, in der Sache mit dem Peor von Jahwe abzufallen, sodass sein schwerer Schlag die Gemeinde Jahwes traf. 17 Tötet jetzt alle Kinder männlichen Geschlechts und alle Frauen, die schon mit einem Mann geschlafen haben. 18 Alle Mädchen, die noch nicht mit einem Mann Verkehr hatten, dürft ihr für euch am Leben lassen. 19 Ihr bleibt sieben Tage vor dem Lager. Und jeder, der einen Menschen erschlagen hat, und jeder, der einen Toten berührte, soll sich am dritten und am siebten Tag samt seinen Gefangenen entsündigen. 20 Auch alle Kleidungsstücke, alles Lederzeug und alles, was aus Ziegenhaar oder Holz hergestellt ist, muss entsündigt werden.«

21 Der Priester Eleasar sagte den Männern, die aus dem Kampf heimgekehrt waren: »Folgende gesetzliche Verordnung hat Jahwe uns durch Mose gegeben: 22 Alle Beutestücke aus Gold, Silber, Bronze, Eisen, Zinn und Blei, 23 also alles, was nicht verbrennen kann, sollt ihr ins Feuer halten und anschließend mit dem Reinigungswasser entsündigen. Alles, was verbrennen kann, sollt ihr ins Wasser tauchen. 24 Am siebten Tag sollt ihr eure Kleidung waschen. Dann seid ihr wieder rein und dürft ins Lager zurükkommen.«

Die Verteilung der Beute

25 Jahwe sagte zu Mose: 26 »Zähle mit
dem Priester Eleasar und den Oberen
der Gemeinschaft, was als Beute mit-
gebracht worden ist, Menschen und
Vieh. 27 Dann gib die eine Hälfte der
Beute denen, die ins Feld gezogen
sind und gekämpft haben, und die an-
dere Hälfte der ganzen übrigen Ge-
meinschaft. 28 Von den Kämpfern, die
in den Krieg gezogen sind, sollst du
darüber hinaus eine Abgabe für Jahwe
erheben: je eins von 500 bei Men-
schen, Rindern, Eseln oder Kleinvieh.
29 Das sollst du von der Hälfte neh-
men, die ihnen zusteht, und es dem
Priester Eleasar als Opfer für Jahwe
übergeben. 30 Von der Hälfte, die den
übrigen Israeliten zusteht, sollst du je
eins von 50 erheben, bei Menschen
und Vieh, bei Rindern, Eseln, Schafen
oder Ziegen, und sollst es den Leviten
übergeben, die den Dienst an der
Wohnung Jahwes tun.«

31 Mose und Eleasar machten, was
Jahwe Mose befohlen hatte. 32 Die
Zählung der gesamten Beute erbrachte
675.000 Schafe und Ziegen, 33 72.000
Rinder, 34 61.000 Esel 35 und 32.000
Menschen, unberühr-te Mädchen.
36 Die Hälfte davon, der Anteil für die
Kämpfer, betrug 337.500 Stück Klein-
vieh 37 und die Abgabe für Jahwe: 675
Stück; 38 36.000 Rinder und die Abga-
be für Jahwe: 72; 39 30.500 Esel und
die Abgabe für Jahwe: 61; 40 16.000
Menschen und die Abgabe für Jahwe:
32 Menschen. 41 Mose übergab diesen
Anteil dem Priester Eleasar als Opfer-
gabe für Jahwe, so wie Jahwe
es ihm befohlen hatte.

42 Von der Hälfte für die Israeliten,
die Mose von der Beute der Kämpfer
abgezogen hatte, 43 also von der Hälf-
te, die für die Gemeinschaft bestimmt
war, nämlich 337.500 Stück Klein-
vieh, 44 36.000 Rinder, 45 30.500 Esel
46 und 16.000 Menschen, 47 von die-
ser den Israeliten gehörenden Hälfte
nahm Mose von 50 Menschen und
Tieren je eins heraus und übergab sie
den Leviten, die den Dienst an der
Wohnung Jahwes versahen, so wie
Jahwe es ihm befohlen hatte.

48 Da traten die Befehlshaber des
Heeres an Mose heran, die Führer
der Tausend- und Hundertschaften,
49 und sagten zu ihm: »Deine Diener
haben die Krieger gezählt, die unter
unserem Befehl standen, und es fehlt
nicht ein einziger Mann. 50 So brin-
gen wir das als Opfergabe für Jahwe,
was jeder von uns an Goldschmuck
gefunden hat: Schrittkettchen und
Armspangen, Siegelringe, Ohrringe
und Halsschmuck, um Sühne vor
Jahwe für uns zu erwirken.« 51 Mose
und der Priester Eleasar nahmen das
Gold von ihnen an, alles kunstvoll
gearbeitete Schmuckstücke. 52 Das
Gold, das sie als Abgabe von den
Führern der Tausend- und Hundert-
schaften für Jahwe erhoben, hatte ein
Gewicht von fast 193 Kilogramm*.
53 Die Krieger hatten auch jeder für
sich Beute gemacht. 54 Mose und der
Priester Eleasar nahmen das Gold von
den Oberen und brachten es in das
Zelt der Gottesbegegnung. Es sollte
vor Jahwe die Erinnerung an die Is-
raeliten wach halten.

Die Verteilung des Ostjordanlandes

32 1 Die Stämme Ruben und
Gad hatten sehr große
Viehherden. Als sie nun das Land

Jaser* und Gilead* sahen, erkannten sie, dass die Gegend für Herden geeignet war. 2 Da kamen die Gaditen und Rubeniten und sagten zu Mose, zu dem Priester Eleasar und den Fürsten der Gemeinschaft: 3 »Atarot und Dibona, Jaser und Nimra, Heschbon und Elale, Sibma, Nebo und Beon, 4 das Land, das Jahwe für die Gemeinschaft des Volkes Israel erobert hat, ist gutes Weideland. Und deine Diener haben Herden. 5 Wenn wir dein Wohlwollen gefunden haben, dann lass doch dieses Land deinen Dienern als Eigentum geben! Lass uns nicht über den Jordan ziehen!« 6 Mose sagte zu den Gaditen und Rubeniten: »Sollen etwa eure Brüder in den Kampf ziehen, während ihr hier bleibt? 7 Warum wollt ihr die Israeliten davon abhalten, in das Land hinüberzuziehen, das Jahwe ihnen gegeben hat? 8 Das haben ja schon eure Väter getan, als ich sie von Kadesch-Barnea losschickte, um das Land auszukundschaften. 9 Sie kamen bis ins Traubental und sahen sich das Land an. Und dann nahmen sie den Israeliten den Mut, sodass sie nicht in das Land ziehen wollten, das Jahwe ihnen gegeben hatte. 10 Damals entflammte Jahwes Zorn und er schwor: 11 ›Keiner der Männer, die aus Ägypten gezogen und jetzt älter als 20 Jahre sind, wird das Land sehen, das ich Abraham, Isaak und Jakob unter Eid versprochen habe. Denn sie haben nicht treu zu mir gehalten. 12 Ausgenommen sind nur Kaleb Ben-Jefunne aus der Sippe Kenas und Josua Ben-Nun, die treu zu mir gehalten haben.‹ 13 So traf Jahwes Zorn die Israeliten, und er ließ sie vierzig Jahre lang in der Wüste umherirren, bis diese ganze Generation aufgerieben war, die getan hatte, was vor Jahwe böse ist. 14 Seht doch, nun seid ihr an die Stelle eurer Väter getreten, eine Brut von sündigen Männern, um den glühenden Zorn Jahwes gegen Israel noch zu vermehren. 15 Wenn ihr euch von ihm abkehrt, wird er das Volk noch länger in der Wüste lassen, und ihr habt es dann zugrunde gerichtet!«

16 Da traten sie näher zu Mose und sagten: »Wir wollen ja nur Gehege für unser Kleinvieh hier bauen und feste Städte für unsere Familien. 17 Wir selbst wollen für den Kampf bewaffnet vor den Israeliten herziehen, bis wir sie an ihren Ort gebracht haben. Nur unsere Familien sollen wegen der Bewohner des Landes in den befestigten Städten bleiben. 18 Wir kehren nicht in unsere Häuser zurück, bis jeder Israelit seinen Erbbesitz erhalten hat. 19 Wir verlangen keinen Erbbesitz auf der anderen Seite des Jordan, wenn wir ihn diesseits des Jordan im Osten bekommen.«

20 Da sagte Mose zu ihnen: »Wenn ihr das tut, wenn ihr euch vor Jahwe bewaffnet 21 und jeder Bewaffnete von euch vor Jahwe über den Jordan zieht, bis er seine Feinde vor sich her vertrieben hat 22 und das Land für Jahwe

---

31,52 *193 Kilogramm.* Wörtlich: 16.750 Schekel, das Schekel zu 11,5 Gramm gerechnet.

32,1 *Jaser* bezeichnete hier vielleicht die Gegend um die Stadt Jaser (4. Mose 21,32) in der Nähe des heutigen Amman.

Gilead bezeichnete das mittlere, manchmal auch das ganze Ostjordanland.

unterworfen ist, wenn ihr erst danach
zurückkehrt, sollt ihr frei sein von den
Verpflichtungen gegenüber Jahwe und
Israel, und dieses Land hier soll vor
Jahwe euch gehören. 23 Wenn ihr das
aber nicht so tut, versündigt ihr euch
gegen Jahwe. Und seid gewiss, dass
eure Sünde euch einholen wird.
24 Baut euch feste Städte für eure Familien und Gehege für eure Schafe und
tut, was ihr versprochen habt!«

25 Da sagten die Gaditen und Rubeniten zu Mose: »Deine Diener werden
tun, was du verlangst. 26 Unsere Kinder, unsere Frauen, unsere Herden
und unser ganzes Vieh werden in den
Städten Gileads bleiben. 27 Deine
Diener aber werden alle zum Heeresdienst gerüstet sein und vor Jahwe
hinüberziehen in den Kampf, wie du
gesagt hast.«

28 Daraufhin gab Mose dem Priester
Eleasar, Josua Ben-Nun und den
Oberhäuptern der Stämme Israels die
Anweisung: 29 »Wenn die Gaditen
und Rubeniten vor Jahwe zum Kampf
gerüstet mit euch den Jordan überschreiten und wenn das Land euch
unterworfen sein wird, dann sollt ihr
ihnen das Land Gilead zum Eigentum
geben. 30 Ziehen sie aber nicht bewaffnet mit euch hinüber, dann müssen sie sich unter euch im Land Kanaan ansässig machen.« 31 Da erwiderten die Gaditen und Rubeniten:
»Was Jahwe deinen Dienern gesagt
hat, wollen wir tun. 32 Für unseren
Erbbesitz diesseits des Jordan werden
wir vor Jahwe gerüstet in das Land
Kanaan hinüberziehen.«

33 So gab Mose den Gaditen, den
Rubeniten und dem halben Stamm
des Josefssohns Manasse das Gebiet
des Amoriterkönigs Sihon und das
Gebiet des Königs Og von Baschan,
das ganze Land mit seinen Städten
und den dazugehörigen Gebieten.
34 Die Gaditen befestigten die Städte
Dibona, Atarot und Aroer, 35 Atrot-Schofan, Jaser, Jogboha, 36 Bet-Nimra und Bet-Haran und errichteten
Einfriedungen für ihre Herden. 37 Die
Männer des Stammes Ruben befestigten die Städte Heschbon, Elale, Kirjatajim, 38 Nebo, Baal-Meon und Sibma und gaben ihnen andere Namen.

39 Die Nachkommen von Machir
Ben-Manasse zogen nach Gilead.
Sie eroberten es und vertrieben die
Amoriter dort. 40 Mose gab ihnen Gilead als Besitz, und sie siedelten sich
dort an. 41 Jaïr vom Stamm Manasse
eroberte eine Reihe von Zeltdörfern
und nannte sie »Zeltdörfer Jaïrs«.
42 Nobach eroberte Kenach und dessen Tochterstädte und nannte es nach
seinem eigenen Namen: Nobach.

Die Lagerplätze des Wüstenzugs

33 1 Es folgt das Verzeichnis der
Lagerplätze der Israeliten, die
unter der Führung von Mose und Aaron
nach Heerscharen geordnet aus dem
Land Ägypten ausgezogen waren.
2 Nach Jahwes Befehl schrieb Mose die
Stationen ihrer Wanderung auf. 3 Am
15. April*, am Morgen nach dem Passamahl, brachen sie voller Mut* und vor
den Augen aller Ägypter in Ramses*

33,3 *April.* Wörtlich: des 1. Monats. Es war im Jahr 1446 v.Chr.

voller Mut. Wörtlich: mit erhobener Hand.

Ramses. Stadt im östlichen Nildelta, etwa 30 km südlich von Tanis/Zoan.

auf. 4 Die Ägypter begruben während-
dessen ihre Erstgeborenen, die Jahwe
unter ihnen erschlagen hatte. Auch an
ihren Göttern hatte Jahwe Strafgerichte
vollstreckt.

5 VonRamses zogen die Israeliten
nach Sukkot*, wo sie das erste Mal ihr
Lager aufschlugen. 6 Von Sukkot
zogen sie weiter nach Etam* am Rand
der Wüste. 7 Von dort wandten sie sich
nach Pi-Hahirot gegenüber von Baal-
Zefon und schlugen ihr Lager bei Mig-
dol* auf. 8 Dann zogen sie mitten
durch das Meer und weiter drei Tages-
märsche weit durch die Wüste von
Etam bis nach Mara*. 9 Von dort zogen
sie nach Elim*, wo es zwölf Wasser-
quellen und siebzig Palmen gab. 10 Von
Elim zogen sie weiter und schlugen ihr
Lager am Schilfmeer* auf. 11 Von dort
aus zogen sie in die Wüste Sin* 12 und
von dort nach Dofka, 13 dann nach
Alusch 14 und schließlich nach Refi-
dim, wo sie kein Trinkwasser fanden.
15 Von Refidim zogen sie weiter und
schlugen ihr Lager in der Wüste Sinai
auf. 16 Von dort ging es nach Kibrot-
Taawa, 17 dann weiter nach Hazerot
18 und schlißlich nach Ritma*. 19 Von
Ritma zogen sie weiter nach Rimmon-
Perez, 20 nach Libna 21 und Rissa.
22 Ihr nächstes Lager schlugen sie in
Kehelata auf, 23 dann am Berg Schefer,
24 in Harada, 25 Makhelot 26 und
Tahat. 27 Von dort ging es nach Tatach,
28 dann nach Mitka, 29 nach Haschmo-
na, 30 nach Moserot, 31 Bene-Jaakan,
32 Hor-Gidgad, 33 Jotbata, 34 Abrona
35 und Ezjon-Geber. 36 Dann kamen
sie nach Kadesch in der Wüste Zin
37 und schlugen ihr Lager schließ-lich
am Berg Hor an der Grenze des Landes
Edom auf.

38 Dort stieg der Priester Aaron nach
dem Befehl Jahwes auf den Berg
Hor und starb. Das war im 40. Jahr
nach dem Auszug aus Ägypten, am
1. August.* 39 Aaron war 123 Jahre alt,
als er auf dem Berg Hor starb.

40 Der Kanaaniterkönig von Arad, das
lag im Süden des Landes Kanaan, hörte
vom Kommen der Israeliten. 41 Diese
brachen vom Berg Hor auf und kamen
nach Zalmona. 42 Von dort kamen sie
nach Punon, 43 dann nach Obot 44 und

33,5 *Sukkot* war vielleicht das heutige Tell el-Maskuta im Wadi Tumilat, 14 km westlich von Ismailia im Nordosten Ägyptens.

33,6 *Etam.* Das ägyptische Wort bedeutet »Festung«. Wahrscheinlich handelte es sich um eine der Festungen, die die Ostgrenze von Ägypten bewachten.

33,7 *Migdol* ist das semitische Wort für Festung. Alle genannten Orte können Festungen meinen, die in der Nähe des heutigen Suez-Kanals lagen. Pi-Hahirot und Migdol werden in ägyptischen Quellen genannt.

33,8 *Mara,* Bitterwasser, war eine Oase, ungefähr drei Tagereisen von Ägypten entfernt, vielleicht identisch mit Ain Hawarah, 75 km südöstlich von Suez.

33,9 *Elim* lag elf Kilometer südlich von Ain Hawarah im gut bewässerten Tal von Gharandel. Die Identifikation der Orte hängt allerdings davon ab, welcher Berg mit dem Sinai identifiziert wird.

33,10 *Schilfmeer.* Hier ist nicht der Schauplatz des Meerwunders von Vers 8 und 2. Mose 14,2 gemeint, sondern der Golf von Akaba, der zum Roten Meer gehört.

33,11 Die *Wüste Sin* lag wahrscheinlich im südwestlichen Teil der Sinaihalbinsel in dem Gebiet, das heute Debbet-er-Ramleh genannt wird.

33,18 *Ritma* befand sich offenbar ganz in der Nähe von Kadesch-Barnea, wo Israel etwa ein Jahr blieb.

33,38 *August.* Wörtlich: des 5. Monats. Es war im Jahr 1406 v.Chr.

schließlich nach Ije-Abarim im Gebiet
von Moab. 45 Von Ijim zogen sie weiter
nach Dibon-Gad, 46 von dort nach
Almon-Diblatajim 47 und von dort zum
Gebirge Abarim, östlich von Nebo.
48 Vom Gebirge Abarim zogen sie wei-
ter in das moabitische Steppengebiet
der Jordanebene gegenüber von Jeri-
cho. 49 Ihr Lager erstreckte sich von
Bet-Jeschimot* bis Abel-Schittim*.

Anweisungen für die Verteilung des Landes

50 Dort im moabitischen Steppengebiet
der Jordanebene, gegenüber von Jeri-
cho, befahl Jahwe Mose, 51 den Israeli-
ten zu sagen: »Wenn ihr über den
Jordan in das Land Kanaan zieht,
52 müsst ihr alle seine Bewohner ver-
treiben, alle ihre Götzenbilder und Bild-
werke vernichten und ihre Höhenheilig-
tümer zerstören. 53 Nehmt das Land in
Besitz und lasst euch dort nieder, denn
ich habe es euch als Eigentum gegeben.
54 Durchs Los soll es euren Sippen als
Erbbesitz zugeteilt werden. Einem
großen Stamm sollt ihr einen großen
Grundbesitz zuteilen, einem kleinen
Stamm einen kleinen. Durchs Los sollt
ihr es unter die Stämme eurer Väter ver-
teilen. 55 Wenn ihr die Einwohner des
Landes aber nicht vor euch her ver-
treibt, dann werden die, die ihr von
ihnen übrig lasst, zu Splittern in euren
Augen und zu Stacheln in euren Seiten.
Sie werden euch in dem Land, in dem
ihr wohnt, bedrängen. 56 Dann werde
ich mit euch machen, was ich mit ihnen
machen wollte.«

Die Grenzen von Israels Gebiet

34 1 Jahwe wies Mose an,
2 den Israeliten zu befehlen:
»Wenn ihr in das Land Kanaan
kommt, dann liegt euer Erbbesitz in
folgenden Grenzen: 3 Im Süden wird
euer Land von der Wüste Zin und
dem Gebiet von Edom begrenzt, so-
dass eure Südgrenze im Osten vom
Ende des Salzmeeres* ausgeht.
4 Dann soll sie südlich vom Skorpio-
nensteig abbiegen, sich nach Zin hin-
überziehen und bis südlich von Ka-
desch-Barnea* weiterlaufen. Dann
soll sie weiter über Hazar-Addar*
nach Azmon gehen 5 und von dort bis
zum Bach Ägyptens*, der zum Mittel-
meer hin ausläuft. 6 Eure Westgrenze
soll das Küstengebiet des großen
Meeres sein. 7 Eure Nordgrenze sollt
ihr vom großen Meer bis zum Berg
Hor ziehen 8 und weiter bis dorthin,
wo es nach Hamat geht. In Zadad soll
sie enden. 9 Dann soll die Grenze über
Sifron weitergehen und bei Hazar-
Enan enden. 10 Die Ostgrenze ver-
läuft von Hazar-Enan bis Schefam
11 über den Ort Ribla, östlich von
Ajin, bis zu den Höhenzügen am Ost-
ufer des Sees Kinneret*. 12 Dann soll

33,49 *Bet-Jeschimot.* Sieben Kilometer nordöstlich vom Toten Meer.

Abel-Schittim. 14 km nordöstlich vom Toten Meer.

34,3 *Salzmeer.* Gemeint ist das Tote Meer, das einen Salzgehalt von 25% hat, sodass kein Fisch darin leben kann.

34,4 *Kadesch-Barnea.* Ort an der Südgrenze Kanaans, etwa 80 km südwestlich von Beerscheba.

Hazar-Addar. Die Festung liegt etwa 82 km südlich von Beerscheba.

34,5 *Bach Ägyptens.* Heute: Wadi El-Arisch.

34,11 *Kinneret.* Früherer Name des Sees Gennesaret.

die Grenze zum Jordan hinabgehen
und am Salzmeer enden. Das soll euer
Land in seinen Grenzen sein.«

Weitere Anweisungen für die Verteilung des Landes

13 Da befahl Mose den Israeliten:
»Das ist das Land, das ihr durch Los
als Erbbesitz erhalten sollt. Jahwe hat
befohlen, es den neuneinhalb Stäm-
men zu geben. 14 Denn der Stamm
der Rubeniten mit ihren Familien, der
Stamm der Gaditen mit ihren Fami-
lien und die Hälfte des Stammes Ma-
nasse haben ihren Erbbesitz schon er-
halten, 15 und zwar auf der Ostseite
des Jordan, gegenüber von Jericho.«
16 Jahwe sagte zu Mose: 17 »Der
Priester Eleasar und Josua Ben-Nun
sollen das Land an Israel verteilen.
18 Zur Verteilung sollt ihr noch je
einen der Oberen aus jedem Stamm
hinzuziehen. 19 Es sind folgende
Männer: Kaleb Ben-Jefunne für den
Stamm Juda, 20 Schemuël Ben-Am-
mihud für den Stamm Simeon, 21 Eli-
dad Ben-Kislon für den Stamm Benja-
min, 22 Fürst Bukki Ben-Jogli für den
Stamm Dan, 23 für die Josefstämme:
Fürst Hanniël Ben-Efod für den
Stamm Manasse 24 und Fürst Kemuël
Ben-Schiftan für den Stamm Efraïm,
25 Fürst Elizafan Ben-Parnach für den
Stamm Sebulon, 26 Fürst Paltiël
Ben-Asan für den Stamm Issachar,
27 Fürst Ahihud Ben-Schelomi für
den Stamm Ascher 28 und Fürst Peda-
hel Ben-Ammihud für den Stamm
Naftali.« 29 Das sind die, denen Jahwe
befahl, den Israeliten ihren Erbbesitz
im Land Kanaan auszuteilen.

Die Leviten- und Asylstädte

35 1 Im moabitischen Steppen-
gebiet der Jordanebene ge-
genüber von Jericho sagte Jahwe zu
Mose: 2 »Befiehl den Israeliten, dass
sie den Leviten von ihrem Erbbesitz
Städte zum Wohnen geben. Auch
Weideland soll um die Städte herum
sein. 3 Die Städte sollen ihnen als
Wohnsitz gehören und die dazugehö-
rigen Weideflächen sollen für ihr
Vieh, ihre Herden und für alle ihre
Tiere bestimmt sein. 4 Die Weideflä-
chen, die ihr den Leviten gebt, sollen
von der Stadtmauer aus jeweils etwa
500 Meter* hinaus reichen. 5 Dann
messt ihr außerhalb der Stadt parallel
zur Ost-, Süd-, West- und Nordseite je
1000 Meter* ab, sodass die Stadt in
der Mitte dieser Flächen liegt. Das
alles soll den Leviten als Weidefläche*
vor den Städten dienen. 6 Von den
Städten, die ihr den Leviten gebt, sol-
len sechs Asylstädte sein, in die jeder
fliehen kann, der unabsichtlich einen
Menschen getötet hat. 42 andere
Städte müsst ihr ihnen noch geben,
7 insgesamt also 48 Städte mit ihren
Weideflächen. 8 Wenn ihr die Städte
an die Leviten abgebt, sollt ihr von
einem großen Stamm viele nehmen

35,4 *500 Meter.* Wörtlich: 1000 Ellen.

35,5 *1000 Meter.* Wörtlich: 2000 Ellen.

Die *Weideflächen* sind nicht als großes Quadrat um die Stadt zu denken, sondern als vier rechteckige Stücke von je 1000 x 500 Meter, die an der Stadtmauer angesetzt wurden, wobei sie je nach Länge der Mauer nach einer Seite überstehen konnten. Die Juden haben übrigens aus diesen Maßangaben die Länge eines Sabbatweges (Apostelgeschichte 1,12) bestimmt.

und von einem kleinen wenige. Jeder
Stamm soll entsprechend der Größe
seines Erbbesitzes Städte an die Levi-
ten abgeben.«
9 Jahwe befahl Mose, 10 den Israeli-
ten zu sagen: »Wenn ihr über den Jor-
dan ins Land Kanaan zieht, 11 sollt ihr
Asylstädte bestimmen, in die jeder
fliehen kann, der unabsichtlich einen
Menschen getötet hat. 12 Die Städte
sollen als Zuflucht vor dem Bluträcher
dienen, damit der Totschläger nicht
umgebracht wird, bevor er in der Ge-
meinschaft vor Gericht gestanden hat.
13 Sechs Asylstädte sollt ihr haben,
14 drei diesseits des Jordan und drei
im Land Kanaan. 15 Diese Städte sol-
len sowohl einem Israeliten als auch
einem Fremden als Zuflucht dienen.
Jeder, der einen Menschen aus Verse-
hen erschlagen hat, soll dahin fliehen
können.

16 Wenn aber jemand einen ande-
ren mit einem eisernen Gegenstand
schlägt, sodass dieser daran stirbt,
dann ist er ein Mörder und muss mit
dem Tod bestraft werden. 17 Ebenso
ist es, wenn er einen Stein in die Hand
nimmt, durch den man sterben kann,
und ihn damit schlägt, 18 oder mit
einem Gegenstand aus Holz, durch
den man sterben kann. Wenn der Ge-
schlagene stirbt, ist er ein Mörder und
muss mit dem Tod bestraft werden.

19 Der Bluträcher* soll den Mörder
töten, sobald er ihn trifft.

20 Wer einen anderen aus Hass
stößt oder ihm in böser Absicht etwas
nachwirft, sodass er stirbt, 21 oder
wer ihn aus Feindschaft mit der Hand
schlägt, sodass er stirbt, muss mit
dem Tod bestraft werden. Er ist ein
Mörder. Der Bluträcher soll den
Mörder töten, sobald er ihn trifft.

22 Wenn er ihn aber aus Unacht-
samkeit ohne feindliche Absicht ge-
stoßen oder ohne Hintergedanken
einen Gegenstand auf ihn geworfen
hat, 23 oder wenn er, ohne ihn zu
sehen, einen Stein auf ihn fallen ließ,
der einen Menschen töten kann, so-
dass er starb, obwohl er nicht sein
Feind war und ihn nicht schädigen
wollte, 24 dann soll die Gemeinschaft
zwischen dem Totschläger und dem
Bluträcher nach diesen Rechtsbe-
stimmungen entscheiden. 25 Die Ge-
meinschaft soll den Totschläger aus
der Hand des Bluträchers retten und
ihn in die Asylstadt zurückbringen, in
die er geflohen ist. In ihr soll er bleiben
bis zum Tod des Hohen Priesters, den
man mit dem heiligen Öl salbte.
26 Verlässt der Totschläger aber das
Gebiet seiner Asylstadt, in die er ge-
flohen ist, 27 und der Bluträcher fin-
det ihn und tötet ihn dort, dann lädt
er keine Blutschuld auf sich. 28 Denn
der Totschläger muss bis zum Tod des
Hohen Priesters in seiner Asylstadt
bleiben. Erst danach darf er auf seinen
Grund und Boden zurückkehren.
29 Das soll als Rechtsordnung für
euch gelten in jeder Generation und
überall, wo ihr wohnt.

30 Wenn jemand einen Menschen
erschlägt, soll man auf die Aussage
von Zeugen hin den Mörder töten.
Doch durch die Aussage eines einzi-
gen Zeugen darf niemand sterben.
31 Ihr dürft kein Lösegeld annehmen

35,19 *Bluträcher.* Die Sühne eines Mordes stand damals dem nächsten Verwandten des Toten zu.

für das Leben eines Mörders, er muss
hingerichtet werden. 32 Auch von
einem, der in seine Asylstadt geflohen
ist, dürft ihr kein Lösegeld annehmen,
damit er noch vor dem Tod des Pries-
ters nach Hause zurückkehren kann.
33 Ihr dürft das Land, in dem ihr lebt,
nicht entweihen! Denn Blut entweiht
das Land. Und dem Land kann für
einen Mord keine Sühne erwirkt
werden, außer durch das Blut dessen,
der den Mord begangen hat. 34 Lasst
das Land, in dem ihr lebt, nicht un-
rein werden! Denn auch ich, Jahwe,
wohne mitten unter euch.«

Das Gesetz für Erbtöchter

36 1 Die Familienoberhäupter der
Nachkommen von Gilead
Ben-Machir, dem Enkel Manasses aus
der Josefsippe, kamen zu Mose und den
Oberhäuptern des Volkes 2 und sagten:
»Jahwe hat dir, unserem Herrn, befoh-
len, das Land durchs Los unter die Is-
raeliten aufzuteilen. Er hat dir auch be-
fohlen, den Erbbesitz unseres Ver-
wandten Zelofhad seinen Töchtern zu
geben. 3 Wenn sie aber nun einen
Mann aus einem der anderen Stämme
Israels heiraten, dann wird ihr Land
dem Erbbesitz unserer Vorfahren ent-
zogen und in den Besitz des Stammes
kommen, zu dem sie dann gehören.
4 Und wenn dann das Jubeljahr für Is-
rael kommt, wird ihr Erbbesitz endgül-
tig in den Besitz des Stammes überge-
hen, in den sie eingeheiratet haben, und
ihr Besitz wird dem Erbbesitz unserer
Vorfahren entzogen.«

5 Da befahl Mose nach Anweisung
Jahwes den Israeliten: »Die Männer
vom Stamm der Söhne Josefs haben
Recht. 6 Folgendes hat Jahwe be-
stimmt: Die Töchter Zelofhads dürfen
den heiraten, der ihnen gefällt. Doch
es muss ein Mann sein, der zu einer
der Sippen ihres Stammes gehört,
7 damit kein Grundbesitz von einem
Stamm zum anderen übergeht. Jeder
Israelit soll mit dem Erbbesitz seines
väterlichen Stammes verbunden blei-
ben. 8 Und jede Tochter, die in einem
der Stämme Israels zu Erbbesitz
kommt, soll einen Mann aus den Sip-
pen ihres väterlichen Stammes heira-
ten, damit jeder Israelit den Erbbesitz
seiner Vorfahren behält. 9 Es darf kein
Erbbesitz von einem Stamm auf den
anderen übergehen. Jeder Stamm der
Israeliten soll mit seinem Erbbesitz
verbunden bleiben.«

10 Die Töchter Zelofhads machten
es so, wie Jahwe es Mose gesagt hatte.
11 Machla, Tirza, Hogla, Milka und
Noa heirateten ihre Vettern, 12 Män-
ner aus den Sippen der Nachkommen
des Josefsohns Manasse. So blieb ihr
Erbbesitz bei den Sippen ihres väter-
lichen Stammes.

13 Das sind die Gebote und Rechte,
die Jahwe den Israeliten durch Mose
im moabitischen Steppengebiet der
Jordanebene gegenüber von Jericho
gegeben hat.

Deuteronomium, das fünfte Buch Mose

Das fünfte Buch Mose wird auch Deuteronomium, zweites Gesetz, genannt, weil in ihm aufgeschrieben ist, wie Mose am Ende seines Lebens dem Volk das ganze Gesetz noch einmal vor Augen stellt und in drei großen Reden und einer Zusammenfassung erklärt. Inzwischen war eine neue Generation herangewachsen, die im Begriff stand, das Land Kanaan zu erobern. Aus diesem Grund musste ihnen das Gesetz, das die Väter 38 Jahre vorher angenommen hatten, neu erklärt werden, damit sie sich verbindlich dazu stellten. Für das junge Israel hing alles von seiner Treue zum Gesetz ab, auch der Besitz des verheißenen Landes. Mose schrieb diese Reden kurz vor seinem Tod nieder, vermutlich im Jahr 1408 v.Chr. Nur das letzte Kapitel wurde wohl von Josua hinzugefügt. Der Aufbau des Buches entspricht dem eines altorientalischen Vasallenvertrags mit Präambel, historischer Einleitung, allgemeinem Gebot, speziellen Geboten sowie Segen und Fluch.

Ort und Zeit

1 *1* Folgende Worte sprach Mose
zu ganz Israel, als es sich jenseits
des Jordan in der Araba* befand, in
der Steppe gegenüber von Suf, zwischen Paran, Tofel, Laban, Hazerot
und Di-Sahab.* *2* Elf Tagereisen sind
es vom Berg Horeb auf dem Weg zum
Gebirge Seïr* bis Kadesch-Barnea*.
3 Am 1. Februar im 40. Jahr nach dem
Auszug aus Ägypten* sagte Mose den
Israeliten, was Jahwe ihm für sie aufgetragen hatte. *4* Vorher hatte er den
Amoriterkönig Sihon besiegt, der in
Heschbon* wohnte, und Og, den
König von Baschan*, der in Aschtarot und Edreï lebte. *5* Dort im Land
Moab, jenseits des Jordan, begann
Mose das Gesetz auszulegen. Er
sagte:

Der Aufbruch vom Horeb

6 Jahwe, unser Gott, hat am Horeb*
zu uns gesagt: »Lange genug habt ihr
euch an diesem Berg aufgehalten.

1,1 Als *Araba* wird der Jordangraben bezeichnet, der sich von Norden nach Süden durch ganz Israel bis nach Eilat am Roten Meer zieht. Sein Boden ist zwischen 12,5 und 22,5 km breit und befindet sich fast überall unter der Höhe des Meeresspiegels, am Toten Meer 394 m unter NN.

... Di-Sahab. Die genaue Lage dieser Orte ist unbekannt. Die Beschreibung im Ganzen verweist auf das Gebiet Moabs.

1,2 Das *Gebirge Seïr* erstreckt sich östlich der Araba vom Toten Meer bis nach Eilat und wurde von Edomitern bewohnt.

Kadesch-Barnea lag an der Südgrenze von Kanaan, etwa 80 km südwestlich von Beerscheba.

1,3 *nach dem Auszug aus Ägypten.* Vom Übersetzer hinzugefügt. Zum Datum siehe unter *Schaltmonat* im Vorwort des Übersetzers. Das 40. Jahr ginge hier schon in 1405 v.Chr. über.

1,4 *Heschbon* lag 25 km östlich der Jordanmündung ins Tote Meer.

Baschan war das Gebiet östlich und nördlich vom See Gennesaret.

1,6 *Horeb.* Anderer Name für den Berg Sinai oder ein anderer Gipfel in derselben Bergregion. Der Sinai wird meist mit dem Dschebel Musa im Südosten der Sinai-Halbinsel identifiziert, was aber nicht sicher ist.

7 Macht euch auf und zieht weiter ins
Bergland der Amoriter* und zu allen
ihren Nachbarn in der Araba, im Ge-
birge, in der Schefela*, im Negev*
und an der Meeresküste, zieht ins
Land der Kanaaniter, zum Libanon
bis an den großen Strom, den Euph-
rat! 8 Seht, dieses Land übergebe ich
euch. Zieht hinein und nehmt es in
Besitz! Es ist das Land, das Jahwe
euren Vorfahren Abraham, Isaak und
Jakob unter Eid versprochen hat, es
ihnen und ihren Nachkommen zu
geben.«

Wie Mose Richter einsetzte

9 Damals sagte ich zu euch: »Ich al-
lein kann euch nicht tragen. 10 Jahwe,
euer Gott, hat euch zahlreich werden
lassen. Und seht, ihr seid heute so
zahlreich wie die Sterne am Himmel.
11 Jahwe, der Gott eurer Vorfahren,
möge euch noch tausendmal zahlrei-
cher machen und euch segnen, wie er
es euch zugesagt hat. 12 Wie könnte
ich allein die Bürde und Last eurer
Streitigkeiten tragen? 13 Schafft wei-
se, verständige und erfahrene Männer
aus euren Stämmen herbei, die ich
als Oberhäupter über euch einsetzen
kann.« 14 Ihr gabt mir zur Antwort:
»Ja, dein Vorschlag ist gut!« 15 Ich
wählte also in euren Stämmen weise
und erfahrene Männer aus und setzte
sie als Oberhäupter über euch ein,
Obere über Tausend, Hundert, Fünf-
zig und Zehn, und als Verwalter
für eure Stämme. 16 Sie sollten als
Richter in Streitfällen entscheiden.
Ich befahl ihnen: »Hört euren Brü-
dern genau zu und richtet gerecht,
egal, ob ein Mann mit seinem Bru-
der oder einem Fremden streitet.
17 Urteilt ohne Ansehen der Person
und hört euch die kleinen Leute ge-
nauso wie die großen an. Lasst euch
von keinem einschüchtern, denn beim
Gericht geht es um Gottes Sache. Ist
euch ein Rechtsfall zu schwer, dann
legt ihn mir vor, dass ich ihn anhöre.«
18 Damals habe ich euch angewiesen,
all diese Dinge zu tun.

Die Kundschafter

19 Dann brachen wir vom Horeb auf
und zogen durch diese ganze große
und schreckliche Wüste – ihr habt sie
gesehen – auf dem Weg zum Bergland
der Amoriter. So hatte Jahwe, unser
Gott, es uns befohlen, und wir kamen
bis Kadesch-Barnea. 20 Da sagte ich
zu euch: »Ihr seid bis zum Bergland
der Amoriter gekommen, das Jahwe,
unser Gott, uns gibt. 21 Schau, Jahwe,
dein Gott, hat das Land, das vor dir
liegt, in deine Gewalt gegeben. Zieh
hinauf und nimm es in Besitz, wie
Jahwe, der Gott deiner Väter, es dir ge-
sagt hat. Hab keine Angst und fürchte
dich nicht!«

22 Da tratet ihr alle an mich heran
und sagtet: »Lasst uns ein paar Män-
ner vorausschicken, die das Land er-
kunden. Sie sollen uns sagen, welchen

1,7 *Amoriter* kann sowohl für einen einzelnen Stamm als auch für alle Bewohner Kanaans stehen. Es waren semitische Einwanderer aus der Arabischen Wüste, die um 2000 v.Chr. ins Kulturland eindrangen.

Schefela. Niedriges, sehr fruchtbares Hügelland, das sich in nordsüdlicher Richtung zwischen dem Gebirge und der Küstenebene des Mittelmeeres erstreckt.

Negev. Das heiße Südland Israels, zum Teil gebirgige Wüste.

Weg wir am besten einschlagen und
was für Städte wir dort antreffen.«
23 Ich fand den Vorschlag gut und
wählte zwölf Männer von euch aus,
einen aus jedem Stamm. 24 Die mach-
ten sich auf den Weg ins Bergland und
erkundeten es bis ins Traubental.
25 Als sie zurückkamen, brachten sie
Früchte von dort mit und erklärten:
»Das Land ist gut, das Jahwe, unser
Gott, uns gibt.« 26 Aber ihr habt euch
dem Befehl Jahwes, eures Gottes,
widersetzt und wolltet nicht hinauf-
ziehen. 27 Ihr habt in euren Zelten ge-
murrt und gesagt: »Weil Jahwe uns
hasst, hat er uns aus Ägypten geführt,
um uns den Amoritern auszuliefern,
damit sie uns vernichten. 28 Wohin
sollen wir denn ziehen? Unsere Brü-
der haben uns allen Mut genommen,
denn sie sagten: ›Ein Volk, größer und
höher gewachsen als wir, große Städ-
te mit Mauern bis an den Himmel und
sogar Anakiter* haben wir dort gese-
hen.‹« 29 Da sagte ich zu euch: »Er-
schreckt doch nicht und habt keine
Angst vor ihnen! 30 Jahwe, euer Gott,
der vor euch herzieht, er wird für euch
kämpfen, genauso wie er es in Ägyp-
ten für euch getan hat, 31 und in der
Wüste, wo du gesehen hast, dass
Jahwe, dein Gott, dich trug, wie ein
Mann seinen Sohn trägt, und zwar auf
dem ganzen Weg, den ihr gezogen
seid, bis ihr hierher kamt.« 32 Aber
trotzdem hattet ihr kein Vertrauen zu
Jahwe, eurem Gott, 33 der auf dem
Weg vor euch herzog, um einen La-
gerplatz für euch zu suchen: bei Nacht
im Feuer, damit ihr etwas sehen konn-
tet auf dem Weg, den ihr gehen solltet,
und bei Tag in einer Wolke.

34 Jahwe hörte euer lautes Reden.
Da wurde er zornig und schwor:
35 »Von diesen Männern, von dieser
bösen Generation, wird keiner das
gute Land sehen, das ich euren Vor-
fahren unter Eid versprochen habe.
36 Nur Kaleb Ben-Jefunne soll es
sehen. Ihm und seinen Kindern werde
ich das Land geben, das er betreten
hat, weil er unbeirrt hinter mir stand.«

37 Euretwegen wurde Jahwe auch
über mich zornig. »Auch du wirst
nicht dort hineinkommen«, sagte er.
38 »Doch Josua Ben-Nun, dein Die-
ner, er soll hineinkommen. Ermutige
ihn, denn er soll Israel das Land
als Erbbesitz verteilen! 39 Und eure
kleinen Kinder, von denen ihr sagtet,
sie würden zur Beute werden, und
eure Kinder, die heute noch nicht
wissen, was gut und böse ist, sie
werden in das Land kommen. Ihnen
werde ich es geben und sie sollen es
in Besitz nehmen. 40 Ihr sollt jetzt
umkehren und wieder in die Wüste
ziehen, Richtung Schilfmeer!«

41 Da habt ihr zu mir gesagt: »Wir
haben gegen Jahwe gesündigt. Wir
wollen hinaufziehen und kämpfen,
wie Jahwe, unser Gott, es uns befoh-
len hat.« Jeder legte seine Waffen an,
und es schien euch leicht, ins Berg-
land hinaufzuziehen. 42 Da sagte
Jahwe zu mir: »Sag ihnen, sie sollen
nicht hinaufziehen und kämpfen,
denn ich werde nicht mit euch gehen
und ihr werdet von euren Feinden
geschlagen werden!« 43 Ich sagte

1,28 *Anakiter.* Sippe von riesenhaften Menschen in der Umgebung von Hebron, vgl. 4. Mose 13,33.

euch das, aber ihr habt nicht darauf gehört. Ihr habt euch dem Befehl Jahwes widersetzt und seid in eurer Vermessenheit ins Bergland hinaufgezogen. 44 Da stellten sich die Amoriter, die dort im Bergland wohnten, euch entgegen und verjagten euch, wie es die Bienen tun. Sie versprengten euch vom Gebirge Seïr bis nach Horma* hin. 45 So seid ihr zurückgekommen und habt vor Jahwe geweint. Aber Jahwe hörte nicht auf euer Klagen und schenkte euch kein Gehör. 46 So seid ihr eine lange Zeit in Kadesch geblieben, eben so lange, wie ihr dort bleiben musstet.

Der Zug ins Ostjordanland

2 1 Dann wanderten wir wieder zurück in die Wüste auf dem Weg Richtung Schilfmeer, wie Jahwe es mir gesagt hatte. Eine lange Zeit zogen wir um das Bergland von Seïr herum. 2 Dann sagte Jahwe zu mir: 3 »Ihr seid jetzt lange genug um dieses Gebirge herumgezogen, wendet euch nun nach Norden. 4 Befiehl dem Volk: ›Ihr zieht nun durch das Gebiet eurer Brüder, der Nachkommen Esaus, die in Seïr wohnen. Sie werden sich vor euch fürchten. Nehmt euch aber sehr in acht! 5 Lasst euch auf keinen Streit mit ihnen ein, denn ich werde euch von ihrem Land keinen Fußbreit geben. Denn das Bergland von Seïr habe ich für Esau zum Erbbesitz bestimmt. 6 Wenn ihr Nahrungsmittel oder Wasser braucht, sollt ihr es ihnen bezahlen.‹ 7 Denn Jahwe, dein Gott, hat dich in all deinem Tun gesegnet. Er hat auf deine Wanderung durch diese große Wüste achtgegeben. Vierzig Jahre ist Jahwe, dein Gott, nun schon mit dir. Und es hat dir an nichts gefehlt.«

8 So zogen wir von Elat und Ezjon-Geber aus an unseren Brüdern vorüber, den Nachkommen Esaus in Seïr, auf dem Weg durch die Araba und weiter auf dem Weg in die Wüste von Moab. 9 Da sagte Jahwe zu mir: »Greift die Moabiter* nicht an und lasst euch auf keinen Krieg mit ihnen ein. Auch von ihrem Land gebe ich euch nichts, denn Ar* habe ich den Nachkommen Lots zum Erbbesitz gegeben.« 10 Früher haben die Emiter dort gewohnt, ein großes, zahlreiches und hochgewachsenes Volk wie die Anakiter. 11 Sie werden wie die Anakiter zu den Refaïtern gezählt; die Moabiter aber nennen sie Emiter. 12 Und in Seïr wohnten früher die Horiter. Aber die Nachkommen Esaus haben sie vernichtet und ihren Besitz übernommen. Sie ließen sich an ihrer Stelle nieder, so wie es Israel mit dem Land gemacht hat, das Jahwe ihnen zum Besitz gab. 13 »Nun brecht auf und überschreitet das Tal des Sered.« Wir taten es.

14 Seit unserem Aufbruch von Kadesch-Barnea waren 38 Jahre vergangen. Inzwischen war die ganze Generation der kriegstüchtigen Männer des Lagers gestorben, wie Jahwe es ihnen geschworen hatte. 15 Er hatte dafür gesorgt, dass sie vollständig aus dem Lager beseitigt wurden. 16 Als

---

1,44 *Horma* war ein Ort im Umkreis von Beerscheba.

2,9 Die *Moabiter* lebten östlich des Toten Meeres zwischen den Flüssen Arnon und Zered.

Ar war eine wichtige moabitische Stadt.

nun alle Krieger aus dem Volk weg-
gestorben waren, 17 sagte Jahwe zu
mir: 18 »Du wirst nun durch das Ge-
biet von Moab und Ar ziehen 19 und in
die Nähe der Ammoniter* kommen.
Greif sie nicht an und lass dich auf
keinen Streit mit ihnen ein, denn ich
werde dir vom Land der Ammoniter
nichts geben, weil ich es den Nach-
kommen Lots zum Erbbesitz gab.«
– 20 Auch dieses Gebiet gilt als Land
der Refaïter. Sie hatten vorher dort ge-
wohnt. Die Ammoniter nannten sie
Samsummiter. 21 Es war ein großes,
zahlreiches und hochgewachsenes
Volk wie die Anakiter. Jahwe vernich-
tete sie vor ihnen und sie übernahmen
deren Besitz und wohnten an ihrer
Stelle dort, 22 so wie Jahwe es für die
Nachkommen Esaus getan hat, die in
Seïr wohnen, vor denen er die Horiter
vernichtete, sodass sie deren Besitz
übernahmen und sich an ihrer Stelle
niederließen. 23 Das Gleiche machten
die Kaftoriter mit den Awitern, die in
den Dörfern bei Gaza wohnten. Als sie
aus Kaftor* kamen, vernichteten sie
die Awiter und ließen sich an ihrer
Stelle dort nieder. –
24 »Brecht jetzt auf«, sagte Jahwe,
»und überquert den Arnonfluss. Ich
habe den Amoriterkönig Sihon von
Heschbon und sein Land in deine
Gewalt gegeben. Fang an, nimm es
in Besitz und lass dich auf einen
Krieg mit ihm ein. 25 Von heute an
will ich Schrecken und Furcht vor
euch über alle Völker auf der ganzen
Welt bringen. Alle, die davon hören,
werden vor euch zittern.«

Die Eroberung von Sihons Reich

26 Da schickte ich Boten von der
Wüste Kedemot zu König Sihon von
Heschbon mit friedlichen Worten. Ich
ließ ihm sagen: 27 »Ich möchte durch
dein Land ziehen. Wir werden nur die
Straße benutzen und weder rechts
noch links vom Weg abweichen.
28 Was wir an Nahrungsmitteln und
Wasser brauchen, werden wir bezah-
len. Wir wollen weiter nichts, als
durch euer Land ziehen. 29 Auch die
Nachkommen Esaus, die in Seïr woh-
nen, und die Moabiter von Ar haben
uns das erlaubt. Ich will nur über den
Jordan in das Land ziehen, das Jahwe,
unser Gott, uns gibt.« 30 Aber König
Sihon von Heschbon wollte uns nicht
bei sich durchziehen lassen, denn
Jahwe, dein Gott, hatte ihn starrsinnig
und hart gemacht, um ihn dir auszu-
liefern, wie es ja auch geschehen ist.
31 Jahwe sagte zu mir: »Schau, ich
habe begonnen, Sihon und sein Land
dir preiszugeben. Fang an, nimm es in
Besitz, es soll dir gehören.« 32 Sihon
zog uns mit all seinen Streitkräften
nach Jahaz* entgegen. 33 Aber Jahwe,
unser Gott, gab ihn uns preis. Wir tö-
teten ihn, seine Söhne und sein gan-
zes Volk. 34 Damals nahmen wir alle
seine Städte ein und vollstreckten den
Bann an ihren Bewohnern, an Män-
nern, Frauen und Kindern. Keinen
ließen wir lebend entkommen. 35 Nur
das Vieh behielten wir für uns als
Beute und das Raubgut aus den

2,19 Die *Ammoniter* lebten nordöstlich vom Toten Meer.

2,23 *Kaftor*. Heimat der Vorfahren der Philister, vermutlich Zypern.

2,32 *Jahaz*. Stadt, östlich vom Toten Meer, 15 km nordöstlich von Dibon.

Städten, die wir eingenommen hat-
ten. 36 Von Aroer an, das am Rand des
Arnontals liegt, und von der Stadt im
Flusstal bis nach Gilead* gab es keine
Stadt, die uns zu stark gewesen wäre,
alle lieferte Jahwe, unser Gott, uns
aus. 37 Nur vom Land der Ammoniter,
dem ganzen Gebiet am Fluss Jabbok,
hast du dich ferngehalten, auch von
den Städten im Bergland, wie Jahwe,
unser Gott, es befohlen hat.

Der Sieg über König Og von Baschan

3 1 Dann zogen wir den Weg nach
Baschan* hinauf. König Og von
Baschan zog uns mit seinem ganzen
Heer nach Edreï* zum Kampf entge-
gen. 2 Jahwe sagte zu mir: »Hab keine
Angst vor ihm, denn ich habe ihn, sein
ganzes Volk und sein Land in deine
Hand gegeben. Du kannst mit ihm
tun, was du mit dem Amoriterkönig
Sihon getan hast, der in Heschbon re-
gierte.« 3 So gab Jahwe, unser Gott,
auch Og, den König von Baschan, und
sein ganzes Volk in unsere Gewalt.
Wir erschlugen ihn und ließen keinen
von seinem Volk lebend entkommen.
4 Damals nahmen wir alle seine Städ-
te ein, insgesamt 60. Wir eroberten
das ganze Gebiet von Argob, also das
Königreich Ogs im Baschan. 5 Alle
Städte waren befestigt und mit hohen
Mauern, mit Toren und Riegeln verse-
hen. Dazu kamen noch viele Ortschaf-
ten auf dem Land. 6 Wir vollstreckten
den Bann an ihnen, wie wir es bei
König Sihon von Heschbon gemacht
hatten, und töteten alle Männer,
Frauen und Kinder. 7 Nur das Vieh
behielten wir für uns als Beute und
das Raubgut aus den Städten.
8 So nahmen wir damals den beiden
Königen der Amoriter das Land öst-
lich des Jordan ab, vom Flusstal des
Arnon bis an den Berg Hermon. –
9 Von den Sidoniern wird der Hermon
übrigens Sirjon und von den Amori-
tern Senir genannt. – 10 Wir erober-
ten alle Städte in der Ebene, das ganze
Gilead, ganz Baschan bis nach Salcha
und Edreï und alle Städte im Reich
des Königs Og von Baschan. 11 König
Og war der letzte vom Geschlecht der
Refaïter. Sein eisernes Bett steht ja
noch in Rabba, der Hauptstadt von
Ammon. Es ist viereinhalb Meter lang
und zwei Meter* breit.

Die Verteilung des Ostjordanlandes

12 Dieses Land haben wir damals in
Besitz genommen. Ich gab das Gebiet
von Aroer im Flusstal des Arnon und
die Hälfte des Gebirges Gilead mit sei-
nen Städten den Rubeniten und Gadi-
ten. 13 Den Rest von Gilead und das
ganze Baschan, das Reich des Königs
Og, gab ich dem halben Stamm
Manasse, also die ganze Landschaft
Argob. Das ganze Baschan heißt
Land der Refaïter. 14 Jaïr Ben-Manas-
se nahm die ganze Landschaft Argob
bis zum Gebiet der Geschuriter und
Maachiter ein und nannte sie nach
seinem Namen: Zeltdörfer Jaïrs. – So

2,36 *Gilead* bezeichnet das mittlere, manchmal auch das ganze Ostjordanland.

3,1 *Baschan.* Fruchtbare Bergregion östlich vom See Gennesaret.

Edreï. Das heutige Dera, 96 km südlich von Damaskus.

3,11 *viereinhalb ... Meter.* Wörtlich: *neun* bzw. *vier Ellen nach der Elle eines Mannes.*

heißen sie bis heute. – 15 Dem Machir
gab ich Gilead, 16 den Rubeniten und
Gaditen gab ich das Gebiet von Gilead
bis zum Arnontal – die Mitte des
Flusstals war die Grenze – und bis
zum Flusstal des Jabbok, das die
Grenze zu den Ammonitern bildet,
17 und die Araba mit dem Jordan als
Grenze, von Kinneret* an bis zum
Meer der Araba, dem Salzmeer, unter-
halb der Berghänge des Pisga Rich-
tung Osten.

Vorbereitung zur Eroberung des Westjordanlandes

18 Damals wies ich euch an: »Jahwe,
euer Gott, hat euch dieses Land ge-
geben. Ihr sollt es in Besitz nehmen.
Alle Kampftüchtigen von euch sollen
gerüstet vor euren israelitischen Brü-
dern hinüberziehen. 19 Nur eure
Frauen, eure Kinder und euer Vieh –
ich weiß, dass ihr viele Herden habt –
sollen in den Städten bleiben, die ich
euch gegeben habe. 20 Erst wenn
Jahwe auch euren Brüdern Ruhe ver-
schafft hat und sie das Land auf der
anderen Seite des Jordan in Besitz ge-
nommen haben, das Jahwe, euer Gott,
ihnen gibt, dürft ihr wieder zu eurem
Erbbesitz zurückkehren, den ich
jedem von euch zuteilte.« 21 Und
Josua befahl ich damals: »Du hast
alles gesehen, was Jahwe, euer Gott,
an diesen beiden Königen getan hat.
Genau das wird Jahwe allen König-
reichen antun, gegen die du ziehst.
22 Hab keine Angst vor ihnen! Jahwe,
euer Gott, wird selbst für euch kämp-
fen.«

Warum Mose das Land nicht betreten darf

23 Damals flehte ich Jahwe um sein
Erbarmen an. 24 »Jahwe, mein Herr«,
sagte ich, »du hast begonnen, deinem
Diener deine Größe und Macht zu
zeigen. Welcher Gott im Himmel und
auf der Erde könnte es deinen Werken
und gewaltigen Taten gleichtun?
25 Lass mich doch auch hinübergehen
und das gute Land auf der anderen
Seite des Jordan sehen, das gute Berg-
land und den Libanon!« 26 Doch
wegen euch war Jahwe zornig über
mich und hörte nicht auf mich. Er
sagte: »Genug! Kein Wort mehr
davon! 27 Steig auf den Gipfel des
Pisga* und sieh nach Westen, Nor-
den, Süden und Osten, und schau mit
deinen Augen, denn du wirst diesen
Jordan nicht überschreiten! 28 Be-
auftrage Josua, stärke und ermutige
ihn! Er soll vor dem Volk hinüber-
gehen und ihnen das Land als Erbbe-
sitz austeilen, das du sehen darfst.«
29 So blieben wir im Tal gegenüber
von Bet-Peor.

Aufforderung zum Gehorsam

4 1 Nun höre, Israel! Ich werde
euch die Ordnungen und Rechte
lehren, nach denen ihr handeln sollt.
Befolgt sie, dann werdet ihr am Leben
bleiben und das Land in Besitz neh-
men, das Jahwe, der Gott eurer Väter,
euch gibt! 2 Ihr sollt zu dieser Anwei-
sung nichts hinzufügen und nichts
davon wegnehmen, sondern ihr sollt

3,17 *Kinneret.* Früherer Name des Sees Gennesaret und einer Ortschaft an seinem Westufer.

3,27 *Pisga.* Berg oder Bergkette, wahrscheinlich in der Nähe des Nebo, 14 km östlich vom Nordende des Toten Meeres.

die Gebote Jahwes, eures Gottes, hal-
ten, wie ich sie euch sage! 3 Ihr habt ja
gesehen, was Jahwe wegen des Baal-
Peor getan hat. Jahwe, dein Gott, hat
jeden, der sich mit diesem Götzen ein-
ließ, aus deiner Mitte beseitigt.*
4 Doch ihr habt an Jahwe, eurem
Gott, festgehalten. Deshalb seid ihr
alle heute noch am Leben.

5 Seht, ich habe euch Ordnungen
und Rechte gelehrt, so wie Jahwe,
mein Gott, es mir befahl, damit ihr da-
nach handelt in dem Land, das ihr in
Besitz nehmen werdet. 6 So haltet sie
und handelt danach! Denn darin be-
steht eure Weisheit und Einsicht in
den Augen der Völker. Wenn sie von
diesen Ordnungen hören, werden sie
sagen: »Was für ein weises und ein-
sichtiges Volk ist diese große Na-
tion!« 7 Denn welche große Nation
hätte Götter, die ihr so nahe sind wie
Jahwe, unser Gott, wann immer wir
zu ihm rufen? 8 Und wo gibt es eine
große Nation, die so gerechte Ord-
nungen und Vorschriften hätte wie
dieses Gesetz, das ich euch heute vor-
lege. 9 Nur hüte dich und achte gut
auf dich selbst, dass du nicht vergisst,
was du mit eigenen Augen gesehen
hast, dass dir diese Dinge dein ganzes
Leben lang nicht aus dem Sinn kom-
men! Erzähle deinen Kindern und
Enkeln davon!

10 Denk an den Tag, an dem du vor
Jahwe, deinem Gott, am Horeb stan-
dest, als Jahwe zu mir sagte: »Ruf das
Volk zusammen, damit sie meine
Worte hören und lernen, mich zu
fürchten* ihr ganzes Leben lang, und
das auch ihre Kinder lehren!« 11 Da
kamt ihr heran und standet unten am
Berg. Der Berg brannte lichterloh
bis in den Himmel hinein und war
von Finsternis, Wolken und Dunkel
umgeben. 12 Mitten aus dem Feuer
sprach Jahwe zu euch. Ihr hörtet den
Schall seiner Worte, aber ihr habt
keine Gestalt gesehen, sondern nur
eine Stimme gehört. 13 Er verkündete
euch seinen Bund, den er euch zu
halten befahl: die zehn Gebote. Er
schrieb sie auf zwei Tafeln aus Stein.
14 Und mir befahl Jahwe damals, euch
die Ordnungen und Vorschriften zu
lehren, damit ihr euch in dem Land,
das ihr in Besitz nehmen wollt, da-
nach richtet.

Warnung vor Götzendienst

15 Als Jahwe am Horeb aus dem Feuer
zu euch sprach, habt ihr keine Gestalt
gesehen. So hütet euch um eures Le-
bens willen, 16 dass ihr nicht in euer
Verderben rennt und euch ein Gottes-
bild macht, das irgendetwas darstellt,
eine Statue, das Abbild eines männ-
lichen oder weiblichen Wesens, 17 das
Abbild eines Landtiers oder eines flie-
genden Vogels, 18 das Abbild eines
Kriechtiers oder eines Fischs im Was-
ser. 19 Und wenn ihr zum Himmel
aufblickt und die Sonne, den Mond
und die Sterne seht, das ganze Him-
melsheer, dann lasst euch ja nicht
verleiten, vor ihnen niederzufallen
und sie zu verehren.. Jahwe, dein
Gott, hat sie doch allen Völkern auf
der ganzen Welt zugeteilt. 20 Aber

4,3 *Gott hat jeden ... beseitigt.* Vergleiche 4. Mose 25!

4,10 *fürchten.* Das hebräische Wort bedeutet Ehrfurcht, Respekt, Erstaunen, Erzittern und Furcht.

euch hat Jahwe aus dem eisernen
Schmelzofen Ägyptens herausge-
führt, damit ihr sein eigenes Volk sein
solltet, wie es heute der Fall ist.
21 Doch wegen euch ist Jahwe über
mich zornig geworden und hat ge-
schworen, dass ich den Jordan nicht
überschreiten und in das gute Land
kommen darf, das Jahwe, dein Gott,
dir als Erbbesitz gibt. 22 Denn ich
sterbe in diesem Land hier. Ich gehe
nicht über den Jordan. Aber ihr wer-
det hinüberziehen und dieses gute
Land in Besitz nehmen.
23 Nehmt euch in acht! Vergesst
ja nicht den Bund, den Jahwe, euer
Gott, mit euch geschlossen hat, dass
ihr euch ein Gottesbild macht, das
irgendetwas darstellt, was Jahwe,
dein Gott, dir verboten hat. 24 Denn
Jahwe, dein Gott, ist ein verzehren-
des Feuer, ein eifersüchtiger Gott*!
25 Und wenn du Kinder und Enkel
hast und ihr im Land heimisch gewor-
den seid und euch dann ein Gottesbild
in irgendeiner Gestalt macht und tut,
was vor Jahwe, deinem Gott, böse ist
und ihn reizt, 26 so rufe ich heute den
Himmel und die Erde als Zeugen
gegen euch auf: Dann werdet ihr
schnell wieder aus dem Land beseitigt
sein, in das ihr über den Jordan zieht,
um es in Besitz zu nehmen. Dann wer-
det ihr nicht lange darin wohnen, son-
dern völlig daraus entfernt werden.
27 Dann wird Jahwe euch unter die
Völker zerstreuen, und nur eine gerin-
ge Zahl von euch wird unter den Na-
tionen übrig bleiben, zu denen Jahwe
euch dann führt. 28 Dort werdet ihr
Göttern dienen, die Machwerke von
Menschenhand sind, Göttern aus
Holz und Stein, die nicht sehen,
hören, essen oder riechen können.
29 Und von dort aus werdet ihr Jahwe,
euren Gott, suchen. Du wirst ihn
finden, wenn du von ganzem Herzen
und ganzer Seele nach ihm fragst.
30 Wenn du in Not bist und all dies
dich trifft am Ende der Zeit, dann
wirst du zu Jahwe, deinem Gott, um-
kehren und auf ihn hören. 31 Denn
Jahwe, dein Gott, ist ein barmherziger
Gott. Er wird dich nicht fallen lassen
und dem Verderben preisgeben. Er
wird den Bund mit deinen Vorfahren
nicht vergessen, den er ihnen ge-
schworen hat.

Jahwe ist Gott

32 Frag doch nach den früheren Zei-
ten, die vor dir gewesen sind, von der
Zeit an, als Gott den Menschen auf der
Erde schuf; frag von einem Ende des
Himmels bis zum anderen, ob je so
große Dinge geschehen sind oder je
dergleichen gehört worden ist. 33 Hat
je ein Volk die Stimme Gottes aus dem
Feuer reden hören, wie du sie gehört
hast, und ist am Leben geblieben?
34 Hat jemals ein Gott es unternom-
men, sich eine Nation mitten aus einer
anderen herauszuholen durch Prüfun-
gen, Zeichen, Wunder und Krieg, mit
starker Hand und ausgestrecktem
Arm, mit großen und furchtbaren
Taten, wie Jahwe, euer Gott, es vor
deinen Augen in Ägypten für euch
getan hat? 35 Du hast es zu sehen

4,24 *eifersüchtiger Gott.* Das meint: ein leidenschaftlich liebender Gott, der nicht hinnimmt, wenn man etwas anderes als ihn verehrt. Der Vers wird im Neuen Testament zitiert: Hebräer 12,29.

bekommen, damit du erkennst, dass
Jahwe Gott ist und sonst keiner.
36 Vom Himmel her hat er dich seine
Stimme hören lassen, um dich zu-
rechtzuweisen; und auf der Erde hat er
dich sein großes Feuer sehen lassen.
Seine Worte hast du mitten aus dem
Feuer gehört. 37 Und weil er deine Vor-
fahren geliebt und ihre Nachkommen
erwählt hat, führte er dich in eigener
Person und mit großer Kraft aus Ägyp-
ten heraus, 38 um Nationen, größer
und stärker als du, vor dir zu vertrei-
ben, um dich herkommen zu lassen
und dir ihr Land als Eigentum zu
geben, wie es heute der Fall ist.

39 So begreif es heute endlich und
nimm es dir zu Herzen, dass Jahwe
oben im Himmel und unten auf der
Erde allein Gott ist, keiner sonst!
40 Halte dich an seine Ordnungen und
Gebote, auf die ich dich heute ver-
pflichte, damit es dir und deinen
Nachkommen gut geht und du lange
lebst in dem Land, das Jahwe, dein
Gott, dir für immer gibt.

Die Asylstädte im Ostjordanland

41 Damals sonderte Mose drei Städte
im Ostjordanland aus, 42 damit ein
Totschläger, der seinen Nächsten
ohne Vorsatz totgeschlagen hat, ohne
ihn schon vorher zu hassen, dorthin
fliehen kann. Er soll in einer dieser
Städte sein Leben retten können.
43 Es sind Bezer im Wüstengebiet der
Hochebene für Ruben, Ramot in Gi-
lead für Gad und Golan im Baschan
für Manasse.

Einleitung zum Gesetz

44 Es folgt jetzt das Gesetz, das
Mose den Israeliten vorlegte, 45 die
Weisungen, Vorschriften und Bestim-
mungen, die Mose den Israeliten vor-
trug, als sie nach ihrem Auszug aus
Ägypten 46 in der Tiefebene des Ost-
jordanlands, gegenüber von Bet-Peor,
angekommen waren, im Land des
Amoriterkönigs Sihon, der in Hesch-
bon regierte und den Mose und die Is-
raeliten besiegten. 47 Nachdem sie
sein Land in Besitz genommen hat-
ten, eroberten sie auch das Land des
Königs Og von Baschan, das waren
die beiden Amoriterkönige, die im
Ostjordanland herrschten. Sie erober-
ten das ganze Gebiet 48 von Aroer an,
das am Rand des Arnontals liegt, bis
an den Berg Sion, also den Hermon,
49 die ganze Ebene des Ostjordanlan-
des bis ans Tote Meer unterhalb der
Hänge des Pisga.

Die zehn Gebote

5 1 Mose rief ganz Israel zusam-
men und sagte: Höre, Israel, auf
die Vorschriften und Bestimmungen,
die ich euch heute verkünde! Lernt
sie, bewahrt sie und tut sie! 2 Jahwe,
unser Gott, hat am Horeb einen Bund
mit uns geschlossen. 3 Er schloss die-
sen Bund nicht mit unseren Vätern,
sondern mit uns, die wir heute und
hier am Leben sind. 4 Auf dem Berg
hat Jahwe mitten aus dem Feuer di-
rekt mit euch geredet. 5 Ich stand da-
mals zwischen Jahwe und euch, um
euch seine Worte weiterzugeben,
denn ihr habt euch vor Jahwe gefürch-
tet und seid nicht auf den Berg gestie-
gen. Er sagte:

6 »Ich bin Jahwe, dein Gott! Ich
habe dich aus dem Sklavenhaus Ägyp-
tens befreit. 7 Du wirst* keine ande-
ren Götter vor mich stellen!

8 Du wirst dir kein Götterbild ma-
chen, kein Abbild von irgendetwas im
Himmel, auf der Erde oder im Meer!
9 Wirf dich niemals vor ihnen nieder
und verehre sie auf keinen Fall! Denn
ich, Jahwe, ich, dein Gott, bin ein ei-
fersüchtiger Gott. Wer mich verachtet
und beiseite stellt, bei dem verfolge
ich die Schuld der Väter noch bis zur
dritten und vierten Generation. 10 Doch
wer mich liebt und meine Gebote hält,
dem schenke ich meine Gunst auf tau-
send Generationen hin.

11 Du wirst den Namen Jahwes, dei-
nes Gottes, nie missbrauchen! Denn
Jahwe wird jeden bestrafen, der sei-
nen Namen mit Nichtigkeiten in Ver-
bindung bringt.

12 Achte auf den Sabbattag und re-
serviere ihn für Gott! Denn so hat
Jahwe, dein Gott, es dir befohlen.
13 Sechs Tage hast du, um all deine
Arbeit zu tun, 14 aber der siebte Tag ist
Sabbat für Jahwe, deinen Gott. An
diesem Tag sollst du nicht arbeiten,
weder du, noch dein Sohn oder deine
Tochter, weder dein Sklave noch deine
Sklavin, nicht einmal dein Rind oder
Esel oder dein Vieh oder der Fremde,
der in deinem Ort wohnt. Auch dein
Sklave und deine Sklavin sollen ruhen
wie du! 15 Denk daran, dass du selbst
Sklave in Ägypten warst und dass
Jahwe, dein Gott, dich mit starker
Hand und ausgestrecktem Arm von
dort herausgeführt hat! Deshalb hat
Jahwe, dein Gott, dir befohlen, den
Sabbat zu feiern.

16 Ehre deinen Vater und deine
Mutter, wie Jahwe, dein Gott, es dir
geboten hat! Dann wirst du lange
in dem Land leben, das Jahwe, dein
Gott, dir gibt.

17 Morde nicht!

18 Brich die Ehe nicht!

19 Stiehl nicht!

20 Sag nichts Unwahres über deinen
Mitmenschen!

21 Begehre nicht die Frau deines
Mitmenschen! Begehre auch nicht
sein Haus, sein Feld, seinen Sklaven
oder seine Sklavin, sein Rind oder
seinen Esel oder sonst etwas, das ihm
gehört!«

22 Diese Worte sagte Jahwe auf dem
Berg zu eurer ganzen Versammlung
aus dem Feuer, den Wolken und dem
Dunkel heraus mit gewaltiger Stimme
und nichts weiter. Er schrieb sie auf
zwei Steintafeln und gab sie mir.

Mose zwischen Gott und dem Volk

23 Als ihr die Stimme aus der Finster-
nis hörtet, während ihr den Berg in
Flammen saht, kamt ihr zu mir. Es
waren eure Stammesoberen und eure
Ältesten. 24 Sie sagten: »Jahwe, unser
Gott, hat uns seine Herrlichkeit und
Größe gezeigt. Wir haben seine Stim-
me aus dem Feuer gehört. Heute
haben wir gesehen, dass Gott mit den
Menschen reden kann, ohne dass sie
sterben müssen. 25 Aber warum sol-
len wir jetzt sterben? Dieses große
Feuer wird uns vernichten. Wenn wir
noch länger die Stimme Jahwes, unse-
res Gottes, hören, werden wir sterben.
26 Welcher sterbliche Mensch hätte
wie wir die Stimme des lebendigen

5,7 *wirst.* Das heißt: »Ich habe dich befreit, deshalb sollte es undenkbar für dich sein, das zu tun.« Es meint aber auch ein unbedingtes Verbot.

Gottes aus dem Feuer gehört und
wäre am Leben geblieben? 27 Geh du
allein hin und höre, was Jahwe, unser
Gott, uns sagt. Du sollst uns dann
alles weitergeben, was Jahwe, unser
Gott, dir sagt. Und wir wollen es
hören und tun.«

28 Jahwe hörte euer Geschrei, als ihr
auf mich eingeredet habt, und sagte zu
mir: »Ich habe das Geschrei dieses Vol-
kes gehört. Alles, was sie gesagt haben,
ist gut. 29 Mögen sie diese Gesinnung
behalten, dass sie mich allezeit fürch-
ten und meine Gebote halten, damit es
ihnen und ihren Kindern immer gut
geht! 30 Geh und sag ihnen: ›Kehrt in
eure Zelte zurück!‹ 31 Du aber bleib
hier bei mir stehen! Ich will dir das
ganze Gebot verkünden, die Vorschrif-
ten und Bestimmungen, die du sie leh-
ren sollst, damit sie danach handeln in
dem Land, das ich ihnen zum Besitz
gebe.« 32 Achtet nun darauf, es so zu
tun, wie Jahwe, euer Gott, es euch be-
fohlen hat, und weicht nicht rechts
oder links davon ab. 33 Bleibt genau
auf dem Weg, den er euch mit seinen
Geboten gewiesen hat, damit ihr am
Leben bleibt und es euch gut geht und
ihr lange in dem Land lebt, das ihr in
Besitz nehmt.

Gott über alles lieben

6 1 Das ist das Gesetz mit seinen
Vorschriften und Bestimmungen,
die Jahwe, euer Gott, geboten hat,
euch zu lehren, damit ihr danach han-
delt, wenn ihr das Land in Besitz ge-
nommen habt, in das ihr jetzt hin-
überzieht, 2 und damit du Jahwe, dei-
nen Gott, dein Leben lang fürchtest
und alle seine Vorschriften und
Bestimmungen, die ich dir heute
anbefehle, hältst, du, deine Kinder
und deine Enkel, und damit du lange
lebst. 3 Deshalb sollst du sie hören, Is-
rael, sie halten und tun, damit es dir
gut geht und ihr überaus zahlreich
werdet in einem Land, das von Milch
und Honig überfließt. So hat es
Jahwe, der Gott deiner Vorfahren, dir
gesagt.

4 Höre Israel: Jahwe ist unser Gott,
Jahwe allein*! 5 Und du sollst Jahwe,
deinen Gott, mit ganzem Herzen lie-
ben, von ganzer Seele und ganzer
Kraft.* 6 Und die Worte, die ich dir
heute verkünde, sollen in deinem Her-
zen sein. 7 Präge sie deinen Kindern
ein und rede davon, ob du in deinem
Haus bist oder unterwegs, ob du dich
hinlegst oder aufstehst. 8 Du sollst sie
als Zeichen auf deine Hand binden
und als Merkzeichen auf deiner Stirn
tragen. 9 Du sollst sie auf die Tür-
pfosten deines Hauses schreiben und
an deine Tore.

10 Jahwe, dein Gott, bringt dich jetzt
in das Land, wie er es deinen Vorfah-
ren Abraham, Isaak und Jakob ge-
schworen hat. Es sind große und
schöne Städte, die du nicht gebaut
hast, 11 Häuser voller Güter, die du
nicht erworben hast, Zisternen, die
du nicht ausgehauen hast, Weinberge
und Olivenhaine, die du nicht angelegt

6,4 *allein*. Das hebräische *echad* hat die Bedeutung von allein, einer, einzig, einzigartig. Es kann also auch heißen: »Jahwe ist unser Gott, ein unteilbarer Jahwe«, oder: »Jahwe, unser Gott, ist der einzige Jahwe«, oder: »Jahwe ist unser Gott, Jahwe ist einzigartig.«

6,4-5 Wird im Neuen Testament von Jesus Christus zitiert: Markus 12,29-30.

hast. Wenn du dann davon isst und
satt wirst, 12 dann hüte dich, Jahwe,
deinen Gott, zu vergessen, der dich
aus Ägypten, dem Sklavenhaus, ge-
führt hat. 13 Jahwe, deinen Gott, sollst
du fürchten, ihm sollst du dienen*
und bei seinem Namen sollst du
schwören. 14 Lauft nicht hinter den
Göttern her, die die Völker um euch
herum verehren, 15 denn Jahwe, der
Gott in deiner Mitte, ist ein eifersüch-
tiger Gott. Sein Zorn könnte gegen
dich auflodern. Dann würde er dich
vom Erdboden weg vernichten.
16 Stellt Jahwe, euren Gott, nicht auf
die Probe,* wie ihr es in Massa getan
habt.*

17 Die Gebote, die Jahwe, euer Gott,
euch gegeben hat, sollt ihr unbedingt
halten, und zwar alle Gesetze und Vor-
schriften. 18 Du sollst das tun, was
recht und gut vor Jahwe ist. Dann
wird es dir gut gehen und du wirst das
gute Land in Besitz nehmen, das
Jahwe deinen Vorfahren unter Eid
versprochen hat. 19 Du wirst alle
deine Feinde vertreiben, so wie Jahwe
es gesagt hat.

20 Wenn dich morgen dein Sohn
fragt: »Was sind das für Gesetze,
Vorschriften und Bestimmungen, die
Jahwe, unser Gott, euch geboten
hat?«, 21 dann sollst du deinem Sohn
sagen: »Sklaven waren wir, Sklaven
des Pharao in Ägypten. Doch Jahwe
hat uns mit starker Hand aus Ägypten
herausgeführt. 22 Er hat vor unseren
Augen gewaltige Zeichen und Wun-
der getan und Unheil über die Ägypter
gebracht, den Pharao und seine ganze
Familie. 23 Uns hat er von dort he-
rausgeführt, um uns das Land zu
geben, wie er es unseren Vorfahren
geschworen hat. 24 Jahwe befahl uns,
all diese Vorschriften zu halten und
ihn, unseren Gott, zu fürchten, damit
es uns immer gut geht und er uns am
Leben erhält, wie es heute der Fall ist.
25 Wenn wir darauf achten, dieses
ganze Gesetz vor Jahwe, unserem
Gott, zu befolgen, wird das unsere Ge-
rechtigkeit* sein.«

Israel und die Kanaaniter

7 1 Wenn Jahwe, dein Gott, dich in
das Land bringt, in das du jetzt
ziehst, um es in Besitz zu nehmen,
wenn er viele Völker vor dir vertreibt –
die Hetiter, Girgaschiter, Amoriter,
Kanaaniter, Perisiter, Hiwiter und Je-
busiter, sieben Völker, die größer und
stärker sind als du –, 2 wenn Jahwe,
dein Gott, sie dir ausliefert und du sie
schlägst, musst du unbedingt den
Bann* an ihnen vollstrecken. Du
darfst sie nicht verschonen und kei-
nen Bund mit ihnen schließen. 3 Du
darfst dich auf keinen Fall mit ihnen
verschwägern, dass du deine Tochter
einem Mann von ihnen gibst oder
eine ihrer Töchter für deinen Sohn
nimmst. 4 Denn sie würden deine
Kinder verführen, sich von Jahwe

6,13 Wird im Neuen Testament von Jesus Christus dem Satan gegenüber zitiert: Matthäus 4,10; Lukas 4,8.

6,16 Wird im Neuen Testament von Jesus Christus dem Satan gegenüber zitiert: Matthäus 4,7; Lukas 4,12.

in Massa getan habt. Siehe 2. Mose 17,1-7.

6,25 *unsere Gerechtigkeit.* Das heißt: Dann stimmt unser Verhältnis zu Gott, und auch unter uns wird es gerecht zugehen.

7,2 *Bann.* Das bedeutete die vollständige Vernichtung von Menschen, Tieren und Gütern.

abzuwenden und anderen Göttern zu
dienen; dann würde Jahwe zornig
über euch werden und euch schnell
vernichten. 5 Für euch gibt es nur
eins: Reißt ihre Altäre nieder, zer-
schlagt ihre Steinmale, haut ihre
Aschera-Pfähle* um und verbrennt
ihre Götterbilder. 6 Denn du bist ein
Volk, das ausschließlich Jahwe ge-
hört. Jahwe, dein Gott, hat dich aus
allen Völkern der Erde ausgewählt
und zu seinem Eigentum gemacht.
7 Jahwe war euch nicht deshalb zuge-
neigt, weil ihr größer als alle Völker
wärt – ihr seid ja das kleinste unter
ihnen –, 8 sondern weil er euch liebte
und den Eid halten wollte, den er
euren Vätern geschworen hat. Nur
deshalb hat er euch mit starker Hand
aus dem Sklavenhaus geführt, aus der
Gewalt des ägyptischen Pharao.
9 Daran sollst du erkennen, dass
Jahwe, dein Gott, allein der wahre
Gott ist. Er steht zu seinem Wort und
erweist seine Güte an denen, die ihn
lieben und seine Gebote halten auf
tausend Generationen hin. 10 Doch
die, die ihn hassen, bestraft er auf der
Stelle und lässt sie umkommen. Bei
einem, der ihn hasst, zögert er nicht;
er vergilt es ihm direkt. 11 Darum
halte das Gesetz, seine Vorschriften
und Bestimmungen, die ich dir heute
gebe und handle danach!

Gehorsam bringt Segen

12 Wenn ihr auf diese Rechtsbestim-
mungen hört, sie haltet und danach
handelt, wird Jahwe, dein Gott, den
Bund halten und dir seine Güte be-
wahren, wie er es deinen Vorfahren
geschworen hat. 13 Er wird dich lie-
ben, dich segnen und dich zahlreich
werden lassen. Er wird die Frucht
deines Leibes segnen und die Frucht
deines Bodens, dein Korn, deinen
Wein, dein Öl, die Zucht deiner
Rinder und den Nachwuchs deiner
Schafe in dem Land, das er euch
geben wird, wie er deinen Vorfahren
geschworen hat. 14 Mehr als alle Völ-
ker wirst du gesegnet sein. Niemand
wird bei dir unfruchtbar sein, kein
Mann, keine Frau und kein Vieh.
15 Vor jeder Krankheit wird Jahwe
dich schützen. Keine der bösen Seu-
chen der Ägypter wird er über dich
kommen lassen, sondern wird sie
über die bringen, die dich hassen.
16 Du wirst alle Völker vernichten, die
Jahwe, dein Gott, dir preisgibt. Ihr
dürft kein Mitleid mit ihnen haben
und ihren Göttern auf keinen Fall
dienen. Denn das wäre eine Falle für
dich.

17 Wenn du denkst: »Diese Völker
sind größer als ich; wie könnte ich sie
vertreiben?«, 18 dann fürchte dich
nicht vor ihnen. Denk daran, was
Jahwe, dein Gott, dem Pharao und
allen Ägyptern angetan hat. 19 Denk
an die großen Prüfungen, die du mit
eigenen Augen gesehen hast, an die
Zeichen und Wunder, an die starke
Hand und den ausgestreckten Arm,
mit denen dich Jahwe, dein Gott, he-
rausgeführt hat. Das wird Jahwe allen
Völkern antun, vor denen du dich
fürchtest. 20 Panische Angst wird er
über sie kommen lassen, bis auch die
Übriggebliebenen vernichtet sind und

7,5 Die *Aschera* war eine Fruchtbarkeitsgöttin, die in handlichen Figuren, geweihten Bäumen oder Pfählen verehrt wurde.

die, die sich vor dir versteckt haben.
21 Erschrick nicht vor ihnen, denn
Jahwe, dein Gott, ist in deiner Mitte,
ein großer und furchtbarer Gott. 22 Er
wird diese Nationen nach und nach
vor dir vertreiben. Du sollst sie nicht
schnell vernichten, sonst vermehren
sich die wilden Tiere zu sehr und
schaden dir. 23 Jahwe, dein Gott, wird
dir die Völker im Land preisgeben; er
wird sie in große Bestürzung ver-
setzen, bis sie vernichtet sind. 24 Er
wird ihre Könige in deine Hand
geben, und du wirst jede Spur von
ihnen auslöschen. Keiner wird vor
dir standhalten. Du wirst sie alle ver-
nichten.

25 Die Standbilder ihrer Götter
müsst ihr ins Feuer werfen! Lass dich
nicht von dem Silber oder Gold verlei-
ten, das an ihnen ist! Das würde dir
zum Fallstrick werden, denn Jahwe,
dein Gott, verabscheut das. 26 Bringe
keinen solchen Gräuel in dein Haus,
sonst bist du genauso wie dieser der
Vernichtung verfallen. Ekel und Ab-
scheu sollst du davor haben, denn er
ist dem Untergang geweiht.

Ermahnung zur Dankbarkeit

8 1 Das ganze Gesetz, das ich dir
heute verkünde, sollt ihr halten
und danach tun. Dann bleibt ihr am
Leben, werdet zahlreich und nehmt
das Land in Besitz, wie es Jahwe
euren Vorfahren geschworen hat.
2 Du sollst immer daran denken, wie
Jahwe, dein Gott, dich diese vierzig
Jahre lang in der Wüste umherziehen
ließ, um dich demütig zu machen
und dich auf die Probe zu stellen. Er
wollte deine Gesinnung erkennen und
sehen, ob du seine Gebote halten
würdest oder nicht. 3 Er demütigte
dich und ließ dich hungern. Er gab
dir das Manna zu essen, das du und
deine Vorfahren nicht kannten, um
dir zu zeigen, dass der Mensch nicht
vom Brot allein lebt, sondern von
allem, was aus dem Mund Jahwes
kommt.* 4 In diesen vierzig Jahren ist
deine Kleidung nicht verschlissen und
dein Fuß nicht geschwollen. 5 Daran
kannst du erkennen, dass Jahwe, dein
Gott, dich erzieht wie ein Mann seinen
Sohn. 6 Achte darum auf seine Wei-
sungen, bleib auf seinem Weg und
hab Ehrfurcht vor ihm!

7 Denn Jahwe, dein Gott, bringt
dich in ein gutes Land, ein Land mit
Bächen, Quellen und Wasser, das im
Tal und aus den Bergen strömt, 8 ein
Land mit Weizen und Gerste, mit
Weinstöcken, Feigen- und Granatap-
felbäumen, ein Land mit Ölbäumen
und Honig, 9 ein Land, in dem du dich
nicht kümmerlich ernähren musst, in
dem es dir an nichts fehlen wird, ein
Land, dessen Steine Eisen sind und
in dessen Bergen du Kupfer gewinnst.
10 Wenn du dich dann satt essen
kannst, sollst du Jahwe, deinen Gott,
für das gute Land preisen, das er dir
gab. 11 Hüte dich, ihn zu vergessen
und das, was ich dir heute verkünde,
zu missachten: seine Gebote, Bestim-
mungen und Vorschriften.

12 Wenn du dich satt isst und schö-
ne Häuser baust und darin wohnst,
13 wenn deine Rinder, Schafe und

8,3 Wird im Neuen Testament von Jesus Christus dem Satan gegenüber zitiert: Matthäus 4,4; Lukas 4,4.

Ziegen sich vermehren, wenn dein
Silber und Gold sich häuft und alles,
was du hast, sich mehrt, 14 dann
könntest du übermütig werden und
Jahwe, deinen Gott, vergessen. Er
hat dich doch aus dem Sklavenhaus
Ägyptens herausgeführt; 15 er ließ
dich durch diese große und schreckli-
che Wüste gehen, wo es Brandnattern
und Skorpione gibt, wo alles dürr und
ohne Wasser ist, und er ließ dir Was-
ser aus dem harten Fels hervorquel-
len. 16 Er gab dir in der Wüste Manna
zu essen, das deine Vorfahren nicht
kannten, um dich demütig zu machen
und auf die Probe zu stellen und um
dir am Ende Gutes zu tun. 17 Dann
sollst du nicht denken: Diesen Reich-
tum habe ich mir selbst zu verdanken,
der Kraft meiner Hände. 18 Denk
vielmehr an Jahwe, deinen Gott, denn
er gibt dir die Kraft, Vermögen zu
schaffen, weil er den Bund hält, den er
deinen Vorfahren geschworen hat,
wie er es heute tut.

19 Doch wenn du Jahwe, deinen Gott,
vergisst, wenn du anderen Göttern
nachläufst, vor ihnen niederfällst und
sie verehrst, dann sage ich euch heute:
Ihr werdet unweigerlich zugrunde
gehen! 20 Wie die Völker, die Jahwe vor
euch vernichtet, so werdet auch ihr um-
kommen, wenn ihr nicht auf die Stim-
me Jahwes, eures Gottes, hört.

Warnung vor Überheblichkeit

9 1 Höre Israel! Du stehst im Be-
griff, den Jordan zu überschrei-
ten, um dort Völker zu vertreiben, die
größer und stärker sind als du, und
um große, himmelhoch befestigte
Städte in Besitz zu nehmen. 2 Du
kommst zu einem großen und hoch-
gewachsenen Volk, den Anakitern,
von denen du weißt und oft hast sagen
hören: »Mit den Anakitern nimmt es
keiner auf!« 3 Aber ihr werdet sehen,
dass es Jahwe, dein Gott, ist, der vor
dir hergeht wie ein verzehrendes
Feuer. Er wird sie vernichten, er wird
sie so vor dir demütigen, dass du
sie leicht besiegen und auslöschen
kannst, wie Jahwe es dir versprochen
hat. 4 Wenn Jahwe, dein Gott, sie vor
dir verjagt, sollst du nicht denken,
dass Jahwe dich wegen deiner Ge-
rechtigkeit hierher gebracht hat, um
dieses Land in Besitz zu nehmen.
Nein, er vertreibt diese Völker wegen
ihrer Gottlosigkeit vor dir. 5 Nicht
wegen deiner Gerechtigkeit und Auf-
richtigkeit kannst du ihr Land in
Besitz nehmen, sondern wegen der
Bosheit dieser Völker vertreibt Jahwe,
dein Gott, sie vor dir, um wahr zu
machen, was er deinen Vorfahren
Abraham, Isaak und Jakob geschwo-
ren hat. 6 Du kannst leicht einsehen,
dass Jahwe, dein Gott, dir dieses gute
Land nicht wegen deiner Gerechtig-
keit zum Besitz gibt, denn du bist ein
stures Volk.

Das goldene Kalb

7 Erinnere dich und vergiss es nie, wie
du Jahwe, deinen Gott, in der Wüste
erzürnt hast, als du aus Ägypten ge-
zogen bist. Bis ihr hierher gekommen
seid, habt ihr euch ständig Jahwe
widersetzt. 8 Am Horeb habt ihr Jah-
we so sehr herausgefordert, dass er
euch im Zorn vernichten wollte. 9 Als
ich auf den Berg stieg, um die Steinta-
feln zu empfangen, die Tafeln des
Bundes, den Jahwe mit euch ge-
schlossen hatte, blieb ich 40 Tage und

Nächte dort auf dem Berg, ohne etwas
zu essen und zu trinken. 10 Da gab mir
Jahwe die beiden Steintafeln, beschrieben mit dem Finger Gottes. Auf ihnen standen alle Worte, die Jahwe am Tag der Zusammenkunft auf dem Berg aus dem Feuer heraus zu euch
gesprochen hatte. 11 Nach den vierzig
Tagen und Nächten gab mir Jahwe die beiden Steintafeln, die Tafeln des
Bundes, 12 und sagte zu mir: »Los, steig schnell hinunter, weg von hier! Dein Volk, das du aus Ägypten herausgeführt hast, hat Böses getan. Sie sind schnell von dem Weg abgewichen, den ich ihnen gewiesen habe. Sie haben sich ein Götzenbild gebaut.«

13 Dann sagte Jahwe zu mir: »Ich sehe nun, was für ein stures Volk das
ist! 14 Halte mich nicht ab, sie zu vernichten und ihren Namen unter dem Himmel auszulöschen! Dafür will ich dich zu einem Volk machen, größer und stärker als sie.«

15 Da stieg ich wieder herab vom Berg, der im Feuer brannte, und hielt die beiden Tafeln des Bundes in den
Händen. 16 Dann sah ich, was geschehen war. Ihr hattet gegen Jahwe, euren Gott, gesündigt. Ihr hattet euch ein Kalb als Götzenbild gebaut. Schnell wart ihr von dem Weg abgewichen, den Jahwe euch gewiesen
hatte. 17 Da schleuderte ich die beiden Tafeln zu Boden und zerschmetterte sie vor euren Augen.

18 Und wie das erste Mal warf ich mich wegen eurer Sünden vierzig Tage und Nächte vor Jahwe nieder, ohne zu essen und zu trinken. Ihr hattet getan, was böse vor ihm war,
und ihn schwer beleidigt. 19 Denn ich hatte Angst vor dem glühenden Zorn Jahwes.* Er war so zornig über euch, dass er euch vernichten wollte. Aber Jahwe erhörte mich auch dieses Mal.
20 Auch über Aaron war er zornig und wollte ihn töten. Ich betete damals
auch für ihn. 21 Doch das Machwerk eurer Sünde, das Stierkalb, warf ich ins Feuer. Ich schlug es in Stücke und zermalmte es zu feinem Staub. Den streute ich in den Bach, der vom Berg herabfließt.

22 Auch in Tabera*, in Massa und in Kibrot-Taawa* habt ihr Jahwe
zornig gemacht. 23 Und als Jahwe, euer Gott, in Kadesch-Barnea zu euch sagte: »Zieht los und erobert das Land, das ich euch zugesagt habe!«, da habt ihr euch seinem Befehl widersetzt. Ihr habt ihm nicht vertraut und
ihm nicht gehorcht. 24 Seit ich euch kenne, habt ihr euch Jahwe widersetzt.

25 Ich warf mich also vor Jahwe nieder und lag vierzig Tage und Nächte vor ihm. Denn Jahwe hatte gesagt,
dass er euch vernichten wollte. 26 Ich betete zu ihm und sagte: »Herr, Jahwe! Vernichte dieses Volk doch nicht, dein Eigentum, das du mit deiner großen Macht befreit und aus
Ägypten herausgeführt hast! 27 Denk an deine Diener Abraham, Isaak und Jakob! Achte nicht auf die Sturheit dieses Volkes, auf seine Gottlosigkeit
und Sünde, 28 damit man in dem Land, aus dem du uns herausgeführt

9,19 Wird im Neuen Testament zitiert: Hebräer 12,21.

9,22 *Tabera.* Siehe 4. Mose 11,1-3.

Kibrot-Hattaawa. Siehe 4. Mose 11,4-34.

hast, nicht sagt: ›Weil Jahwe sie nicht
in das Land bringen konnte, das er
ihnen versprochen hat, und weil er sie
hasste, hat er sie hinausgeführt, um
sie sterben zu lassen.‹ 29 Sie sind doch
dein Volk und dein Eigentum, das du
mit deiner großen Kraft und deinem
ausgestreckten Arm herausgeführt
hast!«

Die Erneuerung des Bundes

10 1 Damals sagte Jahwe zu mir:
»Haue dir zwei Steintafeln
zurecht wie die ersten und steig zu mir
auf den Berg. Fertige auch eine höl-
zerne Lade an. 2 Dann werde ich auf
die Tafeln die Worte schreiben, die auf
den ersten Tafeln standen, die du zer-
brochen hast; und dann legst du sie in
die Lade.« 3 Ich machte eine Lade aus
Akazienholz und hieb die zwei Stein-
tafeln zurecht. Dann stieg ich mit
ihnen in der Hand auf den Berg. 4 Er
schrieb auf die Tafeln dasselbe wie das
erste Mal, die zehn Worte, die Jahwe
am Tag der Versammlung auf dem
Berg aus dem Feuer heraus zu euch
gesprochen hatte. Jahwe gab sie mir.
5 Ich stieg wieder vom Berg herab und
legte die Tafeln in die Lade, die ich ge-
macht hatte. Und da blieben sie nach
dem Wort Jahwes.

6 Die Israeliten zogen von Beerot-
Bene-Jaakan* nach Moser*. Dort starb
Aaron und dort wurde er auch be-
graben. Nachfolger im Priesterdienst
wurde sein Sohn Eleasar. 7 Die Israe-
liten zogen weiter nach Gudgoda und
von dort nach Jotbata*, wo es reich-
lich Wasser gab.

8 Damals sonderte Jahwe den Stamm
Levi aus. Die Leviten sollten die Lade
des Bundes mit Jahwe tragen, sie
sollten ihm im Heiligtum dienen und
die Israeliten in seinem Namen segnen.
So ist es bis heute geblieben. 9 Deshalb
fiel Levi kein Anteil am Erbbesitz bei
seinen Brüdern zu. Jahwe selbst ist sein
Erbbesitz, so wie es Jahwe, dein Gott,
ihm versprochen hat.

10 Ich war vierzig Tage und Nächte
auf dem Berg wie beim ersten Mal.
Und Jahwe erhörte mich auch diesmal
und beschloss, euch nicht zu vernich-
ten. 11 Er sagte zu mir: »Geh jetzt und
stell dich an die Spitze des Volkes,
damit sie losziehen und das Land in
Besitz nehmen, denn ich habe ihren
Vorfahren geschworen, dass sie es
bekommen.«

Was Gott will

12 Und nun, Israel, was fordert Jahwe,
dein Gott, von dir? Er will nur, dass du
Ehrfurcht vor ihm hast und auf seinen
Wegen gehst, dass du ihn liebst und
ihm mit Herz und Seele dienst 13 und
dass du nach seinen Geboten und Vor-
schriften lebst, was dir ja selbst zu-
gutekommt. 14 Schau doch! Jahwe,
deinem Gott, gehört der Himmel und
das ganze Universum, die Erde und
alles, was darauf ist! 15 Doch nur dei-
nen Vorfahren hat er sich zugewandt
und sie so geliebt, dass er euch, ihre
Nachkommen, aus allen Völkern aus-
wählte, wie es heute der Fall ist.
16 Deshalb sollt ihr eure Herzen

10,6 *Beerot-Bene-Jaakan*. Dieser Lagerplatz Israels ist geografisch unbekannt.

Moser. Ort in der Nähe des Berges Hor oder sogar damit identisch.

10,7 ... *Jotbata*. Die geografische Lage der Orte ist unbekannt.

beschneiden und nicht mehr so stur
sein, 17 denn Jahwe, euer Gott, ist der
Gott aller Götter und der Herr aller
Herren. Er ist der große, mächtige
und furchtbare Gott, der keinen be-
vorzugt und keine Bestechung an-
nimmt, 18 der den Waisen und Wit-
wen zu ihrem Recht verhilft und auch
den Fremden liebt, dass er ihn mit
Nahrung und Kleidung versorgt.
19 Darum sollt auch ihr die Fremden
lieben, denn in Ägypten seid ihr auch
Fremde gewesen. 20 Jahwe, deinen
Gott, sollst du fürchten, an ihm fest-
halten und bei seinem Namen schwö-
ren. 21 Er ist dein Ruhm und er ist
dein Gott, der wegen dir diese großen
und furchtbaren Dinge getan hat, die
du mit eigenen Augen gesehen hast.
22 Mit siebzig Personen* sind deine
Vorfahren nach Ägypten gekommen,
doch jetzt hat Jahwe, dein Gott, dich
zahlreich wie die Sterne am Himmel
gemacht.

Gott hat seine Macht gezeigt

11 1 Darum sollst du Jahwe, dei-
nen Gott, lieben und dich dein
Leben lang an seine Vorschriften,
Ordnungen, Rechtsbestimmungen
und Gebote halten. 2 Denkt daran,
die ihr jetzt vor mir steht, dass ich
nicht zu euren Nachkommen rede, die
die Erziehung durch Jahwe, euren
Gott, nicht kennen und seine Größe
nicht erfahren haben, seine starke
Hand und seinen ausgestreckten Arm,
3 seine Zeichen und Taten. Sie wissen
nicht, was er mit Pharao, dem König
von Ägypten, und seinem ganzen
Land getan hat; 4 was er mit dem Heer
der Ägypter machte, mit ihren Pfer-
den und Wagen, über die er das Was-
ser des Schilfmeers fluten ließ, als sie
euch verfolgten. Jahwe richtete sie so
zu Grunde, dass niemand mehr von
ihnen zu sehen war. 5 Sie wissen
nicht, was er dann in der Wüste mit
euch gemacht hat, bis ihr an diesen
Ort gekommen seid. 6 Sie wissen
auch nicht, was er mit Datan und
Abiram, den Söhnen von Eliab Ben-
Ruben, machte: Wie die Erde ihr
Maul aufriss und sie mitten im Volk
samt ihren Familien, ihren Zelten und
allem, was ihnen gehörte, verschlang.
7 Ich rede mit euch, die mit ihren eige-
nen Augen die großen Taten Jahwes
gesehen haben.

Segen und Fluch

8 Beachtet also alle Gebote, die ich
euch jetzt gebe, damit ihr in der Lage
seid, in das Land hineinzugehen und
es in Besitz zu nehmen, wozu ihr jetzt
den Jordan überquert; 9 und damit ihr
lange lebt in diesem Land, das von
Milch und Honig überfließt. Es ist
das Land, von dem Jahwe euren Vor-
fahren geschworen hat, es ihnen
und ihren Nachkommen zu geben.
10 Denn das Land, in das du jetzt
kommst, um es in Besitz zu nehmen,
ist nicht wie das Land Ägypten, aus
dem ihr ausgezogen seid. Die Aussaat
deines Samens hast du damals müh-
sam bewässern müssen wie einen Ge-
müsegarten. 11 Nein, das Land, in das
ihr jetzt kommt, ist ein Land mit Ber-
gen und Tälern, das vom Regen be-
wässert wird, 12 ein Land, auf das
Jahwe, dein Gott, achtet, auf dem

10,22 *siebzig Personen.* Siehe Fußnote zu 1. Mose 46,27.

seine Augen ständig ruhen, vom An-
fang bis zum Ende des Jahres.

13 Wenn ihr also auf Jahwes Gebote
hört, die ich euch heute weitergebe,
dass ihr ihn, euren Gott, liebt und ihm
mit Herz und Seele dient, 14 dann gibt
er eurem Land Regen zur richtigen
Zeit im Herbst und im Frühjahr*, und
du wirst dein Korn, deinen Most und
dein Öl einbringen. 15 Er wird dem
Vieh auf deinem Land Gras geben,
und du wirst dich satt essen können.
16 Aber nehmt euch in acht! Lasst
euch nicht dazu verleiten, wegzuge-
hen, dass ihr andere Götter verehrt
und euch vor ihnen niederwerft!
17 Dann wird nämlich Jahwes Zorn
über euch kommen. Er wird den Him-
mel verschließen, dass kein Regen
mehr fällt. Dann bringt der Boden kei-
nen Ertrag mehr, und ihr werdet bald
aus dem Land, das Jahwe euch jetzt
gibt, beseitigt sein. 18 Nehmt diese
Worte also in Herz und Seele auf, bin-
det sie als Zeichen auf eure Hand und
tragt sie als Merkzeichen auf der
Stirn. 19 Präge sie deinen Kindern ein
und rede davon, ob du in deinem Haus
bist oder unterwegs, ob du dich hin-
legst oder aufstehst. 20 Du sollst sie
auf die Türpfosten deines Hauses
schreiben und an deine Tore, 21 dann
werdet ihr und eure Kinder lange
leben in dem Land, das Jahwe euch
gibt, solange der Himmel über der
Erde steht. So hat er es euren Vorfah-
ren geschworen.

22 Denn wenn ihr dieses Gebot
haltet, das ich euch gebe, wenn ihr
danach handelt und Jahwe, euren
Gott, liebt, auf allen seinen Wegen
bleibt und an ihm festhaltet, 23 dann
wird Jahwe alle diese Völker vor euch
vertreiben; ja, ihr werdet Völker
vertreiben, die größer und stärker
sind als ihr. 24 Jeder Ort, auf den eure
Fußsohle tritt, soll euch gehören: von
der Wüste bis zum Libanon und vom
großen Strom, dem Euphrat, bis ans
Mittelmeer soll euer Gebiet reichen.
25 Niemand wird vor euch standhal-
ten können, denn Jahwe, euer Gott,
wird Furcht und Schrecken vor euch
über das ganze Land kommen lassen,
das ihr betreten werdet, wie er es euch
versprochen hat.

26 Seht, ich lege euch heute den
Segen vor und den Fluch: 27 den
Segen, wenn ihr die Gebote Jahwes,
eures Gottes, die ich euch heute ver-
künde, befolgt; 28 den Fluch, wenn ihr
den Geboten Jahwes, eures Gottes,
nicht gehorcht und den Weg verlasst,
den ich euch weise, und euch anderen
Göttern zuwendet, die ihr nicht kennt.
29 Wenn Jahwe, dein Gott, dich dann
in das Land bringt, das du jetzt in Be-
sitz nehmen willst, dann sollst du den
Segen auf dem Berg Garizim erteilen
und den Fluch auf dem Berg Ebal.*
30 Das sind die beiden Berge auf der
anderen Seite des Jordan, hinter dem
Weg nach Westen in der Landschaft
der Kanaaniter, die in der Araba*

11,14 *Herbst ... Frühjahr.* Wörtlich: Früh- und Spätregen. Der Frühregen fällt Ende Oktober/Anfang November, der Spätregen Ende März/Anfang April.

11,29 *Garizim ... Ebal.* Der Berg Ebal ist 940 m hoch und liegt nördlich von Sichem (50 km nördlich von Jerusalem). Der Berg Garizim liegt südlich vom Ebal und ist 881 m hoch.

11,30 *Araba.* Siehe Fußnote zu 5. Mose 1,1.

bei den Terebinthen More wohnen,
gegenüber von Gilgal. 31 Denn ihr
werdet den Jordan überschreiten
und das Land in Besitz nehmen, das
Jahwe, euer Gott, euch gibt. Ja, ihr
werdet es in Besitz nehmen und darin
wohnen. 32 Haltet euch dann an alle
Vorschriften und Bestimmungen, die
ich euch heute vorlege!

Gottes Gebote für das Leben im Land

12 1 Das sind die Vorschriften
und Bestimmungen, die ihr
halten und nach denen ihr handeln
sollt in dem Land, das Jahwe, der Gott
eurer Vorfahren, euch zum Besitz
geben wird, solange ihr auf dem Erd-
boden lebt.
2 Ihr sollt all die Stätten zerstören,
wo die Nationen, die ihr vertreiben
sollt, ihren Göttern gedient haben: auf
den hohen Bergen, auf den Hügeln
und unter jedem üppig belaubten
Baum. 3 Ihr sollt ihre Altäre abreißen,
ihre Steinmale zerbrechen, ihre
Aschera-Pfähle verbrennen und ihre
Götterbilder zerstören. Nichts darf
mehr an sie erinnern.
4 Mit Jahwe, eurem Gott, sollt ihr es
anders halten. 5 Ihr sollt nur die Stätte
aufsuchen, die Jahwe, euer Gott, aus
euren Stämmen zu seiner Wohnung
auswählen wird, um seinen Namen
dort wohnen zu lassen. Dorthin sollt
ihr kommen. 6 Und dorthin sollt ihr
eure Brand- und Schlachtopfer* brin-
gen, eure Zehnten, eure Hebopfer,
was ihr gelobt habt und was ihr frei-
willig gebt, und die Erstgeburten von
euren Rindern, Schafen und Ziegen.
7 Dort, vor Jahwe, eurem Gott, sollt
ihr das Opfermahl halten und euch
mit euren Familien an allem freuen,
was ihr durch den Segen Jahwes er-
worben habt.
8 Ihr dürft es dann nicht mehr so
tun, wie es heute hier geschieht: Jeder
macht es, wie es ihm gefällt. 9 Denn
ihr seid bisher noch nicht zur Ruhe
gekommen, zu dem Erbbesitz, den
Jahwe, euer Gott, euch gibt. 10 Wenn
ihr aber den Jordan überschritten
habt und in dem Land wohnt, das
Jahwe, euer Gott, euch als Erbbesitz
zuteilt, wenn er euch Ruhe verschafft
hat vor allen Feinden ringsum und ihr
sicher wohnt, 11 dann sollt ihr alle
eure Brand- und Schlachtopfer, eure
Zehnten, eure Hebopfer und die aus-
erlesenen Gaben, die ihr Jahwe feier-
lich versprochen habt, ausschließlich
an den Ort bringen, den Jahwe, euer
Gott, auswählen wird, um seinen
Namen dort wohnen zu lassen.
12 Dort, in der Gegenwart Jahwes,
sollt ihr mit euren Söhnen und Töch-
tern zusammen fröhlich feiern, mit
euren Sklaven und Sklavinnen und
dem Leviten aus eurem Ort, denn er
hat ja keinen Erbbesitz unter euch.
13 Hüte dich, deine Brandopfer an
irgendeinem Ort darzubringen, der
dir gerade in die Augen fällt! 14 Nur
an dem Ort, den Jahwe aus einem
deiner Stämme auswählt, sollst du
deine Brandopfer darbringen und
alles tun, was ich dir vorschreibe.
15 Doch kannst du in all deinen Ort-

12,6 *Schlachtopfer*. Allgemeine Bezeichnung für jedes Opfer, bei dem ein Tier geschlachtet wurde. Beim *Brandopfer* wurde das geschlachtete Tier vollständig auf dem Altar verbrannt.

schaften nach Herzenslust schlachten
und Fleisch essen, so wie Jahwe, dein
Gott, dich gesegnet hat. Der Unreine*
darf genauso davon essen wie der
Reine, so wie ihr es bei der Gazelle
und beim Hirsch* tut. 16 Nur das Blut
dürft ihr nicht essen. Ihr müsst es wie
Wasser auf die Erde fließen lassen.
17 Aber Folgendes darfst du nicht in
deinen Ortschaften essen: den Zehn-
ten von deinem Korn, deinem Most
und deinem Öl; die Erstgeburten
deiner Rinder, Schafe und Ziegen;
etwas, das du als Gelübde geben
willst; deine freiwilligen Gaben und
dein Hebopfer. 18 Das sollst du vor
Jahwe, deinem Gott, an dem Ort es-
sen, den Jahwe auswählen wird. Du
sollst es zusammen mit deinen Söh-
nen und Töchtern tun, deinen Sklaven
und Sklavinnen und dem Leviten, der
an deinem Ort wohnt. Und du sollst
dich vor Jahwe, deinem Gott, über
alles freuen, was du mit deiner Hände
Arbeit schaffen konntest. 19 Hüte
dich, den Leviten zu vergessen, so-
lange du in deinem Land lebst.

20 Wenn Jahwe, dein Gott, dein Ge-
biet erweitern wird, wie er es dir ver-
sprochen hat, und du gern Fleisch
essen möchtest, dann kannst du das
nach Herzenslust tun. 21 Wenn der
Ort, den Jahwe auswählen wird, um
seinen Namen dort wohnen zu lassen,
zu weit von dir entfernt ist, darfst du
dort, wo du wohnst, von deinen Rin-
dern, Schafen und Ziegen, die Jahwe
dir gegeben hat, nach Herzenslust
essen, so, wie ich es angewiesen habe.
22 Unreine und Reine dürfen davon
essen wie von Gazelle und Hirsch.
23 Achte aber unbedingt darauf, kein
Blut zu essen. Denn das Blut ist das
Leben. Du darfst niemals Fleisch
essen, in dem noch Leben ist. 24 Lass
das Blut auf die Erde fließen wie
Wasser. Du darfst es nicht essen.
25 Und zwar deshalb nicht, damit es
dir und deinen Nachkommen gut
geht, weil du tust, was vor Jahwe rich-
tig ist.

26 Was jedoch die heiligen Gaben
betrifft und die, die du als Gelübde
geben willst: Mit denen sollst du zu
dem Ort kommen, den Jahwe aus-
wählen wird. 27 Auch deine Brand-
opfer, das Fleisch und das Blut, sollst
du auf dem Altar Jahwes zurichten.
Und bei deinen Schlachtopfern muss
das Blut an den Altar Jahwes gegos-
sen werden. Das Fleisch kannst du
essen. 28 Hab acht und höre auf alles,
was ich dir gebiete, damit es dir und
deinen Nachkommen für immer gut
geht, weil du tust, was richtig vor
Jahwe, deinem Gott, ist.

29 Wenn Jahwe, dein Gott, die Völ-
ker vernichtet, in deren Gebiet du
kommst, um sie zu vertreiben, und du
ihren Besitz übernimmst, wenn du
dich in ihrem Land niederlässt,
30 dann hüte dich und lass dich ja
nicht verführen, es ihnen nachzuma-
chen, nachdem sie beseitigt sind; dass
du ja nicht nach ihren Göttern fragst
und sagst: »Wie haben diese Völker
ihren Göttern gedient? So will ich es
auch machen!« 31 Jahwe, deinem

12,15 *Unrein.* Das ist in rituellem Sinn gemeint. Unrein war man z.B. durch Berührung eines Toten oder während der Menstruation.

Gazelle und Hirsch waren reine Tiere, die zwar nicht geopfert, wohl aber gegessen werden durften.

Gott, sollst du so etwas nicht antun.
Denn alles, was Jahwe verabscheut
und hasst, haben diese Völker für ihre
Götter getan. Sogar ihre Söhne und
Töchter haben sie für ihre Götter ver-
brannt.

13 1 Haltet euch genau an die
Weisungen, die ich euch ge-
be! Du darfst nichts hinzufügen und
nichts davon weglassen.

Falsche Propheten

2 Wenn ein Prophet oder ein Traumse-
her in deiner Mitte auftritt und dir ein
Zeichen oder Wunder ankündigt
3 und dabei sagt: »Lass uns anderen
Göttern folgen und ihnen dienen!«,
Göttern, die du nicht kennst; und
wenn das Zeichen oder das Wunder,
das er dir genannt hat, eintrifft,
4 dann sollst du nicht auf die Worte
jenes Propheten hören oder auf den,
der die Träume hat. Denn Jahwe, euer
Gott, prüft euch, ob ihr ihn mit Herz
und Seele liebt. 5 Ihr sollt Jahwe,
eurem Gott, folgen und Ehrfurcht vor
ihm haben. Seine Gebote sollt ihr hal-
ten, seinen Weisungen gehorchen,
ihm dienen und ihm treu sein. 6 Jener
Prophet oder Traumseher aber muss
getötet werden. Denn er wollte euch
zum Abfall von Jahwe, eurem Gott,
verleiten, der euch aus Ägypten her-
ausführte und aus dem Sklavenhaus
erlöste. Er wollte dich von dem Weg
abbringen, auf dem Jahwe, dein Gott,
dir zu gehen befohlen hat. Du sollst
das Böse aus deiner Mitte beseitigen.

Verführung zum Götzendienst

7 Wenn dich dein leiblicher Bruder,
dein Sohn, deine Tochter, deine Frau
in deinen Armen oder dein bester
Freund verführen will und sagt:
»Komm, lass uns anderen Göttern
dienen!« – Göttern, die weder du
noch deine Vorfahren gekannt haben,
8 Göttern der Völker, die um euch her
wohnen, mögen sie nah oder fern von
euch sein, von einem Ende der Erde
bis zum andern –, 9 dann sollst du ihm
nicht nachgeben und nicht auf ihn
hören. Du sollst ihn nicht schonen,
ihn nicht schützen und kein Mitleid
mit ihm haben, 10 sondern du musst
ihn unbedingt umbringen. Du sollst
als Erster Hand an ihn legen, um ihn
zu töten, und danach das ganze Volk.
11 Du musst ihn zu Tode steinigen,
denn er hat versucht, dich von Jahwe,
deinem Gott, abzubringen, der dich
doch aus dem Sklavenhaus Ägyptens
herausgeführt hat. 12 Ganz Israel soll
es hören, damit sie sich fürchten und
nie mehr solch eine böse Sache in
deiner Mitte tun.

13 Wenn du aus einer deiner Städte,
die Jahwe, dein Gott, dir zur Woh-
nung gibt, die Nachricht hörst, 14 es
sei ein übles Gesindel aus deiner Mitte
hervorgegangen und habe die Ein-
wohner der Stadt verführt und gesagt:
»Kommt, lasst uns anderen Göttern
dienen!« – Göttern, die ihr nicht ge-
kannt habt –, 15 dann sollst du das
genau untersuchen, nachforschen
und nachfragen. Und wenn sich der
Bericht als wahr erweist, wenn es
stimmt, dass diese Schandtat in dei-
ner Mitte verübt worden ist, 16 dann
sollst du an den Einwohnern dieser
Stadt den Bann vollstrecken, du sollst
sie mit dem Schwert erschlagen, auch
ihr Vieh. 17 Sämtliche Beute sollst du
mitten auf dem Platz aufhäufen und

dann die Stadt und ihre ganze Beute
anzünden. Sie soll als Ganzopfer für
Jahwe, deinen Gott, völlig verbrennen
und ewig ein Schutthaufen bleiben.
Niemals darf sie wieder aufgebaut
werden. 18 Von dem Gebannten darf
nicht das Geringste in deiner Hand
hängen bleiben, damit Jahwe von seinem
glühenden Zorn ablässt und dir
Barmherzigkeit schenkt; dass er sich
über dich erbarmt und dich zahlreich
macht, wie er es deinen Vorfahren geschworen
hat; 19 sofern du auf Jahwe,
deinen Gott, hörst und alle seine Gebote
hältst, die ich dir heute gebe, dass
du tust, was vor Jahwe, deinem Gott,
richtig ist.

Heidnische Trauerbräuche

14 1 Ihr seid Kinder Jahwes,
eures Gottes. Ihr dürft euch
also wegen eines Toten keine Schnittwunden
beibringen und euch auch
nicht über der Stirn kahl scheren.
2 Denn du bist Jahwe, deinem Gott,
ein heiliges Volk. Dich hat Jahwe aus
allen Völkern der Erde für sich als sein
eigenes Volk erwählt.

Reine und unreine Speisen

3 Du sollst nichts Abscheuliches
essen. 4 Folgende Tiere dürft ihr
essen: Rind, Schaf, Ziege, 5 Hirsch,
Gazelle, Damhirsch, Wildziege und
alle Arten von Antilopen. 6 Alle Tiere,
die deutlich gespaltene Hufe haben
und ihre Nahrung wiederkäuen, dürft
ihr essen. 7 Doch folgende, die bloß
wiederkäuen oder bloß gespaltene
Hufe haben, sollt ihr nicht essen: das
Kamel, den Hasen* und den Klippdachs,
denn sie käuen zwar wieder,
haben aber keine deutlich gespaltenen
Hufe. Sie sollen euch als unrein gelten.
8 Auch das Schwein soll euch als
unrein gelten, denn es hat zwar gespaltene
Hufe, ist aber kein Wiederkäuer.
Ihr dürft nichts vom Fleisch
solcher Tiere essen und sie auch nicht
berühren, wenn sie verendet sind.
9 Von den Wassertieren dürft ihr alles
essen, was Flossen und Schuppen hat.
10 Aber alles, was keine Flossen oder
Schuppen hat, soll euch als unrein
gelten.

11 Alle reinen Vögel dürft ihr essen.
12 Doch folgende sollt ihr nicht essen:
den Gänsegeier, den Lämmergeier
und den Mönchsgeier, 13 den Milan,
den Habicht und alle Arten von
Raubvögeln, 14 alle Arten von Raben,
15 den Strauß, die Schwalbe, die
Möwe und alle Arten von Falken,
16 das Käuzchen, den Uhu und die
Schleiereule, 17 die Ohreule, den Aasgeier
und die Fischeule, 18 den Storch,
alle Arten von Reihern, den Wiedehopf
und die Fledermaus. 19 Alles geflügelte
Kleingetier* soll euch als unrein
gelten. Es darf nicht gegessen
werden. 20 Alles reine Geflügel dürft
ihr essen. 21 Verendete Tiere dürft

14,7 *Hasen* werden zoologisch nicht zu den rinderartigen Wiederkäuern gerechnet, trotzdem kauen sie einen Teil ihrer Nahrung zweimal. Neben ihrem üblichen Kot scheiden sie nämlich von einem Vlies umgebene vitaminreiche Kügelchen aus, sogenannte *Caecotrophe*. Diese werden sofort wieder aufgenommen und an einer bestimmten Stelle des Magens, der *Cardiaregion*, noch einmal verdaut.

14,19 *Kleingetier*. Wörtlich: *Gewimmel*. Vermutlich sind hier die verbotenen Heuschreckenarten gemeint oder andere geflügelte Insekten.

ihr nicht essen. Du kannst sie dem
Fremden an deinem Ort zum Essen
überlassen oder sie einem Ausländer
verkaufen, denn du bist Jahwe, dei-
nem Gott, ein heiliges Volk. Du sollst
ein Böckchen nicht in der Milch seiner
Mutter kochen.*

Der Zehnte

22 Vom ganzen Ertrag deiner Saat
sollst du den Zehnten geben, von
dem, was Jahr für Jahr auf dem Feld
wächst. 23 Bring ihn an den Ort, den
Jahwe, dein Gott, erwählen wird, um
seinen Namen dort wohnen zu lassen.
Dort, vor ihm, sollst du von deinem
Zehnten essen, von Getreide, Most
und Öl, von den Erstgeborenen deiner
Rinder, Schafe und Ziegen, damit du
es lernst, zu aller Zeit Ehrfurcht vor
Jahwe, deinem Gott, zu haben. 24 Es
ist möglich, dass der Ort, den Jahwe,
dein Gott, erwählen wird, um seinen
Namen dort wohnen zu lassen, zu
weit für dich ist, sodass du deinen
Zehnten nicht hinbringen kannst.
25 Dann mach den zehnten Teil von
dem, womit Jahwe dich gesegnet hat
zu Geld. Nimm es mit und geh an den
Ort, den Jahwe, dein Gott, erwählen
wird. 26 Kauf dort für das Geld alles,
worauf du Lust hast: Rinder, Schafe,
Wein, Bier und was du sonst noch
magst. Genieße alles dort, in der
Gegenwart Jahwes, und freue dich.
27 Vergiss aber den Leviten nicht, der
an deinem Ort wohnt, denn er hat
keinen Erbbesitz neben dir. 28 Am
Ende jedes dritten Jahres sollst du den
Zehnten deines Einkommens von
jenem Jahr in deinem Ort niederlegen.
29 Er ist für den Leviten bestimmt, der
kein eigenes Land besitzt, und für den
Fremden, die Waise und die Witwe,
die in deinem Ort leben. Sie sollen
sich davon satt essen, damit Jahwe,
dein Gott, die Arbeit deiner Hände
segnet.

Das Jahr des Schuldenerlasses

15 1 Am Ende jedes siebten Jah-
res sollst du einen Schulden-
erlass gewähren. 2 Das soll folgender-
maßen geschehen: Jeder Gläubiger
soll seinem Schuldner die Rückzah-
lung erlassen. Er soll seinen Nächsten
und Bruder nicht zur Bezahlung an-
halten, sobald das Erlassjahr Jahwes
ausgerufen ist. 3 Einen Ausländer
darfst du drängen. Aber was du dei-
nem Bruder geliehen hast, sollst du
ihm überlassen. 4 Eigentlich sollte es
gar keinen Armen bei dir geben, denn
Jahwe wird dich reich segnen in dem
Land, das er dir zum Erbbesitz gibt.
5 Doch nur dann, wenn du wirklich
auf Jahwe, deinen Gott, hörst, wenn
du das Gesetz hältst, das ich dir heute
gebe, und danach lebst, 6 wird Jahwe,
dein Gott, dich segnen, wie er es ver-
sprochen hat. Dann wirst du vielen
Völkern leihen, brauchst aber selbst
nichts zu borgen, du wirst über viele
Völker herrschen, sie aber nicht über
dich.

7 Wenn aber in dem Land, das
Jahwe, dein Gott, dir gibt, in irgend-
einer Ortschaft einer deiner Brüder
verarmt, dann sollst du dein Herz
nicht hart werden lassen und deine

14,21 ... *kochen.* Einen jungen Bock in der Milch der Mutter zu kochen, war ein heidnischer Ritus, denn die Milch wurde anschließend auf die Erde gegossen, um ihre Fruchtbarkeit zu garantieren.

Hand nicht vor ihm verschließen,
8 sondern sie ihm großzügig öffnen
und ihm leihen, so viel er braucht.
9 Hüte dich davor, dass dir der böse
Gedanke in den Sinn kommt: »Bald
kommt ja das siebte Jahr, das Erlass-
jahr!«, und du dann deinen armen
Bruder unfreundlich ansiehst und
ihm nichts gibst. Wenn er Jahwe
gegen dich anruft, würde es dir zur
Sünde werden. 10 Gib ihm bereitwillig
und sei nicht missmutig, wenn du ihm
gibst. Denn dafür wird Jahwe, dein
Gott, dich segnen in all deinem Tun
und in allem, was du unternimmst.
11 Die Armen werden niemals ganz
aus deinem Land verschwinden.
Darum befehle ich dir: Unterstütze
deinen armen und bedürftigen Bruder
in deinem Land!

Die Freilassung von Sklaven

12 Wenn dein Bruder, ein Hebräer
oder eine Hebräerin, sich dir verkauft,
dann soll er dir sechs Jahre lang die-
nen. Im siebten Jahr sollst du ihn als
frei entlassen. 13 Und wenn du ihn
freilässt, sollst du ihn nicht mit leeren
Händen ziehen lassen. 14 Von deinem
Kleinvieh, deinem Korn und Wein
sollst du ihm mitgeben, was er tragen
kann. Du sollst ihm von dem geben,
womit Jahwe, dein Gott, dich geseg-
net hat. 15 Denk daran, dass auch du
Sklave in Ägypten warst und dass
Jahwe, dein Gott, dich befreit hat.
Darum gebe ich dir heute dieses
Gebot. 16 Wenn dein Sklave aber sagt,
dass er nicht von dir weggehen will,
weil er dich und deine Familie liebt,
weil es ihm gut bei dir geht, 17 dann
sollst du eine Ahle durch sein Ohr in
die Tür stechen. Dann wird er für
immer dein Sklave sein. Auch deine
Sklavin sollst du so behandeln.
18 Es soll dir nicht schwerfallen,
wenn du ihn freilassen musst. Denn
er hat dir sechs Jahre lang doppelt so
viel wie ein Tagelöhner eingebracht.
Und Jahwe, dein Gott, wird dich seg-
nen in allem, was du tust.

Die Heiligung der Erstgeburt

19 Jede männliche Erstgeburt von dei-
nen Rindern, Schafen und Ziegen
sollst du Jahwe, deinem Gott, weihen.
Mit dem Erstgeborenen deines Rin-
des sollst du nicht arbeiten und das
Erstgeborene von Schaf oder Ziege
nicht scheren. 20 Vor Jahwe, deinem
Gott, sollst du sie verzehren, du und
deine Familie, und zwar jedes Jahr
an dem Ort, den Jahwe auswählen
wird. 21 Wenn das Tier jedoch ein Ge-
brechen hat, dass es lahm oder blind
ist oder sonst einen Makel aufweist,
darfst du es Jahwe, deinem Gott, nicht
opfern. 22 Du kannst es wie eine
Gazelle oder einen Hirsch an deinem
Ort verzehren, ob du rein oder unrein
bist. 23 Nur sein Blut darfst du nicht
essen. Du musst es wie Wasser auf
die Erde fließen lassen.

Das Passafest

16 1 Beachte den Ährenmonat*
und feiere das Passa* für
Jahwe, deinen Gott. Denn im Ähren-
monat hat Jahwe, dein Gott, dich
nachts aus Ägypten herausgeführt.

16,1 *Ährenmonat.* Hebräisch: Abib. Entspricht dem April.

Passa. Siehe 2. Mose 12-13.

2 Komm an den Ort, den Jahwe aus-
wählen wird, um seinen Namen dort
wohnen zu lassen. Dort sollst du für
Jahwe, deinen Gott, das Passaopfer
schlachten: ein Schaf, eine Ziege oder
ein Rind. 3 Du darfst aber kein Brot
dazu essen, das mit Sauerteig zuberei-
tet wurde. Sieben Tage lang sollst du
ungesäuerte Brotfladen essen, Brot
des Elends, – denn in angstvoller Eile
bist du aus dem Land Ägypten ausge-
zogen – damit du dein Leben lang an
den Tag deines Auszugs aus Ägypten
denkst. 4 Sieben Tage lang soll nichts,
was mit Sauerteig zubereitet wurde,
bei euch und in eurem ganzen Wohn-
gebiet gesehen werden! Auch von
dem Fleisch, das du am Abend des
ersten Tages schlachtest, soll nichts
bis zum nächsten Morgen übrig blei-
ben. 5 Du darfst das Passaopfer nicht
an irgendeinem deiner Orte schlach-
ten, die Jahwe, dein Gott, dir gibt.
6 Sondern an dem Ort, den Jahwe,
dein Gott, auswählen wird, um seinen
Namen dort wohnen zu lassen, dort
sollst du das Passaopfer schlachten.
Das soll am Abend geschehen, beim
Untergang der Sonne, zur Zeit deines
Auszugs aus Ägypten. 7 Bereite das
Fleisch zu und iss es an dem Ort, den
Jahwe, dein Gott, auswählen wird.
Am nächsten Morgen kannst du nach
Hause reisen. 8 Sechs Tage sollst du
ungesäuerte Brotfladen essen. Am
siebten Tag ist eine Festversammlung
für Jahwe, deinen Gott. Da darfst du
keinerlei Arbeit verrichten.

Das Wochenfest

9 Sieben Wochen sollst du vom Be-
ginn der Getreideernte an abzählen.
10 Dann sollst du für Jahwe, deinen
Gott, das Fest der Wochen feiern.
Dabei bringst du ihm eine freiwillige
Gabe mit, je nachdem, wie Jahwe,
dein Gott, dich gesegnet hat. 11 Vor
Jahwe, deinem Gott, sollst du mit dei-
nen Söhnen und Töchtern zusammen
fröhlich feiern, mit deinen Sklaven
und Sklavinnen, dem Leviten, dem
Fremden, der Waise und der Witwe in
deinem Wohnort. Das soll an dem Ort
geschehen, den Jahwe auswählen
wird, um seinen Namen dort wohnen
zu lassen. 12 Denk daran, dass du
Sklave in Ägypten warst, richte dich
nach diesen Weisungen und halte sie
ein.

Das Laubhüttenfest

13 Das Laubhüttenfest sollst du sieben
Tage lang feiern, wenn Getreideernte
und Weinlese beendet sind. 14 Als
Freudenfest sollst du es begehen mit
deinen Söhnen und Töchtern, deinen
Sklaven und Sklavinnen, dem Levi-
ten, dem Fremden, der Waise und der
Witwe in deinem Wohnort. 15 Sieben
Tage lang sollst du Jahwe, deinem
Gott, das Fest feiern und zwar an dem
Ort, den Jahwe auswählen wird. Denn
Jahwe, dein Gott, wird dich segnen in
allem Ertrag und der Arbeit deiner
Hände, sodass du dich der Freude
überlassen kannst.

16 Dreimal im Jahr soll alles, was
männlich ist, vor Jahwe, deinem Gott,
erscheinen an dem Ort, den Jahwe
auswählen wird: am Fest der unge-
säuerten Brote, am Wochenfest und
am Laubhüttenfest. Aber man soll
nicht mit leeren Händen vor Jahwe
erscheinen. 17 Jeder bringe das mit,
was er geben kann, je nachdem, wie
Jahwe ihn gesegnet hat.

Richter und Aufseher

18 In allen deinen Ortschaften in
jedem deiner Stämme sollst du Richter und Aufseher einsetzen. Sie sollen
dem Volk mit gerechtem Urteil Recht
sprechen. 19 Du sollst das Recht nicht
beugen, die Person nicht ansehen und kein Bestechungsgeschenk annehmen, denn Bestechung macht weise
Leute blind und verdreht die Worte
der Gerechten. 20 Du sollst der Gerechtigkeit und nur der Gerechtigkeit folgen, damit du am Leben bleibst und das Land in Besitz nimmst, das Jahwe, dein Gott, dir gibt.

Reinheit des Gottesdienstes

21 Neben den Altar Jahwes, deines Gottes, den du dir errichten wirst, darfst du keinen Aschera-Pfahl aufstellen und auch keinen Baum pflan-
zen. 22 Du darfst dir keine Gedenksteine aufrichten, denn Jahwe, dein Gott, hasst das.

17 1 Du sollst Jahwe, deinem Gott, kein Rind oder Schaf opfern, an dem ein Makel ist, irgendetwas Schlimmes, denn das verabscheut er.

Verfahren bei Götzendienst

2 Wenn sich in einer deiner Ortschaften, die Jahwe, dein Gott, dir gibt, jemand findet, ein Mann oder eine Frau, die etwas tun, was Jahwe, dein Gott, als böse ansieht, wenn jemand seinen
Bund übertritt 3 und anfängt, andere
Götter zu verehren und sich vor ihnen niederzuwerfen: vor der Sonne, dem Mond oder dem ganzen Heer der Ster-
ne, was ich verboten habe, 4 und es
wird dir berichtet und du hörst davon, dann sollst du das genau untersuchen. Und wenn sich der Bericht als wahr erweist, wenn es stimmt, dass diese Schandtat in Israel verübt worden ist,
5 dann sollst du jenen Mann oder jene Frau, die diese böse Sache getan haben, aus deinem Ort hinausführen
und zu Tode steinigen. 6 Aufgrund der
Aussage von zwei oder drei Zeugen muss sterben, wer den Tod verdient. Er darf aber nicht auf die Aussage eines einzelnen Zeugen hin getötet werden.
7 Die Zeugen müssen zuerst Hand an ihn legen, um ihn zu töten, danach das versammelte Volk. Du musst das Böse aus deiner Mitte entfernen.

Das oberste Gericht

8 Wenn dir an deinem Ort ein Rechtsstreit zu schwierig ist, bei dem es um Mord und Totschlag, um Hab und Gut oder um Körperverletzung geht, dann mach dich zu dem Ort auf, den Jahwe,
dein Gott, auswählen wird. 9 Dort
sollst du zu den Priestern aus dem Stamm Levi gehen oder zu dem Richter, der gerade im Amt ist, und sie fragen. Dann werden sie dir sagen,
wie das Urteil lautet. 10 Du musst dich
aber an ihren Spruch halten, den sie dir an dem Ort, den Jahwe auswählen wird, verkünden. Beachte genau, was
sie dich lehren, und mach es so. 11 An
die Weisung, die sie dir geben, und an das Recht, das sie dir verkünden, musst du dich halten. Du darfst in keiner Hinsicht von ihrem Urteil ab-
weichen. 12 Wer so vermessen ist,
dass er weder auf den Priester, der Jahwe, deinem Gott, dient, noch auf den Richter hört, der muss sterben. Du musst das Böse aus Israel entfer-
nen. 13 Das ganze Volk soll davon

hören, damit alle sich fürchten und nicht wieder hochmütig sind.

Das Königsgesetz

14 Wenn du in das Land kommst, das
Jahwe, dein Gott, dir gibt, wenn du es
in Besitz genommen und dich darin
niedergelassen hast, wenn du dann
auf die Idee kommst, einen König
haben zu wollen wie alle anderen
Völker ringsum, 15 dann sollst du
nur den König über dich setzen, den
Jahwe, dein Gott, auswählt. Es muss
einer von deinen Brüdern sein. Einen
Ausländer darfst du nicht zum König
über dich setzen. 16 Der König soll
sich nicht zu viele Pferde halten, und
das Volk nicht wieder nach Ägypten
führen*, um viele Pferde anzuschaffen, denn Jahwe hat euch gesagt, ihr
sollt diesen Weg niemals wieder betreten. 17 Der König soll sich auch
nicht viele Frauen nehmen, damit er
nicht auf Abwege gerät. Er soll sich
auch nicht zu viel Gold und Silber anhäufen. 18 Und wenn er dann auf dem
Königsthron sitzt, soll er sich eine
Abschrift von diesem Gesetz, das bei
den Priestern und Leviten liegt, anfertigen. 19 Diese Schriftrolle soll er
stets bei sich haben und sein Leben
lang täglich darin lesen, damit er es
lernt, Jahwe, seinen Gott, zu fürchten,
um alle Worte dieses Gesetzes und
seiner Vorschriften genau einzuhalten. 20 Das wird ihn davor bewahren,
sich über seine Brüder zu erheben
oder sich in irgendeiner Weise über
das Gebot hinwegzusetzen. Und dann wird er mitten in Israel lange König bleiben und seine Söhne ebenso.

Die Einkünfte der Priester

18 1 Die levitischen Priester und
der ganze Stamm Levi sollen
keinen Teil und keinen Erbbesitz
unter den Israeliten erhalten. Von den
Feueropfern Jahwes und den Abgaben
für ihn sollen sie ihren Unterhalt
bekommen. 2 Ein Levit soll keinen
Erbbesitz unter seinen Brüdern
haben. Jahwe ist sein Erbbesitz, wie er
es ihm versprochen hat. 3 Auf dies
aber hat ein Priester Anrecht beim
Volk: Wenn jemand ein Rind oder ein
Schaf als Schlachtopfer bringt, gehören dem Priester das Schulterstück, die Kinnbacken und der Magen. 4 Weiter sollst du ihm die ersten
Erträge von deinem Getreide, deinem
Most und deinem Öl geben und die
erste Schur deiner Schafe. 5 Denn
Jahwe, dein Gott, hat ihn aus allen
deinen Stämmen ausgewählt, dass er
und seine Nachkommen im Namen
Jahwes ihren Dienst verrichten, und
zwar für immer. 6 Ein Levit, der sich
in irgendeiner Ortschaft in Israel
aufhält, kann nach eigenem Belieben
an die Stätte kommen, die Jahwe
auswählen wird, 7 und im Namen
Jahwes, seines Gottes, Dienst tun wie
alle seine levitischen Brüder, die dort
vor Jahwe stehen. 8 Er soll die gleiche
Zuteilung wie sie erhalten, unabhängig vom Verkaufserlös seines Familienbesitzes.

Zauberei und Wahrsagerei

9 Wenn du in das Land kommst,
das Jahwe, dein Gott, dir gibt, dann

17,16 *nach Ägypten führen.* Möglicherweise sollte hier eine Sendung von Söldnern im Austausch gegen Pferde verboten werden.

versuche ja nicht, so abscheuliche
Dinge zu tun wie seine Bewohner.
[10] Bei dir soll keiner gefunden wer-
den, der seinen Sohn oder seine Toch-
ter durchs Feuer gehen* lässt, keiner,
der wahrsagt, kein Zauberer, Be-
schwörer oder Magier, [11] kein Bann-
sprecher oder Totenbeschwörer und
keiner, der einen Totengeist oder
Wahrsager befragt. [12] Denn Jahwe
verabscheut jeden, der so etwas tut.
Und wegen dieser Abscheulichkeiten
vertreibt Jahwe, dein Gott, sie vor dir.
[13] Du sollst dich ungeteilt an Jahwe,
deinen Gott, halten. [14] Denn diese
Völker, die du vertreiben wirst, hören
auf Zauberer und Wahrsager. Dir aber
hat Jahwe, dein Gott, das nicht er-
laubt.

Wahre und falsche Propheten

[15] Einen Propheten wird Jahwe, dein
Gott, aus deiner Mitte, aus deinen
Brüdern, für dich erstehen lassen so
wie mich. Auf ihn sollt ihr hören.*
[16] So hast du es von Jahwe, deinem
Gott, am Tag der Zusammenkunft er-
beten: »Ich möchte die Stimme Jah-
wes, meines Gottes, nicht mehr hören
und dieses große Feuer nicht länger
sehen, damit ich nicht sterben muss.«
[17] Da sagte Jahwe zu mir: »Was sie
gesagt haben, ist gut. [18] Einen Pro-
pheten werde ich ihnen aus der Mitte
ihrer Brüder erstehen lassen so wie
dich. Durch seinen Mund werde ich
zu ihnen sprechen. Er wird euch alles
verkünden, was ich ihm befehle.
[19] Wer nicht befolgt, was ich durch
ihn sage, den ziehe ich dafür zur Re-
chenschaft. [20] Doch der Prophet, der
sich anmaßt, etwas in meinem Namen
zu verkünden, das ich ihm nicht
aufgetragen habe, oder der im Namen
anderer Götter spricht, dieser Pro-
phet muss sterben. [21] Wenn du aber
denkst: ›Woran soll ich erkennen,
welches Wort nicht von Jahwe
kommt?‹ – [22] Wenn der Prophet
etwas im Namen Jahwes sagt, das
sich nicht erfüllt und nicht eintrifft,
dann hat Jahwe nicht durch ihn
gesprochen. Der Prophet hat es sich
angemaßt. Du brauchst dich vor ihm
nicht zu fürchten.«

Die Asylstädte für Totschläger

19 [1] Wenn Jahwe, dein Gott, die
Völker ausmerzt, deren Land
er dir geben wird, wenn du ihren Be-
sitz übernimmst und dich in ihren
Städten und Häusern niederlässt,
[2] dann sollst du drei von diesen Städ-
ten auswählen. [3] Achte darauf, dass
sie gleichmäßig über das Land verteilt
sind, das Jahwe, dein Gott, dir gibt,
und teile das Land dazu in drei Bezir-
ke ein. Jeder, der zum Mörder gewor-
den ist, soll dorthin fliehen können.
[4] Gemeint ist einer, der unabsichtlich
zum Mörder wurde und seinen Nächs-
ten nicht schon vorher hasste. [5] Es
kann zum Beispiel vorkommen, dass
einer mit seinem Nachbarn in den
Wald geht, um Holz zu schlagen. Da
löst sich, während er mit der Axt aus-
holt, das Eisen vom Stiel und trifft den
anderen tödlich. In diesem Fall kann
der Totschläger in eine dieser Städte
fliehen, um sein Leben zu retten.

18,10 *durchs Feuer gehen.* Das heißt, Kinder für die Götzen lebendig verbrennen.

18,15 Wird im Neuen Testament von Petrus zitiert: Apostelgeschichte 3,22.

6 Der Weg dorthin darf nicht zu weit
sein, damit der Bluträcher, der den
Totschläger in der ersten Hitze ver-
folgt, ihn nicht einholen kann und
ihn erschlägt, obwohl dieser den Tod
nicht verdient, weil er die getötete Per-
son nicht hasste. 7 Darum befehle ich
dir, zunächst drei Städte auszuson-
dern. 8 Wenn Jahwe, dein Gott, dein
Gebiet erweitern wird, wie er es dei-
nen Vorfahren geschworen hat, und
dir das ganze Land gibt, das er ihnen
versprochen hat – 9 vorausgesetzt, du
hältst all diese Gebote, die ich dir
heute gebe und handelst danach,
indem du Jahwe, deinen Gott, liebst
und allezeit auf seinen Wegen gehst –
, dann sollst du noch drei weitere Asyl-
städte auswählen. 10 So sollst du
dafür sorgen, dass in dem Land, das
Jahwe, dein Gott, dir gibt, kein un-
schuldiges Blut vergossen wird und
keine Blutschuld auf dich kommt.

11 Wenn aber jemand seinen Nächs-
ten hasst, ihm auflauert, ihn überfällt
und erschlägt und dann in eine dieser
Städte flieht, 12 dann müssen die Äl-
testen seiner Heimatstadt ihn von dort
holen lassen und dem Bluträcher aus-
liefern. 13 Du darfst kein Mitleid mit
ihm haben. Du musst Israel vom Blut
des Unschuldigen befreien, damit es
dir gut geht.

Schutz der Grundstücksgrenzen

14 Wenn du das Land in Besitz ge-
nommen hast, das Jahwe, dein Gott,
dir gibt, und du auf deinem Grund-
stück lebst, darfst du die Grenze zu
deinem Nächsten, die die Vorfahren
gezogen haben, nicht verändern.

Zeugen vor Gericht

15 Die Aussage eines einzelnen Zeu-
gen darf nicht ausschlaggebend sein,
wenn es um ein Verbrechen, eine
Sünde oder irgendeine Verfehlung
geht. Auf die Aussage von zwei oder
drei Zeugen hin soll eine Entschei-
dung getroffen werden.* 16 Wenn ein
falscher Zeuge gegen jemand auftritt,
um ihn einer Übertretung zu beschul-
digen, 17 dann sollen die beiden Män-
ner, zwischen denen der Streit be-
steht, vor Jahwe treten, vor die Pries-
ter und die Richter, die zu jener Zeit da
sein werden. 18 Die Richter sollen den
Fall genau untersuchen. Wenn der
Zeuge wissentlich falsch gegen seinen
Bruder ausgesagt hat, 19 dann sollst
du ihm antun, was er seinem Bruder
zu tun gedachte. Du sollst das Böse
aus deiner Mitte entfernen. 20 Die
Übrigen sollen es hören, damit sie
sich fürchten und nie mehr solch eine
böse Sache in deiner Mitte tun. 21 Da
sollst du kein Mitleid kennen: Leben
für Leben, Auge für Auge, Zahn für
Zahn, Hand für Hand, Fuß für Fuß.

Kriegsgesetze

20 1 Wenn du gegen deine Fein-
de in den Krieg ziehst, die mit
Pferden und Streitwagen ausgerüstet
und zahlreicher sind als du, dann
fürchte dich nicht vor ihnen, denn
Jahwe, dein Gott, der dich aus Ägyp-
ten herausgeführt hat, ist mit dir.
2 Wenn ihr zum Kampf ausrückt, soll
der Priester herzutreten und zum Volk
sprechen. 3 Er soll sagen: »Höre,

19,15 Wird im Neuen Testament von Jesus und Paulus zitiert: Matthäus 18,16; 2. Korinther 13,1.

Israel! Ihr rückt heute zum Kampf
gegen eure Feinde aus. Verliert nicht
den Mut, fürchtet euch nicht, habt
keine Angst und erschreckt nicht vor
ihnen! 4 Denn es ist Jahwe, euer Gott,
der mit euch zieht, um selbst gegen
eure Feinde zu kämpfen und euch zu
retten.« 5 Anschließend sollen die
Oberen zum Volk sprechen. Sie sollen
sagen: »Ist jemand hier, der ein neues
Haus gebaut und noch nicht einge-
weiht hat? Der kehre in sein Haus zu-
rück, damit er nicht in der Schlacht
stirbt und ein anderer sein Haus ein-
weiht. 6 Ist jemand da, der einen
neuen Weinberg angelegt und noch
nicht davon geerntet hat? Er kehre in
sein Haus zurück, damit er nicht in
der Schlacht stirbt und ein anderer die
erste Lese* hält. 7 Ist jemand hier, der
sich verlobt*, aber noch nicht gehei-
ratet hat? Er kehre in sein Haus zu-
rück, damit er nicht in der Schlacht
stirbt und ein anderer seine Braut
bekommt.« 8 Und weiter sollen die
Oberen zum Volk sagen: »Ist jemand
da, der sich fürchtet, der den Mut ver-
loren hat? Er kehre in sein Haus zu-
rück, damit er seinen Brüdern nicht
auch noch den Mut nimmt.« 9 Wenn
die Oberen das alles gesagt haben,
soll man Heerführer an die Spitze des
Volkes stellen.

10 Wenn du vor eine Stadt ziehst,
um gegen sie zu kämpfen, sollst du ihr
zunächst Frieden anbieten. 11 Geht
sie auf das Friedensangebot ein und
öffnet dir ihre Tore, dann soll die Be-
völkerung Zwangsarbeit verrichten
und dir untertan sein. 12 Lehnen sie
das Friedensangebot ab und wollen
kämpfen, dann belagere sie. 13 Wenn
Jahwe, dein Gott, sie in deine Gewalt
gibt, dann bringe alles Männliche in
der Stadt mit dem Schwert um. 14 Die
Frauen, die Kinder und das Vieh und
alles, was sich in der Stadt plündern
lässt, darfst du dir als Beute nehmen.
Du darfst die Vorräte deiner Feinde,
die Jahwe, dein Gott, dir ausgeliefert
hat, verzehren. 15 So sollst du es mit
allen Städten machen, die weit von dir
entfernt sind, nicht aber mit den Städ-
ten der Völker Kanaans. 16 In diesen
Städten, die Jahwe, dein Gott, dir als
Erbbesitz gibt, sollst du nichts und
niemand am Leben lassen. 17 An allen
Völkern im Land musst du unbedingt
den Bann vollstrecken, wie Jahwe,
dein Gott, es dir befohlen hat: an den
Hetitern, Amoritern, Kanaanitern,
Perisitern, Hiwitern und Jebusitern.
18 Sonst werden sie euch dazu ver-
führen, gegen Jahwe, euren Gott, zu
sündigen und die Abscheulichkeiten
nachzuahmen, die sie zu Ehren ihrer
Götter begangen haben.

19 Wenn du lange Zeit vor einer
Stadt liegen musst, um sie zu bekämp-
fen, dann sollst du ihre Bäume nicht
verderben, indem du die Axt gegen sie
schwingst. Du kannst ja von ihren
Früchten essen und sollst sie nicht
abhauen. Der Baum auf dem Feld ist
doch kein Mensch, den du bekämpfen
musst. 20 Nur die Bäume, von denen
du weißt, dass sie nichts Essbares
tragen, darfst du abhauen und mit

20,6 *erste Lese.* Das konnte erst vier Jahre nach der ersten Anpflanzung geschehen (3. Mose 19,23-25).

20,7 *verlobt.* Er galt rechtlich bereits als verheiratet, obwohl er noch nicht mit seiner Frau zusammenlebte.

dem Holz Belagerungsanlagen gegen
die Stadt bauen, die mit dir Krieg
führt, bis sie gefallen ist.

Sühne bei unbekanntem Täter

21 1 Wenn man in dem Land,
das Jahwe, dein Gott, dir zum
Erbbesitz gibt, einen Erschlagenen
auf dem freien Feld findet, ohne dass
man weiß, wer ihn erschlagen hat,
2 dann sollen deine Ältesten und Rich-
ter hinausgehen und die Strecke bis
zu den Städten im Umkreis abmessen.
3 In der Stadt, die dem Erschlagenen
am nächsten liegt, sollen die Ältesten
eine junge Kuh heraussuchen, mit der
noch nicht gearbeitet worden ist und
die noch nicht am Joch gezogen hat.
4 Die Ältesten jener Stadt sollen das
Kalb zu einem immerfließenden Bach
führen, an dem nichts gesät und kein
Ackerbau getrieben werden kann, und
ihr dort das Genick brechen. 5 Dann
sollen die Priester aus dem Stamm
Levi herzutreten. Denn sie hat Jahwe,
dein Gott, ausgewählt, ihm zu dienen
und in seinem Namen zu segnen.
Nach ihrem Spruch soll bei jedem
Rechtsstreit und jeder Körperverlet-
zung verfahren werden. 6 In ihrer
Gegenwart sollen die Ältesten der
Stadt, die dem Erschlagenen am
nächsten liegt, die Hände waschen,
und zwar über dem Kalb, dem am
Bach das Genick gebrochen wurde.
7 Dabei sollen sie bezeugen: »Unsere
Hände haben dieses Blut nicht ver-
gossen und unsere Augen haben es
nicht gesehen. – 8 Jahwe, vergib dei-
nem Volk Israel, das du erlöst hast,
und lass nicht unschuldig vergossenes
Blut in deinem Volk Israel bleiben.«*
Dann ist die Blutschuld für sie ge-
sühnt. 9 So kannst du das unschuldig
vergossene Blut aus deiner Mitte
wegschaffen und tun, was vor Jahwe
richtig ist.

Familiengesetze

10 Wenn du gegen deine Feinde in den
Krieg ziehst und Jahwe, dein Gott, sie
in deine Hand gibt, kann es sein, dass
du Gefangene machst. 11 Wenn du
unter ihnen eine schöne Frau siehst,
die dir gefällt, und du willst sie heira-
ten, 12 dann darfst du sie mit nach
Hause nehmen. Sie soll sich den Kopf
scheren und ihre Nägel beschneiden.
13 Sie soll die Kleider ablegen, die sie
als Gefangene trug, und einen Monat
lang um ihren Vater und ihre Mutter
weinen. Dann kannst du zu ihr kom-
men, mit ihr schlafen und sie deine
Frau sein lassen. 14 Sollte sie dir nicht
mehr gefallen, musst du sie freigeben.
Du darfst sie nicht als Sklavin verkau-
fen oder selbst als Sklavin behalten,
weil du ihr Gewalt angetan hast.

15 Wenn ein Mann zwei Frauen hat,
eine, die er liebt, und eine, die er nicht
liebt, und beide ihm Söhne gebären,
und wenn der erstgeborene Sohn von
der ungeliebten Frau ist, 16 dann darf
er bei der Verteilung des Erbes den
Sohn der geliebten Frau nicht als
Erstgeborenen behandeln zum Nach-
teil des Sohnes der ungeliebten, der
doch der Erstgeborene ist. 17 Er muss
den wirklichen Erstgeborenen, den
Sohn der ungeliebten Frau, anerken-
nen und ihm den doppelten Anteil am

21,8 *Jahwe ... bleiben.* Möglicherweise sollte dieser Satz von den Priestern gesprochen werden.

Erbe geben. Denn er ist der Erstling
seiner Kraft, ihm gebührt das Recht
der Erstgeburt.

18 Wenn jemand einen störrischen
und widerspenstigen Sohn hat, der
auf seinen Vater und seine Mutter
nicht mehr hört und selbst dann nicht
gehorcht, wenn sie ihn züchtigen,
19 dann sollen seine Eltern ihn zu den
Ältesten der Stadt, ans Tor ihres
Ortes, bringen 20 und zu ihnen sagen:
»Unser Sohn hier ist störrisch und
widerspenstig, er hört nicht auf uns,
er ist ein Verschwender und Säufer.«
21 Dann sollen ihn alle Leute der Stadt
zu Tode steinigen. Du musst das Böse
aus deiner Mitte entfernen. Ganz
Israel soll davon hören und sich
fürchten.

22 Wenn jemand ein todeswürdiges
Verbrechen begeht und hingerichtet
wird und du ihn an einen Pfahl
hängst, 23 dann darf seine Leiche
nicht über Nacht am Pfahl bleiben.
Du musst ihn noch am selben Tag
begraben. Denn ein Gehängter ist
von Gott verflucht.* Du sollst das
Land nicht unrein werden lassen, das
Jahwe, dein Gott, dir gibt.

Nachbarschaft

22 1 Wenn du siehst, dass ein
Rind oder ein Schaf deines
Bruders sich verirrt hat, musst du
dich darum kümmern und es deinem
Bruder unbedingt zurückbringen.
2 Wenn dein Bruder nicht in der Nähe
wohnt oder wenn du ihn nicht kennst,
sollst du das Tier in dein Haus auf-
nehmen. Es soll bei dir bleiben, bis
dein Bruder es sucht. Dann gib
es ihm zurück. 3 So sollst du es auch
mit seinem Esel machen, seinem
Obergewand und mit allem, was dein
Bruder verliert. Du darfst das, was
du findest, nicht behalten. 4 Und
wenn du siehst, dass der Esel deines
Bruders oder sein Rind auf dem Weg
stürzt, dann darfst du dich nicht ab-
wenden, sondern musst deinem Bru-
der helfen, sie aufzurichten.

Verschiedenes

5 Eine Frau soll keine Männersachen*
tragen und ein Mann soll keine Frau-
enkleider anziehen, denn Jahwe, dein
Gott, verabscheut jeden, der so etwas
tut.*

6 Wenn du unterwegs zufällig ein
Vogelnest auf einem Baum oder auf
der Erde mit Jungen oder Eiern fin-
dest und die Mutter sitzt auf den
Jungen oder den Eiern, dann darfst
du nicht die Mutter mit den Jungen
wegnehmen. 7 Die Mutter musst du
fliegen lassen, die Jungen kannst du
dir nehmen. Dann wird es dir gut
gehen und du wirst lange leben.

8 Wenn du ein neues Haus baust,
sollst du ein Geländer um die Dach-
terrasse ziehen, damit du nicht Blut-
schuld auf dein Haus lädst, wenn je-
mand herunterfällt.

9 Du sollst deinen Weinberg nicht
mit verschiedenen Gewächsen be-
pflanzen, sonst fällt der ganze Ertrag

21,23 Wird im Neuen Testament von Paulus zitiert: Galater 3,13.

22,5 *Männersachen.* Das hebräische Wort ist sehr allgemein gehalten. Es schließt auch Ausrüstung und Waffen ein.

so etwas tut. Gott verbietet hier vor allem den Transvestismus, der manchmal religiöse Züge trug. Er will, dass die Unterschiede zwischen Mann und Frau erkennbar bleiben.

jener Gewächse und des ganzen
Weinbergs ans Heiligtum. 10 Du sollst
nicht mit Rind und Esel zusammen
pflügen. 11 Du sollst kein Gewebe
tragen, in dem Wolle und Leinen
vermischt ist.

12 Du sollst dir Quasten an den vier
Zipfeln deines Mantels machen, in
den du dich einhüllst.

Rechtsschutz für eine verleumdete Frau

13 Wenn jemand eine Frau heiratet,
mit ihr verkehrt, sie dann aber nicht
mehr liebt 14 und sie deshalb in
schlechten Ruf bringt, indem er öf-
fentlich erklärt: »Als ich mit dieser
Frau die Ehe vollziehen wollte, stellte
ich fest, dass sie keine Jungfrau mehr
war!«, 15 dann sollen der Vater und
die Mutter der jungen Frau das Be-
weisstück* ihrer Jungfräulichkeit zu
den Ältesten der Stadt ans Tor brin-
gen. 16 Der Vater der jungen Frau soll
zu den Ältesten dort sagen: »Ich habe
meine Tochter diesem Mann zur Frau
gegeben, aber er liebt sie nicht mehr
17 und bringt sie in schlechten Ruf,
indem er öffentlich erklärt: ›Als ich
mit dieser Frau die Ehe vollziehen
wollte, stellte ich fest, dass sie keine
Jungfrau mehr war!‹ Dies hier ist das
Beweisstück für die Jungfräulichkeit
meiner Tochter.« Dabei sollen sie das
Tuch vor den Ältesten der Stadt aus-
breiten. 18 Dann sollen die Ältesten
sich den Mann vornehmen und aus-
peitschen. 19 Außerdem sollen sie ihm
eine Geldbuße von 100 Silberstücken
auferlegen, weil er eine Jungfrau aus
Israel in schlechten Ruf gebracht hat,
und diese dem Vater der jungen Frau
geben. Er aber muss die Frau zeit-
lebens behalten und darf sie nicht
verstoßen.

20 Erweist sich die Sache aber als
wahr und lassen sich keine Beweise
für ihre Jungfräulichkeit beibringen,
21 dann soll man die junge Frau vor
die Tür ihres Vaterhauses führen. Dort
sollen die Männer der Stadt sie zu
Tode steinigen, weil sie eine Schand-
tat in Israel begangen und im Haus
ihres Vaters gehurt hat. Du musst das
Böse aus deiner Mitte entfernen.

22 Wenn ein Mann dabei ertappt
wird, dass er mit der Ehefrau eines
anderen schläft, müssen alle beide
sterben, der Mann, der mit der Frau
geschlafen hat, und die Frau. Du
musst das Böse aus Israel entfernen.

23 Wenn ein unberührtes junges
Mädchen verlobt ist, und es trifft sie ein
Mann in der Stadt und schläft mit ihr,
24 dann sollt ihr beide zum Stadttor
hinausführen und dort zu Tode steini-
gen. Das Mädchen, weil es in der Stadt
nicht um Hilfe geschrien, und den
Mann, weil er der Frau* eines anderen
Gewalt angetan hat. Du musst das
Böse aus deiner Mitte entfernen.

25 Wenn der Mann das verlobte
Mädchen aber draußen auf dem Feld
trifft und sie vergewaltigt, dann muss
nur er sterben. 26 Dem Mädchen sollst
du nichts tun, denn es hat keine Sünde
begangen, die den Tod verdient. Denn
in diesem Fall ist es so, wie wenn einer

22,15 *Beweisstück* der Jungfräulichkeit war das Betttuch der Hochzeitsnacht, gewöhnlich das letzte vorhochzeitliche Gewand der Tochter, das Blutspuren aufweisen musste.

22,24 *Frau.* Eine Verlobte galt rechtlich bereits als verheiratet. Der Brautpreis war schon bezahlt.

seinen Nächsten überfällt und tot-
schlägt. 27 Denn er traf sie draußen
auf dem Feld. Das verlobte Mädchen
hat vielleicht um Hilfe geschrien, aber
es war niemand da, der ihr hätte
helfen können.

28 Wenn jemand ein unberührtes
Mädchen vergewaltigt, das noch nicht
verlobt ist, und dabei ertappt wird,
29 dann soll der Mann, der das tat,
ihrem Vater 50 Silberstücke geben, und
er muss das Mädchen zur Frau neh-
men, weil er sie vergewaltigt hat. Er
darf sie sein Leben lang nicht verstoßen.

23 1 Ein Mann darf nicht eine
Frau seines Vaters heiraten,
denn damit entehrt* er seinen Vater.

Wer zur Gemeinde Jahwes gehört

2 Es darf keiner in die Gemeinde
Jahwes aufgenommen werden, des-
sen Hoden zerquetscht oder dessen
Glied abgeschnitten ist. 3 Es darf auch
kein Mischling aufgenommen wer-
den, selbst in der zehnten Generation
darf kein Nachkomme von ihm in
die Gemeinde Jahwes aufgenommen
werden. 4 Dasselbe gilt für einen
Ammoniter oder Moabiter. Sie sind
für immer von der Gemeinde Jahwes
ausgeschlossen, selbst noch in der
zehnten Generation. 5 Denn sie haben
sich geweigert, euch Brot und Wasser
zu geben, als ihr von Ägypten kamt,
und haben sogar Bileam Ben-Beor
aus Petor in Mesopotamien gerufen,
um dich zu verfluchen. 6 Doch Jahwe,
dein Gott, wollte nicht auf Bileam
hören und verwandelte den Fluch in
Segen für dich, denn er hatte dich lieb.
7 Darum sollst du niemals ihr Wohl
und Glück zu fördern suchen.
8 Edomiter oder Ägypter aber sollst
du nicht verabscheuen, denn ein
Edomiter ist dein Bruder, und in
Ägypten hast du einmal als Fremder
gelebt. 9 Ihre Kinder aus der dritten
Generation dürfen in die Gemeinde
Jahwes aufgenommen werden.

Die Reinhaltung des Feldlagers

10 Wenn du gegen deine Feinde in den
Krieg ziehst und ein Feldlager auf-
schlägst, dann hüte dich vor allem
Bösen. 11 Wenn jemand infolge eines
nächtlichen Vorfalls* nicht rein ist,
muss er das Lager verlassen und sich
draußen aufhalten. 12 Gegen Abend
soll er sich dann mit Wasser über-
gießen, und beim Untergang der
Sonne darf er wieder ins Lager kom-
men. 13 Außerhalb vom Lager sollst
du einen Platz haben, wo du austreten
kannst. 14 Und bei deinem Gepäck
musst du einen kleinen Spaten haben,
damit du ein Loch graben kannst und
deine Ausscheidung wieder bedeckst,
wenn du dich draußen hingehockt
hast. 15 Denn Jahwe, dein Gott, hält
sich mitten in deinem Lager auf, um
dich zu retten und dir deine Feinde
preiszugeben. Darum muss dein La-
ger heilig sein, damit er bei dir nichts
Anstößiges sieht und sich von dir
abwendet.

Flüchtige Sklaven

16 Wenn sich ein ausländischer Skla-
ve zu dir flüchtet, sollst du ihn seinem

23,1 *entehrt.* Wörtlich: *die Decke seines Vaters aufdecken.* Damit setzt er sich selbst an die Stelle seines Vaters.

23,11 *Vorfall.* Das meint einen Samenerguss, der nach 3. Mose 15,16 unrein macht.

Herrn nicht ausliefern. 17 Er soll in Freiheit bei dir an einem Ort wohnen dürfen, wo es ihm gefällt. Du darfst ihn nicht unterdrücken.

Sakrale Prostitution

18 Unter den Frauen und Männern Israels darfst du keine Hurerei im Dienst irgendeines Gottes dulden.
19 Auch ins Haus deines Gottes Jahwe darfst du keinen Hurenlohn und kein Hundegeld* bringen, auch nicht, um ein Gelübde damit zu erfüllen. Denn Jahwe, dein Gott, verabscheut so etwas.

Zinsen

20 Von deinem Bruder darfst du keine Zinsen nehmen, weder für Geld noch für Getreide oder sonst etwas, wofür man Zinsen nehmen kann. 21 Von
einem Ausländer magst du Zinsen nehmen, nicht aber von deinem Bruder, damit Jahwe, dein Gott, dich in dem Land segnet, das du in Besitz nehmen wirst, und er deine Arbeit gelingen lässt.

Gelübde

22 Wenn du Jahwe, deinem Gott, ein Gelübde ablegst, dann sollst du es ohne Verzögerung erfüllen. Denn Jahwe, dein Gott, wird es sonst von dir einfordern und es wird dir als Sünde angelastet. 23 Wenn du es unterlässt,
etwas zu geloben, wird dir keine Sünde angelastet. 24 Was über deine
Lippen gegangen ist, musst du halten und tun, wie du es Jahwe, deinem Gott, freiwillig gelobt und mit deinem Mund ausgesprochen hast.

Erlaubter Mundraub

25 Wenn du in den Weinberg deines Nächsten kommst, kannst du so viel Trauben essen, wie du willst, bis du satt bist. Aber du darfst nichts in ein Gefäß sammeln. 26 Wenn du in
das Getreidefeld deines Nächsten kommst, darfst du mit der Hand Ähren abreißen, du darfst aber keine Sichel dabei benutzen.

Scheidung und Wiederheirat

24 1 Wenn ein Mann eine Frau heiratet, sie ihm dann aber nicht mehr gefällt, weil er etwas Schändliches an ihr gefunden hat, und er ihr einen Scheidebrief ausstellt* und sie wegschickt, 2 wenn sie
dann sein Haus verlässt und einen anderen Mann heiratet, 3 und wenn
auch der zweite Mann sie nicht mehr liebt, ihr einen Scheidebrief ausstellt und sie wegschickt, oder wenn dieser zweite Mann stirbt, 4 dann darf ihr
erster Mann, der sie verstoßen hat, sie nicht wieder zur Frau nehmen, nachdem sie also unrein geworden ist. Denn das verabscheut Jahwe. Du darfst das Land, das Jahwe, dein Gott, dir als Erbbesitz gibt, nicht mit Sünde beflecken.

Verschiedene Schutzbestimmungen

5 Wenn ein Mann erst kurz verheiratet ist, muss er nicht mit dem Heer

---

23,19 Hundegeld. Bezahlung männlicher Prostituierter.

24,1 Wird im Neuen Testament von Jesus und den Pharisäern zitiert: Matthäus 5,31; 19,7.

ausziehen, und man soll ihm nichts
auferlegen. Er soll ein Jahr für sein
Haus frei sein und soll seine Frau, die
er geheiratet hat, glücklich machen.
6 Man darf die Handmühle oder den
oberen Mühlstein nicht als Pfand
nehmen, denn damit pfändet man das
Leben.
7 Findet ihr heraus, dass jemand
einen anderen Israeliten, einen seiner
Brüder, entführt hat und als Sklaven
behandelt oder verkauft, dann muss
dieser Räuber sterben. Du sollst das
Böse aus deiner Mitte beseitigen.
8 Wenn es um die Plage des Aus-
satzes geht, musst du sorgfältig sein
und sehr genau auf das achten, was
dich die levitischen Priester lehren.
Denn sie tun das nach dem, was ich
ihnen verordnet habe, und ihr sollt es
unbedingt beachten. 9 Denk daran,
was Jahwe, dein Gott, an Mirjam
getan* hat, als ihr von Ägypten hier-
her unterwegs wart.

Schutz der Schwachen

10 Wenn du deinem Nächsten irgend-
etwas leihst, sollst du nicht zu ihm ins
Haus gehen, um ihm ein Pfand abzu-
nehmen. 11 Draußen sollst du stehen
bleiben, und der Mann, dem du leihst,
soll dir das Pfand herausbringen.
12 Wenn es ein armer Mann ist, be-
halte sein Pfand nicht über Nacht,
13 sondern bringe es ihm bei Sonnen-
untergang zurück, damit er sich zum
Schlafen mit seinem Obergewand zu-
decken kann und dich dabei segnet.
Das gilt als Gerechtigkeit vor Jahwe,
deinem Gott.
14 Du sollst einen armen und be-
dürftigen Tagelöhner nicht unter-
drücken, ganz gleich, ob es einer
deiner Brüder oder ein Ausländer ist,
der bei dir in deinem Land lebt.
15 Noch am selben Tag vor Sonnen-
untergang sollst du ihm seinen Lohn
geben. Er ist dringend darauf an-
gewiesen. Sonst beklagt er sich bei
Jahwe über dich, und du bist schuldig
geworden.
16 Die Väter sollen nicht für die
Söhne und die Söhne nicht für die
Väter hingerichtet werden. Jeder
muss für sein eigenes Verbrechen
sterben.
17 Das Recht eines Fremden oder
einer Waise darfst du nicht beugen,
und den Mantel einer Witwe darfst du
nicht als Pfand nehmen. 18 Denk
daran, dass du Sklave in Ägypten ge-
wesen bist und Jahwe, dein Gott, dich
von dort befreit hat. Deshalb befehle
ich dir, so zu handeln.
19 Wenn du bei der Ernte eine Garbe
auf deinem Feld vergessen hast, sollst
du nicht umkehren, um sie zu holen.
Sie soll dem Fremden, der Waise und
der Witwe gehören, damit Jahwe,
dein Gott, dich in all deinem Tun
segnet. 20 Wenn du Oliven von dei-
nem Ölbaum abklopfst, sollst du nicht
anschließend noch die Zweige absu-
chen. Was hängen bleibt, soll dem
Fremden, der Waise und der Witwe
gehören. 21 Wenn du in deinem Wein-
berg die Weinlese hältst, sollst du
keine Nachlese halten. Dem Fremden,
der Waise und der Witwe soll es gehö-
ren. 22 Denk daran, dass du Sklave in
Ägypten gewesen bist. Deshalb be-
fehle ich dir, so zu handeln.

24,9 *an Mirjam getan.* Siehe 4. Mose 12,10-15.

Begrenzung der Prügelstrafe

25 1 Wenn Männer einen Streit
miteinander haben und kom-
men vor Gericht, wo man ihnen Recht
spricht, dann soll man dem Recht
geben, der im Recht ist, und den
Schuldigen verurteilen. 2 Hat der
Schuldige Schläge verdient, soll der
Richter ihn veranlassen, sich hinzu-
legen, und ihm nach seinem Vergehen
eine bestimmte Zahl Schläge geben
lassen. 3 Vierzig Schläge darf er ihm
geben lassen, nicht mehr. Dein Bru-
der würde vor dir entehrt werden,
wenn er noch mehr Schläge be-
kommt.

Tierschutz

4 Du sollst dem Ochsen nicht das
Maul verbinden, wenn er drischt*.

Schwagerehe

5 Wenn Brüder auf demselben Grund-
besitz wohnen und einer von ihnen
stirbt, ohne einen Sohn zu hinter-
lassen, dann soll seine Witwe keinen
Fremden außerhalb der Familie heira-
ten. Ihr Schwager soll zu ihr kommen,
sie zur Frau nehmen und die Schwa-
gerehe mit ihr vollziehen.* 6 Der erste
Sohn, den sie dann zur Welt bringt,
soll den Namen des verstorbenen
Bruders weiterführen, damit dessen
Name in Israel nicht untergeht. 7 Will
der Mann seine Schwägerin aber
nicht heiraten, soll sie zum Ver-
sammlungsplatz am Stadttor gehen
und zu den Ältesten sagen: »Mein
Schwager weigert sich, den Namen
seines Bruders in Israel zu erhalten.
Er will die Schwagerehe mit mir nicht
eingehen.« 8 Dann sollen die Ältesten
der Stadt ihn rufen lassen und mit ihm
reden. Doch wenn er sich hinstellt
und erklärt: »Ich habe keine Lust,
sie zu heiraten!«, 9 dann soll seine
Schwägerin ihm dort vor den Ältesten
den Schuh abziehen, ihm ins Gesicht
spucken und sagen: »So behandelt
man jemand, der die Familie seines
Bruders nicht erhalten will!« 10 In
Israel wird man seine Familie dann
nur noch die »Barfüßer« nennen.

Übergriff beim Streit

11 Wenn zwei Männer im Streit heftig
aneinander geraten, und die Frau des
einen will ihren Mann aus der Hand
des Schlägers retten und packt diesen
dabei an seinen Geschlechtsteilen,
12 dann dürft ihr kein Mitleid mit
ihr haben. Ihr müsst ihr die Hand
abhauen.

Rechtes Maß und Gewicht

13 Du sollst nicht zweierlei Gewichts-
steine in deinem Beutel haben, einen
größeren und einen kleineren. 14 Du
sollst nicht zweierlei Hohlmaße in dei-
nem Haus haben, ein größeres und ein
kleineres. 15 Volle und richtige Ge-
wichte sollst du haben und ein volles
und gerechtes Hohlmaß, damit du
lange lebst in dem Land, das Jahwe,
dein Gott, dir gibt. 16 Denn Jahwe,

25,4 *drischt.* Das Tier wurde an einen Drehzapfen gebunden und drehte Runden, um das Korn zu zertreten oder einen Dreschschlitten zu ziehen. Dabei sollte es ihm erlaubt sein, zu fressen. – Der Vers wird im Neuen Testament von Paulus zitiert: 1. Korinther 9,9; 1. Timotheus 5,18.

25,5 Wird im Neuen Testament von den Sadduzäern zitiert: Matthäus 22,24; Markus 12,19; Lukas 20,28.

dein Gott, verabscheut jeden, der so
etwas tut und andere betrügt.

Ausrottung der Amalekiter

17 Denk daran, was Amalek dir ange-
tan hat, als ihr aus Ägypten zogt,
18 wie er dich überfiel und hinter dir
her ohne Gottesfurcht alle Schwachen
erschlug, als du erschöpft und müde
warst. 19 Wenn Jahwe, dein Gott, dir
in dem Land, das er dir geben will,
Ruhe verschafft hat vor all deinen
Feinden ringsum, dann sollst du jede
Spur von Amalek auslöschen. Vergiss
es nicht!

Abgabe der Erstlingsfrüchte

26 1 Wenn du in das Land
kommst, das Jahwe, dein
Gott, dir als Erbbesitz gibt, wenn du
es dann in Besitz genommen hast
und darin wohnst, 2 dann sollst du
einige von den ersten Früchten deines
Bodens in einen Korb legen und an
den Ort bringen, an dem Jahwe, dein
Gott, seinen Namen wohnen lassen
wird. 3 Du sollst zu dem Priester
gehen, der zu dieser Zeit da sein wird,
und ihm sagen: »Ich bezeuge heute
Jahwe, deinem Gott, dass ich in das
Land gekommen bin, das Jahwe unse-
ren Vorfahren unter Eid versprochen
hat.« 4 Wenn dann der Priester den
Korb entgegengenommen und vor
den Altar Jahwes gestellt hat, 5 sollst
du vor Jahwe, deinem Gott, sagen:
»Mein Vater war ein heimatloser Ara-
mäer. Er zog nach Ägypten und lebte
dort mit wenigen Leuten als Fremder.
Aber er wurde zu einer großen, star-
ken und zahlreichen Nation. 6 Die
Ägypter behandelten uns schlecht,
unterdrückten uns und zwangen uns
zu harter Arbeit. 7 Da schrien wir zu
Jahwe, dem Gott unserer Vorfahren.
Er hörte uns und sah unser Elend, un-
sere Qualen und die Unterdrückung
8 und führte uns mit starker Hand und
ausgestrecktem Arm aus Ägypten
heraus, mit großen furchterregenden
Taten, mit Zeichen und Wundern.
9 Er brachte uns an diesen Ort und
gab uns dieses Land, das von Milch
und Honig überfließt. 10 Hier bringe
ich nun die ersten Früchte der Ernte,
die ich in dem Land eingebracht habe,
das du, Jahwe, mir gegeben hast.«
Hiermit legst du es vor Jahwe, dei-
nem Gott, nieder und betest ihn an.
11 Genieße voll Freude all das Gute,
das Jahwe dir und deiner Familie ge-
geben hat zusammen mit dem Leviten
und dem Fremden, der bei dir wohnt.

Abgabe des Zehnten für die Armen

12 Wenn du im dritten Jahr, dem Jahr
des Zehnten, den ganzen Zehnten dei-
nes Einkommens vollständig entrich-
test und ihn dem Leviten, dem Frem-
den, der Waise und der Witwe gege-
ben hast, damit sie sich in deinem Ort
satt essen können, 13 dann sollst du
vor Jahwe, deinem Gott, erklären:
»Ich habe das Geweihte aus dem Haus
weggebracht und es dem Leviten,
dem Fremden, der Waise und der
Witwe gegeben, wie du es mir gebo-
ten hast. Ich habe deine Gebote nicht
übertreten und nicht vergessen. 14 Ich
habe nichts davon gegessen, als ich in
Trauer war, nichts davon zu unreinem
Gebrauch verwendet und nichts
davon einem Toten gegeben*. Ich bin
der Stimme Jahwes, meines Gottes,
gehorsam gewesen. Ich habe alles
getan, was du mir befohlen hast.

[15] Blick herab von deiner heiligen
Wohnung, vom Himmel, und segne
dein Volk Israel und den Boden, den
du uns gegeben hast, wie du es unse-
ren Vorfahren unter Eid versprachst:
ein Land, das von Milch und Honig
überfließt.«

Schlussermahnung

[16] An diesem Tag befiehlt dir Jahwe,
dein Gott, diese Vorschriften und Be-
stimmungen zu beachten, dass du sie
mit Herz und Seele befolgst und tust.
[17] Du hast heute Jahwe erklären
lassen, dass er dein Gott sein will und
dass du auf seinen Wegen gehen,
seine Vorschriften, Gebote und Be-
stimmungen bewahren und auf seine
Stimme hören sollst. [18] Und Jahwe
hat dich heute erklären lassen, dass du
sein eigenes Volk sein willst, wie er es
dir versprochen hat, und dass du alle
seine Gebote halten willst. [19] Dann
wird er dich zu Lob und Ruhm und
zum Schmuck über alle von ihm ge-
schaffenen Völker erhöhen, und dann
wirst du ein Volk sein, das Jahwe,
deinem Gott, geweiht ist. So hat er es
versprochen.

Gedenksteine mit dem Gesetz

27 [1] Zusammen mit den Ältes-
ten Israels befahl Mose dem
Volk: »Haltet das ganze Gebot, das ich
euch heute gebe. [2] Wenn ihr über den
Jordan hinüberkommt und das Land
betretet, das Jahwe, dein Gott, dir
gibt, sollst du große Steine aufrichten
und sie mit Kalk bestreichen. [3] Sobald
du hinübergegangen bist, sollst du
alle Worte dieser Weisung darauf
schreiben. So wirst du in das Land
kommen, das Jahwe, dein Gott, dir
gibt, das von Milch und Honig
überfließt, wie es Jahwe, der Gott dei-
ner Vorfahren, dir versprochen hat.
[4] Wenn ihr über den Jordan gezogen
seid, sollt ihr diese Steine, wie ich es
jetzt befehle, auf dem Berg Ebal auf-
richten und mit Kalk bestreichen.
[5] Dort sollst du auch einen Altar für
Jahwe, deinen Gott, bauen, einen
Altar aus Steinen. Du sollst sie nicht
mit Eisen bearbeiten. [6] Aus unbehau-
enen Steinen sollst du den Altar für
Jahwe, deinen Gott, bauen und ihm
Brandopfer darauf opfern. [7] Auch
Freudenopfer sollst du dort schlach-
ten und essen und dich vor Jahwe, dei-
nem Gott, freuen. [8] Und auf die Steine
sollst du alle Worte dieses Gesetzes
klar und deutlich schreiben.«
[9] Weiter sagte Mose zusammen mit
den Priestern aus dem Stamm Levi
zum ganzen Volk: »Sei still und höre
Israel! Heute bist du Jahwe, deinem
Gott, zum Volk geworden. [10] Höre
darum auf das Wort Jahwes, deines
Gottes, und richte dich nach seinen
Geboten und Vorschriften, die ich dir
heute gegeben habe.«

Die Fluchworte

[11] Mose befahl dem Volk an diesem
Tag: [12] »Wenn ihr über den Jordan
gezogen seid, sollen die Stämme Si-
meon, Levi, Juda, Issachar, Josef und
Benjamin auf dem Berg Garizim
stehen, um das Volk zu segnen. [13] Die
Stämme Ruben, Gad, Ascher, Sebu-
lon, Dan und Naftali sollen auf dem

26,14 *einem Toten gegeben.* In Ägypten war es üblich, den Toten Proviant für ihre Reise ins Jenseits mitzugeben.

Berg Ebal stehen, um die Flüche aus-
zusprechen. 14 Die Leviten sollen
mit lauter Stimme zu allen Männern
Israels sprechen:
15 ›Verflucht ist, wer ein geschnitz-
tes oder gegossenes Bild macht,
das Jahwe verabscheut, ein Werk
von Künstlerhand, und es heimlich
aufstellt!‹ Das ganze Volk soll da-
rauf antworten und sprechen:
›Amen!‹*
16 ›Verflucht ist, wer Vater oder
Mutter verachtet!‹ Und das ganze
Volk soll sprechen: ›Amen!‹
17 ›Verflucht ist, wer die Grenze
zu seinem Nächsten verändert!‹
Und das ganze Volk soll sprechen:
›Amen!‹
18 ›Verflucht ist, wer einen Blin-
den auf den falschen Weg führt!‹
Und das ganze Volk soll sprechen:
›Amen!‹
19 ›Verflucht ist, wer das Recht
des Fremden, der Waise oder der
Witwe beugt!‹ Und das ganze Volk
soll sprechen: ›Amen!‹
20 ›Verflucht ist, wer mit der
Frau seines Vaters schläft, denn er
hat seinen Vater entehrt!‹ Und das
ganze Volk soll sprechen: ›Amen!‹
21 ›Verflucht ist, wer mit einem
Tier geschlechtlich verkehrt!‹ Und
das ganze Volk soll sprechen:
›Amen!‹
22 ›Verflucht ist, wer mit seiner
Schwester schläft, der Tochter sei-
nes Vaters oder seiner Mutter!‹
Und das ganze Volk soll sprechen:
›Amen!‹
23 ›Verflucht ist, wer mit seiner
Schwiegermutter schläft!‹ Und
das ganze Volk soll sprechen:
›Amen!‹
24 ›Verflucht ist, wer seinen
Nächsten heimlich erschlägt!‹
Und das ganze Volk soll sprechen:
›Amen!‹
25 ›Verflucht ist, wer Bestechung
annimmt, damit ein unschuldiger
Mensch getötet wird!‹ Und das
ganze Volk soll sprechen: ›Amen!‹
26 ›Verflucht ist, wer die Worte
dieser Weisung nicht annimmt,
um danach zu handeln!‹* Und
das ganze Volk soll sprechen:
›Amen!‹«

Der Segen für Gehorsam

28 1 »Wenn du genau auf die
Stimme Jahwes, deines Got-
tes, hörst und alle seine Gebote, die
ich dir heute gebe, sorgfältig beach-
test, dann wird Jahwe, dein Gott, dich
hoch über alle Völker der Erde er-
heben. 2 All diese Segnungen werden
über dich kommen und dich er-
reichen, wenn du auf die Stimme
Jahwes, deines Gottes, hörst:
3 Gesegnet wirst du sein in der Stadt
und gesegnet auf dem Feld. 4 Geseg-
net wird sein die Frucht deines Lei-
bes, die Frucht deines Ackerlands, die
Frucht deines Viehs, die Zucht deiner
Rinder und der Nachwuchs deines
Kleinviehs. 5 Gesegnet wird sein dein
Korb und dein Backtrog. 6 Gesegnet
wirst du sein, wenn du heimkommst
und wenn du wieder losgehst.

27,15 *Amen.* Hebräisch: *Es werde wahr!* Oder: *So sei es!*

27,26 Wird im Neuen Testament von Paulus nach der LXX zitiert: Galater 3,10.

7 Jahwe wird die Feinde, die sich
gegen dich erheben, vor dir nieder-
stoßen. Auf einem Weg werden sie
gegen dich anrücken, und auf sieben
Wegen werden sie vor dir fliehen.
8 Auf Jahwes Befehl wird der Segen in
deine Scheunen kommen und in alle
Geschäfte, die du anpackst. So wirst
du in dem Land, das Jahwe, dein Gott,
dir gibt, lauter Segen haben. 9 Jahwe
wird dich zu einem heiligen Volk für
sich erheben, wie er es dir geschworen
hat, wenn du seine Gebote hältst und
auf seinen Wegen gehst. 10 Alle Völker
der Erde werden sehen, dass du nach
seinem Namen genannt bist, und sich
vor dir fürchten.

11 Jahwe wird dir Gutes im Über-
fluss geben, Frucht deines Leibes,
Frucht deines Viehs, Frucht deines
Ackerlands in dem Land, das Jahwe
deinen Vorfahren geschworen hat, dir
zu geben. 12 Jahwe wird dir sein
Schatzhaus, den Himmel, öffnen, um
deinem Land zur rechten Zeit Regen
zu geben und alle Arbeit deiner Hände
zu segnen. Du wirst vielen Völkern
leihen können, selbst aber nicht leihen
müssen. 13 Jahwe wird dich zum Kopf
machen und nicht zum Schwanz, du
wirst immer die Oberhand haben und
nicht unterliegen, solange du den
Geboten Jahwes, deines Gottes, ge-
horchst, die ich dir heute zu beachten
gebe, 14 und solange du von den
Worten, die ich euch heute gebiete,
weder rechts noch links abweichst,
um anderen Göttern nachzulaufen
und ihnen zu dienen.«

Der Fluch für Ungehorsam

15 »Wenn du aber nicht auf die Stim-
me Jahwes, deines Gottes, hörst und
seine Gebote und Vorschriften, die ich
dir heute verkünde, nicht befolgst,
dann werden all diese Flüche über
dich kommen und dich treffen:

16 Verflucht wirst du sein in der
Stadt und verflucht auf dem Feld.
17 Verflucht wird sein dein Korb und
dein Backtrog. 18 Verflucht wird sein
die Frucht deines Leibes, die Frucht
deines Ackerlands, die Zucht deiner
Rinder und der Nachwuchs deines
Kleinviehs. 19 Verflucht wirst du sein,
wenn du heimkommst und wenn
du wieder losgehst. 20 Jahwe wird
dir Fluch, Bestürzung und Verwün-
schung schicken in allen Geschäften,
die du anpackst, bis du vernichtet bist,
bis du schnell zugrunde gehst wegen
der Bosheit deiner Taten, die zeigen,
dass du mich verlassen hast.

21 Jahwe wird dir die Pest an-
hängen, bis er dich wieder aus dem
Land entfernt hat, das du jetzt in Be-
sitz nehmen willst. 22 Jahwe wird dich
mit Schwindsucht, Fieberglut und
Hitze schlagen, mit Entzündung,
Dürre, Getreidebrand* und Vergilben
des Korns. Das alles wird dich ver-
folgen, bis du zugrunde gehst. 23 Der
Himmel über dir wird wie aus Bronze
sein und die Erde unter dir wie Eisen.
24 Statt Regen wird Jahwe Staub und
Sand vom Himmel kommen lassen,
bis du umgekommen bist. 25 Jahwe
wird deinen Feinden erlauben, dich
zu schlagen. Auf einem Weg wirst
du gegen sie ausrücken und auf
sieben Wegen vor ihnen fliehen. Zum
Schreckensbild wirst du für alle
Reiche der Erde. 26 Dein Leichnam

28,22 *Getreidebrand* ist eine Pilzerkrankung der Pflanze.

wird den Vögeln und den wilden
Tieren zum Fraß, und niemand wird
sie verscheuchen. 27 Mit den Ge-
schwüren Ägyptens wird Jahwe dich
schlagen, mit Beulen, Krätze und
Schorf, von denen du nicht geheilt
werden kannst. 28 Mit Wahnsinn und
mit Blindheit wird Jahwe dich schla-
gen und mit Verwirrung. 29 Am hellen
Mittag tappst du wie ein Blinder
umher. Deine Wege führen nicht zum
Erfolg. Dein Leben lang wirst du
unterdrückt und ausgebeutet sein und
niemand wird dir helfen.

30 Du verlobst dich mit einer Frau,
doch ein anderer wird sie schänden.
Du baust ein Haus, wirst aber nicht
darin wohnen. Du pflanzt einen Wein-
berg, wirst ihn aber nicht nutzen.
31 Dein Rind wird vor deinen Augen
geschlachtet, aber du wirst nichts
davon essen. Dein Esel wird vor dei-
ner Nase geraubt, und du siehst ihn
nie wieder. Dein Kleinvieh wird dei-
nen Feinden gegeben, und du hast
niemand, der dir hilft. 32 Deine Söhne
und Töchter werden einem anderen
Volk preisgegeben und du musst
zusehen. Du wirst dich täglich nach
ihnen sehnen, aber völlig machtlos
sein. 33 Die Früchte deines Acker-
lands und aller deiner Arbeit werden
Leute genießen, die du nicht kennst.
Du wirst immerzu nur unterdrückt
und misshandelt werden.

34 Du wirst wahnsinnig werden vom
Anblick dessen, was du siehst. 35 An
Knien und Schenkeln wird Jahwe dich
schlagen mit bösen Geschwüren, die
niemand heilen kann. Von der Sohle
bis zum Scheitel wirst du krank.
36 Jahwe wird dich und deinen König,
den du über dich setzen wirst, zu
einem Volk führen, das du und deine
Vorfahren nicht gekannt haben. Dort
wirst du anderen Göttern dienen,
Göttern aus Holz und aus Stein. 37 Du
wirst zum Entsetzen werden, zum
Sprichwort und zum Gespött bei allen
Völkern, zu denen Jahwe dich treibt.
38 Viel Saatgut bringst du aufs Feld,
sammelst aber wenig ein, denn die
Heuschrecke wird es fressen. 39 Du
wirst Weinberge anlegen und pflegen,
aber den Wein weder trinken noch
einkellern, denn der Wurm frisst alles
kahl. 40 Ölbäume wachsen überall in
deinem Land, aber du wirst dich nicht
mit Öl salben, denn die Oliven fallen
ab. 41 Söhne und Töchter wirst du
zeugen, aber sie bleiben dir nicht,
denn sie gehen in die Gefangenschaft.
42 Das Ungeziefer wird all deine
Bäume und die Früchte deines Ackers
verderben. 43 Der Fremde, der sich bei
dir aufhält, wird sich immer mehr
über dich erheben, und du wirst
immer weiter herunterkommen. 44 Er
wird dir leihen, du ihm aber nicht. Er
wird zum Kopf, und du wirst zum
Schwanz.

45 All diese Flüche werden über dich
kommen, dich verfolgen und ein-
holen, bis du vernichtet bist, weil du
nicht auf die Stimme Jahwes, deines
Gottes, gehört und seine Gebote und
Vorschriften nicht gehalten hast.
46 Diese Flüche werden als Zeichen
und Beweis für immer an dir und
deinen Nachkommen haften.

47 Weil du Jahwe, deinem Gott,
nicht mit Freude und fröhlichem
Herzen gedient hast, als du in allem
Überfluss lebtest, 48 wirst du deinen
Feinden dienen müssen, die Jahwe auf
dich loslassen wird. Dabei wirst du

Hunger und Durst haben, an Kleidung und allem anderen Mangel leiden. Jahwe wird ein eisernes Joch auf dich legen, bis er dich vernichtet hat. 49 Ein Volk aus weiter Ferne, vom Ende der Erde, wird er über dich bringen. Wie ein Adler wird diese Nation auf dich herabstoßen, deren Sprache du nicht verstehst, 50 eine Nation ohne jedes Erbarmen, die keine Rücksicht auf die Alten nimmt und für die Jungen keine Gnade kennt. 51 Sie verzehrt alles, was dein Vieh und dein Ackerland hervorgebracht haben, bis du vernichtet bist. Sie wird dir nichts, weder Getreide noch Most oder Öl übrig lassen, weder das Jungvieh deiner Rinder noch die Zucht deines Kleinviehs, bis sie dich zugrunde gerichtet hat. 52 Sie wird dich in allen deinen Städten belagern, bis deine hohen und festen Mauern, auf die du dich verlässt, überall im ganzen Land gefallen sind. Sie wird dich in allen deinen Städten belagern, im ganzen Land, das Jahwe, dein Gott, dir gegeben hat.

53 In der Belagerung und Enge, in die der Feind dich treiben wird, wirst du die Frucht deines Leibes essen, das Fleisch deiner Söhne und Töchter, die Jahwe, dein Gott, dir gegeben hat. 54 Der weichlichste und verwöhnteste deiner Männer wird begehrlich auf seinen Bruder blicken, auf seine Frau, die er liebt, und die Kinder, die ihm noch geblieben sind. 55 Keinem wird er von dem Fleisch seiner Kinder, die er isst, etwas geben wollen, weil ihm in der Belagerung und Bedrängnis, mit der dein Feind dich in allen deinen Städten bedrängt, nichts weiter übrig geblieben ist. 56 Die weichlichste und verwöhnteste Frau, die vor lauter Verwöhntheit und Verzärtelung noch nie versucht hat, ihren Fuß auf die Erde zu setzen, wird begehrlich auf den Mann an ihrem Busen blicken und ihrem Sohn und ihrer Tochter 57 die Nachgeburt missgönnen, die zwischen ihren Beinen hervorkommt, und die Kinder, die sie gebiert. Denn aus Mangel an allem wird sie das heimlich essen in der Belagerung und Bedrängnis, mit der dein Feind dich in allen deinen Städten bedrängt.

58 Wenn du nicht alle Worte dieses Gesetzes, die in diesem Buch niedergeschrieben sind, sorgfältig beachtest, dass du Jahwe, deinen Gott, diesen furchtbaren und herrlichen Namen, fürchtest, 59 dann wird Jahwe dich und deine Nachkommen mit außergewöhnlichen Plagen, mit bösen und hartnäckigen Krankheiten schlagen. 60 Er wird alle Seuchen Ägyptens über dich bringen, vor denen dir graut, und sie werden an dir haften bleiben. 61 Auch alle Krankheiten und Plagen, die in diesem Gesetzbuch nicht erwähnt werden: Jahwe wird sie über dich bringen, bis du vernichtet bist. 62 Wenn du nicht auf die Stimme Jahwes, deines Gottes, hörst, werden nur wenige von euch übrig bleiben, statt dass ihr zahlreich seid wie die Sterne am Himmel. 63 Und so wie Jahwe seine Freude daran hatte, euch Gutes zu tun und euch zahlreich werden zu lassen, wird er seine Freude daran haben, euch zugrunde zu richten und euch zu vernichten. Ihr werdet aus dem Erdreich herausgerissen werden, das du jetzt in Besitz nehmen willst. 64 Jahwe wird dich unter alle Völker zerstreuen von

einem Ende der Erde bis zum ande-
ren. Dort wirst du anderen Göttern
dienen, die weder du noch deine Vor-
fahren gekannt haben, Göttern aus
Holz und Stein. 65 Unter diesen Völ-
kern wirst du nicht ruhig wohnen
können, dein Fuß wird keine Bleibe
finden. Jahwe wird dir dort ein zittern-
des Herz, erlöschende Augen und eine
verzweifelte Seele geben. 66 Dein
Leben wird in Gefahr schweben. Du
wirst dich Tag und Nacht fürchten
und deines Lebens nicht mehr sicher
sein. 67 Am Morgen wirst du sagen:
›Wäre es doch Abend!‹, und am
Abend wirst du sagen: ›Wäre es doch
Morgen!‹. So voller Furcht wird dein
Herz sein, und so schrecklich wird
sein, was du sehen musst. 68 Jahwe
wird dich auf Schiffen wieder nach
Ägypten führen auf dem Weg, von
dem ich dir gesagt habe: ›Du sollst ihn
nie mehr sehen.‹ Und dort müsst ihr
euch euren Feinden als Sklaven und
Sklavinnen zum Kauf anbieten, doch
es wird kein Käufer da sein.«

Gott erneuert seinen Bund mit Israel

69 Das sind die Worte des Bundes,
den Mose nach Jahwes Befehl mit den
Israeliten im Land Moab geschlossen
hat, neben dem Bund, den er am
Horeb mit ihnen schloss.

29 1 Mose rief alle Israeliten zu-
sammen und sagte zu ihnen:
»Ihr habt alles gesehen, was Jahwe in
Ägypten vor euren Augen getan hat,
vor dem Pharao, seinen Dienern und
an seinem ganzen Land. 2 Mit eigenen
Augen habt ihr die großen Prüfungen
gesehen, die großen Zeichen und
Wunder. 3 Aber Jahwe hat euch bis
heute noch kein verständiges Herz
gegeben, weder sehende Augen noch
hörende Ohren.* 4 Und ich habe euch
vierzig Jahre lang in der Wüste ge-
führt: Eure Kleidung ist nicht ver-
schlissen und eure Schuhe haben sich
nicht abgenutzt. 5 Ihr hattet weder
Brot zu essen noch Wein und Bier zu
trinken, damit ihr erkennt, dass ich,
Jahwe, euer Gott bin. 6 Und als ihr an
diesen Ort kamt, zogen die Könige
Sihon von Heschbon und Og von Ba-
schan gegen uns in den Krieg, doch
wir konnten sie besiegen. 7 Wir nah-
men ihnen das Land weg und gaben es
den Rubeniten, den Gaditen und dem
halben Stamm Manasse als Erbbesitz.
8 So haltet nun die Worte dieses Bun-
des und handelt danach, damit euch
alles, was ihr tut, gelingt.

9 Ihr habt euch heute alle vor Jahwe,
eurem Gott, aufgestellt: eure Stam-
mesführer, eure Ältesten, eure Aufse-
her, alle Männer von Israel, 10 eure
Kinder, eure Frauen und der Fremde
in deinem Lager, vom Holzhauer bis
zum Wasserschöpfer, 11 um in den
Bund mit Jahwe, deinem Gott, und in
seine Fluchbestimmungen* einzutre-
ten, in den Bund, den er heute mit dir
schließt. 12 Er nimmt dich heute als
sein Volk an, so wie er dein Gott ist.
Das hat er dir und deinen Vorfahren
Abraham, Isaak und Jakob geschwo-
ren. 13 Er schließt diesen Bund
mit diesen Fluchbestimmungen aber

29,3 Wird im Neuen Testament von Paulus zitiert: Römer 11,8.

29,11 *Fluchbestimmungen.* Siehe Kapitel 27,15-26.

nicht mit euch allein, 14 sondern sowohl mit dem, der heute hier mit uns vor Jahwe, unserem Gott, steht, als auch mit dem, der heute nicht hier ist.

15 Denn ihr wisst selbst, wie wir im Land Ägypten gewohnt haben und dann durch die verschiedenen Völker gezogen sind, die wir angetroffen haben. 16 Da habt ihr ihre Scheusale gesehen, ihre Mistgötzen* aus Holz und Stein, Silber und Gold. 17 Es soll ja niemand unter euch sein, kein Mann und keine Frau, keine Sippe und kein Stamm, dessen Herz sich heute von Jahwe, unserem Gott, abwendet, um den Göttern jener Völker zu dienen. Lasst ja keine Wurzel unter euch wachsen, die ein so giftiges und bitteres Kraut hervorbringt! 18 Und niemand, der die Worte dieses Eidfluches hört, soll sich in seinem Herzen segnen und sagen: »Mir wird es gut gehen, auch wenn ich meinem sturen Herzen folge!« Denn dann würde das bewässerte Land mitsamt dem dürren zugrunde gehen. 19 Jahwe wird nicht bereit sein, ihm zu vergeben, sondern vor Zorn und Eifersucht schnauben. Und der ganze Fluch, der in diesem Buch niedergeschrieben ist, wird ihn treffen. Jahwe wird seinen Namen unter dem Himmel auslöschen. 20 Er wird ihn aus allen Stämmen Israels zum Unheil herausnehmen und es werden ihn alle Eidflüche treffen, die in diesem Gesetzbuch aufgeschrieben sind.

21 Und die zukünftige Generation, eure Kinder, die nach euch kommen werden, und der Ausländer, der aus einem fremden Land kommt: Wenn sie die Plagen dieses Landes sehen und seine Krankheiten, mit denen Jahwe es geschlagen hat, 22 den Erdboden, eine Brandstätte voll Schwefel und Salz, die nicht besät werden kann und nichts hervorbringt, nicht einmal Unkraut aufschießen lässt wie nach der Zerstörung von Sodom und Gomorra, Adma und Zebojim, die Jahwe in Zorn und Grimm zerstört hat, 23 dann werden sie wie alle Völker sagen: »Warum hat Jahwe diesem Land so etwas angetan? Weshalb dieser große, glühende Zorn?« 24 Man wird ihnen erwidern: »Weil sie den Bund mit Jahwe, dem Gott ihrer Väter, verlassen haben, den er mit ihnen schloss, als er sie aus Ägypten herausführte, 25 und weil sie anfingen, andere Götter zu verehren und sich vor ihnen niederzuwerfen, Göttern, die sie nicht kannten und die er ihnen nicht zugewiesen hatte, 26 deshalb loderte der Zorn Jahwes gegen dieses Land auf, sodass er alle Flüche darüber kommen ließ, die in diesem Buch niedergeschrieben sind. 27 Jahwe riss sie mit Zorn und Grimm aus ihrem Land heraus und warf sie in ein anderes Land, wie es jetzt geschehen ist.« – 28 Was noch verborgen ist, steht bei Jahwe, unserem Gott. Was schon offenbar ist, geht uns und unsere Kinder an, damit wir nach allen Worten dieses Gesetzes handeln.

»Du darfst zurückkehren«

30 1 »Wenn einmal all dies über dich kommt, der Segen und

29,16 *Mistgötzen.* Wörtlich: *Mistkugel*, eine bewusst verächtliche Bezeichnung für die Götzenbilder.

der Fluch, alles, was ich dir vorgelegt
habe, und wenn du es dir bei den Völ-
kern, unter die Jahwe, dein Gott, dich
versprengt hat, zu Herzen nimmst
2 und zu Jahwe, deinem Gott, um-
kehrst und auf seine Stimme hörst,
wie ich es dir heute sage, wenn du es
zusammen mit deinen Kindern mit
Herz und Seele tust, 3 dann wird Jah-
we, dein Gott, dein Geschick wenden.
Er wird sich über dich erbarmen und
dich wieder sammeln aus allen Völ-
kern, unter die Jahwe, dein Gott, dich
zerstreut hat. 4 Selbst wenn du bis ans
Ende der Welt versprengt wurdest,
wird dich Jahwe, dein Gott, auch von
dort holen und sammeln. 5 Jahwe,
dein Gott, wird dich in das Land brin-
gen, das deine Vorfahren besessen
haben, und du wirst es in Besitz neh-
men. Er wird dir Gutes tun und dich
zahlreicher machen, als es deine Vor-
fahren gewesen sind. 6 Jahwe, dein
Gott, wird dein und deiner Nachkom-
men Herz beschneiden, damit du
Jahwe, deinen Gott, mit Herz und
Seele liebst und am Leben bleibst.
7 Und all diese Flüche wird Jahwe,
dein Gott, auf deine Feinde legen, auf
die, die dich hassen und dich verfolgt
haben. 8 Doch du wirst umkehren, auf
die Stimme Jahwes hören und nach
seinen Geboten handeln, die ich dir
heute übergebe. 9 Im Überfluss wird
Jahwe, dein Gott, dir vom Ertrag dei-
ner Arbeit geben, von der Frucht dei-
nes Leibes, der Frucht deines Viehs
und der Frucht deines Ackers, und es
wird dir zum Guten sein. Denn Jahwe
wird sich wieder über dich freuen und
dir Gutes tun, wie er sich über deine
Vorfahren gefreut hat, 10 weil du auf
das Wort Jahwes, deines Gottes,
hörst, um seine Gebote und Vorschrif-
ten zu halten, die in diesem Gesetz-
buch aufgeschrieben sind, und weil
du zu Jahwe, deinem Gott, mit Herz
und Seele umkehrst.«

»Das Gesetz in deiner Nähe«

11 »Denn das Gesetz, das ich dir heute
gebe, ist nicht zu schwer für dich und
nicht zu fern. 12 Es ist nicht im Him-
mel, dass du sagen müsstest: Wer
steigt für uns in den Himmel hinauf
und holt es herunter und lässt es uns
hören, damit wir es befolgen können?
13 Es ist auch nicht auf der anderen
Seite des Meeres, sodass du sagen
müsstest: Wer fährt für uns hinüber
und holt es her und lässt es uns hö-
ren, damit wir es befolgen können?
14 Nein, das Wort ist dir ganz nah. Du
hast es schon auf den Lippen und im
Herzen, und du kannst es befolgen.«*

Segen und Fluch – Leben und Tod

15 »Pass auf! Ich habe dir heute Leben
und Glück vorgelegt, Tod und Un-
glück. 16 Und ich gebiete dir heute,
Jahwe, deinen Gott, zu lieben, seinen
Weisungen zu folgen und dich an
seine Anordnungen, Gebote und Be-
stimmungen zu halten! Dann wirst du
leben und dich vermehren, und Jah-
we, dein Gott, wird dich segnen in
dem Land, das du jetzt in Besitz
nimmst.

17 Doch wenn du dein Herz abwen-
dest und ihm nicht gehorchst, wenn
du dich verführen lässt und dich vor
anderen Göttern niederwirfst und sie

30,12-14 Wird im Neuen Testament von Paulus zitiert: Römer 10,6-8.

verehrst, 18 dann werdet ihr zugrunde
gehen. Lasst es euch gesagt sein, dass
ihr dann nicht lange in dem Land
bleibt, das ihr jetzt in Besitz nehmen
wollt, wenn ihr über den Jordan zieht.
19 Ich rufe Himmel und Erde als Zeu-
gen gegen euch an: Ich habe dir heute
Leben und Tod vorgelegt, Segen und
Fluch. Wähle das Leben, damit du am
Leben bleibst, du und deine Nach-
kommen! 20 Das geschieht, indem du
Jahwe, deinen Gott, liebst, ihm ge-
horchst und ihm treu bleibst. Denn
das bedeutet Leben und hohes Alter
für dich, und du wirst in dem Land
wohnen bleiben, das Jahwe deinen
Vorfahren Abraham, Isaak und Jakob
unter Eid versprochen hat.«

Die Einsetzung Josuas

31 1 Mose fuhr fort und sagte
zum ganzen Volk Israel:
2 »Ich bin jetzt 120 Jahre alt und kann
nicht mehr euer Anführer sein. Jahwe
hat mir verboten, diesen Jordan zu
überschreiten. 3 Er selbst wird aber
vor dir hinüberziehen und die Na-
tionen vor dir vernichten, sodass du
ihren Besitz übernehmen kannst.
Josua wird euer Anführer sein, wie
Jahwe es befohlen hat. 4 Jahwe wird
mit den Völkern dieses Landes genau-
so umgehen wie mit den Amoriter-
königen Sihon und Og, die er vernich-
tet hat. 5 Und wenn Jahwe sie euch
preisgibt, sollt ihr mit ihnen so ver-
fahren, wie ich es euch befohlen habe.
6 Seid stark und mutig, fürchtet euch
nicht und erschreckt nicht vor ihnen!
Es ist Jahwe, dein Gott, der mit dir
geht. Er lässt dich nicht fallen und
verlässt dich nicht.*«
7 Mose rief Josua und sagte vor allen
Israeliten zu ihm: »Sei stark und
mutig! Denn du wirst mit diesem Volk
in das Land kommen, das Jahwe ihren
Vorfahren unter Eid zugesagt hat.
Und du, du wirst es ihnen als Erbe
austeilen. 8 Jahwe selbst wird vor dir
herziehen. Er wird mit dir sein, er
lässt dich nicht fallen und verlässt
dich nicht. Fürchte dich nicht und hab
keine Angst!«

Verlesung des Gesetzes im Sabbatjahr

9 Mose schrieb dieses ganze Gesetz
auf und übergab es den Priestern, den
Nachkommen Levis, die die Lade des
Jahwe-Bundes trugen, und den Ältes-
ten Israels. 10 Mose befahl ihnen:
»Alle sieben Jahre, im Erlassjahr beim
Laubhüttenfest, 11 wenn ganz Israel
vor Jahwe, deinem Gott, an dem Ort
erscheint, den er auswählen wird,
sollt ihr dieses Gesetz öffentlich vor-
lesen! 12 Ruft dazu das ganze Volk zu-
sammen, Männer, Frauen und Kinder,
auch die Fremden an euren Orten,
damit sie hören und lernen und vor
Jahwe, eurem Gott, Ehrfurcht haben
und damit sie alle Bestimmungen die-
ses Gesetzes genau beachten. 13 Auch
ihre Kinder, die dieses Gesetz noch
nicht kennen, sollen zuhören, damit
sie Ehrfurcht vor Jahwe, eurem Gott,
haben, solange ihr in dem Land lebt,
das ihr jetzt in Besitz nehmen werdet,
wenn ihr über den Jordan gezogen
seid.«

31,6 Wird im Neuen Testament zitiert: Hebräer 13,5.

Gottes Befehl zum Schreiben des Moseliedes

14 Jahwe sagte dann zu Mose: »Deine
Zeit ist gekommen. Du wirst jetzt bald
sterben. Rufe Josua und komm mit
ihm zum Zelt der Gottesbegegnung,
damit ich ihm meine Befehle erteile.«
Mose und Josua gingen hin und traten
ins Zelt. 15 Da erschien Jahwe im Zelt
der Gottesbegegnung in einer Wol-
kensäule. Die Wolkensäule stand über
dem Eingang des Zeltes. 16 Jahwe
sagte zu Mose: »Du wirst jetzt bald
mit deinen Vorfahren vereint sein.
Und dieses Volk wird sich in dem
Land, in das es kommt, auflehnen.
Und wie eine Hure wird es sich den
fremden Göttern anbieten. Es wird
mich verlassen und den Bund, den ich
mit ihnen geschlossen habe, brechen.
17 Dann wird mein Zorn gegen sie los-
brechen. Ich werde sie verlassen und
mich vor ihnen verbergen. Sie werden
anderen zum Fraß sein und von
schweren Unglücksfällen und Not ge-
troffen werden. Dann werden sie
sagen: ›Hat uns nicht all das Unglück
getroffen, weil unser Gott nicht mehr
unter uns ist?‹ 18 Doch ich werde
mich an diesem Tag völlig vor ihnen
verbergen, weil sie so viel Böses getan
und sich anderen Göttern zugewandt
haben.

19 Schreibt euch nun dieses Lied auf
und lehrt es die Israeliten! Sie sollen
es lernen, damit das Lied ein Zeuge
für mich gegen die Israeliten sein
wird. 20 Denn ich werde sie in das
Land bringen, das von Milch und
Honig überfließt, wie ich es ihren
Vorfahren geschworen habe. Sie wer-
den sich satt essen und fett werden.
Und dann werden sie sich anderen
Göttern zuwenden und ihnen dienen.
Mich werden sie verwerfen und mei-
nen Bund brechen. 21 Wenn sie dann
von schweren Unglücksfällen und
Not getroffen sind, soll dieses Lied als
Zeuge gegen sie aussagen, denn es
wird auch von ihren Nachkommen
nicht vergessen werden. Ich weiß ja,
wonach ihnen schon heute der Sinn
steht, noch ehe ich sie in das Land ge-
bracht habe, das ich ihnen ver-
sprach.«

22 Damals schrieb Mose dieses Lied
auf und brachte es den Israeliten bei.
23 Und Jahwe sagte zu Josua Ben-
Nun: »Sei stark und mutig! Denn du
wirst die Israeliten in das Land brin-
gen, das ich ihnen unter Eid ver-
sprach. Ich werde mit dir sein!«

Gesetzbuch und Lied als Zeugen gegen das Volk

24 Als Mose alle Worte des Gesetzes
fertig aufgeschrieben hatte, 25 befahl
er den Leviten, die die Lade des Bun-
des mit Jahwe trugen: 26 »Legt dieses
Buch mit dem Gesetz neben die Lade
des Bundes, den Jahwe mit uns ge-
schlossen hat, damit es ein Zeuge
gegen euch Israeliten ist. 27 Denn ich
kenne euren Ungehorsam und eure
Sturheit sehr wohl. Seht, heute schon,
wo ich noch unter euch lebe, habt ihr
euch Jahwe widersetzt, wie viel mehr
nach meinem Tod? 28 Ruft eure Stam-
mesführer und eure Aufseher hier vor
mir zusammen, dass ich ihnen diese
Worte verkünde und den Himmel und
die Erde als Zeugen gegen sie aufrufe!
29 Denn ich weiß, dass ihr nach mei-
nem Tod ins Verderben stürzen und
von dem Weg abweichen werdet, den
ich euch vorgeschrieben habe. Am

Ende wird euch das Unglück treffen,
weil ihr Böses vor Jahwe tun werdet
und ihn durch euer Machwerk zornig
macht.«
30 Dann las Mose vor der ganzen
Versammlung Israels folgendes Lied
bis zum Ende vor:

Das Lied Moses

32 1 Höre, Himmel, ich will
reden! / Die Erde höre
meinen Spruch! 2 Meine Lehre
ströme wie Regen, / wie Tau
sollen meine Worte fallen, / wie
Regentropfen auf das Gras, / wie
ein Guss auf welkes Kraut. 3 Den
Namen Jahwes rufe ich aus: /
Gebt unserem Gott die Ehre!
4 Der Fels: Vollkommen ist sein
Tun, / ja, alle seine Wege sind
recht! / Ein treuer Gott, der
niemals betrügt, / gerecht und
gerade ist er!
5 Doch dieses Volk ist treulos
und verkehrt, / sie wollten nicht
mehr seine Kinder sein. / Eine
Schande sind sie für sich selbst.
6 Ist das euer Dank an Jahwe, / du
dummes, verblendetes Volk? /
Ist er nicht dein Vater, der dich
erwarb, / der dich geformt und
hingestellt hat? 7 Denk an die Tage
der Vorzeit, / an Generationen,
die nicht mehr sind! / Frag deinen
Vater, dass er es dir sagt, / denn
deine Alten verkünden es dir!
8 Als der Höchste Nationen ein-
setzte, / als er Adams Kinder
verteilte, / bestimmte er die Gren-
zen der Völker / nach der Zahl der
Söhne Israels*. 9 Der Anteil Jah-
wes ist sein Volk, / Jakob ist sein
Erbbesitz. 10 Er hat ihn im Land
der Wüste gefunden, / in der Ein-
öde voll von grässlichem Geheul. /
Er hat ihn umringt, hat auf ihn ge-
achtet, / ihn wie seinen Augapfel
beschützt. 11 Wie der Adler sein
Nest aufscheucht, / wie er über
seinen Jungen schwebt, / seine
Flügel unter sie breitet, / sie auf-
nimmt und sie auf den Schwingen
trägt, 12 so leitete Jahwe dies
Volk, / kein fremder Gott war bei
ihm.
13 Er ließ es die Höhen der Erde
ersteigen, / die Früchte des Ackers
verzehren, / ließ es Honig aus dem
Felsen saugen, / Öl aus hartem
Kieselstein, 14 Rahm von Kühen,
Milch von Ziegen, / fette Lämmer,
Baschans Böcke / und den besten
Weizen. / Traubenblut hast du
getrunken, feurigen Wein.
15 Du wurdest fett und bockig,
Jeschurun*, / ja, fett bist du
geworden, dick und feist. / Und
dann verließ er den Gott, der ihn
schuf, / verachtete den Fels seiner
Rettung.
16 Sie reizten ihn zur Eifersucht
durch fremde Götter, / durch
Scheusale beleidigten sie ihn.
17 Sie opferten Dämonen, die nicht
Gott sind, / Göttern, die sie früher
nicht kannten, / neuen, die erst
vor kurzem aufgekommen sind, /
von denen eure Väter nichts
wussten. 18 Den Fels, der dich

32,8 *Söhne Israels.* Jüdische Ausleger beziehen das auf die 70 Nationen der Völkertafel (1. Mose 10), die den 70 Nachkommen Jakobs entsprechen (1. Mose 46,27; 2. Mose 1,5), die nach Ägypten gekommen waren.

32,15 *Jeschurun* ist ein Ehrenname für Israel und bedeutet vielleicht: der Redliche.

zeugte, hast du verlassen, /
vergaßest Gott, der dich zur
Welt gebracht.
19 Jahwe sah es und
ergrimmte, / gekränkt von
seinen Söhnen und Töchtern.
20 Er sagte: »Ich ziehe mich von
ihnen zurück, / will sehen, wohin
sie das führt! / Denn sie sind ein
verkehrtes Geschlecht, / Kinder,
die Treue nicht kennen. 21 Mich
haben sie mit Ungöttern gereizt, /
mit Nichtsen haben sie mich
gekränkt. / So reize ich sie durch
ein Nicht-Volk, / kränke sie durch
Menschen, die nichts von mir
wissen.* 22 Der helle Zorn hat
mich gepackt, / ein Feuer, das bis
ins Totenreich brennt, / es frisst
den Boden und was darauf
wächst, / entzündet die Grund-
festen der Berge. 23 Ich will
Unglück über Unglück auf sie
häufen, / all meine Pfeile schieße
ich auf sie. 24 Sind sie vor Hunger
verschmachtet, / aufgezehrt von
Fieber und giftiger Pest, / dann
lasse ich die Raubtierzähne auf sie
los / und das Gift der im Staube
Kriechenden. 25 Draußen rafft das
Schwert sie dahin / und drinnen
die Todesangst, / den jungen
Mann, die junge Frau, / den
Säugling und den Greis.
26 Ich dachte: ›Ich will sie ver-
nichten, / ich lösche ihr Andenken
unter den Menschen!‹ 27 Doch ich
scheute die Kränkung durch den
Feind, / die Gegner würden die
Wahrheit verdrehen. / Sie würden
sagen: ›Unsere Macht war groß! /
Jahwe hat das nicht getan.‹ 28 Sie
sind ein Volk, dem jeder Rat
fehlt, / Einsicht haben sie nicht.
29 Wären sie weise, würden sie es
verstehen, / dann würden sie ihre
Zukunft bedenken. 30 Wie könnte
einer Tausend jagen / und zwei
Zehntausend vertreiben, / wenn
ihr Fels sie nicht verkauft, / wenn
Jahwe sie nicht preisgegeben hat?
31 Ihr Fels ist nicht wie unser
Fels, / so urteilen selbst unsere
Feinde. 32 Sie sind ein Weinstock,
der von Sodom stammt, / und von
den Terrassen Gomorras.* / Ihre
Beeren sind von giftiger Art, / es
sind ja vergiftete Trauben.
33 Drachenspucke ist ihr Wein, /
grausame Galle von Ottern.
34 Liegt dies nicht bei mir
verborgen, / bei meinen Schätzen
versiegelt? 35 Mein ist die Rache
und das Vergelten* / zu der Zeit,
wenn ihr Fuß wankt. / Denn ihr
Unglückstag wird kommen, / ihre
Zukunft eilt herbei.
36 Wenn Jahwe seinem Volk zu
Hilfe kommt, / wenn er sich über
seine Diener erbarmt, / wenn er
sieht, dass alle Kraft geschwunden
ist, / dass es aus ist mit Sklaven
und Freien, 37 dann wird er sagen:
»Wo sind nun ihre Götter, / der
Fels, der ihre Zuflucht war?

32,21 Wird im Neuen Testament von Paulus zitiert: Römer 10,19.

32,32 *Sodom ... Gomorra.* Städte im Tal Siddim, die wegen der Sünde ihrer Bewohner von Gott vernichtet wurden, heute vermutlich unter dem Toten Meer; vgl. 1. Mose 13,10-13 und 1. Mose 19.

32,35 Wird im Neuen Testament von Paulus zitiert: Römer 12,19.

38 Wo sind, die das Fett ihrer
Schlachtopfer aßen / und den
Wein ihrer Trankopfer tranken? /
Sollen sie doch aufstehen und
euch helfen, / sollen sie ein
Schirm über euch sein!
39 Seht ihr nun, dass ich es bin, /
ich und kein Gott neben mir? /
Ich bin es, der tötet, / und ich, ich
mache lebendig! / Ich, ich habe
verwundet / und ich bin es, der
wieder heilt! / Aus meiner Hand
rettet euch keiner! 40 Ich hebe
meine Hand zum Himmel empor /
und sage: ›So wahr ich ewig lebe!‹
41 Habe ich erst mein Schwert
geschliffen / und nehme das Recht
in die Hand, / dann übe ich Rache
an meinen Gegnern, / vergelte es
denen, die mich verachten.
42 Meine Pfeile mache ich
berauscht von Blut, / und mein
Schwert frisst sich ins Fleisch, /
betrunken vom Blut derer, die
erschlagen und gefangen sind, /
vom zerschmetterten Schädel
des Feindes.«
43 Ihr Nationen, preist glücklich
sein Volk!* / Denn er rächt das
Blut seiner Diener, / nimmt Rache
an seinen Feinden, / und nimmt
den Fluch von Land und Volk.

32,43 Wird im Neuen Testament von Paulus nach der LXX zitiert: Römer 15,10.

32,49 *Nebo.* Berg in der Nähe der gleichnamigen Stadt, 15 km östlich vom Nordende des Toten Meeres. Er ist 808 m hoch und bietet eine Aussicht über das Jordantal bis nach Israel hinein.

32,51 *mich nicht ... geehrt.* Vergleiche 4. Mose 20,12-13.

Moses letzte Ermahnung

44 Zusammen mit Josua trug Mose
dem Volk das Lied im vollen Wortlaut
vor. 45 Als Mose damit zu Ende war,
46 sagte er zu ganz Israel: »Nehmt
euch die Worte zu Herzen, mit denen
ich euch heute ermahne! Verpflichtet
eure Kinder darauf, dass sie sich an
dieses Gesetz halten und nach diesem
Wort handeln! 47 Es ist kein leeres
Wort für euch, sondern es ist euer
Leben. Durch dieses Wort könnt ihr
lange in dem Land bleiben, wohin ihr
jetzt über den Jordan zieht, um es in
Besitz zu nehmen.«

Moses Vorbereitung auf den Tod

48 An diesem Tag sagte Jahwe zu
Mose: 49 »Steig auf das Gebirge
Abarim hier, auf den Berg Nebo*, der
in Moab liegt, gegenüber von Jericho
und betrachte das Land Kanaan, das
ich den Israeliten zum Besitz geben
will! 50 Dann wirst du sterben auf
dem Berg, den du besteigst, und wirst
mit deinen Vorfahren vereint, so wie
auch dein Bruder Aaron gestorben ist
und mit seinen Vorfahren vereint
wurde. 51 Denn ihr habt euch mitten
unter den Israeliten gegen mich ver-
gangen an der Quelle von Meriba bei
Kadesch in der Wüste Zin, und ihr
habt mich nicht als den Heiligen ge-
ehrt* mitten unter den Israeliten.
52 Du darfst das Land sehen, das dir
gegenüberliegt, du wirst aber nicht in
das Land hineinkommen, das ich den
Israeliten gebe.«

Der Segen Moses

33 1 Folgenden Segen sprach
Mose, der Mann Gottes, vor
seinem Tod über die Israeliten aus:

2 »Jahwe kam vom Sinai her / und
leuchtete ihnen von Seïr auf. / Er
strahlte aus dem Bergland Paran
hervor, / trat aus Millionen Engeln
heraus, / ein flammendes Gesetz
in der Hand.* 3 Ja, du bist es, der
die Völker liebt, / alle Geheiligten
gehören dir. / Sie haben sich dir
zu Füßen geworfen / und jeder
achtet auf dein Wort. 4 Ein Gesetz
hat uns Mose gegeben, / der Ver-
sammlung Jakobs einen Besitz.
5 Da wurde er König über Jeschu-
run, / als sich die Führer des
Volkes versammelten, / die Stäm-
me Israels gesamt.«

Der Segen über die Stämme

6 »Lass Ruben leben und nicht
untergehen, / dass seine Anzahl
ihm erhalten bleibt.«

7 Über Juda sagte er:
»Hör, Jahwe, die Stimme Judas, /
führ ihn heim zu seinem Volk! /
Seine Macht sei ihm genug, / sei
du ihm Hilfe gegen den Feind!«

8 Über Levi sagte er:
»Seine Urim und Tummim* sollen
deinem Getreuen gehören, / den
du erprobt hast in Massa, / mit
dem du gestritten hast am Wasser
von Meriba*, 9 der von Vater und
Mutter sagte: / ›Ich habe sie nicht
gesehen!‹, der seine Brüder nicht
ansah, / seine Kinder nicht
kannte.* / Denn sie haben dein
Wort geachtet / und hielten treu
zu deinem Bund. 10 Sie lehren
Jakob deine Rechte / und Israel
dein Gesetz. / Sie lassen
Weihrauchdüfte zu dir kommen, /
legen Ganzopfer auf deinen Altar.
11 Segne, Jahwe, seine Kraft /
und lass dir sein Tun gefallen. /
Zerschlag seinen Feinden die
Hüften, / lass die, die ihn
hassen, / nie mehr gegen ihn
stehn!«

12 Über Benjamin sagte er:
»Er ist der Liebling Jahwes. /
Durch ihn wohnt er in Sicher-
heit. / Er beschirmt ihn jeden
Tag, / den, der zwischen seinen
Berghängen* wohnt.«

13 Über Josef sagte er:
»Sein Land ist von Jahwe geseg-
net / mit Segen vom Himmel, mit
Tau, / mit Wasser aus den Spei-
chern der Tiefe, 14 mit Köstlichkei-
ten, in der Sonne gereift, / mit
Früchten aus dem ganzen Jahr,
15 mit dem Besten der uralten
Berge, / dem Köstlichsten der
ewigen Hügel, 16 mit den Köstlich-
keiten eines gesegneten Landes /
und der Gnade dessen, der im

33,2 *trat ... Hand.* Der hebräische Text ist in den letzten beiden Satzteilen nicht sicher zu deuten.

33,8 *Urim und Tummim* waren die heiligen Lose, die bei schwierigen Entscheidungen den Schiedsspruch herbeiführten. Die Bedeutung der hebräischen Begriffe ist unsicher. Nach der LXX bedeuteten sie *Licht und Recht*.

Meriba. Vergleiche 2. Mose 17,1-7.

33,9 *nicht kannte.* Vergleiche 2. Mose 32,26-29.

33,12 *Berghängen.* Wörtlich: Schultern. Gemeint ist: in Gottes Schutz.

Dornbusch erschien.* / Das alles
sei Josef geschenkt, / dem Erwähl-
ten unter seinen Brüdern. 17 Er ist
herrlich wie ein erstgeborener
Stier, / seine Hörner wie die eines
Wildstiers. / Mit ihnen durch-
bohrt er die Völker, / selbst die
am Ende der Welt. / Das sind
die Zehntausende von Efraïm /
und die Tausende des Stammes
Manasse*.«

18 Über Sebulon sagte er:
»Freu dich, Sebulon, wenn die
Schifffahrt beginnt, / und du,
Issachar, über deine Zelte!
19 Völker laden sie ein auf den
Berg, / gerechte Opfer bringen
sie dort. / Denn sie nähren sich
vom Reichtum des Meeres / und
den verborgenen Schätzen des
Sandes.«

20 Über Gad sagte er:
»Gesegnet sei, wer Raum schafft
für Gad! / Wie eine Löwin legte er
sich hin, / Arm und Kopf reißt er
seiner Beute ab. 21 Das erste Stück
hat er sich ausgesucht, / denn wo
der Anteil des Anführers war, /
sammelten sich die Führer des
Volkes. / Er vollstreckte die
Gerechtigkeit Jahwes, / zusam-
men mit Israel seine Gerichte.«

22 Über Dan sagte er:
»Dan ist wie ein junger Löwe, /
der aus dem Baschan
hervorspringt.«

23 Über Naftali sagte er:
»Naftali ist mit Gnade gesättigt, /
erfüllt mit dem Segen Jahwes. /
Westen und Süden nimmt er in
Besitz.«

24 Über Ascher sagte er:
»Auf Ascher blicken liebevoll
die Brüder, / er ist noch mehr
gesegnet als sie. / In Öl taucht
er seinen Fuß. 25 Deine Riegel
seien aus Eisen und Erz, / und
deine Kraft möge dir lebenslang
bleiben.«

Schluss

26 »Niemand ist so wie Jeschuruns
Gott, / der in den Himmel steigt,
um dir zu helfen, / in seiner
erhabenen Macht in die Wolken.
27 Der Gott der Urzeit ist deine
Zuflucht / und darunter sind
ewige Arme. / Er vertrieb deine
Feinde / und sagte: ›Vernichte!‹
28 So wohnt Israel in Sicherheit, /
abgesondert Jakobs Quell, / in
einem Land voll Korn und Most, /
dessen Himmel von Tau nur so
trieft. 29 Wie glücklich bist du,
Israel! / Wer ist dir gleich, /
du Volk, durch Jahwe gerettet, /
den Schild, der dich schirmt, /
das Schwert, das dich erhöht. /
Deine Feinde schmeicheln dir, /
du schreitest auf ihren Höhen
einher.«

33,16 *im Dornbusch erschien.* Vergleiche 2. Mose 3,1-6.

33,17 *Efraïm* und *Manasse* waren die beiden Söhne Josefs.

Moses Tod

34 1 Vom Steppengebiet Moabs
aus stieg Mose auf den Berg
Nebo und zwar auf den Pisga-Gipfel,
der Jericho gegenüber liegt. Dort
zeigte ihm Jahwe das ganze Land von
Gilead bis Dan*, 2 das ganze Gebiet
des Stammes Naftali, das Gebiet der
Stämme Efraïm und Manasse, das
ganze Gebiet des Stammes Juda bis
zum westlichen Meer, 3 den Negev
und die Tiefebene des Jordan von der
Palmenstadt Jericho bis nach Zoar*.
4 Dann sagte Jahwe zu ihm: »Das ist
das Land, das ich Abraham, Isaak
und Jakob unter Eid versprochen
habe. Ich hatte gesagt: ›Deinen Nachkommen werde ich es geben.‹ Ich
habe es dich jetzt mit eigenen Augen
sehen lassen, aber betreten darfst du
es nicht.«

5 So starb Mose, der Diener Jahwes,
im Land Moab, wie Jahwe es gesagt
hatte, 6 und er begrub ihn dort im Tal
gegenüber von Bet-Peor*. Bis heute
weiß niemand, wo sein Grab ist.

7 Mose war 120 Jahre alt geworden.
Sein Sehvermögen hatte nicht nachgelassen und seine Kraft war nicht geschwunden. 8 Dreißig Tage lang hielt
das ganze Volk im Steppengebiet
Moabs Totenklage für ihn.

9 Aber auch Josua Ben-Nun war mit
dem Geist der Weisheit erfüllt, denn
Mose hatte ihm die Hände aufgelegt.
Die Israeliten gehorchten ihm, wie
Jahwe ihnen das durch Mose befohlen
hatte.*

10 In Israel stand kein Prophet mehr
auf wie Mose, dem Jahwe so persönlich begegnet ist 11 und den er solche
Zeichen und Wunder am Pharao tun
ließ, an seinen Beamten und dem ganzen Land Ägypten, 12 und der Israel
mit so starker Hand geführt und all die
großen und furchterregenden Dinge
vor den Augen des ganzen Volkes
getan hat.

34,1 Die Stadt *Dan* lag an der Nordgrenze Israels, am Fuß des Berges Hermon.

34,3 *Zoar.* Stadt am Südende des Toten Meeres, die beim Gericht über Sodom und Gomorra verschont wurde

34,6 *Bet-Peor.* Ort im Steppengebiet Moabs. Die genaue Lage ist unbekannt.

34,9 *durch Mose befohlen hatte.* Vergleiche 4. Mose 27,18-23.

Das Buch Josua

Das Buch Josua ist das Kriegs- und Siegesbuch des Alten Testaments. Sein Generalthema ist die Eroberung des verheißenen Landes, die Israel allein der Treue Gottes zu verdanken hat. Kapitel 1-12 umspannen die ersten sieben Jahre nach Moses Tod. Die beiden letzten Kapitel beschreiben Ereignisse, die etwa 24 Jahre später stattfanden. Dazwischen ist die Verteilung des Landes dokumentiert. Josua, der in der ägyptischen Sklaverei geboren wurde und im Alter von 110 Jahren um 1375 v.Chr. als Nachfolger Moses in Kanaan starb, ist die Hauptperson. Einige Teile des Buches (Josua 24,26) stammen von ihm selbst, während das ganze Werk nur wenige Jahrzehnte nach seinem Tod zusammengestellt wurde, vielleicht schon von Pinhas.

Josuas Berufung

1 1 Nachdem nun Mose, der Die-
ner* Jahwes, gestorben war, sagte
Gott zu Josua Ben-Nun, dem Helfer
von Mose: 2 »Mein Diener Mose ist
gestorben. Mach dich jetzt mit dem
ganzen Volk bereit, den Jordan zu
überqueren und in das Land zu zie-
hen, das ich den Israeliten geben will.
3 Jedes Stück Land, das ihr betretet,
wird euch gehören – wie ich es Mose
versprochen habe – 4 und zwar von
der Wüste im Süden bis zum Libanon-
gebirge* im Norden. Euer Land wird
nach Osten zu das ganze Gebiet der
Hetiter* bis zum Euphrat umfassen
und im Westen bis ans Mittelmeer
reichen. 5 Dein Leben lang wird sich
kein Feind gegen dich behaupten kön-
nen. So, wie ich Mose beistand, werde
ich auch dir beistehen. Ich werde dich
nie im Stich lassen, dich niemals ver-
gessen.

6 Sei stark und sei mutig! Du wirst
diesem Volk das Land, das ich ihren
Vorfahren unter Eid versprochen
habe, als bleibenden Besitz austeilen.
7 Halte dich mutig und fest an das Ge-
setz, das mein Diener Mose dir über-
geben hat! Weiche weder rechts noch
links davon ab, damit dir alles gelingt,
was du unternimmst. 8 Du sollst die
Weisungen dieses Gesetzbuches im-
mer vor dir hersagen und Tag und
Nacht darüber nachdenken, damit

1,1 *Diener*. Wörtlich: Sklave (hebr. *äbäd*). Das ist ein Mensch, dessen Leben und Arbeit völlig von einem ihm übergeordneten Willen abhängt. In der allgemeinen Wertschätzung wurde er mit Häusern und Vieh gleichgesetzt (1. Mose 24,35). Wer sich selbst als Sklave bezeichnet, anerkennt über sich eine fremde Macht. Auch der höchste Beamte ist dem König gegenüber Sklave. So kann der Titel *Sklave* auch zum Ehrennamen werden, den Männer wie Mose, David oder die Propheten tragen; sie heißen *Sklaven Gottes*.

1,4 *Libanongebirge*. Das »weiße Gebirge«. 170 km lange und 25 km breite Gebirgskette am Mittelmeer nördlich von Israel, deren höchste Gipfel (über 3000 m) fast ganzjährig mit Schnee bedeckt sind. Berühmt sind die bis zu 40 m hohen Zedern.

Die *Hetiter* waren eine kleinasiatische Völkergruppe, die weder in Sprache noch Herkunft eine erkennbare Einheit bildeten. Zu dieser Zeit bestanden in Nordsyrien verschiedene hetitische Staaten.

dein Tun ganz von dem bestimmt ist,
was darin steht. Dann wirst du Erfolg
haben, und was du anpackst, wird
dir gelingen. 9 Ich habe es dir gesagt!
Sei stark und sei mutig! Lass dir keine
Angst einjagen, lass dich nicht ein-
schüchtern, denn Jahwe, dein Gott,
steht dir bei, wo du auch bist.«
10 Da befahl Josua den Hauptleuten
des Volkes 11 durchs Lager zu gehen
und überall bekannt zu machen: »Ver-
sorgt euch mit Verpflegung, denn in
drei Tagen werden wir den Jordan
überqueren und das Land in Besitz
nehmen, das Jahwe, unser Gott, uns
zum Eigentum gibt.«
12 Zu den Stämmen Ruben, Gad
und dem halben Stamm Manasse
sagte Josua: 13 »Denkt daran, was
euch Mose, der Diener Jahwes, gesagt
hat: ›Jahwe, euer Gott, gibt euch hier
in diesem Land eure Heimat.‹ 14 Eure
Frauen, eure Kinder und euer Vieh
können auf dieser Seite des Jordan
bleiben. Doch ihr sollt mit allen
kampffähigen Männern bewaffnet vor
euren Bruderstämmen hinüberziehen
und ihnen helfen, 15 das Land einzu-
nehmen, das Jahwe, ihr Gott, ihnen
gibt. Wenn sie dann ihre Heimat ge-
funden haben, könnt ihr zurück-
kommen und euch hier, östlich vom
Jordan, in dem Land ansiedeln, das
Mose, der Diener Jahwes, euch zu-
geteilt hat.«
16 Sie antworteten Josua: »Wir wol-
len alles tun, was du uns befohlen hast,
und überall hingehen, wohin
du uns schickst. 17 Wir werden dir
genauso gehorchen, wie wir Mose
gehorcht haben. Möge nur Jahwe, dein
Gott, so mit dir sein, wie er mit Mose
war. 18 Jeder, der sich deinem Befehl
widersetzt und deinen Weisungen
nicht folgt, soll mit dem Tod bestraft
werden. Sei nur stark und sei mutig!«

Kundschafter in Jericho

2 1 Von Schittim* aus hatte Josua
heimlich zwei Männer als Kund-
schafter losgeschickt und sie beauf-
tragt, das Land und besonders Jeri-
cho* zu erkunden. Die Kundschafter
kamen in die Stadt und kehrten im
Haus einer Hure namens Rahab ein,
um dort zu übernachten. 2 Kurz dar-
auf wurde dem König von Jericho ge-
meldet: »Kundschafter von den Israe-
liten sind heute Nacht in die Stadt ge-
kommen.« 3 Da schickte der König ei-
nige Wachen zu Rahab und befahl:
»Gib die Männer heraus, die bei dir
eingekehrt sind. Sie sind nur gekom-
men, um das Land auszukundschaf-
ten.« 4 Die Frau hatte die beiden Män-
ner jedoch versteckt und sagte: »Ja,
die Männer sind bei mir gewesen,
aber ich wusste nicht, woher sie
waren. 5 Kurz vor dem Schließen des
Stadttors, bei Einbruch der Dunkel-
heit, sind sie wieder gegangen. Ich
weiß aber nicht, wohin. Wenn ihr sie
gleich verfolgt, werdet ihr sie be-
stimmt einholen.« 6 Rahab hatte die

2,1 Der Ort (Abel-)*Schittim* (= viell. »Akazienbach«) lag 12 km östlich vom Jordan in der Steppe Moabs, am Rand des Jordan-Grabens.

Jericho. Die alte Kanaanitersiedlung war die Schlüsselfestung des Jordangrabens, die alle Wege ins Gebirge kontrollierte. Es war eine fruchtbare Oase mit viel Wasser. Infolge ihrer geschützten Lage, etwa 250 m unter dem Meeresspiegel, besaß die Stadt ein fast tropisches Klima.

beiden aber auf das flache Dach ihres
Hauses gebracht und unter aufge-
schichteten Flachsstängeln versteckt.
7 Da nahmen die Wachen die Verfol-
gung auf und suchten den ganzen
Weg bis zu den Jordanfurten ab. So-
bald sie aus der Stadt waren, wurde
das Tor wieder geschlossen.

8 Noch bevor die beiden Israeliten
sich schlafen gelegt hatten, kam
Rahab zu ihnen aufs Dach 9 und
sagte: »Ich weiß, dass Jahwe euch das
Land geben wird. Uns hat ein derarti-
ges Entsetzen vor euch überfallen,
dass alle Bewohner des Landes wie
gelähmt sind. 10 Denn wir haben ge-
hört, dass Jahwe das Wasser des
Schilfmeeres vor euch ausgetrocknet
hat, als ihr aus Ägypten zogt, und wir
wissen auch, was ihr mit den beiden
Königen der Amoriter* auf der ande-
ren Jordanseite gemacht habt, mit
Sihon und Og. Ihr habt den Bann* an
ihnen vollstreckt und sie vernichtet.
11 Als wir das hörten, haben wir allen
Mut verloren. Keiner von uns wagt es
noch, gegen euch zu kämpfen. Ja,
euer Gott, Jahwe, er ist Gott im Him-
mel oben und auf der Erde unten.
12 Nun bitte ich euch, schwört mir bei
Jahwe, dass ihr meine Familie genau-
so verschont, wie ich euch verschont
habe, und gebt mir ein sicheres Zei-
chen, 13 dass ihr meine Angehörigen,
meinen Vater, meine Mutter, meine
Brüder und Schwestern und alle, die
zu ihnen gehören, am Leben lasst,
dass ihr uns rettet vom Tod.« 14 Da
sagten die Kundschafter zu ihr:
»Unser Leben steht für euer Leben!
Wenn ihr unsere Sache nicht verratet,
werden wir dich und deine Angehöri-
gen verschonen, wenn Jahwe uns die-
ses Land gibt.«

15 Bevor Rahab die beiden Männer
nun durchs Fenster an einem Seil die
Mauer hinunterließ, – ihr Haus war
nämlich an die Stadtmauer gebaut, sie
wohnte praktisch direkt in der Mauer
– 16 sagte sie zu ihnen: »Geht zuerst
ins Gebirge und versteckt euch dort
drei Tage, damit ihr nicht den Verfol-
gern in die Arme lauft. Wenn sie dann
zurückgekommen sind, könnt ihr
gehen, wohin ihr wollt.« 17 Und die
Kundschafter sagten: »Damit wir un-
seren Eid halten können, musst du
Folgendes tun: 18 Binde diese rote
Schnur an das Fenster, durch das du
uns herunterlassen wirst, und hole
deinen Vater, deine Mutter, deine Brü-
der und alle deine Verwandten zu dir
ins Haus. 19 Niemand darf das Haus
verlassen, sonst ist er selbst für seinen
Tod verantwortlich und wir sind von
unserem Eid frei. Doch für jeden, der
im Haus bleibt, tragen wir die Verant-
wortung, dass niemand ihn antastet.
20 Natürlich darfst du auch unsere
Sache nicht verraten, sonst sind wir
nicht mehr an den Eid gebunden, den
wir dir geschworen haben.« 21 »Ein-
verstanden«, sagte sie, »so soll es
sein«, und ließ sie gehen. Dann band
sie die rote Schnur ans Fenster.

***2,10** Amoriter.* Bewohner des Landes Kanaan. Der Begriff kann sowohl für einen einzelnen Stamm als auch für alle Bewohner Kanaans stehen. Es waren semitische Einwanderer aus der Arabischen Wüste, die um 2000 v.Chr. ins Kulturland eindrangen.

Bann. Das bedeutete die vollständige Vernichtung von Menschen, Tieren und Gütern. Im Fall von Sihon und Og betraf es nur die Menschen.

22 Die Männer versteckten sich drei
Tage lang in den Bergen, bis die Ver-
folger in die Stadt zurückgekehrt
waren. Sie hatten alle Wege abge-
sucht und sie nicht gefunden. 23 Jetzt
machten sich die Kundschafter auf
den Rückweg. Sie stiegen vom Gebirge
herab und überquerten den Jordan. Als
sie wieder bei Josua Ben-Nun waren,
berichteten sie ihm alles, was sie erlebt
hatten. 24 Sie versicherten ihm: »Jahwe
hat das ganze Land in unsere Hand ge-
geben. Alle Einwohner zittern vor uns.«

Der Weg durch den Jordan

3 1 Früh am nächsten Morgen
brach Josua von Schittim auf und
zog mit dem ganzen Volk Israel bis an
den Jordan. Sie überquerten den Fluss
aber noch nicht, sondern übernachte-
ten dort. 2 Am dritten Tag schickte
Josua die Hauptleute mit dem Befehl
durchs Lager: 3 »Sobald ihr seht, dass
die Lade Jahwes, die Lade eures Bun-
des mit Gott, von Priestern aus dem
Stamm Levi getragen wird, dann
brecht auf und zieht hinter ihr her.
4 Sie wird euch einen Weg zeigen,
den ihr vorher noch nie gegangen
seid. Ihr dürft der Lade aber nicht zu
nahe kommen, sondern müsst einen
Abstand von etwa tausend Metern*
zu ihr halten.« 5 Weiter ließ Josua
dem Volk sagen: »Heiligt euch*, denn
morgen wird Jahwe in eurer Mitte
Wunder tun.«

6 Am nächsten Tag befahl Josua den
Priestern: »Nehmt die Bundeslade auf
und zieht dem Volk voran!« Da hoben
sie die Bundeslade auf und zogen vor
dem Volk her.

7 Da sagte Jahwe zu Josua: »Heute
will ich anfangen, dich vor dem gan-
zen Volk Israel groß zu machen. Sie
sollen merken, dass ich dir beistehe,
wie ich Mose zur Seite stand. 8 Befiehl
den Priestern, die die Bundeslade
tragen: ›Wenn ihr an den Rand des
Wassers kommt, bleibt ihr im Jordan
stehen!‹«

9 Dann rief Josua das Volk Israel zu
sich: »Kommt her und hört, was
Jahwe, euer Gott, euch sagt! 10 Ihr
werdet gleich sehen, dass der
lebendige Gott unter euch ist und
dass er die Völker des Landes, die
Kanaaniter*, Hetiter, Hiwiter*, Peri-
siter*, Girgaschiter*, Amoriter und
Jebusiter* vor euch vertreiben wird.
11 Passt auf! Die Bundeslade Jahwes,

3,4 *etwa 1000 Metern.* Wörtlich: 2000 Ellen.

3,5 *Heiligt euch.* Das bedeutete für die Israeliten, dass sie ihre Kleider und sich selbst waschen mussten und keinen Geschlechtsverkehr haben durften (vgl. 2. Mose 19,10. 14-15; 3. Mose 16, 4.24).

3,10 *Kanaaniter.* Bewohner des Landes Kanaan auf dem Gebiet des heutigen Israel. Sie besaßen eine gemeinsame Sprache, Religion und Kultur, waren politisch aber in viele Kleinkönigtümer und Stadtstaaten zersplittert.

Hiwiter. Bewohner Kanaans. Die Einwohner der Städte Gibeon, Kefira, Beerot und Kirjat-Jearim gehörten zu ihnen. Ihr Hauptsiedlungsgebiet scheint am Libanon zwischen Hermon und Hamat gelegen zu haben.

Perisiter. Nicht näher bekanntes Volk in Kanaan; möglicherweise die bäuerliche Bevölkerung.

Girgaschiter. Das Volk kommt nur in der Aufzählung der kanaanitischen Stämme vor, ihr Wohnsitz ist nicht bekannt.

Jebusiter. Bewohner Kanaans, die auf dem Gebirge und in Jebus (Jerusalem) siedelten.

des Herrschers über die ganze Erde,
wird jetzt durch den Jordan ziehen.
12 Wählt zwölf Männer aus, von
jedem Stamm einen! 13 Wenn dann
die Priester, die diese Lade Jahwes,
des Herrn der ganzen Erde, tragen,
ihre Füße ins Jordanwasser setzen,
wird kein Wasser mehr nachfließen.
Der Fluss wird sich weiter oben an-
stauen wie vor einem Damm.«
14 Nun brach das Volk auf, um
durch den Jordan zu ziehen. An der
Spitze des Zuges trugen die Priester
die Bundeslade. 15 Als sie ihre Füße
ins Wasser setzten – der Jordan führt
während der ganzen Erntezeit Hoch-
wasser –, 16 da staute sich der Fluss
sehr weit oben bei der Stadt Adam*,
in der Nähe von Zaretan. Dort richte-
te sich ein Damm auf. Und das Was-
ser, das zum Meer der Araba*, dem
Toten Meer, hinabfloss, verlief sich
völlig. So konnte das Volk gegenüber
von Jericho trockenen Fußes durch
den Jordan gehen. 17 Die Priester blie-
ben mit der Bundeslade Jahwes mit-
ten im Flussbett stehen, bis die ganze
Nation den Jordan überschritten
hatte.

Das Denkmal

4 1 Als das ganze Volk den Jordan
durchzogen hatte, sagte Jahwe zu
Josua: 2 »Befiehl den zwölf Männern,
die aus jedem Stamm ausgewählt
worden sind, 3 zwölf Steine mitten
aus dem Jordan zu holen und zwar
von der Stelle, wo die Priester stehen.
Sie sollen die Steine mit euch hinüber-
schaffen und dort hinlegen, wo ihr
das Nachtlager aufschlagt.« 4 Da rief
Josua die zwölf Männer 5 und sagte zu
ihnen: »Geht jetzt bis vor die Lade
Jahwes, eures Gottes, in den Jordan,
und jeder von euch soll einen großen
Stein auf die Schulter heben – so viel
Steine, wie Israel Stämme hat. 6 Die
Steine sollen ein Denkmal für euch
sein. Wenn später eure Kinder fragen,
was es mit diesen Steinen auf sich hat,
7 dann sollt ihr ihnen erzählen, wie
das Wasser des Jordan abriss, als die
Bundeslade Jahwes hindurchzog. Die
Steine sollen euch in aller Zukunft
daran erinnern.«
8 Die Männer gehorchten Josua und
hoben zwölf Steine aus dem Jordan,
für jeden Stamm einen, wie Jahwe es
befohlen hatte. Sie trugen sie bis zum
Lagerplatz und legten sie dort nieder.
9 Josua aber schichtete mitten im
Jordan, an der Stelle, wo die Priester
mit der Bundeslade standen, ebenfalls
zwölf Steine auf. Dort liegen sie
heute* noch. 10 Während der ganzen
Zeit blieben die Priester mit der
Bundeslade mitten im Jordan stehen,
bis alles ausgeführt war, was Jahwe
dem Volk durch Josua befohlen hatte,
genauso, wie es schon Mose Josua
aufgetragen hatte. Das Volk beeilte
sich, durch das trockene Flussbett zu
kommen. 11 Sobald alle den Fluss

3,16 *Adam.* Die Stadt liegt etwa 30 km nördlich von der Übergangsstelle in der Jordanebene, 2 km südlich der Mündung des Jabbok.

Als *Araba* wird der Jordangraben bezeichnet, der sich von Norden nach Süden durch ganz Israel bis nach Eilat am Roten Meer zieht. Sein Boden ist zwischen 12,5 und 22,5 km breit und befindet sich fast überall unter der Höhe des Meeresspiegels, am Toten Meer 394 m unter NN.

4,9 *heute.* Zum Zeitpunkt der Abfassung des Buches Josua.

überquert hatten, kamen auch die
Priester mit der Bundeslade Jahwes
ans andere Ufer. Das ganze Volk sah
zu. 12 Die Männer von den Stämmen
Ruben, Gad und vom halben Stamm
Manasse waren bewaffnet vor den
Israeliten hergezogen, wie Mose es
ihnen befohlen hatte. 13 Etwa 40.000
Bewaffnete zogen so vor Jahwe zum
Kampf in die Ebene von Jericho.

14 An diesem Tag machte Jahwe
Josua vor dem ganzen Volk groß. Die
Israeliten hatten den gleichen Respekt
vor ihm, wie sie ihn vor Mose gehabt
hatten. Und so blieb es sein Leben
lang. 15 Dann sagte Jahwe zu Josua:
16 »Befiehl den Priestern, mit der
Bundeslade aus dem Jordan heraus-
zukommen.« 17 Josua gab den Befehl,
18 und kaum hatten die Fußsohlen der
Priester das trockene Ufer betreten,
da kehrte das Wasser des Jordan in
sein Bett zurück, und der Fluss trat
wieder über seine Ufer.

19 Es war am 10. April*, als das Volk
durch den Jordan zog und sein Lager
bei Gilgal* an der Ostgrenze des
Stadtgebietes von Jericho aufschlug.
20 Dort richtete Josua die zwölf Steine
auf*, die sie aus dem Jordan geholt
hatten, 21 und sagte zu den Israeliten:
»Wenn eure Kinder später ihre Väter
fragen, was diese Steine bedeuten,
22 dann sollt ihr es ihnen so erklären:
›Diesen Jordan hat Israel trockenen
Fußes durchquert.‹ 23 Denn Jahwe,
euer Gott, hat das Wasser des Jordan
vor euch austrocknen lassen, bis ihr
hindurchgezogen wart, genauso, wie
er auch das Schilfmeer vor uns aus-
trocknete, damit wir durchziehen
konnten. 24 Alle Völker der Erde
sollen daran erkennen, wie groß die
Macht Jahwes ist, damit auch ihr
eurem Gott Jahwe immer mit Ehr-
furcht begegnet.«

5 1 Alle Amoriterkönige westlich
des Jordan und alle Kanaaniter-
könige an der Küste des Mittelmeers
hörten, dass Jahwe das Wasser des
Jordan vor den Israeliten hatte ver-
trocknen lassen, bis sie durchgezogen
waren. Da wurden sie von Angst
gepackt und verloren allen Mut vor
Israel.

Beschneidung in Gilgal

2 In dieser Zeit sagte Jahwe zu Josua:
»Mach dir Steinmesser und wieder-
hole die Beschneidung an allen männ-
lichen Israeliten!« 3 Da fertigte sich
Josua Steinmesser an und beschnitt
alle männlichen Israeliten an einem
Platz, der seitdem »Hügel der Vor-
häute« heißt. 4 Das geschah aus fol-
gendem Grund: Alle männlichen Is-
raeliten, die Ägypten im wehrfähigen
Alter verließen, waren in der Wüste
gestorben. 5 Sie waren beschnitten
gewesen. Während der Wüstenwan-
derung aber waren die Neugeborenen
nicht beschnitten worden. 6 Das Volk

4,19 *April.* Wörtlich: des 1. Monats. 1405 v.Chr. Zum Datum siehe unter *Schaltmonat* im Vorwort des Übersetzers.

Gilgal. Der Ort wird gewöhnlich mit den Ruinen von Kirbet el-Mafjer identifiziert, 3 km nordöstlich von Jericho. »Gilgal« klingt an das hebr. Wort für Kreis an (Steinkreis wie viell. Kap. 4,20) oder an »rollen, wälzen« wie Josua 5,9.

4,20 *richtete ... auf.* Entweder als Kreis (siehe Gilgal) oder als Steinhaufen.

Israel musste ja vierzig Jahre in der
Wüste umherziehen, bis alle Männer,
die Ägypten im wehrfähigen Alter ver-
lassen hatten, umgekommen waren.
Sie waren Jahwe ungehorsam gewe-
sen, und er hatte ihnen geschworen:
»Sie sollen das Land nicht sehen, das
ich ihren Vätern versprochen habe,
das Land, das von Milch und Honig
überfließt!« 7 Jahwe hatte ihre Söhne
an ihre Stelle treten lassen. Diese be-
schnitt Josua jetzt, denn sie waren
unterwegs nicht beschnitten worden.
8 Nachdem nun alle beschnitten wa-
ren, blieben sie im Lager, bis ihre
Wunden wieder heilten. 9 Jahwe sagte
zu Josua: »Heute habe ich die ägypti-
sche Schmach von euch abgewälzt.«
Deshalb wird der Ort bis heute Gilgal,
Abwälzung, genannt.
10 Während die Israeliten noch in
der Ebene von Jericho bei Gilgal la-
gerten, feierten sie das Passafest*.
Das war am Abend des 14. April*.
11 Und am Tag nach dem Passa aßen
sie vom Ertrag des Landes: ungesäu-
ertes Fladenbrot und geröstete Getrei-
dekörner. 12 Von diesem Tag an blieb
das Manna aus. Die Israeliten fanden
keins mehr und aßen schon in diesem
Jahr das, was in Kanaan gewachsen
war.

Die Zerstörung Jerichos

13 In der Nähe von Jericho sah Josua
sich plötzlich einem Mann gegenüber-
stehen, der ein gezogenes Schwert
in der Hand hatte. Josua ging auf
ihn zu und fragte: »Gehörst du zu
uns oder zu unseren Feinden?«
14 »Zu keinem von beiden«, sagte der
Fremde, »ich bin der Befehlshaber
des Heeres Jahwes und bin gerade
angekommen.« Da warf sich Josua
voller Ehrfurcht vor ihm auf den
Boden und sagte: »Ich bin dein Die-
ner. Was befiehlst du mir, Herr?«
15 »Zieh deine Sandalen aus«, er-
widerte der Befehlshaber des Heeres
Gottes, »du stehst auf heiligem
Boden!« Josua gehorchte.

6 1 Wegen der Israeliten hatte Je-
richo alle Tore geschlossen und
fest verriegelt. Niemand konnte mehr
heraus und hinein. 2 »Pass auf!«,
sagte Jahwe zu Josua: »Ich gebe Jeri-
cho mitsamt seinem König und allen
seinen Kämpfern in deine Gewalt.
3 Sechs Tage lang sollt ihr jeden Tag
einmal mit allen bewaffneten Män-
nern um die Stadt herumziehen. 4 Sie-
ben Priester sollen mit je einem Scho-
far-Horn* vor der Bundeslade herge-
hen. Am siebten Tag sollt ihr sieben
Mal um die Stadt herumziehen, wobei
die Priester den Schofar blasen sollen.
5 Wenn dann der langgezogene Ton
des Widderhorns dröhnt, soll das
ganze Volk ein lautes Kriegsgeschrei
anstimmen. In diesem Moment wird
die Mauer in sich zusammenstürzen
und jeder soll von der Stelle aus, wo er
sich gerade befindet, in die Stadt ein-
dringen.« 6 Josua rief die Priester zu
sich und befahl ihnen: »Nehmt die

5,10 *April.* Wörtlich: des Monats.

Passa. Siehe 2. Mose 12-13.

6,4 Der *Schofar* wurde aus den gewundenen Hörnern des männlichen Fettschwanzschafes hergestellt und brachte einen dumpfen, durchdringenden Ton hervor.

Bundeslade Jahwes auf eure Schul-
tern! Sieben von euch sollen mit je
einem Schofar-Horn vor ihr herzie-
hen.« 7 Zum Volk sagte er: »Zieht um
die Stadt herum und lasst die Vorhut
der Bewaffneten vor der Lade Jahwes
hergehen.«

8 Als Josua dem Volk diesen Befehl
erteilt hatte, setzten sich die sieben
Priester in Bewegung. Sie trugen je
ein Schofar-Horn vor Jahwe her und
bliesen es immerfort. Die Bundeslade
Jahwes folgte ihnen. 9 Vor den Pries-
tern zog die Vorhut der Bewaffneten.
Als Nachhut folgte das übrige Heer.
Sie gingen und die Priester stießen
unentwegt in den Schofar. 10 Dem
Volk hatte Josua befohlen, keinen
Lärm zu machen und sich ganz still
zu verhalten. Erst auf seinen Befehl
hin sollten sie das Kriegsgeschrei
anstimmen.

11 So zogen sie mit der Lade Jahwes
einmal um die Stadt und kehrten an-
schließend in ihr Lager zurück, wo sie
übernachteten. 12 Früh am nächsten
Morgen ließ Josua sie wieder auf-
brechen: Die Priester trugen die Lade
Jahwes, 13 sieben von ihnen zogen vor
ihr her und bliesen dabei ständig das
Schofar-Horn. Vor ihnen her zog die
Vorhut der Bewaffneten und nach der
Lade Jahwes folgte als Nachhut das
übrige Heer. Es war ein Gehen unter
ständigem Schofar-Getön. 14 Wie am
Vortag zogen sie einmal um die Stadt
und kehrten dann in ihr Lager zurück.
So machten sie es sechs Tage lang.
15 Am siebten Tag machten sie sich
beim Morgengrauen in derselben
Ordnung auf und zogen sieben Mal
um die Stadt. Nur an diesem Tag um-
rundeten sie die Stadt sieben Mal.
16 Als die Priester das siebte Mal in die
Hörner stoßen wollten, befahl Josua
dem Volk: »Jetzt müsst ihr mit dem
Kriegsgeschrei beginnen, denn Jahwe
hat Jericho in unsere Gewalt gegeben!
17 Aber die ganze Stadt mit allem, was
darin ist, soll dem Bann Jahwes verfal-
len sein. Nur Rahab, die Hure, die un-
sere Kundschafter versteckt hat, soll
mit allen Menschen in ihrem Haus ver-
schont werden. 18 Hütet euch davor,
irgendetwas von dem Gebannten zu
begehren und an euch zu nehmen,
sonst bringt ihr das Lager Israels
unter den Bann und stürzt es ins Ver-
derben! 19 Alles Gold und Silber und
alle Gegenstände aus Bronze und
Eisen sind für Jahwe bestimmt und
kommen in den Schatz seines Heilig-
tums!« 20 Da stießen sie in die Hör-
ner, und das Volk begann mit einem
gewaltigen Kriegsgeschrei. In diesem
Moment brach die ganze Mauer in
sich zusammen*. Da stürmten die Is-
raeliten von allen Seiten in die Stadt
und eroberten sie. 21 Mit dem schar-
fen Schwert in der Hand vollstreckten
sie den Bann an allem, was in der
Stadt lebte: an Männern und Frauen,
Alten und Jungen, Rindern, Schafen
und Eseln.

22 Den beiden Kundschaftern hatte
Josua gesagt: »Geht in das Haus der
Hure und holt sie samt ihren Ange-
hörigen heraus, wie ihr es geschwo-
ren habt.« 23 Da gingen die jungen
Männer hin und brachten Rahab

6,20 *brach ... zusammen.* Neuere Untersuchungen der Ausgrabungen Jerichos belegen, dass die Stadt Anfang des 15. Jahrhunderts v.Chr. zerstört wurde.

zusammen mit ihrem Vater, ihrer Mutter, ihren Geschwistern und allen Verwandten aus der Stadt und wiesen ihnen einen Platz außerhalb vom Lager Israels an. 24 Dann wurde die ganze Stadt niedergebrannt, nur das Gold und das Silber, die eisernen und die bronzenen Gegenstände brachte man in den Schatz im Heiligtum Jahwes. 25 So verschonte Josua die Hure Rahab und ihre ganze Familie, weil sie die Kundschafter in Jericho versteckt hatte. Und sie lebt ja heute noch in Israel.

26 Damals ließ Josua das Volk diesen Eid schwören: »Verflucht sei der Mann, der sich erhebt und diese Stadt Jericho wieder baut! Wenn er ihre Fundamente legt, kostet es ihn seinen ältesten Sohn, und wenn er ihre Tore einsetzt, seinen jüngsten.« 27 Jahwe stand Josua zur Seite, und im ganzen Land sprach man von ihm.

Achans Vergehen

7 1 Aber die Israeliten veruntreuten etwas von dem Gebannten. Achan Ben-Karmi, der von Sabdi und Serach abstammte und aus dem Stamm Juda war, vergriff sich an dem, was Gott gehörte. Da flammte Jahwes Zorn gegen die Israeliten auf.

2 Josua schickte einige Männer von Jericho nach Ai*, das bei Bet-Awen* liegt, östlich von Bet-El*, und befahl ihnen, die Umgebung der Stadt Ai zu erkunden. Die Männer führten den Auftrag aus 3 und berichteten Josua: »Die Stadt ist nicht groß. Du musst nicht das ganze Heer aufbieten, um Ai zu erobern, zwei- bis dreitausend Mann genügen völlig. 4 So zogen etwa 3000 Männer dort hinauf* und griffen die Stadt an. Doch sie wurden in die Flucht geschlagen. 5 Die Männer von Ai verfolgten sie vom Stadttor an bis zu den Steinbrüchen und dem Aufstieg. Sie erschlugen etwa 36 Mann. Da verlor das Volk allen Mut. 6 Josua und die Ältesten zerrissen ihre Gewänder*, streuten sich Erde auf den Kopf und warfen sich vor der Lade Jahwes auf den Boden. So lagen sie bis zum Abend. 7 Josua betete: »Ach Herr, Jahwe! Warum hast du uns nur über den Jordan geführt, wenn du uns nun in die Hände der Amoriter fallen lässt, damit sie uns vernichten? Hätten wir uns doch daran genügen lassen, auf der anderen Jordanseite zu bleiben! 8 Bitte, Herr, was soll ich denn jetzt sagen, nachdem Israel vor seinen Feinden geflohen ist? 9 Wenn das die Kanaaniter und die anderen Bewohner des Landes hören, werden sie uns umbringen und unseren Namen in diesem Land auslöschen. Was

---

7,2 *Ai.* 1995 wurde in Kirbet el-Maqatir, etwa 1 km westlich von Et-Tell eine Festung ausgegraben, die um 1400 v.Chr. durch Feuer zerstört wurde. Weil auch die Topografie des Gebietes mit den Angaben von Josua 7-8 übereinstimmt, handelt es sich höchstwahrscheinlich um Ai.

Bet-Awen. Das bedeutet: *Haus des Unheils*, kleiner Ort östlich von Bet-El. In späterer Zeit wurde Bet-El wegen seines Götzendienstes so bezeichnet.

Bet-El. Hebr.: *Haus Gottes.*

7,4 *hinauf.* Jericho liegt im Jordangraben etwa 250 Meter unter dem Meeresspiegel. Ai liegt 913 Meter über NN. Die Israeliten mussten eine Entfernung von etwa 20 Kilometern und einen Höhenunterschied von mehr als 1100 Metern bewältigen.

7,6 *zerrissen ihre Gewänder.* Trauerbrauch. Man riss das Gewand vom Halssaum an auf und entblößte die Brust.

wirst du dann für die Ehre deines großen Namens tun?«

10 Da sagte Jahwe zu Josua: »Steh auf! Warum liegst du hier auf dem Boden? 11 Israel hat gesündigt! Das Volk hat den Bund gebrochen, den ich mit ihm geschlossen habe. Sie haben etwas von dem Gebannten genommen. Sie haben es gestohlen und heimlich bei sich versteckt. 12 Die Israeliten werden ihren Feinden nicht mehr standhalten können. Sie werden vor ihnen fliehen müssen, denn sie selbst sind zum Bann geworden. Ich werde nicht mehr mit euch sein, wenn ihr nicht alles, was ihr aus dem Gebannten genommen habt, vernichtet. 13 Steh auf und sorge dafür, dass das Volk sich heiligt! Befiehl ihnen: ›Heiligt euch für morgen! Denn so spricht Jahwe, Israels Gott: Gebanntes ist in deinem Besitz, Israel! Du wirst vor deinen Feinden nicht bestehen können, bis du das Gebannte aus deiner Mitte entfernt hast. 14 Morgen früh sollt ihr euch in Stammesverbänden geordnet vor Jahwe hinstellen. Dann soll der Stamm vortreten, den Jahwe treffen wird*, dann die Sippe und dann die Familie. 15 Derjenige, bei dem man etwas von dem Gebannten findet, soll mit allem, was zu ihm gehört, verbrannt werden! Das muss sein, denn er hat den Bund Jahwes gebrochen und eine Schandtat in Israel begangen.‹«

16 Früh am nächsten Morgen ließ Josua das Volk nach seinen Stammesverbänden geordnet antreten. Getroffen wurde der Stamm Juda. 17 Als Juda mit seinen Sippen vortrat, wurde die Sippe Serach getroffen. Aus der Sippe Serach traf es die Familie Sabdi. 18 Unter den Männern dieser Familie wurde schließlich Achan Ben-Karmi getroffen. Seine Vorfahren waren Sabdi und Serach aus dem Stamm Juda. 19 Josua sagte zu Achan: »Mein Sohn, gib Jahwe, dem Gott Israels, die Ehre und leg vor ihm ein Geständnis ab. Sag mir offen, was du getan hast, und verschweige nichts.« 20 »Es ist wahr«, erwiderte Achan, »ich habe gegen Jahwe, den Gott Israels gesündigt. Und das habe ich getan: 21 Unter den Beutestücken sah ich einen schönen babylonischen Mantel, mehr als zwei Kilogramm Silberstücke und einen Goldbarren von einem halben Kilogramm Gewicht*. Ich bekam Lust nach diesen Dingen und nahm sie mir. Sie sind alle unter meinem Zelt vergraben, das Silber ganz unten.« 22 Da schickte Josua einige Männer zu Achans Zelt. Sie fanden das Gestohlene, wie er es beschrieben hatte, 23 nahmen es aus dem Zelt und brachten es zu Josua und dem ganzen Volk. Sie schütteten es vor Jahwe aus.

24 Dann führten Josua und ganz Israel Achan Ben-Serach mitsamt dem Silber, dem Mantel und dem Goldbarren und dazu auch seine Söhne und Töchter, seine Rinder, Esel und Schafe, sein Zelt und alles, was ihm sonst noch gehörte, in das Tal

---

7,14 *den Jahwe treffen wird.* Offenbar durch die heiligen Lose, die sich in der Brusttasche des Hohenpriesters befanden.

7,21 *Gewicht.* Wörtlich: *200 Schekel Silber und einen Goldbarren von 50 Schekel Gewicht.* Das waren noch keine Münzen, sondern Silberstücke mit festen Gewichtseinheiten. Ein Schekel entspricht etwa 11,5 Gramm.

Achor*. 25 Dort sagte Josua: »So, wie
du uns ins Unglück gebracht hast,
wird Jahwe heute dich ins Unglück
bringen!« Dann steinigte ganz Israel
ihn und alles, was zu ihm gehörte. An-
schließend verbrannten sie alles
26 und errichteten einen großen Stein-
haufen darüber, der noch heute zu
sehen ist. Da ließ Jahwe von seinem
glühenden Zorn ab. Bis heute nennt
man diesen Ort deshalb Tal Achor,
Unglückstal.

Die Vernichtung von Ai

8 1 Nun sagte Jahwe zu Josua:
»Hab keine Angst und sei nicht
niedergeschlagen! Nimm das ganze
Heer mit und zieh nach Ai hinauf. Ich
habe den König von Ai, sein Volk,
seine Stadt und sein Gebiet in deine
Hand gegeben. 2 Du sollst mit Ai und
seinem König dasselbe tun, was du
mit Jericho und seinem König ge-
macht hast. Aber die Beute und das
Vieh dürft ihr diesmal für euch behal-
ten. Leg einen Hinterhalt im Rücken
der Stadt!« 3 Bevor sich Josua mit
dem Heer auf den Weg machte, wähl-
te er 30.000 erfahrene Kämpfer aus
und schickte sie in der Nacht 4 mit fol-
gender Anweisung los: »Legt euch auf
der anderen Seite der Stadt in einen
Hinterhalt, aber nicht zu weit von ihr
entfernt. Dort haltet euch bereit. 5 Ich
werde mit dem Hauptheer vor die
Stadt ziehen. Wenn sie dann einen
Ausfall machen wie beim ersten Mal,
werden wir uns vor ihnen zurückzie-
hen. 6 Sie werden uns nachsetzen.
Doch so werden wir sie von der Stadt
abschneiden. Sie werden denken,
dass wir wie beim ersten Mal vor
ihnen fliehen. 7 Wenn das geschieht,
sollt ihr aus dem Hinterhalt hervor-
brechen und die Stadt erobern. Jahwe,
euer Gott, wird sie in eure Hand
geben. 8 Und wenn ihr dann die Stadt
eingenommen habt, steckt sie in
Brand, wie Jahwe es angeordnet hat.
Haltet euch genau an meinen Befehl!«
9 So hatte Josua sie losgeschickt. Sie
umgingen die Stadt und legten sich im
Westen zwischen Bet-El und Ai in den
Hinterhalt. Josua aber verbrachte die
Nacht beim Hauptheer.

10 Früh am Morgen stand er auf,
ließ das Volk antreten, stellte sich mit
den Ältesten an die Spitze und führte
das Heer gegen Ai. 11 Sie näherten
sich der Stadt von Norden her und
rückten so nahe heran, dass nur noch
ein Tal zwischen ihnen und Ai war.
12 Josua hatte außerdem noch 5000
Mann westlich der Stadt in einen
Hinterhalt zwischen Bet-El und Ai
gelegt*. 13 Das Hauptlager stand
nördlich der Stadt, die Sperre* west-
lich. Noch in der Nacht rückte Josua
auf die Talebene vor.

14 Als der König von Ai das sah, rück-
te er in aller Eile früh mit seinen Män-
nern zum Kampf gegen Israel aus. Er
wollte das Schlachtfeld in der Ebene
erreichen, wusste aber nichts von dem

7,24 *Achor.* Das unfruchtbare Tal liegt in der Nähe von Jericho, wahrscheinlich an der Nordostgrenze von Juda, südlich von Jericho.

8,12 *Hinterhalt ... gelegt.* Das Heer sollte sicherstellen, dass die Einwohner von Bet-El keinen Überraschungsangriff von Nordwesten her führten, nicht aber dass sie sich an der Verfolgung der scheinbar fliehenden Israeliten beteiligten.

8,13 *Sperre.* wörtlich: *Ferse*

Hinterhalt. 15 Josua und die Männer Israels ließen sich von ihm schlagen und flohen in Richtung Wüste. 16 Darauf wurden alle in der Stadt verbliebenen Männer aufgeboten, um die Fliehenden zu verfolgen. Sie jagten Josua nach und wurden dabei von der Stadt abgeschnitten. 17 Nicht ein Mann war in Ai oder Bet-El* zurückgeblieben. Alle jagten hinter den Israeliten her und ließen die Stadt ohne Schutz mit offenen Toren zurück.

18 Nun sagte Jahwe zu Josua: »Strecke das Schwert in deiner Hand gegen Ai aus! Ich gebe die Stadt in deine Gewalt.« Josua tat es. 19 Sobald er seine Hand ausstreckte, brach der Hinterhalt aus seiner Stellung hervor. Die Männer überfielen die Stadt, eroberten sie und steckten sie schnell in Brand. 20 Als die Männer von Ai zurückblickten, sahen sie den Rauch aus ihrer Stadt zum Himmel aufsteigen. Doch sie hatten keine Möglichkeit zur Flucht, sie konnten weder vor noch zurück, denn die Truppen, die zur Wüste hin geflohen waren, kehrten um und wandten sich gegen ihre Verfolger. 21 Als Josua und die Israeliten nämlich sahen, dass der Rauch aus der Stadt aufstieg, machten sie kehrt und griffen die Männer von Ai an. 22 Diese hatten ja ihre Stadt verlassen und sie verfolgt. Doch auf einmal waren sie von beiden Seiten eingeschlossen. Sie wurden vollständig aufgerieben. Keiner kam mit dem Leben davon. 23 Den König von Ai hatten die Israeliten lebendig gefasst und zu Josua gebracht.

24 Als sie dann alle ihre Gegner auf dem Schlachtfeld in der Wüste getötet hatten, drangen sie erneut in die Stadt ein und brachten alle Einwohner mit dem Schwert um. 25 An diesem Tag starben alle Leute von Ai, etwa 12.000 Männer und Frauen. 26 Josua hatte nämlich seine Hand mit dem ausgestreckten Langschwert nicht zurückgezogen, bis der Bann an allen Bewohnern von Ai vollstreckt war. 27 Das Vieh und das sonstige Beutegut aus der Stadt behielten die Israeliten diesmal für sich, wie es Josua von Jahwe befohlen worden war. 28 Josua ließ Ai vollständig niederbrennen und machte es für immer zu einem Schutthaufen*. Er ist noch heute zu sehen. 29 Den Leichnam des Königs von Ai ließ er bis zum Abend an einen Baum hängen. Bei Sonnenuntergang befahl Josua, ihn abzunehmen und in den Durchgang des Stadttores zu werfen. Die Männer Israels errichteten dann einen großen Steinhaufen über ihm, der noch heute zu sehen ist.

Der Altar auf dem Ebal

30 Damals baute Josua auf dem Berg Ebal* Jahwe, dem Gott Israels, einen Altar, 31 und zwar so, wie es Mose, der Diener Jahwes, den Israeliten befohlen hatte und wie es auch im Gesetzbuch des Mose steht. Es entstand ein Altar aus unbehauenen Steinen, die noch kein eisernes Werkzeug berührt hatte. Auf diesem Altar brachten die Israeliten Jahwe Brandopfer dar und aßen von den Freudenopfern*. 32 Auf

8,17 *oder Bet-El.* Es gab offenbar einen Beistandspakt zwischen den benachbarten Städten.

8,28 *Ai* bedeutet *Schutthaufen.*

8,30 *Ebal.* Nördlich von Sichem, 940 m hoch.

die Steine dort schrieb Josua in Gegen-
wart des Volkes eine Abschrift vom
Gesetz des Mose nieder. 33 Dann stell-
te sich das ganze Volk Israel mit seinen
Ältesten, Anführern und Richtern
sowie den Fremden, die sich ihnen an-
geschlossen hatten, auf beiden Seiten
der Bundeslade auf. Die eine Hälfte
stand mit dem Rücken zum Berg Gari-
zim* und die andere zum Berg Ebal.
Zwischen ihnen, an der Bundeslade
Jahwes, standen die Priester aus dem
Stamm Levi, die die Lade trugen. So
sollte das Volk Israel nach der Anwei-
sung von Mose, dem Diener Jahwes,
gesegnet werden. 34 Danach las Josua
das ganze Gesetz laut vor, den Segen
wie den Fluch, genauso wie es im Ge-
setzbuch geschrieben steht. 35 Er ließ
kein einziges Wort davon aus. Die
ganze Versammlung Israels, auch die
Frauen, die Kinder und die Fremden,
die bei ihnen lebten, hörten jedes
Wort, das Mose befohlen hatte.

Die List der Gibeoniten

9 1 Alle Könige im Westjordanland
hörten von den Siegen Israels, ob
sie im Gebirge, in der Schefela* oder in
der Küstenebene des Mittelmeeres bis
zum Libanon hin lebten, die Hetiter,
die Amoriter, die Kanaaniter, die Peri-
siter, die Hiwiter und die Jebusiter.
2 Da taten sie sich zusammen, um
gemeinsam gegen Josua und Israel
zu kämpfen.

3 Als die Einwohner von Gibeon* je-
doch hörten, was Josua mit Jericho
und Ai gemacht hatte, 4 griffen sie zu
einer List. Sie wollten sich als Boten
ausgeben. Deshalb nahmen sie abge-
nutzte Säcke für ihre Esel und abge-
nutzte und geflickte Weinschläuche
5 und zogen zerschlissene und geflick-
te Schuhe und abgetragene Kleidung
an. Das Brot, das sie als Wegzehrung
dabeihatten, war vertrocknet und zer-
bröselt. 6 So kamen sie ins Lager nach
Gilgal. »Wir kommen aus einem fer-
nen Land«, sagten sie zu Josua und den
Männern von Israel, »und möchten,
dass ihr einen Bund mit uns schließt.«
7 Da sagten die Israeliten zu den Hiwi-
tern*: »Wir können doch nicht einfach
ein Bündnis mit euch schließen. Viel-
leicht wohnt ihr ja ganz in unserer
Nähe.« 8 »Wir sind deine Diener«,
sagten sie zu Josua. Der fragte: »Wer
seid ihr und woher kommt ihr?«
9 »Deine Diener kommen aus einem
sehr weit entfernten Land, weil der
Ruhm von Jahwe, deinem Gott, bis zu
uns gedrungen ist. Wir haben alles ge-
hört, was er in Ägypten getan hat,
10 und auch das, was er mit den beiden
Amoriterkönigen im Ostjordanland ge-
macht hat, mit König Sihon von Hesch-
bon* und König Og von Baschan*, der

8,31 Beim *Freudenopfer* wurde im Gegensatz zum Brandopfer nur das Fett auf dem Altar verbrannt. Der größte Teil des Tieres durfte bei einer fröhlichen Opfermahlzeit gemeinsam mit Verwandten und Freunden verzehrt werden.

8,33 *Garizim.* Südlich vom Ebal, 881 m hoch, 50 km nördlich von Jerusalem.

9,1 *Schefela.* Niedriges, sehr fruchtbares Hügelland, das sich in nordsüdlicher Richtung zwischen dem Gebirge und der Küstenebene des Mittelmeeres erstreckt.

9,3 *Gibeon.* Die Stadt liegt 9 km nordwestlich von Jerusalem.

9,7 *Hiwiter.* Siehe Fußnote zu Josua 3,10.

9,10 *Heschbon.* Stadt, 25 km östlich der Jordanmündung ins Tote Meer, 19 km südwestlich von Rabba (heute Amman).

Baschan. Gebiet östlich und nördlich vom See Gennesaret.

in Aschtarot* lebte. 11 Da sagten unsere Ältesten und alle Bewohner des Landes zu uns: ›Nehmt Verpflegung mit auf den Weg, zieht ihnen entgegen und sagt zu ihnen: Wir sind eure Diener, schließt einen Bund mit uns!‹ 12 Hier, seht euch das Brot an! Es war noch warm, als wir von zu Hause aufbrachen. Jetzt ist es vertrocknet und zerbröselt. 13 Und diese zerrissenen Weinschläuche hier waren neu, als wir sie füllten. Auch unsere Kleidung und die Schuhe sind durch die lange Reise verschlissen.« 14 Die Israeliten untersuchten das Brot, aber sie versäumten es, Jahwe zu befragen. 15 So gewährte Josua ihnen Frieden und sicherte zu, sie am Leben zu lassen. Die Führer des Volkes bekräftigten den Vertrag mit einem Eid.

16 Drei Tage später kam es heraus, dass sie ganz in ihrer Nähe wohnten. 17 Die Israeliten waren nämlich weitergezogen und auf die Städte gestoßen, aus denen die Boten gekommen waren: Gibeon, Kefira, Beerot und Kirjat-Jearim. 18 Doch sie konnten ihnen nichts antun, weil die Führer des Volkes ihnen im Namen Jahwes Frieden geschworen hatten. Da murrte die ganze Volksversammlung über ihre Führer. 19 Die verteidigten sich: »Wir haben ihnen im Namen Jahwes Frieden geschworen und können sie jetzt nicht antasten. 20 Wir müssen sie am Leben lassen, damit kein Zorngericht wegen des Eides über uns kommt.« 21 Aber sie sicherten den Israeliten zu, die Hiwiter zu Holzhauern und Wasserträgern für ganz Israel zu machen.

22 Dann bestellte Josua die Boten aus Gibeon zu sich und sagte zu ihnen: »Warum habt ihr uns getäuscht und behauptet, von sehr weit her zu kommen, wo ihr doch ganz in unserer Nähe wohnt? 23 Darum sollt ihr verflucht und für alle Zeit Sklaven für das Haus meines Gottes sein – Holzhauer und Wasserträger!« 24 Sie antworteten Josua: »Deinen Dienern wurde zuverlässig berichtet, dass Jahwe, dein Gott, seinem Diener Mose geboten habe, euch das ganze Land zu geben und alle seine Bewohner zu töten. Darum fürchteten wir sehr um unser Leben. 25 Nun, wir sind in deiner Hand; mach mit uns, was du für richtig hältst.« 26 Josua stand zu seinem Wort und bewahrte die Gibeoniten davor, von den Männern Israels getötet zu werden. 27 Doch verpflichtete er sie an diesem Tag zum Dienst am Altar Jahwes als Holzhauer und Wasserträger. Sie tun das noch heute an dem Ort, den Jahwe für seinen Altar erwählt hat.

Israel kämpft für Gibeon

10 1 Als Adoni-Zedek, der König von Jerusalem, und seine Leute hörten, dass Josua Ai erobert und zerstört hatte, dass dessen König dasselbe Schicksal erlitten hatte wie der König von Jericho, und dass die Bewohner von Gibeon mit Israel Frieden geschlossen hatten und nun zu ihnen gehörten, 2 bekamen sie es mit der Angst zu tun. Gibeon war ja so groß wie eine Königsstadt, größer als Ai, und seine Männer waren als tapfere Krieger bekannt. 3 Da schickte

---

9,10 *Aschtarot.* 35 km östlich vom See Genesaret, später Levitenstadt.

Adoni-Zedek Boten zu den Nachbarkönigen Hoham von Hebron*, Piram von Jarmut*, Jafia von Lachisch* und Debir von Eglon* und ließ ihnen ausrichten: 4 »Die Leute von Gibeon haben mit Josua und den Israeliten Frieden geschlossen. Kommt und helft mir, sie zu bestrafen!« 5 Da vereinigten sich die fünf Amoriterkönige und zogen mit ihrer ganzen Heeresmacht vor Gibeon. Sie erklärten Gibeon den Krieg und begannen die Stadt zu belagern. 6 Da schickten die Männer von Gibeon Boten nach Gilgal ins Lager der Israeliten und baten Josua: »Lass deine Diener jetzt nicht im Stich! Komm schnell zur Hilfe und rette uns! Alle Amoriterkönige aus dem Bergland belagern unsere Stadt.« 7 Da rief Josua die kriegstüchtigen Männer von Israel zusammen und brach mit dem Heer von Gilgal auf.

8 Und Jahwe sagte zu Josua: »Fürchte dich nicht vor ihnen, denn ich habe sie alle in deine Hand gegeben. Niemand wird vor dir standhalten können.« 9 Als Josua die Amoriter nun plötzlich überfiel – die ganze Nacht hindurch waren sie von Gilgal aus marschiert – 10 ließ Jahwe unter ihnen einen Schrecken vor Israel entstehen, und Josua konnte ihnen bei Gibeon eine schwere Niederlage beibringen. Er verfolgte sie bis zur Steige von Bet-Horon* und noch weiter bis nach Aseka* und Makkeda*. 11 Und als sie die Steige von Bet-Horon hinabflohen und auf dem ganzen Weg nach Aseka, ließ Jahwe große Steine vom Himmel auf sie herabfallen. Es kamen mehr durch die Hagelsteine um, als die Israeliten mit dem Schwert töteten.

12 Damals hatte Josua zu Jahwe gebetet – es war an dem Tag, als Jahwe ihnen die Amoriter auslieferte – und hatte dann vor den Israeliten gesagt:

»Sonne halt still über Gibeon /
und Mond über'm Tal von Ajalon*!«

13 Da hielt die Sonne still, und auch der Mond blieb stehen, bis das Volk sich an seinen Feinden gerächt hatte. So wird es auch im Buch der Heldenlieder* beschrieben. Die Sonne blieb mitten am Himmel stehen und beeilte sich nicht unterzugehen, ungefähr einen ganzen Tag lang. 14 Weder vorher noch nachher hat es solch einen Tag gegeben, dass Jahwe auf das Gebet eines Menschen hin so etwas

---

10,3 *Hebron.* Die Stadt liegt etwa 35 km südlich von Jerusalem und 30 km westlich vom Toten Meer.

Jarmut. Stadt in der Schefela, 5 km südlich von Bet-Schemesch.

Lachisch. Wichtige kanaanäische Königsstadt, seit dem 3. Jahrtausend v.Chr. besiedelt, 25 km westlich von Hebron.

Eglon. Vermutlich 10 km westlich von Lachisch.

10,10 *Steige von Bet-Horon.* Wichtiger Passweg vom Gebirge in die Schefela Judas, der von den Orten *Oberes Bet-Horon* (617 m ü. NN) und *Unteres Bet-Horon* (399 m ü. NN) beherrscht wird.

Aseka. 9 km östlich von Gat, 24 km nordwestlich von Hebron.

Makkeda. Vermutlich *Kirbet el-Kum*, 14 km westlich von Hebron.

10,12 *Ajalon.* Stadt in der Schefela, 21 km nordwestlich von Jerusalem.

10,13 *Buch der Heldenlieder.* Hebräisch: Buch Jaschar. Wörtlich: *Buch des Redlichen*, vermutlich eine Sammlung von Liedern auf die Helden Israels.

gewirkt hätte. Doch damals kämpfte
Jahwe selbst für Israel. 15 Nach dem
Sieg kehrte Josua mit dem ganzen
Heer ins Lager nach Gilgal zurück.

16 Die fünf Amoriterkönige jedoch
waren entkommen und hatten sich in
einer Höhle bei Makkeda versteckt.
17 Das wurde Josua noch während der
Schlacht gemeldet, 18 und er hatte be-
fohlen, große Steine an den Eingang
der Höhle zu wälzen und sie mit eini-
gen Wachtposten zu sichern. 19 Zu
den anderen aber hatte er gesagt:
»Bleibt nicht stehen, sondern verfolgt
die Feinde, und macht auch noch die
Nachhut nieder! Lasst sie nicht in ihre
Städte entkommen, denn Jahwe, euer
Gott, hat sie euch in die Hand ge-
geben!« 20 So brachten Josua und
die Männer Israels den Amoritern
eine vernichtende Niederlage bei. Nur
wenige konnten entkommen und die
festen Städte erreichen. 21 Dann kehr-
te das Heer wohlbehalten zu Josua ins
Feldlager bei Makkeda zurück. Jetzt
wagte niemand mehr, den Mund
gegen die Israeliten aufzumachen.

22 Dann befahl Josua: »Öffnet den
Höhleneingang und bringt die fünf
Könige zu mir heraus!« 23 Man wälzte
die Steine beiseite und brachte die
Könige von Jerusalem, von Hebron,
von Jarmut, von Lachisch und von
Eglon heraus. 24 Als sie vor Josua
standen, rief dieser alle Männer Is-
raels herbei und sagte zu den Anfüh-
rern des Heeres: »Kommt her und
setzt euren Fuß auf den Nacken dieser
Könige!« Als sie das taten, 25 sagte
Josua zu ihnen: »Ihr müsst euch vor
niemand fürchten! Lasst euch nicht
einschüchtern, seid mutig und ent-
schlossen! So wird es Jahwe mit allen
euren Feinden machen, gegen die ihr
kämpft.« 26 Danach ließ Josua die
Könige töten und ihre Leichen bis
zum Abend an fünf Bäume hängen.
27 Als die Sonne unterging, ließ er sie
abnehmen und in die Höhle werfen, in
der sie sich versteckt hatten. Dann
wälzten sie große Steine vor den Ein-
gang. Sie liegen heute noch dort.

Die Eroberung von Süd-Kanaan

28 Noch am selben Tag eroberte Josua
die Stadt Makkeda und ließ alles Le-
bendige mit dem Schwert umbringen.
Er vollstreckte an ihr und ihrem König
den Bann wie bei dem König von Jeri-
cho. 29 Dann führte Josua das israeli-
tische Heer von Makkeda nach Libna*
und griff auch diese Stadt an.
30 Jahwe gab sie und ihren König in
die Hand Israels. Alles Leben darin
wurde mit dem Schwert getötet, und
sein König fand das gleiche Ende wie
der von Jericho. 31 Danach zog Josua
mit dem Heer nach Lachisch und be-
lagerte die Stadt. 32 Jahwe gab auch
sie in die Hand Israels. Am zweiten
Tag eroberten sie die Stadt und er-
schlugen alles Lebendige darin mit
dem Schwert, wie sie es in Libna ge-
macht hatten. 33 Als dann König
Horam von Geser* mit seinen Män-
nern heraufzog, um Lachisch zu hel-
fen, wurde er von Josua vernichtend
geschlagen. Keiner entkam. 34 Von
Lachisch führte Josua das Heer nach
Eglon. Sie umzingelten die Stadt,

10,29 *Libna.* Stadt in der Schefela, vermutlich 13 km nordöstlich von Lachisch.

10,33 *Geser.* Stadt im nördlichen Teil der Schefela, 27 km südöstlich von Joppe.

35 nahmen sie noch am selben Tag ein
und vollstreckten wie in Lachisch an
allem Lebendigen den Bann. 36 Von
Eglon aus zogen sie nach Hebron hi-
nauf und griffen es an. 37 Sie erober-
ten die Stadt und erschlugen die Be-
wohner samt ihrem König. Auch an
den dazugehörenden Ortschaften
vollstreckten sie den Bann und ver-
nichteten alles Leben darin. 38 Dann
wandte sich Josua von Hebron ab und
griff mit dem Heer Israels Debir* an.
39 Er nahm die Stadt und die dazuge-
hörigen Orte ein und ließ wie in He-
bron an allem Lebendigen den Bann
vollstrecken und wie in Libna auch
den König töten. 40 So eroberte Josua
das ganze Land, das Gebirge, den
Negev im Süden, die Schefela und die
östlichen Berghänge*. Keiner, der
dort lebte, entging dem Gericht Got-
tes. An allem vollstreckte er den Bann,
wie es Jahwe, Israels Gott, befohlen
hatte. 41 Das eroberte Land reichte
von Kadesch-Barnea* bis nach
Gaza*, von der Landschaft Goschen*
bis nach Gibeon. 42 Weil Jahwe, der
Gott Israels, für sein Volk kämpfte,
konnte Josua in einem einzigen Feld-
zug alle Könige dort besiegen und ihr
Land erobern. 43 Dann kehrte Josua
mit dem Heer Israels ins Lager nach
Gilgal zurück.

Der nördliche Feldzug

11 1 Als Jabin, der König von
Hazor*, das hörte, schickte
er Boten zu König Jobab von
Madon*, zu den Königen von
Schimron* und Achschaf*, 2 zu den
Königen im nördlichen Bergland, in
der Ebene südlich von Kinneret*, in
der Schefela und im Küstengebiet
von Dor*, 3 zu den Kanaanitern im
Osten und Westen, zu den Amori-
tern, den Hetitern, den Perisitern
und den Jebusitern im Gebirge und
zu den Hiwitern am Fuß des Her-
mon* im Gebiet von Mizpa*. 4 Alle
diese Könige brachen mit ihren
Truppen auf, es war eine riesige
Menge, unzählbar wie der Sand am
Meeresstrand; und sie hatten sehr

10,38 *Debir.* 14 km südwestlich von Hebron.

10,40 *östlichen Berghänge.* Offenbar die Abhänge zum Toten Meer hin.

10,41 *Kadesch-Barnea.* Ort an der Südgrenze Kanaans, etwa 80 km südwestlich von Beerscheba.

Gaza. Bedeutendste Stadt der Philister, 6 km vom Mittelmeer entfernt.

Goschen. Nach Josua 15,51 eine Stadt und ein Gebiet in Südkanaan, bisher nicht identifiziert. Nicht zu verwechseln mit Goschen in Ägypten (1. Mose 45,10).

11,1 *Hazor.* Wichtigste kanaanitische Festung im Norden, 14 km nördlich vom See Gennesaret.

Madon. Galiläische Stadt, vielleicht identisch mit Merom, 12 km nordwestlich von Hazor.

Schimron. Galiläische Stadt, 15 km westlich vom Berg Tabor.

Achschaf. Galiläische Stadt, 16 km südlich von Akko.

11,2 *Kinneret.* Früherer Name des Sees Gennesaret und einer Ortschaft an seinem Westufer.

Dor. Hafenstadt am Mittelmeer, 13 km nördlich von Cäsarea.

11,3 *Hermon.* Drei fast gleich hohe (über 2800 m) schneebedeckte Gipfel im Libanon. Der Hermon wurde von den vorisraelischen Bewohnern als heilig verehrt, deshalb auch *Baal-Hermon* genannt.

Mizpa. Offenbar identisch mit *Mizpe* in V. 8. Gebiet im Südlibanon.

viele Pferde und Streitwagen* dabei.
5 Ihr gemeinsames Feldlager zum
Kampf gegen Israel schlugen sie am
Wasser von Merom* auf.

6 Da sagte Jahwe zu Josua: »Hab
keine Angst vor ihnen! Ich werde
dafür sorgen, dass ihr sie morgen um
diese Zeit alle erschlagen habt. Du
wirst ihre Pferde lähmen* und ihre
Streitwagen in Brand stecken!«
7 Josua führte Israels Heer zu einem
Überraschungsangriff auf das feind-
liche Lager am Wasser von Merom,
8 und Jahwe gab sie in ihre Hand. Sie
schlugen sie in die Flucht und ver-
folgten sie bis zu der großen Stadt
Sidon*, bis nach Misrefot-Majim*
und in die Talebene von Mizpe* im
Osten. Keiner der Fliehenden ent-
kam. 9 Nach Jahwes Befehl ließ
Josua ihre Pferde lähmen und die
Streitwagen verbrennen.

10 Dann kehrte er um und eroberte
Hazor, die Hauptstadt dieser Vereini-
gung von Stadtkönigen, und erschlug
ihren König. 11 An allem Lebendigen
ließ er den Bann vollstrecken. Alle Be-
wohner wurden mit dem Schwert ge-
tötet, und die Stadt wurde in Brand
gesteckt. 12 Auch alle anderen Städte
dieser Vereinigung eroberte Josua
und vollstreckte an ihren Königen
und Einwohnern den Bann, wie es
Mose, der Diener Jahwes, befohlen
hatte. 13 Niederbrennen ließ Josua
aber nur Hazor. Die anderen Städte
auf den Hügeln ließ er stehen. 14 Die
Beute aus diesen Städten und das
Vieh nahmen die Israeliten für sich,
aber von den Menschen ließen sie
niemand am Leben. Sie vernichteten
sie völlig und erschlugen alle mit dem
Schwert.

Die eroberten Gebiete

15 Wie Jahwe es seinem Diener Mose
befohlen hatte, so trug Mose es Josua
auf. Und Josua hielt sich genau an
alle Weisungen, die Mose von Jahwe
bekommen hatte. 16 Josua nahm das
ganze Land ein, das Gebirge, den
ganzen Negev und ganz Goschen, die
Schefela, die Jordantiefebene und das
Bergland Israels, 17 alles Land vom
kahlen Berg Seïr* bis hin nach Baal-
Gad* im Libanontal am Fuß des Her-
mon. Alle Könige, die dort regierten,
nahm er gefangen und tötete sie.
18 Er musste jedoch lange gegen sie
kämpfen, 19 denn außer der Hiwiter-
stadt Gibeon ergab sich keine Stadt
den Israeliten freiwillig. Alle mussten
sie im Kampf erobern. 20 Jahwe hatte
sie starrsinnig zum Krieg gegen Israel

11,4 *Streitwagen.* Einachsige, von Pferden gezogene schnelle Wagen, die von einem Wagenlenker, einem Bogenschützen und evtl. noch einem Schildhalter besetzt waren – die Panzer des Altertums.

11,5 *Merom.* Wahrscheinlich 13 km südwestlich von Hazor, in einer waldreichen Gegend unter dem Har-Merom (1208 m), dem höchsten Berg Nordgaliläas.

11,6 *Pferde lähmen.* Man durchschnitt ihnen die Fußsehnen.

11,8 *Sidon.* Wichtigste Hafenstadt Phöniziens, 40 km nördlich von Tyrus. Ihre Einwohner und die der Umgebung werden Sidonier genannt.

Misrefot-Majim. Das meint vielleicht das Gebiet des Flusses Litani im Libanon.

Mizpe. Gegend in der Nähe des Hermon

11,17 *Seïr* heißt eigentlich »bewaldet« und meint hier wohl einen Berg in Juda (sonst ein Gebirge in Edom).

Baal-Gad. Stadt im Libanontal.

gemacht, damit er den Bann an ihnen
vollstrecken konnte. Es sollte keine
Gnade für sie geben. Israel musste sie
vernichten, wie Jahwe es Mose befoh-
len hatte. 21 Damals vernichtete Josua
auch die Anakiter*, die im Gebirge, in
Hebron, Debir und Anab* wohnten,
und in allen anderen Städten im Ge-
birge Juda und Israel. Josua vollstrek-
kte den Bann an ihnen, 22 sodass in
dem eroberten Land niemand von
ihnen übrig blieb. Nur in Gaza, Gat*
und Aschdod* entkamen sie dem
Untergang. 23 So eroberte Josua das
ganze Land, wie es Jahwe zu Mose
gesagt hatte, und gab es Israel zum
Eigentum, jedem Stamm sein Gebiet.
Das Land hatte nun Ruhe vor dem
Krieg.

Die besiegten Könige

12 1 Die Israeliten hatten folgen-
de Könige besiegt und deren
Land im Ostjordangebiet vom Fluss
Arnon* bis zum Berg Hermon in Be-
sitz genommen, einschließlich der
ganzen östlichen Tiefebene des Jor-
dan:
2 Zunächst den Amoriterkönig Si-
hon aus Heschbon. Er herrschte von
Aroër* am Arnon, von der Mitte des
Arnontals an über das halbe Gilead*
bis zum Fluss Jabbok, wo das Gebiet
der Ammoniter* beginnt, 3 über das
östliche Jordantal bis an den See
Kinneret und nach Süden zu bis an
das Meer der Araba, das Salzmeer,
und bis nach Bet-Jeschimot* und
den Abhängen des Berges Pisga*.
4 Dann das Land des Königs Og von
Baschan, dem letzten vom Geschlecht
der Refaïter*, der in Aschtarot und
Edreï* regierte. 5 Er herrschte über
das Hermongebirge, über das Gebiet
von Salcha* und Baschan bis an die
Grenze zu den Königreichen Ge-
schur* und Maacha* und über die

11,21 *Anakiter*: Eine Sippe von riesenhaften Menschen in der Umgebung von Hebron, vgl. 4. Mose 13,33.

Anab. Stadt 20 km südwestlich von Hebron.

11,22 *Gat.* Eine der fünf Philisterstädte, spätere Heimatstadt des Goliat.

Aschdod. Bedeutende Philisterstadt, 5 km vom Mittelmeer entfernt.

12,1 *Arnon.* Fluss, etwa 44 km lang, mündet ins Tote Meer. Er bildete die Südgrenze Israels im Ostjordangebiet.

12,2 *Aroer.* Stadt am Nordufer des Arnon, 23 km östlich des Toten Meeres.

Gilead. Landschaft östlich des Jordan, Wohnsitz der Stämme Ruben, Gad und halb Manasse.

Ammoniter. Nordöstliche Nachbarn der Moabiter.

12,3 *Bet-Jeschimot.* Letzter Lagerplatz Israels vor dem Zug durch den Jordan (4. Mose 33,49), 7 km nordöstlich vom Toten Meer.

Pisga. Wahrscheinlich in der Nähe des Nebo, 14 km östlich vom Nordende des Toten Meeres.

12,4 *Refaïter.* Volksstamm von außergewöhnlich hohem Wuchs.

Edreï. Die Residenzstadt lag 96 km südlich von Damaskus und 50 km östlich vom Jordan.

12,5 *Salcha.* Die Stadt liegt etwa 100 km südöstlich vom See Gennesaret.

Geschur. Kleines syrisches Königreich nördlich und östlich vom See Gennesaret, das unabhängig von Israel blieb.

Maacha. Kleines syrisches Königreich im Norden Israels, dessen Gebiet dem halben Stamm Manasse zugeteilt wurde, obwohl die Einwohner nicht vertrieben wurden.

andere Hälfte Gileads bis an die Gren-
ze von König Sihons Herrschafts-
gebiet.
6 Diese beiden Könige waren unter
der Führung Moses von den Israeliten
besiegt worden. Und Mose, der Die-
ner Jahwes, gab ihr Land den Stäm-
men Ruben, Gad und dem halben
Stamm Manasse als Erbbesitz.
7 Es folgen die Könige, die unter der
Führung Josuas von den Israeliten im
Westjordanland besiegt worden sind,
und zwar von Baal-Gad am Fuß des
Libanon-Gebirges bis zum kahlen
Berg Seïr. Josua gab es den Stämmen
Israels zum Besitz: 8 das Gebirge, die
Schefela, die Abhänge zur Araba hin
mit der Wüste Juda und den Negev im
Süden, das ganze Gebiet der Hetiter,
Amoriter, Kanaaniter, Perisiter, Hiwi-
ter und Jebusiter. 9 Es waren der
König von Jericho, der König von Ai,
das neben Bet-El liegt, 10 der König
von Jerusalem, der König von He-
bron, 11 der König von Jarmut und der
von Lachisch, 12 der König von Eglon
und der von Geser; 13 der König von
Debir und der von Geder, 14 der von
Horma* und der von Arad*, 15 der
von Libna und der von Adullam*;
16 der König von Makkeda und der
von Bet-El, 17 der von Tappuach und
der von Hefer*, 18 der von Afek* und
der von Scharon; 19 der König von
Madon, der von Hazor, 20 der von
Schimron-Meron* und der von Ach-
schaf; 21 der König von Taanach*, der
von Megiddo*, 22 der von Kedesch*
und der von Jokneam* am Karmel*;
23 der König von Dor im Hügelland
von Dor, der König von Haroschet-
Gojim in Galiläa* 24 und der König
von Tirza*. Insgesamt 31 Könige.

Noch nicht eroberte Gebiete

13 1 Inzwischen war Josua sehr
alt geworden. Da sagte Jahwe
zu ihm: »Du bist schon sehr alt, und
sehr viel Land ist noch in Besitz zu
nehmen. 2 Folgende Gebiete sind
noch zu erobern: Alle Bezirke der
Philister* und ganz Geschur, 3 das
Gebiet vom Schihor* vor Ägypten bis
zur Grenze von Ekron* im Norden,

12,14 *Horma.* Ort im Umkreis von Beerscheba.

Arad. Stadt, 27 km südlich von Hebron.

12,15 *Adullam.* Stadt in der Schefela, 26 km westlich von Jerusalem.

12,17 *Hefer.* Stadt, 40 km nördlich von Joppe in der Nähe der Mittelmeerküste.

12,18 *Afek.* Stadt in der Scharon-Ebene, 18 km östlich von Joppe.

12,20 *Meron.* Vermutlich ist Schimron gemeint, 15 km nördlich von Megiddo.

12,21 *Taanach.* Die Stadt liegt 6 km südöstlich von Megiddo.

Megiddo. Bedeutende kanaanitische Stadt am Südwestrand des Jesreel-Tales. Die Festung bewachte einen wichtigen Pass, der durch die Karmel-Bergkette verlief.

12,22 *Kedesch* in Galiläa, 27 km nördlich vom See Gennesaret.

Jokneam. 11 km nordwestlich von Megiddo.

Karmel. Berg, der die Mittelmeerebene unterbricht, Symbol für Schönheit und Fruchtbarkeit.

12,23 *Haroschet-Gojim in Galiläa.* Vermutlich Ort im Jesreel-Tal, wörtlich: *Gojim in Gilgal*, was aber unverständlich ist.

12,24 *Tirza.* 10 km nordöstlich von Sichem.

13,2 *Die Philister* bewohnten die südliche Küstenebene von Kanaan.

13,3 *Schihor.* Einer der Nilkanäle in der Nähe des heutigen Suez-Kanals.

Ekron. Philisterstadt in der Küstenebene, 32 km südöstlich von Joppe.

das den Kanaanitern zugerechnet
wird, die fünf Fürstentümer der Phi-
lister: Gaza, Aschdod, Aschkelon, Gat
und Ekron und das Gebiet der Awiter*
4 im Süden. Weiter gehört dazu das
ganze Gebiet der Kanaaniter von der
Sidonierstadt Meara bis nach Afek
und zur Grenze der Amoriter; 5 das
Gebiet der Gebaliter* und der ganze
Libanon im Osten von Baal-Gad am
Fuß des Hermon bis dorthin, wo es
nach Hamat* geht, 6 alle Gebirgsbe-
wohner vom Libanon an bis nach Mis-
refot-Majim, alle Sidonier. Ich selbst
werde sie vor den Israeliten vertreiben.
Verlose ruhig das ganze Land als Erb-
besitz für Israel, wie ich es dir befohlen
habe. 7 Verteile es als bleibenden
Besitz an die neun Stämme und den
halben Stamm Manasse.«

Das Ostjordanland

8 Die andere Hälfte des Stammes Ma-
nasse hatte zusammen mit den Rube-
niten und Gaditen ihren Erbbesitz
schon im Ostjordanland angenom-
men, so wie Mose, der Diener Jahwes,
es ihnen ausgeteilt hat: 9 von Aroer
am Rand des Arnontals an und der
Stadt, die direkt am Fluss liegt; die
ganze Hochebene zwischen Medeba*
und Dibon* 10 und alle Städte des
Amoriterkönigs Sihon, der von Hesch-
bon aus geherrscht hatte bis zur am-
monitischen Grenze; 11 die Land-
schaft Gilead und das Land der Ge-
schuriter, das Land der Maachatiter
und das ganze Hermongebirge, ganz
Baschan bis nach Salcha; 12 das
ganze Reich von König Og, der in
Aschtarot und Edreï regierte, der
Letzte aus dem Geschlecht der Re-
faïter, die von Mose geschlagen und
vertrieben worden waren. 13 Aber die
Geschuriter und Maachatiter vertrie-
ben die Israeliten nicht. Sie leben bis
heute mitten in Israel. 14 Nur dem
Stamm Levi gab Mose keinen Erb-
besitz. Ihm wurden die Opfergaben
für Jahwe, den Gott Israels, als Anteil
zugesichert.

15 Den Sippen des Stammes Ruben
hatte Mose folgendes Gebiet zugeteilt:
16 von Aroer an, das am Rand des
Arnontals liegt, und der Stadt direkt
am Fluss, über die ganze Hochebene
bis Medeba 17 und Heschbon mit
all den Städten des Hochlandes:
Dibon, Bamot-Baal*, Bet-Baal-Me-
on*, 18 Jahaz*, Kedemot*, Mefaat*,
19 Kirjatajim*, Sibma, Zeret-Schahar

13,3 *Awiter.* Volk in der Nähe von Gaza.

13,5 *Geba* ist eine Stadt an der phönizischen Küste, 60 km nördlich von Sidon.

Hamat. Heute: Labwe, etwa 70 km nördlich vom Berg Hermon.

13,9 *Medeba.* Moabitische Stadt, 32 km südlich vom heutigen Amman.

Dibon. Bedeutende Stadt Moabs, 21 km östlich vom Toten Meer, 5 km nördlich der Arnon-Schlucht.

13,17 *Bamot-Baal.* Nordöstlich des Toten Meeres. Genaue Ortslage unbekannt.

Bet-Baal-Meon. 10 km östlich vom Toten Meer, 37 km südwestlich vom heutigen Amman.

13,18 *Jahaz.* Moabitische Stadt auf der Hochfläche des Ostjordanlandes, 17 km südöstlich von Medeba.

Kedemot. 32 km östlich vom Toten Meer, nördlich des Arnon.

Mefaat. Vielleicht identisch mit Jahwah, 11 km südlich vom heutigen Amman.

13,19 *Kirjatajim.* Vielleicht 14 km östlich vom Toten Meer.

im Bergland östlich des Salzmeeres
und 20 Bet-Peor*. Dazu kamen die
Siedlungen auf den Abhängen des
Pisga, Bet-Jeschimot 21 und alle an-
deren Städte der Hochebene. Es um-
fasste das ganze Herrschaftsgebiet
des Amoriterkönigs Sihon aus Hesch-
bon, den Mose ebenso besiegt hatte
wie die midianitischen* Stammes-
fürsten: Ewi, Rekem, Zur, Hur und
Reba, die dort lebten und in Sihons
Diensten standen. 22 Neben vielen an-
deren töteten die Israeliten damals
auch den Wahrsager Bileam Ben-
Beor* mit dem Schwert. 23 Die West-
grenze des Stammes Ruben bildete
der untere Jordan und seine Uferland-
schaft. Diese Städte und Dörfer waren
den Sippen des Stammes Ruben zuge-
teilt worden.

24 Den Sippen des Stammes Gad
hatte Mose folgendes Gebiet zugeteilt:
25 Jaser* und alle Städte Gileads, das
halbe Land der Ammoniter bis nach
Aroer*, das Rabba* gegenüber liegt;
26 von Heschbon bis Ramat-Mizpe*
und Betonim*, von Mahanajim* bis
an das Gebiet von Debir; 27 in der öst-
lichen Tiefebene des Jordan: Bet-
Haram*, Bet-Nimra*, Sukkot und
Zafon, also das restliche Gebiet des
Reiches von Sihon, der in Heschbon
regiert hatte, bis zum Süd-Ende des
Sees Kinneret. 28 Diese Städte und
Dörfer waren den Sippen des Stam-
mes Gad zugeteilt worden.

29 Den Sippen des halben Stammes
Manasse hatte Mose das Gebiet zuge-
teilt, 30 das von Mahanajim an das
ganze Reich des Königs Og von Ba-
schan umfasste, dazu alle Zeltdörfer
Jaïrs – das waren 60 Ortschaften –,
31 das halbe Gilead, dazu die Städte
Aschtarot und Edreï, die zum König-
reich Ogs gehört hatten. Dieses Ge-
biet wurde der Hälfte der Sippen zu-
geteilt, die von Machir Ben-Manasse
abstammten.

32 Die Verteilung des Landes hatte
Mose im Steppengebiet von Moab im
Ostjordanland gegenüber von Jericho
vorgenommen. 33 Aber dem Stamm
Levi gab Mose keinen Anteil am Land-
besitz. Jahwe, der Gott Israels, sollte
selbst ihr Erbbesitz sein und für sie
sorgen, wie er es versprochen hatte.

Das Westjordanland

14 1 Es folgt eine Liste mit den
Gebieten im Land Kanaan,
die der Priester Eleasar und Josua
Ben-Nun und die Oberhäupter der
einzelnen Stämme an die Israeliten als
Erbbesitz austeilten. 2 So wie Jahwe

13,20 *Bet-Peor.* 29 km westlich vom heutigen Amman.

13,21 *Die Midianiter* waren ein Nomadenvolk, das in der Araba (Jordantal) und in Transjordanien umherzog.

13,22 *Bileam Ben-Beor.* Siehe 4. Mose 22-24.

13,25 *Jaser.* Vermutlich Khirbet es-Sar, 10 km westlich vom heutigen Amman.

Aroer. Stadt an der Grenze zwischen Israel und Ammon.

Rabba. Hauptstadt der Ammoniter, 38 km östlich vom Jordan, heute: Amman.

13,26 *Ramat-Mizpe.* Eventuell 18 km westlich vom heutigen Amman.

Betonim. 26 km nordöstlich von Jericho.

Mahanajim. Wahrscheinlich 11 km östlich vom Jordan am Jabbok.

13,27 *Bet-Haram.* 29 km westlich vom heutigen Amman.

Bet-Nimra. Vielleicht identisch mit Nimrim, 8 km östlich des Jordan.

es Mose befohlen hatte, wurden sie
durchs Los an die neuneinhalb Stäm-
me aufgeteilt. 3 Die anderen zweiein-
halb Stämme hatten ihren Erbbesitz
ja schon im Ostjordanland von Mose
zugeteilt bekommen. Nur den Leviten
war kein Land zugeteilt worden. 4 Die
Nachkommen Josefs bildeten nämlich
zwei Stämme: Manasse und Efraïm.
Und die Leviten erhielten keinen An-
teil am Land; sie bekamen jedoch
Städte, in denen sie wohnen konnten,
und Weideplätze für ihr Vieh. 5 Die Is-
raeliten verteilten das Land so, wie
Jahwe es Mose befohlen hatte.

6 In Gilgal kamen die Männer des
Stammes Juda zu Josua. Und Kaleb
Ben-Jefunne aus der Sippe von Kenas
sagte zu ihm: »Du weißt ja, was Jahwe
zu Mose, dem Mann Gottes, über mich
und dich in Kadesch-Barnea gesagt
hat. 7 Ich war damals 40 Jahre alt, als
Mose, der Diener Jahwes, mich von
Kadesch-Barnea als Kundschafter in
dieses Land hier geschickt hatte. Und
ich erstattete ihm Bericht, wie ich es in
meinem Herzen hatte. 8 Doch meine
Brüder, die mit mir gezogen waren,
machten dem Volk Angst. Aber ich ließ
mich nicht beirren, sondern vertraute
auf Jahwe, meinen Gott. 9 An diesem
Tag hatte Mose mir unter Eid verspro-
chen: ›Der Teil des Landes, den du als
Kundschafter betreten hast, soll dir
und deinen Nachkommen für immer
gehören! Denn du bist Jahwe, meinem
Gott, treu gefolgt.‹ 10 Das ist jetzt 45
Jahre her und Jahwe hat mich tatsäch-
lich am Leben erhalten, wie er es mir
damals in der Wüste durch Mose ver-
sprochen hatte. Heute bin ich 85 Jahre
alt 11 und noch genauso stark wie da-
mals als Kundschafter. Ich kann
immer noch kämpfen und in den Krieg
ziehen. 12 Gib mir nun dieses Gebirge,
von dem Jahwe geredet hat. Du hast
damals selbst gehört, dass die Anaki-
ter dort in großen stark befestigten
Städten wohnten. Vielleicht steht
Jahwe mir bei, dass ich sie vertreiben
kann. Er hat es mir ja zugesagt.« 13 Da
segnete Josua Kaleb und erklärte He-
bron zu seinem Erbbesitz. 14 Die Stadt
gehört noch heute seinen Nachkom-
men, weil Kaleb Ben-Jefunne aus der
Sippe von Kenas Jahwe, dem Gott Is-
raels, treu gefolgt war. 15 Hebron hieß
damals übrigens noch Kirjat-Arba,
Stadt des Arba. Das war der größte
Mann unter den Anakitern gewesen.
Danach war der Krieg zu Ende, und
das Land kam zur Ruhe.

Der Stamm Juda

15 1 Den Sippen des Stammes
Juda wurde durch Losent-
scheid folgendes Gebiet zugewiesen:
Im Süden grenzte es an die Wüste Zin,
die zu Edom* gehört. 2 Ihre südliche
Grenze begann an der Südspitze des
Salzmeeres 3 und lief in südlicher
Richtung am Fuß der Skorpionenstei-
ge vorüber nach Zin. Sie führte dann
weiter südlich an Kadesch-Barnea
vorbei über Hezron hinauf nach
Addar, wo sie einen Bogen nach
Karka machte. 4 Sie ging weiter durch
Azmon und lief am Bach Ägyptens*
aus, dem sie bis zum Meer folgte. Das
soll eure Südgrenze sein!

15,1 *Edom.* Land östlich der Araba und südlich vom Toten Meer, bewohnt von den Nachkommen Esaus.

15,4 *Bach Ägyptens.* Heute: Wadi El-Arisch.

5 Die Ostgrenze bildete das Salz-
meer bis zur Einmündung des Jordan.
Von dieser Stelle führte die Nord-
grenze 6 nach Bet Hogla hinauf, lief
nördlich an Bet-Araba vorbei bis zum
Stein Bohans, des Rubeniten. 7 Vom
Tal Achor führte sie nach Debir hi-
nauf, wandte sich nordwärts zu den
Steinmalen* gegenüber dem Pass von
Adummim, der südlich des Baches
verläuft. Dann erreichte die Grenze
En-Schemesch, die Sonnenquelle,
und dann En-Rogel, die Bleicherquel-
le. 8 Sie führte durchs Ben-Hinnom-
Tal, südlich um den Abhang herum,
auf dem die Jebusiterstadt, das heuti-
ge Jerusalem, liegt, bis zum Gipfel des
Berges, der sich westlich des Hinnom-
Tals am Nordrand der Refaïm-Ebene
erhebt. 9 Von dort zog sie sich herum
auf die Quelle Neftoach zu und lief
dann in Richtung der Städte des Berg-
landes von Efron und weiter nach
Baala, dem heutigen Kirjat-Jearim.
10 Von Baala aus ging sie in westliche
Richtung zum Gebirge Seïr, lief den
Nordhang des Berges Jearim – das ist
Kesalon – hinab nach Bet-Schemesch
und hinüber nach Timna. 11 Dann
verlief sie an der Nordflanke von
Ekron in einem Bogen nach Schikka-
ron hinüber zum Berg Baala und lief
bei Jabneel an der Küste des Meeres
aus. 12 Das große Meer bildete die
Westgrenze. Dies war das Gebiet, das
der Stamm Juda mit seinen Sippen
erhielt.

13 Nach Befehl Jahwes überließ
Josua Kaleb Ben-Jefunne einen Teil
des Stammesgebietes von Juda, näm-
lich Hebron. Damals hieß es noch
Kirjat-Arba, die Stadt des Arba,
nach dem Stammvater der Anakiter.
14 Kaleb vertrieb die drei Sippen der
Anakiter von dort: Scheschai, Ahiman
und Talmai. 15 Dann zog er vor die
Stadt Debir, die früher noch Kirjat-
Sefer hieß. 16 »Wer Kirjat-Sefer er-
obert«, versprach er seinen Männern,
»bekommt meine Tochter Achsa zur
Frau!«* 17 Es war Otniel Ben-Kenas,
der Sohn von Kalebs Bruder, der die
Stadt einnahm und Achsa zur Frau
nehmen durfte. 18 Als sie ihm zuge-
führt wurde, rang sie ihm die Erlaub-
nis ab, gleich noch ein Stück Land
von ihrem Vater fordern zu dürfen.
Dann glitt sie von ihrem Esel, und
Kaleb fragte: »Was hast du?« 19 Sie
erwiderte: »Wenn du mich schon
in den heißen Negev verheiratet hast,
dann gib mir auch ein paar Wasser-
becken als Segensgeschenk dazu!«
Da schenkte ihr Kaleb die oberen und
die unteren Teichanlagen bei Hebron.

Die zwölf Bezirke Judas

20 Zu dem Land, das dem Stamm
Juda und seinen Sippen als Erbbesitz
zugeteilt wurde*, 21 gehörten auch
die folgenden Städte:

Im Negev an der Grenze von Edom
waren es Kabzeel, Eder, Jagur, 22 Kina,
Dimona, Adada*, 23 Kedesch, Hazor,

15,7 *Steinmale.* Wörtlich: *Gelilot.* Die LXX liest hier *Gilgal.*

15,16 *Achsa zur Frau.* Der Sieg im Kampf war eine Möglichkeit, den Brautpreis zu zahlen.

15,20 *zugeteilt wurde.* Das Siedlungsgebiet lag hauptsächlich zwischen dem Toten Meer und dem Mittelmeer.

15,22 *Adada.* Wahrscheinlich identisch mit Aroer.

Jitnan, 24 Sif, Telma, Bealot, 25 Ha-
zor-Haddata, Kirjat-Hezron – das ist
Hazor –, 26 Amam, Schema, Molada,
27 Hazar-Gadda, Heschmon, Bet-
Pelet, 28 Hazar-Schual, Beerscheba
und Bisjotja*. 29 Baala, Ijim, Ezem,
30 Eltolad, Kesil, Horma, 31 Ziklag,
Mandmanna, Sansanna, 32 Lebaot,
Schilhim, Ajin und Rimmon. Das sind
29 Städte* mit Dörfern.

33 In der Schefela Eschtaol, Zora,
Aschna, 34 Sanoach, En-Gannim,
Tappuach, Enam, 35 Jarmut, Addu-
lam, Socho, Aseka, 36 Schaarajim,
Aditajim, Gedera und Gederotajim –
14 Städte mit ihren Dörfern.

37 Außerdem: Zenan, Hadascha,
Migdal-Gad, 38 Dilan, Mizpe, Jokteel,
39 Lachisch, Bozkat, Eglon, 40 Kab-
bon, Lachmas, Kitlisch, 41 Gederot,
Bet-Dagon, Naama und Makkeda –
16 Städte mit ihren Dörfern.

42 Weiter: Libna, Eter, Aschan,
43 Jiftach, Aschna, Nezib, 44 Keïla,
Achsib und Marescha – neun Städte
mit ihren Dörfern.

45 Dann: Ekron mit seinen Tochter-
städten und Dörfern 46 und die Ort-
schaften westlich davon, die auf der
Seite von Aschdod liegen, 47 dann
Aschdod mit seinen Tochterstädten
und Dörfern, Gaza mit seinen Toch-
terstädten und Dörfern bis zum
großen Meer und nach Süden bis zum
Bach Ägyptens.

48 Im Gebirge: Schamir, Jattir,
Socho, 49 Danna, Kirjat-Sefer – das
heutige Debir –, 50 Anab, Eschtemoa,
Anim, 51 Goschen, Holon, Gilo – elf
Städte mit ihren Dörfern.

52 Außerdem: Arab, Duma, Eschan,
53 Janum, Bet-Tappuach, Afeka,
54 Humta, Kirjat-Arba – das heutige
Hebron – und Zior: neun Städte mit
ihren Dörfern.

55 Dann: Maon, Karmel, Sif, Jutta,
56 Jesreel, Jokdeam, Sanoach, 57 Kain,
Gibea, und Timna – zehn Städte mit
ihren Dörfern.

58 Weiter: Halhul, Bet-Zur, Gedor,
59 Maarat, Bet-Anot und Eltekon –
sechs Städte mit ihren Dörfern.

Außerdem: Tekoa, Efrata – das ist
Bethlehem –, Peor, Etam, Kulon,
Tatam, Schoresch, Kerem, Gallim,
Bet-Ter und Manocho – elf Städte mit
ihren Dörfern.*

60 Weiter: Kirjat-Baal – das ist Kir-
jat-Jearim – und Rabba – zwei Städte
mit ihren Dörfern.

61 In der Wüste: Bet-Araba, Middin,
Sechacha, 62 Nibschan und Ir-Me-
lach, die Salzstadt, und En-Gedi –
sechs Städte mit ihren Dörfern.
63 Nur die Jebusiter, die in Jerusalem
wohnten, konnten die Männer des
Stammes Juda nicht vertreiben. Bis
heute wohnen sie mit den Judäern
zusammen.

Die Josefstämme

16 1 Für die Nachkommen Jo-
sefs bestimmte das Los fol-
gendes Gebiet: Die Grenze begann am
Jordan auf der Höhe von Jericho und
lief an den Quellen östlich der Stadt

15,28 *Bisjotja.* Das meint vielleicht: die dazugehörigen Dörfer.

15,32 *29 Städte.* Die Zahl der genannten Ortschaften ist höher. Vielleicht waren einige der genannten Ortschaften wichtige Dörfer, vgl. Hazor V. 23 mit V. 25.

15,59 *Dörfern.* Der Text ab *Tekoa* ist nur in der LXX überliefert.

vorbei durch die Wüste, die sich ins
Gebirge hinaufzieht bis nach Bet-El.
2 Von dort lief sie weiter nach Lus*
und zog sich zum Gebiet der Arkiter*
hinüber nach Atarot*, 3 zog sich berg-
ab nach Westen zum Gebiet der Jafle-
titer* und zum unteren Bet-Horon
über Geser bis zum Meer. 4 Das war
die Südgrenze des Gebiets, das die
Nachkommen Josefs, die Stämme
Efraïm und Manasse, erhielten.

Der Stamm Efraïm

5 Der Stamm Efraïm erhielt folgendes
Gebiet: Seine Südgrenze begann öst-
lich von Atarot-Addar, lief durch das
obere Bet-Horon 6 und von dort zum
Meer. Die Nordgrenze ging von Mich-
metat ostwärts nach Taanat-Schilo bis
nach Janoach. 7 Von Janoach stieg sie
hinunter nach Atarot und Naara, stieß
auf Jericho und lief am Jordan aus.
8 Von Tappuach aus lief die Grenze
westwärts zum Bach Kana und endete
am Meer. Das ist der Erbbesitz für den
Stamm Efraïm mit seinen Sippen.
9 Dazu kamen noch die Städte und
Dörfer, die den Efraïmiten zugespro-
chen wurden, obwohl sie im Stam-
mesgebiet von Manasse lagen.

10 Doch sie vertrieben die Kanaani-
ter von Geser nicht. So kam es, dass
diese bis heute dort wohnen, aber
Zwangsarbeiten verrichten müssen.

Der halbe Stamm Manasse

17 1 Ein Teil der Nachkommen
von Manasse, dem ältesten
Sohn Josefs, hatte Gilead und Ba-
schan erhalten. Das waren die Nach-
kommen von Manasses ältestem
Sohn Machir und dessen Sohn Gilead,
einem kampferprobten Mann. 2 Auch
den anderen Söhnen Manasses und
ihren Sippen wurden Gebiete zuge-
wiesen: den Nachkommen von Abië-
ser, Helek, Asriël, Schechem, Hefer
und Schemida. 3 Doch Zelofhad, der
Sohn Hefers und Enkel Gileads aus
der Sippe von Machir Ben-Manasse,
hatte keine Söhne, sondern nur Töch-
ter. Sie hießen Machla, Noa, Hogla,
Milka und Tirza. 4 Diese Frauen
gingen zum Priester Eleasar und zu
Josua Ben-Nun und den Stammes-
oberhäuptern und sagten: »Jahwe hat
Mose angewiesen, uns einen Erbbe-
sitz unter unseren Brüdern zu geben.«
Da gab er ihnen nach der Anweisung
Jahwes einen Erbbesitz unter der
Sippe ihres Vaters. 5 So kam es, dass
der Stamm Manasse außer dem Land
Gilead und Baschan auch westlich des
Jordan zehn Anteile besaß, 6 denn die
Sippen der weiblichen Nachkommen
Manasses erhielten dort ebenso einen
Anteil wie die der männlichen. Das
Land Gilead wurde aber nur unter die
männlichen Nachkommen aufgeteilt.

7 Das Gebiet Manasses grenzte im
Norden an das des Stammes Ascher.
Die Südgrenze verlief von Michmetat
gegenüber von Sichem zum Sied-
lungsgebiet von En-Tappuach. 8 Die
Umgebung von Tappuach gehörte
Manasse, Tappuach selbst gehörte zu

16,2 *Lus.* Kanaanitischer Ort nahe bei Bet-El.

Arkiter. Sippe aus den Nachkommen Kanaans.

Atarot. Die Lage des Ortes ist unbekannt.

16,3 *Jafletiter.* Vielleicht die Nachkommen von Jaflet 1. Chronik 7,32.

Efraïm. 9 Die Grenze verlief dann süd-
lich vom Kana-Bach bis zum Meer.
Nördlich des Baches begann das Ge-
biet Manasses. Im Westen reichte es
bis ans Meer. Die Städte südlich des
Baches gehören zu Efraïm, obwohl sie
noch im Stammesgebiet von Manasse
lagen. 10 Das Bachtal bildete also die
Grenze zwischen den beiden Stäm-
men. Das Meer war für beide die West-
grenze. Im Norden stieß das Land Ma-
nasses an das Gebiet des Stammes
Ascher und im Osten an das von Issa-
char. 11 Und in den Stammesgebieten
von Issachar und Ascher gehörten ei-
nige Städte mit den umliegenden Dör-
fern zu Manasse: Bet-Schean, Jible-
am, der ganze Bezirk von Dor, En-Dor,
Taanach und Megiddo, das Dreihügel-
gebiet. 12 Die Männer von Manasse
konnten diese Städte allerdings nicht
erobern. So gelang es den Kanaani-
tern, in diesem Gebiet wohnen zu blei-
ben. 13 Auch als die Israeliten stärker
wurden, vertrieben sie die Kanaaniter
nicht, verpflichteten sie aber zu
Zwangsarbeiten.

14 Da beschwerten sich die Nach-
kommen Josefs bei Josua: »Warum
hast du uns bei der Landverteilung
nur den Anteil für einen einzigen
Stamm gegeben? Wir sind doch so
viele Leute. Jahwe hat uns reich ge-
segnet und zu einem großen Volk ge-
macht.« 15 Da sagte Josua: »Wenn ihr
so viele seid und euch das Gebirge
Efraïm nicht ausreicht, dann zieht
doch in das Waldgebiet der Perisiter
und Refaïter und rodet euch dort
Land.« 16 Da sagten die Nachkom-
men Josefs: »Das Gebirge ist zu klein
für uns, und die Kanaaniter in der
Ebene Jesreel bis nach Bet-Schean
haben eiserne Streitwagen.« 17 Da
erwiderte Josua den Nachkommen
Josefs, den Stämmen Efraïm und
Manasse: »Ja, ihr seid ein großes und
starkes Volk und sollt nicht nur einen
Losanteil haben. 18 Ihr bekommt ein
bewaldetes Bergland mit seinen Aus-
läufern dazu. Den Wald könnt ihr
roden, und die Kanaaniter werdet ihr
vertreiben, auch wenn sie stark sind
und eiserne Streitwagen haben.«

Die Aufteilung des restlichen Landes

18 1 Die ganze Gemeinschaft
Israels versammelte sich in
Schilo* und richtete dort das Zelt der
Begegnung mit Gott auf. Das Land
war jetzt erobert. 2 Allerdings hatten
sieben Stämme ihr Land noch nicht in
Besitz genommen. 3 Da sagte Josua
zu den Israeliten: »Wie lange wollt ihr
noch warten, bis ihr das Land, das
Jahwe, der Gott eurer Väter, euch ge-
geben hat, nun auch in Besitz nehmt?
4 Wählt drei Männer aus jedem
Stamm aus, die ich durchs Land
schicken kann. Sie sollen die Gebiete
erfassen, in denen sie wohnen wollen,
und dann zu mir zurückkommen.
5 Das ganze Land sollen sie in sieben
Gebiete aufteilen, wobei sie die Wohn-
gebiete von Juda im Süden und den
Josefstämmen im Norden aussparen.
6 So sollt ihr die sieben Teile schrift-
lich aufnehmen und mir die Liste her-
bringen. Dann werde ich sie hier vor

18,1 *Schilo.* Religiöses Zentrum im Hügelland von Efraïm, 32 km nördlich von Jerusalem.

Jahwe, unserem Gott, für euch aus-
losen. 7 Nur die Leviten bekommen
kein eigenes Land unter euch, denn
ihr Erbbesitz ist das Priestertum für
Jahwe. Auch die Stämme Gad, Ruben
und halb Manasse bekommen nichts
mehr zugeteilt, denn sie haben ihren
Erbbesitz schon im Ostjordanland
von Mose, dem Diener Jahwes, er-
halten.«

8 Da machten sich die Männer auf
den Weg. Josua hatte ihnen befohlen:
»Zieht durch das ganze Land und
nehmt es schriftlich auf! Wenn ihr fer-
tig seid, bringt ihr eure Verzeichnisse
zu mir! Ich werde dann hier vor Jahwe
in Schilo die Gebiete für euch auslo-
sen.« 9 Die Männer durchzogen also
das ganze Land und fertigten eine
Liste aller Städte an, die in jedem der
sieben Teile lagen. Dann kehrten sie
ins Lager bei Schilo zurück und über-
reichten die entstandene Schriftrolle
Josua. 10 Dieser ließ Jahwe durch das
Los entscheiden und teilte den rest-
lichen Stämmen Israels das Land zu.

Der Stamm Benjamin

11 Das Los für den Stamm Benjamin
und seine Sippen fiel auf das Gebiet
zwischen dem Stamm Juda und den
Josefstämmen*. 12 Seine Nordgrenze
begann am Jordan und stieg dann
nördlich von Jericho auf das Gebirge
nach Westen zu und endete im Weide-
gebiet von Bet-Awen. 13 Dann zog sie
sich hinüber nach Lus, dem heutigen
Bet-El, lief südlich der Stadt über den
Höhenzug bis nach Atarot-Addar hi-
nunter zu dem Berg, der südlich vom
unteren Bet-Horon liegt. 14 Von sei-
ner Westseite aus wandte sie sich
nach Süden und lief bis nach Kirjat-
Baal, dem heutigen Kirjat-Jearim, das
zu Juda gehört. Das war seine West-
grenze. 15 Die Südgrenze begann am
westlichen Ende von Kirjat-Jearim
und führte ostwärts zur Quelle Nefto-
ach, 16 dann senkte sie sich zum Fuß
des Berges an der Nordseite der
Ebene Refaïm, hinter dem das Hin-
nom-Tal beginnt, und führte dann
durch das Hinnom-Tal am Südabhang
der Jebusiterstadt entlang zur Blei-
cherquelle En-Rogel. 17 Von dort lief
sie nordwärts zur Sonnenquelle En-
Schemesch und weiter zu den Bezir-
ken, die der Adummim-Steige gegen-
über liegen, bis hinab zum Stein Bo-
hans, des Rubeniten. 18 Sie ging nörd-
lich am Bergrücken von Bet-Araba
vorbei und führte dann weiter in die
Araba hinunter. 19 Dann lief die Gren-
ze nördlich am Bergrücken von Bet-
Hogla vorbei und endete an der Ein-
mündung des Jordan in das Salzmeer.
20 Die Ostgrenze des Gebietes, das
den Sippen des Stammes Benjamin
zugeteilt wurde, bildete der Jordan.

21 Dem Stamm und seinen Sippen
gehörten folgende Städte: Jericho,
Bet-Hogla, Emek-Keziz, 22 Bet-Ara-
ba, Zemarajim, Bet-El, 23 Awim,
Para, Ofra, 24 Kefar-Ammoni, Ofni
und Geba. Das waren zwölf Städte mit
ihren Dörfern. 25 Dazu kamen noch
Gibeon, Rama, Beerot, 26 Mizpe, Ke-
fira, Moza, 27 Rekem, Jirpeel, Tarala,
28 Zela, Elef, die Jebusiterstadt, das
heutige Jerusalem, Gibea und Kirjat.

18,11 *zwischen ... Josefstämmen.* Ein relativ kleines, aber strategisch wichtiges Gebiet zwischen den mächtigen Stämmen Juda und Efraïm.

Das sind 14 Städte mit ihren Dörfern.
Das war der Erbbesitz der Sippen des
Stammes Benjamin.

Der Stamm Simeon

19 1 Das zweite Los fiel auf den
Stamm Simeon mit seinen
Sippen. Sein Erbbesitz befand sich
mitten im Stammesgebiet von Juda.*
2 Ihm gehörten die Städte Beerscheba
oder Scheba*, Molada 3 Hazar-
Schual, Baala, Ezem, 4 Eltolad, Betul,
Horma, 5 Ziklag, Bet-Markabot, Ha-
zar-Susa, 6 Bet-Lebaot und Scharu-
hen. Das waren 13 Städte mit ihren
Dörfern. 7 Dazu kamen noch weitere
vier Städte mit ihren Dörfern: Ajin,
Rimmon, Eter und Aschan 8 und die
Dörfer, die in dem ganzen Gebiet um
diese Städte herum bis nach Baalat-
Beer und Ramat-Negev liegen. Das
war der Erbbesitz der Sippen des
Stammes Simeon. 9 Sein Anteil wur-
de also vom Land des Stammes Juda
genommen, weil Judas Anteil zu groß
für ihn allein war. Deswegen lag das
Gebiet Simeons mitten in Juda.

Der Stamm Sebulon

10 Das dritte Los fiel auf den Stamm
Sebulon* mit seinen Sippen. Sein Ge-
biet reichte bis nach Sarid. 11 Von dort
aus stieg die Grenze westwärts nach
Marala, stieß an Dabbeschet und folg-
te dem Bach, der vor Jokneam fließt.
12 Nach Osten zu lief die Grenze von
Sarid am Gebiet von Kislot-Tabor vor-
bei nach Daberat und hinauf nach
Jafia. 13 Von dort aus führte sie nach
Osten über Gat-Hefer, Et-Kazin und
Rimmon bis nach Nea. 14 Von dort
verlief die Nordgrenze über Hannaton
zum Tal von Jiftach-El. 15 Außerdem
gehören noch die Städte Kattat, Naha-
lal, Schimron, Jidala und Bethlehem*
dazu. Das waren insgesamt zwölf
Städte mit ihren Dörfern. 16 Diese
Städte und Dörfer waren der Erbbe-
sitz der Sippen des Stammes Sebulon.

Der Stamm Issachar

17 Das vierte Los fiel auf den Stamm
Issachar* mit seinen Sippen. 18 Sein
Gebiet umfasste folgende Städte: Jes-
reel, Kesulot, Schunem, 19 Hafarajim,
Schion, Anaharat, 20 Daberat, Kisch-
jon, Ebez, 21 Remet, En-Gannim, En-
Hadda und Bet-Pazzez. 22 Die Grenze
führte über Tabor*, Schahazajim,
Bet-Schemesch und endete am Jor-
dan. Das waren 16 Städte mit ihren
Dörfern. 23 Diese Städte und Dörfer
waren der Erbbesitz der Sippen des
Stammes Issachar.

Der Stamm Ascher

24 Das fünfte Los fiel auf den Stamm
Ascher mit seinen Sippen. 25 Sein

19,1 *Simeon ... Juda.* Simeon siedelte überwiegend im westlichen Negev, zwischen Beerscheba und dem Mittelmeer.

19,2 *Scheba.* Möglicherweise handelt es sich um die gleiche Stadt, weil die Liste nur 13 Städte zählt.

19,10 *Sebulon.* Sein Stammesgebiet lag in der südlichen Mitte Galiläas, also nördlich der Jesreel-Ebene, wobei einige Städte wohl auch in der Ebene selbst lagen.

19,15 *Bethlehem.* Gemeint ist Bethlehem in Sebulon, 11 km westlich von Nazaret.

19,17 *Issachar* siedelte im östlichen Jesreel-Tal und im östlichen Niedergaliläa.

19,22 *Tabor.* Hier ist wahrscheinlich ein Ort namens Tabor gemeint, nicht der Berg.

Gebiet* umfasste die Städte Helkat,
Hali, Beten, Achschaf, 26 Alamme-
lech, Amat und Mischal. Seine Grenze
führte um das Karmelgebirge bis zum
Fluss Libnat. 27 Dort wandte sie sich
ostwärts nach Bet-Dagon, erreichte
das Gebiet Sebulons und folgte dessen
Grenze bis zum Tal Jiftach-El im Nor-
den. Sie lief links weiter nach Kabul,
28 Abdon, Rehob, Hammon und Kana
bis zum Gebiet der großen Stadt
Sidon. 29 Dort bog die Grenze nach
Rama ab und erreichte die befestigte
Stadt Tyrus. Hier machte sie einen
Bogen in Richtung Hosa und endete
am Meer. Auch die Städte Mahaleb,
Achsib, 30 Umma, Afek und Rehob
gehörten dazu. Das waren 22 Städte
mit ihren Dörfern. 31 Diese Städte
und Dörfer waren der Erbbesitz der
Sippen des Stammes Ascher.

Der Stamm Naftali

32 Das sechste Los fiel auf den
Stamm Naftali* mit seinen Sippen.
33 Seine Grenze ging von Helef aus
ostwärts nach der Terebinthe* bei
Zaanajim über den Adami-Pass und
Jabneel bis Lakkum und endete am
Jordan. 34 In westlicher Richtung
führte die Grenze über Asnot-Tabor
nach Hukkok. Im Süden grenzte das
Gebiet Naftalis an Sebulon, im West-
en an Ascher und am Jordan an das
Land, das von Juda erobert* worden
war. 35 Die befestigten Städte in die-
sem Gebiet waren Ziddim, Zer, Ham-
mat, Rakkat, Kinneret, 36 Adama,
Rama, Hazor, 37 Kedesch, Edreï, En-
Hazor, 38 Jiron, Migdal-El, Horem,
Bet-Anat und Bet-Schemesch. Das
waren 19 Städte mit ihren Dörfern.
39 Diese Städte und Dörfer waren der
Erbbesitz der Sippen des Stammes
Naftali.

Der Stamm Dan

40 Das siebte Los fiel auf den Stamm
Dan mit seinen Sippen. 41 Zu seinem
Gebiet* gehörten die Städte Zora,
Eschtaol, Ir-Schemesch, 42 Schaal-
bim, Ajalon, Jitla, 43 Elon, Timna,
Ekron, 44 Elteke, Gibbeton, Baalat,
45 Jehud, Bene-Berak, Gat-Rimmon,
46 Me-Jarkon mit dem Gebiet gegen-
über von Jafo. 47 Aber dieses Gebiet
ging ihnen verloren.* So zogen die Da-
niten nach Norden gegen Leschem*.
Sie eroberten die Stadt, erschlugen
deren Bewohner mit dem Schwert und
nahmen sie in Besitz. Dann benannten
sie Leschem in Dan um – nach dem
Namen ihres Stammvaters. 48 Diese

19,25 *Sein Gebiet.* Das war die nordwestliche Ecke Israels. In Aschers Gebiet lag der einzige natürliche Hafen Israels: Akko. Erst unter David und Salomo kam das Gebiet ganz unter die Herrschaft Israels.

19,32 *Naftali* besiedelte östlich von Ascher das Hügelland von Galiläa. Seine Ostgrenze verlief vom See Gennesaret bis zu den Quellen des Jordan.

19,33 *Terebinthe.* Belaubter Baum mit breitem Wipfel, der nicht mehr als 7 m hoch wird und als Schattenspender geschätzt ist.

19,34 *von Juda erobert.* Wörtlich: das Land Juda. Gemeint ist vielleicht das Land, das von der Sippe des Judäers Jaïr erobert worden war, jetzt allerdings im Gebiet Manasses lag, vgl. 1. Chronik 2,22.

19,41 *Gebiet.* Das war westlich des Stammes Benjamin.

19,47 *Gebiet ... verloren.* Siehe Richter 1,34.

Leschem. Das ist Lajisch, vgl. Richter 18,29.

Städte und Dörfer waren der Erbbesitz
der Sippen des Stammes Dan.

Josuas Erbe

49 Als das ganze Land verteilt war,
gaben die Israeliten auch Josua Ben-
Nun einen Erbbesitz in ihrer Mitte.
50 Auf Anweisung Jahwes gaben sie
ihm die Stadt, die er wollte. Es war
Timnat-Serach* im Gebirge Efraïm.
Er baute die Stadt aus und ließ sich
dort nieder.
51 Das sind die erblichen Anteile, die
der Priester Eleasar und Josua Ben-
Nun zusammen mit den Stammes-
oberhäuptern den Israeliten durch
Losentscheid zuwiesen. Das geschah
in der Gegenwart Jahwes in Schilo vor
dem Eingang vom Zelt der Gottesbe-
gegnung. So wurde die Verteilung des
Landes abgeschlossen.

Die Asylstädte

20 1 Jahwe sagte zu Josua:
2 »Bestimmt jetzt die Asyl-
städte, von denen ich durch Mose zu
euch gesprochen habe. 3 Sie sollen
demjenigen Schutz bieten, der aus
Versehen, ohne Vorsatz, einen Men-
schen getötet hat. An diesen Orten ist
er vor dem Bluträcher* sicher. 4 Er
soll in eine dieser Städte fliehen und
sich am Stadttor dem Ältestenrat
stellen und seinen Fall schildern. Dann
soll er in die Stadt aufgenommen
werden und eine Unterkunft erhalten.
5 Wenn er von einem Bluträcher ver-
folgt wird, darf er nicht ausgeliefert
werden, denn er hat die Tat nicht vor-
sätzlich, sondern aus Versehen began-
gen. 6 Wenn seine Angaben vom Ge-
richt der Gemeinschaft bestätigt wur-
den, soll er bis zum Tod des Hohen
Priesters in dieser Stadt bleiben. Dann
kann er in seine Heimatstadt, aus der
er geflohen ist, zurückkehren.«
7 Sie bestimmten dazu Kedesch in
Galiläa auf dem Gebirge Naftali,
außerdem Sichem auf dem Gebirge
Efraïm und Kirjat-Arba, das heutige
Hebron, auf dem Gebirge Juda. 8 Im
Ostjordanland bestimmten sie Bezer,
das in der Wüste östlich von Jericho
liegt und zum Stamm Ruben gehört,
außerdem Ramot in Gilead, das zum
Stamm Gad gehört, und Golan in
Baschan, das zum Stamm Manasse
gehört. 9 Das waren die Städte, die
den Israeliten und den Fremden, die
unter ihnen lebten, als Zufluchtsorte
dienten. Jeder, der unabsichtlich
einen Menschen getötet hatte, konnte
dorthin fliehen, damit er nicht vom
Bluträcher getötet wurde, bevor er
vor dem Gericht der Gemeinschaft
gestanden hatte.

Die Levitenstädte

21 1 Dann kamen die Sippen-
oberhäupter des Stammes
Levi zum Priester Eleasar, zu Josua
Ben-Nun und den Oberhäuptern der
Stämme Israels. 2 Das war in Schilo
im Land Kanaan. Sie sagten: »Jahwe
hat durch Mose befohlen, dass wir
Städte bekommen sollen, in denen
wir wohnen können und wo wir Wei-
deland für unser Vieh haben.« 3 Da

19,50 *Timnat-Serach.* 29 km nordwestlich von Jerusalem.

20,3 Der *Bluträcher* war ein Verwandter des Getöteten. Diese Regelung verhinderte ein endloses Blutvergießen durch die jeweiligen Familienmitglieder.

traten ihnen die Israeliten von ihrem
Erbbesitz bestimmte Städte mit ihrem
Weideland ab.

4 Als das Los für die Sippen der
Kehatiter fiel, erhielten die Nach-
kommen Aarons unter den Leviten
von den Stämmen Juda, Simeon und
Benjamin durch das Los 13 Städte.
5 Die übrigen Nachkommen Kehats
erhielten von den Stämmen Efraïm,
Dan und dem halben Stamm Manasse
durch das Los zehn Städte. 6 Die
Sippe Gerschon bekam 13 Städte von
den Sippen der Stämme Issachar,
Ascher, Naftali und Ost-Manasse in
Baschan. 7 Die Sippe Merari erhielt
von den Stämmen Ruben, Gad und
Sebulon zwölf Städte. 8 Diese Städte
mit ihrem Weideland teilten die Is-
raeliten den Leviten zu, wie Jahwe es
durch Mose angeordnet hatte und es
das Los nun bestimmte.

9 Die Stämme Juda und Simeon
gaben folgende namentlich aufgezähl-
te Städte 10 an die Nachkommen Aa-
rons, die Leviten aus der Sippe Kehat,
ab, denn diese bekamen das erste Los.
11 Sie erhielten die Stadt des Arba, des
Stammvaters der Anakiter, das heutige
Hebron, im Gebirge Juda samt seinen
Weideplätzen. 12 Das Ackerland der
Stadt und die Dörfer der Umgebung
hatten die Israeliten ja schon Kaleb
Ben-Jefunne als Erbbesitz gegeben.
13 Gleichzeitig diente Hebron als Asyl-
stadt für Totschläger. Die Nachkom-
men des Priesters Aaron erhielten also
folgende Städte mit ihren Weide-
plätzen: Hebron, Libna, 14 Jattir, Esch-
temoa, 15 Holon, Debir, 16 Ajin, Jutta,
Bet-Schemesch. Das waren neun
Städte von diesen beiden Stämmen.
17 Dazu vom Stamm Benjamin:
Gibeon, Geba, 18 Anatot, und Almon –
vier Städte. 19 Damit besaß das Pries-
tergeschlecht Aarons 13 Städte mit
Weideland.

20 Die übrigen Familien der Sippe
Kehat aus dem Stamm Levi erhielten
einige Städte aus dem Stamm Efraïm
durch Los zugesprochen: 21 Sichem*
auf dem Gebirge Efraïm, das zugleich
Asylstadt für Totschläger war, Geser,
22 Kibzajim und Bet-Horon – vier
Städte. 23 Vom Stamm Dan erhielten
sie Elteke, Gibbeton, 24 Ajalon und
Gat-Rimmon – vier Städte. 25 Und
von West-Manasse erhielten sie zwei
Städte: Taanach und Gat-Rimmon*.
26 Das waren insgesamt zehn Städte
mit Weideland für die restlichen
Familien der Sippe Kehat.

27 Die Nachkommen Gerschons aus
dem Stamm Levi erhielten zwei Städ-
te mit Weideplätzen in Ost-Manasse:
Golan, die Asylstadt für Totschläger
in Baschan, und Beëschtera*. 28 Vom
Stamm Issachar bekamen sie Kisch-
jon, Daberat, 29 Jarmut und En-Gan-
nim – vier Städte. 30 Vom Stamm
Ascher: Mischal, Abdon, 31 Helkat
und Rehob – vier Städte. 32 Vom
Stamm Naftali: Kedesch in Galiläa,
die Asylstadt für Totschläger, Ham-
mot-Dor und Kartan – drei Städte.
33 Das waren insgesamt 13 Städte mit
Weideland für die Familien der Sippe
Gerschon.

21,21 *Sichem.* 48 km nördlich von Jerusalem.

21,25 *Gat-Rimmon.* Wahrscheinlich ist Jibleam nach der Parallele in 1. Chronik 6,55 gemeint.

21,27 *Beëschtera.* Vermutlich ein anderer Name für Aschtarot.

34 Die Nachkommen Meraris, zu denen alle übrigen Leviten gehörten, erhielten vom Stamm Sebulon Jokneam, Karta, 35 Dimna* und Nahalal – vier Städte.

36 Vom Stamm Ruben: Bezer, Jahaz, 37 Kedemot und Mefaat – vier Städte. 38 Vom Stamm Gad: Ramot in Gilead, die Asylstadt für Totschläger, Mahanajim, 39 Heschbon und Jaser – vier Städte. 40 Das Los der Sippe Merari aus dem Stamm Levi umfasste insgesamt zwölf Städte mit Weideland.

41 Alle Leviten erhielten zusammen 48 Städte im Stammesgebiet Israels mit Weideland. 42 Jede dieser Städte war von Weideland umgeben.

43 So gab Jahwe den Israeliten das ganze Land, das er ihren Vorfahren unter Eid versprochen hatte. Sie nahmen es in Besitz und siedelten sich darin an. 44 Außerdem verschaffte ihnen Jahwe an allen Grenzen Ruhe, wie er es ihren Vorfahren unter Eid zugesagt hatte. Kein Feind konnte vor ihnen bestehen. Er gab sie alle in ihre Gewalt. 45 So hatte Jahwe alle seine Zusagen erfüllt, keines seiner Versprechen an Israel war ausgeblieben. Alles traf ein.

Ruhe für das ganze Land

22 1 Damals rief Josua die Männer von Ruben, Gad und Ost-Manasse zusammen 2 und sagte zu ihnen: »Ihr habt alles getan, was Mose, der Diener Jahwes, euch befohlen hat. Auch mir seid ihr immer gehorsam gewesen. 3 Ihr habt eure Bruderstämme bis heute nie im Stich gelassen und habt den Auftrag Jahwes, eures Gottes, während dieser ganzen langen Zeit treu ausgeführt. 4 Jetzt hat Jahwe euren Brüdern Ruhe verschafft, wie er es ihnen versprochen hatte. Kehrt nun in euer eigenes Land auf der anderen Seite des Jordan zurück, das Mose, der Diener Jahwes, euch gegeben hat. 5 Doch vergesst nie, was euch Mose im Auftrag Jahwes eingeschärft hat: Ihr sollt Jahwe, euren Gott, lieben und auf seinen Wegen gehen. Ihr sollt euch an seine Gebote halten, ihm treu sein und ihm mit ganzem Herzen und allen Kräften dienen!« 6 Dann segnete Josua sie und ließ sie nach Hause ziehen.

7 Der einen Hälfte des Stammes Manasse hatte schon Mose das Land östlich des Jordan in Baschan gegeben. Der anderen Hälfte hatte nun Josua ihr Land bei ihren Brüdern westlich des Jordan zugewiesen. Als Josua die Männer von Ost-Manasse entließ, 8 sagte er ihnen: »Ihr kommt mit reichen Schätzen nach Hause, mit großen Viehherden, mit einer Menge Silber, Gold, Bronze, Eisen und Kleidung. Teilt diese Kriegsbeute mit euren Stammesbrüdern.«

Der Altar am Jordan

9 So verließen die Männer der Stämme Ruben, Gad und Ost-Manasse die übrigen Israeliten in Schilo, das in Kanaan liegt, und zogen in Richtung des Landes Gilead, wo sie sich aufgrund der Zusage Jahwes durch Mose angesiedelt hatten. 10 Als sie zu den Steinmalen*

21,35 *Dimna.* Anderer Name für Rimmon, vgl. Josua 19,13; 1. Chronik 6,62.

22,10 *Steinmale.* Wörtlich: *Gelilot.* Die Bezeichnung ist nicht eindeutig, vielleicht: Steinkreis oder zusammengerollte Steine.

des Jordan kamen, die noch in Ka-
naan liegen, bauten die Männer von
Ruben, Gad und Ost-Manasse dort
einen großen Altar. 11 Als die
Israeliten die Nachricht erhielten:
»Die Stämme Ruben, Gad und Ost-
Manasse haben bei den Steinmalen
im Jordantal einen Altar vor das Land
Kanaan gebaut, der noch auf unserer
Seite steht«, 12 versammelten sich alle
Männer Israels in Schilo, um gegen
die Oststämme Krieg zu führen. 13 Sie
schickten Pinhas, den Sohn des Pries-
ters Eleasar, nach Gilead zu den Stäm-
men Ruben, Gad und Ost-Manasse.
14 Er wurde von zehn Männern aus
den Stämmen Israels begleitet. Jeder
von ihnen war das Oberhaupt einer
ganzen Sippe in den Heereseinheiten
Israels. 15 In Gilead angekommen
stellten sie die Oststämme zur Rede
und fragten sie 16 im Namen der gan-
zen Gemeinde Jahwes: »Warum habt
ihr dem Gott Israels die Treue gebro-
chen? Warum wendet ihr euch von
Jahwe ab und baut euch einen Altar?
Damit habt ihr euch heute gegen ihn
aufgelehnt! 17 Haben wir denn noch
nicht genug an der Sünde mit dem
Baal-Peor, die bis heute auf uns liegt?
Ihr wisst, dass die ganze Gemeinde
Jahwes schwer dafür zu büßen hatte.*
18 Und was tut ihr? Ihr wendet euch
heute von Jahwe ab! Doch wenn ihr
das tut, wird schon morgen sein Zorn
die ganze Gemeinde Israels treffen.
19 Wenn ihr aber denkt, dass euer
Land unrein ist, dann kommt herüber
in das Land, das Jahwe gehört und wo
er seine Wohnung aufgeschlagen hat,
und siedelt euch unter uns an. Aber
gegen Jahwe dürft ihr euch nicht auf-
lehnen und auch nicht gegen uns,
indem ihr euch einen anderen Altar
als den Altar Jahwes, unseres Gottes,
baut. 20 Denkt an Achan Ben-Serach,
der sich an dem Gebannten vergriff!
Seine Schuld hat nicht nur ihm, son-
dern auch vielen anderen von uns das
Leben gekostet.«*

21 Da erwiderten die Männer von
Ruben, Gad und Ost-Manasse den
Oberhäuptern der Heereseinheiten
Israels: 22 »Jahwe, der Gott und Herr
aller Götter, ja, Gott, der Herr aller
Götter, weiß es, und Israel soll es auch
wissen: Wenn das Untreue und Auf-
lehnung gegen Jahwe gewesen war,
dann soll er uns heute nicht retten.
23 Ob wir uns einen Altar gebaut
haben, um uns von Jahwe abzuwen-
den, und ob wir Brand- und Speisop-
fer darauf opfern oder Freudenopfer-
feste feiern wollten, möge Jahwe
selbst entscheiden! 24 Nein, wir ha-
ben das aus Sorge um unsere Nach-
kommen getan. Wir fürchteten, dass
eure Kinder eines Tages zu unseren
sagen könnten: ›Was habt ihr denn
mit Jahwe, dem Gott Israels, zu tun?
25 Jahwe hat doch eine Grenze zwi-
schen euch und uns gesetzt, ihr
Söhne von Ruben und Gad, nämlich
den Jordan. Ihr habt keinen An-
spruch darauf, Jahwe zu dienen!‹ So
könnten eure Kinder unsere davon
abbringen, Jahwe zu fürchten.
26 Darum haben wir diesen Altar ge-
baut. Er ist nicht für Brand- oder
Schlachtopfer bestimmt, 27 sondern
soll auch für unsere Nachkommen

22,17 *zu büßen hatte.* Siehe 4. Mose 25,1-18.

22,20 *das Leben gekostet.* Siehe Josua 7.

ein Zeuge zwischen uns und euch
sein. Er soll uns daran erinnern,
Jahwe mit Brand- und Schlachtop-
fern und Opfermahlen zu dienen.
Dann können eure Kinder nicht zu
unseren sagen, sie würden nicht zur
Gemeinde Jahwes gehören. 28 Und
sollten sie es doch eines Tages tun,
dann könnten wir sagen: ›Seht euch
diese Nachbildung von Jahwes Altar
an! Unsere Väter haben sie gemacht.
Sie wollten aber keine Opfer darauf
bringen, sondern ihn als Denkmal
zwischen uns stellen.‹ 29 Wir haben
nicht im Entferntesten daran gedacht,
uns gegen Jahwe aufzulehnen und
ihm den Rücken zu kehren, indem wir
neben dem Altar vor der Wohnung
Jahwes noch einen Altar für Brand-,
Speis- oder Schlachtopfer bauten.«
30 Als der Priester Pinhas und die
Fürsten der Gemeinschaft, die als
Häupter der Heereseinheiten Israels
bei ihm waren, hörten, was die Män-
ner von Ruben, Gad und Ost-Manasse
zu ihrer Verteidigung vorbrachten,
waren sie beruhigt. 31 Pinhas, der
Sohn des Priesters Eleasar, sagte zu
ihnen: »Jetzt wissen wir, dass Jahwe
weiter in unserer Mitte ist, denn ihr
habt ihm nicht die Treue gebrochen.
Damit habt ihr die Israeliten vor der
Strafe Jahwes bewahrt.« 32 Dann
kehrten Pinhas und die Abgesandten
Israels ins Land Kanaan zurück und
brachten den Israeliten die Antwort
von den Männern der Stämme Ruben
und Gad aus Gilead. 33 Diese freuten
sich über die Antwort und dankten
Gott. Jetzt dachten sie nicht mehr
daran, gegen sie in den Krieg zu zie-
hen und ihr Land zu verwüsten. 34 Die
Rubeniten und die Gaditen gaben
dem Altar einen Namen und erklär-
ten: »Er steht als Zeichen zwischen
uns und bezeugt, dass Jahwe Gott
ist.«

Josuas Mahnung

23 1 Seit Jahwe Israel Ruhe vor
all seinen Feinden verschafft
hatte, war eine lange Zeit vergangen.
Josua war inzwischen sehr alt gewor-
den. 2 Da rief er noch einmal ganz
Israel zusammen, die Ältesten, die
Oberhäupter, die Richter und die
Aufseher*. Er sagte zu ihnen: »Ich
bin nun alt und habe nicht mehr lange
zu leben. 3 Ihr habt mit eigenen
Augen gesehen, was Jahwe, euer
Gott, mit allen Völkern hier gemacht
hat, denn er war es, der für euch
kämpfte. 4 Und ich habe euch auch
das noch nicht eroberte Land dieser
Völker zwischen dem Jordan und dem
Großen Meer im Westen zugeteilt.
5 Jahwe, euer Gott, wird auch diese
Völker vor euch vertreiben, und ihr
werdet deren Land in Besitz nehmen,
wie er es versprochen hat. 6 Lasst
euch deshalb nicht davon abbringen,
alles zu befolgen, was im Gesetzbuch
des Mose geschrieben steht. Haltet
euch ganz fest daran und weicht
weder rechts noch links davon ab,
7 damit ihr euch nicht mit den
Völkern vermischt, die noch übrig ge-
blieben sind. Nehmt die Namen ihrer
Götter nicht in den Mund und
schwört nicht bei ihnen! Verehrt sie
nicht und betet sie nicht an. 8 Nur

23,2 *Aufseher*. Aufsichtsbeamte mit bestimmten polizeilichen Vollmachten.

Jahwe, eurem Gott, sollt ihr anhän-
gen und ihm die Treue halten, wie ihr
es bis jetzt getan habt. 9 Jahwe hat
große und starke Völker vor euch ver-
trieben, und bis heute konnte euch
niemand standhalten. 10 Ein Einziger
von euch jagt tausend, denn Jahwe,
euer Gott, kämpft für euch, wie er es
versprochen hat. 11 Euer Leben hängt
davon ab, dass ihr Jahwe, euren Gott,
liebt! 12 Denn wenn ihr euch von ihm
abwendet und euch mit den Völkern
einlasst, die bei euch noch übrig ge-
blieben sind, wenn ihr euch mit ihnen
verschwägert und vermischt, 13 dann
sollt ihr mit Sicherheit wissen: Jahwe,
euer Gott, wird sie nicht weiter vor
euch vertreiben. Dann werden sie für
euch zum Fangnetz und zur Falle, zu
Stachelpeitschen in euren Seiten und
zu Dornen im Gesicht, bis ihr zugrun-
de geht und aus diesem guten Land
fort müsst, das euer Gott euch ge-
geben hat. 14 Ich werde bald den Weg
alles Irdischen gehen. Doch ihr habt
ja mit Herz und Seele erkannt, dass all
die guten Worte, die Jahwe, euer
Gott, euch gesagt hat, eingetroffen
sind; kein einziges davon ist ausge-
blieben. 15 Aber genauso, wie sich
jedes gute Wort Jahwes bei euch er-
füllt hat, wird sich auch all das Böse
erfüllen, das er euch angedroht hat –
bis er euch wieder aus diesem schö-
nen Land entfernt hat, das er euch
gab. 16 Wenn ihr den Bund brecht,
den Jahwe, euer Gott, mit euch ge-
schlossen hat, wenn ihr also andere
Götter verehrt und euch vor ihnen
niederwerft, dann wird euch Jahwes
brennender Zorn treffen, und ihr wer-
det schnell aus dem guten Land ver-
schwunden sein, das er euch gab.«

Die Volksversammlung in Sichem

24 1 Josua rief alle Stämme Is-
raels nach Sichem zusam-
men: alle Ältesten, die Oberhäupter,
Richter und Aufseher. Gemeinsam
traten sie vor Gott, 2 und Josua sagte
zum Volk: »So spricht Jahwe, der
Gott Israels: ›Vor langer Zeit wohnten
eure Vorfahren auf der anderen Seite
des Stromes* und dienten fremden
Göttern. Dazu gehörte auch Terach,
der Vater von Abraham und Nahor.
3 Aber dann holte ich euren Stamm-
vater Abraham aus dem Land jen-
seits des Stromes und ließ ihn im
ganzen Land Kanaan umherziehen.
Ich schenkte ihm viele Nachkommen:
Ich gab ihm Isaak, 4 Isaak schenkte
ich Jakob und Esau. Esau erhielt das
Gebirge Seïr, doch Jakob und seine
Söhne wanderten nach Ägypten aus.
5 Dann schickte ich Mose und Aaron
zu euren Vorfahren. Ich ließ schweres
Unheil über Ägypten kommen und
führte eure Vorfahren wieder aus dem
Land. 6 Ich brachte sie von Ägypten
bis ans Schilfmeer. Doch die Ägypter
verfolgten sie mit Streitwagen und
Reitern. 7 Da schrien sie zu Jahwe,
und er ließ zwischen ihnen und den
Ägyptern eine Finsternis hereinbre-
chen; und dann ließ er das Meer über
die Ägypter kommen, sodass sie
untergingen. Ihr habt selbst gesehen,
was ich mit Ägypten gemacht habe.
Anschließend lebtet ihr lange Zeit in
der Wüste. 8 Ich brachte euch dann in
das Land der Amoriter östlich des Jor-
dan. Sie kämpften gegen euch, doch

24,2 *Strom.* Das ist der Euphrat.

ich gab sie in eure Hand. Ich vernich-
tete sie, und ihr konntet ihr Land in
Besitz nehmen. 9 Auch der Moabiter-
könig Balak Ben-Zippor kämpfte
gegen Israel. Er ließ Bileam Ben-Beor
rufen, um euch zu verfluchen. 10 Aber
ich wollte nicht auf Bileam hören, und
er musste euch nachdrücklich segnen.
So rettete ich euch vor seinen An-
schlägen. 11 Dann habt ihr den Jordan
überschritten und seid bis nach Jeri-
cho gekommen. Doch die Bürger von
Jericho und die Amoriter, die Perisiter,
die Kanaaniter, die Hetiter, die Girga-
schiter, die Hiwiter und die Jebusiter
kämpften gegen euch. Aber ich gab sie
alle in eure Hand. 12 Ich sandte Angst
und Schrecken vor euch her. Die ver-
trieben sie vor euch, genau wie vorher
die beiden Amoriterkönige. Es war
nicht dein Schwert und dein Bogen!
13 Ich gab euch ein Land, das ihr
nicht nutzbar machen musstet, und
Städte, die ihr nicht gebaut hattet.
Jetzt wohnt ihr darin und esst von
Weinbergen und Ölbäumen, die ihr
nicht gepflanzt habt.‹«

14 »Darum fürchtet Jahwe«, fuhr
Josua fort, »und dient ihm aufrichtig
und treu! Trennt euch von den Göt-
tern, denen eure Vorfahren im Land
jenseits des Stromes und in Ägypten
gedient haben! Dient allein Jahwe!
15 Wenn euch das aber nicht gefällt,
dann entscheidet euch heute, wem ihr
dienen wollt: den Göttern, die eure
Vorfahren jenseits des Stromes ver-
ehrt haben, oder den Göttern der
Amoriter, in deren Land ihr lebt. Doch
ich und meine ganze Familie – wir
werden Jahwe dienen!« 16 Da er-
widerte das Volk: »Nein, wir wollen
Jahwe nicht verlassen, um anderen
Göttern zu dienen! 17 Es war doch
Jahwe, der unsere Vorfahren aus der
Sklaverei in Ägypten befreit hat, es
war unser Gott, der vor unseren
Augen so große Wunder getan und
uns auf dem ganzen Weg quer durch
das Gebiet fremder Völker beschützt
hat. 18 Jahwe war es doch, der alle
Völker und auch die Amoriter, die
dieses Land bewohnten, vor uns ver-
trieben hat. Auch wir wollen Jahwe
dienen, denn er ist unser Gott!«

19 Aber Josua sagte zum Volk: »Ihr
seid nicht in der Lage, Jahwe zu die-
nen, denn er ist ein heiliger Gott, der
eifersüchtig darüber wacht, dass ihr
allein ihm gehört. Er wird euch nicht
vergeben, wenn ihr ihm untreu wer-
det. 20 Wenn ihr Jahwe verlasst und
anfangt, fremden Göttern zu dienen,
wird er sich gegen euch wenden. Er
wird euch Böses antun und euch ver-
nichten, obwohl er euch vorher Gutes
erwiesen hat.« 21 Aber das Volk er-
widerte: »Wir wollen trotzdem Jahwe
dienen!« 22 Da sagte Josua: »Ihr seid
Zeugen gegen euch selbst, dass ihr
euch für Jahwe entschieden habt und
ihm dienen wollt!« – »Ja, wir sind
Zeugen!«, riefen sie. 23 »Dann schafft
auch die fremden Götter weg, die ihr
noch bei euch habt«, sagte Josua,
»und wendet euch mit ganzem Her-
zen Jahwe, dem Gott Israels, zu!«
24 Das Volk erwiderte: »Jahwe, unse-
rem Gott, wollen wir dienen! Auf
seine Stimme wollen wir hören!«
25 An diesem Tag in Sichem verpflich-
tete Josua das Volk auf den Bund
mit Gott und legte ihnen die Gebote
und Rechtsordnungen vor. 26 Dann
schrieb er alles in das Gesetzbuch
Gottes. Schließlich nahm er einen

großen Stein und richtete ihn unter
der Terebinthe auf, die beim Heilig-
tum Jahwes steht. 27 »Seht diesen
Stein!«, rief er dem Volk zu, »er ist
Zeuge, denn er hat alles gehört, was
Jahwe zu uns gesagt hat. Er soll euch
erinnern und mahnen, euren Gott
nicht zu verleugnen!« 28 Dann entließ
Josua das Volk, und jeder kehrte in
seinen Erbbesitz zurück.

Josuas Tod

29 Nach diesen Ereignissen starb
Josua Ben-Nun, der Diener Jahwes,
im Alter von 110 Jahren. 30 Man be-
grub ihn in Timnat-Serach, das im
Gebirge Efraïm nördlich vom Berg
Gaasch liegt, auf dem Grundstück,
das zu seinem Erbbesitz gehörte.
31 Solange Josua gelebt hatte und
auch solange die Ältesten noch lebten,
die alles miterlebt hatten, was Jahwe
für Israel tat, blieb das Volk seinem
Gott treu.

32 Sie begruben auch die Gebeine
Josefs, die sie aus Ägypten mitge-
bracht* hatten, und zwar in Sichem
auf dem Grundstück, das Jakob von
den Söhnen Hamors, des Vaters von
Sichem, für 100 Kesita* gekauft hatte
und das jetzt zum Erbbesitz der Nach-
kommen Josefs zählte.

33 Dann starb auch Eleasar, der Sohn
Aarons. Er wurde in Gibea begraben,
einer Stadt im Gebirge Efraïm, die sei-
nem Sohn Pinhas als Wohnsitz zuge-
teilt worden war.

24,32 Gebeine ... mitgebracht. Die waren 400 Jahre vorher dort einbalsamiert worden, vgl. 1. Mose 50,25-26.

Kesita. Geldeinheit/Geldgewicht ist bis heute unbekannt.

Das Buch der Richter

Das Buch der Richter ist die Fortsetzung des Buches Josua. Es fasst alles zusammen, was nach dem Tod Josuas bis zur Zeit Samuels unter 12 Richtern geschah. Seinen Namen hat es von den Führern, die militärische und richterliche Funktionen in einzelnen Stämmen, manchmal auch für ganz Israel erfüllten. Wahrscheinlich überlappen sich die Zeiten einiger Unterdrückungs- und Richterperioden. Insgesamt können je sieben Perioden der Unterdrückung und Befreiung verfolgt werden. Geistlich gesehen kann man die Zeit am besten durch die Worte in Richter 17,6 und 21,25 wiedergeben: *»Damals gab es noch keinen König in Israel. Jeder tat, was er für richtig hielt.«* Das Buch wurde vermutlich am Anfang der Königszeit zwischen 1040 und 1020 v.Chr. möglicherweise von Samuel geschrieben.

Wie die Stämme Juda und Simeon ihr Gebiet eroberten

1 1 Was nach dem Tod Josuas geschah.* Die Israeliten fragten
Jahwe*: »Wer von uns soll zuerst
gegen die Kanaaniter* in den Kampf
ziehen?« 2 Jahwe antwortete: »Der
Stamm Juda soll es tun! Ich gebe
das Land in seine Gewalt.« 3 Da
sagten die Männer von Juda zu ihren
Brüdern aus dem Stamm Simeon*:
»Kommt mit und helft uns im Kampf
um das Gebiet, das uns zugeteilt worden ist! Wir werden euch dann auch
im Kampf um euer Gebiet helfen.« Da
schlossen sich die Männer von Simeon Juda an. 4 Sie zogen in den Kampf
und Jahwe schenkte ihnen den Sieg
über die Kanaaniter und Perisiter*.
Bei der Stadt Besek* schlugen sie
ein Heer von 10.000 Mann. 5 Dabei
stießen sie auch auf deren König
Adoni-Besek*. Als dieser merkte, dass
sein Heer geschlagen war, 6 floh er.
Doch sie verfolgten ihn und nahmen
ihn gefangen. Dann hackten sie ihm
die Daumen und die beiden großen
Zehen ab. 7 Da sagte Adoni-Besek:
»Siebzig Könige* ohne Daumen und
große Zehen haben unter meinem
Tisch die Abfälle aufgelesen. Jetzt hat
Gott mir dasselbe Schicksal bereitet.«

1,1 Die ersten Worte sind am besten als Überschrift über das ganze Buch der Richter aufzufassen, denn der folgende Bericht wiederholt mit weiteren Einzelheiten einige Geschehnisse bis zum Tod Josuas, die schon im Buch Josua berichtet wurden.

Jahwe. Siehe Vorwort des Übersetzers.

Kanaaniter. Bewohner des Landes Kanaan auf dem Gebiet des heutigen Israel. Sie besaßen eine gemeinsame Sprache, Religion und Kultur, waren politisch aber in viele Kleinkönigtümer und Stadtstaaten zersplittert.

1,3 *Simeon.* Josua teilte dem Stamm Städte im Gebiet von Juda zu, siehe Josua 19,1-9.

1,4 *Perisiter.* Bewohner Kanaans; manche verstehen sie nicht als eigenen Stamm, sondern als die Dorfbewohner.

Besek. Ort im Stammesgebiet von Juda, vielleicht Chirbet Buzqa 6 km nordöstlich von Geser.

1,5 *Adoni-Besek.* Das heißt so viel wie »Herr von Besek«.

1,7 *Könige.* Kanaan war in viele kleine Stadtstaaten aufgeteilt, die von »Königen« regiert wurden.

Seine Leute brachten ihn dann nach
Jerusalem, wo er starb, 8 denn die Män-
ner von Juda griffen auch Jerusalem an
und eroberten es. Sie töteten die Be-
wohner und steckten die Stadt in
Brand.*

9 Danach kämpften sie gegen die
Kanaaniter, die das Bergland be-
wohnten, den Negev, das heiße Land
im Süden, und die Schefela, das Hü-
gelland im Westen. 10 Anschließend
griffen sie die kanaanitischen Bewoh-
ner der Stadt Hebron* an, die damals
noch Kirjat-Arba* hieß, und besieg-
ten die Sippenverbände Scheschai,
Achiman und Telmai*. 11 Dann zogen
sie gegen die Stadt Debir, die damals
noch Kirjat-Sefer* hieß. 12 Dort sagte
Kaleb zu seinen Truppen: »Wer Kir-
jat-Sefer erobert, bekommt meine
Tochter Achsa zur Frau!«* 13 Kalebs
Neffe Otniel – er war der Sohn von
dessen jüngerem Bruder Kenas – er-
oberte die Stadt. Daraufhin durfte er
Achsa zur Frau nehmen. 14 Als sie ihm
zugeführt wurde, rang sie ihm die
Erlaubnis ab, gleich noch ein Stück
Land von ihrem Vater fordern zu
dürfen. Dann glitt sie von ihrem Esel,
und Kaleb fragte: »Was hast du?«
15 Sie erwiderte: »Wenn du mich
schon in den heißen Negev verheiratet
hast, dann gib mir auch ein paar Was-
serbecken als Segensgeschenk dazu!«
Da schenkte ihr Kaleb die oberen und
die unteren Teichanlagen bei Hebron.

16 Die Nachkommen von Moses
Schwager* – das waren Keniter –,
waren mit den Männern Judas aus der
Palmenstadt aufgebrochen und in das
Steppengebiet gezogen, das im Süden
von Arad* liegt. Als Halbnomaden
hielten sie sich im Gebiet Judas auf.

17 Dann halfen die Männer Judas
ihren Stammesbrüdern von Simeon,
die Kanaaniter in Zefat zu besiegen.
Sie vollstreckten den Bann* an der
Stadt und nannten sie Horma, Bann.
18 Doch die Städte Gaza, Aschkelon
und Ekron* mit den dazugehörigen
Gebieten konnten die Männer Judas
nicht einnehmen, 19 denn die Bewoh-
ner der Küstenebene hatten eiserne
Streitwagen*. So konnten sie sie nicht

1,8 *Stadt in Brand.* Offenbar hatten sie nur einen Teil der Stadt, nicht die Zitadelle erobert (siehe Vers 21). Erst 400 Jahre später, zur Zeit Davids, wurde Jerusalem endgültig für die Juden erobert.

1,10 *Hebron.* 35 km südlich von Jerusalem und 30 km westlich vom Toten Meer.

Kirjat-Arba. »Stadt der Vier«, weist auf ein altes Bündnis hin, denn *Hebron* bedeutet auch »Bündnis«.

Telmai. Nach V. 20 und 4. Mose 13,22 waren das Söhne Anaks.

1,11 *Kirjat-Sefer.* »Stadt der Bücher« (oder: »der Schreiber«) liegt 25 km südwestlich von Hebron.

1,12 *Achsa zur Frau.* Der Sieg im Kampf war eine Möglichkeit, den Brautpreis zu zahlen.

1,16 *Schwager.* Manche übersetzen hier: Schwiegervater. Doch die hebr. Wurzel *htn* kann jede Schwiegerbeziehung meinen: Schwiegervater, Schwiegersohn, Schwager. Nach 4. Mose 10,29 war Hobab der *Schwager* von Mose.

Arad. Stadt im Negev.

1,17 *Bann.* Das bedeutete meistens die vollständige Vernichtung von Menschen, Tieren und Gütern.

1,18 *... Ekron.* Diese Philisterstädte bildeten mit Aschdod und Gat den Fünfstädtebund, vgl. Richter 3,3.

1,19 *Streitwagen.* Einachsige, von Pferden gezogene schnelle Wagen, die von einem Wagenlenker, einem Bogeschützen und evtl. noch einem Schildhalter besetzt waren – die Panzer des Altertums.

vertreiben. Jahwe half ihnen aber, das
Bergland zu erobern.
20 Nach der Anordnung Moses
wurde dann die Stadt Hebron Kaleb
zugesprochen, der die drei Sippen
der Anakssöhne* von dort vertrieben
hatte. 21 Doch die Jebusiter, die Be-
wohner Jerusalems, wurden auch von
den Männern des Stammes Benjamin
nicht vertrieben.* Bis heute* leben sie
dort unter den Benjaminiten.

Der Norden Kanaans wurde nur zum Teil erobert

22 Auch die Männer der Josefstämme
Efraïm und Manasse zogen los und
griffen Bet-El* an. Jahwe stand ih-
nen bei. 23 Zuerst erkundeten sie die
Stadt, die damals noch Lus hieß.
24 Als die Späher einen Mann heraus-
kommen sahen, hielten sie ihn fest
und sagten: »Wenn du uns einen Zu-
gang in die Stadt zeigst, werden wir
dich belohnen.« 25 Er zeigte ihnen
eine Stelle, wo sie eindringen konn-
ten. Auf diese Weise eroberten die
Männer der Josefstämme die Stadt.
Sie töteten alle Einwohner mit dem
Schwert, doch den Mann und seine
ganze Sippe ließen sie gehen. 26 Der
zog daraufhin ins Land der Hetiter*
und gründete eine Stadt, die er Lus
nannte, wie sie heute noch heißt.
27 Der Stamm Manasse vertrieb die
Einwohner von Bet-Schean*, Taa-
nach, Dor, Jibleam und Megiddo*
und den dazugehörenden Ortschaften
nicht. Die Kanaaniter setzten alles
daran, in dieser Gegend wohnen zu
bleiben. 28 Als die Israeliten dann
stärker wurden, verpflichteten sie sie
zu Zwangsarbeiten, vertrieben sie
aber nicht.
29 Auch der Stamm Efraïm vertrieb
die Kanaaniter nicht aus der Stadt
Geser, denn sie hielten stand und
blieben mitten in seinem Gebiet an-
sässig. 30 Der Stamm Sebulon ver-
trieb die Einwohner von Kitron und
Nahalal* nicht, sodass die Kanaaniter
auch unter ihnen wohnen blieben.
Später jedoch verpflichtete man sie zu
Zwangsarbeiten.
31 Der Stamm Ascher vertrieb die
Einwohner von Akko* und Sidon*

1,20 *Anakssöhne.* Vergleiche Vers 10.

1,21 *nicht vertrieben.* Jerusalem lag an der Grenze des Stammesgebietes von Juda und Benjamin. Als Folge des vorher erwähnten begrenzten Sieges (V. 8) konnten sich die Jebusiter in der Stadt halten.

Heute – meint den Zeitpunkt der Abfassung dieses Buches, der zwischen der Krönung Sauls 1051 v.Chr. und der Eroberung durch David 1004 v.Chr. liegen muss. Das Buch der Richter blickt von der Königszeit zurück, siehe zum Beispiel Richter 17,6.

1,22 *Bet-El. Haus Gottes.* Jakob hatte hier einen Altar gebaut, vgl. 1. Mose 35,1-15. Der Ort lag etwa 19 km nördlich von Jerusalem auf dem Gebirge Efraïm.

1,26 *Hetiter.* Eine kleinasiatische Völkergruppe, die weder in Sprache noch in Herkunft eine erkennbare Einheit bildeten. Zu dieser Zeit bestanden in Nordsyrien verschiedene hetitische Staaten.

1,27 *Bet-Schean,* 24 km südlich vom See Gennesaret, war eine bedeutende kanaanitische Stadt und wurde später eine Festung der Philister.

Megiddo. Bedeutende kanaanitische Stadt am Südwestrand des Jesreel-Tales. Die Festung bewachte einen wichtigen Pass, der durch die Karmel-Bergkette verlief.

1,30 *Nahalal.* Vermutlich Orte im Nordwesten der Ebene Jesreel.

1,31 *Akko.* Wichtigste Hafenstadt Kanaans am Mittelmeer, später in Ptolemaïs umbenannt.

Sidon. Wichtigste Hafenstadt Phöniziens, 40 km nördlich von Tyrus. Ihre Einwohner und die der Umgebung werden Sidonier genannt.

nicht, und auch nicht die von Ma-
haleb*, Achsib, Helba*, Afek und
Rehob*. 32 Deshalb lebten die Leute
von Ascher mitten unter den Kanaani-
tern, die in der Gegend wohnen blie-
ben, weil man sie nicht vertrieben
hatte.
33 Der Stamm Naftali vertrieb die
Einwohner von Bet-Schemesch und
Bet-Anat* nicht, sondern lebte in sei-
nem Stammesgebiet mit den Kanaa-
nitern zusammen. Sie mussten ihnen
jedoch Zwangsarbeiten leisten.
34 Als die Männer des Stammes Dan
in die Ebene vordringen wollten, wur-
den sie von den Amoritern* ins Hügel-
land zurückgedrängt.* 35 Die Amori-
ter konnten sich in Har-Heres*, Aja-
lon und Schaalbim behaupten. Als die
beiden Josefstämme später die Ober-
hand gewannen, verpflichteten sie sie
zu Zwangsarbeiten. 36 Die Grenze
zum Gebiet der Amoriter verläuft von
der Skorpionensteige* bis nach Sela*
und darüber hinaus.

Der Engel Jahwes

2 1 Der Engel Jahwes* kam von
Gilgal* nach Bochim* herauf
und sagte zu den Israeliten: »Ich habe
euch aus Ägypten herausgeführt und
euch in das Land gebracht, das ich
euren Vätern unter Eid zugesichert
hatte. Ich hatte gesagt: ›Niemals
werde ich meinen Bund mit euch
brechen, nie! 2 Aber ihr dürft keinen
Bund mit den Bewohnern dieses
Landes schließen und müsst ihre Al-
täre niederreißen.‹ Doch ihr habt mir
nicht gehorcht. Wie konntet ihr das
nur tun? 3 So muss ich euch jetzt
sagen: ›Ich werde die Bewohner die-
ses Landes nicht vor euch vertreiben!
Sie werden euch Widerstand leisten
und ihre Götter werden zur Falle für
euch.« 4 Als der Engel Jahwes das ge-
sagt hatte, schrien die Israeliten auf
und begannen zu weinen. 5 Darum
nannten sie jenen Ort Bochim, die
Weinenden. Dort brachten sie Jahwe
Opfer.

1,31 *Mahaleb.* Wahrscheinlich 8 km nordöstlich von Tyrus an der Mittelmeerküste.

Helba. Unbekannte Stadt im Norden Israels.

Rehob. vielleicht Tell el-Balat, 19 km südöstlich von Tyrus.

1,33 *Bet-Anat.* Stadt im oberen Galiläa, 24 km südöstlich von Tyrus.

1,34 *Amoriter.* Bewohner des Landes Kanaan. Amoriter kann sowohl für einen einzelnen Stamm als auch für alle Bewohner Kanaans stehen. Es waren semitische Einwanderer aus der Arabischen Wüste, die um 2000 v.Chr. ins Kulturland eindrangen.

zurückgedrängt. Das führte später zur Wanderung der Daniten nach Lajisch, siehe Richter 18.

1,35 *Har-Heres, Sonnenberg,* vielleicht mit Bet-Schemesch identisch.

1,36 *Skorpionensteige.* Die genaue Lage unbekannt. Vielleicht 32 km südwestlich von der Südspitze des Toten Meeres.

Sela. Edomitische Festung 37 km südöstlich von der Südspitze des Toten Meeres.

2,1 *Engel Jahwes.* Hebräisch: *Malach Jahwe.* Das war kein gewöhnlicher Engel, sondern eine Erscheinung Gottes.

Gilgal. Wird gewöhnlich mit den Ruinen von Kirbet el-Mafjer identifiziert, 3 km nordöstlich von Jericho. *Gilgal* klingt an das hebräische Wort für Kreis an.

Bochim. Ort ungewiss, vielleicht in der Nähe von Beth-El (1. Mose 35,8).

2,6 *Sichem.* Strategisch und religiös bedeutende Stadt auf dem Pass (*Sichem* = Schulter) zwischen den Bergen Ebal im Norden und Garizim im Süden.

Israels Untreue

6 Als Josua damals die Versammlung
bei Sichem* aufgelöst hatte, waren
die Israeliten in die ihnen zugeteilten
Gebiete gezogen, um sie in Besitz zu
nehmen. 7 Solange Josua lebte, diente
das Volk Jahwe, und auch noch solan-
ge die Ältesten lebten, die die großen
Taten Jahwes für Israel gesehen hat-
ten. 8 Doch dann starb Josua Ben-
Nun, der Diener Jahwes, 110 Jahre
alt. 9 Sie bestatteten ihn auf seinem
Erbbesitz in Timnat-Heres*, im Ge-
birge Efraïm*, nördlich vom Berg
Gaasch*. 10 Schließlich starb jene
ganze ältere Generation und es wuchs
eine neue heran, die Jahwe nicht
kannte und seine großen Taten für
Israel nicht miterlebt hatte.

11 Da fingen die Israeliten an, den
Baalen* zu dienen, was Jahwe als sehr
böse ansah. 12 So verließen sie Jahwe,
den Gott ihrer Vorfahren, der sie aus
Ägypten herausgeführt hatte, und lie-
fen fremden Göttern nach. Sie warfen
sich vor den Göttern ihrer Nachbar-
völker nieder und reizten Jahwe auf
diese Weise zum Zorn, 13 denn sie
verließen ihn dadurch, dass sie Baal
und Astarte* verehrten. 14 Da wurde
Jahwe zornig über Israel. Er ließ räu-
berische Beduinen über sie herfallen,
die sie ausplünderten. Er lieferte sie
der Gewalt ihrer feindlichen Nachbar-
völker aus, sodass sie ihnen keinen
Widerstand mehr leisten konnten.
15 Sooft sie auch in den Kampf zogen,
stellte sich Jahwe gegen sie, wie er es
ihnen mit einem Schwur angedroht
hatte. So gerieten sie in schwere Be-
drängnis. 16 Aber dann ließ Jahwe
ihnen immer wieder besondere Füh-
rer erstehen, die Richter, die sie aus
der Gewalt der plündernden Nachbar-
stämme befreiten. 17 Aber auch auf
ihre Richter hörten sie nicht lange,
sondern gaben sich wie Huren immer
wieder anderen Göttern hin und
warfen sich vor ihnen nieder. Schnell
kamen sie vom rechten Weg ab, den
ihre Väter gegangen waren und ge-
horchten den Geboten Jahwes nicht
mehr. 18 Trotzdem ließ Jahwe ihnen
immer wieder Richter erstehen und
stand diesen zur Seite. Er befreite sein
Volk aus der Gewalt ihrer Feinde, so-
lange die Richter lebten, denn er hatte
Mitleid mit ihnen, wenn sie unter
ihren Unterdrückern und Peinigern
ächzten. 19 Doch sobald der Richter
gestorben war, wurden die Israeliten
rückfällig und trieben es noch schlim-
mer als ihre Vorfahren. In ihrem Trotz
hörten sie einfach nicht auf, den an-
deren Göttern nachzurennen, sie zu
verehren und sich vor ihnen niederzu-
werfen. 20 Da flammte Jahwes Zorn
gegen Israel auf. Er fasste den

2,9 *Timnat-Heres.* Andre Form für Timnat-Serach, 29 km nordwestlich von Jerusalem.

Efraïm. Zentrale Bergkette des Westjordanlandes, damals dicht bewaldet

Gaasch. Der Berg und die gleichnamige Stadt liegen etwa 30 km südwestlich von Sichem.

2,11 *Baalen.* Kanaanitischer Name für den syrischen Gott Hadad, den Gott des Sturmes und der Kriege. Die Mehrzahlform (Hebräisch: *Baalim*) verweist auf die zahlreichen Modifikationen der Verehrung Baals, z.B. als Baal-Peor (4. Mose 25,3); Baal-Gad (Josua 11,17); Baal-Berit, (Richter 9,4); Baal-Sebub (2. Könige 1,2).

2,13 *Astarte.* In Kanaan Gemahlin Baals, wurde als Fruchtbarkeitsgöttin verehrt.

Beschluss: »Weil dieses Volk ständig
den Bund bricht, den ich mit ihren
Vorfahren geschlossen habe, weil es
mir einfach nicht gehorchen will,
21 werde auch ich kein einziges Volk
mehr vor ihnen vertreiben. Die Völker,
die Josua bis zu seinem Tod nicht vertreiben konnte, lasse ich im Land,
22 um die Israeliten auf die Probe zu
stellen, ob sie wie ihre Vorfahren auf
meinem Weg bleiben oder nicht.«
23 Deshalb hatte Jahwe diese Völker
im Land bleiben lassen und sie nicht
so schnell vertrieben; und deshalb
hatte er sie auch Josua nicht in die
Hand gegeben.

Fremde Völker unter den Israeliten

3 1 Einige Völker ließ Jahwe im
Land bleiben, um durch sie die
späteren Generationen der Israeliten
zu prüfen, die von den Kämpfen um
Kanaan nichts mehr wussten. 2 Er
wollte erkennen, wie sich diese Generationen, die den Krieg nicht mehr
kannten, verhalten würden, wenn er
sie den Krieg zu führen lehrte. 3 Dazu
gebrauchte er die fünf Fürsten der
Philister*, alle Kanaaniter und Sidonier* und die Hiwiter*, die im Libanongebirge* zwischen dem Baal-Hermon* und Lebo-Hamat* wohnen.
4 Durch sie sollten die Israeliten auf
die Probe gestellt werden, damit in
Erfahrung gebracht würde, ob sie den
Geboten Jahwes, die er ihren Vorfahren durch Mose gegeben hatte, gehorchen würden. 5 Die Israeliten wohnten also unter den Kanaanitern, Hetitern, Amoritern, Perisitern, Hiwitern
und Jebusitern*. 6 Und was taten sie?
Sie nahmen sich deren Töchter zu
Frauen und verheirateten ihre eigenen
Töchter mit deren Söhnen. Und sie
dienten deren Göttern.

Der Richter Otniel

7 Ja, die Israeliten taten, was Jahwe
als böse ansah. Sie vergaßen Jahwe,
ihren Gott, und dienten den Baalen
und den Ascheren*. 8 Da flammte
Jahwes Zorn gegen Israel auf, und er
lieferte sie der Gewalt von Kuschan-Rischatajim* aus, einem König im
oberen Mesopotamien*. Acht Jahre
lang mussten die Israeliten ihm dienen. 9 Da schrien sie zu Jahwe um

---

3,3 *Die Philister* bewohnten die südlichen Küstenstädte Aschdod, Askalon, Ekron, Gat und Gaza.

Sidonier. Einwohner der Stadt Sidon, hier wohl für Phönizier, Bewohner des Libanon.

Hiwiter. Auch die Einwohner der Städte Gibeon, Kefira, Beerot und Kirjat-Jearim gehörten zu den *Hiwitern*.

Libanongebirge. Das *weiße Gebirge*. 170 km lange und 25 km breite Gebirgskette am Mittelmeer nördlich von Israel, deren höchste Gipfel (über 3000 m) fast ganzjährig mit Schnee bedeckt sind. Berühmt sind die bis zu 40 m hohen Zedern.

Baal-Hermon. Drei fast gleich hohe (über 2800 m) schneebedeckte Gipfel in Nordgaliläa. Der *Hermon* wurde von den vorisraelischen Bewohnern als heilig verehrt, deshalb *Baal-Hermon*.

Lebo-Hamat. Heute: Labwe, etwa 70 km nördlich vom Hermon.

3,5 *Die Jebusiter* siedelten auf dem Gebirge Kanaans und in Jebus (Jerusalem).

3,7 *Aschera.* Kanaanitische Muttergottheit, oft durch geweihte Pfähle repräsentiert.

3,8 *Kuschan-Rischatajim.* Das bedeutet: *Mohr der doppelten Bosheit.*

Mesopotamien. Zweistromland, Landschaft zwischen den Flüssen Euphrat und Tigris, die heute größtenteils zum Irak gehört.

Hilfe und er ließ ihnen einen Retter erstehen: Otniel, der Sohn von Kalebs jüngerem Bruder Kenas. 10 Der Geist Gottes erfüllte ihn, und er wurde Richter in Israel. Dann zog er gegen den Syrerkönig Kuschan-Rischatajim in den Kampf und brachte ihm eine schwere Niederlage bei, weil Jahwe ihn in seine Gewalt gegeben hatte. 11 Daraufhin hatte das Land 40 Jahre lang Ruhe vor seinen Feinden, bis Otniel starb.

Der Richter Ehud

12 Aber die Israeliten taten weiterhin Böses vor Jahwe. Da gab Jahwe Eglon, dem König der Moabiter*, Macht über Israel, und zwar weil sie taten, was Jahwe missfiel. 13 Eglon verbündete sich mit den Ammonitern* und Amalekitern*. Er besiegte Israel und besetzte die Palmenstadt*. 14 Achtzehn Jahre lang mussten die Israeliten dem Moabiterkönig Eglon Tribut zahlen. 15 Da schrien sie zu Jahwe um Hilfe und er ließ ihnen einen Retter erstehen: Ehud Ben-Gera, einen Linkshänder aus dem Stamm Benjamin. Die Israeliten hatten ihn ausgewählt, den Tribut an König Eglon zu überbringen. 16 Da ließ sich Ehud einen beidseitig geschliffenen Dolch schmieden und gürtete ihn an seine rechte Hüfte unter sein Gewand. 17 So vorbereitet ließ er dem König von Moab den Tribut überbringen. Dieser Eglon war übrigens ein sehr fetter Mann. 18 Nach der Übergabe schickte Ehud die Leute, die den Tribut getragen hatten, nach Hause. 19 Er selbst kehrte bei den Götterbildern*, die in der Nähe von Gilgal standen, wieder um und ging noch einmal zurück. »Ich habe eine geheime Botschaft an dich, o König!«, sagte er. »Pst! Ksch!«, machte Eglon. Da gingen alle Diener des Königs hinaus. 20 Nun trat Ehud an den König heran – er saß nämlich in dem kühlen Obergemach, das für ihn allein bestimmt war – und sagte: »Eine Sache Gottes* habe ich für dich!« Sogleich erhob sich dieser vom Sitz. 21 Da fasste Ehud mit der linken Hand den Dolch, der an seiner rechten Seite hing, und stieß ihn dem König in den Bauch. 22 Die Klinge drang so tief ein, dass das Fett auch den Griff noch umschloss, denn Ehud riss den bis zum Gesäß eingedrungenen Dolch nicht wieder heraus. 23 Danach verriegelte er die Tür des Obergemachs, stieg durchs Fenster und ging über die Vorhalle hinaus. 24 Als er gegangen war, kamen Eglons Diener und sahen, dass die Türflügel des Obergemachs

---

3,12 Die *Moabiter* lebten östlich vom Toten Meer zwischen den Flüssen Arnon und Zered.

3,13 Die *Ammoniter* waren nordöstliche Nachbarn der Moabiter.

Die *Amalekiter* waren Todfeinde Israels und lebten als Nomaden im Negev, südlich von Beerscheba.

Palmenstadt. Gemeint ist die sehr fruchtbare Oase Jericho. Die Stadt war ja noch zerstört, siehe Josua 6.

3,19 Diese *Götterbilder* trugen religiöse Inschriften und waren wahrscheinlich von den Moabitern aufgestellt worden, um die Grenze zu Israel zu markieren und gleichzeitig das eigene Land vor fremden Göttern zu schützen.

3,20 *Sache Gottes.* Das kann auch bedeuten: Ein *Wort* Gottes. Ehud wird aber an sein Schwert gedacht haben.

verriegelt waren. »Er verrichtet wohl
gerade seine Notdurft in der kühlen
Kammer«, meinten sie. 25 Sie warte-
ten aber vergeblich, denn er öffnete
die Tür nicht. Schließlich holten sie
einen Schlüssel und schlossen auf. Da
lag ihr Herr tot auf dem Boden.
26 Während die Diener gewartet hat-
ten, war Ehud entkommen. Er war
schon an den Götterbildern vorbei
und konnte sich nach Seïra* in
Sicherheit bringen. 27 Sobald er dort
angekommen war, blies er überall auf
dem Gebirge Efraïm das Signalhorn*.
Da zogen die Männer Israels hinter
ihm her vom Gebirge hinab. 28 »Folgt
mir!«, rief er, »Jahwe hat eure Feinde,
die Moabiter in eure Hand gegeben.«
So folgten sie ihm bis ins Jordantal
hinunter und besetzten die Flussüber-
gänge, sodass die Moabiter nicht ent-
kommen konnten. 29 Damals erschlu-
gen sie an die 10.000 Moabiter, alles
starke und kriegstüchtige Männer.
Keiner entkam. 30 An diesem Tag
musste sich Moab der Gewalt Israels
unterwerfen. Daraufhin hatte das
Land 80 Jahre lang Ruhe vor seinen
Feinden.

Schamgar

31 Nach Ehud trat Schamgar Ben-
Anat auf. Er erschlug 600 Philister
mit einem Stab, der eine scharfe
Spitze hatte, und normalerweise zum
Antreiben von Rindern verwendet
wurde. Auch er rettete die Israeliten
vor ihren Feinden.

Die Richterin Debora

4 1 Nach dem Tod Ehuds taten die
Israeliten weiter, was Jahwe als
böse ansah. 2 Da lieferte er sie dem
Kanaaniterkönig Jabin aus, der in
Hazor* regierte. Dessen Heerführer
Sisera hatte sein Hauptquartier in
Haroschet-Gojim*. 3 Jabin besaß
nämlich 900 eiserne Streitwagen und
hatte die Israeliten 20 Jahre lang grau-
sam unterdrückt. Da schrien sie zu
Jahwe um Hilfe. 4 Damals war Debo-
ra Richterin in Israel. Sie war die Frau
Lappidots und eine Prophetin. 5 Ihren
Sitz hatte sie unter der Debora-Palme
zwischen Rama* und Bet-El im Ge-
birge Efraïm. Die Israeliten kamen
zu ihr hinauf, um sich von ihr Recht
sprechen zu lassen. 6 Eines Tages
ließ sie Barak Ben-Abinoam aus
Kedesch in Naftali* zu sich holen und
sagte zu ihm: »Jahwe, der Gott Israels,
befiehlt: ›Nimm 10.000 Mann aus den
Stämmen Naftali und Sebulon und
zieh mit ihnen auf den Berg Tabor*!
7 Ich werde Sisera, den Heerführer Ja-
bins, mit seinen Wagen und seiner

3,26 *Seïra.* Unbekannter Ort im Gebirge Efraïm.

3,27 Das *Signalhorn* (Hebräisch: *Schofar*) war aus den gewundenen Hörnern des männlichen Fettschwanzschafes hergestellt und brachte einen dumpfen, durchdringenden Ton hervor.

4,2 *Hazor.* Wichtigste kanaanitische Festung im Norden, 14 km nördlich vom See von Galiläa.

Haroschet-Gojim. Vielleicht Tell el-Amar, 16 km nordwestlich von Megiddo.

4,5 *Rama.* 9 km nördlich von Jerusalem im Stammesgebiet von Benjamin.

4,6 *Kedesch in Naftali.* Gewöhnlich mit einem Ort 8 km westlich des Hulesees identifiziert.

Tabor. Kegelförmiger Berg, 8 km östlich von dem späteren Nazaret gelegen, 588 m über N.N.

Streitmacht an den Bach Kischon*
locken und ihn dort in deine Hand
geben.‹« 8 »Wenn du mitgehst«, er-
widerte Barak, »will ich gehen, sonst
gehe ich nicht!« 9 »Gut, ich gehe
mit«, erwiderte Debora, »doch der
Ruhm für den Sieg wird dann nicht
dir gehören, denn Jahwe wird Sisera
in die Hände einer Frau fallen lassen.«
Debora machte sich fertig und ging
mit Barak nach Kedesch. 10 Dort rief
Barak die Männer von Sebulon und
Naftali zusammen. 10.000 Mann folg-
ten seinem Ruf und zogen mit ihm auf
den Tabor. Auch Debora kam mit.

11 Einige Zeit vorher hatte sich der
Keniter Heber von seinem Stamm ge-
trennt, den Nachkommen von Moses
Schwager Hobab. Er hatte sein Zelt
bei der Terebinthe* von Zaanajim
aufgeschlagen, das in der Nähe von
Kedesch liegt.

12 Nun berichtete man Sisera, dass
Barak Ben-Abinoam eine Armee auf
den Berg Tabor geführt hatte. 13 Da
beorderte er seine 900 Streitwagen
und seine ganze Heeresmacht, die sich
in Haroschet-Gojim befand, an den
Bach Kischon. 14 Als sie eingetroffen
waren, sagte Debora zu Barak: »Los,
greif an! Heute hat Jahwe dir den Sieg
über Sisera in die Hand gegeben. Er
selbst zieht vor dir her.« Da stürmte
Barak vom Berg Tabor hinunter, und
die Zehntausend folgten ihm. 15 Als
sie mit gezücktem Schwert auf ihre
Feinde zukamen, ließ Jahwe das ganze
feindliche Heer samt ihrem Anführer
und den Streitwagen in Panik geraten.
Sisera selbst sprang von seinem
Wagen und floh zu Fuß. 16 Barak ver-
folgte die Wagen und das Heer bis
nach Haroschet-Gojim. So wurde die
ganze Armee Siseras vernichtet. Kein
einziger entkam.

17 Sisera war auf seiner Flucht zu
Fuß inzwischen bis zum Zelt Jaëls ge-
kommen, das war die Frau des Keni-
ters Heber. Die Sippe Hebers unter-
hielt freundschaftliche Beziehungen
zu Jabin, dem König von Hazor.
18 Jaël trat aus dem Zelt, ging Sisera
entgegen und sagte: »Kehr ruhig bei
mir ein, mein Herr! Komm herein!
Hab keine Angst!«* So ging er mit ihr
ins Zelt, und sie deckte ihn mit einem
Vorhang zu. 19 »Gib mir ein wenig
Wasser!«, sagte er zu ihr. »Ich habe
Durst.« Da holte sie einen Schlauch
mit Milch und gab ihm zu trinken.
Dann deckte sie ihn wieder zu.
20 »Stell dich doch an den Zeltein-
gang!«, sagte er noch zu ihr. »Wenn
jemand kommt und dich fragt, ob
jemand hier ist, dann sag: ›Nein!‹«
21 Doch Jaël, die Frau Hebers, holte
einen Zeltpflock, nahm einen Ham-
mer in die Hand und ging leise zu
Sisera hin, der vor Erschöpfung in
tiefen Schlaf gefallen war. Sie trieb
ihm den Zeltpflock so durch die
Schläfen, dass er noch in die Erde
drang. Auf diese Weise starb Sisera.
22 Da kam auch schon Barak, der
Sisera verfolgt hatte. Jaëltrat aus dem

4,7 *Kischon.* Kleiner Fluss im westlichen Teil der Jesreel-Ebene.

4,11 *Terebinthe.* Belaubter Baum mit breitem Wipfel, der nicht mehr als 7 m hoch wird und als Schattenspender geschätzt wird.

4,18 *keine Angst.* Im Orient durfte kein anderer Mann das Zelt einer Frau betreten außer ihrem Vater und ihrem Ehemann. So bot sie ihm ein ideales Versteck an.

Zelt, ging ihm entgegen und sagte:
»Komm mit, ich zeige dir den Mann,
den du suchst!« Barak ging mit ihr ins
Zelt und fand Sisera mit einem Zelt-
pflock im Kopf tot auf der Erde liegen.
23 So zwang Gott an jenem Tag den
Kanaaniterkönig Jabin in die Knie.
24 Und in der Folgezeit lag die Faust
Israels immer härter auf seinem
Stamm, bis er ganz vernichtet war.

Deboras Lied

5 1 An jenem Tag sangen Debora
und Barak Ben-Abinoam das
folgende Lied:

2 Dass Führer Israel führten /
und das Volk freiwillig kämpfte, /
preist Jahwe dafür! 3 Ihr Könige,
hört her! / Ihr Fürsten, merkt
auf! / Ich will singen zur Ehre
Jahwes, / die Saiten klingen lassen
für Israels Gott. 4 Als du auszogst,
Jahwe, von Seïr*, / und durch
Edoms* Steppen kamst, / da
bebte die Erde, / da brach der
Himmel, / aus den Wolken ergoss
sich die Flut. 5 Die Berge wankten
vor Jahwe, / als Gott seinem Volk
am Sinai* erschien.

6 Zur Zeit von Schamgar Ben-
Anat* / und jetzt in den Tagen
von Jaël, / da waren alle Wege
menschenleer. / Wer reisen wollte,
musste auf versteckten Pfaden
gehen. 7 Felder und Dörfer lagen
verwaist – bis ich mich erhob, /
bis aufstand eine Mutter in Israel.
8 Mein Volk hatte sich neue Götter
erwählt, / und dann brach der
Feind durch die Tore herein. /
Hat einer wohl Schild und Lanze
gesehen / bei 40.000 Männern in
Israel? 9 Mein Herz gehört Israels
Führern / und den Freiwilligen im
Volk. / Preist Jahwe!
10 Singt, die ihr auf weißen Eseln
reitet / und auf kostbaren Decken
sitzt! / Singt, die ihr durch die
Straßen zieht! 11 Hört, wie sie
jubeln zwischen den Tränken! /
Dort besingt man die rettenden
Taten Jahwes. / Sie erzählen,
wie er seinem Volk half.

Dann zog sein Volk zu den Toren
hinab: 12 Auf, auf, Debora! /
Wach auf und singe ein Lied! Auf,
Barak, Abinoams Sohn! / Führe
deine Gefangenen vor!
13 Es kamen alle, die noch übrig
waren / und schlossen sich den
Führern Israels an. / Gerüstet
kam das Volk Jahwes zu mir.
14 Aus Efraïm, das stark und
heiß wie Amalek ist, / zogen die
Scharen ins Tal, / auch Benjamins
Männer folgten der Spur. / Von
Machir* stiegen die Führer
herab, / von Sebulon die mit dem
Befehlshaberstab. 15 Auch
Issachars Fürsten kamen zu
Debora, / und Barak mit seinem

5,4 *Seïr.* Gebirge südöstlich vom Toten Meer. *Edoms.* Land östlich der Araba und südlich vom Toten Meer, bewohnt von den Nachkommen Esaus.

5,5 *Sinai.* Berg der Gesetzgebung in der Wüste Sinai (2. Mose 19).

5,6 *Schamgar Ben-Anat.* Siehe Kapitel 3,31.

5,14 *Machir.* Teil des Stammes Manasse im Ostjordanland.

ganzen Gefolge. / So stürmten
sie hinunter ins Tal. – Doch an
Rubens Bächen überlegte man
lang. 16 Warum bist du bei deinen
Herden geblieben / und hörtest
den Flöten der Hirten zu? / Ja, an
Rubens Bächen überlegte man
lang. 17 Gilead* blieb hinter dem
Jordan stehen. / Und warum hielt
sich Dan bei den Schiffen auf? /
Die von Ascher saßen am Strand, /
blieben faul in ihren Buchten am
Meer. 18 Doch Sebulon ist ein
Volk, / das sein Leben aufs Spiel
gesetzt hat. / Auch Naftali zog
aufs Schlachtfeld hinaus / und
hatte keine Furcht vor dem Tod.
19 Könige kamen und
kämpften, / Kanaans Könige
führten Krieg – bei Taanach und
bei Megiddos Bach – doch silberne
Beute holten sie nicht. 20 Von
himmlischen Bahnen her
kämpften die Sterne, /
gegen Sisera stellten sie ihre
Macht. 21 Der Bach Kischon
schwemmte sie fort, / der uralte
Bach riss die Feinde hinweg.* /
Vorwärts, meine Seele, sei stark!
22 Die Pferde donnerten im Galopp
vorbei, / unter ihren Hufen
dröhnte die Erde. 23 »Ihr sollt
Meros* verfluchen«, / spricht
der Engel Jahwes. / Verflucht die
Bewohner der Stadt! / Denn sie
eilten nicht zur Hilfe herbei, / zu
Jahwe unter den Helden.
24 Preist Jaël, die Frau des
Keniters Heber, / rühmt sie mehr
als jede andere Frau! / Gesegnet
sei sie unter den Frauen im Zelt!
25 Als Sisera um Wasser bat,
reichte sie Milch, / in kostbarer
Schale gab sie ihm Rahm.
26 Dann griff sie mit der Linken
den Pflock. / Den schweren
Hammer in rechter Hand schlug
sie zu, / durchbohrte die Schläfe
und zerschmetterte Siseras Kopf.
27 Er krümmte sich zu ihren
Füßen, / erschlagen lag er da. /
Er krümmte sich zu ihren Füßen
und war tot.
28 Seine Mutter späht zum
Fenster hinaus, / blickt durch das
Gitter von Sorge erfüllt. / Warum
sehe ich seinen Wagen noch
nicht? / Wo ist der Hufschlag
seines Gespanns? 29 Die Klügste
ihrer Edelfrauen antwortet ihr, /
und sie selbst wiederholt ihren
Trost: 30 »Gewiss haben sie die
Beute verteilt, / ein oder zwei
Mädchen pro Mann, / für Sisera
den teuren Stoff. / Ja, bunte
Kleider bringen sie mit, / zwei
kostbare Tücher für deinen Hals.«
31 So möge es all deinen Feinden
ergehen, Jahwe! / Doch die ihn
lieben, sollen sein wie die Sonne, /
die aufgeht in ganzer Pracht!

Daraufhin hatte das Land 40 Jahre lang Ruhe vor seinen Feinden.

5,17 *Gilead.* Landschaft östlich des Jordan, Wohnsitz der Stämme Ruben, Gad und halb Manasse.

5,21 *Bach riss ... hinweg.* Gott hatte einen Platzregen kommen lassen, der das Wadi Kischon zu einem reißenden Bach machte.

5,23 *Meros.* Ort im Stammesgebiet von Naftali viell. das heutige Chirbet Marus, etwa 10 km südlich von Kedesch.

Gideons Berufung

6 1 Von neuem taten die Israeliten,
was Jahwe als böse ansah. Da
lieferte er sie den Midianitern* aus –
sieben Jahre lang. 2 Die Midianiter
setzten ihnen derartig zu, dass sich die
Israeliten Felslöcher zurecht mach-
ten, Höhlen und unzugängliche Plätze
in den Bergen. 3 Denn immer, wenn
sie ihre Felder bestellt hatten, kamen
die Midianiter mit den Amalekitern
und Nomaden aus dem Osten 4 und
machten sich im Land breit. Sie ver-
nichteten die Ernte bis zu der Stelle,
wo es nach Gaza geht, und ließen
nichts Essbares zurück. Sie raubten
Schafe, Rinder und Esel. 5 Mit ihren
Herden und Zelten kamen sie wie
Heuschrecken über das Land und ver-
wüsteten alles. Sie und ihre Kamele
waren nicht zu zählen. 6 Die Israeliten
wurden bettelarm durch sie. Da
schrien sie zu Jahwe um Hilfe. 7 Als
sie das taten, 8 schickte Jahwe ihnen
einen Propheten, der Folgendes sagte:
»So spricht Jahwe, Israels Gott: Ich
habe euch aus dem Sklavenhaus
Ägypten herausgeholt. 9 Ich habe
euch aus seiner Gewalt befreit. Und
alle eure Peiniger vertrieb ich vor
euch, und ich gab euch ihr Land.
10 Ich sagte: Ich bin Jahwe, euer Gott!
Ihr sollt die Götter der Amoriter nicht
verehren, in deren Land ihr jetzt
wohnt! Aber ihr habt nicht auf mich
gehört!«

11 Da kam der Engel Jahwes und
setzte sich unter die Terebinthe bei
Ofra*, die Joasch gehörte, einem Mann
aus der Abiëser-Sippe. Dessen Sohn
Gideon war gerade dabei, Weizen in
einer Kelter* zu dreschen, um ihn
vor den Midianitern in Sicherheit zu
bringen. 12 Der Engel Jahwes zeigte
sich ihm und sprach ihn an: »Jahwe
ist mit dir, du tapferer Held!« 13 »Ach
mein Herr«, erwiderte Gideon, »wenn
Jahwe wirklich mit uns ist, warum hat
uns dann das alles getroffen? Wo sind
denn alle seine Wunder, von denen
uns unsere Väter erzählt haben? Sie
sagten, Jahwe habe uns aus Ägypten
hierher geführt. Aber jetzt hat er uns
im Stich gelassen und den Midiani-
tern ausgeliefert.« 14 Da wandte sich
Jahwe ihm zu und sagte: »Du sollst
gehen und mit der Kraft, die du hast,
Israel aus der Faust der Midianiter be-
freien! Ja, ich sende dich!« 15 »Aber
mein Herr«, rief Gideon, »womit soll
ich Israel denn befreien? Meine
Heereseinheit ist die kleinste im gan-
zen Stamm Manasse und ich bin der
Jüngste in unserer Familie.« 16 »Ich
werde mit dir sein«, sagte Jahwe,
»und du wirst die Midianiter schlagen
wie einen einzelnen Mann.« 17 »Wenn
du mir so viel Gunst erweisen willst,
dann gib mir doch ein Zeichen, dass
du wirklich mit mir redest. 18 Geh
bitte nicht weg, bis ich zurückkomme;
ich will eine Gabe bringen und vor dir
niederlegen.« – »Ich warte, bis du
wiederkommst«, versicherte er.

19 Da ging Gideon nach Hause, be-
reitete ein Ziegenböckchen zu und
backte ungesäuertes Brot aus einem

6,1 *Midianiter.* Nomadenvolk, das in der Araba (Jordantal) und in Transjordanien umherzog.

6,11 *Ofra.* Ort im Stammesgebiet von Manasse, 8 km südlich von Megiddo.

Kelter. In den Fels gehauene Grube, die zum Weinpressen diente.

Backtrog* voll Mehl. Dann legte er das Fleisch in einen Korb, goss die Brühe in einen Topf und brachte alles unter die Terebinthe, um es dem Engel Jahwes anzubieten.
20 Doch dieser sagte: »Nimm das Fleisch und die Brote und leg sie da auf den Felsen, aber die Brühe schütte weg!« Gideon tat es.
21 Dann berührte der Engel Jahwes mit der Spitze seines Stabes das Fleisch und die Brote. Da schlug Feuer aus dem Felsen und verzehrte alles. Gleichzeitig verschwand der Engel Jahwes.
22 Als nun Gideon sah, dass es wirklich der Engel Jahwes gewesen war, rief er: »Weh mir, Herr, mein Gott! Ich habe dem Engel Jahwes in die Augen gesehen!«
23 Doch Jahwe sagte zu ihm: »Schalom*, beruhige dich! Hab keine Angst! Du musst nicht sterben.«
24 Da baute Gideon an derselben Stelle einen Altar und nannte ihn »Jahwe-Schalom«. Der Altar steht heute noch in Ofra, der Stadt der Abiëser-Sippe.

Zerstörung des Baal-Altars

25 In derselben Nacht sagte Jahwe zu Gideon: »Nimm den siebenjährigen Stier deines Vaters, das zweitbeste Tier aus seiner Herde! Reiß den Altar Baals nieder, der auf dem Grundstück deines Vaters steht, und haue den Aschera-Pfahl* daneben um.
26 Dann baue dort oben, auf der höchsten Stelle eurer Bergfestung, einen Altar für Jahwe, indem du Steine aufeinander schichtest, und opfere mir darauf den Stier als Brandopfer*. Als Brennholz sollst du den umgehauenen Aschera-Pfahl benutzen.«
27 Da nahm Gideon zehn seiner Männer mit und machte das, was Jahwe ihm gesagt hatte. Er tat es jedoch im Schutz der Nacht, weil er sich vor seinen Angehörigen und den Männern der Stadt fürchtete.
28 Am nächsten Morgen entdeckten diese, dass der Altar Baals umgerissen und der Aschera-Pfahl daneben umgehauen war. Sie stellten auch fest, dass der zweitbeste Stier auf dem neuen Altar geopfert worden war.
29 »Wer hat das getan?«, fragten sie sich. Sie fingen an, nachzuforschen und erfuhren: »Es war Gideon Ben-Joasch.«
30 Da verlangten die Männer der Stadt von Joasch: »Gib deinen Sohn heraus! Er muss sterben, weil er den Altar des Baal niedergerissen und den Aschera-Pfahl umgehauen hat.«
31 Doch Joasch widersprach den Versammelten: »Wollt ihr etwa den Baal verteidigen? Wollt ihr ihn vielleicht retten? Wenn ihr das tut, wird keiner von euch bis morgen früh am Leben bleiben! Wenn er wirklich ein Gott ist, soll er sich doch selber für das Einreißen seines Altars rächen.«
32 Von dem Tag an nannte man Gideon Jerub-Baal – das heißt: Baal setze sich mit ihm auseinander –, weil er den Baals-Altar niedergerissen hatte.

6,19 *Backtrog*. Wörtlich: *ein Efa*, Hohlmaß von etwa 22 Litern.

6,23 *Schalom*. Frieden, Wohlergehen, Wohlbefinden, Unversehrtheit; auch als Grußformel gebraucht.

6,25 *Aschera-Pfahl*. Die *Aschera* war eine Fruchtbarkeitsgöttin, die in handlichen Figuren, geweihten Bäumen oder Pfählen verehrt wurde.

6,26 *Brandopfer*. Bei dieser Opferart wurde das Tier vollständig auf dem Altar verbrannt.

Bestätigungszeichen

33 Und wieder taten sich die Midianiter,
die Amalekiter und die Nomaden aus
dem Osten zusammen. Sie überschrit-
ten den Jordan und machten sich in der
Ebene Jesreel* breit. 34 Da wurde Gide-
on vom Geist Jahwes erfüllt. Er blies das
Horn, und die Männer der Abiëser-
Sippe folgten seinem Ruf. 35 Dann
schickte er Boten in das ganze Stam-
mesgebiet von Manasse und zu den
Stämmen Ascher, Sebulon und Naftali.
Von überall her ließen die Männer sich
rufen und schlossen sich Gideons Trup-
pe an. 36 Inzwischen betete Gideon zu
Gott: »Ich weiß, dass du versprochen
hast, Israel durch mich zu befreien, aber
gib mir doch bitte noch eine Bestäti-
gung dafür! 37 Schau, ich lege jetzt
frisch geschorene Wolle auf den
Dreschplatz. Wenn die Schafwolle mor-
gen früh nass sein wird und ringsherum
alles trocken, dann werde ich sicher
sein, dass du Israel durch mich retten
willst, wie du es gesagt hast.« 38 Als Gi-
deon früh am nächsten Morgen auf-
stand und den Tau aus der Wolle aus-
drückte, füllte das Wasser eine ganze
Schale. 39 Doch Gideon betete noch
einmal zu Gott: »Sei mir nicht böse,
wenn ich dich noch ein einziges Mal um
ein Zeichen bitte. Lass es mich doch
noch einmal mit der Wolle versuchen
und lass sie morgen früh trocken sein,
aber ringsum alles nass vom Tau!«
40 Gott erfüllte ihm auch diese Bitte in
der kommenden Nacht: Die Wolle blieb
trocken und der ganze Boden war nass
vom Tau.

Die richtigen Kämpfer

7 1 Am frühen Morgen brach Jerub-
Baal, also Gideon, mit seinem
ganzen Heer auf. Ihr Lager errichteten
sie bei der Harod-Quelle*. Das Lager
der Midianiter befand sich nördlich
davon, in der Ebene am Hügel More*.
2 Aber Jahwe sagte zu Gideon: »Dein
Heer ist zu groß! So kann ich euch den
Sieg über die Midianiter nicht geben.
Die Israeliten sollen sich nicht vor mir
rühmen können und sagen: ›Wir
haben uns aus eigener Kraft befreit!‹
3 Lass daher im ganzen Lager ausru-
fen, dass alle, die Angst haben, nach
Hause gehen* sollen.« Da machten
22.000 Mann kehrt, und nur 10.000
blieben zurück. 4 Doch Jahwe sagte zu
Gideon: »Dein Heer ist immer noch zu
groß. Führe die Männer ans Wasser
hinunter, dort will ich sie für dich mu-
stern. Ich werde dir sagen, wer mit dir
gehen soll und wer nicht.« 5 Gideon
führte die Leute ans Wasser. Dann
sagte Jahwe: »Alle, die das Wasser mit
der Zunge aufschlürfen wie ein Hund,
stell auf die eine Seite, und alle, die sich
zum Trinken hinknien, auf die ande-
re.« 6 Dreihundert Männer schlürften
das Wasser aus der hohlen Hand*, die

6,33 *Jesreel.* Sehr fruchtbare Ebene, 40 km nördlich von Samaria, Schauplatz vieler Schlachten.

7,1 *Harod-Quelle.* Wahrscheinlich En Harod am Fuß des Berges Gilboa. Der Bach windet sich von dort aus Richtung Jordan.

More. Der Hügel ragt wie ein Wächter auf und bewacht den Eingang zum Tal Jesreel. Er ist etwa 5 km von der Harod-Quelle entfernt.

7,3 *nach Hause gehen.* Wörtlich: *sich vom Gebirge Gilead abwenden.* Dieses Gebirge liegt allerdings auf der Ostjordanseite, aber es war wohl vom Lager aus zu sehen.

7,6 *hohlen Hand.* Sie hatten das Wasser offenbar stehend geschöpft.

anderen knieten sich zum Trinken hin.
7 Da sagte Jahwe zu Gideon: »Durch
die 300 Mann, die das Wasser ge-
schlürft haben, will ich Israel retten
und die Midianiter in deine Hand
geben. Die anderen sollen nach Hause
gehen.« 8 Gideon entließ die Israeliten
und behielt nur die 300 Männer bei
sich. Diese übernahmen den Proviant
und die Hörner* von den anderen. Das
geschah oberhalb der Ebene, in der
sich das Lager der Midianiter befand.

Noch eine Bestätigung

9 In der Nacht sagte Jahwe zu Gideon:
»Greif das Lager dort unten an! Ich
gebe es in deine Hand. 10 Wenn du
aber Angst hast, schleich dich vorher
mit deinem Burschen Pura hinunter
11 und hör dir an, was sie miteinander
reden. Das wird dir Mut machen, sie
anzugreifen.« Da schlich sich Gideon
mit seinem Burschen bis an die be-
waffneten Vorposten heran. 12 Die
Midianiter, die Amalekiter und die No-
maden aus dem Osten waren wie Heu-
schrecken in die Talebene eingefallen.
Ihre Kamele waren zahllos wie der
Sand am Meeresstrand. 13 Als Gideon
sich angeschlichen hatte, erzählte ge-
rade einer seinem Kameraden einen
Traum. »Hör zu«, sagte er, »ich habe
geträumt, dass ein Laib Gerstenbrot
sich in unser Lager herunterwälzte
und das Zelt umriss, sodass alles
durcheinander flog und zu Boden
stürzte.« 14 Sein Kamerad erwiderte:
»Das kann nur eins bedeuten: Das
Schwert von Gideon Ben-Joasch aus
Israel. Gott hat die Midianiter und
das ganze Lager in seine Hand gege-
ben.« 15 Als Gideon den Traum und
seine Deutung gehört hatte, warf er
sich nieder und betete Gott an. Dann
kehrte er ins Lager Israels zurück
und rief: »Steht auf! Jahwe hat das
Lager der Midianiter in eure Hand
gegeben.«

Gideons Sieg

16 Gideon teilte die 300 Mann in drei
Gruppen auf. Jeder Kämpfer bekam
ein Horn, eine Fackel und einen leeren
Krug, um die brennende Fackel zu
verbergen. 17 »Achtet genau auf das,
was ich tue, wenn ich mit meinen
Leuten an den Rand des feindlichen
Lagers komme«, sagte Gideon, »und
macht es uns genau nach. 18 Und
wenn ich dann ins Horn stoße, sollt
auch ihr rings um das Lager das Horn
blasen und rufen: ›Für Jahwe und
Gideon!‹« 19 Zu Beginn der mittleren
Nachtwache* erreichte Gideon mit
seinen 100 Mann das Lager. Die Pos-
ten waren gerade abgelöst worden.
Da stießen sie in die Hörner und zer-
schlugen die Krüge, die sie mitge-
bracht hatten. 20 Alle drei Gruppen
bliesen die Hörner und zerschlugen
ihre Krüge. Dann packten sie mit der
linken Hand die Fackel. Mit der rech-
ten hielten sie die Hörner zum Blasen
an den Mund und zwischendurch

7,8 *Hörner.* Hebräisch: *Schofarot.* Der Schofar wurde aus den gewundenen Hörnern des männlichen Fettschwanzschafes hergestellt und brachte einen dumpfen, durchdringenden Ton hervor.

7,19 *Nachtwache.* Im Altertum teilten viele Völker die Nacht in drei Wachen ein: Sonnenuntergang bis 22 Uhr, 22 Uhr bis 2 Uhr, 2 Uhr bis 6 Uhr. Es war also kurz nach 22 Uhr, das feindliche Heer hatte sich schlafen gelegt.

riefen sie: »Schwert Jahwes und Gi-
deons!« 21 Dabei blieben sie um das
Lager herum stehen. Da rannte das
ganze feindliche Lager durcheinan-
der. Alle schrien laut und flohen.
22 Denn als die 300 Mann in die
Hörner stießen, ließ Jahwe eine Panik
im ganzen Lager entstehen. Jeder
ging mit seinem Schwert auf den an-
deren los. So floh das ganze Heer auf
Bet-Schitta* zu, um nach Zereda* zu
entkommen und den Jordanübergang
von Abel-Mehola* bei Tabbat* zu er-
reichen.

23 Nun wurden Israels Mannschaf-
ten aus den Stämmen Naftali, Ascher
und ganz Manasse aufgeboten, um
die Midianiter zu verfolgen. 24 Gideon
hatte auch Boten im Bergland von
Efraïm umhergeschickt und sagen
lassen: »Kommt herab und stellt euch
den Midianitern entgegen! Besetzt
die Wasserstellen bis nach Bet-Bara*
und die Übergänge des Jordan!« Die
Männer von Efraïm waren der Auffor-
derung gefolgt und hatten die Wasser-
stellen und Jordanfurten abgeriegelt.
25 Dabei konnten sie zwei midianiti-
sche Fürsten, Oreb und Seeb*, ge-
fangen nehmen. Oreb töteten sie am
Rabenfelsen und Seeb an der Wolfs-
kelter. Dann verfolgten sie die Midia-
niter. Die abgeschlagenen Köpfe der
beiden Fürsten brachten sie zu Gideon
auf die andere Jordanseite.

Ein Stamm fühlt sich übergangen

8 1 Doch dabei machten die Män-
ner des Stammes Efraïm Gideon
heftige Vorwürfe: »Was hast du uns
da angetan? Warum hast du uns nicht
rufen lassen, als du zum Kampf gegen
die Midianiter aufgebrochen bist?«
2 Doch Gideon antwortete: »Was
habe ich denn schon geleistet im
Vergleich zu euch? Ist die Nachlese
Efraïms nicht besser als die ganze
Weinlese Abiësers? 3 Euch hat Gott
doch die Fürsten der Midianiter, Oreb
und Seeb in die Hand gegeben! Das
stellt alles in den Schatten, was ich
getan habe.« Mit diesen Worten be-
sänftigte er sie, und sie gaben sich
zufrieden.

Der Feldzug im Ostjordanland

4 Als Gideon mit seinen 300 Männern
erschöpft von der Verfolgung den Jor-
dan überquert hatte, 5 bat er die Be-
wohner von Sukkot*: »Gebt meinen
Leuten doch ein paar Brotlaibe. Sie
sind ganz erschöpft. Wir verfolgen
die Midianiterkönige Sebach und Zal-
munna.« 6 Doch die Stadtobersten er-
widerten: »Hast du Sebach und Zal-
munna denn schon in der Hand?
Warum sollen wir deiner Truppe Brot
geben?« 7 Da sagte Gideon: »Das
werdet ihr mir büßen! Wenn Jahwe

7,22 *Bet-Schitta.* Heute: *Schatta*, westlich von Bet Schean.

Zereda. Wahrscheinlich *Zaretan* auf der Ostseite des Jordan.

Abel-Mehola. Heimatort des Propheten Elisa.

Tabbat. Der Ort auf der Anhöhe Ras Abu Tabat liegt am Rand eines Weges, der von einer Jordanfurt nach Osten führt.

7,24 *Bet-Bara.* Vermutlich gegenüber der Einmündung des Jabbok in den Jordan.

7,25 *Oreb und Seeb.* Hebräisch: »Rabe« und »Wolf«.

8,5 *Sukkot.* Ort im Ostjordanland zwischen Jabbok und Jordan.

die beiden Könige in meine Hand
gegeben hat, werde ich euch mit
Wüstendorn und Stechdistel zerdre-
schen.« *8* Dann zog er nach Pnuel*
weiter und bat auch dort um Brot.
Doch er bekam die gleiche Antwort
wie in Sukkot. *9* »Wenn ich heil zu-
rückkomme, reiße ich eure Burg nie-
der«, drohte Gideon.

10 Sebach und Zalmunna hatten mit
ihren Truppen – etwa 15.000 Mann –
in Karkor* Halt gemacht. Das war
alles, was von dem ganzen Heerlager
der östlichen Nomaden übrig ge-
blieben war. 120.000 Kämpfer waren
gefallen. *11* Gideon folgte ihnen auf
der Beduinenstraße, die östlich von
Nobach und Jogboha* verläuft, und
griff das feindliche Heer, das sich in
Sicherheit wähnte, völlig unerwartet
an. *12* Das ganze Lager geriet in
Panik, und die beiden Könige Sebach
und Zalmunna flohen. Gideon ver-
folgte sie und nahm beide gefangen.

13 Nach der Schlacht machte sich
Gideon Ben-Joasch auf den Rückweg.
Als er den Pass von Heres hinabstieg,
14 griff er einen jungen Burschen aus
Sukkot auf. Er fragte ihn aus und ließ
sich von ihm die Namen der führen-
den Männer und der Stadtoberen auf-
schreiben, insgesamt 77 Namen.
15 Als er nach Sukkot kam, sagte er zu
den Männern der Stadt: »Hier sind
Sebach und Zalmunna, mit denen ihr
mich verspottet und gesagt habt:
›Hast du Sebach und Zalmunna denn
schon in der Hand? Warum sollen wir
deiner erschöpften Truppe Brot
geben?‹ *16* Dann ließ er die führenden
Männer der Stadt ergreifen und zahlte
es ihnen mit Wüstendorn und Stech-
disteln heim. *17* In Pnuël ließ er die
Männer der Stadt erschlagen und die
Burg niederreißen.

18 Schließlich wandte er sich an
Sebach und Zalmunna: »Wie sahen
die Männer aus, die ihr am Berg Tabor
erschlagen habt?« – »Sie waren wie
du«, antworteten sie, »jeder sah aus
wie ein Königssohn.« *19* Da rief Gide-
on: »Es waren meine eigenen Brüder!
So wahr Jahwe lebt: Hättet ihr sie am
Leben gelassen, würde ich euch nicht
umbringen!« *20* Er wandte sich an
Jeter, seinen ältesten Sohn: »Töte
sie!« Doch Jeter war noch jung und
zögerte, sein Schwert zu ziehen; er
hatte Angst davor. *21* Da sagten Se-
bach und Zalmunna: »Steh doch auf
und tu es selbst! Hier braucht es den
ganzen Mann!« Da sprang Gideon auf
und erschlug beide. Dann nahm er die
Halbmonde an sich, die an den Hälsen
ihrer Kamele hingen.

Gideons Efod

22 Die Israeliten sagten zu Gideon:
»Du sollst unser Herrscher sein, du,
dein Sohn und dein Enkel, denn du
hast uns von den Midianitern befreit.«
23 Doch Gideon erwiderte: »Ich will
nicht über euch herrschen, und auch
mein Sohn soll es nicht; Jahwe soll
euer König sein! *24* Ich habe jedoch
eine Bitte an euch: Gebt mir die ge-
weihten Ringe, die ihr erbeutet habt!«
Die Midianiter hatten nämlich goldene

8,8 *Pnuel.* Amoritische Festung an einer Furt des Jabbok, 8 km östlich von Sukkot.

8,10 *Karkor.* Ortslage unbekannt.

8,11 *Jogboha.* 24 km südlich von Pnuël. Heute: El-Jubeihat.

Ringe getragen, weil sie Ismaeliten
waren. 25 »Das tun wir gern«, sagten
sie. Sie breiteten einen Umhang aus,
und jeder warf den Weihring von
seiner Beute darauf. 26 Das Gold, das
auf diese Weise zusammenkam, wog
etwa 20 Kilogramm*. Dazu kamen
noch die Halbmonde, Ohrgehänge
und Purpurkleider, die die Midianiter-
könige getragen hatten, und der kost-
bare Halsschmuck der Kamele. 27 Gi-
deon ließ daraus ein Efod* machen
und stellte es in seiner Heimatstadt
Ofra auf. Ganz Israel kam dorthin und
verehrte es. Das wurde Gideon und
seiner Familie zum Verhängnis.

Gideons Tod

28 So wurden die Midianiter gezwun-
gen, sich vor Israel zu beugen. Sie
wagten nicht mehr, den Kopf hoch zu
tragen. So lange Gideon lebte, hatte
das Land Ruhe vor seinen Feinden,
40 Jahre lang. 29 Und Gideon Jerub-
Baal Ben-Joasch kehrte nach Hause
zurück. 30 Von seinen vielen Frauen
hatte er 70 Söhne. 31 Eine seiner
Nebenfrauen wohnte in Sichem. Sie
bekam einen Sohn von ihm, den er
Abimelech, »mein Vater ist König«,
nannte. 32 Gideon starb in hohem
Alter und wurde in der Grabstätte sei-
nes Vaters Joasch in Ofra, der Stadt
der Abiëser-Sippe, beigesetzt.

33 Bald nach Gideons Tod fingen
die Israeliten wieder an, es mit den
Baalen zu treiben, und machten sich
den Baal-Berit zum Gott. 34 Sie
vergaßen Jahwe, ihren Gott, der sie
aus der Gewalt aller ihrer Feinde
ringsum gerettet hatte. 35 Auch der
Familie von Gideon, der auch Jerub-
Baal genannt wurde, erwiesen sie
keinen Dank für all das Gute, was er
an Israel getan hatte. Das kam so:

Abimelech wird König

9 1 Abimelech, der Sohn von Jerub-
Baal* ging nach Sichem zu den
Brüdern seiner Mutter und zu ihren
anderen Verwandten und bat sie:
2 »Fragt doch die Bürger von Sichem,
ob es ihnen lieber ist, von 70 Männern
regiert zu werden, von allen Söhnen
Jerub-Baals oder nur von einem. Und
erinnert sie daran, dass ich ja euer
Fleisch und Blut bin.« 3 Als die Brü-
der seiner Mutter vor den Bürgern Si-
chems auf diese Weise für Abimelech
eintraten, ließen diese sich für ihn ge-
winnen, denn sie sagten sich: »Er ist
ja einer von uns!« 4 Sie gaben ihm 70
Silberstücke* aus dem Tempel des
Baal-Berit. Mit diesem Geld heuerte
Abimelech eine Bande gewissenloser
Männer an, die ihm folgten. 5 Er zog
mit ihnen nach Ofra, wo die Familie
seines Vaters lebte, und brachte seine
Brüder um. Alle 70 Söhne Jerub-Baals
ließ er auf ein und demselben Fels-
block öffentlich hinrichten. Nur
Jerub-Baals jüngster Sohn Jotam kam
mit dem Leben davon, weil er sich ver-
steckt hatte. 6 Danach versammelten

8,26 *20 Kilogramm.* Wörtlich: 1700 Schekel. Nach archäologischen Funden kann das Durchschnittsgewicht eines Schekels mit 11,5 Gramm angenommen werden.

8,27 *Efod.* Es handelt sich offenbar um eine Nachbildung des hohenpriesterlichen Efods (2. Mose 39), das als Symbol für Jahwe verehrt wurde.

9,1 *Jerub-Baal.* Zweiter Name Gideons.

9,4 Das waren noch keine Münzen, sondern *Silberstücke* mit festen Gewichtseinheiten.

sich alle Bürger von Sichem und die Besatzung der Festung bei der Terebinthe am Steinpfeiler von Sichem. Dort machten sie Abimelech zu ihrem König.

Jotams Fabel

7 Als Jotam davon erfuhr, stieg er auf den Gipfel des Berges Garizim und rief zu den Bürgern von Sichem hinüber:*

»Hört auf mich, Bürger von
Sichem, / damit Gott auch auf
euch hört! 8 Einst machten sich
die Bäume auf / und wollten einen
König über sich. / Sie sagten zum
Olivenbaum: / ›Sei du der König
über uns!‹ 9 Da erklärte der
Olivenbaum: / ›Sollte ich mein
Fett aufgeben, / mit dem man
Götter und Menschen ehrt, / und
anfangen über euch zu thronen?‹
10 Da sagten die Bäume zum
Feigenbaum: / ›Komm, sei du der
König über uns!‹ 11 Doch der
Feigenbaum meinte: / ›Soll mir
denn die Süße stocken / und
meine gute Frucht, / nur, damit
ich über euch schwebe?‹ 12 Dann
wurde der Weinstock gefragt: /
›Willst du nicht unser König sein?‹
13 Doch der Weinstock erklärte: /
›Soll ich meinen Wein aufgeben, /
der Götter und Menschen
erfreut, / und anfangen, über euch
zu schweben?‹ 14 Nun fragten die
Bäume den Wegdorn: / ›Komm,
sei du der König über uns!‹ 15 Der
Wegdorn sagte zu den Bäumen: /
›Wollt ihr wirklich mich als König
über euch? / Nun denn, sucht
unter meinem Schatten Schutz. /
Sonst geht Feuer aus von mir /
und frisst die Zedern Libanons.‹

16 »Hört zu!«, fuhr Jotam fort, »War
es wirklich recht von euch, Abimelech
zu eurem König zu machen? Habt ihr
vergessen, was ihr Jerub-Baal und
seiner Familie verdankt? 17 Mein
Vater hat für euch gekämpft und sein
Leben aufs Spiel gesetzt, um euch von
den Midianitern zu befreien. 18 Aber
ihr habt euch gegen seine Familie gestellt und seine Söhne erschlagen. 70
Mann habt ihr auf ein und demselben
Felsblock hingerichtet. Und dann
habt ihr diesen Abimelech, den Sohn
seiner Sklavin, zum König von Sichem gemacht, nur weil er euer Bruder ist. 19 Wenn das gut und richtig
war, was ihr mit Jerub-Baal und seiner Familie gemacht habt, dann sollt
ihr eure Freude an Abimelech haben
und er an euch! 20 Wenn es aber Unrecht war, dann möge Feuer von Abimelech ausgehen und die Bürger von
Sichem samt der Festungsbesatzung
fressen. Und von den Bürgern Sichems und der Besatzung der Festung soll Feuer ausgehen und Abimelech fressen.« 21 Dann machte
sich Jotam davon und brachte sich
vor seinem Bruder Abimelech nach
Beer* in Sicherheit.

9,7 *rief hinüber.* Er sprach vielleicht von einem Felsvorsprung auf der einen Seite des Garizim, der im Volksmund »Jotams Kanzel« genannt wird. Das Gebiet zwischen Garizim und Ebal bildet ein natürliches Amphitheater mit erstaunlichen akustischen Eigenschaften.

9,21 *Beer.* Das heißt *Brunnen*, wie viele Orte in Israel.

Abimelechs Ende

22 Als Abimelech drei Jahre über Is-
rael geherrscht hatte, 23 schickte Gott
einen bösen Geist zwischen ihn und
die Bürger von Sichem. Die Einwoh-
ner der Stadt lehnten sich gegen
Abimelech auf. 24 Er sollte nämlich
für das Verbrechen an seinen eigenen
Brüdern, den 70 Söhnen Jerub-Baals,
bestraft werden. Und auch die Ein-
wohner Sichems, die ihn dazu ermu-
tigt hatten, sollten jetzt dafür büßen.
25 Um den Hass auf Abimelech zu
schüren, legten sich die Bürger Si-
chems auf den Bergen rings um ihre
Stadt auf die Lauer. Sie raubten jeden
aus, der vorüberkam. Das wurde Ab-
imelech gemeldet.

26 Um diese Zeit ließ sich Gaal Ben-
Ebed mit seinen Brüdern in Sichem
nieder und gewann das Vertrauen
der Bürger. 27 Nach der Weinlese, als
sie neuen Wein gekeltert hatten, ver-
anstalteten sie ein Freudenfest im
Tempel ihres Gottes. Sie aßen und
tranken und verwünschten Abime-
lech. 28 »Wer ist schon Abimelech?«,
rief Gaal übermütig. »Und wer ist Si-
chem, dass sie dem Sohn des Jerub-
Baal dienen sollte? Sollen wir etwa
diesem Sebul gehorchen, den er uns
als Aufpasser vor die Nase gesetzt
hat? Dienen wir lieber den Nachkom-
men von Hamor, dem Gründer der
Stadt! Wozu sollten wir Abimelech
folgen? 29 Wenn ich hier das Sagen
hätte, würde ich Abimelech schon
beseitigen. Ich würde ihm sagen: ›Ruf
deine Truppe zusammen und stell
dich zum Kampf!‹«

30 Als der Stadthauptmann Sebul
hörte, was Gaal gesagt hatte, wurde er
zornig 31 und schickte heimlich Boten
zu Abimelech. Die sollten ihm aus-
richten: »Gaal Ben-Ebed ist mit sei-
nen Brüdern nach Sichem gekommen
und wiegelt die Stadt gegen dich auf.
32 Bring deshalb im Schutz der Nacht
deine Truppen her und haltet euch in
der Nähe der Stadt versteckt. 33 Bei
Sonnenaufgang greifst du die Stadt
an. Wenn Gaal dir dann mit seinen
Leuten entgegenzieht, kannst du mit
ihm abrechnen.«

34 Abimelech brach sofort auf und
zog in der Nacht mit seinen Truppen
herbei. Er teilte sie in vier Gruppen
ein, die sich um Sichem herum ver-
steckten. 35 Als Gaal am Morgen aus
dem Stadttor trat, brachen Abimelech
und seine Männer aus ihren Verstek-
ken hervor. 36 Gaal entdeckte sie und
sagte zu Sebul: »Siehst du das? Da
steigen doch Truppen von den Bergen
herab!« – »Du hältst den Schatten der
Berge für Männer«, entgegnete ihm
dieser. 37 Doch Gaal beharrte darauf:
»Schau doch nur, da kommen Krieger
vom Nabel des Landes* herab! Und
dort kommt eine Abteilung auf dem
Weg vom Orakelbaum her!« 38 Da
sagte Sebul zu ihm: »Wo ist nun dein
Großmaul geblieben, das so sicher
verkündet hat: ›Wer ist schon Abime-
lech, dass wir ihm dienen sollten!‹?
Ja, dort kommen die Leute, die du ver-
spottet hast. Zieh nur los und kämpfe
mit ihnen!« 39 Da rückte Gaal an der
Spitze der Bürger von Sichem aus und
kämpfte gegen Abimelech. 40 Doch

9,37 *Nabel des Landes.* Der runde Gipfel des Garizim, galt als zentraler Berg des kanaanitischen Berglandes.

der trieb sie in die Stadt zurück, so-
dass der Weg bis ans Tor mit Leichen
übersät war. 41 Abimelech kehrte mit
seinen Truppen nach Aruma* zurück.
Sebul aber vertrieb Gaal und seine
Brüder aus Sichem.

42 Am nächsten Morgen gingen die
Leute von Sichem wieder auf ihre Fel-
der hinaus. Abimelech hörte davon.
43 Er teilte seine Truppen in drei Ab-
teilungen und legte sich auf dem
freien Feld in einen Hinterhalt. Als er
die Leute wieder aus der Stadt heraus-
kommen sah, brach er hervor und
schlug sie nieder. 44 Mit einer Abtei-
lung stürmte er vor und besetzte das
Stadttor. Die anderen beiden Abtei-
lungen trieben die Leute auf den Fel-
dern zusammen und erschlugen sie.
45 Den ganzen Tag lang kämpfte
Abimelech gegen die Stadt. Als er sie
erobert hatte, ließ er alle Bewohner
töten. Dann zerstörte er die Stadt und
streute Salz* auf die Trümmer. 46 Als
die Bewohner der Burg hörten, wie
Abimelech in die Stadt einbrach, hat-
ten sie sich in das Kellergewölbe unter
dem Tempel des Baal-Berit geflüchtet.
47 Sobald Abimelech das gemeldet
wurde, 48 ging er mit den Leuten, die
er bei sich hatte, zum Berg Zalmon*,
hieb mit der Axt einen Ast vom Baum
und nahm ihn auf die Schulter.
»Macht es mir nach!«, rief er. »Aber
schnell!« 49 Jeder seiner Leute hackte
seinen Ast ab und schleppte ihn hinter
Abimelech her. Sie schichteten alles
Holz über dem Kellergewölbe auf und
steckten es in Brand. So starben alle
Bewohner der Tempelburg, etwa tau-
send Männer und Frauen.

50 Anschließend zog Abimelech gegen
Tebez*. Er belagerte die Stadt und
nahm sie ein. 51 Mitten in der Stadt
lag jedoch eine stark befestigte Burg.
Alle Bewohner, Männer wie Frauen,
waren dort hinein geflüchtet. Sie hat-
ten die Tore geschlossen und waren
auf das flache Dach gestiegen. 52 Abi-
melech versuchte, die Burg zu er-
obern. Als er sich dem Tor näherte, um
es in Brand zu stecken, 53 warf eine
Frau den Drehstein einer Handmühle
auf seinen Kopf und zerschmetterte
ihm den Schädel. 54 Schnell rief er sei-
nen jungen Waffenträger herbei und
sagte: »Zieh dein Schwert und töte
mich! Sonst wird es heißen: ›Eine
Frau hat ihn umgebracht.‹« Sein Waf-
fenträger gehorchte und erstach ihn.
55 Als die Israeliten sahen, dass Abi-
melech tot war, kehrte jeder wieder
nach Hause zurück. 56 So ließ Gott
das Verbrechen von Abimelech, das er
an seinem Vater begangen hatte, als er
seine 70 Brüder umbrachte, auf ihn
selbst zurückfallen. 57 Auch auf die
Bewohner von Sichem ließ Gott
ihre Bosheit zurückfallen, und der
Fluch, den Jotam Ben-Jerub-Baal
über sie ausgesprochen hatte, ging in
Erfüllung.

9,41 *Aruma.* Wird mit Kirbet el-Urma, zwischen Sichem und Schilo identifiziert, etwa 9 km von Sichem entfernt.

9,45 *streute Salz.* Er tat das offenbar, um sie zu bleibender Unfruchtbarkeit zu verdammen, siehe 5. Mose 29,22; Jeremia 17,6.

9,48 *Zalmon.* Offenbar ein bewaldeter Hügel in der Nähe der Stadt. Hebr. *Zalmon = Beschatter*.

9,50 *Tebez.* Heute: Tubas, 15 km nordöstlich von Nablus (Sichem).

Die Richter Tola und Jaïr

10 1 Nach Abimelech stand Tola
Ben-Pua auf, um Israel zu
helfen. Er stammte aus Issachar und
wohnte in Schamir*, im Gebirge Efra-
ïm. Sein Großvater hieß Dodo. 2 23
Jahre lang war er der Richter Israels.
Dann starb er und wurde in Schamir
begraben.
3 Nach ihm stand Jaïr aus Gilead,
dem Ostjordanland, auf. Er war 22
Jahre Richter in Israel 4 und hatte
dreißig Söhne, die auf dreißig Eseln
ritten und dreißig Ortschaften be-
saßen. Man nennt sie bis heute die
»Zeltdörfer Jaïrs«. Sie liegen in Gile-
ad, dem Ostjordanland. 5 Als Jaïr
starb, wurde er in Kamon* begraben.

Von den Ammonitern unterdrückt

6 Und wieder taten die Israeliten,
was Jahwe als böse ansah. Sie dien-
ten den Baalen, den Astarten, den
Göttern der Syrer und Sidonier, den
Göttern der Moabiter, Ammoniter
und Philister. Sie kehrten Jahwe den
Rücken und wollten nichts mehr von
ihm wissen. 7 Da flammte Jahwes
Zorn gegen Israel auf. Er gab sie in
die Gewalt der Philister und der Am-
moniter. 8 Noch im selben Jahr er-
oberten die Ammoniter das Gebiet in
Gilead, in dem sie früher gelebt hat-
ten, und unterdrückten die Israeliten
dort grausam. 9 Die Ammoniter
überschritten sogar den Jordan und
griffen die Stämme Juda, Benjamin
und Efraïm an. So gerieten die Israe-
liten in große Bedrängnis. 10 Da
schrien sie zu Jahwe um Hilfe. »Wir
haben gegen dich gesündigt!«, riefen
sie. »Dich, unseren Gott, haben wir
verlassen und den Baalen gedient!«
11 Jahwe antwortete: »Habe ich euch
nicht von den Ägyptern befreit, den
Amoritern, Ammonitern und Phili-
stern? 12 Habe ich euch nicht geret-
tet, als ihr wegen der Sidonier zu mir
geschrien habt, und als die Amaleki-
ter und Maoniter* euch quälten?
13 Doch ihr habt mich verlassen und
anderen Göttern gedient. Darum
werde ich euch jetzt nicht mehr hel-
fen. 14 Geht und schreit doch zu den
Göttern, die ihr euch ausgesucht
habt! Sollen sie euch doch retten aus
eurer Not!« 15 Da sagten die Israeli-
ten zu Jahwe: »Wir haben gesündigt.
Bestrafe uns, wenn du willst, aber
rette uns diesmal noch!« 16 Darauf
entfernten sie die fremden Götterbil-
der aus ihrer Mitte und verehrten
Jahwe. Da konnte er das Elend Is-
raels nicht länger ertragen.

Jiftach wird Richter

17 Die Ammoniter hatten ihre Truppen
zusammengezogen und ihr Lager in
Gilead aufgeschlagen. Die Männer Is-
raels hatten ein Lager bei Mizpa* bezo-
gen. 18 Da sagten sich die führenden

10,1 *Schamir.* Der Ort lag wahrscheinlich an der Stelle des späteren Samaria.

10,5 *Kamon.* Vielleicht identisch mit Qamm, das 18 km südöstlich vom See Gennesaret liegt.

10,12 *Maoniter.* Das meint nach der LXX vielleicht die Midianiter.

10,17 *Mizpa.* D.h. *Wachtturm.* Verschiedene Orte trugen diesen Namen. Gemeint ist wahrscheinlich das, wo Jakob und Laban einst einen Steinhaufen errichteten (1. Mose 31,45-49).

Männer von Gilead*: »Wir brauchen einen Heerführer, der den Kampf gegen die Ammoniter aufnimmt.« Und sie beschlossen: »Diesen Mann werden wir zum Oberhaupt aller Bewohner Gileads machen.«

11 1 Nun gab es dort einen ausgezeichneten Krieger namens Jiftach. Allerdings war er der Sohn einer Prostituierten mit einem Mann namens Gilead. 2 Dieser Gilead hatte auch Söhne von seiner Ehefrau. Als diese herangewachsen waren, vertrieben sie Jiftach: »Du hast keinen Anteil an unserem Familienbesitz«, sagten sie, »denn du stammst von einer anderen Frau.« 3 So war Jiftach von seinen Brüdern weggegangen und lebte im Gebiet von Tob*. Er sammelte Männer um sich, die nichts mehr zu verlieren hatten, und durchstreifte mit ihnen das Land. 4 Einige Zeit später hatten die Ammoniter den Krieg mit Israel angefangen. 5 Da machten sich die führenden Männer von Gilead auf den Weg, um Jiftach aus dem Land Tob zurückzuholen. 6 »Komm, sei du unser Anführer gegen die Ammoniter!«, sagten sie zu ihm. 7 Doch Jiftach entgegnete: »Habt ihr mich nicht verachtet und aus dem Haus meines Vaters vertrieben? Und jetzt, wo ihr in Not seid, kommt ihr ausgerechnet zu mir?« 8 Doch die Ältesten von Gilead erwiderten: »Wir haben dich aufgesucht, damit du mit uns gegen die Ammoniter kämpfst. Du sollst unser Oberhaupt und Anführer aller Bewohner Gileads werden.« 9 »Ihr meint also, wenn Jahwe mir den Sieg über die Ammoniter schenkt, soll ich tatsächlich euer Oberhaupt werden?«, fragte Jiftach. 10 »Ja«, sagten die Ältesten, »wir schwören es vor Jahwe! So soll es geschehen!« 11 Da ging Jiftach mit den Ältesten von Gilead, und das Volk setzte ihn als Oberhaupt und Anführer ein. Und in Mizpa brachte Jiftach noch einmal alle seine Anliegen vor Jahwe.

Verhandlung mit dem König von Ammon

12 Dann schickte Jiftach Boten zum König der Ammoniter und ließ ihm sagen: »Warum führst du Krieg gegen mein Land? Was ist zwischen uns passiert?« 13 Der König ließ ihm antworten: »Weil Israel mir mein Land genommen hat, als es aus Ägypten kam, das ganze Gebiet zwischen den Flüssen Arnon* und Jabbok* und im Westen bis an den Jordan. Gebt mir das Land jetzt freiwillig zurück!« 14 Da schickte Jiftach noch einmal Boten an den ammonitischen König 15 und ließ ihm sagen: »So spricht Jiftach: Israel hat weder das Land Moab noch das der Ammoniter an sich genommen. 16 Es war vielmehr

---

10,18 *Männer von Gilead.* Das müssen Vertreter der Stämme Ruben, Gad und Ost-Manasse gewesen sein, die in diesem Gebiet lebten.

11,3 *Tob.* Gebiet um die Stadt Tob, nördlich vom Königreich Ammon und östlich vom Stammesgebiet Manasses.

11,13 *Arnon.* Fluss, etwa 44 km lang. Er mündet ins Tote Meer und bildete die Südgrenze Israels im Ostjordangebiet.

Jabbok. Fluss, mündet etwa 80 km nördlich vom Arnon in den Jordan.

so: Als Israel Ägypten verlassen hatte,
durchquerte es die Wüste bis zum
Schilfmeer und kam bis nach Ka-
desch*. 17 Von dort schickte Israel
Boten zum König von Edom und bat
ihn, durch sein Land ziehen zu dürfen.
Doch der erlaubte es nicht. Auch
zum König von Moab schickte Israel
Boten. Aber auch der wollte nicht. So
blieben die Israeliten in Kadesch.
18 Später umgingen sie das Land der
Edomiter* und Moabiter auf dem
Weg durch die Wüste und kamen
dann von Osten wieder an die Grenze
des Landes Moab, an den Arnon. Sie
drangen jedoch nicht ins Land ein,
sondern lagerten östlich vom Fluss.
19 Dann schickten sie Boten zum
Amoriterkönig Sihon nach Hesch-
bon* und baten ihn, durch sein Land
bis an ihren Bestimmungsort ziehen
zu dürfen. 20 Doch Sihon glaubte
nicht, dass Israel nur durch sein Land
ziehen wollte, und rief alle seine
Truppen nach Jahaz* zusammen und
kämpfte gegen Israel. 21 Aber Jahwe,
Israels Gott, gab Sihon und sein gan-
zes Heer in Israels Hand. So konnte
es das Land der Amoriter in Besitz
nehmen, denn die Amoriter wohnten
damals 22 in diesem Gebiet, das vom
Fluss Arnon bis an den Jabbok und
von der Wüste bis an den Jordan
reichte. 23 Jahwe, der Gott Israels, hat
die Amoriter vor seinem Volk vertrie-
ben, und da willst du uns wieder aus
diesem Land verdrängen? 24 Wenn
dein Gott Kemosch jemand vor dir
vertreibt, dann nimmst du doch auch
sein Land in Besitz. Und wenn unser
Gott Jahwe irgendjemand vor uns
vertreibt, machen wir es genauso.
Wir nehmen sein Land in Besitz.
25 Glaubst du wirklich, dass du besser
bist, als Balak Ben-Zippor, der König
von Moab*? Hat er es vielleicht ge-
wagt, einen Streit mit Israel anzufan-
gen oder gar einen Krieg? 26 Dreihun-
dert Jahre lang wohnte Israel in
Heschbon und Aroer* und den dazu-
gehörigen Ortschaften und in all den
Städten am Arnon. Warum habt ihr
uns diese in all den Jahren nicht weg-
genommen? 27 Ich habe dir kein Un-
recht getan, sondern du tust Unrecht,
wenn du ohne Ursache Krieg an-
fängst. Jahwe ist Richter! Er soll jetzt
zwischen Israel und Ammon entschei-
den.« 28 Doch der König von Ammon
hörte nicht auf die Botschaft Jiftachs.

Sieg über die Ammoniter

29 Da kam der Geist Jahwes über Jif-
tach. Er durchzog das ganze Gebiet
von Gilead und Manasse, um seine
Truppen zu sammeln, und kehrte
dann nach Mizpa zurück. Von dort
aus zog er in den Kampf gegen
die Ammoniter. 30 Dabei gelobte er
Jahwe: »Wenn du die Ammoniter
wirklich in meine Hand gibst, 31 und

11,16 *Kadesch.* Im Süden des Negev an der Grenze zum Königreich Edom, etwa 80 km südwestlich von Beerscheba.

11,18 Die *Edomiter* waren Nachkommen Esaus und bewohnten das Land östlich der Araba und südlich vom Toten Meer.

11,19 *Heschbon.* Die Stadt liegt 25 km östlich der Jordanmündung ins Tote Meer, 19 km südwestlich von Rabba (heute Amman).

11,20 *Jahaz.* Moabitische Stadt auf der Hochfläche des Ostjordanlandes, östlich vom Toten Meer.

11,25 *Balak ... Moab.* Siehe 4. Mose 22-24.

11,26 *Aroer.* Stadt am Nordufer des Arnon.

ich wohlbehalten zurückkehre, dann soll das, was mir als Erstes aus der Haustür entgegenkommt, dir, Jahwe, gehören. Ich will es dir als Opfer verbrennen.«
32 Dann zog Jiftach in den Kampf gegen die Ammoniter. Und Jahwe gab sie in seine Gewalt.
33 Er besiegte sie von Aroer an bis nach Minnit* und eroberte zwanzig Städte bis nach Abel-Keramim*. Das war eine vernichtende Niederlage für die Ammoniter, und sie mussten sich vor den Israeliten beugen.

34 Dann kehrte Jiftach nach Mizpa zurück. Als er sich seinem Haus näherte, lief seine Tochter tanzend und das Tamburin schlagend heraus, ihm entgegen. Es war seine einzige; er hatte sonst kein Kind.
35 Als er sie sah, zerriss er vor Schmerz sein Gewand* und rief: »Ach, meine Tochter, du brichst mir das Herz! Dass gerade du es sein musst, die mich ins Unglück stürzt! Ich habe Jahwe mein Wort gegeben, und ich kann nicht zurück!«
36 Doch sie sagte zu ihm: »Mein Vater, wenn du Jahwe etwas versprochen hast, dann tu an mir, was du gelobt hast! Jahwe hat dir ja auch den Sieg über deine Feinde, die Ammoniter, geschenkt.«
37 Dann fügte sie hinzu: »Nur eine Bitte habe ich: Gib mir noch zwei Monate Zeit. Ich möchte mit meinen Freundinnen in die Berge gehen und meine Jungfrauschaft betrauern.«
38 »Geh nur«, sagte ihr Vater, und gab ihr zwei Monate Zeit. So ging sie mit ihren Freundinnen in die Berge und weinte darüber, nie verheiratet gewesen zu sein.
39 Als die zwei Monate um waren, kehrte sie zu ihrem Vater zurück, und er erfüllte sein Gelübde an ihr. Sie hatte nie mit einem Mann geschlafen. Daraus entstand in Israel der Brauch,
40 dass die jungen Frauen jedes Jahr vier Tage lang zusammen weggehen und die Tochter Jiftachs von Gilead besingen.

Jiftach gegen den Stamm Efraïm

12 1 Die Männer des Stammes Efraïm sammelten sich*, zogen über den Jordan nach Norden und machten Jiftach schwere Vorwürfe: »Warum bist du ohne uns gegen die Ammoniter in den Krieg gezogen? Warum hast du uns nicht zu Hilfe gerufen? Wir werden dir das Haus über dem Kopf anzünden!«
2 Da sagte Jiftach: »Ich musste mit meinen Leuten einen schweren Kampf gegen die Ammoniter bestehen. Ich habe euch ja gerufen, aber ihr habt mir nicht geholfen.
3 Als mir klar wurde, dass ich nicht mit euch rechnen konnte, wagte ich mein Leben. Ich zog gegen die Ammoniter und habe sie mit Jahwes Hilfe besiegt. Warum kommt ihr jetzt und bedroht mich?«
4 Jiftach rief die Männer Gileads zusammen und kämpfte mit ihnen gegen den Stamm Efraïm. Sie waren erbittert, weil die Männer von Efraïm gesagt hatten: »Ihr seid ja nur Flüchtlinge aus Efraïm! Gilead liegt doch mitten

---

11,33 *Minnit.* Ammonitischer Ort an der Straße von Heschbon nach Rabba.

Abel-Keramim liegt 8 km südlich von Rabba.

11,35 *zerriss ... sein Gewand.* Trauerbrauch: man riss das Gewand vom Halssaum an auf und entblößte die Brust.

12,1 *sammelten sich.* Sie strebten wahrscheinlich nach der Vorherrschaft über die Stämme Israels.

zwischen Efraïm und Manasse!« Die
Gileaditer besiegten die Efraïmiten
5 und besetzten dann die Furten des
Jordan. Wenn nun ein efraïmitischer
Flüchtling bat: »Lasst mich hinüber!«,
dann fragten sie ihn: »Stammst du
aus Efraïm?« Wenn er das verneinte,
6 forderten sie ihn auf: »Sag doch
einmal Schibbolet, Wasserschwall!«
Sagte er dann »Sibbolet«, weil er es
nicht richtig aussprechen* konnte,
packten sie ihn und machten ihn an
Ort und Stelle nieder. Auf diese Weise
wurden damals 42.000 Männer aus
Efraïm an den Jordanübergängen
getötet.

7 Sechs Jahre lang war Jiftach Is-
raels Richter. Als er starb, wurde er in
einer der Städte Gileads begraben.

Die Richter Ibzan, Elon und Abdon

8 Nach ihm war Ibzan von Bethle-
hem* Richter von Israel. 9 Er hatte
dreißig Söhne und dreißig Töchter.
Alle Töchter verheiratete er nach
auswärts, und dreißig Töchter führte
er von auswärts seinen Söhnen zu.
Sieben Jahre lang war er der Richter
Israels, 10 dann starb er und wurde in
Bethlehem begraben. 11 Nach ihm
übernahm Elon aus dem Stamm
Sebulon das Richteramt. Er war zehn
Jahre Richter über Israel. 12 Als er
starb, wurde er in Ajalon, im Gebiet
Sebulons, begraben. 13 Sein Nach-
folger war Abdon Ben-Hillel aus Pi-
raton. 14 Er hatte 40 Söhne und 30
Enkel, die auf 70 Eseln ritten. Acht
Jahre war er Richter über Israel.
15 Als er starb, wurde er in Piraton,
im Gebiet Efraïms, am Amalekiter-
berg begraben.

Die Geburt Simsons

13 1 Wieder taten die Israeliten,
was vor Jahwe böse war. Da
gab er sie 40 Jahre lang in die Gewalt
der Philister. 2 Zu dieser Zeit lebte in
Zora ein Mann aus dem Stamm Dan.
Er hieß Manoach. Seine Frau konn-
te keine Kinder bekommen. 3 Eines
Tages erschien der Engel Jahwes der
Frau und sagte: »Du konntest bisher
keine Kinder bekommen, aber jetzt
wirst du schwanger werden und einen
Sohn zur Welt bringen. 4 Pass auf,
dass du während der Schwanger-
schaft weder Wein noch Bier trinkst
und auch nichts Unreines isst. 5 Denn
dein Sohn wird schon im Mutterleib
ein Nasiräer, ein Gott Geweihter, sein.
Niemals dürfen ihm die Haare ge-
schnitten werden. Er wird anfangen,
Israel aus der Gewalt der Philister zu
retten.« 6 Da lief die Frau zu ihrem
Mann und sagte: »Ein Gottesmann ist
zu mir gekommen. Er sah aus wie der
Engel Gottes selbst, und ich bekam
es mit der Angst zu tun. Ich wagte
nicht einmal, ihn zu fragen, woher er
kommt. Und er hat mir seinen Namen
auch nicht gesagt. 7 Aber er sagte zu
mir: ›Du wirst schwanger werden und
einen Sohn bekommen. Von jetzt an
darfst du weder Wein noch Bier trin-
ken und auch nichts Unreines essen,
denn dein Sohn wird von Mutterleib
an bis zum Tag seines Todes ein Nasi-
räer sein.‹«

8 Da betete Manoach zu Jahwe und
sagte: »Herr, schick deinen Boten

12,6 *aussprechen.* Im Dialekt Efraïms wurde »s« statt »sch« gesprochen.

12,8 *Bethlehem.* Stadt im Gebiet des Stammes Juda, 8 km südlich von Jerusalem.

doch bitte noch einmal zu uns, damit
er uns genau sagt, was wir mit dem
Jungen tun sollen, den wir bekommen
werden.« 9 Gott hörte auf Manoach,
und der Engel Gottes kam noch ein-
mal zu der Frau, als sie gerade allein
auf dem Feld war. 10 Da lief sie schnell
zu ihrem Mann und sagte: »Eben ist
der Mann, der damals zu mir gekom-
men ist, wieder erschienen!« 11 Ma-
noach stand auf und folgte seiner
Frau. Als er zu dem Mann kam, fragte
er: »Bist du es, der neulich mit meiner
Frau gesprochen hat?« – »Ja, ich bin
es«, erwiderte er. 12 Da fragte Mano-
ach: »Wenn deine Ankündigung ein-
trifft, wie sollen wir es dann mit dem
Jungen halten? Was darf er tun und
was nicht?« 13 Der Engel Jahwes er-
widerte: »Deine Frau soll alles mei-
den, was ich ihr genannt habe. 14 Sie
darf nichts zu sich nehmen, was vom
Weinstock kommt. Sie soll weder
Wein noch Bier trinken und nichts
Unreines essen und soll alle meine
Anweisungen befolgen.« 15 »Bleib
doch noch ein wenig hier«, sagte Ma-
noach zum Engel Jahwes, »wir möch-
ten dir gern ein Ziegenböckchen zu-
bereiten.« 16 Doch der Engel Jahwes
erwiderte: »Auch wenn du mich
drängst, würde ich von deiner Speise
nichts essen. Doch wenn du willst,
kannst du es Jahwe als Brandopfer
bringen.« Manoach hatte nämlich
noch nicht erkannt, dass er es
mit dem Engel Jahwes zu tun hatte.
17 Deshalb fragte er: »Wie heißt du?
Wir wollen dich ehren, wenn deine
Ankündigung eintrifft.« 18 Doch der
Engel Jahwes erwiderte: »Was fragst
du mich nach meinem Namen? Er ist
zu wunderbar!« 19 Da nahm Mano-
ach das Ziegenböckchen und brachte
es ihm auf einem Felsblock zusammen
mit dem Brot als Opfer dar. Dann tat
Jahwe etwas Wunderbares, bei dem
Manoach und seine Frau zusehen
konnten. 20 Als nämlich die Flamme
vom Altar in den Himmel stieg, stieg
der Engel Jahwes in der Flamme mit
nach oben. Da warfen sich Manoach
und seine Frau erschrocken zu Boden.
21 Sie sahen ihn nie wieder, doch
Manoach begriff jetzt, dass es der
Engel Jahwes gewesen war. 22 Be-
stürzt sagte er zu seiner Frau: »Jetzt
müssen wir sterben! Wir haben ja
Gott gesehen!« 23 Aber seine Frau
entgegnete: »Wenn Jahwe uns hätte
töten wollen, dann hätte er nicht das
Brand- und Speisopfer von uns an-
genommen. Dann hätte er uns auch
nicht all das sehen und so eine An-
kündigung hören lassen.«

24 Die Frau brachte einen Sohn
zur Welt und nannte ihn Simson.
Der Junge wuchs heran, und Jahwe
segnete ihn. 25 Dann fing der Geist
Jahwes an, ihn umzutreiben. Das ge-
schah im Lager Dans, zwischen Zora
und Eschtaol.

Simsons Hochzeit

14 1 Als Simson einmal nach
Timna* hinunterging, sah er
dort eine junge Philisterin, die ihm gut
gefiel. 2 Er ging nach Hause und sagte
zu seinen Eltern: »Ich habe in Timna
eine junge Philisterin gesehen. Sorgt
dafür, dass ich sie heiraten kann!«
3 Seine Eltern erwiderten: »Gibt es

14,1 *Timna* liegt im Hügelland Judäas, etwa 35 km westlich von Jerusalem.

denn in unserem Stamm und in unse-
rem ganzen Volk kein Mädchen für
dich? Musst du unbedingt eine Phi-
listerin zur Frau nehmen, eine von
diesen Unbeschnittenen*?« Doch
Simson sagte zu seinem Vater: »Sorge
dafür, dass ich sie bekomme! Sie ge-
fällt mir!« 4 Seine Eltern konnten
nicht wissen, dass das von Jahwe so
geplant war, weil er einen Anlass
haben wollte, gegen die Philister vor-
zugehen, die damals über Israel
herrschten. 5 Simson machte sich also
mit seinem Vater und seiner Mutter
auf den Weg. In der Nähe der Wein-
berge von Timna – Simson war vom
Weg abgebogen – stand ihm plötzlich
ein junger Löwe brüllend gegenüber.
6 Da kam der Geist Jahwes über Sim-
son. Er packte den Löwen und zerriss
ihn mit bloßen Händen, als würde er
ein Ziegenböckchen zerlegen. Seinen
Eltern erzählte er aber nichts davon.
7 Als er nach Timna kam, sprach er
mit der Philisterin. Sie gefiel ihm gut.
8 Einige Zeit später ging er wieder
nach Timna, um die Hochzeit zu
feiern. Dabei bog er vom Weg ab, um
nach dem toten Löwen zu sehen. Da
fand er in dem vertrockneten Kadaver
einen Bienenschwarm und Honig.
9 Er löste den Honig heraus und
begann, im Weitergehen davon zu
essen. Dann ging er zu seinem Vater
und seiner Mutter und gab ihnen
ebenfalls davon. Er sagte ihnen aber
nicht, dass er den Honig aus dem
Kadaver des Löwen herausgeschält
hatte.

10 In Timna kümmerte sich sein
Vater um den Ehevertrag*, während
Simson ein Trinkgelage vorbereitete,
wie die jungen Leute das eben so
machten. 11 Sobald Simson angekom-
men war, stellten sie ihm dreißig junge
Männer* an die Seite. 12 Simson sagte
zu ihnen: »Ich will euch ein Rätsel auf-
geben. Wenn ihr es innerhalb der Fest-
woche lösen könnt, werde ich jedem
von euch ein Leinenhemd und ein
Festgewand geben. 13 Wenn ihr es
aber nicht herausbekommt, dann
müsst ihr mir dreißig Leinenhemden
und dreißig Festgewänder geben.« –
»Gut«, sagten sie, »lass uns dein Rät-
sel hören!« 14 Er sagte: »Vom Fresser
kam Fraß, vom Starken kam Süßes.«
Drei Tage lang grübelten sie über dem
Rätsel und konnten es nicht lösen.
15 Am siebten Tag bedrohten sie Sim-
sons Frau: »Bring deinen Mann dazu,
dir die Lösung zu verraten, und sag sie
uns, sonst werden wir dich mit der
ganzen Familie deiner Eltern verbren-
nen. Habt ihr uns denn eingeladen, um
uns arm zu machen?« 16 Simsons
Frau brach in Tränen aus, als sie bei
ihrem Mann war. »Verabscheust du
mich denn so?«, schluchzte sie. »Du
liebst mich ja gar nicht! Du hast

14,3 *Unbeschnittene.* Verächtlicher Ausdruck für Menschen, die nicht zum Bund Gottes gehörten. Siehe 1. Mose 17,9-14!

14,10 *Ehevertrag.* Es handelte sich wahrscheinlich um eine *sadiqa*-Ehe, bei der die Frau in ihrer eigenen Familie blieb und von ihrem Ehemann nur von Zeit zu Zeit besucht wurde (Richter 15,1). Die Kinder gehörten dann zur Familie der Mutter. Ähnlich war es wohl bei der Nebenfrau Gideons, die in Sichem wohnte (Richter 8,31).

14,11 *junge Männer.* Die Gefährten des Bräutigams, früher vielleicht eine Art symbolische Leibwache; hier scheint sie eher die Anwesenden vor dem Bräutigam geschützt zu haben.

meinen Landsleuten ein Rätsel aufge-
geben und verschweigst mir die Lö-
sung.« – »Ich habe sie nicht einmal
meinem Vater und meiner Mutter ge-
sagt«, erwiderte er, »warum sollte ich
sie dann bei dir ausplaudern?« 17 Sie
hatte die ganze Festwoche geweint,
wenn sie bei ihm war. Am siebten Tag
schließlich verriet er ihr die Lösung,
weil sie ihm so zusetzte. Und sie gab
diese ihren Landsleuten weiter.
18 Noch vor dem Sonnenuntergang
sagten die Männer der Stadt zu Sim-
son: »Was ist süßer als Honig und
stärker als ein Löwe?« Simson er-
widerte: »Hättet ihr nicht mein Kälb-
chen genommen, wärt ihr nie auf die
Lösung gekommen!« 19 Da kam der
Geist des Herrn über Simson. Er ging
nach Aschkelon* hinunter, erschlug
dort dreißig Männer, zog ihnen ihre
Gewänder aus und brachte sie den jun-
gen Männern, die sein Rätsel gelöst
hatten. Dann kehrte er voller Zorn in
das Haus seiner Eltern zurück. 20 Sim-
sons Frau aber wurde mit dem Braut-
führer, einem der dreißig Männer, ver-
heiratet.

Simsons Rache

15 1 Zur Zeit der Weizenernte
wollte Simson seine Frau be-
suchen. Er brachte ihr ein Ziegen-
böckchen mit und sagte zu ihrem
Vater: »Lass mich zu meiner Frau in
die Kammer!« Doch ihr Vater ließ
ihn nicht hinein. 2 »Das geht nicht!«,
sagte er. »Ich habe sie deinem Braut-
führer gegeben, weil ich dachte, du
wolltest nichts mehr mit ihr zu tun
haben. Aber sieh doch! Ihre jüngere
Schwester ist noch viel schöner als
sie. Du kannst sie an ihrer Stelle
haben.« 3 »Das werde ich euch Phili-
stern heimzahlen«, rief Simson,
»und ihr seid selbst daran schuld!«
4 Er zog los, fing 300 Füchse, band
sie paarweise an den Schwänzen zu-
sammen und steckte eine Fackel in
den Knoten. 5 Dann zündete er die
Fackeln an und ließ die Füchse in das
stehende Getreide der Philister lau-
fen. So gingen die Garbenhaufen und
das reife Getreide auf den Feldern in
Flammen auf, ja selbst Weinberge
und Olivenhaine.

6 »Wer hat das getan?«, fragten die
Philister. Und bald kam es heraus: »Es
war Simson, der Schwiegersohn des
Timniters. Das ist die Rache dafür, dass
der ihm seine Frau weggenommen und
sie dem Brautführer gegeben hat.« Da
zogen die Philister nach Timna und ver-
brannten die Frau und ihren Vater.
7 »Wenn ihr das so macht«, rief Simson
da, »werde ich erst aufhören, wenn
ich mich an euch gerächt habe!« 8 Er
schlug sie gründlich zusammen, bis sie
alle am Boden lagen, und zog sich dann
in die Felsspalte bei Etam* zurück.

9 Da fielen die Philister in Juda
ein und schlugen in der Gegend von
Lehi* ihr Lager auf. 10 »Warum seid
ihr gegen uns heraufgezogen?«, frag-
ten die Männer von Juda. Sie erwider-
ten: »Wir wollen Simson gefangen
nehmen. Wir haben eine Rechnung

14,19 *Aschkelon.* Die Philisterstadt an der Küste war etwa 35 km entfernt.

15,8 *Etam.* Vermutlich die Felshöhle über dem Wadi Ismain, 4 km südöstlich von Zora.

15,9 *Lehi.* Hebr. *Kieferknochen*, vermutlich in der Nähe von Etam.

mit ihm zu begleichen.« 11 Da zogen 3000 Judäer zur Felsspalte Etam und sagten zu Simson: »Weißt du denn nicht, dass die Philister über uns herrschen? Warum hast du uns in solche Gefahr gebracht?« – »Ich habe ihnen nur heimgezahlt, was sie mir angetan haben«, erwiderte Simson. 12 Da sagten die Männer Judas: »Wir sind hergekommen, um dich zu fesseln und den Philistern auszuliefern.« – »Schwört mir«, erwiderte Simson, »dass ihr mir aber nichts weiter antut!« 13 »Nein, wir wollen dich nur fesseln und ausliefern«, sagten sie, »töten wollen wir dich nicht!« So ließ er sich von ihnen fesseln und aus der Felsspalte herausführen. 14 Als er nach Lehi kam, liefen ihm die Philister mit großem Geschrei entgegen. Da kam der Geist Jahwes über ihn. Er zerriss die Stricke an seinen Armen, als wären es von Feuer versengte Flachsfäden. Die Fesseln fielen von seinen Händen. 15 Dann fand er einen frischen Eselskinnbacken. Er hob ihn auf und erschlug tausend Mann damit. 16 »Mit einem Eselsknochen habe ich sie verprügelt«, sagte Simson, »mit dem Kinnbacken eines Esels habe ich tausend Mann erschlagen.« 17 Danach warf er den Knochen weg. Seitdem heißt der Ort Ramat-Lehi, Kinnbackenhöhe. 18 Aber Simson war am Verdursten und rief Jahwe an: »Du hast mir, deinem Diener, diesen großen Sieg geschenkt. Lass mich jetzt nicht vor Durst sterben und in die Hand dieser Unbeschnittenen fallen!« 19 Da ließ Gott in einer Bodensenke bei Lehi einen Spalt entstehen, aus dem Wasser herausquoll. Simson trank davon, und seine Lebensgeister kehrten zurück; er lebte wieder auf. Die Quelle ist noch heute bei Lehi zu finden. Man nennt sie En-Hakore, Ruferquelle. 20 Als die Philister das Land beherrschten, war Simson für 20 Jahre Richter in Israel.

Simson und Delila

16 1 Einmal kam Simson nach Gaza. Dort sah er eine Prostituierte und ging zu ihr ins Haus. 2 Bald erfuhr die ganze Stadt, dass Simson in Gaza sei. Da suchten die Philister nach ihm und legten sich die Nacht über am Stadttor auf die Lauer. Sie beschlossen: »Solange es dunkel ist, unternehmen wir nichts. Morgen früh bringen wir ihn um.« 3 Simson aber stand schon um Mitternacht auf, ging zum Stadttor, packte die beiden Torflügel und riss sie samt Pfosten und Riegel heraus. Dann nahm er sie auf seine Schultern und trug sie auf den Gipfel des Hügels, der in Richtung Hebron liegt.

4 Einige Zeit später verliebte er sich in eine Frau aus dem Tal Sorek*. Sie hieß Delila. 5 Da gingen die Fürsten der Philister zu ihr und sagten: »Du kannst ihn verführen! Sieh zu, dass du herausbekommst, woher seine große Kraft kommt und was wir tun müssen, um ihn in unsere Gewalt zu bringen. Du bekommst dafür von jedem von uns 1100 Silberstücke*.«

6 Delila fragte Simson: »Willst du mir nicht anvertrauen, warum du so

---

16,4 *Sorek.* Heute: Wadi es-Sarar, das ist der Oberlauf des Flusses Nahr Rubin, der in der Nähe Jerusalems entspringt, durch das judäische Hügelland fließt und 13 km südlich von Jaffa ins Mittelmeer mündet.

stark bist? Gibt es Fesseln, die du
nicht zerreißen kannst?« *7* »Wenn
man mich mit sieben frischen Bogen-
sehnen fesseln würde, die noch nicht
ausgetrocknet sind«, erwiderte Sim-
son, »werde ich schwach wie ein an-
derer Mensch sein.« *8* Die Fürsten der
Philister besorgten ihr sieben solcher
Sehnen. Und Delila fesselte Simson
damit, *9* während einige Männer bei
ihr in der Kammer lauerten. Doch als
sie dann rief: »Simson, die Philister!«,
zerriss er die Sehnen wie Flachsfäden,
wenn sie Feuer riechen. Er hatte ihr
nicht preisgegeben, woher seine Kraft
kam. *10* Da warf Delila ihm vor: »Du
hast mich zum Narren gehalten und
mir Lügen erzählt! Nun verrate mir
doch, womit man dich fesseln kann!«
11 »Wenn man mich ganz fest mit
neuen Stricken binden würde, die
noch nie benutzt worden sind«, sagte
Simson, »würde ich schwach werden
wie andere Menschen auch.« *12* Da
nahm Delila neue Stricke und fesselte
Simson damit. Wieder lagen einige
Männer bei ihr auf der Lauer. Doch als
sie rief: »Simson, die Philister!«, riss
er die Stricke wie Flachsfäden von
seinen Armen. *13* Da sagte Delila:
»Immer hältst du mich zum Narren
und erzählst mir Lügen! Nun verrate
mir doch endlich, womit man dich
fesseln kann!« – »Du musst meine
sieben Haarflechten im Webstuhl ein-
weben«, erwiderte Simson. *14* Sie tat
das, als er schlief, und klopfte sie mit
dem Weberblatt fest ins Gewebe.
Dann rief sie wieder: »Simson, die
Philister!« Da fuhr er hoch und riss
das ganze Gewebe samt Weberbaum
heraus. *15* »Wie kannst du nur be-
haupten, dass du mich liebst!«, warf
Delila ihm vor. »Du vertraust mir ja
nicht einmal! Dreimal hast du mich
jetzt schon getäuscht und mir nicht
verraten, woher deine große Kraft
kommt.« *16* Tag für Tag redete sie auf
ihn ein und quälte ihn so sehr, dass
ihm das ganze Leben verleidet war.
17 Da öffnete er ihr sein Herz und
sagte: »Noch nie sind mir die Haare
geschnitten worden. Ich bin nämlich
von Geburt an ein Nasiräer Gottes.
Würde man mir die Haare abschnei-
den, würde ich meine Kraft verlieren
und schwach werden wie andere Men-
schen auch.« *18* Delila merkte, dass er
ihr jetzt alles offenbart hatte. Sie
schickte jemand zu den Philisterfürs-
ten und ließ ihnen ausrichten: »Dies-
mal müsst ihr selbst herkommen,
denn er hat mir alles anvertraut!« Da
kamen sie und brachten das verspro-
chene Silber mit. *19* Delila ließ Simson
auf ihren Knien einschlafen. Dann
winkte sie einen von den Männern
herbei und ließ die sieben Haarflech-
ten Simsons abschneiden. So fingen
sie an, ihn zu bezwingen, und Simson
verlor seine Kraft. *20* Delila rief: »Sim-
son, die Philister!« Simson fuhr aus
dem Schlaf hoch und dachte: »Ich
werde auch diesmal davonkommen
wie bisher und mich frei schütteln.«
Er wusste aber nicht, dass Jahwe
nicht mehr mit ihm war. *21* Da

16,5 *1100 Silberstücke.* Eine ungeheure Summe. Schon mit 70 Silberstücken konnte Abimelech eine Bande Männer anheuern (Richter 9,4), und der Levit, den Micha anstellte (Richter 17,10), erhielt ganze zehn Silberstücke im Jahr (dazu Nahrung und Kleidung).

packten ihn die Philister, stachen ihm
die Augen aus und brachten ihn nach
Gaza ins Gefängnis. Dort legten sie
ihm Doppelfesseln aus Bronze an und
zwangen ihn, die Mühle zu drehen.
22 Aber sein Haar begann langsam
wieder zu wachsen.

Simsons Tod

23 Nach einiger Zeit kamen die Fürsten der Philister zu einem großen Freudenfest zusammen. Sie wollten ihrem Gott Dagon* ein großes Opfer schlachten. Dabei sangen sie:

»Unserm Gott sei es gedankt, /
Simson ist in unsrer Hand!«

24 Als das Volk Simson sah, rühmten sie ihren Gott und sangen:

»Unserm Gott sei es gedankt, /
Simson ist in unsrer Hand! /
Er verheerte unser Land, /
streckte viele in den Sand.«

25 Und als sie richtig in Stimmung
waren, grölten sie: »Ruft Simson her!
Er soll uns vortanzen!« Man brachte
Simson herbei und stellte ihn zwischen die Säulen*. Und sie hatten
ihren Spaß mit ihm. 26 Simson bat
den Jungen, der ihn führte: »Lass
meine Hand kurz los. Ich möchte
die Säulen betasten, die das Haus tragen, und mich ein wenig anlehnen.«
27 Das Gebäude war voller Menschen,
die zusahen, wie Simson verspottet
wurde. Allein auf dem Flachdach
saßen 3000 Männer und Frauen.
Auch alle Fürsten der Philister waren
da. 28 Simson betete: »Herr, Jahwe,
denk doch an mich und gib mir nur
noch einmal meine alte Kraft! Ich will
mich an den Philistern rächen – nur
eine Rache für meine beiden Augen!«
29 Dann tastete Simson nach den beiden Mittelsäulen, auf denen das Dach
ruhte, und stemmte sich gegen die
eine mit der rechten und gegen die andere mit der linken Hand. 30 »Sollen
die Philister mit mir sterben!«, rief er
und riss die Säulen mit aller Kraft um.
Da stürzte das ganze Haus über den
Philistern und ihren Fürsten zusammen. Dabei starben mehr Menschen,
als Simson in seinem ganzen Leben
getötet hatte. 31 Simsons Brüder und
alle Männer im Haushalt seines Vaters
holten seinen Leichnam und begruben ihn zwischen Zora und Eschtaol
im Grab seines Vaters Manoach.

Michas Privatheiligtum

17 1 Im Gebirge Efraïm lebte ein
Mann namens Micha. 2 Eines
Tages sagte er zu seiner Mutter: »Die
1100 Silberstücke, die dir gestohlen
worden sind und wegen denen du vor
meinen Ohren den Fluch ausgesprochen hast, die habe ich genommen.
Das Silber ist bei mir.« – »O mein
Sohn!«, rief da die Mutter, »Jahwe
segne dich!« 3 Als Micha ihr die 1100
Silberstücke zurückgab, erklärte sie:
»Hiermit weihe ich das Geld Jahwe.
Es soll ein geschnitztes Gottesbild

16,23 *Dagon.* Semitischer Fruchtbarkeitsgott, der für das Getreidewachstum sorgen sollte.

16,25 *Säulen.* Man hat einen Philister-Tempel mit einem langgezogenen Innenraum ausgegraben, der zwei dicht beieinanderstehende hölzerne Hauptsäulen besaß, die das Dach stützten.

davon gemacht werden, mit Silber be-
legt! Damit kommt es auch dir zugu-
te.« 4 Sie nahm 200 Silberstücke von
dem Geld und ließ vom Goldschmied
ein Gottesbild* aus Holz schnitzen
und mit Silber belegen. Micha stellte
die Figur bei sich auf. 5 So kam Micha
zu einem eigenen Heiligtum. Er ließ
auch ein Efod und einige Terafim* an-
fertigen und setzte dann einen von
seinen Söhnen als Priester ein.

6 Damals gab es noch keinen König
in Israel. Jeder tat, was er für richtig
hielt.

7 Ein junger Levit* aus der Sippe
Juda wohnte zu dieser Zeit als Frem-
der im judäischen Bethlehem. 8 Er
verließ die Stadt, um sich an einem
anderen Ort niederzulassen. Auf sei-
nem Weg durch das Gebirge Efraïm
kam er an Michas Haus vorbei.
9 Micha sprach ihn an: »Wo kommst
du her?« Der antwortete: »Ich bin ein
Levit aus dem judäischen Bethlehem
und suche irgendwo ein Unterkom-
men.« 10 Da sagte Micha zu ihm:
»Bleib doch bei mir und sei mein geist-
licher Vater und mein Priester! Ich
gebe dir jährlich zehn Silberstücke,
dazu die Kleidung, die du brauchst
und den Lebensunterhalt.« 11 Der
Levit willigte ein und blieb. Micha be-
handelte ihn wie einen seiner Söhne.
12 Dann setzte er ihn feierlich als Prie-
ster ein und 13 dachte: »Jetzt bin ich
sicher, dass Jahwe mir Gutes tun wird,
denn ich habe ja einen Leviten zum
Priester.«

Die Kundschafter aus Dan

18 1 Damals gab es noch keinen
König in Israel. Der Stamm
Dan war gerade dabei, sich ein eige-
nes Wohngebiet zu suchen, denn bis
dahin war ihm noch kein Eigentum
innerhalb der Stämme Israels zuge-
fallen. 2 Deshalb wählten die Daniten
fünf Männer aus ihrer Mitte aus, die
das Land auskundschaften sollten. Es
waren tüchtige Leute aus Zora und
Eschtaol, die den Auftrag erhielten,
das Land zu erforschen. Sie kamen
ins Gebirge Efraïm zum Haus Michas
und übernachteten dort. 3 Dabei fiel
ihnen der Levit durch seinen Dialekt
auf. Sie gingen zu ihm und fragten:
»Wie bist du hierher gekommen?
Was machst du hier und was hast du
hier verloren?« 4 Der junge Mann er-
zählte ihnen seine Geschichte.
»Micha hat mich in Lohn und Brot
genommen, und so bin ich sein Prie-
ster geworden«, schloss er. 5 Da
baten sie ihn: »Frag doch Gott für
uns, ob unsere Reise Erfolg haben
wird.« 6 Der Priester sagte ihnen:
»Zieht in Frieden weiter! Jahwe ist
mit eurer Reise einverstanden.« 7 Die
fünf Männer zogen weiter und kamen
nach Lajisch*. Sie sahen, dass die
Menschen dort ruhig und sorglos wie
die Sidonier lebten. Es gab niemand,

17,4 *Gottesbild.* Es ist nicht sicher zu entscheiden, ob es sich in dieser Geschichte um ein oder zwei Götzenbilder handelt.

17,5 *Terafim.* Abbilder oder Figuren von Schutzgeistern bzw. Hausgötzen, die auch zu Orakelzwecken benutzt wurden.

17,7 *Levit.* Angehöriger des Stammes Levi, der während der Wüstenwanderung Israels von Gott zum Dienst am Heiligtum ausgewählt wurde.

18,7 *Lajisch.* Ort an einem der Quellflüsse des Jordan, später Dan. Siehe Josua 19, 47-48.

der sie im Land bedroht hätte. Die
Sidonier waren weit entfernt*, und
sie lebten ganz für sich. *8* Als die
Kundschafter nach Zora und Eschta-
ol zurückkehrten, fragten ihre Stam-
mesbrüder: »Was bringt ihr?« *9* Sie
erwiderten: »Auf, lasst uns über sie
herfallen! Wir haben das Land ge-
sehen, es ist wirklich sehr gut. Was
steht ihr noch herum? Los, machen
wir uns auf den Weg und nehmen das
Land in Besitz! *10* Ihr werdet ein sorg-
loses Volk vorfinden und ein geräumi-
ges Land, wo es alles gibt, was ihr
euch vorstellen könnt. Gott hat es in
eure Hand gegeben!«

Ein Stamm raubt ein Heiligtum

11 Mit 600 bewaffneten Männern
brachen die Daniten von Zora und
Eschtaol auf. *12* Ihr erstes Lager
schlugen sie bei Kirjat-Jearim* im
Gebiet des Stammes Juda auf. Des-
halb nennt man diesen Ort westlich
von Kirjat-Jearim bis heute Mahane-
Dan, Lager Dans. *13* Die Daniten
zogen von dort weiter ins Gebirge
Efraïm und kamen auch an Michas
Ansiedlung vorbei. *14* Da sagten die
fünf Kundschafter zu ihren Stammes-
brüdern: »Wisst ihr, dass es in diesen
Häusern ein Efod und Terafim gibt
und außerdem ein geschnitztes, mit
Silber überzogenes Gottesbild? Be-
denkt, was das für eine Gelegenheit
ist!« *15* Da bogen sie vom Weg ab und
die Kundschafter gingen zum Haus
des Leviten, das zum Besitz Michas
gehörte, und begrüßten ihn. *16* Aber
die 600 bewaffneten Daniten blieben
vor dem Tor stehen. *17* Als dann der
Levit zu ihnen herausgekommen
war und bei ihnen stand, gingen die
Kundschafter ins Haus und nahmen
das Gottesbild, das Efod und die Tera-
fim an sich. *18* Als der Priester sah,
dass sie in Michas Haus eindrangen,
sagte er zu ihnen: »Was macht ihr
da?« *19* »Sei still! Halt den Mund und
zieh mit uns!«, gaben sie zurück. »Du
sollst der geistliche Vater und Priester
für uns werden! Ist es denn besser für
dich, Hauspriester für eine Familie
oder der Priester für einen ganzen
Stamm und ein Geschlecht in Israel
zu sein?« *20* Das gefiel dem Priester
gut. Er nahm das Efod, die Terafim
und das Schnitzbild und schloss sich
den Daniten an. *21* Beim Weiter-
marsch ließen sie ihre Kinder, das
Vieh und ihren wertvollen Besitz an
die Spitze des Zuges bringen. *22* Sie
hatten sich schon ein Stück vom Haus
Michas entfernt, als sie von ihm und
den Männern eingeholt wurden, die
er aus der Nachbarschaft aufgetrie-
ben hatte. *23* Sie schrien den Daniten
hinterher. Die drehten sich um und
sagten zu Micha: »Warum machst du
ein solches Geschrei?« *24* »Ihr habt
mir meine Götter weggenommen«,
rief er, »und den Priester dazu! Ihr
habt mich ausgeraubt! Da fragt ihr
noch, was los ist!« *25* Aber die Dani-
ten entgegneten ihm: »Belästige uns
nicht mit deinem Geschrei! Sonst be-
kommst du es mit erbitterten Leuten
zu tun. Das würde dich und deine

18,7 *weit entfernt.* Von Phönizien waren die Bewohner von Lajisch durch den Gebirgszug des Libanon getrennt und von Syrien durch den Hermon und den Antilibanon.

18,12 *Kirjat-Jearim.* 11 km westlich von Jerusalem an der Grenze zu Benjamin.

Männer das Leben kosten.« 26 Dann setzten sie ihren Weg fort. Micha sah, dass er gegen ihre Übermacht nichts ausrichten konnte, und kehrte nach Hause zurück. 27 So nahmen die Daniten mit, was Micha sich hatte anfertigen lassen, und auch seinen Priester. Dann überfielen sie die Einwohner von Lajisch, die ruhig und sorglos dahinlebten. Sie erschlugen sie mit dem Schwert und brannten ihre Stadt nieder. 28 Niemand konnte den Leuten von Lajisch zu Hilfe kommen, denn Sidon war zu weit entfernt. Sie lebten ganz für sich. Die Stadt lag nämlich in der Ebene von Bet-Rechob*. Die Daniten bauten sie wieder auf, 29 nannten die Stadt aber nicht mehr Lajisch, sondern gaben ihr den Namen ihres Stammvaters Dan, der ein Sohn von Israel* gewesen war. 30 Dort stellten sie das geschnitzte Gottesbild auf und machten Jonathan, der von Moses Sohn Gerschom abstammte, zu ihrem Priester. Auch seine Söhne versahen den Priesterdienst für die Daniten, bis die Bewohner der ganzen Gegend in die Gefangenschaft geführt wurden. 31 Sie stellten sich also das Schnitzbild Michas auf und verehrten es so lange, wie auch das Heiligtum von Schilo* Bestand hatte.

Der Schwiegervater

19 1 Zu dieser Zeit, als es in Israel noch keinen König gab, lebte ganz im Norden des Gebirges Efraïm ein Levit, der sich eine Nebenfrau aus Bethlehem genommen hatte. 2 Doch diese wurde ihm untreu und ging fremd. Dann lief sie ihm weg und kehrte ins Haus ihres Vaters nach Bethlehem zurück. Vier Monate später 3 machte ihr Mann sich auf, um mit ihr zu sprechen und sie zurückzugewinnen. Er hatte hatte seinen Diener, einen jungen Mann, mitgenommen und zwei Esel. Die junge Frau brachte ihn zu ihrem Vater ins Haus. Als dieser ihn sah, kam er ihm freudig entgegen. 4 Sein Schwiegervater wollte ihn gar nicht wieder gehen lassen. So blieben sie drei Tage da, aßen, tranken und übernachteten bei ihm. 5 Am vierten Tag standen sie früh auf, um sich auf den Weg zu machen. Da sagte der Vater der jungen Frau zu seinem Schwiegersohn: »Iss doch noch eine Kleinigkeit und stärke dich für den Weg! Dann könnt ihr gehen.« 6 So setzten sich die beiden Männer hin und aßen und tranken. »Tu mir doch den Gefallen«, sagte der Schwiegervater dann, »und bleib noch eine Nacht. Lass es dir bei mir gut gehen!« 7 Doch der Levit erhob sich, um zu gehen. Sein Schwiegervater aber drängte ihn, dass er doch noch eine Nacht blieb. 8 Am fünften Tag stand der Levit wieder früh auf, um sich auf den Weg zu machen. Da sagte der Vater der jungen Frau: »Stärke dich doch erst noch und bleibt

---

18,28 *Bet-Rechob.* Zwischen dem Berg Hermon und dem Libanon-Gebirge

18,29 *Israel.* Das heißt von Jakob, der später Israel genannt wurde, vgl. 1. Mose 32,29.

18,31 *Schilo.* Heute: *Seilon*, 30 km nördlich von Jerusalem. Dort wurde die Stiftshütte aufgestellt und durch feste Bauwerke ergänzt. Diese wurden vermutlich nach der Schlacht bei Afek um 1050 v.Chr. zerstört (vgl. 1. Samuel 4,10).

hier, bis der Tag kühler wird!« So
aßen sie noch einmal miteinander.
9 Dann erhob sich der Levit, um sich
mit seiner Frau und seinem Diener auf
den Weg zu machen. Doch der Vater
der jungen Frau versuchte es noch
einmal: »Schau, es wird schon wieder
Abend. Übernachte doch noch ein-
mal. Bleib noch eine Nacht und lass es
dir wohl sein. Morgen früh könnt ihr
dann aufbrechen und nach Hause zu-
rückkehren.« 10 Aber der Levit wollte
nicht noch einmal übernachten. Er
stand auf und machte sich mit seiner
Nebenfrau und den beiden gesattelten
Eseln auf den Heimweg.

Nachtquartier gesucht

11 Als sie nach Jebus, dem heutigen
Jerusalem, kamen, war der Tag schon
fast zu Ende gegangen. Da sagte
der junge Mann zu seinem Herrn:
»Lass uns doch in die Jebusiterstadt
hier gehen und dort übernachten!«
12 Doch sein Herr erwiderte: »Nein,
wir kehren nicht bei Fremden ein, die
keine Israeliten sind. Lasst uns nach
Gibea* hinübergehen! 13 Wenn wir
uns beeilen, können wir Gibea oder
sogar Rama* erreichen und dort über-
nachten.« 14 So zogen sie weiter. Als
sie in die Nähe von Gibea gekommen
waren, das zu Benjamin gehört, ging
ihnen die Sonne unter. 15 Da bogen
sie vom Weg ab und betraten die
Stadt. Doch es gab niemand, der sie
zum Übernachten in sein Haus aufge-
nommen hätte. So ließen sie sich auf
dem Marktplatz nieder. 16 Es war
schon Abend, da kam ein alter Mann
von seiner Feldarbeit nach Hause.
Er stammte vom Gebirge Efraïm
und lebte als Fremder unter den
Benjaminiten im Ort. 17 Als er den
Wanderer im Freien rasten sah,
sprach er ihn an: »Wohin gehst du
und woher kommst du?« 18 »Wir
kommen aus dem judäischen Bethle-
hem und wollen an das andere Ende
des Gebirges Efraïm. Ich stamme von
dort und habe eine Reise nach Bethle-
hem in Juda unternommen und bin
jetzt auf dem Rückweg nach Hause.
Aber hier in Gibea will uns niemand
aufnehmen, 19 obwohl wir Stroh und
Futter für die Esel und Brot und Wein
für uns, deine Diener, mitgenommen
haben, für mich, die Frau und den jun-
gen Mann hier. Wir sind wirklich mit
allem versorgt.« 20 Da sagte der alte
Mann: »Schalom, seid mir willkom-
men! Lasst mich für euch sorgen und
übernachtet nicht hier auf dem
Platz!« 21 Er führte sie in sein Haus
und schüttete den Eseln Futter vor.
Dann wuschen sie ihre Füße und aßen
und tranken miteinander.

Das Verbrechen von Gibea

22 Während sie noch fröhlich bei-
sammen saßen, umstellten plötzlich
die Männer der Stadt das Haus. Es
war ein übles Gesindel. Sie trommel-
ten gegen die Tür und schrien nach
dem alten Mann, dem Hausherrn:
»Los, bring uns den Mann heraus, der
bei dir ist! Wir wollen es mit ihm
treiben!« 23 Da ging der alte Mann,
der Besitzer des Hauses, zu ihnen hi-
naus und sagte: »Nein, meine Brüder,

19,12 *Gibea,* 6 km nördlich von Jerusalem; war später Heimat und Regierungssitz von König Saul.

19,13 *Rama* war noch 3 km weiter entfernt.

so etwas Schändliches dürft ihr nicht
tun! Der Mann ist doch mein Gast!
24 Eher gebe ich euch meine unbe-
rührte Tochter heraus, und dazu die
Nebenfrau des Fremden, damit ihr
sie vergewaltigen könnt. Macht mit
ihnen, was ihr wollt! Aber diesem
Mann dürft ihr nicht so etwas Schänd-
liches antun!« 25 Doch die Männer
wollten nicht auf ihn hören. Da packte
der Mann seine Nebenfrau und brach-
te sie zu ihnen hinaus. Sie fielen über
sie her und vergewaltigten sie die
ganze Nacht. Erst als der Tag an-
brach, ließen sie von ihr ab. 26 Die
Frau schleppte sich noch bis zum Ein-
gang des Hauses, in dem ihr Mann
war, und brach dort zusammen. So lag
sie, bis es hell wurde. 27 Als der Mann
am Morgen aus der Tür trat, um
weiterzuziehen, sah er die Frau, seine
Nebenfrau. Sie lag am Eingang des
Hauses, die ausgestreckten Hände auf
der Schwelle. 28 »Steh auf«, sagte er
zu ihr, »wir müssen weiter!« Aber er
bekam keine Antwort. Da lud er sie
auf den Esel und reiste nach Hause.
29 Dort angekommen, nahm er ein
Messer, zerteilte den Leichnam seiner
Frau in zwölf Stücke und schickte
diese im ganzen Gebiet Israels herum.
30 Jeder, der so ein Stück sah, sagte:
»Solch ein Verbrechen hat es in Israel
noch nie gegeben, seit unsere Vorfah-
ren aus Ägypten hierher gekommen
sind. Bedenkt das und überlegt genau,
was ihr jetzt tun müsst!«

Das Böse muss beseitigt werden

20 1 Da versammelten sich alle
Männer Israels von Dan bis
Beerscheba und ganz Gilead* in Miz-
pa*. Sie erschienen wie ein Mann vor
Jahwe. 2 Die Oberhäupter des ganzen
Volkes traten zusammen und nahmen
ihren Platz in der Versammlung aller
Stämme Israels ein. 400.000 mit
Schwertern bewaffnete Männer hat-
ten sich zusammengefunden. 3 Auch
die Benjaminiten erfuhren von dem
Treffen in Mizpa. Die versammelten
Israeliten fragten nun: »Wie ist dieses
Verbrechen geschehen?« 4 Da be-
richtete der Levit, dessen Frau ermor-
det worden war: »Ich kam mit meiner
Nebenfrau nach Gibea, das zu Benja-
min gehört, um dort zu übernachten.
5 In der Nacht umringten die Männer
der Stadt das Haus meines Gastge-
bers. Sie hatten es aber auf mich ab-
gesehen. Mich wollten sie umbrin-
gen, und meine Nebenfrau haben sie
so vergewaltigt, dass sie gestorben
ist. 6 Da zerteilte ich ihren Leichnam
und schickte die Stücke durch ganz
Israel. Jeder sollte sehen, was für ein
abscheuliches Verbrechen in unserem
Land begangen wurde. 7 Nun seid ihr
alle hier, ihr Israeliten: Bildet euch
eine Meinung und schafft Rat!« 8 Da
standen sie alle auf wie ein Mann und
erklärten: »Keiner von uns darf nach
Hause zurückkehren, 9 bevor wir die
Strafe an den Leuten von Gibea voll-
streckt haben. Wir wollen das Los
werfen, 10 und jeder zehnte Mann soll
sich um die Verpflegung für die ande-
ren kümmern, damit wir gleich nach

20,1 *Gilead.* Das meint ganz Israel vom Norden bis zum Süden und dazu das Ostjordanland.
Mizpa. 12 km nördlich von Jerusalem, nicht zu verwechseln mit dem Mizpa von Kapitel 10,17.

Gibea in Benjamin ziehen können,
um ihre Bewohner für dieses schänd-
liche Verbrechen zu bestrafen. 11 So
zogen die Israeliten wie ein Mann
gegen die Stadt. 12 Gleichzeitig hat-
ten sie Boten an den Stamm Benja-
min geschickt, die ihnen ausrichten
sollten: »Was ist da für eine schreckli-
che Untat unter euch begangen wor-
den! 13 Liefert uns die Männer von
Gibea aus! Wir werden dieses gottlo-
se Gesindel töten und so das Böse aus
Israel entfernen.« Doch die Benjami-
niten wollten nicht auf ihre Brüder,
die Israeliten, hören. 14 Sie kamen
aus ihren Städten nach Gibea, um
gegen die Israeliten zu kämpfen.
15 Noch am selben Tag stellten sie ein
Heer von 26.000 mit Schwertern be-
waffneten Männern auf. Dazu kamen
noch die Männer von Gibea, 700 ge-
übte Krieger. 16 Im Heer Benjamins
gab es 700 Elitekämpfer, die sogar
mit der linken Hand Steine schleu-
dern konnten und ihr Ziel nie verfehl-
ten. 17 Die Israeliten hatten 400.000
mit Schwertern bewaffnete und geüb-
te Krieger aufgeboten.

Der Sieg der Benjaminiten

18 Dann zogen die Israeliten nach Bet-
El, um Gott zu fragen, wer von ihnen
zuerst gegen die Benjaminiten in den
Kampf ziehen sollte. Jahwe antwor-
tete: »Juda soll anfangen!« 19 Am
nächsten Morgen machten sich die Is-
raeliten auf, zogen vor Gibea 20 und
stellten sich zum Kampf gegen die
Männer von Benjamin. 21 Da stürm-
ten die Benjaminiten heraus und
streckten an jenem Tag 22.000 Mann
von ihnen zu Boden.* 22 Doch die
Männer Israels fassten Mut und
stellten sich noch einmal an der glei-
chen Stelle zum Kampf, wo sie am
ersten Tag gestanden hatten. 23 Sie
waren nämlich wieder nach Bet-El ge-
zogen und hatten bis zum Abend vor
Jahwe über ihre Niederlage geweint.
Dann hatten sie Jahwe befragt, ob sie
wieder in den Kampf gegen die Benja-
miniten, ihre Brüder, ziehen sollten.
Jahwe hatte geantwortet: »Ja, zieht
gegen sie!« 24 Am zweiten Tag rück-
ten sie wieder gegen die Männer von
Benjamin vor. 25 Doch die Benjamini-
ten brachen erneut aus der Stadt her-
vor und erschlugen noch einmal
18.000 Israeliten, alles mit dem
Schwert bewaffnete Kämpfer. 26 Da
zogen die Männer Israels wieder ab
und gingen nach Bet-El hinauf. Dort
saßen sie klagend vor Jahwe. Sie fas-
teten jenen Tag bis zum Abend und
brachten Jahwe dann Brand- und
Freudenopfer*. 27 Dann befragten sie
Jahwe, denn die Bundeslade Jahwes
war damals gerade dort 28 und Pinhas
Ben-Eleasar, der Enkel Aarons, diente
als Priester. Sie fragten: »Sollen wir
noch einmal gegen unsere Brüder in
den Kampf ziehen, gegen die Männer
aus Benjamin, oder sollen wir es auf-
geben?« Da sagte Jahwe: »Ja, zieht
hin! Morgen gebe ich sie in eure
Hand.«

20,21 Gibea lag auf einem Hügel und war sehr gut zu verteidigen.

20,26 Beim *Freudenopfer* wurde im Gegensatz zum Brandopfer nur das Fett auf dem Altar verbrannt. Der größte Teil des Tieres durfte bei einer fröhlichen Opfermahlzeit gemeinsam mit Verwandten und Freunden verzehrt werden.

Ein Stamm fast ausgelöscht

29 Darauf legten die Israeliten rings
um Gibea Leute in den Hinterhalt
30 und stellten sich wie an den anderen Tagen zum Kampf gegen die Benjaminiten auf. 31 Wieder brachen die
Benjaminiten aus der Stadt hervor und erschlugen wie die vorigen Male einige von den Israeliten. Dabei entfernten sie sich immer weiter von der Stadt in Richtung Bet-El und Gibeon*. Sie hatten schon etwa 30 Mann auf dem freien Feld erschlagen 32 und
riefen: »Wir schlagen sie wie beim ersten Mal!« Aber die Israeliten hatten verabredet: Lasst uns fliehen, damit wir sie von der Stadt zu den Landstraßen weglocken. 33 So gingen
die Männer Israels zurück und ordneten sich bei Baal-Tamar* neu. Gleichzeitig brachen die Männer aus dem Hinterhalt westlich von Gibea hervor.
34 Es waren 10.000 aus ganz Israel ausgesuchte Krieger. Sie gingen gegen die Stadt vor, und es kam zu einem schweren Kampf. Die anderen Benjaminiten ahnten nicht, dass das Unglück sie schon erreicht hatte.
35 An diesem Tag tötete Jahwe durch die Israeliten 25.100 bewaffnete Kämpfer aus dem Stamm Benjamin.
36 Schließlich mussten die Benjaminiten einsehen, dass sie geschlagen waren.

Der Kampf war so verlaufen: Die Israeliten hatten den Benjaminiten Raum gegeben, weil sie sich auf den Hinterhalt verließen, den sie in der Nähe der Stadt gelegt hatten. 37 Die
Männer des Hinterhalts stürmten auf Gibea zu und eroberten die Stadt. Alle Bewohner töteten sie mit dem Schwert. 38 Sie hatten mit den Israeliten vereinbart, dass sie dann eine Rauchwolke aus der Stadt aufsteigen lassen wollten. 39 Als nun die Mannschaft Israels vor den Benjaminiten zurückwich, hatten diese angefangen, einige von ihnen zu erschlagen, etwa 30 Mann. Sie riefen: »Wir werden sie besiegen wie im ersten Kampf!«
40 Doch da begann eine Wolke aus der Stadt aufzusteigen, die zu einer Rauchsäule wurde. Und als die Benjaminiten sich umschauten, sahen sie, dass die ganze Stadt wie ein Ganzopfer in Flammen aufgegangen war.
41 Da machten auch die Israeliten wieder kehrt und stellten sich zum Kampf. Die Männer Benjamins waren entsetzt und merkten, dass sie verloren waren. 42 Da versuchten sie, vor
den Israeliten in Richtung Wüste zu fliehen, aber die Schlacht holte sie ein. Und die israelitischen Männer, die aus Gibea kamen, nahmen sie in die Zange. 43 So umzingelten die Israeli-
ten die Benjaminiten. Sie verfolgten sie ohne Rast bis östlich von Gibea und machten sie nieder. 44 Auf diese
Weise fielen 18.000 benjaminitische Krieger. 45 Der Rest versuchte weiter
in Richtung Wüste zum Felsen Rimmon* zu fliehen. Doch die Israeliten

---

20,31 *Gibeon.* 9 km nordwestlich von Jerusalem und 6 km von Gibea entfernt.

20,33 *Baal-Tamar.* Ort an der Grenze zwischen Juda und Benjamin, dicht bei Gibea.

20,45 *Rimmon.* Der Felsen liegt 18 km nordöstlich von Jerusalem und ist auf drei Seiten durch tiefe Täler von der Umgebung abgeschnitten. Die Höhlen dort konnten 600 Männern monatelang Schutz und Unterkunft bieten.

schlugen auf den Straßen noch einmal
5000 Mann nieder und bei der wei-
teren Verfolgung noch einmal 2000
Mann. 46 So waren an diesem Tag
25.000 bewaffnete Benjaminiten ge-
fallen, alles tapfere Krieger. 47 Nur
600 Mann erreichten den Felsen Rim-
mon und verschanzten sich dort vier
Monate lang. 48 Die Israeliten aber
zogen durch das ganze Stammesge-
biet von Benjamin und töteten alle
Menschen und Tiere, die sie fanden,
und brannten alle Ortschaften nieder.

Benjamin darf nicht untergehen

21 1 In Mizpa hatten die Israeli-
ten geschworen: »Keiner von
uns wird jemals seine Tochter einem
Benjaminiten zur Frau geben!« 2 Und
nun kamen sie nach Bet-El und saßen
bis zum Abend klagend vor Gott.
Weinend sagten sie: 3 »O Jahwe, du
Gott Israels, warum musste das ge-
schehen? Ein ganzer Stamm fehlt
heute in Israel.« 4 Am nächsten
Morgen in aller Frühe baute das Volk
einen Altar und brachte Brand- und
Freudenopfer auf ihm dar. 5 Dann
fragten die Israeliten: »Wer ist dem
Aufruf an alle Stämme Israels zur Ver-
sammlung vor Jahwe nicht gefolgt?«
Sie hatten nämlich einen feierlichen
Eid geschworen: »Wer nicht zu Jah-
we nach Mizpa heraufkommt, wird
unbedingt mit dem Tod bestraft!«
6 Den Israeliten tat es sehr leid um ih-
ren Bruderstamm Benjamin. »Heute
ist ein ganzer Stamm von Israel ab-
gehauen worden!«, sagten sie. 7 »Wie
können wir den Überlebenden nur zu
Frauen verhelfen? Wir haben ja vor
Jahwe geschworen, dass keiner von
uns seine Tochter einem von ihnen
zur Frau gibt.« 8 Deshalb fragten sie:
»Wer ist dem Aufruf an alle Stämme
Israels, zu Jahwe nach Mizpa herauf-
zukommen, nicht gefolgt?« Da stellte
man fest, dass niemand von Jabesch*
in Gilead in die Versammlung gekom-
men war, 9 denn als sie ihre Truppen
musterten, fehlten die Männer aus Ja-
besch. 10 Da schickte die Versamm-
lung 12.000 Mann nach Jabesch mit
dem Auftrag, alle Einwohner der
Stadt mit dem Schwert zu töten, auch
die Frauen und Kinder: 11 »An jedem
Mann und an jeder Frau, die schon
mit einem Mann geschlafen hat, sollt
ihr den Bann vollstrecken!« 12 Die
Männer Israels fanden unter den
Bewohnern von Jabesch in Gilead
400 unberührte Mädchen, mit denen
noch kein Mann geschlafen hatte, und
brachten sie ins Lager nach Schilo
im Land Kanaan. 13 Dann schickte
die ganze Versammlung Boten zu
den Männern Benjamins, die sich
noch am Felsen Rimmon aufhielten,
und machten ihnen ein Friedensan-
gebot. 14 So kehrten die 600 Männer
zurück und bekamen die Mädchen,
die die Israeliten in Jabesch am Leben
gelassen hatten. Aber es waren nicht
genug für sie alle.

Frauenraub in Schilo

15 Das Volk hatte Mitleid mit Ben-
jamin, weil Jahwe eine Lücke in
die Stämme Israels gerissen hatte.
16 »Was können wir nur tun, um
den Übriggebliebenen zu Frauen zu

21,8 *Jabesch* lag 15 km südöstlich von Bet-Schean im Ostjordanland.

verhelfen?«, fragten die Ältesten. »In
Benjamin ist ja keine Frau am Leben
geblieben.« 17 Und sie beschlossen:
»Der Besitz der Überlebenden muss
bei Benjamin bleiben, denn es darf
kcin Stamm aus Israel aussterben.
18 Wir können ihnen aber keine von
unseren Töchtern zur Frau geben,
denn wir alle haben feierlich geschwo-
ren: ›Wer einem Mann aus Benja-
min eine Frau gibt, sei verflucht!‹«
19 Schließlich meinten sie: »Es gibt
doch jedes Jahr ein Fest Jahwes in
Schilo.« – Schilo liegt nördlich von
Bet-El und östlich der Straße, die von
Bet-El nach Sichem hochführt, und
südlich von Lebona*. – 20 Und sie
forderten die Männer Benjamins auf:
»Legt euch in den Weinbergen dort
auf die Lauer! 21 Wenn dann die
Mädchen aus Schilo zum Reigentanz
herauskommen, dann fange sich jeder
eine Frau und nehme sie mit in seine
Heimat. 22 Wenn ihre Väter und Brü-
der sich dann bei uns beschweren,
werden wir ihnen sagen: ›Lasst ihnen
die Mädchen, uns zuliebe! Wir konn-
ten im Krieg gegen Jabesch nicht für
jeden von ihnen eine Frau gewinnen.
Und ihr habt euch auch nicht schuldig
gemacht, denn ihr habt sie ihnen ja
nicht selbst gegeben.« 23 Die Benja-
miniten gingen auf den Vorschlag ein,
und jeder raubte sich eine Frau von
den tanzenden Mädchen. Dann kehr-
ten sie in ihren Erbbesitz zurück, bau-
ten die Städte wieder auf und wohnten
darin. 24 Nun zogen auch die Israeli-
ten wieder heim, jeder zu seinem
Stamm, seiner Sippe und seinem
Erbbesitz.

25 Damals gab es noch keinen König
in Israel. Jeder tat, was er für richtig
hielt.

21,19 *Lebona.* Kleiner Ort 5 km nördlich von Schilo, das zur Zeit der Abfassung des Buches zerstört war.

Das Buch Rut

Rut ist das einzige biblische Buch, das nach einer nichtjüdischen Frau benannt wurde. Aufgeschrieben wurde es vielleicht noch vor der Salbung Davids zum König, eventuell von Samuel. Die Geschichte spielt in der Richterzeit, als eine Hungersnot im Land herrschte. Das Buch beinhaltet die Botschaft von der Gnade Gottes, der mit zwei armen, verlassenen Frauen die Geschichte der Familie Davids beginnt, aus der später der Messias, der Christus, hervorgehen wird. Der Name Rut bedeutet: »Freundschaft«.

Noomi und Rut

1 1 Als Israel noch von den Richtern
geführt wurde, brach einmal eine
Hungersnot im Land aus. Da zog ein
Mann mit seiner Frau und seinen
beiden Söhnen von Bethlehem/Juda
weg, um sich als Fremder im Grün-
land Moabs* niederzulassen. 2 Der
Mann hieß Elimelech*, seine Frau
Noomi* und seine Söhne Machlon*
und Kiljon*, Efratiter* aus Bethle-
hem/Juda. Als sie im Grünland Moabs
wohnten, 3 starb Elimelech, und
Noomi blieb mit ihren beiden Söhnen
allein zurück. 4 Diese heirateten zwei
moabitische Frauen, Orpa und Rut.
Doch zehn Jahre später 5 starben
auch Machlon und Kiljon, sodass die
Frau ohne Mann und Söhne allein zu-
rückblieb.

6 Da entschloss sie sich, mit ihren
Schwiegertöchtern das Gebiet von
Moab zu verlassen. Sie hatte nämlich
gehört, dass Jahwe seinem Volk wie-
der zu essen gegeben hatte. 7 So brach
sie mit ihren beiden Schwiegertöch-
tern auf. 8 Doch unterwegs sagte
Noomi zu ihnen: »Kehrt um und geht
wieder in euer Elternhaus zurück!
Jahwe möge euch all das Gute
vergelten, das ihr den Verstorbenen
und mir erwiesen habt! 9 Er möge
euch wieder einen Mann geben und
ein neues Zuhause.« Dann küsste sie
beide zum Abschied. Doch diese wein-
ten 10 und sagten zu ihr: »Nein, wir
wollen mit dir zu deinem Volk gehen!«
11 »Kehrt doch um, meine Töchter!«,
entgegnete Noomi. »Warum wollt ihr
mit mir gehen? Habe ich etwa noch
Söhne zu erwarten, die eure Männer
werden könnten? 12 Geht, meine
Töchter, kehrt um! Ich bin zu alt, um

1,1 Die *Moab*iter lebten östlich vom Toten Meer zwischen den Flüssen Arnon und Zered. Sie waren über Lot (1. Mose 19, 36-37) mit Israel verwandt. Auch Rut, die zur Urgroßmutter Davids wurde, war eine Moabiterin, vgl. Rut 4,13.17; 1. Samuel 22,3-4.

1,2 *Elimelech* bedeutet »mein Gott ist König«.

Noomi bedeutet »meine Liebliche«, siehe Vers 20!

Machlon bedeutet »der Schwächliche«.

Kiljon bedeutet »der Gebrechliche«.

Efratiter. So nannte man die Einwohner von Bethlehem, das früher *Efrata* hieß (1. Mose 35,19).

noch einmal zu heiraten. Und selbst wenn ich noch Hoffnung hätte, ja selbst, wenn ich in dieser Nacht mit einem Mann schlafen und dann Söhne zur Welt bringen würde, *13* wollt ihr etwa warten, bis sic groß geworden sind? Wollt ihr euch so lange abschließen und ohne Mann leben? Nein, meine Töchter! Ich kann euch nicht das gleiche bittere Schicksal zumuten, das Jahwe mir aufgebürdet hat.« *14* Da weinten sie noch mehr. Dann küsste Orpa ihre Schwiegermutter und nahm Abschied, Rut aber wollte sie auf keinen Fall verlassen. *15* Noomi redete ihr zu: »Du siehst, deine Schwägerin kehrt heim zu ihrem Volk und ihrem Gott. Folge ihr doch!« *16* Aber Rut sagte: »Dränge mich nicht, dich zu verlassen. Ich gehe nicht weg von dir! Denn wo du hingehst, gehe auch ich hin, und wo du bleibst, da bleibe auch ich. Dein Volk ist mein Volk und dein Gott ist mein Gott. *17* Wo du stirbst, will auch ich sterben und begraben werden. Jahwe möge mir alles Mögliche antun, aber nur der Tod wird mich von dir trennen!«

18 Als Noomi sah, dass Rut fest entschlossen war, mit ihr zu gehen, gab sie es auf, sie zur Umkehr zu überreden. *19* So kamen beide miteinander nach Bethlehem. Da geriet die ganze Stadt in Bewegung und die Frauen riefen: »Ist das nicht Noomi?« *20* »Nennt mich nicht mehr Noomi, die Liebliche, nennt mich Mara, die Bittere, denn der Allmächtige hat es mir sehr bitter gemacht. *21* Voll bin ich losgezogen und leer hat Jahwe mich zurückkehren lassen. Warum nennt ihr mich noch Noomi? Jahwe hat sich gegen mich gewandt, der Allmächtige hat mir böse mitgespielt.«

22 So kehrte Noomi mit ihrer moabitischen Schwiegertochter nach Bethlehem zurück. Dort hatte gerade die Gerstenernte begonnen.

Rut trifft Boas

2 *1* Noomi hatte von ihrem Mann her einen wohlhabenden Verwandten namens Boas. Er gehörte ebenfalls zur Sippe Elimelechs.

2 Eines Tages sagte die Moabiterin Rut zu Noomi: »Ich möchte gern hinausgehen und die Ähren auflesen, die auf dem Feld liegen geblieben sind. Irgendjemand wird es mir sicher erlauben.« – »Geh nur, meine Tochter!«, sagte Noomi. *3* Rut kam zu einem Feld und las Ähren hinter den Schnittern auf. Es fügte sich, dass das Feldstück zum Besitz von Boas gehörte. *4* Im Lauf des Tages kam Boas aus der Stadt zu seinen Leuten hinaus. »Jahwe sei mit euch!«, begrüßte er seine Schnitter. »Jahwe segne dich!«, erwiderten sie. *5* Boas fragte den Mann, der die Aufsicht führte: »Zu wem gehört diese junge Frau?« *6* »Es ist eine Moabiterin, die mit Noomi aus dem Grünland Moabs zurückgekommen ist«, erwiderte der junge Mann. *7* »Sie hat gefragt, ob sie hinter den Schnittern her die Ähren auflesen darf. Vom Morgen an bis jetzt war sie auf den Beinen und hat sich kaum in den Schatten gesetzt.«

8 Da sagte Boas zu Rut: »Hör zu, meine Tochter! Geh nicht auf ein anderes Feld zum Ährenlesen. Bleib hier und halte dich zu meinen Mägden. *9* Geh hier auf dem Feld hinter ihnen

her. Ich habe meinen Leuten befohlen,
dich nicht anzutasten. Und wenn du
Durst hast, dann geh zu den Krügen
und trink von dem Wasser, das meine
Leute sich dort schöpfen.« 10 Rut
warf sich vor ihm zu Boden und sagte:
»Womit habe ich das verdient?
Warum beachtest du mich, obwohl
ich eine Ausländerin bin?« 11 Boas
entgegnete: »Man hat mir genau be-
richtet, was du nach dem Tod deines
Mannes an deiner Schwiegermutter
getan hast. Du hast Vater, Mutter und
Heimat verlassen und bist zu einem
Volk gegangen, das du vorher nicht
kanntest. 12 Jahwe möge dir dein Tun
vergelten und dich reich dafür beloh-
nen, Jahwe, der Gott Israels, zu dem
du gekommen bist, um Schutz unter
seinen Flügeln zu finden!« 13 »Du bist
so gütig zu mir, Herr!«, erwiderte Rut.
»Du hast mir Mut gemacht und so
freundlich zu deiner Magd gespro-
chen, obwohl ich noch viel geringer
bin als eine deiner Mägde.«

14 Zur Essenszeit sagte Boas zu ihr:
»Komm zu uns, und iss von dem Brot.
Du kannst es auch in den Weinessig
tunken.« Da setzte sie sich zu seinen
Leuten. Boas gab ihr so viel Röstkorn,
dass sie sich satt essen konnte und
sogar noch übrig behielt. 15 Als sie
wieder zum Ährenlesen aufstand, be-
fahl Boas seinen Leuten: »Lasst sie
auch zwischen den Garben sammeln
und treibt sie nicht weg! 16 Ihr könnt
sogar Ähren aus den Garben fallen
lassen, damit sie sie auflesen kann.
Und beschimpft sie nicht!«

17 So sammelte Rut auf dem Feld
bis zum Abend und klopfte dann
ihre Ähren aus. Sie hatte etwa 17
Kilogramm* Getreide zusammenge-
bracht. 18 Sie nahm es auf und
brachte es in die Stadt. Ihre Schwie-
germutter sah, was sie aufgelesen
hatte. Dann holte Rut heraus, was
von ihrer Mahlzeit übrig geblieben
war, und gab es ihr. 19 Da fragte
Noomi: »Wo hast du heute Ähren ge-
lesen? Auf wessen Feld bist du gewe-
sen? Gott segne den, der es dir er-
laubt hat!« Sie berichtete ihrer
Schwiegermutter alles und sagte:
»Der Mann, auf dessen Feld ich
heute war, hieß Boas.« 20 Da sagte
Noomi zu ihr: »Er sei gesegnet von
Jahwe, der uns seine Gnade nicht
entzogen hat, weder uns Lebenden,
noch unseren Toten! Du musst wis-
sen«, fuhr sie fort, »Boas ist mit uns
verwandt. Er ist einer von unseren
Lösern*«. 21 Rut, die Moabiterin, er-
zählte weiter: »Schließlich hat er
noch zu mir gesagt, dass ich mich zu
seinen Leuten halten soll, bis sie die
ganze Ernte eingebracht haben.«
22 Da sagte Noomi: »Es ist gut,
meine Tochter, wenn du mit seinen
Mägden aufs Feld gehst. Dann wird
man dich auf einem anderen Feld
nicht belästigen.«

23 So hielt sich Rut zu den Mägden
des Boas und las Ähren auf, bis die
Gersten- und auch die Weizenernte

2,17 *17 Kilogramm.* Wörtlich: ein Efa. Das war ein Hohlmaß von etwa 22 Litern und entsprach für Getreidekörner einem Gewicht von 16-17 Kilogramm.

2,20 Der *Löser* ist der nächststehende männliche Verwandte, der einem in Not geratenen Sippenangehörigen zum Beispiel durch *Auslösung* des verkauften oder verpfändeten Grundbesitzes beizustehen hat.

berühmt werden! 15 Du wirst einen
haben, der dein Herz erfreut und dich
im Alter versorgt. Er ist ja der Sohn
deiner Schwiegertochter, die dich
liebt. Ja, an ihr hast du mehr als an
sieben Söhnen!«
16 Noomi drückte das Kind an ihre
Brust und wurde seine Betreuerin.
17 Die Nachbarinnen kamen dann zur
Namensgebung. »Noomi ist ein Sohn
geboren worden!«, sagten sie und
nannten ihn Obed, Diener. Obed
wurde der Vater Isais und Isai der
Vater Davids.

18 Es folgt das Verzeichnis der Nach-
kommen* von Perez. Perez zeugte
Hezron, 19 Hezron zeugte Ram, Ram
zeugte Amminadab, 20 Amminadab
zeugte Nachschon, Nachschon zeugte
Salmon, 21 Salmon zeugte Boas, Boas
zeugte Obed, 22 Obed zeugte Isai, und
Isai zeugte David.

4,18 *Nachkommen.* Hebräisch *toledot.* Siehe 1. Mose 2,4!

Das erste Buch Samuel

In den ältesten hebräischen Handschriften sind die beiden Samuelbücher nicht getrennt. Erst die im 3. Jahrhundert v.Chr. entstandene griechische Übersetzung des Alten Testaments (Septuaginta) nahm die Teilung vor, die seitdem in allen Bibelausgaben (auch den hebräischen) beibehalten wurde.

Das erste Buch Samuel beschreibt einen Zeitraum von ungefähr 100 Jahren. Es beginnt mit der Geburt Samuels (um 1120 v.Chr.) und beschreibt die geschichtlichen Ereignisse des beginnenden Königtums in Israel. Nach 1. Chronik 29,29 hat Samuel wenigstens einen Teil des Buches geschrieben. Der eigentliche Verfasser ist uns aber unbekannt. Er müsste mindestens noch im Jahr 931 v.Chr. gelebt haben, als Israel sich in Nord- und Südreich teilte, was 1. Samuel 27,6 durch die Erwähnung der Könige von Juda (nicht Israel) angedeutet ist. Samuel ist die zentrale Gestalt in den ersten Kapiteln. Er hat die Aufgabe, die weiteren Hauptpersonen Saul und David auf ihren Dienst vorzubereiten.

Eine Frau betet um einen Sohn

1 1 Der Mann stammte aus dem
Rama* der Zufiten im Gebirge
Efraïm* und hieß Elkana Ben-Jero-
cham. Er war ein Enkel Elihus und
Urenkel von Tohu, dem Sohn des
Efraïmiters Zuf. 2 Elkana hatte zwei
Frauen, Hanna und Peninna. Peninna
hatte Kinder, doch Hanna war kinder-
los. 3 Einmal im Jahr ging Elkana
nach Schilo hinauf, um Jahwe anzu-
beten und ihm ein Opfer zu bringen.
Als Priester Jahwes wirkten die beiden
Söhne Elis, Hofni und Pinhas, dort.
4 Beim Opfermahl gab Elkana seiner
Frau Peninna und ihren Söhnen und
Töchtern immer die Anteile, die ih-
nen zukamen, 5 Hanna jedoch gab er
einen doppelten Anteil, denn er liebte
sie. Doch Jahwe hatte ihr eigene Kin-
der versagt. 6 Ihre Rivalin kränkte sie
schwer und demütigte sie wegen ihrer
Kinderlosigkeit. 7 Das wiederholte
sich jedes Jahr. Immer wenn sie zum
Haus Jahwes hinaufzogen, kränkte sie
sie derartig, dass sie weinte und nichts
aß. 8 Elkana, ihr Mann, sagte dann zu
ihr: »Hanna, warum weinst du denn?
Warum isst du nichts? Warum bist du
so traurig? Bin ich dir nicht mehr wert
als zehn Söhne?«
9 Eines Tages jedoch stand Hanna
nach dem Opfermahl in Schilo auf.
Der Priester Eli saß auf einem Stuhl
neben dem Eingang zum Heiligtum
Jahwes. 10 Hanna war im Innersten
verbittert. Sie betete zu Jahwe und
weinte sehr. 11 Dabei legte sie ein
Gelübde ab und sagte: »Jahwe, du
Allmächtiger! Sieh doch das Elend

1,1 *Rama*, eigentlich: Ramatajim (= Doppel-Rama). Es gab sechs verschiedene Orte, die Rama (= Höhe) genannt wurden.

Das *Gebirge Efraïm* war die zentrale Bergkette des Westjordanlandes.

deiner Dienerin an, denk an mich und
vergiss mich nicht! Wenn du mir
einen Sohn schenkst, dann soll er sein
Leben lang dir, Jahwe, gehören. Und
niemals soll sein Haar geschnitten
werden.«

12 Sie betete auf diese Weise lange
vor Jahwe, und Eli beobachtete sie. Er
sah, wie sich ihre Lippen bewegten,
13 konnte aber nichts hören, weil sie
still für sich betete. Darum hielt er
sie für betrunken 14 und fuhr sie an:
»Wie lange willst du dich hier als Be-
trunkene aufführen? Sieh zu, dass du
deinen Rausch loswirst!« 15 »Nein,
mein Herr«, erwiderte Hanna. »Ich
bin nicht betrunken, ich bin nur eine
unglückliche Frau und habe Jahwe
mein Herz ausgeschüttet. 16 Denk
nicht so schlecht von deiner Dienerin.
Denn aus großem Kummer und lauter
Verzweiflung habe ich so lange ge-
betet.« 17 Da erwiderte Eli: »Geh in
Frieden! Der Gott Israels wird deine
Bitte erfüllen.« 18 Sie sagte: »Lass
deine Dienerin Gnade vor dir finden!«
Dann ging sie ihres Weges. Sie aß
wieder und sah nicht mehr so traurig
aus. 19 Früh am nächsten Morgen
brachen sie auf, beteten noch einmal
vor Jahwe und kehrten in ihr Haus
nach Rama zurück. Als Elkana das
nächste Mal mit ihr schlief, erhör-
te Jahwe ihr Gebet. 20 Sie wurde
schwanger und bekam einen Sohn.
»Ich habe ihn von Jahwe erbeten«,
sagte sie und nannte ihn Samuel*.

21 Als dann Elkana mit seiner gan-
zen Familie wieder hinaufzog, um
Jahwe das jährliche Opfer und die
Gaben, die er ihm versprochen hatte,
zu bringen, 22 reiste Hanna nicht mit.
»Ich werde den Jungen erst zu Jahwe
bringen, wenn ich ihn abgestillt
habe«, sagte sie zu ihrem Mann.
»Dann soll er für immer dort bleiben.«
23 Elkana sagte zu ihr: »Tu, was du für
richtig hältst. Bleib zu Hause, bis du
ihn entwöhnt hast. Möge Jahwe dann
auch sein Wort wahr machen.« So
blieb die Frau zu Hause und versorgte
ihren Sohn.

24 Als sie ihn abgestillt hatte, brach-
te sie ihn ins Haus Jahwes nach Schi-
lo, dazu einen dreijährigen Stier,
einen kleinen Sack* Mehl und einen
Schlauch Wein. Das Kind war aber
noch sehr jung. 25 Sie schlachteten
den Stier und brachten den Jungen zu
Eli. 26 Hanna sagte: »Verzeihung,
mein Herr! So wahr du lebst, mein
Herr, ich bin die Frau, die hier bei dir
stand, um zu Jahwe zu beten. 27 Hier
ist das Kind, um das ich damals gebe-
tet habe. Jahwe hat mein Gebet er-
hört; er gab mir, worum ich ihn bat.
28 So will auch ich mein Versprechen
erfüllen und übergebe ihn Jahwe. Sein
Leben lang soll er Jahwe gehören.«
Dann warfen sie sich zum Gebet vor
Jahwe nieder.

Hannas Loblied

2 1 Hanna betete:
Jahwe hat mich wieder
fröhlich gemacht, / er hat mich
aufgerichtet und gestärkt. /
Jetzt kann ich meine Feinde
verspotten, / denn deine Hilfe
machte mich froh. 2 Jahwe allein

1,20 *Samuel* klingt im Hebräischen wie »von Gott erhört«.

1,24 *kleinen Sack*. Wörtlich: *ein Efa* = 12 Kilogramm.

ist heilig, / ja keiner außer dir, /
keiner ist ein Fels wie unser Gott.
3 Spielt euch doch nicht so auf, /
tut nicht so groß, / prahlt nicht so
frech! / Denn Jahwe ist ein Gott,
der alles weiß, / vor ihm werden
die Taten gewogen.

4 Die Bogen der Helden
zerbrechen, / doch die Schwachen
gürten sich mit Kraft. 5 Die Satten
arbeiten jetzt für ihr Brot, / und
die Hungrigen ruhen sich aus. /
Die kinderlose Frau bringt sieben
Kinder zur Welt, / die kinder-
reiche welkt dahin.

6 Jahwe tötet und macht
lebendig, / schickt zu den Toten
und holt wieder zurück. 7 Jahwe
macht arm und macht reich, / er
erniedrigt und erhöht. 8 Er hebt
den Geringen aus dem Staub, /
holt den Armen aus dem
Schmutz, / um ihn unter die
Edlen zu setzen, / den Thron der
Ehre lässt er sie erben.

Die Fundamente der Welt
gehören Jahwe, / auf sie hat er den
Erdkreis gegründet. 9 Er behütet
die Schritte seiner Frommen, /
doch die Frevler enden im
Dunkel, / denn niemand ist stark
durch die eigene Kraft. 10 Die mit
Jahwe streiten, zerbrechen. /
Über sie donnert er im Himmel. /
Über die ganze Erde hält Jahwe
Gericht. / Seinem König verleiht
er Macht, / er stärkt und erhöht
seinen Gesalbten*.

Missstände am Heiligtum

11 Elkana kehrte nach Rama in sein
Haus zurück. Der Junge aber diente
Jahwe unter der Aufsicht des Priesters
Eli. 12 Elis Söhne aber waren boshafte
Männer. Sie kannten Jahwe nicht.
13 Die Priester hatten es sich zur Ge-
wohnheit gemacht, ihre Diener zu
jedem aus dem Volk zu schicken, der
ein Schlachtopfer brachte. Während
das Fleisch für das Opfermahl noch
kochte, kam der Diener mit einer drei-
zinkigen Gabel in der Hand 14 und
stieß damit in den Tiegel, den Kessel,
die Pfanne oder den Topf. Und alles,
was er mit der Gabel herauszog, nahm
er den Leuten weg. So machten sie
es mit allen Israeliten, die nach Schi-
lo kamen. 15 Jetzt kamen sie sogar
schon, bevor man das Fett auf dem
Altar verbrannt hatte, und sagten zu
dem Opfernden: »Gib Fleisch zum
Braten für den Priester! Er will kein
gekochtes Fleisch von dir nehmen,
sondern nur rohes.« 16 Wenn der
Mann entgegnete: »Man muss doch
erst das Fett zum Rauchopfer ver-
brennen; dann kannst du dir nehmen,
was du willst«, erwiderte der Diener:
»Nein, sofort gibst du es her, sonst
nehme ich es mit Gewalt!« 17 Die
Schuld der jungen Männer wog
schwer vor Jahwe, denn sie verach-
teten die Opfer, die ihm gebracht
wurden.

18 Samuel aber tat seinen Dienst vor
Jahwe, ein Knabe, der ein leinenes
Efod* trug. 19 Seine Mutter machte
ihm jedes Jahr ein kleines Obergewand
und brachte es mit, wenn sie mit

2,10 *Gesalbter*. Hebräisch: *Messias*; Griechisch: *Christus*. Hier und in V. 35 wird zum ersten Mal in der Bibel der kommende König als Gesalbter bezeichnet.

ihrem Mann zum jährlichen Opferfest
hinaufzog. 20 Eli segnete Elkana und
seine Frau: »Jahwe gebe dir noch
andere Kinder von dieser Frau«, sagte
er, »anstelle des einen, den sie von
Jahwe erbeten hat!« Dann gingen sie
nach Hause zurück. 21 Jahwe nahm
sich Hannas an. Sie wurde noch
mehrmals schwanger und bekam
noch drei Söhne und zwei Töchter.
Samuel aber wuchs bei Jahwe auf.

22 Eli war sehr alt geworden. Als er
hörte, was seine Söhne den Israeliten
antaten und dass sie mit den Frauen
schliefen, die sich am Eingang zum
Zelt* der Gottesbegegnung zusam-
menscharten*, 23 sagte er zu ihnen:
»Warum tut ihr so etwas? Warum
muss ich von allen Leuten so schlim-
me Dinge über euch hören? 24 Hört
auf damit, meine Söhne! Es ist nicht
gut, was man im Volk Jahwes über
euch verbreitet. 25 Wenn jemand
gegen einen Menschen sündigt, wird
Gott über ihn entscheiden. Wenn aber
jemand gegen Jahwe sündigt, wer soll
dann noch für ihn eintreten?« Doch
sie hörten nicht auf ihren Vater, denn
Jahwe war entschlossen, sie zu töten.
26 Samuel aber wuchs zu einem jun-
gen Mann heran, der Gott und den
Menschen gefiel.

Gerichtsankündigung für Elis Familie

27 Eines Tages kam ein Gottesmann
zu Eli und sagte: »So spricht Jahwe:
Habe ich mich deinen Vorfahren nicht
deutlich offenbart, als sie noch Skla-
ven des Pharao in Ägypten waren?
28 Sie habe ich mir aus allen Stämmen
Israels zum Priesterdienst erwählt.
Sie sollten auf meinem Altar Räu-
cheropfer bringen, und sie sollten das
Efod vor mir tragen. Deiner Sippe
habe ich das Recht auf einen Anteil an
allen Feueropfern der Israeliten ge-
geben. 29 Warum verachtet ihr meine
Schlacht- und Speisopfer so? Sie sol-
len doch nach meinem Befehl in
meine Wohnung gebracht werden.
Du ehrst deine Söhne mehr als mich,
Eli, und lässt es geschehen, dass ihr
euch von den Erstlingsgaben* meines
Volkes Israel mästet. 30 Darum lautet
der Spruch Jahwes folgendermaßen:

Ich hatte allerdings zugesagt, dass deine Familie und die deiner Vorfahren immer vor mir sein dürfen. Aber nun sage ich, Jahwe: Das wird auf keinen Fall geschehen! Denn die mich ehren, ehre auch ich, und die mich verachten, gebe ich der Verachtung preis.
31 Pass auf! Die Zeit wird

2,18 Das *Efod* aus Leinen war offenbar ein ärmelloses Gewand und gehörte zur Dienstkleidung eines Priesters, muss aber von dem Efod des Hohenpriesters (2. Mose 39) unterschieden werden, das aus anderem Material hergestellt wurde.

2,22 *Eingang zum Zelt* meint hier wie auch an einigen anderen Stellen nicht den Eingang zum Heiligtum, sondern den Platz vor dem Eingang zum Vorhof, wo sich auch das ganze Volk versammeln konnte (3. Mose 8,3; 4. Mose 10,3; 25,6).

Frauen ... zusammenscharten. Das Verb bedeutet eigentlich: *kämpfen gegen, in den Krieg ziehen.* Was diese Frauen, die auch in 2. Mose 38,8 erwähnt werden, wirklich taten, ist unbekannt.

2,29 *Erstlingsgaben.* Das Erlesenste und Beste einer Sache, das Gott geopfert wurde, bevor der Rest für den eigenen Gebrauch verwendet werden durfte; vergleiche 4. Mose 15,18-21. Dadurch wurde das Ganze geheiligt.

kommen, da werde ich deine Lebens-
kraft brechen und die deiner Nach-
kommen, sodass es in deiner Familie
keinen alten Mann mehr gibt. 32 Du
wirst den Feind in der Wohnung Got-
tes erblicken, obwohl Jahwe Israel
Gutes tun wird. Aber in deiner Familie
wird es niemand mehr zu Alter und
Ansehen bringen. 33 Ich werde zwar
nicht jeden deiner Nachkommen, der
am Altar stehen darf, beseitigen, denn
sonst würdest du vor Kummer und
Schmerz vergehen, aber die große
Mehrzahl deiner Familie soll im
besten Mannesalter sterben. 34 Zum
Zeichen wird dir das sein, was über
deine beiden Söhne Hofni und Pinhas
kommt: Beide werden am gleichen
Tag sterben. 35 Dann werde ich einen
Priester berufen, der mir treu bleibt,
der mir dient und tut, was mir gefällt.
Ihm werde ich eine beständige Nach-
kommenschaft schenken, und er wird
immer bei meinem Gesalbten sein.
36 Jeder, der dann von deiner Familie
noch lebt, wird zu diesem Priester
kommen und auf den Knien um etwas
Geld und Brot betteln. ›Bitte lass mich
doch beim Priesterdienst helfen‹, wird
er sagen, ›damit ich wenigstens etwas
zu essen habe!‹«

Samuels Berufung

3 1 Der junge Samuel diente Jahwe
unter Aufsicht des Priesters Eli.
Damals waren Worte Jahwes und
Visionen selten. 2 Eines Nachts ge-
schah es: Eli schlief an seinem ge-
wohnten Platz. Er war schon fast
erblindet. 3 Samuel schlief im Heilig-
tum, wo sich auch die Bundeslade
befand. Die Lampe Gottes brannte
noch, 4 als Jahwe rief: »Samuel!« –
»Ja«, antwortete er 5 und lief zu Eli.
»Hier bin ich! Du hast mich gerufen!«
– »Nein«, sagte Eli, »ich habe dich
nicht gerufen. Leg dich wieder hin!«
Samuel tat es. 6 Jahwe rief noch ein-
mal: »Samuel!« Wieder stand Samuel
auf, ging zu Eli und sagte: »Hier bin
ich! Du hast mich gerufen!« –
»Nein«, sagte Eli, »ich habe dich
nicht gerufen, mein Sohn. Leg dich
wieder hin!« 7 Samuel hatte Jahwe
noch nicht kennengelernt und seine
Stimme noch nie gehört. 8 Dann rief
Jahwe ihn zum dritten Mal. Wieder
stand Samuel auf, ging zu Eli und
sagte: »Hier bin ich! Du hast mich
gerufen!« Da merkte Eli, dass Jahwe
den Jungen rief. 9 Er sagte zu Samuel:
»Leg dich wieder hin! Und wenn du
noch einmal gerufen wirst, dann sag:
›Sprich, Jahwe, dein Diener hört.‹«

10 Da trat Jahwe an Samuel heran
und rief wie vorher: »Samuel, Sa-
muel!« Der Junge erwiderte: »Sprich,
dein Diener hört!« 11 Da sagte Jahwe
zu ihm: »Pass auf! Ich werde in Israel
etwas tun, dass es jedem, der davon
hört, in den Ohren dröhnt. 12 Ich
werde alles eintreffen lassen, was ich
Eli und seiner Familie angedroht habe.
13 Ich habe ihm angekündigt, dass ich
seine Familie immer bestrafen werde.
Denn er wusste, dass seine Söhne den
Fluch über sich brachten, aber er hat
sie nicht daran gehindert. 14 Darum
habe ich Elis Familie geschworen:
Kein Schlacht- oder Speisopfer kann
diese Schuld jemals sühnen!«

15 Bis zum Morgen blieb Samuel auf
seinem Lager. Dann öffnete er die
Türen des Hauses Jahwes. Doch er
fürchtete sich, Eli von der Erscheinung
zu berichten. 16 Da rief Eli: »Samuel,

mein Sohn!« – »Hier bin ich«, er-
widerte Samuel. 17 »Was hat er dir ge-
sagt? Verschweige mir ja nichts! Got-
tes Zorn soll dich treffen, wenn du mir
etwas von dem verschweigst, was er
dir gesagt hat!« 18 Da teilte ihm Sa-
muel alles mit. Er verschwieg nichts.
Eli aber sagte: »Er ist Jahwe. Er soll
tun, was er für richtig hält.«

19 Samuel wuchs heran. Jahwe
stand ihm bei und ließ alles in Erfül-
lung gehen, was er durch Samuel
sagen ließ. 20 Ganz Israel von Dan bis
Beerscheba* erkannte, dass Jahwe
ihn zu seinem Propheten bestimmt
hatte. 21 Jahwe offenbarte sich Sa-
muel auch weiterhin in Schilo und ließ
sein Wort zu ihm kommen.

4 1 In ganz Israel hörte man auf
Samuel.

Der Verlust der Bundeslade

Wieder einmal mussten die Israeliten
gegen die Philister in den Krieg ziehen.
Bei Eben-Eser* schlugen sie ihr Feldla-
ger auf. Die Philister standen bei Afek*
2 und griffen an. Nach einem langen,
erbitterten Kampf gewannen sie die
Oberhand. Israel wurde geschlagen
und verlor auf dem Schlachtfeld etwa
4000 Mann. 3 Als das Heer ins Lager
zurückkam, fragten sich die Ältesten Is-
raels: »Warum hat Jahwe zugelassen,
dass die Philister uns heute besiegt
haben? Lasst uns die Bundeslade aus
Schilo holen! Dann wird Jahwe unter
uns sein und uns aus der Gewalt unse-
rer Feinde retten.«

4 Sie schickten einige Männer nach
Schilo und ließen die Lade holen, die
Lade des Bundes mit Jahwe, der über
den Cherubim* thront. Die beiden
Söhne Elis, Hofni und Pinhas, beglei-
teten die Bundeslade Gottes. 5 Als die
Lade Jahwes ins Lager kam, brach
unter den Israeliten ein Jubelsturm
los, dass die Erde dröhnte. 6 Die Phi-
lister hörten den Lärm und riefen:
»Was ist das für ein lauter Jubel im
Lager der Hebräer*?« Als sie heraus-
fanden, dass die Lade Jahwes im
Lager Israels angekommen war, 7 be-
kamen sie Angst. »Gott ist ins Lager
gekommen«, sagten sie. »Weh uns!
Das hat es noch nie gegeben! 8 Weh
uns! Wer wird uns vor solch einem
mächtigen Gott retten? Das ist der
Gott, der den Ägyptern in der Wüste
einen Schlag nach dem anderen ver-
setzt hat. 9 Auf, ihr Philister, macht
euch stark und seid Männer! Sonst
müsst ihr den Hebräern dienen, wie
sie euch gedient haben. Zeigt, dass
ihr Männer seid, und kämpft!« 10 Da
kämpften die Philister, und Israel er-
litt eine vernichtende Niederlage. Das
Heer löste sich auf, und jeder floh
nach Hause. 30.000 Mann blieben tot
auf dem Schlachtfeld. 11 Die Philister
erbeuteten auch die Lade Gottes, und
Hofni und Pinhas, die beiden Söhne
Elis, fanden dabei den Tod.

3,20 *Dan bis Beerscheba.* Das meint ganz Israel vom nördlichsten bis zum südlichsten Ort.

4,1 *Eben-Eser.* Der Ort lag wahrscheinlich 21 Kilometer östlich von Joppe.

Das *Afek* in der Scharon-Ebene lag 18 km östlich von Joppe.

4,4 *Cherub,* Mehrzahl: *Cherubim.* Majestätisches (Engel-)Wesen, das Gottes Herrlichkeit repräsentiert.

4,6 *Hebräer.* In der Bibel wird der Begriff meist von Nichtisraeliten als herabsetzende Bezeichnung für die Nachkommen Abrahams gebraucht.

Elis Tod

12 Ein Mann aus dem Stamm Benja-
min lief vom Schlachtfeld weg und
kam noch am selben Tag nach Schilo.
Seine Kleidung war zerrissen, und er
hatte Erde auf dem Kopf.* 13 Als er
ankam, saß Eli auf einem Stuhl neben
der Straße und hielt Ausschau, denn
er hatte Angst um die Lade Gottes. Als
der Bote in die Stadt kam und berich-
tete, schrie die ganze Stadt auf. 14 Eli
hörte das laute Schreien und fragte:
»Was ist das für ein großer Lärm?«
Da eilte der Bote zu ihm, um zu
berichten. 15 Eli war inzwischen 98
Jahre alt und seine Augen waren starr
geworden. Er konnte nichts mehr
sehen. 16 Der Mann sagte: »Ich
komme vom Schlachtfeld und bin
heute von dort geflohen.« – »Wie ist
es ausgegangen, mein Sohn?«, fragte
Eli. 17 »Israel ist vor den Philistern
geflohen«, erwiderte der Bote. »Es
hat eine große Niederlage gegeben.
Deine beiden Söhne Hofni und Pinhas
sind tot. Die Lade Gottes ist erbeutet
worden.« 18 Als er die Lade Gottes
erwähnte, fiel Eli rückwärts von sei-
nem Stuhl an der Seite des Tores.
Dabei brach er sich das Genick und
starb, denn er war ein alter und
schwerer Mann. 40 Jahre lang war er
Israels Richter gewesen.

19 Seine Schwiegertochter, die Frau
des Pinhas, war hochschwanger. Als
sie die Nachricht hörte, dass die Lade
Gottes erbeutet worden war und dass
ihr Schwiegervater und ihr Mann
tot waren, brach sie zusammen. Die
Wehen hatten sie überfallen und es
kam zur Geburt. 20 Als sie schon im
Sterben lag, sagten die Frauen, die
um sie herumstanden: »Hab keine
Angst! Du hast einen Sohn geboren.«
Aber sie gab keine Antwort und lag
völlig teilnahmslos da. 21 Sie nannte
nur den Namen des Jungen: Ikabod*.
Dabei dachte sie an den Verlust der
Lade Gottes und den Tod ihres
Schwiegervaters und ihres Mannes
22 und sagte: »Die Herrlichkeit Gottes
ist aus Israel fort, denn die Lade Got-
tes ist verloren!«

Die Bundeslade bei den Philistern

5 1 Die Philister brachten die er-
beutete Lade Gottes von Eben-
Eser nach Aschdod* 2 in den Tempel
ihres Gottes Dagon* und stellten sie
neben dessen Standbild auf. 3 Als die
Einwohner Aschdods am nächsten
Morgen in den Tempel kamen, war
Dagon auf einmal umgestürzt und
lag mit dem Gesicht zur Erde vor der
Lade Jahwes. Sie nahmen sich seiner
an und stellten ihn wieder an seinen
Platz. 4 Doch am nächsten Morgen
lag Dagon wieder vor der Lade Jahwes
am Boden. Aber nur sein Rumpf war
übrig geblieben. Sein Kopf und seine
Hände waren abgehauen und lagen
auf der Schwelle. 5 Deshalb tritt bis
heute kein Priester Dagons und kein

4,12 *Kleider ... Kopf.* Das waren Zeichen von Trauer und Entsetzen.

4,21 *Ikabod* bedeutet etwa: »Wo ist die Herrlichkeit?«

5,1 *Aschdod.* Bedeutende Philisterstadt, 35 km südlich von Joppe, 5 km vom Mittelmeer entfernt.

5,2 *Dagon.* Im Götterglauben der Kanaanäer galt Dagon als der Vater von Baal. Er wurde als Wetter- und besonders als Getreidegott (*dagan* = Getreide) in Tempeln der Philisterstädte Gaza, Aschdod und Bet-Schean verehrt.

Besucher des Tempels auf die Tür-
schwelle.
6 Die Leute von Aschdod bekamen
die Macht Jahwes zu spüren. Er
schlug die Bewohner der ganzen Um-
gebung mit schmerzhaften Beulen.
7 Da sagten sie: »Die Lade des Gottes
Israels muss fort! Seine Hand liegt zu
schwer auf uns und Dagon, unserem
Gott.« 8 Sie riefen alle Philisterfürsten
zusammen und berieten, was sie mit
der Lade des Gottes Israels machen
sollten. »Bringen wir sie nach Gat*!«,
entschieden sie; und so wurde die
Lade dorthin gebracht. 9 Aber nach-
dem sie dort angekommen war, legte
Jahwe seine Hand auch auf diese
Stadt. Es entstand eine große Panik,
denn er ließ bei allen Leuten, klein
und groß, schmerzhafte Beulen auf-
brechen. 10 Da schickten sie die Lade
Gottes nach Ekron. Als sie dort
ankam, schrien die Einwohner von
Ekron um Hilfe. »Jetzt haben sie die
Lade des Gottes Israels zu uns ge-
bracht!«, riefen sie. »Sie werden uns
noch alle umbringen!« 11 Sie riefen
die Philisterfürsten zusammen und
sagten: »Schickt die Lade des Gottes
Israels dahin zurück, woher sie ge-
kommen ist, damit sie nicht unser
ganzes Volk umbringt!« Denn die
Hand Gottes lastete schwer auf ihnen
und versetzte die ganze Stadt in
Todesangst. 12 Die Leute, die nicht
starben, waren mit Beulen bedeckt.
Der Notschrei der Stadt stieg zum
Himmel auf.

Die Bundeslade kommt zurück

6 1 Sieben Monate lang war die
Lade Jahwes im Gebiet der Phi-
lister. 2 Schließlich riefen die Philister
ihre Priester und Wahrsager und frag-
ten sie: »Was sollen wir mit der Lade
Jahwes machen? Sagt uns, auf welche
Art und Weise wir sie an ihren Ort zu-
rückschicken sollen.« 3 Sie sagten:
»Wenn ihr die Lade des Gottes Israels
zurückschickt, dann müsst ihr ihm
auf jeden Fall ein Versöhnungsge-
schenk dazutun. Dann werdet ihr wie-
der gesund und erfahrt auch, warum
seine Hand nicht von euch lässt.«
4 »Was für ein Versöhnungsge-
schenk sollen wir ihm schicken?«,
fragten sie. Die Antwort lautete:
»Schickt für jeden der fünf Fürsten
der Philister eine Beule und eine Maus
aus Gold. Denn alle fünf Fürstentü-
mer waren von der Plage betroffen.
5 Macht also Nachbildungen von
euren Beulen und den Mäusen, die
euch das Land zugrunde gerichtet
haben. Ehrt den Gott Israels damit!
Vielleicht wird er dann den Druck, der
auf euch, eurem Gott und eurem Land
liegt, zurücknehmen. 6 Warum wollt
ihr so starrsinnig sein wie die Ägypter
und ihr Pharao? Als Jahwe ihnen da-
mals übel mitgespielt hatte, hielten sie
die Israeliten nicht mehr zurück und
ließen sie ziehen. 7 Schafft jetzt einen
neuen Wagen herbei und spannt zwei
Kühe davor, Muttertiere, auf denen
noch nie ein Joch gelegen hat. Nehmt
ihnen aber die Kälber weg und bringt
sie in den Stall zurück. 8 Stellt dann
die Lade Jahwes auf den Wagen. Die
goldenen Gegenstände, die ihr ihm als
Versöhnungsgeschenk zuwendet, legt
in ein Kästchen und stellt es daneben.

5,8 *Gat.* Bedeutendste der fünf Philisterstädte, 40 km südlich von Joppe. Sie hatte einen König und war die spätere Heimatstadt des Goliat.

Lasst dann die Kühe laufen, wohin sie
wollen. 9 Dann werdet ihr es sehen:
Wenn sie den Weg hinauf nach Bet-
Schemesch* wählen, dann hat er uns
diese Plage geschickt. Wenn sie eine
andere Richtung nehmen, dann sehen
wir, dass nicht er uns geschlagen
hat. Dann hat die Plage uns zufällig
getroffen.«

10 Genauso machten es die Männer:
Sie nahmen zwei säugende Kühe,
spannten sie vor den Wagen und
sperrten ihre Kälber im Stall ein.
11 Dann stellten sie die Lade Jahwes
auf den Wagen und dazu das Käst-
chen mit den goldenen Mäusen und
den Nachbildungen ihrer Beulen aus
Gold. 12 Die Kühe schlugen genau
den Weg nach Bet-Schemesch ein
und gingen geradeaus auf ihm wei-
ter. Dabei brüllten sie fortwährend,
wichen aber weder rechts noch links
vom Weg ab. Die Fürsten der Phili-
ster folgten ihnen bis zum Gebiet von
Bet-Schemesch. 13 Die Leute von
Bet-Schemesch waren gerade bei der
Weizenernte im Tal. Als sie aufblick-
ten, sahen sie die Bundeslade heran-
kommen und freuten sich. 14 Auf
einem Feldstück, das einem gewissen
Joschua aus Bet-Schemesch gehörte,
blieb der Wagen neben einem großen
Felsblock stehen. Da spalteten sie das
Holz des Wagens und schlachteten
die Kühe zum Brandopfer für Jahwe.
15 Vorher hatten Leviten die Lade
Jahwes und das Kästchen mit den
goldenen Gegenständen vom Wagen
genommen und beides auf den Felsen
gestellt. Die Männer von Bet-Sche-
mesch opferten Jahwe an diesem Tag
Brandopfer und schlachteten Tiere
für ein Opfermahl. 16 Die fünf
Fürsten der Philister sahen zu und
kehrten noch am selben Tag nach
Ekron zurück.

17 Fünf Beulen aus Gold hatten die
Philister Jahwe als Versöhnungsge-
schenk mitgeschickt: eine für Asch-
dod, eine für Gaza, eine für Aschke-
lon, eine für Gat und eine für Ekron.
18 Dazu eine größere Anzahl Mäuse
aus Gold nach der Zahl aller Ortschaf-
ten, die zu den fünf Fürstentümern
der Philister gehörten. Noch heute
liegt der große Felsblock, auf den sie
damals die Lade Jahwes stellten, als
Zeuge auf dem Feld des Joschua aus
Bet-Schemesch. 19 Doch Jahwe schlug
die Leute von Bet-Schemesch, weil sie
sich die Lade Jahwes angeschaut*
hatten. Siebzig* Männer mussten
sterben. Das ganze Volk trauerte, weil
Jahwe sie so schwer geschlagen hatte.
20 Und die Leute von Bet-Schemesch
sagten: »Kann überhaupt jemand in
der Nähe von diesem heiligen Gott,
Jahwe, leben? Er soll von uns wegzie-
hen! Aber zu wem?« 21 Sie schickten
Boten nach Kirjat-Jearim* und ließen
sagen: »Die Philister haben die Lade
Jahwes zurückgebracht. Kommt her-
unter und holt sie zu euch herauf!«

6,9 *Bet-Schemesch* liegt 24 km westlich von Jerusalem.

6,19 *angeschaut.* Die meisten englischen Übersetzungen und Kommentare gehen davon aus, dass sie in die Lade *hineingeschaut* hatten.

Siebzig. So mit einigen hebräischen Handschriften. Die meisten haben hier Zahlworte für 50.070, was aber weder grammatikalisch noch archäologisch passt und wohl auf eine Textverderbnis zurückgeht.

7 1 Da kamen die Männer von Kirjat-Jearim und holten die Lade Jahwes zu sich hinauf. Sie brachten sie ins Haus Abinadabs, das auf einem Hügel stand. Seinen Sohn Eleasar weihten sie zum Wächter über die Lade Jahwes.

Samuel als Richter

2 Nachdem die Bundeslade nach Kirjat-Jearim gekommen war, verging viel Zeit. Zwanzig Jahre wurden daraus. Als dann das ganze Volk Israel Jahwe seine Not klagte, 3 sagte Samuel zu ihnen: »Wenn ihr mit eurem ganzen Herzen zu Jahwe umkehren wollt, dann schafft die fremden Götter und Astarten* fort! Wendet euer Herz Jahwe zu und dient ihm allein. Dann wird er euch aus der Gewalt der Philister befreien.« 4 Da schafften die Israeliten die Baale* und Astarten fort und verehrten Jahwe allein.

5 Dann sagte Samuel: »Holt alle Männer Israels nach Mizpa* zusammen! Dort will ich Jahwe um Hilfe für euch bitten.« 6 Sie kamen alle, schöpften Wasser und gossen es vor Jahwe aus.* An diesem Tag fasteten sie auch und bekannten: »Wir haben uns an Jahwe versündigt.« In Mizpa schlichtete Samuel auch die Streitfälle der Israeliten.

7 Als die Philister erfuhren, dass die Männer Israels sich in Mizpa versammelt hatten, rückten die Fürsten der Philister mit einem Heer gegen Israel an. Die Israeliten bekamen Angst vor den Philistern, als sie davon Nachricht erhielten. 8 Sie sagten zu Samuel: »Hör nicht auf, für uns zu Jahwe um Hilfe zu schreien, dass er uns aus der Gewalt der Philister befreit!« 9 Samuel nahm ein Milchlamm und verbrannte es vollständig auf dem Altar für Jahwe. Dabei rief er zu Jahwe um Hilfe für Israel, und Jahwe erhörte ihn.

10 Während Samuel noch opferte, rückten die Philister zum Kampf gegen Israel heran. Aber Jahwe ließ es über den Philistern so schrecklich donnern, dass sie in Panik gerieten und sich vor Israel geschlagen sahen. 11 Die Männer Israels verfolgten und schlugen sie von Mizpa aus bis unterhalb von Bet-Kar*. 12 Zur Erinnerung daran stellte Samuel einen Stein zwischen Mizpa und Schen* auf. »Bis hierher hat uns Jahwe geholfen«, sagte er und nannte ihn Eben-Eser, Stein der Hilfe.

13 Nachdem die Philister so gedemütigt worden waren, kamen sie

---

6,21 *Kirjat-Jearim*, »Wälderstadt«, lag 14 km westlich von Jerusalem.

7,3 Die *Astarte* wurde in Kanaan als Fruchtbarkeits- und Liebesgöttin verehrt. Ihr Kult war möglicherweise mit sexuellen Riten verbunden.

7,4 *Baal* bedeutet »Herr« oder »Gebieter«. Er wurde als Fruchtbarkeitsgott in Kanaan verehrt.

7,5 *Mizpa*. Stadt im Stammesgebiet von Benjamin, 12 km nördlich von Jerusalem.

7,6 *schöpften ... aus*. Für diese Zeremonie gibt es keine Parallele in der Bibel. Vielleicht symbolisiert es das Ausschütten des Herzens in Beugung und Buße vor Gott.

7,11 *Bet-Kar*. Der Ort liegt vermutlich im westlichen Benjamin. Seine genaue Lage ist bis heute unbekannt.

7,12 *Schen*, Felszahn. Unbekannter Ort, vielleicht eine Schreibweise von Jeschana, das 25 km nördlich von Jerusalem liegt.

nicht mehr in das Gebiet Israels. Solange Samuel lebte, stellte Jahwe sich gegen die Philister. 14 Alle Städte zwischen Ekron und Gat, die die Philister Israel abgenommen hatten, fielen wieder an Israel zurück, auch das ganze Gebiet, das dazu gehörte. Mit den Amoritern* lebte Israel ebenfalls in Frieden.

15 Sein Leben lang war Samuel der Richter Israels. 16 Einmal im Jahr besuchte er die Orte Bet-El*, Gilgal* und Mizpa, um den Israeliten dort Recht zu sprechen. 17 Die übrige Zeit richtete er Israel in seiner Heimatstadt Rama. Dort baute er auch einen Altar für Jahwe.

Israel bekommt einen König

8 1 Als Samuel alt wurde, setzte er seine Söhne als Richter über Israel ein. 2 Sein Erstgeborener hieß Joël, der zweite Abija. Sie übten ihr Amt in Beerscheba aus. 3 Seine Söhne folgten aber nicht seinem Vorbild. Sie waren auf Gewinn aus, nahmen Bestechung an und beugten das Recht.

4 Da kamen alle Ältesten Israels bei Samuel in Rama zusammen. 5 Sie sagten zu ihm: »Du bist alt geworden, und deine Söhne folgen nicht deinem Beispiel. Setz deshalb einen König über uns ein, damit er für Recht bei uns sorgt, wie es bei allen Völkern üblich ist.« 6 Aber Samuel missfiel sehr, was sie forderten, und er betete zu Jahwe. 7 Jahwe antwortete ihm: »Hör auf alles, was sie dir sagen. Denn dieses Volk lehnt nicht dich ab, sondern mich. Ich soll nicht länger ihr König sein. 8 So haben sie es immer wieder gemacht, seit ich sie aus Ägypten geführt habe. Immer wieder sind sie mir untreu geworden und haben anderen Göttern gedient. Das ist bis heute so geblieben. Und mit dir machen sie es jetzt genauso. 9 Hör ruhig auf sie, aber warne sie auch mit aller Deutlichkeit und mach sie mit den Rechten des Königs vertraut, der dann über sie herrschen wird.«

10 Samuel gab dem Volk, das einen König von ihm haben wollte, alles weiter, was Jahwe ihm gesagt hatte. 11 Er sagte: »Wenn ein König über euch herrscht, wird er folgende Rechte haben: Er wird eure Söhne in seinen Dienst holen, damit sie für seine Pferde und Wagen sorgen und vor ihm herlaufen, wenn er ausfährt. 12 Er wird sie zu Hauptleuten und Truppenführern machen, sie müssen seine Felder bestellen und seine Ernte einbringen, sie werden Waffen und Streitwagen herstellen. 13 Eure Töchter wird er holen, damit sie Salben für ihn mischen, für ihn backen und kochen. 14 Eure besten Felder, Weinberge und Olivenhaine wird er seinen Beamten geben. 15 Vom Ertrag eurer Kornfelder und Weinberge wird er den Zehnten fordern und damit seine Hofleute und Diener bezahlen.

7,14 *Amoriter* kann sowohl für einen einzelnen Stamm als auch für alle Bewohner Kanaans stehen. Es waren semitische Einwanderer aus der Arabischen Wüste, die um 2000 v.Chr. ins Kulturland eindrangen.

7,16 *Bet-El*, der Ort, wo Jakob von der Himmelsleiter träumte, liegt 19 km nördlich von Jerusalem.

Gilgal wird gewöhnlich mit den Ruinen von Kirbet el-Mafjer identifiziert, 3 km nordöstlich von Jericho. Der Name klingt an das hebr. Wort für Kreis an.

16 Auch eure Knechte und Mägde,
eure besten jungen Männer und eure
Esel wird er holen und für sich arbei-
ten lassen. 17 Auch von euren Schafen
wird er den Zehnten nehmen. Und
ihr alle werdet seine Diener sein.
18 Wenn ihr dann wegen eures Königs
um Hilfe schreit, den ihr jetzt unbe-
dingt haben wollt, wird euch Jahwe
nicht antworten.«

19 Aber das Volk wollte nicht auf
Samuel hören. »Nein, wir wollen
einen König!«, riefen sie. 20 »Dann
werden wir wie die anderen Völker
sein: Unser König wird uns richten,
er wird vor uns herziehen und uns
im Krieg anführen.« 21 Samuel hörte
sich alles an, was das Volk ihm sagte,
und trug es Jahwe vor. 22 Jahwe sagte
zu ihm: »Hör auf sie und setz einen
König über sie ein!« Dann schickte
Samuel die Männer Israels wieder
nach Hause.

Saul kommt zu Samuel

9 1 Damals lebte im Gebiet von
Benjamin ein Mann namens
Kisch Ben-Abiël. Er war wohlhabend
und angesehen. Seine Vorfahren wa-
ren Zeror, Bechorat und Afiach aus
dem Stamm Benjamin. 2 Er hatte
einen Sohn namens Saul. Der war
jung und stattlich und schöner als alle
anderen jungen Männer in Israel.
Außerdem war er einen Kopf größer
als alle.

3 Einmal waren Sauls Vater Kisch
die Eselinnen weggelaufen. Da sagte
er zu Saul: »Nimm einen von den
jungen Männern mit und suche sie.«
4 Da zogen sie durch das Bergland
von Efraïm und das Gebiet von
Schalischa*, fanden sie aber nicht.
Dann zogen sie durch die Gegend
von Schaalim* und das Gebiet von
Benjamin.

5 Als sie in die Gegend von Zuf*
kamen, sagte Saul zu seinem Diener:
»Komm, lass uns umkehren. Sonst
macht sich mein Vater mehr Sorgen
um uns als um die Eselinnen.« 6 Doch
der erwiderte: »In dieser Stadt dort
lebt doch ein angesehener Gottes-
mann. Alles, was er sagt, trifft sicher
ein. Lass uns zu ihm gehen! Vielleicht
kann er uns sagen, wo wir uns hin-
wenden sollen.« 7 »Aber wenn wir
hingehen«, entgegnete Saul, »was
wollen wir ihm mitbringen? Unsere
Brotbeutel sind leer, und wir haben
auch sonst nichts, was wir ihm geben
könnten.« 8 »Schau her, ich habe
noch ein kleines Silberstück bei mir«,
erwiderte der junge Mann. »Das will
ich dem Mann Gottes geben, damit
er uns sagt, wohin wir gehen sol-
len.« 9 Damals sagte man in Israel:
»Komm, lass uns zum Seher gehen!«,
wenn man etwas von Gott wissen
wollte. Früher wurden die Propheten
nämlich »Seher« genannt.

10 »Gut«, sagte Saul zu seinem Die-
ner, »lass uns gehen!« So gingen sie
zu dem Gottesmann in die Stadt.
11 Auf dem Weg zur Stadt trafen sie
einige Mädchen, die herunterkamen,
um Wasser zu holen. »Ist der Seher in

9,4 *Schalischa.* Wahrscheinlich das Gebiet um die Stadt Baal-Schalischa, 26 km nordöstlich von Jerusalem.

Schaalim. Wahrscheinlich ein Gebiet nördlich des Stammes Benjamin.

9,5 *Zuf.* Gebiet, wo die Zufiter lebten, vermutlich in der Gegend von Rama.

der Stadt?«, fragten sie die Mädchen.
12 »Ja, er ist da«, erwiderten sie. »Be-
eilt euch, denn gerade heute ist er ge-
kommen, weil das Volk ein Opferfest
auf der Höhe feiert. 13 Wenn ihr in die
Stadt geht, werdet ihr ihn treffen,
bevor er zum Opfermahl hinaufsteigt.
Alle werden mit dem Essen auf ihn
warten, denn erst, wenn er das Mahl
gesegnet hat, dürfen die Gäste davon
essen. Wenn ihr euch jetzt beeilt, trefft
ihr ihn noch!« 14 Sie taten es. Als sie
die Stadt betraten, kam ihnen Samuel
entgegen. Er wollte gerade zur Opfer-
höhe hinaufsteigen.

15 Jahwe hatte Samuel schon am
Tag vorher offenbart: 16 »Morgen um
diese Zeit werde ich einen Mann aus
Benjamin zu dir schicken. Den sollst
du zum Anführer meines Volkes Israel
salben. Er wird es aus der Gewalt der
Philister befreien, denn ich habe mein
Volk angesehen und seinen Hilfe-
schrei gehört.« 17 Als nun Samuel
Saul sah, sagte Jahwe zu ihm: »Das ist
der Mann, von dem ich dir gesagt
habe, dass er über mein Volk herr-
schen soll.« 18 Da trat Saul im Stadt-
tor auch schon auf Samuel zu und bat:
»Zeig mir doch, wo hier der Seher
wohnt!«

19 Samuel erwiderte ihm: »Ich bin
der Seher. Steig vor mir auf die Opfer-
höhe hinauf, denn ihr sollt heute mit
mir essen. Morgen früh lass ich dich
weiterziehen, und dann sage ich dir
auch alles, was du auf dem Herzen
hast. 20 Wegen der Eselinnen, die dir
heute vor drei Tagen verloren gegan-
gen sind, brauchst du dir keine Ge-
danken zu machen. Man hat sie ge-
funden. Aber weißt du, auf wen sich
die ganze Hoffnung Israels richtet? –
Auf dich und deine Familie!« 21 »Aber
ich bin doch ein Benjaminit«, er-
widerte Saul. »Mein Stamm ist der
kleinste in Israel und meine Sippe die
geringste im ganzen Stamm. Wie
kannst du mir so etwas sagen?«

22 Samuel führte Saul und seinen
Diener in die Halle und wies ihnen die
Ehrenplätze an der Tafel zu. Etwa
dreißig Mann waren eingeladen.
23 Dann bat er den Koch: »Bring das
Stück her, das ich zurücklegen ließ!«
24 Da servierte der Koch die Keule
und alles, was dazugehörte, und legte
es Saul vor. Samuel sagte: »Lass es dir
schmecken! Es ist extra für dich auf-
bewahrt worden, als ich das Volk ein-
lud.« So war Saul an diesem Tag Sa-
muels Gast. 25 Dann gingen sie von
der Opferhöhe wieder in die Stadt und
unterhielten sich noch lange auf der
Dachterrasse. 26 Am nächsten Mor-
gen standen sie früh auf. Schon als die
Morgendämmerung anfing, hatte Sa-
muel Saul auf der Dachterrasse zuge-
rufen: »Steh auf, ich will dich noch ein
Stück begleiten!« 27 Als sie an die
Grenze des Stadtgebietes gekommen
waren, sagte er zu Saul: »Lass deinen
Diener vorausgehen!« Als dieser
gegangen war, fuhr Samuel fort:
»Bleib stehen! Ich will dir ein Gottes-
wort verkünden.«

Saul wird zum König gesalbt

10 1 Samuel nahm die Ölflasche
heraus und goss das Öl auf
Sauls Kopf. Dann küsste er ihn und
sagte: »Hiermit hat Jahwe dich zum
Herrscher über sein Eigentum ge-
salbt. 2 Wenn du jetzt weggehst,
wirst du beim Rahelsgrab bei Zel-
zach* an der Grenze von Benjamin

zwei Männer treffen. Sie werden dir
sagen: ›Die Eselinnen, die du suchen
gegangen bist, sind gefunden. Dein
Vater sorgt sich jetzt nicht mehr um
die Eselinnen, sondern um dich, und
überlegt, was er wegen dir unterneh-
men soll.‹ 3 Wenn du weitergehst,
wirst du zur Terebinthe* von Tabor*
kommen. Dort werden dir drei Män-
ner begegnen, die zu Gott nach Bet-
El hinaufgehen. Einer trägt drei Bök-
kchen, einer drei Brote und der dritte
einen Schlauch mit Wein. 4 Sie wer-
den dich nach deinem Wohlergehen
fragen und dir zwei Brote geben. Die
sollst du von ihnen annehmen. 5 Da-
nach wirst du zum Hügel Gottes
kommen, wo Wachposten der Philis-
ter stehen. Gleich am Stadtrand be-
gegnest du einer Gruppe Propheten,
die von der Opferhöhe herabkom-
men. Vor ihnen her werden Harfe,
Tamburin, Flöte und Zither gespielt,
und sie weissagen*. 6 Dann wird der
Geist Jahwes über dich kommen und
du wirst mit ihnen weissagen. Von da
an wirst du ein ganz anderer Mensch
sein. 7 Wenn diese Zeichen bei dir
eintreffen, dann tu einfach, was dir
vor die Hände kommt, denn Gott ist
bei dir! 8 Dann sollst du mir voraus
nach Gilgal gehen und sieben Tage
auf mich warten. Ich werde zu dir
hinabkommen, um Brandopfer dar-
zubringen und Freudenopfer* zu
schlachten. Dann werde ich dich
wissen lassen, was du tun sollst.«
9 Als Saul von Samuel wegging, ver-
wandelte Gott sein Herz. Alle Zeichen
trafen am selben Tag ein. 10 Als sie an
den Hügel kamen, begegnete ihnen
eine Gruppe von Propheten. Der Geist
Gottes kam über Saul, sodass er mit
ihnen weissagte. 11 Und alle, die ihn
von früher kannten und sahen, dass er
weissagte, fragten einander: »Was ist
denn mit dem Sohn von Kisch gesche-
hen? Wie kommt Saul unter dic Pro-
pheten?« 12 Einer der Umstehenden
meinte: »Von denen kennt man nicht
einmal den Anführer!« Von daher
kommt das Sprichwort: »Ist denn
auch Saul unter den Propheten?«
13 Als Saul mit dem Weissagen aufge-
hört hatte, kam er zur Opferstätte.

14 »Wo seid ihr gewesen?«, fragte
Sauls Onkel ihn und seinen Diener.
»Wir haben die Eselinnen gesucht«,
antwortete er. »Und als wir sie nicht
finden konnten, gingen wir zu
Samuel.« 15 »Was hat er euch denn
gesagt?«, wollte der Onkel wissen.
16 Saul erwiderte: »Er hat uns mit-
geteilt, dass die Eselinnen gefunden
seien.« Was Samuel ihm über das
Königtum gesagt hatte, erwähnte er
aber nicht.

10,2 *Zelzach*. Die genaue Lage des Ortes ist nicht bekannt.

10,3 *Terebinthe*. Belaubter Baum mit breitem Wipfel, der nicht mehr als 7 m hoch wird und als Schattenspender geschätzt ist.

Tabor. Hier: Ort in der Nähe von Bet-El.

10,5 *Weissagen* bedeutet normalerweise »als Sprecher Gottes reden«, hier könnte auch die Entstehung und Wiedergabe geistlicher Musik gemeint sein (wie 1. Chronik 25,1-3, siehe auch 1. Samuel 19,20-24).

10,8 Beim *Freudenopfer* wurde im Gegensatz zum Brandopfer nur das Fett auf dem Altar verbrannt. Der größte Teil des Tieres durfte bei einer fröhlichen Opfermahlzeit gemeinsam mit Verwandten und Freunden verzehrt werden.

Saul wird König über Israel

17 Samuel rief das Volk zu Jahwe nach
Mizpa. 18 Dort sagte er zu den Israeli-
ten: »So spricht Jahwe, der Gott Is-
raels: Ich habe Israel aus Ägypten
hierhergeführt, ich habe euch aus der
Gewalt der Ägypter und aller anderen
Mächte befreit, die euch bedrängt
haben. 19 Doch ihr habt heute euren
Gott verworfen, der euch aus aller Not
und Bedrängnis gerettet hat. Ihr habt
zu ihm gesagt: ›Nein, setze einen
König über uns!‹ Nun denn, stellt
euch hier vor Jahwe nach Stämmen
und Heereseinheiten geordnet auf!«

20 Samuel ließ alle Stämme Israels
antreten. Das Los fiel auf den Stamm
Benjamin. 21 Dann ließ er den Stamm
Benjamin nach seinen Sippen an-
treten. Da fiel das Los auf die Sippe
Matri, und dann traf es Saul Ben-
Kisch. Man suchte ihn, doch er war
nicht zu finden. 22 Da fragten sie
Jahwe noch einmal: »Ist noch ein
Mann hierher gekommen?« Doch
Jahwe erwiderte: »Schaut nach, er hat
sich beim Gepäck versteckt!« 23 Sie
liefen hin und holten ihn. Als er dann
in der Menge stand, war er einen Kopf
größer als alle.

24 Samuel sagte zum Volk: »Seht ihr,
wen Jahwe ausgewählt hat? Keiner im
ganzen Volk ist wie er.« Da jauchzte
das Volk auf und rief: »Es lebe der
König!« 25 Samuel trug ihnen nun die
Rechte des Königtums vor und schrieb
sie anschließend in eine Schriftrolle,
die dann im Heiligtum Jahwes nieder-
gelegt wurde. Dann löste er die Ver-
sammlung auf und schickte die Leute
nach Hause. 26 Auch Saul ging heim
nach Gibea. Mit ihm zog eine Schar
von Männern, deren Herz Gott
berührt hatte. 27 Aber einige nieder-
trächtige Leute sagten: »Wie soll der
uns helfen können?« Sie hatten nur
Verachtung für ihn übrig und brachten
ihm auch kein Geschenk. Doch er tat,
als hörte er nichts.

Sauls Sieg über die Ammoniter

11 1 Der Ammoniter* Nahasch
zog mit einem Heer vor die
Stadt Jabesch* in Gilead* und be-
lagerte sie. Die Männer von Jabesch
sagten zu Nahasch: »Wenn du einen
Vertrag mit uns schließt, wollen wir
uns dir unterwerfen.« 2 Doch der Am-
moniter Nahasch erwiderte ihnen:
»Unter einer Bedingung lasse ich
mich darauf ein: Ich werde jedem von
euch das rechte Auge ausstechen,
denn ich will Schande über ganz Israel
bringen.« 3 »Gib uns sieben Tage
Zeit«, sagten die Ältesten von Jabesch
zu ihm. »Wir wollen Boten in alle Ge-
genden Israels schicken. Wenn uns
niemand hilft, kommen wir zu dir hi-
naus.« 4 Die Boten kamen auch nach
Gibea, dem Heimatort Sauls. Als sie
dem Volk die Lage schilderten, bra-
chen alle in Tränen aus. 5 Saul kam
gerade mit seinen Rindern vom Feld
und fragte: »Was ist mit den Leuten
los? Warum weinen sie alle?« Sie
berichteten ihm, was die Männer von
Jabesch gesagt hatten.

11,1 Die *Ammoniter* lebten nordöstlich vom Toten Meer.

Jabesch. Stadt am Nordufer des Jabbok, 15 km südöstlich von Bet-Schean und 11 km vom Jordan entfernt.

Gilead bezeichnet das mittlere, manchmal auch das ganze Ostjordanland.

6 Als Saul das hörte, kam der Geist
Gottes über ihn, und er wurde sehr
zornig. 7 Er schlachtete zwei seiner
Rinder und zerstückelte sie. Dann
schickte er Boten mit den Stücken in
alle Gegenden Israels. Sie sollten
sagen: »Wer nicht mit Saul und
Samuel in den Kampf zieht, dessen
Rindern wird es ebenso ergehen!« Da
fiel der Schrecken Jahwes auf das
ganze Volk, und es meldete sich ge-
schlossen zum Kampf. 8 Bei Besek*
musterte er sie. Es waren 300.000
Mann aus Israel und 30.000 Mann aus
Juda. 9 Die Boten aus Jabesch schick-
te man mit der Nachricht zurück:
»Morgen, wenn die Sonne heiß wird,
werdet ihr befreit.« Die Botschaft
löste große Freude bei den Männern
der Stadt aus. 10 Sie ließen den Am-
monitern sagen: »Morgen kommen
wir zu euch hinaus. Dann könnt ihr
mit uns machen, was ihr wollt.«

11 Am nächsten Tag teilte Saul das
Heer in drei Abteilungen auf. Noch
vor der Morgendämmerung* über-
fielen sie das Lager. Als der Tag heiß
wurde, hatten sie die Ammoniter
vernichtend geschlagen. Von den
wenigen, die entkamen, blieben nicht
zwei beieinander.

12 Da sagte das Volk zu Samuel:
»Wer hat damals gesagt: ›Soll etwa
Saul über uns herrschen?‹ Her mit
den Männern! Wir werden sie töten.«
13 Aber Saul wehrte ab: »An diesem
Tag soll niemand von uns getötet
werden, denn heute hat Jahwe seinem
Volk Israel Rettung geschenkt!« 14 Und
Samuel sagte zu ihnen: »Kommt, lasst
uns nach Gilgal ziehen und dort das
Königtum erneuern!« 15 So zogen
alle nach Gilgal und bestätigten dort
in der Gegenwart Jahwes Saul zum
König. Dann schlachteten sie Freu-
denopfer vor Jahwe. Saul und alle
Männer Israels waren glücklich.

Samuels Abschiedsrede

12 1 Samuel sagte dann zu ganz
Israel: »Seht her, alles, was
ihr von mir wolltet, habe ich getan
und euch einen König gegeben. 2 Von
jetzt an wird er euch vorangehen. Ich
bin alt und grau geworden, meine
Söhne sind ja unter euch. Von meiner
Jugend an habe ich euch geführt, bis
heute. 3 Hier stehe ich vor euch, vor
Jahwe und seinem gesalbten König.
Sprecht es aus, wenn ihr etwas gegen
mich habt! Wem habe ich je ein Rind
weggenommen oder einen Esel? Wen
habe ich erpresst und wen unterdrük-
kt? Von wem habe ich mich bestechen
lassen und dann beide Augen zuge-
drückt? Ich bin bereit, alles zu erstat-
ten!«

4 »Du hast uns nicht erpresst«, er-
widerten sie, »du hast uns nicht miss-
handelt, du hast von niemand etwas
angenommen.« 5 Da sagte er: »Jahwe
und sein Gesalbter sind heute Zeugen,
dass ihr kein Unrecht an mir gefun-
den habt.« – »Ja, so ist es!«, riefen sie.

6 Dann sagte Samuel zum Volk: »Es
war Jahwe, der Mose und Aaron ein-
gesetzt und eure Väter aus Ägypten
geführt hat. 7 Nun tretet her, dass ich

11,8 *Besek*. Ort im Stammesgebiet von Juda, vielleicht Chirbet Buzqa, 54 km nördlich von Jerusalem.

11,11 *Morgendämmerung*. Wörtlich: *Morgenwache*, d.h. zwischen 2 und 6 Uhr morgens.

vor Jahwe mit euch ins Gericht gehe
wegen allem, was Jahwe in seiner
Treue für euch und eure Väter getan
hat.

8 Als Jakob nach Ägypten gekom-
men war, schrien eure Vorfahren um
Hilfe zu Jahwe. Da schickte er ihnen
Mose und Aaron, die eure Väter aus
Ägypten führten und sie in dieser Ge-
gend hier wohnen ließen. 9 Aber bald
vergaßen sie Jahwe, ihren Gott. Da
gab er sie ihren Feinden preis: Sisera,
dem Heerführer von Hazor*, den Phi-
listern und dem König von Moab*, die
gegen sie kämpften. 10 Da schrien sie
zu Jahwe um Hilfe. ›Es war Unrecht‹,
riefen sie dann, ›dass wir dich verlas-
sen haben, Jahwe, und dass wir die
Baale und Astarten verehrten. Befreie
uns von unseren Feinden, dann wol-
len wir dir dienen!‹ 11 Da schickte
Jahwe Jerub-Baal*, Bedan*, Jiftach
und schließlich Samuel, um euch von
euren Feinden zu befreien und euch
sicher im Land wohnen zu lassen.

12 Als ihr dann aber gesehen habt,
dass der Ammoniterkönig Nahasch
mit seinem Heer gegen euch zog, sag-
tet ihr zu mir: ›Nein, ein König soll
über uns regieren!‹, obwohl doch
Jahwe, euer Gott, euer König ist.
13 Seht, da ist der König, den ihr haben
wolltet! Seht, Jahwe hat einen König
über euch gestellt! 14 Wenn ihr nun
Jahwe fürchtet und ihm dient, wenn
ihr ihm gehorcht und euch nicht gegen
seine Anordnungen stellt, wenn ihr
und der König, der über euch herrscht,
Jahwe treu bleiben, ist es gut. 15 Wenn
ihr Jahwe aber nicht gehorcht und
euch seinen Anordnungen widersetzt,
wird er sich mit seiner Macht gegen
euch stellen wie gegen eure Väter.

16 So tretet jetzt her und seht, welch
großes Wunder Jahwe vor euren Au-
gen tun wird! 17 Es ist gerade Weizen-
ernte. Ich will Jahwe anrufen, dass er
Donner und Regen schickt. Dann er-
kennt ihr, ja, dann werdet ihr sehen,
wie groß eure Bosheit in Jahwes
Augen war, einen König für euch zu
verlangen.«

18 Samuel rief Jahwe an und Jahwe
ließ es an diesem Tag donnern und
regnen. Da fürchtete sich das Volk
sehr vor Jahwe und Samuel, 19 und
sie sagten zu Samuel: »Bitte Jahwe,
deinen Gott, für deine Diener, dass
wir nicht sterben müssen! Denn zu all
unseren Sünden haben wir noch die
Bosheit hinzugetan, einen König zu
verlangen.«

20 Samuel erwiderte ihnen: »Habt
keine Angst! Ihr habt zwar all das
Böse getan, doch haltet in Zukunft
nur treu zu Jahwe und dient ihm von
ganzem Herzen! 21 Weicht ja nicht ab
und fangt nicht an, den Nichtsen*
nachzulaufen. Sie nützen euch nichts
und können euch auch nicht retten,
eben weil sie Nichtse sind. 22 Und
weil sein großer Name dafür steht,
wird Jahwe sein Volk nicht verlassen,
denn es hat ihm nun einmal gefallen,

12,9 *Hazor*. Wichtigste kanaanitische Festung im Norden, 14 km nördlich vom See von Galiläa.

Die *Moabiter* lebten östlich des Toten Meeres zwischen den Flüssen Arnon und Zered.

12,11 *Jerub-Baal*, besser bekannt als Gideon (Richter 6,32).

Bedan wird sonst nicht erwähnt; vielleicht ist Barak (Richter 4,6-7) gemeint.

12,21 *Nichtse*. Gemeint sind irgendwelche Götzen.

euch zu seinem Volk zu machen.
23 Auch ich werde auf keinen Fall auf-
hören, für euch zu beten! Denn dann
würde ich mich an Jahwe versündi-
gen. Ich werde euch weiter den guten
und richtigen Weg zeigen. 24 Ehrt nur
Jahwe und dient ihm treu von ganzem
Herzen! Seht doch, was für große
Dinge er an euch getan hat! 25 Wenn
ihr aber trotzdem Böses tut, werdet
ihr samt eurem König weggerafft.«

Samuel widersteht Saul

13 1 Saul war 30* Jahre alt, als er
König wurde, und regierte
eine Zweizahl* von Jahren über Is-
rael. 2 Saul wählte sich 3000 Israeli-
ten aus. 2000 sollten unter seinem Be-
fehl in Michmas* und auf den Höhen
von Bet-El stehen und 1000 unter Jo-
natan bei Gibea in Benjamin. Den
Rest des Volkes entließ er wieder nach
Hause. 3 Jonatan erschlug die Wach-
posten der Philister in Geba*. Als das
bei den Philistern bekannt wurde, ließ
Saul im ganzen Land das Widderhorn
blasen, denn er wollte, dass die He-
bräer es hörten. 4 Überall in Israel
wurde ausgerufen: »Saul hat die
Wachposten der Philister geschlagen!
Dadurch hat sich Israel bei den Phili-
stern verhasst gemacht.« So wurde
das Volk nach Gilgal zusammengeru-
fen, um unter Sauls Führung zu
kämpfen.

5 Auch die Philister sammelten sich
zum Kampf gegen Israel. 3000*
Streitwagen und 6000 Gespanne,
dazu Fußkämpfer wie Sand am Meer.
Ihr Lager schlugen sie bei Michmas,
östlich von Bet-Awen* auf. 6 Als die
Israeliten sahen, dass sie durch diese
Menge in Not kommen würden, ver-
steckten sie sich in Höhlen und in
Dornengestrüpp, in Felsen, Grabkam-
mern und Zisternen. 7 Einige Hebräer
flohen sogar über den Jordan ins Ge-
biet von Gad* und Gilead. Saul war
immer noch in Gilgal. Und das ganze
Volk, das bei ihm war, zitterte vor
Angst. 8 Er wartete sieben Tage bis zu
der von Samuel bestimmten Zeit. Als
Samuel nicht nach Gilgal kam, fingen
die Leute an wegzulaufen. 9 Da sagte
Saul: »Bringt mir die Tiere für das
Brand- und Freudenopfer her!« Dann
brachte er selbst das Opfer dar. 10 Als
er gerade mit dem Brandopfer fertig
war, kam Samuel. Saul ging ihm zum
Segensgruß entgegen.

11 »Was hast du da getan?«, fragte
Samuel. »Ich sah, dass das Volk mir

13,1 *30.* Die Zahl fehlt im hebräischen Text. In den meisten Handschriften der LXX fehlt der ganze Vers. Nur einige Manuskripte nennen die Zahl 30.

Zweizahl. Gemeint ist eventuell eine zweistellige Zahl. Nach Apostelgeschichte 13,21 waren es 40 Jahre. Möglicherweise kann die Zwei auch auf den folgenden Vers bezogen werden: »Nachdem er *zwei* Jahre in Israel regiert hatte, wählte er sich ...«

13,2 *Michmas* war ein Dorf im Stammesgebiet von Benjamin, 12 km nördlich von Jerusalem.

13,3 *Geba* liegt zwischen Michmas und Gibea, etwa 12 km nördlich von Jerusalem.

13,5 *3000.* So mit der griechischen Übersetzung des Alten Testaments, die im 3. Jh. v.Chr. in Alexandria entstand, der sogenannten Septuaginta (=LXX). Hebräisch: 30.000.

Bet-Awen. Stadt an der Nordgrenze von Benjamin, 12 km nordöstlich von Jerusalem.

13,7 *Gad.* Stammesgebiet nordöstlich des Toten Meeres an der Ostseite des Jordan-Tals.

davonlief«, erwiderte Saul, »und du
kamst nicht zur vereinbarten Zeit,
und die Philister standen schon in
Michmas. 12 Da dachte ich: Nun wer-
den sie nach Gilgal herunterkommen,
und ich habe Jahwe noch nicht gnädig
gestimmt. Da habe ich es gewagt und
das Brandopfer selbst dargebracht.«
13 »Das war sehr dumm von dir!«,
sagte Samuel. »Du hast den Befehl
von Jahwe, deinem Gott, nicht ausge-
führt. Denn gerade jetzt hätte er dein
Königtum über Israel für immer be-
stätigt. 14 Aber nun wird es keinen
Bestand haben. Jahwe hat sich einen
Mann gesucht, der ihm gefällt, und
ihn zum Führer über sein Volk be-
stimmt. Denn du hast dich nicht an
das Gebot Jahwes gehalten.«

Israel ohne Waffen

15 Samuel verließ Gilgal und ging
nach Gibea in Benjamin. Als Saul
seine Leute musterte, waren es noch
etwa 600 Mann. 16 Saul und sein
Sohn Jonatan blieben bei Geba in
Benjamin. Die Philister hatten ihr
Lager bei Michmas. 17 Jetzt brachen
aus dem Lager der Philister drei Ab-
teilungen auf, die das Land verwüsten
sollten. Eine Truppenabteilung zog
in Richtung Ofra*, im Gebiet von
Schual. 18 Die zweite zog in Richtung
Bet-Horon* und die dritte in Rich-
tung des Höhenzuges, von dem aus
das Hyänental und die Wüste zu sehen
sind.

19 Damals gab es in ganz Israel
keinen Schmied, denn die Philister
wollten verhindern, dass die Hebräer
sich Schwerter oder Speere machten.
20 Deshalb musste jeder Israelit zu
den Philistern gehen, wenn er seine
Pflugschar, einen Spaten, ein Beil
oder eine Sichel schärfen lassen woll-
te. 21 Bei Pflugschar und Spaten kos-
tete das zwei Drittel eines Silber-
stücks, bei einem Dreizink, einem Beil
und dem Ochsenstachel* ein Drittel.
22 So kam es, dass am Tag des Kamp-
fes keiner von den Männern Israels,
die Saul und Jonatan folgten, ein
Schwert oder einen Speer hatte. Nur
Saul und sein Sohn besaßen welche.

23 Ein Posten der Philister sollte den
Pass bei Michmas sichern.

Jonatans Heldentat

14 1 Eines Tages sagte Jona-
tan zu seinem Waffenträger:
»Los, gehen wir zu dem Posten der
Philister dort drüben!« Seinem Vater
aber sagte er nichts davon. 2 Saul saß
zu dieser Zeit unter dem Granatapfel-
baum, der am Rand von Gibea steht.
Etwa 600 Mann waren bei ihm.
3 Ahija Ben-Ahitub, der Bruder von
Ikabod und Sohn von Pinhas Ben-Eli,
dem Sohn von Jahwes Priester in
Schilo, trug das Efod. Auch von den
Männern Sauls wusste niemand, dass
Jonatan weggegangen war.

4 Um zu dem Posten der Philister
hinüberzugelangen, wählte Jonatan

13,17 *Ofra.* Das heutige *et Tajibe*, das auf einer Anhöhe 9 km nördlich von Michmas liegt.

13,18 *Bet-Horon.* Wichtiger Passweg vom Gebirge in die Schefela, das fruchtbare Hügelland Judas Er wird von den Orten *Oberes Bet-Horon* (617 m ü. NN) und *Unteres Bet-Horon* (399 m ü. NN) beherrscht.

13,21 *Ochsenstachel.* Zum Antreiben der Rinder verwendete man einen Stab mit einer scharfen Spitze.

einen Weg zwischen zwei Felszacken
hindurch. Einen nannte man Bozez,
den Glänzenden, den anderen Senne,
den Stachel. 5 Sie ragten wie Säulen
auf, die eine im Norden auf der Seite
von Michmas, die andere im Süden
auf der Seite von Geba.

6 Jonatan sagte zu seinem Waffen-
träger: »Komm, wir gehen zum
Posten dieser Unbeschnittenen* dort
drüben. Vielleicht wird Jahwe etwas
für uns tun, denn für ihn spielt es
keine Rolle, ob wir viele oder weni-
ge sind.« 7 »Tu, was du für richtig
hältst«, erwiderte sein Waffenträger,
»ich bin immer dabei!« 8 »Pass auf!«,
sagte Jonatan. »Wir gehen ganz offen
auf die Männer zu. 9 Wenn sie dann
zu uns sagen: ›Bleibt stehen, bis wir
bei euch sind!‹, dann bleiben wir ste-
hen und steigen nicht zu ihnen hinauf.
10 Wenn sie aber sagen: ›Kommt he-
rauf zu uns!‹, dann klettern wir hi-
nauf, denn dann hat Jahwe sie in un-
sere Hand gegeben. Das soll uns das
Zeichen sein.«

11 So zeigten sich beide dem Posten
der Philister. »Sieh da!«, riefen die
Philister. »Die Hebräer kommen aus
den Löchern hervor, in die sie sich ver-
krochen haben.« 12 Die Wachen rie-
fen Jonatan und seinem Waffenträger
zu: »Kommt rauf zu uns, dann werden
wir es euch schon zeigen!« Da sagte
Jonatan zu seinem Waffenträger:
»Steig mir nach, denn Jahwe hat sie in
die Hand Israels gegeben!« 13 Auf
allen Vieren kletterte Jonatan hinauf
und sein Waffenträger hinter ihm her.
Jonatan schlug die Philister nieder
und sein Waffenträger versetzte ihnen
den Todesstoß. 14 Dieser erste Schlag,
den Jonatan mit seinem Waffenträger
führte, traf etwa 20 Mann – auf einer
Fläche von der Größe eines halben
Ackers*.

15 Da brach eine Panik im ganzen
Heer der Philister aus: bei denen im
Lager und bei denen im Gelände, auch
bei der Postenkette und bei denen, die
zur Verwüstung des Landes ausgezo-
gen waren. Dazu bebte die Erde. Ein
Schrecken Gottes war auf sie gefallen.

Der Sieg über die Philister

16 Die Späher Sauls in Gibea in Benja-
min bemerkten das lärmende Getüm-
mel, das hin und her wogte. 17 Saul
befahl seinen Leuten: »Lasst antreten
und seht nach, wer von uns wegge-
gangen ist!« Da stellte sich heraus,
dass Jonatan und sein Waffenträger
fehlten. 18 »Bring die Lade Gottes*
her!«, sagte Saul zu Ahija. Die Bun-
deslade befand sich nämlich im Lager
der Israeliten. 19 Aber während er
noch mit dem Priester redete, stei-
gerte sich der Tumult im Lager der
Philister so sehr, dass Saul zu ihm
sagte: »Nein, lass es!«

20 Saul und seine Leute sammelten
sich und liefen zu dem Kampfgesche-
hen. Da sahen sie, dass einer gegen
den anderen kämpfte. Es war ein
großes Durcheinander. 21 Und die

14,6 *Unbeschnittene.* Verächtlicher Ausdruck für Menschen, die nicht zum Bund Gottes gehörten. Siehe 1. Mose 17,9-14!

14,14 *Acker.* Wörtlich: der halben Pflugstrecke eines Ackerjochs. Ein *Joch* ist die Fläche, die von einem Joch Ochsen an einem Tag gepflügt werden konnte, etwa 1600 Quadratmeter, die Hälfte davon also 800.

14,18 *Lade Gottes.* Die LXX übersetzt hier und auch im nächsten Satz: *das Efod.*

Hebräer, die sich bisher zu den Phi-
listern gehalten hatten und mit ihnen
in den Kampf gezogen waren, wollten
jetzt bei den Israeliten sein, die zu
Saul und Jonatan standen. 22 Und als
die Israeliten, die sich im Bergland
von Efraïm versteckt hatten, von der
Flucht der Philister hörten, nahmen
auch sie die Verfolgung auf. 23 So
rettete Jahwe Israel an diesem Tag.
Der Kampf zog sich bis über Bet-
Awen hinaus.

Sauls voreiliger Schwur

24 Vorwärtsgetrieben wurden die
Männer Israels an jenem Tag durch
einen Schwur Sauls. Saul hatte ge-
sagt: »Verflucht sei jeder, der vor dem
Abend etwas isst, bis ich mich an mei-
nen Feinden gerächt habe!« Daher
nahm keiner von den Leuten etwas zu
sich. 25 Zu dieser Zeit gab es überall in
der Gegend Honig von wilden Bienen.
26 Als die Leute an den Stöcken vor-
beikamen, flossen diese von Honig
über. Aber niemand wagte es, davon
zu kosten, denn sie fürchteten Sauls
Fluch.

27 Jonatan wusste nichts von dem
Fluch, mit dem sein Vater das Volk be-
legt hatte. Er tauchte den Stab, den er
in der Hand hatte, mit der Spitze in
eine Honigwabe und aß von dem
Honig. Da leuchteten seine Augen
auf. 28 Einer von den Männern sagte
zu ihm: »Dein Vater hat jeden mit
einem Fluch bedroht, der heute etwas
isst. Darum sind wir alle so er-
schöpft.« 29 Da sagte Jonatan: »Mein
Vater bringt das Land ins Unglück.
Seht doch, wie meine Augen leuchten,
weil ich dieses bisschen Honig ge-
kostet habe. 30 Wie viel größer wäre
unser Sieg gewesen, wenn die Leute
sich an der Beute ihrer Feinde hätten
satt essen können. So ist der Schlag
gegen die Philister nicht heftig ge-
nug.« 31 Sie verfolgten die Philister an
jenem Tag bis nach Ajalon*. Dann
waren alle erschöpft. 32 Sie stürz-
ten sich nun auf die Beutetiere und
schlachteten Schafe, Rinder und Käl-
ber einfach auf der Erde und aßen das
blutige Fleisch. 33 Man berichtete
Saul: »Pass auf! Das Volk macht sich
schuldig vor Jahwe. Sie essen Fleisch,
das noch blutig ist!« – »Ihr seid Gott
untreu geworden!«, rief Saul. »Wälzt
sofort einen großen Stein zu mir her!«
34 Dann ordnete er an: »Geht unter
das Volk und sagt jedem, dass er sein
Rind oder Schaf zu mir bringen und es
hier schlachten soll. Dann können sie
es essen, ohne sich an Jahwe zu ver-
sündigen.« Deshalb brachten in die-
ser Nacht alle ihre Tiere zum Schlach-
ten an diesen Platz. 35 Dann baute
Saul Jahwe einen Altar. Das war der
erste, den er für ihn gebaut hatte.

36 Saul sagte: »Lasst uns noch in der
Nacht den Philistern nachjagen. Wir
wollen sie ausplündern und keinen
von ihnen bis zum Morgen übrig
lassen!« – »Tu, was du für richtig
hältst!«, riefen die Männer. Aber der
Priester sagte: »Lasst uns erst hier vor
Gott treten!« 37 Saul fragte Gott:
»Soll ich die Philister bis in die Ebene
verfolgen? Wirst du sie in die Hand
Israels geben?« Aber Gott gab Saul
keine Antwort.

14,31 *Ajalon.* Stadt in der Schefela, 21 km nordwestlich von Jerusalem.

38 Da rief Saul alle Truppenführer
zu sich und sagte: »Es muss heute
jemand Schuld auf sich geladen
haben. Findet heraus, wer es war!
39 So wahr Jahwe lebt, der Israel ge-
rettet hat, der Schuldige muss ster-
ben, und wenn es mein Sohn Jonatan
wäre!« Aber niemand aus dem Volk
antwortete ihm. 40 Da sagte er zu den
Israeliten: »Stellt euch hier auf die
eine Seite! Ich werde mit meinem
Sohn Jonatan auf der anderen ste-
hen.« – »Tu, was du für richtig
hältst«, entgegnete das Volk. 41 Da
rief Saul zu Jahwe: »Gott Israels, gib
uns volle Klarheit!« Da wurden Jona-
tan und Saul getroffen. Das Volk ging
frei aus. 42 »Werft jetzt das Los zwi-
schen mir und meinem Sohn!«, befahl
Saul. Da wurde Jonatan getroffen.
43 »Sag mir, was hast du getan?«, for-
derte Saul seinen Sohn Jonatan auf.
Dieser bekannte: »Ich habe die Spitze
meines Stabs in Honig getaucht und
ein wenig davon gekostet und muss
nun dafür sterben.« 44 »Gott soll mir
dies und jenes antun: Ja, du musst
sterben!«, sagte Saul.

45 Aber das Volk rief: »Soll Jonatan
sterben, der diesen großen Sieg für Is-
rael errungen hat? Auf keinen Fall! So
wahr Jahwe lebt, kein Haar soll ihm
gekrümmt werden! Diese Taten heute
hat er nur mit Gott vollbringen kön-
nen.« So löste das Volk Jonatan aus,
dass er nicht sterben musste. 46 Saul
verfolgte die Philister nicht weiter und
kehrte um. Auch die Philister kehrten
in ihr Gebiet zurück.

Sauls Kriege

47 Nachdem Saul die Königsherr-
schaft über Israel bekommen hatte,
kämpfte er gegen alle seine Feinde
ringsum: gegen die Moabiter, die
Ammoniter, die Edomiter*, gegen die
Könige von Zoba* und gegen die Phi-
lister. Und alle bestrafte er. 48 Er war
ein tapferer Mann und besiegte die
Amalekiter*. Er befreite Israel von
allen, die es ausplünderten.

Sauls Familie

49 Sauls Söhne hießen Jonatan, Jisch-
wi und Malkischua. Seine beiden
Töchter hießen Merab und Michal.
Merab war die Erstgeborene. 50 Sauls
Frau hieß Ahinoam und war eine
Tochter von Ahimaaz. Sein Heerfüh-
rer war Abner Ben-Ner, der Sohn sei-
nes Onkels, 51 denn Kisch, der Vater
Sauls, und Ner, der Vater Abners,
waren Söhne von Abiël.

52 Der harte Krieg mit den Phi-
listern hörte nicht auf, solange Saul
lebte. Darum nahm Saul jeden tapfe-
ren und kriegstüchtigen Mann, den er
finden konnte, in seinen Dienst.

Sauls Sieg und seine Verwerfung

15 1 Samuel kam zu Saul und
sagte: »Jahwe hatte mich be-
auftragt, dich zum König über sein
Volk Israel zu salben. So höre nun auf
die Worte Jahwes! 2 So spricht Jahwe,

14,47 Die *Edomiter* waren Nachkommen Esaus und bewohnten das Land östlich der Araba und südlich vom Toten Meer.

Zoba war ein kleines Königreich nördlich von Damaskus, das David später besiegt hatte (2. Samuel 8,3-12; 10,6-19).

14,48 Die *Amalekiter* lebten als Nomaden im Negev, südlich von Beerscheba.

der Allmächtige: ›Ich habe bedacht,
was die Amalekiter Israel angetan
haben, wie sie sich dem Volk in den Weg
stellten, als es aus Ägypten heraufzog.
3 Nun zieh gegen sie in den Kampf,
schlage sie und vollstrecke den Bann an
ihnen. Schone keinen, sondern töte
Mann und Frau, Kind und Säugling,
Rind und Schaf, Kamel und Esel!‹«

4 Da bot Saul das Volk auf und mus-
terte es in Telem*. Es waren 200.000
Mann zu Fuß und 10.000 Männer aus
Juda. 5 Saul kam bis zur Stadt der
Amalekiter und legte sich im Tal auf
die Lauer. 6 Den Kenitern* ließ er
sagen: »Zieht weg, trennt euch von
den Amalekitern, dass wir euch nicht
mit ihnen vernichten. Ihr seid uns da-
mals freundlich begegnet, als wir aus
Ägypten kamen.« Da verließen die
Keniter das Gebiet Amaleks.

7 Saul schlug die Amalekiter von
Hawila* bis nach Schur* an der ägyp-
tischen Grenze. 8 Agag, den König der
Amalekiter, fing er lebendig. An sei-
nem ganzen Volk vollstreckte er den
Bann und ließ alle mit dem Schwert
töten. 9 Aber an Agag und an den bes-
ten Schafen und Rindern, auch an
denen vom zweiten Wurf und den
Lämmern und an allem, was wertvoll
war, wollten sie den Bann nicht voll-
strecken. Sie vollstreckten den Bann
nur an dem Zeug, das man verachtet
und wegwirft.

10 Da kam das Wort Jahwes zu Sa-
muel: 11 »Es ist mir leid, Saul zum
König gemacht zu haben, denn er hat
sich von mir abgewandt und meine
Befehle nicht befolgt.« Samuel war
tief betroffen und schrie die ganze
Nacht zu Jahwe. 12 Früh am Morgen
machte er sich auf den Weg zu Saul.
Man berichtete ihm: »Saul ist nach
Karmel* gekommen, und – stell dir
vor –, er hat sich dort ein Denkmal
aufgerichtet! Dann ist er nach Gilgal
weitergezogen.«

13 Als Samuel zu Saul kam, empfing
dieser ihn mit den Worten: »Jahwe
segne dich! Ich habe den Befehl Jah-
wes ausgeführt.« 14 »Aber was höre
ich da für Schafe blöken und welche
Rinder höre ich brüllen?«, entgegnete
Samuel. 15 »Man hat sie von den
Amalekitern mitkommen lassen«, er-
widerte Saul. »Das Volk hat die besten
Schafe und Rinder verschont, um sie
Jahwe, deinem Gott, zu opfern. An
allen anderen haben wir den Bann
vollstreckt.« 16 »Hör auf!«, sagte Sa-
muel zu Saul. »Ich will dir verkünden,
was Jahwe mir in dieser Nacht mitge-
teilt hat.« – »Sprich!«, erwiderte Saul,
17 und Samuel sagte: »Als du noch ge-
ring von dir dachtest, wurdest du das
Oberhaupt der Stämme Israels. Zum
König hat Jahwe dich gesalbt.
18 Dann schickte er dich los und

15,4 *Telem.* Stadt im Negev im Süden von Juda, etwa 18 km östlich von Beerscheba.

15,6 Die *Keniter* waren ein mit den Midianitern verwandter Beduinenstamm vom Sinai. Mose hatte eine Keniterin geheiratet (2. Mose 2,16.21-22) und einige Keniter hatten sich den Israeliten angeschlossen (Richter 1,16; 4,17-23).

15,7 *Hawila.* Das Gebiet lag wahrscheinlich im Nordosten der Sinai-Halbinsel.

Die Wüste *Schur* lag zwischen dem »Bach Ägyptens« und dem heutigen Suez-Kanal. Der Ort *Schur* war eventuell das heutige Tell Fara, ein Vorposten der Ägypter.

15,12 *Karmel.* Hier ist wahrscheinlich der Ort gemeint, der 12 km südöstlich von Hebron am Rand der Judäischen Wüste liegt.

sagte: ›Geh und vollstrecke den Bann
an diesen sündigen Amalekitern!
Kämpfe mit ihnen, bis du sie vernich-
tet hast!‹ 19 Warum hast du nicht auf
Jahwe gehört? Warum bist du über
die Beute hergefallen und hast getan,
was Jahwe missfällt?«

20 »Aber ich habe doch auf Jahwe
gehört«, erwiderte Saul. »Ich bin den
Weg gegangen, auf den er mich ge-
schickt hat. Ich habe Agag, den König
von Amalek, hergebracht und an allen
Amalekitern den Bann vollstreckt.
21 Aber das Volk hat die besten von
den erbeuteten Schafen und Rindern
am Leben gelassen, um sie Jahwe, dei-
nem Gott, in Gilgal zu opfern.« 22 Doch
Samuel erwiderte:

»Freut Jahwe sich mehr über
Opfer, / die man schlachtet und
verbrennt, / als daran, dass man
ihm gehorcht? / Merk dir:
Gehorsam ist ihm wichtiger als
Opfer, / auf ihn zu hören, ist ihm
mehr wert als das Fett vieler Schaf-
böcke. 23 Ungehorsam ist für ihn
eine Sünde wie die Zauberei, /
Auflehnung gegen ihn so schlimm
wie Götzendienst. / Weil du das
Wort Jahwes verworfen hast, /
verwirft er auch dich als König.«

24 Da sagte Saul zu Samuel: »Ich habe
gesündigt, denn ich habe mich über
den Befehl Jahwes und über deine
Anweisungen hinweggesetzt. Ich habe
mich vor meinen Leuten gefürchtet
und ihnen ihren Willen gelassen.
25 Vergib mir bitte meine Sünde und
komm mit mir zurück, dass ich vor
Jahwe anbete!« 26 Aber Samuel sagte
zu ihm: »Ich gehe nicht mit dir zu-
rück. Du hast das Wort Jahwes ver-
worfen, und Jahwe hat nun auch dich
verworfen. Du kannst nicht mehr
König über Israel sein.«

27 Samuel drehte sich um und wollte
weggehen. Aber Saul hielt ihn am
Mantel fest, sodass ein Zipfel davon
abriss. 28 Da sagte Samuel zu ihm:
»Genauso hat Jahwe heute das König-
tum Israels von dir abgerissen und es
einem anderen gegeben, der besser ist
als du. 29 Er, der Ruhm seines Volkes
Israel, lügt nicht, und es tut ihm auch
nicht leid. Er ist nicht wie ein Mensch,
der seine Entscheidung bereut.«

30 »Ja, ich habe gesündigt«, sagte
Saul. »Aber ehre mich doch vor den
Ältesten meines Volkes und vor Israel
und kehre mit mir um, dass ich mich
vor Jahwe, deinem Gott, niederwer-
fe!« 31 Samuel tat es und ging mit Saul
zurück. Und Saul warf sich vor Jahwe
nieder. 32 Dann sagte Samuel: »Bringt
Agag, den König von Amalek, zu mir
her!« Agag ging gelassen* auf ihn zu
und sagte: »Sei's drum, die Todesge-
fahr ist vorbei!« 33 Aber Samuel sagte:

»So, wie dein Schwert Frauen
um die Kinder brachte, / sei
auch deine Mutter um ihr Kind
gebracht!«

Vor Jahwe in Gilgal hieb Samuel Agag
in Stücke. 34 Dann kehrte Samuel
nach Rama zurück. Und auch Saul
ging nach Hause in seine Stadt Gibea.

15,32 *gelassen.* Die Bedeutung des hebräischen Wortes ist unklar. Vielleicht bedeutet es wie Hiob 38,31 »in Fesseln«. Dann müsste auch die Aussage negativ übersetzt werden: »Ja, der Tod ist sehr bitter.«

35 Samuel sah Saul bis zu seinem Tod
nicht mehr. Er trauerte um ihn, weil es
Jahwe wehtat, dass er Saul zum König
über Israel gemacht hatte.

David wird zum König gesalbt

16 1 Jahwe sagte zu Samuel:
»Wie lange willst du noch um
Saul trauern? Ich habe ihn verworfen.
Er soll nicht mehr König über Israel
sein. Füll dein Horn mit Salböl und
mach dich auf den Weg! Ich schicke
dich zu Isai von Bethlehem, weil ich
mir einen seiner Söhne als König aus-
gesucht habe.« 2 »Aber wie kann ich
denn gehen?«, erwiderte Samuel.
»Saul wird es erfahren und mich um-
bringen.« Jahwe sagte: »Nimm ein
Kalb mit und sage dort: ›Ich bin ge-
kommen, um Jahwe ein Opfer zu brin-
gen.‹ 3 Lade Isai zu dem Schlachtopfer
ein. Dann werde ich dir zeigen, was du
tun musst. Du sollst mir den salben,
den ich dir nennen werde.«

4 Samuel tat, was Jahwe ihm befoh-
len hatte, und ging nach Bethlehem.
Da eilten ihm die Ältesten der Stadt
voller Angst entgegen. »Bringst du
Frieden?«, fragten sie. 5 »Ja, Frie-
den«, antwortete er. »Ich bin gekom-
men, um Jahwe zu opfern. Heiligt*
euch und kommt mit mir zum
Schlachtopfer!« Dann heiligte er Isai
und seine Söhne und lud sie zum
Opfermahl ein.

6 Als sie dann kamen und er Eliab
sah, dachte er: »Hier steht Jahwes
Gesalbter vor Gott.« 7 Aber Jahwe
sagte zu Samuel: »Sieh nicht auf sei-
ne Erscheinung und seinen hohen
Wuchs! Ich habe ihn verworfen. Es ist
nicht so, wie der Mensch es sieht. Ein
Mensch sieht, was vor Augen ist,
Jahwe aber sieht auf das Herz.«
8 Dann rief Isai Abinadab und ließ ihn
vor Samuel treten. Doch dieser sagte:
»Auch ihn hat Jahwe nicht erwählt.«
9 Nun ließ Isai Schamma kommen,
aber Samuel sagte: »Auch ihn hat
Jahwe nicht erwählt.« 10 So ließ Isai
sieben seiner Söhne an Samuel vor-
beigehen. Aber Samuel sagte zu ihm:
»Von diesen hat Jahwe keinen er-
wählt.« 11 Deshalb fragte er: »Sind
das alle deine Söhne?« Isai sagte:
»Der Jüngste ist noch übrig. Aber er
hütet gerade die Schafe.« Da sagte Sa-
muel: »Schick jemand hin und lass
ihn holen! Wir werden uns nicht zum
Mahl hinsetzen, bevor er gekommen
ist.«

12 So schickte Isai einen Boten und
ließ David kommen. Der Junge war
rotblond, hatte schöne Augen und sah
gut aus. Da sagte Jahwe: »Auf, salbe
ihn! Er ist es.« 13 Samuel nahm das
Ölhorn und salbte David im Kreis sei-
ner Brüder. Von diesem Tag an kam
der Geist Gottes über David und ver-
ließ ihn nicht mehr. Samuel kehrte
nach Rama zurück.

David am Hof Sauls

14 Von Saul jedoch wich der Geist Jah-
wes. Und ein böser Geist, den Jahwe
geschickt hatte, begann ihn zu ängsti-
gen. 15 Sauls Diener sagten zu ihm:
»Offenbar hat Gott dir einen bösen
Geist geschickt, der dir Angst macht.
16 Unser Herr möge seinen Dienern

16,5 *Sich heiligen* bedeutet, sich geistlich darauf einstellen und die Reinigungsvorschriften für den Opfernden einhalten (vgl. Josua 3,5).

hier befehlen, dass sie einen Mann
suchen, der Zither spielen kann.
Wenn dann der böse Geist von Gott
über dich kommt, kann er dir vorspie-
len, und es wird dir besser gehen.«
17 Da sagte Saul zu seinen Dienern:
»Sucht mir einen guten Zitherspieler
und bringt ihn her.« 18 Einer der jun-
gen Männer sagte: »Ich kenne einen
Sohn Isais aus Bethlehem, der gut
spielen kann und außerdem ein tüch-
tiger Kämpfer ist. Er versteht es,
immer das richtige Wort zu sagen,
und sieht auch noch gut aus. Jahwe ist
mit ihm.« 19 Da schickte Saul Boten
zu Isai und ließ ihm sagen: »Schick
mir deinen Sohn David, der die Scha-
fe hütet.« 20 Isai holte einen Esel und
belud ihn mit Broten. Dazu gab er
einen Schlauch Wein und ein Ziegen-
böckchen und schickte alles mit David
zu Saul. 21 So kam David zu Saul und
trat in seinen Dienst. Saul gewann ihn
sehr lieb und machte ihn zu seinem
Waffenträger. 22 Isai ließ er sagen:
»Lass David in meinem Dienst blei-
ben. Ich bin sehr zufrieden mit ihm.«
23 Immer, wenn dieser Geist von
Gott über Saul kam, nahm David die
Zither und spielte darauf. So fand
Saul Erleichterung. Es ging ihm bes-
ser, und der böse Geist verließ ihn.

David besiegt Goliat

17 1 Die Philister zogen ihre
Streitmacht bei Socho* zu-
sammen, das zum Gebiet von Juda ge-
hörte. Ihr Lager schlugen sie bei Efes-
Dammim* auf, das zwischen Socho
und Aseka* liegt. 2 Saul hatte die
wehrfähigen Männer Israels um sich
versammelt und das Lager im Tere-
binthental aufgeschlagen. Als sie zum
Kampf antraten, stellten sie sich den
Philistern gegenüber 3 am Abhang
auf. Am gegenüberliegenden Hang
standen die Philister. Dazwischen lag
das Tal.
4 Da trat ein Vorkämpfer aus den
Reihen der Philister heraus. Er hieß
Goliat und stammte aus Gat. Er war
etwa drei Meter* groß. 5 Sein Helm
und sein Schuppenpanzer waren aus
Bronze. Letzterer wog fast 58 Kilo-
gramm*. 6 Aus Bronze waren auch
seine Beinschienen und sein Lang-
schwert, das er über die Schulter ge-
hängt hatte. 7 Der Schaft seines
Spießes war wie ein Weberbaum*,
und seine Spitze wog fast sieben Kilo-
gramm* und war aus Eisen. Vor ihm
her ging der Schildträger.
8 So trat er hin und rief zu den Rei-
hen der Israeliten hinüber: »Warum
stellt ihr euch in Schlachtordnung
auf? Ich stehe für die Philister, und ihr

17,1 Dieses *Socho* lag 27 km westlich von Jerusalem.

Efes-Dammim lag wahrscheinlich auf der Südseite des Terebinthentals, etwa 1,5 km südöstlich von Aseka.

Aseka. Stadt an der Grenze zwischen Juda und der Küstenebene am Mittelmeer, 24 km nordwestlich von Hebron.

17,4 *drei Meter*. Wörtlich: 6 Ellen und eine Spanne.

17,5 *58 Kilogramm*. Wörtlich: 5000 Schekel = 57,5 kg, wenn der Schekel 11,5 g wog, wie man aus gefundenen Gewichten entnehmen kann.

17,7 *Weberbaum*. So heißen die Querstangen an den beiden Enden des Webstuhls, an denen die Kettfäden befestigt wurden. Sie mussten eine beträchtliche Dicke haben.

sieben Kilogramm. Wörtlich: 600 Schekel.

seid die Diener Sauls. Bestimmt einen
von euch, dass er zu mir he-
runterkommt! 9 Wenn er imstande
ist, mit mir zu kämpfen und mich zu
töten, dann werden wir eure Sklaven.
Wenn ich ihn aber besiege und ihn
töte, müsst ihr unsere Sklaven wer-
den und uns dienen. 10 Ja, ich mache
die Reihen Israels heute lächerlich!«,
rief er. »Schickt mir einen Mann,
dann wollen wir miteinander kämp-
fen!« 11 Als Saul und die Männer Is-
raels den Philister so reden hörten,
verloren sie den Mut und bekamen
große Angst.

12 David war also ein Sohn jenes
Efratiters* aus Bethlehem in Juda,
der insgesamt acht Söhne hatte und
Isai hieß. Dieser war in der Zeit Sauls
für den Kriegsdienst schon zu alt.
13 Aber seine drei ältesten Söhne
Eliab, Abinadab und Schamma waren
mit Saul in den Krieg gezogen.
14 David war sein Jüngster, und nur
die drei Ältesten waren Saul gefolgt.
15 David ging ab und zu von Saul weg,
um die Schafe seines Vaters in Beth-
lehem zu weiden.

16 Der Philister kam jeden Morgen
und Abend und stellte sich kampfbe-
reit hin, vierzig Tage lang. 17 Eines
Tages sagte Isai zu David: »Geh zu
deinen Brüdern ins Lager und bring
ihnen schnell dieses Getreidemaß*
voll gerösteter Körner und zehn
Brote. 18 Nimm auch die zehn Käse
hier für den Obersten über Tausend
mit. Erkundige dich, wie es deinen
Brüdern geht, und bring ein Pfand
von ihnen mit! 19 Sie stehen mit Saul
und allen Männern Israels im Terebin-
thental und sind im Kampf mit den
Philistern.«

20 David brach früh am Morgen auf.
Die Herde überließ er einem Hüter. Er
packte die Sachen und machte sich
auf den Weg, wie Isai es ihm aufgetra-
gen hatte. Als er zum Lager kam, stell-
te sich das Heer gerade zum Kampf
auf und brüllte den Schlachtruf.
21 Die Schlachtreihen der Israeliten
und der Philister standen sich gegenü-
ber. 22 David ließ sein Gepäck bei der
Lagerwache und lief in die Schlacht-
reihe. Als er zu seinen Brüdern kam,
fragte er sie nach ihrem Wohlergehen.
23 Während er noch mit ihnen sprach,
trat Goliat aus Gat, der Vorkämpfer
der Philister, wieder vor. Er sagte das
Gleiche wie zuvor, und David hörte es.
24 Als die Männer Israels den Mann
sahen, bekamen sie große Angst und
wichen vor ihm zurück. 25 »Habt ihr
gesehen, wie er heraufkommt?«, rie-
fen sie einander zu. »Und wie er Israel
verhöhnt! Wer ihn tötet, wird vom
König reich belohnt. Er bekommt
seine Tochter zur Frau, und seine
ganze Familie wird von allen Abgaben
befreit.« 26 David erkundigte sich
bei den Männern, die dort standen:
»Welche Belohnung bekommt der,
der diesen Philister da erschlägt und
die Schande von Israel nimmt? Dieser
unbeschnittene Philister darf doch
nicht das Heer des lebendigen Gottes
verhöhnen!« 27 Sie erklärten ihm
noch einmal die Belohnung.

28 Sein ältester Bruder Eliab hörte,
wie er mit den Männern redete, und

17,12 *Efratiter.* So nannte man die Einwohner von Bethlehem, das früher Efrata hieß (1. Mose 35,19).

17,17 *Getreidemaß.* Wörtlich: Efa = 16-17 kg Getreidekörner.

wurde zornig auf ihn. »Was hast
du überhaupt hier zu suchen? Wem
hast du unsere paar Schafe in der
Wildnis überlassen? Ich weiß genau,
wie hochnäsig und eitel du im Grunde
deines Herzens bist! Du bist nur her-
gekommen, um einmal dem Kampf
zuzuschauen!« 29 David erwiderte:
»Was habe ich denn getan? Ich frage
doch nur.« 30 Er drehte sich zu einem
anderen um und wiederholte die
Frage. Und wieder bekam er dieselbe
Antwort.

31 Es sprach sich herum, was David
gefragt hatte. Man berichtete es auch
Saul, und der ließ ihn gleich zu sich
rufen. 32 »Niemand soll den Mut we-
gen dieses Philisters sinken lassen«,
sagte David zu Saul. »Dein Diener
wird hingehen und mit ihm kämp-
fen.« 33 Aber Saul erwiderte: »Das
kannst du nicht! Du bist ein junger
Mann, und er ist von Jugend an
im Kampf erprobt.« 34 Da sagte
David: »Dein Diener hütete die Scha-
fe für seinen Vater. Wenn dann ein
Löwe oder Bär kam und ein Lamm
aus der Herde packte, 35 lief ich ihm
nach, schlug auf ihn ein und riss es
aus seinem Rachen. Wenn er mich
dann angriff, packte ich ihn am Bart
und schlug ihn tot. 36 So hat dein Die-
ner Löwen und Bären erschlagen.
Diesem unbeschnittenen Philister soll
es genauso ergehen wie einem von
ihnen. Denn er hat das Heer des le-
bendigen Gottes verhöhnt. 37 Und
Jahwe«, fuhr David fort, »der mich
aus den Klauen von Löwen und Bären
gerettet hat, wird mich auch aus der
Hand dieses Philisters retten!« –
»Gut«, sagte Saul, »dann geh! Jahwe
sei mit dir!«

38 Saul gab David seine eigene Rüs-
tung, zog ihm den Brustpanzer an und
setzte ihm einen Bronzehelm auf.
39 David hängte sich Sauls Schwert
über die Rüstung und machte ein paar
Schritte. Doch er war es nicht ge-
wohnt. »Ich kann darin nicht gehen«,
sagte er zu Saul. »Ich habe es noch
nie versucht.« Dann legte er alles
wieder ab.

40 Er nahm seinen Hirtenstab, such-
te fünf glatte Steine aus dem Bach und
steckte sie in seine Hirtentasche, die
ihm als Schleudersteintasche diente.
Dann nahm er seine Schleuder in die
Hand und ging dem Philister entge-
gen. 41 Auch der Philister kam David
immer näher. Sein Schildträger ging
vor ihm her. 42 Als er sah, wer ihm
da entgegenkam, verachtete er ihn.
David war noch ein junger Mann, rot-
blond, und sah gut aus. 43 Aber der
Philister brüllte: »Bin ich denn ein
Hund, dass du mit Stöcken zu mir
kommst?« und verfluchte David im
Namen seiner Götter. 44 »Komm nur
her«, sagte er, »dass ich dein Fleisch
den Vögeln und den wilden Tieren
vorwerfe!«

45 David rief zurück: »Du kommst
zu mir mit Kurzschwert, Spieß und
Langschwert. Ich aber komme zu dir
im Namen Jahwes, des Allmächtigen,
des Gottes der Heere Israels, den du
verhöhnt hast. 46 Jahwe wird dich
heute in meine Hand geben. Ich werde
dich erschlagen und dir den Kopf ab-
hauen. Und die Leichen des Philister-
heers werde ich heute noch den Vö-
geln und den wilden Tieren zum Fraß
vorwerfen. Die ganze Welt soll er-
kennen, dass Israel einen Gott hat.
47 Und diese ganze Menge hier soll

sehen, dass Jahwe weder Schwert
noch Spieß braucht, um sein Volk
zu retten. Denn Jahwe bestimmt den
Kampf, und er wird euch in unsere
Hände geben.«
48 Der Philister kam David immer
näher, und auch David lief auf ihn zu.
49 Dann griff er in seine Hirtentasche,
holte einen Stein heraus, schleuderte
ihn und traf den Philister an der Stirn.
Der Stein drang in die Stirn ein, und
der Philister stürzte vornüber auf
die Erde. 50 So besiegte David mit
Schleuder und Stein den Philister. Er
hatte kein Schwert in der Hand. 51 Da
lief er zu dem Philister hin, zog dessen
Schwert aus der Scheide und hieb ihm
den Kopf damit ab.
Als die Philister sahen, dass ihr stärk-
ster Mann tot war, liefen sie davon.
52 Die Männer von Israel und Juda
aber stimmten das Kriegsgeschrei an
und verfolgten sie bis in die Niederung
hinein und an die Tore von Ekron. Auf
dem ganzen Weg von Schaarajim* bis
nach Gat und Ekron lagen die Leichen
der Philister. 53 Dann kehrten die Is-
raeliten zurück und plünderten ihr
Lager. 54 David nahm den Kopf des
Philisters und brachte ihn nach Jerusa-
lem*. Seine Waffen bewahrte er in sei-
nem Zelt auf.
55 Saul hatte zugesehen, wie David
dem Philister entgegenging, und
seinen Heerführer Abner gefragt:
»Wessen Sohn ist doch dieser junge
Mann, Abner?« – »So wahr du lebst,
mein König, ich weiß es nicht«, er-
widerte dieser. 56 »Dann finde es
heraus!«, sagte der König.
57 Als David nach der Tötung des
Philisters zurückkehrte, nahm Abner
ihn in Empfang und brachte ihn zu
Saul. David hatte den Kopf des Phi-
listers noch in der Hand. 58 Saul frag-
te ihn: »Aus welcher Familie kommst
du, junger Mann?« – »Ich bin der
Sohn deines Dieners Isai aus Beth-
lehem«, antwortete David.

Davids Freundschaft mit Jonatan

18 1 Nach diesem Gespräch
fühlte sich Jonatan innerlich
stark mit David verbunden. Er ge-
wann ihn so lieb wie sein eigenes
Leben. 2 Saul nahm David von diesem
Tag an ganz zu sich und ließ ihn nicht
mehr zu seiner Familie zurückkehren.
3 Jonatan schloss einen Freund-
schaftsbund mit David, weil er ihn
lieb hatte wie sein eigenes Leben.
4 Dabei zog er Mantel und Rüstung
aus und bekleidete David damit. Er
schenkte ihm sogar sein Schwert, sei-
nen Bogen und seinen Gürtel.

Sauls Eifersucht auf David

5 David zog für Saul in den Kampf
und hatte bei allem, was dieser ihm
auftrug, Erfolg. Saul setzte ihn an die
Spitze seiner Truppe. Er war beim
ganzen Volk beliebt, auch bei den Die-
nern Sauls. 6 Schon als die Männer
heimkehrten, nachdem David den
Philister erschlagen hatte, zogen
Frauen aus allen Städten Israels mit
Reigentänzen und Gesang König Saul

17,52 *Schaarajim* war eine Stadt im Hügelland von Juda, 17 km nordöstlich von Lachisch.

17,54 *Jerusalem* war zu dieser Zeit von den Israeliten noch nicht erobert. Entweder hat David die Trophäe nach der Eroberung in die Stadt gebracht oder er hatte sie schon damals als Warnung vor der Stadt aufgestellt.

entgegen. Sie hatten Tamburine und
Triangeln bei sich und jubelten ihm
zu. 7 Tanzend und singend riefen sie:

»Saul hat tausend Mann
erschlagen, / David aber
zehnmal tausend.«

8 Da wurde Saul ganz heiß vor Zorn,
denn diese Worte missfielen ihm sehr.
»David haben sie Zehntausende gege-
ben und mir nur Tausende«, sagte er,
»jetzt fehlt ihm nur noch das König-
tum.« 9 Seit diesem Tag blickte Saul
mit Argwohn auf David. 10 Am nächs-
ten Tag geriet der böse Geist, den Gott
geschickt hatte, über Saul und er fing
an, in seinem Haus zu weissagen.
David begann wie gewöhnlich auf der
Zither zu spielen. Plötzlich hatte Saul
einen Speer in der Hand 11 und warf
ihn nach David. Er wollte ihn an die
Wand spießen. Doch David wich ihm
zweimal aus.

12 Da begann Saul sich vor David zu
fürchten, weil Jahwe auf dessen Seite
stand. Ihn aber hatte er verlassen.
13 Darum entfernte er David aus sei-
ner Umgebung und machte ihn zum
Befehlshaber einer Tausendschaft. An
ihrer Spitze unternahm David seine
Streifzüge. 14 Bei allen Unterneh-
mungen hatte er Erfolg, denn Jahwe
stand ihm bei. 15 Als Saul den großen
Erfolg sah, bekam er Angst vor ihm.
16 Aber in ganz Israel und Juda war
David beliebt, denn er zog bei allen
Streifzügen voran.

17 Saul sagte zu David: »Pass auf! Ich
bin bereit, dir meine älteste Tochter
Merab zur Frau zu geben. Dafür sollst
du mir als tapferer Kämpfer dienen
und die Kriege führen, die Jahwe be-
fiehlt!« Im Stillen dachte er: »Ich selbst
will mich nicht an ihm vergreifen. Das
sollen die Philister tun!« 18 David er-
widerte: »Wer bin ich schon, dass ich
Schwiegersohn des Königs werden
soll? Und was hat meine Familie und
die Sippe meines Vaters in Israel schon
zu bedeuten?« 19 Als es dann aber so
weit war, dass Merab, die Tochter
Sauls, mit David verheiratet werden
sollte, wurde sie stattdessen Adriël aus
Mehola* zur Frau gegeben.

20 Aber Michal, Sauls jüngere Toch-
ter, liebte David. Als man Saul davon
berichtete, kam ihm das gerade recht.
21 Er sagte sich: »Ich will sie ihm
geben, damit sie zur Falle für ihn wird
und er den Philistern in die Hände
fällt.« Zu David sagte er: »Ich biete dir
heute noch einmal an, mein Schwie-
gersohn zu werden.« 22 Er hatte seine
Leute angewiesen, David heimlich
folgende Botschaft zuzuspielen: »Du
weißt, dass der König große Stücke
auf dich hält und auch alle seine Die-
ner haben dich gern. Willst du nicht
sein Schwiegersohn werden?« 23 Die
Leute Sauls redeten in diesem Sinn
mit David, aber der sagte: »Bedeutet
es euch so wenig, Schwiegersohn des
Königs zu sein? Ich bin nur ein armer
und geringer Mann.« 24 Die Männer
meldeten es Saul, 25 und dieser wies
sie an, David beizubringen: »Der
König will keine andere Heiratsgabe
als die Vorhäute von 100 Philistern,
um sich so an seinen Feinden zu rä-
chen.« Saul hoffte nämlich, dass
David im Kampf gegen die Philister
umkommen würde. 26 Als die Diener

18,19 *Mehola.* Wahrscheinlich ist *Abel-Mehola* gemeint, 25 km nordöstlich von Sichem.

das Angebot Sauls David überbrach-
ten, war es ihm recht, auf diese Weise
Sauls Schwiegersohn zu werden. Und
noch war Zeit. 27 David brach mit
seinen Leuten auf und erschlug 200
Philister. Er kehrte mit deren Vorhäu-
ten zurück und lieferte sie dem König
vollzählig ab, um dessen Schwieger-
sohn werden zu können. Da gab Saul
ihm seine Tochter Michal zur Frau.

28 Saul sah und wusste jetzt, dass
Jahwe auf der Seite Davids stand und
dass Michal, seine Tochter, ihn liebte.
29 Da fürchtete er sich noch mehr
vor David und wurde für immer zu
seinem Feind.

30 Die Fürsten der Philister zogen
immer wieder gegen Israel. Aber
sooft es zum Kampf kam, hatte David
mehr Erfolg als alle anderen Heer-
führer Sauls. Sein Name wurde sehr
berühmt.

Saul versucht David zu töten

19 1 Saul sprach vor seinem
Sohn Jonatan und seinen
Dienern offen davon, David zu töten.
Doch Jonatan hatte David lieb ge-
wonnen 2 und warnte ihn: »Mein
Vater will dich umbringen«, sagte er.
»Nimm dich morgen früh in acht und
bleib im Versteck! 3 Ich werde mit
meinem Vater hinausgehen und auf
dem Gelände, wo du bist, neben ihm
stehen. Dann werde ich mit ihm über
dich reden. Wenn ich etwas herausbe-
komme, werde ich es dir berichten.«

4 Jonatan setzte sich bei seinem
Vater für David ein und sagte: »Der
König soll doch wegen seinem Diener
David keine Schuld auf sich laden! Er
hat dir ja nichts getan, im Gegenteil:
Seine Taten nützen dir sehr! 5 Er hat
sein Leben aufs Spiel gesetzt und den
Philister erschlagen. Durch ihn hat
Jahwe Israel einen großen Sieg ver-
schafft. Du hast es selbst gesehen und
dich darüber gefreut. Warum willst du
dich schuldig machen und einen Un-
schuldigen ohne Grund umbringen?«
6 Saul hörte auf Jonatan und schwor:
»So wahr Jahwe lebt: Er soll nicht ge-
tötet werden!« 7 Da rief Jonatan
David und erzählte ihm alles. Dann
brachte er ihn zu Saul, und David
diente Saul wie früher.

8 Es kam wieder zum Kampf mit den
Philistern. David zog gegen sie aus und
brachte ihnen eine schwere Niederlage
bei, sodass sie vor ihm flohen.

9 Da kam der böse Geist, den Jahwe
geschickt hatte, wieder über Saul. Er
saß gerade in seinem Haus und hatte
den Speer in der Hand. David spielte
ein Saiteninstrument vor ihm. 10 Da
versuchte Saul, David mit dem Speer
an die Wand zu spießen. Doch David
konnte ausweichen, sodass der Speer
in die Wand stieß. David floh und
konnte sich in dieser Nacht retten.
11 Da schickte Saul Wachtposten zu
Davids Haus, um ihn am nächsten
Morgen töten zu lassen. Doch Michal
hatte David gewarnt: »Wenn du dich
nicht heute Nacht in Sicherheit
bringst, bist du morgen früh tot.«
12 So ließ sie David durchs Fenster
hinab, dass er fliehen und entkommen
konnte. 13 Dann legte sie die Schnitz-
figur des Hausgottes aufs Bett, bedek-
kte sie mit einem Tuch und packte ein
Geflecht aus Ziegenhaar ans Kopf-
ende. 14 Als nun Sauls Leute kamen,
um David zu holen, sagte sie zu ihnen:
»Er ist krank.« 15 Da schickte Saul die
Männer noch einmal zu David und

sagte: »Dann bringt ihn eben samt
Bett zu mir, damit ich ihn töten
kann!« 16 Als sie hineinkamen, fan-
den sie die Götterfigur mit dem Ge-
flecht aus Ziegenhaar in Davids Bett.
17 Saul stellte Michal zur Rede:
»Warum hast du mich so hintergan-
gen und meinen Feind entkommen
lassen?« – »Er hat gedroht, mich zu
töten, wenn ich ihn nicht gehen
lasse«, erwiderte sie.

18 Durch seine Flucht hatte David
sich in Sicherheit gebracht. Er kam zu
Samuel nach Rama und berichtete
ihm alles, was Saul ihm angetan hatte.
Dann ging er mit ihm zur Propheten-
siedlung und blieb dort. 19 Saul wurde
gesagt: »Pass auf! David hält sich in
der Prophetensiedlung auf.« 20 Da
schickte Saul Männer los, die David
festnehmen sollten. Als diese aber die
Gesellschaft der weissagenden Pro-
pheten sahen und Samuel, der an
ihrer Spitze stand, kam der Geist Got-
tes auch über die Männer Sauls, so-
dass sie ebenfalls weissagten*. 21 Als
man es Saul berichtete, schickte er
noch einmal andere los. Doch auch
die begannen zu weissagen. Da schik-
kte Saul ein drittes Mal Leute. Doch
denen erging es nicht anders. 22 Nun
machte sich Saul selbst auf den Weg
nach Rama. Als er an die große Zister-
ne in Sechu kam, erkundigte er sich
nach Samuel und David. »Sie halten
sich in der Prophetensiedlung von
Rama auf«, sagte man ihm. 23 Schon
auf dem Weg dorthin kam der Geist
Gottes auch über ihn. Er weissagte im
Gehen, bis er in der Prophetensied-
lung ankam. 24 Dann warf er auch
noch seine Oberkleider ab und weis-
sagte vor Samuel, bis er erschöpft zu
Boden fiel. Den ganzen Tag und die
folgende Nacht lag er so entblößt auf
der Erde. Daher sagt man: »Ist denn
auch Saul unter den Propheten?«

Jonatans Freundschaft

20 1 David flüchtete aus der Pro-
phetensiedlung von Rama
und kam zu Jonatan. »Was habe ich
nur getan?«, fragte er ihn. »Was ist
meine Schuld? Was wirft dein Vater
mir vor, dass er mich umbringen
will?« 2 »Das wird auf keinen Fall
geschehen«, erwiderte Jonatan. »Du
wirst nicht sterben. Sieh doch, mein
Vater sagt mir immer, was er vorhat,
Großes und auch Kleines. Warum
sollte mein Vater ausgerechnet diese
Sache vor mir verheimlichen? Es ist
nicht so, wie du denkst!« 3 Doch
David widersprach: »Dein Vater weiß
genau, dass ich deine Gunst gewon-
nen habe. Deshalb denkt er: ›Jonatan
soll das nicht wissen, denn es könnte
ihn schmerzen.‹ So wahr Jahwe lebt
und so gewiss du lebst: Es war nur ein
Schritt zwischen mir und dem Tod!«

4 Jonatan fragte: »Was willst du?
Was kann ich für dich tun?« 5 Da sagte
David: »Morgen ist Neumondstag, da
erwartet mich der König eigentlich an
seinem Tisch. Lass mich gehen, dass
ich mich in der Umgebung bis über-
morgen Abend verstecke. 6 Sollte dein
Vater mich vermissen, dann sag zu
ihm: ›David hat mich dringend gebe-
ten, in seine Vaterstadt Bethlehem lau-
fen zu dürfen. Dort wird für seine
ganze Familie das jährliche Opferfest

19,20 *weissagten.* Siehe 1. Samuel 10,5!

gefeiert.‹ 7 Wenn dein Vater sagt: ›Es
ist gut‹, dann droht mir keine Gefahr.
Wenn er aber zornig wird, weißt du,
dass er Böses beschlossen hat. 8 Er-
weise deinem Diener doch diese
Gunst! Denn du hast deinen Diener in
einen Bund Jahwes mit dir treten las-
sen. Wenn ich aber wirklich schuldig
bin, dann töte du mich! Warum willst
du mich erst deinem Vater ausliefern?«
9 Jonatan erwiderte: »Wie kannst du
mir so etwas nur zutrauen? Warum
sollte ich es dir nicht sagen, wenn ich
sicher weiß, dass mein Vater dir Böses
antun will?« 10 »Und wer wird mir die
Nachricht bringen, wenn dein Vater
dir eine harte Antwort gibt?«, fragte
David.

11 »Komm, wir gehen nach drau-
ßen«, sagte Jonatan zu ihm. Während
sie miteinander gingen, 12 sagte er:
»Vor Jahwe, dem Gott Israels, ver-
spreche ich dir: Ich werde meinen
Vater morgen oder übermorgen um
diese Zeit aushorchen. Wenn ich fest-
stelle, dass es gut um David steht und
ich dir keine Nachricht schicken soll-
te, 13 dann möge Jahwe mir dies und
jenes antun! Wenn mein Vater aber
wirklich deinen Tod beschlossen hat,
dann werde ich es dir persönlich mit-
teilen und dich ziehen lassen, damit
du dich in Sicherheit bringen kannst.
Und Jahwe möge mit dir sein, wie er
mit meinem Vater gewesen ist. 14 Und
nicht wahr, solange ich lebe, wirst du
mich die Güte Jahwes spüren lassen,
dass ich nicht sterben muss? 15 Ent-
ziehe auch meiner Familie niemals
deine Gunst, auch dann nicht, wenn
Jahwe die Feinde Davids Mann für
Mann beseitigen wird.« 16 So schloss
Jonatan einen Bund mit David und
seiner Familie. Er sagte: »Möge Jahwe
Davids Feinde zur Rechenschaft
ziehen!« 17 Jonatan ließ nun auch
David bei seiner Liebe zu ihm schwö-
ren, denn er liebte ihn wie sein eigenes
Leben.

18 Dann sagte Jonatan zu David:
»Morgen am Neumondstag wird man
dich vermissen, weil dein Platz leer
bleibt. 19 Warte bis übermorgen und
komm dann schnell herunter an die
Stelle, wo du dich schon einmal* ver-
steckt hast, und bleib bei dem Stein-
haufen dort. 20 Ich werde drei Pfeile
nach dieser Seite schießen und so tun,
als wollte ich ein Ziel treffen. 21 Dann
werde ich den Jungen schicken, die
Pfeile zu suchen. Wenn ich ihm dann
nachrufe: ›Pass auf, die Pfeile liegen
näher bei mir!‹, dann kannst du her-
vorkommen, denn es steht gut um
dich. Du bist nicht in Gefahr, so wahr
Jahwe lebt. 22 Wenn ich aber zu dem
Jungen sage: ›Pass auf! Die Pfeile lie-
gen weiter weg!‹, dann geh, denn
Jahwe schickt dich weg! 23 Für das,
was wir miteinander geredet haben,
soll Jahwe für alle Zeiten Zeuge zwi-
schen mir und dir sein!«

24 David versteckte sich im Gelände.
Am Neumondstag setzte sich der
König an die Festtafel. 25 Er saß
auf seinem Platz an der Wand, wo er
sich immer hinsetzte. Als Jonatan
einmal aufstand, saß nur noch Abner
an der Seite Sauls. Davids Platz blieb
leer. 26 Saul sagte an diesem Tag
nichts, denn er dachte: »Es wird et-
was vorgefallen sein, dass er den

20,19 *schon einmal.* Wörtlich: am Tag der Tat. Siehe 1. Samuel 19,1-3!

Reinheitsvorschriften nicht genügen kann.« 27 Als aber der Platz auch am zweiten Festtag leer war, fragte er Jonatan: »Warum ist der Sohn Isais gestern und heute nicht zum Essen gekommen?« 28 Jonatan erwiderte: »David hat mich dringend gebeten, nach Bethlehem gehen zu dürfen. 29 Er sagte: ›Lass mich doch gehen! Wir haben ein Opferfest für die ganze Familie in der Stadt, und mein Bruder hat darauf bestanden, dass ich komme. Wenn ich deine Gunst gefunden habe, dann lass mich doch gehen, dass ich meine Brüder wiedersehe!‹ Deshalb ist er nicht zum Tisch des Königs gekommen.«

30 Da packte Saul der Zorn und er schrie Jonatan an: »Du elender Bastard!* Ich weiß genau, dass du zu diesem Sohn Isais hältst zu deiner Schande und zur Scham und Schande deiner Mutter! 31 Denn so lange der Sohn Isais lebt, wirst du ganz sicher keinen Bestand haben, weder du, noch dein Königtum. Schick also hin und lass ihn zu mir bringen; er ist ein Kind des Todes!« 32 Doch Jonatan erwiderte seinem Vater: »Warum soll er sterben? Was hat er denn getan?« 33 Da schleuderte Saul den Speer nach ihm. Er wollte ihn durchbohren. Nun wusste Jonatan, dass sein Vater fest entschlossen war, David zu töten. 34 Glühend vor Zorn stand er vom Tisch auf und aß an diesem zweiten Tag des Neumondfestes keinen Bissen mehr. Er war traurig wegen David, und es tat ihm weh, dass sein Vater ihn so beschimpft hatte.

35 Am nächsten Morgen ging Jonatan mit einem jungen Diener zu der Stelle, wo er sich mit David verabredet hatte. 36 Er sagte zu dem Jungen: »Lauf und such die Pfeile, die ich abschieße!« Während der Junge loslief, schoss er den Pfeil über ihn hinweg. 37 Als er an die Stelle kam, wo der Pfeil niedergegangen war, rief Jonatan ihm nach: »Liegt der Pfeil nicht noch weiter von dir weg? 38 Los, beeile dich und bleib nicht stehen!« Der Junge hob den Pfeil auf und brachte ihn zu seinem Herrn zurück. 39 Er wusste aber von nichts, nur Jonatan und David wussten um die Sache. 40 Dann gab Jonatan dem Jungen seine Waffen und sagte: »Geh, bring sie in die Stadt!«

41 Als er gegangen war, kam David aus seinem Versteck hinter dem Steinhaufen vor. Er kniete sich vor Jonatan hin und beugte sich dreimal zur Erde nieder. Dann küssten sie einander und weinten einer über den anderen. David weinte immer noch heftig, 42 als Jonatan zu ihm sagte: »Geh in Frieden! Was wir beide im Namen Jahwes geschworen haben, dafür sei Jahwe Zeuge zwischen uns und zwischen unseren Nachkommen.«

David bei den Priestern in Nob

21 1 David machte sich rasch auf den Weg, und Jonatan kehrte in die Stadt zurück. 2 Auf seiner Flucht kam David nach Nob* zum Priester Ahimelech. Dieser lief ihm

---

20,30 *elender Bastard.* Wörtlich: Sohn einer widerspenstigen Hure!

21,2 *Nob.* Die Stadt lag wahrscheinlich 2,5 km nordöstlich von Jerusalem. Nach der Zerstörung von Schilo (Jeremia 7,12) war das Zelt der Gottesbegegnung dort aufgebaut worden.

aufgeregt entgegen und fragte: »Warum kommst du allein? Weshalb ist
niemand bei dir?« 3 David erwiderte:
»Der König hat mir einen Auftrag gegeben, von dem niemand etwas erfahren darf. Die Leute habe ich an einen
bestimmten Ort bestellt. 4 Aber jetzt:
Hast du etwas zur Hand? Kannst du mir fünf Brotfladen geben oder was
sich sonst auftreiben lässt?« 5 »Ich
habe aber kein gewöhnliches Brot hier, nur heiliges Brot ist da«, wandte der Priester ein. »Wenn sich deine Männer nur von Frauen ferngehalten
haben!« 6 »Seit vorgestern sind wir
mit keiner Frau in Berührung gekommen«, sagte David. »Seit unserem Aufbruch sind auch die Waffen der Leute rein*. Auch wenn es nur ein gewöhnliches Unternehmen ist, so werden sie heute erst recht rein sein.«
7 Da gab der Priester ihm die heiligen Brote, die man eben vom Tisch im Heiligtum abgeräumt hatte, um frisches Brot aufzulegen. Andere Brote waren nicht da.

8 An diesem Tag hielt sich dort vor Jahwe auch ein Mann aus dem Gefolge Sauls auf. Es war der Aufseher über die Hirten Sauls, er hieß Doëg und war ein Edomiter.

9 David fragte Ahimelech: »Hast du nicht einen Speer oder ein Schwert für mich? Ich konnte meine Waffen nicht mitnehmen, weil die Sache des Königs so dringend war.« 10 »Doch«,
sagte der Priester, »wir haben das Schwert des Philisters Goliat hier, den du im Terebinthental erschlagen hast. Es ist in einen Mantel gewickelt und liegt hinter dem Efod*. Wenn du willst, kannst du es haben. Eine andere Waffe ist nicht hier.« – »Gib es mir!«, sagte David. »Solch ein Schwert gibt es nicht noch einmal.«

David bei Achisch von Gat

11 Noch am selben Tag setzte David seine Flucht fort und kam zu Achisch,
dem König von Gat. 12 Doch die Hofbeamten des Achisch warnten den König: »Ist das nicht David? Er ist doch der König im Land. Er ist es doch, von dem sie in Reigentänzen singen:

›Saul hat tausend Mann
erschlagen, / David aber
zehnmal tausend.‹«

13 David nahm sich diese Worte sehr zu Herzen und geriet in große Furcht vor
Achisch, dem König von Gat. 14 Darum
stellte er sich wahnsinnig und tobte, als man ihn festhalten wollte. Er kritzelte auf die Torflügel und ließ Speichel in
seinen Bart laufen. 15 Da sagte Achisch
zu seinen Leuten: »Ihr seht doch, dass der Mann wahnsinnig ist! Was bringt
ihr ihn zu mir? 16 Gibt es hier nicht
schon genug Verrückte, dass ihr mir auch noch den herbeischaffen müsst? Soll er sich doch woanders austoben, aber nicht in meinem Haus!«

David findet Schicksalsgenossen

22 1 David floh aus Gat in eine
Höhle bei Adullam*. Als seine Brüder und seine ganze Sippe davon hörten, kamen sie dort zu ihm
hin. 2 Bald scharten sich noch andere

21,6 *rein.* Das meint hier rein von Blut und rein im kultischen Sinn. Siehe auch Markus 2,25-26.

21,10 *Efod.* Siehe 1. Samuel 2,18!

22,1 *Adullam*, »Schlupfwinkel«, Stadt in der Schefela, dem Hügelland von Juda, 26 km westlich von Jerusalem.

um ihn: Menschen, die bedrängt, verschuldet oder verbittert waren. Er wurde ihr Anführer. Schließlich waren es etwa 400 Mann.

3 Von dort aus ging David nach Mizpe* in Moab und bat den König der Moabiter: »Lass doch meinen Vater und meine Mutter bei euch wohnen, bis ich weiß, was Gott mit mir vorhat!« 4 So brachte er beide zum König von Moab. Solange David auf der Bergfestung war, blieben sie am Königshof.

5 Dann sagte der Prophet Gad zu David: »Bleib nicht auf der Bergfestung! Kehr ins Land Juda zurück!« Da zog David in den Wald von Heret*.

Sauls Rache an den Priestern von Nob

6 Saul erfuhr, dass David und seine Männer entdeckt worden waren. Er saß gerade auf der Anhöhe bei Gibea unter der Tamariske* und hatte den Speer in der Hand. Sein Gefolge stand um ihn herum. 7 Da sagte er zu ihnen: »Hört her, ihr Benjaminiten! Wird der Sohn Isais euch wohl Felder und Weinberge geben, wird er euch wohl zu Hauptleuten und Obersten machen? 8 Oder warum sonst habt ihr euch alle gegen mich verschworen? Keiner von euch hat mir gesagt, dass mein Sohn einen Bund mit dem Sohn Isais geschlossen hat. Keinen von euch kümmert es, dass mein Sohn meinen Sklaven gegen mich aufhetzt, sodass der mich verrät und mir auflauert, wie es jetzt offenbar ist. Warum hat mir das denn keiner gesagt?«

9 Da sagte der Edomiter Doëg, der ebenfalls beim Gefolge Sauls stand: »Ich sah den Sohn Isais, wie er zu Ahimelech Ben-Ahitub nach Nob kam. 10 Der hat Jahwe für ihn befragt, hat ihm Proviant und das Schwert des Philisters Goliat gegeben.«

11 Da ließ der König den Priester Ahimelech Ben-Ahitub und seine ganze Verwandtschaft holen, die Priester von Nob. Als sie vor ihm standen, 12 sagte Saul: »Hör zu, Ben-Ahitub!« – »Ich höre, mein Herr«, antwortete dieser. 13 »Warum habt ihr euch gegen mich verschworen, du und dieser Sohn von Isai?«, fuhr Saul ihn an. »Du hast ihm Proviant und ein Schwert gegeben und Gott für ihn befragt, sodass er mich verrät und mir auflauert, wie es jetzt offenbar ist.« 14 Ahimelech erwiderte dem König: »Aber David ist doch der treuste Gefolgsmann, den du hast. Er ist Schwiegersohn des Königs, der Anführer deiner Elitetruppe und wird in deinem ganzen Haus geehrt. 15 Es war doch keineswegs das erste Mal, dass ich Gott für ihn befragt habe. Das kann der König seinem Diener doch nicht zur Last legen, und auch nicht meiner Verwandtschaft! Dein Diener hat von allem nicht das Geringste gewusst.« 16 Aber der König sagte: »Du musst sterben, Ahimelech, du und deine ganze Sippschaft!« 17 Er befahl den Wachen, die bei ihm standen:

22,3 *Mizpe*. »Wachtturm«. Die genaue Lage dieses Ortes ist unbekannt.

22,5 *Heret*. Die Lage des Waldes ist unbekannt, vielleicht westlich oder südwestlich von Jerusalem.

22,6 Die *Tamariske* ist ein reich verzweigter immergrüner Baum, der bis zu 10 Meter hoch wird.

»Umstellt diese Priester Jahwes und
tötet sie! Denn auch sie haben sich
mit David verbündet. Und sie wuss-
ten, dass er auf der Flucht war, und
haben es mir nicht gemeldet.« Aber
die Diener des Königs weigerten
sich, die Priester Jahwes umzubrin-
gen. 18 Da sagte der König zu Doëg:
»Mach du es, und schlag die Priester
tot!« Der Edomiter Doëg tat es. Er
fiel über die Priester her und tötete
an diesem Tag 85 Männer. Sie hat-
ten alle das leinene Efod getragen.
19 Außerdem ließ Saul alle Einwoh-
ner der Priesterstadt Nob mit dem
Schwert umbringen: Männer und
Frauen, Kinder und Säuglinge, dazu
auch Rinder und Esel, Schafe und
Ziegen. 20 Es entkam nur ein Sohn
von Ahimelech Ben-Ahitub, das war
Abjatar. Er floh zu David 21 und be-
richtete ihm, dass Saul die Priester
Jahwes umgebracht hatte. 22 Da sagte
David zu ihm: »Ich hätte schon an
jenem Tag wissen müssen, als ich
Doëg in Nob sah, dass er es Saul ver-
raten würde. Ich bin schuld am Tod
deiner ganzen Verwandtschaft. 23 Bleib
jetzt bei mir und hab keine Angst!
Denn der, der es auf dich abgesehen
hat, will auch mich umbringen. Bei
mir bist du also am sichersten.«

David befreit Keïla

23 1 Eines Tages wurde David
gemeldet: »Die Philister füh-
ren Krieg gegen Keïla* und rauben
das frisch gedroschene Getreide.«
2 Da fragte David Jahwe: »Soll ich
hinziehen und diese Philister schla-
gen?« Jahwe sagte ihm: »Geh hin,
schlag die Philister und befreie
Keïla.« 3 Aber seine Leute hielten ihm
entgegen: »Wir haben schon hier in
Juda Angst und nun sollen wir gar
nach Keïla ziehen und die Truppen
der Philister angreifen?« 4 Da fragte
David Jahwe ein zweites Mal und
erhielt die Antwort: »Auf, zieh nach
Keïla hinunter. Ich werde die Philister
in deine Hände geben.« 5 So zog
David mit seinen Männern nach Keïla
und griff die Philister an. Er trieb ihr
Vieh weg, brachte ihnen eine schwere
Niederlage bei und befreite die Be-
wohner der Stadt.

6 Abjatar hatte nämlich das Efod
mitgebracht, als er zu David floh und
mit ihm nach Keïla zog.

7 Als Saul gemeldet wurde, dass
David nach Keïla gekommen war,
sagte er: »Gott hat ihn verworfen und
mir ausgeliefert. Jetzt sitzt er in der
Falle, denn er ist in eine Stadt mit
Mauern und Toren gekommen.« 8 Saul
rief das ganze Volk zum Kampf gegen
Keïla und zur Belagerung der Stadt
auf. 9 Als David erfuhr, dass Saul
Böses gegen ihn plante, sagte er zum
Priester Abjatar: »Bring das Efod
her!« 10 Dann sagte er: »Jahwe, Gott
Israels, dein Diener hat die sichere
Nachricht bekommen, dass Saul nach
Keïla kommen und die Stadt nur des-
halb vernichten will, weil ich hier bin.
11 Werden die Bürger von Keïla mich
ihm ausliefern? Wird Saul tatsächlich
herkommen, wie dein Diener es ge-
hört hat? Jahwe, Gott Israels, lass es
deinen Diener doch wissen!« Jahwe
sagte: »Er wird herabkommen.«

23,1 *Keïla* lag 29 km südwestlich von Jerusalem.

12 David fragte weiter: »Werden die
Leute der Stadt mich und meine Män-
ner an ihn ausliefern?« – »Sie werden
es tun«, sagte Jahwe. 13 Da verließen
David und seine Männer Keïla und
streiften hin und her durch das Land.

David in der Wüste Sif

14 David hielt sich hauptsächlich in
den natürlichen Bergfestungen der
Wüste auf, vor allem im Gebirge der
Wüste Sif*. Saul war die ganze Zeit
hinter ihm her, aber Gott ließ David
nicht in seine Hände fallen. 15 David
wusste, dass Saul ausgezogen war,
um ihn umzubringen. Als er nun in
Horescha* war, in der Wüste Sif,
16 kam Sauls Sohn Jonatan zu ihm
und ermutigte ihn, Gott zu vertrauen.
17 »Hab keine Angst!«, sagte er zu
ihm. »Mein Vater wird dich nicht fin-
den. Du wirst König über Israel wer-
den, und ich werde der zweite Mann
nach dir sein. Das weiß auch mein
Vater Saul genau.« 18 Beide schlossen
einen Bund vor Jahwe. Dann kehrte
Jonatan nach Hause zurück, während
David in Horescha blieb.

David wird verraten

19 Einige Leute von Sif kamen zu
Saul und sagten: »David hält sich
bei uns in den Bergfestungen ver-
steckt. Er ist jetzt in Horescha, auf
dem Hügel Hachila südlich von Je-
schimon*. 20 Der König möge nun
kommen, wenn er es will. Wir wer-
den dafür sorgen, dass er dem König
in die Hände fällt.« 21 »Jahwe segne
euch dafür«, sagte Saul, »dass ihr
Mitleid mit mir hattet! 22 Geht und
erkundet alles noch genauer! Stellt
fest, wo er sich aufhält und wer ihn
dort gesehen hat! Denn man hat mir
gesagt, dass er sehr schlau ist.
23 Passt genau auf und erkundet
jeden Schlupfwinkel, in dem er sich
versteckt halten könnte! Wenn ihr
ganz sicher seid, kommt wieder zu
mir. Dann will ich mit euch ziehen.
Und wenn er noch im Land ist,
werde ich ihn aufspüren, selbst
wenn ich ganz Juda durchkämmen
müsste.« 24 Die Männer gingen Saul
voraus nach Sif zurück. David und
seine Männer waren in der Wüste
Maon, in der Ebene südlich von Je-
schimon.

25 Saul zog dann mit seinen Män-
nern los, um David zu suchen. Als die-
ser davon hörte, wollte er sich in das
Felsenversteck in der Wüste Maon zu-
rückziehen. Das wurde Saul gemel-
det, und er folgte David in die Wüste
hinein. 26 Saul ging an der einen Seite
des Berges entlang, David und seine
Männer auf der anderen. David ver-
suchte verzweifelt, Saul zu entkom-
men, während Saul und seine Männer
schon dabei waren, ihn zu umzingeln.
27 Da kam ein Bote zu Saul und mel-
dete: »Die Philister sind ins Land ein-
gefallen!« 28 Da brach Saul die Verfol-
gung ab und zog gegen die Philister.
Deshalb nennt man diesen Ort Sela-Machlekot, Trennungsfels.

23,14 Der Ort *Sif* liegt 8 km südöstlich von Hebron. Die *Wüste Sif* liegt östlich davon.

23,15 *Horescha* lag wahrscheinlich östlich von Sif, 8 km südöstlich von Hebron.

23,19 *Jeschimon*. Wildnis östlich von Sif.

Davids Großmut

24 1 David zog sich von dort in
die Bergfestungen von En-
Gedi* zurück. 2 Und als Saul von der
Verfolgung der Philister zurück-
gekehrt war, wurde ihm gemeldet:
»David ist jetzt in der Bergwüste bei
En-Gedi.« 3 Saul nahm 3000 der
besten Männer Israels mit und zog auf
der Suche nach David auf die Stein-
bockfelsen zu. 4 Als er an den Schaf-
hürden vorbeikam, ging er zum Aus-
treten in die Höhle dort. Hinten in der
Höhle saß David mit seinen Männern.
5 Die flüsterten ihm zu: »Sieh doch,
das ist der Tag, von dem Jahwe dir ge-
sagt hat: Pass auf, ich werde deinen
Feind in deine Hände geben, und
du kannst mit ihm machen, was du
willst.« Da stand David auf und
schnitt heimlich einen Zipfel von
Sauls Obergewand ab. 6 Danach aber
schlug ihm das Gewissen, weil er das
getan hatte. 7 Er sagte zu seinen Män-
nern: »Jahwe behüte mich davor, dass
ich Hand an meinen Herrn, den Ge-
salbten Jahwes, legen sollte, denn er
ist doch der gesalbte König Jahwes!«
8 David wies seine Männer zurecht
und erlaubte ihnen nicht, sich an Saul
zu vergreifen. Als Saul die Höhle
wieder verließ, um seinen Weg fortzu-
setzen, 9 kam David aus der Höhle
heraus und rief ihm nach: »Mein Herr
und König!« Saul drehte sich um, und
David fiel auf die Knie und neigte sein
Gesicht zur Erde. 10 Er sagte zu Saul:
»Warum hörst du auf das Gerede von
Menschen, die behaupten, dass Da-
vid dich ins Verderben stürzen will?
11 Heute konntest du dich mit eigenen
Augen überzeugen, dass Jahwe dich
in der Höhle in meine Hände gegeben
hatte. Meine Leute drängten mich,
dich umzubringen. Aber ich habe dich
verschont, weil ich dachte: ›Ich will
mich nicht an meinem Herrn vergrei-
fen, denn er ist der Gesalbte Jahwes!‹
12 Sieh doch, mein Vater, siehst du
hier den Zipfel deines Gewands in
meiner Hand? Ich hätte dich töten
können, aber ich habe nur einen Zip-
fel deines Obergewands abgeschnit-
ten. Daran siehst du doch, dass ich
kein Rebell bin und dir nichts Böses
tun will. Ich habe mich nicht an dir
versündigt, und doch verfolgst du
mich und willst mir das Leben neh-
men! 13 Jahwe soll Richter zwischen
uns sein! Er mag mich an dir rächen,
aber ich werde meine Hand nicht
gegen dich erheben! 14 Wie das alte
Sprichwort sagt: ›Nur Verbrecher be-
gehen Verbrechen.‹ Aber ich werde
dich nicht antasten. 15 Hinter wem ist
der König von Israel denn her? Wen
verfolgst du denn? Einen toten Hund,
einen einzelnen Floh! 16 Jahwe soll
als Richter zwischen dir und mir
entscheiden! Er soll meinen Prozess
gegen dich führen und mir mein
Recht verschaffen!«
17 Als David ausgeredet hatte, sagte
Saul: »Ist das wirklich deine Stimme,
mein Sohn David?« Und er begann
laut zu weinen. 18 Dann sagte er zu
David: »Du bist gerechter als ich,
denn du hast mir Gutes erwiesen, ob-
wohl ich dir Böses angetan habe.
19 Heute hast du es bewiesen, denn
Jahwe hatte mich in deine Hand ge-
geben, und du hast mich nicht umge-

24,1 *En-Gedi* (Ziegenquell) ist eine Oase etwa in der Mitte des Westufers vom Toten Meer. Heute ist es ein Naturschutzgebiet.

bracht. 20 Wenn jemand seinen Feind
findet, lässt er ihn dann unbehelligt
weiterlaufen? Jahwe möge dich für
das belohnen, was du heute an mir
getan hast! 21 Jetzt aber – ich weiß ja,
dass du König wirst, ja König, und in
deiner Hand wird das Königtum Is-
raels festen Bestand haben, 22 jetzt
aber schwöre mir bei Jahwe, dass du
meine Nachkommen nicht beseitigst
und meinen Namen in meiner Sippe
nicht auslöschen wirst!« 23 David
schwor es. Dann kehrte Saul nach
Hause zurück. David und seine Män-
ner stiegen auf die Bergfestung.

David und Abigajil

25 1 Samuel starb. Ganz Israel
versammelte sich und trauer-
te um ihn. Dann begruben sie ihn auf
seinem Besitz in Rama. David zog
sich damals weiter in Richtung der
Wüste Paran* zurück.
2 In Maon* lebte ein Mann, der sein
Gewerbe in Karmel* ausübte. Er be-
fand sich gerade dort, um seine Scha-
fe zu scheren. Der Mann war sehr ver-
mögend, ihm gehörten 3000 Schafe
und 1000 Ziegen. 3 Er hieß Nabal und
war ein Nachkomme Kalebs. Seine
Frau hieß Abigajil. Sie war schön und
hatte einen klaren Verstand, er selbst
aber war grob und gemein. 4 Als Da-
vid in der Wüste hörte, dass Nabal
seine Schafe schor, 5 schickte er zehn
junge Männer mit dem Auftrag los:
»Geht nach Karmel hoch und fragt
Nabal in meinem Namen nach seinem
Wohlergehen. 6 Richtet ihm aus: ›Ich
wünsche dir alles Gute! Friede sei mit
dir, mit deiner Familie und mit allem,
was du besitzt. 7 Ich habe gerade ge-
hört, dass du Schafschur hast. Du
weißt doch, dass deine Hirten in unse-
rer Nähe waren und wir ihnen nichts
zuleide getan haben. Und während
der ganzen Zeit in Karmel ist ihnen
nichts abhanden gekommen. 8 Frag
deine Leute, sie werden es dir bestäti-
gen. Nimm also meine jungen Leute
freundlich auf, denn wir kommen
doch zu einem Fest! Gib ihnen mit,
was du für deinen Sohn David er-
übrigen kannst!‹«
9 Davids junge Leute kamen zu
Nabal, richteten ihm alles im Namen
Davids aus und warteten dann ab.
10 Aber Nabal entgegnete ihnen: »Da-
vid, wer ist das? Der Sohn Isais, wer
soll das sein? Heutzutage gibt es viele
Knechte, die ihrem Herrn davonge-
laufen sind. 11 Da soll ich mein Brot
und Wasser nehmen und die Tiere,
die ich für meine Schafscherer ge-
schlachtet habe, und es Leuten geben,
von denen ich nicht einmal weiß,
woher sie kommen?«
12 Die jungen Männer kehrten zu
David zurück und berichteten ihm
alles. 13 Da befahl David seinen Män-
nern: »Schnallt eure Schwerter um!«
Auch er nahm sein Schwert und zog
los. 400 Mann folgten ihm, 200 ließ er
beim Gepäck.
14 Einer von den Leuten Nabals be-
richtete Abigajil: »David hat Boten
aus der Wüste zu Nabal geschickt,
um unserem Herrn alles Gute zu wün-
schen, aber er hat sie nur angeschrien.
15 Dabei waren die Männer Davids

25,1 Die *Wüste Paran* liegt irgendwo im Zentral-Sinai.

25,2 *Maon* lag 13 km südlich von Hebron.

Gemeint ist das Dorf *Karmel* in Juda, 12 km südöstlich von Hebron.

immer sehr gut zu uns. Sie haben uns
nicht belästigt und die ganze Zeit, in
der wir in ihrer Nähe waren, haben
wir nicht das Geringste vermisst.
16 Sie waren Tag und Nacht wie eine
schützende Mauer um uns, solange
wir die Herden in ihrer Nähe weide-
ten. 17 Sieh zu, ob du noch etwas
tun kannst, sonst ist unser Herr und
sein ganzer Haushalt verloren. Er ist
ja so boshaft, dass man nicht mit ihm
reden kann.«
18 Da ließ Abigajil schnell einige
Esel beladen. Sie nahm 200 Fladen-
brote, zwei Schläuche Wein, fünf zu-
bereitete Schafe, fünf Getreidemaße
voll Röstkorn, 100 Rosinenkuchen
und 200 Feigenkuchen. 19 Dann sagte
sie zu ihren Dienern: »Geht mit
den Eseln voraus, ich komme gleich
nach!« Ihrem Mann aber sagte sie
nichts davon. 20 Als sie auf ihrem Esel
den Berg hinunterritt, kamen David
und seine Männer ihr schon entgegen.
21 David hatte eben noch gesagt:
»Für nichts und wieder nichts habe
ich in der Wüste alles beschützt, was
dem gehört. Nicht das Geringste von
seinem Besitz ist weggekommen. Und
er hat mir Gutes mit Bösem vergolten.
22 So möge es Gott den Feinden Da-
vids antun, so und noch mehr! Bis
morgen früh werde ich nicht einen
einzigen von diesen Wandpissern*
übrig lassen!«
23 Als Abigajil David sah, stieg sie
schnell vom Esel, kniete sich hin und
beugte sich mit dem Gesicht zur Erde
nieder. 24 Sie blieb vor seinen Füßen
liegen und sagte: »Es ist alles meine
Schuld, mein Herr! Bitte hör deine
Dienerin an, bitte lass es mich erklä-
ren! 25 Mein Herr ärgere sich doch
nicht über Nabal, diesen boshaften
Menschen. Er ist genau das, was sein
Name bedeutet. Nabal* heißt er und
niederträchtig ist er. Leider habe ich,
deine Dienerin, die jungen Leute, die
mein Herr geschickt hat, nicht gese-
hen. 26 Nun aber, mein Herr, so wahr
Jahwe lebt und du selbst lebst: Jahwe
hat dich daran gehindert, in Blut-
schuld zu geraten, indem du dir mit
eigener Hand hilfst. Mögen deine Fein-
de und alle, die dir schaden wollen, so
wie Nabal werden! 27 Hier ist nun der
Segensgruß, den deine Dienerin mei-
nem Herrn brachte. Möge er an die
Leute im Gefolge meines Herrn ver-
teilt werden! 28 Vergib doch deiner
Dienerin die Anmaßung! Ich weiß,
dass Jahwe meinem Herrn ein bestän-
diges Königshaus errichten wird, weil
mein Herr die Kriege Jahwes führt.
Dein Leben lang möge dir niemand
ein Unrecht vorwerfen können. 29 Und
wenn dich jemand verfolgt, um dich
umzubringen, soll das Leben meines
Herrn bei denen verwahrt sein, die
Jahwe, dein Gott, am Leben erhält!
Aber das Leben deiner Feinde schleu-
dere er mit der Schleuder weg!
30 Wenn dann Jahwe meinem Herrn
all das Gute tun wird, das er dir zuge-
sagt hat, und dich zum Fürsten über
Israel bestellt, 31 dann soll es dir, mei-
nem Herrn, nicht zur Falle werden
und nicht zum Vorwurf in deinem Ge-
wissen führen, dass du ohne Grund
Blut vergossen und dir selbst geholfen
hast. Und wenn Jahwe meinem Herrn

25,22 *Wandpisser*. Das ist ein bewusst verächtlicher Ausdruck für einen erwachsenen Mann.

25,25 *Nabal* heißt Torheit und Niedertracht.

wohl tun wird, denk auch an deine
Dienerin!«
32 »Gepriesen sei Jahwe, der Gott
Israels«, rief David vor Abigajil, »dass
er dich mir heute entgegengeschickt
hat! 33 Und gepriesen sei deine Klug-
heit! Gesegnet sollst du sein, dass
du mich heute davor zurückgehalten
hast, in Blutschuld zu geraten und
mir selbst zu helfen! 34 Aber so wahr
Jahwe, der Gott Israels, lebt, der mich
davor bewahrt hat, dir Böses zu tun:
Wenn du mir nicht so schnell ent-
gegengekommen wärst, dann hätte
Nabal bis zum Morgenlicht keinen
seiner Wandpisser übrig behalten!«
35 Dann nahm David die Gaben an,
die sie ihm mitgebracht hatte, und
sagte zu ihr: »Geh in Frieden nach
Hause! Ich habe auf dich gehört, und
du kannst mir ins Gesicht schauen.«
36 Als Abigajil nach Hause kam, saß
Nabal mit seinen Leuten beim Fest-
mahl; er feierte wie ein König, war
gut gelaunt und völlig betrunken. Sie
sagte ihm kein Wort von dem, was
vorgefallen war. 37 Erst am nächsten
Morgen, als er wieder nüchtern war,
erzählte seine Frau ihm alles. Da traf
ihn der Schlag, und er war wie ge-
lähmt. 38 Zehn Tage später ließ Jahwe
ihn sterben.
39 Als David davon hörte, sagte er:
»Gepriesen sei Jahwe, der den Prozess
gegen Nabals Unverschämtheit ge-
führt und mich, seinen Diener, von
einer bösen Tat abgehalten hat. Er hat
Nabals Schlechtigkeit auf ihn selbst
zurückfallen lassen.« Dann schickte
David Boten zu Abigajil und bat sie,
seine Frau zu werden.
40 Die Diener Davids kamen nach
Karmel und sagten zu Abigajil: »David
schickt uns, er will dich zur Frau neh-
men.« 41 Da stand sie auf, kniete sich
nieder, das Gesicht zur Erde, und
sagte: »Deine Dienerin ist bereit, den
Dienern meines Herrn zu dienen
und ihnen die Füße zu waschen.«
42 Schnell machte sie sich reisefertig
und setzte sich auf ihren Esel. Ihre fünf
Mägde begleiteten sie. Sie folgte den
Boten Davids und wurde seine Frau.
43 David hatte bereits Ahinoam
aus Jesreel* zur Frau genommen und
war nun mit zwei Frauen verheiratet.
44 Davids Frau Michal, die Tochter
Sauls, hatte Saul mit Palti Ben-La-
jisch aus Gallim* verheiratet.

David beschämt Saul zum zweiten Mal

26 1 Ein paar Männer aus Sif
kamen erneut zu Saul nach
Gibea und sagten: »David hält sich
auf dem Hügel Hachila gegenüber von
Jeschimon versteckt.« 2 Saul nahm
3000 der besten Männer Israels mit
und machte sich auf den Weg in die
Wüste Sif, um David dort zu suchen.
3 Sie schlugen ihr Lager am Hügel
Hachila auf, der gegenüber von Je-
schimon liegt. David befand sich noch
in der Wüste. Als er hörte, dass Saul
wieder hinter ihm her war, 4 schickte
er Kundschafter aus und erfuhr mit
Gewissheit, dass Saul gekommen war.
5 Darauf erkundete David selbst den
Lagerplatz Sauls. Er sah die Stelle,
wo Saul sich neben Abner Ben-Ner,

25,43 Die Stadt *Jesreel* befindet sich mitten in der sehr fruchtbaren Jesreel-Ebene etwa 40 km nördlich von Samaria.

25,44 *Gallim* war ein Dorf im Gebiet von Benjamin, 7-8 km nördlich von Jerusalem.

seinem Heerführer, zum Schlafen niedergelegt hatte. Saul lag im innersten Lagerring, seine Männer im Kreis um ihn herum. 6 Mit David waren Ahimelech, der Hetiter, und Abischai, der Sohn der Zeruja und Bruder Joabs, gekommen. David fragte sie: »Wer geht mit mir zu Saul ins Lager hinunter?« – »Ich komme mit«, sagte Abischai.

7 In der Nacht schlichen David und Abischai ins Lager an den schlafenden Männern und an Abner vorbei. Sie fanden Saul im innersten Lagerring schlafend vor. An seinem Kopfende steckte der Speer in der Erde. 8 Abischai flüsterte David zu: »Heute hat Gott dir deinen Feind in die Hände gegeben! Ich will ihn mit dem Speer an den Boden spießen. Ich brauche nur einen Stoß dazu, keinen zweiten.« 9 Aber David entgegnete ihm: »Nein, bring ihn nicht um! Denn wer sich am Gesalbten Jahwes vergreift, wird nicht ungestraft bleiben.« 10 Dann sagte David: »So wahr Jahwe lebt: Sicher wird Jahwe ihn schlagen, wenn die Zeit gekommen ist, dass er sterben muss. Vielleicht kommt er auch in einem Krieg ums Leben. 11 Jahwe bewahre mich davor, seinen Gesalbten anzutasten! Nimm jetzt den Speer an seinem Kopfende und seinen Wasserkrug – und dann lass uns hier verschwinden!« 12 David nahm beides an sich, dann machten sie sich davon. Niemand sah etwas, niemand merkte etwas und niemand wachte auf, denn Jahwe hatte alle in einen tiefen Schlaf fallen lassen.

13 David ging auf die andere Seite des Tals hinüber und stellte sich in sicherer Entfernung auf den Gipfel des Berges. 14 Von dort aus rief er zum Kriegslager und zu Abner Ben-Ner hinüber: »Abner, hörst du nicht?« – »Wer bist du, der da so zum König hin schreit?«, rief Abner zurück. 15 Da sagte David: »Du bist doch ein Mann, mit dem es keiner in Israel aufnehmen kann! Warum hast du deinen Herrn, den König, so schlecht bewacht? Vorhin ist jemand ins Lager eingedrungen, um deinen Herrn, den König, umzubringen. 16 Das hast du nicht sehr gut gemacht! So wahr Jahwe lebt: Ihr habt den Tod verdient, weil ihr nicht über euren Herrn, den Gesalbten Jahwes, gewacht habt. Sieh doch einmal an seinem Kopfende nach, wo der Speer des Königs und sein Wasserkrug geblieben sind!«

17 Da erkannte Saul die Stimme Davids und rief: »Ist das nicht deine Stimme, mein Sohn David?« – »Es ist meine Stimme, mein Herr und König!«, erwiderte David 18 und fuhr fort: »Warum jagt denn mein Herr seinem Diener nach? Was habe ich dir denn getan? Welches Unrecht habe ich begangen? 19 Nun hör doch auf die Worte deines Dieners, mein Herr und König! Wenn Jahwe dich gegen mich aufgebracht hat, so müssen wir ihn durch ein Opfer versöhnen. Wenn es aber Menschen sind, so sollen sie vor Jahwe verflucht sein! Denn sie lassen mich nicht am Erbe Jahwes teilhaben, als wollten sie sagen: ›Geh fort und diene fremden Göttern!‹ 20 Nein, mein Blut soll nicht fern von der Gegenwart Jahwes auf die Erde fließen, weil der König von Israel losgezogen ist, um einen einzelnen Floh zu fangen. Warum jagst du mich denn wie ein Rebhuhn* in den Bergen?«

21 Saul entgegnete: »Ich habe ver-
sagt! Komm zurück, mein Sohn
David! Ich werde dir nie mehr etwas
Böses antun, weil du mein Leben
heute so hoch geschätzt hast. Ich habe
versagt und dir schweres Unrecht
zugefügt.« 22 David sagte darauf:
»Hier ist dein Speer, mein König!
Einer von deinen Leuten soll herkom-
men und ihn holen! 23 Jahwe wird
jedem seine Gerechtigkeit und Treue
vergelten! Denn Jahwe hat dich heute
in meine Hände gegeben, aber ich
wollte mich nicht an seinem Gesalb-
ten vergreifen. 24 So wie dein Leben
mir heute wertvoll war, so möge mein
Leben Jahwe wertvoll sein, dass er
mich aus aller Bedrängnis rettet.«
25 Saul sagte: »Gesegnet bist du, mein
Sohn David! Alles, was du dir vor-
nimmst, wird zustande kommen!«
David setzte seinen Weg fort, und
Saul kehrte nach Hause zurück.

David bei den Philistern

27 1 David dachte sich: »Eines
Tages werde ich doch noch
von Saul umgebracht. Es bleibt mir
nichts anderes übrig, als mich im
Land der Philister in Sicherheit zu
bringen. Dann wird Saul aufhören,
mich im ganzen Gebiet Israels zu su-
chen. Dann bin ich vor ihm sicher.«
2 So zog David mit seinen 600 Mann
zu Achisch Ben-Maoch, dem König
von Gat. 3 Er ließ sich mit seinen
Männern bei ihm nieder. Jeder hatte
seine Familie dabei. Auch Davids
beide Frauen waren mitgekommen:
Ahinoam aus Jesreel und Abigajil, die
Witwe Nabals aus Karmel. 4 Als Saul
erfuhr, dass David nach Gat geflohen
war, suchte er ihn nicht länger.

5 Nun sagte David zu Achisch:
»Wenn ich deine Gunst gefunden
habe, dann lass mich doch in eine
deiner Städte auf dem Land ziehen.
Warum soll dein Diener bei dir in der
Königsstadt sitzen?« 6 Darauf über-
ließ ihm Achisch noch am selben Tag
Ziklag. Das ist der Grund, warum Zi-
klag bis heute den Königen von Juda*
gehört. 7 Ein Jahr und vier Monate
lebte David im Gebiet der Philister.

8 Von dort aus unternahm David mit
seinen Männern Raubzüge gegen die
Geschuriter*, die Girsiter* oder die
Amalekiter, die von Alters her das
Gebiet bis nach Schur* und an die
Grenze Ägyptens bewohnten. 9 Bei
diesen Überfällen ließ David weder
Mann noch Frau am Leben, aber die
Schafe, Rinder, Esel, Kamele und
auch die Kleidung nahm er als Beute
mit. 10 Wenn Achisch fragte: »Wohin
habt ihr heute den Streifzug ge-
macht?«, dann erwiderte David: »In

26,20 *Rebhuhn.* Gemeint ist wohl das Arabische Wüstenhuhn.

27,6 *heute ... Juda.* Das meint den Zeitpunkt, als das Buch verfasst wurde und Israel schon in Nord- und Südreich geteilt war.

27,8 Die hier erwähnten *Geschuriter* bewohnten ein Gebiet südlich des Philisterlandes und sind von dem Königreich Geschur (Josua 12,5) zu unterscheiden.

Die *Girsiter* werden sonst im Alten Testament nicht erwähnt.

Die Wüste *Schur* liegt zwischen dem »Bach Ägyptens« und dem heutigen Suez-Kanal. Der Ort *Schur* war eventuell das heutige Tell Fara, ein Vorposten der Ägypter.

den Süden von Juda«, oder: »In den Negev*, ins Gebiet der Jerachmeëliter!«, oder: »Ins südliche Gebiet der Keniter!« 11 David ließ niemand am Leben und brachte auch keinen Gefangenen mit nach Gat, weil er verhindern wollte, dass sie gegen ihn aussagten. So machte David es während seiner ganzen Zeit bei den Philistern. 12 Achisch glaubte David und dachte: »Er hat sich bei seinem eigenen Volk, bei Israel, verhasst gemacht. Nun wird er für immer mein Diener sein.«

28 1 Damals zogen die Philister wieder ihre Truppen zusammen, um gegen Israel zu kämpfen. Achisch sagte zu David: »Du bist dir doch im Klaren darüber, dass du mit deinen Männern auf unserer Seite in den Kampf ziehen musst.« 2 »Natürlich«, antwortete David, »du wirst selbst sehen, was dein Diener leisten kann.« – »Gut«, sagte Achisch, »ich mache dich zu meinem ständigen Leibwächter!«

Saul sucht Rat bei einem Toten

3 Samuel war gestorben und in seiner Heimatstadt Rama begraben worden. Ganz Israel hatte ihn betrauert. Die Totenbeschwörer und Wahrsager jedoch hatte Saul im ganzen Land beseitigt.

4 Als die Philister ihre Truppen gesammelt hatten, schlugen sie ihr Lager bei Schunem* auf. Saul rief ganz Israel zusammen und ließ das Kriegslager auf den Bergen von Gilboa* aufschlagen. 5 Als Saul das Heer der Philister sah, erschrak er und wurde ganz entmutigt. 6 Er fragte Jahwe, doch Jahwe gab ihm keine Antwort, weder durch Träume noch durchs Los, noch durch einen Propheten. 7 Da befahl Saul seinen Dienern: »Sucht mir eine Totenbeschwörerin! Ich will zu ihr gehen und sie um Rat fragen!« Seine Diener sagten: »In En-Dor* lebt eine solche Frau.« 8 Saul machte sein Gesicht unkenntlich, zog fremde Kleidung an und ging mit zwei Begleitern dorthin. Es war Nacht, als sie ankamen. »Ich möchte, dass du mir durch den Geist eines Toten meine Zukunft voraussagst«, sagte er zu ihr. »Lass den heraufkommen, den ich dir nennen werde!« 9 Aber die Frau erwiderte: »Du weißt doch selbst, dass Saul die Totenbeschwörer und Wahrsager im ganzen Land beseitigt hat. Warum stellst du mir eine Falle? Willst du mich töten?« 10 Aber Saul schwor bei Jahwe: »So wahr Jahwe lebt, in dieser Sache wird dich keine Strafe treffen!« 11 »Wen soll ich dir denn heraufkommen lassen?«, fragte die Frau. Saul erwiderte: »Ruf Samuel!« 12 Als die Frau dann wirklich Samuel sah, schrie sie auf und sagte zu Saul: »Warum hast du mich betrogen? Du bist ja Saul!« 13 »Du hast nichts zu befürchten«, sagte der König zu ihr. »Sag mir, was du siehst!« – »Ich sehe eine Art Gott aus der Erde heraufsteigen«,

---

27,10 *Negev*. Das heiße Südland Israels, zum Teil gebirgige Wüste.

28,4 *Schunem* lag 15 km östlich von Megiddo am Fuß des Berges More. Heute: Solem.

Gilboa bezeichnet eine Bergkette östlich der Ebene von Jesreel.

28,7 *En-Dor* lag etwa 10 km nordwestlich von Schunem und 5 km südlich vom Tabor. Heute: Endur.

sagte sie. 14 »Wie sieht er aus?«, fragte
er. »Es ist ein alter Mann«, sagte sie.
»Er hat sich in einen Mantel gehüllt.«
Daran erkannte Saul, dass es Samuel
war, und kniete sich nieder mit dem
Gesicht zur Erde.

15 »Warum hast du meine Ruhe ge-
stört und mich heraufkommen las-
sen?«, sagte Samuel. Saul erwiderte:
»Ich bin in großer Angst! Die Philister
kämpfen gegen mich, und Gott hat
mich verlassen. Er antwortet mir
nicht mehr, weder durch Propheten
noch durch Träume. Da ließ ich dich
rufen, damit du mich wissen lässt,
was ich tun soll.«

16 Samuel sagte: »Warum fragst du
mich? Jahwe hat sich von dir abge-
wandt und ist dein Feind geworden.
17 Er führt jetzt das aus, was er durch
mich angekündigt hat: Er reißt das
Königtum aus deiner Hand und gibt
es David, deinem Nächsten. 18 Weil
du ihm nicht gehorcht hast, tut er dir
das heute an. Du hast seinen glühen-
den Zorn an Amalek nicht vollstreckt.
19 Jahwe wird das ganze Heer Israel
zusammen mit dir in die Hände der
Philister geben. Morgen wirst du mit
deinen Söhnen bei mir sein.«

20 Da stürzte Saul der Länge nach
zu Boden. Die Worte Samuels hatten
ihn zutiefst erschreckt. Es war auch
keine Kraft mehr in ihm, weil er den
ganzen Tag und die ganze Nacht
nichts gegessen hatte. 21 Die Frau
eilte zu ihm. Als sie sah, dass er ganz
verstört war, sagte sie: »Deine Die-
nerin hat auf dich gehört. Ich habe
mein Leben aufs Spiel gesetzt, als ich
deine Bitte erfüllte. 22 Nun hör doch
auch auf mich! Ich werde dir eine
Kleinigkeit zu essen bringen. Iss, damit
du wieder zu Kräften kommst und
deines Weges gehen kannst!« 23 Aber
er weigerte sich und sagte: »Ich will
nichts essen!« Doch seine Diener und
die Frau nötigten ihn, bis er auf sie
hörte. Er stand auf und setzte sich
aufs Bett. 24 Die Frau hatte ein ge-
mästetes Kalb im Stall. Das schlach-
tete sie jetzt in aller Eile. Dann nahm
sie Mehl, machte einen Teig und
backte ungesäuertes Fladenbrot. 25 Das
setzte sie Saul und seinen Dienern vor.
Die aßen und gingen noch in dersel-
ben Nacht weg.

David muss nicht gegen Israel kämpfen

29 1 Die Philister sammelten
ihre Heere bei Afek, und die
Israeliten lagerten sich an der Quelle
bei Jesreel. 2 Die Fürsten der Philister
ließen ihre Truppen nach Hunderten
und Tausenden an sich vorbeimar-
schieren. Mit Achisch zogen zuletzt
auch David und seine Männer vor-
über. 3 Da fragten die Oberen der
Philister: »Was sollen diese Hebräer
hier?« Achisch erwiderte ihnen: »Das
ist doch David, der früher dem Israeli-
tenkönig Saul gedient hat und nun
schon seit Jahr und Tag bei mir ist. Seit
er zu mir übergelaufen ist, hatte ich bis
heute nicht das Geringste an ihm aus-
zusetzen.« 4 Doch die Oberen der
Philister wurden zornig über ihn und
sagten: »Schick den Mann zurück! Er
soll an dem Ort bleiben, den du ihm
zugewiesen hast, und nicht mit uns in
den Krieg ziehen, sonst wird er uns
noch zum Gegner in der Schlacht.
Denn womit könnte er die Gunst sei-
nes Herrn besser zurückgewinnen als
mit den Köpfen dieser Männer! 5 Das

ist doch derselbe David, von dem sie
bei den Reigentänzen sangen:
›Saul hat tausend Mann
erschlagen, / David aber
zehnmal tausend!‹«
6 Da rief Achisch David zu sich und
sagte: »So wahr Jahwe lebt, ja, du bist
ein aufrichtiger Mann. Es wäre mir
lieb gewesen, wenn du mit mir im
Heer bleiben könntest. Denn seitdem
du bei mir bist, habe ich nichts an dir
auszusetzen. Aber die Fürsten trau-
en dir nicht. 7 Kehr deshalb wieder
um und geh in Frieden, damit du
die Philisterfürsten nicht verärgerst.«
8 David erwiderte ihm: »Was habe ich
denn getan? Hast du irgendetwas an
mir auszusetzen, seit ich in deinen
Dienst getreten bin? Weshalb soll ich
nicht gegen die Feinde meines Herrn
und Königs kämpfen?« 9 Achisch er-
widerte: »Ich weiß es ja. Du bist mir so
lieb wie ein Engel Gottes. Aber die
Oberen der Philister haben nun ein-
mal gesagt: ›Er darf nicht mit uns in
den Kampf ziehen!‹ 10 Mach dich
morgen früh auf und nimm alle mit,
die früher einmal Saul gedient haben
und mit dir gekommen sind! Zieht
fort, sobald es hell wird!« 11 So mach-
te sich David bei Tagesanbruch auf
den Weg und kehrte mit seinen Män-
nern ins Land der Philister zurück.
Die Philister aber zogen nach Jesreel
hinauf.

David vernichtet die Amalekiter

30 1 Als David und seine Män-
ner zwei Tage später in Zi-
klag ankamen, fanden sie die Stadt
in Schutt und Asche gelegt. Die Ama-
lekiter waren in den Negev eingefallen
und hatten Ziklag verwüstet. 2 Sie
hatten alle Frauen und Kinder in der
Stadt als Gefangene verschleppt, aber
niemand getötet. 3 Als David und
seine Männer die niedergebrannte
Stadt sahen und feststellten, dass ihre
Frauen und Kinder gefangen wegge-
schleppt worden waren, 4 schrien sie
laut auf und weinten, bis sie nicht
mehr konnten. 5 Auch die beiden
Frauen Davids waren unter den Ge-
fangenen: Ahinoam aus Jesreel und
Abigajil, die Witwe Nabals aus Kar-
mel. 6 David kam in schwere Be-
drängnis, denn die Leute sprachen
davon, ihn zu steinigen, so erbittert
waren sie über den Verlust ihrer
Söhne und Töchter. Aber David holte
sich Mut bei Jahwe, seinem Gott. 7 Er
befahl dem Priester Abjatar Ben-Ahi-
melech, das Efod zu bringen. 8 Dann
fragte er Jahwe: »Soll ich diese Räu-
berbande verfolgen? Werde ich sie
einholen?« – »Ja, verfolge sie! Du
wirst sie gewiss einholen und die Ge-
fangenen befreien!«, erhielt er zur
Antwort. 9 Da brach David mit seinen
600 Männern sofort auf. Als sie den
Bach Besor* erreichten, machten die
Zurückbleibenden dort Halt. 10 200
Mann waren einfach zu erschöpft, um
den Bach zu überqueren, und blieben
zurück. David setzte die Verfolgung
mit 400 Mann fort.
11 Unterwegs fanden sie einen
Ägypter und brachten ihn zu David.
Sie gaben ihm Brot und Wasser.
12 Dann reichten sie ihm eine Portion
gepresste Feigen und zwei Rosinen-

30,9 *Besor.* Bachtal im Negev, südwestlich von Beerscheba.

kuchen. Als er gegessen hatte, kam er
wieder zu Kräften und sagte, dass er
drei Tage lang nichts zu essen und zu
trinken gehabt hätte.
13 David fragte ihn: »Zu wem ge-
hörst du und woher kommst du?« –
»Ich bin ein Ägypter«, erwiderte er,
»der Sklave eines Amalekiters. Mein
Herr hat mich vor drei Tagen hier zu-
rückgelassen, weil ich krank wurde.
14 Wir sind ins Südland der Kreter*
eingefallen, in das südliche Gebiet
Judas, wo die Nachkommen Kalebs
wohnen, und haben auch Ziklag
eingeäschert.« 15 »Kannst du mich
zu dieser Räuberbande hinführen?«,
fragte David. Der Sklave erwiderte:
»Schwöre mir bei Gott, dass du mich
nicht tötest oder meinem Herrn aus-
lieferst! Dann werde ich dich zu dieser
Bande hinunterführen.«
16 Er führte sie hin, und sie fanden
die Amalekiter über die ganze Gegend
zerstreut. Sie aßen und tranken und
tanzten, weil sie bei den Philistern
und in Juda so reiche Beute gemacht
hatten. 17 David fiel über sie her und
schlug sie von der Morgendämme-
rung an bis zum Abend des folgenden
Tages. Alle wurden niedergemacht,
nur 400 junge Männer konnten auf
Kamelen fliehen. 18 David befreite
alle Gefangenen und auch seine bei-
den Frauen. 19 Niemand wurde ver-
misst, weder Söhne noch Töchter,
noch irgendwelche Beute. Alles, was
die Amalekiter weggenommen hat-
ten, brachte David zurück. 20 Die
Schafe, Ziegen und Rinder der Ama-
lekiter nahm David für sich. Seine
Leute trieben sie vor ihrem eigenen
Vieh her und sagten: »Das ist Davids
Beute!«
21 Die 200 Männer, die zu erschöpft
gewesen waren, um David zu folgen,
und am Besorbach zurückgeblieben
waren, kamen nun David und seinen
Männern entgegen. David ging auf sie
zu und fragte sie nach ihrem Wohler-
gehen. 22 Aber unter denen, die mit
David gezogen waren, gab es ein paar
bösartige und niederträchtige Män-
ner, die sagten: »Sie sind nicht mit uns
in den Kampf gezogen, also geben wir
ihnen auch nichts von der Beute, die
wir gemacht haben. Sie sollen ihre
Frauen und Kinder nehmen und ver-
schwinden.« 23 Doch David sagte:
»Nein, meine Brüder, so machen wir
es nicht mit dem, was Jahwe uns
schenkte! Er war es doch, der uns be-
schützt und diese Räuberbande in un-
sere Hände gegeben hat. 24 Wer sollte
denn in dieser Sache auf euch hören?
Nein, der eine zieht in den Kampf, der
andere schützt den Tross, und die
Beute wird ehrlich unter alle geteilt!«
25 Von da an wurde es immer so ge-
handhabt. David machte es zu einem
festen Recht in Israel, und es wird bis
heute befolgt.
26 Als David dann nach Ziklag zu-
rückkam, schickte er einen Teil der
Beute an die Ältesten Judas, seine
Nachbarn, und ließ ihnen ausrichten:
»Hier ist ein Segensgruß aus der
Beute der Feinde Jahwes für euch!«
27 Er schickte solche Geschenke nach
Betuël, nach Ramot im Negev, nach
Jattir, 28 Aroer, Sifmot, Eschtemoa
29 und Rakal, in die Städte der Jerach-

30,14 *Kreter*. Das ist ein Hinweis darauf, dass die Philister ursprünglich von Kreta kamen.

meëliter und Keniter, 30 nach Horma,
Bor-Aschan, Atach 31 und Hebron,
und außerdem in alle Orte, in denen er
sich mit seinen Leuten aufgehalten
hatte.

Sauls Ende

31 1 Zwischen den Philistern und
Israel kam es zur Schlacht.
Die Männer Israels mussten vor den
Philistern fliehen, und viele von ihnen
blieben erschlagen auf den Bergen
von Gilboa liegen. 2 Die Philister hol-
ten schließlich auch Saul und seine
Söhne ein. Sie erschlugen die drei
Söhne Sauls Jonatan, Abinadab und
Malkischua. 3 Um Saul herum tobte
ein erbitterter Kampf. Die Bogen-
schützen hatten ihn getroffen und
schwer verwundet. 4 Da sagte Saul
zu seinem Waffenträger: »Zieh dein
Schwert und töte mich, damit nicht
diese Unbeschnittenen es tun und
ihren Spott mit mir treiben!« Sein
Waffenträger aber wollte es nicht tun,
er scheute sich davor. Da nahm Saul
sein Schwert und stürzte sich hinein.
5 Als der Waffenträger sah, dass Saul
tot war, stürzte auch er sich in sein
Schwert und starb neben ihm. 6 So
starben Saul, seine drei Söhne, sein
Waffenträger und alle seine Männer
an diesem einen Tag. 7 Als die Israeli-
ten der Jesreel-Ebene und der um-
liegenden Gegenden sahen, dass die
Männer Israels geflohen und Saul
und seine Söhne tot waren, verließen
sie ihre Städte und flohen. Die Phi-
lister nahmen sie in Besitz und wohn-
ten darin.

8 Am Tag nach der Schlacht kamen
die Philister, um die Gefallenen zu
plündern. Dabei fanden sie Saul und
seine drei Söhne auf den Bergen von
Gilboa. 9 Sie hieben Saul den Kopf ab
und zogen ihm seine Rüstung aus.
Beides ließen sie im Land der Philis-
ter herumzeigen, um die Freuden-
botschaft in ihren Götzentempeln
und unter dem Volk zu verkünden.
10 Seine Rüstung legten sie in den
Tempel der Astarte und seine Leiche
hefteten sie an die Mauer von Bet-
Schean*.

11 Als die Bewohner von Jabesch in
Gilead* hörten, was die Philister Saul
angetan hatten, 12 machten sich alle
wehrfähigen Männer auf, marschier-
ten die ganze Nacht hindurch und
nahmen die Leichen Sauls und auch
die seiner Söhne von der Mauer von
Bet-Schean ab. Sie brachten sie nach
Jabesch und verbrannten sie dort.
13 Ihre Gebeine begruben sie unter
der Tamariske von Jabesch und faste-
ten sieben Tage lang.

31,10 *Bet-Schean* lag 24 km südlich vom See Gennesaret in der Ebene Jesreel und war eine Festung der Philister.

31,11 *Jabesch in Gilead* lag 15 km südöstlich von Bet-Schean im Ostjordanland.

Das zweite Buch Samuel

Das zweite Buch Samuel, das ursprünglich mit dem ersten eine Einheit bildete, berichtet zunächst, wie David König über ganz Israel wurde und die Bundeslade nach Jerusalem brachte. Das Buch zeigt dann, wie das Königtum Davids sich im Aufstand seines Sohnes Abschalom bewährte und schließt mit dem Kauf eines Platzes zum Dreschen von Getreide, an dessen Stelle später der Tempel gebaut wurde.

David erfährt von Sauls und Jonatans Tod

1 1 Als David nach dem Tod Sauls
von seinem Sieg über die Amaleki-
ter* zurückgekehrt war, hielt er sich
zwei Tage lang in Ziklag* auf. 2 Am
dritten Tag kam einer von Sauls Leuten
aus dem Heerlager. Seine Kleidung
war zerrissen und er hatte Erde auf
dem Kopf.* Als er zu David kam, warf
er sich ehrfürchtig auf den Boden vor
ihn. 3 »Wo kommst du her?«, fragte
ihn David. »Ich habe mich aus dem
Heerlager Israels in Sicherheit ge-
bracht«, erwiderte er. 4 »Wie steht
es?«, fragte David. »Berichte es mir!«
Er sagte: »Das ganze Heer wurde in die
Flucht geschlagen, und viele sind ge-
fallen. Auch Saul und sein Sohn Jona-
tan sind tot.« 5 Da fragte David den
jungen Mann: »Saul und Jonatan sind
tot? Woher weißt du das?« 6 Der junge
Mann berichtete: »Ich geriet zufällig
auf die Berge von Gilboa. Da sah ich
Saul stehen, wie er sich auf seinen
Speer stützte. Die Streitwagen hatten
ihn schon fast erreicht. 7 Da drehte er
sich um, sah mich und rief mich zu
sich. ›Ja, Herr‹, sagte ich. 8 ›Wer bist
du?‹, fragte er. ›Ein Amalekiter‹, ant-
wortete ich. 9 Da sagte er zu mir:
›Komm her und gib mir den Todes-
stoß! Mit mir geht es zu Ende.‹ 10 Da
trat ich zu ihm und gab ihm den Todes-
stoß, denn ich sah, dass er seinen Fall
nicht überleben würde. Dann nahm
ich ihm den Stirnreif und die Armspan-
ge ab. Hier sind sie, Herr.«
11 Da riss David sein Obergewand
ein.* Dasselbe taten auch die Männer,
die bei ihm waren. 12 Sie trauerten,
weinten und fasteten bis zum Abend
um Saul und seinen Sohn Jonatan, um
das Volk Jahwes und die Männer Is-
raels, die in der Schlacht gefallen
waren. 13 Dann fragte David den
jungen Mann, der ihm das berichtet
hatte: »Woher stammst du?« – »Ich
bin der Sohn eines amalekitischen Ein-
wanderers«, erwiderte dieser. 14 Da
fuhr David ihn an: »Wie konntest du es
wagen, Jahwes gesalbten König
anzutasten und ihn umzubringen?«

1,1 Die *Amalekiter* lebten als Nomaden im Negev, südlich von Beerscheba.

Ziklag. Stadt im Gebiet der Philister (1. Samuel 27,6).

1,2 *Kleidung ... Kopf*. Das waren Zeichen von Trauer und Entsetzen.

1,11 *riss ... ein*. Als Zeichen von Trauer und Entsetzen riss man das entsprechende Kleidungsstück vom Halsausschnitt an mit einem heftigen Ruck etwa eine Handlänge ein.

15 Er rief einem seiner jungen Männer
zu: »Komm her und mach ihn nie-
der!« Der ging hin und erschlug ihn.
16 David sagte noch zu dem Ama-
lekiter: »Dein Blut komme auf dich
selbst zurück! Du hast dir selbst das
Urteil gesprochen, als du sagtest: ›Ich
habe Jahwes gesalbtem König den
Todesstoß gegeben.‹«
17 Dann stimmte David über Saul
und dessen Sohn Jonatan die Toten-
klage an 18 und ordnete an, man solle
es die Söhne Judas als Bogenlied leh-
ren. Es ist im Buch der Heldenlieder*
aufgenommen worden:
19 Die Zierde Israels liegt erschlagen
auf deinen Höhen! / Wie sind die
Helden gefallen! 20 Berichtet es
nicht in Gat, / verkündet es nicht
in Aschkelons Gassen, / sonst
freuen sich die Töchter der
Philister, / sonst jubeln die
Töchter dieser Unbeschnittenen*.
21 Ihr Berge von Gilboa, / Felder
des Todes, / kein Tau und kein
Regen falle auf euch! / Denn dort
wurde der Schild der Helden
besudelt, / Sauls Schild, nicht mit
Öl gesalbt, nein, 22 mit dem Blut
von Erschlagenen, / dem Körper-
fett von Helden. / Jonatans Bogen
wich niemals zurück, / Sauls
Schwert kehrte nie erfolglos heim!
23 Saul und Jonatan, / geliebt und
liebenswert, solange sie lebten, /
sind nun auch im Tod noch ver-
eint. / Sie waren schneller als
Adler / und stärker als Löwen.
24 Ihr Töchter Israels, / um Saul
müsst ihr weinen, / er hat euch in
köstlichen Purpur gekleidet, /
er heftete Goldschmuck an euer
Gewand.
25 Wie sind die Helden gefallen /
mitten im Kampf! / Auch Jonatan /
liegt tot auf deinen Bergen. 26 Mein
Bruder Jonatan, / es tut mir leid
um dich! / Deine Freundschaft
war mir viel mehr, / als Frauenlie-
be je bedeuten kann.
27 Wie sind die Helden gefal-
len, / dahin die Waffen des
Kampfes!

David wird König von Juda

2 1 Bald danach fragte David
Jahwe: »Soll ich jetzt in eine der
Städte Judas hinaufziehen?« Jahwe
sagte: »Zieh hinauf!« David fragte
weiter: »Wohin soll ich gehen?« –
»Nach Hebron«, war die Antwort.
2 Da zog David dort hinauf. Seine bei-
den Frauen Ahinoam aus Jesreel und
Abigajil, die Witwe Nabals aus Kar-
mel, nahm er mit. 3 Auch seine Truppe
ließ er samt ihren Familien mitziehen.
Sie ließen sich in der Umgebung von
Hebron nieder. 4 Dann kamen die
Männer des Stammes Juda und salb-
ten David dort zu ihrem König.
Als man David berichtete, dass die
Männer von Jabesch in Gilead* Saul
begraben* hätten, 5 schickte er Boten
dorthin und ließ ihnen sagen: »Jahwe
möge euch segnen, dass ihr Saul,

1,18 *Heldenlieder*. Hebräisch: Buch Jaschar. Wörtlich: *Buch des Redlichen*, vermutlich eine Sammlung von Liedern auf die Helden Israels.

1,20 *Unbeschnittene*. Verächtlicher Ausdruck für Menschen, die nicht zum Bund Gottes gehörten. Siehe 1. Mose 17,9-14!

2,4 *Gilead* bezeichnet das mittlere, manchmal auch das ganze Ostjordanland.

Saul begraben. 1. Samuel 31,11-13.

eurem Herrn, die Liebe erwiesen habt,
ihn zu begraben! 6 Jahwe erweise
euch nun auch seine Liebe und Treue!
Und ich will euch ebenfalls Gutes tun,
weil ihr das getan habt. 7 Nun zeigt
euren Mut und seid tapfer, denn Saul,
euer Herr, ist tot, und das Haus Juda
hat mich zu seinem König gesalbt.*«

Isch-Boschet wird König über Israel

8 Doch Abner Ben-Ner, Sauls Heer-
führer, hatte sich mit Isch-Boschet*,
einem Sohn Sauls, nach Mahanajim*
zurückgezogen. 9 Dort machte er ihn
zum König über Gilead, über die
Leute des Stammes Ascher, über Jes-
reel*, die Stämme Efraïm und Benja-
min und so über ganz Israel. 10 Isch-
Boschet Ben-Saul war vierzig Jahre
alt, als er König über Israel wurde,
und regierte zwei Jahre. Der Stamm
Juda jedoch stand hinter David.
11 Sieben Jahre und sechs Monate re-
gierte David in Hebron als König über
Juda.

Bürgerkrieg in Israel

12 Abner Ben-Ner zog mit den Solda-
ten des Saulssohnes Isch-Boschet von
Mahanajim nach Gibeon*. 13 Auch
Joab Ben-Zeruja* zog mit Davids
Truppe aus. Beim Teich von Gibeon
trafen sie aufeinander. Die einen blie-
ben diesseits, die anderen jenseits des
Teiches. 14 Da sagte Abner zu Joab:
»Lassen wir unsere jungen Männer
doch zu einem Kampfspiel antreten!« –
»Einverstanden«, sagte Joab. 15 So
standen sie auf und traten gegenein-
ander an: zwölf für Benjamin und
Isch-Boschet und zwölf von den Män-
nern Davids. 16 Die Kämpfenden pak-
kten sich gegenseitig beim Kopf, und
jeder stieß seinem Gegner das
Schwert in die Seite, sodass sie alle
gleichzeitig umkamen. Den Ort in der
Nähe von Gibeon, wo das geschah,
nannte man Steinklingenfeld. 17 Nun
kam es zwischen den Truppen zum
erbitterten Kampf. Die Männer Is-
raels unter Abner wurden von den
Männern Davids besiegt.

18 Alle drei Söhne der Zeruja waren
an dem Kampf beteiligt: Joab, Abi-
schai und Asaël. Asaël war schnell
wie eine wilde Gazelle. 19 Er jagte
Abner hinterher und ließ sich durch
nichts von ihm ablenken. 20 Als Abner
sich umblickte, rief er: »Bist du das,
Asaël?« Dieser bejahte. 21 Da sagte
Abner zu ihm: »Geh nach rechts oder
links und pack dir einen von den jun-
gen Leuten. Dem kannst du die Rüs-
tung abnehmen.« Aber Asaël wollte

2,7 *Juda hat mich ... gesalbt.* Das war eine versteckte Einladung an die Leute von Jabesch, ihn als König anzuerkennen, was diese aber ignorierten.

2,8 *Isch-Boschet* heißt »Mann der Schande« und ist offensichtlich eine bewusste Veränderung seines ursprünglichen Namens Eschbaal = »Mann des Herrn« (1. Chronik 8,33), aus dem man aber auch den Namen des Gottes Baal heraushören konnte (»Mann des Baal«).

Mahanajim lag im Ostjordanland, wahrscheinlich 11 Kilometer östlich vom Jordan am Jabbok.

2,9 *Jesreel.* Es könnte die Stadt Jesreel mitsamt der fruchtbaren Ebene gemeint sein, in der sie lag.

2,12 *Gibeon* lag im Stammesgebiet von Benjamin, zu dem Saul und seine Familie gehörten.

2,13 *Zeruja* war die ältere Schwester Davids (1. Chronik 2,16), sodass Joab, Abischai und Asaël (V. 18) Davids Neffen waren.

nicht von ihm lassen. 22 Da sagte
Abner noch einmal zu ihm: »Lass ab
von mir, sonst muss ich dich zu Boden
schlagen. Dann kann ich deinem Bru-
der Joab nicht mehr unter die Augen
kommen.« 23 Doch Asaël wollte nicht.
Da stieß ihm Abner das hintere Ende*
seines Speers in den Bauch, sodass
der Speer hinten wieder herauskam.
Asaël stürzte zu Boden und starb an
dieser Stelle. Und jeder, der an die
Stelle kam, wo Asaël gefallen war,
blieb betroffen stehen.

24 Joab und Abischai aber jagten hin-
ter Abner her. Als die Sonne unterging,
kamen sie zum Hügel Amma, der öst-
lich von Giach am Weg in die Steppe
von Gibeon liegt. 25 Die Männer von
Benjamin sammelten sich um Abner
und stellten sich dicht geschlossen auf
dem Gipfel des frei stehenden Hügels
auf. 26 Da rief Abner Joab zu: »Soll das
Schwert denn unaufhörlich weiterfres-
sen? Weißt du nicht, dass am Ende Bit-
terkeit bleibt? Wann willst du endlich
deinen Leuten befehlen, von der Ver-
folgung ihrer Brüder abzulassen?«
27 Joab erwiderte: »So wahr Gott lebt,
hättest du jetzt nichts gesagt, dann hät-
ten meine Leute sich erst am Morgen
von der Verfolgung ihrer Brüder zu-
rückgezogen.« 28 Darauf blies Joab
das Signalhorn. Da gaben seine Män-
ner die Verfolgung auf und stellten den
Kampf gegen Israel ein.

29 Abner und seine Leute marschier-
ten die ganze Nacht durch die Jordan-
ebene. Sie überquerten den Fluss und
kehrten durch die Schlucht nach Ma-
hanajim zurück. 30 Als Joab die Verfol-
gung Abners abgebrochen hatte, sam-
melte er die ganze Truppe um sich. Da
wurden von Davids Leuten außer
Asaël noch 19 Mann vermisst. 31 Seine
Leute aber hatten vom Stamm Benja-
min und von den Männern Abners 360
Mann erschlagen. 32 Sie nahmen Asaël
mit und bestatteten ihn im Grab seines
Vaters in Bethlehem. Joab und seine
Männer marschierten noch die ganze
Nacht hindurch und kamen bei Tages-
anbruch in Hebron an.

3 1 Der Krieg zwischen den Anhän-
gern Sauls und dem Königshaus
Davids zog sich lange hin. David
wurde dabei fortwährend stärker,
während das Haus Sauls immer
schwächer wurde.

Davids Frauen und Söhne in Hebron

2 In Hebron wurden David folgende
Söhne geboren: Sein Ältester war
Amnon von seiner Frau Ahinoam aus
Jesreel, 3 sein zweiter Kilab von Abi-
gajil, der Witwe Nabals aus Karmel,
sein dritter Abschalom, den ihm Maa-
cha, die Tochter von König Talmai aus
Geschur*, geboren hatte. 4 Der vierte
war Adonija, Sohn der Haggit, der
fünfte Schafatja, Sohn der Abital,
5 und der sechste Jitream von Davids
Frau Egla. Diese Söhne wurden David
in Hebron geboren.

David und Abner

6 Solange der Krieg zwischen den Kö-
nigshäusern Saul und David dauerte,

2,23 Das *hintere Ende* eines Speers war leicht angespitzt oder es saß ein spitzer Metallschuh darauf, um die Waffe in die Erde stekken zu können (siehe 1. Samuel 26,7).

3,3 *Geschur.* Kleines Königreich nördlich von Gilead.

stand Abner dem Haus Sauls treu
zur Seite. 7 Saul hatte eine Nebenfrau
gehabt, Rizpa Bat-Aja. Eines Tages
stellte Isch-Boschet Abner zur Rede
und sagte: »Warum hast du mit der
Nebenfrau meines Vaters geschla-
fen?« 8 Über diese Frage wurde Abner
so wütend, dass er Isch-Boschet an-
fuhr: »Bin ich vielleicht so ein Hunde-
sohn, der es mit Juda hält? Bis heute
kämpfe ich mit aller Kraft für das
Haus deines Vaters, für seine Brüder
und Freunde, und bewahrte es davor,
in die Hand Davids zu fallen, und da
wirfst du mir diese Frauengeschichte
vor? 9 Jahwe soll mir alles Mögliche
antun, wenn ich jetzt nicht genau das
tue, was Jahwe David geschworen
hat. 10 Er wird nämlich das Königtum
vom Haus Sauls wegnehmen und
Davids Thron über Israel und Juda
von Dan bis Beerscheba* aufrichten.«
11 Isch-Boschet konnte Abner kein
Wort mehr erwidern, solche Angst
hatte er vor ihm.

12 Darauf schickte Abner in eigener
Sache Boten zu David und ließ ihm
sagen: »Wem steht denn das Land zu?
Ich schlage vor: Schließ einen Bund
mit mir, und ich werde alles für dich
tun, dass ganz Israel zu dir übergeht.«
13 David antwortete ihm: »Gut, ich
schließe einen Bund mit dir, aber nur
unter einer Bedingung: Du musst
Michal, die Tochter Sauls, mitbrin-
gen. Sonst brauchst du dich nicht
bei mir sehen zu lassen.« 14 Gleich-
zeitig schickte David Boten zu Isch-
Boschet Ben-Saul und ließ ihm sagen:
»Gib mir meine Frau Michal heraus,
für die ich als Brautpreis hundert
Vorhäute der Philister bezahlt habe.«
15 Da ließ Isch-Boschet sie von ihrem
Mann Paltiel Ben-Lajisch wegholen.
16 Ihr Mann ging mit ihr. Er lief laut
weinend hinter ihr her bis nach Ba-
hurim*. Schließlich sagte Abner zu
ihm: »Geh nun, kehr um!« Da kehrte
er zurück.

17 Zuvor hatte sich Abner mit den
Ältesten Israels getroffen und ihnen
gesagt: »Ihr wolltet doch schon lange,
dass David euer König wird. 18 Jetzt
könnt ihr es haben. Denn Jahwe hat
von David gesagt: ›Durch meinen
Diener David will ich mein Volk Israel
aus der Gewalt der Philister und aller
seiner Feinde retten.‹« 19 Auch zu den
Leuten des Stammes Benjamin hatte
Abner so gesprochen. Dann ging er
nach Hebron, um David alles vorzu-
tragen, was die Israeliten und Benja-
miniten für gut hielten. 20 Als Abner
nun von zwanzig Männern begleitet
nach Hebron kam, gab David ein Fest-
essen für sie. 21 Dann sagte Abner zu
David: »Ich gehe jetzt und werde ganz
Israel zu meinem Herrn und König
versammeln, damit sie einen Bund
mit dir schließen und du König über
alles bist, wonach du Verlangen hast.«
David verabschiedete Abner, und er
zog in Frieden weg.

Abners Tod

22 Inzwischen kamen die Leute Da-
vids mit Joab von einem Streifzug und
brachten viel Beute mit. Abner befand
sich zu diesem Zeitpunkt nicht mehr

3,10 *Dan bis Beerscheba* meint vom nördlichsten bis zum südlichsten Ort in Israel.

3,16 *Bahurim* lag am östlichen Hang des Ölbergs, etwa 2,5 km von Jerusalem entfernt, auf dem Weg zum Jordan.

bei David in Hebron. David hatte ihn
verabschiedet, und er war in Frieden
weggezogen. 23 Kaum war Joab mit
dem Heer angekommen, berichtete
man ihm: »Abner Ben-Ner ist zum
König gekommen, und der hat ihn in
Frieden ziehen lassen.« 24 Da ging
Joab zum König und sagte: »Was hast
du da getan? Abner ist zu dir gekom-
men, und du hast ihn ungehindert
wieder ziehen lassen? 25 Du kennst
doch Abner Ben-Ner! Er ist nur ge-
kommen, um dich zu beschwatzen
und zu erfahren, was du vorhast.«

26 Joab ging von David weg und
schickte Abner Boten nach. Die
holten ihn bei der Zisterne von Sira
ein und ließen ihn umkehren. David
wusste nichts davon. 27 Als Abner
wieder nach Hebron kam, führte ihn
Joab beiseite in eine der Torkammern,
als wollte er ungestört mit ihm reden.
Dort stach er ihn in den Bauch, sodass
er starb. So rächte er seinen Bruder
Asaël.

28 Als David später davon hörte,
sagte er: »Vor Jahwe trifft mich und
mein Königtum auf ewig keine Schuld
am Blut von Abner Ben-Ner! 29 Es
breche über Joab herein, es falle auf
seine Familie! In Joabs Familie soll
immer jemand an krankhaften Aus-
flüssen leiden oder Aussatz haben, an
Krücken gehen, gewaltsam umkom-
men oder hungern müssen!« 30 Joab
und Abischai hatten Abner umge-
bracht, weil er ihren Bruder Asaël in
der Schlacht bei Gibeon getötet hatte.

31 David befahl Joab und allen sei-
nen Männern: »Macht Risse in eure
Gewänder, legt den Trauersack an und
haltet die Totenklage im Trauerzug!
Ihr geht vor Abner her!« Der König
selbst ging hinter der Bahre. 32 Sie be-
statteten Abner in Hebron. Der König
weinte laut an seinem Grab, und das
ganze Volk weinte mit. 33 Dann sang
der König ein Klagelied für Abner:

»Musste Abner sterben, / wie ein
Dummkopf stirbt? 34 Deine Hände
waren nicht gebunden, / deine
Füße nicht in Ketten gelegt. /
Du bist gefallen, / wie man
durch Verbrecher fällt!«

Da weinte das Volk noch mehr über ihn.
35 Dann kamen die Leute, um David
Brot zu reichen, weil der Tag noch nicht
zu Ende war. Doch David schwor:
»Gott möge mir dies und jenes antun,
wenn ich vor Sonnenuntergang auch
nur einen Bissen Brot oder sonst etwas
esse!« 36 Alle Leute nahmen das zur
Kenntnis und es gefiel ihnen gut, wie
überhaupt alles, was der König tat. Es
hatte den Beifall des ganzen Volkes.
37 An diesem Tag erkannten alle, die
dabei waren, und ganz Israel, dass der
König nichts mit dem Mord an Abner zu
tun gehabt hatte. 38 Der König sagte zu
seinen Dienern: »Es ist euch doch klar,
dass heute ein Fürst, ein bedeutender
Mann in Israel gefallen ist? 39 Ich bin,
obwohl zum König gesalbt, heute noch
zu schwach und diesen Söhnen der
Zeruja nicht gewachsen. Sie sind härter
als ich. Möge Jahwe den, der Böses tut,
nach seiner Bosheit bestrafen!«

Isch-Boschets Tod

4 1 Als Isch-Boschet Ben-Saul hörte,
dass Abner in Hebron umgekom-
men war, verlor er jeden Mut. Auch
ganz Israel war bestürzt. 2 Zwei Trup-
penführer hatte er in seinem Dienst.

Der eine hieß Baana, der andere Rechab. Es waren Söhne Rimmons, Benjaminiten aus Beerot, denn auch Beerot* wird zu Benjamin gerechnet.
3 Die früheren Bewohner der Stadt waren nach Gittajim* geflohen und leben heute noch als Fremde dort. 4 Es
gab auch noch einen Sohn von Jonatan Ben-Saul, der an beiden Füßen gelähmt war. Er war fünf Jahre alt gewesen, als die Nachricht von Saul und Jonatan aus Jesreel kam. Da hatte ihn seine Amme auf den Arm genommen, um mit ihm zu fliehen. Aber in ihrer Hast ließ sie ihn fallen. Seitdem war er gelähmt. Er hieß Mefi-Boschet*.

5 Rechab und Baana also, die Söhne von Rimmon aus Beerot, gingen zum Haus von Isch-Boschet. In der Nachmittagshitze kamen sie dort an, als Isch-Boschet gerade seinen Mittags-
schlaf hielt. 6 Sie taten so, als ob sie Weizen aus der Vorratskammer holen wollten. So gelangten sie ins Innere des Hauses, stachen ihn in den Bauch und konnten wieder entkommen.
7 Sie waren bis in das Schlafzimmer vorgedrungen, in dem Isch-Boschet auf dem Bett lag. Dort hatten sie ihn getötet und ihm den Kopf abgetrennt. Den Kopf nahmen sie mit und marschierten anschließend die ganze Nacht durch die Araba* hindurch.
8 So kamen sie mit dem Kopf Isch-Boschets nach Hebron zu David. »Hier ist der Kopf von Isch-Boschet, dem Sohn deines Feindes Saul, der dir nach dem Leben getrachtet hat! So hat Jahwe unserem Herrn und König an diesem Tag Rache an Saul und seinen Nachkommen verschafft.«

9 Da erwiderte David Rechab und Baana, den Söhnen von Rimmon aus Beerot: »So wahr Jahwe lebt, der mich
aus jeder Not gerettet hat: 10 Den
Mann, der sich für einen Freudenboten hielt und mir in Ziklag meldete: ›Saul ist tot!‹, ließ ich umbringen.
Das war der Botenlohn für ihn. 11 Wie
soll ich dann erst mit Verbrechern verfahren, die einen gerechten Mann auf seinem Bett umgebracht haben? Sollte ich dann nicht sein Blut von euch zurückfordern und euch von der
Erde wegschaffen?« 12 David befahl
seinen Männern, die beiden hinzurichten. Sie taten es, hieben ihnen dann Hände und Füße ab und hingen ihre Leichen am Teich von Hebron auf. Isch-Boschets Kopf aber bestatteten sie im Grab Abners in Hebron.

David wird König über ganz Israel

5 1 Alle Stämme Israels kamen zu David nach Hebron und sagten zu ihm: »Wir sind doch dein Fleisch
und Blut. 2 Schon früher, als Saul

4,2 *Beerot* gehörte ursprünglich zu den Städten der Gibeoniter (Josua 9,17).

4,3 *Gittajim*. Die geografische Lage ist unbekannt. Jedoch wurde die Stadt später von Benjaminiten bewohnt (Nehemia 11,33).

4,4 *Mefi-Boschet* heißt »aus dem Mund der Schande« und ist offensichtlich eine bewusste Veränderung seines ursprünglichen Namens Merib-Baal = »Vom Herrn (oder von Baal) geliebt« (1. Chronik 8,34). Der Verfasser macht mit diesem Vers deutlich, dass es im Königshaus Sauls nach dem Tod von Isch-Boschet keinen weiteren Anwärter auf den Thron gab.

4,7 Als *Araba* wird der Jordangraben bezeichnet, der sich von Norden nach Süden durch ganz Israel bis nach Elat am Roten Meer zieht. Er ist zwischen 12,5 und 22,5 km breit und befindet sich fast überall unter der Höhe des Meeresspiegels, am Toten Meer 394 m unter NN.

noch unser König war, hast du Israels
Heer in den Kampf geführt und
wieder heimgebracht. Und Jahwe
hat zu dir gesagt: ›Du sollst der Hirt
meines Volkes Israel sein, du sollst
Israels Fürst werden!‹« 3 Das sagten
die Ältesten Israels, die zum König
nach Hebron gekommen waren. Und
König David schloss vor Jahwe einen
Bund mit ihnen. Daraufhin salbten sie
David zum König über Israel. 4 David
war 30 Jahre alt, als er König wurde,
und regierte 40 Jahre, 5 siebeneinhalb
Jahre über Juda in Hebron und 33
Jahre über ganz Israel und Juda in
Jerusalem.

David erobert Jerusalem

6 Der König zog nun mit seinen Män-
nern nach Jerusalem. Die Jebusiter,
die damals noch dort wohnten, sagten
zu ihm: »Du wirst hier nie hereinkom-
men. Selbst Blinde und Lahme wer-
den dich vertreiben.« Sie waren sich
sicher, dass David die Stadt nicht er-
obern könnte. 7 Aber David nahm die
Bergfestung Zion ein, und sie wurde
zur Davidsstadt. 8 Er sagte damals:
»Wer in den Wasserschacht* gelangt
und die Jebusiter überwältigt, soll
diese Blinden und Lahmen erschla-
gen, die mir so verhasst sind!« Des-
halb sagt man: »Ein Blinder und ein
Lahmer, die dürfen nicht ins Haus!‹«
9 David machte die Bergfestung
zu seinem Wohnsitz und nannte sie
»Davidsstadt«. Er baute sie ringsum
aus, vom Stadtwall an nach innen.
10 So wurde David immer mächtiger,
und Jahwe, der allmächtige Gott,
stand ihm bei. 11 König Hiram von
Tyrus* schickte eine Gesandtschaft
zu David. Er lieferte ihm Zedernholz
für seinen Palast und schickte Zim-
merleute und Steinmetze zum Bauen.
12 So erlebte David, wie Jahwe ihn als
König über Israel bestätigte und aus
Liebe zu seinem Volk Israel sein
Königtum zu Ansehen brachte.
13 Nachdem David von Hebron nach
Jerusalem gezogen war, nahm er noch
weitere Nebenfrauen und Frauen aus
Jerusalem und bekam noch mehr
Söhne und Töchter. 14 Seine in Je-
rusalem geborenen Söhne waren
Schammua, Schobab, Natan und
Salomo, 15 Jibhar, Elischua, Nefeg
und Jafia, 16 Elischama, Eljada und
Elifelet.

Der Krieg mit den Philistern

17 Als die Philister hörten, dass David
zum König über Israel gesalbt worden
war, kamen sie mit ihrem ganzen
Heer, um David zu stellen. Sobald
David das erfuhr, verschanzte er sich
in einer der Bergfestungen. 18 Die
Philister breiteten sich in der Ebene
von Refaïm* aus. 19 Da fragte David
Jahwe: »Soll ich die Philister angrei-
fen? Wirst du sie in meine Hand
geben?« Jahwe erwiderte David:
»Greif sie an! Ich gebe sie in deine
Gewalt!« 20 Da zog David aus und
besiegte die Philister bei Baal-Perazim.
Er sagte: »Wie Wasser einen Damm

5,8 *Wasserschacht.* Wahrscheinlich hatte David Kenntnis von einem geheimen Wassertunnel bekommen, durch den die Jebusiter das Wasser aus der Gihon-Quelle in die Stadt leiteten.

5,11 *Tyrus* war eine wichtige Hafenstadt in Phönizien (heute: Libanon).

5,18 Die *Ebene Refaïm* ist ein fruchtbares Gebiet westlich von Jerusalem.

durchbricht, hat Jahwe die Schlacht-
reihen meiner Feinde vor mir durch-
brochen.« Deshalb nannte man jenen
Ort Baal-Perazim, Herr der Durch-
brüche. 21 Die fliehenden Philister
ließen sogar ihre Götzenbilder zu-
rück. David und seine Männer
nahmen sie als Beute mit.

22 Doch einige Zeit später kamen
die Philister wieder und breiteten sich
in der Ebene Refaïm aus. 23 David
fragte Jahwe, was er tun solle, und
dieser antwortete: »Greif sie diesmal
nicht direkt an, sondern umgehe sie
und fall ihnen von den Bakabäumen*
her in den Rücken. 24 Sobald du ein
Geräusch hörst, so als ob jemand
durch die Baumwipfel schreitet, dann
beeile dich! Denn dann ist Jahwe vor
dir her in die Schlacht gezogen, um
das Heerlager der Philister zu schla-
gen.« 25 David machte es so, wie
Jahwe es ihm befohlen hatte. Er
schlug die Philister von Geba* zurück
bis dahin, wo es nach Geser* geht.

Die Bundeslade kommt nach Jerusalem

6 1 David brachte erneut alle zusam-
men, die in Israel ausgewählt wor-
den waren, 30.000 Mann. 2 Dann zog
er mit allen, die bei ihm waren, nach
Baala* in Juda, um von dort die Lade
Gottes nach Jerusalem zu holen, die
Lade, die dem Namen Jahwes geweiht
ist, dem Namen des Allmächtigen, der
über den Cherubim* thront. 3 Sie luden
die Lade auf einen neuen unbenutzten
Wagen und brachten sie aus dem Haus
Aminadabs fort. Aminadabs Haus
stand auf einem Hügel. Seine Söhne
Usa und Achjo führten den Wagen.
4 Usa ging neben der Lade, während
Achjo vor der Lade herging. 5 David
und die Männer Israels tanzten vor
Jahwe zu Schlaghölzern, Zithern und
Harfen, Tamburin, Rasseln und Zim-
beln. 6 Als sie zur Tenne Nachon*
kamen, drohten die Rinder den Wagen
umzuwerfen. Da griff Usa nach der
Lade Gottes und hielt sie fest. 7 Sofort
flammte Jahwes Zorn gegen Usa auf.
Gott schlug ihn wegen seiner Respekt-
losigkeit, sodass er dort neben der Lade
Gottes starb. 8 Aber auch David über-
wallte es heiß, weil Jahwe Usa so aus
dem Leben gerissen hatte. Darum
nannte er den Platz Perez-Usa, Usas
Riss, und so heißt er bis heute*.
9 David bekam an diesem Tag Angst
vor Jahwe und sagte: »Wie kann die
Lade Jahwes überhaupt zu mir kom-
men?« 10 Er gab den Plan auf, die Lade
Jahwes zu sich in die Davidsstadt zu
bringen, und führte sie stattdessen in
das Haus Obed-Edoms, der aus Gat
stammte. 11 Dort blieb die Lade Jahwes
drei Monate stehen. Da segnete Jahwe
Obed-Edom und sein ganzes Haus.

5,23 *Bakabaum.* Vielleicht ein anderes Wort für den Maulbeerbaum (Sykomore).

5,25 *Geba* lag 9 km nordöstlich von Jerusalem an der Grenze Judas.

Geser. Die alte kanaanitische Königsstadt lag 27 km südöstlich von Joppe und gehörte zu dieser Zeit wahrscheinlich den Philistern.

6,2 *Baala in Juda* ist ein anderer Name für Kirjat-Jearim, wo sich die Bundeslade während der Zeit Sauls befand (1. Samuel 7,1).

Cherub, Mehrzahl: *Cherubim*: Majestätisches (Engel-)Wesen, das Gottes Herrlichkeit repräsentiert.

6,6 *Tenne Nachon.* Hebräisch: *Dreschplatz des Erschlagens.* So wurde der Dreschplatz Kidons offenbar später auch genannt (Siehe Vers 8 und 1. Chronik 13,9.11)

6,8 *bis heute.* Vom Standpunkt des Verfassers der Samuelbücher aus.

12 König David wurde das berichtet.
Man sagte ihm: »Weil die Lade Gottes
bei Obed-Edom ist, hat Jahwe sein
Haus und alles, was er besitzt, geseg-
net.« Da ging David hin und über-
führte die Lade Gottes mit großer
Freude aus dem Haus Obed-Edoms in
die Davidsstadt. 13 Als die Träger der
Lade Jahwes sechs Schritte gegangen
waren, opferte David einen Stier und
ein Mastkalb. 14 David tanzte mit gan-
zer Hingabe vor Jahwe her. Dabei war
er mit einem leinenen Efod* beklei-
det. 15 So brachten David und die Is-
raeliten die Lade Jahwes mit Jubelge-
schrei und Hörnerschall hinauf.

16 Als die Lade Jahwes in die Stadt
getragen wurde, schaute Michal, die
Tochter Sauls, aus dem Fenster. Und
als sie sah, wie König David vor Jahwe
hüpfte und tanzte, verachtete sie ihn
innerlich. 17 Man brachte die Lade in
das Zelt, das David für sie errichtet
hatte, und stellte sie dort an ihren
Platz. David brachte Jahwe Brand-
opfer und ließ Tiere vor Jahwe zum
Dankopfer schlachten. 18 Nach dem
Opfermahl segnete er das Volk im
Namen Jahwes, des Allmächtigen.
19 Dann ließ er an die ganze große
Menge der Israeliten, die Männer und
Frauen, je einen Brotfladen, eine Por-
tion Dattelkuchen und eine Portion
Rosinenkuchen verteilen. So machten
sich die Leute auf den Heimweg.

20 Als David heimkam, um seinem
Haus den Segensgruß zu bringen,
kam ihm Michal, die Tochter Sauls,
entgegen und spottete: »Wie würde-
voll hat sich der König von Israel
heute benommen, als er sich vor
den Frauen seiner Diener schamlos
entblößte, wie es sonst nur das
niedrigste Gesindel tut!« 21 Doch
David erwiderte ihr: »Vor Jahwe, der
mich deinem Vater und allen seinen
Nachkommen vorgezogen hat, der
mich zum Fürsten über sein Volk Is-
rael gemacht hat, ja, vor ihm will ich
tanzen! 22 Und ich will mich noch ge-
ringer als diesmal machen und auch
vor mir selbst niedrig erscheinen.
Aber bei den Frauen, von denen du
sprichst, werde ich zu Ehren kom-
men.« 23 Michal, die Tochter Sauls,
blieb ihr Leben lang kinderlos.

Gottes Zusagen an David

7 1 Als nun der König in seinem
Palast wohnte und Jahwe ihm
Ruhe vor all seinen Feinden ringsum
verschafft hatte, 2 sagte er eines Tages
zum Propheten Natan: »Sieh doch,
ich wohne hier in einem Palast aus
Zedernholz, und die Lade Gottes steht
nur in einem Zelt.« 3 Natan sagte zum
König: »Geh ruhig ans Werk und tu,
was du auf dem Herzen hast, denn
Jahwe ist mit dir!« 4 Aber in der fol-
genden Nacht kam das Wort Jahwes
zu Natan: 5 »Geh zu meinem Diener
David und richte ihm aus: ›So spricht
Jahwe: Du willst mir ein Haus bauen,
in dem ich wohnen soll? 6 Seit ich die
Söhne Israels aus Ägypten heraus-
führte, habe ich noch nie in einem
Haus gewohnt, sondern bin bis heute
in einer Zeltwohnung umhergezogen.

6,14 Das *Efod* aus Leinen war offenbar ein ärmelloses Gewand und gehörte zur Dienstkleidung eines Priesters, muss aber von dem Efod des Hohenpriesters (2. Mose 39) unterschieden werden, das aus anderem Material hergestellt wurde.

7 Habe ich während dieser ganzen
Zeit jemals von euch verlangt, mir ein
Haus aus Zedernholz zu bauen? Von
keinem der Führer Israels, denen ich
aufgetragen hatte, mein Volk Israel zu
weiden, habe ich so etwas verlangt.‹
8 Darum sollst du meinem Diener
David ausrichten: ›So spricht Jahwe,
der Allmächtige: Ich selbst habe dich
von der Schafherde weggeholt und
dich zum Herrscher über mein Volk
Israel gemacht. 9 Und wohin du auch
gegangen bist, bin ich bei dir gewesen
und habe alle deine Feinde vor dir be-
seitigt. Ich habe deinen Namen be-
rühmt gemacht. Du wirst zu den
Großen der Erde gezählt. 10 Ich habe
meinem Volk Israel eine Heimat ge-
geben, ein Land, in dem es sicher
leben kann und nicht mehr zittern
muss. Böse Menschen werden es
nicht mehr unterdrücken wie früher
11 und auch noch zu der Zeit, als ich
Richter über mein Volk Israel ein-
setzte. Ich habe dir Ruhe vor all
deinen Feinden verschafft. Und nun
kündigt Jahwe dir an, dass *er dir* ein
Haus bauen wird.
12 Wenn deine Zeit abgelaufen ist
und du gestorben bist, werde ich dir
einen deiner eigenen Nachkommen
auf dem Thron folgen lassen und seine
Herrschaft festigen. 13 Der wird dann
ein Haus für meinen Namen bauen.
Und seinem Königtum werde ich
ewigen Bestand geben. 14 Ich werde
sein Vater sein, und er soll mir Sohn
sein.* Wenn er Unrecht begeht,
werde ich ihn mit menschlicher Rute
und auf menschliche Weise züchti-
gen. 15 Aber meine Gnade entziehe
ich ihm nicht, wie ich sie Saul entzog,
den ich vor dir beseitigt habe. 16 Dein
Königshaus und deine Königsherr-
schaft sollen für immer vor mir Be-
stand haben. Dein Thron steht fest auf
ewig.‹«

Davids Dankgebet

17 Natan gab David alles genauso
weiter, wie es ihm gesagt und offen-
bart worden war. 18 Da ging David in
das Zelt, setzte sich vor Jahwe nieder
und sagte: »Wer bin ich schon, Jahwe,
mein Herr, und was bedeutet meine
Familie, dass du mich bis hierher ge-
bracht hast? 19 Und das war dir noch
zu wenig, mein Herr, Jahwe! Du hast
sogar Zusagen gemacht, die noch
meinen fernen Nachkommen gelten –
und das für jemand wie mich, Herr,
Jahwe? 20 Was soll David da noch
weiter sagen? Du kennst ja deinen
Diener, Herr, Jahwe! 21 Weil du es
versprochen hattest und weil es dein
Wille war, hast du all das Große getan,
um es deinen Diener erkennen zu las-
sen. 22 Darum bist du groß, Jahwe,
mein Gott! Niemand ist dir gleich.
Nach allem, was wir gehört haben,
gibt es keinen Gott außer dir. 23 Und
welches Volk gleicht deinem Volk Is-
rael? Es ist die einzige Nation auf der
Erde, die Gott aus der Sklaverei be-
freit und zu seinem eigenen Volk ge-
macht hat. So hat er sich einen
Namen gemacht und für dieses Volk
große und furchterregende Dinge
getan. Aus Ägypten hast du es erlöst
und hast andere Nationen samt ihren
Göttern vor ihm vertrieben. 24 Für alle

7,14 Wird im Neuen Testament im Hebräerbrief zitiert: Hebräer 1,5.

Zeiten hast du dir Israel zu deinem
Volk gemacht, und du selbst, Jahwe,
bist sein Gott geworden. 25 Und nun,
Jahwe, Gott, lass die Zusage, die du
deinem Diener und seinen Nachkom-
men gemacht hast, für immer gültig
sein, und tu, was du versprochen hast!
26 Dann wird dein Name groß für alle
Zeiten sein, und man wird sagen:
›Jahwe, der Allmächtige, ist Gott über
Israel!‹ Und auch das Königshaus
deines Dieners David wird vor dir be-
stehen. 27 Denn du, Jahwe, allmäch-
tiger Gott Israels, du hast dem Ohr
deines Dieners offenbart: ›Ich werde
dir ein Haus bauen!‹ Darum hat dein
Diener sich ein Herz gefasst, so zu dir
zu beten. 28 Und nun, Jahwe, mein
Herr, du allein bist wirklich Gott, und
deine Worte sind Wahrheit, und du
hast deinem Diener all das Gute ver-
sprochen. 29 So lass es dir nun ge-
fallen und segne bitte das Königshaus
deines Dieners, dass es für immer vor
dir bestehe! Denn du, Herr, Jahwe, du
hast es gesagt, und mit deinem Segen
wird das Haus deines Dieners für
immer gesegnet sein!«

Davids Siege

8 1 Einige Zeit später schlug David
die Philister. Er unterwarf sie und
nahm ihnen die Zügel der Herrschaft
aus der Hand. 2 Er schlug auch die
Moabiter*. Die Besiegten mussten sich
nebeneinander auf die Erde legen, und
er ließ die Messschnur über Leben und
Tod entscheiden. Je zwei Schnurlängen
Menschen wurden getötet und eine
volle Schnurlänge am Leben gelassen.
So unterwarf sich David die Moabiter
und machte sie tributpflichtig. 3 David
besiegte auch König Hadad-Eser Ben-
Rechob von Zoba*, der gerade ausge-
zogen war, um seine Macht am oberen
Euphrat wiederherzustellen. 4 David
nahm 1700 Reiter* und 20.000 Fuß-
soldaten von ihm gefangen. Alle Streit-
wagen ließ er unbrauchbar machen,
nur 100 behielt er für sich.

5 Als die Syrer von Damaskus König
Hadad-Eser von Zoba zu Hilfe kamen,
besiegte David auch sie und tötete
20.000 Mann. 6 David legte Besat-
zungen in das damaszenische Syrien.
So wurden die Syrer David untertan
und mussten ihm regelmäßig Tribut
zahlen. Jahwe half David überall,
wohin er auch zog.

7 David erbeutete die goldenen
Schilde, die Hadad-Esers Offiziere
getragen hatten, und brachte sie nach
Jerusalem. 8 Aus den Städten Betach
und Berotai, die zu Hadad-Esers Ge-
biet gehörten, nahm er eine große
Menge Bronze mit. 9 Als König Toï
von Hamat hörte, dass David die
ganze Streitmacht Hadad-Esers ver-
nichtet hatte, 10 schickte er seinen
Sohn Joram zu ihm. Er sollte König
David Grüße ausrichten und ihn zu
seinem Sieg über Hadad-Eser be-
glückwünschen. Hadad-Eser hatte
nämlich ständig gegen Toï Krieg ge-
führt. Joram brachte Geräte aus Gold,
Silber und Bronze mit. 11 Auch diese

8,2 Die *Moabiter* lebten östlich vom Toten Meer zwischen den Flüssen Arnon und Zered.

8,3 *Zoba* war ein kleines Königreich nördlich von Damaskus.

8,4 *1700 Reiter*. Nach 1. Chronik 18,4 waren es 7000 wie die LXX und einige Texte vom Toten Meer bestätigen. Wahrscheinlich wurde beim Abschreiben des Textes von 2. Samuel versehentlich ein Wort weggelassen.

weihte König David Jahwe, ebenso
wie das Silber und Gold, das er von
den Völkern bekam, die er unter-
worfen hatte, 12 von den Syrern, den
Moabitern und Ammonitern*, von
den Philistern, den Amalekitern, und
das, was er König Hadad-Eser Ben-
Rechob von Zoba abgenommen hatte.
13 Einen Namen aber machte sich
David, als er die Edomiter im Salztal
schlug. 18.000 Mann waren es da. 14 Im
ganzen Land Edom setzte er Statthalter
ein und machte die Bewohner zu seinen
Untertanen. So half Jahwe David über-
all, wohin er auch zog.
15 David regierte als König über
ganz Israel und sorgte für Recht und
Gerechtigkeit in seinem Volk.

Davids Beamte

16 Joab Ben-Zeruja war Oberbefehls-
haber über das Heer. Joschafat Ben-
Ahilud war Kanzler. 17 Zadok Ben-Ahi-
tub und Ahimelech Ben-Abjatar waren
Priester, Seraja war Staatsschreiber.
18 Benaja Ben-Jojada befehligte die
Leibgarde*. Alle Söhne Davids hatten
den Rang von Priestern.

David und Mefi-Boschet

9 1 Eines Tages fragte David: »Ist
eigentlich von Sauls Familie noch
jemand am Leben? Um Jonatans
willen möchte ich ihm Gutes tun.«
2 Saul hatte einen Gefolgsmann na-
mens Ziba gehabt, der nun zu David
gerufen wurde. Der König fragte ihn:
»Bist du Ziba?« – »Ja, ich bin dein
Diener«, antwortete er. 3 Der König
fragte ihn: »Ist denn keiner von Sauls
Familie mehr am Leben? Ich möchte
ihm die Güte Gottes erweisen.« Ziba
erwiderte: »Es gibt noch einen Sohn
Jonatans, der an beiden Füßen ge-
lähmt ist.« 4 »Wo ist er?«, fragte der
König. »Er lebt im Haus von Machir
Ben-Ammiël in Lo-Dabar*«, erwider-
te Ziba.
5 Da schickte der König Leute hin
und ließ ihn holen. 6 So kam Mefi-Bo-
schet Ben-Jonatan, der Enkel Sauls,
zu David und fiel vor ihm auf die Knie
mit dem Gesicht auf dem Boden.
»Mefi-Boschet!«, sagte David. »Ja,
ich bin dein Diener«, erwiderte dieser.
7 »Hab keine Angst!«, sagte David
zu ihm. »Um deines Vaters Jonatan
willen möchte ich dir Gutes tun. Ich
werde dir alle Ländereien deines
Großvaters Saul zurückgeben. Und
du darfst immer an meinem Tisch
essen.« 8 Da warf er sich erneut nie-
der und sagte: »Was ist dein Diener
schon, dass du dich mir so zuwen-
dest? Ich bin doch nur ein toter
Hund!«
9 Dann ließ der König Ziba, den Ge-
folgsmann Sauls, zu sich kommen
und sagte zu ihm: »Alles, was Saul
und seiner Familie gehört hat, habe
ich dem Enkel deines Herrn zurückge-
geben. 10 Du wirst mit deinen Söhnen
und Knechten das Land bearbeiten
und die Ernte einbringen, damit der
Enkel deines Herrn seinen Lebens-
unterhalt hat. Mefi-Boschet selbst

8,12 Die *Ammoniter* waren nordöstliche Nachbarn der Moabiter.

8,18 *Leibgarde*. Wörtlich: Die *Kreter und Pleter*. Vielleicht sind damit Männer von zwei aus Kreta stammenden Philisterstämmen gemeint, die David als Leibwächter in der königlichen Leibgarde dienten.

9,4 *Lo-Dabar*, Stadt im Ostjordanland, 16 km südöstlich vom See Gennesaret.

wird immer an meinem Tisch essen.«
Ziba hatte fünfzehn Söhne und
zwanzig Knechte. 11 Da sagte Ziba
zum König: »Dein Diener wird alles
tun, was mein Herr, der König, ihm
befiehlt.«

Mefi-Boschet wurde also an der
Königstafel versorgt wie einer der
Königssöhne. 12 Er hatte auch noch
einen kleinen Sohn namens Micha.
Und alle, die zum Haushalt Zibas
gehörten, wurden zu Dienern Mefi-
Boschets. 13 Er wohnte in Jerusalem,
denn er aß ständig an der Tafel des
Königs, und er war an beiden Füßen
gelähmt.

Krieg gegen die Ammoniter

10 1 Einige Zeit später starb der
König der Ammoniter und
sein Sohn Hanun wurde König.
2 David dachte: »Ich will Hanun
Ben-Nahasch Freundlichkeit erwei-
sen, wie sein Vater auch mir gegen-
über Freundlichkeit gezeigt hat.« So
schickte er eine Gesandtschaft zu
Hanun, um ihm sein Beileid auszu-
sprechen. Als die Gesandten Davids
im Ammoniterland ankamen, 3 sag-
ten die Oberen der Ammoniter zu
ihrem Herrn: »Denkst du wirklich,
dass David deinen Vater ehren will,
wenn er dir sein Beileid ausspricht?
Er hat seine Gesandten doch nur ge-
schickt, um die Stadt zu erkunden. Er
will sie ausspionieren, um sie spä-
ter zerstören zu können.« 4 Da ließ
Hanun die Gesandten Davids ergrei-
fen, ihnen die Hälfte des Bartes ab-
scheren und die Gewänder unten bis
zum Gesäß abschneiden, und schickte
sie so zurück. 5 Als David erfuhr,
wie schwer seine Männer beschämt
worden waren, schickte er ihnen Bo-
ten entgegen und ließ ihnen sagen:
»Bleibt in Jericho, bis euer Bart
wieder gewachsen ist, und kommt
dann zurück.«

6 Als die Ammoniter merkten, dass
sie sich bei David verhasst gemacht
hatten, warben sie Soldaten an: 20.000
Mann bei den Syrern von Bet-Re-
chob* und Zoba, 12.000 Mann von
Tob* und den König von Maacha* mit
1000 Mann. 7 Als David davon hörte,
ließ er Joab mit dem ganzen Heer und
der Elitetruppe ausrücken. 8 Die Am-
moniter bezogen Stellung vor dem
Tor ihrer Stadt. Aber die Syrer von
Zoba und Rechob und die Männer
von Tob und Maacha stellten sich in
einiger Entfernung auf offenem Feld
zur Schlacht auf. 9 Als Joab sah, dass
er eine Front vor sich und eine im
Rücken hatte, wählte er seine besten
Leute aus und stellte sich mit ihnen
den Syrern entgegen. 10 Die übrigen
sollten sich unter dem Kommando
seines Bruders Abischai den Ammo-
nitern entgegenstellen. 11 Joab sagte:
»Wenn die Syrer stärker sind als ich,
kommst du mir zu Hilfe. Und wenn dir
die Ammoniter zu stark werden, helfe
ich dir. 12 Hab Mut und lass uns stark
sein für unser Volk und die Städte
unseres Gottes! Dann soll Jahwe tun,

10,6 *Bet-Rechob* liegt zwischen dem Berg Hermon und dem Libanon-Gebirge.

Tob. Die Stadt lag nördlich vom Königreich Ammon und östlich vom Stammesgebiet Manasse.

Maacha war ein kleines syrisches Königreich nördlich und östlich vom See Gennesaret.

was ihm gefällt.« 13 Joab rückte mit
seiner Truppe zur Schlacht gegen die
Syrer vor. Da flohen sie vor ihm. 14 Als
die Ammoniter sahen, dass die Syrer
flohen, ergriffen auch sie vor Abischai
die Flucht und zogen sich in die Stadt
zurück. Da stellte Joab den Kampf
gegen die Ammoniter ein und kehrte
nach Jerusalem zurück.

Krieg gegen die Syrer

15 Die Syrer jedoch sammelten sich
wieder, nachdem sie von Israel ge-
schlagen worden waren. 16 Hadad-
Eser ließ auch die syrischen Truppen
von jenseits des Euphrat anrücken.
Unter dem Befehl seines Heerführers
Schobach rückten sie bis Helam* vor.
17 Als David das gemeldet wurde, rief
er alle wehrfähigen Männer Israels
zusammen, überquerte mit ihnen den
Jordan und kam nach Helam. Dort
stellten sich ihm die Syrer entgegen,
und es kam zur Schlacht. 18 Die Syrer
wurden von Israel in die Flucht ge-
schlagen. Davids Männer erschlu-
gen 700 syrische Wagenkämpfer*
und 40.000 Mann vom Fußvolk. Auch
Schobach, ihren Heerführer, verwun-
deten sie, dass er dort starb. 19 Als
nun all die Könige, die unter der
Oberherrschaft Hadad-Esers gestan-
den hatten, sahen, dass sie geschla-
gen waren, schlossen sie Frieden mit
Israel und unterwarfen sich. Die
Syrer wagten es nicht, den Ammoni-
tern noch einmal zu helfen.

David bricht die Ehe

11 1 Als der Frühling kam, be-
gann wieder die Zeit, in der
die Könige ihre Feldzüge unter-
nahmen. Auch David schickte Joab
mit seinen Leuten und dem ganzen
Heer Israels los. Sie verwüsteten das
Land der Ammoniter und belagerten
Rabba*. David selbst blieb in Jerusa-
lem. 2 Eines Tages, es war schon
gegen Abend, erhob sich David von
seiner Mittagsruhe und ging auf der
Dachterrasse seines Palastes auf und
ab. Da fiel sein Blick auf eine Frau, die
sich gerade mit Wasser übergoss. Sie
war sehr schön. 3 David schickte je-
mand hin und erkundigte sich nach
der Frau. Man sagte ihm: »Das ist
doch Batseba Bat-Eliam, die Frau
des Hetiters Urija.« 4 David schickte
Boten und ließ sie holen. Sie kam zu
ihm, und er schlief mit ihr. Sie hatte
gerade die vorgeschriebene Reini-
gung nach ihrer Monatsblutung vor-
genommen. Danach ging sie in ihr
Haus zurück. 5 Aber die Frau wurde
schwanger. Sie schickte jemand zu
David und ließ ihm ausrichten: »Ich
bin schwanger.«

6 Da schickte David eine Botschaft
zu Joab: »Lass den Hetiter Urija zu
mir kommen!« Joab tat es. 7 Als Urija
zu David kam, erkundigte sich der
König nach dem Ergehen Joabs und
des Heeres und nach dem Stand des
Krieges. 8 Dann sagte er zu ihm: »Geh
nach Hause und lass dir die Füße
baden!« Als Urija den Palast verließ,
wurde ein Geschenk des Königs

10,16 *Helam* lag 56 km östlich vom See Gennesaret an der Nordgrenze des israelischen Ostjordanlandes.

10,18 Siehe Anmerkung zu 1. Chronik 19,18.

11,1 *Rabba* war die Hauptstadt der Ammoniter und lag 38 km östlich vom Jordan, heute: Amman.

hinter ihm hergetragen. 9 Doch Urija
ging nicht nach Hause, sondern über-
nachtete bei den Dienern seines Herrn
am Palasteingang. 10 Als David ge-
meldet wurde, dass Urija nicht nach
Hause gegangen war, fragte er ihn:
»Warum bist du nicht nach Hause ge-
gangen? Du hast doch einen langen
Weg hinter dir.« 11 Urija erwiderte
David: »Die Lade* und die Männer
von Israel und Juda wohnen in Zelten,
selbst Joab, mein Herr, und seine
Offiziere übernachten auf offenem
Feld, und da sollte ich in mein Haus
gehen, essen und trinken und mit
meiner Frau schlafen? So wahr du
lebst – bei deinem Leben, das werde
ich nicht tun.«

12 Da sagte David zu Urija: »So
bleib auch heute noch hier, morgen
lass ich dich gehen!« Also blieb Urija
an diesem und am folgenden Tag in
Jerusalem. 13 David lud ihn ein, bei
ihm zu essen und zu trinken, und
er machte ihn betrunken. Aber am
Abend ging Urija wieder nicht nach
Hause, sondern legte sich auf sein
Lager bei den Dienern seines Herrn.

David lässt den Ehemann ermorden

14 Am nächsten Morgen schrieb
David einen Brief an Joab und ließ ihn
durch Urija überbringen. 15 Darin
stand: »Stellt Urija an die vorderste
Front, wo der Kampf am härtesten ist,
und zieht euch dann hinter ihm zu-
rück, dass er getroffen wird und
stirbt!«

16 Joab hatte die Stadt ständig im
Blick und wusste, wo ihre besten
Kämpfer standen. Dort setzte er Urija
ein. 17 Als die Belagerten einen Ausfall
machten und Joab ein Gefecht liefer-
ten, fielen einige von Davids Leuten.
Auch Urija, der Hetiter, fand dabei
den Tod. 18 Joab ließ David über den
Verlauf des Kampfes genau unterrich-
ten. 19 Er sagte zu dem Boten: »Wenn
du dem König alle Einzelheiten über
den Kampf berichtet hast, 20 wird er
vielleicht wütend werden und dich
fragen: ›Warum seid ihr beim Kampf
so nahe an die Stadt gerückt? Habt ihr
nicht gewusst, dass sie von der Mauer
herab schießen? 21 Wer hat denn
Abimelech Ben-Jerubbeschet* er-
schlagen? War es nicht eine Frau, die
den Mahlstein einer Handmühle von
der Mauer herab auf ihn warf? So kam
er vor Tebez um.* Aus welchem
Grund seid ihr so nah an die Mauer
herangerückt?‹ Dann sollst du sagen:
›Auch dein Diener Urija, der Hetiter,
ist tot.‹«

22 Der Bote ging zu David und be-
richtete ihm alles, was Joab ihm auf-
getragen hatte. 23 Er sagte: »Weil die
Männer uns überlegen waren, mach-
ten sie einen Ausfall und griffen uns
auf freiem Feld an. Doch wir drängten
sie bis dicht ans Stadttor zurück.
24 Da wurden wir von den Schützen
auf der Mauer beschossen, und einige
von deinen Leuten starben. Auch dein
Diener Urija, der Hetiter, ist tot.«

11,11 *Lade.* Offenbar wurde die Bundeslade mit in das Feldlager genommen wie schon in 1. Samuel 4,4-8.

11,21 *Jerubbeschet.* Gemeint ist Jerubbaal, also Gideon (Richter 7,1). »Baal« soll wie in 2. Samuel 2,8 vermieden werden.

kam er ... um. Richter 9,50-53.

25 Da sagte David dem Boten: »Rich-
te Joab aus: ›Nimm die Sache nicht so
schwer, denn das Schwert frisst mal
so und mal so! Verstärke deinen
Kampf gegen die Stadt und zerstöre
sie!‹ So sollst du ihm Mut machen.«

26 Als Urijas Frau hörte, dass ihr
Mann tot war, hielt sie die Totenklage
für ihn. 27 Nach Ablauf der Trauerzeit
holte David sie zu sich in seinen Pa-
last. Sie wurde seine Frau und gebar
ihm einen Sohn. Doch Jahwe missfiel
sehr, was David getan hatte.

Natans Seelsorge

12 1 Jahwe schickte Natan zu
David. Der ging zu ihm und
sagte: »Zwei Männer lebten in einer
Stadt. Der eine war reich, der andere
arm. 2 Der Reiche hatte sehr viele
Schafe und Rinder. 3 Der Arme hatte
nur ein einziges kleines Lämmchen. Er
hatte es gekauft und zog es auf. Es
wurde zusammen mit seinen Kindern
bei ihm groß. Es aß von seinem Bissen,
trank aus seinem Becher und schlief in
seinem Schoß. Es war für ihn wie eine
Tochter. 4 Da kam ein Besucher zu dem
reichen Mann. Doch der brachte es
nicht übers Herz, eins von seinen Scha-
fen oder Rindern zu nehmen, um es für
den Wanderer zuzurichten. Darum
nahm er dem Armen das Lamm weg
und setzte es seinem Gast vor.«

5 David wurde sehr zornig über die-
sen Mann und sagte zu Natan: »So
wahr Jahwe lebt: Der Mann, der das
getan hat, ist ein Kind des Todes!
6 Dazu muss er das Lamm vierfach
ersetzen. Das ist die Strafe dafür,
dass er diese Untat beging und kein
Mitleid hatte.«

7 Da sagte Natan zu David: »*Du*
bist der Mann! So spricht Jahwe, der
Gott Israels: ›Ich habe dich zum
König über Israel gesalbt, ich habe
dich aus der Hand Sauls gerettet,
8 ich habe dir den ganzen Besitz dei-
nes Herrn gegeben und die Frauen
deines Herrn in deinen Schoß ge-
legt. Ich habe dich zum König über
Israel und Juda gemacht. Und wenn
das noch zu wenig war, hätte ich dir
noch dies und das dazu gegeben.
9 Warum hast du das Wort Jahwes
verachtet und getan, was ihm miss-
fällt? Du hast Urija, den Hetiter, mit
dem Schwert erschlagen, und dann
hast du dir seine Frau genommen!
Ihn selbst hast du ja durch das
Schwert der Ammoniter umge-
bracht. 10 Darum wird das Schwert
auch von deiner Familie niemals
weichen. Denn du hast mich verach-
tet und die Frau des Hetiters Urija zu
deiner Frau gemacht.‹ 11 So spricht
Jahwe: ›Aus deiner eigenen Familie
lasse ich Unglück über dich kom-
men. Unter deinen Augen werde ich
deine Frauen wegnehmen und sie
deinem Nächsten geben, dass er am
helllichten Tag mit ihnen schlafen
wird. 12 Denn du, du hast es im
Verborgenen getan, aber ich werde
es in aller Öffentlichkeit vor ganz
Israel tun.‹«

13 Da sagte David zu Natan: »Ich
habe gegen Jahwe gesündigt.« Und
Natan sagte zu ihm: »So hat auch
Jahwe deine Sünde weggenommen,
dass du nicht sterben musst. 14 Weil
du aber den Feinden Jahwes durch
diese Sache Anlass zur Lästerung
gegeben hast, muss der Sohn, der dir
geboren wird, sterben.«

Davids Kampf um das Kind

15 Dann ging Natan nach Hause.
Jahwe ließ das Kind, das Urijas Frau
David geboren hatte, schwer krank
werden. 16 David suchte Gott um des
Jungen willen und hielt ein strenges
Fasten. Wenn er zum Schlafen heim-
kam, legte er sich auf den nackten
Boden. 17 Die Ältesten seines Hofes
versuchten ihn zum Aufstehen zu be-
wegen. Aber er ließ es nicht zu und aß
auch nicht mit ihnen. 18 Am siebten
Tag starb das Kind. Davids Diener
wagten es nicht, ihm zu sagen, dass
das Kind tot war. »Schon als das Kind
noch lebte«, sagten sie zueinander,
»hat er nicht auf uns gehört. Wie kön-
nen wir ihm jetzt sagen, dass das Kind
tot ist? Es würde Unheil anrichten.«
19 Als David merkte, dass seine Die-
ner miteinander flüsterten, wurde ihm
klar, dass das Kind tot war. Er fragte
sie: »Ist es tot?« – »Ja«, erwiderten
sie. 20 Da stand David vom Boden auf,
wusch und salbte sich und zog frische
Kleidung an. Dann ging er ins Haus
Jahwes und warf sich nieder. Wieder
in sein Haus zurückgekehrt, ließ er
sich etwas zu essen bringen. 21 Da
fragten seine Diener ihn: »Was
machst du da für eine Sache? Als das
Kind noch lebte, hast du gefastet und
geweint. Doch nun, wo es gestorben
ist, stehst du auf und isst!« 22 Da
sagte er: »Als das Kind noch lebte,
habe ich gefastet und geweint, weil
ich dachte: ›Wer weiß, vielleicht wird
Jahwe mir gnädig sein und lässt es am
Leben.‹ 23 Aber jetzt ist es tot. Wozu
soll ich dann noch fasten? Kann ich es
damit etwa zurückbringen? Ich werde
ihm einmal nachfolgen – aber zu mir
kommt es nicht wieder zurück.«

Die Geburt Salomos

24 David tröstete seine Frau Batseba.
Er schlief mit ihr, und sie bekam
wieder einen Sohn, den er Salomo
nannte. Jahwe liebte ihn. 25 Deshalb
schickte er den Propheten Natan
zu David und ließ dem Jungen
den Namen Jedidja geben, Liebling
Jahwes.

Die Eroberung von Rabba

26 Joab kämpfte weiter gegen Rabba,
die Königsstadt der Ammoniter, und
hatte bereits einen Teil davon erobert.
27 Dann schickte er Boten zu David
und ließ ihm sagen: »Ich habe Rabba
bekämpft und die Wasserstadt* be-
reits erobert. 28 Komm du nun mit
dem Rest der Wehrfähigen und voll-
ende die Belagerung der Stadt, damit
nicht ich die Stadt erobere und mein
Name über ihr ausgerufen wird!«
29 Da zog David mit allen übrigen
Männern nach Rabba, griff die Stadt
an und eroberte sie. 30 Er nahm ihrem
König die Krone vom Kopf und setzte
sie selbst auf. Ihr Gewicht betrug 34
Kilogramm*. Sie bestand ganz aus
Gold und war mit einem kostbaren
Edelstein besetzt. Außerdem nahm er
reiche Beute aus der Stadt mit. 31 Die
Bevölkerung der Stadt ließ David
Zwangsarbeiten verrichten. Er stellte
sie an Steinsägen, eiserne Pickel, ei-
serne Beile und Ziegelformen. So
machte er es auch mit den anderen

12,27 *Wasserstadt.* Der untere Teil der Stadt, der am Bach, dem heutigen Sel Amman, lag.

12,30 *34 Kilogramm.* Wörtlich: *ein Talent.* Die Krone wurde offenbar nur kurz bei besonderen Anlässen getragen.

Städten der Ammoniter. Dann kehrte
er mit dem ganzen Heer nach Jeru-
salem zurück.

Amnons Schandtat

13 1 Davids Sohn Abschalom
hatte eine schöne Schwester.
Sie hieß Tamar. Eines Tages verliebte
sich Amnon, ein anderer Sohn Da-
vids, in sie. 2 Amnon begehrte sie so
sehr, dass er krank wurde. Sie war
noch unberührt, und er sah keine
Möglichkeit, an sie heranzukommen.
3 Nun hatte er einen Freund namens
Jonadab. Das war der Sohn von Da-
vids Bruder Schima. Er war ein sehr
kluger Mann. 4 Er sagte zu Amnon:
»Was ist los mit dir, Prinz? Warum
bist du Morgen für Morgen so elend?
Willst du es mir nicht sagen?« – »Ich
habe mich in Tamar, die Schwester
meines Bruders Abschalom, ver-
liebt«, erwiderte er. 5 Da riet Jonadab
ihm: »Leg dich auf dein Bett und stell
dich krank. Wenn dann dein Vater
nach dir sieht, sag zu ihm: ›Könnte
nicht meine Schwester* Tamar zu mir
kommen und mir die Krankenkost
bringen? Wenn sie sie hier vor meinen
Augen zubereitet, dass ich zusehen
kann, werde ich essen, was sie mir
gibt.‹« 6 Amnon legte sich also hin
und stellte sich krank. Als der König
ihn besuchte, sagte Amnon zu ihm:
»Könnte nicht meine Schwester
Tamar kommen und vor meinen
Augen zwei Herzkuchen formen? Was
sie mir gibt, werde ich essen.« 7 Da
schickte David jemand zu Tamar ins
Haus und ließ ihr sagen: »Geh doch
ins Haus deines Bruders Amnon und
mach ihm etwas zu essen!« 8 So ging
Tamar ins Haus Amnons, während
er sich hingelegt hatte. Sie nahm
Teig, knetete ihn, formte vor seinen
Augen die Herzkuchen und backte sie.
9 Dann nahm sie die Pfanne und rich-
tete es ihm zu. Aber er weigerte sich
zu essen. »Es sollen erst alle hinaus-
gehen!«, verlangte er. Als alle weg
waren, 10 sagte er zu Tamar: »Bring
die Krankenkost ins Schlafzimmer.
Ich werde nur essen, wenn du es mir
direkt gibst.« Da nahm Tamar die
Herzkuchen, die sie gebacken hatte,
und brachte sie ihrem Bruder ans
Bett. 11 Als sie ihm etwas davon reich-
te, packte er sie und sagte: »Komm
Schwester, schlaf mit mir!« 12 »Nicht
doch, mein Bruder!«, rief sic. »Zwing
mich nicht zu so etwas! Das darf man
in Israel nicht tun! Diese Schandtat
darfst du nicht begehen! 13 Und ich,
wo sollte ich mit meiner Schande hin?
Und du würdest als einer der Nieder-
trächtigsten in Israel dastehen. Sprich
doch mit dem König! Er wird mich
dir sicher nicht verweigern.« 14 Doch
Amnon wollte nicht auf sie hören. Er
fiel über sie her und vergewaltigte sie.
15 Danach aber wurde Amnon wütend
auf sie und fing an, sie regelrecht zu
hassen. Sein Hass auf sie war größer
als sein Verlangen vorher. »Steh auf
und mach dich fort!«, schrie er sie an.
16 »Nein, jag mich jetzt nicht weg!«,
flehte sie. »Das Unrecht wäre noch
schlimmer als das andere, das du mir
angetan hast.« Aber er wollte nicht
auf sie hören, 17 sondern rief den

13,5 *meine Schwester.* Tamar war die Halb-schwester Amnons, weil sie eine andere Mutter als er hatte.

jungen Mann, der in seinen Diensten
stand, und sagte: »Schaff mir die da
fort! Los, weg mit ihr! Hinaus! Und
schließ die Tür hinter ihr zu!« 18 Sie
trug ein Kleid mit langen Ärmeln,
denn solche Gewänder zogen die
Töchter des Königs an, solange sie
noch unberührt waren. Als nun der
Diener sie hinausbrachte und die Tür
hinter ihr zuschloss, 19 streute Tamar
Staub auf ihren Kopf, zerriss das
langärmlige Kleid, das sie anhatte,
legte eine Hand auf den Kopf und lief
schreiend davon.

Abschaloms Rache

20 Ihr Bruder Abschalom fragte sie:
»War dein Bruder Amnon mit dir
zusammen? Nun denn, sprich nicht
darüber, meine Schwester. Er ist ja
dein Bruder. Nimm dir diese Sache
nicht zu Herzen.« Da blieb Tamar ver-
einsamt und verstört im Haus ihres
Bruders Abschalom wohnen. 21 Als
König David erfuhr, was geschehen
war, wurde er sehr zornig.

22 Abschalom aber sprach kein Wort
mehr mit Amnon, denn er hasste ihn,
weil er seine Schwester Tamar verge-
waltigt hatte. 23 Zwei Jahre später
hatte Abschalom Schafschur in Baal-
Hazor in der Nähe von Efraïm*. Dazu
hatte er alle Königssöhne eingeladen.
24 Das kam so: Er war zum König ge-
gangen und hatte gesagt: »Dein Die-
ner hat gerade die Schafscherer bei
sich. Darf ich den König und seine
Diener einladen, mit mir zu feiern?«
25 Aber der König sagte zu ihm:
»Nein, mein Sohn. Wir können doch
nicht alle zusammen hingehen. Wir
wollen dir nicht zur Last fallen.« Ab-
schalom drängte ihn, aber der König
wollte nicht und entließ ihn mit einem
Segenswunsch. 26 Da sagte Abscha-
lom noch: »Kann nicht wenigstens
mein Bruder Amnon mitkommen?« –
»Wozu denn das?«, sagte der König.
27 Abschalom aber drängte ihn. Da
ließ er schließlich Amnon und alle
anderen Königssöhne mitgehen.

28 Abschalom befahl seinen Ge-
folgsleuten: »Passt auf! Wenn der
Wein bei Amnon zu wirken beginnt
und ich euch sage, dass ihr ihn er-
schlagen sollt, dann tötet ihn! Habt
keine Angst, denn schließlich gebe ich
euch den Befehl dazu! Seid mutig und
zeigt, dass ihr tapfere Männer seid!«
29 Die Leute Abschaloms gehorchten
seinem Befehl und töteten Amnon. Da
sprangen alle anderen Königssöhne
auf, bestiegen ihre Maultiere und flo-
hen. 30 Sie waren noch unterwegs, als
David schon das Gerücht erreichte,
Abschalom hätte alle Königssöhne
erschlagen, keiner wäre entkommen.
31 Da stand der König auf, riss sein
Obergewand ein und warf sich zu
Boden. Seine Diener standen mit
eingerissenen Gewändern um ihn
herum. 32 Aber Jonadab, der Sohn
von Davids Bruder Schima, sagte:
»Mein Herr muss nicht denken, dass
all die jungen Männer, die Königs-
söhne, umgebracht worden sind.
Amnon allein wird tot sein. Von dem
Tag an, als Tamar vergewaltigt wurde,
war es Abschalom doch anzusehen,
dass er entschlossen war, sich an
Amnon zu rächen. 33 Der König

13,23 *Efraïm.* Gemeint ist wahrscheinlich der Ort Efron, 21 km nördlich von Jerusalem.

nehme sich die Sache nicht so zu
Herzen. Er soll nicht glauben, dass
alle Königssöhne tot sind. Bestimmt
wurde nur Amnon getötet.«
34 Abschalom war zu dieser Zeit
schon geflohen. Der junge Mann, der
Ausschau hielt, sah jetzt auf dem Weg
vom Westen eine größere Menschen-
menge den Berg herabkommen. 35 Da
sagte Jonadab zum König: »Schau,
die Königssöhne kommen! Es war ge-
nauso, wie dein Diener es gesagt hat.«
36 Kaum hatte er das ausgesprochen,
da waren die Königssöhne auch schon
da und fingen an, laut zu weinen.
Auch der König und seine Leute
brachen in Tränen aus. 37 Abschalom
war zu Talmai* Ben-Ammihud, dem
König von Geschur*, geflohen. David
trug die ganze Zeit Leid um seinen
Sohn.

Abschaloms Rückkehr

38 Abschalom war also nach Geschur
geflohen. Dort blieb er drei Jahre.
39 Dann hörte David auf, gegen Ab-
schalom vorzugehen, denn er hatte
sich mit Amnons Tod abgefunden.

14 1 Joab Ben-Zeruja merkte,
dass der König seinen Sohn
Abschalom zu vermissen begann.
2 Da ließ er eine kluge Frau aus
Tekoa* holen und sagte zu ihr: »Du
sollst die Rolle einer Trauernden
spielen. Zieh Trauerkleider an, salbe
dich nicht und benimm dich wie eine
Frau, die schon lange um einen Toten
trauert. 3 Geh dann zum König und
erzähle ihm das, was ich dir jetzt
sage.« Joab gab ihr seine Anweisun-
gen. 4 Als die Frau aus Tekoa zum
König kam, fiel sie vor ihm nieder, mit
dem Gesicht zur Erde, und sagte:
»Hilf, mein König!« 5 »Was fehlt
dir?«, fragte der König. Da sagte sie:
»Ach, ich bin Witwe, mein Mann ist
gestorben. 6 Deine Dienerin hatte
zwei Söhne. Die gerieten eines Tages
in Streit auf dem Feld. Und weil nie-
mand in der Nähe war, der dazwi-
schentreten konnte, schlug der eine
den anderen tot. 7 Und nun ist die
ganze Sippe gegen deine Dienerin auf-
gestanden. Sie fordern, dass ich ihnen
den herausgebe, der seinen Bruder er-
schlagen hat. Sie wollen ihn töten,
weil er seinen Bruder umgebracht hat,
und so auch den Erben beseitigen. So
werden sie den letzten Funken ersti-
cken, der mir noch geblieben ist. Mein
Mann wird dann keinen Nachkom-
men auf der Erde mehr haben, keinen,
der seinen Namen weiterträgt.«
8 Da sagte der König zu der Frau:
»Geh nach Hause, ich kümmere mich
um die Sache!« 9 »Mein Herr und Kö-
nig«, sagte die Frau, »aber auf mir
und der Familie meines Vaters wird
die Schuld liegen bleiben. Der König
und sein Thron sind nicht betroffen.«
10 Da sagte der König: »Wer darüber
etwas zu dir sagt, den bring zu mir! Er
wird dich künftig in Ruhe lassen.«
11 Aber sie sagte: »Mein König, sag es
doch bitte vor Jahwe, deinem Gott,
damit der Bluträcher nicht noch mehr

13,37 *Talmai* war der Vater seiner Mutter Maacha (2. Samuel 3,3).

Geschur war ein kleines syrisches Königreich, östlich und nordöstlich vom See Genesaret.

14,2 *Tekoa*, der Heimatort des Propheten Amos, lag 16 km südlich von Jerusalem.

Verderben anrichtet und sie meinen
Sohn nicht beseitigen!« Da sagte er:
»So wahr Jahwe lebt: Kein Haar soll
deinem Sohn gekrümmt werden!«

12 Darauf sagte die Frau: »Lass
doch deine Dienerin noch ein Wort zu
meinem Herrn, dem König, sagen!« –
»Sprich!«, sagte er. 13 Da sagte sie:
»Warum hast du dann das Gleiche
gegen das Volk Gottes im Sinn? Denn
nach dem, was der König eben gesagt
hat, steht er selbst wie ein Schuldiger
da, weil er seinen verstoßenen Sohn
nicht wiederkommen lässt. 14 Ja, wir
sterben gewiss und sind wie Wasser,
das in der Erde verrinnt und das man
nicht wieder aufsammeln kann. Aber
Gott will das Leben nicht nehmen und
möchte auch nicht, dass der Verstoßene von ihm verstoßen bleibt.
15 So bin ich nun hergekommen, um
meinem Herrn, dem König, dieses
Wort zu sagen, weil die Leute mir
Angst machen. Da sagte sich deine
Dienerin: ›Ich will mit dem König
reden, vielleicht hört er auf das Wort
seiner Dienerin.‹ 16 Ja, der König wird
mir Gehör schenken, um seine Dienerin aus der Gewalt des Mannes zu
retten, der meinen Sohn töten und
mich aus meinem Erbbesitz drängen
will. 17 Und deine Dienerin sagte sich:
›Das Wort meines Herrn und Königs
soll mir Beruhigung verschaffen.‹
Denn mein Herr, der König, ist wie
der Engel Gottes und hört heraus, was
gut und was böse ist. Jahwe, dein
Gott, sei mit dir!«

18 Der König antwortete der Frau:
»Ich will dich noch etwas fragen, aber
du darfst mir jetzt nichts verschweigen!« – »Mein Herr und König möge
fragen«, erwiderte sie. 19 »Hat hier
nicht Joab seine Hand im Spiel?«,
fragte er. Da rief die Frau: »So wahr
du lebst, mein Herr und König: Wenn
du etwas sagst, ist es unmöglich nach
rechts oder links auszuweichen! Ja,
dein Diener Joab hat mich hergeschickt, und er war es, der deiner
Dienerin genau erklärt hat, was sie
sagen sollte. 20 Um der Sache ein
anderes Aussehen zu geben, hat dein
Diener Joab so gehandelt. Aber mein
Herr ist weise wie der Engel Gottes
und durchschaut alles, was auf der
Erde vor sich geht.«

21 Da sagte der König zu Joab: »Gut,
ich entscheide die Sache jetzt: Geh
also und lass den Jungen, den Abschalom, zurückkehren!« 22 Da warf sich
Joab zu Boden mit dem Gesicht zur
Erde und dankte dem König: »Jetzt
weiß ich, dass dein Diener deine
Gunst gefunden hat, mein Herr und
König, denn du hast meine Bitte erfüllt.« 23 Joab reiste also nach Geschur und brachte Abschalom nach
Jerusalem zurück. 24 Dann aber sagte
der König: »Er darf wieder in seinem
Haus wohnen, aber empfangen werde
ich ihn nicht.« So lebte Abschalom
wieder in seinem Haus, aber zum
König durfte er nicht kommen.

Abschalom setzt sich durch

25 In ganz Israel gab es keinen Mann
von so rühmenswerter Schönheit wie
Abschalom. Vom Scheitel bis zur Sohle
war alles vollkommen an ihm. 26 Wenn

14,26 *zweieinhalb Kilogramm.* Wörtlich: 200 Schekel nach königlichem Gewicht. Der königliche Schekel wog 13 Gramm.

er sich das Kopfhaar schneiden ließ –
das geschah einmal im Jahr – dann
wog es zweieinhalb Kilogramm*.
27 Drei Söhne hatte Abschalom und
eine Tochter namens Tamar. Sie war
eine sehr schöne Frau.

28 Nun lebte Abschalom schon zwei
volle Jahre in Jerusalem, ohne beim
König gewesen zu sein. 29 Da ließ er
Joab zu sich rufen, um ihn zum König
zu schicken. Doch der wollte nicht
kommen. Er ließ ihn noch ein zweites
Mal bitten, aber Joab weigerte sich.
30 Da sagte Abschalom zu seinen Die-
nern: »Passt auf! Das Feld Joabs liegt
gleich neben meinem. Er hat dort Ger-
ste stehen. Los, steckt das Getreide in
Brand!« Abschaloms Diener gingen
hin und zündeten das Feldstück an.
31 Darauf kam Joab sofort zu Abscha-
lom ins Haus und sagte: »Warum
haben deine Diener meine Gerste an-
gezündet?« 32 »Weil du nicht gekom-
men bist, als ich dich zu mir bat«, er-
widerte Abschalom. »Ich wollte dich
zum König schicken, um ihm zu
sagen: ›Wozu bin ich eigentlich von
Geschur zurückgekommen? Es wäre
besser für mich, wenn ich dort geblie-
ben wäre.‹ Jetzt will ich zum König
vorgelassen werden. Wenn er mich
für schuldig hält, dann soll er mich
töten.« 33 Da ging Joab zum König
und richtete ihm die Botschaft aus.
Der König ließ Abschalom rufen. Der
kam und warf sich vor ihm auf den
Boden mit dem Gesicht zur Erde. Und
der König küsste Abschalom.

Abschaloms Aufstand beginnt

15 1 Einige Zeit später schaffte
sich Abschalom Wagen und
Pferde an und eine fünfzig Mann star-
ke Leibwache. 2 Jeden Morgen stand
er zeitig auf und stellte sich neben den
Torweg. Wer einen Streitfall hatte und
damit zum König ging, um Recht zu
bekommen, kam hier vorbei. Abscha-
lom sprach jeden von ihnen an und
fragte: »Aus welcher Stadt bist du?«
Wenn der dann erwiderte: »Dein Die-
ner kommt aus einem der Stämme Is-
raels«, 3 sagte Abschalom zu ihm:
»Deine Sache ist gut und recht, aber
du hast niemand beim König, der
dich anhört.« 4 Dann fügte er hinzu:
»Wenn man doch mich als Richter im
Land einsetzen würde! Zu mir könnte
jeder kommen, der einen Streitfall
oder eine Rechtssache hat. Ich würde
ihm zum Recht verhelfen.« 5 Und
wenn jemand zu ihm kam, um sich
vor ihm niederzuwerfen, zog er ihn an
sich und küsste ihn. 6 So machte es
Abschalom bei allen Israeliten, die
zum König kamen, um ihr Recht zu
suchen. Auf diese Weise stahl er
dem König das Herz der Männer von
Israel.

7 Nach vier* Jahren sagte Abscha-
lom zum König: »Ich möchte nach
Hebron gehen und das Gelübde ein-
lösen, das ich Jahwe gegeben habe.
8 Denn als dein Diener noch in Ge-
schur in Syrien war, habe ich gelobt:
›Wenn Jahwe mich wirklich nach Je-
rusalem zurückbringt, dann will ich
ihm das abdienen.‹« 9 »Geh in Frie-
den«, sagte der König zu ihm. Darauf

***

***15,7** vier.* So mit einigen Manuskripten der syrischen Übersetzung, der LXX (siehe Josua 15,7), sowie Josephus. Im Hebräischen Text steht *vierzig*, was man eventuell auf das Alter Abschaloms beziehen könnte.

ging Abschalom nach Hebron. 10 Von
dort aus schickte er Geheimboten in
alle Stämme Israels und ließ sagen:
»Sobald ihr das Signalhorn hört, ruft:
›Abschalom ist in Hebron König ge-
worden!‹« 11 Zweihundert Mann aus
Jerusalem begleiteten Abschalom. Sie
waren als Festgäste eingeladen wor-
den und gingen arglos mit. Von der
ganzen Sache wussten sie nichts.
12 Abschalom ließ auch Ahitofel*, den
Berater Davids, aus seinem Wohnort
Gilo* kommen. Als er nun die Tiere
zum Opferfest schlachten ließ, wurde
die Verschwörung sehr stark und das
Volk bei Abschalom immer zahl-
reicher.

Davids Flucht aus Jerusalem

13 Als ein Bote zu David kam und mel-
dete: »Das Herz der Männer Israels
gehört Abschalom!«, 14 sagte David
zu seinen Gefolgsleuten in Jerusalem:
»Los, wir müssen fliehen! Es gibt
keine andere Rettung vor Abschalom.
Beeilt euch wegzukommen, bevor er
hier ist! Wenn er uns einholt, wird er
Unheil über uns bringen und ein Blut-
bad in der Stadt anrichten.« 15 Die
Gefolgsleute des Königs erwiderten:
»Unser Herr und König entscheidet,
wir folgen.« 16 So zog der König mit
seiner ganzen Familie und seinem Ge-
folge aus der Stadt. Nur zehn Neben-
frauen ließ er zurück. Sie sollten sich
um den Palast kümmern. 17 Beim letz-
ten Haus machte der König mit sei-
nem Gefolge Halt 18 und ließ alle seine
Leute an sich vorüberziehen: seine
Leibgarde und auch die 600 Mann,
die ihm aus Gat gefolgt waren.

19 Da sagte der König zu Ittai, ihrem
Anführer: »Warum willst du mit uns
ziehen? Kehr um und schließ dich
dem neuen König an. Du warst ja als
Fremder bei uns und bist sogar aus
deinem Heimatort verbannt. 20 Ges-
tern erst bist du gekommen und heute
sollte ich dich schon wieder aufscheu-
chen, dass du mit uns ziehst? Ich
muss gehen, wohin ich eben gehe.
Aber du, kehr um und nimm auch
deine Landsleute mit. Erweise ihnen
Güte und Treue!« 21 Aber Ittai er-
widerte dem König: »So wahr Jahwe
lebt und mein Herr und König lebt:
Dort, wo mein Herr und König sein
wird, werde auch ich sein, im Leben
oder im Tod!« 22 Da sagte David zu
Ittai: »Dann komm und zieh weiter!«
So zogen Ittai und seine Männer mit
ihrem ganzen Tross am König vorbei.
23 Alle, die zurückblieben, weinten
laut, als der König mit der ganzen
Truppe den Kidronbach überquerte
und den Weg in die Wüste einschlug.

24 Und dann war auch Zadok* da
und mit ihm alle Leviten, die die
Bundeslade trugen. Sie setzten sie
ab, und Abjatar* ließ Opferrauch
aufsteigen, bis alle Kämpfer aus der
Stadt vorbeigezogen waren. 25 Dann

15,12 *Ahitofel* war der Großvater Batsebas (vgl. Kapitel 11,3; 23,34).

Gilo war eine Stadt im südlichen Hügelland von Juda, wahrscheinlich nicht weit von Hebron entfernt. Ihre genaue Lage ist unbekannt.

15,24 *Zadok* war ein Nachkomme Eleasars, des dritten Sohnes Aarons. Er war schon von Saul eingesetzt, Priester an Davids Hof und verantwortlich für die Bundeslade.

Abjatar war ein Nachkomme Itamars, des vierten Sohnes Aarons. Er teilte sich mit Zadok das Amt des Hohenpriesters.

sagte der König zu Zadok: »Bring die
Lade Gottes wieder in die Stadt.
Wenn Jahwe mir gnädig ist, wird er
mich zurückbringen und mich sie
und ihre Stätte wiedersehen lassen.
26 Wenn er aber sagt: ›Ich habe kein
Gefallen mehr an dir!‹ – hier bin ich,
er soll mit mir machen, was er für gut
hält.« 27 Der König fügte noch hinzu:
»Ich lasse dich als Beobachter hier.
Kehrt in Frieden in die Stadt zurück,
du und dein Sohn Ahimaaz und auch
Abjatar mit seinem Sohn Jonatan.
28 Ich werde an den Jordanfurten zur
Wüste hin warten, bis eine Botschaft
von euch kommt, die mir Nachricht
gibt.« 29 So brachten Zadok und Ab-
jatar die Lade Gottes nach Jerusalem
zurück und blieben dort.

30 David aber stieg weinend den Öl-
berg hinauf. Er ging barfuß und hatte
sein Gesicht verhüllt. Auch alle, die
bei ihm waren, hatten ihr Gesicht
verhüllt und weinten. 31 Während-
dessen meldete man David: »Auch
Ahitofel ist unter den Verschwörern
bei Abschalom.« Da sagte David: »O
Jahwe, mach doch den Rat Ahitofels
zunichte!«

32 Als David oben an der Stelle an-
gekommen war, wo man sich vor Gott
niederwirft, kam ihm der Arkiter* Hu-
schai entgegen. Er hatte sein Gewand
eingerissen und sich Erde auf den
Kopf gestreut. 33 David sagte zu ihm:
»Wenn du mit mir ziehst, würdest du
mir nur zur Last fallen. 34 Wenn du
aber in die Stadt zurückkehrst, kannst
du mir den Rat Ahitofels zunichte ma-
chen. Sag einfach zu Abschalom: ›Ich
will dir dienen, mein König! So, wie
ich früher deinem Vater gedient habe,
will ich nun auch dir dienen.‹ 35 Auch
die Priester Zadok und Abjatar sind
auf deiner Seite. Alles, was du aus
dem Königspalast in Erfahrung brin-
gen kannst, sollst du ihnen mitteilen.
36 Sie werden es mir durch ihre beiden
Söhne Ahimaaz Ben-Zadok und Jona-
tan Ben-Abjatar weitermelden.« 37 So
kam Davids Freund Huschai in die
Stadt, als Abschalom gerade in Jeru-
salem einzog.

David und Ziba

16 1 Als David die Höhe über-
schritten hatte, kam ihm
Ziba, der Verwalter Mefi-Boschets,
entgegen. Er hatte zwei gesattelte
Esel bei sich und darauf 200 Brote,
100 Rosinenkuchen, 100 Bündel
Sommerobst und einen Schlauch
Wein. 2 »Was willst du damit?«, frag-
te der König Ziba. Dieser erwiderte:
»Die Esel sind für die Familie des
Königs zum Reiten, das Brot und das
Sommerobst für deine Männer zum
Essen und der Wein zum Trinken für
den, der in der Wüste müde wird.«
3 »Und wo ist der Sohn deines
Herrn?«, fragte der König. »Ach, der
ist in Jerusalem geblieben«, sagte
Ziba. »Er denkt, dass die Israeliten
ihm heute die Königsherrschaft sei-
nes Vaters zurückgeben.« 4 Da sagte
der König zu Ziba: »Alles, was Mefi-
Boschet gehörte, übergebe ich dir.« –
»Ich beuge mich nieder«, sagte Ziba.
»Möge ich weiter Gunst vor meinem
Herrn und König finden!«

15,32 Die *Arkiter* gehörten zu einer Sippe aus den Nachkommen Kanaans, die ein Gebiet südwestlich von Bet-El bewohnten.

David und Schimi

5 Als König David nach Bahurim*
kam, lief ihm ein Mann unter bestän-
digem Fluchen entgegen. Er gehörte
zur Sippe Sauls und hieß Schimi Ben-
Gera. 6 Er bewarf David und seine
Leute mit Steinen, obwohl David von
der Leibgarde und den Soldaten um-
geben war. 7 »Hau ab, hau ab, du Blut-
hund, du Verbrecher!«, schrie und
fluchte er. 8 »Jahwe hat deine Schuld
am Blut der Familie Sauls nun über
dich gebracht. Du hast ihm ja das
Königtum genommen, und nun hat
Jahwe es in die Hand deines Sohnes
Abschalom gegeben. Jetzt erlebst du
die Strafe, du Bluthund!« 9 Da sagte
Abischai Ben-Zeruja zum König:
»Wie kommt dieser tote Hund dazu,
meinem Herrn und König zu fluchen?
Lass mich hinübergehen, dass ich ihm
den Kopf abschlage!«

10 Aber der König sagte: »In was für
eine Sache wollt ihr mich da hineinzie-
hen, ihr Söhne der Zeruja? Soll er doch
fluchen! Wenn Jahwe ihm gesagt hat,
dass er David fluchen soll, wer darf ihn
da zur Rechenschaft ziehen?« 11 Dann
sagte David zu Abischai und all seinen
Leuten: »Seht doch, mein leiblicher
Sohn trachtet mir nach dem Leben!
Was kann man da von diesem Benjami-
niten erwarten? Lasst ihn, mag er flu-
chen, wenn Jahwe es ihm gesagt hat.
12 Vielleicht sieht Jahwe auf mein
Elend und erweist mir Gutes für den
Fluch an diesem Tag.« 13 David und
seine Männer gingen weiter, während
Schimi am Berghang fluchend neben
ihm herging und mit Steinen und Erd-
klumpen nach ihm warf. 14 Der König
und seine Leute kamen erschöpft am
Fluss an. Dort erholte er sich wieder.

Abschalom schläft mit Davids Frauen

15 Abschalom war mit seinen Leuten
und den Männern von Israel in Jerusa-
lem eingezogen. Auch Ahitofel beglei-
tete ihn. 16 Als der Arkiter Huschai,
der Freund Davids, zu Abschalom
kam, sagte er: »Es lebe der König! Es
lebe der König!« 17 Doch Abschalom
erwiderte: »Ist das deine Liebe zu dei-
nem Freund? Warum bist du nicht mit
ihm gegangen?« 18 »Nein«, antwor-
tete Huschai, »ich gehöre zu dem,
den Jahwe erwählt hat und den alle
Männer Israels zu ihrem König ge-
macht haben. Bei ihm will ich bleiben.
19 Und außerdem: Wem sollte ich
denn sonst dienen, wenn nicht seinem
Sohn? Wie ich deinem Vater gedient
habe, will ich auch dir dienen.«

20 Nun sagte Abschalom zu Ahitofel:
»Gib einen Rat! Was sollen wir jetzt
tun?« 21 Ahitofel sagte: »Schlaf mit den
Nebenfrauen deines Vaters, die den Pa-
last hüten sollten! Wenn sich in Israel
herumspricht, dass du dich auf diese
Weise bei deinem Vater verhasst ge-
macht hast, wird das deine Anhänger
stärken.« 22 So wurde auf der Dachter-
rasse des Palastes ein Zelt für Abscha-
lom aufgeschlagen. Vor den Augen von
ganz Israel ging Abschalom hinein und
schlief mit den Nebenfrauen seines
Vaters. 23 Ein Rat Ahitofels war damals
so, als hätte man das Wort Gottes be-
fragt. So viel galt sein Rat schon bei
David und nun auch bei Abschalom.

16,5 *Bahurim* lag am östlichen Hang des Ölbergs, etwa 2,5 km von Jerusalem entfernt, auf dem Weg zum Jordan.

Huschai und Ahitofel

17 1 Ahitofel sagte zu Abscha-
lom: »Lass mich 12.000 Mann
auswählen und noch in dieser Nacht
David verfolgen! 2 Ich werde über ihn
kommen, solange er noch erschöpft
und entmutigt ist, und ihn so auf-
schrecken, dass alle seine Leute flie-
hen. Dann muss ich nur den König
erschlagen. 3 Auf diese Weise kann
ich das ganze Volk zurückbringen.
Denn wenn du diesen Mann zu fassen
bekommst, gewinnst du alle anderen
zurück. Dann wird das ganze Volk
Frieden haben.« 4 Der Vorschlag er-
schien Abschalom und allen Ältesten
Israels gut. 5 Doch Abschalom sagte:
»Ruft auch den Arkiter Huschai her,
damit wir hören, was er zu sagen
hat!« 6 Als Huschai kam, eröffnete
Abschalom ihm, was Ahitofel vorge-
schlagen hatte, und fragte: »Sollen
wir es so machen? Wenn nicht, rede
du!« 7 Da sagte Huschai zu Abscha-
lom: »Der Rat, den Ahitofel diesmal
gegeben hat, ist nicht gut.« 8 Und er
fuhr fort: »Du kennst doch deinen
Vater und seine Männer. Es sind
Helden. Und jetzt sind sie verbittert
wie eine Bärin, der man die Jungen
geraubt hat. Dein Vater ist ein erfahre-
ner Kämpfer. Er wird seinen Leuten
keine Nachtruhe gönnen. 9 Gewiss
hat er sich jetzt in irgendeiner Höhle
oder sonst einem Hinterhalt versteckt.
Und wenn dann gleich am Anfang
einige von deinen Leuten fallen, wird
es heißen: ›Die Anhänger Abscha-
loms haben eine Niederlage erlitten!‹
10 Dann würde selbst ein tapferer
Mann mit dem Herzen eines Löwen
den Mut verlieren. Ganz Israel weiß
doch, dass dein Vater ein Held ist und
dass erprobte Kämpfer bei ihm sind.
11 Deshalb rate ich: Lass ganz Israel
von Dan bis Beerscheba zu dir kom-
men. Mit diesem Heer, so zahlreich
wie der Sand am Meer, musst du
selbst in den Kampf ziehen. 12 Wenn
wir dann auf ihn stoßen, egal, wo er
sich gerade befindet, werden wir über
ihn herfallen, so wie der Tau auf den
Erdboden fällt. Dann wird von ihm
und seinen Leuten keiner übrig blei-
ben. 13 Und wenn er sich in eine Stadt
zurückzieht, dann werden die Israeli-
ten Seile an sie legen und sie ins Tal
hinunterschleifen, bis kein Kiesel
mehr von ihr zu finden ist.« 14 Da
riefen Abschalom und alle Männer
Israels: »Der Rat des Arkiters Huschai
ist besser als der Rat Ahitofels.« Doch
Jahwe hatte es so kommen lassen, um
den guten Rat Ahitofels zunichte zu
machen und Unheil über Abschalom
zu bringen.

15 Huschai berichtete den Priestern
Zadok und Abjatar vom Rat Ahitofels
und dem, den er selbst Abschalom
und den Ältesten Israels gegeben
hatte. 16 »Schickt schnell eine Bot-
schaft zu David«, sagte er. »Er soll ja
nicht auf dieser Seite der Wüsten-
furten bleiben, sondern in jedem Fall
hinübergehen, damit der König und
seine Leute nicht vernichtet werden.«
17 Jonatan und Ahimaaz warteten
bei der Rogelquelle*, denn sie durften
sich nicht in der Stadt sehen lassen.
Eine Magd ging zu ihnen und brachte

17,17 Die *Rogelquelle* liegt 1,5 km südlich von Jerusalem im Kidrontal.

die Nachricht, die sie dem König
übermitteln sollten. 18 Doch ein jun-
ger Mann sah sie und berichtete es
Abschalom. Da rannten beide fort und
kamen bis zum Haus eines Mannes
in Bahurim. Er hatte einen Brunnen
in seinem Hof, in den sie hineinstie-
gen. 19 Seine Frau legte eine Decke
über die Öffnung und streute Ge-
treidekörner darüber aus, sodass
nichts zu erkennen war. 20 Als die
Männer Abschaloms zu der Frau
kamen, fragten sie: »Wo sind Ahi-
maaz und Jonatan?« – »Sie sind von
hier zum Wasser weitergegangen«,
sagte die Frau. Sie durchsuchten alles,
fanden aber niemand und kehrten
schließlich nach Jerusalem zurück.
21 Sobald sie gegangen waren, stiegen
die beiden aus dem Brunnen und
brachten die Nachricht zu König
David. »Ihr müsst sofort aufbrechen
und den Fluss überqueren«, sagten
sie und berichteten vom Rat Ahito-
fels gegen David und seine Leute.
22 Sofort brach David mit allen sei-
nen Leuten auf und überquerte den
Jordan. Bei Tagesanbruch war auch
der letzte von ihnen am anderen Ufer
angelangt.

23 Als Ahitofel sah, dass sein Rat
nicht befolgt wurde, sattelte er seinen
Esel und kehrte in seine Heimatstadt
zurück. Dort regelte er die letzten
Dinge mit seiner Familie. Dann er-
hängte er sich. Er wurde im Grab
seines Vaters beigesetzt.

24 David hatte Mahanajim* erreicht,
als Abschalom mit dem ganzen Heer
Israels den Jordan überschritt. 25 Ab-
schalom hatte Amasa an Stelle von
Joab über das Heer eingesetzt. Amasa
war der Sohn des Ismaëliten Jeter*,
der mit Abigal Bat-Nahasch* ge-
schlafen hatte, der Schwester von
Joabs Mutter Zeruja. 26 Das Heer Is-
raels unter Abschalom schlug sein
Lager im Gebiet von Gilead auf.

Unterstützung für David in Mahanajim

27 Als David nach Mahanajim kam,
erwarteten ihn dort Schobi Ben-Na-
hasch aus dem ammonitischen Rabba
sowie Machir Ben-Ammiël aus Lo-
Dabar und Barsillai aus Roglim in
Gilead. 28 Sie hatten Schlafmatten,
Metallgefäße und Tongeschirr mit-
gebracht, Weizen, Gerste und Mehl,
geröstete Körner, Bohnen und Linsen,
29 Honig, Butter, Käse und Schafe.
Sie hatten sich gedacht, dass Davids
Leute nach dem Marsch durch die
Wüste hungrig, durstig und müde
sein würden.

Davids Vorbereitungen zum Kampf

18 1 David musterte das Heer,
das bei ihm war, und setzte
Offiziere über Tausend- und Hundert-
schaften ein. 2 Ein Drittel von ihnen
unterstellte er Joab, ein Drittel Abi-
schai Ben-Zeruja, und ein Drittel Ittai
aus Gat. »Ich bin entschlossen, mit

17,24 *Mahanajim*. Siehe Kapitel 2,8!

17,25 *Ismaeliten Jeter*. So mit 1. Chronik 2,17 und der LXX. Hebräisch: *Israeliten Jitra*.

Nahasch. In 1. Chronik 2,13-17 gelten Abigal und Zeruja als Töchter Isais. Es scheint so zu sein, dass Nahasch ihr leiblicher Vater war und Isai ihre Mutter nach dem Tod von Nahasch geheiratet hatte.

euch zu ziehen«, sagte er vor dem
ganzen Heer. 3 Aber die Männer sag-
ten: »Du darfst nicht mit uns ziehen.
Denn sollten wir fliehen müssen,
werden sie sich um uns keine Mühe
machen. Selbst wenn die Hälfte von
uns fällt, hat das nichts zu bedeuten,
denn du bist so viel wert wie zehn-
tausend von uns. Es wäre besser,
wenn du uns von der Stadt aus hilfst.«
4 »Ich will tun, was ihr für richtig
haltet«, sagte der König. Dann stellte
er sich neben das Tor und ließ seine
Truppen in Abteilungen geordnet vor-
beiziehen. 5 Alle konnten hören, wie
der König Joab, Abischai und Ittai
befahl: »Geht mir schonend mit dem
Jungen um, mit Abschalom!«

Abschaloms Tod

6 So zogen Davids Truppen den Is-
raeliten ins offene Land entgegen.
Im Wald von Efraïm* kam es zur
Schlacht. 7 Dort erlitten die Männer
Israels eine schwere Niederlage.
20.000 Mann von ihnen fielen. 8 Der
Kampf hatte sich über die ganze
Gegend ausgebreitet. Und der Wald
forderte mehr Opfer als der Kampf
selbst. 9 Auch Abschalom geriet in die
Nähe der Soldaten Davids. Er ritt auf
einem Maultier*. Als er damit unter
die verschlungenen Zweige einer
großen Terebinthe* kam, verfing sich
sein Kopf in der Terebinthe, sodass er
zwischen Himmel und Erde hing,
denn das Maultier unter ihm war
weitergelaufen. 10 Einer von den
Männern Davids hatte das gesehen
und meldete Joab: »Ich habe Ab-
schalom an einer Terebinthe hängen
sehen.« 11 »Wie, du hast ihn gese-
hen?«, rief Joab. »Und warum hast
du ihn nicht sofort zu Boden geschla-
gen? Ich hätte dir zehn Silberstücke
und einen Gürtel dafür geschenkt.«
12 Aber der Mann erwiderte: »Auch
für tausend Silberstücke hätte ich
meine Hand nicht gegen den Sohn des
Königs erhoben. Denn vor unseren
Ohren hat der König dir, Abischai und
Ittai befohlen, vorsichtig mit seinem
Jungen, mit Abschalom, umzugehen.
13 Und hätte ich heimtückisch ge-
handelt und ihm etwas angetan – der
König hätte es ja doch erfahren –,
dann hättest du dich herausgehal-
ten.« 14 Da sagte Joab: »Ich will nicht
so viel Zeit mit dir vergeuden!« Er
nahm drei Speere mit und stieß sie
Abschalom ins Herz, der immer noch
lebend an der Terebinthe hing. 15 Die
zehn Waffenträger Joabs umringten
Abschalom und schlugen ihn vollends
tot. 16 Dann blies Joab das Signalhorn
und hielt seine Truppen von der wei-
teren Verfolgung Israels ab, denn er
wollte das Volk schonen. 17 Die Män-
ner Joabs warfen Abschalom in eine
tiefe Grube im Wald und errichteten
einen großen Steinhaufen über ihm,
während das Heer Israels sich auflöste

18,6 *Wald von Efraïm.* Dass dieses Gebiet in Gilead *so* heißt, hängt wahrscheinlich damit zusammen, dass die Efraïmiten es einst beansprucht hatten (Richter 12,1-4).

18,9 Ein *Maultier* ist die Kreuzung von Eselhengst und Pferdestute. Als Reit- und Tragtiere sind sie ausdauernd und trittsicher besonders auf trockenem Boden. Seit David benutzte man sie als Reittiere im Königs-Haus.

Die *Terebinthe* ist ein belaubter Baum mit breitem Wipfel, der nicht mehr als sieben Meter hoch wird.

und jeder nach Hause floh. 18 Abscha-
lom hatte schon zu Lebzeiten einen
Gedenkstein für sich errichten lassen.
Denn er hatte sich gesagt: »Ich habe
keinen Sohn, in dem mein Name
fortleben könnte.« Deshalb gab er
dem Stein seinen Namen. Er steht bis
heute im Königstal*, und man nennt
ihn den Abschalom-Stein.

David erfährt von Abschaloms Tod

19 Ahimaaz Ben-Zadok sagte: »Ich
will zum König laufen und ihm die
Freudenbotschaft bringen, dass Jahwe
ihm aus der Gewalt seiner Feinde zum
Recht verholfen hat!« 20 Aber Joab
sagte zu ihm: »Heute bist du nicht der
richtige Mann für die Botschaft. Ein
andermal kannst du der Freudenbote
sein, an diesem Tag nicht, denn der
Sohn des Königs ist ja tot.« 21 Joab
wandte sich an den Nubier*, der im
Dienst des Königs stand: »Lauf zum
König und melde ihm, was du gese-
hen hast.« Der Nubier warf sich vor
Joab nieder und lief los. 22 Aber Ahi-
maaz Ben-Zadok fing noch einmal an
und sagte zu Joab: »Komme, was will,
ich möchte doch hinter dem Nubier
her laufen.« – »Wozu willst du denn
laufen?«, erwiderte Joab. »Du hast
doch keine Freudenbotschaft mehr.«
23 »Komme, was da will, ich laufe!«,
rief Ahimaaz. »Dann lauf!«, sagte
Joab zu ihm. Ahimaaz nahm den Weg
durch die Jordanebenen und über-
holte den Nubier.

24 David hielt sich zwischen dem
äußeren und inneren Stadttor auf, als
der Wächter auf die Mauer stieg, den
Beobachtungsstand über dem Tor. Als
dieser sich umschaute, sah er einen
Mann auf die Stadt zulaufen. 25 Der
Wächter rief es aus und meldete es
dem König. Dieser sagte: »Wenn er
allein ist, bringt er gute Nachricht.«
Während der Mann näher kam, 26 sah
der Wächter noch einen anderen lau-
fen. Er rief ins Tor hinein: »Da kommt
noch ein Mann, der allein läuft!« Der
König sagte: »Auch das ist ein Bote!«
27 Da sagte der Wächter: »So, wie ich
sehe, läuft der erste wie Ahimaaz Ben-
Zadok.« Der König sagte: »Das ist ein
guter Mann. Er kommt gewiss mit
einer guten Nachricht!« 28 Ahimaaz
rief: »Schalom!«, und warf sich vor
dem König nieder, mit dem Gesicht
zur Erde. »Gepriesen sei Jahwe, dein
Gott!«, stieß er hervor. »Er hat alle,
die sich gegen dich erhoben haben,
ausgeliefert.« 29 »Und was ist mit
meinem Jungen, mit Abschalom?«,
fragte der König. »Er ist doch hoffent-
lich unversehrt!« Ahimaaz erwiderte:
»Ich sah das große Gedränge, als Joab
den Diener des Königs und mich,
deinen Diener, fortschickte. Aber ich
konnte nicht erkennen, was es war.«
30 »Stell dich hier neben mich«, sagte
der König zu ihm. 31 Da kam auch
schon der Nubier und rief: »Mein
König und Herr lasse sich die gute
Nachricht bringen: Jahwe hat dir
heute zum Recht verholfen aus der
Gewalt aller, die sich gegen dich er-
hoben haben.« 32 »Ist mein Junge, ist
Abschalom, unversehrt?«, fragte der

18,18 Das *Königstal* ist in der Nähe von Jerusalem (1. Mose 14,17).

18,21 *Nubier*. Der Mann stammte aus Nubien (Hebräisch: Kusch), einem Land am Oberlauf des Nil, südlich von Ägypten.

König den Nubier. Dieser erwiderte:
»Möge es den Feinden meines Herrn
und Königs und allen, die sich bös-
willig gegen dich erhoben haben, so
ergehen, wie dem Jungen!«

Davids Trauer um Abschalom

19 1 Da durchfuhr es den König,
und er stieg weinend in die
Wachstube über dem Tor hinauf.
»Mein Sohn Abschalom! Mein Sohn
Abschalom!«, rief er im Gehen. »Wäre
ich doch an deiner Stelle gestorben!
Abschalom, mein Sohn, mein Sohn!«
2 Man berichtete Joab: »Schau, der
König weint und trauert um Abscha-
lom.« 3 So wurde der Sieg an diesem
Tag zur Trauer für das Volk, denn es
hatte sich herumgesprochen: »Der
König grämt sich um seinen Sohn.«
4 Da stahlen sich an diesem Tag die
Kämpfer in die Stadt, wie Männer sich
davonstehlen, wenn sie sich schämen,
weil sie in der Schlacht geflohen sind.
5 Der König hatte sein Gesicht ver-
hüllt und schrie immer wieder: »Mein
Sohn Abschalom! Abschalom, mein
Sohn, mein Sohn!« 6 Da kam Joab
zum König ins Haus und sagte: »Du
hast heute alle deine Diener schwer
beleidigt. Dabei haben sie dir, deinen
Söhnen und Töchtern, deinen Frauen
und Nebenfrauen das Leben gerettet!
7 Du beschämst sie, wenn du liebst,
die dich hassen, und hasst, die dich lie-
ben. Du hast heute deutlich gemacht,
dass dir deine Oberen und Diener
nichts bedeuten. Ja, ich sehe jetzt: Es
wäre dir ganz recht, wenn Abschalom
noch am Leben wäre, wir alle aber tot!
8 Steh jetzt auf, geh hinaus und rede
zum Herzen deiner Leute! Denn bei
Jahwe schwöre ich dir: Wenn du nicht
gleich hinausgehst, dann bleibt heute
Nacht nicht ein Mann bei dir! Und das
wäre schlimmer für dich als alles, was
seit deiner Jugendzeit über dich ge-
kommen ist.« 9 Da erhob sich der
König und setzte sich ins Tor. Als man
den Männern berichtete: »Seht, der
König sitzt im Tor!«, kamen sie alle
vor den König.

Davids Rückkehr nach Jerusalem

Die Israeliten waren alle nach Hause
geflohen. 10 Und nun stritten sie sich
in ihren Stämmen. Sie sagten: »Der
König hat uns aus der Gewalt unserer
Feinde befreit, auch vor den Philistern
hat er uns gerettet. Und jetzt ist er vor
Abschalom aus dem Land geflohen.
11 Doch Abschalom, den wir zum
König über uns gesalbt hatten, ist tot.
Warum zögert ihr jetzt, den König
zurückzuholen?«
12 Auch König David hatte den Pries-
tern Zadok und Abjatar sagen lassen:
»Richtet den Ältesten von Juda aus:
›Warum wollt ihr die Letzten sein, die
daran denken, den König in sein Haus
zurückzuholen, wo doch schon von
ganz Israel der Wunsch an den König
herangetragen wurde? 13 Ihr seid doch
meine Brüder, mein eigenes Fleisch
und Blut! Warum wollt ihr die Letz-
ten sein, den König zurückzuholen?‹
14 Und zu Amasa sollt ihr sagen: ›Bist
du nicht mein eigenes Fleisch und
Blut? Gott möge mir dies und jenes
antun, wenn du nicht von jetzt ab und
für immer an Joabs Stelle Heerführer
sein wirst.‹« 15 So stimmte er das Herz
aller Männer von Juda um. Sie traten
geschlossen auf seine Seite und ließen
dem König ausrichten: »Komm bitte
mit all deinen Leuten zu uns zurück!«

16 Da kehrte der König zurück und
kam bis an den Jordan. Die Männer
von Juda waren ihm bis Gilgal ent-
gegengekommen, um ihn über den
Jordan zu geleiten.

17 Schimi Ben-Gera, der Benjami-
nit aus Bahurim, eilte zusammen mit
den Männern von Juda herbei, um
David zu empfangen. 18 Tausend
Männer waren mit ihm gekommen,
darunter auch Ziba, der Gefolgsmann
Sauls, mit seinen fünfzehn Söhnen
und zwanzig Dienern. Noch bevor der
König kam, waren sie durch den Jor-
dan gewatet 19 und halfen nun, den
ganzen Haushalt des Königs über den
Fluss zu führen und alles zu tun, was
der König für gut hielt. Als David ge-
rade den Jordan überqueren wollte,
fiel Schimi Ben-Gera vor ihm nieder.
20 Er sagte zum König: »Bitte, mein
Herr, rechne mir die Schuld nicht an
und denk nicht mehr daran, wie ich,
dein Diener, mich verfehlt habe, als
mein Herr und König aus Jerusalem
auszog. Der König möge es sich nicht
zu Herzen nehmen! 21 Denn dein
Diener hat erkannt: ›Ja, ich habe ge-
sündigt!‹ Halte es mir bitte zugute,
dass ich heute als Erster vom Haus
Josefs gekommen bin, um meinen
Herrn, den König, zu empfangen.«
22 Da erwiderte Abischai Ben-Zeruja:
»Soll Schimi etwa nicht getötet wer-
den? Er hat doch den Gesalbten Jah-
wes verflucht!« 23 David aber sagte:
»In was wollt ihr mich da hineinzie-
hen, ihr Söhne der Zeruja? Wollt ihr
heute als Ankläger auftreten? Soll
heute ein Mann in Israel getötet wer-
den? Weiß ich denn nicht, dass ich
heute König über Israel geworden
bin?« 24 Der König sagte zu Schimi:
»Du musst nicht sterben!« Und er
schwor es ihm.

25 Auch Mefi-Boschet, der Nach-
komme Sauls, kam dem König ent-
gegen. Seit dem Tag, als der König
weggegangen war, bis zum Tag, an
dem er in Frieden zurückkehren
würde, hatte er seine Füße nicht zu-
rechtgemacht, seinen Bart nicht ge-
pflegt und seine Kleidung nicht gewa-
schen. 26 Als er dem König von Jerusa-
lem aus entgegen kam, sagte dieser zu
ihm: »Warum bist du nicht mit mir ge-
kommen, Mefi-Boschet?« 27 »Mein
Herr und König«, erwiderte dieser,
»mein Diener hat mich betrogen!
Denn dein Diener hatte sich gesagt:
›Ich will mir den Esel satteln lassen
und mit dem König ziehen!‹ Dein
Diener ist ja gelähmt. 28 Aber der da
hat deinen Diener bei meinem Herrn
und König verleumdet. Doch mein
Herr, der König, ist wie der Engel
Gottes. Tu mit mir, was du für richtig
hältst! 29 Alle, die zu meinem Vater-
haus gehören, hätten damit rechnen
müssen, von dir getötet zu werden.
Doch du hast deinen Diener zu denen
gesetzt, die an deinem Tisch essen.
Welches Recht hätte ich denn, noch
etwas vom König zu erbitten?« 30 Da
sagte der König zu ihm: »Was redest
du noch von deiner Sache? Ich bestim-
me, dass du mit Ziba den Landbesitz
teilst.« 31 »Er kann ruhig alles neh-
men!«, erwiderte Mefi-Boschet dem
König. »Hauptsache ist, dass mein
Herr und König in Frieden wieder nach
Hause gekommen ist!«

32 Barsillai war aus Roglim in Gilead
gekommen und mit dem König bis an
den Jordan gegangen, um ihn dort zu
verabschieden. 33 Er war ein sehr

reicher Mann und hatte den König ver-
sorgt, als dieser sich in Mahanajim
aufhielt. Mit seinen 80 Jahren war er
aber schon sehr alt. 34 Der König sagte
zu ihm: »Geh mit mir hinüber, und ich
werde dich bei mir in Jerusalem ver-
sorgen!« 35 Doch Barsillai erwiderte:
»Wie lange habe ich wohl noch zu
leben, dass ich mit dem König nach Je-
rusalem hinaufziehen sollte? 36 Ich
bin heute schon 80 Jahre alt,
da macht es keinen Unterschied mehr,
ob etwas gut oder schlecht für mich
ist. Kann dein Diener denn noch
schmecken, was er isst oder trinkt?
Kann ich etwa noch auf die Stimmen
der Sänger und Sängerinnen hören?
Wozu sollte ich meinem Herrn und
König noch zur Last fallen? 37 Nur für
kurze Zeit könnte dein Diener mit dem
König über den Jordan gehen. Warum
sollte der König mir das so reich ver-
gelten? 38 Lass mich umkehren und in
meiner Stadt sterben, beim Grab mei-
nes Vaters und meiner Mutter! Aber
schau, hier ist dein Diener Kimham!
Der mag mit meinem Herrn und
König hinübergehen. Tu an ihm, was
du für richtig hältst!« 39 »Gut«, sagte
der König, »Kimham soll mit mir hin-
übergehen und ich werde für ihn tun,
was du willst. Und wenn du noch
etwas von mir möchtest, will ich es
gern für dich tun!« 40 Davids Truppen
waren schon über den Jordan gezo-
gen. Nun ging auch der König hinü-
ber, nachdem er Barsillai geküsst und
gesegnet hatte. Barsillai kehrte nach
Hause zurück. 41 Der König zog
weiter nach Gilgal. Kimham ging
mit ihm. Das ganze Volk von Juda und
die Hälfte des Volkes Israel gaben dem
König das Geleit.
42 Da kamen die Männer von Israel
zum König und beschwerten sich.
»Weshalb haben unsere Brüder, die
Männer von Juda, dich gestohlen?«,
sagten sie. »Warum durften sie den
König und seine Familie und alle sei-
ne Leute über den Jordan führen?«
43 Die Männer Judas erwiderten den
Männern Israels: »Weil uns der König
näher steht! Warum regt ihr euch
darüber auf? Haben wir etwa ein Stück
vom König gegessen, oder hat er uns
irgendein Geschenk gemacht?«
44 Aber die Männer von Israel erwider-
ten: »Wir haben zehn Anteile am
König, und auch an David haben wir
einen größeren Anteil als ihr! Warum
habt ihr uns übergangen? Haben wir
nicht zuerst daran gedacht, den König
zurückzuholen?« Da wurde das Reden
der Männer von Juda noch härter als
das der Israeliten.

Schebas Aufstand

20 1 Nun gab es dort gerade
einen niederträchtigen Ben-
jaminiten namens Scheba Ben-Bichri.
Er blies das Signalhorn und rief:

»Was geht uns dieser David an? /
Seit wann gehört Ben-Isai zu
uns? / Auf, nach Hause, Männer
Israels!«

2 Da liefen alle Männer Israels von
David zu Scheba Ben-Bichri über. Die
Männer Judas aber hielten an ihrem
König fest und geleiteten ihn vom Jor-
dan bis nach Jerusalem. 3 So kam
David in sein Haus nach Jerusalem.
Dort befahl er, die zehn Nebenfrauen,
die er zum Hüten des Palastes zurück-
gelassen hatte, in ein bewachtes Haus

zu bringen. Er ließ sie gut versorgen,
schlief aber nicht mehr mit ihnen.
Bis zu ihrem Tod blieben sie einge-
schlossen als Witwen zu Lebzeiten
des Mannes.
4 Dann sagte der König zu Amasa:
»Biete mir die Männer von Juda auf!
Drei Tage, dann bist du hier zur Stel-
le!« 5 Amasa ging, um die Männer
Judas zusammenzurufen. Aber er
überzog die Frist, die David ihm ge-
setzt hatte. 6 Da sagte David zu Ab-
ischai: »Jetzt wird uns Scheba Ben-
Bichri noch gefährlicher als Abscha-
lom. Nimm du meine Leute und ver-
folge ihn, damit er keine Festungs-
städte für sich gewinnt und uns emp-
findlich schadet.« 7 Da zogen die
Männer Joabs, die Leibgarde und die
Elitetruppe mit Abischai los. Sie ver-
ließen Jerusalem, um Scheba Ben-
Bichri zu verfolgen. 8 Als sie den
großen Stein bei Gibeon erreichten,
kam Amasa ihnen entgegen. Joab trug
wie gewöhnlich seinen Waffenrock.
Darüber hatte er einen Stoffgürtel ge-
bunden, in dem sein Kurzschwert mit
Scheide befestigt war. Wenn er vor-
trat, glitt dieses heraus. 9 Joab sagte
nun zu Amasa: »Geht es dir gut, mein
Bruder?« Dabei fasste er ihn mit der
rechten Hand am Bart, um ihn zu
küssen. 10 Amasa hatte aber nicht auf
das Schwert geachtet, das Joab in
der anderen Hand hielt. Damit stieß
dieser ihn so in den Bauch, dass seine
Eingeweide auf die Erde quollen. Ein
zweites Mal war nicht nötig. So starb
er. Dann jagten Joab und sein Bruder
Abischai weiter hinter Scheba Ben-
Bichri her. 11 Einer von Joabs Leuten
blieb bei Amasa stehen und rief: »Wer
es mit Joab hält und für David ist, los,
Joab nach!« 12 Amasa wälzte sich in
seinem Blut mitten auf dem Weg.
Als der Mann sah, dass die Soldaten
stehen blieben, schaffte er Amasa
auf die Seite ins Feld und warf ein
Kleidungsstück über ihn, damit nicht
jeder, der vorbeikam, stehen blieb.
13 Als er ihn so beiseite geschafft
hatte, folgten alle Joab und nahmen
die Verfolgung Schebas wieder auf.
14 Dieser durchzog alle Stämme Is-
raels bis nach Abel und Bet-Maacha*.
Doch nur die Berim* hatten sich ihm
angeschlossen. 15 Als Joab und seine
Soldaten Abel-Bet-Maacha erreicht
hatten, schlossen sie Scheba darin ein
und schütteten eine Angriffsrampe
gegen die Stadt auf, die zuletzt bis
an die Vormauer stieß. Gleichzeitig
unterwühlten sie die Hauptmauer,
um sie zum Einsturz zu bringen. 16 Da
rief eine kluge Frau aus der Stadt den
Belagerern zu: »Hallo, hört her! Hört
her! Sagt Joab, er soll herkommen, ich
muss mit ihm reden!« 17 Als er näher
herankam, fragte die Frau: »Bist du
Joab?« – »Ja, der bin ich«, erwiderte
er. Da sagte sie zu ihm: »Bitte hör die
Worte deiner Dienerin an!« – »Ich
höre«, erwiderte Joab. 18 Sie begann:
»Früher pflegte man zu sagen: ›Man
frage nur in Abel, schon ist man am
Ziel!‹ 19 Meine Stadt gehört zu den
Friedlichen und Treuen in Israel.
Warum willst du diese Stadt, eine

20,14 *Abel und Bet-Maacha.* Stadt ganz im Norden Israels, die wahrscheinlich aus zwei Ortsteilen bestand.

Berim. Das Wort kommt nur hier in der Bibel vor. Seine Bedeutung ist bis heute unbekannt.

Mutter in Israel, töten? Warum willst
du ein Erbstück Jahwes verschlin-
gen?« 20 »Auf gar keinen Fall will ich
verschlingen und vernichten«, er-
widerte Joab. 21 »So ist die Sache
nicht! Es geht nur um einen Mann aus
dem Bergland von Efraïm. Er heißt
Scheba Ben-Bichri und hat sich gegen
den König, gegen David erhoben.
Wenn ihr ihn herausgebt, ziehe ich
von der Stadt ab.« – »Gut«, sagte die
Frau, »man wird dir seinen Kopf über
die Mauer werfen«. 22 Mit ihrer Weis-
heit überzeugte sie die Leute in der
Stadt. Sie schlugen Scheba Ben-Bich-
ri den Kopf ab und warfen ihn zu Joab
über die Mauer. Da blies dieser das
Signalhorn, und seine Männer bra-
chen die Belagerung ab. Jeder ging
wieder nach Hause, und Joab kehrte
zum König nach Jerusalem zurück.

Davids oberste Beamte

23 Joab war der Oberbefehlshaber
über das Heer Israels, Benaja Ben-Jo-
jada befehligte die königliche Leib-
garde, 24 Adoram hatte die Aufsicht
über die Zwangsarbeiter, Joschafat
Ben-Ahilud war Kanzler, 25 Schewa
Staatsschreiber, Zadok und Abjatar
waren Priester. 26 Auch Ira aus Jaïr
war Priester in Davids Diensten.

Die Sühnung einer Blutschuld von König Saul

21 1 Während der Regierungs-
zeit Davids gab es einmal eine
schwere Hungersnot, die drei Jahre
lang dauerte. Da suchte David die
Gegenwart Jahwes, und Jahwe nann-
te ihm den Grund: »Es ist wegen der
Blutschuld, die auf Saul und seinem
Haus lastet, weil er so viele Gibeoniten
umgebracht hat.« 2 Die Gibeoniten
gehörten nicht zu Israel, sondern zum
Rest der Amoriter im Land. Die Israe-
liten hatten ihnen geschworen, sie zu
verschonen.* Aber Saul in seinem
Eifer für Israel und Juda hatte ver-
sucht, sie alle umzubringen.

David ließ die Gibeoniten herbeiru-
fen 3 und fragte sie: »Was soll ich für
euch tun? Womit kann ich Sühne lei-
sten, damit ihr das Erbe Jahwes seg-
net?« 4 Die Gibeoniten erwiderten:
»Es geht uns nicht um das Silber und
Gold der Nachkommen Sauls, und es
ist uns auch nicht erlaubt, jemand in
Israel zu töten.« – »Was soll ich dann
für euch tun?«, fragte David. 5 Sie er-
widerten: »Von dem Mann, der ge-
plant hat, uns auszurotten, der uns
vernichten wollte, sodass wir in Israel
keinen Platz mehr zum Leben gehabt
hätten, 6 aus dessen Nachkommen-
schaft liefere man uns sieben Männer
aus. Wir wollen sie vor Jahwe hinrich-
ten und zwar in Gibea, der Heimat-
stadt Sauls, dem Erwählten Jahwes.«
Der König sagte: »Ich will sie euch
geben.«

7 Er verschonte jedoch Mefi-Bo-
schet, den Sohn Jonatans und Enkel
Sauls, weil er Jonatan, dem Sohn
Sauls, vor Jahwe geschworen hatte,
seine Nachkommen nicht auszurot-
ten. 8 So nahm der König die beiden
Söhne, die Rizpa Bat-Aja Saul gebo-
ren hatte: Armoni und Mefi-Boschet,
und die fünf Söhne der Saulstochter
Merab, die sie Adriel Ben-Barsillai aus
Mehola geboren hatte. 9 Er lieferte sie

21,2 *sie zu verschonen.* Siehe Josua 9,15!

den Gibeoniten aus. Alle sieben
wurden am selben Tag auf dem Berg
vor Jahwe hingerichtet. So starben sie
in den ersten Tagen der Erntezeit, die
Gerstenernte hatte gerade begonnen.
10 Da nahm Rizpa Bat-Aja Sacklein-
wand, breitete sie auf dem Felsen aus
und setzte sich darauf. Sie blieb dort
vom Beginn der Ernte, bis der erste
Regen fiel. Tagsüber verscheuchte
sie die Vögel und nachts hielt sie die
wilden Tiere von den Leichen fern.
11 Als David hörte, was Rizpa Bat-
Aja, die Nebenfrau Sauls, tat, 12 ging
David nach Jabesch in Gilead und
ließ sich die Gebeine von Saul und
dessen Sohn Jonatan aushändigen.
Die Bürger von Jabesch in Gilead hat-
ten sie einst vom Markt in Bet-Schean
gestohlen, wo die Philister sie nach
ihrem Sieg auf dem Gilboa aufge-
hängt hatten.* 13 Als David die Ge-
beine Sauls und seines Sohnes Jona-
tan überführt hatte, ließ er die Gebei-
ne der Hingerichteten einsammeln
14 und alle zusammen in Zela im Ge-
biet von Benjamin im Grab von Sauls
Vater Kisch beisetzen. Danach ließ
Gott sich für das Land erbitten.

Davids Helden und ihre Taten

15 Wieder einmal kam es für Israel zu
einer Schlacht mit den Philistern.
David zog ihnen mit seinem Heer ent-
gegen und kämpfte gegen sie. Als er
vom Kampf ermüdet war, 16 griff ihn
Jischbi-Benob an und wollte ihn
erschlagen. Allein das Gewicht sei-
ner Lanzenspitze aus Bronze betrug
dreieinhalb Kilogramm* und er trug
eine neue Rüstung. 17 Doch Abischai
Ben-Zeruja kam David zu Hilfe und
erschlug den Philister. Damals be-
schworen Davids Männer den König:
»Du darfst nicht wieder mit uns in
den Kampf ziehen, denn wenn wir
dich verlieren, erlischt die Leuchte
Israels.«
18 Später kam es bei Gob* wieder
zum Kampf mit den Philistern. Da-
mals erschlug Sibbechai aus Huscha
den Saf*, der zu den Nachkommen
des Rafa* gehörte. 19 Bei einem wei-
teren Kampf in Gob erschlug der
Weber Elhanan Ben-Jaïr aus Beth-
lehem* den Philister Goliat aus Gat,
dessen Speer so dick wie ein Weber-
baum* war. 20 Wieder kam es zum
Kampf bei Gat. Da trat ein streitsüch-
tiger Mann hervor, der an jeder Hand
sechs Finger und an jedem Fuß sechs
Zehen hatte, insgesamt also 24. Auch
er war ein Nachkomme Rafas. 21 Er
verhöhnte Israel. Da erschlug ihn

21,12 *aufgehängt hatten.* Siehe 1. Samuel 31,11-12!

21,16 *3,5 Kilogramm.* Wörtlich: 300 Schekel (= 3450 Gramm).

21,18 *Gob* lag vermutlich in der Nähe von Geser, wo 1. Chronik 20,4 denselben Kampf lokalisiert, 27 km südöstlich von Joppe.

Saf. In 1. Chronik 20,4 wird er Sippai genannt.

Rafa gilt als Stammvater der Refaïter, das sind Riesen.

21,19 *Bethlehem.* Es ist möglich, dass ein Kopist hier die im Hebräischen ähnlichen Worte für *Lahmi, den Bruder von Goliat* (wie in 1. Chronik 20,5) mit *der Bethlehemit Goliat* verwechselt hat.

Weberbaum. So hießen die Querstangen an den beiden Enden des Webstuhls, an denen die Kettfäden befestigt wurden. Sie mussten eine beträchtliche Dicke haben.

Jonatan Ben-Schima, der Neffe Da-
vids. 22 Diese vier waren Nachkom-
men von Rafa in Gat und wurden
von David und seinen Männern er-
schlagen.

Davids Danklied*

22 1 David dichtete dieses Lied
für Jahwe, nachdem dieser
ihn vor Saul und allen anderen Fein-
den gerettet hatte. An dem Tag sang
er:

2 Jahwe, mein Fels, mein Schutz
und mein Retter, 3 mein Gott,
meine Burg, in der ich mich
berge, / mein Schild und mein
sicheres Heil! / Er ist mir Zuflucht
und hochragende Festung, / mein
Retter, der mich schützt vor
Gewalt. 4 Ich rufe: »Jahwe sei
gelobt!« / Schon bin ich von
meinen Feinden befreit. 5 Ich war
in den Fesseln des Todes gefan-
gen, / Sturzbäche des Unheils
erschreckten mich. 6 Mit Stricken
des Todes war ich gebunden, / die
Todesfalle schlug über mir zu.
7 Ich rief zu Jahwe in meiner
Angst, / schrie um Hilfe zu
meinem Gott.

Er hörte mich in seinem
Tempel, / mein Hilfeschrei drang
an sein Ohr. 8 Da wankte und
schwankte die Erde, / die Grund-
lagen des Himmels erbebten. / Sie
zitterten, denn er wurde zornig.
9 Rauch stieg auf von seiner
Nase / und Feuer schoss aus
seinem Mund, / glühende Kohlen
sprühten hervor. 10 Er neigte den
Himmel tief auf die Erde / und
fuhr auf dunklen Wolken herab.
11 Er flog auf einem Cherub*, / er
schwebte auf den Schwingen des
Sturms.

12 Er hüllte sich in Finsternis
wie in ein Zelt, / in Regendunkel
und schwarzes Gewölk. 13 Durch
seinen Glanz flammten Kohlen
glühend auf. 14 Im Himmel ließ
Jahwe den Donner grollen, / laut
dröhnte die Stimme des Höchsten.
15 Er schoss seine Pfeile und ver-
jagte die Feinde, / er schleuderte
Blitze und verwirrte sie.
16 Da zeigte sich der Grund der
Gewässer, / die Fundamente der
Welt wurden entblößt / vor dem
Drohen Jahwes, / vor dem
Schnauben seines zornigen Atems.

17 Aus der Höhe griff seine
Hand nach mir, / fasste mich und
zog mich aus der Flut. 18 Er entriss
mich den mächtigen Feinden, /
die stärker waren als ich und mich
hassten. 19 Sie überfielen mich
am Tag meines Unglücks, /
doch Jahwe wurde mein Halt.
20 Er führte mich hinaus ins
Weite, / befreite mich, weil er
mich mochte.

21 Jahwe hat mir meine Treue
vergolten, / mich nach der
Reinheit meiner Hände beschenkt.
22 Denn ich hielt mich an die Wege
Jahwes, / fiel nicht schuldig von
meinem Gott ab. 23 Seine Gebote

***Kap. 22** Danklied.* Das Lied ist auch in Psalm 18 überliefert.

***22,11** Cherub* (Mehrzahl: *Cherubim*): Majestätisches (Engel-)Wesen, das Gottes Herrlichkeit repräsentiert.

standen mir immer vor Augen, /
seine Befehle wies ich nicht von
mir weg. 24 Ich lebte ohne Tadel
vor ihm / und nahm mich vor der
Sünde in acht. 25 So hat Jahwe mir
meine Treue vergolten, / denn er
hatte meine Reinheit im Blick.

26 Einem Treuen zeigst du dich
treu, / einem ehrlichen Mann
ehrlich. 27 Dem Reinen zeigst du
dich rein, / doch dem Falschen
bist du verdreht. 28 Ja, du rettest
das demütige Volk, / doch stolze
Menschen zwingst du nieder.
29 Ja, du bist meine Leuchte,
Jahwe. / Jahwe macht das Dunkel
mir hell. 30 Ja, mit dir überrenn ich
ein Heer, / mit meinem Gott über-
spring ich die Mauer.

31 Ja, Gott – sein Weg ist tadel-
los, / Jahwes Wort ist unver-
fälscht. / Ein Schild ist er für
alle, / die Schutz bei ihm suchen.
32 Ja, wer ist Gott, wenn nicht
Jahwe! / Wer ist ein Fels, wenn
nicht unser Gott! 33 Dieser Gott ist
meine Festung, / er macht meinen
Weg tadellos. 34 Er macht meine
Füße gazellenflink / und standfest
auf allen Höhen. 35 Er lehrt meine
Hände das Kämpfen / und meine
Arme, den Bogen zu spannen.

36 Du gabst mir den Schild
deines Heils, / und dein Zuspruch
machte mich groß! / 37 Du schaff-
test Raum meinen Schritten, /
meine Knöchel blieben fest.
38 Ich jagte meinen Feinden nach
und überwältigte sie. / Erst als sie
vernichtet waren, kehrte ich um.
39 Zerschmettert habe ich sie, /
sie stehen nicht wieder auf. / Tot
fielen sie vor meine Füße. 40 Du
versorgtest mich mit Kraft zum
Kampf, / zwangst meine Gegner
unter mich nieder.

41 Du hast meine Feinde zur
Flucht gezwungen, / ich konnte
meine Hasser vernichten. 42 Sie
blickten umher, aber da war kein
Retter, / zu Jahwe, doch er hörte
sie nicht. 43 Ich zerrieb sie wie
Staub auf der Erde, / zerstampfte
sie wie Straßendreck. 44 Du hast
mich den Streitigkeiten des Volkes
entrissen, / hast mich zum Haupt
über Völker gesetzt. / Ein Volk,
das ich nicht kannte, dient mir.
45 Ausländer kamen und krochen
vor mir. / Sie hörten mir zu und
gehorchten sofort. 46 Zitternd
kamen sie aus ihren Burgen /
und gaben ihren Widerstand
auf.

47 Jahwe lebt! Gepriesen sei
mein Fels, / erhoben der Gott
meines Heils! 48 Denn Gott hat
mir Rache verschafft, / hat mir die
Völker unterworfen / 49 und mich
meinen Feinden entrissen. / Du
hast mich über meine Gegner
erhoben, / mich vom Mann der
Gewalttat befreit. 50 Darum will
ich dich loben, Jahwe, / deinen
Ruhm vor den Völkern besingen,*
51 der seinem König große Siege
verschafft, / der seinem Gesalbten
Gnade erweist, / David und
seinem Nachwuchs für immer.

22,50 Wird im Neuen Testament von Paulus zitiert: Römer 15,9.

Davids Vermächtnis

23 1 Dies sind die letzten Aus-
sagen Davids:
»Das sagt David Ben-Isai, / so
spricht der hochgestellte Mann, /
der Gesalbte des Gottes Jakobs, /
der Israels Lieder singt und spielt.
2 Der Geist Jahwes hat durch mich
gesprochen, / seine Rede war in
meinem Mund. 3 Israels Gott hat
geredet, / Israels Fels sprach zu
mir: / ›Wer gerecht über die
Menschen herrscht, / wer das in
Ehrfurcht vor Gott tut, 4 der ist wie
das Morgenlicht, / wenn die
Sonne aufstrahlt, / wenn ihr Glanz
den Nebel vertreibt, / wenn das
Grün aus regennasser Erde
sprosst.‹
5 Steht nicht so mein
Königshaus zu Gott? / Für alle
Zeit hat er mir einen Bund
gesetzt, / hat alles wohl geordnet,
gut verwahrt. / Ja, all mein Heil
und all meine Freude, / er ließ sie
wachsen. 6 Doch wer von Gott
nichts wissen will, / ist wie
abgestorbenes Dornengestrüpp, /
entwurzelt und vom Wind
verweht. / Mit bloßen Händen
fasst es niemand an. 7 Mit Eisen
und Speerschaft wird es gepackt /
und ins Feuer geworfen, wo es
gründlich verbrennt.«

Davids Elitetruppe

8 Es folgen die Namen der Elitetruppe
Davids: Jischbaal aus der Sippe Hach-
moni, Anführer der Wagenkämpfer*.
Er schwang seinen Speer über 800
Mann, die er in einer Schlacht durch-
bohrte. 9 Der zweite nach ihm war
Eleasar Ben-Dodo, ein Nachkomme
Ahoachs. Er war einer der drei, die
David bei sich hatte, als sie die Phi-
lister verhöhnten, die sich dort zum
Kampf versammelt hatten. Als die
Männer Israels sich zurückzogen,
10 stand er aufrecht und schlug auf die
Philister ein, bis sein Arm erlahmte
und seine Hand am Schwert kleben
blieb. So schenkte Jahwe damals
einen großen Sieg, und die Kämpfer
kehrten um, ihm nach, doch nur noch,
um zu plündern. 11 Der dritte war
Schamma Ben-Age aus Harar. Die
Philister hatten sich zu einer Truppe
gesammelt, und das Volk floh vor
ihnen. Nun gab es dort ein Linsenfeld.
12 Schamma stellte sich mitten
in das Feldstück, entriss es den Phi-
listern und schlug sie. So schaffte
Jahwe eine große Rettung.
13 Drei von den dreißig Helden Da-
vids kamen einmal zu David in die
Höhle bei Adullam*. Es war in der
Erntezeit, und die Philister hatten die
Ebene Refaïm* besetzt. 14 Auch in
Bethlehem lagen sie. David hielt sich
gerade in der Bergfestung auf, 15 als
ihn ein großes Verlangen überkam. Er
sagte: »Wer bringt mir Wasser aus der
Zisterne am Tor von Bethlehem?«
16 Da drangen die drei Helden ins
Lager der Philister ein, schöpften
Wasser aus der Torzisterne von Beth-
lehem und brachten es David. Doch
David wollte es nicht trinken, sondern

23,8 *Wagenkämpfer*. Wörtlich: der Dritten. Das war eine feststehende Bezeichnung für den dritten Mann auf dem Streitwagen, einem Offizier.

23,13 *Adullam*, »Schlupfwinkel«, Stadt in der Schefela, dem Hügelland von Juda, 26 km westlich von Jerusalem.

Refaïm. Fruchtbares Gebiet westlich von Jerusalem.

goss es als Trankopfer vor Jahwe aus.
17 Er sagte: »Jahwe bewahre mich
davor, so etwas zu tun! Es ist das Blut
der Männer, die unter Lebensgefahr
dort hingegangen sind.« Deshalb
wollte er es nicht trinken. Das hatten
die drei Helden getan.
18 Abischai Ben-Zeruja, der Bruder
Joabs, war der Anführer der Dreißig
und hochgeachtet unter ihnen. Er tö-
tete 300 Feinde mit dem Speer 19 und
war angesehener als die Dreißig, aber
an die Drei reichte er nicht heran.
20 Benaja Ben-Jojada war ein tapferer
Mann, der große Taten vollbrachte. Er
erschlug die beiden Kriegshelden von
Moab. Und an einem Schneetag stieg
er in eine Zisterne und erschlug den
Löwen, der dort hineingeraten war.
21 Er war es auch, der den gewaltigen
mit einem Speer bewaffneten Ägypter
erschlug. Mit einem Stock ging er zu
dem Ägypter hinunter, riss ihm den
Speer aus der Hand und durchbohrte
ihn damit. 22 Solche Taten vollbrachte
Benaja Ben-Jojada. Er war hochge-
achtet unter den dreißig Helden
23 und wurde mehr als sie geehrt.
Aber an die Drei reichte er nicht
heran. David machte ihn zum An-
führer seiner Leibgarde.
24 Zu den Dreißig gehörten Joabs
Bruder Asaël, Elhanan Ben-Dodo aus
Bethlehem, 25 Schamma und Elika
aus Harod, 26 Helez aus Bet-Pelet, Ira
Ben-Ikkesch aus Tekoa, 27 Abieser
aus Anatot, Mebunnai* aus Huscha,
28 Zalmon aus Ahoach, Mahrai aus
Netofa, 29 Heled Ben-Baana, eben-
falls aus Netofa, Ittai Ben-Ribai aus
dem Gibea der Benjaminiten, 30 Be-
naja aus Piraton, Hiddai aus Nahale-
Gasch, 31 Abialbon aus Bet-Araba,
Asmawet aus Bahurim, 32 Eljachba
aus Schaalbon und Jonatan von den
Söhnen Jaschens, 33 Schamma aus
Harar, Ahiam Ben-Scharar aus Arar,
34 Elifelet Ben-Ahasbai aus Maacha,
Eliam Ben-Ahitofel aus Gilo, 35 Hezro
aus Karmel, Paarai aus Arab, 36 Jigal
Ben-Natan aus Zoba, Bani aus Gad,
37 der Ammoniter Zelek, Nachrai
aus Beerot, der Waffenträger von
Joab Ben-Zeruja, 38 Ira und Gareb
aus Jattir 39 und der Hetiter Urija,
zusammen 37.

Davids Volkszählung

24
1 Da flammte der Zorn Jah-
wes wieder gegen Israel auf.
Er verleitete David, Israel und Juda
zu zählen, und zwar zum Schaden
seines Volkes. 2 Der König sagte also
zu Joab, seinem Heerführer, der ge-
rade bei ihm war: »Zieh doch durch
alle Stämme Israels, von Dan bis
Beerscheba, und lass die wehrfähigen
Männer zählen. Ich will wissen, wie
viele es sind.« 3 Doch Joab sagte zum
König: »Jahwe, dein Gott, möge das
Volk noch hundertmal zahlreicher
machen, als es schon ist, und dass du
es noch mit eigenen Augen siehst,
mein Herr und König! Aber warum
nur willst du so etwas tun?« 4 Doch
der König blieb bei seinem Ent-
schluss. Er ließ sich von Joab und den
Heerführern nicht davon abbringen.
So zog Joab mit seinen Offizieren vor
dem König los, um das Volk Israel zu
zählen. 5 Sie gingen über den Jordan

23,27 *Mebunnai.* In 21,18 und 1. Chronik 11,29 wird er Sibbechai genannt.

24,5 *Jaser.* Vermutlich Khirbet es-Sar, 10 km westlich vom heutigen Amman.

und begannen bei Aroer, der Stadt, die
mitten im Arnontal liegt, gingen dann
auf das Stammesgebiet von Gad zu
und kamen nach Jaser*. 6 Sie zogen
weiter durch Gilead* bis in die Ge-
gend von Tachtim-Hodschi*. Über
Dan und Ijon* kamen sie in die Ge-
gend von Sidon*. 7 Dann kamen sie
zur befestigten Stadt Tyrus, den Städ-
ten der Hiwiter und Kanaaniter und
zogen in den Süden von Juda nach
Beerscheba. 8 So durchstreiften sie
das ganze Land. Nach Ablauf von
neun Monaten und zwanzig Tagen
kamen sie nach Jerusalem zurück.
9 Joab teilte dem König das Ergebnis
der Musterung mit: die Gesamtzahl
der wehrfähigen Männer, die mit dem
Schwert umgehen konnten, betrug in
Israel 800.000 und in Juda 500.000.

Gottes Gericht: die Pest

10 Aber jetzt schlug David das Ge-
wissen, weil er das Volk gezählt hatte,
und er sagte zu Jahwe: »Ich habe mich
schwer versündigt mit dem, was ich
getan habe. Jahwe, vergib doch bitte
die Schuld deines Dieners. Ich habe
sehr unbesonnen gehandelt.«
11 Als David am Morgen aufstand,
kam das Wort Jahwes zu dem Prophe-
ten Gad, dem Seher Davids: 12 »Geh
zu David und richte ihm aus: ›So
spricht Jahwe: Dreierlei lege ich dir
vor. Wähl dir aus, was ich dir antun
soll!‹« 13 Gad kam zu David und über-
brachte die Botschaft. »Soll dir eine
siebenjährige* Hungersnot ins Land
kommen?«, fragte er. »Oder willst du
drei Monate vor deinen Verfolgern
fliehen? Oder soll drei Tage lang die
Pest in deinem Land wüten? Überleg
es dir gut und sag mir, welche Antwort
ich dem überbringen soll, der mich
gesandt hat.« 14 David sagte zu Gad:
»Ich habe große Angst. Dann will ich
lieber in die Hand Jahwes fallen, denn
sein Erbarmen ist groß. In die Hand
von Menschen will ich nicht geraten.«
15 Da ließ Jahwe die Pest in Israel aus-
brechen. Sie wütete von jenem Mor-
gen an bis zu der von ihm bestimm-
ten Zeit. Vom ganzen Volk zwischen
Dan und Beerscheba starben 70.000
Mann. 16 Als der Engel im Begriff
stand, sein grausiges Werk auch in Je-
rusalem zu tun und die Stadt zu ver-
nichten, hatte Jahwe Mitleid. Er sagte
dem Engel, der seine Opfer unter dem
Volk suchte: »Genug! Hör auf damit!«
Der Engel Jahwes stand gerade am
Dreschplatz von Arauna, einem Jebu-
siter. 17 Als David den Engel sah, der
die Leute umbrachte, sagte er zu
Jahwe: »*Ich* habe doch gesündigt! *Ich*
habe verkehrt gehandelt! Was haben
denn diese Schafe getan? Bestrafe
doch mich und meine Familie!«

24,6 *Gilead* bezeichnet hier das mittlere Ostjordanland.

Tachtim-Hodschi. Vermutlich handelt es sich um eine Gegend im Norden von Israel. Beide Begriffe kommen nur an dieser Stelle vor und sind unbekannt.

Dan und Ijon. Die Städte liegen ganz im Norden Israels.

Sidon war die wichtigste Hafenstadt in Phönizien, heute Saida im Libanon.

24,13 *siebenjährige*. In 2. Samuel (1. Chronik 21,12: *dreijährige*) wird wahrscheinlich die dreijährige Hungersnot, die gerade vergangen war (2. Samuel 21,1), mitgezählt und wegen der inklusiven Zählweise der Juden (das aktuelle Jahr zählt mit) ergibt das zusammen mit den angedrohten drei Jahren insgesamt sieben Jahre Hungersnot.

David baut einen Altar auf dem Dreschplatz

18 An diesem Tag kam Gad zu David
und sagte zu ihm: »Geh hinauf zum
Dreschplatz des Jebusiters Arauna
und errichte dort einen Altar für
Jahwe!« 19 Da zog David nach dem
Befehl Jahwes, der durch Gad zu ihm
gekommen war, hinauf. 20 Als Arauna
hinausblickte und den König mit
seinem Gefolge zu sich kommen sah,
ging er hinaus und warf sich vor ihm
nieder, mit dem Gesicht zur Erde.
21 Er fragte: »Weshalb kommt mein
Herr und König zu seinem Diener?« –
»Um den Dreschplatz von dir zu kau-
fen«, sagte David. »Ich will Jahwe
einen Altar bauen, damit die Seuche
vom Volk abgewehrt wird.« 22 Da
sagte Arauna zu David: »Mein Herr
und König nehme und opfere, was er
will. Hier sind die Rinder zum Brand-
opfer. Die Dreschschlitten und die
Rindergeschirre können das Brenn-
holz sein. 23 Ich schenke dir das alles,
mein König«, sagte Arauna und fügte
hinzu: »Möge Jahwe, dein Gott, dich
gnädig annehmen!« 24 »Nein«, sagte
der König, »ich will es zum vollen
Preis von dir kaufen. Ich will Jahwe,
meinem Gott, keine kostenlosen Op-
fer bringen.« So kaufte David den
Platz und die Rinder für 50 Silber-
stücke. 25 Er baute dort einen Altar
für Jahwe und opferte Brand- und
Freudenopfer*. Da ließ Jahwe sich
für das Land erbitten und machte der
Seuche in Israel ein Ende.

24,25 Beim *Freudenopfer* wurde im Gegensatz zum Brandopfer nur das Fett auf dem Altar verbrannt. Der größte Teil des Tieres durfte bei einer fröhlichen Opfermahlzeit gemeinsam mit Verwandten und Freunden verzehrt werden.

Das erste Buch von den Königen

Ursprünglich waren beide Königsbücher ein einziges Buch auf einer langen Schriftrolle. Erst nach der Übersetzung des Alten Testaments aus dem Hebräischen ins Griechische, in der so genannten Septuaginta, haben die Übersetzer es aus praktischen Gründen in zwei Schriftrollen geteilt. Das Buch von den Königen ist die Fortsetzung der Geschichte, die mit den Samuelbüchern begann. Die beiden Königsbücher verzeichnen die Regierungen aller Könige von Israel und Juda, außer der von Saul. Sie zeigen die drei großen Perioden der Königsgeschichte: das vereinte Königreich, das in Juda und Israel aufgeteilte Reich und das überlebende Reich Juda bis zu seiner Deportation in die Gefangenschaft nach Babylon. Die Königsbücher sind zwischen den Jahren 560 und 537 v.Chr. vollendet worden, wahrscheinlich schon kurz nach 560. Die Befreiung aus der babylonischen Gefangenschaft 538 v.Chr. wird jedenfalls nicht mehr erwähnt. Ihr inspirierter Verfasser lebte wahrscheinlich im Exil in Babylonien. Sein Name wird uns aber nicht genannt. Er arbeitete viele Quellen ein, wie sie zum Beispiel in 1. Könige 11,41 und 14,19 erwähnt werden.

Adonija will an die Macht

1 1 König David war sehr alt geworden. Obwohl man ihn in Decken hüllte, wurde es ihm nicht warm. 2 Da sagten seine Diener zu ihm: »Gestatte uns doch, für dich, unseren Herrn und König, ein junges, unberührtes Mädchen zu suchen, das dich bedient und pflegt. Wenn sie dann in deinen Armen schläft, wird es dir, unserm Herrn und König, wieder warm werden.« 3 So suchten sie in ganz Israel nach einem schönen Mädchen. Sie fanden Abischag aus Schunem* und brachten sie zum König. 4 Das Mädchen war außerordentlich schön. Sie wurde Pflegerin des Königs und bediente ihn. Der König hatte jedoch keinen sexuellen Verkehr mit ihr.

5 Damals wurde Adonija, der Sohn von Davids Frau Haggit, überheblich und erklärte: »Ich bin der künftige König!« Dann schaffte er sich Wagen und Pferde an und legte sich eine Leibwache von fünfzig Mann zu, die vor ihm her liefen. 6 Sein Vater David hatte ihm sein Leben lang nie Vorhaltungen gemacht und ihn nie wegen irgendetwas zur Rede gestellt. Adonija war ein stattlicher Mann und nach Abschalom der Älteste der Davidsöhne. 7 Er hatte mit Joab Ben-Zeruja* und dem Priester Abjatar gesprochen und sie für sich gewinnen können. 8 Den Priester Zadok und Benaja Ben-Jojada* konnte er aber nicht auf seine Seite ziehen, auch den Propheten Natan nicht und auch nicht Schimi und Rei und die Elitetruppe Davids.

1,3 *Schunem* lag 15 km östlich von Megiddo am Fuß des Berges More. Heute: Solem.

1,7 *Zeruja* war die Halbschwester Davids.

1,8 *Benaja* war Befehlshaber der königlichen Leibwache (2. Samuel 20, 23).

9 Nun veranstaltete Adonija am
Schlangenstein bei der Rogelquelle*
ein Opfermahl. Er ließ Schafe, Rinder
und Mastkälber schlachten und lud
alle seine Brüder, die Königssöhne,
ein, dazu alle Männer von Juda, die
im Dienst des Königs standen,
10 nicht aber den Propheten Natan,
auch nicht Benaja und die Elitetruppe
und seinen Bruder Salomo.
11 Da ging Natan zu Batseba, der
Mutter Salomos, und sagte: »Hast
du nicht gehört, dass Adonija, der
Sohn der Haggit, sich zum König gemacht hat? Und David, unser Herr,
weiß nichts davon. 12 Komm, ich will
dir einen Rat geben, damit du dein
Leben und das deines Sohnes Salomo retten kannst. 13 Geh zum König
David und sag zu ihm: ›Mein Herr
und König, hast du nicht selbst deiner
Magd geschworen: Dein Sohn Salomo und kein anderer soll mir auf
dem Königsthron folgen! Warum ist
jetzt aber Adonija König geworden?‹
14 Und während du noch mit ihm
sprichst, werde ich selbst kommen
und deine Worte bekräftigen.«
15 Da ging Batseba ins Gemach des
Königs. Dieser war sehr alt geworden,
und Abischag aus Schunem bediente ihn. 16 Batseba verneigte sich vor
dem König und warf sich dann ganz
vor ihm nieder. »Was hast du?«, fragte der König. 17 »Mein Herr«, erwiderte sie, »du hast doch deiner
Magd bei Jahwe, deinem Gott, geschworen: ›Dein Sohn Salomo und
kein anderer soll mir auf dem Königsthron folgen!‹ 18 Aber sieh doch, jetzt
ist Adonija König geworden – und
du, mein Herr und König, weißt
nicht einmal davon! 19 Er hat eine
Menge Rinder, Mastkälber und Schafe schlachten lassen und alle Königssöhne dazu eingeladen, auch den
Priester Abjatar und den Heerführer
Joab, nur deinen Diener Salomo
nicht. 20 Ganz Israel blickt jetzt auf
dich, mein Herr und König. Sie warten darauf, dass du ihnen bekannt
gibst, wer dir auf dem Königsthron
folgen soll. 21 Sonst werden ich und
mein Sohn es büßen müssen, wenn
du eines Tages nicht mehr lebst.«
22 Während sie noch mit ihm sprach,
kam der Prophet Natan in den Palast.
23 Man meldete dem König: »Der
Prophet Natan ist da!« Er trat ein
und warf sich vor dem König nieder,
sodass sein Gesicht den Boden berührte. 24 »Mein Herr und König«,
sagte er, »du hast wohl angeordnet,
dass Adonija der Nachfolger auf deinem Thron werden soll? 25 Denn er ist
heute hinuntergegangen und hat
eine Menge Rinder, Mastkälber und
Schafe schlachten lassen. Er hat alle
Königssöhne eingeladen, die Truppenführer und den Priester Abjatar.
Sie essen und trinken als seine Gäste
und rufen: ›Es lebe König Adonija!‹
26 Aber mich, deinen Diener, den
Priester Zadok, Benaja Ben-Jojada
und deinen Diener Salomo hat er
nicht eingeladen. 27 Wenn diese
Sache wirklich von meinem Herrn,
dem König, ausgegangen ist, dann
hast du deine treuen Diener also
nicht wissen lassen, wer dir auf dem
Königsthron nachfolgen soll.«

1,9 Die *Rogelquelle* liegt 1,5 km südlich von Jerusalem im Kidrontal.

Salomo wird zum König gesalbt

28 »Ruft mir Batseba!«, befahl König
David. Sie kam herein und trat vor ihn
hin. 29 Da schwor der König und
sagte: »So wahr Jahwe lebt, der mich
aus jeder Not gerettet hat: 30 Ja, ich
habe dir bei Jahwe, dem Gott Israels,
geschworen, dass dein Sohn Salomo
nach mir König sein soll, dass er und
kein anderer mein Nachfolger auf
dem Thron wird. Und so werde ich es
heute wahr machen.« 31 Da verneigte
sich Batseba vor dem König, dass
ihr Gesicht den Boden berührte, und
sagte: »Lang lebe mein Herr, der
König David!«

32 Dann sagte David: »Ruft mir den
Priester Zadok, den Propheten Natan
und Benaja Ben-Jojada!« Als sie he-
reingekommen waren, 33 befahl er
ihnen: »Lasst meinen Sohn Salomo
auf meiner eigenen Mauleselin reiten;
nehmt meine Leibgarde und geleitet
ihn zur Gihonquelle* hinunter! 34 Der
Priester Zadok und der Prophet Natan
sollen ihn dort zum König über Israel
salben*. Dann sollt ihr das Signal-
horn* blasen und rufen: ›Es lebe König
Salomo!‹ 35 Anschließend zieht ihr
hinter ihm her wieder herauf. Er soll
hereinkommen und sich auf meinen
Thron setzen. Er und kein anderer soll
an meiner Stelle König sein. Ihn habe
ich zum Herrscher über Israel und
Juda bestimmt.« 36 »Amen«, sagte Be-
naja Ben-Jojada, »so bestätige es
Jahwe, der Gott meines Königs und
Herrn! 37 So wie Jahwe meinem Herrn
und König zur Seite stand, möge er
auch Salomo zur Seite stehen und ihn
noch größer machen als meinen Herrn
und König David!«

38 Zadok, Natan und Benaja ließen
Salomo auf der Mauleselin des Königs
reiten und gaben ihm mit der könig-
lichen Leibgarde* das Geleit zur
Gihonquelle. 39 Der Priester Zadok
hatte das Horn mit dem Salböl aus
dem heiligen Zelt geholt und salbte
Salomo nun damit. Dann wurden die
Widderhörner geblasen, und alles
Volk rief: »Es lebe König Salomo!«
40 Nun zog das ganze Volk hinter ihm
her in die Stadt hinauf. Sie spielten
auf Flöten und waren außer sich vor
Freude. Von ihrem Jubelgeschrei
barst schier die Erde.

41 Auch Adonija und seine Gäste
hörten den Lärm, als sie gerade ihr
Festmahl beendet hatten. Joab fragte,
als er die Hörner hörte: »Was ist
das für ein Lärm in der Stadt?« 42 Da
kam auch schon Jonatan, der Sohn
des Priesters Abjatar. Adonija sagte:
»Komm her, du bist ein zuverlässiger
Mann und bringst sicher eine gute
Nachricht!« 43 »Nein!«, erwiderte
Jonatan. »Unser Herr, König David,
hat Salomo zum König gemacht.
44 Er hat den Priester Zadok und den

1,33 Die *Gihonquelle* war die bedeutendste Wasserquelle für die Stadt Jerusalem. Sie lag genau östlich der Stadt im Kidrontal.

1,34 *salben.* Bei einer zeremoniellen Salbung wurde der Person kostbares duftendes Öl über den Kopf gegossen. In diesem Fall war es die Krönung zum König.

Das *Signalhorn* (Hebräisch: *Schofar*) war aus den gewundenen Hörnern des männlichen Fettschwanzschafes hergestellt und brachte einen dumpfen, durchdringenden Ton hervor.

1,38 *Leibwache*: Wörtlich: *den Kretern und Pletern.* Es waren ausländische Söldner, hauptsächlich Philister, die ausschließlich dem König dienten.

Propheten Natan, Benaja Ben-Jojada
und die Leibgarde mit ihm geschickt,
und sie haben ihn auf der Mauleselin
des Königs reiten lassen. 45 Zadok
und Natan haben ihn an der Gihon-
quelle zum König gesalbt. Dann sind
alle mit Freudengeschrei wieder hi-
naufgezogen. Die ganze Stadt ist in
Bewegung. Das ist der Lärm, den ihr
gehört habt. 46 Und darüber hinaus
hat Salomo auf dem Königsthron
Platz genommen. 47 Die Dienstleute
des Königs sind auch schon hineinge-
gangen, um König David, unserem
Herrn, ihre Segenswünsche zu über-
bringen. Sie sagen: ›Dein Gott mache
den Namen Salomos noch berühmter
als deinen Namen und seine Herr-
schaft noch größer als deine!‹ Und
der König hat sich auf seinem Lager
vor Gott verneigt. 48 Und außerdem
hat der König gesagt: ›Gepriesen sei
Jahwe, der Gott Israels, der es heute
geschenkt hat, dass einer meiner
Söhne auf meinem Thron sitzt und
meine Augen es noch sehen dürfen.‹«
49 Da erschraken alle Gäste Adonijas.
Sie standen auf und liefen auseinan-
der; jeder ging seinen eigenen Weg.
50 Adonija selbst bekam auch Angst
vor Salomo. Er lief zum Brandopfer-
altar und ergriff dessen Hörner*.
51 Salomo wurde gemeldet: »Sieh doch,
Adonija hat Angst vor dem König
Salomo. Er hat die Hörner des Altars
umklammert und sagt: ›König Salo-
mo soll mir heute schwören, dass er
seinen Diener nicht mit dem Schwert
töten lässt.‹« 52 Salomo sagte: »Wenn
er sich als redlicher Mann erweist,
wird ihm kein Haar gekrümmt. Doch
wenn er sich etwas zuschulden kom-
men lässt, muss er sterben.« 53 Damit
ließ ihn Salomo vom Altar herunter-
holen. Adonija kam zum König und
warf sich vor ihm nieder. »Geh nach
Hause!«, sagte dieser zu ihm.

Davids letzte Anweisungen

2 1 Als es nun mit Davids Leben zu
Ende ging, gab er seinem Sohn
Salomo folgende Weisungen: 2 »Ich
gehe nun den Weg alles Irdischen. Sei
stark und erweise dich als Mann!
3 Halte dich an das, was Jahwe, dein
Gott, von dir fordert. Geh auf seinen
Wegen und beachte seine Ordnungen
und Gebote, seine Anweisungen und
Zeugnisse, wie sie im Gesetz Moses
aufgeschrieben sind. Dann wirst du
in allem Erfolg haben, was du auch
planst und unternimmst. 4 Dann wird
auch Jahwe sein Versprechen halten,
das er mir gegeben hat. Er sagte:
›Wenn deine Söhne auf ihren Weg
achten und wahrhaftig mit ganzem
Herzen und ganzer Seele vor mir
leben, dann wird es dir nie an einem
Nachkommen auf dem Thron Israels
fehlen.‹
5 Noch etwas: Du weißt selbst, was
mir Joab Ben-Zeruja angetan hat. Er
hat die beiden Heerführer Israels Abner
Ben-Ner und Amasa Ben-Jeter kalt-
blütig umgebracht. So hat er Kriegsblut
auf den Frieden gegossen und sich
selbst mit dem Blut an Gürtel und
Schuhen besudelt. 6 Sorge in deiner
Weisheit dafür, dass sein graues Haar
nicht in Frieden zu den Toten kommt!

1,50 Die *Hörner* waren Vorsprünge an den vier Ecken des Altars, an die das Opferblut gestrichen wurde. Offenbar galten sie auch als Zufluchtsstellen.

7 Doch die Söhne des Barsillai aus
Gilead* sollst du freundlich behandeln.
Sie sollen mit zu denen gehören, die
an deinem Tisch essen, denn sie haben
auch mich versorgt, als ich vor deinem
Bruder Abschalom fliehen musste.

8 Da ist auch noch Schimi Ben-Gera,
der Benjaminit aus Bahurim*. Das
ist der, der mich damals, als ich nach
Mahanajim* ging, böse verflucht hat.
Doch ist er mir dann an den Jordan ent-
gegengekommen, und ich habe ihm bei
Jahwe geschworen, dass ich ihn nicht
töten lasse. 9 Aber jetzt muss er seine
Strafe bekommen. Du bist ein kluger
Mann und weißt, was du mit ihm tun
musst. Sorge dafür, dass sein graues
Haar blutig zu den Toten kommt!«

10 Bald darauf starb David und
wurde in der Davidsstadt* beigesetzt.
11 Vierzig Jahre lang war er König
über Israel, sieben Jahre in Hebron
und 33 in Jerusalem. 12 Salomo saß
nun auf dem Thron seines Vaters
David und hatte die Herrschaft fest
in der Hand.

Salomos erste Maßnahmen

13 Eines Tages kam Adonija Ben-
Haggit zu Salomos Mutter Batseba.
»Kommst du in Frieden?«, fragte sie
ihn. »Ja, Schalom*«, erwiderte er,
14 »ich habe nur eine Bitte an dich.« –
»Sprich!«, erwiderte sie. 15 Da sagte
er: »Du weißt, dass eigentlich mir das
Königtum zustand. Ganz Israel er-
wartete, dass ich König würde. Aber
nun kam es anders, und das Königtum
ist meinem Bruder zugefallen. Jah-
we hatte es eben für ihn bestimmt.
16 Jetzt habe ich nur eine einzige
Bitte; schlag sie mir nicht ab!« –
»Sprich!«, erwiderte sie. 17 Da be-
gann er: »Rede doch mit König Salo-
mo, dich wird er nicht abweisen. Bitte
ihn, mir Abischag aus Schunem zur
Frau zu geben.« 18 »Gut«, sagte Bat-
seba, »ich will mit dem König reden.«

19 Als Batseba zu König Salomo
hineinging, um wegen Adonija mit
ihm zu reden, stand der König auf und
verneigte sich tief vor ihr. Dann setzte
er sich wieder auf seinen Thron und
ließ auch einen Thron für die Königs-
mutter aufstellen. So saß sie an seiner
rechten Seite. 20 »Ich habe nur eine
einzige kleine Bitte an dich«, sagte sie,
»schlag sie mir nicht ab!« – »Sprich
nur, Mutter«, sagte der König, »ich
werde dir nichts abschlagen.« 21 Sie
sagte: »Man könnte doch Abischag
von Schunem deinem Bruder Adonija
zur Frau geben.« 22 Da erwiderte König
Salomo seiner Mutter: »Warum bittest
du für Adonija nur um Abischag von
Schunem? Fordere doch gleich das
Königtum für ihn, er ist schließ-
lich mein älterer Bruder!* Auch der
Priester Abjatar und Joab Ben-Zeru-
ja hätten sicher nichts dagegen.«

2,7 *Gilead* bezeichnet das mittlere, manchmal auch das ganze Ostjordanland.

2,8 *Bahurim* war ein Ort östlich vom Ölberg.

Mahanajim lag wahrscheinlich 11 km östlich vom Jordan am Jabbok.

2,10 Die *Davidsstadt* umfasste das Gebiet des alten Jebus, das von David erobert worden war. Es bildete den Kern Jerusalems.

2,13 *Schalom* war der Friedensgruß in Israel und bedeutete gleichzeitig: Es ist alles in Ordnung!

2,22 *Fordere ... Bruder.* Salomo hatte sofort verstanden, dass Adonijas Bitte ein indirekter Anspruch auf den Thron war, denn der Nachfolger des Königs übernahm gewöhnlich den Harem des Vorgängers, zu dem Abischag gehörte, obwohl sie noch unberührt war.

23 Dann schwor er bei Jahwe: »Gott
soll mich strafen, wenn Adonija die-
ses Ansinnen nicht mit seinem Leben
büßt! 24 So wahr Jahwe lebt, der mich
als König bestätigt und auf den Thron
meines Vaters David gesetzt hat, der
sein Wort gehalten und auch meinen
Nachkommen das Königtum zuge-
sagt hat: Noch heute muss Adonija
sterben!« 25 König Salomo beauftrag-
te Benaja Ben-Jojada damit. Der stach
ihn nieder. So starb Adonija.

26 Zum Priester Abjatar sagte der
König: »Geh auf dein Landgut nach
Anatot! Du hast zwar den Tod ver-
dient, aber heute will ich dich nicht
töten lassen, weil du die Bundeslade
Jahwes, unseres Herrn, vor meinem
Vater David getragen und alle Leiden
mit ihm geteilt hast.« 27 Damit entzog
Salomo Abjatar das Recht, Jahwe als
Priester zu dienen. So erfüllte sich das
Wort Jahwes, das er der Familie des
Priesters Eli in Schilo angekündigt
hatte.*

28 Als Joab davon hörte, floh er zum
Zelt Jahwes und umklammerte die
Hörner des Altars. Er hatte sich zwar
nicht auf die Seite Abschaloms ge-
stellt, wohl aber auf die Adonijas.
29 König Salomo wurde gemeldet:
»Joab ist zum Zelt Jahwes an den
Altar geflohen.« Da schickte Salomo
Benaja Ben-Jojada mit dem Befehl
los, Joab zu töten. 30 Benaja ging ins
Zelt Jahwes* und sagte zu Joab: »Der
König befiehlt: Verlass diesen Ort!« –
»Nein«, erwiderte dieser, »dann will
ich hier sterben!« Benaja ging zum
König zurück und berichtete ihm, was
Joab gesagt hatte. 31 »Tu, was er ge-
sagt hat«, erwiderte der König. »Stoß
ihn nieder und begrabe ihn. So
nimmst du die Blutschuld von mir
und der Familie meines Vaters, die
Joab auf uns gebracht hat. 32 Jahwe
wird diese Blutschuld auf ihn selbst
zurückbringen. Denn er hat zwei
Männer getötet, die gerechter und
besser waren als er. Er hat Abner Ben-
Ner, den Heerführer Israels, und
Amasa Ben-Jeter, den Heerführer
Judas, mit dem Schwert umgebracht,
ohne dass mein Vater David davon
wusste. 33 Diese Blutschuld soll für
immer auf Joab und seinen Nachkom-
men lasten. Aber auf David und sei-
nen Nachkommen, seiner Familie und
seinem Thron möge immer der Frie-
den Jahwes ruhen.« 34 Da ging Bena-
ja wieder hin und erstach Joab. Man
begrub ihn auf seinem Grundstück in
der Wüste. 35 Der König setzte dann
Benaja an Joabs Stelle über das Heer
und den Priester Zadok an die Stelle
Abjatars.

36 Dann ließ der König Schimi rufen
und sagte zu ihm: »Bau dir ein Haus
in Jerusalem und wohne dort! Du
darfst die Stadt nicht mehr verlassen.
37 Du sollst genau wissen: Sobald du
den Bach Kidron* überquerst, musst
du sterben! Dann wirst du selbst
an deinem Tod Schuld sein.« 38 »Ja,
das ist gut«, erwiderte Schimi, »dein
Diener wird tun, was mein Herr, der

2,27 *angekündigt hatte.* Siehe 1. Samuel 2,30-35.

2,30 *Zelt Jahwes.* Gemeint ist der umzäunte Vorhof, in dem auch der Brandopferaltar stand.

2,37 Der *Bach Kidron* floss im Osten Jerusalems dem Toten Meer zu und führte nur während der winterlichen Regenzeit Wasser.

König, gesagt hat.« So wohnte Schimi
lange in Jerusalem. 39 Drei Jahre spä-
ter jedoch entliefen ihm zwei seiner
Sklaven. Sie flohen zu Achisch Ben-
Maacha, dem König von Gat*. Als
Schimi hörte, dass seine Sklaven in
Gat waren, 40 sattelte er seinen Esel
und ritt zu Achisch nach Gat, um
seine Sklaven zu suchen. Er zog also
hin und holte sie aus Gat zurück.
41 Man berichtete Salomo, dass Schi-
mi von Jerusalem nach Gat geritten
und wieder zurückgekehrt sei. 42 Da
ließ der König Schimi zu sich rufen
und sagte zu ihm: »Habe ich dich
nicht gewarnt und dir gesagt: ›Sobald
du die Stadt verlässt, musst du ster-
ben!‹ Und du hast geantwortet: ›Ja,
das ist gut, ich gehorche!‹ Ich habe
dich sogar bei Jahwe schwören lassen.
43 Warum hast du diesen Eid gebro-
chen und meinen Befehl missachtet?«
44 Dann fuhr der König fort: »Du
weißt außerdem ganz genau, was
du meinem Vater David angetan hast.
So wird Jahwe deine Bosheit jetzt
auf dich selbst zurückbringen. 45 Der
König Salomo aber wird gesegnet
sein, und Jahwe wird dafür sorgen,
dass die Königsherrschaft für alle Zei-
ten Davids Nachkommen gehört.«
46 Der König gab Benaja den Befehl,
und dieser führte Schimi hinaus und
erstach ihn. Nun war die Herrschaft
fest in der Hand Salomos.

2,39 *Gat* war eine der fünf Philisterstädte und lag etwa 55 km südwestlich von Jerusalem.

3,4 *Gibeon* lag etwa 10 km nordwestlich von Jerusalem. Nach 1. Chronik 21,29 und 2. Chronik 1,2-6 standen dort das Zelt der Gottesbegegnung und der ursprüngliche Bronzealtar aus der Zeit Moses.

Salomos Gebet um Weisheit

3 1 Salomo wurde Schwiegersohn
des Pharao, des Königs von Ägyp-
ten. Er nahm dessen Tochter zur Frau
und ließ sie in der Davidsstadt woh-
nen, bis er seinen Palast, den Bau des
Hauses Jahwes und die Stadtmauer
vollendet hatte.
2 Das Volk opferte bis dahin auf den
Opferhöhen, denn bis zu diesem Zeit-
punkt war dem Namen Jahwes noch
kein Haus gebaut worden. 3 Salomo
liebte Jahwe und richtete sich nach
den Anordnungen seines Vaters
David. Aber auch er musste diese
Opferhöhen benutzen, um Schlacht-
und Räucheropfer darzubringen. 4 So
ging er nach Gibeon*, um die Opfer
zu bringen, denn dort war die größte
Opferstätte. Tausend Brandopfer legte
Salomo auf den Altar.
5 Dort in Gibeon erschien Jahwe
Salomo in der Nacht im Traum. Gott
sagte: »Sprich aus, was ich dir geben
soll!« 6 Salomo erwiderte: »Du hast
deinem Diener David, meinem Vater,
große Gnade erwiesen, weil er treu und
gerecht war und aufrichtig vor dir ge-
lebt hat. Du hast ihm diese große
Gunst erhalten und ihm einen Sohn ge-
schenkt, der heute auf seinem Thron
sitzt. 7 Und nun, Jahwe, mein Gott, du
selbst hast deinen Diener anstelle mei-
nes Vaters zum König gemacht. Doch
ich bin noch sehr jung und weiß weder
aus noch ein. 8 Dein Diener steht mit-
ten in dem Volk, das du erwählt hast.
Es ist ein großes Volk mit vielen Men-
schen, die niemand zählen kann. 9 So
gib deinem Diener ein Herz, das auf
dich hört, damit er dein Volk recht rich-
ten und zwischen Gut und Böse unter-
scheiden kann. Wie kann ich sonst

dieses schwierige Volk regieren?«
10 Gott, der Herr, freute sich über diese
Bitte Salomos. 11 Deshalb sagte er zu
ihm: »Weil du gerade um diese Sache
gebeten hast und nicht um ein langes
Leben, Reichtum oder den Tod deiner
Feinde, sondern um Verstand zum
Hören auf das Recht, 12 darum werde
ich deinen Wunsch erfüllen. Pass auf!
Ich gebe dir ein weises und verstän-
diges Herz, sodass kein Mensch vor
oder nach dir mit dir verglichen
werden kann. 13 Und auch das, was du
nicht erbeten hast, gebe ich dir, näm-
lich Reichtum und Ehre, sodass zu dei-
nen Lebzeiten keiner von den Königen
dir gleich kommt. 14 Und wenn du auf
meinen Wegen gehst, dich nach mei-
nen Ordnungen und Geboten richtest,
wie es dein Vater David getan hat,
schenke ich dir auch ein langes
Leben.« 15 Da erwachte Salomo und
merkte, dass es ein Traum war. Er ging
nach Jerusalem, trat vor die Bundesla-
de des Herrn und opferte Brandopfer.
Er ließ auch Tiere für das Freudenop-
fer* schlachten und ein Festmahl für
seine Diener zubereiten.

Das salomonische Urteil

16 Eines Tages traten zwei Prostituier-
te vor den König. 17 Die eine sagte:
»Bitte, mein Herr! Diese Frau wohnt
mit mir zusammen in einem Haus. Sie
war dabei, als mein Kind geboren
wurde. 18 Zwei Tage später bekam
auch sie ein Kind. Wir beide waren
ganz allein im Haus, kein Fremder war
bei uns. 19 Eines Nachts starb der
Sohn dieser Frau, weil sie ihn im
Schlaf erdrückt hatte. 20 Da stand sie
mitten in der Nacht auf, holte meinen
Sohn von meiner Seite weg und legte
ihn zu sich, während ich, deine Diene-
rin, schlief. Ihren toten Sohn aber
legte sie neben mich. 21 Als ich nun am
Morgen erwachte und meinen Sohn
stillen wollte, merkte ich auf einmal,
dass er tot war. Doch als ich ihn ge-
nauer ansah, entdeckte ich, dass es gar
nicht das Kind war, das ich geboren
hatte.« 22 »Das ist nicht wahr!«, rief
die andere Frau. »Mein Sohn ist der le-
bende, und deiner der tote!« – »Nein«,
rief die erste, »dein Sohn ist der tote
und meiner der lebendige!« So stritten
sie sich vor dem König.

23 Da sagte der König: »Die eine
behauptet: ›Der hier, der lebende ist
mein Sohn. Dein Sohn ist der tote!‹,
die andere sagt: ›Nein, dein Sohn ist
der tote und mein Sohn der lebende!‹«
24 Dann befahl er: »Holt mir ein
Schwert!« Sie brachten es dem König.
25 Er sagte: »Teilt das lebendige Kind
in zwei Teile und gebt die eine Hälfte
der einen und die andere Hälfte der an-
deren.« 26 Da rief die Frau, deren Sohn
der lebende war – denn es wurde ihr
heiß vor Angst um ihren Sohn: »Bitte,
mein Herr! Gebt ihr das lebende Kind,
aber tötet es ja nicht!« Die andere aber
sagte: »Es soll weder dir noch mir ge-
hören, zerschneidet es nur!« 27 Da
befahl der König: »Gebt der ersten das

3,15 Beim *Freudenopfer* wurde im Gegensatz zum Brandopfer nur das Fett auf dem Altar verbrannt. Der größte Teil des Tieres durfte bei einer fröhlichen Opfermahlzeit gemeinsam mit Verwandten und Freunden verzehrt werden.

3,18 *Zwei Tage später.* Wörtlich: *am dritten Tag.* Nach hebräischer Zählweise bedeutet das nicht drei, sondern zwei Tage später, weil die angebrochenen Tage gewöhnlich als volle Tage gerechnet wurden.

lebende Kindchen und tötet es ja nicht!
Sie ist seine Mutter.«
28 Ganz Israel hörte von dem Urteil,
das der König gefällt hatte, und alle
bekamen große Ehrfurcht vor ihm.
Denn sie sahen, dass Gott ihm seine
Weisheit geschenkt hatte, sodass er
gerechte Urteile fällen konnte.

Die Verwaltung des Reiches

4 1 Salomo war nun König über
ganz Israel. 2 Als oberste Beamte
hatte er folgende Männer eingesetzt:
Asarja Ben-Zadok als Priester, 3 Eli-
horef und Ahija, die Söhne von Schi-
scha, als Staatsschreiber, Joschafat
Ben-Ahilud als Kanzler, 4 Benaja Ben-
Jojada als Heerführer, Zadok und Ab-
jatar als Priester, 5 Asarja Ben-Natan
als Vorsteher der Vögte, den Priester
Sabud Ben-Natan als Freund des Kö-
nigs, 6 Ahischar als Palastverwalter
und Adoniram Ben-Abda als Beauf-
tragter für die Zwangsarbeit.
7 Salomo hatte Israel in zwölf Bezir-
ke eingeteilt, die von Vögten verwaltet
wurden. Diese hatten reihum je einen
Monat lang die Versorgung des König-
lichen Hofs zu übernehmen. 8 Hier
sind ihre Namen: Ben-Hur für das
Bergland von Efraïm; 9 Ben-Deker für
das Gebiet der Städte Makaz, Schaal-
bim, Bet-Schemesch, Ajalon und Bet-
Hanan; 10 Ben-Hesed für die Stadt
Arubbot, das Gebiet von Socho und
das ganze Land Hefer; 11 Ben-Abi-
nadab – seine Frau war Salomos Toch-
ter Tafat – für das Hügelland von Dor;
12 Baana Ben-Ahilud für Taanach und
Megiddo, das ganze Gebiet um Bet-
Schean in der Nähe von Zaretan,
unterhalb von Jesreel, von Bet-Schean
bis Abel-Mehola gegenüber von Jok-
neam; 13 Ben-Geber für die Stadt
Ramot in Gilead, für die Zeltdörfer
Jaïr Ben-Manasses in Gilead und das
Gebiet von Argob in Baschan mit 60
großen Städten, die Mauern mit Tor-
riegeln aus Bronze hatten; 14 Ahina-
dab Ben-Iddo für das Gebiet um Ma-
hanajim; 15 Ahimaaz – seine Frau war
Salomos Tochter Basemat – für das
Stammesgebiet von Naftali; 16 Baana
Ben-Huschai für das Stammesgebiet
von Ascher und das Gebiet um Bealot;
17 Joschafat Ben-Paruach für das
Stammesgebiet von Issachar; 18 Schi-
mi Ben-Ela für das Stammesgebiet
von Benjamin; 19 Geber Ben-Uri für
das Gebiet von Sihon, dem König der
Amoriter, und Og, dem König von Ba-
schan im Land Gilead. Für das Land
Juda war nur ein Vogt zuständig.
20 Das Volk von Juda und Israel war
zahlreich wie der Sand am Meer. Es
hatte zu essen und zu trinken und war
glücklich.

Salomos Hofhaltung

5 1 Salomo herrschte über alle Kö-
nigreiche vom Euphrat bis zum
Gebiet der Philister und zur Grenze
Ägyptens. Sie zahlten ihm Tribut und
erkannten seine Oberherrschaft an,
solange er lebte. 2 Für seine Hofhal-
tung benötigte Salomo täglich drei
Tonnen Feinmehl und sechs Tonnen*
gewöhnliches Mehl, 3 zehn gemästete
Rinder, zwanzig Weiderinder und
hundert Schafe. Dazu kamen noch
Hirsche, Gazellen, Damhirsche und
gemästete Vögel. 4 Salomo herrschte

5,2 *drei ... sechs Tonnen.* Wörtlich: 30 und 60 Kor. 1 Kor = 10 Efa. 1 Efa Mehl = 10 bis 12 Kilogramm.

über das ganze Gebiet diesseits des
Euphrat von Tifsach* bis Gaza* und
über alle Könige, die dort regierten.
Mit allen Völkern ringsum hatte er
Frieden. 5 Solange Salomo lebte, ging
es Juda und Israel gut. Von Dan bis
Beerscheba* konnte jeder ungestört
unter seinem Weinstock und Feigen-
baum sitzen. 6 Salomo hatte 4000*
Stallplätze für seine Streitwagen-
gespanne und 12.000 Pferde.
7 Die Vögte versorgten den König
und alle, die an seiner Tafel speisen
durften. Jeder war für einen Monat
verantwortlich. Sie ließen es an nichts
fehlen. 8 Sie schafften auch Gerste
und Stroh für die Pferde und die
Wagenpferde heran, jeweils an den
Ort, für den jeder zuständig war.

Salomos Weisheit

9 Gott schenkte Salomo Weisheit,
sehr viel Verstand und ein umfassen-
des Wissen wie Sand am Ufer des
Meeres. 10 Salomos Weisheit übertraf
die Weisheit aller im Osten lebenden
Menschen und auch die Weisheit
Ägyptens. 11 Er war weiser als alle
Menschen und übertraf selbst Etan,
den Esrachiter, und Heman, Kalkol
und Darda, die Söhne Mahols. Sein
Ruhm verbreitete sich bei allen Völ-
kern ringsum. 12 Er verfasste 3000
Weisheitssprüche und 1005 Lieder.
13 Er beschrieb die Bäume von der
Zeder auf dem Libanon bis zum Ysop,
der an der Mauer wächst, das Vieh,
die Vögel, das Gewürm und die Fi-
sche. 14 Aus allen Völkern kamen
Menschen, um die Weisheit Salomos
zu vernehmen, und alle Könige der
Erde, die von seiner Weisheit gehört
hatten, schickten Gesandte zu ihm.

Vorbereitungen für den Tempelbau

15 König Hiram von Tyrus* war
immer ein Freund Davids gewesen.
Als er hörte, dass man Salomo als
Nachfolger seines Vaters zum König
gesalbt hatte, schickte er eine Ge-
sandtschaft zu ihm. 16 Und Salomo
ließ Hiram ausrichten: 17 »Du weißt
ja, dass mein Vater David wegen der
Kriege, die ihm seine Feinde rings-
herum aufzwangen, für Jahwe, seinen
Gott, kein Haus bauen konnte. Doch
schließlich hatte Jahwe ihm seine
Feinde unter die Füße gelegt. 18 Und
mir hat Jahwe, mein Gott, ringsherum
Ruhe verschafft. Es gibt keinen Geg-
ner und kein böses Hindernis mehr.
19 Darum habe ich mich entschlos-
sen, für den Namen meines Gottes,
für Jahwe, ein Haus zu bauen. Denn
so hatte es Jahwe meinem Vater David
gesagt: ›Dein Sohn, den ich als deinen
Nachfolger auf den Thron setzen
werde, soll meinem Namen ein Haus
bauen.‹ 20 So lass nun auf dem Liba-
non Zedern für mich schlagen. Meine
Arbeiter werden deinen Leuten zur
Hand gehen. Natürlich erstatte ich dir
den Lohn für deine Leute, du musst
nur sagen, wie viel. Du weißt ja, dass

5,4 *Tifsach* lag am Westufer des Euphrat an der großen Biegung.

Gaza war die bedeutendste Stadt der Philister, sechs Kilometer vom Mittelmeer entfernt.

5,5 *Dan bis Beerscheba.* Das meint vom nördlichsten bis zum südlichsten Ort in Israel.

5,6 *4000.* So mit LXX und 2. Chronik 9,25. MT liest 40.000, was wohl durch ungenaues Abschreiben entstand.

5,15 *Tyrus* war die wichtigste Hafenstadt an der phönizischen Küste, 56 km nördlich vom Berg Karmel.

wir hier keinen haben, der Bauholz
so zu schlagen versteht wie die
Sidonier.«
21 Als Hiram die Botschaft Salomos
vernahm, freute er sich sehr und
sagte: »Heute sei Jahwe gelobt, der
David einen weisen Sohn für dieses
große Volk geschenkt hat.« 22 Und an
Salomo schickte Hiram folgende Ant-
wort: »Es ist gut angekommen, was
du mir übermittelt hast. Ich bin gern
bereit, dir deinen Wunsch nach Ze-
dern- und Zypressenholz zu erfüllen.
23 Meine Leute sollen die Stämme
vom Libanon zum Meer hinunter-
schaffen. Dann lasse ich sie zu Flößen
zusammenbinden und sie an der
Küste entlang an den Ort bringen,
den du mir angibst. Dort lasse ich die
Flöße wieder auseinandernehmen
und du kannst das Holz abholen las-
sen. Dafür sollst du meinen Wunsch
erfüllen und mir Lebensmittel für
meinen Hof liefern.« 24 Hiram lieferte
Salomo also das Zedern- und Zypres-
senholz, das er brauchte. 25 Dafür
lieferte Salomo Hiram jährlich 3200
Tonnen* Weizen und 440.000 Liter*
reines Olivenöl.
26 Jahwe hatte Salomo Weisheit ge-
schenkt, wie er es ihm versprochen
hatte. Es herrschte Frieden zwischen
Hiram und Salomo, und die beiden
schlossen ein Bündnis.
27 König Salomo ließ in ganz Israel
30.000 Zwangsarbeiter einziehen
28 und stellte sie unter die Leitung
Adonirams. Jeweils 10.000 mussten
einen Monat auf dem Libanon ar-
beiten und waren dann zwei Mo-
nate zu Hause. 29 Darüber hinaus
hatte Salomo 70.000 Lastträger
und 80.000 Steinhauer im Gebirge.
30 Dazu kamen 3300 Aufseher, die
den Vögten unterstellt waren und
die Arbeiten überwachten. 31 Der
König ordnete an, große quaderför-
mige Steinblöcke von bester Qualität
für die Grundmauern des Hauses zu
brechen. 32 Die Bauleute von Salomo
und Hiram bearbeiteten zusammen
mit den Männern von Byblos* die
Steinblöcke und Stämme.

Der Tempelbau

6 1 Im 480. Jahr nach dem Auszug
der Israeliten aus Ägypten*, es
war das vierte Jahr*, in dem Salomo
über Israel regierte, im Mai, dem Blu-
menmonat*, begann der König das
Haus für Jahwe zu bauen. 2 Dieses
Haus, das Salomo für Jahwe baute,
war 30 Meter* lang, 10 Meter breit und
15 Meter hoch. 3 Die Halle vor dem
Haus war zehn Meter breit und fünf
Meter tief. 4 Im Haus waren auch

5,25 *3.200 Tonnen.* Wörtlich: 20.000 Kor. 1 Kor = 10 Efa. 1 Efa Getreidekörner = 16 bis 17 Kilogramm.

440.000 Liter. Wörtlich: 20 Kor. Bei 1 Kor = 220 Liter ergeben sich 4.400 Liter. Mit 2. Chronik 2,9 liest die LXX 20.000 Bat. Bei 1 Bat = 22 Liter ergeben sich 440.000 Liter, was heute 18 Tanklaster füllen würde.

5,32 *Männern von Byblos.* Wörtlich: Gebaliter. Das waren Bewohner der Stadt Gebal = Byblos nördlich von Beirut.

6,1 Der Auszug *aus Ägypten* muss nach biblischer Chronologie (siehe Vorwort des Übersetzers) also 1445 v.Chr. stattgefunden haben. Das entspricht auch Jiftachs Aussage in Richter 11,26.

Das *vierte Jahr* Salomos war das Jahr 967 v.Chr.

Blumenmonat. Althebräisch: Siw = 2. Monat.

6,2 *30 Meter.* Wörtlich: 60 Ellen.

Fensteröffnungen mit Rahmen und
Gitterwerk. 5 Außen an den Seiten-
wänden und der Hinterwand ließ er
einen mehrstöckigen Anbau errichten.
6 Der untere Anbau war zweieinhalb
Meter breit, der mittlere drei Meter
und der obere dreieinhalb Meter, weil
sich die Mauer des Tempelhauses in
diesen Stufen nach oben verjüngte.
So mussten die Balken nicht in die
Tempelmauer eingelassen werden,
sondern konnten aufliegen.

7 Beim Bau des Hauses wurden
Steine verwendet, die man schon im
Steinbruch fertig behauen hatte. So
waren weder Hämmer noch Meißel
oder sonstige eiserne Werkzeuge auf
der Baustelle zu hören.

8 Der Eingang zum Anbau war auf
der rechten Seite des Hauses. Über
Wendeltreppen gelangte man zum
mittleren und oberen Stockwerk. 9 Als
die Mauern fertig waren, ließ Salomo
das Haus mit Balken und Bohlen aus
Zedernholz decken. 10 Der Anbau
fasste das Haus ganz mit Zedern-
balken ein. Jedes Stockwerk war
zweieinhalb Meter hoch.

11 Damals kam folgendes Wort Jah-
wes zu Salomo: 12 »Du baust mir die-
ses Haus. Wenn du nach meinen Ord-
nungen lebst, meine Vorschriften be-
folgst und meine Gebote hältst und
darin lebst, dann werde ich auch zu
meinem Wort stehen, das ich deinem
Vater David gegeben habe. 13 Ich
werde mitten unter den Israeliten
wohnen und mein Volk Israel nicht
verlassen.«

Der Innenausbau

14 Nachdem Salomo den Rohbau voll-
endet hatte, 15 ließ er die Wände des
Hauses mit Zedernholz täfeln, und
zwar vom Fußboden bis zu den Deck-
balken. Den Fußboden selbst ließ er
mit Zypressenholz auslegen. 16 Zehn
Meter vor der Rückwand des Hauses
ließ er eine Zwischenwand aus Ze-
dernholz errichten, um hinten einen
Raum für das Höchstheilige zu
schaffen. 17 Der Tempelraum davor
war noch 20 Meter lang. 18 Er war
ganz mit Zedernholz getäfelt, so dass
keine Mauer mehr zu sehen war. Die
Täfelung war mit Schnitzereien von
wilden Kürbissen und Blütenkelchen
versehen. 19 Den hinteren Raum im
Haus ließ Salomo herrichten, weil er
dort die Bundeslade Jahwes aufstellen
wollte. 20 Dieser Raum war zehn
Meter lang, zehn Meter breit und zehn
Meter hoch. Er ließ ihn mit reinem
Gold überziehen. Auch den Zedern-
holzaltar überzog er damit, 21 ebenso
die Wände des Tempelhauses. Vor
dem hinteren Raum ließ Salomo gol-
dene Ketten anbringen. 22 So überzog
er das ganze Haus vollständig mit
Gold, auch den Altar, der zum hinte-
ren Raum gehörte.

23 Im hinteren Raum ließ er zwei
fünf Meter hohe Cherubim* aus
Olivenholz anfertigen. 24 Ihre Flügel
maßen je zweieinhalb Meter, so dass
sie ausgespannt fünf Meter breit wa-
ren. 25 So war es auch bei dem ande-
ren Cherub. Beide Cherubim hatten
genau die gleiche Größe und Gestalt.
26 Beide waren fünf Meter hoch.
27 Er ließ die Cherubim mitten in

6,23 *Cherub* (Mehrzahl: *Cherubim*). Majestätisches (Engel-)Wesen, das Gottes Herrlichkeit repräsentiert.

diesem innersten Teil des Hauses auf-
stellen, sodass ihre ausgespannten
Flügel sich in der Mitte berührten
und außen bis an die Seitenwände
reichten. 28 Auch die Cherubim wur-
den mit Gold überzogen. 29 Alle
Wände des Hauses im inneren und
im äußeren Raum wurden mit ein-
geschnitzten Reliefs von Cherubim,
Palmen und Blumengebinden ge-
schmückt. 30 Die Fußböden wurden
mit Gold überzogen. 31 Der Eingang
zum hinteren Raum bekam Türflügel
aus Olivenholz, die von einem fünf-
fach gestaffelten Türrahmen einge-
fasst waren. 32 Auf die beiden Tür-
flügel waren Cherubim, Palmen und
Blumengebinde eingeschnitzt. Sie
wurden dann ganz mit Gold über-
zogen. In die Cherubim- und Palmen-
ornamente wurde das Gold aufge-
hämmert. 33 Ebenso war es mit dem
Eingang zum Tempelraum. Die vier-
fach gestaffelten Türrahmen waren
aus Olivenholz. 34 Die beiden Tür-
flügel, von denen jeder zwei drehbare
Blätter besaß, bestanden aber aus
Zypressenholz. 35 Sie waren mit ein-
geschnitzten Cherubim, Palmen und
Blumengebinden verziert, deren Ver-
tiefungen mit Gold ausgeschlagen
wurden.

36 Den inneren Vorhof ließ Salomo
mit einer Mauer von drei Lagen
Quadern und einer Lage Zedernholz-
balken umgeben.

37 Im Blumenmonat* seines vierten
Regierungsjahrs war die Grundmauer
für das Haus Jahwes gelegt worden,
38 und im November seines elften
Jahres, dem Regenmonat, war es mit
seiner gesamten Einrichtung vollen-
det. Sieben Jahre hatte Salomo daran
gebaut.

Die königlichen Paläste

7 1 An seiner eigenen Palastanlage
baute Salomo 13 Jahre, bis alles
fertig war. 2 Er baute das Libanon-
waldhaus, das 50 Meter lang, 25
Meter breit und 15 Meter hoch war.
Seine Tragbalken waren aus Zedern-
holz und ruhten auf vier Reihen von
Zedernsäulen. 3 Im Obergeschoss
befanden sich 45 Räume, die mit
Zedernbrettern gedeckt waren, je
15 in einer Reihe. 4 Die Saalfenster
waren in drei Reihen angebracht, die
sich genau gegenüberstanden. 5 Die
Rahmen aller Türen waren vierfach
abgestuft. Auch an dieser Seite stan-
den je dreimal ein Fenster dem ande-
ren gegenüber.

6 Er baute auch die Säulenvorhalle,
25 Meter lang und 15 Meter breit. Sie
hatte noch einen Vorbau mit Säulen
und davor einen Aufgang.

7 Er baute die Vorhalle zum Thron-
saal, in der er Gericht hielt. Deshalb
hieß sie auch Gerichtshalle. Sie war
vom Boden bis zur Decke mit Zedern-
holz getäfelt.

8 Das Haus, in dem Salomo selbst
wohnte, lag hinter der Vorhalle im
anderen Hof. Es war von derselben
Bauart, ebenso auch das Haus für die
Tochter des Pharao, die er geheiratet
hatte.

9 Alle diese Gebäude waren vom
Grund bis zum Gesims aus besten
Quadersteinen errichtet, die außen

6,37 Siehe Vers 1.

6,38 *Regenmonat.* Althebräisch Bul = 8. Monat.

und innen mit der Steinsäge ge-
schnitten waren. 10 Die Fundamente
bestanden aus wertvollen, mächtigen
Steinblöcken, einige fünf und andere
vier Meter lang. 11 Darauf wurden
Mauern aus Quadersteinen errichtet,
auf denen Zedernbalken lagen. 12 Der
große Hof war wie der Vorhof und die
Vorhalle vom Haus Jahwes von einer
Mauer umgeben, die aus drei Lagen
Quadersteinen und einer Lage Ze-
dernbalken bestand.

Die Ausstattung des Tempels

13 König Salomo ließ Hiram aus Tyrus
kommen. 14 Er war der Sohn einer
Witwe aus dem Stamm Naftali. Sein
Vater war Tyrer, ein Bronzeschmied.
Hiram war sehr begabt, ein Meister
seines Fachs, und konnte alle mög-
lichen Gegenstände aus Bronze her-
stellen. Er kam zu König Salomo und
führte alle Arbeiten für ihn aus.

15 Er formte die beiden Bronzesäu-
len, jede neun Meter hoch. Ihr Um-
fang betrug sechs Meter. 16 Oben auf
jede Säule setzte er ein in Bronze ge-
gossenes Kapitell von zweieinhalb
Metern Höhe. 17 Für die Kapitelle
wurden kettenartige Bänder ange-
fertigt und je sieben davon an jedem
angebracht. 18 Dann machte er die
Granatäpfel und befestigte sie in zwei
Reihen auf dem Geflecht, das die Ka-
pitelle oben bedeckte. 19 Die Kapitelle
sahen wie zwei Meter hohe Blüten-
kelche aus, 20 die die Säulen über der
Ausbuchtung krönten. Dazu kamen
die 200 Granatäpfel in Reihen rings-
herum. 21 Dann wurden die Säulen
vor der Eingangshalle des Tempels
aufgestellt. Die rechte wurde Jachin,
»Er richtet auf«, genannt und die
linke Boas, »In ihm ist Stärke«. 22 Als
dann die lilienförmigen Gebilde auf
den Säulenköpfen ruhten, war die
Arbeit an den Säulen vollendet.

23 Dann machte Hiram das soge-
nannte Meer, ein gegossenes Becken
mit einem Durchmesser von fünf
Metern. Seine Höhe betrug zweiein-
halb Meter, und eine Schnur von
15 Metern Länge umspannte es.
24 Unterhalb des Randes war es mit
zwei Reihen von Buckeln verziert, von
denen zehn auf einen halben Meter
kamen. Diese Buckelverzierungen wa-
ren aus einem Guss mit dem Becken.
25 Das Becken selbst stand auf zwölf
Rindern, deren Hinterteile nach in-
nen gekehrt waren. Jeweils drei von
ihnen schauten nach Norden, Westen,
Süden und Osten. 26 Der Rand des
Beckens war wie bei einem Kelch oder
einer Lilienblüte nach außen gewölbt
und etwa eine Handbreit dick. Das
Becken fasste 44.000 Liter*.

27 Hiram machte auch zehn Gestelle
aus Bronze, jedes zwei Meter lang,
zwei Meter breit und anderthalb
Meter hoch. 28 Und so waren die
Gestelle gebaut: Sie bestanden aus
Leisten. Zwischen den Eckleisten
waren Verschlussplatten angebracht.
29 Darauf befanden sich Abbilder von
Löwen, Rindern und Cherubim. Oben
und unten waren sie von gehämmer-
ten Kränzen eingefasst. 30 Jedes Ge-
stell hatte zwei Achsen und vier Räder
aus Bronze. Die vier Füße waren
durch Seitenstücke mit der unteren

7,26 *44.000 Liter.* Hebräisch: 2000 Bat. 1 Bat = 22 Liter.

7,31 Der hebräische Text in diesem Vers ist nicht sicher zu deuten.

verzierten Leiste vergossen. 31 Der
Aufsatz, der den Kessel innerhalb
der Umkrönung aufnahm, ragte noch
50 Zentimeter darüber hinaus. Er war
in einen viereckigen Untersatz von 75
Zentimetern Seitenlänge eingesetzt
und mit Schnitzwerk verziert.* 32 Die
vier Räder befanden sich unterhalb
der Leisten, und die Radzapfen waren
am Gestell befestigt. Die Räder selbst
hatten einen Durchmesser von 75
Zentimetern. 33 Sie waren wie Wagen-
räder gebaut. Achsen, Felgen, Spei-
chen und Naben waren gegossen.
34 Die vier Eckpfosten und der Wa-
genkasten waren aus einem Guss.
35 Der ringförmige Aufsatz auf dem
Gestell ragte 25 Zentimeter darüber
hinaus und war durch Halter mit dem
Gestell fest verbunden. 36 Auf den
Seitenplatten und den Haltern wa-
ren Cherubim, Löwen und Palmen
eingraviert, und ringsherum waren
Kränze angebracht. 37 Auf diese
Weise machte Hiram alle zehn Gestel-
le aus derselben Gussform nach dem-
selben Plan und Maß. 38 Dann mach-
te er für jedes Gestell einen Kessel aus
Bronze. Jeder Kessel fasste 880 Liter
und hatte einen Durchmesser von
zwei Metern. 39 Fünf der Kesselwagen
erhielten ihren Platz auf der rechten
Seite und fünf auf der linken Seite des
Hauses. Das sogenannte Meer wurde
an der Südostecke aufgestellt.

40 Hiram fertigte auch die Töpfe,
Schaufeln und Sprengschalen und
vollendete alle Arbeiten, die König
Salomo ihm für das Haus Jahwes auf-
getragen hatte: 41 zwei Säulen und die
wulstförmigen Kapitelle, die auf den
Säulen ruhten; dazu die Geflechte, um
die beiden Kapitelle zu bedecken;
42 die 400 Granatäpfel, die in zwei
Reihen an den Geflechten hingen;
43 die zehn Gestelle mit den Kesseln
darauf; 44 das so genannte Meer und
die zwölf Rinder darunter 45 und die
Töpfe, Schaufeln und Sprengschalen.
Alle diese Gegenstände waren aus
blanker Bronze. 46 In der Jordanebene
hatte der König sie gießen lassen
und zwar in den Tonablagerungen
zwischen Sukkot und Zaretan*.
47 Allen Gegenständen gab Salomo
ihren Platz. Wegen ihrer übergroßen
Menge war das Gewicht der verar-
beiteten Bronze nicht festzustellen.

48 Salomo ließ auch die Gegenstän-
de anfertigen, die zum Haus Jahwes
gehören: den goldenen Altar und den
goldenen Tisch für die geweihten
Brote, 49 die Leuchter aus reinem
Gold, von denen fünf rechts und fünf
links vor dem hinteren Raum standen.
Dazu die blütenförmigen Aufsätze
für die Lichtschalen und die Docht-
scheren, alles aus Gold. 50 Dann die
Becken, Messer, Schalen, Schüsseln
und Feuerpfannen aus reinem Gold,
die Angeln für die Türflügel des
Tempelraums und des Höchstheili-
gen, ebenfalls aus Gold.

51 So wurden alle Arbeiten, die
König Salomo für das Haus Jah-
wes ausführen ließ, vollendet. Dann
brachte Salomo die heiligen Gaben
seines Vaters David hinein. Das Silber
und das Gold und alle Gegenstände
kamen in die Schatzkammern des
Hauses Jahwes.

7,46 *Sukkot und Zaretan* liegen etwa 34 km nordöstlich von Jericho auf der Ostseite des Jordan und der Nordseite des Jabbok.

Die Überführung der Bundeslade

8 1 Dann ließ Salomo die Ältesten
von Israel, die Oberhäupter der
Stämme und die Fürsten der Sippen
Israels nach Jerusalem kommen. Sie
sollten die Bundeslade Jahwes aus
der Davidsstadt Zion in den Tempel
hinaufbringen. 2 Zum Laubhüttenfest,
das im Oktober, dem Herbstmonat*,
stattfindet, versammelten sich alle
Männer Israels beim König. 3 In
Gegenwart der Ältesten Israels nahmen
die Priester die Lade 4 und trugen sie
zum Tempel hinauf. Auch das Zelt der
Gottesbegegnung und die heiligen
Gegenstände, die im Zelt waren, wur-
den von den Priestern und Leviten hin-
aufgebracht. 5 König Salomo und die
ganze Gemeinschaft Israels, die sich
bei ihm vor der Lade eingefunden
hatte, opferten eine unzählbare Menge
von Schafen und Rindern. 6 Dann
brachten die Priester die Bundeslade
Jahwes an ihren Platz im hintersten
Raum des Hauses, dem Höchstheili-
gen, unter die Flügel der Cherubim.
7 Die Cherubim hielten ihre Flügel
nämlich über dem Platz der Lade aus-
gebreitet und überspannten damit die
Lade und ihre Tragestangen. 8 Die
Stangen waren so lang, dass man ihre
Enden vom Heiligtum aus nur sehen
konnte, wenn man direkt vor dem hin-
teren Raum stand. Sonst waren sie vom
Heiligtum aus nicht zu sehen. Die Lade
befindet sich noch heute* dort. 9 In ihr
waren nur die beiden Tafeln, die Mose
am Horeb hineingelegt hatte, als Jahwe
den Bund mit den Israeliten bei deren
Auszug aus Ägypten schloss*. 10 Als
die Priester aus dem Heiligtum auszo-
gen, erfüllte die Wolke das ganze Haus
Jahwes. 11 Die Priester konnten ihren
Dienst nicht fortsetzen, denn die Herr-
lichkeit Jahwes erfüllte das Haus Jah-
wes. 12 Da betete Salomo: »Jahwe hat
gesagt, dass er im Wolkendunkel woh-
nen will. 13 Ich habe dir nun ein Herr-
scherhaus gebaut, eine Stätte, wo du
für immer wohnen sollst.«

Die Ansprache Salomos

14 Dann drehte sich der König um und
segnete die ganze Versammlung Is-
raels. Alle standen. 15 Dann sagte er:
»Gepriesen sei Jahwe, der Gott Israels,
der wahr machte, was er meinem Vater
David versprach: 16 ›Seit der Zeit, als
ich mein Volk aus Ägypten führte, habe
ich in keinem der Stämme Israels eine
Stadt erwählt, um dort einen Wohnsitz
für meinen Namen errichten zu lassen.
Aber David habe ich bestimmt, Herr-
scher über mein Volk zu sein.‹ 17 Nun
war es meinem Vater David ein Anlie-
gen, dem Namen Jahwes, des Gottes
Israels, ein Haus zu bauen. 18 Doch
Jahwe sagte zu meinem Vater David:
›Wenn du dir vorgenommen hast, mei-
nem Namen ein Haus zu bauen, hast
du einen guten Entschluss gefasst.
19 Aber nicht du, sondern dein leib-
licher Sohn soll dieses Haus meinem
Namen bauen.‹ 20 Und Jahwe hat die-
ses Versprechen gehalten. Ich bin an
die Stelle meines Vaters David getreten
und habe den Thron Israels bestiegen,

8,2 *Herbstmonat.* Althebräisch Etanim = 7. Monat. Salomo hatte mit der Einweihung offenbar fast ein Jahr gewartet, siehe Kapitel 6,38.

8,8 *heute.* Das meint den Zeitpunkt, als die Königsbücher verfasst wurden.

8,9 *Tafeln ... schloss.* Vergleiche 2. Mose 25,21; 32,19-20; 34,1-4.28-29.

wie Jahwe es zugesagt hat. Und ich
habe nun das Haus für den Namen
Jahwes, des Gottes Israels, gebaut
21 und einen Platz für die Lade herge-
richtet, in der die Tafeln des Bundes
liegen, den Jahwe mit den Israeliten
schloss, nachdem er sie aus Ägypten
herausgeführt hatte.«

Salomos Gebet zur Tempelweihe

22 Dann trat Salomo vor den Augen
der Versammlung Israels zum Altar
Jahwes. Er breitete seine Hände zum
Himmel aus 23 und sagte:
»Jahwe, Gott Israels! Kein Gott ist
dir vergleichbar, weder im Himmel
noch auf der Erde. Du stehst zu
deinem Bund und erhältst deinen
Dienern deine Güte, denen, die vor dir
leben und dir mit ganzem Herzen die-
nen. 24 Du hast auch deinem Diener,
meinem Vater David, deine Verspre-
chen gehalten. Was du mit dem Mund
versprachst, hast du mit der Hand er-
füllt, wie es dieser Tag zeigt. 25 Jahwe,
Gott Israels, nun erfülle auch die an-
dere Zusage, die du meinem Vater
David gegeben hast, als du sagtest:
›Es soll dir nie an einem Mann fehlen,
der vor mir auf dem Thron Israels
sitzt, wenn nur deine Söhne darauf
achten, so nach meinen Weisungen
zu leben, wie du das getan hast.‹ 26 Du
Gott Israels, lass doch in Erfüllung
gehen, was du deinem Diener David,
meinem Vater, zugesagt hast!
27 Aber will Gott wirklich auf der
Erde wohnen? Selbst der Himmel und
das ganze Universum können dich
nicht fassen, geschweige denn dieses
Haus, das ich gebaut habe! 28 Trotz-
dem bitte ich dich, Jahwe, mein Gott,
achte doch auf das Gebet deines Die-
ners und sein Flehen, hör auf sein
Rufen und seine Bitten, die er heute
vor dich bringt. 29 Halte deine Augen
Tag und Nacht über diesem Haus
offen, von dem du gesagt hast, dass
dein Name dort wohnen soll, und höre
auf das Gebet, das dein Diener zu die-
ser Stätte hin richtet! 30 Höre doch
auf das Flehen, das dein Diener und
dein Volk zu dieser Stätte hin richten
werden! Höre du es selbst in deiner
himmlischen Wohnung, dort, wo du
thronst! Ja, erhöre uns und vergib!
31 Wenn jemand sich an seinem
Nächsten versündigt und dieser einen
Eid von ihm verlangt* und er kommt
vor deinen Altar in dieses Haus und
spricht diesen Eid aus, 32 dann höre
es vom Himmel her und greife ein!
Verschaff deinen Dienern Recht! Be-
strafe den Schuldigen und lass sein
böses Tun auf ihn selbst zurückfallen,
den Schuldlosen aber sprich frei und
gib ihm, was seiner Gerechtigkeit ent-
spricht.
33 Und wenn dein Volk Israel von
Feinden besiegt wird, weil es gegen
dich gesündigt hat, und dann wieder
umkehrt und deinen Namen preist
und in diesem Haus zu dir betet und
fleht, 34 dann höre du es im Himmel
und vergib deinem Volk Israel seine
Schuld und bring es wieder in das
Land zurück, das du ihren Vorfahren
gegeben hast.
35 Wenn sich der Himmel ver-
schließt, dass es nicht regnet, weil sie
gegen dich gesündigt haben, und sie
dann zu dieser Stätte hin beten und

8,31 *Eid ... verlangt.* Siehe 2. Mose 22,10-12; 4. Mose 5,11-31.

deinen Namen preisen und von ihrer
Sünde umkehren, weil du sie gedemü-
tigt hast, 36 dann höre du es im Him-
mel und vergib deinen Dienern und
deinem Volk Israel die Sünde – denn
du führst sie den rechten Weg – und
lass es wieder regnen auf dein Land,
das du deinem Volk als Grundbesitz
gegeben hast.

37 Wenn eine Hungersnot im Land
ausbricht, wenn die Pest wütet, wenn
das Getreide durch Brand- oder Rost-
pilze, Heuschrecken oder andere
Schädlinge vernichtet wird, wenn der
Feind ins Land einfällt, wenn irgend-
eine Krankheit oder Plage sie trifft,
38 dann höre du jedes Gebet und Fle-
hen. Sei es ein Einzelner oder dein
ganzes Volk, je nachdem, was einer
als seine Plage oder seinen Schmerz
erkennt, wenn er seine Hände nach
diesem Haus hin ausbreitet, 39 dann
höre du es im Himmel, dem Ort, wo
du thronst! Und vergib; und gib
jedem, was er verdient! Denn du
kennst die verborgenen Gedanken der
Menschen und siehst ihnen ins Herz.
40 Dann werden sie dich fürchten und
auf deinen Wegen gehen, solange sie
in dem Land leben, das du unseren
Vätern gegeben hast.

41 Auch wenn ein Ausländer, der
nicht zu deinem Volk Israel zählt, dei-
netwegen aus einem fernen Land
kommt, 42 denn sie werden von dei-
nem großen Namen hören und von
dem, was du mit deiner starken Hand
und deinem ausgestreckten Arm
getan hast – wenn er also kommt und
zu diesem Haus hin betet, 43 dann
höre du es im Himmel, dem Ort, wo
du thronst, und erfülle seine Bitte! So
werden alle Völker der Erde deinen
Namen erkennen und dich fürchten,
wie dein Volk Israel es tut. Und sie
werden wissen, dass dein Name über
diesem Haus, das ich gebaut habe,
ausgerufen ist.

44 Wenn dein Volk gegen seine Fein-
de in den Krieg zieht, egal wohin du sie
schickst, und sie dann zu dir beten in
Richtung dieser Stadt, die du erwählt
hast, und dieses Hauses, das ich dei-
nem Namen gebaut habe, 45 dann
höre ihr Gebet und Flehen im Himmel
und verschaffe ihnen ihr Recht!

46 Wenn sie gegen dich sündigen –
denn es gibt keinen Menschen, der
nicht sündigt – und du über sie zornig
wirst und sie ihren Feinden auslieferst,
und diese sie in ein fernes oder nahes
Land verschleppen, 47 und sie es sich
dort zu Herzen nehmen und kehren um
und flehen im Land ihrer Gefangen-
schaft zu dir und sagen: ›Wir haben ge-
sündigt, wir haben Unrecht getan, wir
haben gottlos gehandelt!‹; 48 wenn sie
in dem Land, in dem sie gefangen sind,
anhaltend und mit ganzem Herzen und
ihrer ganzen Seele zu dir umkehren
und beten in Richtung dieses Landes,
das du ihren Vätern gegeben hast, und
dieser Stadt, die du erwählt hast, und
dieses Hauses, das ich deinem Namen
gebaut habe, 49 dann höre ihr Gebet
und Flehen im Himmel, dem Ort, wo
du thronst, und schaffe ihnen ihr
Recht! 50 Und vergib deinem Volk,
was es gegen dich gesündigt hat und
womit es sich an dir verging, und lass
sie bei ihren Bezwingern Erbarmen
finden! 51 Sie sind doch dein Volk und
dein Eigentum, das du aus Ägypten,
diesem glühenden Schmelzofen, her-
ausgeführt hast! 52 Lass deine Augen
über dem Flehen deines Dieners und

deines Volkes Israel offen sein, dass du
auf sie hörst, sooft sie zu dir rufen!
53 Denn du hast dir Israel aus allen Völ-
kern der Welt zum Eigentum erwählt,
wie du es schon durch deinen Diener
Mose gesagt hast, als du unsere Vor-
fahren aus Ägypten herausführtest,
Herr, Jahwe!«

Salomos Segen

54 Als Salomo dieses Gebet und sein
Flehen zu Jahwe beendet hatte, stand
er wieder auf. Er hatte sich nämlich
beim Beten vor dem Altar Jahwes hin-
gekniet und seine Hände zum Himmel
ausgebreitet. 55 Nun trat er vor die
Versammlung Israels und segnete sie.
Er rief laut:
56 »Gepriesen sei Jahwe, der seinem
Volk Israel Ruhe verschafft hat, wie er
es versprochen hatte. All die guten
Worte, die er uns durch seinen Diener
Mose zugesagt hat, sind eingetroffen;
kein einziges davon ist ausgeblieben.
57 Möge Jahwe, unser Gott, mit uns
sein, wie er auch mit unseren Vätern
war. Er möge uns nie verlassen, uns
niemals verstoßen! 58 Er lasse unsere
Herzen auf ihn gerichtet sein, damit
wir auf seinen Wegen gehen und die
Gebote, Vorschriften und Rechte ein-
halten, die er unseren Vorfahren
gegeben hat. 59 Mögen diese Worte,
mit denen ich vor Jahwe um Gnade
gefleht habe, ihm, unserem Gott, Tag
und Nacht gegenwärtig sein, damit
er seinem Diener und seinem Volk
Recht verschaffe, wie jeder Tag es er-
fordert. 60 Dann werden alle Völker
der Welt erkennen, dass Jahwe der
alleinige Gott ist. 61 Und ihr sollt mit
ungeteiltem Herzen bei Jahwe, unse-
rem Gott, bleiben, nach seinen Vor-
schriften leben und seine Gebote hal-
ten, wie ihr es heute tut.«

Abschluss der Feier

62 Dann feierten der König und das
ganze Volk ein Opfermahl vor Jahwe.
63 Salomo ließ zu diesem Anlass 22.000
Rinder und 120.000 Schafe schlachten.
So weihten sie das Haus Jahwes ein.
64 Zu diesem besonderen Anlass weihte
Salomo den mittleren Teil des Vorhofs
vor dem Haus Jahwes zum Opferaltar.
Denn dort ließ er die Brandopfer und
die Fettstücke der Freudenopfer ver-
brennen, weil der Bronzealtar, den er
hatte anfertigen lassen, für die Menge
der Brand- und Speisopfer und Fett-
stücke zu klein war. 65 Salomo feierte
damals auch noch das Laubhüttenfest
mit ganz Israel sieben Tage lang. Es war
eine sehr große Versammlung aus dem
ganzen Land zusammengekommen,
von Lebo-Hamat* bis zum Bach Ägyp-
tens*. Sie feierten insgesamt 14 Tage
lang. 66 Am Tag nach dem Laubhütten-
fest verabschiedete Salomo das Volk.
Alle dankten dem König und freuten
sich über das Gute, das Jahwe seinem
Diener David und seinem Volk Israel
geschenkt hatte, und zogen voller
Zuversicht nach Hause.

Gottes Antwort

9 1 Als nun Salomo das Haus Jah-
wes und das Haus für den König
vollendet hatte und alles gut gelungen

8,65 *Lebo-Hamat.* Heute: Labwe, etwa 70 km nördlich vom Berg Hermon.

Bach Ägyptens. Nach Josua 15,4 war das die Grenze zwischen Israel und Ägypten. Heute: Wadi El-Arisch.

war, was er sich vorgenommen hatte,
2 erschien ihm Jahwe ein zweites Mal,
so wie er ihm in Gibeon erschienen
war. 3 Jahwe sagte zu ihm:

»Ich habe dein Gebet und dein Flehen zu mir erhört und habe dieses Haus, das du gebaut hast, für mich ausgesondert. Ich werde meinen Namen für immer mit diesem Haus verbinden. Meine Augen und mein Herz werden immer dort sein.

4 Und du, wenn du so vor mir lebst
wie dein Vater David, aufrichtig mit
Herz und Hand, wenn du also meine
Gebote, Vorschriften und Rechte be-
achtest, 5 dann werde ich deine Herr-
schaft über Israel bestehen lassen, wie ich es deinem Vater David zugesagt habe, als ich den Bund mit ihm schloss: ›Es soll dir nie an einem Mann auf dem Thron Israels fehlen.‹

6 Wenn ihr euch aber von mir ab-
wendet, wenn ihr meine Vorschriften
und Gebote nicht mehr beachtet und
stattdessen anderen Göttern nach-
lauft und euch vor ihnen niederwerft,
7 dann werde ich Israel aus dem Land,
das ich ihnen gegeben habe, heraus-
reißen. Dann werde ich dieses Haus,
das ich meinem Namen geheiligt
habe, keines Blickes mehr würdigen.
Dann wird Israel zum Gespött und
zum Hohn für alle Völker. 8 Und die-
ses Haus wird ein Trümmerhaufen
sein. Jeder, der vorübergeht, wird sich
dann entsetzt fragen: ›Warum hat
Jahwe das diesem Land und diesem
Haus angetan?‹ 9 Dann wird man
ihnen antworten: ›Weil sie Jahwe, ihren Gott, der ihre Väter aus Ägypten herausführte, verlassen und sich anderen Göttern zugewandt haben. Weil sie ihnen gedient und sich vor ihnen niedergeworfen haben, hat er all dieses Unheil über sie gebracht.‹«

Salomos Unternehmungen

10 Zwanzig Jahre lang hatte Salomo
am Haus Jahwes und an seinem
Regierungspalast gebaut. 11 König
Hiram von Tyrus hatte ihm nach sei-
nem Wunsch Zedern- und Zypressen-
holz und Gold geliefert. Damals trat
König Salomo Hiram zwanzig Städte
in Galiläa ab. 12 Hiram kam von Tyrus,
um sie sich anzusehen, aber sie gefie-
len ihm nicht. 13 »Was sind das für
Städte, die du mir da gegeben hast,
mein Bruder«, sagte er zu Salomo. Er
nannte sie Land Kabul, Ramsch-Land.
So heißt die Gegend bis heute.
14 Hiram hatte Salomo immerhin vier
Tonnen Gold geliefert.*

15 Salomo setzte bei allen Bauarbei-
ten Zwangsarbeiter ein: beim Bau des Hauses Jahwes und bei seinem eigenen Palast, beim Ausbau der Verteidigungsanlagen und der Stadtmauern von Jerusalem, Hazor*, Megiddo* und Geser*.

9,14 *Was ... geliefert.* Hiram wollte seine Lebensmittelversorgung auch nach Fertigstellung der Bauten für Salomo sichern. Deshalb war er mit dem Landstrich nicht zufrieden. Offenbar gab Salomo Hiram noch einiges kultiviertes Land in der Küstenebene dazu und erhielt im Gegenzug ein Gebiet im Hochland, das der Stamm Ascher eigentlich erobert haben sollte, und besiedelte es (2. Chronik 8,2).

9,15 *Hazor.* Wichtigste Festung im Norden, 14 km nördlich vom See von Galiläa.

Megiddo war eine bedeutende Stadt am Südwestrand des Jesreel-Tales. Die Festung bewachte einen wichtigen Pass, der durch die Karmel-Bergkette verlief.

Geser. Stadt im nördlichen Teil der Schefela, 27 km südöstlich von Joppe.

16 Die Kanaaniterstadt Geser war vom
Pharao, dem König von Ägypten, erobert und eingeäschert worden. Er hatte alle Einwohner töten lassen und dann die Stadt seiner Tochter als Mitgift in die Ehe mit Salomo gegeben.
17 Salomo ließ Geser wieder aufbauen,
dazu das untere Bet-Horon* 18 und
Baalat* und Tamar* im Wüstenland,
19 außerdem alle seine Vorratsstädte und die Städte, in denen er seine Streitwagentruppen stationiert hatte. Auch alles, was Salomo sonst noch in Jerusalem, auf dem Libanon und in seinem ganzen Herrschaftsgebiet bauen wollte, ließ er von Zwangsarbeitern errichten. 20 Das waren Amoriter, Hetiter, Perisiter, Hewiter und Jebusiter, also keine Israeliten. 21 Es waren Nach-
kommen der Bewohner des Landes, an denen die Israeliten nicht den Bann* vollstrecken konnten. Die machte Salomo zu Sklaven und zog sie zur Zwangsarbeit* heran. So ist es bis heute.
22 Von den Israeliten machte Salomo keine Sklaven, sondern sie waren seine Soldaten, seine Beamten, seine Truppenführer und Streitwagenkämpfer.
23 Im Dienst seiner Vögte standen 550 Beamte, die für die Bauarbeiten Salomos verantwortlich waren und die Zwangsarbeiter beaufsichtigten.

24 Als die Tochter des Pharao aus der Davidsstadt in den Palast gezogen war, den Salomo für sie gebaut hatte, begann er mit den Arbeiten am Stadtwall.

25 Dreimal im Jahr opferte Salomo Brand- und Freudenopfer auf dem Altar, den er für Jahwe gebaut hatte. Auch Räucheropfer verbrannte er auf diesem Altar vor Jahwe. So erfüllte das Haus seinen Zweck.

26 In Ezjon-Geber bei Elat*, das an der Küste des Schilfmeeres in Edom* liegt, ließ Salomo eine Flotte bauen.
27 Hiram stellte erfahrene Seeleute zur Verfügung, die mit den Männern Salomos fuhren. 28 So segelten sie bis
nach Ofir* und brachten von dort 16 Tonnen* Gold zum König Salomo.

9,17 *Bet-Horon*. Die Zwillingsstädte waren nur 3 km voneinander entfernt und beherrschten die wichtige Zugangsstraße von der Küstenebene ins Hügelland. Sie lagen 19 km nordwestlich von Jerusalem.

9,18 *Baalat* ist der ältere Name für *Kirjat-Jearim* an der Grenze von Juda und Benjamin. Heute: *Deir el-Azar.*

Tamar. Wahrscheinlich ist nach 2. Chronik 8,4 *Tadmor* gemeint, eine große Oase in der nordsyrischen Wüste. Heute: *Palmyra,* 208 km nordöstlich von Damaskus.

9,21 *Bann*. Das bedeutete normalerweise die vollständige Vernichtung von Menschen, Tieren und Gütern.

Zwangsarbeit. Israeliten wurden nur zeitweise dazu herangezogen (1. Könige 5,28), die genannten Sklaven dauerhaft.

9,26 *Ezjon-Geber* und *Elat* lagen am Nordende des Golfs von Akaba in der Nähe der Stadt Akaba.

Edom. Land östlich der Araba und südlich vom Toten Meer, bewohnt von den Nachkommen Esaus.

9,28 *Ofir*. Josephus, LXX und Vulgata (Hiob 28,16) verstanden darunter Indien. Dafür spricht, dass es alle in der Bibel erwähnten Güter (Gold, Silber, Edelsteine, Hölzer, Elfenbein, Affen und Pfauen) im alten Indien gab. Ferner ist bekannt, dass vom 2. Jahrtausend v. Chr. an ein lebhafter Handel zwischen dem Persischen Golf und Indien getrieben wurde. Dazu waren Hochseeschiffe (1. Könige 22,48: Tarschisch-Schiffe) nötig. Eine andere Theorie besagt, dass *Ofir* eine Stadt war, die vermutlich an der südwestlichen Küste Arabiens oder 75 km nördlich von Bombay (Supura) lag.

16 Tonnen. Wörtlich: 450 Talente. Als Gewichtseinheit entspricht 1 Talent etwa 34,5 Kilogramm.

Die Königin von Saba zu Besuch

10 1 Als der Ruf Salomos und der
Name Jahwes bis zur Königin
von Saba* drang, kam sie, um Salomo
mit schwierigen Fragen zu prüfen.
2 Sie reiste mit einem gewaltigen
Gefolge nach Jerusalem. Ihre Kamele
waren schwer mit duftenden Ölen,
Gold und Edelsteinen beladen. Als sie
zu Salomo kam, besprach sie alles mit
ihm, was sie sich überlegt hatte. 3 Sa-
lomo beantwortete alle ihre Fragen.
Es gab nichts, was ihm verborgen war
und worauf er keine Antwort gewusst
hätte. 4 Als die Königin von Saba die
Weisheit Salomos erkannte, als sie
den Palast sah, den er gebaut hatte,
5 die Speisen an seiner Tafel, die Sitz-
plätze seiner Beamten, die gute Bedie-
nung und die kostbaren Gewänder
seiner Diener und Mundschenke und
das Brandopfer, das er im Haus Jah-
wes opfern ließ, verschlug es ihr den
Atem. 6 Sie sagte zum König: »Es ist
tatsächlich alles wahr, was ich in mei-
nem Land über dich und deine Weis-
heit gehört habe! 7 Ich wollte es nicht
glauben, bis ich es mit eigenen Augen
gesehen hatte. Und nun sehe ich: Man
hat mir nicht einmal die Hälfte gesagt.
Deine Weisheit und dein Reichtum
übertrifft alles, was ich je über dich
gehört habe. 8 Was für ein Vorrecht
haben deine Männer, deine Minister,
die täglich bei dir sind und deine wei-
sen Worte hören. 9 Gepriesen sei
Jahwe, dein Gott, dem es gefiel, dich
auf den Thron Israels zu setzen. Weil
Jahwe Israel ewig liebt, hat er dich
zum König gemacht, damit du für
Recht und Gerechtigkeit sorgst.«

10 Dann übergab sie dem König
mehr als vier Tonnen* Gold, eine
Menge duftender Öle und Edelsteine.
Nie wieder hat es so viel kostbares Öl
gegeben wie dieses, das die Königin
von Saba Salomo als Geschenk über-
brachte.

11 Die Flotte Hirams, die Gold aus
Ofir holte, hatte eine große Menge
Almuggimholz* und Edelsteine mit-
gebracht. 12 Der König hatte aus dem
Almuggimholz Geländer für das Haus
Jahwes und den Regierungspalast an-
fertigen lassen und Zithern und Harfen
für die Tempelsänger. Bis heute ist nie
mehr so viel Almuggimholz nach Juda
gekommen und hier gesehen worden.

13 König Salomo erfüllte der Köni-
gin von Saba jeden Wunsch, den sie
äußerte, und beschenkte sie darüber
hinaus so reich, wie er nur konnte.
Danach kehrte sie mit ihrem Gefolge
wieder in ihr Land zurück.

Salomos Reichtum

14 In einem einzigen Jahr gingen bei
Salomo 23 Tonnen* Gold ein. 15 Dazu
kam noch das, was die Händler ein-
brachten und was von allen Königen

10,1 *Saba.* Land im Süden Israels (siehe Matthäus 12,42), vielleicht auf der südwestlichen arabischen Halbinsel in der Nähe des heutigen Jemen. Die genaue Lage ist ungewiss.

10,10 *vier Tonnen.* Wörtlich: 120 Talente.

10,11 *Almuggim* bezeichnet eine nicht näher bestimmbare sehr wertvolle Holzart.

10,14 *23 Tonnen.* Wörtlich: 666 Talente.

10,16 *sieben Kilogramm.* Wörtlich: 600 (Schekel). Der königliche Schekel wog etwa 13 Gramm, der Schekel nach gefundenen Gewichten 11,5 Gramm.

10,17 Das Libanonwaldhaus war eine große Halle, die Salomo neben seinem Regierungspalast hatte bauen lassen, siehe Kapitel 7,2.

Arabiens und den Statthaltern des
Landes einging.
16 König Salomo ließ 200 Lang-
schilde anfertigen und mit Gold
überziehen. Sieben Kilogramm* ge-
hämmertes Gold verwendete er für
jeden Schild. 17 Dazu ließ er noch
300 Kleinschilde machen und jeden
mit dreieinhalb Kilogramm gehäm-
mertem Gold überziehen. Er brachte
sie alle in das Libanonwaldhaus*.
18 Weiter ließ der König einen großen
Thron aus Elfenbein anfertigen und
mit purem Gold überziehen. 19 Der
Thron hatte sechs Stufen und ein run-
des Kopfstück hinten. Zu beiden Sei-
ten des Sitzes befanden sich Armleh-
nen, neben denen zwei Löwenfiguren
standen. 20 Auch auf jeder der sechs
Stufen stand rechts und links je eine
Löwenfigur. Noch nie ist so etwas für
ein Königreich geschaffen worden.
21 Alle Trinkgefäße Salomos waren
aus reinem Gold und auch sämtliche
Gegenstände, die zum Libanonwald-
haus gehörten. Silber war zur Zeit
Salomos wertlos, 22 denn der König
hatte hochseetüchtige Schiffe, die mit
den Schiffen Hirams fuhren. Alle drei
Jahre kam die Tarschisch-Flotte* und
brachte Gold und Silber, Elfenbein,
Affen und Pfauen. 23 Somit übertraf
König Salomo alle anderen Könige
der Erde an Reichtum und Weisheit.
24 Menschen aus aller Welt suchten
ihn auf, um sich persönlich von der
Weisheit zu überzeugen, die Gott ihm
verliehen hatte. 25 Alle brachten ihm
Geschenke: silberne und goldene
Gegenstände, Festgewänder und Waf-
fen, kostbare Öle, Pferde und Maultie-
re. So ging es Jahr um Jahr.
26 Salomo beschaffte sich 1400
Streitwagen und 12.000 Pferde. Er sta-
tionierte sie in den Wagenstädten und
bei sich in Jerusalem. 27 Unter seiner
Regierung war Silber in Jerusalem so
viel wert wie Steine, und Zedern so viel
wie die Maulbeerfeigenbäume, die in
der Niederung wachsen. 28 Die Pferde
bekam Salomo aus Ägypten und aus
allen möglichen anderen Ländern.
Seine Händler kauften sie dort auf.
29 Bei der Ausfuhr aus Ägypten wurde
ein Streitwagen mit 600 Silberstücken*
gehandelt und ein Pferd mit 150. Seine
Händler belieferten auch die Könige der
Hetiter und Syrer.

Salomos Frauen und sein Götzendienst

11 1 König Salomo liebte aber
viele ausländische Frauen,
denn er hatte neben der Tochter des
Pharao Frauen von den Moabitern*,
den Ammonitern*, den Edomitern*,

10,22 *Tarschisch* war die phönizische Kolonie Tartessus in Südspanien, wo Silber abgebaut wurde. Doch konnte offenbar auch ein anderes Gebiet im südlichen Teil des Roten Meeres, wo kostbare Metalle abgebaut wurden, so genannt werden (siehe 2. Chronik 20,36). Die großen hochseetüchtigen Handelsschiffe der Phönizier nannte man generell Tarschisch-Schiffe.

10,29 *600 Silberstücke.* Wörtlich: Schekel. Das entspricht etwa 6,9 kg Silber für einen Streitwagen und 1,7 kg Silber (150 Schekel) für ein Pferd.

11,1 Die *Moabiter* lebten östlich des Toten Meeres zwischen den Flüssen Arnon und Zered.

Die *Ammoniter* waren nordöstliche Nachbarn der Moabiter.

Das Land *Edom* lag östlich der Araba im Süden des Toten Meeres und wurde von den Nachkommen Esaus, den *Edomitern*, bewohnt.

den Sidoniern* und den Hetitern* ge-
nommen. 2 Jahwe hatte den Israeliten
verboten, sich mit diesen Völkern zu
vermischen. »Sonst würden sie euch
dazu verführen, auch ihre Götter
zu verehren«, hatte er gesagt. Doch
Salomo hing mit Liebe an diesen
Frauen. 3 Insgesamt hatte er 700 vor-
nehme Frauen und 300 Nebenfrauen,
die ihn immer mehr beeinflussten.
4 Als er älter wurde, brachten sie ihn
dazu, andere Götter zu verehren. Da
war sein Herz nicht mehr ungeteilt
Jahwe, seinem Gott, ergeben wie das
Herz seines Vaters David. 5 So ver-
ehrte Salomo Astarte*, die Göttin der
Sidonier, und Milkom*, das Scheusal
der Ammoniter. 6 Auf diese Weise tat
Salomo, was Jahwe missfiel. Er folgte
ihm nicht so treu wie sein Vater David.
7 Damals baute er auf einem Hügel
östlich von Jerusalem ein Höhen-
heiligtum für Kemosch, das Scheusal
der Moabiter, und für Moloch, das
Scheusal der Ammoniter. 8 Ebenso
machte er es für alle seine ausländi-
schen Frauen, damit sie ihren Göttern
Räucheropfer bringen und Opfer-
mahle feiern konnten.

Jahwes Zorn über Salomo

9 Da wurde Jahwe zornig über Salo-
mo, weil dieser sich innerlich von ihm,
dem Gott Israels, abgewandt hatte.
Zweimal war er ihm erschienen 10 und
hatte ihm verboten, anderen Göttern
zu folgen. Doch Salomo hatte nicht
auf Jahwe gehört. 11 Da sagte Jahwe
zu ihm: »Weil dir das alles bewusst
war und du trotzdem meinen Bund
und meine Weisungen nicht beachtet
hast, werde ich dir das Königtum weg-
nehmen und es einem deiner Diener
geben. 12 Nur deinem Vater David zu-
liebe mache ich das nicht schon zu dei-
nen Lebzeiten. Ich werde es tun, wenn
dein Sohn die Herrschaft übernehmen
will. 13 Doch ich werde ihm nicht die
ganze Herrschaft wegnehmen. Einen
der zwölf Stämme werde ich ihm las-
sen, meinem Diener David und meiner
erwählten Stadt Jerusalem zuliebe.«
14 Jahwe ließ Salomo einen erbitter-
ten Feind* erstehen. Er hieß Hadad
und stammte aus der königlichen
Familie von Edom. 15 Das kam so:
David war im Krieg mit Edom, weil
diese einige Israeliten erschlagen
hatten.* Als nun sein Heerführer Joab
in Edom einmarschierte, um die Er-
schlagenen zu begraben, brachte er
außerdem alle männlichen Edomiter
um. 16 Sechs Monate blieb er mit dem
ganzen Heer dort, bis alles getan war.
17 Hadad war damals im jugendlichen
Alter und konnte mit einigen edomiti-
schen Männern, Gefolgsleuten seines
Vaters, nach Ägypten entkommen.

11,1 *Sidon*, heute Saida im Libanon, war eine bedeutende Stadt Phöniziens, 40 km nördlich von Tyrus. Ihre Einwohner und die des ganzen Gebiets werden Sidonier genannt.

Die aus Kleinasien stammenden *Hetiter* lebten damals in verschiedenen Stadtstaaten im Norden Syriens.

11,5 *Astarte* wurde als Fruchtbarkeits- und Liebesgöttin verehrt. Ihr Kult war möglicherweise mit sexuellen Riten verbunden.

Milkom ist ein anderer Name für Moloch, dem auch Kinder geopfert wurden.

11,14 *Feind.* Hebräisch: *Satan.* Der Inbegriff für den Todfeind schlechthin.

11,15 *erschlagen hatten.* Der mutmaßliche Kriegsgrund wurde zum besseren Verständnis eingefügt. Die Begebenheit wird sonst im Alten Testament nicht berichtet.

18 Sie waren über das Land Midian in
die Oase Paran gelangt. Dort fanden
sie ortskundige Männer, die sie zum
Pharao nach Ägypten führten. Der
ägyptische König gab ihm ein Haus
und ein Stück Land und sorgte für
seinen Unterhalt. 19 Hadad gefiel ihm
so gut, dass er ihm sogar die Schwes-
ter seiner Frau, also die Schwester
der Königin Tachpenes, zur Frau gab.
20 Diese schenkte ihm einen Sohn
namens Genubat. Die Entwöhnung
von der Mutterbrust feierte Tachpe-
nes im Palast des Pharao. Von da an
wuchs Genubat gemeinsam mit den
Königssöhnen beim Pharao auf. 21 Als
nun Hadad in Ägypten hörte, dass
David beigesetzt worden war und dass
auch dessen Heerführer Joab tot war,
sagte er zum Pharao: »Lass mich bitte
in mein Land zurückkehren!« 22 »Was
fehlt dir denn bei mir?«, fragte der
Pharao. »Warum willst du in dein
Land zurück?« – »Nicht doch«, sagte
Hadad, »entlass mich bitte!«

23 Gott ließ Salomo noch einen an-
deren unerbittlichen Feind erstehen,
Reson Ben-Eljada. Er hatte im Dienst
Hadad-Esers, des Königs von Zoba*,
gestanden und war geflohen, 24 als
David die syrischen Hilfstruppen nie-
dermachte. Er sammelte Männer um
sich und wurde Führer einer Schar
von Rebellen. Sie zogen nach Damas-
kus, nahmen die Stadt in Besitz und
herrschten dort wie Könige. 25 Solan-
ge Salomo lebte, war er sein erbitter-
ter Feind und verabscheute Israel. Er
vermehrte das Unheil, das von Hadad
ausging, und wurde schließlich sogar
König über Syrien.

26 Auch Jerobeam Ben-Nebat, ein
Beamter Salomos, erhob sich gegen
den König. Er stammte aus Zereda in
Efraïm. Seine Mutter war Witwe und
hieß Zerua. 27 Seine Rebellion gegen
den König hatte folgende Ursache: Sa-
lomo hatte den Stadtwall bauen lassen,
um die Lücke in der Stadt seines Vaters
David zu schließen. 28 Jerobeam war
ein tüchtiger Mann. Als Salomo sah,
wie der junge Mann arbeitete, übertrug
er ihm die Aufsicht über alle Zwangs-
arbeiter des Hauses Josef*. 29 Als Jero-
beam einmal Jerusalem verließ, be-
gegnete er dem Prophcten Ahija von
Schilo, der einen neuen Mantel trug.
Als beide allein auf dem freien Feld
waren, 30 nahm Ahija seinen neuen
Mantel und zerriss ihn in zwölf Stücke.
31 Dann sagte er zu Jerobeam: »Nimm
dir zehn Stücke, denn so spricht Jahwe,
der Gott Israels: ›Pass auf! Ich will
Salomo die Herrschaft entreißen und
dir zehn Stämme geben. 32 Nur einen
Stamm* lasse ich ihm, meinem Diener
David zuliebe und meiner aus allen
Stämmen Israels erwählten Stadt Jeru-
salem. 33 So bestrafe ich die Israeliten
dafür, dass sie mir den Rücken kehrten
und sich niedergebeugt haben vor
Astarte, der Göttin der Sidonier, vor Ke-
mosch, dem Gott der Moabiter, und vor
Milkom, dem Gott der Ammoniter. Sie
sind nicht auf meinen Wegen geblieben
und lebten nicht so, wie es mir gefällt.

11,23 *Zoba* war ein kleines Königreich nördlich von Damaskus, das David besiegt hatte (2. Samuel 8,3-12; 10,6-19).

11,28 *Haus Josef* meint die Stämme Efraïm und Manasse, die aus den Söhnen Josefs hervorgegangen waren.

11,32 *einen Stamm.* Das meint Juda und den mit ihm verbundenen kleinen Stamm Benjamin, siehe Kapitel 12,21.

Salomo hat meine Vorschriften und
Rechte nicht so beachtet wie sein Vater
David. 34 Und meinem Diener David
zuliebe, den ich erwählt habe und der
sich an meine Gebote und Vorschriften
gehalten hat, werde ich Salomo das Kö-
nigreich nicht nehmen, sondern ihn, so-
lange er lebt, Fürst meines Volkes sein
lassen. 35 Aber seinem Sohn werde ich
das Königtum wegnehmen und dir die
Herrschaft über die zehn Stämme
geben. 36 Ihm lasse ich einen Stamm,
damit mein Diener David stets einen
Nachkommen vor mir in Jerusalem hat,
der Stadt, die ich erwählt habe, dass
mein Name dort wohnt. 37 Dich aber
mache ich zum König über alles, was du
nur wünschen kannst. Du sollst König
über Israel werden. 38 Und wenn du auf
das hörst, was ich dir gebiete, wenn du
auf meinen Wegen gehst und tust, was
mir gefällt, wenn du meine Vorschriften
und Gebote beachtest wie mein Diener
David, dann werde ich mit dir sein.
Dann wird auch deine Nachkommen-
schaft bestehen bleiben, so wie ich es
David für seine Nachkommen garan-
tiert habe. Und dir gebe ich Israel. 39 So
werde ich Davids Nachkommenschaft
demütigen, aber nicht für immer.‹«

40 Salomo wollte Jerobeam um-
bringen lassen, doch dieser entkam
und floh nach Ägypten zu Schischak,
dem ägyptischen König. Dort blieb er
bis zu Salomos Tod.

41 Was sonst noch über Salomo zu
sagen ist, über seine Taten und seine
Weisheit, findet man in der Chronik Sa-
lomos*. 42 Vierzig Jahre lang regierte
Salomo über ganz Israel in Jerusalem.
43 Als er gestorben war, bestattete man
ihn in der Davidsstadt, und sein Sohn
Rehabeam trat die Herrschaft an.

Die Reichsteilung

12 1 Rehabeam reiste nach Si-
chem*, denn ganz Israel war
dorthin gekommen, um ihn als König
zu bestätigen. 2 Als Jerobeam Ben-
Nebat davon gehört hatte, war er aus
Ägypten zurückgekehrt, wohin er vor
Salomo hatte fliehen müssen. 3 Nun
ließen die Stämme Israels ihn rufen.
Da stellte er sich zusammen mit ihnen
vor Rehabeam und sagte: 4 »Dein
Vater hat uns ein hartes Joch aufer-
legt. Erleichtere uns jetzt die Last, die
dein Vater uns aufgebürdet hat, und
seine harte Zwangsarbeit, dann wol-
len wir dir untertan sein.« 5 »Kommt
in drei Tagen wieder zu mir!«, er-
widerte Rehabeam. Als das Volk ge-
gangen war, 6 beriet sich König Reha-
beam mit den Alten, die bereits im
Dienst seines Vaters Salomo gestan-
den hatten. Er fragte sie: »Was ratet
ihr mir? Welche Antwort soll ich dem
Volk geben?« 7 Sie sagten: »Wenn du
ihnen heute zu Willen bist, wenn du
ihnen entgegenkommst und freund-
lich mit ihnen redest, werden sie dir
für immer gehorchen.« 8 Doch er ver-
warf den Rat der Alten und fragte die
jungen Leute, die mit ihm aufgewach-
sen waren und jetzt in seinem Dienst
standen. 9 »Was ratet ihr mir? Was sol-
len wir diesem Volk sagen, das von mir

11,41 *Chronik Salomos.* Das war eine schriftliche Quelle über das Leben und die Regierung Salomos, die dem Verfasser der Königsbücher zur Verfügung stand.

12,1 *Sichem* war eine strategisch und religiös bedeutende Stadt auf dem Pass (*Sichem* = Schulter) zwischen den Bergen Ebal im Norden und Garizim im Süden.

verlangt hat, das Joch zu erleichtern,
das mein Vater auf sie gelegt hat?«
10 Da sagten ihm die jungen Leute,
die mit ihm aufgewachsen waren:
»Dem Volk, das von dir verlangt, das
schwere Joch zu erleichtern, das dein
Vater ihm auferlegt hat, sollst du
sagen: ›Mein kleiner Finger ist dicker
als die Hüften meines Vaters! 11 Mein
Vater hat euch eine schwere Last auf-
geladen, ich werde sie noch schwerer
machen! Mein Vater hat euch mit
Peitschen gezüchtigt, ich werde es mit
Stachelpeitschen tun!‹«

12 Am dritten Tag kamen Jerobeam
und das ganze Volk wieder zu Rehabe-
am, wie der König ihnen gesagt hatte.
13 König Rehabeam gab ihnen eine
harte Antwort. Er verwarf die Emp-
fehlung der Alten 14 und richtete sich
nach dem Rat der jungen Leute. Er
sagte: »Mein Vater hat euch eine
schwere Last aufgeladen, ich werde
sie noch schwerer machen! Mein
Vater hat euch mit Peitschen ge-
züchtigt, ich werde es mit Stachel-
peitschen tun!« 15 Der König hörte
also nicht auf das Volk. Jahwe hatte
es so gefügt, um das Wort wahr zu
machen, das er, Jahwe, durch Ahija
von Schilo zu Jerobeam Ben-Nebat
gesprochen hatte. 16 Als nun die
Männer Israels sahen, dass der König
nicht auf sie hören wollte, riefen sie:

»Was geht uns Davids Sippe an? /
Isais Sohn gehört nicht zu uns! /
Auf, nach Hause, Israel! /
Mag Davids Sippe doch sehen,
wo sie bleibt!«

So löste sich die Versammlung auf und
jeder ging nach Hause. 17 Rehabeam
blieb nur über die Israeliten König,
die in den Städten Judas wohnten.
18 Als König Rehabeam dann auch
noch Hadoram, den Beauftragten für
die Zwangsarbeit, hinschickte, stei-
nigten ihn die Israeliten zu Tode. Der
König selbst konnte sich gerade noch
auf seinen Wagen retten und nach Jeru-
salem entkommen. 19 So sagten sich die
Nordstämme Israels vom Königshaus
David los und sind bis zum heutigen
Tag von ihnen getrennt.

Jerobeam wird König von Israel

20 Als es sich in Israel herumge-
sprochen hatte, dass Jerobeam zurük-
kgekehrt war, ließen ihn die Nord-
stämme in ihre Volksversammlung
rufen und machten ihn zu ihrem
König. Nur der Stamm Juda hielt sich
noch zum Königshaus Davids.

21 Als Rehabeam in Jerusalem ange-
kommen war, stellte er aus den Stäm-
men Juda und Benjamin ein Heer von
180.000 Soldaten zusammen. Sie
sollten gegen Israel kämpfen, um die
Königsherrschaft für Rehabeam zu-
rückzuerobern. 22 Da kam das Wort
Jahwes zu einem Mann Gottes na-
mens Schemaja: 23 »Sag zu Reha-
beam Ben-Salomo, dem König von
Juda, und zu dem Rest des Volkes in
Juda und Benjamin: 24 ›So spricht
Jahwe: Zieht nicht los! Kämpft nicht
gegen eure Brüder! Kehrt allesamt
nach Hause zurück! Ich selbst habe
es so gefügt.‹« Da gehorchten sie
den Worten Jahwes, kehrten um und
gingen nach Hause.

Jerobeams falscher Gottesdienst

25 Jerobeam baute Sichem im Berg-
land von Efraïm aus und machte es zu

seiner Residenz. Später ließ er auch
Pnuël* ausbauen.
26 Aber er fürchtete, dass das König-
tum doch wieder an die Nachkommen
Davids zurückfallen könnte. 27 »Wenn
das Volk regelmäßig nach Jerusalem
zieht«, dachte er, »und dort im Haus
Jahwes Opferfeste feiert, dann werden
sich die Leute bald wieder ihrem frühe-
ren Herrn, dem König von Juda, zu-
wenden und Rehabeam als ihren König
anerkennen. Mich werden sie umbrin-
gen und sich Rehabeam unterstellen.«
28 So beschloss er, zwei Stierkälber aus
Gold anfertigen zu lassen. Zum Volk
sagte er: »Ihr müsst nicht länger nach
Jerusalem gehen. Hier sind deine Göt-
ter, Israel, die dich aus Ägypten heraus-
geführt haben!« 29 Das eine Stierkalb
ließ er in Bet-El* aufstellen, das andere
in Dan*. 30 Doch diese Sache wurde
zur Sünde. Die Leute nahmen sogar
den Weg nach Dan auf sich, um ein
Kalb anzubeten. 31 Jerobeam ließ auch
ein Höhenheiligtum bauen und setzte
Priester aus dem Volk ein, die nicht
zum Stamm Levi gehörten. 32 Dann
richtete er ein Fest ein, das am 15. No-
vember* stattfinden und dem Laubhüt-
tenfest in Jerusalem entsprechen sollte.
Dabei stieg er in Bet-El auf den Altar,
um seinem Kalb zu opfern. Die Priester,
die er eingesetzt hatte, wirkten dabei
mit. 33 Am 15. November, an dem Tag,
den er eigenmächtig festgesetzt hatte,
veranstaltete Jerobeam ein Fest für die
Israeliten. Dazu stieg er auf den Altar,
den er in Bet-El aufgestellt hatte, um
ein Räucheropfer darzubringen.

Der Gottesmann aus Juda

13 1 Noch während Jerobeam auf
dem Altar stand, kam ein
Mann Gottes aus Juda, der von Jahwe
geschickt worden war. 2 Im Auftrag
Jahwes rief er zum Altar hin: »Altar!
Altar! So spricht Jahwe: ›Pass auf! Ein
Sohn wird dem Königshaus David ge-
boren werden mit Namen Joschija.
Der wird die Priester schlachten, die
auf dir Opfer gebracht haben, und
wird Menschenknochen auf dir ver-
brennen lassen!‹« 3 Gleichzeitig kün-
digte er ein Wunderzeichen an und
rief: »Als Zeichen dafür, dass Jahwe
gesprochen hat, wird der Altar zer-
bersten und die Asche darauf ver-
schüttet werden.« 4 Als König Jero-
beam noch auf dem Altar stehend das
hörte, streckte er die Hand aus und
rief: »Packt ihn!« Im gleichen Augen-
blick wurde sein Arm steif, dass er
die Hand nicht mehr zurückziehen
konnte. 5 Der Altar zerbarst und die
Asche darauf wurde verschüttet, wie
der Mann Gottes es angekündigt
hatte. 6 Da bat der König den Mann
Gottes: »Besänftige doch Jahwe, dei-
nen Gott, und bete für mich, dass
ich meine Hand wieder zurückziehen
kann.« Der Mann Gottes tat es und der
König konnte seine Hand wieder

12,25 *Pnuël.* Strategisch bedeutende Stadt im Ostjordanland an einer Furt des Jabbok.

12,29 *Bet-El (Haus Gottes).* Jakob hatte hier einen Altar gebaut, vgl. 1. Mose 35,1-15. Der Ort lag etwa 19 km nördlich von Jerusalem auf dem Gebirge Efraïm, der südlichste Punkt des Nordreiches.

Dan. Die Stadt lag ganz im Norden des Landes in der Nähe des Berges Hermon.

12,32 *November.* Wörtlich: des 8. Monats. Zum Datum siehe unter *Schaltmonat* im Vorwort des Übersetzers.

benutzen wie vorher. 7 Dann sagte der
König zu dem Mann Gottes: »Komm
doch mit mir ins Haus und stärke dich!
Ich möchte dir auch ein Geschenk mit-
geben.« 8 Doch dieser erwiderte dem
König: »Selbst wenn du mir die Hälfte
deines Besitzes geben würdest, käme
ich nicht mit. Ich werde hier an diesem
Ort weder essen noch trinken. 9 Denn
Jahwe hat mir befohlen: ›Du darfst
dort nichts essen und nichts trinken
und auch nicht auf dem Weg zurück-
gehen, auf dem du hingehst!‹« 10 So
verließ er Bet-El auf einem anderen
Weg, als er gekommen war.

11 Nun wohnte in Bet-El ein alter
Prophet. Dessen Söhne kamen heim
und erzählten, was der Mann Gottes
aus Juda getan und was er zum König
gesagt hatte. 12 »Welchen Weg ist er
gegangen?«, fragte ihr Vater. Seine
Söhne hatten beobachtet, welchen
Weg der Mann Gottes eingeschlagen
hatte, und sagten es ihm. 13 Da sagte
er: »Sattelt mir den Esel!« Dann stieg
er auf 14 und folgte dem Mann Gottes.
Er fand ihn unter einer Terebinthe*
sitzend. »Bist du der Mann Gottes aus
Juda?«, fragte er ihn. »Ja«, sagte die-
ser. 15 »Komm mit in mein Haus und
iss etwas!«, bat er ihn dann. 16 Doch
er erwiderte: »Ich darf nicht mit dir
umkehren. Ich darf hier an diesem
Ort nichts essen und nichts trinken.
17 Denn Jahwe hat mir das ausdrück-
lich befohlen und außerdem gesagt,
dass ich auf einem anderen Weg nach
Hause zurückkehren soll.« 18 Da
sagte der Alte zu ihm: »Ich bin auch
ein Prophet wie du, und ein Engel hat
mir im Auftrag Jahwes gesagt: ›Bring
ihn mit nach Hause und gib ihm zu
essen und zu trinken.‹« Doch das
war gelogen. 19 Da kehrte der Mann
Gottes mit ihm zurück und aß und
trank bei ihm.

20 Während sie zu Tisch saßen, kam
das Wort Jahwes zu dem Propheten,
der den Mann Gottes aus Juda zurück-
geholt hatte. 21 Er rief seinem Gast zu:
»So spricht Jahwe: ›Weil du gegen
den Befehl Jahwes gehandelt und das
Gebot übertreten hast, das dir Jahwe,
dein Gott, auferlegte, 22 weil du um-
gekehrt bist und an diesem Ort geges-
sen und getrunken hast, obwohl er dir
gesagt hat: Du sollst weder essen noch
trinken! Deshalb wird deine Leiche
nicht ins Grab deiner Vorfahren kom-
men!‹« 23 Nach der Mahlzeit sattelte
man für ihn den Esel des Propheten,
der ihn zurückgebracht hatte. 24 Er
zog fort; doch unterwegs fiel ihn ein
Löwe an und tötete ihn. Seine Leiche
lag am Weg und der Esel stand da-
neben. Auch der Löwe blieb neben
dem Toten stehen. 25 Die Männer, die
vorbeikamen, sahen den Toten am
Weg liegen und den Löwen daneben
stehen. Sie erzählten es in der Stadt,
in der der alte Prophet lebte. 26 Als der
es hörte, sagte er: »Das ist der Mann
Gottes, der gegen den Befehl Jahwes
gehandelt hat. Darum hat Jahwe ihn
dem Löwen preisgegeben. Der hat ihn
zerrissen und getötet, wie Jahwe es
angekündigt hatte.« 27 Dann befahl
er seinen Söhnen, ihm einen Esel zu
satteln, 28 und ritt zu der Stelle, wo
die Leiche auf dem Weg lag. Esel und

13,14 *Terebinthe.* Belaubter Baum mit breitem Wipfel, der nicht mehr als 7 m hoch wird und als Schattenspender geschätzt wird.

Löwe standen neben dem Toten. Der
Löwe hatte den Toten nicht gefressen
und den Esel nicht zerrissen. 29 Da
hob der alte Prophet die Leiche des
Gottesmannes auf den Esel und
brachte ihn zurück in seine Stadt, um
ihn zu betrauern und zu bestatten.
30 Er legte ihn in seine eigene Grab-
kammer und ließ die Totenklage
»Ach, mein Bruder!« über ihn anstim-
men. 31 Nachdem er ihn so begraben
hatte, sagte er zu seinen Söhnen:
»Wenn ich gestorben bin, legt mich in
dasselbe Grab, in dem der Gottes-
mann liegt! Lasst meine Gebeine
neben seinen ruhen! 32 Denn was er
im Auftrag Jahwes gegen den Altar in
Bet-El und alle Opferhöhen in den
Städten Samarias gesagt hat, wird ge-
wiss eintreffen.«

33 Jerobeam ließ sich durch diese
Vorfälle nicht von seinem bösen Weg
abbringen, sondern setzte weiterhin
Leute aus dem gesamten Volk als
Priester für die Opferhöhen ein. Wer
Lust hatte, den weihte er zu einem
Höhenpriester. 34 Diese Sache wurde
zur Sünde für das Haus Jerobeams. Es
führte zu seiner Vernichtung und zur
Auslöschung seiner Familie.

Ahijas Weissagung gegen Jerobeam

14 1 Damals wurde Abija, der
Sohn Jerobeams, krank. 2 Da
sagte Jerobeam zu seiner Frau: »Ver-
kleide dich, damit dich niemand als
Königin erkennt, und geh nach Schi-
lo* zu dem Propheten Ahija. Er hat
mir einst verkündet, dass ich König
über dieses Volk werden soll. 3 Nimm
zehn Brote, einen Kuchen und einen
Krug Honig mit. Der Prophet wird dir
sagen, was mit dem Jungen ge-
schieht.« 4 Jerobeams Frau ging nach
Schilo und kam in das Haus von Ahija.
Der Prophet konnte sie nicht sehen,
weil er altersblind geworden war.
5 Doch Jahwe hatte zu Ahija gesagt:
»Pass auf! Die Frau Jerobeams wird
hereinkommen. Sie will Auskunft
über ihren kranken Sohn haben. Doch
wird sie sich dir nicht zu erkennen
geben. Das und das sollst du ihr
sagen.«

6 Als Ahija hörte, wie sie zur Tür he-
reinkam, sagte er: »Komm nur herein,
du Ehefrau Jerobeams! Weshalb hast
du dich unkenntlich gemacht? Ich
habe eine harte Botschaft für dich.
7 Geh heim und sag zu Jerobeam: ›So
spricht Jahwe, Israels Gott: Ich habe
dich mitten aus dem Volk erhoben und
dir die Herrschaft über mein Volk Is-
rael gegeben. 8 Ich habe das Königtum
von den Nachkommen Davids wegge-
rissen und es dir übertragen. Aber du
bist nicht so wie mein Diener David
gewesen, der meine Gebote hielt, mir
mit ganzem Herzen folgte und nur das
tat, was mir gefällt. 9 Du hast es noch
schlimmer getrieben als irgendjemand
vor dir. Du hast dir andere Götter
gemacht, Gussbilder, und hast mich
dadurch verworfen und zum Zorn
gereizt. 10 Deshalb werde ich Unglück
über das Haus Jerobeams bringen und
aus seiner Familie jeden Wandpisser*

14,2 *Schilo.* Religiöses Zentrum im Hügelland von Efraïm, 32 km nördlich von Jerusalem.

14,10 *Wandpisser.* Ein bewusst verächtlicher Ausdruck für einen erwachsenen Mann.

beseitigen, egal ob er gebunden oder
frei* ist. Ich fege die Nachkommen Je-
robeams weg, wie man Kotballen weg-
fegt, bis nichts mehr da ist. 11 Wer von
ihnen in der Stadt stirbt, den werden
die Hunde fressen, und wer auf dem
freien Feld stirbt, den werden die
Vögel fressen, denn Jahwe hat es ge-
sagt.‹ 12 Und du, geh jetzt wieder nach
Hause. Sobald du die Stadt betrittst,
wird der Junge sterben. 13 Ganz Israel
wird ihn betrauern und beklagen. Man
wird ihn bestatten, und er wird der
Einzige aus der Familie Jerobeams
sein, der in ein Grab kommt. Denn er
ist der Einzige, in dem sich etwas
Gutes in Bezug auf Jahwe, den Gott Is-
raels, fand. 14 Jahwe wird einen König
über Israel einsetzen, der die Nach-
kommen Jerobeams beseitigen wird.
Schon heute beginnt sich das zu erfül-
len. 15 Jahwe wird Israel einen solchen
Schlag versetzen, dass es wie ein
Schilfrohr im Wasser schwankt. Er
wird Israel aus diesem guten Land,
das er ihren Vorfahren gegeben hat,
herausreißen und es wegschleudern
bis über den Euphrat hinaus. Denn sie
haben sich Aschera-Pfähle* gemacht
und Jahwe damit erzürnt. 16 Wegen
der Sünden, die Jerobeam begangen
hat und mit denen er Israel zur Sünde
verführte, wird Jahwe Israel preis-
geben.«

17 Jerobeams Frau kehrte in ihr
Haus nach Tirza* zurück. Gerade, als
sie über die Schwelle trat, starb der
Junge. 18 Man bestattete ihn und ganz
Israel betrauerte und beklagte ihn, wie
es Jahwe durch seinen Diener, den
Propheten Ahija, gesagt hatte.

Jerobeams Tod

19 Was sonst noch über Jerobeam
zu sagen ist, wie er Kriege geführt
und geherrscht hat, steht in der
Chronik*der Könige von Israel. 20 Er
regierte 22 Jahre*. Dann starb er, und
sein Sohn Nadab trat die Herrschaft
an seiner Stelle an.

König Rehabeam von Juda

21 Rehabeam Ben-Salomo regierte
über Juda. Er war 41 Jahre alt, als er
König wurde, und regierte 17 Jahre*
in Jerusalem, der Stadt, die Jahwe aus
allen Stämmen Israels erwählt hatte,
um seinen Namen dort wohnen zu
lassen. Seine Mutter hieß Naama; sie
war eine Ammoniterin. 22 Auch die
Leute von Juda taten, was Jahwe
missfiel. Durch die Sünden, die sie be-
gingen, reizten sie ihn zur Eifersucht.
Sie trieben es noch schlimmer als ihre
Väter. 23 Denn auch sie bauten sich
Opferhöhen und stellten geweihte
Steinmale und Aschera-Pfähle auf
jedem hohen Hügel und unter je-
dem üppigen Baum auf. 24 Es gab

14,10 *gebunden oder frei.* Wörtlich: »den Festgehaltenen und Losgelassenen in Israel«. Das war offenbar ein Pauschalausdruck für alle Arten und Klassen von Menschen. Speziell könnte es Unmündige und Mündige meinen oder Sklaven und Freie.

14,15 Die *Aschera* war eine Fruchtbarkeitsgöttin, die in handlichen Figuren, geweihten Bäumen oder Pfählen verehrt wurde.

14,17 *Tirza* lag neun Kilometer östlich von Samaria und war bis zur Zeit von König Omri die Hauptstadt des Nordreichs, wahrscheinlich das heutige Tell-el-far'ah.

14,19 *Chronik.* Oder: Jahrbüchern, Annalen.

14,20 *regierte 22 Jahre.* 930-909 v.Chr.

14,21 *regierte 17 Jahre.* 931-913 v.Chr.

sogar männliche Prostituierte für den Fruchtbarkeitskult. In allem folgten sie den abscheulichen Bräuchen der Völker, die Jahwe vor den Israeliten vertrieben hatte.

25 Im fünften Regierungsjahr Rehabeams* zog König Schischak* von Ägypten gegen Jerusalem.
26 Er raubte die Schätze aus dem Haus Jahwes und dem Königspalast. Auch die goldenen Schilde, die Salomo hatte anfertigen lassen, nahm er mit.
27 An deren Stelle ließ König Rehabeam Bronzeschilde anfertigen, die er dem Kommandanten der Leibwache übergab, die am Eingang des Palastes stationiert war.
28 Jedes Mal, wenn der König in das Haus Jahwes ging, trugen seine Leibwächter die Schilde und brachten sie anschließend wieder in ihre Unterkunft zurück.

29 Was sonst noch über Rehabeam und seine Taten zu sagen ist, steht in der Chronik der Könige von Juda.
30 Die Auseinandersetzungen zwischen Rehabeam und Jerobeam dauerten an, solange sie lebten.
31 Als Rehabeam gestorben war, bestattete man ihn in der Davidsstadt. Seine Mutter war die Ammoniterin Naama. Sein Sohn Abija trat die Herrschaft an.

König Abija von Juda

15
1 Im 18. Regierungsjahr des Königs Jerobeam Ben-Nebat trat Abija die Herrschaft über Juda an.
2 Er regierte drei Jahre lang in Jerusalem. Seine Mutter hieß Maacha und war die Tochter Abischaloms*.
3 Er folgte in allem den Sünden seines Vaters. Sein Herz war nicht ungeteilt Jahwe, seinem Gott, ergeben wie das Herz seines Vorfahren David.
4 Doch David zuliebe gab Jahwe ihm einen Thronfolger in Jerusalem, indem er seinen Sohn König werden und Jerusalem bestehen ließ.
5 Denn David hatte Zeit seines Lebens getan, was Jahwe gefiel, und ihm in allen Dingen gehorcht – außer in der Sache mit Urija, dem Hetiter*.
6 Solange Abija lebte, hatte Krieg zwischen Rehabeam und Jerobeam geherrscht.
7 Auch zwischen Abija und Jerobeam war Krieg. Was sonst noch über Abija und seine Taten zu sagen ist, findet man in der Chronik der Könige von Juda.
8 Als Abija starb, bestattete man ihn in der Davidsstadt und sein Sohn Asa trat die Herrschaft an.

König Asa von Juda

9 Im 20. Regierungsjahr des Königs Jerobeam von Israel wurde Asa König über Juda.
10 Er regierte 41 Jahre lang in Jerusalem. Seine Großmutter hieß

14,25 *fünften ... Rehabeams.* 925 v.Chr. *Schischak* wird gewöhnlich mit Pharao Scheschonk I. identifiziert, was aber auf schwerwiegende Probleme stößt, wenn man den Feldzugsbericht des Pharaos mit den biblischen Angaben vergleicht. Neuerdings wird eine Revision der ägyptischen Chronologie diskutiert. Der entsprechende Pharao wäre dann vielleicht Ramses II., der angibt, in seinem 8. Regierungsjahr Jerusalem geplündert zu haben.

15,2 *Abischalom* ist eine Variante des Namens Abschalom. *Maacha* war offenbar die Enkelin Abschaloms und stammte aus der Ehe zwischen Tamar, der Tochter Abschaloms (2. Samuel 14,27) und Uriël (2. Chronik 13,2).

15,5 *Urija, dem Hetiter.* Siehe 2. Samuel 11.

15,10 *Abischaloms.* Siehe Fußnote zu Vers 2.

Maacha und war die Tochter Abischa-
loms*. 11 Asa tat wie sein Vorfahr
David, was recht vor Jahwe war.
12 Er schaffte alle Männer, die sich für
den Fruchtbarkeitskult prostituiert
hatten, aus dem Land, und beseitigte
auch diese Mistgötzen*, die seine
Väter aufgestellt hatten. 13 Selbst
seine Großmutter Maacha entfernte
er aus ihrer Stellung als Königs-
mutter, weil sie der Aschera ein ab-
scheuliches Götzenbild gemacht hat-
te. Er ließ dieses Götzenbild in Stücke
hauen und im Kidrontal verbrennen.
14 Nur die Opferhöhen ließ er weiter
bestehen. Doch sein Leben lang war
sein Herz ganz bei Jahwe. 15 Das Gold
und Silber und die Gegenstände, die
sein Vater Gott geweiht hatte, brachte
er ins Haus Jahwes, dazu auch seine
eigenen geweihten Gaben. 16 Zwi-
schen Asa und König Bascha von
Israel herrschte Krieg, solange sie
lebten. 17 So rückte Bascha gegen
Juda vor und baute die Stadt Rama*
zur Festung aus, um die Wege von
und nach Juda kontrollieren zu kön-
nen. 18 Da schickte Asa Boten mit
Gold und Silber aus den Schatz-
kammern des Tempels und des Kö-
nigshauses zu Ben-Hadad, dem Sohn
Tabrimmons und Enkel Hesjons, dem
König von Syrien, nach Damaskus
und ließ ihm sagen: 19 »Zwischen mir
und dir, zwischen meinem und dei-
nem Vater soll ein Bündnis sein!
Darum habe ich dir Silber und Gold
geschickt. Brich deinen Bund mit
König Bascha von Israel, damit er von
meiner Grenze abzieht!« 20 Ben-
Hadad ging darauf ein und schickte
seine Heerführer gegen Israels Städte.
Sie verwüsteten die Städte Ijon, Dan
und Abel-Bet-Maacha*, die Gegend
um Kinneret* und das ganze Land des
Stammes Naftali. 21 Als Bascha das
erfuhr, brach er den Ausbau von
Rama ab und blieb in Tirza. 22 König
Asa bot alle Männer von Juda auf.
Sie mussten die Steine und das Bau-
holz, das Bascha verwenden wollte,
aus Rama abtransportieren. Asa ließ
damit die Städte Geba in Benjamin
und Mizpa* befestigen. 23 Was es
sonst noch über Asa und seine
Machttaten zu berichten gibt und die
Städte, die er gebaut hat, findet man
in der Chronik der Könige von Juda.
Doch im Alter erkrankte Asa an einem
Fußleiden. 24 Als er starb, wurde er in
der Grabstätte seiner Vorfahren in der
Davidsstadt bestattet und sein Sohn
Joschafat trat die Herrschaft an.

König Nadab von Israel

25 Im zweiten Regierungsjahr des
Königs Asa von Juda wurde Nadab
Ben-Jerobeam König über Israel.
26 Er tat, was Jahwe missfiel, und
folgte dem bösen Beispiel seines
Vaters. Er hielt an den sündhaften
Gottesdiensten fest, mit denen dieser

15,12 *Mistgötzen.* Wörtlich: *Mistkugel*, eine bewusst verächtliche Bezeichnung für die Götzenbilder.

15,17 *Rama* liegt nur 8 km nördlich von Jerusalem.

15,20 *Ijon ... Abel-Bet-Maacha.* Das sind drei Orte ganz im Norden Israels. *Abel-Bet-Maacha* ist auch unter dem Namen Abel-Majim bekannt.

Kinneret. Früherer Name des Sees Gennesaret und einer Ortschaft an seinem Westufer.

15,22 *Geba ... Mizpa.* Die Städte liegen ganz in der Nähe Ramas.

Israel verführt hatte. 27 Da zettelte
Bascha Ben-Ahija aus dem Stamm
Issachar eine Verschwörung gegen
ihn an und erschlug ihn bei Gibbeton.
Nadab belagerte mit Israel nämlich
gerade Gibbeton*, das den Philistern
gehörte. 28 Es war im dritten Regie-
rungsjahr* des Königs Asa von Juda,
als Bascha ihn tötete und sein Nach-
folger wurde. 29 Sobald er die Herr-
schaft angetreten hatte, beseitigte er
die ganze Familie Jerobeams. Keinen
einzigen von seinen Nachkommen
ließ er am Leben. So erfüllte sich das
Wort Jahwes, das durch Ahija von
Schilo verkündigt worden war. 30 Das
geschah wegen Jerobeams sündhaf-
ten Gottesdiensten, mit denen er Is-
rael zur Sünde verführt und den Zorn
Jahwes herausgefordert hatte. 31 Was
es sonst noch von Nadab und seinem
Tun zu berichten gibt, findet man in
der Chronik der Könige von Israel.
32 Zwischen Asa und König Bascha
von Israel herrschte Krieg, solange sie
lebten.

König Bascha von Israel

33 Im dritten Regierungsjahr des
Königs Asa von Juda wurde Bascha
Ben-Ahija König über ganz Israel.
24 Jahre lang regierte er von Tirza aus
34 und tat, was Jahwe missfiel. Er
folgte dem bösen Beispiel Jerobeams
und hielt an den sündhaften Gottes-
diensten fest, mit denen dieser Israel
verführt hatte.

16 1 Da kam das Wort Jahwes zu
Jehu Ben-Hanani. Er musste
Bascha ausrichten: 2 »Ich habe dich
aus dem Staub erhoben und zum
Führer meines Volkes Israel gemacht.
Aber du bist trotzdem Jerobeams
bösem Beispiel gefolgt und hast mein
Volk Israel zur Sünde verführt, sodass
sie mich durch ihr Sündigen zum
Zorn gereizt haben. 3 Pass auf! Jetzt
werde ich hinter Bascha und seiner
Familie genauso ausfegen, wie ich es
hinter Jerobeams Familie getan habe.
4 Wer von ihnen in der Stadt stirbt,
den werden die Hunde fressen, und
wer auf dem freien Feld stirbt, den
werden die Vögel fressen.«
5 Was es sonst noch von Bascha und
seinen Machttaten zu sagen gibt, fin-
det man in der Chronik der Könige Is-
raels. 6 Als er starb, wurde er in Tirza
begraben. Sein Sohn Ela wurde sein
Nachfolger. 7 Durch den Propheten
Jehu Ben-Hanani war das Wort Jah-
wes an Bascha und seine Familie er-
gangen, weil er getan hatte, was
Jahwe missfiel, und ihn durch seine
Taten ebenso wie die Familie Jero-
beams zum Zorn reizte und auch
deshalb, weil er Jerobeams Nach-
kommen erschlagen hatte.

König Ela von Israel

8 Im 26. Regierungsjahr des Königs
Asa von Juda wurde Ela Ben-Bascha
König über Israel. Er regierte zwei
Jahre lang in Tirza. 9 Dann zettelte
Simri, der Befehlshaber über die Hälf-
te seiner Streitwagen, eine Verschwö-
rung gegen ihn an. Ela hatte gerade
im Haus seines Palastvorstehers Arza

15,27 *Gibbeton* lag zwischen Jerusalem und Joppe und war vermutlich schon in der Richterzeit den Philistern in die Hände gefallen.

15,28 *dritten Regierungsjahr.* 908 v.Chr.

gezecht und war schon betrunken,
10 als Simri hereinkam und ihn er-
schlug. Das geschah im 27. Regie-
rungsjahr des Königs Asa von Juda.
So wurde Simri Elas Nachfolger.
11 Als er die Macht in den Händen
hatte, erschlug er die ganze Familie
Baschas. Weder von seinen Verwand-
ten noch von seinen Freunden ließ er
einen Wandpisser übrig. 12 So löschte
Simri das Haus Baschas aus, wie es
Jahwe Bascha durch den Propheten
Jehu angekündigt hatte. 13 Das ge-
schah wegen Baschas sündhaften
Gottesdiensten und denen seines
Sohnes Ela, mit denen sie Israel zur
Sünde verführt und den Zorn Jahwes,
des Gottes Israels, durch ihre nichti-
gen Götzen herausgefordert hatten.
14 Was es sonst noch von Ela und
seinem Tun zu berichten gibt, findet
man in der Chronik der Könige von
Israel.

König Simri von Israel

15 Im 27. Regierungsjahr des Königs
Asa von Juda wurde Simri für sieben
Tage König in Tirza, während das
Heer Israels immer noch die Philister-
stadt Gibbeton belagerte. 16 Als im
Heerlager bekannt wurde, dass Simri
eine Verschwörung angezettelt und
den König erschlagen hatte, riefen die
Männer Israels noch am selben Tag
ihren Heerführer Omri zum König
aus. 17 Omri zog mit dem Heer Israels
von Gibbeton nach Tirza und begann
die Stadt zu belagern. 18 Als Simri
sah, dass die Stadt bezwungen wurde,
zog er sich in den Palast des Königs-
hauses zurück. Er ließ das ganze
Königshaus über sich anzünden und
fand in den Flammen den Tod. 19 Das
geschah wegen seiner Sünden, und
weil er getan hatte, was Jahwe miss-
fiel, indem er dem bösen Beispiel
Jerobeams und seinen sündhaften
Gottesdiensten folgte, mit denen er
Israel zur Sünde verführt hatte.
20 Was es sonst noch von Simri und
seiner Verschwörung zu sagen gibt,
findet man in der Chronik der Könige
von Israel.

König Omri von Israel

21 Damals hielt jedoch nur ein Teil des
Volkes Israel zu Omri. Der andere Teil
wollte Tibni Ben-Ginat zum König
machen. 22 Doch die Anhänger Omris
waren stärker als die von Tibni Ben-
Ginat. So musste Tibni sterben, und
Omri trat die Herrschaft an. 23 Im
31. Regierungsjahr des Königs Asa
von Juda wurde Omri König über
Israel und regierte zwölf Jahre, sechs
davon in Tirza.* 24 Danach kaufte
er den Berg von Samaria für 70 Kilo-
gramm Silber und baute darauf eine
Stadt. Nach dem früheren Besitzer
des Berges, einem Mann namens
Schemer, nannte er sie Samaria.
25 Auch Omri tat, was Jahwe missfiel.
Er trieb es sogar schlimmer als seine
Vorgänger. 26 In allem folgte er dem
bösen Beispiel von Jerobeam Ben-
Nebat, der die Israeliten zur Sünde
verführt hatte, sodass sie den Zorn
Jahwes durch ihre nichtigen Götzen
herausforderten. 27 Was es sonst noch
über Omris Taten und Erfolge zu
sagen gibt, findet man in der Chronik
der Könige von Israel. 28 Als Omri
starb, wurde er in Samaria begraben,

***16,23** zwölf ... Tirza.* 885-874 v.Chr.

und sein Sohn Ahab trat die Herr-
schaft an.

König Ahab von Israel

29 Im 38. Regierungsjahr des Königs
Asa von Juda wurde Ahab Ben-Omri
König über Israel und regierte 22
Jahre* in Samaria. 30 Ahab Ben-Omri
trieb es schlimmer als alle seine Vor-
gänger und tat, was Jahwe missfiel.
31 Nicht genug, dass er an den sünd-
haften Gottesdiensten von Jerobeam
Ben-Nebat festhielt, er heiratete auch
noch Isebel, eine Tochter des Sido-
nierkönigs Etbaal. Er ging sogar so
weit, dass er dem Götzen Baal diente
und sich vor ihm niederwarf. 32 In
Samaria hatte er ein Baalshaus ge-
baut und errichtete nun noch einen
Altar für ihn. 33 Außerdem ließ er eine
Aschera aufstellen und tat noch vieles
andere, womit er Jahwe, den Gott
Israels, schwerer beleidigte als alle
Könige Israels vor ihm.

34 In seiner Regierungszeit baute
Hiël aus Bet-El die Stadt Jericho wie-
der auf. Als er die Fundamente legte,
kostete ihn das seinen ältesten Sohn
Abiram. Und als er die Tore einsetzte,
kostete ihn das seinen jüngsten Sohn
Segub. So erfüllte sich das Wort Jah-
wes, das er durch Josua Ben-Nun
hatte sagen lassen.*

Elija am Bach Krit

17 1 Elija aus Tischbe in Gilead
sagte zu Ahab: »So wahr
Jahwe, der Gott Israels, lebt, in dessen
Dienst ich stehe: In den nächsten Jah-
ren wird es weder Tau noch Regen
geben, bis ich es sage!« 2 Darauf kam
das Wort Jahwes zu Elija: 3 »Geh hi-
nüber ins Ostjordanland und versteck
dich am Bach Krit! 4 Ich habe den
Raben befohlen, dich dort mit Nah-
rung zu versorgen, und aus dem Bach
kannst du trinken.« 5 Elija gehorchte
dem Wort Jahwes, ging auf die andere
Jordanseite und hielt sich im Tal
des Krit auf. 6 Morgens und abends
brachten ihm die Raben Brot und
Fleisch. Wasser bekam er aus dem
Bach. 7 Einige Zeit später vertrock-
nete der Bach, weil es im ganzen Land
keinen Regen gab.

Elija in Zarpat

8 Da kam das Wort Jahwes zu Elija:
9 »Geh nach Zarpat*, das zu Sidon
gehört, und bleib dort. Ich habe einer
Witwe in dem Ort befohlen, dich zu
versorgen.« 10 Elija machte sich auf
den Weg und ging nach Zarpat. Als er
ans Stadttor kam, begegnete ihm eine
Witwe, die gerade Holz sammelte. Er
sprach sie an und bat: »Hol mir doch
ein wenig Wasser zum Trinken!«
11 Als sie ging, um es zu holen, rief er
ihr nach: »Bring doch bitte einen Bis-
sen Brot mit!« 12 Da sagte sie: »So
wahr Jahwe, dein Gott, lebt: Ich habe
keinen Vorrat mehr, nur noch eine
Handvoll Mehl im Topf und ein bis-
schen Öl im Krug. Ich sammle gerade
ein paar Holzstücke auf, um mir und
meinem Sohn etwas zuzubereiten.
Wenn wir das gegessen haben, bleibt
uns nur noch der Tod.« 13 Da sagte

16,29 *regierte 22 Jahre.* 874-853 v.Chr.

16,34 *So ... lassen.* Siehe Josua 6,26.

17,9 *Zarpat oder Sarepta* (Lukas 4,26) war ein Küstenort zwischen Tyrus und Sidon in der Gegend, von wo aus der Götzendienst jetzt gerade nach Israel gekommen war.

Elija zu ihr: »Hab keine Angst, mach
nur, was du gesagt hast! Aber back
zuerst einen kleinen Brotfladen für
mich und bring ihn mir heraus! Den
Rest kannst du für dich und deinen
Sohn zubereiten. 14 Denn so spricht
Jahwe, der Gott Israels: ›Das Mehl im
Topf wird nicht ausgehen, und das Öl
im Krug wird nicht abnehmen, bis
Jahwe wieder Regen gibt.‹« 15 Da
ging sie und machte, was Elija ihr auf-
getragen hatte. So hatten sie und Elija
und ihr Sohn für viele Tage zu essen.
16 Das Mehl im Topf ging nicht aus
und das Öl im Krug nahm nicht ab,
wie es Jahwe durch Elija versprochen
hatte.

17 Einige Zeit später wurde der
Sohn dieser Frau, der Hausherrin,
krank. Seine Krankheit verschlim-
merte sich immer mehr, sodass er zu-
letzt nicht mehr atmete. 18 Da sagte
sie zu Elija: »Was willst du eigentlich
bei mir, Mann Gottes? Du bist doch
nur hergekommen, um meine Sünde
aufzudecken und meinen Sohn ster-
ben zu lassen!« 19 »Gib mir deinen
Sohn!«, sagte er zu ihr. Er nahm ihr
das Kind vom Schoß und brachte es in
den Raum auf der Dachterrasse. Dort
legte er es auf sein Bett. 20 Dann rief
er zu Jahwe und sagte: »Jahwe, mein
Gott, willst du wirklich diese Frau, bei
der ich wohne, ins Unglück stürzen,
dass du ihren Sohn getötet hast?«
21 Dann streckte er sich dreimal über
das Kind hin und rief dabei: »Jahwe,
mein Gott, lass doch das Leben dieses
Kindes wiederkommen!« 22 Jahwe
hörte auf Elija und gab dem Kind das
Leben zurück. Es wurde wieder leben-
dig. 23 Da nahm Elija das Kind und
brachte es ins Haus hinunter. Er gab
es seiner Mutter und sagte: »Sieh her,
dein Sohn lebt!« 24 Da sagte die Frau
zu Elija: »Jetzt weiß ich, dass du ein
Mann Gottes bist und dass das Wort
Jahwes wirklich aus deinem Mund
kommt.«

Elija stellt sich dem König

18 1 Viele Tage später, im dritten
Jahr der Hungersnot, kam
das Wort Jahwes zu Elija: »Geh jetzt
und zeig dich Ahab! Ich werde dem
Land wieder Regen geben.« 2 Elija
machte sich auf den Weg zu Ahab. In
Samaria war die Hungersnot be-
sonders schwer. 3 Ahab hatte seinen
Palastvorsteher Obadja zu sich rufen
lassen. – Obadja war sehr gottes-
fürchtig. 4 Als Isebel nämlich die
Propheten Jahwes ermorden ließ,
hatte er hundert von ihnen in zwei
Höhlen versteckt und sie mit Brot und
Wasser versorgt. – 5 Ahab hatte zu
Obadja gesagt: »Zieh durchs Land
zu allen Wasserquellen und Bächen!
Vielleicht findet sich irgendwo noch
etwas Gras, dass wir Pferde und
Maultiere am Leben erhalten können.
Sonst müssen wir einen Teil der Tiere
töten.« 6 Dann teilten sie das Land
unter sich auf und gingen jeder für
sich auf die Suche. 7 Als Obadja auf
dem Weg war, kam ihm Elija ent-
gegen. Er erkannte ihn und warf sich
vor ihm nieder. »Bist du es wirklich,
mein Herr Elija?«, fragte er. 8 »Ja, ich
bin es«, erwiderte dieser. »Geh jetzt
zu deinem Herrn und sag ihm: Elija
ist da!« 9 »Was habe ich mir denn zu-
schulden kommen lassen«, erwiderte
Obadja, »dass du mich Ahab in die
Hand gibst? Er wird mich umbrin-
gen. 10 So wahr Jahwe, dein Gott,

lebt: Es gibt kein Volk und kein Reich,
in dem mein Herr dich nicht suchen
ließ. Wenn es hieß: ›Er ist nicht hier‹,
ließ er das Volk oder Reich schwören,
dass man dich nicht gefunden habe.
11 Und nun soll ich zu meinem Herrn
gehen und sagen: ›Schau, Elija ist
da!‹ 12 Was ist, wenn der Geist Jah-
wes dich in der Zwischenzeit an einen
Ort bringt, den ich nicht kenne? Ahab
wird mich umbringen, wenn er dich
nicht findet. Dein Diener fürchtet
doch Jahwe von Jugend auf. 13 Ist
meinem Herrn nicht berichtet wor-
den, was ich getan habe, als Isebel die
Propheten Jahwes umbringen ließ?
Hundert Mann von den Propheten
habe ich versteckt, je fünfzig in einer
Höhle, und habe sie mit Brot und
Wasser versorgt. 14 Und nun sagst
du: ›Geh zu deinem Herrn und sag
ihm, dass Elija da ist!‹ Er wird mich
umbringen.« 15 Elija aber sagte: »So
wahr Jahwe, der Allmächtige, lebt,
dem ich diene: Heute noch werde ich
mich ihm zeigen!«

16 Da ging Obadja Ahab entgegen
und sagte es ihm. 17 Als Ahab dann
Elija erblickte, sagte er zu ihm: »Bist
du das, du Unglücksbringer für Is-
rael?« 18 Elija erwiderte: »Nicht ich
habe Israel ins Unglück gebracht,
sondern du und deine Familie! Ihr
habt die Gebote Jahwes verlassen
und seid den Baalen nachgelaufen.
19 Schick jetzt Boten aus und ver-
sammle ganz Israel zu mir an den
Berg Karmel, auch die 450 Propheten
des Baal und die 400 der Aschera,
die von Isebel versorgt werden.«
20 Da ließ Ahab die Männer Israels
und die Propheten zum Berg Karmel
kommen.

Elija auf dem Karmel

21 Dann trat Elija vor das Volk und
sagte: »Wie lange hinkt ihr noch auf
beiden Seiten? Wenn Jahwe Gott ist,
dann folgt ihm allein, wenn es Baal
ist, dann folgt nur ihm!« Aber das
Volk zeigte keine Reaktion. 22 Da fuhr
Elija fort: »Ich allein bin als Prophet
Jahwes übrig geblieben. Die Prophe-
ten Baals sind 450 Mann. 23 Bringt
zwei junge Stiere her! Sie sollen sich
den einen auswählen, ihn zerteilen
und die Stücke auf das Holz schich-
ten. Sie dürfen das Holz aber nicht
anzünden. Und ich, ich werde den
anderen Stier herrichten, ihn auf das
Holz schichten und es ebenfalls nicht
anzünden. 24 Dann ruft ihr den Na-
men eures Gottes an! Und ich, ich
werde den Namen Jahwes anrufen.
Der Gott, der mit Feuer antwortet, ist
der wahre Gott.« Da rief das ganze
Volk: »Das ist gut!«

25 Nun sagte Elija zu den Propheten
des Baal: »Wählt euch den einen Stier
aus und bereitet ihn zu! Ihr seid ja in
der Überzahl. Dann ruft den Namen
eures Gottes an! Ihr dürft aber kein
Feuer daran legen!« 26 So nahmen sie
den jungen Stier, den man ihnen über-
gab, und bereiteten ihn zu. Dann rie-
fen sie den Namen Baals an: »Baal,
höre uns!« Sie riefen vom Morgen bis
zum Mittag. Aber es war kein Laut zu
hören, es kam keine Antwort. Dabei
hinkten und hüpften sie um ihren
Altar. 27 Als es Mittag wurde, machte
sich Elija über sie lustig. »Ruft lau-
ter!«, spottete er. »Er ist ja ein Gott.
Er ist sicher in Gedanken, oder er ist
gerade austreten gegangen. Vielleicht
ist er auch auf Reisen, oder er schläft
gerade, dann sollte er aufwachen!«

28 Da schrien sie immer lauter und
ritzten sich nach ihrem Brauch mit
Schwertern und Lanzen, bis Blut an
ihnen herabfloss. 29 Als der Mittag
vorüber war, weissagten sie wie Pro-
pheten. Das dauerte bis zur Zeit des
Abendopfers*. Aber es gab keinen
Laut, keine Antwort, kein Aufmerken.
30 Da rief Elija dem Volk zu: »Her zu
mir!« Das Volk trat zu ihm hin. Dann
begann er, den niedergerissenen Al-
tar Jahwes wieder aufzubauen. 31 Er
nahm zwölf Steine nach der Zahl der
Stämme der Söhne Jakobs, an den
einst das Wort Jahwes ergangen war:
»Du sollst Israel heißen!« 32 Aus
diesen Steinen baute er dem Namen
Jahwes einen Altar. Rings herum
zog er einen Graben, der so breit war,
dass man 12 Kilogramm* Getreide
dort hätte einsäen können. 33 Dann
schichtete er das Holz auf, zerteilte
den Stier und legte die Stücke auf das
Holz. 34 Schließlich ließ er vier Eimer
Wasser über das Brandopfer und das
Holz gießen. Das ließ er noch einmal
tun und noch ein drittes Mal. 35 Das
Wasser floss über den Altar und füllte
auch den Graben. 36 Um die Zeit des
Abendopfers trat Elija vor den Altar
und sagte: »Jahwe, Gott Abrahams,
Isaaks und Israels! Heute sollen alle
erkennen, dass du Gott in Israel bist
und dass ich dein Diener bin und nach
deinem Wort all das getan habe.
37 Antworte mir Jahwe, antworte mir,
damit dieses Volk erkennt, dass du,
Jahwe, allein Gott bist und dass du sie
wieder auf den rechten Weg zurück-
bringen willst.« 38 Da kam ein Feuer
Jahwes herab und verzehrte das
Brandopfer, das Holz, die Steine und
die Erde und leckte auch das Wasser
im Graben auf. 39 Als das Volk das
sah, warfen sich alle nieder, das Ge-
sicht auf dem Boden, und riefen:
»Jahwe, er allein ist Gott! Jahwe, er
allein ist Gott!« 40 Da sagte Elija zu
ihnen: »Packt die Propheten des Baal!
Keiner darf entkommen!« Sie taten
es. Dann ließ Elija sie zum Bach
Kischon hinabführen und dort hin-
richten.

Das Ende der Trockenheit

41 Dann sagte Elija zu Ahab: »Geh
nun hinauf, iss und trink! Denn es
rauscht schon, als wollte es reichlich
regnen.« 42 Da ging Ahab zum Essen,
Elija aber stieg auf den Gipfel des Kar-
mel, kauerte sich auf den Boden und
verbarg sein Gesicht zwischen den
Knien. 43 Dann sagte er zu seinem
Diener: »Steig hoch und halte Aus-
schau in Richtung Meer.« Der tat es
und sagte dann: »Es ist nichts zu
sehen!« Elija sagte: »Geh noch ein-
mal!« Siebenmal schickte er ihn so.
44 Beim siebten Mal meldete er: »Ich
sehe eine Wolke aus dem Meer auf-
steigen, so klein wie eine Hand.« Da
sagte Elija: »Geh zu Ahab und sag:
›Lass anspannen und fahr los, da-
mit du nicht vom Regen überrascht
wirst!‹« 45 Inzwischen war Wind auf-
gekommen und schwarze Wolken ver-
finsterten den Himmel. Dann kam ein
starker Regenguss herunter. Ahab
stieg auf seinen Wagen und fuhr los.
46 Da kam die Kraft Jahwes über Elija.

18,29 *Zeit des Abendopfers.* Wörtlich: »bis man das Speisopfer darbringt«, das war gegen 15 Uhr.

18,32 *12 Kilogramm.* Wörtlich: zwei Maß.

Er band sein Obergewand mit dem Gürtel hoch und lief vor Ahab her bis nach Jesreel.*

Elija am Horeb

19 1 Ahab erzählte Isebel alles, was Elija getan und wie er die Propheten mit dem Schwert umgebracht hatte. 2 Da schickte Isebel einen Boten zu Elija und ließ ihm ausrichten: »Die Götter sollen mich strafen, wenn ich morgen um diese Zeit dein Leben nicht einem von ihnen gleich mache.« 3 Da packte Elija die Angst und er lief um sein Leben. Als er nach Beerscheba* kam, das zu Juda gehört, ließ er seinen Diener dort zurück 4 und ging eine Tagereise weit in die Wüste hinein. Dann setzte er sich unter einen Ginsterstrauch und wünschte sich zu sterben. »Jetzt ist es genug, Jahwe!«, sagte er. »Nimm mein Leben von mir! Ich bin auch nicht besser als meine Väter.« 5 Dann legte er sich hin und schlief unter dem einsamen Ginsterbusch ein. Da rührte ihn auf einmal ein Engel an und sagte: »Steh auf und iss!« 6 Als Elija sich umschaute, sah er neben seinem Kopf ein Fladenbrot, das auf heißen Steinen gebacken war, und einen Krug Wasser. Er aß und trank und legte sich wieder hin. 7 Doch der Engel Jahwes kam noch einmal und weckte ihn. »Steh auf und iss!«, sagte er. »Du hast einen weiten Weg vor dir.« 8 Er erhob sich, aß und trank und machte sich auf den Weg. Die Speise gab ihm so viel Kraft, dass er vierzig Tage und Nächte hindurch gehen konnte, bis er zum Gottesberg Horeb* kam. 9 Er ging in die Höhle dort und legte sich schlafen.

Plötzlich kam das Wort Jahwes zu ihm: »Was machst du hier, Elija?« 10 »Mit ganzem Eifer habe ich mich für Jahwe, den allmächtigen Gott, eingesetzt«, sagte er. »Die Israeliten haben den Bund mit dir gebrochen, deine Altäre niedergerissen und deine Propheten mit dem Schwert erschlagen. Ich allein bin übrig geblieben, nur ich allein. Und jetzt wollen sie auch mich noch umbringen.« 11 Da sagte Jahwe: »Geh hinaus und stell dich auf den Berg vor mich hin! Pass auf! Jahwe wird an dir vorübergehen.« Da kam ein heftiger Sturm herauf, der Felsen aus den Bergen riss und vor Jahwe zerschmetterte. Doch Jahwe war nicht im Sturm. Nach dem Sturm bebte die Erde, aber Jahwe war nicht im Beben. 12 Nach dem Erdbeben ein Feuer, doch Jahwe war nicht im Feuer. Nach dem Feuer der Ton eines dahinschwebenden Schweigens. 13 Als Elija das hörte, verhüllte er sein Gesicht mit dem Mantel und stellte sich in den Eingang der Höhle. Da fragte ihn eine Stimme: »Was tust du hier, Elija?« 14 Er sagte: »Mit ganzem Eifer habe ich mich für Jahwe, den allmächtigen Gott, eingesetzt. Denn die Israeliten haben den Bund mit dir gebrochen, deine Altäre niedergerissen und deine Propheten mit dem

---

18,46 *bis nach Jesreel.* Das waren etwa 35 km.

19,3 *nach Beerscheba.* Das waren mindestens 180 km in südlicher Richtung. Als er in Beerscheba, der südlichsten Stadt Judas ankam, hatte er das Herrschaftsgebiet von Ahab und Isebel lange verlassen.

19,8 *Horeb* ist ein anderer Name für den Berg Sinai. Er liegt etwa 430 km südlich von Beerscheba.

Schwert erschlagen. Ich allein bin
übrig geblieben, nur ich allein. Und
jetzt wollen sie auch mich noch um-
bringen.«* 15 Da sagte Jahwe zu ihm:
»Geh den Weg durch die Wüste wie-
der zurück! Geh bis nach Damaskus
und salbe dort Hasaël zum König über
Syrien. 16 Dann sollst du Jehu Ben-
Nimschi zum König über Israel salben
und schließlich Elischa Ben-Schafat
aus Abel-Mehola zum Propheten an
deiner Stelle. 17 Wer dem Schwert
Hasaëls entkommt, den wird Jehu
töten, und wer dem Schwert Jehus
entkommt, den wird Elischa töten.
18 Ich habe 7000 in Israel übrig ge-
lassen, die sich nicht vor Baal hinge-
kniet und sein Bild nicht geküsst
haben.«*

Elischas Berufung

19 Als Elija von dort weggegangen
war, traf er Elischa Ben-Schafat ge-
rade beim Pflügen an. Elf Rinder-
gespanne arbeiteten vor ihm, er selbst
führte das zwölfte. Im Vorbeigehen
warf Elija ihm seinen Propheten-
mantel über. 20 Da verließ Elischa
sein Gespann und folgte Elija. »Lass
mich doch zum Abschied meinen
Vater und meine Mutter küssen«, bat
er ihn, »dann will ich dir folgen.« –
»Geh nur«, erwiderte Elija, »ich habe
dich ja nicht gezwungen!« 21 Da
wandte sich Elischa von Elija ab,
nahm die beiden Rinder seines
Gespanns und schlachtete sie. Mit
dem Holz des Geschirrs machte er
Feuer, briet das Fleisch und gab es
seinen Leuten. Dann machte er sich
auf, folgte Elija und diente ihm.

Ahabs Siege über die Syrer

20 1 Ben-Hadad, der König von
Syrien, bot seine ganze Hee-
resmacht auf. Zweiunddreißig Vasal-
lenkönige folgten ihm mit Pferd und
Wagen. Er zog vor Samaria, schloss
die Stadt ein und bereitete den Angriff
vor. 2 Dann schickte er Boten in die
Stadt zu König Ahab von Israel 3 und
ließ ihm sagen: »So spricht Ben-
Hadad: ›Dein Silber und dein Gold ge-
hören mir, ebenso deine Frauen und
deine besten Söhne‹« 4 Der König von
Israel ließ ihm antworten: »Ich unter-
werfe mich dir, mein Herr und König,
mit allem, was ich habe.« 5 Aber die
Boten kamen zurück und sagten: »So
spricht Ben-Hadad: ›Ja, ich habe dir
gesagt: Gib mir dein Silber und Gold,
deine Frauen und deine Söhne. 6 Pass
auf! Morgen um diese Zeit schicke ich
meine Leute zu dir. Sie werden deinen
Palast und die Paläste deiner Minister
gründlich durchsuchen und alles mit-
nehmen, woran du Freude hast.‹«
7 Da rief der König von Israel alle Älte-
sten des Landes zu sich und sagte zu
ihnen: »Ihr seht ja, dass dieser Syrer
nur Böses will. Ich habe ihm nichts
verweigert, weder meine Frauen und
Söhne noch mein Silber und Gold.«
8 Da riefen ihm die Ältesten und alles
Volk zu: »Hör nicht auf ihn! Geh nicht
darauf ein!« 9 So gab er den Boten
Ben-Hadads Bescheid: »Sagt meinem
Herrn und König: ›Alles, was du
zuerst von mir verlangt hast, werde

19,14 Wird im Neuen Testament von Paulus zitiert (Römer 11,3).

19,18 Wird im Neuen Testament von Paulus zitiert (Römer 11,4).

ich tun. Aber diese Forderung kann
ich nicht erfüllen.‹« Die Boten über-
brachten die Antwort. 10 Da ließ Ben-
Hadad ihm ausrichten: »Die Götter
sollen mich strafen, wenn der Schutt
von Samaria auch nur für die hohlen
Hände meiner Soldaten ausreicht!«
11 Doch der König von Israel ließ ihm
antworten: »Wer eine Sache beginnt,
soll nicht so angeben wie einer, der sie
schon erledigt hat!« 12 Ben-Hadad
zechte gerade im Zeltlager mit den Va-
sallenkönigen, als ihm die Antwort
überbracht wurde. Da befahl er seinen
Leuten: »Rammböcke ansetzen!«
Sie brachten die Mauerbrecher in
Stellung.

13 Da trat auf einmal ein Prophet
zu König Ahab von Israel und sagte
zu ihm: »Siehst du diese ganze gewal-
tige Menge? Ich gebe sie heute in
deine Hand. Du sollst erkennen, dass
ich Jahwe bin.« 14 »Durch wen soll
das geschehen?«, fragte Ahab. Er er-
widerte: »So spricht Jahwe: ›Durch
die Leute der Provinzstatthalter.‹« –
»Und wer soll den Kampf eröffnen?«
– »Du!« 15 Da ließ er die Leute der
Provinzstatthalter antreten. Es waren
232 Mann. Danach musterte er das
ganze Volk, alle Israeliten. Es waren
7000 Mann.

16 Gegen Mittag rückten sie aus. Im
Zeltlager zechte Ben-Hadad mit den
32 Vasallenkönigen und war schon
betrunken. 17 Zuerst waren die Leute
der Provinzstatthalter losgezogen.
Ben-Hadad hatte Beobachter aufge-
stellt, die ihm jetzt meldeten: »Es
kommen Männer aus Samaria.« 18 Er
befahl: »Wenn sie um Frieden bitten
wollen, greift sie lebendig! Wenn sie
zum Kampf ausgezogen sind, nehmt
sie gefangen!« 19 Als die Leute der
Provinzstatthalter jedoch heraus-
kamen und hinter ihnen das ganze
Heer Israels, 20 machte jeder im
Kampf Mann gegen Mann seinen
Gegner nieder. Da ergriffen die Syrer
die Flucht, und die Israeliten folgten
ihnen. König Ben-Hadad von Syrien
jedoch entkam auf einem Pferd mit
den Reitern. 21 Dann rückte der Kö-
nig von Israel aus und vernichtete die
ganze Streitwagenmacht. So brachte
er den Syrern eine schwere Nieder-
lage bei.

22 Da kam der Prophet wieder zum
König von Israel und sagte: »Sammle
deine Kräfte und überlege gut, was du
tun musst, denn im nächsten Frühjahr
wird der König von Syrien wieder
gegen dich ziehen.« 23 Die Ratgeber
des syrischen Königs hatten nämlich
zu ihrem König gesagt: »Die Götter
Israels sind Berggötter, darum waren
sie uns überlegen. Wenn wir in der
Ebene gegen sie kämpfen, werden wir
sie bestimmt besiegen. 24 Wir raten
dir nur, deine Vasallenkönige abzu-
setzen und sie durch Statthalter zu
ersetzen. 25 Stell ein Heer auf, das
ebenso groß ist wie das, das du ver-
loren hast, und schaff dir genauso
viele Pferde und Streitwagen an, wie
du vorher hattest. Dann wollen wir in
der Ebene mit ihnen kämpfen und ein-
mal sehen, ob wir ihnen nicht über-
legen sind.« Der König hörte auf sie.
26 Im folgenden Frühjahr musterte er
die Syrer und zog mit seinen Truppen
nach Afek*, um gegen Israel zu kämp-
fen. 27 Auch die Israeliten wurden ge-
mustert und mit Vorräten versorgt
und zogen den Syrern entgegen. Wie
zwei kleine Ziegenherden ließen sie

sich ihnen gegenüber nieder, während
die Syrer das ganze Land bedeckten.
28 Wieder kam der Mann Gottes zum
König von Israel und sagte zu ihm:
»So spricht Jahwe: ›Weil die Syrer
gesagt haben, Jahwe sei ein Gott der
Berge, hätte aber keine Macht in den
Tälern, will ich diese ganze gewaltige
Menge in deine Hand geben. Ihr sollt
erkennen, dass ich Jahwe bin.‹«
29 Sieben Tage lagen die beiden Heere
einander gegenüber, am siebten Tag
kam es zum Kampf. Die Israeliten
besiegten die Syrer und erschlugen
an diesem einen Tag 100.000 Fuß-
soldaten. 30 Die Überlebenden 27.000
Mann flohen in die Stadt Afek. Da
brach die Stadtmauer über ihnen zu-
sammen.

Ahab verschont seinen Feind

Auch Ben-Hadad war in die Stadt ge-
flohen und suchte nach einem siche-
ren Versteck. 31 Da sagten seine Rat-
geber zu ihm: »Wir haben gehört,
dass die Könige Israels milde Könige
sind. Lass uns doch den Trauersack
anlegen und einen Strick um unseren
Hals binden und so zum König von Is-
rael hinausgehen. Vielleicht lässt er
dich am Leben.« 32 So gürteten die
Ratgeber Sackleinwand um, legten
einen Strick um den Hals und gingen
zum König von Israel. »Dein Diener
Ben-Hadad lässt dir sagen: Lass mich
doch bitte am Leben!«, richteten sie
ihm aus. »Lebt er denn noch?«, fragte
Ahab. »Er ist doch mein Bruder!«
33 Das nahmen die Männer als gutes
Vorzeichen und legten ihn gleich dar-
auf fest: »Gewiss, Ben-Hadad ist dein
Bruder!« – »Geht und holt ihn!«,
sagte der König. Als Ben-Hadad dann
zu ihm herauskam, ließ er ihn zu sich
auf den Wagen steigen. 34 Ben-Hadad
sagte: »Ich werde dir die Städte zurük-
kgeben, die mein Vater deinem Vater
weggenommen hat. Du kannst auch
Handelsgassen* in Damaskus anle-
gen, wie mein Vater das in Samaria
tat. »Gut«, sagte der König, »wenn du
mir das schwörst, lasse ich dich
gehen.« Er schloss einen Vertrag mit
ihm und ließ ihn ziehen.

35 Einer von den Prophetenjün-
gern* sagte zu einem anderen im
Auftrag Jahwes: »Schlage mich!«
Doch der weigerte sich, ihn zu schla-
gen. 36 Da sagte er zu ihm: »Du hast
dich dem Befehl Jahwes widersetzt.
Pass auf! Wenn du jetzt weggehst,
wird ein Löwe dich schlagen.« Als der
andere wegging, fiel ihn ein Löwe an
und tötete ihn. 37 Der Propheten-
jünger traf einen anderen Mann und
sagte zu ihm: »Schlage mich!« Der
Mann schlug ihn grün und blau. 38 Da
stellte sich der Prophet an den Weg,
wo er den König treffen konnte. Er
hatte sich den Kopf verbunden, so-
dass man ihn nicht erkannte. 39 Als
der König vorüberkam, rief er ihn
an und sagte: »Dein Diener war
mitten in den Kampf geraten. Da

20,26 *Afek* meint wahrscheinlich das heutige Afiq, das einige Kilometer östlich des Sees Gennesaret liegt.

20,34 *Handelsgassen.* Offenbar lukrative Privilegien, die mit einer Monopolstellung in bestimmten Handelsbereichen verbunden waren.

20,35 *Prophetenjünger* stammten aus Prophetengruppen, die zusammenlebten und von Elija oder Elischa geleitet wurden, siehe 2. Könige 2; 4; 6.

brachte mir auf einmal jemand einen
Gefangenen und sagte: ›Bewach die-
sen Mann! Sollte er vermisst werden,
kostet es dein Leben oder 35 Kilo Sil-
berstücke.‹ 40 Während dein Diener
nun hier und da zu tun hatte, war der
Gefangene auf einmal fort.« Der
König sagte: »Du hast dir selbst das
Urteil gesprochen.« 41 Da nahm er
schnell die Binde ab, und der König
von Israel erkannte, dass es einer
der Propheten war. 42 »So spricht
Jahwe«, sagte der Prophet: »Du hast
den Mann freigelassen, auf den ich
meinen Bann gelegt hatte.* Deshalb
wirst du mit deinem Leben für seins
einstehen und mit deinem Volk für
sein Volk!« 43 Wütend ging der König
weiter und kam schlecht gelaunt zu
Hause in Samaria an.

Nabots Weinberg

21 1 Einige Zeit später passierte
Folgendes: Ein Mann na-
mens Nabot, Einwohner der Stadt
Jesreel*, besaß dort einen Weinberg.
Dieser lag unmittelbar neben einem
Haus, das König Ahab aus Samaria
gehörte. 2 Eines Tages sagte Ahab zu
Nabot: »Überlass mir doch deinen
Weinberg! Er grenzt direkt an mein
Haus und ich möchte gern einen Ge-
müsegarten daraus machen. Ich gebe
dir dafür einen besseren Weinberg
als den hier, oder wenn es dir lieber
ist, gebe ich dir den Preis dafür in Sil-
ber.« 3 Aber Nabot erwiderte:
»Jahwe behüte mich davor, dir das
Erbe meiner Vorfahren zu geben!«
4 Wütend und schlecht gelaunt, weil
dieser Jesreeliter Nabot sich gewei-
gert hatte, ihm das Erbe seiner Vor-
fahren abzutreten, kam Ahab in sein
Haus. Er legte sich auf sein Bett,
drehte sich zur Wand und wollte
nichts essen. 5 Da kam seine Frau
Isebel zu ihm herein und fragte:
»Warum bist du so verstimmt?
Warum isst du nichts?« 6 Ahab er-
widerte: »Weil dieser Nabot aus Jes-
reel mir seinen Weinberg nicht geben
will. Ich wollte ihn bezahlen oder ihm
dafür einen anderen geben. Aber er
sagte nur: ›Meinen Weinberg be-
kommst du nicht!‹« 7 Da sagte seine
Frau Isebel zu ihm: »Als König von
Israel bist du doch der Herr im Land.
Steh auf und iss etwas und vergiss
deinen Ärger! Ich werde dir Nabots
Weinberg schon verschaffen.«

8 Dann schrieb sie Briefe im Namen
Ahabs und verschloss sie mit seinem
Siegel. Sie waren an Nabots Mitbür-
ger, die Ältesten und die Vornehmen
in Jesreel gerichtet. 9 In den Briefen
hatte sie Folgendes geschrieben:

»Ruft einen Fasttag aus* und lasst
Nabot in der Versammlung ganz vorn
sitzen. 10 Dann setzt ihm zwei gewis-
senlose Männer gegenüber, die als
Zeugen gegen ihn aussagen sollen,
dass er Gott und den König gelästert
habe. Dann führt ihn vor die Stadt
hinaus und steinigt ihn zu Tode.«

20,42 *Bann gelegt hatte.* Das heißt: Er sollte mit all seinen Gütern vernichtet werden.

21,1 Die *Stadt Jesreel* befindet sich mitten in der sehr fruchtbaren Jesreel-Ebene etwa 40 km nördlich von Samaria.

21,9 *ruft ... aus.* Ein allgemeines Fasten konnte bei Unglück oder Trauer, aber auch zur Unterstützung einer Bitte oder Aufdekkung einer Schuld angeordnet werden.

11 Die Männer der Stadt, die Ältes-
ten und die Vornehmen, die Nabots
Mitbürger waren, machten es genau-
so, wie Isebel es in ihren Briefen ver-
langt hatte. 12 Sie riefen einen Fasttag
aus und ließen Nabot in der Versamm-
lung ganz vorn sitzen. 13 Dann kamen
die beiden boshaften und gewissen-
losen Männer und setzten sich ihm
gegenüber. Vor dem ganzen Volk
traten sie als Zeugen gegen Nabot
auf und behaupteten: »Nabot hat
Gott und den König gelästert!« Da-
raufhin wurde Nabot vor die Stadt
geführt und gesteinigt. 14 Die Verant-
wortlichen ließen Isebel ausrichten:
»Nabot ist tot, er wurde gesteinigt.«
15 Als Isebel diese Nachricht erhalten
hatte, sagte sie zu Ahab: »Auf, nimm
den Weinberg in Besitz! Dieser Nabot
aus Jesreel, der sich geweigert hat, dir
seinen Weinberg zu verkaufen, lebt
nicht mehr. Er ist tot.« 16 Als Ahab
das hörte, wollte er den Weinberg
Nabots gleich in Besitz nehmen und
ging zu ihm hinunter.

17 Da kam das Wort Jahwes zu Elija
aus Tischbe: 18 »Mach dich auf den
Weg und geh Ahab entgegen, dem
König von Israel, der in Samaria re-
sidiert. Er ist gerade in den Weinberg
Nabots hinuntergegangen, um sich
ihn anzueignen. 19 Sag zu ihm: ›So
spricht Jahwe: Hast du gemordet und
schon geerbt? Jahwe sagt dir: Wo die
Hunde das Blut Nabots aufgeleckt
haben, dort werden sie auch dein Blut
auflecken, ja deins.‹«

20 Als sie sich trafen, sagte Ahab zu
Elija: »Hast du mich gefunden, mein
Feind?« Elija erwiderte: »Ich musste
dich finden, denn du hast dich anstif-
ten lassen, Böses vor Jahwe zu tun.
Darum lässt er dir sagen: 21 ›Pass auf!
Ich bringe Unheil über dich. Ich
werde deine Familie wegfegen. Von
deiner Nachkommenschaft werde ich
jeden Wandpisser beseitigen, egal ob
er gebunden oder frei ist. 22 Weil du
mich zum Zorn gereizt und Israel zur
Sünde verführt hast, werde ich mit
deiner Familie genauso verfahren wie
mit der von Jerobeam Ben-Nebat und
Bascha Ben-Ahija.‹ 23 Und über Ise-
bel lässt Jahwe dir sagen: ›Die Hunde
werden sie fressen an der Vormauer
von Jesreel.‹ 24 Wer von Ahabs Fa-
milie in der Stadt stirbt, wird von
Hunden gefressen; und wer auf dem
freien Feld stirbt, den fressen die
Vögel.«

25 In der Tat gab es keinen, der sich
wie Ahab dazu hergab, Böses vor
Jahwe zu tun. Seine Frau Isebel hatte
ihn dazu verführt. 26 Was er tat, war
überaus verwerflich, denn er lief die-
sen Mistgötzen* nach genauso wie die
Amoriter, die Jahwe vor den Israeliten
vertrieben hatte.

27 Als Ahab das hörte, riss er vor
Entsetzen sein Obergewand ein*.
Dann legte er den Trauersack an und
fastete. Er schlief sogar auf Sacktuch
und ging bedrückt umher. 28 Da kam
das Wort Jahwes zu Elija aus Tischbe:
29 »Hast du gemerkt, dass Ahab sich
vor mir gedemütigt hat? Weil er das

21,26 *Mistgötzen.* Siehe Fußnote zu Kapitel 15,12!

21,27 *riss ... Gewänder ein.* Als Zeichen von Trauer und Entsetzen riss man das Kleidungsstück vom Halsausschnitt an mit einem heftigen Ruck etwa eine Handlänge ein.

tat, lasse ich das Unheil noch nicht
zu seinen Lebzeiten über sein Haus
kommen, sondern erst, wenn sein
Sohn König ist.«

Micha gegen Ahabs Propheten

22 1 Drei Jahre lang verhielten
die Syrer sich ruhig. Es gab
keinen Krieg zwischen Syrien und Is-
rael. 2 Im dritten Jahr besuchte König
Joschafat von Juda den König von Is-
rael. 3 Dieser hatte zu seinen Beratern
gesagt: »Wisst ihr nicht, dass Ramot in
Gilead uns gehört? Warum bleiben wir
still, anstatt es dem König von Syrien
wieder wegzunehmen?« 4 Dann fragte
er Joschafat: »Machst du mit, wenn
ich Ramot in Gilead angreife?« – »Ja,
ich mache mit«, erwiderte Joschafat,
»meine Truppen sollen mit deinen
gehen und meine Pferde ebenso.«

5 Doch dann sagte Joschafat zum
König von Israel: »Du solltest aber
zuerst fragen, was Jahwe dazu sagt!«
6 Da ließ der König von Israel die
Propheten kommen, 400 Mann. Er
fragte sie: »Soll ich in den Kampf
gegen Ramot in Gilead ziehen oder
soll ich es lassen?« – »Zieh hinauf«,
erwiderten sie, »Gott wird es in die
Hand des Königs geben!« 7 Aber Jo-
schafat sagte: »Gibt es hier sonst kei-
nen Propheten Jahwes mehr, durch
den wir Gott fragen können?« 8 »Es
gibt schon einen, durch den man
Jahwe befragen kann«, erwiderte der
König von Israel, »aber ich hasse ihn,
weil er mir niemals Gutes, sondern
immer nur Schlimmes prophezeit.
Es ist Micha Ben-Jimla.« Doch Jo-
schafat erwiderte: »Der König sage
das nicht!« 9 Da rief der König von
Israel einen Hofbeamten herbei und
befahl ihm: »Schnell, hole Micha
Ben-Jimla!«

10 Der König von Israel und König
Joschafat von Juda saßen im könig-
lichen Gewand auf zwei Thronses-
seln, die man für sie auf dem freien
Platz am Toreingang von Samaria auf-
gestellt hatte. Und die Propheten
weissagten vor ihnen. 11 Ein gewisser
Zidkija Ben-Kenaana hatte sich eiser-
ne Hörner gemacht und rief: »So
spricht Jahwe: ›Damit wirst du die
Syrer niederstoßen, bis du sie vernich-
tet hast!‹« 12 Die anderen Propheten
weissagten ebenso: »Greif Ramot in
Gilead an und führe Israel zum Sieg!
Jahwe wird die Stadt in die Hand des
Königs geben!«

13 Der Bote, der Micha holen sollte,
sagte unterwegs zu ihm: »Hör zu! Die
Worte der Propheten sind einstimmig
und sprechen für den König. Schließ
dich doch ihrem Wort an und sage
Gutes!« 14 Micha erwiderte: »So wahr
Jahwe lebt, ich sage nur das, was
Jahwe mir aufträgt!«

15 Als er zum König kam, fragte ihn
dieser: »Micha, sollen wir in den
Kampf gegen Ramot in Gilead ziehen
oder sollen wir es lassen?« – »Zieh nur
hin und führe Israel zum Sieg!«, sagte
er. »Jahwe wird es in die Hand des Kö-
nigs geben.« 16 Doch der König ent-
gegnete: »Wie oft muss ich dich noch
beschwören, dass du mir nichts als die
Wahrheit im Namen Jahwes verkün-
dest!« 17 Da sagte Micha: »Ich sah
ganz Israel über die Berge zerstreut wie
Schafe, die keinen Hirten haben. Und
Jahwe sagte: ›Sie haben keinen Anfüh-
rer mehr! Jeder kehre wohlbehalten in
sein Haus zurück!‹« 18 Da sagte der
König von Israel zu Joschafat: »Habe

ich dir nicht gesagt, dass er mir nichts
Gutes prophezeit, sondern immer nur
Schlimmes?«
19 Micha fuhr fort: »Darum hört
das Wort Jahwes: Ich sah Jahwe sit-
zen auf seinem Thron. Das ganze
Heer des Himmels stand rechts und
links neben ihm. 20 Jahwe fragte:
›Wer ködert Ahab, dass er loszieht
und bei Ramot in Gilead fällt?‹ Der
eine sagte dies, der andere das. 21 Zu-
letzt trat ein Geist vor. Er stellte sich
vor Jahwe und sagte: ›Ich werde ihn
ködern.‹ ›Womit?‹, fragte Jahwe.
22 ›Ich werde als Lügengeist aus dem
Mund aller seiner Propheten spre-
chen‹, erwiderte er. ›Gut, du darfst
ihn verführen‹, sagte er, ›und du
wirst es auch schaffen. Geh los und tu
es!‹ 23 Du siehst also, dass Jahwe dei-
nen Propheten einen Lügengeist ein-
gegeben hat, denn Jahwe hat dein
Unheil beschlossen.«
24 Da kam Zidkija Ben-Kenaana zu
Micha, gab ihm eine Ohrfeige und
sagte: »Auf welche Weise soll der
Geist Jahwes mich denn verlassen
haben und nur noch mit dir reden?«
25 »Du wirst es ja sehen«, erwiderte
Micha, »und zwar an dem Tag, an
dem du von einer Kammer in die
andere flüchtest, um dich zu ver-
stecken.« 26 Da sagte der König:
»Nehmt ihn fest und führt ihn zum
Stadtkommandanten Amon und zum
Prinzen Joasch. 27 Meldet ihnen: ›So
spricht der König: Setzt diesen Mann
ins Gefängnis und haltet ihn knapp
bei Brot und Wasser, bis ich wohl-
behalten zurückkomme!‹« 28 Da
sagte Micha: »Wenn du je wohlbe-
halten zurückkehrst, hat Jahwe nicht
durch mich gesprochen.« Dann fügte
er noch hinzu: »Hört es, ihr Völker
alle!«

Ahabs Tod

29 Der König von Israel und König Jo-
schafat von Juda zogen also nach
Ramot in Gilead. 30 Unterwegs sagte
der König von Israel zu Joschafat: »Ich
will verkleidet in den Kampf ziehen,
aber du kannst deine königliche Klei-
dung tragen!« So zog er verkleidet in
die Schlacht. 31 Der König von Syrien
hatte den zweiunddreißig Führern sei-
ner Streitwagen befohlen: »Kämpft
nicht gegen Kleine oder Große, son-
dern greift allein den König von Israel
an!« 32 Als die Streitwagenführer Jo-
schafat entdeckten, sagten sie: »Das
ist der König von Israel!« und griffen
ihn von allen Seiten an. Da schrie Jo-
schafat um Hilfe. 33 Als die Wagen-
führer merkten, dass er nicht der
König von Israel war, ließen sie ihn in
Ruhe. 34 Einer ihrer Kämpfer aber
schoss auf gut Glück einen Pfeil ab
und traf den König von Israel zwi-
schen Gurt und Panzer. »Dreh um und
bring mich aus der Schlacht!«, sagte
der König zu seinem Wagenlenker.
»Ich bin verwundet.« 35 Weil der
Kampf an dem Tag immer heftiger
wurde, hielt der König bis zum Abend
durch und blieb den Syrern gegenüber
in seinem Wagen aufrecht stehen,
während das Blut aus seiner Wunde in
den Wagen floss. Gegen Abend starb
er. 36 Als die Sonne unterging, ließ
man im Lager ausrufen: »Jeder kehre
in seine Stadt und auf sein Land zu-
rück!« 37 So starb der König. Man
brachte ihn nach Samaria und begrub
ihn dort. 38 Als man den Wagen am
Teich von Samaria abspülte, leckten

die Hunde sein Blut auf, und die
Huren wuschen sich in dem Wasser,
wie Jahwe es angekündigt hatte.
39 Was es sonst noch über Ahab und
seine Taten zu berichten gibt, das El-
fenbeinhaus und die Städte, die er ge-
baut hat, findet man in der Chronik
der Könige von Israel. 40 Nachdem
Ahab gestorben war, trat sein Sohn
Ahasja die Herrschaft an.

König Joschafat von Juda

41 Im 4. Regierungsjahr des Königs
Ahab von Israel wurde Joschafat Ben-
Asa König über Juda. 42 Als er die
Herrschaft übernahm, war er 35 Jahre
alt. Er regierte 25 Jahre in Jerusalem.
Seine Mutter hieß Asuba und war
eine Tochter von Schilhi. 43 Er folgte
in allem konsequent dem Beispiel
seines Vaters Asa, indem er tat, was
Jahwe gefiel. 44 Nur die Opferhöhen
bestanden weiter, und die Leute
brachten dort Schlacht- und Räu-
cheropfer dar. 45 Joschafat machte
Frieden mit dem König von Israel.
46 Was sonst noch über Joschafat,
seine Machttaten und Kriege zu sagen
ist, steht in der Chronik der Könige
von Juda.

47 Er schaffte auch die Männer, die
sich für den Fruchtbarkeitskult prosti-
tuiert hatten, aus dem Land, denn es
waren noch welche aus der Zeit seines
Vaters Asa übrig geblieben.

48 Damals hatte Edom keinen eige-
nen König. Es wurde von einem Statt-
halter Judas regiert.

49 Joschafat hatte auch eine Tar-
schisch-Flotte bauen lassen, die nach
Ofir* fahren sollte, um Gold zu holen.
Es kam aber nicht dazu, weil die
Flotte bei Ezjon-Geber* zerschellte.
50 König Ahasja Ben-Ahab wollte
damals seine Leute auf Joschafats
Schiffen mitfahren lassen. Doch
Joschafat hatte es abgelehnt. 51 Als
Joschafat starb, bestattete man ihn
in der Davidsstadt, und sein Sohn
Joram trat die Herrschaft an.

König Ahasja von Israel

52 Im 17. Regierungsjahr des Königs
Joschafat von Juda wurde Ahasja
Ben-Ahab für zwei Jahre* König über
Israel. 53 Er tat, was Jahwe missfiel,
und folgte dem bösen Beispiel seines
Vaters und seiner Mutter und hielt
auch an den sündhaften Gottesdiens-
ten fest, mit denen Jerobeam Ben-
Nebat Israel verführt hatte. 54 Außer-
dem verehrte er den Baal und warf
sich vor ihm nieder. Damit beleidigte
er Jahwe, den Gott Israels, genauso,
wie sein Vater es getan hatte.

22,49 *Ofir.* Siehe Fußnote zu 2. Chronik 8,18.
Ezjon-Geber. Hafenstadt am Golf von Elat/Akaba, in der Nähe des heutigen Elat.

22,52 *zwei Jahre.* 853-852 v.Chr.

Das zweite Buch von den Königen

Ursprünglich waren beide Königsbücher ein einziges Buch auf einer langen Schriftrolle. Siehe deshalb die Einführung bei 1. Könige!

Ahasja und Elija

1 1 Nach König Ahabs Tod* sagten
sich die Moabiter* von Israel los.
2 Eines Tages stürzte Ahasja, der neue
König, durch das Gitterfenster im
Obergeschoss seines Palastes in Sa-
maria und verletzte sich schwer. Da
schickte er Boten mit dem Auftrag los,
Baal-Sebub*, den Gott der Philister-
stadt Ekron, zu befragen, ob er wieder
gesund würde. 3 Aber der Engel Jah-
wes befahl dem Propheten Elija aus
Tischbe*: »Geh den Boten des Königs
von Samaria entgegen und sag zu
ihnen: ›Gibt es denn keinen Gott in Is-
rael, dass ihr fortgehen müsst, um den
Gott von Ekron zu befragen? 4 Darum
lässt Jahwe dem König Folgendes aus-
richten: Du wirst nicht mehr aus
deinem Bett herauskommen, sondern
sterben. Ja, sterben musst du!‹« Elija
gehorchte. 5 Da kehrten die Boten
zum König zurück. »Wie kommt es,
dass ihr so schnell wieder hier seid?«,
fragte er sie. 6 Sie erwiderten: »Ein
Mann kam uns entgegen; er schickte
uns zu dir zurück und lässt dir aus-
richten: ›So spricht Jahwe: Gibt es
denn keinen Gott in Israel, dass du
den Baal-Sebub von Ekron befragen
musst? Darum wirst du nicht mehr
aus deinem Bett herauskommen son-
dern sterben. Ja, sterben musst du!‹«
7 Der König fragte: »Wie sah der
Mann aus, der das zu euch sagte?«
8 »Er trug einen Mantel aus Ziegen-
haaren und hatte einen Ledergürtel
umgebunden«, erwiderten sie. »Dann
war es Elija von Tischbe«, sagte der
König.

9 Sofort schickte er einen Offizier
mit fünfzig Mann nach ihm los. Der
fand ihn oben auf einem Berg. Er stieg
zu ihm hinauf und befahl: »Im Namen
des Königs: Komm herunter, Gottes-
mann!« 10 Elija erwiderte: »Wenn ich
wirklich ein Mann Gottes bin, dann
soll Feuer vom Himmel herabfallen
und dich und deine fünfzig Mann
fressen!« Da fiel Feuer vom Himmel
herab und verbrannte sie alle. 11 Da-
raufhin schickte der König einen an-
deren Offizier mit fünfzig Mann los.
Auch dieser rief Elija an: »Im Namen
des Königs: Komm sofort herunter,
Gottesmann!« 12 Doch Elija erwi-
derte: »Wenn ich wirklich ein Mann
Gottes bin, dann soll Feuer vom
Himmel herabfallen und dich und

1,1 *Ahabs Tod.* Ahab regierte von 874-853 v.Chr.

Die Moabiter lebten östlich vom Toten Meer in dem Gebiet zwischen den Flüssen Arnon und Zered.

1,2 *Baal-Sebub* heißt »Herr der Fliegen« und ist wahrscheinlich eine bewusste Entstellung von *Baal-Sebul* »Fürst Baal«. Bei den Juden in neutestamentlicher Zeit galt *Beelzebub* als der Oberste der Dämonen.

1,3 *Tischbe* liegt nach 1. Könige 17,1 im Ostjordanland (Gilead). Die genaue Lage des Ortes ist unbekannt.

deine fünfzig Mann fressen!« Da fiel
Feuer Gottes vom Himmel herab und
verbrannte sie alle. 13 Zum dritten
Mal schickte der König einen Offizier
mit fünfzig Mann los. Der stieg auf
den Berg, kniete sich vor Elija hin und
flehte ihn an: »Du Mann Gottes, lass
mich und meine fünfzig Männer
am Leben! 14 Es ist doch Feuer vom
Himmel gefallen und hat die beiden
Offiziere vor mir und alle ihre Leute
vernichtet. Bitte, lass mein Leben
etwas wert sein vor dir!« 15 Da sagte
der Engel Jahwes zu Elija: »Geh mit
ihm hinunter! Du musst dich nicht
vor dem König fürchten.«

Elija stand auf und ging mit dem
Offizier zum König. 16 Er sagte ihm:
»So spricht Jahwe: ›Weil du Boten
losgeschickt hast, um den Baal-Se-
bub, den Gott von Ekron, zu befragen,
– als ob es keinen Gott in Israel gäbe,
den man befragen kann – darum wirst
du nicht mehr aus deinem Bett he-
rauskommen sondern sterben. Ja,
sterben musst du!‹« 17 So starb er
denn, wie Jahwe durch Elija hatte
sagen lassen. Weil er aber keinen
Sohn hatte, wurde sein Bruder Joram
König. Das geschah im zweiten Re-
gierungsjahr von König Joram Ben-
Joschafat von Juda. 18 Was sonst noch
über Ahasjas Herrschaft zu sagen ist,
findet man in der Chronik* der Köni-
ge von Israel.

Elija und Elischa

2 1 An dem Tag, als Jahwe Elija im
Sturm zum Himmel auffahren
lassen wollte, hatte der Prophet ge-
rade Gilgal* verlassen. Elischa folgte
ihm. 2 Da sagte Elija zu Elischa:
»Bleib doch hier! Denn Jahwe schickt
mich nach Bet-El*.« Doch Elischa
erwiderte: »So wahr Jahwe lebt, und
so wahr du lebst: Ich verlasse dich
nicht!« So gingen sie nach Bet-El
hinab. 3 Dort wohnten einige Prophe-
tenjünger. Sie kamen zu Elischa he-
raus und sagten zu ihm: »Weißt du,
dass Jahwe heute deinen Lehrer weg-
nehmen und zu sich holen wird?« –
»Ja, ich weiß es auch«, antwortete Eli-
scha, »redet nicht darüber!« 4 Da
sagte Elija noch einmal zu ihm: »Eli-
scha, bleib doch hier! Denn Jahwe
schickt mich nach Jericho.« Doch Eli-
scha erwiderte: »So wahr Jahwe lebt,
und so wahr du lebst: Ich verlasse dich
nicht!« So kamen sie nach Jericho.
5 Auch dort wohnten einige Prophe-
tenjünger. Sie kamen ebenfalls zu
Elischa heraus und sagten zu ihm:
»Weißt du, dass Jahwe heute deinen
Lehrer wegnehmen und zu sich holen
wird?« – »Ja, ich weiß es auch«, erwi-
derte Elischa, »redet nicht darüber!«
6 Da sagte Elija noch einmal zu ihm:
»Bleib doch hier! Denn Jahwe schickt
mich an den Jordan.« Doch Elischa
erwiderte: »So wahr Jahwe lebt, und
so wahr du lebst: Ich verlasse dich
nicht!« So gingen beide miteinander.
7 Auch 50 Mann von den Propheten-
jüngern folgten ihnen. Sie blieben

1,18 *Chronik*. Oder: Jahrbüchern, Annalen.

2,1 Mit *Gilgal* ist hier nicht der Ort in der Nähe des Jordan gemeint, sondern wahrscheinlich Jiljillia, 12 km nordwestlich von Bethel.

2,2 *Bet-El* liegt 19 km nördlich von Jerusalem und war das Zentrum des pervertierten israelitischen Gottesdienstes geworden, in dem Jahwe durch ein goldenes Kalb verehrt wurde.

aber in einiger Entfernung stehen,
als die beiden an den Jordan traten.
8 Elija zog seinen Mantel aus, wickel-
te ihn zusammen und schlug damit
auf das Wasser. Da teilte es sich nach
beiden Seiten, und sie gingen trocke-
nen Fußes durch den Fluss.

9 Am anderen Ufer sagte Elija zu Eli-
scha: »Kann ich noch etwas für dich
tun, bevor ich weggenommen
werde?« Elischa bat: »Es wäre schön,
wenn ich den doppelten Anteil* von
deinem Geist erhalten könnte!«
10 »Das zu erfüllen, liegt nicht in
meiner Macht«, erwiderte Elija, »doch
wenn du mit ansehen darfst, wie ich
von dir weggenommen werde, dann
wird deine Bitte erfüllt, sonst nicht.«
11 Während sie weitergingen und mit-
einander redeten, fuhr plötzlich ein
feuriger Streitwagen mit Pferden aus
Feuer zwischen sie und trennte sie
voneinander. Im Sturm fuhr Elija zum
Himmel hinauf. 12 Als Elischa das sah,
schrie er auf: »Mein Vater, mein Vater!
Du Streitwagen Israels, du sein Ge-
spann!«* Dann sah er ihn nicht mehr.
Er packte seine Gewänder und zerriss
sie in zwei Stücke.

13 Dann hob er den Mantel Elijas
auf, der zu Boden gefallen war, und
kehrte an den Jordan zurück. 14 Dort
nahm er den Mantel, schlug damit aufs
Wasser und rief: »Wo ist Jahwe, Elijas
Gott?« Als er so wie Elija auf das Was-
ser geschlagen hatte, teilte es sich nach
beiden Seiten, sodass Elischa hin-
durchgehen konnte. 15 Die Propheten-
jünger aus Jericho, die am anderen
Ufer standen, hatten zugesehen und
sagten: »Der Geist Elijas ist jetzt auf
Elischa!« Sie liefen ihm entgegen,
warfen sich vor ihm nieder 16 und sag-
ten: »Bei deinen Dienern hier sind 50
kräftige Männer. Sollten sie nicht los-
gehen und deinen Lehrer suchen? Viel-
leicht hat der Geist Jahwes ihn ja nur
weggetragen und auf irgendeinen Berg
oder in eine Schlucht geworfen.« –
»Nein, das ist nicht nötig!«, sagte Eli-
scha. 17 Doch sie bestanden heftig dar-
auf, bis er verlegen wurde und sagte:
»So geht halt!« Die 50 suchten drei
Tage lang, fanden Elija aber nicht.
18 Dann kehrten sie zu Elischa zurück,
der sich noch in Jericho aufhielt. Der
sagte zu ihnen: »Ich habe euch doch
gesagt, dass ihr nicht gehen müsst!«

Hilfe in Jericho, Gericht in Bet-El

19 Die Einwohner der Stadt sagten
zu Elischa: »Herr, wie du siehst, hat
unsere Stadt eine ausgezeichnete
Lage. Aber das Wasser ist schlecht
und verursacht immer wieder Fehl-
geburten.« 20 Da sagte Elischa: »Holt
mir eine neue Schale und füllt sie mit
Salz!« Als sie ihm die Schale gebracht
hatten, 21 ging er damit vor die Stadt
hinaus zur Quelle, schüttete das Salz
hinein und rief: »So spricht Jahwe:
›Ich habe dieses Wasser gesund ge-
macht. Es wird keinen Tod und keine
Fehlgeburten mehr verursachen!‹«
22 Seitdem ist das Wasser gut, und es
ist bis heute* so geblieben, genau wie
Elischa es gesagt hat.

2,9 *doppelten Anteil.* Das meinte wohl den Erbanteil des Erstgeborenen, der doppelt so viel erhielt wie ein anderer Sohn.

2,12 *sein Gespann.* Für Elischa war sein geistlicher Vater das eigentliche Werkzeug der Macht Gottes.

2,22 *bis heute.* Das meint den Zeitpunkt, als das Buch verfasst wurde.

23 Von dort aus ging Elischa hinauf
ins Bergland nach Bet-El. Wie er
nun den Weg weiter hinaufstieg,
kam eine Horde Jungen aus der Stadt
und machte sich über ihn lustig.
»Komm doch rauf, du Glatzkopf!«,
riefen sie. »Komm doch rauf, Glatz-
kopf!«* 24 Elischa schaute sich um,
und als er sie erblickte, verfluchte er
sie im Namen Jahwes. Da kamen zwei
Bärinnen aus dem Wald und zerrissen
42 von den Kindern. 25 Elischa ging
von dort zum Berg Karmel und kehrte
dann nach Samaria zurück.

Joram von Israel

3 1 Im 18. Regierungsjahr des Kö-
nigs Joschafat von Juda wurde
Joram Ben-Ahab König über Israel. Er
regierte zwölf Jahre in Samaria 2 und
tat, was Jahwe verabscheute, wenn
auch nicht in dem Ausmaß, wie sein
Vater und seine Mutter das getan
hatten. Er ließ nämlich das Steinmal,
das sein Vater zu Ehren des Baal*
aufgestellt hatte, wieder beseitigen.
3 Doch von dem sündhaften Gottes-
dienst, zu dem Jerobeam Ben-Nebat
Israel verführt hatte, wollte er nicht
lassen.

4 König Mescha von Moab war ein
Schafzüchter und musste dem König
von Israel 100.000 Lämmer und eben-
so viele ungeschorene Schafböcke
als Tribut* liefern. 5 Nach dem Tod
Ahabs widersetzte sich Mescha dem
König von Israel. 6 Da zog Joram von
Samaria aus und rief ganz Israel
zu den Waffen. 7 Zugleich sandte er
Boten zu König Joschafat von Juda
und ließ ihm sagen: »Der König von
Moab ist von mir abgefallen. Willst
du zusammen mit mir gegen ihn
kämpfen?« – »Ich mache mit«, ließ
dieser ihm ausrichten, »du kannst auf
meine Soldaten und Pferde wie auf
deine eigenen zählen.« 8 »Welchen
Weg schlägst du zum Anmarsch
vor?«, fragte Joram. »Den Weg durch
die Wüste von Edom«, meldete Jo-
schafat zurück.

9 So rückten der König von Israel
und der König von Juda zusammen
mit dem König von Edom aus. Als
sie sieben Tagereisen weit gezogen
waren, fand sich kein Wasser mehr
für das Heer und die mitgeführten
Tiere. 10 »Weh uns!«, sagte der König
von Israel. »Jahwe hat uns drei Köni-
ge nur gerufen, um uns den Moabi-
tern in die Hände fallen zu lassen!«
11 Doch Joschafat sagte: »Ist denn
kein Prophet Jahwes hier, durch den
wir Jahwe um Rat fragen könnten?«
Da sagte ein Diener des Königs von

2,23 ... *Glatzkopf.* Das drückt eine vollkommene Verachtung dem Repräsentanten Gottes gegenüber aus, den sie wegen seiner Kahlköpfigkeit als Schwächling ansahen. Elischa wurde in dieser Hochburg des von König Jerobeam eingeführten götzendienerischen Jahwekults offenbar nicht nur von den Erwachsenen, sondern auch von den Kindern abgelehnt. Als Nachfolger Elijas würde er diesen falschen Gottesdienst weiterhin bekämpfen.

3,2 *Baal* bedeutet »Herr« oder »Gebieter«. Er wurde als Fruchtbarkeitsgott in Kanaan verehrt.

3,4 *Tribut.* Bereits David hatte die Moabiter tributpflichtig gemacht (2. Samuel 8,2). 100 Jahre später waren es dann der mächtigste König des Nordreichs, Omri, und sein Sohn Ahab, wie aus der 1868 gefundenen Basaltstele des Königs Mescha hervorgeht: *»Omri war König von Israel und hatte Moab lange Zeit gedemütigt. Und sein Sohn folgte ihm, und auch er sprach: ›Ich werde Moab demütigen.‹«*

Israel: »Doch, Elischa Ben-Schafat
ist hier, der seinerzeit im Dienst Elijas
stand.« 12 »Bei ihm werden wir das
Wort Jahwes finden«, sagte Joscha-
fat. Da stiegen die drei Könige zu Eli-
scha hinab. 13 Doch der sagte zum
König von Israel: »Was habe ich mit
dir zu schaffen? Geh doch zu den Pro-
pheten deines Vaters und deiner Mut-
ter!« – »Nein«, sagte der König, »es
ist doch Jahwe, der uns drei Könige
den Moabitern in die Hände liefern
will!« 14 Da sagte Elischa: »So wahr
Jahwe, der allmächtige Gott*, lebt, in
dessen Dienst ich stehe: Nur König
Joschafat von Juda zuliebe sehe ich
dich überhaupt an. Sonst wärst du
Luft für mich! 15 Doch nun schafft
mir einen Harfespieler her!« Als der
Spieler in die Saiten griff, kam die
Hand Jahwes über Elischa. 16 Er
sagte: »So spricht Jahwe: ›Hebt in
diesem Trockental überall Gruben
aus, eine neben der anderen!‹
17 Denn Jahwe sagt: ›Ihr werdet kei-
nen Windhauch spüren und auch kei-
nen Regen fallen sehen, und doch
wird sich dieses Tal mit Wasser füllen,
sodass ihr mit eurem ganzen Heerla-
ger und den Tieren daraus trinken
könnt. 18 Und weil Jahwe das noch
nicht genügt, wird er euch auch die
Moabiter ausliefern. 19 Ihr werdet alle
Festungen und ihre besten Städte er-
obern, ihr werdet ihre Fruchtbäume
fällen, ihre Quellen zuschütten und
ihr fruchtbares Ackerland mit Steinen
verderben.‹« 20 Und wirklich, am
nächsten Morgen, zur Zeit des Mor-
genopfers*, kam auf einmal Wasser
aus den Bergen Edoms und über-
schwemmte die ganze Gegend.

21 Als die Moabiter erfahren hatten,
dass drei Könige gegen sie anrückten,
wurden alle aufgeboten, die irgend
Waffen tragen konnten. Sie stellten
sich an der Landesgrenze auf. 22 Als
sie an jenem Morgen aufstanden und
die Sonne über dem Wasser aufging,
erschien ihnen das Wasser im Tal rot
wie Blut. 23 »Das ist Blut!«, sagten
sie. »Ganz sicher sind die Könige mit
dem Schwert aneinander geraten und
haben ein Blutbad unter sich ange-
richtet. Auf, ihr Moabiter, holt euch
die Beute!« 24 Doch als sie zum Lager
Israels kamen, stürmten die Israeliten
ihnen entgegen und schlugen sie in
die Flucht. Dann drang Israel ins
Land der Moabiter ein und schlug
sie vernichtend. 25 Sie zerstörten die
Städte, jeder warf seinen Stein auf
jeden Acker, bis alle ganz bedeckt
waren. Sie schütteten die Wasserquel-
len zu und fällten die Fruchtbäume.
Nur die Mauer von Kir-Heres* hielt
dem Angriff noch stand. Doch die
Stadt war umzingelt und wurde mit
Steinschleudern beschossen. 26 Als
der König von Moab sah, dass er die
Stadt nicht mehr lange halten konnte,
sammelte er 700 Schwertträger um
sich und versuchte an der Stelle

3,14 *der allmächtige Gott.* Hebräisch: *Zebaoth*, das heißt »Heere« oder »Kriege«. In der LXX wird der Begriff immer mit *»pantokrator«*, »Allherrscher« oder »Allmächtiger« wiedergegeben.

3,20 *Morgenopfer.* Es wurde täglich gegen 10 Uhr im Tempel dargebracht.

3,25 *Kir-Heres.* Die bedeutende moabitische Stadt lag 16 km östlich vom südlichen Teil des Toten Meeres.

durchzubrechen, wo der König von
Edom stand. Doch es gelang ihnen
nicht. 27 Da nahm er seinen erstge-
borenen Sohn, der einmal nach ihm
König werden sollte, und verbrannte
ihn als Opfer auf der Stadtmauer, so-
dass ein großer Zorn* über Israel
kam. Sie brachen die Belagerung ab
und kehrten in ihr Land zurück.

Elischa und das Öl der Witwe

4 1 Die Witwe von einem der Pro-
phetenjünger rief Elischa um
Hilfe an: »Mein Mann ist gestorben,
und du weißt, dass er Jahwe treu
gedient hat. Nun ist der Gläubiger
gekommen und will für das Geld,
das wir ihm schulden, meine beiden
Söhne als Sklaven nehmen.« 2 Eli-
scha erwiderte: »Was soll ich für dich
tun? Sag mir, was du noch im Haus
hast!« – »Deine Dienerin hat nichts
mehr im Haus als nur ein klein wenig
Öl«, erwiderte sie. 3 »Dann geh und
leihe dir von all deinen Nachbarinnen
leere Gefäße aus, alles, was du bekom-
men kannst. 4 Geh dann ins Haus,
schließ die Tür hinter dir und deinen
Söhnen ab und gieß das Öl in die
Gefäße. Wenn eins voll ist, stell es bei-
seite!« 5 Sie machte es so und schloss
die Tür ab. Dann reichten die Jungen
ihr die Gefäße, und sie goss ein. 6 Als
alle Gefäße voll waren, sagte sie zu
dem einen Jungen: »Gib mir noch
eins!« – »Es ist keins mehr da«, sagte
er. Da hörte das Öl auf zu fließen.
7 Die Frau ging zu dem Mann Gottes
und berichtete es ihm. Der sagte:
»Nun geh, verkaufe das Öl und be-
zahle deine Schulden! Von dem, was
übrig bleibt, kannst du mit deinen
Söhnen leben.«

Elischa und die Frau aus Schunem

8 Eines Tages kam Elischa durch das
Dorf Schunem*. Dort lebte eine wohl-
habende Frau, die ihn zum Essen ein-
lud. Von da an war er jedes Mal in
ihrem Haus zu Gast, wenn er dort
durchkam. 9 Einmal sagte sie zu
ihrem Mann: »Ich weiß, dass unser
regelmäßiger Gast ein heiliger Mann
Gottes ist. 10 Wir sollten auf der
Dachterrasse ein kleines Zimmer für
ihn ausbauen und ein Bett, einen
Tisch, einen Stuhl und einen Leuchter
hineinstellen. Wenn er dann zu uns
kommt, kann er sich dorthin zurück-
ziehen.« 11 Als Elischa eines Tages
wieder vorbeikam, ruhte er sich in
diesem Zimmer aus. 12 Dann befahl
er seinem Diener Gehasi, die Frau
heraufzubitten. Sie kam und blieb
draußen vor der Tür stehen. 13 Elischa
ließ ihr durch seinen Diener sagen:
»Du hast dir so viel Mühe mit uns ge-
macht! Was kann man denn für dich
tun? Soll man beim König oder beim
Heerführer ein gutes Wort für dich
einlegen?« Doch sie sagte: »Mir geht

3,27 *Zorn.* Der Ausdruck bezieht sich normalerweise auf den Zorn Gottes. Vielleicht wurde Gott zornig, weil das Kriegsziel längst erreicht war und erst der massive Druck der Verbündeten den moabitischen König zu diesem schrecklichen Menschenopfer für seinen Gott Kemosch getrieben hatte. Andere meinen, dass Zorn hier Abscheu und Entsetzen der Israeliten vor dieser schrecklichen Tat ausdrückt. Schließlich denken einige, dass die Israeliten damals so abergläubisch waren, dass sie sich vor dem Zorn des Moabitergottes fürchteten.

4,8 *Schunem* ist ein Ort in der fruchtbaren Jesreel-Ebene, 15 km östlich von Megiddo am Fuß des Berges More.

es gut, ich wohne ja hier mitten unter
meiner Sippe.« 14 Elischa fragte sei-
nen Diener: »Was können wir denn
sonst für sie tun?« – »Nun, die Frau
hat keinen Sohn, und ihr Mann ist
schon alt«, erwiderte Gehasi. 15 »Ruf
sie her!«, sagte Elischa. Daraufhin
kam sie näher und trat in die Tür.
16 »Im nächsten Jahr um diese Zeit
wirst du einen Sohn liebkosen«, sagte
Elischa zu ihr. »Ach Herr, du Mann
Gottes«, erwiderte sie, »mach deiner
Magd doch keine falschen Hoffnun-
gen!« 17 Doch die Frau wurde wirk-
lich schwanger und brachte ein Jahr
später um die Zeit, von der Elischa
geredet hatte, einen Sohn zur Welt.

18 Als der Junge größer geworden
war, ging er eines Tages zu seinem
Vater auf das Feld hinaus, wo die
Schnitter arbeiteten. 19 Auf einmal
klagte er ihm: »Mein Kopf! Mein
Kopf!« Der Vater befahl einem seiner
Leute: »Trag ihn zu seiner Mutter!«
20 Der Mann brachte das Kind heim.
Seine Mutter nahm es auf ihre Knie
und hielt es bis zum Mittag, dann
starb es. 21 Da trug sie es hinauf und
legte es auf das Bett des Gottesmanns.
Sie schloss die Tür zu und ging aufs
Feld. 22 Dort rief sie ihren Mann und
sagte: »Gib mir einen deiner Männer
mit und eine Eselin! Ich muss schnell
zu dem Gottesmann und werde bald
wieder zurück sein.« 23 »Warum
gehst du ausgerechnet heute?«, fragte
er. »Es ist doch weder Neumondstag
noch Sabbat.« – »Schalom!«*, sagte
sie nur, 24 sattelte die Eselin und
befahl dem Diener: »Treib das Tier
tüchtig an, damit wir schnell voran-
kommen! Halte erst an, wenn ich
es dir sage!«

25 So kam sie zu dem Gottesmann
auf den Berg Karmel. Der sah sie
schon von weitem und sagte zu seinem
Diener Gehasi: »Schau an, die Schu-
nemitin! 26 Lauf ihr entgegen und
frage sie, ob es ihr und ihrem Mann
und dem Kind gut geht!« Doch sie
sagte nur: »Schalom!« 27 Als sie aber
auf dem Berg bei Elischa angekom-
men war, umklammerte sie seine
Füße. Gehasi wollte sie zurückstoßen,
doch der Gottesmann sagte: »Lass sie!
Sie ist ja ganz verzweifelt, und Jahwe
hat mir nicht gesagt, was geschehen
ist.« 28 Sie sagte: »Habe ich dich, mein
Herr, denn um einen Sohn gebeten?
Habe ich nicht gesagt, du sollst mir
keine falschen Hoffnungen machen?«
29 Da sagte Elischa zu Gehasi: »Mach
dich fertig, nimm meinen Stab mit und
geh so schnell du kannst nach Schu-
nem. Wenn du jemand begegnest,
grüße ihn nicht, und wenn dich je-
mand grüßt, antworte ihm nicht!*
Dann halte meinen Stab auf das Ge-
sicht des Jungen!« 30 Doch die Mutter
des Kindes sagte: »So wahr Jahwe lebt
und so wahr du lebst: Ich gehe nicht
ohne dich von hier weg!« Da stand er
auf und ging hinter ihr her.

31 Gehasi war vorausgeeilt und
hatte den Stab auf das Gesicht des
Jungen gehalten. Aber der gab kein
Lebenszeichen von sich. Er rührte

4,23 *Schalom* war der Friedensgruß in Israel und bedeutete gleichzeitig: Es ist alles in Ordnung!

4,29 *grüße ... nicht.* Das Grüßen war im Orient mit Erkundigungen nach dem gegenseitigen Wohlergehen und dem der Familien verbunden, eine zeitaufwändige Angelegenheit.

sich nicht. Da kehrte er um, ging
Elischa entgegen und sagte: »Der
Junge ist nicht aufgewacht!«
32 Als Elischa ins Haus kam, fand
er den Jungen tot auf seinem Bett lie-
gen. 33 Er schloss die Tür hinter sich
ab und betete zu Jahwe. 34 Dann
legte er sich auf den Jungen, sodass
sein Mund dessen Mund berührte,
seine Augen vor dessen Augen waren
und seine Hände auf dessen Händen
lagen. Als er sich so über ihn hin-
streckte, erwärmte sich der Körper
des Kindes. 35 Dann stand Elischa
auf, ging im Zimmer hin und her
und legte sich dann wieder auf das
Kind. Da nieste der Junge sieben Mal
und schlug seine Augen auf. 36 Nun
rief Elischa Gehasi und befahl ihm:
»Ruf mir unsere Schunemitin!« Als
sie kam, sagte er zu ihr: »Hier hast
du deinen Sohn!« 37 Sie trat heran
und warf sich ihm zu Füßen. Dann
nahm sie ihren Sohn und verließ das
Zimmer.

Elischa und die Hungernden

38 Elischa kehrte nach Gilgal zurück.
Im Land herrschte damals Hungers-
not. Als die dortigen Prophetenjünger
einmal im Unterricht vor ihm saßen,
befahl er seinem Diener: »Setz den
großen Topf auf und koche ihnen
etwas zu essen!« 39 Da ging einer hi-
naus aufs Feld, um etwas Essbares
zu holen. Dabei fand er ein Ranken-
gewächs mit wilden Kürbissen* und
pflückte davon, so viel er in seinem
Gewandbausch tragen konnte. Wie-
der zurück schnitt er sie in Stücke
und warf sie in den Topf, obwohl
keiner von ihnen die Früchte kannte.
40 Dann teilte man den Männern das
Gericht aus. Doch kaum hatten sie
davon gegessen, schrien sie auf:
»Mann Gottes, der Tod ist im Topf!«
Sie konnten nichts davon essen. 41 Da
sagte Elischa: »Bringt mir etwas
Mehl!« Er schüttete es in den Topf
und sagte zu seinem Diener: »Teil es
jetzt den Leuten zum Essen aus!«
Nun war nichts Schädliches mehr
im Topf.
42 Einmal kam ein Mann aus Baal-
Schalischa und brachte dem Gottes-
mann zwanzig Fladenbrote und einen
Beutel voll Getreidekörner als Gaben
vom ersten Korn der Ernte. Da sagte
dieser zu seinem Diener: »Gib es un-
seren Leuten zum Essen!« 43 Doch
der erwiderte: »Wie soll das für 100
Männer reichen?« Elischa wieder-
holte: »Gib es unseren Leuten zum
Essen! Denn so spricht Jahwe: ›Man
wird sich satt essen und noch übrig
lassen!‹« 44 Nun setzte er es ihnen
vor. Sie aßen sich satt und ließen noch
davon übrig, wie Jahwe es gesagt
hatte.

Elischa und Naaman

5 1 Naaman, der Heerführer des
Königs von Syrien, wurde von
seinem Herrn sehr geschätzt. Auch
sonst war er sehr angesehen, denn
durch ihn hatte Jahwe den Syrern
zum Sieg verholfen. Der Mann war
ein Kriegsheld, aber aussätzig. 2 Bei

4,39 *Der wilde Kürbis* (auch *Koloquinte* genannt) bringt apfelgroße Früchte hervor, die bitter schmecken und drastisch abführend wirken. Heute werden die Früchte als Heilmittel gegen Magenschmerzen verwendet und in der Pharmaindustrie verarbeitet.

einem ihrer Raubzüge nach Israel hatten die Syrer ein junges Mädchen entführt. Das war als Sklavin zu Naamans Frau gekommen. 3 Einmal sagte sie zu ihrer Herrin: »Wenn mein Herr doch zu dem Propheten gehen könnte, der in Samaria wohnt! Der würde ihn von seinem Aussatz* heilen*.« 4 Da ging Naaman zu seinem Herrn und berichtete ihm, was die junge Israelitin gesagt hatte. 5 »Geh doch hin!«, sagte der König*. »Ich werde dir einen Brief an den König von Israel* mitgeben!« Da machte sich Naaman auf den Weg. Er nahm 340 Kilogramm Silber mit, 70 Kilogramm Gold* und zehn Festgewänder. 6 Beim König von Israel angekommen, überreichte er den Brief, in dem es hieß: »Wenn dieser Brief zu dir kommt, sollst du wissen: Ich habe meinen Diener Naaman zu dir geschickt, damit du ihn vom Aussatz befreist.« 7 Als der König von Israel den Brief gelesen hatte, riss er sein Obergewand ein* und rief: »Bin ich denn Gott, dass ich Macht über Tod und Leben hätte? Verlangt der doch tatsächlich von mir, einen Menschen vom Aussatz zu befreien! Da sieht doch jeder, dass er nur einen Vorwand sucht, um Krieg anzufangen!«

8 Als der Gottesmann Elischa davon hörte, ließ er dem König sagen: »Warum hast du deine Gewänder eingerissen? Lass ihn doch zu mir kommen! Er soll merken, dass es einen Propheten in Israel gibt!« 9 Da fuhr Naaman mit seinen Pferden und Wagen bei Elischa vor. 10 Dieser schickte einen Boten zu ihm hinaus und ließ ihm sagen: »Fahre an den Jordan und tauche dich sieben Mal darin unter! Dann wird dein Aussatz verschwinden und du wirst gesund sein!« 11 Da kehrte Naaman zornig um und sagte: »Ich hatte gedacht, er würde zu mir herauskommen, sich vor mich hinstellen und den Namen Jahwes, seines Gottes, anrufen. Dabei würde er die Hand über die kranke Stelle schwingen und so den Aussatz verschwinden lassen. 12 Ist denn das Wasser der Flüsse von Damaskus, von Abana und Parpar nicht besser als alle Gewässer Israels?« So entfernte er sich voller Zorn. 13 Aber seine Diener redeten ihm gut zu: »Vater«, sagten sie, »wenn der Prophet etwas Schwieriges von dir verlangt hätte, hättest du es bestimmt getan. Aber nun hat er nur gesagt: ›Bade dich, dann wirst du rein sein!‹ Solltest du das nicht noch viel eher tun?« 14 Da fuhr Naaman doch zum Jordan hinab* und tauchte sieben Mal im Wasser unter, wie es der Gottesmann gesagt hatte. Und tatsächlich

---

5,3 *Aussatz.* Bezeichnung für rasch um sich greifende Hautkrankheiten, Lepra eingeschlossen.

heilen. Wörtlich: Von seinem Aussatz (weg in die menschliche Gesellschaft wieder) aufnehmen.

5,5 *der König.* Das war Ben-Hadad II (860-843 v.Chr.) von Syrien.

König von Israel. Das war Joram (851-845 v.Chr.).

... Gold. Maßangaben wörtlich: 10 Talente Silber und 6000 Schekel Gold.

5,7 *riss ... ein.* Als Zeichen von Trauer und Entsetzen riss man das Kleidungsstück vom Halsausschnitt an mit einem heftigen Ruck etwa eine Handlänge ein.

5,14 *Jordan hinab.* Von Samaria bis zum Jordan sind es etwa 45 km. Der Jordangraben liegt etwa 300 m unter N.N.

wurde seine Haut wieder glatt und rein
wie die eines Kindes. Er war gesund.
15 Mit seinem ganzen Gefolge kehr-
te er zu dem Gottesmann zurück. Er
trat vor ihn hin und sagte: »Jetzt weiß
ich, dass es auf der ganzen Welt kei-
nen Gott gibt, außer in Israel. Bitte
nimm doch ein Geschenk von mir,
deinem Diener, an.« 16 Doch dieser
sagte: »So wahr Jahwe lebt, vor dem
ich stehe: Ich nehme nichts von dir
an!« So sehr er ihm auch zuredete,
etwas zu nehmen, er weigerte sich.
17 Da sagte Naaman: »Wenn du also
nichts annimmst, dann gestatte dei-
nen Diener doch, zwei Maultierla-
dungen Erde mitzunehmen. Denn
dein Diener wird künftig keinem an-
deren Gott mehr Opfer* bringen als
nur Jahwe. 18 Nur das eine möge
Jahwe deinem Diener verzeihen:
Wenn mein Herr in den Tempel Rim-
mons* geht, um sich dort niederzu-
werfen, dann stützt er sich auf mei-
nen Arm und auch ich muss mich
dort mit niederwerfen. Das möge
Jahwe mir bitte verzeihen!« 19 »Geh
in Frieden!«, sagte Elischa.

Als sich Naaman schon ein Stück
entfernt hatte, 20 sagte sich Elischas
Diener Gehasi: »Mein Herr lässt die-
sen Syrer ungeschoren davonkom-
men. Er hätte ihm ruhig etwas von
seinen Geschenken abnehmen kön-
nen. So wahr Jahwe lebt: Ich laufe
ihm hinterher und lasse mir etwas
von ihm geben!« 21 So rannte Gehasi
Naaman nach. Als dieser sah, dass
ihm jemand nachlief, sprang er vom
Wagen ab, ging ihm entgegen und
sagte: »Ist alles in Ordnung?«
22 »Ja«, sagte dieser, »aber mein Herr
lässt dir sagen: ›Eben sind zwei junge
Prophetenjünger aus dem Bergland
von Efraïm zu mir gekommen. Gib
mir doch ein Talent Silber* und zwei
Festgewänder für sie!« 23 »Ich bitte
dich, nimm zwei Talente!«, erwiderte
Naaman. Er packte die 68
Kilogramm Silberstücke in zwei Beu-
tel, legte die beiden Festgewänder
dazu und schickte zwei seiner Leute
mit, die das Geschenk vor Gehasi her-
tragen sollten. 24 Als sie an den Stad-
thügel* kamen, schickte Gehasi die
beiden Männer zurück und versteckte
die Geschenke im Haus. 25 Er ging
dann wieder zu seinem Herrn. Da
fragte ihn Elischa: »Woher kommst
du, Gehasi?« – »Dein Diener war
doch die ganze Zeit hier!«, erwiderte
er. 26 Aber Elischa entgegnete ihm:
»Bin ich nicht im Geist mit dir gegan-
gen, als der Mann von seinem Wagen
stieg und dir entgegenkam? Ist es
jetzt an der Zeit, Geld und Festkleider
anzunehmen und davon Olivenhaine
und Weinberge, Schafe und Rinder,
Sklaven und Sklavinnen zu kaufen?
27 Der Aussatz Naamans wird dich
und alle deine Nachkommen für
immer befallen.« Als Gehasi ihn

5,17 *Opfer.* Wörtlich: Brandopfer oder Schlachtopfer.

5,18 *Rimmon* heißt »Donnerer« und war die aramäische (syrische) Gottheit des Sturms und des Krieges und ist auch unter dem Namen Hadad bekannt.

5,22 *ein Talent Silber.* Das sind Silberstücke im Gewicht von 34 Kilogramm.

5,24 *Stadthügel.* Der Hügel, auf dem die Stadt Samaria gebaut war, erhob sich etwa 100 m über das Umland.

verließ, war er vom Aussatz weiß wie
Schnee.

Elischa und die Axt

6 1 Einst sagten die Prophetenjün-
ger zu Elischa: »Der Unterrichts-
raum ist zu eng für uns geworden.
2 Könnten wir nicht an den Jordan
gehen, damit jeder von uns einen Bal-
ken heranschafft und wir hier einen
neuen Versammlungsraum bauen
können?« – »Geht nur!«, sagte Eli-
scha. 3 Aber einer der Männer sagte:
»Tu uns doch den Gefallen und komm
mit!« – »Gut, ich komme mit«, er-
widerte er. 4 So gingen sie miteinan-
der an den Jordan und begannen
Bäume zu fällen. 5 Bei der Arbeit
rutschte einem das Eisen vom Stiel
und fiel ins Wasser. »O weh!«, schrie
er und sagte zu Elischa: »Mein Herr,
die Axt war auch noch geliehen!«
6 Der Gottesmann fragte ihn: »Wohin
ist es denn gefallen?« Er zeigte ihm
die Stelle. Darauf schnitt sich Elischa
ein Stück Holz ab, warf es dort ins
Wasser und brachte so das Eisen zum
Schwimmen. 7 »Hol es dir heraus!«,
sagte er. Der Mann bückte sich und
nahm es.

Elischa und die Syrer

8 Der König von Syrien kämpfte
immer wieder gegen Israel. Er beriet
sich mit seinen Truppenführern und
sagte: »Da und da legt einen Hinter-
halt!« 9 Aber der Gottesmann ließ
dem König von Israel sagen: »Zieh
nicht an dieser Stelle vorbei, denn dort
wollen die Syrer dich angreifen!«
10 Daraufhin ließ der König von Israel
die Gegend auskundschaften, vor der
ihn der Gottesmann gewarnt hatte,
und war dort besonders vorsichtig.
Das passierte nicht nur ein oder zwei
Mal. 11 Den König von Syrien be-
unruhigte die Sache sehr. Er ließ seine
Truppenführer kommen und sagte:
»Könnt ihr mir nicht sagen, wer von
den Unsern zum König von Israel
hält?« 12 »Nein, mein Herr und Kö-
nig«, sagte einer von ihnen, »es ist der
Prophet Elischa. Der meldet seinem
König sogar das, was du in deinem
Schlafzimmer sagst.« 13 Da befahl
der König: »Findet heraus, wo er ist!
Dann werde ich ihn mir schon holen.«
Man meldete ihm: »Er ist in Dotan*.«
14 Da schickte er ein ganzes Heer
dorthin mit Pferden und Streitwagen,
eine starke Truppe. Sie rückten bei
Nacht an und umzingelten die Stadt.
15 Als der Diener des Gottesmannes
früh am Morgen aufstand, sah er die
Stadt plötzlich von einem Heer, von
Pferden und Streitwagen umringt.
»Ach, mein Herr, was sollen wir jetzt
machen?«, rief er. 16 Doch dieser
sagte: »Hab keine Angst, denn auf
unserer Seite stehen viel mehr als
bei ihnen.« 17 Dann betete Elischa:
»Jahwe, öffne ihm doch die Augen!«
Da öffnete Jahwe die Augen des Die-
ners, und er sah auf einmal, dass der
ganze Berg rings um Elischa von
Pferden und Streitwagen aus Feuer
wimmelte.
18 Als dann die Syrer anrückten,
betete Elischa: »Schlag sie doch mit
Blindheit!« Jahwe tat, was Elischa

6,13 Die Stadt *Dotan* lag auf einem Hügel in der Jesreel-Ebene, 18 km nördlich von Samaria.

erbeten hatte, und machte sie blind.
19 Elischa ging ihnen entgegen und
sagte: »Das ist nicht der Weg und
auch nicht die richtige Stadt. Folgt
mir! Ich bringe euch zu dem Mann,
den ihr sucht.« Er führte sie nach
Samaria. 20 Als sie dort angekommen
waren, betete Elischa: »Jahwe, öffne
ihnen wieder die Augen!« Da öffnete
Jahwe ihre Augen und sie erkannten,
dass sie sich mitten in der Stadt Sama-
ria befanden. 21 Als der König von
Israel sie sah, fragte er Elischa: »Soll
ich losschlagen, mein Vater? Soll ich
sie erschlagen?« 22 »Nein, das sollst
du nicht!«, erwiderte dieser. »Du wür-
dest doch auch niemand erschlagen,
den du mit Schwert und Bogen ge-
fangen genommen hast! Gib ihnen
lieber etwas zu essen und zu trinken
und lass sie dann zu ihrem Herrn
ziehen!« 23 Da ließ der König ein rei-
ches Mahl für sie bereiten. Sie aßen
und tranken und durften dann wieder
zu ihrem Herrn zurückkehren. Seit-
dem unternahmen die Syrer keine
Raubzüge mehr in das Gebiet Israels.

Elischa im belagerten Samaria

24 Einige Zeit später mobilisierte der
syrische König Ben-Hadad* sein
ganzes Heer und belagerte Samaria.
25 In der Stadt kam es dadurch zu
einer schweren Hungersnot, sodass
ein Eselskopf schließlich 80 Silber-
stücke* kostete und ein drittel Liter*
Taubendreck* fünf Silberstücke.
26 Als der König eines Tages auf der
Stadtmauer entlangging, schrie eine
Frau zu ihm hoch: »Hilf mir, mein
Herr und König!« 27 Doch er er-
widerte: »Wenn dir Jahwe nicht hilft,
wie soll ich dir dann helfen – vielleicht
mit etwas Getreide oder Trauben-
saft?« 28 Dann fragte der König:
»Was hast du?« Sie erwiderte: »Diese
Frau dort hat zu mir gesagt: ›Gib deinen
Sohn her, den essen wir heute! Morgen
essen wir dann meinen Sohn.‹ 29 So
haben wir also meinen Sohn gekocht
und aufgegessen. Als ich aber am
nächsten Tag zu ihr sagte: ›Nun gib
deinen Sohn her, wir wollen ihn
essen!‹, da hatte sie ihn versteckt.«
30 Als der König das hörte, riss er sein
Obergewand ein. Und weil er oben auf
der Mauer stand, konnten alle sehen,
dass er darunter den Trauersack auf
dem bloßen Leib trug. 31 Da schwor
er: »Gott soll mich strafen, wenn Eli-
scha Ben-Schafat heute seinen Kopf
behält!«

32 Elischa saß gerade in seinem
Haus zusammen mit den Ältesten der
Stadt. Der König hatte einen Mann
vorausgeschickt. Und noch bevor der
Bote zu ihm kam, sagte Elischa zu den
Ältesten: »Seht ihr, wie dieser Mör-
dersohn jemand hergeschickt hat,
der mir den Kopf abschlagen soll?
Passt auf! Wenn der Bote kommt, ver-
schließt die Tür und stemmt euch
dagegen, denn ich höre schon die
Fußtritte seines Herrn hinter ihm!«
33 Elischa redete noch mit ihnen, da

6,24 *Ben-Hadad* II. regierte etwa von 860-843 v.Chr. Die Belagerung Samarias fand wahrscheinlich um 844 v.Chr. statt.

6,25 *80 Silberstücke.* Das war etwa 1 Kilogramm Silber.

ein drittel Liter. Hebräisch: ¼ Kab. 1Kab = 1/18 Efa = 1,2 Liter.

Taubendreck. Wahrscheinlich Bezeichnung für ein ganz minderwertiges Nahrungsmittel.

war der König schon bei ihm und rief:
»Seht doch, Jahwe hat uns alle ins
Unglück gestürzt! Was soll ich noch
länger auf seine Hilfe warten!«

7 1 Da sagte Elischa: »Hört das
Wort Jahwes! So spricht Jahwe:
›Morgen um diese Zeit werden im Tor
von Samaria ein Eimer* voll Feinmehl
und zwei Eimer voll Gerste für ein Sil-
berstück zu kaufen sein.‹« 2 Der Ad-
jutant des Königs erwiderte: »Selbst
wenn Jahwe Schleusen am Himmel
anbringen würde – das ist unmög-
lich!« Elischa entgegnete: »Pass auf!
Du wirst es mit eigenen Augen sehen,
aber nicht mehr davon essen.«
3 Nun gab es da vier aussätzige
Männer, die draußen vor dem Stadttor
saßen. Sie sagten zueinander: »Sollen
wir hier sitzen bleiben bis wir sterben?
4 Wenn wir in die Stadt gehen, ver-
hungern wir auch nur. Bleiben wir
hier, sterben wir ebenfalls. Kommt,
wir gehen ins Lager der Syrer! Wenn
sie uns am Leben lassen, leben wir,
und wenn sie uns töten, sterben wir
eben.« 5 So gingen sie bei Anbruch
der Dunkelheit ins Lager der Syrer.
Schon am Rand merkten sie, dass
das Lager verlassen war. 6 Denn der
Herr hatte die Syrer ein Getöse von
Wagen und Pferden hören lassen, das
wie der Lärm eines großen Heeres
klang. Da hatten sie sich gesagt:
»Seht, der König von Israel hat die
Könige der Hetiter* und Ägypter an-
geworben, dass sie uns jetzt überfal-
len!« 7 So hatten sie bei Anbruch der
Dunkelheit die Flucht ergriffen und
waren um ihr Leben gelaufen. Ihre
Zelte, ihre Pferde, ihre Esel und das
ganze Lager hatten sie zurückgelas-
sen, wie es war. 8 Die Aussätzigen gin-
gen nun in eins der Zelte, aßen und
tranken, nahmen Silber, Gold und Ge-
wänder mit und versteckten alles.
Dann gingen sie in ein anderes Zelt
und nahmen auch von dort etwas mit
und versteckten es. 9 Doch dann sag-
ten sie zueinander: »Es ist nicht rich-
tig, was wir machen. Heute ist ein Tag
guter Botschaft. Wenn wir das auch
nur bis morgen für uns behalten, ma-
chen wir uns schuldig. Lasst uns in die
Stadt zum Palast des Königs gehen
und dort melden, was passiert ist!«
10 So liefen sie zur Stadt, riefen die
Torwächter an und berichteten
ihnen: »Wir sind im Lager der Syrer
gewesen und haben dort keinen
Menschen mehr gefunden und auch
keine Menschenstimme gehört. Wir
fanden nur Pferde und Esel ange-
bunden und die Zelte so stehen, wie
sie waren.« 11 Die Torwächter mel-
deten es im Palast des Königs. 12 Ob-
wohl es mitten in der Nacht war,
stand der König auf und beriet sich
mit seinen Offizieren. »Ich will euch
sagen, was die Syrer vorhaben«, be-
gann der König. »Weil sie wissen,
dass wir am Verhungern sind, haben
sie das Lager verlassen und sich im
Gelände versteckt. Sie haben ge-
dacht: ›Wenn die aus der Stadt her-
auskommen, werden wir sie lebendig
fangen und in die Stadt eindringen!‹«

7,1 *Eimer.* Hebräisch: Sea. 1 Sea = 7,3 Liter.

7,6 *Könige der Hetiter.* Könige verschiedener Stadtstaaten, die im Norden Syriens nach dem Zerfall des Hetitischen Reichs um 1200 v.Chr. entstanden waren.

13 Da schlug einer der Offiziere vor:
»Wir könnten doch fünf unserer letz-
ten Pferde anspannen und nachse-
hen lassen. Es wird ihnen ja doch
nicht anders ergehen als dem Rest
der Israeliten, die ohnehin am Ende
sind.« 14 Der König ließ also zwei
Streitwagen anspannen und sagte
den Männern: »Fahrt hin und seht
nach!« 15 Sie verfolgten die Spur des
Heeres bis an den Jordan. Der ganze
Weg war mit Kleidungsstücken und
Waffen übersät, die die Syrer auf
der hastigen Flucht weggeworfen
hatten.

Als die Boten zurückgekehrt waren
und dem König Bericht erstattet hat-
ten, 16 stürmte das ganze Volk aus
der Stadt hinaus und plünderte das
Lager der Syrer. Und nun kosteten
ein Eimer Feinmehl und zwei Eimer
Gerste tatsächlich nur noch ein Sil-
berstück, wie Jahwe es angekündigt
hatte. 17 Der König hatte seinem Ad-
jutanten die Aufsicht über das Tor
übertragen. Doch das Volk trampelte
ihn zu Tode, so wie der Gottesmann
es ihm gesagt hatte, als der König in
sein Haus gekommen war. 18 Denn
als Elischa dem König gesagt hatte:
»Morgen um diese Zeit werden im
Tor von Samaria ein Eimer Feinmehl
und zwei Eimer Gerste für ein Silber-
stück zu kaufen sein«, 19 hatte der
Adjutant entgegnet: »Selbst wenn
Jahwe Schleusen am Himmel anbrin-
gen würde – das ist unmöglich!«
Darauf hatte Elischa ihm erwidert:
»Pass auf! Du wirst es mit eigenen
Augen sehen, aber nicht mehr davon
essen.« 20 Genauso kam es: Das Volk
trampelte ihn im Tordurchgang zu
Tode.

Elischa und die Frau aus Schunem (Fortsetzung)

8 1 Elischa hatte der Frau, deren
Sohn er wieder lebendig gemacht
hatte, den Rat gegeben: »Zieh mit dei-
ner ganzen Familie von hier weg und
bleib irgendwo im Ausland! Denn
Jahwe hat eine siebenjährige Hun-
gersnot über das Land verhängt.«
2 Die Frau hatte den Rat des Gottes-
mannes befolgt und war mit ihren An-
gehörigen ins Land der Philister gezo-
gen. 3 Als die sieben Jahre vorüber
waren, kehrte sie nach Israel zurück
und wandte sich an den König, um ihr
Haus und ihre Ländereien zurück zu
bekommen. 4 Der König hatte gerade
mit Gehasi*, dem Diener des Gottes-
mannes, gesprochen und ihn gebeten,
all die großen Taten Elischas zu erzäh-
len. 5 Und gerade, als er erzählte, wie
Elischa den Toten lebendig gemacht
hatte, erschien die Frau vor dem
König und rief ihn um Hilfe wegen
ihres Hauses und ihrer Ländereien an.
Da sagte Gehasi: »Das ist die Frau
und auch der Sohn, den Elischa wie-
der lebendig gemacht hat.« 6 Der
König ließ sich alles noch einmal von
der Frau selbst erzählen. Dann gab er
ihr einen Hofbeamten mit und befahl
ihm: »Gib ihr alles zurück, was ihr ge-
hört. Erstatte ihr auch den Ertrag, den
ihr Land in den Jahren ihrer Abwesen-
heit hervorgebracht hat.«

8,4 *mit Gehasi.* Offenbar geschah dies alles noch vor der Heilung Naamans, denn Gehasi war noch nicht aussätzig. Sonst hätte er nicht vor dem König erscheinen dürfen.

Elischa und Hasaël von Damaskus

7 Einmal kam Elischa nach Damaskus. Ben-Hadad, der König von Syrien, war gerade krank.* Als er erfuhr, dass der Gottesmann in der Stadt sei, 8 befahl er Hasaël: »Nimm Geschenke mit, geh zu dem Mann Gottes und frag Jahwe durch ihn, ob ich wieder gesund werde.« 9 Hasaël ließ vierzig Kamele mit Kostbarkeiten aus Damaskus beladen und kam damit zu Elischa. Er sagte: »Dein Sohn* Ben-Hadad, der König von Syrien, schickt mich zu dir und lässt fragen, ob er wieder gesund wird.« 10 Elischa sagte zu ihm: »Richte ihm aus: ›Ja, du wirst wieder gesund.‹ Aber Jahwe hat mich sehen lassen, dass er sterben muss.«* 11 Bei diesen Worten wurde sein Gesicht starr vor Entsetzen. Dann brach der Gottesmann in Tränen aus. 12 »Warum weinst du, mein Herr?«, fragte Hasaël. »Weil ich erkannt habe, wie viel Böses du über die Israeliten bringen wirst. Du wirst ihre festen Städte in Brand stecken, ihre jungen Männer mit dem Schwert erschlagen, ihre Kinder am Boden zerschmettern und Schwangeren den Leib aufschlitzen.« 13 »Aber dein Diener ist doch nur ein armer Hund«, erwiderte Hasaël, »wie sollte der etwas so Gewaltiges zustande bringen?« Elischa sagte: »Jahwe hat mich wissen lassen, dass du König über Syrien wirst.« 14 Dann kehrte Hasaël zu seinem Herrn zurück. Der fragte ihn: »Was hat Elischa dir gesagt?« – »Er hat gesagt: ›Ja, du wirst wieder gesund‹«, erwiderte er. 15 Am folgenden Tag nahm er eine Decke, tauchte sie in Wasser und breitete sie so über das Gesicht des Königs aus, dass er starb. Und Hasaël wurde an seiner Stelle König.

Joram von Juda

16 Im fünften Regierungsjahr von Joram Ben-Ahab, dem König von Israel, trat Joram Ben-Joschafat, der bis dahin nur Mitregent* war, die Herrschaft über Juda an. 17 Er war damals 32 Jahre alt und regierte acht Jahre* in Jerusalem. 18 Wie die Familie Ahabs folgte er dem bösen Beispiel der Könige von Israel und tat, was Jahwe verabscheute. Seine Frau war nämlich eine Tochter Ahabs. 19 Doch Jahwe wollte Juda nicht vernichten, hatte er doch seinem Diener David versprochen, dass er auch in Zukunft stets einen Nachkommen haben würde. 20 In dieser Zeit rebellierten die Edomiter gegen die Oberherrschaft Judas und setzten einen eigenen König ein. 21 Daraufhin zog Joram mit all seinen Streitwagen bis in die Gegend von Zaïr*. Doch die Edomiter schlossen ihn und die

---

8,7 *gerade krank.* Dieses Geschehen ist zeitlich wohl nach der Heilung Naamans einzuordnen und nach dem Sieg des Assyrerkönigs Salmanasser III. über Ben-Hadad 846 v.Chr., also etwa um das Jahr 843 v.Chr.

8,9 *Sohn* drückt hier kein Verwandtschaftsverhältnis aus, sondern ist eine ehrerbietige Anrede, vgl. 6,21.

8,10 *sterben muss.* Die Krankheit würde er überwinden können, aber er muss eines unnatürlichen Todes sterben.

8,16 *Mitregent.* 853 v.Chr., bevor Joschafat mit Ahab in den Krieg gegen Ramot zog, macht er seinen Sohn Joram zum *Mitregenten.* Erst 848 v.Chr. begann dessen Alleinherrschaft über Juda.

8,17 *acht Jahre.* Von 848-841 v.Chr.

8,21 Die Lage von *Zaïr* ist nicht bekannt; vermutlich eine Stadt in Edom.

Offiziere seiner Streitwagen ein. Da
schlug er in der Nacht los und durch-
brach den Ring. Sein Heer floh nach
Hause zurück. 22 Bis heute blieb
Edom unabhängig von Juda. Damals
sagte sich auch die Stadt Libna* von
Judas Herrschaft los. 23 Was es sonst
noch über Jorams Herrschaft zu be-
richten gibt, steht in der Chronik der
Könige von Juda. 24 Nach seinem Tod
wurde er in der Grabstätte der Königs-
familie in der Davidsstadt* beigesetzt.
Sein Sohn Ahasja folgte ihm auf dem
Thron.

Ahasja von Juda

25 Im zwölften Regierungsjahr des Kö-
nigs Joram Ben-Ahab von Israel wurde
Ahasja Ben-Joram König von Juda.
26 Er war bei Herrschaftsantritt 22
Jahre alt und regierte nur ein Jahr in
Jerusalem. Seine Mutter Atalja war eine
Enkelin des Königs Omri von Israel.
27 Er folgte dem bösen Beispiel der
Sippe Ahabs, denn er war ja auch mit
ihnen verschwägert. Er tat, was Jahwe
verabscheute. 28 Gemeinsam mit Joram
Ben-Ahab zog er in den Kampf gegen
König Hasaël von Syrien. Aber bei der
Schlacht um Ramot* in Gilead* ver-
wundeten die Syrer Joram. 29 Deshalb
zog sich der König nach Jesreel* zu-
rück, um seine Wunden dort ausheilen
zu lassen. Und dort besuchte ihn König
Ahasja von Juda.

Jehus Aufstand

9 1 Der Prophet Elischa rief einen
der Prophetenjünger zu sich und
sagte zu ihm: »Mach dich reisefertig,
nimm diese Flasche mit Salböl und
geh nach Ramot in Gilead. 2 Sieh dich
dort nach Jehu Ben-Joschafat um,
dem Enkel von Nimschi. Bitte ihn aus
dem Kreis seiner Offiziere heraus und
führe ihn in einen Raum, wo ihr allein
seid. 3 Dort gieße ihm das Salböl über
den Kopf und sage: ›So spricht Jahwe:
Hiermit habe ich dich zum König über
Israel gesalbt!‹ Dann mach die Tür auf
und lauf weg, so schnell du kannst!«
4 Der Prophetenjünger, der ein Diener
Elischas war, ging nach Ramot in Gi-
lead. 5 Als er ankam, saßen die Trup-
penführer beisammen. Er sagte: »Ich
habe eine Botschaft an dich, Oberst!«
Jehu fragte: »An wen von uns?« – »An
dich, Oberst!«, erwiderte er. 6 Da
stand Jehu auf und ging ins Haus.
Dort goss der Prophetenjünger das
Salböl über seinen Kopf und sagte:
»So spricht Jahwe: Hiermit habe ich
dich zum König über Israel, das Volk
Jahwes, gesalbt! 7 Du sollst die ganze
Familie deines Herrn Ahab umbrin-
gen, denn so will ich das Blut meiner
Propheten an Isebel rächen und das
Blut aller Diener Jahwes. 8 Ja, das

8,22 *Libna* war als Levitenstadt dem Stamm Juda zugeteilt worden und lag 32 km südwestlich von Jerusalem.

8,24 Die *Davidsstadt* umfasste das Gebiet des alten Jebus, das von David erobert worden war. Es bildete den Kern Jerusalems.

8,28 *Ramot* war als Levitenstadt dem Stamm Gad zugeteilt worden, befand sich jetzt aber in der Hand der Syrer. Die Stadt lag 58 km nördlich von Amman in Jordanien.

Gilead war die Landschaft östlich des Jordan, Wohnsitz der Stämme Ruben, Gad und halb Manasse.

8,29 *Jesreel.* Stadt zwischen Bet-Schean und Megiddo in der Jesreel-Ebene.

9,8 *Wandpisser.* Das ist ein bewusst verächtlicher Ausdruck für einen erwachsenen Mann.

ganze Haus Ahabs soll umkommen!
Jeden Wandpisser* aus seiner Familie
werde ich auslöschen, egal ob er ge-
bunden oder frei* ist. 9 Der Familie
Ahabs soll es so ergehen wie den Fa-
milien von Jerobeam Ben-Nebat und
Bascha Ben-Ahija*. 10 Isebels Leiche
werden die Hunde im Stadtgebiet von
Jesreel fressen, niemand wird sie be-
graben.« Dann öffnete er die Tür und
rannte weg. 11 Als Jehu zu den ande-
ren Offizieren seines Königs heraus-
kam, fragten sie ihn: »Ist alles in Ord-
nung? Warum ist dieser Verrückte zu
dir gekommen?« – »Ihr wisst doch,
was das für einer ist!«, entgegnete er.
»Gebt nichts auf sein Geschwätz!«
12 Doch sie riefen: »Ausflüchte! Her-
aus mit der Sprache!« Da erwiderte
Jehu: »Er hat zu mir gesagt: ›So
spricht Jahwe: Ich habe dich zum
König über Israel gesalbt!‹« 13 Sofort
nahmen sie ihre Mäntel und breiteten
sie als Teppich auf der Treppe vor ihm
aus. Sie bliesen das Signalhorn* und
riefen: »Jehu ist König!«

Jehu tötet Joram und Ahasja

14 So zettelte Jehu Ben-Joschafat, der
Enkel Nimschis, eine Verschwörung
zum Sturz Jorams an. – König Joram
hatte mit ganz Israel Ramot in Gilead
gegen König Hasaël von Syrien be-
wacht. 15 In diesem Kampf war Joram
aber verwundet worden und hatte sich
nach Jesreel zurückgezogen, um dort
seine Wunden ausheilen zu lassen. –
Jehu sagte: »Wenn ihr einverstanden
seid, lassen wir niemand aus der Stadt
entkommen, der etwas in Jesreel be-
richten kann.« 16 Jehu jagte mit ein
paar Streitwagen nach Jesreel, wo
sich der kranke Joram befand. Auch
König Ahasja von Juda war gerade
dort, um ihn zu besuchen.

17 Der Wächter auf dem Turm von
Jesreel sah die Streitwagen Jehus he-
rankommen. »Eine Truppe mit Streit-
wagen kommt!«, meldete er dem
König. »Schick ihnen einen Reiter
entgegen!«, befahl ihm Joram. »Er
soll fragen, ob sie in friedlicher Ab-
sicht kommen.« 18 Der Reiter kam zu
der Truppe und sagte dem Anführer:
»Der König lässt fragen, ob dein
Kommen Frieden bedeutet.« – »Was
geht dich der Frieden an?«, erwiderte
Jehu. »Reih dich hinter mir ein!« Der
Wächter berichtete: »Der Bote ist zu
ihnen gekommen, kehrt aber nicht zu-
rück.« 19 Da schickte der König einen
zweiten Reiter los. Der kam hin und
sagte: »Der König lässt fragen, ob
dein Kommen Frieden bedeutet.« –
»Was geht dich der Frieden an?«, er-
widerte Jehu. »Reih dich hinter mir
ein!« 20 Der Wächter berichtete: »Er
ist zu ihnen gekommen, kehrt aber
nicht zurück. Der Anführer von ihnen
fährt wie ein Verrückter. Das kann nur
Jehu sein!«

21 Da befahl Joram: »Spannt mei-
nen Wagen an!« Auch der Wagen des

9,8 *gebunden oder frei.* Wörtlich: »den Festgehaltenen und Losgelassenen in Israel«. Das war offenbar ein Pauschalausdruck für alle Arten und Klassen von Menschen. Speziell könnte es Unmündige und Mündige meinen oder Sklaven und Freie.

9,9 *... Ben-Ahija.* Frühere Könige Israels, siehe 1. Könige 14,7-11; 16,1-12.

9,13 Das *Signalhorn* (Hebräisch: *Schofar*) war aus den gewundenen Hörnern des männlichen Fettschwanzschafes hergestellt und brachte einen dumpfen, durchdringenden Ton hervor.

Königs Ahasja von Juda wurde ange-
spannt. So zogen beide Könige Jehu
entgegen. Auf dem Grundstück Na-
bots* von Jesreel trafen sie mit ihm
zusammen. 22 Als Joram Jehu er-
kannte, rief er: »Ist Frieden, Jehu?«
Doch der schrie zurück: »Wie kann
Frieden sein, solange deine Mutter
mit Götzen herumhurt und sich nur
mit Zaubereien abgibt?« 23 Da wen-
dete Joram seinen Wagen und schrie:
»Verrat, Ahasja!« und floh. 24 Aber
Jehu spannte seinen Bogen und traf
Joram zwischen die Schulterblätter,
sodass der Pfeil das Herz durchbohr-
te. Joram brach tot in seinem Wagen
zusammen.

25 Jehu befahl seinem Adjutanten
Bidkar, dem dritten Mann im Wagen:
»Wirf ihn auf das Grundstück Na-
bots! Erinnerst du dich noch daran,
wie wir zweispännig hinter seinem
Vater herfuhren und Jahwe diese Dro-
hung über ihn aussprach: 26 ›Ich habe
gesehen, wie man Nabot und seine
Söhne gestern ermordet hat‹, spricht
Jahwe. ›Hier, auf diesem Grundstück
werde ich es dir vergelten*!‹, spricht
Jahwe. Lade ihn also jetzt auf und wirf
ihn auf das Grundstück, wie Jahwe es
gesagt hat.«

27 Als König Ahasja von Juda sah,
was passierte, floh er in Richtung Bet-
Gan*. Jehu jagte ihm nach und befahl
seinen Leuten: »Schießt auch ihn nie-
der!« Sie verwundeten ihn auf seinem
Wagen am Aufstieg von Gur in der
Nähe von Jibleam*. Er kam noch bis
Megiddo*; dort starb er. 28 Seine
Männer brachten ihn im Wagen nach
Jerusalem und bestatteten ihn in
der Davidsstadt, in der Grabstätte
der Königsfamilie. 29 Ahasja war im
11. Regierungsjahr von Joram Ben-
Ahab König über Juda geworden.

Isebels Ende

30 Jehu kehrte nach Jesreel zurück.
Sobald Isebel davon gehört hatte,
schminkte sie ihre Augenlider,
schmückte den Kopf und lehnte sich
aus dem Fenster. 31 Als Jehu dann
durchs Tor fuhr, sagte sie: »Na, hast
du nun Frieden, du Simri*, Mörder
deines Herrn?« 32 Er blickte zum
Fenster hoch und rief: »Wer hält
zu mir, wer?« Ein paar Hofbeamte
schauten zu ihm hinunter. 33 Da rief
er: »Werft sie runter!« Sie taten es.
Dabei spritzte ihr Blut an die Wand
und an die Pferde, von denen Jehu
sie zertreten ließ. 34 Danach ging er in
den Palast und ließ sich Essen und
Trinken vorsetzen. Nach dem Mahl
sagte er: »Seht doch nach dieser Ver-
fluchten und begrabt sie! Sie ist im-
merhin eine Königstochter.« 35 Aber
die Diener, die sie begraben wollten,
fanden nur noch ihren Schädel, die
Füße und die Hände. 36 Sie berichte-
ten es Jehu. Da sagte er: »So hat sich
erfüllt, was Jahwe durch seinen Die-
ner Elija von Tischbe sagen ließ: ›Auf

9,21 *Grundstück Nabots.* Siehe 1. Könige 21,1-16.

9,26 *vergelten.* Siehe 1. Könige 21,19.

9,27 *Bet-Gan* lag 18 km südöstlich von Megiddo, am Südrand der Ebene Jesreel.

Jibleam. Stadt 19 km südöstlich von Megiddo.

Megiddo, bedeutende Stadt am südwestlichen Rand der Jesreel-Ebene. Die Festungsanlage überwachte einen wichtigen Pass durch die Bergkette des Karmel.

9,31 *du Simri.* Siehe 1. Könige 16,9-15!

dem Boden von Jesreel sollen die
Hunde das Fleisch Isebels fressen,
37 und ihre Leiche soll wie Mist auf
dem Acker werden, dass niemand
mehr sagen kann: Das ist Isebel!‹«*

Untergang der Familie Ahabs

10 1 Jehu schickte Briefe nach
Samaria, wo siebzig Söhne
und Enkel von Ahab lebten. Er schrieb
an die Bevollmächtigten von Jesreel,
an die Ältesten der Stadt und die Er-
zieher der Söhne Ahabs: 2 »Bei euch
sind die Söhne eures Herrn, ihr ver-
fügt über Streitwagen und Pferde,
habt Waffen und eine gut befestigte
Stadt. Wenn dieser Brief euch er-
reicht, 3 dann wählt den fähigsten
unter den Söhnen eures Herrn aus,
setzt ihn auf den Thron seines Vaters
und kämpft für das Königtum eures
Herrn!« 4 Aber sie bekamen große
Angst und sagten sich: »Seht doch,
mit den beiden Königen ist er schon
fertig geworden, wie wollen wir denn
da bestehen?« 5 Da ließen der Palast-
vorsteher, der Stadtkommandant, die
Ältesten und die Erzieher Jehu aus-
richten: »Wir stehen dir zu Diensten
und werden alles tun, was du von uns
verlangst. Wir wollen hier niemand
zum König machen. Tu, was du für
richtig hältst!«

6 Da schrieb Jehu einen zweiten
Brief, in dem es hieß: »Wenn ihr auf
meiner Seite steht und bereit seid, mir
zu gehorchen, dann kommt morgen
um diese Zeit zu mir nach Jesreel und
bringt die Köpfe der Söhne eures
Herrn mit.« Die siebzig Prinzen wur-
den nämlich von den Großen der
Stadt aufgezogen. 7 Als der Brief
sie erreichte, ließen sie die siebzig
Nachkommen des Königs enthaup-
ten, packten ihre Köpfe in Körbe und
ließen sie nach Jesreel bringen.

8 Als Jehu gemeldet wurde, dass
man die Köpfe der Prinzen gebracht
hatte, befahl er: »Stapelt sie in zwei
Haufen vor dem Stadttor auf und lasst
sie bis morgen früh dort liegen!« 9 Am
nächsten Morgen trat er vor das Tor
und sagte zu dem dort versammelten
Volk: »Ihr seid ohne Schuld! Ich habe
mich ja gegen meinen Herrn ver-
schworen und ihn umgebracht. Aber
wer hat die hier alle umgebracht?
10 Daran könnt ihr erkennen, dass
alles eintrifft, was Jahwe der Familie
Ahabs angedroht hat. Jahwe hat
getan, was er durch seinen Diener
Elija angekündigt hatte.« 11 Danach
ließ Jehu auch in Jesreel die Angehö-
rigen von Ahab umbringen, ebenso
seine hohen Beamten, seine Ver-
trauten und seine Priester. Keiner kam
mit dem Leben davon.

12 Dann machte er sich auf den Weg
nach Samaria. Bei Bet-Eked-Roïm
13 traf er auf Verwandte des Königs
Ahasja von Juda. »Wer seid ihr?«,
fragte er. »Wir sind Verwandte Ahas-
jas und wollen die Söhne des Königs
und auch die der Königsmutter be-
suchen«, antworteten sie. 14 »Packt
sie lebendig!«, befahl Jehu. Seine
Männer nahmen alle gefangen und
erschlugen sie bei der Zisterne von
Bet-Eked. Es waren 42 Mann, keiner
kam mit dem Leben davon.

15 Als Jehu seinen Weg fortsetzte,
traf er auf Jonadab von der Sippe

9,37 *Das ist Isebel.* Siehe 1. Könige 21,23!

Rechab*. Er grüßte ihn und fragte:
»Du denkst doch so wie ich. Kann ich
dir trauen?« – »Ja«, erwiderte Jona-
dab. »Dann gib mir deine Hand!«,
sagte Jehu. Jonadab reichte ihm die
Hand. Dann ließ Jehu ihn zu sich
auf den Wagen steigen
16 und sagte:
»Komm mit mir und sieh dir mein
leidenschaftliches Eintreten für Jah-
we an!« Jonadab fuhr mit.
17 Als
Jehu in Samaria ankam, brachte er
alle um, die dort von Ahabs Verwandt-
schaft noch übrig geblieben waren.
Die ganze Familie Ahabs wurde aus-
gelöscht, wie es Jahwe schon zu Elija
gesagt hatte.

Beseitigung der Baalspriester

18 Nun versammelte Jehu das ganze
Volk von Samaria und kündigte ihm
an: »Ahab hat Baal nur wenig gedient,
Jehu wird ihm viel mehr Verehrung
zukommen lassen.
19 Ruft alle Pro-
pheten Baals zu mir! Alle seine Diener
und alle seine Priester sollen kom-
men! Niemand darf fehlen! Ich will
nämlich ein großes Opferfest für
Baal veranstalten. Wer vermisst wird,
muss mit dem Tod rechnen.« Das war
nur eine List, denn Jehu wollte alle
Diener Baals umbringen.
20 Er be-
fahl, eine Festversammlung zu Ehren
des Baal auszurufen,
21 und schickte
Boten in ganz Israel umher. Da kamen
alle Baalsdiener in Samaria zusam-
men. Sie versammelten sich im Tem-
pel des Baal, der sich von einem Ende
bis zum anderen mit Menschen füllte.
22 Dann befahl er dem Verwalter der
Kleiderkammer: »Gib für alle Diener
Baals Festgewänder aus!« Nachdem
das geschehen war,
23 ging er zusam-
men mit Jonadab, dem Nachkommen
Rechabs, in den Götzentempel und
rief den Anhängern Baals zu: »Seht
euch gründlich um und sorgt dafür,
dass kein Diener Jahwes hier ist! Nur
Leute, die den Baal verehren, dürfen
anwesend sein!«
24 Dann traten
beide an den Altar, um Schlacht- und
Brandopfer für Baal darzubringen.
Draußen hatte Jehu 80 Mann aufge-
stellt und ihnen gesagt: »Wer von
euch einen der Baalsdiener entkom-
men lässt, bezahlt das mit seinem
Leben!«
25 Als man mit der Zuberei-
tung der Opfer fertig war, befahl Jehu
seiner Leibwache und den Offizieren:
»Kommt herein und erschlagt sie alle!
Keiner darf entkommen!« Da brach-
ten sie alle Baalsdiener um und war-
fen ihre Leichen hinaus. Dann gingen
sie in den innersten Bereich des Tem-
pels,
26 holten die geweihten Steinbil-
der heraus und warfen sie ins Feuer.
27 Auch die Steinsäule, die zu Ehren
des Baal aufgestellt worden war,
stürzten sie um und rissen den ganzen
Tempel nieder. Bis heute wird der
Platz als öffentlicher Abort genutzt.
28 So beseitigte Jehu den Baal aus Is-
rael.
29 Doch von dem sündhaften
Gottesdienst vor den goldenen Stier-
bildern* in Bet-El und Dan, zu dem
Jerobeam Ben-Nebat Israel verführt
hatte, wollte er nicht lassen.

10,15 Die Angehörigen der *Sippe Rechab* waren extrem konservativ und lehnten den Baalskult ab. Sie lebten wie Nomaden in Israel und weigerten sich, in Häusern zu wohnen, Felder zu bebauen und Wein zu trinken. Jonadab war das damalige Oberhaupt dieser Sippe, vgl. Jeremia 35.

30 Jahwe sagte zu Jehu: »Weil du be-
reit warst, das Rechte vor mir zu tun
und an Ahabs Familie zu vollstrecken,
was ich ihr zugedacht hatte, sollen
deine Nachkommen bis in die vier-
te Generation Könige Israels sein.«
31 Aber Jehu achtete nicht darauf, das
Gesetz Jahwes, des Gottes Israels, mit
ganzem Herzen zu befolgen. Er ließ
nicht von dem sündhaften Gottes-
dienst ab, zu dem Jerobeam Israel ver-
führt hatte. 32 In dieser Zeit begann
Jahwe Israel zu verstümmeln. Hasaël
durfte sie in dem Gebiet Israels schla-
gen, 33 das östlich vom Jordan liegt,
von der Stadt Aroer am Arnon an, das
Land Gilead hinauf bis nach der Land-
schaft Baschan, was dem ganzen
Stammesgebiet von Gad, Ruben und
Ost-Manasse entsprach. 34 Was sonst
noch über Jehus Herrschaft zu sagen
ist, über seine Taten und Erfolge, fin-
det man in der Chronik der Könige
von Israel. 35 Jehu starb und wurde in
Samaria bestattet. Sein Sohn Joahas
trat die Herrschaft an. 36 28 Jahre
lang hatte Jehu in Samaria über Israel
regiert.

10,29 Diese *Stierbilder* sollten wie das goldene Kalb auf der Wüstenwanderung Symbole für Jahwe sein, die jedoch einem Abfall von ihm gleichkamen. Jerobeam hatte eins davon im Süden seines Reiches (Bet-El) und eins im Norden (Dan) aufgestellt.

11,2 Nach 2. Chronik 22,11 war *Joscheba* die Frau des Hohen Priesters Jojada.

11,4 Wörtlich: *Karer*. Die *Leibgarde* bestand in diesem Fall aus karischen Söldnern, die aus dem Südwesten Kleinasiens stammten.

Atalja und Joasch

11 1 Als Atalja, die Mutter von
Ahasja, erfuhr, dass ihr Sohn
tot war, ließ sie die ganze königli-
che Nachkommenschaft umbringen.
2 Doch Joscheba*, die Tochter von
König Joram und Schwester Ahasjas,
hatte dessen kleinen Sohn Joasch aus
der Mitte der Prinzen, die getötet wer-
den sollten, heimlich beiseite ge-
schafft. Sie hatte ihn und seine Amme
in der Bettenkammer versteckt und
so vor Atalja in Sicherheit gebracht.
3 Sechs Jahre lang hielt sie ihn dann
im Bereich des Tempels verborgen,
während Atalja das Land regierte.
4 Im siebten Jahr ließ der Priester Jo-
jada die Offiziere der königlichen
Leibgarde* und der Palastwache zu
sich in den Tempel Jahwes kommen.
Dort schloss er ein Bündnis mit ihnen.
Er ließ sie Treue schwören und zeigte
ihnen den Sohn des Königs. 5 Dann
gab er ihnen folgende Weisung: »Ein
Drittel von euren Leuten, die am
Sabbat den Dienst antreten, soll den
Palast des Königs bewachen, 6 ein
weiteres Drittel soll am Tor Sur
Wache halten und das letzte Drittel
am Tor hinter dem Haus der Palast-
wache. So sollt ihr abwechselnd die
Bewachung des Tempels überneh-
men. 7 Die zwei Abteilungen von
euch, die ihren Dienst am Sabbat
gerade beenden, sollen im Tempel
bleiben und den König beschützen.
8 Ihr sollt mit der Waffe in der Hand
den König umgeben und jeden töten,
der in den Kreis einzudringen ver-
sucht. Auf Schritt und Tritt müsst ihr
den König begleiten.« 9 Die Offiziere
befolgten genau die Anweisungen des
Priesters. Jeder nahm seine Männer

zusammen und zwar die, die am
Sabbat ihren Dienst antraten, und die,
die ihn beendeten. So kamen sie zu
Jojada. 10 Der Priester übergab den
Offizieren die Speere und Schilde, die
noch von König David stammten
und im Tempel Jahwes aufbewahrt
wurden. 11 Daraufhin stellten sich die
Leibwächter auf, jeder mit den Waf-
fen in der Hand, von der rechten Seite
des Tempelhofes am Altar und dem
Tempelhaus vorbei bis zur linken
Seite, um den König nach allen Seiten
abzusichern. 12 Dann führte Jojada
den Prinzen heraus. Er setzte ihm die
Krone auf und überreichte ihm die
Urkunde. Dann wurde er gesalbt und
so zum König gemacht. Alle klatsch-
ten in die Hände und riefen: »Es lebe
der König!«

13 Als Atalja die Jubelrufe der Pa-
lastwache und des Volkes hörte, kam
auch sie zum Haus Jahwes. 14 Da
sah sie den König nach dem Brauch
auf der obersten Stufe des Tempel-
eingangs stehen, umgeben von den
Offizieren und Trompetern. Das Volk
jubelte vor Freude, und die Trompeten
schmetterten. Da riss Atalja ihr Ober-
gewand ein und schrie: »Verrat! Ver-
schwörung!« 15 Doch Jojada befahl
den Offizieren, die das Kommando
über die Truppen hatten: »Führt sie
durch die Reihen eurer Leute hinaus.
Wer ihr folgt, den tötet mit dem
Schwert!« Er wollte nämlich nicht,
dass man sie im Tempelhof umbrach-
te. 16 Da packten sie Atalja und brach-
ten sie auf dem Reiterweg in den Pa-
lastbezirk. Dort wurde sie getötet.

17 Inzwischen ließ Jojada den König
und das Volk in den Bund mit Jahwe
eintreten. Sie verpflichteten sich, das
Volk Jahwes zu sein. Auch zwischen
König und Volk wurde ein Bund ge-
schlossen. 18 Dann zog das ganze
Volk zum Baalstempel und riss ihn
nieder. Sie zertrümmerten seine Altä-
re und Götzenbilder und erschlugen
den Baalspriester Mattan dort vor den
Altären.

Nachdem der Priester Wachen zum
Schutz des Tempels Jahwes aufge-
stellt hatte, 19 rief er die Offiziere, die
Leibgarde, die Palastwache und das
ganze Volk zusammen. Dann geleite-
ten sie den König durch das Tor der
Palastwache in den Königspalast.
Dort nahm er auf dem Königsthron
Platz. 20 Das ganze Volk freute sich
und die Stadt blieb ruhig, obwohl
Atalja im Palastbezirk mit dem
Schwert getötet worden war.

Joasch von Juda

12 1 Joasch war bei Regierungs-
antritt sieben Jahre alt. 2 Er
wurde im siebten Regierungsjahr des
Königs Jehu von Israel König und re-
gierte 40 Jahre* in Jerusalem. Seine
Mutter hieß Zibja und stammte aus
Beerscheba. 3 Joasch tat sein ganzes
Leben lang, was Jahwe gefiel, weil der
Priester Jojada ihn unterwiesen hatte.
4 Die Opferstätten auf den Höhen ließ
er allerdings bestehen, sodass das
Volk dort auch weiterhin Schlacht-
und Räucheropfer brachte.

5 Eines Tages erklärte Joasch den
Priestern: »Alles Geld, das als Weihe-
gabe in den Tempel Jahwes gebracht
wird – das Geld, das bei der Musterung

12,2 *40 Jahre.* 835-796 v.Chr.

zu zahlen ist,* das Geld, das jemand bei der Einlösung von Gelübden zahlt*, und das Geld, das jemand freiwillig dem Haus Jahwes zukommen lässt –,
6 sollen die Priester in Empfang nehmen, und zwar jeder von seinem Geldeinnehmer*. Davon sollen sie die Reparaturen am Tempel ausführen lassen.«
7 Aber im 23. Regierungsjahr von König Joasch* hatten die Priester immer noch nichts am Tempel ausgebessert.
8 Da rief der König Jojada und die anderen Priester zu sich und fragte: »Warum habt ihr den Tempel immer noch nicht ausbessern lassen? Ab sofort sollt ihr von den Geldeinnehmern kein Geld mehr in Empfang nehmen, denn dieses Geld ist ganz für die Instandsetzung des Tempels bestimmt.«
9 Die Priester waren einverstanden, kein Geld mehr vom Volk anzunehmen, dann aber auch nicht mehr für die Instandsetzung des Tempels verantwortlich zu sein.

10 Der Priester Jojada ließ nun einen Kasten anfertigen, in dessen Deckel man ein Loch gebohrt hatte, und stellte ihn neben den Altar, rechts vom Tempeleingang auf. In diesen Kasten legten die Priester, die den Eingang bewachten, alles Geld, das in den Tempel gebracht wurde.
11 Wenn der Kasten voll war, ließen sie den Staatsschreiber und den Hohen Priester kommen. Unter deren Aufsicht wurde das Silber in Beutel gepackt und gewogen.
12 Danach wurde es den Meistern ausgehändigt, die für die Bauarbeiten am Tempel verantwortlich waren. Diese bezahlten damit die Handwerker, die am Tempel Jahwes arbeiteten, die Zimmerleute,
13 die Maurer und die Steinhauer. Und diese wiederum kauften davon das Bauholz, die Steine und was sonst noch für die Ausbesserung des Tempels gebraucht wurde.
14 Man ließ von diesem Geld aber keine Silberschüsseln, Messer, Sprengschalen, Trompeten oder andere Gegenstände aus Gold oder Silber anfertigen,
15 sondern gab alles den Meistern für die Ausbesserungsarbeiten am Tempel Jahwes.
16 Von diesen Männern wurde keine Rechenschaft über die Ausgaben verlangt. Sie handelten auf Treu und Glauben.
17 Doch das Geld, das von den Schuld- und Sündopfern einkam, wurde nicht für die Instandsetzung des Tempels verwendet. Es war für die Priester.

18 Damals* griff König Hasaël von Syrien die Philisterstadt Gat an* und eroberte sie. Danach wollte er auch Jerusalem angreifen.
19 Doch der König von Juda nahm alle Weihgaben, die seine Vorgänger Joschafat, Joram und

---

12,5 *zu zahlen ist.* Siehe 2. Mose 30,11-16. *Gelübden zahlt.* Siehe 3. Mose 27,2-8

12,6 Diese *Geldeinnehmer* (wörtlich: *Kaufleute*) gingen den Priestern bei den finanziellen Angelegenheiten des Tempels zur Hand, z.B. bei der Festsetzung von Kosten oder dem Wert eines Opfertiers.

12,7 *23 ... Joasch.* Der König hatte diesen Plan zur Renovierung des Tempels einige Jahre vorher in Kraft gesetzt, aber er funktionierte nicht. Jetzt, im Alter von 30 Jahren, ordnete er die Sache neu.

12,18 *Damals.* Das muss gegen Ende der Regierungszeit Joaschs gewesen sein, jedenfalls nach dem Tod des Priesters Jojada, vgl. 2. Chronik 24,17-24.

Um *Gat* anzugreifen, musste er mit seiner Armee quer durch Judäa ziehen.

Ahasja für das Heiligtum gestiftet
hatten, seine eigenen Weihgaben und
alles Gold, das sich in den Schatzkam-
mern des Tempels und seines Palastes
befand, und ließ es dem König von
Syrien überbringen. Da zog Hasaël
seine Truppen von Jerusalem ab.
20 Was sonst noch über Joaschs
Herrschaft zu sagen ist, findet man in
der Chronik der Könige von Juda.
21 Er fiel einer Verschwörung seiner
Hofbeamten zum Opfer und wurde in
einem Haus des Stadtwalls ermordet
und zwar dort, wo der Weg nach
Silla* hinabführt. 22 Die Tat wurde
von Josachar Ben-Schimat und Josa-
bat Ben-Schomer begangen. Joasch
wurde in der Grabstätte seiner Vor-
fahren in der Davidsstadt beigesetzt
und sein Sohn Amazja trat die Herr-
schaft an.

Joahas von Israel

13 1 Im 23. Regierungsjahr von
Joasch Ben-Ahasja, dem Kö-
nig von Juda, wurde Joahas Ben-Jehu
König von Israel und regierte 17
Jahre* in Samaria. 2 Was er tat, war
böse vor Jahwe. Er hörte nicht mit dem
sündhaften Gottesdienst auf, zu dem
Jerobeam Ben-Nebat Israel verführt
hatte. 3 Das erregte den Zorn Jahwes
gegen Israel, und er gab sie immer wie-
der in die Gewalt des Syrerkönigs Ha-
saël und seines Sohnes Ben-Hadad.
4 Als Joahas jedoch Jahwe um Hilfe an-
rief, hörte Jahwe auf ihn, denn er sah,
wie sehr die Israeliten vom Syrerkönig
unterdrückt wurden. 5 Da schickte er
ihnen einen Retter, so dass sie sich aus
der Gewalt der Syrer befreien und wie
vorher in Frieden leben konnten.
6 Dennoch hörten sie nicht mit dem
sündhaften Gottesdienst auf, zu dem
Jerobeam Ben-Nebat Israel verführt
hatte. Sie wollten einfach nicht davon
lassen. Und auch das Pfahlbild der
Aschera* blieb in Samaria.
7 Jahwe hatte Joahas von seinem
ganzen Heer nur noch 50 Gespann-
pferde übrig gelassen, 10 Streitwagen
und 10.000 Mann zu Fuß. Alles ande-
re hatte der Syrerkönig vernichtet. Er
hatte sie wie Staub zertreten. 8 Was
sonst noch über die Herrschaft von
Joahas zu sagen ist, über seine Taten
und Erfolge, findet man in der Chro-
nik der Könige von Israel. 9 Als Joahas
starb, wurde er in Samaria bestattet
und sein Sohn Joasch trat die Herr-
schaft an.

Joasch und der sterbende Elischa

10 Im 37. Regierungsjahr des Königs
Joasch von Juda wurde Joasch Ben-
Joahas König über Israel und regierte
16 Jahre* in Samaria. 11 Er tat, was
Jahwe verabscheute, und machte mit
dem sündhaften Gottesdienst weiter,
zu dem Jerobeam Ben-Nebat Israel
verführt hatte. 12 Was sonst noch über
die Herrschaft von Joasch zu sagen
ist, über seine Taten und Erfolge, auch
über den Krieg gegen Amazja von
Juda, findet man in der Chronik der
Könige von Israel. 13 Als Joasch starb,

12,21 Die Bezeichnung *Silla* ist unbekannt. Es muss ein bestimmter Weg ins Kidrontal hinab gewesen sein.

13,1 *17 Jahre.* 814-796 v.Chr.

13,6 Die *Aschera* war eine Fruchtbarkeitsgöttin, die in handlichen Figuren, geweihten Bäumen oder Pfählen verehrt wurde.

13,10 *16 Jahre.* 798-782 v.Chr.

kam Jerobeam auf den Thron. Joasch wurde in der Grabstätte der Könige von Israel in Samaria bestattet.

14 Zu der Zeit, als Elischa schwer krank wurde und im Sterben lag, war König Joasch von Israel zu ihm gekommen. Weinend beugte er sich über ihn und sagte: »Mein Vater, mein Vater! Du Streitwagen Israels, du, sein Gespann!« 15 Da sagte Elischa zu ihm: »Hol einen Bogen und Pfeile!« Der König tat es. 16 Dann sagte er: »Spann den Bogen!« Joasch tat es. Nun legte Elischa seine Hände auf die Hände des Königs. 17 Dann sagte er: »Öffne das Fenster, das nach Osten geht!« Nachdem der König das getan hatte, sagte Elischa: »Schieß!« Der König schoss den Pfeil ab und Elischa sagte: »Dieser Pfeil ist ein Zeichen für die Rettung, die von Jahwe kommt, ein Pfeil der Rettung durch den Sieg über die Syrer. Bei Afek* wirst du sie vernichtend schlagen!« 18 Dann befahl ihm Elischa: »Nimm jetzt die übrigen Pfeile in die Hand!« Joasch nahm sie und Elischa sagte: »Schlag damit auf den Boden!« Er schlug dreimal und hielt dann inne. 19 Da wurde der Gottesmann zornig über ihn und sagte: »Fünf oder sechsmal hättest du schlagen sollen, dann hättest du die Syrer vernichtet! Jetzt wirst du sie nur dreimal besiegen.«

20 Elischa starb und wurde in einer Grabhöhle bestattet*.

Als es Frühling wurde, machten moabitische Räuberbanden das Land unsicher. 21 Einmal wollte man gerade einen Mann bestatten, als solch eine Räuberbande auftauchte. Da warfen die Leute den Leichnam einfach in die Grabhöhle Elischas. Als der Tote mit den Gebeinen Elischas in Berührung kam, wurde er wieder lebendig und stand auf.

22 So lange Joahas regierte, bedrängte König Hasaël von Syrien Israel. 23 Aber Jahwe schenkte den Israeliten wieder seine Gnade. Er erbarmte sich über sie und half ihnen wegen seines Bundes mit Abraham, Isaak und Jakob. Er wollte sie nicht zugrunde gehen lassen und hatte sie bis jetzt auch noch nicht aus seiner Gegenwart verbannt. 24 Als daher König Hasaël von Syrien starb und sein Sohn Ben-Hadad die Herrschaft antrat, 25 konnte Joasch Ben-Joahas Ben-Hadad die Städte wieder entreißen, die sein Vater Joahas an dessen Vater verloren hatte. Dreimal besiegte Joasch ihn und eroberte die Städte zurück.

Amazja von Juda

14 1 Im zweiten Regierungsjahr von König Joasch Ben-Joahas von Israel wurde Amazja Ben-Joasch König von Juda. 2 Er war bei Herrschaftsantritt 25 Jahre alt und regierte 29 Jahre lang in Jerusalem.* Seine Mutter stammte aus Jerusalem und

---

13,17 *Afek* lag vermutlich am Ostufer des Sees Gennesaret. 60 Jahre vorher hatte König Ahab dort einen entscheidenden Sieg über die Syrer unter Ben-Hadad II. errungen, vgl. 1. Könige 20,26-30.

13,20 *Grabhöhle bestattet.* Wörtlich: *begraben.* Elischa wurde vermutlich wie die meisten Israeliten der Frühzeit in Leinen eingewickelt und in einem aus Felsen gehauenen Grab oder einer Höhle (V. 21) bestattet.

14,2 *29 ... Jerusalem.* 796-767 v.Chr. In den 29 Jahren ist die 24-jährige Mitregentschaft mit seinem Sohn Asarja eingeschlossen.

hieß Joaddan. 3 Er tat wie sein Vater
Joasch, was Jahwe gut gefiel, nur
nicht ganz so wie sein Vorfahr David.
4 Die Opferstätten auf den Höhen ließ
er nämlich bestehen, sodass das Volk
auch weiterhin dort Schlacht- und
Räucheropfer brachte.

5 Als Amazja die Herrschaft fest in
Händen hatte, ließ er die Hofbeamten
töten, die seinen Vater Joasch ermor-
det hatten. 6 Doch ihre Söhne ließ er
am Leben, wie es das Gebot Jahwes
besagt, das im Gesetzbuch des Mose
steht: »Die Väter sollen nicht für die
Schuld ihrer Söhne sterben und die
Söhne nicht für die Schuld ihrer Väter.
Jeder soll nur für seine eigene Sünde
bestraft werden.«*

7 Amazja schlug die Edomiter im
Salztal*, die mit einem 10.000 Mann
starken Heer gegen ihn angetreten
waren. Er eroberte auch die Stadt
Sela* und nannte sie Jokteel. So heißt
sie bis heute.

8 Darauf schickte Amazja Boten zu
König Joasch Ben-Joahas von Israel,
dem Enkel Jehus, und ließ ihm aus-
richten: »Komm, wir wollen unsere
Kräfte messen!« 9 Doch König Joasch
ließ ihm sagen: »Der Dornstrauch
auf dem Libanon sagte zur Zeder:
›Gib meinem Sohn deine Tochter zur
Frau!‹ Aber die wilden Tiere auf dem
Libanon liefen über den Dornstrauch
und zertrampelten ihn. 10 Ist dir der
Sieg über die Edomiter zu Kopf ge-
stiegen? Genieße deinen Ruhm und
bleib zu Hause! Warum willst du dich
ins Unglück stürzen und reißt ganz
Juda mit hinein?« 11 Doch Amazja
wollte nicht hören. Da zog König Jo-
asch von Israel mit einem Heer nach
Juda. Bei Bet-Schemesch* kam es zur
Schlacht zwischen ihm und König
Amazja von Juda. 12 Die Männer
Judas wurden von den Israeliten be-
siegt und flüchteten nach Hause.
13 König Joasch von Israel nahm
König Amazja Ben-Joasch von Juda,
den Enkel Ahasjas, bei Bet-Sche-
mesch gefangen. Anschließend rückte
er nach Jerusalem vor und ließ die
Stadtmauer auf einer Länge von 200
Metern zwischen dem Ephraïmtor
und dem Ecktor niederreißen. 14 Er
räumte alles Gold und Silber und alle
kostbaren Gegenstände aus dem
Tempel und den Schatzkammern des
Palastes aus und nahm dazu eine
Anzahl von Geiseln nach Samaria mit.
15 Was sonst noch über die Herrschaft
von Joasch zu sagen ist, über seine
Taten und Erfolge, auch über den
Krieg gegen Amazja von Juda, findet
man in der Chronik der Könige von
Israel. 16 Als Joasch starb, wurde er
in der Grabstätte der Könige von Is-
rael in Samaria bestattet und sein
Sohn Jerobeam trat die Herrschaft an.

17 König Amazja Ben-Joasch von
Juda überlebte König Joasch Ben-Jo-
ahas von Israel um 15 Jahre. 18 Was
sonst noch über die Herrschaft

14,6 *... bestraft werden.* 5. Mose 24,16

14,7 *Salztal* ist dasselbe Schlachtfeld, auf dem schon David die Edomiter schlug, vgl. 2. Samuel 8,13, das 15 km breite Tal der Araba südlich des Toten Meeres.

Sela heißt Felsen. Nach Richter 1,36 lag die edomitische Festung 37 km südöstlich von der Spitze des Toten Meeres in der Araba und ist nicht identisch mit Petra.

14,11 *Bet-Schemesch* liegt 24 km westlich von Jerusalem in der Nähe der Grenze zwischen Juda und Dan, vgl. Josua 15,10.

Amazjas zu sagen ist, findet man in
der Chronik der Könige von Juda.
19 Als es in Jerusalem zu einer Ver-
schwörung gegen ihn kam, floh er
nach Lachisch. Aber die Verschwörer
ließen ihn bis dorthin verfolgen und
umbringen. 20 Man brachte ihn auf
Pferden nach Jerusalem und bestatte-
te ihn in der Davidsstadt in der Grab-
stätte seiner Vorfahren.

21 Das ganze Volk Judas hatte sei-
nen Sohn Asarja schon mit 16 Jahren
zum König gemacht*. 22 Nach dem
Tod seines Vaters eroberte Asarja die
Stadt Elat* für Juda zurück und baute
sie wieder auf.

Jerobeam II. von Israel

23 Im 15. Regierungsjahr von König
Amazja Ben-Joasch von Juda* wurde
Jerobeam Ben-Joasch König von Israel.
Er regierte 41 Jahre in Samaria 24 und
tat, was Jahwe verabscheute. Er hörte
nicht mit dem sündhaften Gottesdienst
auf, zu dem Jerobeam Ben-Nebat Israel
verführt hatte. 25 Doch es gelang ihm,
die Gebiete zurückzuerobern, die zu Is-
rael gehörten, von Lebo-Hamat* bis
hinunter zum Meer der Araba*. Damit
erfüllte sich, was Jahwe, der Gott Is-
raels, durch seinen Diener Jona Ben-
Amittai* aus Gat-Hefer* angekündigt
hatte. 26 Denn Jahwe hatte das bittere
Elend Israels gesehen, dass sie allesamt
am Ende waren und dass niemand da
war, der ihnen half. 27 Jahwe hatte es
nicht im Sinn, den Namen Israels in der
Welt verschwinden zu lassen. Darum
half er ihnen durch Jerobeam Ben-
Joasch.

28 Was sonst noch über die Herr-
schaft von Jerobeam zu sagen ist, über
seine Taten und Erfolge, wie er Krieg
geführt hat und Damaskus und
Hamat* für Israel zurückgewann, fin-
det man in der Chronik der Könige
von Israel. 29 Als Jerobeam starb,
wurde er in der Grabstätte der Könige
von Israel bestattet und sein Sohn
Secharja trat die Herrschaft an.

Asarja (Usija) von Juda

15 1 Im 27. Regierungsjahr des
Königs Jerobeam von Israel
wurde Asarja Ben-Amazja König von
Juda. 2 Er war 16 Jahre alt gewesen,
als er Mitregent wurde, und regierte
insgesamt 52 Jahre lang in Jerusa-
lem. Seine Mutter hieß Jecholja und
stammte aus Jerusalem. 3 Wie sein
Vater Amazja tat auch er, was Jahwe
gefiel. 4 Die Opferstätten auf den
Höhen ließ er allerdings bestehen, so-
dass das Volk dort auch weiterhin

14,21 *zum König gemacht.* Das geschah bereits 24 Jahre vor dem Tod Amazjas. Entweder war Asarja seitdem Mitregent oder sogar Gegenkönig.

14,22 *Elat* liegt an der Nordspitze des Golfs von Akaba, etwa 175 km südlich von der Südspitze des Toten Meeres.

14,23 *15. Regierungsjahr.* 782 v.Chr. In diesem Jahr begann *Jerobeams* Alleinherrschaft. Seine gesamte Regierungszeit dauerte von 793-753 v.Chr.

14,25 *Lebo-Hamat.* Heute: Labwe, etwa 70 km nördlich vom Hermon-Gebirge.

Araba meint den bis zu 20 km breiten Jordangraben zwischen dem See Gennesaret und dem Toten Meer. Das *Meer der Araba* ist das Tote Meer.

Jona Ben-Amittai. Siehe dazu das Buch des Propheten Jona.

Das Dorf *Gat-Hefer* liegt 5 km nordöstlich vom heutigen Nazaret.

14,28 *Hamat.* 72 km nördlich von Damaskus.

Schlacht- und Räucheropfer brachte.
5 Jahwe schlug den König mit Aus-
satz. Er musste bis zu seinem Tod in
einem abgesonderten Haus wohnen.
Die Regierungsgeschäfte und die
Aufsicht über den Palast übergab er
seinem Sohn Jotam.

6 Was sonst noch über die Herr-
schaft von Asarja zu sagen ist, über
seine Taten und Erfolge, findet man in
der Chronik der Könige von Juda.
7 Als Asarja starb, wurde er in der
Grabstätte seiner Väter in der Davids-
stadt bestattet und sein Sohn Jotam
trat die Herrschaft an.

Secharja von Israel

8 Im 38. Jahr des Königs Asarja von
Juda wurde Secharja Ben-Jerobeam
König über Israel. Er regierte sechs
Monate lang in Samaria. 9 Wie seine
Vorfahren tat er, was Jahwe verab-
scheute. Von dem sündhaften Gottes-
dienst, zu dem Jerobeam Ben-Nebat
Israel verführt hatte, ließ er nicht ab.
10 Schallum Ben-Jabesch zettelte eine
Verschwörung gegen ihn an und er-
schlug ihn in aller Öffentlichkeit. Er
wurde sein Nachfolger. 11 Was sonst
noch über die Herrschaft Secharjas zu
sagen ist, findet man in der Chronik
der Könige von Israel. 12 Damit erfüll-
te sich die Zusage Jahwes an Jehu:
»Deine Nachkommen werden bis in
die vierte Generation auf dem Thron
Israels sitzen.« So war es auch ge-
schehen.

Schallum von Israel

13 Schallum Ben-Jabesch wurde im
39. Regierungsjahr des Königs Usija
von Juda König und regierte einen
Monat lang in Samaria. 14 Da zog
Menahem Ben-Gadi aus der Stadt
Tirza* nach Samaria herauf, drang in
die Stadt ein, erschlug Schallum und
wurde selbst König. 15 Was sonst
noch über die Herrschaft Schallums
und seine Verschwörung zu sagen ist,
findet man in der Chronik der Könige
von Israel. 16 Von Tirza aus zog Me-
nahem gegen die Stadt Tifsach*, weil
sie sich ihm nicht unterworfen hatte.
Er richtete ein Blutbad unter ihren
Bewohnern an; allen Schwangeren
ließ er den Leib aufschlitzen.

Menahem von Israel

17 Im 39. Regierungsjahr des Königs
Usija von Juda wurde Menahem Ben-
Gadi König über Israel und regierte
zehn Jahre in Samaria. 18 Er tat sein
Leben lang, was Jahwe verabscheute.
Von dem sündhaften Gottesdienst, zu
dem Jerobeam Ben-Nebat Israel ver-
führt hatte, ließ er nicht ab. 19 Als
König Tiglat-Pileser* von Assyrien
gegen Israel anrückte, zahlte ihm Me-
nahem 35 Tonnen Silber*, damit dieser
seine Herrschaft über Israel bestätigte.

15,14 *Tirza* war berühmt für ihre Schönheit und Sitz einer Garnison. Die Stadt lag 12 km östlich von Samaria.

15,16 *Tifsach.* Es gab mehrere Orte dieses Namens. Einer davon liegt etwa 20 km südlich von Samaria. Möglicherweise hatten die Anhänger Schallums sich in diese Stadt zurückgezogen.

15,19 *Tiglat-Pileser.* Wörtlich: *Pul.* So nannte sich Tiglat-Pileser III. (745-727 v.Chr.) seit der Eroberung Babylons, wie eine babylonische und eine ägyptische Königsliste bezeugen.

35 Tonnen Silber. Wörtlich: *1000 Talente.* Das sind drei Millionen Schekel (Silberstücke zu je 11,5 Gramm).

20 Das Geld brachte er zusammen,
indem er allen vermögenden Leuten
in Israel eine Steuer von einem halben
Kilogramm* Silber auferlegte. Dar-
aufhin zog der König von Assyrien aus
Israel ab. 21 Was sonst noch über
Menahems Herrschaft zu sagen ist,
findet man in der Chronik der Könige
von Israel. 22 Als Menahem starb,
wurde sein Sohn Pekachja König.

Pekachja von Israel

23 Im 50. Regierungsjahr des Königs
Asarja von Juda wurde Pekachja Ben-
Menahem König über Israel. Er re-
gierte zwei Jahre* in Samaria 24 und
tat, was Jahwe verabscheute. Von dem
sündhaften Gottesdienst, zu dem Je-
robeam Ben-Nebat Israel verführt
hatte, ließ er nicht ab. 25 Sein Adju-
tant Pekach Ben-Remalja zettelte eine
Verschwörung gegen ihn an und er-
schlug ihn im Wohnturm des Königs-
palastes von Samaria*. Unterstützt
wurde er dabei von 50 Männern aus
Gilead. Er tötete ihn und wurde König
an seiner Stelle. 26 Was sonst noch
über Pekachjas Herrschaft zu sagen
ist, findet man in der Chronik der
Könige von Israel.

Pekach von Israel

27 Im 52. Regierungsjahr* des Königs
Asarja von Juda wurde Pekach Ben-
Remalja König über Israel und regier-
te insgesamt 20 Jahre in Samaria*.
28 Er tat, was Jahwe verabscheute,
und ließ nicht von dem sündhaften
Gottesdienst ab, zu dem Jerobeam
Ben-Nebat Israel verführt hatte.
29 Während Pekachs Regierungszeit
fiel der Assyrerkönig Tiglat-Pileser in
Israel ein. Er eroberte die Städte Ijon,
Abel-Bet-Maacha, Janoach, Kedesch
und Hazor*, sowie die Landschaften
Gilead und Galiläa und das ganze
Stammesgebiet Naftalis. Die Bewoh-
ner dieser Gebiete verschleppte er
nach Assyrien*.
30 Hoschea Ben-Ela zettelte eine
Verschwörung gegen Pekach Ben-Re-
malja an. Er erschlug ihn und wurde
an seiner Stelle König. Das geschah
im 20. Regierungsjahr von König
Jotam Ben-Usija. 31 Was sonst noch
über Pekachs Herrschaft zu sagen ist,
findet man in der Chronik der Könige
von Israel.

Jotam von Juda

32 Im zweiten Regierungsjahr des Kö-
nigs Pekach Ben-Remalja von Israel
wurde Jotam Ben-Usija Mitregent
von Juda. 33 Er war damals 25 Jahre
alt und regierte insgesamt 16 Jahre in
Jerusalem*. Seine Mutter hieß Jeru-
scha und war eine Tochter Zadoks.

15,20 Wörtlich: *50 Schekel.*

15,23 *zwei Jahre.* 742-740 v.Chr.

15,25 *Samaria.* Im Hebräischen folgt hier: »Argob und Arje«. Die Begriffe sind bis heute nicht geklärt. Man kann sie als Personen, möglicherweise Prinzen, oder als Ortsnamen auffassen.

15,27 *52. Regierungsjahr.* 740 v.Chr.

20 Jahre in Samaria. Dabei sind die Jahre einer Gegenregierung ab 752 v.Chr. in Gilead mitgezählt. Er regierte bis 732 v.Chr.

15,29 *... Hazor.* Das sind Städte in Nordgaliläa.

nach Assyrien. Diese erste Deportation der Israeliten fand um das Jahr 733 v.Chr. statt.

15,33 *... Jerusalem.* Von 750-740 war Jotam Mitregent neben seinem aussätzigen Vater Usija (in V. 15,1 ff. Asarja genannt). Allein regierte er bis 735 v.Chr.

34 Er tat, was Jahwe gefiel, und folgte
in allem dem Vorbild seines Vaters
Usija. 35 Die Opferstätten auf den
Höhen ließ er allerdings bestehen, so-
dass das Volk dort auch weiterhin
Schlacht- und Räucheropfer brachte.
Jotam war es, der das obere Tor am
Haus Jahwes baute. 36 Was sonst
noch über Jotams Herrschaft zu sagen
ist, findet man in der Chronik der
Könige von Juda. 37 Damals begann
Jahwe die Könige Rezin von Syrien
und Pekach Ben-Remalja gegen Juda
loszuschicken. 38 Als Jotam starb,
wurde er in der Grabstätte seiner
Väter in der Davidsstadt bestattet und
sein Sohn Ahas trat die Herrschaft an.

Ahas von Juda

16 1 Im 17. Regierungsjahr von
Pekach Ben-Remalja wurde
Ahas Ben-Jotam König über Juda.
2 Er war damals 20 Jahre alt* und re-
gierte nach dem Tod Jotams* 16 Jahre
in Jerusalem. Er handelte nicht nach
dem Vorbild seines Vorfahren David
und tat nicht, was Jahwe gefiel, 3 son-
dern folgte dem schlechten Beispiel
der Könige von Israel. Er ließ sogar
einen seiner Söhne als Opfer verbren-
nen, wie es der grauenvollen Gewohn-
heit der heidnischen Völker ent-
sprach, die Jahwe vor den Israeliten
aus dem Land vertrieben hatte.
4 Außerdem brachte er an den Opfer-
stätten auf den Höhen und unter
jedem grünen Baum Schlacht- und
Räucheropfer dar.

5 Damals zogen König Rezin von
Syrien und König Pekach Ben-Remal-
ja von Israel gegen Jerusalem, um die
Stadt zu belagern.* Doch es kam
nicht zum Kampf. 6 Rezin konnte in
dieser Zeit jedoch Elat* wieder unter
syrische Kontrolle bringen. Er ver-
trieb die Juden aus der Stadt. Später
kamen die Edomiter nach Elat zurück
und machten sich dort sesshaft. So ist
es bis heute geblieben. 7 Ahas schick-
te Boten an König Tiglat-Pileser von
Assyrien und ließ ihm ausrichten:
»Ich unterwerfe mich dir und stelle
mich unter deinen Schutz. Die Könige
von Syrien und Israel greifen mich an.
Komm doch und rette mich aus ihrer
Gewalt!« 8 Zugleich ließ Ahas dem
Assyrerkönig alles Silber und Gold
überbringen, das sich im Haus Jahwes
und den Schatzkammern des Königs
befand. 9 Der König von Assyrien
hörte auf die Bitte des Ahas und zog
gegen Damaskus. Er eroberte die
Stadt und führte ihre Bewohner nach
Kir* in die Verbannung. König Rezin
tötete er.

10 Da zog König Ahas nach Damas-
kus, um dort mit Tiglat-Pileser zu-
sammenzutreffen. Als er den Altar in
der Stadt sah, schickte er dem Priester
Urija ein Modell samt einer genauen

16,2 *20 Jahre alt.* Das war 735 v.Chr. Ahas war zunächst Mitregent.

Nach dem Tod Jotams ist eingefügt. Die 16 Jahre der Regierungszeit von Ahas (= Kurzform von Joahas) rechnen sich wohl erst nach dem Tod seines Vaters Jotam (732-716 v.Chr.), denn sonst wäre Ahas bei der Geburt seines Sohnes erst 11 Jahre alt gewesen.

16,5 *zu belagern.* Das war gleich, nachdem Ahas Mitregent geworden war, 735 oder 734 v.Chr.

16,6 *Elat.* Vgl. 14,21.

16,9 *Kir.* Ort in Mesopotamien, Identität unbekannt.

Beschreibung davon. 11 Nach diesen
Angaben baute Urija einen Altar und
hatte ihn fertig, bevor der König aus
Damaskus zurückkam. 12 Als Ahas
dann wieder in Jerusalem war, sah er
sich den Altar an. Er stieg die Stufen
hinauf 13 und brachte selbst die ersten
Opfer dar. Er ließ sein Brand- und
Speisopfer in Rauch aufgehen, goss
ein Trankopfer aus und sprengte das
Blut der Tiere, die für die Opfermahl-
zeit geschlachtet wurden, an die
Wand des Altars. 14 Den Bronzealtar,
der vor Jahwe stand, ließ er von der
Vorderseite des Hauses wegrücken –
er stand zwischen dem Haus Jahwes
und dem neuen Altar – und auf der
Nordseite rechts neben dem neuen
Altar aufstellen. 15 Dem Priester
Urija befahl er: »Auf dem großen
neuen Altar werden von jetzt an alle
Brand- und Speisopfer dargebracht,
die Morgen- und Abendopfer, ebenso
die Brand-, Speis- und Trankopfer für
den König und das ganze Volk. Und
alles Blut der Tiere, die für Brand-
und Freudenopfer* geschlachtet wer-
den, soll an diesen Altar gesprengt
werden. Den Bronzealtar will ich be-
nutzen, um dort die Opferschau* vor-
zunehmen.« 16 Der Priester Urija ließ
alles nach Anordnung des Königs
ausführen.

17 König Ahas ließ auch die Leisten
und die Kessel von den bronzenen
Kesselwagen aus dem Tempel entfer-
nen. Ebenso ließ er die zwölf Bron-
zerinder unter dem großen runden
Becken, dem sogenannten »Meer«,
wegnehmen und dieses auf einen
Unterbau aus Stein setzen. 18 Auch
die Sabbathalle, die man am Haus
Jahwes gebaut hatte, und den beson-
deren Eingang für den König ließ er
mit Rücksicht auf den assyrischen
König abreißen.

19 Was sonst noch über die Herr-
schaft des Ahas zu sagen ist, findet
man in der Chronik der Könige von
Juda. 20 Als er starb, wurde er in der
Grabstätte seiner Vorfahren in der
Davidsstadt beigesetzt und sein Sohn
Hiskija trat die Herrschaft an.

Hoschea von Israel

17 1 Im zwölften Regierungsjahr
des Königs Ahas von Juda
wurde Hoschea Ben-Ela König über
Israel und regierte neun Jahre* in
Samaria. 2 Er tat, was Jahwe verab-
scheute, doch nicht so schlimm wie
seine Vorgänger. 3 Als König Sal-
manassar von Assyrien mit einem
Heer gegen ihn zog, unterwarf sich
Hoschea und zahlte Tribut. 4 Aber
der Assyrerkönig entdeckte, dass
Hoschea sich gegen ihn verschworen
hatte, denn dieser hatte Boten an
König So* von Ägypten geschickt und
die Tributzahlungen eingestellt. Da-
raufhin ließ Salmanassar ihn verhaften

16,15 Beim *Freudenopfer* wurde im Gegensatz zum Brandopfer nur das Fett auf dem Altar verbrannt. Der größte Teil des Tieres durfte bei einer fröhlichen Opfermahlzeit gemeinsam mit Verwandten und Freunden verzehrt werden.

Opferschau. Ein heidnischer Ritus, bei dem aus der Betrachtung der Eingeweide eines Opfertiers günstige oder ungünstige Vorzeichen herausgelesen wurden.

17,1 *neun Jahre.* 732-722 v.Chr.

17,4 *So.* Vielleicht Osorkon IV., etwa 727-716 v. Chr.

und ins Gefängnis werfen. 5 Er war
nämlich mit seinem Heer ins Land
eingefallen und hatte Samaria belagert. Im dritten Jahr der Belagerung,
6 dem neunten Regierungsjahr Hoscheas, eroberte der Assyrer die Stadt und verschleppte* die Bevölkerung Israels nach Assyrien. Dort siedelte er sie in der Provinz Halach* an, am Fluss Habor*, in der Provinz Gosan und in den Städten Mediens*.

Israels Schuld an seiner Wegführung

7 Das alles geschah, weil die Israeliten gegen Jahwe, ihren Gott, gesündigt hatten, der sie aus Ägypten herausgeführt und aus der Gewalt des Pharao befreit hatte. Sie verehrten andere
Götter 8 und übernahmen die heidnischen Bräuche der Völker, die Jahwe vor ihnen aus dem Land vertrieben hatte, und die Gottesdienste, die von den Königen Israels eingeführt wor-
den waren. 9 Sie erdachten sich gegen den Willen von Jahwe, ihrem Gott, eigene Gottesdienste. Sie richteten überall Höhenheiligtümer ein, vom einsamen Wachtturm bis zur befestig-
ten Stadt. 10 Auf jedem höheren
Hügel und unter jedem größeren Baum stellten sie geweihte Steinmale
und Aschera-Pfähle auf. 11 Dort ver-
brannten sie Opfergaben wie die Völker, die Jahwe vor ihnen vertrieben hatte. Sie taten böse Dinge und for-
derten den Zorn Jahwes heraus. 12 Sie
verehrten diese Mistgötzen*, obwohl Jahwe ihnen das ausdrücklich untersagt hatte.

13 Außerdem hatte Jahwe Israel und Juda durch seine Propheten und Seher immer wieder gewarnt. »Kehrt um von euren bösen Wegen!«, hatte er ihnen gesagt. »Haltet meine Gebote! Richtet euch nach den Vorschriften meines Gesetzes, das ich euren Vorfahren gab, und das ich euch durch meine Propheten, die mir dienen, immer wieder ausrichten ließ.«
14 Aber sie wollten nicht hören und zeigten sich genauso halsstarrig wie ihre Väter, die Jahwe, ihrem Gott, kein
Vertrauen geschenkt hatten. 15 Sie
verachteten seine Vorschriften, verwarfen den Bund, den er mit ihren Vätern geschlossen hatte, und schlugen seine Warnungen in den Wind. Den Nichtsen liefen sie hinterher und wurden dabei selbst zu Nichts. Sie trieben es wie ihre Nachbarvölker, obwohl
Jahwe ihnen das verboten hatte.
16 Die Gebote Jahwes, ihres Gottes, missachteten sie. Sie fertigten sich zwei gegossene Stierbilder an und stellten der Aschera geweihte Pfähle auf. Sie verehrten das Heer der Sterne am Himmel und dienten dem Götzen
Baal. 17 Ihre eigenen Kinder ließen sie
als Opfer für die Götzen verbrennen. Sie trieben Wahrsagerei und Zauberei

17,6 *verschleppte.* Diese zweite Deportation der Israeliten fand im Jahr 722 v.Chr. statt.

Halach. Die Lage der Provinz ist unbekannt.

Habor. Es handelt sich um den Fluss Khabur, einen von Norden kommenden Nebenfluss des Euphrat.

Die *Städte Mediens* lagen im Gebiet östlich von Ninive und südlich des Kaspischen Meeres.

17,12 *Mistgötzen.* Wörtlich: *Mistkugel*, eine bewusst verächtliche Bezeichnung für die Götzenbilder.

und gaben sich dazu her, alles zu tun,
was Jahwe verabscheute und ihn be-
leidigen musste. 18 Da wurde Jahwe
so zornig über die Israeliten, dass
er sie aus seiner Nähe vertrieb und
nur noch den Stamm Juda im Land
wohnen ließ.

19 Aber auch die Judäer missachte-
ten die Gebote Jahwes, ihres Gottes,
und folgten den Ordnungen, die die
Israeliten eingeführt hatten. 20 Da
verstieß Jahwe die ganze Nachkom-
menschaft Israels. Er demütigte sie
und ließ sie von fremden Heeren aus-
plündern, bis er sie aus seiner Nähe
weggeschafft hatte.

21 Jahwe selbst hatte nämlich Israel
vom Königshaus David losgerissen,
und die Israeliten hatten Jerobeam
Ben-Nebat zum König gemacht. Jero-
beam aber hatte sie dazu gebracht,
sich von Jahwe abzuwenden, und sie
so zu einer schweren Sünde verführt.
22 Die Israeliten verfielen dem sünd-
haften Gottesdienst, den Jerobeam
eingeführt hatte, und wollten nicht
davon lassen, 23 bis Jahwe sie aus sei-
ner Nähe vertrieb. Das hatte er ihnen
durch alle seine Propheten, die ihm
dienten, immer wieder ankündigen
lassen. Schließlich wurden die Israeli-
ten aus ihrem Land nach Assyrien
weggeführt. Das ist bis heute* noch
so.

Samaria wird wieder besiedelt

24 Der König von Assyrien ließ nun
Leute aus den Städten Babylon, Kuta,
Awa, Hamat und Sefarwajim* kom-
men. Sie nahmen anstelle der Israe-
liten das Land Samaria und seine
Städte in Besitz. 25 In der ersten Zeit,
als sie dort wohnten, verehrten sie
Jahwe nicht. Deshalb ließ Jahwe
Löwen in die Gegend kommen, die
viele Menschen töteten. 26 Dem König
von Assur wurde gemeldet: »Die
Leute, die du aus ihrem Land weg-
geführt und in Samarien angesiedelt
hast, wissen nicht, auf welche Weise
der Gott dieses Landes verehrt wer-
den will. Deshalb hat er Löwen unter
sie geschickt, die schon viele von ih-
nen getötet haben. Und das nur, weil
sie nicht wissen, wie der Gott dieses
Landes verehrt werden muss.« 27 Da
befahl der Assyrerkönig: »Schickt
einen der Priester, die ihr von dort
weggeführt habt, in seine Heimat
zurück! Er soll bei den Leuten dort
wohnen und ihnen beibringen, wie
der Gott dieses Landes verehrt wer-
den will!« 28 So kam einer der Pries-
ter, die man aus Samaria gefangen
weggeführt hatte, zurück und ließ
sich in Bet-El nieder. Er zeigte den
Leuten, wie sie Jahwe verehren soll-
ten. 29 Aber die Siedler hielten weiter-
hin auch an ihren eigenen Göttern
fest. Sie machten sich Götzenbilder
und stellten sie in den vielen Höhen-
heiligtümern auf, die die Samaritaner
überall errichtet hatten. Jede Volks-
gruppe hatte ihren eigenen Gott:
30 Die Leute aus Babylon errichteten
eine Statue von Sukkot-Benot, die
Leute aus Kuta stellten Nergal auf
und die aus Hamat eine Aschima.

17,23 *bis heute.* Vom Standpunkt des Verfassers der Königsbücher aus.

17,24 ... *Sefarwajim.* Die genannten Städte lagen (außer Babylon) wahrscheinlich alle in Syrien um Hamat am Orontes herum.

31 Die Leute aus Awa stellten Bilder
der Götter Nibhas und Tartak auf, und
die aus Sefarwajim verbrannten sogar
ihre eigenen Kinder als Opfer für
Adrammelech und Anammelech, ihre
heimischen Götter. 32 Daneben ver-
ehrten sie aber auch Jahwe und setz-
ten aus ihren eigenen Reihen Priester
ein, die den Opferdienst in den Hö-
henheiligtümern versahen. 33 So ver-
ehrten sie Jahwe, dienten aber gleich-
zeitig ihren eigenen Göttern. Sie hiel-
ten an den Bräuchen ihrer Heimat
fest, aus der man sie vertrieben hatte.
34 So machen sie es bis heute. Sie ver-
ehren Jahwe nicht wirklich, denn sie
richten sich keineswegs nach seinen
Anweisungen und Ordnungen. Sie
kümmern sich nicht um das Gesetz,
das Jahwe den Nachkommen Jakobs
gegeben hat, des Jakob, den er später
Israel nannte. 35 Mit seinen Nach-
kommen hatte Jahwe nämlich einen
Bund geschlossen und sie dabei
ausdrücklich angewiesen: »Ihr dürft
keine fremden Götter verehren! Werft
euch nicht vor ihnen nieder, dient
ihnen nicht und bringt ihnen keine
Opfer! 36 Dient allein Jahwe, der euch
mit großer Kraft und ausgestrecktem
Arm aus Ägypten herausgeführt
hat! Ihn sollt ihr verehren, vor ihm
euch niederwerfen und ihm eure
Opfer bringen! 37 Die Ordnungen
und Rechtsbestimmungen, die Wei-
sungen und Gebote, die er für euch
aufgeschrieben hat, sollt ihr jeden Tag
sorgfältig beachten! Verehrt keine
fremden Götter! 38 Denkt an den
Bund, den ich mit euch geschlossen
habe, und fürchtet keine fremden Göt-
ter, 39 sondern verehrt allein Jahwe,
euren Gott! Nur er wird euch aus der
Gewalt aller eurer Feinde retten.«
40 Doch sie wollten nicht hören und
hielten an ihren früheren Bräuchen
fest. 41 So fürchteten diese Stämme
zwar Jahwe, zugleich aber auch ihre
Götzen. Ihre Kinder und Enkel mach-
ten es genauso. Und so ist es bis heute
geblieben.

Hiskija von Juda

18 1 Im dritten Regierungsjahr
des Königs Hoschea Ben-Ela
von Israel wurde Hiskija Ben-Ahas
Mitregent* von Juda. 2 Als er König
wurde, war er 25 Jahre alt und regier-
te 29 Jahre* in Jerusalem. Seine Mut-
ter hieß Abi und war eine Tochter Se-
charjas. 3 Wie sein Vorfahr David tat
Hiskija, was Jahwe gefiel. 4 Er besei-
tigte die Opferstätten auf den Höhen,
ließ die geweihten Steinmale zer-
schlagen und das Pfahlbild der Asche-
ra umhauen. Auch die Bronzeschlan-
ge, die Mose einst angefertigt hatte,
schlug er in Stücke. Denn bis zu dieser
Zeit hatten die Israeliten immer wie-
der Weihrauch vor ihr verbrannt. Man
nannte sie Nehuschtan*. 5 Hiskija
vertraute auf Jahwe, den Gott Israels,
wie kein König von Juda vor oder nach
ihm. 6 Sein Leben lang hielt er treu an
Jahwe fest und befolgte die Gebote, die
Jahwe Mose gegeben hatte. 7 So war
denn auch Jahwe mit ihm und gab ihm
Erfolg in allem, was er unternahm. Es

18,1 *Mitregent.* Wörtlich: König. Das war 729 v. Chr. Damals war er erst 11 Jahre alt.

18,2 *29 Jahre.* Von 715-686 v.Chr.

18,4 In *Nehuschtan* klingen die hebräischen Worte für Bronze, Schlange und Unreinheit an.

gelang ihm auch, sich von der Herr-
schaft des Königs von Assyrien zu be-
freien. 8 Er schlug die Philister bis
nach Gaza zurück und verwüstete die
ganze Gegend vom Wachtturm bis zur
befestigten Stadt.

Die Assyrer erobern Samaria

9 Im vierten Regierungsjahr Hiskijas –
es war das siebte Jahr des Königs
Hoschea Ben-Ela von Israel – zog Kö-
nig Salmanassar von Assyrien nach
Samaria und belagerte die Stadt.
10 Nach fast drei Jahren eroberte er sie.
Das war im sechsten Regierungsjahr
Hiskijas und im neunten Hoscheas.
11 Der Assyrerkönig verschleppte die
Bevölkerung Israels nach Assyrien und
siedelte sie in der Provinz Halach an,
am Fluss Habor, in der Provinz Gosan
und in den Städten Mediens. 12 Das
alles geschah, weil die Israeliten nicht
auf Jahwe, ihren Gott, gehört hatten.
Sie brachen scinen Bund und befolgten
die Gebote nicht mehr, die Mose, der
Diener Gottes, ihnen verkündet hatte.

Assyrer vor Jerusalem

13 Im 14. Regierungsjahr* Hiskijas
marschierte der assyrische König
Sanherib* in Juda ein und eroberte
alle befestigten Städte*. 14 Da schick-
te König Hiskija Boten zum Assyrer-
könig, der mit seinem Heer vor La-
chisch* stand, und ließ ihm ausrich-
ten: »Ich habe einen schweren Fehler
gemacht. Zieh bitte aus meinem Land
wieder ab! Ich will auch alles tragen,
was du mir auferlegst!« Der Assyrer-
könig forderte einen Tribut von zehn
Tonnen Silber und einer Tonne* Gold.
15 Hiskija musste ihm alles Silber ab-
liefern, das sich im Haus Jahwes und
in den Schatzkammern des Königs
befand. 16 Außerdem ließ er damals
das Goldblech an den Türen und Pfos-
ten vom Haus Jahwes abreißen, die er
selbst erst hatte überziehen lassen,
und übergab es dem Assyrerkönig.

17 Doch dieser schickte von La-
chisch aus den Tartan, seinen obers-
ten Feldherrn, zusammen mit dem
Rabsaris und dem Rabschake, seinen
höchsten Würdenträgern, mit einem
gewaltigen Heer zu Hiskija nach Jeru-
salem. Die Würdenträger stellten sich
an der Straße auf, die zu dem Feld
führt, wo die Tuchmacher ihre Stoffe
bleichen, an das Ende der Wasser-
leitung beim oberen Teich. 18 Dort
riefen sie nach dem König. Da kamen
Eljakim Ben-Hilkija, der Palastvor-
steher, der Staatsschreiber Schebna
und der Kanzler Joach Ben-Asaf zu
ihnen heraus. 19 Der Rabschake trug
ihnen eine Botschaft an Hiskija auf:

»Der Großkönig, der König von
Assyrien, lässt dir sagen: Worauf
vertraust du eigentlich, dass du dich
so sicher fühlst? 20 Meinst du, der

18,13 Das war 701 v.Chr., *im 14. Regierungsjahr* seiner Alleinregierung. *Hiskija* war von 729 v.Chr. an Mitregent und regierte von 715-686 allein.

Sanherib war von 705-681 v.Chr. König von Assyrien.

... *Städte*. In seinen Annalen rühmte sich Sanherib, 46 befestigte Städte in Juda eingenommen, zahllose Dörfer erobert und mehr als 200.000 Gefangene gemacht zu haben. Er habe Hiskija zu einem »Gefangenen in Jerusalem, seiner eigenen Residenz, gemacht, wie einen Vogel im Käfig«.

18,14 *Lachisch*. Stadt im Hügelland, 46 km südwestlich von Jerusalem. Sie wurde von König Rehabeam zur Festung ausgebaut.

... *Tonne*. Wörtlich: 300 Talente Silber und 30 Talente Gold.

Ausgang eines Krieges wird von Wor-
ten bestimmt? Auf wen vertraust du
denn, dass du es wagst, gegen mich zu
rebellieren? 21 Verlässt du dich etwa
auf Ägypten, dieses zerbrochene
Bambusrohr, das jedem die Hand ver-
letzt, der sich darauf stützt? Der Pha-
rao von Ägypten ließ noch jeden im
Stich, der sich auf ihn verließ. 22 Viel-
leicht wirst du jetzt behaupten: Wir
vertrauen auf Jahwe, unseren Gott!
Aber hat Hiskija nicht gerade dessen
Höhenheiligtümer und Altäre besei-
tigt? Hat er nicht den Leuten in Juda
und Jerusalem befohlen, nur noch vor
dem einen Altar anzubeten? – 23 Mein
Herr, der König von Assyrien, bietet
dir eine Wette an: ›Ich will dir 2000
Pferde geben, wenn du die Reiter dazu
stellen kannst!‹ 24 Wie willst du auch
nur einen einzigen Provinzstatthalter
vertreiben, einen der geringsten Die-
ner meines Herrn? Aber du verlässt
dich ja auf die Macht der ägyptischen
Pferde und Streitwagen! 25 Und noch
etwas: Bin ich etwa gegen den Willen
Jahwes in dieses Land einmarschiert,
um es in Schutt und Asche zu legen?
Jahwe selbst hat mir gesagt: Greif die-
ses Land an und verwüste es!«

26 Da unterbrachen Eljakim, Scheb-
na und Joach den Würdenträger und
baten ihn: »Sprich doch bitte aramä-
isch mit uns! Wir verstehen es. Sprich
nicht hebräisch! Die Leute auf der
Stadtmauer hören uns zu.« 27 Doch
der Rabschake erwiderte: »Hat mich
mein Herr etwa nur zu dir und deinem
Herrn gesandt? Nein, gerade diese
Männer, die da oben auf der Mauer sit-
zen, sollen es hören. Denn bald werden
sie zusammen mit euch ihren eigenen
Kot fressen und ihren Harn saufen.«

28 Da trat der Rabschake noch ein
Stück vor und rief laut auf Hebräisch:
»Hört, was der Großkönig, der Kö-
nig von Assyrien, euch sagen lässt:
29 Lasst euch nicht von Hiskija täu-
schen! Er kann euch nicht retten.
30 Lasst euch von ihm auch nicht auf
Jahwe vertrösten: ›Jahwe wird uns
bestimmt retten; diese Stadt wird dem
Assyrerkönig nicht in die Hände fal-
len!‹ 31 Hört nicht auf Hiskija! Denn
der König von Assyrien sagt euch:
Kommt heraus und ergebt euch mir!
Dann kann jeder von seinem Wein-
stock und Feigenbaum essen und aus
seiner Zisterne trinken, 32 bis ich euch
in ein Land bringe, das ebenso gut wie
eures ist, wo es Korn und Most, Brot
und Weinberge gibt. So werdet ihr am
Leben bleiben und nicht umkommen.
Lasst euch von Hiskija nicht an der
Nase herumführen, wenn er behauptet:
›Jahwe wird uns retten!‹ 33 Hat denn
irgendein Gott der anderen Völker sein
Land vor dem König von Assyrien ret-
ten können? 34 Wo sind denn die Göt-
ter von Hamat und Arpad? Wo sind die
Götter von Sefarwajim*, Hena* und
Awa*? Wo sind die Götter des Landes
Samarien? Haben sie etwa Samaria vor
mir beschützt? 35 Wer von allen Göt-
tern hat sein Land vor mir retten kön-
nen? Und dann soll Jahwe Jerusalem
vor mir beschützen?«

18,34 *Sefarwajim.* Ort in Syrien, Lage unbekannt. Die Einwohner wurden von den Assyrern im Norden Israels angesiedelt, vgl. 2. Könige 17,24.31.

Hena. Vermutlich Stadt in Nordsyrien.

Awa. Stadtstaat in Nordsyrien, aus dem der Assyrerkönig Salmanassar Leute nach Israel umsiedelte, vgl. 2. Könige 17,24.

36 Die Männer auf der Mauer
schwiegen und gaben ihm keine Ant-
wort, wie es der König befohlen hatte.
37 Die drei Unterhändler gingen mit
eingerissenen Gewändern zu Hiskija
und berichteten ihm, was der Rab-
schake gesagt hatte.

Jahwe ermutigt Hiskija

19 1 Als der König das hörte, riss
er sein Obergewand ein, zog
den Trauersack an und ging ins Haus
Jahwes. 2 Dann schickte er den Palast-
vorsteher Eljakim und den Staats-
schreiber Schebna mit den Ältesten der
Priesterschaft, ebenfalls im Trauersack
zu dem Propheten Jesaja Ben-Amoz.
3 Im Namen des Königs sollten sie ihm
sagen: »Heute ist ein schrecklicher Tag,
wir sind gezüchtigt und geschmäht.
Die Kinder sind bis an den Mutter-
mund gekommen, aber zum Gebären
ist keine Kraft mehr da. 4 Wenn doch
Jahwe, dein Gott, die Worte des Rab-
schake hören wollte, den der König von
Assyrien geschickt hat, um ihn, den le-
bendigen Gott, zu verhöhnen. Viel-
leicht bestraft er den König wegen die-
ser Worte, die er gehört hat. Bete doch
für die, die von Gottes Volk noch übrig
geblieben sind.«
5 Die Männer des Königs kamen zu
Jesaja und erhielten folgende Ant-
wort: 6 »Sagt eurem Herrn: ›So
spricht Jahwe: Hab keine Angst vor
den Drohungen, die du gehört hast!
Fürchte dich nicht vor den Lästerun-
gen der Boten des assyrischen Kö-
nigs! 7 Pass auf, ich werde dafür sor-
gen, dass er ein Gerücht hört und in
sein Land zurückkehrt! Dort werde
ich ihn umbringen lassen.‹«
8 Der Rabschake kehrte zu seinem
König zurück. Er hatte erfahren, dass
dieser von Lachisch aufgebrochen
war und inzwischen gegen Libna
kämpfte. 9 Sein König hatte nämlich
gehört, dass der nubische* König
Tirhaka* mit einem Heer gegen ihn
heranrücken würde. Deshalb schickte
er wieder Boten zu Hiskija 10 und ließ
ihm ausrichten: »Lass dich von dei-
nem Gott nicht täuschen, auch wenn
du ihm vertraust! Denke nicht, dass
Jerusalem dem König von Assyrien
niemals in die Hände fällt! 11 Du hast
ja gehört, was die Könige von Assy-
rien mit all den anderen Ländern
gemacht haben, an denen sie den
Bann* vollstreckten. Und da willst
ausgerechnet du verschont bleiben?
12 Haben die Götter der Völker, die
meine Vorfahren vernichtet haben,
ihre Nationen etwa retten können:
Gosan*, Haran*, Rezef* und die Be-
völkerung Edens* in Telassar*? 13 Wo

***

19,9 *Nubien.* Land am Oberlauf des Nil.

Der 20-jährige *Tirhaka* wird elf Jahre später König von Ägypten sein (690-664).

19,11 *Bann.* Das bedeutete die vollständige Vernichtung von Menschen, Tieren und Gütern.

19,12 *Gosan.* Stadt in Nordmesopotamien, in die einige Israeliten von den Assyrern deportiert worden waren.

Haran. Stadt, westlich von Gosan, in der Abraham einige Jahre lebte, vgl. 1. Mose 11,31.

Rezef. Stadt zwischen Haran und dem Euphrat.

Eden. Aramäisches Fürstentum in der Nähe des oberen Euphrat-Tals.

Telassar. Noch nicht identifizierte Stadt in Eden zwischen den Flüssen Euphrat und Balich.

sind denn die Könige, die in Hamat
und Arpad regierten? Wo sind die
Könige von Sefarwajim, Hena und
Awa?«

14 Hiskija nahm das Schreiben der
Boten in Empfang und las es. Dann
ging er in den Tempel, breitete es
vor Jahwe aus 15 und betete: »Jahwe,
du allmächtiger Gott Israels, der über
den Cherubim* thront, du allein
bist Gott und Herr über alle Reiche
der Welt. Du hast Himmel und Erde
geschaffen. 16 Schenk mir Gehör,
Jahwe! Sieh doch, wie es uns geht!
Hör doch, wie Sanherib dich, den
lebendigen Gott, verhöhnt! 17 Es ist
wahr, Jahwe, die Könige von Assyrien
haben alle diese Länder verwüstet.
18 Sie haben deren Götter ins Feuer
geworfen. Aber das waren ja keine
Götter, sondern Machwerke aus Holz
und Stein. Die konnten sie vernichten.
19 Doch jetzt, Jahwe, unser Gott, rette
uns vor ihm, damit alle Königreiche
der Welt erkennen, dass du, Jahwe,
allein Gott bist.«

20 Da ließ Jesaja Ben-Amoz Hiskija
ausrichten: »So spricht Jahwe, der
Gott Israels: Ich habe gehört, was du
zu mir wegen Sanherib, dem König
von Assyrien, gebetet hast. 21 Höre
nun, was Jahwe über ihn sagt:

›Zion, die unberührte junge
Frau, / verachtet dich und spottet
über dich, / die Tochter Jerusalem
schüttelt den Kopf. 22 Wen hast
du verhöhnt und geschmäht, /
gegen wen die Stimme erhoben? /
Mit wem ließest du dich ein? –
Mit Israels heiligem Gott!

23 Durch deine Boten verhöhn-
test du ihn. / Du prahlst: Mit den
Streitwagen bezwang ich die
Berge, / ich stieg bis zum Gipfel
des Libanon. / Den Hochwald
seiner Zedern habe ich gefällt, /
seine schönsten Zypressen dazu. /
Ich kam in das entlegenste
Versteck, / drang in jedes Dickicht
vor. 24 Ich grub nach fremdem
Wasser und trank davon. / Mit
meiner Fußsohle trocknete ich
Ägyptens Flüsse aus.

25 Hast du es nicht gehört? /
Schon vor langer Zeit habe ich es
gewollt. / Seit uralten Tagen habe
ich es geplant, / jetzt ließ ich es
kommen, / dass du befestigte
Städte zerstörst, / sie zu öden
Steinhaufen machst. 26 Machtlos
waren ihre Bewohner, / von
Schrecken erfüllt. / In Schande
sind sie gestoßen. / Sie waren wie
Kraut auf dem Feld, / wie grünes
Gras, / wie Gras auf den Dächern, /
vom Ostwind verdorrt. 27 Ich
weiß, ob du ruhst oder gehst oder
kommst. / Ich kenne auch dein
Toben gegen mich. 28 Und weil du
so gegen mich tobst, / ziehe ich dir
einen Ring durch die Nase / und
lege dir einen Zaum ins Maul /
und führe dich auf dem Weg
zurück, / auf dem du
gekommen bist.‹

29 Und du, Hiskija, wirst daran erken-
nen, dass es so geschieht: ›In diesem

19,15 *Cherubim.* Majestätische (Engel-)Wesen, die Gottes Herrlichkeit repräsentieren. Geschnitzte Abbilder von ihnen breiteten ihre Flügel über die Bundeslade Israels aus und bildeten im Tempel die sichtbare Basis für den unsichtbaren Thron Gottes.

Jahr werdet ihr den Nachwuchs der
Ernte essen, im nächsten Jahr den
Wildwuchs, aber im dritten Jahr
werdet ihr wieder säen und ernten,
Weinberge pflanzen und ihre Früchte
genießen.‹ 30 Und die Bewohner
Judas, die mit dem Leben davonge-
kommen sind, werden wieder Wur-
zeln schlagen und Früchte tragen.
31 Denn ein Rest wird aus Jerusalem
kommen, Übriggebliebene vom Berg
Zion. Das wird Jahwe, der allmächti-
ge Gott, in seinem Liebeseifer tun.

32 Darum sagt Jahwe Folgendes
über den assyrischen König: ›Er wird
nicht in diese Stadt eindringen, nicht
einen Pfeil wird er hineinschießen. Er
wird sie nicht mit Schilden berennen
und keinen Wall gegen sie aufschüt-
ten. 33 Auf demselben Weg, auf dem
er gekommen ist, wird er wieder
heimkehren. Er wird ganz bestimmt
nicht in diese Stadt eindringen,
spricht Jahwe. 34 Um meiner Ehre
willen und meinem Diener David
zuliebe werde ich diese Stadt retten
und beschützen.‹«

35 In dieser Nacht tötete ein Engel
Jahwes im Lager der Assyrer 185.000
Mann. Am nächsten Morgen war
alles mit Leichen übersät. 36 Da brach
König Sanherib den Feldzug ab und
kehrte in seine Heimat nach Ninive zu-
rück. 37 Als er eines Tages im Tempel
seines Gottes Nisroch betete, erschlu-
gen ihn seine Söhne Adrammelech
und Sarezer mit dem Schwert. Dar-
aufhin mussten sie in das Land Ara-
rat* fliehen, und Sanheribs Sohn
Asarhaddon trat die Herrschaft an.

Hiskijas Krankheit

20 1 In dieser Zeit wurde Hiskija
todkrank.* Da kam der Pro-
phet Jesaja Ben-Amoz zu ihm und
sagte: »Jahwe lässt dir sagen: ›Bereite
dich auf dein Ende vor und regle deine
Angelegenheiten, du kannst nicht
am Leben bleiben!‹« 2 Da drehte sich
Hiskija zur Wand und betete: 3 »Ach
Jahwe, denk doch daran, dass ich dir
immer treu war, dass ich mit ganzer
Hingabe tat, was dir gefällt!« Dann
begann er laut zu weinen. 4 Jesaja
hatte die Innenstadt noch nicht ver-
lassen, da kam das Wort Jahwes zu
ihm: 5 »Kehr um und sag zu Hiskija,
dem Fürsten meines Volkes: ›Jahwe,
der Gott deines Vorfahren David, lässt
dir sagen: Ich habe dein Gebet gehört
und deine Tränen gesehen. Ich werde
dich gesund machen. Übermorgen
kannst du wieder ins Haus Jahwes
gehen. 6 Ich gebe dir noch fünfzehn
Jahre Lebenszeit hinzu. Außerdem
werde ich dich und diese Stadt vor
dem Assyrerkönig retten. Um meiner
Ehre willen werde ich Jerusalem be-
schützen und weil ich es meinem Die-
ner David zugesagt habe.‹« 7 Dann be-
fahl Jesaja: »Holt einen Brei aus Fei-
gen her!« Sie brachten ihn und stri-
chen ihn auf das Geschwür. So wurde
der König gesund. 8 Hiskija hatte Je-
saja noch gefragt: »An welchem Zei-
chen kann ich erkennen, dass Jahwe

19,37 *Land Ararat.* Armenien, nördlich von Assyrien.

20,1 *Hiskija todkrank.* Dieses Geschehen und der anschließende Besuch der babylonischen Delegation fanden etwa ein Jahr vor dem Feldzug Sanheribs statt, wie Jesaja 38,6 zeigt (siehe Fußnote zu Jesaja 38,1).

mich wirklich wieder gesund macht
und ich übermorgen ins Haus Jahwes
gehen kann?« *9* Jesaja sagte: »Jahwe
wird dich an folgendem Zeichen er-
kennen lassen, dass er seine Zusage
wahr macht: Soll der Schatten auf der
Treppe zehn Stufen vorwärts oder
zehn Stufen zurückgehen?« *10* Da
sagte Hiskija: »Es ist nichts Besonde-
res, wenn der Schatten zehn Stufen
vorwärts geht. Nein, er soll um zehn
Stufen zurückgehen.« *11* Da betete
der Prophet zu Jahwe, und dieser ließ
den Schatten auf der Treppe, die
König Ahas gebaut hatte, um zehn
Stufen zurückgehen.

Gesandte aus Babylon

12 In dieser Zeit kam eine Gesandt-
schaft des babylonischen Königs
Merodach-Baladan, dem Sohn Bala-
dans*, zu Hiskija. Der König hatte
gehört, dass Hiskija krank gewesen
war. Er ließ ihm ein Schreiben und
Geschenke überbringen.* *13* Hiskija
freute sich sehr darüber und zeigte
ihnen seinen ganzen Besitz: Silber,
Gold, die Vorräte an Balsam und
feinem Öl, sein Waffenlager und alle
seine anderen Schätze. Er zeigte
ihnen alles in seinem Haus und in
seinem ganzen Reich.

14 Da kam der Prophet Jesaja zu
ihm und fragte: »Was wollten diese
Männer von dir? Woher sind sie ge-
kommen?« – »Sie kamen aus einem
sehr fernen Land«, erwiderte Hiskija,
»aus Babylonien.« *15* »Was haben sie
in deinem Palast gesehen?«, fragte Je-
saja weiter. »Sie haben alles gesehen,
was ich besitze«, erwiderte Hiskija.
»Ich habe sie in alle Schatzkammern
schauen lassen.«

16 Da sagte Jesaja: »Höre, was Jah-
we, der allmächtige Gott, dir sagen
lässt: *17* ›Eines Tages wird der ganze
Reichtum in deinem Palast, alles, was
du und deine Vorfahren angehäuft
haben, nach Babylon weggeschafft
werden. Nichts wird übrig bleiben,
spricht Jahwe. *18* Und von deinen
Enkelsöhnen, deinen Nachfahren, die
du gezeugt haben wirst, wird man
einige nach Babylon bringen. Sie
werden den König dort in seinem
Palast bedienen.‹«

19 Da sagte Hiskija zu Jesaja: »Das
Wort Jahwes, das du mir gesagt hast,
ist gut.« Und er fügte hinzu: »Wenn
nur zu meinen Lebzeiten Frieden und
Sicherheit herrschen!«

20 Was sonst noch über Hiskijas
Herrschaft zu sagen ist, über seine
Taten und Erfolge, wie er den Teich
anlegen und die Wasserleitung bauen
ließ, um die Stadt mit Wasser zu ver-
sorgen, findet man in der Chronik
der Könige von Juda. *21* Als Hiskija
starb, trat sein Sohn Manasse die
Herrschaft an.

Manasse von Juda

21 *1* Manasse war zwölf Jahre
alt gewesen, als er Mitregent
wurde, und regierte insgesamt

20,12 *Sohn Baladans.* Regierte von 721-710 v.Chr. über Babylon. Danach musste er sich der assyrischen Herrschaft unter Sargon II. beugen. Einige Zeit nach Sargons Tod, 705 v.Chr., konnte er kurz die babylonische Unabhängigkeit wiederherstellen, bis er 702 v.Chr. vor Sanherib fliehen musste.

... überbringen. Offenbar wollte Merodach-Baladan Hiskija in eine anti-assyrische Allianz bringen, als er um das Jahr 702 v.Chr. eine Delegation zu Hiskija schickte.

55 Jahre* in Jerusalem. Seine Mutter
hieß Hefzi-Bah. 2 Er tat, was Jahwe
verabscheute, und übernahm die
schrecklichen Bräuche der Völker, die
Jahwe vor den Israeliten vertrieben
hatte. 3 Er baute die Höhenheiligtümer
wieder auf, die sein Vater Hiskija zer-
stört hatte, er ließ Altäre für Baal er-
richten und ein Pfahlbild der Aschera
aufstellen, wie es König Ahab von Is-
rael gemacht hatte. Er warf sich vor
dem Heer der Sterne am Himmel nie-
der und brachte ihm Opfer. 4 Er stellte
sogar Altäre im Haus Jahwes auf, von
dem Jahwe doch gesagt hatte: »Dort,
in Jerusalem, will ich meinen Namen
wohnen lassen.« 5 Ja, in den beiden
Vorhöfen des Tempels errichtete er Al-
täre zur Verehrung der Sterne. 6 Einen
seiner Söhne verbrannte er als Opfer.
Er gab sich mit Zeichendeutung und
Wahrsagerei ab, ließ sich mit Toten-
und mit Sehergeistern ein.* So tat er
vieles, was Jahwe verabscheute, und
forderte seinen Zorn heraus. 7 Er stell-
te das Bild der Göttin Aschera im Tem-
pel auf, von dem Jahwe zu David und
seinem Sohn Salomo gesagt hatte: »In
diesem Haus und in Jerusalem, das ich
mir aus allen Stämmen Israels ausge-
sucht habe, soll mein Name für immer
wohnen. 8 Ich will die Israeliten nicht
mehr aus dem Land vertreiben, das ich
ihren Vorfahren gegeben habe, wenn
sie mir nur gehorchen und das Gesetz
befolgen, das mein Diener Mose ihnen
verordnet hat.« 9 Aber sie hörten nicht
darauf, und Manasse verführte sie,
mehr Böses zu tun als die Völker, die
Jahwe vor den Israeliten beseitigt
hatte.

10 Da ließ Jahwe ihnen durch seine
Diener, die Propheten, sagen: 11 »Weil
König Manasse von Juda diese Gräuel-
taten verübt und Schlimmeres getan
hat als die Amoriter, die früher hier
gewohnt haben, und weil er ganz Juda
durch seine Mistgötzen zur Sünde
verführt hat, 12 darum spricht Jahwe,
der Gott Israels: ›Passt auf, ich werde
ein Unheil über Juda und Jerusalem
bringen, dass es jedem, der davon
hört, in den Ohren dröhnt! 13 Über Je-
rusalem wird dieselbe Messschnur ge-
spannt wie über Samaria; sein Kö-
nigshaus wird mit derselben Waage
gewogen wie das Haus Ahab. Ich
werde Jerusalem auswischen, so wie
man eine Schüssel auswischt und
umstülpt. 14 Und den Rest, der dann
noch übrig geblieben ist, werde ich
verstoßen. Ich gebe sie in die Gewalt
ihrer Feinde, die sie ausrauben und
plündern. 15 Denn von dem Tag an,
als ihre Vorfahren aus Ägypten ge-
zogen sind, haben sie Böses getan und
meinen Zorn herausgefordert – bis
heute.‹«

16 Manasse ließ auch sehr viele
Menschen unschuldig umbringen;
Ströme von Blut* flossen in Jerusa-
lem. Das kam noch zu dem Götzen-
dienst hinzu, mit dem er ganz Juda zur

21,1 *55 Jahre.* 697-642 v.Chr. Das war die längste Regierungszeit eines Königs im gesamten Israel. Die ersten zehn Jahre bis Hiskijas Tod war er Mitregent.

21,6 *... Sehergeistern.* Damit verstieß Manasse ausdrücklich gegen das Verbot dieser Dinge in 5. Mose 18,10.

21,16 *Ströme von Blut.* Josephus überliefert, dass Manasse täglich Menschen umbrachte. Auch der Prophet Jesaja soll ihm zum Opfer gefallen und in einem hohlen Baum zersägt worden sein, vgl. Hebräer 11,37.

Sünde verführte, sodass sie taten, was
Jahwe verabscheute.
17 Was sonst noch über Manasses
Herrschaft, seine Taten und seine
Sünde zu sagen ist, findet man in der
Chronik der Könige von Juda. 18 Als
Manasse starb, wurde er im Garten
seines Palastes, dem Garten, der einmal Usa gehört hatte, begraben. Die
Herrschaft ging auf seinen Sohn
Amon über.

Amon von Juda

19 Als Amon die Herrschaft antrat,
war er 22 Jahre alt. Er regierte zwei
Jahre* in Jerusalem. Seine Mutter
hieß Meschullemet. Sie war eine
Tochter von Haruz aus Jotba. 20 Wie
sein Vater Manasse tat er, was Jahwe
verabscheute. 21 In allem folgte er seinem Beispiel. Wie sein Vater opferte
er den Götzen und warf sich vor ihnen
nieder. 22 Er verließ Jahwe, den Gott
seiner Vorfahren, und kümmerte sich
nicht um seine Gebote. 23 Einige seiner Hofbeamten verschworen sich
gegen ihn und töteten ihn in seinem
Haus. 24 Doch das Volk brachte alle
Verschwörer um und setzte Amons
Sohn Joschija zum König ein. 25 Was
sonst noch über Amons Herrschaft
zu sagen ist, findet man in der Chronik der Könige von Juda. 26 Man
bestattete ihn in seinem Familiengrab im Garten Usas und sein Sohn
Joschija trat die Herrschaft an.

Joschija von Juda und das Gesetzbuch

22 1 Joschija war bei Herrschaftsantritt acht Jahre alt
und regierte 31 Jahre in Jerusalem*.
Seine Mutter hieß Jedida. Sie war eine
Tochter Adajas und stammte aus Bozkat. 2 Joschija tat, was Jahwe gefiel.
Er folgte dem Vorbild seines Vorfahren David und ließ sich durch nichts
davon abbringen.
3 In seinem 18. Regierungsjahr*
schickte er den Staatsschreiber Schafan Ben-Azalja, den Enkel Meschullams, mit dem folgenden Auftrag in
Jahwes Haus: 4 »Geh zum Hohen
Priester Hilkija und bitte ihn, das Geld
bereitzuhalten, das in den Tempel
Jahwes gebracht und von den Torhütern eingesammelt worden ist. 5 Er
soll es den Meistern aushändigen, die
für die Ausbesserungsarbeiten am
Haus Jahwes verantwortlich sind.
Diese sollen davon den Lohn für die
Handwerker zahlen, 6 für die Zimmerleute, Bauarbeiter und Maurer,
und davon auch die Kosten für das
Baumaterial begleichen, für das Holz
und die behauenen Steine. 7 Die Meister müssen keine Rechenschaft über
die Ausgaben ablegen. Man soll auf
ihre Ehrlichkeit vertrauen.«
8 Als der Staatsschreiber dem Hohen
Priester alles ausgerichtet hatte, sagte
dieser zu ihm: »Ich habe die Schriftrolle mit dem Gesetz* im Haus Jahwes gefunden!« und gab sie ihm.
Schafan nahm sie entgegen und las
darin. 9 Dann ging er zum König und

21,19 *zwei Jahre.* 642-640 v.Chr.

22,1 *31 Jahre.* 640-609 v.Chr.

22,3 *18. Regierungsjahr.* 622 v.Chr.

22,8 *Schriftrolle mit dem Gesetz.* Hier ist wohl das ganze 5. Buch Mose gemeint, das sich als geschlossenes Bundesgesetz darstellt.

meldete: »Deine Diener haben das
Geld, das sich im Tempel vorfand,
abgepackt und den Meistern ausge-
händigt, die für die Ausbesserungs-
arbeiten am Haus Jahwes verantwort-
lich sind.« 10 Er berichtete dem König
auch, dass der Hohe Priester Hilkija
ihm eine Schriftrolle gegeben hatte,
und las sie dem König vor.

11 Als der König hörte, was in dieser
Schriftrolle mit dem Gesetz stand, riss
er sein Obergewand ein 12 und befahl
dem Hohen Priester Hilkija, Ahikam
Ben-Schafan, Achbor Ben-Michaja,
Schafan, dem Staatsschreiber, und
Asaja, dem Vertrauten des Königs:
13 »Geht und fragt Jahwe um Rat
wegen der Worte in dieser Schriftrol-
le. Fragt ihn für mich, für das Volk und
für ganz Juda. Denn Jahwe muss sehr
zornig auf uns sein, weil unsere Vor-
fahren nicht auf die Worte in dieser
Schriftrolle gehört und sich nicht
nach dem gerichtet haben, was dort
für uns geschrieben steht.«

14 Da gingen die fünf Männer zu der
Prophetin Hulda, die in der Neustadt
von Jerusalem wohnte, und redeten
mit ihr. Sie war die Frau von Schallum
Ben-Tikwa, dem Enkel von Harha,
dem Aufseher über die Kleiderkam-
mern. 15 Sie sagte ihnen im Namen
Jahwes: »Richtet dem Mann, der euch
zu mir geschickt hat, Folgendes aus:
16 ›So spricht Jahwe: Passt auf, ich
werde Unglück über diese Stadt und
ihre Bewohner bringen, wie es in der
Schriftrolle steht, die der König von
Juda gelesen hat. 17 Sie haben mir die
Treue gebrochen und anderen Göttern
Rauchopfer gebracht. Mit ihren selbst-
gemachten Götzenbildern haben sie
mich zum Zorn gereizt. Mein Grimm
hat sich an dieser Stadt entzündet und
wird sie verbrennen!‹ 18 Doch zum
König selbst, der euch hergeschickt
hat, um Jahwe zu befragen, sollt ihr
sagen: ›So spricht Jahwe, Israels Gott:
Du hast die Worte gehört, 19 die ich
gegen diese Stadt und ihre Bewohner
gerichtet habe, dass sie zu einem
abschreckenden Beispiel und zum
Fluchwort werden sollen. Doch du
hast dich vor mir gebeugt, du hast
deine Kleidung eingerissen und vor
mir geweint. Darum habe ich dein
Gebet erhört, sagt Jahwe. 20 Du wirst
in Frieden sterben und im Grab deiner
Väter bestattet werden. Du wirst das
Unheil, das ich über diese Stadt
bringen werde, nicht mit ansehen
müssen.‹« Die Abgesandten richteten
dem König alles aus.

Joschijas Reformen

23 1 Da ließ der König alle Ältes-
ten von Jerusalem und Juda
zu sich kommen 2 und ging mit allen
Männern von Juda in den Tempel hi-
nauf und mit ihm alle Einwohner Je-
rusalems, die Priester und Propheten
und überhaupt das ganze Volk, klein
und groß. Dort ließ er ihnen das ganze
Bundesgesetz* vorlesen, das im Haus
Jahwes gefunden worden war. 3 Der
König stand auf der obersten Stufe
und schloss einen Bund mit Jahwe. Er
verpflichtete das ganze Volk, Jahwe
nachzufolgen, seine Gebote, Anwei-
sungen und Ordnungen mit ganzem

23,3 *Bundesgesetz.* Die kürzeste Zusammenfassung davon sind die Zehn Gebote (5. Mose 5).

Herzen und ganzer Seele zu befolgen,
alles zu erfüllen, was in der Schrift-
rolle gefordert war. Das ganze Volk
trat in den Bund ein.
4 Der König befahl dem Hohen Pries-
ter Hilkija, den Oberpriestern und den
Torhütern, alle Spuren des Götzen-
dienstes aus dem Tempel zu entfernen.
Alle Gegenstände und Einrichtungen,
die für den Baal, die Aschera und das
Heer der Sterne bestimmt waren, ließ
er hinausbringen und außerhalb Jeru-
salems in den Terrassengärten am Ki-
drontal verbrennen. Die Asche ließ er
nach Bet-El schaffen. 5 Er setzte die
Götzenpriester ab, die von den Köni-
gen Judas eingesetzt worden waren
und in den Höhenheiligtümern der
Städte Judas und der Umgebung von
Jerusalem Räucheropfer brachten. Er
entließ auch alle, die dem Baal, der
Sonne, dem Mond, den Tierkreiszei-
chen und dem ganzen Sternenheer ge-
räuchert hatten. 6 Er schaffte die
Aschera aus dem Haus Jahwes hinaus
und verbrannte sie im Kidrontal. Die
Überreste ließ er zu Staub zerstoßen
und auf die Gräber des einfachen Vol-
kes streuen. 7 Er ließ im Tempelgelän-
de die Häuser der Männer abreißen,
die sich für den Fruchtbarkeitskult
prostituiert hatten. Auch Frauen hat-
ten dort Gewänder für die Aschera ge-
webt. 8 Joschija ließ alle Priester aus
den Städten Judas nach Jerusalem
kommen und alle Höhenheiligtümer
von Geba bis Beerscheba*, wo sie Räu-
cheropfer dargebracht hatten, entwei-
hen. Er riss auch die Altäre vor dem Tor
des Stadtkommandanten Joschua nie-
der. Sie standen auf der linken Seite,
wenn man zum Tor hereinkam. 9 Die
Priester der Höhenheiligtümer durften
zwar keinen Opferdienst am Altar Jah-
wes tun, bekamen aber Anteil an den
ungesäuerten Broten, die den Priestern
zustehen. 10 Der König entweihte auch
die Opferstätte des Tofet* im Ben-Hin-
nom-Tal, damit dort niemand mehr
seinen Sohn oder seine Tochter als
Opfer für den Moloch verbrennen
konnte. 11 Außerdem ließ er die Stand-
bilder der Pferde abreißen, die die Kö-
nige von Juda zu Ehren der Sonne im
Haus Jahwes aufgestellt hatten. Sie
standen in den Arkaden beim Dienst-
raum des Hofbeamten Netan-Melech.
Und die dazugehörigen Sonnenwagen
ließ er verbrennen. 12 Auch die Altäre,
die die Könige von Juda auf dem Dach
des von Ahas erbauten Obergeschos-
ses errichtet hatten, und die, die Ma-
nasse in den beiden Vorhöfen des Tem-
pels gebaut hatte, ließ der König
abbrechen, zertrümmern und ihren
Schutt ins Kidrontal werfen. 13 Der
König entweihte auch die Höhenhei-
ligtümer, die östlich vor Jerusalem und
südlich vom Berg des Verderbens*
standen. König Salomo hatte sie einst
für Astarte, die Missgestalt der Sido-
nier*, für Kemosch, das Scheusal der

23,8 *Geba* lag an der Nordgrenze des damaligen Reiches, *Beerscheba* an der Südgrenze.

23,10 *Tofet* bedeutet so viel wie Gräuel oder Gespei.

23,13 *Berg des Verderbens.* Gemeint ist wohl der Ölberg, denn *Verderben* und *Salböl* klingen im Hebräischen sehr ähnlich.

Sidonier waren Einwohner der Stadt *Sidon* und ihres Herrschaftsbereichs in Phönizien, heute Saida im Libanon.

Die *Moabiter* lebten östlich vom Toten Meer und die *Ammoniter* nordöstlich davon.

Moabiter, und für Milkom, den Gräuel
der Ammoniter*, bauen lassen. 14 Er
ließ die Steinmale zerbrechen und
die Aschera-Pfähle umhauen. Überall,
wo sie gestanden hatten, ließ er
Menschenknochen hinwerfen.*

15 Auch den Altar in dem Höhen-
heiligtum Bet-El, das Jerobeam Ben-
Nebat gebaut und damit Israel zur
Sünde verführt hatte, ließ der König
zerstören. Den Altar ließ er abreißen,
den Tempel und die Aschera nieder-
brennen und alles zu Staub zermal-
men. 16 Vorher noch hatte er den Altar
entweiht. Er hatte sich umgesehen und
die Grabhöhlen am Hang entdeckt. Da
ließ er die Gebeine herausholen und
auf dem Altar verbrennen. So ging das
Wort Jahwes in Erfüllung, das der
Mann Gottes damals ausrief.* 17 Der
Blick des Königs war gerade auf des-
sen Grabmal gefallen, und er fragte die
Bewohner der Stadt danach. Sie er-
widerten: »Das ist das Grab des Got-
tesmannes, der aus Juda gekommen ist
und genau diese Dinge vorausgesagt
hat, die du jetzt mit diesem Altar getan
hast.« 18 Da befahl der König: »Lasst
ihn ruhen! Niemand soll sich an seinen
Gebeinen vergreifen!« So wurden
seine Gebeine verschont,* ebenso die
Gebeine des anderen Propheten, der
aus Samaria stammte. 19 Joschija be-
seitigte auch alle anderen Höhenheilig-
tümer der Städte Samarias. Die Köni-
ge Israels hatten sie bauen lassen und
ihren Gott damit herausgefordert. Er
verfuhr mit diesen Heiligtümern ge-
nauso wie mit dem in Bet-El. 20 Er ließ
ihre Priester auf den Altären ab-
schlachten und außerdem Menschen-
knochen darauf verbrennen. Darauf-
hin kehrte er nach Jerusalem zurück.

21 Dann befahl der König dem gan-
zen Volk: »Feiert Jahwe, eurem Gott,
ein Passafest*, wie es in unserem
Bundesbuch beschrieben ist!« 22 Denn
so war das Fest seit der Zeit der Rich-
ter, die Israel angeführt hatten, und
die ganze Zeit der Könige Israels und
Judas hindurch nicht mehr gefeiert
worden. 23 Aber jetzt, im 18. Regie-
rungsjahr* von König Joschija wurde
dieses Passa für Jahwe in Jerusalem
gefeiert. 24 Joschija hatte alle Toten-
beschwörer und Wahrsager, die Haus-
götter und alle anderen Scheusale in
Juda und Jerusalem abgeschafft, um
alles nach dem Wortlaut des Gesetzes
in der Schriftrolle zu erfüllen, die der
Priester Hilkija im Haus Jahwes ge-
funden hatte. 25 Weder vor Joschija
noch nach ihm gab es einen König,
der mit ganzem Herzen, ganzer Seele
und ganzer Kraft zu Jahwe umgekehrt
wäre und sich so wie er nach dem
ganzen Gesetz Moses richtete.

Das Ende Joschijas

26 Trotzdem löschte Jahwe die ge-
waltige Glut seines Zornes über Juda
nicht mehr aus. Dieser war wegen
der schweren Beleidigungen ausge-
brochen, die Manasse ihm zugefügt

23,14 *Menschenknochen hinwerfen.* So wurden diese Stätten entweiht.

23,16 *damals ausrief.* Siehe 1. Könige 13,2. Das Geschehen lag mehr als 300 Jahre zurück.

23,18 *Gebeine verschont.* Siehe 1. Könige 13,30-32.

23,21 *Passafest.* Siehe 5. Mose 16,1-8.

23,23 *18. Regierungsjahr.* 622 v.Chr. Joschija war damals 26 Jahre alt.

hatte. 27 So blieb Jahwe bei seinem
Entschluss: »Auch Juda will ich mir
aus den Augen schaffen, wie ich Israel
verstoßen habe. Und mit dieser Stadt,
die ich erwählt habe, mit Jerusalem,
will ich nichts mehr zu tun haben!
Ebenso wenig mit dem Haus, von dem
ich einst sagte, dass mein Name dort
wohnen soll!«
28 Was es sonst noch über Joschijas
Herrschaft zu berichten gibt, findet
man in der Chronik der Könige von
Juda. 29 Während seiner Regierungs-
zeit zog Pharao Necho*, der König
von Ägypten, mit seinem Heer zum
König von Assyrien* an den Euphrat.
Doch Joschija stellte sich ihm bei
Megiddo entgegen* und wurde gleich
zu Beginn des Kampfes getötet.
30 Seine Diener brachten den toten
König auf einem Wagen nach Jeru-
salem und bestatteten ihn in der
vorbereiteten Gruft. Das Volk salbte
seinen Sohn Joahas zum König und
setzte ihn als Nachfolger ein.

Joahas und Jojakim

31 Joahas war bei Herrschaftsantritt
23 Jahre alt und regierte drei Mona-
te* in Jerusalem. Seine Mutter hieß
Hamutal und war die Tochter von
Jirmeja aus Libna. 32 Er tat, was
Jahwe verabscheute, genau wie seine
Vorfahren. 33 Pharao Necho setzte
ihn jedoch ab und nahm ihn in Ribla*
in der Provinz Hamat gefangen. Das
Land musste einen Tribut von drei-
einhalb Tonnen Silber und 34 Kilo-
gramm Gold an ihn zahlen. 34 Dann
setzte Pharao Necho Eljakim, einen
anderen Sohn Joschijas, zum König
ein und änderte seinen Namen in Jo-
jakim. Joahas nahm er nach Ägypten
mit, wo dieser bis zu seinem Tod
blieb. 35 Jojakim lieferte dem Pharao
das Silber und Gold ab. Um die ver-
langte Summe aufbringen zu kön-
nen, musste er das Land besteuern.
Von jedem Einwohner forderte er
einen Betrag entsprechend seinem
Vermögen.
36 Jojakim war bei Herrschaftsantritt
25 Jahre alt und regierte elf Jahre* in
Jerusalem. Seine Mutter hieß Sebuda
und war die Tochter von Pedaja aus
Ruma*. 37 Auch er tat, was Jahwe ver-
abscheute, genau wie seine Vorgänger.

23,29 *Necho II.* herrschte von 610-595 v.Chr. über Ägypten.

zum König von Assyrien. Necho wollte König Assur-Ubalit II., dem letzten assyrischen König, gegen die wachsende babylonische Macht unter Nabopolassar helfen. Das muss im Jahr 609 v.Chr. gewesen sein.

bei Megiddo entgegen. Wahrscheinlich sperrte Joschija den Pass von Megiddo für die ägyptische Armee.

23,31 *drei Monate.* Das war 609 v.Chr.

23,33 In *Ribla* am Orontes, etwa 105 km nördlich von Damaskus, hatte Necho sein Hauptquartier aufgeschlagen.

23,36 *elf Jahre.* 609-598 v.Chr.

Ruma lag 10 km nördlich des späteren Nazaret.

24,1 *Nebukadnezzar* war der mächtigste König von Babylon und regierte von 605-562 v.Chr.

unterwarf sich ihm. Das muss im Jahr 605 v.Chr. gewesen sein und war der Beginn der babylonischen Gefangenschaft der Juden, weil hier schon die ersten Geiseln (unter denen sich auch Daniel befand, vgl. Daniel 1,1-3) weggeführt wurden.

lehnte sich auf. Vielleicht war sein Entschluss davon beeinflusst, dass sich Ägypten 601 v.Chr. erfolgreich gegen Nebukadnezzar verteidigt hatte.

24 1 Während seiner Regie-
rungszeit zog König Nebu-
kadnezzar* von Babylon mit einem
Heer heran. Jojakim unterwarf sich
ihm.* Drei Jahre später jedoch lehnte
er sich gegen ihn auf.* 2 Da ließ
Jahwe Räuberbanden der Chaldäer*
und solche aus Syrien, Moab und
Ammon in Juda einfallen, um es zu
Grunde zu richten. So hatte es Jahwe
durch seine Propheten, die ihm dien-
ten, angekündigt. 3 Ja, das alles ge-
schah ausdrücklich auf den Befehl
Jahwes hin, denn er wollte sich die
Judäer aus den Augen schaffen. Ma-
nasses Sünden und sein ganzes Tun,
4 die vielen unschuldig umgebrachten
Menschen, die Ströme von Blut, die
in Jerusalem geflossen waren, wollte
Jahwe nicht mehr vergeben.
5 Was sonst noch über Jojakims
Herrschaft zu sagen ist, findet man in
der Chronik der Könige von Juda.
6 Als er starb, wurde sein Sohn Joja-
chin* König. 7 Zu dieser Zeit wagte es
der König von Ägypten nicht mehr,
die Grenzen seines Landes zu über-
schreiten, denn der König von Baby-
lon hatte ihm alle Gebiete vom Bach
Ägyptens* bis an den Euphrat abge-
nommen.

Jojachin von Juda

8 Jojachin war bei Herrschaftsantritt*
18 Jahre alt und regierte drei Monate
in Jerusalem. Seine Mutter hieß Ne-
huschta und war die Tochter Elnatans
aus Jerusalem. 9 Er tat, was Jahwe
verabscheute, genau wie seine Vor-
gänger.
10 Damals war das Heer des Kö-
nigs Nebukadnezzar von Babylon er-
neut gegen Jerusalem gezogen und
hatte die Stadt belagert. 11 Während
der Belagerung erschien Nebukad-
nezzar selbst vor der Stadt. 12 Da
ergab sich Jojachin. Zusammen mit
seiner Mutter, seinen Beamten, sei-
nen Offizieren und Hofleuten ging er
zum König von Babylon hinaus, der
ihn sogleich gefangen nahm. Das ge-
schah im 8. Regierungsjahr Nebu-
kadnezzars. 13 Und wie Jahwe es an-
gedroht hatte, ließ Nebukadnezzar
alle Schätze, die sich im Tempel Jah-
wes und im Königspalast befanden,
wegschaffen und alle goldenen
Gegenstände zerschlagen, die König
Salomo von Israel für den Tempel
hatte anfertigen lassen. 14 Aus Jeru-
salem führte er alle Offiziere und er-
fahrenen Soldaten in die Verban-
nung, alle Bau- und Metallhandwer-
ker, insgesamt zehntausend Mann.
Zurück blieb nur das einfache Volk.
15 Auch Jojachin ließ er nach Baby-
lon schaffen, ebenso seine Mutter,
seine Frauen, seine Hofleute und die
wohlhabenden Bürger des Landes.
Sie alle schickte er von Jerusalem in
die Verbannung nach Babylonien,
16 dazu siebentausend Soldaten und

24,2 Die *Chaldäer* waren aramäisch (syrisch) sprechende Semiten aus dem südlichen Zweistromland.

24,6 *Jojachin* wird auch *Jechonja* (1. Chronik 3,16) und *Konja* (Jeremia 22,4) genannt.

24,7 Nach Josua 15,4 war der *Bach Ägyptens* die Grenze zwischen Israel und Ägypten. Heute: Wadi El-Arisch.

24,8 *Herrschaftsantritt.* Weil babylonische Schriften den Fall Jerusalems auf den 16. März 597 datieren, muss Jojachin im Dezember 598 König geworden sein.

tausend Bauhandwerker und Schmie-
de, alle, die mit Waffen umgehen
konnten. 17 In Jerusalem setzte er an
Jojachins Stelle dessen Onkel Mat-
tanja als König ein und änderte sei-
nen Namen in Zidkija.

Zidkija von Juda

18 Als Zidkija die Herrschaft antrat,
war er 21 Jahre alt. Er regierte elf
Jahre in Jerusalem. Seine Mutter hieß
Hamutal; sie war eine Tochter von
Jirmeja und stammte aus Libna.
19 Zidkija tat wie Jojakim, was Jahwe
verabscheute. 20 Doch jetzt war das
Maß voll. Jahwe war so zornig über
die Leute von Juda und Jerusalem,
dass er sie aus seinen Augen weg-
schaffen ließ.

Dann lehnte sich Zidkija gegen den
König von Babylon auf.

25 1 Da zog Nebukadnezzar er-
neut mit einem Heer gegen
Jerusalem und ließ einen Belage-
rungswall rings um die Stadt auf-
schütten. Die Belagerung begann im
neunten Regierungsjahr Zidkijas, am
10. Januar*, 2 und dauerte bis ins elfte
Regierungsjahr Zidkijas.* 3 Zuletzt
hatte der Hunger in der Stadt über-
hand genommen. Für das einfache
Volk war nichts mehr zu essen da.
Am 9. Juli* 4 wurde eine Bresche
in die Stadtmauer geschlagen. In der
Nacht darauf floh der König mit
seinen Soldaten durch den Torweg
zwischen den beiden Mauern am
Königsgarten und durchbrach den
Belagerungsring. Er versuchte, in
Richtung der Araba* zu entkommen.
5 Doch die chaldäischen Truppen nah-
men die Verfolgung auf und holten
Zidkija in der Araba bei Jericho* ein.
6 Sie nahmen den König gefangen
und brachten ihn nach Ribla* vor den
König von Babylon, der das Urteil
über ihn sprach. 7 Zidkija musste zu-
sehen, wie seine Söhne abgeschlach-
tet wurden; dann stach man ihm die
Augen aus und brachte ihn in Ketten
nach Babylon.

Die Zerstörung Jerusalems

8 Es war das 19. Regierungsjahr des
Königs Nebukadnezzar von Babylon.
Am 7. August* traf Nebusaradan, der
Befehlshaber der königlichen Leibwa-
che, einer der engsten Vertrauten des
Königs, in Jerusalem ein. 9 Er ließ den
Tempel Jahwes, den Königspalast und
alle großen Häuser niederbrennen.
10 Seine Truppen zerstörten auch die

25,1 *Januar.* Wörtlich: im 10. Monat. Es war das Jahr 588 v.Chr. Zum Datum siehe unter "Schaltmonat" im Vorwort des Übersetzers.

25,2 *Zidkijas.* Also von 588-586 v.Chr.

25,3 *Juli.* Wörtlich: des 4. Monats. Die Belagerung dauerte also (mit Unterbrechung, vgl. Jeremia 37,5) zweieinhalb Jahre.

25,4 Als *Araba* wird der Jordangraben bezeichnet, der sich von Nord nach Süden durch ganz Israel zieht, sogar noch über das Tote Meer hinaus bis nach Elat. Er ist zwischen 12,5 und 22,5 km breit und befindet sich fast überall unter dem Meersspiegel, im Toten Meer 394 m unter NN.

25,5 *bei Jericho.* Das war eine Strecke von etwa 25 km bei einem Höhenunterschied von mehr als 1000 m.

25,6 *Ribla.* Vergleiche 2. Könige 23,33.

25,8 *August.* Wörtlich: des 5. Monats. Das war etwa einen Monat nach Eroberung der Stadt im Jahr 586 v.Chr.

25,13 *Meer.* Vergleiche 2. Könige 16,17.

ganze Stadtmauer. 11 Dann ließ Nebu-
saradan den Rest der Einwohner und
alle, die zum König von Babel überge-
laufen waren, gefangen nehmen und in
die Verbannung führen. 12 Nur einige
Leute vom einfachen Volk ließ er zu-
rück, um die Äcker und Weinberge zu
bestellen.

13 Die Chaldäer zertrümmerten die
beiden Bronzesäulen, die vor dem
Haus Jahwes standen, ebenso die
Kesselwagen und das bronzene
»Meer«* und schafften das Metall
nach Babylon. 14 Sie nahmen auch
die Töpfe und Schaufeln, die Messer,
die Schalen und alle anderen Bron-
zegegenstände mit, die für den Tem-
peldienst gebraucht worden wa-
ren. 15 Auch die Feuerpfannen und
Sprengschalen, überhaupt alles, was
aus reinem Gold und Silber war, nahm
der Befehlshaber der Leibwache mit.
16 Für die beiden Säulen, das »Meer«
und die Kesselwagen im Haus Jahwes
hatte Salomo eine ungeheure Menge
Bronze verarbeitet. 17 Jede der Säulen
war neun Meter hoch, und auf jeder
ruhte ein Kapitell von anderthalb
Meter Höhe*, das ringsum mit einem
Gitterwerk und mit Granatäpfeln ver-
ziert war, alles aus Bronze.

18 Der Befehlshaber der Leibwache
ließ den obersten Priester Seraja fest-
nehmen, dazu seinen Stellvertreter
Zefanja und die drei für die Torwache
verantwortlichen Priester. 19 In der
Stadt fanden sich noch der Hofbeamte,
der für die Soldaten zuständig gewe-
sen war, fünf Männer, die zu den Ver-
trauten des Königs gehört hatten, der
Beamte, der für die Musterung
des Heeres verantwortlich war, und
60 seiner Männer. 20 Nebusaradan,
der Befehlshaber der Leibwache,
brachte sie nach Ribla zum König
von Babel. 21 Dieser ließ sie dort, in
der Provinz Hamat, hinrichten. – So
wurde das Volk von Juda in die Ver-
bannung geführt.

Der Statthalter Gedalja

22 Über den Rest der Bevölkerung
von Juda, die Nebukadnezzar im
Land übrig gelassen hatte, setzte
er Gedalja Ben-Ahikam, den Enkel
Schafans, als Statthalter ein. 23 Als
nun die Truppenführer, die entkom-
men waren, davon erfuhren, kamen
sie mit ihren Leuten zu Gedalja nach
Mizpa*. Es waren Jischmaël Ben-
Netanja, Johanan Ben-Kareach, Se-
raja Ben-Tanhumet aus Netofa und
Jaasanja aus Maacha. 24 Gedalja ver-
sprach ihnen unter Eid: »Ihr müsst
keine Angst vor den Chaldäern
haben. Bleibt im Land und dient dem
König von Babylon! Dann wird euch
nichts geschehen.«

25 Doch im Oktober* kam Jisch-
maël Ben-Netanja wieder nach
Mizpa. Er war der Enkel von Elischa-
ma und stammte aus der königlichen

25,17 *anderthalb Meter Höhe.* Wörtlich: 3 Ellen. Nach 1. Könige 7,15-22 und Jeremia 52,22 waren die Kapitelle 5 Ellen, also etwa 2,50 m hoch. Wenn man diese Angaben und die aus 1. Könige 7 zugrunde legt, betrug das Gewicht jeder Säule insgesamt etwa 40 Tonnen.

25,23 *Mizpa* liegt 12 km nördlich von Jerusalem.

25,25 *Oktober.* Wörtlich: im 7. Monat. Also zwei Monate nach der Tempelzerstörung im Jahr 586 v. Chr.

Familie und hatte zehn Männer mit-
gebracht. Sie töteten Gedalja und alle
Judäer und Chaldäer, die bei ihm
waren. 26 Daraufhin floh die ganze
Bevölkerung Judas, klein und groß,
mit den Truppenführern nach Ägyp-
ten, denn sie fürchteten die Rache der
Chaldäer.

Jojachins Begnadigung

27 In dem Jahr, als Ewil-Merodach
König von Babylonien wurde, be-
gnadigte er König Jojachin von
Juda und holte ihn aus dem Gefäng-
nis. Das geschah im 37. Jahr
der Gefangenschaft Jojachins, am
27. März*. 28 Er behandelte ihn
freundlich und gab ihm eine Ehren-
stellung unter den Königen, die
nach Babylon gebracht worden
waren. 29 Jojachin durfte seine
Gefängniskleidung ablegen und
zeitlebens an der Tafel des Königs
speisen. 30 Der König sorgte auch
sonst für seinen Unterhalt. Bis
zu seinem Lebensende bekam er
täglich, was er brauchte.

***25,27** März.* Wörtlich: des 12. Monats. Es war im Jahr 561 v. Chr.

Das erste Buch der Chronik

In der hebräischen Bibel bilden die beiden Chronikbücher ein einziges Werk, das an den Schluss des hebräischen Kanons gestellt wurde, um ihm besonderes Gewicht zu verleihen. Das Werk beginnt mit der Schöpfung und schließt mit dem Ende der babylonischen Gefangenschaft, konzentriert sich aber vor allem auf die Geschichte der jüdischen Könige. Es ist fast ausschließlich eine Bearbeitung aus vorhandenem Quellenmaterial. Damit sollte den aus dem Exil heimgekehrten Juden eine geistliche Orientierung durch Rückbesinnung auf die Vergangenheit gegeben werden.

Das erste Buch beginnt bei Adam und enthält viele Geschlechtsregister, um sicher nachweisen zu können, welche Familien in diesem zweiten Staat vertreten waren. Denn Gottes Erlösungsplan war an sie gebunden.

Es gibt eine Anzahl Argumente dafür, dass der Priester Esra beide Bücher um 430 v.Chr. zusammengestellt hat.

Von Adam bis Noah

1 1 Adam, Set, Enosch, 2 Kenan, Mahalalel, Jered, 3 Henoch, Metuschelach, Lamech, 4 Noah. Noah hatte drei Söhne: Sem, Ham und Jafet.

Die Jafetiten

5 Die Söhne Jafets waren: Gomer, Magog, Madai, Jawan, Tubal, Meschech und Tiras. 6 Von Gomer stammen ab: Aschkenas, Rifat und Togarma. 7 Von Jawan: Elischa, Tarschisch, die Kittäer und die Rodaniter.

Die Hamiten

8 Die Söhne Hams waren: Kusch, Mizrajim, Put und Kanaan. 9 Von Kusch stammen ab: Seba, Hawila, Sabta, Ragma und Sabtecha. Von Ragma: Saba und Dedan. 10 Kusch zeugte auch Nimrod, den ersten Gewaltherrscher auf der Erde. 11 Mizrajim war der Stammvater der Luditer, Anamiter, Lehabiter, Naftuhiter, 12 Patrositer, Kasluhiter sowie der Kaftoriter, von denen die Philister herkommen. 13 Die Nachkommen Kanaans waren: Sidon, sein Erstgeborener, und Het, 14 außerdem die Jebusiter, Amoriter, Girgaschiter, 15 Hiwiter, Arkiter, Siniter, 16 Arwaditer, Zemariter und Hamatiter.

Die Semiten

17 Die Söhne Sems waren: Elam, Assur, Arpachschad, Lud, Aram, Uz, Hul, Geter und Meschech. 18 Arpachschad zeugte Schelach, Schelach zeugte Eber. 19 Eber wurden zwei Söhne geboren, einer hieß Peleg, Teilung, weil zu seiner Zeit die Erde geteilt wurde*, sein Bruder Joktan.

1,19 *geteilt wurde.* Das wird meist im Sinn einer Aufteilung der Erde unter die Völker verstanden, wie sie in 1. Mose 11 berichtet ist. Manche sehen hier aber auch einen Hinweis auf den Beginn der geologischen Kontinentalverschiebung, was durch neuere Modellrechnungen plausibel gemacht werden kann.

20 Joktans Nachkommen waren: Al-
modad, Schelef, Hazarmawet, Jerach,
21 Hadoram, Usal, Dikla, 22 Obal,
Abimaël, Saba, 23 Ofir, Hawila und
Jobab. Sie alle sind Nachkommen
Joktans.

Von Sem bis Abraham

24 Sem, Arpachschad, Schelach,
25 Eber, Peleg, Regu, 26 Serug, Na-
hor, Terach, 27 Abram, der später
Abraham genannt wurde. 28 Die Söhne
Abrahams waren Isaak und Ismaël.

Die Nachkommen Ismaëls

29 Es folgt das Verzeichnis ihrer
Nachkommen*: Ismaëls Erstgebore-
ner war Nebajot, dann folgten Kedar,
Adbeel, Mibsam, 30 Mischma, Duma,
Massa, Hadad, Tema, 31 Jetur, Na-
fisch und Kedma. Sie alle waren
Nachkommen Ismaëls.

Die Nachkommen Keturas

32 Auch von seiner Nebenfrau Ketura
hatte Abraham Söhne. Sie gebar
Simran, Jokschan, Medan, Midian,
Jischbak und Schuach. Die Söhne von
Jokschan waren Saba und Dedan.
33 Die Söhne von Midian waren Efa,
Efer, Henoch, Abida und Eldaga. Sie
alle waren Nachkommen Keturas.

Die Nachkommen Esaus

34 Abrahams Sohn Isaak hatte zwei
Söhne: Esau und Israel*. 35 Die
Söhne von Esau waren: Elifas, Re-
guël, Jëusch, Jalam und Korach.
36 Die Söhne von Elifas waren:
Teman, Omar, Zefo, Gatam, Kenas,
Timna und Amalek. 37 Die Söhne
Reguëls: Nahat, Serach, Schamma
und Misa. 38 Die Söhne von Seïr
waren: Lotan, Schobal, Zibon, Ana,
Dischon, Ezer und Dischan. 39 Die
Söhne Lotans: Hori und Hemam.
Lotans Schwester war Timna. 40 Die
Söhne Schobals: Alwan, Manahat,
Ebal, Schefi und Onam. Die Söhne
Zibons: Aja und Ana. 41 Der Sohn
von Seïrs Sohn Ana war Dischon. Die
Söhne von Seïrs Sohn Dischon:
Hemdan, Eschban, Jitran und Keran.
42 Die Söhne Ezers waren Bilhan,
Saawan und Akan. Die Söhne Di-
schans: Uz und Aran.

Die Könige von Edom

43 Bevor es in Israel einen König gab,
herrschten folgende Könige über das
Land Edom: Zuerst war es Bela, der
Sohn Beors, in der Stadt Dinhaba.
44 Nach dem Tod Belas wurde Jobab,
der Sohn Serachs, aus der Stadt Bozra
König. 45 Nach dem Tod Jobabs
wurde Huscham aus dem Gebiet des
Stammes Teman König. 46 Nach dem
Tod Huschams wurde Hadad, der
Sohn Bedads, in der Stadt Awit
König. Er besiegte die Midianiter in
einer Schlacht auf dem Gebiet von
Moab. 47 Nach seinem Tod wurde
Samla aus der Stadt Masreka König.
48 Als Samla starb, wurde Schaul aus
der Stadt Rehobot am Fluss König.
49 Als Schaul starb, wurde Baal-
Hanan, der Sohn Achbors König.
50 Nach dem Tod Baal-Hanans wurde
Hadad in der Stadt Pagu König. Seine

1,29 *Nachkommen*. Hebräisch *toledot*, siehe 1. Mose 2,4.

1,34 *Israel* hieß ursprünglich Jakob (1. Mose 32,28-29).

Frau Mehetabel war eine Tochter
Matreds und Enkelin Me-Sahabs.
51 Als Hadad starb, gab es folgende
Stammesfürsten in Edom: Timna,
Alwa, Jetet, 52 Oholibama, Ela,
Pinon, 53 Kenas, Teman, Mibzar,
54 Magdiël und Iram. Das waren die
Fürsten Edoms.

Die Söhne Jakobs (Israels)

2 1 Die Söhne Israels waren: Ru-
ben, Simeon, Levi, Juda, Issa-
char, Sebulon, 2 Dan, Josef, Benja-
min, Naftali, Gad und Ascher.

Die Nachkommen Judas

3 Die Söhne Judas waren: Er, Onan
und Schela. Diese drei hatte ihm die
Tochter von Schua, eine Kanaanite-
rin, geboren. Aber Er, sein Erstge-
borener, tat, was Jahwe missfiel, und
Jahwe ließ ihn sterben.* 4 Judas
Schwiegertochter Tamar gebar ihm
dann noch Perez und Serach. Insge-
samt hatte Juda fünf Söhne. 5 Die
Söhne von Perez waren: Hezron und
Hamul. 6 Die Söhne Serachs: Simri,
Etan, Heman, Kalkol und Darda, ins-
gesamt fünf. 7 Karmi hatte einen
Sohn namens Achan, der Israel ins
Unglück stürzte, weil er sich an
Gütern vergriff, die mit einem Bann
belegt waren.* 8 Etan hatte einen
Sohn namens Asarja. 9 Die Söhne,
die Hezron geboren wurden, waren
Jerachmeël, Ram und Kaleb.*

2,3 ... *sterben.* Siehe 1. Mose 38,1-11.

2,7 *Bann belegt waren.* Vergleiche Josua 6-7!

2,9 ... *Kaleb.* Die in diesem Abschnitt genannten Namen wurden aus mehreren Generationen repräsentativ ausgewählt.

Die Nachkommen Rams

10 Ram zeugte Amminadab, Ammina-
dab zeugte Nachschon, das Ober-
haupt des Stammes Juda. 11 Nach-
schon zeugte Salmon, Salmon Boas,
12 Boas Obed, Obed Isai. 13 Isai zeug-
te als Erstgeborenen Eliab, danach
als zweiten Abinadab, als dritten
Schima, 14 als vierten Netanel, als
fünften Raddai, 15 als sechsten
Ozem, als siebten David. 16 Die sie-
ben hatten als Schwestern Zeruja und
Abigal. Zeruja hatte drei Söhne:
Abischai, Joab und Asaël. 17 Abigal
gebar Amasa, dessen Vater der Is-
maëlit Jeter war.

Die Nachkommen Kalebs

18 Kaleb, der Sohn Hezrons, zeugte
Söhne mit Asuba, seiner Frau, und
mit Jeriot. Deren Söhne waren Je-
scher, Schobab und Ardon. 19 Nach
Asubas Tod verheiratete Kaleb sich
mit Efrat, die gebar ihm Hur. 20 Hur
zeugte Uri, und Uri zeugte Bezalel.
21 Später heiratete Kalebs Vater
Hezron noch einmal im Alter von
60 Jahren. Seine Frau, eine Tochter
Machirs, des Stammvaters von Gi-
lead, gebar ihm Segub. 22 Segub
zeugte Jaïr. Ihm gehörten 23 Ort-
schaften im Land Gilead, 23 die »Zelt-
dörfer Jaïrs«. Aber die Geschuriter
und Syrer nahmen sie ihm ab, ebenso
die Stadt Kenat mit den dazugehö-
renden Dörfern, insgesamt 60 Orte,
die alle den Nachkommen Machirs
gehört hatten.
24 Nach dem Tod Hezrons in Kaleb-
Efrata brachte dessen Frau Abija noch
einen Sohn zu Welt. Er hieß Aschhur
und gründete Tekoa.

Die Nachkommen Jerachmeëls

25 Jerachmeël, der erstgeborene Sohn
Hezrons, hatte folgende Söhne: Ram,
seinen Erstgeborenen, dann Buna,
Oren, Ozem von Ahija. 26 Er hatte
noch eine zweite Frau namens Atara,
die war die Mutter seines Sohnes
Onam. 27 Die Söhne seines Erstgebo-
renen Ram waren Maaz, Jamin und
Eker. 28 Die Söhne Onams waren
Schammai und Jada. Die Söhne
Schammais Nadab und Abischur.
29 Die Frau Abischurs hieß Abihajil,
sie gebar ihm Achban und Molid.
30 Die Söhne Nadabs waren Seled
und Appajim. Seled starb, ohne
Kinder zu hinterlassen. 31 Der Sohn
Appajims war Jischi, der Sohn Jischis
Scheschan, und der Sohn Scheschans
war Achlai. 32 Jada, der Bruder von
Schammai, hatte zwei Söhne: Jeter
und Jonatan. Jeter starb kinderlos.
33 Die Söhne Jonatans waren Pelet
und Sasa. Diese alle waren Nach-
kommen Jerachmeëls.

34 Scheschan hatte übrigens keine
Söhne, sondern nur Töchter. 35 Eine
von ihnen gab er seinem ägyptischen
Sklaven Jarha zur Frau, und sie gebar
ihm Attai. 36 Von ihm stammen
in direkter Linie ab: Natan, Sabad,
37 Eflal, Obed, 38 Jehu, Asarja,
39 Helez, Elasa, 40 Sismai, Schallum,
41 Jekamja und Elischama.

Zweite Liste der Nachkommen Kalebs

42 Die Söhne Kalebs, des Bruders von
Jerachmeël, waren Mescha, sein Erstge-
borener – er war der Stammvater von Sif
–, und die Söhne Mareschas, des
Stammvaters von Hebron. 43 Die Söhne
Hebrons waren: Korach, Tappuach,
Rekem und Schema. 44 Schema zeugte
Raham, den Stammvater von Jorkoam.
Rekem zeugte Schammai, 45 dessen
Sohn war Maon, der Stammvater von
Bet-Zur.

46 Efa, eine Nebenfrau Kalebs, ge-
bar ihm die Söhne Haran, Moza
und Gases. Haran zeugte Jahdai;
47 dessen Söhne waren: Regem, Jo-
tam, Geschan, Pelet, Efa und Schaaf.
48 Maacha, eine andere Nebenfrau
Kalebs, gebar ihm Scheber und Tir-
hana, 49 später auch Schaaf, den
Stammvater von Madmanna, und
Schewa, den Stammvater von Mach-
bena und von Gibea. Kaleb hatte auch
eine Tochter Achsa.

50 Das waren die Nachkommen
Kalebs: Die Söhne Hurs, des Erst-
geborenen von Kalebs Frau Efrata:
Schobal, der Gründer von Kirjat-
Jearim, 51 Salmon, der Stammvater
von Bethlehem, und Haref, der
Stammvater von Bet-Gader. 52 Scho-
bal, der Stammvater von Kirjat-Jea-
rim, hatte als Nachkommen die Sippe
Reaja und die Hälfte der Bewohner
von Manahat. 53 In Kirjat-Jearim
wohnten die Sippen der Jeteriter, Pu-
titer, Schumatiter und Mischraïter.
Von ihnen stammten auch die Bewoh-
ner von Zora und Eschtaol ab. 54 Die
Nachkommen Salmons waren die Be-
wohner von Bethlehem, von Netofa
und Atrot-Bet-Joab sowie die andere
Hälfte der Bewohner von Manahat,
die aus Zora kamen.

55 In Jabez wohnten die Sippen der
Schreiber: die Tiratiter, Schimatiter
und Suchatiter. Sie gehörten alle zu
den Kenitern und stammten von
Hammat ab, dem Stammvater von
Bet-Rechab.

Die Nachkommen Davids

3 1 Folgende Söhne wurden David
in Hebron geboren: als Erstge-
borener Amnon, seine Mutter war
Ahinoam aus Jesreel; als zweiter Da-
niel, seine Mutter war Abigajil aus
Karmel; 2 als dritter Abschalom, seine
Mutter war Maacha, die Tochter des
Königs Talmai von Geschur; als vier-
ter Adonija, seine Mutter war Haggit;
3 als fünfter Schefatja, seine Mutter
war Abital; als sechster Jitream, seine
Mutter war Davids Frau Egla. 4 Diese
sechs wurden David in Hebron ge-
boren. Dort regierte er siebeneinhalb
Jahre. Danach regierte David 33 Jahre
in Jerusalem.

5 Dort wurden ihm folgende Söhne
geboren: vier von Batseba, der Toch-
ter Ammiëls: Schammua, Schobab,
Natan und Salomo; 6 neun Söhne
von anderen Frauen: Jibhar, Elischua,
Elifelet, 7 Nogah, Nefeg, Jafia, 8 Eli-
schama, Eljada und Elifelet. 9 Sie
alle waren rechtmäßige Söhne Da-
vids; dazu kamen noch die Söhne der
Nebenfrauen. Ihre Schwester war
Tamar.

10 Die Nachkommen und Thron-
erben von König Salomo in direkter
Linie waren Rehabeam, Abija, Asa,
Joschafat, 11 Joram, Ahasja, Joasch,
12 Amazja, Asarja, Jotam, 13 Ahas,
Hiskija, Manasse, 14 Amon und Jo-
schija.

15 Die Söhne von Joschija: der erst-
geborene Johanan, der zweite Joja-
kim, der dritte Zidkija, der vierte
Schallum. 16 Die Söhne von Jojakim
waren Jechonja* und Zidkija. 17 Die
Söhne von Jechonja, der in die Ge-
fangenschaft fortgeführt wurde, wa-
ren Schealtiël, 18 Malkiram, Pedaja,
Schenazzar, Jekamja, Hoschama und
Nedabja. 19 Die Söhne von Pedaja:
Serubbabel und Schimi. Die Söhne
von Serubbabel: Meschullam und
Hananja; ihre Schwester war Schelo-
mit. 20 Fünf weitere Söhne von ihm
waren: Haschuba, Ohel, Berechja,
Hasadja und Juschab-Hesed. 21 Die
Söhne von Hananja: Pelatja, Jesaja,
Refaja, Arnan, Obadja und Schechan-
ja. 22 Die sechs Söhne von Schechan-
ja: Schemaja und dessen Söhne Hat-
tusch, Jigal, Bariach, Nearja und
Schafat. 23 Die drei Söhne von Near-
ja: Eljoënai, Hiskija und Asrikam.
24 Und schließlich die sieben Söhne
von Eljoënai: Hodawja, Eljaschib, Pe-
laja, Akkub, Johanan, Delaja und
Anani.

Die Familien des Stammes Juda

4 1 Die Nachkommen Judas über
seinen Sohn Perez waren in di-
rekter Linie: Hezron, Karmi, Hur,
Schobal, 2 Reaja und Jahat. Die
Söhne Jahats waren: Ahumai und
Lahad. Von ihnen stammten die Sip-
pen ab, die in Zora wohnten. 3 Die
Stammväter von Etam waren: Jesreel,
Jischma und Jidbasch; ihre Schwester
hieß Hazlelponi. 4 Penuël war der
Stammvater von Gedor, Eser war der
Vater von Huscha. Beide waren Nach-
kommen von Hur, dem Erstgebore-
nen von Kalebs Frau Efrata, dem
Stammvater von Bethlehem. 5 Asch-
hur, der Stammvater von Tekoa, hatte
zwei Frauen: Hela und Naara.

3,16 *Jechonja* war ein anderer Name für Jojachin.

6 Naara gebar ihm die Söhne Ahu-
sam, Hefer, Temni und Ahaschtari.
7 Die Söhne von Hela waren Zeret,
Zohar und Etnan. 8 Von Koz stamm-
ten Anub und Zobeba ab sowie die Sip-
pen Aharhels, des Sohnes Harums.

9 Ein Mann namens Jabez war der
angesehenste unter seinen Brüdern.
Bei seiner Geburt hatte seine Mutter
gesagt: »Ich habe ihn mit Schmerzen
geboren«, und deshalb hatte sie ihn
Jabez* genannt. 10 Jabez rief den Gott
Israels an und sagte: »Segne mich und
erweitere mein Gebiet! Steh mir bei
und halte Unglück und Schmerz von
mir fern!« Diese Bitte erhörte Gott.

11 Kelub, ein Bruder von Schuha,
zeugte Mehir, den Vater von Eschton.
12 Dessen Söhne waren Bet-Rafa, Pa-
seach und Tehinna, der Stammvater
von Ir-Nahasch. Ihre Sippen wohnten
in Recha. 13 Die Söhne von Kenas
waren Otniël und Seraja, die Söhne
von Otniël Hatat und Meonotai, 14 der
Sohn von Meonotai Ofra. Der Sohn
von Seraja war Joab, der Stammvater
des »Tales der Bauhandwerker«. Es
wurde so genannt, weil alle dort
Handwerker waren.

15 Die Söhne von Kaleb Ben-Jefun-
ne waren Iru, Ela und Naam; der Sohn
von Ela war Kenas. 16 Die Söhne von
Jehallelel waren Sif, Sifa, Tirja und
Asarel. 17 Die Söhne von Esra waren
Jeter, Mered, Efer und Jalon. Jeter
zeugte Mirjam, Schammai und Jisch-
bach, den Stammvater von Eschte-
moa. 18 Seine jüdische Frau gebar
ihm Jered, den Stammvater von
Gedor, Heber, den Stammvater von
Socho, und Jekutiël, den Stamm-
vater von Sanoach. Die anderen
Söhne waren von Bitja, einer Tochter
des Pharao. 19 Hodija heiratete eine
Schwester von Naham. Deren Nach-
kommen waren Hagarmi, der Stamm-
vater von Keïla, und Eschtemoa.

20 Die Söhne Schimons waren Am-
non, Rinna, Ben-Hanan und Tilon.
Der Sohn von Jischi war Sohet. Auch
dieser hatte einen Sohn.

21 Von Schela Ben-Juda stammten
ab: Er, der Stammvater von Lecha,
und Lada, der Stammvater von Mare-
scha, außerdem die Sippen, die in
Aschbea wohnten. Sie waren Weber
und stellten feines weißes Leinen her.
22 Zu den Nachkommen Schelas ge-
hörten auch Jokim und die Bewohner
von Koseba, außerdem Joasch und
Saraf, die eine Zeitlang in Moab ge-
lebt hatten und dann wieder nach
Bethlehem zurückgekehrt waren. Die
Berichte darüber sind alt. 23 Ihre
Nachkommen wohnten in Netaïm
und Gedera und arbeiteten dort als
Töpfer in den königlichen Werk-
stätten.

Der Stamm Simeon

24 Die Söhne Simeons waren Jemuël,
Jamin, Jarib, Serach und Schaul.
25 Schauls Sohn war Schallum. Auf
ihn folgten als weitere Nachkommen
in dieser Linie Mibsam, Mischma,
26 Hammuël, Sakkur und Schimi.
27 Schimi hatte sechzehn Söhne und
sechs Töchter; seine Brüder dagegen
hatten nur wenige Kinder. Überhaupt
war der Stamm Simeon nicht so zahl-
reich wie der Stamm Juda.

4,9 *Jabez* erinnert an das hebräische Wort für Schmerz.

28 Die Nachkommen Simeons wohn-
ten in Beerscheba, Molada, Hazar-
Schual, 29 Baala, Ezem, Eltolad,
30 Betuël, Horma, Ziklag, 31 Bet-
Markabot, Hazar-Susim, Bet-Biri
und Schaarajim. Sie bewohnten die-
se Städte und die dazugehörenden
Dörfer bis zu der Zeit, als David König
wurde. 32 Außerdem gehörten ihnen
die fünf Städte Etam, Ajin, Rimmon,
Tochen und Aschan 33 mit allen dazu-
gehörenden Dörfern bis nach Baal. So
steht es in den Listen ihrer Familien
und Wohnorte.

34 Ihre Sippenoberhäupter* waren
Meschobab, Jamlech, Joscha, der Sohn
von Amazja, 35 Joël, Jehu, der Sohn
von Joschibja und Enkel von Seraja
und Urenkel von Asiël, 36 weiter: El-
joënai, Jaakoba, Jeschohaja, Asaja,
Adiël, Jesimiël, Benaja 37 und Sisa,
der in aufsteigender Linie von Schifi,
Allon, Jedaja, Schimri und Schemaja
abstammte. 38 Diese Sippen hatten
sich stark vermehrt. 39 Um neue
Weideplätze für ihre Schafherden zu
suchen, zogen sie deshalb in den öst-
lichen Teil des Tales, nach Gedor zu.
40 Dort fanden sie gute, saftige Wei-
den. Das Land dehnte sich nach allen
Seiten weit aus, es war sicher und
ruhig. Die früheren Bewohner waren
Nachkommen von Noahs Sohn Ham.
41 In der Zeit, als Hiskija König von
Juda war, kamen jene Sippen und
überfielen die Nachkommen Hams
in ihren Zeltlagern und ebenso die
Mëuniter, die dort wohnten. Sie ver-
nichteten sie völlig und ließen sich an
ihrer Stelle nieder. Sie wohnen dort
bis zum heutigen Tag*.

42 Eine andere Gruppe aus dem
Stamm Simeon, etwa 500 Mann, zog
in das Bergland Seïr. Ihre Anführer
waren Pelatja, Nearja, Refaja und
Usiël, die Söhne von Jischi. 43 Sie
töteten den Rest der Amalekiter, die
sich einst dorthin gerettet* hatten,
ließen sich dort nieder und wohnen
dort bis zum heutigen Tag.

Die Stämme jenseits des Jordan: Ruben

5 1 Ruben war der erste Sohn Is-
raels. Weil er aber mit einer
Nebenfrau seines Vaters geschlafen
hatte, wurde sein Erstgeburtsrecht
auf die beiden Söhne seines Bruders
Josef übertragen. Man konnte ihn
nicht dem Erstgeburtsrecht ent-
sprechend eintragen. 2 Juda war am
mächtigsten unter allen Bruderstäm-
men und aus ihm sollte der Fürst kom-
men. Das Erstgeburtsrecht aber ge-
hörte Josef. 3 Die Söhne von Ruben,
dem Erstgeborenen Israels, waren
Henoch, Pallu, Hezron und Karmi.
4 Von einem seiner Nachkommen na-
mens Joël stammte Schemaja ab. Auf
ihn folgten in direkter Linie: Gog,
Schimi, 5 Micha, Reaja, Baal 6 und
Beera, der von dem Assyrerkönig
Tiglat-Pileser in die Verbannung weg-
geführt wurde. Er war damals das
Oberhaupt des Stammes Ruben.

7 Weiter waren in den Verzeichnis-
sen der Nachkommen Rubens fol-
gende Männer mit ihren Sippen

4,34 *Sippenoberhäupter* ist aus Vers 38 vorweggenommen.

4,41.43 *bis zum heutigen Tag.* Vom Standpunkt des Verfassers aus.

4,43 *dorthin gerettet.* Siehe 1. Samuel 30,17.

aufgeführt: als Oberhaupt Jëiël, dann
Secharja 8 und Bela, der Sohn von
Asa und Enkel von Schema aus der
Sippe Joël. Der Stamm Ruben wohnte
in dem Gebiet von Aroer bis Nebo und
Baal-Meon 9 und in östlicher Rich-
tung bis an den Rand der Wüste, die
sich vom Euphrat her erstreckt. Die
Nachkommen Rubens hatten große
Herden im ganzen Land Gilead. 10 In
der Zeit Sauls führten sie Krieg gegen
die Hagariten*, besiegten sie und be-
setzten ihr Wohngebiet am östlichen
Rand von Gilead.

Die Stämme jenseits des Jordan: Gad

11 Die Nachkommen Gads wohnten
angrenzend an den Stamm Ruben
in der Landschaft Baschan bis nach
Salcha. 12 Ihr Oberhaupt war Joël, an
zweiter Stelle kam Schafam, dann
folgten Janai und Schafat. Diese Sip-
pen wohnten in Baschan. 13 Dazu
kamen sieben weitere Männer mit
ihren Sippen: Michael, Meschullam,
Scheba, Jorai, Jakan, Sia und Eber.
14 Sie waren die Nachkommen Abiha-
jils, des Sohnes von Huri. Abihajils
weitere Vorfahren in aufsteigender
Linie waren: Jaroach, Gilead, Mi-
chael, Jeschischai, Jachdo und Bus.
15 Das Oberhaupt dieser Gruppe war
Ahi, der Sohn von Abdiël und Enkel
von Guni. 16 Diese Sippen wohnten in
Gilead, Baschan und in den Städten,
die zu dieser Gegend gehörten; eben-
so an allen Weideplätzen der Land-
schaft Scharon bis hin an ihre Gren-
zen. 17 Sie alle wurden in der Zeit der
Könige Jotam von Juda und Jerobeam
von Israel in die Verzeichnisse des
Stammes Gad eingetragen.*

Der Krieg mit den Nachbarstämmen

18 Das Heer der Stämme Ruben und
Gad und des halben Stammes Manas-
se, die alle im Ostjordanland wohn-
ten, bestand aus 44.760 kriegstüchti-
gen Männern. Sie waren mit Schild,
Schwert und Bogen bewaffnet 19 und
kämpften gegen die hagaritischen
Stämme Jetur, Nafisch und Nodab.
20 Sie setzten ihr Vertrauen auf Gott
und riefen ihn um Hilfe an. Er erhörte
sie und stand ihnen im Kampf zur
Seite, sodass sie die Hagariter und
ihre Verbündeten besiegen konnten.
21 Sie erbeuteten von ihnen 50.000
Kamele, 250.000 Schafe und 2000
Esel und nahmen 100.000 Mann
gefangen. 22 Viele von den Gegnern
waren gefallen, denn der Krieg war
von Gott. Sie blieben in diesem Gebiet
wohnen, bis sie selbst in die Verban-
nung weggeführt wurden.

Die Stämme jenseits des Jordan: halb Manasse

23 Die eine Hälfte des Stammes
Manasse wohnte in dem Gebiet von
Baschan bis Baal-Hermon und bis
zum Senir- und zum Hermongebirge.
Dieser Teil des Stammes Manasse war
sehr zahlreich. 24 Die Oberhäupter
der einzelnen Sippen waren: Efer, Ji-
schi, Eliël, Asriël, Jirmeja, Hodawja

5,10 *Hagariten.* Dieser Stammes- oder Sippenverband lebte östlich des von Israel bewohnten Gebiets im Ostjordanland. Eventuell waren es Nachkommen Hagars.

5,17 *Verzeichnisse ... eingetragen.* Die Liste ab Vers 11 kommt sonst in der Bibel nicht vor. Sie stammt aus der Zeit Jotams (750-732 v.Chr.) und Jerobeams (793-753 v.Chr.).

und Jachdiël. Alle diese Männer
waren tapfere Krieger und geachtete
Leute. 25 Aber sie wurden Jahwe, dem
Gott ihrer Vorfahren, untreu und
verehrten die Götter der früheren
Bewohner, die Gott vor den Israeli-
ten vertrieben hatte. 26 Darum gab
Jahwe, der Gott Israels, dem König
Pul, das heißt Tiglat-Pileser von Assy-
rien, den Gedanken ein, den halben
Stamm Manasse wie auch die Stäm-
me Ruben und Gad in die Verbannung
zu führen. Er ließ sie nach Halach, an
den Fluss Habor, nach Hara und ins
Tal von Gosan bringen. Dort leben sie
heute noch.

Der Stamm Levi: die Linie der Hohen Priester

27 Die Söhne Levis waren Gerschon,
Kehat und Merari, 28 die Söhne Ke-
hats Amram, Jizhar, Hebron und
Usiël. 29 Die Nachkommen Amrams
waren Aaron, Mose und Mirjam. Die
Söhne Aarons: Nadab und Abihu,
Eleasar und Itamar.

30 Eleasar zeugte Pinhas, und Pin-
has zeugte Abischua; 31 Abischua
zeugte Bukki, und Bukki zeugte Usi;
32 Usi zeugte Serachja, und Serachja
zeugte Merajot; 33 Merajot zeugte
Amarja, und Amarja zeugte Ahitub;
34 Ahitub zeugte Zadok, und Zadok
zeugte Ahimaaz; 35 Ahimaaz zeugte
Asarja, und Asarja zeugte Johanan.
36 Johanan zeugte Asarja, der als
Erster den Priesterdienst in dem
Tempel ausübte, den Salomo in Jeru-
salem gebaut hatte. 37 Asarja zeugte
Amarja, und Amarja zeugte Ahitub;
38 Ahitub zeugte Zadok, und Zadok
zeugte Schallum; 39 Schallum zeugte
Hilkija, und Hilkija zeugte Asarja;
40 Asarja zeugte Seraja, und Seraja
zeugte Jozadak. 41 Jozadak musste
mit in die Verbannung, als Jahwe die
Bewohner von Juda und Jerusalem
durch Nebukadnezzar wegführen
ließ.

Die Nachkommen Levis

6 1 Die Söhne Levis waren Ger-
schon, Kehat und Merari; 2 die
Söhne Gerschons: Libni und Schimi.
3 Die Söhne Kehats waren Amram,
Jizhar, Hebron und Usiël; 4 die Söhne
Meraris: Machli und Muschi.

Es folgen die Sippenoberhäupter
der Leviten in den Hauptlinien der
Nachkommen Levis. 5 Die Gruppe
Gerschon: Auf Gerschon folgten in
absteigender Linie Libni, Jahat,
Simma, 6 Joach, Iddo, Serach und
Jeotrai.

7 Die Gruppe Kehat: Auf Kehat
folgten in absteigender Linie Ammi-
nadab, Korach, Assir, 8 Elkana, Abia-
saf, Assir, 9 Tahat, Uriël, Usija und
Schaul. 10 Die Söhne Elkanas waren
Amasai, Ahimot 11 und Elkana. Auf
diesen folgten in direkter Linie Zuf,
Nahat, 12 Eliab, Jeroham, Elkana
und Samuel.* 13 Die Söhne Samuels
waren sein Erstgeborener Joël* und
der zweite Abija.

14 Die Gruppe Merari: Auf Merari
folgten in absteigender Linie Machli,
Libni, Schimi, Usa, 15 Schima, Hag-
gija und Asaja.

6,12 *und Samuel* findet sich nur in einem Teil der LXX-Handschriften.

6,13 *Joël.* So mit alten Übersetzungen. Hebräisch: Waschni.

Die Abstammung der levitischen Sänger

16 Ein Teil der Nachkommen Levis
erhielt von David den Auftrag, den
Chorgesang im Heiligtum Jahwes zu
übernehmen, nachdem die Bundes-
lade dort ihren festen Platz gefunden
hatte. 17 Sie versahen diesen Dienst
vor dem Zelt der Gottesbegegnung,
bis Salomo das Haus Jahwes in Jeru-
salem gebaut hatte. Sie richteten sich
dabei genau nach den Vorschriften.
18 Folgende Leviten wurden zusam-
men mit den übrigen Männern
ihrer Sippen dazu berufen: Leiter
der ersten Sängergruppe war He-
man von den Nachkommen Kehats.
Er war der Sohn Joëls und Enkel
Samuels. 19 Seine weiteren Vorfahren
waren Elkana, Jeroham, Eliël, Tohu,
20 Zuf, Elkana, Mahat, Amasai,
21 Elkana, Joël, Asarja, Zefanja,
22 Tahat, Assir, Abiasaf, Korach,
23 Jizhar und Kehat, der Sohn Levis
und Enkel Israels.

24 Rechts neben Heman stand Asaf
von den Nachkommen Gerschons,
der Leiter der zweiten Sängergruppe.
Er war der Sohn von Berechja und ein
Enkel von Schima. 25 Seine weiteren
Vorfahren waren: Michael, Maaseja,
Malkija, 26 Etni, Serach, Adaja,
27 Etan, Simma, Schimi, 28 Jahat und
Gerschon, der Sohn Levis.

29 Links neben Heman stand Etan
von den Nachkommen Meraris, der
Leiter der dritten Sängergruppe. Er
war der Sohn von Kischi und Enkel
von Abdi. Seine weiteren Vorfahren
waren: Malluch, 30 Haschabja, Amaz-
ja, Hilkija, 31 Amzi, Bani, Schemer,
32 Machli, Muschi und Merari, der
Sohn Levis. 33 Die anderen Leviten,
ihre Brüder, hatten den Dienst an
der Wohnung, am Haus Gottes, zu
verrichten.

Die Priester aus der Nachkommenschaft Aarons

34 Der Priesterdienst aber war den
Nachkommen Aarons vorbehalten.
Diese verbrannten die Opfer auf dem
Brandopferaltar und den Weihrauch
auf dem Räucheraltar. Sie allein
durften die Arbeiten im Höchstheili-
gen verrichten und Sühnehandlun-
gen für die Israeliten vollziehen,
genau wie es Mose, der Diener Got-
tes, festgelegt hatte. 35 Die Nachkom-
men Aarons in direkter Abstam-
mungslinie waren Eleasar, Pinhas,
Abischua, 36 Bukki, Usi, Serachja,
37 Merajot, Amarja, Ahitub, 38 Zadok
und Ahimaaz.

Die Wohnorte der Leviten

39 Die Wohnorte und die Weideplätze
für die Viehherden wurden den Nach-
kommen Levis durch das Los zugeteilt.
Das erste Los fiel auf die Nachkommen
Aarons, die zu den Nachkommen Ke-
hats gehörten. 40 Sie erhielten im Ge-
biet des Stammes Juda die Stadt He-
bron mit dem Weideland ringsum.
41 Aber das Ackerland der Stadt und
die dazugehörenden Dörfer bekam
Kaleb, der Sohn von Jefunne. 42 He-
bron war eine von den Asylstädten, in
denen ein Totschläger Zuflucht finden
konnte. Außerdem erhielten die Nach-
kommen Aarons Libna, Jattir und
Eschtemoa mit ihren Weideflächen,
43 Holon und Debir, 44 Aschan und
Bet-Schemesch mit dem dazugehören-
den Weideland. 45 Dazu bekamen sie
im Stammesgebiet von Benjamin

Geba, Alemet und Anatot mit ihren
Weideflächen. Insgesamt waren es
dreizehn Städte.

46 Die übrigen Sippen der Nach-
kommen Kehats bekamen durch das
Los zehn Städte in der westlichen
Hälfte des Stammesgebiets von Ma-
nasse. 47 Die verschiedenen Sippen
der Nachkommen Gerschons erhiel-
ten dreizehn Städte im Gebiet der
Stämme Issachar, Ascher und Naftali
sowie in der östlichen Hälfte des
Stammesgebiets von Manasse, in Ba-
schan. 48 Die Sippen der Nachkom-
men Meraris bekamen durch das Los
zwölf Städte im Gebiet der Stämme
Ruben, Gad und Sebulon.

49 Die Israeliten übergaben also
den Nachkommen Levis diese Städte
mit dem dazugehörenden Weideland.
50 Die Priester erhielten durch das
Los die bereits genannten Städte im
Gebiet der Stämme Juda, Simeon und
Benjamin.

51 Die anderen Sippen der Nach-
kommen Kehats erhielten folgende
Städte mit dem dazugehörenden
Weideland: im Stammesgebiet von
Efraïm 52 die Asylstadt Sichem im
Bergland von Efraïm, weiter Geser,
53 Kibzajim*, Bet-Horon, 54 Ajalon
und Gat-Rimmon; 55 im Stammes-
gebiet von West-Manasse Aner und
Jibleam.

56 Die Nachkommen Gerschons be-
kamen folgende Städte mit dem dazu-
gehörenden Weideland: im Gebiet
von Ost-Manasse: Golan in Baschan
und Aschtarot; 57 im Gebiet von
Issachar: Kedesch, Daberat, 58 Ramot
und Anem; 59 im Gebiet von Ascher:
Mischal, Abdon, 60 Hukok und Re-
hob; 61 und im Gebiet von Naftali:
Kedesch in Galiläa, Hammon und
Kirjatajim.

62 Die Nachkommen Meraris
schließlich bekamen folgende Städte
mit dem dazugehörenden Weideland:
im Stammesgebiet von Sebulon: Rim-
mon und Tabor; 63 auf der Ostseite
des Jordan im Stammesgebiet von
Ruben: die Stadt Bezer, die gegenüber
von Jericho in der Steppe liegt, dazu
Jahaz, 64 Kedemot und Mefaat; 65 im
Stammesgebiet von Gad: Ramot in
Gilead, Mahanajim, 66 Heschbon und
Jaser.

Der Stamm Issachar

7 1 Die Söhne Issachars waren
Tola, Puwa, Jaschub und Schim-
ron, 2 die Söhne Tolas: Usi, Refaja, Je-
riël, Jachmai, Jibsam und Schemuël.
Sie waren die Oberhäupter ihrer Sip-
pen und tüchtige Krieger. In der Zeit
Davids betrug die Zahl der Nachkom-
men Tolas nach ihren Verzeichnissen
22.600 Mann. 3 Usi hatte einen Sohn
namens Jisrachja. Er und seine Söhne
Michael, Obadja, Joël und Jischija
waren insgesamt fünf Sippenober-
häupter. 4 Sie hatten so viele Frauen
und Kinder, dass ihre Sippen in der
Lage waren, 36.000 Mann für das
Heer zu stellen. 5 Auch ihre Brüder
aus den übrigen Sippen Issachars
waren alles tüchtige Krieger. Insge-
samt ergab ihre Registrierung 87.000
Mann.

6,53 *Kibzajim.* So mit Josua 21,22. Hebräisch: Jokmemam.

Die Stämme Benjamin und Naftali

6 Benjamin hatte drei Söhne: Bela,
Becher und Jediaël. 7 Die Söhne Belas
waren Ezbon, Usi, Usiël, Jerimot und Ir. Diese fünf waren die Oberhäupter ihrer Sippen und tüchtige Krieger. Im Verzeichnis ihrer Nachkommen waren 22.034 Mann eingetragen.
8 Die Söhne von Becher waren Semira, Joasch, Eliëser, Eljoënai, Omri, Jerimot, Abija, Anatot und Alemet.
9 Im Verzeichnis ihrer Nachkommen waren, nach Sippen geordnet, 20.200 kriegstüchtige Männer eingetragen.
10 Jediaël hatte einen Sohn namens Bilhan, dessen Söhne waren Jëusch, Benjamin, Ehud, Kenaana, Setan,
Tarschisch und Ahischahar. 11 Auch
sie waren Oberhäupter ihrer Sippen und tüchtige Krieger. Sie stellten im Kriegsfall 17.200 Mann für das Heer.
12 Die Söhne von Ir waren Huppim und Schuppim. Der Sohn von Aher war Huschim.

13 Die Söhne Naftalis waren: Jachzeel, Guni, Jezer und Schallum. Sie alle stammten von Naftalis Mutter Bilha ab.*

Der Stamm Manasse

14 Manasse hatte einen Sohn namens Asriël. Seine aramäische Nebenfrau gebar ihm Machir, den Vater Gileads.
15 Machir nahm eine Schwester von Huppim und Schuppim zur Frau, sie hieß Maacha. Sein zweiter Sohn war Zelofhad; dieser hatte nur Töchter.
16 Maacha, die Frau Machirs, gebar einen Sohn, den sie Peresch nannte. Sein Bruder hieß Scheresch. Die Söhne von Scheresch waren Ulam
und Rekem. 17 Ulam hatte einen Sohn
namens Bedan. Das sind die Nachkommen von Gilead, dem Sohn von Machir und Enkel von Manasse.
18 Seine Schwester Molechet gebar
Ischhod, Abiëser und Machla. 19 Die
Söhne von Schemida waren Achjan, Schechem, Likhi und Aniam.

Der Stamm Efraïm

20 Efraïm hatte einen Sohn namens Schutelach, dessen Sohn war Bered, und als weitere Nachkommen in direkter Linie folgten: Tahat, Elada,
Tahat 21 und Sabad. Außer Schutelach hatte Efraïm noch zwei Söhne namens Eser und Elad. Sie zogen aber nach Gat* hinunter, um den dortigen Bewohnern ihre Viehherden zu rauben, und wurden dabei erschlagen.
22 Ihr Vater Efraïm trauerte lange Zeit um sie, und seine Verwandten kamen zu ihm, um ihn zu trösten.
23 Dann schlief er wieder mit seiner Frau, und sie wurde schwanger und gebar einen Sohn. Er nannte ihn Beria, weil er in dieser Unglückszeit seiner Familie geboren wurde.*
24 Efraïms Tochter war Scheera. Sie ließ das untere und das obere Bet-Horon sowie Usen-Scheera erbauen.
25 Berias Sohn war Refach, und dessen weitere Nachkommen waren Reschef, Telach, Tahan, 26 Ladan, Am-
mihud, Elischama 27 und Nun; dessen Sohn war Josua.

7,13 Siehe 4. Mose 46,24-25.

7,21 *Gat.* Eine der fünf Philisterstädte, Heimatstadt des Goliat.

7,23 *Beria* erinnert an das hebräische *beraah* = »im Unglück«.

28 Der Grundbesitz, den die Nach-
kommen Efraïms bewohnten, um-
fasste Bet-El mit den dazugehörenden
Dörfern, östlich davon Naara, in
westlicher Richtung Geser, und im
Norden reichte er bis Sichem und
Aja, jeweils mit den zugehörigen
Dörfern. 29 Im Besitz der Nach-
kommen von Manasse befanden sich
Bet-Schean, Taanach, Megiddo und
Dor, ebenfalls mit den Dörfern rings-
um. Alle diese Orte wurden von den
Nachkommen Josefs, den Söhnen
Israels, bewohnt.

Der Stamm Ascher

30 Die Söhne von Ascher waren
Jimna, Jischwa, Jischwi und Beria;
ihre Schwester war Serach. 31 Die
Söhne von Beria waren Heber und
Malkiël. Dieser war der Stammvater
von Birsajit. 32 Heber zeugte Jaflet,
Schemer und Hotam sowie eine
Tochter namens Schua. 33 Die Söhne
Jaflets waren Pasach, Bimhal und
Aschwat. 34 Die Söhne Schemers:
Ahi, Rohga, Hubba und Aram. 35 Und
die Söhne seines Bruders Helem: Zo-
fach, Jimna, Schelesch und Amal.
36 Die Söhne Zofachs waren Suach,
Harnefer, Schual, Beri, Jimra, 37 Be-
zer, Hod, Schamma, Schilscha, Jitran
und Beera. 38 Die Söhne Jitrans
waren Jefunne, Pispa und Ara. 39 Die
Söhne von Ulla waren Arach, Hanniël
und Rizja. 40 Sie alle waren Nach-
kommen von Ascher, hervorragende
Führer ihrer Sippen und tapfere
Krieger. In den Listen der wehrfähi-
gen Männer waren von den Nach-
kommen Aschers 26.000 Mann ein-
getragen.

**Noch einmal
der Stamm Benjamin**

8 1 Benjamins Erstgeborener war
Bela, sein zweiter Sohn Aschbel,
der dritte Achrach, 2 der vierte Noha,
der fünfte Rafa. 3 Die Söhne von Bela
waren Addar, Gera, Abihud, 4 Abi-
schua, Naaman, Ahoach, 5 Gera,
Schefufan und Huram. 6 Die Söhne
Ehuds waren die Oberhäupter der
Sippen, die in Geba wohnten und
von dort nach Manahat verschleppt
wurden, 7 nämlich Naaman, Ahija
und Gera. Gera war es, der sie dort-
hin verschleppte. Gera zeugte Usa
und Ahihud. 8 Schaharajim wohnte
im Hochland von Moab, nachdem er
seine Frauen Huschim und Baara
verstoßen hatte. 9 Mit seiner Frau
Hodesch zeugte er Jobab, Zibja, Me-
scha, Malkam, 10 Jëuz, Sacheja und
Mirma. Jeder von ihnen wurde das
Oberhaupt einer eigenen Sippe.
11 Von seiner früheren Frau Huschim
stammten seine Söhne Abitub und
Elpaal. 12 Die Söhne Elpaals waren:
Eber, Mischam und Schemed. Dieser
erbaute Ono, Lod und die dazuge-
hörenden Orte. 13 Die Brüder Beria
und Schema waren die Oberhäupter
der Sippen, die in Ajalon wohnten.
Sie vertrieben die Einwohner von
Gat. 14 Ihre übrigen Brüder hießen
Elpaal, Schaschak und Jeroham.
15 Die Söhne von Beria waren: Se-
badja, Arad, Eder, 16 Michael, Jisch-
pa und Joha. – 17 Sebadja, Meschul-
lam, Hiski, Heber, 18 Jischmerai,
Jislia und Jobab waren die Söhne
von Elpaal. 19 Jakim, Sichri, Sabdi,
20 Eliënai, Zilletai, Eliël, 21 Adaja,
Beraja und Schimrat waren die
Söhne von Schimi. 22 Jischpan, Eber,

Eliël, 23 Abdon, Sichri, Hanan,
24 Hananja, Elam, Antotija, 25 Jifdeja
und Penuël waren die Söhne von
Schaschak. 26 Schamscherai, Sche-
harja, Atalja, 27 Jaareschja, Elija und
Sichri waren die Söhne von Jeroham.
28 Sie waren die Oberhäupter der
Sippen ihrer Nachkommen und
wohnten in Jerusalem.

Die Familie Sauls

29 In Gibeon wohnte der Stamm-
vater* dieser Stadt; seine Frau hieß
Maacha. 30 Sein erstgeborener Sohn
war Abdon, als weitere Söhne folgten:
Zur, Kisch, Baal, Nadab, 31 Gedor,
Achjo, Secher und Miklot; 32 dieser
hatte einen Sohn namens Schima.
Auch sie ließen sich wie ihre Stam-
mesbrüder in Jerusalem nieder. 33 Ner
zeugte Kisch und Kisch zeugte Saul.
Die Söhne Sauls waren Jonatan,
Malkischua, Abinadab und Eschbaal.
34 Der Sohn Jonatans war Merib-
Baal*, und dieser zeugte Micha.
35 Die Söhne von Micha waren Piton,
Melech, Tachrea und Ahas. 36 Ahas
zeugte Joadda, und Joadda zeugte
Alemet, Asmawet und Simri. Simri
zeugte Moza. 37 Seine weiteren Nach-
kommen waren Bina, Rafa, Elasa
und Azel. 38 Azel hatte sechs Söhne:
Asrikam, Bochru, Jischmaël, Schear-
ja, Obadja und Hanan. 39 Die Söh-
ne von Azels Bruder Eschek waren
Ulam, sein Erstgeborener, Jëusch, der
zweite, und Elifelet, der dritte. 40 Die
Söhne Ulams waren tapfere Krieger,
die den Bogen spannten. Sie hatten
viele Söhne und Enkel, insgesamt
150 Mann. Alle genannten Sippen
gehörten zu den Nachkommen
Benjamins.

9 1 So hatte sich ganz Israel in die
Stammeslisten eintragen lassen.
Aufgeschrieben sind sie im Buch der
Könige von Israel. Weil die Bewohner
von Juda Gott untreu geworden
waren, wurden sie nach Babylonien in
die Verbannung geführt.

Die Bewohner Jerusalems nach dem Exil

2 Die ersten Ansiedler, die sich wieder
auf ihrem Grundbesitz in ihren Städ-
ten niederließen, waren Leute aus
dem Volk sowie Priester, Leviten und
Tempeldiener. 3 Damals ließen sich in
Jerusalem folgende Leute aus den
Stämmen Juda, Benjamin, Efraïm
und Manasse nieder:
4 Aus dem Stamm Juda: Utai, der
Sohn Ammihuds; er stammt über
Omri, Imri und Bani von Judas Sohn
Perez ab; 5 von den Nachkommen
Schelas: Asaja, der Erstgeborene, und
seine Söhne; 6 von den Nachkommen
Serachs: Jëuël. Zusammen mit seinen
Brüdern waren es 690.
7 Aus dem Stamm Benjamin: Sallu,
der Sohn Meschullams; seine weite-
ren Vorfahren waren Hodawja und
Senua. 8 Dazu Jibneja, der Sohn Jero-
hams, Ela, der Sohn von Usi und
Enkel von Michri, Meschullam, der
Sohn von Schefatja, dessen weitere
Vorfahren Reguël und Jibnija waren.
9 Zusammen mit ihren Brüdern und
nach ihren Sippen waren es 956
Sippenoberhäupter.

8,29 *Stammvater.* Nach 9,35 hieß er Jëiël.

8,34 *Merib-Baal.* Anderer Name für Mefi-Boschet (2. Samuel 9,12).

10 Von den Priestern: Jedaja, Jojarib,
Jachin; 11 Asarja, der Sohn von Hilki-
ja, der Fürst des Gotteshauses; seine
weiteren Vorfahren waren Meschul-
lam, Zadok, Merajot und Ahitub.
12 Dazu Adaja, der Sohn Jerohams,
dessen weitere Vorfahren Paschhur
und Malkija waren; Masai, der Sohn
Adiëls, dessen weitere Vorfahren
Jachsera, Meschullam, Meschillemot
und Immer waren. 13 Zusammen mit
ihren Brüdern waren es 1760 angese-
hene Männer, alle befähigt zum
Dienst im Haus Gottes.

14 Von den Leviten waren es Sche-
maja von der Gruppe Merari, dessen
Vorfahren Haschub, Asrikam, und
Haschabja waren. 15 Dann Bakba-
kar, Heresch, Galal und Mattanja,
der Sohn von Micha und Enkel
von Sichri, ein Nachkomme Asafs;
16 Abda, der Sohn von Schammua
und Enkel von Galal, ein Nachkomme
Jedutuns; Berechja, der Sohn von
Asa und Enkel von Elkana, der früher
in den Siedlungen von Netofa ge-
wohnt hatte.

17 Dazu die Torwächter: Schallum,
Akkub, Talmon und Ahiman. Ihr
Oberhaupt war Schallum. 18 Seine
Sippe bewacht bis zum heutigen Tag
das Königstor auf der Ostseite. Sie
waren schon die Torwächter in den
Lagern der Söhne Levis. 19 Auch den
Dienst als Wächter am Eingang des
Zelts versahen Schallum und die
Männer seiner Sippe, sämtlich Nach-
kommen Korachs; Schallum stammte
über Kore und Abisaf von Korach ab.
Seine Vorfahren hatten in der Wüste
den Eingang zum Lager Jahwes be-
wacht. 20 Pinhas, der Sohn Eleasars,
war ihr Oberhaupt gewesen. Jahwe
stand ihm bei. 21 Secharja, der Sohn
von Meschelemja, war Torhüter am
Eingang vom Zelt der Gottesbegeg-
nung. 22 Insgesamt waren es 212
Mann, die zu Torwächtern ausge-
wählt worden waren. Ihre Eintragung
erfolgte in ihren Gehöften. David und
der Seher* Samuel hatten sie in ihr
Amt eingesetzt. 23 Sie und ihre Söhne
hatten als Wachen die Aufsicht über
die Tore vom Zelthaus und später vom
Haus Jahwes. 24 Die Wachen waren
nach den vier Himmelsrichtungen
aufgestellt, nach Osten, Westen, Nor-
den und Süden. 25 Ihre Brüder, die
in ihren Gehöften wohnten, mussten
jeweils für sieben Tage mit ihnen
zusammen zum Dienst erscheinen,
wenn sie an der Reihe waren. 26 Denn
nur die vier Oberen der Torhüter
waren ständig in Jerusalem. Auch sie
waren Leviten. Die Leviten verwalte-
ten außerdem die Vorratskammern
und die Schätze vom Haus Gottes.
27 Und die Nacht verbrachten sie
rings um das Haus Gottes, denn ihnen
war der Wachdienst übertragen, und
sie mussten jeden Morgen die Tore
aufschließen.

28 Einige von ihnen hatten die Auf-
sicht über die Geräte für den Dienst.
Abgezählt brachten sie diese hinein
und abgezählt wieder heraus. 29 An-
dere hatten die Aufsicht über die sons-
tigen Geräte und Gefäße des Heilig-
tums und über das Feinmehl, den
Wein, das Öl, den Weihrauch und
die Balsam-Öle. 30 Aber das Mischen
der Balsam-Öle zu einer Salbe war die

9,22 *Seher*. Anderes Wort für *Prophet* (1. Samuel 9,9).

Aufgabe der Priester. 31 Dem Leviten
Mattitja – er war der Erstgeborene
Schallums aus der Nachkommen-
schaft Korachs – war das Pfannen-
Backwerk anvertraut. 32 Einige seiner
Brüder aus der Nachkommenschaft
Kehats waren für die geweihten Brote
zuständig, die Sabbat für Sabbat zu-
gerichtet werden mussten.

33 Die levitischen Sippenoberhäup-
ter, die für den Gesang verantwort-
lich waren, wohnten in den Kammern
am Tempel und waren von anderen
Diensten befreit, weil sie Tag und
Nacht bereit sein mussten.

34 All die genannten Sippenober-
häupter der Leviten waren in den
Geschlechtsregistern aufgeführt. Sie
wohnten in Jerusalem.

Die Familie Sauls

35 In Gibeon wohnte Jëiël, der Stamm-
vater dieser Stadt. Seine Frau hieß
Maacha, 36 sein erstgeborener Sohn
war Abdon, die anderen hießen Zur,
Kisch, Baal, Ner, Nadab, 37 Gedor,
Achjo, Secher und Miklot. 38 Miklot
hatte einen Sohn namens Schima.
Auch sie ließen sich wie ihre Stam-
mesbrüder in Jerusalem nieder. 39 Ner
zeugte Kisch, und Kisch zeugte Saul.
Die Söhne Sauls waren: Jonatan, Mal-
kischua, Abinadab und Eschbaal.
40 Jonatans Sohn war Merib-Baal und
dessen Sohn Micha. 41 Die Söhne von
Micha waren: Piton, Melech, Tachrea
und Ahas. 42 Der Sohn von Ahas hieß
Joadda, und dessen Söhne waren Ale-
met, Asmawet und Simri. Der Sohn
von Simri war Moza, 43 und als weite-
re Nachkommen in dieser Linie folg-
ten Bina, Refaja, Elasa und Azel.
44 Azel hatte sechs Söhne: Asrikam,
Bochru, Jischmaël, Schearja, Obadja
und Hanan.

Sauls Niederlage und Tod

10 1 Zwischen den Philistern und
Israel kam es zur Schlacht. Die
Männer Israels mussten vor den Phi-
listern fliehen, und viele von ihnen
blieben erschlagen auf den Bergen
von Gilboa liegen. 2 Die Philister setz-
ten auch Saul und seinen Söhnen
nach. Sie erschlugen die drei Söhne
Sauls Jonatan, Abinadab und Malki-
schua. 3 Um Saul herum tobte ein er-
bitterter Kampf. Die Bogenschützen
hatten ihn getroffen und schwer ver-
wundet. 4 Da sagte Saul zu seinem
Waffenträger: »Zieh dein Schwert
und töte mich, damit nicht diese Un-
beschnittenen* kommen und ihren
Spott mit mir treiben!« Sein Waffen-
träger aber wollte es nicht tun, er
scheute sich davor. Da nahm Saul
sein Schwert und stürzte sich hinein.
5 Als der Waffenträger sah, dass Saul
tot war, stürzte auch er sich in sein
Schwert und starb neben ihm. 6 So
starben Saul, seine drei Söhne, sein
Waffenträger und alle seine Männer
an diesem einen Tag. 7 Als die Israe-
liten der Jesreel-Ebene sahen, dass die
Männer Israels geflohen und Saul und
seine Söhne tot waren, verließen sie
ihre Städte und flohen. Die Philister
nahmen sie in Besitz und wohnten
darin.

8 Am Tag nach der Schlacht kamen
die Philister, um die Gefallenen zu
plündern. Dabei fanden sie Saul und

10,4 *Unbeschnittene.* Verächtlicher Ausdruck für Menschen, die nicht zum Bund Gottes gehörten. Siehe 1. Mose 17,9-14!

seine drei Söhne auf den Bergen von
Gilboa. 9 Sie zogen Saul aus und nah-
men seinen Kopf und seine Rüstung. Beides ließen sie im Land der Philister herumzeigen, um die Freudenbotschaft in ihren Götzentempeln und unter dem Volk zu verkünden.
10 Seine Rüstung legten sie in den Tempel ihres Gottes und seinen Schädel spießten sie im Haus Dagons auf.

11 Als die Bewohner von Jabesch in Gilead* hörten, was die Philister Saul
angetan hatten, 12 machten sich alle wehrfähigen Männer auf und holten die Leichen Sauls und seiner Söhne nach Jabesch. Sie begruben ihre Gebeine unter der Terebinthe von Jabesch und fasteten sieben Tage lang.

13 So kam Saul ums Leben, weil er Jahwe untreu geworden war und das Wort Jahwes nicht beachtet hatte und auch weil er den Totengeist befragt
hatte, um Rat zu holen, 14 anstatt sich
an Jahwe zu wenden. Darum ließ dieser ihn umkommen und übergab das Königtum David, dem Sohn Isais.

David wird König über Israel

11 1 Ganz Israel versammelte sich bei David in Hebron und sagte: »Wir sind doch dein Fleisch
und Blut. 2 Schon früher, als Saul
noch unser König war, hast du Israels Heer in den Kampf geführt und wieder heimgebracht. Und Jahwe, dein Gott, hat zu dir gesagt: ›Du sollst der Hirt meines Volkes Israel sein, du
sollst Israels Fürst werden!‹« 3 Das
sagten die Ältesten Israels, die zum König nach Hebron gekommen waren. Und König David schloss vor Jahwe einen Bund mit ihnen. Daraufhin salbten sie David zum König über Israel, wie Jahwe es durch Samuel angekündigt hatte.

David erobert Jerusalem

4 David zog nun mit allen Männern Israels nach Jerusalem, das damals noch Jebus hieß. Die Jebusiter waren
die Bewohner des Landes. 5 Die Ein-
wohner von Jebus riefen David zu: »Da wirst du nicht hineinkommen!« Aber David nahm die Bergfestung Zion ein, und sie wurde zur Davids-
stadt. 6 David hatte gesagt: »Wer den
ersten Jebusiter erschlägt, soll Oberhaupt und Anführer werden.« Da stieg Joab Ben-Zeruja als Erster in die Burg hinauf und wurde zum Ober-
haupt. 7 David machte die Bergfes-
tung zu seinem Wohnsitz und nannte
sie »Davidsstadt«. 8 Er baute sie
vom Stadtwall her ringsum aus. Joab stellte den Rest der Stadt wieder her.
9 David wurde immer mächtiger, und
Jahwe, der allmächtige Gott, stand ihm bei.

Davids Elitetruppe

10 Das sind die Anführer der Elitetruppe Davids, die ihm während seiner Königsherrschaft zusammen mit ganz Israel mutig beistanden, um ihn zum König zu machen, wie Jahwe es
für Israel angeordnet hatte. 11 Es folgt
die Aufzählung der Elitetruppe Davids: Joschobam Ben-Hachmoni, Anführer der Offiziere. Er schwang seinen Speer über 300 Mann, die er in einer Schlacht durchbohrt hatte.
12 Der zweite nach ihm war Eleasar

10,11 *Jabesch in Gilead* lag 15 km südöstlich von Bet-Schean im Ostjordanland.

Ben-Dodo, ein Nachkomme Ahoachs.
Er gehörte zu den drei Helden der
Elitetruppe. 13 Er war dabei, als die
Philister sich bei Pas-Dammim zum
Kampf gegen David sammelten. Dort
war ein Feldstück mit Gerste. Als das
Volk vor den Philistern floh, 14 stellten
sie sich mitten auf das Feld, entrissen
es den Philistern und schlugen sie. So
schaffte Jahwe eine große Rettung.

15 Drei von den dreißig Helden gingen einmal zu dem Felsen hinunter, wo sich David befand, in der Höhle bei Adullam. Die Philister hatten die Ebene Refaïm besetzt.
16 Auch in
Bethlehem lagen sie. David hielt sich
gerade in der Bergfestung auf,
17 als
ihn ein großes Verlangen überkam. Er
sagte: »Wer bringt mir Wasser aus
der Zisterne am Tor von Bethlehem?«
18 Da drangen die drei Helden ins
Lager der Philister ein, schöpften
Wasser aus der Zisterne am Tor von
Bethlehem und brachten es zu David.
Doch David wollte es nicht trinken,
sondern goss es als Trankopfer vor
Jahwe aus.
19 Er sagte: »Jahwe bewahre mich davor, so etwas zu tun! Das wäre, als wollte ich das Blut dieser Männer trinken, die unter Lebensgefahr hingegangen sind. Sie haben ihr Leben eingesetzt, um mir das Wasser zu bringen.« Deshalb wollte er es nicht trinken. Das hatten die drei Helden getan.

20 Abischai, der Bruder Joabs, war
der Anführer der Dreißig. 300 Feinde
hatte er mit dem Speer getötet, und er
war angesehen unter den Dreien.
21 Von den Dreien der zweiten Reihe*
war er der berühmteste, sodass er
ihr Anführer wurde, doch an die
ersten Drei reichte er nicht heran.
22 Benaja Ben-Jojada war ein tapferer
Mann, der große Taten vollbrachte.
Er erschlug die beiden Kriegshelden
von Moab. Und an einem Schneetag
stieg er in eine Zisterne und erschlug
den Löwen, der dort hineingeraten
war.
23 Er war es auch, der den
zweieinhalb Meter* großen Ägypter
erschlug, der einen Speer wie einen
Weberbaum in der Hand hatte. Mit
einem Stock ging er zu dem Ägypter
hinunter, riss ihm den Speer aus der
Hand und durchbohrte ihn damit.
24 Solche Taten vollbrachte Benaja
Ben-Jojada. Er war hochgeachtet
unter den dreißig Helden
25 und wurde
mehr als sie geehrt. Aber an die Drei
reichte er nicht heran. David machte
ihn zum Anführer seiner Leibgarde.

26 Zur Elitetruppe gehörten Asaël,
der Bruder von Joab; Elhanan Ben-Dodo aus Bethlehem,
27 Schammot
aus Harod, Helez, ein Peloniter;
28 Ira
Ben-Ikkesch aus Tekoa, Abiëser aus
Anatot,
29 Sibbechai aus Huscha, Ilai
aus Ahoach,
30 Mahrai und Heled
Ben-Baana aus Netofa,
31 Ittai Ben-Ribai aus Gibea im Gebiet Benjamins,
Benaja aus Piraton,
32 Hiddai aus Nahale-Gaasch, Abiël aus Bet-Araba,
33 Asmawet aus Bahurim, Eljachba
aus Schaalbim,
34 Haschem* aus
Gison, Jonatan Ben-Schage und

11,21 *zweiten Reihe.* Wahrscheinlich gab es mehr als eine Dreiergruppe berühmter Soldaten.

11,23 *zweieinhalb Meter.* Wörtlich: *fünf Ellen.* Weil die für eine Elle angegebenen Maße zwischen 44,42 und 52,45 cm schwanken, gehen wir für die Umrechnungen von 50 cm aus.

11,34 *Haschem.* Wörtlich: Söhne des Haschem.

35 Ahiam Ben-Sachar aus Harar; Eli-
fal Ben-Ur, 36 Hefer aus Mechera,
Ahija aus Pelon, 37 Hezro aus Karmel,
Naarai Ben-Esbai, 38 Joël, der Bruder
Natans; Mibhar Ben-Hagri, 39 Zelek,
der Ammoniter*, Nachrai aus Beerot,
der Waffenträger Joabs; 40 Ira und
Gareb aus Jattir, 41 Urija, der Heti-
ter*; Sabad Ben-Achlai, 42 Adina
Ben-Schisa, einer der Oberen des
Stammes Ruben und Anführer von
dreißig Mann; 43 Hanan Ben-Maa-
cha, Joschafat aus Meten, 44 Usija
aus Aschtarot, Schama und Jëiël, die
Söhne Hotams aus Aroer; 45 Jediaël
Ben-Schimri, und sein Bruder Joha
aus Tiz, 46 Eliël aus Mahanajim,
Jeribai und Joschawja, die Söhne
Elnaams; Jitma, der Moabiter*,
47 Eliël, Obed und Jaasiël aus Zoba.

Davids Mitkämpfer in Ziklag

12 1 Als David sich noch in Zi-
klag* aufhielt, um sich von
König Saul Ben-Kisch fernzuhalten,
schlossen sich ihm schon damals hel-
denhafte Männer an, um ihm in sei-
nem Kampf zu helfen. 2 Sie waren mit
Bogen ausgerüstet und konnten so-
wohl mit der rechten als auch mit der
linken Hand Steine schleudern und
Pfeile schießen. Von Sauls eigenen
Stammesbrüdern aus Benjamin ka-
men 3 als Oberhaupt Ahiëser und sein
Bruder Joasch, die Söhne von Sche-
maa aus Gibea; weiter Jesiël und
Pelet, die Söhne von Asmawet; Bera-
cha und Jehu aus Anatot, 4 Jischmaja
aus Gibeon, später war er einer von
den »Dreißig« und ihr Anführer; 5 Jir-
meja, Jahasiël, Johanan und Josabad
aus Gedera; 6 Elusai, Jerimot, Bealja,
Schemarja und Schefatja aus Haruf;
7 Elkana, Jischija, Asarel, Joëser und
Jaschobam von den Nachkommen
Korachs; 8 Joëla und Sebadja, die
Söhne von Jeroham, aus Gedor.

9 Auch aus dem Stamm Gad ging
eine Anzahl tapferer Männer zu David
über, als er in seiner Bergfestung in der
Wüste Juda war. Sie waren mit Schild
und Speer bewaffnet, kampferprobt,
mutig wie Löwen und in den Bergen
flink wie Gazellen. 10 Ihr Oberhaupt
war Eser, der zweite Obadja, der dritte
Eliab, 11 der vierte Mischmanna, der
fünfte Jirmeja, 12 der sechste Attai, der
siebte Eliël, 13 der achte Johanan, der
neunte Elsabad, 14 der zehnte Jirmeja,
der elfte Machbannai. 15 Sie alle waren
Anführer im Heer. Der Schwächste von
ihnen nahm es mit hundert Gegnern
auf, der Stärkste aber mit tausend.
16 Schon im April* überschritten sie
den Jordan, als er Hochwasser führte
und alle Nebentäler auf beiden Seiten
abgeschnitten waren.

17 Auch aus den Stämmen Benja-
min und Juda kamen einige zu David
in die Bergfestung. 18 David ging zu
ihnen hinaus und sagte: »Wenn ihr
als Freunde zu mir kommt, um mir
zu helfen, dann seid ihr herzlich
willkommen. Wenn ihr mich aber an
meine Feinde verraten wollt, obwohl

11,39 Die *Ammoniter* lebten nordöstlich vom Toten Meer.

11,41 Das Reich der *Hetiter* erstreckte sich nach Norden bis weit in die heutige Türkei.

11,46 Die *Moabiter* lebten östlich vom Toten Meer zwischen den Flüssen Arnon und Zered.

12,1 *Ziklag* war eine Stadt im Gebiet der Philister (1. Samuel 27,6).

12,16 *April.* Wörtlich: Im 1. Monat.

kein Blut an meinen Händen klebt,
dann möge der Gott unserer Vorfah-
ren es sehen und strafen.« 19 Da kam
der Geist Gottes über Amasai, der
später das Oberhaupt der Offiziere
wurde, und er rief:

»David, wir gehören zu dir, /
und zu dir stehen wir, Ben-Isai! /
Friede, Friede dir / und Frieden
dem, der dir hilft! / Denn dir hilft
dein Gott!«

Da nahm David sie auf und reihte sie
unter die Oberhäupter der Streifschar
ein.

20 Auch von Manasse liefen einige
Männer zu David über. Das geschah
zu der Zeit, als David mit den Phi-
listern gegen Saul in den Kampf zog.
Es kam allerdings nicht dazu, denn
nach einer Beratung schickten ihn
die Fürsten der Philister wieder weg.
Sie sagten nämlich: »Um den Preis
unserer Köpfe könnte er zu seinem
früheren Herrn Saul überlaufen.«
21 Als er nach Ziklag zog, liefen fol-
gende Männer aus Manasse zu ihm
über: Adnach, Josabad, Jediaël, Mi-
chael, Josabad, Elihu und Zilletai.
Sie waren Oberhäupter von Heeres-
einheiten des Stammes Manasse ge-
wesen. 22 Sie halfen David im Kampf
gegen die Streifschar*, denn sie wa-
ren kriegstüchtige Männer und wur-
den später Obere im Heer. 23 Tag für
Tag kamen Leute zu David, um ihm zu
helfen, bis es ein großes Heerlager
wurde, ein Heerlager Gottes.

Davids Heer in Hebron

24 Es folgt ein Verzeichnis aller wehr-
fähigen Männer, die zu David nach
Hebron kamen, um das Königtum
Sauls nach dem Befehl Jahwes auf ihn
zu übertragen. 25 Vom Stamm Juda
waren es 6800 mit Schild und Lanze
Bewaffnete, 26 von Simeon 7100
Wehrtüchtige, 27 von den Leviten
4600, 28 dazu Jojada, das Oberhaupt
der Nachkommen Aarons, und mit
ihm 3700 Mann, 29 sowie Zadok, ein
junger tapferer Krieger mit seiner
Sippe: 22 Anführer. 30 Von den Benja-
miniten, den Stammesbrüdern Sauls,
kamen 3000, aber der größte Teil des
Stammes hielt bis dahin treu zur
Familie Sauls. 31 Von Efraïm kamen
20.800 Wehrtüchtige, Männer, die in
ihren Familien sehr geachtet wurden.
32 Vom halben Stamm Manasse
kamen 18.000 Männer, die nament-
lich bestimmt waren, dass sie kom-
men und David zum König machen
sollten. 33 Von Issachar kamen solche,
die das Gebot der Stunde verstanden
und wussten, was Israel zu tun hatte:
200 Anführer mit ihren Männern.
34 Von Sebulon kamen 50.000 Mann
mit einmütigem Herzen, kriegsmäßig
ausgerüstet und kampfbereit, um Da-
vid zu helfen. 35 Von Naftali kamen
1000 Anführer und 37.000 Mann, mit
Schild und Speer bewaffnet, 36 von
Dan 28.600 kampfbereite Männer.
37 Von Ascher kamen 40.000 kampf-
bereite Wehrfähige, 38 und vom Ost-
jordanland kamen von Ruben, Gad
und dem halben Stamm Manasse
120.000 Mann in voller Kriegsbe-
waffnung.

39 Sie alle kamen in Heeresordnung
nach Hebron, mit der einmütigen Ab-
sicht, David zum König über ganz

12,22 *Streifschar.* Wahrscheinlich sind die Amalekiter gemeint, die Ziklag überfallen hatten (1. Samuel 30,1).

Israel zu machen. Auch alle übrigen
Israeliten waren sich in diesem
Wunsch einig. 40 Drei Tage blieben sie
dort bei David und aßen und tranken,
denn ihre Brüder hatten alles für sie
bereitgestellt. 41 Auch die, die in ihrer
Nähe lebten, bis hin zu den Stammes-
gebieten von Issachar, Sebulon und
Naftali brachten Lebensmittel auf
Eseln und Kamelen, auf Maultieren
und Rindern: Mehlspeisen, Feigenku-
chen, Rosinenkuchen, Wein und Öl,
Rinder und Schafe in großer Zahl,
denn es herrschte Freude in Israel.

Die erste Überführung der Bundeslade

13 1 David beriet sich mit den
Anführern der Tausend- und
Hundertschaften und mit allen Fürs-
ten. 2 Dann sagte er zu der ganzen Ver-
sammlung Israels: »Wenn es euch gut
erscheint und wenn es Jahwe, unse-
rem Gott, gefällt, dann lasst uns Boten
zu unseren Brüdern in alle Gegenden
des Landes schicken und außerdem zu
den Priestern und Leviten in ihren
Wohnorten, dass sie sich bei uns ver-
sammeln. 3 Dann wollen wir die Lade
unseres Gottes zu uns herüberholen,
denn in der Zeit Sauls haben wir nicht
nach ihr gefragt.« 4 Die ganze Ver-
sammlung stimmte dem Vorhaben zu,
denn der Plan gefiel dem Volk.
5 So brachte David ganz Israel zu-
sammen, vom Schihor* vor Ägypten
bis dorthin, wo man nach Hamat*
kommt, um die Lade Gottes aus Kir-
jat-Jearim* zu holen. 6 Dann zog er
mit ganz Israel nach Baala* in Juda,
also nach Kirjat-Jearim, um von dort
die Lade Gottes nach Jerusalem zu
holen, die Lade, die Jahwe geweiht
ist, dem Namen des Allmächtigen,
der über den Cherubim* thront. 7 Auf
einem neuen unbenutzten Wagen
holten sie die Lade Gottes aus dem
Haus Abinadabs weg. Usa und Achjo
führten den Wagen. 8 David und ganz
Israel tanzten voller Hingabe vor Gott
und sangen dazu unter Begleitung
von Zithern und Harfen, Tamburin,
Zimbeln und Trompeten. 9 Als sie
zum Dreschplatz Kidons kamen, griff
Usa nach der Lade Gottes und hielt sie
fest, denn die Rinder hatten sich los-
gerissen. 10 Da flammte Jahwes Zorn
gegen Usa auf. Er schlug ihn, weil er
nach der Lade Gottes gegriffen hatte,
sodass er dort vor Gott starb. 11 Aber
auch David stieg es heiß hoch, weil
Jahwe Usa so aus dem Leben gerissen
hatte. Darum nannte man den Platz
Perez-Usa, Usas Riss, und so heißt er
bis heute*. 12 David bekam an diesem
Tag Angst vor Gott und sagte: »Wie
kann ich die Lade Gottes überhaupt
zu mir bringen?« 13 Deshalb ließ er
die Lade nicht zu sich in die Davids-
stadt bringen, sondern führte sie in

13,5 *Schihor.* Einer der Nilkanäle in der Nähe des heutigen Suez-Kanals.

Hamat. Heute: Labwe, etwa 70 km nördlich vom Hermon.

Kirjat-Jearim, »Wälderstadt«, lag 14 km westlich von Jerusalem.

13,6 *Baala in Juda* ist ein anderer Name für Kirjat-Jearim, wo sich die Bundeslade während der Zeit Sauls befand (1. Samuel 7,1).

Cherub, Mehrzahl: *Cherubim*. Majestätisches (Engel-)Wesen, das Gottes Herrlichkeit repräsentiert. Cherubim-Figuren waren auf dem Deckel der Bundeslade befestigt.

13,11 *bis heute.* Vom Standpunkt des Verfassers der Chronikbücher aus.

das Haus Obed-Edoms, der aus Gat
stammte. 14 Dort blieb die Lade Got-
tes drei Monate stehen. Da segnete
Jahwe Obed-Edom und sein ganzes
Haus.

David in Jerusalem

14 1 König Hiram von Tyrus*
schickte eine Gesandtschaft
zu David. Er lieferte ihm Zedernholz
für seinen Palast und schickte Zim-
merleute und Steinmetze zum Bauen.
2 Daran erkannte David, dass Jahwe
ihn zum König über Israel eingesetzt
hatte und aus Liebe zu seinem Volk
sein Königtum zu Ansehen brachte.
3 David nahm noch weitere Frauen
in Jerusalem und bekam noch mehr
Söhne und Töchter. 4 Seine in Jerusa-
lem geborenen Söhne waren Scham-
mua, Schobab, Natan, Salomo, 5 Jib-
har, Elischua, Elpelet, 6 Nogah, Ne-
feg, Jafia, 7 Elischama, Beeljada und
Elifelet.

Krieg mit den Philistern

8 Als die Philister hörten, dass David
zum König über Israel gesalbt worden
war, kamen sie mit ihrem ganzen
Heer, um David zu stellen. Sobald
David das erfuhr, zog er ihnen ent-
gegen. 9 Die Philister hatten sich in
der Ebene von Refaïm* ausgebreitet.
10 Da fragte David Gott: »Soll ich die
Philister angreifen? Wirst du sie in
meine Hand geben?« Jahwe sagte zu
ihm: »Greif sie an! Ich gebe sie in
deine Gewalt!« 11 Da zog David aus
und besiegte die Philister bei Baal-
Perazim. Er sagte: »Wie Wasser einen
Damm durchbricht, hat Gott die Rei-
hen meiner Feinde vor mir durchbro-
chen.« Deshalb nannte man jenen Ort
Baal-Perazim, Herr der Durchbrüche.
12 Die fliehenden Philister ließen so-
gar ihre Götzenbilder zurück. David
aber befahl, sie zu verbrennen.
13 Doch einige Zeit später kamen
die Philister wieder und breiteten sich
in der Ebene Refaïm aus. 14 David
fragte Gott, was er tun solle, und die-
ser antwortete: »Greif sie nicht direkt
an, sondern umgehe sie und fall ihnen
von den Bakabäumen* her in den
Rücken. 15 Sobald du ein Geräusch
hörst, als ob jemand durch die Wip-
fel der Bakabäume schreitet, dann
schlägst du los! Denn Gott ist vor dir
her in die Schlacht gezogen, um das
Heerlager der Philister zu schlagen.«
16 David machte es so, wie Gott es
ihm befohlen hatte. Er schlug die Phi-
lister von Gibeon bis nach Geser*.
17 Der Name Davids wurde in allen
Ländern bekannt und Jahwe sorgte
dafür, dass alle Völker ihn fürchteten.

Die zweite Überführung der Bundeslade

15 1 David baute sich Häuser in
der Davidsstadt. Auch für die
Lade Gottes richtete er einen Platz her
und schlug ein Zelt für sie auf. 2 Da-
mals sagte David: »Niemand außer

14,1 *Tyrus* war die wichtigste Hafenstadt an der phönizischen Küste, 56 km nördlich vom Berg Karmel.

14,9 Die *Ebene Refaïm* ist ein fruchtbares Gebiet westlich von Jerusalem.

14,14 *Bakabaum.* Vielleicht ein anderes Wort für den Maulbeerbaum (Sykomore).

14,16 *Geser.* Die alte kanaanitische Königsstadt lag 27 km südöstlich von Joppe und gehörte zu dieser Zeit wahrscheinlich den Philistern.

den Leviten darf die Lade Gottes tra-
gen, denn sie hat Jahwe dazu erwählt,
seine Lade zu tragen und ihm zu die-
nen.« 3 David hatte ganz Israel nach
Jerusalem zusammengerufen, um die
Lade Jahwes an den Platz hinaufzu-
bringen, den er für sie hergerichtet
hatte.

4 Dann holte er die Nachkommen
Aarons und die Leviten heran. 5 Von
den Nachkommen Kehats war es
Uriël mit 120 Mann; 6 von den Nach-
kommen Meraris: Asaja mit 220
Mann; 7 von den Nachkommen Ger-
schons: Joël mit 130 Mann; 8 von den
Nachkommen Elizafans: Schemaja
mit 200 Mann; 9 von den Nachkom-
men Hebrons: Eliël mit 80 Mann;
10 von den Nachkommen Usiëls:
Amminadab mit 112 Mann. 11 David
ließ die Priester Zadok und Abjatar
und die Leviten Uriël, Asaja und Joël,
Schemaja und Eliël und Amminadab
zu sich kommen 12 und sagte zu
ihnen: »Ihr seid die Oberhäupter der
levitischen Familien. Heiligt euch*
und eure Brüder und bringt die Lade
Jahwes, des Gottes Israels, zu dem
Platz hinauf, den ich für sie vorberei-
tet habe. 13 Weil ihr es beim ersten
Mal nicht getan habt, hat Jahwe,
unser Gott, eine Lücke in unsere
Reihen gerissen, weil wir ihn nicht
der Vorschrift entsprechend befragt
hatten.« 14 Da heiligten sich die Pries-
ter und die Leviten, um die Lade von
Jahwe, dem Gott Israels, heraufzu-
bringen. 15 Die Leviten trugen die
Lade Gottes auf ihren Schultern mit
den Tragstangen, wie Mose es nach
dem Wort Jahwes angeordnet hatte.
16 David hatte auch den Oberhäup-
tern der Leviten befohlen, ihre Brüder,
die Sänger, mit Musikinstrumenten,
Harfen und Zithern und Zimbeln auf-
zubieten, damit sie laute Freuden-
klänge erschallen ließen.

17 Sie beauftragten damit Heman
Ben-Joël, sowie Asaf Ben-Berech-
ja und Etan Ben-Kuschaja, der zu
den Nachkommen Meraris gehörte.
18 Hinzu kamen folgende Leviten der
zweiten Ordnung: Secharja, Jaasiël,
Schemiramot, Jehiël, Unni, Eliab, Be-
naja, Maaseja, Mattitja, Elifelehu,
Mikneja, Obed-Edom und Jëiël, die
Torwächter. 19 Die Sänger Heman,
Asaf und Etan ließen sich mit bron-
zenen Zimbeln hören. 20 Secharja,
Jaasiël, Schemiramot, Jehiël, Unni,
Eliab, Maaseja und Benaja spielten
Harfe in der hohen Tonlage. 21 Mattit-
ja, Elifelehu, Mikneja, Obed-Edom,
Jëiël und Asasja spielten Laute in der
tiefen Tonlage. Damit leiteten sie den
Gesang. 22 Kenanja war der Verant-
wortliche der Leviten für Tragearbei-
ten. Weil er sich darauf verstand, gab
er auch die Anweisungen für den
Transport der Bundeslade. 23 Berech-
ja und Elkana gingen als Wächter
voraus. 24 Vor der Lade gingen die
Priester Schebanja, Joschafat, Ne-
tanel, Amasai, Secharja, Benanja und
Eliëser und bliesen auf ihren Trompe-
ten, und hinter ihr folgten Obed-
Edom und Jehija als Wächter.

25 So zog David mit den Ältesten
von Israel und den Anführern der

15,12 *Heiligt euch.* Das bedeutete für die Israeliten, dass sie ihre Kleider und sich selbst waschen mussten und keinen Geschlechtsverkehr haben durften (siehe 2. Mose 19,10.14-15; 3. Mose 16,4.24).

Heereseinheiten freudig aus, um die
Bundeslade Jahwes aus dem Haus
Obed-Edoms abzuholen. 26 Weil Gott
es den Leviten, die die Bundeslade
Jahwes trugen, gelingen ließ, opferte
man sieben Stiere und sieben Schaf-
böcke. 27 David trug ein Obergewand
aus feinem weißen Leinen, ebenso
wie die Leviten, die die Lade trugen,
die Sänger und Kenanja, der den
Transport beaufsichtigte. David trug
außerdem ein leinenes Efod*. 28 So
brachte ganz Israel die Bundeslade
Jahwes jubelnd und mit Hörnerschall
unter dem Klang von Trompeten und
Zimbeln, Harfen und Zithern hinauf.
29 Als die Bundeslade Jahwes in
die Stadt getragen wurde, schaute
Michal, die Tochter Sauls, aus dem
Fenster. Und als sie sah, wie König
David hüpfte und tanzte, verachtete
sie ihn innerlich.

16 1 Man brachte die Lade Got-
tes in das Zelt, das David für
sie errichtet hatte. Dann wurden
Brand- und Freudenopfer* vor Gott
geschlachtet. 2 Nach dem Opfermahl
segnete David das Volk im Namen
Jahwes. 3 Dann ließ er an jeden Israe-
liten, Mann und Frau, je einen Brot-
fladen, eine Portion Dattelkuchen und
eine Portion Rosinenkuchen verteilen.
4 Einige Leviten setzte er zum Dienst
vor der Lade Jahwes ein, um Jahwe,
den Gott Israels, auch weiterhin zu
rühmen, zu preisen und zu loben.
5 Als Oberhaupt bestimmte er Asaf,
als seinen Stellvertreter Secharja,
dann Jaasiël, Schemiramot, Jehiël,
Mattitja, Eliab, Benaja, Obed-Edom
und Jëiël. Sie sollten sich mit Harfen
und Zithern hören lassen, Asaf auf der
Zimbel, 6 und die Priester Benaja und
Jahasiël ständig mit Trompeten vor
der Bundeslade Gottes.

Davids Danklied

7 Damals, an jenem Tag, beauftragte
David Asaf und seine Brüder zum
ersten Mal, Jahwe so zu loben:*

8 Preist Jahwe! Ruft aus seinen
Namen, / macht den Völkern seine
Taten bekannt! 9 Singt ihm, spielt
ihm / und redet von all seinen
Wundern! 10 Rühmt euch seines
heiligen Namens! / Die ihn
suchen, können sich freuen!

11 Fragt nach Jahwe und seiner
Macht, / sucht seine Nähe zu aller
Zeit! 12 Denkt an die Wunder, die
er tat, / die Beweise seiner Macht
und seine Rechtsentscheide. 13 Ihr
Nachkommen seines Dieners
Israel, / ihr Söhne Jakobs, seine
Erwählten: 14 Das ist Jahwe, unser
Gott! / Seine Rechtsentscheide
gelten in der ganzen Welt.

15 Denkt immer wieder an seinen
Bund / – sein Versprechen gilt
tausend Generationen –, 16 den er

15,27 Das *Efod* aus Leinen war offenbar ein ärmelloses Gewand und gehörte zur Dienstkleidung eines Priesters, muss aber von dem Efod des Hohen Priesters (2. Mose 39) unterschieden werden, das aus anderem Material hergestellt wurde.

16,1 Beim *Freudenopfer* wurde im Gegensatz zum Brandopfer, bei dem das ganze Tier verbrannt wurde, nur das Fett auf dem Altar verbrannt. Der größte Teil des Tieres durfte bei einer fröhlichen Opfermahlzeit gemeinsam mit Verwandten und Freunden verzehrt werden.

16,7 *Verse 8-22:* Siehe Psalm 105,1-15! *Verse 23-33:* Siehe Psalm 96!

mit Abraham schloss, / und an
seinen Eid mit Isaak! 17 Er gab ihn
Jakob als Ordnung, / Israel als
ewigen Bund. 18 Er sagte: Dir will
ich das Land Kanaan geben, / als
Erbland, das euch zugeteilt ist.
19 Ihr wart damals leicht zu
zählen, / nur wenig Leute und
Fremde dabei. 20 Sie zogen von
einem Volk zum anderen, / von
einem Reich zu einem anderen
Volk. 21 Er erlaubte keinem
Menschen, sie zu bedrücken, /
ihretwegen wies er Könige
zurecht: 22 »Tastet meine
Gesalbten nicht an, / tut meinen
Propheten nichts Böses!«
23 Singe Jahwe, ganze Erde! /
Verkündet seine Rettung jeden
Tag! 24 Erzählt bei den Völkern
von seiner Herrlichkeit, / von
seinen Wundern bei allen
Nationen!
25 Denn Jahwe ist groß und sehr
zu loben, / mehr zu fürchten als
alle Götter. 26 Denn alle Götter der
Völker sind Nichtse, / doch Jahwe
hat den Himmel gemacht.
27 Macht und Hoheit strahlt er
aus, / Pracht und Herrlichkeit in
seinem Heiligtum.
28 Gebt Jahwe, ihr Völker-
stämme, / gebt Jahwe Ehre und
Macht! 29 Gebt ihm seines
Namens Herrlichkeit! / Bringt
ihm seine Gaben, kommt zu
ihm! / Huldigt Jahwe in heiliger
Pracht!
30 Die ganze Welt erzittere vor
ihm! / Doch die Erde steht fest
und wankt nicht. 31 Der Himmel
freue sich, es jauchze die Erde! /
Man sage den Völkern: »Jahwe ist
König!« 32 Es tose das Meer und
was es erfüllt! / Es jauchze das
Feld und alles darauf! 33 Auch die
Bäume im Wald sollen jubeln vor
Jahwe. / Denn er kommt, um die
Erde zu richten.
34 Preist Jahwe! Denn er ist gut /
und seine Gnade hört niemals auf.
35 Sagt: »Rette uns, Gott unserer
Rettung, / sammle uns und
befreie uns aus den Nationen, /
dass dein heiliger Name gepriesen
wird / und wir uns deines Lobes
rühmen!« 36 Gelobt sei Jahwe, der
Gott Israels, / in alle Zeit und
Ewigkeit! / Das ganze Volk sagte:
Amen!* und lobte Jahwe.

Die Aufgaben der Leviten

37 David ließ Asaf und die Männer
seiner Sippe ständig vor der Bundes-
lade Jahwes bleiben, um dort den täg-
lich notwendigen Dienst zu tun.
38 Obed-Edom, den Sohn Jedutuns,
und die 68 Männer seiner Sippe ließ
er ebenso wie Hosea ihren Dienst als
Torwächter aufnehmen. 39 Den Pries-
ter Zadok und die anderen Priester
ließ David bei der Wohnung Jahwes
ihren Dienst verrichten, die auf der
Höhe bei Gibeon* steht. 40 Sie sollten
Jahwe jeden Morgen und Abend die
Brandopfer bringen und alles tun, was
im Gesetz Jahwes für die Israeliten

16,36 *Amen.* Hebräisch: *Es werde wahr!* Oder: *So sei es!*

16,39 *Wohnung Jahwes ... bei Gibeon.* Das Zelt der Gottesbegegnung hatte normalerweise seinen Platz in Schilo (Josua 18,1). Nach der Zerstörung Schilos durch die Philister (Jeremia 7,12-14) wurde sie mit dem Altar nach Gibeon gebracht.

vorgeschrieben ist. 41 Bei ihnen
waren Heman und Jedutun und die,
die namentlich dazu bestimmt wor-
den waren, Jahwe für seine ewige
Gnade zu preisen. 42 Heman und Je-
dutun hatten Trompeten und Zimbeln
und die anderen Musikinstrumente
für das Lob Gottes dabei. Torwächter
in Gibeon waren die Söhne Jedutuns.
43 Dann kehrten alle Israeliten wie-
der nach Hause zurück. Auch David
ging, um seiner Familie den Segens-
gruß zu bringen.

Gottes Verheißung für David

17 1 Als nun David in seinem
Palast wohnte, sagte er eines
Tages zum Propheten Natan: »Sieh
doch, ich wohne hier in einem Palast
aus Zedernholz, und die Bundeslade
Jahwes steht nur in einem Zelt.«
2 Natan sagte: »Tu, was du auf dem
Herzen hast, denn Gott ist mit dir!«
3 Aber in der folgenden Nacht kam
ein Wort Gottes zu Natan: 4 »Geh zu
meinem Diener David und richte ihm
aus: ›So spricht Jahwe: Nicht du wirst
mir das Haus zur Wohnung bauen.
5 Seit ich Israel aus Ägypten heraus-
führte, habe ich noch nie in einem
Haus gewohnt, sondern bin bis heute
in einer Zeltwohnung umhergezogen.
6 Habe ich während dieser ganzen
Zeit jemals zu einem der Führer Is-
raels, denen ich aufgetragen hatte,
mein Volk Israel zu weiden, gesagt:
›Warum baut ihr mir kein Haus aus
Zedernholz?‹ 7 Darum sollst du mei-
nem Diener David ausrichten: ›So
spricht Jahwe, der Allmächtige: Ich
selbst habe dich von der Schafherde
weggeholt und dich zum Herrscher
über mein Volk Israel gemacht. 8 Und
wohin du auch gegangen bist, bin ich
bei dir gewesen und habe alle deine
Feinde vor dir beseitigt. Ich habe dei-
nen Namen berühmt gemacht. Du
wirst zu den Großen der Erde gezählt.
9 Ich habe meinem Volk Israel eine
Heimat gegeben, ein Land, in dem es
sicher leben kann und nicht mehr
zittern muss. Böse Menschen werden
es nicht mehr unterdrücken wie
früher 10 und auch noch zu der Zeit,
als ich Richter über mein Volk Israel
einsetzte. Ich habe alle deine Feinde
gedemütigt. Und nun kündigt Jahwe
dir an, dass er dein Königsgeschlecht
bestehen lassen wird. 11 Wenn deine
Zeit abgelaufen ist und du gestorben
bist, werde ich dir einen deiner ei-
genen Nachkommen auf dem Thron
folgen lassen und seine Herrschaft
festigen. 12 Der wird dann ein Haus
für meinen Namen bauen. Und sei-
nem Königtum werde ich ewigen Be-
stand geben. 13 Ich werde sein Vater
sein und er soll mir Sohn sein. Meine
Gnade entziehe ich ihm nicht, wie ich
sie deinem Vorgänger entzog. 14 Ich
werde ihn für immer bestehen lassen
in meinem Haus und meinem König-
tum, und sein Thron soll allezeit fest
stehen.‹« 15 Natan gab David alles ge-
nauso weiter, wie es ihm gesagt und
offenbart worden war.

Davids Dankgebet

16 Da ging David in das Zelt, setzte
sich vor Jahwe nieder und sagte: »Wer
bin ich schon, Jahwe, mein Gott, und
was bedeutet meine Familie, dass
du mich bis hierher gebracht hast?
17 Und das war dir noch zu wenig,
mein Gott! Du hast sogar Zusagen
gemacht, die noch meinen fernen

Nachkommen gelten. Und mich siehst du als Menschen von hohem Rang an, Herr, mein Gott. 18 Was soll David da noch weiter sagen von der Ehre, die du deinem Diener erweist? Du kennst ja deinen Diener. 19 Weil du mich liebst, Jahwe, und weil es dein Wille war, hast du all das Große getan, um es deinen Diener erkennen zu lassen. 20 Niemand ist dir gleich, Jahwe. Nach allem, was wir gehört haben, gibt es keinen Gott außer dir. 21 Und welches Volk gleicht deinem Volk Israel? Es ist die einzige Nation auf der Erde, die Gott aus der Sklaverei befreit und zu seinem Volk gemacht hat. So hast du dir mit großen und furchterregenden Dingen einen Namen gemacht. Aus Ägypten hast du es befreit und hast andere Völker vor ihm vertrieben. 22 Für alle Zeiten hast du dir Israel zu deinem Volk gemacht, und du selbst, Jahwe, bist sein Gott geworden. 23 Und nun, Jahwe, lass die Zusage, die du deinem Diener und seinem Königshaus gemacht hast, für immer gültig sein, und tu, was du versprochen hast! 24 Dann wird dein Name als zuverlässig gelten und groß für alle Zeiten sein, und man wird sagen: ›Jahwe, der Allmächtige, Israels Gott, ist Gott über Israel!‹ Und auch das Königshaus deines Dieners David wird vor dir gesichert sein. 25 Denn du, Jahwe, mein Gott, du hast deinem Diener enthüllt: ›Ich werde dein Königsgeschlecht bestehen lassen!‹ Darum hat dein Diener es gewagt, so zu dir zu beten. 26 Und nun, Jahwe, du allein bist wirklich Gott, und du hast deinem Diener all das Gute versprochen. 27 Und nun hat es dir gefallen, das Königshaus deines Dieners zu segnen, dass es für immer vor dir bestehe! Denn du, Jahwe, du hast es gesegnet, es wird für immer gesegnet sein!«

Davids Kriege und Siege

18 1 Einige Zeit später besiegte David die Philister. Er unterwarf sie und nahm ihnen die Stadt Gat und ihre umliegenden Ortschaften aus der Hand. 2 Er unterwarf auch die Moabiter* und machte sie tributpflichtig. 3 Ebenso besiegte David König Hadad-Eser von Zoba* bei Hamat, der gerade ausgezogen war, um seine Macht am oberen Euphrat wiederherzustellen. 4 David nahm 1000 Wagen, 7000 Reiter und 20.000 Fußsoldaten von ihm gefangen. Alle Streitwagen ließ er unbrauchbar machen, nur 100 behielt er für sich.

5 Als die Syrer von Damaskus König Hadad-Eser von Zoba zu Hilfe kamen, besiegte David auch sie und tötete 22.000 Mann. 6 David legte Besatzungen in das damaszenische Syrien. So wurden die Syrer David untertan und mussten ihm regelmäßig Tribut zahlen. Jahwe half David überall, wohin er zog.

7 David erbeutete die goldenen Schilde, die Hadad-Esers Offiziere getragen hatten, und brachte sie nach Jerusalem. 8 Aus den Städten Tibhat und Kun, die zu Hadad-Esers

18,2 Die *Moabiter* lebten östlich vom Toten Meer zwischen den Flüssen Arnon und Zered.

18,3 *Zoba* war ein kleines Königreich nördlich von Damaskus.

Gebiet gehörten, nahm er eine große
Menge Bronze mit. Daraus ließ Salo-
mo später das »bronzene Meer«, die
Säulen und die Gegenstände aus
Bronze* gießen. 9 Als König Toï von
Hamat hörte, dass David die ganze
Streitmacht des Königs Hadad-Eser
von Zoba vernichtet hatte, 10 schick-
te er seinen Sohn Joram zu ihm. Er
sollte König David Grüße ausrichten
und ihn zu seinem Sieg über Hadad-
Eser beglückwünschen. Hadad-Eser
hatte nämlich ständig gegen Toï
Krieg geführt. Joram brachte Geräte
aus Gold, Silber und Bronze mit.
11 Auch diese weihte König David
Jahwe, ebenso wie das Silber und
Gold, das er von den Völkern bekam,
die er unterworfen hatte: von den
Edomitern, den Moabitern und Am-
monitern*, von den Philistern und
den Amalekitern.

12 Abischai Ben-Zeruja besiegte die
Edomiter im Salztal. 18.000 Mann er-
schlug er dort. 13 Im ganzen Land
Edom setzte David dann Statthalter
ein und machte die Edomiter zu
seinen Untertanen. So half Jahwe
David überall, wohin er zog. 14 David
regierte als König über ganz Israel
und sorgte für Recht und Gerech-
tigkeit in seinem Volk.

Davids Beamte

15 Joab Ben-Zeruja war Oberbefehls-
haber über das Heer. Joschafat Ben-
Ahilud war Kanzler. 16 Zadok Ben-
Ahitub und Ahimelech Ben-Abja-
tar waren Priester, Schawscha war
Staatsschreiber. 17 Benaja Ben-Jojada
befehligte die Leibgarde*. Die Söhne
Davids nahmen führende Stellungen
im königlichen Dienst ein.

Krieg gegen die Ammoniter

19 1 Einige Zeit später starb
König Nahasch von Ammon,
und sein Sohn trat die Nachfolge
an. 2 David dachte: »Ich will Hanun
Ben-Nahasch Freundlichkeit erwei-
sen, wie sein Vater auch mir gegen-
über Freundlichkeit gezeigt hat.« So
schickte er eine Gesandtschaft, um
ihm sein Beileid auszusprechen. Als
die Gesandten Davids im Ammoniter-
land ankamen, 3 sagten die Oberen
der Ammoniter zu Hanun: »Denkst
du wirklich, dass David deinen Vater
ehren will, wenn er dir sein Beileid
ausspricht? Er hat die Gesandten
doch nur geschickt, um das Land zu
erkunden. Er will es auskundschaften,
um es später zerstören zu können.«
4 Da ließ Hanun die Gesandten Da-
vids ergreifen, ließ sie scheren und
ihnen die Gewänder unten bis zum
Gesäß abschneiden und schickte sie
weg. 5 Als man David berichtete, wie
schwer seine Männer beschämt wor-
den waren, schickte er ihnen Boten
entgegen und ließ ihnen sagen:
»Bleibt in Jericho, bis euer Bart wie-
der gewachsen ist, und kommt dann
zurück.«

6 Als König Hanun und die Ammo-
niter merkten, dass sie sich bei David
verhasst gemacht hatten, schickten

18,8 *Gegenstände aus Bronze.* Alles war für den späteren Tempel bestimmt.

18,11 Die *Ammoniter* waren nordöstliche Nachbarn der Moabiter.

18,17 *Leibgarde.* Wörtlich: Die *Kreter und Pleter.* Vielleicht sind damit Männer von zwei aus Kreta stammenden Philisterstämmen gemeint, die David als Leibwächter in der königlichen Leibgarde dienten.

sie Unterhändler mit 35.000 Kilo-
gramm Silber nach Mesopotamien,
nach Maacha in Syrien und nach
Zoba, um Streitwagen und Wagen-
kämpfer anzuwerben. 7 Sie machten
sich 32.000 Wagenkämpfer dienstbar
und gewannen den König von Maa-
cha mit seinem Volk dazu. Sie alle
kamen und schlugen ihr Lager bei
Medeba auf. 8 Als David davon hörte,
ließ er Joab mit dem ganzen Heer und
der Elitetruppe ausrücken. 9 Die Am-
moniter bezogen Stellung vor dem Tor
ihrer Stadt. Aber die Könige, die ge-
kommen waren, stellten sich in eini-
ger Entfernung auf offenem Feld zur
Schlacht auf. 10 Als Joab sah, dass
er eine Front vor sich und eine im
Rücken hatte, wählte er seine besten
Leute aus und stellte sich mit ihnen
den Syrern entgegen. 11 Die übrigen
sollten sich unter dem Kommando
seines Bruders Abischai den Ammo-
nitern entgegenstellen. 12 Joab sagte:
»Wenn die Syrer stärker sind als ich,
kommst du mir zu Hilfe. Und wenn
dir die Ammoniter zu stark werden,
helfe ich dir. 13 Hab Mut und lass uns
stark sein für unser Volk und die Städ-
te unseres Gottes! Dann soll Jahwe
tun, was ihm gefällt.« 14 Joab rückte
mit seiner Truppe zur Schlacht gegen
die Syrer vor. Da flohen sie vor ihm.
15 Als die Ammoniter sahen, dass die
Syrer flohen, ergriffen auch sie vor
Abischai die Flucht und zogen sich in
die Stadt zurück. Da kehrte Joab wie-
der nach Jerusalem heim.
16 Als die Syrer erkannten, dass sie
von Israel besiegt worden waren,
ließen sie auch die syrischen Truppen
von jenseits des Euphrat zu Hilfe kom-
men. Unter dem Befehl Schobachs,
des Heerführers von Hadad-Eser,
rückten sie an. 17 Als David das gemel-
det wurde, rief er alle wehrfähigen
Männer Israels zusammen, überquerte
mit ihnen den Jordan und stellte sich
den Syrern zur Schlacht. Als es zum
Kampf kam, 18 wurden die Syrer von
Israel in die Flucht geschlagen. Davids
Männer erschlugen 7000 syrische Wa-
genkämpfer* und 40.000 Mann vom
Fußvolk. Auch Schobach, ihren Heer-
führer, töteten sie. 19 Als nun die Vasal-
len Hadad-Esers sahen, dass sie von
Israel geschlagen waren, schlossen sie
Frieden mit David und unterwarfen
sich. Die Syrer wagten es nicht, den
Ammonitern noch einmal zu helfen.

20 1 Als der Frühling kam, be-
gann wieder die Zeit, in der
die Könige ihre Feldzüge unternah-
men. Auch Joab zog mit dem ganzen
Heer Israels los und verwüstete das
Land der Ammoniter und belagerte
Rabba*. David selbst blieb in Jerusa-
lem. Joab eroberte Rabba und zerstör-
te es. 2 David nahm ihrem König die
Krone vom Kopf und setzte sie selbst
auf. Ihr Gewicht betrug 34 Kilo-
gramm*. Sie bestand ganz aus Gold
und war mit einem kostbaren Edel-
stein besetzt. Außerdem nahm er
reiche Beute aus der Stadt mit. 3 Die
Bevölkerung der Stadt ließ David

19,18 *7000 syrische Wagenkämpfer.* 2. Samuel 10,18 hat nur 700, was offenbar ein Kopierfehler ist.

20,1 *Rabba* war die Hauptstadt der Ammoniter und lag 38 km östlich vom Jordan, heute: Amman.

20,2 *34 Kilogramm.* Wörtlich: ein Talent. Die Krone wurde offenbar nur kurz bei besonderen Anlässen getragen.

Zwangsarbeiten verrichten. Er stellte
sie an Steinsägen, eiserne Pickel und
Beile*. So machte er es auch mit den
anderen Städten der Ammoniter.
Dann kehrte er mit dem ganzen Heer
nach Jerusalem zurück.

Davids Helden und ihre Taten

4 Danach kam es bei Geser zum
Kampf mit den Philistern. Damals
tötete Sibbechai aus Huscha den
Sippai, der zu den Nachkommen
des Rafa* gehörte, und die Philister
wurden in die Knie gezwungen.
5 Bei einem weiteren Kampf erschlug
Elhanan Ben-Jaïr den Bruder Goliats
aus Gat, dessen Speer so dick wie ein
Weberbaum* war. 6 Wieder kam es
zum Kampf bei Gat. Da trat ein be-
sonders großer Mann hervor, der an
jeder Hand sechs Finger und an jedem
Fuß sechs Zehen hatte, insgesamt
also 24. Auch er war ein Nachkomme
Rafas. 7 Er verhöhnte Israel. Da er-
schlug ihn Jonatan Ben-Schima, der
Neffe Davids. 8 Sie alle waren Nach-
kommen von Rafa aus Gat und wur-
den von David und seinen Männern
erschlagen.

Davids Volkszählung

21 1 Der Satan stellte sich gegen
Israel und verleitete David, das
Volk zu zählen.* 2 David sagte zu Joab
und den Oberen des Volkes: »Geht
durch das ganze Land von Beerscheba
bis Dan und zählt die Israeliten. Sagt
mir das Ergebnis, ich will wissen, wie
viele es sind.« 3 Doch Joab sagte:
»Möge Jahwe das Volk noch hundert-
mal zahlreicher machen, als es schon
ist! Und sind sie nicht alle deine treuen
Diener, mein Herr und König? Warum
nur willst du so etwas tun? Warum soll
Israel schuldig werden?« 4 Doch der
König bestand vor Joab auf seinem
Befehl. So machte sich dieser auf den
Weg. Er durchzog ganz Israel und
kam dann nach Jerusalem zurück.
5 Joab teilte dem König das Ergebnis
der Zählung mit: die Gesamtzahl der
Männer, die mit dem Schwert umge-
hen konnten, betrug in ganz Israel
1.100.000 und in Juda 470.000. 6 Die
Stämme Levi und Benjamin hatte er
nicht gezählt, denn der Befehl des
Königs war Joab ein Gräuel.

7 Auch Gott missfiel diese Sache
und er bestrafte Israel. 8 Da sagte
David zu Gott: »Ich habe mich schwer
versündigt mit dem, was ich getan
habe. Vergib doch bitte die Schuld
deines Dieners. Ich habe sehr unbe-
sonnen gehandelt.« 9 Da sagte Gott
zu Gad, dem Seher Davids: 10 »Geh
zu David und richte ihm aus: ›So
spricht Jahwe: Dreierlei lege ich dir
vor. Wähl dir aus, was ich dir antun
soll!‹« 11 Gad kam zu David und
sagte: »So spricht Jahwe: 12 ›Soll eine
dreijährige Hungersnot kommen?
Oder willst du drei Monate vor deinen
Verfolgern fliehen und zugrunde ge-
richtet werden, wenn das Schwert

20,3 *Beile.* So mit 2. Samuel 12,31. Wörtlich: *Steinsägen.*

Rafa gilt als Stammvater der Refaïter, das sind Riesen.

20,5 *Weberbaum.* So hießen die Querstangen an den beiden Enden des Webstuhls, an denen die Kettfäden befestigt wurden. Sie mussten eine beträchtliche Dicke haben.

21,1 *Satan ... zählen.* Gott (2. Samuel 24,1) prüfte David, um ihm eine Lehre zu erteilen und benutzte dazu den Satan, der Israel schaden wollte.

dich einholt? Oder soll drei Tage lang das Schwert Jahwes, die Pest, im Land wüten, dass der Engel Jahwes im ganzen Gebiet Israels Verderben bringt?‹ Nun sag mir, welche Antwort ich dem überbringen soll, der mich ge-
sandt hat.« 13 David sagte zu Gad:
»Ich habe große Angst. Dann will ich lieber in die Hand Jahwes fallen, denn sein Erbarmen ist groß. In die Hand von Menschen will ich nicht geraten.«
14 Da ließ Jahwe die Pest in Israel aus-
brechen. 70.000 Mann starben in Is-
rael. 15 Gott schickte den Engel auch nach Jerusalem, um die Stadt zu vernichten. Als dieser im Begriff stand, dort sein Vernichtungswerk zu tun, hatte Jahwe Mitleid. Er sagte dem Todesengel: »Genug! Hör auf damit!«

Der Engel Jahwes stand gerade am Dreschplatz von Arauna, einem Jebu-
siter. 16 Als David aufblickte, sah er den Engel Jahwes zwischen Erde und Himmel stehen, das Schwert gezückt und über Jerusalem ausgestreckt. David und die Ältesten der Stadt hatten den Trauersack angezogen. Sie warfen sich nieder mit dem Gesicht
zur Erde. 17 David sagte zu Gott: »*Ich* habe doch befohlen, das Volk zu zählen, *ich* habe doch gesündigt, *ich* habe doch das Böse getan. Was haben denn diese Schafe getan? Jahwe, mein Gott, bestrafe doch *mich* und *meine* Familie, aber verschone dein Volk mit dieser Plage!«

David baut einen Altar auf dem Dreschplatz

18 Der Engel Jahwes hatte Gad befohlen, David zu sagen, er solle zum Dreschplatz des Jebusiters Arauna* hinaufgehen und dort einen Altar er-
richten. 19 Da ging David hinauf, wie Gad ihm im Namen Jahwes befohlen
hatte. 20 Arauna drosch gerade Weizen aus. Als er sich umblickte, hatte er den Engel gesehen. Seine vier Söhne waren weggelaufen und hatten sich
versteckt. 21 Nun kam David zu Arauna. Als dieser aufschaute und ihn erkannte, ging er ihm vom Dreschplatz aus entgegen und warf sich vor David nieder, mit dem Gesicht auf den
Boden. 22 David sagte zu ihm: »Gib mir den Dreschplatz, denn ich möchte Jahwe einen Altar darauf bauen. Ich will ihn dir zum vollen Preis abkaufen, damit die Plage vom Volk abgewehrt
wird.« 23 Arauna erwiderte: »Nimm ihn dir! Mein Herr und König möge tun, was er für richtig hält. Hier sind die Rinder zum Brandopfer. Die Dreschschlitten können das Brennholz sein und der Weizen das Speisopfer. Ich schenke dir das alles.«
24 »Nein«, sagte der König, »ich will es zum vollen Preis von dir kaufen. Ich will dir dein Eigentum nicht für Jahwe wegnehmen, ich will keine
kostenlosen Opfer bringen.« 25 David
gab Arauna 600 Goldstücke für den Platz*.

26 Dort baute David Jahwe einen Altar und opferte Brand- und Freudenopfer. Dabei rief er zu Jahwe. Und Jahwe antwortete ihm mit Feuer, das vom Himmel auf den Brandopferaltar
fiel. 27 Jahwe befahl dem Engel, das Schwert wieder einzustecken, und der

---

21,18 *Arauna.* Wörtlich: *Ornan*, was eine andere Form desselben Namens ist.

21,25 *Platz.* Offenbar hat David den Platz des ganzen späteren Tempelareals gekauft, nicht nur den Dreschplatz. Das erklärt auch den Preisunterschied zu 2. Samuel 24,24.

steckte es in die Scheide. 28 Damals
erkannte David, dass Jahwe ihn er-
hört hatte und dass er ihm auf dem
Dreschplatz des Jebusiters Arauna
opfern durfte. 29 Die Wohnung Jah-
wes, die Mose in der Wüste ange-
fertigt hatte, und der Brandopferaltar
befanden sich zu dieser Zeit noch auf
der Anhöhe bei Gibeon. 30 David
wagte es nicht mehr, dorthin zu
gehen, um Gott zu befragen, so sehr
hatte ihn die Angst vor dem Schwert
des Engels Jahwes gepackt. 22,1 Des-
halb sagte David: »Hier soll das Haus
Gottes, das Haus Jahwes, stehen und
der Brandopferaltar für Israel.«

Vorbereitungen für den Tempelbau

22 2 David ließ die Fremden aus
dem ganzen Land zusam-
menholen und setzte sie als Stein-
hauer ein. Sie mussten die Quader-
steine behauen, die für den Bau des
Hauses Gottes bestimmt waren.
3 David ließ eine Menge Eisen heran-
schaffen für die Nägel an den Tor-
flügeln und die Klammern und so viel
Bronze, dass es nicht zu wiegen war,
4 dazu ungezählte Zedernstämme.
Denn die Tyrer und Sidonier* brach-
ten große Mengen an Zedernholz zu
David. 5 David sagte: »Mein Sohn
Salomo ist noch jung und schwach.
Aber das Haus, das für Jahwe ge-
baut werden soll, muss überaus groß
werden zum Ruhm und zum Preis in
allen Ländern. So will ich denn alles
für ihn bereitstellen.« Auf diese Weise
traf David vor seinem Tod viele Vor-
bereitungen für den Bau.

6 Dann rief er seinen Sohn Salomo
und trug ihm auf, Jahwe, dem Gott
Israels, ein Haus zu bauen. 7 Er sagte:
»Mein Sohn, es lag mir am Herzen,
dem Namen Jahwes, meines Gottes,
ein Haus zu bauen. 8 Aber das Wort
Jahwes kam zu mir: ›Du hast viel Blut
vergossen und große Kriege geführt.
Du wirst kein Haus für meinen Namen
bauen, denn du hast zu viel Blut vor
mir auf die Erde fließen lassen. 9 Doch
du wirst einen Sohn haben, der ein
Mann der Ruhe sein wird. Ihm werde
ich Ruhe vor all seinen Feinden rings-
um verschaffen. Er wird Salomo, der
Friedliche, heißen. Und ich werde Is-
rael Frieden und Ruhe geben, so lange
er lebt. 10 Er soll ein Haus für mich
bauen. Er wird ein Sohn für mich sein
und ich ein Vater für ihn. Seiner Herr-
schaft über Israel werde ich für immer
Bestand geben.‹ 11 Nun, mein Sohn,
Jahwe möge mit dir sein, dass es dir
nach seiner Zusage gelingt, das Haus
für Jahwe, deinen Gott, zu bauen.
12 Jahwe gebe dir Einsicht und Ver-
stand, dass du die Weisung von Jahwe,
deinem Gott, beachtest, und er setze
dich zum Herrscher über Israel ein.
13 Wenn du die Ordnungen und
Rechtsbestimmungen genau befolgst,
die Jahwe Mose für Israel gegeben hat,
wird es dir gelingen. Sei stark und
mutig, fürchte dich nicht und hab
keine Angst! 14 Und sieh, trotz meiner
Mühsal habe ich für das Haus Jahwes
3500 Tonnen Gold und 35.000 Tonnen
Silber* bereitgestellt, dazu solche

22,4 *Tyrer und Sidonier* nannte man die Bewohner Phöniziens (heute: Libanon) nach den beiden größten Hafenstädte Tyrus und Sidon.

22,14 *3500 ... Silber.* Wörtlich: 100.000 Talente Gold und 1 Million Talente Silber.

Mengen an Bronze und Eisen, dass
man sie nicht wiegen kann. Auch Holz
und Steine habe ich bereitgestellt,
und du wirst noch mehr hinzufügen.
15 Handwerker stehen dir reichlich zur
Verfügung: Steinmetze, Bauleute,
Zimmerleute, dazu jede Menge Kunst-
handwerker, 16 die Arbeiten in Gold,
Silber, Bronze und Eisen ausführen
können. Geh also ans Werk! Jahwe
wird mit dir sein!«

17 David befahl auch allen Oberen
in Israel, seinem Sohn Salomo beizu-
stehen. 18 Er sagte: »Ist Jahwe, euer
Gott, nicht bei euch? Hat er euch nicht
Ruhe ringsum verschafft? Er hat ja
die Bewohner des Landes in meine
Hand gegeben, und das Land ist nun
Jahwe und seinem Volk unterworfen.
19 Richtet Herz und Sinn darauf,
Jahwe, euren Gott, zu suchen! Und
macht euch auf, das Heiligtum Gottes
zu bauen, dass die Lade des Bundes
mit Jahwe und die heiligen Gegen-
stände Gottes in das Haus kommen,
das dem Namen Jahwes gebaut wer-
den soll.«

23,1 Als David alt war und lebens-
satt, setzte er seinen Sohn Salomo
zum König über Israel ein.

Die Einteilung der Leviten

23 2 David ließ alle führenden
Männer Israels, die Priester
und die Leviten zusammenrufen.
3 Alle Leviten von dreißig Jahren an
aufwärts wurden gezählt. Es waren
38.000 Männer. 4 Von diesen be-
stimmte David 24.000 zur Aufsicht
für die Arbeit am Haus Jahwes, 6000
sollten Schriftführer und Richter sein.
5 4000 Torwächter und 4000, die
Jahwe mit den Instrumenten preisen
und loben sollten, die er selbst zum
Lobgesang hatte anfertigen lassen.
6 David teilte die Leviten nach ihrer
Abstammung von Gerschon, Kehat
und Merari in Abteilungen ein.

7 Zu den Gerschoniten gehörten
Ladan und Schimi. 8 Ladan hatte drei
Söhne. Das Oberhaupt war Jehiël,
ihm folgten Setam und Joël. 9 Schimi
hatte drei Söhne: Schelomit, Hasiël
und Haran. Sie alle waren die Ober-
häupter der Sippen, die von Ladan
abstammten. 10 Schimi hatte vier
Söhne: Jahat, Sisa, Jëusch und Beria.
11 Das Oberhaupt war Jahat, an
zweiter Stelle stand Sisa. Jëusch und
Beria hatten nur wenige Söhne und
bildeten deshalb eine einzige Sippe
und auch nur eine Dienstgruppe.

12 Kehat hatte vier Söhne: Amram,
Jizhar, Hebron und Usiël. 13 Die
Söhne Amrams waren Mose und
Aaron. Aaron und seine Söhnc wurden
für immer dazu bestimmt, das Höchst-
heilige zu heiligen, Rauchopfer vor
Jahwe zu verbrennen, ihm zu dienen
und allezeit in seinem Namen zu seg-
nen. 14 Die Nachkommen des Gottes-
mannes Mose wurden den Leviten zu-
gerechnet. 15 Die Söhne Moses waren
Gerschom und Eliëser. 16 Von den
Söhnen Gerschoms war Schubaël das
Oberhaupt. 17 Von den Söhnen Elië-
sers war sein einziger Sohn Rehabja
das Oberhaupt. Dieser hatte aber sehr
viele Söhne. 18 Von den Söhnen Jiz-
hars war Schelomit das Oberhaupt.
19 Von den Söhnen Hebrons war Jerija
das Oberhaupt, Amarja der zweite,
Jahasiël der dritte und Jekamam der
vierte. 20 Von den Söhnen Usiëls war
Micha das Oberhaupt und Jischija der
zweite.

21 Die Söhne Meraris waren Mach-
li und Muschi, die Söhne Machlis:
Eleasar und Kisch. 22 Als Eleasar
starb, hinterließ er keine Söhne,
sondern nur Töchter. Sie wurden
aber von den Söhnen ihres Onkels
Kisch geheiratet. 23 Muschi hatte
drei Söhne: Machli, Eder und Jeremot.

Die Aufgaben der Leviten

24 Das waren die Nachkommen Levis
nach ihren Familien, die Oberhäupter
der Familien nach ihren Dienstgrup-
pen, wie sie Kopf für Kopf bestellt
worden waren, um die Arbeit im
Dienst für das Haus Jahwes zu tun,
von zwanzig Jahren* an aufwärts.
25 David sagte: »Jahwe, der Gott Is-
raels, hat seinem Volk Ruhe verschafft
und wohnt nun für immer in Jerusa-
lem. 26 So müssen auch die Leviten
die Wohnung mit allen Gegenstän-
den, die für den Dienst gebraucht wer-
den, nicht mehr tragen.« – 27 Denn
nach den letzten Anordnungen Da-
vids wurden die Leviten von zwanzig
Jahren an und darüber gezählt. –
28 »Denn ihr Platz ist an der Seite der
Nachkommen Aarons im Dienst für
das Haus Jahwes. Sie sollen die Vor-
höfe und Kammern in Ordnung hal-
ten, die heiligen Gegenstände reini-
gen und alles erledigen, was sonst
noch im Haus Gottes anfällt. 29 Sie
haben für die geweihten Brote zu
sorgen, für das Feinmehl zum Speis-
opfer, die ungesäuerten Fladenbrote,
das Pfannengebäck und den Teig.
Außerdem müssen sie die Hohl- und
Längenmaße überwachen. 30 Sie
müssen jeden Morgen und Abend be-
reitstehen, um Jahwe zu preisen und
zu loben, 31 und auch immer dann,
wenn Jahwe Brandopfer gebracht
werden an den Sabbaten, den Neu-
mondstagen und den Festen, ohne
Ausnahme nach der für sie vorge-
schriebenen Zahl. 32 So sollen sie die
Aufgaben beim Zelt der Gottesbegeg-
nung und beim Heiligtum erfüllen
und die Nachkommen Aarons bei
ihren Pflichten für das Haus Jahwes
unterstützen.«

Die Dienstgruppen der Priester

24 1 Auch die Nachkommen
Aarons wurden in Dienst-
gruppen eingeteilt. Aarons Söhne
waren Nadab und Abihu, Eleasar und
Itamar. 2 Nadab und Abihu starben
noch vor ihrem Vater und hatten
selbst keine Söhne. Deshalb übten nur
Eleasar und Itamar den Priesterdienst
aus. 3 Zusammen mit Zadok von den
Nachkommen Eleasars und Ahime-
lech, einem Nachkommen Itamars,
teilte David die Priester in Dienst-
gruppen ein.
4 Dabei stellte sich heraus, dass die
Zahl der Männer bei den Nachkom-
men Eleasars höher war als bei denen
Itamars. Deshalb teilte man sie so ein,
dass die Oberhäupter der Nachkom-
men Eleasars mit ihren Sippen sech-
zehn Dienstgruppen bildeten und die
der Nachkommen Itamars acht. 5 Die
Einteilung geschah dann durch Lose,
denn die Oberen des Heiligtums, die
Oberen vor Gott, stammten sowohl von
den Nachkommen Eleasars als auch
von denen Itamars. 6 Der Schreiber

23,24 *zwanzig Jahre.* Siehe die Fußnote zu 4. Mose 8,24.

Schemaja Ben-Netanel, ein Levit,
schrieb sie auf im Beisein des Königs
und der Oberen, des Priesters Zadok
und Ahimelech Ben-Abjatar und vor
den Sippenoberhäuptern der Priester
und Leviten: Abwechselnd wurden
zwei Sippen von Eleasar und eine von
Itamar ausgelost.

7 Das erste Los fiel auf Jojarib, das
zweite auf Jedaja, 8 das dritte auf
Harim, das vierte auf Seorim, 9 das
fünfte auf Malkija, das sechste auf
Mijamin, 10 das siebte auf Hakkoz,
das achte auf Abija, 11 das neunte auf
Jeschua, das zehnte auf Schechanja,
12 das elfte auf Eljaschib, das zwölfte
auf Jakim, 13 das 13. auf Huppa, das
14. auf Jeschebab, 14 das 15. auf
Bilga, das 16. auf Immer, 15 das 17.
auf Hesir, das 18. auf Pizez, 16 das 19.
auf Petachja, das 20. auf Jeheskel,
17 das 21. auf Jachin, das 22. auf
Gamul, 18 das 23. auf Delaja, das 24.
auf Maasja.

19 Das waren ihre Dienstgruppen,
nach denen sie zum Dienst ins Haus
Jahwes kommen mussten. Es geschah
nach der Vorschrift, die ihnen ihr
Stammvater Aaron auf Befehl Jahwes, des Gottes Israels, gegeben
hatte.

Weitere Dienstgruppen der Leviten

20 Von den übrigen Leviten wurde
Schubaël von den Nachkommen
Amrams genannt und Jechdeja von
den Söhnen Schubaëls. 21 Jischija war
das Oberhaupt der Söhne Rehabjas.
22 Dann kam Schelomit von den
Nachkommen Jizhars und Jahat von
den Söhnen Schelomits. 23 Jerija war
das Oberhaupt der Söhne Hebrons,
Amarja der zweite, Jahasiël der dritte
und Jekamam der vierte. 24 Dann
Micha von den Söhnen Usiëls,
Schamir von den Söhnen Michas,
25 Secharja von den Söhnen Jischijas,
einem Bruder Michas. 26 Die Nachkommen Meraris waren Machli und
Muschi und die Söhne von Meraris
Sohn Jaasija. 27 Weitere Nachkommen Meraris über Jaasija waren Schoham, Sakkur und Ibri. 28 Die Söhne
Machlis waren Eleasar, der keine
Söhne hatte, 29 und Kisch. Der Sohn
von Kisch war Jerachmeël. 30 Die
Söhne Muschis waren Machli, Eder
und Jerimot. Das waren die Söhne
der Leviten nach ihren Sippen. 31 So
wie ihre Brüder, die Nachkommen
Aarons, warfen auch sie Lose in
Gegenwart von König David, Zadok,
Ahimelech und den Sippenoberhäuptern der Priester und Leviten. Dabei
wurden die Familien der Sippenoberhäupter nicht anders behandelt als die
ihrer jüngsten Brüder.

Dienstgruppen der Sänger und Musiker

25 1 David sonderte nun zusammen mit den Heerobersten
die Nachkommen Asafs, Hemans und
Jedutuns aus, die auf Zithern, Harfen
und Zimbeln weissagten*. Folgende
Männer taten diesen Dienst: 2 Sakkur,
Josef, Netanja und Asarela von den
Söhnen Asafs. Sie standen unter der

25,1 *Weissagen* bedeutet normalerweise »als Sprecher Gottes reden«, hier könnte auch die Entstehung und Wiedergabe geistlicher Musik gemeint sein (wie 1. Samuel 10,5; siehe auch 1. Samuel 19,20-24).

Leitung ihres Vaters, der nach Anlei-
tung des Königs weissagte. 3 Von den
Söhnen Jedutuns waren es Gedalja,
Zeri, Jesaja, Schimi, Haschabja und
Mattitja, zusammen sechs. Sie sollten
unter der Leitung ihres Vaters, der auf
der Zither weissagte, Jahwe preisen
und loben. 4 Von den Söhnen Hemans
waren es Bukkija, Mattanja, Usiël,
Schubaël, Jerimot, Hananja, Hana-
ni, Eliata, Giddalti, Romamti-Eser,
Joschbekascha, Malloti, Hotir und
Mahasiot. 5 Diese alle waren Söhne
von Heman, dem Seher des Königs,
dem Gott zugesagt hatte, ihn zu einem
angesehenen Mann* zu machen. Gott
hatte ihm vierzehn Söhne und drei
Töchter geschenkt. 6 Alle Genannten
spielten unter der Leitung ihrer Väter
Asaf, Jedutun und Heman zum Ge-
sang im Haus Jahwes auf Zimbeln,
Harfen und Zithern. Das war nach
Anweisung des Königs ihr Dienst im
Haus Gottes. 7 Zusammen mit ihren
Stammesbrüdern, die im Gesang für
Jahwe ausgebildet waren, zählten sie
288 Mann, alles Meister.

8 Auch sie losten ihre Dienste aus,
der Jüngste wie der Älteste, der Meis-
ter wie der Schüler. 9 Das erste Los für
Asaf fiel auf Josef, das zweite auf Ge-
dalja. Er bildete zusammen mit seinen
Brüdern und Söhnen eine Zwölfer-
gruppe, wie es auch bei den nachste-
hend Genannten der Fall war*. 10 Das
dritte Los fiel auf Sakkur, 11 das vierte
auf Zeri, 12 das fünfte auf Netanja,
13 das sechste auf Bukkija, 14 das
siebte auf Asarela, 15 das achte auf
Jesaja, 16 das neunte auf Mattanja,
17 das zehnte auf Schimi, 18 das elfte
auf Usiël, 19 das zwölfte auf Haschab-
ja, 20 das 13. auf Schubaël, 21 das 14.
auf Mattitja, 22 das 15. auf Jeremot,
23 das 16. auf Hananja, 24 das 17. auf
Joschbekascha, 25 das 18. auf Hanani,
26 das 19. auf Malloti, 27 das 20. auf
Eliata, 28 das 21. auf Hotir, 29 das 22.
auf Giddalti, 30 das 23. auf Mahasiot,
31 das 24. auf Romamti-Eser.

Dienstgruppen der Torwächter

26 1 Auch die Torwächter waren
in Dienstgruppen aufgeteilt:
Aus der Sippe Korach war es Mesche-
lemja Ben-Kore von den Nachkom-
men Asafs. 2 Meschelemjas Söhne
waren Secharja, der Erstgeborene,
der zweite Jediaël, der dritte Sebadja,
der vierte Jatniël, 3 der fünfte Elam,
der sechste Johanan und der siebte
Eljoënai.

4 Obed-Edoms Söhne waren Sche-
maja, der Erstgeborene, der zweite
Josabad, der dritte Joach, der vierte
Sachar, der fünfte Netanel, 5 der
sechste Ammiël, der siebte Issachar
und der achte Pëulletai. Denn Gott
hatte ihn gesegnet. 6 Auch seinem
Sohn Schemaja wurden Söhne gebo-
ren. Sie bekamen führende Stellungen
in ihrer Sippe, denn sie waren tüchti-
ge Männer. 7 Es waren Otni, Refaël,
Obed und Elsabad sowie ihre Brüder
Elihu und Semachja, zwei sehr tüchtige

25,5 *angesehenen Mann.* Wörtlich: sein Horn zu erhöhen.

25,9 *wie es auch bei den nachstehend Genannten der Fall war.* Eingefügt anstelle der ständigen Wiederholung »Zusammen mit seinen Brüdern und Söhnen bildeten sie eine Zwölfergruppe« in jedem der folgenden Verse.

Männer. 8 Diese alle waren Nach-
kommen Obed-Edoms. Sie, ihre
Söhne und Brüder, waren insgesamt
62 tüchtige Männer, bestens geeignet
für ihren Dienst. 9 Meschelemjas
Söhne und Brüder waren insgesamt
18 fähige Leute.

10 Auch Hosa aus der Sippe Merari
hatte Söhne. Ihr Oberhaupt war Schi-
mi. Obwohl er nicht der Erstgeborene
war, hatte sein Vater ihn zum Anfüh-
rer der Dienstgruppe gemacht. 11 Der
zweite Hilkija, der dritte Tebalja und
der vierte Secharja. Hosas Söhne und
Brüder waren insgesamt 13.

12 Diesen Abteilungen der Torwäch-
ter fiel nach der Zahl der Oberhäupter
unter den Männern ebenso wie ihren
Brüdern die Aufgabe zu, im Haus Jah-
wes zu dienen. 13 Sie losten aus, wel-
che Familien die einzelnen Tore bewa-
chen sollten. Dabei wurde der Jüngste
ebenso wie der Älteste behandelt.
14 Auf Meschelemja fiel das Los für
den Osten und auf seinen Sohn Se-
charja, der als ein kluger Ratgeber
bekannt war, das für den Norden.
15 Auf Obed-Edom fiel das Los für
den Süden und das für das Vorrats-
haus auf seine Söhne. 16 Auf Schup-
pim und Hosa fiel das Los für den
Westen mit dem Schallechet-Tor*, wo
die Straße hinaufgeht. Eine Wache
entsprach der anderen: 17 An der
Ostseite sollten täglich sechs Leviten
stehen, an der Nord- und Südseite je
vier und am Vorratshaus zwei, 18 am
Parbar* an der Straße vier und am
Parbar selbst zwei. 19 Das waren die
Abteilungen der Torwächter von den
Nachkommen Korachs und Meraris.

Die Schatzmeister

20 Einige andere Leviten hatten die
Aufsicht über die Schätze des Gottes-
hauses und die geweihten Gaben.
21 Die Söhne Ladans, die Nachkom-
men der Gerschoniten, die zu Ladan
gehörten, waren die Jehiëliten. 22 Die
Söhne Jehiëls, Setam und sein Bruder
Joël, hatten die Aufsicht über die
Schätze im Haus Jahwes. 23 Von den
Nachkommen Amrams, Jizhars, He-
brons und Usiëls 24 war Schubaël
Ben-Gerschom, ein Enkel Moses,
Oberaufseher über die Schätze.
25 Gerschoms Bruder Eliëser hatte
einen Sohn namens Rehabja. Die
weiteren Nachkommen in direkter
Linie waren Jesaja, Joram, Sichri und
Schelomit. 26 Dieser Schelomit und
seine Brüder hatten die Aufsicht über
alle Schätze der geheiligten Gaben,
die König David und die Familien-
oberhäupter, die Anführer der Tau-
send- und Hundertschaften und die
Heeroberen geweiht hatten. 27 Sie
hatten es aus ihrer Kriegsbeute zur
Unterstützung für das Haus Jahwes
gespendet. 28 Auch alles, was der
Seher Samuel, Saul Ben-Kisch, Abner
Ben-Ner und Joab Ben-Zeruja ge-
spendet hatten, stand unter der Obhut
Schelomits und seiner Brüder.

Die Verwaltungsdienste

29 Von den Nachkommen Jizhars
waren Kenanja und seine Söhne
draußen im Land Israel als Schriftfüh-
rer und Richter eingesetzt. 30 Von den

26,16 *Schallechet-Tor.* Dieses Tempeltor wird nur hier erwähnt.

26,18 *Parbar.* Wahrscheinlich ein Anbau an der Westseite des Tempelvorhofs.

Nachkommen Hebrons hatten Hasch-
abja und seine Brüder, 1700 tüchtige
Leute, die Aufsicht über die Verwal-
tung Israels im Gebiet westlich des
Jordan, und zwar über jede Arbeit, die
für Jahwe und im Dienst des Königs
getan wurde. 31 Das Oberhaupt der
Nachkommen Hebrons mit all ihren
Sippen und Familien war Jerija. Im
40. Regierungsjahr Davids suchte
man den ganzen Sippenverband ab
und fand dabei in Jaser im Land
Gilead* viele tüchtige Männer, 32 es
waren 2700 Familienoberhäupter.
David setzte auch sie als Aufseher für
die Angelegenheiten Gottes und des
Königs ein und zwar über die Rubeni-
ten, die Gaditen und den halben
Stamm Manasse.

Die Heerführer Davids

27 1 Es folgt ein Verzeichnis der
Sippenoberhäupter Israels,
der Anführer der Tausend- und Hun-
dertschaften und ihrer Schriftführer,
die dem König in allen Angelegenhei-
ten der Abteilungen dienten, die jeden
Monat im Jahr antraten und abtraten.
Jede Abteilung war 24.000 Mann
stark. 2 Der ersten Abteilung für den
ersten Monat stand Jaschobam Ben-
Sabdiël vor, 3 ein Nachkomme von
Perez. Er war der Befehlshaber über
alle Offiziere seiner Abteilung. 4 Der
Abteilung des zweiten Monats stand
Dodai aus Ahoach vor. Der höchste
Offizier seiner Abteilung war Miklot.
5 Der Heerführer für den dritten
Monat war Benaja, der Sohn des
Priesters Jojada. 6 Er war einer der
»Dreißig Helden«. Als er ihr Anführer
wurde, übernahm sein Sohn Ammi-
sabad den Befehl über seine Abteilung.
7 Der vierte für den vierten Monat war
Asaël, der Bruder Joabs, später sein
Sohn Sebadja. 8 Der fünfte für den
fünften Monat war Schamhut, ein
Nachkomme Serachs, 9 der sechste
für den sechsten Monat war Ira Ben-
Ikkesch aus Tekoa, 10 der siebte für
den siebten Monat war Helez aus
Pelon vom Stamm Efraïm, 11 der
achte für den achten Monat war Sib-
bechai, ein Nachkomme Serachs, aus
Huscha, 12 der neunte für den neun-
ten Monat war Abiëser aus Anatot,
vom Stamm Benjamin, 13 der zehnte
für den zehnten Monat war Mahrai,
ein Nachkomme Serachs, aus Netofa,
14 der elfte für den elften Monat
war Benaja aus Piraton vom Stamm
Efraïm 15 und der zwölfte für den
zwölften Monat war Heldai, ein Nach-
komme Otniëls, aus Netofa.

Die Stammesoberhäupter

16 Die Stämme Israels wurden von
folgenden Männern geführt. Ruben:
Eliëser Ben-Sichri; Simeon: Sche-
fatja Ben-Maacha; 17 Levi: Haschabja
Ben-Kemuël; Aaron: Zadok; 18 Juda:
Elihu, ein Bruder Davids; Issachar:
Omri Ben-Michael; 19 Sebulon: Jisch-
maja Ben-Obadja; Naftali: Jerimot
Ben-Asriël; 20 Efraïm: Hoschea Ben-
Asasja; West-Manasse: Joël Ben-Pe-
daja; 21 Ost-Manasse in Gilead: Jiddo
Ben-Secharja; Benjamin: Jaasiël Ben-
Abner; 22 Dan: Asarel Ben-Jeroham.
Dies waren die Anführer der Stämme
Israels.

26,31 *Gilead* bezeichnete das mittlere, manchmal auch das ganze Ostjordanland.

23 Die Zahl derer, die 20 Jahre alt
und jünger waren, nahm David nicht
mit auf, denn Jahwe hatte gesagt, dass
er Israel zahlreich machen werde wie
die Sterne am Himmel. 24 Joab Ben-
Zeruja hatte die Zählung begonnen,
sie aber nicht vollendet, weil wegen
dieser Sache ein Zorn über Israel kam.
Deshalb stehen diese Zahlen nicht in
der Chronik des Königs David.

Die Verwalter des königlichen Besitzes

25 Über die Vorräte des Königs in Je-
rusalem hatte Asmawet Ben-Adiël die
Aufsicht und über die Vorräte auf dem
Land, in den Städten, Dörfern und
Schutztürmen war Jonatan Ben-Usija
eingesetzt. 26 Über die Landarbeiter
hatte Esri Ben-Kelub die Aufsicht,
27 über die Weinberge Schimi aus
Rama und über die Weinvorräte in
den Weinbergen Sabdi aus Schefam.
28 Über die Oliven- und Maulbeerfei-
genbäume, die in der Schefela* wuch-
sen, hatte Baal-Hanan aus Bet-Gader
die Aufsicht und über die Ölvorräte
Joasch. 29 Über die Rinder, die in
der Scharon-Ebene* weideten, hatte
Schitrai die Aufsicht, der auch von
dort stammte, und über die Rinder in
den Tälern Schafat Ben-Adlai. 30 Über
die Kamele hatte der Ismaëlit Obil die
Aufsicht, über die Eselinnen Jechdeja
aus Meronot 31 und über die Schaf-
herden der Hagariter Jasis. Das waren
die Verwalter des königlichen Besitzes
zur Zeit Davids.

Die engsten Berater Davids

32 Davids Onkel Jonatan, ein verstän-
diger und schriftkundiger Mann, war
Ratgeber. Jehiël Ben-Hachmoni war
der Erzieher der Königssöhne. 33 Ahi-
tofel war ebenfalls königlicher Berater
und der Arkiter Huschai war Freund
des Königs. 34 Nachfolger Ahitofels
waren Jojada Ben-Benaja und Abja-
tar. Joab war Heerführer des Königs.

Davids Plan zum Tempelbau

28 1 David ließ alle Oberen Is-
raels nach Jerusalem kom-
men: die Anführer der Stämme und
die Anführer der Abteilungen, die im
Dienst des Königs standen, die An-
führer der Tausend- und Hundert-
schaften, die Verwalter über alle Güter
und Herden, die dem König und sei-
nen Söhnen gehörten, dazu die Hof-
beamten, die Elitetruppe und alle
tüchtigen Krieger. 2 Der König David
stand auf und sagte: »Hört zu, meine
Brüder und mein Volk! Es liegt mir
am Herzen, ein Haus der Ruhe für die
Lade des Bundes mit Jahwe und den
Fußschemel unseres Gottes zu bauen.
Und ich habe Vorbereitungen für den
Bau getroffen. 3 Doch Gott hat zu
mir gesagt: ›Nicht du wirst meinem
Namen ein Haus bauen! Denn du bist
ein Mann der Kriege und hast Blut
vergossen.‹ 4 Jahwe, der Gott Israels,
hat mich aus der ganzen Familie
meines Vaters dazu erwählt, für
immer König über Israel zu sein.
Denn schon Juda erwählte er zum

27,28 *Schefela.* Niedriges, sehr fruchtbares Hügelland, das sich in nordsüdlicher Richtung zwischen dem Gebirge und der Küstenebene des Mittelmeeres erstreckt.

27,29 Die *Scharon-Ebene* ist ein 15 km breiter und 75 km langer sehr fruchtbarer Streifen am Mittelmeer von Lydda im Süden bis zum Berg Karmel im Norden.

Fürsten und im Stamm Juda die Fa-
milie meines Vaters, und unter den
Söhnen meines Vaters hat er an mir
Gefallen gefunden und mich zum
König über ganz Israel gemacht.
5 Und von den vielen Söhnen, die
Jahwe mir geschenkt hat, erwählte er
meinen Sohn Salomo, der auf dem
Thron der Königsherrschaft Jahwes
über Israel sitzen soll. 6 Er sagte zu
mir: ›Dein Sohn Salomo soll mein
Haus und meine Vorhöfe bauen!
Denn ich habe ihn mir als Sohn er-
wählt, und ich selbst werde ihm Vater
sein. 7 Sein Königtum werde ich für
alle Zeit fest machen, wenn auch er
daran festhält, nach meinen Geboten
und Rechtsordnungen zu handeln,
wie es heute der Fall ist.‹ 8 Und nun,
vor den Augen von ganz Israel, der
Versammlung Jahwes und vor den
Ohren unseres Gottes: Achtet auf alle
Gebote Jahwes, unseres Gottes, und
erforscht sie, damit ihr im Besitz die-
ses schönen Landes bleiben und es
euren Nachkommen für alle Zeiten
weitervererben könnt.

9 Und du, mein Sohn Salomo, er-
kenne den Gott deines Vaters und
diene ihm mit ganzem Herzen und
verlangender Seele! Denn Jahwe er-
forscht alle Herzen und kennt unsere
geheimsten Gedanken. Wenn du ihn
suchst, lässt er sich von dir finden.
Wenn du ihn aber verlässt, wird er
dich für immer verstoßen. 10 Sieh
nun: Jahwe hat dich erwählt, ihm ein
Haus als Heiligtum zu bauen. Sei
stark und handle!«

Der Plan des Tempels

11 Darauf übergab David seinem Sohn
Salomo den Plan für die Vorhalle und
die dazugehörenden Bauten, die
Schatzkammern, die oberen und die
inneren Räume und den Plan für den
Sühnedeckel*. 12 Er gab ihm den Plan
für alles, was in seinem Sinn war: für
die Vorhöfe am Haus Jahwes und alle
Räume ringsherum, für die Schatz-
kammern des Gotteshauses und die
Schatzkammern für die geheiligten
Gaben, 13 für die Abteilungen der
Priester und Leviten und für alle
Dienstarbeiten im Haus Jahwes und
für alle Gegenstände, die für den
Dienst im Haus Jahwes gebraucht
werden. 14 Er bestimmte auch das Ge-
wicht für alle Gegenstände aus Gold
und Silber, die zum Dienst gebraucht
wurden: 15 für die goldenen und sil-
bernen Leuchter und ihre Lampen, je
nachdem für welchen Zweck sie be-
stimmt waren; 16 für die Tische, auf
denen die geweihten Brote lagen, und
die silbernen Tische; 17 für die Ga-
beln, Becken und Kannen aus reinem
Gold; für die goldenen und silbernen
Becher; 18 für den Rauchopferaltar
aus reinstem Gold und den Bau des
Thronwagens mit den goldenen Che-
rubim, die mit ihren ausgebreiteten
Flügeln die Bundeslade Jahwes be-
schirmen. 19 »All das«, sagte David,
»habe ich in schriftlicher Form aus
der Hand Jahwes, die über mir war.
Er gab mir Verständnis für alle Details
in dem Plan.« 20 Noch einmal sagte
David zu seinem Sohn Salomo: »Sei

28,11 *Sühnedeckel*, der die Bundeslade bedeckte (2. Mose 25,10-22). Das hebräische Wort ist von einem Verb abgeleitet, das ursprünglich »verdecken«, gewöhnlich aber »sühnen, versöhnen« bedeutet. Vergleiche Hebräer 9,5!

stark und mutig und handle! Fürchte
dich nicht und hab keine Angst! Denn
Gott, Jahwe, mein Gott, ist mit dir. Er
wird dich nicht fallen lassen und auch
nicht im Stich lassen, bis alle Arbeiten
für den Dienst im Haus Jahwes vollen-
det sind. 21 Schau her! Hier sind die
Abteilungen der Priester und Leviten
für jeden Dienst im Haus Gottes. Und
für jede Arbeit hast du willige und
sachkundige Leute zur Seite. Auch die
Oberen und das ganze Volk sind bereit
für deine Befehle.«

Gaben für den Tempelbau

29 1 Dann sagte der König zu
der ganzen Versammlung:
»Gott hat meinen Sohn Salomo, der
noch jung und zart ist, als Einzigen er-
wählt. Das Werk aber ist groß, denn
dieses Bauwerk ist nicht für einen
Menschen, sondern für Gott be-
stimmt, für Jahwe. 2 Ich habe meine
ganze Kraft eingesetzt und für das
Haus meines Gottes Gold für Golde-
nes, Silber für Silbernes, Bronze für
Bronzenes, Eisen für Eisernes und
Holz für Hölzernes bereitgestellt,
Onyxsteine mit Einfassungen, Steine
zur Verzierung, Mosaiksteine, alle
möglichen Edelsteine und Alabaster-
steine in Massen. 3 Und darüber hin-
aus, weil mir das Haus meines Gottes
am Herzen liegt, gebe ich das Gold
und Silber, das ich persönlich besitze,
zusätzlich für das Haus meines
Gottes, abgesehen von dem, was ich
schon für das Haus des Heiligtums
bereitgestellt habe: 4 100 Tonnen
Ofirgold und 240 Tonnen* Silber, um
die Wände der Bauten zu überziehen,
5 Gold für das Goldene und Silber
für das Silberne und für jede Arbeit
von Künstlerhand. Und wer ist nun
von euch bereit, Jahwe Gaben zu
weihen?«
6 Da zeigten die Oberen der Sippen
und der Stämme Israels, die Anführer
der Tausend- und Hundertschaften
und die Oberen im königlichen Dienst
ihre Großzügigkeit. 7 Sie gaben für
die Arbeit am Haus Gottes 173 Ton-
nen Gold, 10.000 Goldstücke, 345
Tonnen Silber, 621 Tonnen Bronze
und 3450 Tonnen* Eisen. 8 Wer Edel-
steine besaß, gab sie in den Schatz
vom Haus Jahwes, der von Jehiël,
einem Nachkommen Gerschons, ver-
waltet wurde. 9 Das Volk freute sich
über die eigene Spendenbereitschaft,
denn von ganzem Herzen spendeten
sie für Jahwe. Auch König David war
hocherfreut.

Davids Dankgebet

10 Und David lobte Jahwe vor der gan-
zen Versammlung. Er betete: »Geprie-
sen seist du, Jahwe, Gott unseres Va-
ters Israel, von Ewigkeit zu Ewigkeit!
11 Dir, Jahwe, gehören Größe und
Kraft, Ehre, Ruhm und Hoheit! Denn
alles im Himmel und auf der Erde ist
dein. Dir, Jahwe, gehört das Reich,
und du bist es, der als Haupt über alles
erhoben ist. 12 Reichtum und Ehre
kommen von dir, und du bist der Herr
über alles. In deiner Hand sind Stärke
und Macht, und in deiner Hand liegt

29,4 *100 ... Tonnen.* Wörtlich: 3000 Talente Gold und 7000 Talente Silber. Ein Talent entspricht etwa 34,5 Kilogramm.

29,7 *173 ... Tonnen.* Wörtlich: 5000 Talente Gold, 10 000 Talente Silber, 18 000 Talente Bronze und 100 000 Talente Eisen.

es, alles groß und stark zu machen.
13 Und nun, unser Gott, danken wir
dir und preisen deinen herrlichen
Namen. 14 Denn wer bin ich und was
ist mein Volk, dass wir die Kraft
haben, so freigebig zu spenden? Denn
von dir kommt alles, und aus deiner
Hand haben wir dir gegeben. 15 Denn
vor dir sind wir Ausländer und Fremde
wie alle unsere Vorfahren. Unser
Leben auf der Erde vergeht wie ein
Schatten, und es gibt keine Hoffnung.
16 Jahwe, unser Gott, all das, was wir
bereitgestellt haben, um deinem heili-
gen Namen ein Haus zu bauen, ist ja
aus deiner Hand gekommen. Und das
alles gehört dir. 17 Ich weiß, mein
Gott, dass du das Herz prüfst, und
dass Aufrichtigkeit dir gefällt. Ich
habe das alles mit aufrichtigem Her-
zen gegeben und habe jetzt mit Freude
gesehen, dass auch dein hier versam-
meltes Volk dir bereitwillig gegeben
hat. 18 Jahwe, Gott unserer Väter Ab-
raham, Isaak und Israel, erhalte diese
Gesinnung für alle Zeiten im Herzen
deines Volkes und richte ihre Herzen
fest auf dich. 19 Und gib auch meinem
Sohn Salomo ein ungeteiltes Herz,
dass er deine Gebote, Mahnungen und
Ordnungen beachtet und alles aus-
führt und diesen Tempel baut, den ich
vorbereitet habe.« 20 David forderte
die ganze Versammlung auf: »Preist
doch Jahwe, euren Gott!« Da pries die
ganze Versammlung Jahwe, den Gott
ihrer Väter. Sie verneigten sich und
ehrten so Gott und den König.

Salomos Thronbesteigung

21 Am nächsten Tag brachten sie Jahwe
Opfer. Sie schlachteten 1000 Stiere,
1000 Schafböcke und 1000 Lämmer.
Dazu kamen die Trankopfer sowie mas-
senhaft Schlachtopfer für ganz Israel.
22 An diesem Tag aßen und tranken sie
vor Jahwe mit großer Freude, und zum
zweiten Mal riefen sie Salomo Ben-
David zum König aus. Vor Jahwe salb-
ten sie ihn zum Fürsten und Zadok zum
Priester. 23 So setzte sich Salomo an-
stelle seines Vaters David als König auf
den Thron Jahwes. Und er hatte Erfolg.
Ganz Israel hörte auf ihn. 24 Alle An-
führer, die Elitetruppe und auch die
anderen Söhne von König David un-
terwarfen sich dem König Salomo.
25 Jahwe machte Salomo überaus groß
vor den Augen der Israeliten, er gab
ihm eine königliche Hoheit, wie sie kein
König vor ihm über Israel hatte.

Zusammenfassung der Regierung Davids

26 So hatte David Ben-Isai über ganz
Israel geherrscht. 27 Er regierte insge-
samt 40 Jahre, sieben Jahre in Hebron
und 33 Jahre in Jerusalem. 28 Er starb
in einem guten Alter, lebenssatt und
satt an Reichtum und Ehre. Sein
Sohn Salomo wurde sein Nachfolger.
29 Was sonst noch über David zu sagen
ist, seine frühere und spätere Geschich-
te, findet man in der Chronik des Sehers
Samuel, des Propheten Natan und der
Geschichte Gads, des Schauenden,
30 zusammen mit der Geschichte seiner
ganzen Königsherrschaft, seiner Macht
und der Zeiten, die über ihn, über Israel
und die anderen Königreiche hingegan-
gen sind.

Das zweite Buch der Chronik

Ursprünglich bildeten beide Chronikbücher ein einziges Werk. Das erste Buch beginnt bei Adam und behandelt die Zeit bis zum Tod von König Saul nur in Stammbäumen mit eingefügten Kurzgeschichten. Erst mit David wird es ausführlicher. Das zweite Buch berichtet nach der Reichsteilung (Kapitel 11) praktisch nur von der Herrschaft der Nachkommen Davids im Südreich Juda.

Die Chronik ist nicht einfach eine Wiederholung der Königsbücher, sondern bietet eine Vogelperspektive der Geschichte Israels. Sie betont die Erhabenheit Gottes, der trotz menschlichem Versagen seine Pläne erfüllt.

Die jüdische Überlieferung nennt Esra als Verfasser. Sein Bericht stützt sich auf viele frühere Quellen, zum Beispiel auf die »Chronik des Königs David« (1. Chronik 27,24), das »Buch der Könige von Juda und Israel« (2. Chronik 16,11), die »Geschichte der Könige von Israel« (2. Chronik 33,18) die »Geschichte des Propheten Natan« usw. Viele Elemente, die in den Samuel- und Königsbüchern berichtet werden, ließ der Verfasser weg, weil sie für seine eigentliche Absicht unwesentlich waren. Er wollte vor allem die bewahrende Gnade Gottes für sein Bundesvolk durch den messianischen König David zeigen.

Salomos Bitte um Weisheit

1 1 Als Salomo Ben-David seine
Königsherrschaft gefestigt hatte
– Jahwe, sein Gott, stand ihm nämlich bei und ließ ihn sehr mächtig
werden –, 2 da ließ er die Vertreter
von ganz Israel zusammenrufen: die
Befehlshaber der Tausend- und Hundertschaften, die Richter, die Fürsten
und die Sippenoberhäupter. 3 Mit der
ganzen Versammlung ging er zu der
Anhöhe bei Gibeon*, denn dort stand
das Offenbarungszelt* Gottes, das
Jahwes Diener Mose in der Wüste
hatte anfertigen lassen. 4 Für die Lade
Gottes jedoch hatte David ein Zelt
in Jerusalem aufbauen lassen und
sie von Kirjat-Jearim* herbeigeholt.
5 Doch der Bronzealtar, den Bezalel
Ben-Uri, der Enkel von Hur, gemacht
hatte, stand in Gibeon vor der Wohnstätte Jahwes. Dorthin begab sich Salomo mit allen Versammelten. 6 Auf
diesem Bronzealtar vor dem Offenbarungszelt opferte Salomo tausend
Tiere als Brandopfer* für Jahwe.

7 In der folgenden Nacht erschien
ihm Gott und sagte: »Sag mir, was ich
dir geben soll!« 8 Salomo sagte zu
Gott: »Du hast meinem Vater David

1,3 *Gibeon*. Heute *El-Jib*, 10 km nordwestlich von Jerusalem.

Offenbarungszelt. Wörtlich: Zelt der Begegnung.

1,4 *Kirjat-Jearim*, »Wälderstadt«, lag 14 km westlich von Jerusalem. Zum Geschehen siehe 1. Chronik 13 und 15.

1,6 *Brandopfer*. Bei dieser Opferart wurde das Tier mit Ausnahme der Haut vollständig auf dem Altar verbrannt.

sehr viel Güte erwiesen, und hast
mich nun zum König gemacht.
9 Möge sich dein Wort an meinen
Vater David als wahr erweisen, Jahwe,
mein Gott! Denn du selbst hast mich
zum König über ein Volk gemacht,
das so zahlreich ist wie der Staub auf
der Erde. 10 Gib mir daher Weisheit
und Wissen, dass ich sehe, wie ich
mit diesem Volk umgehen soll. Wie
könnte ich sonst dein großes Volk re-
gieren?« 11 Da sagte Gott zu Salomo:
»Weil dir das am Herzen lag und du
nicht um Reichtum, Besitz und Ehre,
um den Tod deiner Feinde oder langes
Leben für dich gebeten hast, sondern
um Weisheit und Wissen, damit du
mein Volk regieren kannst, über das
ich dich zum König eingesetzt habe,
12 so gebe ich dir Weisheit und Wis-
sen. Und dazu gebe ich dir Reichtum,
Besitz und Ehre, wie sie noch kein
König vor dir besessen hat und auch
keiner nach dir haben wird.« 13 Dann
kam Salomo vom Offenbarungszelt,
das auf der Anhöhe bei Gibeon stand,
nach Jerusalem. Und von dort aus
regierte er über Israel.

Salomos Reichtum

14 Salomo schaffte Streitwagen und
Pferde an und stationierte sie in den
Wagenstädten und in Jerusalem. Er
besaß schließlich 1400 Streitwagen
und 12.000 Pferde*. 15 Der König
brachte es soweit, dass man in Jerusa-
lem Silber und Gold wie Steine zählte
und Zedern wie die Maulbeerfeigen-
bäume, die in der Niederung wach-
sen. 16 Die Pferde ließ Salomo aus
Ägypten einführen. Seine Händler
kauften sie aber auch in Koë* zum
Marktpreis auf. 17 Bei der Ausfuhr
aus Ägypten kostete ein Streitwagen
600 Silberstücke, ein Pferd 150. Die
Händler Salomos belieferten auch die
Könige der Hetiter und Syrer mit
Streitwagen und Pferden.

Vorbereitung für den Tempelbau

18 Salomo beschloss, ein Haus zur
Ehre Jahwes zu bauen sowie einen
Regierungspalast für sich selbst.

2 1 Dazu ließ er 70.000 Lastträger
und 80.000 Steinhauer in den
Bergen antreten. 3600 Mann setzte er
als Aufseher über sie ein. 2 Er schickte
eine Gesandtschaft zu König Hiram
von Tyrus und ließ ihm sagen: »Du
hast schon meinem Vater David ge-
holfen und ihm Zedern geliefert, als
er sich einen Palast bauen wollte.
3 Ich möchte jetzt ein Haus für den
Namen meines Gottes Jahwe bauen,
ein Haus, das ihm geweiht ist. Dort
soll ihm Weihrauch als Opfer aufstei-
gen, und die geweihten Brote werden
aufgeschichtet sein. Jeden Morgen
und jeden Abend, an den Sabbaten,
am Neumondfest und den anderen
Festen Jahwes sollen dort Brandopfer
dargebracht werden, wie es Israel für
immer auferlegt wurde. 4 Das Haus,
das ich bauen will, wird groß sein,
denn groß ist unser Gott über alle
Götter hinaus. 5 Selbst der Himmel
und das ganze Universum können ihn
nicht fassen. Wer ist überhaupt be-
rechtigt, ihm ein Haus zu bauen? Und

1,14 *Pferde.* Das hebräische Wort in diesem Vers kann auch mit *Reiter* übersetzt werden.

1,16 *Koë* lag im Gebiet von Zilizien, im Südosten der heutigen Türkei.

wer bin ich, dass ich das könnte, es sei
denn, es gäbe ein Heiligtum, in dem
Weihrauch als Opfer zu ihm aufsteigt.
6 Schick mir nun einen fähigen Mann,
der alle Arbeiten in Gold, Silber, Bron-
ze und Eisen ausführen kann! Ebenso
muss er Rotpurpur, Karmesin und
Blaupurpur verarbeiten können und
sich aufs Gravieren verstehen. Er soll
mit den Künstlern aus Juda und Jeru-
salem zusammenarbeiten, die schon
mein Vater David angestellt hat.
7 Schick mir dazu vom Libanon Ze-
dern-, Zypressen- und Almuggim-
holz*! Ich weiß ja, wie gut deine Leute
dort Holz schlagen können. Meine
Leute sollen deinen dabei helfen. 8 Es
muss eine Menge Bauholz bereitge-
stellt werden, denn das Haus, das ich
bauen will, wird groß und wunderbar
werden. 9 Ich will deinen Leuten dafür
je 3300 Tonnen* Weizen und Gerste
und je 440.000 Liter* Olivenöl und
Wein liefern.«
10 König Hiram von Tyrus antworte-
te Salomo mit folgendem Schreiben:
»Weil Jahwe sein Volk liebt, hat er
dich zum König gemacht!« 11 Weiter
schrieb er: »Gepriesen sei Jahwe, der
Gott Israels, der Himmel und Erde
erschuf, dass er König David einen
weisen Sohn mit Einsicht und Ver-
stand geschenkt hat, der ein Haus für
Jahwe bauen will und eins für seine
Regierungsgeschäfte. 12 Ich kann dir
einen erfahrenen Künstler schicken:
Hiram-Abi. 13 Seine Mutter kommt
aus dem Stamm Dan, sein Vater ist
Tyrer. Er versteht sich auf alle Arbei-
ten in Gold, Silber, Bronze, Eisen,
Stein und Holz. Er kann Rotpurpur,
Blaupurpur*, Byssus und Karmesin*
verarbeiten, alle Gravierungen aus-
führen und alles entwerfen, was ihm
aufgetragen wird. Er ist bereit, mit
deinen Künstlern und denen deines
verehrten Vaters David zusammenzu-
arbeiten. 14 Mein Herr möge nun die
angekündigte Sendung von Weizen,
Gerste, Öl und Wein an seine Diener
liefern. 15 Wir unsererseits werden
Holz im Libanon schlagen, so viel du
brauchst, und es dir in Flößen über
das Meer nach Jafo* bringen. Von
dort kannst du es nach Jerusalem
schaffen lassen.«
16 Salomo ließ nun alle Fremden in
Israel zählen, nachdem schon sein
Vater David solch eine Zählung vorge-
nommen hatte. Es waren 153.600
Männer. 17 70.000 von ihnen machte
er zu Lastträgern, 80.000 zu Stein-
hauern im Gebirge und 3600 zu Auf-
sehern, um die Leute zur Arbeit anzu-
halten.

2,7 *Algummim* bezeichnet eine nicht näher bestimmbare wertvolle Holzart.

2,9 *3300 Tonnen.* Hebräisch: 20.000 Kor. 1 Kor = 10 Efa = 220 Liter. Das entspricht etwa 165 kg Getreide.

440.000 Liter. Hebräisch: 20.000 Bat. 1 Bat = 22 Liter. Die Menge würde heute 18 Tanklaster füllen.

2,13 *Blaupurpur.* Tyrus war bekannt für die Herstellung und den Handel mit dem wertvollsten aller Farbstoffe, dem Purpur, der aus den dort gezüchteten Murex-Schnecken gewonnen wurde. Die Farbe Blau bis Violett entsteht durch Enzymreaktionen und Mischung von rotem und blauem Purpur.

Karmesin ist ein (scharlach)roter Farbstoff, der aus getrockneten weiblichen Kochenilleläusen gewonnen wird.

2,15 *Jafo.* Hafenstadt am Mittelmeer; heute: Jaffa.

Der Tempelbau

3 1 Dann begann Salomo, das Haus
Jahwes in Jerusalem auf dem
Berg Morija zu bauen. Die Stelle hatte
schon sein Vater David bestimmt,
denn dort, auf dem Dreschplatz des Je-
busiters Ornan, war ihm Jahwe er-
schienen. 2 Am 2. Mai* in seinem vier-
ten Regierungsjahr begann der Bau.
3 Die Grundmaße, die Salomo für den
Bau des Gotteshauses festgelegt hatte,
betrugen dreißig mal zehn Meter*.
4 Die Halle vor dem Haus war zehn
Meter breit und zehn Meter* hoch.
Ihre Innenwände ließ er mit reinem
Gold überziehen. 5 Das Tempelhaus
selbst ließ er innen mit Zypressenholz
verkleiden und mit Gold überziehen.
Darauf waren Palmen und Zierketten
angebracht. 6 Salomo ließ das ganze
Haus mit Edelsteinen schmücken. Das
verwendete Gold stammte aus Parwa-
jim*. 7 Damit wurde das Haus innen
verkleidet: die Balken, Schwellen,
Wände und Türflügel. In die Wände
ließ er außerdem Bilder von Cheru-
bim* einschnitzen.

Das Höchstheilige

8 Den Raum des Höchstheiligen
machte Salomo zehn Meter lang und
zehn Meter breit. Er überzog ihn mit
reinem Gold im Gewicht von 21 Ton-
nen*. 9 Allein für den Goldüberzug
der Nagelköpfe wurde ein halbes Kilo-
gramm* gebraucht. Auch die oberen
Räume wurden mit Gold verkleidet.
10 Für das Höchstheilige ließ er dann
in Bildhauerarbeit zwei Cherubim an-
fertigen und überzog sie mit Gold.
11 Die Flügel der Cherubim hatten zu-
sammen eine Spannweite von zehn
Metern. Der eine zweieinhalb Meter
lange Flügel des einen Cherub berühr-
te die Wand und der andere den Flügel
des zweiten. 12 Beim zweiten Cherub
war es ebenso. Einer der zweieinhalb
Meter langen Flügel berührte die
Wand, der andere berührte den Flügel
des ersten. 13 Das ergab eine Gesamt-
spannweite von zehn Metern. Die
Cherubim standen auf ihren Füßen
und hatten ihre Gesichter dem Heilig-
tum zugewandt. 14 Auch den Vorhang
ließ Salomo anfertigen. Er bestand
aus blauem und rotem Purpur, blutro-
ter Wolle und feiner Baumwolle. Che-
rubim waren darauf gestickt.

Die Bronzesäulen

15 Vor dem Haus ließ Salomo zwei
Säulen anfertigen, die zusammen
achtzehn Meter* hoch waren. Jede

3,2 *Mai.* Wörtlich: des 2. Monats. Es war das Jahr 966 v.Chr. Zum Datum siehe unter *Schaltmonat* im Vorwort des Übersetzers.

3,3 *dreißig ... Meter.* Wörtlich: *Die Länge 60 Ellen und die Breite 20 Ellen nach dem früheren Ellenmaß.*

3,4 *zehn ... Meter.* So mit einigen griechischen und syrischen Handschriften. Hebräisch: 120 Ellen (60 Meter).

3,6 *Parwajim* ist eventuell ein Ort in Südarabien. Der Begriff kann aber auch eine besondere Goldqualität meinen (Parwajimgold).

3,7 *Cherub,* Mehrzahl: *Cherubim.* Majestätisches (Engel-)Wesen, das Gottes Herrlichkeit repräsentiert.

3,8 *21 Tonnen.* Wörtlich: 600 Talente. 1 Talent = 34,5 Kilogramm.

3,9 *halbes Kilogramm.* Hebräisch: 50 Schekel. 1 Schekel = 11,5 Gramm.

3,15 *Achtzehn.* Wörtlich: 35 Ellen. Nach 1. Könige 7,15; 2. Könige 25,17 und Jeremia 52,21 war jede Säule neun Meter hoch.

hatte ein Kapitell von zweieinhalb
Metern Höhe. 16 Oben ließ er Zierket-
ten anbringen, an denen 100 Nach-
bildungen von Granatäpfeln befestigt
waren. 17 Die Säulen ließ er links und
rechts vor dem Tempel aufstellen. Die
rechte nannte er Jachin, »er richtet
auf«, und die linke Boas, »in ihm ist
Stärke«.

Die Ausstattung des Tempels

4 1 Salomo ließ einen Altar aus
Bronze anfertigen, der zehn Me-
ter lang, zehn Meter breit und fünf
Meter hoch war. 2 Dann kam das
sogenannte Meer an die Reihe. Es
wurde aus Bronze gegossen und hatte
einen Durchmesser von fünf Metern.
Seine Höhe betrug zweieinhalb Meter
und eine Schnur von 15 Metern Länge
umspannte es. 3 Zwei Reihen von rin-
derähnlichen Formen verzierten das
Meer ringsum unterhalb des Randes.
Sie waren aus einem Guss mit dem
Becken. Auf einen halben Meter
kamen zehn solcher Rinder*. 4 Das
Becken selbst stand auf zwölf Rin-
dern, deren Hinterteile nach innen
gekehrt waren. Jeweils drei von ih-
nen schauten nach Norden, Westen,
Süden und Osten. 5 Der Rand des
Beckens war wie bei einem Kelch oder
einer Lilienblüte nach außen gewölbt
und etwa eine Handbreit dick. Das
Becken fasste 66.000 Liter*.

6 Salomo ließ auch zehn Kessel an-
fertigen. Fünf stellte er rechts und fünf
links vom Meer auf. Darin wusch man
alles, was zum Brandopfer gehörte.
Das Meer selbst war nur für die Wa-
schungen der Priester bestimmt.

7 Er ließ auch zehn goldene Leuch-
ter genau nach Vorschrift anfertigen
und in die Tempelhalle stellen, fünf an
die rechte und fünf an die linke Seite.
8 Weiterhin ließ er zehn Tische ma-
chen und in die Halle stellen, fünf an
die rechte und fünf an die linke Seite.
Außerdem ließ er hundert goldene
Opferschalen anfertigen.

9 Dann richtete er den Vorhof ein,
der nur von den Priestern betreten
werden durfte, sowie den großen Vor-
hof mit seinen Toren. Die Torflügel
ließ er mit Bronze überziehen. 10 Das
Meer wurde an der Südostecke rechts
vom Eingang des Tempels aufgestellt.

11 Schließlich machte Hiram die
Töpfe, die Schaufeln und die Opfer-
schalen und vollendete so für König
Salomo die Arbeit am Haus Gottes.
12 Er hatte zwei Säulen mit ihren be-
cherförmigen Kapitellen angefertigt,
dazu die Zierketten, die die Kapitelle
bedeckten, 13 und die 400 Granatäpfel
für die beiden Zierketten, die in zwei
Reihen an jeder Kette befestigt waren,
um die beiden Kapitelle zu bedecken.
14 Er hatte die zehn Gestelle gemacht
und die Kessel darauf gestellt; 15 au-
ßerdem das sogenannte Meer und die
zwölf Rinder darunter, 16 die Töpfe,
Schaufeln, Fleischgabeln und alles,
was noch dazu gehörte. All diese Teile
fertigte Hiram-Abi dem König Salomo
für das Haus Jahwes aus polierter
Bronze an. 17 In der Jordanebene
hatte der König sie gießen lassen, in

4,3 Diese *Rinder* waren so stark stilisiert, dass sie in 1. Könige 7,24 mit Buckeln (oder wilden Kürbissen) beschrieben werden konnten.

4,5 *66.000 Liter*. Hebräisch: 3000 Bat. 1 Bat = 22 Liter.

den Tonablagerungen zwischen Suk-
kot und Zaretan*. 18 Und Salomo
hatte all diese Stücke in großer Menge
anfertigen lassen. Auf das Gewicht
der verarbeiteten Bronze kam es dabei
nicht an.

19 Nun ließ Salomo alle Gegenstän-
de anfertigen, die zum Haus Gottes
gehörten: den goldenen Altar, die Ti-
sche, auf denen die geweihten Brote
lagen, 20 die Leuchter mit ihren Lam-
pen aus reinem Gold, damit sie vor-
schriftsmäßig vor dem hinteren Raum
angezündet würden, 21 die blüten-
förmigen Aufsätze für die Lichtscha-
len und die Dochtscheren – alles aus
reinstem Gold –, 22 die Lichtmesser
und die Opferschalen, die Schüsseln
und die Feuerbecken aus reinem
Gold. Auch der Eingang des Hauses,
die Türflügel zum Höchstheiligen hin
und die Türflügel zum Tempelraum
waren aus Gold.

5 1 Schließlich waren alle Arbeiten
für das Haus Jahwes vollendet.
Da brachte Salomo die Gaben, die
sein Vater David Gott geweiht hatte,
in die Schatzkammern des Gotteshau-
ses: das Silber, das Gold und alle
Gegenstände.

Die Überführung der Bundeslade

2 Dann ließ Salomo die Ältesten von
Israel, die Oberhäupter der Stämme
und die Fürsten der Sippen Israels
nach Jerusalem kommen. Sie sollten
die Bundeslade Jahwes aus der Da-
vidsstadt* Zion in den Tempel hinauf-
bringen. 3 Am Laubhüttenfest, das im
Oktober* stattfindet, versammelten
sich alle Männer Israels beim König.
4 In Gegenwart der Ältesten Israels
nahmen die Leviten die Lade 5 und
trugen sie zum Tempel hinauf. Auch
das Zelt der Gottesbegegnung und die
heiligen Gegenstände, die im Zelt
waren, wurden von den Priestern und
Leviten hinaufgebracht. 6 König Sa-
lomo und die ganze Gemeinschaft
Israels, die sich bei ihm vor der Lade
eingefunden hatte, opferten eine un-
zählbare Menge von Schafen und Rin-
dern. 7 Dann brachten die Priester die
Bundeslade Jahwes an ihren Platz
im hintersten Raum des Hauses, dem
Höchstheiligen, unter die Flügel der
Cherubim. 8 Die Cherubim hielten
ihre Flügel nämlich über dem Platz
der Lade ausgebreitet und überspann-
ten damit die Lade und ihre Trage-
stangen. 9 Die Stangen waren so lang,
dass man ihre Enden vom Heiligtum
aus nur sehen konnte, wenn man di-
rekt vor dem hinteren Raum stand.
Sonst waren sie vom Heiligtum aus
nicht zu sehen. Die Lade befindet sich
noch heute* dort. 10 In der Lade
waren nur die beiden Tafeln, die Mose
am Horeb hineingelegt hatte, als

4,17 *Sukkot und Zaretan* liegen etwa 34 km nordöstlich von Jericho auf der Ostseite des Jordan und der Nordseite des Jabbok.

5,2 Die *Davidsstadt* umfasste das Gebiet des alten Jebus, das von David erobert worden war. Es bildete den Kern Jerusalems.

5,3 *Oktober.* Wörtlich: im 7. Monat. Nach 1. Könige 6,38 war der Tempel schon im 8. Monat des Vorjahres fertig gestellt worden. Salomo hatte aber noch 11 Monate bis zum nächsten Laubhüttenfest mit der Einweihung gewartet, also bis zum Herbst 958 v.Chr.

5,9 *Heute* meint den Zeitpunkt, als 2. Chronik verfasst wurde.

Jahwe den Bund mit den Israeliten bei
deren Auszug aus Ägypten schloss.*
11 Dann zogen die Priester aus dem
Heiligtum aus. Alle anwesenden
Priester hatten sich geheiligt, unab-
hängig davon, ob sie Dienst hatten
oder nicht. 12 Und alle anwesenden
Tempelsänger, die Leviten Asaf, He-
man und Jedutun mit allen ihren
Söhnen und Brüdern, waren in feines
weißes Leinen gekleidet und stan-
den mit ihren Zimbeln, Harfen und
Zithern an der Ostseite des Altars.
Neben ihnen standen etwa 120 Pries-
ter mit Trompeten. 13 Als die Trom-
peter und die Sänger einstimmig
begannen, Jahwe zu loben und zu
preisen, als der gemeinsame Klang
von Trompeten, Zimbeln und den
anderen Instrumenten beim Lob
Jahwes erklang – »Denn er ist gütig
und seine Güte hört niemals auf!« –,
da wurde das ganze Haus, das Haus
Jahwes, mit einer Wolke erfüllt.
14 Und die Priester konnten wegen
der Wolke nicht hingehen, um ihren
Dienst zu tun, weil die Herrlichkeit
Jahwes das Haus Gottes erfüllte.

Salomos Ansprache

6 1 Damals sagte Salomo: »Jahwe
hat beschlossen, im Wolken-
dunkel zu wohnen. 2 Doch ich, ich
habe dir ein Herrscherhaus gebaut,
eine Wohnstätte für ewige Zeiten.«
3 Die ganze Versammlung Israels
stand dabei. Dann wandte sich der
König der Versammlung zu und
segnete sie. 4 Er sagte: »Gepriesen
sei Jahwe, der Gott Israels, der mit
seiner Hand wahr machte, was er
meinem Vater David mit dem Mund
versprach: 5 ›Seit der Zeit, als ich
mein Volk aus Ägypten führte, habe
ich in keinem der Stämme Israels
eine Stadt erwählt, um dort einen
Wohnsitz für meinen Namen errich-
ten zu lassen. Ich habe auch niemand
als Herrscher über mein Volk be-
stimmt. 6 Aber jetzt habe ich Jerusa-
lem als Wohnsitz für meinen Namen
erwählt und David zum Herrscher
über mein Volk Israel.‹ 7 Nun war es
meinem Vater David ein Anliegen,
dem Namen Jahwes, des Gottes Is-
raels, ein Haus zu bauen. 8 Doch
Jahwe sagte zu meinem Vater David:
›Wenn du dir vorgenommen hast,
meinem Namen ein Haus zu bauen,
hast du einen guten Entschluss ge-
fasst. 9 Aber nicht du, sondern dein
leiblicher Sohn soll dieses Haus für
meinen Namen bauen.‹ 10 Und
Jahwe hat dieses Versprechen gehal-
ten. Ich bin an die Stelle meines Va-
ters David getreten und habe den
Thron Israels bestiegen, wie Jahwe es
zugesagt hat. Und ich habe nun das
Haus für den Namen Jahwes gebaut
11 und die Lade hineingestellt, in der
die Tafeln des Bundes liegen, den
Jahwe mit den Israeliten schloss.«

Salomos Weihegebet

12 Dann trat Salomo vor den Augen
der Versammlung Israels zum Altar
Jahwes und breitete seine Hände aus.
13 Salomo hatte ein Podest aus Bron-
ze anfertigen lassen und mitten in den
Vorhof gestellt. Es war zweieinhalb
Meter lang, zweieinhalb Meter breit

5,10 *Bund ... schloss.* Vergleiche 2. Mose 24; 2. Mose 32-34.

und anderthalb Meter hoch. Er stieg
auf dieses Podest, kniete sich vor der
ganzen Versammlung Israels hin,
breitete seine Hände zum Himmel aus
14 und sagte:
»Jahwe, Gott Israels! Kein Gott ist
dir vergleichbar, weder im Himmel
noch auf der Erde. Du stehst zu
deinem Bund und erhältst deinen
Dienern deine Güte, denen, die vor
dir leben und dir mit ganzem Herzen
dienen. 15 Du hast auch deinem Die-
ner, meinem Vater David, deine Ver-
sprechen gehalten. Was du mit dem
Mund versprachst, hast du mit der
Hand wahr gemacht, wie es dieser Tag
zeigt. 16 Jahwe, Gott Israels, nun er-
fülle auch die andere Zusage, die du
meinem Vater David gegeben hast, als
du sagtest: ›Es soll dir nie an einem
Mann fehlen, der vor mir auf dem
Thron Israels sitzt, wenn nur deine
Söhne darauf achten, so nach meinen
Weisungen zu leben, wie du das getan
hast.‹ 17 Jahwe, Gott Israels, lass doch
in Erfüllung gehen, was du deinem
Diener David zugesagt hast.
18 Aber will Gott wirklich bei den
Menschen auf der Erde wohnen?
Selbst der Himmel und das ganze
Universum können dich nicht fassen,
geschweige denn dieses Haus, das
ich gebaut habe! 19 Trotzdem bitte
ich dich, Jahwe, mein Gott, achte
doch auf das Gebet deines Dieners
und höre auf sein Flehen und seine
Bitte, die er vor dich bringt. 20 Halte
deine Augen Tag und Nacht über die-
sem Haus offen, von dem du gesagt
hast, dass dein Name dort wohnen
soll, und höre auf das Gebet, das dein
Diener zu dieser Stätte hin richtet!
21 Höre doch auf das Flehen, das dein
Diener und dein Volk zu dieser Stätte
hin richten werden! Höre du es selbst
in deiner himmlischen Wohnung,
dort, wo du thronst! Ja, erhöre uns
und vergib!
22 Wenn sich jemand an seinem
Nächsten versündigt und dieser einen
Eid von ihm verlangt und er kommt
vor deinen Altar in dieses Haus und
spricht die Selbstverfluchung* aus,
23 dann höre es vom Himmel her und
greife ein! Verschaff deinen Dienern
Recht! Bestrafe den Schuldigen und
lass sein böses Tun auf ihn selbst zu-
rückfallen, den Schuldlosen aber
sprich frei und gib ihm, was seiner Ge-
rechtigkeit entspricht.
24 Und wenn dein Volk Israel von
Feinden besiegt wird, weil es gegen
dich gesündigt hat, und dann wieder
umkehrt und deinen Namen preist
und in diesem Haus zu dir betet und
fleht, 25 dann höre du es im Himmel
und vergib deinem Volk Israel seine
Schuld und bring es wieder in das
Land zurück, das du ihnen und ihren
Vorfahren gegeben hast.
26 Wenn sich der Himmel ver-
schließt, dass es nicht regnet, weil sie
gegen dich gesündigt haben, und sie
dann zu dieser Stätte hin beten und
deinen Namen preisen und von ihrer
Sünde umkehren, weil du sie gedemü-
tigt hast, 27 dann höre du es im Him-
mel und vergib deinen Dienern und
deinem Volk Israel die Sünde – denn
du führst sie den rechten Weg – und
lass es wieder regnen auf dein Land,

6,22 *Selbstverfluchung.* Siehe 2. Mose 22, 10-12; 4. Mose 5,11-31.

das du deinem Volk als Grundbesitz
gegeben hast.
28 Wenn eine Hungersnot im Land
ausbricht, wenn die Pest wütet, wenn
das Getreide durch Brand- oder Rost-
pilze, Heuschrecken oder andere
Schädlinge vernichtet wird, wenn der
Feind ins Land einfällt, wenn irgend-
eine Krankheit oder Plage sie trifft,
29 dann höre du jedes Gebet und
Flehen. Sei es ein Einzelner oder dein
ganzes Volk, je nachdem, was einer
als seine Plage oder seinen Schmerz
erkennt, wenn er seine Hände nach
diesem Haus hin ausbreitet, 30 dann
höre du es im Himmel, dem Ort wo du
thronst! Und vergib; und gib jedem,
was er verdient! Denn du kennst die
verborgenen Gedanken der Menschen
und siehst ihnen ins Herz. 31 Dann
werden sie dich fürchten und auf
deinen Wegen gehen, solange sie in
dem Land leben, das du unseren
Vätern gegeben hast.
32 Auch wenn ein Ausländer, der
nicht zu deinem Volk Israel zählt, aus
einem fernen Land kommt, weil er
von deinem großen Namen hörte und
von dem, was du mit deiner starken
Hand und deinem ausgestreckten
Arm getan hast – wenn er also kommt
und zu diesem Haus hin betet, 33 dann
höre du es im Himmel, dem Ort wo du
thronst, und erfülle seine Bitte! So
werden alle Völker der Erde deinen
Namen erkennen und dich fürchten,
wie dein Volk Israel es tut. Und sie
werden wissen, dass dein Name über
diesem Haus, das ich gebaut habe,
ausgerufen ist.
34 Wenn dein Volk gegen seine
Feinde in den Krieg zieht, egal wohin
du sie schickst, und sie dann zu dir
beten in Richtung dieser Stadt, die du
erwählt hast, und dieses Hauses, das
ich deinem Namen gebaut habe,
35 dann höre ihr Gebet und Flehen im
Himmel und verschaffe ihnen ihr
Recht!
36 Wenn sie gegen dich sündigen –
denn es gibt keinen Menschen, der
nicht sündigt – und du zornig über sie
wirst und sie ihren Feinden preisgibst,
und diese sie in ein fernes oder nahes
Land verschleppen, 37 und sie fangen
an, es sich dort zu Herzen zu nehmen,
und kehren um und flehen im Land
ihrer Gefangenschaft zu dir und
sagen: ›Wir haben gesündigt, wir
haben Unrecht getan, wir haben gott-
los gehandelt!‹; 38 wenn sie in dem
Land, in dem sie gefangen sind, an-
haltend und mit ganzem Herzen und
ihrer ganzen Seele zu dir umkehren
und beten in Richtung dieses Landes,
das du ihren Vätern gegeben hast, und
dieser Stadt, die du erwählt hast, und
dieses Hauses, das ich deinem Namen
gebaut habe, 39 dann höre ihr Gebet
und Flehen im Himmel, dem Ort wo
du thronst, und schaffe ihnen ihr
Recht! Und vergib deinem Volk, was
es gegen dich gesündigt hat. 40 Nun
denn, mein Gott, lass deine Augen
offen sein und deine Ohren hören auf
das Gebet an diesem Ort.«

41 »Und jetzt ziehe ein, Jahwe,
unser Gott, / komm zu deinem
Ruheplatz / und begleite deine
Lade, / das Symbol deiner
Macht! / Lass an deinen Priestern,
Jahwe, Gott, / die Rettung sicht-
bar sein. / Mögen deine Frommen
des Guten sich freuen!
42 Und weise deinen Gesalbten

nicht ab, Jahwe, Gott! / Denk an
die Beweise deiner Gnade, / die
du David, deinem Diener, zuge-
sagt hast!«

Salomos Festopfer

7 1 Als Salomo sein Gebet beendet
hatte, fiel Feuer vom Himmel und
verzehrte das Brand- und die Freu-
denopfer*, und die Herrlichkeit Jah-
wes erfüllte das Haus. 2 Die Priester
konnten das Haus Jahwes nicht be-
treten, weil die Herrlichkeit Jahwes
es ausfüllte. 3 Alle Israeliten sahen,
wie das Feuer herabfiel und die Herr-
lichkeit Jahwes sich über dem Haus
zeigte. Da knieten sie sich hin und
beugten sich mit dem Gesicht auf das
Pflaster nieder und beteten an. Sie
priesen Jahwe, weil er gütig ist und
seine Gnade niemals aufhört.
4 Der König und das ganze Volk
feierten vor Jahwe ein großes Opfer-
mahl. 5 Salomo ließ zu dem Anlass
22.000 Rinder und 120.000 Schafe
schlachten. So weihten sie das Haus
Gottes ein. 6 Die Priester versahen
ihren Dienst, und die Leviten hatten
sich mit den Musikinstrumenten auf-
gestellt, die König David für das Lob
Jahwes hatte anfertigen lassen –
»Denn seine Güte hört niemals auf!«
Die Leviten begleiteten damit die
Danklieder Davids. Die Priester stan-
den ihnen gegenüber und bliesen ihre
Trompeten, und ganz Israel stand
dabei. 7 Zu diesem besonderen An-
lass weihte Salomo den mittleren Teil
des Vorhofs vor dem Haus Jahwes zum
Opferaltar. Denn dort ließ er die Brand-
opfer und die Fettstücke der Freuden-
opfer verbrennen, weil der Bronzealtar,
den er hatte anfertigen lassen, für die
Menge der Brand- und Speisopfer und
Fettstücke zu klein war.
8 Salomo feierte damals auch das
Laubhüttenfest mit ganz Israel sie-
ben Tage lang. Es war eine sehr gro-
ße Versammlung aus dem ganzen
Land zusammengekommen, von Le-
bo-Hamat* bis zum Bach Ägyptens*.
9 Am achten Tag fand die Abschluss-
feier statt. Sie hatten zuerst sieben
Tage lang die Einweihung des Altars
gefeiert und dann noch sieben Tage
lang das Laubhüttenfest. 10 Am 23.
Oktober* verabschiedete Salomo das
Volk. Alle freuten sich über das Gute,
das Jahwe David, Salomo und seinem
Volk Israel getan hatte, und zogen vol-
ler Zuversicht nach Hause.

Gottes Antwort

11 Als nun Salomo das Haus Jahwes
und das Haus für den König vollendet
hatte und alles gut gelungen war, was
er sich vorgenommen hatte, 12 er-
schien ihm Jahwe in der Nacht und
sagte zu ihm: »Ich habe dein Gebet
erhört und dieses Haus als Opferstätte
angenommen. 13 Wenn ich den Himmel

7,1 Beim *Freudenopfer* wurde im Gegensatz zum Brandopfer nur das Fett auf dem Altar verbrannt. Der größte Teil des Tieres durfte bei einer fröhlichen Opfermahlzeit gemeinsam mit Verwandten und Freunden verzehrt werden.

7,8 *Lebo-Hamat*. Heute *Labwe*, etwa 70 km nördlich vom Hermon.

Nach Josua 15,4 war der *Bach Ägyptens* die Grenze zwischen Israel und Ägypten. Heute: Wadi El-Arisch.

7,10 *23. Oktober*. Wörtlich: 23. Tag des 7. Monats.

verschließe und es nicht mehr regnet,
wenn ich den Heuschrecken befehle,
das Land kahl zu fressen, und wenn ich
die Pest unter mein Volk sende, 14 und
wenn dann mein Volk, über dem mein
Name ausgerufen ist, sich demütigt
und zu mir betet, wenn es meine
Gegenwart sucht und von seinen bösen
Wegen umkehrt, dann werde ich es
vom Himmel her hören, ihre Sünden
vergeben und ihr Land heilen. 15 Jetzt
lasse ich meine Augen offen sein über
diesem Ort, und meine Ohren werden
auf die Gebete hier hören. 16 Jetzt habe
ich dieses Haus erwählt und zu meiner
heiligen Stätte gemacht. Hier soll mein
Name für immer wohnen, und meine
Augen und mein Herz werden jeden
Tag dort sein.

17 Und du, wenn du so vor mir lebst
wie dein Vater David und meine Gebote, Vorschriften und Rechte beachtest,
18 dann werde ich deine Herrschaft
bestehen lassen, wie ich es deinem
Vater David zugesagt habe, als ich den
Bund mit ihm schloss: ›Es soll dir nie
an einem Mann fehlen, der über Israel
herrscht.‹

19 Wenn ihr euch aber von mir abwendet, wenn ihr meine Vorschriften
und Gebote nicht mehr beachtet und
stattdessen anderen Göttern nachlauft und euch vor ihnen niederwerft,
20 dann werde ich Israel aus meinem
Land, das ich ihnen gegeben habe,
herausreißen. Dann werde ich dieses
Haus, das ich meinem Namen geheiligt habe, keines Blickes mehr würdigen und es zum Gespött und zum
Hohn für alle Völker machen, 21 ja,
dieses Haus, das so erhaben war.
Jeder, der vorübergeht, wird sich dann
entsetzt fragen: ›Warum hat Jahwe
das diesem Land und diesem Haus angetan?‹ 22 Dann wird man ihnen antworten: ›Weil sie Jahwe, den Gott
ihrer Väter, der sie aus Ägypten herausführte, verlassen und sich anderen
Göttern zugewandt haben, weil sie
diese verehrt und sich vor ihnen
niedergeworfen haben, hat er all dieses Unheil über sie gebracht.‹«

Salomos Unternehmungen

8 1 Nachdem Salomo zwanzig Jahre lang am Haus Jahwes und
an seinem Regierungspalast gebaut
hatte, 2 baute er auch die Städte aus,
die Hiram ihm gegeben* hatte, und
siedelte Israeliten dort an.

3 Hierauf zog Salomo nach Hamat-Zoba* und eroberte die Stadt. 4 Dann
baute er Tadmor* in der Wüste aus
und legte Vorratsstädte um Hamat*
herum an. 5 Das obere und das untere
Bet-Horon* baute er zu Festungen

8,2 *Hiram ihm gegeben.* Siehe die Fußnote zu 1. Könige 9,14.

8,3 *Hamat-Zoba.* Unbekannte Stadt im Libanon.

8,4 *Tadmor* ist ein Karawanenplatz, eine große Oase in der nordsyrischen Wüste. Heute: *Palmyra,* 208 km nordöstlich von Damaskus.

Hamat galt als nördlichster Punkt des »idealen« Israel. Heute: *Lebweh* im libanesischen Beqa-Tal, 72 km nördlich von Damaskus.

8,5 *Bet-Horon.* Die Zwillingsstädte waren nur 3 km voneinander entfernt und beherrschten die wichtige Zugangsstraße von der Küstenebene ins Hügelland. Sie lagen 19 km nordwestlich von Jerusalem.

aus, die mit Mauern, Toren und Rie-
geln gesichert waren. 6 Ebenso be-
festigte er Baalat* und alle anderen
Vorratsstädte sowie alle Städte, in
denen seine Streitwagentruppen sta-
tioniert waren. Auch in Jerusalem, im
Libanon und in seinem ganzen Reich
baute er alles, was er wollte.

7 Alle Nachkommen der Hetiter,
Amoriter, Perisiter, Hiwiter und Je-
busiter, die von Israel nicht beseitigt
worden waren 8 und noch in Is-
rael lebten, verpflichtete Salomo zur
Zwangsarbeit. So ist es bis heute ge-
blieben. 9 Israeliten machte Salomo
nicht zu Sklaven* für seine Arbeiten.
Sie waren seine Soldaten, die Ober-
sten seiner Wagenkämpfer und seiner
Reiter. 10 König Salomo hatte 250
Oberaufseher, die das Volk bei der Ar-
beit beaufsichtigten.

11 Salomo brachte die Tochter des
Pharao von der Davidsstadt in das
Haus hinauf, das er eigens für sie
hatte bauen lassen, denn er sagte:
»Meine Frau soll nicht im Haus des
Königs von Israel wohnen, im Haus
Davids, denn es ist heilig, weil dort
einmal die Bundeslade Jahwes ge-
standen hat.«

12 Von da an opferte Salomo die
Brandopfer für Jahwe auf dem Altar
Jahwes, den er vor der Halle des Tem-
pelhauses gebaut hatte, 13 so wie es
der Anordnung Moses für jeden Tag
entsprach. Auch an den Sabbaten,
den Neumondstagen und den drei
Jahresfesten tat er das: dem Fest
der ungesäuerten Brote*, dem Wo-
chenfest* und dem Laubhüttenfest.
14 Nach den Anweisungen seines Va-
ters David wies er die Abteilungen der
Priester in ihren Dienst ein, ebenso
die Leviten, die für den Gesang ver-
antwortlich waren und den Priestern
und Torwächtern in ihren Dienstab-
teilungen halfen, genauso, wie es
David, der Mann Gottes, festgelegt
hatte. 15 Man wich in keinem Punkt
von den Anordnungen ab, die der
König für die Priester, die Leviten, für
die Tempelschätze und für alles ande-
re gegeben hatte. 16 So wurde das
ganze Werk Salomos planmäßig aus-
geführt, vom Tag der Grundsteinle-
gung des Hauses Jahwes an bis zu
seiner Vollendung. Das Haus Jahwes
war fertig.

8,6 *Baalat* ist der ältere Name für *Kirjat-Jearim* an der Grenze von Juda und Benjamin. Heute: *Deir el-Azar,* 14 km westlich von Jerusalem.

8,9 *Sklaven.* Israeliten wurden nur zeitweise zu Zwangsarbeiten herangezogen (1. Könige 5,27-28), die Vorgenannten aber dauerhaft.

8,13 Das *Fest der ungesäuerten Brote* folgte unmittelbar auf das Passafest und dauerte eine Woche.

Das Wochenfest oder Pfingstfest wurde 50 Tage nach dem Passa als Erntefest gefeiert. Gleichzeitig gedachte man dabei besonders der Gabe des Gesetzes Gottes.

8,17 *Ezjon-Geber und Elat* lagen am Nordende des Golfs von Akaba in der Nähe der Stadt Akaba.

8,18 *Ofir.* Die LXX verstand das als Indien. Dafür spricht, dass es alle in der Bibel erwähnten Güter (Gold, Silber, Edelsteine, Hölzer, Elfenbein, Affen und Pfauen) im alten Indien gab. Ferner ist bekannt, dass vom 2. Jahrtausend v. Chr. an lebhafter Handel zwischen dem Persischen Golf und Indien getrieben wurde. Dazu waren Hochseeschiffe (1. Könige 22,48: Tarschisch-Schiffe) nötig. Eine andere Theorie besagt, dass *Ofir* eine Stadt war, die vermutlich an der südwestlichen Küste Arabiens oder 75 km nördlich von Bombay (Supura) lag.

17 Damals kam Salomo auch nach
Ezjon-Geber und Elat* an der Küste
des Roten Meeres im Land Edom.
18 Hiram schickte ihm Schiffe mit er-
fahrenen Seeleuten dorthin. Zusam-
men mit den Männern Salomos segel-
ten sie bis nach Ofir* und brachten
Salomo von dort 16 Tonnen* Gold.

Die Königin von Saba

9 1 Als die Königin von Saba* vom
Ruhm Salomos hörte, kam sie
mit einem gewaltigen Gefolge nach
Jerusalem. Ihre Kamele waren schwer
mit duftenden Ölen, Gold und Edel-
steinen beladen. Sie wollte Salomo
mit schwierigen Fragen prüfen und
besprach mit ihm alles, was sie sich
überlegt hatte. 2 Salomo beantwortete
alle ihre Fragen. Es gab nichts, was
ihm verborgen war, worauf er keine
Antwort gewusst hätte. 3 Als die Kö-
nigin von Saba die Weisheit Salomos
erkannte, als sie den Palast sah, den er
gebaut hatte, 4 die Speisen an seiner
Tafel, die Sitzplätze seiner Beamten,
die gute Bedienung und die kostbaren
Gewänder seiner Diener und Mund-
schenke und die prunkvolle Prozes-
sion, wenn er in das Haus Jahwes
ging, da verschlug es ihr den Atem.

5 Sie sagte zum König: »Es ist tat-
sächlich alles wahr, was ich in meinem
Land über dich und deine Weisheit ge-
hört habe. 6 Ich wollte es nicht glau-
ben, bis ich es mit eigenen Augen gese-
hen hatte. Und nun sehe ich: Man hat
mir nicht einmal die Hälfte gesagt.
Deine Weisheit übertrifft alles, was ich
je über dich gehört habe. 7 Was für ein
Vorrecht haben deine Männer und
deine Minister, die täglich bei dir sind
und deine weisen Worte hören! 8 Ge-
priesen sei Jahwe, dein Gott, dem es
gefiel, dich auf deinen Thron zu setzen
als König für Jahwe, deinen Gott. Dein
Gott liebt sein Volk und will, dass es für
immer besteht. Deshalb hat er dich
zum König gemacht, dass du für Recht
und Gerechtigkeit sorgst.«

9 Dann übergab sie dem König
mehr als vier Tonnen* Gold, eine
Menge duftender Öle und Edelsteine.
Nie wieder hat es so kostbares Öl ge-
geben wie dieses, das die Königin von
Saba Salomo als Geschenk über-
brachte.

10 Die Leute Hirams und Salomos,
die Gold aus Ofir geholt hatten,
brachten Almuggimholz* und Edel-
steine. 11 Der König hatte aus dem
Almuggimholz Geländer für das Haus
Jahwes und den Regierungspalast an-
fertigen lassen und Zithern und Har-
fen für die Tempelsänger. Vorher war
so etwas im Land Juda nie gesehen
worden.

12 König Salomo erfüllte der Köni-
gin von Saba jeden Wunsch, den sie
äußerte, zusätzlich zu der Gegengabe
für das, was sie dem König mitge-
bracht hatte. Danach kehrte sie mit
ihrem Gefolge wieder in ihr Land
zurück.

8,18 *16 Tonnen.* Wörtlich: 450 Talente. Als Gewichtseinheit entspricht 1 Talent etwa 34,5 Kilogramm.

9,1 *Saba.* Land südlich von Israel (siehe Matthäus 12,42), vielleicht auf der südwestlichen arabischen Halbinsel in der Nähe des heutigen Jemen. Die genaue Lage ist ungewiss.

9,9 *vier Tonnen.* Wörtlich: 120 Talente.

9,10 *Almuggimholz.* Siehe 2. Chronik 2,7.

Salomos Reichtum

13 In einem einzigen Jahr erhielt Salo-
mo 23 Tonnen* Gold als Steuerabga-
be. 14 Dazu kam noch das, was die
Händler einbrachten. Auch alle Köni-
ge Arabiens und die Statthalter des
Landes brachten Salomo Gold und
Silber.

15 König Salomo ließ 200 Lang-
schilde anfertigen und mit Gold über-
ziehen. Sieben Kilogramm* gehäm-
mertes Gold verwendete er für jeden
Schild. 16 Dazu ließ er noch 300
Kleinschilde machen und jeden mit
dreieinhalb Kilogramm gehämmer-
tem Gold überziehen. Er brachte sie
alle in das Libanonwaldhaus*.

17 Weiter ließ der König einen großen
Thron aus Elfenbein anfertigen und mit
purem Gold überziehen. 18 Der Thron
hatte sechs Stufen und einen goldenen
Fußschemel. Zu beiden Seiten des
Sitzes befanden sich Armlehnen, neben
denen zwei Löwenfiguren standen.
19 Auch auf jeder der sechs Stufen stand
rechts und links je eine Löwenfigur.
Noch nie ist so etwas für ein König-
reich geschaffen worden.

20 Alle Trinkgefäße Salomos waren
aus reinem Gold und auch sämtliche
Gegenstände, die zum Libanonwald-
haus gehörten. Silber war zur Zeit
Salomos wertlos; 21 denn der König
hatte eine Flotte, die mit den Leuten
Hirams bis nach Tarschisch* fuhr.
Alle drei Jahre kam die Tarschisch-
Flotte und brachte Gold und Silber,
Elfenbein, Affen und Pfauen.

22 Somit übertraf König Salomo alle
anderen Könige der Erde an Reich-
tum und Weisheit; 23 und alle Könige
suchten ihn auf, um sich persönlich
von der Weisheit zu überzeugen, die
Gott ihm verliehen hatte. 24 Alle
brachten ihm Geschenke mit: silberne
und goldene Gegenstände, Festge-
wänder und Waffen, kostbare Öle,
Pferde und Maultiere. So ging es Jahr
um Jahr.

25 Salomo hatte 4000 Stallplätze für
seine Pferde und Streitwagen sowie
12.000 Pferde. Er stationierte sie in
den Wagenstädten und bei sich in Je-
rusalem. 26 Er herrschte über alle Kö-
nige vom Euphrat bis zum Land der
Philister und bis zur Grenze Ägyp-
tens. 27 Unter seiner Regierung war
Silber in Jerusalem so viel wert wie
Steine, und Zedern wie die Maul-
beerfeigenbäume, die in der Niede-
rung wachsen. 28 Die Pferde bekam
Salomo aus Ägypten und aus allen
möglichen anderen Ländern.

Salomos Tod

29 Was sonst noch über Salomo zu
sagen ist, seine frühere und spätere
Geschichte, findet man in der Chronik

9,13 *23 Tonnen.* Wörtlich: 666 Talente.

9,15 *Sieben Kilogramm.* Wörtlich: 600 (Schekel). Der königliche Schekel wog etwa 13 Gramm, der Schekel nach gefundenen Gewichten 11,5 Gramm.

9,16 Das *Libanonwaldhaus* war eine große Halle, die Salomo neben seinem Regierungspalast hatte bauen lassen, siehe 1. Könige 7,2.

9,21 *Tarschisch* war die phönizische Kolonie Tartessus in Südspanien, wo Silber abgebaut wurde. Doch konnte offenbar auch ein anderes Gebiet im südlichen Teil des Roten Meeres, wo kostbare Metalle abgebaut wurden, so genannt werden (siehe 2. Chronik 20,36). Die großen hochseetüchtigen Handelsschiffe der Phönizier nannte man generell Tarschisch-Schiffe.

des Propheten Natan, den Weissa-
gungen Ahias von Schilo und in den
Visionen des Sehers Jedo, die dieser
über Jerobeam Ben-Nebat erhalten
hat. 30 Vierzig Jahre lang regierte
Salomo über ganz Israel in Jerusa-
lem. 31 Als er gestorben war, bestat-
tete man ihn in der Davidsstadt, und
sein Sohn Rehabeam trat die Herr-
schaft an.

Die Teilung Israels

10 1 Rehabeam reiste nach Si-
chem*, denn ganz Israel war
dorthin gekommen, um ihn als König
zu bestätigen. 2 Als Jerobeam Ben-
Nebat davon gehört hatte, war er aus
Ägypten zurückgekehrt, wohin er vor
Salomo hatte fliehen müssen. 3 Nun
ließen die Stämme Israels ihn rufen.
Da stellte er sich zusammen mit ihnen
vor Rehabeam und sagte: 4 »Dein
Vater hat uns ein hartes Joch auf-
erlegt. Erleichtere uns jetzt die Last,
die dein Vater uns aufgebürdet hat,
und seinen harten Arbeitsdienst,
dann wollen wir dir untertan sein.«
5 »Kommt in drei Tagen wieder zu
mir!«, erwiderte Rehabeam. Als das
Volk gegangen war, 6 beriet sich
König Rehabeam mit den Alten, die
bereits im Dienst seines Vaters Salo-
mo gestanden hatten. Er fragte sie:
»Was ratet ihr mir? Welche Antwort
soll ich dem Volk geben?« 7 Sie sag-
ten: »Wenn du ihnen entgegen-
kommst und sie mit Güte behandelst,
werden sie dir für immer gehorchen.«
8 Doch er verwarf den Rat der Alten
und fragte die jungen Leute, die mit
ihm aufgewachsen waren und jetzt in
seinem Dienst standen. 9 »Was ratet
ihr mir? Was sollen wir diesem Volk
sagen, das von mir verlangt, das Joch
zu erleichtern, das mein Vater auf sie
gelegt hat?« 10 Da sagten ihm die jun-
gen Leute, die mit ihm aufgewachsen
waren: »Dem Volk, das von dir ver-
langt, das schwere Joch zu erleich-
tern, das dein Vater ihm auferlegt hat,
sollst du sagen: ›Mein kleiner Finger
ist dicker als die Hüften meines Va-
ters! 11 Mein Vater hat euch eine
schwere Last aufgeladen, ich werde
sie noch schwerer machen! Mein
Vater hat euch mit Peitschen gezüch-
tigt, ich werde es mit Stachelpeit-
schen tun!‹«

12 Am dritten Tag kamen Jerobeam
und das ganze Volk wieder zu Reha-
beam, wie der König gesagt hatte.
13 König Rehabeam gab ihnen eine
harte Antwort. Er verwarf die Emp-
fehlung der Alten 14 und richtete sich
nach dem Rat der jungen Leute. Er
sagte: »Mein Vater hat euch eine
schwere Last aufgeladen, ich werde
sie noch schwerer machen! Mein
Vater hat euch mit Peitschen gezüch-
tigt, ich werde es mit Stachelpeit-
schen tun!« 15 Der König hörte also
nicht auf das Volk. Gott hatte es so ge-
fügt, um das Wort wahr zu machen,
das er, Jahwe, durch Ahija von Schilo
zu Jerobeam Ben-Nebat gesprochen
hatte.* 16 Als nun die Männer Israels
sahen, dass der König nicht auf sie
hören wollte, riefen sie:

Was geht uns Davids Sippe an? /
Isais Sohn gehört nicht zu uns! /

10,1 *Sichem* war eine strategisch und religiös bedeutende Stadt auf dem Pass (*Sichem* = Schulter) zwischen den Bergen Ebal im Norden und Garizim im Süden.

10,15 Siehe 1. Könige 11,29-31.

Auf, nach Hause, Israel! / Mag
Davids Sippe doch sehen, wo sie
bleibt!

So löste sich die Versammlung auf,
und jeder ging nach Hause. 17 Nur
über die Israeliten, die in den Städ-
ten Judas wohnten, blieb Rehabeam
König. 18 Als König Rehabeam dann
Hadoram hinschickte, den Beauftrag-
ten für die Zwangsarbeit, steinigten
ihn die Israeliten zu Tode. Der König
selbst konnte sich gerade noch auf
seinen Wagen retten und nach Jerusa-
lem entkommen. 19 So sagten sich die
Nordstämme Israels vom Königshaus
David los und sind bis zum heutigen
Tag von ihnen getrennt.

Rehabeam von Juda

11 1 Als Rehabeam in Jerusalem
angekommen war, stellte er
aus den Stämmen Juda und Benja-
min ein Heer von 180.000 Soldaten
zusammen. Sie sollten gegen Israel
kämpfen, um die Königsherrschaft
für Rehabeam zurück zu erobern.
2 Da kam das Wort Jahwes zu einem
Mann Gottes namens Schemaja:
3 »Sage zu Rehabeam Ben-Salomo,
dem König von Juda, und zu ganz
Israel in Juda und Benjamin:
4 ›So spricht Jahwe: Zieht nicht los!
Kämpft nicht gegen eure Brüder!
Kehrt allesamt nach Hause zurück!
Ich selbst habe es so gefügt.‹« Da ge-
horchten sie den Worten Jahwes,
kehrten um und zogen nicht gegen
Jerobeam.

5 So blieb Rehabeam in Jerusalem
und ließ verschiedene Städte in Juda
zu Festungen ausbauen. 6 Es waren:
Bethlehem, Etam, Tekoa, 7 Bet-Zur,
Socho, Adullam, 8 Gat, Marescha, Sif,
9 Adorajim, Lachisch, Aseka, 10 Zora,
Ajalon und Hebron. 11 Er ließ diese
Städte stark befestigen, setzte Kom-
mandanten ein und ließ Vorräte an
Lebensmitteln, Olivenöl und Wein an-
legen. 12 In jeder Stadt befanden sich
Schilde und Spieße, sodass die Städte
in jeder Hinsicht stark waren. So
herrschte er über Juda und Benjamin.

13 Die Priester und Leviten, die
überall in Israel wohnten, standen zu
Rehabeam. 14 Die Leviten verließen
ihre Weideplätze und ihren Besitz
und kamen nach Juda und Jerusalem,
weil Jerobeam und seine Söhne sie
aus dem Priesterdienst für Jahwe ver-
stoßen hatten. 15 Jerobeam hatte
nämlich eigene Priester für die Hö-
henheiligtümer angestellt, für die
Bocksdämonen und die Stierbilder,
die er hatte anfertigen lassen. 16 Aus
allen Stämmen Israels folgten den
Leviten die Israeliten, die Jahwe, den
Gott Israels, von Herzen suchten. Sie
kamen nach Jerusalem, um dem Gott
ihrer Vorfahren Opfer zu bringen.
17 Und sie trugen dazu bei, das König-
reich Juda zu stärken und Rehabeams
Herrschaft zu festigen. Das taten sie
drei Jahre, so lange, wie alle dem Vor-
bild Davids und Salomos folgten.

18 Rehabeam heiratete Mahalat, die
Tochter von Jerimot Ben-David und
seiner Frau Abihajil, der Tochter von

11,20 *Tochter*. Ebenso wie *Sohn* in vielen Fällen auch Enkel oder Nachkomme allgemein bedeuten kann, meint Tochter hier offenbar Enkelin (ebenso Vers 22). Maacha war also wahrscheinlich eine Tochter von Abschaloms Tochter Tamar, die mit Uriel verheiratet war; siehe 2. Chronik 13,2.

Eliab Ben-Isai. 19 Sie gebar ihm die
Söhne Jëusch, Schemarja und Sa-
ham. 20 Danach heiratete er Maacha,
die Tochter* Abschaloms. Von ihr
wurden ihm Abija, Attai, Sisa und
Schelomit geboren. 21 Rehabeam
liebte Maacha mehr als seine anderen
Frauen. Insgesamt hatte er nämlich
18 Frauen und 60 Nebenfrauen ge-
nommen und mit ihnen 28 Söhne und
60 Töchter gezeugt. 22 Deshalb gab er
Abija, dem Sohn von Maacha, eine
führende Stellung unter seinen Brü-
dern und bestimmte ihn zum Thron-
folger. 23 Rehabeam handelte wohl-
überlegt und verteilte seine Söhne
auf die befestigten Städte von Juda
und Benjamin, gab ihnen ein sehr
gutes Einkommen und suchte eine
Menge Frauen für sie aus.

Einfall der Ägypter

12 1 Als Rehabeams Herrschaft
gesichert war und er mächtig
wurde, hielt er sich nicht mehr an
die Weisung Jahwes. Ganz Israel*
folgte ihm darin. 2 Da zog im fünften
Regierungsjahr Rehabeams* König
Schischak* von Ägypten gegen Jeru-
salem in den Krieg, denn die Israeli-
ten waren Jahwe untreu geworden.
3 Schischak kam mit 1.200 Streitwa-
gen, 60.000 Pferden und einer unge-
zählten Menge von libyschen, suk-
kijitischen* und nubischen* Hilfs-
truppen. 4 Er eroberte die Festungen
in Juda und rückte gegen Jerusalem
vor.

5 Da trat der Prophet Schemaja vor
Rehabeam und die führenden Männer
von Juda, die sich vor Schischak nach
Jerusalem zurückgezogen hatten, und
sagte zu ihnen: »So spricht Jahwe:
›Ihr habt mich verlassen, darum über-
lasse auch ich euch der Gewalt Schi-
schaks.‹« 6 Da beugten sich die füh-
renden Männer Israels mit dem König
und sagten: »Jahwe ist gerecht!« 7 Als
Jahwe sah, dass sie sich demütigten,
kam sein Wort zu Schemaja: »Sie
haben sich gedemütigt. Darum werde
ich sie nicht beseitigen, sondern
schenke ihnen ein wenig Rettung.
Schischak soll nicht meinen Zorn
über Jerusalem bringen. 8 Doch sie
müssen sich ihm unterwerfen, damit
sie erkennen, was für ein Unterschied
es ist, ob sie mir dienen oder den Köni-
gen anderer Länder.«

9 König Schischak von Ägypten
marschierte also in Jerusalem ein und
eignete sich die Schätze aus dem Haus
Jahwes und dem Königspalast an.
Auch die goldenen Schilde, die Salo-
mo hatte anfertigen lassen, nahm er
mit. 10 An deren Stelle ließ König Re-
habeam Bronzeschilde anfertigen, die
er dem Kommandanten der Leibwache

12,1 *Israel* ist hier und in Vers 6 im allgemeinen Sinn gebraucht und nicht auf das Nordreich bezogen.

12,2 *fünften ... Rehabeams.* 925 v.Chr.

Schischak wird gewöhnlich mit Pharao Scheschonk I identifiziert, was aber auf schwerwiegende Probleme stößt, wenn man den Feldzugsbericht des Pharaos mit den biblischen Angaben vergleicht. Neuerdings wird eine Revision der ägyptischen Chronologie diskutiert. Der entsprechende Pharao wäre dann vielleicht Ramses II, der angibt, in seinem 8. Regierungsjahr Jerusalem geplündert zu haben.

12,3 *sukkijitischen ... Hilfstruppen.* Nach ägyptischen Texten eine Söldnertruppe aus Libyen.

Nubien. Land am Oberlauf des Nil.

übergab, die am Eingang des Palastes
stationiert war. 11 Jedes Mal, wenn
der König in das Haus Jahwes ging,
trugen seine Leibwächter die Schilde
und brachten sie anschließend an
ihren Platz zurück. 12 Weil Rehabeam
sich gedemütigt hatte, ließ der Zorn
Jahwes von ihm ab, sodass er ihn
nicht völlig vernichtete. Es gab ja auch
noch manches Gute in Juda.

Das Ende Rehabeams

13 König Rehabeam festigte seine
Herrschaft und regierte weiter in Jeru-
salem. Er war 41 Jahre alt, als er die
Herrschaft antrat. Siebzehn Jahre*
regierte er in Jerusalem, der Stadt, die
Jahwe aus allen Stämmen Israels als
Wohnsitz für seinen Namen bestimmt
hatte. Seine Mutter war die Ammo-
niterin Naama. 14 Doch er tat Böses
und war nicht darauf bedacht, Jahwe
zu suchen.

15 Was sonst noch über Rehabeam
zu sagen ist, seine frühere und späte-
re Geschichte, findet man in der
Chronik des Propheten Schemaja
und in der des Sehers Iddo. Sie ent-
halten auch seinen Stammbaum. Die
Auseinandersetzungen zwischen Re-
habeam und Jerobeam dauerten die
ganze Zeit an. 16 Als Rehabeam ge-
storben war, bestattete man ihn in
der Davidsstadt; und sein Sohn Abija
trat die Herrschaft an.

Abija von Juda

13 1 Im 18. Regierungsjahr des
Königs Jerobeam von Israel
trat Abija die Herrschaft über Juda an.
2 Er regierte drei Jahre lang in Jerusa-
lem. Seine Mutter hieß Maacha* und
war die Tochter von Uriël aus Gibea.
Auch Abija führte Krieg gegen Jerobe-
am. 3 Er eröffnete ihn mit einem Heer
von 400.000 kampferprobten Solda-
ten. Jerobeam stellte sich ihm mit
800.000 wehrtüchtigen Männern ent-
gegen. 4 Vor dem Kampf stieg Abija
auf den Berg Zemarajim*, der zum
Bergland von Efraïm gehört, und rief:
»Hört mich an, Jerobeam und ganz
Israel! 5 Ihr müsst doch wissen, dass
Jahwe, der Gott Israels, David und
seinen Nachkommen die Herrschaft
über Israel in einem Salzbund* für
alle Zeiten verliehen hat. 6 Aber Je-
robeam Ben-Nebat, ein Diener von
Salomo Ben-David, rebellierte gegen
seinen Herrn. 7 Er scharte eine Grup-
pe von nichtswürdigen Abenteurern
um sich und widersetzte sich Rehabe-
am Ben-Salomo. Rehabeam war da-
mals noch zu jung, um ihnen standzu-
halten. 8 Und jetzt meint ihr, ihr könnt
dem Königtum Jahwes standhalten,
das den Nachkommen Davids über-
tragen ist? Meint ihr, das gelingt, weil
ihr so viele seid und weil ihr die golde-
nen Kälber bei euch habt, die Jerobeam

12,13 Rehabeam regierte von 931-913 v.Chr.

13,2 *Maacha.* So mit der LXX und 2. Chronik 11,20; 1. Könige 15,2. Der hebräische Text hat hier: *Michaja.* Vielleicht hatte Maacha, wie nicht selten in der Bibel, einen zweiten Namen.

13,4 Der *Berg Zemarajim*, der zur gleichnamigen benjaminitischen Stadt gehört, liegt etwa 15 km nördlich von Jerusalem.

13,5 Ein *Salzbund* konnte nicht gebrochen werden, siehe 4. Mose 18,19. Der Begriff kommt vielleicht daher, dass Salz bei allen Opfern verwendet werden musste (3. Mose 2,13; Hesekiel 43,24) und deshalb wohl auch beim Bundesmahl Verwendung fand (2. Mose 24,5-11).

euch zu Göttern machte? 9 Habt ihr
nicht die Priester Jahwes, die Nach-
kommen Aarons und die Leviten ver-
stoßen und euch neue Priester einge-
setzt, wie es die anderen Völker auch
tun? Jeder, der mit einem jungen Stier
und sieben Schafböcken kam, konnte
sich zum Priester für die Nicht-Götter
weihen lassen. 10 Doch unser Gott ist
Jahwe. Wir haben ihn nicht verlassen.
Bei uns dienen ihm die Nachkommen
Aarons, und auch die Leviten tun, was
ihnen aufgetragen ist. 11 Jeden Mor-
gen und jeden Abend bringen sie
Jahwe Brandopfer und wohlriechen-
des Räucherwerk dar. Sie sorgen für
das Schichtbrot auf dem reinen Op-
fertisch und zünden jeden Abend die
Lampen auf dem goldenen Leuchter
an. Denn wir halten uns an die Anord-
nungen von Jahwe, unserem Gott.
Doch ihr habt ihn verlassen. 12 Seht,
Gott ist mit uns, er steht an unserer
Spitze! Bei uns sind auch seine Prie-
ster mit den Lärmtrompeten, um
gegen euch Kriegslärm zu blasen. Ihr
Männer von Israel, kämpft nicht
gegen Jahwe, den Gott eurer Väter!
Das wird euch nicht gelingen.«

13 Aber Jerobeam ließ die Männer
im Hinterhalt eine Umgehung ma-
chen, um den Leuten von Juda in den
Rücken zu fallen. So stand ein Teil
seines Heeres vor den Judäern, der
Hinterhalt aber in ihrem Rücken.
14 Als die Männer von Juda sahen,
dass sie an zwei Fronten kämpfen
mussten, schrien sie zu Jahwe. Die
Priester bliesen die Trompeten, 15 und
die Männer von Juda stimmten das
Kriegsgeschrei an. Da schlug Gott
Jerobeam und ganz Israel durch
Abija und Juda. 16 Die Männer Israels
mussten vor Juda fliehen. Gott gab
sie in ihre Gewalt. 17 Abija und seine
Männer brachten ihnen eine schwere
Niederlage bei. 500.000 wehrtüchtige
Männer blieben erschlagen liegen.
18 Damals wurden die Israeliten in die
Knie gezwungen, und die Leute von
Juda hatten die Oberhand, denn sie
vertrauten auf Jahwe, den Gott ihrer
Väter. 19 Abija verfolgte Jerobeam
noch weiter und nahm ihm die Städte
Bet-El, Jeschana und Efron samt den
dazugehörigen Ortschaften ab. 20 So-
lange Abija lebte, kam Jerobeam nicht
wieder zu Kräften, und Jahwe ließ ihn
schließlich sterben.

21 Abija aber wurde mächtig. Er
nahm sich 14 Frauen und zeugte ins-
gesamt 22 Söhne und 16 Töchter.
22 Was sonst noch über Abija, seine
Taten und Reden zu sagen ist, findet
man in der Chronik des Propheten
Iddo. 23 Als Abija starb, bestattete
man ihn in der Davidsstadt; und sein
Sohn Asa trat die Herrschaft an.
Unter seiner Regierung hatte das
Land zehn Jahre Ruhe.

König Asas Erfolge

14 1 Asa tat, was gut und recht
war und was Jahwe, seinem
Gott, gefiel. 2 Er beseitigte die frem-
den Altäre und die Opferhöhen, ließ
die geweihten Steinmale zerschlagen
und die Aschera-Pfähle* umhauen.
3 Er befahl den Judäern, Jahwe, den
Gott ihrer Väter, zu suchen und seine

14,2 Die *Aschera* war eine Fruchtbarkeitsgöttin, die in handlichen Figuren, geweihten Bäumen oder Pfählen verehrt wurde.

Weisung und seine Gebote zu befol-
gen. 4 Auch in den anderen Städten
Judas beseitigte er die Opferhöhen
und die Räucheraltäre. In diesen
Jahren hatte das Land Frieden, 5 weil
Jahwe dafür sorgte, dass niemand mit
Asa Krieg führte. Damals ließ Asa
einige Städte in Juda befestigen. 6 Er
sagte zu den Leuten von Juda: »Lasst
uns diese Städte ausbauen, sie mit
Mauern umgeben und mit Türmen,
Toren und Riegeln sichern. Noch
haben wir freie Hand im Land, denn
wir haben Jahwe, unseren Gott, ge-
sucht, und er hat uns ringsherum
Ruhe verschafft.« So konnten sie
bauen und hatten Erfolg. 7 Asa hatte
ein Heer von 300.000 Mann aus Juda,
die Speer und Langschild trugen, und
280.000 Mann aus Benjamin, die
Rundschilde trugen und mit Bogen
ausgerüstet waren, alles wehrtüchtige
Männer.

8 Da rückte der Nubier Serach mit
einem Heer von 1000 mal 1000 Mann
und 300 Streitwagen gegen Juda vor
und kam bis Marescha*. 9 Asa zog ihm
entgegen, und die beiden Heere stell-
ten sich im Zefata-Tal bei Marescha in
Schlachtordnung auf. 10 Asa betete zu
Jahwe, seinem Gott: »Jahwe«, sagte er,
»außer dir gibt es keinen, der helfen
könnte, wenn ein Schwacher gegen
einen Mächtigen bestehen muss. Hilf
uns, Jahwe, unser Gott! Wir vertrauen
auf dich, sind wir doch in deinem
Namen gegen diese Menge gezogen.
Du bist unser Gott, Jahwe! Kein
Mensch kommt gegen dich an!« 11 Da
schlug Jahwe die Nubier vor Asa und
Juda zurück, dass sie flohen. 12 Asa
verfolgte sie mit seinen Männern bis
nach Gerar*. Dabei fielen von den
Nubiern so viele, dass sie sich von die-
sem Verlust nicht wieder erholen
konnten. Sie wurden durch Jahwe und
sein Heer vernichtend geschlagen. Die
Judäer aber machten reiche Beute.
13 Sie konnten auch alle Städte rings
um Gerar* erobern, denn der Schrek-
ken Jahwes war über sie gekommen.
Sie plünderten alle diese Orte, denn es
gab dort reiche Beute. 14 Auch die
Zeltlager der Hirten überwältigten sie.
Und als sie wieder nach Jerusalem zu-
rückkehrten, nahmen sie eine Menge
Schafe, Ziegen und Kamele als Beute
mit.

König Asas Reformen

15 1 Da kam der Geist Gottes
über Asarja Ben-Oded, 2 so-
dass er Asa entgegenging und zu ihm
sagte: »Hört mir zu, Asa und ihr alle
von Juda und Benjamin! Jahwe ist bei
euch, solange ihr bei ihm seid. Wenn
ihr ihn sucht, wird er sich von euch
finden lassen. Wenn ihr ihn aber ver-
lasst, wird auch er euch verlassen.
3 Lange Zeit war Israel ohne den wah-
ren Gott. Da hatten sie auch keine
Priester, die sie lehrten, und kannten
das Gesetz nicht. 4 Doch jedes Mal,
wenn die Israeliten bedrängt wurden,
kehrten sie zu Jahwe, dem Gott Is-
raels, um. Sie suchten ihn, und er
ließ sich von ihnen finden. 5 Damals
konnte niemand ungefährdet reisen,

14,8 *Marescha* war eine der von Asa befestigten Städte im Hügelland von Juda. Sie liegt 21 km nordwestlich von Hebron.

14,12 *Gerar* liegt in der Nähe von Gaza. Asa verfolgte die Feinde also etwa 50 km weit.

14,13 *Städte ... Gerar.* Das waren Ortschaften, die den Philistern gehörten.

denn es gab viele Unruhen in den
Ländern. 6 Die Völker bedrängten
sich gegenseitig, und die Städte lagen
im Streit, denn Gott hatte sie durch
verschiedene Bedrängnisse verun-
sichert. 7 Darum fasst Mut und legt
die Hände nicht in den Schoß, denn
euer Tun wird seinen Lohn finden!«
8 Als Asa die prophetischen Worte
vom Sohn Odeds* hörte, fasste er Mut.
Er ließ die scheußlichen Götzenbilder
aus dem ganzen Land entfernen, aus
Juda, aus Benjamin und den Städten,
die er auf dem Bergland von Efraïm er-
obert hatte. Auch den Altar Jahwes vor
der Vorhalle des Tempels ließ er erneu-
ern. 9 Dann ließ er ganz Juda und Ben-
jamin zusammenrufen sowie die Leute
von Efraïm, Manasse und Simeon, die
sich bei ihnen aufhielten. Es waren
nämlich viele zu ihm übergelaufen, als
sie sahen, dass Jahwe, sein Gott, auf
seiner Seite war. 10 Im Juni des 15. Re-
gierungsjahrs von Asa* versammelten
sich alle in Jerusalem 11 und opferten
Jahwe von der Beute, die sie heimge-
bracht hatten, 700 Rinder und 7000
Schafe. 12 Sie legten sich die Verpflich-
tung auf, Jahwe, dem Gott ihrer Vor-
fahren, mit ganzem Herzen und ganzer
Person zu folgen. 13 Und wer Jahwe,
den Gott Israels, nicht verehren würde,
sollte mit dem Tod bestraft werden,
egal ob Mann oder Frau, klein oder
groß. 14 Das gelobten sie Jahwe laut,
unter Jubelrufen und dem Schall von
Trompeten und Hörnern. 15 Ganz Juda
freute sich über den Schwur, denn sie
hatten aus ganzer Überzeugung einge-
stimmt. Mit ganzem Willen hatten sie
Jahwe gesucht, und er hatte sich ihnen
zugewandt. Und er gab ihnen rings-
herum Frieden.
16 König Asa entzog sogar der Kö-
nigsmutter Maacha* ihren Rang, weil
sie der Aschera ein Schandbild auf-
gestellt hatte. Asa ließ das Scheusal
umhauen, in Stücke schlagen und im
Kidrontal verbrennen. 17 Die Opfer-
höhen in Israel blieben allerdings
bestehen, doch Asas Herz war sein
Leben lang ungeteilt auf Gott ausge-
richtet. 18 Er brachte die Weihgaben
seines Vaters in das Haus Gottes und
dazu seine eigenen Gaben: goldene
und silberne Gegenstände. 19 Bis
zum 35. Regierungsjahr* Asas gab es
keinen Krieg.

Asas Bündnis mit Syrien

16 1 Im 36. Regierungsjahr*
Asas baute König Bascha von
Israel die Stadt Rama* zur Festung
aus, um die Wege von und nach Juda
kontrollieren zu können. 2 Da schickte

15,8 *Sohn Odeds.* Wörtlich: *von dem Propheten Oded,* siehe aber V. 1.

15,10 *Juni.* Wörtlich: 3. Monat. Es war im Jahr 895 v.Chr.

15,16 *entzog ... Rang.* Siehe 2. Chronik 11,20-22.

15,19 *35. Regierungsjahr.* Es muss wohl heißen: 15. Regierungsjahr, siehe Fußnote zu Kapitel 16,1

16,1 *36. Regierungsjahr.* Es muss wohl heißen: 16. Regierungsjahr, denn nach 1. Könige 16,6.8 war Bascha damals schon 10 Jahre tot. Die Spannung kann dadurch aufgelöst werden, dass man entweder annimmt, dass hier das 36. Jahr des Königreiches Juda gemeint sei, oder dass es sich um einen Abschreibfehler handelt, wobei die Vorlage die Zahlen als numerische Zeichen stehen hatte, die man im Althebräischen leicht verwechseln konnte.

Rama liegt nur 8 km nördlich von Jerusalem.

Asa Boten mit Gold und Silber aus den
Schatzkammern des Tempels und des
Königshauses zu König Ben-Hadad
von Syrien nach Damaskus und ließ
ihm sagen: 3 »Zwischen mir und dir,
zwischen meinem und deinem Vater
soll ein Bündnis sein! Darum habe ich
dir Silber und Gold geschickt. Brich
deinen Bund mit König Bascha von
Israel, damit er von meiner Grenze ab-
zieht!« 4 Ben-Hadad ging darauf ein
und schickte seine Heerführer gegen
Israels Städte. Sie verwüsteten Ijon,
Dan und Abel-Majim* und alle Vor-
ratslager der Städte im Stamm Nafta-
li. 5 Als Bascha das erfuhr, stellte er
die Arbeiten ein und brach den Aus-
bau von Rama ab. 6 König Asa bot alle
Männer von Juda auf. Sie mussten die
Steine und das Bauholz, das Bascha
verwenden wollte, aus Rama abtrans-
portieren. Asa ließ damit die Städte
Geba und Mizpa* befestigen.

7 Zu dieser Zeit kam der Seher Ha-
nani zu König Asa von Juda und
sagte zu ihm: »Du hast dich auf den
König von Syrien verlassen und nicht
auf Jahwe, deinen Gott! Damit hast
du dich um die Möglichkeit gebracht,
auch das Heer der Syrer zu besiegen.
8 Hatten die Nubier und die Libyer
nicht auch ein gewaltiges Heer mit
vielen Streitwagen und Reitern?
Doch weil du dich auf Jahwe verlas-
sen hattest, gab er sie in deine Ge-
walt. 9 Denn Jahwe hat die ganze
Erde im Blick, damit er denen beiste-
hen kann, die ihm uneingeschränkt
vertrauen. In diesem Fall hast du tö-
richt gehandelt, denn von jetzt an
hast du ständig Krieg.« 10 Asa ärger-
te sich sehr über den Seher und ließ
ihn ins Gefängnis werfen. Damals
fing er auch an, einige aus dem Volk
zu misshandeln.

11 Asas frühere und spätere Ge-
schichte findet man in der Chronik der
Könige von Juda und Israel. 12 Im
39. Jahr seiner Regierung erkrankte
Asa schwer an den Füßen. Obwohl
sein Leiden sehr ernst war, suchte
er die Hilfe nicht bei Jahwe, sondern
bei den Ärzten. 13 Asa starb in seinem
41. Regierungsjahr*. 14 Man bestat-
tete ihn in der Gruft, die er sich in der
Davidsstadt hatte aushauen lassen.
Dort wurde er auf ein Lager gebettet,
das man mit Balsamöl, speziell zu-
bereiteten Salben und anderen wohl-
riechenden Stoffen ausgestattet hatte.
Auch wurde ein gewaltiges Feuer zu
seiner Ehre angezündet.*

König Joschafat

17 1 Sein Sohn Joschafat trat die
Herrschaft an. Er zeigte sich
stark gegenüber Israel 2 und statio-
nierte Truppen in allen befestigten
Städten Judas. Außerdem setzte er in
ganz Juda Statthalter ein, ebenso in
den Städten, die sein Vater Asa in

16,4 *Ijon ... Abel-Majim.* Das sind drei Orte ganz im Norden Israels. Abel-Majim ist auch unter dem Namen Abel-Bet-Maacha bekannt.

16,6 *Geba und Mizpa.* Die Städte liegen ganz in der Nähe Ramas.

16,13 *41. Regierungsjahr.* 870 v.Chr.

16,14 *Feuer ... angezündet.* Das war keine Leichenverbrennung, sondern eine von den Nachbarvölkern übernommene Sitte, bei der Gewürze und Aromen, aber auch vom Herrscher benutzte Gebrauchsgegenstände verbrannt wurden. Diese Sitte hielt sich bis zu Herodes dem Großen.

Efraïm erobert hatte. 3 Jahwe stand
Joschafat bei, denn er folgte den frü-
heren Wegen seines Vorfahren David.
Er verehrte nicht die Baale*, 4 son-
dern hielt sich an den Gott seines Va-
ters und befolgte im Gegensatz zu den
Israeliten Gottes Gebote. 5 Jahwe be-
stätigte Joschafats Königtum, sodass
ganz Juda ihm Geschenke brachte. Er
wurde reich und war angesehen. 6 Im
Lauf der Zeit wurde er immer mutiger
in der Nachfolge Jahwes. So ließ er in
Juda die Opferhöhen und die Aschera-
Pfähle wieder beseitigen.

7 Im dritten Regierungsjahr schick-
te er seine Beamten Ben-Hajil, Obad-
ja, Secharja, Netanel und Michaja zur
Belehrung des Volkes in die Städte
Judas. 8 Mit ihnen gingen die Leviten
Schemaja, Netanja, Sebadja, Asaël,
Schemiramot, Jonatan, Adonija, Tobi-
ja und Tob-Adonija sowie die Priester
Elischama und Joram. 9 Sie hatten die
Schriftrolle mit dem Gesetz Jahwes
bei sich, zogen in allen Städten Judas
umher und belehrten das Volk.
10 Der Schrecken Jahwes fiel auf alle
Königreiche rings um Juda, sodass
niemand es wagte, gegen Joschafat zu
kämpfen. 11 Selbst von den Philistern
wurden Geschenke und Silber als
Tributzahlungen an Joschafat über-
bracht. Auch die Araber brachten ihm
7700 Schaf- und ebenso viele Ziegen-
böcke. 12 So wurde Joschafat immer
mächtiger. Er baute Burgen und Vor-
ratsstädte in Juda. 13 Auch in den
übrigen Städten hatte er große Vorrä-
te angelegt. Und in Jerusalem waren
seine besten Kämpfer stationiert.
14 Ihre Diensteinteilung richtete sich
nach den Sippenverbänden. Die Trup-
penführer für Juda waren Adna,
Oberst über 300.000 wehrtüchtige
Männer, 15 Johanan, Oberst über
280.000, 16 und Amasja Ben-Sichri,
der sich freiwillig mit 200.000 wehr-
tüchtigen Männern Jahwe zur Verfü-
gung gestellt hatte. 17 Truppenführer
für Benjamin waren Eljada, ein tapfe-
rer Mann mit 200.000 Bewaffneten,
die mit Bogen und Schild ausgerüstet
waren, 18 und Josabad mit 180.000
Bewaffneten. 19 Sie alle standen im
Dienst des Königs, abgesehen von
den Besatzungen in den befestigten
Städten Judas.

Joschafats Bündnis mit Ahab

18 1 Joschafat hatte also jede
Menge Reichtum und Ehre;
doch ließ er seinen Sohn eine Tochter
Ahabs heiraten. 2 Nach einigen Jah-
ren besuchte er Ahab in Samaria.
Ahab ließ eine Menge Rinder für ihn
und sein Gefolge schlachten und
überredete ihn zu einem gemein-
samen Feldzug gegen Ramot* in Gi-
lead*. 3 König Ahab von Israel frag-
te also König Joschafat von Juda:
»Willst du mit mir in den Kampf
gegen Ramot in Gilead ziehen?« Der
erwiderte: »Ich ziehe mit dir, und
mein Volk wird mit deinem Volk sein.
Ja, ich ziehe mit in den Kampf!«

17,3 *Baal* bedeutet »Herr« oder »Gebieter«. Er wurde als Fruchtbarkeitsgott in Kanaan verehrt.

18,2 *Ramot* war eine levitische Zufluchtsstadt, die Gad zugeteilt wurde. Das heutige *Tel Ramith* liegt 58 km nördlich von Amman in Jordanien.

Gilead war die Landschaft östlich des Jordan, Wohnsitz der Stämme Ruben, Gad und halb Manasse.

4 Dann sagte Joschafat zum König
von Israel: »Du solltest aber zuerst
fragen, was Jahwe dazu sagt!« 5 Da
ließ der König von Israel die Prophe-
ten kommen, 400 Mann. Er fragte sie:
»Sollen wir in den Kampf gegen
Ramot in Gilead ziehen, oder soll ich
es lassen?« – »Zieh hinauf«, erwider-
ten sie, »Gott wird es in die Gewalt des
Königs geben!«

6 Aber Joschafat sagte: »Gibt es
hier sonst keinen Propheten Jahwes
mehr, durch den wir Gott befragen
können?« 7 »Es gibt noch einen,
durch den man Jahwe fragen kann«,
erwiderte der König von Israel, »aber
ich hasse ihn, weil er mir niemals
Gutes, sondern immer nur Schlim-
mes prophezeit. Es ist Micha Ben-
Jimla.« Doch Joschafat sagte: »Der
König sage das nicht!« 8 Da rief der
König von Israel einen Hofbeamten
herbei und befahl ihm: »Schnell, hole
Micha Ben-Jimla!«

9 Der König von Israel und König
Joschafat von Juda saßen im könig-
lichen Ornat auf zwei Thronsesseln,
die man für sie auf dem freien Platz
am Toreingang von Samaria aufge-
stellt hatte. Und die Propheten weis-
sagten vor ihnen. 10 Ein gewisser Zid-
kija Ben-Kenaana hatte sich eiserne
Hörner gemacht und rief: »So spricht
Jahwe: ›Damit wirst du die Syrer
niederstoßen, bis du sie vernichtet
hast!‹« 11 Die anderen Propheten
weissagten ebenso. »Greif Ramot in
Gilead an und führe Israel zum Sieg!
Jahwe wird die Stadt in die Hand des
Königs geben!«

12 Der Bote, der Micha holen sollte,
sagte unterwegs zu ihm: »Hör zu! Die
Worte der Propheten sind einstimmig
und sprechen für den König. Schließ
dich doch ihrem Wort an und sage
Gutes!« 13 Micha erwiderte: »So wahr
Jahwe lebt, ich sage nur das, was mein
Gott mir aufträgt!«

14 Als er zum König kam, fragte ihn
dieser: »Micha, sollen wir in den
Kampf gegen Ramot in Gilead ziehen,
oder soll ich es lassen?« – »Zieh nur
hin und führe Israel zum Sieg!«, sagte
er. »Sie sollen euch in die Hand gege-
ben werden.« 15 Doch der König ent-
gegnete: »Wie oft muss ich dich noch
beschwören, dass du mir nichts als die
Wahrheit im Namen Jahwes verkün-
dest!« 16 Da sagte Micha: »Ich sah
ganz Israel über die Berge zerstreut,
wie Schafe, die keinen Hirten haben.
Und Jahwe sagte: ›Sie haben keinen
Anführer mehr! Jeder kehre wohlbe-
halten in sein Haus zurück!‹« 17 Da
sagte der König von Israel zu Joscha-
fat: »Habe ich dir nicht gesagt, dass er
mir nichts Gutes prophezeit, sondern
immer nur Schlimmes?«

18 Micha fuhr fort: »Darum hört das
Wort Jahwes: Ich sah Jahwe sitzen auf
seinem Thron. Das ganze Heer des
Himmels stand rechts und links neben
ihm. 19 Jahwe fragte: ›Wer ködert
Ahab, den König von Israel, dass er
loszieht und bei Ramot in Gilead
fällt?‹ Der eine sagte dies, der andere
das. 20 Zuletzt trat ein Geist vor. Er
stellte sich vor Jahwe und sagte: ›Ich
werde ihn ködern.‹ ›Womit?‹, fragte
Jahwe. 21 ›Ich werde als Lügengeist
aus dem Mund aller seiner Propheten
sprechen‹, erwiderte er. ›Gut, du
darfst ihn verführen‹, sagte er, ›und
du wirst es auch schaffen. Geh los
und tu es!‹ 22 Du siehst also, dass
Jahwe deinen Propheten einen Lügen-

geist eingegeben hat, denn Jahwe hat
dein Unheil beschlossen.«
23 Da kam Zidkija Ben-Kenaana zu
Micha, gab ihm eine Ohrfeige und
sagte: »Auf welche Weise soll der
Geist Jahwes mich denn verlassen
haben und nur noch mit dir reden?«
24 »Du wirst es ja sehen«, erwiderte
Micha, »und zwar an dem Tag, an
dem du von einer Kammer in die
andere flüchtest, um dich zu verste-
cken.« 25 Da sagte der König: »Nehmt
ihn fest und führt ihn zum Stadtkom-
mandanten Amon und zum Prinzen
Joasch. 26 Meldet ihnen: ›So spricht
der König: Setzt diesen Mann ins Ge-
fängnis und haltet ihn knapp bei Brot
und Wasser, bis ich wohlbehalten zu-
rückkomme!‹« 27 Da sagte Micha:
»Wenn du je wohlbehalten zurück-
kehrst, hat Jahwe nicht durch mich
gesprochen.« Dann fügte er noch
hinzu: »Hört es, ihr Völker alle!«
28 Der König von Israel und König
Joschafat von Juda zogen also nach
Ramot in Gilead. 29 Unterwegs sagte
der König von Israel zu Joschafat: »Ich
will verkleidet in den Kampf ziehen,
aber du kannst deine königliche Klei-
dung tragen!« So zog er verkleidet in
die Schlacht. 30 Der König von Syrien
hatte den Führern seiner Streitwagen
befohlen: »Kämpft nicht gegen Kleine
oder Große, sondern greift allein den
König von Israel an!« 31 Als die Streit-
wagenführer Joschafat entdeckten,
sagten sie: »Das ist der König von Is-
rael!«, und griffen ihn von allen Seiten
an. Da schrie Joschafat, und Jahwe
half ihm, indem er sie von ihm ablenk-
te. 32 Als die Wagenführer nämlich
merkten, dass er nicht der König von
Israel war, ließen sie ihn in Ruhe.
33 Einer ihrer Kämpfer schoss aber auf
gut Glück einen Pfeil ab und traf den
König von Israel zwischen Gurt und
Panzer. »Dreh um und bring mich aus
der Schlacht!«, sagte der König zu sei-
nem Wagenlenker. »Ich bin verwun-
det.« 34 Weil aber der Kampf an dem
Tag immer heftiger wurde, hielt der
König bis zum Abend durch und blieb
den Syrern gegenüber in seinem
Wagen aufrecht stehen. Als die Sonne
unterging, starb er.

19 1 König Joschafat von Juda
kehrte jedoch wohlbehalten
in sein Haus nach Jerusalem zurück.
2 Da trat ihm der Seher Jehu Ben-
Hanani entgegen und sagte zu ihm:
»Musstest du dem Gottlosen helfen
und die lieben, die Jahwe hassen?
Deswegen ist Jahwe zornig auf dich!
3 Aber er hat bei dir auch etwas Gutes
gefunden: Du hast die Aschera-Pfähle
aus dem Land weggeschafft und dich
bemüht, Gott nachzufolgen.«

Joschafat sorgt für das Recht

4 Nachdem Joschafat eine Zeit lang in
Jerusalem geblieben war, bereiste er
sein Land von Beerscheba bis zum
Bergland von Efraïm und führte sein
Volk zurück zu Jahwe, dem Gott ihrer
Väter. 5 In allen befestigten Städten
Judas setzte er Richter ein 6 und
sagte zu ihnen: »Achtet genau auf
das, was ihr tut! Denn ihr seid nicht
von Menschen zum Richteramt be-
rufen worden, sondern von Jahwe.
Er wird euch beistehen, wenn ihr
Recht sprecht. 7 Lasst euch leiten
von der Furcht vor Jahwe und übt
euer Amt gewissenhaft aus! Denn
bei Jahwe, unserem Gott, gibt es

keine Ungerechtigkeit, keine Bevor-
zugung und keine Bestechlichkeit.«
8 In Jerusalem setzte Joschafat
einen obersten Gerichtshof ein, der
aus Priestern, Leviten und den Sip-
penhäuptern Israels bestand, um im
Namen Jahwes Recht zu sprechen.
Gleichzeitig war er für die Rechts-
streitigkeiten der Einwohner Jerusa-
lems zuständig. 9 Er gab ihnen fol-
gende Anweisung: »Führt euer Amt
in der Furcht vor Jahwe mit aller Treue
und ungeteiltem Herzen! 10 Bei jedem
Streitfall, den euch eure Brüder aus
den anderen Städten vorlegen, ob es
sich um Mord oder Totschlag handelt
oder um Verstöße gegen Gesetze, Ge-
bote, Bestimmungen und Anordnun-
gen, sollt ihr sie verwarnen. Weder ihr
noch sie dürfen an Jahwe schuldig
werden. Sonst trifft euch sein Zorn.
11 In allen Angelegenheiten, die Jah-
we betreffen, hat der Hohe Priester
Amarja den Vorsitz, in allen Angele-
genheiten des Königs aber Sebadja
Ben-Ismaël, der Fürst aus dem Haus
Juda. Als Verwalter stehen euch die
Leviten zur Verfügung. Geht mit Ver-
trauen ans Werk! Jahwe wird mit den
Gerechten sein!«

Gott schenkt Joschafat den Sieg

20 1 Einige Zeit danach zogen
die Moabiter*, die Ammoni-
ter* und einige von den Mëunitern*
zum Krieg gegen Joschafat heran.
2 Man meldete dem König: »Ein riesi-
ges Heer ist gegen dich heraufgezogen.
Sie kommen von der anderen Seite des
Toten Meeres aus Edom* und stehen
schon in Hazezon-Tamar.« Das ist ein
anderer Name für En-Gedi*. 3 Da er-
schrak Joschafat. Er beschloss, sich an
Jahwe zu wenden, und ließ ein Fasten
in ganz Juda ausrufen. 4 Die Leute von
Juda kamen nach Jerusalem zusam-
men, um die Hilfe Jahwes zu erbitten,
selbst aus den Städten kamen sie
herzu. 5 Die Bevölkerung von Juda
und Jerusalem versammelte sich im
Haus Jahwes vor dem neuen Vorhof.
Joschafat stand auf 6 und betete:
»Jahwe, du Gott unserer Väter! Du
bist doch der Gott im Himmel, du bist
doch der Herrscher über alle Reiche
der Welt! In deiner Hand sind Kraft
und Macht, und niemand kann vor dir
bestehen! 7 Du, unser Gott, hast doch
die früheren Bewohner dieses Landes
vor deinem Volk Israel vertrieben und
es den Nachkommen deines Freundes
Abraham für immer gegeben! 8 Sie
haben sich darin niedergelassen und
dort ein Heiligtum für deinen Namen
gebaut. Sie sagten: 9 ›Wenn ein Un-
glück über uns kommt, ein Krieg als
Strafgericht, die Pest oder eine Hun-
gersnot, und wir treten vor dieses
Haus und so vor dich – denn dein
Name wohnt in diesem Haus – und
schreien zu dir aus unserer Not, dann

20,1 Die *Moabiter* lebten östlich des Toten Meeres zwischen den Flüssen Arnon und Zered.

Die *Ammoniter* waren nordöstliche Nachbarn der Moabiter.

Die *Mëuniter* lebten im Gebirge Seïr in Edom.

20,2 *Edom.* So mit einer Handschrift und der altlateinischen Übersetzung. Andere Handschriften lesen Aram = Syrien. Das Wort unterscheidet sich nur durch einen Buchstaben von Edom.

En-Gedi war eine Stadt und Oase an der Westküste des Toten Meeres, 40 km südöstlich von Jerusalem.

wirst du uns hören und helfen.‹ 10 Da
stehen nun die Ammoniter und Mo-
abiter und die vom Gebirge Seïr. Als
Israel aus dem Land Ägypten kam,
hast du nicht erlaubt, diese Völker
anzugreifen. Israel musste ihnen aus-
weichen und hat sie nicht beseitigt.
11 Zum Dank dafür kommen sie jetzt
und wollen uns aus deinem Besitz ver-
treiben, den du uns zum Erbe gegeben
hast. 12 Unser Gott, willst du sie nicht
richten? Denn in uns ist ja keine Kraft
vor dieser riesigen Menge, die gegen
uns marschiert. Wir wissen nicht, was
wir tun sollen, und richten deshalb
unsere Augen auf dich!«

13 So standen die Judäer mit ihren
Frauen und Kindern vor Jahwe. 14 Da
kam der Geist Jahwes auf Jachasiel
Ben-Secharja, den Enkel Benajas, der
wiederum ein Sohn von Jehiël Ben-
Mattanja war. Er war ein Levit aus der
Sippe Asafs und stand mitten in der
Versammlung. 15 Er rief: »Hört her,
ihr Judäer, ihr Einwohner von Jerusa-
lem und du, König Joschafat! So
spricht Jahwe zu euch: ›Habt keine
Angst und erschreckt nicht vor dieser
großen Masse! Denn das wird nicht
euer Kampf sein, sondern es ist Gottes
Sache! 16 Zieht ihnen morgen entge-
gen! Passt auf, sie werden die Stei-
gung von Ziz* heraufkommen. Am
Ausgang des Tals vor der Wüste
Jeruël* werdet ihr sie finden. 17 Doch
ihr müsst nicht kämpfen, Juda und Je-
rusalem. Stellt euch auf, tretet vor und
schaut euch an, wie Jahwe euch rettet.
Habt keine Angst und erschreckt
nicht! Zieht ihnen morgen entgegen,
und Jahwe wird bei euch sein!‹« 18 Da
beugte sich Joschafat nieder mit dem
Gesicht bis zur Erde. Auch das ganze
Volk von Juda und die Bewohner Jeru-
salems warfen sich vor Jahwe nieder
und beteten ihn an. 19 Danach stan-
den die Leviten von der Sippe der
Kehatiter und Korachiter auf und
priesen Jahwe, den Gott Israels, mit
mächtiger Stimme.

20 Früh am nächsten Morgen bra-
chen sie zur Wüste Tekoa auf. Bei
ihrem Auszug trat Joschafat vor und
rief: »Hört zu, ihr Judäer und ihr
Jerusalemer! Glaubt an Jahwe, euren
Gott, dann werdet ihr bestehen!
Glaubt seinen Propheten, dann habt
ihr Gelingen!« 21 Nachdem er sich
mit dem Volk beraten hatte, stellte er
Sänger für Jahwe an die Spitze der Ge-
rüsteten. Sie sangen in ihren heiligen
Gewändern Loblieder. »Preist Jahwe,
denn seine Güte hört niemals auf!«
22 Und zu derselben Zeit, als sie mit
dem Jubel und Lobgesang anfingen,
legte Jahwe einen Hinterhalt gegen
die nach Juda anrückenden Ammoni-
ter, Moabiter und die vom Gebirge
Seïr, was zu ihrer Vernichtung führte.
23 Denn die Ammoniter und Moabiter
kämpften auf einmal gegen die Be-
wohner vom Gebirge Seïr. Als sie
diese vollständig vernichtet hatten,
fielen sie übereinander her und brach-
ten sich gegenseitig um.

24 Als nun die Judäer an die Stelle
kamen, von wo aus man die Wüste
überblicken kann, und sich nach dem

20,16 *Ziz.* Es handelt sich vielleicht um das Wadi Hasasa, das 14 km südöstlich von Tekoa, nördlich von En-Gedi ins Tote Meer mündete.

Jeruël. Wüstenlandschaft südöstlich von Tekoa. Tekoa liegt im Hügelland Judas, nur 16 km südlich von Jerusalem.

Heerhaufen umschauten, sahen sie
nur noch Leichen auf dem Boden
liegen. Niemand war davongekom-
men. 25 Joschafat und seine Leute
sammelten die Beute ein. Sie fanden
bei den Gefallenen eine Menge Dinge,
auch kostbare Gegenstände. Sie plün-
derten so viel für sich, dass sie es
nicht mehr tragen konnten. Drei Tage
brauchten sie, um die riesige Beute
einzusammeln. 26 Am vierten Tag ver-
sammelten sie sich im Beracha-Tal*,
um Jahwe zu preisen. Daher bekam es
seinen Namen »Lobpreistal«; so heißt
es heute noch. 27 Schließlich kehrte
die ganze Mannschaft von Juda und
Jerusalem mit Joschafat an der Spitze
wieder nach Jerusalem zurück. Sie
waren voller Freude, denn Jahwe hatte
ihnen diese Freude an ihren Feinden
geschenkt. 28 So zogen sie mit Harfen,
Zithern und Trompeten in Jerusalem
ein bis vor den Tempel. 29 Der Schrek-
ken Gottes fiel auf die umliegenden
Königreiche, als sie hörten, dass
Jahwe mit den Feinden Israels ge-
kämpft hatte. 30 Von da an konnte Jo-
schafat in Ruhe regieren, Gott schaffte
ihm Ruhe an allen Grenzen.

Das Ende der Regierung Joschafats

31 Joschafat war also König von Juda.
Als er an die Herrschaft kam, war er
35 Jahre alt. Er regierte 25 Jahre in
Jerusalem. Seine Mutter hieß Asuba
und war eine Tochter von Schilhi.
32 Er folgte konsequent dem Beispiel
seines Vaters Asa, indem er tat, was
Jahwe gefiel. 33 Nur die Opferhöhen
bestanden weiter, denn das Volk war
noch nicht von Herzen auf den Gott
seiner Väter ausgerichtet. 34 Was sonst
noch über Joschafat zu sagen ist, seine
frühere und spätere Geschichte, findet
man in der Chronik von Jehu Ben-
Hanani, die ins Buch der Könige von
Israel aufgenommen wurde.
35 Einmal schloss König Joschafat
von Juda eine Übereinkunft mit König
Ahasja von Israel, der ein verwerf-
liches Leben führte. 36 Sie beschlos-
sen, in Ezjon-Geber* gemeinsam
Schiffe zu bauen, die nach Tarschisch
fahren sollten. 37 Da sagte Eliëser
Ben-Dodawa aus Marescha ein Pro-
phetenwort gegen Joschafat: »Weil
du dich mit Ahasja verbündet hast,
wird Jahwe dein Werk zerstören.« Die
Flotte erlitt wirklich Schiffbruch und
kam nie in Tarschisch an.

König Joram von Juda

21 1 Als Joschafat starb, bestat-
tete man ihn neben seinen
Vorfahren in der Davidsstadt, und
sein Sohn Joram trat die Herrschaft
an. 2 Seine Brüder hießen Asarja, Je-
hiël, Secharja, Asarjahu, Michael und
Schefatja. Sie alle waren Söhne des
Königs Joschafat von Israel*. 3 Ihr
Vater hatte ihnen großzügige Ge-
schenke gemacht: Gold, Silber und
andere Kostbarkeiten. Außerdem gab
er ihnen befestigte Städte in Juda.
Aber das Königtum gab er Joram, weil
er der Erstgeborene war. 4 Als Joram
das Reich seines Vaters übernommen
und die Herrschaft fest in der Hand
hatte, ließ er alle seine Brüder und

20,26 *Beracha* heißt Segen oder Lobpreis.

20,36 *Ezjon-Geber.* Hafenstadt am Golf von Elat/Akaba, in der Nähe des heutigen Elat.

21,2 *Israel* ist hier im allgemeinen Sinn gebraucht und nicht auf das Nordreich bezogen, ebenso in V. 4.

auch einige führende Männer Israels
mit dem Schwert hinrichten.

5 Joram war 32 Jahre alt, als er die
Herrschaft antrat. Er regierte acht
Jahre in Jerusalem 6 und tat, was
Jahwe missfiel. Wie die Familie Ahabs
folgte er dem bösen Beispiel der Kö-
nige von Israel und tat, was Jahwe ver-
abscheute. Seine Frau war nämlich
eine Tochter Ahabs. 7 Doch Jahwe
wollte das Haus Davids nicht zugrunde
richten, weil er einen Bund mit David
geschlossen und ihm den Fortbestand
seines Königtums zugesagt hatte.

8 Während Jorams Regierungszeit
lösten sich die Edomiter von der Herr-
schaft Judas und setzten einen eige-
nen König ein. 9 Daher zog Joram mit
seinen Truppenführern und Streitwa-
gen gegen sie. Doch die Edomiter
schlossen ihn und die Offiziere seiner
Streitwagen ein. Da schlug Joram in
der Nacht los und durchbrach den
Ring. 10 Damals sagte sich Edom von
Judas Herrschaft los. So ist es noch bis
heute. Auch die Stadt Libna sagte sich
von Judas Herrschaft los. Der Grund
war, dass Joram Jahwe, den Gott sei-
ner Väter, verlassen hatte. 11 Joram
richtete sogar Opferhöhen auf den
Bergen Judas ein. Er verführte die Je-
rusalemer zu unsittlichen Götzen-
diensten und die Judäer zur Untreue
gegenüber Gott.

12 Damals erhielt er ein Schreiben
des Propheten Elija, das lautete: »So
spricht Jahwe, der Gott deines Vor-
vaters David: Du bist nicht den Weg
deines Vaters Joschafat und deines
Großvaters Asa gegangen, 13 sondern
bist dem bösen Beispiel der Könige
von Israel gefolgt. Du hast die Judäer
und die Jerusalemer nach dem unmo-
ralischen Beispiel des Hauses Ahab zu
unsittlichen Götzendiensten verführt
und hast deine eigenen Brüder um-
gebracht, die besser waren als du.
14 Darum wird Jahwe dein Volk, deine
Söhne, deine Frauen und all deinen
Besitz mit schweren Plagen strafen.
15 Du selbst wirst eine qualvolle
Krankheit in deinen Eingeweiden be-
kommen, die im Verlauf der Krankheit
aus dir heraustreten werden.«

16 Jahwe gab es den Philistern und
den Arabern, die neben den Nubiern
wohnen, in den Sinn, Joram anzugrei-
fen. 17 Sie zogen gegen Juda heran,
drangen in das Land ein und schlepp-
ten alles Hab und Gut weg, das sich
im Königspalast befand, dazu auch
Jorams Söhne und Frauen. Nur sein
jüngster Sohn Joahas blieb ihm.

18 Nach all dem ließ Jahwe eine un-
heilbare Krankheit in seinen Einge-
weiden entstehen, 19 die sich lange
hinzog. Nach zwei Jahren traten die
Eingeweide aus ihm heraus, und er
starb unter furchtbaren Schmerzen.
Das Volk zündete kein Feuer zu seiner
Ehre an, wie es bei seinen Vätern ge-
schehen war. 20 Er war mit 32 Jahren
König geworden und hatte acht Jahre
in Jerusalem regiert. Er starb, ohne
bedauert zu werden. Man bestattete
ihn zwar in der Davidsstadt, aber
nicht in den Grüften der Könige.

König Ahasja von Juda

22 1 Die Einwohner von Jeru-
salem riefen Jorams jüng-
sten Sohn Ahasja* zum König aus.
Denn alle älteren Söhne hatte die

22,1 *Ahasja* ist eine andere Form des Namens Joahas.

Räuberhorde umgebracht, die mit
den Arabern ins Heerlager Judas ein-
gedrungen war. So wurde also Ahas-
ja, der Sohn des Königs Joram von
Juda, König. 2 Ahasja war bei Herr-
schaftsantritt 22 Jahre* alt und re-
gierte ein Jahr in Jerusalem. Seine
Mutter war Atalja, die Enkeltochter
Omris. 3 Auch er folgte dem schlech-
ten Beispiel des Hauses Ahab, denn
seine Mutter beeinflusste ihn zu gott-
losem Handeln. 4 Wie das Haus
Ahabs tat er, was Jahwe missfiel,
denn von dort kamen seine Berater
nach dem Tod seines Vaters. Das
führte zu seinem Untergang. 5 Er
folgte ihrem Rat und zog mit König
Joram Ben-Ahab von Israel in den
Krieg gegen König Hasaël von Sy-
rien. Bei Ramot in Gilead kam es zum
Kampf. Dabei wurde Joram von den
Syrern verwundet. 6 Da zog er sich
nach Jesreel* zurück, um seine Wun-
den dort ausheilen zu lassen. König
Ahasja Ben-Joram von Juda besuchte
ihn in Jesreel. 7 Aber Gott hatte es so
gefügt, dass dieser Besuch für Ahasja
zum Verhängnis wurde. Denn als er
dort angekommen war, fuhr er mit
Joram zusammen Jehu, dem Enkel
von Nimschi, entgegen. Dieser war
von Jahwe zum König gesalbt wor-
den, um die Nachkommen Ahabs
auszurotten. 8 Als Jehu das Gericht
über die Nachkommen Ahabs voll-
streckte, traf er die Obersten von Juda
und die Neffen Ahasjas, die in dessen
Dienst standen, und brachte sie um.
9 Dann ließ er Ahasja, der sich in Sa-
maria versteckt hielt, suchen und ge-
fangen nehmen. Er wurde zu Jehu ge-
bracht und getötet. Doch ihm ge-
währte man ein Begräbnis, denn man
sagte: »Er war immerhin ein Enkel
Joschafats, der Jahwe von ganzem
Herzen folgte.« In der Familie Ahas-
jas war nun keiner mehr übrig, der
fähig war, die Königsherrschaft zu
übernehmen.

Ataljas Herrschaft

10 Als Atalja, die Mutter von Ahasja
erfuhr, dass ihr Sohn tot war, ließ sie
die ganze Nachkommenschaft des
Königshauses von Juda umbringen.
11 Doch Joscheba, die Frau des Pries-
ters Jojada – sie war König Jorams
Tochter und Ahasjas Schwester –,
schaffte dessen kleinen Sohn Joasch
von den Prinzen, die getötet werden
sollten, heimlich beiseite. Sie verstek-
kte ihn und seine Amme in der Betten-
kammer und brachte ihn vor Atalja in
Sicherheit, sodass er nicht getötet
wurde. 12 Sechs Jahre lang blieb er im
Bereich des Tempels verborgen, wäh-
rend Atalja das Land regierte.

Ataljas Sturz und Tod

23 1 Im siebten Jahr fasste Joja-
da einen mutigen Entschluss.
Er verbündete sich mit den Hauptleu-
ten Asarja Ben-Jeroham, Jischmaël
Ben-Johanan, Asarja Ben-Obed, Ma-
aseja Ben-Adaja und Elischafat Ben-
Sichri. 2 Sie zogen durch alle Städte
Judas und brachten die Leviten und
Familienoberhäupter von Israel in

22,2 *22 Jahre.* So mit 2. Könige 8,26. Der uns vorliegende hebräische Text hat hier, wahrscheinlich durch einen Abschreibefehler verursacht, 42 Jahre.

22,6 *Jesreel.* Stadt zwischen Bet-Schean und Megiddo in der Jesreel-Ebene.

Jerusalem zusammen. 3 Dort, im
Haus Gottes, schloss die ganze Ver-
sammlung einen Bund mit dem
König. Jojada sagte zu ihnen:
»Seht hier den Sohn des Königs! Er
soll König sein, wie Jahwe es den
Nachkommen Davids zugesagt hat.
4 Wir sollten jetzt Folgendes tun: Ein
Drittel der Priester und Leviten, die
am nächsten Sabbat ihren Dienst an-
treten, bewachen die Eingänge des
Tempels, 5 das zweite Drittel den Kö-
nigspalast und das letzte Drittel das
Grundtor. Alles Volk soll sich in den
Vorhöfen vom Haus Jahwes aufhal-
ten. 6 Außer den Priestern und den
diensttuenden Leviten soll niemand
ins Haus Jahwes hineingehen. Nur
sie sind von Gott dazu bestimmt. Und
alles Volk soll sich an die Vorschriften
Jahwes halten. 7 Die Leviten sollen
mit der Waffe in der Hand den König
umgeben und jeden töten, der ins
Haus hinein will. Auf Schritt und
Tritt müsst ihr den König beschüt-
zen.«
8 Die Leviten und alle Judäer befolg-
ten die Anweisungen des Priesters
Jojada. Jeder rief seine Männer zu-
sammen, und zwar die, die am Sabbat
ihren Dienst antraten, und die, die ihn
beendeten. Denn der Priester Jojada
hatte die Abteilungen nicht entlassen.
9 Dann gab Jojada den Offizieren die
Speere, Schilde und Rundschilde, die
noch von König David stammten und
im Haus Gottes aufbewahrt wurden.
10 Daraufhin stellten sich die Leib-
wächter auf, jeder mit seiner Waffe in
der Hand. Sie bildeten eine Kette von
der Südseite des Tempelhauses am
Altar und dem Tempelhaus vorbei bis
zu seiner Nordseite, um den König
nach allen Seiten abzusichern. 11 Dann
führte man den Prinzen heraus. Man
setzte ihm die Krone auf, überreichte
ihm die Urkunde und machte ihn so
zum König. Jojada und seine Söhne
salbten ihn und riefen: »Es lebe der
König!«
12 Als Atalja die Jubelrufe des her-
beilaufenden Volkes hörte, kam auch
sie zum Haus Jahwes. 13 Da sah sie
den König auf der obersten Stufe
des Tempeleingangs stehen, umgeben
von den Offizieren und Trompetern.
Das Volk jubelte vor Freude, und die
Trompeten schmetterten. Auch die
Tempelsänger standen mit ihren Ins-
trumenten dort und leiteten den Lob-
gesang. Da riss Atalja ihr Oberge-
wand ein* und schrie: »Verrat! Ver-
schwörung!« 14 Doch Jojada ließ die
Offiziere, die das Kommando über die
Truppen hatten, vortreten und sagte
zu ihnen: »Führt sie durch die Reihen
eurer Leute hinaus. Wer ihr folgt, den
tötet mit dem Schwert!« Er wollte
nämlich nicht, dass man sie im Haus
Jahwes umbrachte. 15 Da packten sie
Atalja und brachten sie zum Eingang
des Rosstores am königlichen Palast.
Dort wurde sie getötet.
16 Jojada schloss einen Bund zwi-
schen sich, dem Volk und dem König.
Sie verpflichteten sich, das Volk Jah-
wes zu sein. 17 Dann zog das ganze
Volk zum Baalstempel und riss ihn
nieder. Sie zertrümmerten seine Altä-
re und Götzenbilder und erschlugen

23,13 *riss ... ein.* Als Zeichen von Trauer und Entsetzen riss man das Kleidungsstück vom Halsausschnitt an mit einem heftigen Ruck etwa eine Handlänge ein.

den Baalspriester Mattan dort vor den
Altären. 18 Dann übertrug Jojada den
Priestern und Leviten die Aufsicht
über das Haus Jahwes. David hatte sie
in Dienstgruppen eingeteilt, damit sie
Jahwe die Brandopfer unter Freuden-
gesängen und Liedern darbringen
konnten, wie es im Gesetz Moses vor-
geschrieben ist. 19 Er stellte auch Wa-
chen an die Tore des Hauses Jahwes,
damit niemand den Tempel betrat,
der irgendwie mit einer Unreinheit
behaftet war. 20 Nun rief er die Offi-
ziere, die Vornehmen und Großen des
Volkes und das ganze Volk zusam-
men. Dann geleiteten sie den König
aus dem Haus Jahwes durch das obere
Tor in den Königspalast. Dort nahm er
auf dem Königsthron Platz. 21 Das
ganze Volk freute sich, und die Stadt
blieb ruhig, obwohl Atalja mit dem
Schwert getötet worden war.

König Joasch von Juda

24 1 Joasch war bei Herrschafts-
antritt sieben Jahre alt und
regierte 40 Jahre lang in Jerusalem.
Seine Mutter hieß Zibja und stammte
aus Beerscheba. 2 Solange der Pries-
ter Jojada lebte, tat Joasch, was Jahwe
gefiel. 3 Er heiratete die zwei Frauen,
die Jojada für ihn ausgewählt hatte,
und zeugte Söhne und Töchter mit
ihnen.

4 Einige Zeit später lag es Joasch am
Herzen, das Haus Jahwes zu erneuern.
5 Er rief die Priester und Leviten zusam-
men und sagte zu ihnen: »Geht in die
Städte Judas und sammelt von ganz Is-
rael Geld ein, damit ihr jedes Jahr die
nötigen Reparaturen am Haus Gottes
durchführen könnt. Beeilt euch damit!«
Aber die Leviten ließen sich Zeit. 6 Da
ließ der König den Oberpriester Jojada
rufen und sagte zu ihm: »Warum hast
du nicht dafür gesorgt, dass die Leviten
die Abgabe einsammeln, die schon Jah-
wes Diener Mose den Israeliten für das
Zelt mit dem Bundesgesetz auferlegt
hat? 7 Denn die gottlose Atalja und ihre
Anhänger haben das Haus Gottes ver-
kommen lassen und haben selbst die
heiligen Gaben, die für das Haus Jah-
wes bestimmt waren, für den Baalskult
verwendet.«

8 Der König ließ nun einen Kasten
anfertigen und am Außentor des Hau-
ses Jahwes aufstellen. 9 Dann wurde
in Juda und Jerusalem bekannt gege-
ben, dass jeder die Abgabe beisteuern
sollte, die Mose, der Diener Gottes,
den Israeliten in der Wüste auferlegt
hatte. 10 Alle führenden Männer und
auch das Volk freuten sich darüber.
Sie brachten ihre Gaben und warfen
sie in den Kasten, bis er voll war. 11 In
bestimmten Abständen ließ man den
Kasten durch die Leviten zur Verwal-
tung des Königs bringen. Wenn man
sah, dass viel Geld im Kasten war,
kamen der Schreiber des Königs und
der Beauftragte des Oberpriesters. Sie
leerten den Kasten gemeinsam aus
und brachten ihn dann an seinen Platz
zurück. So machte man es jeden Tag.
Auf diese Weise kam viel Geld zusam-
men. 12 Der König und Jojada über-
gaben das Geld den Handwerksmeis-
tern, die für die Bauarbeiten am Tem-
pel verantwortlich waren. Diese stell-
ten Steinmetze und Zimmerleute ein,
sowie Handwerker, die mit Eisen und
Bronze umgehen konnten. Sie sollten
das Haus Jahwes ausbessern. 13 Die
Meister gingen ans Werk, und die
Arbeit machte gute Fortschritte. Sie

stellten das Haus Gottes nach seinen
ursprünglichen Maßen wieder her
und machten es stabil. 14 Als sie fertig
waren, brachten sie den Rest des Gel-
des dem König und Jojada zurück. Jo-
jada ließ davon Geräte für das Haus
Jahwes anfertigen, die für den Dienst
und die Brandopfer gebraucht wur-
den: Schalen sowie goldene und sil-
berne Gegenstände.

Solange Jojada lebte, wurden die
Brandopfer im Haus Jahwes regel-
mäßig dargebracht. 15 Jojada wurde
sehr alt. Er starb nach einem erfüllten
Leben mit 130 Jahren. 16 Man begrub
ihn in der Davidsstadt neben den Kö-
nigen, denn er hatte für Gott und sein
Haus viel Gutes in Israel bewirkt.

17 Nach dem Tod Jojadas kamen die
führenden Männer Judas zum König
und warfen sich vor ihm nieder. Und
der König hörte auf sie. 18 Da gingen
sie nicht mehr in das Haus Jahwes. Sie
verließen den Gott ihrer Väter und
verehrten stattdessen geweihte Pfäh-
le und Götzenbilder. Wegen dieser
Schuld kam Gottes Zorn über Juda
und Jerusalem.

19 Jahwe schickte Propheten zu ih-
nen, um sein Volk zurückzugewinnen.
Die Propheten warnten sie, aber nie-
mand hörte darauf. 20 So kam der
Geist Gottes über Secharja Ben-Joja-
da, den Sohn des Priesters. Er trat vor
das Volk und sagte: »So spricht Gott:
›Warum übertretet ihr die Gebote Jah-
wes und bringt euch selbst um euer
Glück?‹ Weil ihr Jahwe verlassen
habt, hat er auch euch verlassen.«
21 Darauf taten sie sich gegen ihn zu-
sammen und steinigten ihn auf Befehl
des Königs im Vorhof des Hauses
Jahwes. 22 König Joasch dachte nicht
mehr daran, wie viel er dessen Vater
Jojada zu verdanken hatte, und brach-
te den Sohn um. Im Sterben rief Se-
charja noch: »Jahwe sieht es und wird
es vergelten!«

23 Um die Jahreswende rückte eine
Heeresgruppe der Syrer gegen Joasch
heran. Sie drangen in Juda und Jerusa-
lem ein, brachten alle führenden Män-
ner um und schickten die gesamte
Beute, die sie bei ihnen gemacht hat-
ten, zum König nach Damaskus.
24 Obwohl die Syrer nur mit wenigen
Männern gekommen waren, gab Jahwe
ein viel größeres Heer in ihre Gewalt,
weil die Judäer Jahwe, den Gott ihrer
Väter, verlassen hatten. So vollzogen
die Syrer Gottes Strafgericht an Joasch.
25 Als sie abzogen, ließen sie Joasch
schwer verwundet zurück. Da ver-
schworen sich einige seiner Hofbeam-
ten wegen des Mordes am Sohn des
Priesters Jojada und erschlugen Joasch
auf seinem Krankenbett. Er wurde in
der Davidsstadt begraben, aber nicht in
den Königsgräbern. 26 Die Verschwö-
rer waren Sabat, ein Sohn der Ammo-
niterin Schimat, und Josabad, ein Sohn
der Moabiterin Schimrit. 27 Was seine
Söhne betrifft und die vielen auf ihm
lastenden Prophetenworte und die
Beschreibung der grundlegenden In-
standsetzung des Hauses Gottes, findet
man in den Erläuterungen zum Buch
der Könige. Sein Sohn Amazja trat die
Herrschaft an.

König Amazja von Juda

25 1 Amazja war bei Herr-
schaftsantritt 25 Jahre alt
und regierte 29 Jahre lang in Jerusa-
lem. Seine Mutter hieß Joaddan und
stammte aus Jerusalem. 2 Er tat, was

Jahwe gefiel, wenn auch nicht mit
ungeteiltem Herzen. 3 Sobald er die
Herrschaft fest in der Hand hatte,
ließ er die Hofbeamten töten, die sei-
nen Vater Joasch umgebracht hatten.
4 Doch ihre Söhne verschonte er, wie
es im Gesetzbuch von Mose geschrie-
ben steht, wo Jahwe geboten hat:
»Die Väter sollen nicht für ihre Söhne
und die Söhne nicht für ihre Väter mit
dem Tod bestraft werden, sondern
jeder soll nur für sein eigenes Verbre-
chen sterben.«*

5 Amazja ließ die Männer aus Juda
und Benjamin zusammenrufen, ord-
nete sie nach Sippenverbänden und
unterstellte sie Befehlshabern und
Hauptleuten. Dann ließ er alle Män-
ner ab 20 Jahre mustern und fand
heraus, dass er über ein Heer von
300.000 Wehrtüchtigen verfügte, die
mit Spieß und Langschild bewaffnet
waren. 6 Zusätzlich ließ er aus Israel
100.000 Männer für dreieinhalb Ton-
nen* Silberstücke anwerben.

7 Da kam ein Mann Gottes zu ihm und
sagte: »Mein König, lass die Soldaten
aus Israel nicht mit dir ziehen! Denn
Jahwe ist nicht mit Israel, mit
all diesen Leuten aus Efraïm. 8 Son-
dern zieh du nur entschlossen in den
Kampf! Gott wird dich sonst vor dem
Feind zu Fall bringen. Denn Gott hat
die Macht, dir zu helfen oder dich zu
Fall zu bringen.« 9 »Und was wird aus
dem ganzen Silber, das ich den Söld-
nern aus Israel bezahlt habe?«, fragte
Amazja den Mann Gottes. »Jahwe hat
genug, um dir mehr als das zu geben«,
erwiderte dieser. 10 Da entließ Amazja
die Söldner, die aus Efraïm zu ihm ge-
kommen waren, und schickte sie nach
Hause. Diese wurden sehr zornig über
Juda und kehrten wütend zurück.

11 Amazja fasste Mut und führte
sein Volk in den Kampf. Sie zogen
ins Salztal und erschlugen 10.000
Männer von Seïr. 12 Weitere 10.000
nahmen sie gefangen. Die Männer
von Juda führten die Gefangenen auf
die Höhe der Stadt Sela und stürz-
ten sie von dort hinab, sodass alle zer-
schmettert wurden. 13 Inzwischen
überfielen die Söldner, die Amazja
nicht mitkämpfen ließ, sondern zu-
rückgeschickt hatte, die Städte zwi-
schen Samaria und Bet-Horon, die
Juda gehörten. Sie töteten dabei 3000
Männer und machten große Beute.

14 Nach seiner Rückkehr vom Sieg
über die Edomiter stellte Amazja die
Götter aus Seïr, die er mitgebracht
hatte, für sich als Götter auf. Er warf
sich vor ihnen nieder und verbrannte
ihnen Weihrauch. 15 Da entflammte
Jahwes Zorn gegen ihn. Er schickte
einen Propheten und ließ Amazja
sagen: »Warum suchst du Hilfe bei
den Göttern dieses Volkes, die nicht
einmal ihr eigenes Volk vor dir be-
schützen konnten?« 16 Aber Amazja
ließ ihn nicht ausreden und rief:
»Haben wir dich etwa zum Ratgeber
des Königs gemacht? Lass das, wenn
du keine Schläge bekommen willst!«
Da unterbrach der Prophet seine Bot-
schaft, sagte aber noch: »Ich weiß,
dass Gott deinen Untergang beschlos-
sen hat, weil du die Götzen angebetet

25,4 5. Mose 24,16

25,6 *3,4 Tonnen.* Wörtlich: 100 Talente.

und nicht auf meinen Rat gehört
hast.«
17 Dann entschloss sich König
Amazja von Juda, König Joasch Ben-
Joahas von Israel, den Enkel Jehus,
herauszufordern. »Komm, wir wollen
unsere Kräfte messen!«, ließ er ihm
ausrichten. 18 Doch König Joasch von
Israel ließ ihm sagen: »Der Dorn-
strauch auf dem Libanon sagte zur
Zeder: ›Gib meinem Sohn deine Toch-
ter zur Frau!‹ Aber die wilden Tiere
auf dem Libanon liefen über den
Dornstrauch und zertrampelten ihn.
19 Ist dir der Sieg über die Edomiter
zu Kopf gestiegen? Genieße deinen
Ruhm und bleib zu Hause! Warum
willst du dich ins Unglück stürzen und
reißt ganz Juda mit hinein?« 20 Doch
Amazja wollte nicht hören. Gott hatte
es so gefügt, denn er wollte sie aus-
liefern, weil sie Hilfe bei den Göttern
der Edomiter gesucht hatten.

21 Da zog König Joasch von Israel
mit einem Heer nach Juda. Bei Bet-
Schemesch*, das zu Juda gehört, kam
es zur Schlacht zwischen ihm und
König Amazja von Juda. 22 Die Män-
ner Judas wurden von den Israeliten
besiegt und flüchteten nach Hause.
23 König Joasch von Israel nahm
König Amazja Ben-Joasch von Juda,
den Enkel des Joahas, bei Bet-Sche-
mesch gefangen und nahm ihn mit
nach Jerusalem. Dort ließ er die Stadt-
mauer auf einer Länge von 200 Me-
tern zwischen dem Ephraïmtor und
dem Ecktor niederreißen. 24 Er räum-
te alles Gold und Silber und alle kost-
baren Gegenstände aus dem Haus
Gottes aus, die sich unter der Obhut
von Obed-Edom befanden, dazu alles,
was sich in den Schatzkammern des
Palastes befand. Außerdem nahm er
eine Anzahl von Geiseln nach Samaria
mit.

25 König Amazja Ben-Joasch von
Juda überlebte König Joasch von Is-
rael 15 Jahre. 26 Was sonst noch über
Amazja zu sagen ist, seine frühere und
spätere Geschichte, findet man im
Buch der Könige von Juda und Israel.
27 Von der Zeit an, als Amazja von
der Nachfolge Jahwes abgewichen
war, kam es in Jerusalem zu einer
Verschwörung gegen ihn. Da floh er
nach Lachisch. Aber die Verschwörer
ließen ihn bis dorthin verfolgen und
umbringen. 28 Man brachte ihn auf
Pferden in die Hauptstadt Judas zu-
rück und bestattete ihn in der Grab-
stätte seiner Vorfahren.

König Usija von Juda

26 1 Das ganze Volk Judas hatte
Usija* Ben-Amazja schon
mit 16 Jahren zum König gemacht*.
Er trat nun die Nachfolge seines Va-
ters an. 2 Nach dessen Tod eroberte
Usija die Stadt Elat für Juda zurück
und baute sie wieder auf. 3 Usija war
16 Jahre alt, als er Mitregent wurde,
und regierte insgesamt 52 Jahre lang
in Jerusalem. Seine Mutter hieß Je-
cholja und stammte aus Jerusalem.

25,21 *Bet-Schemesch* liegt 24 km westlich von Jerusalem in der Nähe der Grenze zwischen Juda und Dan, vgl. Josua 15,10.

26,1 *Usija.* In 2. Könige 15 wird er Asarja genannt. Wahrscheinlich war Asarja sein persönlicher Name und *Usija* sein Thronname.

zum König gemacht. Das geschah bereits 24 Jahre vor dem Tod Amazjas. Entweder war Asarja seitdem Mitregent oder sogar Gegenkönig.

4 Wie sein Vater Amazja tat auch er,
was Jahwe gefiel. 5 Solange Secharja
lebte, der ihn zur Gottesfurcht anhielt,
folgte er Gott. Und solange er Jahwe
suchte, gab Gott ihm Gelingen. 6 Er
unternahm einen Feldzug gegen die
Philister und riss die Mauern von Gat,
Jabne und Aschdod nieder. Andere
Städte im Gebiet von Aschdod und im
Philisterland baute er zu Festungen
aus. 7 Gott stand ihm bei im Kampf
gegen die Philister, gegen die Araber
von Gur-Baal und gegen die Mëuniter.
8 Auch die Ammoniter zahlten Usija
Tribut. Er wurde so mächtig, dass sein
Name selbst in Ägypten bekannt
wurde.

9 In Jerusalem baute Usija Türme
am Ecktor, am Taltor und am Winkel
und befestigte sie stark. 10 Auch in der
Steppe ließ er Türme bauen und Zi-
sternen graben, weil er in der Schefe-
la* und der Hochebene große Vieh-
herden besaß und in der fruchtbaren
Niederung Bauern und Weingärtner
beschäftigte. Er hatte nämlich viel für
die Landwirtschaft übrig.

11 Usija hatte ein wehrfähiges
Heer, das nach Abteilungen geglie-
dert war. Es rückte in der Stärke aus,
die der Staatsschreiber Jëiël und der
Verwalter Maaseja unter der Aufsicht
von Hananja, einem der obersten kö-
niglichen Beamten, bei der Muste-
rung erfasst hatten. 12 Die Gesamt-
zahl der Familienoberhäupter der
Wehrtüchtigen war 2600. 13 Sie be-
fehligten ein Heer von 307.500
Mann, stark und schlagkräftig
genug, dass der König es mit jedem
Feind aufnehmen konnte. 14 Usija
rüstete sein Heer mit Schilden,
Spießen, Helmen, Brustpanzern,
Bogen und Schleudersteinen aus.
15 Er ließ in Jerusalem auch raffinier-
te Wurfmaschinen bauen, mit denen
man Pfeile abschießen und große
Steine schleudern konnte. Sie sollten
auf Türmen und Eckzinnen aufge-
stellt werden. Sein Ruhm drang bis in
die Ferne, denn er empfing außerge-
wöhnliche Hilfe. So wurde er immer
mächtiger.

16 Doch die Macht stieg ihm zu
Kopf. Er wurde überheblich und ver-
ging sich an Jahwe, seinem Gott,
indem er in den Tempel Jahwes ein-
drang, um Weihrauch auf dem Räu-
cheraltar zu verbrennen. 17 Doch der
Priester Asarja ging hinter ihm her,
und 80 Priester Jahwes kamen mit
ihm, lauter beherzte Männer. 18 Sie
widerstanden König Usija und sag-
ten: »Dir, Usija, steht es nicht zu,
Jahwe Räucheropfer zu bringen. Das
ist nur den geweihten Priestern, den
Söhnen Aarons, erlaubt. Verlass das
Heiligtum! Du hast dich gegen Jahwe
vergangen! Bei ihm kannst du damit
keinen Ruhm ernten.« 19 Aber Usija,
der bereits die Räucherpfanne in der
Hand hielt, wurde wütend. Als er sich
zornig gegen die Priester umdrehte,
brach der Aussatz* an seiner Stirn
aus. Es geschah vor den Augen der
Priester im Haus Jahwes, neben dem
Räucheraltar. 20 Als der Oberpriester

26,10 *Schefela.* Niedriges, sehr fruchtbares Hügelland, das sich in nordsüdlicher Richtung zwischen dem Gebirge und der Küstenebene des Mittelmeeres erstreckt.

26,19 *Aussatz.* Bezeichnung für rasch um sich greifende Hautkrankheiten, Lepra eingeschlossen.

Asarja und die anderen Priester sa-
hen, wie der Aussatz auf einmal an
seiner Stirn ausbrach, trieben sie ihn
schleunigst von dort weg. Auch Usija
selbst beeilte sich, hinauszukommen,
weil Jahwe ihn gestraft hatte. 21 Bis zu
seinem Tod blieb König Usija aussät-
zig. Deshalb musste er in einem abge-
sonderten Haus wohnen und durfte
das Haus Jahwes nie mehr betreten.
Die Regierungsgeschäfte und die Auf-
sicht über den Palast übergab er sei-
nem Sohn Jotam.

22 Was sonst noch über Usija zu
sagen ist, seine frühere und spätere
Geschichte, hat der Prophet Jesaja
Ben-Amoz aufgeschrieben. 23 Als
Usija starb, wurde er, weil er aussät-
zig war, auf dem Gelände neben der
Grabstätte der Könige bestattet. Sein
Sohn Jotam trat die Herrschaft an.

König Jotam von Juda

27 1 Jotam war bei Herrschafts-
antritt 25 Jahre alt und regier-
te insgesamt 16 Jahre in Jerusalem*.
Seine Mutter hieß Jeruscha und war
eine Tochter Zadoks. 2 Er tat, was
Jahwe gefiel, und folgte in allem dem
Vorbild seines Vaters Usija. Allerdings
ging er nicht wie dieser in den Tempel
Jahwes. Das Volk blieb jedoch bei
seinem Verderben bringenden Tun.
3 Jotam baute das obere Tor am Haus
Jahwes und verstärkte die Mauern des
Ofel* an vielen Stellen. 4 Er baute
außerdem einige Städte auf dem Ge-
birge Juda aus und errichtete Burgen
und Türme in den Waldgebieten. 5 Er
war es auch, der mit dem König der
Ammoniter kämpfte. Er besiegte die
Ammoniter, und sie mussten ihm
jenes Jahr 3,4 Tonnen Silberstücke
abliefern, dazu 1700 Tonnen Weizen
und 1700 Tonnen Gerste. Und das
gleiche noch einmal im nächsten und
übernächsten Jahr. 6 Jotam wurde
mächtig, denn er richtete sich in dem,
was er tat, nach Jahwe, seinem Gott.
7 Was es sonst noch über Jotam zu be-
richten gibt, seine Kriege und Unter-
nehmungen, ist in der Chronik der
Könige von Israel und Juda nachzu-
lesen. 8 Er war bei Herrschaftsantritt
25 Jahre alt und regierte insgesamt
16 Jahre in Jerusalem. 9 Als Jotam
starb, wurde er in der Davidsstadt be-
stattet. Sein Sohn Ahas trat die Herr-
schaft an.

König Ahas von Juda

28 1 Im Alter von 20 Jahren
wurde Ahas König, und er
regierte 16 Jahre in Jerusalem. Anders
als sein Vorfahr David richtete er sich
nicht nach dem, was Jahwe gefiel,
2 sondern folgte dem schlechten Bei-
spiel der Könige von Israel. Er ließ
Gussbilder für die Baale anfertigen
3 und brachte im Ben-Hinnom-Tal
Räucheropfer. Er ließ sogar seine ei-
genen Söhne als Opfer verbrennen,
wie es der grauenvollen Gewohnheit
der heidnischen Völker entsprach, die
Jahwe vor den Israeliten aus dem
Land vertrieben hatte. 4 Außerdem

27,1 Von 750-740 v.Chr. war Jotam Mitregent neben seinem aussätzigen Vater Usija (in 2. Könige 15,1 ff. Asarja genannt). Allein regierte er bis 735 v.Chr.

27,3 Der *Ofel* war der befestigte Hügel südlich vom Tempelberg zwischen dem Tempel und der Davidsstadt.

brachte er auf den Opferstätten der
Höhen, auf den Hügeln und unter
jedem grünen Baum Schlacht- und
Räucheropfer dar.
5 Da ließ ihn Jahwe, sein Gott, in die
Gewalt des Königs von Syrien geraten.
Die Syrer besiegten ihn und brachten
eine große Anzahl gefangener Judäer
nach Damaskus. Er geriet auch in die
Gewalt des Königs von Israel, der ihm
eine schwere Niederlage beibrachte.
6 Es war Pekach Ben-Remalja, der an
einem einzigen Tag 120.000 Mann
umbrachte, alles hervorragende Solda-
ten, weil sie Jahwe, den Gott ihrer
Väter, verlassen hatten. 7 Sichri, ein
efraïmitischer Held, erschlug den Prin-
zen Maaseja, den Sohn des Königs,
den Palastvorsteher Asrikam und El-
kana, den Zweiten nach dem König.
8 Die Männer Israels nahmen aus
ihrem Brudervolk 200.000 Frauen und
Kinder als Gefangene mit. Außerdem
machten sie reiche Beute und brachten
sie nach Samaria.
9 Dort lebte ein Prophet namens
Oded. Als das Heer nach Samaria
heimkam, ging er ihm entgegen und
sagte: »Passt auf! Im Zorn über Juda
gab Jahwe, der Gott eurer Väter, sie in
eure Gewalt. Aber ihr habt sie mit
einer Wut umgebracht, dass es zum
Himmel schreit. 10 Und nun wollt ihr
diese Leute aus Juda und Jerusalem
auch noch zu Sklaven und Sklavinnen
machen. Habt ihr denn eurem Gott
Jahwe gegenüber noch nicht genug
Schuld auf euch geladen? 11 Hört jetzt
auf mich und schickt die Gefangenen
zurück, die ihr aus eurem Brudervolk
weggeführt habt, denn ein glühender
Zorn Jahwes droht über euch loszu-
brechen!«
12 Auch einige der führenden Män-
ner aus dem Stamm Efraïm traten
dem heimkehrenden Heer entgegen.
Es waren Asarja Ben-Johanan, Be-
rechja Ben-Meschillemot, Jehiskija
Ben-Schallum und Amasa Ben-Had-
lai. 13 Sie sagten: »Lasst die Gefange-
nen nicht hierher kommen! Denn was
ihr vorhabt, wird unsere Sünde und
Schuld nur noch vermehren. Dabei ist
sie schon groß genug, und es liegt be-
reits eine Zornesglut über Israel!«
14 Da gaben die Bewaffneten in
Gegenwart der Oberen und der gan-
zen Versammlung die Gefangenen
und die Beute frei. 15 Männer, die na-
mentlich dazu bestimmt wurden, nah-
men sich der Gefangenen an, von
denen manche kaum etwas auf dem
Leib trugen. Sie gaben ihnen Klei-
dung und Schuhe aus der Beute.
Dann gaben sie ihnen zu essen und zu
trinken. Sie salbten die Schwachen
unter ihnen und setzten sie auf Esel.
Dann brachten sie die Gefangenen in
die Palmenstadt Jericho, in die Nähe
ihrer Stammesbrüder. Anschließend
kehrten sie nach Samaria zurück.
16 Damals schickte König Ahas eine
Botschaft an den Königshof von Assy-
rien und bat um Hilfe, 17 weil die Edo-
miter wieder ins Land eingedrungen
waren. Sie hatten die Judäer besiegt
und Gefangene gemacht. 18 Die Phi-
lister fielen in die Städte der Niede-
rung und des Südens von Juda ein. Sie
eroberten Bet-Schemesch, Ajalon und

28,19 *Israel* ist hier im allgemeinen Sinn gebraucht und nicht auf das Nordreich bezogen.

Gederot, sowie Socho, Timna und
Gimso mit den dazugehörigen Ort-
schaften und setzten sich dort fest.
[19] Jahwe ließ das geschehen, weil er
Juda wegen König Ahas von Israel*
demütigen wollte, denn dieser hatte
ihm die Treue gebrochen und Zügel-
losigkeit in Juda geduldet. [20] Dann
zog Tiglat-Pileser, der König von As-
syrien, tatsächlich mit einem Heer
heran. Doch bedrängte er Ahas, an-
statt ihn zu unterstützen. [21] Obwohl
dieser das Haus Jahwes, den Königs-
palast und die Häuser der Oberen ge-
plündert und alles dem König von As-
syrien übergeben hatte, bekam er
nicht die erwartete Hilfe. [22] Aber
selbst in dieser Bedrängnis blieb
König Ahas Jahwe ungehorsam, er
trieb es sogar noch schlimmer. [23] Er
opferte den Göttern von Damaskus,
die ihn geschlagen hatten, und sagte:
»Diese Götter haben den Königen
von Syrien geholfen. Denen will ich
opfern, dann werden sie auch mir
helfen.« Doch gerade sie waren es, die
ihn und ganz Israel zu Fall brachten.
[24] Ahas ließ die Gegenstände aus dem
Haus Jahwes zusammentragen und
zerschlagen. Dann ließ er die Tore von
Jahwes Haus schließen und errichtete
Altäre an allen Ecken Jerusalems.
[25] Außerdem ließ er in allen Städten
Judas Opferhöhen errichten, um an-
deren Göttern Räucheropfer zu brin-
gen. So forderte er Jahwe, den Gott
seiner Väter, heraus.
[26] Was es sonst noch über ihn zu
berichten gibt, seine frühere und spä-
tere Geschichte, ist in der Chronik der
Könige von Juda und Israel nachzu-
lesen. [27] Als Ahas starb, wurde er in
Jerusalem beigesetzt, innerhalb der
Stadt, nicht in der Grabstätte der
Könige von Israel. Sein Sohn Hiskija
trat die Herrschaft an.

König Hiskija von Juda

29 [1] Als Hiskija 25 Jahre alt war,
wurde er König* von Juda. Er
regierte 29 Jahre lang in Jerusalem.
Seine Mutter hieß Abija und war eine
Tochter Secharjas. [2] Wie sein Vorfahr
David tat Hiskija, was Jahwe gefiel.
[3] Noch im ersten Jahr seiner Regie-
rung ließ er die Tore vom Haus Jahwes
wieder öffnen und instand setzen.
[4] Dann ließ er die Priester und Leviten
kommen. Sie sollten sich auf dem Ost-
platz versammeln.

[5] Er sagte zu ihnen: »Hört zu, ihr
Leviten! Heiligt euch jetzt und heiligt
auch das Haus Jahwes, des Gottes
eurer Väter, und schafft das Abscheu-
liche aus dem Heiligtum hinaus.
[6] Unsere Vorfahren sind Jahwe un-
treu geworden und taten, was ihm
missfiel. Sie haben ihn verlassen und
seiner Wohnung den Rücken gekehrt.
[7] Dann haben sie die Tore der Vorhal-
le geschlossen, die Lampen ausge-
löscht und dem Gott Israels im Heilig-
tum kein Räucheropfer und kein
Brandopfer mehr gebracht. [8] Darum
ist Jahwes Zorn über Juda und Jerusa-
lem gekommen, und er hat sie zum
Schreckensbild gemacht, zu einer
Stätte des Entsetzens und zum Ge-
spött, wie ihr mit eigenen Augen seht.
[9] Deshalb fielen unsere Väter dem

29,1 *König.* Das war 715 v.Chr. Seit 729 war er Mitregent gewesen. Als Alleinherrscher regierte er bis 686 v.Chr.

Schwert zum Opfer, und unsere Frau-
en und Kinder kamen in Gefangen-
schaft. 10 Ich habe nun vor, einen
Bund mit Jahwe, dem Gott Israels, zu
schließen, damit sein glühender Zorn
von uns ablässt. 11 Nun los, meine
Söhne, verliert keine Zeit! Euch hat
Jahwe doch erwählt, dass ihr als seine
Diener vor ihm steht und ihm Räu-
cheropfer bringt.«

12 Da machten sich die Leviten auf.
Es waren Mahat Ben-Amasai und
Joël Ben-Asarja von den Nachkom-
men Kehats, Kisch Ben-Abdi und
Asarja Ben-Jehallelel von den Nach-
kommen Meraris, Joach Ben-Simma
und Eden Ben-Joach von den Nach-
kommen Gerschons. 13 Von den Nach-
kommen Elizafans waren es Schimri
und Jëiël, von den Nachkommen
Asafs: Secharja und Mattanja. 14 Von
den Nachkommen Hemans waren es
Jehiël und Schimi, von den Nachkom-
men Jedutuns: Schemaja und Usiël.
15 Sie riefen ihre Stammesbrüder zu-
sammen und heiligten sich für ihren
Dienst. Dann gingen sie nach der An-
ordnung des Königs und den Worten
Jahwes entsprechend ins Haus Jah-
wes, um es zu reinigen. 16 Die Priester
betraten das Innere des Hauses und
brachten alles Besudelte aus dem
Tempel in den Vorhof hinaus, wo es
die Leviten in Empfang nahmen, um
es ins Kidrontal zu schaffen. 17 Am 1.
April* begannen sie mit der Reini-
gung. Nach einer Woche kamen sie zu
der Vorhalle Jahwes. Während der fol-
genden acht Tage reinigten sie das
Haus Jahwes, und am 16. April waren
sie fertig. 18 Dann gingen sie zum
König Hiskija und meldeten: »Wir
haben das Haus Jahwes gereinigt,
auch den Brandopferaltar und den
Tisch für die geweihten Brote und alle
dazugehörigen Gegenstände. 19 Wir
haben auch all die anderen Gegen-
stände wieder hergerichtet und ge-
weiht, die König Ahas während seiner
Herrschaft entweiht hatte, als er
Jahwe untreu wurde. Sie stehen am
Altar Jahwes bereit.«

20 Am nächsten Morgen rief Hiskija
die führenden Männer der Stadt zu
sich und ging mit ihnen zum Haus
Jahwes hinauf. 21 Man führte sieben
Stiere, sieben Schafböcke, sieben
Lämmer und sieben Ziegenböcke als
Sündopfer für das Königshaus, das
Heiligtum und für Juda mit. Der
König befahl den Priestern, den Nach-
kommen Aarons, sie auf dem Altar
Jahwes zu opfern. 22 Man schlachtete
die Rinder; die Priester nahmen das
Blut in Empfang und sprengten es an
den Altar. Ebenso taten sie es bei den
Schafböcken und den Lämmern.
23 Dann brachten sie die Ziegenböcke
für das Sündopfer vor den König und
die Versammlung. Diese legten ihre
Hände auf die Opfertiere. 24 Dann
schlachteten die Priester die Böcke
und sprengten ihr Blut als Sündopfer
an den Altar, um für ganz Israel Sühne
zu erwirken, denn der König hatte das
Brand- und das Sündopfer für ganz
Israel angeordnet. 25 Er hatte auch
die Leviten mit Zimbeln, Harfen und
Lauten wieder im Haus Jahwes ein-
gesetzt. So war es von König David
angeordnet worden nach dem Befehl
Jahwes, der ihm durch seinen Seher

29,17 *April.* Wörtlich: Wörtlich: des 1. Monats.

Gad und den Propheten Natan über-
mittelt worden war. 26 Die Leviten
standen also mit den Instrumenten
Davids bereit und die Priester mit den
Trompeten. 27 Als Hiskija befahl, das
Brandopfer auf dem Altar zu opfern,
begann der Gesang für Jahwe unter
Begleitung der Instrumente des Kö-
nigs David und der Trompeten. 28 Die
ganze Versammlung warf sich nieder,
während der Gesang ertönte und die
Trompeten schmetterten. Das Ganze
dauerte bis zum Abschluss des Op-
fers. 29 Nach der Opferung knieten
sich der König und alle, die bei
ihm waren, nieder und beteten an.
30 Dann forderte König Hiskija mit
den Oberen die Leviten auf, Jahwe mit
den Worten Davids und des Sehers
Asaf Loblieder zu singen. Sie taten
das mit Freude. Dann verneigten sie
sich und beteten an.

31 Hiskija sagte zu den Versammel-
ten: »Nun habt ihr euch Jahwe ge-
weiht. Kommt jetzt und bringt eure
Schlacht- und Freudenopfer zum
Haus Jahwes!« Die Versammelten
brachten ihre Opfer herbei, und man-
che gaben freiwillig noch Brandopfer
hinzu. 32 Auf diese Weise kamen 70
Rinder, 100 Schafböcke und 200
Schafe als Brandopfer für Jahwe zu-
sammen. 33 Die Weihgaben beliefen
sich auf 600 Rinder und 3000 Schafe.
34 Es waren aber zu wenig Priester da,
um alle Brandopfer enthäuten zu kön-
nen. Deshalb wurden sie von ihren
Stammesbrüdern, den Leviten, unter-
stützt, bis die Arbeit geschafft war
und sich genügend Priester geheiligt
hatten. Die Leviten hatten sich näm-
lich eifriger um ihre Heiligung be-
müht als die Priester. 35 Außerdem
war die Zahl der Brandopfer und
die dazu gehörenden Trankopfer, die
neben den Fettstücken der Freuden-
opfer dargebracht werden mussten,
sehr hoch.

So wurde der Dienst im Haus Jah-
wes wiederhergestellt. 36 Hiskija und
das ganze Volk freuten sich über das,
was Gott ihnen auf diese Weise ge-
schenkt hatte; denn die Sache war
sehr rasch vor sich gegangen.

Die Feier des Passa

30 1 Hiskija schickte Boten mit
Briefen durch ganz Israel und
Juda, auch an die Stämme Efraïm und
Manasse. Er lud sie ein, zum Haus
Jahwes nach Jerusalem zu kommen,
um Jahwe, dem Gott Israels, das Pas-
safest* zu feiern. 2 Der König hatte
sich mit den verantwortlichen Män-
nern und der ganzen Versammlung in
Jerusalem beraten, ob sie das Passa
nicht einen Monat später feiern soll-
ten, 3 denn sie konnten es nicht recht-
zeitig tun, weil sich nicht genügend
Priester geheiligt hatten und das Volk
noch nicht nach Jerusalem gekom-
men war. 4 Der Plan gefiel dem König
und der ganzen Versammlung. 5 So
fassten sie also den Beschluss, durch
ganz Israel von Dan bis Beerscheba*
einen Aufruf ergehen zu lassen, um
Jahwe, dem Gott Israels, das Passa in
Jerusalem zu feiern. Denn sie hatten
es lange Zeit nicht vollzählig gefeiert,
wie es vorgeschrieben war.

30,1 *Passa.* Siehe 2. Mose 12-13.

30,5 *Dan bis Beerscheba.* Das meint vom nördlichsten bis zum südlichsten Ort in Israel.

6 So zogen die Eilboten mit den
Briefen des Königs und seiner führen-
den Männer durch ganz Israel und
Juda. Wie der König es ihnen aufge-
tragen hatte, riefen sie aus: »Ihr Leute
von Israel, kehrt um zu Jahwe, dem
Gott Abrahams, Isaaks und Israels!
Dann wird er sich auch euch zuwen-
den, den Übriggebliebenen, die dem
Zugriff der Könige von Assyrien ent-
kommen sind. 7 Seid nicht wie eure
Väter und Brüder, die Jahwe, dem
Gott eurer Vorfahren, untreu gewor-
den sind, sodass er sie zu einem Bild
des Entsetzens machte, wie ihr seht.
8 Seid nicht so stur wie eure Väter!
Reicht Jahwe die Hand und kommt zu
seinem Heiligtum, das er für alle Zei-
ten geheiligt hat, und dient Jahwe,
eurem Gott, damit er die Glut seines
Zorns von euch abwendet. 9 Wenn ihr
zu Jahwe umkehrt, werden auch eure
Brüder und Kinder Erbarmen finden
bei denen, die sie verschleppt haben,
und sie werden in euer Land zurück-
kehren. Denn Jahwe, euer Gott, ist
gütig und barmherzig und wird sich
nicht von euch abwenden, wenn ihr zu
ihm umkehrt.«

10 Die Eilboten zogen von Stadt zu
Stadt durch das Gebiet von Efraïm und
Manasse bis nach Sebulon*. Doch
man lachte sie aus und verspottete sie.
11 Nur einige Männer aus den Stäm-
men Ascher*, Manasse und Sebulon
demütigten sich und kamen nach Jeru-
salem. 12 In Juda bewirkte Gott, dass
alle einmütig dem Aufruf des Königs
und der Oberen folgten, den diese nach
dem Gebot Jahwes erlassen hatten.
13 So versammelte sich eine große
Menge Menschen in Jerusalem, um
das Fest der ungesäuerten Brote* im
Mai* zu feiern. Es war eine un-
gewöhnlich große Versammlung.
14 Zuerst beseitigten sie alle Altäre und
Räucheraltäre, die in Jerusalem stan-
den, und warfen sie ins Kidrontal.

15 Am 14. Mai schlachteten sie die
Lämmer für das Passa. Die Priester
und Leviten hatten sich geschämt und
sich diesmal geheiligt und Brandopfer
in das Haus Jahwes gebracht. 16 Sie
standen jetzt auf ihrem Posten, wie es
das Gesetz Moses, des Mannes Got-
tes, vorschreibt, und sprengten das
Blut, das sie von den Leviten erhiel-
ten, an den Altar.

17 Weil viele in der Versammlung
sich nicht geheiligt hatten, schlachte-
ten die Leviten die Passalämmer für
alle, die nicht rein waren, damit die
Lämmer Jahwe geweiht werden konn-
ten. 18 Denn ein großer Teil des Vol-
kes, viele aus Efraïm und Manasse, Is-
sachar und Sebulon hatten sich nicht
gereinigt und aßen das Passamahl
nicht so, wie es vorgeschrieben war.
Darum betete Hiskija für sie: »Jahwe,
du gütiger Gott! Vergib jedem, 19 der
dich, den Gott seiner Väter, von gan-
zem Herzen sucht, auch wenn er
selbst nicht der Reinheit des Heilig-
tums entspricht.« 20 Jahwe erhörte
Hiskija und ließ das Volk gesund
bleiben.

30,10 *Sebulon.* Der Stamm bewohnte einen Teil Galiläas und der Jesreel-Ebene.

30,11 *Ascher* war der Nachbarstamm Sebulons zum Mittelmeer hin. Er bewohnte etwa das Gebiet zwischen Tyrus und Acco.

30,13 Das *Fest der ungesäuerten Brote* folgte unmittelbar auf das Passafest und dauerte eine Woche.

Mai. Wörtlich: im 2. Monat.

21 Die in Jerusalem versammelten
Israeliten feierten sieben Tage lang
voller Freude das Fest der ungesäuer-
ten Brote. Tag für Tag sangen die
Priester und Leviten für Jahwe, be-
gleitet von den Instrumenten, die zum
Lob Jahwes bestimmt waren.
22 Hiskija bedankte sich herzlich bei
den Leviten, die so großes Verständ-
nis für Jahwe bewiesen hatten. Als
dann die sieben Tage des Festes zu
Ende waren, an denen sie Freuden-
opfer brachten und Jahwe, den Gott
ihrer Väter, priesen, 23 beschloss die
ganze Versammlung, noch weitere
sieben Tage zu feiern. Auch diese
Woche machten sie zu einem Freu-
denfest. 24 König Hiskija von Juda
hatte der Versammlung dazu 1000
junge Stiere und 7000 Schafe gespen-
det. Auch die Oberen hatten 1000
junge Stiere und 10.000 Schafe gege-
ben. Von den Priestern hatten sich
sehr viele geheiligt. 25 So freute sich
die ganze Versammlung: das Volk von
Juda, die Priester und Leviten und
alle, die aus den Stämmen Israels ge-
kommen waren, sowie die Fremden,
die von dort mitgekommen waren
oder in Juda wohnten. 26 In ganz Jeru-
salem herrschte große Freude, denn
seit der Zeit von König Salomo Ben-
David hatte es so etwas in Jerusalem
nicht mehr gegeben. 27 Dann erhoben
sich die Priester, die Nachkommen
Levis, und segneten das Volk. Ihr
Rufen wurde erhört, ihr Gebet drang
bis in Gottes heilige Wohnung im
Himmel.

31 1 Nachdem alle Festlichkeiten
zu Ende waren, zogen die ver-
sammelten Israeliten in die anderen
Städte Judas und zertrümmerten die
Steinmale, hieben die geweihten Pfäh-
le um und zerstörten die Opferhöhen
und Altäre. Sie ruhten nicht eher, bis
sie ihr Werk in ganz Juda und Benja-
min, Efraïm und Manasse vollendet
hatten. Dann erst kehrten alle Israeli-
ten nach Hause zurück.

Neuordnung des Tempeldienstes

2 Hiskija stellte die Abteilungen der
Priester und Leviten nach ihren
Dienstgruppen auf. Er wies sie in ihre
Dienste bei den Brand- und Freuden-
opfern ein, ebenso beim Lobpreis in
den Toren der Wohnstätten Jahwes.
3 Der Beitrag, den der König aus
seinem Vermögen für die Brandopfer
gab, betraf die Opfer am Morgen und
Abend, sowie die Brandopfer an den
Sabbaten, den Neumondstagen und
den Festen, dic durch das Gesetz
Jahwes vorgeschrieben waren.
4 Dann befahl er den Einwohnern
Jerusalems, die Abgaben zu bringen,
die den Priestern und Leviten zu-
standen, damit diese sich den im Ge-
setz Jahwes vorgeschriebenen Auf-
gaben widmen könnten. 5 Sobald
dieser Befehl bekannt wurde, brach-
ten die Israeliten in großen Mengen
die Ersterträge von Getreide, Most,
Öl, Honig und allen Feldfrüchten,
dazu den vorgeschriebenen zehnten
Teil von allen Erträgen. 6 Auch die Be-
wohner der anderen Städte Judas und
die Israeliten, die sich bei ihnen
niedergelassen hatten, brachten den
zehnten Teil der Rinder, des Klein-
viehs und der Gaben, die sie Jahwe,
ihrem Gott, geweiht hatten. Sie reih-
ten Stapel neben Stapel. 7 Im Juni

begannen sie damit, die unterste
Schicht zu legen, und im Oktober*
waren sie damit fertig. 8 Als Hiskija
und die Oberen kamen und die auf-
geschichteten Mengen sahen, priesen
sie Jahwe und lobten sein Volk Israel.
9 Hiskija fragte die Priester und Le-
viten nach den Stapeln. 10 Der Ober-
priester Asarja aus dem Haus Zadoks
erwiderte ihm: »Seit man begonnen
hat, die Abgaben in das Haus Jahwes
zu bringen, haben wir gut und reich-
lich zu essen gehabt und noch viele
Vorräte übrig. Jahwe hat sein Volk so
reich gesegnet, dass wir diese Mengen
hier übrig haben.«

11 Hiskija befahl deshalb, im Haus
Jahwes Vorratskammern einzurich-
ten. Als das geschehen war, 12 lager-
ten sie die Abgaben, den Zehnten und
die geweihten Gaben sorgfältig dort
ein. Als Oberaufseher darüber wurde
der Levit Konanja bestimmt mit sei-
nem Bruder Schimi als Stellvertreter.
13 Auf Anweisung von König Hiskija
und dem Oberpriester Asarja unter-
standen Konanja und seinem Bruder
Schimi die Leviten Jehiël, Asasja,
Nahat, Asaël, Jerimot, Josabad, Eliël,
Jismachja, Mahat und Benaja. 14 Der
Levit Kore Ben-Jimna, Torwächter
des Osttors, hatte die Aufsicht über
die freiwilligen Gaben für Gott, damit
die für Jahwe bestimmten Abgaben
und das Höchstheilige den Priestern
zukamen. 15 Unter seiner Leitung
standen Eden, Minjamin, Jeschua,
Schemaja, Amarja und Schechanja,
die in den Priesterstädten wirkten. Sie
sorgten dafür, dass ihre Amtsbrüder
in den verschiedenen Dienstgruppen
ihre Anteile zuverlässig erhielten, egal
wie alt sie waren.
16 Außerdem hatte man Verzeich-
nisse angelegt, in denen die männlichen
Personen von drei Jahren an erfasst
waren. Das betraf alle Priester, die in
Dienstgruppen turnusmäßig ins Haus
Jahwes kamen, um dort die täglichen
Aufgaben zu erfüllen, wie es ihren je-
weiligen Stellungen entsprach. 17 Die
Priester wurden nach Sippen geord-
net aufgeführt, die übrigen Leviten,
die älter als zwanzig Jahre waren,
nach ihren Dienstgruppen und Aufga-
ben. 18 Für die Registrierung wurden
sie mit all ihren kleinen Kindern, ihren
Frauen, Söhnen und Töchtern erfasst,
denn sie hatten sich gewissenhaft für
den gottgeweihten Dienst geheiligt.
19 Auch für die Nachkommen Aarons,
die in den Weidegebieten ihrer Städte
wohnten, war gesorgt. Für diese Pries-
ter waren in jeder Stadt Männer be-
nannt worden, die allen männlichen
Angehörigen der Priesterfamilien ihre
Anteile zu geben hatten, auch allen
eingeschriebenen Leviten.

20 So verfuhr Hiskija in ganz Juda.
Er tat, was vor Jahwe, seinem Gott,
recht und gut war, und bewies damit
seine Treue. 21 Bei allem, was er tat im
Dienst für das Haus Gottes und die
Gebote betreffend, hatte er Gelingen,
weil er seinem Gott gehorchen wollte.

Assyrer vor Jerusalem

32 1 Nach diesen Maßnahmen
und Treuebeweisen Hiskijas
rückte Sanherib, der König von Assy-
rien, an. Er fiel in Juda ein und bela-
gerte die befestigten Städte. Er wollte

31,7 *Juni ... Oktober.* Wörtlich: im 3. ... 7. Monat.

sie in seine Gewalt bringen. 2 Als
Hiskija erkannte, dass Sanherib es vor
allem auf Jerusalem abgesehen hatte,
3 beriet er sich mit seinen Ministern
und Heerführern. Er schlug vor, alle
Wasserquellen außerhalb der Stadt
unzugänglich zu machen. Sie unter-
stützten sein Vorhaben 4 und sagten:
»Warum sollen die Könige von Assy-
rien viel Wasser finden, wenn sie
kommen?« Sie holten viele Leute zu-
sammen und verstopften alle Quellen,
auch den Zugang zu dem unterirdi-
schen Kanal. 5 Hiskija ging auch ent-
schlossen daran, die Stadtmauer wie-
der instand zu setzen, die Risse be-
kommen hatte, und ihre Türme zu
erhöhen; ebenso die andere Mauer
draußen. Außerdem befestigte er den
Stadtwall der Davidsstadt und ließ
eine Menge Wurfgeschosse und Schil-
de anfertigen. 6 Er setzte Hauptleute
über das Volk ein und bestellte alle
zu sich auf den Platz am Stadttor,
um ihnen Mut zu machen. Er sagte:
7 »Seid mutig und entschlossen! Habt
keine Angst und erschreckt nicht vor
dem König von Assyrien und der gan-
zen lärmenden Menge, die bei ihm ist,
denn mit uns ist ein Größerer als mit
ihm. 8 Mit ihm ist eine menschliche
Macht, doch mit uns ist Jahwe, unser
Gott, um uns zu helfen und unseren
Krieg zu führen.« Das Volk vertraute
auf die Worte Hiskijas, des Königs
von Juda.

9 Unterdessen schickte König San-
herib von Assyrien seine Boten nach
Jerusalem, während er und seine ganze
Streitmacht noch vor Lachisch lag.
Sie sollten König Hiskija von Juda und
allen Judäern in Jerusalem ausrichten:
10 »König Sanherib von Assyrien lässt
euch sagen: Worauf vertraut ihr ei-
gentlich, dass ihr es in einer be-
lagerten Stadt Jerusalem aushalten
wollt? 11 Hiskija führt euch in den
Tod, wenn er sagt: ›Jahwe, unser Gott,
wird uns aus der Gewalt des Königs
von Assyrien retten.‹ Verhungern und
verdursten werdet ihr! 12 War es nicht
gerade Hiskija, der dessen Höhen-
heiligtümer und Altäre beseitigt und
den Leuten in Juda und Jerusalem be-
fohlen hat, nur noch vor dem einen
Altar anzubeten und Räucheropfer
zu bringen? 13 Wisst ihr nicht, was ich
und meine Vorgänger mit den ande-
ren Völkern in ihren Ländern gemacht
haben? Haben denn die Götter der an-
deren Völker ihr Land vor mir retten
können? 14 Gibt es einen einzigen
Gott von diesen Völkern, die durch
meine Väter vernichtet wurden, der
sein Volk aus unserer Gewalt befreien
konnte? Und da soll ausgerechnet
euer Gott euch vor mir retten können?
15 Lasst euch nicht von Hiskija täu-
schen! Lasst euch doch nicht so in
die Irre führen! Glaubt ihm nicht!
Kein Gott irgendeines Landes oder
Königreichs konnte sein Volk vor
meinen Vätern retten. Und euer Gott
kann das schon gar nicht!«

16 In dieser Weise redeten die Boten
Sanheribs weiter gegen Jahwe und
dessen Diener Hiskija. 17 Sanherib
hatte auch einen Brief geschickt, in
dem er Jahwe, den Gott Israels, ver-
höhnte. Er schrieb darin: »Genauso
wenig, wie die Götter der Länder ihr
Volk vor mir gerettet haben, wird der
Gott Hiskijas sein Volk vor mir retten
können.«

18 Den Einwohnern von Jerusa-
lem, die auf der Mauer standen,

riefen die Boten das auch laut auf
judäisch zu. Sie wollten ihnen damit
Angst einjagen und sie einschüch-
tern, um die Stadt erobern zu
können. 19 Dabei redeten sie von
dem Gott Jerusalems so, wie von den
Göttern der anderen Völker, die doch
Machwerke von Menschen sind.
20 König Hiskija und der Prophet
Jesaja beteten deswegen, ja, sie
schrien zum Himmel um Hilfe.

21 Da schickte Jahwe einen Engel,
der jeden Wehrtüchtigen, jeden Offi-
zier und Befehlshaber im Lager des
assyrischen Königs tötete. So musste
dieser mit Schimpf und Schande in
sein Land zurückkehren. Und als
er in das Haus seines Gottes ging,
erschlugen ihn dort seine eigenen
Söhne mit dem Schwert. 22 So befrei-
te Jahwe Hiskija und die Einwohner
Jerusalems aus der Gewalt Sanheribs,
des Königs von Assyrien, und von
allen ihren Feinden. Er schenkte
ihnen Ruhe an allen Grenzen. 23 Viele
Menschen brachten Gaben für Jahwe
nach Jerusalem und kostbare Ge-
schenke für König Hiskija von Juda,
denn er war seitdem bei allen Völkern
hoch angesehen.

Hiskijas letzte Regierungsjahre

24 In dieser Zeit wurde Hiskija tod-
krank. Da betete er zu Jahwe, und die-
ser erhörte ihn und bestätigte ihm das
durch ein Wunderzeichen.* 25 Aber
Hiskija wurde hochmütig und dankte
ihm die erwiesene Wohltat nicht. Des-
halb kam Gottes Zorn über ihn und
auch über Juda und Jerusalem. 26 Da
demütigte sich Hiskija wegen seines
Hochmuts, er und die Bewohner Jeru-
salems ebenso. Darum kam der Zorn
Jahwes nicht schon zu Lebzeiten
Hiskijas über sie.

27 Hiskija war sehr vermögend und
genoss überall hohes Ansehen. Er
legte sich Schatzkammern an für sein
Gold und Silber, die Edelsteine, Bal-
samöle, Schilde und alle möglichen
kostbaren Gegenstände. 28 Er ließ
auch Vorratshäuser für Getreide,
Wein und Olivenöl bauen und Ställe
für das Vieh, das er in großer Zahl
hielt. 29 Er legte sich neue Städte
an und vermehrte seinen Besitz an
Schafen und Rindern. Gott gab ihm
sehr viel Reichtum.

30 Hiskija war es auch, der die
Gihon-Quelle außerhalb der Stadt
unkenntlich machen und das Wasser
unterirdisch in westlicher Richtung
in die Davidsstadt leiten ließ. Hiskija
gelang alles, was er sich vornahm.
31 So ging auch die Sache gut aus, als
die Fürsten von Babylon Gesandte zu
ihm schickten, um nach dem Wunder-
zeichen zu fragen, das im Land ge-
schehen war. Damals überließ Gott
ihn sich selbst, um seinen Charakter
auf die Probe zu stellen.

32 Was es sonst noch über Hiskija
und seine Treue zu berichten gibt, ist
nachzulesen in der Niederschrift der
Offenbarung des Propheten Jesaja
Ben-Amoz und in der Chronik der
Könige von Juda und Israel. 33 Als
Hiskija starb, begrub man ihn beim

32,24 *todkrank ... Wunderzeichen.* Diese Geschehnisse fanden etwa ein Jahr vor dem Feldzug Sanheribs statt, wie Jesaja 38,6 zeigt (siehe Fußnote zu Jesaja 38,1).

Aufgang zu den Gräbern der Nach-
kommen Davids. Ganz Juda und
die Bewohner Jerusalems erwiesen
ihm Ehre bei seinem Tod. Sein Sohn
Manasse trat die Herrschaft an.

König Manasse von Juda

33 1 Manasse war bei Herr-
schaftsantritt 12 Jahre alt
und regierte 55 Jahre lang in Jerusa-
lem. 2 Er tat, was Jahwe verabscheu-
te, und übernahm die schrecklichen
Bräuche der Völker, die Jahwe vor
den Israeliten vertrieben hatte. 3 Er
baute die Höhenheiligtümer wieder
auf, die sein Vater Hiskija zerstört
hatte, er ließ Altäre für Baal und
Pfähle für die Aschera aufstellen. Er
warf sich vor dem Heer der Sterne am
Himmel nieder, brachte ihm Opfer
4 und stellte ihm Altäre im Haus Jah-
wes auf, das dieser doch zur Wohn-
stätte seines Namens bestimmt hatte.
5 In beiden Vorhöfen des Tempels er-
richtete er Altäre zur Verehrung der
Sterne. 6 Seine eigenen Söhne ließ er
im Ben-Hinnom-Tal als Opfer ver-
brennen. Er gab sich mit Zauberei,
Zeichendeutung und Wahrsagerei
ab, ließ sich mit Toten- und mit Ora-
kelgeistern ein.* So tat er vieles, was
Jahwe verabscheute, und forderte
seinen Zorn heraus. 7 Er ließ auch
ein Götzenbild anfertigen und im
Haus Gottes aufstellen, von dem Gott
doch zu David und seinem Sohn
Salomo gesagt hatte: »In diesem
Haus und in Jerusalem, das ich mir
aus allen Stämmen Israels aus-
gesucht habe, soll mein Name für
immer wohnen. 8 Ich will Israel nicht
mehr von dem Boden entfernen, den
ich euren Vorfahren gegeben habe,
wenn sie mir nur gehorchen und die
Gebote und Vorschriften meines
Gesetzes befolgen, das mein Diener
Mose ihnen verordnet hat.« 9 Aber
Manasse verführte sie, mehr Böses
zu tun als die Völker, die Jahwe
vor den Israeliten beseitigt hatte.
10 Jahwe warnte Manasse und sein
Volk, doch sie achteten nicht darauf.

11 Da ließ Jahwe die Heerführer
des Königs von Assyrien gegen sie
anrücken. Sie fingen Manasse mit
Widerhaken, fesselten ihn mit Bron-
zeketten und brachten ihn nach Baby-
lon. 12 In dieser Notlage wandte er
sich an Jahwe, den Gott seiner Väter.
Er flehte ihn an und demütigte
sich tief vor ihm. 13 Als er so zu ihm
betete, ließ Gott sich von ihm erbitten
und erhörte sein Gebet. Er ließ ihn
nach Jerusalem zurückkehren und
weiter als König regieren. So erkannte
Manasse, dass Jahwe Gott ist.

14 Nach seiner Rückkehr ließ er
eine sehr hohe Mauer außen an der
Davidsstadt errichten. Sie lief im Tal
an der Gihon-Quelle vorbei bis zum
Fischtor und umschloss den Ofel. In
allen befestigten Städten Judas setzte
er Kommandanten ein. 15 Er entfern-
te auch die fremden Götter und das
Götzenbild aus dem Haus Jahwes,
ebenso die Altäre, die er auf dem
Tempelberg und in Jerusalem gebaut
hatte, und ließ alles vor die Stadt
werfen. 16 Den Altar Jahwes stellte

33,6 *mit Toten- und mit Orakelgeistern ein.* Damit verstieß Manasse ausdrücklich gegen das Verbot dieser Dinge in 5. Mose 18,10.

er dagegen wieder her und brachte
Schlacht- und Freudenopfer auf ihm
dar. Auch verpflichtete er die Judäer,
nur noch Jahwe, dem Gott Israels, zu
dienen. 17 Das Volk allerdings opferte
auch noch auf den Opferhöhen, je-
doch nur Jahwe, seinem Gott.

18 Was es sonst noch über Manasse
zu berichten gibt, über sein Gebet zu
seinem Gott und über die Worte der
Seher, die im Namen Jahwes zu ihm
gesprochen hatten, ist nachzulesen
in der Chronik der Könige von Israel.
19 Sein Gebet und dessen Erhörung,
alle seine Sünden und Treulosigkei-
ten, die Orte, an denen er Opferhöhen
gebaut, Aschera-Pfähle und Götzen-
bilder aufgestellt hatte, bevor er sich
demütigte, all das findet sich in der
Chronik der Seher. 20 Als Manasse
starb, wurde er bei seinem Palast
bestattet, und sein Sohn Amon trat
die Herrschaft an.

König Amon von Juda

21 Amon war bei Herrschaftsantritt
22 Jahre alt und regierte zwei Jahre
lang in Jerusalem. 22 Wie sein Vater
Manasse tat er, was Jahwe missfiel.
Amon brachte allen Götterbildern,
die sein Vater Manasse gemacht
hatte, Opfer und verehrte sie. 23 Im
Gegensatz zu seinem Vater Manasse
demütigte Amon sich aber nicht vor
Jahwe, sondern vermehrte noch die
Schuld. 24 Da verschworen sich ei-
nige seiner Hofbeamten gegen ihn
und töteten ihn in seinem Palast.
25 Doch die Bürger des Landes er-
schlugen alle, die sich gegen König
Amon verschworen hatten, und rie-
fen seinen Sohn Joschija zum König
aus.

König Joschija von Juda räumt mit dem Götzendienst auf

34 1 Joschija war bei Herr-
schaftsantritt acht Jahre alt
und regierte 31 Jahre lang in Jerusa-
lem.* 2 Er tat, was Jahwe gefiel,
und folgte damit dem Vorbild seines
Vorfahren David. Er ließ sich durch
nichts davon abbringen. 3 In seinem
achten Regierungsjahr*, als er noch
sehr jung war, fing er an, den Gott sei-
nes Vorvaters David zu suchen. Und
im zwölften Jahr* fing er an, Juda und
Jerusalem von den Opferhöhen, den
Aschera-Pfählen, den geschnitzten
und gegossenen Götzenbildern zu
reinigen. 4 Vor seinen Augen riss man
die Altäre des Baal nieder. Er ließ die
darauf angebrachten Räuchersäulen
zerschlagen, die Aschera-Pfähle zer-
stören, die Schnitz- und Gussbilder
zermalmen und den Staub auf die
Gräber derer streuen, die ihnen ge-
opfert hatten. 5 Die Gebeine der Göt-
zenpriester ließ er auf ihren eigenen
Altären verbrennen. So reinigte er
Juda und Jerusalem vom Götzenkult.
6 Auch in den Städten von Manasse,
Efraïm und Simeon, ja, bis nach
Naftali und selbst in ihren Trümmer-
stätten 7 ließ er die Altäre nieder-
reißen. Er ließ in ganz Israel die
Aschera-Pfähle umhauen, die Götzen-
bilder in Stücke schlagen und die
Räucheraltäre zertrümmern. Dann
kehrte er nach Jerusalem zurück.

34,1 *31 Jahre.* 640-609 v.Chr.

34,3 *achtes Regierungsjahr* = 632 v.Chr.
zwölftes Regierungsjahr = 628 v.Chr.

8 In seinem 18. Regierungsjahr*,
noch während er das Land und den
Tempel reinigte, beauftragte er den
Staatsschreiber Schafan Ben-Azalja,
den Stadtobersten Maaseja und den
Sprecher des Königs Joach Ben-Joa-
has, das Haus Jahwes, seines Gottes,
auszubessern. 9 Sie kamen zum Hohen
Priester Hilkija und übergaben ihm
das Geld, das ins Gotteshaus gebracht
worden war. Die Leviten hatten es von
den Leuten aus Manasse, Efraïm und
dem ganzen Rest Israels sowie von
Juda, Benjamin und den Einwohnern
Jerusalems eingesammelt. 10 Sie hän-
digten es den Meistern aus, denen
die Ausbesserungsarbeiten am Haus
Jahwes anvertraut waren. 11 Diese
zahlten davon den Lohn für die Hand-
werker und Bauarbeiter und kauften
behauene Steine und Holz für die
Dachbinder, um die Gebäudeteile,
welche die Könige von Juda hatten
verfallen lassen, mit neuen Balken zu
versehen. 12 Die Männer arbeiteten
sehr gewissenhaft. Die Leviten Jahat
und Obadja von den Nachkommen
Meraris sowie Secharja und Meschul-
lam von den Nachkommen Kehats
führten die Aufsicht. Die Leviten, die
sich mit Musikinstrumenten auskann-
ten, 13 leiteten die Lastträger an und
hatten die Aufsicht über alle Arbeiter
der verschiedenen Dienstleistungen.
Einzelne Leviten waren Schreiber,
Listenführer und Torwächter.

14 Als sie das Geld holten, das im
Haus Jahwes eingegangen war, fand
der Priester Hilkija die Schriftrolle mit
dem Gesetz*, das Jahwe durch Mose
gegeben hatte. 15 Da sagte Hilkija zu
Schafan, dem Staatsschreiber: »Ich
habe die Schriftrolle mit dem Gesetz
im Haus Jahwes gefunden!« und gab
sie ihm. 16 Schafan brachte sie dem
König und meldete: »Deine Leute tun
alles, was ihnen aufgetragen ist. 17 Sie
haben das Geld, das sich im Haus
Jahwes vorfand, gezählt und es den
Verantwortlichen und den Bauleuten
ausgehändigt.« 18 Dann sagte er dem
König noch, dass der Priester Hilkija
ihm eine Schriftrolle übergeben hatte,
und las ihm daraus vor.

19 Als der König hörte, was in dem
Gesetz stand, riss er sein Obergewand
ein 20 und befahl Hilkija, Ahikam
Ben-Schafan und Abdon Ben-Micha,
dem Staatsschreiber Schafan und
dem königlichen Vertrauten Asaja:
21 »Geht und fragt Jahwe um Rat
wegen der Worte in dieser gefunde-
nen Schriftrolle. Fragt ihn für mich
und für alle, die in Israel und Juda
übrig geblieben sind. Denn Jahwe hat
seinen ganzen Zorn über uns kommen
lassen, weil unsere Vorfahren nicht
auf das Wort Jahwes gehört und sich
nicht nach dem gerichtet haben, was
in dieser Schriftrolle steht.«

22 Da ging Hilkija mit den anderen,
die der König bestimmt hatte, zur Pro-
phetin Hulda und sagte ihr das alles.
Die Prophetin war die Frau von Schal-
lum Ben-Tokhat, dem Enkel Hasras,
der die Aufsicht über die Kleiderkam-
mer hatte. Sie wohnte in der Neustadt
von Jerusalem. 23 Sie sagte ihnen:
»So spricht Jahwe, der Gott Israels:

34,8 *18. Regierungsjahr* = 622 v.Chr.

34,14 *Gesetz.* Hier ist wohl das ganze 5. Buch Mose gemeint, das sich als geschlossenes Bundesgesetz darstellt.

Sagt dem Mann, der euch zu mir ge-
schickt hat: 24 ›So spricht Jahwe: Ja,
ich werde Unheil über diesen Ort und
seine Bewohner bringen. Alle Flüche,
die in dem Buch stehen, das man dem
König von Juda vorgelesen hat, wer-
den in Erfüllung gehen! 25 Weil sie
mich verlassen haben und anderen
Göttern Räucheropfer brachten, weil
sie mich mit ihren Machwerken reiz-
ten, wird sich mein glühender Zorn
über diesen Ort ergießen, und er wird
nicht erlöschen!‹ 26 Aber für den
König von Juda, der euch zu mir ge-
schickt hat, um Jahwe zu befragen,
habe ich folgende Botschaft: ›So
spricht Jahwe, der Gott Israels: Durch
die Worte, die du gehört hast,
27 wurde dein Herz weich. Du hast
dich vor Gott gedemütigt, als du seine
Drohungen gegen diesen Ort und
seine Bewohner gehört hast. Ja, du
hast dich vor mir gedemütigt, deine
Gewänder eingerissen und vor mir
geweint. Darum habe ich auch auf
dich gehört, spricht Jahwe. 28 Du
wirst in Frieden sterben und all das
Unglück, das ich über diesen Ort und
seine Bewohner kommen lasse, nicht
mit ansehen müssen.‹« Die Ab-
gesandten brachten dem König die
Antwort.

Die Erneuerung des Bundes

29 Darauf ließ der König alle Ältesten
von Juda und Jerusalem zu sich rufen.
30 Mit allen Männern von Juda,
den Einwohnern von Jerusalem, den
Priestern und Leviten und allem Volk,
vom Vornehmsten bis zum Einfachs-
ten, ging er zum Haus Jahwes hinauf.
Er ließ ihnen das ganze Bundesbuch
vorlesen, das im Haus Jahwes
gefunden worden war. 31 Dann trat
der König auf sein Podest und schloss
den Bund vor Jahwe, dass man ihm
nachfolgen wolle, seine Gebote, Mah-
nungen und Ordnungen mit ganzem
Herzen und ganzer Kraft befolgen
und alles genau tun wolle, was in dem
Buch geschrieben steht. 32 Er ließ alle
Anwesenden aus Jerusalem und dem
Gebiet von Benjamin dem Bund bei-
treten. Die Einwohner Jerusalems
hielten sich auch an den Bund Gottes,
des Gottes ihrer Vorfahren. 33 Joschi-
ja ließ nun auch in allen übrigen Ge-
bieten Israels all die abscheulichen
Götzen entfernen und hielt alle, die
dort wohnten, dazu an, Jahwe, ihrem
Gott, zu dienen. Und solange Joschija
lebte, folgten sie Jahwe, dem Gott
ihrer Väter.

Joschijas Passafest

35 1 Joschija feierte in Jerusa-
lem ein Passafest zur Ehre
Jahwes. Am 14. April* wurden die
Lämmer geschlachtet. 2 Er stellte die
Priester an ihre Aufgaben und ermu-
tigte sie zum Dienst im Haus Jahwes.
3 Den Leviten, die ganz Israel unter-
richteten und Jahwe geweiht waren,
sagte er: »Stellt die heilige Lade in das
Haus, das Salomo Ben-David, der
König von Israel, gebaut hat. Ihr
müsst sie nicht mehr auf den Schul-
tern tragen.* Dient nun Jahwe, eurem

35,1 *April.* Wörtlich: des 1. Monats.

35,3 Die Bundeslade war bereits bei der Einweihung des Tempels ins Höchstheilige gebracht worden (siehe 2. Chronik 5,7). Dass sie sich jetzt außerhalb des Tempels befand mag daran liegen, dass sie entfernt worden war, sei es durch abgöttische Könige, sei es wegen der Tempelreparatur.

Gott, und seinem Volk Israel. 4 Macht
euch in den Ordnungen eurer Sippen
und Dienstgruppen bereit, so wie
es König David von Israel und sein
Sohn Salomo vorgeschrieben haben!
5 Steht im Heiligtum mit je einer
Gruppe von Leviten für jede Sippe
eurer Brüder bereit! 6 Heiligt euch,
schlachtet die Lämmer und bereitet
sie für eure Brüder so zu, wie Jahwe es
durch Mose befohlen hat!«

7 Joschija spendete aus dem könig-
lichen Besitz für das versammelte
Volk 30.000 Schaf- und Ziegen-
böckchen zum Passaopfer und 3000
Rinder. 8 Auch seine hohen Beamten
spendeten freiwillig für das Volk, die
Priester und Leviten. Die drei führen-
den Priester im Haus Gottes, Hilkija,
Secharja und Jehiël, spendeten der
Priesterschaft 2600 Passalämmer
und 300 Rinder. 9 Ebenso machten
es die Führer der Leviten, Konanja
mit seinen beiden Brüdern Sche-
maja und Netanel, sowie Haschabja,
Jëiël und Josabad. Sie spendeten 5000
Lämmer für das Passaopfer und 500
Rinder. 10 Als man so zum Dienst
gerüstet war, traten die Priester an
ihren Platz, und die Leviten stellten
sich in ihren Dienstgruppen auf, wie
es der König befohlen hatte. 11 Dann
wurden die Passalämmer geschlach-
tet. Die Priester nahmen das Blut von
den Leviten entgegen und sprengten
es an den Altar, während diese den
Tieren die Haut abzogen. 12 Die zum
Brandopfer bestimmten Stücke legten
sie beiseite, um diese den Familien-
gruppen zu geben, damit sie Jahwe
die Stücke bringen konnten, wie es in
Moses Gesetzbuch vorgeschrieben
ist. Ebenso machte man es mit den
Rindern. 13 Dann wurden die Passa-
lämmer am Feuer gebraten, wie es
vorgeschrieben ist. Die heiligen Ga-
ben kochten sie jedoch in Töpfen, Kes-
seln und Schüsseln. So schnell sie
konnten verteilten sie es an die Leute.
14 Danach bereiteten sie es auch für
sich und die Priester zu, denn die
Priester aus der Nachkommenschaft
Aarons waren bis in die Nacht hinein
mit der Darbringung der Brandopfer
und der Fettstücke beschäftigt. 15 Die
Sänger aus der Nachkommenschaft
Asafs blieben für die Dauer des Festes
an ihrem Platz, wie es David, Asaf,
Heman und der königliche Seher Je-
dutun angeordnet hatten. Auch die
Torwächter blieben an ihren Toren.
Sie alle brauchten ihren Dienst nicht
zu unterbrechen, weil ihre Brüder, die
Leviten, für sie alles zubereiteten.

16 So war der gesamte Dienst für
Jahwe an diesem Tag gut geordnet.
Man feierte das Passa und brachte auf
dem Altar Jahwes die Brandopfer dar,
wie König Joschija es angeordnet
hatte. 17 Anschließend feierten die
versammelten Israeliten sieben Tage
lang das Fest der ungesäuerten Brote.
18 Ein solches Passafest hatte es in
Israel seit der Zeit des Propheten
Samuel nicht mehr gegeben. Keiner
der früheren Könige Israels hatte es
so wie Joschija zusammen mit den
Priestern und Leviten, mit ganz Juda
und den anwesenden Israeliten und
den Einwohnern Jerusalems gefeiert.
19 Im 18. Regierungsjahr* Joschijas
war dieses Passa gefeiert worden.

35,19 *18. Regierungsjahr.* Es war dasselbe Jahr, in dem man die Schriftrolle mit dem Gesetz gefunden hatte, 622 v.Chr.

Joschijas Tod

20 Nachdem Joschija das alles zur
Instandsetzung des Tempels getan
hatte, zog König Necho von Ägypten
heran. Er war auf dem Weg zur
Schlacht von Karkemisch am Euph-
rat.* Joschija stellte sich ihm ent-
gegen. 21 Da schickte Necho Boten
zu ihm und ließ ihm sagen: »Was
haben wir denn miteinander zu
schaffen, König von Juda? Ich ziehe
nicht gegen dich, ich bin im Krieg
mit einem anderen Königshaus. Gott
hat gesagt, dass ich mich beeilen
soll. Stell dich also nicht gegen
Gott, denn er ist auf meiner Seite,
sonst wird er dich vernichten!«
22 Doch Joschija zog sich nicht zu-
rück, sondern verkleidete sich und
wollte gegen ihn kämpfen. Er hörte
nicht auf die Worte Nechos, durch
die Gott ihn warnen wollte. In der
Ebene von Megiddo stellte er sich ihm
entgegen. 23 Doch in der Schlacht
wurde Joschija von feindlichen Bo-
genschützen getroffen. »Bringt mich
weg«, sagte er zu seinen Begleitern,
»ich bin schwer verwundet!« 24 Seine
Diener hoben ihn vom Streitwagen,
setzten ihn auf seinen zweiten Wagen
und brachten ihn nach Jerusalem.
Dort starb er und wurde in der
Grabstätte seiner Vorfahren bestattet.
Ganz Juda und Jerusalem trauerten
um Joschija.

25 Der Prophet Jeremia dichtete
ein Klagelied für Joschija, und alle
Sänger und Sängerinnen besingen
ihn bis heute in ihren Klageliedern.
Das wurde zu einem festen Brauch
in Israel. Diese Lieder stehen ja im
Buch der Klagelieder. 26 Was es sonst
noch über Joschija und die Beweise
seiner Treue gegenüber dem Gesetz
Jahwes zu berichten gibt, 27 seine
frühere und spätere Geschichte, fin-
det man im Buch der Könige von
Israel und Juda.

Joahas, Jojakim und Jojachin

36 1 Als Nachfolger für Joschija
machte das Volk des Landes
dessen Sohn Joahas zum König in Je-
rusalem. 2 Joahas war bei seinem
Herrschaftsantritt 23 Jahre alt und re-
gierte drei Monate* in Jerusalem.
3 Der König von Ägypten setzte ihn
ab. Das Land musste einen Tribut von
dreieinhalb Tonnen Silber und 34 Ki-
logramm Gold* an ihn zahlen. 4 Dann
setzte der König von Ägypten Eljakim,
den Bruder von Joahas, zum König
über Juda und Jerusalem ein und än-
derte seinen Namen in Jojakim. Joa-
has nahm er gefangen nach Ägypten
mit.

5 Jojakim war bei seinem Herr-
schaftsantritt 25 Jahre alt und regierte
elf Jahre* in Jerusalem. Er tat, was
Jahwe, seinem Gott, missfiel. 6 Gegen
ihn zog König Nebukadnezzar von
Babylon heran. Er ließ ihn in Ketten
legen und brachte ihn nach Babylon.
7 Auch von den Gegenständen aus

35,20 *Schlacht ... Euphrat.* Weil die wachsende babylonische Macht unter Nabopolassar auch Ägypten gefährlich werden konnte, wollte Pharao Necho dem (letzten) assyrischen König Assur-Ubalit II helfen. Das muss im Jahr 609 v.Chr. gewesen sein.

36,2 *drei Monate.* Im Jahr 609 v.Chr.

36,3 *dreieinhalb ... Gold.* Wörtlich: 100 Talente Silber und 1 Talent Gold.

36,5 *elf Jahre.* 609-598 v.Chr.

dem Haus Jahwes nahm Nebukadnezzar einen Teil mit und stellte sie in seinem Palast auf. 8 Was sonst noch über Jojakims Herrschaft zu sagen ist, über seine abscheulichen Taten und das, was mit ihm geschah, findet man in der Chronik der Könige von Israel und Juda. Sein Sohn Jojachin trat die Herrschaft an.

9 Jojachin war bei seinem Herrschaftsantritt* 18 Jahre* alt und regierte drei Monate und zehn Tage in Jerusalem. Auch er tat, was Jahwe missfiel. 10 Um die Jahreswende ließ König Nebukadnezzar ihn und die kostbaren Gegenstände aus dem Haus Jahwes nach Babylon holen. Zum König über Juda und Jerusalem setzte er Zidkija, einen Verwandten Jojakims, ein.

König Zidkija von Juda

11 Als Zidkija die Herrschaft antrat, war er 21 Jahre alt. Er regierte elf Jahre in Jerusalem 12 und tat, was Jahwe, seinem Gott, missfiel. Er beugte sich nicht vor dem Propheten Jeremia, der im Auftrag Jahwes zu ihm sprach. 13 Auch gegen König Nebukadnezzar, der ihn vor Gott einen Treueid hatte schwören lassen, lehnte er sich auf. Hartnäckig und stur weigerte er sich, zu Jahwe, dem Gott Israels, umzukehren. 14 Auch die führenden Priester und das Volk trieben es mit ihrer Untreue immer schlimmer. Sie folgten den abscheulichen Bräuchen der anderen Völker und entweihten das Haus Jahwes, das er in Jerusalem zu seinem Heiligtum gemacht hatte. 15 Immer wieder hatte Jahwe, der Gott ihrer Väter, seine Boten zu ihnen geschickt, denn sein Volk und seine Wohnung taten ihm leid. 16 Aber sie verhöhnten die Boten Gottes, verachteten seine Worte und verspotteten seine Propheten, bis der Zorn Jahwes über sein Volk so groß wurde, dass es keine Rettung mehr gab.

Das Ende des Königreiches Juda

17 Jahwe ließ den König der Chaldäer* gegen sie heranrücken und auch im Haus des Heiligtums ihre jungen Männer mit dem Schwert umbringen. Er verschonte keinen jungen Mann und keine junge Frau, keinen Alten und keinen Greis. Alle gab er in seine Gewalt. 18 Sämtliche großen und kleinen Gegenstände des Gotteshauses ließ er nach Babylon bringen, dazu die Schätze aus dem Haus Jahwes und die Schätze des Königs und der anderen führenden Männer. 19 Dann ließ er das Haus Gottes in Brand stecken und die Stadtmauer Jerusalems niederreißen. Auch alle Paläste in der Stadt ließ er niederbrennen und auf diese Weise alles Wertvolle vernichten. 20 Alle, die dem Schwert entgangen waren, verschleppte er nach Babylonien. Dort mussten sie dem König und seinen

---

36,9 *Herrschaftsantritt.* Weil babylonische Schriften den Fall Jerusalems auf den 16. März 597 v.Chr. datieren, muss Jojachin im Dezember 598 v.Chr. König geworden sein.

18 Jahre. Die Septuaginta und einige hebräische Handschriften lesen hier achtzehn, statt acht wie der masoretische Text.

36,17 Die *Chaldäer* waren aramäisch (syrisch) sprechende Semiten aus dem südlichen Zweistromland Babylonien. Ihr König war damals Nebukadnezzar, der Nebusaradan schickte, siehe 2. Könige 25,8.

Nachkommen als Sklaven dienen, bis
die Perser die Herrschaft übernah-
men. 21 So bekam das Land seine
Sabbatruhe ersetzt, solange die Verwüstung dauerte, bis die siebzig Jahre voll waren. Und so erfüllte sich das Wort, das Jahwe durch Jeremia hatte sagen lassen.

Das Ende der Gefangenschaft

22 Im ersten Regierungsjahr des Perserkönigs Kyrus* sollte sich erfüllen, was Jahwe durch den Propheten Jeremia* angekündigt hatte. Jahwe bewegte den König dazu, in seinem ganzen Reich folgende Verfügung mündlich und schriftlich bekannt zu
machen: 23 »Kyrus, der König von
Persien, gibt bekannt: Jahwe, der Gott des Himmels, hat alle Königreiche der Erde in meine Gewalt gegeben. Nun hat er mich beauftragt, ihm in Jerusalem in Judäa ein Haus zu bauen. Wer von euch zu seinem Volk gehört, der möge zurückkehren! Jahwe, sein Gott, sei mit ihm!«

36,22 *erstes Regierungsjahr.* Das war im Jahr 538 v.Chr., nachdem er im Oktober 539 v.Chr. Babylon erobert hatte.
Jeremia 29,10-11

Das Buch Esra

Esra war ein Urenkel des Hohenpriesters Seraja, der von Nebukadnezzar 586 v. Chr. in Ribla getötet worden war, und demzufolge ein Verwandter des amtierenden Hohenpriesters. Vermutlich hatte er am persischen Hof die Stellung eines Staatssekretärs für jüdische Angelegenheiten inne, als er im Jahr 458 v. Chr. von König Artaxerxes I. (Esra 7,1) nach Judäa gesandt wurde und damit die zweite Rückwanderungswelle nach der Babylonischen Gefangenschaft einleitete. Esra war ein exzellenter Schriftgelehrter, der wahrscheinlich das nach ihm genannte Buch selbst zusammenstellte. In ihm finden sich Berichte, Dekrete, Genealogien, Briefe und persönliche Erlebnisse. Esra hat sein Material nicht chronologisch, sondern eher nach Sachgruppen geordnet, was man beim Lesen beachten sollte. Zusammen mit dem Buch Nehemia, das seine letzte Fassung vielleicht von Esra erhielt, umfasst der Bericht einen Zeitraum von mehr als 100 Jahren, nämlich von dem Edikt des Kyrus im Jahr 538 v. Chr. bis zur zweiten Rückkehr Nehemias nach Jerusalem um 430 v. Chr.

Kyrus erlaubt die Rückkehr der Juden

1 1 Im ersten Regierungsjahr* des
Perserkönigs Kyrus sollte sich erfüllen, was Jahwe durch den Propheten Jeremia angekündigt hatte.* Jahwe bewegte den König dazu, in seinem ganzen Reich folgende Verfügung mündlich und schriftlich bekannt zu machen:
2 »Kyrus, der König von Persien, gibt bekannt: Jahwe, der Gott des Himmels, hat alle Königreiche der Erde in meine Gewalt gegeben. Nun hat er mich beauftragt, ihm in Jerusalem in Judäa einen Tempel zu bauen.
3 Wer von euch zu seinem Volk gehört, möge nach Jerusalem in Judäa hinaufziehen, wo Jahwe, der Gott Israels, wohnt, und sein Haus bauen. Und sein Gott möge mit ihm sein!
4 Wer irgendwo vom Volk dieses Gottes übrig geblieben ist, soll von den Leuten seines Ortes mit Silber und Gold, mit beweglicher Habe und Vieh unterstützt werden. Dazu kann man ihnen freiwillige Gaben für das Haus Gottes in Jerusalem mitgeben.«
5 Da machten sich die Sippenoberhäupter der Stämme Juda und Benjamin auf, die Priester, die Leviten und viele andere, die Gott bereit gemacht hatte, den Tempel Jahwes in Jerusalem zu bauen.
6 Alle ihre Nachbarn unterstützten sie in jeder Weise mit Silber und Gold, mit beweglicher Habe und Vieh und vielen anderen wertvollen Dingen. Dazu kamen noch alle möglichen freiwilligen Gaben.
7 König Kyrus gab auch die Tempelgeräte für das Haus Jahwes wieder zurück, die Nebukadnezzar in Jerusalem

---

1,1 *ersten Regierungsjahr.* Das war im Jahr 538 v.Chr., nachdem Kyrus im Oktober 539 v.Chr. Babylon erobert hatte.

Jeremia 29,10-11.

erbeutet und in das Haus seines Got-
tes gebracht hatte. 8 Der Perserkönig
ließ sie unter der Aufsicht des Schatz-
meisters Mitredat hervorholen, der
sie Scheschbazzar*, dem Statthalter
Judas, abgezählt aushändigte. 9 Es
waren unter anderem 30 goldene
Schalen, 1000 silberne Opferschalen
und 29 Ersatzstücke, 10 30 goldene
Becher, 410 zweitrangige Silberbe-
cher und 1000 andere Objekte, 11 ins-
gesamt 5400 Gegenstände* aus Gold
und Silber. Das alles nahm Schesch-
bazzar mit, als er die nach Babylonien
verschleppten Juden wieder nach Je-
rusalem zurückführte.

Verzeichnis der Heimkehrer

2 1 Es folgt eine Liste der Einwoh-
ner der Provinz Judäa, die aus der
Gefangenschaft nach Jerusalem und
Juda heimkehrten. Sie waren die
Nachkommen derer, die der babyloni-
sche König Nebukadnezzar nach
Babel verschleppt hatte. Jeder kehrte
an den Ort zurück, aus dem seine
Familie stammte. 2 Angeführt wur-
den sie von Serubbabel*, Jeschua*,
Nehemja, Seraja, Reelaja, Mordochai,
Bilschan, Misperet, Rehum und
Baana.

Die Zahlen der Männer, die zu den
jeweiligen Sippen gehörten, waren:
3 Parosch: 2172, 4 Schefatja: 372,
5 Arach: 775, 6 Pahat-Moab, die Nach-
kommen von Jeschua und Joab: 2812,
7 Elam: 1254, 8 Sattu: 945, 9 Sakkai:
760, 10 Bani: 642, 11 Bebai: 623,
12 Asgad: 1222, 13 Adonikam: 666,
14 Bigwai: 2056, 15 Adin: 454, 16 Ater,
die Nachkommen Hiskijas: 98, 17 Be-
zai: 323, 18 Jora: 112, 19 Haschum:
223, 20 Gibbar: 95, 21 aus Bethlehem:
123, 22 aus Netofa 56, 23 aus Anatot:
128, 24 aus Asmawet: 42, 25 aus Kir-
jat-Jearim, Kefira und Beerot: 743,
26 aus Rama und Geba: 621, 27 aus
Michmas: 122, 28 aus Bet-El und Ai:
223, 29 aus Nebo: 52. 30 Nachkom-
men des Magbisch: 156, 31 Nachkom-
men eines anderen Elam: 1254,
32 Nachkommen von Harim: 320,
33 aus Lod, Hadid und Ono: 725,
34 aus Jericho: 345, 35 die Nachkom-
men Senaas: 3630.

Priester und Leviten

36 Von den Priestersippen kamen: Je-
daja, die Nachkommen von Jeschua:
973, 37 Immer: 1052, 38 Paschhur:
1247, 39 Harim: 1017.

40 Von den Leviten kamen die Sippe
Jeschua, die Nachkommen von Kad-
miël, Binnui und Hodawja: 74. 41 Tem-
pelsänger: die Nachkommen von Asaf:
128, 42 Torwächter: die Nachkommen
von Schallum, Ater, Talmon, Akkub,
Hatita und Schobai: 139, 43 Tempel-
sklaven*: die Nachkommen von Ziha,

1,8 *Scheschbazzar.* Das ist entweder der chaldäische Name für Serubbabel oder es war der babylonische Statthalter für Judäa, der in Samaria residierte, siehe Esra 5,14.

1,11 *5400 Gegenstände.* Das ist die Gesamtsumme aller ausgehändigten Gegenstände. Direkt aufgezählt werden nur die wichtigsten und kostbarsten.

2,2 *Serubbabel.* Nachkomme des letzten jüdischen Königs.

Jeschua. Legitimer Nachkomme des letzten Hohenpriesters vor der Gefangenschaft.

2,43 *Tempelsklaven.* Vielleicht Kriegsgefangene, die dem Tempel für die profanen Arbeiten zugeteilt worden waren wie die Gibeoniter (Josua 9,27).

Hasufa, Tabbaot, 44 Keros, Sia, Padon,
45 Lebana, Hagaba, Akkub, 46 Hagab,
Salmai, Hanan, 47 Giddel, Gahar,
Reaja, 48 Rezin, Nekoda, Gasam,
49 Usa, Paseach, Besai, 50 Asna, die
Mëuniter und Nefusiter, 51 Bakbuk,
Hakufa, Harhur, 52 Bazlut, Mehida,
Harscha, 53 Barkos, Sisera, Temach,
54 Neziach, Hatifa. 55 Sklaven Salo-
mos*: Sotai, Soferet, Peruda, 56 Jaala,
Darkon, Giddel, 57 Schefatja, Hattil,
Pocheret-Zebajim, Ami. 58 Die Ge-
samtzahl der Tempelsklaven und der
Nachkommen von Salomos Sklaven
betrug 392.

59 Aus Tel-Melach, Tel-Harscha,
Kerub-Addon und Immer kamen fol-
gende Sippen, die ihre Herkunft aus
Israel nicht nachweisen konnten:
60 Delaja, Tobija und Nekoda: 652.
61 Von den Nachkommen der Priester
waren es die Sippen Habaja, Koz und
Barsillai. Barsillai hatte damals eine
Tochter von dem Barsillai aus Gilead
geheiratet und dessen Namen ange-
nommen. 62 Sie konnten ihre Abstam-
mungsnachweise nicht finden. Des-
halb wurden sie für unrein erklärt
und vom Priesteramt ausgeschlossen.
63 Der Statthalter untersagte ihnen,
von den höchst heiligen Opfergaben
zu essen, bis wieder ein Priester für die
Urim und Tummim* auftreten würde.

64 Insgesamt kehrten 42.360 Israeli-
ten* in die Heimat zurück. 65 Dazu
kamen noch 7337 Sklaven und Skla-
vinnen und 200 Sänger und Sängerin-
nen. 66 Außerdem brachten die Is-
raeliten 736 Pferde, 245 Maultiere,
67 436 Kamele und 6720 Esel mit.
68 Als sie dann am Tempelberg in Je-
rusalem ankamen, gaben einige von
den Sippenoberhäuptern Spenden,
damit das Haus Jahwes an seiner alten
Stelle wieder aufgebaut werden konn-
te. 69 Nach ihren Möglichkeiten ga-
ben sie insgesamt etwa 500 Kilo-
gramm Gold, fast drei Tonnen Silber*
und 100 Priesterkleider. 70 Die Pries-
ter, die Leviten, die Sänger, die Tor-
wächter, die Tempelsklaven und das
übrige Volk ließen sich in ihren Hei-
matorten nieder.

Beginn des Tempelbaus

3 1 Als der Oktober* herankam –
die Israeliten befanden sich be-
reits in ihren Heimatorten – versam-
melte sich das ganze Volk in Jerusa-
lem. 2 Jeschua Ben-Jozadak und Se-
rubbabel Ben-Schealitël begannen
mit ihren Brüdern, den Priestern und
den anderen Israeliten, den Altar des
Gottes Israels wieder aufzubauen. Sie

2,55 *Sklaven Salomos.* Offenbar eine andere Gruppe von Sklaven, die ursprünglich von Salomo zum Tempeldienst verpflichtet worden waren.

2,63 *Urim und Tummim.* Die heiligen Lose, die in der Brusttasche des hohenpriesterlichen Gewandes aufbewahrt wurden, siehe 2. Mose 28,30.

2,64 *42.360 Israeliten.* Die Zahl ist höher als die Summe der einzelnen Angaben. Es könnte aber sein, dass nur die Nachkommen aus den Stämmen Juda und Benjamin gesondert aufgezählt sind und die Differenzsumme Menschen aus den anderen Stämmen betraf.

2,69 *500 ... Silber.* Wörtlich: *61.000 Golddrachmen, 500 Silberminen.*

3,1 *Oktober.* Wörtlich: der 7. Monat. Am 10. war der große Versöhnungstag, am 15. begann das Laubhüttenfest. Zum Datum siehe unter *Schaltmonat* im Vorwort des Übersetzers.

wollten auf ihm die Brandopfer dar-
bringen wie sie im Gesetz von Mose,
dem Mann Gottes, vorgeschrieben
waren. 3 Obwohl sie vor den Nach-
barvölkern Angst hatten, errichteten
sie den Altar auf seinen alten Funda-
menten und opferten Jahwe auf ihm
die Morgen- und Abendbrandopfer.
4 Dann feierten sie das Laubhütten-
fest nach der Vorschrift des Gesetzes
und opferten jeden Tag die vorge-
schriebene Zahl an Brandopfern.
5 Von da an wurden alle Brandopfer
wieder regelmäßig dargebracht, auch
die an den Neumondstagen und allen
anderen Festen Jahwes sowie die
freiwilligen Opfer für Jahwe. 6 Am
1. Oktober* hatten sie wieder an-
gefangen, Jahwe Brandopfer dar-
zubringen. Aber die Fundamente
für den Wiederaufbau des Tempels
waren noch nicht gelegt.

7 Dann nahmen sie Steinhauer und
Bauhandwerker gegen Bezahlung in
Dienst und beauftragten Arbeiter aus
Sidon und Tyrus*, Zedernstämme
vom Libanon übers Meer nach Jafo zu
bringen. Dafür lieferten sie ihnen
Nahrungsmittel, Getränke und Oli-
venöl. Kyrus, der König von Persien,
hatte sie dazu ermächtigt. 8 Im Mai*
des zweiten Jahres nach ihrer Rück-
kehr wurde mit den Bauarbeiten für
das Haus Gottes in Jerusalem begon-
nen. Jeschua Ben-Jozadak und Serub-
babel Ben-Schealitël standen zusam-
men mit ihren Brüdern, den Priestern,
den Leviten und den anderen Israeli-
ten, die aus der Gefangenschaft nach
Jerusalem zurück gekommen waren,
geschlossen hinter dem Werk. Sie
übertrugen den Leviten, die 20 Jahre
und älter waren, die Aufsicht über
die Bauarbeiten am Tempel Jahwes.
9 Jeschua leitete zusammen mit sei-
nen Söhnen, seinen Brüdern, sowie
Kadmiël und seinen Söhnen und den
Söhnen Hodawjas* die Leute an, die
die Arbeit am Haus Gottes ausführ-
ten. Auch die Leviten der Sippe Hena-
dad gehörten zu den Aufsehern.

10 Als die Bauleute das Fundament
für den Tempel Jahwes legten, waren
die Priester in ihrer Amtskleidung an-
getreten. Sie hatten Trompeten in der
Hand. Auch die Leviten, die zu den
Nachkommen Asafs gehörten, stan-
den mit Zimbeln bereit. Sie wollten
Jahwe preisen, wie es David, der König
von Israel, angeordnet hatte. 11 Dann
stimmten sie den Wechselgesang an.
Sie lobten und priesen Jahwe: »Wie
gut ist er! Niemals hört seine Liebe zu
Israel auf!« Das ganze Volk fiel ju-
belnd in das Lob Jahwes ein, denn das
Fundament für den Tempel war nun
gelegt. 12 Doch während die einen vor
Freude jubelten, weinten viele von den
Alten, den Priestern, Leviten und Sip-
penoberhäuptern, die den ersten Tem-
pel noch gesehen hatten. Sie weinten
laut, als vor ihren Augen das Funda-
ment gelegt wurde. 13 Doch das Jubel-
geschrei übertönte das Weinen. Das
Volk machte solchen Lärm, dass es
noch in der Ferne zu hören war.

3,6 *Oktober.* Wörtlich: des 7. Monats.

3,7 *Sidon und Tyrus* waren die wichtigsten Hafenstädte Phöniziens (heute: Libanon).

3,8 *Mai.* Wörtlich: im 2. Monat.

Rückkehr. Das war im Jahr 536 v.Chr.

3,9 *Hodawjas.* So nach Esra 2,40. Wörtlich: *Judas.*

Widerstände gegen den Aufbau Jerusalems

4 1 Als die Feinde von Juda und
Benjamin erfuhren, dass die
Heimkehrer dabei waren, Jahwe, dem
Gott Israels, einen Tempel zu bauen,
2 kamen sie zu Serubbabel und den
Sippenoberhäuptern und sagten:
»Lasst uns gemeinsam bauen! Wir
dienen doch dem gleichen Gott wie
ihr! Seit der Zeit des Assyrerkönigs
Asarhaddon*, der uns hier angesie-
delt hat, bringen wir ihm Opfer.«
3 Doch Serubbabel, Jeschua und die
Sippenoberhäupter erwiderten: »Es
geht nicht, dass ihr mit uns zusam-
men ein Haus für unseren Gott baut.
Wir allein dürfen den Tempel für
Jahwe, den Gott Israels, bauen. So hat
es uns Kyrus, der König von Persien,
befohlen.« 4 Von da an versuchten die
Leute, die schon vorher im Land
wohnten, die Heimgekehrten mutlos
zu machen und vom Bauen abzu-
schrecken. 5 Sie bestachen sogar eini-
ge Beamte von König Kyrus, um die
Pläne der Heimkehrer zu vereiteln.
Diese Politik verfolgten sie bis in die
Zeit des Perserkönigs Darius*.

6 Als Xerxes* die Herrschaft ange-
treten hatte, erhoben die Gegner der
Juden schriftlich Anklage gegen die
Bewohner von Judäa und Jerusalem.

7 Während der Regierungszeit von
Artaxerxes* schrieben Bischlam, Mit-
redat, Tabeel und ihre Amtskollegen
einen Brief an den persischen König.
Der Text war in aramäischer Schrift*
und Sprache verfasst worden.

8 Auch Rehum, der Befehlshaber
Samarias, und Schimschai, sein Se-
kretär, schrieben folgenden Brief
gegen den Wiederaufbau Jerusalems
an Artaxerxes. 9 Als Absender werden
genannt: der Befehlshaber Rehum,
der Sekretär Schimschai und ihre
Amtskollegen, die Richter, die Be-
amten, die Schreiber und die Ver-
walter, sodann die Leute aus Erech,
Babel und Susa – das sind Elamiter –
10 sowie die Vertreter der übrigen
Volksgruppen, die der große und be-
rühmte Assurbanipal* in die Städte
Samarias und das übrige Gebiet west-
lich des Euphrat umgesiedelt hat.
11 Das Schreiben lautet: »An König
Artaxerxes von seinen Untertanen
westlich des Euphrat. 12 Wir haben
dem König Folgendes zu melden: Die
Juden, die aus deiner Nähe weggezo-
gen und zu uns nach Jerusalem ge-
kommen sind, wollen die böse, auf-
rührerische Stadt wieder aufbauen.

4,2 *Asarhaddon.* 681-669 v.Chr. König von Assyrien, der die aggressive Umsiedlungspolitik seiner Vorgänger fortführte (seit dem Fall Samarias 721 v.Chr.). Die derzeitigen Gegner der Heimkehrer konnten ihren Stammbaum im Gebiet Israels bis zu Asarhaddon zurückverfolgen.

4,5 Gemeint ist *Darius* I. 522-486 v.Chr. Der Widerstand der Landbewohner hatte einen 16-jährigen Baustopp zur Folge.

4,6 *Xerxes* (Hebräisch: *Ahaschverosch*) regierte von 486-465 v.Chr. Seine Regierung begann 50 Jahre nach der Grundsteinlegung und 29 Jahre nach Fertigstellung des Tempels in Jerusalem.

4,7 *Artaxerxes* (Hebräisch: *Artachschasta*) regierte von 465-424 v.Chr.

aramäischer Schrift. Kapitel 4,8 bis 6,18 enthält vorwiegend offizielle Korrespondenz und ist nicht in Hebräisch, sondern in Aramäisch niedergeschrieben.

4,10 *Assurbanipal.* Der letzte große assyrische König, 669-630 v.Chr., berühmt durch seine Bibliothek in Ninive. Vielleicht war es der in 2. Könige 17,24 ungenannte König.

Sie errichten Mauern und bessern
Fundamente aus.* 13 Wir geben dem
König zu bedenken, dass die Bewoh-
ner dieser Stadt keine Steuern, Abga-
ben und Zölle mehr zahlen werden,
sobald ihre Mauern wieder stehen.
Das wird zum Nachteil des Königs-
hauses sein. 14 Weil wir nun dem
König Treue geschworen* haben,
können wir nicht tatenlos zusehen,
wie der König bloßgestellt wird.
Darum erstatten wir Bericht und
schlagen vor, 15 in den Chroniken
deiner Vorgänger nachzuforschen.
Dort wirst du den sicheren Beweis
finden, dass diese Stadt immer schon
rebellisch war und den Königen und
Statthaltern viel Schaden zugefügt
hat. Ihre Bewohner sind seit jeher
Unruhestifter gewesen, und darum
wurde die Stadt ja auch zerstört.
16 Wir machen den König darauf
aufmerksam: Wenn diese Stadt wie-
der aufgebaut wird und ihre Mauern
wieder hergestellt sind, wird die ganze
Westeuphrat-Provinz dem König ver-
loren gehen.«

17 Der König ließ folgende Antwort
übermitteln: »An den Befehlshaber
Rehum, den Sekretär Schimschai und
ihre Amtskollegen in Samaria und
in der ganzen Westeuphrat-Provinz
meinen Gruß. 18 Der Brief, den ihr an
uns geschickt habt, ist mir Wort für
Wort vorgelesen worden. 19 Ich habe
daraufhin in den Chroniken nachfor-
schen lassen und herausgefunden,
dass diese Stadt sich seit jeher gegen
die Könige aufgelehnt hat; immer
wieder gab es Aufruhr und Empörung
in ihr. 20 Dort haben Könige regiert,
die ihre Herrschaft über das ganze
Land westlich des Euphrat ausdehnten
und von den Bewohnern Abgaben,
Steuern und Zölle erhoben haben.
21 Darum sollt ihr den Leuten dort
befehlen, die Bauarbeiten einzustellen.
Jerusalem darf erst wieder aufgebaut
werden, wenn ich selbst es ausdrück-
lich anordne. 22 Seid auf der Hut, dass
diese Angelegenheit nicht verzögert
wird und kein Schaden für das Königs-
haus entsteht!«

23 Sobald das Schreiben des Königs
vor Rehum, Schimschai und ihren
Kollegen verlesen worden war, mach-
ten sie sich schnellstens auf den Weg
nach Jerusalem und hinderten die
Juden mit Waffengewalt am Weiter-
bau.

Tattenais Brief an Darius

24 Schon vorher war der Wiederauf-
bau des Tempels in Jerusalem verhin-
dert worden. Bis zum zweiten Regie-
rungsjahr des Perserkönigs Darius*
ruhte der Bau.

5 1 Dann traten die Propheten Hag-
gai und Sacharja Ben-Iddo auf
und ermutigten die Juden in Judäa
und Jerusalem. Sie taten es im Namen
von Israels Gott über ihnen. 2 Da
machten sich Serubbabel Ben-Scheal-
tiël und Jeschua Ben-Jozadak an die

4,12 *bessern Fundamente aus.* Das bezieht sich wahrscheinlich auf die Gruppe von Juden, die 457 v.Chr. mit Esra zurückkehrt war.

4,14 *Treue geschworen.* Wörtlich: *Das Salz des Palastes gegessen*, d.h. den Amtseid abgelegt. Damals wurde ein Bund oft mit Salz besiegelt.

4,24 *zweiten ... Darius.* 520 v.Chr., siehe Esra 4,5.

Arbeit und nahmen den Tempelbau
wieder auf. Die Propheten Gottes
standen ihnen zur Seite und unter-
stützten sie.
3 Kaum hatten sie begonnen, kamen
auch schon Tattenai, der Statthalter
der Westeuphrat-Provinz, und Sche-
tar-Bosnai mit ihren Amtskollegen zu
ihnen und fragten: »Wer hat euch die
Genehmigung erteilt, diesen Tempel
in seiner früheren Form wieder aufzu-
bauen? 4 Wie heißen die Männer, die
für diesen Bau verantwortlich sind?«,
fragten sie weiter. 5 Aber Gott sorgte
dafür, dass sie nichts gegen die Ältes-
ten der Juden unternahmen und sie
ungehindert weiterbauen konnten,
bis eine Entscheidung von König
Darius eingetroffen war.
6 Hier folgt eine Abschrift des Brie-
fes, den Tattenai, der Statthalter der
Westeuphrat-Provinz, und Schetar-
Bosnai zusammen mit den königlich-
persischen Beamten an König Darius
schickten: 7 »An König Darius: Möge
es dir wohl ergehen. 8 Wir haben dir
zu melden, dass wir im Bezirk Judäa
waren. Wir sahen dort, dass der Tem-
pel des großen Gottes wieder aufge-
baut wird. Die Leute arbeiten mit
großen Quadersteinen* und fügen
Lagen von Balken in die Mauern ein.
Sie arbeiten zielstrebig und kommen
schnell voran. 9 Wir fragten die Ältes-
ten, wer ihnen die Genehmigung er-
teilt habe, diesen Tempel in seiner
alten Form wieder aufzubauen. 10 Wir
fragten sie auch nach ihren Namen,
um dir eine Liste ihrer führenden
Männer senden zu können. 11 Sie ant-
worteten: ›Wir sind Diener des Got-
tes, der Himmel und Erde regiert, und
bauen den Tempel wieder auf, der
früher viele Jahre hier gestanden hat.
Ein großer König von Israel hatte ihn
gebaut. 12 Weil unsere Vorfahren aber
den Gott des Himmels erzürnten, gab
er sie in die Gewalt des babylonischen
Königs, des Chaldäers Nebukadnez-
zar. Der zerstörte dieses Haus und
verschleppte das Volk nach Babylo-
nien. 13 Als jedoch Kyrus König von
Babylonien wurde, gab er den Befehl,
dieses Haus wieder aufzubauen. 14 Er
ließ auch die goldenen und silbernen
Gegenstände, die Nebukadnezzar aus
dem Jerusalemer Tempel mitgenom-
men und in den Tempel seines Gottes
nach Babylon gebracht hatte, wieder
herausgeben. Zum Verwalter darüber
hatte er einen Mann namens Schesch-
bazzar bestimmt. 15 Er befahl ihm:
Nimm diese Gegenstände, bringe sie
in den Tempel nach Jerusalem und
sorge dafür, dass dieses Gotteshaus
an seinem alten Platz wieder aufge-
baut wird. 16 Daraufhin kam jener
Scheschbazzar und legte das Funda-
ment für das Haus Gottes in Jerusa-
lem. Seither wird daran gebaut, aber
das Haus ist noch nicht fertig.‹
17 Wenn der König es nun für richtig
hält, lasse er im königlichen Archiv
von Babylonien nachforschen, ob
König Kyrus wirklich den Befehl ge-
geben hat, dieses Haus Gottes in Jeru-
salem wieder aufzubauen. Außerdem
bitten wir, uns die Entscheidung des
Königs zukommen zu lassen.«

5,8 *Quadersteinen.* Wörtlich: *zu rollenden Steinen.* Die behauenen Steinblöcke waren so groß, dass sie auf Rollen transportiert werden mussten.

Die Antwort des Königs

6 1 König Darius ließ in den Archi-
ven Babyloniens nachforschen,
dort, wo auch die Schätze aufbewahrt
wurden. 2 Schließlich fand man eine
Schriftrolle in der Königsstadt Ekba-
tana, die in der Provinz Medien liegt.
In ihr war folgender Erlass aufge-
zeichnet: 3 »Geschrieben im ersten
Regierungsjahr des Königs Kyrus:
König Kyrus ordnet in Bezug auf das
Gotteshaus in Jerusalem folgendes
an: Das Haus soll wieder aufgebaut
werden und eine Stätte sein, wo man
Opfer bringen kann. Seine alten Fun-
damente sollen wieder hergerichtet
werden, es soll 30 Meter hoch und 30
Meter breit* werden. 4 Auf drei Lagen
Quadersteine soll eine Schicht neue
Balken kommen. Die Kosten bestrei-
tet der königliche Hof. 5 Auch die gol-
denen und silbernen Gegenstände, die
Nebukadnezzar aus dem Jerusalemer
Tempel mitgenommen und nach Ba-
bylon gebracht hatte, sollen zurück-
gegeben werden. Jedes soll wieder an
seinen Platz im Haus Gottes in Jeru-
salem kommen.«
6 Der Abschrift dieses Dokuments
ließ der König folgendes Schreiben
anfügen: »An Tattenai, Statthalter der
Westeuphrat-Provinz, Schetar-Bosnai
und die königlich-persischen Beamten
dort: Haltet euch aus der Sache her-
aus! 7 Lasst den Juden freie Hand! Ihr
Statthalter und ihre Ältesten sollen
das Gotteshaus wieder aufbauen, wo
es früher gestanden hat! 8 Außerdem
ordne ich an, die Ältesten der Juden
beim Bau dieses Gotteshauses zu
unterstützen: Die Baukosten sind in
voller Höhe aus den Steuereinnahmen
der Westeuphrat-Provinz zu bezahlen.
Sie sollen diesen Männern pünktlich
ausgehändigt werden, damit sie zügig
weiterbauen können. 9 Auch alles, was
zum Brandopfer für den Gott des Him-
mels nötig ist – junge Stiere, Schaf-
böcke und Lämmer, dazu Weizen,
Salz, Wein und Öl – soll den Priestern
in Jerusalem täglich und pünktlich
ohne Nachlässigkeit geliefert werden,
10 damit sie dem Gott des Himmels
wohlgefällige Opfer bringen und für
das Leben des Königs und seiner
Söhne beten. 11 Schließlich befehle
ich: Jedem, der diesen Erlass miss-
achtet, soll der tragende Balken aus
dem Haus gerissen und er selbst dar-
auf gepfählt werden. Sein Haus wird
zu einem Schutthaufen gemacht.
12 Der Gott, der diesen Ort zum
Wohnsitz seines Namens bestimmt
hat, möge jeden König und jedes Volk
vernichten, die versuchen, diesen Be-
fehl zu missachten und das Haus Got-
tes in Jerusalem zu zerstören. Ich, Da-
rius, habe diesen Befehl gegeben. Man
befolge ihn gewissenhaft!«

Die Vollendung des Baus

13 Tattenai, der Statthalter über die
Westeuphrat-Provinz, Schetar-Bos-
nai und ihre Berater hielten sich ge-
wissenhaft an die Anweisungen von
König Darius. 14 So konnten die Äl-
testen der Juden ungehindert weiter-
bauen. Sie kamen gut voran, weil
die Propheten Haggai und Sacharja

6,3 *30 Meter breit*. Wörtlich: *60 Ellen*. Die Maße stimmen nicht mit dem salomonischen Tempel überein, es fehlt auch das Längenmaß, siehe 1. Könige 6,2.

Ben-Iddo sie durch ihre Weissagun-
gen ermutigten.
Und sie vollendeten alle Bauten, die
der Gott Israels und die persischen
Könige Kyrus, Darius und Artaxer-
xes* ihnen befohlen hatten.
15 Der Tempel wurde am 3. März*
im sechsten Regierungsjahr des Da-
rius fertiggestellt. 16 Die Priester, die
Leviten und alle anderen aus der
Verbannung heimgekehrten Israeliten
feierten die Wiedereinweihung des
Tempels mit großer Freude. 17 Zu die-
sem Anlass opferten sie 100 Stiere,
200 Schafböcke und 400 Lämmer,
dazu als Sündopfer für ganz Israel
zwölf Ziegenböcke, für jeden Stamm
einen. 18 Dann teilten sie die Priester
und Leviten zum Dienst für Gott in
Jerusalem in die Gruppen ein, die das
Gesetz Moses vorschreibt.
19 Am 14. April* feierten die Heim-
gekehrten das Passafest.* 20 Die Pries-
ter und Leviten hatten sich alle den
vorgeschriebenen Reinigungen unter-
zogen und waren bereit. Die Leviten
schlachteten die Passalämmer für alle,
die aus der Verbannung heimgekehrt
waren, für die Priester und für sich
selbst. 21 Doch nicht nur die heimge-
kehrten Israeliten aßen vom Passa,
sondern auch alle, die sich vom Göt-
zendienst der heidnischen Bevölke-
rung getrennt hatten, um mit ihnen
zusammen Jahwe, den Gott Israels, zu
verehren. 22 So begingen sie auch das
anschließende Fest der ungesäuerten
Brote sieben Tage lang mit großer
Freude. Jahwe selbst hatte ihnen diese
Freude geschenkt und dafür gesorgt,
dass der König, der jetzt auch Assy-
rien* beherrschte, geholfen hatte, den
Tempel von Israels Gott wieder aufzu-
bauen.

Esra kommt nach Jerusalem

7 1 Nach diesen Ereignissen* reiste
Esra Ben-Seraja, der unter der
Herrschaft des Perserkönigs Artaxer-
xes lebte, nach Jerusalem. Seine Vor-
fahren waren Asarja, Hilkija, 2 Schal-
lum, Zadok, Ahitub, 3 Amarja, Asar-
ja, Merajot, 4 Serachja, Usi, Bukki,
5 Abischua, Pinhas und Eleasar, der
Sohn des ersten Priesters Aaron. 6 Die-
ser Esra kam jetzt aus Babylon. Er war
ein Lehrer, der das Gesetz sehr gut
kannte, das Jahwe, der Gott Israels,
Mose gegeben hatte. Weil Jahwe seine
Hand über ihn hielt, erfüllte der König
alle seine Bitten. 7 Mit ihm zogen eine
ganze Anzahl Israeliten nach Jerusa-
lem: Priester, Leviten, Tempelsänger,
Torwächter und Tempelsklaven. Das

6,14 *Artaxerxes* gab den Befehl zum Mauerbau unter Nehemia und unterstützte auch den Tempel, siehe Esra 7,15-22; Nehemia 2,1.8.

6,15 *März.* Wörtlich: des Monats Adar. 516 v.Chr., vier Jahre nach Wiederaufnahme des Baus am 24. September 520 v.Chr., siehe Esra 4,24 und Haggai 1,15. Etwa 70 Jahre nach seiner Zerstörung wurde der Tempel wieder eingeweiht.

6,19 *April.* Wörtlich: des 1. Monats. - Von diesem Vers an ist der Grundtext wieder in Hebräisch abgefasst, siehe Esra 4,7.

Passa. Siehe 2. Mose 12-13.

6,22 *König von Assyrien* war ein Titel des persischen Königs, ebenso wie *König von Babylon.* Ein früherer König von Assyrien hatte das Nordreich Israel zerstört, von dem sich jetzt einige Menschen, Nachkommen der Überlebenden, wieder dem Gott Israels zugewandt hatten.

7,1 *Nach diesen Ereignissen.* 58 Jahre später.

war im siebten Regierungsjahr des
Artaxerxes. 8 Im August dieses Jahres
erreichten sie Jerusalem. 9 Den Tag
der Abreise hatte Esra auf den 1. April
gelegt. Schon am 1. August* kamen
sie in Jerusalem an, weil Gottes gütige
Hand über ihm war. 10 Denn Esra
hatte sich mit ganzem Herzen der
Aufgabe hingegeben, das Gesetz
Jahwes zu studieren und zu befolgen
und in Israel seine Ordnungen und
Rechte zu lehren.

11 Es folgt eine Abschrift* des Brie-
fes, den König Artaxerxes Esra mit-
gab, dem Priester und Gesetzeslehrer,
der sich auskannte in den Geboten
und Ordnungen, die Jahwe Israel ge-
geben hatte: 12 »Artaxerxes, König
über alle Könige, an Esra, den Pries-
ter, den Beauftragten für das Gesetz
des Himmelsgottes, meinen Gruß.
13 Hiermit ordne ich an, dass jeder is-
raelitische Priester und Levit in mei-
nem Reich mit dir nach Jerusalem zie-
hen darf, wenn er will. 14 Der König
und seine sieben Räte senden dich,
festzustellen, ob in Juda und Jerusa-
lem alles nach dem Gesetz deines Got-
tes, das du in Händen hast, geordnet
ist. 15 Außerdem sollst du das Gold
und Silber hinbringen, das der König
und seine Räte dem Gott Israels ge-
spendet haben, der in Jerusalem seine
Wohnung hat! 16 Auch das Silber und
Gold, das du in der ganzen Provinz
Babylon bekommst, bringe dorthin,
ebenso die Spenden für den Tempel
in Jerusalem, die du vom Volk und
den Priestern bekommst! 17 Kaufe
von dem Geld Stiere, Schafböcke
und Lämmer und die dazugehörigen
Speis- und Trankopfer und bringe sie
auf dem Altar im Haus eures Gottes in
Jerusalem dar! Geh gewissenhaft mit
dem Geld um! 18 Sollte noch etwas
von dem Silber und Gold übrig blei-
ben, könnt ihr Priester nach dem
Willen eures Gottes darüber verfügen,
wie es euch richtig erscheint. 19 Die
Gegenstände, die dir zum Dienst im
Haus deines Gottes gegeben wurden,
liefere vollständig vor deinem Gott in
Jerusalem ab! 20 Den restlichen Be-
darf für das Haus deines Gottes, für
den du verantwortlich bist, bekommst
du aus dem königlichen Schatz.
21 Hiermit erteile ich, König Artaxer-
xes, allen Schatzmeistern der West-
euphrat-Provinz den Befehl: Alles,
was Esra, der Priester und Beauftrag-
te für das Gesetz des Himmelsgottes,
von euch fordert, ist ihm gewissenhaft
und pünktlich auszuhändigen, 22 und
zwar bis zu dreieinhalb Tonnen Silber,
dreizehn Tonnen Weizen und je 2200
Liter* Wein und Olivenöl, dazu Salz,
soviel er braucht! 23 Alles, was nach
Befehl des Himmelsgottes erforder-
lich ist, soll für seinen Tempel gewis-
senhaft bereitgestellt werden, damit
nicht sein Zorn über das Reich des
Königs und seiner Söhne kommt.
24 Außerdem wird euch mitgeteilt,
dass niemand das Recht hat, von den
Priestern und Leviten, den Sängern
und Torwächtern, den Tempelsklaven
und allen anderen, die an diesem

7,9 *April ... August.* Wörtlich: des 1. ... des 5. Monats. Es war das Jahr 458 v.Chr.

7,11 *Abschrift.* Die Verse 12-26 sind wieder in Aramäisch zitiert.

7,22 ... 2200 Liter. Wörtlich: *100 Talente Silber, 100 Kor Weizen, 100 Bat Öl.*

Haus Gottes Dienst tun, Steuern oder
Abgaben zu fordern. 25 Und du, Esra,
setze nach der Weisheit Gottes, die in
dir wohnt, Richter und Rechtspfleger
ein, die eurem ganzen Volk in der
Westeuphrat-Provinz Recht spre-
chen! Das gilt sowohl für die, die das
Gesetz deines Gottes kennen, als auch
für die, die es noch nicht kennen, denn
letztere sollen darin unterrichtet wer-
den. 26 Und jeder, der das Gesetz dei-
nes Gottes und das Gesetz des Kö-
nigs nicht gewissenhaft befolgt, soll
vor Gericht gestellt und je nach
Schwere seines Vergehens verurteilt
werden: zum Tod, zum Ausschluss
aus der Gemeinschaft, zu einer Geld-
strafe oder zum Gefängnis.«

27 Gepriesen sei Jahwe, der Gott
unserer Väter! Er hat es dem König
ins Herz gegeben, Jahwes Haus in
Jerusalem Ehre und Ansehen zu ver-
leihen. 28 Er hat mich die Gunst des
Königs und auch die seiner Räte und
hohen Beamten finden lassen. Und
ich fasste Mut, weil Jahwe seine Hand
über mir hielt, und konnte eine ganze
Reihe Häupter israelitischer Sippen
gewinnen, mit mir zurückzukehren.

Verzeichnis der Heimkehrer

8 1 Verzeichnis der Sippenober-
häupter und der bei ihnen einge-
tragenen Männer, die während der
Regierungszeit von König Artaxerxes
aus Babylonien mit mir nach Jerusa-
lem kamen. 2 Aus der Sippe Pinhas:
Gerschom; aus der Sippe Itamar: Da-
niel; aus der Sippe David: Hattusch
Ben-Schechanja. 3 Aus der Sippe Pa-
rosch: Secharja mit 150 eingetrage-
nen Männern. 4 Aus der Sippe Pahat-
Moab: Eljoënai Ben-Secharja mit 200
Männern. 5 Aus der Sippe Sattu:
Schechanja Ben-Jahasiel mit 300
Männern. 6 Aus der Sippe Adin: Ebed
Ben-Jonatan mit 50 Männern. 7 Aus
der Sippe Elam: Jesaja Ben-Atalja
mit 70 Männern. 8 Aus der Sippe
Schefatja: Sebadja Ben-Michael mit
80 Männern. 9 Aus der Sippe Joab:
Obadja Ben-Jehiël mit 218 Männern.
10 Aus der Sippe Bani: Schelomit
Ben-Josifja mit 160 Männern. 11 Aus
der Sippe Bebai: Secharja Ben-Bebai
mit 28 Männern. 12 Aus der Sippe
Asgad: Johanan Ben-Katan mit 110
Männern. 13 Aus der Sippe Adonikam
die letzten: Elifelet, Jeïël und Schema-
ja mit 60 Männern. 14 Aus der Sippe
Bigwai: Utai Ben-Sabbuds mit 70
Männern.

Vorbereitung für den Aufbruch

15 Ich ließ alle am Kanal zusammen-
kommen, der nach Ahawa* führt.
Drei Tage blieben wir dort. Als ich mir
die Leute ansah, fand ich einige Pries-
ter vor, aber keinen einzigen Leviten.
16 Da schickte ich einige Sippenober-
häupter, nämlich Eliëser, Ariël, Sche-
maja, Elnatan, Natan, Secharja und
Meschullam, dazu Jojarib und Elna-
tan, zwei kluge Männer, 17 zu Iddo,
dem Vorsteher des Levitendorfes Ka-
sifja. Ich hatte ihnen genau gesagt,
was sie Iddo und seinen Brüdern, den
Tempeldienern dort, ausrichten soll-
ten, damit sie uns Männer mitgaben,
die den Dienst am Haus unseres

8,15 *Ahawa.* Die geografische Lage von Kanal und Ort ist nicht bekannt.

Gottes verrichten konnten. 18 Weil
Gottes gütige Hand über uns war, schickten sie uns Scherebja Ben-Machli. Das war ein Enkel von Levi Ben-Israel, ein verständiger Mann. Er kam mit seinen Söhnen und Brüdern,
18 Mann. 19 Außerdem schickten sie
uns Haschabja und Jeschaja von den Nachkommen Meraris. Die brachten ihre Söhne und die Brüder von Haschabja mit, 20 Mann. 20 Und von
den Tempelsklaven, die David und die Führer des Volkes damals dem Tempel zur Bedienung der Leviten übergeben hatten, kamen 220 mit, alle namentlich eingetragen.

21 Dort am Ahawa-Kanal rief ich
ein Fasten aus. Wir sollten uns vor unserem Gott beugen und ihn um eine glückliche Reise für uns und unsere Familien und unser Eigentum anflehen. 22 Ich hatte mich nämlich
geschämt, vom König eine Reitertruppe zu erbitten, die uns unterwegs vor Überfällen schützen könnte. Denn wir hatten zum König gesagt: »Unser Gott hält seine gütige Hand über alle, die ihn suchen, doch wer sich von ihm abwendet, bekommt seine Macht und seinen Zorn zu spüren.« 23 So fasteten wir und ersuch-
ten unseren Gott um seinen Beistand, und er erhörte uns. 24 Dann wählte
ich zwölf von den Oberhäuptern der Priester sowie Scherebja und Haschabja und zehn weitere Leviten aus. 25 Vor ihnen wog ich das Silber,
das Gold und die Gegenstände ab, die der König, seine Ratgeber, seine Minister und der Teil des Volkes Israel, der in Persien blieb, als Opfergabe für das Haus unseres Gottes gegeben hatten.
26 Ich übergab ihnen 22 Tonnen
Silber, dreieinhalb Tonnen silberne Gegenstände und dreieinhalb Tonnen Gold, 27 dazu zwanzig goldene
Becher im Wert von 1000 Goldstücken* und zwei Gefäße aus feiner polierter Bronze, wertvoll wie Gold.
28 Ich sagte zu ihnen: »Ihr seid Jahwe
genauso geweiht wie diese Gegenstände. Dieses Silber und Gold sind freiwillige Gaben für Jahwe, den Gott eurer Väter. 29 Bewacht sie also mit
aller Sorgfalt, bis ihr sie in den Schatzkammern des Tempels in Jerusalem übergebt. Ihr werdet sie dort vor den Oberhäuptern der Priester und Leviten und den Oberhäuptern des ganzen Volkes nachwiegen.«
30 Die Priester und Leviten übernah-
men das abgewogene Silber und Gold und die Gegenstände, um sie nach Jerusalem in den Tempel zu bringen.

31 Am 12. April* brachen wir vom
Ahawa-Kanal nach Jerusalem auf. Und die gütige Hand unseres Gottes beschützte uns vor Feinden und Räubern. 32 So kamen wir in Jerusalem an
und ruhten uns drei Tage aus. 33 Am
vierten Tag übergaben wir dem Priester Meremot Ben-Uria im Haus unseres Gottes das Silber, das Gold und die Gegenstände. Sie wurden vor ihm und in Gegenwart von Eleasar Ben-Pinhas und den Leviten Josabad Ben-Jeschua und Noadja Ben-Binnui nachgewogen. 34 Alle Gegenstände wurden

---

8,27 *Goldstücken.* Wörtlich: *Dariken.* Persische Goldmünze im Gewicht von 8,4 Gramm.

8,31 *April.* Wörtlich: des 1. Monats.

nachgezählt und gewogen. Ihr Ge-
wicht schrieb man auf. 35 Danach
brachten alle, die aus der Verbannung
heimgekehrt waren, dem Gott Israels
Brandopfer: Sie opferten zwölf Stiere
für die zwölf Stämme Israels, dazu
96 Schafböcke, 77 Lämmer und
außerdem zwölf Ziegenböcke als
Sündopfer. Alle Tiere wurden für
Jahwe als Opfer verbrannt. 36 Dann
händigten sie den Satrapen* und
Statthaltern der Westeuphrat-Provinz
die Verfügungen des Königs aus.
Diese unterstützten von da an das
Volk und das Haus Gottes.

Ehen mit fremden Frauen

9 1 Einige Zeit später kamen Obere
des Volkes zu mir und sagten:
»Das Volk Israel, auch die Priester
und Leviten haben sich mit der Bevöl-
kerung der Länder eingelassen und
sich nicht von den Gräueln der Ka-
naaniter, Hetiter, Perisiter, Jebusiter,
Ammoniter, Moabiter, Ägypter und
Amoriter abgesondert. 2 Sie haben
Frauen aus diesen Völkern geheiratet,
sodass das heilige Volk sich mit den
fremden Völkern vermischt hat. Und
bei diesem Treuebruch waren die
Oberen und Vornehmen auch noch
die Ersten.« 3 Als ich das hörte, zerriss
ich vor Entsetzen mein Unter- und
Obergewand, raufte mir die Haare
und den Bart und setzte mich wie be-
täubt auf den Boden. 4 Da versammel-
ten sich alle um mich, die wegen
des Treuebruchs der Heimgekehrten
Angst vor den Worten Gottes hatten.
Und ich blieb bis zur Zeit des Abend-
opfers auf dem Boden sitzen. 5 Dann
erhob ich mich aus meiner Erstar-
rung, kniete in meiner zerrissenen
Kleidung hin und breitete meine
Hände zu Jahwe, meinem Gott, aus.
6 »Mein Gott«, sagte ich, »ich schäme
mich und wage nicht, zu dir aufzublik-
ken. Unsere Sünden sind uns über
den Kopf gewachsen und der Berg
unserer Schuld reicht bis an den
Himmel! 7 Seit der Zeit unserer Väter
stehen wir bis heute in großer Schuld.
Wegen unserer Vergehen wurden wir,
unsere Könige und unsere Priester in
die Gewalt fremder Könige ausgelie-
fert. Wir waren dem Schwert und der
Gefangenschaft, der Plünderung und
der Schande preisgegeben. Bis heute
ist es so geblieben. 8 Jetzt hat uns
Jahwe, unser Gott, zwar für einen kur-
zen Augenblick Gnade geschenkt. Er
hat uns einen Rest Geretteter übrig
gelassen und an seiner heiligen Stätte
in Sicherheit gebracht. Gott hat unse-
re Augen wieder aufleuchten und uns
aus der Sklaverei ein wenig aufleben
lassen. 9 Denn Fremde herrschen
über uns. Aber auch da hat unser Gott
uns nicht verlassen, sondern uns die
Gunst der Könige von Persien finden
lassen. Er hat uns neu belebt, sodass
wir das Haus unseres Gottes aufrich-
ten, diese Trümmerstätte wiederher-
stellen konnten. Er hat uns in Judäa
und Jerusalem Sicherheit geschenkt.
10 Aber was sollen wir jetzt, nach sol-
chen Vorkommnissen sagen, o Gott?
Wir haben ja deine Gebote nicht be-
achtet, 11 obwohl du sie uns durch
deine Diener, die Propheten, einge-
schärft hast.

8,36 *Satrapen.* Das persische Reich war in mehr als 20 Satrapien eingeteilt, von denen jede im Schnitt sechs Provinzen umfasste.

Du sagtest: ›Das Land, das ihr in
Besitz nehmen werdet, ist durch die
Unreinheit seiner Bewohner besudelt
worden. Durch ihre Götzengräuel
haben diese Völker es von einem Ende
bis zum anderen mit Unreinheit ange-
füllt. 12 Deshalb sollt ihr eure Töchter
und Söhne nicht mit ihnen verheira-
ten. Ihr sollt ihre Freundschaft und ihr
Wohlergehen auch in Zukunft nie-
mals suchen. Denn ihr selbst sollt
stark werden, den Ertrag des Landes
genießen und es euren Nachkommen
für alle Zeiten weitervererben.‹

13 Und jetzt, nach allem, was
wegen unserer bösen Taten und un-
serer großen Schuld über uns gekom-
men ist – obwohl du, unser Gott, uns
mehr geschont hast, als unsere Sün-
den es verdienten, und uns hier übrig
gelassen hast – 14 sollten wir da wie-
der deine Gebote übertreten und uns
mit diesen Götzendienern verschwä-
gern? Müsste uns da nicht dein Zorn
treffen, bis es ganz mit uns aus ist
und es keinen Rest und keine Ret-
tung mehr gibt? 15 Jahwe, du Gott Is-
raels, du bist gerecht! Wir sind als ein
geretteter Rest übrig geblieben und
stehen heute vor dir mit unserer
Schuld. Nein, so kann niemand vor
dir bestehen!«

Mischehen werden aufgelöst

10 1 Während Esra weinend vor
dem Haus Gottes auf den
Knien lag und die Schuld des Volkes
bekannte, sammelte sich eine große
Menge von israelitischen Männern,
Frauen und Kindern um ihn. Auch
sie weinten sehr. 2 Dann sagte Sche-
chanja Ben-Jehiël zu Esra: »Ja, wir
sind unserem Gott untreu geworden
und haben Frauen aus der heidni-
schen Bevölkerung des Landes gehei-
ratet. Doch es gibt trotzdem noch
eine Hoffnung für Israel. 3 Lasst uns
jetzt einen Bund mit unserem Gott
schließen, der uns verpflichtet, alle
fremden Frauen mit ihren Kindern
wegzuschicken. So hast du, Herr, uns
geraten. Und so wird es von allen, die
noch Ehrfurcht vor dem Gebot unse-
res Gottes haben, befürwortet. Das
Gesetz muss befolgt werden! 4 Steh
auf, denn du musst das erledigen!
Doch wir stehen hinter dir! Hab Mut
und pack die Sache an!«

5 Da stand Esra auf. Er verlangte
von den Oberhäuptern der Priester,
der Leviten und ganz Israels einen
Eid, nach diesem Vorschlag zu han-
deln. Und sie schworen es. 6 Dann
verließ Esra den Platz vor dem Haus
Gottes und ging in die Tempelkam-
mer von Johanan Ben-Eljaschib.
Dort übernachtete er ohne zu essen
oder zu trinken, denn er trauerte
über den Treuebruch der Heimge-
kehrten.

7 Darauf ließ man in ganz Juda
und Jerusalem ausrufen, dass alle
Heimgekehrten sich in Jerusalem ver-
sammeln sollten. 8 Jeder, der nicht
innerhalb von drei Tagen erscheinen
würde, sollte aus der Gemeinschaft
der Heimgekehrten ausgeschlossen
werden und sein ganzer Besitz würde
dem Bann* verfallen. So hatten es die
Oberen und Ältesten beschlossen.

10,8 *Bann.* Entweder würde alles vernichtet werden oder es würde in den Besitz des Tempels übergehen.

9 Innerhalb von drei Tagen versam-
melten sich alle Männer aus Juda und
Benjamin in Jerusalem. Es war am
20. Dezember.* Sie setzten sich auf
den freien Platz vor dem Haus Gottes
und zitterten wegen der anstehenden
Sache und der Regengüsse. 10 Der
Priester Esra stand auf und sagte zu
ihnen: »Ihr habt Jahwe die Treue ge-
brochen! Ihr habt heidnische Frauen
geheiratet und so noch größere
Schuld auf Israel geladen! 11 So gebt
jetzt Jahwe, dem Gott eurer Väter, die
Ehre, indem ihr eure Schuld bekennt
und tut, was er von euch erwartet.
Trennt euch von der Bevölkerung des
Landes und besonders von den heid-
nischen Frauen! 12 Die ganze Ver-
sammlung rief laut: »Ja, das müssen
wir tun! 13 Aber wir sind zu viele hier
und es ist mitten in der Regenzeit. Da
kann man sich unmöglich im Freien
aufhalten. Und außerdem ist diese
Angelegenheit nicht in ein oder zwei
Tagen zu erledigen. Es sind ja viele
von uns darin verwickelt. 14 Lass doch
unsere Vorsteher die Versammlung
vertreten. Dann sollen alle aus unse-
ren Ortschaften, die fremde Frauen
geheiratet haben, zur festgesetzten
Zeit zusammen mit den Ältesten
und Richtern des Ortes vor ihnen hier
erscheinen. Alles soll in Ordnung
gebracht werden, damit wir den glü-
henden Zorn unseres Gottes von uns
abwenden.«

15 Nur Jonatan Ben-Asaël und Jach-
seja Ben-Tikwa sprachen dagegen.
Dabei wurden sie von Meschullam
und dem Leviten Schabbetai unter-
stützt. 16 Doch die Heimgekehrten
blieben bei ihrem Beschluss. Der
Priester Esra rief dann für jede Sippe
ein Oberhaupt namentlich auf und
betraute die Männer mit dieser Auf-
gabe. Am 1. Januar* traten sie zusam-
men, um mit der Untersuchung zu be-
ginnen 17 und am 1. April* waren sie
damit fertig. Alle Männer, die fremde
Frauen geheiratet hatten, mussten vor
ihnen erscheinen.

18 Von den Priestern waren es Maa-
seja, Eliëser, Jarib und Gedalja aus
der Sippe von Jeschua Ben-Jozadak
und seinen Brüdern, die heidnische
Frauen geheiratet hatten. 19 Sie ver-
pflichteten sich mit Handschlag,
ihre fremden Frauen fortzuschicken.
Einen Schafbock brachten sie als
Opfer für ihre Schuld. 20 Aus der
Priestersippe Immer waren es Hanani
und Sebadja. 21 Aus der Sippe Harim:
Maaseja, Elija, Schemaja, Jehiël und
Usija. 22 Aus der Sippe Paschur: El-
joënai, Maaseja, Jischmaël, Netanel,
Josabad und Elasa.

23 Von den Leviten waren es Josa-
bad, Schimi, Kelaja, der auch Kelita
genannt wurde, Petachja, Juda und
Eliëser.

24 Von den Tempelsängern war
es Eljaschib, von den Torwächtern:
Schallum, Telem und Uri.

25 Von den restlichen Israeliten
waren es: aus der Sippe Parosch:
Ramja, Jisija, Malkija, Mijamin,

10,9 *Dezember.* Wörtlich: des 9. Monats. Es war mitten in der Regenzeit 458 v.Chr.

10,16 *Januar.* Wörtlich: des 10. Monats.

10,17 *April.* Wörtlich: des 1. Monats.

Eleasar, Malkija und Benaja. 26 Aus
der Sippe Elam: Mattanja, Secharja,
Jehiël, Abdi, Jeremot und Elija. 27 Aus
der Sippe Sattu: Eljoënai, Eljaschib,
Mattanja, Jeremot, Sabad und Asia.
28 Aus der Sippe Bebai: Johanan,
Hananja, Sabbai und Atlai. 29 Aus der
Sippe Bani: Meschullam, Malluch,
Adaja, Jaschub, Scheal und Jeremot.
30 Aus der Sippe Pahat-Moab: Adna,
Kelal, Benaja, Maaseja, Mattanja, Be-
zalel, Binnui und Manasse. 31 Aus der
Sippe Harim: Eliëser, Jischija, Malki-
ja, Schemaja, Simeon, 32 Benjamin,
Malluch und Schemarja. 33 Aus der
Sippe Haschum: Mattenai, Mattatta,
Sabad, Elifelet, Jeremai, Manasse und
Schimi. 34 Aus der Sippe Bani: Maa-
dai, Amram, Uël, 35 Benaja, Bedja,
Keluhi, 36 Wanja, Meremot, Elja-
schib, 37 Mattanja, Mattenai, Jaasai,
38 Bani, Binnui, Schimi, 39 Sche-
lemja, Natan, Adaja, 40 Machnad-
bai, Schaschai, Scharai, 41 Asarel,
Schelemja, Schemarja, 42 Schallum,
Amarja und Josef. 43 Aus der Sippe
Nebo: Jëiël, Mattitja, Sabad, Sebina,
Jaddai, Joël und Benaja. 44 Alle diese
Männer hatten fremde, heidnische
Frauen geheiratet. Und einige von
ihnen hatten Kinder mit diesen
Frauen.

Das Buch Nehemia

Dreizehn Jahre nach Esra kam Nehemia im Jahr 444 v.Chr. nach Jerusalem. Er hatte von dem Zustand Jerusalems und dem Baustopp gehört und konnte beim König dessen Aufhebung erwirken. In nur 52 Tagen baute er mit den Juden die Mauer Jerusalems wieder auf. Er wurde von Gott vor allem dazu gebraucht, die sozialen, wirtschaftlichen und gottesdienstlichen Verhältnisse in seinem Volk zu ordnen. Nehemia schrieb seine Geschichte wahrscheinlich bald nach den darin geschilderten Ereignissen, vermutlich kurz nach dem Jahr 430 v.Chr. auf. Dabei arbeitete er auch offizielle Listen ein. Meist schrieb er in der Ich-Form, also 1. Person Einzahl, benutzte aber auch die 3. Person (Kap. 8), was damals nicht unüblich war. Den Schluss bilden die Aufzeichnungen Nehemias aus seinem zweiten Aufenthalt in Jerusalem, der um 430 v.Chr. begann.

Nehemias Gebet

1 1 Bericht von Nehemia Ben-Ha-
chalja: Im 20. Regierungsjahr des
Artaxerxes* hielt ich mich in der
befestigten Oberstadt von Susa* auf.
Im Dezember* 2 kam Hanani, einer
meiner Brüder, mit einigen Männern
aus Judäa zu mir. Ich fragte sie, wie es
den Juden dort ginge, dem Rest, der
dem Exil entkommen war, und er-
kundigte mich nach Jerusalem. 3 Sie
berichteten: »Die Juden dort in der
Provinz leben in großer Not und
Schande. Die Mauer Jerusalems liegt
immer noch in Trümmern und die
Tore sind verbrannt.« 4 Als ich das
hörte, setzte ich mich hin und weinte.
Ich trauerte tagelang, fastete und be-
tete zu Gott im Himmel. 5 Ich sagte:
»Ach Jahwe, du Gott des Himmels, du
großer und furchterregender Gott!
Du stehst zu deinem Gnadenbund
und zu denen, die dich lieben und
deine Gebote halten! 6 Hab doch ein
offenes Ohr für mein Gebet und sieh
deinen Diener freundlich an. Tag und
Nacht flehe ich zu dir für deine Skla-
ven, die Israeliten. Und ich bekenne
die Sünden, die wir gegen dich be-
gangen haben, auch ich und meine
Familie. 7 Wir haben uns schwer an
dir vergangen; wir haben die Gebote,
Gesetze und Anordnungen missach-
tet, die du deinem Diener Mose gege-
ben hast. 8 Denk doch an das, was du
ihm damals gesagt hast: ›Wenn ihr
mir die Treue brecht, dann werde ich
euch unter die Völker zerstreuen.
9 Wenn ihr aber wieder zu mir um-
kehrt und meine Gebote achtet und
befolgt, dann werde ich euch wieder

1,1 *Artaxerxes.* Persischer König von 465-424 v.Chr. Sein 20. Regierungsjahr dauerte vom 13. April 445 v.Chr. bis zum 2. April 444 v.Chr.

Darius I. hatte *Susa* zur Hauptstadt des persischen Weltreichs gemacht. Die Oberstadt mit dem befestigten Palastquartier lag 24 m über der Stadt und der eigentliche Palast noch einmal 16 m höher.

Dezember. Wörtlich: im Monat Kislew. Es war im Jahr 445 v.Chr. Zum Datum siehe unter »Schaltmonat« im Vorwort des Übersetzers.

zurückholen, selbst die, die ich bis
zum fernsten Horizont verstoßen
habe. Ich werde sie heimbringen
an den Ort, den ich zum Wohnsitz
meines Namens erwählt habe.‹ –
10 Sie sind ja doch deine Diener und
dein Volk, das du durch deine große
Macht und mit starker Hand befreit
hast. 11 Ach Jahwe, erhöre mein
Gebet und das Flehen deiner Diener,
die dir ehrfürchtig dienen wollen.
Lass es mir, deinem Diener, doch
heute gelingen, dass er bei diesem
Mann Erbarmen findet.« Ich war
nämlich Mundschenk beim König.

Rückreise nach Jerusalem

2 1 Es war im 20. Regierungsjahr
des Königs Artaxerxes, im April*.
Als der Wein gebracht wurde, füllte
ich den Becher und reichte ihn dem
König. Der König hatte mich in seiner
Gegenwart noch nie traurig gesehen,
2 deshalb fragte er mich: »Warum
siehst du so bedrückt aus? Du bist
doch nicht etwa krank? Nein, dich be-
lastet etwas anderes.« Ich erschrak
heftig 3 und antwortete: »Der König
möge ewig leben! Wie könnte ich froh
sein, wenn die Stadt, in der meine Vor-
fahren begraben liegen, ein Trümmer-
haufen ist und ihre Tore verbrannt
sind?« 4 Der König sagte: »Und was
ist deine Bitte?« Da betete ich zu Gott
im Himmel 5 und erwiderte dem
König: »Wenn der König es für gut
hält und wenn du mir, deinem Diener,
vertraust, dann sende mich doch nach
Judäa in die Stadt, in der meine Vor-
fahren begraben liegen. Ich möchte
die Stadt wieder aufbauen!« 6 Der
König fragte mich – die Königin saß
übrigens neben ihm: »Wie lange
würde deine Reise dauern? Wann
würdest du wieder zurück sein?« Ich
nannte ihm eine Zeit. Der König war
einverstanden und wollte mich zie-
hen lassen. 7 Ich sagte noch zu ihm:
»Wenn es dem König recht ist, gebe
man mir Briefe an die Statthalter der
Westeuphrat-Provinz mit, damit sie
mich nach Judäa durchreisen lassen,
8 und einen Brief an Asaf, den Ver-
walter der königlichen Wälder, damit
er mir Bauholz für die Tore der Tem-
pelburg liefert, für die Stadtmauer
und für das Haus, in dem ich woh-
nen werde.« Der König gewährte mir
alles, weil die gütige Hand meines
Gottes über mir war.
9 So kam ich zu den Statthaltern der
Westeuphrat-Provinz und überreichte
ihnen die Briefe des Königs, der mir
übrigens eine Reitertruppe mitgege-
ben hatte. 10 Der Horoniter Sanballat
und der Ammoniter Tobija, sein Be-
auftragter, gerieten in heftigen Zorn,
als sie merkten, dass da ein Mensch
gekommen war, der sich für das Wohl
der Israeliten einsetzte.

Entschluss zum Mauerbau

11 Als ich in Jerusalem angekommen
war und drei Tage dort zugebracht
hatte, 12 machte ich mich nachts mit
einigen wenigen Männern auf. Nur
ich hatte ein Reittier dabei. Bis dahin
hatte ich noch keinem Menschen ge-
sagt, was Gott mir ins Herz gegeben
hatte, für Jerusalem zu tun. 13 So ritt
ich bei Nacht durch das Taltor in

2,1 *April.* Wörtlich: im Monat Nisan. Es war das Jahr 444 v.Chr.

Richtung Drachenquelle bis zum
Misttor. Ich untersuchte die niederge-
rissene Mauer und die vom Feuer ver-
nichteten Tore. 14 Dann zog ich zum
Quellentor hinüber und zum Königs-
teich. Als dort für mein Tier kein
Durchkommen mehr war, 15 stieg ich
bei Nacht zu Fuß die Schlucht hinauf
und untersuchte die Mauer. Dann
kehrte ich um und kam durch das Tal-
tor wieder zurück. 16 Die Vorsteher
wussten nicht, wohin ich gegangen
war und was ich tun wollte. Denn bis
dahin hatte ich keinem Juden etwas
von meinem Vorhaben erzählt, weder
den Priestern noch den Vornehmen,
weder den Vorstehern noch den übri-
gen, die an dem Werk mitarbeiten
sollten. 17 Jetzt aber sagte ich zu
ihnen: »Ihr seht das Elend, in dem wir
uns befinden. Jerusalem liegt in Trüm-
mern und seine Tore sind verbrannt.
Kommt, lasst uns die Mauer wieder
aufbauen, damit wir nicht länger dem
Spott der Leute preisgegeben sind!«
18 Ich erzählte ihnen, wie Gottes güti-
ge Hand über mir gewesen war und
was der König mir gewährt hatte. Da
sagten sie: »Gut, machen wir uns ans
Werk! Bauen wir!« Und sie ermutig-
ten sich gegenseitig, dieses gute Werk
zu beginnen.

19 Als der Horoniter Sanballat, der
Ammoniter Tobija, sein Beauftragter,
und der Araber Geschem davon hör-
ten, lachten sie uns aus und spotteten:
»Da habt ihr euch ja einiges vorge-
nommen! Gegen den König wollt ihr
euch auflehnen?« 20 Ich ließ ihnen
antworten: »Der Gott des Himmels
wird es uns gelingen lassen. Und
wir, seine Diener, werden ans Werk
gehen und bauen. Euch jedoch geht
Jerusalem nichts an. Ihr habt hier
weder Grundbesitz noch Anspruch
noch irgendein historisches Recht an
der Stadt.«

Wiederaufbau der Stadtmauer

3 1 Der Hohe Priester Eljaschib
baute zusammen mit seinen
Mitpriestern das Schaftor wieder auf.
Dann weihten sie es und setzten seine
Torflügel ein. Auch den angrenzenden
Mauerabschnitt bis zum Turm der
Hundert und dem Hananel-Turm
weihten sie ein. 2 Den anschließenden
Mauerabschnitt bauten die Männer
von Jericho, und daneben baute Sak-
kur Ben-Imri. 3 Die Sippe Senaa
baute das Fischtor wieder auf. Sie
setzten die Balken und die Torflügel
ein und brachten Riegel und Sperr-
balken an. 4 Neben ihnen arbeitete
Meremot Ben-Urija, der Enkel des
Hakkoz. Daneben baute Meschullam
Ben-Berechja, der Enkel von Mesche-
sabel. Den nächsten Abschnitt setzte
Zadok Ben-Baana instand. 5 Die
Männer von Tekoa* besserten das
anschließende Stück aus. Doch die
Vornehmen dieser Stadt weigerten
sich mitzuarbeiten und gehorchten
dem Statthalter nicht. 6 Das Jescha-
na-Tor wurde von Jojada Ben-Paseach
und Meschullam Ben-Besodja in-
stand gesetzt. Sie setzten die Balken
und die Torflügel ein und brachten
Riegel und Sperrbalken an. 7 Neben
ihnen bauten Melatja aus Gibeon,
Jadon aus Meronot und die Männer

3,5 *Tekoa.* Kleine Stadt 17 km südlich von Jerusalem, Heimat des Amos, siehe Amos 1,1.

von Gibeon und Mizpa. In der Nähe
dieses Teilstücks befand sich der
Amtssitz des Statthalters der West-
euphrat-Provinz. 8 Daneben arbeitete
ein Goldschmied, Usiël Ben-Harhaja
und neben ihm der Salbenmischer
Hananja. Sie befestigten Jerusalem
bis zur »Breiten Mauer«. 9 Neben
ihnen baute Refaja Ben-Hur, der Vor-
steher des einen Halbbezirks von Je-
rusalem. 10 Jedaja Ben-Harumaf setz-
te den anschließenden Teil gegenüber
seinem eigenen Haus instand. Neben
ihm baute Hattusch Ben-Haschabne-
ja. 11 Einen weiteren Abschnitt bes-
serten Malkija Ben-Harim und Ha-
schub Ben-Pahat-Moab aus, dazu den
Ofenturm. 12 Daneben baute Schal-
lum Ben-Lohesch zusammen mit sei-
nen Töchtern. Er war der Vorsteher
des zweiten Halbbezirks von Jerusa-
lem. 13 Das Taltor besserten Hanun
und die Bewohner von Sanoach aus.
Sie setzten die Torflügel ein und
brachten Riegel und Sperrbalken an.
Außerdem besserten sie von dort noch
500 Meter Mauer bis zum Misttor aus.
14 Das Misttor selbst baute Malkija
Ben-Rechab wieder auf, der Vorsteher
des Bezirks Bet-Kerem. Er setzte
seine Torflügel ein und brachte Riegel
und Sperrbalken an. 15 Das Quelltor
baute Schallun Ben-Kolhose wieder
auf, der Vorsteher des Bezirks Mizpa.
Er überdachte es, setzte seine Torflü-
gel ein und brachte Riegel und Sperr-
balken an. Außerdem baute er die
Mauer am Teich der Wasserleitung
beim königlichen Garten bis zu den
Stufen, die von der Stadt Davids
herabführen. 16 Am nächsten Mauer-
abschnitt arbeitete Nehemja Ben-
Asbuk, der Vorsteher des einen Halb-
bezirks von Bet-Zur. Dieser Teil der
Mauer lag den Königsgräbern des
Hauses David gegenüber und erstrek-
kte sich bis zu dem künstlich
angelegten Teich und dem Haus der
Helden*.

17 Den nächsten Mauerabschnitt
besserten die Leviten unter Rehum
Ben-Bani aus und den folgenden
Haschabja, der Vorsteher des ersten
Halbbezirks von Keïla. 18 Nach ihm
arbeiteten Leviten unter Binnui Ben-
Henadad, dem Vorsteher des zweiten
Halbbezirks von Keïla. 19 Neben ihm
baute Eser Ben-Jeschua, der Vorste-
her von Mizpa. Sein Abschnitt lag
gegenüber dem Aufstieg zum Zeug-
haus am Winkel. 20 Nach ihm besser-
te Baruch Ben-Sabbai mit großem
Eifer den Mauerabschnitt zwischen
dem Winkel und dem Eingang zum
Haus des Hohen Priesters Eljaschib
aus. 21 Den nächsten Abschnitt bis
zum Ende vom Haus des Eljaschib
baute Meremot Ben-Urija, der Enkel
von Koz. 22 Neben ihm arbeiteten die
Priester, die im Umkreis wohnten.
23 Daneben setzten Benjamin und
Haschub die Mauer gegenüber ihren
Häusern instand und das anschlie-
ßende Stück Asarja Ben-Aaseja. Es
befand sich auch in der Nähe seines
Hauses. 24 Den nächsten Abschnitt
vom Haus Asarjas bis zum Winkel
und zur Ecke der Mauer baute Binnui
Ben-Henadad. 25 Palal Ben-Usai ar-
beitete an der Mauer gegenüber dem

3,16 *Haus der Helden.* Eine in Jerusalem kasernierte Elitetruppe, ursprünglich Kampfgefährten von David.

Winkel und dem oberen Turm, der am
Königspalast beim Wachthof vor-
springt. Pedaja Ben-Parosch 26 und
die Tempelsklaven, die auf dem Ofel*
wohnten, besserten den Teil vom
Wassertor auf der Ostseite bis zum
vorspringenden Turm aus. 27 Am
nächsten Teil, vom vorspringenden
Turm bis zur Mauer am Ofel, arbeite-
ten die Einwohner von Tekoa*. 28 Den
Abschnitt oberhalb des Rosstores
setzten die Priester instand, jeder das
Stück, das seinem Haus gegenüber
lag. 29 Auch Zadok Ben-Immer baute
den Teil der Mauer wieder auf, der
seinem Haus gegenüber lag. 30 Den
nächsten Teil bauten Hananja Ben-
Schelemja und Hanun, der sechste
Sohn Zalafs, wieder auf. Meschullam
Ben-Berechja arbeitete an dem Ab-
schnitt gegenüber seiner Wohnung.
31 Nach ihm baute der Goldschmied
Malkija die Mauer bis zum Haus der
Tempelsklaven und Händler, gegen-
über dem Wachttor, und bis zum
oberen Raum an der Mauerecke.
32 Den letzten Mauerabschnitt von
dort bis zum Schaftor bauten die
Goldschmiede und Händler wieder
auf.

Spott der Feinde

33 Als Sanballat hörte, dass wir die
Stadtmauer wieder aufbauten, wurde
er wütend und ärgerte sich sehr. Er
spottete über die Juden 34 und sagte
vor seinen Vertrauten und dem Heer
von Samaria: »Was machen diese
elenden Juden da? Wollen sie einfach
drauflos mauern? Wollen sie Opfer
bringen und es an einem Tag schaf-
fen? Wollen sie diese verbrannten
Steine aus dem Schutt wieder zum
Leben erwecken?« 35 Der Ammoniter
Tobija neben ihm sagte: »Sie sollen
nur bauen! Wenn ein Fuchs an ihre
Mauer springt, wird er sie wieder ein-
reißen.«

36 Doch ich betete: »Du, unser Gott,
hör doch, wie sie über uns spotten!
Lass ihren Spott auf sie selbst zurück-
fallen! Gib sie der Plünderung und der
Gefangenschaft preis! 37 Deck ihre
Schuld nicht zu! Lösch ihre Sünde
vor dir nicht aus! Denn durch die Be-
leidigung der Bauenden wollten sie
dich treffen!«

38 Trotz allem bauten wir an der
Mauer weiter, und schon bald war
sie bis zur halben Höhe geschlossen,
denn alle waren mit Eifer an der
Arbeit.

Störaktionen

4 1 Als Sanballat und Tobija, die
Araber, die Ammoniter und die
Leute von Aschdod erfuhren, dass der
Wiederaufbau der Mauern Jerusa-
lems Fortschritte machte, denn die
Lücken schlossen sich allmählich, ge-
rieten sie in Wut. 2 Sie verbündeten
sich, um bewaffnet gegen Jerusalem
zu ziehen und dort Verwirrung zu
stiften. 3 Wir aber flehten zu unserem
Gott und stellten Tag und Nacht
Wachen gegen sie auf. 4 Doch dann
sagten die Juden: »Die Kraft der Trä-
ger reicht nicht mehr, der Schutt ist

3,26 *Ofel* war der befestigte Hügel südlich vom Tempelberg, zwischen dem Tempel und der Davidsstadt.

3,27 *Einwohner von Tekoa.* Sie bauten also zwei Mauerabschnitte wieder auf, siehe V. 5.

viel zu viel! Wir schaffen es nicht
mehr, an der Mauer zu bauen!« 5 Un-
sere Feinde aber sagten sich: »Sie sol-
len nichts merken und nichts von uns
sehen, bis wir mitten unter ihnen sind.
Dann schlagen wir sie tot und machen
diesem Unternehmen ein Ende.«
6 Und die Juden, die in ihrer Nähe
wohnten, sagten uns vielleicht zehn-
mal: »Wohin ihr euch auch dreht,
überall sind sie gegen uns.« 7 Da
stellte ich alle wehrfähigen Männer
an den offenen Stellen, wo die Mauer
niedriger war als der Platz dahin-
ter, nach Sippen geordnet und mit
Schwertern, Speeren und Bogen be-
waffnet auf. 8 Nachdem ich mir alles
angesehen hatte, sagte ich zu den
führenden Männern, den Vorstehern
und dem übrigen Volk: »Habt keine
Angst vor ihnen! Denkt vielmehr
daran, wie groß und mächtig der Herr
ist! Und kämpft für eure Brüder, eure
Söhne und Töchter, eure Frauen und
euren Besitz!«

9 Als unsere Feinde hörten, dass wir
gewarnt waren und Gott ihren Plan
vereitelt hatte, konnten wir alle zu
unseren Arbeitsplätzen an der Mauer
zurückkehren. 10 Doch von diesem
Tag an arbeitete nur die Hälfte meiner
Leute am Bau mit, während die ande-
re Hälfte Wache hielt, mit Speeren
und Schilden, Bogen und Schuppen-
panzern ausgerüstet. Und die Oberen
standen hinter den Leuten von Juda,
11 die an der Mauer bauten. Die Last-
träger arbeiteten so: Mit der einen
Hand taten sie ihre Arbeit, mit der
anderen hielten sie die Waffe. 12 Alle
Bauleute hatten während der Arbeit
das Schwert am Gurt. Und ich hatte
den Mann mit dem Schofar* immer
bei mir. 13 Zu den Vornehmen, den
Vorstehern und dem Volk hatte ich ge-
sagt: »Unsere Baustelle ist groß und
weitläufig. Wir müssen uns über die
ganze Mauer verteilen und sind da-
durch weit voneinander entfernt.
14 Wenn ihr von irgendeiner Stelle
den Schofar hört, kommt sofort zu
uns dorthin. Unser Gott wird für uns
kämpfen.«

15 So arbeiteten wir vom ersten
Morgenrot an, bis die Sterne hervor-
traten. Die Hälfte der Männer hatte
ständig den Speer in der Hand. 16 Ich
hatte befohlen, dass jeder mit seinen
Leuten auch nachts in Jerusalem
bleiben solle. So konnten sie uns
nachts beim Wachdienst helfen
und tagsüber an die Arbeit gehen.
17 Weder ich noch einer von meinen
Brüdern, weder meine Diener noch
die Männer meiner Leibwache kamen
in dieser Zeit aus den Kleidern. Selbst
beim Waschen hatte jeder seine Waffe
bei sich.

Schuldenerlass für die Armen

5 1 Auf einmal breitete sich eine
große Unzufriedenheit bei den
Männern des einfachen Volkes aus.
Sie beschwerten sich mit ihren Frau-
en über ihre jüdischen Stammesbrü-
der. 2 Die einen klagten: »Wir haben
viele Söhne und Töchter und wissen
nicht, wie wir satt werden sollen! Wir
brauchen Getreide zum Überleben!«

4,12 Der *Schofar* wurde aus den gewundenen Hörnern des männlichen Fettschwanzschafes hergestellt und brachte einen dumpfen, durchdringenden Ton hervor.

3 Andere sagten: »Um in der Hun-
gersnot Getreide zu bekommen, mus-
sten wir unsere Felder, Weinberge
und Häuser verpfänden.« 4 Wieder
andere beklagten sich: »Und wir mus-
sten unsere Felder und Weinberge
verpfänden, um die Steuer für den
König bezahlen zu können.« 5 Und
alle sagten: »Wir sind doch vom glei-
chen Fleisch und Blut wie unsere
Stammesbrüder! Sind unsere Kinder
nicht genauso Israeliten wie ihre Kin-
der? Und doch müssen wir unsere
Söhne und Töchter zu Sklaven ernie-
drigen. Einige unserer Töchter sind
schon in ihrer Gewalt, und wir können
nichts dagegen tun. Unsere Felder
und Weinberge gehören ja anderen.«

6 Als ich ihre Klage und diese Worte
hörte, wurde ich sehr zornig. 7 Ich
dachte gründlich über alles nach und
stellte dann die Vornehmen und Vor-
steher zur Rede: »Ihr nutzt die Not
eurer Brüder schamlos aus!« Dann
brachte ich die Sache vor die ganze
Volksversammlung. 8 Ich sagte: »Wir
haben unsere jüdischen Stammes-
brüder, die von Fremden zu Sklaven
gemacht wurden, freigekauft, so weit
es uns möglich war. Und ihr wollt
sie jetzt selber verkaufen, damit sie
dann wieder an uns verkauft wer-
den?« Da wussten sie keine Antwort
und schwiegen. 9 »Es ist unwürdig,
was ihr da tut!«, sagte ich. »Solltet
nicht gerade ihr in Furcht vor Gott
leben? Doch so macht ihr uns zum
Gespött für unsere Feinde! 10 Auch
ich und meine Brüder und meine Die-
ner haben Geld und Getreide verlie-
hen. Erlassen wir ihnen doch die Rük-
kzahlung! 11 Gebt ihnen unverzüglich
ihre Felder und Weinberge, Oliven-
haine und Häuser zurück!« 12 Sie er-
widerten: »Gut, wir wollen alles zu-
rückgeben und nichts mehr von ihnen
fordern. Wir wollen alles tun, was du
gesagt hast.« Da rief ich die Priester
und ließ die Gläubiger vor ihnen
schwören, ihre Zusage wirklich zu
halten. 13 Außerdem schüttelte ich
den Bausch meines Gewandes vor
ihnen aus* und erklärte: »Genauso
soll Gott jeden, der diesen Schwur
nicht hält, aus seinem Haus und
Besitz herausschütteln. Ja, er selbst
sei so ausgeschüttelt und geleert.«
Da rief die ganze Versammlung:
»Amen*!« und lobte Jahwe. Alle hiel-
ten sich an diese Abmachung.

Nehemias Uneigennützigkeit

14 Ich selbst habe vom Anfang meiner
Statthalterschaft in Juda an zwölf
Jahre lang, vom 20. bis zum 32. Regie-
rungsjahr* des Königs Artaxerxes, für
mich und meine Brüder auf alle mir
zustehenden Unterhaltskosten ver-
zichtet. 15 Frühere Statthalter hatten
dem Volk schwere Lasten auferlegt
und nicht nur Brot und Wein, sondern
auch 40 Silberstücke* pro Tag von

5,13 *schüttelte ... aus.* Die vom Gürtel gebildete bauschige Falte des Gewandes, in der man kleinere Gegenstände und Tiere tragen konnte. Ihr Ausschütteln bezeugte die Ernsthaftigkeit des Schwurs.

Amen. Hebräisch: *Es werde wahr!* Oder: *So sei es!*

5,14 Das *32. Regierungsjahr* des Artaxerxes dauerte vom 1. April 433 bis zum 19. April 432 v.Chr.

5,15 *40 Silberstücke.* Das war etwa ein halbes Kilogramm Silber.

ihnen genommen. Auch ihre Diener
hatten willkürlich über das Volk
geherrscht. Ich habe das nicht so
gemacht, weil ich Gott fürchtete.
16 Auch beim Bau der Mauer habe ich
selbst Hand angelegt, und auch meine
Leute haben mitgeholfen. Keiner von
uns kaufte Land für sich selbst. 17 An
meinem Tisch speisten die 150 Vor-
steher der Juden, dazu noch die Gäs-
te von den umliegenden Völkern.
18 Jeden Tag ließ ich ein Rind, sechs
ausgesuchte Schafe und Geflügel
zubereiten. Alle zehn Tage wurden
die verschiedensten Weine in großer
Menge angeliefert. Trotzdem habe ich
auf die Unterhaltskosten, die mir
als Statthalter zustanden, verzichtet,
denn der Arbeitsdienst lastete schwer
genug auf dem Volk.

19 »Denk an mich, mein Gott, und
lass mir zugutekommen, was ich für
dieses Volk getan habe!«

Mordpläne gegen Nehemia

6 1 Als Sanballat, Tobija, Geschem,
der Araber, und unsere übrigen
Feinde erfuhren, dass ich die Mauer
fertig gebaut hatte, dass keine Lücke
mehr geblieben war – nur die Torflü-
gel hatte ich zu diesem Zeitpunkt
noch nicht eingesetzt –, 2 schickten
Sanballat und Geschem einen Boten
mit der Einladung zu mir, sie in Kefi-
rim im Ono-Tal* zu treffen. Sie führ-
ten allerdings Böses gegen mich im
Schilde. 3 Ich ließ ihnen durch Boten
ausrichten: »Ich habe eine große Auf-
gabe zu bewältigen und kann nicht zu
euch herunterkommen. Warum sollte
die Arbeit dadurch ins Stocken gera-
ten, dass ich mich mit euch treffe?«
4 Viermal schickten sie mir die gleiche
Einladung, und jedes Mal schickte ich
ihnen dieselbe Antwort. 5 Beim fünf-
ten Mal schickte mir Sanballat sei-
nen Diener mit einem offenen Brief.
6 Darin stand: »Unter den Leuten
geht ein Gerücht um – und Geschem
bestätigt es auch –, dass du mit den
Juden einen Aufstand vorbereitest
und deshalb die Mauer wieder auf-
baust. Man sagt, du wolltest ihr König
werden. 7 Du sollst sogar schon Pro-
pheten eingesetzt haben, die dich
dann in Jerusalem zum König von
Judäa ausrufen würden. Diese Ge-
rüchte werden bestimmt auch dem
König zu Ohren kommen. Komm
also, damit wir beraten, was zu tun
ist!« 8 Ich ließ ihm ausrichten: »Was
du schreibst, ist völlig aus der Luft
gegriffen. Das hast du alles frei er-
funden.« 9 So versuchten sie uns
einzuschüchtern in der Hoffnung,
dass wir die Arbeit abbrechen wür-
den. Doch nun legte ich umso eifriger
Hand ans Werk.

10 Eines Tages besuchte ich Sche-
maja Ben-Delaja, den Enkel von Me-
hetabel, weil er verhindert war, zu mir
zu kommen. Er sagte zu mir: »Lass
uns miteinander ins Haus Gottes
gehen und uns im Innern des Tempels
einschließen. Sie wollen dich nämlich
umbringen – noch heute Nacht!«
11 »Ein Mann in meiner Stellung läuft
nicht davon«, sagte ich. »Und außer-
dem darf ich den Innenraum des Tem-
pels überhaupt nicht betreten, denn

6,2 *Kefirim im Ono-Tal.* 11 km südöstlich von Joppe und 48 km von Jerusalem entfernt.

das müsste ich mit dem Leben bezahlen. Nein, ich gehe nicht!« 12 Mir war nämlich klar geworden, dass nicht Gott ihn geschickt hatte. Er hatte mir diese Prophezeiung nur gesagt, weil Tobija und Sanballat ihn dafür bezahlt hatten. 13 Sie wollten ihn benutzen, um mir Angst einzujagen, und mich dadurch zu einer Sünde verleiten. Damit wollten sie mich in üblen Ruf bringen, um mich dann verächtlich machen zu können.

14 »Du, mein Gott, vergiss nicht, was Tobija und Sanballat getan haben. Denk auch daran, was die Prophetin Noadja und die anderen Propheten taten, um mich einzuschüchtern.«

15 Die Mauer wurde in 52 Tagen am 25. September* fertiggestellt. 16 Als unsere Feinde aus den Völkerschaften um uns herum davon hörten, fürchteten sie sich. Ihr Hochmut war ihnen vergangen, weil sie einsehen mussten, dass Gott dieses Werk vollbracht hatte.

17 Während dieser ganzen Zeit standen einige der Vornehmen in Judäa in ständigem Briefwechsel mit Tobija. 18 Denn viele Juden hatten ihm Beistand geschworen, weil er ein Schwiegersohn von Schechanja Ben-Arach war. Und Tobijas Sohn Johanan hatte eine Tochter von Meschullam Ben-Berechja geheiratet. 19 Diese Leute rühmten Tobijas Verdienste vor mir und hinterbrachten ihm meine Worte. Daraufhin wollte Tobija mich mit seinen Briefen einschüchtern.

Einsetzung der Wache

7 1 Als der Wiederaufbau der Mauer abgeschlossen war, ließ ich die Torflügel einsetzen. Dann wurden die Torwächter bestellt. Auch die Sänger und Leviten bekamen ihren Dienst zugewiesen. 2 Zu Befehlshabern über Jerusalem ernannte ich meinen Bruder Hanani und den Burghauptmann Hananja, der ein zuverlässiger und gottesfürchtiger Mann war, wie es nicht viele gab. 3 Ich sagte zu ihnen: »Die Tore Jerusalems werden erst geöffnet, wenn die Sonne schon heiß scheint. Und abends, während sie noch am Himmel steht, werden die Tore geschlossen und verriegelt. Bildet einen Wachdienst aus den Einwohnern der Stadt. Ein Teil von ihnen soll an den besonders gefährdeten Stellen Wache stehen und die anderen bei ihrem Haus.«

Verzeichnis der Heimkehrer

4 Nun war die Stadt ausgedehnt und groß, aber die Zahl der Einwohner klein; neugebaute Häuser waren nicht vorhanden. 5 Da gab es mir Gott in den Sinn, die Vornehmen, die Vorsteher und das ganze Volk zusammenzurufen, um sie nach ihren Sippen in Listen einzutragen. Dabei fand ich die Schriftrolle mit dem Verzeichnis der ersten Heimkehrer. Darin hieß es:

6 Die hier Eingetragenen der Provinz Judäa verließen Babylonien, wohin sie von König Nebukadnezzar

---

6,15 *September.* Wörtlich: Elul (= 6. Monat). In knapp zwei Monaten wurde eine Mauer errichtet, die anderthalb Jahrhunderte in Schutt und Asche gelegen hatte.

verschleppt worden waren, und kehr-
ten nach Jerusalem und Judäa in ihre
Heimatorte zurück. 7 Sie kamen mit
Serubbabel, Jeschua, Nehemja, Asar-
ja, Raamja, Nahamani, Mordochai,
Bilschan, Misperet, Bigwai, Rehum
und Baana.

Es folgt ein Verzeichnis der heimge-
kehrten Sippen mit der Zahl der zu
ihnen gehörenden Männer: 8 Pa-
rosch 2172, 9 Schefatja 372, 10 Arach
652, 11 Pahat-Moab, die Nachkom-
men von Jeschua und Joab 2818,
12 Elam 1254, 13 Sattu 845, 14 Sak-
kai 760, 15 Bani 648, 16 Bebai 628,
17 Asgad 2322, 18 Adonikam 667,
19 Bigwai 2067, 20 Adin 655, 21 Ater,
die Nachkommen von Hiskija 98,
22 Haschum 328, 23 Bezai 324,
24 Harif 112, 25 Gibeon 95, 26 Netofa
aus Bethlehem 188. 27 Aus Anatot
waren es 128, 28 aus Bet-Asmawet
42, 29 aus Kirjat-Jearim, Kefira und
Beerot 743, 30 aus Rama und Geba
621, 31 aus Michmas 122, 32 aus Bet-
El und Ai 123, 33 aus dem anderen
Nebo 52. 34 Von einem anderen Elam
1254, 35 von Harim 320, 36 aus Jeri-
cho 345, 37 aus Lod, Hadid und Ono
721, 38 von Senaa 3930.

Heimgekehrte Priester und Leviten

39 Von den Priestersippen kehrten
zurück: Jedaja, die Nachkommen
von Jeschua 973, 40 Immer 1052,
41 Paschhur 1247, 42 Harim 1017.
43 Von den Sippen der Leviten: Je-
schua, die Nachkommen von Kadmi-
ël, Binnui und Hodawja 74. 44 Von
den Tempelsängern: die Nachkommen
Asafs 148. 45 Von den Torwächtern des
Tempels: die Sippen Schallum, Ater,
Talmon, Akkub, Hatita und Schobai,
138 Mann.

46 Von den Tempelsklaven kehrten
folgende Sippen heim: Ziha, Hasufa,
Tabbaot, 47 Keros, Sia, Padon, 48 Le-
bana, Hagaba, Salmai, 49 Hanan, Gid-
del, Gahar, 50 Reaja, Rezin, Nekoda,
51 Gasam, Usa, Paseach, 52 Besai, die
Mëuniter, die Nefusiter, 53 Bakbuk,
Hakufa, Harhur, 54 Bazlit, Mehida,
Harscha, 55 Barkos, Sisera, Temach,
56 Neziach und Hatifa.

57 Von den Sippen der Sklaven Sa-
lomos kehrten heim: Sotai, Soferet,
Peruda, 58 Jaala, Darkon, Giddel,
59 Schefatja, Hattil, Pocheret-Zeba-
jim und Amon. 60 Die Gesamtzahl der
Tempelsklaven und der Nachkommen
der Sklaven Salomos betrug 392.
61 Aus Tel-Melach, Tel-Harscha, Ke-
rub-Addon und Immer kamen folgen-
de Sippen, die ihre Herkunft aus Israel
nicht nachweisen konnten: 62 Delaja,
Tobija und Nekoda 642. 63 Die Pries-
tersippen Habaja, Koz und Barsillai.
Barsillai hatte damals eine Tochter
von dem Barsillai aus Gilead geheira-
tet und dessen Namen angenommen.
64 Sie konnten ihre Abstammungs-
nachweise nicht finden. Deshalb wur-
den sie für unrein erklärt und vom
Priesteramt ausgeschlossen. 65 Der
Statthalter untersagte ihnen, von den
höchst heiligen Opfergaben zu essen,
bis wieder ein Priester für die Urim
und Tummim* auftreten würde.

7,65 *Urim und Tummim.* Die heiligen Lose, die in der Brusttasche des hohenpriesterlichen Gewandes aufbewahrt wurden, vgl. 2. Mose 28,30.

Die Gesamtzahl von Personen und Spenden

66 Die ganze Versammlung zählte
42.360 Personen*, 67 dazu kamen
7337 Sklaven und Sklavinnen und
245 Sänger und Sängerinnen.* 68 Sie
hatten 435 Kamele und 6720 Esel.
69 Einige von den Sippenoberhäup-
tern gaben Spenden für das Werk.
Der Statthalter spendete achteinhalb
Kilogramm Goldstücke*, 50 Opfer-
schalen und 530 Priestergewänder.
70 Einige Sippenoberhäupter spen-
deten für den Bau 170 Kilogramm
Goldstücke und 1250 Kilogramm Sil-
ber*. 71 Das übrige Volk spendete
170 Kilogramm Goldstücke, 1140
Kilogramm Silber und 67 Priester-
gewänder.

72 Die Priester, die Leviten, die Tor-
wächter, die Sänger, die Tempelsklaven
und das übrige Volk ließen sich in
ihren Heimatorten nieder.

Die Feste werden gefeiert

8 Als der Oktober* herankam und
die Israeliten in ihren Städten
wohnten, 1 versammelte sich das
ganze Volk auf dem Platz vor dem
Wassertor. Sie baten den Gesetzesleh-
rer Esra, das Buch mit dem Gesetz
Moses herbeizubringen, dem Gesetz,
das Jahwe den Israeliten verordnet
hat. 2 Da brachte der Priester Esra das
Gesetzbuch vor die ganze Versamm-
lung, vor die Männer und Frauen und
alle Kinder, die es schon verstehen
konnten. Am 1. Oktober* 3 las er vom
frühen Morgen bis zum Mittag auf
dem Platz vor dem Wassertor aus dem
Gesetzbuch vor. Das ganze Volk hörte
aufmerksam auf die Worte des Bu-
ches. 4 Der Schriftgelehrte Esra stand
dabei auf einem hölzernen Podest, das
man zu diesem Zweck errichtet hatte.
Rechts neben ihm standen Mattitja,
Schema, Anaja, Urija, Hilkija und
Maaseja, und links neben ihm Pedaja,
Mischaël, Malkija, Haschum, Hasch-
baddana, Secharja und Meschullam.
5 Esra öffnete die Schriftrolle vor aller
Augen, denn er stand höher als das
versammelte Volk. 6 Zuerst pries Esra
Jahwe, den großen Gott, und alle ant-
worteten mit erhobenen Händen:
»Amen, Amen!« Dann warfen sie sich
vor Jahwe nieder, mit dem Gesicht auf
den Boden. 7 Die Leviten Jeschua,
Bani, Scherebja, Jamin, Akkub,
Schabbetai, Hodija, Maaseja, Kelita,
Asarja, Josabad, Hanan und Pelaja
halfen den Leuten, das Gelesene zu
verstehen, wobei das Volk auf seinem
Platz blieb. 8 Sie übersetzten die vor-
gelesenen Abschnitte* und erklärten
die Weisung Gottes, damit das Volk
sie verstehen konnte.

7,66 *42.360 Personen.* Die Zahl ist höher als die Summe der einzelnen Angaben. Es könnte aber sein, dass nur die Nachkommen aus den Stämmen Juda und Benjamin gesondert aufgezählt sind und die Differenzsumme Menschen aus den anderen Stämmen betraf.

7,67 *Sängerinnen.* Einige hebräische Handschriften und die LXX haben hier aus Esra 2,66 eingefügt: »Außerdem brachten die Israeliten 736 Pferde, 245 Maultiere.«

7,69 *... Goldstücke.* Wörtlich: *1000 Golddariken.* Eine Darike wog etwa 8,4 Gramm.

7,70 *1250 Kilogramm Silber.* Wörtlich: *2200 Minen.* Eine Mine wog 558-610 Gramm.

7,72 *Oktober.* Wörtlich: der 7. Monat.

8,2 *Oktober.* Wörtlich: des 7. Monats. Das war der Neujahrstag des zivilen Jahres 445 v.Chr.

9 Als die Israeliten die Worte des Gesetzes vernahmen, fingen sie an zu weinen. Da sagten der Statthalter Nehemia, der Priester und Gesetzeslehrer Esra und die Leviten, die das Volk unterwiesen: »Seid nicht traurig und weint nicht, denn dieser Tag ist Jahwe, eurem Gott, geweiht! 10 Geht jetzt zu eurem Festmahl, esst und trinkt und gebt auch denen etwas ab, für die nichts vorbereitet ist! Heute ist ein Festtag für Jahwe. Seid nicht traurig, denn die Freude an Jahwe ist euer Schutz!« 11 Auch die Leviten redeten dem Volk gut zu: »Beruhigt euch, denn der Tag ist heilig! Ihr müsst nicht traurig sein!« 12 Da gingen alle zum Essen und Trinken und teilten ihr Festmahl mit denen, die nichts hatten. Sie feierten ein großes Freudenfest, denn sie hatten die Worte verstanden, die ihnen übermittelt worden waren.

Das Laubhüttenfest

13 Am nächsten Tag kamen die Sippenoberhäupter des ganzen Volkes mit den Priestern und Leviten zu Esra, dem Schriftgelehrten, um die Aussagen des Gesetzes noch besser zu verstehen. 14 Da entdeckten sie im Gesetz, das Jahwe durch Mose angeordnet hatte, dass die Israeliten während dieses Festes im Oktober* in Laubhütten wohnen sollten. 15 Da ließen sie in Jerusalem und in allen Städten ausrufen: »Geht auf die umliegenden Berge und holt frische Zweige von edlen und wilden Ölbäumen, von Myrten, von Palmen und anderen dichtbelaubten Bäumen, um Laubhütten zu bauen, wie es das Gesetz vorschreibt!« 16 Das Volk gehorchte und brachte Zweige und baute sich Laubhütten – die einen auf ihren Dachterrassen, die anderen in ihren Höfen, in den Vorhöfen des Tempels oder auf dem Platz vor dem Wassertor oder beim Efraïmtor. 17 Die ganze Versammlung der Heimkehrer baute Laubhütten und wohnte darin. Das hatten die Israeliten seit der Zeit von Josua Ben-Nun bis zu diesem Tag nicht mehr getan. Und alle freuten sich sehr. 18 An jedem der sieben Festtage wurde aus dem Buch des göttlichen Gesetzes vorgelesen. Am achten Tag fand die vorgeschriebene Festversammlung statt.

Das Bußgebet des Volkes

9 1 Am 24. Oktober* kamen die Israeliten zu einem Fastentag zusammen. Sie hatten den Trauersack angezogen und sich Erde auf den Kopf gestreut. 2 Sie hatten sich von all denen getrennt, die ihrer Abstammung nach keine Israeliten waren, und versammelten sich nun, um ihre Sünden und die Verfehlungen ihrer Väter zu bekennen. 3 Sie erhoben sich von ihren Plätzen, und drei Stunden* lang wurde ihnen aus dem Buch des

---

8,8 *übersetzten ... Abschnitte.* Seit der babylonischen Gefangenschaft war Aramäisch (Syrisch) die Umgangssprache in Israel und die hebräischen Texte der Heiligen Schrift mussten für das Volk übersetzt werden.

8,14 *Oktober.* Wörtlich: im 7. Monat. – Zum Laubhüttenfest siehe 3. Mose 23,33-44.

9,1 *Am 30. Oktober.* Wörtlich: *Am 24. dieses Monats.*

9,3 *drei Stunden.* Wörtlich: *ein Viertel des Tages.*

Gesetzes Jahwes, ihres Gottes, vorge-
lesen. Dann warfen sie sich vor Jahwe
nieder und bekannten ihm drei Stun-
den lang ihre Verfehlungen. 4 Auf dem
Podest der Leviten standen Jeschua,
Bani, Kadmiël, Schebanja, Bunni,
Scherebja, Bani und Kenani. Sie
schrien mit lauter Stimme um Hilfe zu
Jahwe, ihrem Gott. 5 Dann riefen die
Leviten Jeschua, Kadmiël, Bani,
Haschabneja, Scherebja, Hodija,
Schebanja und Petachja dem Volk zu:
»Steht auf und preist Jahwe, euren
Gott, von Ewigkeit zu Ewigkeit!«

Und sie beteten: »Man preise dei-
nen herrlichen Namen, Jahwe! Er ist
größer als alles Preisen und Rühmen
es ausdrücken kann. 6 Du, Jahwe,
bist der einzige Gott. Du hast alle
Himmel gemacht, die ganze Him-
melswelt und alle Heerscharen darin,
die Erde und alles, was auf ihr lebt,
die Meere und alles, was in ihnen ist.
Ihnen allen hast du das Leben ge-
schenkt, und das Heer des Himmels
betet dich an. 7 Du, o Jahwe, bist der
Gott, der Abram erwählte. Du holtest
ihn aus Ur in Chaldäa heraus und
gabst ihm den Namen Abraham.
8 Und als du sahst, dass er treu zu
dir hielt, hast du den Bund mit ihm
geschlossen und ihm versprochen,
seinen Nachkommen das Land der
Kanaaniter, der Hetiter, Amoriter, Pe-
risiter, Jebusiter und Girgaschiter zu
geben. Und du hast dein Versprechen
gehalten, denn du bist gerecht! 9 Du
sahst die Bedrückung unserer Väter
in Ägypten und hast ihren Hilfeschrei
am Schilfmeer gehört. 10 Dem Pha-
rao hast du deine Wunderzeichen
gezeigt und ihm deine Macht zu
spüren gegeben, seinen Ministern
und seinem ganzen Volk, denn du
hast gesehen, wie hochmütig sie un-
sere Väter behandelten. Und so hast
du dir bis heute einen Namen ge-
macht.

11 Vor ihren Augen hast du das Meer
gespalten, sodass unsere Väter trocke-
nen Fußes mitten hindurchziehen
konnten. Doch ihre Verfolger hast du
in den Strudel geschleudert, wie einen
Stein in tosende Fluten. 12 Am Tag
hast du sie durch eine Wolkensäule
geführt und in der Nacht ihren Weg
durch eine Feuersäule erhellt. 13 Auf
den Sinai bist du herabgestiegen und
hast vom Himmel her mit ihnen gere-
det. Klare Ordnungen hast du ihnen
gegeben, Gesetze, auf die man sich
verlassen kann, gute Vorschriften und
Gebote. 14 Du lehrtest sie den Sabbat
zu halten als heiligen Tag und gabst
ihnen durch deinen Diener Mose
Gebote, Ordnungen und ein Gesetz.
15 Für ihren Hunger gabst du ihnen
Brot vom Himmel und für ihren Durst
Wasser aus dem Fels. Und dann be-
fahlst du ihnen, das Land einzu-
nehmen, das du ihnen versprochen
hattest mit zum Schwur erhobener
Hand.

16 Doch unsere Väter wurden hoch-
mütig. Trotzig schlugen sie deine Wei-
sungen in den Wind! 17 Sie wollten
dir nicht gehorchen und dachten nicht
mehr an die großen Wunder, mit
denen du ihnen geholfen hattest. Stur
wie sie waren, wollten sie einen An-
führer wählen und zurück in die ägyp-
tische Sklaverei. Doch du bist ein
Gott, der Vergebung schenkt, bist
gnädig und voller Erbarmen. Du
hast große Geduld und unendliche

Gnade und ließest sie nicht im Stich.
18 Selbst als sie sich ein Stierkalb
machten und sagten: ›Das ist dein
Gott, der dich aus Ägypten geführt
hat!‹ und dich damit tief verletzten,
19 hast du sie dort in der Wüste nicht
verlassen. Du nahmst die Wolkensäu-
le nicht weg, die sie führte, und auch
die Feuersäule nicht, die nachts ihren
Weg erhellte. 20 Deinen guten Geist
hast du ihnen geschenkt, um sie zur
Einsicht zu bringen. Dein Manna ent-
hieltest du ihnen nicht vor und gabst
ihnen Wasser für ihren Durst. 21 Vier-
zig Jahre lang hast du sie in der Wüste
versorgt. Sie hatten alles, was sie
brauchten. Ihre Kleidung nutzte sich
nicht ab und ihre Füße schwollen
nicht an.

22 Ganze Königreiche und Völker
gabst du in ihre Gewalt, ein Land
nach dem anderen eroberten sie. So
nahmen sie das Land des Königs
Sihon von Heschbon in Besitz, und
das Land des Königs Og von Ba-
schan. 23 Du hast ihre Nachkommen
so zahlreich wie die Sterne am Him-
mel gemacht und sie in das Land ge-
bracht, das nach deinem Willen
schon die Väter in Besitz nehmen
sollten. 24 Nun zogen sie hinein und
eroberten es. Die Bewohner Ka-
naans gabst du in ihre Gewalt, ihre
Herrscher und ihre Völker, und sie
konnten mit ihnen machen, was sie
wollten. 25 Befestigte Städte nah-
men sie ein und fruchtbares Land,
Häuser mit Gütern gefüllt und ferti-
ge Zisternen, Weinberge und Oli-
venhaine und Obstbäume in großer
Zahl. Es ging ihnen gut, sie aßen sich
satt und genossen die Fülle deiner
guten Gaben.

26 Aber dann wurden sie trotzig und
empörten sich gegen dich, sie schleu-
derten deine Weisungen hinter sich.
Sie brachten deine Propheten um, die
sie warnten, um sie zu dir zurückzu-
bringen. So kränkten sie dich sehr.
27 Da gabst du sie der Gewalt ihrer
Feinde preis und diese bedrängten sie
hart. Dann schrien sie zu dir, und du
erhörtest sie vom Himmel her. In dei-
nem Erbarmen schicktest du ihnen
Retter und hast sie von ihren Peini-
gern erlöst. 28 Doch kaum hattest du
ihnen Ruhe verschafft, lehnten sie
sich erneut gegen dich auf. Da über-
ließest du sie wieder den Händen ihrer
Feinde, und die herrschten hart über
sie. Wieder schrien sie zu dir und du
erhörtest sie vom Himmel her. Immer
wieder hast du sie in deinem Erbar-
men befreit. 29 Obwohl du sie ernst-
lich gewarnt hast, um sie zu deinem
Gesetz zurückzuführen, trotzten sie
dir und gehorchten deinen Geboten
nicht. Sie sündigten gegen deine Ord-
nungen, durch die der Mensch doch
lebt, wenn er sie tut. Sie zeigten dir
die kalte Schulter, boten dir trotzig
die Stirn und gehorchten dir nicht.
30 Viele Jahre hattest du mit ihnen Ge-
duld und warntest sie durch deinen
Geist, der deinen Propheten die Worte
gab. Aber sie hörten nicht hin. Da
gabst du sie in die Gewalt fremder
Völker. 31 Doch weil du sehr barm-
herzig bist, hast du sie nicht beseitigt
und sie nicht verlassen. Denn du bist
gnädig und voller Erbarmen.

32 Und nun, unser Gott, du großer,
starker und furchtbarer Gott, der sich
seine Gnade bewahrt und zu seinem
Bund steht! Lass doch all das Leid,
das uns betroffen hat, unsere Könige

und Führer, unsere Priester und Pro-
pheten, unsere Vorfahren und dein
ganzes Volk seit der Herrschaft der as-
syrischen Könige bis heute, lass doch
all das Leid dir nicht gering erschei-
nen. 33 Du warst im Recht, wenn uns
das alles getroffen hat, denn du bist
treu geblieben; doch wir, wir haben
uns schuldig gemacht. 34 Ja, unsere
Könige, unsere Vorsteher und Pries-
ter, unsere Vorfahren haben dein Ge-
setz nicht befolgt, auf deine Gebote
nicht geachtet und deine Warnungen
in den Wind geschlagen. 35 Du hattest
ihnen die Herrschaft anvertraut, du
hattest sie mit Gütern reich beschenkt
und ihnen ein weites, fruchtbares
Land gegeben. Doch sie haben dir
nicht gedient und kehrten von ihrem
bösen Treiben nicht um. 36 Und heute
sind wir Sklaven in dem Land, das du
unseren Vorfahren anvertraut hast,
damit sie seine Früchte und seinen
Reichtum genießen. Ja, wir sind hier
Sklaven geworden, 37 und der Ertrag
unseres Landes kommt den Königen
zugute, die du über uns gesetzt hast.
Sie haben Gewalt über unsere Körper
und unser Vieh; sie behandeln uns,
wie es ihnen gerade gefällt, und wir
sind in großer Not.«

Verpflichtung auf das Gesetz

10 1 »Und wegen all dem ver-
pflichten wir uns nun schrift-
lich. Auf der gesiegelten Schrift sollen
die Namen unserer Vorsteher, unserer
Leviten und Priester stehen.« 2 Als
erster unterzeichnete der Statthalter
Nehemia Ben-Hachalja, dann die
Priester Zidkija, 3 Seraja, Asarja, Jir-
meja, 4 Paschhur, Amarja, Malkija,
5 Hattusch, Schebanja, Malluch,
6 Harim, Meremot, Obadja, 7 Daniel,
Ginneton, Baruch, 8 Meschullam,
Abija, Mijamin, 9 Maasja, Bilga und
Schemaja.

10 Dann unterschrieben die Leviten
Jeschua Ben-Asanja, Binnui aus
der Sippe Henadad sowie Kadmiël,
11 ferner ihre Brüder Schebanja, Ho-
dija, Kelita, Pelaja, Hanan, 12 Micha,
Rehob, Haschabja, 13 Sakkur, Sche-
rebja, Schebanja, 14 Hodija, Bani und
Beninu.

15 Schließlich unterzeichneten die
Vorsteher Parosch, Pahat-Moab,
Elam, Sattu, Bani, 16 Bunni, Asgad,
Bebai, 17 Adonija, Bigwai, Adin,
18 Ater, Hiskija, Asur, 19 Hodija, Ha-
schum, Bezai, 20 Harif, Anatot,
Nebai, 21 Magpiasch, Meschullam,
Hesir, 22 Meschesabel, Zadok, Jad-
dua, 23 Pelatja, Hanan, Anaja, 24 Ho-
schea, Hananja, Haschub, 25 Lo-
hesch, Pilha, Schobek, 26 Rehum,
Haschabna, Maaseja, 27 Ahija, Ha-
nan, Anan, 28 Malluch, Harim und
Baana.

29 Auch das übrige Volk schloss sich
der Verpflichtung an: die restlichen
Priester und Leviten, die Torwächter,
Sänger und Tempelsklaven, und alle,
die sich von den nichtisraelitischen
Völkern im Land getrennt hatten, um
das Gesetz Gottes zu befolgen, dazu
ihre Frauen und alle von ihren Söhnen
und Töchtern, die alt genug waren, die
Vereinbarung zu verstehen. 30 Zu-
sammen mit ihren Vorstehern legten
sie einen Eid ab, das Gesetz, das Gott
uns durch Mose, seinen Diener, gege-
ben hat, und alle Gebote, Vorschriften
und Anweisungen Jahwes, unseres
Herrn, zu befolgen.

31 »Wir verpflichten uns, unsere Töchter nicht in fremde Volksgruppen im Land zu verheiraten und von ihnen keine Frauen für unsere Söhne zu nehmen. 32 Und wenn diese Fremden ihr Getreide oder andere Waren am Sabbat oder einem anderen heiligen Tag zum Verkauf bringen, wollen wir ihnen nichts abkaufen. Jedes siebte Jahr lassen wir das Land brach liegen und erlassen alle Schulden. 33 Wir verpflichten uns, jährlich einen Drittelschekel* für den Dienst im Tempel unseres Gottes zu geben, 34 für die geweihten Brote, für die täglichen Speis- und Brandopfer, für die Opfer am Sabbat, am Neumondsfest und an den übrigen Festtagen, für die geweihten Gaben und die Sündopfer, die Israels Schuld tilgen, sowie für alle Arbeiten am Haus unseres Gottes. 35 Die Lieferung des Brennholzes für die im Gesetz vorgeschriebenen Opfer auf dem Altar Jahwes, unseres Gottes, losen wir zusammen mit den Priestern und Leviten jährlich aus und bestimmen so, welche Sippen es zu den festgesetzten Zeiten liefern müssen. 36 Jedes Jahr werden wir die ersten Früchte von unseren Feldern und Fruchtbäumen zum Haus Jahwes bringen. 37 Wie es im Gesetz vorgeschrieben ist, werden wir auch unsere erstgeborenen Söhne* sowie die Erstgeburten von unseren Rindern und Schafen zu den diensttuenden Priestern im Haus unseres Gottes bringen. 38 In den Vorratsräumen des Tempels werden wir ihnen auch den Brotteig aus dem ersten Getreide des Jahres abliefern sowie die besten Früchte unserer Bäume, den ersten Wein und das erste Olivenöl. Den Leviten geben wir den Zehnten vom Ertrag unserer Felder, denn sie erheben den Zehnten an allen Orten, wo wir Ackerbau betreiben. 39 Wenn die Leviten den Zehnten in Empfang nehmen, soll ein Priester, ein Nachkomme Aarons, in ihrer Begleitung sein. Den Zehnten vom Zehnten sollen die Leviten nämlich an den Tempel abliefern und in die Vorratskammern dort bringen. 40 In diese Räume sollen die Israeliten und die Leviten das Getreide, den Wein und das Olivenöl abliefern. Dort werden die Gegenstände für den Tempeldienst aufbewahrt, und dort halten sich auch die diensttuenden Priester, die Torwächter und Sänger auf. Wir wollen das Haus unseres Gottes nicht vernachlässigen.«

Die Einwohner von Jerusalem

11 1 Die Führer des Volkes wohnten schon in Jerusalem. Aus der übrigen Bevölkerung wurde jede zehnte Familie durch das Los dazu bestimmt, ebenfalls in Jerusalem, der heiligen Stadt, zu wohnen. Die anderen Familien konnten in ihren Ortschaften bleiben. 2 Und jede Familie, die freiwillig nach Jerusalem zog, wurde vom Volk gesegnet. 3 Die folgende Liste verzeichnet die Sippenoberhäupter der Provinz Judäa, die in Jerusalem wohnten. Die übrigen

---

10,33 *Drittelschekel.* Silbermünze, etwa 4 Gramm.

10,37 *erstgeborenen Söhne.* Alle Erstgeburt gehörte Gott. Menschen wurden jedoch in den Tempel gebracht und dort ausgelöst (siehe 2. Mose 13,2; 4. Mose 18,16-18).

Israeliten, die Priester, die Leviten, die Tempelsklaven und die Nachkommen der Sklaven Salomos wohnten in den Städten Judäas, jeder auf seinem Erbbesitz.

4 Aus dem Stamm Juda wohnten in Jerusalem: Ataja Ben-Usija; er stammte über Secharja, Amarja, Schefatja und Mahalalel von Judas Sohn Perez ab. 5 Maaseja Ben-Baruch; er stammte über Kolhose, Hasaja, Adaja, Jojarib und Secharja von Schela ab. 6 Von den Nachkommen des Perez wohnten 468 angesehene Männer in Jerusalem.

7 Aus dem Stamm Benjamin: Sallu Ben-Meschullam, der von Joëd, Pedaja, Kolaja, Maaseja, Itiël und Jeschaja abstammte, 8 und seine Brüder Gabbai und Sallai, 928. 9 Joël Ben-Sichri war ihr Vorgesetzter und Juda Ben-Senua der zweite Stadtvorsteher.

10 Von den Priestern: Jedaja Ben-Jojarib, sowie Jachin. 11 Seraja Ben-Hilkija, der von Meschullam, Zadok, Merajot und Ahitub abstammte, war Vorsteher im Haus Gottes. 12 Es waren 822 ihrer Männer, die den Dienst im Tempel verrichteten. Dann Adaja Ben-Jeroham, der von Pelalja, Amzi, Secharja, Paschhur und Malkija abstammte. 13 Seine Sippe umfasste 242 Familienoberhäupter. Dann Amaschsai Ben-Asarel, der von Achsai, Meschillemot und Immer abstammte. 14 Seine Sippe umfasste 128 Familien. Ihr Anführer war Sabdiël Ben-Haggedolim.

15 Von den Leviten: Schemaja Ben-Haschub, der von Asrikam, Haschabja und Bunni abstammte. 16 Außerdem Schabbetai und Josabad, Sippenoberhäupter, die für den Dienst im äußeren Bereich des Tempels verantwortlich waren. 17 Mattanja Ben-Micha, der von Sabdi und Asaf abstammte, leitete den Lobgesang und stimmte den Lobpreis beim Gebet an; Bakbukja, einer seiner Verwandten, war sein Stellvertreter, ebenso Abda Ben-Schammua, der von Galal und Jedutun abstammte. 18 Insgesamt wohnten 284 Levitenfamilien in der Heiligen Stadt.

19 Torwächter: Akkub, Talmon und ihre Verwandten, insgesamt 172.

20 Die übrigen Israeliten, einschließlich der Priester und Leviten, wohnten in allen Orten Judas zerstreut, jeder auf seinem Erbbesitz. 21 Die Tempelsklaven wohnten auf dem Ofel. Sie arbeiteten unter der Aufsicht von Ziha und Gischpa. 22 Vorsteher der Leviten in Jerusalem war Usi Ben-Bani, der von Haschabja, Mattanja und Micha abstammte. Er gehörte zu den Nachkommen Asafs, die beim Gottesdienst im Tempel für den Gesang zuständig waren. 23 Eine Anordnung des Königs* regelte ihren Dienst für jeden Tag. 24 Petachja Ben-Meschesabel, der von Serach Ben-Juda abstammte, beriet den König in allen Angelegenheiten des Volkes.

Landbewohner

25 Was die Gehöfte auf dem Land betrifft, wohnten einige Juden in Kirjat-Arba und Dibon mit den

---

11,23 *Anordnung des Königs.* Schon Darius I. hatte dafür Anordnungen gegeben, vgl. Esra 6,10, offenbar auch Artaxerxes.

dazugehörigen Dörfern; und in Kab-
zeel mit den dazugehörigen Gehöf-
ten; 26 außerdem in Jeschua, Molada,
Bet-Pelet, 27 Hazar-Schual, Beer-
scheba und seinen Dörfern, 28 Ziklag,
Mechona und seinen Dörfern, 29 En-
Rimmon, Zora, Jarmut; 30 in Sano-
ach und Adullam und den dazugehö-
rigen Gehöften, Lachisch und dem
dazugehörigen Gebiet sowie Aseka
und seinen Dörfern. Ihr Gebiet reich-
te von Beerscheba bis zum Hinnom-
Tal.
31 Benjaminiten wohnten auch in
Geba, Michmas, Aja, Bet-El und
seinen Dörfern, 32 Anatot, Nob,
Ananeja, 33 Hazor, Rama, Gittajim,
34 Hadid, Zeboim, Neballat, 35 Lod,
Ono und dem Tal der Handwerker.
36 Einige Gruppen von Leviten wohn-
ten in Juda, andere ließen sich im
Gebiet von Benjamin nieder.

Priester und Leviten

12 1 Folgende Priester und Levi-
ten waren mit Serubbabel
Ben-Schealtiël und Jeschua aus der
Verbannung heimgekehrt: Seraja,
Jirmeja, Esra, 2 Amarja, Malluch,
Hattusch, 3 Schechanja, Harim, Me-
remot, 4 Iddo, Ginneton, Abija, 5 Mi-
jamin, Maadja, Bilga, 6 Schemaja,
Jojarib, Jedaja, 7 Sallu, Amok, Hilkija
und Jedaja. Dies waren die Ober-
häupter der Priester und ihre Brüder
in der Zeit des Hohen Priesters Je-
schua. 8 Die Leviten Jeschua, Binnui,
Kadmiël, Scherebja, Juda und Mat-
tanja waren für den Gesang zustän-
dig. 9 Bakbukja, Unni und ihre Brü-
der standen ihnen nach Dienstab-
teilungen gegenüber. 10 Der Hohe
Priester Jeschua zeugte Jojakim, Jo-
jakim Eljaschib, Eljaschib Jojada,
11 Jojada zeugte Jonatan, Jonatan
Jaddua. 12 Zur Zeit Jojakims waren
folgende Priester die Oberhäupter
ihrer Sippen. Für Seraja: Meraja; für
Jirmeja: Hananja; 13 für Esra: Me-
schullam; für Amarja: Johanan 14 für
Malluch: Jonatan; für Schebanja:
Josef; 15 für Harim: Adna; für Mera-
jot: Helkai; 16 für Iddo: Secharja; für
Ginneton: Meschullam; 17 für Abija:
Sichri; für Mijamin ...; für Maadja:
Piltai; 18 für Bilga: Schammua; für
Schemaja: Jonatan; 19 für Jojarib:
Mattenai; für Jedaja: Usi; 20 für Sal-
lai: Kallai; für Amok: Eber; 21 für Hil-
kija: Haschabja; für Jedaja: Netanel.
22 Zur Zeit der Hohen Priester Elja-
schib, Jojada, Johanan und Jaddua
sowie des Perserkönigs Darius wur-
den Verzeichnisse angelegt, in denen
die Sippenoberhäupter der Leviten
und Priester erfasst waren. 23 Von
den Leviten wurden die Sippenober-
häupter bis zur Amtszeit von Joha-
nan Ben-Eljaschib in der amtlichen
Chronik erfasst. 24 Es waren: Ha-
schabja, Scherebja und Jeschua Ben-
Kadmiël. Ihre Verwandten standen
ihnen in ihrer Dienstabteilung ge-
genüber, um nach dem Gebot des
Gottesmannes David zu loben und zu
preisen. 25 Es waren: Mattanja, Bak-
bukja und Obadja. Meschullam, Tal-
mon und Akkub waren Torwächter;
sie bewachten die Vorratsräume bei
den Toren des Tempels. 26 Diese
Männer lebten in der Zeit von Joja-
kim Ben-Jeschua, dem Enkel von Jo-
zadak, und in der Zeit des Statthal-
ters Nehemia und des Priesters und
Schriftgelehrten Esra.

Die Einweihung der Stadtmauer

27 Zur Einweihung der Stadtmauer
holte man die Leviten aus dem gan-
zen Land nach Jerusalem, um das
Freudenfest mit Lobliedern und der
festlichen Musik von Zimbeln, Har-
fen und Zithern zu feiern. 28 Da sam-
melten sich die Sänger aus den Dör-
fern rings um Jerusalem und den
Siedlungen der Netofatiter, 29 aus
Bet-Gilgal und dem Gebiet von Geba
und Asmawet, denn sie hatten sich in
der Umgebung von Jerusalem Gehöf-
te gebaut. 30 Nachdem die Priester
und Leviten sich selbst den Reini-
gungszeremonien unterzogen hat-
ten, reinigten sie auch das Volk, die
Tore und die Mauer.

31 Daraufhin ließ ich die führenden
Männer auf die Mauer steigen und
stellte zwei große Festchöre zusam-
men. Der eine zog oben auf der Mauer
nach rechts Richtung Misttor. 32 Hin-
ter ihm ging Hoschaja mit der einen
Hälfte der führenden Männer aus
Juda 33 und den Priestern Asarja,
Esra, Meschullam, 34 Juda, Benja-
min, Schemaja und Jirmeja mit Trom-
peten. 35 Es folgten Secharja Ben-Jo-
natan, der von Schemaja, Mattanja,
Michaja, Sakkur und Asaf abstamm-
te, 36 und seine Mitbrüder Schemaja,
Asarel, Milalai, Gilalai, Maai, Neta-
nel, Juda und Hanani mit den Saiten-
instrumenten, wie sie der Gottesmann
David einst gespielt hatte. An ihrer
Spitze ging der Gesetzeslehrer Esra.
37 Sie zogen weiter zum Quelltor und
stiegen auf dem ansteigenden Mauer-
stück auf Treppen zur Davidsstadt*
hinauf, gingen am ehemaligen Palast
Davids vorbei und kamen bis zum
Wassertor im Osten. 38 Der zweite
Festchor zog in entgegengesetzter
Richtung. Er wurde von der anderen
Hälfte der führenden Männer aus
Juda und von mir begleitet. Wir zogen
zum Ofenturm über die breite Mauer,
39 das Efraïmtor, das Jeschanator, das
Fischtor, am Hananel-Turm und dem
Turm der Hundert vorbei zum Schaf-
tor. Am Wachttor machten wir Halt.
40 Dann stellten sich die beiden Dank-
chöre im Haus Gottes auf. Bei mir
standen außer der einen Hälfte der
führenden Männer 41 die Priester El-
jakim, Maaseja, Mijamin, Michaja,
Eljoënai, Secharja und Hananja mit
Trompeten 42 und die Leviten Maase-
ja, Schemaja, Eleasar, Usi, Johanan,
Malkija, Elam und Eser. Dann ließen
sich die Sänger unter der Leitung
von Jisrachja hören. 43 Anschließend
wurden eine Menge Tiere für das
Opfermahl geschlachtet. Gott schenk-
te allen Männern, Frauen und Kin-
dern große Freude. Der Jubel aus
Jerusalem war weithin zu hören.

Die Ordnung der Abgaben

44 An jenem Tag wurden auch Männer
als Aufseher über die Vorratsräume
eingesetzt, in denen die Abgaben, die
ersten Früchte der Ernte und die
Zehnten der Erträge gelagert wurden.
In diesen Kammern sammelte man
von den Feldern der einzelnen Städte
die Anteile, die den Priestern und
Leviten gesetzlich zukamen. Denn
die Juden hatten ihre Freude an den

12,37 Die *Davidsstadt* umfasste das Gebiet des alten Jebus, das von David erobert worden war. Es bildete den Kern Jerusalems.

Priestern und Leviten im heiligen Dienst, 45 die ihrem Gott die Opfer brachten und die Reinigungshandlungen vollzogen. Auch die Sänger und Torwächter versahen ihren Dienst nach den Anordnungen Davids und seines Sohnes Salomo. 46 Denn seit der Zeit Davids und Asafs gab es Vorsteher für die Sänger, die Gott mit ihren Liedern lobten und priesen. 47 Zur Zeit Serubbabels und zur Zeit Nehemias lieferte ganz Israel die Anteile für den täglichen Bedarf der Sänger und Torwächter ab. Und die Gaben, die Gott geweiht waren, brachten sie zu den Leviten, die wiederum den vorgeschriebenen Anteil an die Priester abgaben.

Trennung von den Fremden

13 1 Damals las man dem Volk aus dem Buch des Mose vor und stieß dabei auf die Vorschrift, dass kein Ammoniter und Moabiter* jemals zur Gemeinde Gottes gehören darf. 2 Denn diese Völker hatten sich damals geweigert, den Israeliten Brot und Wasser zu geben, und stattdessen dem Magier Bileam viel Geld angeboten, damit er sie verfluchen sollte. Doch unser Gott hatte den Fluch in Segen verwandelt.* 3 Als die Israeliten dieses Gesetz zu hören bekamen, schlossen sie alle Fremden aus der Gemeinde Israels aus.

Weitere Reformen Nehemias

4 Schon vorher hatte der Priester Eljaschib, der für die Räumlichkeiten am Haus unseres Gottes verantwortlich war, seinem Verwandten Tobija 5 einen großen Raum im Tempel zur Verfügung gestellt. Bis dahin hatte man dort das Opfermehl und den Weihrauch aufbewahrt, die entsprechenden Tempelgeräte und den Zehnten von Getreide, Most und Öl, der den Leviten, den Sängern, den Torwächtern und den Priestern zustand. 6 Bei alldem war ich nicht in Jerusalem gewesen, denn im 32. Regierungsjahr* des Königs Artaxerxes von Babylon war ich an den Hof zurückgekehrt und hatte mir erst nach einer längeren Zeit vom König wieder Urlaub erbeten. 7 Als ich dann wieder nach Jerusalem kam, sah ich, dass Eljaschib für Tobija einen großen Raum im Vorhof des Tempels eingerichtet hatte. 8 Das missfiel mir sehr und ich ließ alles hinauswerfen, was Tobija gehörte. 9 Dann befahl ich, die Räume zu reinigen und brachte die Gegenstände des Gotteshauses sowie das Speisopfer und den Weihrauch wieder hinein. 10 Ich erfuhr auch, dass die Abgaben für den Unterhalt der Leviten nicht abgeliefert worden waren, sodass sie ihren Dienst am Tempel verlassen hatten, um ihre Felder zu bestellen. 11 Da stellte ich die Vorsteher zur Rede: »Warum ist der Tempeldienst so vernachlässigt worden?« Dann ließ ich die Leviten zurückholen und stellte sie wieder an die Arbeit. 12 Als dann das ganze Volk wieder den Zehnten von ihrem Getreide, dem Wein und dem Olivenöl

---

13,1 Die *Moabiter* lebten östlich des Toten Meeres zwischen den Flüssen Arnon und Zered, die *Ammoniter* nordöstlich davon.

13,2 *in Segen verwandelt.* Siehe 4. Mose 22-24.

13,6 *32. Regierungsjahr.* 433/2 v.Chr., siehe Nehemia 5,14.

in die Vorratsräume brachte, 13 über-
trug ich die Aufsicht darüber dem
Priester Schelemja, dem Schreiber
Zadok und dem Leviten Pedaja. Als
Helfer stellte ich ihnen noch Hanan
Ben-Sakkur, den Enkel Mattanjas,
zur Seite. Sie alle galten als zuverläs-
sige Männer und sollten für die Ver-
teilung des Zehnten an ihre Brüder
verantwortlich sein.

14 »Denk an mich, mein Gott, und
lösch die guten Taten, die ich für dein
Haus und den Tempeldienst voll-
bracht habe, nicht aus deinem Buch
aus!«

15 Zu derselben Zeit sah ich Leute
in Judäa, die am Sabbat in der Kelter
Weintrauben auspressten, Getreide
vom Feld einbrachten und ihre Esel
damit beluden. Sie brachten auch
Wein, Trauben, Feigen und andere
Lasten am Sabbat nach Jerusalem
hinein. Ich verwarnte sie, als sie es
an diesem Tag verkaufen wollten.
16 Die Leute von Tyrus, die sich bei
uns niedergelassen hatten, brachten
Fische und andere Waren in die Stadt
und verkauften sie auch am Sabbat
an die Juden. 17 Da stellte ich die Vor-
nehmen Judäas zur Rede und hielt
ihnen vor: »Was macht ihr da für eine
böse Sache? Ihr schändet den Sab-
bat! 18 Haben das nicht schon eure
Vorfahren gemacht? Und hat Gott
nicht deshalb all das Unglück über
uns und diese Stadt gebracht? Wollt
ihr durch eure Sabbatschändung sei-
nen Zorn noch größer machen?«
19 Deshalb ordnete ich an, die Tore
Jerusalems zu schließen, wenn es am
Vorabend des Sabbats in den Tor-
wegen dunkel wurde, und sie erst
wieder zu öffnen, wenn der Sabbat
vorüber war. Auch stellte ich einige
meiner Leute an die Tore, damit am
Sabbat keine Lasten hereingebracht
würden. 20 Nun mussten die Kauf-
leute und Händler mit all ihren
Waren ein- oder zweimal draußen
vor Jerusalem übernachten. 21 Ich
warnte sie und sagte: »Warum über-
nachtet ihr vor der Stadtmauer?
Wenn das noch einmal vorkommt,
lasse ich euch festnehmen!« Von die-
ser Zeit an kamen sie am Sabbat
nicht wieder. 22 Darauf befahl ich
den Leviten, sie sollten sich reinigen
und sich als Wächter an die Tore stel-
len, damit man den Sabbat heilig hal-
ten könne.

»Denk an mich, mein Gott, und
rechne mir auch das an! Erbarme dich
über mich nach deiner grenzenlosen
Güte!«

23 Damals wurde ich auch auf einige
Juden aufmerksam, die Frauen aus
Aschdod, Ammon und Moab geheira-
tet hatten. 24 Die Hälfte ihrer Kinder
redete aschdoditisch oder in einer an-
deren fremden Sprache und keins von
ihnen konnte jüdisch sprechen. 25 Da
ging ich mit ihnen ins Gericht und ver-
fluchte sie. Einige von ihnen schlug
ich, riss sie an den Haaren und be-
schwor sie bei Gott: »Ihr dürft eure
Töchter nicht mit deren Söhnen ver-
heiraten und deren Töchter nicht für
eure Söhne nehmen! 26 Selbst Salo-
mo, der König von Israel, hat wegen
solcher Frauen schwere Schuld auf
sich geladen. Zwar hat es unter den
vielen Völkern keinen König wie ihn
gegeben und er war der Liebling Got-
tes und Gott hatte ihn zum König über
ganz Israel gemacht. Aber sogar ihn
haben die ausländischen Frauen zur

Sünde verleitet. 27 Es ist unerhört,
dass ihr das gleiche große Unrecht
begeht, dass ihr ausländische Frauen
heiratet und so unserem Gott untreu
werdet!« 28 Einer der Söhne von
Jojada Ben-Eljaschib, dem Hohen
Priester, war der Schwiegersohn des
Horoniters Sanballat; den entfernte
ich aus meiner Umgebung.

29 »Mein Gott, vergiss es diesen
Leuten nicht, dass sie das Priesteramt
entehrt und den Bund gebrochen
haben, den du mit den Priestern und
Leviten geschlossen hast!«

30 So habe ich das Volk von allen
fremden Einflüssen gereinigt. Ich
stellte Dienstordnungen für die
Priester und Leviten auf, die jedem
seine Pflichten zuwiesen. 31 Ich sorgte
auch für die regelmäßige Lieferung
des Brennholzes und die Abgabe der
ersten Früchte.

»Denk an mich, mein Gott, und lass
es mir zugutekommen!«

Das Buch Ester

Dreiunddreißig Jahre nach Vollendung des zweiten Tempels lebten immer noch sehr viele Juden im Ausland. Das Buch Ester berichtet von einer wunderbaren Bewahrung, die die Exiljuden unter dem Perserkönig Xerxes erlebten. Schauplatz der Ereignisse ist Susa, die Winterresidenz der persischen Könige zwischen 483 und 473 v.Chr. Zwar wird der Name Gottes im gesamten Buch nicht einmal erwähnt, aber seine Führung kann man überall in der Geschichte erkennen. Das Buch, das offensichtlich auf den Bericht des Mordechai zurückgeht und von einem uns unbekannten Verfasser aufgeschrieben wurde, erklärt, wie es zum Purimfest der Juden kam.

Die Macht eines Weltherrschers

1 1 Es war in der Zeit des Xerxes*,
jenes persischen Königs, der von
Indien bis Nubien* über 127 Provin-
zen regierte 2 und dessen Thron in
der befestigten Oberstadt von Susa*
stand. 3 In seinem dritten Regie-
rungsjahr* gab er ein Fest* für alle
Fürsten und Beamten seines Reiches.
Auch die höchsten Offiziere des Hee-
res von Persien und Medien waren er-
schienen, der hohe Adel und die Statt-
halter der Provinzen. 4 Volle 180 Tage
lang stellte der König ihnen die Herr-
lichkeit seines Königtums und die
strotzende Pracht seiner Größe zur
Schau. 5 Danach lud er auch alle Be-
wohner der Residenz Susa vom Vor-
nehmsten bis zum Geringsten zu
einem Fest ein. Sieben Tage lang
wurde auf dem Platz zwischen Palast
und Park gefeiert. 6 Weiße und vio-
lette Vorhänge aus Baumwolle waren
mit weißen und roten Schnüren an
silbernen Stangen aufgehängt, die
von Marmorsäulen getragen wurden.
Auf dem Mosaikboden aus verschie-
denfarbigen kostbaren Marmorstei-
nen und Perlmutt waren goldene und
silberne Ruhelager aufgestellt. 7 Die
Getränke reichte man in goldenen Ge-
fäßen, von denen keins dem anderen
glich. Der Wein aus den königlichen
Kellern floss in Strömen. 8 Bei dem
Gelage sollte keinerlei Zwang herr-
schen. Der König hatte seine Palast-
beamten angewiesen, sich ganz nach
den Wünschen der Gäste zu richten.

1,1 *Xerxes.* Hebräisch: Ahaschverosch. Es handelt sich um den in Daniel 11,2 angekündigten vierten Herrscher nach Kyrus, Xerxes I., der von 486-465 v.Chr. regierte. Sein Vater war Darius I., seine Mutter Atossa war eine Tochter des Königs Kyrus, der Israel die Heimkehr aus dem babylonischen Exil ermöglichte.

Nubien. Hebräisch: Kusch. Land am Oberlauf des Nil, südlich von Ägypten.

1,2 Darius I. hatte *Susa* zur Hauptstadt des persischen Weltreiches gemacht. Die *Oberstadt* mit dem befestigten Palastquartier lag 24 m über der Stadt und der eigentliche Palast noch einmal 16 m höher.

1,3 *Drittes Regierungsjahr.* Also 483 v.Chr.

Fest. Es war eine Art Siegesfeier, nachdem er alle Aufstände in seinem Reich niedergeschlagen hatte.

9 Gleichzeitig veranstaltete Königin
Waschti im Palast ein Fest für die
Frauen.
10 Am siebten Tag rief König Xerxes
in einer Weinlaune die sieben Eunu-
chen*, die ihn persönlich bedienten,
11 und befahl ihnen, die Königin im
Schmuck ihrer Krone herzubringen.
Das ganze Volk und die Fürsten soll-
ten ihre außerordentliche Schönheit
bewundern. 12 Doch Königin Waschti
weigerte sich, der Aufforderung zu
folgen. Da wurde der König sehr er-
bost; Zorn loderte in ihm auf.
13 Gleich darauf besprach er sich mit
den Weisen, die sich in der Geschichte
auskannten, denn er pflegte seine An-
gelegenheiten vor die Gesetzes- und
Rechtskundigen zu bringen. 14 Seine
engsten Vertrauten, die zu ihm Zutritt
hatten und den ersten Rang im König-
reich einnahmen, waren die sieben
Fürsten von Persien und Medien:
Karschena, Schetar, Admata, Tar-
schisch, Meres, Marsena und Memu-
chan. 15 Er fragte sie: »Was soll nach
dem Gesetz mit Königin Waschti ge-
schehen? Sie hat sich einem durch die
Eunuchen überbrachten Befehl* von
König Xerxes widersetzt.« 16 Da
sagte Memuchan vor dem König und
den Fürsten: »Die Königin Waschti
hat sich nicht nur am König vergan-
gen, sondern auch an allen Fürsten
und am ganzen Volk in allen Provin-
zen des Königreiches. 17 Was sie
getan hat, wird sich unter allen Frau-
en herumsprechen. Sie werden die
Achtung vor ihren Ehemännern ver-
lieren, wenn man erzählt, dass die
Königin Waschti sich weigerte, einem
ausdrücklichen Befehl von König
Xerxes zu folgen. 18 Und wenn unsere
Frauen von dem Verhalten der Köni-
gin gehört haben, werden sie es auch
uns vorhalten. Das wird viel Ärger
und Verdruss geben. 19 Wenn es dem
König recht ist, sollte ein unwiderruf-
licher königlicher Erlass heraus-
gegeben werden, der ins Gesetz der
Perser und Meder aufgenommen
wird, dass Waschti nie wieder vor ihm
erscheinen darf. Der König möge eine
andere Frau zur Königin machen, die
diese Würde auch verdient. 20 Wenn
man diesen Erlass des Königs in sei-
nem ganzen Reich – so groß es auch
ist – bekannt macht, werden alle
Frauen von den vornehmsten bis zu
den geringsten ihren Ehemännern
den schuldigen Respekt erweisen.«
21 Der Vorschlag gefiel dem König
und den Fürsten. Wie Memuchan
vorgeschlagen hatte, 22 schickte der
König Schreiben in alle Provinzen
seines Reiches, jeweils in der Schrift
und Sprache des betreffenden Lan-
des. Jeder Mann sollte Herr in seinem
Haus sein und in jeder Familie sollte
die Sprache des Mannes gesprochen
werden.

Eine neue Königin

2 1 Einige Zeit nach diesem Ge-
schehen hatte sich der Zorn des
Königs gelegt. Er dachte an das, was
Waschti getan hatte und wie sie von
ihm getrennt worden war. 2 Seine

1,10 *Eunuchen.* Nur solche Hofbeamte hatten auch Zutritt zum Harem.

1,15 Das war ein offizieller *Befehl* und keine private Bitte.

jungen Diener bemerkten es und
schlugen ihm vor: »Man sollte für
den König schöne, unberührte junge
Mädchen suchen. 3 Der König könnte
Beamte in allen Provinzen seines Rei-
ches beauftragen, diese Mädchen in
seinen Harem nach Susa zu bringen.
Der königliche Eunuch Hegai, der für
die Frauen des Königs verantwortlich
ist, kann sie in seine Obhut nehmen
und dafür sorgen, dass sie alle Mittel
zur Schönheitspflege bekommen.
4 Das Mädchen, das dem König am
besten gefällt, sollte dann an Waschtis
Stelle Königin werden.« Der König
fand den Vorschlag gut und gab die
entsprechenden Anordnungen.

5 Nun lebte im Palastbezirk von
Susa ein jüdischer Mann namens
Mordechai* Ben-Jaïr aus dem Stamm
Benjamin. Er war ein Nachkomme
von Schimi und Kisch. 6 Seine Vor-
fahren waren unter den Verschleppten
gewesen, die vom babylonischen Kö-
nig Nebukadnezzar mit König Joja-
chin von Juda in die Verbannung ge-
führt worden waren.* 7 Mordechai
hatte nun die Tochter seines Onkels
nach dem Tod ihrer Eltern als Pflege-
tochter angenommen. Sie hieß Ha-
dassa, wurde aber auch Ester* ge-
nannt und war außerordentlich
schön. 8 Als der königliche Erlass
bekannt gemacht war und viele Mäd-
chen in den Palastbezirk von Susa ge-
bracht wurden, war auch Ester unter
ihnen. Sie wurde in den königlichen
Harem aufgenommen und dem Eu-
nuchen Hegai übergeben. 9 Das Mäd-
chen fiel ihm auf und gewann seine
Gunst. Er sorgte dafür, dass ihre
Schönheitspflege sofort begann und
sie die beste Ernährung erhielt. Sie-
ben ausgewählte Dienerinnen aus
dem königlichen Haushalt stellte er
ihr zur Verfügung und ließ sie in die
schönsten Räume des Frauenpalastes
umziehen. 10 Ester verschwieg jedoch
ihre jüdische Herkunft, wie Morde-
chai es ihr eingeschärft hatte. 11 Jeden
Tag ging Mordechai vor dem Hof des
Frauenpalastes vorbei, um zu er-
fahren, wie es Ester ging und was
mit ihr geschah.

12 Wenn nun eins der Mädchen an
die Reihe kam, zum König zu gehen,
nachdem es ein Jahr lang darauf vor-
bereitet worden war – denn so lange
dauerte ihre Schönheitspflege: sechs
Monate mit Myrrhenöl und sechs
Monate mit Balsamöl und anderen
Pflegemitteln –, 13 wenn es also dann
zum König ging, wurde ihm alles,
was es verlangte, aus dem Frauen-
haus mitgegeben. 14 Am Abend ging
es in den Palast des Königs, und
am Morgen kehrte die junge Frau
in den zweiten Frauenpalast zurück
und kam unter die Aufsicht des
königlichen Eunuchen Schaaschgas.
Keine von ihnen durfte noch einmal
zum König kommen, es sei denn, sie
hatte dem König besonders gefallen
und wurde namentlich gerufen.
15 Als nun die Reihe an Ester Bat-
Abihajil kam – Abihajil war der Onkel

2,5 *Mordechai.* Babylonischer Name: *Mann des Marduk.*

2,6 *Verbannung ... waren.* Siehe 2. Könige 24,8-15.

2,7 *Hadassa* kommt aus dem Hebräischen und bedeutet *Myrte* oder *Braut; Ester* kommt vermutlich aus dem Persischen und bedeutet *Stern.*

von Mordechai, der sie später als
Tochter angenommen hatte –, ver-
langte sie nur das, was Hegai, der kö-
nigliche Eunuch, ihr empfahl. Ester
gewann die Zuneigung von allen,
die sie sahen. 16 Es war im siebten
Regierungsjahr von Xerxes, im Janu-
ar*, als Ester zum König gebracht
wurde. 17 Und sie erlangte seine
Gunst; der König gewann sie einfach
lieb. Seine Zuneigung zu ihr war
größer als zu allen anderen jungen
Frauen. Deshalb setzte er ihr die
Krone auf und machte sie an Wasch-
tis Stelle zur Königin. 18 Dann veran-
staltete er zu Ehren von Ester für alle
seine Fürsten und Beamten ein
großes Festmahl. Den Provinzen ge-
währte er einen Steuernachlass* und
teilte mit königlicher Großzügigkeit
Geschenke aus.

19 Als die jungen Frauen in das
zweite Frauenhaus gebracht worden
waren*, hatte Mordechai einen Pos-
ten am Königshof inne. 20 Und wie er
es Ester eingeschärft hatte, erzählte
sie niemand von ihrer jüdischen Her-
kunft. Sie gehorchte ihm noch genau-
so wie damals, als sie seine Pflege-
tochter war.

21 Zu dieser Zeit verschworen sich
Bigtan und Teresch, zwei königliche
Eunuchen, die die Torwache befehlig-
ten, gegen Xerxes. Sie planten einen
Anschlag auf den König. 22 Morde-
chai hörte davon und teilte es der Kö-
nigin Ester mit, die es in seinem Auf-
trag sofort dem König meldete. 23 Die
Sache wurde untersucht und für
richtig befunden. Daraufhin wurden
beide Eunuchen gepfählt*. Den
Vorfall trug man in die königliche
Chronik ein.

Der Anschlag gegen die Juden

3 1 Einige Zeit später erhob König
Xerxes Haman Ben-Hammedata
aus Agag* zu höchsten Ehren und
Würden. Er gab ihm einen Rang über
allen anderen Fürsten in seiner Um-
gebung. 2 Alle königlichen Beamten
im Palastbezirk mussten sich auf Be-
fehl des Königs vor Haman hinknien
und tief niederbeugen. Mordechai
jedoch kniete sich nicht hin, er beugte
sich nicht. 3 Da fragten ihn die ande-
ren Beamten: »Warum übertrittst du
dauernd das Gebot des Königs?«
4 »Weil ich Jude bin«, sagte er. Als sie
ihm dennoch Tag für Tag zusetzten
und er nicht darauf reagierte, zeigten
sie ihn bei Haman an. Sie wollten
sehen, ob er mit seiner Begründung
durchkam. 5 Haman wurde wütend,
als er erfuhr, dass Mordechai sich
nicht hinkniete und vor ihm beugte.
6 Doch weil er es für unter seiner
Würde hielt, sich an Mordechai allein
zu rächen, beschloss er, alle Juden im

2,16 *Januar.* Wörtlich: im Tebet, dem 10. Monat. Im Jahr 478 v.Chr. Zum Datum siehe unter *Schaltmonat* im Vorwort des Übersetzers. – Xerxes hatte inzwischen einen Feldzug nach Griechenland unternommen und dabei einige Niederlagen erlitten.

2,18 *Steuernachlass.* Oder eine Amnestie, vielleicht auch eine zeitweilige Befreiung von Zwangsarbeiten und vom Kriegsdienst.

2,19 *Frauenhaus ... waren.* Es ist nicht anzunehmen, dass der König, nachdem er seine Königin gefunden hatte, eine zweite Sammlung von Mädchen anordnete, wie das einige Übersetzungen nahelegen.

2,23 *gepfählt.* D.h. auf einen angespitzten Pfahl gehängt oder auch gekreuzigt.

3,1 In einer Inschrift Sargons wird *Agag* als ein Bezirk im persischen Weltreich erwähnt.

ganzen Reich des Xerxes zu vernich-
ten. Man hatte ihm nämlich mitge-
teilt, dass Mordechai ein Jude wäre.
7 Im April des zwölften Regierungs-
jahres* von König Xerxes loste man
vor Haman den günstigsten Zeitpunkt
für die Aktion aus. Das Pur, das Los,
fiel auf den 13. März des folgenden
Jahres*. 8 Danach sagte er zum
König: »Da gibt es ein Volk, das über
alle Provinzen verstreut lebt und sich
von allen anderen Völkern in deinem
Reich absondert. Ihre Gesetze unter-
scheiden sich von denen aller anderen
Völker, und die königlichen Gesetze
befolgen sie nicht. Das darf sich der
König nicht bieten lassen. 9 Wenn der
König zustimmt, soll durch einen Er-
lass befohlen werden, sie auszurotten.
Ich werde dann den Verwaltern der
Staatskasse zehntausend Talente Sil-
ber* aushändigen.« 10 Der König zog
seinen Siegelring vom Finger, gab ihn
Haman, dem Judenfeind, 11 und
sagte: »Das Silber kannst du behal-
ten, und mit dem Volk kannst du
machen, was du willst.«
12 Am 13. April* ließ Haman die
Schreiber des Königs rufen und
diktierte ihnen einen Erlass an die
Satrapen*, die Statthalter der Provin-
zen und die Fürsten der Völker, je-
weils in der Schrift und Sprache des
einzelnen Volkes. Der Erlass wurde
im Namen von König Xerxes verfasst
und mit seinem Siegelring versiegelt.
13 Eilboten sollten die Schreiben in
alle Provinzen des Königs befördern.
Sie enthielten den Befehl, alle Juden
zu vernichten, umzubringen und zu
beseitigen, Jung und Alt, Männer,
Frauen und Kinder. Ihr Besitz sollte
zur Plünderung freigegeben werden.
Und das alles sollte am 13. März des
folgenden Jahres* geschehen. 14 Eine
Abschrift davon sollte in jeder Provinz
als Gesetz erlassen werden, die allen
Völkern eröffnete, sich für diesen Tag
bereit zu halten. 15 Auf Anordnung
des Königs machten sich die Eilboten
sofort auf den Weg. Auch im Palast-
bezirk von Susa wurde der Erlass be-
kannt gemacht. Während die ganze
Stadt in Aufregung geriet, ließen sich
der König und Haman zu einem
Trinkgelage nieder.

Ein Plan zu Rettung der Juden

4 1 Als Mordechai erfuhr, was ge-
schehen war, zerriss er sein Ge-
wand, zog sich den Trauersack an und
streute Asche auf den Kopf. Er ging
durch die Stadt und stieß laute, durch-
dringende Klagerufe aus. 2 So kam er
bis vor das Königstor im Palastbezirk,
durch das man im Trauersack nicht
gehen durfte. 3 Auch in den Provinzen
herrschte große Trauer unter den
Juden, sobald dort der Erlass des

3,7 *April.* Wörtlich: im Nisan, dem 1. Monat.
März des folgenden Jahres. Wörtlich: Adar, dem 12. Monat. Das Jahr war dann 473 v.Chr.

3,9 *zehntausend Talente Silber.* Die jährliche Steuersumme der persischen Untertanen wird mit 7740 Talenten Silber angegeben.

3,12 *April.* Wörtlich: des 1. Monats. Das war ein Tag vor dem jüdischen Passafest..
Satrapen. Das persische Reich war in mehr als 20 Satrapien eingeteilt, von denen jede im Schnitt sechs Provinzen umfasste.

3,13 *März des folgenden Jahres.* Wörtlich: des Adar, des 12. Monats.

Königs bekannt gemacht wurde. Die Juden fasteten, weinten und klagten. Die meisten schliefen sogar in Sack und Asche. 4 Esters Dienerinnen und Eunuchen berichteten ihrer Herrin, was sich vor dem Tor abspielte. Sie erschrak heftig und ließ Mordechai Kleidung bringen, damit er den Trauersack ausziehen konnte. Doch er nahm sie nicht an. 5 Da rief Ester den Eunuchen Hatach, den der König zum Dienst für sie abgestellt hatte, und schickte ihn zu Mordechai hinaus. Er sollte in Erfahrung bringen, was überhaupt los sei und warum er sich so seltsam verhalte. 6 Hatach ging zu Mordechai auf den Platz vor dem Königstor. 7 Dieser berichtete ihm alles, was geschehen war, und nannte ihm auch die genaue Silbermenge, die Haman dem König für die Staatskasse versprochen hatte, damit er die Juden vernichten könne. 8 Außerdem übergab er ihm eine Abschrift des Erlasses zur Vernichtung der Juden, der in Susa veröffentlicht worden war. Er sollte ihn Ester zeigen, ihr alles berichten und sie dringend auffordern, zum König zu gehen und für ihr Volk um Gnade zu bitten. 9 Als Hatach zurückkam und Ester berichtete, was Mordechai ihm aufgetragen hatte, 10 schickte sie ihn ein zweites Mal und ließ ihm sagen: 11 »Alle Diener des Königs und alle seine Untertanen in den Provinzen kennen das unumstößliche Gesetz: Wer ungerufen zum König in den inneren Hof kommt, wird – egal ob Mann oder Frau – hingerichtet. Nur wenn der König ihm das goldene Zepter entgegenstreckt, darf er am Leben bleiben. Und ich bin schon seit 30 Tagen nicht mehr zum König hineingerufen worden.« 12 Als man Mordechai die Worte Esters mitgeteilt hatte, 13 ließ er ihr antworten: »Bilde dir nicht ein, dass du als einzige Jüdin dein Leben retten kannst, nur weil du im Königspalast wohnst. 14 Denn wenn du in diesem Augenblick schweigst, wird von anderswo her Hilfe und Rettung für die Juden kommen. Doch du und deine Verwandtschaft, ihr werdet zugrunde gehen. Wer weiß, ob du nicht gerade für eine Zeit wie diese zur Königin erhoben worden bist.« 15 Da ließ Ester Mordechai antworten: 16 »Geh und rufe alle Juden, die sich in Susa finden lassen, zusammen. Fastet für mich! Esst und trinkt drei Tage lang nichts, weder am Tag noch in der Nacht! Ich werde mit meinen Dienerinnen dasselbe tun. Und dann will ich zum König hineingehen, auch wenn es gegen das Gesetz ist. Und wenn ich umkomme, komme ich eben um.« 17 Da ging Mordechai los und tat, was Ester ihm aufgetragen hatte.

Ester vor dem König

5 1 Am dritten Tag legte Ester ihre königlichen Gewänder an und betrat den inneren Hof vor dem Königspalast. Der König saß gerade auf seinem Thron, der dem Eingang gegenüber stand. 2 Als er die Königin Ester im Hof stehen sah, fand sie seine Gunst und er streckte ihr das goldene Zepter entgegen, das er in der Hand hielt. Ester trat heran und berührte die Spitze des Zepters. 3 Der König fragte sie: »Was hast du, Königin Ester? Was ist dein Wunsch? Auch wenn es die Hälfte meines Reiches

kosten würde, soll er dir erfüllt wer-
den!« 4 Da sagte Ester: »Wenn es dem
König recht ist, möge er heute mit
Haman zu dem Festmahl kommen,
das ich für ihn vorbereitet habe.«
5 »Holt Haman!«, sagte der König.
»Beeilt euch, damit wir Esters Einla-
dung folgen können!« So kamen der
König und Haman zu dem Mahl, das
Ester vorbereitet hatte. 6 Als sie dann
Wein tranken, fragte der König: »Was
ist nun dein Wunsch? Ich erfülle ihn
dir. Fordere, was du willst, bis zur
Hälfte meines Reiches!« 7 »Ja, ich
habe eine große Bitte«, erwiderte
Ester. 8 »Wenn ich die Gunst des
Königs gefunden habe und wenn es
dem König gefällt, meinen Wunsch
zu erfüllen, dann möge er morgen
noch einmal mit Haman zu dem Mahl
kommen, das ich vorbereitet habe.
Dann werde ich die Frage des Königs
beantworten.«

9 Haman ging an diesem Tag voller
Freude und guter Laune hinaus. Doch
als er im Tor an Mordechai vorbeikam
und sah, dass der nicht aufstand und
ihm keinerlei Ehrerbietung erwies,
wurde er von Wut gepackt. 10 Doch
er beherrschte sich und ging nach
Hause. Dann ließ er seine Freunde
und seine Frau Seresch kommen.
11 Vor ihnen prahlte er mit seinem
großen Reichtum, der Menge seiner
Söhne und strich voller Stolz heraus,
wie der König ihn zu einem mächtigen
Mann gemacht und über alle Fürsten
und Beamten des Königs gestellt
habe. 12 »Sogar die Königin Ester«,
fuhr er fort, »hat außer dem König
niemand zu ihrem Festmahl kommen
lassen als mich. Und morgen bin ich
wieder mit dem König zu ihr einge-
laden. 13 Aber das alles bedeutet mir
gar nichts, wenn der Jude Mordechai
nicht bald aus dem Palastbezirk ver-
schwindet.« 14 Da rieten ihm seine
Frau und seine Freunde: »Lass einen
Pfahl aufrichten, der 25 Meter* hoch
ist! Und besorge dir morgen früh
vom König die Erlaubnis, Mordechai
daran aufhängen zu lassen. Dann
kannst du vergnügt mit dem König
zum Mahl gehen.« Der Vorschlag
gefiel Haman so gut, dass er gleich
Befehl gab, den Pfahl aufzustellen.

Mordechais Ehrung

6 1 In dieser Nacht konnte der
König nicht schlafen. Er ließ sich
die königliche Chronik bringen und
daraus vorlesen. 2 Dabei stieß er auf
den Bericht über Mordechai, der die
Verschwörung von Bigtan und Te-
resch aufgedeckt hatte. Das waren die
beiden königlichen Eunuchen, die
Torwächter, die einen Anschlag auf
König Xerxes geplant hatten. 3 Der
König fragte: »Wie ist Mordechai für
diese Tat geehrt und ausgezeichnet
worden?« Die Pagen, die Dienst beim
König hatten, sagten: »Er hat nichts
dafür bekommen.« 4 Da fragte der
König: »Wer ist draußen im Hof?« In
diesem Augenblick war Haman in den
äußeren Hof des Palastes getreten. Er
wollte sich vom König die Erlaubnis
holen, Mordechai an dem aufgerichte-
ten Pfahl hängen zu lassen. 5 Die
Pagen sagten: »Es ist Haman.« –
»Er soll hereinkommen!«, befahl der

5,14 *25 Meter.* Wörtlich: *fünfzig Ellen.*

König. 6 Als Haman eintrat, fragte ihn
der König: »Wie kann man einen
Mann ehren, den der König auszeich-
nen will?« Haman dachte: »Das gilt
mir! Wen sonst könnte er meinen?«
7 Deshalb erwiderte er: »Wenn der
König jemand auszeichnen will, 8 soll
man ein Gewand herbringen, das der
König schon getragen hat, und ein
Pferd, auf dem er schon geritten ist,
mit dem königlichen Diadem auf dem
Kopf. 9 Man soll Pferd und Gewand
einem der Fürsten übergeben, damit
dieser den Mann, den der König aus-
zeichnen will, mit dem Gewand be-
kleidet und auf dem Pferd über den
großen Platz der Stadt führt. Dabei
soll er ausrufen: ›So ehrt der König
einen Mann, den er auszeichnen
will!‹« 10 Da sagte der König zu
Haman: »Nimm das Gewand und
das Pferd und mache es so mit dem
Juden Mordechai, der im Palastbezirk
Dienst tut. Beeile dich und lass nichts
von dem weg, was du vorgeschlagen
hast!« 11 Haman nahm das Gewand
und das Pferd, bekleidete Mordechai,
ließ ihn über den großen Platz der
Stadt reiten und rief vor ihm aus: »So
ehrt der König einen Mann, den er
auszeichnen will!« 12 Dann kehrte
Mordechai wieder zum Palastbezirk
zurück. Haman aber lief nach Hause,
traurig und mit verhülltem Gesicht.
13 Dort erzählte er seinen Ratgebern –
das waren seine Frau und seine Freun-
de –, was ihm passiert war. Sie er-
klärten: »Wenn Mordechai, vor dem
du jetzt zum ersten Mal den Kürzeren
gezogen hast, ein geborener Jude ist,
kannst du aufgeben. Dann ist dein
Untergang besiegelt.« 14 Noch wäh-
rend sie ihm das sagten, trafen die
Eunuchen des Königs ein, um Haman
auf schnellstem Weg zum Festmahl
bei der Königin Ester zu bringen.

Hamans Sturz

7 1 Der König und Haman kamen
zu dem Mahl, das Königin Ester
gab. 2 Als sie beim Wein saßen, stellte
der König dieselbe Frage wie am Tag
vorher: »Was ist dein Wunsch, Köni-
gin Ester? Ich erfülle ihn dir! Fordere,
was du willst, bis zur Hälfte meines
Reiches!« 3 Da erwiderte die Königin:
»Wenn ich Wohlwollen beim König
gefunden habe und wenn es dem
König recht ist, dann möge mir mein
Leben geschenkt werden, das ist
meine Bitte, und mein Volk, das ist
mein Wunsch. 4 Denn man hat uns
verkauft, mich und mein Volk! Man
will uns vernichten, umbringen und
beseitigen. Hätte man uns nur als
Sklaven verkaufen wollen, wäre ich
still geblieben, denn dafür hätte man
den König nicht belästigen müssen.«
5 Da fragte Xerxes die Königin Ester:
»Wer ist das, der so schändliche Pläne
ausheckt? Und wo steckt er?« 6 Ester
erwiderte: »Unser Todfeind ist dieser
böse Haman hier!« Ein tödlicher
Schreck erfasste Haman. Entsetzt
blickte er auf den König und die Köni-
gin. 7 Der König erhob sich zornig
von der Tafel und ging in den Palast-
garten hinaus. Haman aber trat vor
die Königin und flehte um sein Leben,
denn er begriff, dass der König schon
seinen Tod beschlossen hatte. 8 Als
dieser aus dem Palastgarten wieder
ins Haus zurückkehrte, war Haman
auf das Lager gesunken, auf dem
Ester ruhte. Da sagte der König: »Tut
man jetzt in meinem eigenen Haus der

Königin Gewalt an?« Kaum hatte er
das gesagt, verhüllten schon die Die-
ner Hamans Gesicht, 9 und Harbona,
einer von den Eunuchen, die den
König bedienten, sagte: »Es steht
ja schon der 25 Meter hohe Pfahl, den
Haman bei seinem Haus für Morde-
chai errichten ließ, für den Mann, der
dem König durch seine Anzeige einen
guten Dienst erwiesen hat.« – »Hängt
ihn daran auf!«, befahl der König.
10 So hängte man Haman an den
Pfahl, den er für Mordechai errichtet
hatte, und der Zorn des Königs legte
sich.

Kurswechsel im Königreich

8 1 Noch am gleichen Tag schenkte
König Xerxes der Königin Ester
das Haus des Judenfeindes Haman.
Mordechai aber erhielt Zutritt zum
König, denn Ester hatte dem König
mitgeteilt, wie er mit ihr verwandt
war. 2 Der König zog den Siegelring,
den er Haman wieder abgenommen
hatte, vom Finger und gab ihn Mor-
dechai, und Ester setzte Mordechai
zum Verwalter über Hamans Besitz
ein. 3 Doch dann musste sich Ester
noch einmal an den König wenden.
Sie fiel ihm zu Füßen, weinte und
flehte ihn an, die Ausführung des
Verbrechens zu verhüten, das Haman
aus Agag gegen die Juden geplant
hatte. 4 Der König streckte ihr das
goldene Zepter entgegen. Da erhob
sich Ester, trat vor ihn hin 5 und
sagte: »Wenn es dem König recht ist,
wenn ich seine Gunst gefunden habe,
wenn die Sache dem König ange-
messen erscheint und ich in seinen
Augen Gefallen gefunden habe, dann
möge er den Erlass widerrufen, den
Haman Ben-Hammedata aus Agag
aufgesetzt hat, um die Juden in allen
Provinzen des Reiches auszurotten.
6 Denn ich kann es nicht mit ansehen,
wie mein eigenes Volk ins Unglück
gestürzt und vernichtet wird. 7 Da
sagte König Xerxes zu Königin Ester
und dem Juden Mordechai: »Ich habe
ja den ganzen Besitz Hamans Ester
übergeben und ihn selbst am Pfahl
aufhängen lassen, weil er die Juden
vernichten wollte. 8 Aber ein Erlass,
der im Namen des Königs verfasst
und mit seinem Siegel bestätigt
ist, kann nicht widerrufen werden.
Ihr könnt jedoch im Namen des Kö-
nigs eine weitere Verfügung erlassen,
wie ihr es für richtig haltet, und sie
mit meinem Siegel bestätigen.« 9 So
wurden damals – es war am 23. Juni*
– die Schreiber des Königs gerufen.
Mordechai diktierte ihnen einen Er-
lass an die Juden und die Satrapen,
die Statthalter und die Fürsten der
Völker in allen 127 Provinzen von In-
dien bis Nubien. Er wurde jeweils in
der Schrift und Sprache des einzelnen
Volkes abgefasst und auch für die
Juden in ihrer eigenen Schrift und
Sprache. 10 Geschrieben war er im
Namen von König Xerxes und mit
seinem Siegelring autorisiert. Dann
wurde er durch Eilboten, die auf
Pferden aus den königlichen Gestü-
ten ritten, in alle Provinzen geschickt.
11 Mit diesem Erlass gestattete der
König den Juden in jeder Stadt, sich

8,9 *Juni.* Wörtlich: Siwan, dem 3. Monat. Das war fast 2½ Monate nach Hamans Erlass.

zum Schutz ihres Lebens zusammen-
zutun und alle, die ihren Frauen und
Kindern Gewalt antun wollten, zu
vernichten, umzubringen, zu beseiti-
gen und ihren Besitz zu erbeuten.
12 Das sollte in allen Provinzen des
Reiches an demselben Tag gesche-
hen, nämlich am 13. März*. 13 Eine
Abschrift davon sollte in jeder Provinz
als Gesetz erlassen werden, die allen
Völkern eröffnete, dass die Juden sich
für diesen Tag bereit halten sollten,
sich an ihren Feinden zu rächen.
14 Auf Anordnung des Königs mach-
ten sich die berittenen Eilboten sofort
auf den Weg. Auch in der Oberstadt
von Susa wurde der Erlass bekannt
gemacht. 15 Als Mordechai den König
verließ, trug er ein königliches Ge-
wand aus violettem Purpur und
weißem Leinen. Er hatte einen Man-
tel aus Byssus und rotem Purpur an
und eine große goldene Krone auf
dem Kopf. Und die Stadt Susa war
voller Jubel und Freude. 16 Für die
Juden war Licht und Freude, Jubel
und Ehre entstanden. 17 Auch in allen
Provinzen, in jeder Stadt, überall wo
der Erlass des Königs und sein Gesetz
bekannt gemacht wurde, herrschte
Freude und Jubel bei den Juden. Sie
feierten mit Festtag und Festmahl.
Und viele Nichtjuden aus den Völkern
des Reiches bekannten sich zum Ju-
dentum, weil Furcht vor den Juden
über sie gekommen war.

Der Siegestag der Juden

9 1 Es kam der 13. März*, der Tag,
an dem der Erlass des Königs
ausgeführt werden sollte, an dem die
Feinde der Juden hofften, über sie zu
triumphieren, an dem es nun aber
umgekehrt geschah, dass die Juden
ihre Hasser überwältigten. 2 An die-
sem Tag taten sich die Juden in allen
Städten des Reiches zusammen und
gingen gegen die vor, die ihnen scha-
den wollten. Niemand konnte ihnen
standhalten, denn die Furcht vor
ihnen hatte alle Völker gepackt. 3 Aus
Angst vor Mordechai unterstützten
auch die Fürsten in den Provinzen, die
Satrapen, die Statthalter und alle Be-
amten des Königs die Juden. 4 Denn
Mordechai war hoch angesehen am
Königshof und seine Macht nahm
immer mehr zu. 5 So schlugen die
Juden alle ihre Feinde. Sie machten
sie mit dem Schwert nieder, töteten
und vernichteten sie. Sie konnten
mit ihren Hassern verfahren, wie sie
wollten. 6 In der befestigten Ober-
stadt von Susa erschlugen und ver-
nichteten die Juden 500 Mann.
7 Außerdem brachten sie Parschan-
data, Dalfon, Aspata, 8 Porata, Adalja,
Aridata, 9 Parmaschta, Arisai, Aridai
und Wajesata, 10 die zehn Söhne des
Judenfeindes Haman Ben-Hamme-
data um. Doch ihren Besitz plünder-
ten sie nicht.

11 Als man an diesem Tag dem
König meldete, wie viele Männer in
der Oberstadt von Susa erschlagen
worden waren, 12 sagte er zur Königin
Ester: »Allein im Palastbezirk haben
die Juden 500 Mann erschlagen, dazu
auch die Söhne Hamans. Was werden
sie wohl in den anderen Provinzen des
Reiches getan haben? Doch was ist

8,12 *März.* Wörtlich: Adar, dem 12. Monat.

9,1 *März.* Wörtlich: Adar, dem 12. Monat. Im Jahr 473 v.Chr.

deine Bitte? Sie soll dir gewährt
werden! Wenn du noch einen Wunsch
hast, soll er dir erfüllt werden!« 13 Da
sagte Ester: »Wenn es dem König
recht ist, soll es auch morgen den
Juden in ganz Susa erlaubt werden,
nach dem Gesetz von heute zu han-
deln. Außerdem soll man die zehn
Söhne Hamans an den Pfahl hängen.«
14 Der König befahl, so zu verfahren.
Die betreffende Verordnung wurde
in Susa erlassen und die zehn Söhne
Hamans wurden öffentlich aufge-
hängt*. 15 Die Juden in Susa taten
sich also auch am 14. März zusam-
men und erschlugen 300 Mann in der
Unterstadt. Doch an ihrem Besitz
vergriffen sie sich nicht. 16 Auch in
den Provinzen des Reiches hatten sich
die Juden zusammengetan, um ihr
Leben zu schützen. Sie töteten 75.000
ihrer von Hass erfüllten Feinde, doch
ihren Besitz plünderten sie nicht.
17 Das geschah am 13. März. Am
14. März hatten sie Ruhe und feierten
diesen Tag mit einem fröhlichen
Festmahl. 18 Die Juden in Susa hatten
sich jedoch am 13. und 14. März
zusammengetan und kamen erst am
15. März zum Feiern.

19 So kam es, dass die Juden in den
unbefestigten Orten auf dem Land
schon den 14. März als Feiertag bege-
hen, Festmahle feiern und sich gegen-
seitig Geschenke machen. 20 Morde-
chai schrieb alles auf, was geschehen
war, und schickte Schreiben an alle
Juden im Reich des Xerxes, nah und
fern. 21 Darin ordnete er an, dass sie
jährlich den 14. und 15. März festlich
begehen sollten, 22 zur Erinnerung an
die Tage, an denen die Juden Ruhe vor
ihren Feinden hatten, und an den
Monat, in dem sich ihr Kummer in
Freude und ihre Trauer in Jubel ver-
wandelt hatte. Diese Tage sollten als
Festtage mit fröhlichen Mahlzeiten
begangen werden, an denen man
sich gegenseitig Geschenke macht
und auch die Armen nicht vergisst.
23 Nach Mordechais Anordnung wur-
de das zum festen Brauch.

24 Denn der Judenfeind Haman
Ben-Hammedata aus Agag hatte den
Juden die Ruhe nehmen und sie völlig
vernichten wollen. Zur Bestimmung
des entscheidenden Tages hatte er das
Pur, das Los, geworfen. 25 Doch als
der König die Sache durchschaute,
ordnete er in einem Schreiben an,
dass der böse Plan gegen die Juden
auf Haman selbst zurückfallen sollte.
Zusammen mit seinen Söhnen wurde
er am Pfahl aufgehängt. 26 Deshalb
nennt man diese Tage Purim nach
dem Wort Pur.

Wegen dieses Briefes und ihrer eige-
nen Erfahrung 27 machten die Juden
es sich zur Pflicht und erklärten es
zum unveränderlichen Brauch für
sich, für ihre Nachkommen und für
alle, die sich ihnen anschließen wür-
den, diese beiden Tage jährlich zur
festgesetzten Zeit in vorgeschriebener
Weise zu feiern. 28 Diese Tage sollten
in Erinnerung bleiben und gefeiert
werden in jeder Generation, in jeder
Familie, in jeder Provinz und in jeder
Stadt. Diese Purimtage sollten bei den
Juden nie vergessen werden, und die

9,14 *öffentlich aufgehängt.* Das kennzeichnete die Toten als Verbrecher.

Erinnerung daran sollte auch bei
ihren Nachkommen nie aufhören.
29 Die Königin Ester, die Tochter
von Abihajil, und der Jude Mordechai
schrieben nämlich noch einen zweiten
Brief, in dem sie mit allem Nachdruck
das Purimfest zur Pflicht machten.
30 Der Brief richtete sich an alle Juden
in den 127 Provinzen des Xerxes in
treuer und aufrichtiger Gesinnung.
31 Er legte das Datum der Purimtage
fest, wie es der Jude Mordechai und
die Königin Ester angeordnet und
wie sie es für sich selbst und ihre
Nachkommen zur Pflicht gemacht
hatten. Das Schreiben enthielt auch
die Vorschriften für das Fasten und
Klagen, das dem Fest vorausgeht.
32 Der Befehl Esters machte diese
Purimvorschriften zur Pflicht. Ihr
Wortlaut wurde in einer Urkunde*
festgehalten.

Mordechai, Beschützer der Juden

10 1 König Xerxes legte dann
dem Festland und den Küs-
tenregionen seines Reiches eine
Steuer auf. 2 Alle seine Taten und
Verdienste sind in der Chronik der
Könige von Medien und Persien auf-
gezeichnet. Dort wird auch beschrie-
ben, zu welch hoher Stellung er
Mordechai erhob, 3 denn Mordechai
war der erste Mann direkt nach dem
König. Er war sehr angesehen und
beliebt bei allen seinen Stammes-
brüdern. Er sorgte für sein Volk und
setzte sich stets für dessen Wohl ein.

9,32 *Urkunde.* Wahrscheinlich die Chronik des Perserreiches.

Das Buch Hiob

Hiob lebte wahrscheinlich zur Zeit der Patriarchen Isaak und Jakob in einem Gebiet, das später vom Stamm Manasse bewohnt wurde (das Land Uz). Das legen verschiedene Beobachtungen im Buch selbst nahe. Seine Existenz wird in der Bibel außerdem von Hesekiel 14,14.20 und Jakobus 5,11 bestätigt. Aufgeschrieben wurde seine Geschichte von einem ungenannten Verfasser. Vermutet werden Mose oder Salomo. Sein Thema: »Warum lässt Gott es zu, dass Fromme leiden?« Wenn man Hiobs Ende bedenkt vermittelt das Buch darüber hinaus auch »Hoffnung im Leiden«. Die drei Freunde Hiobs, die ihn in seinem Leid besuchten, sagten viel Richtiges. Doch ihre Vermutungen über die Ursache des Leidens trafen im Fall Hiobs nicht zu.

Das Buch Hiob ist ein unvergleichliches literarisches Kunstwerk. Es fällt auch durch seinen Aufbau auf: Anfang und Ende des Buches sind beschreibende Prosa, Hiobs Geschichte: Sein Feind ist der Satan, sein Erlöser ist Gott. Die drei Mittelteile sind in poetischer Sprache verfasst und enthalten Reden: Hiobs Ankläger sind seine drei Freunde; Hiobs Mittler ist Elihu, der vierte Freund; Hiobs Schöpfer ist Gott.

Seine erste Prüfung, bei der ihm alles genommen wird, besteht Hiob ausgezeichnet, aber in der zweiten, als er selbst angetastet wird, versagt er, denn er verlangt von Gott, dass seine Rechtschaffenheit belohnt wird. Diese auf Werken beruhende Gerechtigkeit kann Gott nicht akzeptieren. Darum stellt er am Ende des Buches sich selbst ihm vor, wodurch Hiob gedemütigt und gerettet wird.

Hiob und seine Söhne

1 *1* Im Land Uz* lebte ein Mann
namens Hiob*. Dieser Mann war
aufrichtig und vollständig Gott ergeben.
Er fürchtete Gott und mied das Böse.
2 Ihm wurden sieben Söhne und drei
Töchter geboren. *3* Er besaß 7000 Scha-
fe, 3000 Kamele, 500 Rindergespanne,
500 Eselinnen und sehr viele Sklaven.
Er hatte das größte Ansehen von allen
Männern im Nahen Osten.
4 Seine Söhne pflegten Gastmähler
in ihren Häusern zu halten, wenn sie
Geburtstag* hatten. Dann luden sie
auch ihre drei Schwestern ein, um
mit ihnen zu essen und zu trinken.
5 Immer, wenn die Tage des Gast-
mahls vorbei waren, schickte Hiob
hin und ließ seine Kinder heiligen.

1,1 *Uz.* Der Name des Landes stammt wahrscheinlich von einem der ersten Bewohner, vielleicht einem Enkel Sems (1. Mose 10,23) oder einem Sohn Nahors (1. Mose 22,21).

Hiob. Der Name war im 2. Jahrtausend v.Chr. im vorderen Orient bekannt. Verschiedene kanaanäische Edelleute hießen so. Er bedeutet wörtlich: »Wo ist der Vater?«

1,4 *Geburtstag.* Wörtlich: jeder an seinem Tag.

Dann stand er früh am Morgen auf
und brachte Gott für jeden von ihnen
ein Brandopfer. Er sagte sich nämlich:
»Vielleicht haben meine Kinder ge-
sündigt und sich in ihrem Herzen von
Gott losgesagt*.« So machte es Hiob
jedes Mal.

Gott und seine »Söhne«

6 Eines Tages kamen die Söhne Got-
tes*, um sich vor Jahwe einzufinden.
Unter ihnen war auch der Satan*.
7 Da sagte Jahwe zum Satan: »Wo
kommst du her?« – »Ich habe die
Erde durchstreift«, erwiderte der Sa-
tan Jahwe, »und bin auf ihr hin und
her gezogen.« 8 Da sagte Jahwe zum
Satan: »Hast du auf meinen Diener
Hiob geachtet? Auf der Erde gibt es
keinen zweiten wie ihn. Er ist mir auf-
richtig und vollständig ergeben. Er
fürchtet Gott und meidet das Böse.«
9 Der Satan erwiderte Jahwe: »Ist
Hiob etwa umsonst so gottesfürchtig?
10 Du beschützt ihn doch von allen
Seiten, sein Haus und alles, was er
hat! Du lässt ja all sein Tun gelingen
und seine Herden breiten sich im
Land aus. 11 Versuch es doch einmal
und lass ihn alles verlieren, was er hat!
Ob er dir dann nicht ins Gesicht hin-
ein flucht?« 12 Da sagte Jahwe zum
Satan: »Pass auf! Alles, was er hat, ist
in deiner Hand. Nur ihn selbst taste
nicht an!« Da entfernte sich der Satan
aus der Gegenwart Jahwes.

Hiob und seine Söhne

13 Eines Tages saßen Hiobs Söhne
und Töchter im Haus ihres erstgebo-
renen Bruders, um zu essen und Wein
zu trinken. 14 Da kam ein Bote zu
Hiob und berichtete ihm: »Wir pflüg-
ten gerade mit den Rindern und
die Eselinnen weideten nebenan,
15 da fielen die Sabäer* über uns her
und raubten alle Tiere. Alle Knechte
haben sie erschlagen. Nur ich bin
entkommen, ich allein, um es dir zu
berichten.«
16 Während dieser noch redete, kam
ein anderer und berichtete: »Ein
Feuer Gottes ist vom Himmel gefallen.
Es hat das Kleinvieh und die Knechte
verbrannt und völlig aufgezehrt. Nur
ich bin entkommen, ich allein, um es
dir zu berichten.«
17 Während dieser noch redete, kam
ein anderer und berichtete: »Drei Hor-
den der Chaldäer* haben unsere Kamel-
herden überfallen und weggetrieben.
Alle Knechte haben sie erschlagen.
Nur ich bin entkommen, ich allein,
um es dir zu berichten.«

1,5 *von Gott losgesagt.* Wörtlich: *Gott geseg-net.* Das ist ein verhüllender Ausdruck und meint wie Hiob 2,5.9 das Gegenteil.

1,6 *Söhne Gottes* sind Geistwesen, die erschaffen wurden, bevor das materielle Universum existierte (Hiob 38,7), also Engel.

Satan. Hebräisch: der Widersacher. Er hat die gleiche Natur wie die Engel, aber sein Charakter ist völlig anders geworden.

1,15 *Die Sabäer* kamen vielleicht aus dem Gebiet um Saba bei Dedan im nördlichen Teil Arabiens.

18 Während dieser noch redete, kam
ein anderer und berichtete: »Deine
Söhne und Töchter aßen und tranken
Wein im Haus ihres erstgeborenen
Bruders. 19 Da kam ein Sturm von
jenseits der Wüste her und packte das
Haus an allen vier Ecken. Es stürzte
über den jungen Leuten zusammen
und hat sie alle erschlagen. Nur ich
bin entkommen, ich allein, um es dir
zu berichten.«

20 Da stand Hiob auf, riss sein Ober-
gewand ein* und schor sich den Kopf.
Dann ließ er sich zur Erde sinken und
beugte sich nieder.

21 »Nackt bin ich aus dem Leib
meiner Mutter gekommen, /
nackt gehe ich wieder dahin. /
Jahwe hat gegeben und er hat es
wieder genommen. /
Gelobt sei der Name Jahwes.«

22 Bei alldem sündigte Hiob nicht
und schrieb Gott nichts Ungebühr-
liches zu.

Gott und seine »Söhne«

2 1 Eines Tages kamen die Söhne
Gottes, um sich vor Jahwe einzu-
finden. Unter ihnen war auch der
Satan. 2 Da sagte Jahwe zum Satan:
»Wo kommst du her?« – »Ich habe die
Erde durchstreift«, erwiderte dieser,
»und bin auf ihr hin und her gezo-
gen.« 3 Da sagte Jahwe zum Satan:
»Hast du auf meinen Diener Hiob ge-
achtet? Auf der Erde gibt es keinen
zweiten wie ihn. Er ist mir aufrichtig
und vollständig ergeben. Er fürchtet
Gott und meidet das Böse. Und noch
immer hält er an seiner Rechtschaf-
fenheit fest. Du hast mich aufgereizt,
ihn ohne Grund zu verderben.« 4 Da
erwiderte der Satan Jahwe: »Haut um
Haut! Alles, was der Mensch hat, gibt
er für sein Leben. 5 Taste ihn doch ein-
mal selber an! Ob er dir dann nicht ins
Gesicht hinein flucht?« 6 Da sagte
Jahwe zum Satan: »Pass auf! Er ist in
deiner Hand. Nur das Leben musst du
ihm lassen!«

Hiob und seine Frau

7 Da entfernte sich der Satan aus der
Gegenwart Jahwes und ließ an Hiob
von Kopf bis Fuß böse Geschwüre
aufbrechen. 8 Dieser setzte sich in
einen Aschehaufen, nahm eine Scher-
be in die Hand und begann, sich damit
zu kratzen.

9 Da sagte seine Frau zu ihm:
»Hältst du immer noch an deiner
Gottergebenheit fest? Fluche* Gott
und stirb!« 10 Doch er sagte zu ihr:
»Du redest wie eine Dumme. Das
Gute nehmen wir von Gott an, sollten
wir da nicht auch das Böse anneh-
men?« Bei alldem kam kein sündiges
Wort über seine Lippen.

1,17 *Chaldäer.* Hier sind wohl die nomadischen Vorfahren der späteren Eroberer Babylons gemeint, die dann den Kern von Nebukadnezars Imperium bildeten.

1,20 *riss ... ein.* Als Zeichen von Trauer und Entsetzen riss man vom Halsausschnitt an das Gewand mit einem heftigen Ruck etwa eine Handlänge ein.

2,9 *Fluche.* Wörtlich: *Segne.* Hier wie in Hiob 1,5; 2,5 ein verhüllender Ausdruck. Satan benutzte Hiobs Frau, wie er Eva gebrauchte, um Adam zu versuchen.

Hiobs Freunde kommen

11 Hiob hatte drei Freunde: Elifas
von Teman*, Bildad von Schuach* und
Zofar von Naama*. Sie hörten von
dem Unglück, das Hiob getroffen
hatte, und verabredeten sich, ihn ge-
meinsam zu besuchen. Sie wollten ihm
ihr Beileid bezeugen und ihn trösten.
12 Schon von fern sahen sie ihn, aber
sie erkannten ihn nicht. Da fingen sie
an, laut zu weinen. Sie rissen ihre
Obergewänder ein, warfen Staub in die
Luft und streuten ihn auf ihre Köpfe.
13 Dann setzten sie sich zu Hiob auf die
Erde. Sieben Tage und Nächte lang
blieben sie so sitzen. Keiner sagte ein
Wort zu ihm, denn sie sahen, dass der
Schmerz sehr groß war.

Hiob verwünscht den Tag seiner Geburt

3 1 Dann erst begann Hiob zu
sprechen und verfluchte den Tag
seiner Geburt. 2 Er sagte:

3 »Es verschwinde der Tag, an dem
ich geboren bin, / und die Nacht, die
sagte: ›Ein Knabe kam zur Welt!‹
4 Finsternis sei dieser Tag! / Gott
da oben frage nicht nach ihm, / nie
scheine über ihm das Licht! 5 Mögen
Finsternis und Schattendunkel ihn
fordern, / dichte Wolken über ihm
stehen! / Die Finsternis ersticke sein
Licht! 6 Jene Nacht – das Dunkel soll
sie holen, / damit sie nicht im Jahres-
lauf erscheint! / Sie soll zu keinem
Monat gehören! 7 Unfruchtbar sei
jene Nacht, / kein Jubel kehre bei ihr
ein! 8 Verwünschen sollen sie die
Tageverflucher*, / die fähig sind, den
Leviatan* zu reizen! 9 Finster seien
die Sterne ihrer Dämmerung, / sie
hoffe auf Licht, doch das bleibe aus, /
sie sehe keinen Schimmer vom
Morgenrot! 10 Denn sie hat mir
nicht den Mutterschoß versperrt /
und das Unglück meinen Augen
erspart.«

Hiob verwünscht sein Überleben als Säugling

11 »Warum starb ich nicht bei der
Geburt, / als ich aus dem Mutter-
schoß kam? 12 Weshalb nahmen
mich Knie entgegen, / wozu Brüste,
dass ich daran sog? 13 Dann läge ich
jetzt schon und ruhte aus, / dann
schliefe ich und hätte Ruh 14 mit
Königen und Räten des Landes, /
die sich verödete Grabmäler bauten,
15 oder mit Fürsten, reich an Gold, /
die ihre Häuser mit Silber füllten.
16 Oder als verscharrte Fehlgeburt
wäre ich nicht da, / wie ein Kind, das

2,11 *Elifas von Teman.* Beides sind edomitische Namen. Teman war auch ein Ort im späteren Edom.

Bildad von Schuach. Bildad könnte ein Nachkomme von Schuach, dem jüngsten Sohn von Abraham und Ketura sein, der einen Ort nach seinem Namen gründete (1. Mose 25,2).

Zofar von Naama. Diese Namen kommen in der Bibel sonst nicht vor und sind auch außerbiblisch bisher nicht bekannt.

3,8 *Tageverflucher.* Okkultisten, die wie Bileam (4. Mose 22 – 24) Menschen, Dinge und Zeiten verfluchten.

Leviatan. Ein krokodilähnliches Ungeheuer, hier Symbol einer gottfeindlichen Macht, die die Nacht von Hiobs Geburt hätte verschlingen können.

das Licht nie sah. 17 Dort endet das
Wüten der Bösen, / dort ruhen die
Erschöpften aus. 18 Gefangene sind
frei von Sorgen, / hören das Geschrei
des Antreibers nicht. 19 Die Kleinen
sind dort wie die Großen, / und der
Sklave ist frei von seinem Herrn.«

Hiob verwünscht den Umstand, weiterleben zu müssen

20 »Warum gibt er dem Leidenden
Licht / und Leben denen, die ver-
bittert sind, 21 die auf den Tod
warten, doch der bleibt aus, / die
nach ihm scharren mehr als nach
Schätzen, 22 die sich freuen würden,
wären sie im Grab. / Sie würden
jubeln und wären entzückt.
23 Warum gibt er dem Mann Leben, /
den Gott ringsum eingezäunt hat /
und dessen Weg verborgen ist?
24 Bevor ich noch esse, kommt mir
das Seufzen / und wie Wasser ergießt
sich mein Stöhnen. 25 Wovor mir
Angst war, das hat mich getroffen, /
wovor mir graute, das kam über
mich. 26 Hatte ich nicht Frieden,
nicht Ruhe, nicht Rast? / Und dann
kam das Toben.«

Erste Rede des Elifas: Seine These

4 1 Jetzt gab Elifas von Teman Ant-
wort.

2 »Verstimmt es dich, wenn man ein
Wort an dich versucht? / Aber wer
könnte seine Worte noch hemmen?
3 So viele hast du unterwiesen / und
müde Hände stark gemacht. 4 Deine
Worte richteten Strauchelnde auf, /
weichen Knien gabst du wieder Kraft.
5 Doch jetzt kommt's über dich, und
du gibst auf, / dich trifft es, und du
bist verstört. 6 Ist nicht deine Gottes-
furcht dein Trost, / dein tadelloses
Leben deine Zuversicht? 7 Bedenke
doch: ›Wer kam je als Unschuldiger
um, / wo sind Aufrichtige beseitigt
worden?‹ 8 So wie ich es sah: /
Die Unheil pflügen / und Unrecht
säen, / die ernten es auch. 9 Durch
Gottes Atem kommen sie um, / vom
Hauch seines Zorns vergehen sie.
10 Der Löwe brüllt nicht mehr, der
Fresser verstummt, / Gott bricht
ihnen die Zähne aus. 11 Der Löwe
kommt um aus Mangel an Raub, /
die Jungen der Löwin werden
zerstreut.«

Wo Elifas seine Erkenntnis hernahm

12 »Zu mir aber stahl sich sein
Wort, / mein Ohr vernahm ein
Flüstern davon. 13 In Gedanken
aus nächtlicher Schau, / wenn
Tiefschlaf über Menschen fällt,
14 kam Furcht und Zittern über
mich / und schreckte meine Glieder
auf. 15 Ein kalter Hauch berührte
mein Gesicht, / die Haare standen
mir zu Berg. 16 Da stand er, den ich
nicht kannte. / Vor meinen Augen
war eine Gestalt, / und ich hörte ein
Flüstern: 17 ›Kann ein Mensch
gerecht sein vor Gott, / ein Mann
vor seinem Schöpfer rein? 18 Selbst
seinen Dienern traut er nicht, / wirft
auch seinen Engeln Irrtum vor; 19 wie
viel mehr dann den Geschöpfen aus
Lehm, / die aus dem Staub her-
vorgegangen sind, / die man wie
Motten zerdrückt, 20 die man von
Morgen bis Abend erschlägt? /

Unbeachtet gehen sie für immer
dahin. 21 Gott bricht ihre Zelte ab, /
sie sterben und wissen nicht wie.‹«

Elifas wendet seine These auf Hiob an

5 1 »Ruf doch! Antwortet einer? /
An wen von den Heiligen
wendest du dich? 2 Den Narren
bringt der Unwille um, / den
Dummkopf tötet der Eifer. 3 Einen
Narren sah ich Wurzeln schlagen /
und verfluchte sogleich seine
Wohnstatt. 4 Seine Kinder bleiben
fern vom Glück, / man zertritt sie im
Tor / und niemand rettet sie. 5 Ein
Hungriger verzehrt seine Ernte, /
selbst aus den Dornen holt er sie
weg. / Durstige lechzen nach seinem
Gut. 6 Nicht aus dem Staub geht das
Unheil hervor, / Mühsal sprosst nicht
aus der Erde. 7 Doch der Mensch ist
zur Mühsal geboren, / wie der
Funkenwirbel, der aus dem Feuer
fliegt.«

Hiob soll zu Gott umkehren

8 »Doch ich, ich würde Gott
suchen, / ich brächte meine Sache
vor den, 9 der Großes und
Unergründliches tut, / Wunderbares
ohne Zahl, / 10 der Regen auf die
Erde gibt / und Wasser auf die Fluren
schickt, / 11 um Niedrige in die Höhe
zu bringen, / Trauernde wieder
glücklich zu machen. 12 Er vereitelt
die Anschläge der Klugen, / ihre
Hände schaffen keinen Erfolg. 13 Er
fängt die Weisen in ihrer List* / und
stürzt den Rat der Gewitzten. 14 Am
hellen Tag stoßen sie an wie im
Dunkeln / und tappen am Mittag wie
in der Nacht. 15 Er aber rettet vor
dem Schwert ihres Mundes, / vor
der Hand des Starken den Armen.
16 So kann der Schwache Hoffnung
haben / und die Bosheit verschließt
ihren Mund.«

Dann würde er wiederhergestellt

17 »Glücklich der Mensch, den Gott
bestraft! / Verachte die Zucht des
Allmächtigen nicht! 18 Denn er fügt
Schmerzen zu und verbindet, / er
schlägt Wunden und er heilt sie auch.
19 Aus sechs Nöten reißt er dich
heraus, / in sieben tastet dich kein
Unglück an. 20 In Hungersnot erlöst
er dich vom Sterben, / im Krieg vor
dem gewaltsamen Tod. 21 Vor der
Geißel böser Zungen schützt er
dich, / du musst Gewalt nicht
fürchten, wenn sie kommt.
22 Verwüstung und Hunger wirst du
verlachen, / vor wilden Tieren hast du
keine Angst. 23 Du bist mit den
Steinen des Feldes im Bund, / das
Raubwild ist im Frieden mit dir.
24 Du wirst sehen, dass dein Zelt im
Frieden ist, / und wenn du deine
Wohnung prüfst, so fehlt dir nichts.
25 Du wirst sehen, dass deine
Nachkommen zahlreich sind, / deine
Sprösslinge wie das Kraut auf der
Erde. 26 Hoch betagt gehst du ins
Grab, wie reifes Korn, das
eingefahren wird. 27 Sieh, das haben
wir erforscht, so ist es. / Wir haben es
gehört, merke es dir!«

5,13 Wird im Neuen Testament von Paulus zitiert: 1. Korinther 3,19.

Hiobs zweite Rede: Er entschuldigt seine Worte durch sein Leid

6 1 Da erwiderte Hiob: 2 »Würde
doch mein Kummer gewogen, /
und mein Unglück dazu auf die
Waage gelegt! 3 Ja, es ist schwerer als
der Sand aller Meere. / Darum waren
meine Worte unbedacht. 4 Denn die
Pfeile des Allmächtigen stecken in
mir, / mein Geist hat ihr Gift
getrunken, / die Schrecken Gottes
greifen mich an. 5 Schreit ein
Wildesel denn über dem Gras, / brüllt
ein Stier denn, wenn er Futter hat?
6 Isst man Fades ohne Salz, / ist im
Eiweiß* denn Geschmack? 7 Ich
sträube mich, daran zu rühren, / es
ist mir wie verdorbenes Brot.«

Hiob klagt, dass Gott zu viel von ihm verlangt

8 »Käme doch, was ich begehre, /
dass Gott mein Verlangen erfüllte,
9 dass Gott sich entschließt, mich zu
töten, / seine Hand enthemmt, mich
zu vernichten. 10 So könnte ich mich
noch trösten / und hüpfen in der
schonungslosen Qual, / denn ich
habe die Worte des Heiligen nicht
versteckt. 11 Welche Kraft hätte ich,
noch zu hoffen, / was ist das Ziel, für
das ich durchhalten soll? 12 Ist meine
Kraft denn Felsenkraft, / ist mein
Körper aus Eisen? 13 In mir ist keine
Hilfe mehr, / und was ich kann, ist
dahin.«

Hiob klagt, dass seine Freunde ihn enttäuschen

14 »Wer seinem Freund den Beistand
versagt, / fürchtet den Allmächtigen
nicht mehr. 15 Meine Brüder
enttäuschen wie ein Wildbach, / wie
Wasserläufe, die versickern, 16 die
trübe sind vom geschmolzenen Eis, /
mit Schneewasser gefüllt. 17 In der
Sommerglut sind sie verschwunden, /
wenn es heiß wird, versiegen sie.
18 Karawanen biegen ab von ihrem
Weg, / folgen ihnen hinauf in die Öde
– und verschwinden. 19 Die
Karawanen von Tema hielten
Ausschau nach ihnen, / die
Handelszüge Sabas hofften auf sie.
20 Sie wurden beschämt, weil sie
vertrauten, / sie kamen hin und
wurden enttäuscht. 21 So seid ihr ein
Nichts geworden. / Ihr seht den
Jammer und schaudert. 22 Habe ich
denn gesagt: / ›Bringt her von eurem
Besitz, / kommt, macht mir ein
Geschenk, 23 befreit mich aus der
Hand des Bedrängers, / zahlt den
Erpressern das Lösegeld!‹?
24 Belehrt mich, dann werde ich
schweigen, / zeigt mir, wo ich mich
irrte! 25 Wie kränkend sind ›richtige
Sprüche‹, / was tadelt euer Tadel
denn? 26 Wollt ihr etwa Worte
tadeln? / Redet der Verzweifelte in
den Wind? 27 Selbst um ein
Waisenkind würdet ihr losen, / und
euren Freund verschachert ihr.
28 Und jetzt entschließt euch, schaut
mich an! / Ich lüge euch doch nicht
ins Gesicht. 29 Kehrt um, damit kein
Unrecht geschieht, / kehrt um, noch
bin ich im Recht! 30 Ist denn Unrecht
auf meiner Zunge? / Schmeckt mein
Gaumen das Böse nicht mehr?«

6,6 *Eiweiß*. Wörtlich: Eibischschleim. Der Schleim der Eibischstaude wurde als Medikament gebraucht.

Hiob klagt über sein nichtiges Leben

7 1 »Zwangsarbeit ist dem
Menschen auf Erden bestimmt, /
wie ein Söldner muss er seine Tage
verbringen. 2 Wie ein Sklave sich
nach Schatten sehnt, / so wartet der
Söldner auf seinen Sold. 3 So wurden
mir leere Wochen beschert / und
Nächte voller Mühsal zugeteilt.
4 Wenn ich liege, sage ich mir: /
›Wann stehe ich endlich wieder
auf?‹ / Doch die Nacht zieht sich
dahin / und ich wälz mich herum bis
es dämmert. 5 Mein Leib ist gekleidet
in Maden und Schorf, / meine Haut
ist verschorft und eitert. 6 Wie ein
Weberschiffchen* fliegen meine
Tage, / ganz ohne Hoffnung
schwinden sie dahin. 7 Bedenke, dass
mein Leben ein Hauch ist, / mein
Auge nie mehr Gutes sehen wird.
8 Wer mich sehen will, / erblickt
mich nicht mehr, / sucht mich dein
Auge, / bin ich nicht da. 9 Die Wolke
löst sich auf und verschwindet, / und
wer zu den Toten fuhr, steigt nicht
wieder auf. 10 Er kehrt nicht mehr in
sein Haus zurück, / und seine Stätte
kennt ihn nicht mehr.«

Hiob protestiert gegen Gottes Handeln mit ihm

11 »So will auch ich meinen Mund
nicht zügeln, / will reden in der Angst
meines Geistes, / will klagen mit
verbitterter Seele. 12 Bin ich ein
Ungeheuer oder ein Meer, / dass du
eine Wache gegen mich stellst?
13 Wenn ich sage: ›Mein Bett soll
mich trösten, / mein Lager meine
Klage ertragen‹, 14 so erschreckst du
mich mit Träumen, / bringst mich
durch Visionen in Angst, 15 so dass
ich lieber ersticken wollte, / lieber
den Tod, als meine Knochen hier seh.
16 Ich bin es satt! / Ich mag nicht
ewig leben. / Lass mich! / Mein
Leben ist doch nur ein Hauch.
17 Was ist der Mensch, / dass du ihn
groß machst, / dass du acht auf ihn
hast, 18 dass du ihn jeden Morgen zur
Rechenschaft ziehst, / dass du ihn
jeden Augenblick prüfst? 19 Wann
endlich blickst du von mir weg, /
dass ich in Ruhe meinen Speichel
schlucken kann? 20 Hab ich
gesündigt? Was tat ich dir an, du
Wächter der Menschen? / Warum
hast du mich zu deiner Zielscheibe
gemacht? / Warum werde ich mir
selbst zur Last? 21 Und warum
vergibst du mein Vergehen nicht /
und erlässt mir meine Schuld? /
So lege ich mich jetzt in den
Erdenstaub, / und wenn du mich
suchst, so bin ich nicht mehr.«

Erste Rede des Bildad: Seine These

8 1 Da entgegnete Bildad von
Schuach: 2 »Wie lange willst du
solche Reden noch führen, / wie
lange machen deine Worte noch
Wind? 3 Wird Gott die Gerechtigkeit
beugen, / krümmt der Allmächtige
das Recht? 4 Haben deine Kinder an
ihm gesündigt, / gab er sie in die

7,6 *Weberschiffchen*. Länglicher Behälter mit Spule (auf dem der Schussfaden aufgewickelt ist), der zwischen den Kettfäden eines Webstuhls hin und her geschossen wird.

Gewalt ihrer Schuld. 5 Wenn du Gott
eifrig suchst, / zu dem Allmächtigen
flehst, 6 wenn du rein und aufrichtig
bist, / dann wacht er deinetwegen
auf / und stellt die Wohnung deiner
Gerechtigkeit her. 7 Dein Anfang
wird gering sein, / aber dein Ende
sehr groß.«

Wo Bildad seine Erkenntnis hernahm

8 »Frag doch die, die vor dir waren, /
achte auf das, was ihre Väter
erforschten! 9 Denn wir sind von
gestern und wissen nichts, / wie
Schatten gehen unsere Tage dahin.
10 Werden sie dich nicht lehren, /
sprechen sie nicht zu dir, / holen
Worte aus ihrem Herzen hervor?«

Bildad wendet seine These auf Hiob an

11 »Wächst Schilfrohr, wo kein
Sumpf ist? / Schießt Riedgras ohne
Wasser auf? 12 Noch grünt es, ist
nicht reif zum Schnitt, / da verdorrt
es schon vor allem Gras. 13 So ist das
Leben aller Gottvergessenden, / so
schwindet die Zukunft des Bösen.
14 Seine Zuversicht ist wie ein
dünner Faden, / sein Vertrauen ein
Spinngewebe. 15 Er stützt sich auf
sein Haus, doch es gibt nach, / er
klammert sich daran, doch es steht
nicht fest. 16 In vollem Saft steht
einer in der Sonne, / seine Zweige
überwuchern den Garten, 17 seine
Wurzeln schlingen sich über Geröll, /
zwischen Steinen hält er sich fest.
18 Reißt man ihn von seiner Stelle
weg, / so verleugnet sie ihn: ›Dich
sah ich noch nie.‹ 19 Ja, das ist die
Freude seines Weges, / und aus
dem Staub sprießen andere nach.
20 Gott verwirft den Schuldlosen
nicht, / die Hand des Boshaften hält
er nicht fest. 21 Er wird deinen Mund
noch mit Lachen erfüllen / und deine
Lippen mit Jubel. 22 Die dich hassen,
müssen sich Schande anziehen. /
Das Zelt dieser Gottlosen ist dann
nicht mehr da.«

Hiobs dritte Rede: Wie kann ein Mensch gerecht sein vor Gott?

9 1 Da gab ihm Hiob zur Antwort:
2 »Gewiss, ich weiß, dass es so
ist! / Wie könnte ein Mensch im
Recht sein vor Gott? 3 Hätte er Lust,
sich mit ihm zu streiten, / könnte er
ihm auf tausend nicht eines erwidern.
4 Er hat ein weises Herz und große
Kraft. / Wer trotzt ihm und bleibt
unversehrt? 5 Er versetzt Berge, /
und sie merken es nicht, / in seinem
Zorn stürzt er sie um. 6 Die Erde
schreckt er von ihrem Ort auf, / so
dass ihre Säulen erzittern. 7 Er
spricht zur Sonne, dann strahlt sie
nicht auf, / er kann sogar die Sterne
versiegeln. 8 Er allein, er spannt
den Himmel aus, / schreitet auf den
Wogen des Meeres. 9 Er hat den
großen Bären gemacht, / den Orion
und das Siebengestirn / und alle
Sterne des Südens. 10 Er schafft so
Großes, Unergründliches, /
tut Wunder, die niemand mehr
zählt.«

Wer will Gott an etwas hindern?

11 »Geht er an mir vorbei, ich sehe
ihn nicht, / zieht er vorüber, ich
bemerke ihn nicht. 12 Reißt er weg,

wer hält ihn zurück? / Wer darf ihm
sagen: ›Was machst du da?‹ 13 Gott
hält seinen Zorn nicht zurück, / unter
ihm haben sich Rahabs* Helfer
geduckt. 14 Wie könnte ich ihm Rede
stehen, / meine Worte wählen vor
ihm? 15 Und wäre ich im Recht, / ich
könnte ihm nichts erwidern. /
Anflehen müsste ich ihn, meinen
Richter. 16 Rief ich und er gäbe mir
Antwort, / ich könnte nicht glauben,
dass er auf mich hört! 17 Er, der mich
im Sturm zermalmt, / meine Wunden
grundlos vermehrt. 18 Er erlaubt mir
nicht, Atem zu schöpfen, / sondern
füllt mich mit bitterem Leid. 19 Fragst
du nach Stärke: Schau da! / Und
nach Recht: Wer lädt mich vor?
20 Wäre ich auch im Recht, mein
Mund würde mich verdammen, /
wäre ich vollkommen, er beugte mich
doch.
21 Ich bin schuldlos, / ich sorge mich
nicht, / ich verachte mein Leben.
22 Es ist alles eins. Darum sage ich: /
›Er bringt den Schuldlosen wie den
Schuldigen um! 23 Wenn die Geißel
plötzlich tötet, / lacht er über die
Verzweiflung der Unschuldigen.
24 Er hat die Erde einem Schurken
gegeben / und alle Richter blind
gemacht. / Wenn nicht er, wer
dann?‹«

Es gibt keinen Schlichter zwischen uns

25 »Schneller als Läufer jagen meine
Tage davon, / sie fliehen und sehen
kein Glück. 26 Wie Schilfrohrboote
gleiten sie vorbei, / wie der Sturz
eines Adlers auf seine Beute.
27 Wenn ich denke: ›Ich will meine
Klage vergessen, / ich blicke heiter,
mach ein anderes Gesicht‹, 28 dann
graut mir vor meinen Schmerzen. /
Ich weiß, du sprichst mich nicht frei.
29 Ich soll eben schuldig sein. / Was
mühe ich mich umsonst? 30 Würde
ich mich mit Schneewasser
waschen, / meine Hände mit Lauge
säubern, 31 dann würdest du mich in
die Grube tauchen, / dass selbst
meine Gewänder sich ekeln vor mir.
32 Denn er ist nicht ein Mensch wie
ich, / dass ich ihm antworten
könnte, / und wir gingen
miteinander vor Gericht. 33 Kein
Schlichter vermittelt zwischen uns, /
und legt seine Hand auf uns beide.
34 Er nehme seine Rute von mir
weg, / sein Schrecken soll mich nicht
mehr ängstigen. 35 Dann kann ich
reden und muss ihn nicht fürchten, /
dann hätte ich dazu keinen Grund.«

Keiner kann mich aus Gottes Hand retten

10 1 »Mein Leben ekelt mich
an, / ich lasse meiner Klage
freien Lauf, / will reden, so bitter
wie ich bin. 2 Ich sagte zu Gott:
›Verdamm mich doch nicht! / Lass
mich wissen, warum du gegen mich
kämpfst! 3 Gefällt es dir, dass du
unterdrückst, / das Werk deiner
Hände verachtest / und den Rat der
Gottlosen erleuchtest? 4 Hast du
Augen wie ein Mensch, / siehst du so
wie ein Mensch? 5 Sind deine Tage
wie beim Menschen begrenzt, / deine

9,13 *Rahab.* Hier ein urzeitliches Meerungeheuer, ein Bild gottfeindlicher Mächte.

Jahre wie die eines Mannes?
6 Du suchst nach meiner Schuld /
und forschst nach meiner Sünde,
7 obwohl du weißt, dass ich nicht
schuldig bin / und keiner mich aus
deiner Hand reißt. 8 Deine Hände
haben mich gestaltet und gemacht, /
ganz und gar – und nun verschlingst
du mich. 9 Bedenke doch: Wie Ton
hast du mich gestaltet, / und jetzt
führst du mich zum Staub zurück?
10 Hast du mich nicht verschüttet wie
Milch, / wie Käse mich gerinnen
lassen? 11 Haut und Fleisch hast du
mir angezogen, / mich mit Knochen
und Sehnen durchflochten. 12 Leben
und Gnade hast du mir geschenkt, /
in deiner Obhut war mein Geist.
13 Doch dieses hast du verborgen in
dir, / ich weiß, so hattest du es
beschlossen. 14 Wenn ich sündigte,
wolltest du mich bewachen, /
sprächst mich von meinem Fehler
nicht frei. 15 Wenn ich schuldig
würde, wehe mir! / Und wäre ich im
Recht, / dürfte ich den Kopf nicht
heben, / gesättigt mit Schande, / mit
Elend getränkt. 16 Sollte ich es
dennoch tun, / jagst du mich wie ein
Löwe, / gehst wieder unbegreiflich
mit mir um, 17 stellst immer neue
Zeugen gegen mich auf / und hast
Grund, mir noch mehr zu grollen. /
Immer neue Heere führst du gegen
mich.‹«

Warum kam ich aus dem Mutterschoß?

18 »Warum ließest du mich aus dem
Mutterschoß kommen? / Wenn ich
doch gestorben wäre, bevor ein Auge
mich sah! 19 Ich wäre dann, als sei
ich nie gewesen, / vom Mutterleib ins
Grab gebracht. 20 Mein Leben dauert
doch nur wenige Tage. / Er höre auf
und lasse von mir, / dass ich ein
wenig aufblicken kann, 21 bevor ich
ohne Rückkehr gehe / ins Land des
Dunkels und der Finsternis, 22 ins
Land, so düster wie die schwarze
Nacht, / ins Schattenland, wo keine
Ordnung ist, / wo der helle Tag ist
wie die finstere Nacht.«

Erste Rede des Zofar: Hiob, du bist ein Schwätzer!

11 1 Da erwiderte Zofar von
Naama: 2 »Soll der
Wortschwall ohne Antwort sein, /
und hat ein Schwätzer einfach
Recht? 3 Lässt dein Gerede Männer
verstummen? / Darfst du spotten,
ohne dass man's dir verweist? 4 Sagst
du doch: ›Meine Lehre ist klar, / ich
bin in Gottes Augen rein!‹ 5 Wenn
Gott nur reden wollte, / seine Lippen
auftun gegen dich 6 und zeigte dir
verborgene Weisheit, / die zu hoch ist
für den Verstand! / Dann würdest du
erkennen, / dass Gott von deiner
Schuld noch manches übersieht.«

Was willst du gegen den Allmächtigen?

7 »Kannst du die Tiefe Gottes
erreichen, / die Vollkommenheit des
Allmächtigen fassen? 8 Sie ist hoch
wie der Himmel – was kannst du
tun? / Sie ist tiefer als die Welt der
Toten – was durchschaust du schon?
9 Weiter als die Erde ist ihr Maß /
und breiter als das Meer. 10 Wenn er
vorbeizieht und verhaftet, / wenn er
zusammentreibt, / wer will ihn daran
hindern? 11 Denn er erkennt die

falschen Leute, / sieht das Unrecht,
das man nicht achtet. 12 Kommt ein
Hohlkopf noch zu Verstand, / wird je
ein Wildesel zum Menschen?«

Entferne das Böse von dir!

13 »Wenn du dein Herz in Ordnung
bringst / und deine Hände zu ihm
erhebst – 14 ist Böses in deiner Hand,
entferne es / und lass in deinen
Zelten kein Unrecht sein –, 15 dann
kannst du dein Gesicht ohne Makel
erheben, / dann stehst du fest und
musst dich nicht fürchten. 16 Dann
wirst du die Mühsal vergessen, /
wirst an sie denken wie an Wasser,
das vorüberfloss. 17 Heller als der
Mittag geht dein Leben auf, / das
Dunkel wird dem Morgen gleich.
18 Du fasst Vertrauen, weil es
Hoffnung gibt, / du schaust dich um
und legst dich ruhig nieder. 19 Und
liegst du da, schreckt keiner dich
auf, / und viele suchen deine Gunst.
20 Doch die Augen der Bösen
versagen, / sie haben keine Zuflucht
mehr, / ihre Hoffnung ist nur noch
der Tod.«

**Hiob weist alles zurück,
was seine Freunde gesagt haben.**

**Sarkastisch:
Mit euch stirbt die Weisheit aus!**

12 1 Hiob erwiderte: 2 »Ja, ihr
seid die rechten Leute, / und
mit euch stirbt die Weisheit aus!
3 Auch ich habe Verstand wie ihr, /
ich stehe euch nicht nach! / Und wer
wüsste das nicht? 4 Dem eigenen
Freund bin ich zum Spott, / ich, der
Gott anruft, dass er mich hört. / Ja,
der Gerechte, der Fromme wird zum
Spott. 5 ›Dem Unglück Verachtung!‹,
denkt der Sichere, / ein Stoß noch
denen, deren Fuß schon wankt!«

**Überlegen:
Ich verstehe mehr von Gott als ihr!**

6 Um die Zelte der Verwüster steht es
gut, / die Gott reizen, leben sicher, /
die meinen, sie hätten Gott in der
Hand. 7 Aber frag doch das Vieh, das
wird es dich lehren, / die Vögel
machen es dir bekannt. 8 Rede zur
Erde, sie schärft es dir ein, / die
Fische im Meer erzählen es dir. 9 Wer
wüsste bei alledem nicht, / dass
Jahwes Hand es gemacht hat? 10 Von
seiner Macht hängt alles Leben ab /
und der Geist im Leib jedes
Menschen. 11 Soll nicht das Ohr die
Worte prüfen, / wie der Gaumen eine
Speise schmeckt? 12 Es heißt: ›Bei
Greisen ist die Weisheit, / die
Einsicht, die durch langes Leben
kommt.‹ 13 Nein, bei ihm ist Weisheit
und Macht, / ihm gehören Einsicht
und Rat. 14 Was er abreißt, baut
niemand wieder auf, / wen er
einsperrt, dem öffnet keiner die Tür.
15 Wenn er Gewässer hemmt,
trocknen sie aus, / lässt er sie los,
zerwühlen sie das Land. 16 Bei ihm
sind Einsicht und Macht, / ihm
gehört, wer irrt und wer in die Irre
führt. 17 Ratgeber lässt er barfuß
gehen, / und Richter macht er zu
Narren. 18 Den Gurt von Königen
löst er auf / und gibt für ihre Lenden
einen Schurz. 19 Priester führt er
entblößt hinweg, / und alte
Geschlechter bringt er zu Fall.
20 Bewährten nimmt er die Sprache /
und Ältesten die Urteilskraft.

21 Verachtung gießt er auf Edelleute
aus, / Starken löst er den Gürtel.
22 Im Dunkel Verborgenes deckt er
auf, / die Todesnacht bringt er ans
Licht. 23 Er lässt Völker wachsen und
vergehen, / er breitet sie aus und rafft
sie dann weg. 24 Den Häuptern des
Landes nimmt er das Herz, / lässt sie
irren in pfadloser Öde. 25 Sie tappen
im Dunkeln ohne ein Licht, / er lässt
sie wie Betrunkene taumeln.

13 1 Schaut, all das hat mein
Auge gesehen, / mein Ohr
gehört und sich gemerkt. 2 Was ihr
da wisst, das weiß ich auch, / ich
stehe euch in nichts nach.«

Überheblich:
Gott soll mein Richter sein,
nicht ihr!

3 »Doch zum Allmächtigen will ich
reden, / mit Gott zu streiten ist mein
Wunsch! 4 Ihr habt doch nur Pflaster
aus Lügen, / Pfuschärzte seid ihr
allesamt. 5 Wenn ihr doch endlich
schweigen wolltet, / dann hielte man
das noch für Weisheit! 6 Hört euch
meine Rechtfertigung an, / merkt auf
den Streit meiner Worte! 7 Wollt ihr
Falsches reden für Gott / und Lügen
vorbringen für ihn? 8 Wollt ihr für
ihn Partei ergreifen, / Gottes Sache
vertreten? 9 Wird es gut für euch
sein, wenn er euch erforscht? / Lässt
er sich von euch täuschen wie ein
Mensch? 10 Tadeln, ja tadeln wird er
euch, / wenn ihr versteckt Partei
ergreift. 11 Erschreckt ihr nicht vor
seiner Majestät, / wird die Angst vor
ihm euch nicht packen? 12 Eure Sätze
sind nur Sprüche aus Staub, / eure
Schilde bestehen aus Ton.

13 Seid still, ich will jetzt reden, /
mag über mich kommen, was will.
14 Und wenn ich Kopf und Kragen
riskiere, / ich setze mein Leben aufs
Spiel! 15 Und wenn er mich tötet, ich
warte auf ihn / und verantworte
mich direkt vor ihm. 16 Schon darin
sehe ich mein Heil, / denn kein
Schurke kommt ihm vors Gesicht.
17 Hört mir nur ganz aufmerksam
zu, / dass meine Erklärung auch in
eure Ohren dringt. 18 Seht, ich bin
für den Rechtsstreit gerüstet, / und
ich weiß, ich bekomme Recht! 19 Wer
könnte den Prozess gewinnen gegen
mich? / Dann wollte ich schweigen
und zugrunde gehen.«

Bitter:
Gott, quäle mich doch nicht!

20 »Nur zweierlei tu mir nicht an, /
dann verberge ich mich nicht vor dir:
21 ›Nimm deine schwere Hand von
mir weg, / und dein Schrecken
befalle mich nicht!‹ 22 Dann kannst
du rufen, und ich antworte dir, / oder
ich rede, und du antwortest mir.
23 Wie groß ist meine Schuldenlast
bei dir? / Was sind meine Vergehen
und Sünden? 24 Warum verbirgst du
dein Gesicht, / behandelst mich wie
deinen Feind? 25 Willst du ein
verwehtes Blatt verschrecken, /
verfolgst du einen dürren Halm?
26 Denn Bitteres teilst du mir zu; / für
meine Jugendsünden lässt du mich
büßen. 27 Du steckst meine Füße in
den Block*, / beobachtest all meine

13,27 Ein hölzerner *Block*, in den die Füße der Gefangenen eingeschlossen wurden, siehe auch Apostelgeschichte 16,24.

Wege / und grenzt mich ein auf
Schritt und Tritt, 28 der ich doch wie
Moder zerfalle, / wie ein Gewand, das
die Motte zerfraß.«

Enttäuscht:
Das Leben ist so kurz.

14 1 »Der Mensch, geboren
von der Frau, / ist knapp an
Tagen und unruhevoll. 2 Er blüht wie
eine Blume auf und verwelkt, / er
flieht wie ein Schatten, hat keinen
Bestand. 3 Doch über ihn hast du ein
waches Auge, / ihn ziehst du vor dein
Gericht. 4 Gibt es denn einen Reinen,
der von Unreinen stammt? / Nicht
einen! 5 Sind seine Tage bestimmt, /
ist die Zahl seiner Monate fest, / hast
du ihm die Schranke gesetzt, / die er
niemals überschreiten kann, 6 dann
schau doch von ihm weg, dass er
Ruhe hat, / dass er wie ein Tagelöhner
sich seines Tages freuen kann!«

Verzweifelt:
Der Mensch hat keine Hoffnung.

7 »Denn für den Baum gibt es
Hoffnung: / Wird er gefällt, so
schlägt er wieder aus, / an Trieben
fehlt es ihm nicht. 8 Wenn seine
Wurzel im Boden altert, / sein
Stumpf im Staub abstirbt, 9 so
sprosst er wieder vom Duft des
Wassers, / treibt Zweige wie ein
Pflänzling. 10 Der Starke aber stirbt
und ist schwach, / ein Mensch
kommt um – und wo ist er? 11 Wie
Wasser aus dem See verschwindet, /
wie ein Strom austrocknet und
versiegt, 12 so legt der Mensch sich
hin und steht nicht mehr auf; / der
Himmel vergeht, bevor er erwacht /
und geweckt wird aus seinem Schlaf.
13 Ach, dass du mich bei den Toten
verstecktest, / mich verbirgst, bis
dein Zorn vorüber ist, / mir eine Frist
setzt und dann an mich denkst!
14 Wenn ein Starker stirbt, wird er
wieder leben? / Meine Dienstzeit
lang wollte ich warten, / bis meine
Ablösung käme! 15 Du würdest rufen
und ich gäbe dir Antwort, / du
sehntest dich nach dem Werk deiner
Hände. 16 Dann zähltest du zwar
meine Schritte, / doch du hieltest mir
meine Sünden nicht vor. 17 Mein
Vergehen wäre ein versiegeltes
Bündel, / meine Schuld hättest du
übertüncht. 18 Doch auch ein Berg
stürzt ein und zerfällt, / und ein Fels
rückt von der Stelle. 19 Steine werden
vom Wasser zerrieben, / das Erdreich
schwemmt ein Wolkenbruch weg, /
und die Hoffnung des Menschen
machst du kaputt. 20 Du überwältigst
ihn, er geht für immer fort, / du
entstellst sein Gesicht und schickst
ihn weg. 21 Kommen seine Kinder zu
Ehren, weiß er es nicht, / kommen
sie herunter, merkt er es nicht. 22 Nur
sein eigener Körper bereitet ihm
Schmerz, / nur um die eigene Seele
trauert er noch.«

Zweite Rede des Elifas:
Hiob, du bist ungerecht und
anmaßend!

15 1 Da entgegnete Elifas von
Teman: 2 »Wird ein Weiser
windiges Wissen erwidern, / füllt er
denn seinen Bauch mit Wind? 3 Wird
er mit nutzlosen Reden rügen, / mit
Worten ohne jeglichen Wert?
4 Du bist es, der die Gottesfurcht
zerstört, / du verdirbst die Andacht

vor Gott. 5 Deine Schuld belehrt
deinen Mund; / du hast eine listige
Sprache gewählt. 6 Dein eigner
Mund verurteilt dich, nicht ich, /
deine Lippen sagen gegen dich aus.
7 Hat man dich als ersten
Menschen gezeugt, / bist du vor den
Hügeln geboren? 8 Hast du in Gottes
Ratsversammlung gelauscht / und
die Weisheit an dich gerissen? 9 Was
weißt du, das wir nicht schon
wüssten? / Was verstehst du mehr als
wir? 10 Auch bei uns ist ein Graukopf,
ein Greis, / älter als dein eigener
Vater.
11 Ist Gottes Trost dir zu gering, /
ein Wort, das sanft zu dir kommt?
12 Was reißt dein Herz dich hin, /
was rollen deine Augen, 13 dass du
dein Schnauben gegen Gott kehrst, /
Reden aus deinem Mund fahren
lässt?«

Vor Gott ist niemand gerecht

14 »Was ist der Mensch, dass er rein
sein könnte, / wie sollte der gerecht
sein, den eine Frau gebar? 15 Selbst
seinen Heiligen vertraut er nicht, /
und der Himmel ist in seinen Augen
nicht rein. 16 Wie denn der
Abscheuliche, der Angefaulte, / der
Mann, der Unrecht wie das Wasser
trinkt?«*

Ungerechten wird es schlimm ergehen

17 »Ich will's dir erklären, höre mir
zu! / Was ich schaute, erzähle ich dir,
18 was die Weisen verkündigten, /
was ihre Väter sie lehrten. 19 Ihnen
allein war das Land gegeben, / kein
Fremder zog unter ihnen umher.
20 Der Böse ängstigt sich sein
Leben lang, / all die Jahre, die dem
Bedrücker bestimmt sind. 21 In
seinen Ohren gellt der Schrecken, /
mitten im Frieden kommt der
Verwüster über ihn. 22 Er hofft nicht
mehr, dem Dunkel zu entkommen, /
das Schwert des Mörders wartet
schon auf ihn. 23 Auf der Suche nach
Brot irrt er umher; / er weiß, dass ein
finsterer Tag auf ihn wartet.
24 Angst und Schrecken überfallen
ihn, / greifen ihn an wie ein König im
Krieg.
25 Denn gegen Gott erhebt er seine
Hand, / dem Allmächtigen trotzt er.
26 Mit den dicken Buckeln seiner
Schilde / rennt er halsstarrig gegen
ihn an. 27 Denn sein Gesicht war
rund und gesund, / an den Hüften
hatte er Speck angesetzt, 28 und in
rechtlosen Städten hatte er Wohnung
genommen, / in Häusern, die man
nicht bewohnen soll, / die bestimmt
waren, Trümmer zu bleiben.
29 Er bleibt nicht reich, / sein Ver-
mögen hat keinen Bestand, / seine
Ähre* neigt sich nicht. 30 Der
Finsternis entkommt er nicht, / und
seinen Schössling dörrt die Flamme
aus, / Gottes Atem fegt ihn weg.
31 Warum vertraut er auf nichtige
Dinge? / Er wird getäuscht, / denn
er tauscht wieder Nichtiges ein.
32 Noch vor seiner Zeit erfüllt es

15,14-16 Das hatte Elifas schon einmal gesagt: Hiob 4,17-19.

15,29 *Ähre*. Die Bedeutung des hebräischen Wortes ist unbekannt. *Ähre* passt am besten in den Zusammenhang, weil sie sich nicht zur Erde neigt, wenn ihre Frucht nicht ausreift.

sich: / Sein Palmzweig grünt nicht
mehr. 33 Er ist wie ein Weinstock, der
seine unreifen Trauben abstößt, / wie
ein Obstbaum, der seine Blüten
abwirft. 34 Denn die böse Sippschaft
bleibt fruchtlos, / Feuer frisst die
Zelte der Bestechlichen. 35 Mit
Mühsal gehen sie schwanger und
bringen Unrecht zur Welt, / ihr
Schoß bringt Selbstbetrug hervor.«

Hiob weist Elifas' Rede zurück: Ihr seid leidige Tröster!

16 1 Da erwiderte Hiob:
2 »Ähnliches habe ich viel
gehört, / ihr alle seid leidige Tröster!
3 Haben die windigen Worte ein
Ende? / Oder was sticht dich, mir zu
erwidern? 4 Auch ich könnte reden
wie ihr, / wenn ihr an meiner Stelle
wärt. / Ich könnte mit Worten gegen
euch glänzen, / würde meinen Kopf
über euch schütteln. 5 Ich würde
euch stärken mit meinem Mund, /
der Trost von meinen Lippen müsste
Linderung sein.«

Gott ist mein Feind geworden!

6 »Wenn ich rede, hört mein Schmerz
nicht auf, / lass ich es sein, geht er
auch nicht fort. 7 Ja, jetzt hat er mich
erschöpft. / Du hast mein ganzes
Umfeld zerstört. 8 Und du hast mich
gepackt. / Mein Verfall sagt gegen
mich aus / und erhebt sich als
Zeuge. / Ins Gesicht klagt er mich an.
9 Sein Zorn zerreißt und verfolgt
mich, / er knirscht mit den Zähnen /
und durchbohrt mich mit seinem
Blick. 10 Sie reißen das Maul gegen
mich auf, / schlagen mir voll Hohn
auf die Wangen, / rotten sich
zusammen gegen mich. 11 Und Gott
gibt mich den Schurken preis, / stößt
mich in die Hände der Bösen.
12 Ich war in Frieden, da verwirrte
er mich; / er hat mich beim Nacken
gepackt und zerschmettert. / Er
stellte mich als seine Zielscheibe hin,
13 seine Pfeile umschwirren mich. /
Erbarmungslos durchbohrt er meine
Nieren, / schüttet meine Galle zur
Erde. 14 Bresche um Bresche schlägt
er in mich; / er stürmt wie ein Krieger
gegen mich an.
15 Der Trauersack ist meine zweite
Haut, / kraftlos liege ich im Staub.
16 Mein Gesicht ist rot vom Weinen, /
und meine Augen sind von dunklen
Schatten umringt. 17 Doch kein
Unrecht klebt an meinen Händen, /
mein Gebet ist rein.«

Gott soll mein Richter sein!

18 »O Erde, deck mein Blut nicht
zu, / damit mein Schreien nicht zur
Ruhe kommt. 19 Nun aber seht! Im
Himmel ist mein Zeuge, / der in der
Höhe für mich spricht. 20 Meine
Freunde sind es, die mich
verspotten; / mit Tränen blickt mein
Auge zu Gott. 21 Er schaffe Recht
zwischen Mann und Gott / und
zwischen dem Menschen und seinem
Freund. 22 Denn die wenigen Jahre
verstreichen, / dann geh ich den
Weg, der ohne Wiederkehr ist.«

17 1 »Mein Geist ist gebrochen, /
meine Tage gelöscht, / das
Grab wartet auf mich. 2 Nichts als
Spott begleitet mich, / von ihrem
Gezänk kommt mein Auge nicht los.
3 Sei du selbst mein Bürge bei dir! /
Wer sonst würde die Hand für mich

geben? 4 Ihr Herz hast du ja der
Einsicht verschlossen, / darum lässt
du sie nicht triumphieren. 5 Gibt
jemand seine Freunde preis, /
werden die Augen seiner Kinder
verdorren. 6 Zum Spott für die Leute
stellt er mich hin / als einen, dem
man ins Angesicht spuckt. 7 Mein
Auge ist trüb vor Gram, / meine
Glieder sind wie ein Schatten. 8 Die
Aufrechten sind darüber entsetzt, /
und der Schuldlose empört sich über
den Bösen. 9 Doch der Gerechte hält
fest an seinem Weg, / wer reine
Hände hat, gewinnt an Kraft.
10 Kommt alle nur wieder heran, /
ich finde doch keinen Weisen bei
euch.«

Mir bleibt nur noch das Grab

11 »Meine Tage sind vorbei, /
zunichte meine Pläne / und was in
meinem Herzen war. 12 Sie machen
mir die Nacht zum Tag, / das Licht
soll sein wie das Dunkel. 13 Ich hoffe
nichts mehr, / bei den Toten ist mein
Haus, / in der Finsternis mache ich
mir mein Bett. 14 Zum Grab sage ich:
›Du bist mein Vater!‹; / ›Mutter!‹
und ›Schwester!‹ zum Gewürm.
15 Wo ist nun meine Hoffnung? /
Wer kann sie denn sehen? 16 Sie
steigt mit mir zu den Toten hinab /
und sinkt mit mir in den Staub.«

**Zweite Rede des Bildad:
Du zerreißt dich selbst!**

18 1 Da erwiderte Bildad von
Schuach: 2 »Wie lange wollt
ihr noch auf Worte lauern? / Kommt
zur Besinnung, dann wollen wir
reden! 3 Warum hält man uns für
Vieh, / warum sind wir unrein vor
dir? 4 Du zerreißt dich selbst in
deinem Zorn. / Soll wegen dir die
Erde veröden, / von seiner Stelle
rücken ein Fels?«

**Der Gottlose
bekommt seine Strafe!**

5 »Doch das Licht des Gottlosen
erlischt, / die Flamme seines Feuers
strahlt nicht auf. 6 Das Licht in
seinem Zelt wird dunkel, / und die
Leuchte über ihm erlischt. 7 Seine
starken Schritte werden kurz, / sein
eigener Rat wirft ihn nieder. 8 Mit
eigenen Füßen gerät er ins Netz, / auf
Fallgittern geht er entlang. 9 Das
Klappnetz packt seine Ferse, / die
Schlinge hält ihn fest. 10 Sein Strick
ist in der Erde verborgen, / seine
Falle auf dem Pfad.

11 Ringsum überfallen ihn
Schrecken / und hetzen ihn auf
Schritt und Tritt. 12 Das Unheil ist
hungrig nach ihm, / das Unglück
steht für ihn bereit. 13 Es frisst
ihm Stücke von der Haut, / der
Todesbote frisst ihm Glieder ab.
14 Sein Vertrauen reißt man aus
seinem Zelt, / man treibt ihn zum
König der Schrecken. 15 Keiner,
der zu ihm gehört, wird in seinem
Zelt wohnen, / auf seine Wohnung
wird Schwefel gestreut. 16 Unten
verdorren seine Wurzeln, / und
oben wird jeder Zweig dürr. 17 Sein
Andenken verschwindet im Land, /
auf der Gasse hat er keinen Namen
mehr. 18 Aus dem Licht wird er ins
Dunkel gestürzt, / man verjagt ihn
aus der Welt. 19 Kein Kind, kein
Enkel setzt die Sippe fort, / nicht
einer überlebt in seinem Ort.

20 Die im Westen erschaudern
über seinen Tag, / und die im Osten
packt das Entsetzen. 21 Ja, das ist
die Wohnung des Bösen, / die
Stätte dessen, der Gott nicht
kennt.«

Hiob weist Bildads Rede zurück: Ihr tut mir Unrecht!

19 1 Da erwiderte Hiob:
2 »Wie lange wollt ihr
mich quälen, / mich mit Worten
zerschlagen? 3 Schon zehnmal habt
ihr mich beschimpft / und schämt
euch nicht, mich zu misshandeln!
4 Und hätte ich wirklich geirrt, /
müsste ich das selber ertragen.
5 Müsst ihr denn so großtun gegen
mich / und mir meine Schmach
beweisen?«

Gott behandelt mich als Feind

6 »Seht doch ein, dass Gott mir
Unrecht tut, / dass er sein Fangseil
um mich zieht. 7 Ich schreie:
›Gewalt!‹, aber niemand hört. /
Ich rufe um Hilfe, doch da ist kein
Recht. 8 Er hat mir den Weg
verbaut, / ich kann nicht weiter. /
Meine Pfade hüllt er mit Finsternis
ein. 9 Er zog mir meine Ehre aus /
und nahm mir die Krone vom Kopf.
10 Er hat mich ringsum nieder-
gebrochen, so dass ich vergehe. /
Meine Hoffnung riss er aus wie
einen Baum. 11 Seinen Zorn ließ er
gegen mich lodern / und hat mich
zu seinen Feinden gezählt.
12 Geschlossen rückten seine
Scharen an, / bahnten ihren Weg
gegen mich / und lagerten sich
rings um mein Zelt.«

Er hat mir Verwandte und Freunde entfremdet

13 »Meine Brüder hat er von mir
entfernt, / Bekannte kennen mich
nicht mehr. 14 Meine Verwandten
halten sich fern, / meine Freunde
vergessen mich. 15 Den Gästen
meines Hauses* und meinen Mägden
bin ich wie ein Fremder, / ein Aus-
länder bin ich für sie. 16 Ich rufe den
Sklaven, er gibt keine Antwort; / ich
muss ihn anflehen mit eigenem
Mund. 17 Meiner Frau ist mein Atem
zuwider, / meinen Geschwistern
mein Gestank. 18 Selbst Kinder
lachen über mich, / verhöhnen mich,
wenn ich aufstehen will. 19 All meine
Vertrauten verabscheuen mich, / und
die ich liebte, haben sich gegen mich
gestellt. 20 Nur Haut und Knochen
bin ich noch, / nur das nackte Leben
brachte ich davon. 21 Habt Erbarmen,
Erbarmen mit mir, meine Freunde! /
Was mich zu Boden schlug, war
Gottes Hand. 22 Warum verfolgt
ihr mich wie Gott, / bekommt
nicht genug davon, mich zu
zerfleischen?«

Ich weiß, dass mein Erlöser lebt!

23 »Ich wünschte, jemand schriebe
meine Worte auf, / zeichnete sie auf
in ein Buch, 24 mit eisernem Griffel
auf Blei, / in den Felsen gehauen auf
ewig!
25 Doch ich weiß, dass mein Erlöser
lebt, / als letzter steht er über dem
Staub. 26 Nachdem man meine Haut

19,15 *Gäste meines Hauses.* Gemeint sind Schutzbefohlene, vielleicht Ausländer, die auf Hiobs Schutz angewiesen waren.

so sehr zerschunden hat, / werde ich
ohne mein Fleisch Gott schauen.
27 Ihn selbst werde ich sehen, / ja,
meine Augen schauen ihn, / und
nicht als einen Fremden. / Ich sehne
mich von Herzen danach.«

Seht euch vor!

28 »Wenn ihr überlegt: ›Wie können
wir ihn verfolgen, / wie finden wir
bei ihm den Grund des Übels?‹
29 Dann fürchtet euch selbst vor dem
Schwert! / Denn Zorn wird mit dem
Schwert bestraft, / damit ihr wisst:
Es gibt einen Richter.«

Zweite Rede des Zofar:
Es drängt mich zur Antwort

20 1 Da entgegnete Zofar von
Naama: 2 »Darauf erwidern
mir meine Gedanken, / darüber
denke ich nach. 3 Ich höre, wie man
mich tadelt und schmäht, / doch aus
meiner Einsicht entgegnet mein
Geist.«

Der Böse nimmt ein böses Ende

4 »Weißt du nicht, dass immer
schon, / seit es Menschen auf der
Erde gibt, 5 der Jubel der Gottlosen
kurz ist, / die Freude der Bösen
keinen Augenblick bleibt? 6 Reicht
sein Stolz auch in den Himmel, /
kommt er mit dem Kopf bis an die
Wolken, 7 wird er vergehen wie sein
eigener Kot. / Die ihn sahen, fragen:
›Wo ist er?‹ 8 Wie ein Traum löst er
sich unauffindbar auf, / wie ein
weggescheuchtes Nachtgesicht.
9 Das Auge sah ihn und sieht ihn
nicht wieder, / seine Stätte erblickt
ihn nicht mehr. 10 Seine Kinder
müssen den Armen Entschädigung
zahlen, / und seine Hände den Raub
erstatten. 11 Seine Glieder waren voll
Jugendkraft, / nun liegen sie mit ihm
im Staub.

12 Schmeckt das Böse in seinem
Mund süß, / wenn er es unter der
Zunge verbirgt, 13 es aufspart und
nicht loslassen will, / es im Gaumen
zurückhält, 14 so wird seine Speise im
Leib verwandelt, / in seinem Inneren
zu Natterngift. 15 Reichtum hat er
verschlungen, / nun erbricht er ihn
wieder, / aus seinem Bauch treibt
Gott ihn heraus. 16 Was er sog, ist
Viperngift, / die Viperngzunge tötet
ihn. 17 Er darf sich nicht an Bächen
freuen, / an Strömen von Honig und
Milch. 18 Das Errungene gibt er
zurück, / er darf es nicht
verschlingen. / Den Reichtum, den
er erwarb, / den kann er nicht
genießen.

19 Denn er knickte die Armen und
ließ sie liegen, / beraubt ein Haus,
anstatt es zu bauen. 20 Weil sein
Bauch ihm keine Ruhe gab, /
entkommt er mit seinen Schätzen
nicht. 21 Nichts entging seiner
Fressgier, / darum hat sein Gut
keinen Bestand. 22 Voll von
Reichtum wird ihm Angst, / die
Wucht des Leidens wird über ihn
kommen.

23 Um ihm den Bauch zu füllen, /
lässt Gott seine Zornglut auf ihn
los, / dass sie als Brot auf ihn regnet.
24 Flieht er vor den eisernen Waf-
fen, / durchbohrt ihn der eherne
Bogen. 25 Zog er sich den Pfeil aus
dem Rücken, / aus der Galle die
blitzende Klinge, / kommt das
Grauen über ihn. 26 Nur Finsternis

ist für ihn aufgespart; / es frisst ihn ein Feuer, das niemand angeblasen hat, / es verzehrt, was übrig blieb in seinem Zelt. 27 Der Himmel enthüllt seine Schuld, / die Erde steht gegen ihn auf. 28 Der Wohlstand seines Hauses fährt dahin, / wenn Gottes Zorn wie eine Sturzflut kommt. 29 So sieht das Schicksal gottloser Menschen aus, / Gott spricht ihnen dieses Erbe zu.«

Hiobs Antwort: Hört mir doch zu!

21 1 Da erwiderte Hiob: 2 »Hört mir doch einmal richtig zu! / Das wäre wahrer Trost von euch. 3 Ertragt mich, dann will ich reden; / danach kannst du spotten, wenn du es willst. 4 Richte ich meine Klage an Menschen? / Und warum sollte ich nicht ungeduldig sein? 5 Wendet euch zu mir und erstarrt / und legt die Hand auf den Mund!«

Auch Bösen geht es manchmal gut

6 »Wenn ich daran denke, bin ich bestürzt, / und Zittern erfasst meinen Leib. 7 Warum bleiben die Bösen am Leben, / werden alt und ihre Macht wächst? 8 Gesichert wachsen ihre Kinder auf, / und ihre Enkel haben sie um sich. 9 Keine Furcht zerstört den Frieden ihrer Häuser, / die Rute Gottes trifft sie nicht. 10 Sein Stier versagt nicht bei der Befruchtung, / seine Kuh kalbt ohne Fehlgeburt. 11 Wie Schafe lassen sie ihre Knaben hinaus, / ihre Kinder tanzen und springen. 12 Sie singen zur Handpauke und Zither, / freuen sich beim Klang der Flöte. 13 Sie genießen ihre Tage im Glück / und fahren im Nu zu den Toten. 14 Und doch sagen sie zu Gott: ›Bleib uns fern! / Wir wollen deine Wege nicht wissen. 15 Was sollen wir dem Allmächtigen dienen, / was nützt es uns, wenn wir ihn bitten?‹

16 Doch das Glück steht nicht in ihrer Hand. / Vom Denken der Bösen halt ich mich fern. 17 Wie oft erlischt die Leuchte der Bösen, / wie oft kommt Unglück über sie, / teilt er Verderben zu im Zorn! 18 Dann sind sie wie Stroh vor dem Wind, / wie Spreu, die der Sturmwind entführt. 19 Spart Gott das Unheil auf für dessen Kinder? / Er vergilt es ihm selbst, dass er es fühlt! 20 Mit eigenen Augen soll er seinen Untergang sehen / und vom Zorn des Allmächtigen trinken. 21 Denn was schert ihn sein Haus nach ihm, / wenn die Zahl seiner Monate knapp wird?«

Ihr gebt trügerischen Trost

22 »Kann man Gott Erkenntnis lehren, / ihn, der die Himmlischen richtet? 23 Dieser stirbt bei voller Kraft, / sorglos und in Frieden. 24 Voller Milch sind seine Tröge, / getränkt ist das Mark seiner Knochen. 25 Und jener stirbt im Herzen verbittert, / hat das Glück nie gekostet. 26 Zusammen liegen sie im Staub, / und Maden decken sie zu.

27 Seht, ich kenne eure Gedanken, / die Pläne, die ihr gegen mich macht. 28 Ihr sagt: ›Wo ist das Haus des Edlen / und wo das Zelt, in dem die Bösen sind?‹ 29 Habt ihr nie die Reisenden gefragt, / erkennt ihr ihre Zeichen nicht? 30 Am Tag des Unglücks bleibt der Böse verschont, /

er entgeht dem Tag des Zorns.
31 Wer hält ihm seinen Lebens-
wandel vor, / wer zahlt ihm heim,
was er verbrochen hat? 32 Doch er
wird in Ehren bestattet, / man wacht
bei seinem Grab. 33 Die Erde deckt
ihn freundlich zu. / Alle Welt zieht
hinter ihm her / und vor ihm die
zahllose Menge. 34 Euer Trost ist
nichts als Dunst, / eure Antworten
bleiben Betrug.«

Dritte Rede des Elifas:
Du hältst Gott für parteiisch!

22 1 Da erwiderte Elifas von
Teman: 2 »Kann ein Mann
Gott Nutzen bringen? / Der
Verständige nützt nur sich selbst.
3 Wenn du gerecht bist, was bringt es
dem Allmächtigen? / Hat er Gewinn,
wenn deine Wege unschuldig sind?«

Gott straft dich
wegen deiner Sünden!

4 »Straft er dich, weil du ihn
fürchtest, / geht er deshalb mit dir
ins Gericht? 5 Ist nicht deine Bosheit
groß, / sind deine Sünden nicht
endlos? 6 Du hast deinen Bruder
grundlos gepfändet, / du nahmst
ihm als Pfand das einzige Gewand.
7 Dem Erschöpften hast du kein
Wasser gegeben, / dem Hungrigen
nicht ein Stück Brot. 8 Dem Mann
der Faust gehörte das Land, / und der
Schmeichler wohnte darin. 9 Witwen
schicktest du mit leeren Händen
fort, / die Arme der Waisen hast du
zerschlagen. 10 Darum sind
Schlingen rings um dich her, / ein
plötzlicher Schrecken macht dich
bestürzt 11 oder Finsternis, in der du
nichts siehst, / und die Wasserflut,
die dich bedeckt.«

Hältst du Gott für unwissend?

12 »Ist Gott nicht so hoch wie der
Himmel? / Schau doch die höchsten
Sterne an! 13 Du aber sagst: ›Was
weiß denn Gott? / Kann er durch
Wolkendunkel richten? 14 Wolken
umhüllen ihn, dass er nichts sieht, /
wenn er am Himmelsgewölbe
spaziert.‹
15 Willst du den Pfad der Vorwelt
befolgen, / den die Gottlosen
gegangen sind, 16 die weggerafft
wurden vor der Zeit? / Wie ein Strom
zerfloss ihr fester Grund. 17 Sie
sagten zu Gott: ›Mach dich fort!‹, /
und: ›Was kann der Allmächtige uns
tun?‹ 18 Hatte er doch ihre Häuser
mit Gutem gefüllt. / Auch mir ist das
Denken der Gottlosen fern! 19 Die
Gerechten sehen es und freuen sich, /
und der Schuldlose wird über sie
spotten: 20 Vernichtet sind unsere
Feinde! / Ihren Rest hat das Feuer
gefressen.«

Ändere deine Einstellung, Hiob!

21 »Sei ihm doch Freund und halte
Frieden! / Dadurch kommt wieder
Gutes zu dir. 22 Nimm die Lehre aus
seinem Mund an, / nimm dir seine
Worte zu Herzen! 23 Wenn du zum
Allmächtigen umkehrst, / wirst du
wieder aufgebaut / und entfernst das
Unrecht aus deinem Zelt. 24 Wirf
dein Gold doch in den Staub, / das
Ofirgold* zu den Kieseln im Bach!

22,24 *Ofirgold.* Siehe Fußnote zu 2. Chronik 8,18.

25 Dann ist der Allmächtige dein
Gold, / das erlesene Silber für dich.
26 Dann wirst du dich am
Allmächtigen freuen / und dein
Gesicht zu Gott erheben. 27 Du wirst
zu ihm beten, / und er wird dich
hören. / Und du erfüllst ihm, was du
gelobst. 28 Was du beschließt, / das
wird dir gelingen. / Auf deinen
Wegen wird es hell. 29 Gott
erniedrigt, die hochmütig reden, /
doch wer die Augen niederschlägt,
dem hilft er. 30 Er rettet selbst den,
der nicht schuldlos ist; / durch die
Reinheit deiner Hände wird er
befreit.«

Hiobs Antwort: Wenn ich Gott nur finden könnte!

23 1 Hiob erwiderte: 2 »Auch
heute lehnt sich meine Klage
auf, / meine Hand muss mein
Stöhnen bezwingen. 3 Wüsste ich
nur, wie ich ihn finden, / zu ihm
hingelangen könnte. 4 Ich würde ihm
meinen Rechtsfall erläutern, /
meinen Mund mit Beweisgründen
füllen. 5 Ich würde wissen, was er mir
erwidert, / erfahren, was er zu mir
sagt. 6 Würde er in seiner Allmacht
mit mir streiten? / Nein, gerade er
wird auf mich achten. 7 Ein
Aufrechter würde dort mit ihm
streiten, / und ich hätte mein Recht
für immer gesichert.«
8 Geh ich nach Osten, ist er nicht
da, / und nach Westen, bemerk ich
ihn nicht. 9 Wirkt er im Norden, kann
ich ihn nicht sehen, / und im Süden,
da erblicke ich ihn nicht. 10 Er kennt
doch meinen Weg. / Wenn er mich
prüfte, wäre ich wie Gold. 11 Mein
Fuß blieb in seiner Spur; / ich blieb
auf seinem Weg und wich nicht ab.
12 Ich ließ nicht ab von dem, was er
mir gebot, / wich nicht von meinem
Vorsatz ab / und verwahrte die Worte
aus seinem Mund.
13 Doch er ist der Eine. / Wer kann
ihm wehren? / Was er will, das tut er
auch. 14 Er vollendet, was er mir
bestimmt hat, / und hält davon noch
mehr bereit. 15 Darum bin ich so
bestürzt vor ihm, / ich denke daran
und habe vor ihm Angst. 16 Gott hat
mein Herz verzagt gemacht, / der
Allmächtige macht mich bestürzt.
17 Denn nicht wegen Finsternis
vergehe ich / und auch nicht, weil
mich Dunkelheit bedeckt.«

Die Gottlosen haben Erfolg!

24 1 »Warum setzt der
Allmächtige keine
Gerichtstage fest? / Warum
sehen die, die ihn kennen, seine
Gerechtigkeit* nicht? 2 Jene
verrücken die Grenzen, / rauben die
Herde und lassen sie weiden. 3 Sie
treiben den Esel der Waisen weg /
und nehmen das Rind der Witwe zum
Pfand. 4 Sie stoßen die Bedürftigen
vom Weg. / Die Armen des Landes
verkriechen sich alle.
5 Wie Wildesel in der Wüste /
müssen sie ans Tagewerk gehen /
und suchen schon früh nach
Nahrung. / Die Steppe gibt ihnen
Brot für die Kinder. 6 Auf freiem Feld
schneiden sie Futterkorn ab, / suchen

24,1 *Gerechtigkeit.* Wörtlich: *Tage.* Gemeint sind die Tage, an denen er Gericht hält.

Beeren im Weinberg des Bösen.
7 Nackt übernachten sie ohne
Gewand / und haben keine Decke im
Frost. 8 Vom Regen der Berge sind
sie durchnässt, / an den Felsen
suchen sie Schutz. 9 Der Witwe reißt
man ihren Säugling weg; / die Waise
des Armen nimmt man zum Pfand.
10 Nackt müssen sie gehen, ohne
Gewand, / und hungernd schleppen
sie Garben. 11 In deren Hainen
pressen sie das Öl, / treten die Kelter
und haben doch Durst. 12 In der
Stadt hört man Sterbende ächzen, /
Verletzte schreien um Hilfe, / doch
Gott nimmt keinen Anstoß daran.

13 Jene sind Feinde des Lichts /
und wissen nichts von Gottes
Wegen. / Sie bleiben auch nicht auf
seinem Pfad. 14 Noch vor dem
Taglicht steht der Mörder auf, / um
den Elenden und Armen zu töten. /
Und der Dieb geht um in der Nacht.
15 Der Ehebrecher wartet auf die
Dämmerung; / er sagt: ›Kein Auge
soll mich sehen!‹, / und er verhüllt
sein Gesicht. 16 Im Dunkeln brechen
sie ein in die Häuser. / Am Tag, da
verstecken sie sich, / denn sie
scheuen das Licht. 17 Die Finsternis
gilt ihnen als Morgen, / mit ihrem
Schrecken sind sie wohlvertraut.«

Erst in der Ewigkeit werden sie bestraft!

18 »Schnell fahren sie dahin wie auf
Wasser, / verflucht ist ihr Los auf der
Erde. / Den Weg zu den Weinbergen
gehen sie nicht mehr. 19 Dürre und
Hitze raffen Schneewasser weg, / so
schluckt die Totenwelt einen Sünder.
20 Selbst der Mutterleib vergisst
ihn. / An ihm labt sich das Gewürm. /
Nie mehr wird an ihn gedacht. / So
zerbricht das Böse wie ein Baum.
21 So auch der, der die Kinderlose
beraubte / und der Witwe keine
Freundlichkeit erwies. 22 Starke reißt
Gott durch seine Kraft um. / Steht er
auf, sind sie des Lebens nicht sicher.
23 Er wiegt sie nur in Sicherheit, /
doch seine Augen sind auf ihren
Wegen. 24 Sie kommen für kurze Zeit
hoch, / doch dann ist es aus; / sie
sinken hin, / man rafft sie wie alle
anderen weg; / sie verwelken wie die
Spitze der Ähre. 25 Ist es nicht so? /
Wer will mich Lügen strafen? / Wer
kann meine Worte widerlegen?«

Dritte Rede des Bildad: Kein Mensch ist gerecht vor Gott!

25 1 Da erwiderte Bildad von
Schuach: 2 »Herrschaft und
Schrecken ist bei ihm, / der Frieden
schafft in seinen Höhen. 3 Kann man
seine Scharen zählen? / Über wem
geht sein Licht nicht auf? 4 Wie will
der Mensch gerecht sein vor Gott, /
wie rein der aus einer Frau kommt?
5 Schau, nicht einmal der Mond ist
vor ihm hell, / und die Sterne sind in
seinen Augen nicht rein, 6 wie viel
weniger der Mensch, diese Made, /
das Menschenkind, der kleine
Wurm!«

Hiobs Antwort: Du hast nur leere Worte.

26 1 Hiob erwiderte:
2 »Wie hilfst du doch der
Schwachheit auf / und stehst der
Ohnmacht bei! 3 Wie gut du
Unweisheit berätst / und großes

Wissen offenbarst! 4 Wessen Reden
hast du vermeldet, / und wessen
Hauch ist aus dir gefahren?«

Ich zeige dir die Größe Gottes

5 »Es beben die Schatten dort
unten, / das Wasser und die darin
wohnen. 6 Das Grab ist nackt vor
ihm, / der Abgrund hat keine Decke.
7 Er spannt den Norden aus über der
Leere, / hängt die Erde auf über dem
Nichts. 8 Er bindet das Wasser in
seine Wolken, / und das Gewölk
zerreißt darunter nicht. 9 Er
versperrt den Anblick seines
Thrones / und breitet sein Gewölk
davor aus. 10 Er zieht eine Grenze
über dem Wasser / bis zum
Endgebiet von Licht und Finsternis.
11 Die Säulen des Himmels
wanken, / erstarren, wenn Gott sie
bedroht. 12 Durch seine Kraft erregt
er das Meer, / durch seine Einsicht
zerschmettert er das Ungetüm*.
13 Der Himmel wird heiter durch
seinen Hauch, / seine Hand
durchbohrt die flüchtige Schlange*.
14 Das sind nur kleine Fingerzeige
von dem, was er tut; / wir
vernehmen ja nur ein Wispern von
ihm. / Wer könnte denn den Donner
seiner Macht verstehen?«

Hiobs Schlussrede: Ich gebe euch nicht recht!

27 1 Hiob setzte seine Rede fort,
er sagte: 2 »So wahr Gott
lebt, der mir mein Recht entzog, / der
Allmächtige, der mir das Leben bitter
macht: 3 Solange noch mein Atem
in mir ist, / in meiner Nase Gottes
Hauch, 4 kommt kein Unrecht über
meine Lippen, / werde ich niemals
die Unwahrheit sagen. 5 Ich denke
nicht daran, euch recht zu geben. /
Bis in den Tod gebe ich meine
Unschuld nicht preis. 6 An meiner
Gerechtigkeit halte ich fest und lasse
sie nicht; / keinen meiner Tage hält
mein Gewissen mir vor.«

Mein Feind sei wie der Gottlose!

7 »Meinem Feind soll es wie dem
Gottlosen gehen, / dem, der gegen
mich steht, wie einem Verbrecher.
8 Denn was ist die Hoffnung des
Gewissenlosen, / wenn Gott ihm
seine Seele nimmt? 9 Wird Gott sein
Schreien hören, / wenn die Not ihn
überfällt? 10 Wird er sich am
Allmächtigen freuen, / kann er ihn
jederzeit rufen?«

Gottlose werden untergehen!

11 »Ich will euch belehren über
Gottes Tun, / nicht verhehlen, was
der Allmächtige plant. 12 Ihr alle
habt es selbst geschaut, / warum
schwatzt ihr so nichtiges Zeug?
13 Das ist das Los des gottlosen
Menschen bei Gott, / das Erbe des
Tyrannen, das er vom Allmächtigen
bekommt: 14 Wenn seine Kinder sich
mehren, dann für das Schwert, / und
seine Sprösslinge haben nicht genug
Brot. 15 Die ihm bleiben, begräbt die
Pest, / und seine Witwen weinen

26,12 *Ungetüm*. Wörtlich: Rahab, siehe Fußnote zu Hiob 9,13.

26,13 Die *flüchtige Schlange* ist offenbar ein anderer Begriff für das Ungetüm, das in Kapitel 40 und 41 Leviatan genannt und ausführlich beschrieben wird.

nicht. 16 Wenn er auch Silber wie
Staub anhäuft / und Kleidung
stapelt in Haufen, 17 dann stapelt er
sie auf, doch der Gerechte zieht sie
an / und das Silber nimmt ein
Schuldloser mit. 18 Wie eine Motte
baut er sein Haus, / wie eine Hütte,
die der Wächter aufstellt. 19 Reich
legt er sich hin / und tut es nicht
wieder, / er schlägt die Augen auf /
und ist nicht mehr. 20 Wie eine Flut
holt ihn der Schrecken ein, / nachts
entführt ihn ein Sturm. 21 Der
Ostwind hebt ihn hoch und reißt ihn
mit, / er fegt ihn von seiner Wohn-
stätte weg. 22 Schonungslos wirft er
sich auf ihn, / er flieht und flieht vor
seiner Macht. 23 Man klatscht über
ihn in die Hände, / man zischt ihm
von seiner Stätte aus nach.«

Weisheit nur durch Gottesfurcht

28 1 »Das Silber hat seinen
Fundort, / das Gold eine
Stätte, wo man es wäscht. 2 Eisen
holt man aus der Erde, / Kupfer
schmilzt man aus Gestein. 3 Man
setzt der Finsternis ein Ende; / bis in
die letzten Winkel stößt man vor; /
aus tiefem Dunkel holt man das
Gestein. 4 Man teuft* einen Schacht
von da aus, wo man wohnt. / Und
dort, wo kein Wanderer vorüber-
zieht, / baumeln und schweben sie
fern von den Menschen. 5 Oben auf
der Erde sprosst das Getreide, / und
unten wird sie wie von Feuer zer-
wühlt. 6 Ihre Steine bergen den
Saphir, / auch Goldstaub findet
sich dort. 7 Kein Adler kennt diesen
Pfad, / kein Habicht hat ihn je
erblickt; 8 nie betrat ihn ein wildes
Tier, / kein Löwe ging je dort
entlang. 9 An harten Stein hat man
die Hand gelegt, / vom Fuß der
Berge aus wühlt man sie um 10 und
treibt Stollen in die Felsen vor. /
Kostbares hat das Auge erblickt.
11 Die Wasseradern hat man
eingedämmt. / Verborgenes zieht
man ans Licht.

12 Aber die Weisheit, wo findet man
sie? / Wo ist der Ort des Verstandes?
13 Kein Mensch kennt die Stelle, wo
sie ist, / und im Land der Lebenden
findet man sie nicht. 14 Die Tiefe
sagt: ›Sie ist nicht hier!‹, / und das
Meer: ›Auch nicht bei mir.‹ 15 Sie
wird mit keinem Geld gekauft /
und nicht mit Silber aufgewogen.
16 Man kann sie nicht mit Ofirgold
bezahlen, / mit kostbarem Onyx und
Saphir. 17 Gold und Glas haben nicht
ihren Wert, / man kann sie nicht
gegen Goldschmuck eintauschen,
18 ganz zu schweigen von Korallen
und Kristall. / Wer Weisheit hat, hat
mehr als Perlen. 19 Der Topas aus
Nubien kommt ihr nicht gleich, /
reines Gold wiegt sie nicht auf.
20 Die Weisheit – wo kommt sie nur
her? / Wo ist der Ort des Verstandes?
21 Dem menschlichen Auge ist sie
verborgen, / auch die Vögel erspähen
sie nicht. 22 Selbst Abgrund und Tod
müssen bekennen: / ›Wir haben bloß
von ihr reden gehört.‹

28,4 *Teufen* ist ein Wort aus der Bergmannssprache und bezeichnet die Herstellung von senkrechten Hohlräumen in der Erde zum Abbau von Bodenschätzen, wozu die Bergleute damals hinabgelassen wurden.

23 Nur Gott versteht ihren Weg, /
nur er kennt ihre Stätte. 24 Denn er
blickt bis zu den Enden der Erde, /
sieht alles auf der ganzen Welt. 25 Als
er dem Wind sein Gewicht gab, / als
er das Maß des Wassers bestimmte,
26 als er das Gesetz des Regens
verfügte / und die Bahn für den
Donnerstrahl, 27 da sah er sie und hat
sie ermessen, / er setzte sie ein und
ergründete sie. 28 Und den Menschen
sagte er: / ›Seht, Jahwe zu fürchten
ist Weisheit, / und Böses zu meiden,
Verstand!‹«

Hiobs vergangenes Glück

29 1 Hiob setzte seine Rede fort
und sagte; 2 »Ach wäre ich
doch wie in den früheren Jahren, /
wie in den Tagen, als Gott mich
beschützte, 3 als seine Leuchte über
mir schien, / als ich in seinem Licht
durchs Dunkel ging, 4 wie ich war in
der Zeit meiner Reife, / als Gottes
Freundschaft über meinem Zelt
stand, 5 als der Allmächtige noch mit
mir war / und meine Knaben mich
umgaben; 6 als ich meine Füße in
Sahne badete, / der Fels neben mir
Ölbäche ergoss!

7 Ging ich durchs Tor zur Stadt
hinauf / und stellte meinen Sitz auf
den Platz, 8 traten die Jungen
beiseite, wenn sie mich sahen, / die
Alten erhoben sich, blieben stehen,
9 die Fürsten hielten ihr Reden
zurück / und legten die Hand auf den
Mund. 10 Die Stimme der
Vornehmen verstummte; / ihnen
klebte die Zunge am Gaumen.
11 Hörte mich jemand, so pries er
mich glücklich; / sah mich einer, so
bezeugte er mir, 12 dass ich den
Elenden rettete, der um Hilfe schrie, /
und die Waise, die ohne Beistand
war.

13 Der Segen des Verlorenen kam
über mich, / das Herz der Witwe
machte ich jubeln. 14 Ich kleidete mich
in Gerechtigkeit, / das Recht war mir
Mantel und Kopfbund. 15 Für den
Blinden war ich Auge / und für den
Lahmen Fuß. 16 Für die Armen war
ich ein Vater / und erforschte den
Streit mir Unbekannter. 17 Ich
zerbrach den Kiefer des Bösen, /
entriss seinen Zähnen die Beute.
18 So dachte ich: ›In meinem Nest
werde ich sterben / und meine Tage
mehren wie Sand.‹ 19 Meine Wurzel
war offen zum Wasser, / auf meinen
Zweigen ruhte der Tau. 20 Meine
Ehre blieb immer frisch, / und mein
Bogen wurde in meiner Hand
stärker.

21 Sie hörten auf mich und
warteten / und lauschten schweigend
meinem Rat. 22 Nach meinem Wort
sprachen sie nicht; / meine Rede
träufelte auf sie. 23 Sie warteten auf
mich wie auf Regen, / sperrten den
Mund wie nach Spätregen auf. 24 Ich
lachte ihnen zu, wenn sie kein
Zutrauen hatten, / mein strahlendes
Gesicht trübten sie nicht. 25 Ich
wählte für sie den Weg aus und saß
da als Haupt; / ich thronte wie ein
König in seinen Scharen; / wie einer,
der Trauernde tröstet.«

Hiobs gegenwärtiges Leid

30 1 »Jetzt aber lachen über
mich, / die jünger sind als
ich. / Deren Väter hätte ich nicht / zu

den Hunden meiner Herde gestellt.
2 Was sollte mir ihre Hilfe, / wenn
ihnen jede Kraft fehlt? 3 Durch
Mangel und Hunger abgezehrt /
nagen sie die Steppe ab, / die längst
öde und verödet ist. 4 Sie pflücken
Salzkraut beim Gesträuch, /
Ginsterwurzel ist ihr Brot. 5 Aus der
Gemeinschaft werden sie vertrieben, /
man schreit über sie wie über den
Dieb. 6 Sie hausen in grausigen
Schluchten, / in Löchern und Klüften
der Erde. 7 Zwischen den Büschen
kreischen sie, / und unter Dornen
sammeln sie sich. 8 Kinder von
namenlosem Gesindel, / die man mit
Peitschen aus dem Land trieb. 9 Und
jetzt bin ich ihr Spottlied, / bin ihnen
zum Gerede geworden. 10 Sie
verabscheuen mich, rücken von mir
ab / und spucken mir voll ins Gesicht.
11 Gott hat mich schwach und
wehrlos gemacht, / so lassen sie ihre
Hemmungen fahren. 12 Zur Rechten
erhebt sich die Brut; / sie stoßen
meine Füße weg / und bahnen einen
Weg, mich zu verderben. 13 Sie
zerstören meinen Pfad, / sie schüren
mein Verderben, / und niemand muss
ihnen helfen. 14 Sie kommen wie
durch einen breiten Bruch, / wälzen
sich unter Trümmern heran.
15 Schrecken hat sich gegen mich
gekehrt, / verfolgt wie der Wind
meine Würde, / und mein Heil zieht
weg wie eine Wolke.

16 Und nun zerfließt die Seele in
mir, / Tage des Elends halten mich
fest. 17 Die Nacht durchbohrt mein
Gebein, / die nagenden Schmerzen
hören nicht auf. 18 Durch ihre
große Heftigkeit / entstellt sich mein
Gewand / und schnürt mich ein wie
ein Hemd. 19 Er hat mich in den
Dreck gestürzt, / wie Staub und
Asche bin ich geworden. 20 Ich
schreie zu dir und du antwortest
nicht; / ich stehe da und du starrst
mich nur an. 21 Zum Grausamen
wandelst du dich, / mit starker Hand
verfolgst du mich. 22 Du hebst mich
hoch, lässt mich reiten im Wind, /
dass mir die Besinnung vergeht.
23 Ich weiß, du führst mich in den
Tod, / ins Haus, wo alles Lebendige
sich sammelt.

24 Doch streckt man beim Sturz
nicht die Hand aus, / schreit man
nicht beim Untergang? 25 Weinte ich
denn nicht über den, der harte Tage
hatte? / Hatte ich mit Armen denn
kein Mitgefühl? 26 So erwartete ich
Gutes, doch es kam Böses; / ich
wartete auf Licht, doch es kam
Finsternis. 27 Mein Inneres ist
aufgewühlt, kommt nicht zur Ruhe; /
mich haben die Tage des Elends
erreicht. 28 Ich geh ohne Sonne in
Trauer; / ich steh in der
Versammlung auf und schreie.
29 Den Schakalen bin ich ein Bruder
geworden, / ein Gefährte der
Strauße. 30 Meine Haut ist schwarz
und löst sich ab, / meine Knochen
glühen von Fieber. 31 Meine Zither
klagt / und meine Flöte weint.«

Hiob hält an seiner Unschuld fest

31 1 »Ich hatte einen Bund mit
meinen Augen geschlossen. /
Wie sollte ich da lüstern auf
Jungfrauen blicken? 2 Was wäre
sonst mein Teil von Gott dort oben, /
das Erbe vom Allmächtigen aus der

Höhe? 3 Wird den Ungerechten
nicht Verderben treffen, / Miss-
geschick den Bösen? 4 Sieht er nicht
meine Wege / und zählt all meine
Schritte? 5 Bin ich je mit der Lüge
gegangen, / eilte mein Fuß zum
Betrug? 6 Gott soll mich auf der
Waage der Gerechtigkeit wiegen, /
dann wird er meine Unschuld
erkennen. 7 Ist mein Schritt vom Weg
abgebogen, / mein Herz meinen
Augen gefolgt, / klebt ein Makel an
meiner Hand: 8 dann esse ein andrer,
was ich säe, / dann werde meine
Ernte vernichtet.

9 Hat sich mein Herz zur Frau
locken lassen, / habe ich an der Tür
meines Nächsten gelauert: 10 dann
soll meine Frau für einen anderen
kochen*, / dann sollen andere
schlafen mit ihr. 11 Denn das wäre
eine Schandtat, / eine Schuld, die vor
die Richter gehört. 12 Das wäre ein
Feuer, das bis zum Untergang frisst, /
es entwurzelt meinen ganzen
Ertrag.

13 Habe ich meinem Sklaven das
Recht versagt / und meiner Sklavin,
wenn sie gegen mich klagten? 14 Was
wollte ich tun, wenn Gott sich
erhebt, / was ihm entgegnen, wenn
er es untersucht? 15 Hat nicht einer
uns beide im Schoß gebildet, / nicht
einer im Leib uns gemacht?

16 Habe ich jemals den Armen
einen Wunsch versagt, / ließ ich die
Augen der Witwe erlöschen? 17 Habe
ich meinen Bissen allein gegessen, /
dass das Waisenkind nichts davon
abbekam? 18 Von Jugend an zog Gott
mich wie ein Vater groß, / und von
Mutterliebe gelehrt habe ich die
Waise geführt.

19 Habe ich jemand umkommen
sehen, weil er nichts anhatte, / und
einen Armen, der ohne Decke war?
20 Haben mich nicht seine Lenden
gesegnet, / wenn er sich wärmte mit
der Wolle meiner Schafe?

21 Habe ich Elternlose bedroht, /
weil ich Helfer im Tor hatte, 22 dann
soll die Schulter mir vom Nacken
fallen / und mein Arm abbrechen
vom Gelenk! 23 Die Furcht vor Gottes
Strafe schreckte mich ab, / vor seiner
Hoheit wäre ich nichts.

24 Habe ich mein Vertrauen auf
Gold gesetzt, / das Feingold meine
Zuversicht genannt? 25 Habe ich
mich gefreut, dass mein Vermögen
umfangreich war, / dass meine Hand
Gewaltiges schaffte?

26 Habe ich gesehen, wie hell die
Sonne leuchtet, / wie der Mond so
prächtig dahinzieht, 27 und hat mein
Herz mich im Stillen verführt, / sie
mit Kusshand zu verehren, 28 dann
wäre das eine Schuld, die vor die
Richter gehört, / dann hätte ich Gott
in der Höhe verleugnet.

29 Freute ich mich über das
Scheitern meines Hassers, / ergötzte
es mich, als Böses ihn traf? 30 Nein,
ich erlaubte meinem Mund nicht die
Sünde, / mit einem Fluch sein Leben
zu fordern.

31 Haben nicht meine Zeltgenossen
gesagt: / ›Wer wurde von seinem
Braten nicht satt?‹ 32 Der Gast blieb
nicht über Nacht draußen, / meine
Tür tat ich dem Wanderer auf.

31,10 *kochen*. Wörtlich: (Getreide) *mahlen*, d.h. eine Mahlzeit vorbereiten.

33 Habe ich wie Adam meine Sünde
verdeckt, / meine Schuld in meiner
Brust versteckt, 34 weil ich die große
Menge scheute, / die Verachtung der
Sippe mich schreckte, / so dass ich
schwieg und nicht zur Tür
hinausging?

35 Ach, hätte ich doch einen, der auf
mich hört! / Hier ist meine
Unterschrift! / Der Allmächtige
antworte mir! / Hätte ich die
Klageschrift meines Gegners, 36 auf
meine Schulter wollt' ich sie legen, /
mir umbinden wie eine Krone!
37 Jeden meiner Schritte würde ich
ihm offen legen, / ihm nahen wie ein
Fürst. 38 Schrie mein Acker über
mich, / weinten all seine Furchen?
39 Hab' ich seine Frucht unbezahlt
verzehrt, / seinen Besitzer
umkommen lassen? 40 Dann sollen
Dornen wachsen statt Weizen, /
Unkraut anstelle von Gerste!«

Die Worte Hiobs sind zu Ende.

Die Reden Elihus: Zorn über fruchtloses Gerede

32 1 Nun hörten die drei Männer
auf, Hiob zu antworten, denn
er hielt sich selbst für gerecht. 2 Da
flammte der Zorn Elihus auf. Elihu
war ein Sohn Barachels von Bus* aus
der Sippe Ram. Sein Zorn richtete
sich gegen Hiob, weil er sich selbst
mehr rechtfertigte als Gott. 3 Gegen
dessen drei Freunde richtete sich sein
Zorn, weil sie keine Antwort fanden
und Hiob doch verdammten. 4 Elihu
hatte sich Hiob gegenüber mit seinen
Worten zurückgehalten, weil jene
älter waren als er. 5 Dann aber sah er,
dass die drei Männer keine Antwort
mehr wussten. Da entflammte sein
Zorn.

Der Grund für sein Eingreifen

6 Elihu, der Sohn Barachels von Bus,
ergriff das Wort und sagte:
»Noch bin ich jung an Jahren, /
doch ihr seid hochbetagt. / Darum
hielt ich mich zurück und scheute
mich, / euch mein Wissen kund-
zutun. 7 Ich dachte: ›Lass das Alter
reden, / lass die Ergrauten Weisheit
verkünden.‹ 8 Doch es ist der Geist
im Menschen, / der Hauch des
Allmächtigen, der sie verständig
macht. 9 Nicht die Großen sind
weise, / noch verstehen die Alten,
was recht ist. 10 Darum sage ich:
›Hört mir zu! / Auch ich will mein
Wissen verkünden.‹ 11 Ich habe auf
eure Reden gewartet, / auf eure
klugen Sprüche gehört, / bis ihr die
Worte getroffen hättet. 12 Ich bin
euch aufmerksam gefolgt, / doch
keiner hat Hiob widerlegt, / seine
Reden beantwortet.

13 Sagt nicht: ›Wir haben die
Weisheit gefunden, / Gott muss ihn
schlagen – und nicht ein Mensch.‹
14 Nicht gegen mich hat er seine
Worte gerichtet, / und mit euren
Sprüchen antworte ich nicht.
15 Sie sind bestürzt, sie antworten

32,2 *Bus.* Nach 1. Mose 22,21 war *Bus* ein Sohn von Nahor, dem Bruder Abrahams. Sein Bruder hieß *Uz* wie das Land, in dem Hiob wohnte.

nicht, / es fehlen ihnen die Worte.
16 Ich habe gewartet, doch sie reden
nicht, / sie stehen da, sagen nichts
mehr.
17 Auch ich will meinerseits mein
Teil erwidern, / auch ich will mein
Wissen verkünden. 18 Denn mit
Worten bin ich randvoll angefüllt, /
mich drängt der Geist, der in mir ist.
19 Mein Inneres ist wie junger Wein,
der eingeschlossen ist, / will wie
neugefüllte Schläuche bersten. 20 Ich
will reden, damit mir leichter wird, /
die Lippen öffnen und erwidern.
21 Ich werde für niemand Partei
ergreifen, / keinem Menschen werde
ich schmeicheln. 22 Nein, denn
schmeicheln kann ich nicht, / sonst
rafft mich mein Schöpfer bald weg.«

Elihus erste Rede:
Aufruf an Hiob

33 1 »So hör auf meine Rede,
Hiob, / nimm meine Worte
zu Ohren. 2 Sieh doch, ich habe
meinen Mund geöffnet, / die Worte
liegen mir auf der Zunge. 3 Ich rede
mit aufrichtigem Herzen, / meine
Lippen bringen klares Wissen vor.
4 Gottes Geist hat mich gemacht, /
der Hauch des Allmächtigen belebt
mich. 5 Wenn du kannst, so antworte
mir, / leg es mir vor und stell dich!
6 Schau, vor Gott bin ich wie du, /
vom Ton geknetet bin auch ich.
7 Furcht vor mir muss dich nicht
schrecken, / ich setze dich nicht
unter Druck.«

Zurückweisung der Worte Hiobs

8 »Du sagtest doch vor meinen
Ohren, / und den Laut deiner Worte
höre ich noch: 9 ›Ich bin rein, ohne
Vergehen, / makellos und frei von
Schuld. 10 Doch er fand eine Sache
gegen mich, / er hält mich für seinen
Feind. 11 Er legt meine Füße in den
Block, / überwacht jeden meiner
Wege.‹ 12 Da hast du nicht recht, /
entgegne ich dir, / denn Gott ist mehr
als ein Mensch. 13 Was haderst du
mit ihm? / Er gibt keine Antwort
über sein Tun.«

Gott redet auf zwei Arten mit uns

14 »Doch in einer Weise redet Gott, /
und in zweien, / und man achtet
nicht darauf. 15 Im Traum, im Nacht-
gesicht, / wenn Schlaf die Menschen
überfällt, / im Schlummer auf dem
Lager. 16 Dann öffnet er Menschen
das Ohr / und bestätigt die Warnung
für sie, 17 um den Menschen von
seinem Tun abzubringen, / den
Hochmut auszutreiben vom Mann.
18 Er will ihn vor dem Grab be-
wahren, / sein Leben vom Lauf in
den Tod.
19 Er wird gemahnt durch Schmerz
auf dem Lager, / den er in allen
seinen Gliedern fühlt. 20 Dann ist ihm
selbst das Essen zuwider, / die
Lieblingsspeise mag er nicht mehr.
21 Sein Fleisch zehrt ab, dass man
es nicht mehr sieht; / die Knochen
stehen vor, die man vorher nicht sah.
22 Sein Leben nähert sich dem
Grab, / seine Seele den Mächten des
Todes. 23 Ist dann ein Bote für ihn
da, / ein Mittler, einer von tausend, /
der dem Menschen das Rechte
erklärt, 24 so ist er ihm gnädig und
spricht: / ›Lass ihn nicht ins Grab
hinuntergehen, / ich fand das
Lösegeld für ihn.‹ 25 Dann wird sein

Körper wieder frisch und stark, / er
kehrt in die Zeit seiner Jugend
zurück. 26 Dann fleht er zu Gott, und
dieser nimmt ihn gnädig an; / er darf
sein Gesicht mit Jubel anschauen, /
und dieser gibt dem Menschen seine
Gerechtigkeit wieder. 27 Er wird vor
den Leuten singen und sagen: / ›Ich
hatte gesündigt und das Recht
verkehrt, / und er hat es mir nicht
vergolten. 28 Er hat mich erlöst vor
dem Abstieg ins Grab, / und mein
Leben schaut das Licht.‹ 29 Ja, das
alles tut Gott / zwei- und dreimal mit
dem Mann, 30 um sein Leben vom
Grab abzuwenden, / dass das Licht
des Lebens ihm leuchte.

31 Merk auf, Hiob, höre mir zu; /
schweig, ich aber will reden! 32 Doch
hast du Worte, so antworte mir! /
Sprich, denn gern gäb ich dir recht!
33 Wenn nicht, so höre mir zu; /
schweig, und ich zeige dir, was
Weisheit ist!«

Elihus zweite Rede: Aufruf an die drei Freunde

34 1 Elihu fuhr fort und sagte:
2 »Hört, ihr Weisen, meine
Worte, / ihr Kundigen, gebt mir Ge-
hör! 3 Denn das Ohr prüft die Wor-
te, / der Gaumen kostet die Speise.
4 Lasst uns prüfen, was recht ist, /
was gut ist, zusammen erforschen!«

Zurückweisung der Worte Hiobs

5 »Denn Hiob hat gesagt: ›Ich bin
gerecht, / und Gott verweigert mir
mein Recht. 6 Sollte ich lügen über
mein Recht? / Tödlich traf mich der
Pfeil, obwohl ich ohne Schuld bin.‹
7 Wo ist ein Mann wie Hiob, / der
Hohn wie Wasser trinkt, 8 der sich
mit üblem Gesindel abgibt, / der
Umgang mit Gottlosen hat?
9 Denn er hat gesagt: ›Es nützt
einem nichts, wenn man Gott
gefallen will.‹«

Gott regiert vollkommen gerecht

10 »Darum hört mir zu, / ihr
verständigen Männer! / Niemals
wird Gott gottlos handeln, / der
Allmächtige Unrecht tun. 11 Nein,
was der Mensch tut, das vergilt er
ihm; / er bekommt, was er verdient.
12 Es ist gewiss: Gott handelt nicht
gottlos, / der Allmächtige verdreht
nicht das Recht.«

Gott erhält die ganze Welt

13 »Wer hat ihm die Erde anver-
traut, / wer den ganzen Erdkreis
hingestellt? 14 Wenn er nur an sich
denken würde / und hielte seinen
Lebenshauch zurück, 15 dann käme
alles Fleisch auf einen Schlag um, /
und der Mensch würde wieder zu
Staub.«

Gott regiert mit vollkommenem Wissen

16 »Hast du Verstand, dann höre
dies, / achte genau auf meine Worte!
17 Kann denn herrschen, wer das
Recht hasst? / Oder willst du den
Gerechten und Mächtigen ver-
dammen? 18 Darf man einen König
Nichtsnutz nennen, / ist es recht,
Edle gottlos zu heißen? 19 Er ergreift
nicht für die Oberen Partei; / der
Reiche gilt ihm nicht mehr als der
Arme, / denn sie alle sind das Werk
seiner Hände. 20 Sie sterben
plötzlich, mitten in der Nacht, /

sie werden erschüttert und
vergehen. / Mächtige entfernt er
ohne Menschenhand. 21 Seine Augen
sind auf die Wege jedes Menschen
gerichtet, / er sieht jeden Schritt,
den sie tun.
22 Da ist kein Dunkel und kein
Schatten, / der die Bösen verbirgt.
23 Er muss den Menschen nicht lang
untersuchen, / bevor er vor Gott ins
Gericht kommt. 24 Gewaltige knickt
er ohne Verhör / und stellt andere an
ihren Platz. 25 Weil er ihre Werke
kennt, / stürzt er sie über Nacht
um, / und sie werden zermalmt.
26 Als Gottlose klatscht er sie nieder /
am Ort, wo alle sie sehn, 27 weil sie
ihm nicht mehr folgten / und keinen
seiner Wege bedachten. 28 So lässt er
den Schrei der Armen zu sich / und
hört das Geschrei der Gebeugten.
29 Schafft er Ruhe, / wer will es
verdammen? / Verbirgt er das
Gesicht, / wer kann ihn schauen? /
Doch er wacht über Völker und
Menschen, 30 dass kein Gewissen-
loser König wird / und dem Volk ein
Fallstrick ist.«

Hiobs folgenschwere Unterlassung

31 »Hat Hiob denn zu Gott gesagt: /
›Ich trage es, ich will ja nichts Böses
tun? 32 Zeig du mir, was ich nicht
sehe! / Habe ich Unrecht getan, ich
tu es nicht wieder.‹ 33 Soll Gott nach
deinem Sinn vergelten, / weil du es
verwirfst? / Du musst wählen und
nicht ich. / Weißt du etwas, sag es
an! 34 Verständige Leute werden mir
sagen / und jeder Weise, der mir
zuhört: 35 ›Hiob redet nicht mit
Verstand, / seine Worte waren
unbedacht. 36 Soll Hiob doch immer
weiter geprüft werden, / weil er wie
ein Gottloser spricht. 37 Denn zu
seiner Sünde fügt er Treubruch
hinzu, / klatscht vor Hohn in die
Hände, / führt viele Reden gegen
Gott.‹«

Elihus dritte Rede: Hiobs ungebührliche Worte

35 1 Elihu fuhr fort und sagte:
2 »Hältst du das für richtig, /
wenn du sagst: / ›Ich will mein Recht
von Gott‹, 3 und wenn du sagst: ›Was
macht es dir, / was nützt es mir, /
wenn ich nicht sündige?‹ 4 Ich will
dir Antwort geben / und deinen
Freunden mit dir.«

Wir nehmen und geben Gott nichts

5 »Blick zum Himmel auf und sieh /
und schau die Wolken an! / Sie sind
höher als du. 6 Wenn du sündigst,
was schadest du ihm; / verübst du
viele Verbrechen, was tust du ihm an?
7 Wenn du gerecht bist, was gibst du
ihm, / was empfängt er dadurch von
dir? 8 Deine Bosheit trifft Männer
wie dich; / Menschen trifft auch
deine Gerechtigkeit.«

Gott ist nicht unser Diener

9 »Man schreit, dass viel Gewalt
geschieht, / ruft um Hilfe vor der
Willkür der Großen. 10 Aber keiner
sagt: ›Wo ist Gott, mein Schöpfer, /
der Lobgesänge gibt in der Nacht,
11 der uns Besseres lehrt als die
wilden Tiere / und klüger macht
als die Vögel?‹ 12 Da schreien sie –
doch er antwortet nicht – über den
Hochmut der Bösen. 13 Das
Schreien ist umsonst, Gott hört es
nicht, / der Allmächtige sieht es

nicht an. 14 Wenn du auch sagst, du
kannst ihn nicht sehen; / dein Fall
liegt ihm vor, warte auf ihn. 15 Jetzt
aber, weil sein Zorn nicht gestraft
hat / und er den Übermut noch
übersieht, 16 reißt Hiob seinen Mund
auf zu leerem Gerede, / macht viele
Worte ohne Verstand.«

Elihus letzte Rede: Gott ist gerecht

36 1 Elihu fuhr fort und sagte:
2 »Warte ein wenig, / ich
will's dir erklären, / denn es ist noch
mehr zu sagen für Gott. 3 Ich will
mein Wissen von weither holen /
und zeigen, dass mein Schöpfer
gerecht ist. 4 Das ist gewiss: Meine
Worte trügen nicht. / Der, der alles
Wissen hat, der ist bei dir. 5 Ja, Gott
ist mächtig / – und doch verachtet er
niemand – / mächtig an Verstandes-
kraft. 6 Den Gottlosen lässt er nicht
leben, / doch dem Elenden schafft er
das Recht. 7 Von Gerechten wendet
er seine Augen nicht ab; / mit
Königen setzt er sie auf den Thron, /
und sie werden für immer erhöht.«

Gottes Züchtigung ist uns zum Heil

8 »Und sind sie mit Fesseln
gebunden, / in Stricken des Elends
gefangen, 9 dann zeigt er ihnen ihr
Tun, / ihre Vergehen und ihren
Stolz; 10 dann öffnet er ihr Ohr für
Zucht / und befiehlt ihnen, vom
Bösen zu lassen. 11 Wenn sie hören
und sich unterwerfen, / vollenden sie
ihre Tage im Glück / und ihre Jahre
in Freude. 12 Hören sie nicht, laufen
sie in den Tod / und kommen im
Unverstand um. 13 Die Gottes-
verächter schnauben vor Wut, /
rufen nicht um Hilfe, wenn er sie
lähmt. 14 Ihre Seele stirbt schon in
der Jugend / und ihr Leben unter
Prostituierten*. 15 Den Elenden
rettet er durch sein Elend / und
öffnet sein Ohr durch die Not.«

Trotze Gott nicht länger!

16 »Er lockt auch dich aus dem
Rachen der Angst / in einen weiten
Raum ohne Enge, / zur Ruhe am
reich gedeckten Tisch. 17 Bist du
mit dem Urteil des Gottlosen voll, /
werden Urteil und Gericht dich
ergreifen. 18 Der Zorn verlocke dich
ja nicht zum Hohn, / das hohe
Lösegeld verführe dich nicht!
19 Kann dein Schreien dich aus der
Not befreien, / können es alle Mühen
der Kraft? 20 Sehne nicht die Nacht
herbei, / in der die Völker unter-
gehen. 21 Pass auf und wende dich
nicht zu dem Bösen, / dass du es
anstelle des Elends auswählst!«

Hab Ehrfurcht vor Gott!

22 »Gott ist erhaben in seiner
Macht. / Wer ist ein Lehrer wie er?
23 Wer schreibt ihm seinen Weg
vor, / und wer darf sagen: Du hast
Unrecht getan? 24 Denk daran, sein
Tun zu preisen, / das die Menschen
besingen! 25 Alle Menschen haben
es gesehen, / jeder kann es von ferne
erblicken. 26 Ja, Gott ist erhaben, wir
fassen es nicht; / keiner erforscht die
Zahl seiner Jahre.«

36,14 *Prostituierte*. Gemeint sind männliche Kultprostituierte.

Die Schöpfung offenbart Gottes Weisheit und Macht

27 »Ja, er zieht Wassertropfen
herauf, / ballt den Dunst zu Regen,
28 den dann die Wolken abrieseln /
und auf viele Menschen träufeln.
29 Versteht man gar das Ausbreiten
der Wolken, / das Donnerkrachen
aus seinem Zelt? 30 Schau, mit Licht
hat er sich umgeben / und den Grund
des Meeres zugedeckt. 31 Ja, damit
richtet er die Völker – und gibt ihnen
Nahrung im Überfluss. 32 Seine
Hände sind vom Blitz bedeckt; /
er befiehlt ihm, wen er treffen soll.
33 Sein Rollen kündigt ihn an, /
seinen Zorneseifer gegen die
Bosheit.

37 1 Ja, auch mein Herz zittert
dabei / und fängt wild zu
schlagen an. 2 Hört doch das Toben
seiner Stimme, / das Grollen, das aus
seinem Mund kommt. 3 Über der
ganzen Welt lässt er es los, / sein
Blitz fährt bis zum Ende der Erde.
4 Hinter ihm her brüllt der Donner, /
er donnert mit seiner erhabenen
Stimme. / Er hält sie nicht zurück,
wenn sein Donner hallt. 5 Gott
donnert wunderbar mit seiner
Stimme, / tut große Dinge, die man
nicht versteht. 6 Er spricht zum
Schnee: ›Fall nieder zur Erde!‹, /
und zum Regenschwall: ›Werde zur
Sturzflut!‹ 7 Er versiegelt* die Hand
jedes Menschen, / dass die Menschen
merken: Sie sind sein Werk. 8 Da
gehen die Tiere in ihr Versteck / und
bleiben in ihren Höhlen. 9 Aus dem
Süden kommt der Sturm; / der Nord-
wind bringt Kälte. 10 Durch Gottes
Atem entsteht das Eis, / und die weite
Fläche des Wassers erstarrt. 11 Er
belädt die Wolken mit Wasser / und
schickt sie mit Blitzen umher. 12 Sie
zucken hin und her, / wie er sie
lenkt, / dass sie alles tun, was er
befiehlt / auf dem ganzen Erdenrund.
13 Als Zuchtrute für seine Erde /
oder zur Gnade lässt er sie kommen.
14 Hör dir das an, Hiob! / Steh auf
und betrachte Gottes Wunder!

15 Weißt du, wie Gott sie belädt /
und das Licht seiner Wolken auf-
blitzen lässt? 16 Verstehst du das
Schweben der Wolken, / die Wunder
dessen, der alles weiß? 17 Du, dem
die Kleidung zu warm wird, / wenn
die Erde unter dem Südwind liegt.
18 Kannst du gleich ihm die Lüfte
breithämmern*, / fest wie einen
gegossenen Spiegel*? 19 Lass uns
wissen: Was sollen wir ihm sagen? /
Wir tappen doch im Dunkeln und
wissen nichts. 20 Muss man ihm
sagen, dass ich rede? / Muss man
erst sprechen, dass es mitgeteilt
wird? 21 Jetzt sieht man das Licht
nicht, / das hinter den Wolken glänzt; /
doch dann kommt ein Wind auf und
fegt sie weg. 22 Aus dem Norden
dringt ein goldener Schein; / Gott
umgibt eine erschreckende Pracht.
23 Den Allmächtigen begreifen wir

37,7 *versiegelt.* Gott sorgt dafür, dass der Mensch seine Hand nicht rühren kann. Der Mensch ist angesichts der Naturgewalten, die etwas von Gottes Allmacht aufblitzen lassen, hilflos.

37,18 *breithämmern.* Hebräisch: *raka*, verwandt mit *rakia*, Wölbung, von 1. Mose 1,6. *Spiegel* waren damals aus Metall.

nicht. / Er ist erhaben an Kraft und
Gerechtigkeit; / das Recht beugt er
nicht. 24 Darum fürchten ihn die
Menschen. / Ob einer weise ist,
kümmert ihn nicht.«

Die erste Rede Gottes aus dem Sturm

38 1 Da antwortete Jahwe aus
dem Sturm und sagte zu
Hiob: 2 »Wer verdunkelt den Rat /
mit Reden ohne Einsicht? 3 Steh auf
und zeig dich als Mann! / Dann will
ich dich fragen, und du belehrst
mich.
4 Wo warst du, als ich die Erde
gründete? / Sag an, wenn du es
weißt! 5 Wer hat ihre Maße be-
stimmt? Weißt du es? / Wer hat
die Messschnur über sie gespannt?
6 Wo sind ihre Pfeiler eingesenkt? /
Wer hat ihren Eckstein gelegt, 7 als
alle Morgensterne jubelten / und
alle Gottessöhne jauchzten?«

Gott, der Herr über die Erde

8 »Wer hat das Meer mit Toren ver-
schlossen, / als es berstend aus dem
Mutterleib schoss? 9 Ich machte die
Wolken zu seinem Gewand, / das
Wetterdunkel zu seiner Windel.
10 Ich brach ihm eine Grenze aus
dem Gestein, / setzte ihm Riegel
und Tore. 11 Ich sagte: ›Bis hierher
und nicht weiter! / Hier bricht der
Stolz deiner Wellen!‹
12 Hast du je in deinem Leben dem
Morgen geboten, / dem Frührot
seinen Ort gezeigt, 13 dass es die
Säume der Erde erfasst, / um die
Schuldigen herauszuschütteln?
14 Die Erde faltet sich wie Siegel-
ton*; / wie im Prachtgewand steht
alles da. 15 Den Bösen wird ihr Licht
entzogen, / es zerbricht der erhobene
Arm*.
16 Bist du zu den Quellen des
Meeres gekommen, / hast du den
Grund der Fluten durchstreift?
17 Haben sich dir die Tore des Todes
enthüllt, / hast du die Pforten der
Schatten gesehen? 18 Hast du
ermessen, wie breit die Erde ist? /
Sag an, wenn du das alles weißt!
19 Wo ist der Weg zur Wohnung des
Lichts? / Die Finsternis, wo hat sie
ihren Ort? 20 Kannst du sie in ihr
Gebiet begleiten, / kennst du die
Wege zu ihrem Haus? 21 Du weißt es,
du bist doch damals geboren, / und
die Zahl deiner Tage ist groß!«

Gott, der Herr unseres Himmels

22 »Bist du zu den Speichern des
Schnees gelangt? / Hast du die
Kammern des Hagels gesehen, 23 den
ich aufgespart habe für Zeiten der
Not, / für den Tag des Kampfes und
der Schlacht? 24 Wo ist der Weg, auf
dem das Licht sich teilt, / der Ost-
wind sich über die Erde zerstreut?
25 Wer bricht der Regenflut die
Bahn, / bahnt dem Gewitter seinen
Weg? 26 Wer schickt den Regen auf
unbewohntes Land, / auf die Wüste,
wo kein Mensch ist? 27 Wer stillt den
Durst der ausgedörrten Erde, / dass
sie frisches Gras gedeihen lässt?

38,14 *Siegelton.* Ton, in den ein Siegel eingedrückt wird.

38,15 *der erhobene Arm.* Das ist eine typisch hebräische Ausdrucksweise für das mutwillige Sündigen.

28 Hat der Regen einen Vater? / Wer
hat die Tautropfen gezeugt? 29 Aus
wessen Schoß kam das Eis hervor? /
Wer hat den Reif des Himmels
geboren? 30 Die Gewässer erstarren
zu Stein / und die Fläche der Flut
wird fest.

31 Schnürst du die Bänder des
Siebengestirns, / löst du die Fesseln
des Orion? 32 Führst du die Tier-
kreisbilder zu ihrer Zeit aus, / leitest
du den großen Bären samt seinen
Jungen? 33 Kennst du die Gesetze des
Himmels? / Setzt du seine Herrschaft
auf der Erde durch?

34 Rufst du den Wolken dort
Befehle zu, / dass ein Wasserschwall
dich umhüllt? 35 Schickst du Blitze,
dass sie niederfahren, / dass sie zu dir
sagen: ›Hier sind wir!‹? 36 Wer hat
den Vögeln Weisheit gegeben, / wer
mit Verstand die Fliegenden begabt?
37 Wer ist so weise, dass er die
Wolken zählt? / Wer schüttet die
Himmelskrüge aus, 38 wenn der
Boden hart ist wie Metall / und die
Schollen sich verkleben?«

Gott, der Herr der Tiere

39 »Jagst du der Löwin ihre Beute? /
Stillst du den jungen Löwen die Gier,
40 wenn sie in den Höhlen kauern, /
im Dickicht auf der Lauer liegen?
41 Wer stellt dem Raben sein Futter
bereit, / wenn seine Jungen zu Gott
schreien, / herumflattern aus Mangel
an Nahrung?

39 1 Kennst du die Zeit, wann
Steinböcke werfen? /
Schaust du zu, wie die Hirschkühe
kalben? 2 Zählst du die Monate, die
sie trächtig sind, / kennst du die
Zeit, wann sie werfen? 3 Sie krüm-
men sich, / stoßen ihre Jungen aus, /
schütteln ihre Wehen ab. 4 Ihre Jun-
gen werden kräftig, / erstarken im
Freien; / sie gehen davon und kehren
nicht wieder. 5 Wer hat den Wildesel
frei laufen lassen, / wer hat die
Fesseln des Wildlings gelöst?
6 Ich gab ihm die Steppe als Haus, /
das Salzland zu seiner Wohnung.
7 Er verlacht das Getümmel der
Stadt, / das Geschrei des Treibers
hört er nicht. 8 Er streift durch die
Berge nach Weide, / allem Grünen
spürt er nach.

9 Meinst du, der Wildstier wird dir
dienen, / die Nacht an deiner Krippe
verbringen? 10 Zwingst du ihn am
Strick in die Furche, / pflügt er
hinter dir die Täler durch? 11 Traust
du ihm, weil er so stark ist, /
überlässt du ihm deine Arbeit?
12 Vertraust du ihm, dass er deine
Ernte einbringt / und sie zu deinem
Dreschplatz zieht?

13 Fröhlich schlägt die Straußhenne
die Flügel. / Sind es fromme
Schwingen und Federn? 14 Nein, sie
überlässt ihre Eier der Erde, / lässt
sie erwärmen im Staub 15 und
vergisst, dass ein Fuß sie
zerdrücken / und ein Tier sie
zertreten kann. 16 Sie behandelt ihre
Jungen hart, als wären es nicht ihre. /
War ihre Mühe umsonst, kümmert es
sie nicht, 17 denn Gott hat ihr die
Weisheit versagt, / er wies ihr keine
Einsicht zu. 18 Wenn sie dann aber in
die Höhe schnellt, / verlacht sie Ross
und Reiter.

19 Gibst du dem Pferd seine Kraft, /
kleidest du seinen Hals mit der

Mähne? 20 Lässt du es wie die
Heuschrecke springen? / Schrecklich
sein prächtiges Schnauben! 21 Es
scharrt den Boden und freut sich
seiner Kraft, / es zieht aus, den
Waffen entgegen. 22 Es lacht über
die Angst und fürchtet nichts / und
weicht vor dem Schwert nicht
zurück. 23 Auf ihm klirrt der
Köcher, / blitzen Wurfspieß und
Speer. 24 Wild und ungestüm fliegt
es dahin, / lässt sich nicht halten,
wenn das Horn ertönt. 25 Bei jedem
Hornstoß ruft es: Hui! / Es wittert
von weitem die Schlacht, / den
Donnerruf der Führer und das
Kriegsgeschrei.
26 Steigt der Falke durch deinen
Verstand auf / und breitet seine
Flügel in den Südwind aus? 27 Erhebt
sich der Adler auf deinen Befehl /
und baut sein Nest in der Höhe?
28 Auf Felsen wohnt und nächtigt
er, / auf Felszahn und an steiler
Wand. 29 Von dort erspäht er den
Fraß, / sein Auge sieht in die Ferne.
30 Seine Jungen schlürfen Blut. / Wo
es Erschlagene gibt, da ist er.«

Hiobs erste Antwort an Jahwe

40 1 So reagierte Jahwe auf
Hiob und sagte: 2 »Will der
Tadler mit dem Allmächtigen
streiten? / Der Gott Zurechtweisende
antworte darauf!«
3 Da erwiderte Hiob Jahwe: Schau,
ich bin zu gering. / Was soll ich er-
widern? / Ich lege die Hand auf den
Mund. 5 Einmal habe ich geredet,
ich wiederhole es nicht, / zweimal,
und ich tu es nicht wieder.«

Die zweite Rede Gottes aus dem Sturm

6 Jahwe antwortete Hiob aus dem
Sturm und sagte: 7 »Steh jetzt auf
und zeig dich als Mann! / Dann
will ich dich fragen, und du
belehrst mich. 8 Willst du im Ernst
mein Recht bestreiten, / mich
schuldig sehn, damit du Recht
bekommst?
9 Sag, hast du einen Arm wie
Gott, / kann deine Stimme donnern
wie er? 10 Schmück dich doch mit
Hoheit und Stolz, / kleide dich in
Herrlichkeit und Pracht! 11 Gieß aus
die Fluten deines Zorns, / sieh den
Stolzen an und erniedrige ihn!
12 Beuge den Hochmut mit deinem
Blick! / Tritt auf der Stelle die
Gottlosen nieder! 13 Verscharr sie
allesamt im Staub, / schließe sie im
Verborgenen ein! 14 Dann will auch
ich dich preisen, / es half dir ja deine
Rechte!«

Der Behemot

15 »Sieh doch den Behemot*, / den
ich wie dich erschuf. / Gras frisst er
wie das Rind. 16 Seine Kraft ist in
den Lenden, / seine Stärke in den
Muskeln seines Bauchs. 17 Er streckt
seinen Schwanz wie die Zeder. /
Die Sehnen seiner Schenkel sind
verflochten. 18 Seine Knochen sind
Röhren aus Bronze, / seine Gebeine

40,15 *Behemot* ist die Mehrzahl von *behema*, Vieh. Es meint ein Ungetüm von Vieh, ein unbesiegbares Riesentier. Seine Beschreibung erinnert an einen Saurier.

wie eiserne Stäbe. 19 Er ist das Erste
von Gottes Geschöpfen. / Der ihn
schuf, gab ihm sein Schwert. 20 Das
Futter tragen die Berge ihm zu, /
dort, wo die Wildtiere spielen.
21 Unter Lotosbüschen legt er sich
nieder, / versteckt in Rohr und
Sumpf. 22 Lotosbüsche spenden ihm
Schatten, / die Weiden am Bach
umgeben ihn.
23 Da schwillt der Strom! Er läuft
nicht weg, hält still, / selbst wenn
ein Sturzbach ihm ans Maul schießt.
24 Kann man ihn fangen, wenn er die
Augen offen hat, / ihm Stricke durch
die Nase ziehn?«

Der Leviatan

25 »Ziehst du den Leviatan* mit der
Angel herbei, / fasst du seine Zunge
mit dem Seil? 26 Ziehst du ihm einen
Ring durch die Nase, / bohrst einen
Haken durch seine Kiefer?
27 Wird er dich lang um Gnade
bitten / und freundlich reden mit
dir? 28 Wird er einen Bund mit dir
schließen, / dass er für immer dein
Sklave wird? 29 Spielst du mit ihm
wie mit einem Vogel / und bindest
ihn für deine Mädchen an?
30 Feilschen die Jagdgenossen um
ihn, / verteilen ihn unter die
Händler? 31 Spickst du seine Haut
mit Spießen, / mit Harpunen seinen
Kopf? 32 Leg nur deine Hand an
ihn / und denk an den Kampf! /
Du tust es sicher nicht wieder.

41 1 Sieh, die Hoffnung wird
enttäuscht, / schon wer ihn
sieht, wird niedergeworfen.
2 Niemand ist so tollkühn, dass er
ihn weckt!
Und wer ist's, der vor mir besteht?
3 Wer hat mir je etwas gegeben, /
das ich ihm zurückzahlen
müsste?* / Alles unter dem Himmel
gehört mir. 4 Ich will nicht
schweigen von ihm, / wie stark
er ist und schön gebaut.
5 Wer schälte ihm je das Oberkleid
ab? / Wer greift ihm zwischen die
Zähne? 6 Wer öffnet das Tor seines
Rachens? / Rings um seine Zähne
steht Schrecken. 7 Stolz stehen die
Rillen der Schilde, / mit festem
Siegel verschlossen. 8 Einer fügt
sich an den andern, / kein Hauch
dringt dazwischen. 9 Sie hängen fest
aneinander; / sie greifen ineinander
und trennen sich nicht.
10 Sein Niesen verstrahlt Licht, /
und seine Augen sind wie Wimpern
des Frührots. 11 Fackeln fahren aus
seinem Maul, / feurige Funken
schießen heraus. 12 Aus seinen
Nüstern kommt Rauch / wie aus
einem heißen Topf. 13 Sein Atem
entzündet Kohlen; / eine Flamme
schlägt aus seinem Maul. 14 In
seinem Nacken wohnt Stärke; / vor
ihm her hüpft die Angst. 15 Sein
Bauch ist straff und fest, / wie
angegossen, unbewegt. 16 Sein Herz
ist fest wie Stein, / hart wie der
untere Mühlstein.

40,25 *Leviatan.* Der hebräische Ausdruck bedeutet »der Gewundene«. Seine Beschreibung erinnert an einen riesigen Wassersaurier.

41,3 Wird im Neuen Testament von Paulus zitiert: Römer 11,35.

17 Selbst Helden graut es, wenn er
sich erhebt, / vor Schreck ziehen sie
sich zurück. 18 Trifft man ihn, hält
kein Schwert stand, / nicht Lanze
noch Geschoss und Pfeil. 19 Eisen
hält er für Stroh, / Bronze für
morsches Holz. 20 Ein Pfeil verjagt
ihn nicht, / Schleudersteine sind
ihm wie Stoppeln. 21 Für Stroh hält
er die Keule, / er lacht über den
Aufprall des Schwerts. 22 Scharfe
Scherben sind an seinem Bauch; /
einen Dreschschlitten zieht er
über den Schlamm. 23 Er macht die
Tiefe zu einem siedenden Kessel, /
das Meer wie einen Salbentopf.
24 Hinter sich lässt er eine
leuchtende Spur, / die Flut
erscheint wie Silberhaar. 25 Auf
der Erde ist keiner ihm gleich, /
ein Geschöpf ohne Furcht. 26 Auf
alles Hohe blickt er herab, / ein
König über das stolze Wild.«

Hiobs Unterwerfung

42 1 Da erwiderte Hiob Jahwe
und sagte: / 2 »Ich weiß,
dass du alles vermagst, / kein Plan
ist unmöglich für dich. 3 ›Wer ver-
hüllt da den Rat / mit Reden ohne
Einsicht?‹ / Ja, ich habe geredet,
was ich nicht verstand. / Es war
zu wunderbar für mich, / ich
begriff das alles nicht. 4 Hör doch,
ich will nun reden, / will dich
fragen, dass du mich belehrst.
5 Bloß mit dem Ohr hatte ich von
dir gehört, / jetzt aber hat mein
Auge dich geschaut. 6 Darum
verwerfe ich mich / und bereue
in Asche und Staub.«

Hiobs Freunde werden versöhnt

7 Nachdem Jahwe das alles zu Hiob
gesagt hatte, wandte er sich an Elifas
von Teman. »Ich bin zornig über dich
und deine beiden Freunde gewor-
den«, sagte er, »denn ihr habt nichts
Verlässliches über mich gesagt wie
mein Diener Hiob. 8 Nehmt euch jetzt
sieben Stiere und sieben Schafböcke,
geht damit zu meinem Diener Hiob
und opfert sie mir als Brandopfer für
euch! Mein Diener Hiob soll für euch
bitten, denn auf ihn will ich hören,
damit ich euch nichts Schlimmes
antue. Denn ihr habt nichts Verläss-
liches über mich gesagt wie mein
Diener Hiob.« 9 Da gingen Elifas
von Teman, Bildad von Schuach und
Zofar von Naama und taten, was
Jahwe ihnen gesagt hatte. Und Jahwe
hörte auf Hiob. 10 Er wendete sein Ge-
schick, als er für seine drei Freunde
bat, und gab ihm doppelt so viel, wie
er gehabt hatte.

Gott segnet Hiob

11 Da kamen alle seine Brüder und
Schwestern und alle seine früheren
Bekannten zu ihm. Sie speisten mit
ihm in seinem Haus und bekundeten
ihm ihre Teilnahme. Sie trösteten ihn
wegen all des Unglücks, das Jahwe
über ihn gebracht hatte. Jeder schenk-
te ihm eine Kesita* und einen golde-
nen Ring.

12 Jahwe segnete Hiob danach mehr
als zuvor. Er besaß schließlich 14.000

***42,11** Kesita.* Geldeinheit/Geldgewicht ist bis heute unbekannt.

Schafe, 6000 Kamele, 2000 Rinder
und 1000 Eselinnen. 13 Er bekam
noch sieben Söhne und drei Töchter.
14 Die erste nannte er Jemima, Täub-
chen, die zweite Kezia, Zimtblüte,
und die dritte Keren-Happuch, Salb-
hörnchen. 15 Im ganzen Land gab es
keine schöneren Frauen als Hiobs
Töchter. Ihr Vater gab ihnen Erbbesitz
wie ihren Brüdern.

16 Hiob lebte danach noch 140 Jahre
und sah seine Kinder und Enkel, vier
Generationen. 17 Er starb nach einem
langen und erfüllten Leben.

Die Psalmen

Das Buch der Psalmen in der Mitte unserer Bibel enthält nur Gebete und Lieder. Die meisten stammen von David (73 von 150). Der hebräische Titel der Psalmen lautet »Buch der Lobpreisungen«. Unser deutsches Wort »Psalmen« kommt aus der griechischen Übersetzung des Alten Testamentes und bedeutet »von Saiteninstrumenten begleitete Gesänge«. Die Psalmen werden in fünf Bücher eingeteilt, von denen jedes mit einem Lobpreis Gottes endet (41,14; 72,18-20; 89,53; 106,48 und 150). Viele Psalmen haben am Anfang eine Autorenangabe, Hinweise zum Gesang, zur Musikbegleitung oder zur Aufführung im Gottesdienst. Diese Angaben gehören zum inspirierten Text.

Erstes Buch

Das Glück in Gottes Wort

1 *1* Wie beneidenswert glücklich
ist der, / der nicht auf den Rat
von Gottlosen hört, / der sich an
Sündern kein Beispiel nimmt / und
nicht mit Spöttern zusammensitzt,
2 sondern Lust hat an der Weisung
Jahwes* / und über sein Wort Tag
und Nacht sinnt! *3* Er ist wie ein
Baum, am Wasser gepflanzt, / der
seine Frucht zu seiner Zeit bringt /
und dessen Laub niemals verwelkt. /
Ja, was er auch tut, es gelingt!
4 Doch so sind die Gottlosen nicht. /
Sie werden vom Wind verweht wie die
Spreu. *5* Gottlose bestehen nicht in
Gottes Gericht / und Sünder nicht in
der Gemeinschaft von Gottes Volk.
6 Um den Weg der Gerechten sorgt
sich Jahwe, / doch von den Gottlosen
bleibt zuletzt keine Spur.

Gott ist der Richter der Welt

2 *1* Was soll das Toben der
Völker? / Was soll ihr sinnloser
Plan? *2* Die Großen der Welt lehnen
sich auf, / verschwören sich gegen
Jahwe. / Gegen seinen Messias
gehen sie an:* *3* »Los, wir zerreißen
die Fessel, / befreien uns von ihrem
Strick.«
4 Doch der im Himmel thront,
lacht, / der Herr lacht sie nur
spöttisch aus. *5* Dann fährt er sie an
in glühendem Zorn / und erschreckt
sie durch heftige Wut: *6* »Ich habe
den König gesalbt und geweiht«, sagt
er, / »hier auf dem Zion*, meinem
heiligen Berg!«
7 Nun will ich* verkünden Jahwes
Beschluss! / Er sagte zu mir: »Du
bist mein Sohn! / Ich habe dich

1,2 *Jahwe*. Siehe Vorwort des Übersetzers.

2,2 Wird im Neuen Testament von der Gemeinde in Jerusalem zitiert: Apostelgeschichte 4,25-26.

2,6 *Zion*. Hügel in Jerusalem, oft als Bezeichnung für die ganze Stadt gebraucht.

2,7 *ich*. Die Verse 7-9 sind die Worte des Messias, der ein Gesetz Jahwes verkündet.

heute gezeugt. 8 Sprich mich nur an, und ich gebe dir Völker, / ja, die ganze Erde zu deinem Besitz! 9 Du wirst sie regieren mit eiserner Faust / und zerschmettern wie Töpfergeschirr.«

10 Und nun, ihr Könige, kommt zur Vernunft! / Lasst euch warnen, Richter der Welt! 11 Unterwerft euch Jahwe und zittert vor ihm – und jubelt ihm zu! 12 Verehrt den Sohn, sonst wird er zornig / und bringt euch auf eurem Weg um, / denn sein Zorn erregt sich leicht! / Doch in seinem Schutz haben alle es gut!

Zuversicht in Bedrängnis

3 1 *Ein Harfenlied Davids, als er vor seinem Sohn Abschalom auf der Flucht war.*

2 Jahwe, es sind viele, die mich bedrängen! / So viele stehen auf gegen mich. 3 Viele gibt es, die von mir sagen: / »Selbst Gott rettet ihn nicht mehr!« ♪*

4 Aber du, Jahwe, bist ein Schild um mich her, / du bist meine Ehre, du richtest mich auf. 5 Immer wieder schrie ich zu Jahwe. / Er antwortete mir von seinem heiligen Berg. ♪

6 Ich legte mich nieder und schlief ein. / Ich bin erwacht, weil Jahwe mich hält. 7 Ich fürchte nicht die vielen tausend Krieger, / die mich von allen Seiten umstellen.

8 Steh auf, Jahwe! / Rette mich, mein Gott! / Denn du zerschlägst meinen Feinden den Kiefer, / den Gottlosen zerbrichst du das Gebiss. 9 Bei Jahwe ist Rettung! / Dein Segen sei auf deinem Volk! ♪

Gottes Schutz in der Nacht

4 1 *Dem Chorleiter. Ein Psalmlied für Saiteninstrumente von David.*

2 Wenn ich rufe, antworte mir, / Gott meiner Gerechtigkeit! / Als sie mich bedrückten, schufst du mir Raum, / nun sei mir gnädig und höre mein Gebet!

3 Ihr mächtigen Herren, / wie lange noch ist meine Ehre in Schande verkehrt? / Was sucht ihr die Lüge, / liebt Sinnlosigkeit? ♪ 4 Seht es doch ein, dass Jahwe mich ausgewählt hat, / dass er sich einen suchte, der ihm die Treue hält, / und dass er auf mein Schreien hört.

5 Regt euch auf und zittert, / doch sündigt ja nicht dabei! / Auf eurem Lager denkt still nach und schweigt! ♪ 6 Bringt ehrliche Opfer / und vertraut auf Jahwe!

7 »Wer lässt uns noch Gutes sehen?« / So geben viele klagend auf. / Lass dein Gesicht über uns leuchten, Jahwe!

8 Du hast mir so viel Freude geschenkt, / mehr als sie je hatten mit vielem Korn und Wein. 9 In Frieden lege ich mich hin zum Schlaf – zwar bin ich allein, / doch Jahwe lässt mich in Sicherheit sein.

Morgengebet um Schutz

5 1 *Dem Chorleiter. Für Blasinstrumente. Ein Psalmlied von David.*

3,3 ♪ steht für das hebräische *Sela*, das vielleicht mit *Empor!* wiedergegeben werden kann, aber nicht sicher zu übersetzen ist. Wahrscheinlich war es ein Zeichen für die Musik.

2 Hör meine Worte, Jahwe, / auf
mein Seufzen hab acht! 3 Vernimm
doch meinen Hilfeschrei, / mein
König und mein Gott, / denn zu dir
will ich beten. 4 Frühmorgens hörst
du meine Stimme. / Frühmorgens
leg ich mein Gebet vor dich / und
warte auf Antwort von dir.
5 Du bist kein Gott, dem das
Unrecht gefällt, / bei dir darf der
Böse nicht bleiben. 6 Überhebliche
Prahler willst du nicht sehen. / Wer
Böses tut, ist dir verhasst. 7 Die
Lügner lässt du zugrunde gehen. /
Mörder und Betrüger sind Jahwe
ein Gräuel.
8 Ich darf dein Haus betreten /
dank deiner großen Gunst. / In Ehr-
furcht bete ich zu dir, / neige mich zu
deinem Heiligtum hin. 9 Führe mich,
Jahwe, in deiner Wahrhaftigkeit, / tu
es wegen meiner Feinde! / Ebne mir
den Weg, den ich gehen soll!
10 Nichts Wahres ist in ihrem
Mund, / ihr Inneres ist voll
Verderben. / Ihre Kehle ist ein
offenes Grab, / mit ihrer Zunge
formen sie Lügen. 11 Lass sie dafür
büßen, Gott! / Verstricke sie in ihre
eigenen Pläne! / Verstoße sie wegen
ihrer vielen Vergehen, / denn sie
haben gegen dich rebelliert.
12 Dann freuen sich alle, die dir
vertrauen. / Ihr Jubel wird kein Ende
haben! / Du beschirmst, die deinen
Namen lieben, / und sie freuen sich
an dir! 13 Ja, du wirst den Gerechten
segnen, Jahwe! / Wie ein Schild
umgibt ihn deine Gunst.

Bitte um Verschonung*

6 1 *Dem Chorleiter. Mit Saiten-*
spiel im Bass. Ein Psalmlied von
David.
2 Straf mich nicht in deinem Zorn,
Jahwe, / züchtige mich nicht in
deinem Grimm! 3 Sei mir gnädig,
Jahwe, denn mir ist ganz elend! /
Heile du mich, Jahwe, denn alles an
mir zittert 4 und ich bin ganz
verstört. / Wie lange noch, Jahwe?
5 Kehr zurück, Jahwe, und rette
mich! / Befreie mich um deiner
Liebe willen! 6 Im Tod denkt niemand
an dich, / bei den Toten wird keiner
dich preisen!
7 Vom Stöhnen bin ich erschöpft, /
ich weine die ganze Nacht. / Mein
Bett ist nass von Tränen. 8 Meine
Augen sind vor Kummer schwach, /
gealtert wegen meiner Bedränger.
9 Macht euch fort, ihr
Verbrecher!* / Jahwe hat mein
Weinen gehört. 10 Jahwe hat mein
Flehen vernommen. / Jahwe nimmt
mein Beten an. 11 Meine Feinde sind
blamiert und ganz bestürzt, / sie
kehren um und schämen sich.

Gott sorgt für Gerechtigkeit

7 1 *Lied in freien Rhythmen von*
David. Er sang es Jahwe, als
Kusch, ein Mann aus Benjamin, ihn*
beschuldigte.

Psalm 6 ist der erste der sieben Bußpsalmen.

6,9 Wird im Neuen Testament von Jesus Christus zitiert: Matthäus 7,23.

7,1 *Kusch.* Vermutlich war das einer der Begleiter Sauls, die in 1. Samuel 24,10 erwähnt werden.

2 Jahwe, mein Gott, bei dir suche
ich Schutz; / rette mich vor allen, die
mich hetzen, / schütze mich doch,
3 dass man mir nicht das Leben
nimmt, / mich nicht zerfleischt wie
ein Löwe / und dann keiner da ist,
der mir hilft!

4 Jahwe, mein Gott, wenn ich es
getan habe, / wenn Unrecht an
meinen Händen klebt, 5 wenn ich
friedfertigen Menschen Böses
antat, / wenn ich die beraubte, die
mich jetzt grundlos verklagen, 6 dann
soll mein Feind mich verfolgen und
packen, / dann richte er mein Leben
zugrunde / und trete meine Ehre in
den Dreck! ♪

7 Steh auf in deinem Zorn,
Jahwe! / Stell dich gegen die Wut
meiner Bedränger! / Greif ein
und stell das Recht wieder her!
8 Versammle die Völker um dich zum
Gericht / und kehre dann in die Höhe
zurück!

9 Jahwe wird die Völker richten. /
Verschaffe mir Recht, Jahwe, /
denn ich bin doch im Recht! / Du
weißt, dass ich unschuldig bin.
10 Lass die Bosheit der Boshaften
enden / und gib dem Gerechten Be-
stand, / gerechter Gott, der Herz
und Nieren prüft!

11 Gott ist mein Schild über mir. /
Er rettet die, die aufrichtig sind.
12 Gott ist ein gerechter Richter, /
ein Gott, der täglich strafen kann.
13 Schon schärft er sein Schwert, /
spannt seinen Bogen und zielt.
14 Seine tödlichen Waffen liegen
bereit, / die Brandpfeile brennen.

15 Wer Böses im Sinn hat, / geht
schwanger mit Unheil / und wird
Falschheit gebären. 16 Er gräbt
eine Grube und schaufelt tief aus /
und fällt selbst in die Falle, die er an-
dern gestellt hat. 17 Seine Bosheit
kommt zu ihm zurück / und fällt ihm
selbst auf den Kopf.

18 Ich preise Jahwe für sein gerechtes
Tun. / Ich besinge den Namen des
Höchsten, / den Namen Jahwe!

Gottes Schöpferherrlichkeit

8 1 *Dem Chorleiter. Beschwingt zu
begleiten. Ein Psalmlied von
David.*

2 Jahwe, unser Herrscher, / wie
gewaltig ist dein Name überall auf
der Welt! / Am Himmel breitest du
deine Hoheit aus. 3 Aus dem Mund
der Kinder und Säuglinge schaffst du
dir Lob.* / Du hast ein Bollwerk
gebaut deinen Bedrängern zum
Trotz. / Schweigen muss der
rachsüchtige Feind.

4 Sooft ich den Himmel ansehe, das
Werk deiner Hand, / den Mond und
die Sterne, die du gemacht hast:
5 Was ist ein Mensch, dass du an ihn
denkst, / ein Menschenkind, dass du
es versorgst?

6 Du hast ihn nur kurz unter die
Engel* gestellt / und krönst ihn mit
Ehre und Pracht. 7 Du lässt ihn
herrschen über alles, / was durch
deine Hände entstand:* 8 über

8,3 Wird im Neuen Testament von Jesus Christus zitiert: Matthäus 21,16.

8,6 *Engel.* Wörtlich: *Elohim.* Das Wort bedeutet sonst »Gott«, meint hier aber himmlische Wesen, vgl. Hebräer 2,7.

8,7 Wird im Neuen Testament von Paulus und im Hebräerbrief zitiert: 1. Korinther 15,27; Hebräer 2,6-8.

Schafe und Rinder / und auch die
wilden Tiere im Feld, 9 die Vögel in
der Luft, / die Fische im Meer / und
alles, was die Meere durchzieht.
10 Jahwe, unser Herrscher, / wie
gewaltig ist dein Name überall auf
der Welt!

Jahwe hilft Bedrängten

9 1 *Dem Chorleiter. Nach der Weise*
»Stirb für den Sohn«. Ein Psalm-
lied von David.*
2 Mit ganzem Herzen will ich
dich preisen, Jahwe, / will all deine
Wunder verkünden! 3 Ich will jubeln
und mich freuen an dir, / will dir zur
Ehre singen, du Höchster!
4 Denn meine Feinde zogen sich
zurück. / Sie stürzten und kamen
um. 5 Du hast mein Recht und meine
Sache geführt. / Als gerechter
Richter sitzt du auf dem Thron.
6 Du weist Nationen zurecht, /
Gottlose lässt du verschwinden, /
radierst ihre Namen für ewig aus.
7 Der Feind ist erledigt, /
zertrümmert für immer. / Ihre
Städte hast du zerstört, / ihr
Andenken gelöscht.
8 Doch Jahwe regiert immer! /
Er hat seinen Thron zum Gericht
aufgestellt. 9 Er spricht ein gerechtes
Urteil über die Welt, / richtet
geradlinig über die Völker.
10 So wird Jahwe eine sichere Burg
für Unterdrückte sein, / eine Flucht-
burg in Zeiten der Not. 11 Darum
vertrauen dir die, die deinen Namen
kennen, / denn du lässt die nicht im
Stich, die dich suchen, Jahwe.
12 Singt* Jahwe, der Zion
bewohnt, / verkündet unter den
Völkern sein Tun! 13 Denn er, der
jede Bluttat rächt, hat an sie
gedacht, / vergaß das Schreien der
Elenden nicht.
14 Sei mir gnädig, Jahwe! / Sieh
das Elend an, in das meine Hasser
mich brachten! / Hol mich weg von
den Toren des Todes, 15 damit ich
das Lob, das dir gebührt, / in Zions
Toren erzählen kann, / und juble
über deine Hilfe.
16 Völker versanken in der Grube,
die sie selber gruben. / Im Netz,
das sie heimlich legten, verfing sich
ihr eigener Fuß. 17 Jahwe hat sich
zu erkennen gegeben. / Er hat
Gericht gehalten: / Der Gottlose
lief in die eigene Falle.

(Zwischenspiel und ♪)

18 Hinab zu den Toten gehören sie
alle, / die Völker, die Gott vergessen!
19 Denn der Arme bleibt nicht für
immer vergessen, / seine Hoffnung
ist nicht für immer dahin.
20 Greif ein, Jahwe! / Der Mensch
soll nicht die Oberhand haben! /
Zieh die Völker vor Gericht / und
sprich das Urteil über sie! 21 Bring
Furcht über sie, Jahwe! / Die Völker
sollen erkennen, / dass sie nur
Menschen sind. ♪

Psalm 9 Alphabetischer Psalm. Jede Strophe beginnt mit einem der 22 Buchstaben in der Reihenfolge des hebräischen Alphabets (ähnlich Psalm 25, 34, 37, 111, 112, 119, 145). Psalm 9 endet mit dem Buchstaben Kaph. Die Reihe wird aber in Psalm 10 fortgesetzt mit Lamed bis Taw.

9,12 *Singt.* Das meint in diesem Psalm immer Singen mit Begleitung von Saiteninstrumenten.

Hilferuf gegen Gewalttäter*

10 1 Warum, Jahwe, stehst du
fern, / verbirgst dich in
Zeiten der Not? 2 Durch den Hoch-
mut der Gottlosen fiebert der Arme. /
Mögen sie sich verfangen im eigenen
Plan!
3 Der Gottlose rühmt sich seiner
Gier, / der Habsüchtige prahlt; er
verachtet Jahwe. 4 Der Gottlose sagt
im Größenwahn: »Gott forscht nicht
nach!« / »Es gibt keinen Gott«, sind
all seine Gedanken.
5 Sein Tun glückt ihm zu jeder
Zeit; / fern sind ihm deine Gerichte; /
seine Gegner schnaubt er nur an. 6 Er
sagt zu sich selbst: / »Was kann mich
erschüttern? / An mir geht jedes
Unglück vorbei. / So wird es auch
bleiben.«
7 Er flucht, er lügt, er droht. /
Nichts als Unheil richtet er an. 8 Er
liegt auf der Lauer in den Gehöften, /
mordet den Unschuldigen im
Versteck. / Seine Augen spähen
dem Wehrlosen nach.
9 Er lauert im Versteck wie ein
Löwe im Dickicht, / er lauert darauf,
den Schwachen zu fangen, / er fängt
sein Opfer in seinem Netz. 10 Er
schlägt zu, und die Schwachen fallen,
/ sie erliegen seiner gewaltigen Kraft.
11 Er sagt sich: »Gott vergisst es! /
Er wendet sich ab. / Er sieht nie
mehr hin.«
12 Steh auf, Jahwe! / Gott, erhebe
deine Hand! / Vergiss die Armen
nicht! 13 Weshalb darf der Böse Gott
lästern? / Weshalb darf er sagen:
»Du forschst ja nicht nach«?
14 Aber du hast es gesehen, / du
schaust ja auf Kummer und Not /
und nimmst die Sache in die Hand. /
Dir überlässt es der Schwache, / dir,
dem Helfer der Waisen.
15 Zerbrich den Arm des gottlosen
Bösen! / Bestrafe seine Gottlosig-
keit, / dass man nichts mehr von
ihm findet! 16 Jahwe ist König für
immer und ewig! / Die ihn missach-
ten, verschwinden aus seinem Land.
17 Du hast die Sehnsucht der
Armen gestillt, Jahwe, / du stärkst
ihr Herz, du hörst auf sie. 18 Du
schaffst den Waisen und Bedrückten
Recht; / kein Mensch auf der Erde
muss mehr erschrecken.

Jahwe hat alles im Blick

11 1 *Dem Chorleiter. Von David.*
Bei Jahwe suche ich Schutz. /
Wie könnt ihr zu mir sagen: / »Flieh,
Vogel, in die Berge!«? 2 Da! Die
Gottlosen spannen den Bogen, /
legen den Pfeil auf die Sehne, / um
die, die aufrichtig sind, / aus dem
Dunkel zu treffen. 3 Ist die Grund-
ordnung zerbrochen, / was richtet
da der Gerechte noch aus?
4 Jahwe ist in seinem heiligen
Palast, / Jahwe – im Himmel ist sein
Thron. / Seine Augen schauen auf die
Menschen herab, / keiner entgeht
seinem prüfenden Blick. 5 Jahwe
prüft sie alle: / die ihm gehorchen
und die ihn missachten. / Und wer
Gewalt liebt, / den hasst er von
Herzen. 6 Über die Gottlosen lasse er
Fangnetze regnen, / Feuer, Schwefel
und Glutwind fülle ihren Kelch!
7 Denn Jahwe ist gerecht und liebt
Gerechtigkeit. / Wer redlich ist, den
schaut er an.

Psalm 10 Siehe Fußnote zu Psalm 9.

Jahwe greift ein

12 1 *Dem Chorleiter. Mit Bassbe-
gleitung. Ein Psalmlied von
David.*
2 Hilf, Jahwe! Der Fromme ist
nicht mehr, / die Treuen unter den
Menschen sind weg. 3 Einer belügt
den anderen. / Mit ihren Worten
schmeicheln sie / und spielen doch
ein doppeltes Spiel.
4 Alle Schmeichler und groß-
mäuligen Schwätzer: / Jahwe soll sie
vernichten! / 5 Alle, die behaupten: /
»Durch unser Reden siegen wir, /
unsere Worte sind unsere Stärke, /
gegen uns kommt niemand an.«
6 »Ja«, sagt Jahwe, »jetzt greife ich
ein! / Denn die Armen erleiden
Gewalt, die Schwachen seufzen nur
noch. / Ich bringe den Bedrückten
Befreiung!«
7 Die Worte Jahwes sind rein wie
Silber, / geschmolzen im Tiegel aus
Ton, / siebenfach von Schlacke
befreit. 8 Jahwe, du hältst immer,
was du versprichst, / bewahrst den
Schwachen vor dieser Brut, 9 auch
wenn die Gottlosen überall sind /
und ihre Gemeinheit immer
schlimmer wird.

Wie lange noch, Gott?

13 1 *Dem Chorleiter. Ein Psalm-
lied von David.*
2 Wie lange noch, Jahwe, vergisst
du mich ganz? / Wie lange noch
verbirgst du dich vor mir? 3 Wie
lange noch sollen die Sorgen mich
quälen, / ist Tag für Tag Kummer in
mir? / Wie lange noch wird der Feind
mich bedrängen?
4 Schau doch her! Antworte mir, /
Jahwe, mein Gott! / Gib Licht
meinen Augen, / dass ich nicht in
Todesnacht falle, 5 dass mein Feind
nicht sagen kann: / »Jetzt habe ihn
besiegt!«, / dass meine Bedränger
nicht jubeln, / weil ich ins Stolpern
kam.
6 Ich aber, ich baue auf deine
Gunst, / mein Herz soll über deine
Rettung jubeln. / Singen will ich
Jahwe, / denn er hat mir Gutes
getan!

Dummköpfe denken: »Es gibt keinen Gott!«

14 1 *Dem Chorleiter. Von David.*
Dummköpfe denken: »Es
gibt keinen Gott.« / Sie richten
Unheil an / und tun abscheuliche
Dinge. / Keinen gibt es, der Gutes
tut.
2 Jahwe blickt vom Himmel auf die
Menschen herab, / will sehen, ob
einer dort verständig ist, / nur einer,
der Gott wirklich sucht. 3 Doch alle
haben sich von ihm entfernt, / sie
sind alle verdorben. / Keiner tut
Gutes, nicht einer davon.*
4 Wissen die Bösen denn nicht, was
sie tun? / Sie fressen mein Volk, als
wäre es Brot, / und zu Jahwe beten
sie nicht. 5 Doch werden sie mit
Schrecken erfahren, / dass Gott zu
den Gerechten steht.
6 Die Hoffnung der Armen wollt
ihr zerstören?! / Doch Jahwe gibt
ihnen sicheren Schutz. 7 Wenn doch
die Rettung aus Zion bald käme! /
Wenn Jahwe die Not seines Volkes

14,3 Wird im Neuen Testament von Paulus zitiert: Römer 3,10-12.

wendet, / wird Israel jubeln und
Jakob sich freuen.

Wer bei Gott sein darf

15 1 *Ein Psalmlied von David.*
Jahwe, wer darf Gast in
deinem Zelt sein? / Wer darf
wohnen auf deinem heiligen Berg?
2 Wer vorbildlich lebt und tut,
was recht ist vor dir; / wer durch und
durch wahrhaftig ist 3 und andere
nicht schlecht macht; / wer seinem
Freund nichts Böses antut / und
seinen Nachbarn nicht kränkt.
4 Wer den Verworfenen verachtet, /
aber die Gottesfürchtigen ehrt; /
wer sein Versprechen nicht ändert, /
auch wenn es ihm Nachteile bringt;
5 wer keine Wucherzinsen nimmt /
und sich nicht bestechen lässt,
gegen Unschuldige auszusagen; /
der kommt nie zu Fall!

Zuflucht bei Gott

16 1 *Ein Gedicht von David.*
»Beschütze mich, Gott, ich
vertraue auf dich!« 2 Ich sagte
Jahwe: / »Du bist mein Herr! / Du
bist mein einziges Glück!«
3 An den Heiligen im Land, den
Herrlichen, / an denen freue ich
mich.
4 Schwer gestraft sind die, / die
hinter Götzen her sind. / Für Götzen
spende ich niemals Trankopferblut, /
und nie kommt ihr Name in meinen
Mund.
5 »Mein Hab und Gut bist du,
Jahwe, / und auch meine Zukunft
gehört dir! 6 Du hast mir ein
herrliches Land zugeteilt, / einen
wunderschönen Besitz!«
7 Ich preise Jahwe, der mich immer
berät! / Auch nachts mahnt mich
mein Inneres. 8 Ich habe ihn ständig
vor mich gestellt. / Und er steht mir
bei. / So bleibe ich fest.
9 Ich freue mich sehr: / Mein
Inneres wird von Jubel erfüllt. /
Auch mein Körper ruht in Sicherheit.
10 »Denn du gibst mich nicht dem
Totenreich preis, / dein treuer Diener
wird die Verwesung nicht sehen.
11 Du zeigst mir den Weg, der zum
Leben hinführt. / Und wo du bist,
hört die Freude nie auf. / Aus deiner
Hand kommt ewiges Glück.«*

Gebet eines Verfolgten

17 1 *Ein Gebet von David.*
Jahwe, hör auf die gerechte
Sache, / horche auf mein Schreien, /
vernimm mein Gebet! / Meine
Lippen lügen nicht.
2 Von dir wird mein Freispruch
kommen, / denn du siehst, dass ich
aufrichtig bin. 3 Prüfst du mein
Herz, / suchst du mich heim in der
Nacht, / forschst du mich aus, /
findest du nichts. / Mein Denken
ist so wie mein Reden.
4 Ich halte mich an dein Wort im
Treiben der Menschen / und hüte
mich vor dem Weg des Verbrechers.
5 Ich richte mich immer nach deinen
Spuren / und weiche keinen Schritt
davon ab.
6 Ich rufe dich an, mein Gott, / du
hast eine Antwort für mich. / Hab
doch ein offenes Ohr / und hör auf
mein Gebet. 7 Zeig die Wunder deiner

16,11 Wird im Neuen Testament von Petrus und Paulus zitiert: Apostelgeschichte 2, 25-28.31; 13,35.

großen Liebe, / du Retter aller, die
Schutz bei dir suchen, / Schutz vor
dem Feind! 8 Schütze mich, wie man
den Augapfel schützt! / Gib mir
Zuflucht unter deinen Flügeln 9 vor
den Verbrechern, die mir Gewalt
antun, / vor meinen Feinden, die
mich umgeben!

10 Ihr Herz ist ohne Mitgefühl, /
ihr Mund überheblich und stolz.
11 Jetzt schleichen sie um unsere
Schritte / und reißen uns gleich zu
Boden / 12 wie Löwen es mit ihrer
Beute tun. / Wie junge Löwen lauern
sie im Versteck.

13 Steh auf, Jahwe, und komm dem
Verbrecher zuvor! / Zwing ihn zu
Boden und rette mich mit deinem
Schwert! 14 Rette mich vor diesen
Leuten mit deiner starken Hand,
Jahwe! / Ihr Anteil ist im Leben
dieser Welt. / Gib ihnen, was sie
verdienen, / fülle ihren Bauch
damit, / dass ihre Söhne genug
davon haben / und noch den Enkeln
übrig bleibt.

15 Doch mich lässt du gerecht vor
dir sein und ich darf dich sehen. /
Wenn ich erwache, will ich mich
sattsehen an dir.

Danklied des Königs

18 1 *Dem Chorleiter. Von David,*
dem Diener Jahwes, der Jahwe
dieses Lied sang, nachdem er ihn vor
Saul und allen anderen Feinden gerettet hatte. An dem Tag sang er:

2 Ich liebe dich, Jahwe, du meine
Stärke! / 3 Jahwe, mein Fels, mein
Schutz und mein Retter, / mein Gott,
meine Burg, in der ich mich berge, /
mein Schild, meine Zuflucht und
mein sicheres Heil. 4 Ich rufe:
»Jahwe, sei gelobt!« / Schon bin ich
von meinen Feinden befreit. 5 Ich war
in den Fesseln des Todes gefangen, /
Sturzbäche des Unheils erschreckten
mich. 6 Mit Stricken des Todes war
ich gebunden, / die Todesfalle schlug
über mir zu. 7 Ich rief zu Jahwe in
meiner Angst, / schrie um Hilfe zu
meinem Gott.

Er hörte mich in seinem Tempel, /
mein Hilfeschrei erreichte sein Ohr.
8 Da wankte und schwankte die
Erde, / es zitterten die Gründe der
Berge. / Sie bebten, denn er wurde
zornig. 9 Rauch stieg auf von seiner
Nase, / und Feuer schoss aus seinem
Mund, / glühende Kohlen sprühten
hervor. 10 Er neigte den Himmel tief
auf die Erde / und fuhr auf dunklen
Wolken herab. 11 Er flog auf einem
Cherub*, / er schwebte auf den
Schwingen des Sturms.

12 Er hüllte sich in Finsternis wie
in ein Zelt, / in Regendunkel und
schwarzes Gewölk. 13 Vor seinem
Glanz zogen die Wolken vorbei /
mit Hagel und feuriger Glut. 14 Am
Himmel ließ Jahwe den Donner
erdröhnen, / laut krachte die Stimme
des Höchsten / mit Hagel und
feuriger Glut. 15 Er schoss seine
Pfeile und verjagte die Feinde, / er
schleuderte Blitze und verwirrte sie.
16 Da zeigte sich der Grund der
Gewässer, / die Fundamente
der Welt wurden entblößt / vor
deinem Drohen, Jahwe, / vor
dem Schnauben deines zornigen
Atems.

18,11 *Cherub* (Mehrzahl: *Cherubim*): majestätisches (Engel-)Wesen, das Gottes Herrlichkeit repräsentiert.

17 Aus der Höhe griff seine Hand
nach mir, / sie fasste mich und zog
mich aus der Flut. 18 Er entriss mich
den mächtigen Feinden, / die stärker
waren als ich und mich hassten.
19 Sie überfielen mich am Tag meines
Unglücks. / Doch Jahwe wurde mein
Halt. 20 Er führte mich hinaus ins
Weite, / befreite mich, weil er mich
mochte.
21 Jahwe hat mir meine Treue
vergolten, / mich nach der Reinheit
meiner Hände beschenkt. 22 Denn
ich ging auf den Wegen Jahwes, / fiel
nicht schuldig von meinem Gott ab.
23 Seine Gebote standen mir immer
vor Augen, / seine Befehle wies ich
nicht ab. 24 Ich tat, was er von mir
wollte / und nahm mich in acht vor
der Sünde. 25 So hat Jahwe mir
meine Treue vergolten, / denn meine
Hände waren rein.
26 Einem Gütigen zeigst du dich
gütig, / einem treuen Mann treu.
27 Dem Reinen zeigst du dich rein, /
doch dem Falschen bist du verdreht.
28 Ja, du rettest das verarmte Volk, /
doch stolze Augen zwingst du nieder.
29 Ja, du lässt mein Lebenslicht
brennen. / Jahwe, mein Gott, macht
das Dunkel mir hell. 30 Ja, einen
Schutzwall erstürme ich mit dir, / mit
meinem Gott überspring ich die Mauer.
31 Ja, Gott – sein Weg ist voll-
kommen, / Jahwes Wort ist unver-
fälscht. / Ein Schild ist er für alle, /
die Schutz bei ihm suchen. 32 Ja, wer
ist Gott, wenn nicht Jahwe! / Wer ist
ein Fels, wenn nicht unser Gott!
33 Dieser Gott ist meine Kraft, / er
bahnt mir den Weg durchs Leben.
34 Er macht meine Füße gazellen-
flink / und standfest auf allen Höhen.
35 Er lehrt meine Hände das
Kämpfen / und meine Arme, den
Bogen zu spannen.
36 Du gabst mir den Schild deines
Heils, / und deine Hand hat mich
gestützt. / Deine Demut machte mich
groß! 37 Du schafftest Raum meinen
Schritten, / meine Knöchel blieben
fest. 38 Ich jagte meinen Feinden nach
und holte sie ein. / Erst als sie
vernichtet waren, kehrte ich um.
39 Zerschmettert habe ich sie, / sie
stehen nicht wieder auf. / Sie fielen
tot vor meine Füße. 40 Du versorgtest
mich mit Kraft zum Kampf, / zwangst
meine Gegner unter mich nieder.
41 Du hast meine Feinde zur Flucht
gezwungen, / ich konnte meine
Hasser vernichten. 42 Sie schrien,
aber da war kein Retter, / zu Jahwe,
doch er hörte sie nicht. 43 Ich zerrieb
sie wie Staub vor dem Wind, / leerte
sie wie Straßendreck aus. 44 Du hast
mich den Streitigkeiten des Volkes
entrissen, / hast mich zum Haupt der
Völker gesetzt. / Ein Volk, das ich
nicht kannte, dient mir. 45 Sie hörten
mir zu und gehorchten sofort. /
Fremde Menschen schmeichelten mir.
46 Zitternd kamen sie aus ihren
Burgen / und gaben ihren
Widerstand auf.
47 Jahwe lebt! Gepriesen sei mein
Fels, / erhoben der Gott meines
Heils! 48 Denn Gott hat mir Rache
verschafft, / hat mir die Völker unter-
worfen / 49 und mich gerettet vor
zornigen Feinden. / Du hast mich
über meine Gegner erhoben, / mich
vom Mann der Gewalttat befreit.
50 Darum will ich dich loben, Jahwe, /
deinen Ruhm vor den Völkern
besingen, 51 der seinem König große

Siege verschafft, / der seinem
Gesalbten* Gnade erweist, / David
und seinen Nachkommen allen.

Gottes Schöpfung und sein Gesetz

19 1 *Dem Chorleiter. Ein Psalm-*
lied von David.
2 Der Himmel rühmt die Herrlich-
keit Gottes, / und seine Wölbung
bezeugt des Schöpfers Hand. 3 Ein
Tag sprudelt es dem anderen zu, /
und eine Nacht gibt der nächsten die
Kunde davon. 4 Sie sagen kein Wort; /
man hört keinen Laut, 5 und doch
geht ein Klingen über die Erde, / ein
Raunen bis zum Ende der Welt.*
Und am Himmel hat er die Sonne
hingestellt. 6 Wie ein Bräutigam am
Hochzeitstag kommt sie hervor, /
und wie ein strahlender Sieger betritt
sie die Bahn. 7 An einem Ende des
Himmels geht sie auf / und läuft hin-
über bis zum anderen Rand. / Nichts
bleibt ihrem feurigen Auge verhüllt.
8 Das Gesetz Jahwes ist
vollkommen; / es gibt dem Leben
neue Kraft. / Das Zeugnis Jahwes
ist verlässlich; / es macht den Ein-
fältigen klug. 9 Die Befehle Jahwes
sind richtig; / sie erfreuen das
Herz. / Das Gebot Jahwes ist ganz
rein; / es schenkt einen klaren Blick.
10 Die Ehrfurcht vor Jahwe ist echt /
und hat für immer Bestand. / Die
Bestimmungen Jahwes sind wahr, /
und sie sind alle gerecht 11 und
wertvoller als das reinste Gold / und
süßer als der beste Honig.
12 Auch dein Diener ist durch sie
gewarnt; / und jeder, der sie befolgt,
wird reich belohnt. 13 Wer kann
schon merken, wie oft er versagt? /
Vergib mir auch die verborgene
Schuld! 14 Und halte mich vor dem
Hochmut zurück, / dass er nie über
mich herrscht! / Dann stehe ich ohne
Tadel da / und werde vor großem
Unrecht bewahrt. 15 Mögen die
Worte, die ich sage, / und die Gedan-
ken, die ich fasse, / dir gefallen, /
Jahwe, mein Fels und mein Erlöser.

Gebet für den König

20 1 *Dem Chorleiter. Ein Psalm-*
lied von David.
2 Jahwe gebe dir Antwort am Tag
der Not. / Der Name von Jakobs Gott
möge dich schützen. 3 Er sende dir
Hilfe vom Heiligtum her, / unter-
stütze dich von Zion aus. 4 Er möge
an deine Speisopfer denken, / nehme
dein Brandopfer gnädig an. ♪ 5 Er
gebe dir, was dein Herz begehrt, / er
lasse deine Pläne gelingen. 6 Dann
wollen wir jubeln über dein Heil, / im
Namen unseres Gottes die Fahne erhe-
ben. / Jahwe erfülle all deine Bitten!
7 Jetzt weiß ich, dass Jahwe seinem
Gesalbten hilft. / Aus seinem heili-
gen Himmel erhört er ihn / durch die
Machttaten seiner rettenden Hand.
8 Die einen denken an Wagen, andere
an Pferde, / wir aber nennen den
Namen von Jahwe, unserem Gott.
9 Sie krümmen sich und fallen, /
wir aber stehen und halten stand.
10 Hilf, Jahwe, hilf, o König! /
Erhöre uns am Tag unseres Rufens!

18,51 *Gesalbter*. In Israel wurden die Könige und die Hohen Priester bei ihrer Einsetzung mit kostbarem Öl gesalbt.

19,5 Wird im Neuen Testament von Paulus zitiert: Römer 10,18.

Die Freude des Königs

21 1 *Dem Chorleiter. Ein Psalm-
lied von David.*
2 An deiner Macht, Jahwe, freut
sich der König, / über deine Hilfe
jubelt er laut. 3 Den Wunsch seines
Herzens hast du ihm erfüllt, / du
schlugst ihm seine Bitte nicht ab. ♪
4 Du kamst ihm entgegen mit Segen
und Glück, / hast ihm die Krone aus
Gold aufgesetzt. 5 Er bat dich um
Leben, du hast es gegeben / und
noch unendlich viele Tage dazu.
6 Groß ist sein Ruhm durch deine
Hilfe, / mit Pracht und Hoheit
umgibst du ihn. 7 Du hast ihn zum
ewigen Segen bestimmt, / schenkst
ihm die Freude deiner Gegenwart.
8 Denn der König vertraut auf
Jahwe. / Durch die Güte des
Höchsten steht er sicher und fest.
9 Deine Hand spürt alle deine
Feinde auf, / deine Rechte trifft die,
die dich hassen. 10 Du wirst sie in
lodernden Flammen vernichten, /
sobald du erscheinst. / Dein Zorn,
Jahwe, wird sie verschlingen; / sie
werden von Feuer verzehrt. 11 Du fegst
ihre Brut von der Erde weg, / lässt sie
aus der Menschheit verschwinden.
12 Haben sie auch Böses gegen dich
vor, / verwegene Anschläge ersonnen, /
zustande bringen sie nichts. 13 Denn
du richtest den Bogen auf sie / und
jagst sie alle in die Flucht. 14 Steh doch
auf, Jahwe, in deiner Kraft! / Dir wol-
len wir singen / und mit Instrumenten
preisen deine Macht.

Von Gott verlassen

22 1 *Dem Chorleiter. Nach der Weise
»Hirschkuh im Morgenrot«.
Ein Psalmlied von David.*
2 Mein Gott, mein Gott! / Warum
hast du mich verlassen?* / Warum
bist du so weit weg? / Du hörst mein
Schreien nicht! 3 Mein Gott, ich rufe
am Tag, / doch du antwortest nicht, /
ich rufe bei Nacht / und finde nicht
Ruh!
4 O Heiliger du, / der in Israels
Lobliedern wohnt! 5 Unsere Väter
vertrauten auf dich, / sie vertrauten, /
und du hast sie befreit. 6 Sie schrien
zu dir, / haben Rettung gefunden; /
sie vertrauten auf dich, / wurden
niemals enttäuscht.
7 Aber ich bin ein Wurm und kein
Mann, / ein Spott der Leute, / ver-
achtet vom Volk. 8 Die mich sehen, /
die spotten über mich, / verziehen die
Lippen, / schütteln den Kopf. 9 »Er
vertraute Jahwe, / der mag ihn jetzt
retten, / er hat ja Gefallen an ihm!«*
10 Aus dem Mutterleib hast du
mich gezogen, / an der Brust meiner
Mutter mich Vertrauen gelehrt. 11 Du
bist mein Schutz, seit mein Leben
begann, / und mein Gott, von meiner
Mutter Leib an. 12 Sei mir nicht fern
in meiner Not! / Nur Angst ist bei
mir, / kein Retter ist nah.
13 Gewaltige Stiere kreisen mich
ein, / von Büffeln aus Baschan* bin
ich bedrängt. 14 Sie reißen die Mäuler
gegen mich auf; / raubgierige Löwen
brüllen mich an. 15 Ich zerlaufe wie
Wasser auf trockener Erde, /
ausgerenkt sind meine Glieder, / und

22,2 Diesen Vers betete Jesus am Kreuz (Matthäus 27,46).

22,9 Das erfüllte sich wörtlich bei der Kreuzigung von Jesus Christus (Matthäus 27,43).

22,13 *Baschan.* Sehr fruchtbare Hochebene östlich vom See Gennesaret.

mein Herz zerschmilzt wie Wachs /
als ob es in meinen Gedärmen zerfließt.
16 Meine Kraft ist vertrocknet, / dürr
wie ein Scherben. / Meine Zunge
klebt, / am Gaumen haftet sie fest.

In den Staub des Todes hast du mich
gelegt, 17 denn mich umlauert die
Meute der Hunde. / Übles Gesindel
hat mich umringt / und hat mir
Hände und Füße durchbohrt. 18 All
meine Knochen könnte ich zählen. /
Sie stehen dabei und gaffen mich an.
19 Meine Kleider teilen sie unter sich
auf, / und mein Gewand verfällt
ihrem Los.*

20 O Jahwe, du, / bleib mir nicht
fern! / Du, meine Stärke, / hilf mir
ganz schnell! 21 Rette mich vor dem
Schwert meiner Feinde, / mein
Leben aus der Gewalt dieser Hunde.
22 Reiß mich aus dem Rachen des
Löwen, / von den Hörnern der Büffel
ziehe mich weg.*

23 Ich will deinen Namen den
Brüdern verkünden. / Vor der
ganzen Gemeinde preise ich dich!*
24 Lobt Jahwe, alle, die ihr ihn
fürchtet! / Ihr Nachkommen Jakobs,
bringt ihm das Lob! / Israels Enkel,
erschauert vor ihm! 25 Er hat nicht
verachtet, / den Bedürftigen nicht
verschmäht, / hat sein Gesicht nicht
abgewandt, / hat seinen Hilfeschrei
gehört.

26 Dir gilt mein Lob in der großen
Gemeinde. / Meine Versprechen, die
löse ich ein. / Und die Gott fürchten,
sehen mir zu. 27 Die sich vor ihm
beugen, die essen sich satt. / Die ihn
suchen, die loben Jahwe. / Für
immer lebe euer Herz auf!

28 Es werden daran denken die
Enden der Erde, / zu Jahwe sich
kehren die Völker der Welt. 29 Denn
Jahwe ist König, / er beherrscht
jedes Volk.

30 Dann beugen sich nieder alle
Reichen der Erde, / dann knien vor
ihm, die zum Staub hinabfuhren, /
und jeder, der sich nicht selbst am
Leben erhält. 31 Ein neues
Geschlecht darf ihm nun dienen, /
erzählen vom Herrn dem künftigen
Stamm. 32 Sie werden kommen und
seine Gerechtigkeit schildern / dem
Volk, das noch geboren wird, / denn
er hat es vollbracht.

Der gute Hirt

23 1 *Ein Psalmlied von David.*
Jahwe* ist mein Hirt, / mir
fehlt es an nichts. 2 Er bringt mich
auf saftige Weiden, / und führt mich
zum Rastplatz am Wasser. 3 Er
schenkt mir wieder neue Kraft. /
Und weil sein Name dafür steht, /
lenkt er mich immer in die richtige
Spur. 4 Selbst auf dem Weg durch
das dunkelste Tal, /fürchte ich mich
nicht, / denn du bist bei mir. / Dein
Wehrstock und dein Hirtenstab,* /

22,19 Wird im Neuen Testament von Johannes zitiert: Johannes 19,24.

22,22 *Büffel ziehe mich weg.* Man kann den Text auch so auffassen, dass der Umschwung schon in diesem Versteil sichtbar wird. »... der Büffel. Du hast mich erhört.«

22,23 Wird im Neuen Testament zitiert: Hebräer 2,12.

23,1 *Jahwe.* Andere schreiben: »Der Herr«. Siehe aber das Vorwort des Übersetzers zum Namen Gottes im Alten Testament.

23,4 Mit dem *Wehrstock*, einer eisenbeschlagenen Keule, wurden Raubtiere abgewehrt, mit dem langen *Hirtenstab* die Schafe gelenkt.

sie trösten und ermutigen mich. 5 Vor
den Augen meiner Feinde / deckst du
mir einen Tisch. / Du nimmst mich
als Gast herzlich auf* / und schenkst
mir den Becher voll ein. 6 Nur Güte
und Liebe verfolgen mich jeden
Tag, / und ich kehre für immer
ins Haus Jahwes zurück.

Der König kommt

24 1 *Ein Psalmlied von David.*
Sein ist die Erde und was sie
erfüllt, / die Welt und ihre Bewohner.*
2 Jahwe hat sie an Meeren gegründet, /
an Strömen sie sicher platziert.
3 Jahwes Berg, wer darf darauf
stehen, / betreten seinen heiligen
Platz? 4 Wer reine Hände hat und ein
reines Gewissen, / wer nicht auf Göt-
zen vertraut, / und keine falschen
Eide schwört. 5 Der wird empfangen
den Segen Jahwes / und das Recht
vom Gott seines Heils. 6 So ist das
Volk, das ihn sucht, / das wahre
Geschlecht, das seine Nähe
verlangt. ♪
7 »Schaut auf, ihr Tore, und öffnet
euch weit; / schwingt auf, ihr
ewigen Pforten: / Der König zieht
ein, / mit Ehre geschmückt!«
8 »Wer ist dieser König, / so
herrlich geehrt?« / »Es ist Jahwe,
mächtig und stark, / Jahwe, der
Sieger im Kampf!« 9 »Schaut auf,
ihr Tore, und öffnet euch weit; /
schwingt auf, ihr ewigen Pforten: /
Der König zieht ein, / mit Ehre
geschmückt!« 10 »Wer ist dieser
König, so herrlich geehrt?« /
»Es ist Jahwe, von Heeren
umringt! / Er ist der König,
herrlich geehrt!« ♪

Bitte um Vergebung und Führung*

25 1 *Von David.* Zu dir erhebe
ich meine Seele, Jahwe!
2 Mein Gott, ich vertraue auf dich: /
Lass mich nicht im Stich! / Gönn
meinen Feinden nicht diesen
Triumph! 3 Wer auf dich hofft, wird
niemals enttäuscht, / doch wer dich
treulos verlässt, wird beschämt.
4 Zeig mir, Jahwe, deine Wege, /
lehre mich tun, was du willst. 5 Leite
mich durch deine Wahrheit und lehre
mich, / denn du bist der Gott, der mir
hilft. / Täglich hoffe ich auf dich.
6 Denk an dein Erbarmen, Jahwe, /
und an die Beweise deiner Gunst, /
denn sie waren immer schon da.
7 Denk nicht an meine Jugend-
sünden / und an meine Vergehen! /
Denk nur in deiner Liebe an mich; /
tu es, weil du gütig bist, Jahwe.
8 Jahwe ist gut und gerecht, /
darum belehrt er die Sünder. 9 Den
Demütigen zeigt er, was richtig ist, /
und lehrt sie, seinen Weg zu
erkennen. 10 Alles, was Jahwe tut,
ist nur Güte und Wahrheit / für die,
die seinen Bund und seine Gebote
beachten. 11 Um deines Ansehens
willen, Jahwe, / vergib mir meine
so große Schuld!
12 Was ist mit dem, der Jahwe
fürchtet? / Ihm zeigt er den Weg, den

23,5 *nimmst mich als Gast herzlich auf.* Wörtlich: *Du salbst mir das Haupt mit Öl.* Das gehörte damals zur Begrüßung eines Gastes.

24,1 Wird im Neuen Testament von Paulus zitiert: 1. Korinther 10,26.

25,1 Alphabetischer Psalm. Siehe Anmerkung zu Psalm 9.

er wählen soll. 13 Er lebt in Frieden
und Glück / und seinen Kindern
gehört das Land. 14 Den Gottesfürch-
tigen vertraut Jahwe. / Er weiht sie
ein in seinen Bund.
15 Meine Augen haben Jahwe
immer im Blick, / denn er zieht
meine Füße aus dem Netz. 16 Wende
dich gnädig mir zu! / Denn ich bin
einsam und elend. 17 Befreie mein
Herz von der Angst / und nimm den
Druck von mir weg! 18 Sieh mein
Elend an und meine Not; / vergib mir
meine ganze Schuld!
19 Schau, meine Feinde sind viele
geworden! / Sie verfolgen mich mit
abgrundtiefem Hass. 20 Erhalte mein
Leben und rette mich! / Lass mich
nicht zugrunde gehen, / denn ich
suche Unterschlupf bei dir! 21 Mögen
Unschuld und Ehrlichkeit mich
schützen, / denn ich rechne mit dir!
22 Erlöse Israel aus allen seinen
Nöten, Gott!

Sehnsucht nach Gottes Nähe

26 1 *Von David.*
Richte du mich, Jahwe, /
denn ich war immer ehrlich vor dir. /
Ich habe Jahwe vertraut, / ich werde
nicht fallen. 2 Prüf mich, Jahwe, und
erprobe mich, / prüfe mich auf Herz
und Nieren! 3 Ich hatte deine Gnade
vor Augen, / deine Treue
bestimmte mein Leben.
4 Ich hatte nichts mit Betrügern
zu tun. / Ich gab mich nicht mit
Heuchlern ab. 5 Die Gesellschaft
von Bösen ist mir verhasst, / bei
den Gottlosen sitze ich nicht.
6 In Unschuld wasche ich meine
Hände / und gehe um deinen Altar
herum. 7 Ich lasse laut ein Danklied
hören / und erzähle all deine
Wunder, Jahwe. 8 Ich liebe das Haus,
in dem du wohnst, / wo deine
Herrlichkeit uns nahe ist.
9 Raff mich nicht mit den Sündern
weg, / nimm mir nicht mit den
Mördern das Leben! / 10 Schand-
taten kleben an ihren Händen, /
und ihre Taschen sind durch
Bestechungen voll.
11 Doch ich gehe ehrlich meinen
Weg. / Erlöse mich und sei mir
gnädig! 12 Jetzt stehe ich auf
sicherem Boden, / und ich preise
Jahwe in der Gemeinde.

Gemeinschaft mit Gott

27 1 *Von David.*
Jahwe ist mein Licht und
mein Heil: / Vor wem sollte ich mich
fürchten? / Jahwe ist die Schutz-
burg meines Lebens: / Vor wem
sollte ich erschrecken? 2 Dringen
Böse auf mich ein, / um mich zu
verschlingen, / bedrängen mich
meine Feinde, / sind sie es, die
stolpern und fallen. 3 Selbst wenn
ein Heer mich belagert, / habe ich
keine Angst. / Auch wenn es zum
Kampf gegen mich kommt: / Ich
vertraue auf ihn.
4 Eins nur hab ich von Jahwe
erbeten, / das ist alles, was ich will: /
Mein Leben lang im Haus Jahwes zu
wohnen, / um die Freundlichkeit
Jahwes zu schauen / und nachzu-
denken in seinem Tempel. 5 Wenn
schlimme Tage kommen, / verbirgt
er mich in seinem Haus, / unter
seinem Dach gibt er mir Schutz. /
Hoch auf einen Felsen stellt er mich.
6 Nun kann ich den Kopf heben /
über all meine Feinde ringsum. /

Mit Jubel bringe ich Opfer in Jahwes
Zelt, / mit Singen und Spielen preise
ich ihn.
7 Hör mich, Jahwe, wenn ich rufe, /
sei mir gnädig und antworte mir!
8 Mein Herz spricht dir nach: »Sucht
meine Nähe!« / Ich suche deine
Nähe, Jahwe. 9 Wende dein Gesicht
nicht ab, / weise deinen Diener nicht
zornig zurück! / Du hast mir doch
immer geholfen, Gott meines Heils! /
Gib mich nicht auf und verlasse mich
nicht! 10 Auch wenn mich Vater und
Mutter verlassen, / Jahwe nimmt
mich bei sich auf.
11 Lehr mich, Jahwe, deinen
Weg, / leite mich auf gerader
Bahn, / denn meine Feinde stellen
mir nach. 12 Gib mich nicht preis der
Gier meiner Feinde, / denn falsche
Zeugen verklagen mich / und speien
Galle und Gift. 13 Ach, wenn ich
mir nicht sicher wäre, / die Güte
Jahwes zu schauen / im Land der
Lebendigen ... 14 Vertrau auf
Jahwe, / sei stark und fasse Mut, /
vertrau auf Jahwe!

Gebet um Schutz und Kraft

28 1 *Von David.* Zu dir, Jahwe,
will ich rufen! / Hüll dich
nicht in Schweigen, mein Fels! /
Wenn du mich schweigend von dir
weist, / bin ich wie ein Toter im
Grab. 2 Hör mein Flehen, ich schreie
nach dir, / wenn ich meine Hände
zum Höchstheiligen hebe!
3 Reiß mich nicht mit den Gottlo-
sen fort / und mit den Verbrechern, /
die mit allen freundlich reden, / im
Herzen aber auf Böses aus sind!
4 Zahl ihnen ihre bösen Taten heim, /
bestrafe sie für ihr Tun, / gib ihnen,
was sie verdienen! 5 Denn sie achten
nicht auf die Taten Jahwes, / noch
auf das Werk seiner Hände. / Darum
reißt er sie nieder, / und richtet sie
nicht wieder auf.
6 Gelobt sei Jahwe, / denn er hat
mein Flehen gehört. 7 Jahwe ist
meine Kraft und mein Schild, / auf
ihn hat mein Herz vertraut. / Als mir
geholfen wurde, jubelte ich. / Mit
meinem Lied will ich ihn preisen.
8 Jahwe ist Kraft und Schutz für sein
Volk, / die Rettung für seinen König,
für den Gesalbten. 9 Rette dein Volk
und segne dein Erbe, / weide und
trag sie für immer!

Lob der Herrlichkeit Gottes

29 1 *Ein Psalmlied von David.*
Gebt Jahwe, ihr himmlischen
Wesen, / gebt Jahwe Ehre und
Macht! 2 Gebt Jahwe die Ehre, die
ihm gebührt, / betet ihn an in
heiliger Pracht.
3 Die Stimme Jahwes schallt
über den Fluten, / der Gott der
Herrlichkeit lässt Donner grollen, /
Jahwe über den mächtigen Wassern.
4 Die Stimme Jahwes ist voller Ge-
walt, / herrlich und furchtbar zu-
gleich. 5 Die Stimme Jahwes spaltet
mächtige Bäume, / Libanonzedern
zersplittern vor ihm.
6 Der Libanon* hüpft vor ihm wie
ein Kalb, / wie ein junger Büffel
springt der Hermon* auf.
7 Die Stimme Jahwes sprüht
zuckende Flammen. 8 Die Wüste

29,6 Der *Libanon* ist das »weiße Gebirge« nördlich von Israel. Der *Hermon* ist der südliche Teil des sogenannten Antilibanon.

zittert vor diesem Ton. / Jahwe lässt
die Wüste von Kadesch* erbeben.
9 Die Stimme Jahwes wirbelt Eichen
empor, / reißt ganze Wälder kahl. /
Und in seinem Tempel ruft alles:
Ehre sei Gott!
10 Jahwe thront über den Fluten, /
er herrscht als ewiger König!
11 Seinem Volk verleiht er Kraft /
und segnet es mit Frieden!

Vom sicheren Tod gerettet

30 1 *Ein Psalm von David. Lied zur Einweihung des Hauses**.
2 Ich will dich erheben, Jahwe, /
denn du hast mich aus der Tiefe
geholt, / gönntest meinen Feinden
keinen Triumph über mich. 3 Jahwe,
mein Gott, / zu dir hab ich
gestöhnt, / und du hast mich geheilt.
4 Aus dem Totenreich hast du meine
Seele geholt, / auf dem Weg zum
Grab riefst du mein Leben zurück.
5 Singt Jahwe, ihr seine Getreuen, /
denn so denkt ihr an seine Heiligkeit!
6 Sein Zorn währt einen Augen-
blick, / doch seine Gunst ein Leben
lang. / Wenn man am Abend auch
weint, / am Morgen ist die Freude
wieder da.
7 Ich dachte in meiner Zufrieden-
heit: / »Was kann mir denn jemals
geschehen?« 8 Denn deine Güte,
Jahwe, / stellte mich auf sicheren
Grund. / Doch dann verdecktest du
dein Gesicht, / und ich verlor allen
Mut.
9 Ich rufe zu dir, Jahwe! / Meinen
Herrn flehe ich an: 10 Welchen
Gewinn bringt dir mein Blut? / Was
nütze ich dir im Grab? / Lobt dich
vielleicht der Staub? / Verkündigt er,
wie treu du bist? 11 Höre, Jahwe, und
schenke mir Gunst! / Sei du meine
Hilfe, Jahwe!
12 Nun hast du meine Trauer
verwandelt in einen fröhlichen
Tanz, / mein Sackgewand entfernt
und mich mit Freude umhüllt!
13 Darum singt dir mein Herz /
und ist nicht mehr stumm. / Jahwe,
mein Gott, / für immer danke ich dir!

In Gottes Händen geborgen

31 1 *Dem Chorleiter. Ein Psalmlied von David.*
2 Bei dir, o Jahwe, suche ich Schutz! /
Lass mich niemals enttäuscht von
dir sein. / Rette mich in deiner
Gerechtigkeit! 3 Leih mir dein Ohr, /
befreie mich schnell! / Sei mir ein
schützender Fels, / eine rettende
Burg! 4 Ja, du bist Halt und Festung
für mich. / Sei du mein Führer, /
denn du bist mein Gott! 5 Zieh mich
aus dem Netz, / das sie heimlich
gelegt, / denn du bist mein Schutz.
6 In deine Hand gebe ich meinen
Geist. / Jahwe, du hast mich erlöst, /
du, der wahrhaftige Gott.
7 Ich verabscheue alle, die Götzen
verehren, / die sich klammern an
Nichtse aus Dunst, / denn ich habe
Jahwe vertraut. 8 Ich juble vor
Freude, / dass deine Gnade mich
beglückt. / Du hast mein Elend

29,8 *Kadesch.* Ort in der Wüste Zin südlich von Israel.

30,1 *Haus.* Gemeint ist entweder das heilige Zelt Davids (2. Samuel 6,17) oder der Tempelplatz (1. Chronik 21,26; 22,1).

gesehen, / die Angst meiner Seele
erfasst, 9 mich nicht dem Feind aus-
geliefert, / sondern mir Raum zum
Leben verschafft.

10 Jahwe, sei mir gnädig, denn ich
bin in Angst. / Vom Weinen zeigt
sich mein Auge verquollen. / Meine
Seele ist matt / und müde mein Leib.
11 In Kummer schwindet mein Leben
dahin, / in Seufzen vergehen meine
Jahre. / Meine Kraft ist gebrochen
durch meine Schuld / und meine
Glieder versagen den Dienst.

12 Zum Spott meiner Feinde bin ich
geworden, / meinen Nachbarn zur
Last / und ein Schrecken für meine
Bekannten. / Wer mich sieht auf den
Gassen, / läuft scheu von mir weg.
13 Wie ein Toter vergessen, / wie
zerbrochenes Geschirr, / so bin ich
ihnen geworden. 14 Ich höre sie
tuscheln. / Ein Grauen ringsum! /
Sie tun sich zusammen, / halten Rat
gegen mich, / um mich zur Strecke
zu bringen.

15 Doch ich, Jahwe, / ich vertraue
auf dich, / ich sage: »Du bist mein
Gott.« 16 In deiner Hand ist all mein
Geschick. / Reiß mich aus der
Gewalt meiner Feinde, / rette mich
vor den Verfolgern. 17 Lass dein
Gesicht leuchten über mir, / in
deiner Güte hilf deinem Diener
heraus. 18 Jahwe, ich rufe zu dir, /
beschäme mich nicht. / Lass
beschämt werden diese Verbrecher, /
zum Schweigen gebracht bei den
Toten! 19 Verstummen sollen die
Lippen der Lüge, / die gegen die
Gerechten geifern / mit Frechheit,
Hochmut und Stolz.

20 Wie groß ist deine Güte, / die
du verwahrt hast für die, die dich
fürchten, / die du denen gewährst, /
die Zuflucht suchen bei dir. 21 Du
verbirgst sie im Schutz deiner Nähe /
vor den Ränken der Bösen, / vor den
zänkischen Zungen, / unter sicherem
Dach.

22 Gelobt sei Jahwe, der mir Gnade
erwiesen, / der seine Wunder zeigte
in der belagerten Stadt. 23 Bestürzt
sagte ich: »Er hat mich verstoßen!« /
Doch du hast mein flehendes
Schreien gehört.

24 Liebt Jahwe, ihr seine Getreuen! /
Denn die ihm treu sind, die behütet
Jahwe. / Doch wer hochnäsig
handelt, / dem zahlt er es heim.
25 Seid stark und habt Mut, /
die ihr Jahwe vertraut!

Das Glück der Vergebung*

32 1 *Ein Lehrgedicht von David.*
Wie glücklich ist der, / dem
sein Unrecht verziehen, / dem die
Sünde zugedeckt ist. 2 Wie glücklich
zu preisen der Mensch, / dem Jahwe
die Schuld nicht zumisst* / und
dessen Geist frei ist von Betrug.

3 Solange ich schwieg, / verfiel
auch mein Leib, / denn unaufhörlich
schrie es in mir. 4 Du hattest deine
Hand schwer auf mich gelegt – bei
Tag und bei Nacht, / es hörte nie
auf. / Mein Lebensmut verdorrte in
der Sommerglut. ♪

5 Da endlich bekannte ich dir meine
Schuld / und verschwieg mein
Unrecht nicht länger vor dir. /

Psalm 32 ist der zweite der sieben Buß-psalmen.

32,2 Wird im Neuen Testament von Paulus zitiert: Römer 4,7-8.

Da sprach ich es aus: / »Ja, ich gebe
es zu, / ich bekenne meine Vergehen,
Jahwe!« / Und du, du hast mich
befreit von der Schuld, / hast die
Sünden vergeben, / das Böse
bedeckt. ♪

6 Darum: Wer dich liebt, / der
bete, wann immer er dich antreffen
kann. / Wenn dann die gewaltige
Flut einbricht, / ihm werden die
Wasser nichts tun. 7 Bei dir bin ich
sicher geborgen, / beschützt in jeder
Gefahr / und vom Jubel der Rettung
umschallt. ♪

8 Ich will dich belehren, / und ich
zeig dir den richtigen Weg. / Ich will
dich beraten, / und mein Auge wird
ruhen auf dir. 9 Sei nicht wie ein
Pferd und wie ein Maultier ohne
Verstand, / deren Wildheit du
bändigen musst mit Zügel und
Zaum, / sonst folgen sie nicht.

10 Wer ohne Gott lebt, schafft sich
viel Schmerz; / doch wer Jahwe
vertraut, wird von Güte umhüllt.

11 Freut euch an ihm und jauchzt,
die ihr Jahwe gehorcht! / Jubelt auf,
ihr ehrlichen Herzen!

Der mächtige und gütige Gott

33 1 Jubelt über Jahwe, ihr
Gerechten! / Zum Redlichen
gehört der Lobgesang. 2 Preist Jahwe
mit der Leier, / musiziert ihm auf
zehnsaitigen Harfen! 3 Singt ihm ein
neues Lied, / spielt ihm schön mit
Jubelklang*!

4 Das Wort Jahwes ist richtig, / er
beweist es durch sein Tun. 5 Er liebt
Gerechtigkeit und Recht. / Die Erde
ist voll von der Güte Jahwes. 6 Durch
Jahwes Wort entstand der Himmel, /
sein ganzes Heer durch den Hauch
seines Mundes. 7 Er fasst das Meeres-
wasser wie mit einem Damm, / in
Kammern legt er die Fluten.

8 Alle Welt fürchte Jahwe; / vor
ihm sollen beben die Bewohner der
Erde! 9 Denn er sprach, und es
geschah; / er gebot, und es
stand da. 10 Jahwe zerbricht die
Beschlüsse der Völker, / vereitelt
ihre stolzen Gedanken.
11 Der Ratschluss Jahwes bleibt
ewig bestehen, / die Pläne seines
Herzens überdauern die Zeit.

12 Wie glücklich das Volk, das
Jahwe zum Gott hat, / das Volk, das
er als Eigentum wählte! 13 Jahwe
schaut vom Himmel herab / und
sieht jeden Menschen. 14 Von seinem
Thronsitz schaut er nieder / auf alle
Bewohner der Welt. 15 Er hat ihnen
allen das Herz gebildet, / er schaut
auf alle ihre Werke.

16 Den König rettet nicht ein starkes
Heer; / ein Held kommt nicht frei
durch große Kraft. 17 Das Pferd ist
eine trügerische Hilfe, / mit seiner
großen Stärke rettet es nicht. 18 Das
Auge Jahwes ruht auf denen, die ihn
fürchten, / die auf seine Güte warten,
19 dass er ihre Seele vom Tod errette, /
in Hungerzeit ihr Leben erhalte.

20 Auf Jahwe warten wir, / er ist
uns Hilfe und Schild. 21 Ja, an ihm
freuen wir uns, / denn auf den
heiligen Gott ist Verlass. 22 Lass
deine Gnade über uns sein, Jahwe, /
so wie wir es von dir erhofften.

33,3 *Jubelklang.* Das hebräische Wort zeigt, dass der Jubel von Hörnern begleitet ist oder aus dem Blasen der Hörner besteht.

Von Ängsten befreit*

34 1 *Von David, als er sich vor*
Abimelech wahnsinnig stell-*
te und dieser ihn fortjagte.
2 Jahwe will ich preisen allezeit, /
immer sei sein Lob in meinem Mund.
3 Aus tiefster Seele lobe ich Jahwe. /
Die Mutlosen hören es und freuen
sich. 4 Erhebt Jahwe mit mir, / lasst
uns gemeinsam ihn ehren!
5 Ich suchte Jahwe, und er hat mich
erhört, / hat mich von meinen
Ängsten befreit. 6 Wer auf ihn blickt,
wird strahlen; / sein Vertrauen wird
niemals enttäuscht.
7 Der Hilflose rief, und Jahwe
hörte / und half ihm aus all seinen
Nöten. 8 Wer Jahwe fürchtet
und ehrt, / den umgibt sein
schützender Engel / und befreit ihn.
9 Schmeckt und seht wie gütig
Jahwe ist!* / Glücklich ist jeder, der
Schutz bei ihm sucht! 10 Fürchtet
Jahwe, die ihr ihm gehört! / Denn
wer ihn ehrt, hat keine Not! 11 Selbst
junge Löwen müssen hungern, /
doch wer Jahwe sucht, hat alles, was
er braucht.
12 Kommt, ihr jungen Leute, hört
mir zu! / Ich will euch lehren, Jahwe
zu fürchten. 13 Wer will etwas vom
Leben haben? / Wer will lange
glücklich sein? 14 Der passe auf,
was er sagt, / dass er nicht lügt und
niemand verleumdet. 15 Der tue das
Gute und wende sich vom Bösen
ab, / der bemühe sich um Frieden
mit seiner ganzen Kraft.
16 Jahwe blickt auf die Gerechten /
und hört auf ihre Bitten. 17 Wer
Böses tut, dem stellt er sich
entgegen / und lässt sein Andenken
von der Erde verschwinden.* 18 Doch
wenn seine Treuen rufen, hört er sie /
und rettet sie aus jeder Bedrängnis.
19 Nah ist Jahwe den gebrochenen
Herzen, / bedrückten Seelen hilft er
auf. 20 Viel muss der Gerechte
leiden, / doch Jahwe reißt ihn aus
allem heraus. 21 Er behütet all seine
Glieder, / dass nicht eins davon
zerbrochen wird.
22 Die Böses tun, wird Bosheit
töten, / und wer Gerechte hasst,
muss dafür büßen. 23 Jahwe rettet
seinen Dienern das Leben; / wer
Schutz bei ihm sucht, wird nicht für
schuldig erklärt.

Rufmord und kein Ende?

35 1 *Von David.* Verklage
meine Kläger, Jahwe, /
bekämpfe, die mich bekämpfen!
2 Ergreife Schild und Waffen! /
Steh auf, um mir zu helfen!
3 Pack den Speer und versperr
meinen Feinden den Weg! /
Sag mir zu, dass du mir hilfst!
4 Schimpf und Schande über die, /
die mich umbringen wollen. /

Psalm 34 Alphabetischer Psalm. Siehe Anmerkung zu Psalm 9.

34,1 *Abimelech* war der Titel aller Philisterkönige, so wie die ägyptischen Könige alle Pharao hießen. Die Geschichte von David und König Achisch wird in 1. Samuel 21, 11-16 berichtet.

34,9 Wird im Neuen Testament von Petrus zitiert: 1. Petrus 2,3.

34,17 Die Verse 13-17 werden im Neuen Testament von Petrus zitiert: 1. Petrus 3, 10-12.

Zurückweichen und erbleichen sollen
alle, / die Böses gegen mich planen.
5 Lass sie sein wie Spreu vor dem
Wind. / Der Engel Jahwes treibe sie
davon. 6 Dunkel und glatt sei ihr
Weg. / Der Engel Jahwes verfolge sie!
7 Denn grundlos haben sie mir
Fallen gestellt, / eine Grube
gegraben, ein Netz gelegt.
8 Verderben soll über sie kommen, /
sie sollen es nicht merken! / Ihr Netz,
das sie stellten, fange sie selbst! /
Fallen sie doch in die eigene Grube!
9 Und ich werde jubeln über
Jahwe, / mich freuen, dass er mich
befreite. 10 Aus tiefstem Herzen
werde ich sagen: / »Keiner, Jahwe,
ist wie du! / Du rettest den
Schwachen vor dem, der stärker ist, /
den wehrlos Armen vor dem, der ihn
beraubt.«
11 Gewaltsame Zeugen sagen gegen
mich aus, / sie werfen mir Verbrechen
vor, von denen ich nichts weiß. 12 Sie
vergelten mir Gutes mit Bösem. / Ich
bin verlassen und einsam.
13 Als sie erkrankten zog ich den
Trauersack an, / ich quälte mich ab
mit Fasten. / Nun kehrt mein Gebet
in mein Inneres zurück. 14 Er war mir
wie ein Bruder und Freund. / Ich
trauerte wie um die eigene Mutter, /
ging bedrückt und traurig umher.
15 Doch sie haben sich über meinen
Sturz gefreut, / sie taten sich zusam-
men. / Lästermäuler versammelten
sich / und ziehen nun ständig über
mich her. 16 Mit solchen, die Gott
verachten und spotten, / fletschen
sie die Zähne gegen mich.
17 Herr, wie lange siehst du das
an? / Rette mein Leben vor diesen
Tieren, / mein einziges Gut vor
ihrem Gebrüll. 18 Ich will dich
preisen in der Gemeinde, / dich
loben vor zahlreichem Volk!
19 Über mich sollen die sich nicht
freuen, / die mich anfeinden ohne
Grund. / Die mich ohne Ursache
hassen*, / sollen vergeblich die
Augen zukneifen. 20 Denn was sie
reden, dient nicht dem Frieden. /
Gegen die Stillen im Land / denken
sie sich Verleumdungen aus. 21 Ihr
Maul reißen sie weit gegen mich
auf / und höhnen: »Haha! Haha! /
Wir haben es genau gesehen!«
22 Du hast es gesehen, Jahwe. /
Schweige doch nicht Herr, / bleib
mir nicht fern! 23 Steh auf und greif
ein! / Verschaffe mir Recht, mein
Gott! / Herr, führ du meinen Streit!
24 Jahwe, du bist gerecht; / sprich
mich doch frei, mein Gott, / dass sie
nicht über mich lachen.
25 Lass sie nicht denken: »Haha,
das freut uns!« / Sie sollen nicht
sagen: »Den haben wir erledigt!«
26 Die sich an meinem Unglück
freuen, / sollen selbst im Stich
gelassen sein! / Schimpf und
Schande soll über die kommen, /
die jetzt über mich triumphieren!
27 Alle, die meinen Freispruch
wünschen, / sollen jubeln und sich
freuen. / Stets sollen sie sagen:
»Groß ist Jahwe, / der Freude hat
am Wohl seines Dieners!« 28 Ich
selbst will von deiner Gerechtigkeit
sprechen, / von deinem Lob den
ganzen Tag.

35,19 Wird im Neuen Testament von Jesus Christus zitiert: Johannes 15,25.

Gott, die Quelle des Lebens

36 *1 Dem Chorleiter. Von David,*
dem Diener Jahwes.
2 Die Sünde des Gottlosen macht
meinem Herzen klar: / »Er kennt
kein Erschrecken vor Gott.«* 3 Ja,
er gefällt sich darin, / Sünde zu tun
und andere zu hassen. 4 Lug und
Trug ist alles, was er sagt. / Er hat
aufgehört, zu begreifen und Gutes zu
tun. 5 Schon im Bett brütet er die
Bosheit aus. / Er bleibt bei seinem
schlimmen Treiben, / nichts hält ihn
von seiner Bosheit zurück.
6 Deine Güte, Jahwe, reicht bis zum
Himmel, / deine Treue bis zu den
Wolken. 7 Dein Recht steht wie die
Gottesberge, / dein Richten wie das
gewaltige Meer. / Menschen und
Tieren hilfst du, Jahwe . 8 Wundervoll
ist deine Güte, Gott! / Im Schatten
deiner Flügel suchen Menschen-
kinder Schutz. 9 Sie genießen den
Reichtum deines Hauses. / Vom
Bach deiner Freude lässt du sie
trinken.
10 Denn bei dir ist die Quelle des
Lebens, / in deinem Licht sehen wir
das Licht. 11 Erhalte deine Gnade
denen, die dich kennen, / deine
Gerechtigkeit denen, die aufrichtig
sind. 12 Der Fuß der Stolzen soll mich
nicht treten, / die Hand der Gottlosen
vertreibe mich nicht! 13 Da!
Die Bösen sind gefallen, / sie sind
gestürzt und stehen nicht mehr auf.

Beneide den Gottlosen nicht!*

37 *1 Von David.*
Reg dich nicht über die Bösen
auf, / beneide die Verbrecher nicht!
2 Sie verdorren schnell wie das
Gras, / welken wie das grüne Kraut.
3 Vertrau auf Jahwe und tue das
Gute, / wohne im Land, sei ehrlich
und treu! 4 Erfreu dich an Jahwe! Er
gibt dir, was dein Herz begehrt. 5 Lass
Jahwe dich führen! / Vertraue ihm,
dann handelt er. 6 Er wird dein Recht
aufgehen lassen wie das Licht, /
deine Gerechtigkeit wie die Sonne am
Mittag. 7 Sei still vor Jahwe und warte
auf ihn! / Reg dich nicht über den
auf, dem alles gelingt, / über den, der
böse Pläne ausführt. 8 Steh ab vom
Zorn und lass den Grimm! / Reg dich
nicht auf! Das führt nur zum Bösen.
9 Denn die, die Böses tun, werden
vernichtet. / Die auf Jahwe hoffen,
erben das Land. 10 Noch kurze Zeit,
dann ist der Gottlose fort, / und du
findest keine Spur mehr von ihm.
11 Demütige Menschen erben das
Land / und werden sich am Frieden
erfreuen.
12 Der Gottlose plant, dem Gerechten
zu schaden, / zähneknirschend, voller
Hass. 13 Der Herr aber lacht über
ihn, / denn er weiß: Der Tag der
Abrechnung kommt. 14 Die Bösen
haben das Schwert gezogen, / schon
ist ihr Bogen gespannt, / um Wehr-
lose und Arme zu fällen / und
aufrechte Menschen zu schlachten.
15 Doch das Schwert dringt ihnen
ins eigene Herz, / und ihre Bogen
werden zerbrochen. 16 Besser arm
und gerecht / als Überfluss und

36,2 Wird im Neuen Testament von Paulus zitiert: Römer 3,18.

Psalm 37 Alphabetischer Psalm. Siehe Anmerkung zu Psalm 9.

Gottlosigkeit. 17 Denn Jahwe
zerbricht die Arme der Bösen, / er
stützt nur die, die gerecht vor ihm
sind. 18 Jahwe kennt das Leben der
Seinen, / ihr Erbe hat ewig
Bestand. 19 In böser Zeit enttäuscht
er sie nicht, / in Hungertagen werden
sie satt. 20 Die Gottlosen gehen
zugrunde, / auch die Feinde
Jahwes. / Sie vergehen wie Wiesen-
blumen, / verwehen als Rauch.
21 Der Böse muss borgen und zahlt
nicht zurück; / wer mit Gott lebt,
kann freigebig schenken. 22 Wen Gott
segnet, der besitzt das Land; / wen er
verflucht, der kommt um. 23 Jahwe
bestätigt die Schritte des Mannes, /
wenn sein Weg ihm gefällt. 24 Auch
wenn er stolpert, stürzt er nicht hin, /
denn Jahwe hält ihn fest an der Hand.
25 Ich war jung und bin nun alt
geworden: / Nie sah ich die Gerechten
verlassen, / nie ihre Kinder auf der
Suche nach Brot. 26 Immer können
sie freigebig leihen, / und ihre Kinder
werden zum Segen. 27 Meide das Böse
und tue das Gute! / Dann wohnst du
für immer im Land. 28 Denn Jahwe
liebt das Recht, / die zu ihm stehen,
die verlässt er nicht, / er beschützt
sie allezeit. / Doch die Kinder
der Sünder kommen um. 29 Die
Gerechten besitzen das Land /
und wohnen für immer darin.
30 Wer Gottes Willen tut, spricht
Worte der Weisheit; / er sagt,
was recht vor Jahwe ist. 31 Die
Weisung seines Gottes trägt er
im Herzen, / er bleibt fest auf dem
richtigen Weg. 32 Der Gottlose lauert
ihm auf / und versucht ihn zu töten.
33 Doch Jahwe überlässt ihn nicht
seiner Hand, / lässt nicht zu, dass er
verurteilt wird. 34 Hoffe auf Jahwe /
und bleib auf seinem Weg! / Dann
wird er dich ehren / und schenkt dir
das Land. / Und du wirst sehen, wie
er die Bösen beseitigt. 35 Ich sah einen
Gottlosen, bereit zur Gewalt, / der
entfaltete sich wie ein mächtiger
Baum. 36 Dann ging ich vorbei, da
war nichts mehr da. / Ich suchte ihn,
doch ich fand keine Spur. 37 Achte auf
geradlinige Menschen, / sieh dir die
Ehrlichen an, / denn ein Mann des
Friedens hat Zukunft. 38 Doch die, die
Gott verachten, werden alle aus-
gelöscht. / Die Zukunft der Gottlosen
ist schon vorbei. 39 Die Rettung der
Gerechten kommt von Jahwe. / Er
ist ihre Zuflucht in Zeiten der Not.
40 Jahwe steht ihnen bei, / er lässt sie
entkommen; / und sie entfliehen den
Bösen. / Er hilft ihnen, / denn bei ihm
suchen sie Schutz.

Zermürbt von Krankheit und Schuld*

38 1 *Ein Psalmlied von David.*
Zur Erinnerung für Gott.
2 Straf mich nicht, Jahwe, in
deinem Zorn, / züchtige mich nicht
in deinem Grimm! 3 Deine Pfeile
bohren sich in mich hinein, / deine
Hand liegt schwer auf mir. 4 Mein
ganzer Körper ist wund durch deinen
Zorn, / und durch meine Sünde ist
keins von meinen Gliedern heil.
5 Meine Schuld wächst mir über den
Kopf. / Sie wiegt zu schwer, ich kann

Psalm 38 ist der dritte der sieben Buß-
psalmen.

sie nicht tragen. 6 Meine Wunden
stinken und eitern, / weil ich so un-
vernünftig war. 7 Gekrümmt und tief
gebeugt / schlepp ich mich trauernd
durch den Tag. 8 Brennender
Schmerz quält meine Seite, / nichts
ist mehr heil an mir. 9 Müde bin ich
und ganz zerschlagen; / ich brülle,
weil mein Herz so rast.
10 Du weißt, wonach ich verlange,
Herr! / Du hast ja mein Stöhnen
gehört. 11 Mein Herz pocht und
meine Kraft ist fort, / auch meine
Augen versagen den Dienst. 12 Vor
meiner Plage scheuen Freunde und
Gefährten zurück, / auch meine
Verwandten halten sich fern. 13 Die
meinen Tod wollen, stellen mir
Fallen; / die mein Unglück suchen,
verleumden mich. / Intrigen spinnen
sie den ganzen Tag. 14 Doch ich stelle
mich taub und höre nicht, / ich
bleibe stumm und sage kein Wort.
15 Ich bin wie einer, der nichts
hört / und keine Widerrede mehr
hat.
16 Auf dich verlasse ich mich,
Jahwe. / Du wirst antworten, Herr,
mein Gott. 17 Sie sollen sich nicht
freuen über mich, / nicht großtun,
wenn ich falle. 18 Denn es fehlt nicht
viel zu meinem Sturz, / mein
Schmerz erinnert mich daran.
19 Doch ich bekenne meine Schuld, /
ich sorge mich um meine Sünde.
20 Meine Todfeinde sind stark. / So
viele hassen mich ohne Grund. 21 Sie
vergelten mir Gutes mit Bösem. /
Weil ich Gutes suche, feinden sie
mich an. 22 Verlass mich nicht,
Jahwe! / Mein Gott, bleib mir nicht
fern! 23 Eile zu meiner Hilfe, mein
Herr, / du mein Heil!

Vergänglich wie ein Hauch

39 1 *Dem Chorleiter. Für Jedu-*
tun. Ein Psalmlied von David.*
2 Ich nahm mir vor, auf mich zu
achten, / dass ich nicht mit Reden
sündigte; / dass mein Mund in Zaum
gehalten ist, / wenn Gottlose vor mir
stehen. 3 Ich habe mich in Schweigen
gehüllt, / schwieg von dem Guten. /
Da regte sich mein Schmerz. 4 Das
Herz wurde mir heiß in der Brust. /
Meine Gedanken entzündeten das
Feuer. / Da musste ich reden: 5 Lass
mich erkennen, Jahwe, mein Ende; /
zeig mir das Maß meiner Tage, / dass
ich weiß, wie vergänglich ich bin.
6 Mein Leben ist nur ein paar
Handbreit lang, / meine Lebenszeit
vor dir wie ein Nichts. / Wie fest
meint jeder Mensch zu stehen / und
ist doch nur ein Hauch. ♪
7 Wie ein Schatten geht der Mensch
daher, / macht Lärm um Kleinig-
keiten/ er sammelt und speichert
und weiß nicht einmal, wer es
bekommt. 8 Was habe ich da noch
zu hoffen, Herr? / Ich setze meine
Hoffnung auf dich! 9 Befreie mich
von all meiner Schuld / und mach
mich nicht zum Gespött dieser
Narren.
10 Ich bin jetzt still, / mache den
Mund nicht mehr auf, / denn du bist
es, der alles getan hat. 11 Nimm nun
diese Plage von mir, / denn ich
vergehe von der Wucht deiner
Hand. 12 Mit Strafen für Schuld
schlägst du den Mann, / zerstörst

39,1 *Jedutun* war Levit, einer der Vorsänger im Tempel, der auch seine Söhne in Musik unterwies (1. Chronik 16,41; 2. Chronik 5,12).

seine Schönheit wie Motten das
Kleid. / Nur ein Hauch ist jeder
Mensch. ♪
13 Höre mein Gebet, Jahwe! /
Achte auf mein Schreien! / Schweige
nicht zu meinen Tränen! / Ich bin
doch nur ein Gast bei dir, / ein
Fremder wie alle meine Väter.
14 Schau von mir weg, damit ich
aufatmen kann, / bevor ich gehen
muss und nicht mehr bin.

Ich liebe zu tun, was dir gefällt!

40 1 *Dem Chorleiter. Ein Psalm-*
lied von David.
2 Ich hoffte und hoffte auf Jahwe, /
da hat er sich mir zugewandt, / hat
mein Rufen gehört. 3 Er zog mich
hoch aus dem brodelnden Loch, / aus
Schlick und Schlamm. / Er stellte
mich auf festen Fels / und gab meinen
Schritten sicheren Grund. 4 Er gab
mir ein neues Lied in den Mund, /
einen Lobgesang auf unseren Gott. /
Erschauernd werden viele es sehen –
und Jahwe vertrauen! 5 Wie glücklich
der Mann, der Jahwe vertraut; / der in
ihm seine Sicherheit hat, / sich nicht
an ungestüme Menschen hängt / und
keinen Lügnern Glauben schenkt.
6 Jahwe, mein Gott! / Du hast so
viel für uns getan; niemand ist wie
du! / Deine Pläne, deine wunder-
baren Taten! / Wollte ich von ihnen
erzählen, / es wären mehr, als man
aufzählen kann. 7 Opfer und Gaben
gefallen dir nicht, / aber Ohren hast
du mir gegeben; / und ich weiß, dass
du weder Brand- noch Sündopfer
willst. 8 Nun sage ich: »Da komme
ich! / Denn das steht in deinem
Buch über mich. 9 Ich liebe zu tun,
was dir gefällt, Gott! / Denn dein
Gesetz ist tief in mir verwahrt.«*
10 Vor der ganzen Versammlung
werde ich sagen, / wie treu du deine
Versprechen einlöst. / Meine Lippen
verschließe ich nicht, / du weißt es,
Jahwe. 11 Deine Gerechtigkeit
verberge ich nicht / in der Tiefe
meines innersten Seins. / Von deiner
Treue und Hilfe hab ich erzählt; /
der großen Versammlung beschrieb
ich / deine Wahrheit und Güte.
12 Du, Jahwe, enthältst mir
dein Erbarmen nicht vor, /
deine Treue und Güte bewahren
mich stets!
13 Unheil bedroht mich von allen
Seiten, / und meine Sünden holen
mich ein, / sodass ich nicht mehr
aufblicken kann. / Sie sind mehr
als die Haare auf meinem Kopf. /
Da verlässt mich mein Mut.
14 Komm schnell und rette mich,
Gott! / Hilf mir, Jahwe! 15 Sie
suchen meinen Tod. / Schämen
sollen sie sich! / Schande über sie! /
Sie genießen meine Not. /
Lass sie abziehen mit Schmach,
16 erschrecken mit Scham; /
sie, die hämisch riefen: »Haha!
Haha!« 17 Die dich suchen, sollen
jubeln / und sich freuen an dir! /
Die dich als Retter lieben, /
sollen sagen: »Groß ist Jahwe!«
18 Doch ich bin elend und arm. /
Der Herr denkt an mich. / Meine
Hilfe und mein Retter bist du! /
Mein Gott, zögere nicht!

40,9 Wird im Neuen Testament zitiert: Hebräer 10,5-7.

Mein Freund erhob sich gegen mich

41 1 *Dem Chorleiter. Ein Psalm-*
lied von David.
2 Wie glücklich ist der, der sich für
Schwache einsetzt. / Wenn ihn ein
Unglück trifft, wird Jahwe ihn retten.
3 Jahwe beschützt ihn und erhält ihn
am Leben. / Glücklich gepriesen
wird er im ganzen Land. / Du gibst
ihn nicht der Willkür seiner Feinde
preis. 4 Wenn Krankheit ihn
befällt, steht Jahwe ihm bei. / Du
verwandelst seine Krankheit in Kraft.
5 Ich sagte: »Jahwe, sei mir
gnädig! / Heile mich, denn an dir
hab ich gesündigt!« 6 Meine Feinde
reden böse über mich: / »Wann ist er
endlich tot und vergessen?« 7 Kommt
einer, mich zu besuchen, redet er
falsch. / Er nimmt nur Schlechtes in
sich auf, / geht hinaus und verbreitet
üble Gerüchte.
8 Die mich hassen, stecken die
Köpfe zusammen / und denken sich
Böses gegen mich aus: 9 »Den hat es
böse erwischt! / Wer so liegt, der
steht nicht wieder auf!« 10 Selbst
mein Freund, dem ich vertraute, /
der mit mir zusammen aß, / gab mir
einen Tritt.*
11 Sei du mir gnädig, Jahwe! /
Richte mich auf, / dass ich es ihnen
vergelte! 12 Dann weiß ich, dass ich
dir gefalle, / wenn mein Feind nicht
triumphiert. 13 In meiner Unschuld
warst du mein Halt / und hast mich
für immer vor dich gestellt.
14 Gelobt sei Jahwe, der Gott
Israels, / in alle Zeit und Ewigkeit! /
Amen, ja, so soll es sein!

Zweites Buch

Ich sehne mich nach Gott*

42 1 *Dem Chorleiter. Ein Lehrge-*
dicht von den Söhnen Ko-
rachs.*
2 Wie ein Hirsch nach klarem
Wasser lechzt, / so sehne ich mich
nach dir, mein Gott. 3 Meine Seele
dürstet nach Gott, / nach dem
lebendigen Gott. / Wann darf ich
wieder kommen, / wann vor seinem
Angesicht stehn? 4 Tränen waren Tag
und Nacht mein Brot, / denn sie
sagten täglich zu mir: / »Wo ist denn
nun dein Gott?« 5 Darüber denke ich
nach, / und es bricht mir das Herz. /
Wie gern zog ich mit der fröhlichen
Schar, / mitten im Lärm der feiern-
den Menge, / und führte sie mit Jubel
und Dank in Gottes Haus.

41,10 Wird im Neuen Testament von Jesus Christus zitiert: Johannes 13,18.

Psalm 42 und 43 ist ein Doppelpsalm, der eigentlich zusammengehört. Man beachte den Refrain 42,6.12 und 43,5 und das Fehlen der Angaben in Psalm 43,1.

42,1 *Die Söhne Korachs* bezeichnen den Levitenchor, der sich aus den Nachkommen Korachs zusammensetzte. Zur Zeit Davids leitete Heman (Psalm 88) den Chor.

6 Was bist du so verwirrt, meine
Seele, / was stöhnst du in mir? /
Hoffe auf Gott! Denn ich werde ihn
noch loben / für die Rettung, die von
ihm kommt.
7 Mein Gott, ich bin ganz
aufgelöst. / Darum denke ich an
dich / aus dem Land des Jordan, /
der Hermongipfel und des Kleinen
Bergs*. 8 Die Tiefe ruft der Tiefe zu /
beim Tosen deiner Wasserfälle. / All
deine Wogen und Wellen / gehen
über mich hin. 9 Am Tag bietet Jahwe
seine Gnade auf, / nachts ist sein
Lied bei mir, / ein Gebet zum Gott
meines Lebens. 10 Sagen will ich zu
Gott, meinem Fels: / »Warum hast
du mich vergessen? / Warum laufe
ich trauernd herum, / bedrückt
durch den Feind?« 11 Mörderische
Qual in meinen Knochen / ist der
Hohn meiner Bedränger, / die mich
täglich fragen: »Wo ist denn dein
Gott?«
12 Was bist du so verwirrt, meine
Seele, / was stöhnst du in mir? /
Hoffe auf Gott! Denn ich werde ihn
noch loben / für die Rettung, die von
ihm kommt, meinem Gott.

43 1 Verschaffe mir Recht, mein
Gott! / Verteidige mich
gegen treuloses Volk! / Lass mich
den Lügnern und Betrügern
entkommen! 2 Du warst doch immer
mein Schutz. / Warum hast du mich
verworfen? / Warum laufe ich
trauernd herum, / bedrückt durch
den Feind? 3 Sende dein Licht und
deine Wahrheit, / dass sie mich
leiten, / mich bringen zu deinem
heiligen Berg, / zu den Orten deiner
Gegenwart; 4 dass ich komme zu
Gottes Altar, / zum Gott meiner
jubelnden Freude, / und dich preise
auf der Zither, Gott, mein Gott!
5 Was bist du so verwirrt, meine
Seele, / was stöhnst du in mir? /
Hoffe auf Gott! Denn ich werde ihn
noch loben / für die Rettung, die von
ihm kommt, meinem Gott.

Von Gott verstoßen?

44 1 *Dem Chorleiter. Ein Lehr-*
gedicht von den Söhnen Ko-
rachs.
2 Gott, mit eigenen Ohren haben
wir es gehört; / unsere Väter haben
uns von dem Werk erzählt, / das du
gewirkt hast in ihren Tagen, / den
Tagen längst vergangener Zeit.
3 Mit eigener Hand hast du Völker
vertrieben, / sie aber eingepflanzt. /
Nationen hast du Schaden
zugefügt, / sie aber ausgebreitet.
4 Denn nicht mit ihrem Schwert
nahmen sie das Land, / es half ihnen
nicht die eigene Kraft. / Nein, dein
Arm hat ihnen geholfen / und das
Licht deiner Gegenwart. / Denn du
fandest Gefallen an ihnen.
5 Du bist mein König, Gott. /
Befiehl die Befreiung Jakobs*! 6 Mit
dir stoßen wir unsere Bedränger
nieder, / in deinem Namen zertreten
wir unsere Gegner. 7 Denn ich
vertraue nicht auf meinen Bogen, /

42,7 *Kleiner Berg*, hebräisch: *har misar*. Ein Berg dieses Namens ist in Israel nicht bekannt. Vielleicht ist im Gegensatz zum Hermon der Berg Zion in Jerusalem gemeint.

44,5 *Jakob*. Gemeint sind die Nachkommen Jakobs, also Israel.

mein Schwert wird mich nicht retten.
8 Nein, du rettest uns vor denen, die
uns bedrängen; / du lässt scheitern,
die uns hassen. 9 Wir rühmen uns
den ganzen Tag, solch einen Gott zu
haben, / und werden deinen Namen
immer preisen. ♪

10 Doch du hast uns verworfen und
in Schande gebracht / und ziehst
nicht aus mit unserem Heer.
11 Du lässt uns fliehen vor unserem
Gegner. / Menschen, die uns
hassen, plündern uns aus. 12 Du
gibst uns hin wie Vieh zum Verzehr, /
zerstreust uns unter die Völker. 13 Für
ein Spottgeld verkaufst du dein
Volk, / hast nichts durch den Kauf-
preis verdient. 14 Du machst uns zum
Schimpf für die Nachbarn, / zum
Hohn und Spott für alle um uns her.
15 Du machst uns zum Sprichwort
für die Völker, / Nationen schütteln
den Kopf über uns. 16 Immer steht
mir die Schande vor Augen, / und
Scham bedeckt mein Gesicht,
17 wenn ich die Spötter und Lästerer
höre / und die rachsüchtigen Feinde
bemerke.

18 All das ist über uns gekommen, /
und doch haben wir dich nicht
vergessen, / den Bund mit dir nicht
verraten. 19 Unser Herz wich nicht von
dir ab, / unser Schritt hat deinen Pfad
nicht verlassen. 20 Doch du hast uns zu
Boden geschlagen, / wir hausen
wie Schakale in Trümmern, / bedeckt
mit dem Schatten des Todes. 21 Hätten
wir den Namen unseres Gottes
vergessen, / zu einem fremden Gott
die Hände erhoben, 22 hätte Gott das
nicht bemerkt? / Er kennt doch die
Geheimnisse des Herzens. 23 Nein,
wegen dir werden wir täglich
getötet, / wie Schlachtvieh sieht man
uns an.*

24 Erwache doch! Warum schläfst
du, Herr? / Wach auf! Verstoß uns
nicht für immer! 25 Warum wendest
du dich ab, / vergisst unsere Not und
Bedrängnis? 26 Erniedrigt liegen wir
am Boden, kraftlos hingestreckt in
den Staub. 27 Steh auf und komm uns
zur Hilfe! / Erlöse uns, weil du so
gütig bist!

Lied zur Hochzeit des Königs

45 1 *Dem Chorleiter. Nach der*
Melodie »Lilien«. Ein Lehr-*
gedicht von den Söhnen Korachs. Ein
Liebeslied.

2 Gute Worte bewegen mein
Herz. / Dem König trag ich meine
Lieder vor. / Meine Zunge sei wie
die Feder eines guten Poeten!

3 Du bist schöner als andere
Menschen, / anmutig strömen die
Worte aus dir. / Darum hat Gott dich
gesegnet für ewig. 4 Gürte, du Held,
dein Schwert an die Hüfte, / umhülle
dich mit Majestät und Pracht! 5 Dei-
ner Herrlichkeit wird
es gelingen. / Zieh aus für die Sache
der Wahrheit, / für Sanftmut und
Gerechtigkeit! / Furchterregende
Taten / vollbringe dein mächtiger
Arm! 6 Deine Pfeile sind scharf. /
Unterwirf dir die Völker, / triff deine
Feinde mitten ins Herz! 7 Gott, dein

44,23 Wird im Neuen Testament von Paulus in Römer 8,36 zitiert.

45,1 *Lilien.* Hebräisch: Schoschannim. In Hohelied 2,1 beschreibt der Ausdruck die Anmut der Prinzessin. Hier ist wahrscheinlich die Art der Musik gemeint.

Thron hat für immer Bestand! /
Dein Zepter ist Gerechtigkeit. 8 Du
liebst das Recht und hasst Gottlosig-
keit. / Darum, Gott, hat dein Gott
dich gesalbt / mit dem Öl der Freude
wie keinen deiner Gefährten.*
9 Von Myrrhe*, Aloë* und Kassia*
duften deine Gewänder, / aus
Elfenbeinhallen erfreut dich
Saitenspiel.
10 Königstöchter stehen da / mit
deinen Kostbarkeiten. / Die Braut
steht dir zur Rechten, / mit feinstem
Gold aus Ofir geschmückt. 11 Hör zu,
Tochter! Sieh her und neige dein
Ohr! / Vergiss dein Volk und Vater-
haus! 12 Begehrt der König deine
Schönheit, / – er ist dein Herr – ergib
dich ihm! 13 Die Leute von Tyrus
bringen Geschenke, / die Reichen
des Volkes huldigen dir. 14 Ganz
herrlich steht die Königstochter
drinnen, / mit Gold durchwirkt ist
ihr Gewand. 15 In buntbestickten
Kleidern wird sie zum König
geführt, / unberührte Mädchen
folgen ihr. / So bringt man sie zum
König. 16 Sie werden geführt unter
Freude und Jubel, / sie ziehen in den
Palast des Königs. 17 An die Stelle
deiner Väter treten einst deine
Söhne; / du setzt sie als Fürsten im
ganzen Land ein.
18 Ich will deinen Namen bekennen
lassen von Kind zu Kindeskind. /
Darum werden die Völker dich prei-
sen immer und ewig.

Gott, unsere Burg

46 1 *Dem Chorleiter. Ein Lied von
den Söhnen Korachs. Vorzu-
tragen mit hohen Stimmen.*
2 Gott ist uns Zuflucht und
Stärke, / ein Helfer in Zeiten der Not.
3 Darum fürchten wir uns nicht, /
auch wenn die Erde bebt / und die
Berge im Meer versinken, 4 wenn die
Fluten toben und tosen / und Berge
vor ihrem Wüten erzittern. ♪
5 Ein Strom aus vielen Bächen
erfreut die Gottesstadt, / das Heilig-
tum, die Wohnung des Höchsten.
6 Gott ist in ihrer Mitte, nichts kann
sie erschüttern. / Gott hilft ihr,
wenn der Morgen anbricht.
7 Völker toben, Weltreiche
wanken, / seine Stimme erschallt,
die Erde schmilzt.
8 Jahwe, der Allmächtige, ist bei
uns, / der Gott Jakobs ist unsere
Burg. ♪*
9 Kommt und seht die Taten
Jahwes, / der Entsetzen auf der Erde
verbreitet. 10 Er beseitigt die Kriege
auf der ganzen Welt, / zerbricht den
Bogen, zerschlägt den Speer / und
verbrennt die Wagen im Feuer.

45,8 Die Verse 7 und 8 werden im Neuen Testament in Hebräer 1,8-9 zitiert.

45,9 *Myrrhe*. Ein sehr kostbares wohlriechendes Harz afrikanisch-arabischer Herkunft, das in Salbölen und Arzneien verarbeitet wurde.

Aloë. Öl aus dem Harz eines Baumes, der in Indien wuchs.

Kassia. Gemeint sind wahrscheinlich Duftstoffe und das Öl, das aus der Rinde des Zimt-Kassienbaums in Südchina gewonnen wurde.

46,8 ♪ steht für das hebräische *Sela*, das vielleicht mit *Empor!* wiedergegeben werden kann, aber nicht sicher zu übersetzen ist. Wahrscheinlich war es ein Zeichen für die Musik.

11 Lasst ab und erkennt: Ich bin
Gott! / Ich werde erhöht sein unter
den Völkern, / erhaben auf der
ganzen Erde.
12 Jahwe, der Allmächtige, ist bei
uns, / der Gott Jakobs ist unsere
Burg. ♪

Der höchste Herr

47 1 *Dem Chorleiter. Ein Psalm-*
lied von den Söhnen Korachs.
2 Ihr Völker alle, klatscht in die
Hände! / Begrüßt unseren Gott mit
Freudengeschrei! 3 Denn Furcht
gebietend ist Jahwe, der Höchste, /
ein großer König über die ganze
Erde. 4 Er zwingt die Völker unter
uns, / Fremdvölker unter unsere
Füße. 5 Er erwählte das Erbland für
sein geliebtes Volk, / den ganzen
Stolz der Israeliten. ♪ 6 Unter Jubel
stieg Gott empor, / Jahwe, beim Ton
des Widderhorns*.
7 Singt und spielt zu Gottes Ehre, /
singt und spielt unserem König!
8 Denn Gott ist König der ganzen
Erde, / singt ihm euer schönstes
Lied*! 9 Gott ist König über die
Völker; / Gott sitzt auf seinem
heiligen Thron. 10 Die Großen der
Völker sind versammelt / als Volk
des Gottes Abrahams. / Denn die
Herrscher* der Völker gehören
Gott; / er steht ja hoch über allen.

Gottes Stadt

48 1 *Ein Lied, ein Psalmlied.*
Von den Söhnen Korachs.
2 Groß ist Jahwe und sehr zu loben /
in der Stadt unseres Gottes, / auf
seinem heiligen Berg. 3 Schön ragt
empor, – eine Freude für die ganze
Welt, – der Zionsberg, der sich nach
Norden erstreckt. / Dort liegt die
Stadt des großen Königs. 4 Gott ist in
ihren Palästen / und er ist bekannt als
ein sicherer Schutz.
5 Denn seht: Die Könige vereinten
sich / und zogen gemeinsam heran.
6 Doch was sie sahen, ließ sie
erstarren; / bestürzt ergriffen sie die
Flucht. 7 Dort kam das Zittern über
sie / wie die Wehen über eine Frau.
8 Durch den Sturm vom Osten /
zertrümmerst du das größte Schiff.
9 Wie wir es hörten, so haben wir es
gesehen / in Jahwes Stadt, der Stadt
unseres allmächtigen Gottes. / Gott
wird sie erhalten bis in Ewigkeit. ♪
10 Gott, wir denken an deine Güte /
im Innern deines Tempels. 11 Wie
dein Name, Gott, so reicht dein
Ruhm / bis an das Ende der Welt. /
Gerechtigkeit füllt deine rechte Hand.
12 Es freue sich der Zionsberg, /
auch Judas Städte sollen jubeln /
wegen deiner gerechten Gerichte.
13 Zieht um die Zionsstadt, umkreist
sie und zählt ihre Türme! 14 Bewun-
dert ihre befestigten Mauern, /
betrachtet ihre Paläste / und erzählt
es den kommenden Generationen.
15 Denn so ist Gott, unser Gott, für
immer und ewig. / Noch über den Tod
hinaus wird er uns leiten.

47,6 Das *Widderhorn* war aus den gewundenen Hörnern des männlichen Fettschwanzschafes hergestellt und brachte einen dumpfen, durchdringenden Ton hervor.

47,8 *schönstes Lied.* Wörtlich: Singt ihm ein Maskil, ein Lehrgedicht. Oder: Singt ihm mit Verstand!

47,10 *Herrscher.* Wörtlich: *die Schilde.* Die Könige wurden als Schutzschilde ihrer Völker angesehen.

Leben kann man nicht kaufen

49 *1 Dem Chorleiter. Ein Psalm-*
lied von den Söhnen Korachs.
2 Hört dies an, ihr Völker alle, /
merkt auf, alle Bewohner der Welt;
3 Menschenkinder, Prominente, /
miteinander Arm und Reich! 4 Mein
Mund soll weise Worte reden, / mein
Herz bemüht sich um Einsicht. 5 Ich
höre selbst auf weise Sprüche, /
erkläre sie beim Zitherspiel.
6 Warum soll ich mich fürchten in
schlimmer Zeit, / wenn menschliche
Bosheit mich umstellt? 7 Sie
verlassen sich auf ihr Vermögen, /
mit ihrem großen Reichtum geben
sie an. 8 Doch niemand kann sein
Leben kaufen / und Gott ein
Lösegeld geben. 9 Für das Leben ist
jeder Kaufpreis zu hoch, / man
muss für immer darauf verzichten.
10 Kein Mensch kann für immer
leben, / am Sterben führt kein Weg
vorbei. 11 Denn man sieht: Die
Weisen sterben. / Auch Tor und
Dummkopf kommen um. / Ihr
Vermögen lassen sie anderen. 12 Sie
denken, ihre Wohnung blieb ihnen
ewig, / ihre Häuser hätten immer
Bestand – hatten sie doch Ländereien
nach sich benannt.
13 Kein Mensch bleibt ewig in
Prunk und Pracht, / er geht zugrunde
wie das Vieh.
14 So geht es denen, die auf sich
selbst vertrauen, / so enden die,
denen die eigenen Worte gefallen. ♪
15 Wie Schafe weidet sie der Tod. /
Sie sinken zu den Toten hinab, / und
schon bald kommen ehrliche Leute
an die Macht. / Ihr Körper verwest, /
ihre Wohnung ist bei den Toten.
16 Doch Gott kauft meine Seele los, /
er reißt mich aus den Krallen des
Todes. ♪
17 Fürchte dich nicht, wenn ein
Mann sich bereichert, / wenn der
Wohlstand seines Hauses sich mehrt.
18 Denn im Tod nimmt er das alles
nicht mit, / sein Reichtum folgt ihm
nicht ins Grab. 19 Wenn er sich auch
sein Leben lang lobt / und sich sagt:
»Man schmeichelt dir, wenn du es dir
gut gehen lässt!«, 20 so muss er doch
dorthin, wo seine Väter sind, / die
niemals mehr das Licht erblicken.
21 Der Mensch, in seiner Pracht:
Hat er nicht Einsicht, / geht er
zugrunde wie das Vieh.

Echte Gottesverehrung

50 *1 Ein Psalmlied von Asaf*.*
Gott, der Allmächtige, Gott,
Jahwe*, / er redet und ruft über die
Welt. / Von dort, wo die Sonne
aufgeht, / bis dahin, wo sie versinkt;
2 von Zion her, der vollkommenen
Schönheit, / zeigt Gott sich in
strahlendem Glanz. 3 Unser Gott
kommt, und er schweigt nicht. /
Feuer frisst vor ihm her, / und um ihn
tobt ein gewaltiger Sturm. 4 Er ruft
den Himmel oben und die Erde /
zum Gericht seines Volkes herbei:
5 »Holt meine Getreuen zusammen, /
die beim Opfer den Bund mit mir
schlossen!« 6 Die Himmel verkünden
seine Gerechtigkeit / und dass Gott
selbst der Richter ist. ♪

50,1 *Asaf* war einer der Leiter der Levitenchöre im Heiligtum zur Zeit Davids (1. Chronik 15,17-19; 16,4-5).
Hebräisch: *El, Elohim, Jahwe.*

7 »Höre, mein Volk, und lass mich
reden! / Israel, ich klage dich an, /
ich, Gott, dein Gott! 8 Nicht wegen
deiner Opfer tadle ich dich, / deine
Brandopfer sind immer vor mir.
9 Doch ich nehme deine Opfer nicht
an. / Ich brauche keinen Stier aus
deinem Stall / und keinen Bock aus
deinem Pferch! 10 Denn mein ist
alles Wild im Wald, / die Tiere auf
den tausend Bergen. 11 Ich kenne
alle Vögel dort. / Was sich regt auf
dem Feld, ist mir bekannt. 12 Hätte
ich Hunger, müsste ich es dir nicht
sagen, / denn mein ist die Welt
und was sie erfüllt. 13 Soll ich denn
das Fleisch von Stieren essen? /
Trink ich denn Blut von den
Böcken?

14 Opfere Gott Dank / und löse ihm
deine Versprechen ein! 15 Und wenn
du in Not bist, rufe mich an! / Dann
will ich dich retten – und du wirst
mich ehren!«

16 Zum Gottlosen aber spricht
Gott: / »Was redest du von meinen
Geboten, / nimmst meinen Bund in
deinen Mund? 17 Du lässt dir ja
nichts von mir sagen, / schlägst
jede Mahnung in den Wind. 18 Mit
Dieben freundest du dich an, / bist
bei Ehebrechern zu Haus. 19 Du lässt
deinen Mund zum Bösen los / und
deine Zunge knüpft Lügengewebe.
20 Du ziehst über deinen Bruder
her, / selbst den Sohn deiner Mutter
machst du schlecht. 21 Das hast du
getan, und ich schwieg. / Hast du gemeint, ich sei so wie du? / Ich werde
dich strafen! / Ich halte es dir vor!
22 Hört zu, die ihr Gott vergessen
habt, / sonst reiß ich euch in Stücke! / Dann hilft euch keiner mehr.
23 Dank ist die Opfergabe, die mich
ehrt. / Wer diesen Weg einschlägt,
wird das Heil Gottes sehen!«

Schaffe mir, Gott, ein reines Herz!*

51 1 *Dem Chorleiter. Ein Psalmlied von David.* 2 *Es ent-*
*stand, als der Prophet Natan zu ihm kam, nachdem David mit Batseba geschlafen hatte.**

3 Gott, sei mir gnädig nach deiner
Güte, / lösche meine Vergehen, weil
du voller Barmherzigkeit bist!
4 Wasche meine Sünde ganz von mir
ab, / reinige mich von meiner Schuld!
5 Ja, ich erkenne meine Vergehen, /
meine Sünde ist mir stets gegenwärtig.
6 Gegen dich allein habe ich
gesündigt, / ich habe getan, was
böse vor dir ist! / Darum hast du
recht mit deinem Urteil, / rein
stehst du als Richter da.*

7 Ja, schuldverstrickt kam ich zur
Welt, / in Sünde empfing mich
meine Mutter. 8 Du freust dich, wenn
jemand ganz aufrichtig ist. / So
lehrst du mich im Verborgenen, weise
zu sein. 9 Entsündige mich, wie der
Priester das mit einem Ysop-Büschel
tut, dann werde ich rein, / wasch
mich, dann bin ich weißer als Schnee.
10 Lass mich wieder Fröhlichkeit
und Freude hören, / dann jubeln die
Glieder, die du zerschlagen hast.

Psalm 51 ist der vierte der sieben Bußpsalmen.

51,2 *geschlafen hatte.* Siehe 2. Samuel 11!

51,6 Wird im Neuen Testament von Paulus in Römer 3,4 zitiert.

11 Sieh meine Sünde nicht mehr an /
und lösche meine ganze Schuld
aus!
12 Schaffe mir, Gott, ein reines
Herz, / erneuere in mir einen festen
Geist! 13 Vertreib mich nicht aus
deiner Nähe / und nimm deinen
Heiligen Geist nicht von mir! 14 Lass
mir wiederkehren die Freude des
Heils / und stütze mich mit einem
willigen Geist! 15 Ich will die
Übertreter deine Wege lehren, /
dass die Sünder umkehren zu dir.
16 Herr, nimm die Blutschuld von
mir, / Gott, du Gott meines Heils! /
Dann werde ich laut deine
Gerechtigkeit preisen.
17 Löse mir die Zunge, Herr, /
dass mein Mund dein Lob verkünde!
18 Schlachtopfer gefallen dir nicht,
ich gäbe sie dir. / Aus Brandopfern
machst du dir nichts. 19 Das Opfer,
das Gott gefällt, ist ein zerbrochener
Geist. / Ein zerschlagenes Herz wirst
du, Gott, nicht verachten.
20 Tu Zion Gutes in deiner Güte, /
baue die Mauern Jerusalems auf!
21 Dann wirst du dich an rechten
Opfern freuen, / den Brandopfern,
die Ganzopfer sind. / Dann wird man
Stiere opfern auf deinem Altar.

Die Arroganz des Bösen

52 1 *Dem Chorleiter. Ein Lehrgedicht von David,* 2 *als der
Edomiter Doëg zu Saul gekommen
war und ihm berichtet hatte, David sei
bei Ahimelech gewesen.* *

3 Was gibst du mit dem Bösen an,
du Starker, / wo Gottes Güte täglich
um mich ist? 4 Du Intrigant, du
planst Verderben / mit Lügenworten
messerscharf! 5 Du liebst das Böse
mehr als das Gute, / die Lüge mehr
als Ehrlichkeit. ♪
6 Es macht dir Spaß, mit Worten
Verderben zu bringen, / du hinterhältiges Großmaul! 7 Darum wird
Gott dich für immer bestrafen, / dich
packen und aus deinem Zuhause
vertreiben, / dich entwurzeln aus
dem Land der Lebenden! ♪
8 Die Gerechten werden es sehen
und erschauern. / Dann werden sie
über ihn lachen: 9 »Seht den Mann!
Er nahm keine Zuflucht bei Gott; /
er hat stattdessen auf Reichtum
vertraut / und auf seine Niedertracht
gebaut.« 10 Doch ich bin wie ein
grünender Ölbaum, / der im Tempelgelände wächst. / Immer und ewig
werde ich / auf Gottes Güte vertrauen.
11 Ich will dich ewig preisen, weil du
es wirkst. / Auf deinen Namen hoffe
ich mit denen, die dich lieben / denn
dein Name ist gut.

Die Unvernunft des Gottlosen

53 1 *Dem Chorleiter. Auf schwermütige Weise zu singen. Ein
Lehrgedicht von David.*
2 Dummköpfe denken: »Es gibt keinen Gott.« / Sie richten Unheil an; /
ihr Tun ist abscheuliches Unrecht. /
Keinen gibt es, der Gutes tut.
3 Gott blickt vom Himmel auf die
Menschen herab, / will sehen, ob
einer dort verständig ist, / nur einer,
der wirklich Gott sucht. 4 Doch alle
haben sich von ihm entfernt, / sie

52,2 *bei Ahimelech gewesen.* Siehe 1. Samuel 21,7; 22,8-10.18-21!

sind alle verdorben. / Keiner tut
Gutes, nicht einer davon.*
5 Wissen die Bösen denn nicht,
was sie tun? / Sie fressen mein Volk,
als wäre es Brot. / Gott rufen sie
gewiss nicht an. 6 Da trifft sie Furcht
und Schrecken, / obwohl doch
nichts zu fürchten ist. / Gott hat
die Leichen deiner Bedränger
zerstreut. / Du hast sie scheitern
lassen, / denn Gott hat sie
verworfen.
7 Wenn doch die Rettung aus Zion
bald käme! / Wenn Gott dann die
Not seines Volkes wendet, / wird
Israel jubeln und Jakob sich freuen.

Hilferuf des Bedrohten

54 *1 Dem Chorleiter. Mit Saiten-*
spiel. Ein Lehrgedicht von
David, 2 als die Männer von Sif Saul
meldeten, dass David sich bei ihnen
*versteckt hielt.**
3 Gott, durch deinen Namen rette
mich! / Schaff mir Recht durch deine
Macht! 4 Gott, hör mein Gebet, /
gib den Worten meines Mundes
ein Ohr!
5 Denn Fremde stehen gegen mich
auf, / Gewalttäter wollen mir ans
Leben. / Sie haben Gott nicht
vor Augen. ♪ 6 Seht, Gott ist mein
Helfer! / Der Herr beschützt mein
Leben. 7 Lenk das Böse auf meine
Feinde zurück! / Weil du treu bist,
bring sie zum Schweigen!
8 Aus freien Stücken bring ich dir
Opfer, / ich danke dir, Jahwe, weil du
so gütig bist. 9 Ja, aus aller Not hat er
mich gerettet, / und ich sehe auf
meine Feinde herab.

Verraten und alleingelassen

55 *1 Dem Chorleiter. Mit Saiten-*
spiel. Ein Lehrgedicht von
David.
2 Gott, höre auf mein Gebet, /
entziehe dich nicht meinem Flehen!
3 Höre auf mich und antworte mir! /
Ich irre mit meiner Klage umher. /
Verstört bin ich 4 vom Geschrei des
Feindes, / vom Druck des Bösen. /
Sie wälzen Unheil auf mich, /
verfolgen mich mit zornigem Hass.
5 Die Angst schnürt mir die Kehle
zu, / Todesfurcht hat mich überfallen.
6 Furcht und Zittern packten mich, /
kaltes Grauen stieg in mir hoch.
7 Da wünschte ich mir: / Hätte ich
Flügel wie die Taube, / ich flöge fort
und ließ mich nieder. 8 Weit fort würde
ich fliehen, / die Nacht in der Wüste
verbringen. ♪ 9 Ich würde schnell zu
einer Zuflucht eilen, / wo ich sicher
bin vor dem rasenden Sturm.
10 Reiß sie auseinander, Herr,
verwirre ihre Sprache! / In der Stadt
sehe ich nur Streit und Gewalt, 11 die
Tag und Nacht auf den Mauern
kreisen, / während Unheil und Elend
drin herrschen. 12 Verderben breitet
sich in ihr aus, / Gewalt und Betrug
weichen nicht vom Platz.
13 Denn nicht mein Feind
beschimpft mich, / das würde ich
ertragen; / nicht mein Hasser tut
groß gegen mich, / vor ihm könnte
ich mich verstecken. 14 Doch du, ein
Mensch wie ich, / mein Freund und
mein Vertrauter! 15 Wie haben wir

53,4 Wird im Neuen Testament von Paulus zitiert: Römer 3,10-12.

54,2 *versteckt hielt.* Siehe 1. Samuel 23,19-24!

unsre Gespräche genossen, / vereint
mit der Menge in Gottes Haus.
16 Sie alle soll der Tod überfallen, /
mögen sie lebend hinab zu ihm
fahren, / denn die Bosheit füllt ihr
Inneres aus.
17 Doch ich, ich rufe zu Gott, / und
Jahwe wird mir helfen. 18 Abends
und morgens und mittags / muss ich
klagen und stöhnen. / Da hat er
meine Stimme gehört, 19 befreite
meine Seele zum Frieden, / dass
niemand mir zu nahe kommt. / Denn
viele gingen gegen mich an. 20 Gott wird
mich hören und sie unterdrücken, /
er, der seit Ewigkeiten herrscht. ♪
Sie kennen keine Verantwortung, /
sie fürchten Gott nicht.
21 Der Verräter vergreift sich an
seinen Freunden, / er bricht den
feierlichen Bund. 22 Seine Worte sind
süß wie Sahne, / doch sein Herz
denkt nur an Krieg. / Glatt wie Öl
fließt seine Rede, / doch jedes Wort
ist wie ein Dolch.
23 Wirf auf Jahwe deine Last, / und
er wird dich erhalten. / Niemals lässt
er zu, dass der Gerechte fällt.
24 Du, Gott, wirst sie in den Abgrund
stürzen, / die Männer von Blut und
Betrug. / Noch vor der Lebensmitte
sterben sie. / Ich aber weiß mich
sicher bei dir.

Vertrauen auf Gott

56 1 *Dem Chorleiter. Nach der*
Melodie »Verstummte Taube
in der Ferne«. Ein Gedicht von David,
als die Philister ihn in Gat festge-
nommen hatten.
2 Sei mir gnädig, Gott! / Denn
Menschen schnappen nach mir. / Sie
bekriegen mich, / bedrängen mich
den ganzen Tag. 3 Meine Feinde
dringen ständig auf mich ein, / viele
bekämpfen mich von oben herab.
4 Doch wenn ich Angst bekomme, /
vertraue ich auf dich.
5 Auf Gott, dessen Wort ich
rühme, / auf Gott vertraue ich und
habe keine Angst: / Was könnte ein
Mensch mir schon tun?
6 Täglich zweifeln sie meine Worte
an / und überlegen, wie sie mir
schaden. 7 Sie liegen auf der Lauer, /
bespitzeln mich auf Schritt und
Tritt / und wollen mir an die Kehle.
8 Sollten sie mit solcher Bosheit
entkommen? / Gott, wirf sie zu
Boden in deinem Zorn!
9 Du zählst, wie oft ich fliehen
muss. / Gieß meine Tränen in
deinen Schlauch*! / Hast du ihre
Zahl nicht notiert? 10 Dann lassen
meine Feinde von mir ab, / dann,
wenn ich dich zu Hilfe rufe; /
denn ich habe erkannt: Gott ist
für mich!
11 Auf Gott – ich lobe sein
Wort –, / auf Jahwe – ich lobe
sein Wort –, 12 auf Gott vertraue
ich und habe keine Angst: / Was
könnte ein Mensch mir schon
tun?
13 Ich schulde dir, Gott, meine
Gelübde; / ich werde meine
Dankesschuld zahlen. 14 Denn
du hast mich vor dem Tod gerettet, /
meine Füße vor dem Sturz bewahrt, /
dass ich im Licht der Lebendigen /
weiterlebe vor dir, mein Gott.

56,9 *Schlauch.* Sack aus Ziegenfell zur Aufbewahrung von Wasser, Milch und Wein.

Neue Gewissheit

57 *1 Dem Chorleiter. Nach der
Melodie »Verdirb nicht!«. Ein
Gedicht von David, als er vor Saul in
die Höhle floh.*
2 Sei mir gnädig Gott, / schenk mir
dein Erbarmen, / denn ich flüchte
mich zu dir! / Im Schatten deiner
Flügel berge ich mich / bis das
Verderben vorbei ist. 3 Ich rufe zu
Gott, dem Höchsten, / zu Gott, der
meine Sache führt. 4 Er schickt mir
Hilfe vom Himmel, / auch wenn mein
Verfolger höhnt. ♪ Gott sendet seine
Gnade und Wahrheit. 5 Mir ist, als
wäre ich von Löwen umringt, / die
gierig auf Menschenfleisch sind. /
Ihre Zähne sind Spieße und Pfeile, /
ihre Zunge ein geschliffenes Schwert.

6 Zeig deine Hoheit am Himmel,
Gott, / deine Herrlichkeit über der
Erde!

7 Meinen Füßen hatten sie ein Netz
gelegt, / denn sie wollten mich
beugen. / Sie hatten mir eine Grube
gegraben / – und fielen selber
hinein. ♪ 8 Gott, mein Herz ist fest
gegründet. / Ich will dir singen und
spielen. 9 Wach auf, meine Seele! /
Harfe und Zither, wacht auf! / Ich
will das Morgenrot wecken. 10 Ich
will dich preisen, Herr, unter den
Völkern, / dir vor den Nationen
lobsingen. 11 Denn deine Gnade
reicht bis zum Himmel hinauf / und
deine Wahrheit so weit, wie die
Wolken nur ziehen.

12 Zeig deine Hoheit am Himmel,
Gott, / deine Herrlichkeit über der
Erde!

Gott, der gerechte Richter

58 *1 Dem Chorleiter. Nach der
Melodie »Verdirb nicht!« Ein
Gedicht von David.*
2 Sprecht ihr wirklich Recht und
schweigt? / Richtet ihr die Menschen
gerecht? 3 Ihr habt das Unrecht
schon im Herzen, / und mit Gewalt
beherrscht ihr das Land.
4 Von Geburt an sind die Frevler auf
der schiefen Bahn, / von klein auf
ans Lügen gewöhnt. 5 Ihr Gift gleicht
dem Gift einer Schlange, / einer
tauben Kobra, die ihr Ohr verschließt
6 und nicht auf die Beschwörer hört, /
die die Zaubersprüche kennen.
7 Schlag ihnen die Zähne ein,
Gott! / Zerbrich das Gebiss dieser
Löwen, Jahwe! 8 Lass sie
verschwinden wie versickerndes
Wasser! / Lass ihre Pfeile das Ziel
nicht erreichen! 9 Lass sie wie
Schnecken im Schleim zerfließen /
und wie eine Fehlgeburt die Sonne
nicht sehn!
10 Bevor der Dornenstrauch unter
euren Töpfen brennt, / hat er ihn
schon – grün oder dürr – im Wirbel-
sturm verweht.
11 Der Gerechte wird sich freuen,
wenn er die Vergeltung sieht. / Er
badet seine Füße in des Gottlosen
Blut. 12 Dann wird man sagen: Doch,
dem Gerechten wird Lohn! / Doch,
es gibt einen Gott, der für das Recht
auf der Erde sorgt.

Gott ist meine Burg

59 *1 Dem Chorleiter. Nach der
Melodie »Verdirb nicht!«. Ein
Gedicht von David, als Saul sein Haus
umstellen ließ, um ihn zu töten.* *

2 Entreiß mich meinen Feinden,
mein Gott! / Schütze mich vor
meinen Gegnern! 3 Befreie mich von
diesen Verbrechern! / Rette mich, sie
wollen mein Blut! 4 Schau doch!
Sie wollen mir ans Leben, / Starke
greifen mich an. /
Es ist nicht mein Vergehen, nicht
meine Schuld, Jahwe. 5 Ohne Schuld
meinerseits stürmen sie vor und
stellen sich auf. / Wach auf, komm
mir entgegen und sieh! 6 Jahwe, du
allmächtiger Gott, Israels Gott! /
Werde wach und rechne mit den
Völkern ab! / Hab kein Erbarmen mit
diesen Verbrechern! ♪

7 Jeden Abend kommen sie
zurück, / heulen wie Hunde,
umkreisen die Stadt. 8 Geifer spritzt
aus ihrem Maul. / Jedes ihrer Worte
ist wie ein Dolch! / Sie denken, dass
es niemand hört. 9 Doch du, Jahwe,
du lachst über sie; / du spottest über
all diese Fremden. 10 Du bist stark,
auf dich will ich achten! / Denn Gott
ist mein sicherer Schutz. 11 Mein
Gott – seine Güte kommt mir
zuvor! / Gott lässt mich herabsehen
auf meine Gegner.

12 Töte sie nicht, damit mein Volk es
nicht vergisst! / Treib sie durch deine
Macht umher; / stürze sie nieder,
Herr, unser Schild! 13 Sünde ist jedes
Wort aus ihrem Mund. / Lass sie sich
im Stolz verfangen! / Denn sie
fluchen und verbreiten nur Lügen.
14 Vernichte sie im Zorn! / Vernichte
sie, dass nichts von ihnen bleibt! /
Dann wird man wissen, dass Gott
in Israel* herrscht / und bis an das
Ende der Erde. ♪

15 Jeden Abend kommen sie zurück, /
heulen wie Hunde, umkreisen die
Stadt. 16 Sie streunen umher, gierig
nach Fraß. / Werden sie nicht satt,
dann knurren sie. 17 Doch ich will
singen von deiner Macht, / früh-
morgens deine Güte rühmen! / Denn
du bist eine Burg für mich, / eine
Zuflucht in Zeiten der Not. 18 Dir,
meine Stärke, spiel ich mein Lied! /
Denn Gott ist mein sicherer Schutz, /
der Gott meiner Liebe.

Gebet nach Rückschlag

60 *1 Dem Chorleiter. Nach der
Weise »Die Lilie«. Ein Zeug-
nis- und Lehrgedicht von David, 2 als
er mit den Syrern von Mesopotamien
und denen von Zoba kämpfte, als Joab
zurückkehrte und 12.000 Edomiter im
Salztal erschlug.*

3 Gott, du hast uns verworfen, /
unsere Reihen zerrissen. / Du warst
zornig auf uns. / Richte uns doch
wieder auf! 4 Du hast das Land
erschüttert und gespalten. / Heile
seine Risse, denn es wankt! 5 Du hast
dein Volk hart geprüft, / tränktest
uns mit betäubendem Wein. 6 Du
hast doch denen, die dich ehren, /
ein Siegeszeichen geschenkt, / damit
es sich für die Wahrheit erhebt. ♪

7 Damit befreit werden, die du
liebst, / greif ein mit deiner Macht,
erhöre uns! 8 Gott hat in seiner
Heiligkeit gesprochen: / »Ich will
jubeln über meinen Sieg, / will
Sichem* verteilen, / die Ebene

59,1 Siehe 1. Samuel 19,11-17.

59,14 *Israel.* Wörtlich: Jakob.

60,8 *Sichem* war eine strategisch und religiös bedeutende Stadt auf dem Pass (*Sichem* = Schulter) zwischen den Bergen Ebal im Norden und Garizim im Süden.

Sukkot* vermessen. 9 Gilead* ist
mein, und auch Manasse* gehört
mir. / Der Helm auf meinem Kopf ist
Efraïm*, / und Juda ist mein
Herrscherstab. 10 Moab* muss mir
als Waschschüssel dienen, / und auf
Edom* werfe ich meinen Schuh. /
Juble über mich, Philisterland!*
11 Wer wird mich zur Festungsstadt
bringen, / wer mich nach Edom
hinführen?«
12 Wer außer dir, Gott, könnte das
tun? / Doch du hast uns ja
verworfen, / ziehst nicht mit unseren
Heeren aus. 13 Bring uns doch Hilfe
im Kampf mit dem Feind! /
Menschenhilfe nützt uns nichts.
14 Mit Gott werden wir Großes
vollbringen. / Er wird unsere Feinde
zertreten.

Fürbitte für den König

61 1 *Dem Chorleiter. Mit Saitenspiel. Von David.*
2 Höre, Gott, mein Schreien, /
achte auf mein Gebet! 3 Vom Ende
der Erde ruf ich zu dir, / denn mein
Herz ist in Angst. / Bring mich auf
den Felsen hinauf, / der zu hoch für
mich ist! 4 Du bist die Zuflucht für
mich, / ein fester Turm gegen den
Feind. 5 Lass mich immer Gast sein
in deinem Zelt, / mich bergen im
Schutz deiner Flügel. ♪
6 Ja, du hast auf meine Versprechen
gehört, Gott, / hast mir das Erbe für
solche gegeben, / die deinen Namen
ehren. 7 Gib dem König ein langes
Leben, / das fortbesteht über Generationen
hin. 8 Er herrsche für immer
vor Gott. / Behüte ihn mit Güte und
Wahrheit!
9 Dann singe ich dir immer mein
Lied. / So halte ich täglich meine
Versprechen.

Vertrauen auf Gott

62 1 *Dem Chorleiter. Für Jedutun.* Ein Psalmlied von David.*
2 Nur bei Gott wird meine Seele
still, / von ihm kommt meine Hilfe.
3 Nur er ist mein Fels, meine
Rettung, meine sichere Burg. /
Wie sollte ich da stürzen?
4 Wie lange stürmt ihr auf den
einen ein, / ihr alle, um ihn
niederzustrecken / wie eine
überhängende Wand, / eine
angestoßene Mauer? 5 Von seiner
Höhe wollen sie ihn stoßen. /
An Lügen haben sie Gefallen. / Ihr
Mund spricht Segenswünsche aus, /
doch ihr Herz verflucht den anderen. ♪

60,8 *Sukkot* liegt etwa 34 Kilometer nordöstlich von Jericho auf der Ostseite des Jordan und der Nordseite des Jabbok.

60,9 *Gilead* bezeichnet das mittlere, manchmal auch das ganze Ostjordanland.

Manasse. Einer der zwölf Stämme Israels. Die Hälfte dieses Stammes hatte sich im Ostjordanland niedergelassen.

Efraïm. Einflussreichster Stamm im Nordreich Israels. Sein Name kann für das ganze Nordreich stehen.

60,10 Die *Moabiter* lebten östlich des Toten Meeres zwischen den Flüssen Arnon und Zered.

Edom. Land östlich der Araba im Süden des Toten Meeres, bewohnt von den Nachkommen Esaus.

Die *Philister* bewohnten die südliche Küstenebene von Kanaan.

62,1 *Jeduthun.* Siehe Fußnote zu Psalm 39,1!

6 Nur bei Gott wird meine Seele
still, / von ihm kommt meine
Hoffnung. 7 Nur er ist mein Fels,
meine Rettung, meine sichere
Burg. / Wie sollte ich da stürzen?
8 Bei Gott liegt mein Heil und meine
Ehre. / In Gott ist meine Zuflucht, /
er ist mein schützender Fels. 9 Vertraut
immer auf ihn, ihr sein Volk! /
Schüttet euer Herz vor ihm aus! /
Gott ist unsere Zuflucht. ♪
10 Die Menschen sind nur Nebel-
dunst, / Männer ein täuschendes
Nichts. / Auf der Waage schnellen
sie hoch; / leichter als Luft sind
sie alle. 11 Vertraut nicht auf
Erpressung! / Betrügt euch nicht
durch Raub! / Und wenn euer Wohl-
stand wächst, / hängt das Herz nicht
daran! 12 Einmal hat Gott geredet, /
zweimal habe ich dies gehört: / Gott
gehört die Macht; 13 und dir, mein
Herr, die Güte. / Denn du vergiltst
jedem, / wie er es verdient.

Sehnsucht nach Gott

63 1 *Ein Psalmlied von David, als
er in der Wüste Juda war.*
2 Gott, du bist mein Gott! Ich suche
nach dir! / Nach dir hat meine Seele
Durst, / nach dir sehnt sich mein
Körper / in einem trockenen,
erschöpften Land, wo kein Wasser
mehr ist. 3 So schaue ich nach dir im
Heiligtum aus, / um deine Macht
und Herrlichkeit zu sehen.
4 Ja, deine Gnade ist besser als
Leben. / Meine Lippen sollen dich
loben. 5 Ich preise dich mit meinem
Leben, / erhebe meine Hände zu dir
im Gebet. 6 Wie bei einem Fest
machst du mich satt und froh. / Mit
jubelnden Lippen preise ich dich.
7 In nächtlichen Stunden auf
meinem Bett / gehen meine
Gedanken zu dir. / Flüsternd sinne
ich über dich nach, 8 denn du bist mir
Hilfe gewesen. / Ich juble im Schutz
deiner Flügel. 9 Ich klammere mich
an dich, / und deine rechte Hand hält
mich fest.
10 Aber sie, die mich verderben, mir
ans Leben wollen, / müssen hinab in
die Tiefen der Erde. 11 Der Macht des
Schwertes ausgeliefert / werden sie
ein Fraß der Schakale sein. 12 Doch
der König wird sich freuen an Gott. /
Und jeder, der bei Gott schwört, darf
jubeln. / Doch allen Lügnern wird
das Maul gestopft.

Bitte um Schutz vor den Feinden

64 1 *Dem Chorleiter. Ein Psalm-
lied von David.*
2 Höre, Gott, mein lautes Klagen, /
bewahre mein Leben vor dem
schrecklichen Feind! 3 Versteck mich
vor der Schar der Bösen, / vor dem
Toben derer, die Böses tun. 4 Ihre
Zungen sind wie geschliffene
Schwerter. / Sie halten den Bogen
gespannt. / Ihr Pfeil ist das giftige
Wort, 5 das sie plötzlich und ohne
Scheu / aus dem Hinterhalt auf
Unschuldige schießen.
6 Sie stacheln sich zum Bösen an. /
Sie reden davon, Fallen zu stellen, /
und sagen sich: »Wer wird es schon
sehn?« 7 Sie brüten Gemeinheiten
aus: / »Wir sind fertig. Der Plan ist
gefasst.« / Ja, das Innere des
Menschen, / ja das Herz ist ein
Abgrund.
8 Da schießt Gott mit einem Pfeil
auf sie, / und plötzlich trifft sie selbst
der Schlag. 9 Sie werden zum

Stolpern gebracht. / Ihre eigenen
Worte bringen sie zu Fall. / Alle,
die es sahen, schüttelten den Kopf.
10 Da wurden alle von Furcht erfüllt /
und verkündeten Gottes Tun / und
verstanden sein Werk.

11 An Jahwe freut sich der
Gerechte / und sucht seine Zuflucht
bei ihm. / Und wer von Herzen
aufrichtig ist, / darf stolz und
glücklich sein.

Dank für Gottes Gaben

65 1 *Dem Chorleiter. Ein Lied,*
ein Psalmlied von David.

2 Gott, dir gebührt der Lobgesang
in Zion, / dir erfüllt man seine
Versprechen. 3 Du erhörst Gebet, /
darum kommen alle zu dir. 4 Die
Folgen der Sünde überwältigen
mich. / Doch du wirst unsre Vergehen
vergeben. 5 Wie glücklich ist der, den
du erwählst / und in deine Nähe kom-
men lässt, / dass er in deinen Höfen
wohnt! / Vom Gut deines Hauses, /
deinem heiligen Tempel, / werden wir
satt.

6 Mit Ehrfurcht gebietenden Taten /
antwortest du uns in Gerechtigkeit, /
du Gott unseres Heils, / du Hoffnung
aller Enden der Erde / und des
allerfernsten Meeres; 7 der die Berge
gründet in seiner Kraft, / der
umgeben ist mit Macht, 8 der das
Brausen der Meere stillt / und den
Aufruhr der Völker. 9 Die Bewohner
am Ende der Erde / fürchten sich vor
deinen Zeichen. / Ost und West hast
du mit Jubel erfüllt.

10 Du sorgst für das Land und
begießt es, / du machst es fruchtbar
und reich. / Gottes Bach ist gut mit
Wasser gefüllt. / So lässt du das Korn
für die Menschen wachsen: 11 Du
feuchtest die Furchen und ebnest die
Schollen, / du lockerst sie mit Riesel-
regen, / du segnest, was dort wächst.
12 Du hast das Jahr mit deiner Güte
gekrönt, / deine Spuren triefen von
Segen. 13 Die Steppe füllt sich mit
saftigem Gras, / die Hügel sind von
Jubel umringt. 14 Die Weiden
schmücken sich mit Herden, / die
Täler hüllen sich in wogendes Korn; /
alles ist voll Jubel und Gesang.

Zum Jubel befreit

66 1 *Dem Chorleiter. Ein Lied,*
ein Psalmlied.

Jubelt Gott zu, alle Völker der Welt!
2 Besingt die Schönheit seines
Namens, / ehrtihn mit eurem
Lobgesang! 3 Sagt zu Gott: »Wie
Ehrfurcht gebietend sind deine
Taten! / Wegen deiner gewaltigen
Macht / heucheln deine Feinde
Ergebung. 4 Die ganze Welt wird
dich anbeten, dir musizieren, / und
sie werden deinen Namen
besingen.« ♪

5 Kommt und seht die Großtaten
Gottes! / Sein Tun erfüllt uns mit
Staunen und Furcht. 6 Er verwandelte
das Meer in trockenes Land. / Sie
zogen zu Fuß durch den Strom. /
Dort freuten wir uns an ihm. 7 Für
immer herrscht er mit gewaltiger
Macht / und behält die Völker im
Auge, / dass die Rebellen sich nicht
erheben. ♪

8 Preist, ihr Völker, unseren Gott! /
Lasst sein Lob deutlich hören! 9 Er
erhielt uns am Leben, / bewahrte uns
vor dem Fall. 10 Denn du hast uns
geprüft, Gott, / hast uns wie Silber

geläutert. 11 Du hast uns ins
Gefängnis gebracht, / uns schwere
Lasten aufgelegt. 12 Du hast uns
niedertrampeln lassen. / Wir gingen
durch Feuer und Wasser. / Doch
dann hast du uns mit Überfluss
beschenkt.
13 Mit Brandopfern komm ich in
dein Haus / und will dir meine
Versprechen erfüllen, 14 die meine
Lippen von sich gaben / und mein
Mund in der Not versprach. 15 Fette
Brandopfer will ich dir aufsteigen
lassen, / mit dem Rauch von Schafböcken zusammen. / Ziegenböcke
und Rinder bereite ich dir zu. ♪
16 Kommt und hört, ihr Gottesfürchtigen! / Ich will erzählen, was
er für mich tat. 17 Zu ihm hatte ich
um Hilfe geschrien, / und schon
konnte ich ihn dafür preisen.
18 Hätte ich Böses im Sinn gehabt, /
dann würde der Herr nicht hören.
19 Gott aber hat mich erhört, /
er hat auf mein Beten geachtet.
20 Gelobt sei Gott, der mein Gebet
nicht verwarf, / seine Gnade mir
nicht entzog.

Dank für Gottes Segen

67 1 *Dem Chorleiter. Mit Saitenspiel. Ein Lied, ein Psalmlied.*
2 Gott sei uns gnädig und segne
uns; / er lasse sein Angesicht über
uns leuchten, ♪ 3 dass man seinen
Weg auf der Erde erkennt, / seine
Hilfe unter allen Nationen.
4 Die Völker sollen dich loben,
Gott, / alle Völker sollen dir danken!
5 Nationen freuen sich und jubeln, /
denn du richtest die Völker gerecht. /
Du lenkst alle Nationen der Erde. ♪
6 Die Völker sollen dich loben,
Gott, / alle Völker sollen dir danken!
7 Die Erde gibt ihren Ertrag. / Es
segnet uns Gott, unser Gott. 8 Gott
wird uns segnen, / und fürchten wird
ihn die ganze Welt.

Gottes Sieg

68 1 *Dem Chorleiter. Ein Lied, ein Psalmlied von David.*
2 Gott steht auf und zerstreut
seine Feinde; / und die ihn hassen,
ergreifen die Flucht. 3 Wie Rauch,
der verweht, so treibst du sie fort. /
Und wie Wachs vor dem Feuer zerfließt, / vergehen Gottlose vor Gott.
4 Doch wer vor Gott lebt, wird sich
freuen, / wird jubeln vor ihm, /
überwältigt von Glück.
5 Singt Gott zu, musiziert seinem
Namen; / bahnt dem, der durch die
Wüste fährt, einen Weg. / Jahwe ist
sein Name, / freut euch vor ihm.
6 Vater der Waisen und Anwalt
der Witwen, / das ist Gott in seiner
heiligen Wohnung. 7 Gott bringt
Einsame nach Hause, / führt
Gefangene hinaus ins Glück. /
Rebellen bleiben in Dürre zurück.
8 Gott, als du voranzogst deinem
Volk, / als du die Wüste durchschrittest, ♪ 9 da bebte die Erde, /
da strömte der Regen vom Himmel /
vor dir, dem Gott vom Sinai, Israels
Gott. 10 du ließest reichlich regnen /
und belebtest dein erschöpftes Land.
11 Deine Schar ist darin sesshaft
geworden, / so gütig sorgtest du
für die Armen, Gott.
12 Der Herr spricht das
entscheidende Wort / für die
Botinnen der Freude in ihrer großen
Schar: 13 »Die feindlichen Könige

fliehen, / ihre Heere sind auf der
Flucht. / Die Frauen zu Hause vertei-
len die Beute. 14 Wer bleibt da noch
bei den Herden liegen? / Die Flügel
der Taube schimmern von Silber, /
ihr Gefieder ist mit glänzendem Gold
überdeckt.* 15 Wenn der Allmächtige
die Könige vertreibt, /fällt Schnee
auf dem Zalmon*.«

16 Der Baschansberg* ist ein
Gottesberg, / ein Gebirge mit vielen
Gipfeln. 17 Was blickt ihr neidisch,
ihr Berge und Gipfel, / auf den Berg,
den Gott zu seiner Wohnung nahm? /
Für immer wird Jahwe dort wohnen.
18 Zehntausende von blitzenden
Wagen hat Gott, / in ihrer Mitte ist
der Herr, / der vom Sinai ins Heilig-
tum kam.* 19 Du stiegst hinauf in die
Höhe, / führtest Gefangene mit, /
nahmst Geschenke von den Menschen
an,* / selbst von den Rebellen, / da-
mit Jahwe, Gott, eine Wohnung hat.

20 Gepriesen sei der Herr! / Tag für
Tag trägt er uns die Last, / er, der
Gott unseres Heils. ♪ 21 Gott ist
ein Gott, der uns tatkräftig hilft; /
und bei Jahwe, dem Herrn,
entkommt man dem Tod. 22 Ja,
Gott zerschmettert den Kopf seiner
Feinde, / den Schädel derer, die
Verbrechen nicht lassen. 23 Der Herr
sprach: »Aus Baschan bringe ich sie
zurück, / selbst aus den Tiefen des
Meeres. 24 Du wirst waten im Blut
deiner Feinde, / selbst deine Hunde
lecken es mit ihrer Zunge auf.«

25 Gott, deinen Triumphzug haben
sie gesehen, / den Einzug meines
Gottes, / meines Königs, ins Heilig-
tum. 26 Voran gingen die Sänger, /
danach die Saitenspieler, / umringt
von Tamburin schlagenden Mädchen.
27 Preist Gott, wenn ihr euch
versammelt! / Lobt Jahwe, ihr aus
Israels Quell. 28 Voran geht Benjamin,
der kleinste Stamm, / im fröhlichen
Zug die Fürsten von Juda, / dazu auch
die von Sebulon und Naftali.

29 Gott, biete auf deine Macht, / die
Gottesmacht, die du an uns erwiesen
hast! 30 In deinem Tempel über
Jerusalem / bringen die Könige dir
ihren Tribut. 31 Bedrohe das Biest im
Schilf, / die Horde der Stiere unter
den Kälbern der Völker! / Tritt denen
entgegen, die nach Silber rennen! /
Zerstreue die Völker, denen Krieg
gefällt! 32 Aus Ägypten werden
Gesandte kommen, / Nubien*
streckt seine Hände zu Gott aus.

33 Singt Gott, ihr Königreiche der
Erde! / Singt und spielt für den
Herrn! ♪ 34 Der hinfährt im
höchsten, dem ewigen Himmel. /
Hört, wie mächtig seine Stimme
erschallt! 35 Erkennt die Herrschaft
Gottes an! / Seine Hoheit ruht auf
Israel, / seine Macht in den Wolken.
36 Furchterregend ist Gott, / wenn er
aus seinem Heiligtum tritt. / Er ist

68,14 *Gold überdeckt.* Israel, Gottes »Taube«, wird reich durch die Beute.

68,15 *Zalmon*, der Dunkle, vielleicht ein bewaldeter Hügel bei Sichem.

68,16 *Baschansberg* ist möglicherweise ein anderer Ausdruck für den schneebedeckten Hermon, der die fruchtbare, wasserreiche Baschanebene im Norden begrenzt und den man von Baschan aus sieht.

68,18 *Sinai ... kam.* Wörtlich: *der Sinai im Heiligtum.*

68,19 Wird im Neuen Testament von Paulus zitiert: Epheser 4,8

68,32 *Nubien.* Hebräisch: Kusch. Land am Oberlauf des Nil, südlich von Ägypten.

der Gott Israels. / Seinem Volk
verleiht er Stärke und Kraft. /
Gepriesen sei Gott!

Rette mich, ich versinke!

69 1 *Dem Chorleiter. Nach der*
Melodie »Lilien«. Von David.
2 Rette mich, Gott, / das Wasser
steht schon am Hals! 3 Ich versinke
im strudelnden Moor; / meine Füße
verlieren den Grund. / Ich bin
in tiefes Wasser geraten, / die
Strömung reißt mich weg.
4 Und vom Rufen bin ich
erschöpft; / meine Kehle ist wund,
und meine Augen erlöschen / vom
Warten auf meinen Gott. 5 Ich habe
mehr Feinde als Haare auf dem
Kopf, / und sie hassen mich ohne
Grund.* / Die mich vernichten
wollen, sind mächtig. / Sie zwingen
mich herauszugeben / den Raub,
den ich nie nahm.
6 Du kennst meine Dummheit,
Gott, / und meine Vergehen sind dir
bekannt. 7 Mein Herr Jahwe, Allmäch-
tiger, / lass nicht zu, dass die, die auf
dich hoffen, enttäuscht werden durch
mich! / Du Gott Israels, / lass nicht
zu, dass die, die dich suchen,
beschämt sind wegen mir!
8 Weil ich dir gehöre, werde ich
beschimpft. / Schamröte bedeckt
mein Gesicht. 9 Ein Fremder bin ich
für meine Brüder geworden, / ein
Ausländer für meine Geschwister.
10 Denn der Eifer um dein Haus
ist wie ein Feuer in mir, / und wenn
sie dich beschimpfen, trifft es mich
tief.*
11 Als ich weinte und beim Fasten
war, / verhöhnten sie mich. 12 Als ich
Trauer trug, / gossen sie ihren Spott
über mir aus. 13 Selbst im Rathaus
ziehen sie über mich her, / und im
Wirtshaus bin ich der Spottgesang.
14 Doch an dich, Jahwe, richte ich
mein Gebet, / denn bei dir ist immer
Gnadenzeit. / Hilf mir, Gott, denn
deine Güte ist groß; / erhöre mich,
denn auf dich ist Verlass. 15 Zieh
mich aus dem Schlamm, / lass mich
nicht versinken; / rette mich vor
meinen Hassern, / ziehe mich aus
tiefen Wassern. 16 Sonst spült die
Strömung mich fort, / der Strudel
zieht mich in die Tiefe / und die
Grube schließt sich über mir.
17 Erhöre mich, Jahwe, denn deine
Gnade tut gut! / In deinem großen
Erbarmen wende dich mir zu.
18 Verbirg dein Gesicht nicht vor
mir, / ich bin doch dein Diener! /
Ich bin voller Angst, / erhöre mich
bald! 19 Komm bitte zu mir, erlöse
mein Leben; / rette mich und mache
meine Feinde still.
20 Du, du kennst meine Schmach, /
den Schimpf und die Schande, / und
meine Feinde hast du im Blick. 21 Der
Hohn brach mein Herz / und machte
es unheilbar krank. / Auf Mitleid
hoffte ich, es war umsonst; / auf
Tröster, doch keiner war in Sicht.
22 Ins Essen haben sie mir Galle
gegeben / und Essig für meinen
Durst. 23 Ihr Tisch werde zur Falle für
sie / und zum Strick für die, / die
sich so sicher sind. 24 Lass ihre

69,5 Wird im Neuen Testament von Jesus Christus zitiert: Johannes 15,25.

69,10 Wird im Neuen Testament von Johannes und Paulus zitiert: Johannes 2,17; Römer 15,3.

Augen erlöschen / und ihre Hüften
kraftlos sein.* 25 Schütte deinen
Zorn über sie aus, / die Glut deines
Grimms erreiche sie bald! 26 Ihr
Lagerplatz möge verwüstet / und
ihre Zelte sollen menschenleer sein.*
27 Denn sie haben den gejagt, den du
geschlagen hast. / Schadenfroh
erzählen sie vom Schmerz / bei
denen, die du verwundet hast.
28 Schütte Schuld auf ihre Schuld /
und erkläre sie nie für gerecht! 29
Lösche ihre Namen aus dem Buch
des Lebens aus! / Sie sollen nicht bei
den Gerechten stehen!
30 Ich aber bin elend und von
Schmerzen geplagt. / Deine Hilfe,
Gott, bringt mir Schutz. 31 Dann
kann ich dich loben im Lied / und
dich hoch ehren mit Dank. 32 Das
wird dich mehr erfreuen als ein
Stier, / ein Opferstier mit Horn und
Huf. 33 Die Gebeugten sehen es und
werden froh. / Ihr, die ihr Gott
vertraut, fasst neuen Mut! 34 Denn
Jahwe hört der Hilflosen Schrei, /
seine Gefangenen verachtet er nicht.
35 Loben sollen ihn Himmel und
Erde, / die Meere und alles, was sich
dort regt. 36 Denn Jahwe wird Zion
befreien / und Judas Städte wieder
bauen. / Dann wird sein Volk dort
wohnen, / es besitzt wieder das
Land. 37 Die Söhne seiner Diener
werden es erben, / und die, die
seinen Namen lieben, wohnen darin.

Komm schnell und rette mich!

70 1 *Dem Chorleiter. Von David.*
Zur Erinnerung.
2 Komm schnell und rette mich,
Gott! / Hilf mir, Jahwe!
3 Sie suchen meinen Tod. /
Schämen sollen sie sich! / Schande
über sie! / Sie genießen meine Not. /
Lass sie abziehen mit Schmach,
4 sich davonschleichen in Scham, /
sie, die hämisch riefen: »Haha!«!
5 Die dich suchen, sollen jubeln und
sich freuen an dir! / Die dich als
Retter lieben, sollen sagen: »Groß ist
Gott.«
6 Doch ich bin elend und arm. /
Gott, eile zu mir! / Meine Hilfe und
mein Retter bist du – Jahwe, zögere
nicht!

Verlass mich auch im Alter nicht

71 1 Bei dir, Jahwe, bin ich
geborgen, / da werde ich
niemals enttäuscht! 2 In deiner
Gerechtigkeit rette mich und reiß
mich heraus! / Leih mir dein
Ohr und hilf mir! 3 Sei mir ein
schützender Fels, die rettende
Burg, / zu der ich immer kommen
kann. / Du hast doch befohlen, mich
zu befreien! / Du bist mein Fels und
meine Burg. 4 Rette mich aus der Ge-
walt der Gottlosen, mein Gott, / aus
der Faust brutaler Schurken!
5 Denn du bist meine Hoffnung,
Jahwe, mein Herr, / meine
Zuversicht von meiner Jugend an.
6 Von Mutterleib an verließ ich mich
auf dich. / Du hast mir aus dem
Mutterschoß geholfen. / Dir gilt stets
mein Lobgesang. 7 Ich war wie ein
Zeichen für viele, / denn du bist mein

69,24 Wird im Neuen Testament von Paulus zitiert: Römer 11,9-10.

69,26 Wird im Neuen Testament von Petrus zitiert: Apostelgeschichte 1,20.

mächtiger Schutz. 8 Mein Mund ist
voll von deinem Lob, / von deinem
Ruhm den ganzen Tag. 9 Verwirf
mich nicht in der Zeit des Alters, /
verlass mich nicht beim Schwinden
meiner Kraft.
10 Denn meine Feinde reden
schlecht von mir; / die mir ans Leben
wollen, beraten sich. 11 »Gott hat ihn
verlassen!«, sagen sie. / »Verfolgt und
ergreift ihn! / Einen Retter hat er
nicht.« 12 Gott, du bist so weit weg! /
Komm doch und hilf mir schnell!
13 Lass zuschanden werden und ver-
gehen / alle, die mich beschuldigen! /
Schimpf und Schande komme über
die, / die versuchen, mich ins
Unglück zu stürzen.
14 Doch ich will jederzeit hoffen /
und vermehren dein Lob. 15 Mein
Mund wird von deiner Gerechtigkeit
reden, / von deinen Wohltaten jeden
Tag, / Taten, die ich nicht mehr
zählen kann. 16 Da komme ich mit
den Großtaten Jahwes, den Taten
meines Herrn. / Ich preise deine
Gerechtigkeit, deine allein. 17 Gott,
von Jugend auf hast du mich
gelehrt. / Von deinen Wundern
erzähl ich bis heute 18 und bis zum
Alter und zum grauen Haar.
Verlass mich nicht, mein Gott; /
dass ich der Nachwelt von
deiner Stärke erzähle, / künftigen
Generationen von deiner Macht;
19 von deiner Gerechtigkeit, Gott,
die bis zum Himmel reicht. / Große
Dinge hast du vollbracht. / Gott,
wer ist wie du? 20 Du ließest uns viel
Angst und Not erfahren. / Du wirst
uns wieder beleben, / uns wieder
heraufbringen / aus den Tiefen der
Erde. 21 Du bringst mich wieder zu
Ehren / und wirst mich abermals
trösten.
22 Dann will ich dich loben mit
meiner Harfe. / Ich rühme deine
Treue, mein Gott, / du Heiliger
Israels! / Auf der Zither will ich dir
spielen. 23 Mit jubelnden Lippen
musiziere ich dir; / ja ich, denn du
hast mich erlöst. 24 Von früh bis spät
will ich von deiner Gerechtigkeit
reden; / denn die mein Unglück
suchten, wurden schwer beschämt.

Der Friedefürst

72 1 *Für Salomo.**
Gott, gib dein Richteramt
dem König, / dem Königssohn deine
Gerechtigkeit, 2 dass er dein Volk in
Gerechtigkeit richte / und helfe den
Hilflosen zum Recht. 3 Dann tragen
die Berge Frieden, / die Hügel
Gerechtigkeit dem Volk. 4 Er soll
Recht verschaffen den Gebeugten im
Land, / Hilfe bringen den Kindern
der Armen / und ihre Unterdrücker
zertreten.
5 Man wird dich fürchten, / solange
Sonne und Mond uns scheinen, / von
Generation zu Generation. 6 Er
gleiche dem Regen, der auf gemähte
Wiesen fällt, / dem Regenschauer,
der das Land erfrischt. 7 In seiner Zeit
blüht der Gerechte auf, / Fülle von
Frieden wird sein, / bis der Mond
nicht mehr ist. 8 Er wird herrschen
von Meer zu Meer, / vom Euphrat bis
zu den Enden der Erde.

72,1 *Für Salomo.* Oder: Von Salomo. Doch diesen, seinen vermutlich letzten Psalm, schrieb David (siehe V. 20) für seinen Sohn Salomo, den König.

9 Die Wüstenvölker knien vor ihm /
und seine Feinde lecken den Staub.
10 Die Könige von Tarschisch und
den fernsten Inseln bringen ihm
Geschenke. / Die Könige von
Scheba* und Saba* bringen Tribut.
11 Alle Herrscher huldigen ihm / und
alle Völker werden ihm dienen.

12 Denn er befreit den Armen, der
um Hilfe ruft, / den Gebeugten, dem
niemand hilft. 13 Er erbarmt sich des
Geringen und Schwachen, / er rettet
das Leben des Armen. 14 Von Druck
und Gewalt erlöst er ihre Seele, /
denn vor ihm hat ihr Leben einen
Wert! 15 Der König möge leben! /
Mit Gold aus Saba beschenke man
ihn. / Man bete beständig für ihn /
und segne ihn den ganzen Tag.

16 Es sei Überfluss an Korn im
ganzen Land, / es gedeihe bis auf die
Gipfel der Berge. / Wie der Libanon
möge seine Frucht erblühen. / Es
sprieße aus den Städten wie das Grün
der Erde. 17 Sein Name soll ewig
bestehen, / an der Sonne wachse sein
Ruhm. / In seinem Namen wünsche
man sich Segen, / glücklich preisen
ihn alle Nationen.

18 Gelobt sei Jahwe, der Gott
Israels! / Er tut Wunder, er allein.
19 Ewig gepriesen sei der Name
seiner Majestät! / Seine Herrlichkeit
erfülle die ganze Welt! / Amen, ja, so
soll es sein!

20 Hier enden die Gebete von David
Ben-Isai.

Drittes Buch

Das scheinbare Glück der Gottlosen

73 1 *Ein Psalm von Asaf.*
Ich weiß es: Gott ist gut zu
Israel, / zu Menschen mit reinem
Gewissen. 2 Und ich, fast wäre ich
gestolpert, / um ein Haar wäre ich
gestürzt. 3 Als ich sah, wie gut es den
Gottlosen ging, / wurde ich selbst
auf die Maulhelden neidisch.

4 Sie leiden keine Qualen, / sie sind
gesund und wohlgenährt. 5 Sie sind
frei von den Lasten gewöhnlicher
Menschen / und werden nicht mit
den anderen geplagt. 6 Darum tragen
sie ihren Stolz wie eine Kette am
Hals, / Gewalt umhüllt sie wie ein
Gewand.

7 Aus dem Fett glotzt ihr Auge
hervor, / Einbildungen überfluten
ihr Herz. 8 Höhnisch und boshaft
reden sie, / setzen zynisch
Menschen unter Druck. 9 Sie
reißen ihr Maul bis zum Himmel
hin auf, / ihre Zunge verschont
nichts auf der Erde.

72,10 *Scheba* war ein Land in der Nähe von Kusch (Nubien).

Saba war ein Land südlich von Israel (siehe Matthäus 12,42), vielleicht auf der südwestlichen arabischen Halbinsel in der Nähe des heutigen Jemen. Die genaue Lage ist ungewiss.

10 Darum läuft selbst Gottes Volk
ihnen nach / und lauscht begierig auf
ihr Geschwätz. 11 »Gott merkt ja
doch nichts«, sagen sie. / »Wie will
der Höchste das wissen?« 12 Ja, das
sind die, die Gott verachten; /
ungestört mehren sie ihre Macht.
13 Ganz umsonst hielt ich mein
Herz rein, / wusch in Unschuld
meine Hände; 14 war ich doch
geplagt den ganzen Tag / und bin
jeden Morgen schon gestraft.
15 Hätte ich gesagt: »Ich will ebenso
reden!«, / dann hätte ich deine
Kinder verraten. 16 Da dachte ich
nach, um das zu begreifen. / Es war
eine große Mühe für mich, 17 bis ich
in Gottes Heiligtum ging / und dort
ihr Ende bedachte.
18 Ja, du stellst sie auf rutschigen
Grund / und stürzt sie in ihr
Verderben. 19 Wie plötzlich waren sie
vor Entsetzen erstarrt, / sie alle
nahmen ein Ende mit Schrecken.
20 Wie einen Traum nach dem
Erwachen, / so verachtest du,
Herr, / wenn du aufstehst, ihr Bild.
21 Als mein Herz verbittert war /
und ich stechenden Schmerz in den
Nieren verspürte, 22 da war ich
dumm und ohne Verstand, / wie
ein Stück Vieh stand ich vor dir.
23 Doch ich bleibe stets bei dir. /
Du hältst mich an der rechten
Hand.
24 Mit deinem Rat leitest du
mich / und nimmst mich am Ende
in Ehren auf. 25 Wen hab ich im
Himmel außer dir? / Und neben
dir wünsch ich mir nichts auf der
Erde. 26 Auch wenn ich Leib und
Leben verliere, / bleibt Gott doch
mein Fels und mein Anteil für
immer.
27 Ja, wer sich fern von dir hält,
geht zugrunde. / Du bringst jeden
zum Schweigen, der dir die Treue
bricht. 28 Doch ich bekenne: Die Got-
tesnähe tut mir gut! / Ich fand meine
Zuflucht bei Jahwe, dem Herrn. /
Nun will ich all deine Taten erzählen.

Klage über das zerstörte Heiligtum

74 1 *Ein Lehrgedicht. Für Asaf*.*
Gott, hast du uns für immer
verstoßen? / Warum raucht dein
Zorn noch gegen deine Herde? /
2 Denk an deine Gemeinde, die du
einst erworben hast; / die du als
Stamm für dein Erbteil erlöstest, /
den Zionsberg, auf dem du wohnst.
3 Komm doch und sieh dir diese
ewigen Ruinen an! / Alles hat der
Feind im Tempel verwüstet.
4 In deiner Versammlungsstätte
haben deine Feinde gebrüllt / und
dort ihre Siegeszeichen hingestellt.
5 Sie haben sich benommen / wie die
Axt im Walddickicht.
6 Und jetzt sind alle Schnitzereien /
mit Axt und Hammer zerschlagen. /
7 Sie haben Feuer in dein Heiligtum
geworfen, / die Wohnung deines
Namens bis auf den Grund entweiht.
8 Sie sagten sich: »Lasst uns sie alle
vernichten!« / Alle Gotteshäuser
haben sie niedergebrannt.
9 Wir sehen keine Zeichen für
uns. / Kein Prophet ist mehr da. /
Keiner weiß, wie lange das noch geht.

74,1 *Für Asaf*. Siehe Fußnote zu Psalm 50,1! Die Psalmen 74 und 79 stammen offenbar von Nachkommen Asafs, weil sie die Zerstörung des Tempels beklagen.

10 Bis wann, Gott, darf der Bedränger
noch höhnen, / der Feind deinen
Namen immerfort lästern? 11 Warum
ziehst du deine Hand zurück und
greifst nicht ein? / Zieh sie doch aus
deinem Gewand und mach endlich
ein Ende!

12 Dennoch ist Gott von alters her
mein König, / der Rettungstaten auf
der Erde vollbringt. 13 Mit deiner
Macht hast du das Meer geteilt, /
zerschmettert die Köpfe der See-
ungeheuer. 14 Dem Leviatan* hast
du die Köpfe zerschlagen / und
gabst ihn den wilden Tieren zum
Fraß.

15 Du hast Quellen und Bäche
sprudeln lassen / und mächtige
Ströme zum Versiegen gebracht.
16 Dein ist der Tag, dein auch die
Nacht. / Du stelltest Mond und
Sonne hin. 17 Du hast die Grenzen
der Erde bestimmt, / Sommer und
Winter hast du gemacht.

18 Jahwe, denk doch daran: Der
Feind hat dich verhöhnt. / Ein
gottloses Volk hat deinen Namen
verachtet. 19 Gib deine Turteltaube
doch nicht den Raubtieren preis! /
Vergiss das Leben deiner Armen doch
nicht für immer! 20 Blick hin auf
deinen Bund! / Denn in unserem
Land sind die versteckten Winkel /
voll von Verbrechen und Gewalt.

21 Lass den Bedrückten nicht
beschämt weggehen! / Lass den
Gebeugten, lass den Armen deinen
Namen loben! 22 Steh auf, Gott, und
verschaffe dir Recht! / Bedenk, wie
diese Toren dich täglich verspotten.
23 Vergiss nicht das Geschrei deiner
Gegner, / das ständig aufsteigende
Getöse gegen dich!

Gott, der gerechte Richter

75

*1 Dem Chorleiter. Nach der
Melodie: »Zerstöre nicht!«
Ein Psalmlied von Asaf.*

2 Wir danken dir, Gott, und
loben dich sehr! / Dein Name
ist nah, deine Wunder erzählen
es uns.

3 »Zur Zeit, die ich selber
bestimme, / halte ich ein gerechtes
Gericht. 4 Mag auch die Erde
beben, / mögen ihre Bewohner
zittern, / ich habe ihre Säulen
befestigt.« ♪

5 Ich sagte zu den Großmäulern:
»Haltet den Mund!«; / zu denen, die
Gottes Gebote missachten: »Spielt
euch nicht so auf! 6 Pocht nicht so auf
eure Gewalt; / hört auf, so vermessen
zu reden! 7 Nicht vom Osten, nicht
vom Westen, / auch nicht aus der
Wüste könnt ihr etwas erwarten.
8 Denn Gott selbst ist der Richter, /
der den einen erniedrigt und den an-
deren erhöht.«

9 Jahwe hält einen Becher in der
Hand, / gefüllt mit scharfem,
gärendem Wein. / Und von dem
schenkt er ein. / Ja, seine Hefe
müssen schlürfen und trinken /
alle Gottlosen der Erde.

10 Ich aber, ich will es immer ver-
kündigen, / will singen und spielen
Jakobs Gott!

11 »Ich will die Kraft der Gottlosen
brechen / und die Macht der Gerech-
ten erhöhen!«

74,14 *Leviatan.* Verkörperung einer gottfeindlichen Macht, besonders des ägyptischen Heeres, das die Israeliten verfolgte und im Roten Meer umkam.

Gott, der furchtbare Richter

76 1 *Dem Chorleiter. Mit Saiten-*
spiel. Ein Psalmlied von Asaf.
2 Bekannt ist Gott in Juda, / sein
Name ist in Israel groß. 3 In Salem*
stand sein Zelt, / auf dem Zion*
seine Wohnung. 4 Dort zerbrach er
alles Kriegsgerät: / die Pfeile,
Schwerter und Schilde. ♪
5 Von Glanz bist du umgeben, /
herrlicher als Berge von Beute.
6 Furchtlose Krieger sind beraubt, /
sie sinken in den letzten Schlaf. /
Allen Helden versagen die Hände.
7 Wenn du drohst, Gott Jakobs, /
erstarren Pferde und Wagen.
8 Furchtbar bist du. / Wer kann vor
dir bestehen, / vor der Gewalt deines
Zorns? 9 Wenn du vom Himmel her
das Urteil verkündest, / erschrickt die
Erde und hält sich still, 10 wenn Gott
sich erhebt zum Gericht, / um zu
helfen allen Hilflosen der Erde. ♪
11 Selbst das Wüten der Menschen
vermehrt deinen Ruhm, / mit ihrem
Zorn umgürtest du dich. 12 Legt
Gelübde ab und erfüllt sie Jahwe,
eurem Gott! / Alle, die ihr um ihn
seid, bringt dem Furchtgebietenden
Geschenke! 13 Er stutzt der Landes-
herren Übermut, / lehrt auch die
Herrscher der Erde das Fürchten.

Trost in großer Not

77 1 *Dem Chorleiter. Nach der*
Weise Jedutuns. Ein Psalm
Asafs.
2 Ich schreie zu Gott, so laut ich
kann. / Ich schreie zu Gott, dass er
mich hört. 3 In meiner Not suche ich
den Herrn, / nachts strecke ich die
Hand nach ihm aus / und lasse ihn
nicht los. / Ich weigere mich,
getröstet zu werden. 4 Denk ich an
Gott, so stöhne ich, / sinne ich nach,
verliere ich den Mut. ♪
5 Meine Augenlider hältst du
offen, / ich bin verstört und kann
nicht reden. 6 Ich denke über früher
nach, / die längst vergangenen
Jahre, 7 an mein Saitenspiel in der
Nacht. / Ich erwäge es im Herzen, /
durchforsche es mit meinem Geist.
8 Wird der Herr denn für immer
verwerfen? / Wird er nicht wieder
gnädig sein? 9 Ist seine Gnade für
immer zu Ende? / Gilt sein
Versprechen in Zukunft nicht mehr?
10 Hat Gott vergessen, gnädig zu
sein? / Hat er im Zorn sein
Erbarmen versperrt? ♪
11 Da sagte ich: »Das ist mein
Schmerz, / dass der Höchste sich
jetzt anders verhält.« 12 Ich will
denken an die Taten Jahwes, / dein
wunderbares Wirken von einst.
13 Ich will dein Handeln bedenken, /
verstehen, was du bewirkst.
14 Alles, was du tust, ist heilig,
Gott! / Wer ist ein so großer Gott wie
du? 15 Du bist der Gott, der Wunder
tut, / hast deine Macht an den
Völkern bewiesen. 16 Du hast dein
Volk mit starker Hand befreit, / die
Nachkommen Jakobs und Josefs. ♪
17 Es sahen dich die Meere, Gott, /
sie sahen dich und bebten / und
erzitterten bis in die Tiefe. 18 Die
Wolken vergossen Ströme von
Regen, / sie ließen den Donner

76,3 *Salem* = Jerusalem.

Zion. Hügel in Jerusalem, oft als Bezeichnung für die ganze Stadt gebraucht.

grollen, / und deine Pfeile fuhren hin
und her. 19 Dein Donner dröhnt im
Wirbelsturm, / Blitze erhellten die
Welt, / es zitterte und bebte die Erde.
20 Dein Weg führt durch das
Meer, / deine Pfade durch Wasser-
tiefen. / Doch deine Spuren konnte
niemand sehn. 21 Wie eine Herde
führtest du dein Volk / durch deine
Diener Mose und Aaron.

Gottes Geschichte mit seinem Volk

78 1 *Ein Lehrgedicht von Asaf.*
Hör, mein Volk, auf meine
Weisung! / Gebt alle acht auf das,
was ich sage! 2 Ich will euch
Weisheitssprüche vermitteln, /
Rätsel der Vorzeit erklären.*
3 Was wir hörten und erkannten, /
was unsre Väter uns erzählten,
4 wollen wir ihren Söhnen nicht
verschweigen, / das sollen auch
künftige Generationen erfahren: /
die Ruhmestaten und die Stärke
Jahwes, / und die Wunder, die er tat.
5 Er stellte sein Gesetz in Jakob
auf, / seine Weisung in Israel, /
und gebot unseren Vätern, / es ihre
Kinder zu lehren; 6 damit auch die
nächste Generation, / die Kinder, die
noch geboren werden, / dass auch
sie es ihren Kindern erzählen.
7 Damit sie auf Gott ihr Vertrauen
setzen, / die Taten Gottes nicht ver-
gessen / und seine Gebote befolgen.
8 Damit sie nicht ihren Vorfahren
gleichen, / einer launischen
Generation voll Trotz und
Empörung, / deren Geist nicht
festhielt an Gott.
9 Die Männer vom Stamm
Efraïm*, / mit Pfeil und Bogen
gerüstet, / ergriffen am Kampftag
die Flucht. 10 Sie hielten sich nicht an
Gottes Bund, / sie weigerten sich,
nach seiner Weisung zu leben. 11 Sie
vergaßen seine machtvollen Taten, /
die Wunder, die er ihnen zeigte.
12 Wunderbares hat er vor ihren
Vätern getan / im Land Ägypten, der
Gegend von Zoan*. 13 Er teilte das
Meer und führte sie durch, / er ließ
das Wasser stehen wie einen Damm.
14 Am Tag führte er sie mit einer
Wolke, / die ganze Nacht mit
einem Feuerschein. 15 Er spaltete
Felsen in der Wüste, / aus Wasser-
fluten durften sie trinken. 16 Er ließ
Bäche aus den Felsen kommen, /
das Wasser floss in Strömen
herab.
17 Doch sie hörten mit Sündigen
nicht auf, / trotzten dem Höchsten in
der Wüste. 18 Sie forderten Gott
heraus / und verlangten Speise nach
ihrem Geschmack. 19 Sie redeten
gegen Gott und sagten: / »Ist Gott
überhaupt imstande, / uns einen
Tisch in der Wüste zu decken? 20 Den
Felsen hat er zwar geschlagen, / es
floss auch Wasser heraus, / die Bäche
strömten. / Aber kann er uns auch
Brot besorgen, / kann er Fleisch
verschaffen seinem Volk?« 21 Als
Jahwe das hörte, wurde er zornig. /
Feuer flammte gegen Jakob auf, / ja,

78,2 Wird im Neuen Testament in Matthäus 13,35 zitiert.

78,9 *Efraïm.* Einflussreichster Stamm in Zentralisrael.

78,12 *Zoan* ist wahrscheinlich mit Tanis identisch, das im nordöstlichen Teil des Nildelta liegt.

Zorn stieg ihm gegen Israel hoch; 22 denn sie hatten ihrem Gott nicht vertraut / und nicht auf seine Hilfe gebaut.

23 Trotzdem gab er den Wolken Befehl / und öffnete die Tore des Himmels. 24 Er ließ Manna auf sie regnen zur Speise, / er gab ihnen das Korn des Himmels.* 25 Sie alle aßen das Brot der Engel, / und Gott machte sie alle satt. 26 Am Himmel setzte er den Ostwind frei / und zwang den Südwind heran. 27 Dann ließ er Fleisch auf sie regnen wie Staub / und Vögel wie den Sand am Meer. 28 Mitten ins Lager ließ er sie fallen, / rings um Israels Zelte. 29 Da aßen sie und wurden völlig satt. / Er brachte ihnen, was sie verlangten. 30 Doch ihre Gier war noch nicht gestillt, / noch war die Speise in ihrem Mund, / 31 da wurde Gott zornig über sie. / Er streckte ihre Stärksten nieder / und brachte die jungen Männer Israels um.

32 Aber trotzdem sündigten sie weiter / und vertrauten seinen Wundern nicht. 33 Da nahm er ihrem Leben den Sinn / und ließ ihre Jahre in Schrecken vergehen. 34 Immer, wenn er tötete, fragten sie nach ihm; / dann kehrten sie um und suchten nach Gott. 35 Dann dachten sie, er sei doch ihr Fels, / Gott, der Höchste, sei ihr Befreier. 36 Doch sie betrogen ihn mit ihrem Mund / und belogen ihn mit ihrer Zunge. 37 Denn ihr Herz war nicht fest bei ihm, / sie blieben seinem Bund nicht treu. 38 Trotzdem blieb er voll Erbarmen, / vergab ihre Schuld und tötete sie nicht. / Oft hielt er seinen Zorn zurück / und ließ seine Wut nicht erwachen. 39 Er wusste ja, dass sie vergänglich sind, / ein Hauch, der verweht und nicht wiederkehrt.

40 Wie oft haben sie ihm in der Wüste getrotzt, / wie oft ihn in der Steppe gekränkt. 41 Immer wieder provozierten sie Gott, / kränkten den Heiligen Israels. 42 Sie dachten nicht mehr an seine mächtigen Taten, / an den Tag, als er sie vom Unterdrücker befreite; 43 als er seine Zeichen in Ägypten setzte, / seine Wunder in der Gegend von Zoan: 44 Er verwandelte all ihre Flüsse in Blut, / ungenießbar wurden ihre Bäche. 45 Er schickte ihnen Fliegen, die sie quälten; / Frösche verseuchten ihr Land. 46 Den Heuschrecken gab er ihren Ernteertrag, / den grässlichen Fressern, was sie erarbeitet hatten. 47 Ihren Weinstock zerschlug er mit Hagel, / ihre Maulbeerfeigen mit dem Wettersturz. 48 Ihr Vieh gab er dem Hagel preis / und ihre Herden den Blitzen.

49 Er ließ seinen glühenden Zorn auf sie los, / rasende Wut, furchtbare Plagen, / eine Schar von Unheilsengeln. 50 Er ließ seinem Zorn freien Lauf, / verschonte sie nicht vor dem Tod, / sondern lieferte sie aus an die Pest. 51 Jede Erstgeburt in Ägypten tötete er, / die Erstlinge ihrer Kraft in den Zelten Hams*. 52 Wie Schafe führte er sein Volk weg, / wie eine Herde brachte er sie durch die Wüste.

78,24 Wird im Neuen Testament von den Juden zitiert: Johannes 6,31.

78,51 *Ham* war der zweite Sohn Noahs (1. Mose 9,18-19) und wird hier mit Ägypten verknüpft.

53 Er führte sie sicher, dass sie nicht
erschraken, / aber ihre Feinde
bedeckte das Meer. 54 Er brachte sie
in sein heiliges Land, / zu diesem
Berg, den er erworben hatte. 55 Er
vertrieb die Völker vor ihnen, /
verteilte ihr Land unter sein Volk /
und ließ in ihren Zelten die Stämme
Israels wohnen.

56 Doch sie stellten Gott auf die
Probe. / Sie trotzten dem Höchsten /
und hielten sich nicht an seine
Gebote. 57 Sie kehrten sich ab,
verrieten ihn wie ihre Väter. / Wie ein
kaputter Bogen schnellten sie herum.
58 Durch ihre Opferhöhen erbitterten
sie ihn, / ihre Götzen reizten ihn zur
Eifersucht. 59 Da entbrannte sein
Zorn, / und er verwarf Israel ganz.
60 Er gab seine Wohnung in Schilo
auf*, / das Zelt, in dem er bei den
Menschen wohnte. 61 Seine Kraft*
gab er in Gefangenschaft, / seine
Herrlichkeit in die Hand der
Bedränger. 62 Sein Volk lieferte er
dem Schwert aus, / so zornig war er
über sein Erbe. 63 Seine jungen
Männer fraß das Feuer, / den
Mädchen sang keiner das Hochzeits-
lied. 64 Seine Priester fielen durch das
Schwert, / seine Witwen konnten
nicht mehr weinen.

65 Da erwachte der Herr, als hätte
er geschlafen, / wie ein Held, der
wieder nüchtern wird. 66 Er schlug
seine Feinde zurück, / bedeckte sie
mit ewiger Schande. 67 Doch er ver-
warf die Nachkommen Josefs, /
lehnte den Stamm Efraïm als Führer
ab, 68 wählte aber den Stamm Juda
aus / und den Zionsberg, den er
liebte. 69 Wie Himmelshöhen baute
er sein Heiligtum, / wie die Erde, die
er auf ewig gegründet hat. 70 Als
seinen Diener wählte er David, /
nahm ihn weg von den Pferchen der
Schafe. 71 Von den Muttertieren holte
er ihn weg, / dass er weiden sollte
Jakob, sein Volk, / und Israel, sein
Eigentum. 72 Aufrichtig sorgte David
für sie / und führte sie mit kluger
Hand.

Gebet in schwerer Not

79 1 *Ein Psalm für* Asaf.*
Gott, Völker sind einge-
drungen in deinen Besitz, / haben
deinen heiligen Tempel geschändet /
und Jerusalem zu einem Trümmer-
haufen gemacht. 2 Die Leichen
deiner Diener gaben sie den Vögeln
zum Fraß, / das Fleisch deiner
Getreuen warfen sie dem Raubwild
hin.

3 Sie haben ihr Blut wie Wasser
vergossen / im ganzen Umkreis von
Jerusalem. / Niemand war da, der
die Toten begrub. 4 Unseren
Nachbarn wurden wir zum Hohn. /
Alle, die rings um uns wohnen, /
lachen und spotten über uns. 5 Wie
lange, Jahwe, willst du immerfort
zürnen? / Wie lange noch lodert dein
Eifer wie Feuer?

6 Lass deinen Zorn an den Völkern
aus, / die dich nicht anerkannt
haben, / an den Königreichen, /

78,60 Siehe Jeremia 7,12!

78,61 *Kraft, Herrlichkeit.* Gemeint ist die Bundeslade (1. Samuel 14,17-20).

79,1 *für.* Siehe Fußnote zu Psalm 74,1.

die deinen Namen nicht rufen.
7 Denn sie haben Jakob* gefressen /
und seine Weiden verwüstet.
8 Rechne uns nicht die Schuld der
Vorfahren an, / komm uns schnell
mit Erbarmen entgegen, / denn wir
sind völlig am Ende! 9 Hilf uns, Gott,
unser Retter! / Die Ehre deines
Namens steht auf dem Spiel. / Rette
uns und bedecke unsere Sünden, /
weil es um deinen Namen geht!
10 Warum dürfen die Völker
sagen: / »Wo ist denn ihr Gott?« /
Lass die Völker vor unseren Augen
erkennen, / dass du das vergossene
Blut deiner Diener rächst!
11 Lass vor dich kommen das
Stöhnen des Gefangenen. / Mit
deinem starken Arm erhalte die
Todgeweihten! 12 Zahle unseren
Nachbarn ihren Hohn zurück, / zahl
es ihnen siebenfach heim, Herr!
13 Wir sind doch dein Volk / und
die Herde deiner Weide! / Für immer
und ewig wollen wir dich loben /
und von Generation zu Generation
erzählen, wie groß du bist.

Gebet für den verbrannten Weinstock

80 1 *Dem Chorleiter. Nach der Melodie »Lilien«*. Ein Zeugnis, ein Psalm von Asaf.*
2 Höre doch, du Hirte Israels, / der
die Nachkommen Josefs wie eine
Herde führt! / Strahle hervor, / der
über den Cherubim* thront! 3 Er-
scheine vor Efraïm, Benjamin und
Manasse, / entfalte deine gewaltige
Macht / und komm uns zu Hilfe!
4 Stell uns wieder her, Gott; / blick
uns wieder freundlich an, / dann sind
wir gerettet!
5 Jahwe, du allmächtiger Gott, /
wie lange bist du noch zornig, /
während doch dein Volk zu dir betet?
6 Du hast uns Tränenbrot zu essen
gegeben / und becherweise Tränen
zu trinken. 7 Du hast uns für unsere
Nachbarn zum Zankapfel gemacht, /
und unsere Feinde spotten über uns.
8 Stell uns wieder her, allmächtiger
Gott; / blick uns wieder freundlich
an, / dann sind wir gerettet!
9 Einen Weinstock grubst du in
Ägypten aus, / vertriebst ganze
Völker und pflanztest ihn ein. 10 Für
ihn hast du den Boden freigemacht. /
Er schlug Wurzeln und füllte das
Land. 11 Die Berge wurden von
seinem Schatten bedeckt, / ja selbst
die mächtigen Zedern. 12 Seine Ran-
ken streckte er aus bis ans Meer, /
bis zum Euphrat seine Triebe.
13 Warum hast du seine Mauern
eingerissen, / dass jeder Vorbeikom-
mende ihn plündern kann? 14 Das
Wildschwein aus dem Wald verwüstet
ihn, / die wilden Tiere fressen ihn
kahl. 15 Kehr doch zurück,
allmächtiger Gott! / Blick vom

79,7 *Jakob.* Gemeint sind die Nachkommen Jakobs, also Israel.

80,1 *Lilien.* Hebräisch: Schoschannim. In Hohelied 2,1 beschreibt der Ausdruck die Anmut der Prinzessin. Hier ist wahrscheinlich die Art der Musik gemeint.

80,2 *Nachkommen Josefs.* Wörtlich: *Josef.*

Cherub (Mehrzahl: *Cherubim*): Majestätisches (Engel-)Wesen, das Gottes Herrlichkeit repräsentiert. Das einzige himmlische Wesen, das bildlich dargestellt werden durfte – im Tempel auf den Vorhängen und als Plastik über der Bundeslade.

Himmel herab und sieh / und nimm
dich dieses Weinstocks an! 16 Schütze
ihn, den du selber pflanztest, /
den Sprössling, der dir seine Kraft
verdankt.
17 Schon haben sie ihn verstümmelt,
mit Feuer versengt. / Doch wenn du
ihnen drohst, kommen sie um. 18 Leg
deine Hand auf den Mann an deiner
Seite, / auf den Menschensohn, den
du dir hast stark werden lassen.
19 Dann werden wir nie mehr von dir
weichen. / Erhalte uns am Leben,
dass wir dich anrufen können! 20 Stell
uns wieder her, / Jahwe, allmächtiger
Gott; / blick uns wieder freundlich
an, / dann sind wir gerettet!

Eine Festrede Gottes

81 1 *Dem Chorleiter. Nach dem*
Kelterlied. Von Asaf.
2 Freut euch über Gott, unsere
Stärke! / Jubelt dem Gott Jakobs zu!
3 Stimmt den Lobgesang an, und
schlagt die Tamburine, / die milde
Zither und die Harfe dazu. 4 Stoßt am
Neumond ins Horn, / am Vollmond
und zum Tag unseres Festes!
5 Denn das ist für Israel Vorschrift, /
eine Verordnung von Jakobs Gott.
6 Diese Regel gab er Josefs Volk, / als
er gegen Ägypten kämpfte. / Nun hörte
ich eine Sprache, die ich nicht kannte:
7 Ich habe deine Schultern von der
Last befreit, / dir den Tragkorb aus
den Händen genommen. 8 Du riefst
in deiner Not und ich befreite dich, /
ich antwortete dir in Donner-
wolken*. / Am Wasser von Meriba*
prüfte ich dich. ♪
9 Hör, mein Volk, ich muss dich
warnen! / Wenn du doch hören
würdest, Israel! 10 Es soll kein
anderer Gott bei dir sein, / du darfst
keinen fremden Gott anbeten! 11 Ich
bin Jahwe, dein Gott. / Ich habe dich
aus dem Land Ägypten befreit. /
Öffne deinen Mund weit, dass ich
ihn füllen kann.
12 Aber mein Volk hat nicht auf
mich gehört, / Israel wollte mich
nicht. 13 Da überließ ich sie ihrer
Starrköpfigkeit, / und sie folgten
ihren eigenen Plänen. 14 Wenn mein
Volk doch auf mich hörte! / Wenn
Israel auf meinen Wegen blieb!
15 Wie bald würde ich ihre Feinde
bezwingen, / mich gegen ihre Gegner
erheben. 16 Die Jahwe hassen, müssten
ihm schmeicheln, / und ihre Zeit wäre
für immer vorbei. 17 Doch Israel würde
er versorgen mit dem besten Korn /
und sättigen mit Honig aus dem
Felsen.

Gericht über die Götter

82 1 *Ein Psalm. Von Asaf.*
Gott steht auf in der Götter-
versammlung*, / im Kreis der Götter
hält er Gericht.
2 Wie lange noch wollt ihr ungerecht
richten, / gottlose Verbrecher noch
fördern? ♪ 3 Schafft dem Geringen
und dem Waisenkind Recht! /
Verschafft Gerechtigkeit den
Gebeugten und Armen! 4 Rettet den
Geringen und Bedürftigen, / reißt ihn

81,8 *Donnerwolken.* Siehe 2. Mose 19,16-19!
Meriba. Siehe 2. Mose 17,1-7!

82,1 *Götterversammlung.* Im Alten Orient wurden manchmal auch menschliche Herrscher als Götter bezeichnet, siehe Fußnote zu 1. Mose 6,2. Es können aber auch die Himmelsmächte gemeint sein wie in Kolosser 1,16 oder Epheser 6,12.

aus den Klauen seiner Unterdrücker!
5 Doch sie erkennen und verstehen
nichts, / sie tappen im Dunkeln
umher, / und die Fundamente der
Welt kommen ins Wanken. 6 Ich
sagte zwar: »Ihr seid Götter, / Söhne
des Höchsten ihr alle!«* 7 Doch
werdet ihr wie Menschen sterben, /
zugrunde gehen wie ein Tyrann.
8 Steh bitte auf, Gott, und regiere
die Erde, / denn dir sollen alle Völker
gehören!

Gebet in Kriegsgefahr

83 1 *Ein Psalmlied von Asaf.*
2 Gott, bleib doch nicht
stumm! / Schweige nicht und tue
etwas, Gott! 3 Sieh doch, wie deine
Feinde toben, / wie hoch deine Hasser
den Kopf erheben! 4 Gegen dein Volk
heckten sie listige Pläne aus, / gegen
deine Schützlinge berieten sie sich.
5 »Kommt!«, sagten sie, »Wir löschen
Israel aus; / an dieses Volk soll
niemand mehr denken!«
6 Ja, sie alle hielten einmütig Rat /
und schlossen einen Bund gegen
dich: 7 das ganze Edom und die
Ismaëliten, / Moab und die
Hagariter*, 8 Gebal*, Amalek
und Ammon, / Philistäa samt den
Bewohnern von Tyrus. 9 Auch
Assyrien schloss sich ihnen an /
und brachte den Nachkommen Lots
Verstärkung. ♪
10 Schlage sie wie Midian* und
Sisera, / wie Jabin* am Bach
Kischon. 11 Sie wurden bei En-Dor*
vernichtet / und blieben als Dünger
auf dem Feld. 12 Behandle ihre Edel-
leute wie Oreb und Seeb*, / ihre
Fürsten wie Sebach und Zalmunna*,
13 sie alle, die beschlossen haben:
»Wir wollen Gottes Land erobern!«
14 Mein Gott, mach sie einer Rad-
distel* gleich, / wie Spreu vor dem
Wind. 15 Sei ihnen wie Feuer, das den
Wald verbrennt, / wie eine Flamme,
die die Berge versengt! 16 Verfolge sie
mit deinem Sturm, / erschrecke sie
durch einen Orkan.
17 In Schamröte glühe ihr
Gesicht, / damit sie nach dir fragen,
Jahwe! 18 Lass sie für immer
beschämt und abgeschreckt sein, /
lass sie zugrunde gehen in Schande!
19 Sie sollen erkennen, dass du
allein, / der Jahwe heißt, / der
Höchste in aller Welt bist.

Die Freude am Haus Gottes

84 1 *Dem Chorleiter. Nach der*
Weise der Keltertreter. Ein
Psalm der Nachkommen Korachs.

82,6 Wird im Neuen Testament von Jesus Christus zitiert: Johannes10,34.

83,7 *Hagariter* meint eventuell die Nachkommen von Abrahams Sklavin Hagar, zu denen dann auch die Nachkommen ihres Sohnes Ismaël (Ismaëliten) gehörten. Der Stammesverband lebte östlich der von Israel bewohnten Gebiete im Ostjordanland.

83,8 *Gebal* meint die phönizische Stadt Byblos.

83,10 *Midian*. Vergleiche Richter 7!

Sisera und *Jabin*. Vergleiche Richter 4!

83,11 *En-Dor* lag etwa 10 km nordwestlich von Schunem und 5 km südlich vom Tabor. Heute: Endur.

83,12 *Oreb und Seeb*. Vergleiche Richter 7,23 - 8,3!

Zalmunna. Vergleiche Richter 8,4-21!

83,14 *Raddistel*. Vertrocknete und vom Wind verwirbelte Teile der Gundelia (ein Taumelkraut), die als große Bälle weit durch die Steppe getrieben werden konnten.

2 Wie liebenswert sind deine
Wohnungen, / Jahwe, allmächtiger
Gott! 3 Mein Inneres verzehrt sich in
Sehnsucht / nach den Höfen im
Tempel Jahwes. / Mit Leib und Seele
jubleich dem lebendigen Gott zu.
4 Selbst der Vogel hat ein Haus
gefunden, / die Schwalbe fand ein
Nest für sich, / in das sie ihre Jungen
legt: / deine Altäre, / Jahwe,
Allmächtiger, / mein König und mein
Gott. 5 Wie glücklich sind die, die in
deinem Haus wohnen. / Immerzu
loben sie dich! ♪
6 Wie glücklich sind die, deren
Stärke in dir ist, / die sich zur Wall-
fahrt rüsten. 7 Wenn sie durchs
Tränental ziehen, / wird es zum
Quellort durch sie, / und der Herbst-
regen hüllt es in Segen. 8 Mit jedem
Schritt wächst ihre Kraft, / bis sie
vor Gott in Zion erscheinen.
9 Jahwe, allmächtiger Gott, / höre
mein Gebet! / Vernimm es bitte,
Jakobs Gott! ♪ 10 Blick freundlich
auf den König, unseren Schutz, /
schau deinen Gesalbten wohlwollend
an! 11 Denn ein Tag in den Höfen
des Tempels / ist besser als tausend
andere sonst. / Lieber will ich Tor-
wächter im Haus meines Gottes
sein, / als in den Zelten des
Unrechts zu wohnen! 12 Denn
Jahwe, Gott, ist Sonne und Schild. /
Jahwe schenkt Gnade und Ehre. /
Denen, die aufrichtig leben, / wird
Gott nichts Gutes versagen. 13 Jahwe,
Allmächtiger! / Glücklich der
Mensch, der auf dich vertraut!

Bitte um neuen Segen

85 1 *Dem Chorleiter. Ein Psalm*
der Nachkommen Korachs.
2 Jahwe, du hast Gefallen an deinem
Land, / hast die Gefangenschaft
Jakobs beendet. 3 Das Unrecht deines
Volkes hast du vergeben / und alle
seine Sünden zugedeckt. ♪ 4 Du hast
zurückgezogen deinen Zorn, / hast
abgewendet seine schreckliche Glut.
5 Wende dich uns wieder zu, Gott
unseres Heils! / Lass deinen Unmut
gegen uns schwinden! 6 Willst du
denn ewig auf uns zornig sein? /
Hört dein Groll denn nie mehr auf?
7 Willst du uns nicht selbst wieder be-
leben, / damit dein Volk sich über
dich freut? 8 Lass uns deine Gnade
erleben, Jahwe, / und schenke uns
wieder dein Heil!
9 Hören will ich, was Gott sagt, /
was Jahwe zu uns reden wird. /
Gewiss spricht er vom Frieden für
sein Volk / und für alle, die ihm
gehorchen. / Doch sollen sie ihre
Torheit nie wiederholen! 10 Ganz
sicher ist sein Heil bei denen, die ihn
fürchten. / Dann wohnt Herrlichkeit
in unserem Land.
11 Gnade und Wahrheit sind sich
begegnet, / Gerechtigkeit und Friede
küssen sich. 12 Die Treue sprießt
aus der Erde hervor, / und die
Gerechtigkeit schaut vom Himmel
herab. 13 Jahwe wird Gelingen
geben, / und unser Land bringt
reichen Ertrag. 14 Gerechtigkeit geht
vor ihm her / und bereitet seinen
Füßen den Weg.

Hilferuf in großer Not

86 1 *Ein Gebet von David.*
Höre mich, Jahwe, und
antworte mir! / Denn ich bin elend
und arm. 2 Bewahre mein Leben, ich
gehör doch zu dir! / Hilf deinem

Diener, der dir vertraut, du bist doch
mein Gott! 3 Sei mir gnädig, mein
Herr! / Zu dir ruf ich den ganzen Tag.
4 Herr, schenk deinem Diener
wieder Freude! / Ich habe großes
Verlangen, bei dir zu sein. 5 Denn du,
Herr, bist gut und zum Vergeben
bereit, / groß ist deine Gnade für alle,
die zu dir rufen. 6 Jahwe, höre doch
auf mein Gebet, / achte auf mein lau-
tes Flehen! 7 Am Tag meiner Not ruf
ich dich an, / denn du wirst mich
erhören.
8 Keiner der Götter ist wie du,
Herr, / und nichts kommt deinen
Werken gleich. 9 Alle Völker, die du
schufst, werden kommen / und dich
anbeten, Herr, / und deinen Namen
ehren. 10 Denn du bist groß, ein Gott,
der Wunder tut; / nur du bist Gott, du
allein!
11 Lehr mich, Jahwe, deinen Weg: /
Ich will leben in deiner Wahrheit! /
Gib mir nur dieses eine Verlangen: /
dich und deinen Namen zu fürchten!
12 Von ganzem Herzen will ich dich
loben, / Herr, mein Gott, / und
deinen Namen ewig ehren! 13 Denn
deine Gnade ist groß über mir. / Aus
der tiefsten Totenwelt hast du mein
Leben gerissen. 14 Unverschämte
Leute greifen mich an, Gott, / eine
Bande von Gewalttätern will mir
ans Leben. / Sie alle fragen nicht
nach dir.
15 Aber du, mein Herr, bist Gott,
barmherzig und gnädig, / sehr
geduldig und reich an Güte und
Treue. 16 Wende dich mir zu und sei
mir gnädig! / Schenk deinem Diener
deine Kraft / und rette den Sohn
deiner Magd. 17 Gib mir ein sichtbares
Zeichen von deiner Güte, / damit
meine Hasser sich schämen, / weil
du, Jahwe, mir hilfst und mich tröstest.

Zion, von Gott geliebte Stadt

87 1 *Ein Psalmlied der Nachkom-
men Korachs.*
Auf den heiligen Bergen liegt die
von ihm erbaute Stadt. 2 Und Jahwe
liebt die Zionsstadt mit ihren Toren /
noch mehr als alle Wohnstätten
Jakobs*.
3 Herrliches wird von dir gesagt, du
Gottesstadt! ♪ 4 Ich rechne Ägypten
und Babylon / zu denen, die mich
kennen, / dann aber auch die
Philister, die Tyrer und die Nubier, /
von denen man sagt: Dieser ist dort
geboren.
5 Doch von Zion wird man sagen: /
Jeder hat das Heimatrecht in dir. /
Und der Höchste befestigt die
Stadt. 6 Wenn Jahwe alle Völker
registriert, schreibt er: / »Dieser hat
in Zion Heimatrecht.« ♪
7 Singend und tanzend werden sie
dann sagen: »Zion, in dir sind wir
daheim!«*

Am Rand des Todes

88 1 *Ein Psalmlied der Nachkom-
men Korachs. Dem Chorleiter.
Zu singen auf schwermütige Weise.
Ein Lehrgedicht von Heman, dem Es-
rachiter.*
2 Jahwe, Gott meines Heils, /
Tag und Nacht schrei ich zu dir!
3 Lass mein Gebet zu dir kommen! /

87,2 *Jakobs.* Gemeint sind dessen Nachkommen, also Israel.

87,7 *daheim.* Wörtlich: Alle meine Quellen sind in dir!

Hör doch auf mein Rufen! 4 Mit Leid
bin ich gesättigt, / mein Leben ist
dem Tode nah.
5 Ich werde schon zu den Toten
gezählt. / Ich bin wie ein Mann
ohne Kraft. 6 Ich bin wie einer,
der schon im Massengrab liegt, /
ein Erschlagener, an den du nicht
mehr denkst. / Deine Hilfe erreicht
ihn nicht mehr. 7 Du hast mich
in die tiefste Grube gelegt, /
in die finstersten Tiefen.
8 Schwer liegt dein Zorn auf mir, /
mit Wellen und Wogen drückst du
mich nieder. ♪ 9 Meine Freunde hast
du von mir entfernt, / sie wenden
sich mit Abscheu von mir ab. /
Ich bin gefangen und kann nicht
heraus. 10 Meine Augen sind vom
Weinen verquollen.
Jeden Tag rufe ich zu dir, Jahwe, /
und strecke meine Hände nach
dir aus. 11 Wirst du an den Toten
Wunder tun? / Sollen die Ge-
storbenen dich loben? ♪ 12 Wird
man im Grab von deiner Gnade
erzählen, / im Abgrund von deiner
Treue? 13 Werden in der Finsternis
deine Wunder bekannt, / und
deine Gerechtigkeit im Land
des Vergessens?
14 Ich aber, Jahwe, ich schreie
zu dir. / Jeden Morgen trifft dich
mein Gebet. 15 Warum, Jahwe,
verabscheust du mich, / verbirgst du
dein Gesicht vor mir? 16 Elend und
todkrank von Jugend auf / trage ich
erstarrt deine Schrecken.
17 Wie ein Feuer rast dein Zorn
über mich hin, / deine Schrecken
vernichten mich. 18 Wie tödliche
Fluten dringen sie auf mich ein, /
von allen Seiten bedrohen sie mich.
19 Freunde und Nachbarn hast du
mir entfremdet, / mein einziger
Begleiter ist die Finsternis.

Hat Gott das Haus Davids verworfen?

89 1 *Ein Lehrgedicht von Etan,
dem Esrachiter.*
2 Von den Gnadentaten Jahwes will
ich ewig singen, / mein Mund soll
deine Treue noch den kommenden
Generationen verkünden! 3 Ja, ich
sage: »Deine Gnade ist auf ewig
gebaut, / deine Treue steht fest wie
der Himmel!« 4 Ich schloss einen
Bund mit meinem Erwählten / und
schwor meinem Diener David:
5 »Deinen Nachkommen gebe ich
ewigen Bestand; / für immer wird
dein Königshaus bestehen!« ♪
6 Der Himmel preist deine Wunder,
Jahwe, / die Versammlung der
Engel* deine Treue. 7 Wer über den
Wolken ist so wie Jahwe, / wer von
den Göttern gleicht ihm? 8 Gott ist
gefürchtet im himmlischen Rat; /
Ehrfurcht packt alle, die rings um ihn
sind. 9 Jahwe, allmächtiger Gott, wer
ist wie du? / Mächtig bist du, Jahwe,
und deine Treue ist rings um dich her.
10 Du beherrschst das Ungestüm
des Meeres, / wenn seine Wellen
toben, bändigst du sie. 11 Du hast
Ägypten wie einen Leichnam
zertreten, / mit starkem Arm hast du
deine Feinde zerstreut. 12 Dir gehört
der Himmel, / du besitzt auch die
Erde. / Du schufst die Welt und alles,
was sie erfüllt.

89,6 *Engel.* Wörtlich: der Heiligen. Gemeint ist auf jeden Fall eine himmlische Versammlung. Siehe Psalm 82,1!

13 Norden und Süden hast du
gemacht, / Tabor* und Hermon*
jubeln dir zu. 14 Dein ist der Arm mit
gewaltiger Kraft, / dein die siegreich
erhobene Hand. 15 Gerechtigkeit und
Recht stützen deinen Thron, / Gnade
und Wahrheit gehen vor dir her.

16 Wie glücklich ist das Volk, das
den Festjubel kennt! / Sie leben im
Licht deiner Nähe. 17 In deinem
Namen freuen sie sich jeden Tag, /
in deiner Gerechtigkeit richten sie
sich auf. 18 Denn der Ruhm ihrer
Stärke bist du, / und deine Gnade
vermehrt unsere Kraft. 19 Denn unser
König gehört Jahwe, / unser Schild
Israels heiligem Gott.

20 Damals sprachst du in einer
Vision, / du sagtest zu denen, die dich
lieben: / Einen Helden habe ich zum
Helfer gemacht, / einen Erwählten
erhöht aus dem Volk. 21 Ich habe
meinen Diener David gefunden / und
ihn mit heiligem Öl zum König
gesalbt. 22 Ich halte ihn immer fest /
und stärke ihn durch meine Macht.

23 Kein Feind soll ihn bedrängen, /
kein Aufstand ihn bezwingen.
24 Seine Gegner zerschlage ich vor
ihm, / und die ihn hassen, stoße ich
nieder. 25 Meine Treue und Gnade
sind ihm sicher, / und durch meinen
Namen wächst seine Macht. 26 Ihm
unterwerfe ich das Meer / und auch
die großen Ströme.

27 Er wird zu mir sagen: »Du bist
mein Vater, / du bist mein Rettungs-
felsen und mein Gott!« 28 Ich mache
ihn zum erstgeborenen Sohn, / zum
größten aller Könige der Erde.
29 Meine Gnade will ich ihm ewig
bewahren, / ich stehe zu meinem
Bund mit ihm. 30 Sein Königs-
geschlecht will ich für immer
erhalten; / sein Thron wird bleiben,
solange der Himmel besteht.

31 Wenn seine Söhne meine
Weisung verlassen / und nicht nach
meinen Ordnungen leben, 32 wenn
sie meine Gesetze entweihen / und
meine Gebote nicht halten, 33 dann
bestrafe ich ihr Vergehen mit dem
Stock, / ihre Ungerechtigkeit mit
Schlägen. 34 Aber meine Gnade
entziehe ich ihm nicht, / und meine
Treue verleugne ich nicht.

35 Ich werde meinen Bund nicht
entweihen, / meine Zusagen ändere
ich nicht. 36 Einmal schwor ich bei
meiner Heiligkeit: / »Ich werde David
niemals belügen. 37 Sein Königs-
geschlecht soll ewig bestehen, / sein
Thron solange es die Sonne gibt.
38 Er stehe ewig fest wie der Mond. /
Denn dieser Zeuge in den Wolken
ist treu.« ♪

39 Und doch hast du verstoßen und
verworfen; / du wurdest zornig auf
deinen Gesalbten, 40 hast den Bund
mit deinem Diener widerrufen, /
seine Krone in den Schmutz getreten.
41 All seine Mauern hast du einge-
rissen, / seine Burgen in Trümmer
gelegt. 42 Alle, die vorbeikommen,
plündern ihn aus. / Den Nachbarn
dient er zum Gespött.

43 Seinen Gegnern gabst du den
Sieg, / alle seine Feinde hast du
erfreut. 44 Sein Schwert hast du stumpf
werden lassen, / ließest ihn im Kampf

89,13 *Tabor*. Kegelförmiger Berg 8 km östlich von dem späteren Nazaret gelegen, 588 m über N.N.

Hermon. Drei fast gleich hohe (über 2800 m) schneebedeckte Gipfel in Nordgaliläa.

nicht bestehen. 45 Seinem Glanz hast
du ein Ende gemacht, / seinen Thron
zu Boden gestürzt. 46 Du hast ihn
vorzeitig alt werden lassen, / mit
Schimpf und Schande ihn
bedeckt. ♪
47 Wie lange noch, Jahwe, willst
du dich ständig verbergen, / lodert
dein Zorn noch wie Feuer? 48 Denk
doch daran, wie kurz mein Leben
ist, / wie vergänglich du die
Menschen erschufst! 49 Wo ist
der Mann, der unsterblich ist, /
der sein Leben aus der Macht des
Todes befreit? ♪
50 Herr, wo sind deine früheren
Gnadenerweise, / die du David bei
deiner Treue geschworen hast?
51 Herr, denk doch daran, wie man
deine Diener beschimpft, / wie ich es
von den vielen Völkern ertrug, 52 wie
deine Feinde höhnten, Jahwe, / wie
sie deinen Gesalbten auf Schritt und
Tritt verlachten.
53 Gelobt sei Jahwe für immer!
Amen*, ja, Amen!

Viertes Buch

Vergänglichkeit

90 1 *Ein Gebet von Mose,*
dem Mann Gottes.
Herr, du selbst warst unsere
Wohnung in jeder Generation.
2 Noch ehe die Berge geboren
waren / und die ganze Welt in
Wehen lag, / warst du, Gott, da /
und bleibst in alle Ewigkeit.
3 Du führst die Menschen zum
Staub zurück / und sprichst: »Kehrt
wieder, Menschenkinder!« 4 Denn
tausend Jahre sind für dich / wie der
Tag, der gestern verging, / und wie
eine Wache in der Nacht*.
5 Du schwemmst sie hinweg,
es ist wie ein Schlaf; / und am
Morgen sprießen sie auf wie das
Gras. 6 Am Morgen blüht und wächst
es auf, / am Abend ist es welk und
verdorrt.
7 Durch deinen Zorn vergehen
wir, / durch deinen Grimm sind
wir bestürzt. 8 Unsere Sünden
liegen offen vor dir; / was wir
versteckt haben, bringst du ans Licht.
9 Dein Zorn lässt unsere Tage
verrinnen, / lässt unsere Jahre wie
einen Seufzer vergehen. 10 Unser
Leben dauert nur siebzig Jahre, /
achtzig, wenn es voll Kraft war. /
Und das meiste davon war nur Mühe
und Last. / Schnell geht es vorbei,
und schon fliegt es davon.
11 Wer kennt denn die Macht deines
furchtbaren Zorns, / wer nimmt sich
das wirklich zu Herzen? 12 So lehre
uns doch, unsere Tage zu zählen, /
dass Weisheit in unser Herz einzieht.
13 Kehr zurück, Jahwe! Wie lange
dauert es noch? / Hab doch Erbarmen
mit uns, deinen Dienern. 14 Mach uns

89,53 *Amen.* Hebräisch: *Es werde wahr!* Oder: *So sei es!*

90,4 *Wache in der Nacht.* In Israel teilte man die Nacht in drei Wachen zu je vier Stunden ein.

schon am Morgen mit deiner Gnade
satt, / dann sind unsere Tage von
Freude und Jubel erfüllt. 15 Erfreue uns
so viele Tage, wie du uns niedergebeugt
hast, / so viele Jahre, wie wir das
Unglück sahen.
16 Lass an deinen Dienern sichtbar
werden dein Tun, / deine Herrlichkeit
an deinen Kindern. 17 Herr, unser
Gott, zeig uns deine Freundlichkeit, /
lass unsre Arbeit nicht vergeblich
sein, / ja, lass gelingen, was wir tun!

Unter dem Schutz des Höchsten

91 1 Wer unter dem Schutz des
Höchsten bleibt, / unter dem
Schatten des Allmächtigen wohnt,
2 der sagt zu Jahwe: / »Du bist meine
Zuflucht, meine sichere Burg, / du bist
mein Gott, auf den ich vertraue.«
3 Er bewahrt dich vor den Fallen, die
man dir stellt, / vor der tödlichen Pest.
4 Mit seinen Schwingen behütet er
dich, / unter seinen Flügeln findest du
Schutz. / Seine Treue ist Schutzwehr
und Schild. 5 Du musst dich nicht
fürchten vor dem Schrecken der
Nacht, / dem Pfeil, der dir am Tag
entgegenfliegt, 6 der Seuche, die
durchs Dunkel schleicht, / dem Fieber,
das am Mittag glüht.
7 Auch wenn tausend neben dir
fallen, / zehntausend rings um dich
her, / zu dir wird es nicht kommen.
8 Du siehst es noch mit eigenen
Augen, / wie er es den Gottlosen
heimzahlt.
9 »Ja, du Jahwe, bist meine
Zuflucht!« / So hast du den Höchsten
zum Schutz erwählt. 10 Darum wird dir
nichts Böses geschehen / und kein
Unheil kommt in dein Haus.
11 Denn er schickt seine Engel für dich
aus, / um dich zu beschützen, wohin du
auch gehst. 12 Sie werden dich auf Hän-
den tragen, / dass dein Fuß sich an kei-
nem Stein stößt.* 13 Über Löwen und
Kobras wirst du schreiten, / Junglöwen
und Schlangen zertreten.
14 »Weil er an mir hängt, will ich ihn
retten! / Weil er mich achtet, schütze
ich ihn. 15 Wenn er mich ruft, antworte
ich. / Wenn er in Not ist, steh ich ihm
bei, / ich hol ihn heraus und bring ihn
zu Ehren. 16 Ich gebe ihm ein langes
und erfülltes Leben / und zeige ihm
mein Heil.«

Es ist gut, Gott zu danken

92 1 *Ein Psalmlied für den
Sabbattag.*
2 Wie schön ist es, Jahwe zu
danken, / deinem Namen, du
Höchster, zu singen, 3 am Morgen
deine Güte zu rühmen / und deine
Treue in den Nächten, 4 zur Harfe mit
zehn Saiten / und zum Zitherklang.
5 Denn was du tust, macht mich
froh, Jahwe, / ich juble über deine
Taten. 6 Wie groß sind deine Werke,
Jahwe! / Sehr tief sind deine
Gedanken! 7 Ein dummer Mensch
erkennt das nicht, / ein Narr wird
nichts davon verstehen.
8 Wenn auch die Gottlosen wuchern
wie Gras, / wenn auch Verbrecher gut
gedeihen, / dann nur, um für immer
beseitigt zu werden. 9 Doch du,
Jahwe, / ewig stehst du über allen.
10 Ja, sieh doch deine Feinde, Jahwe, /
sieh, deine Feinde kommen um! / Alle,
die Böses tun, werden zerstreut.

91,12 Wird vom Teufel zitiert: Matthäus 4,6; Lukas 4,10-11.

11 Du hast mir die Kraft eines Wild-
stiers gegeben, / mit frischem Öl hast
du mich gesalbt. 12 Ich werde den
Sturz meiner Feinde genießen, / mich
weiden an denen, die gegen mich
stehn. 13 Der Gerechte sprosst wie die
Palme, / schießt auf wie die Zeder auf
dem Libanon.

14 Wer in Jahwes Haus eingepflanzt
ist, / wird sprießen in den Höfen
unseres Gottes. 15 Noch im Alter
tragen sie Frucht, / sind voller Saft
und Kraft, 16 um zu verkünden, dass
Jahwe gerecht ist, / mein Fels, an dem
es nichts Unrechtes gibt.

Der ewige König

93 1 Jahwe ist König, / mit
Hoheit umhüllt! / Jahwe
hat sich bekleidet / und sich umgürtet
mit Kraft! / Ja, fest steht die Welt, /
sie stürzt nicht zusammen. 2 Dein
Thron steht fest von Anbeginn, /
von Ewigkeit her bist du.

3 Es erhoben die Fluten, Jahwe, /
es erhoben die Fluten ihr donnerndes
Tosen, / es erhoben die Fluten ihr
mächtiges Lied. 4 Mehr als das
Wüten gewaltiger Fluten, / das
Brausen der Brandung am Meer /
ist Jahwe, der Herr, in der Höhe.

5 Was du bezeugst, hat sich völlig
bewährt. / Heiligkeit gebührt deinem
Haus, Jahwe, für alle Zeit.

Recht muss doch Recht bleiben!

94 1 Du Gott der Vergeltung,
Jahwe, / Gott der Rache,
strahle hervor! 2 Greif ein, du Richter
der Welt, / zahl den Stolzen ihre
Taten zurück! 3 Wie lange noch,
Jahwe, / wie lange noch sollen die
Gottlosen jubeln?

4 Sie sprudeln über, reden frech, /
die Bösen überheben sich stolz. 5 Sie
zertreten dein Volk, Jahwe, / sie be-
drücken, was dir gehört. 6 Die Witwe
und den Fremden bringen sie um, /
die Verwaisten morden sie hin.
7 »Jahwe sieht es nicht«, sagen sie, /
»der Gott Jakobs merkt es nicht.«

8 Ihr Dummen im Volk, denkt
endlich nach! / Wann werdet ihr
Schwachköpfe nur klug? 9 Der das
Ohr gemacht hat, sollte der nicht
hören? / Der das Auge schuf, sollte
der nicht sehen? 10 Der die Völker
erzieht, sollte der nicht tadeln, / er,
der den Menschen Erkenntnis
beibringt? 11 Jahwe kennt die Pläne
der Menschen, / er weiß, sie sind nur
Dunst.*

12 Wie glücklich ist der, den du
erziehst, Jahwe, / den du belehrst
aus deinem Gesetz. 13 Das schafft
ihm Ruhe vor den bösen Tagen, / bis
dem Gottlosen das Grab geschaufelt
wird. 14 Jahwe wird sein Volk gewiss
nicht verstoßen, / wird nicht
verlassen, was ihm gehört. 15 Bald
kehrt das Recht zur Gerechtigkeit
zurück, / und alle Aufrechten folgen
ihm nach.

16 Wer hilft mir gegen die
Verbrecher? / Wer steht mir gegen
die Boshaften bei? 17 Hätte Jahwe
mir nicht geholfen, / wohnte ich
schon in der Stille der Toten. 18 Wann
immer ich sagte: »Jetzt falle ich
hin!«, / da stützte mich deine Gnade,
Jahwe. 19 War mir das Herz von
Sorgen schwer, / dann liebkoste dein
Trost meine Seele.

94,11 Wird im Neuen Testament von Paulus zitiert: 1. Korinther 3,20.

20 Kann der ungerechte Richter
mit dir verbündet sein, / der Unheil
stiftet gegen dein Gesetz? 21 Nein, sie
vergreifen sich an den Gerechten, /
unschuldige Menschen verurteilen
sie. 22 Da wurde Jahwe mir zur
Burg, / mein Gott zum Fels meiner
Zuflucht. 23 Er zahlt ihnen ihre Ver-
brechen heim, / er rottet sie in ihrer
Bosheit aus. / Jahwe, unser Gott,
vernichtet sie.

Anbetung und Gehorsam

95 1 Kommt, lasst uns jubeln
vor Jahwe / und uns freuen
am Fels unseres Heils! 2 Wir wollen
vor ihn treten mit Lob, / ihm
zujubeln mit Psalmen.
3 Denn ein mächtiger Gott ist
Jahwe, / ein großer König, über alle
Götter. 4 Ihm gehören die Tiefen der
Erde, / die Höhen der Berge sind eben-
falls sein. 5 Sein ist das Meer, denn er
hat es gemacht, / und das Festland ist
von seinen Händen geformt.
6 Kommt, lasst uns anbeten, / uns
beugen vor ihm! / Lasst uns vor
Jahwe knien, / der uns erschuf!
7 Denn er ist unser Gott, / und wir
sind sein Volk. / Er führt uns wie eine
Herde / und sorgt für uns wie ein Hirt.
Und wenn ihr heute seine Stimme
hört, 8 verschließt euch seinem Reden
nicht / wie damals in Massa in der
Wüste, / am Tag von Meriba*. 9 Mich
hatten sie dort auf die Probe gestellt! /
Mich haben eure Väter versucht / und
sahen meine Taten doch selbst.
10 Vierzig Jahre lang ekelte mich
dieses Geschlecht. / »Sie sind ein
Volk, dessen Herz sich verirrt«, sagte
ich, / »denn meine Wege kennen sie
nicht.« 11 So habe ich geschworen in
meinem Zorn: / »Die kommen nie
zur Ruhe in meinem Land!«*

Der Schöpfer und Richter der Welt

96 1 Singt Jahwe ein neues
Lied, / singe Jahwe, ganze
Erde! 2 Singt Jahwe, lobt seinen
Namen, / verkündet seine Rettung
jeden Tag! 3 Erzählt bei den Völkern
von seiner Herrlichkeit, / von seinen
Wundern bei allen Nationen!
4 Denn Jahwe ist groß und sehr zu
loben, / zu fürchten mehr als alle
Götter. 5 Denn alle Götter der Völker
sind Nichtse, / doch Jahwe hat den
Himmel gemacht. 6 Macht und
Hoheit strahlt er aus, / Pracht und
Herrlichkeit in seinem Heiligtum.
7 Gebt Jahwe, ihr Völkerstämme, /
gebt Jahwe Ehre und Macht! 8 Gebt
ihm seines Namens Herrlichkeit! /
Kommt in seine Höfe mit Opfern.
9 Beugt euch vor Jahwe in heiligem
Schmuck! / Die ganze Welt
erzittere vor ihm!
10 Sagt den Völkern: »Jahwe ist
König!« / Darum steht die Erde fest
und wankt nicht. / Er wird den
Völkern ein gerechter Richter sein.
11 Der Himmel freue sich, es juble die
Erde! / Es tose das Meer und was es
erfüllt! 12 Es jauchze das Feld und
alles darauf!
Auch die Bäume im Wald sollen
jubeln 13 vor Jahwe, wenn er kommt! /
Denn er kommt, um die Erde zu
richten. / Mit Gerechtigkeit regiert er
die Welt, / mit Wahrheit alle Völker.

95,8 *Massa ... Meriba.* Hebräisch: *Streit* und *Test*, vergleiche 2. Mose 17,7.

95,11 Die Verse 7-11 werden im Neuen Testament zitiert: Hebräer 3,7-11.

Der Herrscher der Welt

97 1 Jahwe ist König! / Die
Erde soll jubeln! / Die vielen
Küstenländer freuen sich! 2 Gewölk
und Wetterdunkel umgeben ihn, /
auf Recht und Gerechtigkeit steht
sein Thron. 3 Feuer geht vor ihm her /
und verzehrt all seine Feinde.
4 Seine Blitze erleuchten die
Welt, / die Erde sieht es und zittert.
5 Die Berge zerfließen wie Wachs vor
Jahwe, / vor dem Herrscher der gan-
zen Erde. 6 Seine Gerechtigkeit wird
vom Himmel bezeugt / und seine
Wahrheit von allen Völkern gesehen.
7 Alle Bildanbeter werden sich
schämen, / die, die der Nichtse sich
rühmten. / Alle Götter, werft euch
nieder vor ihm! 8 Zion hörte es und
freute sich; / die Töchter Judas
jubelten, / Jahwe, über deine
Gerichte. 9 Denn in der ganzen Welt
bist du der Höchste, Jahwe. / Du
stehst sehr viel höher als alle Götter.
10 Die ihr Jahwe liebt, hasst das
Böse! / Er beschützt die, die sich treu
zu ihm halten, / aus der Gewalt der
Bösen rettet er sie. 11 Ein Licht
erstrahlt dem Gerechten, / Freude
den ehrlichen Herzen. 12 Freut euch
an Jahwe, ihr Gerechten, / und denkt
voller Dank an seine Heiligkeit.

Der königliche Richter der Welt

98 1 *Ein Psalm.*
Singt Jahwe ein neues
Lied, / denn er hat Wunder getan. /
Seine Rechte errang ihm den Sieg. /
Ja, Sieg errang sein heiliger Arm!
2 Sein Heil hat Jahwe den Völkern
gezeigt, / seine Gerechtigkeit
allen enthüllt. 3 Er dachte an sein
Versprechen, / an seine Treue zu
seinem Volk. / Nun ist bekannt bis
ans Ende der Welt, / dass unser Gott
uns befreit.
4 Jubelt Jahwe, alle Welt! / Singt
und spielt auf! 5 Lobsingt Jahwe zum
Saitenspiel, / mit Harfe und frohem
Gesang! 6 Trompeten und Hörner
sollen erklingen! / Jauchzt vor
Jahwe, dem König!
7 Es brause das Meer und was es
erfüllt, / die Erde und was auf ihr
lebt! 8 Die Ströme klatschen in die
Hände, / und die Berge jubeln im
Chor 9 – vor Jahwe! Denn er kommt
und richtet die Welt. / Er richtet den
Erdkreis gerecht, / die Völker
unparteiisch und wahr.

Der heilige Gott

99 1 Jahwe ist König – es zittern
die Völker, / er thront über
Cherubim – es bebt die Erde. 2 Groß
ist Jahwe in der Zionsstadt, / über
allen Völkern erhaben. 3 Sie sollen
deinen Namen loben, / den großen,
Furcht gebietenden / – geheiligt ist er
–, 4 und die Macht des Königs, der
das Recht liebhat! / Du hast
Ordnungen festgesetzt, / Recht und
Gerechtigkeit in Israel; / du, du hast
sie gewirkt.
5 Rühmt Jahwe, unseren Gott, /
fallt nieder am Schemel seiner
Füße! / Heilig ist er.
6 Mose und Aaron von seinen
Priestern, / Samuel von denen, die zu
ihm rufen, / sie riefen Jahwe an und
er antwortete immer. 7 Aus der
Wolkensäule sprach er zu ihnen. /
Sie hielten seine Gebote, / die
Ordnung, die er ihnen gab. 8 Jahwe,
unser Gott, du erhörtest sie; / du
warst ihnen ein vergebender Gott, /

doch auch ein Rächer ihrer Taten.
9 Rühmt Jahwe, unseren Gott, /
fallt an seinem heiligen Berg nieder; /
denn heilig ist Jahwe, unser Gott!

Lobt unseren Gott!

100 1 *Ein Psalm für die Dankopferfeier.*
Jauchzet Jahwe alle Welt! 2 Dient
Jahwe mit Freude! / Kommt mit Jubel
zu ihm! 3 Erkennt es: Nur Jahwe ist
Gott! / Er hat uns geschaffen, sein sind
wir, / sein Volk und die Herde auf
seiner Weide. 4 Geht durch die Tempeltore mit Dank, / kommt mit Lobgesang in seine Höfe. / Dankt ihm,
preist seinen Namen! 5 Denn Jahwe ist
gut; / ewig bleibt seine Gnade, / seine
Treue für alle Generationen.

Gelöbnis des Königs

101 1 *Von David. Ein Psalm.*
Von Gnade und Recht
will ich singen, / dich, Jahwe, ehrt
meine Musik. 2 Ich will einsichtig
handeln auf dem richtigen Weg. /
Wann kommst du zu mir? / Mit
redlichem Herzen will ich bestehen, /
auch in Familie und Haus! 3 Keine
schandbaren Dinge / stell ich mir
vor Augen. / Ich hasse es, Gebote zu
übertreten. / So etwas soll nicht an
mir kleben! 4 Falschheit sei meinem
Herzen fern, / ich will das Böse nicht
kennen.
5 Wer seinen Nächsten heimlich
verleumdet, / den mache ich
stumm. / Wer stolz und überheblich
auf andere blickt, / den will ich nicht
dulden. 6 Ich sehe auf die Treuen im
Land, / dass sie bei mir wohnen. /
Wer auf rechten Wegen geht, / der
darf mir dienen. 7 Wer andere
betrügt, / hat keinen Platz in meinem
Haus. / Wer Lügen ausspricht, /
muss mir aus den Augen.
8 Morgen für Morgen mach ich
mich auf / Gottlose zum Schweigen
zu bringen. / Jahwes Stadt befreie
ich / von allen, die das Böse tun.

Gebet eines Unglücklichen*

102 1 *Gebet eines Unglücklichen, wenn er seine verzweifelte Klage vor Jahwe ausgießt.*
2 Jahwe, höre mein Gebet! / Lass
mein Schreien vor dich kommen!
3 Verbirg dein Gesicht nicht vor
mir, / wenn ich in Bedrängnis bin! /
Hör mir doch zu, wenn ich rufe! /
Bitte erhöre mich bald!
4 Meine Tage gehen auf in Rauch, /
mein Körper glüht wie ein Ofen.
5 Wie Gras ist mein Herz gemäht und
verdorrt, / denn das Essen ist mir
vergangen 6 vor lauter Stöhnen. / Ich
bin nur noch Haut und Knochen.
7 Dem Nachtkauz in der Wüste
gleiche ich, / der Eule, die in Ruinen
haust. 8 Ich liege wach und fühle
mich / wie ein einsamer Vogel auf
dem Dach. 9 Den ganzen Tag haben
mich meine Feinde beschimpft. / Und
die mich verspotten, nutzen meinen
Namen zum Fluch.
10 Ja, Staub habe ich wie Brot
gegessen / und mein Getränk mit
Tränen gemischt, 11 denn dein
furchtbarer Zorn hat mich getroffen. /
Du hast mich gepackt und zu Boden
geschmettert. 12 Wie Schatten

Psalm 102 ist der fünfte der sieben Bußpsalmen.

dehnen meine Tage sich aus / und
ich verdorre wie das Gras.
13 Doch du, Jahwe, du thronst für
immer, / deinen Namen kennt jede
Generation. 14 Du wirst dich erheben
und dich Zions erbarmen, / wenn es
Zeit ist, ihm gnädig zu sein, / wenn
die rechte Zeit gekommen ist. 15 Denn
deine Diener lieben ihre Steine, /
haben Mitleid mit ihrem Schutt.
16 Dann werden die Völker den
Namen Jahwes fürchten, / die
Herrscher der Erde deine Herrlichkeit;
17 wenn Jahwe Zion wieder aufgebaut
hat, / wenn er sich gezeigt hat in
Würde, 18 wenn er die Gebete der
Verlassenen hört / und ihre Bitten
nicht verschmäht.
19 Dies sei geschrieben für ein
späteres Geschlecht. / Dann wird ein
neu geschaffenes Volk Gott* loben:
20 »Gewiss, Jahwe schaut herab aus
heiliger Höhe, / vom Himmel hat er
auf die Erde geblickt, 21 um das
Stöhnen der Gefangenen zu hören, /
sie zu retten vor dem sicheren Tod;
22 damit man Jahwes Namen in Zion
verkündigt / und in Jerusalem sein
Lob, 23 wenn die Völker sich alle
versammeln, / die Königreiche ihm
dienen.«
24 Auf dem Weg brach er meine
Kraft, / er hat mein Leben verkürzt.
25 Darum bat ich ihn: »Nimm
mich nicht weg in der Mitte des
Lebens!« / Du selbst überdauerst die
Generationen. 26 Einst hast du die
Erde gegründet, / und der Himmel ist
das Werk deiner Hand.
27 Sie werden vergehen, du aber
bleibst, / sie werden zerfallen wie ein
altes Kleid. / Wie ein Gewand
wechselst du sie, / und sie werden
verschwinden. 28 Du aber bleibst
derselbe, / und deine Jahre enden
nie.* 29 Die Kinder deiner Diener
bleiben hier wohnen / und ihre
Kinder werden vor dir gedeihen.

Das große Dankgebet

103

1 *Von David.*
Auf, meine Seele,
preise Jahwe, / und alles in mir
seinen heiligen Namen! 2 Auf, meine
Seele, lobe Jahwe, / und vergiss es
nie, was er für dich tat. 3 Er vergibt
dir all deine Schuld. / Er ist es, der all
deine Krankheiten heilt, 4 der dein
Leben vom Verderben erlöst, / dich
mit Liebe und Erbarmen bedeckt,
5 der mit Gutem dein Alter sättigt /
und wie beim Adler dein Jungsein
wieder erschafft*.
6 Jahwe greift ein mit heilvollem
Tun, / und allen Bedrückten schafft
er ihr Recht. 7 Seine Pläne gab er
Mose bekannt, / und Israel hat er die
Taten gezeigt. 8 Jahwe ist barmherzig
und mit Liebe erfüllt, / voll
unendlicher Gnade und großer Ge-
duld. 9 Er klagt uns nicht beständig
an, / wird nicht ewig auf uns zornig
sein. 10 Er straft uns nicht, wie wir es
verdienten, / zahlt die Verfehlungen
uns nicht heim.

102,19 *Gott.* Wörtlich: *Jah.* Meist in poetischen Texten verwendete Form für Jahwe.

102,28 Die Verse 26-28 werden im Neuen Testament zitiert: Hebräer 1,10-12.

103,5 *wieder erschafft.* Der Adler diente sprichwörtlich als Symbol für Vitalität und Freiheit. Vielleicht ist dabei auch an die Mauser gedacht, die jährliche auffällige Erneuerung des Gefieders.

11 Denn so hoch der Himmel über
der Erde steht, / so groß ist die Gnade
für jeden, der Gott fürchtet und ehrt.
12 So weit wie der Osten vom Westen
entfernt ist, / so weit schafft er unsere
Schuld von uns weg. 13 Wie sich ein
Vater über Kinder erbarmt, / so
erbarmt sich Jahwe über jeden, der
ihn restpektvoll ehrt. 14 Er weiß ja, wie
vergänglich wir sind; / er vergisst es
nicht: Wir bestehen aus Staub.

15 Das Leben des Menschen ist wie
das Gras, / es blüht wie eine Blume
im Feld. 16 Die Glut aus der Wüste
fegt über sie hin. / Schon ist sie weg,
hinterlässt keine Spur. 17 Doch die
Güte Jahwes hat ewig Bestand, / für
immer gilt sie dem, der ihn respekt-
voll ehrt; / ja selbst seinen Kindern
und Enkeln, 18 sie sich an seinen
Bund halten / und wenn sie ihm ge-
horsam sind.

19 Im Himmel hat Jahwe seinen
Thron aufgestellt / und herrscht als
der König über alles, was ist. 20 Auf,
lobt Jahwe, ihr Engel vor ihm, / ihr
mächtigen Wesen, die ihr tut, was er
sagt, / und gehorsam seine Befehle
ausführt. 21 Ja, lobt Jahwe, ihr
himmlischen Heere, / ihr seine
Diener, die tun, was er will. 22 Ihr
Geschöpfe des Herrn: Auf, lobt
Jahwe, / wo immer ihr lebt und er
euch regiert! / Auch du, meine Seele,
auf, preise Jahwe!

Lob des Schöpfers

104 1 Auf, meine Seele,
preise Jahwe! / Jahwe,
mein Gott, du bist sehr groß, / beklei-
det mit Hoheit und Pracht. 2 Du, der
das Licht wie ein Tuch um sich
schlingt, / den Himmel wie ein Zelt-
dach ausspannt; 3 der sich aus Wasser
seine Kammern baut; / der Wolken zu
seinen Wagen macht / und schwebt
auf den Schwingen des Sturms; 4 der
die Winde zu seinen Boten erwählt, /
loderndes Feuer zu seinen Gehilfen.*

5 Er hat die Erde auf Fundamente
gestellt. / So stürzt sie niemals zu-
sammen. 6 Die Flut bedeckte sie wie
ein Kleid, / das Wasser stand über
den Bergen. 7 Vor deiner Zurecht-
weisung musste es fliehen, / deine
Donnerstimme trieb es fort. 8 Da
hoben sich die Berge, die Täler
senkten sich / an den Ort, den du
für sie bestimmt hast. 9 Du hast dem
Wasser Grenzen gesetzt, / es darf sie
nie überschreiten, / nie wieder wird
es die Erde bedecken.

10 Du lässt Quellen entspringen, sie
werden zu Bächen, / zwischen den
Bergen fließen sie hin. 11 Wilde Tiere
trinken aus ihnen, / die Wildesel
löschen dort ihren Durst. 12 An diesen
Bächen wohnen die Vögel, / aus
dichtem Laub ertönt ihr Gesang.
13 Du bewässerst die Berge aus deinen
Kammern, / durch dein Wirken wird
die Erde satt.

14 Gras lässt du sprossen für das
Vieh, / Pflanzen für die Arbeit des
Menschen. / So zieht er Nahrung aus
der Erde 15 und Wein, der den
Menschen erfreut, / Öl, mit dem er
seinen Körper pflegt, / und Brot, mit
dem er sich stärkt. 16 Die Bäume
Jahwes trinken sich satt, / die von
ihm gepflanzten Libanonzedern.
17 Die Vögel bauen ihre Nester

104,4 Wird im Neuen Testament zitiert: Hebräer 1,7.

darin. / Der Storch hat sein Haus in
Zypressen*. 18 Die hohen Berge
gehören dem Steinbock, / dem Klipp-
dachs* bieten die Felsen Schutz.

19 Er hat den Mond gemacht, um
Zeiten zu bestimmen, / die Sonne, die
ihren Untergang kennt. 20 Du lässt die
Dunkelheit kommen, und es wird
Nacht; / da regen sich alle Tiere im
Wald. 21 Die Junglöwen brüllen nach
Beute, / sie fordern ihr Fressen von
Gott. 22 Geht die Sonne auf, ziehen sie
sich zurück / und suchen ihr Lager im
Versteck. 23 Dann geht der Mensch an
seine Arbeit / und tut seine Pflicht bis
zum Abend.

24 Wie zahlreich sind deine Werke,
Jahwe! / Du hast sie alle mit Weisheit
gemacht. / Von deinen Geschöpfen ist
die Erde erfüllt. 25 Da ist das Meer,
groß und weit nach allen Seiten hin; /
da wimmelt es von Leben, groß und
klein und ohne Zahl. 26 Da ziehen
Schiffe ihre Bahn, / auch der Levia-
tan, der Riesenfisch, / den du
erschufst, um mit ihm zu spielen.

27 Alle deine Geschöpfe warten auf
dich, / dass du ihnen Nahrung gibst
zur richtigen Zeit. 28 Du gibst ihnen,
und sie sammeln sie ein. / Du öffnest
deine Hand: Sie werden an guten Din-
gen satt. 29 Du verbirgst dein Gesicht:
Sie werden verstört. / Du entziehst
ihren Atem: Sie sterben / und werden
wieder zu Staub. 30 Du sendest deinen
Lebensgeist: Sie werden geschaffen. /
Du erneuerst das Gesicht der Erde.

31 Die Herrlichkeit Jahwes bleibe
ewig! / Jahwe freue sich an seinen
Werken! 32 Blickt er die Erde an, bebt
sie; / berührt er die Berge, speien sie
Rauch. 33 Mein Leben lang will ich
Jahwe besingen, / will meinem Gott
spielen, so lange ich bin. 34 Mög ihm
gefallen, was ich erdachte, / denn
ich selbst freu mich an Jahwe!
35 Mögen die Sünder von der Erde
verschwinden / und die Gottlosen
nicht mehr sein! / Auf, meine Seele,
lobe Jahwe! / Halleluja!*

Lob des Herrn der Geschichte

105 1 Lobt Jahwe! Ruft aus
seinen Namen, / macht
den Völkern seine Taten bekannt!
2 Singt ihm, spielt ihm / und redet
von all seinen Wundern! 3 Rühmt
euch seines heiligen Namens! / Die
ihn suchen, können sich freuen!

4 Fragt nach Jahwe und seiner
Macht, / sucht seine Nähe zu aller
Zeit! 5 Denkt an die Wunder, die er
tat, / die Beweise seiner Macht und
seine Rechtsentscheide. 6 Ihr Nach-
kommen seines Dieners Abraham, /
ihr Söhne Jakobs, seine Erwählten:
7 Das ist Jahwe, unser Gott! / Seine
Rechtsentscheide gelten in der
ganzen Welt.

8 Niemals vergisst er seinen Bund /
– sein Versprechen gilt tausend
Generationen –, 9 den er mit Abraham
schloss, / und seinen Eid mit Isaak.
10 Er gab ihn Jakob als Ordnung, /
Israel als ewigen Bund. 11 Er sagte:
Dir will ich das Land Kanaan geben /
als Erbland, das euch zugeteilt ist.

104,17 *Zypressen*. Schlanke, kegelförmige Nadelbäume, bis zu 50 m hoch.

104,18 Der *Klippdachs* oder *Kapklippschliefer* ist ein hasengroßes Säugetier und in Syrien, Israel und ganz Afrika heimisch.

104,35 *Halleluja*. Hebräischer Jubelruf: »Lobt Jahwe!«, kommt im AT nur in den Psalmen vor, im NT nur in der Offenbarung.

12 Sie waren damals leicht zu
zählen, / nur wenig Leute und
Fremde dabei. 13 Sie zogen von
einem Volk zum anderen, / von
einem Reich zu einem anderen Volk.
14 Er erlaubte keinem Menschen, sie
zu bedrücken, / ihretwegen wies er
Könige zurecht: 15 »Tastet meine
Gesalbten nicht an, / tut meinen
Propheten nichts Böses!«

16 Dann brachte er eine Hungers-
not über das Land, / entzog jeden
Vorrat an Brot*. 17 Er schickte
ihnen einen Mann voraus: / Josef
wurde als Sklave verkauft. 18 Sie
zwängten seine Füße in Fesseln, /
Eisen umschloss seinen Hals,
19 bis eintraf, was er vorausgesagt
hatte, / bis das Wort Jahwes seine
Unschuld bewies.

20 Der König befahl, seine Fesseln
zu lösen, / der Herrscher über Völker
ließ ihn frei. 21 Er setzte ihn zum
Herrn über sein Haus, / zum
Herrscher über seinen ganzen Besitz,
22 um seine Oberen durch seinen
Willen zu fesseln, / seine Ältesten
Weisheit zu lehren. 23 Dann kam
Israel nach Ägypten, / Jakob wurde
Gast im Lande Hams.

24 Gott ließ sein Volk sehr fruchtbar
sein, / machte es stärker als seine
Bedränger. 25 Er änderte ihr Herz
zum Hass gegen sein Volk, / sie
begannen seine Diener zu täuschen.
26 Da schickte er Mose, seinen
Diener, / und Aaron, den Mann
seiner Wahl. 27 Sie taten die ange-
kündigten Zeichen, / seine Macht-
beweise im Land der Hamiten.

28 Er schickte Finsternis, machte
es finster, / diesmal widersprachen
sie nicht. 29 Er verwandelte ihre
Gewässer in Blut, / ließ ihre Fische
darin sterben. 30 Das Land wimmelte
von Fröschen / bis in den Palast ihres
Königs. 31 Auf seinen Befehl kam das
Ungeziefer, / Stechmücken über das
ganze Gebiet.

32 Er gab ihnen Hagel als Regen, /
Blitze flammten über das Land. 33 Er
ließ Trauben und Feigen verderben, /
zerbrach die Bäume in ihrem Gebiet.
34 Er befahl: Da kamen Heuschrecken-
schwärme, / und ihre Larven waren
ohne Zahl. 35 Sie fraßen alles Grün im
Land, / sie fraßen alle Felder kahl.

36 Er erschlug alle Erstgeburt in
ihrem Land, / die Ersten ihrer
Manneskraft. 37 Dann führte er sie
heraus, beladen mit Silber und
Gold, / kein Gebrechlicher fand sich
in all ihren Stämmen. 38 Ägypten war
froh, als sie zogen, / denn die Angst
vor ihnen hatte sie gepackt.

39 Er breitete eine Wolke als Decke
aus, / ein Feuer, um die Nacht zu
erleuchten. 40 Sie forderten; da ließ er
Wachteln kommen / und sättigte sie
mit Himmelsbrot. 41 Er öffnete den
Felsen; da floss Wasser heraus. /
Es lief wie ein Strom in die Wüste.

42 Ja, er dachte an sein heiliges
Wort / und an seinen Diener
Abraham. 43 Er führte sein Volk in
Freude heraus, / in Jubel seine
Erwählten. 44 Er gab ihnen die Länder
der Völker, / sie erhielten den Ertrag
fremder Arbeit, 45 damit sie seinen

105,16 *Vorrat an Brot.* Wörtlich: *zerbrach jeden Brotstab.* In die Mitte der Brotfladen wurde schon vor dem Backen mit dem Finger ein Loch gebohrt, sodass sie anschließend auf einen Stab gereiht aufbewahrt werden konnten.

Ordnungen folgten / und seinen
Weisungen gehorchten. / Halleluja,
preist Jahwe!

Gottes Güte – Israels Undank

106 1 Halleluja, lobt
Jahwe! / Dankt Jahwe,
denn er ist gut! / Seine Gnade hört
niemals auf. 2 Wer kann die
Machttaten Jahwes nur nennen, /
gebührend würdigen seinen Ruhm?
3 Wie glücklich sind die, die sich
halten ans Recht, / die jederzeit
tun, was er will! 4 Denk an mich,
Jahwe, wenn du deinem Volk deine
Zuneigung zeigst! / Komm mit
deiner Hilfe dann auch zu mir,
5 damit ich das Glück der Erwählten
sehe, / die Freude deiner Nation, /
und juble mit allen, die dir gehorchen.
6 Wir haben gesündigt wie unsere
Väter; / wir haben Unrecht getan,
sind gottlos gewesen. 7 Unsere Väter
in Ägypten verstanden deine Wunder
nicht, / sie vergaßen die vielen
Beweise deiner Gunst. / Schon am
Schilfmeer widerstrebten sie dir.
8 Doch seinetwegen rettete er sie, /
um seine Macht zu erweisen.
9 Er bedrohte das Schilfmeer, da
wurde es trocken. / Er führte sie
durch die Fluten wie auf einem
Wüstenboden. 10 Er rettete sie aus
der Gewalt des Hassers, / erlöste sie
aus Feindes Hand. 11 Das Wasser
bedeckte ihre Bedränger, / nicht
einer von ihnen blieb übrig. 12 Da
vertrauten sie seinen Worten, /
besangen wiederholt seinen Ruhm.
13 Doch schnell vergaßen sie seine
Taten, / warteten nicht auf seinen
Rat. 14 In der Wüste entflammte ihre
Gier, / sie versuchten Gott in der
Öde. 15 Da gab er ihnen, was sie
verlangten – und schickte
Magersucht in ihre Seele.
16 Sie empörten sich gegen Mose
im Lager, / gegen Aaron, den
Heiligen Jahwes. 17 Da wurde Datan
von der Erde verschlungen, / die
Gruppe Abirams von Erdreich
bedeckt. 18 Feuer flammte auf in
ihrer Schar / und verzehrte die
rebellische Horde. 19 Sie machten ein
Stierkalb am Horeb, / beugten sich
vor einem gegossenen Bild. 20 Sie
vertauschten den, der ihre Herrlich-
keit war, / mit dem Bild eines Gras
fressenden Rinds. 21 Sie vergaßen
Gott, ihren Retter, / seine großen
Taten in Ägypten, 22 seine Wunder im
Land der Nachkommen Hams, / sein
Furcht gebietendes Tun am Schilf-
meer. 23 Jetzt sprach er davon, sie
auszurotten, / wäre da nicht Mose
gewesen, sein Erwählter. / Der trat
in die Bresche vor ihm, / um abzu-
wenden seinen lodernden Zorn, /
sodass sie nicht ausgelöscht wurden.
24 Dann verschmähten sie das
herrliche Land, / denn sie glaubten
seinen Worten nicht. 25 Sie murrten
in ihren Zelten, / hörten nicht auf die
Stimme Jahwes. 26 Da schwor er mit
erhobener Hand, / sie in der Wüste
niederzuschlagen 27 und ihre Nach-
kommen in alle Welt zu zerstreuen, /
sie zu zersprengen unter die Länder.
28 Sie hängten sich an Baal, den
Götzen von Peor* / und aßen von
den Opfern für tote Gebilde. 29 Sie

106,28 Der *Peor* ist ein Berg in Moab, von dem aus man über das Jordantal blicken konnte. Auf seinem Gipfel befand sich vermutlich ein Baals-Heiligtum.

reizten ihn zum Zorn mit ihrem
Tun, / und plötzlich kam das Unheil
über sie. 30 Da trat Pinhas vor und
vollzog dasGericht, / so kam die
Plage zum Stillstand. 31 Das wurde
ihm als Gerechtigkeit angerechnet, /
auch seinen Nachkommen für alle
Zeit. 32 Am Wasser von Meriba
erregten sie seinen Zorn, / und Mose
erging es übel ihretwegen. 33 Sie
hatten ihn so sehr gereizt, / dass er
sich zu unbedachten Worten
hinreißen ließ.

34 Sie rotteten die Völker nicht aus, /
die Jahwe ihnen genannt hatte.
35 Sie vermischten sich mit ihnen /
und nahmen ihre Gebräuche an.
36 Sie dienten ihren Götzen, / und
die wurden ihnen zur Falle. 37 Ihre
Söhne und ihre Töchter / opferten sie
den Dämonen. 38 Sie vergossen
unschuldiges Blut, / das Blut ihrer
Söhne und Töchter, / die sie den
Götzen Kanaans weihten. / So wurde
das Land durch Blutschuld entweiht.
39 Sie wurden unrein durch ihr Tun, /
sie hurten durch ihr Treiben. 40 Da
entflammte Jahwes Zorn gegen sein
Volk, / er verabscheute die, die ihm
gehörten. 41 Er lieferte sie an fremde
Völker aus, / ihre Hasser durften über
sie herrschen. 42 Ihre Feinde unter-
drückten sie. / Sie beugten sich
unter ihre Gewalt. 43 Viele Male
rettete er sie, / aber sie blieben stur
bei ihrem Plan / und versanken in
ihrer Schuld.

44 Doch er sah ihr Elend an, / als er
ihre Schreie hörte. 45 Dann dachte er
wieder an seinen Bund, / weil er sie
liebte, tat es ihm leid. 46 Bei denen,
die sie verschleppten, / ließ er sie
Erbarmen finden. 47 Rette uns,
Jahwe, unser Gott! / Führe uns aus
den Völkern heraus, / dass dein
heiliger Name gepriesen wird / und
wir uns deines Lobes rühmen!

48 Gelobt sei Jahwe, der Gott
Israels, / in alle Zeit und Ewigkeit! /
Das ganze Volk sage: Amen! Halleluja!

Fünftes Buch

Das Danklied der Geretteten

107 1 »Preist Jahwe, denn er
ist gut! / Ja, seine Güte
hört niemals auf!«, 2 so sollen sagen
die Erlösten Jahwes. / Er hat sie
aus der Gewalt ihrer Unterdrücker
befreit, 3 aus fremden Ländern
wieder heimgebracht, / vom Osten
und vom Westen her, / vom Norden
und vom Meer.

4 Sie irrten umher in wegloser
Wüste, / eine Stadt als Wohnort
fanden sie nicht. 5 Von Hunger und
Durst gequält, / schwand ihr
Lebenswille dahin. 6 Sie schrien zu
Jahwe in ihrer Not, / der rettete sie
aus ihrer Bedrängnis. 7 Er brachte sie
auf den richtigen Weg / und führte
sie zu einer bewohnbaren Stadt. 8 Sie
sollen Jahwe loben für seine Gnade, /
für seine Wunder, die er an Menschen
tut. 9 Denn er hat den Verdurstenden
zu Trinken gegeben, / den Hungern-
den gute Nahrung verschafft.

10 Die in Dunkelheit und Finsternis
lebten, / gefesselt in Elend und Eisen,
11 sie hatten den Worten Gottes ge-
trotzt / und den Rat des Höchsten
verachtet. 12 Nun beugte er durch
harte Schläge ihren Trotz, / sie lagen
am Boden und keiner half. 13 Sie
schrien zu Jahwe in ihrer Not, / der
rettete sie aus ihrer Bedrängnis,
14 führte sie aus dem Dunkel heraus /
und zerbrach ihre Fesseln. 15 Sie
sollen Jahwe loben für seine Gnade, /
für seine Wunder, die er an Menschen
tut. 16 Denn er hat die Bronzetore
zerbrochen, / zerschlagen die
eisernen Riegel.

17 Die dumm und trotzig
aufbegehrten / mussten für ihre
Vergehen leiden. 18 Sie ekelten sich
vor jeder Speise, / sie standen direkt
vor dem Tod. 19 Sie schrien zu Jahwe
in ihrer Not, / der rettete sie aus ihrer
Bedrängnis, 20 schickte sein Wort
und heilte sie / und bewahrte sie so
vor dem Grab. 21 Sie sollen Jahwe
loben für seine Gnade, / für seine
Wunder, die er an Menschen tut.
22 Sie sollen Dankopfer bringen, /
jubelnd erzählen, was er tat.

23 Die das Meer mit Schiffen be-
fahren, / ihre Arbeit auf dem weiten
Wasser tun, 24 sie sahen die Werke
Jahwes, / seine Wunder in der Tiefe;
25 wenn er sprach und einen Sturm
bestellte, / der die Wellen in die Höhe
warf, 26 sodass sie gen Himmel
stiegen und wieder die Tiefe sanken /
und ihre Seele vor Angst verging.
27 Wie Betrunkene schwankten und
taumelten sie, / sie waren mit ihrer
Weisheit am Ende. 28 Sie schrien zu
Jahwe in ihrer Not, / der rettete sie
aus ihrer Bedrängnis 29 und brachte
den Sturm zur Stille, / dass die
Wellen sich legten. 30 Sie freuten sich,
dass es still geworden war, / und er
führte sie in den ersehnten Hafen.
31 Sie sollen Jahwe loben für seine
Gnade, / für seine Wunder, die er an
Menschen tut. 32 In der Versammlung
des Volkes sollen sie ihn rühmen, /
in der Sitzung der Ältesten ihn loben!

33 Er konnte Ströme zur Wüste
machen / und Wasserquellen zu
dürrem Land, 34 fruchtbares Land
zur salzigen Steppe / wegen der
Bosheit seiner Bewohner. 35 Er
konnte auch Wüsten zum Wasser-
teich machen, / Trockenland zu
Wasserquellen. 36 Er siedelte dort
die Hungernden an. / Sie gründeten
einen Wohnort, 37 bestellten die
Felder und legten Weinberge an, /
und brachten reiche Ernten ein.
38 Er segnete sie und sie vermehrten
sich sehr, / auch ihr Vieh wurde
immer mehr. 39 Dann wurden sie
geringer an Zahl, / bedrückt durch
Unglück und Kummer. 40 Er goss
Verachtung über Vornehme aus, /
ließ sie irren in wegloser Wüste.
41 Er holte die Armen aus dem Elend
heraus, / ihre Familien vermehrten
sich sehr.

42 Die Anständigen sehen es und
freuen sich, / und alle Falschen
müssen verstummen.

43 Wer weise ist, soll sich das
merken / und die Gnadentaten
Jahwes verstehen.

Dankbare Gewissheit

108 1 *Ein Psalmlied von David.*
2 Gott, mein Herz ist
bereit. / Ich will singen und spielen. /
Wach auf, meine Ehre! 3 Wach auf,

Harfe und Zither! / Ich will das
Morgenrot wecken. 4 Vor allen
Menschen will ich dich loben, / ich
spiele dir mein Lied vor den Völkern.
5 Denn deine Güte reicht bis zum
Himmel, / deine Treue bis zu den
Wolken. 6 Zeig dich erhaben über den
Himmel, Gott, / deine Herrlichkeit
überstrahle die Erde! 7 Damit befreit
werden, die du liebst, / greif ein mit
deiner Macht, erhöre mich!

8 Aus seinem Heiligtum antwortet
Gott: / »Jubelnd werde ich Sichem
verteilen / und die Ebene Sukkot
vermessen. 9 Das Gebiet von Gilead
gehört mir, und das von Manasse
dazu. / Der Helm auf meinem Kopf
ist der Stamm Efraïm, / und Juda ist
mein Herrscherstab. 10 Das Land
Moab muss mir als Waschschüssel
dienen, / und auf Edom werfe ich
meinen Schuh. / Ich juble über das
Philisterland. 11 Wer wird mich zur
Festungsstadt bringen, / und wer
führt mich nach Edom hin?«*

12 Hast du uns nicht verworfen,
Gott, / ziehst nicht mit unseren
Heeren aus? 13 Schaff uns Hilfe vor
dem, der uns bedrängt! / Menschen-
hilfe nützt ja nichts. 14 Mit Gott
vollbringen wir Großes, / denn er
wird unsere Feinde zertreten.

Erbarmungslose Feinde

109 1 *Dem Chorleiter.*
Ein Psalmlied von David.
Gott, den ich lobe, / schweige doch
nicht! 2 Denn sie reißen ihren gott-
losen Mund, / ihr Lügenmaul, gegen
mich auf / und lügen mir ins Gesicht.
3 Mit gehässigen Reden umringen sie
mich / und bekämpfen mich ohne
Grund. 4 Für meine Liebe feinden sie
mich an, / doch ich bleibe stets im
Gebet. 5 Sie gaben mir Böses anstelle
von Gutem / und Hass anstelle von
Liebe:*

6 »Bestellt einen Gottlosen gegen
ihn, / ein Ankläger stehe an seiner
Seite! 7 Stellt er sich dem Gericht,
werde er schuldig gesprochen! /
Selbst sein Gebet gelte als Sünde!
8 Er soll möglichst früh sterben, /
und sein Amt soll ein anderer
bekommen!* 9 Seine Kinder sollen
Waisen werden, / seine Frau eine
Witwe! 10 Ja, endlos umherirren
sollen seine Kinder, / betteln und
ihre Trümmer absuchen.

11 Der Gläubiger umstricke alles,
was er hat, / ein Fremder plündere
den Ertrag seiner Arbeit. 12 Es soll
keinen geben, der freundlich an ihn
denkt, / keinen, der seinen Waisen
gnädig ist. 13 Seine Nachkommen soll
man vernichten, / sein Name erlösche
schon in der nächsten Generation!
14 Nie vergesse Jahwe die Schuld
seiner Väter! / Die Sünde seiner
Mutter bleibe ungesühnt! 15 Nichts
davon soll Jahwe vergessen! Er lasse ihr
Andenken von der Erde verschwinden!

16 Weil er nicht daran dachte,
gnädig zu sein, / hat er den Armen
und Hilflosen gejagt / und wollte den
Verzweifelten töten. 17 Er liebte den
Fluch, so treffe er ihn, / er wollte
keinen Segen, so bleib er ihm fern!
18 Er zog den Fluch an wie ein

108,11 *nach Edom hin.* Siehe Psalm 60,8-11!

109,5 Die Verse 6-19 sind offenbar die Flüche seiner Feinde.

109,8 Wird im Neuen Testament von Petrus zitiert: Apostelgeschichte 1,20.

Hemd, / so dringe er wie Wasser in
sein Inneres, / wie Öl in seine
Gebeine! *19* Er soll ihn bedecken wie
ein Gewand, / ihn wie ein Gürtel
umschließen!«

20 So soll Jahwe mit meinen
Feinden verfahren, / mit denen, die
mich verleumden. *21* Aber du, Jahwe,
mein Herr, / tu mir, was deinem
Namen entspricht, / denn deine
Gnade ist gut! Reiß mich heraus!
22 Denn ich bin elend und hilflos, /
im Innersten verwundet. *23* Wie ein
Schatten, der sich streckt, gehe ich
hin; / wie ein Insekt schüttelt man
mich ab. *24* Vom Fasten zittern mir
die Knie, / mein Körper fällt vom
Fleisch.

25 Ich bin ihnen zum Gespött
geworden. / Wenn sie mich sehen,
schütteln sie den Kopf. *26* Hilf mir,
Jahwe, mein Gott! / In deiner Gnade
rette mich! *27* Lass sie erkennen, dass
es deine Hand war, / dass du es so
getan hast. *28* Sie mögen fluchen, du
aber segnest. / Greifen sie mich an,
müssen sie scheitern, / und dein
Diener darf sich freuen. *29* Lass meine
Feinde sich in Schande kleiden, / ihre
Schmach sei wie ein Mantel für sie.

30 Mit lauter Stimme will ich Jahwe
preisen, / mitten in der Menge will
ich ihn loben. *31* Denn er steht dem
Armen zur Seite, / um ihn vor seinen
Richtern zu retten.

Der Priesterkönig

110 *1 Ein Psalm. Von David.*
So spricht Jahwe zu
meinem Herrn: / »Setz dich zu
meiner Rechten hin, / bis ich deine
Feinde zum Schemel für dich
mache, / auf den du deine Füße
stellst.* *2* Dich hat Jahwe zum König
gemacht. / Von Zion aus herrsche
über den Feind! *3* Dein Volk kommt
willig, wenn deine Macht erscheint. /
Geschmückt wie der Tau in heiliger
Pracht / kommt deine junge
Mannschaft zu dir.«

4 Jahwe hat geschworen und bereut
es nicht: / »Du bist mein Priester für
ewige Zeit, / so wie Melchisedek* es
seinerzeit war.«* *5* Der Herr wird dir
zur Seite stehen, / der am Tag seines
Zorns Könige zermalmt, *6* der
Gericht hält über die Völker der
Welt. / Er füllt alles mit Leichen und
zerschmettert das Haupt, / das sich
über die Lande erhebt. *7* Er trinkt aus
dem Bach neben dem Weg. / Er hebt
sein Haupt und erringt den Sieg.

Groß sind die Werke Jahwes*

111 *1* Halleluja, preist Jahwe! /
Von Herzen will ich
Jahwe loben / mit allen, die aufrichtig
sind, und mit der Gemeinde!

2 Gewaltig sind die Taten Jahwes, /
erforschbar für alle, die sich daran
erfreuen. *3* Pracht und Majestät
ist sein Wirken, / und seine
Gerechtigkeit bleibt.

4 Ein Gedenken* schuf er seinen
Wundern. / Gnädig und barmherzig

110,1 Wird im Neuen Testament von Jesus Christus, von Petrus und im Hebräerbrief zitiert: Matthäus 22,44; Markus 12,36; Lukas 20,42-43; Apostelgeschichte 2,34-35; Hebräer 1,13.

110,4 *Melchisedek.* Siehe 1. Mose 14,17-20.

Wird im Neuen Testament zitiert: Hebräer 5,6; 7,17.21.

Psalm 111 Alphabetischer Psalm. Siehe Anmerkung zu Psalm 9.

ist Jahwe. 5 Alle, die ihn fürchten,
macht er satt. / Niemals vergisst er
seinen Bund.
6 Die Kraft seiner Taten zeigte er
seinem Volk, / um ihm das Erbe
der Völker zu geben. 7 Was er tut, ist
zuverlässig und recht, / seine Gebote
verdienen Vertrauen.
8 Für alle Zeiten stehen sie fest, /
geschaffen in Treu und Redlichkeit.
9 Er hat seinem Volk Erlösung
geschenkt, / seinen Bund für immer
geschlossen.
Heilig und furchtbar ist sein Name.
10 Der Anfang aller Weisheit ist die
Ehrfurcht vor Jahwe. / Wer dies
besitzt, beweist Verstand; / sein Lob
besteht auf Dauer.

Das Glück der Gottesfurcht*

112 1 Halleluja, preist
Jahwe! / Wie glücklich
ist, wer Jahwe fürchtet, / wer große
Freude an seinen Geboten hat!
2 Seine Nachkommen werden
mächtig im Land. / Gesegnet ist das
Geschlecht der Aufrichtigen.
3 Vermögen und Reichtum sind in
seinem Haus, / und seine
Gerechtigkeit bleibt.
4 Den Aufrichtigen strahlt Licht
in der Finsternis auf, / gnädig,
barmherzig, gerecht. 5 Wohl dem,
der gütig ist und leiht, / der sich ans
Recht hält in seinem Geschäft!
6 Niemals gerät er ins Wanken /
und nie wird der Gerechte vergessen
sein. 7 Schlimme Nachricht macht
ihm keine Angst, / mit ruhigem
Herzen vertraut er Jahwe.
8 Verankert ist sein Herz, er fürchtet
sich nicht, / denn bald schaut er auf
seine Feinde herab. 9 Großzügig
beschenkt er den Armen, / seine
Gerechtigkeit bleibt.*
Er bekommt Ehre und Macht.
10 Der Gottlose sieht es mit Zorn, /
er knirscht mit den Zähnen und
vergeht vor Wut. / Seine bösen Pläne
zerrinnen in nichts.

Lob der Güte Gottes

113 1 Halleluja, preist
Jahwe! / Lobt, ihr
Diener Jahwes, / lobt den Namen
Jahwes! 2 Der Name Jahwes werde
gepriesen / von jetzt an bis in Ewig-
keit! 3 Vom Aufgang der Sonne bis
zu ihrem Niedergang / werde gelobt
der Name Jahwes!
4 Jahwe ist über alle Völker
erhaben, / seine Herrlichkeit über
den Himmel. 5 Wer gleicht Jahwe,
unserem Gott, / im Himmel und auf
Erden, 6 ihm, der in der Höhe thront, /
ihm, der hinabschaut in die Tiefe?
7 Der aus dem Staub den Geringen
erhebt, / den Armen, der im Schmutz
liegt, erhöht, 8 um ihn bei den
Vornehmen sitzen zu lassen, / bei
den Edelleuten seines Volks. 9 Der die
unfruchtbare Ehefrau / sich freuen
lässt als Mutter von Söhnen. /
Halleluja, preist Jahwe!

Das Wunder der Befreiung Israels

114 1 Als Israel von Ägypten
fortzog, / als Jakobs

111,4 *Gedenken.* Vielleicht sind damit die Gedenktage, die Feiertage Israels gemeint.

Psalm 112 Alphabetischer Psalm. Siehe Anmerkung zu Psalm 9.

112,9 Wird im Neuen Testament von Paulus zitiert: 2. Korinther 9,9.

Stamm das fremd redende Volk verließ,
2 da wurde Juda sein Heiligtum, /
Israel das Gebiet seiner Herrschaft.
3 Das Meer sah es kommen und
floh, / und der Jordan staute sich
zurück. 4 Die Berge hüpften wie die
Böcke, / die Hügel wie die jungen
Schafe.
5 Du, Meer, was ist geschehen, dass
du flohst? / Du, Jordan, weshalb
zogst du dich zurück? 6 Ihr Berge,
warum hüpft ihr wie die Böcke, /
weshalb ihr Hügel wie die jungen
Schafe?
7 Ja, Erde, bebe du nur vor dem
Herrn, / vor dem Erscheinen von
Jakobs Gott. 8 Er hat Felsen in Teiche
verwandelt / und Kieselsteine in
Quellen.

Gott allein gebührt die Ehre

115 1 Nicht uns, Jahwe, nicht
uns, / deinen Namen
bringe zu Ehren! / Denn du bist
gnädig und treu. 2 Warum dürfen
Heidenvölker sagen: / »Wo ist er
denn, ihr Gott?«? 3 Unser Gott ist im
Himmel, / und was er will, das macht
er auch.
4 Ihre Götzen sind ja nur Silber
und Gold, / Werke, von Menschen
gemacht. 5 Sie haben Münder, die
nicht reden, / Augen, die nicht
sehen, 6 Ohren, die nicht hören, /
und Nasen, die nicht riechen. 7 Sie
haben Hände, die nicht greifen, /
und Füße, die nicht gehen. / Aus
ihren Kehlen kommt kein Laut.
8 Wer solches macht, / auf sie
vertraut, / wird ihnen gleich.
9 Du, Haus Israel, vertraue auf
Jahwe! / Er ist deine Hilfe und dein
Schild. 10 Du, Haus Aaron, vertraue
auf Jahwe! / Er ist deine Hilfe und
dein Schild. 11 Ihr alle, die ihr Jahwe
verehrt, vertraut auf Jahwe! / Er ist
eure Hilfe und der Schild, der euch
schützt. 12 Jahwe denkt an uns und
segnet uns. / Er wird segnen das
Haus Israel / und segnen das Haus
Aaron. 13 Er wird segnen die, die
Jahwe verehren, / die Kleinen
und die Großen.
14 Jahwe möge euch mit
Nachwuchs segnen, / euch und alle
eure Kinder. 15 Ihr seid gesegnet von
Jahwe, / der Himmel und Erde
gemacht hat. 16 Der Himmel gehört
Jahwe, / aber die Erde hat er den
Menschen gegeben. 17 Die Toten, die
können Jahwe nicht loben, / keiner
von denen, die ins Schweigen
hingehn. 18 Doch wir, wir wollen
Jahwe preisen / von jetzt an bis in
Ewigkeit: Halleluja!

Dank für die Rettung vor dem Tod

116 1 Ich liebe Jahwe, denn
er hört meine Stimme, /
hört mein flehendes Rufen. 2 Er
neigte sein Ohr und hörte mir zu. /
So lange ich lebe, verkünde ich das.
3 Gefangen war ich in Stricken des
Todes, / getroffen von den Schrecken
seiner Macht, / versunken in Elend
und Angst. 4 Da rief ich den Namen
Jahwes an: / »Ach, Jahwe, rette mein
Leben!«
5 Jahwe ist gnädig und gerecht, /
unser Gott ist voll Erbarmen. 6 Jahwe
behütet den, der ihm einfältig traut. /
Ich war ganz elend, und er hat mir
geholfen. 7 Beruhige dich, meine
Seele, / denn Jahwe hat dir Gutes

getan. 8 Ja, du hast mein Leben vom
Tod gerettet, / mein Auge von den
Tränen / und meinen Fuß vom Sturz.
9 Ich darf bleiben im Land der
Lebendigen / und leben in der Nähe
Jahwes.
10 Ich habe ihm immer vertraut, /
obwohl ich sagte: »Ich liege am
Boden!«* 11 und voll Bestürzung
rief: / »Sie lügen alle, die
Menschen!« 12 Wie kann ich Jahwe
vergelten, / was er mir Gutes tat?
13 Den Becher der Rettung will ich
erheben / und anrufen den Namen
Jahwes. 14 Meine Versprechen, die
löse ich ein / in Gegenwart all seines
Volkes.
15 Kostbar in den Augen Jahwes /
ist der Tod seiner Frommen.*
16 Jahwe, ich bin wirklich dein Die-
ner, / ich diene dir, wie schon meine
Mutter es tat! / Meine Fesseln hast
du gelöst. 17 Opfer des Lobes will ich
dir bringen, / anrufen den Namen
Jahwes. 18 Meine Versprechen, die
löse ich ein / in Gegenwart all seines
Volkes, / 19 in den Vorhöfen des
Hauses Jahwes, / Jerusalem, mitten
in dir. / Halleluja!

Alle Völker, lobt Jahwe!

117 1 Alle Nationen, lobt
Jahwe! / All ihr Völker,
rühmt ihn!* 2 Denn machtvoll ist
Jahwes Gnade, / und ewig währt
seine Treue. / Halleluja!

Gemeinsamer Dank

118 1 Dankt Jahwe, denn er
ist freundlich, / seine
Gnade hört nie auf! 2 Ganz Israel
rufe: / »Seine Gnade hört nie auf!«
3 Das Haus Aaron bekenne: / »Seine
Gnade hört nie auf!« 4 Die ihr Jahwe
fürchtet, sagt: / »Seine Gnade hört
nie auf!«
5 In Bedrängnis schrie ich zu
Jah*, / Befreiung war seine Antwort.
6 Jahwe steht mir bei. Ich fürchte
mich nicht. / Was können Menschen
mir tun?* 7 Jahwe steht mir als Helfer
zur Seite. / Als Sieger blick ich herab
auf die, die mich hassen. 8 Auf Jahwe
zu vertrauen ist besser, / als auf
Menschen zu bauen. 9 Auf Jahwe zu
vertrauen ist besser, / als auf die
Hilfe der Mächtigen zu schauen.
10 Feindliche Völker kreisten mich
ein, / ich trieb sie zurück im Namen
Jahwes. 11 Sie umringten mich, sie
schlossen mich ein, / doch ich hab
sie zerschlagen im Namen Jahwes.
12 Wie ein Schwarm von Bienen
umschwirrten sie mich, / wie Feuer
im Dornbusch verlöschten sie. / Und
ich wehrte sie ab im Namen Jahwes.
13 Ich wurde gestoßen und stürzte
schon, / doch Jahwe half mir wieder
auf.
14 Er ist meine Stärke und Jah ist
mein Gesang, / er ist mir zur Rettung
geworden. 15 Hört die jubelnden
Stimmen, die Lieder des Heils, / sie

116,10 Wird im Neuen Testament von Paulus zitiert: 2. Korinther 4,13.

116,15 *Tod seiner Frommen.* Ihr Leben ist ihm zu wertvoll, als dass er sie leichtfertig dem Tod preisgibt.

117,1 Wird im Neuen Testament von Paulus zitiert: Römer 15,11.

118,5 *Jah.* Siehe Anmerkung zu Psalm 102,19.

118,6 Wird im Neuen Testament nach der LXX (siehe Josua 15,7) zitiert: Hebräer 13,6.

kommen aus dem Zelt der Gerechten: /
»Jahwe, er hat uns seine Macht
gezeigt! 16 Jahwes Hand ist siegreich
erhoben! / Jahwe, er hat uns seine
Macht gezeigt!« 17 Ich werde nicht
sterben, sondern darf leben / und
erzählen die Taten Jahwes. 18 Wohl
hat mich Jahwe geschlagen, / doch
dem Tod übergab er mich nicht.
19 Öffnet mir die Tore der Gerechtig-
keit*! / Ich will eintreten und loben
Jahwe. 20 Dies ist das Tor zu Jahwe. /
Die Gerechten ziehen hier ein.
21 Ich will dich loben, du hast mich
erhört! / Du wurdest mein Heil!
22 Der Stein, den Fachleute
verwarfen, / der ist zum Eckstein*
geworden. 23 Das hat Jahwe
bewirkt, / ein Wunder vor
unseren Augen.*
24 Dies ist der Tag, den Jahwe
gemacht hat; / freuen wir uns, und
seien fröhlich an ihm. 25 Hilf doch,
Jahwe! / Jahwe, gib uns Gelingen!
26 Gesegnet, der kommt im Namen
Jahwes; / vom Haus Jahwes aus
segnen wir euch! 27 Jahwe ist Gott,
sein Licht leuchtet uns. / Schwingt
mit Zweigen beim Reigen / bis hin
zu den Hörnern* am Altar. 28 Du bist
mein Gott, dir will ich danken, /
mein Gott, mit Lob will ich dich
ehren.
29 Dankt Jahwe, denn er ist freund-
lich, / seine Gnade hört nie auf!

Großes Lob auf Gottes Wort*

119

I. Álef*

1 Wie glücklich sind die,
die tadellos leben, / die sich richten
nach Jahwes Gesetz*! 2 Wie glücklich
die, die glauben, was er bezeugt*, /
die, deren Herz nach ihm fragt! 3 Sie
wollen kein Unrecht mehr tun, / sie
gehen gern auf Gottes Weg*. – 4 Du
befahlst uns deine Vorschriften* an, /
damit wir sie eifrig befolgen. 5 Ich
wünschte mir Beständigkeit / im
Achten auf dein Gesetz*. 6 Dann
muss ich mich nicht schämen, /

118,19 *Tore der Gerechtigkeit.* Offenbar die Tore des Tempels.

118,22 *Eckstein.* Großer behauener Stein, der zwei aneinander stoßende Mauern eines Gebäudes verbindet.

118,23 Wird im Neuen Testament von Jesus Christus und Petrus zitiert: Matthäus 21,42; Markus 12,10-11; Lukas 20,17; Apostelgeschichte 4,11; 1. Petrus 2,7.

118,27 *Hörnern.* Die vier Ecken des Brandopferaltars waren wie Hörner nach oben gezogen; Sinnbild göttlicher Macht.

Psalm 119 Der Psalm, der auch *das goldene ABC* genannt wird, preist das Wort Gottes mit zehn verschiedenen Synonymen, die beim ersten Vorkommen hier näher beschrieben werden.

119,1 *Álef.* Jede der 22 Strophen dieses Psalms ist von einem Buchstaben in der Reihenfolge des hebräischen Alphabets bestimmt, das heißt, jeder der acht Verse in einer Strophe beginnt mit demselben Buchstaben.

Gesetz. Hebräisch *Tora*, was auf die Wurzel *jarah* = lehren/leiten zurückgeht und Belehrung, Unterweisung oder Gesetz bedeutet.

119,2 Wörtlich: *seine Zeugnisse.* Hebräisch *Edut.* Feierliche Verordnungen, Gesetz. Mit *Edut* werden die Gebote und Ordnungen vor allem als Zeugnisse des Bundes zwischen Jahwe und seinem Volk verstanden. Die Bundeslade wird *aron ha-edut* genannt, Lade des Zeugnisses.

119,3 *Weg.* Hebräisch *Däräq.* Weg, Straße, Wandel, Verhalten.

119,4 *Vorschriften.* Hebräisch *Piqqudim.* Von *paqad* - Heimsuchen, anweisen. Befehle, Ersuchen, Vorschriften.

wenn mein Blick auf deine Gebote*
fällt. – 7 Deine Bestimmungen* merke
ich mir / und danke dir ehrlich dafür.
8 Deine Gesetze halte ich gern. –
Verlass mich nicht und stehe mir bei!

II. Bet

9 Wie hält ein junger Mann sein
Leben rein? / Indem er tut, was du
ihm sagst! – 10 Von ganzem Herzen
suche ich dich, / halte mich bei
deinem Gebot! 11 Dein Wort* trag
ich im Herzen, / weil ich nicht gegen
dich sündigen will. – 12 Ich will dich
loben, Jahwe! / Bring mir deine
Ordnungen bei! 13 Was du mich
lehrtest / erzähle ich weiter. 14 Es
macht mir Freude zu tun, was du
sagst, / mehr als aller Reichtum
Freude macht. 15 Über deine Gebote
denke ich nach, / und ich achte
auf deinen Weg*. 16 An deinen
Ordnungen habe ich Lust, / und
deine Worte* vergesse ich nicht.

III. Gímel

17 Tu Gutes an mir, dein Diener bin
ich, / dann lebe ich auf und halte
dein Wort. 18 Öffne du mir die
Augen, / damit ich erkenne die
Wunder in deinem Gesetz. – 19 Ich
bin nur ein Gast, ein Fremder im
Land: / Enthalte mir deine Gebote
nicht vor! 20 Ich verzehre mich vor
Verlangen danach, / ich sehne mich
immer nach deinem Gesetz. – 21 Du
drohtest den Stolzen. / Ja, verflucht
sind sie, / die abweichen von deinem
Gebot. 22 Wälze Verachtung und
Hohn von mir ab, / denn ich habe
stets dein Zeugnis bewahrt. 23 Selbst
wenn die Oberen sitzen / und Rat
gegen mich halten – dein Diener sitzt
über deinem Gebot. 24 An deinen
Weisungen freue ich mich! / Sie
geben immer guten Rat.

IV. Dálet

25 Ich liege ohne Kraft, / ich klebe
am Staub; / belebe mich nach deinem
Wort! 26 Ich klagte mein Leid; / du
hörtest mich an. / Belehre mich durch
dein Gesetz! 27 Lass mir deine
Vorschriften einsichtig sein; / über
deine Wunder sinne ich nach. 28 Vor
lauter Kummer muss ich weinen: /
Richte mich auf nach deinem Wort!
29 Vom Weg der Lüge halte mich
fern! / Begnadige mich mit deinem
Gesetz! 30 Ich hab mich entschieden
für Wahrheit und Treue, / habe vor

119,5 *Gesetz*. Hebräisch *Choq*. Von *chaqaq* - einritzen, schreiben. Das geschriebene Gebot, die erlassenen Gesetzte, Regeln, Rechte, Satzungen.

119,6 *Gebote*. Hebräisch *Mizwah*. Gebote, Befehle, Anweisungen (eines Lehrers), Verpflichtungen, die sich für Israel aus dem Bundesverhältnis mit Gott ergeben.

119,7 *Bestimmungen*. Hebräisch *Mischpat*. Von *schafat* - richten, Recht sprechen. Eine juristische Entscheidung, durch die verbindliches Recht geschaffen wird, Urteil, Rechtsspruch, Recht, die übliche Bestimmung einer Sache.

119,11 *Wort*. Hebräisch *Imrah*. Von *amar* - sagen, sprechen. Poetisches Synonym für *Davar*, Gottes Wort.

119,15 *Weg*. Hebräisch *Orah*. Von *arah* - unterwegs sein, wandern, wandeln. (Lebens)Weg, Pfad, Wandel. .

119,16 *Worte*. Hebräisch *Dabar*. Das gesprochene Wort, von *dabar* - reden, sprechen. Auch die Zehn Gebote (5. Mose 4,13) heißen *Zehn Worte*.

mich gestellt dein göttliches Recht.
31 An deinen Zeugnissen halte ich
fest. / Jahwe, beschäme mich nicht!
32 Den Weg deiner Vorschriften werde
ich gehen, / denn du machst mein
Herz dafür weit.

V. He

33 Den Weg deiner Vorschriften zeig
mir, Jahwe, / damit ich ihm folge zum
Ziel. 34 Gib mir Verstand für dein
Gesetz, / ich will es entschieden
befolgen! 35 Hilf mir zu folgen dem
Pfad der Gebote, / denn diesen Weg
gehe ich gern. 36 Lenk meinen Sinn
auf dein Gebot, / und nicht auf Güter
und Geld! 37 Wende meine Augen von
Eitelkeit ab; / erfrische mich auf
deinem Weg! – 38 Halte deinem
Diener deine Zusage ein, / die jedem
gilt, der Ehrfurcht vor dir hat.
39 Wende ab die Schande, vor der mir
so graut! / Doch was du entscheidest,
ist gut. – 40 Nach deinen Vorschriften
sehne ich mich. / Durch deine Treue
belebe mich, Gott.

VI. Waw

41 Jahwe, deine Gnade komme zu
mir, / die Rettung, wie du sie
versprachst, 42 damit ich dem Lästerer
antworten kann. / Ich nehme dich bei
deinem Wort. 43 Entzieh meinem
Mund die Wahrheit nicht ganz, / denn
ich vertraue auf dein Gericht. –
44 Beständig befolge ich dein Gesetz; /
und das will ich allezeit tun! 45 So lebe
ich in einem weiten Raum, / denn ich
habe deine Befehle erforscht. 46 Ich
halte sie selbst den Königen vor / und
schäme mich deiner Zeugnisse nicht.
47 An deinen Geboten habe ich Lust, /
ich liebe sie sehr, 48 und ich hebe die
Hände zu ihnen auf. / Ich denke über
deine Ordnungen nach.

VII. Zájin

49 Denk an das, was du mir
versprachst / und was meine
Hoffnung war! 50 In all meinem
Elend ist das mir der Trost, / dass
dein Wort mich wieder belebt.
51 Gehässig griffen die Stolzen mich
an, / doch ich wich nicht ab von
deinem Gesetz. 52 Denke ich an dein
ewiges Recht, / Jahwe, dann bin ich
getrost. 53 Bei all den Gottlosen packt
mich der Zorn, / frech verlassen sie
dein Gesetz. 54 Deine Ordnungen
sind mir wie ein Lied, / solange ich
Gast in dieser Welt bin. 55 Auch in
der Nacht denk ich an dich, Jahwe, /
und auf deine Weisung habe ich acht.
56 Dass ich deinen Regeln gefolgt
bin, / ist mein Geschenk und mein
Glück.

VIII. Het

57 Mein Anteil, Jahwe, bist du, /
ich werde mich richten nach deinem
Wort. 58 Von ganzem Herzen bitte ich
dich, / sei mir gnädig, wie du
zugesagt hast! 59 Meine Wege lenke
ich um / und kehre zu deiner
Weisung zurück. 60 Ich eile und
zögere nicht, / deinem Auftrag
gehorsam zu sein. 61 Fesselt mich
auch der Gottlosen Strick, / dein
Gesetz vergesse ich nicht. 62 Selbst
mitternachts stehe ich auf / und
danke für dein gerechtes Gesetz. –
63 Den Gottesfürchtigen bin ich ein
Freund, / allen, die deinen Befehlen
vertrauen. – 64 Jahwe, deine Güte
erfüllt alle Welt. / Lehre mich,
deinen Willen zu tun!

IX. Tet

65 Du hast deinem Diener viel
Gutes getan, / wie du es versprachst,
Jahwe. 66 Nun lehre mich das Gute
verstehen, / denn ich glaube deinem
Gebot. 67 Ich irrte, bevor ich
gedemütigt war, / jetzt aber tue ich,
was du befiehlst. 68 Gütig bist du und
tust Gutes an mir, / deine Ordnungen
lehre mich, Herr! 69 Man hat mich
besudelt, mit Lügen behängt, / doch
ich halte dein Gebot fest. 70 Das Herz
der Stolzen ist stumpf und fett, /
doch ich erfreue mich an deinem
Gesetz. 71 Gut war für mich, dass ich
gedemütigt wurde, / so lernte ich
deine Ordnungen neu. 72 Die
Weisung aus deinem Mund gilt mir
mehr / als Berge von Silber und Gold.

X. Jod

73 Du hast mich mit deinen Händen
gemacht; / hilf mir zu verstehen, was
du willst! 74 Die Deinen sehen mich
und freuen sich, / denn ich verlasse
mich auf dein Wort. 75 Ich erkannte,
Jahwe: / Deine Beschlüsse sind
recht, / zu Recht hast du auch mich
niedergebeugt. 76 Nun gebe deine
Gnade mir Trost, / denn du hast mir
zugesagt, 77 dass dein Erbarmen
mein Leben erhält, / denn dein
Gesetz ist meine Lust. – 78 Bring
doch die schamlosen Lügner zu
Fall! / Sie haben mir böse Unrecht
getan. / Ich aber denke über deine
Vorschriften nach. 79 Lass die zu mir
kommen, die dich ehren, / denn
denen ist deine Weisung bekannt.
80 Mein Herz weiche nie von deinem
Gebot, / nie soll diese Schande über
mich kommen!

XI. Kaf

81 Meine Seele verzehrt sich
nach deinem Heil, / und meine
Hoffnung setze ich auf dein Wort.
82 Sehnsüchtig halte ich Ausschau
nach dir: / Wann wirst du mich
trösten, ja wann? 83 Denn wie ein
alter Schlauch hänge ich im
Rauch. / Doch deine Ordnungen
vergesse ich nie. 84 Wie viele Tage
hat dein Diener noch? / Wann hältst
du über meine Verfolger Gericht?
85 Die Stolzen haben mir Gruben ge-
graben; / und missachten frech dein
Gesetz. 86 Doch was du befiehlst,
darauf ist Verlass. / Hilf mir, denn
sie jagen mich ohne Grund! 87 Sie
hätten mich fast vernichtet im
Land, / doch ich verlasse dein
Gesetz nicht. 88 Sei mir gnädig
und belebe mich, / dann kann ich
befolgen, was du gesagt hast.

XII. Lámed

89 Dein Wort steht fest für alle
Zeit, / so fest wie der Himmel,
Jahwe. 90 Deine Treue gilt in jeder
Generation. / Du hast die Erde
gegründet. Sie steht. 91 Nach deinem
Willen besteht sie bis jetzt, / denn
das All steht bereit, dir zu dienen. –
92 Wäre nicht dein Gesetz meine
Lust, / ich wäre im Elend zerstört.
93 Deine Regeln vergesse ich nie, /
denn du gabst mir Leben durch sie.
94 Ich bin dein, Herr, rette mich
doch! / Ich habe deine Befehle
erforscht. 95 Es lauern mir
Verbrecher auf, / doch ich gebe auf
deine Weisungen acht. 96 Ich weiß:
Auch das Vollkommene hat eine
Grenze, / doch dein Gebot ist völlig
unbeschränkt.

XIII. Mem

97 Wie sehr liebe ich dein Gesetz! /
Es füllt mein Denken den ganzen
Tag. 98 Mehr als meine Feinde macht
es mich klug, / denn es ist für immer
bei mir. 99 Mehr als alle meine Lehrer
begreife ich, / weil ich bedenke, was
dein Gebot mir sagt. 100 Mehr als die
Alten kann ich verstehen, / denn ich
achte stets auf dein Gebot. 101 Von
jedem Unrecht hielt ich mich fern, /
um das zu tun, was du befohlen hast.
102 Von deiner Verordnung wich ich
nicht ab, / denn du, du hattest mich
belehrt. 103 Wie köstlich sind deine
Worte im Mund, / wie Honig
bekommen sie mir. 104 Durch dein
Gesetz werde ich klug, / und ich
hasse jeden krummen Weg.

XIV. Nun

105 Dein Wort ist eine Leuchte vor
meinem Fuß / und ein Licht auf
meinem Weg. 106 Ich habe geschworen
und halte es ein, / ich tue, was du fest-
gelegt hast. – 107 Wie bin ich so nieder-
geschlagen, Jahwe! / Belebe mich
nach deinem Wort! 108 Nimm meinen
Dank als Opfergabe an, / und lehre
mich deine Bestimmungen, Jahwe!
109 Mein Leben ist ständig in Todes-
gefahr, / doch dein Gesetz vergesse
ich nie. 110 Schlingen legen die Bösen
mir aus, / doch ich irre nicht ab von
deinem Gebot. 111 Deine Weisung ist
mein Schatz für alle Zeit / und große
Freude für mein Herz. 112 Entschieden
folge ich deinem Wort. / Das soll mein
Lohn für alle Zeit sein.

XV. Sámech

113 Geteilte Herzen verabscheue
ich, / aber dein Gesetz habe ich lieb.
114 Du bist mein Schutz und mein
Schild, / auf dein Versprechen
verlasse ich mich. 115 Ihr Unheil-
stifter, macht euch fort! / Ich halte
mich an meines Gottes Gebot.
116 Halte mich nach deinem Wort,
damit ich leben kann! / In meiner
Hoffnung beschäme mich nicht!
117 Bestätige mich, und ich bin
befreit! / Ich schaue immer auf dein
Gesetz. 118 Wer abweicht von deinem
Gebot, den schickst du fort, / denn
sein Denken ist Lug und Betrug.
119 Deine Verächter entfernst du wie
Müll, / darum habe ich deine Gebote
so lieb. 120 Meine Haut erschaudert
vor Furcht; / ich fürchte mich vor
deinem Gericht.

XVI. Ájin

121 Ich handelte nach Recht und lebte
gerecht. / Gib mich meinen Feinden
nicht preis! 122 Bürge du jetzt für mich,
dann wird alles gut, / und die Frechen
quälen mich nicht mehr. 123 Meine
Augen sehnen sich nach deinem Heil, /
nach dem Wort deiner Gerechtigkeit.
124 Lass deine Güte deinem Diener
sichtbar sein, / und lehre mich
erkennen, was dein Wille ist. 125 Ich
bin dein Diener, gib mir Verstand, /
dass ich deine Weisung verstehe! –
126 Es ist Zeit zum Handeln, Jahwe, /
denn viele brechen dein Gesetz.
127 Doch ich liebe dein Gebot, / mehr
als das allerfeinste Gold. 128 Alle deine
Regeln sind für mich recht, / und ich
hasse jeden krummen Weg.

XVII. Pe

129 Wunderwerke sind deine
Zeugnisse, / darum halte ich an ihnen
fest. 130 Das Öffnen deines Wortes

bringt Erleuchtung, / selbst
Unerfahrene finden Einsicht darin.
131 Weit geöffnet hat sich mein
Mund, / denn ich verlange nach
deinem Gebot. 132 Sei mir gnädig und
wende dich zu mir, / wie es denen, die
dich lieben, gebührt. 133 Durch dein
gutes Wort mach meinen Schritt fest, /
und gib keinem Unrecht Macht über
mich! 134 Von Bedrückung durch
Menschen mache mich frei, / dann
halte ich deine Vorschriften fest.
135 Blick freundlich auf mich, deinen
Diener, / und bring mir deine
Ordnungen bei! 136 Tränen über-
strömen mein Gesicht, / weil man
dein Gesetz hier nicht hält.

XVIII. Sadé

137 Wahrhaftig bist du, Jahwe, /
und deine Urteilssprüche sind gerecht.
138 Auch deine Weisungen sind
recht, / sie bezeugen deine Wahrheit
und Treue. 139 Weil ich dich liebe,
packt mich der Zorn, / denn meine
Feinde vergessen dein Wort. 140 Dein
Spruch ist lauter und wahr, / und
dein Diener liebt ihn sehr. 141 Ich bin
verachtet und gering, / doch deine
Regeln vergesse ich nicht. 142 Dein
Recht ist ewiges Recht, / und dein
Gesetz ist wahr. 143 Ich bin getroffen
von Sorge und Angst, / doch deine
Gebote sind meine Lust. 144 Deine
Weisung steht für ewiges Recht. /
Gib mir Verständnis, damit ich lebe!

XIX. Qof

145 Ich flehe dich an, antworte,
Jahwe! / An deine Ordnungen halte
ich mich. 146 Ich habe gerufen, rette
mich doch! / Deiner Weisung
gehorche ich gern. 147 Schon
frühmorgens schreie ich zu dir! / Auf
dein Wort habe ich gehofft. 148 Selbst
in Stunden der Nacht liege ich
wach / und grüble nach über dein
Wort. 149 In deiner Gnade hör mein
Gebet, / belebe mich, Jahwe, gemäß
deinem Recht! – 150 Üble Verfolger
sind hinter mir her, / von deinem
Gesetz sind sie fern. 151 Du aber bist
nahe bei mir, Jahwe, / alle deine
Gesetze sind wahr. 152 An deinen
Geboten erkenne ich, / dass du sie
für immer angeordnet hast.

XX. Resch

153 Sieh mein Elend an und befreie
mich! / Denn dein Gesetz vergaß ich
nie. 154 Sorge du für mein Recht und
mache mich frei, / schenk mir das
Leben, wie du es versprachst! 155 Deine
Hilfe ist den Gottlosen fern, / denn
nach deiner Weisung fragen sie nicht.
156 Jahwe, dein Erbarmen ist groß, /
mach mir Mut nach deinem Recht.
157 Viele verfolgen und bedrängen
mich, / doch ich wich nie von deinem
Zeugnis ab. 158 Sah ich Verräter – es
ekelte mich an, / denn sie richten sich
nicht nach deinem Gesetz. 159 Du
siehst, dass ich deine Vorschriften
mag. / Belebe mich nach deiner
Gnade, Jahwe! 160 Dein ganzes Wort
ist verlässlich und wahr, / dein
gerechtes Urteil gilt für alle Zeit.

XXI. Sin/Schin

161 Die Großen verfolgten mich
ohne Grund, / doch nur vor deinen
Worten bebte mein Herz. 162 Mit
jubelnder Freude erfüllt mich dein
Wort, / als hätte ich große Beute
gemacht. 163 Ich hasse die Lüge und
verabscheue sie, / doch dein Gesetz

habe ich lieb. 164 Ich preise dich
täglich wohl sieben Mal, / denn
deine Gerichte sind gut und gerecht.
165 Wer dein Gesetz liebt, hat Frieden
und Glück, / kein Hindernis bringt
ihn zu Fall. 166 Ich hoffe auf deine
Befreiung, Jahwe! / Nach deinen
Geboten richte ich mich. 167 Deinen
Worten habe ich gerne gehorcht, /
ich schloss sie fest in mein Herz.
168 Du gabst mir Gebot und Weisung
dazu, / und ob ich gehorche, weißt
du genau.

XXII. Taw

169 Lass mein Schreien zu dir
dringen, Jahwe! / Gib mir Einsicht
nach deinem Wort! 170 Mein Flehen
komme vor dein Angesicht! / Rette
mich gemäß deinem Spruch! 171 Von
meinen Lippen erklinge dein Lob, /
weil du mich deinen Willen lehrst.
172 Und meine Zunge besinge dein
Wort, / denn deine Gebote sind recht.
173 Um mir zu helfen, reich mir deine
Hand, / denn deine Weisung hab ich
erwählt! 174 Ich sehne mich nach
deiner Hilfe, Jahwe. / Und dein
Gesetz ist meine Lust. 175 Ich möchte
leben und dich loben! / Deine
Ordnung helfe mir dabei! 176 Wie ein
verlorenes Schaf verirrte ich mich. /
Such deinen Diener, denn deine
Gebote vergaß ich nicht!

Die Feinde des Friedens

120 1 *Ein Lied für den Aufstieg zum Tempel.*
Zu Jahwe rief ich in meiner Not, /
und er antwortete mir. 2 »Jahwe, rette
mich vor diesen Lügnern, / vor den
falschen Zungen!«
3 Was soll Gott dir tun, / was alles
dir antun, / du falsche Zunge?
4 Scharfe Pfeile eines Kriegers, / die
wie glühende Holzkohlen* sind?
5 Weh mir, dass ich Gast in
Meschech* war, / dass ich in
Kedars* Zelten wohnte! 6 Viel zu
lange lebte ich / bei denen, die den
Frieden hassen. 7 Ich will Frieden,
so rede ich auch, / doch sie sind
für den Krieg.

In Gottes Schutz

121 1 *Ein Lied für den Aufstieg zum Tempel.*
Ich blicke hinauf zu den Bergen: /
Woher kann ich Hilfe erwarten?
2 Meine Hilfe kommt von Jahwe, /
dem Schöpfer von Himmel und Erde.
3 Er wird nicht zulassen, dass du
fällst. / Er gibt immer auf dich acht.
4 Nein, der Beschützer Israels /
schläft und schlummert nicht.
5 Jahwe ist dein Beschützer, /
Jahwe ist dein Schatten / an deiner
Seite. 6 Am Tag darf dir die Sonne
nicht schaden, / noch der Mond in
der Nacht. 7 Jahwe wird dich vor
allem Bösen behüten / und dein
Leben bewahren. 8 Jahwe wird dich
behüten, / wenn du fortgehst und
wenn du wiederkommst, / von jetzt
an und für immer.

120,4 *Holzkohlen.* Gemeint ist die besonders gute Holzkohle, die aus Ginsterholz gewonnen wurde.

120,5 *Meschech.* Das Volk der Moscher im Gebiet zwischen dem Schwarzen und dem Kaspischen Meer.

Kedar. Räuberischer Nomadenstamm in der syrisch-arabischen Wüste. *Meschech und Kedar* stehen für »Barbaren«.

Frieden für Jerusalem

122 1 *Ein Lied für den Aufstieg
zum Tempel. Von David.*
Ich freute mich, als man mir
sagte: / »Zum Haus Jahwes wollen
wir gehen!« 2 Unsere Füße standen
dann / in deinen Toren, Jerusalem.
3 Jerusalem, du bist gebaut / als eine
fest in sich geschlossene Stadt. 4 Zu
dir ziehen die Stämme hinauf, / die
Stämme Jahwes.
Ein Zeugnis für Israel ist es, / den
Namen Jahwes zu preisen. 5 In
Jerusalem stehen Gerichtssitze
bereit, / Sitze für das Königshaus
Davids.
6 Erbittet Frieden für Jerusalem! /
Ruhe mögen finden, die dich lieben.
7 Frieden wohne in deinen Mauern, /
in deinen Häusern Geborgenheit.
8 Wegen meiner Brüder und
Freunde / will ich sagen: Frieden sei
mit dir! 9 Wegen des Hauses Jahwes,
unseres Gottes, / will ich dein Bestes
suchen.

Aufblick zu Gott

123 1 *Ein Lied für den Aufstieg
zum Tempel.*
Ich richte meinen Blick hinauf
zu dir, / zum Himmel hoch, wo du
thronst. 2 Ja, wie die Augen von
Dienern / auf die Hand ihres Herrn, /
die Augen der Magd / auf die der
Gebieterin blicken, / so richten sich
unsere Augen auf Jahwe, unseren
Gott, / bis er uns seine Gnade zeigt.
3 Sei uns gnädig, Jahwe, sei uns
gnädig! / Denn Verachtung hatten
wir genug. 4 Wir haben das Gespött
dieser Sorglosen satt / und die
Verachtung der Stolzen.

Befreit

124 1 *Ein Lied für den Aufstieg
zum Tempel. Von David.*
Wäre Jahwe nicht bei uns gewe-
sen, / so soll Israel sagen, 2 wäre
Jahwe nicht bei uns gewesen, / als
Menschen gegen uns standen, 3 dann
hätten sie uns wutentbrannt / leben-
dig verschlungen. 4 Dann hätten uns
die Fluten fortgeschwemmt, / ein
Wildbach uns überströmt, 5 unser
Leben wäre fortgerissen / durch das
tobende Wasser.
6 Gelobt sei Jahwe, / der uns nicht
ihren Zähnen / als Beute überließ.
7 Wie ein Vogel aus dem Netz des
Fängers sind wir entkommen; / das
Netz ist zerrissen, und wir sind frei.
8 Unsere Hilfe kommt von Jahwe, /
der Himmel und Erde gemacht hat.

Von Gott umgeben

125 1 *Ein Lied für den Aufstieg
zum Tempel.*
Wer auf Jahwe vertraut, steht fest wie
der Zionsberg, / der niemals wankt
und immer bleibt. 2 Berge umgeben
Jerusalem. / So umgibt Jahwe sein
Volk, / von jetzt an und für immer.
3 Denn die Herrschaft der Gott-
losigkeit / wird nicht mehr lasten
auf den Gütern der Gerechten, /
damit nicht auch sie anfangen,
Unrecht zu tun.
4 Tu bitte Gutes, Jahwe, an den
Guten / und an denen, die aufrichtig
sind. 5 Doch alle, die auf eigenen
krummen Wegen gehen, /
lasse Jahwe mit den Bösen
verschwinden. / Frieden über
Israel!

Tränen und Jubel

126 *1 Ein Lied für den Aufstieg
zum Tempel.*
Als Jahwe die Gefangenen Zions
befreite, / da waren wir wie
Träumende. 2 Da war unser Mund
mit Lachen erfüllt / und unsere Zunge
mit Jubel. / Damals sagte man unter
den Völkern: / »Jahwe hat Großes
für sie getan!« 3 Ja, Großes hat Jahwe
für uns getan! / Und wie glücklich
waren wir!
4 Jahwe, wende auch jetzt unser
Geschick, / so wie du mit Wasser
füllst die Bäche im Negev. 5 Wer mit
Tränen sät, / wird mit Jubel ernten.
6 Weinend trägt er den Saatbeutel
hin, / doch mit Jubel bringt er die
Garben heim.

An Gottes Segen ist alles gelegen

127 *1 Ein Lied für den Aufstieg
zum Tempel. Von Salomo.*
Wenn Jahwe das Haus nicht baut, /
arbeiten die Bauleute vergeblich. /
Wenn Jahwe die Stadt nicht bewacht, /
wacht der Wächter umsonst.
2 Vergebens steht ihr frühmorgens
auf / und setzt euch spät nieder, /
um das Brot der Mühsal zu essen. /
Das gibt Gott seinen Lieben im
Schlaf.
3 Ja, Söhne sind ein Geschenk
Jahwes, / Kinder eine Belohnung.
4 Wie Pfeile in der Hand eines
Helden / sind die Söhne aus den
Jahren der Jugend. 5 Wie glücklich
ist der Mann, / der viele solcher
Pfeile in seinem Köcher hat. /
Wenn er mit Feinden im Stadttor
reden muss, / wird ihn niemand
beschämen.

So segnet Gott

128 *1 Ein Lied für den Aufstieg
zum Tempel.*
Wie glücklich ist der, der Jahwe
fürchtet, / der auf seinen Wegen
geht! 2 Die Frucht deiner Arbeit wirst
du genießen. / Glücklich bist du, ja,
gut geht es dir.
3 Deine Frau ist wie ein fruchtbarer
Weinstock / drinnen in deinem
Haus. / Deine Söhne sind wie
Ölbaumsprosse / rings um deinen
Tisch. 4 Seht, so wird der gesegnet
sein, / der Jahwe fürchtet und ehrt.
5 Jahwe segne dich vom Zionsberg
aus, / dass du ansehen kannst das
Glück Jerusalems, / solange du lebst,
6 und auch die Kinder deiner Kinder
siehst! / Frieden über Israel!

Bedrängt, aber lebendig

129 *1 Ein Lied für den Aufstieg
zum Tempel.*
Von Jugend an haben sie mich
bedrängt – so soll Israel sagen –,
2 von Jugend an haben sie mich
bedrängt / und mich dennoch nicht
erdrückt. 3 Meinen Rücken haben sie
aufgerissen wie ein Feld, / in das
man tiefe Furchen pflügt. 4 Doch
Jahwe ist gerecht! / Er zerschnitt
den Strick der Gottlosen.
5 Jeder, der Zion hasst, /
verschwinde beschämt! 6 Er soll sein
wie das Gras auf dem Dach, / das
schon verdorrt, kaum dass man es
sieht; 7 das kein Schnitter je in die
Hand nimmt, / und für das kein
Garbenbinder sich bückt, / 8 damit
nie jemand vorbeigeht und zu ihnen
sagt: / »Segen Jahwes über euch! /
Wir segnen euch im Namen
Jahwes!«

Aus tiefster Not*

130 1 *Ein Lied für den Aufstieg zum Tempel.*
Aus der Tiefe rief ich dich, Jahwe.
2 Herr, höre mich doch! / Sei bitte
nicht taub für mein Flehen! 3 Wenn
du die Sünden anrechnen wolltest, /
Jahwe, mein Herr, wer könnte
bestehen? 4 Doch bei dir ist Vergebung, / damit man Ehrfurcht vor dir
hat.
5 Ich hoffe auf Jahwe, / alles in mir
hofft. / Und ich warte auf sein Wort.
6 Ich warte auf den Herrn / mehr als
die Wächter auf den Morgen, / mehr
als die Wächter auf den Morgen.
7 Israel, hoff auf Jahwe! / Denn bei
Jahwe ist Gnade und volle Erlösung.
8 Ja, er wird Israel erlösen / von allen
seinen Sünden.

Wie ein zufriedenes Kind

131 1 *Ein Lied für den Aufstieg zum Tempel. Von David.*
Jahwe, ch will nicht hoch hinaus, /
ich schaue auch auf niemand
herab. / Ich gehe nicht mit Dingen
um, / die mir zu groß und wunderbar
sind.
2 Nein, ich habe mich beruhigt, /
hab meine Seele besänftigt. / Wie ein
gestilltes Kind bei seiner Mutter, /
wie ein zufriedenes Kind bin ich
geworden.
3 Israel, hoffe auf Jahwe / von jetzt
an und für immer!

Eine Wohnung für Gott

132 1 *Ein Lied für den Aufstieg zum Tempel.*
Denk doch an David, Jahwe, /
an all die Mühe, die er auf sich
nahm! 2 Der Jahwe feierlich
versprach, / dem starken Gott Jakobs
gelobte: 3 »Ich will mein Haus nicht
mehr betreten, / ich will mein Bett
nicht mehr besteigen, 4 meinen
Augen keinen Schlaf gestatten, /
mir keine Ruhe mehr gönnen, 5 bis
ich einen Platz für Jahwe finde, /
eine Wohnung für den starken Gott
Jakobs.«
6 Wir hörten, dass die Lade in Efrata* sei / und fanden sie in der Nähe
Jáars*. 7 Kommt, wir gehen in seine
Wohnung, / fallen vor seinem
Fußschemel nieder! 8 Erhebe dich
bitte, Jahwe, und geh zu deinem
Ruheplatz, / du und die Bundeslade
deiner Macht. 9 Deine Priester sollen
sich in Gerechtigkeit kleiden, / und
die dir treu sind, sollen jubeln!
10 Deinem Diener David zuliebe, /
weise deinen Gesalbten nicht ab.
11 Jahwe hat David einen Treueid
geschworen / und nimmt diesen
Schwur nicht zurück: / »Einen deiner Söhne / setze ich auf deinen
Thron. 12 Wenn deine Söhne meinen
Bund halten / und mein Wort, das
ich sie lehre, / dann sollen auch ihre
Söhne / für immer auf deinem
Thron sitzen.«
13 Denn Jahwe hat den Berg Zion
erwählt, / hat ihn zu seinem
Wohnsitz bestimmt: 14 »Hier soll für

Psalm 130 ist der sechste der sieben Bußpsalmen.

Efrata ist nach 1. Mose 35,19 Bethlehem.

Jáar ist wahrscheinlich ein poetischer Name für Kirjat-Jearim im Gebiet von Efrata (1. Samuel 6,21 - 7,1).

immer mein Ruheplatz sein, / hier
will ich wohnen, hier wollte ich sein!
15 Ich werde ihn reichlich versorgen, /
auch seine Armen mache ich satt.
16 Deine Priester will ich in
Gerechtigkeit kleiden, / und die
dir treu sind, sollen laut jubeln!
17 Dort will ich Davids Nach-
kommen mächtig werden lassen, /
dort soll mein Gesalbter ein Licht
in seinen Nachkommen haben.
18 Seine Feinde will ich mit Schande
bedecken, / doch auf ihm wird seine
Krone strahlen.«

Bruderliebe

133 1 *Ein Lied für den Aufstieg zum Tempel. Von David.*
Seht, wie wunderbar schön es
ist, / wenn Brüder in Frieden
zusammenstehen.
2 Es ist so kostbar wie das duftende
Öl, / das in Aarons* Bart hinunter-
rann / bis in den Saum seines
Priestergewandes. 3 Es tut wohl wie
der Tau, / der vom Hermon* stammt
und Zion erfrischt, / der sich senkt
auf die Hügel der Stadt.

Denn dort hat Jahwe Segen befohlen, / das Leben, das immer besteht.

Nächtliches Lob

134 1 *Ein Lied für den Aufstieg zum Tempel.*
Auf, ihr Diener Jahwes, lobt den
Namen Jahwes, / die ihr steht in den
Nächten im Hause Jahwes! 2 Hebt
eure Hände zum Heiligtum auf / und
lobt Jahwe!
3 Jahwe, der Himmel und Erde
gemacht hat, segne dich vom Zions-
berg aus!

Gottes Ruhm endet nie

135 1 Halleluja, preist
Jahwe! / Lobt ihr Diener
Jahwes, lobt den Namen Jahwes,
2 die ihr steht im Hause Jahwes, / in
den Höfen am Haus unseres Gottes!
3 Halleluja, lobt Jahwe, denn er ist
gut! / Spielt seinem Namen, denn
Jahwe ist freundlich! 4 Denn Jahwe
erwählte sich Jakob, / nahm Israel
als Eigentum an.
5 Ja, ich weiß, dass Jahwe groß
ist, / unser Herr ist vor allen Göttern.
6 Alles, was Jahwe gefällt, / tut er im
Himmel und auf der Erde, / in den
Meeren und in allen Tiefen. 7 Der
Nebel aufsteigen lässt vom Ende der
Erde, / der es blitzen lässt zum
Regen / und den Wind aus seinen
Kammern holt.
8 Der die Erstgeborenen Ägyptens
erschlug, / beim Menschen und beim
Vieh; 9 der in Ägypten Zeichen und
Wunder geschehen ließ / am Pharao
und all seinen Dienern. 10 Er besiegte
viele Völker, brachte starke Könige
um: 11 Sihon, den König der
Amoriter, / und Og, den König von
Baschan,* / und alle Königtümer
Kanaans. 12 Und ihre Länder teilte er
Israel zu, / gab sie seinem Volk als
Erbbesitz. 13 Jahwe, dein Name
bleibt für immer bestehen, /

133,2 *Aaron.* Der erste Hohe Priester Israels, Bruder von Mose.

133,3 *Hermon.* Gebirge im Norden Israels. Die drei Gipfel des schneebedeckten Hermon, deren höchster 2814 m hoch ist, gehören zu den charakteristischsten Bergen Israels.

135,11 *... Baschan.* Siehe 4. Mose 21,21-35!

jede Generation wird ihn kennen.
14 Denn Jahwe verschafft seinem
Volk Recht / und erbarmt sich über
seine Diener.
15 Die Götzen der Völker sind ja
nur Silber und Gold, / Werke von
Menschen gemacht. 16 Sie haben
Münder, die nicht reden, / Augen,
die nicht sehen, 17 und Ohren, die
nicht hören. / Kein Atem ist in
ihrem Mund. 18 Wer so etwas baut /
und darauf vertraut, / der wird so
wie sie.
19 Lobt Jahwe, ganz Israel! /
Auch ihr Nachkommen Aarons,
lobt Jahwe! 20 Auch ihr Leviten,
lobt Jahwe! / Alle, die ihr Jahwe
fürchtet, lobt Jahwe! 21 Gelobt sei
Jahwe vom Zionsberg aus, / er, der
in Jerusalem wohnt! / Halleluja,
preist Jahwe!

Seine Gnade hört nie auf

136 1 Dankt Jahwe, denn er
ist freundlich! / Seine
Gnade hört nie auf. 2 Dankt dem Gott
aller Götter! / Seine Gnade hört nie
auf. 3 Dankt dem Herrn aller
Herren, / seine Gnade hört nie auf.
4 Er allein tut große Wunder, /
seine Gnade hört nie auf. 5 Er hat die
Himmel mit Weisheit gemacht, /
seine Gnade hört nie auf; 6 die Erde
über die Wasser gebreitet, / seine
Gnade hört nie auf. 7 Er hat die
großen Lichter gemacht, / seine
Gnade hört nie auf; 8 die Sonne, zu
regieren den Tag, / seine Gnade hört
nie auf; 9 den Mond und die Sterne
zur Nacht. / Seine Gnade hört nie
auf.
10 Er schlug die Erstgeburt der
Ägypter, / seine Gnade hört nie auf;
11 und führte Israel heraus, / seine
Gnade hört nie auf, 12 mit siegreich
gewaltiger Macht. / Seine Gnade
hört nie auf. 13 Er hat das Schilfmeer
zerteilt, / seine Gnade hört nie auf,
14 und Israel mitten hindurch
geführt. / Seine Gnade hört nie auf.
15 Er trieb ins Schilfmeer Pharaos
Heer, / seine Gnade hört nie auf,
16 und führte sein Volk durch die
Wüste. / Seine Gnade hört nie auf.
17 Er ist es, der große Könige
schlug, / seine Gnade hört nie auf,
18 und mächtige Herrscher
besiegte; / seine Gnade hört nie auf:
19 den amoritischen König Sihon, /
seine Gnade hört nie auf; 20 und Og,
den Herrscher von Baschan. / Seine
Gnade hört nie auf. 21 Ihr Land
wurde Israels Besitz, / seine Gnade
hört nie auf. 22 Sein Diener empfing
es als Erbe. / Seine Gnade hört nie auf.
23 Er dachte an uns, als man uns
unterdrückte, / seine Gnade hört nie
auf. 24 Er entriss uns unsern
Feinden, / seine Gnade hört nie auf.
25 Er gibt Nahrung jedem
Geschöpf. / Seine Gnade hört nie auf.
26 Dankt dem Gott, der die Himmel
regiert! / Seine Gnade hört nie auf.

Heimweh nach Zion

137 1 An den Strömen
Babylons, / da saßen wir
und weinten, / und wir dachten an
Zion. 2 An die Pappeln dort /
hängten wir unsere Zithern. 3 Denn
die uns verschleppt hatten, forderten
Strophen von uns; / unsere Peiniger
verlangten Freudengesang: / »Ja,
singt uns eins der Zionslieder!«
4 Wie könnten wir ein Jahwelied
singen / auf dem Boden der Fremde?

5 Wenn ich dich vergesse, Jerusalem, /
dann versage meine Hand ihren
Dienst! 6 Die Zunge bleibe mir am
Gaumen kleben, / wenn ich nicht
mehr an dich denke, / wenn ich
Jerusalem nicht / zu meiner
höchsten Freude erhebe.
7 Vergiss den Edomitern nicht,
Jahwe, / den Tag Jerusalems, / als
sie sagten: »Reiß es nieder! / Reiß es
nieder bis auf den Grund!« 8 Du
Tochter Babylon, Verwüsterin! /
Glücklich, wer dir heimzahlt, / was
du uns angetan hast. 9 Glücklich, wer
deine Kinder packt / und sie am
Felsen zerschmettert!

Dankbare Gewissheit

138 *1 Von David.*
Von ganzem Herzen
will ich dich preisen, / vor
»Göttern«* spiele ich dir mein Lied.
2 Ich neige mich zu deinem
Heiligtum hin. / Ich lobe deinen
Namen für deine Güte und Treue. /
Denn du hast dein Wort erfüllt /
und deinen Namen groß über alles
gemacht. 3 Du hast mich erhört am
Tag, als ich rief, / hast die Kraft
meines Lebens vermehrt.
4 Alle Könige der Erde sollen dich,
Jahwe, loben, / wenn sie die Worte
aus deinem Mund hören. 5 Sie sollen
singen von den Wegen Jahwes, /
denn die Herrlichkeit Jahwes ist groß.
6 Gewiss, Jahwe ist erhaben, /
aber den Niedrigen sieht er doch /
und den Stolzen erkennt er
von fern.
7 Selbst wenn man mich schwer
bedrängt, belebst du mich. / Du
nimmst mich in Schutz vor der Wut
meiner Feinde, / deine mächtige
Hand wird mich retten. 8 Jahwe
vollbringt es für mich. / Deine Liebe
hat niemals ein Ende. / Gib die
Werke deiner Hände nicht auf!

Von Gott durchschaut

139 *1 Dem Chorleiter.*
Ein Psalmlied von David.
Jahwe, du hast mich erforscht und
erkannt. 2 Ob ich sitze oder stehe,
du weißt es, / du kennst meine
Gedanken von fern. 3 Ob ich ruhe
oder gehe, du prüfst es, / mit all
meinen Wegen bist du vertraut.
4 Noch eh das Wort auf meine Zunge
kommt, / hast du es schon gehört,
Jahwe. 5 Von allen Seiten umschließt
du mich, / ich bin ganz in deiner
Hand. 6 Das ist zu wunderbar für
mich zu begreifen, / zu hoch, dass
ich es versteh!
7 Wohin kann ich gehen, um dir zu
entkommen, / wohin fliehen, dass du
mich nicht siehst? 8 Steige ich zum
Himmel hinauf, so bist du da, / lege
ich mich zu den Toten, da bist du
auch. 9 Nehme ich die Flügel des
Morgenrots / und lasse mich nieder
am Ende des Meeres – 10 auch dort
wirst du mich führen, / und deine
Hand wird mich fassen. 11 Sage ich:
»Die Finsternis soll nach mir
schnappen, / das Licht um mich
werde Nacht!« 12 Auch Finsternis
ist nicht finster vor dir, / die Nacht
leuchtet bei dir wie der Tag, / die
Finsternis wie das Licht.

138,1 *Götter.* Das meint entweder heidnische Könige (siehe Verse 4-5) oder die Götter, die sie repräsentierten (siehe auch Fußnote zu Psalm 82,1).

13 Gewiss, du selbst hast mein
Inneres gebildet, / mich zusammen-
gefügt im Leib meiner Mutter. 14 Ich
preise dich, dass ich auf erstaunliche
Weise wunderbar geworden bin. /
Wunderbar sind deine Werke, / das
erkenne ich sehr wohl. 15 Als ich im
Verborgenen Gestalt annahm, /
kunstvoll gewirkt in den Tiefen der
Erde, / war ich nicht unsichtbar für
dich. 16 Du sahst mich schon, als ich
ein Mini-Knäuel* von Zellen war. /
Und bevor mein erster Tag begann, /
stand mein Leben längst in deinem
Buch.

17 Wie kostbar, Gott, sind mir
deine Gedanken! / Es sind so un-
fassbar viele! 18 Wollt ich sie
zählen, so wären sie mehr als der
Sand. / Und wenn ich erwache, bin
ich noch immer bei dir. 19 Würdest
du, Gott, doch den Gottlosen
töten! / Ja, ihr Mörder, macht euch
fort! 20 Sie reden nur mit Hinterlist
von dir, / deine Feinde missbrau-
chen deinen Namen. 21 Sollte ich
nicht hassen, die dich hassen,
Jahwe, / und verabscheuen, die
gegen dich aufstehen? 22 Ich hasse
sie mit äußerstem Hass. / Sie sind mir
zu Feinden geworden.

23 Erforsche mich, Gott, und
erkenne mein Herz! / Prüf mich
und erkenne meine Gedanken!
24 Sieh, ob ein gottloser Weg mich
verführt, / und leite mich auf dem
ewigen Weg!

139,16 *Mini-Knäuel.* Gemeint sein könnte die frühe embryonale Entwicklung im Mutterleib, die Morula.

Hinterlistige Feinde

140

1 *Dem Chorleiter.*
Ein Psalmlied von David.

2 Rette mich, Jahwe, vor bösen
Menschen, / schütze mich vor rohen
Männern, 3 die ständig über
Bosheiten brüten, / die täglich Streit
anfangen. 4 Sie haben scharfe Zungen
wie Schlangen. / Ihre Worte sind wie
Natterngift. ♪

5 Bewahre mich, Jahwe, vor den
Händen der Bösen! / Gib mir Schutz
vor den gewalttätigen Männern, / die
mich zu Fall bringen wollen. 6 Die
Stolzen haben mir Fallen gestellt, /
mir Schlingen und Netze gelegt, /
mir den Wegrand gefährlich
gemacht. ♪

7 Ich sage zu Jahwe: »Du bist mein
Gott! / Hör mein Flehen, Jahwe, ich
schreie zu dir! 8 Jahwe, mein Herr, du
Macht meines Heils! / Am Tag der
Waffen hast du meinen Kopf beschützt.
9 Gib dem Gottlosen nicht, was er will,
Jahwe! / Lass ihre Anschläge niemals
gelingen! / Sie würden sonst noch
überheblicher.« ♪

10 Wenn meine Feinde rundum sich
erheben, / dann fallen ihre bösen
Worte auf sie selbst zurück. 11 Es
regne glühende Kohlen auf sie! / Ins
Feuer stürze er sie, / in tiefe
Schluchten, dass sie sich nicht mehr
erheben! 12 Kein Platz für böse
Zungen sei im Land! / Unglück
hetze die Gewalttäter bis zum
Sturz!

13 Ich weiß, dass Jahwe sich um die
Belange der Schwachen / und das
Recht der Armen kümmern wird.
14 Gewiss, die Gerechten loben deinen
Namen, / und die Aufrichtigen
wohnen vor dir.

Bitte um Bewahrung vor Sünde

141 1 *Ein Psalmlied von David.*

Jahwe, ich rufe dich an, komm bitte schnell! / Hör doch auf mich, wenn ich rufe! 2 Lass wie Weihrauch mein Gebet vor dir sein, / meine erhobenen Hände wie ein Opfer zur Nacht. 3 Stell eine Wache vor meinen Mund, / einen Posten, der meine Lippen bewacht!

4 Lass nicht zu, dass ich nach bösen Dingen verlange; / dass ich mit schlechten Leuten böse Taten begehe; / dass ich nach ihren Leckerbissen gierig bin! 5 Ein Gerechter möge mich schlagen, / das betrachte ich als Freundlichkeit, / als Wohltat, die ich gern annehmen will.

Doch mein Gebet ist gegen jene Bösen gerichtet.* 6 Und wenn dann ihre Führer vom Felsen gestürzt sind, / werden sie sehen, wie milde mein Urteil noch war: 7 »Wie einer das Erdreich aufreißt und pflügt«, sagen sie, / »so sind unsere Gebeine ins Tor der Toten gestreut.«

8 Auf dich, Jahwe, sind meine Augen gelenkt, / zu dir, Herr, fliehe ich hin. / Schütte mein Leben nicht aus! 9 Und schütze mich vor dem Netz, das die Bösen mir legten, / den Fallen, in die ich hineinstürzen soll. 10 Lass sie stolpern in ihren eigenen Strick, / und führe mich sicher an ihnen vorbei.

In schwerer Bedrängnis

142 1 *Lehrgedicht von David, als er in der Höhle war. Ein Gebet.*

2 Ich schreie zu Jahwe, so laut ich kann, / ich flehe Jahwe um Hilfe an. 3 Ich klage ihm meine ganze Not / und sage ihm, was mich quält. 4 Auch als ich den Mut verlor, / wusstest du, wie es weitergeht. / Auf dem Weg, den ich gehen musste, / haben sie mir heimlich eine Schlinge gelegt. 5 Schau nach rechts und sieh doch, / da ist niemand, der mich beachtet. / Jede Zuflucht ist mir verloren gegangen, / ich habe keinen, der nach mir fragt.

6 Darum schreie ich zu dir, Jahwe, / und sage: »Du bist meine Zuflucht, / mein Anteil im Land der Lebendigen.« 7 Hör auf mein Schreien, denn ich bin sehr schwach! / Rette mich vor meinen Verfolgern, sie sind mir zu stark. 8 Befreie mein Leben aus dem Gefängnis, / damit ich dich lobpreisen kann! / Die Gerechten werden sich um mich scharen, / weil du mir Gutes getan hast.

Geh nicht mit mir ins Gericht!*

143 1 *Ein Psalmlied. Von David.*

Hör mein Gebet, Jahwe, achte auf mein Flehen! / Erhöre mich, denn du bist treu und gerecht! 2 Geh mit deinem Diener nicht ins Gericht, / denn vor dir kann kein Lebendiger bestehen!

3 Der Feind verfolgt meine Seele, / tritt mein Leben mit Füßen / und stößt mich in eine Dunkelheit, /

***141,5** Bösen gerichtet.* Führt offenbar den Gedanken von Vers 4 fort. Die Übersetzung bis Vers 7 ist aber unsicher.

Psalm 143 ist der siebte der sieben Bußpsalmen.

wie bei den Toten im Grab. 4 Mein
Geist ist erstarrt, / ich bin vor Angst
wie gelähmt.
5 Ich denke an die vergangene
Zeit, / grüble nach über dein Tun /
und überlege, was du geschaffen
hast. 6 Betend breite ich meine Hände
zu dir aus, / meine Seele verlangt
nach dir wie ein ausgetrocknetes
Land. ♪
7 Jahwe, erhöre mich bald! / Denn
mein Geist zehrt sich auf. / Verbirg
dein Gesicht nicht vor mir! / Sonst
gleiche ich bald denen im Grab.
8 Der Morgen bringe mir Worte
deiner Güte, / denn ich setze mein
Vertrauen auf dich. / Zeig mir den
Weg, den ich gehen soll, / denn auf
dich richte ich meinen Sinn! 9 Rette
mich vor meinen Feinden, / Jahwe,
denn bei dir suche ich Schutz!
10 Lehre mich zu tun, was dir
gefällt, / denn du bist mein Gott! /
Dein guter Geist führe mich auf
ebenes Land!
11 Zur Ehre deines Namens –
erhalte mein Leben, Jahwe! /
Gerechter Gott, befreie mich aus
dieser Not! 12 Sei so gnädig und
vernichte den Feind, / lass
umkommen den, der mein Leben
bedrängt, / ich bin doch dein
Diener!

Danklied des Königs

144

1 *Von David.*
Gepriesen sei Jahwe,
mein Fels, / der meine Hände das
Kämpfen lehrt, / meine Finger den
Waffengebrauch. 2 Meine Gnade und
meine Burg, / meine Festung und
mein Retter, / mein Schild – bei dem
ich sicher bin, / der mir mein
Volk unterwirft. 3 Was ist denn der
Mensch, Jahwe, dass du an ihn
denkst, / ein Menschenkind, dass du
es beachtest? 4 Der Mensch ist wie
ein Hauch, / sein Leben wie ein
flüchtiger Schatten.
5 Neige deinen Himmel, Jahwe, und
steige herab! / Berühre die Berge,
dass sie rauchen! 6 Lass Blitze blitzen
und zerstreue den Feind! / Schieß
deine Pfeile und verwirre sie! 7 Streck
deine Hände vom Himmel herab, /
reiß mich heraus aus der tödlichen
Flut, / aus der Macht der feindlichen
Völker! 8 Mit ihren Worten betrügen
sie, / und mit ihrer Hand schwören
sie falsch.
9 Gott, ich singe dir ein neues
Lied, / auf der zehnsaitigen Harfe
spiele ich dir: 10 »Er gibt den
Königen Sieg, / auch David, seinem
Diener, / und entreißt ihn dem töd-
lichen Schwert.« 11 Rette mich aus
der Gewalt der Fremden. / Denn
mit ihren Worten betrügen sie, /
und mit ihrer Hand schwören sie
falsch.
12 Unsere Söhne seien wie junge
Bäume, / großgezogen in ihrer
Jugend. / Unsere Töchter seien Eck-
säulen gleich, / geschnitzt für einen
Palast. 13 Unsere Scheunen seien gut
gefüllt, / uns mit Vorräten aller Art
zu versorgen. / Unser Kleinvieh
möge sich tausendfach mehren, /
zehntausendfach auf unseren
Weiden. 14 Unsere Kühe mögen
trächtig sein / und ohne Schaden
und Fehlgeburt kalben. / Auf
unseren Plätzen höre man kein
Klagegeschrei. 15 Wohl dem Volk,
dem es so ergeht! / Wie glücklich
das Volk, das Jahwe zum Gott hat!

Gottes unendliche Güte*

145 1 *Ein Lobgesang.*
Von David.
Dich will ich rühmen, mein Gott
und König, / deinem Namen ewig
lobsingen. 2 An jedem Tag will ich
dich loben, / deinen Namen preisen
allezeit.
3 Groß ist Jahwe und sehr zu
loben, / seine Größe ist nicht zu
erforschen. 4 Eine Generation
verkünde der nächsten den Ruhm
deiner Werke / und erzähle von
deinem gewaltigen Tun. 5 Die
herrliche Pracht deiner Majestät /
und deine Wundertaten will ich
bedenken. 6 Von der Macht deiner
furchtbaren Taten soll man
sprechen, / und von deinen
Großtaten will ich erzählen.
7 Die Erinnerung an deine große
Güte lasse man sprudeln, / und
deine Gerechtigkeit sollen sie
jubelnd preisen. 8 Gnädig und
barmherzig ist Jahwe, / langsam
zum Zorn und voller Güte. 9 Jahwe
ist zu allen gut, / er erbarmt sich aller
seiner Geschöpfe. 10 Es loben dich,
Jahwe, all deine Werke, / und deine
Treuen preisen dich.
11 Sie sprechen vom Glanz deines
Reiches, / sie reden von deiner Macht,
12 damit die Menschen deine Groß-
taten erfahren / und die Herrlichkeit
deines Reiches. 13 Dein Reich ist ja
ein Reich aller Zeiten, / und deine
Herrschaft hört niemals auf.
Jahwe ist verlässlich in allem,
was er sagt, / und gütig in allem,
was er tut.* 14 Jahwe stützt alle,
die zusammenbrechen, / und
richtet alle Gebeugten auf. 15 Alle
blicken voll Hoffnung auf dich, /
und du gibst ihnen ihre Speise zur
rechten Zeit. 16 Du öffnest deine
wohltätige Hand, / und alles, was
lebt, wird durch dich satt.
17 Jahwe ist in allem Handeln
gerecht / und treu in allem, was er
tut. 18 Nah ist Jahwe allen, die zu ihm
rufen, / allen, die dabei aufrichtig
sind. 19 Die Bitten derer, die ihn
fürchten, erfüllt er. / Er hört ihr
Schreien und hilft. 20 Alle, die ihn
lieben, behütet Jahwe; / doch alle,
die ihn missachten, vernichtet er.
21 Mein Mund soll Jahwes Ruhm
verkünden; / und alles, was lebt, lobe
seinen heiligen Namen – für immer
und für alle Zeit.

Gottes ewige Treue

146 1 Halleluja, preist Jahwe!
Auf, meine Seele, preise
Jahwe! 2 Mein Leben lang will ich
Jahwe besingen, / will meinem Gott
spielen, solange ich bin.
3 Verlasst euch nicht auf Edel-
leute, / sie sind Menschen, die
können nicht helfen. 4 Sie müssen
sterben und zerfallen zu Staub, / am
selben Tag sind ihre Pläne verloren.
5 Wie glücklich ist der, dessen Hilfe
der Gott Jakobs ist, / der seine
Hoffnung auf Jahwe, seinen Gott,

Psalm 145 Alphabetischer Psalm. Siehe Anmerkung zu Psalm 9.

145,13 *Jahwe ... tut.* Dieser Satz fehlt in fast allen hebräischen Handschriften. Er entspricht der Zeile, die mit N beginnt und findet sich nur in *einer* hebräischen Handschrift, der LXX und den alten syrischen Übersetzungen.

setzt! 6 Er hat Himmel und Erde
gemacht, / das Meer und alles
darin. / Seine Treue hört niemals auf.
7 Er schafft Recht den Unter-
drückten, / gibt den Hungrigen
Brot. / Jahwe lässt Gefangene frei.
8 Jahwe gibt den Blinden Licht, / er
richtet die Gebeugten auf. / Jahwe
liebt die Gerechten. 9 Jahwe behütet
die Fremden. / Immer wieder hilft er
Waisen und Witwen. / Doch den
Weg der Gottlosen macht er zum
Irrweg.
10 Jahwe bleibt König für alle Zeit; /
dein Gott, Zion, herrscht in jeder
Generation.

Halleluja, preist Jahwe!

Gottes gewaltige Macht

147 1 Halleluja, preist Jahwe!
Ja, es ist gut, aufzuspielen
unserem Gott! / Ihn zu loben,
ist wunderschön! 2 Jahwe baut
Jerusalem auf, / die Verschleppten
von Israel bringt er zurück. 3 Er heilt
die, deren Herzen gebrochen sind, /
und verbindet ihre schmerzenden
Wunden. 4 Er hat die Sterne alle
gezählt / und nennt sie alle mit
Namen. 5 Groß ist der Herr, gewaltig
seine Kraft, / unermesslich sein
Verstand. 6 Den Rechtlosen richtet er
auf, / doch Gottlose schmettert er hin.
7 Stimmt Jahwe ein Danklied an, /
mit Harfen spielt unserem Gott!
8 Ihm, der den Himmel mit Wolken
bedeckt, / die Erde mit Regen
beschenkt / und auf den Bergen das
Gras sprießen lässt. 9 Der dem Vieh
sein Futter gibt, / den jungen Raben,
wonach sie schreien. 10 Die Kraft
eines Pferdes beeindruckt ihn
nicht, / die Muskeln des Mannes
lassen ihn kalt. 11 Doch die, die ihn
fürchten, gefallen Jahwe; / die, die
seiner Güte vertrauen.
12 Jerusalem, lobe Jahwe, / Zion,
preise deinen Gott! 13 Er macht die
Riegel deiner Tore fest / und segnet
die Kinder in dir. 14 Er schafft
Frieden in deinem Gebiet, / mit
bestem Weizen macht er dich satt.
15 Er sendet sein Wort auf die Erde, /
sehr schnell kommt es ans Ziel. 16 Er
breitet den Schnee wie Wolle aus /
und streut den Reif wie den Staub.
17 In Brocken wirft er sein Eis
herab. / Wer kann bestehen vor
seinem Frost?
18 Dann schickt er ein Wort, / und
alles schmilzt weg; / die Wasser
rinnen, / wenn sein Wind weht. 19 Er
hat Jakob sein Wort offenbart, / Israel
seine Gesetze geschenkt. 20 Das hat er
mit keinem Volk sonst gemacht, / sie
kennen seine Rechtsordnungen nicht.

Halleluja, preist Jahwe!

Alles soll Gott loben

148 1 Halleluja, preist Jahwe!
Lobt Jahwe vom
Himmel her, / lobt ihn in den Höhen!
2 Lobt ihn, alle seine Engel! / Lobe
ihn, du himmlisches Heer! 3 Lobt
ihn, Sonne und Mond! / Lobt ihn, ihr
leuchtenden Sterne! 4 Lobt ihn, ihr
allerhöchsten Himmel / und das
Wasser da oben am Firmament!
5 Sie alle sollen loben den Namen
Jahwes, / denn sie alle entstanden
durch sein Gebot. 6 Er stellte sie hin
für ewige Zeit, / gab ihnen ein Ge-
setz, das keiner je bricht.
7 Lobt Jahwe auch von der Erde
her, / ihr Meeresriesen und ihr tiefen

Ozeane, 8 Feuer, Hagel, Nebel und
Schnee; / du Sturmwind, der sein
Wort ausführt; 9 ihr Berge und
Hügel, / Fruchtbäume und Zedern,
10 ihr wilden Tiere und ihr Weidevieh, /
ihr Vögel und alles Gewürm; 11 ihr
Könige der Erde und ihr Völker
alle, / ihr Oberen und ihr Richter
der Welt; 12 ihr jungen Männer und
Frauen, / ihr Alten mit den Jungen!
13 Loben sollen sie den Namen
Jahwes! / Denn nur sein Name ist
immer erhöht. / Über Himmel und
Erde ragt sein Ruhm! 14 Er hat seinem
Volk einen Starken* geschenkt, / zum
Loblied für all seine Treuen, / für die
Israeliten, die ihm so nahe stehn.

Halleluja, preist Jahwe!

Siegesgesang

149 1 Halleluja, preist
Jahwe!
Singt Jahwe ein neues Lied, / sein
Lob in der Gemeinschaft seiner
Getreuen. 2 Es freue sich Israel an
seinem Schöpfer, / über ihren König
sollen die Kinder der Zionsstadt
jubeln. 3 Seinen Namen sollen sie
loben beim Reigentanz, / ihm
aufspielen mit Handpauke und
Zither.
4 Denn Jahwe hat Gefallen an
seinem Volk, / er schmückt die
Gebeugten mit Heil. 5 Seine Treuen
sollen sich in Herrlichkeit freuen, / in
Jubel ausbrechen auf ihren Lagern!
6 Lob Gottes sei in ihrem Mund /
und ein zweischneidiges Schwert in
ihrer Hand;
7 um Vergeltung an den Völkern zu
vollziehen, / Gottes Gerichte an den
Nationen; 8 um ihre Könige mit
Ketten zu binden, / ihre Edlen mit
eisernen Fesseln, 9 um an ihnen zu
vollstrecken geschriebenes Recht! /
Das ist eine Ehre für seine Getreuen!

Halleluja, preist Jahwe!

Das große Halleluja

150 1 Halleluja, preist
Jahwe! Lobt Gott in
seinem Heiligtum! / Lobt ihn in
seiner himmlischen Macht!
2 Lobt ihn für sein gewaltiges Tun! /
Lobt ihn für seine große Majestät.
3 Lobt ihn mit dem Ton des
Widderhorns, / mit Harfen
und mit Lautenklang! 4 Lobt ihn
mit Tamburin und Reigentanz, /
mit Flöten und mit Saitenspiel!
5 Lobt ihn mit dem Schall von
Becken / und mit hellem
Zimbelton!
6 Alles, was atmet, lobe Jahwe!
Halleluja, preist Jahwe!

148,14 *Starken.* Wörtlich: *Horn*, was hier einen Starken symbolisiert, einen König.

Sprichwörter

Das Buch der Sprichwörter ist Gottes Schatzbuch der Weisheit. Es zeigt, wie das Wort Gottes auf jeden Lebensbereich angewendet werden soll: Die wahre Lebensweisheit ruht auf dem Fundament der Gottesfurcht.

Der größte Teil der Sprüche stammt von Salomo. Wahrscheinlich stellte er auch die »Sprüche der Weisen« (22,17–24,34) zusammen und fügte sie seiner Sammlung hinzu. Zur Zeit Hiskias (250 Jahre nach Salomo) lagen die Kapitel 1–24 offensichtlich schon vor. Die Sprüche Agurs und Lemuels (30–31) stammen offenbar von Nichtisraeliten. Schließlich ließ Hiskia von seinen Männern noch einige Sprüche Salomos einfügen (25–29). Die abschließende Anordnung und Zusammenstellung des Buches wird um 700 v. Chr. geschehen sein.

Einleitung

1 1 Sprichwörter von Salomo
Ben-David, / dem König von
Israel. 2 Sie lehren Weisheit und
Selbstbeherrschung, / um guten Rat
zu verstehen, 3 und Bildung zu
erlangen, / einen Sinn für Recht
und Aufrichtigkeit, / und zu leben,
wie es Gott gefällt, 4 Unerfahrenen
geben sie Klugheit, / jungen Menschen
Wissen und Vernunft. 5 Der Kluge
hört zu und mehrt seine Kenntnis, /
der Erfahrene lernt Führungskunst,
6 versteht Bildrede und Spruch, /
Rätsel der Weisen und ihr Wort.
7 Der Anfang der Erkenntnis ist
Ehrfurcht vor Jahwe. / Nur Dumme
verachten Weisheit und Zucht.

Warnung vor Verführung (Lektion 1)

8 Höre, mein Sohn, auf die Mahnung
des Vaters, / verwirf die Weisung
deiner Mutter nicht! 9 Denn sie sind
wie ein Schmuck für den Kopf, /
wie eine schöne Kette für den Hals.
10 Mein Sohn, wenn Sünder dich
beschwatzen, / dann geh nicht darauf
ein! 11 Wenn sie sagen: »Komm mit
uns! / Wir liegen im Hinterhalt und
lauern auf Blut, / wir stellen den
Ahnungslosen nach, einfach so!
12 Wir verschlingen sie wie der Tod; /
wir reißen sie aus dem Leben, /
befördern sie ins Grab! 13 Ihr
Hab und Gut gehört dann uns, /
und wir füllen unsere Häuser damit.
14 Komm, schließ dich uns an, /
wir teilen die Beute gerecht!«
15 Geh da nicht mit, mein Sohn! /
Gib dich nicht mit solchen ab!
16 Denn sie haben nur Böses im
Sinn / und sind schnell zu einer
Bluttat bereit. 17 In den Augen aller
Vögel / ist das Fangnetz ohne Absicht
bestreut*. 18 Doch jene lauern auf
ihr eigenes Blut, / sie stellen dem
eigenen Leben nach. 19 Und so geht
es jedem, der unehrlich reich werden

1,17 *bestreut*, d.h. mit Köder.

will, / sein Raub raubt dem Räuber
das Leben.
20 Die Weisheit ruft auf der
Straße, / auf den Plätzen erschallt
ihre Stimme. 21 Man hört sie im
lärmenden Gewühl / und auch
an den Toren der Stadt:
22 »Wie lange noch, ihr Dummköpfe,
liebt ihr die Dummheit, / wie lange
gefällt den Spöttern ihr Spott /
und verachten die Narren
Erkenntnis? 23 Nehmt doch
endlich meine Mahnung an! / Dann
lass ich sprudeln meinen Geist / und
öffne den Schatz meines Wissens.
24 Immer wieder rief ich euch an, /
doch ihr habt gar nicht zugehört, /
habt die ausgestreckte Hand
missachtet, 25 wolltet die Mahnung
nicht hören / und schlugt jeden Rat
in den Wind. 26 Doch wenn das
Unglück kommt, werde ich lachen. /
Dann spotte ich über euch, 27 wenn
das, was ihr fürchtet, wie ein Sturm
über euch kommt, / wenn ihr bedrängt
seid von Angst und Schrecken.
28 Dann schreit ihr nach mir, doch
ich antworte nicht, / dann sucht ihr
mich, doch ihr findet mich nicht.
29 Weil sie jede Einsicht hassten /
und es ablehnten, Jahwe zu fürchten,
30 weil sie meinen Rat nicht wollten /
und meine Mahnung verschmähten,
31 darum sollen sie essen,
was sie sich eingebrockt haben, /
sollen satt werden am eigenen Rat.
32 Denn Sturheit bringt die
Beschränkten um, /
die Dummen vernichtet ihre
Sorglosigkeit. 33 Doch wer auf
mich hört, hat nichts zu befürchten, /
kann ohne Angst vor Unglück
sein.«

Die Suche nach Weisheit (Lektion 2)

2 1 Mein Sohn, wenn du meine
Worte annimmst / und meine
Gebote bei dir verwahrst, 2 wenn du
der Weisheit dein Ohr leihst / und
dem Verstehen zugeneigt bist, 3 ja,
wenn du um Verstand betest / und
um Einsicht flehst, 4 wenn du sie
suchst wie Silber, / ihnen nachspürst
wie einem wertvollen Schatz, 5 dann
wirst du die Ehrfurcht begreifen, /
die man vor Jahwe haben muss, / und
wirst anfangen, Gott zu erkennen.
6 Denn Jahwe gibt Weisheit, / von
ihm kommem Erkenntnis und
Verstand. 7 Den Aufrichtigen hält er
Hilfe bereit, / und für die Redlichen
ist er ein Schild. 8 Um die Wege des
Rechts zu bewahren, / beschützt er
die, die ihm treu sind.
9 Dann wirst du verstehen, was
Recht und Gerechtigkeit ist, /
Aufrichtigkeit und ein guter Weg.
10 Denn Weisheit wird in dein Herz
einziehen / und Erkenntnis beglückt
deine Seele. 11 Besonnenheit wacht
über dir / und Verständigkeit behütet
dich.
12 Das wird dich retten vom Weg
des Bösen, / von denen, die die
Wahrheit verdrehen, 13 die den
geraden Weg verlassen / und auf
finsteren Abwegen sind; 14 von
denen, die sich freuen, Böses zu tun, /
die jubeln über böse Verkehrtheit,
15 die krumme Wege gehen / und
deren Pfad nur in die Irre führt.
16 Das wird dich retten vor der
fremden Frau, / der Verführerin, die
dir schmeichelt, 17 die den Vertrauten
ihrer Jugend verlässt / und den Bund
ihres Gottes vergisst. 18 Ihr Haus

sinkt hinab in die Totenwelt, / und
ihr Weg führt sie zu den Schatten.
19 Wer zu ihr geht, kehrt nie mehr
zurück, / er findet den Weg zum
Leben nicht wieder.

20 Darum geh du auf dem Weg der
Guten / und führe ein Leben, das
Gott gefällt. 21 Denn die Gerechten
bewohnen das Land, / und die
Aufrichtigen bleiben darin. 22 Aber
die Gesetzlosen werden beseitigt, /
die Treulosen jätet man aus.

Vertrauen und Gehorsam (Lektion 3)

3 1 Mein Sohn, vergiss meine
Weisung nicht, / behalte meine
Vorschriften im Herzen! 2 Sie geben
dir ein langes Leben / und sichern dir
Jahre im Frieden. 3 Nie sollen dich
Liebe und Treue verlassen, / binde
sie um deinen Hals und schließe sie
in dein Herz! 4 So findest du Gunst
und Anerkennung / bei Gott und den
Menschen.

5 Vertraue Jahwe mit ganzem
Herzen / und stütze dich nicht auf
deinen Verstand! 6 Such ihn zu
erkennen bei dem, was du tust, /
dann räumt er dir die Hürden aus
dem Weg!

7 Halte dich nicht selbst für klug, /
sondern fürchte Jahwe und meide das
Böse! 8 Das ist Heilung und Wohltat
für dich.

9 Ehre Jahwe mit deinem Besitz, /
mit dem Besten von dem, was du
erntest. 10 Dann füllen sich deine
Scheunen mit Korn / und deine
Fässer mit jungem Wein.

Der Nutzen der Weisheit (Lektion 4)

11 Mein Sohn, verachte nicht die
Belehrung Jahwes, / sei nicht
unwillig, wenn er dich ermahnt.
12 Denn wen Jahwe liebt, den erzieht
er streng, / wie der Vater den Sohn,
den er gern hat.*

13 Wie glücklich ist der, der Weisheit
fand, / der Mann, der Verständnis
erwarb. 14 Denn Weisheit besitzen ist
besser als Geld / und besser, als Gold
zu gewinnen. 15 Sie ist viel kostbarer
als Perlen, / dein ganzer Schmuck
kommt ihr nicht gleich. 16 In der
rechten Hand bietet sie langes
Leben / und in ihrer linken Reichtum
und Ehre. 17 Ihre Wege sind Wege
der Freude / und ihre Pfade führen
zum Glück. 18 Sie ist ein Lebensbaum
für den, der sie ergreift, / wer an ihr
festhält, ist glücklich zu preisen.

19 Durch Weisheit hat Jahwe die
Erde gegründet, / durch Verstand
den Himmel befestigt. 20 Sein Wissen
brachte die Meere hervor / ließ
Regen aus den Wolken fallen.

Die Weisheit im täglichen Leben (Lektion 5)

21 Mein Sohn, verliere es nicht aus
den Augen, / bewahre Umsicht und
Besonnenheit! 22 Sie sind das Leben
für dich / und ein schöner Schmuck
für deinen Hals. 23 Dann gehst du
sicher deinen Weg, / dein Fuß stößt
nirgends an. 24 Wenn du dich
hinlegst, schreckst du nicht auf, /
legst du dich nieder, erfrischt dich

3,12 Wird im Neuen Testament vom Hebräerbrief nach der LXX zitiert: Hebräer 12,5-6.

dein Schlaf. 25 Du fürchtest dich
nicht vor plötzlichem Schrecken, /
dem Grauen, das über Gottlose
kommt. 26 Denn Jahwe steht dir
bei, / er bewahrt deinen Fuß vor
der Falle.

27 Versage keine Wohltat dem, der
sie braucht. / Wenn du helfen kannst,
dann tue es auch! 28 Sag nicht zu
deinem Nächsten: »Komm später
wieder, / morgen gebe ich es dir!«,
wo du jetzt schon helfen kannst.

29 Plane nichts Böses gegen deinen
Nächsten, / der vertrauensvoll
neben dir wohnt! 30 Geh mit keinem
grundlos vor Gericht, / wenn er dir
nichts Böses tat.

31 Beneide Gewalttätige nicht, /
wähle keinen ihrer Wege! 32 Denn
Jahwe verabscheut den, der auf
Abwegen geht. / Doch dem
Aufrechten schenkt er Vertrauen.

33 Auf dem Haus des Gottlosen liegt
der Fluch Jahwes, / doch die
Wohnung des Gerechten* segnet er.

34 Ja, mit Spöttern treibt er Spott, /
aber den Demütigen erweist er
Gnade.*

35 Weise kommen zu Ehren, /
Dummköpfe tragen Schande davon.

Weisheit – der beste Erwerb (Lektion 6)

4 1 Hört, ihr Söhne, auf die
Mahnung des Vaters, / merkt auf,
damit ihr Einsicht lernt, 2 denn gute
Lehre gebe ich euch! / Schiebt meine
Weisung nicht weg!

3 Als ich ein kleiner Junge war, /
zart und einzig vor meiner Mutter, /
da hat mein Vater mich schon
unterwiesen. 4 Er sagte: Präg dir
meine Worte ein! / Bewahre meine
Gebote und lebe danach! 5 Erwirb dir
Weisheit und Verstand! / Vergiss sie
nicht und richte dich nach dem, was
ich sage! 6 Verlass die Weisheit nicht,
sie wird dich behüten! / Liebe sie, so
beschützt sie dich. 7 Weisheit fängt
mit Weisheit an. Erwirb sie dir! /
Erwirb Verstand mit allem, was du
hast! 8 Schmiege dich an sie, dann
wird sie dich erhöhen, / umarme sie,
dann bringt sie dich zu Ehren! 9 Sie
setzt einen schönen Kranz auf deinen
Kopf, / eine prächtige Krone schenkt
sie dir.

Weisheit – der sicherste Weg (Lektion 7)

10 Höre, mein Sohn, nimm an, was
ich sage, / dann mehren sich dir die
Jahre des Lebens. 11 Im Weg der
Weisheit unterweise ich dich, / ich
leite dich auf ebener Bahn. 12 Wenn
du gehst, wird dein Schritt nicht
gehemmt, / wenn du läufst, dann
stolperst du nicht. 13 Halte an deiner
Erziehung fest, verleugne sie nicht, /
bewahre sie, denn sie ist dein Leben!
14 Komm nicht auf die Bahn der
Gesetzlosigkeit, / den Weg der Bösen
betrete nie! 15 Vermeide ihn, betritt
ihn nicht, / wende dich von ihm ab
und gehe vorbei! 16 Denn sie schlafen

3,33 Der *Gerechte* im Alten Testament ist ein Mensch, der mit Gott und Menschen im richtigen Verhältnis lebt und sich nach Gottes Geboten richtet. Er steht im Gegensatz zu dem, der sich an Gott und Menschen schuldig macht, dem Gottlosen in Gottes Volk.

3,34 Wird im Neuen Testament von Petrus und Jakobus nach der LXX zitiert: Jakobus 4,6; 1. Petrus 5,5.

nicht, wenn sie nichts Böses getan, /
es raubt ihnen den Schlaf, wenn sie
keinen zu Fall gebracht haben.
17 Unrecht ist ihr tägliches Brot, /
Gewalt der Wein, den sie trinken.
18 Doch der Pfad der Gerechten
ist wie das Morgenlicht, / es strahlt
immer heller bis zum vollen Tag.
19 Der Weg der Gottlosen ist wie das
Dunkel, / sie wissen nicht, worüber
sie gestolpert sind.

Weisheit – Hilfe zum Leben (Lektion 8)

20 Mein Sohn, achte auf meine
Worte / und hör mir gut zu! 21 Lass
sie nicht aus den Augen, / bewahre
sie in Herz und Sinn! 22 Denn sie
sind Leben für die, die sie finden, /
und Gesundheit für den ganzen
Leib.
23 Mehr als alles hüte dein Herz, /
denn aus ihm strömt das Leben.
24 Entferne Unwahrheit aus deinem
Mund, / die Falschheit von deinen
Lippen! 25 Deine Augen sollen
geradeaus schauen, / dein Blick
gehe nach vorn. 26 Ebne die Bahn
für deinen Fuß, / damit du feste
Wege hast. 27 Biege nicht ab, weder
rechts noch links, / halte deinen
Fuß vom Bösen fern!

Warnung vor der Verführerin (Lektion 9)

5 1 Mein Sohn, höre meiner
Weisheit willig zu / und nimm
meine Einsicht zur Kenntnis,
2 beachte diese Gedanken, / dass
deine Rede das Wissen bewahrt.
3 Denn mit honigsüßen Worten
lockt sie dich, die fremde Frau, / ihr
Gaumen ist glatter als Öl, 4 doch
zuletzt ist sie bitter wie Wermut*, /
scharf wie ein zweischneidiges
Schwert. 5 Ihre Füße steigen nieder
zum Tod, / ihre Schritte streben dem
Totenreich zu. 6 Damit du den Weg
zum Leben nicht siehst, / lenkt sie
dich ab, ohne dass du es merkst.
7 Und nun, ihr Söhne, hört auf
mich! / Schlagt meine Warnungen
nicht in den Wind! 8 Geh solch einer
Frau aus dem Weg, / komm nicht in
die Nähe ihres Hauseingangs!
9 Sonst überlässt du anderen deine
Kraft, / einem Grausamen all deine
Jahre. 10 Sonst leben andere von
deinem Vermögen, / Fremde besitzen
dann, was du erarbeitet hast. 11 Und
du stöhnst an deinem Ende, / wenn
dein Fleisch und dein Leib sich
verzehren 12 und wenn du jammerst:
»Warum habe ich nur die Erziehung
gehasst? / Weshalb habe ich die
Mahnung verachtet? 13 Hätte ich
doch aufgepasst / und auf meine
Lehrer gehört! 14 Fast wäre ich vor
aller Öffentlichkeit / ins Unglück
geraten.«
15 Trink Wasser aus deiner eigenen
Zisterne, / Wasser, das aus deinem
Brunnen quillt. 16 Sollen deine
Quellen auf die Straße fließen, /
deine Bäche auf die Plätze der Stadt?
17 Dir allein soll sie gehören, /
keinem Fremden neben dir. 18 Deine
Quelle sei gesegnet! / Freu dich an
der Frau deiner Jugend! 19 Die
liebreizende Gazelle, / das anmutige
Reh – ihre Brüste sollen dich immer

5,4 *Wermut.* Heilpflanze, deren bittere Aromastoffe auch für Getränke verwendet werden, zum Beispiel in Wermutwein..

berauschen, / ihre Liebe bezaubere
dich stets! 20 Warum willst du dich
mit einer Fremden vergnügen, /
warum die Brüste einer Unbekannten
umschlingen?
21 Denn Jahwe hat die Wege des
Menschen im Blick, / auf seine Pfade
gibt er acht. 22 Die eigenen Sünden
fangen den Gottlosen ein, / die
Stricke seiner Sünde fesseln ihn
selbst. 23 Er wird sterben aus Mangel
an Zucht, / seine große Dummheit
bringt ihn ins Grab.

Vier Gefahren (Lektion 10)

6 1 Mein Sohn, hast du für deinen
Nächsten gebürgt, / dich
einem Fremden mit Handschlag
verpflichtet, 2 hast du dich durch
deine Worte gebunden, / dich
gefesselt durch das, was du sagtest?
3 Dann tue dies, mein Sohn: Reiß
dich los! / Denn ein andrer hat dich
in seiner Gewalt. / Geh unverzüglich
hin und bestürme ihn mit Bitten!
4 Gönne deinen Augen keinen
Schlaf / und deinen Lidern keine
Ruhe – 5 bis du ihm entkommen bist
wie die Gazelle dem Jäger, / wie der
Vogel dem Zugriff des Fängers.
6 Geh zur Ameise, du Fauler, / sieh,
was sie tut und lerne von ihr! 7 Kein
Vorgesetzter treibt sie an, 8 und doch
sorgt sie im Sommer für Nahrung, /
sammelt ihre Vorräte zur Erntezeit.
9 Wie lange willst du noch liegen, du
Fauler? / Wann stehst du endlich auf?
10 Nur noch ein wenig Schlaf, nur noch
ein bisschen Schlummer, / nur noch
ein wenig liegen, die Hände gefaltet,
11 und schon kommt dir die Armut ins
Haus! Wie ein Landstreicher, / ja, wie
ein Räuber überfällt dich die Not.
12 Ein Schuft, ein Bösewicht ist, /
wer Lügen verbreitet, 13 wer mit
den Augen zwinkert, / mit den
Füßen Zeichen gibt, / mit Fingern
Andeutungen macht, 14 wer ein Herz
voller Falschheit hat, / mit bösen
Plänen darin, / undimmer einen
Streit anfacht. 15 Darum nimmt er
ein schreckliches Ende, / plötzlich
wird er zerschmettert / und nichts
kann ihn retten.
16 Sechs Dinge sind Jahwe
verhasst, / und sieben sind ihm
ein Gräuel: 17 stolze Augen, falsche
Zunge / und Hände, die Unschuldige
töten, 18 ein Herz, das böse
Gedanken durchpflügt, / Füße, die
dem Verbrechen nachlaufen, 19 ein
falscher Zeuge, der Lügen in die
Ohren bläst, / und einer, der Zank
zwischen Brüdern entfacht.

Warnung vor Ehebruch (Lektion 11)

20 Bewahre, mein Sohn, das Gebot
deines Vaters, / verwirf die Weisung
deiner Mutter nicht! 21 Nimm sie dir
zu Herzen, / binde sie um deinen
Hals. 22 Beim Gehen soll es dich
leiten, / beim Liegen dich beschützen /
und beim Wachwerden dir raten.
23 Denn das Gebot ist wie eine
Leuchte, / die Weisung wie ein
Licht, / und die ermahnende
Erziehung ist ein Weg zum Leben,
24 um dich zu schützen vor der
schlechten Frau, / der glatten Zunge
der Fremden. 25 Begehre nicht ihre
Schönheit / und falle nicht herein,
wenn sie dir schöne Augen macht.
26 Denn eine Hure bringt dich nur
ums Brot, / doch eines anderen
Ehefrau um dein kostbares Leben.

27 Kann man Feuer im Gewand-
bausch tragen, / ohne dass die
Kleidung verbrennt? 28 Kann man
über Kohlenglut laufen / und
versengt sich nicht die Füße dabei?
29 So geht es dem, der zur Frau eines
anderen geht. / Wer mit ihr schläft,
der bleibt nicht ungestraft.

30 Man verachtet den Dieb nicht,
wenn er stiehlt, / um sein Verlangen
zu stillen, weil der Hunger ihn treibt.
31 Wird er ertappt, muss er es
ersetzen, / siebenfach, mit der
ganzen Habe seines Hauses. 32 Doch
wer mit der Frau eines anderen
Ehebruch treibt, / muss den Verstand
verloren haben. / Nur wer sich
selbst vernichten will, / lässt sich
auf so etwas ein. 33 Schläge und
Schande bringt es ihm ein / und
unauslöschbare Schmach.

34 Denn Eifersucht weckt die Wut
des Ehemanns; / hat er zur Rache
Gelegenheit, verschont er dich
nicht. 35 Er lässt sich auf keine
Entschädigung ein, / bleibt
unerbittlich, selbst wenn du
ihn mit Geld überhäufst.

Lass dich nicht verführen! (Lektion 12)

7 1 Mein Sohn, bewahre meine
Worte / und hüte meine
Weisung wie einen Schatz! 2 Achte
auf meine Gebote, dass du lebst; /
hüte sie wie deinen Augapfel. 3 Binde
sie um deine Finger, / schreibe sie
tief in dein Herz! 4 Nenn die Weisheit
deine Schwester / und lass die Ein-
sicht deine Freundin sein, 5 dass sie
dich bewahre vor der Frau eines
andern, / vor der Fremden, die dich
umschmeichelt.

6 Einmal stand ich am Fenster /
und blickte durch die Gitter hinaus.
7 Da sah ich eine Gruppe junger
Männer, Unerfahrene, / und dabei
einen Burschen ohne Verstand.
8 Er ging über die Straße, bog um die
Ecke / und nahm den Weg zu ihrem
Haus. 9 Es war schon in der
Dämmerung, / beim Einbruch der
Nacht, wenn es dunkel wird.
10 Schau, da kommt eine Frau ihm
entgegen, / wie eine Hure geputzt, /
ihre Absicht versteckt.
11 Leidenschaftlich ist sie und
hemmungslos; / es hält sie nicht in
ihrem Haus. 12 Bald ist sie draußen,
bald auf den Plätzen, / an allen
Straßenecken lauert sie. 13 Da greift
sie ihn und küsst ihn ab / und spricht
ihn herausfordernd an:

14 »Ich musste heute ein Freuden-
opfer* bringen, / nun habe ich mein
Versprechen erfüllt. 15 Darum kam
ich heraus, dir zu begegnen, / ich hab
dich gesucht und gefunden.
16 Ich habe mein Bett mit Tüchern
bezogen, / mit bunten ägyptischen
Leinen, 17 und ich habe es mit
Myrrhe besprengt, / mit Aloë und
Zimt. 18 Komm, wir lieben uns die
ganze Nacht, / wir berauschen uns
an Liebeslust! 19 Denn mein Mann ist
nicht zu Hause, / er ist auf Reisen,
sehr weit fort. 20 Den Geldbeutel hat
er mit sich genommen. / Zum

7,14 Beim *Freudenopfer* wurde im Gegensatz zum Brandopfer nur das Fett auf dem Altar verbrannt. Der größte Teil des Tieres durfte bei einer fröhlichen Opfermahlzeit gemeinsam mit Verwandten und Freunden verzehrt werden.

Vollmondstag erst kommt er nach
Haus.«
21 Mit solchen Worten verleitet sie
ihn, / verführt ihn mit schmeicheln-
den Lippen. 22 Er folgt ihr sofort, /
wie ein Ochse, den man zum
Schlachten führt, / wie ein Hirsch,
den das Fangseil umschlingt,
23 bis ein Pfeil seine Leber zerreißt /
und er wie ein Vogel im Fangnetz
hängt. / Er weiß nicht, dass es um
sein Leben geht.
24 Hört mir zu, ihr jungen
Männer! / Merkt euch gut, was ich
sage! 25 Lasst euch von solch einer
Frau nicht verführen, / irrt nicht auf
ihren Wegen umher! 26 Denn sie hat
schon viele gefällt und erschlagen, /
die Zahl ihrer Todesopfer ist hoch!
27 Ihr Haus ist ein Weg zum Scheol*
hinab, / er führt in die Kammern des
Todes.

Ruf der Weisheit (Lektion 13)

8 1 Hört doch, wie die Weisheit
ruft, / wie die Einsicht ihre
Stimme erhebt! 2 Sie steht an den
Straßen, dass jeder sie sieht, / sie hat
sich an die Kreuzungen gestellt, 3 sie
hält sich an den Stadttoren auf / und
ruft an den Eingängen laut: 4 »Euch,
ihr Leute, lade ich ein! / An alle
Menschen wende ich mich. 5 Ihr
Anfänger, lernt, was Klugheit ist! /
Ihr Tagträumer, werdet endlich wach!
6 Hört zu, ich gebe euch einen
wertvollen Rat! / Die Wahrheitsliebe
öffnet mir den Mund. 7 Was ich sage,
ist nichts als die Wahrheit, / denn ich
verabscheue Gesetzlosigkeit. 8 Alle
meine Worte sind recht, / keins
davon ist hinterlistig und falsch.
9 Dem Einsichtigen sind sie alle
recht / und dem, der sie verstehen
will, klar. 10 Sucht meine Unter-
weisung und nicht Silberschmuck! /
Nehmt Erkenntnis lieber an als reines
Gold! 11 Weisheit ist besser als kost-
bare Perlen, / alle Juwelen ersetzen
sie nicht.«
12 Ich, die Weisheit, bin mit der
Klugheit im Bund. / Durch Umsicht
finde ich Erkenntnis und Rat.
13 Jahwe zu ehren heißt Böses zu
hassen. / Ja, ich hasse Hochmut und
Stolz / und unrechtes Tun / und
einen Mund, der die Worte verdreht.
14 Bei mir ist Hilfe und Rat. / Ich
habe Einsicht und habe auch Macht.
15 Könige regieren durch mich / und
Herrscher entscheiden gerecht.
16 Durch mich versehen die Oberen
ihr Amt, / die Vornehmen und die
Verwalter des Rechts.
17 Ich liebe, die mich lieben; /
und die mich suchen, finden mich.
18 Ich biete Reichtum und Ehre, /
bleibendes Gut und gerechten Lohn.
19 Was ihr von mir bekommt, ist
besser als das reinste Gold / und
wertvoller als erlesenes Silber. 20 Ich
gehe den Weg der Gerechtigkeit /
und zwar mitten auf der Straße des
Rechts. 21 Denen, die mich lieben,
gebe ich, was bleibt, / und ihre
Häuser fülle ich.
22 Bevor alles anfing, besaß mich
Jahwe, / vor seinen Werken, vor
aller Zeit. 23 Schon ewig war ich
eingesetzt, von Anfang an, / noch
vor Beginn der Welt. 24 Als noch
keine Meere waren, wurde ich

7,27 *Scheol.* Der hebräische Begriff meint den Ort der Toten.

geboren, / als es noch keine wasser-
reichen Quellen gab. 25 Noch vor den
Hügeln wurde ich geboren; / die
Berge waren noch nicht eingesenkt,
26 die Erde hatte er noch nicht
gemacht, / das feste Land und seine
Felder. 27 Als er den Himmel wölbte,
war ich dabei, / als er den Kreis des
Horizonts abmaß über dem Meer,
28 als er die Wolken hoch oben
zusammenzog / und die Quellen aus
der Tiefe sprudeln ließ; 29 als er das
Meer in seine Schranken wies, / die
es nicht überschreiten darf, / als er
die Fundamente der Erde abmaß,
30 da war ich als geliebtes Kind bei
ihm. / Ich war seine Freude Tag für
Tag / und spielte vor ihm allezeit.
31 Ich spielte auf dem Rund seiner
Erde, / und es war meine Freude, bei
den Menschen zu sein.

32 Nun denn, ihr jungen Leute,
hört auf mich! / Wie glücklich sind
alle, die auf meinen Wegen gehen!
33 Hört auf die Mahnung, und schlagt
sie nicht in den Wind! / Hört darauf
und werdet klug! 34 Wie glücklich ist
der, der auf mich hört, / der Tag und
Nacht vor meinen Türen steht, / der
in meinem Torweg wacht.
35 Denn wer mich findet, hat Leben
gefunden / und das Wohlgefallen
Jahwes. 36 Doch wer mich verfehlt,
schadet sich selbst. / Alle, die mich
hassen, lieben den Tod.

Frau Weisheit und Frau Torheit laden zu Gast (Zusammenfassung)

9 1 Die Weisheit hat ihr Haus
gebaut, / hat es mit sieben
Säulen ausgeschmückt. 2 Sie hat ihr
Vieh geschlachtet, ihren Wein
gemischt / und auch schon ihren
Tisch gedeckt. 3 Nun schickt sie ihre
Dienstmädchen / auf den Marktplatz
der Stadt: 4 »Wer unerfahren ist, der
kehre hier ein! / Wer etwas lernen
will, ist eingeladen!« / So rufen sie
aus. 5 »Kommt und esst von meinem
Brot / und trinkt von meinem guten
Wein! 6 Lasst ab von eurer Dummheit,
wählt doch das Leben, / und geht auf
dem Weg des Verstands!«

7 Wer einen Spötter ermahnt,
erntet nur Schimpf; / und wer einen
Gesetzlosen rügt, kriegt sein Teil
davon ab. 8 Ermahne einen Spötter
nicht, sonst hasst er dich nur! /
Ermahne den Weisen, er liebt dich
dafür! 9 Unterrichte den Weisen,
dann wird er noch weiser; / belehre
den Gerechten, so lernt er noch
mehr! 10 Der Anfang aller Weisheit
ist Ehrfurcht vor Jahwe. / Den
Heiligen erkennen, das ist Verstand.
11 Denn durch mich werden deine
Jahre vermehrt, / durch mich
verlängert sich dein Leben. 12 Wenn
du weise bist, dann hast du selbst
etwas davon. / Und wenn du ein
Spötter bist, musst du die Folgen
selbst tragen.

13 Frau Torheit ist eine schamlose
Frau / und hat nie etwas erkannt!
14 Da sitzt sie an ihrem Haus-
eingang, / sie thront auf dem
Marktplatz der Stadt, 15 um
einzuladen, den, der vorübergeht, /
der einen geraden Weg verfolgt:

16 »Wer unerfahren ist, der kehre
hier ein! / Wer etwas lernen will, ist
eingeladen! 17 Gestohlenes Wasser
ist süß, / und heimlich entwendetes
Brot, / das schmeckt besonders gut!«

18 Doch wer ihr folgt, weiß nicht,
dass dort die Schatten hausen, / denn

die Geister der Toten sind bei ihr zu Gast.

Sprichwörter Salomos

10 1 Es folgen Sprichwörter Salomos.

Ein kluger Sohn ist Vaters Glück, / doch ein dummer ist Mutters Kummer.

2 Unrecht Gut gedeiht nicht gut, / doch Gerechtigkeit rettet vom Tod.

3 Jahwe lässt keinen verhungern, der gottgefällig lebt, / doch die Gier der Gottlosen stößt er zurück.

4 Wer lässig schafft, wird arm, / doch fleißige Hände machen reich.

5 Wer im Sommer sammelt, ist ein kluger Sohn, / doch wer die Ernte verschläft, hat Verachtung verdient.

6 Das Haupt des Gerechten ist mit Segen gekrönt, / doch im Mund des Gottlosen versteckt sich Gewalt.

7 Das Andenken des Gerechten ist Segen, / doch der Name des Gottlosen verwest.

8 Ein weiser Mensch nimmt Weisungen an, / doch wer Unsinn redet, kommt zu Fall.

9 Wer ehrlich ist, tritt sicher auf, / doch wer krumme Wege geht, fängt zu schwitzen an.

10 Wer böswillig zwinkert, verursacht nur Leid, / und wer Unsinn redet, kommt zu Fall.

11 Der Mund des Gerechten ist eine Quelle des Lebens, / doch im Mund eines Gottlosen versteckt sich Gewalt.

12 Hass verlangt nach Streit, / doch Liebe deckt alle Vergehen zu.

13 Auf den Lippen des Verständigen findet man Weisheit, / auf dem Rücken des Unverständigen einen Stock.

14 Weise sparen ihr Wissen auf, / Narren reden schnell Unheil herbei.

15 Für den Reichen ist der Besitz eine sichere Burg, / für den Armen führt Armut zum Untergang.

16 Der Verdienst des Gerechten erhält ihn am Leben, / der Gottlose gibt das Geld zum Sündigen aus.

17 Wer auf Mahnungen hört, ist auf dem Weg zum Leben, / wer sie verachtet, ist auf einer falschen Spur.

18 Wer den Hass versteckt, muss lügen, / doch wer Verleumdung ausstreut, ist verrückt.

19 Wo viele Worte sind, geht es ohne Sünde nicht ab, / doch wer die Zunge im Zaum hält, ist klug.

20 Die Worte des Gerechten sind wie erlesenes Silber, / doch das Gewissen eines Gesetzlosen ist wenig wert.

21 Das Reden des Gerechten macht viele Menschen satt, / doch ein Dummkopf stirbt durch Unverstand.

22 Wohlstand kommt durch den Segen Jahwes, / eigenes Mühen vergrößert ihn nicht.

23 Nur dem Dummen machen Schandtaten Spaß, / ein Verständiger erfreut sich an Weisheit.

24 Was der Gottlose fürchtet, kommt über ihn, / doch der Gerechte bekommt, was er wünscht.

25 Ist der Sturm vorüber, ist der Gottlose nicht mehr da, / doch der Gerechte steht immer auf festem Grund.

26 Wie Essig für die Zähne und Rauch für die Augen / ist ein Fauler für den, der ihn zur Arbeit schickt.

27 Wer Jahwe ehrt, wird länger
leben, / wer ihn missachtet, verkürzt
seine Zeit.
28 Der Gerechte kann Freude
erwarten, / doch der Gottlose hat
seine Hoffnung verspielt.
29 Wer sich an Jahwe hält, hat seine
Zuflucht in ihm, / doch wer Unrecht
tut, für den ist er der Untergang.
30 Wer lebt, wie es Gott gefällt,
hat immer sicheren Grund, / doch
wer Gott missachtet, verliert sein
Land.
31 Wer lebt, wie es Gott gefällt,
lässt Weisheit sprießen, / doch eine
falsche Zunge schneidet man ab.
32 Die Worte des Gerechten tun dir
wohl, / doch der Mund des Gottlosen
verbreitet Verkehrtheit.

11 1 Falsche Waage verabscheut
Jahwe, / nur volles Gewicht
gefällt ihm gut.
2 Kommt Übermut, dann kommt
auch Schande, / doch Weisheit ist
mit Demut verknüpft.
3 Aufrichtige werden von
Ehrlichkeit geführt; / Treulose
zerfrisst ihre Falschheit.
4 Reichtum nützt nichts, wenn
Gott zornig ist, / wer Gott gehorcht,
rettet sein Leben.
5 Dem Aufrichtigen ebnet sein
Gehorsam den Weg, / doch
Gesetzlose kommen durch ihre
Bosheit zu Fall.
6 Die Aufrichtigen rettet ihre
Treue, / die Treulosen fängt die
eigene Gier.
7 Wenn der Gottlose stirbt,
vergeht seine Hoffnung, / und seine
Erwartungen verlieren sich.
8 Der Gerechte wird aus
Bedrängnis befreit, / der Gottlose
kommt stattdessen hinein.
9 Wer Gott verachtet, verdirbt auch
seinen Nächsten, / wer lebt, wie es
Gott gefällt, wird durch Erkenntnis
befreit.
10 Geht es den Gottesfürchtigen
gut, freut sich die Stadt, / kommen
die Gottlosen um, jubelt sie auf.
11 Durch den Segen ehrlicher
Menschen kommt eine Stadt hoch, /
doch das das Gerede Gesetzloser
reißt sie herab.
12 Wer über andere lästert, hat
keinen Verstand, / doch ein
Verständiger hält seinen Mund.
13 Wer als Verleumder umherzieht,
gibt Anvertrautes preis, / doch ein
Zuverlässiger hält die Sache geheim.
14 Wo es an Führung mangelt,
zerfällt ein Volk, / Rettung kommt
durch viele Berater.
15 Wer für einen Fremden bürgt,
ist übel dran, / doch wer den Hand-
schlag hasst, ist sicher.
16 Durch Liebenswürdigkeit
kommt eine Frau zu Ehren, / durch
Tatkraft Männer zu Vermögen.
17 Wer zu anderen gütig ist, tut sich
selber wohl, / doch ein Grausamer
schneidet sich ins eigene Fleisch.
18 Unsicher ist der Gewinn des
Gottlosen; / wer lebt, wie es Gott
gefällt, erhält sicheren Lohn.
19 So gewiss die Gerechtigkeit zum
Leben führt, / so sicher führt die Jagd
nach dem Bösen zum Tod.
20 Verschlagene Menschen
verabscheut Jahwe, / doch die, die
geradlinig leben, gefallen ihm gut.
21 Die Hand darauf: Der Böse
bleibt nicht ungestraft! / Aber die

Nachkommen des Gerechten bleiben verschont.
22 Wie ein goldener Ring im Rüssel einer Sau / ist eine schöne Frau, die keinen Anstand hat.
23 Wer lebt, wie es Gott gefällt, darf lauter Gutes erwarten; / doch wer Gott missachtet, hofft nur auf Zorn.
24 Mancher teilt mit vollen Händen aus und bekommt doch immer mehr, / ein anderer spart über Gebühr und wird doch arm dabei.
25 Wer andern Gutes tut, dem geht es selber gut, / wer anderen Erfrischung gibt, wird selbst erfrischt.
26 Wer in Notzeiten Getreide zurückhält, wird von den Leuten verflucht, / wer es aber verkauft, den segnen sie.
27 Wer auf das Gute aus ist, findet Gefallen bei Gott; / wer Böses ausheckt, zieht es sich auf den Hals.
28 Wer auf sein Geld vertraut, kommt zu Fall; / doch wer lebt, wie es Gott gefällt, wird sprossen wie das frische Grün.
29 Wer seine Familie zerrüttet, steht am Schluss vor dem Nichts, / und der Dumme wird ein Sklave des Weisen.
30 Der Gerechte ist ein Baum des Lebens; / und der Weise gewinnt Menschen für sich.
31 Wer Gott mit Ehrfurcht begegnet, bekommt den Lohn schon auf Erden, / wer Gott verachtet und in Sünde lebt, erst recht.*

12 1 Wer Zurechtweisung liebt, der liebt es zu lernen, / keine Ermahnung erträgt, ist einfach nur dumm.
2 Der Gute gewinnt Gefallen bei Gott, / doch den Intriganten verurteilt Jahwe.
3 Wer Unrecht tut, hat keinen Bestand, / doch der Gerechte steht wie ein tief verwurzelter Baum.
4 Eine fleißige Frau ist eine Krone für ihren Mann, / doch eine Schlampe ist wie Fäulnis im Skelett.
5 Ein Gerechter denkt an das Recht, / ein Gesetzloser plant Betrug.
6 Das Reden von Gottlosen ist wie ein Lauern auf Blut, / doch die Worte Wahrheitsliebender retten davor.
7 Gesetzlose stürzen und sind nicht mehr, / doch das Haus der Gerechten besteht.
8 Jeder wird nach dem Maß seiner Klugheit gelobt, / doch einen Wirrkopf verachtet man.
9 Besser unbeachtet bleiben und einen Diener haben, / als ein Wichtigtuer sein, der nichts zu essen hat.
10 Den Gerechten kümmert das Wohl seines Viehs, / wer Gott verachtet, hat ein grausames Herz.
11 Wer seine Felder bestellt, hat auch genügend Brot, / doch wer Nichtigkeiten nachjagt, ist ohne Verstand.
12 Der Gottlose beneidet Böse um ihren Gewinn, / doch die Wurzel der Gerechten gibt Halt.
13 Der Böse verfängt sich im Lügengespinst, / der Gerechte entgeht der Gefahr.
14 Wer Gutes sagt, lebt auch gut davon, / und was seine Hände reifen lassen, das kehrt zu ihm zurück.

11,31 Wird im Neuen Testament von Petrus nach der LXX zitiert: 1. Petrus 4,18.

15 Ein Dummkopf hält alles, was er tut, für recht, / doch ein Weiser hört auf Rat.

16 Ein Dummkopf zeigt seinen Ärger sofort, / doch wer die Beleidigung einsteckt, ist klug.

17 Ein wahrhaftiger Zeuge fördert das Recht, / ein falscher unterstützt den Betrug.

18 Wer unbedacht schwätzt, verletzt mit dem Schwert, / doch die Worte von Weisen sind heilende Kräuter.

19 Wahrheit besteht in Ewigkeit, / Lüge vergeht in kürzester Zeit!

20 Wer Böses plant, schadet sich selbst, / wer zum Frieden rät, der kann sich freuen.

21 Kein Unheil stößt dem Gerechten zu, / doch die Gottlosen werden vom Unglück erdrückt.

22 Ein Mensch, der lügt, ist Jahwe ein Gräuel, / nur wer wahrhaftig ist, gefällt ihm wohl.

23 Ein kluger Mensch hält sein Wissen verborgen / doch ein Narr schreit seine Dummheit heraus.

24 Fleißige werden die Herrschaft erringen, / Faule müssen Zwangsarbeit tun.

25 Sorgen drücken einen Menschen nieder, / doch ein gutes Wort richtet ihn auf.

26 Der Gerechte zeigt seinem Freund den Weg, / wer Gott verachtet, geht in die Irre.

27 Wer lässig ist, fängt nie ein Wild, / doch der Fleißige schafft bleibenden Besitz.

28 Wer Gott gehorcht, findet das Leben. / Auf diesem Weg gibt es keinen Tod.

13 1 Ein verständiger Sohn hört, wenn er zurechtgewiesen wird, / doch der Spötter hört nicht auf die Ermahnung.

2 Vom Ertrag seiner Worte kann ein Mann gut leben, / gemeine Menschen aber lieben die Gewalt.

3 Wer den Mund hält, bewahrt sein Leben, / wer ihn aufreißt, dem droht Verderben.

4 Ein fauler Mensch hat viele Wünsche, erreicht aber nichts, / doch der Fleißige erfüllt sie sich.

5 Wer Gott gehorcht, hasst Lug und Trug, / wer Gott verachtet, bringt Schande und Spott.

6 Gottesfurcht bewahrt die Ehrlichen, / Gesetzlosigkeit bringt die Sünder zu Fall.

7 Mancher stellt sich reich und hat doch nichts; / mancher stellt sich arm und ist steinreich.

8 Ein Reicher kann Lösegeld für sein Leben bezahlen, / doch ein Armer wird gar nicht erst erpresst.

9 Das Licht der Gerechten strahlt hell, / doch die Lampe der Gottlosen erlischt.

10 Übermut bringt nichts als Streit, / doch wer sich beraten lässt, ist klug.

11 Vermögen aus dem Nichts verliert sich bald, / doch wer allmählich sammelt, gewinnt immer mehr.

12 Endloses Hoffen macht das Herz krank, / doch ein erfüllter Wunsch ist wie ein Lebensbaum.

13 Wer das Wort verachtet, muss dafür bezahlen, / doch wer Ehrfurcht hat vor dem Gebot, der wird belohnt.

14 Die Lehre des Weisen ist eine Quelle des Lebens, / die vor den Fallen des Todes bewahrt.

15 Wer gute Einsicht hat, verschafft
sich Gunst, / doch der Weg der
Verräter ist steinhart.
16 Jeder Kluge handelt mit Bedacht, /
ein Narr kramt seine Dummheit aus.
17 Ein gesetzloser Bote richtet
Unheil an, / doch ein treuer
Gesandter macht es wieder gut.
18 Armut und Schande trifft den,
der sich nichts sagen lässt, / doch
wer Kritik annimmt, wird geehrt.
19 Es ist schön, wenn Wünsche sich
erfüllen, / doch ein Dummkopf lässt
dafür nicht vom Bösen ab.
20 Wer mit Weisen umgeht, wird
weise, / doch wer sich mit Narren
einlässt, schadet sich.
21 Die Sünder werden von Unheil
verfolgt; / wer Gott gehorcht, wird
mit Glück belohnt.
22 Das Erbe des Guten ist noch für
die Enkel, / doch das Vermögen des
Sünders ist für Gerechte bestimmt.
23 Viel Nahrung trägt der Acker der
Armen, / doch manches wird durch
Unrecht weggerafft.
24 Wer seine Rute schont, der hasst
seinen Sohn, / doch wer ihn liebt,
erzieht ihn beizeiten.
25 Wer gottrecht lebt, hat satt zu
essen, / doch der Magen der
Gottlosen bleibt leer.

14 1 Die Weisheit baut Familie
und Haus, / doch die Torheit
reißt alles wieder ein.
2 Wer seinen Weg geradeaus geht,
hat Ehrfurcht vor Jahwe, / doch wer
krumme Wege einschlägt, verachtet
ihn.
3 Das Gerede eines Narren ist eine
Rute für seinen Stolz, / doch der
Weise überlegt, was er sagt.
4 Wo keine Rinder sind, da bleibt
die Krippe leer, / doch die Kraft des
Stiers bringt reichen Ertrag.
5 Ein zuverlässiger Zeuge wird
nicht lügen, / doch ein falscher lügt,
was er kann.
6 Ein Spötter sucht die Weisheit
und findet sie nicht, / doch der
Vernünftige entdeckt sie schnell.
7 Wenn du einem Dummen
gegenübertrittst, / hörst du kein
vernünftiges Wort.
8 Die Weisheit lässt den Klugen
wissen, was er tut, / doch Narren
betrügen sich durch ihre Dummheit
selbst.
9 Schuld macht Narren zu
Spöttern, / doch ehrliche Menschen
gefallen Gott.
10 Das Herz allein kennt seinen
tiefen Schmerz, / und auch seine
Freude teilt es mit keinem.
11 Gesetzlosen wird das Haus
zerstört, / doch das Zelt der
Gerechten gedeiht.
12 Mancher wähnt sich auf dem
richtigen Weg, / doch am Ende führt
er ihn zum Tod.
13 Selbst beim Lachen kann man
traurig sein, / und wenn es vorbei ist,
bleibt der Schmerz.
14 Wer krumme Wege geht,
bekommt, was er verdient, / der gute
Mann wird mit Gutem belohnt.
15 Der Gedankenlose glaubt allem
Geschwätz, / der Kluge achtet auf
jeden Schritt.
16 Der Weise scheut sich und weicht
dem Bösen aus, / doch der Narr
braust auf und fühlt sich im Recht.
17 Ein hitziger Mann macht
manche Dummheit, / doch der
Hinterlistige wird immer gehasst.

18 Der Einfältige wird seine
Dummheit erben, / doch der Kluge
wird mit Erkenntnis gekrönt.
19 Die Bösen müssen sich vor den
Guten verneigen / und die Gottlosen
an den Türen der Gerechten.
20 Ein Armer ist selbst seinem
Nächsten verhasst, / doch Reiche
haben viele Freunde.
21 Wer seinen Nächsten verachtet,
versündigt sich, / doch glücklich, wer
sich über Hilflose erbarmt.
22 Wer Böses plant, wird in die Irre
gehen, / doch wer gute Absichten
hat, erntet Liebe und Treue.
23 Harte Arbeit führt zum Gewinn, /
bloßes Gerede zum Verlust.
24 Reichtum ist die Krone der
Verständigen, / der Kranz der Narren
ist ihr Unverstand.
25 Ein ehrlicher Zeuge ist ein
Lebensretter, / wer Lügen vorbringt,
verbreitet Betrug.
26 Wer Jahwe ehrt, lebt in
Sicherheit, / auch seine Kinder
werden bewahrt.
27 Wer Jahwe ehrt, ist an der Quelle
des Lebens / und wird vor tödlichen
Fehlern bewahrt.
28 In der Größe seines Volkes liegt
die Ehre des Königs, / doch ein
Rückgang der Bevölkerung ist sein
Untergang.
29 Wer ruhig bleibt, hat viel
Verstand, / doch wer aufbraust, zeigt
nur seine Unvernunft.
30 Gelassenheit hält auch den
Körper gesund, / doch Leidenschaft
ist Knochenfraß.
31 Wer Schwache bedrückt,
verhöhnt deren Schöpfer, / doch
wer Hilflosen hilft, ehrt den, der
sie geschaffen hat.
32 In seinem Unglück kommt der
Gottlose um, / doch wer mit Gott
lebt, ist auch im Tod noch geborgen.
33 Im Herz des Verständigen ist die
Weisheit zu Haus, / doch beim
Dummkopf fühlt sie sich nicht wohl.
34 Gerechtigkeit macht ein Volk
groß, / doch Sünde ist für jedes Volk
eine Schande.
35 Ein kluger Diener wird von
seinem Herrscher geschätzt, /
doch einen Schändlichen trifft
sein Zorn.

15 1 Eine sanfte Antwort
besänftigt den Zorn, / doch
ein kränkendes Wort heizt ihn an.
2 Die Worte von Weisen fördern
das Wissen, / der Mund von Narren
schwatzt dummes Zeug.
3 Jahwes Augen sind überall / und
wachen über Böse und Gute.
4 Ein freundliches Wort ist wie ein
Lebensbaum, / eine falsche Zunge
bricht den Lebensmut.
5 Ein Dummkopf lehnt jede
Erziehung ab, / doch wer sich
ermahnen lässt, wird klug.
6 Wer Gott gehorcht, hat mehr als
genug, / wer ihn missachtet, kann
nicht nutzen, was er gewinnt.
7 Die Lippen der Weisen verbreiten
Erkenntnis, / das Herz von Dummen
ist falsch.
8 Das Opfer von Gottlosen ist
Jahwe ein Gräuel, / das Gebet von
Aufrichtigen gefällt ihm gut.
9 Das Treiben der Gottlosen
verabscheut Jahwe, / doch liebt er
den, der ihm gehorchen will.
10 Wer krumme Wege geht, wird
hart bestraft, / wer die Ermahnung
hasst, kommt um.

11 Totenreich und Unterwelt sind
offen vor Jahwe, / wie viel mehr dann
die Herzen der Menschen.
12 Der Spötter mag es nicht, dass
man ihn rügt, / und zu den Weisen
geht er nicht.
13 Ein fröhliches Herz macht ein
strahlendes Gesicht, / bei
Herzenskummer ist der Mut
gebeugt.
14 Das Herz des Verständigen sucht
nach Wissen, / der Mund der
Dummen redet dummes Zeug.
15 Wer Kummer hat, hat keinen
guten Tag, / doch ein fröhliches Herz
ist ein tägliches Fest.
16 Besser wenig in Ehrfurcht vor
Jahwe, / als große Schätze und
ständige Sorge.
17 Besser nur Grünkost und Liebe
dabei, / als der schönste Braten,
übergossen mit Hass.
18 Ein Hitzkopf fängt Streit an, /
ein Besonnener besänftigt ihn.
19 Der Weg des Faulen ist wie mit
Dornen versperrt, / doch der Pfad
von Aufrechten ist frei.
20 Ein kluger Sohn erfreut den
Vater, / nur ein Dummkopf miss-
achtet die Mutter.
21 Dem Unverständigen macht
Dummheit Spaß, / wer Einsicht hat,
geht den geraden Weg.
22 Wo es an Beratung fehlt, da
scheitern die Pläne, / wo viele Rat-
geber sind, da gibt es Erfolg.
23 Jeden freut es, wenn er Antwort
geben kann; / wie gut ist ein Wort zur
richtigen Zeit!
24 Wer Einsicht hat, geht den Weg
aufwärts zum Leben, / damit er der
Totenwelt unten entgeht.
25 Das Haus der Stolzen reißt
Jahwe ein, / doch den Grenzstein
der Witwe stellt er wieder auf.
26 Böse Pläne sind Jahwe ein
Gräuel, / doch freundliche Worte
erfreuen ihn.
27 Unehrlicher Gewinn bringt
die Familie in Not, / doch wer
Bestechung hasst, wird leben.
28 Der Gerechte überlegt sich, was
er sagt, / doch ein gottloser Mund
schäumt Böses aus.
29 Jahwe ist den Gottlosen fern, /
doch das Beten der Gerechten hört er.
30 Leuchtende Augen erfreuen das
Herz, / die gute Nachricht gibt neue
Kraft.
31 Wer auf heilsame Zurechtweisung
hört, / hält sich bei den Weisen auf.
32 Wer Ordnungen verwirft,
verachtet sich selbst, / wer auf
Mahnungen hört, erwirbt Verstand.
33 Ehrfurcht vor Jahwe ist
Erziehung zur Weisheit; / und
Demut geht der Ehre voraus.

16 1 Der Mensch stellt seine
Überlegungen an, / doch was
er sagt, kommt von Jahwe.
2 Der Mensch hält alles, was er tut,
für recht, / doch Jahwe prüft die
Motive.
3 Vertraue Jahwe deine Vorhaben
an, / dann werden deine Pläne
gelingen.
4 Alles schuf Jahwe zu seinem
Zweck, / auch den Gottlosen – für
den Unheilstag.
5 Stolze Menschen verabscheut
Jahwe. / Die Hand darauf! Sie
entgehen ihrer Strafe nicht.
6 Durch Liebe und Treue wird Schuld
gesühnt, / durch Ehrfurcht vor Jahwe
bleibt man dem Bösen fern.

7 Wenn das Tun eines Menschen
Jahwe gefällt, / macht er auch dessen
Feinde zum Frieden bereit.
8 Besser wenig mit Gerechtigkeit, /
als großen, aber unrechten
Gewinn.
9 Das Herz des Menschen plant
seinen Weg, / aber Jahwe lenkt
seinen Schritt.
10 Ein Gottesurteil ist auf den
Lippen des Königs, / beim Rechts-
spruch irrt er sich nicht.
11 Es ist Jahwes Wille, dass die
Waage einwandfrei ist / und die
Gewichte im Beutel stimmen.
12 Gottlose Taten verabscheut der
König, / denn sein Thron steht nur
durch Gerechtigkeit fest.
13 Wahrhaftige Worte gefallen dem
König; / er liebt es, wenn jemand
ehrlich ist.
14 Der Zorn des Königs ist ein Bote
des Todes, / doch ein weiser Mann
wendet ihn ab.
15 Das freundliche Gesicht eines
Königs ist Leben; / seine Gunst ist
wie eine Wolke, die im Frühjahr
Regen bringt.
16 Weisheit zu erwerben ist viel
besser als Gold, / Verstand zu
bekommen ist mehr als alles
Silber wert.
17 Die Straße der Ehrlichen heißt:
Meide das Böse! / Wer das beachtet,
bewahrt sein Leben.
18 Hochmut kommt vor dem Fall /
und Stolz vor dem Sturz.
19 Besser bescheiden bei Armen zu
sein, / als mit Überheblichen Beute
zu teilen.
20 Wer auf das Wort achtet, findet
das Gute. / Glücklich der Mensch,
der Jahwe vertraut!
21 Ein weiser Mensch ist ange-
sehen, / und Anmut in der Sprache
fördert Überzeugungskraft.
22 Der Verstand ist eine Lebens-
quelle für den, der ihn hat; / Dumme
werden durch ihre Dummheit bestraft.
23 Ein Weiser redet mit Verstand, /
das ist seinem Lehren förderlich.
24 Freundliche Worte sind wie
Honig, / süß für die Seele und für
den Körper gesund.
25 Mancher Weg erscheint dem
Menschen recht, / doch am Ende
führt er in den Tod.
26 Der Hunger treibt den Menschen
an, / er arbeitet, um essen zu
können.
27 Ein böser Mensch gräbt Unheil
aus, / und auf seinen Lippen brennt
es wie Feuer.
28 Ein falscher Mensch sät überall
Streit, / ein Verleumder verfeindet
Freunde.
29 Der Verbrecher verführt seinen
Freund / und bringt ihn auf einen
schlechten Weg.
30 Wer mit den Augen zwinkert,
führt Böses im Schild; / wer die
Lippen verzieht, hat es schon
getan.
31 Graues Haar ist ein prächtiger
Schmuck, / gefunden auf dem Weg
der Gerechtigkeit.
32 Geduld bringt weiter als
Heldentum; / sich zu beherrschen ist
besser, als Städte zu erobern.
33 Im Gewandbausch wirft man das
Los, / doch die Entscheidung kommt
von Jahwe.

17 1 Besser trockenes Brot und
Einigkeit / als ein großes
Festmahl und Streit.

2 Ein kluger Diener wird Herr über
einen missratenen Sohn / und teilt
mit den Brüdern das Erbe.
3 Der Tiegel prüft Silber, der Ofen
das Gold; / doch Jahwe ist es, der die
Herzen prüft.
4 Ein Bösewicht hört auf böse
Reden, / ein Lügner schenkt dem
Verleumder Gehör.
5 Wer Arme verspottet, verhöhnt
deren Schöpfer; / und wer sich über
Unglück freut, der bleibt nicht
ungestraft.
6 Der Alten Schmuck sind Enkel-
kinder, / der Kinder Stolz sind ihre
Väter.
7 Zum Dummen passt die
vornehme Sprache nicht; / und die
Lüge nicht zum geachteten Mann.
8 Bestechung ist wie ein
Zauberstein für den, der sie übt, /
wohin er sich wendet, hat er
Erfolg.
9 Wer nach Liebe sucht, deckt
Vergehen zu, / doch wer die Sache
aufrührt, vertreibt den Freund.
10 Eine Rüge trifft einen
Verständigen mehr / als hundert
Schläge einen Narren.
11 Nur Aufruhr will der Böse, /
doch ein strenger Gerichtsbote wird
ihm geschickt.
12 Besser einer Bärin begegnen, der
die Jungen geraubt sind, / als einem
Narren mit seinem Unverstand.
13 Wer Gutes mit Bösem vergilt, /
bei dem bleibt das Unheil ein
ständiger Gast.
14 Der Anfang eines Streits ist wie
ein Wasserdurchbruch. / Hör auf,
bevor der Prozess beginnt!
15 Den Schuldigen gerecht zu
sprechen und den Gerechten für
schuldig zu erklären, / beides
verabscheut Jahwe.
16 Was soll das Geld in des
Dummen Hand? / Kann er Weisheit
kaufen ohne Verstand?
17 Ein Freund steht immer zu dir, /
wie ein Bruder ist er dir in der Not.
18 Wer mit Handschlag für die
Schulden eines anderen bürgt, /
vermisst wohl seinen Verstand.
19 Wer Streit liebt, liebt die
Sünde; / wer sein Tor zu hoch baut,
führt seinen Einsturz herbei.
20 Ein hinterhältiger Mensch findet
kein Glück; / ins Unheil stürzt, wer
sich beim Reden verstellt.
21 Hat jemand einen Dummkopf
zum Sohn, dann hat er auch
Kummer; / der Vater eines Narren
freut sich nicht.
22 Ein frohes Herz tut dem Körper
wohl, / ein zerschlagener Geist
trocknet ihn aus.
23 Der Gottlose nimmt heimlich
Geschenke an, / um die Wege des
Rechts zu umgehen.
24 Der Verständige hat die Weisheit
vor Augen, / doch für den Dummen
liegt sie am Ende der Welt.
25 Ein dummer Sohn macht seinem
Vater Verdruss; / und Kummer seiner
Mutter, die ihn geboren hat.
26 Eine Geldstrafe für den
Unschuldigen ist nicht gut, / doch
Edelleute schlagen zu lassen, ist
gegen alles Recht.
27 Wer Einsicht hat, spart sich die
Worte, / wer sich beherrschen kann,
zeigt seinen Verstand.
28 Selbst ein Dummkopf wird für
weise gehalten, wenn er schweigt, /
für vernünftig, wenn er seine Lippen
schließt.

18 1 Wer sich absondert, geht
nur den eigenen Wünschen
nach, / gegen jede Einsicht wehrt er
sich.
2 Ein Dummkopf will die Sache
nicht verstehen, / er will nur zeigen,
was er meint.
3 Mit Gottlosen kommt
Verachtung / und mit der Schande
die Schmach.
4 Die Worte eines Menschen
können tiefe Wasser sein, / ein
sprudelnder Bach, eine Quelle der
Weisheit.
5 Es ist nicht gut, Partei für den
Schuldigen zu nehmen / und dem
Gerechten sein Recht zu verweigern.
6 Die Reden eines Narren stiften
Streit, / und sein Mund schreit, bis er
Prügel bekommt.
7 Der Mund des Narren ist sein
Untergang, / seine Lippen bringen
ihn zu Fall.
8 Die Worte des Verleumders sind
wie Leckerbissen; / man verschlingt
sie mit großem Appetit.
9 Wer seine Arbeit nachlässig tut, /
ist wie einer, der alles zerstört.
10 Wie ein fester Turm ist der Name
Jahwes, / der Gerechte läuft zu ihm
und ist in Sicherheit.
11 Sein Vermögen hält der Reiche
für eine sichere Stadt, / in seiner
Einbildung ist es ein verlässlicher
Schutz.
12 Vor dem Sturz will mancher hoch
hinaus, / doch der Ehre geht Demut
voraus.
13 Wer Antwort gibt, bevor er
zuhört, / ist dumm und macht sich
lächerlich.
14 Der Mut eines Menschen
überwindet die Krankheit, / doch wer
hilft einem lebensmüden Geist?
15 Ein verständiger Mensch
erweitert sein Wissen, / spitzt die
Ohren und lernt stets dazu.
16 Geschenke öffnen viele Türen, /
selbst zu den Großen geleiten sie dich.
17 Wer als Erster aussagt, hat
scheinbar Recht, / doch dann kommt
sein Gegner und stellt es in Frage.
18 Das Los beendet den Streit / und
bringt die Mächtigen auseinander.
19 Ein getäuschter Bruder ist wie
eine verschlossene Burg, / wie ein
Festungsriegel der Streit mit ihm.
20 Von der Frucht des Mundes wird
der Körper satt, / vom Erfolg der
Lippen kann man leben.
21 Die Zunge hat Macht über Leben
und Tod; / wer sie gut nutzt, genießt
ihre Frucht.
22 Wer seine Frau gefunden hat,
hat Gutes gefunden / und dazu das
Gefallen Jahwes.
23 Der Arme muss bescheiden
fragen, / der Reiche antwortet hart.
24 Viele Gefährten gefährden dich, /
ein echter Freund ist treuer als ein
Bruder.

19 1 Besser arm und ehrlich
sein, / als ein Lügner und ein
Trottel.
2 Unbedachter Eifer ist nicht gut, /
wer es allzu eilig hat, tritt fehl.
3 Durch eigene Dummheit verdirbt
man den Plan, / doch wütend ist man
auf Jahwe.
4 Besitz vermehrt die Zahl der
Freunde, / doch den Armen verlässt
selbst sein Freund.
5 Ein falscher Zeuge bleibt nicht
ungestraft; / wer Lügen vorbringt,
kommt nicht davon.

6 Viele schmeicheln dem, der Einfluss hat, / und jeder will der Freund des Freigebigen sein.

7 Den Armen hassen alle Verwandten, / und seine Bekannten meiden ihn. / Und er jagt leeren Versprechungen nach.

8 Bilde deinen Verstand, dann tust du dir Gutes; / folg deiner Einsicht, dann findest du Glück!

9 Ein falscher Zeuge bleibt nicht ungestraft; / wer Lügen vorbringt, hat sein Leben verspielt.

10 Wohlstand steht einem Dummen nicht an; / und keinem Sklaven die Macht über Fürsten.

11 Ein Mensch, der Einsicht hat, regt sich nicht auf, / es ehrt ihn, dass er Verfehlungen vergibt.

12 Der Zorn des Königs ist wie Löwengebrüll, / doch seine Gunst ist wie Tau auf dem Gras.

13 Ein Verhängnis für den Vater ist der dumme Sohn; / und eine nörgelnde Frau ist wie ein tropfendes, undichtes Dach.

14 Haus und Habe kann man erben, / doch eine verständige Frau kommt von Jahwe.

15 Faulheit führt zum Tiefschlaf, / wer lässig ist, muss hungern.

16 Wer Gottes Weisung beachtet, der achtet auf sein Leben, / doch wer sich gehen lässt, kommt um.

17 Wer Bedürftigen hilft, leiht Jahwe; / er wird ihm seine Wohltat vergelten.

18 Deinen Sohn erziehe streng, solange noch Hoffnung ist; / lass ihn nicht in sein Verderben laufen.

19 Wer im Jähzorn handelt, trägt seine Strafe davon; / greifst du ein, machst du es noch schlimmer.

20 Hör auf den Rat und nimm die Zurechtweisung an, / dann bist du am Ende ein weiser Mann.

21 Viele Dinge nimmt ein Mensch sich vor, / doch zustande kommt der Ratschluss Jahwes.

22 Was einen Menschen wertvoll macht, ist seine Güte; / und besser arm sein, als ein verlogener Mann.

23 Jahwe zu fürchten ist gut zum Leben: / Satt und zufrieden verbringt man die Nacht / und wird nicht von Unglück berührt.

24 Greift der Faule mit der Hand in die Schüssel, / bringt er sie nicht zurück in den Mund.

25 Schlägt man den Spötter, wird ein Unerfahrener klug; / weist man den Verständigen zurecht, lernt er daraus.

26 Wer den Vater misshandelt, die Mutter verjagt, / ist ein verkommener, schändlicher Sohn.

27 Hör dir die Mahnung gar nicht erst an, mein Sohn, / wenn du doch von der Lehre abweichen willst.

28 Ein ehrloser Zeuge verspottet das Recht, / und Gottlose finden am Unrecht Geschmack.

29 Für Spötter stehen Gerichte bereit / und Prügel für den Rücken der Trottel.

20 1 Der Wein macht Spötter, das Bier Krakeeler. / Wer sich betrinkt, der kann nicht weise sein.

2 Das Drohen des Königs gleicht dem Brüllen des Löwen. / Wer seinen Zorn erregt, hat sein Leben verwirkt.

3 Vom Streit zu lassen, ehrt einen Mann, / doch jeder Trottel stürzt sich hinein.

4 Im Herbst mag der Faule nicht
pflügen, / und wenn er ernten will,
findet er nichts.
5 Guter Rat im Herzen des
Menschen ist wie ein tiefes Wasser, /
doch ein kluger Mann schöpft
daraus.
6 Viele loben ihre eigene
Frömmigkeit, / doch wer findet
wirklich einen verlässlichen Mann?
7 Wer rechtschaffen lebt, wie Gott
es gefällt: / Glücklich die Kinder, die
er hinterlässt!
8 Ein König, der auf dem
Richterstuhl sitzt, / findet mit den
Augen jeden Bösen heraus.
9 Wer kann schon sagen: »Mein
Gewissen ist rein, / ich bin frei von
jeder Schuld«?
10 Zweierlei Maß und zweierlei
Gewicht, / beides verabscheut Jahwe.
11 Schon ein junger Mann zeigt an
seinen Taten, / ob sein Handeln rein
und redlich ist.
12 Das Ohr, das hört, das Auge, das
sieht, / Jahwe hat beide gemacht.
13 Liebst du den Schlaf, so bist du
bald arm. / Mach die Augen auf,
dann hast du zu essen.
14 »Schlecht, schlecht!« sagt der
Käufer, / doch wenn er weggeht, gibt
er mit dem Schnäppchen an.
15 Es gibt Gold und viele Perlen –
der kostbarste Schmuck ist ein
verständiges Wort.
16 Nimm sein Gewand, denn er hat
für den Fremden gebürgt, / pfände
ihn aus diesem Grund selbst.
17 Süß schmeckt ihm das Brot des
Betrugs, / doch danach hat er den
Mund voller Kies.
18 Durch Beratung haben Pläne
Bestand. / Zieh nur mit weiser Über-
legung in den Kampf!
19 Wer als Verleumder umherzieht,
gibt Anvertrautes preis. / Lass dich
nicht mit einem Schwätzer ein!
20 Wer Vater oder Mutter
verflucht, / dessen Lampe erlischt in
Finsternis.
21 Wer das Erbe hastig an sich reißt, /
wird am Ende nicht gesegnet sein.
22 Sag nicht: Ich will das Böse
vergelten! / Vertraue Jahwe, er wird
dir helfen.
23 Zweierlei Gewicht und falsche
Waage, / beides verabscheut Jahwe.
24 Von Jahwe sind des Mannes
Schritte gelenkt. / Was versteht der
Mensch von seinem Weg?
25 Wer vorschnell ruft »Geweiht!«
und dann erst sein Gelübde bedenkt, /
ist schon in die Falle getappt.
26 Ein weiser König sondert die
Gesetzlosen aus / und führt das
Dreschrad* über sie hin.
27 Der Geist des Menschen ist ein
Licht Jahwes, / er durchforscht des
Menschen Innerstes.
28 Gnade und Treue behüten den
König, / ja durch Güte stützt er
seinen Thron.
29 Der Stolz der Jungen ist ihre
Kraft, / der Schmuck der Alten das
graue Haar.
30 Blutige Striemen bessern den
Bösen / und Schläge des Menschen
Inneres.

20,26 *Dreschrad.* Das Rad des Dreschwagens, der auf der Tenne von Tieren im Kreis über das Getreide gezogen wurde, um das Korn von der Hülse zu trennen, vgl. Jesaja 28,27-28.

21 1 Wie ein Wasserlauf ist das Herz des Königs in Jahwes Hand; / er lenkt es, wohin er auch will.

2 Der Mensch hält alles, was er tut, für gut, / doch Jahwe prüft die Motive.

3 Gerechtigkeit und rechtes Tun sind Jahwe lieber als geschlachtete Opfer.

4 Stolze Augen und Überheblichkeit, das Licht der Gottlosen, sind Sünde.

5 Überlegung und Fleiß bringen guten Gewinn, / doch Hast und Eile nichts als Verlust.

6 Durch Betrug erworbener Reichtum / ist wie ein verwehter Dunst, eine tödliche Falle.

7 Gewalttat reißt die Gesetzlosen weg, / denn sie weigern sich, das Richtige zu tun.

8 Verschlungen ist der Weg des Schuldigen, / der Gerechte geht den geraden Weg.

9 Besser auf dem Flachdach zu wohnen / als mit einer zänkischen Frau zusammen im Haus.

10 Ein böser Mensch hat Böses im Sinn, / kein Mitgefühl für den Nächsten.

11 Bestraft man den Spötter, lernt ein Unerfahrener darvon; / belehrt man den Weisen, lernt er selbst daraus.

12 Ein Gerechter* achtet auf das gottlose Haus. / Er stürzt die Gottlosen ins Unglück.

13 Wer sein Ohr vor dem Schrei des Schwachen verschließt, / bekommt auch keine Antwort, wenn er einmal ruft.

14 Eine heimliche Gabe besänftigt den Zorn, / ein verborgenes Geschenk die heftige Wut.

15 Der Gerechte freut sich, wenn Recht geschieht, / doch der Verbrecher wird in Schrecken versetzt.

16 Ein Mensch, der vom Weg der Einsicht abirrt, / ruht bald in der Versammlung der Schatten.

17 Wer die Festfreude liebt, wird dem Mangel verfallen; / wer aufwändig lebt, wird niemals reich.

18 Der Schuldige zahlt das Lösegeld für den Gerechten, / der Betrüger muss für den Ehrlichen büßen.

19 Besser in der Wüste hausen / als Ärger mit einer zänkischen Frau.

20 Wertvolle Schätze und duftendes Öl sind in der Wohnung des Weisen, / doch ein Dummer vergeudet es schnell.

21 Wer nach Gerechtigkeit und Güte strebt, / findet Leben, Recht und Ehre.

22 Ein Weiser erobert die Stadt der Starken / und stürzt das Bollwerk ihrer Sicherheit.

23 Wer den Mund hält, / hält sich Probleme vom Hals.

24 Der stolze Übermütige – man nennt ihn Spötter – spielt mit böser Überheblichkeit.

25 Den Faulen bringen seine Wünsche um, / denn seine Hände wollen nichts tun.

26 Es begehrt die Begierde den ganzen Tag, / doch der Gerechte gibt und kann großzügig sein.

27 Das Opfer des Gottlosen verabscheut Jahwe, / besonders wenn er es für Schandtaten bringt.

28 Ein falscher Zeuge geht zugrunde, / doch wer zuhört, redet mit Erfolg.

21,12 *Gerechter.* Vielleicht ist damit Gott gemeint.

29 Der Gottlose macht ein freches
Gesicht, / der Gerechte hat einen
sicheren Gang.
30 Keine Weisheit, kein Verstand, /
kein Rat besteht vor Jahwe.
31 Das Pferd wird gerüstet für den
Tag der Schlacht, / doch der Sieg ist
die Sache Jahwes.

22 1 Ein guter Name ist
besser als großer Besitz, /
Beliebtheit besser als Silber und Gold.
2 Der Reiche und der Arme
begegnen sich, / der sie beide schuf,
ist Jahwe.
3 Der Kluge sieht das Unglück
voraus und bringt sich in Sicher-
heit, / der Unerfahrene geht weiter
und kommt zu Fall.
4 Der Lohn von Demut und Furcht
vor Jahwe / ist Reichtum, Ehre und
erfülltes Leben.
5 Der Weg des Falschen ist voll
Haken und Schlingen, / wer sein
Leben liebt, meidet ihn.
6 Gewöhne den Jungen an seinen
Weg, / dann bleibt er auch im Alter
dabei.
7 Der Reiche hat die Armen in
seiner Gewalt, / der Schuldner ist
seines Gläubigers Sklave.
8 Wer Unrecht sät, wird Unheil
ernten, / der Stock beendet seinen
Übermut.
9 Wer großzügig ist, wird gesegnet
sein, / denn er teilt sein Brot mit den
Armen.
10 Vertreibe den Spötter, dann zieht
auch der Zank fort, / das Streiten und
Schimpfen hört auf.
11 Wer ein reines Gewissen liebt
und gewinnend reden kann, / den
nimmt der König zum Freund.
12 Die Augen Jahwes bewachen
das Erkennen, / doch die Worte des
Falschen fegt er hinweg.
13 Der Faule sagt: Ein Löwe ist
draußen, / der bringt mich um,
mitten auf dem Platz.
14 Eine tiefe Grube ist der Mund der
fremden Frau, / wen Jahwe strafen
will, der fällt hinein.
15 Hat ein Kind nur Dummheiten
im Kopf, / entfernt man sie durch die
Rute der Zucht.
16 Wer den Armen unterdrückt,
mehrt dessen Besitz; / wer dem
Reichen gibt, verschafft ihm
Verarmung*.

Dreißig weise Sprüche

17 Hör mir zu! Vernimm die Worte
von Weisen / und nimm dir mein
Wissen zu Herzen! 18 Es ist gut,
wenn du sie auswendig lernst, /
damit du sie jederzeit aufsagen
kannst. 19 Ich belehre dich heute, /
damit du Jahwe vertraust.
20 Dreißig von diesen Lehren schrieb
ich dir auf, / Ratschläge, gut und
begründet. 21 Sie zeigen dir, wie
zuverlässig Wahrheit ist, / damit du
dem, der dich schickte, eine
verlässliche Antwort bringst.

(1)

22 Beraube nicht den Schwachen,
der sich nicht wehren kann, / und
benachteilige nicht den Hilflosen
vor Gericht. 23 Jahwe schützt die

22,16 *Verarmung.* Gemeint ist vielleicht, dass Bedrückung die Energie und Arbeitsleistung des Armen vermehrt, und Geschenke beim Reichen die Verschwendungssucht.

Schutzlosen. / Wer sie beraubt, dem
raubt er das Leben.

(2)

24 Lass dich nicht mit einem
Zornigen ein, / und vom Hitzkopf
halte dich fern. 25 Sonst gewöhnst
du dich an seine Unart / und bringst
dich selber zu Fall.

(3)

26 Sei nicht unter denen, die sich
durch Handschlag verpflichten, /
die Bürgschaft leisten für fremde
Schuld. 27 Denn wenn du dann nicht
bezahlen kannst, / pfändet man
selbst dein Bett.

(4)

28 Verrücke die uralte Grenze nicht, /
die deine Väter dem Grundstück
gesetzt.

(5)

29 Siehst du einen, der tüchtig ist in
seinem Beruf – Königen wird er
dienen / und nicht irgendwelchen,
die niemand kennt.

(6)

23 1 Wenn du bei hohen Herren
zu Tische sitzt, / bedenke
immer, wen du vor dir hast. 2 Setz dir
ein Messer an die Kehle, / wenn du
allzu gierig bist! 3 Und gib acht bei
ihren Leckerbissen, / und lass dich
durch sie nicht betrügen.

(7)

4 Müh dich nicht ab, es zu Reichtum
zu bringen, / aus eigener Einsicht
lass die Finger davon! 5 Denn eh du
dich versiehst, hat er Flügel
bekommen / und fliegt wie ein Adler
fort durch die Luft.

(8)

6 Vom Geizhals nimm keine
Einladung an, / seine Leckerbissen
begehre nicht! 7 Denn er hat alles
abgezählt. / »Iss und trink!«, sagt er
zu dir, / aber im Grunde gönnt er dir
nichts. 8 Den Bissen, den du
gegessen hast, musst du erbrechen, /
und vergeudet ist jedes freundliche
Wort.

(9)

9 Sprich nicht zu den Ohren eines
Toren, / denn er verachtet deinen
guten Rat.

(10)

10 Verrücke die uralte Grenze nicht, /
auch nicht auf Kosten hilfloser
Waisen. 11 Denn sie haben einen
mächtigen Beistand, / der ihren
Prozess gegen dich führt.

(11)

12 Öffne dein Herz für jede
Ermahnung, / dein Ohr für
verständiges Reden.

(12)

13 Erspare dem Knaben die
Züchtigung nicht! / Eine Tracht
Prügel bringt ihn nicht um. 14 Du
schlägst ihn mit der Rute, / doch du
rettest sein Leben.

(13)

15 Mein Sohn, wenn du klug und
einsichtig wirst, / ist das eine
herzliche Freude für mich.
16 Und mein Inneres wird jubeln, /

wenn Ehrliches von deinen
Lippen kommt.

(14)

17 Ereifere dich nicht über die
Sünder, / sondern bemühe dich
täglich, Jahwe zu ehren! 18 Denn das
Ende kommt ja noch, / und dann
verlierst du deine Hoffnung nicht.

(15)

19 Höre mein Sohn und sei klug, /
und bleib auf dem geraden Weg!
20 Halte dich von den Weinsäufern
fern / und von denen, die im
Fleischgenuss schwelgen.
21 Denn Säufer und Schlemmer
werden arm, / und Schläfrigkeit
kleidet in Lumpen.

(16)

22 Hör auf deinen Vater, der dich
gezeugt hat, / und verachte deine
Mutter nicht, auch wenn sie alt
geworden ist. 23 Lass dir die
Wahrheit etwas kosten, / auch
Weisheit, Selbstbeherrschung und
Verstand! / Und gib das alles nie
wieder her! 24 Laut jubelt der Vater
eines Gerechten; / er freut sich über
einen verständigen Sohn. 25 Mögen
auch deine Eltern sich freuen, / möge
jubeln die, die dich gebar.

(17)

26 Gib mir dein Herz, mein Sohn, /
und lass dir meine Wege gefallen.
27 Denn die Hure ist wie ein tiefer
Schacht, / die Fremde wie ein
gefährliches Loch. 28 Sie lauert dir
auf wie ein Räuber / und vermehrt
die Zahl der untreuen Männer.

(18)

29 Wer hat Ach und wer hat Weh? /
Wer hat Streit und wer jammert
herum? / Wer lässt sich grundlos
schlagen, / und wer hat glasige
Augen? 30 Die bis spät beim Weine
sitzen, / die kommen, um den
Mischwein zu kosten. 31 Sieh den
Wein nicht an, wie er schimmert, /
wie er so rot im Becher funkelt; /
wie glatt er durch die Kehle rinnt!
32 Am Ende beißt er wie eine
Schlange, / wie eine Viper spritzt
er sein Gift. 33 Dann siehst du
seltsame Dinge / und redest
dummes Zeug. 34 Du fühlst dich
wie auf stürmischer See, / als ob du
im Mastkorb eines Schiffes liegst.
35 »Man hat mich geschlagen, doch
es tat mir nicht weh; / man hat mich
verprügelt, ich merkte es nicht. /
Wie werde ich nur wieder wach? /
Ich brauche einen Schluck, /
ich muss wieder hin!«

(19)

24 1 Beneide keine bösen
Menschen, / sei nicht begie-
rig, bei ihnen zu sein! 2 Denn sie
haben nur Verbrechen im Sinn / und
reden nur, um Schaden zu tun.

(20)

3 Durch Weisheit wird ein Haus
gebaut, / durch Verstand gewinnt es
Bestand; 4 durch Klugheit füllen sich
die Räume / mit wertvollem und
schönem Gut.

(21)

5 Nur ein kluger Mann ist wirklich
stark, / durch Wissen lenkt er
seine Kraft. 6 Nur durch kluge

Maßnahmen gewinnst du die Schlacht / und durch viele Ratgeber den Sieg.

(22)

7 Die Weisheit ist dem Narren zu hoch, / im Rat macht er den Mund nicht auf.

(23)

8 Wer nur darauf aus ist, Böses zu tun, / den nennt man einen Bösewicht. 9 Auch die Intrigen eines Dummen sind Sünde, / und ein Spötter ist ein abscheulicher Mensch.

(24)

10 Bist du lässig am gewöhnlichen Tag, / versagt deine Kraft auch in der Bedrängnis.

(25)

11 Rette die, die man zum Tod hinschleppt, / und die zur Hinrichtung wanken, o halte sie zurück! 12 Wenn du sagst: »Wir haben nichts davon gewusst!«, / dann sollst du wissen: Der dir ins Herz sieht, weiß Bescheid, / der auf dich achtet, hat dich durchschaut! / Jedem vergilt er, was er verdient.

(26)

13 Iss Honig, mein Sohn, / denn er ist gesund / und ein Genuss für den Gaumen. 14 Doch Weisheit ist heilsam für dein Leben. / Hast du sie gefunden, dann hast du auch Zukunft, / und deine Hoffnung schwindet nicht.

(27)

15 Bringe nicht einen ehrlichen Mann / um Haus und Hof, du Gottloser, 16 denn der Gerechte fällt sieben Mal und steht doch wieder auf, / aber Gottlose versinken im Unglück.

(28)

17 Fällt dein Feind, so freue dich nicht, / frohlocke nicht, wenn er stürzt, 18 damit es nicht Jahwe missfällt / und er deinen Feind verschont.

(29)

19 Reg dich nicht auf über die Bösen, / beneide die Gottlosen nicht. 20 Denn der Böse hat keine Zukunft, / und die Leuchte der Gottlosen erlischt.

(30)

21 Ehre Jahwe und achte den König, mein Sohn! / Lass dich nicht mit Aufrührern ein! 22 Denn plötzlich trifft sie das Verderben, / von beiden kommt es über sie.

Weitere Sprüche von Weisen

23 Auch die folgenden Sprüche stammen von Weisen:

Parteilichkeit im Gericht ist niemals gut. 24 Wer zu dem Schuldigen sagt: »Du bist gerecht«, / den verfluchen die Leute, ganze Völker verwünschen ihn. 25 Doch denen, die gerecht entscheiden, geht es gut, / über sie kommt Segen und Glück.

26 Eine treffende Antwort ist wie ein Kuss auf die Lippen.

27 Zuerst tu deine Arbeit draußen und bestelle dein Feld! / Danach erst baue dein Haus!

28 Tritt nie als falscher Zeuge gegen
jemand auf, / betrüge nicht mit
deinen Worten! 29 Sag nicht: »Wie
du mir, so ich dir! / Was er mir antut,
zahl ich ihm heim!«
30 Ich kam am Feld eines Faulen
vorbei, / am Weinberg eines Mannes
ohne Verstand. 31 Sieh da, er war
ganz überwuchert von Disteln, /
seine Fläche mit Unkraut bedeckt, /
seine Mauer eingestürzt. 32 Ich
schaute hin und nahm es zu
Herzen, / ich sah es und zog eine
Lehre daraus: 33 Nur noch ein wenig
Schlaf, / nur noch ein bisschen
Schlummer; / nur noch ein wenig
liegen, die Hände gefaltet; 34 wie
schnell kommt dann die Armut ins
Haus; / wie schnell überfällt dich
die Not!

Weitere Sprichwörter Salomos

25 1 Auch die folgenden
Sprichwörter stammen von
Salomo. Sie wurden gesammelt von
Männern des Königs Hiskija von
Juda.
2 Ist es Gottes Ehre, eine Sache zu
verbergen, / so ist es der Könige
Ehre, eine Sache zu erforschen.
3 Der Himmel an Höhe, die Erde an
Tiefe, und die Gedanken der Könige –
unerforschlich sind sie.
4 Entferne die Schlacken aus dem
Silber, / dann gelingt dem Gold-
schmied ein Schmuckstück.
5 Entferne den Gottlosen vom
König, / dann regiert er gerecht
und seine Herrschaft besteht.
6 Tritt vor dem König bescheiden
auf, / und stell dich nicht an den Platz
der Großen. 7 Es ist besser, man ruft
dich auf den höheren Platz, / als dass
man dich vor Edlen herabsetzt.
Was du mit deinen Augen erblickt
hast, 8 bringe nicht so schnell zum
Gericht! / Denn was willst du
machen, wenn dich dein Nächster
beschämt?
9 Trag deinen Streit mit deinem
Mitmenschen aus, / aber gib nicht
das Geheimnis eines anderen preis;
10 sonst verachtet dich jeder, der
davon hört, / und du behältst einen
üblen Ruf.
11 Wie goldene Äpfel auf silbernen
Schalen / ist ein rechtes Wort zur
richtigen Zeit.
12 Wie ein goldener Ring, wie feins-
ter Schmuck / ist ein weiser Mahner
für ein offenes Ohr.
13 Wie kühlender Schnee am
Erntetag, / so ist ein treuer Bote
für den, der ihn schickt: / eine
erfrischende Freude für seinen
Herrn.
14 Wie Wolken und Wind, aber kein
Regen, / ist jemand, der Versprechun-
gen macht, sie aber nicht hält.
15 Mit Geduld wird ein Vorgesetzter
umgestimmt, / denn eine sanfte
Zunge kann den Widerstand*
brechen.
16 Hast du Honig gefunden, iss nur
so viel dir bekommt, / sonst wirst du
ihn satt und erbrichst.
17 Mach dich selten im Haus deines
Nächsten, / sonst wird er dich satt
und verabscheut dich.
18 Eine Keule, ein Schwert, ein
spitzer Pfeil / ist ein falscher Zeuge
für seinen Nächsten.

25,15 *Widerstand.* Wörtlich: *Knochen.*

19 Ein brüchiger Zahn und ein
schlotternder Fuß, / so ist ein treu-
loser Mensch in der Zeit der Not.
20 Wenn einer sich auszieht bei
Frost, / wenn jemand Essig auf
Natron gießt*, / so ist es, wenn man
lustige Lieder vor einem Traurigen
singt.
21 Wenn dein Feind hungrig ist, gib
ihm zu essen, / wenn er Durst hat,
gib ihm zu trinken; 22 so sammelst du
glühende Kohlen auf seinen Kopf*, /
und Jahwe vergilt es dir.*
23 Nordwind bringt Regen / und
Klatsch ein verdrießliches Gesicht.
24 Besser auf dem Flachdach zu
wohnen / als mit einer zänkischen
Frau zusammen im Haus.
25 Kühles Wasser für eine durstige
Kehle / ist eine gute Nachricht aus
fernem Land.
26 Eine trübe Quelle, ein
verdorbener Brunnen, / so ist ein
Gerechter, der vor einem Gottlosen
wankt.
27 Zu viel Honig essen ist nicht
gut, / zu viel Ehre bekommt einem
nicht*.
28 Wie eine Stadt mit zerstörter
Mauer / ist ein Mann, der sich nicht
beherrschen kann.

26

1 Wie Schnee zum Sommer
und Regen zur Ernte / passt
Ehre zum Dummkopf.
2 Wie ein flatternder Spatz, eine
Schwalbe im Flug, / so ist ein
unverdienter Fluch: Er trifft nicht
ein.
3 Eine Peitsche fürs Pferd, ein
Zaum für den Esel / und ein Stock
auf den Rücken des Toren.
4 Gib dem Toren keine Antwort, die
seiner Dummheit entspricht, /
sonst wirst du ihm gleich. 5 Gib
dem Dummkopf eine Antwort, die
seine Torheit verdient, / sonst hält
er sich für klug.
6 Wer Botschaft durch einen
Dummkopf schickt, / hackt sich
selbst die Füße ab und muss
Gewalttat schlucken.
7 Schlaff hängen die Beine des
Lahmen / und ein Weisheitsspruch
im Mund des Dummen.
8 Wer einem Dummen Ehre
erweist, / verschnürt einen Stein in
der Schleuder.
9 Wie ein Dornzweig in der Hand
des Betrunkenen / ist ein Weisheits-
spruch im Mund des Dummen.
10 Wie ein Bogenschütze, der auf
jeden schießt, / ist einer, der Narren
und Strolche einstellt.
11 Wie ein Hund zu seinem
Erbrochenen umkehrt, / ist ein Narr,
der seinen Unsinn wiederholt.*
12 Kennst du einen, der sich selbst
für weise hält? / Für einen Dummen
ist mehr Hoffnung als für ihn.
13 Der Faule sagt: »Draußen läuft
ein Löwe herum, / ein Junglöwe
mitten auf dem Platz.«

25,20 *auf Natron gießt.* Es gibt eine heftige Reaktion, aber das Natron wird dadurch unbrauchbar.

25,22 *Kohlen auf seinen Kopf.* Dann wird es ihm leid, einem anderen feind zu sein.

Wird im Neuen Testament von Paulus zitiert: Römer 12,20.

25,27 *bekommt einem nicht.* Der hebräische Text des zweiten Teils ist nicht sicher zu deuten.

26,11 Wird im Neuen Testament von Petrus zitiert: 2. Petrus 2,22.

14 Die Tür dreht sich in der Angel / und der Faule im Bett.
15 Greift der Faule mit der Hand in die Schüssel, / ist ihm die Mühe zu groß: Er bringt sie nicht zurück in den Mund.
16 Ein Faulpelz hält sich für klüger / als sieben Sachverständige.
17 Wer sich in Streit mischt, der ihn nichts angeht, / der packt einen streunenden Hund bei den Ohren.
18 Wie ein Irrer, der mit Brandpfeilen schießt / und mit tödlichen
Waffen hantiert, 19 ist ein Mann, der seinen Nächsten betrügt / und dann sagt: »Es war nur ein Scherz.«
20 Wo kein Holz mehr ist, geht das Feuer aus; / ist der Verleumder fort, legt sich der Streit.
21 Wie Kohlen die Glut und wie Holz das Feuer, / so schürt ein zänkischer Mann den Streit.
22 Die Worte des Verleumders werden gierig geschluckt / und dringen sehr tief ein.
23 Wie Silberglasur auf Tongeschirr / sind glatte Zungen und ein böses Herz.
24 Ein gehässiger Mensch verstellt seine Worte, / doch im Inneren ist
er falsch. 25 Trau seinen schönen Worten nicht, / denn sieben Teufeleien hat er im Sinn.
26 Mag Hass sich hinter Verstellung verbergen, / in der Versammlung wird die Bosheit durchschaut.
27 Wer andern eine Grube gräbt, fällt selbst hinein. / Wer einen Stein hoch wälzt, auf den rollt er zurück.
28 Eine falsche Zunge hasst ihre Opfer, / und ein schmeichelnder Mund verursacht den Sturz.

27

1 Rühme dich nicht des morgigen Tages, / denn du weißt nicht, was ein neuer Tag bringt.
2 Mag ein anderer dich loben, doch nicht dein eigener Mund; / ein Fremder mag dich rühmen, doch nicht deine eigenen Lippen.
3 Ein Stein ist schwer, Sand eine Last, / noch schwerer wiegt der Ärger, den man mit Dummen hat.
4 Wut ist grausam und Zorn schäumt über, / doch wer besteht vor der Eifersucht?
5 Besser ein offener Tadel, / als Liebe, die ängstlich schweigt.
6 Treu gemeint sind die Schläge von dem, der dich liebt, / doch reichlich die Küsse des Hassers.
7 Der Satte verachtet den besten Honig, / dem Hungrigen ist alles Bittere süß.
8 Wie ein Vogel, der weit vom Nest weg fliegt, / ist ein Mensch, der seine Heimat verlässt.
9 Salböl und Weihrauch erfreuen das Herz, / die Freundlichkeit des Freundes die bekümmerte Seele.
10 Den Freund und deines Vaters Freund gib niemals auf! / Lauf nicht zu deinem Bruder, wenn du in Schwierigkeiten bist! / Besser ein Nachbar in der Nähe als ein Bruder in der Ferne.
11 Werde weise, mein Sohn, und erfreue mein Herz, / damit ich den widerlegen kann, der mich beschimpft.
12 Der Kluge sieht das Unglück voraus und bringt sich in Sicherheit; / der Unerfahrene geht weiter und kommt zu Fall.
13 Nimm sein Gewand, denn er hat für den Fremden gebürgt; / pfände ihn aus diesem Grund selbst.

14 Wer frühmorgens seinen
Nächsten allzu laut grüßt, /
dem wird es als Verwünschung
ausgelegt.
15 Ein tropfendes Dach, das am
Regentag nervt, / gleicht sehr einer
zänkischen Frau. 16 Wer sie aufhalten
will, / kann auch versuchen, den
Wind festzuhalten / und Öl mit den
Fingern zu greifen.
17 Ein Messer wetzt das andere, /
durch Umgang mit anderen bekommt
man den Schliff.
18 Wer den Feigenbaum hütet,
bekommt die Feigen zu essen; / wer
seinen Herrn beschützt, wird geehrt.
19 Im Spiegel des Wassers erkennst
du dein Gesicht, / im Spiegel deiner
Gedanken dich selbst.
20 Totenreich und Unterwelt
werden nie satt, / auch die Augen des
Menschen sehen niemals genug.
21 Was der Tiegel für das Silber, /
der Schmelzofen fürs Gold, / ist der
Ruf für einen Mann.
22 Wenn du den Dummkopf im
Mörser zerstampfst, / wenn der
Stößel ihn trifft wie die Körner, /
seine Dummheit treibst du nicht aus.

23 Sorge für dein Kleinvieh, / achte
auf deine Herden, 24 denn Geldbesitz
ist nicht von Dauer; / selbst eine
Krone wird nicht immer vererbt.
25 Ist das Heu gemacht, erscheint
das frische Gras, / und man
sammelt die Kräuter der Berge.
26 Die Lämmer geben dir Kleidung /
und die Böcke Geld für ein Feld.
27 Die Ziegen geben reichlich
Milch, / und du hast Nahrung für
dein Haus – und noch für deine
Mägde den Lebensunterhalt.

28

1 Der Schuldige flieht, auch
wenn ihn keiner verfolgt; /
der Gerechte tritt sicher auf wie ein
Löwe.
2 Ist Aufruhr im Land, vermehren
sich die Herrscher; / durch einen
klugen und einsichtigen Mann hat
das Recht lange Bestand.
3 Ein Armer, der seinesgleichen
unterdrückt, / ist wie ein Wolken-
bruch, der die Ernte wegschwemmt.
4 Wer das Gesetz verlässt, wird den
Gottlosen loben, / wer die Lehre
beachtet, bekämpft ihn.
5 Böse Menschen verstehen die
Wahrheit nicht; / wer nach Jahwe
sucht, versteht alles.
6 Besser arm und ehrlich sein, / als
ein Reicher, der krumme Wege geht.
7 Der verständige Sohn befolgt das
Gesetz, / doch wer mit Verschwendern
Umgang hat, macht seinem Vater
Schande.
8 Wer seinen Besitz durch Zins
und Wucher mehrt, / sammelt es für
einen, der sich über Arme erbarmt.
9 Wer auf Gottes Weisung nicht
mehr hört – selbst dessen Gebet ist
abscheulich.
10 Wer ehrliche Menschen auf böse
Wege führt, fällt in die eigene
Grube; / doch Aufrechte nehmen
Gutes in Besitz.
11 Der Reiche hält sich selbst für
klug, / doch ein verständiger Armer
durchschaut ihn.
12 Wenn Gerechte triumphieren, ist
die Herrlichkeit groß; / sind Verbrecher
obenauf, versteckt sich der Mensch.
13 Wer seine Sünden verheimlicht,
dem geht es nicht gut. / Doch wer sie
bekennt und sie lässt, über den
erbarmt sich Gott.

14 Wohl dem, der Gott fürchtet und
ehrt! / Ins Unglück stürzt, wer sich
ihm verschließt.
15 Wie ein brüllender Löwe und ein
gieriger Bär, / so ist ein gottloser
Herrscher für ein armes Volk.
16 Mancher Fürst ist arm an
Verstand, aber reich an Erpressung. /
Wer Ausbeutung hasst, bleibt lange
im Amt.
17 Wer einen Mord auf dem
Gewissen hat, / flieht oft bis in den
Abgrund. / Man halte ihn nicht auf.
18 Wer ehrlich lebt, wird Hilfe
finden; / wer krumme Wege geht, /
kommt plötzlich zu Fall.
19 Wer seinen Acker bebaut, hat
reichlich Brot; / wer windige
Geschäfte macht, hat reichlich Not.
20 Ein treuer Mann wird reich
gesegnet; / doch wer schnell reich
werden will, bleibt nicht ohne Schuld.
21 Parteilichkeit ist gar nicht gut. /
Mancher wird zum Verbrecher schon
für ein Stück Brot.
22 Nach Reichtum hastet der
habgierige Mann; / er weiß nicht,
dass Mangel über ihn kommt.
23 Wer einen Menschen zurecht-
weist, erntet mehr Dank / als einer,
der immer nur schmeichelt.
24 Wer Vater oder Mutter beraubt
und meint, das sei kein Unrecht, /
der macht sich zum Freund des
Verbrechers.
25 Wer immer mehr will, erregt nur
Streit; / wer auf Jahwe vertraut, hat
mehr als genug.
26 Wer auf sich selbst vertraut, ist
dumm; / wer der Weisheit folgt, lebt
in Sicherheit.
27 Wer dem Armen hilft, hat keinen
Mangel, / doch wer die Augen vor
ihnen verschließt, / dem mangelt es
nicht an Flüchen.
28 Sind die Gottlosen obenauf,
versteckt sich der Mensch; / doch
wenn sie verschwinden, bekommen
Gerechte die Macht.

29

1 Wer eigensinnig
Ermahnungen trotzt, / wird
plötzlich rettungslos zerschmettert.
2 Wenn die Gerechten zahlreich
sind, freut sich das Volk; / wenn ein
Gesetzloser herrscht, seufzt es.
3 Wer Weisheit liebt, erfreut seinen
Vater; / wer sich mit Huren einlässt,
bringt sein Vermögen durch.
4 Ein König, der für Recht sorgt,
gibt seinem Land Bestand; / wer
nur Steuern erpresst, zerstört es.
5 Wer seinem Mitmenschen
schmeichelt, / legt ein Netz vor
seinen Füßen aus.
6 Der Böse verfängt sich im Unrecht, /
doch der Gerechte singt vor Freude.
7 Der Gerechte weiß um die Sache
der Armen, / der Gottlose ist
rücksichtslos.
8 Spötter versetzen die Stadt in
Erregung, / Weise beschwichtigen
den Zorn.
9 Ist ein Weiser mit einem Narren
vor Gericht, / dann tobt dieser und
lacht und gibt keine Ruh.
10 Blutmenschen hassen den, der
ehrlich ist, / doch die Aufrichtigen
retten sein Leben.
11 Ein Trottel lässt jeden Ärger
heraus, / ein Weiser hält ihn zurück.
12 Ein Herrscher, der auf Lügen
hört, / hat nur gottlose Diener.
13 Der Arme und der Wucherer
begegnen sich, / beiden gab Jahwe
das Augenlicht.

14 Wenn ein König auch den Schwachen Recht verschafft, / hat sein Thron für immer Bestand.

15 Stock und Ermahnung fördern Vernunft, / doch ein sich selbst überlassenes Kind macht seiner Mutter Schande.

16 Wenn die Gottlosen sich mehren, vermehrt sich das Unrecht; / doch wer auf Gott vertraut, wird sehen, wie solche Leute untergehen.

17 Erziehe deinen Sohn streng, dann wird er dir Ruhe bringen / und dir viel Freude bereiten.

18 Ohne Offenbarung verwildert ein Volk, / doch wohl ihm, wenn es das Gesetz bewahrt.

19 Mit bloßen Worten erzieht man keinen Sklaven; / er versteht sie zwar, hält sich aber nicht daran.

20 Siehst du einen, der unüberlegt redet? / Für einen Dummen ist mehr Hoffnung als für ihn.

21 Wer seinen Sklaven von Kind auf verwöhnt, / wird am Ende von ihm ausgenutzt.

22 Ein zorniger Mann fängt überall Streit an, / und ein Hitzkopf ist reich an Vergehen.

23 Überheblichkeit erniedrigt einen Menschen; / Ehre erlangt, wer nicht hoch von sich denkt.

24 Wer mit einem Dieb die Beute teilt, muss lebensmüde sein! /
Er hört den Bannfluch* des
Richters, zeigt aber nicht an,
was er weiß.

25 Menschenfurcht ist eine Falle, /
doch wer Jahwe vertraut, ist
geborgen.

26 Viele suchen die Gunst eines Herrschers, / doch nur Jahwe verschafft ihnen Recht.

27 Für den Gerechten ist der Falsche abscheulich, / und für den Schuldigen der, der geradlinig lebt.

Die Sprüche Agurs

30 1 Die folgenden Sprüche stammen von Agur Ben-Jake aus Massa*. Das Wort des Mannes an Itiël*:
»Ohnmächtig bin ich, Gott, /
ohnmächtig! Was könnte ich denn?
2 Ich bin zu dumm für einen Mann, /
mir fehlt der Menschenverstand.
3 Ich habe keine Weisheit gelernt / und
weiß nichts von dem heiligen Gott.«

4 Wer stieg je in den Himmel hinauf und kam wieder herab? / Wer hat den Wind in seine Fäuste gepackt? / Wer band die Wasser in ein Tuch? / Wer hat die Grenzen der Erde bestimmt? / Wie heißt dieser Mann und wer ist sein Sohn? / Sag es mir, wenn du es weißt!

5 Was Gott sagt, ist die reine Wahrheit. / Wer Zuflucht sucht, hat in ihm
einen Schild. 6 Füg seinen Worten
nichts Eigenes hinzu, / sonst weist er dich zurecht, und du stehst als Lügner da.

7 Um zweierlei bitte ich dich; schenke es mir, / solange ich am
Leben bin: 8 Falschheit und
Lügenwort halte mir fern! / Armut und Reichtum gib mir bitte nicht! /

29,24 *Bannfluch.* Siehe 3. Mose 5,1.

30,1 Wenn *Massa* hier und in Sprüche 31,1 geografisch gemeint ist, haben wir es bei Agur und Lemuel mit Ismaëliten zu tun (siehe 1. Mose 25,13-14), wahrscheinlich gottesfürchtigen Nicht-Israeliten wie zum Beispiel Hiob. Manche deuten den Begriff hier aber als »Prophetenwort«, wörtlich: »Last(-Wort)«.

30,1 *Itiël*, Hebräisch: mit mir ist Gott. Der folgende Satz ist sehr schwer zu deuten.

Lass mich das Brot, das ich brauche,
genießen, 9 damit ich nicht satt dich
verleugne und sage: »Wer ist denn
Jahwe?« / und auch nicht verarmt
anfange zu stehlen und mich ver-
greife am Namen Jahwes.
10 Verleumde den Sklaven nicht bei
seinem Herrn, / sonst verflucht er
dich und du musst es büßen.
11 Was ist das für eine Generation,
die den Vater verflucht, / und der
Mutter kein gutes Wort gibt; 12 die
rein ist in den eigenen Augen, / doch
besudelt mit persönlicher Schuld;
13 die hoch von sich denkt / und
verachtungsvoll blickt; 14 deren
Zähne Schwerter sind / und deren
Gebiss scharfe Messer; / die die
Hilflosen im Land verschlingt / und die
Armen unter den Menschen!

Zahlensprüche

15 Der Blutegel hat zwei Töchter: »Gib
her, gib her!« / Drei werden niemals
satt, und vier sagen nie: »Es ist genug«
– 16 die Totenwelt und der
unfruchtbare Mutterschoß; / die Erde,
die nicht genug Wasser bekommt; /
und das Feuer, das niemals sagt:
»Genug!«
17 Ein Auge, das den Vater
verspottet / und der Mutter nicht
gehorchen will – die Raben am Bach
hacken es aus, / und die jungen Geier
fressen es auf.
18 Drei Dinge sind mir zu wunder-
bar, / vier vermag ich nicht zu erfassen:
19 der Weg des Adlers am Himmel, /
der Weg einer Schlange auf dem Fels, /
der Weg des Schiffes auf hoher See, /
der Weg eines Mannes zu einer Frau.
20 Dies ist der Weg einer
Ehebrecherin: / Sie genießt, wischt
sich den Mund und sagt: / »Ich hab
doch nichts Böses getan!«
21 Unter drei Dingen zittert ein
Land, / und vier kann es nicht
ertragen: 22 wenn ein Sklave König
wird / und wenn ein Narr zu
Wohlstand kommt; 23 wenn eine
Verschmähte geheiratet wird / und
wenn eine Sklavin ihre Herrin beerbt.
24 Die vier sind zwar die kleinsten
im Land, / doch weiser als die Weisen:
25 Die Ameisen sind kein mächtiges
Volk, / doch sammeln sie ihren Vorrat
im Sommer; 26 die Klippdachse sind
nicht stark, / doch sie bauen ihre
Wohnung im Fels; 27 Heuschrecken
haben keinen König, / und doch
schwärmen sie geordnet aus;
28 Eidechsen fängt man mit der
Hand, / und doch sind sie sogar im
Königspalast.
29 Drei haben einen stattlichen
Gang, / und vier schreiten stolz
daher: 30 Der Löwe, der Held unter
den Tieren, / der vor niemand
zurückweicht; 31 der stolzierende
Hahn, der Ziegenbock / und der
König, wenn die Krieger bei ihm
sind.
32 Und wenn du dich stolz erhoben
hast und hast dich blamiert, / oder
hast du es auch nur gedacht, dann leg
dir die Hand auf den Mund; 33 denn
das Stampfen der Milch bringt Butter
hervor, / das Stoßen der Nase Blut /
und das Anstoßen des Zornes Streit.

Mahnungen für den König

31 1 Die folgenden Sprüche
stammen von König Lemuel
aus Massa. Es sind Ratschläge, die er
von seiner Mutter erhielt:

2 Was soll ich dir sagen, mein
Sohn, / du Sohn meines Leibes, den
ich von Gott erbat? 3 Gib nicht den
Frauen deine Kraft, / geh nicht die
Wege, die Könige verderben.
4 Wein ist nichts für Könige,
Lemuel, / Könige dürfen sich nicht
betrinken! / Auch Bier ist nichts für
einen Herrscher! 5 Sonst betrinkt er
sich, / vergisst seine Pflicht / und
verdreht dem Armen das Recht.
6 Gib das Bier dem, der zugrunde
geht, / den Wein den Verbitterten.
7 Solch einer trinkt und vergisst seine
Armut, / und an die Mühsal denkt er
nicht mehr.*
8 Sprich du für die Sprachlosen! /
Tritt du für die Schwachen und ihren
Rechtsanspruch ein! 9 Richte gerecht
und verschaffe dem Recht, / der sich
nicht helfen kann!

Lob einer tatkräftigen Frau*

10 Das kostbarste Juwel, das einer
finden kann, / ist eine tüchtige Frau.
11 Ihr Mann verlässt sich auf sie, / und
ihm fehlt es nie an Gewinn. 12 Sie tut
ihm Liebes und kein Leid / ihr ganzes
Leben lang. 13 Sie sorgt für Wolle und
Flachs / und verarbeitet es mit fleißiger
Hand. 14 Sie gleicht den Handels-
schiffen, / denn von weit her holt sie
Nahrung herbei. 15 Vor Tagesanbruch
steht sie auf, / bereitet die Mahlzeiten
vor / und gibt auch den Mägden ihr
Teil. 16 Sie überlegt es und kauft ein
Stück Feld, / vom Ertrag ihrer Arbeit
bepflanzt sie den Weinberg. 17 Sie
packt ihre Arbeit energisch an, / ist
voller Tatkraft am Werk. 18 Sie merkt,
dass ihr Fleiß etwas bringt, / und
arbeitet bei Licht bis spät in die Nacht.
19 Nach der Spinnrolle greift ihre
Hand, / ihre Finger fassen die Spindel.
20 Für Notleidende hat sie eine offene
Hand, / und den Armen gibt sie gern.
21 Sie macht sich keine Sorgen um
den Schnee, / denn für alle im Haus
hat sie doppelte Kleidung. 22 Sie fertigt
schöne Decken an / und kleidet sich
in feines Leinen und purpurrotes
Gewand. 23 Ihr Mann wird von allen
geachtet, / sein Wort zählt im Rat der
Gemeinde. 24 Sie fertigt Hemden und
verkauft sie, / Gürtel liefert sie dem
Händler. 25 In Kraft und Würde ist sie
gekleidet / und lacht dem nächsten Tag
zu. 26 Was sie sagt, ist gut überlegt, /
freundlich gibt sie ihre Weisungen.
27 Sie behält im Auge, was im Hause
vor sich geht, / das Brot der Faulheit
isst sie nicht. 28 Ihre Söhne stehen auf
und preisen ihr Glück, / ihr Ehemann
lobt sie und sagt: 29 »Es gibt viele
tüchtige Frauen, / doch du übertriffst
sie alle!«
30 Anmut täuscht und Schönheit
vergeht, / doch eine Frau, die Jahwe
ehrt, werde gelobt! 31 Lasst sie den
Lohn ihres Schaffens genießen, /
ihre Taten sprechen für sie im Rat der
Gemeinde.

31,7 *... denkt er nicht mehr.* Hier ist nicht gesagt, dass es für einen Armen gut wäre, sich zu betrinken, sondern dass es bei ihm weniger Schaden anrichtet, als bei einem König, weil dieser dadurch verantwortungslos handelt, seine Pflicht vergisst und dem Armen das Recht verdreht.

31,10-31 Der folgende Text ist ein alphabetisches Gedicht. Jeder Vers beginnt mit dem jeweils nächsten Buchstaben des hebräischen Alphabets.

Der Prediger

Der Prediger fragt, welchen Gewinn ein Mensch von all seiner Mühsal hat. Gewinn ist das, was nach Abzug aller Kosten bleibt. Die Frage lautet also, ob ein Mensch sich einen bleibenden Wert in der Welt »unter der Sonne« erarbeiten kann. Die Antwort ist ein klares Nein. Deshalb möchte der Prediger die Menschen dazu bewegen, ihr Vertrauen allein auf den Schöpfer zu setzen.

Das Buch wurde von einem Sohn Davids, König in Jerusalem, verfasst, der durch Schaden klug geworden ist und seine Leser vor diesem Schaden bewahren will. Offensichtlich handelt es sich um das Zeugnis Salomos am Ende seines Lebens. Das Buch wird also um 930 v.Chr. entstanden sein.

1 1 Worte des Predigers. Er war
ein Sohn Davids und König in
Jerusalem.

Alles vergeht

2 Nichtig und flüchtig, sagte der
Prediger, / nichtig und flüchtig –
alles ist nichtig.
3 Was bleibt dem Menschen von
all seiner Mühe, / von seiner Plage
unter der Sonne? 4 Ein Geschlecht
geht, und ein Geschlecht kommt; /
und die Erde bleibt ewig bestehen.
5 Die Sonne geht auf, und die
Sonne geht unter. / Dann strebt
sie ihrer Stätte zu, / wo sie wieder
erstrahlt. 6 Der Wind weht nach
Süden, / er kreist nach Norden, /
er dreht und dreht und weht /
und kommt zum Ausgangspunkt
zurück. 7 Alle Flüsse fließen ins
Meer, / und das Meer wird nicht
voll. / Zum Ort, wohin sie
fließen, / da fließen und fließen
sie. 8 Alle Dinge mühen sich ab, /
keiner fasst sie alle in Worte. /
Das Auge wird vom Sehen nicht
satt / und das Ohr vom Hören
nicht voll. 9 Was gewesen ist, wird
wieder sein; / was man getan hat,
wird man wieder tun; / und nichts
ist wirklich neu unter der Sonne.
10 Wohl sagt man: / »Sieh her, da
ist etwas neu!« / Doch es war
längst schon einmal da / in den
Zeiten vor uns. 11 An die Früheren
denkt man nicht mehr. / Und an
die Späteren, die nach uns
kommen, / auch an sie wird man
sich nicht mehr erinnern / bei
denen, die noch später sind.

Ein König, der alles probierte

12 Ich, der Prediger, war König über
Israel und lebte in Jerusalem. 13 Ich
nahm mir vor, mit Weisheit alles zu
erforschen und zu erkunden, was
unter dem Himmel getan wird. Das ist
eine leidige Plage. Gott hat es den
Menschen überlassen, sich damit
abzumühen. 14 Ich betrachtete alles
Tun, das unter der Sonne geschieht,
und fand: Es ist alles nichtig und ein
Haschen nach Wind. 15 Krummes
kann nicht gerade werden, und Fehlendes kann man nicht zählen.

16 Ich sagte mir: »Ich habe mein
Wissen vergrößert und weiß mehr als
jeder, der vor mir in Jerusalem war.
Mein Herz hat viel Weisheit und Er-
kenntnis gesehen.« 17 So nahm ich
mir vor zu erkennen, was Weisheit ist,
und zu erkennen, was Verblendung
und Dummheit ist. Doch ich erkann-
te: Auch das ist nur ein Haschen nach
Wind. 18 Mit viel Weisheit kommt
auch viel Verdruss. Wer seine Er-
kenntnis mehrt, mehrt auch seinen
Schmerz.

2 1 Ich sagte mir: »Versuch es doch
mit der Freude und genieß etwas
Gutes!« Doch ich sah: Auch das ist
nichtig. 2 Zum Lachen sagte ich: »Irr-
sinn!«, und zur Freude: »Was bringt
sie schon?«

3 Ich beschloss, meinen Leib mit
Wein zu laben, doch sollte die Weis-
heit in mir die Führung behalten. Ich
wollte auch nach der Dummheit
greifen, um herauszufinden, was die
Menschen unter dem Himmel tun
sollen, was gut für sie ist, solange sie
leben. 4 Ich vollbrachte große Dinge:
Ich baute mir Häuser, ich pflanzte
mir Weinberge, 5 ich legte mir Gär-
ten und Parks an und pflanzte alle
möglichen Obstbäume hinein. 6 Ich
legte Teiche an, um den aufsprießen-
den Wald von Bäumen zu bewässern.
7 Ich kaufte Sklaven und Sklavinnen,
obwohl ich schon Sklaven besaß, die
zu meinem Haushalt gehörten. Auch
besaß ich mehr Rinder, Schafe und
Ziegen als alle, die vor mir in Jerusa-
lem waren. 8 Außerdem stapelte ich
Silber und Gold und die Schätze von
Königen und Ländern. Ich hielt mir
Sänger und Sängerinnen und die
Lust der Männer: Frauen über Frau-
en! 9 Ich wurde mächtiger und rei-
cher als alle, die vor mir in Jerusalem
waren. Auch blieb mir meine Weis-
heit erhalten. 10 Ich gönnte mir alles,
was meine Augen begehrten. Ich
musste mir keine einzige Freude ver-
sagen. Und so war ich glücklich nach
all meiner Mühe. Ja, so weit hatte ich
es mit meinen Mühen gebracht.
11 Doch als ich mir alles ansah, was
ich getan und erreicht hatte, und die
Mühe bedachte, die ich dafür auf-
wenden musste, da war das alles
nichtig und ein Haschen nach Wind.
Es gibt in dieser Welt keinen bleiben-
den Gewinn.

**Lohnt es sich,
Wissen zu erwerben?**

12 Da ging ich daran, Weisheit, Ver-
blendung und Dummheit zu betrach-
ten. Was bleibt dem Menschen zu tun,
der nach dem König kommt? Was
man schon längst getan hat.

13 Ich habe gesehen, dass die Weis-
heit einen so großen Vorteil gegen-
über der Dummheit hat wie das Licht
vor der Finsternis. 14 Der Weise hat
Augen im Kopf, beim Narren bleibt
es finster. Doch ich erkannte auch,
dass beide dasselbe Geschick treffen
kann. 15 Da sagte ich mir: »Wie einen
Narren trifft es auch mich. Wozu bin
ich denn so weise geworden?« Da
dachte ich, dass auch das nichtig war.
16 Denn weder an den Weisen noch
an den Narren wird man sich ewig
erinnern. Wie bald werden beide ver-
gessen sein. Auch der Weise muss
genauso sterben wie der Narr. 17 Da
hasste ich das Leben, denn alles, was

unter der Sonne getan wird, war mir
zuwider. Alles ist nichtig und ein
Haschen nach Wind.

Lohnt sich der Besitz?

18 Da hasste ich alles, was ich mir
mühevoll erarbeitet hatte. Ich muss es
ja doch dem überlassen, der mir nach-
folgen wird. 19 Und wer weiß, ob der
weise oder dumm sein wird? Und
doch wird er über alles verfügen, was
ich durch mein Mühen und Wissen
in dieser Welt erarbeitet habe. Auch
das ist nichtig. 20 So kam ich dazu, an
allem zu verzweifeln, wofür ich mich
abgemüht hatte. 21 Denn da müht
sich einer ab mit Weisheit, mit Er-
kenntnis und Geschick und muss es
dann doch einem überlassen, der sich
nie darum gekümmert hat. Auch das
ist nichtig und ein großes Übel.

22 Was hat dann der Mensch von all
seiner Mühe und Plage und von sei-
nem Streben in dieser Welt? 23 Sein
Leben bringt ihm nur Leiden und
seine Mühe Verdruss. Selbst nachts
kommt er nicht zur Ruhe. Auch das ist
nichtig.

Wer kann sein Leben genießen?

24 Ein Mensch kann nichts Besseres
tun, als zu essen und zu trinken und
sich etwas Gutes zu gönnen von all
seiner Mühe. Doch ich sah, dass auch
das von Gott abhängt. 25 Denn wer
kann essen, wer kann fröhlich sein
ohne Gott? 26 Einem Menschen, der
ihm gefällt, gibt er Weisheit, Erkennt-
nis und Freude. Doch den, der sün-
digt, lässt er einsammeln und auf-
häufen, um es dem zu geben, der Gott
gefällt. Auch das ist nichtig und ein
Haschen nach Wind.

Alles hat seine Zeit

3 1 Für alles gibt es eine Stunde.
Alles, was unter dem Himmel ge-
schieht, hat seine Zeit.

2 Zeit zum Gebären / und Zeit
zum Sterben, / Zeit zum Pflanzen /
und Zeit zum Ausreißen, 3 Zeit zum
Töten / und Zeit zum Heilen, /
Zeit zum Niederreißen / und Zeit
zum Aufbauen, 4 Zeit zum Weinen /
und Zeit zum Lachen, / Zeit des
Klagens / und Zeit des Tanzens,
5 Zeit, Steine zu werfen, / und
Zeit, Steine zu sammeln, / Zeit,
sich zu umarmen, / und Zeit, sich
loszulassen, 6 Zeit zum Suchen /
und Zeit zum Verlieren, /
Zeit zum Aufheben / und Zeit
zum Wegwerfen, 7 Zeit zum
Zerreißen / und Zeit zum Nähen, /
Zeit zum Schweigen / und Zeit
zum Reden, 8 Zeit zum Lieben /
und Zeit zum Hassen, / Zeit des
Krieges / und Zeit des Friedens.

Zu seiner Zeit ist alles schön

9 Wenn jemand etwas tut, welchen
Gewinn hat er von seiner Mühe?
10 Ich sah mir an, womit Gott die
Menschen sich abplagen lässt. 11 Al-
les hat er so eingerichtet, dass es
schön ist zu seiner Zeit. Auch die
Ewigkeit hat er den Menschen ins
Herz gelegt. Aber das Werk Gottes
vom Anfang bis zum Ende kann ein
Mensch nicht begreifen. 12 Ich er-
kannte, dass sie nichts Besseres zu-
stande bringen, als sich zu freuen und
das Leben zu genießen. 13 Wenn ein
Mensch isst und trinkt und bei all
seiner Mühe etwas Gutes sieht, ist

das eine Gabe Gottes. 14 Ich erkannte,
dass alles, was Gott schafft, für ewig
ist. Der Mensch kann nichts hinzufü-
gen und nichts davon wegnehmen.
Gott hat es so gemacht, dass man in
Ehrfurcht zu ihm aufschaut. 15 Was
geschehen ist, war schon vorher da,
und was geschehen wird, ist auch
schon geschehen. Gott sucht das Ver-
schwundene wieder hervor.

Was ist der Mensch?

16 Noch etwas sah ich unter der
Sonne: Am Ort des Rechts war
Unrecht, zur Stätte der Gerechtigkeit
war die Ungerechtigkeit gekommen.
17 Da dachte ich: Schließlich ist es
Gott, der den Gerechten und den
Ungerechten richtet. Denn für jedes
Vorhaben gibt es Zeit, und so auch
für alles, was dabei geschieht. 18 Ich
sagte mir: Es ist wegen der Men-
schen. Gott will sie prüfen, damit sie
einsehen, dass sie selbst auch wie die
Tiere sind. 19 Denn Menschen und
Tiere haben genau dasselbe Ge-
schick. Die einen wie die anderen
müssen sterben. Sie haben beide den-
selben Lebensgeist. Nichts hat der
Mensch dem Tier voraus, denn alles
ist nichtig. 20 Alle kommen an ein
und denselben Ort. Aus dem Staub
der Erde ist alles geworden, zum
Staub der Erde kehrt alles zurück.
21 Wer weiß denn, ob der Lebens-
geist des Menschen nach oben steigt
und der Lebensgeist der Tiere hinab
in die Erde? 22 So habe ich einge-
sehen, dass es nichts Besseres gibt,
als dass der Mensch sich freut an
seinem Tun, denn das ist sein Teil.
Wer will ihn denn dazu bringen, zu
sehen, was nach ihm sein wird?

Die Tränen der Unterdrückten

4 1 Ich sah auch, wie viel Unter-
drückung es in dieser Welt gibt.
Die Unterdrückten weinen und nie-
mand tröstet sie. Niemand tröstet sie,
denn ihre Unterdrücker haben die
Macht in den Händen. 2 Da pries ich
die Toten, die längst gestorben sind.
Ihnen geht es besser als denen, die
jetzt leben. 3 Noch besser dran aber ist
der, der gar nicht geboren wurde, der
das Böse nicht gesehen hat, das unter
der Sonne getan wird.

Sinn und Unsinn der Arbeit

4 Ich sah, dass alle Mühe und alle
Tüchtigkeit nur den Neid des einen
gegen den anderen weckt. Auch das
ist nichtig und ein Haschen nach
Wind. 5 Es heißt zwar: »Ein Dumm-
kopf legt die Hände in den Schoß und
zehrt von seiner Substanz.« 6 Aber ich
sage: »Besser eine Hand voll Ruhe als
beide Hände voll Mühe beim Haschen
nach Wind.«

7 Noch etwas Nichtiges sah ich
unter der Sonne: 8 Da lebt jemand
ganz allein, hat keinen Sohn und kei-
nen Bruder. Und doch hört seine
Mühe nicht auf. Sein Auge wird am
Reichtum nicht satt. – Für wen mühe
ich mich dann eigentlich und versage
mir jeden Genuss? Auch das ist nich-
tig und ein übles Geschäft.

Zwei haben es besser als einer

9 Zwei sind besser dran als einer, denn
sie haben einen guten Lohn für ihre
Mühe. 10 Wenn sie fallen, hilft der
eine dem anderen auf. Doch weh dem
Einzelnen, der hinfällt, und keiner ist
da, der ihm aufhilft. 11 Wenn zwei bei-
einander schlafen, wird ihnen warm.

Doch wie soll ein Einzelner warm
werden? 12 Ein Einzelner ist leicht zu
überwältigen, doch die zwei halten
stand. Und eine dreifache Schnur zer-
reißt nicht so schnell.

Wankelmütige Volksgunst

13 Besser ein Kind, arm aber weise,
als ein König, alt aber dumm, der es
nicht versteht, sich warnen zu lassen.
14 Auch wenn es aus dem Gefängnis
kam, um König zu werden, auch
wenn es arm geboren wurde, als jener
schon König war. 15 Ich sah, wie alles
Volk schon auf der Seite des nächsten
Kindes stand, das an seine Stelle
treten sollte. 16 Wer immer sich an
dessen Spitze stellte, hatte zahlloses
Volk hinter sich. Doch auch über ihn
freuten die Späteren sich nicht. Auch
das ist nichtig und ein Haschen nach
Wind.

Gott mit Ehrfurcht begegnen

17 Überlege, was du tust, wenn du
zum Haus Gottes gehst! Geh hin und
höre zu, denn das ist besser, als ein
Schlachtopfer zu bringen, wie es die
Dummköpfe tun. Denn sie bleiben
unwissend und tun weiter das Böse.

5 1 Sei nicht zu schnell mit dem
Mund und übereile dich nicht,
ein Wort vor Gott zu bringen! Denn
Gott ist im Himmel und du bist auf der
Erde, darum mach nicht viele Worte.
2 Denn bei viel Geschäftigkeit fängt
man zu träumen an, und wer viele
Worte macht, redet dummes Zeug.
3 Wenn du Gott ein Gelübde ablegst,
erfülle es ohne Verzug! Leichtfertige
Leute gefallen Gott nicht. Erfülle, was
du gelobt hast! 4 Es ist besser, wenn
du nichts gelobst, als dass du gelobst
und es nicht hältst. 5 Gestatte deinem
Mund nicht, dich in Schuld zu
bringen, und sag dem Boten nicht
ins Gesicht: Es war ein Versehen!
Oder willst du, dass Gott zornig auf
dein Reden wird und das Werk deiner
Hände verdirbt? 6 Denn wo Träume
und Worte sich mehren, da sind auch
viele Nichtigkeiten. Gott sollst du
fürchten!

Reichtum ist bedeutungslos

7 Wenn du siehst, dass die Armen
unterdrückt, dass Recht und Gerech-
tigkeit im Land verweigert werden,
dann wundere dich nicht über die
Sache. Denn ein Mächtiger deckt den
anderen und beide deckt einer, der
noch mächtiger ist. 8 Doch ein Ge-
winn für das Land ist ein König, der
für bestellte Felder sorgt.

9 Wer Geld liebt, hat vom Geld nie
genug. Wer liebt schon Reichtum
ohne Ertrag? Auch das ist nichtig.
10 Wenn das Gut sich mehrt, mehren
sich auch die, die davon leben. Und
was hat sein Besitzer mehr davon als
das Wissen, reich zu sein? 11 Süß ist
der Schlaf des Arbeiters, ob er wenig
oder viel zu essen hat. Dem Reichen
raubt sein voller Bauch die Ruhe der
Nacht.

12 Es gibt ein schlimmes Übel,
das ich unter der Sonne sah: Da
wurde Reichtum von seinem Besitzer
für einen Unglücksfall aufgespart.
13 Doch durch ein schlechtes Ge-
schäft ging der Reichtum verloren.
Und hat er einen Sohn gezeugt, hat
dieser nichts mehr in der Hand. 14 So
wie er aus dem Leib seiner Mutter

kam, so nackt muss er wieder gehen.
Von all seiner Mühe bleibt ihm nicht
das Geringste, das er mitnehmen
könnte. 15 Auch das ist ein schlim-
mes Übel. So wie er kam, muss er
wieder gehen. Und was bleibt ihm,
wenn er sich für nichts und wieder
nichts müht? 16 Sein Leben lang
hat er sich nichts gegönnt und
plagte sich mit Ärger und Krankheit
und Zorn.

17 Aber sieh nur, was ich Gutes sah:
Es ist schön, zu essen und zu trinken
und Gutes zu genießen für all die
Mühe, die wir in dieser Welt haben,
solange Gott uns das Leben schenkt.
Das hat jeder als sein Teil. 18 Auch
wenn Gott einem Menschen Reich-
tum und Vermögen gibt und ihn
ermächtigt, davon zu essen, sein Teil
zu genießen und sich am Ertrag sei-
ner Mühe zu freuen, dann ist das eine
Gabe Gottes. 19 Dann denkt er nicht
so oft an die Frist seines Lebens, weil
Gott ihm diese Freude schenkt.

6 1 Es gibt etwas Schlimmes, das
ich unter der Sonne gesehen
habe, das schwer zu ertragen ist. 2 Da
hat Gott einem Menschen Reichtum,
Vermögen und Ehre geschenkt, es
fehlt ihm an nichts bei allem, was er
sich wünscht. Doch Gott ermächtigt
ihn nicht, es zu genießen, sondern ein
Fremder darf alles verzehren. Das ist
nichtig und ein schlimmes Übel.

3 Wenn ein Mann hundert Kinder
hat und ein hohes Alter erreicht, aber
sein Leben nicht genießen kann und
am Ende nicht einmal ein anständiges
Begräbnis bekommt, von dem sage
ich: Eine Fehlgeburt ist besser dran
als er. 4 Denn sie kam als ein Nichts
und geht in die Nacht, namenlos und
vergessen. 5 Sie sah nie die Sonne und
wusste nicht, was Leben ist. Sie hat
mehr Ruhe als er. 6 Selbst wenn einer
zweitausend Jahre gelebt, aber nichts
Gutes genossen hat – geht nicht alles
an denselben Ort?

7 Alles Mühen des Menschen ist für
seinen Mund, und doch ist sein Ver-
langen nie gestillt. 8 Denn was hat der
Weise dem Dummkopf voraus? Was
nützt es dem Armen, wenn er zu leben
versteht? 9 Besser genießen, was man
vor Augen hat, als das Verlangen
schweifen zu lassen. Auch das ist
nichtig und ein Haschen nach Wind.

10 Was geschieht, wurde längst
schon beim Namen genannt. So ist
auch bekannt, was aus einem Men-
schen wird, und dass er nicht streiten
kann mit dem, der stärker ist als er.
11 Doch es gibt viele Worte, die das
Nichtige vermehren. Was hat der
Mensch davon? 12 Wer weiß denn,
was gut für den Menschen ist wäh-
rend seines flüchtigen Lebens, das wie
ein Schatten vergeht? Wer kann ihm
denn sagen, was nach ihm in dieser
Welt sein wird?

Was ist weise und gut?

7 1 Besser ein guter Ruf als ein
guter Geruch – und der Tag des
Todes als der Tag der Geburt. 2 Besser
in ein Trauerhaus gehen als in ein
Hochzeitshaus, denn da zeigt sich das
Ende jedes Menschen und der Lebende
nimmt es sich zu Herzen. 3 Besser
verdrießlich sein als lachen, denn bei
trüber Miene geht es dem Herzen gut.
4 Der Weise geht lieber in ein Trauer-

haus, der Dummkopf in ein Haus, wo
man sich freut. 5 Besser einen Weisen
schelten zu hören als einen Narren
singen. 6 Denn das Lachen eines Nar-
ren ist wie das Prasseln der Dornen
unter dem Kochtopf. Doch auch das
ist nichtig. 7 Denn Erpressung macht
selbst den Weisen toll, und Beste-
chung vernebelt den Verstand.

8 Besser das Ende einer Sache als
ihr Anfang, besser langmütig als
hochmütig. 9 Werde nicht zu schnell
verdrießlich, denn Narren tragen den
Verdruss in sich. 10 Sag nicht: »Wie
kommt es nur, dass früher alles besser
war als jetzt?«, denn es ist nicht weise,
so zu fragen. 11 Weisheit mit Wohl-
stand ist ein Vorteil für alle, die die
Sonne sehen. 12 Denn im Schatten
der Weisheit ist es wie im Schatten
des Geldes. Doch der Vorteil der Weis-
heit ist, dass sie einen am Leben er-
hält.

13 Betrachte das Werk Gottes: Wer
kann gerade machen, was er ge-
krümmt hat? 14 Am Tag des Glücks
sei guter Dinge, und am Tag des
Unglücks bedenke: Auch diesen hat
Gott ebenso wie jenen gemacht. Und
was nach ihm kommt, kann der
Mensch nicht wissen.

Sei nicht allzu gerecht!

15 Einiges habe ich beobachtet in
meinem nichtigen, flüchtigen Leben.
Da ist ein Gerechter, der in seiner Ge-
rechtigkeit zugrunde geht, und da ist
ein Ungerechter, der in seiner Bosheit
lange lebt. 16 Sei nicht allzu gerecht,
und gib dich nicht gar zu weise!
Warum willst du dich selbst zugrunde
richten? 17 Sei nicht zu oft ungerecht,
und sei kein Narr! Warum willst du
vor der Zeit sterben? 18 Es ist gut,
wenn du dich an das eine hältst und
vom anderen nicht lässt. Wer Gott
fürchtet, wird beidem gerecht.

19 Die Weisheit macht den Weisen
stärker als zehn Machthaber in der
Stadt. 20 Denn kein Mensch auf der
Erde ist so gerecht, dass er nur Gutes
tut und niemals sündigt. 21 Kümmere
dich nicht um alles, was die Leute
reden, damit du nicht hörst, wie dein
Sklave dich verflucht. 22 Denn du
weißt genau, dass auch du oft über
andere geflucht hast.

Vergebliches Forschen

23 Das alles habe ich mit der Weisheit
versucht. Ich sagte: »Ich will weise
werden!« Doch die Weisheit blieb mir
fern. 24 Fern ist, was gewesen ist, und
tief, sehr tief. Wer kann es erreichen?
25 Da habe ich mich umgestellt und
wollte forschend und suchend zu
einem richtigen Urteil kommen, um
zu verstehen, dass Unrecht Dumm-
heit ist und Unverstand Verblendung.
26 Und nun finde ich: Die Frau, die
einer Schlinge gleicht, deren Herz ein
Schleppnetz ist und deren Hände
Fesseln sind, ist bitterer als der Tod.
Wer Gott gefällt, wird ihr entkom-
men, den Sünder aber fängt sie ein.
27 Schau, das habe ich herausgefun-
den, sagte der Prediger: Ich fügte eins
zum anderen, um zu einem Ergebnis
zu kommen. 28 Was ich fortwährend
suchte, aber nicht fand, war dies:
Einen einzigen Mann aus Tausenden
fand ich, eine Frau aber fand ich bei all
diesen nicht. 29 Nur dies fand ich:
Gott hat die Menschen aufrichtig und
gerade gemacht, aber sie sind be-
rechnend und falsch.

Macht über Menschen

8 1 Wer ist so weise und wer ver-
steht eine Sache zu deuten? Die
Weisheit eines Menschen lässt sein
Gesicht leuchten, und die Härte ver-
schwindet daraus. 2 Gehorche dem
Befehl des Königs, denn du hast ihm
vor Gott die Treue geschworen. 3 Hüte
dich davor, von ihm abtrünnig zu wer-
den, und lass dich nicht auf eine so
böse Sache ein, denn er tut doch, was
er will. 4 Denn das Wort eines Königs
hat Macht. Wer könnte ihm denn
sagen: »Was machst du da?« 5 Wer
dem Befehl gehorcht, hat nichts
Schlimmes zu befürchten. Ein weiser
Mensch weiß um Zeitpunkt und Ent-
scheidung. 6 Denn für jede Sache gibt
es einen Zeitpunkt und eine Entschei-
dung. Das ist so, weil die Bosheit des
Menschen schwer darüber liegt. 7 Der
Mensch weiß ja nicht, was geschehen
wird, und wer könnte ihm das mit-
teilen? 8 Kein Mensch hat Macht über
den Wind, keiner kann ihn zurück-
halten. Und niemand hat Macht über
den Tag des Todes. Im Krieg wird nie-
mand entlassen, und das Unrecht
kann seinen Täter nicht retten. 9 Das
alles habe ich gesehen, als ich mich
mit dem beschäftigte, was unter der
Sonne getan wird: Die Zeit, in der
Menschen über Menschen herrschen,
ist schlecht für den Menschen.

Warum geht es Verbrechern so gut?

10 Ich sah, wie Gottlose begraben
wurden und zur Ruhe eingingen,
während andere, die Gott gehorchten,
die heilige Stätte verlassen mussten,
und man vergaß sie in der Stadt. Auch
das ist nichtig. 11 Weil das Urteil über
die böse Tat nicht sofort vollstreckt
wird, wächst in den Menschen die
Lust, Böses zu tun. 12 Denn ein Sün-
der kann hundertmal Böses tun und
doch lange leben. Aber ich habe auch
verstanden, dass es den Gottesfürchti-
gen gut gehen wird, die Gott voller
Ehrfurcht begegnen. 13 Dem Gott-
losen wird es nicht gut gehen. Sein
Leben ist kurz und flüchtig wie ein
Schatten, weil er Gott nicht fürchtet.
14 Trotzdem geschieht viel Sinnloses
auf der Erde. Da gibt es Gerechte,
denen es so ergeht, wie Verbrecher es
verdienen, und es gibt Verbrecher,
denen es so geht, als hätten sie immer
das Rechte getan. Ich dachte: Auch
das ist nichtig. 15 So pries ich die
Freude, denn es gibt für den Men-
schen unter der Sonne nichts Besse-
res, als zu essen und zu trinken und
sich zu freuen. Das sollte ihn bei sei-
nem Mühen in der Zeit begleiten, die
Gott ihn unter der Sonne leben lässt.

Wie soll man die Werke Gottes begreifen?

16 Als ich mich bemühte, Weisheit zu
verstehen und das Treiben auf der
Erde zu besehen – Tag und Nacht
gönnt man seinen Augen keinen
Schlaf –, 17 da sah ich an allem das
Werk Gottes. Der Mensch kann nicht
ergründen, was unter der Sonne ge-
schieht, wie sehr er sich auch abmüht,
es zu erkennen, er findet es doch nicht
heraus. Selbst wenn der Weise be-
hauptet, es zu verstehen, so kann er es
doch nicht begreifen.

9 1 Das alles nahm ich mir zu Her-
zen, um dies zu klären: Die Ge-
rechten und die Weisen und ihre

Werke sind in Gottes Hand. Sei es
Liebe, sei es Hass, nichts was vor
ihm liegt, kann der Mensch erkennen.
2 Beides ist wie bei allen: Den
Gerechten kann dasselbe Geschick
treffen wie den Gottlosen; den Guten
und Reinen wie den Unreinen; den,
der opfert, wie den, der nicht opfert;
den Guten wie den Sünder; den, der
schwört, wie den, der den Schwur
scheut.
3 Das ist das Schlimme bei
allem, was unter der Sonne geschieht,
dass alle dasselbe Geschick
trifft. Von daher ist auch das Herz der
Menschen voller Bosheit und Übermut
ihr Leben lang, und danach geht
es zu den Toten.
4 Solange ein
Mensch lebt, gibt es noch Hoffnung.
Ein lebendiger Hund ist besser dran
als ein toter Löwe.
5 Denn die Lebenden
wissen, dass sie sterben werden,
die Toten aber wissen gar nichts. Ihre
Verdienste werden nicht belohnt,
denn niemand denkt mehr an sie.
6 Ihr Lieben und ihr Hassen und ihre
Eifersucht sind längst dahin. Sie
haben auf ewig keinen Anteil mehr
an dem, was unter der Sonne geschieht.

Die Freude am Leben

7 Also: Iss dein Brot mit Freude, und
trink deinen Wein mit frohem Herzen!
Denn schon längst hat Gott Gefallen
an deinem Tun.
8 Trag immer
freundliche und frische Kleidung und
salbe dein Gesicht mit gutem Öl.
9 Genieße das Leben mit der Frau,
die du liebst, alle Tage deines flüchtigen
Lebens, die er dir unter der
Sonne geschenkt hat. Das ist dein
Lohn für die Mühsal und Arbeit unter
der Sonne.
10 Was immer du zu tun
vermagst, das tue! Denn bei den
Toten, zu denen du gehst, gibt es
weder Tun noch Planen, weder
Wissen noch Weisheit.

Zufall und Zeit

11 Wieder sah ich, wie es unter der
Sonne zugeht. Nicht die Schnellen
gewinnen den Lauf und nicht die
Helden den Kampf, auch nicht die
Weisen das Brot, die Klugen den
Reichtum und die Einsichtigen
Gunst. Denn Zeit und Zufall treffen
sie alle.
12 Außerdem kennt der
Mensch nicht seine Zeit. Wie die
Fische ins tückische Netz geraten, die
Vögel in der Falle gefangen werden,
so verstricken sich die Menschen zur
Zeit des Unglücks, wenn es plötzlich
über sie kommt.

Weisheit und Dummheit

13 Auch dieses gute Beispiel von
Weisheit sah ich unter der Sonne:
14 Da gab es eine kleine Stadt mit nur
wenigen Einwohnern. Ein mächtiger
König zog gegen sie heran, schloss
sie ein und ging mit Belagerungstürmen
gegen sie vor.
15 In dieser
Stadt lebte ein armer weiser Mann,
der die Stadt durch seine Weisheit
hätte retten können, aber kein
Mensch dachte an diesen armen
Mann.
16 Da sagte ich mir: »Weisheit
ist besser als Macht!« Aber die Weisheit
eines Armen wird verachtet, und
auf seine Worte hört man nicht.
17 Die ruhigen Worte eines Weisen
sind mehr wert als das Geschrei eines
Herrschers unter Dummköpfen.
18 Weisheit ist besser als Waffen,
aber ein Einziger, der falsch entscheidet,
kann viel Gutes verderben.

10 1 Tote Fliegen lassen das Öl
des Salbenmischers gären
und stinken. Ein wenig Dummheit
macht Weisheit und Ansehen zunich-
te. 2 Der Weise hat den Verstand
zu seiner Rechten, der Dummkopf
hat ihn zur Linken. 3 Und wenn der
Dummkopf unterwegs ist, fehlt ihm
der Verstand. Er sagt allen, dass sie
Dummköpfe seien.

4 Wenn der Herrscher zornig auf
dich ist, gib deinen Platz nicht auf!
Denn Gelassenheit bewahrt vor gro-
ßen Verfehlungen. 5 Es gibt ein Übel
unter der Sonne, das ich sah, eine
Verirrung, wie sie ein Machthaber
begeht: 6 Da wird ein Dummkopf in
hohe Würden eingesetzt und Reiche
sitzen unten. 7 Ich sah Sklaven hoch
zu Ross und Fürsten, die wie Sklaven
zu Fuß gehen mussten.

Alltagsweisheit

8 Wer eine Grube gräbt, kann hinein-
fallen, wer eine Mauer einreißt, den
kann eine Schlange beißen. 9 Wer
Steine bricht, kann sich an ihnen
verletzen, wer Holz spaltet, bringt
sich in Gefahr. 10 Wenn die Axt
stumpf geworden ist und niemand
ihre Schneide schärft, dann muss man
den Kraftaufwand steigern. Es ist ein
Vorteil, wenn das Wissen zu etwas
taugt. 11 Wenn die Schlange schon
vor der Beschwörung beißt, hat der
Beschwörer nichts von seiner Kunst.

12 Einen Weisen machen seine
Worte beliebt, einen Dummkopf
kosten sie den Kopf. 13 Mit Dumm-
heit beginnt er zu reden und mit
bösem Unsinn hört er auf. 14 Und ein
Dummkopf macht viele Worte.
Ein Mensch weiß doch nicht, was
geschehen wird und was nach ihm
kommt. Wer soll ihm das denn sagen?
15 Die Mühe ermüdet den Dumm-
kopf, darum findet er nicht den Weg
in die Stadt.

16 Weh dir, du Land, dessen König
ein Junge ist und dessen Fürsten schon
am Morgen schlemmen. 17 Wohl dir,
du Land, dessen König ein Edler ist
und dessen Fürsten zur rechten Zeit
speisen, um sich zu stärken und nicht,
um sich zu betrinken.

18 Bei Faulenzerei senkt sich das Ge-
bälk, und wo die Hände nachlässig
sind, tropft es ins Haus.

19 Zum Vergnügen bereitet man ein
Mahl, und Wein erheitert das Leben,
und das Geld macht beides möglich.

20 Verfluche den König nicht einmal
in Gedanken und den Reichen nicht in
deinem Schlafzimmer. Denn Wände
haben Ohren, und deine Worte könn-
ten Flügel bekommen.

Das Brot auf dem Wasser

11 1 Schick dein Brot übers
Wasser*, und nach vielen
Tagen kannst du es wieder finden.
2 Verteile deinen Besitz auf sieben
oder acht Stellen, denn du weißt
nicht, welches Unglück über das Land
kommen wird. 3 Wenn die Wolken
voll sind, geben sie Regen auf die
Erde. Und ob ein Baum nach Süden
oder Norden fällt – wo der Baum hin-
fällt, da bleibt er auch liegen. 4 Wer

11,1 *Brot übers Wasser.* Salomo meint hier vielleicht den Seehandel, an dem man sich mit einem Teil seines Vermögens beteiligt.

ständig nach dem Wind schaut,
kommt nie zum Säen, und wer immer
auf die Wolken sieht, wird niemals
ernten. 5 Wie du den Weg des Windes
nicht kennst, noch das Werden des
Kindes im Leib der Schwangeren, so
kennst du auch das Werk Gottes
nicht, der alles bewirkt. 6 Am Morgen
säe deinen Samen und lass am Abend
deine Hand nicht ruhn, denn du weißt
nicht, was gedeihen wird, ob dies oder
jenes oder beides zugleich.

Denk schon in der Jugend an deinen Schöpfer!

7 Wie schön ist das Licht und wie gut
tut es, die Sonne zu sehen! 8 Wenn ein
Mensch viele Jahre lebt, soll er sich
darüber freuen und an die vielen
dunklen Tage denken, die noch kom-
men. Alles, was kommt, ist nichtig.
9 Genieße deine Jugend, junger
Mann, freue dich in deiner Jugend-
zeit! Tu, was dein Herz dir sagt und
was deinen Augen gefällt. Doch wisse,
dass über all dies Gott mit dir ins Ge-
richt gehen wird. 10 Halte deinen Sinn
von Ärger frei und deinen Körper von
Bosheit. Denn Jugend und dunkles
Haar sind flüchtig.

12 1 Denk an deinen Schöpfer,
solange du noch jung bist,
bevor die bösen Tage sich nähern, /
die Jahre kommen, von denen du
sagst: / »Sie gefallen mir nicht!«;
2 bevor sich die Sonne verfinstert /
und das Licht, der Mond und die
Sterne, / und neue Wolken nach
dem Regen kommen;
3 wenn dann die Wächter des
Hauses zittern / und die starken
Männer sich krümmen, /
die Müllerinnen ruhen, weil sie
wenig geworden sind; / wenn
dunkel werden, die durchs
Fenster sehen,* 4 und die Türen
zur Straße sich schließen; /
wenn das Geräusch der Mühle
leise wird; / wenn man aufsteht
beim Zwitschern der Vögel, /
und alle Lieder verklingen;*
5 wenn man sich vor jeder
Anhöhe fürchtet / und Angst hat,
unterwegs zu sein; / wenn der
Mandelbaum blüht, / die
Heuschrecke sich schleppt /
und die Kaper versagt* –
denn der Mensch geht in sein
ewiges Haus, / und auf der
Straße stimmen sie die
Totenklage an –; 6 bevor der
silberne Faden zerreißt, / die
goldene Schale zerspringt, /
der Krug an der Quelle
zerschellt / und das Schöpfrad
zerbrochen in die Zisterne fällt,*
7 der Staub zur Erde zurückfällt
als das, was er war, / und der
Geist zu Gott zurückkehrt, der
ihn gab.

8 »Flüchtig und nichtig«, sagte der
Prediger, »alles ist nichtig.«

12,3 ... *durchs Fenster sehen.* Gemeint ist: Die Hände zittern, die Beine werden schwach und krumm, die Zähne fallen aus und die Augen werden trüb.

12,4 ... *verklingen.* Gemeint ist: Das Gehör wird immer schlechter, man schläft nicht mehr gut und das Vergnügen bedeutet nichts mehr.

12,5 ... *die Kaper versagt.* Gemeint ist vielleicht das weiße Haar, der Verlust der Beweglichkeit und des Geschmacks.

12,6 ... *fällt.* Alles Bilder für den Tod.

Der Schluss des Ganzen

9 Der Prediger war nicht nur ein
Weiser, sondern auch ein Lehrer, der
dem Volk sein Wissen weitergab. Er
wog ab, prüfte und formte viele
Sprichwörter. 10 Der Prediger suchte
gefällige Worte zu finden, wahre
Worte richtig niederzuschreiben.
11 Die Worte von Weisen sind wie
Ochsenstachel* und gesammelte
Sprüche wie eingeschlagene Nägel.
Sie sind von einem einzigen Hirten gegeben. 12 Und darüber hinaus, mein
Sohn, lass dich von ihnen warnen!

Das viele Büchermachen findet kein
Ende. Und das viele Studieren ermüdet den Leib. 13 Lasst uns nun das
Ergebnis des Ganzen hören: Fürchte
Gott und halte seine Gebote! Das soll
jeder Mensch tun. 14 Denn Gott wird
jedes Tun vor Gericht bringen, alles
Verborgene, es sei gut oder böse.

12,11 *Ochsenstachel.* Zum Antreiben der Rinder gebrauchte man einen Stab mit einer scharfen Spitze.

Das Hohelied

Von den 1005 Liedern, die Salomo geschrieben hat (1. Könige 5,12), ist das Hohelied das beste und schönste. Das sagt schon sein Titel im hebräischen Text: Das Lied der Lieder. Es ist ein Loblied auf die Ehe, auf die Liebe zwischen einem Mann und seiner Frau. Das Hohelied rühmt die Schönheit und Reinheit ehelicher Liebe. Die Wirklichkeit einer menschlichen Ehe ist freilich nur die schwache Kopie eines hervorragenden Originals. Das Original ist Gottes Liebe zu seinem Volk, zu Israel und zur Gemeinde. Eine Ehe ist demnach Abbild jener göttlichen Wirklichkeit, nicht umgekehrt. Doch in den Erfahrungen unserer von Gott geschenkten ehelichen Liebe können wir ein wenig von dem begreifen, was Gottes Liebe zu uns ausmacht.

1 1 Das Lied aller Lieder.
Von Salomo.

Die Brautwerbung: Erinnerungen der Liebenden

2 Komm und küss mich, küss
mich! / Deine Liebe ist viel besser
als Wein. 3 Deine Salben verströmen
herrlichen Duft, / dein Name ist wie
ein Wohlgeruch. / Alle Mädchen
schwärmen für dich. 4 Zieh mich
mit dir, lass uns eilen! / Der König
führe mich zu sich nach Haus! /
Jauchzen wollen wir, uns freuen
an dir. / Wir rühmen deine Liebe
mehr als den Wein. / Ja, mit Recht
schwärmen sie für dich.
5 Dunkel bin ich und schön, /
ihr Töchter Jerusalems, / wie die
Zelte von Kedar*, / wie Salomos
Decken*. 6 Seht nicht darauf, dass
ich dunkel bin, / braun gebrannt
von der Sonne! / Die Söhne meiner
Mutter fauchten mich an, / zur
Weinbergswächterin bestimmten sie
mich. / Meinen eigenen Weinberg*
habe ich nicht bewacht.
7 Sag mir, du, den meine Seele
liebt: / »Wo weidest du die Herde? /
Wo lässt du lagern am Mittag? /
Weshalb sollte ich wie eine
Verschleierte* sein / bei den
Herden deiner Gefährten?«
8 »Wenn du es nicht weißt, / du
Schönste der Frauen, / dann folge
den Spuren der Herde / und weide
deine Zicklein / bei den Zelten der
Hirten.«
9 »Mit der Stute an Pharaos
Gefährt / vergleiche ich dich, meine
Freundin.

1,5 *Kedar.* Nomadenstamm in der syrisch-arabischen Wüste, bekannt durch seine Herden. Seine Zelte wurden aus schwarzen Ziegenhaardecken zusammengenäht.

Decken. Eigentlich Zeltdecken, wie sie in der Stiftshütte und im Tempel Salomos verwendet wurden. Sie waren sehr kostbar.

1,6 *Meinen eigenen Weinberg.* Damit meint sie sich selbst.

1,7 *Verschleierte.* Sie legt Wert auf Reinheit und verzichtet auf den Schleier, der sie als Prostituierte kennzeichnen würde (siehe 1. Mose 38,14-16).

10 Bezaubernd sind deine Wangen
zwischen den Bändern*, / dein Hals
in Muscheln geschnürt. 11 Wir
machen dir Bänder aus Gold / mit
silbernen Perlen.«

12 »Solang der König an seiner
Tafel sitzt, / gibt meine Narde* ihren
Duft. 13 Ein Myrrhenbeutel* ist mein
Liebster für mich, / der zwischen
meinen Brüsten ruht. 14 Wie eine
Blütentraube vom Hennastrauch* /
ist mir mein Geliebter, / der aus den
Weinbergen von En-Gedi* stammt.«

15 »Du bist so schön, meine
Liebste! / Ja, du bist so schön! / Wie
Tauben sehen deine Augen aus.«

16 »Ja, auch du bist anziehend und
schön, mein Liebster. / Unser Lager
ist frisches Grün, 17 die Balken
unseres Hauses sind Zedern, / aus
Wacholder die Sparren vom Dach.«

2 1 »Ich bin die Lilie des
Scharon*, / die weiße Blume
der Täler.«

2 »Wie eine Lilie unter den
Dornen / ist meine Freundin unter
den Frauen.«

3 »Wie ein Apfelbaum unter den
Bäumen des Waldes / ist mein
Geliebter unter den Männern. / In
seinem Schatten wollte ich sitzen, /
seine Frucht war meinem Gaumen
süß.«

4 »Er hat mich ins Weinhaus*
geführt. / Die Liebe ist sein Banner
über mir. 5 Stärkt mich mit Rosinen-
kuchen, / erfrischt mich mit Äpfeln, /
denn ich bin krank vor Liebe. 6 Sein
linker Arm liegt unter meinem
Kopf, / und mit dem rechten hält er
mich umschlungen. 7 Ich beschwöre
euch, ihr Töchter von Jerusalem, /
bei Hirschkuh und Gazelle auf der
Flur: / Weckt die Liebe nicht / und
scheucht sie nicht auf, / bis es ihr
selber gefällt!«

Die Brautwerbung: Ausdruck gegenseitiger Liebe

8 Horch, mein Geliebter! /
Schau, da kommt er, / über die Berge
springend, / hüpfend über die Hügel.
9 Mein Geliebter gleicht einer
Gazelle / oder einem jungen Hirsch. /
Sieh, da steht er vor unserem Haus, /
schaut durch die Fenster herein, /
späht durch die Gitter. 10 Mein
Liebster begann und sagte zu mir:

1,10 *Bändern.* Gemeint sind vielleicht rundliche Schmuckstücke, die an Bändern zu beiden Seiten vom Kopfbund herabhingen.

1,12 *Narde* ist eine duftende aromatische Pflanze, die in den Bergen des Himalaja in Höhen zwischen 3500 und 5000 Metern wächst. Mit dem aus der indischen Narde gewonnenen Öl wurde schon zur Zeit Salomos gehandelt.

1,13 *Myrrhe.* Ein sehr kostbares wohlriechendes Harz afrikanisch-arabischer Herkunft, das in Salbölen und Arzneien verarbeitet wurde.

1,14 *Henna* ist ein Baumstrauch, aus dessen Blättern man einen Farbstoff herstellte und aus dessen dicht stehenden weißen Blütentrauben man ein duftendes ätherisches Öl gewann.

En-Gedi (Ziegenquell) ist eine Oase etwa in der Mitte des Westufers vom Toten Meer. Heute ist es ein Naturschutzgebiet.

2,1 *Scharon.* Die Ebene voller üppiger Wiesen ist ein 15 km breiter und 75 km langer sehr fruchtbarer Streifen am Mittelmeer von Lydda im Süden bis zum Berg Karmel im Norden.

2,4 *Weinhaus.* Es symbolisiert wahrscheinlich den Weinberg. Die Szene spielt im Freien wie 1,17.

»Steh auf, meine Freundin, / meine
Schöne, und komm! 11 Sieh doch,
der Winter ist vorüber, / die Regen-
zeit vergangen, vorbei!
12 Die Blumen zeigen sich im Land, /
die Zeit der Lieder ist da. /
Turteltauben gurren überall.
13 Die Feige rötet ihre Knoten, / die
Reben blühen und verströmen ihren
Duft. / Steh auf, meine Freundin, /
meine Schöne, und komm!
14 Mein Täubchen in den Felsen, /
in der Bergwand, im Versteck: /
Lass mich deinen Anblick genießen, /
lass mich hören deine süße Stimme, /
zeig mir dein liebes Gesicht!«
15 Greift uns die Füchse, / die
kleinen Füchse, / die den Weinberg
verwüsten, / denn unsere Weinberge
blühen.
16 Mein Liebster gehört mir, / und
ich gehöre ihm, / der seine Herde
unter Lilien weidet, 17 bis der Abend-
wind weht und die Schatten fliehen. /
Nun geh,* mein Geliebter, sei wie
die Gazelle, / wie ein junger Hirsch
auf den zerklüfteten Bergen.

3 1 Nachts lag ich auf meinem Bett
und sehnte mich nach ihm, /
nach ihm, den meine Seele liebt. /
Ich suchte ihn und fand ihn nicht.
2 Ich sehe mich aufstehen: / Ich
durchstreife die Stadt, / ihre Straßen
und Plätze. / Ich suchte ihn, dem
mein Herz gehört. / Ich suchte ihn
und fand ihn nicht. 3 Da fanden mich
die Wächter / bei ihrer Runde durch
die Stadt. / »Habt ihr den gesehen,
den meine Seele liebt?« 4 Kaum war
ich an ihnen vorüber, / da fand ich
ihn, dem mein Herz gehört. /
Ich hielt ihn fest, ließ ihn nicht los, /
bis ich ihn ins Haus meiner Mutter
gebracht, / ins Zimmer von der, die
mich geboren hat. 5 Ich beschwöre
euch, ihr Töchter von Jerusalem, / bei
Hirschkuh und Gazelle auf der Flur: /
Weckt die Liebe nicht / und scheucht
sie nicht auf, / bis es ihr selber
gefällt!«

Die Hochzeit: der Bräutigam

6 Was kommt dort aus der Wüste
herauf? / Wie Rauchsäulen zieht es
heran, / umduftet von Myrrhe und
Weihrauch / und allen Gewürzen der
Händler. 7 Schau, es ist Salomos
Sänfte! / Sie ist von sechzig Männern
umringt. / Das sind die Helden
Israels. 8 Sie alle tragen ein Schwert /
und sind alle im Kampf geschult. /
Jeder hat sein Schwert am Gurt / zum
Schutz gegen nächtliche Schrecken.
9 Eine Sänfte machte sich König
Salomo / aus edlem Holz vom
Libanon. 10 Ihre Säulen überzog er
mit Silber, / ihre Lehne mit Gold, /
ihren Sitz mit rotem Purpur. / Ihr
Inneres ist mit Liebe gestaltet, /
gefertigt von Jerusalems Töchtern.
11 Kommt heraus, ihr Zionstöchter, /
und seht den König Salomo mit dem
Kranz, / den seine Mutter ihm
flocht / an seinem Hochzeitstag, /
dem Tag voller Freude und Glück.

Die Hochzeit und die erste Nacht

4 1 Wie schön du bist, meine
Freundin, / wie wunderschön! /
Deine Augen sind Tauben / hinter

2,17 *Nun geh.* Wörtlich: *wende dich.*

deinem Schleier*. / Dein Haar ist
eine Herde schwarzer Ziegen, / die
herunterspringen vom Gebirge
Gilead*. 2 Deine Zähne sind weiß
wie eine Herde geschorener Schafe, /
die gerade aus der Schwemme
steigt. / Sie alle werfen Zwillinge, /
keins hat einen Fehlwurf* gehabt.
3 Deine Lippen sind wie eine
karmesinrote Schnur, / lieblich ist
dein Mund. / Wie eine Granatapfel-
scheibe / schimmert deine Schläfe
hinter dem Schleier hervor. 4 Dein
Hals ist rund wie der Davidsturm, /
Tausend Schilde hängen daran, / die
Rüstung der Helden. 5 Deine Brüste
sind wie zwei Kitzlein, / die Zwillinge
einer Gazelle, / die in Lilienwiesen
weiden. – 6 Wenn der Abendwind
weht und die Schatten fliehen, / will
ich zum Myrrhenberg gehen, / zum
Weihrauchhügel hin. 7 Alles an dir
ist schön, meine Freundin, / kein
Makel ist an dir.

8 Komm mit mir, meine Braut, /
steig vom Libanon* herab, / weg
vom Gipfel des Amana, / vom Gipfel
des Senir, dem Hermon, / weg von
den Verstecken der Löwen, / den
Bergen der Panther. 9 Du hast mir
das Herz geraubt, meine Schwester*,
meine Braut, / du hast mich betört
mit einem einzigen Blick, / mit einem
einzigen Kettchen von deinem Hals.
10 Wie schön ist deine Liebe, meine
Schwester, Braut! / Deine Liebe ist
viel köstlicher als Wein, / der Duft
deiner Salben betörender als jeder
Balsamduft. 11 Honig träufeln deine
Lippen, meine Braut, / und unter
deiner Zunge sind Honig und
Milch. / Deine Kleider duften
wie der Libanon.

12 Ein verschlossener Garten ist
meine Schwester, meine Braut, /
ein verschlossener Brunnen, ein
versiegelter Quell. 13 Ein Lustgarten
rankt sich aus dir, / Granatapfel-
bäume voll köstlicher Frucht, /
Hennasträucher mit Narden,
14 Narde und Safran*, / Gewürzrohr
und Zimt, / samt allerlei Weihrauch-
gewächsen, / Myrrhe und Aloë / samt
Balsamsträuchern allerbester Art.
15 Ein Gartenquell bist du, / ein
Brunnen lebendigen Wassers, / das
vom Libanon her fließt.

16 Nordwind wach auf! / Du,
Südwind, komm! / Weh durch
meinen Garten, / lass seine Balsam-
düfte verströmen! / Komm, mein
Geliebter in deinen Garten, / genieße
seine köstliche Frucht!

5 1 Ich komme in meinen Garten,
meine Schwester, meine Braut. /
Ich pflücke meine Myrrhe samt
meinem Balsam, / ich esse meine

4,1 *Schleier*. Hier ist der Brautschleier gemeint.

Gilead. Die Berge im Ostjordanland waren besonders gut für die Viehzucht geeignet.

4,2 *Zwillinge, Fehlwurf*. Jeder Zahn hat seine Entsprechung im anderen Kiefer. Es gibt keine Zahnlücke.

4,8 *Libanon*. Die Gipfel des Libanongebirges stehen hier vielleicht für die sexuelle Distanz, die das Liebespaar einhielt.

4,9 *Schwester*. Im damaligen Orient war das ein geläufiger Kosename eines Ehemanns für seine Frau.

4,14 *Safran*. Die getrockneten und pulverisierten Stempel und Staubgefäße eines kleinen Krokus wurden als Küchengewürz verwendet.

Wabe samt meinem Honig, / ich
trinke meinen Wein samt meiner
Milch. / »Esst, meine Freunde,* und
trinkt / und berauscht euch an der
Liebe!«

Die Ehe:
erste große Unstimmigkeit

2 Ich schlief, aber mein Herz war
wach. / Horch, mein Geliebter
klopft:
»Öffne mir, meine Schwester,
meine Freundin, / meine Taube,
meine Vollkommene! / Mein Kopf ist
voller Tau, / meine Locken voll von
den Tropfen der Nacht.«
3 »Ich habe mein Kleid doch schon
ausgezogen / und müsste es wegen
dir wieder anziehen. / Ich habe meine
Füße gewaschen / und müsste sie
wieder beschmutzen.«
4 Mein Geliebter streckte die Hand
durch die Luke, / da bebte mein
Inneres ihm entgegen. 5 Ich stand
auf, um meinem Liebsten zu öffnen, /
da troffen meine Hände von Myrrhe /
durch die Griffe des Riegels, / meine
Finger von flüssiger Myrrhe. 6 Ich
öffnete meinem Geliebten, / doch er
war weggegangen, / mein Geliebter
war fort. / Entsetzen packte mich: Er
ist fort! / Ich suchte und konnte ihn
nicht finden, / ich rief ihn, doch er
antwortete nicht. 7 Es fanden mich
die Wächter / bei ihrem Rundgang
durch die Stadt. / Sie schlugen und
verwundeten mich. / Die Wächter auf
den Mauern / nahmen mir meinen
Überwurf weg.
8 Ich beschwöre euch, ihr Töchter
von Jerusalem: / Wenn ihr meinen
Liebsten findet, / was sollt ihr ihm
sagen? / Dass ich krank bin vor
Liebe.
9 Was hat dein Geliebter einem
anderen voraus, / du schönste unter
den Frauen? / Was hat dein Geliebter
einem anderen voraus, / dass du uns
so beschwörst?
10 Mein Geliebter ist rötlich und
licht, / unter Zehntausenden ragt
er hervor. 11 Sein Haupt ist feines,
gediegenes Gold, / seine Locken
Dattelrispen, / rabenschwarz.
12 Seine Augen sind wie Tauben am
Bach, / gebadet in Milch, wie
Juwelen eingefasst. 13 Seine Wangen
sind Beete voll Balsamkraut, / in
denen Gewürzkräuter sprießen. /
Seine Lippen sind Lilien, / feucht von
flüssiger Myrrhe. 14 Seine Arme sind
goldene Rollen, / mit Topas besetzt, /
sein Leib ein Block von Elfenbein, /
bedeckt mit Saphiren. 15 Seine
Schenkel Marmorpfeiler / auf
Sockeln von gediegenem Gold. /
Sein Anblick gleicht dem Libanon, /
stattlich wie mächtige Zedern.
16 Sein Gaumen ist voll Süße, / alles
an ihm ist begehrenswert. / Das ist
mein Geliebter, das ist mein Freund, /
ihr Töchter von Jerusalem.

6 1 Wohin ist dein Geliebter
gegangen, / du schönste unter
den Frauen? / Wohin hat dein
Geliebter sich gewandt? /
Wir suchen ihn mit dir.« 2 »Mein
Geliebter stieg in seinen Garten

5,1 *meine Freunde*. Der Satz drückt wohl den Segen Gottes aus, der die geschlechtliche Liebe zwischen dem Ehemann und seiner Frau bestätigt.

hinab, / zu den Beeten mit Balsam, /
auf die Weide in den Gärten, / um
Lilien zu pflücken. 3 Ich gehöre
meinem Geliebten / und mein
Geliebter gehört mir, / der unter
den Lilien weidet.«

Die Ehe: Wiedervereinigung

4 Schön wie Tirza* bist du, meine
Freundin, / anmutig wie Jerusalem, /
schrecklich wie die Banner im Krieg.
5 Wende deine Augen von mir ab, /
denn sie haben mich verwirrt. /
Dein Haar ist eine Herde schwarzer
Ziegen, / die herunterspringen
vom Gebirge Gilead.
6 Deine Zähne sind weiß wie eine
Herde geschorener Schafe, / die
gerade aus der Schwemme steigt. /
Sie alle werfen Zwillinge, / keins hat
einen Fehlwurf gehabt. 7 Wie eine
Granatapfelscheibe / schimmert
deine Schläfe hinter dem Schleier
hervor.

8 Sechzig Königinnen sind es, /
achtzig Nebenfrauen – und junge
Mädchen ohne Zahl. 9 Nur eine ist
mein makelloses Täubchen. / Die
Einzige war sie für ihre Mutter, / das
Liebste für die, die sie geboren hat. /
Würden die Töchter sie sehen, sie
priesen sie glücklich, / die
Königinnen und Nebenfrauen, sie
rühmten sie. 10 Wer glänzt da
hervor wie das Morgenrot, / schön
wie der Mond, / klar wie die Sonne, /
schrecklich wie die Banner im
Krieg?

11 Ich stieg in den Nussgarten
hinab, / um die Palmentriebe zu
besehen, / um zu sehen, ob der
Weinstock treibt, / ob die Granat-
bäume blühen. 12 Da setzte mich
mein Verlangen, ich wusste nicht
wie, / auf die Streitwagen meines
ehrsamen Volkes.

7 1 Dreh dich, dreh dich,
Schulamit! / Dreh dich um,
dass wir dich anschauen können!

Was wollt ihr Schulamit
betrachten / wie den Reigen
von Mahanajim*?

2 Wie schön sind deine Schritte in
den Sandalen, / du Edelgeborene! /
Das Rund deiner Hüften / ist das
Werk eines Künstlers. 3 Dein Schoß
ist eine runde Schale, / an Mischwein
soll es nicht fehlen! / Dein Leib ist
wie ein Weizenhügel / von Lilien-
blüten umrankt. 4 Deine Brüste sind
wie zwei Kitzlein, / die Zwillinge
einer Gazelle. 5 Dein Hals ist wie
der Elfenbeinturm, / deine Augen
wie die Teiche bei Heschbon / am
Tor von Bat-Rabbim. / Deine Nase
ist wie der Libanon-Turm, / der nach
Damaskus schaut. 6 Dein Kopf ist
wie der Karmelberg*, / dein Haar
darauf wie Purpur. / In deinen
Locken liegt ein König gefangen.
7 Wie schön du bist, wie angenehm! /
O Liebe voller Wonne!

6,4 *Tirza* lag 11 km nordöstlich von Sichem und war für seine Schönheit und seine Gärten bekannt. Die ersten fünf Jahrzehnte nach Salomos Tod und der Reichsteilung war Tirza die Hauptstadt des Nordreiches Israel.

7,1 *Mahanajim*. Hebräisch: *Doppellager*. So hieß ein Ort im Ostjordanland.

7,6 *Karmel*. Ein bewaldeter Berg, der die Mittelmeerebene unterbricht, Symbol für Schönheit.

8 Dein Wuchs gleicht einer Palme, /
deine Brüste den Trauben.
9 Ich dachte: Die Palme will ich
besteigen, / will greifen nach ihren
Rispen. / Deine Brüste sollen für
mich sein / wie die Trauben vom
Wein, / dein Atemgeruch wie
Apfelduft 10 und dein Gaumen wie
der köstlichste Wein. / Sanft rinnt
er bei meinen Liebkosungen, / der
die Lippen der Schlummernden
benetzt.

11 Ich gehöre meinem Geliebten, /
und sein Verlangen gilt mir.
12 Komm, mein Geliebter, / gehen
wir aufs Feld hinaus! / Verbringen
wir die Nacht / unter einem Henna-
strauch. 13 Machen wir uns früh zu
den Weinbergen auf, / sehen, ob der
Weinstock treibt, / ob die Knospen
der Rebe sich öffnen, / die Granat-
apfelbäume schon blühen. / Dort
schenke ich dir meine Liebe. 14 Die
Liebesäpfel verströmen ihren Duft, /
vor unserer Tür warten alle köstlichen
Früchte, / frische und solche vom
Vorjahr. / Für dich, mein Geliebter,
bewahrte ich sie auf.

8 1 O wärst du doch mein Bruder, /
der an der Brust meiner Mutter
gesogen! / Würde ich dich draußen
treffen, / könnte ich dich küssen, /
und niemand verachtete mich. 2 Ich
führte dich, ich brächte dich / ins
Haus meiner Mutter, die mich
belehrte. / Ich gäbe dir vom Würz-
wein zu trinken, / von meinem
Granatapfelmost. 3 Sein linker
Arm liegt unter meinem Kopf, / und
mit dem rechten hält er mich
umschlungen. 4 Ich beschwöre
euch, ihr Töchter von Jerusalem: /
Weckt die Liebe nicht / und scheucht
sie nicht auf, / bis es ihr selber
gefällt!

Die Ehe: Wachstum

5 Wer kommt da herauf aus der
Wüste, / an ihren Geliebten gelehnt? /
Unter dem Apfelbaum weckte ich
dich. / Dort empfing dich deine
Mutter, / dort kam in Wehen, die
dich gebar.
6 Leg mich an dein Herz wie ein
Siegel, / wie ein Siegel an deinen
Arm. / Stark wie der Tod ist die
Liebe, / hart wie das Totenreich die
Leidenschaft. / Feuerglut ist ihre
Glut, / eine Flamme von Jah*.
7 Wassermassen können die Liebe
nicht löschen, / Ströme schwemmen
sie nicht fort. / Gäbe jemand seinen
ganzen Besitz für die Liebe, / man
würde ihn nur verachten.
8 Wir haben eine kleine Schwes-
ter, / die noch keine Brüste hat. /
Was machen wir mit ihr, / wenn
jemand um sie wirbt? 9 Wenn sie
eine Mauer ist, / bauen wir auf ihr
eine silberne Zinne, / ist sie aber eine
Tür, / versperren wir sie mit einem
Zedernbrett. 10 Ich bin eine Mauer, /
und meine Brüste sind wie Türme. /
Doch für ihn bin ich wie eine, / die
Frieden geschlossen hat.
11 Salomo besaß einen Weinberg
in Baal-Hamon*. / Er ließ den

8,6 *Jah*. Kurzform von Jahwe.

8,11 *Baal-Hamon*. Ein solcher Ort ist unbekannt. Der Name hat die Bedeutung: Herr des Reichtums.

Weinberg streng bewachen. /
Denn für die Ernte würde jeder
tausend Silberstücke zahlen.
12 Mein
eigener Weinberg gehört mir. / Die
tausend, Salomo, die gönne ich dir, /
und auch noch den Wächtern
zweihundert.

13 Du, Mädchen in den Gärten – /
deiner Stimme lauschen die Freunde
–, / lass mich doch hören:
14 »Komm
mit,* mein Geliebter, mach es wie die
Gazelle, / wie ein junger Hirsch auf
den Balsam-Bergen!«

2,17 *Komm mit.* Wörtlich: *fliehe.*

Der Prophet Jesaja

Jesaja ist der »König« der alttestamentlichen Propheten, wenn wir die gewaltige Schau von Gott, die Macht der Sprache, die Schönheit des Ausdrucks und die geistliche Tiefe seines Buches berücksichtigen. Gleichzeitig ist er aber auch der »Evangelist« unter ihnen. Das Buch des Propheten Jesaja wird deshalb von vielen als das bedeutendste Buch des Alten Testaments angesehen. Jesaja lebte in einer turbulenten Zeit, sah Reiche kommen und gehen, erlebte das Getöse eines weltweiten Umbruchs und hielt in einfachem Glauben fest an seinem Gott. Von allen prophetischen Büchern weist dieses Buch wohl am deutlichsten auf Jesus Christus als den Welterlöser hin. Der Prophet wirkte etwa von 750 v.Chr. an bis in die Zeit des Königs Hiskija. Nach jüdischer Überlieferung soll er unter Manasse den Märtyrertod gestorben sein. Demnach verkündigte er mehr als 60 Jahre lang Gottes Gerechtigkeit, warnte vor seinem Gericht und tröstete sein Volk.

Jesajas Buch ist kunstvoll in Chiasmen (sich spiegelnden Strukturen) aufgebaut, die sich im ersten Teil von Kapitel 1-35 um bestimmte Erzähltexte (Narrative) gruppieren. Der zweite Teil des Buches von Kapitel 40-66 enthält keine Erzähltexte, ist aber ebenso wie der erste chiastisch aufgebaut. Die Kapitel 36-39 bilden als zentrale Erzähltexte das Scharnier zwischen beiden Hauptteilen des Buches. Jesajas Verkündigung kann folgendermaßen eingeteilt werden: die Botschaft an das damalige Volk (Kapitel 1-39), die Botschaft vom kommenden Messias (Kapitel 40-66). Wir gehen davon aus, dass alle Teile des Buches von Jesaja selbst stammen.

1 1 Dies ist die Offenbarung, die Jesaja Ben-Amoz über Juda und Jerusalem empfangen hat, als die Könige Usija, Jotam, Ahas und Hiskija* dort regierten.

Ein rebellisches Volk

2 Hört zu, ihr Himmel! / Du Erde, horch auf! / Hört, was Jahwe euch sagt! / »Kinder zog ich groß, / ich päppelte sie hoch, / doch sie lehnten sich gegen mich auf.
3 Jeder Ochse kennt seinen Besitzer, / jeder Esel den Fresstrog seines Herrn. / Doch Israel begreift nicht, wem es gehört. / Mein Volk hat keinen Verstand.«
4 Weh dem sündigen Volk, / der Sippschaft voller Schuld, / der Brut von Verbrechern, / dem verdorbenen Geschlecht. / Sie haben sich von Jahwe getrennt, / den Heiligen Israels verschmäht / und ihm den Rücken gekehrt.
5 Wurdet ihr noch nicht genug bestraft, / dass ihr immer noch aufsässig seid? / Das ganze Haupt ist wund, / das ganze Herz ist krank:

***1,1** ... Hiskija.* Die vier Könige regierten von 790 bis 686 v.Chr. über das Südreich Juda.

6 Von Kopf bis Fuß ist keine
heile Stelle mehr, / nur Beulen,
Striemen, frische Wunden, /
nicht gereinigt, nicht verbunden, /
und keine Salbe ist darauf. 7 Euer
Land ist verwüstet, / eure Städte
verbrannt. Und euer Ackerland? /
Fremde verzehren seinen Ertrag, /
und ihr seht ohnmächtig zu. /
Es ist alles zerstört, / als hätten
fremde Horden gehaust.
8 Nur die Tochter Zion* steht
noch da / wie eine Hütte im
Weinberg, / ein Schutzdach im
Gurkenfeld, / eine Stadt, die man
behüten muss. 9 Hätte Jahwe,
der allmächtige Gott*, nicht einen
Rest von uns übrig gelassen, / es
wäre uns wie Sodom gegangen, /
und wie Gomorra* wären wir
jetzt.*

10 Hört das Wort Jahwes, ihr
Mächtigen von Sodom! / Vernimm
die Weisung unseres Gottes, Volk
von Gomorra! 11 »Was soll ich mit
der Menge eurer Opfer?«, spricht
Jahwe. / »Ich habe es satt, dass ihr
mir Schafböcke und das Fett von
Mastkälbern verbrennt! / Das Blut
von Stieren, Lämmern, Böcken
mag ich nicht! 12 Wenn ihr in den
Tempel kommt, / um vor mir zu
erscheinen, / meine Vorhöfe zer-
trampelt – wer hat das von euch
verlangt? 13 Lasst eure nutzlosen
Opfer! / Euer Weihrauch ist mir
ein Gräuel! 14 Neumond, Sabbat
und andere Feste: / sündige Feiern
ertrage ich nicht! 15 Und wenn ihr
betet mit ausgebreiteten Händen, /
verhülle ich meine Augen vor
euch. / Auch wenn ihr mich noch
so mit Bitten bestürmt, höre ich
nicht, / denn eure Hände sind voll
Blut. 16 Wascht und reinigt euch! /
Schafft mir eure bösen Taten aus
dem Weg! / Hört auf, vor meinen
Augen Böses zu tun! 17 Lernt
Gutes zu tun / und fragt nach dem,
was richtig ist! / Weist die Unter-
drücker zurück! / Verhelft Waisen
und Witwen zu ihrem Recht!«

18 »Kommt her, wir wollen
sehen, wer im Recht ist!«, /
spricht Jahwe. / »Wenn eure
Sünden rot sind wie das Blut, /
werden sie doch weiß wie
Schnee; / und wenn sie rot wie
Purpur sind, / werden sie wie
weiße Wolle sein. 19 Wenn ihr
willig auf mich hört, / dürft ihr
die Früchte des Landes genießen.
20 Doch wenn ihr euch weigert
und widerspenstig seid, / sollt ihr
vom Schwert gefressen werden.« /
Ja, der Mund Jahwes hat dies
gesagt!

21 Wie ist zur Hure geworden die
treue Stadt! / Sie war voller
Recht, / Gerechtigkeit wohnte in
ihr, / und jetzt hausen Mörder
darin. 22 Dein Silber ist Schlacke
geworden, / dein Wein mit Wasser
gepanscht! 23 Deine Führer –

1,8 *Tochter Zion.* Synonym für die Stadt Jerusalem und seine Einwohner.

1,9 *der allmächtige Gott.* Hebräisch: *Zebaoth*, das heißt »Heere« oder »Kriege«. In der LXX wird der Begriff immer mit *pantokrator*, »Allherrscher« oder »Allmächtiger« wiedergegeben.

Sodom ... Gomorra. Städte, die Gott durch Feuer vernichtet hat, siehe 1. Mose 19,24-25.

Wird im Neuen Testament von Paulus nach der LXX zitiert: Römer 9,29.

Aufrührer sind sie, / mit Dieben
vereint. / Sie mögen Bestechung /
und gieren nach einem Geschenk. /
Den Waisen verhelfen sie nicht
zum Recht, / und Witwen hören
sie gar nicht erst an.
24 Darum spricht Jahwe, der
Herr, / der allmächtige Gott, / der
Starke Israels: / »Weh euch! / Ich
werde mir Genugtuung
verschaffen! / Ja, ich werde euch
eure Feindschaft vergelten!
25 Meine Hand wird gegen euch
sein! / Deine Schlacken werde ich
ausschmelzen wie mit Laugen-
salz / und ausscheiden dein
unedles Metall. 26 Dann werde ich
dir Richter geben wie früher / und
Ratgeber wie zum Beginn. Dann
wird man dich nennen: ›Stadt des
Rechts‹ und ›treue Stadt‹. 27 Zion
wird durchs Recht erlöst, / und
wer dort umkehrt, durch
Gerechtigkeit.
28 Doch Rebellen und Sünder
trifft der Zerbruch, / wer Jahwe
verlässt, kommt um! 29 Wer heilige
Bäume verehrt, wird beschämt, –
schamrot, wer den Göttern Gärten
pflegt. 30 Wie eine verwelkte Eiche
werdet ihr stehen, / wie ein Garten,
der kein Wasser bekommt. 31 Der
Starke wird dann wie Zunder sein /
und zum zündenden Funken sein
Werk. / In Flammen gehen sie alle
auf, / und es gibt niemand, der
löscht.

Das Friedensreich

2 1 Diese Botschaft wurde Jesaja
Ben-Amoz über Juda und Jerusa-
lem offenbart. 2 Am Ende der von
Gott bestimmten Zeit wird folgendes
geschehen:
Festgegründet an der Spitze der
Berge / steht der Berg mit dem
Haus Jahwes, / erhaben über alle
Hügel, / und alle Völker strömen
ihm zu. 3 Die Menschen sagen
überall: / »Kommt, wir ziehen zum
Berg Jahwes, / zum Haus, das dem
Gott Jakobs* gehört. / Er soll uns
lehren, was recht ist; / was er sagt,
wollen wir tun. / Denn von Zion
geht die Weisung aus, / von Jeru-
salem das Wort Jahwes.«
4 Er spricht Recht im Streit der
Völker; / er weist viele Nationen
zurecht. / Dann schmieden sie die
Schwerter zu Pflugscharen um, /
die Speere zu Messern für Winzer. /
Kein Volk greift mehr das andere
an, / und niemand lernt mehr für
den Krieg. 5 Auf, ihr Nachkommen
Jakobs, / lasst uns leben im Licht
von Jahwe.

Der Tag Jahwes

6 Ja, du hast verstoßen die
Nachkommen Jakobs, / dein
Volk, / denn ihr Land ist mit
östlichen Bräuchen* gefüllt. / Wie
die Philister deuten sie Zeichen, /
zaubern mit Fremden / und
klatschen in die Hand.
7 Ihr Land ist voll von Silber und
Gold, / sie haben Schätze ohne
Ende. / Ihr Land ist voll von
Pferden / und unzähligen Streit-
wagen zum Kampf. 8 Und ihr
Land ist voll von Götzen. /

2,3 *Jakob*, der von Gott den Namen *Israel* erhielt, war der Stammvater des Volkes Israel.

2,6 *östliche Bräuche.* Abergläubische Praktiken aus Syrien und Mesopotamien.

Sie beten ihre Bildwerke an, /
die doch von Menschenhänden
gemacht sind. 9 Ja, da bückt sich
der Mensch, / da erniedrigt sich
der Mann. / »Vergib ihnen das
nicht, Jahwe!«
10 Verkriech dich zwischen
Felsen, / versteck dich in der Erde /
vor dem Schrecken Jahwes, / vor
der Pracht seiner Majestät! 11 Da
werden stolze Augen gesenkt / und
hochmütige Männer geduckt. /
Jahwe allein ist groß an jenem Tag.
12 Denn Jahwe, der allmächtige
Gott, hat einen Tag vorgesehen, /
an dem er alles erniedrigen wird, /
alles, was groß, stolz und über-
heblich ist, 13 alle Zedern auf dem
Libanon, / wie stolz und hoch sie
auch sind, / und alle Eichen auf
dem Baschan*, 14 alle hohen Berge
und alle stattlichen Hügel, 15 jeden
hohen Turm und jede steile Mauer,
16 alle Hochseeschiffe* und jedes
prunkende Boot. 17 Dann wird der
Stolz der Menschen gebeugt, / die
hochmütigen Männer geduckt. /
Jahwe allein ist groß an jenem Tag,
18 und mit den Götzen ist es aus
und vorbei.
19 Dann wird man sich in Fels-
höhlen verkriechen vor dem
Schrecken Jahwes / und in Erd-
löchern verstecken vor der Pracht
seiner Majestät, / wenn er aufsteht
und die Erde in Schrecken
versetzt. 20 An jenem Tag werfen
sie ihre Götzen weg. / Wo Ratten
und Fledermäuse hausen, / liegen
jetzt die Götter aus Silber und
Gold, / die sie sich zur Anbetung
machten. 21 Und sie verkriechen
sich im Fels, / in Höhlen und
Spalten, / vor dem Schrecken Jah-
wes, / vor der Pracht seiner Maje-
stät, / wenn er aufsteht und die
Erde in Schrecken versetzt.
22 Zählt nicht auf Menschen, / sie
sind nur ein Hauch. / Ein Mensch,
was bedeutet er schon?

Gericht durch Verfall

3 1 Denn seht, der Herr, Jahwe, der
allmächtige Gott, / nimmt weg,
worauf sich Jerusalem stützt –
jeden Vorrat an Wasser und Brot,
2 jeden Helden und Krieger, /
Richter und Propheten, / Wahr-
sager und Ältesten, 3 jeden Offizier
und jeden Angesehenen, / jeden
Ratgeber, Zauberer und Beschwö-
rer. 4 »Unreife Burschen lasse ich
herrschen, / Willkür regiert in der
Stadt.« 5 Dann fällt einer über den
anderen her, / jeder gegen jeder-
mann; / der Junge wird frech
gegen den Alten, / der Nichtsnutz
gegen den geachteten Mann.
6 Dann packt einer seinen Ver-
wandten am Arm: / »Du hast
noch einen Mantel«, sagt er, /
»du sollst unser Anführer sein! /
Diese Trümmer seien in deiner
Gewalt!« 7 Doch der wird rufen: /
»Nein, ich will nicht euer Notarzt
sein. / Auch ich habe weder
Mantel noch Brot! / Ich will nicht
euer Anführer sein!«

2,13 *Baschan*. Hochebene von sprichwörtlicher Fruchtbarkeit, nordöstlich vom See Gennesaret.

2,16 *Hochseeschiffe*. Wörtlich. *Tarschisch-Schiffe*. Hochseetaugliche Schiffe, die bis nach Tarschisch (vermutlich in Südspanien) fuhren.

8 Jerusalem stürzt und Juda
fällt, / denn sie kränken Jahwe
mit Wort und mit Tat / und
trotzen seiner Hoheit und Macht.
9 Die Frechheit ihrer Gesichter
klagt sie an. / Wie Sodomiter*
prahlen sie mit ihrem bösen Tun /
und verhehlen ihre Sünden nicht. /
Weh ihrer Seele! / Denn sich
selber tun sie Böses an! 10 Sagt
denen, die Gott lieben, dass es
gut mit ihnen wird, / denn sie
werden sich freuen an der
Frucht ihres Tuns. 11 Doch weh
den Gottverächtern, / denn ihre
bösen Taten kommen über sie
selbst.

12 Ach, mein armes Volk! /
Ausbeuter sind bei dir an der
Macht, / und Frauen herrschen
über dich. / O mein Volk, / deine
Führer sind Verführer, / sie zeigen
dir den falschen Weg. 13 Da erhebt
sich Jahwe zum Gericht, / um
Recht zu schaffen seinem Volk.
14 Ihre Ältesten und Führer lädt er
sich vor: / »Ihr habt den Weinberg
ruiniert! / In euren Häusern
stapelt sich das von Armen
geraubte Gut! 15 Was tretet ihr
mein Volk nieder, / zermalmt, die
ohne Hilfe sind?«, / spricht Jahwe,
der allmächtige Gott.

16 Das hat Jahwe gesagt: »Weil die
Töchter Zions hochmütig sind, weil
sie mit hochgereckten Hälsen daher-
gehen und aufreizende Blicke um
sich werfen, weil sie mit trippelnden
Schritten herumstolzieren, damit
man das Klirren der Fußspangen hört,
17 wird der Herr ihren Scheitel kahl
und schorfig werden lassen und
Jahwe ihre Scham entblößen. 18 An
diesem Tag wird der Herr ihnen den
Schmuck wegnehmen: das Knöchel-
geklirr, die Sönnchen und Halbmonde
am Hals, 19 Ohrgehänge und Arm-
spangen, Flatterschleier 20 und Kopf-
bunde, Schrittkettchen und Brustbän-
der, Parfümfläschchen und Amulette,
21 Fingerringe und Nasenringe, 22 Fest-
kleider und Mäntel, Umschlagtücher,
Täschchen 23 und Spiegel, feinste
Unterwäsche, Kopftücher und weite
Schleier.«

24 Dann gibt es statt des Wohl-
geruchs Gestank, / statt des
Gürtels einen Strick, / statt
Lockengeringel eine Glatze, /
statt des Festgewandes einen
umgürteten Sack, / statt der
Schönheit ein Brandmal.
25 Deine Männer fallen durchs
Schwert, / deine Helden durch
den Krieg. 26 Von Totenklage
hallen deine Tore wider. / Sie ist
am Ende. / Leer und einsam sitzt
sie da.

4 1 An dem Tag klammern sich
sieben Frauen an einen Mann.
»Wir sorgen selbst für unser Essen,
wir kümmern uns selbst um unse-
re Kleidung, wir wollen nur deine
Frauen sein. Lass uns deinen Namen
tragen und nimm die Schande von
uns, dass wir keinen Mann und keine
Kinder haben.«

3,9 *Sodomiter*. Menschen aus der Stadt Sodom, die für ihre schweren Sünden berüchtigt waren, siehe 1. Mose 18,16-19,29.

Hoffnung für den Rest

2 An dem Tag wird der Spross* Jah-
wes zur Zierde und zur Ehre sein; ja
alles, was Gott wachsen lässt, wird zur
Freude und zum Stolz für die sein, die
dem Untergang entkommen sind.
3 Die Überlebenden in Jerusalem,
alle, die in Zion übrig geblieben sind,
werden als Gottgeweihte betrachtet
werden, alle, deren Namen zum Le-
ben aufgeschrieben sind. 4 Wenn der
Herr durch den Sturm von Gericht
und Läuterung den Kot der Töchter
Zions abgewaschen und die Blut-
schuld Jerusalems aus der Stadt weg-
gespült hat, 5 wird Jahwe über dem
Zionsberg und über allen, die sich
dort versammeln, tagsüber eine Wol-
ke erscheinen lassen und Rauch – und
in der Nacht ein flammendes Feuer.
Wie ein Schutzdach breitet er seine
Herrlichkeit über diesem Ort aus.
6 Wie eine Laubhütte wird sie euch
vor der Sonne schützen und eine
Zuflucht vor Regen und Sturm sein.

Das Weinberglied

5 1 Ich will singen von dem, den ich
liebe, / ein Lied vom Weinberg
meines Freundes*: / Mein Freund
hatte einen Weinberg auf einer
fruchtbaren Höhe. 2 Er grub ihn
um und entfernte die Steine / und
bepflanzte ihn mit edelsten
Reben. / Einen Turm baute er
mitten darin / und hieb auch eine
Kelter aus. / Dann wartete er
auf die süße Frucht. / Doch die
Trauben waren sauer und schlecht.
3 Nun, ihr Bürger von Jerusalem,
Männer von Juda: / Wie denkt ihr
über meinen Weinberg und mich?
4 Habe ich nicht alles an meinem
Weinberg getan? / Warum hoffte
ich auf süße Trauben / und er
brachte saure Frucht? 5 Jetzt sage
ich euch, was ich ihm tue: / Ich
reiße seine Hecke aus, / damit er
von Herden abgeweidet wird, / ich
breche seine Mauer ab, / dass er
von allen zertrampelt wird. 6 Zu
einer Wüste soll er werden, / nicht
mehr beschnitten und behackt –
und von Dornen und Disteln
bedeckt. / Und den Wolken will
ich befehlen, / dass kein Regen
mehr auf ihn fällt. 7 Denn der
Weinberg von Jahwe, dem
allmächtigen Gott, ist das Volk
Israel. / Und die Männer von Juda
sind die Pflanzung seiner Lust. /
Er hoffte auf Rechtsspruch / und
erntete Rechtsbruch, / er hoffte
auf Gerechtigkeit / und hörte
Geschrei über Schlechtigkeit.

Sechs Wehrufe über das trotzige Volk

8 Weh denen, die sich ein Haus
neben das andere stellen, / ein Feld
nach dem anderen kaufen, / bis
kein Grundstück mehr da ist / und
ihnen alles gehört. 9 Da hörte ich
den Schwur Jahwes: / »Die vielen
Häuser werden öde und leer, /
so groß und schön sie auch sind: /

4,2 *Spross.* Das meint hier alles, was Jahwe sprossen und wachsen lässt, deutet aber auch schon auf den kommenden Messias hin.

5,1 *Freund.* Damit meint Jesaja Gott, seinen Herrn.

Sie werden ohne Bewohner sein.
10 Denn zehn Joch* Rebland
geben einen Eimer* Saft / und
zehn Sack* Getreide nur einen
Zentner* Ertrag.
11 Weh denen, die schon am
frühen Morgen hinterm Bier her
sind / und sich erhitzen am Wein
bis spät in die Nacht. 12 Zither
und Harfe, Pauke und Flöte / und
Wein gehören zu ihrem Gelage, /
doch was Jahwe tut, beachten sie
nicht, / vor seinem Wirken haben
sie keinen Respekt. 13 Weil mein
Volk keine Einsicht hat, wird es
gefangen weggeschleppt. / Seine
Edelleute werden Hungerleider
sein, / und seine lärmende Menge
verschmachtet vor Durst. 14 Das
Totenreich reißt seinen Schlund
weit auf, / und hinab fährt seine
ganze Pracht, das ganze johlende
und lärmende Gewühl. 15 Da
werden Menschen gebeugt und
Männer geduckt, / da werden
stolze Augen gesenkt. 16 Und
Jahwe, der allmächtige Gott,
wird durch sein Urteil erhöht. /
Der heilige Gott zeigt sich heilig
im gerechten Gericht. 17 Zwischen
den Trümmern der Stadt weiden
die Schafe, / und Ziegen nähren
sich in den Ruinen der Vertriebenen.

18 Weh denen, die die Strafe für
ihre Schuld / herbeiziehen an
Stricken des Wahns. / Das Gericht
über ihre Sünde / schleppen sie
mit Wagenseilen herbei, 19 und
sagen dazu: »Er soll sich beeilen,
der heilige Gott Israels, / wir
wollen endlich sehen, was er
mit uns tut!«
20 Weh denen, die Böses
gut und Gutes böse nennen, / die
Finsternis zum Licht erklären
und Licht zur Finsternis, / die das
Bittere süß und das Süße bitter
machen.
21 Weh denen, die sich selbst für
weise halten / und meinen, dass
sie verständig sind.
22 Weh denen, die Helden im
Weintrinken sind / und tapfer im
Mischen von starkem Getränk.
23 Sie sprechen den Gottlosen
gerecht durch ein Bestechungs-
geschenk, / und den Gerechten
nehmen sie ihr Recht. 24 Darum:
Wie eine Feuerzunge Stoppeln
verzehrt, / wie dürres Gras in der
Flamme zusammensinkt, / wird
ihre Wurzel wie Asche sein, /
ihre Blüte auffliegen wie Staub. /
Denn sie haben das Gesetz Jahwes,
des Allmächtigen, verworfen, /
das Wort des Heiligen Israels
verschmäht.
25 Darum entflammte der
Zorn Jahwes gegen sein Volk, /
er hob seine Hand und schlug zu, /
dass die Berge erbebten /
und Leichen wie Abfall auf den
Straßen lagen. / Und immer noch
hat sich sein Zorn nicht gelegt, /
seine Hand bleibt drohend
ausgestreckt.

5,10 Ein *Joch* ist die Fläche, die von einem Joch Ochsen an einem Tag gepflügt werden konnte, etwa 1600 Quadratmeter; 10 Joch waren also etwa anderthalb Hektar.

ein Eimer. Wörtlich: *ein Bat* = 22 Liter.

zehn Sack. Wörtlich: *ein Homer* = 220 Liter.

ein Zentner. Wörtlich: *ein Efa* = ein Bat = 22 Liter, also ein Zehntel des Gesäten.

Drohung durch ein fremdes Heer

26 Er stellt ein Feldzeichen auf für
ein Volk in der Ferne, / er pfeift es
herbei vom Ende der Welt, / und
schon kommen sie eilig heran.
27 Keiner ist erschöpft, und keiner
schleppt die Füße nach; / keiner
nickt ein, sie sind alle hellwach; /
keinem geht der Hüftgurt auf, und
keinem löst sich ein Riemen vom
Schuh. 28 Ihre Pfeile sind scharf,
ihre Bogen gespannt. / Die Hufe
ihrer Pferde sind hart wie Stein, /
die Räder sausen dahin wie der
Sturm. 29 Ihr Kriegsschrei ist
wie Löwengebrüll. / Wie junge
Löwen brüllen sie auf. / Sie
knurren, packen die Beute
und schleppen sie fort, / und
niemand reißt sie ihnen weg.
30 An dem Tag wird es dröhnen
über dem Land, / es wird tosen
wie die Brandung am Meer. /
Wohin man dann auf der Erde
auch blickt: / nur Finsternis und
bedrückende Angst. / Dichte
Wolken verdunkeln das Licht.

Jesajas Gottesoffenbarung

6 1 In dem Jahr als König Usija
starb*, sah ich den Herrn. Er saß
auf einem hoch aufragenden Thron.
Die Säume seines Gewandes füllten
den ganzen Tempel aus. 2 Umgeben
war er von Serafim*. Jeder von ihnen
hatte sechs Flügel. Mit zweien be-
deckte er sein Gesicht, mit zweien
seine Beine, und mit zweien flog er.
3 Einer rief dem anderen zu: »Heilig,
heilig, heilig ist Jahwe, der allmächti-
ge Gott. Die ganze Erde bezeugt seine
Macht!« 4 Von ihrem Rufen erbebten
die Fundamente der Tempeltore und
das ganze Haus wurde mit Rauch er-
füllt. 5 Da rief ich: »Weh mir! Ich bin
verloren! Ich habe den König gese-
hen, Jahwe, den allmächtigen Gott!
Und ich habe doch besudelte Lippen
und wohne in einem Volk, das durch
seine Worte genauso besudelt ist!«
6 Da kam einer der Serafim zu mir ge-
flogen. Er hatte mit einer Zange in der
Hand eine glühende Kohle vom Altar
genommen 7 und berührte damit mei-
nen Mund. Er sagte: »Die Glut hat
deine Lippen berührt. Jetzt bist du von
deiner Schuld befreit, deine Sünde ist
gesühnt.« 8 Dann hörte ich die Stim-
me des Herrn. Er fragte: »Wen soll ich
senden? Wer ist bereit, unser Bote zu
sein?« Da sagte ich: »Ich bin bereit,
sende mich!« 9 Und er sprach zu mir:

»Geh, und sage diesem Volk: /
›Hören sollt ihr, hören, aber nichts
verstehen! / Sehen sollt ihr, sehen,
aber nichts erkennen!‹ 10 Verstocke
das Herz dieses Volkes / und
verstopfe seine Ohren! / Verkleb
ihm die Augen, / damit es mit
seinen Augen nicht sieht / und mit
seinen Ohren nicht hört, / damit
sein Herz nicht einsichtig wird, /
sich nicht bekehrt und sich so
Heilung verschafft!«*

6,1 Das *Jahr*, in dem *Usija starb*, war 740 v.Chr.

6,2 *Serafim. Die Feurigen*. In 4. Mose 21,6.8 war das eine Bezeichnung für die Schlangen. Hier sind die geflügelten Geschöpfe menschenähnlich zu denken (Gesicht, Vers 2, Hand, Vers 6).

11 Da fragte ich: »Wie lange soll
das gehen, Herr?« / »Bis die
Städte öde und unbewohnt sind«,
erwiderte er. / »Bis die Häuser
ohne Menschen und die Felder zur
Wüste geworden sind.« 12 Jahwe
treibt die Menschen weit weg; /
das Land wird leer und verlassen
sein. 13 Und wenn noch ein
Zehntel darin übrig ist, / wird
auch das noch niedergebrannt. /
Es wird sein wie bei einer Eiche /
oder einer Terebinthe*, / wo beim
Fällen ein Stumpf übrig bleibt. /
Ein heiliger Same ist dieser
Stumpf.

Das Zeichen des Immanuël

7 1 Als Ahas Ben-Jotam, der Enkel
von Usija, König über Juda war*,
zogen die Könige Rezin von Syrien
und Pekach Ben-Remalja von Israel
gegen Jerusalem.* Sie griffen die
Stadt an, konnten sie aber nicht erobern.
2 Schon als dem Königshaus
gemeldet wurde, dass die syrischen
Truppen im Gebiet von Efraïm* stünden,
fürchteten sich der König und
sein ganzes Volk. Sie zitterten wie
vom Sturm geschüttelte Bäume im
Wald. 3 Da sagte Jahwe zu Jesaja:
»Geh mit deinem Sohn Schear-Jaschub*
hinaus auf die Straße, die zu
dem Feld führt, wo die Tuchmacher
ihre Stoffe bleichen, an das Ende der
Wasserleitung beim oberen Teich.
Dort wirst du König Ahas treffen.
4 Sag zu ihm: ›Bleib ruhig und handle
nicht unüberlegt. Hab keine Angst vor
Rezin und Ben-Remalja* und ihrem
Zorn. Es sind nur qualmende Brennholzstummel.
5 Weil die Syrer unter
Rezin und die Efraïmiten unter Ben-Remalja
den bösen Plan geschmiedet
haben, 6 nach Juda zu ziehen, den
Leuten dort Angst einzujagen, ihr
Land in Besitz zu nehmen und den
Sohn von Tabeal als König einzusetzen,
7 sagt Jahwe, der Herr:

Das wird nicht zustande kommen, /
das wird nicht geschehen.
8 Damaskus wird nur Syriens
Hauptstadt bleiben, / und Rezin
nur dort König sein.* Es dauert
nur noch 65 Jahre, / dann wird
auch Efraïm zerschlagen sein /
und als Volk nicht mehr bestehen.*
9 Bis dahin ist Samaria nur noch
Hauptstadt von Efraïm, / und

6,10 Wird im Neuen Testament von Jesus Christus, Paulus und Johannes zitiert: Matthäus 13,14-15; Markus 4,12; Lukas 8,10; Apostelgeschichte 28,26-27; Johannes 12,40.

6,13 *Terebinthe.* Belaubter Baum mit breitem Wipfel, der nicht mehr als 7 m hoch wird und als Schattenspender geschätzt ist.

7,1 *Ahas ... über Juda war.* Offenbar war er schon 735 v.Chr. Mitregent geworden, siehe 2. Könige 15,27.

gegen Jerusalem. Die Invasion von *Rezin* und *Pekach* 735/34 v.Chr. ist als syrisch-efraïmitischer Krieg bekannt.

7,2 *Efraïm.* Einflussreichster Stamm im Nordreich Israels. Sein Name kann für das ganze Nordreich stehen.

7,3 *Schear-Jaschub.* D.h. *Ein Rest kehrt um.*

7,4 *Ben-Remalja.* Das ist Pekach, der Sohn Remaljas. Er herrschte von 740-732 v.Chr. (seit 752 Mitregent) über Israel.

7,8 *nur dort König sein.* Syrien wurde schon zwei Jahre später unterworfen (732 v.Chr.)

nicht mehr bestehen. Schon 722 v.Chr., 12 Jahre nach der Weissagung Jesajas, wurde das Nordreich Israel von den Assyrern erobert. Am Ende der Regierungszeit Asarhaddons, 669 v.Chr. war die aggressive Umsiedlungspolitik der Assyrer beendet und es lebten fremde Völker im Gebiet des Nordreiches Israel.

Ben-Remalja muss mit Samaria
zufrieden sein. / Hat euer Glaube
keinen Bestand, werdet auch ihr
nicht bestehen!‹«

10 Jahwe sprach weiter zu Ahas und
ließ ihm sagen: 11 »Fordere dir ein
Zeichen zur Bestätigung von Jahwe,
deinem Gott, ganz gleich, ob aus der
Höhe des Himmels oder der Tiefe der
Totenwelt.« 12 Doch Ahas erwiderte:
»Nein, ich will kein Zeichen verlan-
gen, ich will Jahwe nicht auf die Probe
stellen.« 13 Da sagte Jesaja: »Hört zu,
ihr vom Königshaus! Reicht es euch
nicht, dass ihr den Menschen zur Last
fallt? Müsst ihr auch noch die Geduld
meines Gottes strapazieren? 14 Des-
halb wird euch der Herr selbst ein Zei-
chen geben. Seht, die unberührte
junge Frau wird schwanger werden
und einen Sohn zur Welt bringen, den
sie Immanuël (Gott mit uns) nennt.*
15 Er wird Dickmilch* und Honig
essen, bis er versteht, das Böse zu ver-
werfen und das Gute zu erwählen.
16 Und bevor er alt genug ist, Gut und
Böse zu unterscheiden, wird das Land
der beiden Könige verwüstet sein, vor
denen dir jetzt graut.*

17 Aber Jahwe wird über dich, dein
Volk und deine Familie eine Un-
glückszeit kommen lassen, wie es sie
seit der Trennung Efraïms von Juda*
nicht gegeben hat. Das Unglück wird
der König von Assyrien sein. 18 An
dem Tag wird Jahwe sowohl den Flie-
genschwarm aus dem Nildelta von
Ägypten, als auch den Bienen-
schwarm aus Assyrien herbeipfeifen.
19 Sie werden kommen und sich über-
all niederlassen: in Talschluchten und
Felsspalten, in Dornenhecken und an
jeder Wasserstelle. 20 Dann wird der
Herr das Schermesser kommen las-
sen, das er auf der anderen Seite des
Euphrat in Dienst genommen hat,
nämlich den König von Assyrien, und
euch den Kopf, die Schamhaare und
den Bart abscheren*. 21 Wenn diese
Zeit kommt, wird jeder nur noch eine
Kuh und zwei Ziegen haben. 22 Aber
die werden soviel Milch geben, dass
jeder Dickmilch essen muss. Denn
von Dickmilch und Honig muss jeder
leben, der im Land übrig geblieben ist.
23 Dann wird jeder Weinberg den
Dornen und Disteln gehören, selbst
solche, die 1000 Weinstöcke haben,

7,14 Wird im Neuen Testament von Matthäus zitiert: Matthäus 1,23. Siehe auch die Anmerkung zu Jesaja 7,16.

7,15 *Dickmilch.* Überfluss an Milch war in diesem Fall kein gutes, sondern ein schlechtes Zeichen (Vers 22!). Durch die Verwüstung des Landes fehlten die normalen Agrarprodukte.

7,16 *... dir jetzt graut.* Die Prophezeiung weist zunächst auf ein Mädchen im Umfeld des Königs, das in Kürze heiraten, schwanger werden und ein Kind namens Immanuël zur Welt bringen wird. Zweieinhalb Jahre später, im Jahr 732 v.Chr., als dieses Kind noch ein kleiner Junge war, zerstörte Tiglat-Pileser III. Damaskus. Damit war der Bund zwischen Syrien und Israel zerbrochen und die Gefahr für Juda erst einmal gebannt. Als der Junge 12/13 Jahre alt war und auf das Gesetz verpflichtet wurde (zwischen Gut und Böse wählen konnte), 722 v.Chr., war auch das Nordreich Israel von den Assyrern erobert. Die eigentliche Erfüllung ist jedoch die Schwangerschaft der Jungfrau Maria und die Geburt von Jesus, unserem Herrn (Matthäus 1,21-23).

7,17 Die *Trennung* des Nordreiches Israel (*Efraïm*) von Juda geschah nach Salomos Tod 931 v.Chr., also fast 200 Jahre vorher.

7,20 *Bart abscheren.* Als Zeichen der Demütigung.

von denen jeder ein Silberstück wert
war. 24 Nur mit Pfeil und Bogen wird
man noch dorthin gehen, denn all das
Land wird voller Dornen und Disteln
sein. 25 Und die Berghänge, die man
jetzt noch mit der Hacke bestellt, wird
niemand mehr betreten, weil sie sich
in Dornengestrüpp und Disteln verwandelt haben. Nur Rinder und Kleinvieh treibt man noch dorthin.«

Schnell-Raub – Rasch-Beute

8 1 Jahwe sagte zu mir: »Nimm dir
eine große Tafel und schreibe
darauf mit deutlich lesbarer Schrift:
›Für Schnell-Raub Rasch-Beute‹ 2 und
lass dies von zwei vertrauenswürdigen
Zeugen bestätigen, dem Priester Urija
und Secharja Ben-Jeberechja.« 3 Als
ich dann mit meiner Frau, der Prophetin, schlief, wurde sie schwanger und
brachte einen Sohn zur Welt. Da sagte
Jahwe zu mir: »Nenne ihn ›Schnell-Raub Rasch-Beute‹! 4 Denn ehe der
Junge ›Vater‹ und ›Mutter‹ sagen kann,
werden die Reichtümer von Damaskus
und die Schätze Samarias dem König
von Assyrien vorangetragen.«

Die assyrische Invasion

5 Weiter sagte Jahwe zu mir: 6 »Weil
dieses Volk* das ruhig dahinfließende
Wasser im Kanal von Schiloach* verachtet und sich über Rezin und Ben-Remalja freut, 7 wird der Herr die
große und reißende Flut des Euphrat
über sie kommen lassen, nämlich
den König von Assyrien mit all seiner
Heeresmacht. Wie ein Strom, der
anschwillt und über alle Ufer tritt,
8 wird er sich bis nach Juda hin
wälzen und alles überfluten, sodass
den Bewohnern das Wasser bis zum
Hals steht.* Die Ausläufer dieser Flut
bedecken dein Land weit und breit,
Immanuël.«

Gott – Zuflucht oder Ruin

9 Tobt ihr Völker und erschreckt! /
Hört zu, Nationen in der Ferne! /
Rüstet nur! Ihr werdet doch
zerschmettert. / Rüstet nur –
und resigniert! 10 Schmiedet
ruhig Pläne! / Sie werden in die
Brüche gehen. / Beratet euch, so
viel ihr wollt! / Es kommt doch
nichts dabei heraus. / Denn Gott
steht uns bei.*

11 Denn so sprach Jahwe zu mir, als
seine Hand mich packte und er mich
davor warnte, den Weg dieses Volkes
mitzugehen:

12 »Ihr sollt nicht alles Verschwörung nennen, / was dieses Volk
Verschwörung nennt! / Ihr müsst
nicht fürchten, was sie erschreckt!
13 Doch Jahwe, den allmächtigen
Gott, / den sollt ihr heilig halten! /
Vor ihm sollt ihr euch fürchten. /
Er flöße euch den Schrecken ein!*

8,6 *dieses Volk.* Das meint hier wohl die proassyrische Partei in Juda, die sich freute, dass die Assyrer ihren Feind, das Nordreich Israel, zu vernichten begannen.

Kanal von Schiloach. Ein Bild für Jerusalem im Gegensatz zu dem riesigen Euphratstrom.

8,8 *bis zum Hals steht.* König Sanheribs Invasion 701 v.Chr., also 34 Jahre später, überschwemmte alle Städte Judas außer Jerusalem.

8,10 *Gott steht uns bei.* Hebräisch: Immanuël.

8,13 Wird im Neuen Testament von Petrus auf Christus angewendet: 1. Petrus 3,14-15.

14 Für die einen wird er das Heilig-
tum sein, / doch für die anderen
aus ganz Israel: / der Stein, an dem
man sich stößt, / der Fels, an dem
man fällt.* / Für die Bewohner von
Jerusalem wird er Netz und Schlinge
sein. 15 Viele von ihnen stolpern
und kommen zu Fall, / verstricken
und verfangen sich.«

16 Gottes Warnungen will ich gut
verschnüren / und seine Weisungen
meinen Schülern in Verwahrung
geben. 17 Und ich will warten auf
Jahwe, / will hoffen auf ihn, / der
sich den Nachkommen Jakobs nicht
zeigt. 18 Seht, ich und die Kinder, die
Jahwe mir gab,* / ein Wahrzeichen
für Israel, / ein Zeichen von Jahwe,
dem allmächtigen Gott, / der auf
dem Zionsberg wohnt.

19 Und wenn sie euch auffordern, von
den Totengeistern Auskunft zu holen,
von den Wispernden und Murmeln-
den, dann erwidert: »Soll ein Volk
denn nicht seinen Gott befragen? Sol-
len die Lebenden sich von den Toten
helfen lassen? 20 Zurück zur Weisung
Jahwes und zu seinen Warnungen!«
Wer nicht so denkt, für den gibt es
kein Morgenrot. 21 Verdrossen und
hungrig streift er durchs Land. Der
Hunger macht ihn rasend und er ver-
flucht seinen König und seinen Gott.
Er blickt nach oben 22 und starrt auf
die Erde und sieht nur bedrückende
Finsternis, Not und Verzweiflung. Er
ist hineingestoßen in lichtlose Nacht.

Das messianische Morgenrot

23 Doch es bleibt nicht dunkel über
dem, der von Finsternis bedrängt ist.
Hat die frühere Zeit dem Land der
Stämme Sebulon und Naftali* auch
Schande gebracht, so bringt die spä-
tere den Weg am Meer* wieder zu
Ehren, auch das Gebiet östlich des
Jordan, wo die Fremden wohnen.

9 1 Das Volk, das im Dunkeln
lebt, / sieht ein großes Licht. /
Licht strahlt auf über denen, /
die im Land der Todesschatten
wohnen.* 2 Du weckst den Jubel,
machst die Freude groß! / Sie
freuen sich vor dir wie in der
Erntezeit, / sie jubeln wie beim
Beuteverteilen. 3 Denn wie am
Tag von Midian* / zerbrichst du
das drückende Joch, das ihnen
den Rücken gebeugt, / den Stock,
der sie angetrieben hat.* 4 Denn
jeder Stiefel, der dröhnend daher-
stampft, / jeder Mantel, der sich in
Blutlachen wälzt, / wird ins Feuer

8,14 Wird im Neuen Testament von Paulus zusammen mit Jesaja 28,16 und von Petrus zusammen mit Psalm 118,22 zitiert: Römer 9,33; 1. Petrus 2,7-8.

8,18 Wird im Neuen Testament zitiert: Hebräer 2,13.

8,23 *Sebulon und Naftali.* Israelitische Stämme im Norden des Landes, die unter der assyrischen Invasion 734 und 732 v.Chr. am meisten zu leiden hatten.

Weg am Meer. Das erfüllte sich, als Jesus von Kafarnaum aus am See Gennesaret wirkte, in der Nähe des Fernweges, der von Ägypten nach Damaskus führte und *Weg am Meer* genannt wurde.

9,1 Wird im Neuen Testament zitiert: Matthäus 4,15-16.

9,3 *Tag von Midian.* Siehe Richter 7,15-25.

angetrieben hat. Das erfüllte sich während der Invasion Sanheribs 701 v.Chr. (Jesaja 37,36-38).

geworfen und verbrannt. 5 Denn
ein Kind ist uns geboren, / ein
Sohn ist uns geschenkt; / das wird
der künftige Herrscher sein. / Gott
hat ihm seinen Namen gegeben: /
wunderbarer Berater, / kraftvoller
Gott, / Vater der Ewigkeit, /
Friedensfürst. 6 Seine Macht reicht
weit, / und sein Frieden hört nicht
auf. / Er regiert sein Reich auf
Davids Thron, / seine Herrschaft
hat für immer Bestand, / denn
er stützt sie durch Recht und
Gerechtigkeit. / Das wirkt Jahwe,
der allmächtige Gott, / im Eifer
seiner Leidenschaft.

Der Schatten über Samaria

7 Ein Urteil hat mein Herr über
Jakob gefällt, / und an Israel
wurde es vollstreckt. 8 Zu spüren
bekam es das ganze Volk – das
von Efraïm und wer in Samaria
wohnt – mit seinem selbstherrlich
hochmütigen Spruch:
9 »Die Ziegel sind gefallen, / doch
mit Quadern bauen wir auf, / das
Holz der Sykomoren* ist zerbro-
chen, / doch wir setzen dort Ze-
dernbalken ein.« 10 Aber Jahwe
wiegelt Rezins Unterfürsten auf, /
ihre Feinde stachelt er gegen sie
an. 11 Die Syrer kommen von
vorn / und von hinten die
Philister, / und sie fressen Israel
mit vollem Maul. – Trotzdem legt
sich Gottes Zorn nicht. / Seine
Hand bleibt drohend ausgestreckt.
12 Doch das Volk kehrt nicht um
zu dem, der es schlägt. / Jahwe,
den allmächtigen Gott, suchen sie
nicht. 13 Da haut Jahwe Kopf und
Schwanz von Israel ab, / Palm-
zweig und Binse an einem einzigen
Tag. 14 Die Ältesten und
Vornehmen sind der Kopf, / der
Lügen lehrende Prophet ist der
Schwanz. 15 Die Führer dieses
Volkes sind Verführer, / und die
Geführten wissen nicht mehr
wohin. 16 Deshalb freut sich der
Herr nicht über seine jungen
Männer, / erbarmt sich nicht über
seine Witwen und Waisen. / Denn
alle sind sie gottlos und böse, / aus
jedem Mund kommt schändliches
Geschwätz. – Trotzdem legt sich
Gottes Zorn nicht. Seine Hand
bleibt drohend ausgestreckt.
17 Denn ihre Bosheit lodert auf
wie ein Feuer, / das Dornen und
Disteln verzehrt. / Im dichten
Unterholz des Waldes zündet es /
und wirbelt als schwarze Rauch-
wolke hoch. 18 Das Land ist
verbrannt durch den glühenden
Zorn / von Jahwe, dem allmäch-
tigen Gott. / Das Volk ist ein Raub
der Flammen geworden. /
Keiner verschonte den andern:
19 Man fraß rechts und blieb doch
hungrig, / man fraß links und
wurde nicht satt. / Jeder fraß
das Fleisch seines eigenen Arms.
20 Manasse stürzte sich auf
Efraïm / und Efraïm auf den
Manasse, / und beide fielen über
Juda her. – Trotzdem legt sich

9,9 *Das Holz der Sykomore* (wilder Feigenbaum) eignete sich sehr gut zum Bauen, besonders für Decken und Dachkonstruktionen. Seine Früchte galten als Nahrung der Armen.

Gottes Zorn nicht. / Seine Hand bleibt drohend ausgestreckt.

10 1 Weh denen, die unheilvolle Gesetze erlassen, / die unerträgliche Vorschriften machen, 2 um die Schwachen vom Gericht zu entfernen / und die Armen um ihre Rechte zu bringen, / um die Witwen zu plündern / und die Waisen auszurauben. 3 Was werdet ihr am Tag der Heimsuchung tun, / wenn das Unwetter von ferne her kommt? / Zu wem wollt ihr dann fliehen? / Wo wollt ihr Hilfe suchen / und wo eure Ehre lassen? 4 Beugt man sich dann nicht in Gefangenschaft, / wird man unter den Erschlagenen sein. – Trotzdem legt sich Gottes Zorn nicht. / Seine Hand bleibt drohend ausgestreckt.

Assyrien geht zu weit

5 Weh Assyrien, der Rute meines Zorns! / In seiner Hand ist der Stock meines Grimms. 6 Ich sende ihn gegen einen gottlosen Stamm, / gegen ein Volk, das meinen Zorn erregt, / damit er Beute erbeutet / und raubt wie ein Räuber / und es in den Straßendreck tritt. 7 Doch er stellt sich das ganz anders vor, / er verfolgt seinen eigenen Plan. / Nur Vernichtung von Völkern hat er im Sinn, / auslöschen will er, so viele er kann. 8 »Jeder meiner Feldherrn ist ein König!«, sagt er. 9 »Ging es Kalne nicht wie Karkemisch*, / wurde Hamat nicht wie Arpad* besiegt / und Samaria* nicht wie Damaskus*? 10 Königreiche bekam ich in meine Gewalt, / die viel mehr Götter hatten, / als in Jerusalem und Samaria Statuen stehen. 11 Was ich an Samaria und seinen Göttern tat, / werde ich auch an Jerusalem und seinen Bildern tun.«

12 Doch wenn der Herr sein Werk am Zionsberg und an Jerusalem zu Ende gebracht hat, / wird er mit dem König von Assyrien abrechnen, / mit seiner überheblichen Selbstherrlichkeit / und dem hochmütigen Stolz, / mit dem er auf andere herabsieht. 13 Denn er brüstet sich und sagt:

»Aus eigener Kraft habe ich das alles getan, / mit meiner Klugheit habe ich es fertiggebracht! / Ich habe die Grenzen der Völker verrückt, / ihre Vorräte geplündert / und sie mit Macht von ihren Sitzen gestürzt. 14 Wie in ein Vogelnest langte meine Hand in die Habe der Völker. / Wie Eier in einem verlassenen Nest / habe ich ganze Länder zusammengerafft. Keiner war da, der mit den Flügeln schlug, / keiner der den Schnabel aufriss und einen Piep von sich gab.«

10,9 *Karkemisch* am mittleren Euphrat wurde 717 v.Chr. von den Assyrern besiegt, *Kalne* in Nordsyrien 738 v.Chr.

Arpad liegt nördlich von Aleppo, in der Nähe von *Hamat* und südlich von Kalne. Beide Städte wurden 717 v.Chr. von den Assyrern besiegt.

Samaria wurde 722 v.Chr. von den Assyrern erobert.

Damaskus wurde 732 v.Chr. von den Assyrern erobert.

15 Rühmt sich die Axt gegen
den, der sie gebraucht? / Tut die
Säge sich groß gegen den, der sie
zieht? / Das wäre, als ob der Stock
den schwingt, der ihn hebt, / als
ob das tote Stück Holz den Mann
bewegt. 16 Darum wird der Herr,
Jahwe, der allmächtige Gott, /
das fette Assyrien dürr werden
lassen. / Unter seiner Pracht
flackert ein Brand, / der alles in
Flammen aufgehen lässt.
17 Israels Licht wird zum Feuer, /
sein heiliger Gott zu einer Flamme, /
die seine Dornen und Disteln in
Brand setzt / und verzehrt an
einem einzigen Tag. 18 Mit
Stumpf und Stiel werden Wälder
und Gärten verbrannt. / Es wird
wie ein Aussterben sein. 19 Ein
Junge könnte die Waldbäume
zählen, / die ihm noch übrig ge-
blieben sind.

Der gerettete Rest

20 An dem Tag wird Israels Rest –
und wer sonst vom Haus Jakobs
entkommen ist – sich nicht mehr
stützen auf den, der ihn schlägt, /
sondern ganz auf Jahwe
vertrauen, / den Heiligen seines
Volkes. 21 Ein Rest kehrt um
zum starken Gott, / ein Rest von
Jakobs Nachkommenschaft.
22 Und wenn dein Volk so
zahlreich wäre wie der Sand am
Meer, Israel – nur ein Rest davon
kehrt um. / Die Vernichtung ist
beschlossen. / Die Gerechtigkeit
flutet heran. 23 Denn der Herr,
Jahwe, der allmächtige Gott, /
vollstreckt die Vernichtung mitten
im Land.* 24 Darum spricht der
Herr, Jahwe, der allmächtige
Gott: / »Fürchte dich nicht, mein
Volk, das in Zion wohnt! / Auch
wenn Assyrien den Stock über
euch schwingt, / wenn es euch
schlägt wie Ägypten damals. 25 Es
dauert nur noch eine ganz kurze
Zeit, / dann wird mein Zorn zu
Ende sein / und ist dann auf
Assurs Vernichtung bedacht.«
26 Jahwe, der allmächtige
Gott, wird über ihn die Geißel
schwingen. / Gegen sie holt er
dann zum Schlag aus / wie am Ra-
benfels gegen Midian*; / er streckt
seinen Stab aus über das Meer /
wie damals gegen das Ägyptervolk.
27 An dem Tag wird die Last
Assyriens von deiner Schulter
gleiten, / sein Joch von deinem
Nacken weggerissen sein, / durch
Stärke zersprengt.

28 Sie kommen auf Aja zu,
ziehen durch Migron*; / und in
Michmas* lassen sie ihren Tross.
29 Sie marschieren durch die
Schlucht. / »Geba wird unser
Nachtquartier sein!« / Rama*
zittert vor Angst, / und Sauls Stadt
Gibea* ergreift die Flucht.
30 Schrei gellend, Gallim! /

10,23 Wird im Neuen Testament von Paulus zitiert: Römer 9,27-28.

10,26 *gegen Midian*. Siehe Richter 7,25.

10,28: *Aja ... Migron*. Orte etwa 16 km nördlich von Jerusalem.

Michmas. 11 km nördlich von Jerusalem.

10,29: *Rama*. Heimatstadt Samuels, 8 km nördlich von Jerusalem.

Gibea. 5 km nördlich von Jerusalem.

Lausche Lajescha*! / Armes
Anatot*! 31 Madmena flieht, / und
die Bewohner von Gebim* rennen
davon. 32 Noch heute macht er
Halt in Nob* / und streckt seine
Hand nach dem Hügel Jerusalems
aus, / nach dem Berg, der den
Einwohnern Zions gehört. 33 Seht,
wie Jahwe, der allmächtige Gott,
mit schrecklicher Gewalt die Äste
abhaut. / Die mächtigen Bäume
werden gefällt, / alles Hohe wird
niedrig gemacht. 34 Das Gestrüpp
des Waldes wird mit Eisen
zerfetzt, / und die Pracht des
Libanon fällt.

Das Reich des Messias

11 1 Aus Isais Stumpf* wächst
ein Spross, / aus seinen
Wurzeln schießt ein neuer Trieb.
2 Auf ihm wird ruhen der Geist
Jahwes, / der Geist der Weisheit
und des Verstands, / der Geist
des Rates und der Kraft, / der
Erkenntnis und der Ehrfurcht
vor Jahwe. 3 Jahwe zu fürchten
ist ihm eine Lust.

Er urteilt nicht nach Augen-
schein, / verlässt sich nicht auf
das, was er hört, 4 sondern richtet
auch die Geringen gerecht / und
hilft den Gebeugten zu ihrem
Recht. / Seine Befehle halten das
Land in Zucht, / der Hauch seines
Mundes bringt den Gesetzlosen um.
5 Sein Hüftschurz heißt Gerechtig-
keit. / Und Wahrheit ist der Gurt,
der seine Lenden umschließt.

6 Dann ist der Wolf beim Lamm
zu Gast, / und neben dem Böck-
chen liegt ein Leopard. / Kalb und
Löwenjunges wachsen miteinan-
der auf; / ein kleiner Junge hütet
sie. 7 Kuh und Bärin teilen eine
Weide, / und ihre Jungen legen
sich zusammen hin. / Und der
Löwe frisst Stroh wie das Rind.
8 Der Säugling spielt am Schlupf-
loch der Schlange, / in die Höhle
der Otter steckt das Kleinkind die
Hand. 9 Auf dem ganzen heiligen
Berg wird niemand Böses tun, /
niemand stiftet Unheil, richtet
Schaden an. / Und wie das Wasser
den Meeresgrund bedeckt, / so ist
das Land von der Erkenntnis Jah-
wes erfüllt.

10 An dem Tag wird es Isais
Wurzelspross sein, / der als
Zeichen für alle Völker dasteht; /
dann kommen sie und suchen Rat
bei ihm. / Sein Palast ist voller
Herrlichkeit.* 11 Wenn diese Zeit
gekommen ist, / erhebt der Herr
noch einmal die Hand. /
Dann wird er den Rest seines
Volkes befreien, von Assyrien
und Ägypten, / von Nubien*
und vom Oberlauf des Nil, /

10,30 *Lajescha.* Unbekannte Stadt in der Nähe von Jerusalem.

Anatot. Heimatstadt des Propheten Jeremia.

10,31 *Madmena ... Gebim.* Unbekannte Orte.

10,32 *Nob.* Die Stadt lag wahrscheinlich 2,5 km nordöstlich von Jerusalem.

11,1 *Isais Stumpf.* Isai war der Vater von König David. Gemeint ist also ein Nachkomme Davids.

11,10 Wird im Neuen Testament von Paulus nach der LXX zitiert: Römer 15,12.

11,11 *Nubien.* Hebräisch: Kusch. Land am Oberlauf des Nil, südlich von Ägypten.

von Elam*, Schinar* und Hamat* /
und von jedem Küstenland*.
12 Er stellt diesen Völkern ein
Feldzeichen auf / und sammelt
Israels Verstoßene ein. Die
Versprengten Judas holt er vom
Ende der Welt. 13 Dann verfliegt
die Eifersucht auf Efraïm, / dann
ist die Feindschaft Judas vorbei. /
Efraïm wird gegen Juda nicht
mehr eifersüchtig sein, / und auch
Juda bedrängt Efraïm nicht mehr.
14 Gemeinsam stürmen sie die
Hänge hinab / nach Westen gegen
die Philister. / Und im Osten
plündern sie die Wüstenstämme
aus. / Edom* und Moab* sind in
ihrer Hand, / und die Ammoniter*
werden ihnen hörig sein.
15 Jahwe teilte den Golf am
ägyptischen Meer* / und droht
nun dem Euphrat mit seiner
Hand. / Er zerreißt ihn in sieben
Rinnsale durch seine Glut, / dass
man zu Fuß hindurchgehen kann.
16 So entsteht eine Straße für
den Rest seines Volkes, / der in
Assyrien überlebt hat, / wie es
damals eine Straße gab, / als Israel
Ägypten verließ.

12 1 Dann wirst du sagen:
»Ich preise dich, Jahwe! / Du
warst zornig auf mich, / doch nun
hat dein Zorn sich gelegt, und ich
empfange deinen Trost. 2 Seht den
Gott meines Heils! / Ich habe
Vertrauen und fürchte mich
nicht, / denn Jahwe ist meine
Stärke, / Jah* ist meine Freiheit
und mein Lied!« 3 Voller Freude
sollt ihr Wasser schöpfen, / Was-
ser aus den Quellen des Heils. 4 An
dem Tag werdet ihr sagen: »Preist
Jahwe! / Ruft seinen Namen aus! /
Macht unter den Völkern sein
Wirken bekannt! / Sagt ihnen,
wie unvergleichlich groß er ist!
5 Singt und spielt zur Ehre
Jahwes, / denn er hat Gewaltiges
getan! / Erfahren möge es die
ganze Welt! 6 Jauchze und juble,
du Zionsstadt, / denn der Heilige
Israels wohnt in dir!«

Gottes Wort lastet auf Babylon

13 1 Wort, das auf Babylon las-
tet, und das Jesaja Ben-Amoz
offenbart wurde:

2 Auf dem kahlen Berg stellt ein
Feldzeichen auf, / erhebt die
Stimme, ruft sie herbei, / winkt
mit der Hand! / Durch die Tore
der hohen Herren ziehen sie ein.

11,11 *Elam*. Persische Provinz um die Hauptstadt Susa.

Schinar. Babylonien

Hamat. Heute: Labwe, etwa 70 km nördlich vom Berg Hermon.

Küstenland. Gemeint sind die Inseln und Küstenländer des Mittelmeers.

11,14 *Edom*. Land östlich der Araba im Süden des Toten Meeres, bewohnt von den Nachkommen Esaus.

Die *Moabiter* lebten östlich des Toten Meeres zwischen den Flüssen Arnon und Zered.

Die *Ammoniter* waren nordöstliche Nachbarn der Moabiter.

11,15 *... ägyptischen Meer*. Das ist offenbar eine Anspielung auf den Durchzug Israels durch das Schilfmeer, siehe 2. Mose 14,21-31.

12,2 *Jah*. Kurzform von Jahwe.

3 Ich selbst rief meine Heiligen zum Kampf, / sie jubeln über meine Hoheit und Macht. 4 Hört ihr das Dröhnen auf den Bergen, / Getöse wie von einer großen Menge? / Horch! Ganze Königreiche kommen heran, / viele Nationen versammeln sich. / Jahwe, der allmächtige Gott, mustert sein Heer. 5 Aus fernen Ländern kommen sie, / von dort wo der Himmel die Erde berührt. / Es ist Jahwe mit den Waffen seines Zorns, / um zugrunde zu richten das ganze große Reich. 6 Schreit vor Angst, denn Jahwes Tag ist nah! / Der Allmächtige holt zum Vernichtungsschlag aus.

7 Da werden alle Hände schlaff, / und jeden verlässt der Mut. 8 Vor Schrecken sind sie ganz verstört, / von Krämpfen und Wehen gepackt. / Sie winden sich wie eine gebärende Frau. / Einer starrt den anderen an, / wie Feuer glüht ihr Gesicht.

9 Seht, es kommt der Gerichtstag Jahwes, / ein grausamer Tag, voll Wut und Zorn. / Er macht die Erde zu einer Wüste / und vernichtet alle Sünder darin. 10 Die Sterne am Himmel funkeln nicht mehr, / vergeblich sucht man den Orion, / die Sternbilder haben kein Licht. / Die Sonne wird schon im Aufgang finster, / und der Mond gibt kein Licht in der Nacht. 11 Für ihre Bosheit strafe ich die ganze Welt, / ihre Schuld zahle ich allen Gottlosen heim. / Die Arroganz der Stolzen löse ich auf, / und den Hochmut der Herrscher erniedrige ich. 12 Einen Mann lasse ich seltener werden als gediegenes Gold, / ein Mensch wird kostbarer als Ofir-Gold* sein. 13 Ich werde den Himmel erzittern lassen, / die Erde wird beben vom Grimm Jahwes / an dem Tag, an dem der Allmächtige zürnt. 14 Sie werden wie aufgescheuchte Gazellen sein, / wie eine Herde, die kein Hirt zusammenhält. / Jeder flieht zu seinem Volk, / eilt in sein Heimatland zurück. 15 Es wird jeder erstochen, den man erwischt; / wen man packt, den trifft das Schwert. 16 Sie müssen es mit eigenen Augen sehen, / wie man ihre Kinder zerschmettert, / ihre Häuser plündert / und ihre Frauen schändet. 17 »Ja, die Meder* lasse ich auf sie los, / die das Geld nicht achten, / die man nicht mit Gold bestechen kann.

13,12 *Ofir-Gold.* Josephus, LXX und Vulgata (Hiob 28,16) verstanden unter *Ofir* Indien. Dafür spricht, dass es alle in der Bibel erwähnten Güter (Gold, Silber, Edelsteine, Hölzer, Elfenbein, Affen und Pfauen) im alten Indien gab. Ferner ist bekannt, dass vom 2. Jahrtausend v.Chr. an lebhafter Handel zwischen dem Persischen Golf und Indien getrieben wurde. Dazu waren Hochseeschiffe (1. Könige 22,49: Tarschisch-Schiffe) nötig. Eine andere Theorie besagt, dass *Ofir* eine Stadt war, die vermutlich an der südwestlichen Küste Arabiens oder 75 km nördlich von Bombay (Supura) lag.

13,17 Die *Meder*, die im Nordwesten des Iran lebten, eroberten 612 v.Chr. zusammen mit den Babyloniern die assyrische Hauptstadt Ninive und 539 v.Chr. zusammen mit den Persern Babylon. Aber sie waren auch schon in den viel früheren Konflikt verwickelt, der im Jahr 689 v.Chr., also 12 Jahre nach der Weissagung Jesajas, zur Eroberung Babylons durch die Assyrer führte.

18 Ihre Pfeile strecken junge
Männer nieder, / mit Kindern
machen sie kurzen Prozess / und
selbst Säuglinge verschonen sie
nicht. 19 Wie es Sodom und
Gomorra erging, / den Städten, die
Gott zerstörte, / so wird es auch
mit Babylon sein, / dem Juwel von
Königreichen, / dem Schmuck-
stück der stolzen Chaldäer*. 20 Es
bleibt auf Dauer unbewohnt, /
unbesiedelt für alle Zeit. / Kein
Nomade schlägt dort seine Zelte
auf, / kein Hirt lässt seine Schafe
dort ruhen. 21 Nur Wüstenspuk
gibt es an diesem Ort / und
Häuser voller Eulen. / Strauße
wird man dort finden, / und
Dämonen führen ihre Tänze auf.
22 Hyänen heulen in verlassenen
Palästen / und Schakale in den
Schlössern der Lust. / Die Tage
der Stadt sind gezählt, / bald
schlägt die letzte Stunde von
Babylon.

Das Spottlied auf den König von Babel

14 1 Denn Jahwe wird sich über
die Nachkommen Jakobs er-
barmen. Er wird Israel noch einmal
erwählen und in sein Land zurück-
bringen. Fremde werden sich ihnen
dabei anschließen und dann zum Volk
Israel gehören. 2 Die Völker werden
Israel nehmen und in seine Heimat
zurückbringen. Und dort, im Land
Jahwes, werden die Israeliten sie zu
Sklaven und Sklavinnen machen. Sie
werden die gefangen nehmen, die
einst sie in die Gefangenschaft führ-
ten, und ihre ehemaligen Unterdrü-
cker unterdrücken. 3 Und wenn Jah-
we dir dann Ruhe gewährt von aller
Qual und Unruhe und dem harten
Sklavendienst, 4 wirst du ein Spott-
lied auf den König von Babel singen:

»Ach, der Unterdrücker nahm
ein Ende! / Mit seiner Schreckens-
herrschaft ist es aus! 5 Zersplittern
ließ Jahwe den Knüppel der
Bösen, / zerbrach den Stock
der Tyrannen, 6 der die Völker
schlug in blinder Wut / und ihnen
grausame Schläge versetzte, / der
sie in wildem Zorn unterdrückte /
und sie hetzte ohne Erbarmen.
7 Nun ruht und rastet die ganze
Erde. / Jubel bricht aus!
8 Selbst die Zypressen freuen sich
mit, / auch die Zedern auf dem
Libanon: / ›Seit du gefallen bist
und unten liegst, / kommt kein
Fäller mehr zu uns herauf.‹
9 Die ganze Totenwelt ist auf-
geregt / und bereit, dich zu emp-
fangen. / Für dich wurden Toten-
geister aufgestört, / die Mächtigen
aus einer früheren Welt. / Man
schreckt die Könige der Völker
hoch, / alle springen von den
Stühlen auf. 10 Der Chor der
Schatten ruft dir zu: / ›Nun bist
du genauso wie wir, / schwach
und ohne Macht.‹ 11 Ins Toten-
reich gestürzt ist deine Pracht /
und deine rauschende Harfen-
musik. / Maden bekommst du als
Bett und / mit Würmern deckst
du dich zu.

13,19 *Chaldäer*. Bewohner von Süd-Babylonien, später wurden alle Babylonier Chaldäer genannt.

12 Ach wie bist du vom Himmel
gefallen, funkelnder Morgen-
stern*, / zu Boden geschmettert,
Eroberer der Welt! 13 Du, du
hattest in deinem Herzen ge-
dacht: / ›Ich will zum Himmel
hochsteigen! / Höher als die
göttlichen Sterne stelle ich meinen
Thron! / Im äußersten Norden
setze ich mich hin, / dort auf den
Versammlungsberg*! 14 Über die
Wolken will ich hinauf, / dem
Allerhöchsten gleichgestellt sein!‹
15 Doch ins Reich der Grüfte
musst du hinab, / wirst auf den
Grund der Totenwelt gestürzt.
16 Wer dich einst gesehen hat, /
betrachtet dich nun, / schaut dich
nachdenklich an: ›Ist das der
Mann, der die Erde zittern ließ, /
der Königreiche aus den Angeln
hob?‹ 17 Er machte Städte dem
Erdboden gleich / und verwüstete
die ganze Welt. / Wen er gefangen
nahm, der kehrte nie zurück.
18 Alle Herrscher setzt man
prächtig bei, / in Ehren ruhen sie
in ihrer Gruft. 19 Doch du liegst
ohne Grab auf freiem Feld, / hin-
geworfen wie ein dürrer Zweig, /
zertrampelt wie ein totes Tier, /
mit Leichen von Erschlagenen
bedeckt. 20 Dich bettet man nicht
in die steinerne Gruft, / mit denen
dort wirst du niemals vereint. /
Denn dein Land hast du zerstört, /
hingemordet dein eigenes Volk. /
Dein Verbrechergeschlecht soll
in Ewigkeit vergessen sein!
21 Bringt seine Söhne her und
schlachtet sie ab! / Denn auf ihren
Vätern lastete Schuld. / Nie wieder
dürfen sie an die Macht, / nie sei
die Welt in ihrem Besitz / und
der Erdkreis mit ihren Städten
gefüllt.«

Die völlige Vernichtung Babylons

22 »Ich werde mich gegen sie
stellen!«, / sagt Jahwe, der all-
mächtige Gott. / »Mit Kind und
Kindeskind rotte ich Babylon
aus, / mit Stumpf und Stiel!
23 Zum Besitz der Igel mache ich
es, / und zu einem Sumpfgebiet. /
Ich kehre es mit eisernem Besen
aus«, / sagt Jahwe, der
allmächtige Gott.

Gegen Assyrien

24 Jahwe, der allmächtige Gott, hat
es geschworen: / »Wie ich es mir
vornahm, so wird es geschehen, /
es wird so kommen, wie ich es
beschloss. 25 Assyriens Macht
zerbreche ich in meinem Land, /
auf meinen Bergen zertrete ich
sie. / Dann weicht ihr Joch von
meinem Volk, / von seinem
Nacken fällt es ab.« 26 Das ist
Gottes Beschluss über die ganze
Welt, / und das ist die Hand, die

14,12 *Morgenstern.* Die lateinische Bibel (Vulgata) hat diesen Ausdruck mit *Luzifer* = »Lichtbringer« übersetzt. Von daher wurden die Verse 12-15 in Verbindung mit Lukas 10,18 oft auf den Fall Satans gedeutet. Direkt spricht der Abschnitt aber – wie die Verse vorher und nachher – vom Fall des Königs von Babylon.

14,13 *Versammlungsberg.* Gemeint ist wohl der Berg Zaphon, der 40 km nordöstlich von Ugarit in Syrien lag. Die Kanaaniter dachten sich dort die Ratsversammlung der Götter (wie die Griechen auf dem Berg Olymp).

gegen alle Völker ausgestreckt ist.
27 Denn Jahwe, der allmächtige
Gott, setzte es fest. / Wer kann ihn
daran hindern? / Seine Hand ist
drohend ausgestreckt. / Wer
wendet sie wieder zurück?

Gegen die Philister

28 Im Todesjahr von König Ahas* /
kam dieses belastende Wort:
29 »Freue dich nicht zu früh,
Philisterland! / Zwar ist der Stock
zerbrochen, der dich schlug, /
doch aus der toten Schlange fährt
eine Natter heraus, / und aus
der Natter kommt ein fliegender
Drache.
30 Auf meiner Wiese weiden
die Schwachen, / dort leben die
Armen in Sicherheit. / Doch deine
Wurzel wird durch Hunger
zerstört, / und der Drache bringt
den Rest von dir um. 31 Heult auf,
ihr Tore! / Schrei um Hilfe, du
Stadt! / Verzage, ganz Philister-
land! / Eine Rauchwolke kommt
von Norden heran. / Es ist ein
gewaltiges, geschlossenes Heer.
32 Was für eine Antwort gibt
man den Boten der Philister-
stämme? / »Jahwe hat die Grund-
mauern Zions gelegt. / Dort
finden die Armen seines Volkes
sicheren Schutz!«

Gegen Moab

15 1 Das Wort, das auf Moab*
lasten wird:

Ar-Moab* ist zerstört, / ver-
nichtet in einer Nacht. / Auch Kir-
Moab* ist zerstört, / verwüstet
in einer Nacht. 2 Die Moabiter
steigen zu ihrem Tempel hinauf, /
die Einwohner Dibons* weinen
auf den Opferhöhen. / Moab klagt
über Medeba* und Nebo*. /
Auf allen Köpfen eine Glatze, /
abgeschoren jeder Bart. 3 Auf den
Gassen laufen sie im Trauersack, /
auf Dächern und Plätzen jammert
das Volk. / Sie lassen ihren Tränen
freien Lauf. 4 Heschbon* und
Elale* schreien um Hilfe, / dass
man ihre Stimmen noch in Jahaz*
hört. / Auch Moabs Krieger
schreien laut, / ihrer Seele geht
es schlecht. 5 Und auch mein Herz
schreit um Hilfe für dieses Volk.

14,28 *Todesjahr von König Ahas.* 716 v.Chr. Zu dieser Zeit war Hiskia bereits 13 Jahre lang Mitregent in Juda.

15,1 *Moab.* Die Moabiter lebten östlich des Toten Meeres zwischen den Flüssen Arnon und Zered. Sie waren über Lot (1. Mose 19,36-37) mit Israel verwandt. Auch die Urgroßmutter Davids war eine Moabiterin, siehe Rut 4,17; 1. Samuel 22,3-4.

Ar-Moab. Stadt in Moab, Lage unbekannt.

Kir-Moab. Identisch mit Kir-Heres, siehe Jesaja 16,7.11. Die bedeutende moabitische Stadt lag 16 km östlich vom südlichen Teil des Toten Meeres.

15,2 *Dibon.* Bedeutende Stadt Moabs, heute Dhiban, 21 km östlich vom Toten Meer, 5 km nördlich der Arnon-Schlucht.

Medeba. Im heutigen Jordanien, 32 km südlich von Amman.

Nebo. Heute: Ajun Musa, 15 km östlich vom Nordende des Toten Meeres.

15,4 19 km südwestlich von Amman. *Heschbon*, die Hauptstadt der Amoriter, war von den Moabitern erobert worden.

Elale. Dorf, 18 km südwestlich von Amman.

Jahaz. Stadt nördlich des Arnontals.

Sie fliehen bis nach Zoar /
und nach Eglat-Schelischija*. /
Weinend schleppen sich Menschen
den Aufstieg nach Luhit hoch, /
auf dem Weg nach Horonajim*
erheben sie erschütterndes
Geschrei.
6 Verschüttet sind die Quellen
von Nimrim*, / alles Gras ist
verdorrt. / Das Kraut ist
verwelkt, / kein Grün ist mehr da.
7 Was sie noch haben, tragen sie
bei sich, / und gehen über den
Pappelbach*. 8 An allen Grenzen
Moabs hört man Wehgeschrei. /
Man hört es bis nach Eglajim, / bis
Beer-Elim* dringt sein Klage-
schrei. 9 »Dimons* Wasser ist
schon voller Blut, / doch ich
bringe noch mehr Unheil über die
Stadt: / Auf die letzten Moabiter
im Land, / auf die Überlebenden
lasse ich die Löwen los.«

16 1 Schickt von Moabs Felsen-
nest* / Schafböcke durch die
Wüste – zum Landesherrscher auf
dem Zionsberg* 2 und sagt ihm: /
»Wie herumflatternde Vögel, / wie
ein aufgescheuchtes Nest / irren
Moabs Frauen an den Furten des
Arnon umher. 3 Gib Rat und triff
eine Entscheidung für uns! / Mach
deinen Schatten wie das Dunkel
der Nacht / und verbirg die
Vertriebenen, / verrate die
Flüchtlinge nicht! 4 Gib denen, die
aus Moab fliehen, / Gastrecht bei
dir! / Verstecke sie vor dem wüsten
Verfolger!« / Wenn der Peiniger
beseitigt ist, / wenn die Zerstörung
aufgehört hat, / die Verwüster aus
dem Land verschwunden sind,
5 dann wird ein Thron der Gnade
aufgerichtet sein. / Auf ihm, am
Wohnsitz Davids, / wird in
Wahrheit einer sitzen, / der das
Recht sucht / und in Gerechtigkeit
erfahren ist.
6 Wir haben vom Hochmut
Moabs gehört, / wie überheblich,
stolz und vermessen es ist. / Doch
sein Prahlen ist leeres Geschwätz.
7 Darum wird Moab sein Schicksal
beklagen, / heulen werden sie
allesamt. / Kir-Heres' Rosinen-
kuchen weinen sie nach, / und
seufzen tiefbetrübt. 8 Heschbons
Terassen sind verwelkt, / verdorrt
sind die Weinstöcke von Sibma*, /
deren Wein die Starken der Völker
schwach gemacht hat. / Bis nach
Jaser* reichten ihre Ranken, / bis
in die Wüste verliefen sie sich, /

15,5 *Zoar ... Schelischija.* Städte südlich und südöstlich des Toten Meeres.

Luhit ... Horonajim. Ortslagen unbekannt, wahrscheinlich südöstlich vom Süd-Ende des Toten Meeres.

15,6 *Nimrim.* Wahrscheinlich eine Oase südöstlich vom Toten Meer.

15,7 *Pappelbach.* Wadi (Trockental, das nur in der Regenzeit Wasser führt) südlich oder südöstlich vom Toten Meer.

15,8: *Eglajim ... Beer-Elim.* Offenbar Städte an den Grenzen Moabs.

15,9 *Dimon.* Vermutlich ein Wortspiel mit Dibon (Vers 2) und Blut (Hebr. *dam*).

16,1 *Felsennest.* Hebräisch: *Sela.* Hier wohl nicht als Ortsname gebraucht.

... *Zionsberg.* Die Moabiter sollten wieder ihren Tribut zahlen.

16,8 *Sibma.* Vielleicht 5 km westlich von Heschbon.

Jaser. Vielleicht 10 km westlich von Amman.

überschritten selbst das Tote Meer.
9 Darum weine ich mit den Leuten
von Jaser um die Weinstöcke
Sibmas, / mit meinen Tränen
tränke ich euch, Heschbon und
Elale. / Denn über Weinlese und
allen Ertrag / ist ein Jauchzen der
Feinde gefallen. 10 Aus allen
Gärten weggerafft sind Freude und
Gesang. / In den Weinbergen
hört man keinen Jubel mehr. /
Niemand stampft mehr Trauben in
der Kelter aus, / alle fröhlichen
Rufe sind verstummt. 11 Um Moab
klagt mein Innerstes, / über
Kir-Heres erzittert mein Herz.
12 Selbst wenn Moab sich um
Opfer müht, / zum Gebet in sein
Heiligtum hochsteigt, / es nützt
ihm nichts.

13 Diese Worte hat Jahwe einst über
Moab gesagt. 14 Doch jetzt spricht
Jahwe so: »In drei Jahren, die ihr wie
ein Tagelöhner zählen werdet, wird
man über den Ruhm Moabs nur noch
verächtlich lachen. Von seiner zahlreichen
Menge wird nur noch ein
winziger, ohnmächtiger Rest übrig
sein.«

Gegen Damaskus

17 1 Das Wort, das auf Damaskus lasten wird:
Die Stadt Damaskus gibt es bald
nicht mehr, / dann ist sie nur ein
Haufen Schutt. 2 Verlassen wird
Aroer* samt Umgebung sein. / In
aller Ruhe lagern Herden dort /
und niemand jagt sie weg. 3 Aus
ist's mit dem Bollwerk Efraïms* /
mit dem Damaskus-Königtum. /
Und was von Syrien übrig bleibt, /
ist nicht mehr, als das von Israel. /
Das sagt Jahwe, der allmächtige
Gott.
4 An diesem Tag schrumpft
Jakobs* Pracht erbärmlich ein, /
das Fett seines Leibes schwindet
dahin. 5 Es wird wie bei einem
Schnitter sein, / der die Halme
zusammenrafft / und mit der
Sichel die Ähren abmäht. / Es wird
sein, wie beim Ährenlesen in der
Ebene von Refaïm*. 6 Nur eine
Nachlese bleibt ihm zurück, / wie
beim Abklopfen der Frucht vom
Olivenbaum. / Zwei, drei Oliven
oben am Ast, / vier, fünf in seinem
Gezweig, / sagt Jahwe, Israels Gott.
7 An dem Tag denkt der Mensch
wieder an seinen Schöpfer, / richtet
seinen Blick auf den Heiligen
Israels, 8 schaut nicht mehr auf die
eigenen Altäre, / achtet nicht auf
das Machwerk der eigenen Hand, /
blickt geweihte Pfähle und
Sonnensäulen nicht mehr an.
9 An dem Tag sind seine befestigten
Städte wie verlassene Orte im
Wald, / sind öde wie die Berggipfel
damals bei der Ankunft Israels.
10 Ja, du hast vergessen den Gott
deines Heils, / hast nicht mehr an

17,2 *Aroer*. Stadt am Arnonfluss, 23 km östlich vom Toten Meer. Südlichste Grenze des Einflussgebiets von Syrien.

17,3 *Bollwerk Efraïms*. Spielt auf die Allianz des Nordreiches Israel (Efraïm) mit Syrien an.

17,4 *Jakob*. Israels Stammvater, steht hier für das ganze Volk.

17,5 *Refaïm*. Fruchtbares Gebiet westlich von Jerusalem.

deine Fluchtburg gedacht. / Statt-
dessen legst du Gärtchen für den
»Lieblichen«* an / und setzt
fremde Reben hinein. 11 Kaum
hast du sie gepflanzt, schießen sie
hoch, / was du morgens gesät
hast, sprießt noch am selben Tag. /
Aber es wird dir nur Schmerzen
bringen, / Krankheiten, gegen die
es keine Heilung gibt.
12 Weh! Viele Völker brausen
heran: ein Tosen wie das rauschen-
de Meer. / Man hört das Toben der
Nationen wie das Tosen einer ge-
waltigen Flut. 13 Sie donnern
heran wie wütende Wogen, /
doch von Gott bedroht, weichen
sie weit zurück. / Wie Spreu auf
den Bergen, davongeblasen vom
Wind, / wie Raddisteln*, wegge-
wirbelt vom Sturm. 14 Am Abend
waren sie noch jähes Entsetzen, /
am Morgen schon gibt es sie nicht
mehr! / Ja, unsere Räuber be-
kommen solchen Lohn, / und die
uns plündern erhalten dieses Los.

Gegen Nubien

18 1 Weh dem Land des Flügel-
geschwirrs, / das jenseits der
Ströme Nubiens liegt, 2 das Boten
in Papyrusbooten übers Wasser
schickt, den Strom* hinab. /
Kehrt zurück, ihr schnellen
Boten, / zu dem glänzenden*,
hochgewachsenen Volk, / das weit
und breit gefürchtet ist, / das mit
angespannter Kraft alles zertritt, /
zurück zu dem von Strömen
durchfurchten Land. 3 Ihr
Bewohner der Erde, ihr Bürger
der Welt, / seht hin, wenn auf den
Bergen ein Feldzeichen steht, /
hört hin, wenn ins Horn gestoßen
wird! 4 Denn so sagte Jahwe zu
mir: / »Von meiner Wohnung aus
schaue ich untätig zu, / ruhig wie
die flimmernde Mittagsglut, / wie
eine Dunstwolke am heißen Ernte-
tag. 5 Denn noch vor der Ernte, /
wenn die Blüte abfällt / und der
Blütenstand zur reifenden Traube
wird, / schneidet man mit dem
Rebmesser die Ranken weg, / reißt
die Triebe ab und wirft sie fort.
6 Sie werden alle auf den Bergen
liegen, / den Raubvögeln und
Hyänen zum Fraß. / Den Sommer
über sitzen die Raubvögel darauf, /
und im Winter fressen die wilden
Tiere daran.« 7 Dann wird Jahwe,
dem allmächtigen Gott, ein
Geschenk dargebracht / von einem
glänzenden, hochgewachsenen
Volk, / das weit und breit gefürch-
tet ist, / das mit angespannter
Kraft alles zertritt, / dessen Land
von Strömen durchschnitten
wird. / Sie werden zu der Stätte
kommen, wo der Name Jahwes
wohnt, zum Zionsberg.

17,10 *den »Lieblichen«.* Wahrscheinlich der Frühlingsgott Adonis, der in Syrien und Phönizien verehrt wurde.

17,13 *Raddistel.* Vertrocknete und vom Wind verwirbelte Teile der Gundelia (ein Taumelkraut), die als große Bälle weit durch die Steppe getrieben werden konnten.

18,2 *den Strom.* Wörtlich: *das Meer.* Im Altertum Bezeichnung für große Ströme, hier ist der Nil gemeint.

glänzenden. Meint vielleicht die mit Öl eingeriebene Haut der Nubier.

Gegen Ägypten

19 1 Das Wort, das auf Ägypten
lasten wird: / Seht, auf
schneller Wolke fährt Jahwe /
und kommt bald in Ägypten an. /
Ägyptens Götzen zittern vor ihm, /
und die Ägypter vergehen vor
Angst. 2 »Ich stachele Ägypter
gegen Ägypter auf, / dass Bruder
gegen Bruder kämpft, / Freund
gegen Freund, / Stadt gegen
Stadt / und Land gegen Land.
3 Ägyptens Mut wird ausgehöhlt, /
und ich trübe ihre geistige
Klarheit. / Dann suchen sie bei
Götzen Rat, / bei Zauberern und
Wahrsagern und den Geistern von
Toten. 4 Ich gebe sie einem harten
Herrn in die Hand, / einem
grausamen König, der über sie
herrscht«, / spricht Jahwe, der
allmächtige Gott.
5 Die Wasser des Nils* werden
versiegen, / der Strom versandet,
trocknet aus. 6 Seine Arme fangen
an zu stinken, / die Kanäle von
Unterägypten werden leer, / Rohr
und Schilf sind schwarz. 7 Das
Ried am Fluss, an der Mündung
des Nil, / das Saatland an den
Ufern trocknet aus, zerstiebt, /
und der Wind weht es weg. 8 Da
klagen die Fischer, / da trauern die
Angler / und jeder, der ein Netz
auswerfen will. 9 Die, die Flachs
verarbeiten, sind verzweifelt, / und
die Leinenweber werden bleich.
10 Das Fundament ihrer Existenz
ist zerstört, / und die Lohnarbeiter
verlieren den Mut.
11 Nichts als Narren sind die
Fürsten von Zoan*! / Pharaos
weiseste Räte geben Dummheit
von sich. / »Söhne von Weisen
sind wir!«, sagen sie ihm. / »Wir
stammen von alten Königen ab!«
12 Wo sind denn nun deine
Weisen, Pharao? / Können sie dir
nicht sagen, was Jahwe, der all-
mächtige Gott, / über Ägypten
beschlossen hat? 13 Die Fürsten
von Zoan sind dumm, / und
die von Memphis* geben sich
Täuschungen hin. / Die Stammes-
fürsten haben Ägypten ins
Taumeln gebracht. 14 Jahwe
hat einen Geist des Schwindels
für sie gebraut, / sodass sie
Ägypten ins Stolpern bringen, /
bei allem, was es tut, / dass es
wie ein Betrunkener in seinem
Erbrochenen tappt. 15 Ägypten
wird keine Tat mehr gelingen, /
die Kopf oder Schwanz, / Palm-
zweig oder Binse* vollbringen.

Ägyptens Bekehrung

16 Zu der Zeit werden die Ägypter wie
ängstliche Frauen sein. Sie werden zit-
tern und beben, wenn Jahwe, der all-
mächtige Gott, seine Hand über sie
schwingt. 17 Sie werden schreckliche
Angst vor dem Land Juda haben. Allein
der Name Judas wird die Ägypter zum
Zittern bringen. Sie fürchten sich vor

19,5 *Wasser des Nils.* Wörtlich: *im Meer.* Siehe Fußnote zu Jesaja 18,2.

19,11 *Zoan* ist wahrscheinlich mit Tanis identisch, das im nordöstlichen Teil des Nildeltas liegt.

19,13 *Zoan* und *Memphis* (Hebr.: Nof) waren die beiden alten Hauptstädte Ägyptens.

19,15 *Kopf ... Binse.* Synonyme für hoch- und niedriggestellte Menschen, siehe Jesaja 9,13.

dem, was Jahwe, der allmächtige Gott,
gegen sie beschlossen hat. 18 In dieser
Zeit werden fünf ägyptische Städte
Hebräisch* sprechen. Eine davon wird
Ir-Heres* heißen. 19 Dann wird es mit-
ten in Ägypten einen Altar für Jahwe*
geben, und an der Grenze wird ein
Steinmal ihm zu Ehren stehen. 20 Das
wird die Ägypter ständig an Jahwe,
den allmächtigen Gott, erinnern, be-
sonders, wenn sie unterdrückt werden
und dann zu Jahwe schreien. Dann wird
er einen Retter zu ihnen schicken, der
für sie kämpft und sie befreit. 21 So wird
sich Jahwe den Ägyptern zu erkennen
geben, und auch sie werden sehen, wer
er ist. Sie werden ihm Schlacht- und
Speisopfer bringen und sich immer an
das halten, was sie ihm feierlich gelo-
ben. 22 Jahwe wird die Ägypter zwar
schlagen, aber ihnen wieder aufhelfen.
Sie werden zu ihm umkehren, und er
wird ihre Gebete erhören und sie heilen.
23 Zu der Zeit wird es eine Straße von
Ägypten nach Assyrien geben. Die Völ-
ker werden sich gegenseitig besuchen
und gemeinsam Jahwe dienen. 24 Dann
wird Israel der Dritte im Bund sein
und – zusammen mit Assyrien und
Ägypten – ein Segen für die ganze Erde.
25 Denn Jahwe, der allmächtige Gott,
wird sie segnen mit den Worten: »Ge-
segnet sei mein Volk Ägypten! Gesegnet
sei Assyrien, das Werk meiner Hände!
Gesegnet sei Israel, mein Eigentum!«

Die Krise um Aschdod

20 1 Es geschah in dem Jahr, in
dem der assyrische König
Sargon* den Tartan, seinen obersten
Feldherrn, nach Aschdod* schickte,
und dieser es belagerte und eroberte.*
2 Jahwe hatte zu Jesaja Ben-Amoz ge-
sagt*: »Zieh deinen Trauersack und
deine Sandalen aus!« Er tat es und
ging nur mit einem Lendenschurz
bekleidet barfuß umher. 3 Nun sagte
Jahwe: Drei Jahre lang ist mein Die-
ner Jesaja barfuß und im Lenden-
schurz herumgelaufen. Als lebendes
Zeichen sollte er zeigen, was Ägypten
und Nubien treffen wird. 4 Der as-
syrische König wird die Ägypter und
Nubier gefangen wegtreiben, nackt
und barfuß, ja sogar mit entblößtem
Gesäß. Was für eine Schande für die
Ägypter! 5 Und alle, die von Nubien
Hilfe erwarteten und so große Stücke
auf Ägypten hielten, werden ent-
täuscht und entmutigt sein. 6 Und
die Bewohner dieses Küstenstreifens
hier werden dann sagen: »Sie waren

19,18 *Hebräisch.* Wörtlich: *die Sprache Kanaans.* Entweder ein symbolischer Bezug auf die Treue zu Jahwe oder ein Hinweis darauf, dass diese Städte von Juden bewohnt sein werden.

Ir-Heres. Stadt der Zerstörung. Das scheint ein Wortspiel zu sein, denn durch Änderung eines Buchstabens ergibt sich im Hebräischen »Sonnenstadt«. Das wiederum könnte ein Hinweis auf Heliopolis sein, das von Nebukadnezzar zerstört wurde, siehe Jesaja 43,12-13.

19,19 *Altar für Jahwe.* Um 170 v.Chr. wurde bei Leontopolis von dem Hohenpriester Onias IV. ein Jahwetempel gebaut, der sich dabei auf diese Weissagung berief.

20,1 *Sargon* II. regierte von 721-705 v.Chr.

Aschdod. Philisterstadt am Mittelmeer.

eroberte. Das geschah im Jahr 711 v.Chr. Schon 713 v.Chr. hatte die Stadt im Vertrauen auf Ägypten und Nubien gegen Assyrien rebelliert und wollte auch Juda mit hineinziehen.

20,2 *hatte ... gesagt.* Das war bereits drei Jahre vorher, siehe Vers 3.

unsere Hoffnung gewesen! Zu ihnen
sind wir um Schutz und Hilfe gelau-
fen! Sie sollten uns vor dem assyri-
schen König retten! Wo gibt es jetzt
noch Rettung für uns?«

Die Verwüstung Babylons

21 1 Das Wort, das über der
Wüste am Meer lasten wird: /
Wie ein Sturm, der über den
Negev* fegt, / kommt das
Unheil aus der Wüste, / einem
schrecklichen Land. 2 Furchtbare
Dinge wurden mir gezeigt: / »Der
Verräter verrät, und der Zerstörer
zerstört. / Brecht auf, ihr
Elamiter*! / Ihr Meder*, belagert
die Stadt! / Mit allem Seufzen über
sie mache ich Schluss.«
3 Darum zittert mein Körper, /
von Krämpfen gepackt, / von
Wehen geschüttelt wie eine
gebärende Frau. / Von dem,
was ich höre, bin ich betäubt, /
bestürzt von dem, was ich sehen
muss. 4 Mein Herz rast,
ein Schauder schüttelt mich. /
Die mir so liebe Dämmerstunde
hat es mir zum Grauen gemacht.
5 Man deckt den Tisch, / legt
die Polster zurecht; / man isst und
trinkt. / »Steht auf, Offiziere! /
Ölt eure Schilde* ein!« 6 Denn
das hat der Herr mir gesagt: /
»Geh und stell einen Wachtposten
auf. / Er soll dir melden, was er
sieht. 7 Sieht er einen Wagenzug, /
ein Pferdegespann, / einen Zug
Kamele oder Esel, / dann passe er
auf! / Er passe ganz scharf auf!«
8 Da rief der Wächter:* / »Herr,
den ganzen Tag steh ich bereit, /
bin auf dem Posten jede Nacht!
9 Da, was sehe ich? / Ein Zug von
Männern, ein Pferdegespann! /
Und einer von ihnen ruft: /
›Gefallen! Gefallen ist Babylon! /
Alle Bilder seiner Götter sind
zerstört!‹«
10 Du, mein zerschlagenes,
zerdroschenes Volk! / Ich
verkünde euch das, was ich höre –
von Jahwe, dem allmächtigen Gott.

Gegen Duma und Arabien

11 Das Wort, das auf Duma* lasten
wird: / Aus Seïr ruft man mir zu: /
»Wächter, wie lange noch dauert
die Nacht? / Wächter, wie lange
noch dauert die Nacht?« 12 Der
Wächter spricht: / »Der Morgen
kommt, / aber noch ist es Nacht! /
Wenn ihr fragen wollt, / kommt
wieder und fragt!«
13 Das Wort, das auf Arabien
lasten wird: / In der Steppe
müsst ihr übernachten, /
Männer, Karawanen von Dedan*.
14 Bringt dem Durstigen Wasser

21,1 *Negev*. Das heiße Südland Israels, zum Teil gebirgige Wüste.

21,2 *Elamiter*. Land und Volk östlich von Babylon, Hauptstadt Susa.

Meder. Iranischer Stamm, der das medisch-persische Hochland bewohnte.

21,5 Die *Schilde* waren mit Leder überzogen.

21,8 *Wächter*. So mit der LXX und den Qumrantexten. Die meisten hebräischen Handschriften haben: »Da rief er, ein Löwe.«

21,11 *Duma*. Hebräisch: *Totenstille*. Es gibt eine Oase dieses Namens östlich des Berglandes von Seïr (Edom).

21,13 *Dedan*. Wahrscheinlich eine Wegstation auf der Weihrauchroute von Südarabien nach Syrien. Es kann auch einen arabischen Stamm meinen.

hin, / Bewohner des Landes von
Tema*, / geht dem Flüchtling
entgegen mit Brot! 15 Denn
sie sind vor den Schwertern
geflohen, / vor dem Ansturm des
Krieges, / dem gezückten Schwert
und dem gespannten Bogen.

16 Denn das hat der Herr mir gesagt:
»In noch einem Jahr, das euch wie ein
Tagelöhnerjahr erscheinen wird, ist es
mit Kedars* Herrlichkeit vorbei. 17 Von
seinen berühmten Bogenschützen
bleiben nur ganz wenige am Leben,
spricht Jahwe, der Gott Israels.«

Gegen Jerusalem

22 1 Das Wort, das auf dem
Tal der Offenbarung* lasten
wird: / Was ist mit dir, dass du auf
den Dachterrassen stehst, 2 du
lärmerfüllte tosende Stadt, / du
fröhliche Burg? / Deine Toten
fielen nicht durchs Schwert und
nicht im Kampf. 3 Alle deine
Führer sind geflohen, / und alle
sind gefangen – ohne einen
Bogenschuss. So weit sie auch
gelaufen waren, / nun sind sie
gefesselt – allesamt. 4 Darum
sage ich: »Lasst mich allein mit
meinem Schmerz! / Lasst meine
Tränen laufen! / Tröstet mich nicht
wegen der Gewalt an meinem Volk!
5 Denn der Herr hat Verwirrung,
Verheerung, Verstörung in das
Tal der Offenbarung gebracht –
Jahwe, der allmächtige Gott. /
Die Mauer wird bestürmt – und
bricht. / Hilfegeschrei hört man
am Hang. 6 Elam* hat den Köcher
umgehängt, / die Streitwagen
sind bespannt und bemannt, /
und Kir* hat seinen Schild
enthüllt. 7 Deine herrlichen Täler
sind mit Wagen gefüllt, / und
Reiter nehmen Stellung gegen das
Tor. 8 So nimmt man Juda jeden
Schutz. / An dem Tag habt ihr im
Waldhaus* nach Waffen gesucht
9 und habt die Risse in der Mauer
gesehen, / viele Risse in der
Davidsstadt*. / Im unteren Teich
habt ihr das Wasser gestaut.
10 Dann habt ihr Jerusalems
Häuser gezählt, / ganze Gebäude
niedergerissen / und die Mauer
der Stadt damit fester gemacht.
11 Zwischen den beiden Mauern
habt ihr ein Sammelbecken
angelegt – für das Wasser des
alten Teichs.

Doch habt ihr nicht auf den
geblickt, der alles bewirkt; / ihr
habt nicht an den gedacht, der
solche Unglücke plant. 12 Wohl
rief der Herr an jenem Tag. /
Jahwe, der allmächtige Gott,
rief euch zum Weinen und zur

21,14 *Tema.* Wüstenoase 400 km südöstlich von Elat in Saudi-Arabien.

21,16 *Kedar.* Nomadenstamm in der syrisch-arabischen Wüste, bekannt durch seine Herden.

22,1 *Tal der Offenbarung.* Gemeint ist Jerusalem und seine unmittelbare Umgebung.

22,6 *Elam.* Persische Provinz um die Hauptstadt Susa.

Kir. Ort in Mesopotamien, Identität unbekannt.

22,8 *Waldhaus.* Halle am königlichen Palast, von Salomo mit Zedern aus dem Libanon gebaut.

22,9 Die *Davidsstadt* umfasste das Gebiet des alten Jebus, das von David erobert worden war. Es bildete den Kern Jerusalems.

Wehklage auf, / zum Glatze-
scheren und zum Trauersack.
13 Doch er fand Jubel und
Vergnügen bei euch, / Ochsen-
schlachten und Schafeschächten, /
Fleischessen und Weintrinken. /
»Lasst uns essen und trinken«,
habt ihr gesagt, / »denn morgen
sind wir tot!«* 14 Doch Jahwe,
der allmächtige Gott, hat sich mir
offenbart: / »Diese Schuld vergebe
ich euch nicht, bis ihr sterbt!, /
schwört Jahwe, der allmächtige
Gott.«

Schebna und Eljakim

15 So sprach der Herr, Jahwe, der all-
mächtige Gott: Geh zu diesem Verwal-
ter da, zu Schebna, dem Palastvor-
steher, und sage ihm: 16 »Was machst
du hier eigentlich? Wer gab dir die Er-
laubnis, hier oben eine Grabkammer
aushauen zu lassen? Was fällt dir ein,
deine letzte Wohnung in den Fels zu
meißeln? 17 Pass auf, Mann! Jahwe
wird dich im Wind herumwirbeln
und dich zusammenkneten, 18 er wird
dich zu einem Knäuel zusammenwik-
keln und wie einen Ball wegschleu-
dern in ein Land mit großen weiten
Ebenen. Dort wirst du sterben, und
dorthin kommen auch die Wagen dei-
ner Ehrsucht, du Schandfleck für das
Königshaus! 19 Ich werde dich aus
deinem Amt verjagen und dafür sor-
gen, dass man dich von deinem hohen
Posten holt.

20 An dem Tag werde ich Eljakim
Ben-Hilkija berufen, meinen Diener.
21 Ich ziehe ihm dein Amtsgewand an
und lege ihm deinen Gürtel um. Ich
übertrage ihm alle Vollmachten, die
du jetzt hast. Er wird wie ein Vater für
die Bewohner Jerusalems und das
Volk von Juda sein. 22 Ich vertraue
ihm die Schlüssel zum Palast der
Nachkommen Davids an. Was er öff-
net, wird kein anderer verschließen,
und was er verschließt, wird keiner
mehr öffnen. 23 Ich werde ihn wie
einen Pflock fest in die Wand ein-
schlagen. Seine ganze Verwandt-
schaft wird durch ihn zu Ehren kom-
men. 24 Doch die ganze Sippe wird
sich mit Kind und Kegel an ihn hän-
gen, wie an einen Pflock, an dem das
ganze Tongeschirr mit Schüsseln und
Krügen hängt. 25 Dann wird der
Pflock, der so fest in der Wand sitzt,
abbrechen, und die Last, die er trug,
geht zu Bruch, sagt Jahwe, der all-
mächtige Gott.«

Gegen Tyrus

23 1 Das Wort, das auf Tyrus*
lasten wird: / Heult, ihr
Handelsschiffe*, denn euer Hafen
ist zerstört! / Als ihr von Zypern
kamt, habt ihr davon gehört.
2 Werdet stumm, ihr Küsten-
bewohner, / ihr Händler von
Sidon. / Eure Aufkäufer
überquerten das Meer 3 und
führten Korn aus Ägypten ein. /

22,13 Wird im Neuen Testament von Paulus zitiert: 1. Korinther 15,32.

23,1 *Tyrus* und Sidon (Vers 2) waren die wichtigsten Hafenstädte Phöniziens (heute: Libanon).

Handelsschiffe. Wörtlich: *Tarschisch-Schiffe*, d.h. Hochseeschiffe, die bis nach Tarschisch fahren konnten (siehe Fußnote zu 1. Könige 10,22).

Die Saat am Nil und die Ernte am
Strom brachten euch den Gewinn.
4 Schäm dich, Sidon, und du,
Festung am Meer! / Nun sagt euch
das Meer: »Es ist, als hätte ich nie
geboren, / als hätte ich niemals
Wehen gehabt! / Zog ich denn
niemals Kinder groß?«* 5 Sobald
die Nachricht nach Ägypten
kommt, werden sie sich winden, /
wie es einst bei der von Tyrus
geschah. 6 Fahrt doch nach
Tarschisch* hinüber! / Heult, ihr
Küstenbewohner! 7 Ist das eure
fröhliche, brausende Stadt, /
gegründet in uralter Zeit, / die
ihre Siedler in die Ferne schickt?
8 Wer hat das Unheil gegen
dieses Tyrus geplant, / das Königs-
kronen spendete, / dessen Kauf-
leute Fürsten waren / und dessen
Händler die Vornehmsten der
Welt? 9 Es beschloss Jahwe,
der allmächtige Gott, / um zu
entweihen die prunkende Pracht, /
zu erniedrigen die Großen der Welt.
10 Bewässert euer Land wie die
Bauern am Nil, / ihr Kinder von
Tarschisch! / Denn es gibt keine
Werft mehr bei euch. 11 Jahwe
hat seine Hand über das Meer
ausgestreckt und Königreiche
erschreckt. / Er erließ den Befehl,
Phöniziens Burgen niederzu-
reißen. 12 Er sagte: »Nie mehr
sollst du fröhlich sein, / Sidon*, du
vergewaltigte junge Frau! / Auch
wenn ihr nach Zypern flieht, /
findet ihr dort keine Sicherheit.
13 Das ist ja ein Chaldäerland, /
jenes Volk, das damals noch
nicht war. / Nun hat Assyrien es
für seine Schiffe bestimmt. / Sie
haben Belagerungstürme gebaut, /
die Burgen zerstört und zu
Trümmerhaufen gemacht.
14 Heult, ihr Schiffe von
Tarschisch, / denn euer Hafen
wurde zerstört.

15 Es kommt eine Zeit, wo Tyrus
siebzig Jahre lang – so lange wie ein
König lebt – vergessen sein wird. Und
nach diesen siebzig Jahren wird es
Tyrus ergehen wie der Hure im Lied:

16 Nimm die Laute, / durchstreife
die Stadt, / du vergessene Hure! /
Spiel, so gut du kannst! /
Singe Lied um Lied, / damit
man wieder an dich denkt!

17 Wenn die siebzig Jahre vorbei sind,
wird Jahwe sich wieder um Tyrus
kümmern. Die Stadt wird ihr altes Ge-
schäft wieder aufnehmen und sich an
alle Königreiche der Welt verkaufen.
18 Aber ihr Handelsgewinn und Hu-
renlohn wird dann Jahwe gehören. Er
wird nicht angesammelt und gehortet
werden, sondern denen zugutekom-
men, die in der Nähe Jahwes wohnen,
damit sie reichlich zu essen haben und
Prachtgewänder tragen können.

23,4 *... Kinder groß.* Selbst das Meer hat seine Kinder verloren, wenn die Handelsschiffe ausbleiben.

23,6 *Tarschisch.* Ort in Spanien (siehe Fußnote zu 1. Könige 10,22).

23,12 *Sidon.* Im 7. Jh. v.Chr. wurde die Stadt von Esarhaddon erobert, 587 v.Chr. von Nebukadnezzar.

Gottes Gericht über die Erde

24 1 Jahwe verwüstet die Erde
und fegt sie leer, / er entstellt
ihr Gesicht und zerstreut die
Bewohner. 2 Dann geht es dem
Priester wie dem Volk, / dem
Sklaven wie dem Herrn, / der
Magd wie der Gebieterin, / dem
Käufer wie dem Verkäufer, / dem
Borger wie dem Leiher, / dem
Schuldner wie dem Gläubiger.
3 Die Erde wird völlig leer und
ausgeplündert sein, / denn Jahwe
hat das Urteil gefällt. 4 Die Erde
verfällt und verfault, / der Welt-
kreis verwelkt, / und auch die
Mächtigen gehen ein. 5 Entweiht
liegt die Erde unter ihren Bewoh-
nern, / denn sie haben Gottes Ge-
setz übertreten, / seine Ordnungen
missachtet und den ewigen Bund
ungültig gemacht. 6 Darum hat
der Fluch die Erde versehrt, / und
die Bewohner büßen für ihre
Schuld. / Sie schwinden dahin,
von Glut verzehrt. / Von den Men-
schen bleibt nur ein winziger Rest.
7 Es vertrocknet der Most, der
Weinstock verwelkt, / und die
einst so Fröhlichen seufzen
jetzt. 8 Der Freudenklang der
Tamburine verstummt, / der Lärm
der feiernden Menge erstirbt, / das
fröhliche Harfenspiel bricht ab.
9 Man trinkt keinen Wein mehr
bei frohem Gesang, / bitter
schmeckt den Zechern ihr Bier.
10 Zertrümmert ist die öde Stadt, /
verschlossen und verrammelt jedes
Haus. 11 Man wimmert um Wein
auf den Gassen. / Die Freude ist
untergegangen, / aller Jubel im
Land ist verbannt. 12 Öde ist der
Rest der Stadt, / das Tor ist nur ein
Haufen Schutt.
13 So wird es unter den Völkern
der Erde geschehen. / Es wird
wie beim Abschlagen von Oliven
sein, / wie bei der Nachlese im
Weinberg, / wenn die Ernte dann
vorüber ist. 14 Sie beginnen zu
jubeln, / sie preisen die Größe
Jahwes. / Über das Meer im
Westen jauchzen sie ihm zu.
15 »Ehrt auch im Osten den
Namen Jahwes, / und an den
Meeresküsten lobt Jahwe, Israels
Gott!« 16 Vom Ende der Erde
hören wir Gesang: / »Gebt ihm
die Ehre, er hat für das Recht
gesorgt!«

Ich aber schreie: »Mir ist elend,
ich vergehe! / Wehe mir, ich kann
nicht mehr!« / Treulose kennen
keine Treue! / Nur noch Treue-
bruch, Veruntreuung und Treu-
losigkeit! 17 Grauen und Furcht,
Fallgrube und Fangnetz erwarten
die Bewohner der Welt. 18 Wer vor
den Schreckensschreien flieht, fällt
in die Grube, / und wer sich aus
der Grube retten kann, verfängt
sich im Netz. / Die Schleusen
des Himmels öffnen sich, / es
erschüttert die Fundamente der
Welt. 19 Berstend reißt die Erde
auf, / sie bricht und zerbricht, /
sie wankt und schwankt, 20 sie
taumelt wie ein Betrunkener, /
schaukelt wie eine Nachthütte im
Feld, / denn ihr Frevel wuchtet
schwer auf ihr. / Sie fällt und steht
nicht wieder auf.
21 An dem Tag zieht Jahwe zur
Rechenschaft / die Geistesmächte
der unsichtbaren Welt / und die

irdischen Herrscher der Erde.
22 Sie werden zusammengetrieben
und in die Grube gesperrt. / Sie
werden ins Gefängnis gebracht
und nach langer Zeit erst bestraft.
23 Da wird der Mond ganz rot vor
Scham / und die Sonne vor
Schande bleich, / denn Jahwe,
der allmächtige Gott, herrscht als
König – auf dem Zionsberg und in
Jerusalem. / Und seinen Führern
zeigt er seine Herrlichkeit.

Gottes Friedensreich

25 1 Jahwe, du bist mein Gott! /
Dich will ich erheben und
deinen Namen preisen! / Denn
du hast Wunder vollbracht nach
deinem Beschluss, / der schon
lange gefasst und nun in wahr-
haftiger Treue ausgeführt ist.
2 Die Stadt hast du zum Stein-
haufen gemacht, / die starke Burg
zu einem Trümmerfeld. / Die
Paläste der Fremden bewohnt
keiner mehr. / Die Stadt wird
niemals wieder aufgebaut.
3 Nun ehrt dich ein mächtiges
Volk, / die Städte gewalttätiger
Stämme fürchten dich. 4 Denn du
bist die Festung des Schwachen, /
die Zuflucht des Armen in seiner
Not, / ein Schutzdach vor dem
Wolkenbruch, / ein Schatten vor
der Sonnenglut, / wenn die Wut
der Tyrannen wie ein Wetter
gegen eine Mauer tobt 5 und wie
glühende Hitze den ausgedörrten
Boden verbrennt. / Du hast ihr
Toben zum Schweigen gebracht. /
Wie der Schatten einer Wolke die
Hitze dämpft, / so dämpftest du
ihr Siegesgeschrei.

6 Hier auf dem Zionsberg wird
es geschehen: / Jahwe, der all-
mächtige Gott, wird alle Völker
zum Fest einladen, / zu einem
Mahl mit feinsten Speisen und
einem guten Tropfen, / mit
kräftigen, köstlichen Gerichten /
und gut gelagertem alten Wein.
7 Hier wird er den Schleier
zerreißen, der allen Völkern das
Gesicht verhüllt, / die Decke
entfernen, die auf den Nationen
liegt. 8 Den Tod wird er für immer
verschlingen, / und Jahwe, der
Herr, wischt die Tränen von jedem
Gesicht* / und entfernt die
Schmach seines Volkes von der
Welt. / Das hat Jahwe zugesagt.
9 An dem Tag wird man sagen: /
»Da ist unser Gott! Auf ihn hatten
wir unsere Hoffnung gesetzt. /
Das ist Jahwe! Wir haben nicht
vergeblich gehofft. / Jubeln wir!
Freuen wir uns, denn er hat uns
die Rettung gebracht!« 10 Jahwes
Hand schützt diesen Berg, / doch
Moab wird zertreten im eigenen
Land, / so wie man Stroh in der
Jauche zertritt. 11 Und rudert er
mit seinen Armen darin / wie ein
Schwimmer, der sich zu retten
versucht, / wird sein Hochmut
dennoch niedergedrückt, / auch
wenn er sich geschickt dagegen
wehrt. 12 Deine hohen, steilen
Mauern reißt er ab / und macht
alle dem Erdboden gleich.

25,8 Wird im Neuen Testament von Paulus und Johannes zitiert: 1. Korinther 15,54; Offenbarung 7,17.

Lobgesang der Erlösten

26 1 Dann singt man in Juda
dieses Lied: / »Wir haben
eine starke Stadt, / denn Wall und
Mauer gab er uns zum Schutz.
2 Macht die Tore auf, damit ein
Volk einzieht, das gottrecht lebt, /
das ihm die Treue hält 3 und sich
durch nichts beirren lässt. /
Frieden, ja Frieden gibst du dem,
der dir vertraut. 4 Jahwe soll man
immer vertrauen! / Denn Jahwe,
Gott*, ist ein ewiger Fels!
5 Die in stolzer Höhe wohnten,
hat er niedergeduckt, / die hoch-
ragende Burg hat er gänzlich
zerstört, / er hat sie nieder-
gestoßen bis in den Staub. 6 Nun
soll sie zertreten der Fuß: / die
Füße der Armen, die Tritte von
Menschen ohne Macht.«
7 Wer gottrecht lebt, hat einen
geraden Weg; / dem, der dir
gehorcht, ebnest du die Bahn.
8 Selbst wenn du uns strafen
musst, / warten wir voll Hoffnung
auf dich, Jahwe. / Wir sehnen
uns nach dir, nach deinem Namen,
deinem Lob. 9 Bei Nacht sind
meine Gedanken bei dir, / voller
Sehnsucht suche ich dich. /
Wenn du deine Gerichte auf der
Erde vollstreckst, / lernen die
Menschen, was Gerechtigkeit ist.
10 Doch wenn ein Gottloser
begnadigt wird, / lernt er nie
Gerechtigkeit. / Selbst in diesem
Land, wo dein Recht gilt, / handelt
er verkehrt und sieht nicht die
Hoheit Jahwes. 11 Auch deine
hocherhobene Hand nehmen sie
nicht wahr. / Doch deinen Eifer
um dein Volk werden sie sehen,
Jahwe! / Und das Feuer, das
deinen Feinden gilt, verzehre auch
sie! 12 Du wirst uns Frieden geben,
Jahwe, / denn du hast ja alle
unsere Taten für uns vollbracht.
13 Außer dir haben auch andere
Herren über uns geherrscht,
Jahwe. / Nur durch dich haben
wir an deinen Namen gedacht.
14 Tote werden nicht lebendig, /
Totengeister stehen nicht wieder
auf. / Deshalb hast du sie ja heim-
gesucht und beseitigt / und jeden
Gedanken an sie zunichte gemacht.
15 Du hast dein Volk vermehrt,
Jahwe, / hast dein Volk groß
gemacht und seine Grenzen weit. /
Du hast deine Herrlichkeit gezeigt.
16 In der Not haben sie dich
gesucht, Jahwe, / und als du
straftest, kamen sie klagend zu dir.
17 Wie eine schwangere Frau
kurz vor der Geburt, / wie sie sich
windet und in Schmerzen schreit, /
so waren wir vor dir, Jahwe.
18 Wir waren schwanger, wanden
uns in Schmerzen und gebaren
Wind. / Rettung konnten wir dem
Land nicht bringen / und keinen
Bewohner für die Welt. 19 Doch
deine Toten werden leben, / die
Leichen meines Volkes werden
auferstehen! / Wacht auf und
jubelt, Bewohner des Staubs! /
Du, Herr, bist wie ein belebender
Tau; / darum gibt die Erde die
Toten heraus.
20 Geh, mein Volk, in deine
Kammer und schließ die Tür hinter

26,4 *Jahwe, Gott.* Eigentlich: *Jah* (=Kurzform von Jahwe), *Jahwe.*

dir zu! / Verbirg dich einen Augen-
blick, bis das Strafgericht vorüber
ist. 21 Denn schon tritt Jahwe aus
seiner Wohnung heraus, / um für
ihre Schuld zu bestrafen die
Bewohner der Welt. / Dann deckt
die Erde das Blut wieder auf / und
verbirgt die Ermordeten nicht
mehr.

27 1 An dem Tag wird Jahwe /
durch sein hartes, großes,
starkes Schwert / abrechnen mit
dem Leviatan*, / der flüchtigen
gewundenen Schlange, / dem
Ungeheuer im Meer.

Ein Volk für Gott

2 An dem Tag singt ihm das Lied
vom wundervollen Weinberg zu:
3 »Ich, Jahwe, behüte ihn, /
begieße ihn zu jeder Zeit, /
bewache ihn bei Tag und Nacht, /
dass niemand sich an ihm
vergreift. 4 Mein Zorn auf ihn
ist verraucht. / Doch finde ich
Dornen und Disteln darin, /
gibt's einen schonungslosen
Krieg: / Sie werden ausgerissen
und verbrannt. 5 So geht es dem,
der nicht Schutz bei mir sucht /
und Frieden mit mir macht, / ja,
Frieden mit mir schließt. 6 Jakob
wird noch Wurzeln schlagen, /
Israel wird blühen und gedeihen /
und mit Früchten erfüllen die
ganze Welt.

7 Hat der Herr sein Volk
geschlagen, wie er ihre Schläger
schlug? / Hat er von ihnen so viel
umgebracht, wie er das bei ihren
Mördern tat? 8 Mit Maßen, durch
Verbannung hast du es bestraft! /
Sein heftiger Atem trieb sie fort
am Tag, als der Sturm von Osten
kam. 9 Dadurch wird Jakobs
Schuld gesühnt. / Und weil seine
Sünde beseitigt ist,* / macht er
die Götzenaltäre zerschlagenen
Kalksteinen gleich. / Aschera-
Pfähle* werden verschwunden
sein, / und Räucheraltäre nirgends
mehr stehen. 10 Leer ist dann die
befestigte Stadt, / ein verlassener
Ort, / einsam wie die Steppe. /
Kälber weiden dort, / lagern sich
und fressen ihre Büsche kahl.
11 Wenn dann die Zweige dürr
geworden sind, / brechen Frauen
sie ab und heizen damit. / Es ist
ein unverständiges Volk, / deshalb
hat sein Schöpfer kein Erbarmen
mit ihm. / Er, der es gebildet hat,
begnadigt es nicht.

12 Doch es kommt eine Zeit, in
der Jahwe die Ähren ausklopfen
wird – vom Bach Ägyptens* bis
zum Euphratstrom. / Da wird
man euch zusammenlesen, / ihr
Israeliten! 13 An dem Tag dröhnt

27,1 *Leviatan.* Verkörperung gottfeindlicher Mächte, besonders Ägypten.

27,9 Wird im Neuen Testament von Paulus zusammen mit Jesaja 59,20-21 zitiert: Römer 11,26-27.

Die *Aschera* war eine Fruchtbarkeitsgöttin, die in handlichen Figuren, geweihten Bäumen oder Pfählen verehrt wurde.

27,12 *Bach Ägyptens.* Nach Josua 15,4 war er die Grenze zwischen Israel und Ägypten. Heute: Wadi El-Arisch.

27,13 Das *große Horn* (Hebräisch: *Schofar*) war aus den gewundenen Hörnern des männlichen Fettschwanzschafes hergestellt und brachte einen dumpfen, durchdringenden Ton hervor.

das große Horn*. / Dann kommen
die Verirrten aus Assyrien heim, /
und die in Ägypten Verstreuten
kehren zurück. / Dann beten sie
Jahwe in Jerusalem auf dem
heiligen Berg an.

Die Herausforderung der Spötter

28 1 Weh der stolzen Krone
der Betrunkenen, / dem
welkenden Kranz seiner herrlichen
Pracht, / der Hauptstadt über
dem fetten Tal*, / dem Stolz aller
Weinseligen von Efraïm. 2 Schon
hält der Herr einen Starken und
Mächtigen bereit. / Er kommt
wie ein Hagelwetter, / wie ein
verheerender Sturm, / wie ein
Wolkenbruch mit mächtiger
Wasserflut, / der alles mit Wucht
zu Boden reißt. 3 Zertrampeln
wird er die stolze Krone der
Betrunkenen von Efraïm.
4 Der welkenden Blüte seiner
prächtigen Zier, / der Hauptstadt
über dem fetten Tal wird es gehen /
wie der frühen Feige vor der
Ernte: / Der erste, der sie erblickt,
pflückt sie schnell ab und
verschlingt sie sofort. 5 An dem
Tag wird Jahwe, der allmächtige
Gott, zu einer herrlichen Krone für
den Rest seines Volks / und zu
einem prachtvollen Kranz. 6 Er
wird zum Geist des Rechts für den,
der zu Gericht sitzen muss, / und
zur Heldenkraft für den, der den
Feind aus der Stadt vertreibt.
7 Doch auch diese hier
schwanken, berauscht vom
Wein, / und taumeln, benebelt
vom Bier: / Priester und Propheten
sind betrunken, / schwanken vom
Bier und sind benebelt vom
Wein. / Sie torkeln, wenn sie
weissagen, und taumeln im
Gericht. 8 Ihre Tische sind von
Erbrochenem voll, / alles ist
besudelt, kein Platz ist mehr frei
davon. 9 Und dann sagen sie:
»Wem will der denn Einblick
geben? / Wem will der erzählen,
was Gott will? / Sind wir denn
kleine Kinder, / eben von der
Mutterbrust entwöhnt? 10 Was soll
das Zaw-la-zaw, zaw-la-zaw / und
kaw-la-kaw, kaw-la-kaw*, / hier
ein wenig, dort ein wenig?« 11 Ja,
durch Menschen mit stammelnden
Lippen und fremden Sprachen /
sagt Gott sein Wort zu diesem
Volk. 12 Er hatte zu ihnen gesagt:
»So findet ihr Ruhe. / Gönnt doch
den Müden die Rast! / Ich biete
euch Sicherheit!« / Aber sie wollten
nicht hören.* 13 Darum wird Jahwe
sie hören lassen: / »Zaw-la-zaw,
zaw-la-zaw / und kaw-la-kaw,
kaw-la-kaw, / hier ein wenig, dort
ein wenig.« / Nach hinten stürzen
sie und brechen sich das Genick. /
Sie laufen den Feinden ins Netz, /
gefangen führt man sie fort.
14 Darum hört das Wort Jahwes,
ihr Lästermäuler, / ihr Herrscher
von Jerusalem! 15 Ihr prahlt, mit

28,1 *Hauptstadt ... Tal.* Gemeint ist wahrscheinlich die Stadt Samaria, die auf einem Hügel lag.

28,10 *... kaw-la-kaw.* Die Betrunkenen ahmen spöttisch Jesajas Rede nach. Der Sinn ist unklar, vielleicht mit M. Buber: *Spurgrad in der Spur, schnurgrad an der Schnur*.

28,12 Wird im Neuen Testament von Paulus zitiert: 1. Korinther 14,21.

dem Tod im Bund zu sein. / Ihr
habt mit dem Totenreich einen
Vertrag? / Ihr glaubt, wenn die
Katastrophe kommt, geht sie an
euch vorbei, / denn ihr hättet
Lügen zu eurer Zuflucht gemacht, /
euch abgesichert durch Betrug?
16 Darum spricht der Herr Jahwe:
Seht her, ich habe auf dem Zions-
berg ein festes Fundament
gelegt: / ein erprobter Block, ein
kostbarer Eckstein, ein felsenfester
Grund. / Wer ihm vertraut, hält
ebenso stand.* 17 Als Richtschnur
nehme ich das Recht / und als
Waage die Gerechtigkeit. / Der
Hagelsturm fegt eure Lügen-
zuflucht weg, / und Wasser über-
flutet das Versteck. 18 Euer
Bündnis mit dem Tod ist dann
gelöst, / und mit dem Totenreich
ist der Vertrag gelöscht. / Und
wenn die Katastrophe wie eine
Flut über euch kommt, / seid ihr
nur noch zertretenes Land.
19 Sooft sie heranbraust, reißt sie
euch mit, / und Morgen für
Morgen tobt sie heran. / Selbst in
der Nacht habt ihr keine Ruhe
mehr. / Und jedes Prophetenwort
wird euch eine Schreckens-
nachricht sein. 20 Ja, »das Bett
ist zu kurz, um sich auszustrecken /
und die Decke zu schmal, um
sich einzuwickeln.« 21 Denn
Jahwe wird sich erheben wie
am Berg Perazim, / er wird toben
wie im Tal von Gibeon*. / Doch
was er tut, wird euch befremden, /
sein Werk wird euch unheimlich
sein. 22 Darum lasst jetzt euren
Spott, damit man eure Fesseln
nicht noch fester zieht! / Denn
ich habe von Jahwe, dem
allmächtigen Gott, / vom
Herrn der ganzen Erde, ein
»Zunichte!« gehört / und ein
»Entschieden!«
23 Horcht auf und hört meine
Stimme! / Gebt acht und hört auf
mein Wort! 24 Pflügt der Bauer
denn den ganzen Tag zur Vorbe-
reitung auf die Saat? / Eggt er
denn jeden Tag sein Ackerland?
25 Nein, wenn er die Äcker geebnet
hat, streut er Dill und Kümmel
aus, / sät Weizen, Hirse, Gerste
auf sein Feld und Dinkel an den
Rand. 26 So unterwies ihn sein
Gott, / belehrte ihn, wie er vor-
gehen soll. 27 Dill drischt man
nicht mit Dreschschlitten* aus, /
und das Wagenrad wird nicht über
Kümmel gerollt. / Dill wird mit
dem Stab geklopft / und Kümmel
mit dem Stock. 28 Auch das Brot-
korn wird nicht zermalmt, / nicht
dauernd drischt der Drescher
darauf ein. / Er sorgt, dass weder
Wagenräder darüber rollen, /
noch Pferdehufe es zerstampfen.

28,16 Wird im Neuen Testament von Paulus zusammen mit Jesaja 8,14 zitiert: Römer 9,33, und allein von Paulus in Römer 10,11 und von Petrus in 1. Petrus 2,6.

28,21 *Perazim ... Gibeon.* In beiden Schlachten stand Gott auf der Seite Israels, siehe 2. Samuel 5,20; Josua 10,10. Jetzt aber wird es umgekehrt sein.

28,27 Ein *Dreschschlitten* bestand aus zwei oder mehreren miteinander verbundenen vorn aufgebogenen Brettern, unter denen meist noch spitze Steine oder Eisenmesser befestigt waren, um die Körner herauszulösen und die Halme zu zerschneiden. Sie wurden von Tieren im Kreis über das auf der Tenne ausgebreitete Getreide gezogen.

29 Auch das weiß er von Jahwe,
dem allmächtigen Gott. / Gottes
Pläne sind zum Staunen, / er führt
sie immer zum Erfolg.

Letzte Gnadenfrist für »Ariël«

29 1 Weh dir Ariël, du Gottes-
herd*, / du Stadt, die David
einst belagert hat. / Fügt nur Jahr
an Jahr und feiert Fest um Fest!
2 Ich werde Ariël bedrängen, dass
es Stöhnen und Wehgeschrei
gibt / und es mir wie ein Gottes-
herd* wird. 3 Ich umlagere dich in
engem Ring, / ich schließe dich
ein mit einem Wall / und umstelle
dich mit Belagerungsgeschütz.
4 Dann wirst du auf dem Boden
liegen / und reden in den Staub
gebeugt, / dass deine Stimme
dumpf erklingt. / Wie eine Geister-
stimme aus der Totenwelt /
wispert deine Rede aus dem Staub
heraus. 5 Und die Menge deiner
Feinde ist wie feiner Staub, / das
Heer der Angreifer wie dahinflie-
gende Spreu. / Doch dann wird es
ganz plötzlich geschehen, / in
einem Augenblick: 6 Jahwe greift
ein, der allmächtige Gott, / mit
Donnern und Dröhnen und
gewaltigem Krach, / mit Wind
und Wirbelsturm / und wütenden
Flammen und lodernder Glut.
7 Und die Horde der Völker,
die gegen Ariël zieht, / es
belagert und bestürmt, ist nur
noch wie ein böser Traum, / ein
Bild in der Nacht. 8 Es wird sein,
wie wenn ein Hungriger vom
Essen träumt: / Wacht er auf, ist
sein Magen immer noch leer. /
Wenn ein Durstiger vom Trinken
träumt und aufwacht, / ist er mit
trockener Kehle völlig erschöpft. /
So wird es dieser Völkermenge
gehen, / die den Zionsberg
bekriegt.
9 Starrt nur hin und werdet
starr! / Bleibt verblendet und
erblindet! / Ihr seid berauscht,
doch nicht von Wein, / ihr taumelt
hin und her, und das ganz ohne
Bier. 10 Denn Jahwe hat einen
Geist der Ohnmacht über euch ge-
bracht. / Eure Augen – die
Propheten – hat er zugedrückt /
und eure Häupter – die Seher –
hat er verhüllt.

11 Und jede Offenbarung ist für euch
wie eine Schriftrolle versiegelt. Gibt
man sie einem, der lesen kann, und
sagt: »Hier, lies das!«, wird er antwor-
ten: »Das kann ich nicht, es ist ver-
siegelt.« 12 Und gibt man sie mit der
gleichen Bitte einem, der nicht lesen
kann, wird er antworten: »Ich kann
nicht lesen!«

13 Weiter hat der Herr gesagt:
»Dieses Volk ist nur mit dem
Mund nah bei mir, / es ehrt mich
mit den Lippen, aber sein Herz ist
weit von mir fort.* / Ihre Gottes-

29,1 *Gottesherd.* Nach Hesekiel 43,15 ist damit der obere Teil des Brandopferaltars gemeint, der Herd, in dem die Glut lag. Hier steht es für Jerusalem als Gottes eigener Herd und Altar.

29,2 *wie ein Gottesherd.* Voll mit Erschlagenen, wie die Opfertiere auf dem Altar, wie ein Holocaust, ein Ganzopfer im Feuer.

29,13 Wird im Neuen Testament von Jesus Christus zitiert: Matthäus 15,8-9; Markus 7,6-7.

furcht ist ohne Wert, weil sie nur
auf angelernten, menschlichen
Geboten beruht. 14 Deshalb will
ich auch in Zukunft seltsam
handeln an diesem Volk, /
wunderlich und wundersam, /
dass die Weisheit seiner Weisen
vergeht / und der Verstand ihrer
Verständigen verfliegt.*
15 Weh denen, die ihre Pläne verstecken vor Jahwe, / damit ihre
Werke im Dunkeln bleiben, und
sagen: »Wer sieht uns denn? / Wer
merkt schon, was wir tun?« 16 Wie
verdreht ihr nur seid! / Ist der
Töpfer denn nicht mehr wert als
der Ton? / Kann das Werk von seinem Schöpfer sagen: »Er hat mich
ja nicht gemacht!«? / Kann das
Kunstwerk von dem Künstler
sagen: »Er versteht doch nichts
davon!«?
17 Nur noch eine kurze Zeit, dann
wandelt sich der Libanon in einen
Garten, / und der Garten wird zu
einem Wald. 18 An dem Tag werden
selbst die Tauben hören, was aus
dem Buch gelesen wird, / und die
Augen der Blinden werden Dunkel
und Finsternis los. 19 Die Erniedrigten freuen sich wieder über Jahwe, /
und die Armen jubeln über Israels
heiligen Gott. 20 Dann ist der Unterdrücker nicht mehr da, / und mit
dem Spötter ist es aus. / Dann sind
alle beseitigt, die böse Absichten
hatten, 21 die andere als Verbrecher
verleumden, / die Richtern bei der
Arbeit Fallen stellen / und den,
der Recht sucht, aus seinem Recht
verdrängen.
22 Darum sagt Jahwe, der
Abraham gerettet hat, zu den
Nachkommen Jakobs: / »Nun
ist Jakob nicht mehr bloßgestellt, /
sein Gesicht wird nicht mehr
bleich. 23 Denn wenn er und seine
Kinder sehen, was ich in ihrer
Mitte tue, / geben sie meinem
Namen die Ehre, / machen sie
Jakobs Heiligen groß und fürchten
Israels Gott. 24 Und die, deren
Geist im Irrtum war, / bekommen
Einsicht zurück, / die Murrenden
nehmen Belehrung an.

Gegen Bündnis-Verhandlungen

30 1 »Weh den trotzigen
Söhnen!«, spricht Jahwe. /
»Sie machen einen Plan, der nicht
von mir ausgeht; / sie schließen
einen Bund, der gegen meinen
Willen ist, / und häufen Schuld
auf Schuld. 2 Sie ziehen nach
Ägypten hinab und fragen nicht
nach meinem Rat. / Sie suchen
Schutz beim Pharao und Zuflucht
im Schatten Ägyptens. 3 Doch der
Schutz des Pharao wird euch zur
Schande / und die Zuflucht in
Ägypten zur Schmach. 4 Eure
Oberen kamen zwar bis Zoan* /
und eure Gesandten bis nach
Hanes*, 5 doch sie wurden nur
enttäuscht. / Dieses Volk kann
niemandem nützen, / es schafft
weder Hilfe noch Gewinn, /
sondern bringt nur Schande und
Hohn.«

29,14 Wird im Neuen Testament von Paulus zitiert: 1. Korinther 1,19.

30,4 *Zoan*. Siehe Jesaja 19,11. Dort lebten die Israeliten früher als Sklaven.

Hanes. Vielleicht Herakleopolis Magna, 80 km südlich von Kairo.

6 Das Wort, das auf dem
Großtier des Südens lastet: /
Durch ein Land von Gefahren und
Angst, / von Löwinnen und
Löwen, / von Nattern und fliegen-
den Schlangen / bringen sie ihren
Reichtum auf dem Rücken der
Esel / und ihre Schätze auf den
Höckern der Kamele zu einem
Volk, das niemand nützen kann.
7 Denn Ägyptens Hilfe ist nichts
wert. / Darum nenne ich es: »Das
Ungetüm, das untätig ist.«
8 Geh jetzt und schreibe es auf
eine Tafel, / verzeichne es auch in
ein Buch, / dass es bezeugt ist für
alle Zeit! 9 Denn mein Volk ist ein
widerspenstiges Volk. / Sie wollen
meine Kinder sein, doch lügen sie
dabei, / denn sie hören nicht auf
die Weisung Jahwes. 10 Zu den
Sehern sagen sie: »Seht nicht!« /
und zu den Schauenden: »Ihr sollt
uns nicht das Richtige schauen,
sondern das, was uns gefällt! /
Gebt uns eure Phantasien!
11 Verlasst den Weg! Weicht ab
vom Pfad! / Lasst uns in Ruhe mit
Israels heiligem Gott!« 12 Darum
spricht der Heilige Israels: / »Weil
ihr dieses Wort verwerft, euch
auf Gewalt und Betrug verlasst,
13 darum wird eure Schuld für
euch sein wie ein durchgehender
Riss, / wie eine Beule in einer
hohen Mauer, / die dann plötzlich,
in einem Augenblick, zusammen-
bricht.« 14 Er wird sie zerbrechen,
wie ein Töpferkrug zerbricht, der
mitleidlos zertrümmert wird, / so-
dass kein Stück mehr unter seinen
Scherben ist, / mit dem man Glut
aus einem Ofen / oder Wasser aus
der Pfütze schöpfen kann.
15 Denn so spricht der Herr,
Jahwe, Israels heiliger Gott: /
»Durch Umkehr und Ruhe werdet
ihr befreit, / im Stillsein und
Vertrauen liegt eure ganze Kraft. /
Doch ihr wolltet es ja nicht. 16 Ihr
sagt: ›Nein, auf Pferden fliegen wir
dahin!‹ – Nicht fliegen, sondern
fliehen werdet ihr! – Ihr sagt: ›Auf
schnellen Rennern reiten wir!‹ –
Eure Verfolger rennen schneller als
ihr. 17 Tausend von euch werden
zittern, wenn ein einziger droht; /
und wenn nur fünf euch bedrohen, /
rennt ihr alle davon. / Und was
von euch übrig bleibt, ist wie eine
Signalstange auf dem Berg, /
wie ein Feldzeichen auf der Hügel-
spitze. 18 Und trotzdem wartet
Jahwe darauf, euch gnädig zu
sein. / Um sich über euch zu
erbarmen, zeigt er seine Macht, /
denn Jahwe ist ein Gott des
Rechts. / Wohl denen, die auf
sein Eingreifen vertrauen!

19 Ja, du Volk aus Zion, das in Jerusa-
lem wohnt, weine, weine doch nicht
mehr! Er wird dir Gnade schenken,
wenn du um Hilfe rufst; sobald er dei-
ne Stimme hört, antwortet er schon.
20 Zwar hat der Herr euch Brot der Not
und Wasser der Bedrängnis gereicht*,
doch jetzt verbirgt er sich nicht länger
vor euch: Deine Augen dürfen deinen
Lehrer sehen. 21 Wenn ihr nach rechts
oder links abbiegen wollt, werdet ihr
eine Stimme hinter euch hören: »Dies

30,20 *... gereicht.* Verkürzte Rationen während der Belagerung.

ist der Weg, dem folgt!« 22 Dann wirst
du den Überzug deiner silbernen
Schnitzbilder und die Bekleidung dei-
ner goldenen Götzen entweihen. Wie
etwas Besudeltes wirfst du sie weg.
»Fort mit dem Dreck!«, sagst du dazu.
23 Dann gibt er Regen deiner Saat auf
dem Feld, und Brotgetreide als guten
Ertrag, saftig und fett. Dann weidet
euer Vieh auf einem weiten Wiesen-
grund. 24 Die Rinder und Esel, mit
denen ihr die Felder pflügt, werden ver-
mengtes Sauerfutter fressen, das man
mit Worfschaufel und Gabel gemischt
und vor ihnen ausgebreitet hat. 25 Am
Tag der großen Schlacht werden Was-
serbäche von allen Bergen und allen
hohen Hügeln fließen, wenn die feind-
lichen Türme fallen. 26 Dann wird das
Licht des Mondes wie das Licht der
Sonne sein, und das Sonnenlicht wird
sieben Mal so hell erscheinen wie sonst,
als ob das Licht von einer Woche an
einem Tag zusammentrifft. An diesem
Tag wird Jahwe die Wunden, die er sei-
nem Volk geschlagen hat, heilen und
verbinden.

27 Seht, Jahwe kommt persönlich
von weither! / Er glüht vor Zorn
und ist gewaltig erregt. / Seine
Lippen verziehen sich vor Grimm, /
und seine Zunge ist wie ein um
sich fressendes Feuer. 28 Sein
Atem tobt wie ein reißender Bach,
dessen Wasser bis zum Halse
steht. / Er schüttelt die Völker in
seinem Sieb / und schüttet sie fort
wie wertlose Spreu. / Er legt einen
Zaum in ihr Maul, der sie in die
Irre führt. 29 Dann singt ihr Lieder,
wie in der Nacht, in der das Fest
gefeiert wird. / Ihr werdet euch
wie Pilger freuen, die mit Flöten zu
Jahwes Berg ziehen, zu ihm, dem
Felsen Israels. 30 Dann hört man
Jahwes Donnerstimme, / sein Arm
zuckt herab mit zornigem Grollen
und verzehrendem Feuer, / mit
Unwetter, Wolkenbruch und
Hagelschlag. 31 Ja, vor der Stimme
Jahwes erschrickt Assyrien, wenn
es seine Rute spürt. 32 Jedes Mal,
wenn die Zuchtrute saust, die
Jahwe auf sie niederfahren lässt, /
hört man Tamburin- und Zither-
spiel. / Mit schwingendem Arm
kämpft er gegen sie. 33 Längst ist
die Feuerstelle auch für den König
bereit: / tief und weit, ein riesiger
Verbrennungsplatz, Holzscheite
massenhaft. / Wie ein Lavastrom
setzt der Atem Jahwes ihn in
Brand.

Nicht auf Ägypten vertrauen!

31 1 Weh denen, die um Hilfe
nach Ägypten ziehen, / die
auf die Masse der Pferde und
Streitwagen vertrauen und auf die
Menge ihrer Reiter! / Sie schauen
nicht auf Israels heiligen Gott /
und fragen nicht nach Jahwe.
2 Doch nicht nur sie, auch er ist
weise und bringt Unglück herbei. /
Seine Worte nimmt er nicht
zurück. / Er stellt sich gegen die
ganze Bande, / die Bösewichter
und ihre Kumpane. 3 Ägypter sind
nur Menschen und nicht Gott, /
ihre Pferde nur Geschöpfe und
nicht Geist. / Wenn Jahwe die
Hand ausstreckt, kommt der
Beschützer zu Fall / und sein
Schützling ebenso, und alle beide
kommen um.

4 Denn das hat Jahwe mir
gesagt: / »Wie der Löwe über
seiner Beute knurrt, / der Jung-
löwe, gegen den man alle Hirten
zusammengeholt hat, / wie er vor
ihrem Geschrei nicht erschrickt /
und sich bei ihrem Lärm nicht
duckt, / so kommt Jahwe, der
allmächtige Gott, auf den Berg
Zion herab, / zur Verteidigung
seiner Hügelstadt. 5 Wie ein Vogel
flatternd sein Nest beschützt, / so
wird Jahwe, der allmächtige Gott,
Jerusalem beschirmen, /
beschützen und retten, schonen
und befreien.«

6 Ihr Israeliten, kehrt um zu dem, von
dem ihr so tief abgefallen seid! 7 Denn
es kommt der Tag, an dem jeder seine
silbernen und goldenen Götzenbilder
verabscheuen wird, die Götzen, die ihr
mit euren Händen zu eurer Sünde
angefertigt habt.

8 Assyrien wird fallen durch das
Schwert, / doch nicht durch eines
Menschen Schwert. Vor diesem
Schwert ergreift es die Flucht. /
Seine jungen Krieger müssen
Zwangsarbeit tun. 9 Sein Fels*
wird vor Grauen vergehen, / seine
Oberen ergreifen die Flucht, /
spricht Jahwe, der seinen Herd in
Jerusalem hat / und dessen Feuer
auf dem Zion brennt.

Das Reich der Gerechtigkeit

32 1 Seht, ein König kommt,
der gerecht regiert. / Auch
seine Oberen halten sich an das
Recht. 2 Jeder von ihnen ist wie
ein sicherer Platz im Sturm, / ein
Schutzdach vor dem Wolken-
bruch, / wie ein Wasserlauf im
dürren Gebiet, / wie der Schatten
eines Felsens im glühenden Land.
3 Da sehen alle Augen klar und alle
Ohren hören gut. 4 Hitzköpfe
werden einsichtig handeln / und
Stotternde reden deutlich und klar.
5 Ein gemeiner Mensch wird nicht
mehr vornehm genannt / und ein
Schurke nicht mehr als ehrlich
hingestellt. 6 Denn ein gemeiner
Mensch redet Gemeinheit und sein
Herz bereitet Böses vor. / Sein
Tun ist schändlich und sein Reden
beleidigt Jahwe. / Er lässt den
Hungrigen darben und den
Durstigen nicht trinken. 7 Ein
Schurke wendet schlimme Mittel
an und schmiedet böse Pläne. /
Mit Lügen bringt er Gebeugte
zu Fall, / auch wenn der Arme
sein Recht beweist. 8 Doch ein
redlicher Mensch schlägt
Redliches vor / und setzt sich
für Redliches ein.

Die Frauen Jerusalems

9 Steht auf, ihr sorglosen Frauen, /
hört zu, ihr unbekümmerten
Töchter, / passt auf und hört auf
mein Wort! 10 Noch gut ein Jahr,
dann zittert ihr Stolzen vor Angst. /
Denn die Weinlese ist vernichtet, /
es gibt keine Obsternte mehr.
11 Bangt, ihr Sorglosen, / beküm-
mert euch, ihr Unbekümmerten! /
Zieht euch aus, entkleidet euch /
und legt den Trauersack an.
12 Schlagt euch an die Brust /

31,9 *Sein Fels* ist das, worauf sich Assyrien vergeblich stützte.

und jammert über die prächtigen
Felder, / die fruchtreiche Rebe,
13 das Ackerland von meinem
Volk, / das in Gestrüpp und
Dornen aufgeht, / jammert über
die Häuser voller Freude in der
ausgelassenen Stadt. 14 Denn der
Palast ist verlassen und leer, / die
lärmende Stadt totenstill; / Burg*
und Wachtturm sind für immer ein
Ruinenfeld, / den Herden zum
Weideplatz, / den Wildeseln zur
Lust.

15 So wird es bleiben, bis Gott
seinen Geist über uns gießt. /
Dann wird die Wüste zum Garten,
und der Garten wird zu einem
Wald. 16 In der Wüste siedelt das
Recht / und im Garten Gottes
Gerechtigkeit. 17 Die Wirkung der
Gerechtigkeit wird Friede sein, /
ewige Sicherheit und Ruhe ihr
Ertrag. 18 Dann wird mein Volk an
einem Ort des Friedens wohnen, /
in sorgenfreier Ruhe und sicherem
Heim. 19 Den Wald der Feinde
wird Hagel zerschlagen, und ihre
Stadt wird untergehen. 20 Doch ihr
sät überall an allen Wassern; /
Rind und Esel laufen frei herum. /
Wie glücklich seid ihr!

Das Verlangen nach Freiheit

33 1 Weh dir, du Zerstörer, der
selbst nie zerstört worden
ist, / du Hinterlistiger, den noch
niemand hintergangen hat! /
Sobald du mit dem Zerstören
fertig bist, wird man auch dich
zerstören. / Und wenn du jeden
hintergangen hast, wirst du selbst
ein Opfer der Hinterlist.

2 Jahwe, sei uns gnädig! / Auf dich
haben wir gehofft. / Sei uns jeden
Morgen ein helfender Arm, / sei un-
sere Rettung in Zeiten der Not!
3 Vor deiner Stimme ergreifen die
Völker die Flucht, / wenn du auf-
stehst, zerstreuen sie sich.

4 Dann rafft ihr euch Beute wie
ein Heuschreckenschwarm, / wie
Grashüpfer rennt ihr und stürzt
euch darauf. 5 Hoch erhaben ist
Jahwe, er wohnt in der Höhe und
sorgt, / dass in Zion Recht und
Gerechtigkeit herrscht. 6 Dann
lebt ihr in Sicherheit und habt eine
Fülle von Heil, / von Weisheit und
Erkenntnis. / Und Zions Schatz ist
die Ehrfurcht vor Jahwe.

7 Seht, die Gotteshelden
jammern auf der Straße, / die
Friedensboten weinen bitterlich.
8 Verödet sind die Straßen, kein
Reisender wagt sich hinaus. /
Der Feind hat den Vertrag ungültig
gemacht, / missachtet seine
Zeugen, / und Menschenleben
zählen für ihn nicht. 9 Es
vertrocknet und verwelkt das
Land, / beschämt steht der
Libanon da, schwarz und
verdorrt, / Scharon* ist einer
Steppe gleich, / Baschan* und
Karmel* stehen kahl.

32,14 *Burg*. Hebräisch: *Ofel*. Der befestigte Hügel südlich vom Tempelberg, zwischen Tempel und Davidsstadt.

33,9 *Scharon*. Fruchtbare Ebene am Mittelmeer.

Baschan. Fruchtbares Weideland nordöstlich vom See Gennesaret.

Karmel. Fruchtbares Gartenland an den Hängen des Karmelberges am Mittelmeer.

10 Jetzt stehe ich auf, spricht
Jahwe. / Jetzt erhebe ich mich,
jetzt greife ich ein! 11 Ihr geht
schwanger mit Stroh, / und was
ihr gebärt, ist nur Spreu. / Euer
Schnauben ist ein Feuer, das
euch selbst verbrennen wird.
12 Die Völker werden zu Kalk
verbrannt, / ins Feuer geworfen
wie Dornengestrüpp. 13 Ihr fernen
Völker hört, was ich getan; / ihr
Nahen, erkennt meine Macht!
14 Die Sünder in Zion erschrecken
tief, / Zittern hat die Gottlosen
gepackt: / Wer hält es denn bei
rasendem Feuer aus? / Wer kann
denn wohnen bei der ewigen Glut?
15 Wer das Rechte tut und die
Wahrheit sagt, / wer keinen
Gewinn durch Ausbeutung
macht, / wer kein Bestechungs-
geschenk entgegennimmt, / wer
sich nicht in Mordpläne einweihen
lässt / und nicht gafft, wo Unrecht
geschieht. 16 Der wird auf den
Höhen wohnen, / Bergfestungen
sind sein Schutz. / Er hat immer
ausreichend Brot, und auch sein
Wasser versiegt nie.

Die bessere Zukunft

17 Deine Augen werden den König
in seiner Schönheit erblicken, / sie
sehen auf ein weites, offenes Land.
18 Dann denkt ihr an den früheren
Schrecken zurück: / »Wo ist der,
der unser Geld gezählt hat, /
wo der, der unser Silber wog
und unsere Festungstürme
überwachte?« 19 Du musst das
freche Volk nun nicht mehr
sehen, / das Volk mit dunklen,
unverständlichen Lauten, / mit
stammelnden Worten ohne Sinn.
20 Schau Zion an, die Stadt
unserer Zusammenkunft! / Deine
Augen sehen Jerusalem, diesen
sicheren Ort: / ein Zelt, das nie
mehr wandern muss, / dessen
Pflöcke niemand herauszieht und
dessen Seile keiner je löst. 21 Denn
dort ist ein Mächtiger bei uns, es
ist Jahwe. / Jerusalem wird wie
ein Ort an Strömen sein, / mit
mächtigen, breiten Armen, auf
denen es keine Galeeren gibt. /
Kein feindliches Schiff segelt
darauf. 22 Denn Jahwe ist unser
Richter, / Jahwe ist es, der uns
führt, / Jahwe ist unser König, der
uns befreit! 23 Zwar hängen deine
Taue schlaff, / sie halten den
Mastbaum nicht fest und breiten
das Segel nicht aus. / Dann aber
wird Beute über Beute ausgeteilt, /
sodass selbst Lahme Beute
gewinnen. 24 Und kein Bewohner
wird sagen: »Ich bin krank.« /
Dem Volk, das hier wohnt, wird
die Schuld vergeben sein.

Gottes Gericht am Beispiel Edoms

34 1 Kommt her, ihr Völker, und
hört! / Ihr Völkerstämme,
hört aufmerksam zu! / Es höre die
Erde und was auf ihr lebt, / der
Erdkreis und was ihm entsprosst!
2 Jahwe ist zornig auf die Völker, /
sein Grimm richtet sich gegen ihr
Heer. / Er hat sie alle unter den
Bann* gestellt / und gibt sie

34,2 *Bann.* Das bedeutete die vollständige Vernichtung von Menschen, Tieren und Gütern.

zum Abschlachten frei. 3 Die
Erschlagenen wirft man hinaus. /
Der Gestank ihrer Leichen steigt
auf. / Die Berge sind von ihrem
Blut durchtränkt. 4 Selbst die
Gestirne vergehen, und der Himmel
rollt sich ein wie ein Buch*. /
Sein ganzes Heer verwelkt wie
das Weinlaub und schrumpft wie
vertrocknete Feigen. 5 Am Himmel
erscheint mein Schwert, / auf
Edom fährt es herab, / auf das
Volk, das im Gericht dem Bann
verfallen ist. 6 Das Schwert Jahwes
ist voller Blut, / es trieft vom Fett
der Lämmer, / vom Blut der Böcke
und von ihrem Nierenfett. /
Denn ein Schlachtfest hält Jahwe
in Bozra*, / ein großes Schlachten
in Edoms Land. 7 Auch Wild-
ochsen stürzen mit ihnen hin, /
der junge und der starke Stier. /
Der Boden ist von Blut durch-
tränkt, / die Erde trieft von ihrem
Fett. 8 Das ist der Vergeltungstag
Jahwes, / ein Jahr der Abrechnung
für Zions Recht. 9 Edoms Bäche
verwandeln sich in Pech, /
zu Schwefel wird sein Staub. /
Das ganze Land wird brennender
Teer. 10 Tag und Nacht erlischt er
nicht, / ewig steigt sein Rauch
empor. / Für alle Zeiten verödet
das Land, / für immer und ewig
zieht niemand hindurch.
11 Dohle und Igel besitzen es, /
Eule und Rabe nisten darin. /
Hier ist die Messschnur »Öde«
gespannt, / und das Senkblei
»Leere«* hängt herab. 12 Kein
Fürst ruft je wieder ein Königtum
aus, / seine Obersten sind alle
dahin. 13 In den Palästen wuchert
Dornengesträuch, / Nesseln und
Disteln zwischen den Mauern. /
Schakale und Strauße bevölkern
das Land. 14 Wildkatzen und
Hyänen treffen sich dort, / ein
Dämon ruft hier dem anderen zu. /
Selbst das Nachtgespenst findet
sich ein und ruht sich hier aus.
15 Die Sprungnatter legt ihre Eier
dort ab und brütet sie aus, / hier
sammeln sich Geier in großer
Schar.

16 Forscht nach im Buch Jahwes
und lest! / Nicht eins von diesen
Wesen wird vermisst, alle sind
sie da! / Denn so hat es Jahwe
befohlen; / sein Geist hat sie alle
zusammengebracht. 17 Er selbst
hat ihnen das Land vermessen, /
durchs Los ihr Stück ihnen
zugeteilt. / Für immer ist es ihr
Besitz, / für alle Zeiten wohnen
sie dort.

Die Erlösung Israels

35 1 Freuen werden sich Wüste
und trockenes Land. / Die
Steppe frohlockt, / sie blüht wie
eine Krokuswiese auf. 2 Sie wird
in voller Blüte stehen, / und voll
Freude jubeln. / Herrlich wie der
Libanon wird sie dann sein, /
prächtig wie der Karmel und
die Ebene Scharon. / Und die
Herrlichkeit Jahwes werden sie

34,4 *Buch.* Die Bücher waren damals bis zu 10 m lange Schriftrollen.

34,6 *Bozra.* Wichtige edomitische Stadt, Schafzuchtzentrum, 40 km südöstlich vom Süd-Ende des Toten Meeres.

34,11 *Öde ... Leere.* Hebräisch: *Tohu* und *Bohu* erinnern an 1. Mose 1,2.

sehen, / die Pracht und Hoheit
von unserem Gott.
3 Macht die erschlafften Hände
stark / und die weichen Knie fest!
4 Ruft den verzagten Herzen zu: /
»Seid stark und fürchtet euch
nicht! / Seht, dort kommt euer
Gott mit Rache und Vergeltung! /
Er selbst wird euch befreien!«
5 Dann lässt er Blinde wieder
sehen / und schenkt den Tauben
das Gehör. 6 Der Lahme springt
dann wie ein Hirsch, / der Stumme
jubelt froh. / In der Wüste brechen
Quellen auf, / in der Steppe fließen
Bäche. 7 Der Glutsand wird zu
einem Teich, / das dürre Land
sprudelt Wasser hervor. / Da wo
jetzt Schakale hausen, / ist dann
ein Platz für Schilf und Rohr.
8 Eine Straße wird es dort geben, /
man nennt sie den heiligen Weg. /
Kein unreiner Mensch darf auf
ihm gehen, / er ist nur für Gottes
Volk. / Selbst Unkundige finden
den Weg / und werden nicht in
die Irre geführt. 9 Es wird keinen
Löwen dort geben, / kein Raubtier
lauert auf ihr. / Nur die Erlösten
wandern darauf. 10 Die von Jahwe
Befreiten kehren heim. / Mit Jubel
kommen sie nach Zion zurück. /
Aus ihren Augen strahlt
unendliches Glück. / Wonne
und Freude stellen sich ein, /
Kummer und Seufzen sind für
immer vorbei.

Assyrer vor Jerusalem

36 1 Im 14. Regierungsjahr His-
kijas* marschierte der assyri-
sche König Sanherib* in Juda ein
und eroberte alle befestigten Städte*.
2 Von Lachisch* aus schickte er den
Rabschake, einen seiner höchsten
Würdenträger, mit einem gewaltigen
Heer zu Hiskija nach Jerusalem. Der
Rabschake stellte sich an die Straße,
die zu dem Feld führt, wo die Tuch-
macher ihre Stoffe bleichen, an das
Ende der Wasserleitung beim oberen
Teich*. 3 Da kamen Eljakim Ben-Hil-
kija, der Palastvorsteher, der Staats-
schreiber Schebna und der Kanzler
Joach Ben-Asaf zu ihm heraus. 4 Der
Rabschake trug ihnen eine Botschaft
an Hiskija auf:
»Der Großkönig, der König von
Assyrien lässt dir sagen: Worauf ver-
traust du eigentlich, dass du dich so
sicher fühlst? 5 Meinst du, der Aus-
gang eines Krieges wird von Worten
bestimmt? Womit willst du antreten
gegen meine Macht und Kriegserfah-
rung? Auf wen vertraust du denn,
dass du es wagst, dich gegen mich
aufzulehnen? 6 Verlässt du dich etwa
auf Ägypten, dieses zerbrochene
Bambusrohr, das jedem die Hand
verletzt, der sich darauf stützt? Der
Pharao von Ägypten ließ noch jeden
im Stich, der sich auf ihn verließ. –
7 Vielleicht wirst du jetzt behaupten:

36,1 *Hiskijas.* Im 14. Jahr seiner Alleinregierung, 701 v.Chr. Hiskija war von 729 v.Chr. an Mitregent und regierte von 715-686 allein.

Sanherib war von 705-681 v.Chr. König von Assyrien.

alle befestigten Städte. Sanherib rühmte sich, 46 befestigte Städte in Juda eingenommen zu haben.

36,2 *Lachisch.* Stadt im Hügelland 46 km südwestlich von Jerusalem. Sie wurde von König Rehabeam zur Festung ausgebaut.

Teich. Siehe Jesaja 7,3.

Wir vertrauen auf Jahwe, unseren Gott! Aber hat Hiskija nicht gerade dessen Höhenheiligtümer und Altäre beseitigt? Hat er nicht den Leuten in Juda und Jerusalem befohlen, nur noch vor dem einen Altar anzubeten? – 8 Mein Herr, der König von Assyrien, bietet dir eine Wette an: ›Ich will dir 2000 Pferde geben, wenn du die Reiter dazu stellen kannst!‹ 9 Wie willst du auch nur einen einzigen Provinzstatthalter vertreiben, einen der geringsten Diener meines Herrn? Aber du verlässt dich ja auf die Macht der ägyptischen Pferde und Streitwagen! 10 Und noch etwas: Bin ich etwa gegen den Willen Jahwes in dieses Land einmarschiert, um es in Schutt und Asche zu legen? Jahwe selbst hat mir gesagt: Greif dieses Land an und verwüste es!«

11 Da unterbrachen Eljakim, Schebna und Joach den Würdenträger und baten ihn: »Sprich doch bitte aramäisch mit uns! Wir verstehen es. Sprich nicht hebräisch! Die Leute auf der Stadtmauer hören uns zu.« 12 Doch der Rabschake erwiderte: »Hat mich mein Herr etwa nur zu dir und deinem Herrn gesandt? Nein, gerade diese Männer, die da oben auf der Mauer sitzen, sollen es hören. Denn bald werden sie zusammen mit euch ihren eigenen Kot fressen und ihren Harn saufen.«

13 Da trat der Rabschake noch ein Stück vor und rief laut auf Hebräisch: »Hört, was der Großkönig, der König von Assyrien euch sagen lässt: 14 Lasst euch nicht von Hiskija täuschen! Er kann euch nicht retten. 15 Lasst euch von ihm auch nicht auf Jahwe vertrösten: ›Jahwe wird uns bestimmt retten; diese Stadt wird dem Assyrerkönig nicht in die Hände fallen!‹ 16 Hört nicht auf Hiskija! Denn der König von Assyrien sagt euch: Kommt heraus und ergebt euch mir! Dann kann jeder von seinem Weinstock und Feigenbaum essen und aus seiner Zisterne trinken, 17 bis ich euch in ein Land bringe, das ebenso gut wie eures ist, wo es Korn und Most, Brot und Weinberge gibt. 18 Lasst euch von Hiskija nicht an der Nase herumführen, wenn er behauptet: ›Jahwe wird uns retten!‹ Hat denn irgendein Gott der anderen Völker sein Land vor dem König von Assyrien retten können? 19 Wo sind denn die Götter von Hamat und Arpad? Wo sind die Götter von Sefarwajim*? Haben sie etwa Samaria vor mir beschützt? 20 Wer von allen Göttern hat sein Land vor mir retten können? Und dann soll Jahwe Jerusalem vor mir beschützen?«

21 Die Männer auf der Mauer schwiegen und gaben ihm keine Antwort, wie es der König befohlen hatte. 22 Die drei Unterhändler gingen mit eingerissenen Gewändern* zu Hiskija und berichteten ihm, was der Rabschake gesagt hatte.

36,19 *Sefarwajim.* Ort in Syrien, Lage unbekannt. Die Einwohner wurden von den Assyrern im Norden Israels angesiedelt, siehe 2. Könige 17,24.31.

36,22 *mit zerrissenen Gewändern.* Als Zeichen von Trauer und Entsetzen riss man vom Halsausschnitt an das Gewand mit einem heftigen Ruck etwa eine Handlänge ein.

37 1 Als der König das hörte, riss
er sein Obergewand ein, legte
den Trauersack an und ging ins Haus
Jahwes. 2 Dann schickte er den Pa-
lastvorsteher Eljakim und den Staats-
schreiber Schebna mit den Ältesten
der Priesterschaft, ebenfalls im Trau-
ersack, zu Jesaja Ben-Amoz. 3 Im
Namen des Königs sollten sie ihm
sagen: »Heute ist ein schrecklicher
Tag, wir sind gezüchtigt und ge-
schmäht. Die Kinder sind bis an den
Muttermund gekommen, aber zum
Gebären ist keine Kraft mehr da.
4 Wenn doch Jahwe, dein Gott, die
Worte des Rabschake hören wollte,
den der König von Assyrien geschickt
hat, um ihn, den lebendigen Gott, zu
verhöhnen. Vielleicht bestraft er den
König wegen dieser Worte, die er ge-
hört hat. Bete doch für die, die von
Gottes Volk noch übrig geblieben
sind.«

5 Die Männer kamen zu Jesaja und
erhielten folgende Antwort: 6 »Sagt
eurem Herrn: ›So spricht Jahwe: Hab
keine Angst vor den Drohungen, die
du gehört hast! Fürchte dich nicht
vor den Lästerungen der Boten des
assyrischen Königs! 7 Pass auf, ich
werde dafür sorgen, dass er ein Ge-
rücht hört und in sein Land zurück-
kehrt! Dort werde ich ihn umbringen
lassen.‹«

8 Der Rabschake kehrte zu seinem
König zurück. Er hatte erfahren, dass
dieser von Lachisch aufgebrochen
war und inzwischen gegen Libna
kämpfte. 9 Sein König hatte nämlich
gehört, dass der nubische König Tir-
haka* mit einem Heer gegen ihn he-
ranrücken würde. Deshalb schickte er
Boten zu Hiskija 10 und ließ ihm aus-
richten: »Lass dich von deinem Gott
nicht täuschen, auch wenn du ihm
vertraust! Denke nicht, dass Jerusa-
lem dem König von Assyrien niemals
in die Hände fällt! 11 Du hast ja ge-
hört, was die Könige von Assyrien mit
all den anderen Ländern gemacht
haben, an denen sie den Bann voll-
streckten. Und da willst ausgerechnet
du verschont bleiben? 12 Haben die
Götter jener Völker, die meine Vorfah-
ren vernichtet haben, ihre Nationen
etwa retten können: Gosan*, Haran*,
Rezef* und die Bevölkerung Edens*
in Telassar*? 13 Wo sind denn die Kö-
nige, die in Hamat und Arpad regier-
ten? Wo sind die Könige von Sefarwa-
jim, Hena* und Awa*?«

14 Hiskija nahm das Schreiben der
Boten in Empfang und las es. Dann
ging er in den Tempel, breitete es vor
Jahwe aus 15 und betete: 16 »Jahwe, du
allmächtiger Gott Israels, der über den

37,9 Der 20-jährige *Tirhaka* wird elf Jahre später König von Ägypten sein (690-664).

37,12 *Gosan.* Stadt in Nordmesopotamien, in die einige Israeliten von den Assyrern deportiert worden waren.

Haran. Stadt, westlich von Gosan, in der Abraham einige Jahre lebte, siehe 1. Mose 11,31.

Rezef. Stadt zwischen Haran und Euphrat.

Eden. Aramäisches Fürstentum in der Nähe des oberen Euphrat-Tals.

Telassar. Noch nicht identifizierte Stadt in Eden zwischen den Flüssen Euphrat und Balich.

37,13 *Hena.* Vermutlich Stadt in Nordsyrien.

Awa. Stadtstaat in Nordsyrien, aus dem der Assyrerkönig Salmanassar Leute nach Israel umsiedelte, siehe 2. Könige 17,24.

Cherubim* thront, du allein bist Gott
und Herr über alle Reiche der Welt. Du
hast Himmel und Erde geschaffen.
17 Schenk mir Gehör, Jahwe! Sieh
doch, wie es uns geht! Hör doch, wie
Sanherib dich, den lebendigen Gott,
verhöhnt! 18 Es ist wahr, Jahwe, die
Könige von Assyrien haben alle diese
Länder verwüstet. 19 Sie haben deren
Götter ins Feuer geworfen. Aber das
waren ja keine Götter, sondern Mach-
werke aus Holz und Stein, die man ver-
nichten konnte. 20 Doch jetzt, Jahwe,
unser Gott, rette uns vor ihm, damit
alle Königreiche der Welt erkennen,
dass du allein Jahwe bist.«
21 Da ließ Jesaja Ben-Amoz Hiskija
ausrichten: »So spricht Jahwe, der
Gott Israels: Was du zu mir wegen
Sanherib, dem König von Assyrien,
gebetet hast, habe ich gehört. 22 Höre
nun, was Jahwe über ihn sagt:

›Zion, die unberührte junge
Frau, / verachtet dich und
spottet über dich, / die Tochter
Jerusalem schüttelt den Kopf.
23 Wen hast du verhöhnt und
geschmäht, / gegen wen die
Stimme erhoben? / Mit wem
ließest du dich ein? – Mit Israels
heiligem Gott!
24 Durch deine Boten verhöhntest
du ihn. / Du prahlst: Mit den
Streitwagen bezwang ich die
Berge, / ich stieg bis zum Gipfel
des Libanon. / Den Hochwald
seiner Zedern habe ich gefällt, /
seine schönsten Zypressen dazu. /
Ich kam auf die entlegenste
Höhe, / drang in jedes Dickicht
vor. 25 Ich grub nach Wasser
und trank davon. / Mit meiner
Fußsohle trocknete ich die Flüsse
Ägyptens aus.
26 Hast du es nicht gehört? /
Schon vor langer Zeit habe ich es
gewollt. / Seit uralten Tagen habe
ich es geplant, / jetzt ließ ich es
kommen, dass du befestigte Städte
zerstörst, / sie zu öden Steinhaufen
machst. 27 Machtlos waren ihre
Bewohner, / von Schrecken
erfüllt. / In Schande sind sie
gestoßen. / Sie waren wie Kraut
auf dem Feld, / wie grünes Gras, /
wie Gras auf den Dächern, /
vom Ostwind verdorrt.
28 Ich weiß, ob du ruhst oder gehst
oder kommst. / Ich kenne auch
dein Toben gegen mich. 29 Und
weil du so gegen mich tobst, /
ziehe ich dir einen Ring durch die
Nase / und lege dir einen Zaum
ins Maul / und führe dich auf
dem Weg zurück, / auf dem du
gekommen bist.‹

30 Und du, Hiskija, wirst daran erken-
nen, dass es so geschieht: In diesem
Jahr werdet ihr den Nachwuchs der
Ernte essen, im nächsten Jahr den
Wildwuchs, aber im dritten Jahr wer-
det ihr wieder säen und ernten, Wein-
berge pflanzen und ihre Früchte
genießen. 31 Und die Bewohner Ju-
das, die mit dem Leben davongekom-
men sind, werden wieder Wurzeln

37,16 *Cherubim.* Majestätische (Engel-)Wesen, die Gottes Herrlichkeit repräsentieren. Geschnitzte Abbilder von ihnen breiteten ihre Flügel über die Bundeslade Israels aus und bildeten im Tempel die sichtbare Basis für den unsichtbaren Thron Gottes.

schlagen und Früchte tragen. 32 Denn
ein Rest wird aus Jerusalem kommen,
Übriggebliebene vom Berg Zion. Das
wird Jahwe, der allmächtige Gott, in
seinem Liebeseifer tun.
33 Darum sagt Jahwe Folgendes
über den assyrischen König: ›Er wird
nicht in diese Stadt eindringen, nicht
einen Pfeil wird er hineinschießen. Er
wird sie nicht mit Schilden berennen
und keinen Wall gegen sie aufschüt-
ten. 34 Auf demselben Weg, auf dem
er gekommen ist, wird er wieder heim-
kehren. Er wird ganz bestimmt nicht
in diese Stadt eindringen, spricht
Jahwe. 35 Um meiner Ehre willen und
meinem Diener David zuliebe werde
ich diese Stadt retten und beschüt-
zen.‹«
36 In dieser Nacht tötete ein Engel
Jahwes im Lager der Assyrer 185.000
Mann. Am nächsten Morgen war alles
mit Leichen übersät. 37 Da brach
König Sanherib den Feldzug ab und
kehrte in seine Heimat nach Ninive
zurück. 38 Als er eines Tages im
Tempel seines Gottes Nisroch betete,
erschlugen ihn seine Söhne Adram-
melech und Sarezer mit dem Schwert.
Daraufhin mussten sie in das Land
Ararat* fliehen, und Sanheribs Sohn
Asarhaddon wurde König.

Hiskijas Krankheit

38 1 In dieser Zeit* wurde Hiski-
ja todkrank. Da kam der Pro-
phet Jesaja Ben-Amoz zu ihm und
sagte: »Jahwe lässt dir sagen: ›Bereite
dich auf dein Ende vor und regle deine
Angelegenheiten, du kannst nicht am
Leben bleiben!‹« 2 Da drehte sich
Hiskija zur Wand und betete: 3 »Ach
Jahwe, denk doch daran, dass ich dir
immer treu war, dass ich mit ganzer
Hingabe tat, was dir gefällt!« Dann
begann er laut zu weinen. 4 Da kam
das Wort Jahwes zu Jesaja: 5 »Geh
wieder zu Hiskija und sage ihm:
›Jahwe, der Gott deines Vorfahren
David, lässt dir sagen: Ich habe dein
Gebet gehört und deine Tränen gese-
hen. Ich gebe dir noch fünfzehn Jahre
Lebenszeit hinzu. 6 Außerdem werde
ich dich und diese Stadt vor dem
Assyrerkönig retten. Ich werde Jeru-
salem beschützen. 7 Jahwe wird dich
an folgendem Zeichen erkennen las-
sen, dass er seine Zusage wahr macht:
8 Pass auf! Ich lasse den Schatten auf
der Treppe, die König Ahas gebaut
hat, um die zehn Stufen zurückgehen,
die er heute bereits vorangegangen
ist.‹« Da ging der Schatten die zehn
Stufen zurück.
9 Nachdem Hiskija von seiner Krank-
heit genesen war, schrieb er folgendes
Gedicht nieder:

10 »Ich dachte schon: Mitten im
Leben stehe ich am Tor der Toten-
welt, / der Rest meiner Jahre wird
mir geraubt. 11 Ich dachte, ich
werde Jah nicht sehen, / Jahwe
unter den Lebendigen. / Dort,
wo die Abgeschiedenen sind, /
erblickt man keinen Menschen

37,38 *Land Ararat.* Armenien, nördlich von Assyrien.

38,1 *In dieser Zeit.* Hiskijas Krankheit und der anschließende Besuch der babylonischen Delegation müssen etwa ein Jahr vor dem Feldzug der Assyrer stattgefunden haben, denn Vers 6 verspricht ja erst die Rettung vor ihnen. Und der in Kapitel 39,1 erwähnte Babylonierkönig Merodach Baladan war schon nicht mehr an der Macht, als die Assyrer kamen.

mehr. 12 Mein Leben ist wie ein
Nomadenzelt, / das abgebrochen
weggetragen wird. / Wie ein
Weber sein Tuch, habe ich mein
Leben zu Ende gewebt. / Nun
schneidet er mich vom Kettgarn
los. / Noch ehe der Tag zur Nacht
wird, machst du ein Ende mit mir.
13 Ich schrie um Hilfe bis zum
Morgen, / doch wie ein Löwe
zerbrach er all mein Gebein. /
Noch ehe der Tag zur Nacht wird,
machst du ein Ende mit mir.
14 Meine Stimme piepst wie eine
Schwalbe, / sie krächzt wie ein
Kranich. / Wie Taubengurren
klingt meine Klage. / Mit müden
Augen starre ich nach oben. /
O Herr, ich bin am Ende! / Tritt du
als Bürge für mich ein! 15 Was soll
ich nun reden?! / Er hat getan,
was er mir angekündigt hat. / Ich
verbringe meine Jahre in bitterem
Leid. 16 Herr, davon lebt man, und
darin lebt auch mein Geist, / dass
du mich gesund und lebendig
machst.

17 Doch zum Heil wurde mir
das bittere Leid! / Du hast mich
liebevoll umfangen / und mein
Leben vor der Grube des
Verderbens bewahrt. / Ja, alle
meine Sünden warfst du weit
hinter dich. 18 Denn das Toten-
reich kann dich nicht loben, /
kein Toter preist dich mit
Gesang. / Im Grab hofft niemand
auf deine Treue. 19 Allein der
Lebende preist dich so wie ich am
heutigen Tag. / Die Väter sagen
den Kindern: Auf dich ist Verlass!
20 Jahwe war da und rettete
mich! / Alle Tage unseres Lebens
soll das Saitenspiel erklingen im
Tempel Jahwes.«

21 Jesaja hatte nämlich gesagt, man
solle einen Verband aus gepressten
Feigen auf das Geschwür legen, damit
der König wieder gesund werde.
22 Und Hiskija hatte gefragt: »An
welchem Zeichen erkenne ich, dass
ich wieder in den Tempel Jahwes
gehen kann?«

Gesandte aus Babylon

39 1 In dieser Zeit kam eine
Gesandtschaft des babyloni-
schen Königs Merodach-Baladan,
dem Sohn Baladans*, zu Hiskija. Der
König hatte gehört, dass Hiskija
krank gewesen und wieder zu Kräften
gekommen war. Er ließ ihm ein
Schreiben und Geschenke überbrin-
gen.* 2 Hiskija freute sich sehr darü-
ber und zeigte ihnen seinen ganzen
Besitz: Silber, Gold, die Vorräte an
Balsam und feinem Öl, sein Waffen-
lager und alle seine anderen Schätze.
Er zeigte ihnen alles in seinem Haus
und in seinem ganzen Reich.

3 Da kam der Prophet Jesaja zu
ihm und fragte: »Was wollten diese
Männer von dir? Woher sind sie ge-
kommen?« – »Sie kamen aus einem

39,1 *Merodach-Baladan.* Regierte von 721-710 v.Chr. über Babylon. Danach musste er sich der assyrischen Herrschaft unter Sargon II. beugen. Einige Zeit nach Sargons Tod 705 v.Chr. konnte er kurz die babylonische Unabhängigkeit wiederherstellen, bis er 702 v.Chr. vor Sanherib fliehen musste.

Geschenke überbringen. Offenbar wollte er Hiskija in eine anti-assyrische Allianz bringen.

sehr fernen Land«, erwiderte Hiskija,
»aus Babylonien«. 4 »Was haben sie
in deinem Palast gesehen?«, fragte
Jesaja weiter. »Sie haben alles gesehen, was ich besitze«, erwiderte Hiskija. »Ich habe sie in alle Schatzkammern schauen lassen.«
5 Da sagte Jesaja: »Höre, was Jahwe, der allmächtige Gott, dir sagen
lässt: 6 ›Eines Tages wird der ganze Reichtum in deinem Palast, alles, was du und deine Vorfahren angehäuft haben, nach Babylon weggeschafft werden. Nichts wird übrig bleiben,
spricht Jahwe. 7 Und von deinen
Enkelsöhnen, deinen Nachfahren, die du gezeugt haben wirst, wird man einige nach Babylon bringen. Sie werden den König dort in seinem Palast bedienen.‹«
8 Da sagte Hiskija zu Jesaja: »Das Wort Jahwes, das du mir gesagt hast, ist gut.« Und er fügte hinzu: »Wenn nur zu meinen Lebzeiten Frieden und Sicherheit herrschen!«

Die Botschaft von der Erlösung

40
1 »Tröstet, tröstet mein
Volk«, sagt euer Gott.
2 »Macht den Leuten Jerusalems
Mut! / Sagt ihnen, dass die
Zwangsarbeit zu Ende geht, /
dass ihre Schuld abgetragen ist! /
Jahwe ließ sie doppelt* bezahlen
für alle ihre Sünden.«
3 Hört! In der Wüste ruft eine
Stimme: / »Bahnt Jahwe einen
Weg! / Baut eine Straße für
unseren Gott!* 4 Jedes Tal soll
aufgefüllt, / jeder Berg und Hügel
erniedrigt werden! / Alles
Zerklüftete soll zur Ebene
werden / und alles Hügelige flach!
5 Denn offenbaren wird sich die
Herrlichkeit Jahwes, / und alle
Menschen werden es sehen. /
Jahwe selbst hat das gesagt.«
6 Eine Stimme sagte: »Predige!« /
»Was soll ich predigen?«, fragte
ich. – »Alle Menschen sind wie
Gras, / und all ihre Schönheit ist
wie die Blume auf dem Feld.*
7 Das Gras verdorrt, die Blume
verwelkt, / denn der Hauch Jahwes
wehte sie an. / Ja, wie Gras ist das
Volk! 8 Das Gras verdorrt, die
Blume verwelkt, / aber das Wort
unseres Gottes bleibt für immer
in Kraft.«
9 Steig auf einen hohen Berg,
du Freudenbotin Zion! / Ruf mit
lauter Stimme die frohe Botschaft
aus, Jerusalem! / Rufe laut und
scheue dich nicht! / Sage den
Städten Judas: / »Seht, da ist euer
Gott! 10 Seht, Jahwe, der Herr
kommt mit Kraft! / Er herrscht
mit starker Hand. / Den Lohn für
seine Mühe bringt er mit. / Sein
Volk, das er gewonnen hat, geht
vor ihm her. 11 Er weidet seine
Herde wie ein Hirt, / nimmt die
Lämmer auf seinen Arm. / Er trägt
sie im Bausch seines Gewands, /
und die Mutterschafe leitet er
sacht.«

40,2 *doppelt*. Nach dem Gesetz die übliche Forderung zum Schadenersatz, siehe 2. Mose 22, 3.6.8.

40,3 Wird im Neuen Testament von Matthäus, Markus und Johannes dem Täufer zitiert: Matthäus 3,3; Markus 1,3; Johannes 1,23.

40,6 Wird im Neuen Testament von Petrus zitiert: 1. Petrus 1,24-25.

Der unvergleichliche Gott

12 Wer kann das Wasser messen
mit seiner hohlen Hand? / Wer
greift den Himmel mit der Hand-
spanne ab? / Wer fasst mit Eimern*
den Staub, der die Erde bedeckt? /
Wer wiegt die Berge mit der
Waage ab / und legt die Hügel
auf die Waagschale drauf?
13 Wer ermisst den Geist Jahwes? /
Wer wird von ihm in seine Pläne
eingeweiht?*
14 Wen fragte er um
Rat, dass er ihm auf die Sprünge
hilft, / ihn belehrt über den
richtigen Weg, / ihm Erkenntnis
schenkt und ihn zur vollen Ein-
sicht führt?
15 Seht, Völker sind
wie Tropfen am Eimer für ihn, /
wie Stäubchen auf der Waage. /
Inseln hebt er wie Sandkörner
hoch.
16 Zum Brennholz reicht der
Libanon nicht aus /
und sein Wild nicht zum Brand-
opfer für Gott.
17 Vor ihm sind alle
Völker wie ein Nichts, / ihre Macht
hat vor ihm kein Gewicht.

18 Mit wem wollt ihr Gott denn
vergleichen? / Hält irgendetwas
den Vergleich mit ihm aus?
19 Das
Götzenbild etwa, das der Kunst-
handwerker gießt, / das der Gold-
schmied mit Gold überzieht und
mit silbernen Kettchen behängt?
20 Da wählt jemand ein Stück
Holz, das nicht fault, / und sucht
einen geschickten Künstler. /
Der stellt ihm das Götterbild auf,
dann wackelt es nicht.

21 Begreift ihr denn nicht? /
Wollt ihr es nicht hören? / Hat
man es euch nicht von Anfang an
erzählt? / Versteht ihr nicht, was
euch die Gründung der Erde lehrt?
22 Er ist es, der so hoch über
dem Erdball thront, / dass die
Menschen ihm wie Heuschrecken
sind. / Er spannt den Himmel wie
einen Schleier aus, / wie ein Zelt-
dach zum Wohnen.
23 Er stürzt die
Mächtigen ins Nichts / und nimmt
den Richtern der Erde ihre Gewalt.
24 Kaum sind sie gepflanzt, kaum
gesetzt, / kaum hat der Setzling
Wurzeln geschlagen, / da haucht
er sie an und sie verdorren. Der
Sturm trägt sie wie Strohstoppeln
fort.
25 »Mit wem wollt ihr mich
also vergleichen, / wer ist mir
gleich?«, fragt der heilige Gott.
26 Hebt eure Augen und seht: /
Wer hat die Sterne da oben
geschaffen? / Er lässt hervortreten
ihr Heer, / abgezählt und mit
Namen gerufen. / Durch die
Macht des Allmächtigen fehlt
keiner davon.
27 Ihr Nachkommen
Jakobs, Israeliten, / warum
behauptet ihr: »Jahwe weiß nicht,
wie es uns geht. / Er kümmert sich
nicht um unser Recht!«?
28 Weißt
du es denn nicht, / oder hast du es
noch nie gehört? / Jahwe ist ein
ewiger Gott, / der die ganze weite
Erde schuf. / Er wird nicht müde,
seine Kraft lässt nicht nach / und
seine Weisheit ist unerschöpflich
tief.
29 Er gibt dem Müden Kraft, /
und die Schwachen macht er stark.
30 Die Jungen werden müde und
matt, / junge Männer stolpern und

40,12 *Eimern.* Wörtlich: *Dreiling*, das heißt ein Drittel Efa, etwa 7,3 Liter.

40,13 Wird im Neuen Testament von Paulus zitiert: Römer 11,34; 1. Korinther 2,16.

brechen zusammen. 31 Doch die
auf Jahwe hoffen, gewinnen neue
Kraft. / Wie Adler breiten sie die
Flügel aus. / Sie laufen und wer-
den nicht müde, / sie gehen und
werden nicht matt.

Gott und Götzen vor Gericht

41 1 Hört mich schweigend an,
ihr Meeresländer*! /
Ihr Völker, sammelt Kraft! /
Dann kommt herzu und sprecht. /
Wir gehen miteinander vor Gericht.
2 Wer hat den Mann aus dem
Osten* berufen, / wer schenkte
ihm überall Sieg? / Wer gibt ihm
die Völker preis und stürzt die
Könige vor ihm? / Wer macht sie
vor seinem Schwert wie Staub, /
vor seinem Bogen wie verwehtes
Stroh? 3 Er verfolgt sie, rückt
unversehrt vor, / berührt kaum
mit den Füßen den Weg. 4 Wer hat
das bewirkt und getan? / Es ist der,
der von Anfang an die Menschen
in ihr Dasein rief. / Ich, Jahwe, bin
es bei den Ersten, / und auch bei
den Letzten bin ich es noch!
5 Die Meeresländer sahen es und
fürchteten sich, / die Menschen
vom Ende der Erde bekamen
Angst. / Sie machten sich auf
und kamen herbei. 6 Sie halfen
einander und machten sich Mut.
7 Der Kunsthandwerker ermutigt
den Goldschmied, / der, der
glättet, den, der auf den Amboss
schlägt, / und er sagt von der
Lötung: »Sie ist gut!« / Dann
macht er das Götzenbild mit
Nägeln fest, dass es nicht
wackelt.
8 Doch du, mein Diener Israel, /
du, Jakob, den ich erwählte, /
Nachkomme meines Freundes
Abraham, 9 dich habe ich vom
Ende der Erde genommen, / dich
aus ihrem fernsten Winkel geholt
und zu dir gesagt: / Du stehst in
meinem Dienst! / Ich habe dich
erwählt und dich auch jetzt nicht
verstoßen. 10 Schau nicht ängst-
lich nach Hilfe aus, / denn ich,
dein Gott, ich stehe dir bei! /
Hab keine Angst, denn ich bin dein
Gott! / Ich mache dich stark und
ich helfe dir! / Ich halte dich mit
meiner rechten und gerechten
Hand. 11 In Schimpf und Schande
stehen alle da, / die gegen dich
gewütet haben. / Sie gehen
zugrunde, werden wie Nichts, /
die Männer, die dein Lebensrecht
bestreiten. 12 Du wirst sie suchen,
aber nicht mehr finden, / die
Männer, die mit dir zankten. /
Die Krieg mit dir führten, werden
wie Nichts und Nichtigkeit.
13 Denn ich bin Jahwe, dein Gott. /
Ich fasse dich bei der Hand und
sage zu dir: / Fürchte dich nicht!
Ich selbst, ich helfe dir!
14 Erschrick nicht, kleines
Würmchen Jakob, / du kleines
Häuflein Israel! / Ich, ich helfe dir,
spricht Jahwe. / Dein Erlöser ist
der heilige Gott Israels. 15 Ich habe

41,1 *Meeresländer* meint Küstenländer und Inseln.

41,2 *Mann aus dem Osten.* Gemeint ist Kyrus der Große, von 559-530 v.Chr. König von Persien, der 539 v.Chr. Babylon eroberte und den Juden die Rückkehr in ihre Heimat erlaubte, siehe Esra 1,1-4.

dich zu einem scharfen, neuen Dreschschlitten* gemacht, / dich mit Doppelschneiden bestückt. / Berge sollst du dreschen und zermalmen, / Hügel machst du
zu Spreu. 16 Du wirst sie worfeln, und der Wind trägt sie davon, / der Sturm weht sie fort. / Doch du wirst jubeln über Jahwe, / wirst dich rühmen in Israels heiligem Gott.

17 Die Gebeugten und Bedürftigen suchen Wasser, aber keins ist da. / Ihre Zunge vertrocknet vor Durst. / Doch ich, Jahwe, erhöre sie. / Ich, der Gott
Israels, verlasse sie nicht. 18 Aus kahlen Hängen lasse ich Ströme fließen, / in öden Tälern Quellen entspringen. / Ich mache Wüstenland zum Wasserteich, / lasse aus dürrem Boden Wasser quellen.
19 Ich werde Zedern in die Wüste setzen, / Akazie, Myrte und Olivenbaum. / Mitten in die Steppe pflanze ich Platanen, Zypressen und Wacholder,
20 damit sie sehen und erkennen, / verstehen und begreifen, / dass Jahwe hier eingegriffen hat, / dass der heilige Gott Israels das alles erschuf.

21 »Stellt euch auf zum Prozess!«, spricht Jahwe. / »Bringt eure Beweise vor!«, sagt der König
Jakobs. 22 »Schafft sie her und sagt uns, was geschehen wird! / Erklärt uns, was in der Vergangenheit geschah, damit wir es zu Herzen nehmen, / und lasst uns erkennen, wohin das führt! / Oder sagt uns, was die Zukunft bringen
wird! 23 Sagt uns doch, was später kommt, / damit wir merken, dass ihr Götter seid! / Ja, zeigt uns Gutes oder auch das Böse, / dann starren wir uns an und fürchten
uns vereint! 24 Seht, ihr seid ja nichts und könnt auch nichts. / Einen Gräuel erwählt, wer immer euch wählt!

25 Ich habe ihn im Norden erweckt,* und er kam, / der Mann aus dem Osten, der meinen Namen nennt!* / Statthalter zertritt er wie Lehm, / so wie ein
Töpfer den Ton zerstampft. 26 Wer verkündete das im Voraus, sodass wir sagen könnten: ›Er hat Recht gehabt!‹? / Keiner war es, der es meldete, / keiner, der es hören ließ. / Kein Wörtchen hat man
von euch gehört. 27 Als Erster habe ich zu Zion gesagt: / ›Seht, da ist es, da sind sie!‹ / Ich habe Jerusalem den Freudenboten
geschickt. 28 Und sehe ich mich um – niemand ist da. / Keiner von diesen Göttern konnte mir raten, / keiner gibt mir Antwort auf meine
Fragen. 29 Sie alle sind ja nur Betrug, / zustande bringen sie nichts. / Ihre Statuen sind windig und leer.«

41,15 *Dreschschlitten.* Siehe Fußnote zu Jesaja 28,27.

41,25 *im Norden erweckt.* In seiner frühen Regierungszeit eroberte Kyrus einige Reiche nördlich von Babylon.

Osten ... nennt. Babylon liegt östlich von Israel. In seinem Dekret zur Rückkehr der Israeliten nennt Kyrus auch den Namen des Herrn.

Erstes Lied vom Diener Gottes

42 1 Seht, das ist mein Diener,
ich stehe zu ihm! / Ich habe
ihn erwählt, und ich finde Gefallen
an ihm. / Ich habe meinen Geist
auf ihn gelegt. / Er bringt den
Völkern das Recht. 2 Er macht
kein Aufheben und schreit nicht
herum. / Auf der Straße hört man
seine Stimme nicht. 3 Das
geknickte Rohr bricht er nicht
durch, / den glimmenden Docht
löscht er nicht aus. / Ja, er bringt
wirklich das Recht. 4 Er selbst
verglimmt nicht und knickt auch
nicht ein, / bis er das Recht auf der
Erde durchgesetzt hat. / Die
Meeresländer warten schon auf
sein Gesetz.*
5 So spricht Jahwe, Gott, / der
den Himmel geschaffen und aus-
gespannt / und die Erde und all ihr
Gewächs ausgebreitet hat; / der
dem Volk auf ihr den Atem gab, /
Leben und Geist denen, die auf ihr
gehen: 6 »Ich, Jahwe, ich habe
dich aus Gerechtigkeit gerufen, /
ich fasse dich an der Hand. / Ich
stehe dir zur Seite und rüste dich
aus. / Ich mache dich zum Bund*
für das Volk, / und für alle Völker
zum Licht, 7 um blinde Augen zu
öffnen und Gefangene aus dem
Gefängnis zu holen, / um alle, die
im Dunkeln sitzen, aus ihrer Haft
zu befreien. 8 Ich bin Jahwe, das ist
mein Name! / Diese Ehre lass ich
mir von niemandem nehmen. /
Den Götzen gebe ich nicht mein
Lob. 9 Seht, was ich früher sagte,
ist eingetroffen. / Nun kündige
ich Neues an. / Noch ehe es
aufsprosst, hört ihr es von mir.«

Gottes Sieg

10 Singt Jahwe ein neues Lied! /
Tragt seinen Ruhm bis ans Ende
der Welt, / die ihr das Meer
befahrt und von seiner Fülle lebt, /
Meeresländer und ihre Bewohner!
11 Die Steppe mit ihren Orten
erhebe lauten Gesang, / auch die
Dörfer, die Kedar* bewohnt. /
Jubeln sollen die Felsbewohner, /
jauchzen von den Gipfeln ihrer
Berge! 12 Sie sollen Jahwe die
Ehre geben, / seinen Ruhm in
den Meeresländern verkünden!
13 Jahwe zieht aus wie ein Held, /
entfacht wie ein Krieger seine
Leidenschaft, / erhebt ein lautes
Kriegsgeschrei, / bezwingt seine
Feinde wie ein Held. 14 Lange habe
ich geschwiegen, / blieb still,
bezähmte mich. / Doch jetzt
stöhne ich wie eine Frau bei der
Geburt, / will schnauben und
schnaufen zugleich. 15 Berge und
Hügel dörre ich aus, dass all ihr
Grün vertrocknen wird. / Ströme
lasse ich versiegen und Seen
trockne ich aus. 16 Blinde führe
ich auf einem Weg, den sie nicht
kennen, / ich lasse sie auf
unbekannten Pfaden gehen. / Die
Finsternis vor ihnen mache ich
zum Licht, / holprige Stellen zur
ebenen Bahn. / Das werde ich
ganz sicher tun, niemand bringt

42,4 Wird im Neuen Testament von Matthäus zitiert: Matthäus 12,18-21.

42,6 *zum Bund.* Der Messias wird Gottes Bundesverheißungen an Israel erfüllen.

42,11 *Kedar.* Siehe Jesaja 21,16.

mich davon ab! 17 Wer sich auf
Götzenbilder verlässt, wird
beschämt; / wer Gussbilder seine
Götter nennt, wird völlig
zuschanden.

Israel – blind und taub

18 Hört, ihr Tauben! / Ihr Blinden,
schaut her und seht! 19 Wer ist
blind, wenn nicht mein Diener, /
wer taub, wenn nicht mein Bote,
den ich sende? Wer ist blind wie
mein Vertrauter, / blind wie der
Diener Jahwes? 20 Du hast viel
gesehen und doch nichts beachtet, /
die Ohren geöffnet und doch nichts
gehört. 21 Jahwe hat euch in diese
Lage gebracht, / denn er wacht über
seine Gerechtigkeit / und macht so
sein Gesetz groß und berühmt.
22 Doch jetzt sind sie ein beraubtes,
ausgeplündertes Volk, / in Erd-
löchern gefesselt, / in Gefängnissen
versteckt. / Sie wurden als Beute
verschleppt und kein Retter war
da. / Sie wurden ausgeplündert und
niemand sagte: »Gib wieder her!«
23 Wer von euch nimmt das zu
Ohren, / und wer beherzigt es für
die kommende Zeit? 24 Wer gab
Jakob der Plünderung preis? / Wer
lieferte Israel den Räubern aus? /
War es nicht Jahwe, an dem wir uns
versündigt hatten? / Doch sie
wollten nicht auf seinen Wegen
gehen / und hörten nicht auf sein
Gesetz. 25 Da goss er die Glut seines
Zorns über sie aus / und die Schrek-
ken des Krieges. / Es loderte rings
um sie her, / doch zur
Erkenntnis kamen sie nicht, / es
sengte sie an, / doch es hat sie nicht
zur Besinnung gebracht.

Erlösung durch Gnade

43 1 Aber jetzt sagt Jahwe, / der
dich geschaffen hat, Jakob, /
der dich bildete, Israel: / »Fürchte
dich nicht, / denn ich habe dich
erlöst! / Ich habe dich bei deinem
Namen gerufen, / du gehörst mir!
2 Musst du durchs Wasser gehen,
bin ich bei dir, / und durch
reißende Ströme – sie überfluten
dich nicht. / Musst du durchs
Feuer gehen, / wirst du nicht
versengt, / diese Flamme
verbrennt dich nicht. 3 Denn ich
bin Jahwe, dein Gott, / ich bin
Israels heiliger Gott, / und ich rette
dich! / Ägypten gebe ich als
Lösegeld für dich, / Nubien und
Seba* noch dazu. 4 Weil du mir
wert und teuer bist, / weil ich dich
liebe, gebe ich Menschen an deiner
Stelle hin, / ganze Völker für dein
Leben. 5 Fürchte dich nicht, denn
ich bin bei dir! / Von dort, wo die
Sonne aufgeht, / hole ich deine
Nachkommen zurück, / und von
dort, wo sie untergeht, / sammle
ich euch ein. 6 Zum Norden sage
ich: ›Gib sie heraus!‹, / und zum
Süden: ›Halte sie nicht zurück!‹ /
Lass kommen meine Söhne von
fern / und meine Töchter vom
Ende der Welt, 7 jeden, der mein
Eigentum ist, / den ich zu meiner
Ehre erschuf / und ins Leben rief!«

Zeugen im Prozess

8 »Es soll vortreten mein blindes
Volk, das doch Augen hat – und

43,3 *Seba* war ein Land in der Nähe von Kusch (Nubien).

Ohren, die nicht hören! 9 Alle
Völker sind versammelt zum
Gericht, / alle Nationen heran-
geholt! / Welcher ihrer Götter
hat dies angekündigt? / Welche
ihrer Weissagungen trafen über-
haupt ein? Mögen sie uns Zeugen
dafür stellen! / Die sollen es hören
und sagen: ›Es ist wahr!‹ –
10 Ihr seid meine Zeugen«, spricht
Jahwe, / »und mein Diener, den
ich erwählte, / damit ihr erkennt
und mir glaubt, / damit ihr ein-
seht, dass ich es bin! / Vor mir
gab es keinen Gott, / und nach mir
wird kein anderer sein. 11 Ich bin
Jahwe, / einen Retter außer mir
gibt es nicht! 12 Ich habe es
angekündigt / und habe euch
gerettet. / Ich habe es euch hören
lassen, als noch kein fremder Gott
bei euch war. / Und ihr seid meine
Zeugen«, spricht Jahwe, / »und
ich bin Gott. 13 Und auch in
Zukunft bin ich noch derselbe
Gott. / Niemand reißt etwas aus
meiner Hand! / Was ich tun will,
kann niemand verhindern.«

14 So spricht Jahwe, euer
Erlöser, / Israels heiliger Gott: /
»Um euretwillen habe ich gegen
Babel geschickt, / und als
Flüchtlinge treibe ich sie hinab /
in Schiffen, ihrem Stolz – sie und
auch die Chaldäer. 15 Ich bin
Jahwe, euer heiliger Gott, / der
Schöpfer Israels und euer König!«
16 So spricht Jahwe, der einen Weg
durchs Meer gebahnt / und euch
sicher durch die Fluten geführt
hat, 17 der ausziehen ließ
Streitwagen und Pferd, / Heer und
Held. / Nun liegen sie zusammen
da und stehen nicht wieder auf, /
ausgelöscht wie ein verglimmender
Docht.

18 Denkt nicht an das, was früher
war, / achtet nicht auf das
Vergangene! 19 Seht, ich wirke
Neues! / Es wächst schon auf. /
Merkt ihr es nicht? / Ich bahne
einen Weg durch die Wüste, /
lege Ströme in der Einöde an.
20 Schakale und Strauße, die
Wüstentiere ehren mich, / weil
ich der Wüste Wasser gab / und
Ströme in der Öde fließen ließ, /
damit mein auserwähltes Volk
zu trinken hat. 21 Dieses Volk,
das ich mir schuf, / soll erzählen,
was ich tat.

22 Und doch hast du mich nicht
gerufen, Jakob! / Israel, du hast
dich nicht um mich gemüht!
23 Du hast mir keine Lämmer als
Opfer gebracht, / mich nicht mit
Schlachtopfern geehrt! / Auch
mit Speisopfern habe ich dir keine
Arbeit gemacht! / Ich habe dich
nicht mit Weihrauch ermüdet!
24 Du hast mir für dein Geld kein
Würzrohr gekauft, / mich nicht
mit dem Fett deiner Opfer gelabt! /
Doch mit deinen Sünden hast du
mir Arbeit gemacht! / Mit deinen
Vergehen hast du mich ermüdet!
25 Ich, ich bin es doch, der deine
Vergehen auslöscht. / Um meinet-
willen denke ich nicht mehr an
deine Schuld.

26 Klag mich doch an! Treten wir
miteinander vor Gericht! / Trag
deine Sache vor und beweise dein
Recht! 27 Schon dein Urahn hat
gesündigt, / und deine Führer
brachen mit mir. 28 Darum habe

ich die Vorsteher des Heiligtums
entweiht, / habe Jakob in den
Bann getan und gab Israel der
Verachtung preis.«

Neues Leben für Gottes Volk

44 1 »Doch jetzt hör zu, mein
Diener Jakob, / und du,
erwähltes Israel! 2 So spricht
Jahwe, dein Schöpfer, / der dich
im Mutterleib gebildet hat, / der,
der dir hilft: / Hab keine Angst,
mein Diener Jakob, / du mein
erwählter Jeschurun!* 3 Denn ich
gieße Wasser auf das Durstige, /
rieselnde Bäche auf das trockene
Land. / Ich gieße meinen Geist
über deine Nachkommen aus, /
meinen Segen über deine Kinder,
4 dass sie aufschießen wie Gras
nach dem Regen, / wie Weiden-
bäume an Wasserbächen. 5 Der
eine sagt: ›Ich gehöre Jahwe!‹ /
Nach Jakob nennt sich ein
anderer. / Einer schreibt auf
seine Hand: ›Eigentum Jahwes!‹, /
und ein anderer legt sich den
Namen ›Israel‹ bei.«

6 So spricht Jahwe, der König
Israels und sein Erlöser, / Jahwe,
der allmächtige Gott: / »Ich bin
der Erste und ich bin der Letzte, /
außer mir gibt es keinen Gott!
7 Wer ist mir gleich? / Er soll sich
melden, / spreche es aus, /
beweise es mir! / Wer ließ von
Urzeiten an das Kommende
hören? / Sollen sie uns doch
sagen, was alles noch kommt!

8 Lasst euch nicht erschrecken
und zittert nicht! / Habe ich es dir
nicht schon lange gesagt? / Ihr
seid meine Zeugen dafür. / Gibt es
noch einen Gott außer mir? / Es
gibt keinen Fels, / ich müsste ihn
kennen! 9 Alle Götzenmacher sind
ein Nichts, / ihre geliebten Götzen
nützen nichts. / Und ihre Zeugen
sehen nichts und werden beschämt.
10 Wie kann man sich nur einen
Gott machen wollen, / ein Götter-
bild gießen, / das doch nie etwas
nützt? 11 Wer mit so etwas
verbunden ist, wird sicher
beschämt. / Die Kunsthandwerker
sind ja auch nur Menschen. /
Mögen sie sich sammeln, / treten
sie vor! / Erschrecken werden sie, /
und schämen werden sie sich.

12 Der Schmied nimmt ein Stück
Eisen und steckt es in die Glut. /
Dann bringt er es mit Hämmern in
die gewünschte Form, / bearbeitet
es mit seinem kräftigen Arm. /
Dabei hungert er sich ab und
verliert seine Kraft, / er trinkt kein
Wasser und ist ganz erschöpft.
13 Der Holzschnitzer misst einen
Block ab, / umreißt ihn mit dem
Stift, / zeichnet mit dem Zirkel
vor / und arbeitet die Form mit
Stecheisen aus. / Sein Schnitzbild
sieht aus wie ein Mensch. / Es ist
ein Prachtstück von Mann. / Dann
wird es in ein Haus gestellt.
14 Vorher fällt man eine Zeder, /
wählt eine Eiche oder sonst einen
stärkeren Baum, / pflanzt eine
Fichte, die der Regen wachsen
lässt. 15 Sie dienen ihm als
Feuerholz, / er nimmt davon und
wärmt sich damit, / heizt ein, um

44,2 *Jeschurun* ist ein Ehrenname für Israel und bedeutet vielleicht: *der Redliche*.

damit Brot zu backen, / oder er
schnitzt daraus einen Gott und
wirft sich nieder vor ihm. 16 Die
Hälfte davon legt er ins Feuer, /
röstet Fleisch in der Glut und
sättigt sich daran. / Auch wärmt er
sich und sagt: / ›Ah, mir wird
warm! Wie gut das tut!‹ 17 Und
den Rest davon macht er zu einem
Gott, / zu seinem Götterbild. / Er
bückt sich vor ihm, / wirft sich
nieder und betet zu dem Holz: /
›Rette mich, du bist ja mein Gott!‹
– 18 Unwissend sind sie und ohne
Verstand! / Ihre Augen sind
verklebt, dass sie nichts sehen, /
und ihr Herz, dass es nicht
begreift. 19 Keiner denkt darüber
nach und kommt zu Verstand: /
›Die Hälfte habe ich verbrannt, /
in seiner Glut backte ich zum
Essen Brot und röstete Fleisch, /
und den Rest davon machte ich zu
einem Gräuel. / Vor einem
Holzklotz bückte ich mich.‹
20 Wer Asche hütet, ist betrogen, /
sein Herz hat ihn getäuscht. / So
rettet er sein Leben nicht; / so sagt
er nicht: ›Ein Trugbild hab ich in
der Hand!‹ 21 Bedenke dies,
Jakob, / denn mein Diener bist
du! / Ich habe dich geschaffen,
Israel, / und du stehst unter
meinem Schutz! / Ich vergesse
dich nicht! 22 Wie eine Wolke fege
ich deine Verfehlungen weg, / wie
einen Nebel deine Sünden. / Kehr
zu mir um, / denn ich habe dich
erlöst!«
23 Jubelt, ihr Himmelswelten, /
denn Jahwe hat es getan! /
Jauchzt, ihr Tiefen der Erde! /
Brecht in Jubel aus, ihr Berge, /
du Wald und alle deine Bäume! /
Denn Jahwe hat Jakob erlöst, / an
Israel zeigt er seine Herrlichkeit.

Berufung des Befreiers Kyrus

24 So spricht Jahwe, dein Erlöser, /
der dich im Mutterleib gebildet
hat: / »Ich bin es, Jahwe, der alles
wirkt, / der den Himmel aus-
gespannt und die Erde aus-
gebreitet hat, / ich allein! / Wer
war da bei mir? 25 Ich bin es, der
die Wahrsager zu Narren macht, /
die Zeichen der Orakelpriester
platzen lässt, / der die Weisen zur
Umkehr zwingt und all ihr Wissen
wertlos macht. 26 Ich bin es, der
das Wort bestätigt, das sein Diener
spricht; / der den Plan ausführt,
den seine Boten verkünden; / der
von Jerusalem sagt: ›Es werde
bewohnt!‹ / und von den Städten
Judas: ›Sie werden wieder
aufgebaut! / Eure Trümmer richte
ich auf!‹, 27 der zum tiefen Meer
sagt: ›Trockne aus! / Deine Fluten
sollen versiegen!‹; 28 der von
Kyrus* spricht: ›Er ist mein Hirt! /
Er wird alles tun, was ich von ihm
will.‹ / Er wird befehlen:
›Jerusalem wird aufgebaut! / Der
Grundstein des Tempels werde
gelegt!‹«

44,28 *Kyrus*. Dieser persische König war zu Jesajas Zeit noch nicht einmal geboren. Mehr als 150 Jahre später, 536 v.Chr., würde er den Juden die Heimkehr aus der Verbannung erlauben. Eine ähnliche Ankündigung findet sich nur noch in 1. Könige 13,2, wo Joschija 300 Jahre vor seiner Geburt schon namentlich erwähnt wird.

45 1 So spricht Jahwe zu Kyrus,
seinem Gesalbten, / den er
an die Hand gefasst hat, um Völker
ihm zu unterwerfen, / um Königen
den Hüftgurt zu lösen, / um vor
ihm zu öffnen Tür und Tor: 2 »Ich
selbst, ich gehe vor dir her. / Ich
ebne die Ringmauern ein, /
zerschlage Bronzetore und
zerbreche eiserne Riegel. 3 Ich
liefere dir die verborgenen
Schätze / und die versteckten
Vorräte aus, / damit du erkennst,
dass ich, Jahwe, / der Gott Israels
bin, der dich bei deinem Namen
rief. 4 Wegen Jakob, meinem
Diener, / wegen meinem
Schützling Israel / habe ich dich
berufen / und verlieh dir einen
Ehrennamen, / ohne dass du mich
kanntest. 5 Ich bin Jahwe, und
sonst ist keiner da! / Ich bin der
einzige Gott! / Ich gebe dir die
Macht, / obwohl du nichts von mir
weißt, 6 damit man von da, wo die
Sonne aufgeht, / bis dahin, wo sie
untergeht, erkennt, / dass es außer
mir keinen Gott gibt. / Ich bin
Jahwe, und sonst ist keiner da!
7 Ich bin es, der Licht und
Dunkelheit macht, / der Frieden
gibt und Unheil schafft. / Ich,
Jahwe, bin es, der das alles tut.

8 Ihr Himmel oben, träufelt
Gerechtigkeit herab, / ihr Wolken
lasst sie strömen! / Die Erde öffne
sich und bringe Heil hervor, / lasse
wachsen Gerechtigkeit. / Ich,
Jahwe, habe das bewirkt.«

9 Weh dem, der mit seinem
Urheber hadert / und doch nur
eine Scherbe von vielen Ton-
scherben ist. / Sagt der Ton
vielleicht zum Töpfer: / »Was
machst du denn da?« / Hält er ihm
vielleicht vor: / »Du hast kein
Geschick!«? 10 Weh dem, der zum
Vater sagt: / »Warum hast du
gezeugt?« /und zur Frau: /
»Warum hast du Wehen gehabt?«

11 So spricht Jahwe, der heilige
Gott Israels und sein Schöpfer: /
»Fragt mich über das, was
kommt! / Doch meine Kinder und
das Werk meiner Hände lasst mir
anbefohlen sein! 12 Ich selbst
habe die Erde gemacht und den
Menschen auf ihr! / Ich habe den
Himmel ausgespannt / und gab
den Sternen ihr Gesetz. 13 Weil ich
gerecht bin, habe ich Kyrus
erweckt / und ebne ihm seinen
Weg. / Meine Stadt baut er wieder
auf, mein verschlepptes Volk lässt
er frei, / ohne Lösegeld und ohne
Bestechungsgeschenk. / Das sagt
Jahwe, der allmächtige Gott.«

Die Huldigung der Nationen

14 So spricht Jahwe: / »Der
Erwerb der Ägypter, / der
nubische Handelsgewinn, / die
hochgewachsenen Leute von
Seba* / werden dir gehören. / Als
Sklaven werden sie dir folgen, / in
Fesseln kommen sie herbei. / Sie
werfen sich nieder vor dir und
bekennen: / ›Nur bei dir ist Gott! /
Sonst gibt es keinen, überhaupt
keinen Gott!‹«

15 Ja, du bist ein Gott, der sich
verborgen hält, / du Gott und
Retter Israels! 16 Zuschanden

45,14 Siehe Fußnote zu Jesaja 43,3!

sollen sie alle werden, die Götzen-
macher, / und tief beschämt
abziehen allesamt. 17 Doch Israel
wird durch Jahwe befreit / und so
für immer gerettet sein. / Nie
werdet ihr beschämt und
enttäuscht.
18 Denn so spricht Jahwe, der
den Himmel schuf – er ist Gott –,
der die Erde geformt und gebildet
hat – er selbst hat sie gegründet; /
nicht formlos schuf er sie, /
sondern zum Bewohnen hat er sie
gemacht: / »Ich bin Jahwe und
keiner sonst! 19 Ich habe nicht im
Verborgenen geredet, / irgendwo
in einem finsteren Land. / Ich habe
den Nachkommen Jakobs nicht
gesagt: / ›Vergeblich sucht ihr
mich.‹ / Nein, ich bin Jahwe, der
die Wahrheit sagt! / Was ich
verkünde, ist gerecht!
20 Versammelt euch, kommt alle
her! / Tretet vor, die ihr dem
Untergang eurer Völker entkommen
seid! / Wer Holzgötter herumträgt,
hat keinen Verstand, / er fleht zu
einem Gott, der ihm nicht helfen
kann. 21 Erzählt doch von den Taten
eurer Götter! / Ja, beratet euch und
bringt Beweise herbei! / Wer hat
dies alles seit langem verkündet, / es
längst im Voraus angesagt? / War
ich es nicht, Jahwe, außer dem es
weiter keinen Gott gibt? / Außer mir
gibt es keinen gerechten und
rettenden Gott! 22 Wendet euch
mir zu und lasst euch retten, / ihr
Menschen von allen Enden der
Welt! / Denn ich bin Gott und
keiner sonst! 23 Ich schwöre bei
mir selbst, / Wahrheit kommt aus
meinem Mund, / ein Wort, das
unverbrüchlich ist: / Alle fallen vor
mir auf die Knie / und jede Zunge
schwört mir zu:* 24 ›Nur bei Jahwe
ist Wahrheit und Macht!‹ /
Beschämt werden alle zu ihm
kommen, / die gegen ihn gewütet
haben. 25 In Jahwe werden alle
Israeliten gerecht, / und in ihm
rühmen sie sich dann!«

Sturz der Götzen Babylons

46 1 Bel* hat sich gebeugt,
Nebo* krümmt sich nieder; /
ihre Bilder werden weggeschleppt
und auf Lasttiere gepackt. / Eine
Last sind eure Götzenbilder für das
erschöpfte Vieh. 2 Sie krümmen
sich, brechen in die Knie; / sie
können die Last nicht retten / und
ziehen selbst in die Gefangenschaft.
3 »Ihr Nachkommen Jakobs, hört
auf mich, / du Überrest von
Israel! / Ich habe euch getragen,
seit es euch gibt, / ihr seid mir
aufgebürdet von Mutterleib an.
4 Bis in euer Greisenalter bin ich es,
der euch trägt. / Bis ihr alt und
grau geworden seid, schleppe ich
euch. / Ich habe es bisher getan
und werde es auch künftig tun. /
Ich selbst belade mich und werde
euch retten. 5 Mit wem wollt ihr
mich vergleichen, / neben wen
stellt ihr mich? / Wem wollt ihr
mich ähnlich machen, / mich

45,23 Wird im Neuen Testament von Paulus zitiert: Römer 14,11.

46,1 *Bel* ist ein anderer Name für Marduk, den Hauptgott Babylons, und entspricht dem kanaanäischen Baal (=Herr).

Nebo, der Gott des Lernens und Schreibens, galt als Sohn Marduks.

anpassen zum Vergleich? 6 Da schütten sie Gold aus ihrem Beutel, / wiegen Silber auf der Waage ab, / bezahlen einen Goldschmied, dass er einen Gott daraus macht. / Vor dem bücken sie sich dann und werfen sich hin. 7 Sie heben ihn auf ihre Schultern, / tragen ihn umher und stellen ihn wieder an seinen Platz. / Dort steht er dann und rührt sich nicht. / Ruft man um Hilfe, antwortet er nicht; / er rettet niemand aus der Not.

8 Denkt daran und achtet darauf, / besinnt euch, ihr Treulosen!

9 Denkt an das, was früher war, von Urzeiten her: / Ja, ich bin Gott und keiner sonst. / Es gibt keinen Gott, der mir gleicht. 10 Von Anfang an habe ich den Ausgang gezeigt, / lange im Voraus die ferne Zukunft vorhergesagt. / Meine Pläne verwirkliche ich, / und was ich mir vornehme, das tue ich auch. 11 Ich rufe den Adler aus dem Osten, / den Mann aus dem fernen Land, der meinen Plan ausführt. / Ja, ich habe es gesagt und lasse es auch so kommen. / Ich habe es geplant, und ich führe es aus. 12 Hört her, ihr Starrköpfe, / die fern sind von dem, was recht ist vor Gott. 13 Ich bringe euch die Gerechtigkeit, / sie ist nicht mehr fern, / meine Rettung verspätet sich nicht. / Zion gebe ich meine Hilfe / und Israel meine strahlende Pracht.«

Babylons Sturz

47 1 »Herunter mit dir, Babylon! / Du stolze junge Frau, setz dich in den Staub! / Setz dich auf die Erde ohne Thron, / du Tochter der Chaldäer! / Du wirst nicht länger die verwöhnte Dame sein! 2 Dreh den Mühlstein, mahle Mehl! / Weg mit dem Schleier, heb die Schleppe hoch, / zeig deine Schenkel und wate durch den Strom. 3 Deine Blöße werde aufgedeckt, jeder sehe deine Scham. / Ich werde Rache nehmen, / kein Mensch hindert mich daran!«, 4 spricht unser Erlöser. / Es ist Jahwe, der Allmächtige, / Israels heiliger Gott.

5 »Sei still und setz dich hin, / du Tochter der Chaldäer! / Du musst in die Finsternis. / Denn nun nennt dich niemand mehr ›Herrin vieler Reiche‹. 6 Ich war zornig über mein Volk, / entweihte mein Erbe und gab es in deine Gewalt. / Doch du hast kein Erbarmen gehabt, / selbst auf den Greis hast du ein schweres Joch gelegt. 7 Du meintest, auf ewig Herrin zu sein, / hast dir nichts zu Herzen genommen / und nicht an das Ende gedacht. 8 So höre nun, du lüsternes Weib, / das sich in Sicherheit wiegt und denkt: ›Ich und niemand sonst! / Ich sitze nie als Witwe da, / Kinderlosigkeit kenne ich nicht!‹ 9 Doch beides wird über dich kommen, / plötzlich und am selben Tag: / Kinderlosigkeit und Witwenschaft. / Es trifft dich mit Wucht trotz all deiner Zauberei, / trotz deiner Bannsprüche mit ihrer gewaltigen Macht. 10 In deiner Bosheit hast du dich sicher geglaubt. / ›Niemand sieht mich‹,

dachtest du. / Deine Weisheit und dein Wissen haben dich irregeführt, / sodass du dir eingeredet hast: / ›Ich, und gar nichts sonst!‹ 11 So kommt Unheil über dich, / gegen das du keinen Zauber kennst. / Eine Katastrophe bricht herein, / die du nicht abwenden kannst. / Plötzlich kommt dein Untergang, / und du hast nichts davon geahnt.

12 Versuch es nur mit der Beschwörungskunst! / Los! Wende deine Zaubereien an! / Du hast dich ja von Jugend an darum gemüht. / Vielleicht schaffst du Hilfe herbei, / vielleicht wendest du das Unheil ja ab? 13 Deine vielen Beratungen haben dich müde gemacht. / Ja, ruf doch deine Astrologen, / deine Himmelszerleger, / die dich jeden Neumond wissen lassen, was über dich kommt. / Sollen sie dich doch retten! 14 Seht, wie Stroh hat sie das Feuer verbrannt! / Keiner kann sein Leben retten vor dem Feuersturm. / Das ist keine Glut, an der man sich wärmt, / kein Feuerchen, an dem man sitzt. 15 Das ist alles, was sie für dich tun – die, für die du dich gemüht, / mit denen du von Jugend auf gehandelt hast. / Jeder taumelt seines Weges fort, / niemand rettet dich.«

Verstocktes Israel

48 1 Hört her, ihr Nachkommen Jakobs, / die ihr den Namen Israels tragt, / aus Judas Stamm hervorgegangen seid! / Ihr schwört beim Namen Jahwes / und bekennt euch zu Israels Gott – / aber doch nicht aufrichtig und treu. 2 Ihr nennt euch nach der heiligen Stadt / und stützt euch auf Israels Gott, / der Jahwe, der Allmächtige, heißt. 3 »Was früher geschah, hatte ich lange vorher gesagt. / Es kam aus meinem Mund, / ich ließ es hören, / und plötzlich tat ich es, und es trat ein. 4 Weil ich wusste, dass du starrsinnig bist, / dein Nacken wie aus Eisen ist / und deine Stirn wie aus Erz, 5 so habe ich dir alles vorher schon gesagt. / Bevor es eintraf, hast du es gehört, – sonst sagst du noch: ›Mein Götze hat es getan. / Das hat mein Schnitz- oder Gussbild befohlen.‹ 6 Du hast es gehört, nun schau dir alles an! / Wollt ihr das nicht weitersagen? / Von jetzt an lasse ich dich Neues hören; / bisher war es verborgen, / du hast nichts davon gewusst. 7 Jetzt erst habe ich es geschaffen / und nicht schon früher. / Vor dem heutigen Tag hast du nichts davon gehört, / damit du nicht sagen kannst: ›Ich habe es ja schon lange gewusst!‹ 8 Nein, du hast nichts davon gewusst / und noch nie etwas davon gehört! / Denn ich wusste, dass du völlig treulos bist / und dass man dich nicht umsonst nennt: / ›aufsässig von Mutterleib an‹. 9 Doch weil es um meinen Namen geht, / bezwinge ich meinen Zorn, / nur wegen meiner Ehre bezähme ich mich und vernichte dich nicht! 10 Seht, ich habe euch geläutert, / im Schmelzofen des Elends habe ich euch geprüft, / aber ich fand kein Silber

darin. 11 Nur um meinetwillen
handle ich jetzt, / denn sonst
würde mein Name entweiht. /
Meine Ehre gebe ich keinem
anderen preis!

Israel durch Kyrus befreit

12 »Jakob, hör auf mich! / Höre
mich, Israel, den ich berief! / Ich
bin es, ich, der Erste und auch der
Letzte. 13 Mit meiner Hand habe
ich die Erde gegründet, / mit
meiner Rechten den Himmel
ausgespannt. / Ich rief ihnen zu,
schon standen sie da.
14 Kommt alle her und hört
zu! / Wer von den Göttern hat so
etwas jemals gesagt? / Der, den
Jahwe liebt, vollstreckt seinen
Willen an Babylon, / die Chal-
däer spüren seine Macht. 15 Ich
selbst, ich habe es gesagt, / und
ich habe ihn gerufen! / Ich ließ
ihn kommen, damit sein Vor-
haben gelingt.
16 Kommt her und hört zu! / Von
Anfang an habe ich dies öffentlich
gesagt, / und seit es geschieht, bin
ich dabei.« / Und nun hat Jahwe,
der Herr, mich und seinen Geist
gesandt.
17 So spricht Jahwe, dein
Erlöser, Israels heiliger Gott: /
»Ich bin Jahwe, dein Gott, / der
dich zu deinem Nutzen belehrt, /
der dich auf den Weg führt, den du
gehen sollst. 18 Hättest du doch
auf meine Gebote gehört! / Dann
wäre jetzt dein Frieden wie ein
Strom, / deine Gerechtigkeit wie
die Wogen im Meer. 19 Die Menge
deiner Nachkommen wäre wie
Sand / und wie Sandkörner deine
Sprösslinge. / Ihr Name würde nie
getilgt, / nie ausgelöscht vor mir.
20 Zieht aus Babel fort, / rennt
mit Jubel aus Chaldäa heraus! /
Macht es bekannt bis an das Ende
der Erde: / ›Jahwe hat Jakob,
seinen Diener, erlöst!‹ 21 Er führt
sie durch Wüsten, doch sie leiden
keinen Durst. / Er sorgt, dass
Wasser aus dem Felsen rinnt, / er
spaltet Gestein, damit das Wasser
fließt. 22 Doch für Gottlose gibt es
keinen Frieden«, spricht Jahwe.

Zweites Lied vom Diener Gottes

49 1 Hört mir zu, ihr Meeres-
länder, / horcht auf, ihr
Völker in der Ferne! / Schon im
Mutterleib berief mich Jahwe, /
von Mutterschoß an hat er meinen
Namen genannt. 2 Er machte
meinen Mund zu einem scharfen
Schwert / und versteckte mich im
Schatten seiner Hand. / Er machte
mich zu einem sicher treffenden
Pfeil / und hat mich in seinem
Köcher verwahrt. 3 Er sagte zu
mir: / »Du bist mein Diener,
Israel, / an dir zeige ich meine
Herrlichkeit!« 4 Ich aber dachte:
»Vergeblich habe ich mich
gemüht, / umsonst und nutzlos
meine Kraft vertan. / Doch Jahwe
sorgt für mein Recht, / er verhilft
mir zu meinem Lohn.« 5 Jetzt hat
Jahwe gesprochen, / der mich
schon im Mutterleib zu seinem
Diener ausgebildet hat, / damit
Jakob zurückgebracht und Israel
zu ihm heimgeführt werde. / Bei
Jahwe bin ich angesehen, / meine
Stärke liegt in meinem Gott. 6 Er
sagte: »Es ist zu wenig, dass du

nur mein Diener bist, / um die
Stämme Jakobs aufzurichten, /
zurückzuführen die Verschonten
Israels. / Ich habe dich auch zum
Licht der Nationen gemacht, /
dass mein Heil das Ende der Erde
erreicht.«*
7 Das sagt Jahwe, der Befreier
Israels, / sein heiliger Gott, / zu
dem, der ganz und gar verachtet
ist, / der von den Völkern
verabscheut wird, / der auch unter
Gewaltherrschern dient: / »Könige
erheben sich, wenn sie das sehen, /
und Fürsten werfen sich nieder. /
Das geschieht, weil Jahwe sein
Wort hält, / weil der Heilige Israels
dich erwählt.« 8 So spricht Jahwe: /
»Ich habe dich rechtzeitig erhört, /
am Tag der Rettung habe ich dir
geholfen.* / Ich habe dich vor
Schaden bewahrt, / damit du dem
Volk zum Mittler meines Bundes
wirst, / um das Land wieder
aufzurichten, / das verödete Erbe
neu zu verteilen, 9 um den
Gefangenen zu sagen: / ›Ihr seid
frei!‹, / denen in der Finsternis:
›Kommt ans Licht!‹
Gleich an den Wegen grasen
sie, / auf kahlen Hängen finden
sie Weide. 10 Sie leiden weder
Hunger noch Durst. / Hitze und
Sonnenglut schaden ihnen nicht, /
denn ihr Erbarmer leitet sie /
und führt sie immer zur Quelle.
11 Alle meine Berge mache ich
zum Weg, / meine Straßen führen
über die Höhen. 12 Seht, da kommt
mein Volk von ferne! / Die einen
kommen vom Norden her, / die
andern übers westliche Meer – und
jene aus dem Lande Sewenim*.«
13 Jubelt, ihr Himmel, / jauchze,
du Erde! / Ihr Berge, brecht in
Jubel aus! / Denn Jahwe hat sein
Volk getröstet, / sich seiner
Gebeugten erbarmt.

Trost und Hoffnung für Zion

14 Zion sagt: »Jahwe hat mich
verlassen, / vergessen hat mich der
Herr!« 15 »Kann eine Frau denn
ihren Säugling vergessen, / eine
Mutter ihren leiblichen Sohn? /
Und selbst wenn sie ihn vergessen
könnte, / ich vergesse euch nie!
16 In beide Handflächen habe ich
dich eingraviert, / deine Mauern
stehen immer vor mir. 17 Schon
eilen deine Söhne herbei, / und
die dich zerstört und verwüstet
haben, ziehen davon. 18 Blick doch
auf und schau dich um: / Alle
versammeln sich und kommen zu
dir! / So wahr ich lebe«, spricht
Jahwe, / »du wirst sie anlegen wie
einen Schmuck, / wirst dich mit
ihnen schmücken wie eine Braut.
19 Denn deine Trümmerstätten
und Einöden, / dein verwüstetes
Land wird jetzt für seine Bewohner
zu eng, / denn die dich vernichten
wollten, sind weit weg. 20 Ja, du
warst kinderlos, / doch bald sagen
deine Kinder zu dir: / ›Uns wird
es hier zu eng. / Schaffe uns mehr

49,6 Wird im Neuen Testament von Paulus und Barnabas zitiert: Apostelgeschichte 13,47.

49,8 Wird im Neuen Testament von Paulus zitiert: 2. Korinther 6,2.

49,12 Mit *Sewenim* ist wahrscheinlich eine jüdische Kolonie bei Syene (Assuan) im südlichen Ägypten gemeint. Andere lesen *Sinim* und deuten es auf China.

Platz!‹ 21 Erstaunt wirst du dich fragen: / ›Wer hat mir diese Kinder geboren? / Man hat mir doch meine geraubt, / und ich konnte keine weiteren gebären! / Ich war verstoßen und verbannt. / Wer hat diese hier denn großgezogen? / Ich war doch ganz allein. / Wo kommen sie nur her?‹«

22 So spricht Jahwe, mein Herr: / »Seht, ich hebe vor den Völkern die Hand / und stelle mein Feldzeichen für sie auf. / Und sie bringen auf den Armen deine Söhne herbei, / auf den Schultern tragen sie deine Töchter zu dir. 23 Könige werden deine Betreuer sein / und Fürstinnen Ammen für dich. / Mit dem Gesicht auf der Erde ehren sie dich, / küssen den Staub deiner Füße. / Dann wirst du erkennen, dass ich, Jahwe, es bin. / Niemand wird enttäuscht, der mir vertraut.«

24 »Kann man dem Starken die Beute wegnehmen?«, / fragst du. »Kann der Fang eines Tyrannen entkommen?« 25 Ja, denn so spricht Jahwe: / »Auch einem Starken nimmt man den Gefangenen weg, / und die Beute des Tyrannen entkommt. / Wer dich angreift, den greife ich an, / und deine Kinder rette ich. 26 Deine Peiniger speise ich mit ihrem eigenen Fleisch / und mache sie betrunken mit dem eigenen Blut. / Dann werden alle Menschen erkennen, dass ich, Jahwe, dein Retter bin, / der mächtige Gott Jakobs, / der dich befreit.«

Israels Schuld

50 1 So spricht Jahwe: / »Ihr sagt, ich hätte eure Mutter fortgeschickt? / Wo ist denn dann ihr Scheidebrief? / Ihr sagt, ich hätte euch als Sklaven verkauft? / Wem hätte ich denn so meine Schulden bezahlt? / Nein, wegen eurer Sünden wurdet ihr verkauft, / wegen eurer Vergehen wurde eure Mutter fortgeschickt. 2 Weshalb war kein Mensch da, als ich kam? / Weshalb gab keiner Antwort, als ich rief? / Ist denn mein Arm zu kurz, um euch zu befreien? / Fehlt mir vielleicht die Retterkraft? / Durch mein Drohwort vertrocknet das Meer, / versiegen die Ströme; / die Fische sterben vor Durst und stinken, weil kein Wasser mehr ist. 3 Ich kleide den Himmel in Schwarz, / bedecke ihn mit einem Trauersack.«

Drittes Lied vom Diener Gottes

4 Jahwe, mein Herr, gab mir die Zunge von eifrigen Schülern, / denn er zeigt mir, was ich sagen soll, / um Erschöpfte aufzurichten. / Er weckt mich jeden Morgen, / er weckt mir auch das Ohr, / dass ich voll Verlangen höre, was er mir sagen will. 5 Jahwe, mein Herr, hat mich bereit gemacht, / er öffnete mein Ohr. / Ich habe mich nicht widersetzt / und bin nicht zurückgescheut. 6 Ich hielt meinen Rücken den Schlägern hin, / meine Wangen denen, die mich am Bart gezerrt. / Mein Gesicht habe ich nicht vor Schimpf und Speichel versteckt. 7 Aber Jahwe,

mein Herr, steht mir bei. / Darum
werde ich doch nicht beschämt. /
Darum konnte ich mein Gesicht
hart wie einen Kieselstein
machen, / denn ich wusste, ich
werde nicht enttäuscht. 8 Ich
habe einen Beistand, der meine
Unschuld beweist. / Wer tritt da
im Prozess gegen mich an? /
Treten wir zusammen vor den
Richter hin! / Wer bringt nun
etwas gegen mich vor? / Er stelle
sich mir! 9 Seht, Jahwe, mein Herr,
hilft mir! / Wer beschuldigt mich
da noch? / Jeder, der das tut, wird
zerfallen wie ein von Motten
zerfressenes Kleid.

Gottes Erlösung für Israel

10 Wer von euch hat Ehrfurcht
vor Jahwe? / Wer hört auf seinen
Diener? / Der kann auch im
Finstern gehen, / wo er keinen
Lichtstrahl sieht, / denn er
vertraut auf den Namen Jahwes /
und stützt sich auf seinen Gott.
11 Doch ihr, die ihr das Feuer
schürt / und euch mit Brand-
pfeilen rüstet, / lauft nur in eure
eigene Glut, / geratet zwischen
die Pfeile, die ihr angezündet
habt! / Ihr bekommt es mit mir
zu tun, sodass ihr euch in Qualen
winden müsst!

51 1 »Hört auf mich, die ihr
nach Gerechtigkeit fragt, /
die ihr nach Jahwe sucht! / Schaut
zu dem Felsen hin, aus dem ihr
gehauen seid, / auf den Brunnen-
schacht, aus dem man euch
gegraben hat. 2 Seht auf euren
Vater Abraham / und auf Sara, die
euch unter Schmerzen gebar! / Als
Einzelnen berief ich ihn. / Doch
ich habe ihn gesegnet und ihm
viele Nachkommen geschenkt.«
3 Seid gewiss! Jahwe tröstet Zion
und auch alle seine Trümmer! /
Das verwüstete Land macht er zu
einem Paradies, / die Steppe wie
den Garten Jahwes. Freude und
Fröhlichkeit findet man dort, /
Lobpreis und Gesang.

4 »Merke auf, mein Volk und
höre auf mich! / Denn von mir
geht die Weisung aus / und mein
Recht wird den Völkern zum Licht.
5 Meine Wahrheit ist nah, / mein
Heil tritt hervor, / mein Arm
verschafft den Völkern ihr Recht. /
Die Meeresländer hoffen auf
mich, / auf meinen Beistand
warten sie. 6 Blickt zum Himmel
hoch: / Er wird sich auflösen wie
Rauch. / Schaut auf die Erde unter
euch: / Sie wird zerfallen wie ein
altes Gewand, / und ihre
Bewohner werden sterben wie
die Fliegen. / Doch mein Heil
wird ewig bleiben, / und meine
Gerechtigkeit zerbricht nie.

7 Hört auf mich, die ihr
Gerechtigkeit kennt, / du Volk,
das meine Weisung in sich trägt: /
Fürchtet nicht den Hohn von
Menschen, / erschreckt doch nicht
vor ihrem Spott! 8 Denn wie die
Motte ein Kleid zerfrisst, so wird
es ihnen ergehen, / wie Wolle, die
von der Schabe gefressen wird. /
Doch meine Gerechtigkeit wird
ewig bestehen / und mein Heil in
jeder Generation.«

9 »Wach auf, Jahwe, wach auf! /
Umkleide dich mit Kraft! / Zeig

deine Macht, wie du sie in den
Tagen der Vorzeit erwiesen hast! /
Warst du es nicht, der Rahab*
zerhieb, / der das Ungetüm im
Meer erstach? 10 Hast du nicht das
Meer trockengelegt, / das Wasser
der großen Flut? / Hast du nicht
den Meeresgrund zu einem Weg
gemacht, / auf dem hindurchzog
dein befreites Volk?« 11 So kehren
die von Jahwe Befreiten zurück, /
voll Jubel kommen sie wieder nach
Zion, / bleibende Freude wird um
sie her sein; / ja, Wonne und Glück
stellen sich ein, / und Kummer
und Seufzen sind für immer vorbei.
12 »Ich, ich bin es, der euch
tröstet! / Wie kommst du dazu,
dich vor Sterblichen zu fürchten, /
vor Menschen, die vergehen wie
Gras, 13 und Jahwe zu vergessen,
der dich gemacht hat, / der den
Himmel ausgespannt und die
Erde gegründet hat? / Warum
zitterst du den ganzen Tag vor
dem Zorn deines Unterdrückers, /
wenn er sich rüstet, um dich zu
vernichten? / Wo bleibt denn die
Wut des Bedrückers? 14 Bald
werden die Gefesselten befreit, /
keiner wird durch Hunger
sterben, / für alle ist genug zu
essen da. 15 Ich bin doch Jahwe,
dein Gott, / der das Meer
aufwühlt, so dass die Wogen
tosen, / Jahwe, der allmächtige
Gott, bin ich. 16 Meine Worte gab
ich in deinen Mund, / und mit dem
Schatten meiner Hand hüllte
ich dich ein, / als ich den Himmel
ausspannte und die Erde gründete, /
als ich zu Zion sagte: ›Du bist
mein Volk.‹«

Der Zornbecher Gottes

17 Raff dich auf, Jerusalem! /
Erhebe dich, steh auf! / Jahwe ließ
dich trinken den Becher seines
Zorns. / Du hast ihn bis zur Neige
ausgeschlürft, / den Trank, der
jeden taumeln macht. 18 Und von
all den Söhnen, die Jerusalem
gebar, / war keiner, der sie bei der
Hand nahm, / von allen, die sie
aufzog, / niemand, der sie führte.
19 Doppelt hat es dich getroffen, /
doch wer zeigt dir schon sein
Mitgefühl? / Verwüstung und
Zusammenbruch, / Hungersnot
und Schwert – und niemand
tröstet dich. 20 Ohnmächtig
sanken deine Kinder hin, / an den
Ecken aller Gassen lagen sie wie
die Antilope im Netz, / getroffen
vom Zorn Jahwes, / von Gottes
Schelte und Grimm. 21 Darum
höre doch, gebeugte Stadt, / die
taumelt und doch nicht betrunken
ist! 22 So spricht Jahwe, dein Herr
und dein Gott, / der den Prozess
seines Volkes führt: / ›Ich nehme
dir den Becher aus der Hand, /
den Trank des Zornes, der dich
taumeln macht, / du musst ihn
nicht mehr trinken. 23 Ich drück
ihn denen in die Hand, / die dich
gepeinigt haben, / denen, die dir
sagten: / ›Wirf dich nieder, wir
schreiten über dich!‹ / So musstest
du deinen Rücken zum Fußboden

51,9 *Rahab* steht für ein Seeungeheuer und ist hier ein sinnbildlicher Name für Ägypten (nicht zu verwechseln mit der Rahab in Josua 2, die im Hebräischen anders geschrieben wird).

machen, / zum Weg für die, /
die über dich hinweggeschritten
sind.«

Jerusalem im kommenden Reich

52 1 Wach auf, Jerusalem, /
Zion, wach auf! / Erhebe
dich und zieh dich an! / Kleide
dich in deine Prachtgewänder,
du heilige Stadt! Künftig darf dich
keiner mehr betreten, / der
unbeschnitten* oder unrein* ist.
2 Schüttle den Staub von dir ab! /
Steh auf, gefangenes Jerusalem! /
Zion, wirf die Halsfesseln ab!
3 Denn so spricht Jahwe: /
»Für euren Verkauf bekam ich kein
Geld, / darum werdet ihr auch
ohne Silber ausgelöst.« 4 Denn
so spricht Jahwe, der Herr: /
»Am Anfang zog mein Volk nach
Ägypten hinab. / Als Fremde
lebten sic dort. / Dann hat
Assyrien es grundlos bedrückt.
5 Und wie steht es jetzt?«, sagt
Jahwe. / »Man nahm mein Volk
und hat nichts bezahlt. / Und sie
johlten über ihren guten Fang. /
Ununterbrochen schmähen sie
mich / und ziehen meine Ehre in
den Dreck«, sagt Jahwe.*
6 »Darum greife ich ein, / und
dann wird auch mein Volk
erkennen, / dass ich es bin,der
spricht: ›Hier bin ich!‹«
7 Hoch willkommen ist der
Freudenbote, / der mit guter
Botschaft über die Berge kommt, /
der Frieden verkündet und
Rettung verheißt,* / der zu Zion
sagt: »Dein Gott herrscht als
König!« 8 Hört! Eure Wächter
rufen laut, / und sie jubeln alle-
samt. / Denn sie sehen mit
eigenen Augen / wie Jahwe wieder
nach Zion kommt. 9 Ihr Trümmer
Jerusalems, / brecht in Jubel aus!
Denn Jahwe tröstet sein Volk, /
er hat Jerusalem befreit. 10 Bloß-
gestreift hat Jahwe seinen heiligen
Arm, / vor den Augen aller Völker
greift er ein. / Er rettet sein Volk, /
und die ganze Welt sieht zu.
11 Fort, fort! Zieht weg von
dort! / Fasst nichts Besudeltes
an!* / Zieht weg aus Babylon! /
Haltet euch rein! / Denn ihr tragt
die Gegenstände für den Tempel
Jahwes. 12 Ihr müsst jedoch nicht
ängstlich eilen, / denn ihr geht
nicht als Flüchtlinge weg. / Jahwe
selbst zieht vor euch her, / und
Israels Gott wird auch hinter euch
sein.

Das vierte Lied vom Diener Gottes

13 Seht, mein Diener wird
erfolgreich sein! / Er wird sich
erheben, / wird emporgetragen /
und zu höchsten Ehren gelangen.
14 Viele haben sich über sein

52,1 *unbeschnitten.* Bei den Israeliten wurde die Vorhaut am männlichen Glied durch Beschneidung entfernt, wie es Gott angeordnet hatte; siehe 1. Mose 17. Alle Ausländer wurden als Unbeschnittene bezeichnet.

Unrein waren grundsätzlich alle Ausländer, aber auch die Israeliten, die die Reinheitsgebote des mosaischen Gesetzes nicht beachteten.

52,5 Wird im Neuen Testament von Paulus zitiert: Römer 2,24.

52,7 Wird ebenso wie Nahum 2,1 im Neuen Testament von Paulus zitiert: Römer 10,15.

52,11 Wird im Neuen Testament von Paulus zitiert: 2. Korinther 6,17.

Aussehen entsetzt, / denn er war
völlig entstellt / und kaum noch als
Mensch zu erkennen. 15 Doch nun
sind viele Völker überrascht, /
selbst Könige halten die Hand vor
den Mund. / Denn auf einmal
sehen sie, was ihnen nie erzählt
worden war, / wovon sie nie etwas
hörten, verstehen sie jetzt.*

53 1 Wer hat denn unserer
Botschaft geglaubt? / Und
an wem hat sich Jahwes Macht auf
diese Weise gezeigt?* 2 Wie ein
kümmerlicher Spross wuchs er
vor ihm auf, / wie ein Trieb aus
dürrem Boden. / Er war weder
stattlich noch schön. / Er war
unansehnlich, / und er gefiel uns
nicht. 3 Er wurde verachtet, / und
alle mieden ihn. / Er war voller
Schmerzen, / mit Leiden
vertraut, / wie einer, dessen
Anblick man nicht mehr erträgt. /
Er wurde verabscheut, / und auch
wir verachteten ihn.

4 Doch unsere Krankheit, / er
hat sie getragen, / und unsere
Schmerzen, / er lud sie auf sich. /
Wir dachten, er wäre von Gott
gestraft, / von ihm geschlagen und
niedergebeugt. 5 Doch man hat
ihn durchbohrt wegen unserer
Schuld, / ihn wegen unserer
Sünden gequält.* / Für unseren
Frieden ertrug er den Schmerz, /
und wir sind durch seine Striemen
geheilt. 6 Wie Schafe hatten wir
uns alle verirrt; / jeder ging seinen
eigenen Weg. / Doch ihm lud
Jahwe unsere ganze Schuld auf.

7 Er wurde misshandelt, / doch
er, er beugte sich / und machte
seinen Mund nicht auf. / Wie ein
Lamm, das zum Schlachten
geführt wird, / wie ein Schaf, das
vor den Scherern verstummt, / so
ertrug er alles ohne Widerspruch.
8 Durch Bedrückung und Gericht
wurde er dahingerafft, / doch wer
von seinen Zeitgenossen dachte
darüber nach? / Man hat sein
Leben auf der Erde ausgelöscht. /
Die Strafe für die Schuld meines
Volkes traf ihn.* 9 Bei Gottlosen
sollte er liegen im Tod, / doch ins
Steingrab eines Reichen kam er, /
weil er kein Unrecht beging / und
kein unwahres Wort aus seinem
Mund kam.*

10 Doch Jahwe wollte ihn
zerschlagen. / Er war es, der ihn
leiden ließ. / Und wenn er sein
Leben als Schuldopfer eingesetzt
hat, / wird er leben und Nach-
kommen haben. / Durch ihn
gelingt der Plan Jahwes. 11 Nach
seiner Seelenqual sieht er das
Licht / und wird für sein Leiden
belohnt. / Durch seine Erkenntnis
wird mein Diener, der Gerechte, /
den Vielen Gerechtigkeit bringen; /
und ihre Vergehen lädt er auf sich.

52,15 Wird im Neuen Testament von Paulus zitiert: Römer 15,21.

53,1 Wird im Neuen Testament von Johannes und Paulus zitiert: Johannes 12,38; Römer 10,16.

53,5 Wird im Neuen Testament von Matthäus zitiert: Matthäus 8,17.

53,8 Wird im Neuen Testament von einem Äthiopier nach der LXX gelesen und von Philippus erklärt: Apostelgeschichte 8,32-33.

53,9 Wird im Neuen Testament von Petrus zitiert: 1. Petrus 2,22.

12 Darum teile ich die Vielen ihm
zu, / und die Starken werden seine
Beute sein, / weil er sein Leben
dem Tod preisgegeben hat / und
sich unter die Verbrecher rechnen
ließ.* / Dabei war er es doch, der
die Sünden der Vielen trug / und
fürbittend für Verbrecher eintrat.

Zions künftige Herrlichkeit

54 1 »Freue dich, du
Unfruchtbare, die noch nie
geboren hat; / du, die nie in
Wehen lag, brich in Jubel aus! /
Denn die Verlassene wird viel
mehr Söhne haben als die Frau,
die verheiratet war«*, sagt Jahwe.
2 »Vergrößere dein Zelt, spann
deine Zeltdecken aus, spare
nicht! / Mach deine Seile lang und
schlage die Pflöcke fest ein!
3 Denn nach rechts und links
breitest du dich künftig aus. /
Deine Nachkommen werden
ganze Völker beerben, / und
verödete Städte besiedeln sie neu.
4 Hab keine Angst, du wirst nicht
wieder enttäuscht; / schäme
dich nicht, du wirst nicht wieder
beschämt! / Denn die Schande
deiner Jugendzeit wirst du
vergessen, / wirst nicht mehr an
die Schmach deiner Witwenschaft
denken. 5 Denn dein Schöpfer ist
dein Ehemann, / es ist Jahwe, der
allmächtige Gott, dein Befreier; /
es ist der heilige Gott Israels, / der
Gott, dem die ganze Erde gehört.
6 Denn wie eine verstoßene und
tiefgekränkte Frau rief Jahwe dich
zurück. / Wie kann man denn
seine Jugendliebe verstoßen?«,
sagt dein Gott. 7 »Für eine kleine
Weile habe ich dich verlassen, /
aber mit großem Erbarmen hole
ich dich wieder heim. 8 Als mein
Zorn aufwallte, habe ich mich
für einen Augenblick von dir
abgewandt, / aber mit ewig
währender Gnade erbarme ich
mich jetzt über dich, / spricht
Jahwe, der dich befreit. 9 Wie
in Noahs Zeit soll es für mich
sein, / als ich schwor, dass Noahs
Flut die Erde nie mehr über-
schwemmen wird, / so schwöre
ich jetzt: ›Ich werde nie mehr
zornig auf dich sein / und schreie
dich niemals mehr an!‹ 10 Eher
weichen die Berge von ihrem
Platz und die Hügel stürzen um, /
als dass meine Gnade von dir
weicht und mein Friedensbund
wankt, / spricht Jahwe, dein
Erbarmer.«

Das neue Jerusalem

11 »Du leidgeprüfte, verwüstete
und preisgegebene Stadt! / Ich
lege deine Steine in besten Mörtel
ein / und gründe deine Mauern auf
Saphir*. 12 Deine Zinnen werden
Rubine sein / und deine Tore aus
Karfunkeln* bestehen, / die
gesamte Umfassung aus teurem

53,12 Wird im Neuen Testament von Jesus Christus zitiert: Lukas 22,37.

54,1 Wird im Neuen Testament von Paulus zitiert: Galater 4,27.

54,11 *Saphir* ist ein blauer, wie Diamant glänzender Edelstein, siehe 2. Mose 24,10.

54,12 *Karfunkel* ist ein blutroter Edelstein, ein besonders edler Granat.

Gestein. 13 Deine Kinder werden
von mir selbst belehrt,* / sie
werden in Frieden leben und
ungestörtem Glück. 14 Du wirst
auf Gerechtigkeit gegründet sein, /
weißt dich fern von jeder Not, /
weil du sie nicht mehr fürchten
musst, / fern von Schrecken und
Angst, / denn sie kommen nicht
an dich heran. 15 Und wenn dich
jemand angreifen will, / dann
geschieht es ohne mich, / er kommt
an dir zu Fall. 16 Seht, ich selber
schuf den Schmied, / der das
Kohlenfeuer entfacht und Waffen
erzeugt. / Ich habe auch den
gemacht, / der mit dieser Waffe
Tod und Verderben bringt.
17 Deshalb wird dir keine Waffe
etwas tun, die gegen dich
geschmiedet ist. / Und jeder, der
dich vor Gericht anklagt, / wird
von dir als Schuldiger entlarvt. /
Das ist das Vorrecht der Diener
Jahwes, / so sieht ihre
Gerechtigkeit aus!«, spricht
Jahwe.

An alle, die Durst haben

55 1 »He, ihr Durstigen alle, /
kommt her zum Wasser! /
Kommt her, auch wenn ihr kein
Geld habt! / Kauft und esst! /
Ja, kommt, kauft ohne Geld, /
kauft Wein und Milch! / Es kostet
nichts. 2 Warum gebt ihr Geld aus
für Brot, das gar keins ist, / den
Lohn eurer Mühe für das, was
niemand satt machen kann? / Hört
doch auf mich, dann bekommt ihr
das Beste, / dann esst ihr euch an
Köstlichkeiten satt! 3 Hört auf
mich und kommt zu mir! /
Dann lebt eure Seele auf, und ich
schließe einen ewigen Bund mit
euch. / Ich erfülle, was ich schon
David versprach.* 4 Ihn habe
ich zum Zeugen für die Völker
bestimmt, / zum Herrscher und
Gebieter vieler Nationen. 5 Pass
auf, auch du rufst künftig manches
Volk herbei, das du nicht kennst! /
Und mancher Stamm, der dich
nicht kannte, / wird schnell zu dir
kommen, wenn er mich bei dir
sieht, / Jahwe, den heiligen Gott
Israels, / denn ich habe dich
herrlich gemacht!«
6 Sucht Jahwe, solange er sich
finden lässt! / Ruft ihn an, solange
er euch nahe ist! 7 Der Gottlose
verlasse seinen Weg, / der Schurke
seine schlimmen Gedanken! / Er
kehre um zu Jahwe, damit er sich
seiner erbarmt, / zu unserem Gott,
denn er ist im Verzeihen groß!
8 »Meine Gedanken sind nicht wie
eure Gedanken, / und eure Wege
nicht wie meine Wege!«, spricht
Jahwe. 9 »Denn so hoch der
Himmel über der Erde ist, / so weit
reichen meine Gedanken über alles
hinaus, was ihr euch denkt, / und
meine Möglichkeiten über alles,
was für euch machbar ist. 10 Und
wie Regen oder Schnee vom
Himmel fällt / und nicht dorthin
zurückkehrt, ohne dass er die Erde
tränkt, / sie fruchtbar macht, dass

54,13 Wird im Neuen Testament von Jesus Christus zitiert: Johannes 6,45.

55,3 Wird im Neuen Testament von Paulus zitiert: Apostelgeschichte 13,34.

alles sprießt, / dass Brot zum
Essen da ist und Saatgut für die
nächste Saat, 11 so ist es auch mit
meinem Wort: / Es kehrt nicht leer
zu mir zurück, sondern bewirkt,
was ich will, / und führt aus, was
ich ihm aufgetragen habe. 12 Voll
Freude zieht ihr in die Freiheit
aus, / kehrt heim mit sicherem
Geleit. / Berge und Hügel brechen
in Jubel aus, wenn sie euch sehen, /
Beifall klatschen die Bäume im
Feld. 13 Statt Kameldorn schießt
Wacholder auf, / statt Brenn-
nesseln sprießen Myrten hoch. /
Das wird zum Ruhm für Jahwe
sein, / ein Denkmal, das alle
Zeiten übersteht.

Auch Fremde werden gerettet

56 1 So spricht Jahwe: / »Wahrt
das Recht und sorgt für
Gerechtigkeit! / Denn nah ist
meine Rettung, sie kommt bald, /
und meine Gerechtigkeit, sie wird
bald offenbar. 2 Glücklich der
Mensch, der sich daran hält, / der
meine Gebote befolgt, / der auf
den Sabbat achtet und ihn nicht
entweiht, / auf seine Hand und
mit ihr nichts Böses tut!« 3 Der
Fremde, der sich Jahwe anschloss,
sage nicht: / »Jahwe schließt mich
sicher aus seinem Volk aus!« /
Und der Eunuch soll nicht denken: /
»Ich bin doch nur ein dürrer Baum.«
4 Denn so spricht Jahwe: /
»Wenn ein Eunuch meinen Sabbat
beachtet, / wenn er gerne tut, was
mir gefällt, und sich an meinen
Bund hält, 5 dann gebe ich ihm
Raum in meinem Haus / und einen
Namen, der nicht in Vergessenheit
gerät, / der besser bewahrt wird
als durch Söhne und Töchter.
6 Und wenn sich Fremde Jahwe
angeschlossen haben, / ihm
dienen und ihn lieben, / seinen
Sabbat halten und ihn nicht
entweihen / und festhalten an
seinem Bund, 7 die lasse ich
kommen auf meinen heiligen
Berg, / die dürfen sich freuen im
Haus des Gebets. / Ihre Brand-
und Schlachtopfer auf meinem
Altar gefallen mir wohl. / Denn
mein Tempel soll ein Bethaus für
alle Völker sein.«* 8 So spricht
Jahwe, der Herr, der Israels
zerstreutes Volk gesammelt hat: /
»Ich werde noch mehr sammeln
zu denen, die schon versammelt
sind.«

Gottlosigkeit in Gottes Volk

9 »Ihr wilden Tiere aus Wald und
Feld, / kommt und fresst mein
Volk! 10 Seine Hirten sind blind,
sie sehen nicht die Gefahr. / Sie
sind wie stumme Hunde, die nicht
bellen. / Sie liegen und japsen und
schlafen gern. 11 Aber gefräßig
sind diese Hunde, / sie kennen
kein Maß. / Und das wollen Hirten
sein! / Vom Aufpassen halten sie
nichts, / eigenen Geschäften
gehen sie nach. / Jeder sorgt sich
nur um seinen Gewinn. 12 ›Kommt
her‹, sagt einer, ›ich hole Wein, /
und dann besaufen wir uns! /

56,7 Wird im Neuen Testament von Jesus Christus zusammen mit Jeremia 7,11 zitiert: Matthäus 21,13; Markus 11,17; Lukas 19,46.

Und morgen geht es wie heute, /
da feiern wir noch mehr!‹«

57 1 »Der Gerechte kommt um,
und niemand macht sich
etwas daraus. / Die treuen Männer
werden weggerafft und niemand
kümmert sich darum. / Weil
die Bosheit herrscht, wird der
Gerechte weggerafft. 2 Doch er
geht in meinen Frieden ein, / wie
jeder, der geradeaus geht. 3 Doch
ihr, ihr Hexenkinder, / Brut von
Ehebrechern, / ihr Hurenböcke
kommt her! 4 Über wen macht
ihr euch lustig? / Über wen reißt
ihr das Maul auf und streckt die
Zunge weit heraus? /
Verbrecherisches und verlogenes
Pack! 5 Unter Terebinthen werdet
ihr brünstig, / hurt unter jedem
dichtbelaubten Baum, / und
schlachtet eure Kinder unter
hängendem Fels unten im Tal!*
6 Die Steine im Bachtal sind jetzt
euer Los, / denn ihnen habt ihr
Speis- und Trankopfer gebracht. /
Meint ihr denn, ich ließe mir das
alles gefallen? 7 Auf jedem hohen
Berg schlägst du dein Hurenlager
auf, / du steigst hinauf und feierst
Opferfeste. 8 Und hinter Tür und
Pfosten bringst du magische
Zeichen an. / Denn von mir hast
du dich abgewandt. / Für sie hast
du dein Lager aufgedeckt, / hast es
bestiegen und es breit gemacht. /
Hast dir erhandelt, wer mit dir
schläft. / Du hattest auch noch
Spaß daran / und hast seine
Blöße beschaut. 9 Zum König*
zogst du mit kostbarem Öl, /
verschwendetest eine Menge
duftender Salben. / Schicktest
deine Boten in die Ferne, / stiegst
bis zum Totenreich hinab. 10 Du
wurdest müde auf deinem weiten
Weg, / doch sagtest du nicht: ›Es
ist umsonst!‹ Immer noch fandest
du Leben in dir / und wurdest
deshalb nicht schwach. 11 Vor
wem hast du denn solche Angst, /
dass du mich betrogen hast, /
dass du nicht an mich dachtest, /
es dir nicht zu Herzen nahmst? /
Nicht wahr, weil ich so lange
schwieg, / hast du mich nicht
mehr gefürchtet? 12 Doch ich
werde dir zeigen, was deine Taten
wert sind! / Da nützen dir all deine
Machwerke nichts. 13 Wenn du
dann um Hilfe schreist, / soll
doch der Haufen von Götzen dich
retten! / Aber ein Wind weht sie
alle davon, / ein Lufthauch trägt
sie weg. / Doch wer bei mir seine
Zuflucht sucht, / wird das Land
zum Erbe bekommen / und
wohnen auf meinem heiligen
Berg.«

Wem Gott nahe ist

14 »Schüttet eine Straße auf,
bahnt einen Weg! / Beseitigt jedes
Hindernis vor meinem Volk!«

57,5 *hurt ... im Tal.* Jesaja spielt auf Prostitution im Zusammenhang mit Fruchtbarkeitskulten an. Die dabei gezeugten Kinder wurden dann den Götzen geopfert.

57,9 *König* (Hebräisch: *Melech*) klingt an *Moloch* an, einen kanaanitischen Götzen. Es kann hier aber auch der König von Assyrien oder Ägypten gemeint sein, dessen Beistand man suchte.

15 Denn so spricht der hohe und
erhabene Gott, / der ewig lebt und
dessen Name ›der Heilige‹ ist: /
»Ich wohne in der Höhe, / in
unnahbarer Heiligkeit, / doch bin
ich auch den Zerschlagenen nah, /
deren Geist niedergedrückt ist, /
und belebe den Geist dieser
Gedemütigten neu, / richte das
Herz der Zerschlagenen auf.
16 Denn ich klage nicht für immer
an / und werde nicht auf Dauer
zornig sein. / Sonst müsste ihr
Atem vor mir vergehen / und ihr
Geist, den ich ja erschuf. 17 Zornig
war ich wegen ihrer Sünde, /
wegen ihrer Habsucht schlug ich
mein Volk. / Ich wandte mich von
ihnen ab und brachte Unheil über
sie. / Und sie gingen weg, ihren
eigenen Weg. 18 Ja, ich sah, welche
Wege mein Volk ging, / dennoch
werde ich sie heilen. /
Ich führe sie und gewähre ihnen
Trost. / Seinen Trauernden
19 schaffe ich Lob auf den
Lippen. / Frieden denen, die fern
von Jerusalem sind, / und Frieden
den Nahen, spricht Jahwe. /
Ich heile mein Volk!
20 Aber die Gottlosen sind wie
das aufgewühlte Meer, / das nicht
zur Ruhe kommt. / Schlamm und
Dreck wühlen seine Wellen auf.
21 Für Gottlose gibt es keinen
Frieden!«, spricht mein Gott.

Echtes Fasten

58 1 »Ruf aus voller Kehle!
Rufe so laut du kannst! /
Lass deine Stimme schmettern wie
eine Trompete / und halte meinem
Volk seine Vergehen vor, / den
Nachkommen Jakobs ihre Schuld!
2 Zwar befragen sie mich Tag für
Tag / und wollen zu gern meine
Wege erkennen. / Wie ein Volk,
das recht vor mir lebt / und auch
meine Gebote hält, / fordern sie
von mir gerechtes Gericht / und
begehren Gottes Nähe. 3 ›Warum
fasten wir, und du siehst es
nicht? / Warum demütigen wir
uns, und du merkst es nicht
einmal?‹ – Seht doch, was ihr
an euren Fastentagen tut! / Ihr
geht euren Geschäften nach und
beutet eure Arbeiter aus. 4 Ihr
fastet zwar, / aber gleichzeitig
zankt und streitet ihr euch / und
schlagt gleich mit gottloser Faust
zu. / So wie ihr jetzt fastet, /
verschafft ihr eurer Stimme
droben kein Gehör. 5 Soll das
vielleicht ein Fasttag sein, der mir
gefällt, / der Tag, an dem ein
Mensch sich wirklich beugt, / dass
er den Kopf wie eine Binse hängen
lässt, / sich in den Trauersack hüllt
und sich in die Asche setzt? /
Nennst du das ein Fasten, / soll
das ein Tag sein, der Jahwe gut
gefällt? 6 Nein, ein Fasten, das mir
gefällt, ist so: / Löst die Fesseln
der Ungerechtigkeit, / knotet
die Jochstricke auf, / gebt Miss-
handelten die Freiheit, / schafft
jede Art von Unterdrückung ab!
7 Ladet Hungernde an euren
Tisch, / nehmt Obdachlose bei
euch auf! / Wenn du jemand
halbnackt und zerlumpt herum-
laufen siehst, / dann gib ihm etwas
anzuziehen! / Hilf dem in deinem
Volk, der deine Hilfe braucht!
8 Dann strahlt dein Licht wie die

Morgenröte auf, / und deine Wunden heilen schnell. / Dann zieht die Gerechtigkeit vor dir her, / und die Herrlichkeit Jahwes wird deine Nachhut sein. 9 Wenn du dann zu Jahwe rufst, wird er dir Antwort geben; / wenn du um Hilfe schreist, wird er sagen: ›Ja, hier bin ich!‹ / Wenn du aufhörst, andere zu unterdrücken, / nicht verächtlich mit dem Finger zeigst / und niemand mehr verleumdest, 10 wenn du Hungernden das gibst, wonach du selbst Verlangen hast, / und so einen Darbenden satt machst, / dann strahlt dein Licht in der Finsternis auf, / die Nacht um dich wird wie der helle Tag, 11 dann wird Jahwe dich immer führen – auch im dürren Land macht er dich satt, / gibt dir die nötige Kraft –, dann wirst du wie ein Garten sein, der immer genug Wasser hat, / und wie eine Quelle, die niemals versiegt. 12 Die uralten Trümmerstätten bauen deine Leute wieder auf, / die Grundmauern vergangener Generationen stellst du wieder her. / Man wird dich den Maurer nennen, der die Lücken schließt, / der Straßenzüge wieder bewohnbar macht.

13 Wenn du dich am Sabbat zurückhältst, / wenn du nicht dein Vergnügen suchst an meinem heiligen Tag, / wenn dir der Sabbat eine Freude ist, / ein Ehrentag, ein heiliger Tag Jahwes, / wenn du ihn ehrst, und nicht deine Wege erledigst, / Geschäfte betreibst und viele Worte machst, 14 dann wird Jahwe die Quelle deiner Freude sein. / Er wird dich über die Höhen des Landes führen / und lässt dich genießen das Erbe deines Stammvaters Jakob.« / Ja, das hat Jahwe gesagt.

Sünde, Buße und Verheißung

59 1 Seht es doch: Jahwes Arm ist zum Helfen nicht zu kurz, / sein Ohr ist zum Hören nicht zu taub! 2 Nein, eure Vergehen haben die Mauer gebaut, / die zwischen euch und eurem Gott steht. / Eure Sünden verhüllten sein Gesicht, / dass er euch auch nicht anhören will. 3 Eure Hände sind mit Blut befleckt, / Unrecht klebt an euren Fingern. / Eure Lippen lügen, / und eure Zunge zischt Boshaftigkeit. 4 Keiner bringt gerechte Klagen vor, / keiner hält ehrlich Gericht. / Man vertraut auf Nichtigkeiten, / redet gehaltloses Zeug, / geht mit Unheil schwanger / und bringt Unrecht zur Welt. 5 Schlangeneier brüten sie aus, / und Spinngewebe weben sie. / Wer von den Eiern isst, wird sterben; / und wenn man eins zerdrückt, fährt eine Giftschlange heraus. 6 Ihre Fäden werden nie zum Gewand, / und ihr Gewebe deckt keinen Menschen zu. / Ihre Werke sind Handlungen des Unrechts, / und ihre Hände sind voller Gewalt. 7 Ihre Füße laufen dem Bösen nach, / schnell vergießen sie unschuldiges Blut. / Ihre Pläne sind von Unheil erfüllt, / nur Scherben und Verderben sind auf ihren Straßen. 8 Was zum Frieden führt, kennen

sie nicht; / in ihren Spuren zeigt
sich kein Recht. / Bewusst
schlagen sie krumme Wege ein. /
Wer ihnen folgt, kennt den Frieden
nicht mehr.*
9 Darum gibt es bei uns kein
Recht, / und Gerechtigkeit erreicht
uns nicht. / Wir hoffen auf Licht
und bekommen Finsternis; / wir
warten darauf, dass es hell wird,
doch uns umgibt finstere Nacht.
10 Wie Blinde tasten wir uns an der
Wand entlang, / wie Augenlose
tappen wir herum. / Am hellen
Mittag stolpern wir wie in der
Dämmerung, / wie Tote sind wir
mitten im Leben. 11 Wie auf-
geschreckte Bären brummen wir, /
und gurren wie klagende Tauben. /
Wir hoffen auf das Recht, aber
nichts geschieht, / auf die Rettung,
doch sie bleibt fern von uns.
12 Denn vielfach haben wir uns
gegen dich vergangen, / unsere
Sünden klagen uns an! / Ja, unsere
Vergehen sind uns bewusst, / wir
kennen unsere Schuld: 13 Untreue
und Verleugnung Jahwes, /
Abkehr von unserem Gott, /
Reden von Gewalttat und Aufruhr, /
mit Lügenworten schwanger
gehen / und sie dann aus dem
Herzen hervorstoßen. 14 So
wurde das Recht verdrängt, /
und die Gerechtigkeit zog sich
zurück. / Die Wahrheit kommt
auf dem Marktplatz zu Fall, / die
Redlichkeit ist nicht mehr gefragt.
15 So wird die Wahrheit bei uns
vermisst, / und wer das Böse
meidet, wird ausgeraubt.

Das alles hat Jahwe gesehen, /
und ihm missfällt, dass es kein
Recht mehr gibt. 16 Er sieht, dass
niemand sich regt, / und wundert
sich, dass keiner dazwischentritt. /
Da greift er mit eigener Hand
ein, / von eigener Wahrhaftigkeit
unterstützt. 17 Er zieht die
Gerechtigkeit wie einen Panzer
an / und hat aufgesetzt den Helm
des Heils. / Mit Vergeltung kleidet
er sich, / er hat den Mantel der
Entschlossenheit an. 18 Jedem
zahlt er es nach seinen Taten
heim: / seinen Gegnern Zorn, /
seinen Feinden Vergeltung. / Auch
den Meeresländern zahlt er den
verdienten Lohn. 19 Dann fürchtet
man im Westen den Namen
Jahwes / und im Osten seine
Herrlichkeit. / Denn er kommt wie
ein eingezwängter reißender
Strom, / den sein Atem vorwärts-
treibt. 20 Doch für Zion kommt er
als Erlöser, / und auch für die in
Jakobs Nachkommenschaft, /
die umkehren von ihrer
Abtrünnigkeit. / Das sagt Jahwe.

21 »Ich schließe einen Bund mit
ihnen«*, sagt Jahwe. »Mein Geist,
der auf dir ruht, und die Worte, die
ich dir anvertraut habe, sollen immer
in dir bleiben, und genauso auch
in deinen Nachkommen und in den
Nachkommen deiner Nachkommen.
Das gilt von jetzt an bis in Ewigkeit!
Ich, Jahwe, habe es gesagt.«

59,8 Wird im Neuen Testament von Paulus zitiert: Römer 3,15-17.

59,21 Wird im Neuen Testament von Paulus zusammen mit Jesaja 27,9 zitiert: Römer 11,26-27.

Jerusalems künftige Herrlichkeit

60 [1] Steh auf, Jerusalem, und werde licht! / Denn dein Licht ist gekommen, / und die Herrlichkeit Jahwes strahlt über dir! [2] Noch hüllt Finsternis die Erde ein, / tiefes Dunkel alle Völker. / Doch über dir strahlt Jahwe auf, / seine Herrlichkeit erscheint über dir. [3] Ganze Völker ziehen zu deinem Licht hin, / Könige zu deinem strahlenden Glanz. [4] Schau dich um und sieh es dir an! / Sie strömen von allen Seiten zu dir. / Deine Söhne kommen von fern, / deine Töchter trägt man auf den Armen herbei. [5] Du wirst es sehen und strahlen vor Glück, / dein Herz bebt vor Freude und öffnet sich weit. / Die Schätze der Völker werden zu dir gebracht, / der Reichtum des Meeres strömt dir zu. [6] Kamelkarawanen bedecken dein Land, / junge Dromedare von Efa und Midian*. / Von Saba* kommen sie mit Weihrauch und Gold / und verkündigen mit Freude das Lob Jahwes. [7] Alle Schafherden Kedars* sammeln sich bei dir, / die Schafböcke von Nebajot* stehen in deinem Dienst. / Als angenehme Opfer kommen sie auf meinen Altar. / So ehre ich mein herrliches Haus. [8] Was kommt da wie eine Wolke geflogen, / wie Tauben zu ihren Löchern in der steilen Wand? [9] Ja, die Meeresländer hoffen auf mich, / die Hochseeschiffe fahren voran / und bringen deine Kinder von ferne herbei, / und mit ihnen ihr Silber und Gold. / Das alles geschieht zur Ehre Jahwes / und weil der heilige Gott Israels dich herrlich gemacht hat.

[10] Fremde werden deine Mauern wieder bauen, / und ihre Könige werden dir dienstbar sein. / In meinem Zorn habe ich dich zwar gestraft, / doch in Gnade erbarme ich mich über dich. [11] Stets hält man deine Tore offen, / Tag und Nacht sind sie nicht zu. / Den Reichtum der Völker bringt man zu dir, / und ihre Könige treibt man voran. [12] Denn jedes Volk und jedes Reich, das dir nicht dient, wird bald zugrundegehen. / Diese Stämme werden völlig verheert. [13] Die Pracht des Libanon wird zu dir gebracht, / Zypressen, Platanen und Wacholderbäume. / Den Ort meines Heiligtums sollen sie schmücken, / sollen den Platz für meine Füße zieren. [14] Die Söhne derer, die dich beugten, / kommen nun gebückt zu dir. / Die dich verspottet haben, / bücken sich nun zu deinen Fußsohlen hin. / Sie nennen dich »Zion Jahwes«, / Stadt, die dem heiligen Gott Israels gehört!

60,6 *Efa* war ein Sohn *Midians* und stammte auch von Abraham ab, siehe 1. Mose 25,2-3. Das Volk der Midianiter hatte Israel einst verwüstet, siehe Richter 6,1-6. Sie zogen als Nomaden durch die transjordanischen Wüsten.

Saba war ein reiches Land im südlichen Arabien. Es entspricht vielleicht dem heutigen Jemen.

60,7 *Kedar.* Siehe Jesaja 21,16!

Nebajot war der älteste Sohn Ismaëls (1. Mose 25,13). Der Name steht hier vielleicht für das Reich der Nabatäer, östlich des Toten Meeres.

15 Du bist nicht mehr verlassen
und verhasst, / eine Stadt, die von
allen gemieden wird. / Ich mache
dich zu einer ewigen Pracht, / zur
Freude kommender Generationen.
16 Du wirst die Milch der Völker
saugen, / wirst trinken an der
Brust von Königen. / Du wirst
erkennen, dass ich, Jahwe, dein
Retter bin, / dass der starke Gott
Jakobs dein Befreier ist. 17 Anstelle
von Bronze bring ich dir Gold, /
statt des Eisens bringe ich Silber
herbei, / statt der Hölzer Erz, /
und Eisen anstelle der Steine. /
Deine Verwaltung wird Frieden
sein / und deine Regierung
Gerechtigkeit. 18 Man hört nichts
mehr von Gewalt in deinem
Land, / von Verwüstung und
Zerstörung in deinem Gebiet. /
Du wirst deine Mauern »Rettung«
nennen / und deine Tore »Lob«.

19 Das Licht der Sonne wirst du
künftig nicht mehr brauchen, /
auch nicht mehr den Mondschein
in der Nacht, / denn dein ewiges
Licht wird Jahwe sein, / dein Gott
leuchtet dir in herrlichem Glanz.
20 Darum wird deine Sonne
niemals mehr untergehen, / dein
Mond nimmt niemals ab, / denn
Jahwe ist dann dein ewiges Licht. /
Und deine Trauerzeit ist für immer
vorbei. 21 Dein Volk wird nur aus
Gerechten bestehen, / und das
Land wird für immer ihr Eigentum
sein; / ein blühender Garten, von
Jahwe angelegt, / ein Werk seiner
Hände zu seinem Ruhm.
22 Die kleinste Sippe wird eine
Tausendschaft sein, / der geringste
ein gewaltiger Stamm. /
Wenn die Zeit dafür gekommen
ist, / führe ich, Jahwe, es ganz
schnell herbei.

Die Botschaft des Messias

61 1 Der Geist von Jahwe ruht
auf mir, / denn Jahwe hat
mich gesalbt*. / Er hat mich
gesandt, den Elenden gute
Botschaft zu bringen / und
zerbrochene Herzen zu
verbinden; / den Gefangenen zu
verkünden: »Ihr seid frei!« / und
den Gefesselten: »Ihr seid los!«;
2 um auszurufen das Gnadenjahr
Jahwes* / und den Tag der Rache
für unseren Gott, / um alle
Trauernden zu trösten 3 und den
Trauernden Zions Freude zu
bringen. / Schmuck bekommen sie
anstelle von Schmutz, / Freudenöl
statt Trauersack, / Jubellieder statt
Mutlosigkeit. / Man nennt sie
»Terebinthen der Gerechtigkeit«, /
eine Pflanzung Jahwes, die seine
Herrlichkeit zeigt. 4 Die uralten
Trümmerstätten bauen sie dann
auf, / stellen die wüsten Orte
wieder her. / Die zertrümmerten
Städte bauen sie neu, / alles, was
Generationen lang Ruine war.
5 Dann nehmen Fremde euch
die Arbeit ab, / sie weiden eure
Herden, / bestellen euer Land /
und werden eure Weingärtner

61,1 *Gesalbt* (Hebräisch: *maschah*) ist die Wurzel von *maschiah*, der *Messias*, der *Gesalbte*. Damit werden hier alle Personenausprägungen des dreieinigen Gottes erwähnt.

61,1-2 Wird im Neuen Testament von Jesus Christus zitiert: Lukas 4,18-19.

sein. 6 Und euch wird man
»Priester Jahwes« nennen, /
»Diener unseres Gottes« sagt man
zu euch. / Ihr werdet genießen,
was die Völker besitzen, / denn
ihre Schätze gehören jetzt euch.
7 Statt des Doppelmaßes eurer
Schmach, / statt der Schande,
die als euer Anteil galt, / wird euer
Teil am Land nun doppelt so groß; /
ewige Freude wird euch geschenkt.
8 »Denn ich, Jahwe, ich liebe das
Recht / und hasse den gemeinen
Raub. / Weil ich treu bin, belohne
ich sie / und schließe mit ihnen
einen ewigen Bund. 9 Ihre
Nachkommen sind unter den
Stämmen bekannt, / ihre
Sprösslinge unter den Völkern. /
Wer sie sieht, erkennt gleich: /
Das sind die, die Jahwe gesegnet
hat.«

10 Überaus freue ich mich über
Jahwe! / Meine Seele jubelt über
meinen Gott! / Er kleidet mich in
Gewänder des Heils / und legt mir
den Mantel der Gerechtigkeit
um. / Wie ein Bräutigam bin ich
festlich geschmückt, / wie eine
Braut, die ihr Geschmeide anlegt.
11 Denn wie die Erde Pflanzen
hervortreibt, / wie ein Garten die
Saat wachsen lässt, / so bringt
Jahwe, der Herr, unsere
Gerechtigkeit hervor, / unser Lob
bei allen Völkern.

Die Herrlichkeit Jerusalems

62 1 Um Zions willen darf
ich nicht schweigen, / um
Jerusalems willen will ich nicht
ruhen, / bis das Recht in ihm
aufstrahlt wie das Morgenlicht, /
und seine Rettung wie eine Fackel
in der Nacht. 2 Die Völker werden
deine Gerechtigkeit sehen / und
alle Könige deine strahlende
Pracht. / Man legt dir einen neuen
Namen bei, / den Jahwe selbst
für dich bestimmt. 3 Du wirst ein
Schmuckstück sein in Jahwes
Hand, / ein königliches Diadem*,
gehalten von deinem Gott.
4 Du wirst nicht länger »die
Verstoßene« genannt, / dein Land
wird nicht mehr »Ödland« heißen, /
sondern »Gottes Liebling« nennt
man dich / und dein Land
»Regenland«. / Denn Jahwe hat
seine Freude an dir / und vermählt
sich mit deinem Land. 5 Denn wie
der junge Mann sein Mädchen
heiratet, / so vermählen sich deine
Söhne mit dir. / Und wie der
Bräutigam sich an seiner Braut
freut, / so hat dein Gott Freude an
dir.

6 Ich habe Wächter auf deine
Mauern gestellt, Jerusalem! /
Ihr Rufen verstummt nicht einen
Augenblick, / weder am Tag noch
in der Nacht. / Ihr Wächter sollt
Jahwe an Jerusalem erinnern! /
Gönnt euch keine Rast, 7 und lasst
ihm keine Ruhe, / bis er Jerusalem
wieder so hergestellt hat, / dass
alle Welt die Stadt rühmt. 8 Jahwe
hat geschworen bei seiner rechten
Hand / und seinem Siegesarm:

62,3 Ein *Diadem* ist keine Krone, sondern ein schmales Band aus Seide, Leinen oder Edelmetall, das oft mit Perlen oder Edelsteinen besetzt ist. Es symbolisiert königliche Würde und Macht.

»Nie mehr wird dein Korn die
Speise deiner Feinde sein, / nie
mehr trinken Fremde den Wein, /
für den du so hart gearbeitet hast.
9 Nein, wer das Korn einbringt,
soll davon essen und Jahwe
loben. / Wer den Wein liest, soll
davon trinken im Vorhof meines
Heiligtums.«
10 Zieht durch die Tore ein und
aus / und bahnt dem Volk einen
Weg! Baut, ja, baut die Straße und
räumt die Steine aus dem Weg! /
Stellt ein Zeichen für die Völker
auf! 11 Seht, Jahwe lässt es hören
bis ans Ende der Welt: / »Sagt der
Zionsstadt: ›Pass auf, dein Retter
kommt! / Schau, er bringt den
Siegespreis mit! / Das Volk, das
er befreite, zieht vor ihm her.‹«
12 Man wird es nennen »das heilige
Volk« und »die Erlösten Jahwes«. /
Und dich wird man nennen »die
Begehrte« und »die nie mehr
verlassene Stadt«.

Gericht über Völker

63 1 »Wer kommt da vom
Edomiterland, / aus Bozra
mit grellrotem Gewand? /
Er schreitet in prächtigen Kleidern
daher, / stolz in seiner gewaltigen
Kraft.« / »Ich bin es, der
Gerechtigkeit verkündet / und
der die Macht zum Retten hat!«
2 »Warum ist dein Gewand so
rot? / Hast du Trauben in der
Kelter zerstampft?« 3 »Ja, ich trat
die Kelter ganz allein, / von den
Völkern war niemand dabei. / Ich
trat sie zusammen in meinem
Zorn, / zerstampfte sie in meinem
Grimm. / Ihr Saft ist an meine
Kleidung gespritzt, / ich besudelte
mein ganzes Gewand. 4 Ein Tag
der Rache lag mir im Sinn, / und
das Jahr der Erlösung war
gekommen. 5 Ich blickte umher,
doch niemand half. / Ich wunderte
mich sehr, doch keiner unter-
stützte mich. / Da half mir mein
eigener Arm, / und mein Zorn gab
mir die Kraft. 6 Ich zertrat die
Völker in meinem Zorn, /
zerstampfte sie in meinem
Grimm / und ließ ihren Saft im
Boden versickern.«

Gebet und Erhörung

7 Ich will daran erinnern, wie
Jahwe uns seine Gnade erwies, /
will denken an die Ruhmestaten
des Herrn, / an alles, was Jahwe
für uns tat, / an seine große Güte,
die er dem Volk Israel erwies, /
und zwar aus seinem Erbarmen
heraus / und seiner übergroßen
Freundlichkeit. 8 Er sagte:
»Gewiss sind sie mein Volk, /
Kinder, die nicht enttäuschen!«
Und so wurde er ihr Befreier
9 aus all ihrer Not. / Kein Bote
und kein Engel – er selbst hat sie
befreit! / Aus Liebe und Erbarmen
hat er sie erlöst, / sie aufgehoben
und getragen in all den Tagen der
frühen Zeit.
10 Doch sie lehnten sich gegen
ihn auf, / betrübten seinen Heiligen
Geist. / Da wandelte er sich und
wurde ihr Feind / und kämpfte
nun selbst gegen sie. 11 Da dachten
sie wieder an die vorige Zeit, /
als Mose noch in ihrer Mitte war: /
»Wo ist der Gott, der den Hirten
seiner Schafe aus dem Meer

herausgezogen hat?* / Wo ist der,
der ihm den Heiligen Geist ins
Innerste gab, 12 der ihm beistand
mit seinem gewaltigen Arm, /
der das Meer zerteilte vor seinem
Volk / und sich so einen ewigen
Namen erschuf? 13 Wo ist der, der
sie durch die Fluten führte, / wie
Pferde durch die Steppe, / sodass
niemand ins Stolpern geriet?
14 Wie das Vieh, das ins Tal
hinabzieht, / brachte der Geist
Jahwes sie zum Ruheplatz. / So
hast du dein Volk geführt / und dir
einen ruhmvollen Namen
gemacht.«
15 Blick doch vom Himmel
herab! / Sieh her vom Wohnort
deiner Majestät und Heiligkeit! /
Wo ist dein Liebeseifer für uns, /
wo deine unvergleichliche Macht? /
Warum hältst du dein Mitleid, dein
Erbarmen gegen uns zurück?
16 Du bist doch unser Vater! /
Abraham weiß nichts von uns, /
und Israel* würde uns nicht
einmal kennen. / Du bist unser
Vater, Jahwe! / »Unser Erlöser von
jeher« wirst du genannt.
17 Warum, Jahwe, hast du uns
abirren lassen? / Warum hast du
uns so starrsinnig gemacht? /
Warum sind wir ohne Ehrfurcht
vor dir? / Kehr doch bitte wieder
um! / Wir sind doch deine Diener
und das Volk, das dir gehört!
18 Vor kurzem erst vertrieben
unsere Feinde dein heiliges Volk /
und zertrampelten dein Heiligtum.
19 Es ist, als hättest du nie über
uns geherrscht, / als hättest du uns
nie zu deinem Eigentum gemacht! /
O reiß doch den Himmel auf und
komm zu uns herab, / dass die
Berge vor dir erbeben; /

64 1 wie das Feuer Reisig
entfacht / und wie es Wasser
wallen macht; / dass deine Feinde
merken, wer du bist, / dass die
Völker vor Angst vergehen,
2 wenn du furchterregende Taten
vollbringst, / die niemand von dir
erwartet hat! / Ja, führest du doch
herab, dass die Berge erbebten vor
dir! 3 Noch nie hat man so etwas
gehört, / noch niemals so etwas
erlauscht, / noch nie hat ein Auge
einen Gott gesehen wie dich, /
der an denen, die auf ihn hoffen,
so gewaltige Dinge tut!*
4 Ach, kämst du doch dem
entgegen, / der freudig tut, was
recht vor dir ist, / und bei seinem
Tun an dich denkt! / Nun aber traf
uns dein Zorn, / denn wir haben uns
versündigt an dir. / Seit jeher sind
wir treulos gewesen! 5 Wir alle sind
von Unrecht befleckt, / selbst unsere
gerechten Taten sind besudelt wie
ein schmutziges Gewand. /
Wie Laub sind wir alle verwelkt, /
unsere Schuld trägt uns fort wie der
Wind. 6 Es gab niemand, der deinen
Namen anrief, / der sich aufraffte,
um festzuhalten an dir. / Denn du
hattest dich verborgen vor uns, / uns
preisgegeben unserer Schuld.

63,11 *herausgezogen hat.* Das erinnert an 2. Mose 2,10.

63,16 *Israel.* Gemeint ist Jakob, der von Gott den Namen Israel erhielt.

64,3 Wird im Neuen Testament von Paulus zitiert: 1. Korinther 2,9.

7 Trotzdem bist du unser Vater,
Jahwe! / Du bist der Töpfer, wir
sind der Ton; / wir alle sind Gefäße
deiner Hand. 8 O Jahwe, zürne
nicht so sehr, / denk nicht für
immer an unsere Schuld! / Schau
bitte her, wir sind doch dein Volk!
9 Die Städte deines heiligen Landes
sind zerstört, / Zion ist verwüstet, /
Jerusalem ein Trümmerberg.
10 Unser heiliges und herrliches
Haus, in dem unsere Väter dich
lobten, ist ein Raub der Flammen
geworden. / Alles, was uns lieb und
wert war, ist zerstört. 11 Kannst du
dabei noch an dich halten, Jahwe? /
Schaust du all dem schweigend
zu? / Erniedrigst du uns ganz
und gar?

Gericht und Errettung

65 1 »Ich war zu erreichen für
die, die nicht nach mir
fragten. / Ich war zu finden für die,
die nicht nach mir suchten. / Ich
sagte zu einem Volk, das gar nicht
zu mir rief: / ›Hier bin ich! Hier
bin ich!‹ 2 Den ganzen Tag
streckte ich meine Hände aus nach
einem widerspenstigen Volk, / das
den eigenen Gedanken nachläuft
auf einem unguten Weg.*
3 Fortwährend beleidigen sie mich
und fordern mich heraus. / In
Götzengärten schlachten sie, /
verbrennen Rauchopfer auf
Ziegeln. 4 Sie hocken in Kammern
von Gräbern, / verbringen in
Höhlen die Nächte, / sie essen
Fleisch von Schweinen / und haben
gräuliche Brühe in ihren Gefäßen.
5 Sie sagen: ›Bleib, wo du bist und
komm mir nicht nahe, / ich bin zu
heilig für dich!‹* – Diese Leute sind
wie Rauch in meiner Nase, / wie ein
Feuer, das den ganzen Tag brennt.
6 Seht her, alles ist aufgeschrieben
vor mir. / Und ich werde nicht
schweigen, sondern ich zahle es
ihnen heim. / Ich zahle ihnen den
Lohn aus 7 für ihre Schuld / und die
Schuld ihrer Väter«, sagt Jahwe. /
»Weil sie auf den Bergen Weih-
rauch verbrannten und mich auf
den Hügeln verhöhnten, / zahle ich
ihnen den Lohn für ihr Tun; /
was sie verdienen, messe ich ihnen
zu.«
8 So spricht Jahwe: / »Wie man
von einer Traube sagt, in der noch
Saft enthalten ist: / ›Wirf sie nicht
weg, ein Segen ist in ihr!‹, / so will
ich um meiner Diener willen tun, /
und nicht das Ganze verwerfen.
9 Auch künftig wird Jakob
Nachkommen haben / und Juda
Erben für mein Bergland. / Die
von mir Erwählten sollen es
erben, / und die mir dienen,
wohnen dort. 10 Schafe weiden
wieder in der Ebene Scharon / und
Rinder lagern im Tal Achor* / für
mein Volk, das wieder nach mir
fragt. 11 Doch ihr, die ihr Jahwe

65,2 Wird im Neuen Testament von Paulus zitiert: Römer 10,20-21.

65,5 *zu heilig für dich.* Das heißt: Ich bin mit heiligen Dingen in Berührung gekommen, und wenn du mich anfasst, bist du auch geweiht!

65,10 *Scharon* ist eine fruchtbare Ebene am Mittelmeer, *Achor* ein unfruchtbares Tal in der Nähe von Jericho (siehe Josua 7,26). Sie repräsentieren hier vielleicht die West- und Ostgrenze des ganzen Landes.

verlasst, / den Berg meines Heiligtums vergesst, / die ihr einen Tisch für Gad, den Glücksgott, deckt, / und der Schicksalsgöttin Meni* den Krug mit Würzwein füllt:
12 Das Schwert ist euch als Schicksal bestimmt; / kniet euch nur zum Abschlachten hin! / Denn ich hatte gerufen, aber ihr gabt keine Antwort, / ich hatte geredet, aber ihr habt nicht gehört, / sondern habt gerade das getan, was vor mir böse ist, / habt gerade das erwählt, was mir missfällt.« 13 Darum spricht Jahwe, der Herr: / »Meine Diener bekommen zu essen, doch ihr müsst hungern; / meine Diener haben zu trinken, doch ihr werdet durstig sein; / meine Diener werden glücklich sein, doch ihr werdet beschämt; 14 meine Diener werden jubeln vor Freude, / doch ihr werdet schreien vor Qual und heulen vor lauter Verzweiflung. 15 Nur als Fluchwort werden eure Namen bleiben, / wenn die Erwählten schwören: ›So wird Jahwe, der Herr, dich töten!‹ / Doch sie bekommen Ehrennamen, 16 dass dann, wenn man sich Segen wünscht, / man sich segnet bei dem treuen Gott; / und wenn man im Land schwört, / schwört man bei Gott, der die Wahrheit ist. / Dann werden die früheren Nöte vergessen und meinen Augen entschwunden sein.

· 17 Denn wisst: Ich werde einen neuen Himmel und eine neue Erde erschaffen.* / Dann sehnt sich keiner mehr zurück nach dem, was früher war, / keinem mehr kommt das noch in den Sinn. 18 Freut euch vielmehr und jubelt ohne Ende / über das, was ich nun erschaffe. / Zur Stadt der Freude mache ich Jerusalem, / und seine Bewohner erfülle ich mit Glück.
19 Und auch ich will über Jerusalem jubeln, / will mich freuen über mein Volk. / Dann wird kein Weinen mehr zu hören sein, / kein Wehgeschrei mehr in der Stadt.
20 Es wird dort keinen Säugling geben, der nur wenige Tage erlebt, / keinen Greis, der nicht das volle Alter erreicht. / Wer als Hundertjähriger stirbt, gilt noch als jung, / und wer nicht hundert Jahre alt wird, gilt als Sünder, der vom Fluch getroffen ist. 21 Sie bauen Häuser und wohnen auch darin, / pflanzen Weinberge und genießen auch ihren Ertrag. 22 Sie bauen nicht, damit ein anderer in ihrem Haus wohnt; / sie pflanzen nicht, damit ein anderer die Früchte genießt. / Die Menschen meines Volkes sollen alt wie Bäume werden, / meine Auserwählten sollen die Frucht ihrer Arbeit genießen. 23 Ihre Arbeit wird nicht mehr vergeblich sein, / nicht für einen jähen Tod bringen sie Kinder zur Welt. / Denn sie sind die Nachkommen der Gesegneten Jahwes, / und ihre Sprösslinge werden bei ihnen sein. 24 Schon ehe sie rufen, gebe ich ihnen Antwort, / während sie noch reden, erhöre ich sie. 25 Wolf und Lamm weiden

---

65,11 *Gad* und *Meni* stehen auch für die Planeten Jupiter und Venus.

65,17 Dieser Vers oder die Parallele Jesaja 66,22 wird im Neuen Testament von Petrus zitiert: 2. Petrus 3,13.

zusammen, / der Löwe frisst Stroh
wie das Rind / und die Schlange
wirklich nur Staub: / Sie werden
nichts Böses mehr tun / und
niemand mehr schaden auf meinem
heiligen Berg«, spricht Jahwe.

Gericht und Hoffnung

66 1 So spricht Jahwe: / »Der
Himmel ist mein Thron und
die Erde der Schemel, auf den ich
meine Füße stelle. / Was für ein
Haus wollt ihr da für mich bauen? /
Welcher Ort könnte dort mein
Ruheplatz sein? 2 Ich habe das
alles doch selber gemacht, /
alles entstand durch mich«, sagt
Jahwe.* / »Doch auf den will ich
blicken, / der gebeugt und
zerknirscht meinem Wort
entgegenbebt. 3 Da schlachtet
jemand ein Rind – erschlägt aber
auch einen Menschen –, / da
opfert einer ein Schaf – bricht aber
auch einem Hund das Genick –, /
da bringt einer Speisopfer dar – und
versprengt Schweineblut dabei –, /
da verbrennt er Weihrauch für mich
– und segnet einen Götzen. / Sie
haben ihre eigenen Wege gewählt, /
an ihren Scheusalen Gefallen
gefunden; 4 deshalb wähle ich nun
auch Misshandlungen für sie, / lasse
über sie kommen, wovor ihnen
graut. / Denn ich habe gerufen,
doch keiner gab mir Antwort; / ich
habe geredet, doch sie haben nicht
darauf gehört, / sondern gerade das
getan, was vor mir böse ist, /
gerade das erwählt, was mir
missfällt.«
5 Hört die Rede Jahwes, die ihr
seinem Wort entgegenbebt: /
»Es höhnen eure Brüder, die euch
hassen, / die euch verstoßen, weil
ihr zu mir steht: / ›Soll Jahwe doch
seine Ehre zeigen, / dann sehen
wir, wie ihr euch freut!‹« / Doch
sie werden zuschanden. 6 Hört ihr
den Lärm in der Stadt, / das Kampf-
getümmel im Tempel? / Das ist die
Stimme Jahwes, / der heimzahlt,
was seine Feinde verdienen.
7 Noch ehe die Frau ihre Wehen
bekam, hatte sie schon geboren, /
noch ehe sie Geburtsschmerzen
empfand, hatte sie einen Jungen
entbunden. 8 Wer hat so etwas je
gehört, / wer hat dergleichen je
gesehen? / Wird denn ein Volk auf
einen Schlag geboren, / wird ein
Land bevölkert an einem einzigen
Tag? / Doch so wird es Zion
ergehen. / Kaum spürt sie die
Wehen, schon sind ihre Kinder da.
9 »Sollte ich denn die Geburt
einleiten und das Kind dann
stecken lassen?«, spricht Jahwe. /
»Ich bin es doch, der gebären lässt,
sollte ich die Geburt verhindern?«,
spricht dein Gott.
10 Freut euch mit Jerusalem, /
jubelt über die Stadt, die ihr sie
liebt! / Teilt nun auch ihre Freude
mit ihr, / die ihr über sie getrauert
habt. 11 Saugt euch satt an ihrer
tröstenden Brust, / trinkt und labt
euch an der Fülle ihrer Herrlichkeit!
12 Denn so spricht Jahwe: / »Seht,
wie einen Strom leite ich den
Frieden zu ihr, / den Reichtum der
Völker wie einen überfließenden

66,2 Wird im Neuen Testament von Stephanus zitiert: Apostelgeschichte 7,49-50.

Bach. / Trinkt euch an dieser Fülle
satt! / Auf den Armen werdet ihr
getragen, und auf den Knien wird
man euch wiegen. 13 Ich will euch
trösten, wie nur eine Mutter trösten
kann. / Und an Jerusalem findet
ihr Trost. 14 Wenn ihr das erlebt,
werdet ihr voll Freude sein, / wie
frisches Gras sprosst euer
Lebensmut.«

Seinen Dienern offenbart Jahwe
seine Macht, / aber seine Feinde
sind von ihm bedroht. 15 Denn
Jahwe wird im Feuer kommen, /
und seine Streitwagen werden wie
ein Sturmwind sein. / Er glüht vor
Zorn und lässt ihm freien Lauf, /
sein Drohen flammt im Feuer auf.
16 Denn mit Feuer und Schwert hält
Jahwe Gericht. / Es werden viele
sein, die Jahwe erschlägt. 17 »Die
sich den Götzengärten weihen, /
sich reinigen, wie es der in ihrer
Mitte zeigt, / die Schweinefleisch,
gräuliches Zeug und Feldmäuse
essen, / werden miteinander
weggerafft«, spricht Jahwe.

18 »Denn ich kenne ihr ganzes Tun
und ihre Gedanken, und ich komme,
um die Völker aller Sprachen zu-
sammenzurufen. Sie werden auch
kommen und meine Herrlichkeit se-
hen. 19 Das wird für sie ein warnendes
Zeichen sein. Von den Überlebenden
werde ich Boten zu den Völkern schik-
ken, die noch nichts von mir gehört
und meine Herrlichkeit nicht gesehen
haben: nach Spanien, Libyen und Ly-
dien, nach Meschesch, Tubal und
Jawan*. Sie sollen dort meine Herr-
lichkeit bekannt machen. 20 Sie wer-
den alle eure Brüder zurückbringen
auf Pferden, Maultieren und Drome-
daren, in Wagen und in Sänften als
eine Opfergabe der Völker für Jahwe.
Sie bringen sie zu meinem heiligen
Berg nach Jerusalem«, spricht Jahwe,
»so wie die Israeliten Speisopfer in
reinen Gefäßen zum Tempel Jahwes
bringen. 21 Auch von ihnen werde ich
einige zu Priestern und Leviten ma-
chen«, spricht Jahwe.

22 »Und so wie der neue Himmel,
den ich schaffen werde, und die neue
Erde* für immer bestehen bleiben«,
spricht Jahwe, »so werdet auch ihr
als Volk nie untergehen und vergessen
sein. 23 Es wird kommen, dass
an jedem Neumondstag und Sabbat
sich alle Menschen vor mir einfinden
und mich anbeten«, spricht Jahwe.
24 »Dann gehen sie hinaus und sehen
die Leichen der Menschen, die von mir
abgefallen sind. Denn der Wurm in
jenen wird nicht sterben und das Feuer
in ihnen niemals erlöschen. Sie werden
ein Ekel für alle Menschen sein.«

66,19 *Lydien ... Jawan.* Völker Kleinasiens, *Jawan* ist Ionien, das von den Griechen besiedelte Kleinasien.

66,22 Dieser Vers oder die Parallele Jesaja 65,17 wird im Neuen Testament von Petrus zitiert: 2. Petrus 3,13.

Der Prophet Jeremia

Jeremia war noch sehr jung, als er im 13. Regierungsjahr des jüdischen Königs Joschija (626 v.Chr.) zum Propheten berufen wurde. Er hatte eine schwere Last zu tragen, denn seine Botschaft war Gottes letzte Warnung an das Volk, das aber nicht hören wollte. Er wurde bedroht, vor Gericht gestellt, in Fesseln gelegt, öffentlich gedemütigt, in den Schlamm einer Zisterne geworfen usw. Jede seiner Ankündigungen erfüllte sich, doch folgte man stets den falschen Propheten und nicht ihm. Der Niedergang war schon so weit fortgeschritten, dass das Volk trotz der Reformen Joschijas, die es nur halbherzig mitmachte, geistlich immer mehr verfiel. Über die Niederschrift eines Teils seiner Weissagungen berichtet Jeremia in Kapitel 36 selbst. Er erlebte die Belagerung und Zerstörung Jerusalems und wurde vom Rest des Volkes gegen seinen Willen mit nach Ägypten genommen. Damals müsste er etwa 70 Jahre alt gewesen sein. In Ägypten schrieb er offenbar die Endform seines Buches, wobei er die Weissagungen aber nicht chronologisch ordnete. Er stellte oft Prophezeiungen nebeneinander, die zeitlich weit auseinander lagen. Sein Werk ist das längste Einzelbuch der Bibel und besteht zum großen Teil aus poetischen Texten. Nach jüdischer Überlieferung wurde Jeremia von Leuten aus seinem eigenen Volk in Ägypten gesteinigt.

1 1 Das sind die Worte von Jeremia
Ben-Hilkija, der zu den Priestern
aus Anatot* gehörte, einem Ort im
Stammesgebiet von Benjamin. 2 Im
13. Regierungsjahr des Königs Joschija Ben-Amon* von Juda kam das
Wort Jahwes zu ihm 3 und dann
weiter in der Zeit des Königs Jojakim Ben-Joschija* bis zum Ende der Regierung des Königs Zidkija Ben-Joschija*, als im August* seines elften Regierungsjahrs die Bevölkerung Jerusalems verschleppt wurde.

Die Berufung Jeremias

4 Das Wort Jahwes kam zu mir.
Er sagte:

5 »Noch bevor ich dich im Mutterleib formte, hatte ich dich erwählt. /
Noch ehe du geboren wurdest,
hatte ich dich geweiht: /
Zum Propheten für die Völker bist
du bestimmt!«

6 Doch ich erwiderte: »Ach mein Herr, Jahwe! Ich kann doch nicht reden, ich bin ja noch so jung!«

1,1 *Anatot.* Der kleine Ort lag 5 km nordöstlich von Jerusalem.

1,2 *Joschija* regierte von 640-609 v.Chr. Jeremias Prophetendienst begann also 626 v.Chr.

1,3 *Jojakim* regierte von 609-598 v.Chr. Vor ihm hatte Joahas drei Monate regiert und nach ihm Jojachin ebenfalls drei Monate.

Zidkija regierte von 597-586 v.Chr.

August. Wörtlich: im 5. Monat. Im Jahr 586 v.Chr. Zum Datum siehe unter *Schaltmonat* im Vorwort des Übersetzers.

7 Da sagte Jahwe zu mir: »Sag nicht,
ich bin zu jung! Geh, wohin ich dich
sende, und rede, was ich dir befehle!
8 Hab keine Angst vor den Menschen,
denn ich bin mit dir und beschütze
dich, spricht Jahwe.« 9 Dann berührte
Jahwe meine Lippen mit seiner Hand
und sagte: »Hiermit lege ich meine
Worte in deinen Mund. 10 Pass auf:

Von heute an bist du damit
betraut, / in Königreichen und
Völkern / auszureißen und
abzureißen, / zu vernichten
und zu verwüsten, / zu bauen
und zu pflanzen.«

Zwei Visionen

11 Wieder kam das Wort Jahwes zu
mir: »Was siehst du, Jeremia?« –
»Einen Mandelzweig*«, erwiderte
ich. 12 »Du hast richtig gesehen«,
sagte Jahwe. »Denn ich wache* über
mein Wort, damit geschieht, was ich
sage.«

13 Das Wort Jahwes kam noch ein-
mal zu mir: »Was siehst du?« – »Ich
sehe einen siedenden Kessel«, sagte
ich, »sein Rand neigt sich von Norden
her gegen mich.« 14 Da sagte Jahwe
zu mir: »Von Norden her ergießt sich
das Unheil über alle Bewohner dieses
Landes. 15 Ja, ich rufe alle Stämme
des Nordens herbei«, spricht Jahwe,
»dass ihre Könige kommen und ihre
Throne ringsum an die Eingänge der
Tore Jerusalems stellen und um die
Mauern aller anderen Städte Judas.
16 Dann werde ich mein Urteil über
die Judäer sprechen und sie strafen
für all das Böse, das sie getan haben:
Sie haben mich verlassen und anderen
Göttern Rauchopfer gebracht, sie
haben das Werk ihrer eigenen Hände
angebetet. 17 Du aber mach dich be-
reit, steh auf und sag ihnen alles, was
ich dir auftrage! Hab keine Angst vor
ihnen, sonst mache *ich* dir vor ihnen
Angst. 18 Pass auf! Ich mache dich
heute zu einer befestigten Stadt, einer
eisernen Säule, einer stählernen
Mauer gegen das ganze Land, gegen
seine Könige und Beamten, gegen
seine Priester und gegen das Volk.
19 Sie werden gegen dich kämpfen,
dich aber nicht bezwingen, denn ich
bin mit dir, um dich zu retten«, spricht
Jahwe.

Das treulose Volk

2 1 Das Wort Jahwes kam zu mir.
Er sagte: 2 »Geh und ruf es
Jerusalem in die Ohren: So spricht
Jahwe:

›Ich denke an deine Jugendtreue, /
an die Liebe deiner Brautzeit, /
wie du mir folgtest in der Wüste, /
in dem Land, wo gar nichts
wächst. 3 Israel war Jahwe
geweiht, / es war die Erstfrucht
seiner Ernte. / Wer davon aß,
machte sich schuldig, / Unglück
kam über ihn‹, spricht Jahwe.

4 Hört das Wort Jahwes, ihr
Nachkommen Jakobs, / ihr Sippen
vom Haus Israel! 5 So spricht
Jahwe: / Welches Unrecht fanden

1,11 Der *Mandelbaum* blüht im Frühjahr als erster von allen Bäumen und scheint im Winter gar nicht »geschlafen« zu haben.

1,12 *ich wache.* Das hebräische Wort für *wachen* (schoked) klingt ähnlich wie das für *Mandelbaum* (schaked).

eure Väter an mir, / dass sie sich
von mir entfernten, / dass sie dem
Nichts nachliefen / und so selbst
zu Nichts geworden sind. 6 Sie
fragten nicht: / ›Wo ist Jahwe, der
uns aus Ägypten geführt, / der uns
den Weg wies durch die Wüste, /
durch ein wildes, zerklüftetes
Land, / ein Land des Durstes und
des Dunkels, / das niemand
bewohnt und niemand durch-
zieht.‹

7 Ich brachte euch ins Garten-
land, / damit ihr dessen Frucht
und Güter genießt. / Doch kaum
wart ihr dort, habt ihr es
besudelt, / habt mir mein
Eigentum zum Abscheu gemacht.
8 Die Priester fragten nicht:
›Wo ist Jahwe?‹ / Die Hüter des
Gesetzes kannten mich nicht, /
die Hüter des Volkes brachen mit
mir. / Dic Propheten weissagten
für Baal*, / liefen den Nichts-
nutzen nach.

9 Darum klage ich euch weiter-
hin an, spricht Jahwe. / Auch eure
Enkel verklage ich noch! 10 Fahrt
doch zu den Inseln der Kittäer*, /
schaut euch dort um! / Schickt
Leute nach Kedar*, / erkundigt
euch genau! / Ist jemals so etwas
geschehen? 11 Hat je ein Volk seine
Götter getauscht? / Dabei sind es
noch nicht einmal Götter! /
Doch mein Volk tauscht seine
Herrlichkeit ein / gegen das, was
gar nichts nützen kann!
12 Schaudert, ihr Himmel, / bebt
vor Entsetzen, / spricht Jahwe.
13 Denn mein Volk hat doppeltes
Unrecht verübt: Mich verließen
sie, / die Quelle lebendigen
Wassers, / um sich Regengruben
auszuhauen, / Zisternen mit
Rissen, / die das Wasser nicht
halten.

14 Ist Israel denn ein Sklave, /
gar ein Sklave von Geburt? /
Warum ist es zur Beute geworden? /
15 Junglöwen brüllten über ihm. /
Sie haben sein Land zur Wüste
gemacht. / Seine Städte sind ver-
brannt und menschenleer. /
16 Nun kommen auch noch die
Ägypter / von Memphis* und
Tachpanhes* / und weiden dir
den Scheitel ab. 17 Das hast du
dir selbst zuzuschreiben, / denn
du hast Jahwe, deinen Gott,
verlassen, / als er dich noch auf
seinem Weg führte. 18 Was nützt
es jetzt, nach Ägypten zu laufen? /
Willst du das Nilwasser trinken? /
Was nützt es, nach Assyrien zu
gehen? / Willst du aus dem
Euphrat schöpfen? 19 Deine
Bosheit bringt dich ins Unglück, /
dein treuloses Treiben führt die
Strafe herbei. / Sieh doch ein, wie
schlimm und bitter es ist, / Jahwe,

2,8 *Baal* bedeutet »Herr« oder »Gebieter«. Er wurde als Fruchtbarkeitsgott in Kanaan verehrt.

2,10 Die *Kittäer* bewohnten Zypern und die griechischen Inseln.

Kedar. Arabischer Stamm südöstlich von Israel. Nomadisierende Händler, als Kämpfer gefürchtet.

2,16 *Memphis* war die alte Hauptstadt Ägyptens, 21 km südlich vom heutigen Kairo.

Tachpanhes war eine Grenzfestung gegen Syrien und Israel in der Nähe von Pelusium im äußersten Nordosten von Ägypten.

deinen Gott, zu verlassen / und
keine Ehrfurcht zu haben vor
mir, / spricht Jahwe, der Herr, /
der allmächtige Gott*.
20 Denn von jeher zerbrachst
du dein Joch*, / sprengtest deine
Fesseln. / ›Ich will nicht dienen!‹,
sagtest du / und legtest dich als
Hure / auf jeden hohen Hügel /
und unter jeden grünen Baum.
21 Ich hatte dich als Edelrebe
gepflanzt, / du warst ein erlesenes
Gewächs. / Wie hast du dich
verwandelt! / Ich sehe nur noch
entartete Reben, / einen fremden,
verwilderten Weinstock. 22 Auch
wenn du dich mit Lauge wäschst, /
wenn du noch so viel Waschpaste
nimmst, / der Schmutz deiner
Schuld bleibt immer vor mir, /
spricht Jahwe, der Herr.
23 Wie kannst du nur sagen: /
›Ich bin nicht befleckt, / hatte
nichts mit Götzen* zu tun!‹? /
Schau auf dein Treiben im Tal*, /
denk über deine Taten nach! / Du
brünstiges Kamel / läufst ständig
hin und her. 24 Die wilde Eselin, /
an die Wüste gewöhnt: / Vor lauter
Gier schnappt sie nach Luft, / ihre
Brunst ist nicht zu bremsen. / Wer
sie sucht, muss sich nicht müde
laufen, / in ihrer Brunstzeit findet
er sie. 25 Erspare deinem Fuß die
Blöße, / deiner Kehle den Durst! /
Doch du sagst: ›Nein, verdammt
noch Mal! / Ich liebe die
Fremden, / ich muss ihnen
nach!‹
26 Wie ein ertappter Dieb
beschämt dasteht, / so muss sich
das Haus Israel schämen: / alle,
die dazu gehören, / ihre Könige
und hohen Beamten, / ihre
Priester und ihre Propheten. 27 Sie
sagen zum Holzstück: ›Du bist
mein Vater!‹, / zur Steinfigur: ›Du
hast mich geboren!‹ / Denn mir
haben sie den Rücken gekehrt /
und nicht das Gesicht. / Doch
wenn das Unglück sie trifft, dann
schreien sie: / ›Steh auf und rette
uns!‹ 28 Wo sind denn deine Göt-
ter, / die du dir selber machst? /
Lass sie doch aufstehen, / falls sie
helfen können, / wenn das Un-
glück kommt. / Denn so zahlreich
wie deine Städte / sind deine Göt-
ter, Juda!
29 Warum klagt ihr mich an? /
Ihr habt doch mit mir gebrochen, /
spricht Jahwe. 30 Vergeblich
schlug ich eure Söhne, / sie ließen
sich nicht erziehen. / Euer eigenes
Schwert / fraß eure Propheten /
wie ein hungriger Löwe.
31 O gegenwärtiges Geschlecht! /
Beachtet doch das Wort Jahwes! /

2,19 *der allmächtige Gott.* Hebräisch: *Zebaoth*, das heißt »Heere« oder »Kriege«. In der LXX wird der Begriff immer mit *pantokrator*, »Allherrscher« oder »Allmächtiger« wiedergegeben.

2,20 Ein *Joch* war der Holzrahmen, mit dem zwei Rinder vor Wagen oder Pflug gespannt wurden. Im übertragenen Sinn bedeutet es die Herrschaft, unter der man steht.

2,23 *Götzen.* Wörtlich: *Baalen.* Baal bedeutet »Herr« oder »Gebieter« und war der Name des kanaanäischen Fruchtbarkeitsgottes. In der Mehrzahlform sind allgemein die fremden Götter gemeint oder die vielen Baalsheiligtümer im Land.

im Tal. Gemeint ist wohl das Hinnom-Tal bei Jerusalem, ein Zentrum götzendienerischen Treibens.

War ich für Israel denn eine
Wüste, / war ich ein finsteres
Land? / Warum sagt mein Volk: /
›Los, wir gehen! / Wir kommen
nicht zu dir zurück.‹ 32 Vergisst ein
Mädchen seinen Schmuck, / eine
Braut ihren prächtigen Gürtel? /
Doch mein Volk vergaß mich /
schon unendlich lange Zeit.
33 In der Jagd nach Liebhabern
bist du unübertrefflich. / So
hast du dich an deine Verbrechen
gewöhnt. 34 Ja, an deinen Säumen
findet sich das Lebensblut schuld-
loser Armer, / und die hast du
nicht beim Einbruch ertappt! /
Der Fluch all dieser Taten wird
dich sicher treffen! 35 Und bei
allem sagst du immer noch:
›Ich bin doch ohne Schuld! Er ist
ja nicht mehr zornig auf mich!‹
Deshalb mache ich dir den
Prozess. 36 Warum hast du es
nur so eilig, deine Politik zu
verändern? / Ägypten wird dich
genauso enttäuschen, / wie dich
Assyrien enttäuschte. 37 Auch von
dort kommst du ratlos zurück, /
die Hände vorm Gesicht. /
Jahwe hat verworfen / auf die
du vertraust. / Mit ihnen gelingt
es dir nicht.«

Bundesbruch ist Ehebruch

3 1 Er sagt: »Wenn ein Mann seine
Frau verstößt / und sie geht von
ihm weg / und wird die Frau eines
anderen, / darf sie dann wieder
zu ihm kommen? / Würde dieses
Land nicht ganz und gar entweiht? /
Doch du hast viele Liebhaber
gehabt! / Und du willst zu mir
zurück?«, / spricht Jahwe.
2 »Schau doch die kahlen Höhen
an: / Wo trieb man es noch nicht
mit dir? / An allen Wegen hast du
auf sie gewartet / wie ein Nomade
in der Wüste. / Dein Huren hat das
Land entweiht / und deine Bosheit
ebenfalls. 3 Darum fiel auch kein
Regen im Herbst / und auch im
Frühjahr nicht. / Doch du hattest
die Stirn einer Hure, / du wolltest
dich nicht schämen. 4 Jetzt freilich
rufst du mir zu: ›Du bist doch mein
Vater, / mein Freund aus meiner
Jugendzeit! 5 Willst du denn ewig
böse / und immer nachtragend
sein?‹ / Ja, so hast du geredet und
Böses getan / und meintest, dich
durchzusetzen.«

6 Als König Joschija* regierte, sagte
Jahwe zu mir: »Hast du gesehen, was
Israel, diese treulose Frau, getan hat?
Sie ist auf jede Anhöhe gestiegen, hat
sich unter jeden grünen Baum gelegt
und sich dort mit anderen eingelas-
sen. 7 Ich dachte: ›Wenn sie genug
davon hat, wird sie wieder zu mir zu-
rückkehren.‹ Aber sie kam nicht zu-
rück. Und ihre treulose Schwester
Juda sah zu. 8 Ich gab Israel, dieser
treulosen Frau, deshalb den Scheide-
brief und schickte sie weg. Doch ihre
treulose Schwester Juda ließ sich
nicht abschrecken, sondern ließ sich
selbst mit anderen ein. 9 So kam es,
dass sie durch ihre leichtfertige Un-
moral das Land entweihte. Mit Stein-
malen und Holzfiguren hat sie Ehe-
bruch getrieben. 10 Und nach all
dem ist Juda, die treulose Schwester,

3,6 *Joschija* regierte von 640-609 v.Chr.

immer noch nicht mit ihrem ganzem
Herzen zu mir zurückgekehrt. Es war
nur geheuchelt, spricht Jahwe.«
11 Weiter sagte Jahwe zu mir: »Das
abtrünnige Israel steht gerechter da
als das treulose Juda. 12 Geh und rufe
folgende Worte in Richtung Norden:

›Du treuloses Israel, / kehre
zurück!‹, spricht Jahwe. /
›Ich blicke nicht mehr finster auf
dich, / denn ich bin gütig‹, spricht
Jahwe. / ›Ich werde nicht ewig
nachtragend sein. 13 Doch du
musst deine Schuld einsehen: /
Du hast Jahwe, deinem Gott,
die Treue gebrochen / und bist
fremden Göttern nachgelaufen. /
Unter jedem grünen Baum hast
du es getan, / aber auf meine
Stimme hast du nicht gehört‹, /
spricht Jahwe.«

14 »Kehrt doch um, ihr abtrünnigen
Kinder!«, spricht Jahwe, »denn ihr ge-
hört doch zu mir! Ich hole euch – einen
aus einer Stadt und zwei aus einer
Sippe und werde euch nach Zion brin-
gen. 15 Dann werde ich euch Hirten
geben, die nach meinem Herzen sind.
Sie werden euch hüten mit Einsicht
und Verstand.« 16 Weiter sagte Jahwe:
»Wenn ihr euch dann im Land wieder
vermehrt und fruchtbar seid, wird man
nicht mehr nach der Bundeslade Jah-
wes fragen. Sie wird keinem mehr in
den Sinn kommen, niemand denkt
mehr an sie, und keiner vermisst sie.
Man stellt auch keine neue wieder her.
17 Dann wird man Jerusalem als den
Thron Jahwes bezeichnen, und alle
Völker werden sich dort zum Namen
Jahwes hin versammeln. Sie werden
nicht mehr dem Trieb ihres bösen Her-
zens folgen. 18 Dann werden die Leute
von Juda sich mit denen von Israel zu-
sammenschließen. Miteinander wer-
den sie aus dem Land im Norden in das
Land zurückkehren, das ich euren Vor-
fahren als bleibenden Besitz gegeben
habe.«

Ruf zur Umkehr

19 »Ich war entschlossen, / dir die
Ehrenstellung eines Sohnes zu
geben, / dazu ein wunderschönes
Land, / den herrlichsten Besitz, /
den die Völker nur kennen. /
Ich dachte, ihr würdet mich nun
Vater nennen, / euch nie wieder
abwenden von mir. 20 Doch wie
eine Frau ihren Mann betrügt, /
so habt ihr Israeliten mir die Treue
gebrochen«, / spricht Jahwe.
21 Auf kahlen Höhen hört man
eine Stimme, / ein Weinen, / ein
Flehen der Israeliten. / Sie haben
ihren Weg verfehlt / und Jahwe,
ihren Gott, vergessen. 22 »Kehrt
doch um, ihr abtrünnigen Kinder! /
Ich will eure Untreue heilen!« /
»Hier sind wir, Jahwe, / wir
kommen zu dir; / denn du bist
unser Gott. 23 Ja, es war alles
Betrug, / was von den Hügeln
her kam, / das Toben auf den
Bergen. / Ja, die Rettung Israels /
kommt nur von Jahwe, unserem
Gott. 24 Der schändliche Götze
hat alles gefressen, / was unsere
Väter erarbeitet haben: / ihre
Schafe und Rinder, / ihre Söhne
und Töchter. / Es geschah von
unserer Jugend an. 25 Wir liegen
in unserer Schmach / und unsere
Schande bedeckt uns. / Wir haben

uns versündigt / an Jahwe, unserem
Gott, / wir und unsere Väter, /
von unserer Jugend an bis jetzt. /
Wir haben nicht auf ihn gehört, /
auf Jahwe, unseren Gott.«

4 1 »Wenn du umkehrst, Israel«,
spricht Jahwe, »wenn du zu mir
umkehrst und mir deine Scheusale
aus den Augen schaffst, so wirst du
nicht mehr umherirren. 2 Und wenn
du beim Schwören ehrlich sagst: ›So
wahr Jahwe lebt!‹ und aufrichtig zu
deinem Wort stehst, dann werden
auch die anderen Völker sich in mei-
nem Namen segnen und stolz darauf
sein, mich zu kennen.« 3 Denn so
spricht Jahwe zu den Männern von
Juda und Jerusalem:

»Pflügt euch Neuland /
und sät nicht unter Dornen!
4 Beschneidet* euch so, wie es
Jahwe gefällt, / und entfernt
die Vorhaut eures Herzens, / ihr
Leute von Juda und Jerusalem. /
Sonst bricht mein Zorn wie Feuer
los / über euer boshaftes Tun; /
er brennt, / und niemand kann
ihn löschen.«

Der Feind aus dem Norden

5 »Verkündigt es in Juda, / meldet
es Jerusalem: / Stoßt ins Horn
auf dem Land! / Schreit aus voller
Kehle: / ›Bringt euch in Sicher-
heit! / Hinein in die befestigten
Städte! 6 Stellt Wegweiser auf
nach Zion! / Vorwärts, bleibt nicht
stehen!‹ / Ich bringe Tod und
Verderben über euch, / ich führe
den Feind aus dem Norden herbei!
7 Ein Löwe kommt aus seinem
Dickicht, / der Völkervernichter
bricht auf. / Er verlässt seinen
Ort, / um dein Land zur Wüste zu
machen. / Deine Städte werden
veröden, / weil keiner darin
wohnt.« 8 Darum zieht den
Trauersack an, / jammert und
heult, / weil die Zornglut Jahwes /
sich nicht von uns abgewandt hat.

9 »Der Tag wird kommen«, spricht
Jahwe, »an dem der König und seine
Oberen den Mut verlieren. Die Pries-
ter werden entsetzt sein und die Pro-
pheten verstört.« 10 Da sagte ich:
»Ach Herr, Jahwe! Du hast dieses
Volk und Jerusalem bitter getäuscht.
Du hast uns Frieden angekündigt,
während wir das Schwert im Nacken
haben.« 11 »Dann werde ich diesem
Volk und Jerusalem sagen:
›Ein Glutwind von den kahlen
Wüstenhöhen / stürzt sich auf
mein Volk herab. / Er ist nicht zum
Worfeln geeignet, / zum Reinigen
von Getreide, 12 dafür ist er viel zu
stark. / Der Sturm kommt von
mir / und bringt euch das Urteil
meines Gerichts. 13 Seht, wie
Wetterwolken kommen sie! / Ihre
Streitwagen sind wie ein Sturm, /
ihre Pferde schneller als Adler. /
Weh uns, wir sind verloren!
14 Jerusalem, wasch dir das Böse
vom Herzen, / damit du gerettet
wirst! / Wie lange noch wohnen
die bösen Gedanken in dir?
15 Horch nur, man meldet aus
Dan, / verkündet Unheil vom

4,4 *beschneiden*. Siehe 1. Mose 17,9-14!

Bergland Efraïms*!‹ 16 Lasst es
die Völker wissen, / verkündet es
in Jerusalem: / Belagerer kommen
aus fernem Land, / Geschrei
drängt gegen Judas Städte.
17 Wie Wächter auf dem Feld /
stehen sie rings um die Stadt, /
denn gegen mich hat sie sich
aufgelehnt«, spricht Jahwe.

Jeremia leidet mit seiner Stadt

18 Das hat dein Tun und Treiben
dir gebracht. / Deine Bosheit
stürzte dich in dieses Leid. / Nun
ist es bitter und dringt an dein
Herz!
19 Diese Qual in meinen
Eingeweiden! / Ich krümme mich
vor Schmerz. / Mein Herz tobt, /
dass es fast zerspringt. / Ich kann
nicht mehr schweigen. / Ich höre
schon den Hörnerschall, / das
Geschrei in der Schlacht. 20 Nie-
derlage und Zerstörung ruft man
aus. / Das ganze Land wird
verwüstet. / Plötzlich sind die
Zelte umgestürzt, / im Nu alle
Decken zerfetzt. 21 Wie lange
noch muss ich das Feldzeichen
sehen, / den Lärm des Hornes
ertragen?
22 »Wie verblendet ist mein
Volk, / mich, Jahwe, kennen sie
nicht! / Närrische Kinder ohne
Verstand! / Sie wissen wie man
Böses tut, / doch Gutes zu tun
verstehen sie nicht.«
23 Ich sah die Erde an – sie war
formlos und leer. / Ich schaute
zum Himmel – er war ohne Licht.
24 Ich sah auf die Berge, / sie
erzitterten, / die Hügel erbebten.
25 Ich sah nach den Menschen, /
da war keiner mehr. / Und alle
Vögel waren fort. 26 Ich sah nach
dem fruchtbaren Land, / es war
eine Wüste. / Und alle Städte
waren zerstört, / zerstört von
Jahwe, / von der Glut seines
Zorns.
27 Denn so spricht Jahwe: »Zur
Öde wird das ganze Land, / doch
vollkommen vernichte ich es nicht.
28 Darüber trauert die Erde, / der
Himmel wird schwarz. / Denn ich
habe gesprochen, / ich habe
entschieden und bereue es nicht. /
Es bleibt nun dabei!«
29 Vor dem Lärm der Reiter /
und vor den Bogenschützen /
flüchtet das Volk aus der Stadt. /
Sie ersteigen Felsen und kriechen
in Höhlen, / verstecken sich im
Dickicht. / Die Städte sind
verlassen, / kein Mensch wohnt
mehr darin. 30 Du Stadt, / dem
Untergang geweiht, / was wirst du
tun? / Auch wenn du dich kleidest
in leuchtendes Rot, / wenn du dich
mit Goldschmuck behängst / und
dir die Augen größer schminkst: /
Du machst dich vergeblich schön! /
Deine Liebhaber haben dich satt. /
Sie trachten dir jetzt nach dem
Leben. 31 Denn ich höre schon das
Schreien. / Es klingt wie von einer
Frau, / die zum ersten Mal in
Wehen liegt. / Es ist die Stimme
der Zionsstadt. / Sie keucht, / sie
breitet ihre Hände aus: / »O weh
mir, / sie bringen mich um!«

4,15 *Efraïm* war der einflussreichste Stamm im Nordreich Israel. Der Name konnte deshalb auch für das ganze Nordreich stehen.

Keine Vergebung mehr!

5 1 »Zieht durch Jerusalems
Straßen, / schaut euch auf allen
Plätzen um, / erkundigt euch
genau, ob es einen dort gibt, /
nur einen, der das Rechte tut, /
nur einen, der nach Treue strebt. /
Dann will ich ihr verzeihn!
2 Doch selbst wenn sie sagen: /
›So wahr Jahwe lebt!‹, / schwören
sie falsch.«
3 Jahwe, kommt es dir nicht auf
Wahrhaftigkeit an? / Du hast sie
geschlagen, doch es schmerzte sie
nicht. / Du hast sie fast vernichtet,
doch sie lernte nichts daraus. /
Ihre Stirn ist härter als Stein, /
sie weigerte sich umzukehren.
4 Ich dachte: So sind nur die ein-
fachen Leute. / Sie kennen den
Weg von Jahwe nicht, / und nicht
die Forderungen ihres Gottes.
5 Ich will nun zu den Großen
gehen / und mit ihnen reden. /
Denn sie kennen den Weg
Jahwes, / die Forderungen ihres
Gottes. / Doch gerade sie haben
das Joch zerbrochen, / sie alle
haben die Fesseln gesprengt.
6 »Darum schlägt sie der Löwe
aus dem Wald, / ein Wolf der
Steppe überwältigt sie, / ein
Leopard lauert vor ihrer Stadt. /
Jeder, der herauskommt, wird
zerrissen. / Denn zahlreich sind
ihre Verbrechen, / schwer wiegt
ihre Untreue. 7 Weshalb sollte
ich dir vergeben? / Deine Kinder
haben mich verlassen. / Sie
schwören bei Göttern, die gar
keine sind. / Nachdem ich sie
gesättigt hatte, / trieben sie
nur Ehebruch / und laufen
scharenweise ins Bordell. 8 Fette,
geile Hengste sind sie geworden, /
jeder wiehert nach der Nachbars-
frau. 9 Soll ich das noch hin-
nehmen?«, spricht Jahwe. /
»Soll ich mich an solch einem Volk
nicht rächen?«
10 »Hinauf also auf seine
Mauern! Verwüstet den Weinberg!
Doch vernichtet ihn nicht ganz!
Reißt seine Ranken ab, denn
Jahwe gehören sie nicht! 11 Die
Leute von Israel und Juda sind mir
völlig untreu geworden«, spricht
Jahwe. 12 »Sie haben Jahwe
verleugnet, sie haben gesagt: ›Er
ist nicht da! Kein Unglück wird
über uns kommen, Krieg und
Hunger sehen wir nicht. 13 Die
Propheten reden ja nur Wind, das
Wort Jahwes ist nicht in ihnen,
was sie sagen, soll sie selber tref-
fen!‹« 14 Darum spricht Jahwe,
der allmächtige Gott: »Weil man
solche Reden führt, sorge ich
dafür, dass meine Worte in dir
zu einem Feuersturm werden.
Und dieses Volk lasse ich das
Brennholz sein, das vom Feuer
verzehrt wird.«
15 »Seht, ich bringe über euch /
ein weit entferntes Volk, / ihr
Israeliten«, spricht Jahwe. /
»Es ist ein uraltes Volk, / ein
unverwüstlicher Stamm, / ein
Volk, dessen Sprache ihr nicht
kennt, / mit dem ihr euch nicht
verständigen könnt. 16 Sein
Köcher ist wie ein offenes Grab, /
seine Soldaten erfahrene Kämpfer.
17 Es verzehrt deine Ernte und
dein Brot, / es frisst deine Söhne
und Töchter. / Es verzehrt dein

Schaf und dein Rind, / den Wein-
stock und den Feigenbaum. / Es
zerstört deine Festungen, / auf die
du vertraust, mit dem Schwert.«

18 »Doch auch dann lösche ich euch
noch nicht völlig aus«, spricht Jahwe.
19 »Wenn sie dann fragen: ›Weshalb
hat uns Jahwe, unser Gott, dies alles
angetan?‹, so antworte ihnen: ›Ge-
nauso wie ihr mich verlassen und im
eigenen Land fremden Göttern ge-
dient habt, so werdet ihr Fremden die-
nen müssen in einem Land, das euch
nicht gehört!‹«

20 »Sagt das den Nachkommen
Jakobs, / lasst es hören in Juda:
21 Höre das, du Volk ohne Sinn
und Verstand. / Augen habt ihr,
seht aber nicht, / Ohren habt ihr,
hört aber nicht.* 22 Solltet ihr
mich nicht fürchten«, / spricht
Jahwe, / »nicht zittern und beben
vor mir? / Ich habe dem Meer eine
Grenze gesetzt, / eine Schranke,
die es nie überschreiten wird. /
Mag es auch toben, es richtet
nichts aus, / seine Wellen
kommen nicht darüber hinaus.
23 Aber dieses Volk hat ein
störrisches, trotziges Herz. /
Sie wandten sich ab und gingen
davon. 24 Sie haben sich nicht
etwa gesagt: / ›Lasst uns doch
Jahwe fürchten, unseren Gott, /
der uns den Regen gibt im Herbst /
und im Frühjahr zur richtigen
Zeit, / der uns die Wochen der
Ernte erhält. 25 Eure Vergehen
haben das verhindert, / eure Sün-
den haben euch das Gute verwirkt.
26 Ja, es gibt Gottlose in meinem
Volk. / Wie Vogelsteller ducken sie
sich, / sie stellen Fallen auf und
fangen Menschen. 27 Wie Käfige
voller Vögel / sind ihre Häuser vol-
ler Gaunergut. / So wurden sie
groß und reich. /
28 Sie wurden fett und voll, /
ihre Bosheit übertrifft jedes Maß. /
Um das Recht kümmern sie sich
nicht, / für das Recht der Waisen
treten sie nicht ein, / den Rechts-
anspruch der Armen setzen sie
nicht durch. 29 Sollte ich das nicht
ahnden?«, spricht Jahwe. / »Muss
ich mich nicht an solch einem Volk
rächen?
30 Entsetzliches, Abscheuliches
geschieht im Land: 31 Die
Propheten weissagen falsch, /
die Priester herrschen eigen-
mächtig, / und mein Volk liebt
es so. / Was aber werdet ihr am
Ende tun?«

Das Volk aus dem Norden

6 1 Flieht, ihr Leute von Benjamin, /
flieht aus Jerusalem! / Blast das
Horn in Tekoa*, / gebt Rauch-
zeichen über Bet-Kerem*! /
Von Norden droht Unheil, /
gewaltiger Zusammenbruch.
2 Die verwöhnte Schöne, / die
Tochter Zion*! / Ich vernichte
die Stadt. / 3 Hirten mit Herden

5,21 Wird im Neuen Testament von Jesus Christus zitiert: Markus 8,18.

6,1 *Tekoa* war der Heimatort des Propheten Amos. Das Städtchen lag 16 km südlich von Jerusalem.

Bet-Kerem lag 5 km südlich von Jerusalem.

6,2 *Zion*. Poetischer Ausdruck für Jerusalem.

kommen über sie / und weiden sie
ab, / jeder seinen Bereich. / Ihre
Zelte stehen ringsherum. 4 »Auf,
zum Kampf gegen die Stadt! /
Noch am Mittag schlagen wir los!«
– »Zu spät, die Zeit reicht nicht
aus, / es wird ja schon dunkel!«
5 »Los! Greifen wir an in der
Nacht, / zerstören wir ihre
Paläste!«
6 Denn so sprach Jahwe, der
allmächtige Gott: / »Fällt Bäume
und baut damit die Rampe gegen
Jerusalem! / Das ist die Stadt,
die Strafe verdient, / denn sie ist
voll mit Bedrückung. 7 Wie ein
Brunnen Wasser sprudelt, / so
sprudelt sie die Bosheit aus. /
Man hört von Raub und Gewalt, /
man sieht nur Weh und Wunden!
8 Lass dich warnen, Jerusalem, /
sonst trenne ich mich von dir /
und mache dich zur Wüste, /
einem unbewohnten Land!«
9 So spricht Jahwe, / der all-
mächtige Gott: / »Wie am Wein-
stock wird man Nachlese halten /
an dem, was von Israel übrig
bleibt. / Man legt noch einmal
Hand an, / wie ein Winzer, der
die Reben durchgeht!«
10 »Ach, mit wem soll ich noch
reden, / wen noch warnen, dass sie
hören? / Ihr Ohr ist verschlossen, /
sie können nicht hören. / Das
Wort Jahwes empfinden sie als
Hohn, / sie wollen es nicht haben.
11 Auch ich bin nun von Jahwes
Glut erfüllt / und halte sie nicht
mehr zurück.« – »Sie kommt auf
das Kind, das auf der Straße spielt, /
und auf die Runde der jungen
Männer. / Getroffen werden Mann
und Frau, / alte Menschen, Hoch-
betagte. 12 Ihre Häuser nehmen
andere in Besitz, / ihre Felder und
Frauen dazu, / denn ich erhebe
meine Hand / gegen die Bewohner
des Landes«, / spricht Jahwe.
13 »Denn vom Kleinsten bis
zum Größten / raffen alle Raub. /
Vom Propheten bis zum Priester /
begehen alle Betrug. 14 Die
schwere Wunde meines Volkes /
behandeln sie nur äußerlich. /
›Heile, heile, Segen‹, sagen sie, /
aber nichts und niemand ist
heil.«

15 »Schämen müssten sie sich wegen
ihres schändlichen Treibens. Aber sie
denken gar nicht daran. Sie kennen
keine Scham. Deshalb werden sie fal-
len, wenn alles fällt. Und wenn ich
komme, um sie zur Rechenschaft zu
ziehen, werden sie stürzen«, spricht
Jahwe.
16 So spricht Jahwe: / »Stellt
euch an die Wege und schaut, /
fragt nach den ewigen Pfaden: /
›Wo ist hier der Weg zum
Glück?‹ / Dann geht ihn und
findet Erfüllung!«

»Aber sie sagen: ›Wir wollen nicht!‹
17 Ich habe Wächter für euch bestellt.
Achtet auf den Hall ihres Horns! Aber
sie sagen nur: ›Das tun wir nicht!‹
18 Darum hört es, ihr Völker, erkennt
ihr Leute, was jetzt mit ihnen ge-
schieht! 19 Die ganze Welt soll es
hören: Ja, ich bringe Unheil über die-
ses Volk. Es ist die Folge ihres Den-
kens, denn sie haben nicht auf meine
Worte gehört. Mein Gesetz haben sie
abgelehnt.«

20 »Was soll ich mit dem Weih-
rauch aus Saba, / feinen Gewürzen
aus fernem Land? / Eure Brand-
opfer* gefallen mir nicht, / eure
Freudenopfer* sind mir nicht
angenehm!«

21 »Darum«, spricht Jahwe, »passt
auf! Ich lege diesem Volk jetzt Hin-
dernisse in den Weg, damit Väter
und Söhne zusammen darüber stür-
zen. Nachbar und Freund gehen zu-
grunde.«

22 So spricht Jahwe: / »Seht, da
kommt ein Volk / aus seinem Land
im Norden, / eine große Nation
macht sich auf / vom äußersten
Ende der Erde. 23 Sie kommen mit
Bogen und Langschwert, / sind
grausam und ohne Erbarmen. /
Ihr Lärm ist wie das tosende
Meer. / Auf Pferden reiten sie
heran, / gerüstet wie ein Mann
zum Krieg. / Tochter Zion, es geht
gegen dich.«

24 »Wir haben von ihnen
gehört, / unsere Arme sind
niedergesunken, / die Angst hat
uns gepackt / wie die Wehen eine
Frau. 25 ›Geht ja nicht aufs Feld! /
Nur weg von der Straße! /
Der Feind hat ein Schwert!‹ /
Schrecken lauern überall.«

26 Tochter meines Volkes, / leg
den Trauersack an, / wälz dich in
der Asche, / trauere wie um den
einzigen Sohn! / Stimm die Toten-
klage an, / denn der Verwüster
wird plötzlich über uns sein.

27 »Zum Prüfer meines Volkes /
habe ich dich eingesetzt. / Du
sollst sein Verhalten prüfen, / wie
man Metalle erkennt und prüft.
28 Sie alle sind schlimmste
Rebellen, / sie laufen als
Verleumder herum, / hart wie
Bronze und Eisen, / alle
zusammen Verbrecher.
29 Der Blasebalg ist vom Feuer
versengt, / was herauskam war
Blei. / Umsonst hat man
geschmolzen, / das Böse schied
sich nicht aus. 30 Wertloses Silber
nennt man sie nun, / denn Jahwe
hat sie verworfen.«

Jeremias erste Tempelrede

7 1 Wort Jahwes, das zu Jeremia
kam: 2 Stell dich ins Tor vom
Haus Jahwes und rufe: »Hört das
Wort Jahwes, ihr Judäer! Ihr geht
durch diese Tore, um Jahwe anzube-
ten. 3 So spricht Jahwe, der allmächti-
ge Gott Israels: ›Ändert euer Leben
und Tun! Nur dann lasse ich euch an
diesem Ort bleiben. 4 Verlasst euch
nicht auf solche Lügenworte wie:
›Das hier ist der Tempel Jahwes! Es ist
der Tempel Jahwes! Jahwes Tempel ist
das!‹ 5 Denn nur, wenn ihr euer Leben
und Tun von Grund auf bessert, wenn
ihr wirklich Recht schafft untereinan-
der, 6 wenn ihr Fremde, Waisen und
Witwen nicht ausnutzt und hier nicht

6,20 *Brandopfer*. Bei dieser Opferart wurde das Tier mit Ausnahme der Haut vollständig auf dem Altar verbrannt.

Beim *Freudenopfer* wurde im Gegensatz zum Brandopfer nur das Fett auf dem Altar verbrannt. Der größte Teil des Tieres durfte bei einer fröhlichen Opfermahlzeit gemeinsam mit Verwandten und Freunden verzehrt werden..

das Blut unschuldiger Menschen vergießt und wenn ihr nicht den fremden Göttern nachlauft zu eurem eigenen Schaden, 7 nur dann werde ich euch für immer an diesem Ort wohnen lassen, in dem Land, das ich euren Vorfahren gegeben habe.‹

8 ›Seht doch ein, dass ihr euch nur auf Lügen verlasst, die euch gar nichts nützen! 9 Wie? Ihr stehlt und mordet, ihr brecht die Ehe, schwört Meineide, bringt dem Baal Räucheropfer und lauft anderen Göttern nach, die euch gar nichts angehen! 10 Und dann kommt ihr her und tretet in diesem Haus vor mich hin – in diesem Haus, das meinen Namen trägt – und sagt: ›Wir sind doch gerettet!‹, um dann weiter all diese Gräuel zu verüben. 11 Ist denn dieses Haus, das meinen Namen trägt, für euch zu einer Räuberhöhle geworden?* – Gut, dann sehe ich es auch so an‹, spricht Jahwe. 12 ›Geht doch zu meiner Stätte in Schilo*, wo ich früher meinen Namen wohnen ließ, und seht euch an, was ich ihr angetan habe wegen der Bosheit meines Volkes Israel! 13 Nun denn, ihr habt genau das Gleiche getan‹, spricht Jahwe. ›Ich habe zu euch geredet, habe mich beizeiten aufgemacht, geredet und geredet, aber ihr habt einfach nicht gehört. Ich habe euch gerufen, aber ihr habt nicht geantwortet. 14 Darum werde ich jetzt mit diesem Haus, das meinen Namen trägt und auf das ihr euch verlasst, genauso verfahren wie mit Schilo. Ich werde diesem Ort, den ich euch und euren Vorfahren gegeben habe, dasselbe Schicksal bereiten. 15 Und ich werde euch aus meiner Gegenwart wegschleudern, so wie ich es mit euren Brüdern, den Leuten von Efraïm, getan habe.‹«

Jeremia darf nicht für sein Volk beten

16 »Du aber, hör auf für dieses Volk zu bitten! Kein Gebet mehr, kein Flehen! Hör auf, in mich zu dringen, denn ich werde nicht auf dich hören! 17 Siehst du nicht, was sie in den Städten Judas und auf den Straßen Jerusalems treiben? 18 Die Kinder lesen das Holz zusammen, die Väter zünden das Feuer an und die Frauen kneten den Teig und backen Kuchen als Opfer für die Himmelskönigin*. Und anderen Göttern spendet man Trankopfer, nur um mich zu kränken. 19 Doch kränken sie denn mich damit?«, spricht Jahwe. »Ist es nicht zu ihrem eigenen Schaden?« 20 Darum spricht Jahwe, der Herr: »Passt auf! Ich werde meinen grimmigen Zorn über diesen Ort gießen, über Menschen und Tiere, über die Bäume und die ganze Ernte. Er brennt wie ein Feuer, das niemand löschen kann.«

7,11 Wird im Neuen Testament von Jesus Christus zusammen mit Jesaja 56,7 zitiert: Matthäus 21,13; Markus 11,17; Lukas 19,46.

7,12 Nach der Eroberung Kanaans wurde das heilige Zelt in *Schilo*, 32 km nördlich von Jerusalem, aufgebaut (Josua 18,1). Um das Jahr 1050 v.Chr. wurden die Gebäude, die um das Zelt herum errichtet worden waren, offenbar von den Philistern zerstört.

7,18 *Himmelskönigin* war ein babylonischer Name für die Göttin Ischtar (Astarte), eine Liebes- und Fruchtbarkeitsgöttin, deren Verehrung auch kultische Prostitution einschloss.

Ein Volk, das nicht hört

21 So spricht Jahwe, der allmächtige
Gott Israels: »Esst ruhig auch das
Fleisch eurer Brandopfer*, wie ihr
es bei den Freudenopfern macht.
22 Denn als ich eure Vorfahren aus
Ägypten herausführte, habe ich ihnen
nicht befohlen, mir Brand- oder Freu-
denopfer darzubringen, 23 sondern
ich habe ihnen gesagt: ›Gehorcht mir,
dann will ich euer Gott sein und ihr
seid mein Volk! Lebt nach meinen
Weisungen, dann geht es euch gut!‹
24 Aber sie wollten nicht gehorchen,
ja, sie hörten noch nicht einmal zu,
sondern machten eigensinnig, was sie
wollten, und drehten mir den Rücken
zu. 25 Von dem Tag an, als eure Vor-
fahren aus Ägypten zogen, bis heute
habe ich immer wieder von neuem
meine Diener, die Propheten, zu euch
geschickt. 26 Aber keinen von euch
hat das gekümmert. Niemand hörte
auf mich. Alle blieben starrsinnig und
trieben es schlimmer als ihre Väter.

27 Wenn du ihnen das alles vor-
hältst, werden sie auch auf dich nicht
hören. Dein Rufen wird ohne Antwort
bleiben. 28 Sag dann zu ihnen: ›Das
ist das Volk, das nicht auf Jahwe, sei-
nen Gott, hört und das sich gar nichts
sagen lässt. Treue und Wahrheit sind
verschwunden, es ist keine Rede mehr
davon.‹«

Das Tal der Toten

29 »Schneid ab dein langes Haar* und
wirf es weg. Stimm Trauerlieder auf
den kahlen Höhen an, denn Jahwe
zürnt dieser Generation. Er hat sie
verstoßen, will nichts mehr von ihr
wissen. – 30 Ja, die Judäer taten, was
mir missfällt«, spricht Jahwe. »Sie
haben ihre Scheusale in das Haus ge-
stellt, das meinen Namen trägt, und
haben es so entweiht. 31 Im Hinnom-
tal haben sie die Opferhöhe des Tofet*
errichtet, um ihre Söhne und Töchter
dort zu verbrennen, was ich ihnen
nie befohlen habe. Niemals ist mir
so etwas in den Sinn gekommen!
32 Darum passt auf! Es wird die Zeit
kommen«, spricht Jahwe, »da wird
man diesen Ort nicht mehr Tofet oder
Hinnomtal nennen, sondern Mordtal.
Man wird die Toten im Tofet begraben
müssen, weil man sonst keinen Platz
mehr dazu hat. 33 Die Leichen dieses
Volkes werden den Vögeln und den
wilden Tieren zum Fraß dienen, und
niemand wird sie verscheuchen. 34 In
den Städten Judas und den Straßen
von Jerusalem wird jeder Jubelruf
verstummen. Ich lasse alles Freuden-
geschrei enden, auch den Ruf von
Bräutigam und Braut, denn das Land
wird ein einziges Trümmerfeld sein.«

8 1 »Wenn das geschieht«, spricht
Jahwe, »wird man die Knochen
der Könige von Juda und die ihrer
hohen Beamten, die Knochen der
Priester, der Propheten und die der
Bewohner von Jerusalem aus ihren
Gräbern herausholen. 2 Man wird sie
ausbreiten vor Sonne, Mond und dem
ganzen Sternenheer, die sie geliebt

7,21 *Brandopfer*. Normalerweise musste es vollständig verbrannt werden.

7,29 *dein Langes Haar*. Gemeint ist die Tochter Zion.

7,31 *Tofet* heißt *Feuerstelle* und meint eine Feuergrube, in die hilflose Kinder geworfen wurden.

und denen sie gedient haben, denen sie nachgelaufen sind, die sie befragt haben und vor denen sie sich niederwarfen. Niemand wird die Knochen wieder einsammeln. Sie sollen zum Dünger für die Äcker werden.
3 Und für den Rest von dieser bösen Sippschaft wird der Tod besser als das Leben sein, und zwar überall, wohin ich sie vertreiben werde«, spricht Jahwe, der Allmächtige. »Und sage ihnen Folgendes: So spricht Jahwe:

Beispiellose Sturheit

4 ›Fällt man denn und steht nicht
gleich wieder auf? / Wendet man
sich ab und dreht sich nicht wieder
um? 5 Warum wendet das Volk
Jerusalems sich ab / und bleibt in
seiner Abkehrhaltung? / Weshalb
halten sie am Irrtum fest / und
weigern sich zurückzukehren?
6 Ich habe gehört, was sie sagen –
die Wahrheit ist es nicht. / Keiner
bereut seine Bosheit und sagt: /
Was habe ich nur getan? / Alle
stürzen auf ihrem falschen Weg
weiter, / stürmen wie Pferde in die
Schlacht.
7 Selbst der Storch am Himmel
kennt seine Zeiten, / Turteltaube,
Kranich und Schwalbe / halten die
Frist ihres Heimkommens ein. /
Nur mein Volk kennt die Ordnung
Jahwes nicht. 8 Wie könnt ihr sagen:
Wir wissen Bescheid, / wir haben
doch Jahwes Gesetz! / Gewiss!
Aber deine Gelehrten / haben es
völlig verfälscht. 9 Eure Weisen
werden sich schämen, / ertappt und
bestürzt. / Ja, sie haben Jahwes
Wort verworfen. / Und was für eine
Weisheit haben sie nun?
10 Darum gebe ich Fremden
ihre Frauen, / ihre Felder neuen
Besitzern. / Denn vom Kleinsten
bis zum Größten / wollen sie
Gewinn um jeden Preis. / Auch
Propheten und Priester / täuschen
das Volk. 11 Die schwere Wunde
meines Volkes / behandeln sie
nur äußerlich. / ›Heile, heile,
Segen‹, sagen sie, / aber nichts
und niemand ist heil.«

12 »Schämen müssten sie sich wegen ihres schändlichen Treibens. Aber sie denken gar nicht daran. Sie kennen keine Scham. Deshalb werden sie fallen, wenn alles fällt. Und wenn ich komme, um sie zur Rechenschaft zu ziehen, werden sie stürzen«, spricht Jahwe.

13 »Will ich bei ihnen ernten«,
spricht Jahwe, / »so sind keine
Trauben am Weinstock, / keine
Feigen am Baum / und alle Blätter
verwelkt. / Da gebe ich sie denen,
die sie zertreten!«
14 »Wozu sitzen wir herum? /
Sammelt euch! Gehen wir los! /
Hinein in die befestigten Städte! /
Sterben wir dort! / Denn Jahwe,
unser Gott, / beschloss unseren
Tod. / Vergiftetes Wasser / gab er
uns zu trinken, / weil wir gegen
ihn gesündigt haben. 15 Wir
warteten auf Frieden, / doch es
kam nichts Gutes. / Wir hofften auf
Heilung – und nun das Entsetzen!
16 Von Dan* vernimmt man schon
das Schnauben der Pferde, / das

8,16 *Dan* war eine Stadt an der Nordgrenze Israels.

Wiehern der Starken erschüttert
das Land. / Sie kommen und
fressen alles auf, / auch die Städte
und ihre Bewohner.«
17 »Passt auf!«, spricht Jahwe. /
»Ich lasse Schlangen auf euch
los, / Vipern, die man nicht
beschwören kann, / und sie
werden euch beißen!«

Jeremia leidet mit seinem Volk

18 Mein fröhliches Gesicht verbirgt
meinen Kummer. / Er lastet auf
mir und macht mein Herz krank.
19 Hört, wie mein Volk aus fernem
Land schreit: / »Ist Jahwe nicht in
Zion? / Ist sein König nicht darin?«
»Warum haben sie mich denn
mit ihren Bildern provoziert, /
diesen geschnitzten Nichtigkeiten
fremder Völker?«
20 »Die Ernte ist vorüber, / der
Herbst ist vorbei, / und es ist keine
Hilfe gekommen!«
21 Der Zusammenbruch von
meinem Volk / hat auch mich
gebrochen. / Ich bin voller Trauer,
mich packt das Entsetzen. 22 Gibt
es in Gilead* keine Salbe mehr? /
Gibt es dort keinen Arzt? / Gibt es
keine Heilung für mein Volk? /
Weshalb wächst die Wunde
nicht zu? 23 Wäre mein Kopf ein
Gewässer / und meine Augen
Tränenquellen, / dann würde ich
unsere Toten / Tag und Nacht
beweinen.

Jeremias Klage über sein Volk

9 1 O hätte ich nur in der Wüste /
einen Platz zum Übernachten. /
Dann würde ich mein Volk
verlassen, / ich würde von ihnen
gehen! / Denn sie sind alle Ehe-
brecher, / eine Bande voller Treu-
losigkeit!
2 »Ihre Zunge ist ein gespannter
Bogen, / der Lügen im ganzen
Land verschießt. / Nicht durch
Wahrheit wurden sie stark. /
Eine Bosheit folgte der nächsten; /
mich aber kennen sie nicht«, /
spricht Jahwe. 3 »Seid auf der Hut
vor euren Freunden, / und traut
selbst eurem Bruder nicht. / Denn
jeder Bruder betrügt, / und ein
Freund legt den andern herein.
4 Jeder betrügt den andern, /
die Wahrheit sagen sie nicht. /
Sie haben ihre Zunge ans Lügen
gewöhnt / und können das Böse
nicht lassen. 5 – Du wohnst mitten
unter Betrügern. – Sie wollen mich
nicht kennen«, spricht Jahwe.
6 Darum spricht Jahwe, der
Allmächtige: / »Ich werde sie
schmelzen und läutern! / Denn
was soll ich sonst mit meinem Volk
tun? 7 Ihre Worte sind tödliche
Pfeile, / sie lügen unentwegt. /
Nach außen täuschen sie
Freundschaft vor, / doch im
Herzen planen sie den Überfall.
8 Sollte ich das etwa nicht
bestrafen?«, spricht Jahwe. /
»Muss ich solch ein Volk nicht zur
Rechenschaft ziehen?«
9 Über das Bergland muss ich
weinen, / über die Weiden in der
Steppe / stimme ich ein Klagelied

8,22 Gilead. Das ostjordanische Bergland war offenbar bekannt für Heilkräuter und Ärzte (Jeremia 46,11).

an. / Denn alles ist verwüstet und
verbrannt. / Kein Hirte zieht
hindurch, / und man hört auch
keine Herden mehr. / Die Tiere
sind geflohen, / selbst die Vögel
sind fort.
10 »So mache ich Jerusalem zum
Trümmerhaufen, / in dem nur
noch Schakale hausen. / Judas
Städte werden zum Ödland, / wo
niemand mehr wohnt.«

11 Wer ist der weise Mann, der das
versteht? Zu wem hat Jahwe geredet,
dass er uns erklären kann, warum das
Land zugrunde geht, warum es ver-
brannt wird wie eine Wüste, die nie-
mand durchzieht? 12 Da erwiderte
Jahwe: »Weil sie meine Weisung in
den Wind schlugen, weil sie nicht auf
das hörten, was ich sagte, 13 sondern
taten, wozu ihr Trotz sie trieb. Sie lie-
fen den Baalen nach, wie sie es von
ihren Vorfahren gelernt hatten.«
14 Darum sagt Jahwe, der Allmächti-
ge, Israels Gott: »Passt auf! Ich werde
diesem Volk Bitteres zu essen und Gif-
tiges zu trinken geben. 15 Ich werde
sie unter fremde Völker zerstreuen,
die weder sie noch ihre Vorfahren ge-
kannt haben. Und ich schicke ihnen
das Schwert hinterher, bis ich sie ver-
nichtet habe.«
16 So spricht Jahwe, der All-
mächtige: / »Begreift es! Ruft die
Klagefrauen her, / lasst die weisen
Frauen kommen! 17 Beeilen sollen
sie sich / und mit dem Klagen
beginnen, / dass unsere Augen
schwimmen / und die Tränen
fließen. 18 Aus Zion hört man
schon die Klage: / ›Ach, wir
können es nicht fassen! / Wie
jämmerlich sind wir geschändet! /
Wir mussten unser Land ver-
lassen, / alle Häuser riss man
ein.‹«
19 Ihr Frauen, hört das Wort
Jahwes! / Nehmt auf, was er
gesagt hat! / Singt euren Töchtern
das Klagelied vor, / und bringt
es euch gegenseitig bei:
20 »Der Tod ist durch unsere
Fenster gestiegen, / er drang
in unsere Paläste ein. / Er raffte
das Kind von der Straße weg, /
von den Märkten die jungen
Männer.«
21 Sag: »So spricht Jahwe: /
›Die Leichen der Leute / fallen
wie Dünger auf das Feld, / wie
Garben hinter dem Schnitter, /
und niemand sammelt sie ein.‹«

Worauf man nicht stolz sein kann

22 So spricht Jahwe: / »Der Weise
rühme sich nicht seiner Weisheit, /
der Starke sei nicht stolz auf seine
Stärke, / und der Reiche gebe
nicht an mit seinem Geld.
23 Grund zum Rühmen hat nur, /
wer mich erkennt und begreift,
was ich will; / wer einsieht, dass
ich Jahwe bin,* / der auf der Erde
Gnade, Recht und Gerechtigkeit
schafft! / Denn das gefällt mir«,
spricht Jahwe.

24 »Passt auf! Es wird eine Zeit kom-
men«, spricht Jahwe, »da ziehe ich alle
zur Rechenschaft, die nur äußerlich

9,23 Wird im Neuen Testament von Paulus zitiert: 1. Korinther 1,31; 2. Korinther 10,17.

beschnitten sind: 25 Ägypten und
Juda, die Edomiter und die Ammo-
niter*, die Moabiter* und die Wüsten-
stämme, die sich die Schläfenlocken
stutzen. Denn alle nichtjüdischen
Völker sind für mich unbeschnitten,
und auch Israel hat ein unbeschnit-
tenes Herz.«

Gott und Götzen

10 1 Hört das Wort Jahwes, ihr
Israeliten! 2 So spricht Jahwe:
»Gewöhnt euch nicht den Stil
der Völker an, / erschreckt nicht
vor Erscheinungen des Himmels, /
auch wenn das die Völker in Angst
versetzt. 3 Denn ihre Gebräuche
sind ohne Sinn, / ihre Götzen ohne
Verstand. / Da holt einer Holz aus
dem Wald, / der Schnitzer macht
daraus eine Figur. 4 Man schmückt
sie mit Silber und Gold, / befestigt
sie mit Hammer und Nagel, /
damit der Gott nicht wackeln
kann. 5 Wie Vogelscheuchen im
Gurkenfeld / stehen sie und reden
nicht. / Man muss sie tragen, sie
können nicht gehen. / Habt keine
Angst vor ihnen! / Sie können
euch nichts Böses tun, / und Gutes
noch viel weniger.«
6 Niemand ist wie du, Jahwe! /
Du bist groß und bekannt für deine
Macht. 7 Wer wollte dich nicht
fürchten, / du König aller Völker! /
Darauf hast du ein Recht! / Denn
unter allen Weisen dieser Welt, /
in keinem ihrer Reiche ist jemand
dir gleich. 8 Sie alle sind dumm
und ohne Verstand, / denn ihre
Nichtse lehren sie nichts, / sie
sind ja nur aus Holz, 9 die Werke
von Goldschmied und Schnitzer.
Aus Tarschisch* stammt ihr Sil-
berblech, / ihr Goldbelag aus
Ufas*. / Künstler schufen ihre
Gewänder / in Purpurblau und
-rot. 10 Doch in Wirklichkeit ist
Jahwe Gott. / Er ist der lebendige
Gott, der ewige König. / Die Erde
bebt vor seinem Zorn, / kein Volk
hält seinen Unwillen aus.

11 Sagt den Völkern: »Diese Götter,
die weder Himmel noch Erde geschaf-
fen haben, werden unter diesem Him-
mel von der Erde verschwinden.«*

12 Gott schuf die Erde durch seine
Kraft, / durch Weisheit gründete
er das feste Land / und durch Ein-
sicht breitete er den Himmel aus.
13 Wenn er es befiehlt, stürzt das
Wasser vom Himmel, / steigen
Wolken am Horizont auf. /
Er lässt es blitzen und regnen, /
den Wind aus seinem Lager
brausen. 14 Dumm steht da der
Mensch mit seinem Können, /
jeder Goldschmied mit dem
Götzenbild. / Denn diese Bilder
sind Betrug, sie haben kein Leben.
15 Sie sind Nichtse, Figuren

9,25 Die *Ammoniter* waren nordöstliche Nachbarn der Moabiter.

Die *Moabiter* lebten östlich vom Toten Meer zwischen den Flüssen Arnon und Zered.

10,9 *Tarschisch.* Von Tyrus gegründete südspanische Küstenstadt.

Ufas. Der Ort ist unbekannt, vielleicht handelt es sich um eine Verschreibung von Ofir. Dann siehe die Fußnote zu 2. Chronik 8,18!

10,11 Dieser Vers steht im Grundtext in aramäischer Sprache.

zum Spott. / Wenn er mit ihnen
abrechnet, sind sie verloren.
16 Wie anders ist da Jakobs
Gott! / Denn er hat das Weltall
geschaffen / und sich Israel zum
Eigentum bestimmt. / Jahwe, der
Allmächtige, heißt er.

Erste Ankündigung der Verbannung

17 Rafft euren Kram zusammen, ihr Be-
wohner der belagerten Stadt, 18 denn so
spricht Jahwe: »Passt auf! Diesmal
werde ich die Bewohner des Landes
wegschleudern, ich werde sie bedrän-
gen, damit ihre Feinde sie finden.«

19 Weh mir wegen meiner
Wunde, / ich bin zu Tode getrof-
fen! / Dabei hatte ich gedacht: /
Es ist nur eine leichte Krankheit, /
die ich gut ertragen kann. 20 Nun
ist mein Zelt zerstört, / die Stricke
sind zerrissen. / Meine Kinder sind
fort, / keines ist mehr da. /
Niemand baut mein Zelt wieder
auf / und spannt die Decken
darüber. 21 Denn die Hirten waren
dumm, / haben Jahwe nicht ge-
sucht. / Deshalb merkten sie
nichts, / und ihre Herde wurde
zerstreut. 22 Horch, eine Meldung!
Da kommt es: / großes Getöse
vom Nordland her, / um Judas
Städte zur Öde zu machen, / zur
Behausung für Schakale.

Jeremia betet

23 Ich weiß, Jahwe: / Der Mensch
hat sein Schicksal nicht in der
Hand, / keiner bestimmt selbst, /
wohin sein Lebensweg führt.
24 Bestrafe mich Jahwe, / doch
mit dem rechten Maß, / nicht in
deinem Zorn, / denn das wäre
mein Ende. 25 Gieß deinen Zorn
über die Völker aus, / die dich
nicht anerkennen, / über die
Geschlechter, / die deinen Namen
nicht rufen! / Denn sie haben
Jakob* gefressen, / ihn verzehrt
und vernichtet / und seinen
Weideplatz öde gemacht.

Der Bund ist gebrochen

11 1 Folgendes Wort kam von
Jahwe an Jeremia: 2 »Hört auf
die Bestimmungen dieses Bundes!
Verkündigt sie den Leuten von Juda
und den Bewohnern von Jerusalem!
3 Sag zu ihnen: ›So spricht Jahwe, Is-
raels Gott: Fluch über jeden, der nicht
auf die Bestimmungen des Bundes
hört, 4 den ich euren Vorfahren aufer-
legte, als ich sie aus dem Schmelzofen
Ägyptens herausholte. Damals sagte
ich zu ihnen: Hört auf mich und haltet
euch an alles, was ich anordne, dann
seid ihr mein Volk und ich bin euer
Gott. 5 Nur dann kann ich den Eid
halten, den ich euren Vorfahren ge-
schworen habe, dass ich ihnen ein
Land gebe, das von Milch und Honig
überfließt – das Land, in dem ihr
heute lebt.‹« Ich erwiderte: »Amen*,
Jahwe!«

6 Darauf sagte Jahwe zu mir: »Ver-
künde es in allen Städten Judas und
auf den Straßen von Jerusalem: ›Hört
auf die Bestimmungen des Bundes

10,25 *Jakob.* Gemeint sind die Nachkommen Jakobs, also Israel.

11,5 *Amen.* Hebräisch: *Es werde wahr!* Oder: *So sei es!*

und handelt danach! 7 Seit ich eure
Vorfahren aus Ägypten herausführte,
habe ich sie bis heute immer wieder
dringend ermahnt. Ich habe mich bei-
zeiten aufgemacht und sie beschwo-
ren, auf mich zu hören. 8 Aber sie
dachten gar nicht daran. Sie haben
nicht einmal zugehört, sondern mach-
ten eigensinnig, was sie wollten. So
musste ich alles wahr machen, was
ich ihnen für den Fall angedroht hatte,
dass sie die Vorschriften meines Bun-
des nicht befolgten.‹«

9 Jahwe sagte zu mir: »Es gibt eine
Verschwörung unter den Leuten von
Juda und den Einwohnern von Jerusa-
lem. 10 Sie sind zu den Verfehlungen
ihrer Vorfahren zurückgekehrt, die
sich auch schon geweigert hatten, mir
zu gehorchen. Sie sind fremden Göt-
tern nachgelaufen und haben ihnen
gedient. Das Volk von Israel und Juda
hat den Bund gebrochen, den ich mit
ihren Vorfahren geschlossen hatte.«

11 Darum sagt Jahwe: »Jetzt bringe
ich Unheil über sie, dem sie nicht aus-
weichen können. Wenn sie dann zu
mir um Hilfe schreien, werde ich nicht
auf sie hören. 12 Dann mögen sie in
den Städten Judas und in Jerusalem
zu den Göttern um Hilfe schreien,
denen sie Räucheropfer brachten;
aber die werden sie in ihrer Not nicht
retten können. 13 Inzwischen sind
deine Götter ja so zahlreich wie deine
Städte geworden, Juda. Und an jeder
Straßenecke von Jerusalem habt ihr
dem schändlichen Baal einen Altar
gebaut, um ihm Weihrauch darauf zu
opfern.

14 Du aber sollst nicht für dieses
Volk bitten! Kein Gebet, kein Flehen!
Und wenn sie dann in ihrer Not zu mir
schreien, werde ich auch auf dich
nicht hören.

15 Was hat denn mein geliebtes Juda
in meinem Haus zu suchen, wenn es
nur ein böses Spiel mit mir treibt?
Schaff die Götzendiener und das Op-
ferfleisch fort. Doch so böse wie du
bist, freust du dich noch darüber.«

16 Einen üppig grünenden Ölbaum
mit schön gewachsenen Früchten
nannte Jahwe dich einmal. Doch nun
– ein großes Geprassel: Er legt Feuer
an dich, und alle Äste knacken.
17 Jahwe, der Allmächtige, der dich
pflanzte, hat deinen Untergang be-
schlossen. Denn du hast ihn gereizt
und dem Baal Weihrauch verbrannt.
Das ist nun die Folge der Bosheit der
Leute von Israel und Juda.

Mordpläne gegen Jeremia

18 Jahwe ließ es mich wissen, da
wusste ich es. Damals ließ er mich das
Treiben meiner Nachbarn durch-
schauen. 19 Ich war wie ein zutrauli-
ches Lamm, das zum Schlachten ge-
führt wird. Ich wusste nichts von
ihren Plänen gegen mich. Sie sagten
zueinander: »Hauen wir den Baum
um, wenn er solche Früchte trägt!
Lassen wir ihn vom Erdboden ver-
schwinden, dann wird sein Name bald
vergessen sein!« 20 Aber du, Jahwe,
allmächtiger Gott, du richtest gerecht,
denn du kennst die geheimsten Wün-
sche und Gedanken. Lass mich sehen,
wie du Vergeltung an ihnen übst, denn
dir habe ich meinen Fall anvertraut.
21 Darum – so spricht Jahwe über die
Männer von Anatot, die dich umbrin-
gen wollen und sagen: »Hör auf, im
Namen Jahwes zu weissagen, sonst
bringen wir dich eigenhändig um!«

22 Darum spricht Jahwe der All-
mächtige: »Pass auf! Ich ziehe sie
zur Rechenschaft. Ihre jungen Män-
ner werden umkommen durch das
Schwert, ihre Kinder durch den Hun-
ger. 23 Keiner von ihnen wird übrig
bleiben. Im Jahr der Abrechnung lasse
ich das Unglück über die Männer von
Anatot kommen.«

Jeremia in innerer Not

12 1 Du bist gerecht, Jahwe,
wie könnte ich nur mit dir
streiten? / Dennoch muss ich
über das Recht mit dir reden. /
Warum haben die Bösen Erfolg? /
Weshalb können Abtrünnige
sorglos sein? 2 Du hast sie
gepflanzt, und sie haben Wurzeln
geschlagen; / sie wachsen heran
und bringen auch Frucht. / Doch
nur in ihrem Reden bist du nah, /
in ihrem Gewissen aber fern. 3 Du
kennst mich, Jahwe, / du hast
mich durchschaut / und meine
Gesinnung geprüft. / Zerre sie
fort wie Schafe zum Schlachten, /
sondere sie zum Abschlachten
aus! 4 Wie lange soll das Land
vertrocknen, / das Grün auf den
Feldern verdorren? / Wegen der
Bosheit seiner Bewohner / gehen
Vieh und Vögel zugrunde. / Denn
sie sagen von mir: / »Der sieht
unsere Zukunft nicht!«
5 »Wenn du mit Fußgängern
läufst, / und sie dich schon
ermüden, / wie willst du den Lauf
gegen Pferde bestehen? / Wenn
du dich nur im Land des Friedens
sicher fühlst, / wie wirst du dich
dann im Jordandickicht verhalten?
6 Selbst deine Brüder und deine
Verwandten haben dich verraten. /
Sie schreien laut hinter dir her. /
Trau ihnen nicht, / auch wenn sie
freundlich mit dir reden.«

Gottes Klage über sein Land

7 »Ich habe mein Haus verlassen, /
mein Eigentum verstoßen. / Das
Volk, das ich von Herzen liebe, /
gab ich in die Gewalt seiner
Feinde. 8 Mein Erbteil ist mir
fremd geworden. / Es ist wie ein
Löwe im Wald / und brüllt mich
feindselig an. / Darum musste ich
es hassen. 9 Nun ist es wie ein
bunter Vogel, / über dem die
Raubvögel kreisen. / Los! Bringt
die wilden Tiere herbei! / Hier gibt
es genug zu fressen.
10 Viele Hirten haben meinen
Weinberg verwüstet, / meinen
Acker zerstampft, / meine
herrlichen Felder / zu einer
trostlosen Wüste gemacht.
11 Alles ist zur Öde geworden, /
verwüstet trauert es mich an. /
Das ganze Land ist eine Wüste, /
weil niemand es sich zu Herzen
nahm.«

12 Über alle Wüstenhöhen kamen Zer-
störer ins Land, denn das Schwert
Jahwes verwüstet es von einem Ende
bis zum anderen. Kein Mensch kann
sicher sein. 13 Sie haben Weizen gesät
und Dornen geerntet. Sie haben sich
geplagt, aber ohne Erfolg. Nun stehen
sie enttäuscht vor ihren Erträgen, vor
der Glut von Jahwes Zorn.
14 So spricht Jahwe: »Ich werde
die unverschämten Nachbarn, die
das Eigentum meines Volkes Israel

antasten, ebenso aus ihrem Land he-
rausreißen, wie ich das mit Juda tue.
15 Doch nachdem ich sie herausgeris-
sen habe, werde ich mich wieder über
sie erbarmen: Ich lasse jedes Volk in
sein Land und seinen Grundbesitz zu-
rückkehren. 16 Und wenn die Nach-
barn dann die Lebensweise meines
Volkes lernen, sodass sie bei meinem
Namen schwören: ›So wahr Jahwe
lebt!‹, so wie sie früher mein Volk
lehrten, beim Baal zu schwören, dann
werden sie mitten in meinem Volk
wiederhergestellt werden. 17 Wenn
solch ein Volk aber nicht hört, werde
ich es endgültig ausreißen und ver-
nichten«, spricht Jahwe.

Der Lendenschurz

13 1 Jahwe sagte zu mir: »Kauf
dir einen Lendenschurz aus
Leinen und lege ihn an! Sorge aber
dafür, dass er nie ins Wasser kommt!«
2 Ich kaufte den Lendenschurz und
trug ihn, wie Jahwe es gesagt hatte.
3 Das Wort Jahwes kam zum zweiten
Mal zu mir. Er sagte: 4 »Geh mit dem
Lendenschurz, den du gekauft und
getragen hast, nach Perat* und ver-
stecke ihn dort in einer Felsspalte.«
5 Ich tat, was Jahwe mir gesagt hatte.
6 Viele Tage später sagte Jahwe zu
mir: »Geh wieder nach Perat und hole
den Lendenschurz, den du dort auf
meinen Befehl hin versteckt hast.«
7 Da ging ich hin und holte ihn aus
seinem Versteck. Er war verrottet und
zu nichts mehr zu gebrauchen. 8 Da
kam das Wort Jahwes zu mir: 9 So
spricht Jahwe: »Genauso werde ich
den Hochmut von Juda und Jerusalem
verrotten lassen. 10 Dieses böse Volk,
das sich weigert, auf mich zu hören,
das in seiner Sturheit fremden Göt-
tern nachläuft, sie verehrt und sich vor
ihnen niederwirft: Es soll wie dieser
Lendenschurz werden, der zu nichts
mehr zu gebrauchen ist. 11 Denn so,
wie der Lendenschurz den Körper des
Mannes umschließt, wollte ich Israel
und Juda um mich haben«, spricht
Jahwe. »Sie sollten das Volk sein, das
zu mir passt, das mein Ruhm und
meine Zierde ist, aber sie wollten
nicht hören.«

Die Weinkrüge

12 Richte ihnen Folgendes aus: »So
spricht Jahwe, Israels Gott: ›Weinkrü-
ge sollten immer voll sein!‹ Wenn sie
dir darauf erwidern: ›Das wissen wir
auch. Jeder Weinkrug sollte voll sein!‹,
13 sage zu ihnen: ›So spricht Jahwe:
Passt auf! Ich werde die Bewohner die-
ses Landes abfüllen, bis sie betrunken
sind: Die Könige auf Davids Thron, die
Priester, die Propheten und alle Be-
wohner Jerusalems. 14 Dann schlage
ich sie gegeneinander, dass einer am
anderen zerbricht, und zwar die Väter
an den Söhnen, spricht Jahwe. Scho-
nungslos, ohne Mitleid und Erbarmen
werde ich sie vernichten.‹«

Warnung vor Hochmut

15 Hört und merkt auf! / Seid
nicht überheblich! / Denn Jahwe
hat geredet. 16 Gebt Jahwe, eurem
Gott, die Ehre, / bevor er die

13,4 *Perat* meint wahrscheinlich Para (Josua 18,23), in der Nähe des modernen Wadi Farah 5 km nördlich von Anatot. In anderen Zusammenhängen bezieht sich *Perat* auf den Euphrat.

Dunkelheit bringt, / bevor eure
Füße sich stoßen auf dämmrigen
Bergen / und ihr das Licht er-
wartet, / das er in Finsternis /
und Todesdunkel verwandelt.
17 Wenn ihr nicht darauf hört, /
weint meine Seele im Verborge-
nen. / Sie weint über euren Stolz. /
Ich muss weinen und weinen, /
meine Tränen fließen ununter-
brochen, / weil die Herde Jahwes /
in die Gefangenschaft abgeführt
wird.
18 Sag zum König und zur
Herrscherin*: / »Setzt euch tief
herunter! / Denn die Krone eurer
Herrlichkeit / fällt euch vom Kopf
herab. 19 Die Städte im Negev*
sind verschlossen, / und niemand
ist da, der öffnet*. / Ganz Juda
wird verschleppt / und in die
Verbannung geführt.

Die Schändung Jerusalems

20 Schaut auf und seht! / Die
Feinde kommen von Norden. /
Wo ist die Herde, die dir gegeben
war, / wo sind deine herrlichen
Schafe? 21 Was wirst du sagen,
wenn Jahwe deine Liebhaber, / die
du an dich gebunden hast, / als
Herren über dich setzt? / Vor
Schmerz wirst du schreien / wie
eine Frau, die in Wehen liegt.
22 Und wenn du dich fragst:
›Warum traf es gerade mich?‹ /
Dann wisse: Wegen deiner großen
Schuld / hat man dir das Kleid
gehoben / und dich vergewaltigt.
23 Kann ein Schwarzer seine
Hautfarbe wechseln, / ein Leopard
sein geflecktes Fell? / Dann
könntet auch ihr Gutes tun! /
Ihr seid ja ans Böse gewöhnt.
24 »Ich werde sie zerstreuen wie
die Spreu, / die der Wüstenwind
verweht. 25 Dieses Los erwartet
dich, / das habe ich dir zugeteilt«,
spricht Jahwe, / »weil du mich
vergessen hast / und auf Lügen
vertrautest. 26 Nun hebe auch ich
dir das Kleid hoch / bis über dein
Gesicht, / dass alle deine Schande
sehen, 27 deine Ehebrüche,
dein geiles Wiehern, / deine
schändliche Unmoral. / Auf den
Hügeln und auf dem Feld / habe
ich deine abscheulichen Götzen
gesehen. / Weh dir, Jerusalem! /
Wie lange noch wirst du so
besudelt sein?«

Eine Dürrekatastrophe

14 1 Wegen der großen Dürre
kam folgendes Wort Jahwes
an Jeremia:
2 »Juda verzweifelt, / seine
Städte sterben / trauernd zu Boden
gebeugt. / Man hört Jerusalems
Schrei. 3 Die Reichen schicken
ihre Diener nach Wasser, / die
kommen an die Zisternen, / finden
aber nichts. / Sie kehren mit leeren
Krügen zurück. / Enttäuscht und
beschämt verhüllen sie ihr Gesicht.
4 Erstarrt ist der Acker, / kein
Regen fällt aufs Land. / Die Bauern

13,18 *Herrscherin.* Das war die Königsmutter.

13,19 *Negev.* Das heiße Südland Israels, zum Teil gebirgige Wüste.

niemand ... öffnet. Weil sie in Trümmern liegen und menschenleer sind.

sind beschämt, / verhüllen ihr
Gesicht. 5 Selbst die Hirschkuh
draußen / lässt ihr Neugeborenes
im Stich, / denn Grünes findet sie
nicht mehr. 6 Auf kahlen Kuppen
stehen wilde Esel, / sie schnappen
nach Luft, / japsen wie Schakale. /
Ihre Augen sind erloschen, / denn
nirgends ist Gras.«
7 »Obwohl unsere Sünden uns
verklagen, / hilf uns deinetwegen,
Jahwe! / Zahlreich sind unsere
Vergehen. / Gegen dich haben
wir gesündigt. 8 Du Hoffnung
Israels, / du bist der Retter in der
Not! / Warum bist du so wie ein
Fremder im Land, / wie ein
Wanderer, nur zum Übernachten
da? 9 Warum bist du wie ein
ratloser Mann, / wie ein Krieger,
der nicht retten kann? / Du bist
doch unter uns, Jahwe, / über uns
wurde dein Name genannt! / Ver-
lass uns nicht!«

Von Gott verworfen

10 So spricht Jahwe zu diesem Volk:
»Sie lieben es, davonzulaufen, sie
gönnen ihren Füßen keine Ruhe.
Jahwe hat keine Freude mehr an
ihnen. Er wird sie nicht verschonen
und zieht sie jetzt zur Rechenschaft.«
11 Zu mir sagte Jahwe: »Bitte nicht
mehr für das Wohl dieses Volkes!
12 Auch wenn sie fasten, höre ich
nicht auf ihr Rufen, auch wenn sie mir
Brand- und Speisopfer bringen, stim-
men sie mich nicht um. Ich werde sie
vernichten durch Hunger, Krieg und
Pest.«
13 »Ach, Jahwe«, klagte ich, »die
Propheten sagen zu ihnen: ›Es gibt
keinen Krieg und keine Hungersnot.
Jahwe wird dieser Stadt dauerhaft
Frieden geben.‹« 14 Da sagte Jahwe
zu mir: »Was die Propheten in mei-
nem Namen verkünden, sind Lügen.
Ich habe sie nicht geschickt, sie nicht
beauftragt und nie zu ihnen gespro-
chen. Sie verkünden euch erfundene
Visionen, Götzenorakel, selbst er-
dachten Betrug. 15 Ich sage dir, was
ich mit diesen Propheten mache, die
in meinem Namen weissagen, obwohl
ich sie nicht geschickt habe, die be-
haupten, dass das Land von Krieg und
Hunger verschont bleibt: Sie selbst
werden durch Krieg und Hunger
enden! 16 Und das Volk, dem sie
weissagen, wird auf den Straßen
von Jerusalem liegen, niedergeworfen
durch Hunger und Schwert. Nie-
mand wird ihre Leichen und die ihrer
Frauen und Kinder begraben. So
gieße ich ihre eigene Bosheit über
sie aus.«

Jeremia soll klagen

17 »Lass sie wissen, wie betroffen du
bist:
›Meine Tränen fließen Tag und
Nacht, / meine Augen sind nass
und ruhen nicht. / Denn meine
unberührte Tochter, / mein Volk,
liegt schwer verletzt am Boden, /
zerbrochen an einem furchtbaren
Schlag. 18 Gehe ich aufs Feld
hinaus, / finde ich vom Schwert
Getötete, / komme ich zurück in
die Stadt, / finde ich vom Hunger
Gequälte. / Priester und Propheten
laufen herum / und finden keinen
Rat.‹«
19 Hast du Juda ganz
verworfen? / Widert dich Zion
jetzt an? / Warum hast du uns so

geschlagen, / dass es keine
Heilung mehr gibt? / Wir hofften
auf Heil, / doch es kam nichts
Gutes. / Wir hofften auf die Zeit
der Heilung, / doch es wurde
immer schlimmer. 20 Wir kennen
unseren Frevel, Jahwe, / auch die
Schuld unserer Väter: / Ja, wir
haben gegen dich gesündigt.
21 Um deines Namens willen
verachte uns doch nicht! /
Entehre nicht den Thron deiner
Herrlichkeit! / Denk an deinen
Bund mit uns und löse ihn nicht!
22 Gibt es Regenspender bei den
Nichtsen der Völker? / Macht der
Himmel etwa selbst den Regen? /
Nein, du bist Jahwe, unser Gott! /
Wir hoffen auf dich, / denn du
hast das alles gemacht.

Das Urteil ist gesprochen

15 1 Da sagte Jahwe zu mir:
»Selbst wenn Mose und Sa-
muel jetzt vor mir stünden, würde ich
mich diesem Volk nicht zuwenden.
Jage sie aus meiner Nähe fort! Sie
sollen mir aus den Augen gehen!
2 Und wenn sie dich fragen: ›Wohin
sollen wir denn gehen?‹, dann sage
ihnen: ›So spricht Jahwe:

Wer zum Pesttod bestimmt ist,
bekomme die Pest; / wer zum
Schwerttod bestimmt ist, laufe ins
Schwert; / wer zum Hungertod
bestimmt ist, sterbe an Hunger; /
wer zur Verbannung bestimmt ist,
ziehe in die Verbannung!‹

3 ›Ein vierfaches Verderben lasse
ich gegen dieses Volk los‹, spricht
Jahwe, ›das Schwert zum Umbrin-
gen, die Hunde zum Fortzerren, die
Vögel und die wilden Tiere zum Zer-
fleischen und zum Fressen. 4 Ich
mache sie zu einem Bild des Entset-
zens für alle Völker der Erde, und zwar
wegen König Manasse Ben-Hiskija*
von Juda und dem, was er in Jerusa-
lem getan hat.‹«

5 »Wer hat noch Mitleid mit
Jerusalem? / Wer wird dir sein
Beileid bekunden? / Wer wird
dich besuchen / und fragen, wie es
dir geht? 6 Du hast mich zurück-
gestoßen, / spricht Jahwe, / du
hast mir den Rücken gekehrt. /
Deshalb habe ich dich ange-
griffen* / und zugrunde gerich-
tet. / Ich bin es leid, nachsichtig
zu sein! 7 Mit der Worfschaufel
habe ich sie / aus dem Land
hinausgeworfen. / Ich machte
mein Volk kinderlos, / ich gab es
verloren, / denn sie kehrten nicht
um. 8 Es wird mehr Witwen bei
ihnen geben, / als Sandkörner an
den Stränden. / Über die Soldaten-
mütter / brachte ich am hellen Tag
den Tod, / Angst und Entsetzen /
kam plötzlich über sie. 9 Nun
welkt die Frau dahin, haucht ihr
Leben aus, / sie, die sieben Söhne
gebar. / Ihre Sonne ging unter
mitten am Tag, / sie wurde
beschämt und enttäuscht. /
Der Rest von ihnen fällt im

15,4 *Ben-Hiskija.* Vergleiche 2. Chronik 33.

15,6 *habe ich dich angegriffen.* Es handelt sich bis V. 8 offenbar um ein prophetisches Perfekt, d.h. Zukünftiges wird als bereits geschehen geschildert.

Krieg, / ausgeliefert ihren
Feinden«, / spricht Jahwe.

Jeremias Klage

10 Weh mir, Mutter, dass du mich
geboren hast! / Jeder streitet und
zankt mit mir, / das ganze Land
feindet mich an! / Ich habe weder
Geld verliehen / noch habe ich
welches geborgt. / Trotzdem
verfluchen mich alle.

Gottes Antwort

11 Jahwe spricht: / »Habe ich dich
nicht zum Guten stark gemacht? /
Ich werde dafür sorgen, / dass
dein Feind dich anfleht, / wenn er
in Not und Bedrängnis gerät.
12 Kann man Eisen zerbrechen, /
Eisen aus dem Norden / und
Bronze dazu?
13 Juda, dein Vermögen und
deinen Besitz / gebe ich zur
Plünderung frei. / Das ist der
Lohn für eure Sünden, / die ihr
überall im ganzen Land begangen
habt. 14 Ich mache dich zum
Sklaven deiner Feinde / in einem
Land, das du nicht kennst. /
Wie Feuer lodert mein Gesicht, /
und euch wird es verbrennen.«

Jeremias »Warum?«

15 Jahwe, du weißt alles, / denk an
mich und setz dich für mich ein! /
Nimm Rache für mich an meinen
Verfolgern! / Nicht, dass deine
Langmut / mich zugrunde gehen
lässt! / Du weißt doch, dass sie
mich / deinetwegen beschimpfen.
16 Wenn du zu mir sprachst,
verschlang ich jedes Wort. / Deine
Worte haben mich mit Glück und
Freude erfüllt. / Denn ich gehöre
ja dir*, / Jahwe, allmächtiger Gott.
17 Nie saß ich in fröhlicher Runde, /
nie scherzte ich mit. / Von deiner
Hand gepackt sitze ich allein, /
denn deine Erbitterung erfüllt
auch mich. 18 Warum hört mein
Schmerz nicht auf? / Warum
schließt sich meine Wunde nicht? /
Warum will sie nicht heilen? / Du
hast mich enttäuscht, / du bist für
mich wie ein Bach, der im Sommer
versiegt.

Gottes Antwort

19 Da sagte Jahwe zu mir: /
»Wenn du umkehrst, nehme ich
dich wieder an, / dann darfst du
mir wieder dienen. / Wenn du
deine Worte überlegst, / und nicht
mehr solchen Unsinn von dir
gibst, / dann darfst du wieder mein
Mund sein. / Sie müssen auf dich
hören, / aber du nicht auf sie!
20 Dann mache ich dich für dieses
Volk / zu einer festen eisernen
Mauer. / Sie werden dich be-
kämpfen – doch ohne Erfolg, /
denn ich bin bei dir und werde
dich retten. / Ich schütze dich,
ich, Jahwe. 21 Ich rette dich aus
der Hand der Bösen, / aus brutalen
Fäusten befreie ich dich.«

Jeremias Einsamkeit – Zeichen des Gerichts

16 1 Das Wort Jahwes kam zu
mir. Er sagte: 2 »Du sollst

15,16 *ich gehöre ja dir*. Wörtlich: *Dein Name ist über mir ausgerufen*, was eine Eigentumserklärung war.

nicht heiraten, du sollst keine Söhne
und Töchter hier haben. 3 Denn so
spricht Jahwe über die Söhne und
Töchter, die hier geboren werden, über
ihre Mütter, die sie gebären, und ihre
Väter, die sie hier zeugen: 4 ›Sie wer-
den an qualvollen Seuchen sterben;
niemand wird sie beklagen und begra-
ben. Wie Dünger werden sie auf der
Erde liegen. Durch Krieg und Hunger
kommen sie um. Sie dienen Vögeln
und wilden Tieren zum Fraß.‹«

5 Weiter sagte Jahwe: »Du sollst
kein Trauerhaus betreten! Bleib Trauer-
feiern fern, bekunde niemand dein
Beileid! Denn ich habe diesem Volk
meinen Frieden entzogen, die Gnade
und das Erbarmen«, spricht Jahwe.
6 »Große und kleine Leute müssen in
diesem Land sterben, ohne dass je-
mand sie begräbt. Niemand wird sie
betrauern, niemand wird sich aus
Trauer die Haut ritzen oder den Kopf
kahl scheren.* 7 Mit keinem wird man
das Trauerbrot teilen, um ihn wegen
eines Toten zu trösten. Keinem wird
man den Trostbecher reichen, auch
nicht wegen Vater oder Mutter.

8 Du sollst auch kein Hochzeitshaus
betreten! Setz dich nicht zu den Gäs-
ten, um mitzuessen und mitzutrin-
ken! 9 Denn so spricht Jahwe, der
Allmächtige: ›Ihr werdet es noch
selbst erleben, dass ich allem Jubel
und aller Freude hier ein Ende mache.
Auch den Jubelruf von Bräutigam
und Braut wird man hier nicht mehr
hören.‹

10 Wenn du ihnen das alles gesagt
hast, werden sie fragen: ›Warum kün-
digt Jahwe uns so ein schweres Unheil
an? Was haben wir denn Böses getan?
Worin haben wir uns gegen Jahwe,
unseren Gott, vergangen?‹ 11 Sag
ihnen dann Folgendes: ›So spricht
Jahwe: Schon eure Vorfahren haben
mich verlassen und sind anderen
Göttern nachgelaufen. Ihnen haben
sie gedient, vor ihnen sich niederge-
worfen, mich aber haben sie verlas-
sen; meine Weisungen schlugen sie in
den Wind. 12 Ihr jedoch habt es noch
schlimmer getrieben als eure Väter.
Jeder von euch macht nur, was sein
trotziges und böses Herz ihm eingibt.
Keiner hört auf mich! 13 Deshalb
schleudere ich euch weg von hier in
ein Land, das weder ihr noch eure
Vorfahren kannten. Dort werdet ihr
dann Tag und Nacht anderen Göttern
dienen, weil ich euch nicht mehr
gnädig bin.‹«

Ausblick auf die Rückkehr der Verschleppten

14 So spricht Jahwe: »Es kommt der
Tag, an dem man beim Schwören
nicht mehr sagt: ›So wahr Jahwe
lebt, der Israel aus Ägypten heraus-
geführt hat‹, 15 sondern: ›So wahr
Jahwe lebt, der Israel aus dem Land
im Norden herausgeführt hat und
aus allen anderen Ländern, in die er
sie vertrieben hatte.‹ Ja, ich werde sie
in ihr Land zurückbringen, das ich
ihren Vorfahren gab.«

16 »Ja, ich rufe dann viele Fischer
herbei«, spricht Jahwe, »die sollen die
Israeliten wie Fische fangen. Danach
rufe ich viele Jäger, die sie von jedem
Berg und Hügel herunterjagen und

16,6 *... kahl scheren.* Das waren kanaanäische Trauerbräuche, die Gott dem Volk Israel verboten hatte (siehe 3. Mose 19,28; 5. Mose 14,1).

aus jedem Felsspalt holen. 17 Ich sehe
ja alles, was sie tun; sie können sich
vor mir nicht verstecken, auch ihre
Schuld ist meinen Augen nicht ver-
borgen. 18 Doch zuerst lasse ich sie
doppelt* büßen für ihre Schuld und
Sünde, denn sie haben mein Land
durch das Aas ihrer Scheusale ent-
weiht, überall auf meinem Grund-
besitz haben sie ihre abscheulichen
Götzen hingestellt.«

Die Bekehrung der Völker

19 »Jahwe, du bist meine Stärke
und mein Schutz, / meine
Zuflucht in der Bedrängnis. /
Zu dir kommen Völker vom Ende
der Welt. / ›Nur Lügen haben
wir geerbt‹, sagen sie. /
›Wahngebilde sind die Götter
unserer Väter. / Nicht einer nützt
etwas!‹«

20 »Kann denn ein Mensch sich
Götter machen? Das sind doch
keine Götter! 21 Darum seht, ich
lasse es die Völker begreifen:
Diesmal erkennen sie meine
gewaltige Macht und verstehen,
dass mein Name Jahwe ist.«

Judas Sünde und Strafe

17 1 Mit Eisengriffeln ist Judas
Sünde aufgeschrieben, / mit
Diamantenspitze eingegraben / in
die Tafeln ihrer Herzen / und die
Hörner ihrer Altäre.

2 »Wie an ihre Kinder – so denken sie
an ihre Altäre und Aschera-Pfähle*
bei den grünen Bäumen auf den Op-
ferhöhen. 3 Du Volk von Berg- und
Hügelpilgern! Deinen Besitz und all
deine Schätze und auch deine Opfer-
höhen gebe ich zur Plünderung frei.
Das ist der Lohn für deine Sünden
in deinem ganzen Wohngebiet. 4 Du
bist selbst daran schuld, wenn du den
Erbbesitz, den ich dir gegeben habe,
loslassen musst. Ich mache dich
zum Sklaven deiner Feinde in einem
fremden, unbekannten Land. Ihr habt
Feuer in mein Gesicht gebracht, das
ist mein Zorn, der ewig brennt.«

Fluch oder Segen

5 So spricht Jahwe: / »Verflucht
ist der Mann, der auf Menschen
vertraut, / der sich auf Menschen-
kraft verlässt / und sein Herz von
Jahwe abkehrt! 6 Er ist wie
ein kahler Strauch in der Steppe, /
der vergeblich auf Regen hofft. /
Er steht auf dürrem Wüsten-
boden, / im salzigen Land, wo
niemand wohnt.

7 Gesegnet ist der Mann, der auf
Jahwe vertraut, / dessen Hoffnung
Jahwe ist! 8 Er ist wie ein Baum,
der am Wasser steht / und seine
Wurzeln zum Bach hinstreckt. /
Er hat nichts zu fürchten, wenn
Hitze kommt, / seine Blätter
bleiben grün und frisch. / Ihm ist
nicht bange vor dem Dürrejahr; /
er trägt immer seine Frucht.«

16,18 *doppelt.* Nach dem Gesetz die übliche Forderung zum Schadenersatz (2. Mose 22,3.6.8).

17,2 Die *Aschera* war eine Fruchtbarkeitsgöttin, die in handlichen Figuren, geweihten Bäumen oder Pfählen verehrt wurde.

Weisheitssprüche

9 Abgründig ist das menschliche
Herz, / beispiellos und unver-
besserlich. / Wer kann es durch-
schauen? 10 Ich, Jahwe, sehe bis
auf den Grund. / Ich prüfe die
geheimsten Wünsche, / um jedem
zu geben, was er verdient, / und
zwar aufgrund seiner Taten.
11 Wie ein Rebhuhn*, das Eier
ausbrütet, / die es nicht selbst
gelegt hat, / so ist ein Mensch, /
der Reichtum durch Unrecht
erwirbt. / In der Mitte seines
Lebens muss er ihn lassen, / und
am Ende steht er als Trottel da.

Gebet Jeremias

12 Der Ort unseres Heiligtums /
ist ein Thron der Herrlichkeit, /
erhaben von Anfang an. 13 Jahwe,
du Hoffnung Israels! / Die dich
verlassen, werden scheitern, /
werden in den Staub geschrieben, /
denn sie verließen Jahwe, / die
Quelle frischen Wassers.
14 Heile mich, Jahwe, dann werd
ich geheilt! / Hilf du mir, dann ist
mir wirklich geholfen! / Du gibst
mir Anlass, dich zu preisen.
15 Sieh doch, wie sie zu mir sagen:
»Wo bleibt denn Jahwes Wort? /
Es soll sich doch erfüllen!« 16 Ich
gab den Hirtendienst nicht auf, /
wünschte das Unheil nicht
herbei, / wie du ja weißt. / Was
von meinen Lippen kam, / ist dir
wohlbekannt. 17 Mach mir keine
Angst, / du bist doch meine Zu-
flucht, / wenn das Unheil kommt.
18 Bring Schande über meine
Verfolger, / aber nicht über mich! /
Sie soll das Entsetzen packen, /
nicht aber mich. /
Bring über sie den Unheilstag, /
zerschmettere sie im völligen
Zusammenbruch!

Der Sabbat gehört Gott

19 So sprach Jahwe zu mir: »Stell dich
an das Tor des Volkes, durch das die
Könige Judas ein- und ausziehen, und
auch an alle anderen Tore Jerusalems
20 und rufe dort aus: ›Hört die Bot-
schaft Jahwes, Könige von Juda, Volk
von Juda, Einwohner von Jerusalem
und alle, die durch diese Tore kom-
men! 21 So spricht Jahwe: Wenn euch
das Leben lieb ist, dann hütet euch
davor, am Sabbat irgendeine Last
durch diese Tore hereinzutragen!
22 Auch aus euren Häusern dürft ihr
am Sabbat nichts hinaustragen. An
diesem Tag muss jede Arbeit ruhen.
Ehrt den Sabbat als heiligen Tag, wie
ich es schon euren Vätern befahl!
23 Leider haben sie nicht gehorcht, ja
nicht einmal hingehört. Sie stellten
sich stur und wollten sich nichts sagen
lassen. 24 Wenn ihr mir aber ge-
horcht, spricht Jahwe, wenn ihr am
Sabbat keine Last durch diese Tore
tragt, wenn ihr ihn als heiligen Tag
ehrt und keine Arbeit verrichtet,
25 dann werden auch weiterhin Köni-
ge durch die Tore dieser Stadt einzie-
hen, die auf dem Thron Davids sitzen;
mit Wagen und Pferden werden sie

17,11 *Rebhuhn.* Gemeint ist wohl das Wüstenhuhn. Diese brüten oft zu mehreren Paaren gleichzeitig in derselben Felsspalte. Man findet daher viele Eier auf einmal, und es ist nicht zu erkennen, welche Eier zu welchem Huhn gehören.

sich fortbewegen, sie und ihre Obe-
ren, die Männer von Juda und die Ein-
wohner Jerusalems. Diese Stadt wird
dann für immer bewohnt bleiben.
26 Dann werden Leute aus den Städ-
ten Judas und aus der Umgebung Je-
rusalems kommen, aus dem Land
Benjamin, aus der Schefela*, vom Ge-
birge und aus dem Negev. Sie bringen
ihre Opfergaben in das Haus Jahwes:
Brand- und Freudenopfer, Speise-
und Lobopfer und Weihrauch.
27 Wenn ihr aber nicht auf mich hört,
wenn ihr den Sabbat nicht als heiligen
Tag ehrt, wenn ihr am Sabbat mit Las-
ten durch die Tore Jerusalems kommt,
dann werde ich ein unlöschbares
Feuer in diesen Toren entfachen, das
die Paläste der Stadt verzehrt.‹«

Gleichnis vom Töpfer

18 1 Wort Jahwes, das zu Jere-
mia kam: 2 »Geh zum Haus
des Töpfers hinunter, denn dort habe
ich dir etwas zu sagen!« 3 Ich ging
hinunter und sah den Töpfer bei seiner
Arbeit auf der Töpferscheibe. 4 Wenn
ihm ein Gefäß unter den Händen
misslang, machte er aus dem Ton
ein anderes, das ihm besser gefiel.
5 Da kam das Wort Jahwes zu mir.
Er sagte:

6 »So spricht Jahwe: ›Kann ich es
mit euch nicht genauso machen wie
dieser Töpfer, ihr Leute von Israel?
Wie der Ton in der Hand des Töpfers,
so seid ihr in meiner Hand. 7 Wenn
ich irgendwann einem Volk oder
Reich androhe, es auszureißen, nie-
derzubrechen und zu vernichten,
8 dieses Volk aber umkehrt und seine
Bosheit unterlässt, tut es mir leid,
dass ich das Unheil über sie bringen
wollte, und tue es nicht. 9 Ein anderes
Mal sage ich zu einem Volk oder
Reich, dass ich es aufbauen und ein-
pflanzen will. 10 Wenn dieses Volk
aber tut, was mir missfällt, und nicht
auf mich hört, tut es mir leid, dass ich
ihnen das Gute bringen wollte, und
ich tue es nicht.‹

11 Rede nun zu den Leuten von Juda
und den Einwohnern Jerusalems. Sag
ihnen: ›So spricht Jahwe: Passt auf!
Ich mache einen Plan gegen euch, ich
bereite das Unglück für euch vor.
Kehrt um von euren falschen Wegen
und ändert euer Leben von Grund auf!
Das gilt jedem von euch!‹ 12 Aber
sie sagen: ›Daraus wird nichts! Wir
folgen unsren eigenen Gedanken.
Jeder kann das machen, was er selber
will, ganz egal, ob das eigensinnig
oder böse heißt.‹«

Unbegreifliche Absage an Gott

13 »Deshalb spricht Jahwe: ›Erkundigt
euch bei allen Völkern! Wo hat man je
so etwas gehört? Etwas ganz Abscheu-
liches hat Israel, die junge Frau, getan.
14 Taut jemals der Schnee vom Gipfel-
felsen des Libanon? Hört das Wasser
auf zu fließen, das aus fernen Quellen
kommt? 15 Mein Volk aber hat mich
vergessen. Den Nichtsen opfern sie
Weihrauch, und das brachte sie zu Fall.
Nun gehen sie nicht mehr die guten
Wege, die sie seit alter Zeit kennen.
Von ihren Götzen wurden sie auf ge-
fährliche, ungesicherte Steige geführt.

17,26 *Schefela.* Niedriges, sehr fruchtbares Hügelland, das sich in nordsüdlicher Richtung zwischen dem Gebirge und der Küstenebene des Mittelmeeres erstreckt.

16 Deshalb wird ihr Land für immer zu
einem Ort des Grauens und der Ver-
achtung. Wer an ihm vorüberzieht,
schüttelt entsetzt den Kopf. 17 Wie ein
Ostwind werde ich mein Volk vor sei-
nem Feind zerstreuen. Wenn das Un-
heil über sie kommt, kehre ich ihnen
den Rücken zu und nicht das Ge-
sicht.‹«

Jeremias Rachegebet

18 Da gibt es Leute, die sagen: »Los,
wir müssen etwas gegen Jeremia tun!
Niemals wird unseren Priestern das
Gesetz abhanden kommen, unseren
Weisen der gute Rat und unseren Pro-
pheten das Wort. Los, schlagen wir
ihn mit seinen eigenen Worten! Auf
ihn wollen wir auf keinen Fall hören!«

19 »Achte auf mich, Jahwe! / Hör
doch das Gerede meiner Gegner! /
20 Wird Gutes denn mit Bösem
vergolten? / Eine Fallgrube haben
sie mir geschaufelt. / Denk daran,
wie ich vor dir stand, / um für sie
einzutreten / und deinen Zorn von
ihnen abzuwenden! 21 Darum:
Lass ihre Kinder den Hungertod
sterben / und übergib sie alle dem
Schwert! / Ihre Frauen sollen
kinderlose Witwen sein! / Ihren
alten Männern wünsche ich die
Pest / und ihren jungen den Tod
durch das Schwert! 22 Schreie soll
man aus den Häusern hören, /
wenn plündernde Soldaten über
sie kommen! / Denn sie hoben
die Fallgrube aus, / um mich zu
fangen. / Sie haben mir die Fallen
gestellt. 23 Aber du, Jahwe, kennst /
ihre Mordpläne gegen mich. /
Vergib ihnen nicht diese Schuld, /
lösch ihre Sünde bei dir nicht
aus! / Lass sie niederstürzen
vor dir / und rechne im Zorn mit
ihnen ab!«

Der zerschlagene Krug

19 1 Jahwe sagte zu mir: »Kauf
dir einen Krug vom Töpfer!
Dann hol dir ein paar Älteste vom Volk
und von den Priestern 2 und geh mit
ihnen zum Scherbentor hinaus ins
Hinnomtal. Dort rufe Folgendes aus:
3 ›Hört das Wort Jahwes, ihr Könige
von Juda und ihr Bewohner Jerusa-
lems! So spricht Jahwe, der allmächti-
ge Gott Israels: Passt auf! Ich bringe
solches Unheil über diesen Ort, dass
es jedem, der davon hört, in den
Ohren dröhnt. 4 Denn sie haben mich
verlassen und mir diesen Ort durch
Räucheropfer entfremdet, die sie an-
deren Göttern brachten, die weder sie
noch ihre Vorfahren, noch die Könige
von Juda gekannt haben. Dazu haben
sie dieses Tal mit dem Blut unschul-
diger Menschen getränkt. 5 Dann
haben sie Opferstätten für den Baal
gebaut, um ihre Kinder darauf zu ver-
brennen, was ich ihnen nie befohlen
habe. Niemals ist mir so etwas in den
Sinn gekommen! 6 Deshalb wird die
Zeit kommen, spricht Jahwe, in der
man diesen Ort nicht mehr Tofet oder
Hinnomtal nennen wird, sondern
Mordtal. 7 An diesem Ort werde ich
die Pläne der Leute von Juda und Jeru-
salem vereiteln. Ich lasse sie ihren
Todfeinden in die Hände fallen und
mit dem Schwert erschlagen. Ihre Lei-
chen werde ich den Vögeln und den
wilden Tieren zum Fraß vorwerfen.
8 Ich werde diese Stadt zu einem Ort
des Grauens und der Verachtung

machen. Wer an ihr vorüberzieht,
schüttelt über ihre Wunden entsetzt
den Kopf. 9 Und wenn eure Todfeinde
die Stadt belagern, werdet ihr vor lau-
ter Hunger das Fleisch eurer eigenen
Kinder essen und euch zuletzt gegen-
seitig schlachten.‹

10 Dann zerschlage den Krug vor
den Augen deiner Begleiter 11 und
sage zu ihnen: ›So spricht Jahwe, der
Allmächtige: Dieses Volk und diese
Stadt werde ich zerschmettern wie
dieses Tongeschirr, das man nicht
wiederherstellen kann. Man wird die
Toten im Tofet begraben müssen, weil
man sonst keinen Platz mehr dazu hat.
12 Auch diese Stadt mache ich samt
ihren Bewohnern dem Tofet gleich‹,
spricht Jahwe. 13 ›Die Häuser in Je-
rusalem und die Paläste der Könige
sollen genauso unrein werden wie
der Tofet, und zwar alle Häuser, auf
deren Terrassen sie den Sternen Weih-
rauch verbrannt und anderen Göttern
Trankopfer ausgegossen haben.‹«

Jeremia wird misshandelt

14 Als Jeremia vom Tofet zurückkam,
wo er im Auftrag Jahwes geweissagt
hatte, stellte er sich in den Tempel-
vorhof und rief allen Leuten dort zu:
15 »So spricht Jahwe, der allmächtige
Gott Israels: ›Ich will über diese Stadt
und alle dazugehörenden Städte all
das Unheil bringen, das ich ihnen
angedroht habe; denn sie haben
sich hartnäckig geweigert, auf meine
Worte zu hören.‹«

20 1 Als der Priester Paschhur
Ben-Immer – er war der Ober-
aufseher im Haus Jahwes – diese
Weissagung Jeremias hörte, 2 ließ er
den Propheten schlagen und im
oberen Benjamintor beim Haus Jah-
wes in den Block* spannen. 3 Am
nächsten Morgen ließ Paschhur Jere-
mia wieder frei. Da sagte dieser zu
ihm: »Jahwe nennt dich nicht mehr
Paschhur, sondern Magor-Missabib,
›Schrecken überall‹. 4 Denn so spricht
Jahwe: ›Pass auf! Ich mache dich zum
Schrecken für dich selbst und alle
deine Freunde. Mit eigenen Augen
wirst du sehen, wie sie durch das
Schwert ihrer Feinde fallen. Ich liefere
ganz Juda dem König von Babylon
aus. Die einen wird er nach Babylo-
nien verschleppen und die anderen
mit dem Schwert erschlagen. 5 Den
ganzen Reichtum dieser Stadt über-
lasse ich ihren Feinden, allen Besitz,
alle Kostbarkeiten, auch die Schätze
der Könige von Juda. Alles wird ge-
plündert, geraubt und nach Baby-
lonien gebracht. 6 Auch du, Paschhur,
wirst mit allen Bewohnern deines
Hauses in die Gefangenschaft gehen.
Du wirst zusammen mit deinen
Freunden, denen du falsch geweissagt
hast, nach Babylonien kommen, dort
sterben und dort begraben werden.‹«

Jeremias Klage und Selbstverfluchung

7 Jahwe, du hast mich mitgerissen, /
und ich ließ mich mitreißen. /
Du hast mich gepackt und über-
wältigt. / Nun verspotten sie mich

20,2 Der *Block* war ein Balkengerüst, in das der Gefangene an Händen, Füßen und Hals eingespannt wurde, um den Körper zu verdrehen, was schwere Schmerzen verursachte.

den ganzen Tag, / alle lachen mich
aus. / 8 Denn sooft ich den Mund
auftue, muss ich schreien: / »Ver-
brechen! Unterdrückung!« /
Nichts als täglich Spott und
Hohn / bringt mir das Wort
Jahwes. 9 Aber wenn ich mir
sagte: »Ich will nicht mehr an ihn
denken, / ich will nicht mehr sein
Sprecher sein!«, / dann brennt
es in meinem Herzen wie Feuer, /
dann glüht mein Inneres. / Ich
quälte mich, es auszuhalten, /
doch ich konnte es nicht.
10 Ja, viele höre ich tuscheln. /
Schrecken ist überall! / »Zeigt
ihn an! Wir wollen es tun!« /
Selbst meine nächsten
Bekannten / warten nur auf
meinen Fall. / »Vielleicht
lässt er sich verleiten! / Dann
kommen wir ihm endlich bei, /
dann rächen wir uns an ihm!«
11 Aber Jahwe steht mir bei /
wie ein gewaltiger Held. / Darum
straucheln meine Verfolger / und
erreichen nichts. / Sie werden
völlig blamiert, / weil es ihnen
nicht gelingt. / Unvergesslich
wird ihre große Schande sein.
12 Und du, Jahwe, allmächtiger
Gott, / schaust den Gerechten an, /
prüfst ihn auf Herz und Nieren. /
Lass mich sehen, wie du sie be-
strafst, / denn dir vertraute ich
meine Sache an. 13 Singt Jahwe
und lobt ihn, / denn er rettet den
Armen aus der Gewalt des Bösen.
14 Verflucht der Tag, an dem
ich geboren! / Der Tag sei nicht
gesegnet, an dem mich meine
Mutter bekam! 15 Verflucht der
Mann, der meinem Vater die frohe
Botschaft brachte: / »Es ist ein
Junge! Du hast einen Sohn!« /
und ihn damit sehr erfreute.
16 Es möge ihm ergehen wie
den Städten, / die Jahwe ohne
Erbarmen zerstörte! / Schon am
Morgen soll er Schreckensschreie
hören, / und am Mittag Krieges-
lärm, 17 weil Gott mich nicht
sterben ließ im Mutterleib. /
Dann wäre meine Mutter mein
Grab geworden / und ihr Bauch
für immer schwanger geblieben.
18 Warum musste ich den Mutter-
schoß verlassen? / Um nichts als
Elend und Kummer zu sehen? /
Um mein Leben in Schande zu
beenden?

Auskunft an den König

21 1 Wort Jahwes, das zu Jere-
mia kam, als König Zidkija
Paschhur Ben-Malkija und den Pries-
ter Zefanja Ben-Maaseja zu ihm
schickte und ihm sagen ließ: 2 »Kö-
nig Nebukadnezzar von Babylon
führt Krieg gegen uns. Frag doch
Jahwe, was geschehen wird, ob er
vielleicht wie früher ein Wunder
für uns tut, sodass Nebukadnezzar
abziehen muss.« 3 Da sagte Jeremia
zu den Männern: »Gebt dem König
folgenden Bescheid: 4 ›So spricht
Jahwe, Israels Gott: Passt auf! Noch
kämpft ihr außerhalb der Mauern
gegen den König von Babylon und
die Chaldäer*, die euch belagern. Ich
werde euch zum Rückzug zwingen,

21,4 *Chaldäer.* Ursprünglich Bewohner von Süd-Babylonien, später wurden alle Babylonier Chaldäer genannt.

sodass ihr eure Waffen ins Innere der
Stadt holen müsst. 5 Ich selbst kämp-
fe gegen euch mit starker Hand und
mächtigem Arm, mit Zorn und
Grimm und großer Wut. 6 Ich werde
alles sterben lassen, was in dieser
Stadt lebt, Menschen und Vieh. An
einer schweren Seuche werden sie zu-
grunde gehen. 7 Und danach, spricht
Jahwe, werde ich König Zidkija von
Juda und seine hohen Beamten und
alles Volk in dieser Stadt, das von
Hunger, Schwert und Pest noch ver-
schont wurde, ihren Todfeinden aus-
liefern. Nebukadnezzar wird euch alle
mit dem Schwert umbringen lassen,
schonungslos, ohne Mitleid und Er-
barmen.‹«

8 Dem Volk aber musste Jeremia
ausrichten: »So spricht Jahwe: ›Ihr
habt die Wahl zwischen Leben und
Tod. 9 Wer in dieser Stadt bleibt, wird
durch den Krieg, durch Hunger oder
Pest sterben. Wer aber die Stadt ver-
lässt und zu den Chaldäern überläuft,
kommt mit dem Leben davon.
10 Denn ich bin fest entschlossen, Un-
glück über die Stadt zu bringen und
ihr nicht zu helfen‹, spricht Jahwe.
›Sie wird dem König von Babylon in
die Hände fallen, und der wird sie in
Schutt und Asche legen.‹«

Die Botschaft an die Regierung

11 An das Königshaus von Juda: /
»Hört das Wort Jahwes, 12 ihr
Nachkommen Davids! / So spricht
Jahwe: ›Haltet jeden Morgen
gerechtes Gericht! / Befreit den
Beraubten von seinem Bedrücker! /
Sonst kommt wie ein Feuer mein
Zorn über euch, / unlöschbar
wegen der Bosheit eures Tuns!
13 Passt auf! Ich komme über
euch, / die ihr dort unten auf dem
Felsen* wohnt!‹, / spricht Jahwe. /
›Meint ihr, niemand kommt zu
euch herab / und dringt in eure
Bauten ein? 14 Ich ziehe euch zur
Rechenschaft / für alle eure
Taten‹, / spricht Jahwe. / ›Ich
lege Feuer in eure Paläste*, /
das ringsum alles verzehrt.‹«

Gegen die Könige

22 1 Jahwe sagte zu mir: »Geh
hinunter in den Palast des
Königs von Juda und rufe diese Bot-
schaft aus: 2 ›Höre, was Jahwe dir zu
sagen hat, König von Juda, der auf
dem Thron Davids sitzt. Höre es mit-
samt deinen Dienern und dem Volk,
das durch diese Tore kommt! 3 So
spricht Jahwe: Sorgt für Recht und
Gerechtigkeit, befreit die Beraubten
aus der Gewalt ihrer Unterdrücker!
Bedrängt weder Fremde, noch Wai-
sen und Witwen, und misshandelt sie
nicht! Vergießt hier kein unschuldiges
Blut! 4 Nur wenn ihr euch wirklich
daran haltet, werden auch weiterhin
Könige durch diese Tore einziehen,
Könige, die auf dem Thron Davids sit-
zen; mit Pferd und Wagen werden sie
fahren, sie und ihre Diener und das
Volk. 5 Wenn ihr aber nicht auf diese
Worte hört, dann schwöre ich bei mir

21,13 *auf dem Felsen.* Der Königspalast war unterhalb des Tempels auf einem *Felsen* gebaut.

21,14 *eure Paläste.* Wörtlich: *in ihren Wald.* Gemeint sind die Zedernsäulen und -balken der Paläste.

selbst: Dieser Palast wird zu einem
Trümmerhaufen werden!‹«
6 Denn so spricht Jahwe über den
Palast der Könige von Juda: »Du
warst schön wie Gilead und wie der
Gipfel des Libanon. Trotzdem mache
ich eine Wüste aus dir, einen unbe-
wohnten Ort. 7 Ich schicke dir eine
Abrisskolonne, die mit ihrem Werk-
zeug deine herrlichen Zedernstämme
herausbricht und ins Feuer wirft.
8 Menschen aus vielen Ländern wer-
den dann hier vorüberziehen und sich
fragen: ›Warum hat Jahwe dieser
großen Stadt das angetan?‹ 9 Dann
wird man ihnen antworten: ›Weil
sie den Bund mit Jahwe, ihrem Gott,
gebrochen haben. Sie haben sich vor
anderen Götter niedergeworfen und
sie verehrt.‹«

Trauer um Schallum

10 Weint nicht um den Toten*, trauert
nicht um ihn. Weint vielmehr über
den, der fortziehen muss*, denn er
wird seine Heimat nie wiedersehen.
11 Denn so spricht Jahwe über Schal-
lum Ben-Joschija, den König von
Juda, der seinem Vater auf dem Thron
folgte und die Stadt verlassen musste:
»Er wird niemals wieder hierher zu-
rückkehren! 12 Er wird dort sterben,
wohin man ihn verschleppt hat. Die-
ses Land wird er nie wiedersehen!«

Gegen König Jojakim

13 Weh dem, der seinen Palast
mit unrechten Mitteln erbaut, /
der ihn aufstockt mit Unrecht, /
der die Leute umsonst arbeiten
lässt, / sie nicht entlohnt, 14 der
sagt: »Ich baue mir einen Riesen-
palast / mit geräumigen Zimmern
im Obergeschoss!« / Er setzt
ihm hohe Fenster ein, / täfelt
ihn mit Zedernholz / und streicht
ihn mit roter Farbe an.

15 Bist du dadurch König, dass du wett-
eifern kannst mit Prachtbauten aus Ze-
dernholz? Hat dein Vater nicht auch
gut gegessen und getrunken und trotz-
dem für Recht und Gerechtigkeit ge-
sorgt? Ging es ihm damals nicht gut?
16 Den Unterdrückten und Armen ver-
half er zum Recht. Deshalb stand es
gut! »Sieht man nicht gerade daran, ob
jemand mich kennt?«, spricht Jahwe.
17 Aber du hast nichts anderes im Sinn
als deinen eigenen Vorteil. Dafür ver-
gießt du das Blut unschuldiger Men-
schen, wendest Erpressung an und ge-
brauchst Gewalt. 18 Darum spricht
Jahwe über König Jojakim Ben-Joschi-
ja von Juda: »Für ihn wird es keine To-
tenklage geben: ›Ach, Bruder, ach,
Schwester!‹ Niemand wird um ihn kla-
gen: ›Ach, unser König, ach, seine Ma-
jestät!‹ 19 Man wird ihn wie einen toten
Esel verscharren; man schleift ihn fort
und wirft ihn weit draußen vor den
Toren Jerusalems hin.«*

20 »Ersteig den Libanon und
schreie! / Lass deine Stimme auf
dem Baschan erschallen / und rufe

22,10 *den Toten*. Gemeint ist Joschija, siehe Vers 11, der 609 v.Chr. in der Schlacht von Megiddo fiel.

der fortziehen muss. Gemeint ist König Joahas (sein Geburtsname war Schallum, siehe auch 1. Chronik 3,15), der von Pharao Necho abgesetzt und nach Ägypten gebracht wurde (siehe 2. Könige 23,30-34).

22,19 *wirft ihn ... hin*. In 2. Könige 24,6 wird auffälligerweise nur der Tod Jojakims erwähnt, kein Begräbnis, keine Trauer.

vom Gebirge Abarim* herab, /
dass all deine Liebhaber zer-
schmettert sind. 21 Als es dir noch
gut ging, sprach ich dich an. /
Aber du sagtest: ›Lass mich in
Ruh!‹ / Das war schon immer
deine Art, / nie hörtest du auf
mich! 22 Der Wind wird deine
Hirten weiden, / und deine
Liebhaber werden verbannt. /
Schmach und Schande wirst du
ernten / wegen all deiner Bosheit.
23 Noch thronst du wie auf dem
Libanon, / wohnst in Palästen
aus Zedern. / Wie erbärmlich
wirst du sein, / wenn die
Schmerzen über dich kommen /
wie die Wehen über die Frau!«

Gegen König Jojachin

24 »So wahr ich lebe«, spricht Jahwe,
»selbst wenn du ein Siegelring an
meiner rechten Hand wärst, König
Konja* Ben-Jojakim von Juda, würde
ich dich doch von dort wegreißen.
25 Ich werde dich deinen Todfeinden
ausliefern, vor denen du Angst hast,
und zwar den Chaldäern und ihrem
König Nebukadnezzar von Babylon.
26 Dich und deine Mutter werde ich in
ein fremdes Land schleudern, aus
dem keiner von euch beiden stammt.
Dort werdet ihr sterben. 27 Eure Hei-
mat werdet ihr nie wiedersehen, so
sehr ihr euch auch danach sehnt.«

28 Ist dieser Konja denn ein zerbro-
chener Krug, ein Ding, das keinem ge-
fällt? Warum werden er und seine
Kinder in ein Land fortgeschleudert,
das keiner von ihnen kennt? 29 O
Land, Land, Land! Höre das Wort
Jahwes! 30 So spricht Jahwe: »Halte
diesen Mann als kinderlos in der
Chronik fest, als einen, der sein Leben
lang nur Misserfolg hat. Denn keinem
seiner Nachkommen wird es gelin-
gen, auf dem Thron Davids zu sitzen
und Juda zu regieren.«

Ein König, der Gott gefällt

23 1 »Weh den Hirten, die
meine Schafe auf der Weide
zugrunde richten und sie zerstreu-
en!«, spricht Jahwe. 2 »Darum sage
ich, Jahwe, der Gott Israels, über die
Hirten meines Volkes: ›Ihr habt meine
Schafe auseinandergetrieben, ihr
habt sie zerstreut, ihr habt euch nicht
um sie gekümmert! Jetzt ziehe ich
euch für die Bosheit eurer Taten zur
Rechenschaft!‹, spricht Jahwe. 3 ›Ich
selbst werde den Rest meiner Schafe
aus allen Ländern zusammenholen, in
die ich sie versprengt habe. Ich bringe
sie auf ihre Weideplätze zurück. Dort
werden sie gedeihen und sich vermeh-
ren. 4 Ich werde ihnen Hirten geben,
die wirklich für sie sorgen. Sie sollen
keine Angst mehr haben, nicht mehr
erschrecken und verloren gehen‹«,
spricht Jahwe.

5 »Seht, es kommt der Tag«, spricht
Jahwe, »da werde ich einen Nachkom-
men Davids zum König machen, der
weise und gerecht regieren wird und
der im Land für Recht und Gerechtig-
keit sorgt. 6 Dann wird Juda gerettet
werden und Israel in Sicherheit leben.

22,20 *Libanon – Baschan – Abarim* sind Bergregionen; die erste ganz im Norden Israels, die zweite östlich vom See Gennesaret und die dritte südöstlich vom Toten Meer.

22,24 *Konja* ist die Kurzform von Jechonja und gleichbedeutend mit Jojachin (siehe 2. Könige 24,6-12).

›Jahwe, unsere Gerechtigkeit‹ wird
man ihn nennen. 7 Seht, es kommen
Tage«, spricht Jahwe, »da wird man
nicht mehr sagen: ›So wahr Jahwe lebt,
der Israel aus Ägypten herausgeführt
hat‹, 8 sondern ›So wahr Jahwe lebt,
der die Israeliten aus dem Land im
Norden herausgeführt hat und aus
allen anderen Ländern, in die er sie vertrieben hatte.‹ Dann werden sie wieder
in ihrem eigenen Land wohnen.«

Gegen die falschen Propheten

9 Über die Propheten:
Es bricht mir das Herz, / ich
zittere am ganzen Leib / vor Jahwe
und seinen heiligen Worten. / Ich
bin wie ein Betrunkener, / wie ein
Mann, der vom Wein benommen
ist. 10 Das Land ist voll von Ehebrechern, / und wegen des Fluchs
vertrocknet der Boden, / sind die
Weideplätze der Steppe verdorrt. /
Alle haben nur Böses im Sinn, /
ihre Stärke liegt im Unrechttun.
11 »Selbst Propheten und Priester
sind gemein. / Ihre Bosheit fand
ich sogar in meinem Haus«, /
spricht Jahwe. 12 »Doch die Wege,
die sie gehen, / werden glatt und
schlüpfrig sein; / sie stürzen in der
Dunkelheit / und kommen alle zu
Fall. / Denn ich bringe Unheil über
sie; / das Jahr der Abrechnung
kommt«, / spricht Jahwe.

13 »Was ich bei den Propheten Samarias gesehen habe, war schon
abscheulich genug: Sie weissagten im
Namen des Baal und haben mein Volk
Israel in die Irre geführt. 14 Aber bei den
Propheten Jerusalems habe ich Schauderhaftes gesehen: Sie begehen Ehebruch und leben in der Lüge! Und dann
bestärken sie die Gottlosen noch in
ihrem Treiben, sodass niemand daran
denkt, sein Leben zu ändern. Für mich
sind sie alle wie Sodom und die Bewohner der Stadt wie Gomorra*.« 15 Darum spricht Jahwe, der Allmächtige,
über die Propheten: »Passt auf! Ich
werde ihnen Bitteres zu essen geben
und Giftwasser zu trinken, denn die
Propheten Jerusalems haben die Gottlosigkeit im ganzen Land verbreitet.«

16 So spricht Jahwe, der Allmächtige: »Hört nicht auf das, was diese Propheten euch weissagen. Sie halten
euch zum Narren. Ihre Visionen kommen aus ihrem Bauch und nicht von
Jahwe. 17 Zu denen, die mich verworfen haben, sagen sie: ›Jahwe hat gesagt: Das Heil ist euch sicher!‹ Und zu
denen, die eigensinnig ihrem bösen
Herzen folgen, sagen sie: ›Ihr habt
nichts Schlimmes zu befürchten!‹«

18 Wer von ihnen stand je in
der Ratsversammlung Jahwes? Wer
schaute und hörte sein Wort? Wer
lauschte und hörte überhaupt?
19 Passt auf! Ein verheerender Sturm
Jahwes bricht los: sein Grimm. Ein
Wirbelsturm entlädt sich über dem
Kopf dieser Gottlosen. 20 Der Zorn
Jahwes wird nicht nachlassen, bis
Jahwe alles ausgeführt hat, was er
sich vornahm. Ganz werdet ihr das
erst am Ende der von Gott bestimmten Zeit verstehen.

21 »Ich habe die Propheten nicht geschickt, und doch sind sie gelaufen.

23,14 *Sodom ... Gomorra.* Städte, die Gott wegen der Bosheit ihrer Bewohner durch Feuer vernichtet hat (siehe 1. Mose 19, 24-25).

Ich habe nicht zu ihnen gesprochen,
und doch haben sie geweissagt.
22 Hätten sie an meiner Ratsver-
sammlung teilgenommen, dann
könnten sie meinem Volk meine
Worte verkünden. Und dann würden
sie es abbringen von seinem gottlosen
Lebensstil und seiner Bosheit. 23 Bin
ich denn nur ein Gott in der Nähe«,
spricht Jahwe, »und nicht auch einer
in der Ferne? 24 Oder kann sich je-
mand so verstecken, dass ich ihn nicht
sehen könnte?«, spricht Jahwe. »Ich
bin es doch, der den Himmel und die
Erde erfüllt«, spricht Jahwe. 25 »Ich
habe gehört, was die Propheten reden,
die in meinem Namen weissagen. ›Ich
träumte, ich träumte‹, sagen sie.
Doch es ist nichts als Lug und Trug.
26 Wie lange soll das noch gehen?
Haben diese Propheten, die Lügen
verbreiten und ihre Hirngespinste als
Weissagung ausgeben, etwa im Sinn,
27 meinen Namen bei meinem Volk in
Vergessenheit zu bringen, so wie ihre
Vorfahren mich über dem Baal
vergaßen? Ist das ihre Absicht, wenn
sie einander ihre Träume erzählen?
28 Der Prophet, der einen Traum
hatte, mag einen Traum erzählen. Wer
aber mein Wort hat, richte mein Wort
zuverlässig aus! Spreu hat doch
nichts mit Weizen zu tun!«, spricht
Jahwe. 29 »Ist mein Wort nicht wie ein
Feuer«, spricht Jahwe, »und wie ein
Hammer, der Felsen zerschlägt?«

30 »Darum passt auf«, spricht
Jahwe, »jetzt gehe ich gegen die Pro-
pheten vor, die sich gegenseitig die
Worte stehlen. 31 Passt auf, jetzt gehe
ich gegen die Propheten vor«, spricht
Jahwe, »die ihr eigenes Gerede Bot-
schaft nennen. 32 Passt auf, jetzt gehe
ich gegen die vor, die erlogene Träume
erzählen«, spricht Jahwe, »und mein
Volk mit ihren Lügen und ihrem Ge-
flunker in die Irre führen. Ich habe sie
weder gesandt, noch ihnen irgend-
etwas befohlen. Sie nützen diesem
Volk überhaupt nichts«, spricht Jahwe.

Die »Last« Jahwes

33 »Wenn dieses Volk dich fragt oder
auch ein Priester oder Prophet: ›Gibt
es ein Lastwort* Jahwes?‹, dann sag
zu ihnen: ›Ihr seid die Last! Aber ich
bin schon dabei, euch abzuwerfen,
spricht Jahwe.‹ 34 Und jeden Prophe-
ten, jeden Priester und jeden aus dem
Volk, der sagt: ›Lastwort Jahwes‹,
werde ich mit seiner ganzen Familie
zur Rechenschaft ziehen. 35 Stattdes-
sen sollt ihr einander fragen: ›Was hat
Jahwe geantwortet? Was hat Jahwe
gesagt?‹ 36 Aber den Begriff ›Last-
wort Jahwes‹ sollt ihr nicht mehr ge-
brauchen. Denn jedem wird sein eige-
nes Wort zur Last, weil er die Worte
des lebendigen Gottes verdreht hat,
die Worte Jahwes, des Allmächtigen,
unseres Gottes! 37 Fragt einen Pro-
pheten also: ›Was hat Jahwe dir ge-
antwortet?‹ oder: ›Was hat Jahwe ge-
sagt?‹ 38 Wenn ihr aber weiterhin
›Lastwort Jahwes‹ sagt, obwohl ich
euch ausrichten ließ, den Begriff
›Lastwort Jahwes‹ nicht mehr zu ge-
brauchen«, spricht Jahwe, 39 »dann
passt auf! Ich werde euch ganz ver-
gessen und euch samt der Stadt, die

23,33 *Lastwort.* Der hebräische Ausdruck bedeutet »Last« und meint in diesem und ähnlichen Zusammenhängen (z.B. Sacharja 9,1; 12,1) das Wort Jahwes, das wie eine Last auf dem Propheten liegt.

ich euch und euren Vorfahren gege-
ben habe, aus meiner Gegenwart ent-
fernen. 40 Ich stürze euch in Schimpf
und Schande, was immer an euch
hängen bleibt.«

Gleichnis von den Feigen

24 1 Jahwe ließ mich zwei Fei-
genkörbe sehen, die vor sei-
nem Tempel standen. Es war in der
Zeit, als König Nebukadnezzar von
Babylon den König Jechonja Ben-
Jojakim von Juda samt den hohen
Beamten Judas, den Bau- und den
Metallhandwerkern als Gefangene
von Jerusalem nach Babylonien ver-
schleppt hatte.* 2 Die Feigen in dem
einen Korb waren sehr gut, wie Früh-
feigen. Die in dem anderen Korb
waren so schlecht, dass man sie nicht
mehr essen konnte. 3 Jahwe fragte
mich: »Was siehst du, Jeremia?« Ich
antwortete: »Feigen. Die guten sind
sehr gut und die schlechten so
schlecht, dass man sie nicht mehr
essen kann.«
4 Da kam das Wort Jahwes zu mir:
5 »So spricht Jahwe, der Gott Israels:
›Die aus Juda Verbannten, die ich von
hier ins Land der Chaldäer vertrieben
habe, sehe ich wie diese guten Feigen
an. 6 Ich werde mich ihnen wieder zu-
wenden und bringe sie in dieses Land
zurück, wo ich sie dann aufbaue und
nicht abbreche, sie einpflanze und
nicht ausreiße. 7 Ich gebe ihnen das
Verständnis, mich zu erkennen, zu be-
greifen, dass ich es bin, Jahwe. Dann
werden sie mein Volk sein und ich ihr
Gott, denn sie werden mit ganzem
Herzen zu mir umkehren.
8 Aber König Zidkija von Juda und
seine hohen Beamten und den Rest
der Jerusalemer – ob sie nun im Land
geblieben sind oder sich in Ägypten
niedergelassen* haben – sehe ich als
die schlechten Feigen an, die unge-
nießbar geworden sind. 9 Ich mache
sie zum abschreckenden Beispiel des
Bösen für alle Königreiche der Erde,
wohin ich sie auch vertreibe. Dort
werden sie mit Hohn und Spott über-
schüttet werden und ein Sprichwort
sein. 10 Ich lasse das Schwert, den
Hunger und die Pest über sie kom-
men, bis sie aus dem Land ver-
schwunden sind, das ich ihnen und
ihren Vorfahren gegeben habe.‹«

70 Jahre Gefangenschaft

25 1 Im 4. Regierungsjahr* des
Königs Jojakim Ben-Joschija
von Juda – es war das erste Jahr des
Königs Nebukadnezzar von Babylon
– kam ein Wort für das ganze jüdische
Volk zu Jeremia. 2 Der Prophet Jere-
mia verkündete es dem Volk von Juda
und den Einwohnern von Jerusalem:
3 »Seit dem 13. Regierungsjahr* von
König Joschija Ben-Amon habe ich 23
Jahre lang bis zum heutigen Tag das
Wort Jahwes empfangen. Ich habe zu
euch geredet, habe mich beizeiten

24,1 *verschleppt hatte.* Das geschah im Jahr 597 v.Chr.

24,8 *niedergelassen.* Das könnten Juden sein, die beim Anmarsch Nebukadnezzars nach Ägypten geflohen waren.

25,1 *Im 4. Regierungsjahr.* Das war das Jahr 605 v.Chr., in dem König Jojakim sich Nebukadnezzar unterwarf.

25,3 *13. Regierungsjahr.* Das war 626 v.Chr., als Jeremia zum Propheten berufen wurde.

aufgemacht, geredet und geredet,
aber ihr habt einfach nicht zugehört.
4 Immer wieder hat Jahwe seine Die-
ner, die Propheten, zu euch geschickt.
Aber niemand von euch hat sich
darum gekümmert. Niemand hörte
auf ihn, 5 wenn er sie sagen ließ:
›Kehrt doch um von euren bösen
Wegen, macht Schluss mit eurem
bösen Tun! Dann könnt ihr in dem
Land wohnen bleiben, das Jahwe euch
und euren Vorfahren für alle Zeiten
gegeben hat. 6 Und lauft nicht den
fremden Göttern hinterher, um sie zu
verehren und sich vor ihnen niederzu-
werfen! Fordert nicht meinen Zorn
heraus mit euren Machwerken, sonst
bringe ich Unheil über euch! 7 Aber
ihr habt ja nicht auf mich gehört‹, sagt
Jahwe. ›Sondern ihr habt mich mit
euren Machwerken gereizt und euch
damit selbst ins Unglück gestürzt.‹«

8 Darum spricht Jahwe, der All-
mächtige: »Weil ihr nicht auf meine
Worte gehört habt 9 – Passt auf! –
darum hole ich alle Völker des Nor-
dens herbei«, spricht Jahwe, »auch
meinen Diener Nebukadnezzar, den
König von Babylon. Ich lasse sie über
dieses Land und seine Bewohner her-
fallen, wie auch über die Nachbar-
völker ringsum. Ich vollstrecke den
Bann* an ihnen und mache sie zu
einem Trümmerfeld, einem Bild des
Grauens und der Verachtung. 10 Ich
lasse jeden Jubelruf und jedes Freu-
dengeschrei verstummen, auch den
Ruf von Bräutigam und Braut. Man
wird keine Handmühle mehr mahlen
hören und kein Öllämpchen mehr
leuchten sehen. 11 Das ganze Land
wird zu einem wüsten Trümmerfeld.
Und all diese Völker werden siebzig
Jahre lang dem König von Babylon
unterworfen sein. 12 Wenn dann die
siebzig Jahre um sind, werde ich den
König von Babylon und sein Volk zur
Rechenschaft ziehen und ebenso das
Land der Chaldäer. Ich mache es für
immer zur Wüste. 13 Ich lasse alles
über dieses Land kommen, was ich
ihm angedroht habe, alles, was in die-
ser Schriftrolle steht, was Jeremia
jedem dieser Völker angekündigt hat.
14 Ja, auch die Chaldäer werden ein-
mal großen Völkern und mächtigen
Königen dienen müssen. So lasse ich
sie für alles büßen, was sie getan
haben.«

Gottes Zornbecher für die Völker

15 Denn so hat Jahwe, der Gott Isra-
els, zu mir gesprochen: »Nimm diesen
Becher aus meiner Hand und gib ihn
all den Völkern zu trinken, zu denen
ich dich sende. Er ist voll mit dem
Wein meines Zorns. 16 Sie sollen ihn
austrinken, ins Taumeln geraten und
den Verstand verlieren, wenn ich das
Schwert unter ihnen wüten lasse.«

17 Da nahm ich den Becher aus der
Hand Jahwes und gab ihn all den Völ-
kern zu trinken, zu denen er mich
sandte. 18 Jerusalem und die Städte
Judas bekamen ihn, ihre Könige und
ihre Fürsten, um sie zur Einöde zu
machen, zu Stätten des Grauens, der
Verachtung und des Fluches, wie es
bis heute* der Fall ist. 19 Der Pharao,

25,9 *Bann.* Das bedeutete die vollständige Vernichtung von Menschen, Tieren und Gütern.

25,18 *bis heute.* Das meint den Zeitpunkt, als das Buch verfasst wurde.

der König von Ägypten, erhielt ihn mit
seinem ganzen Hof, seinen Fürsten,
seinem Volk 20 und dem Völkerge-
misch in seinem Land. Die Könige des
Landes Uz* bekamen ihn und alle
Könige der Philisterstädte Aschke-
lon, Gaza, Ekron und das, was von
Aschdod noch übrig geblieben ist,
21 Edom, Moab und die Ammoniter,
22 alle Könige von Tyrus und Sidon,
und die des Küstenlandes auf der an-
deren Seite des Meeres. 23 Die Leute
von Dedan, Thema und Bus bekamen
ihn und alle, die sich die Schläfenlo-
cken stutzen, 24 alle Könige Arabiens
und der Wüstenstämme, 25 alle Köni-
ge von Simri, Elam und Medien,
26 alle Könige der nahen und fernen
Länder im Norden, einer nach dem
anderen, kurz, alle Könige der Erde
mussten davon trinken, zuletzt der
König von Scheschach*.

27 »Sag zu ihnen: ›So spricht Jahwe,
der Allmächtige, Israels Gott: Trinkt,
werdet betrunken und erbrecht euch,
fallt hin und steht nicht wieder auf,
weil mein Schwert unter euch wütet.‹
28 Und wenn sie sich weigern, den Be-
cher aus deiner Hand anzunehmen,
dann sag ihnen: ›So spricht Jahwe,
der Allmächtige: Ihr müsst ihn aus-
trinken! 29 Denn seht, ich beginne mit
dem Unheil bei der Stadt, die mein
Eigentum ist. Solltet ihr da etwa
ungeschoren davonkommen? Nein,
auch euch trifft diese Strafe! Ich rufe
das Schwert gegen alle Bewohner
der Erde herbei, spricht Jahwe, der
Allmächtige.‹

30 Und du, weissage ihnen die fol-
genden Worte:

›Jahwe brüllt von der Höhe
herab, / es hallt aus seiner heiligen
Wohnung. / Laut ruft er über
seine Weide hin. / Ein Heißa!
wie die Keltertreter stimmt er an /
gegen alle Bewohner der Welt.
31 Das Dröhnen dringt bis ans
Ende der Erde. / Jahwe macht
den Völkern den Prozess, / zieht
alle Menschen vor Gericht; /
die Gottlosen übergibt er dem
Schwert, / spricht Jahwe.‹

32 So spricht Jahwe, der Allmäch-
tige:

›Seht, von den Enden der Erde /
erhebt sich ein gewaltiger Sturm; /
ein Volk nach dem anderen / wird
von dem Unheil getroffen.‹

33 Überall auf der Erde werden die
Leichen liegen, die Jahwe erschlagen
hat. Niemand trauert um sie, keiner
sammelt sie ein, keiner begräbt sie.
Zum Dünger für die Äcker sollen sie
werden.

34 ›Heult, ihr Völkerhirten und
schreit! / Wälzt euch in der
Asche, / ihr Mächtigen der
Herde, / denn jetzt seid ihr an der
Reihe, / geschlachtet zu werden. /
Ich schmettere euch zu Boden /
wie ein kostbares Gefäß. 35 Ver-
loren ist die Zuflucht der Hirten, /
für die Herrlichen der Völker-
herde / gibt es kein Entkommen.
36 Hört das Geschrei der Hirten, /
das Heulen der Herrscher der

25,20 *Uz* bezeichnet ein großes Gebiet östlich der Araba, des Jordangrabens, der bis zum Golf von Elat reicht.

25,26 *Scheschach* ist ein verschlüsselter Name für Babylon, siehe Jeremia 51,41.

Herde, / denn Jahwe verwüstet
ihre Weide. 37 Der Gluthauch
seines Zorns / zerstört die Auen
des Friedens. 38 Wie ein Löwe
verlässt er sein Versteck, / denn
ihr Land ist zur Wüste geworden /
durch das furchtbare Schwert, /
durch Jahwes glühenden Zorn.‹«

Jeremias zweite Tempelrede

26 1 Kurz nachdem Jojakim
Ben-Joschija König über
Juda geworden war, kam folgendes
Wort Jahwes: 2 »So spricht Jahwe:
Stell dich in den Vorhof von Jahwes
Haus und rede zu allen, die aus den
Städten Judas kommen, um sich im
Haus Jahwes niederzuwerfen! Sag
ihnen alles, was ich dir befohlen habe!
Lass nichts davon aus! 3 Vielleicht
hören sie ja darauf und jeder kehrt von
seinem bösen Weg um. Dann wird es
mir leidtun und ich werde das Unheil,
das ich ihnen wegen der Bosheit ihrer
Taten angedroht habe, nicht über sie
bringen. 4 Sag ihnen: ›So spricht
Jahwe: Wenn ihr nicht auf mich hört
und euch nicht an meine Weisungen
haltet, 5 wenn ihr auch nicht auf die
Worte meiner Diener, der Propheten,
hört – auf die ihr nie gehört habt, ob-
wohl ich sie immer wieder zu euch ge-
sandt habe –, 6 dann werde ich mit
diesem Haus dasselbe tun wie mit
Schilo*. Und diese Stadt werde ich zu
einem Fluchwort für alle Völker der
Erde machen.‹«

7 Die Priester, die Propheten und
das ganze Volk hörten, was Jeremia
im Haus Jahwes sagte. 8 Als er zu
Ende war und den Auftrag Jahwes
ausgeführt hatte, packten sie ihn und
schrien: »Dafür musst du sterben!
9 Weshalb verkündest du im Namen
Jahwes, dass es diesem Haus wie
Schilo ergehen und dass diese Stadt in
Trümmern liegen und menschenleer
sein wird?« Das ganze Volk rottete
sich im Vorhof des Tempels gegen
Jeremia zusammen. 10 Als die führen-
den Männer Judas davon hörten,
kamen sie vom Königspalast zum
Haus Jahwes hinauf und nahmen am
Eingang des Neuen Tores Platz.
11 Die Priester und Propheten klagten
Jeremia vor ihnen und dem versam-
melten Volk an. »Dieser Mann ver-
dient den Tod!«, sagten sie. »Er hat
gegen diese Stadt geweissagt. Ihr habt
es ja selbst gehört.« 12 Darauf erwi-
derte Jeremia: »Jahwe hat mich be-
auftragt, gegen dieses Haus und
gegen diese Stadt all das zu weissa-
gen, was ihr gehört habt. 13 So bessert
nun euer Leben und euer ganzes Tun
und hört auf Jahwe, euren Gott. Dann
wird es Jahwe leidtun und er wird das
Unheil nicht über euch kommen las-
sen. 14 Ich selbst bin ja in eurer Hand.
Macht mit mir, was ihr wollt. 15 Doch
eins sollt ihr wissen: Wenn ihr mich
tötet, bringt ihr unschuldiges Blut
über euch, über diese Stadt und ihre
Einwohner. Denn so wahr ich hier
stehe: Jahwe hat mich zu euch ge-
schickt, um euch genau diese Worte
zu überbringen.«

16 Da waren sich die Oberen und
das ganze Volk einig: »Dieser Mann
hat auf keinen Fall die Todesstrafe ver-
dient, denn er hat im Namen Jahwes,
unseres Gottes, zu uns gesprochen.«

26,6 *Schilo.* Siehe Jeremia 7,12-14.

17 Es standen auch einige von den Äl-
testen des Landes auf und sagten:
18 »Micha von Moreschet hat zur Zeit
des Königs Hiskija von Juda geweis-
sagt und zum ganzen Volk gesagt: ›So
spricht Jahwe, der Allmächtige: Zion
wird umgepflügt wie ein Acker, Jerusa-
lem wird zu einem Trümmerhaufen und
der Tempelberg zu einem bewaldeten
Hügel.‹* 19 Haben ihn der König His-
kija und das ganze Volk damals etwa
getötet? Nein, Hiskija hat sich Jahwe
unterworfen und ihn angefleht, so-
dass es Jahwe leidtat und er das Un-
heil nicht über sie brachte. Aber wir
sind dabei, durch ein großes Unrecht
unser Leben in Gefahr zu bringen!«

Hinrichtung des Propheten Urija

20 Es gab damals noch einen anderen
Propheten, der ganz ähnlich wie Jere-
mia im Namen Jahwes gegen diese
Stadt und das Land Juda weissagte.
Es war Urija Ben-Schemaja aus Kir-
jat-Jearim. 21 Als König Jojakim,
seine Heerführer und Oberen dessen
Worte hörten, wollte der König ihn
töten lassen. Urija erfuhr davon,
bekam Angst und floh nach Ägypten.
22 Da schickte Jojakim Elnatan Ben-
Achbor mit einigen Männern dorthin.
23 Sie holten Urija aus Ägypten zu-
rück und brachten ihn vor den König.
Der ließ ihn mit dem Schwert hinrich-
ten und seine Leiche auf die Gräber
des einfachen Volkes werfen.
24 Doch Jeremia entging der Hin-
richtung, weil Ahikam Ben-Schafan
ihn in Schutz nahm und nicht zuließ,
dass er vom Volk getötet wurde.

Das Zeichen des Jochs

27 1 Es war noch am Anfang der
Regierungszeit des Königs
Zidkija* Ben-Joschija von Juda, als
ein Wort Jahwes zu Jeremia kam.
2 Jahwe sagte zu mir: »Mach dir
Joche aus Hölzern und Stricken und
lege sie dir um den Hals. 3 Dann gib
sie den Gesandten von Edom, Moab,
Ammon, Tyrus und Sidon, die zu
König Zidkija nach Jerusalem ge-
kommen sind, an ihre Könige mit.
4 Lass sie ihren Herren ausrichten:
›So spricht Jahwe, der allmächtige
Gott Israels:
5 Ich habe die Erde, die Menschen
und die Tiere, die es auf ihr gibt, ge-
schaffen durch meine gewaltige Kraft
und Macht. Ich kann sie geben, wem
ich will! 6 Und jetzt habe ich all diese
Länder in die Hand meines Dieners
Nebukadnezzar gegeben, des Königs
von Babylon. Selbst die wilden Tiere
habe ich in seinen Dienst gestellt.
7 Alle Völker sollen ihm, seinem Sohn
und seinem Enkel dienen, bis auch
die Zeit seines Landes gekommen
ist. Dann wird es großen Völkern
und mächtigen Königen unterworfen
werden. 8 Doch jetzt ist es so: Das Volk
oder Reich, das König Nebukadnezzar
von Babylon nicht dienen will, das den
Hals nicht in sein Joch steckt, spricht
Jahwe, über das lasse ich Krieg, Hun-
ger und Pest kommen, bis es ganz
in seiner Gewalt ist. 9 Hört nicht auf
eure Propheten und Wahrsager, eure

26,18 Siehe Micha 1,1; 3,12.

27,1 *Zidkija*. So einige hebräische und syrische Manuskripte. Die meisten hebräischen Manuskripte lesen *Jojakim* (siehe aber Vers 3 und 12). Die meisten griechischen Manuskripte der LXX lassen den Vers ganz aus.

Träumer, Zauberer und Beschwörer,
die euch einreden, dass ihr dem König
von Babylon nicht dienen müsst.
10 Denn sie lügen, wenn sie euch
weissagen, und bringen euch so um
eure Heimat, indem ich euch vertreibe
und ihr umkommt. 11 Aber die Nati-
on, die ihren Hals in das Joch des Kö-
nigs von Babylon steckt und ihm
dient, werde ich auf ihrem heimatli-
chen Boden lassen, spricht Jahwe. Sie
kann ihn bebauen und dort wohnen
bleiben.
12 Auch zu König Zidkija von Juda
sagte ich dasselbe. Steckt eure Hälse in
das Joch des Königs von Babylon und
dient ihm und seinem Volk. Dann wer-
det ihr am Leben bleiben. 13 Warum
willst du mit deinem Volk durch Krieg,
Hunger und Pest sterben, wie es Jahwe
jedem Volk angedroht hat, das sich
dem König von Babylon nicht unter-
wirft? 14 Hört nicht auf die Propheten,
die euch sagen: Ihr werdet dem König
von Babylon nicht dienen! Was sie
euch weissagen ist Lüge. 15 Denn ich
habe sie nicht gesandt, spricht Jahwe.
Darum ist es Lüge, was sie in meinem
Namen weissagen. Die Folge wird
sein, dass ich euch vertreibe und ihr
samt den Propheten, die euch weissa-
gen, umkommt.‹«
16 Zu den Priestern und dem ganzen
Volk sagte ich: »So spricht Jahwe:
Hört nicht auf die Worte eurer Prophe-
ten, wenn sie weissagen: ›Passt auf!
Die Gegenstände aus dem Haus Jah-
wes werden nun bald aus Babylonien
zurückgebracht.‹ Sie lügen euch an.
17 Hört nicht auf sie! Unterwerft euch
dem König von Babylon, dann bleibt
ihr am Leben! Warum soll diese Stadt
ein Trümmerfeld werden? 18 Wenn sie
wirklich Propheten sind, von denen
man das Wort Jahwes erfährt, dann
sollten sie Jahwe, den Allmächtigen,
bestürmen, damit die Gegenstände
nicht nach Babylonien kommen, die
im Haus Jahwes, im Königspalast und
in Jerusalem noch übrig geblieben
sind. 19 Denn so spricht Jahwe, der
Allmächtige, über die Säulen, das so-
genannte Meer*, die Kesselwagen und
die übrigen Gegenstände, 20 die König
Nebukadnezzar von Babylon nicht
mitgenommen hat, als er König Je-
chonja Ben-Jojakim von Juda samt
den Edelleuten von Juda und Jerusa-
lem als Gefangene nach Babylonien
wegführte. 21 Ja, so spricht Jahwe, der
allmächtige Gott Israels, über die Ge-
genstände, die im Haus Jahwes, im
Königspalast und in Jerusalem noch
übrig geblieben sind: 22 Sie sollen
nach Babylonien gebracht werden und
dort so lange bleiben, bis ich mich wie-
der um sie kümmere, und sie an diesen
Ort zurückbringe«, spricht Jahwe.

Jeremia und Hananja

28 1 Es war noch in der An-
fangszeit des Königs Zid-
kija von Juda, im August* seines
vierten Regierungsjahrs, da sagte der
Prophet Hananja Ben-Asur von Gibe-
on im Haus Jahwes vor den Priestern
und dem Volk: 2 »So spricht Jahwe,
der allmächtige Gott Israels: ›Ich zer-
breche das Joch des Königs von

27,19 *das sogenannte Meer.* Siehe 1. Könige 7,23-26.

28,1 *August.* Wörtlich: im 5. Monat. Im Jahr 593 v.Chr.

Babylon. 3 In zwei Jahren werde ich
alle Gegenstände aus dem Haus
Jahwes, die König Nebukadnezzar
weggenommen und nach Babylonien
gebracht hat, an diesen Ort zurück-
bringen. 4 Auch König Jechonja*
Ben-Jojakim und alle anderen, die aus
Juda nach Babylonien verschleppt
worden sind, bringe ich an diesen
Ort zurück‹, spricht Jahwe, ›denn ich
zerbreche das Joch des Königs von
Babylon.‹«

5 Da sagte der Prophet Jeremia öf-
fentlich vor den Priestern und dem
Volk, das sich im Haus Jahwes befand,
zu dem Propheten Hananja: 6 »Amen!
Ich wünschte, Jahwe würde das tun!
Er lasse deine Worte in Erfüllung
gehen und bringe die Gegenstände
aus dem Haus Jahwes und alle nach
Babylonien Verschleppten an diesen
Ort zurück! 7 Aber jetzt höre, was ich
vor dir und dem ganzen Volk zu sagen
habe: 8 Die Propheten, die vor mir
und dir seit ältesten Zeiten aufge-
treten sind, sagten vielen Ländern
und großen Reichen Krieg, Unheil
und Pest voraus. 9 Der Prophet, der
Frieden ankündigt, wird als echter
Prophet erkannt, wenn sein Wort ein-
trifft. Erst daran erweist sich, dass
Jahwe ihn wirklich gesandt hat.«

10 Da nahm der Prophet Hananja
das Joch vom Hals des Propheten
Jeremia ab und zerbrach es. 11 Dann
erklärte er vor allen Leuten: »So
spricht Jahwe: ›Ebenso werde ich
in zwei Jahren das Joch des Königs
Nebukadnezzar von Babylon den
Völkern vom Hals nehmen und zer-
brechen.‹« Daraufhin ging der Pro-
phet Jeremia weg.

12 Einige Zeit nachdem Hananja
das Joch vom Hals Jeremias genom-
men und zerbrochen hatte, kam das
Wort Jahwes zu Jeremia: 13 »Geh und
sage zu Hananja: ›So spricht Jahwe:
Ein Joch aus Holz hast du zerbrochen,
doch dafür kommt ein Joch aus Eisen.
14 Denn so spricht Jahwe, der all-
mächtige Gott Israels: Ein eisernes
Joch habe ich auf den Nacken dieser
Völker gelegt; sie müssen König Ne-
bukadnezzar von Babylon dienen.
Selbst die wilden Tiere gebe ich
ihm.‹« 15 Jeremia sagte außerdem
zum Propheten Hananja: »Hör gut
zu, Hananja! Jahwe hat dich nicht
gesandt. Du hast das Volk auf eine
Lüge vertrauen lassen. 16 Darum
spricht Jahwe: ›Pass auf! Ich lasse
dich vom Erdboden verschwinden.
Dieses Jahr noch wirst du sterben,
denn du hast Ungehorsam gegen
Jahwe gepredigt.‹« 17 Der Prophet
Hananja starb noch in demselben
Jahr, im Oktober*.

Ein Brief an die Verbannten

29 1 Es folgt der Wortlaut des
Briefes, den der Prophet Jere-
mia von Jerusalem aus an die übrig
gebliebenen Ältesten unter den Ver-
bannten, an die Priester, die Prophe-
ten und alle anderen schickte, die Ne-
bukadnezzar nach Babylonien ver-
schleppt hatte. 2 Zuvor hatten König
Jechonja und die Königsmutter die
Stadt verlassen samt den Hofbeamten,
den Oberen von Juda und Jerusalem,

28,4 *Jechonja* ist eine Variante des Namens Jojachin.

28,17 Zwei Monate nach der Weissagung Jeremias.

den Bauleuten und den Metallhand-
werkern. 3 Jeremia schickte den Brief
durch Elasa Ben-Schafan und Gemar-
ja Ben-Hilkija, die von König Zidkija
nach Babylon zu Nebukadnezzar ge-
sandt worden waren:

4 »Jahwe, der allmächtige Gott Israels,
lässt allen, die er als Gefangene aus Je-
rusalem nach Babylonien wegführen
ließ, Folgendes sagen: 5 ›Baut euch
Häuser und wohnt darin! Legt Gärten
an und genießt ihre Früchte! 6 Heiratet
und zeugt Kinder! Verheiratet eure
Söhne und Töchter, damit auch sie
Kinder bekommen! Eure Zahl dort soll
zunehmen und nicht abnehmen. 7 Be-
müht euch um das Wohl der Stadt, in
die ich euch verbannt habe, und betet
für sie zu Jahwe! Denn wenn es ihr gut
geht, geht es auch euch gut.‹ 8 So
spricht Jahwe, der allmächtige Gott Is-
raels: ›Lasst euch nicht täuschen von
den Propheten und Wahrsagern, die
unter euch sind. Hört auch nicht auf
das, was ihr euch von ihnen erträumen
lasst! 9 Denn sie weissagen euch
Lügen, und das auch noch in meinem
Namen. Ich habe sie nicht gesandt‹,
spricht Jahwe.

10 So spricht Jahwe: ›Erst wenn 70
Jahre für das babylonische Reich
vorüber sind, werde ich nach euch
sehen und mein gutes Wort erfüllen,
euch an diesen Ort zurückzubringen.
11 Denn ich weiß ja, was ich mit euch
vorhabe‹, spricht Jahwe. ›Ich habe
Frieden für euch im Sinn und kein
Unheil. Ich werde euch Zukunft schen-
ken und Hoffnung geben. 12 Wenn ihr
dann zu mir ruft, wenn ihr kommt und
zu mir betet, will ich euch hören.
13 Wenn ihr mich sucht, werdet ihr
mich finden. Ja, wenn ihr von ganzem
Herzen nach mir fragt, 14 werde ich
mich von euch finden lassen‹, spricht
Jahwe. ›Dann wende ich euer Schick-
sal und sammle euch aus allen Völkern
und Orten, in die ich euch versprengt
habe. Ich bringe euch an den Ort zu-
rück, aus dem ich euch verschleppen
ließ.‹

15 Weil ihr aber behauptet: ›Jahwe
hat uns in Babylonien Propheten er-
weckt‹, 16 sagt Jahwe über den König,
der auf dem Thron Davids sitzt und
über das ganze Volk in der Stadt, über
eure Brüder, die nicht mit in die
Verbannung ziehen mussten: 17 So
spricht Jahwe, der Allmächtige: ›Passt
auf! Ich bringe Krieg, Hunger und Pest
über sie. Ich behandle sie wie die ab-
scheulichen Feigen, die so schlecht
sind, dass man sie nicht mehr essen
kann. 18 Ich stelle ihnen nach mit dem
Schwert, mit Hunger und Pest. Ich
mache sie zu einem Bild des Schre-
ckens für alle Königreiche der Erde,
zum Fluch und zum Entsetzen, zum
Hohn und Spott für die Völker, unter
die ich sie versprengen werde, 19 und
zwar weil sie nicht auf mich gehört
haben‹, spricht Jahwe. ›Immer und
immer wieder habe ich meine Prophe-
ten zu ihnen gesandt, aber ihr wolltet
nicht hören‹, spricht Jahwe.

20 So hört nun das Wort Jahwes, ihr,
die ich von Jerusalem nach Babylonien
verschleppen ließ: 21 So spricht Jahwe,
der allmächtige Gott Israels, über
Ahab Ben-Kolaja und Zidkija Ben-
Maaseja, die euch Lügen weissagen,
und das auch noch in meinem Namen:
›Passt auf! Ich liefere sie an König Ne-
bukadnezzar aus, damit er sie vor
euren Augen hinrichten lässt. 22 Die

Verbannten werden ein Fluchwort von
ihnen ableiten: Jahwe strafe dich wie
Zidkija und Ahab, die der König von
Babylon im Feuer rösten ließ! 23 Denn
sie haben schändliche Dinge unter den
Israeliten getan: Sie haben mit den
Frauen anderer Männer Ehebruch ge-
trieben und in meinem Namen Lügen
verbreitet, Worte, die ich ihnen nie-
mals aufgetragen habe. Ich weiß es
und bin Zeuge‹, spricht Jahwe.«

Jeremia und Schemaja

24 Zu Schemaja aus Nehelam sollst
du sagen: 25 »So spricht Jahwe, der
allmächtige Gott Israels: Du hast in
deinem eigenen Namen einen Brief an
das Volk in Jerusalem geschickt und
an den Priester Zefanja Ben-Maaseja
und die anderen Priester dort. Du hast
geschrieben:

26 ›Jahwe hat dich zum Nachfolger
des Priesters Jojada gemacht, damit
Aufseher im Haus Jahwes da sind, die
dafür sorgen sollen, dass jeder Ver-
rückte, der sich als Prophet ausgibt,
in Block und Halseisen gelegt wird.
27 Warum bist du nicht gegen Jeremia
aus Anatot vorgegangen, der sich bei
euch als Prophet aufspielt? 28 Hat er
uns doch nach Babylon geschrieben,
dass wir noch lange hier bleiben
müssen. Wir sollten Häuser bauen
und darin wohnen, Gärten pflanzen
und deren Früchte essen.‹«

29 Der Priester Zefanja hatte Jere-
mia diesen Brief vorgelesen. 30 Da
war das Wort Jahwes zu Jeremia
gekommen: 31 »Sende eine Botschaft
an alle Verbannten und richte ihnen
aus: ›So spricht Jahwe zu Schemaja
aus Nehelam: Weil Schemaja sich bei
euch als Prophet ausgegeben hat,
obwohl ich ihn nicht geschickt habe,
und er euch auf Lügen vertrauen ließ,
32 darum werde ich Schemaja aus
Nehelam und seine Nachkommen zur
Rechenschaft ziehen. Keiner von sei-
nen Leuten soll unter diesem Volk
wohnen bleiben und das Gute erleben,
das ich meinem Volk tun werde,
spricht Jahwe, denn er hat Ungehor-
sam gegen Jahwe gepredigt.‹«

Befreiung aus der Gefangenschaft

30 1 Das Wort, das von Jahwe zu
Jeremia kam: 2 So spricht
Jahwe, der Gott Israels: »Alles, was
ich dir gesagt habe, schreibe in eine
Schriftrolle! 3 Denn seht, es wird eine
Zeit kommen, in der ich das Schick-
sal meines Volkes Israel und Juda
wende«, spricht Jahwe. »Ich werde sie
in das Land zurückbringen, das ich
ihren Vorfahren gegeben habe; sie
sollen es wieder in Besitz nehmen.«
4 Folgendes hat Jahwe über Israel und
Juda gesagt; 5 ja, so spricht Jahwe:

»Wir hören Angstgeschrei. /
Entsetzen und kein Frieden!
6 Fragt doch nach und seht: /
Bringt ein Mann jemals Kinder zur
Welt? / Warum sehe ich da Män-
ner / mit Händen auf den Hüften /
wie Gebärende? / Warum sind
ihre Gesichter so blass? 7 Weh,
groß ist jener Tag, / keiner ist
ihm gleich! / Die Nachkommen
Jakobs sind in Not, / doch sie
werden daraus befreit.«

8 »Es geschieht an jenem Tag«, spricht
Jahwe, der Allmächtige, »da zerbreche
ich das Joch auf dir und zerreiße deine

Fesseln. Fremde sollen dich nicht mehr
versklaven! 9 Nur mir werdet ihr die-
nen, Jahwe, eurem Gott, und eurem
König David, den ich euch erstehen
lasse. 10 Und du, mein Diener Jakob,
hab keine Angst!«, spricht Jahwe. »Is-
rael, erschrick nicht! Denn ich will dich
retten aus dem fernen Land, deine
Nachkommen aus der Gefangenschaft.
Jakob wird zurückkehren und in Frie-
den und Sicherheit leben. Niemand
schreckt ihn mehr auf. 11 Denn ich bin
bei dir«, spricht Jahwe, »um dir zu hel-
fen. Die Völker, unter die ich euch ver-
sprengt habe, werde ich vernichten,
nicht aber dich! Dich muss ich nur be-
strafen, wie du es verdienst, denn unge-
straft kann ich dich nicht lassen.«

12 Ja, so spricht Jahwe:
»Unheilbar ist dein Bruch, /
eiterig deine Wunde! 13 Keiner
tritt für dich ein, / keiner presst
den Eiter aus, / keine Haut wächst
über die Wunde. 14 Deine
Liebhaber vergaßen dich alle, /
sie fragten nicht mehr nach dir. /
Denn wie einen Feind habe ich
dich verwundet, / grausam habe
ich dich bestraft / wegen deiner
riesigen Schuld / und deiner
zahllosen Sünden. 15 Was schreist
du über deinen Bruch / und deinen
unheilbaren Schmerz? / Wegen
deiner riesigen Schuld / und
deiner zahllosen Sünden /
tat ich dir das an.
16 Doch alle, die dich fraßen, /
werden nun selbst verzehrt; /
alle, die dich bedrängten, /
müssen nun in Gefangenschaft; /
alle, die dich beraubten, / werden
nun selbst beraubt; / alle, die dich
plünderten, / gebe ich nun der
Plünderung preis. 17 Dir lasse ich
die Wundhaut wachsen, / dich
heile ich von deinen Wunden«, /
spricht Jahwe. / »Sie nannten dich
ja schon Verstoßene: / ›Das ist
Zion, nach der keiner fragt!‹«

18 So spricht Jahwe:
»Seht, ich stelle Jakobs Zelte
wieder her, / erbarme mich über
seine Wohnungen. / Auf Bergen
von Schutt ersteht die Stadt neu, /
der Palast auf seinem alten Platz.
19 Lobgesang wird dort zu hören
sein, / die Stimme fröhlicher
Menschen. / Ich lasse mein Volk
wachsen, / ihre Zahl nimmt nicht
mehr ab. / Ich verschaffe ihnen so
viel Ehre, / dass niemand sie mehr
verachtet. 20 Es wird ihnen gehen
wie früher, / ihre Gemeinschaft
besteht vor mir. / Und alle ihre
Unterdrücker / ziehe ich zur
Rechenschaft. 21 Ihr Führer
kommt dann aus ihrer Mitte, /
ihr Herrscher stammt von ihnen
selbst. / Ich erlaube ihm den
Zutritt zu mir, / er darf in meiner
Nähe erscheinen. / Denn wer setzt
sonst sein Leben aufs Spiel, /
um in meine Nähe zu kommen? /
Das sagt Jahwe. 22 Dann seid ihr
wieder mein Volk, / und ich bin
wieder euer Gott.«

23 Passt auf! Ein verheerender Sturm
Jahwes bricht los: sein Grimm. Ein
Wirbelsturm entlädt sich über diese
gottlosen Menschen. 24 Der Zorn Jah-
wes wird nicht nachlassen, bis Jahwe
alles ausgeführt hat, was er sich vor-
nahm. Ganz werdet ihr das erst am

Ende der von Gott bestimmten Zeit verstehen.

31 1 »Dann«, spricht Jahwe,
»werde ich wieder der Gott
aller Stämme Israels sein, und sie sind
dann mein Volk.«

2 So spricht Jahwe:
»Das Volk, das dem Schwert
entkam, / fand Gnade in der
Wüste. / Israel kehrt in sein
Land zurück / und kommt dort
zur Ruhe. 3 Jahwe ist ihm von
fern erschienen: / ›Ich hörte nie
auf, dich zu lieben, / ich habe dir
Treue gehalten! 4 Ich baue dich
wieder auf, / ja, du wirst aufge-
baut, / Israel, du junge Frau! /
Schmück dich mit deinen
Tamburinen, / geh hinaus zum
Reigentanz! 5 Du legst wieder
Weinberge an / im Bergland von
Samaria. / Und wer die Pflanzung
anlegt, / darf auch die Früchte
genießen.‹ 6 Denn es kommt der
Tag, / da rufen die Wächter auf
den Bergen Efraïms: / ›Macht
euch auf! / Wir ziehen nach Zion
hinauf / zu Jahwe, unserem
Gott!‹«

7 Denn so spricht Jahwe:
»Freut euch über die Nach-
kommen Jakobs, / jubelt über
das führende Volk! / Verkündet,
lobsingt und sagt: / ›Gerettet hat
Jahwe sein Volk, / alles, was von
ihm noch übrig war!‹ 8 Seht, ich
bringe sie aus dem Norden
herbei, / ich sammle sie von den
Enden der Erde. / Selbst Blinde
und Lahme sind unter ihnen, /
Schwangere und Wöchnerinnen. /
Eine große Versammlung kommt
hierher zurück. 9 Weinend kommen
sie herbei. / Während sie beten,
führe ich sie. / Ich bringe sie zu
Bächen mit Wasser. / Sie gehen
auf einem gebahnten Weg, / auf
dem sie nicht fallen. / Denn ich
bin Israels Vater, / und Efraïm ist
mein erstgeborener Sohn.«

10 Hört, ihr Völker, was Jahwe
euch sagt, / verkündigt es den
fernen Inseln: / »Der Israel
zersprengte, wird es wieder
sammeln, / er wird es hüten wie
ein Hirt seine Herde. 11 Denn
Jahwe wird Jakob erlösen, / kauft
ihn vom Stärkeren los. 12 Dann
kommen sie zum Zionsberg, /
jubeln auf der Höhe, / freuen
sich über die Gaben Jahwes, /
über Korn, Wein und Öl, / über
Schafe und Rinder. / Sie sind ein
bewässerter Garten, / werden nie
mehr verdursten. 13 Dann freut
sich das Mädchen am Reigen-
tanz, / Jung und Alt sind fröhlich
zusammen. / Ich werde ihre
Trauer in Jubel verwandeln, /
schenke ihnen Glück nach all
ihrem Leid. 14 Die Priester erfreue
ich mit bestem Opferfleisch, /
und mein Volk mache ich mit
guten Dingen satt.«

15 So spricht Jahwe:
»In Rama* hört man Totenklage /
und bitteres Weinen. / Rahel*

31,15 Die Stadt *Rama* wurde dem Stamm Benjamin zugeteilt und lag 8 km nördlich von Jerusalem.

weint um ihre Kinder. / Sie lässt
sich nicht trösten, / denn ihre
Kinder sind nicht mehr da.«*

16 So spricht Jahwe:
»Erspar deiner Stimme das
Weinen / und deinen Augen die
Tränen! / Denn es gibt einen Lohn
für deine Mühe, spricht Jahwe: /
Sie kommen aus dem Land der
Feinde heim. 17 Du darfst auf eine
Zukunft hoffen, spricht Jahwe. /
Deine Kinder kehren in die
Heimat zurück.«
18 Ich habe gehört, wie Efraïm
klagt: / »Du hast mich geschlagen,
und es musste so sein, / denn ich
war wie ein junger störrischer
Stier. / Bring mich zurück, so
kehre ich um, / denn du bist
Jahwe, mein Gott. 19 Ja, nach
meiner Umkehr packt mich
die Reue, / nachdem ich zur
Erkenntnis komme, / schlage
ich mir an die Brust*. / Ich schäme
mich und bin auch beschämt, / die
Schuld meiner Jugend hat mich in
Verruf gebracht.«
20 »Ist Efraïm denn nicht mein
Lieblingssohn, / das Kind, an
dem ich mich freue? / Denn sooft
ich ihm auch Vorwürfe mache, /
muss ich immer wieder an ihn
denken. / Deshalb schlägt mein
Herz für ihn, / ich muss mich
über ihn erbarmen«, / spricht
Jahwe.
21 »Stell dir Wegweiser auf, /
setze Meilensteine! / Überleg,
wie die Straße verlief, / der Weg,
den du gegangen bist! / Israel, du
junge Frau, kehr heim! / Kehr
heim in diese deine Städte!
22 Wie lange noch willst du dich
sträuben, / du widerspenstige
Tochter? / Denn etwas Neues
erschafft Jahwe im Land: /
Die Frau wird ihrem Mann
zugetan sein.«

23 So spricht Jahwe, der allmächtige
Gott Israels: »Wenn ich das Schicksal
meines Volkes wende, wird es im
Land Juda und in seinen Städten wieder heißen: ›Jahwe segne dich, du
Weide der Gerechtigkeit, du heiliger
Berg!‹ 24 Dann werden die Städte
Judas wieder bevölkert sein. Es wird
wieder Bauern geben, und Herden
durchziehen das Land. 25 Ja, ich gebe
dem Erschöpften zu trinken und dem
Verhungernden zu essen.«
26 Darüber wachte ich auf und sah
mich um. Ich hatte wunderbar geschlafen.
27 »Seht, es kommt eine Zeit«,
spricht Jahwe, »da säe ich über Israel
und Juda eine Saat von Menschen
und Vieh. 28 Und so, wie ich darüber
gewacht habe, sie auszureißen, einzureißen, abzureißen, zu vernichten
und zu verheeren, werde ich nun
darüber wachen, sie zu bauen und
zu pflanzen«, spricht Jahwe. 29 Dann
sagen sie auch nicht mehr: »Die
Väter aßen saure Trauben, und den
Söhnen wurden die Zähne stumpf.«

31,15 *Rahel* war die Großmutter von Efraïm und Manasse, den Stammvätern der wichtigsten Stämme des Nordreiches Israel.

Wird im Neuen Testament von Matthäus zitiert: Matthäus 2,18.

31,19 *... an die Brust.* Wörtlich: *... an die Oberschenkel* oder *Lenden*. Im Orient offenbar ein Zeichen von Kummer und Trauer.

30 Nein, jeder stirbt nur wegen seiner
eigenen Schuld. Nur wer die sauren
Trauben isst, wird stumpfe Zähne
bekommen.

Der neue Bund

31 »Passt auf! Die Zeit wird kom-
men«, spricht Jahwe, »da schließe ich
einen neuen Bund mit Israel und Juda.
32 Er ist nicht mit dem zu vergleichen,
den ich damals mit ihren Vätern
schloss, als ich sie bei der Hand nahm
und aus Ägypten herausführte. Die-
sen Bund haben sie gebrochen, ob-
wohl ich doch ihr Herr war«, spricht
Jahwe. 33 »Der neue Bund, den ich
dann mit dem Volk Israel schließen
werde, wird ganz anders sein«,
spricht Jahwe. »Ich schreibe mein Ge-
setz in ihr Herz, ich lege es tief in sie
hinein. So werde ich ihr Gott sein und
sie mein Volk. 34 Dann muss keiner
mehr den anderen belehren, niemand
muss mehr zu seinem Bruder sagen:
›Erkenne doch Jahwe!‹ Denn alle
werden mich erkennen, vom Gerings-
ten bis zum Größten«, spricht Jahwe.
»Denn ich werde ihre Schuld ver-
geben und an ihre Sünde nie mehr
denken.«*
35 So spricht Jahwe, der die Sonne
zum Licht für den Tag bestimmte und
die Gesetze von Mond und Sternen
zum Licht für die Nacht, der das Meer
aufwühlt, dass seine Wogen dröhnen.
Er heißt Jahwe, der Allmächtige.
36 »Wenn diese Gesetze ihre Gültig-
keit verlieren sollten«, spricht Jahwe,
»dann wird auch die Nachkommen-
schaft Israels nicht mehr mein Volk
sein.«
37 So spricht Jahwe: »Wenn man
den Himmel ausmessen könnte und
die Fundamente der Erde ergründen,
dann könnte ich auch die Nachkom-
menschaft Israels verstoßen – wegen
allem, was sie getan haben«, spricht
Jahwe.

Jerusalem wird wieder gebaut

38 »Passt auf! Es kommt die Zeit«,
spricht Jahwe, »da wird diese Stadt
für Jahwe wieder aufgebaut, vom
Hananel-Turm bis zum Ecktor*.
39 Und die Messschnur führt gerade-
aus weiter über den Gareb-Hügel
und biegt dann nach Goa* ab. 40 Und
das ganze Tal, in das man die Altar-
asche und das Aas hinausschafft, und
alle Terrassen bis zum Kidronbach
und zum Rosstor im Osten werden
für Jahwe heilig sein. Nie mehr wird
das alles niedergerissen, und nie wird
es zerstört.«

Jeremia kauft ein Stück Land

32 1 Im 10. Regierungsjahr des
Königs Zidkija von Juda – es
war das 18. Jahr Nebukadnezzars* –
kam das Wort Jahwes zu Jeremia.
2 Jerusalem wurde damals vom Heer
des babylonischen Königs belagert,
und der Prophet Jeremia wurde im

31,34 Die Verse 31-34 werden im Neuen Testament vom Hebräerbrief zitiert: Hebräer 8,8-12; und die Verse 33-34 in Hebräer 10,16-17.

31,38 *Hananel-Turm ... Ecktor.* Das waren der östliche und der westliche Endpunkt der Nordmauer.

31,39 *Gareb* und *Goa* lagen wahrscheinlich in Westjerusalem.

32,1 *18. Jahr Nebukadnezzars.* 587 v.Chr., ein Jahr, bevor die Stadt zerstört wurde.

Wachthof beim Königspalast gefan-
gen gehalten. 3 König Zidkija hatte
ihn verhaften lassen, weil er geweis-
sagt hatte: »So spricht Jahwe: ›Passt
auf! Ich lasse diese Stadt in die Hände
des Königs von Babylon fallen. Er
wird sie erobern. 4 Auch König Zidki-
ja wird der Gewalt der Chaldäer nicht
entkommen, sondern ganz bestimmt
dem König von Babylon in die Hände
fallen. Er wird ihm Auge in Auge
gegenüberstehen und von Mund zu
Mund mit ihm sprechen. 5 Nebukad-
nezzar wird ihn dann nach Babylon
bringen, und dort wird er bleiben, bis
ich ihn heimsuche*‹, spricht Jahwe.
›Euer Kampf gegen die Chaldäer wird
vergeblich sein.‹«
6 Jeremia berichtet: Das Wort Jah-
wes kam zu mir: 7 »Pass auf! Hana-
mel, der Sohn deines Onkels Schal-
lum, wird zu dir kommen und sagen:
›Kauf meinen Acker in Anatot, denn
du hast als nächster Verwandter das
Vorkaufsrecht.‹«* 8 Wie Jahwe es
angekündigt hatte, kam Hanamel zu
mir in den Wachthof und sagte: »Kauf
mir doch meinen Acker in Anatot im
Gebiet von Benjamin ab! Denn du
hast das Erb- und Vorkaufsrecht.
Bitte kauf ihn!« Da begriff ich, dass
es ein Befehl Jahwes war, 9 und
kaufte Hanamel den Acker in Anatot
für 17 Silberstücke ab. 10 Ich unter-
schrieb den Kaufvertrag mit den
Zeugen, die ich hergebeten hatte,
versiegelte das Original und wog das
Silber auf der Waage ab. 11 Den Kauf-
vertrag mit seinen Festlegungen und
Bestimmungen, und zwar das ver-
siegelte Original und die offene
Abschrift, 12 gab ich Baruch Ben-Ne-
rija, dem Enkel von Machseja. Das
geschah in Gegenwart meines Vetters
Hanamel, der Zeugen, die den Kauf-
vertrag unterschrieben hatten, und
der anderen Judäer, die sich im
Wachthof aufhielten. 13 Dann befahl
ich Baruch vor ihnen allen: 14 »So
spricht Jahwe, der allmächtige Gott
Israels: ›Nimm diesen Kaufvertrag,
das versiegelte Original und die offene
Abschrift, und bewahre sie in einem
Tonkrug auf, damit sie lange erhalten
bleiben. 15 Denn so spricht Jahwe, der
allmächtige Gott Israels: Man wird in
diesem Land wieder Häuser, Felder
und Weinberge kaufen.‹«
16 Nachdem ich Baruch Ben-Nerija
den Kaufvertrag gegeben hatte, betete
ich zu Jahwe: 17 »Ach, mein Herr,
Jahwe, du hast Himmel und Erde
durch deine gewaltige Macht und
deine große Kraft geschaffen. Dir
ist nichts unmöglich. 18 Tausenden
von Generationen erweist du deine
Gnade, und die Schuld der Väter
zahlst du ihren Kindern heim, du
großer und mächtiger Gott, dein
Name ist ›Jahwe, der Allmächtige‹.
19 Großartig ist dein Rat und gewaltig
deine Tat! Du achtest genau auf das,
was die Menschen tun, um jedem zu
geben, was sein Tun und Lassen ver-
dient. 20 Schon in Ägypten und bis
heute hast du Zeichen und Wunder
getan an Israel und auch an anderen
Menschen. So hast du dir bis heute
einen Namen gemacht. 21 Du hast

32,5 *heimsuche.* Das heißt in diesem Fall: bis zu seinem Tod, siehe Jeremia 52,11.

32,7 *Vorkaufsrecht.* Die Vorschriften für dieses Recht stehen in 3. Mose 25,23-31.

dein Volk Israel mit starker Hand aus
Ägypten herausgeführt mit Zeichen
und Wundern, mit ausgestrecktem
Arm und gewaltigen Schreckenstaten
22 und hast ihnen dieses Land gege-
ben, wie du es ihren Vätern unter Eid
zugesagt hast, ein Land, das von
Milch und Honig überfließt. 23 Sie
kamen hinein und nahmen es in Be-
sitz. Doch dann hörten sie nicht mehr
auf dich und lebten nicht mehr nach
deiner Weisung. Sie taten nichts von
dem, was du ihnen befohlen hattest.
Da hast du nun dieses Unheil über sie
hereinbrechen lassen. 24 Die Angriffs-
rampen reichen schon bis an die
Stadt. Die Eroberung ist vorbereitet.
Durch Schwert, Hunger und Pest ist
die Stadt ja schon in der Gewalt der
Chaldäer, die sie belagern. Es ist ein-
getroffen, was du gesagt hast, du
siehst es ja selbst. 25 Und da sagst du
zu mir, ich solle Geld für einen Acker
ausgeben und Zeugen dafür benen-
nen, wo doch die Stadt schon in der
Gewalt der Chaldäer ist?«

26 Da kam das Wort Jahwes zu Jere-
mia: 27 »Sieh doch, ich bin Jahwe, der
Gott alles Lebendigen. Sollte mir ir-
gendetwas unmöglich sein? 28 Darum
pass auf! So spricht Jahwe: ›Ich lasse
diese Stadt in die Hände der Chaldäer
fallen, ich gebe sie in die Gewalt des
Königs Nebukadnezzar von Babylon.
29 Die Chaldäer, die diese Stadt be-
lagern, werden sie einnehmen und
in Brand stecken. Sie werden sie
samt allen Häusern niederbrennen,
auf deren Dachterrassen man dem
Götzen Baal Räucheropfer gebracht
und anderen Göttern Trankopfer ge-
spendet hat, um mich zu beleidigen.
30 Denn die Leute von Israel und Juda
taten von ihrer Jugend an nur das, was
mir missfällt. Ja, die Israeliten haben
mich durch ihr Verhalten immer
nur zornig gemacht‹, spricht Jahwe.
31 Denn diese Stadt hat mich vom Tag
ihrer Gründung an bis heute zur
Weißglut gebracht, sodass ich sie nun
aus meinen Augen wegschaffen muss.
32 Es geschieht wegen der ganzen
Bosheit, mit der die Leute von Israel
und Juda mich herausgefordert haben,
sie und ihre Könige, ihre hohen Beam-
ten, ihre Priester und Propheten, die
Männer von Juda und die Bewohner
Jerusalems. 33 Sie haben mir den Rü-
cken zugekehrt und nicht das Gesicht.
Obwohl ich sie immer wieder belehrte,
hörten sie nicht und nahmen keine Be-
lehrung an. 34 Sie haben ihre Scheusa-
le in das Haus gestellt, das meinen
Namen trägt, und haben es so ent-
weiht. 35 Im Hinnomtal haben sie die
Opferhöhe des Baal gebaut, um ihre
Söhne und Töchter für den Moloch zu
verbrennen, was ich ihnen nie befoh-
len habe. Niemals ist es mir in den
Sinn gekommen, solche abscheuli-
chen Taten zu verlangen und Juda in
Sünde zu stürzen.«

36 Nun aber spricht Jahwe, der Gott
Israels, über diese Stadt, von der ihr
sagt: Sie wird durch das Schwert,
durch Hunger und Pest dem König
von Babylon in die Hände fallen:
37 »Seht, ich sammle sie aus allen
Ländern, in die ich sie mit Zorn,
Grimm und Wut versprengt habe.
Ich bringe sie wieder an diesen Ort
zurück und lasse sie hier in Sicher-
heit wohnen. 38 Dann werden sie
mein Volk sein und ich ihr Gott.
39 Ich werde es bewirken, dass sie
nur eins im Sinn haben und nur eins

erstreben: mich allezeit zu fürchten,
ihnen und ihren Kindern zum Guten.
40 Und ich werde einen ewigen Bund
mit ihnen schließen, dass ich nie
aufhören werde, ihnen Gutes zu tun.
Ich lege ihnen Ehrfurcht vor mir ins
Herz, sodass sie sich nicht mehr von
mir abwenden. 41 Dann wird es mir
ein Vergnügen sein, ihnen Gutes
zu tun. Ganz gewiss pflanze ich sie
in dieses Land ein und tue es von
ganzem Herzen und mit ganzer
Kraft.«

42 Denn so spricht Jahwe: »So wie
ich all das große Unheil über dieses
Volk gebracht habe, werde ich auch all
das Gute über sie bringen, das ich
ihnen versprach. 43 Man wird wieder
Felder kaufen in diesem Land, von
dem ihr sagt: ›Es ist Ödland, ohne
Menschen und Vieh, und es gehört ja
schon den Chaldäern.‹ 44 Ja, man
wird wieder Geld ausgeben für Äcker,
man wird Kaufverträge ausstellen und
vor Zeugen versiegeln. Man wird es
im Gebiet von Benjamin tun, in der
Umgebung von Jerusalem und in den
Städten Judas, ob sie auf dem Gebirge
liegen, in der Schefela* oder im
Negev*. Denn ich werde ihr Schicksal
wenden, spricht Jahwe.«

Dem Ende folgt ein neuer Anfang

33 1 Als Jeremia im Wachthof
eingeschlossen war, kam das
Wort Jahwes noch ein zweites Mal
zu ihm. 2 So spricht Jahwe, der alles
geschaffen, Jahwe, der alles geformt
und bereitgestellt hat, Jahwe ist sein
Name: 3 »Rufe mich an, dann antworte ich dir und teile dir große, unfassbare Dinge mit, von denen du
nichts weißt.«

4 Denn so spricht Jahwe, der Gott
Israels, über die Häuser dieser Stadt
und die Paläste der Könige von Juda,
die abgebrochen werden, um sie
gegen die Sturmwälle und für andere
Kriegszwecke zu verwenden: 5 »Man
kommt nur, um gegen die Chaldäer
zu kämpfen und die Häuser mit den
Leichen der Menschen zu füllen, die
ich in meiner Zornglut erschlug, weil
ich mich wegen der Bosheit dieser
Stadt von ihr abgewandt habe: 6 Seht,
ich lasse eine Haut über ihre Wunde
wachsen und bringe ihr Heilung. Ich
stelle sie wieder her und bringe ihr
echten, dauerhaften Frieden. 7 Ich
wende das Schicksal Judas und Israels
und baue sie auf wie am Anfang. 8 Ich
reinige sie von all ihren Sünden, die
sie gegen mich begingen, und vergebe
ihnen die bösen Taten ihrer Auflehnung gegen mich. 9 Dann werde ich
mich über Jerusalem freuen, denn
diese Stadt wird mir bei allen Völkern
der Welt Ruhm und Ehre einbringen.
Sie werden von Ehrfurcht überwältigt
sein, wenn sie hören, wie viel Gutes
und welchen Frieden ich dieser Stadt
schenke.«

10 So spricht Jahwe: »An diesen Ort,
von dem ihr sagt: ›Er ist verwüstet,
ohne Menschen und Vieh‹, in die
Städte Judas und die Straßen Jerusalems, die menschenleer sind, in denen
man kein Tier mehr findet, 11 dorthin

32,44 *Schefela.* Niedriges, sehr fruchtbares Hügelland, das sich in nordsüdlicher Richtung zwischen dem Gebirge und der Küstenebene des Mittelmeeres erstreckt.

Negev. Das heiße Südland Israels, zum Teil gebirgige Wüste.

kehren Jubel und Freude zurück. Man
wird den Ruf von Bräutigam und
Braut wieder hören, und das Lob von
denen, die ins Haus Jahwes einziehen
und sagen: ›Preist Jahwe, den All-
mächtigen, denn Jahwe ist gütig und
seine Gnade besteht ewig!‹ Denn ich
werde das Schicksal des Landes wen-
den, und es wird sein wie am Anfang«,
spricht Jahwe.
12 So spricht Jahwe, der Allmächti-
ge: »An diesem Ort, der verwüstet ist,
wo es keinen Menschen und kein Tier
mehr gibt, und in allen umliegenden
Städten wird es wieder Weideland
geben, auf dem die Hirten mit ihren
Herden lagern. 13 Auch die Städte im
Bergland und in der Schefela, im
Land Benjamin, in der Umgebung
von Jerusalem und in ganz Juda sehen
wieder Herden vorüberziehen, die von
den Hirten gezählt werden«, spricht
Jahwe.
14 »Es kommt eine Zeit«, spricht
Jahwe, »da lasse ich das gute Wort in
Erfüllung gehen, das ich über Israel
und Juda geredet habe. 15 In diesen
Tagen, zu dieser Zeit werde ich aus der
Nachkommenschaft Davids einen ge-
rechten Mann hervorkommen lassen.
Er wird im Land für Recht und Gerech-
tigkeit sorgen. 16 Dann ist Juda und Je-
rusalem frei und sicher. Jerusalem
wird dann den Namen tragen: ›Jahwe,
unsere Gerechtigkeit‹.« 17 Denn so
spricht Jahwe: »Nie soll es dem Haus
Davids an einem Mann fehlen, der auf
dem Thron Israels sitzt. 18 Auch den
Priestern aus dem Stamm Levi soll es
nie an einem Mann fehlen, der mir
Brandopfer bringt, der das Speisopfer
in Rauch aufgehen lässt und das Freu-
denopfer schlachtet.«
19 Das Wort Jahwes kam zu Jere-
mia. 20 So spricht Jahwe: »Wenn ihr
meinen Bund mit Tag und Nacht
brechen könnt, sodass Tag und Nacht
nicht mehr zu ihrer Zeit eintreten
werden, 21 dann könnte auch mein
Bund mit meinem Diener David ge-
brochen werden, dass er keinen Nach-
kommen mehr hätte, der als König
regiert. Ebenso ist es mit meinen
Dienern, den levitischen Priestern.
22 So, wie man die Sterne am Himmel
nicht zählen und den Sand am Meer
nicht messen kann, so werde ich die
Nachkommen meines Dieners David
und die Leviten zahlreich machen, die
mir dienen.«
23 Das Wort Jahwes kam zu Jere-
mia: 24 »Hast du gehört, was die
Leute sagen? ›Jahwe hat die beiden
Stammesverbände verstoßen, die er
doch selbst erwählt hatte.‹ So ver-
achten sie mein Volk, als hätte es auf-
gehört, ein Volk zu sein.«
25 So spricht Jahwe: »Wenn ich mei-
nen Bund mit Tag und Nacht und die
Gesetze von Himmel und Erde nicht
mehr bestehen ließe, 26 dann würde
ich auch die Nachkommen Jakobs
und die meines Dieners David verwer-
fen, sodass niemand mehr aus Davids
Familie über die Nachkommen von
Abraham, Isaak und Jakob herrscht.
Denn ich werde Erbarmen mit ihnen
haben und ihr Schicksal wenden.«

Zidkija vor der Entscheidung

34 1 Als König Nebukadnezzar
von Babylon mit seinem gan-
zen Heer und den Hilfstruppen der
von ihm unterworfenen Völker gegen
Jerusalem und die umliegenden Städte
kämpfte, kam das Wort Jahwes zu

Jeremia: 2 »So spricht Jahwe, der Gott
Israels: Geh zu König Zidkija von Juda
und sage ihm: ›So spricht Jahwe: Pass
auf! Ich lasse diese Stadt dem König
von Babylon in die Hände fallen. Er
wird sie in Brand stecken. 3 Und du,
du wirst ihm auch nicht entkommen.
Man wird dich fassen, du wirst in seine
Hände fallen. Du wirst ihm Auge in
Auge Rede und Antwort stehen müs-
sen. Dann wirst du nach Babylon ge-
bracht. 4 Doch höre das Wort Jahwes,
Zidkija, König von Juda! So spricht
Jahwe zu dir: Sie werden dich nicht
umbringen! 5 Du wirst in Frieden ster-
ben, und man wird dir zu Ehren ein
Feuer anzünden*, wie man es bei dei-
nen Vorfahren tat, den früheren Köni-
gen von Juda. Und mit ›Weh, Herr!‹
wird man dich beklagen.‹ Das sage
ich, Jahwe.«

6 Der Prophet Jeremia überbrachte
diese Botschaft König Zidkija von Juda
in Jerusalem, 7 als das Heer des Königs
von Babylon gegen Jerusalem, Lachisch
und Aseka kämpfte, die Städte Judas,
die noch nicht gefallen waren.

Wortbruch an den Sklaven

8 Nachdem König Zidkija einen Ver-
trag mit den Einwohnern von Jeru-
salem geschlossen hatte, kam wieder
ein Wort Jahwes zu Jeremia. Es war
nämlich beschlossen worden, 9 dass
jeder seine hebräischen Sklaven und
Sklavinnen freilassen würde. Keiner
sollte mehr einen jüdischen Stammes-
genossen als Sklaven halten. 10 Die
Oberen und alle, die zu dem Vertrag
standen, schenkten ihren Sklaven die
Freiheit. 11 Doch dann überlegten sie
es sich anders und holten sie wieder
zum Dienst zurück.

12 Da kam das Wort Jahwes zu Jere-
mia. 13 So spricht Jahwe, der Gott Is-
raels: »Als ich eure Vorfahren aus dem
Sklavenhaus Ägypten herausführte,
hatte ich einen Bund mit ihnen ge-
schlossen und verlangt: 14 ›Nach sie-
ben Jahren soll jeder von euch seinen
hebräischen Stammesbruder, der sich
ihm verkauft hat, freilassen. Sechs
Jahre darf er dein Sklave sein, aber
dann musst du ihn in die Freiheit ent-
lassen.‹ Doch eure Vorfahren hörten
nicht auf mich und hielten sich nicht
daran. 15 Nun hattet ihr euch anders
besonnen und habt getan, was mir ge-
fällt. Jeder verfügte die Freilassung für
seinen Nächsten. Dazu habt ihr sogar
einen Vertrag in dem Haus geschlos-
sen, das meinen Namen trägt. 16 Aber
dann habt ihr eure Meinung wieder
geändert und dadurch meinen Namen
geschändet. Ihr habt eure Sklaven
und Sklavinnen wieder zurückgeholt,
die ihr gerade in die Freiheit entlassen
hattet, und habt sie erneut zum Dienst
gezwungen.«

17 Darum spricht Jahwe so: »Ihr
habt nicht auf mich gehört und keiner
von euch hat für seinen Stammesbru-
der und seinen Nächsten die Frei-
lassung bewirkt. Passt auf! Jetzt rufe
ich eine Freilassung für euch aus«,
spricht Jahwe. »Ich gebe euch frei für
das Schwert, die Pest und den Hunger

34,5 *Feuer anzünden.* Das war keine Leichenverbrennung, sondern eine von den Nachbarvölkern übernommene Sitte, bei der Gewürze und Aromastoffe, aber auch vom Herrscher benutzte Gebrauchsgegenstände verbrannt wurden. Diese Sitte hielt sich bis zu Herodes, dem Großen.

und mache euch zu einem Bild des
Schreckens für alle Völker der Welt.
18 Und den Männern, die den Bund
brachen, den sie vor mir geschlossen
hatten, als sie zwischen den beiden
Hälften des zerteilten Stierkalbs hin-
durchgingen, soll es so geschehen wie
diesem Tier.* 19 Ich werde die führen-
den Männer von Juda und Jerusalem,
die Hofbeamten und Priester und alle
anderen, die zwischen den beiden
Hälften des Stierkalbs hindurchge-
gangen sind, 20 ihren Todfeinden in
die Hände fallen lassen. Ihre Leichen
werden den Vögeln und den wilden
Tieren zum Fraß dienen. 21 Auch
König Zidkija von Juda und seine
Minister liefere ich ihren Feinden aus,
die nur darauf warten, sie umzubrin-
gen. Sie werden dem Heer des Königs
von Babylon in die Hände fallen, das
jetzt von euch abgezogen ist. 22 Passt
auf! Ich werde ihm befehlen, zu dieser
Stadt zurückzukehren«, spricht Jah-
we, »um gegen sie zu kämpfen, sie
zu erobern und niederzubrennen.
Und die Städte Judas mache ich zu
einer menschenleeren Wüste.«

Rechab, die vorbildliche Sippe

35 1 Als König Jojakim Ben-Jo-
schija in Juda regierte, kam
das Wort Jahwes zu Jeremia: 2 »Geh
zu den Männern der Sippe Rechab
und lade sie in einen der Versamm-
lungsräume im Haus Jahwes ein.
Biete ihnen dort Wein an!« 3 Da ging
ich zu Jaasanja Ben-Jirmea, dem
Enkel von Habazzinja, und holte ihn
mit seinen Brüdern und Söhnen und
allen Mitgliedern der Sippe Rechab
4 ins Haus Jahwes in den Raum, in
dem sich gewöhnlich die Schüler des
Gottesmannes Hanan Ben-Jigdalja
versammeln. Er liegt neben dem
Raum der Oberen im ersten Stock und
über dem von Maaseja Ben-Schallum,
dem Torwächter. 5 Ich stellte den
Männern der Sippe Rechab einige
Weinkrüge hin, gab ihnen Becher und
lud sie zum Weintrinken ein.

6 Doch sie erwiderten: »Wir trinken
keinen Wein! Unser Stammvater Jo-
nadab Ben-Rechab hat uns und unse-
ren Nachkommen befohlen, niemals
Wein zu trinken. 7 Außerdem sagte er
uns: ›Ihr dürft kein Haus bauen, keine
Felder beackern und keinen Weinberg
besitzen. Ihr sollt ausschließlich in
Zelten wohnen, damit ihr lange lebt in
dem Land, in dem ihr euch als Fremde
aufhaltet.‹ 8 Wir haben auf unseren
Stammvater Jonadab Ben-Rechab ge-
hört und alle seine Weisungen befolgt.
Deshalb trinken wir unser Leben lang
keinen Wein, auch unsere Frauen, un-
sere Söhne und unsere Töchter nicht.
9 Wir bauen uns auch keine Wohn-
häuser und besitzen weder Weinberge
noch Felder noch Saatgut. 10 So haben
wir in Zelten gewohnt und uns genau
an das gehalten, was unser Stammva-
ter Jonadab uns befohlen hat. 11 Und
als König Nebukadnezzar von Baby-
lon gegen dieses Land zog, sagten wir
uns: ›Kommt, wir bringen uns in Jeru-
salem vor dem Heer der Chaldäer und
Aramäer in Sicherheit!‹ Nur deshalb
sind wir jetzt in Jerusalem.«

12 Da kam das Wort Jahwes zu
Jeremia: 13 »So spricht Jahwe, der

34,18 *diesem Tier.* Vergleiche 1. Mose 15,10.

allmächtige Gott Israels: Geh und ver-
künde den Leuten von Juda und Jeru-
salem: ›Soll euch das nicht eine Lehre
sein, dass ihr endlich auf mich hört?‹
spricht Jahwe. 14 ›Was Jonadab Ben-
Rechab seinen Söhnen befohlen hat,
das haben sie eingehalten. Er verbot
ihnen das Weintrinken, und sie haben
sich bis heute daran gehalten. Sie ge-
horchten der Anweisung ihres Stamm-
vaters. Ich aber habe zu euch geredet,
habe beizeiten damit angefangen, habe
geredet und geredet, aber ihr habt ein-
fach nicht gehört. 15 Immer wieder
habe ich meine Diener, die Propheten,
zu euch gesandt und euch sagen las-
sen: Kehrt doch um von euren bösen
Wegen, macht Schluss mit eurem
bösen Tun! Und lauft nicht den frem-
den Göttern nach, um ihnen zu dienen
und sie anzubeten! Dann könnt ihr in
dem Land wohnen bleiben, das ich
euch und euren Vorfahren gegeben
habe. Aber ihr habt nicht einmal zuge-
hört, geschweige denn gehorcht! 16 Ja,
die Nachkommen von Jonadab Ben-
Rechab haben sich an die Weisung
ihres Stammvaters gehalten, aber die-
ses Volk hat nicht auf mich gehört.‹
17 Darum spricht Jahwe, der allmäch-
tige Gott, der Gott Israels: ›Passt auf!
Ich bringe alles Unheil über die Leute
von Juda und Jerusalem, das ich ihnen
angekündigt habe. Denn ich habe zu
ihnen geredet, aber sie haben nicht ge-
hört, ich habe sie angerufen, aber sie
haben nicht geantwortet.‹«

18 Aber zu den Leuten der Sippe Re-
chab sagte Jeremia: »So spricht
Jahwe, der allmächtige Gott Israels:
›Weil ihr die Weisung eures Stamm-
vaters Jonadab befolgt, seinen Anord-
nungen gehorcht und alles getan
habt, was er euch befohlen hat,
19 darum soll es Jonadab Ben-Rechab
nie an einem männlichen Nachkom-
men fehlen, der mir dient‹, spricht
Jahwe, der allmächtige Gott Israels.«

Verbrennung der Schriftrolle

36 1 Im 4. Regierungsjahr* des
Königs Jojakim Ben-Joschija
von Juda kam das Wort Jahwes zu Je-
remia: 2 »Nimm dir eine Schriftrolle
und schreib alles hinein, was ich dir
über Israel, Juda und all die anderen
Völker gesagt habe, und zwar von dem
Tag an, als ich zur Zeit Joschijas das
erste Mal zu dir geredet habe, bis
heute. 3 Vielleicht werden die Judäer
umkehren, wenn sie hören, welches
Unheil ich über sie bringen will. Viel-
leicht geben sie ihr verkehrtes Leben
auf, und ich kann ihnen ihre Schuld
und Sünde vergeben.«

4 Da rief Jeremia Baruch Ben-Neri-
ja herbei und diktierte ihm alles, was
Jahwe ihm gesagt hatte. Baruch
schrieb es in die Rolle. 5 Dann gab
Jeremia ihm folgenden Auftrag:
»Mir wurde es untersagt, das Haus
Jahwes zu betreten. 6 Darum geh du
am nächsten Fasttag* hin und lies
aus der Schriftrolle die Worte Jahwes
vor, die ich dir diktiert habe. Auch die
Judäer, die aus ihren Städten kom-
men, sollen es hören. 7 Vielleicht

36,1 *4. Regierungsjahr.* 604 v.Chr., ein kritisches Jahr in Judas Geschichte.

36,6 *am nächsten Fasttag.* Vor dem Fall Jerusalems gab es keine regelmäßigen Fasttage, sondern man rief sie in Zeiten besonderer Not aus, siehe Vers 9 und 2. Chronik 20,3; Joel 2,15.

werden sie den Herrn anflehen und
von ihren bösen Wegen umkehren,
denn Jahwe ist voller Zorn über sie
und hat diesem Volk furchtbare
Strafen angedroht.«

8 Baruch Ben-Nerija tat alles, was
der Prophet Jeremia ihm befohlen
hatte, und las die Worte Jahwes im
Tempel vor. 9 Es war im Dezember*
des fünften Regierungsjahres von
König Jojakim. Das ganze Volk von
Jerusalem und aus den Städten Judas
war zu einem Fasten vor Jahwe in Je-
rusalem zusammengerufen worden.
10 Baruch las im Haus Jahwes die
Worte Jeremias vor. Das geschah öf-
fentlich im Aufenthaltsraum des
Staatsschreibers Gemarja Ben-Scha-
fan, der sich im oberen Vorhof des
Tempels am Eingang des neuen Tores
befand.

11 Als Michaja, der Sohn Gemarjas
und Enkel Schafans, die Worte Jah-
wes aus der Schriftrolle hörte, 12 lief
er zum Königspalast hinunter. Im
Zimmer des Staatsschreibers saßen
gerade alle Oberen zusammen: der
Staatsschreiber Elischama, Delaja
Ben-Schemaja, Elnatan Ben-Ach-
bor, Gemarja Ben-Schafan, Zidkija
Ben-Hananja und weitere hohe Be-
amte. 13 Michaja berichtete ihnen,
was Baruch dem Volk aus der
Schriftrolle vorgelesen hatte. 14 Da
schickten die Oberen Jehudi Ben-
Netanja, den Enkel von Schelemja
Ben-Kuschi, zu Baruch mit dem
Befehl: »Nimm die Rolle, aus der du
dem Volk vorgelesen hast, und
komm mit!« Baruch gehorchte und
kam mit der Schriftrolle zu den Obe-
ren. 15 Die sagten zu ihm: »Setz dich
doch und lies uns die Schriftrolle
vor.« 16 Als sie alles gehört hatten,
sahen sie einander erschrocken an
und sagten zu Baruch: »Das müssen
wir dem König unbedingt berich-
ten!« 17 Sie fragten ihn noch: »Wie
bist du dazu gekommen, dies alles
von Jeremia aufzuschreiben?« 18 Ba-
ruch erwiderte: »Er hat mir jedes
Wort diktiert, und ich schrieb alles
mit Tinte in die Rolle!« 19 »Ihr müsst
euch verstecken, du und Jeremia«,
sagten die Oberen. »Niemand darf
wissen, wo ihr seid!«

20 Dann gingen sie in den Innenhof
zum König und berichteten ihm alles.
Die Rolle hatten sie aber im Zimmer
des Staatsschreibers Elischama gelas-
sen. 21 Der König schickte Jehudi, um
sie zu holen. Der tat es und las die
Schriftrolle dem König und den Wür-
denträgern vor, die um ihn herum
standen. 22 Weil es Dezember war,
hielt sich der König im Winterhaus
auf. Vor ihm stand ein Kohlenbecken,
in dem ein Feuer brannte. 23 Immer
wenn Jehudi drei oder vier Spalten ge-
lesen hatte, schnitt der König sie mit
einem scharfen Messer ab und warf
sie ins Feuer, bis die ganze Schriftrolle
verbrannt war. 24 Weder der König
noch seine Würdenträger erschraken
über das, was sie hörten. Keiner riss
sein Obergewand ein.* 25 Dabei hat-
ten Elnatan, Delaja und Gemarja den
König dringend gebeten, die Rolle
nicht zu verbrennen. Aber er hörte

36,9 *Dezember.* Wörtlich: im 9. Monat.

36,24 *riss sein Obergewand ein.* Als Zeichen von Trauer und Entsetzen riss man vom Halsausschnitt an das Gewand mit einem heftigen Ruck etwa eine Handlänge ein.

nicht auf sie, 26 sondern befahl sei-
nem Sohn Jerachmeël sowie Seraja
Ben-Asriël und Schelemja Ben-Ab-
deel, den Propheten Jeremia und sei-
nen Schreiber Baruch festzunehmen.
Doch Jahwe hielt sie verborgen.

Die neue Schriftrolle

27 Nachdem der König die Schriftrolle
verbrannt hatte, auf der die Worte
standen, die Baruch nach dem Diktat
Jeremias niedergeschrieben hatte,
kam das Wort Jahwes zu Jeremia:
28 »Nimm dir eine neue Rolle und
schreib alles hinein, was in der ersten
stand, die König Jojakim verbrannt
hat. 29 Über König Jojakim von Juda
aber sollst du sagen: ›So spricht
Jahwe: Du hast die Schriftrolle ver-
brannt und dich darüber empört, dass
Jeremia geschrieben hat, der König
von Babylon würde dieses Land ganz
bestimmt verwüsten und Menschen
und Vieh daraus vertreiben. 30 Darum
spricht Jahwe über König Jojakim von
Juda: Er wird keinen Nachkommen
haben, der ihm auf dem Thron Davids
folgt, und seine Leiche wird einfach ir-
gendwo hingeworfen werden und der
Hitze des Tages und der Kälte der
Nacht ausgesetzt sein. 31 Ich werde
ihn, seine Nachkommen und seine
Diener wegen ihrer Schuld zur Re-
chenschaft ziehen. Ich werde all das
Unglück über die Bewohner Jerusa-
lems und die Leute von Juda bringen,
das ich ihnen angedroht habe, ohne
dass sie darauf reagiert hätten.‹«

32 Da gab Jeremia seinem Schreiber
Baruch eine neue Schriftrolle. Dieser
schrieb nach dem Diktat Jeremias
noch einmal alles auf, was schon in
der ersten Rolle stand, die König
Jojakim ins Feuer geworfen hatte.
Und es wurden noch viele ähnliche
Worte hinzugefügt.

Botschaft an König Zidkija

37 1 König Nebukadnezzar von
Babylon hatte Zidkija Ben-Jo-
schija anstelle von Konja* Ben-Joja-
kim zum König über Juda eingesetzt.
2 Aber weder Zidkija noch seine Hof-
leute oder das Volk des Landes hörten
auf das, was Jahwe ihnen durch den
Propheten Jeremia sagen ließ.

3 Einmal schickte König Zidkija Ju-
chal Ben-Schelemja und den Priester
Zefanja Ben-Maaseja zum Propheten
Jeremia und ließ ihm sagen: »Bete
doch für uns zu Jahwe, unserem
Gott!« 4 Damals konnte Jeremia sich
noch frei bewegen. Man hatte ihn
noch nicht ins Gefängnis geworfen.
5 Das Heer des Pharao war gerade aus
Ägypten aufgebrochen, und die Chal-
däer, die Jerusalem belagerten, hatten
die Nachricht davon bekommen und
waren von Jerusalem abgezogen.
6 Da kam das Wort Jahwes zu dem
Propheten Jeremia: 7 »So spricht
Jahwe, der Gott Israels: ›Richtet dem
König von Juda aus, der euch zu mir
geschickt hat, um mich zu befragen:
Passt auf! Das Heer des Pharao, das
zu eurer Hilfe ausgezogen ist, wird
wieder nach Ägypten umkehren.
8 Und die Chaldäer werden zurück-
kommen und diese Stadt angreifen.
Sie werden sie erobern und nieder-
brennen.‹« 9 So spricht Jahwe: »Re-
det euch nicht ein, dass die Chaldäer
endgültig von euch abgezogen sind.

37,1 *Konja.* Siehe Fußnote zu Jeremia 22,24.

Nein, sie werden nicht abziehen.
10 Selbst wenn ihr das ganze Heer
der Chaldäer schlagen könntet und
nur ein paar Verwundete von ihnen
in den Zelten übrig blieben, dann
würden diese noch aufstehen und die
Stadt niederbrennen.«

Jeremia kommt ins Gefängnis

11 Als das Heer der Chaldäer wegen
dem anrückenden ägyptischen Heer
von Jerusalem abgezogen war,
12 wollte Jeremia die Stadt verlassen,
um im Stammesgebiet von Benjamin
an einer Erbteilung in seiner Verwandtschaft teilzunehmen. 13 Im
Benjamintor hielt ihn der wachhabende Offizier fest. Es war Jirija
Ben-Schelemja, der Enkel Hananjas.
»Halt!«, rief er. »Du willst zu den
Chaldäern überlaufen.« 14 »Das ist
nicht wahr!«, sagte Jeremia. »Ich
bin kein Überläufer!« Doch Jirija
glaubte ihm nicht, sondern nahm ihn
fest und brachte ihn zu den Oberen.
15 Diese wurden wütend auf Jeremia;
sie schlugen ihn und ließen ihn in das
Haus des Staatsschreibers Jonatan
bringen, das man zum Gefängnis
gemacht hatte. 16 So kam Jeremia
in einen gewölbten Keller, der vorher
als Zisterne gedient hatte. Dort
musste er viele Tage bleiben.

17 Eines Tages ließ König Zidkija
ihn heimlich in seinen Palast holen
und fragte ihn: »Hast du ein Wort
Jahwes für mich?« – »Ja«, erwiderte
Jeremia, »es lautet: Du wirst dem
König von Babylon in die Hände
fallen.« 18 Dann fragte Jeremia den
König: »Welches Verbrechen habe ich
gegen dich, deine Hofleute oder das
Volk begangen, dass ihr mich ins
Gefängnis geworfen habt? 19 Wo sind
denn jetzt die Propheten, die euch
geweissagt haben, dass der König
von Babylon euch und euer Land
nicht angreifen wird? 20 Doch hör
mich an, mein Herr und König! Ich
flehe dich an! Schick mich bitte nicht
ins Haus Jonatans zurück! Das wäre
mein Tod.« 21 Da ordnete König
Zidkija an, Jeremia in den Wachthof
zu verlegen. Dort bekam er täglich ein
Lochbrot* aus der Bäckergasse, bis es
in der Stadt kein Brot mehr gab. So
blieb Jeremia im Wachthof.

Jeremia soll sterben

38 1 Einige der Oberen des
Königs, nämlich Schefatja
Ben-Mattan, Gedalja Ben-Paschhur,
Juchal Ben-Schelemja und Paschhur
Ben-Malkija hörten, wie Jeremia im
Wachthof öffentlich sagte: 2 »So
spricht Jahwe: ›Wer in dieser Stadt
bleibt, wird entweder durch das
Schwert, durch den Hunger oder die
Pest sterben. Wer aber hinausgeht
und sich den Chaldäern ergibt,
kommt mit dem Leben davon.‹ 3 So
spricht Jahwe: ›Das Heer des Königs
von Babylon wird diese Stadt ganz
gewiss in die Hand bekommen und
erobern.‹« 4 Die Oberen sagten zum
König: »Dieser Mann muss getötet
werden! Wenn er so weiterredet,
raubt er den Soldaten, die in der
Stadt noch übrig sind, und dem
ganzen Volk den letzten Mut. Dieser
Mensch sucht nicht das Wohl des

37,21 *Lochbrot.* Ein runder Brotlaib, der in der Mitte durchstoßen ist und so auf einer Stange aufgehängt werden kann zum Schutz gegen Schimmel und Tierfraß.

Volkes, sondern seinen Untergang.«
5 »Macht mit ihm, was ihr wollt«,
sagte der König. »Ich kann euch nicht
daran hindern.« 6 Da brachten sie
Jeremia zur Zisterne des Prinzen
Malkija und ließen ihn an Stricken
hinunter. In der Zisterne war kein
Wasser mehr, sondern nur Schlamm.
Jeremia sank tief darin ein.

7 Im Königspalast lebte ein Eunuch
aus Nubien* namens Ebed-Melech;
der hörte, dass sie Jeremia in die
Zisterne gebracht hatten. Der König
hielt sich gerade im Benjamintor auf.
8 Da verließ Ebed-Melech den Palast
und ging zum König. 9 »Mein Herr
und König«, sagte er, »diese Männer
haben dem Propheten Jeremia übel
mitgespielt. Sie haben ihn in die
Zisterne geworfen. Er wird dort verhungern, denn es gibt kein Brot mehr
in der Stadt.« 10 Da befahl der König:
»Nimm dir dreißig Männer von hier
mit und hole ihn aus der Zisterne,
bevor er stirbt.« 11 Ebed-Melech ging
in Begleitung dieser Männer in den
Königspalast und holte aus der Vorratskammer Lumpen und zerrissene
Kleider. Dann ließ er diese an Stricken
zu Jeremia hinunter 12 und rief ihm
zu: »Leg die zerlumpten Kleider
unter deine Achseln, damit die Stricke
nicht einschneiden.« Jeremia tat es.
13 Nun zogen sie ihn an den Stricken
hoch und holten ihn aus der Zisterne.
Jeremia blieb von da an wieder im
Wachthof.

Letzte Warnung an den König

14 Dann ließ König Zidkija den Propheten Jeremia zu sich in den dritten
Eingang vom Haus Jahwes holen. Er
sagte: »Ich frage dich, ob du eine
Botschaft für mich hast. Verschweige
mir nichts!« 15 Jeremia erwiderte:
»Wenn ich es dir sage, lässt du mich
bestimmt umbringen. Und wenn ich
dir einen Rat gebe, hörst du ja doch
nicht darauf.« 16 Da schwor der
König Jeremia heimlich: »So wahr
Jahwe lebt, der uns das Leben gegeben hat: Ich lasse dich nicht töten und
liefere dich auch nicht den Männern
aus, die dich umbringen wollen!«
17 Da sagte Jeremia zu Zidkija: »So
spricht Jahwe, der allmächtige Gott,
der Gott Israels: ›Wenn du hinausgehst und dich den Heerführern des
Königs von Babylon ergibst, wirst du
mit deiner Familie am Leben bleiben,
und diese Stadt wird nicht in Brand
gesteckt. 18 Wenn du aber nicht hinausgehst, wird die Stadt den Chaldäern in die Hände fallen und sie werden
sie niederbrennen. Auch du wirst
ihnen dann nicht entkommen.‹«
19 Der König entgegnete: »Ich fürchte, dass die Chaldäer mich den Judäern ausliefern, die schon
zu ihnen übergelaufen sind. Die würden mir sicher übel mitspielen.«
20 »Nein«, sagte Jeremia, »man wird
dich nicht ausliefern. Hör doch auf
das, was Jahwe dir durch mich sagen
lässt; dann geschieht dir nichts und du
bleibst am Leben! 21 Doch wenn du
dich nicht ergibst, wird geschehen,
was Jahwe mir gezeigt hat. 22 Du
wirst sehen: Alle Frauen, die im Palast
des Königs von Juda übrig geblieben
sind, werden zu den Heerführern des
Königs von Babylon hinausgeführt.

38,7 *Nubien.* Hebräisch: Kusch. Land am Oberlauf des Nil, südlich von Ägypten.

Sie werden klagen:
›Verführt und betrogen haben
sie dich, / die Männer deines
Vertrauens. / Deine Füße
versanken im Sumpf, / doch sie
machten sich alle davon!‹

23 Man wird alle deine Frauen und
Kinder zu den Chaldäern hinaus-
führen. Auch du wirst ihnen nicht
entkommen, sondern dem König von
Babylon gefangen ausgeliefert wer-
den. Und du wirst schuld daran sein,
dass diese Stadt niedergebrannt
wird.«
24 Zidkija sagte noch zu Jeremia:
»Niemand darf erfahren, was wir hier
besprochen haben, sonst bringen sie
dich um. 25 Und wenn die Oberen
hören, dass ich mit dir geredet habe,
werden sie zu dir kommen und dich
ausfragen: ›Was hast du zum König
gesagt? Was hat dir der König er-
widert? Verschweige uns nichts, sonst
bringen wir dich um!‹ 26 Dann sage
ihnen nur: ›Ich habe den König
dringend gebeten, mich nicht ins
Haus Jonatans zurückzuschicken,
denn dort würde ich sterben.‹«
27 Tatsächlich kamen alle Oberen zu
Jeremia und fragten ihn aus. Er ant-
wortete ihnen genauso, wie der König
es ihm befohlen hatte. Da ließen sie
ihn in Ruhe, denn die Sache war sonst
nicht bekannt geworden. 28 Jeremia
blieb im Wachthof bis zu dem Tag, an
dem Jerusalem erobert wurde.

Der Fall Jerusalems

39 1 Die Eroberung Jerusalems
ging so vor sich: Es war Janu-
ar* im neunten Regierungsjahr des
Königs Zidkija von Juda, als König
Nebukadnezzar von Babylon mit sei-
nem ganzen Heer begann, Jerusalem
zu belagern. 2 Als am 9. Juli* im elften
Jahr Zidkijas die Stadt aufgebrochen
war, 3 hielten die Heerführer des
Königs von Babylon ihren Einzug und
richteten ihr Hauptquartier beim
Mitteltor ein. Unter ihnen waren
Nergal-Sarezer* von Samgar, Nebu-
Sar-Sechim*, der Palastvorsteher,
und Nergal-Sarezer, der oberste kö-
nigliche Berater. 4 Als König Zidkija
und seine Soldaten das sahen, flohen
sie. In der Nacht verließen sie die
Stadt durch den Torweg zwischen den
beiden Mauern am Königsgarten und
versuchten, in Richtung der Araba*
zu entkommen. 5 Doch die chaldäi-
schen Truppen nahmen die Verfol-
gung auf und holten Zidkija in der
Araba bei Jericho* ein. Sie nahmen

39,1 *Januar.* Nach Jeremia 52,4 war es genau am 10. Januar (wörtlich: am 10. des 10. Monats) 589 v.Chr.

39,2 *Juli.* Wörtlich: 4. Monat. Im Jahr 586 v.Chr.

39,3 *Nergal-Sarezer* war der Schwiegersohn Nebukadnezzars und wurde unter dem Namen Nergilissar sein Nachfolger.

Nebu-Sar-Sechim. Im Jahr 2007 wurde auf einer Lehmtafel im Britischen Museum der Name dieses babylonischen Beamten entdeckt.

39,4 Als *Araba* wird der Jordangraben bezeichnet, der sich von Norden nach Süden durch ganz Israel zieht, sogar noch über das Tote Meer hinaus bis nach Elat. Er ist zwischen 12,5 und 22,5 km breit und befindet sich fast überall unterhalb des Meeresspiegels, im Toten Meer 394 m unter NN.

39,5 *bei Jericho.* Das war eine Strecke von etwa 25 km bei einem Höhenunterschied von mehr als 1000 m.

den König gefangen und brachten
ihn nach Ribla* in die Provinz Hamat
vor den König von Babylon, der dort
das Urteil über ihn sprach. 6 Zidkija
musste zusehen, wie seine Söhne
abgeschlachtet wurden. Auch die
Oberen von Juda wurden in Ribla
hingerichtet. 7 Danach wurden Zid-
kija die Augen ausgestochen, und
man brachte ihn in Ketten nach Baby-
lon. 8 In Jerusalem brannten die Chal-
däer den Königspalast und alle ande-
ren Häuser nieder und rissen die
Stadtmauern ein. 9 Dann ließ Nebu-
saradan, der Befehlshaber der Leib-
wache, den Rest der Einwohner und
alle, die zum König von Babylon über-
gelaufen waren, gefangen nehmen
und in die Verbannung nach Babylo-
nien führen. 10 Nur einige Leute vom
einfachen Volk, die nichts besaßen,
ließ er in Juda zurück. Ihnen gab er
Äcker und Weinberge.

Jeremias Befreiung

11 Für Jeremia hatte König Nebukad-
nezzar Nebusaradan die Anweisung
gegeben: 12 »Lass ihn holen und küm-
mere dich um ihn! Nimm ihn unter
deinen Schutz und tu ihm ja nichts
Böses an! Erfüll ihm alles, worum
er dich bittet!« 13 Die Oberen des
Königs von Babylon – es waren Nebu-
saradan, der Oberbefehlshaber, Ne-
buschasban, der Palastvorsteher und
Nergal-Sarezer, der oberste könig‐
liche Berater – 14 gaben den Befehl,
Jeremia aus dem Wachthof zu holen.
Sie übergaben ihn Gedalja Ben-Ahi-
kam, dem Enkel Schafans, damit er
ihn sicher nach Hause geleite. So blieb
Jeremia beim Volk.

15 Als Jeremia noch im Wachthof
eingeschlossen war, hatte er folgende
Botschaft Jahwes erhalten: 16 »Geh
zu Ebed-Melech, dem Nubier, und sag
zu ihm: ›So spricht Jahwe, der all-
mächtige Gott Israels: Du wirst sehen,
wie meine Worte über diese Stadt in
Erfüllung gehen und das Unheil über
sie hereinbricht. Du wirst es selbst
miterleben. 17 Aber dich werde ich an
jenem Tag retten, spricht Jahwe. Du
wirst den Leuten, vor denen du Angst
hast, nicht in die Hände fallen. 18 Ich
lasse dich entkommen, damit du nicht
getötet wirst. Du sollst dein Leben als
Beute davontragen, weil du mir ver-
traut hast‹, spricht Jahwe.«

Jeremia bleibt in Juda

40 1 Jeremia erhielt weitere Bot-
schaften Jahwes, nachdem
Nebusaradan, der Befehlshaber der
Leibwache, ihn von Rama* entlassen
hatte. Jeremia hatte sich nämlich mit
gefesselten Händen unter den ande-
ren Gefangenen befunden, die nach
Babylonien gebracht werden sollten.
2 Der Befehlshaber der Leibwache
hatte Jeremia holen lassen und zu ihm
gesagt: »Jahwe, dein Gott, hat das
Unheil über diesen Ort angedroht.
3 Nun hat er es kommen lassen, weil
ihr euch an Jahwe versündigt und nicht
auf ihn gehört habt. 4 Aber dir nehme
ich jetzt die Fesseln von den Händen
ab. Du bist frei! Wenn du willst, kannst

39,5 *Ribla.* Siehe 2. Könige 23,33.

40,1 Die Stadt *Rama* war dem Stamm Benjamin zugeteilt worden und lag 8 km nördlich von Jerusalem.

du mit mir nach Babylonien kommen
und würdest dort unter meinem
Schutz stehen. Wenn du das nicht
willst, dann bleib. Das ganze Land
steht dir offen, du kannst gehen,
wohin du willst.« 5 Weil er sich aber
nicht entscheiden konnte, sagte Ne-
busaradan zu ihm: »Dann geh zu Ge-
dalja Ben-Ahikam, dem Enkel Scha-
fans, den der König von Babylon als
Statthalter über die Städte Judas ein-
gesetzt hat! Bleib bei ihm wohnen,
mitten unter deinem Volk. Du musst
es aber nicht; du kannst gehen, wohin
du willst.« Der Befehlshaber der Leib-
wache gab ihm Verpflegung und ein
Geschenk und entließ ihn. 6 Jeremia
ging zu Gedalja Ben-Ahikam nach
Mizpa* und lebte dort bei den Leuten,
die im Land übrig geblieben waren.

Gedalja als Statthalter

7 Einige Offiziere aus Juda waren mit
ihren Männern im Landesinnern ver-
streut. Sie hörten, dass der König von
Babylon Gedalja Ben-Ahikam zum
Statthalter über Juda eingesetzt hatte
und dass ihm die Männer, Frauen und
Kinder der armen Landbevölkerung
unterstellt worden waren, die nicht
mit in die Verbannung nach Baby-
lonien ziehen mussten. 8 So kamen
sie zu Gedalja nach Mizpa. Es waren
Jischmaël Ben-Netanja, Johanan und
Jonatan Ben-Kareach, Seraja Ben-
Tanhumet, die Söhne von Efai aus
Netofa und Jesanja aus Maacha mit
ihren Männern. 9 Gedalja schwor
ihnen und ihren Männern: »Wenn ihr
euch den Chaldäern unterwerft, habt
ihr nichts zu befürchten. Bleibt im
Land und dient dem König von Baby-
lon, dann wird es euch gut gehen.
10 Ich selbst bleibe hier in Mizpa und
vertrete euch vor den Chaldäern, die
zu uns kommen. Ihr könnt in den Ort-
schaften bleiben, wo ihr euch nieder-
gelassen habt. Kümmert euch um die
Weinlese, sammelt das Sommerobst
und die Oliven ein und legt euch
Vorräte an!« 11 Viele Judäer waren
nach Moab, zu den Ammonitern und
nach Edom geflohen. Als sie hörten,
dass der König von Babylon einen
Rest der Bevölkerung in Juda ge-
lassen und Gedalja zum Statthalter
über sie eingesetzt hatte, 12 kamen
auch sie nach Juda zurück und
meldeten sich bei Gedalja in Mizpa.
Sie konnten noch eine reiche Wein-
und Obsternte einbringen.

13 Eines Tages kamen Johanan Ben-
Kareach und die anderen Offiziere,
die im Land geblieben waren, zu
Gedalja nach Mizpa 14 und sagten zu
ihm: »Weißt du auch, dass Baalis,
der König der Ammoniter Jischmaël
Ben-Netanja losgeschickt hat, um
dich zu ermorden?« Aber Gedalja
glaubte ihnen nicht. 15 Johanan
machte Gedalja sogar heimlich ein
Angebot: »Erlaube mir doch, Jisch-
maël Ben-Netanja umzubringen.
Niemand wird es erfahren. Wir
dürfen nicht zulassen, dass er dich
tötet und dass alle Judäer, die sich
um dich gesammelt haben, wieder
zerstreut werden. So wird auch der
letzte Rest von Juda zugrunde
gehen.« 16 Aber Gedalja erwiderte

***40,6** *Mizpa.* Die Festungsstadt war dem Stamm Benjamin zugeteilt worden und lag 12 km nördlich von Jerusalem.

Johanan: »Das darfst du auf keinen Fall tun, denn was du über Jischmaël sagst, ist nicht wahr.«

Die Ermordung Gedaljas

41 1 Im Oktober desselben Jahres kam Jischmaël Ben-Netanja, der Enkel Elischamas, in Begleitung von zehn anderen Männern zu Gedalja nach Mizpa. Jischmaël gehörte zur königlichen Familie und war einer von den Oberen des Königs gewesen. Als sie zusammen beim Gastmahl saßen, 2 fielen Jischmaël und seine zehn Männer plötzlich mit gezogenen Schwertern über Gedalja Ben-Ahikam her. Sie töteten den Enkel Schafans, den doch der König von Babylon als Statthalter für das Land eingesetzt hatte. 3 Jischmaël ließ auch alle Judäer, die sich bei Gedalja in Mizpa aufhielten, niedermachen und ebenso die chaldäischen Soldaten, die er dort fand.

4 Am nächsten Tag, als noch niemand von der Ermordung Gedaljas erfahren hatte, 5 näherten sich 80 Männer aus Sichem, Schilo und Samaria. Sie hatten ihre Bärte abgeschnitten, ihre Gewänder eingerissen und ihre Haut blutig geritzt und wollten nach Jerusalem, um Weihrauch und Speisopfer in das Haus Jahwes zu bringen. 6 Jischmaël Ben-Netanja ging ihnen von Mizpa aus weinend entgegen und lud sie ein: »Kommt zu Gedalja Ben-Ahikam!« 7 Als sie aber in der Stadt waren, stachen er und seine Männer sie nieder und warfen ihre Leichen in eine Zisterne. 8 Nur zehn von ihnen ließ Jischmaël am Leben, denn sie hatten ihn angefleht: »Töte uns nicht! Wir geben dir alle unsere Vorräte an Weizen, Gerste, Öl und Honig, die wir auf dem Feld draußen versteckt haben.« 9 Die Zisterne, in die Jischmaël die Leichen jener Männer geworfen hatte, die er durch die Täuschung im Zusammenhang mit Gedalja umbringen konnte, war jene große Zisterne, die König Asa wegen der Bedrohung durch König Bascha von Israel hatte aushauen lassen. Jetzt füllte Jischmaël Ben-Netanja sie mit Leichen. 10 Dann führte er den ganzen Rest des Volkes, der sich in Mizpa befand, gefangen weg, auch die Königstöchter, die Nebusaradan, der Befehlshaber der Leibwache, seinerzeit in die Obhut Gedaljas gegeben hatte. Jischmaël wollte mit ihnen ammonitisches Gebiet erreichen.

11 Als Johanan Ben-Kareach und die anderen Offiziere von den Verbrechen Jischmaëls erfuhren, 12 riefen sie ihre Truppen zusammen und verfolgten ihn. Am großen Teich von Gibeon holten sie ihn ein. 13 Als das Volk, das bei Jischmaël war, Johanan und die anderen Offiziere sah, freuten sie sich. 14 Und alle, die Jischmaël von Mizpa verschleppt hatte, liefen zu Johanan über. 15 Jischmaël Ben-Netanja selbst konnte allerdings mit acht Männern entkommen und floh zu den Ammonitern.

Der Fluchtplan

16 Johanan Ben-Kareach und die Offiziere bei ihm übernahmen nun die Verantwortung für den Rest des Volkes, den sie Jischmaël Ben-Netanja bei Gibeon abgejagt hatten, nachdem dieser Gedalja erschlagen und das Volk von Mizpa entführt hatte. Es

waren Männer, Frauen und Kinder,
auch einige Soldaten und Hofbeamte.
17 Sie zogen mit ihnen fort und mach-
ten erst vor Bethlehem bei der Her-
berge Kimhams Halt, um von dort
aus weiter nach Ägypten zu fliehen,
18 aus Angst vor den Chaldäern. Denn
Jischmaël Ben-Netanja hatte den
vom babylonischen König eingesetz-
ten Statthalter Gedalja Ben-Ahikam
erschlagen.

42 1 Da kamen alle Offiziere,
auch Johanan Ben-Kareach
und Jesanja* Ben-Hoschaja und das
ganze Volk vom Kleinsten bis zum
Größten 2 zum Propheten Jeremia.
Sie baten ihn: »Wir flehen dich an:
Bete für uns zu Jahwe, deinem Gott!
Bete für den Rest dieses Volkes, denn
du siehst, wie wenige von uns übrig
geblieben sind! 3 Bitte Jahwe, deinen
Gott, dass er uns sagt, wohin wir
gehen und was wir tun sollen!« 4 Jere-
mia antwortete ihnen: »Ich habe es
gehört und will eure Bitte vor Jahwe,
euren Gott, bringen, so wie ihr es ge-
sagt habt. Und ich verspreche, dass
ich euch alles mitteilen werde, was
Jahwe euch antwortet; ich werde euch
nichts verschweigen.« 5 Sie versicher-
ten ihm: »Jahwe soll als wahrhaftiger
und zuverlässiger Zeuge gegen uns
auftreten, wenn wir uns nicht genau
nach dem richten, was Jahwe, dein
Gott, uns durch dich sagen lässt.
6 Egal, ob es uns gut oder schlecht
erscheint, wir wollen auf Jahwe,
unseren Gott, hören, zu dem wir dich
senden. Denn wenn wir auf Jahwe,
unseren Gott, hören, wird es uns gut
gehen.«

7 Zehn Tage später kam das Wort
Jahwes zu Jeremia. 8 Da rief er Jo-
hanan Ben-Kareach, die Offiziere und
das ganze Volk vom Kleinsten bis zum
Größten zusammen 9 und sagte zu
ihnen: »So spricht Jahwe, der Gott
Israels, zu dem ihr mich mit eurem
Anliegen geschickt habt: 10 Wenn ihr
in diesem Land wohnen bleibt, werde
ich euch aufbauen und nicht ab-
reißen, euch einpflanzen und nicht
ausreißen. Denn das Unglück, das ich
über euch hereinbrechen ließ, tut mir
weh. 11 Ihr habt jetzt Angst vor dem
König von Babylon, aber ihr müsst
euch nicht vor ihm fürchten«, spricht
Jahwe, »denn ich bin bei euch und
werde euch aus seiner Hand retten.
12 Ich bringe ihn dazu, dass er Erbar-
men mit euch hat und euch in eurem
Land bleiben lässt. 13 Wenn ihr aber
sagt: ›Nein, wir wollen nicht in diesem
Land bleiben!‹, wenn ihr nicht auf
Jahwe, euren Gott, hört 14 und sagt:
›Nein, wir wollen nach Ägypten zie-
hen und dort bleiben, wo wir nichts
mehr vom Krieg sehen, keine Alarm-
signale hören und nicht hungern
müssen!‹ – 15 Dann höre das Wort
Jahwes, Rest von Juda: So spricht
Jahwe, der allmächtige Gott Israels:
Wenn ihr wirklich darauf besteht,
nach Ägypten auszuwandern, 16 dann
wird euch das Schwert, das ihr fürch-
tet, dort in Ägypten erreichen. Der
Hunger, der euch Angst macht, wird
dort in Ägypten hinter euch her sein
und ihr werdet dort sterben. 17 Alle
Männer, die sich entschlossen haben,
nach Ägypten auszuwandern, werden

42,1 *Jesanja.* Die LXX liest hier wie Kapitel 43,2 Asarja.

dort durch Schwert, Hunger und Pest
sterben. Keiner wird dem Unheil
entkommen, das ich über sie bringen
werde. 18 Denn so spricht Jahwe, der
allmächtige Gott Israels: Genauso wie
mein wütender Zorn die Bewohner
Jerusalems getroffen hat, wird er auch
über euch kommen, wenn ihr nach
Ägypten zieht. Ihr werdet dort zum
Fluch werden und zu einem Bild des
Entsetzens. Man wird euer Schicksal
zur Verwünschung und Beschimp-
fung benutzen. Und dieses Land wer-
det ihr nie wieder sehen.«

19 »Jahwe hat zu euch gesprochen,
Rest von Juda! Zieht nicht nach Ägyp-
ten! Ihr sollt genau wissen, dass ich
euch heute gewarnt habe. 20 Ihr setzt
nur euer Leben aufs Spiel! Erst
schickt ihr mich zu Jahwe, eurem
Gott, und sagt: ›Bete für uns zu
Jahwe, unserem Gott, und teile uns
dann alles mit, was er gesagt hat. Wir
werden uns danach richten!‹ 21 Heute
habe ich euch den Bescheid gegeben,
aber ihr wollt nicht hören, was Jahwe,
euer Gott, euch durch mich sagen
lässt. 22 Jetzt sollt ihr wissen, dass ihr
in dem Land, in das ihr auswandern
wollt, durch Schwert, Hunger und
Pest sterben werdet.«

Jeremia wird nach Ägypten verschleppt

43 1 Als Jeremia dem Volk alles
ausgerichtet hatte, was Jah-
we, ihr Gott, ihm aufgetragen hatte,
und zwar alle seine Worte, 2 da sagten
Asarja Ben-Hoschaja und Johanan
Ben-Kareach und alle überheblichen
Männer: »Du lügst! Jahwe, unser
Gott, spricht nicht durch dich! Er
kann nicht gesagt haben, dass wir
nicht nach Ägypten auswandern
sollen! 3 Baruch Ben-Nerija hat dich
gegen uns aufgehetzt. Er will, dass wir
den Chaldäern in die Hände fallen,
damit sie uns umbringen oder uns
nach Babylonien verschleppen.« 4 So
hörten Johanan Ben-Kareach, die Of-
fiziere und das ganze Volk nicht auf
den Befehl Jahwes, im Land Juda zu
bleiben. 5 Unter der Führung von Jo-
hanan und den anderen Offizieren
machten sich alle auf den Weg: die
Leute aus Juda, die in die Nachbarlän-
der geflohen und dann zurückgekehrt
waren, 6 die Männer, Frauen und Kin-
der, die Königstöchter und alle übri-
gen Leute, die Nebusaradan, der Be-
fehlshaber der Leibwache, bei Gedalja
Ben-Ahikam, dem Enkel Schafans,
zurückgelassen hatte. Auch Jeremia
und Baruch nahmen sie mit. 7 Sie
zogen nach Ägypten, weil sie nicht auf
die Anordnung Jahwes hören wollten.
So kamen sie nach Tachpanhes.

Nebukadnezzar wird auch nach Ägypten kommen

8 In Tachpanhes kam das Wort Jah-
wes zu Jeremia: 9 »Nimm einige
große Steine und vergrabe sie vor den
Augen jüdischer Männer in die Sand-
bettung der Ziegelterrasse am Ein-
gang zum Palast des Pharao. 10 Dann
sag zu ihnen: ›So spricht Jahwe, der
allmächtige Gott Israels: Passt auf!
Ich werde meinen Diener Nebukad-
nezzar, den König von Babylon, hier-
her holen. Über diesen Steinen hier,
die ich vergraben habe, werde ich ihn
seinen Thron stellen lassen. Und da-
rüber wird er sein Prunkzelt spannen.
11 Ja, er wird in Ägypten einfallen und
es besiegen. Wer dann für den Tod

bestimmt ist, wird sterben, wer für die
Gefangenschaft bestimmt ist, wird in
die Verbannung müssen, und wer für
das Schwert bestimmt ist, verfällt dem
Schwert. 12 Ich werde Feuer an die
Tempel der ägyptischen Götter legen.
Nebukadnezzar wird sie niederbren-
nen und wegschaffen. Wie ein Hirt
sein Gewand entlaust, wird er Ägyp-
ten von seinen Göttern entlausen.
Dann zieht er sich unbehelligt wieder
zurück. 13 Auch die Obelisken, die
spitzen Säulen von Hierapolis, wird er
zertrümmern, wenn er die Häuser der
Götter Ägyptens verbrennt.‹«

Die Rede in Ägypten

44 1 Wort Jahwes, das zu Jere-
mia kam und für alle Judäer
bestimmt war, die sich in Migdol*,
Tachpanhes, Memphis* und in Ober-
ägypten niedergelassen hatten: 2 So
spricht Jahwe, der allmächtige Gott
Israels: »Ihr habt das ganze Unheil ge-
sehen, das ich über Jerusalem und alle
Städte Judas gebracht habe. Nun lie-
gen sie in Trümmern und sind men-
schenleer. 3 Das haben ihre Bewohner
durch ihre Bosheit verschuldet. Sie
haben fremden Göttern Räucheropfer
gebracht und ihnen gedient, obwohl
weder sie noch ihre Vorfahren sie
kannten. So haben sie mich zum Zorn
gereizt. 4 Immer wieder habe ich
meine Diener, die Propheten, zu euch
geschickt, immer wieder von neuem.
›Tut doch nicht diese abscheulichen
Dinge, die ich hasse!‹, sagte ich.
5 Aber niemand hörte auf mich. Sie
haben sich nicht darum gekümmert
und sind nicht umgekehrt, sondern
haben weiterhin diesen Göttern
Räucheropfer gebracht. 6 Da ließ
ich meinem Zorn freien Lauf. Sie be-
kamen meinen Ärger zu spüren. Er
brannte in den Städten Judas und
auf den Straßen von Jerusalem. Noch
heute liegt alles in Trümmern, nie-
mand wohnt mehr dort.«

7 Und nun spricht Jahwe, der all-
mächtige Gott Israels: »Warum rich-
tet ihr solch ein großes Unheil gegen
euch selbst an? Warum rottet ihr euch
selber aus: Männer, Frauen, Kinder,
Säuglinge, bis keiner von euch mehr
übrig bleibt? 8 Mit eurem Tun schau-
felt ihr euch das eigene Grab. Auch
hier in Ägypten, wohin ihr ausgewan-
dert seid, bringt ihr fremden Göttern
Räucheropfer. Ihr selbst rottet euch
aus und macht euch für alle Völker der
Erde zum Fluch und zum Gespött.
9 Habt ihr denn all das Böse verges-
sen, das eure Väter getan haben, die
bösen Taten der Könige von Juda und
ihrer Frauen? Habt ihr auch eure ei-
genen bösen Taten vergessen, die ihr
und eure Frauen in Juda und auf
den Straßen Jerusalems getan habt?
10 Bis heute haben sie sich nicht ge-
beugt. Sie fürchten sich nicht und
leben nicht nach meinen Weisungen
und Geboten, die ich euch und euren
Vorfahren gegeben habe.«

11 Darum spricht Jahwe, der all-
mächtige Gott Israels: »Passt auf! Ich
bin entschlossen, Unglück über euch
zu bringen, das zur Ausrottung von
ganz Juda führt. 12 Ich werde den Rest
von Juda wegraffen, nämlich alle, die

44,1 *Migdol* war eine Stadt im Norden Unterägyptens, in der auch Juden lebten.

Memphis. Siehe Fußnote zu Jeremia 2,16.

unbedingt nach Ägypten auswandern
wollten. Hier im Land Ägypten sollen
sie fallen. Durch Schwert und Hunger
sollen sie aufgerieben werden, vom
Kleinsten bis zum Größten, durch
Schwert und Hunger sollen sie ster-
ben! Sie sollen zum Fluch und zu
einem Bild des Entsetzens werden,
zur Verwünschung und zum Gespött.
13 So wie ich Jerusalem bestraft habe
mit Schwert, Hunger und Pest, werde
ich es auch mit denen tun, die in Ägyp-
ten wohnen. 14 Unter dem Rest von
Juda, der nach Ägypten ausgewandert
ist, wird es keine Überlebenden
geben, keine Entkommenen, die nach
Juda zurückkehren, obwohl sie sich
danach sehnen, wieder dort zu
wohnen. Nur Einzelne werden es
schaffen.«

Der offene Abfall

15 Alle Männer, die wussten, dass ihre
Frauen fremden Göttern Räucher-
opfer brachten, und alle Frauen, von
denen viele dabeistanden, und das
ganze Volk, das jetzt in Oberägypten
wohnte, erwiderten Jeremia: 16 »Was
du uns da im Namen Jahwes gesagt
hast, wollen wir nicht hören. 17 Nein,
wir werden genau das tun, was
wir versprochen haben. Wir werden
der Himmelskönigin* Räucheropfer
bringen und Trankopfer spenden, wie
wir es früher in den Städten Judas und
auf den Straßen Jerusalems getan
haben, genauso wie unsere Väter,
unsere Könige und Oberen. Damals
ging es uns gut. Wir hatten genug zu
essen und blieben von Unglück ver-
schont. 18 Seitdem wir aber aufgehört
haben, der Himmelskönigin Räucher-
opfer zu bringen und Trankopfer
zu spenden, geht es uns in jeder
Hinsicht schlecht und wir werden
durch Schwert und Hunger aufgerie-
ben. 19 Und wenn wir der Himmels-
königin Räucheropfer gebracht und
Trankopfer gespendet haben, haben
wir das dann etwa ohne unsere Män-
ner getan? Haben wir vielleicht ohne
ihre Zustimmung Opferkuchen nach
dem Bild der Himmelskönigin geba-
cken und ihr Trankopfer gespendet?«
20 Jeremia erwiderte dem Volk, den
Männern und Frauen, die ihm so
geantwortet hatten: 21 »Eben dieses
Räucheropfer ist es, das ihr in den
Städten Judas und auf den Straßen
Jerusalems gebracht habt, genauso
wie eure Väter, eure Könige und
Oberen und das ganze Volk des
Landes. Das ist es, was Jahwe bis ins
Herz getroffen hat. Er hat es wohl
gemerkt 22 und konnte euer abscheu-
liches und bösartiges Tun nicht mehr
ertragen. Darum ist das Land ein
menschenleeres Trümmerfeld gewor-
den, zum Fluch und zum Entsetzen.
23 Gerade weil ihr Räucheropfer ge-
bracht und gegen Jahwe gesündigt
habt, weil ihr nicht auf Jahwes Wei-
sung gehört, euch nicht nach seinem
Gesetz, seinen Ordnungen und Mah-
nungen gerichtet habt, ist dieses Un-
heil bis heute über euch gekommen.«
24 Jeremia sagte zum ganzen Volk,
besonders zu den Frauen: »Hört das
Wort Jahwes hier in Ägypten, ihr
Leute aus Juda: 25 So spricht Jahwe,
der allmächtige Gott Israels: Ihr Män-
ner und Frauen, ihr haltet, was ihr ver-

44,17 *Himmelskönigin.* Siehe Fußnote zu Jeremia 7,18.

sprochen habt. Ihr sagt: ›Wir wollen
unsere Gelübde erfüllen, die wir abge-
legt haben: Wir wollen der Himmels-
königin Räucheropfer bringen und
Trankopfer spenden!‹ Nun gut, dann
haltet eure Versprechen und erfüllt
eure Gelübde! 26 Aber hört auch, was
Jahwe euch sagt, ihr Judäer in Ägyp-
ten: Passt auf! Ich habe bei meinem
großen Namen geschworen, spricht
Jahwe: Keiner von euch in Ägypten
soll je wieder meinen Namen in den
Mund nehmen und sagen: ›So wahr
Jahwe, der Herr, lebt!‹ 27 Denn ich
wache über sie, aber nicht mehr zum
Guten, sondern zum Bösen! Alle Ju-
däer in Ägypten sollen durch Schwert
und Hunger aufgerieben werden, bis
sie vernichtet sind. 28 Nur wenige
werden dem Schwert entkommen und
aus Ägypten wieder nach Juda zu-
rückkehren; es wird ein ganz kleines
Häuflein sein. Doch der ganze Rest
von Juda, der nach Ägypten ausge-
wandert ist, wird erkennen, welches
Wort sich bestätigt, meins oder ihres.
29 An folgendem Zeichen, spricht
Jahwe, werdet ihr erkennen, dass ich
euch an diesem Ort zur Rechenschaft
ziehe und dass meine Drohungen
ganz gewiss eintreffen werden. 30 So
spricht Jahwe: Passt auf! Ich werde
Pharao Hofra, den König von Ägyp-
ten, seinen Todfeinden in die Hände
fallen lassen, so wie ich König Zidkija
von Juda seinem Todfeind, König
Nebukadnezzar von Babylon, ausge-
liefert habe.«

Eine Botschaft für Baruch

45 1 Es war im vierten Regie-
rungsjahr des Königs Joja-
kim Ben-Joschija, als Baruch die von
Jeremia diktierten Worte in die
Schriftrolle schrieb, da erhielt der Pro-
phet Jeremia eine Botschaft für Ba-
ruch. 2 »So spricht Jahwe, der Gott Is-
raels, über dich, Baruch: 3 ›Du klagst:
Ich unglücklicher Mensch. Jahwe
bringt auch noch Kummer in meinen
Schmerz! Vom vielen Stöhnen bin
ich erschöpft und finde keine Ruhe!‹
4 Du sollst ihm Folgendes sagen: ›So
spricht Jahwe: Schau her, was ich
gebaut habe, breche ich ab; was ich
gepflanzt habe, reiße ich aus, und
zwar im ganzen Land. 5 Und da hoffst
du auf große Dinge für dich? Tu das
nicht! Schau, ich bringe Unheil über
alle Menschen, spricht Jahwe, aber du
darfst dein Leben als Beute davon-
tragen, wohin du auch kommst.‹«

Ägyptens Niederlage am Euphrat

46 1 Wort Jahwes, das zu dem
Propheten Jeremia kam und
gegen die Völker gerichtet war: 2 Über
Ägypten: Gegen das Heer des Pharao
Necho, des Königs von Ägypten, das
bei Karkemisch am Euphrat stand
und das König Nebukadnezzar von
Babylon geschlagen hat. Es war im
vierten Regierungsjahr* des Königs
Jojakim Ben-Joschija von Juda.

3 »Haltet die Rund- und Lang-
schilde bereit! / Rückt heran zum

46,2 *im vierten Regierungsjahr.* Im Jahr 605 v.Chr. machte Pharao Necho den zweiten Versuch, das vom Untergang bedrohte Assyrien gegen die Babylonier zu stützen, und zog mit einem Heer bis an den Euphrat. Er musste eine vernichtende Niederlage bei Karkemisch hinnehmen und dann noch einmal bei Hamat.

Kampf! 4 Spannt die Pferde an, /
sitzt auf, ihr Reiter! / Tretet an mit
Helm / und schärft die Speere! /
Legt die Panzer an! 5 – Weshalb
muss ich das sehen? / Sie weichen
bestürzt zurück. / Ihre Helden
zerstreuen sich, / sie ergreifen die
Flucht, / sehen sich nicht um. /
›Schrecken ringsum!‹, spricht
Jahwe. 6 Auch der Schnellste kann
nicht fliehen, / der Stärkste sich
nicht retten. / Im Norden, am
Ufer des Euphrat, / da sind sie
gestürzt und gefallen.

7 Wer schwoll da an wie der Nil, /
dessen Ströme das Land überflu-
ten? 8 Ägypten schwoll an wie der
Nil, / seine Wasser wogten wie
Ströme. / Es sagte: ›Ich steige an
und bedecke die Erde, / vernichte
Städte und ihre Bewohner!‹ 9 Ihr
Pferde, bäumt euch auf! / Stürmt
los, ihr Wagen! / Ihr Helden, rückt
aus: / Ihr Männer mit Schilden /
aus Nubien und Libyen, / ihr Bo-
genschützen Afrikas. 10 – Doch
dieser Tag gehört Jahwe, / dem
allmächtigen Gott. / Es ist ein
Rachetag für ihn. / Er rächt sich
an seinen Feinden. / Da frisst das
Schwert sich satt, / betrinkt sich an
ihrem Blut. / Denn ein Schlachtfest
hält Jahwe, der Herr, / der allmäch-
tige Gott, am Euphrat, / im Land
des Nordens.

11 Geh nach Gilead und hole dir
Salbe, / du junge Frau und Tochter
von Ägypten! / Doch vergeblich
häufst du dir Heilmittel auf, /
deine Wunde heilt nicht mehr zu!
12 Die Völker haben von deiner
Schande gehört, / die Welt ver-
nahm dein Klagegeschrei. / Ein
Kriegsheld ist über den anderen
gestürzt, / keiner kam mit dem
Leben davon.«

Die Eroberung Ägyptens

13 Als König Nebukadnezzar von Ba-
bylon anrückte, um Ägypten zu er-
obern, sprach Jahwe zum Propheten
Jeremia:

14 »Sagt es den Ägyptern, / lasst
es Migdol und Memphis / und
Tachpanhes hören! / Sagt: Stell
dich auf und mach dich bereit! /
Denn schon frisst das Schwert
alles um dich weg! 15 Warum sind
deine Starken niedergestreckt? /
Sie hielten nicht stand, / weil
Jahwe sie zu Boden stieß. 16 Er
hat viele stürzen lassen, / einer fiel
über den anderen. / Da riefen sie
einander zu: / Auf, zurück zu
unserem Volk in unsere Heimat! /
Nur weg aus diesem grausamen
Kampf! 17 Gebt dem Pharao als
neuen Namen: / ›Großmaul,
dessen Zeit vorüber ist‹!«

18 »So wahr ich lebe«, spricht
der König, / er heißt Jahwe, der
allmächtige Gott, / »wie der Tabor
über den Bergen, / wie der Karmel
über dem Meer, / so wird der
sein, der gegen dich kommt!
19 Pack dein Fluchtgepäck, / du
sesshafte Tochter Ägyptens! /
Denn Memphis wird zur Wüste
werden, / verbrannt und ohne
Bewohner.«

20 »Ägypten ist wie eine pracht-
volle Kuh, / die Bremse aus dem
Norden fällt über sie her. 21 Auch
seine Söldner sind wie gemästete
Kälber, / auch sie ergreifen die
Flucht, / keiner von ihnen hält

stand. / Ihr Unglückstag ist ge-
kommen, / die Zeit der Abrech-
nung ist da. 22 Ägypten zischt wie
eine fliehende Schlange, / denn
die Feinde ziehen mit Heeresmacht
heran. / Sie kommen wie Holz-
fäller mit Äxten 23 und holzen den
ganzen Wald ab«, spricht Jahwe, /
»den Wald, der undurchdringlich
ist. / Zahlreicher als Heuschrecken
sind sie, / niemand kann sie zählen.
24 Ägypten erntet Verachtung, /
es fällt dem Volk des Nordens in
die Hände.«

25 Es spricht Jahwe, der allmächtige
Gott Israels: »Seht, ich rechne ab mit
Amon, dem Gott von Theben, mit
Ägypten und seinen Göttern, mit dem
Pharao und allen, die auf ihn ver-
trauen. 26 Ich liefere sie ihren Todfein-
den aus: Nebukadnezzar, dem König
von Babylon, und seinen Soldaten.
Doch später soll Ägypten wieder be-
wohnt sein wie in alten Zeiten«,
spricht Jahwe.

Trost für Israel

27 »Habt keine Angst, ihr Nach-
kommen Jakobs, / Israel, lass dir
nicht bange sein! / Denn seht, ich
rette euch aus fernem Land, / eure
Kinder aus dem Land, in dem sie
Gefangene sind. / Jakob wird
wieder Frieden und Sicherheit
haben, / niemand schreckt ihn
mehr auf. 28 Hab keine Angst,
mein Diener Jakob!«, spricht
Jahwe. / »Denn du stehst unter
meinem Schutz! / Ja, ich vernichte
alle Völker, unter die ich euch
zerstreute. / Doch dich werde ich
niemals vernichten. / Dich muss
ich nur bestrafen, wie du es
verdienst, / denn ungestraft
kannst du nicht bleiben!«

Botschaft gegen die Philister

47 1 Noch bevor der Pharao
Gaza angriff*, empfing der
Prophet Jeremia eine Botschaft für die
Philister. 2 So spricht Jahwe:

»Seht, aus dem Norden droht
eine Flut. / Das Wasser wird zum
reißenden Strom. / Es über-
schwemmt das Land und die
Felder, / die Städte und ihre
Bewohner. / Die Menschen
schreien um Hilfe, / im ganzen
Land schreien sie laut, / 3 denn sie
hören das Stampfen der Pferde, /
das Getöse der Wagen, / das
Rasseln der Räder. / Da sehen sich
die Väter nicht nach ihren Söhnen
um, / so hat die Angst sie gepackt
4 vor dem kommenden Tag, der
alle Philister vernichtet, / der für
Tyrus und Sidon die letzten Helfer
erschlägt. / Denn Jahwe vernichtet
die Philister, / den Rest dieser
Leute von Kreta. / 5 Gaza hat sich
kahl geschoren, / und Aschkelon,
die letzte Stadt der Ebene, / ist
ganz verstummt. / Wie lange noch
ritzt du dich vor Trauer wund?
6 Weh, du Schwert Jahwes, / wie
lange noch willst du nicht rasten? /
Kehr zurück in deine Scheide, /

47,1 *Gaza angriff.* Das bezieht sich wahrscheinlich auf das Jahr 609 v.Chr., als Pharao Necho nach Norden zog, um gegen die Babylonier zu kämpfen.

raste und bleib still!« 7 Doch wie
soll es ruhig bleiben? / Denn
Jahwe gab ihm den Befehl. / Er
hat es an die Küste bestellt / und
auch gegen die von Aschkelon.

Botschaft gegen Moab

48 1 Über Moab*. So spricht
Jahwe, der allmächtige Gott
Israels:
»Weh den Bewohnern von Nebo, /
ihre Stadt ist verwüstet. / Schande
über Kirjatajim, / denn es wurde
besiegt. / Die Felsburg ist
beschämt und geschleift. 2 Mit
Moabs Ruhm ist es vorbei! / In
Heschbon* hat man seinen Unter-
gang geplant: / ›Kommt, wir
rotten sie aus der Völkerwelt aus!‹ /
Auch du, Madmen, wirst bald
verschwinden, / das Schwert
kommt hinter dir her. 3 Horch!
Aus Horonajim hört man
Geschrei: / ›Alles ist verwüstet,
ein großer Trümmerhaufen!‹
4 Moab ist gebrochen, / die
Kleinen hört man schreien.
5 Beim Aufstieg nach Luhit weinen
sie laut, / am Hang von Horonajim
hört man entsetzliches Geschrei.
6 Flieht und rettet euer Leben! /
Seid wie ein Wacholder in der
Wüste! 7 Weil du auf deine Werke
und Schätze vertrautest, / wirst
auch du bezwungen werden. /
Dein Gott Kemosch wird in die
Verbannung geführt, / seine
Priester und die Oberen dazu.
8 Der Verwüster kommt in jede
Stadt, / keine kommt davon. / Im
Jordantal wird alles vernichtet /
und die Hochebene völlig
zerstört, / wie Jahwe es befohlen
hat. 9 Gebt Moab Flügel, damit es
entfliehe im Flug. / Seine Städte
werden zu Wüsten, in denen
keiner mehr wohnt. 10 Verflucht,
wer Jahwes Werk nachlässig tut, /
verflucht, wer sein Schwert beim
Blutvergießen hemmt.«
11 Von Jugend an war Moab
sorgenfrei, / wie Wein durfte es
ungestört lagern, / niemals
umgegossen von Fass zu
Fass, / nie musste es in die
Gefangenschaft. / So ist ihm sein
Geschmack geblieben, / sein
Geruch veränderte sich nicht.
12 »Deshalb ist jetzt der Tag nicht
mehr fern«, spricht Jahwe, / »da
schicke ich ihm Kellermeister. /
Diese füllen Moab um. / Sie leeren
seine Fässer aus / und zerschlagen
seine Krüge. 13 Von Kemosch,
seinem Gott, wird Moab bitter
enttäuscht, / wie Israel von dem
Stierbild in Bet-El*, auf das es sich
verließ.« 14 Wie könnt ihr sagen:
»Wir sind Helden, / Männer, zum

48,1 Die *Moabiter* lebten östlich vom Toten Meer zwischen den Flüssen Arnon und Zered. Die genaue Lage der nachfolgend genannten moabitischen Städte ist unbekannt.

48,2 *Heschbon* gehörte einmal zum Stamm Ruben und wurde auch von Leuten aus dem Stamm Gad bewohnt. Zur Zeit Jeremias gehörte die Stadt den Ammonitern (Jeremia 49,3).

48,13 *Bet-El = Haus Gottes.* Jakob hatte hier einen Altar gebaut (1. Mose 35,1-15). Später stellte König Jerobeam hier eins der goldenen Kälber des Nordreiches auf (1. Könige 12,26-30). Der Ort lag etwa 19 km nördlich von Jerusalem im Gebirge Efraïm.

Kampf geboren«? 15 Moab ist
verwüstet, / seine Städte wurden
erstürmt, / und seine besten
jungen Männer / wurden zur
Schlachtbank geführt. / Das sagt
der König. / Er heißt »Jahwe, der
allmächtige Gott«.
16 Moabs Untergang steht nahe
bevor, / sein Unglück kommt sehr
schnell herbei. 17 Sprecht ihm euer
Beileid aus, / ihr Nachbarn und
alle Bekannten, und klagt: / »Wie
schnell zerbrachen ihm Ruhm
und Macht!« 18 Steig herab von
deinem Ehrenplatz / und setz dich
in den Staub, / du Einwohnerin,
Tochter von Dibon! / Denn Moabs
Verwüster kommt auch gegen
dich, / und wird deine Festungen
zerstören. 19 Stellt euch an die
Straße / und schaut, was da
kommt, / ihr Leute von Aroer! /
Fragt die Flüchtlinge, / sprecht die
Entkommenen an! / Fragt: »Was
ist passiert?« 20 Sie werden euch
sagen: »Mit Moab ist es aus! /
Es ist schmachvoll zerbrochen. /
Heult und schreit um Hilfe! / Sagt
auch den Leuten am Arnonfluss: /
›Moab ist vernichtet!‹« 21 Das
Strafgericht kam über das Hoch-
land, / über Holon, Jahaz und Me-
faat, 22 über Dibon, Nebo und Bet-
Diblatajim, 23 über Kirjatajim,
Bet-Gamul und Bet-Meon, 24 über
Kerijot und Bozra und alle Städte
Moabs, / die fernen und die nahen.
25 »Die stolze Macht Moabs brach
ab wie ein Horn, / seine Kraft ist
gebrochen wie ein Arm«, spricht
Jahwe.
26 Macht Moab betrunken –
denn gegen Jahwe spielte es sich
auf –, damit es hinklatscht in sein
Erbrochenes / und selber zum
Gelächter wird! 27 Oder diente
Israel dir nicht zum Gespött? /
Hast du es denn beim Diebstahl
erwischt, / dass du spöttisch den
Kopf geschüttelt hast, / sooft du
von ihm sprachst? 28 Verlasst die
Städte und wohnt in den Felsen, /
ihr Bewohner von Moab! / Macht
es wie die Tauben, die nisten / an
den Wänden der offenen Schlucht.
29 Wir haben gehört von Moabs
Stolz – denn stolz ist es über jedes
Maß –, von seinem Hochmut, sei-
nem Geltungsdrang / und seiner
Überheblichkeit. 30 »Auch mir ist
seine Überheblichkeit bekannt«,
spricht Jahwe, / »und sein unauf-
richtiges Geschwätz, / das seinen
Taten nicht entspricht.« 31 Darum
klage ich laut über Moab, / ich
schreie um Hilfe für dieses Volk. /
Ja, man stöhnt über Kir-Heres.
32 Und mehr als über Jaser / weine
ich über dich, / du Weinstock von
Sibma. / Deine Ranken reichten
bis ans Meer, / bis ans Meer von
Jaser. / Doch über Sommerobst
und Weinernte kam der Verwüster.
33 Verschwunden sind Freude und
Jubelgeschrei / aus dem Garten
und dem ganzen Land. / Kein
Traubensaft fließt in die Fässer, /
kein Winzer keltert, / der laute Ruf
ist kein Jubelruf mehr.

34 In Heschbon rufen die Menschen
um Hilfe, man hört sie bis Elale und
Jahaz. Man klagt von Zoar bis nach
Horonajim, ja, bis nach Eglat-Scheli-
schija, denn auch das Wasser der
Oase von Nimrim wird zur Wüste

werden. 35 »So beende ich in Moab«,
spricht Jahwe, »den Aufstieg zur Op-
ferhöhe und den Götzendienst.«
36 Mein Herz ist tief erschüttert um
Moab, es klagt wie eine Trauerflöte
um die Leute von Kir-Heres. Sie ha-
ben alles verloren, was sie besaßen.
37 Jeder Kopf ist kahl vor Trauer, und
jeder Bart ist geschoren. Alle Hände
sind blutig geritzt, der Trauersack ist
angezogen. 38 Über allen Dachterras-
sen Moabs und auf allen Plätzen hört
man es klagen. »Ich habe Moab zer-
schlagen wie ein Gefäß, das keiner
mehr will«, spricht Jahwe. 39 Ach, wie
ist Moab zerbrochen! Wie hat es sich
schmachvoll zur Flucht gewandt. So
ist es allen seinen Nachbarn zum Ge-
spött und zum Entsetzen geworden.
40 Denn so spricht Jahwe:

»Seht! Wie ein Adler schießt er
heran, / breitet seine Flügel gegen
Moab aus. / 41 Genommen ist die
Stadt, / die Festung ist erobert. /
Die tapferen Männer bekommen
Angst / wie eine Frau in den
Wehen. 42 Moab wird als Volk
vernichtet, / weil es sich gegen
Jahwe erhob. 43 Grauen und Grube
und Garn über dich, / Bewohner
von Moab«, spricht Jahwe.
44 »Wer vor dem Grauen flieht, /
fällt in die Grube. / Und wer es
schafft herauszukommen, /
verfängt sich im Netz. / Denn ich
bringe über sie / das Jahr ihrer
Abrechnung«, / spricht Jahwe.
45 Erschöpfte Flüchtlinge /
suchen in Heschbon Schutz. /
Doch Feuer geht von Heschbon
aus, / eine Flamme schlägt aus
Sihons Palast. / Sie hat die
Schläfen Moabs versengt, / den
Scheitel der lärmenden Schreier.
46 Weh dir Moab! / Du bist
verloren, Volk des Kemosch, /
denn deine Söhne kommen in
Gefangenschaft, / deine Töchter in
die Verbannung. 47 »Doch am
Ende der bestimmten Zeit / wende
ich Moabs Schicksal«, spricht
Jahwe.

Bis hierher geht das Gerichtswort über Moab.

Botschaft gegen Ammon

49 1 Über die Ammoniter. So
spricht Jahwe:

»Hat Israel denn keine Söhne, /
besitzt es keine Erben? / Warum
nahm ihr König Gad* in Besitz? /
Warum hat sein Volk dessen
Städte besetzt? 2 Darum seht, es
kommen Tage«, spricht Jahwe, /
»da lasse ich den Kriegslärm
dröhnen / gegen Rabba* in
Ammon. / Es soll zu einem
Schutthaufen werden, / und
seine Tochterstädte gehören den
Flammen. / Dann wird Israel
die beerben, / die an sein Erbe
wollten«, / spricht Jahwe. 3 Heule,
Heschbon, / denn verwüstet ist
Ai. / Schreit, ihr Töchter von
Rabba, / und zieht den Trauersack
an! / Rennt klagend in den

49,1 *Gad* meint das Gebiet im Ostjordanland, das dem israelitischen Stamm Gad gehörte.

49,2 *Rabba* war die Hauptstadt der Ammoniter, 38 km östlich vom Jordan, heute: Amman.

Mauern umher, / denn der König
geht in die Gefangenschaft, / die
Priester und die Oberen dazu.

4 Was rühmst du dich deiner frucht-
baren Täler, du abtrünnige Tochter?
Du vertraust auf deine Schätze und
sagst: »Wer kommt schon gegen mich
an?« 5 »Pass auf! Ich bringe Schre-
cken von allen Seiten über dich«,
spricht Jahwe, der Herr, der allmäch-
tige Gott. »Ihr sollt vertrieben werden,
und zwar jeder für sich. Niemand
wird die Flüchtigen sammeln. 6 Doch
später wende ich das Schicksal der
Ammoniter«, spricht Jahwe.

Botschaft gegen Edom

7 Über Edom. So spricht Jahwe, der
allmächtige Gott:
»Ist keine Weisheit mehr in
Teman? / Fällt den Klugen dort
nichts mehr ein? / Ist ihr Verstand
denn verrostet? 8 Flieht, kehrt
um, / verkriecht euch in die
Höhlen, / ihr Bewohner von
Dedan! / Jetzt rechne ich mit Esau
ab / und lasse sein Verhängnis
über ihn kommen. 9 Wenn Winzer
über dich kommen, / lassen sie
nichts für die Nachlese übrig; /
sind es Diebe in der Nacht, /
zerstören sie nach Herzenslust.
10 Denn ich holte Esau aus dem
Versteck, / ich gab seine Schlupf-
winkel preis; / er kann sich nicht
mehr verstecken. / Vernichtet wird
seine Nachkommenschaft, / auch
Brüder und Nachbarn gibt es nicht
mehr. 11 Überlass mir deine
Waisen, ich sorge für sie; / deine
Witwen können mir vertrauen!«

12 Denn so spricht Jahwe: »Seht! Die
nicht verurteilt waren, mussten den
Becher austrinken. Und da solltest
ausgerechnet du verschont bleiben?
Nein, du kommst nicht ungestraft
davon, du musst ihn leeren! 13 Denn
ich habe bei mir selbst geschworen«,
spricht Jahwe, »dass Bozra* zu einem
Bild des Grauens werden soll, zum
Gegenstand des Spotts, zum In-
begriff der Verwüstung, zum Anlass
eines Fluchs, zum ewigen Trümmer-
haufen.«
14 Ich erhielt die Botschaft von
Jahwe: / Ein Bote ist zu den
Völkern gesandt: / »Sammelt euch
und zieht gegen Edom, / tretet an
zum Kampf!« 15 »Ja, ich mache
dich klein unter den Völkern, /
lasse dich von den Menschen
verachten! 16 Deine Furcht
erweckende Macht / und dein
Übermut verführten dich. / Ja, du
wohnst in Felsenklüften, / hältst
die hohen Berge besetzt. / Und
baust du dein Nest so hoch wie der
Adler, / ich stürze dich dennoch
hinab!«, spricht Jahwe.

17 »Edom wird zu einem Ort des
Grauens werden. Wer an ihm vor-
überzieht, erschrickt und schüttelt
über seine Wunden den Kopf. 18 Wie
nach dem Untergang von Sodom und
Gomorra und ihren Nachbarstädten«,
spricht Jahwe, »wird niemand mehr
in Edom wohnen. Kein Mensch wird
sich dort aufhalten. 19 Seht, wie ein

49,13 *Bozra*, nicht zu verwechseln mit dem aus Kapitel 48,24, war zur Zeit Jeremias vermutlich die Hauptstadt von Edom.

Löwe komme ich aus dem Jordan-
dickicht zum immergrünen Weide-
platz. Ich jage sie plötzlich davon und
setze meinen Erwählten dort ein.
Denn wer ist mir gleich und wer lädt
mich vor Gericht? Und welcher Hirt
könnte sich mir widersetzen?« 20 Da-
rum hört, was Jahwe über Edom be-
schlossen hat, was er über die Bewoh-
ner von Teman denkt:
Wie eine Herde schleppt man
sie fort, / selbst die Kinder und die
Schwachen. / Ihr eigenes Land ist
entsetzt über sie. 21 Vom Dröhnen
ihres Falls erbebt die Erde. / Noch
am Schilfmeer hört man ihr Ge-
schrei. 22 Seht! Wie ein Adler
schießt er heran, / breitet seine
Flügel gegen Bozra aus. / Und
tapfere Männer bekommen Angst
an jenem Tag, / wie eine Frau in
den Wehen.

Botschaft gegen Damaskus

23 Über Damaskus.
»Bestürzt sind Hamat und
Arpad. / Sie erhielten eine
schlimme Nachricht, / und sie
vergehen vor Angst. / Auch an
der Küste ist man sehr besorgt. /
Niemand kommt mehr zur
Ruhe. 24 Damaskus ist mutlos
geworden, / es wendet sich zur
Flucht. / Panik ist in der Stadt. /
Von Angst und Wehen sind sie
gepackt / wie eine gebärende Frau.
25 Man hätte sie verlassen sollen, /
die Stadt des Ruhmes, / die Burg
meiner Freude. 26 Darum werden
ihre jungen Männer / auf ihren
Plätzen fallen. / Alle Krieger
kommen um an jenem Tag«, /
spricht Jahwe, der allmächtige
Gott. 27 »Ich lege ein Feuer / an
die Mauern von Damaskus; / es
verzehrt die Paläste Ben-Hadads.«

Botschaft gegen arabische Stämme

28 Über die Beduinen von Kedar* und
die Königreiche von Hazor, die König
Nebukadnezzar von Babylon schlug*.
So spricht Jahwe:
»Auf, zieht gegen Kedar! / Be-
zwingt die Beduinen im Osten!«
29 Man raubt ihre Zelte und
Herden, / ihre Decken und den
Hausrat. / Auch ihre Kamele
nimmt man mit / und ruft dabei:
»Schrecken überall!«

30 »Flieht! Bringt euch schnell in
Sicherheit! Haltet euch in Höhlen ver-
steckt, Bewohner von Hazor«, spricht
Jahwe. »Denn König Nebukadnezzar
von Babylon hat es auf euch abgese-
hen. Sein Plan gegen euch steht fest!«
31 Denn Jahwe hat gesprochen: »Auf,
zieht gegen das sorglose Volk, das in
Sicherheit wohnt! Es lebt allein und
hat weder Tore noch Riegel. 32 Nun
werden ihre Kamele zur Beute, und
alle ihre Herden werden geraubt. Ich
werde die mit den gestutzten Schlä-
fenlocken in alle Himmelsrichtungen
zerstreuen und lasse von allen Seiten
her das Verderben über sie kommen.
33 In Hazor werden dann nur noch
Schakale leben, es wird für immer

49,28 *Kedar.* Nomadenstamm in der syrisch-arabischen Wüste, bekannt durch seine Herden.

Königreiche ... schlug. Die Stämme der syrisch-arabischen Wüste wurden 598 v.Chr. von Nebukadnezzar angegriffen und ausgeplündert.

eine Wüste sein. Niemand wird sich
mehr dort niederlassen, und kein
Mensch wird dort wohnen bleiben.«

Botschaft gegen Elam

34 Es war am Anfang der Regierungs-
zeit des Königs Zidkija* von Juda,
als Jeremia ein Wort Jahwes gegen
Elam* empfing. 35 So spricht Jahwe,
der allmächtige Gott: »Passt auf! Ich
zerbreche Elams Bogen, seine stärks-
te Waffe. 36 Aus allen Himmelsrich-
tungen lasse ich Stürme gegen Elam
los und zerstreue es in alle Winde.
Dann wird es kein Volk mehr geben,
in dem man nicht auf versprengte Ela-
miter stößt. 37 Ich werde Elam vor sei-
nen Todfeinden mutlos machen und
bringe Unheil über sie, meinen glü-
henden Zorn«, spricht Jahwe. »Ich
verfolge sie mit dem Schwert, bis sie
vernichtet sind. 38 Ich werde den
König und seine Oberen von dort ver-
schwinden lassen und meinen eige-
nen Thron errichten«, spricht Jahwe.
39 »Doch am Ende der bestimmten
Zeit wende ich das Schicksal Elams«,
spricht Jahwe.

Botschaft gegen Babylon

50 1 Diese Botschaft hat Jahwe
durch den Propheten Jeremia
an Babylonien, das Land der Chal-
däer, gerichtet:

2 Verkündet es den Völkern! /
Ruft die Botschaft aus! / Richtet
Feldzeichen auf! / Lasst es
hören, / verschweigt es nicht: /
»Babylon ist gefallen! / Bel ist
blamiert / und Merodach* am
Boden zerstört. / Mit ihren Bildern
ist es aus, / ihre Götzen sind von
Schrecken erfüllt.«

3 Von Norden her rückt ein Volk her-
an, das Babylonien verwüstet, sodass
niemand mehr darin wohnt. Mensch
und Vieh ergreifen die Flucht und lau-
fen davon. 4 »Wenn diese Zeit gekom-
men ist«, spricht Jahwe, »kehren die
Israeliten und Judäer gemeinsam zu-
rück. Weinend kommen sie heim und
suchen Jahwe, ihren Gott.«

5 Sie fragen nach Zion, das ist ihr
Ziel. / »Kommt mit und schließt
euch Jahwe an, / in einem ewigen
Bund, den wir nie mehr vergessen!«
6 Mein Volk war wie eine verlorene
Herde, / irregeführt von den
eigenen Hirten, / auf Höhen
geführt und verführt. / So zogen
sie von Berg zu Berg / und
vergaßen, wohin sie gehörten.
7 Alle, die sie fanden, fraßen sie. /
Und ihre Bedränger sagten: /
»Wir haben keine Schuld, /
denn sie haben gegen Jahwe
gesündigt, / gegen die Weide der
Gerechtigkeit / und die Hoffnung
ihrer Väter.«

8 »Flieht aus dem Machtbereich
von Babylon, / flieht aus dem Land
der Chaldäer! / Seid wie die Leit-
böcke der Herde! 9 Denn seht, ich
biete Heere gegen Babylon auf. /
Ich führe große Völker aus dem
Nordland herbei. / Sie stellen sich
gegen die Stadt und erobern sie

49,34 *Zidkija* regierte von 597-586 v.Chr.

Elam war die persische Provinz um die Hauptstadt Susa.

50,2 *Bel* und *Merodach* sind Bezeichnungen für Marduk, den Hauptgott Babylons.

von dort. / Ihre Pfeile sind wie
siegreiche Helden, keiner verfehlt
sein Ziel. 10 So wird Chaldäa zur
Beute. / Alle, die es plündern,
bekommen genug«, / spricht
Jahwe.

11 Ja, freut euch nur und jubelt, /
ihr Räuber meines Eigentums! /
Hüpft wie ein Kalb über Stroh, /
und wiehert wie die Hengste!
12 Sehr beschämt wird eure Mutter
sein, / ihre ganze Hoffnung ist
dahin. / Seht! Ihr seid das Letzte
der Völker, / verwüstet, verödet,
zur Steppe gemacht. / 13 Es ist
unbewohnt durch Jahwes Zorn, /
es bleibt verödet liegen. / Jeder,
der an Babylon vorbeikommt, /
schüttelt über seine Wunden
entsetzt den Kopf.

14 Stellt euch rings um Babylon
auf, / all ihr Bogenschützen! /
Schießt und spart die Pfeile
nicht! / Denn es hat sich an Jahwe
vergangen. 15 Schreit und lärmt
gegen die Stadt! / Da! Sie hat sich
ergeben. / Ihre Türme stürzen
ein, / ihre Mauern zerbersten. /
Das ist die Rache Jahwes. / Rächt
euch an ihr! / Zahlt ihr heim, /
was sie anderen tat. 16 Lasst
niemand am Leben, / der ein Feld
bestellen, / und niemand, der es
ernten kann. / Vor dem rasenden
Schwert / flieht jeder zu seinem
eigenen Volk / und kehrt in seine
Heimat zurück.

17 Israel war ein versprengtes
Schaf, / von Löwen verscheucht.

Zuerst fiel der König von Assyrien darüber her, dann kam König Nebukadnezzar von Babylon und hat ihm noch die Knochen abgenagt.
18 Darum spricht Jahwe, der allmächtige Gott Israels: »Seht, jetzt ziehe ich den König von Babylon genauso zur Rechenschaft, wie ich das bei dem König von Assyrien tat.
19 Und Israel bringe ich an seinen Weideplatz zurück. Es soll wieder auf dem Karmel* weiden und in Baschan*, im Bergland von Efraïm und in Gilead.
20 Wenn die Zeit gekommen ist«, spricht Jahwe, »wird man die Schuld Israels suchen, doch sie ist nicht mehr da. Auch die Sünden Judas findet man nicht mehr. Denn ich vergebe denen, die ich übrig lasse.«

Völlige Zerstörung

21 Gegen das Land Meratajim*:

»Zieht gegen sie hinauf und gegen die Bewohner von Pekod! Macht sie nieder und vernichtet sie samt ihrem Besitz«, spricht Jahwe. »Tut es genau nach meinem Befehl!«

22 Kriegslärm im Land, /
gewaltiger Zusammenbruch!
23 Wie sehr ist zerhauen,
zerbrochen der Hammer der
ganzen Welt! / Was für ein Bild
des Entsetzens ist Babylon unter
den Völkern! 24 »Ich habe dir eine

50,19 *Karmel.* Fruchtbares Gartenland an den Hängen des Karmelberges am Mittelmeer.

Baschan. Fruchtbares Weideland nordöstlich vom See Gennesaret.

50,21 *Meratajim* und *Pekod* waren Landschaften in Babylonien. Ihre Namen erinnern an die hebräischen Begriffe für »Doppeltrotz« und »Strafe«.

Falle gestellt, Babylon, / und du
hast es nicht gemerkt. / Du
wurdest gefunden und gepackt, /
weil du Krieg mit Jahwe anfingst.«
25 Jahwe hat sein Arsenal geöff-
net / und die Waffen seines Zorns
herausgeholt. / Es gibt Arbeit für
den Herrn, / für Jahwe, den all-
mächtigen Gott, / und zwar im
Land der Chaldäer. 26 »Fallt von
allen Seiten darüber her! / Brecht
seine Vorratshäuser auf! / Werft
alles auf einen Haufen, / so, wie
man Garbenhaufen macht! / Und
dann vernichtet alles, / ohne den
kleinsten Rest! 27 Stecht seine
Stiere alle nieder, / schlachtet sie
ab! / Weh über sie, denn der Tag
ist gekommen, / die Zeit der
Abrechnung ist da.« 28 Horcht!
Flüchtlinge aus Babylon. / Sie
sind entkommen, um in Zion
zu verkünden / die Rache von
Jahwe, unserem Gott, / die
Vergeltung für die Zerstörung
des Tempels.

29 Ruft Schützen gegen Babylon
zusammen, / Leute, die den
Bogen spannen! / Schließt den
Belagerungsring! / Niemand darf
entkommen! / Vergeltet der Stadt
ihr Tun, / zahlt ihr heim, was sie
getan hat! / Denn sie hat vermessen
gehandelt, / hat sich gegen Jahwe
gestellt, / gegen Israels heiligen
Gott. 30 »Darum fallen ihre jungen
Männer auf den Plätzen, / ihre
Krieger kommen um an jenem Tag«,
spricht Jahwe. 31 »Pass auf! / Jetzt
gehe ich gegen dich vor, / du stolze
Stadt«, / spricht Jahwe, der Herr, /
der allmächtige Gott, / »denn jetzt
ist dein Tag gekommen, / die Zeit
der Abrechnung ist da. 32 Dann
wird die Stolze stürzen / und
niemand hilft ihr auf. / Ich lege
Feuer an ihre Städte, / das ringsum
alles verzehrt.«

33 So spricht Jahwe, der allmächtige
Gott: »Israeliten und Judäer wurden
unterdrückt. Und die, die sie in die
Verbannung führten, haben sich
geweigert, sie wieder loszulassen.
34 Doch ihr Erlöser ist stark. Er heißt
Jahwe, der allmächtige Gott. Er wird
ihnen zum Recht verhelfen, um
ihrem Land Ruhe zu bringen. Unru-
he verschafft er nur Babylons Be-
wohnern.«

35 »Ein Schwert über die Chaldäer«,
spricht Jahwe, »und über die Bewoh-
ner von Babylon, über ihre Oberen und
Weisen! 36 Ein Schwert über die Ora-
kelpriester, dass sie zu Narren werden!
Ein Schwert über ihre Helden, dass sie
vor Angst vergehen. 37 Ein Schwert
über ihre Pferde und Streitwagen, über
ihre Söldnertruppen, die zu ängstli-
chen Frauen werden. Ein Schwert über
ihre Schätze, die geplündert werden.
38 Ein Schwert über ihre Gewässer, die
austrocknen werden. Denn es ist ein
Land der Götzenbilder. Deren Fratzen
machen sie verrückt. 39 Darum werden
Wüstentiere dort hausen, Schakale
und Strauße sich tummeln, aber Men-
schen sollen niemals mehr dort woh-
nen. 40 So wie Gott Sodom und Go-
morra und die ganze Gegend um-
gestürzt hat, so wird auch hier kein
Mensch mehr wohnen und sich aufhal-
ten wollen.«

41 Seht, ein Volk, es kommt von
Norden, / eine große Nation. /

Viele Könige brechen auf, / sie
kommen vom Ende der Erde.
42 Sie kommen mit Bogen und
Langschwert, / sind grausam und
ohne Erbarmen. / Auf Pferden
reiten sie heran, /es klingt wie das
Donnern der Brandung. / Es sind
Krieger, zum Kampf gerüstet /
gegen dich, du Tochter Babylons.
43 Als dein König die Nachricht
erhielt, / sanken seine Hände
herab. / Angst hat ihn gepackt, /
Wehen, wie eine gebärende Frau.

44 Seht, er kommt wie ein Löwe aus
dem Jordandickicht. Zum immer-
grünen Weideplatz steigt er herauf.
»Ja, ich jage sie plötzlich davon und
setze meinen Erwählten dort ein.
Denn wer ist mir gleich, und wer
lädt mich vor Gericht? Und welcher
Hirt könnte sich mir widersetzen?«
45 Darum hört, was Jahwe über Baby-
lon beschlossen hat, was er über das
Land der Chaldäer denkt:

Wie eine Herde schleppt man sie
fort, / selbst die Kinder und die
Schwachen. / Ihr eigenes Land
ist entsetzt über sie. 46 Vom Ruf
»Babylon ist erobert!« / erbebt die
ganze Erde. / Unter den Völkern
hört man ihr Geschrei.

Gottes Gericht über Babylon

51 1 So spricht Jahwe: »Passt
auf! Ich lasse einen Sturm
gegen Babylon los, gegen alle, die im
Zentrum des Aufruhrs gegen mich
wohnen. 2 Ich werde Fremde nach
Babylon schicken, die es so hoch in
den Wind werfen, dass das Land leer
wird. An seinem Unheilstag wird
Babylon von allen Seiten angegriffen.
3 Lasst keinen Schützen seinen Bogen
spannen, lasst keinen sich in seiner
Rüstung erheben! Habt kein Mitleid
mit den jungen Männern von Baby-
lon! Vernichtet das gesamte Heer!«
4 Überall im Land der Chaldäer sollen
Erschlagene liegen, die Straßen sollen
voll mit Erstochenen sein.

5 Denn Israel und Juda sind nicht
verwitwet von ihrem Gott, von Jahwe,
dem Allmächtigen. Doch das Chaldä-
erland ist voll von Schuld gegen den
Heiligen Israels. 6 Flieht aus dem
Land hinaus und rettet euer Leben,
dass ihr nicht mit umkommt, wenn
Babylonien wegen seiner Schuld be-
straft wird. Denn die Zeit der Vergel-
tung ist da. Jahwe zahlt ihm heim, was
es getan hat.

7 Ein Goldbecher in Jahwes Hand
war Babylon, / und es berauschte
die ganze Welt. / Die Völker
tranken von seinem Wein, / und
deshalb sind sie rasend geworden.
8 Babylon fällt plötzlich zu Boden
und zerbricht. / Trauert um
Babylon, / holt Balsam für seine
Wunde! / Vielleicht wird es geheilt.
9 »Wir wollten Babylon heilen, /
doch ihm war nicht zu helfen. / Ver-
lasst es! Jeder ziehe in sein Land! /
Denn dieses Strafgericht reicht bis
an den Himmel / und türmt sich
auf bis zu den Wolken.« 10 »Jahwe
hat ans Licht gebracht / unsere ge-
rechte Sache. / Kommt, lasst uns in
Zion erzählen, / was Jahwe getan
hat, unser Gott!«

11 »Schärft die Pfeile, fasst die Schil-
de!« Jahwe gab es den Königen von

Medien* ein, gegen Babylon Krieg zu
führen und es zu vernichten. Das ist
die Rache Jahwes für die Zerstörung
seines Tempels. 12 »Richtet das Feld-
zeichen gegen die Mauern von Baby-
lon auf! Verschärft die Belagerung!
Stellt Posten auf! Legt Truppen in den
Hinterhalt!« Wie Jahwe es sich vorge-
nommen hat und was er den Babylo-
niern androhte, das führt er nun aus.

13 Ja, du wohnst an großen
Wassern, / du bist unermesslich
reich. / Dein Ende ist gekommen, /
du hast nun genug geraubt.

14 Jahwe, der allmächtige Gott, schwor
bei sich selbst: »Wenn ich dich auch
mit Menschen angefüllt habe wie mit
Heuschrecken, so wird man doch das
Triumphgeschrei über dich erheben.«

Gottes Größe

15 Durch seine Kraft hat er die
Erde gemacht, / durch seine
Weisheit die Welt errichtet, /
durch seine Klugheit die Himmel
ausgespannt. 16 Auf seinen Befehl
hin / sammelt sich das Wasser am
Himmel, / steigen Wolken am
Horizont auf, / öffnen Blitze dem
Regen die Bahn, / bricht der Wind
aus seinen Kammern hervor.
17 Wie dumm steht jeder Mensch
davor, begreift es nicht, / und jeder
Goldschmied schämt sich für sein
Götzenbild. / Denn diese Bilder
sind Betrug, sie haben kein Leben.
18 Nichtse sind sie, Figuren zum
Spott. / Wenn abgerechnet wird,
sind sie verloren! 19 Wie anders ist
da Jakobs Gott, / denn er hat das
Weltall geschaffen / und Israel zu
seinem Eigentum gemacht. /
Jahwe, der Allmächtige, heißt er.

Babylon als Gottes Hammer

20 Du warst mein Hammer,
meine Waffe im Krieg. / Mit dir
zerhämmerte ich Völker, / mit dir
zerschlug ich Königreiche. 21 Mit dir
zermalmte ich Pferd und Reiter, /
mit dir zertrümmerte ich Lenker und
Wagen. 22 Mit dir zerschmetterte
ich Mann und Frau, / zermalmte
junge Männer und Frauen. 23 Mit
dir zerdrosch ich Hirt samt Herde, /
den Bauer samt seinem Gespann, /
selbst Statthalter und Befehlshaber
zerschlug ich mit dir.

24 »Jetzt aber werde ich Babylon und
allen Chaldäern das Böse heimzah-
len, das sie an Zion verübt haben.
Vor euren Augen werde ich es tun«,
spricht Jahwe. 25 »Pass auf! Jetzt gehe
ich gegen dich vor«, spricht Jahwe,
»du Berg des Verderbens, der die
ganze Erde verdarb. Ich werde dich
fassen und wälze dich von den Felsen
hinab. Ich mache einen Berg von
Schutt und Asche aus dir, 26 sodass
man in dir keinen Stein mehr findet,
der noch als Grund- oder Eckstein
taugt. Für alle Zeiten sollst du ein
Schutthaufen sein«, spricht Jahwe.

Babylons Ende

27 Richtet überall das Feldzeichen
auf, stoßt ins Kriegshorn unter den

51,11 *Medien*. Die Meder bewohnten ein Gebiet, das im heutigen nordwestlichen Iran liegt.

Völkern! Ruft sie zum Kampf gegen
Babylon auf: die Königreiche von
Ararat, von Mini und Aschkenas*.
Bestellt Offiziere, die Truppen aus-
heben, lasst Reiterscharen anrücken,
furchtbar wie die kriechenden Heu-
schrecken. 28 Ruft die Völker auf zum
Kampf, die Könige von Medien, seine
Statthalter und Befehlshaber und die
Völker, die sie kommandieren! 29 Da
zittert und bebt die Erde. Denn die
Pläne Jahwes gegen Babylon gehen in
Erfüllung. Babylonien soll zu einer
Wüste werden, in der kein Mensch
mehr wohnt.

30 Babyloniens Helden haben den
Kampf aufgegeben. Sie hocken in
ihren Burgen, und ihr Mut ist ge-
schwunden. Wie Frauen vergehen sie
vor Angst. Schon stehen ihre Häuser
in Flammen, die Stadttore sind aufge-
brochen. 31 Ein Läufer nach dem an-
deren stürmt heran, ein Bote trifft den
anderen, um dem König von Babylon
zu melden: »Die Stadt ist von allen
Seiten eingenommen. 32 Alle Furten
sind besetzt, die Festungsanlagen in
Brand gesteckt und die Soldaten vor
Schreck wie erstarrt.«

33 Denn so spricht Jahwe, der all-
mächtige Gott Israels:

Die Tochter Babylons gleicht
einem Dreschplatz, / wenn er
gerade festgestampft wird. /
Ein Weilchen noch, / dann
kommt die Zeit der Ernte für sie.
34 Nebukadnezzar, Babylons
König, / hat mich gefressen und
mich aufgezehrt, / mich weg-
geschoben wie ein leeres Gefäß. /
Er verschlang mich wie ein
Drache, / füllte den Bauch mit
meinen Leckerbissen / und stieß
mich dann fort. 35 Darum soll
Jerusalem sagen: / »Was ich an
Gewalt und Zerfleischung erlitt, /
das komme nun über Babylon! /
Mein Blut komme über die
Chaldäer!« 36 Darum spricht
Jahwe: / »Schau, ich verhelfe dir
zum Recht! / Ich vollziehe deine
Rache! / Ich trockne sein Meer
aus, / lasse seine Quellen
versiegen. 37 Zum Trümmer-
haufen wird Babylon, / zur
Wohnung der Schakale, / einem
Ort des Grauens und der
Verachtung. / Und es wird
menschenleer sein.«

38 »Sie brüllen wie die jungen
Löwen, / knurren wie ein
Löwinnenwurf. 39 Ihrer Gier
bereite ich das Gelage / und mache
sie betrunken. / Sie sollen lustig
werden und dann betäubt / und in
ewigen Schlaf versinken, / aus
dem sie nie mehr erwachen«, /
spricht Jahwe. 40 »Wie Lämmer
führe ich sie zum Schlachten
hinab, / wie Schaf- und Ziegen-
böcke.«

41 Wie ist Scheschach* erobert, /
besiegt der Ruhm der ganzen
Welt! / Was für ein Schreckens-
bild / bietet Babel den Völkern.
42 Ein Meer hat Babylonien über-
flutet, / hat es mit tosenden Wellen
bedeckt. 43 Seine Städte wurden
verwüstet. / Das Land ist verdorrt,

51,27 *Ararat, Mini* und *Aschkenas* sind Gegenden in und um Armenien.

51,41 *Scheschach.* Wie in Jeremia 25,26 verschlüsselter Name für Babylon.

eine Steppe, / ein Land, in dem
niemand mehr wohnt; / kein
Mensch reist da mehr hindurch.

44 »Jetzt werde ich mit Bel, dem
Gott von Babylon, abrechnen! Was er
verschlungen hat, reiße ich ihm aus
dem Maul. Die Völker strömen ihm
nicht mehr zu. Auch die Mauer von
Babylon ist gefallen.«
45 »Mein Volk, zieh weg aus seiner
Mitte! Rette dein Leben vor dem glü-
henden Zorn Jahwes. 46 Und verliere
nicht den Mut! Fürchte dich nicht vor
den Nachrichten, die man im Land
hört. Denn in einem Jahr hört man
dieses, im anderen jenes Gerücht.
Überall herrscht die Gewalt, ein Herr-
scher bekämpft den anderen. 47 Denn
es wird der Tag kommen, an dem ich
mit den Götzen Babylons abrechne.
Mit Babylonien ist es aus, überall lie-
gen Erschlagene herum. 48 Himmel
und Erde und alles, was in ihnen lebt,
werden in Jubel ausbrechen. Denn
von Norden her kommen die Zerstö-
rer über Babylon«, spricht Jahwe.
49 Nun ist Babylon im Begriff zu
fallen, ihr Erschlagenen Israels, denn
wegen Babylon fielen Menschen in
aller Welt. 50 Doch ihr, die dem
Schwert entkommen sind, bleibt nicht
stehen! Denkt an Jahwe in der Ferne
und tragt Jerusalem in eurem Herzen!
51 Wir schämen uns, denn wir haben
den Spott gehört. Schamrot sind wir
geworden, denn Fremde drangen in
die Heiligtümer des Hauses Jahwes
ein.
52 »Darum seht, es kommen Tage«,
spricht Jahwe, »da rechne ich mit den
Götzen Babylons ab. Das Stöhnen
tödlich Verwundeter wird das ganze
Land erfüllen. 53 Auch wenn Babylon
bis zum Himmel aufsteigen würde,
wenn es sich in unzugänglicher Höhe
verschanzte, würden die Zerstörer
doch vor mir her nach Babylon kom-
men«, spricht Jahwe.
54 Horch! Ein Geschrei ist aus Baby-
lon zu hören. Das Land der Chaldäer
bricht zusammen. 55 Denn Jahwe
verwüstet Babylon, macht seinem
lärmenden Treiben ein Ende. Wie
tobende und brüllende Meereswogen
donnern seine Wassermassen heran.
56 Ein Verwüster ist über Babylon
gekommen. Seine Helden werden
gefangen genommen, ihre Bogen sind
zerbrochen. Jahwe ist ein Gott der
Vergeltung, er rechnet gründlich ab!
57 »Ich mache seine Oberen und
Weisen betrunken, all seine Statthal-
ter, Befehlshaber und Kriegshelden.
Sie sollen betäubt in ewigen Schlaf
versinken, aus dem sie nie mehr erwa-
chen«, spricht der König, er heißt
Jahwe, der Allmächtige.
58 So spricht Jahwe, der allmächtige
Gott: »Die Mauer des großen Babylon
wird bis auf den Grund zerstört, seine
stolzen Tore werden in Brand ge-
steckt. So haben sich die Völker, die
sie bauten, für nichts gemüht, ganze
Völkerschaften haben sich nur fürs
Feuer geplagt.«

Jeremias Auftrag an Seraja

59 Folgenden Auftrag erteilte der
Prophet Jeremia Seraja Ben-Nerija*,
dem Enkel Machsejas: Es war im
vierten Regierungsjahr des Königs

51,59 *Seraja* war ein Bruder von Jeremias Schreiber Baruch (siehe Jeremia 32,12).

Zidkija von Juda, als dieser nach Ba-
bylon reiste. Er wurde von seinem
Quartiermeister Seraja begleitet.
60 Jeremia hatte all die Unheilsankün-
digungen gegen Babylon in eine einzi-
ge Schriftrolle geschrieben 61 und
sagte nun zu Seraja: »Wenn du nach
Babylon kommst, sieh zu, dass du
alles, was in dieser Schriftrolle steht,
vorliest 62 und dann sagst: ›Jahwe, du
hast dieser Stadt die Vernichtung an-
gekündigt, dass kein Mensch und kein
Tier mehr darin wohnt und sie für
immer zu einem Trümmerhaufen
wird.‹ 63 Dann sollst du einen Stein an
die Schriftrolle binden und sie in den
Euphrat werfen. 64 Rufe dabei: ›So
wird Babylon versinken und nicht
mehr auftauchen wegen des Unheils,
das ich über die Stadt bringe. Mit ihr
ist es aus.‹«

Hier enden die Worte Jeremias.*

Das Ende Zidkijas

52 1 Als Zidkija die Herrschaft
antrat, war er 21 Jahre alt. Er
regierte elf Jahre in Jerusalem. Seine
Mutter hieß Hamutal; sie war eine
Tochter von Jirmeja und stammte aus
Libna. 2 Und so wie König Jojakim tat
Zidkija, was Jahwe verabscheute.
3 Doch jetzt war das Maß voll. Jahwe
war so zornig über die Leute von Juda
und Jerusalem, dass er sie aus seinen
Augen wegschaffen ließ. – Dann lehn-
te sich Zidkija gegen den König von
Babylon auf.

4 Es geschah am 10. Januar* im
neunten Regierungsjahr des Königs
Zidkija von Juda, dass König Nebu-
kadnezzar von Babylon mit seinem
ganzen Heer begann, Jerusalem zu
belagern. Er ließ einen Belagerungs-
wall rings um die Stadt aufschütten.
5 Die Belagerung dauerte bis ins elfte
Regierungsjahr Zidkijas.* 6 Zuletzt
hatte der Hunger in der Stadt über-
hand genommen. Am 9. Juli* war für
das einfache Volk nichts mehr zu
essen da. 7 Da wurde eine Bresche in
die Stadtmauer geschlagen. In der
Nacht darauf flohen die Soldaten
durch den Torweg zwischen den bei-
den Mauern am Königsgarten und
durchbrachen den Belagerungsring.
Sie versuchten, in Richtung der
Araba* zu entkommen. 8 Doch die
chaldäischen Truppen nahmen die
Verfolgung auf und holten Zidkija in
der Araba bei Jericho* ein. Sein Heer
ließ ihn im Stich und zerstreute sich.
9 So nahmen sie den König gefangen
und brachten ihn nach Ribla* vor den
König von Babylon, wo das Urteil

51,64 *Worte Jeremias.* Offenbar wurde das letzte Kapitel von anderer Hand hinzugefügt. Wahrscheinlich war es derjenige, der auch das 2. Buch der Könige zusammenstellte, eventuell Baruch.

52,4 *Januar.* Wörtlich: des 10. Monats. Im Jahr 588 v.Chr.

52,5 *Zidkijas.* Bis Mitte 586 v. Chr.

52,6 *Juli.* Wörtlich: im 4. Monat.

52,7 Als *Araba* wird der Jordangraben bezeichnet, der sich von Norden nach Süden durch ganz Israel zieht, sogar noch über das Tote Meer hinaus bis nach Elat. Er ist zwischen 12,5 und 22,5 km breit und befindet sich fast überall unter dem Meeresspiegel, im Toten Meer 394 m unter NN.

52,8 *bei Jericho.* Das war eine Strecke von etwa 25 km bei einem Höhenunterschied von mehr als 1000 m.

52,9 *Ribla.* Siehe 2. Könige 23,33!

über ihn gesprochen wurde. 10 Der
König ließ Zidkija zusehen, wie seine
Söhne abgeschlachtet wurden. Auch
die Oberen von Juda wurden in Ribla
hingerichtet. 11 Danach wurden Zid-
kija die Augen ausgestochen, und der
König ließ ihn in Ketten nach Babylon
bringen, wo er bis zu seinem Tod in
Gefangenschaft blieb.

12 Am 10. August* im 19. Regie-
rungsjahr des Königs Nebukadnezzar
von Babylon, traf Nebusaradan, der
Befehlshaber der königlichen Leib-
wache, einer der engsten Vertrauten
des Königs, in Jerusalem ein. 13 Er
ließ den Tempel Jahwes, den Königs-
palast und alle großen Häuser nieder-
brennen. 14 Seine Truppen zerstörten
auch die ganze Stadtmauer. 15 Dann
ließ Nebusaradan den Rest der Ein-
wohner, die einfachen Leute und alle,
die zum König von Babylon überge-
laufen waren, und den Rest der Hand-
werker gefangen nehmen und in
die Verbannung führen. 16 Nur einige
Leute vom einfachen Volk ließ der
Befehlshaber der Leibwache zurück,
um die Äcker und Weinberge zu be-
stellen. 17 Die Chaldäer zertrümmer-
ten die beiden Bronzesäulen, die vor
dem Haus Jahwes standen, ebenso
die Kesselwagen und das bronzene
»Meer«* und schafften das Metall
nach Babylon. 18 Sie nahmen auch die
Töpfe und Schaufeln, die Messer, die
Schalen zum Auffangen des Blutes
und alle anderen Schalen und Bronze-
gegenstände mit, die für den Tempel-
dienst gebraucht worden waren.
19 Auch die Becken, die Feuerpfannen
und Sprengschalen, die Töpfe, die
Leuchter, die Schalen und die Opfer-
schalen und überhaupt alles, was aus
reinem Gold und Silber war, nahm der
Befehlshaber der Leibwache mit.
20 Für die beiden Säulen, das »Meer«,
die zwölf Bronzerinder darunter und
die Kesselwagen im Haus Jahwes
hatte König Salomo eine ungeheure
Menge Bronze verarbeitet. 21 Jede
der Säulen war neun Meter hoch. Ihr
Umfang betrug sechs Meter. Sie
waren innen hohl und hatten eine
Wanddicke von acht Zentimetern.
22 Auf jeder ruhte ein Kapitell aus
Bronze von zweieinhalb Meter Hö-
he*, das ringsum mit einem Gitter-
werk und mit Granatäpfeln verziert
war, alles aus Bronze. 23 Es waren 96
frei hängende Granatäpfel an dem
Gitterwerk befestigt, insgesamt 100.

24 Der Befehlshaber der Leibwache
ließ den obersten Priester Seraja fest-
nehmen, dazu seinen Stellvertreter
Zefanja und die drei für die Torwache
verantwortlichen Priester. 25 In der
Stadt fanden sich noch der Hofbeam-
te, der für die Soldaten zuständig ge-
wesen war, sieben* Männer, die zu
den Vertrauten des Königs gehört hat-
ten, der Beamte, der für die Muste-
rung des Heeres verantwortlich war

52,12 *August.* Wörtlich: des 5. Monats. Im Jahr 586 v. Chr. Die Parallele in 2. Könige 25,8 hat allerdings den 7. August. Eine der beiden Zahlen ist offenbar ein Fehler späterer Abschreiber.

52,17 *Meer.* Vergleiche 2. Könige 16,17.

52,22 *zweieinhalb Meter Höhe.* Wenn man diese Angaben und die aus 1. Könige 7 zugrunde legt, betrug das Gewicht jeder Säule insgesamt etwa 40 Tonnen.

52,25 *sieben.* Die Parallele in 2. Könige 25, 19 hat »fünf«. Siehe Fußnote zu Vers 12.

und 60 seiner Männer. 26 Nebusara-
dan, der Befehlshaber der Leibwache,
brachte sie nach Ribla zum König
von Babel. 27 Dieser ließ sie dort,
in der Provinz Hamat, hinrichten. –
So wurde das Volk von Juda in die
Verbannung geführt.

28 Hier ist die Zahl der von Nebu-
kadnezzar Weggeführten: In seinem
7. Regierungsjahr 3023 Judäer, 29 in
seinem 18. Regierungsjahr 832 Ein-
wohner von Jerusalem. 30 Im 23. Re-
gierungsjahr Nebukadnezzars führte
Nebusaradan, der Befehlshaber der
Leibwache, 745 Judäer fort. Insge-
samt waren es 4600 Männer, die in die
Gefangenschaft geführt wurden.*

Begnadigung von König Jojachin

31 In dem Jahr, als Ewil-Merodach
König von Babylonien wurde, be-
gnadigte er König Jojachin von Juda
und holte ihn aus dem Gefängnis. Das
geschah im 37. Jahr seiner Gefangen-
schaft, am 25. März*. 32 Er behandel-
te ihn freundlich und gab ihm eine
Ehrenstellung unter den Königen,
die nach Babylon gebracht worden
waren. 33 Jojachin durfte seine Ge-
fängniskleidung ablegen und zeit-
lebens an der Tafel des Königs
speisen. 34 Der König sorgte auch
sonst für seinen Unterhalt. Bis zu
seinem Lebensende bekam er täglich,
was er brauchte.*

52,30 *geführt wurden.* Bei den hier angegebenen Wegführungen handelt es sich offenbar um kleinere Deportationen, die vor den eigentlichen Eroberungszügen Nebukadnezzars stattfanden, deshalb die unterschiedlichen Jahres- und Zahlenangaben im Vergleich zu 2. Könige 24 und 25.

52,31 *: März.* Wörtlich: im 12. Monat. Die Parallele in 2. Könige 25,27 liest *am 27. Tag.* Siehe Fußnote zu Vers 12! Es war im Jahr 561 v.Chr.

52,34 Damit erfüllte sich, was Jeremia 37 Jahre vorher vorausgesagt hatte (Jeremia 22,30).

Die Klagelieder

»Nachdem Israel gefangen genommen und Jerusalem zerstört war, saß Jeremia weinend da und beklagte Jerusalem mit diesen Liedern.« So beginnt die griechische Übersetzung des Alten Testaments (LXX) das Buch der Klagelieder, dessen Verfasser sonst nicht genannt wird. Es besteht aber kaum ein Zweifel, dass Jeremia diese fünf erschütternden Trauergesänge verfasste, was auch die jüdische Tradition durchweg bestätigt.

Das kunstvoll aufgebaute Buch weist starke Parallelen zu 5. Mose 28 auf, denn es zeigt die Erfüllung des dort angekündigten Fluchs. Jeremia muss es kurz nach der Eroberung Jerusalems verfasst haben, als die Ereignisse noch frisch waren, vielleicht Anfang 585 v.Chr.

Jerusalem klagt über sein Elend*

1 1 Wie einsam sitzt da / die so volkreiche Stadt. / Einer Witwe gleicht nun / die Große unter den Völkern. / Die Fürstin der Provinzen / ist eine Sklavin geworden.

2 Sie weint und weint in der Nacht, / Tränen sind auf ihren Wangen. / Keiner ist da, der sie tröstet, / keiner von ihren Geliebten. / Untreu sind all ihre Freunde, / ja zu Feinden sind sie geworden.

3 Gefangen wurde Juda weggeführt / aus Elend und schwerer Sklaverei. / Nun wohnt es unter den Völkern / und findet keine Ruhe mehr. / Alle Verfolger holten es ein, / mitten in seiner Bedrängnis.

4 Die Wege nach Zion trauern, / denn niemand kommt zum Fest. / Menschenleer sind ihre Tore. / Die Priester seufzen. / Traurig sind die jungen Frauen. / Zion selbst leidet bitteren Schmerz.

5 Ihre Gegner sind an der Macht, / ihren Feinden geht es wohl. / Jahwe hat ihr das Leid geschickt / wegen der Menge ihrer Verbrechen. / Ihre Kinder hat der Feind geraubt, / er trieb die Gefangenen vor sich her.

6 So schwand der Tochter Zion* / alle ihre Pracht. / Ihre Oberen wurden wie Hirsche, / die keine Weide mehr finden. / Kraftlos zogen sie dahin, / die Jäger hinter ihnen her.

7 In den Tagen ihres Elends / und ihrer Heimatlosigkeit / denkt Jerusalem an ihre Schätze, / die sie einst besessen hat. / Als ihr Volk in Feindeshand fiel, / gab es keinen, der ihr half. / Ihre Feinde schauten zu / und lachten, als sie unterging.

1,1 – 2,22 Kapitel 1 und 2 bestehen aus 22 dreizeiligen Strophen, deren Anfangsbuchstaben im Hebräischen dem Alphabet folgen.

1,6 *Tochter Zion* ist ein poetischer Ausdruck für Jerusalem.

8 Schwer gesündigt hat
Jerusalem, / deshalb wurde
die Stadt zum Gespött. / Ihre
Verehrer verachten sie, / denn sie
sahen sie nackt. / Sie selbst aber
seufzt / und wendet sich ab.
9 Ihr Unflat klebt an ihrem
Saum, / ihr Ende hat sie nicht
bedacht. / Entsetzlich tief ist sie
gefallen / und hat keinen, der sie
tröstet. / »Jahwe, sieh mein
Elend an, / sieh, wie der Feind
triumphiert!«
10 Der Feind hat seine Hand /
nach ihren Schätzen aus-
gestreckt. / Hilflos musste
sie ansehen, / wie Fremde in ihr
Heiligtum drangen. / Fremde,
denen du verboten hast, / in ihre
Versammlung zu kommen.
11 Alle Einwohner seufzen / auf
der Suche nach Brot. / Sie geben
ihre Kostbarkeiten für Nahrung, /
nur, um am Leben zu bleiben. /
Sieh doch, Jahwe, / und schau,
wie verachtet ich bin!
12 »Nichts dergleichen möge
euch treffen, / die ihr hier vorüber
geht! / Schaut her, wo gibt es
solche Qualen, / wie ich sie jetzt
erleiden muss? / Jahwe hat sie
mir auferlegt / am Tag seines
lodernden Zorns.
13 Von oben schickte er Feuer
auf mich; / es wütet in meinen
Gebeinen. / Er spannte ein Netz
für meine Füße, / rücklings riss er
mich nieder. / Er hat mich
einsam gemacht, / krank für
alle Zeit.
14 Schwer ist das Joch meiner
Sünden, / das er mir geknüpft
und auferlegt hat. / Sie kamen
auf meinen Hals, / da bin ich
zusammengebrochen. / Der Herr
gab mich solchen preis, / denen
ich nicht standhalten kann.
15 Der Herr verwarf alle
Helden, / die in meiner Mitte
waren. / Er rief Feinde gegen
mich zusammen, / um meine
Mannschaft zu zerschlagen. /
Der Herr hat Juda zertreten, /
wie man Trauben in der Kelter
zertritt.
16 Darüber weine ich mich aus, /
mein Auge zerfließt vor Tränen. /
Ich habe keinen, der mich tröstet, /
keinen, der mir Erleichterung
bringt. / Meine Söhne sind ganz
verstört, / denn der Feind hat sie
in der Hand.«
17 Die Zionsstadt ringt ihre
Hände, / doch niemand ist da,
der sie tröstet. / Die Nachbarn
rief Jahwe als Feinde gegen Israel
herbei. / Jerusalem ist für sie zum
Abscheu geworden.
18 »Er, Jahwe, ist im Recht, /
denn ich habe mich ihm wider-
setzt. / Hört es, alle Völker, / und
seht auf meinen Schmerz! / Meine
Mädchen, meine jungen Männer /
zogen in die Gefangenschaft.«
19 Ich rief nach meinen
Freunden, / doch sie ließen mich
im Stich. / Meine Ältesten und
meine Priester / verhungerten
in der Stadt, / als sie Nahrung
suchten, / um am Leben zu
bleiben.
20 Jahwe sieh, ich habe Angst! /
Es brennt in meinem Inneren! /
Das Herz dreht sich mir im Leib
herum, / weil ich so schrecklich
widerspenstig war. / Draußen

raubte das Schwert meine
Kinder, / und drinnen tat es
der Tod.
21 Man hört mich seufzen, /
doch keiner tröstet mich. / Alle
meine Feinde hörten von meinem
Unglück / und freuten sich, dass
du das tatest. / Bring den Tag
herbei, den du angekündigt hast, /
dann ergeht es ihnen wie mir.
22 All ihre Bosheit komme vor
dich! / Dann vergelte ihnen alles, /
was du mir vergaltst / wegen
meiner Verbrechen. / Ich seufze
ohne Ende, / der Kummer macht
mich krank.

Gottes Zorn über Jerusalem

2 1 Weh, wie hat mit seinem Zorn /
der Herr die Tochter Zion um-
wölkt! / Er hat die Zierde Israels /
vom Himmel zur Erde geworfen. /
Keine Rücksicht nahm seine Wut /
auf die Fußbank seines Throns.
2 Der Herr hat schonungslos
vernichtet / alle Weideplätze
Israels. / In seinem Grimm
zerstörte er / Judas befestigte
Städte. / Dem Königreich und
seinen Oberen / hat er ein
schändliches Ende bereitet.
3 In seinem Zorn zerschlug er
alles, / wodurch Israel mächtig
war. / Und als die Feinde kamen, /
zog er seine Hand zurück. /
Er brannte in Jakob wie ein
loderndes Feuer, / das ringsum
alles verzehrt.
4 Wie ein Feind hielt er den
Bogen gespannt, / die rechte Hand
zum Schuss bereit. / Wie ein Feind
hat er alles getötet, / was uns lieb
und teuer war. / Wie einen Feuer-
strom goss er seinen Grimm / der
Tochter Zion ins Zelt.
5 Der Herr ist wie ein Feind
geworden / und hat Israel
vernichtet. / Er zertrümmerte
all seine Paläste, / zerstörte die
befestigten Städte. / So hat er
viel Leid und Weh / auf Judas
Tochter gehäuft.
6 Wie eine Hütte im Garten
zertrat er, was er beschirmte, /
zerstörte den Ort seiner Fest-
versammlungen. / Jahwe ließ
in Zion Festtag und Sabbat
vergessen. / Im Zorneswüten
verwarf er Priester und König.
7 Seinen Altar hat der Herr
verschmäht, / sein Heiligtum
entweiht. / Die Mauern von Zions
Palästen / hat er den Feinden
übergeben. / Lärm kommt aus
Jahwes Haus / wie an einem
Festtag.
8 Jahwe hatte es sich vorge-
nommen, / die Mauern Zions zu
schleifen. / Er spannte die Mess-
schnur und plante, / sie bis auf
den Grund zu vernichten. / Wall
und Mauern lässt er trauern, /
denn beide wurden zu Schutt.
9 In den Boden sanken ihre
Tore, / ihre Riegel hat er zer-
brochen, zerstört. / Ihr König
und die Oberen sind in der
Fremde. / Das Gesetz ist dahin. /
Auch ihren Propheten gibt
Jahwe keine Offenbarung
mehr.
10 Die Ältesten von Zion /
sitzen schweigend auf der Erde. /
Sie haben sich Staub auf den Kopf
gestreut / und den Trauersack

angezogen. / Die Mädchen von
Jerusalem / lassen den Kopf
traurig hängen.
11 Meine Augen sind blind vor
Tränen, / es brennt in meinem
Inneren. / Es bricht mir das Herz,
wenn ich sehe, / wie mein Volk
zugrunde geht. / Kinder und Säug-
linge verschmachten / draußen
auf den Plätzen der Stadt.
12 Gequält von Hunger und
Durst / schrien sie nach ihren
Müttern, / als sie wie tödlich
Verwundete / auf den Plätzen der
Stadt starben. / In den Armen
ihrer Mütter / taten sie den
letzten Atemzug.
13 Was soll ich dir nur als
Beispiel nennen, / Jerusalem,
geliebte Stadt? / Mit welchem
Schicksal kann ich deins
vergleichen, / wie dich trösten,
Mädchen, Tochter Zion? /
Dein Zusammenbruch ist groß
wie das Meer. / Kann dich noch
jemand heilen?
14 Nur Lug und Trug /
erschauten dir deine Propheten! /
Sie deckten deine Schuld nicht
auf, / um dein Geschick zu
wenden. / Mit ihren leeren
Prophetensprüchen / betrogen
und verführten sie dich.
15 Alle, die vorüberziehen, /
klatschen schadenfreudig die
Hände. / Sie spotten und
schütteln den Kopf / über die
Stadt Jerusalem: / »Ist das die
Stadt, die man als Krone der
Schönheit rühmte, / als Freude
der Welt?«
16 Alle deine Feinde / reißen ihr
Maul über dich auf. / Sie zischen
und fletschen die Zähne. / »Wir
haben sie erledigt!«, sagen sie. /
»Endlich ist der ersehnte Tag
gekommen! / Jetzt haben wir es
geschafft und gesehen!«
17 Jahwe hat getan, was er
plante, / hat seine Worte wahr
gemacht, / die er schon lange
verkündigen ließ. / Nun riss er
dich ohne Mitleid nieder. / Er
schenkte deinen Feinden
Triumph, / erhöhte die Macht
deiner Gegner.
18 Ihr Herz schreit auf zum
Herrn, / du Mauer von Zion. /
Lass deine Tränen fließen wie
einen Bach, / unaufhörlich Tag
und Nacht. / Gönne dir selbst
keine Rast / und deinen Augen
keine Ruhe!
19 Steh auf und jammere in der
Nacht, / immer wenn eine Nacht-
wache beginnt. / Schütte dein
ganzes Herz aus / in der Gegen-
wart des Herrn. / Erhebe deine
Hände zu ihm, / flehe um das
Leben deiner Kinder, / die draußen
an den Straßenecken / vor Hunger
verschmachten.
20 Jahwe, sieh doch und schau, /
an wem du so gehandelt hast! /
Dürfen Frauen ihre Leibesfrucht
essen, / ihre vielgeliebten Kin-
der? / Darf man denn im Heilig-
tum des Herrn / Priester und
Propheten erschlagen?
21 Auf dem Boden in den
Gassen / liegen Kinder und Alte. /
Meine jungen Männer und
Frauen / fielen durch das
Schwert. / Erschlagen am Tag
deines Zorns, / abgeschlachtet
ohne Erbarmen.

22 Wie zum Festtag riefst du die
zusammen, / vor denen mir
graute. / Am Zornestag Jahwes /
blieb niemand verschont und
entkam. / Und die, die ich liebevoll
umsorgte, / sind dem Feind zum
Opfer gefallen.

Leiden und Trost*

3 1 Ich bin der Mann, der gelitten
hat / durch die Rute seines
Zorns. 2 Mich trieb er weg und
ließ mich gehen / im Dunkeln,
ohne Licht. 3 Nur mich trifft
seine Hand, / immer wieder,
jeden Tag.
4 Er ließ meine Haut verfallen –
und mein Fleisch; / und er zer-
brach mir meine Knochen. 5 Mit
Bitterkeit und Qual / umbaute und
umschloss er mich. 6 In Finsternis
ließ er mich wohnen / wie die
Toten aus uralter Zeit.
7 Er hat mich ummauert, ich
komme nicht weg, / er hat mich
in schwere Ketten gelegt. 8 Auch
wenn ich schrie und flehte, / er
verschloss sich vor meinem Gebet.
9 Mit Quadersteinen versperrt er
meinen Weg. / Ich komme nicht
mehr weiter.
10 Wie ein Bär hat er mir
aufgelauert, / wie ein Löwe im
Versteck. 11 Er hat mich vom Weg
heruntergezerrt, / mich zerrissen
und zerfleischt. 12 Er spannte den
Bogen und stellte mich hin, /
benutzte mich als Ziel für den
Pfeil.
13 Die Geschosse seines
Köchers / ließ er meine Nieren
treffen. 14 Die Leute meines Volkes
lachten mich aus, / ihre Spott-
lieder hörte ich jeden Tag. 15 Er
machte mich mit Bitternissen
satt / und ließ mich bitteren
Wermut* trinken.
16 Er ließ meine Zähne auf Kiesel
beißen / und trat mich in den
Staub. 17 Du hast mich aus dem
Frieden verstoßen. / Ich habe
vergessen, was Glück bedeutet.
18 Ich sagte: »Meine Zukunft ist
verloren, / auch meine Hoffnung
auf Jahwe.«
19 Denke ich an mein rastloses
Elend, / ist das wie Wermut und
Gift. 20 Doch immer wieder muss
ich es tun / und bin schwermütig
geworden. 21 Doch das will ich
mir zu Herzen nehmen, / darauf
darf ich hoffen:
22 Die Güte Jahwes ist nicht zu
Ende, / sein Erbarmen hört nicht
auf. 23 An jedem Morgen ist es
neu. / Deine Treue ist groß!
24 Ich sage: »Alles, was ich habe,
ist Jahwe!« / Darum hoffe ich
nur auf ihn.
25 Gut ist Jahwe zu denen, die
auf ihn hoffen, / und zu dem, der
seine Nähe sucht. 26 Gut ist es,
schweigend / auf die Hilfe Jahwes
zu hoffen. 27 Gut ist es für jeden, /
schon in der Jugend ein Joch zu
tragen.

3,1-66 Im dritten Klagelied, dem Höhepunkt des Buches, beginnt sogar jeder der drei Verse einer Strophe mit dem gleichen Buchstaben des hebräischen Alphabets.

3,15 *Wermut.* Heilpflanze, deren bittere Aromastoffe auch für Getränke verwendet werden, zum Beispiel in Wermutwein.

28 Er sitze einsam und still, /
wenn man es ihm auferlegt. 29 Er
presse den Mund auf den Boden, /
vielleicht gibt es noch Hoffnung.
30 Er halte dem die Wange hin,
der ihn schlägt, / und ertrage alle
Demütigung.
31 Denn nicht für immer /
verwirft uns der Herr. 32 Denn
wenn er betrübt, / erbarmt er sich
wieder / nach seiner großen Güte.
33 Denn nicht aus Herzensfreude /
fügt er Menschen Schmerz und
Kummer zu.
34 Dass man mit Füßen tritt / die
Gefangenen im Land, 35 dass man
das Recht des Menschen / vor den
Augen des Höchsten beugt, 36 dass
man irreführt im Prozess, / sollte
der Herr das nicht sehen?
37 Wer sonst spricht ein Wort,
dass es geschieht? / War das
nicht ein Befehl des Herrn?
38 Kommt nicht aus dem Mund
des Höchsten / das böse und
das gute Geschick? 39 Was
beklagt sich der, der noch am
Leben ist? / Seine Sünde sollte
er beklagen!
40 Wir wollen unseren Wandel
erforschen! / Und kehren wir um
zu Jahwe! 41 Lasst uns Herz und
Hände / zu Gott im Himmel
erheben! 42 Wir haben gesündigt
und dir getrotzt, / und du, du hast
nicht vergeben.
43 In Zorn gehüllt hast du uns
verfolgt, / ohne Mitleid uns
getötet. 44 Du hast dich mit einer
Wolke umhüllt, / kein Gebet kam
mehr hindurch. 45 Du hast uns zu
Abfall gemacht / und zum Ekel für
die Völker.
46 Unsere Feinde reißen /
das Maul gegen uns auf. 47 Uns
wurden Grauen und Grube
zuteil, / Zusammenbruch und
Untergang. 48 Meine Tränen
strömen wie Bäche, / weil mein
Volk zugrunde ging.
49 Meine Augen zerfließen in
Tränen, / kommen nicht zur
Ruhe, 50 bis Jahwe vom Himmel /
herunterschaut und es sieht.
51 Was ich sehen muss, tut
meiner Seele weh, / das, was
den Töchtern meiner Stadt
geschieht.
52 Die grundlos meine Feinde
sind, / jagten mich wie einen
Vogel. 53 In der Grube wollten sie
mich töten / und warfen Steine auf
mich. 54 Das Wasser ging mir über
den Kopf. / Ich sagte: »Jetzt bin
ich verloren!«*
55 Da rief ich deinen Namen,
Jahwe, / aus der Grube schrie ich
zu dir. 56 Du hörtest meinen Ruf:
»Verschließ nicht dein Ohr /
meinem Seufzen, meinem Hilfe-
ruf!« 57 Als ich rief, kamst du in
meine Nähe / und sagtest:
»Fürchte dich nicht!«
58 Du hast meinen Prozess
geführt, Herr, / du hast mein
Leben erlöst. 59 Du sahst meine
Entrechtung, Jahwe. / Verhilf mir
doch zu meinem Recht! 60 Du hast
ihre Rachgier gesehen, / alle ihre
Pläne gegen mich.

3,54 Diese und die nachfolgenden Worte erinnern an das eigene Erleben des Propheten, das er in Jeremia 38,1-13 wiedergibt.

61 Du hast ihr Schmähen
gehört, Jahwe, / alle ihre Pläne
gegen mich, 62 ihr Gerede gegen
mich / und Tag für Tag all ihren
Spott. 63 Schau doch ihr Tun und
Lassen an! / Ich bin ein Spottlied
für sie.
64 Vergelte ihnen Jahwe, /
was sie mir angetan haben!
65 Verblende sie, verwirre ihren
Sinn! / Dein Fluch soll über sie
kommen! 66 Verfolge sie in
deinem Zorn und rotte sie aus /
unter dem Himmel Jahwes.

Jerusalems Elend*

4 1 Ach, wie dunkel ist das Gold
geworden, / das edle Metall
verlor seinen Glanz. / An Straßen-
ecken hingeschüttet / liegen die
Steine des Heiligtums.
2 Zions hochgeschätzte Söhne, /
aufgewogen mit reinem Gold – /
man behandelt sie wie Ton-
geschirr, / wie Machwerke des
Töpfers!
3 Selbst Schakale reichen die
Brust, / säugen ihre Jungen. /
Meines Volkes Frauen sind
grausam geworden / wie die
Strauße in der Wüste.
4 Dem Säugling klebt die
Zunge / vor Durst am eigenen
Gaumen. / Die Kinder verlangen
nach Brot, / doch niemand gibt
es ihnen.
5 Die sonst nur Leckerbissen
aßen, / verschmachten jetzt auf
den Straßen. / Die auf Purpur-
lagern ruhten, / liegen jetzt auf
dem Mist.
6 Die Schuld meines Volkes war
größer / als die der Bewohner von
Sodom, / deren Stadt ganz plötz-
lich unterging, / ohne dass eine
Hand daran rührte.
7 Reiner als Schnee waren ihre
Geweihten / und weißer als
Milch; / rosiger als Schmuckstein
ihr Körper, / wie Saphir ihre
Gestalt.
8 Schwärzer als Ruß sind sie
jetzt, / man erkennt sie nicht auf
der Straße; / faltig hängt ihre Haut
auf den Knochen, / trocken wie ein
Stück Holz.
9 Den durchs Schwert Gefallenen
ging es besser / als den durch den
Hunger Gefällten, / die langsam
verendeten, / gequält vom Mangel
an Feldfrucht.
10 Die Hände zärtlicher Frauen /
haben die eigenen Kinder gekocht. /
Als mein Volk zusammenbrach, /
dienten sie ihnen als Speise.
11 Ausgebrannt hat Jahwe seinen
Grimm, / ausgegossen die Glut
seines Zorns. / In Zion hat er ein
Feuer entzündet, / das selbst die
Grundmauern fraß.
12 Kein König hätte es
geglaubt, / kein Mensch auf
dieser Welt, / dass je ein
Bedränger und Feind / in die Tore
Jerusalems käme.
13 Wegen der Schuld ihrer
Propheten, / wegen der Sünden

4,1-22 Kapitel 4 besteht wieder aus 22 allerdings zweizeiligen Strophen, deren Anfangsbuchstaben im Hebräischen dem Alphabet folgen. Wie in Kapitel 2 ist hier vor allem von Gott die Rede.

ihrer Priester, / die in ihrer Mitte
das Blut von Gerechten vergossen,
14 wankten sie blind durch die
Gassen, / besudelt mit Blut, /
sodass man ihre Kleidung nicht
anrühren durfte.
15 »Fort, ihr seid unrein!«, rief
man ihnen zu. / »Fort mit euch,
rührt uns nicht an!« / Da flohen
sie und wussten nicht wohin. /
Bei den Völkern sagte man:
»Für sie ist kein Platz unter
uns.«
16 Jahwe hat sie im Zorn
zerstreut, / er blickt sie nicht mehr
an. / Den Priestern zollt man keine
Ehrfurcht, / nicht einmal Greise
werden verschont.
17 Wir schauten uns die Augen
aus / auf der Suche nach Hilfe –
umsonst. / Wir spähten auf dem
Wachtturm / nach einem Volk,
das gar nicht helfen kann.
18 Sie hinderten uns, / die Plätze
unserer Stadt zu betreten. / Das
Ende nahte, unsre Zeit war um. /
Da kam unser Ende.
19 Schneller als Adler / waren
unsere Verfolger. / Auf den Bergen
hetzten sie uns, / in der Wüste
lauerten sie uns auf.
20 Unser Lebensatem, der
Gesalbte Jahwes, / wurde in ihren
Gruben gefangen, / unser König,
von dem wir dachten: / In seinem
Schutz leben wir unter den
Völkern.
21 Juble nur, sei schadenfroh, du
Tochter von Edom, / die da wohnt
im Lande Uz*. / Der Becher geht
auch an dir nicht vorüber, / du
wirst betrunken sein und dich
entblößen.
22 Tochter Zion, deine Schuld
ist zu Ende, / nie mehr führt er
dich gefangen fort. / Doch du,
Tochter Edom, mit deiner Schuld
rechnet er ab, / deine Sünden
deckt er auf.

Gebet um Gottes Erbarmen*

5 1 Jahwe, denk daran, was uns ge-
schah! / Schau her und sieh un-
sere Schmach!
2 Unser Erbbesitz fiel Fremden
zu, / Ausländer wohnen in unseren
Häusern.
3 Wir wurden Waisen, ohne
Vater; / und unsere Mütter sind
Witwen.
4 Unser Trinkwasser kostet
Geld, / und unser Holz müssen
wir bezahlen.
5 Wir haben die Verfolger im
Nacken, / wir sind erschöpft, man
lässt uns keine Ruhe.
6 Ägypten reichten wir die
Hand, / Assyrien, um uns satt zu
essen.
7 Unsere Väter haben gesündigt
und sind nicht mehr; / wir aber
tragen ihre Schuld.
8 Sklaven herrschen über uns, /
und niemand befreit uns aus ihrer
Gewalt.
9 Unter Lebensgefahr holen wir
uns Brot, / bedroht vom Schwert
in der Wüste.

4,21 *Uz* bezeichnet ein großes Gebiet östlich der Araba, des Jordangrabens, der bis zum Golf von Elat reicht.

5,1-22 Inhaltlich entspricht das fünfte Lied ungefähr dem ersten. Die zweizeiligen Strophen folgen aber nicht mehr dem Alphabet.

10 Unsere Haut erglüht wie vom
Ofen / von den Fieberqualen des
Hungers.
11 Frauen haben sie in Zion
vergewaltigt, / und Mädchen in
den Städten Judas.
12 Obere haben sie aufgehängt /
und Älteste entehrt.
13 Junge Männer müssen die
Handmühle drehen, / Knaben
brechen unter der Holzlast
zusammen.
14 Die Ältesten beraten nicht
mehr im Tor, / die Jungen lassen
das Saitenspiel.
15 Die Fröhlichkeit unseres
Herzens ging dahin, / unser
Reigentanz hat sich in Trauer
verwandelt.
16 Unsere Krone haben wir
verloren. / Weh uns wegen
unserer Sünde!
17 Darum ist unser Herz krank, /
darum sind unsere Augen trüb:
18 weil Zions Berg verödet ist, /
nur Füchse streifen noch herum.
19 Du, Jahwe, bleibst in
Ewigkeit, / dein Thron hat
für immer Bestand!
20 Warum willst du uns für
immer vergessen, / uns verlassen
lebenslang?
21 Führ uns zu dir zurück,
Jahwe, so kehren wir um! /
Gib uns neues Leben wie früher!
22 Oder hast du uns ganz
verworfen, / bist allzu zornig
über uns?

Der Prophet Hesekiel

Hesekiël stammte aus einer Priesterfamilie und wurde als Dreißigjähriger am Fluss Kebar in der Nähe Babylons zum Propheten berufen. Vier Jahre vorher war er mit 10.000 anderen Juden von Jerusalem aus nach Babylon verschleppt worden. Zwei Jahre vor seiner Berufung hatten die Verbannten einen Brief des Propheten Jeremia aus dem 1300 km entfernten Jerusalem erhalten, in dem sie ermutigt wurden, sich in der Gefangenschaft einzurichten, denn sie würden insgesamt 70 Jahre lang dort bleiben müssen (Jeremia 29).

Der Prophet Hesekiël empfing seine Botschaft hauptsächlich in Visionen und gab sie in Gleichnisreden und -handlungen wieder. Er ist der einzige der großen Propheten, der seine Weissagungen genau datiert. Sein Dienst begann 593 v. Chr. und dauerte mindestens 22 Jahre bis 571 v. Chr.

Vor der völligen Zerstörung Jerusalems predigte er Gericht und Buße (bis Kapitel 32), danach aber wurde er zum Tröster und Prediger von Hoffnung und Zuversicht, denn bis ins letzte Detail beschrieb er Israels künftigen Ruhm und Glanz (Kapitel 33-48). Sein Leitmotiv ist die Herrlichkeit Gottes. Kein anderer Prophet benutzte so viele Bilder und visuelle Hilfsmittel wie er. Hesekiël schrieb die empfangenen Botschaften und Erfahrungen selbst nieder.

1 *1* In meinem 30. Lebensjahr*, am
5. Juli*, befand ich mich unter
den Verbannten am Fluss Kebar*. Da
öffnete sich der Himmel und ich sah
Erscheinungen Gottes. *2* An diesem
Tag* – es war das fünfte Jahr, nachdem
König Jojachin in die Verbannung
geführt* worden war – *3* kam
das Wort Jahwes zu mir, dem Priester
Hesekiël Ben-Busi im Land der
Chaldäer am Fluss Kebar. Dort legte
Jahwe seine Hand auf mich.

Die Herrlichkeit Jahwes

4 Da sah ich plötzlich einen Sturm
herantoben. Er kam aus dem Norden.
Und ich sah eine mächtige Wolke, ein
zusammengeballtes Feuer, das von
einem strahlenden Glanz umgeben
war. Mitten im Feuer glänzte es
wie Gold. *5* Dort erblickte ich vier
Lebewesen, die wie Menschen aussahen.
6 Doch hatte jedes von ihnen
vier Gesichter und vier Flügel. *7* Ihre

1,1 *30. Lebensjahr.* Wörtlich: *Im 30. Jahr.* Das bezieht sich höchstwahrscheinlich auf das Alter Hesekiëls. In diesem Alter konnte nach 4. Mose 4,3 ein Levit seinen Priesterdienst antreten.

Juli. Wörtlich: des 4. Monats. Zum Datum siehe unter *Schaltmonat* im Vorwort des Übersetzers.

Der *Kebar* war ein Euphrat-Kanal in der Nähe der Stadt Nippur, südlich von Babylon. Offenbar versammelten sich die verschleppten Juden dort zum Gebet.

1,2 *diesem Tag.* Wörtlich: am 5. des Monats.

597 v. Chr. wurde Jojachin *in die Verbannung geführt.* Hesekiëls Berufung fand also im Jahr 593 v. Chr. statt.

Beine standen gerade, aber ihre
Fußballen waren wie die eines jungen
Stiers. Sie funkelten wie geglättetes
Kupfer. 8 Unter ihren Flügeln hatten
sie an allen vier Seiten Menschen-
hände. Alle vier hatten Gesichter und
Flügel; 9 und mit den Enden der aus-
gespannten Flügel berührten sie sich
gegenseitig. Sie konnten sich in alle
Richtungen bewegen, ohne sich um-
zudrehen. 10 Jedes der vier Lebewe-
sen hatte vorn das Gesicht eines Men-
schen, rechts das eines Löwen, links
das eines Stiers und hinten das eines
Adlers. 11 Zwei ihrer Flügel waren
nach oben hin ausgespannt und be-
rührten die des anderen Wesens. Und
zwei verhüllten ihren Körper. 12 Sie
gingen, wohin der Geist es wollte, und
keines von ihnen musste sich dabei
umdrehen. 13 Mitten zwischen den
Lebewesen war etwas, das aussah wie
brennende glühende Kohlen und wie
Fackeln, deren Feuer zwischen ihnen
hin und her zuckte. Das Feuer leuch-
tete hell, und Blitze schossen aus ihm.
14 Auch die Lebewesen selbst liefen
hin und her. Es sah aus wie ein Wet-
terleuchten.

15 Als ich die Lebewesen näher be-
trachtete, sah ich an der Vorderseite
von jedem ein Rad, das den Boden
berührte. 16 Alle Räder waren gleich
gebaut und funkelten wie Edelsteine.
Es sah aus, als ob ein Rad mitten im
anderen wäre, 17 sodass sie nach allen
vier Richtungen laufen konnten, ohne
gedreht zu werden. 18 Ihre Felgen hat-
ten eine gewaltige Höhe und waren
furchtbar anzusehen: Sie waren alle
vier voller Augen. 19 Wenn die Lebe-
wesen sich fortbewegten, bewegten
sich auch die Räder mit ihnen, und
wenn sie sich von der Erde erhoben,
erhoben sich auch die Räder. 20 Sie
gingen, wohin der Geist es wollte. Die
Räder hoben sich immer mit den
Lebewesen, denn sie wurden von
ihrem Geist bewohnt. 21 Ganz gleich,
ob sie sich bewegten oder stillstanden
oder sich von der Erde erhoben – die
Räder taten dasselbe, denn der Geist
der Lebewesen lenkte sie.

22 Über den Köpfen der Lebewesen
war etwas ausgebreitet, das wie eine
Wölbung* aussah, wie funkelndes
Eis, furchteinflößend. 23 Unter der
Wölbung hielten die Lebewesen je
zwei ihrer Flügel ausgespannt. Mit
den Enden dieser Flügel berührten sie
sich gegenseitig, und mit den zwei an-
deren verhüllten sie ihren Körper.
24 Wenn sie sich bewegten, vernahm
ich das Geräusch ihrer Flügel. Es
hörte sich an wie die Brandung des
Meeres, wie die Stimme des Allmäch-
tigen, wie ein hallendes Tosen, wie der
Lärm eines Heerlagers. Wenn sie still-
standen, ließen sie ihre Flügel sinken.

25 Doch wenn sie mit gesenkten Flü-
geln standen, hallte eine Stimme von
oberhalb der Wölbung über ihren
Köpfen. 26 Denn über der Wölbung
befand sich etwas, das wie ein Saphir*
aussah, wie ein Thron, und auf dem,
was wie ein Thron aussah, war eine
Gestalt zu erkennen, die einem Men-
schen glich. 27 Oberhalb von dem,

1,22 *Wölbung*. Hebräisch: *Rakia*. Das gleiche Wort wie in 1. Mose 1,6, das etwas Festes und Dünnes bezeichnet.

1,26 *Saphir*. Ein blauer Edelstein, der wie ein Diamant funkelt.

was wie seine Hüften aussah, war so etwas wie helles Gold, wie Feuer, das ringsum ein Gehäuse hat. Auch unterhalb sah ich so etwas wie ein loderndes Feuer mit einem Lichtglanz darum. 28 Das strahlende Licht um ihn herum sah wie der Bogen aus, der am Regentag in den Wolken erscheint. So zeigte sich die Herrlichkeit Jahwes. – Als ich das sah, warf ich mich nieder auf mein Gesicht. Dann hörte ich jemand reden.

Hesekiëls Berufung

2 1 Er sagte zu mir: »Stell dich auf deine Füße, Mensch, ich will mit dir reden!« 2 Da kam der Geist in mich und stellte mich auf die Füße. Dann hörte ich ihn sagen: 3 »Du Mensch, ich sende dich zum Volk Israel, zu den Stämmen, die sich gegen mich aufgelehnt haben. Sie und ihre Vorfahren sind bis heute immer wieder von mir abgefallen. 4 Ich sende dich zu den Leuten mit dem frechen Gesicht und dem harten Herzen. Ihnen sollst du sagen: ›So spricht Jahwe, der Herr!‹ 5 Ob sie dann hören oder nicht – sie sind ja ein stures Volk –, so sollen sie doch wissen, dass es einen Propheten unter ihnen gibt. 6 Doch du, Mensch, hab keine Angst vor ihnen! Lass dich von ihren Worten nicht einschüchtern! Auch wenn Dornen dich umgeben und du auf Skorpionen sitzt: Fürchte dich nicht vor ihren Worten und erschrick nicht vor ihren Mienen! Sie sind nun mal ein stures Volk. 7 Du musst ihnen meine Worte sagen, ob sie hören oder nicht! Denn sie sind sehr widerspenstig. – 8 Doch du, Mensch, höre, was ich dir sage! Sei nicht trotzig wie dieses sture Volk! Mach deinen Mund auf und iss, was ich dir gebe!«

9 Auf einmal sah ich vor mir eine ausgestreckte Hand und auf ihr eine Schriftrolle. 10 Als er sie vor mir aufrollte, sah ich, dass sie vorn und hinten mit Klagen, Seufzern und Weherufen beschrieben war.

3 1 Da sagte er zu mir: »Nimm diese Schriftrolle, Mensch, und iss sie auf! Dann geh los und rede zu den Leuten von Israel!« 2 Ich öffnete den Mund, und er gab mir die Rolle zu essen. 3 Dabei sagte er: »Füll deinen Magen mit dieser Schriftrolle, Mensch, und iss sie ganz auf!« Ich aß die Rolle. Sie schmeckte süß wie Honig.

4 Dann sagte er zu mir: »Geh nun zu den Israeliten und gib ihnen meine Worte weiter. 5 Ich schicke dich ja nicht zu einem Volk mit fremder und schwieriger Sprache, sondern zu Israel. 6 Wenn ich dich zu Völkern mit fremden und schwierigen Sprachen schicken würde – sie würden auf dich hören! 7 Aber die Leute von Israel werden nicht auf dich hören wollen, weil sie mich nicht hören wollen, denn sie haben eine harte Stirn und ein verstocktes Herz. 8 Doch ich mache dein Gesicht ebenso hart wie ihres und deine Stirn wie ihre Stirn, 9 ja noch härter, wie Diamant und Kieselstein. Hab keine Angst vor ihnen und erschrick nicht vor ihren Mienen. Sie sind ein stures Volk.«

10 Weiter sagte er zu mir: »Hör mir gut zu, Mensch, und nimm dir meine Worte zu Herzen! 11 Nun auf mit dir! Geh zu den Verschleppten aus deinem Volk und sag zu ihnen – ob sie es

hören wollen oder nicht –: ›So spricht
Jahwe, der Herr!‹«
12 Da hob mich der Geist hoch.
Hinter mir vernahm ich ein starkes
Getöse – Gepriesen sei die Herrlich-
keit Jahwes von seiner Wohnung her!
– 13 und das Rauschen der Flügel die-
ser Lebewesen, die einander berühr-
ten, und das Sausen der Räder neben
ihnen. Es war ein gewaltiges Dröh-
nen. 14 Der Geist hob mich also hoch
und nahm mich weg. Jahwes Hand
lag hart auf mir, und ich fuhr dahin,
erbittert in grimmigem Zorn. 15 So
kam ich zu den Verschleppten, die in
Tel-Abib am Fluss Kebar wohnten,
und saß sieben Tage lang verstört
unter ihnen.

Der Prophet als Wächter

16 Nach diesen sieben Tagen kam das
Wort Jahwes zu mir. Er sagte: 17 »Du
Mensch, ich habe dich zum Wächter
für die Leute von Israel bestellt. Wenn
du eine Botschaft von mir bekommst,
musst du sie in meinem Auftrag war-
nen! 18 Wenn ich also zu dem Schul-
digen sage: ›Du musst sterben!‹, und
du hast ihn nicht gewarnt, ihn nicht
von seinen schlimmen Wegen abge-
bracht, du hast ihm nichts gesagt, um
sein Leben zu retten – dann wird er
zwar sterben, wie er es verdient hat,
aber dich ziehe ich für seinen Tod
zur Rechenschaft! 19 Warnst du den
Schuldigen und er bekehrt sich nicht
von seiner Gottlosigkeit und seinem
unrechten Tun – dann wird er wegen
seiner Schuld sterben, aber du hast
dein Leben gerettet. 20 Und wenn ein
Mensch, der gottgefällig lebt, sich
davon abwendet und anfängt, Un-
recht zu tun, weil ich ihn auf die Probe
gestellt habe, dann muss er sterben.
Alles Gute, was er vorher getan hat,
zählt dann nicht mehr. Hast du ihn
nicht gewarnt, muss er wegen seiner
Sünde sterben, aber dich ziehe ich für
seinen Tod zur Rechenschaft! 21 Doch
wenn du den Gerechten gewarnt hast,
dass er sich bewährt und ohne Sünde
bleibt, dann bleibt er am Leben und
auch du hast dein Leben gerettet.«

Der Prophet wird stumm

22 Dann legte sich die Hand Jahwes
auf mich. Er befahl mir: »Steh auf und
geh in die Ebene hinaus! Dort will ich
mit dir reden!« 23 Ich stand auf und
ging. Als ich in die Ebene kam, sah ich
die Herrlichkeit Jahwes dort stehen,
so wie ich sie schon am Fluss Ke-
bar gesehen hatte. Da stürzte ich zu
Boden auf mein Gesicht. 24 Aber dann
kam der Geist in mich und stellte mich
wieder auf die Füße. Jahwe sagte zu
mir: »Geh in dein Haus und schließ
dich ein! 25 Du wirst dort mit Stricken
gefesselt sein, so dass du nicht mehr
zu ihnen hinausgehen kannst. 26 Ich
lasse dir die Zunge am Gaumen
kleben und mache dich stumm. Du
sollst kein Mahner mehr für sie sein,
denn sie sind ein stures Volk. 27 Wenn
ich aber mit dir rede, werde ich deine
Zunge lösen. Dann sollst du ihnen
sagen: ›So spricht der Herr, Jahwe!‹
Wer es hören will, mag hören, wer es
lassen will, mag es lassen! Sie sind ein
stures Volk.«

Das Zeichen der Belagerung

4 1 »Du, Mensch, nimm dir einen
Lehmziegel, leg ihn vor dich hin
und ritze den Umriss der Stadt Jerusa-
lem darauf ein. 2 Dann eröffne die

Belagerung gegen die Stadt: Baue Be-
lagerungstürme, schütte einen Wall
gegen sie auf, richte ein Heerlager ein
und stelle Rammböcke gegen ihre
Mauern ringsum! 3 Nimm dir dann
eine eiserne Pfanne und stelle sie
als eiserne Mauer zwischen dich und
die Stadt. Dann blick auf sie hin: Nun
ist sie belagert, und du belagerst sie.
Das soll ein Zeichen für die Leute von
Israel sein.«

Das Zeichen des Gebundenseins

4 »Dann legst du dich auf deine linke
Seite und nimmst die Schuld der Is-
raeliten auf dich. Solange du so liegst,
sollst du ihre Schuld tragen. 5 Ich
habe dir nämlich die Jahre ihrer
Schuld zu einer Tageszahl gemacht.
390 Tage musst du die Schuld des
Hauses Israel* tragen. 6 Wenn du
damit fertig bist, legst du dich auf
deine rechte Seite und trägst die
Schuld des Hauses Juda, 40 Tage
lang*, einen Tag für jedes Jahr. So
habe ich es festgesetzt. 7 Dabei sollst
du deine Blicke und deinen bloßen
Arm auf das belagerte Jerusalem rich-
ten und gegen die Stadt weissagen.
8 Pass auf! Ich werde dich mit Stri-
cken fesseln, dass du dich nicht von
einer Seite auf die andere wälzen
kannst, bis du die Tage deiner Be-
lagerung überstanden hast.«

Das Zeichen der unreinen Speise

9 »Nimm dir jetzt Weizen, Gerste,
Bohnen, Linsen, Hirse und Dinkel,
schütte alles in ein einziges Gefäß
und backe daraus Brot. Das ist deine
Speise für die 390 Tage, in denen du
auf deiner Seite liegst. 10 Deine Tages-
ration beträgt 260 Gramm* Brot, und
du sollst es zu bestimmten Zeiten
essen. 11 Auch das Wasser, das du
trinkst, soll genau abgemessen sein:
drei Becher*. 12 Das Brot sollst
du wie Gerstenfladen backen*. Als
Brennmaterial nimm vor aller Augen
Menschenkot dazu! 13 Denn auch
die Israeliten werden bei den Völkern,
unter die ich sie verstreue, ihr Brot
unrein essen müssen.« 14 Da sagte
ich: »Ach Herr, Jahwe, von meiner
Kindheit an habe ich nichts gegessen,
was unrein macht. Nie habe ich
Fleisch von verendeten oder gerisse-
nen Tieren gegessen und nie unrein
gewordenes Opferfleisch angerührt.«
15 Da sagte er zu mir: »Gut, ich er-
laube dir Kuhmist zu nehmen statt
Menschenkot.« 16 Und er fuhr fort:
»Du Mensch, hör zu! Ich zerstöre
Jerusalems Vorrat an Brot*, sodass

4,5 *Haus Israel* bezieht sich hier auf die zehn Stämme des Nordreiches Israel, von dem die allermeisten Bewohner vor mehr als 100 Jahren nach Assyrien verschleppt worden waren.

4,6 *40 Tage lang.* 390+40=430 Jahre verbrachte Israel nach 2. Mose 12,40-41 in Ägypten. Ansonsten sind die Zahlen nicht sicher zu deuten.

4,10 *260 Gramm.* Wörtlich: 20 Schekel. Ein Schekel in Babylon wog durchschnittlich etwa 13 Gramm.

4,11 *drei Becher.* Wörtlich: Ein Sechstel Hin, das sind 0,6 Liter.

4,12 *backen.* Brotfladen wurden auf erhitzten Steinen gebacken.

4,16 *Vorrat an Brot.* Wörtlich: *Ich zerbreche den Stab des Brotes.* So auch Hesekiel 5,16; 14,13. In die Mitte der Brotfladen wurde schon vor dem Backen mit dem Finger ein Loch gebohrt, sodass sie anschließend auf einen Stab gesteckt aufbewahrt werden konnten.

sie es abwiegen werden und mit Angst
essen und das Wasser abmessen und
mit Entsetzen trinken. 17 Wegen ihrer
Schuld werden sie Mangel an Brot
und Wasser haben und werden einer
nach dem anderen elend zugrunde
gehen.«

Das Zeichen der geschorenen Haare

5 1 »Du, Mensch, nimm dir ein
scharfes Schwert und benutze es
als Rasiermesser. Schere dir damit
den Kopf kahl und rasiere den Bart ab.
Dann nimm dir eine Waage und teile
die Haare. 2 Ein Drittel verbrenne in
der Stadt, wenn sie gestürmt wird.
Das zweite Drittel zerhaue mit dem
Schwert vor ihren Toren; und das
letzte Drittel streue in den Wind!
Denn ich werde ihre Einwohner mit
gezücktem Schwert verfolgen. 3 Nur
ganz wenige Haare sollst du in den
Zipfel deines Mantels binden. 4 Doch
auch von diesen sollst du noch einen
Teil nehmen, ins Feuer werfen und
verbrennen lassen. Davon wird sich
das Feuer auf das ganze Haus Israel
ausdehnen.«

Deutung der Zeichen

5 So spricht mein Herr Jahwe: »Das
ist Jerusalem! Ich habe die Stadt
zum Mittelpunkt der Völker gemacht
und Länder rings herum gesetzt.
6 Doch ihre Bewohner lehnten sich
gegen meine Rechtsbestimmungen
auf und waren gottloser als die
Völker; sie empörten sich gegen
meine Ordnungen, schlimmer als die
Länder ringsum. Sie missachteten
meine Gebote und traten mein Gesetz mit Füßen.
7 Darum, spricht Jahwe, der Herr:
Weil ihr mehr getobt habt als die Völker um euch herum, weil ihr meine
Gebote nicht beachtet und mein
Gesetz verworfen habt, weil ihr euch
nicht einmal nach den Gesetzen
eurer Nachbarvölker gerichtet habt,
8 darum werde auch ich gegen dich
sein, spricht Jahwe, der Herr. Vor den
Augen der Völker werde ich mein
Strafgericht an euch vollziehen. 9 Wegen der Menge deiner Abscheulichkeiten werde ich dich so bestrafen, wie
ich es noch nie getan habe und auch
nie wieder tun werde. 10 Mitten in Jerusalem werden Väter ihre Söhne
töten und aufessen. Und Söhne werden es mit ihren Vätern genauso tun.
Ich vollziehe mein Gericht an dir und
zerstreue deinen Rest in alle Winde.

11 Darum, so wahr ich lebe, spricht
Jahwe, der Herr: Weil du mein Heiligtum mit all deinen Scheusalen und
Gräueln entweiht hast, werde auch
ich dich kahl scheren. Mein Auge wird
kein Mitleid zeigen, und ich werde
dich nicht schonen. 12 Ein Drittel von
dir wird in der Stadt an Pest und Hunger sterben, ein Drittel soll vor der
Stadt mit dem Schwert erschlagen
werden; und ein Drittel zerstreue ich
in alle Winde und verfolge sie mit gezücktem Schwert. 13 Sie werden meinen Zorn zu spüren bekommen, und
ich werde meine Wut an ihnen stillen
und mich rächen. Dann, wenn ich
meinen Grimm an ihnen kühle, wird
man erkennen, dass ich, Jahwe, sie
mit Leidenschaft gewarnt habe. 14 Ja,
ich mache dich zum Schauder und
zum Schimpf für alle Völker ringsum.
Und jeder, der vorbeigeht, wird
dich verhöhnen. 15 Zum Gespött und

zum Hohn, zur Warnung und zum
Schreckbild wirst du für die Völker
ringsum sein, wenn ich mein Strafge-
richt an dir vollziehe, voll von grimmi-
gem Zorn und wütender Züchtigung
– ich, Jahwe, habe gesprochen –,
[16] wenn ich die bösen Pfeile des Hun-
gers gegen dich abschieße – und ich
werde sie abschießen –, um euch zu
verderben, und wenn ich den Hunger
über euch häufe und euren Brotvorrat
vernichte. [17] Ja, ich sende Hunger
über euch und dazu wilde Tiere, die
euch der Kinder berauben; Pest und
Blutvergießen, wenn das Schwert
über euch kommt.* Ich, Jahwe, habe
gesprochen.«

Gegen die Berge Israels

6 [1] Das Wort Jahwes kam zu mir.
Er sagte: [2] »Du Mensch, blick auf
die Berge Israels und künde ihnen
mein Strafgericht an! [3] Sag zu ihnen:
›Ihr Berge Israels, hört das Wort Jah-
wes! So spricht Jahwe, der Herr, zu
den Bergen und Hügeln, den Schluch-
ten und Tälern:

Seht, ich selbst bringe das Schwert
über euch und vernichte eure Opfer-
höhen! [4] Eure Altäre sollen zerstört
werden, die Räuchertische zerbro-
chen. Die Leichen der Erschlagenen
werde ich euren Mistgötzen* vor die
Füße werfen. [5] Und ihre Knochen
verstreue ich rings um eure Altäre.
[6] Wo ihr auch wohnt, werden die
Städte in Trümmern liegen und die
Opferhöhen zerstört sein, damit eure
Altäre verwüstet und verödet sind,
eure Mistgötzen zerschlagen, die
Räuchertische zerbrochen und eure
Machwerke ausgelöscht sind. [7] Mit-
ten unter euch werden die Durch-
bohrten liegen. Dann werdet ihr er-
kennen, dass ich es bin – Jahwe!

[8] Doch einen Rest werde ich am
Leben lassen. Einige von euch werden
dem Schwert entkommen und zer-
streut unter fremden Völkern leben.
[9] Dort werden sie dann an mich
denken und begreifen, dass ich ihr
verhurtes Herz zerbrochen habe und
ihre Augen, die lüstern nach den Mist-
götzen schielten. Dann werden sie
sich ekeln vor sich selbst, wegen all
der abscheulichen Dinge, die sie getan
haben. [10] Dann wird man erkennen,
dass ich, Jahwe, keine leeren Worte
machte, als ich ihnen dieses Unheil
androhte.‹

[11] So spricht Jahwe, der Herr:
›Schlag die Hände zusammen und
stampfe mit dem Fuß auf den Boden
und schreie:

Weh über all die bösen Gräuel des
Hauses Israel! Denn sie müssen fallen
durch Schwert, Hunger und Pest!
[12] Wer fern ist, wird an der Pest
sterben, wer in der Nähe ist, durchs
Schwert, und wer dann noch übrig
geblieben und mit dem Leben davon-
gekommen ist, wird verhungern!

So werde ich meinen Grimm an ihnen
auslassen, [13] damit ihr erkennt, dass
ich, Jahwe, es bin. Die Erschlagenen
werden mitten unter ihren Mistgötzen
liegen, rings um ihre Altäre, auf jedem

5,17 *Hunger ... kommt.* Siehe 3. Mose 26 die vier Heimsuchungen Gottes: Hunger, wilde Tiere, Pest und Schwert. So auch Hesekiel 14,21 und Offenbarung 6,7-8.

6,4 *Mistgötzen.* Wörtlich: *Mistkugeln*, eine bewusst verächtliche Bezeichnung für die Götzenbilder.

hohen Hügel und Berggipfel, unter
jedem grünen Baum und jeder Tere-
binthe, überall, wo sie ihren Mistgöt-
zen den Opferrauch aufsteigen ließen.
14 Ich strecke meine Hand gegen sie
aus und mache ihr Land zur Wildnis
und zur Wüste, ihr ganzes Land von der
Steppe im Süden bis nach Ribla*. Sie
sollen erkennen, dass ich bin, der ich
bin – Jahwe!‹«

Ankündigung des Gerichts

7 1 Das Wort Jahwes kam zu mir.
Er sagte: 2 »Du Mensch! So
spricht Jahwe, der Herr, zum Land
Israel: ›Das Ende kommt! Über das
ganze Land bricht das Ende herein!
3 Jetzt kommt das Ende über dich! Ich
lasse meinen Zorn gegen dich wüten
und richte dich für deine Vergehen.
Deine Gräueltaten zahle ich dir heim.
4 Mir werden keine Tränen wegen dir
kommen, ich werde kein Mitleid mit
dir haben, sondern ich bringe deine
Vergehen über dich. Du sollst die
Folgen deiner Gräuel fühlen! Und
ihr sollt erkennen, dass ich, Jahwe,
es bin.‹
5 So spricht Jahwe, der Herr: ›Un-
heil über Unheil, – da, es ist gekom-
men! 6 Ein Ende kommt! Es kommt
das Ende, es erwacht. Pass auf, es
kommt auf dich zu! 7 Es kommt, es
bricht über dich herein, Bewohner des
Landes. Es kommt die Zeit, nah ist
der Tag: Tumult, und nicht Jubel in
den Bergen! 8 Bald schütte ich mei-
nen Grimm über dich aus und kühle
meinen Zorn an dir. Ich richte dich für
deine Vergehen. Deine Gräueltaten
zahle ich dir heim! 9 Mir werden keine
Tränen wegen dir kommen, ich werde
kein Mitleid mit dir haben, sondern
ich bringe deine Vergehen über dich.
Du sollst die Folgen deiner Gräuel
fühlen! Und ihr sollt erkennen, dass
ich, Jahwe, einer bin, der schlägt.
10 Seht, da ist der Tag! Da, er
kommt! Es bricht über dich herein. Es
sprosst der Stab, es blüht der Frevel,
11 die Gewalttat erhebt sich und wird
zum Zepter des Bösen. Nichts bleibt
von ihnen, von ihrer Menge und
ihrem Gepränge, und keine Klage ist
um sie. 12 Die Zeit kommt, der Tag ist
da! Wer etwas kauft, soll sich nicht
freuen, und der Verkäufer soll nicht
traurig sein, denn Zornglut kommt
über die ganze lärmende Menge.
13 Der Verkäufer wird das Verkaufte
auch im Erlassjahr* nicht wiederer-
langen, und wenn er noch so lange
leben sollte. Denn die Vision richtet
sich gegen sie alle und verändert sich
nicht. Und weil sie alle schuldig sind,
wird keiner sein Leben retten.*
14 Man stößt ins Horn und macht
alles bereit, doch keiner zieht in den
Kampf, denn meine Zornglut kommt
über all ihre Menge. 15 Draußen das
Schwert, drinnen Hunger und Pest.
Wer auf dem Feld ist, stirbt durch das
Schwert, wer in der Stadt ist, den
fressen Hunger und Pest. 16 Und
wenn Versprengte auf die Berge ent-
kommen, werden sie dort wie Tauben
in den Schluchten sein: Alle jammern

6,14 *Ribla* lag am Orontes, etwa 105 km nördlich von Damaskus.

7,13 *Erlassjahr*. Siehe 3. Mose 25,8-15.

Der Verkäufer ... retten. Einige Worte der letzten drei Sätze geben im Zusammenhang keinen Sinn, deshalb bleibt die Deutung unsicher.

über ihre Schuld. 17 Alle Hände wer-
den schlaff und alle Knie werden
weich. 18 Sie ziehen den Trauersack
an, und ein Schauder hüllt sie ein. Alle
Gesichter sind verstört und alle Köpfe
kahl.

19 Ihr Silber und Gold werfen sie
wie Unrat auf die Gassen; es kann sie
an jenem Tag nicht retten vor dem
grimmigen Zorn Jahwes. Sie können
damit ihren Bauch nicht füllen, ihren
Hunger nicht stillen, denn es war der
Anstoß zu ihrer Schuld. 20 Sie waren
stolz auf ihren kostbaren Schmuck
und haben ihre abscheulichen Götzen
und ihre gräulichen Bilder daraus ge-
macht. Darum habe ich ihn für sie
zum Ekel gemacht. 21 Darum gebe ich
alles den Fremden zur Beute, den
Frevlern der Erde gebe ich es preis,
damit sie alles entweihen. 22 Und ich
wende mein Gesicht ab und lasse sie
auch mein Heiligtum entweihen, dass
Räuber eindringen können und es
schänden.

23 Fertige die Kette an! Denn das
Land ist voll von Mord und Totschlag,
und in der Stadt regiert die Gewalt.
24 Ich führe die schlimmsten Völker
herbei, dass sie ihre Häuser besetzen.
Ich mache dem Hochmut der Mächti-
gen ein Ende und entweihe alles, was
ihnen heilig ist! 25 Dann bekommen
sie Angst und suchen nach Sicherheit,
doch es wird sie nicht geben. 26 Ein
Unglück folgt dem anderen, und eine
Schreckensnachricht jagt die nächste.
Nun suchen sie Visionen beim Prophe-
ten. Doch auch der Priester verlor das
Gesetz, und die Ältesten wissen keinen
Rat. 27 Der König wird trauern, der
Fürst sich in Entsetzen hüllen, und zit-
tern werden die Hände des Volkes. Ich
behandle sie, wie es ihrem Verhalten
entspricht, ich richte sie nach ihrem
eigenen Recht. Sie sollen erkennen,
dass ich, Jahwe, es bin.‹«

Götzendienst im Tempel Jahwes

8 1 Es war im sechsten Jahr unserer
Verbannung, am 5. September.*
Ich saß gerade mit den Ältesten von
Juda zusammen in meinem Haus, da
legte Jahwe, der Herr, seine Hand auf
mich. 2 Ich blickte auf und sah eine
Gestalt, die aussah wie ein Mann.
Unterhalb von dem, was wie seine
Hüften aussah, war Feuer. Nach oben
hin strahlte es wie helles Gold. 3 Sie
streckte so etwas wie eine Hand nach
mir aus und packte mich bei den
Haaren. So hob mich der Geist in
einer göttlichen Vision hoch in die
Luft und brachte mich nach Jerusa-
lem, an den Eingang des nördlichen
Tors zum inneren Vorhof, wo das
Götzenbild stand, das Eifersucht er-
regte*. 4 Dort sah ich den Gott Israels
in seiner Herrlichkeit, so wie ich ihn
in der Ebene gesehen hatte.

Das Götzenbild der Eifersucht

5 Er sagte zu mir: »Blick nach Norden,
Mensch!« Ich schaute in diese Rich-
tung und sah nördlich vom Tor, das
zum Altar führt, neben dem Eingang
das Götzenbild der Eifersucht stehen.

8,1 *September.* Wörtlich: 6. Monat. Im Jahr 592 v.Chr. In Jerusalem regierte König Zidkija (2. Könige 24,18-20).

8,3 *Götzenbild ... erregte.* Vermutlich war es eine Statue der kanaanäischen Fruchtbarkeitsgöttin Aschera, die Jahwe zur Eifersucht reizen musste.

6 »Siehst du, was sie tun, Mensch?«,
sagte er zu mir. »Widerliche Dinge
treiben die Leute von Israel hier, damit
ich mich von meinem Heiligtum entferne. Aber du wirst noch schlimmere
Abscheulichkeiten sehen.«

Die Bilderkammer

7 Er brachte mich zum Eingang des
Vorhofs. Dort sah ich ein Loch in der
Mauer. 8 »Durchbrich die Wand,
Mensch!«, sagte er zu mir. Ich tat
es und stieß auf eine Tür. 9 »Geh
hinein«, sagte er, »und schau dir an,
was für schlimme Gräuel sie hier
treiben!« 10 Ich ging hinein und sah
überall an den Wänden die Bilder
von Kriechtieren und abscheulichem
Viehzeug eingemeißelt, all die Götzen
des Hauses Israel. 11 Siebzig Männer
von den Ältesten Israels standen
davor, und Jaasanja Ben-Schafan
war mitten unter ihnen. Alle hatten
Räucherpfannen in der Hand, und
der Duft einer Weihrauchwolke stieg
empor. 12 »Siehst du, Mensch, was
die Ältesten von Israel hier im Finstern tun und jeder in seiner Bilderkammer zu Hause? Sie denken:
›Jahwe sieht es nicht, Jahwe hat das
Land verlassen!‹ 13 Aber du wirst
sehen, dass sie noch schlimmere Abscheulichkeiten begehen.«

Verehrung des Tammuz

14 Dann brachte er mich zum Nordtor des inneren Vorhofs im Haus
Jahwes. Dort saßen Frauen, die den
Tammuz* beweinten. 15 Er sagte zu
mir: »Hast du das gesehen, Mensch?
Ich werde dir zeigen, dass sie noch
mehr und schlimmere Abscheulichkeiten begehen.«

Verehrung des Sonnengottes

16 Dann brachte er mich in den inneren
Vorhof. Vor dem Eingang des Tempelhauses, zwischen dem Brandopferaltar
und der Vorhalle, standen etwa 25
Männer mit dem Rücken zum Tempel
Jahwes. Sie hatten ihre Gesichter
nach Osten gerichtet und warfen sich
nieder, um die Sonne anzubeten.

Götzendienst im ganzen Land

17 Er sagte zu mir: »Hast du es gesehen, Mensch? War es dem Haus
Juda nicht genug, diese Abscheulichkeiten hier zu verüben? – Sie haben ja
schon das Land mit Unrecht erfüllt. –
Müssen sie mich immer mehr reizen
und mir auch noch die Weinrebe unter
die Nase* halten? 18 Jetzt kenne ich
keine Rücksicht mehr. Mein Auge
wird kein Mitleid zeigen, und ich
werde sie nicht verschonen. Auch
wenn sie mir laut in die Ohren schreien, werde ich nicht auf sie hören.«

Das Gericht über Jerusalem

9 1 Dann rief er mit gewaltiger
Stimme vor meinen Ohren:
»Kommt herbei, ihr Strafrichter der
Stadt! Jeder bringe sein Todeswerkzeug mit!« 2 Da kamen sechs Männer
durch das nördliche Tempeltor; jeder hatte sein Todeswerkzeug in der

---

8,14 *Tammuz* war ein babylonischer Vegetationsgott, dessen Tod man alljährlich zur großen Hitze betrauerte, um im Frühling seine Auferstehung zu feiern.

8,17 *Weinrebe unter die Nase.* Vielleicht eine sprichwörtliche abergläubische Redewendung.

Hand. In ihrer Mitte befand sich ein
Siebter, der mit Leinen bekleidet war
und Schreibzeug am Gürtel hatte. Sie
stellten sich neben den Bronzealtar.
3 Die Herrlichkeit des Gottes Israels
hatte sich inzwischen von dem Che-
rub erhoben, über dem sie ruhte, und
war an den Eingang vom Tempel ge-
treten. Er rief dem Mann mit dem
Schreibzeug am Gürtel zu: 4 »Geh
mitten durch die Stadt, mitten durch
Jerusalem, und mach ein Zeichen auf
die Stirn der Männer, die über die
Gräueltaten in ihrer Mitte seufzen und
stöhnen!« 5 Ich hörte auch, wie er zu
den anderen sagte: »Geht hinter ihm
her durch die Stadt und schlagt zu!
Euer Auge soll kein Mitleid zeigen,
ihr dürft sie nicht verschonen! 6 Er-
schlagt die Greise und die Jugend-
lichen, die Kinder und die Frauen!
Rührt aber keinen an, der das Kenn-
zeichen hat! Beginnt hier in meinem
Heiligtum!« Da begannen sie bei den
Ältesten, die vor dem Tempel standen.
7 Dabei sagte Jahwe zu ihnen: »Füllt
die Vorhöfe mit Erschlagenen und be-
sudelt den Tempel mit ihnen! Dann
geht in die Stadt und macht dort wei-
ter!« Sie taten es. 8 Als sie so die Men-
schen erschlugen und nur mich ver-
schonten, warf ich mich nieder und
schrie: »Ach Herr, Jahwe, willst du in
deinem Zorn über Jerusalem denn
den ganzen Rest Israels vernichten?«
9 Da sagte er zu mir: »Die Schuld die-
ser Leute von Israel und Juda ist ent-
setzlich groß. Sie haben das ganze
Land mit Bluttaten und die Stadt mit
Unrecht gefüllt. Sie sagen: ›Jahwe hat
das Land ja verlassen, er sieht uns
nicht mehr!‹ 10 Darum werde auch
ich kein Mitleid zeigen und sie nicht
verschonen. Nein, ich will ihr Verhal-
ten auf sie selbst zurückfallen lassen!«
11 Da kam der Mann, der mit Leinen
bekleidet war und Schreibzeug am
Gürtel hatte, zurück und meldete:
»Ich habe deinen Befehl ausgeführt.«

Gott verlässt die Stadt

10 1 Oberhalb der Wölbung, die
über den Köpfen der Cheru-
bim war, sah ich so etwas wie einen
Thron, der einem Saphir glich. 2 Der,
der auf ihm saß, sagte zu dem in
Leinen gekleideten Mann: »Geh zwi-
schen die Räder unter den Cherubim,
nimm von dort zwei Hände voll
glühender Kohlen und streue sie über
die Stadt!« Der Mann ging vor mei-
nen Augen hinein. 3 Die Cherubim
standen rechts vom Tempel, und die
Wolke erfüllte den ganzen inneren
Vorhof. 4 Da erhob sich die Herrlich-
keit Jahwes von dem Cherub und trat
an die Schwelle des Tempelhauses.
Die Wolke erfüllte das ganze Haus,
und der Vorhof leuchtete im Glanz der
Herrlichkeit Jahwes. 5 Das Rauschen
der Cherubimflügel wurde bis zum
äußeren Vorhof gehört. Es klang wie
die Stimme des allmächtigen Gottes,
wenn er spricht. 6 Als dann der in
Leinen gekleidete Mann auf seinen
Befehl hin zwischen die Räder unter
den Cherubim trat, 7 streckte einer
der Cherubim die Hand nach dem
Feuer aus, das zwischen ihnen war,
und legte die Glut in die Hände des
Mannes. Der nahm sie und ging
hinaus. 8 Unter den Flügeln der
Cherubim war nämlich etwas sichtbar
geworden, das wie eine Menschen-
hand aussah.

9 Ich sah auch vier Räder neben den Cherubim, ein Rad neben jedem Cherub. Die Räder funkelten wie Edelsteine. 10 Alle waren gleich gebaut. Es sah aus, als ob ein Rad mitten im anderen wäre, 11 sodass sie nach allen vier Richtungen laufen konnten, ohne gedreht zu werden. Die Räder rollten immer in die Richtung des vordersten.
12 Jeder Cherub war ganz mit Augen bedeckt: Rücken, Hände, Flügel; auch die Räder, 13 die vor meinen Ohren Galgal* genannt wurden. 14 Jeder hatte vier verschiedene Gesichter. Beim ersten blickte das Cherubgesicht nach vorn, beim zweiten das Menschengesicht, beim dritten das Löwengesicht und beim vierten das Adlergesicht. 15 Dann begannen sich die Cherubim zu erheben. Es war das Lebewesen, das ich am Fluss Kebar gesehen hatte.* 16 Wenn die Cherubim sich fortbewegten, bewegten sich auch die Räder mit ihnen, und wenn sie sich mit ihren Flügeln von der Erde erhoben, erhoben sich auch die Räder. 17 Wenn sie anhielten, blieben auch die Räder stehen. Die Räder hoben sich immer mit ihnen, denn sie wurden vom Geist des Lebewesens bewohnt.

18 Dann verließ die Herrlichkeit Jahwes die Schwelle des Tempelhauses und stellte sich über die Cherubim. 19 Diese breiteten vor meinen Augen ihre Flügel aus, erhoben sich samt den Rädern von der Erde und stellten sich außen an den Eingang des östlichen Tores vom Tempelbezirk. Über ihnen thronte Jahwe in seiner Herrlichkeit. 20 Es war das Lebewesen, das ich unter dem Gott Israels am Fluss Kebar gesehen hatte. Ich erkannte, dass es Cherubim waren. 21 Jeder von ihnen hatte vier Gesichter und vier Flügel und so etwas wie Menschenhände unter den Flügeln. 22 Auch ihre Gesichter waren dieselben, die ich am Fluss Kebar gesehen hatte. Wohin sie auch gingen, in jede Richtung blickte eins ihrer Gesichter.

Gottes Gericht über die Führer Jerusalems

11 1 Dann nahm mich der Geist und brachte mich zum östlichen Tor des Tempelbezirks. Vor dem Tor standen 25 Männer. Unter ihnen erkannte ich Jaasanja Ben-Assur und Pelatja Ben-Benaja, führende Männer der Stadt. 2 Jahwe sagte zu mir: »Du Mensch, das sind die Männer, die in der Stadt Unheil ersinnen und böse Pläne schmieden, 3 die sagen: ›So schnell müssen wir keine Häuser bauen! Die Stadt ist der Topf, und wir sind das Fleisch darin!‹* 4 Darum tritt als Prophet gegen sie auf, Mensch, und weissage!«

5 Da kam der Geist Jahwes über mich. Er sagte zu mir:

»Sag: ›So spricht Jahwe: Ich weiß, wie ihr redet und was eure Pläne sind.
6 Ihr habt viele erschlagen, ihr habt die Straßen der Stadt mit Erschlagenen gefüllt! 7 Darum spricht Jahwe, der Herr: Die Erschlagenen auf euren

---

10,13 *Galgal.* Das heißt so viel wie »wirbelnde Räder« oder »Wirbelwind«.

10,15 *gesehen hatte.* Siehe Hesekiel 1.

11,3 *... Fleisch darin.* Mit dem Sprichwort drücken die zurückgebliebenen Jerusalemer ihre Überlegenheit gegenüber den Weggeführten aus.

Straßen, die ihr hingestreckt habt, die
sind das Fleisch im Topf der Stadt.
Aber euch werde ich aus ihr ver-
treiben! 8 Vor dem Schwert fürchtet
ihr euch, durch das Schwert werdet
ihr sterben, spricht Jahwe, der Herr.
9 Und ich vertreibe euch aus der
Stadt. Ich gebe euch in die Gewalt von
Fremden und vollziehe so mein Straf-
gericht an euch! 10 Durchs Schwert
müsst ihr fallen, an Israels Grenze
lasse ich euch hinrichten. Ihr sollt er-
kennen, dass ich bin, der ich bin –
Jahwe! 11 Ihr bleibt nicht in der Stadt
wie das Fleisch im Topf. An der Gren-
ze Israels werde ich euch richten!
12 Ihr werdet erkennen, dass ich es bin
– Jahwe, dessen Ordnungen ihr nicht
beachtet und dessen Gebote ihr nicht
befolgt habt. Ihr habt ja nach den Ge-
setzen eurer Nachbarvölker gelebt.‹«
13 Während ich dies weissagte,
starb Pelatja Ben-Benaja. Da warf ich
mich nieder, das Gesicht auf dem
Boden und rief laut: »Ach Herr,
Jahwe! Willst du auch den Rest Is-
raels vernichten?«
14 Da kam das Wort Jahwes zu mir:
15 »Du Mensch, von deinen Brüdern
sagen die Bewohner Jerusalems, ja
von deinen Brüdern und Verwandten
und von allen Israeliten, die in die Ver-
bannung geführt wurden: ›Sie sollen
bleiben, wo sie sind, weit weg von
Jahwe! Das Land gehört jetzt uns!‹
16 Darum sprich: ›So spricht Jahwe,
der Herr: Ja, ich habe sie weit weg
unter fremde Völker versprengt, doch
in den Ländern, wohin sie gekommen
sind, bin ich ein wenig zum Heiligtum
für sie geworden.‹ 17 Darum sprich:
›So spricht Jahwe, der Herr: Ich
sammle euch aus den Völkern wieder
ein, ich führe euch aus den Ländern, in
die ihr zerstreut worden seid, wieder
zusammen und gebe euch das Land Is-
rael. 18 Und wenn sie dorthin zurück-
kehren, werden sie alle seine abscheu-
lichen Götzen beseitigen. 19 Ich werde
ihnen ein einiges Herz geben und
einen neuen Geist, und ich entferne
das versteinerte Herz aus ihrer Brust
und gebe ihnen ein Herz aus Fleisch
und Blut, 20 damit sie nach meinen
Weisungen leben und meine Gebote
beachten und befolgen. Sie sollen
mein Volk werden, und ich, ich werde
ihr Gott sein. 21 Doch jenen, die ihr
Herz an ihre Götzen gehängt haben
und die ihren Gräueln nachfolgen,
lasse ich ihr Tun auf sie selbst zurück-
fallen‹, spricht Jahwe, der Herr.«
22 Dann schwangen die Cherubim
ihre Flügel, und die Räder erhoben
sich mit ihnen. Über den Cherubim
war die Herrlichkeit des Gottes Isra-
els. 23 So verließ die Herrlichkeit Jah-
wes die Stadt und stellte sich auf den
Berg im Osten Jerusalems. 24 Mich
aber nahm der Geist Gottes und
brachte mich zu den Verbannten nach
Babylonien zurück. Dann verschwand
die Vision, 25 und ich berichtete den
Verbannten alles, was Jahwe mich
hatte sehen lassen.

Zeichen für die Verbannung

12 1 Das Wort Jahwes kam zu
mir. Er sagte: 2 »Du Mensch,
du lebst mitten unter einem wider-
spenstigen Volk. Diese Leute haben
Augen, sehen aber nicht, sie haben
Ohren, hören aber nicht, denn sie sind
ein Volk voller Sturheit.
3 Schnüre dir ein Bündel, Mensch,
wie es Verbannte mit sich tragen, und

zieh damit vor ihren Augen am hellen
Tag an einen anderen Ort, als ob du in
die Verbannung ziehen würdest. Viel-
leicht sehen sie es ja, denn sie sind ein
stures Volk. 4 Trag dein Bündel wie
Verbannungsgepäck vor ihren Augen
am hellen Tag hinaus. Und am Abend
zieh vor ihren Augen weg, so wie man
in die Verbannung zieht. 5 Brich vor
ihren Augen ein Loch durch die Wand
und zwänge dich dadurch hinaus.
6 Dann nimm dein Bündel auf die
Schulter und geh in der Dunkelheit
fort. Verhülle dein Gesicht, damit du
das Land nicht siehst! Denn ich habe
dich zu einem Zeichen für das Haus
Israel gemacht.«

7 Ich machte es wie befohlen. Ich
schnürte ein Bündel, wie es Verbannte
mit sich tragen, und trug es am hellen
Tag hinaus. Am Abend durchbrach
ich mit eigener Hand die Mauer und
zwängte mich hinaus. In der Dunkel-
heit hob ich das Bündel auf die Schul-
ter und ging damit fort.

8 Am Morgen kam das Wort Jahwes
zu mir: 9 »Du Mensch«, sagte er, »hat
nicht das Volk Israel, dieses sture
Volk, zu dir gesagt: ›Was machst du
da?‹ 10 Sag zu ihnen: ›So spricht
Jahwe, der Herr: Dieses Wort wird auf
dem Fürsten Jerusalems und auf den
Leuten Israels dort lasten.‹ 11 Sprich:
›Ich bin ein Zeichen für euch. Was
ich getan habe, wird mit ihnen ge-
schehen: In die Verbannung, in die
Gefangenschaft werden sie ziehen.
12 Und ihr Fürst wird sein Bündel auf
die Schulter nehmen und fortziehen.
Sie werden die Mauer durchbrechen,
um sich hindurchzuzwängen. Dann
wird er sein Gesicht verhüllen, weil er
das Land mit eigenen Augen nicht
wiedersehen wird.‹ 13 Aber ich werfe
mein Fangnetz über ihn, damit er sich
in meinen Schlingen fängt,* und brin-
ge ihn nach Babylon ins Land der
Chaldäer. Aber auch das wird er nicht
sehen; und dort wird er sterben.
14 Und sein Gefolge und alle seine
Truppen werde ich in alle Winde zer-
streuen. Mit gezogenem Schwert trei-
be ich sie auseinander. 15 Dann wird
man erkennen, dass ich bin, der ich
bin – Jahwe, wenn ich sie in fremde
Länder versprenge und unter fremde
Völker zerstreue. 16 Nur einige von
ihnen lasse ich dem Schwert, dem
Hunger und der Pest entkommen,
damit sie unter den Völkern von all
ihren Gräueltaten erzählen können,
damit auch diese erkennen, dass ich
bin, der ich bin – Jahwe!«

17 Das Wort Jahwes kam zu mir.
Er sagte: 18 »Du Mensch, iss dein
Brot mit Zittern und trink dein Was-
ser mit Angst und Beben! 19 Und
dann sage deinen Landsleuten: ›So
spricht Jahwe, der Herr, von denen,
die in Jerusalem und Israel geblieben
sind: In Angst werden sie ihr Brot
essen und mit Entsetzen ihr Wasser
trinken, denn ihr Land wird wegen
der Gewalttat seiner Bewohner ver-
wüstet und seines Reichtums beraubt
daliegen. 20 Die bewohnten Städte
werden verwüstet und das Land zur
Einöde. Dann werdet ihr erkennen,
dass ich es bin – Jahwe!‹«

12,13 *Schlingen fängt.* Das erfüllte sich am 18. Juli 586 v.Chr., sechs Jahre nach dieser Weissagung, siehe 2. Könige 25,3-7; Jeremia 39,4-7.

Gegen die Skeptiker

21 Das Wort Jahwes kam zu mir. Er
sagte: 22 »Mensch, was habt ihr da für
ein Sprichwort im Land Israel? Ihr
sagt: ›Die Tage ziehen sich hin, die
Visionen erfüllen sich nie.‹ 23 Darum
sag zu ihnen: ›So spricht Jahwe, der
Herr: Ich werde diesem Gerede ein
Ende machen! Man soll es nicht mehr
als Sprichwort in Israel gebrauchen!‹
Sag zu ihnen: ›Die Tage sind nah ge-
kommen, der Inhalt jeder Vision trifft
ein!‹ 24 Künftig wird es keine nichtige
Vision und keine schmeichlerischen
Wahrsagungen in Israel mehr geben.
25 Denn ich, Jahwe, ich rede, und was
ich sage, trifft ein! Es lässt nicht lange
auf sich warten. Du wirst es erleben,
du Haus der Sturheit, dass ich etwas
sage und es auch tue, spricht Jahwe,
der Herr.«

26 Das Wort Jahwes kam zu mir. Er
sagte: 27 »Du Mensch, das Haus Isra-
el sagt: ›Die Vision, die der hat, erfüllt
sich noch lange nicht, er weissagt
von einer fernen Zeit.‹ 28 Darum sag
zu ihnen: ›So spricht Jahwe, der Herr:
Keins meiner Worte wird mehr
hinausgeschoben werden. Was ich
sage, wird auch geschehen, spricht
Jahwe, der Herr.‹«

Gegen falsche Propheten

13 1 Das Wort Jahwes kam zu
mir. Er sagte: 2 »Weissage,
Mensch, gegen die Propheten Israels,
die nach eigenem Gutdünken prophe-
zeien: ›Hört das Wort Jahwes!‹ 3 So
spricht Jahwe, der Herr: ›Weh den
Propheten der Schande, die ihren Ein-
fällen folgen und nichts gesehen
haben! 4 Wie Füchse in Trümmern
sind deine Propheten, Israel. 5 Ihr seid
nicht in die Bresche gesprungen, ihr
habt die Mauer um das Haus Israel
nicht gesichert, damit es im Kampf
besteht an meinem Tag!‹ 6 Sie schau-
en Hirngespinste, verkünden falsche
Orakel und sagen: ›So spricht Jah-
we!‹, obwohl Jahwe sie gar nicht
gesandt hat. Und dann erwarten sie
auch noch, dass er ihr Wort eintreffen
lässt. 7 ›Habt ihr nicht Trugbilder ge-
schaut und falsche Vorhersagen ver-
kündet, als ihr sagtet: ›So spricht
Jahwe!‹, wo ich doch gar nicht ge-
redet habe?‹«

8 Darum, so spricht Jahwe, der Herr:
»Weil ihr Trugbilder erzählt und Täu-
schungen schaut, sollt ihr mich ken-
nenlernen!«, spricht Jahwe, der Herr.
9 »Ich werde gegen die Propheten vor-
gehen, die Trugbilder schauen und
falsche Orakel verkünden! Sie haben
nichts mehr im Kreis meines Volkes zu
suchen, sie werden nicht mehr im Ver-
zeichnis Israels geführt und nie mehr
ins Land Israel zurückkehren. Dann
werdet ihr erkennen, dass ich, Jahwe,
der Herr bin. 10 Deshalb, weil sie mein
Volk in die Irre führen und sagen:
›Schalom!‹, obwohl doch kein Frieden
ist, und weil sie Lehm daran schmie-
ren, wenn mein Volk eine Wand aus
Steinen baut, 11 deshalb sage zu den
Lehmstreichern: ›Sie soll fallen! Ein
Platzregen kommt, und ich lasse ein
Hagelwetter niedergehen und den
Sturm wüten.‹ 12 Ist die Mauer gefal-
len, wird man dann nicht über euch
spotten: ›Wo ist nur der schöne Lehm-
strich geblieben?‹ 13 Darum spricht
Jahwe, der Herr: ›Ich lasse einen
Sturm losbrechen in meinem Grimm,
ein Wolkenbruch kommt durch
meinen Zorn und ein verheerender

Hagelschlag. 14 Ich selbst breche die Mauer ab, die ihr mit Lehm verschmiert habt. Ich lasse sie einstürzen, sodass ihr Grund bloßgelegt ist und ihr unter ihren Trümmern begraben seid. Dann werdet ihr erkennen, dass ich es bin – Jahwe, 15 wenn ich meinen Grimm an der Mauer auslasse und an denen, die sie mit Lehm verschmieren. Dann werde ich zu euch sagen: ›Die Mauer ist hin und die Lehmstreicher sind es auch‹, 16 die Propheten Israels, die über Jerusalem weissagten und Friedensvisionen hatten, obwohl doch kein Friede da ist, spricht Jahwe, der Herr.«

Gegen falsche Prophetinnen

17 »Du Mensch, wende dich gegen die Frauen deines Volkes, die nach ihrem Gutdünken weissagen, und weissage Folgendes gegen sie:

18 ›So spricht Jahwe, der Herr: Weh den Frauen, die Bannbänder für Handgelenke nähen und Zauberschleier jeder Größe, um Menschen zu fangen. Ja, Menschenleben wollt ihr fangen in meinem Volk und euer eigenes Leben retten. 19 Für ein paar Hände voll Gerste und einige Bissen Brot entweiht ihr mich bei meinem Volk, indem ihr Menschen, die nicht sterben sollten, dem Tod ausliefert und Menschen am Leben erhaltet, die nicht weiterleben sollten, und indem ihr mein Volk, das so gern auf Lügen hört, anlügt.‹

20 Darum spricht Jahwe, der Herr: ›Ich werde gegen eure Bannbänder vorgehen, mit denen ihr Seelen wie Vögel fangt, und werde sie euch von den Armen reißen. Ich lasse die Seelen los, die ihr fangt, dass sie wegfliegen können. 21 Ich zerfetze eure Zauberschleier und befreie mein Volk aus eurer Gewalt, dass es nicht mehr eure Jagdbeute wird. Ihr sollt erkennen, dass ich bin, der ich bin – Jahwe! 22 Weil ihr das Herz des Gerechten, den ich selber nicht krank machen wollte, mit Lügen verzagt macht, und weil ihr den Gottlosen unter euch ermutigt, damit er sein böses Treiben nicht aufgibt und so sein Leben rettet, 23 deshalb werdet ihr keine Hirngespinste mehr schauen und nicht länger Wahrsagerei treiben! Ich werde mein Volk aus eurer Gewalt befreien, und ihr werdet erkennen, dass ich bin, der ich bin – Jahwe!‹«

Gegen die Götzendiener

14 1 Einige von den Ältesten Israels kamen zu mir und setzten sich vor mich hin. 2 Da kam das Wort Jahwes zu mir. Er sagte: 3 »Du Mensch, diese Männer haben ihre Götzen ins Herz geschlossen, sie haben sich den Stolperstein für ihre Schuld gerade vor Augen gestellt. Soll ich mich da etwa von ihnen befragen lassen? 4 Darum antworte ihnen:

›So spricht Jahwe, der Herr: Jeder von Israel, der sein Herz den Götzen öffnet, der sich den Stolperstein für seine Schuld gerade vor Augen stellt und dann zum Propheten kommt, der wird die Antwort von mir selbst erhalten, die er gemäß der Menge seiner Götzen verdient. 5 Damit werde ich Israel am Herzen packen, weil sie sich von mir abgewandt haben wegen ihrer Götzen.‹

6 Darum sage den Israeliten: ›So spricht Jahwe, der Herr: Kehrt um! Kehrt euch von euren Götzen ab,

wendet das Gesicht von diesen Gräu-
eln weg!‹
7 Denn jeder Israelit und auch jeder
Fremde in Israel, der sich von mir
trennt und seine Götzen im Herzen
hochkommen lässt, der sich den Stol-
perstein für seine Schuld gerade vor
Augen stellt und dann zum Propheten
kommt, um mich für sich zu befragen,
der wird die Antwort von mir selbst,
von Jahwe, erhalten. 8 Ich gehe gegen
solch einen Menschen vor, damit er
allen zur Warnung dient. Sein Un-
glück wird sprichwörtlich sein, denn
ich rotte ihn aus meinem Volk aus.
So werdet ihr erkennen, dass ich bin,
der ich bin – Jahwe!
9 Und wenn der Prophet sich verlei-
ten lässt und ihm doch eine Weisung
erteilt, dann habe ich, Jahwe, diesen
Propheten verleitet. Ich werde meine
Hand gegen ihn erheben und ihn
aus meinem Volk Israel verstoßen
und vernichten. 10 Alle beide müssen
die Folgen ihrer Schuld tragen: der
Fragende und der Prophet, der ihm
antwortet. 11 So soll das Volk Israel
gewarnt sein, damit es nicht mehr von
mir wegläuft und sich nicht mehr
durch seine Verfehlungen besudelt.
Dann werden sie mein Volk sein und
ich, ich werde ihr Gott sein, spricht
Jahwe, der Herr.«

Das unerbittliche Gericht Gottes

12 Das Wort Jahwes kam zu mir. Er
sagte: 13 »Du Mensch, wenn ein Land
sich gegen mich versündigt und mir
die Treue bricht, und wenn ich dann
seinen Brotvorrat vernichte und den
Hunger ins Land schicke, an dem
Mensch und Tier zugrunde gehen,
14 und wenn dann Noah, Daniel und
Hiob unter ihnen wären, dann wür-
den diese drei Männer wegen ihrer
Rechtschaffenheit nur ihr eigenes
Leben retten, spricht Jahwe, der Herr.
15 Oder wenn ich Raubtiere gegen
das Land losließe, sodass es entvöl-
kert und öde wird, weil wegen der
Tiere niemand mehr durchreisen
könnte, 16 und dann diese drei Män-
ner unter ihnen wären – so wahr ich
lebe, spricht Jahwe, der Herr –, sie
könnten nicht einmal ihre Söhne und
Töchter retten, sondern allein sich
selbst. Und das ganze Land würde
entvölkert. 17 Oder wenn ich das
Schwert über dieses Land bringen
und ihm befehlen würde, Mensch und
Tier darin auszurotten, 18 und dann
diese drei Männer unter ihnen wären
– so wahr ich lebe, spricht Jahwe, der
Herr –, sie könnten nicht einmal ihre
Söhne und Töchter retten, sondern al-
lein sich selbst. 19 Oder wenn ich die
Pest in jenes Land schicke und mei-
nen Grimm als Blutregen darüber
ausgieße, um Mensch und Tier darin
auszurotten, 20 und Noah, Daniel
und Hiob wären unter ihnen – so
wahr ich lebe, spricht Jahwe, der
Herr –, sie könnten nicht einmal ihre
Söhne und Töchter retten. Nur ihr
eigenes Leben könnten sie wegen
ihrer Gerechtigkeit retten.
21 Und nun sage ich, Jahwe, der
Herr: ›Ja, ich werde meine vier
Geißeln – Schwert und Hunger, Raub-
tiere und Pest – auf Jerusalem los-
lassen, um Mensch und Tier darin zu
vernichten! 22 Doch einige lasse ich in
der Stadt übrig, Männer und Frauen.
Sie werden weggeführt und kommen
zu euch. Dann werdet ihr sehen, was
das für Leute sind und wie schlimm

sie es treiben. Das wird euch trösten,
wenn ihr an das Unheil denkt, das ich
über Jerusalem habe kommen lassen
und überhaupt alles, was ich über die
Stadt gebracht habe. 23 Ja, das wird
euch Trost verschaffen, wenn ihr seht,
wie schlimm sie es treiben. Dann
werdet ihr erkennen, dass ich das
alles nicht ohne Ursache getan habe,
spricht Jahwe, der Herr.‹«

Jerusalem – nutzloses Rebholz

15 1 Das Wort Jahwes kam zu
mir. Er sagte:
2 »Du Mensch, / was hat das Holz
der Rebe dem Unterholz voraus, /
das zwischen den Waldbäumen
wächst? 3 Fängt man etwas damit
an? / Nimmt man es als Pflock /
und hängt ein Gerät daran auf?
4 Nein, es ist für das Feuer be-
stimmt! / Seine Enden hat das
Feuer gefressen / und seine Mitte
ist schon versengt. / Taugt es noch
zu einer Arbeit? 5 Schon als es
noch heil war, / konnte man nichts
daraus machen. / Wie viel weniger
jetzt, / wo es vom Feuer angefres-
sen ist. / Wozu soll man es denn
noch gebrauchen? 6 Darum
spricht Jahwe, der Herr: / Wie ich
das Holz des Weinstocks, / das
doch nicht besser als Unterholz
ist, / dem Feuer zum Fraß
vorwarf, / so gebe ich die
Bewohner Jerusalems hin. 7 Ich
wende mein Gesicht gegen sie. /
Das Feuer wird sie fressen, / auch
wenn sie ihm schon entkommen
sind. / Und wenn ich das tue, /
erkennt ihr, / dass ich, Jahwe, /
gegen sie bin. 8 Zur Wüste mache
ich ihr Land, / denn sie haben mir
die Treue gebrochen«, / spricht
Jahwe, der Herr.

Jerusalem – die treulose Frau

16 1 Das Wort Jahwes kam zu
mir. Er sagte: 2 »Du Mensch,
halte der Stadt Jerusalem ihre Gräuel-
taten vor 3 und sage:
›So spricht Jahwe, der Herr, zu Je-
rusalem: Du stammst aus dem Land
der Kanaaniter. Ein Amoriter* war
dein Vater, eine Hetiterin* deine
Mutter. 4 Und so erging es dir bei
deiner Geburt: Man schnitt dir nicht
die Nabelschnur ab, man hat dich
nicht gebadet und mit Salz einge-
rieben und dich nicht in Windeln
eingepackt. 5 Niemand hatte Mitleid
mit dir, niemand hat dich entspre-
chend versorgt. Man warf dich hinaus
aufs freie Feld – so verabscheut warst
du bei deiner Geburt.
6 Da kam ich vorbei und sah dich
zappeln in deinem Blut. Als du so da-
lagst, sagte ich zu dir: Du sollst leben!
Ja, zu dir in deinem Blut sagte ich: Du
sollst leben 7 und wachsen wie eine
Blume auf dem freien Feld. So blüh-
test du auf und wurdest zu einer
höchst anmutigen Frau. Deine Brüste
wölbten sich, das Schamhaar spross-
te, aber du warst nackt und bloß.
8 Als ich wieder vorbeikam, sah
ich, dass die Zeit der Liebe für dich

16,3 *Amoriter* kann sowohl für einen einzelnen Stamm als auch für alle Bewohner Kanaans stehen. Es waren semitische Einwanderer aus der Arabischen Wüste, die um 2000 v.Chr. ins Kulturland eindrangen.

Die *Hetiter* waren eine kleinasiatische Völkergruppe, die weder in Sprache noch in Herkunft eine erkennbare Einheit bildeten.

gekommen war. Da breitete ich mei-
nen Mantel über dir aus und bedeckte
deine Blöße. Ich schwor dir Treue und
schloss den Bund der Ehe mit dir. So
wurdest du mein. 9 Ich badete dich und
wusch dein Blut von dir ab. Dann salb-
te ich dich mit Öl 10 und zog dir ein
bunt gewirktes Kleid an. Ich gab dir
Sandalen aus Tachasch-Leder*, band
dir ein Kopftuch aus allerfeinstem Lei-
nen um und hüllte dich in Seide ein.
11 Dann legte ich dir Schmuck an:
Spangen für das Handgelenk, eine
Kette um den Hals, 12 einen Ring an
deine Nase und auch Ringe für die
Ohren, dazu einen kostbaren Reif an
die Stirn. 13 So warst du mit Gold und
Silber geschmückt, trugst Kleider aus
feinstem Leinen, Seide und bunt ge-
webten Stoffen. Du hattest Gebäck aus
feinem Mehl mit Honig und Öl. Und
du warst überaus schön, tauglich zu
einer Königin. 14 Der Ruf deiner
Schönheit, die durch meinen Schmuck
vollkommen wurde, ging durch alle
Welt‹, spricht Jahwe, der Herr.

15 ›Aber du hast auf deine Schönheit
vertraut, hast deinen Ruhm miss-
braucht und dich zur Hure gemacht.
Jeden, der vorüberkam, locktest du
mit deinen Reizen, jedem botest du
dich an. 16 Auf den Höhen, wo man
Götzen verehrt, hast du deine bunten
Kleider ausgebreitet und hurtest
herum, wie es niemals vorgekommen
ist und auch nie wieder geschehen
wird. 17 Dann nahmst du mein Ge-
schenk, den prächtigen Schmuck aus
Gold und Silber, und machtest
Männerbilder daraus und hurtest mit
ihnen. 18 Du hülltest sie in deine
bunten Kleider ein und botest ihnen
mein Öl und meinen Weihrauch an.
19 Und das Gebäck aus feinem Mehl
mit Honig und Öl, das ich dir gegeben
hatte, brachtest du zu ihnen, um sie
zu erfreuen. So weit kam es‹, spricht
Jahwe, der Herr.

20 ›Dann nahmst du sogar deine
Söhne und Töchter, die du mir gebo-
ren hattest, und hast sie geschlachtet,
ihnen zum Fraß. 21 War es nicht
genug mit deiner Hurerei, dass du
auch noch meine Söhne schlachten
und als Opfer für deine Götzen ver-
brennen musstest? 22 Und bei all
deinen Gräueltaten und deiner Pros-
titution hast du nicht an deine Jugend-
zeit gedacht, als du nackt und zap-
pelnd in deinem Blut dalagst.

23 Und nach all deiner Bosheit –
wehe, wehe dir, spricht Jahwe, der
Herr – 24 hast du dir auf jedem freien
Platz ein Hurenlager aufgeschlagen
und eine Stätte für den Götzendienst
errichtet. 25 An jeder Straßenecke
hast du so eine Stätte gebaut. Du hast
deine Schönheit schändlich miss-
braucht und deine Beine für jeden
gespreizt, der vorüberkam. Deine
sexuelle Unmoral wurde immer
größer. 26 Du hurtest mit deinen
Nachbarn, den Ägyptern mit dem
großen Glied, du tatest es, um mich
zu kränken. 27 Da strafte ich dich und
nahm dir einen Teil von dem, was ich
dir gab. Ich lieferte dich der Gier der
Philisterinnen aus, die dich hassten
und sich für deine Unmoral schäm-
ten. 28 Doch du hattest immer noch
nicht genug und triebst es mit den
Assyrern, und auch das reichte dir

16,10 *Tachasch-Leder.* Weichgegerbtes Leder aus Tümmler- oder Dachshäuten.

noch nicht. 29 Dann liefst du den
chaldäischen Krämern nach, und
auch da bekamst du nicht genug.
30 Du branntest darauf, dich hinzu-
geben, triebst es schlimmer als jede
Prostituierte‹, spricht Jahwe, der
Herr.

31 ›An jeder Straßenecke hast du
dein Hurenlager aufgeschlagen, deine
Stätte für den Götzendienst auf jedem
freien Platz errichtet. Dabei hast du
noch nicht einmal Geld für Sex ver-
langt. 32 Fremde Männer hast du statt
deines Ehemanns genommen. 33 Alle
Huren bezahlt man, doch du hast
deine Liebhaber mit Geschenken ge-
lockt, damit sie von überall herkamen,
um es mit dir zu treiben. 34 So mach-
test du das Gegenteil von dem, was
andere Prostituierte tun. Anderen
läuft man nach und gibt ihnen Geld,
doch du bezahltest noch für deinen
Liebesdienst. So sehr schlugst du aus
der Art.‹

35 Darum, du Hure, vernimm das
Wort Jahwes! 36 So spricht Jahwe, der
Herr:

›Weil du deinen Wert verschleudert
hast, weil du dich vor deinen Lieb-
habern und deinen abscheulichen
Götzen nackt ausgezogen und weil du
ihnen deine Kinder geopfert hast,
37 darum rufe ich jetzt deine Liebha-
ber zusammen, die, denen du gefielst,
und auch die, die du verabscheut
hast.‹ Wenn sie von überall her zu-
sammengelaufen sind, decke ich
deine Scham vor ihnen auf, dass alle
deine Blöße sehen. 38 Dann richte ich
dich, wie es das Gesetz für eine Ehe-
brecherin und Mörderin vorschreibt,
und ich lasse mit Grimm und Eifer
das Blutgericht an dir vollstrecken.
39 Ich liefere dich ihnen aus, dass sie
dein Hurenlager einreißen und deine
Höhen für den Götzendienst zer-
stören, dir deinen Schmuck nehmen,
die Kleider vom Leib reißen und
dich nackt und bloß liegenlassen.
40 Sie werden eine Volksversamm-
lung gegen dich einberufen, dich zu
Tode steinigen und mit ihren Schwer-
tern zerstückeln. 41 Vor den Augen
vieler Frauen werden deine Häuser
niedergebrannt. Sie sehen, wie man
das Urteil an dir vollstreckt. Dann ist
es aus mit deiner Hurerei, und du
wirst keinem mehr den Hurenlohn be-
zahlen. 42 Und wenn ich meinen Zorn
an dir gestillt habe, wird meine Eifer-
sucht aufhören, gegen dich zu wüten.
Ich werde Ruhe finden und dir nicht
mehr grollen. 43 Weil du deine Ju-
gendzeit vergessen und mich mit all
dem gereizt hast, habe auch ich dich
die Folgen tragen lassen, spricht
Jahwe, der Herr, damit du nach all
deinen Gräueln nicht noch weitere
Schandtaten verübst.

44 ›Wie die Mutter, so die Tochter!‹,
wird jeder sagen, der ein Sprichwort
zitiert. 45 Ja, du bist eine echte Tochter
deiner Mutter, die ihren Mann und
ihre Söhne verabscheute. Du bist auch
eine echte Schwester deiner Schwes-
tern, die sich nicht um Mann und Kin-
der scherten. Deine Mutter war eine
Hetiterin, dein Vater ein Amoriter.
46 Deine größere Schwester ist Sama-
ria im Norden mit ihren Tochterstäd-
ten, und deine kleinere ist Sodom im
Süden mit ihren Tochterstädten. 47 Du
bist nicht nur ihrem Beispiel gefolgt,
hast nicht nur ihre Schändlichkeiten
nachgemacht, sondern sie in kurzer
Zeit noch übertroffen.

48 So wahr ich lebe, spricht Jahwe,
der Herr: Deine Schwester Sodom
und ihre Töchter haben es nicht so
schlimm getrieben wie du und deine
Töchter! 49 Deine Schwester Sodom
war eingebildet. Sie lebte mit ihren
Töchtern in sorgloser Ruhe und im
Überfluss. Arme und Elende küm-
merten sie nicht. 50 Sie waren stolz
und taten abscheuliche Dinge. Als
ich das sah, schaffte ich sie weg.
51 Samaria hat nicht halb so viele Ab-
scheulichkeiten begangen wie du. Du
hast viel mehr gesündigt als sie. Du
hast es so schlimm getrieben, dass
deine Schwestern neben dir geradezu
gerecht erscheinen. 52 So trage auch
du deine Schande, weil du deine
Schwestern entlastet hast durch noch
abscheulichere Sünden! Nur deshalb
erscheinen sie gerechter als du. Darum
schäme auch du dich und trage deine
Schande, weil du so deine Schwestern
gerecht erscheinen lässt!

53 Einst werde ich ihr Schicksal
wenden, das Schicksal Sodoms und
Samarias und ihrer Töchter. Und auch
deine Gefangenschaft werde ich wen-
den, 54 damit du deine Schande trägst
und dich schämst für das, was du
tatest, und weil du sie damit entlastet
hast. 55 Deine Schwestern Sodom
und Samaria und auch du, ihr werdet
samt euren Tochterstädten wieder
sein wie früher. 56 In deinem Hoch-
mut hast du über Sodom die Nase ge-
rümpft. 57 Das war, bevor deine eige-
ne Bosheit aufgedeckt wurde. Und so
verhöhnen dich jetzt all deine Nach-
barinnen, die Edomiterinnen und die
Philisterinnen. 58 Du musst nun die
Folgen deiner Gräuel und Schand-
taten tragen‹, spricht Jahwe.

59 Denn so spricht Jahwe, der Herr:
›Ich werde mit dir tun, was du getan
hast. Du hast den Eid missachtet und
den Bund gebrochen. 60 Aber ich will
an meinen Bund mit dir denken, der
seit deiner Jugendzeit gilt, und will
einen ewigen Bund mit dir schließen.
61 Dann wirst du dich an dein Verhal-
ten erinnern und dich schämen, dann,
wenn du deine Schwestern zu dir
nimmst, die älteren und die jüngeren,
und ich sie dir als Töchter gebe. Doch
das geht nicht von deinem Bund aus.
62 Ich selbst werde meinen Bund mit
dir schließen. Dann wirst du erken-
nen, dass ich, Jahwe, es bin. 63 Dann
sollst du dich erinnern, sollst dich
schämen und nicht mehr wagen, den
Mund aufzutun, weil ich dir alles ver-
gebe, was du getan hast, spricht
Jahwe, der Herr.‹«

Der Adler und die Zeder

17 1 Das Wort Jahwes kam zu
mir. Er sagte: 2 »Du Mensch,
gib dem Haus Israel ein Rätsel auf,
erzähle ihm ein Gleichnis. 3 Sag zu
ihnen:

›So spricht Jahwe, der Herr: Ein
großer Adler mit riesigen Flügeln,
weiten Schwingen und dichten,
bunten Federn kam in den Libanon
und brach den Wipfel einer Zeder ab.
4 Den obersten Zweig riss er ab und
brachte ihn ins Land der Händler, in
eine Stadt der Kaufleute. 5 Dann
nahm er einen Steckling aus dem
Boden des Landes und pflanzte ihn
in ein gut bewässertes Feld. 6 Er
sollte wachsen und zu einem üppig
wuchernden Weinstock von nied-
rigem Wuchs werden. Seine Ranken
sollten sich zum Adler hin wenden

und seine Wurzeln unter ihm bleiben.
Tatsächlich wurde ein Weinstock
daraus, er bildete Triebe und ent-
faltete seine Ranken.
7 Da kam ein anderer Adler mit
großen Flügeln und dichtem Gefieder.
Auf einmal drehte der Weinstock
seine Wurzeln zu ihm hin und streckte
ihm seine Ranken entgegen. Er sollte
ihn tränken, besser als das Feld, in das
er gepflanzt war. 8 Dabei war er doch
in einen guten Boden mit reichlich
Wasser gepflanzt worden. Er hatte
alles, was er brauchte, um Ranken
zu treiben und Frucht zu bringen, um
zu einem prächtigen Weinstock zu
werden.‹
9 Sage: ›So spricht Jahwe, der Herr:
Wird er jetzt noch gedeihen? Wird
nicht der erste Adler an den Wurzeln
zerren und ihre Frucht abknicken,
dass sie vertrocknet und alle grünen
Triebe verdorren? Dann braucht man
nicht mehr viel Kraft und viele Men-
schen, um ihn mit den Wurzeln he-
rauszureißen. 10 Nun ist er verpflanzt,
doch wird er gedeihen? Wird er nicht
vertrocknen, sobald der heiße Ost-
wind ihn berührt, wird er nicht auf
seinem Feld völlig verdorren?‹«
11 Das Wort Jahwes kam zu mir. Er
sagte: 12 »Sag doch zu diesem sturen
Volk: ›Merkt ihr denn nicht, was das
Gleichnis bedeutet?‹ Sage: ›Passt auf!
Der König von Babylon kam nach
Jerusalem und nahm dessen König
und seine führenden Männer mit nach
Babylon. 13 An seine Stelle setzte er
einen anderen Spross der Königsfa-
milie, schloss einen Vertrag mit ihm
und ließ ihn Treue schwören. Die füh-
renden Männer des Landes jedoch
nahm er gefangen, 14 damit das Kö-
nigreich schwach bliebe und nicht
aufbegehrte, damit es den Bund hielte
und bestehen bliebe.* 15 Doch der
König brach den Vertrag und schickte
Gesandte nach Ägypten, um von dort
Pferde und Soldaten zu bekommen.
Wird das gut gehen? Wird der, der das
getan hat, davonkommen? Wird der,
der den Vertrag gebrochen hat, seiner
Strafe entgehen? 16 So wahr ich lebe,
spricht Jahwe, der Herr: Er wird
in Babylon sterben, der Stadt des
Königs, der ihn eingesetzt hat, des
Königs, dessen Vertrag er brach und
dessen Schwur er verachtete! 17 Und
der Pharao wird ihm nicht mit einem
großen Heer beistehen, wenn man
einen Wall um die Stadt aufschüttet
und Belagerungstürme baut und viele
Menschen den Tod finden. 18 Hat
er doch den Eid verachtet und den
Vertrag gebrochen. Er hatte sich mit
Handschlag verpflichtet und dennoch
all dieses getan. Er wird nicht ent-
kommen!*
19 Darum spricht Jahwe, der Herr:
So wahr ich lebe, das wird er mir
büßen! Denn er hat meinen Eid ver-
achtet und meinen Vertrag gebro-
chen! 20 Ich spanne mein Netz über
ihn aus und fange ihn in meinem
Garn. Ich bringe ihn nach Babylon

17,14 Vergleiche 2. Könige 24,8-17 zu den Versen 13-14.

17,18 Vergleiche 2. Könige 24,18 – 25,21 zu den Versen 15-21. Hesekiël beschreibt die Rebellion Zidkijas, die 588 v.Chr. begann und 586 v.Chr. zum Ende des Staates Juda führte. Wenn er sein Buch in chronologischer Ordnung abfasste, dann empfing er diese Botschaft drei Jahre vor dem Eintreten der Ereignisse, zwischen 592 (8,1) und 591 v.Chr. (20,1).

und stelle ihn dort vor mein Gericht,
denn mir ist er untreu geworden!
21 Seine Soldaten versuchen zu flie-
hen und werden mit dem Schwert
niedergemacht. Der Rest wird in alle
Winde zerstreut. Dann werdet ihr
erkennen, dass ich, Jahwe, geredet
habe.‹

22 So spricht Jahwe, der Herr: ›Ich
selbst nehme einen zarten Trieb vom
Wipfel der Zeder und pflanze ihn auf
einem hoch aufragenden Berg ein.
23 Auf dem hohen Berg Israels* werde
ich ihn einpflanzen. Dort wird er
Zweige treiben und Frucht tragen und
zu einer herrlichen Zeder werden. In
ihren Zweigen werden alle Arten von
Vögeln wohnen, ja alles, was Flügel
hat, wohnt im Schatten ihrer Zweige.
24 Dann werden alle Bäume auf dem
Feld erkennen, dass ich, Jahwe, es bin,
der den hohen Baum erniedrigt und
den niedrigen Baum erhöht, der den
grünen Baum vertrocknen lässt und
den dürren Baum zum Blühen bringt.
Ich, Jahwe, sage das, und ich tue es
auch.‹«

Grundsätze der Gerechtigkeit Gottes

18 1 Das Wort Jahwes kam zu
mir. Er sagte: 2 »Wie kommt
ihr dazu, dieses Sprichwort im Land
Israel zu gebrauchen? Ihr sagt: ›Die
Väter essen saure Trauben, und die
Söhne bekommen die stumpfen
Zähne.‹«

3 »So wahr ich lebe, spricht Jahwe,
der Herr: Diesen Spruch soll keiner
von euch mehr benutzen! 4 Seht, alle
Menschen gehören doch mir. Mir
gehört das Leben des Vaters und das
Leben des Sohnes. Nur wer sündigt,
muss sterben! 5 Wenn jemand das
Rechte tut und lebt, wie es mir gefällt,
6 wenn er nicht von den Opfern auf
den Bergen isst, nicht zu den Götzen
des Hauses Israel aufschaut, wenn
er die Frau seines Nächsten nicht
berührt und auch nicht seine eigene
Frau, wenn sie ihre Tage hat, 7 wenn
er niemand unterdrückt und dem
Schuldner sein Pfand wiedergibt*,
wenn er sein Brot mit dem Hungern-
den teilt und den Nackten mit Klei-
dung versorgt, 8 wenn er keinen Wu-
cherzins nimmt und sich nicht an Un-
recht beteiligt und im Gericht ein un-
parteiisches Urteil fällt, 9 wenn er sich
an meine Ordnungen hält und treu
tut, was recht vor mir ist – der ist ge-
recht. Er soll am Leben bleiben,
spricht Jahwe, der Herr.

10 Hat er aber einen Sohn, der ge-
walttätig wird, der Blut vergießt oder
sonst etwas von dem Genannten tut,
11 was sein Vater vermieden hat,
wenn er sogar von den Opfern auf den
Bergen isst und mit anderen Frauen
schläft, 12 wenn er Schutzlose unter-
drückt, andere beraubt und dem
Schuldner das Pfand nicht zurück-
gibt, wenn er Abscheuliches tut und
sich mit Götzen einlässt, 13 oder wenn
er Wucherzins nimmt, sollte er am
Leben bleiben? Nein! Wer solch ab-
scheuliche Dinge tut, der muss getötet
werden. Und er ist selbst an seinem
Tod schuld.

17,23 *Berg Israels.* Gemeint ist offenbar der Tempelberg, siehe Hesekiel 20,40.

18,7 *Pfand wiedergibt.* Siehe 5. Mose 24, 10-13.

14 Aber vielleicht hat er auch einen
Sohn, der die Sünden seines Vaters
sieht, aber nichts dergleichen tut.
15 Er isst nicht von den Opfern auf
den Bergen und schaut nicht zu den
Götzen des Hauses Israel auf, er
schläft nicht mit einer anderen Frau
16 und beutet niemand aus, er fordert
kein Pfand und begeht keinen Raub,
er gibt dem Hungernden von seinem
Brot und versorgt den Nackten mit
Kleidung, 17 er vergreift sich nicht
an Schutzlosen und nimmt keinen
Wucherzins, er hält sich an meine
Ordnungen und tut, was recht vor mir
ist: Er muss nicht für die Schuld
seines Vaters sterben. Er soll am
Leben bleiben.

18 Nur sein Vater, der andere in
seinem Volk erpresst und beraubt hat
und tat, was nicht gut war, muss
wegen seiner Schuld sterben. 19 Doch
ihr fragt: ›Warum wird der Sohn nicht
mit dem Vater bestraft?‹ – Weil er
getan hat, was gut und richtig ist, und
alle meine Gebote befolgte, darum
wird er auf jeden Fall am Leben blei-
ben! 20 Nur wer sündigt, muss ster-
ben. Der Sohn soll nicht die Schuld
des Vaters tragen und der Vater nicht
die des Sohnes. Die Gerechtigkeit
kommt nur dem zugute, der recht vor
Gott lebt, und die Schuld lastet nur auf
dem Schuldigen.

21 Wenn der Gottlose umkehrt und
das Sündigen lässt, sich an meine
Ordnungen hält und tut, was gut und
richtig ist, dann soll er am Leben
bleiben und muss nicht sterben.
22 Keine von allen Sünden, die er
begangen hat, soll ihm noch angelas-
tet werden. Weil er danach getan hat,
was vor Gott recht ist, soll er am
Leben bleiben. 23 Meint ihr, es gefällt
mir, wenn ein Gottloser stirbt?«, sagt
Jahwe, der Herr. »Nein, ich freue
mich, wenn er sein Leben ändert und
am Leben bleibt.

24 Wenn aber ein Gerechter nicht
mehr recht vor mir lebt, wenn er
anfängt, Böses zu tun, und dieselben
Abscheulichkeiten begeht wie der
Gottlose, soll er dann am Leben
bleiben? Nein! Keine von all seinen
gerechten Taten wird ihm angerech-
net werden. Weil er sich der Untreue
schuldig gemacht und Böses getan
hat, muss er sterben!

25 Wenn ihr nun sagt: ›Was der Herr
tut, ist nicht recht!‹, so hört mir zu, ihr
Leute von Israel: Meine Handlungs-
weise soll nicht richtig sein? Sind
nicht vielmehr eure Handlungen
falsch? 26 Wenn ein Gerechter nicht
mehr recht vor mir lebt, wenn er an-
fängt, Unrecht zu tun und daraufhin
stirbt, so stirbt er wegen des Un-
rechts, das er getan hat. 27 Wenn aber
ein Gottloser umkehrt, sein gesetz-
loses Handeln lässt und tut, was gut
und richtig ist, dann wird er sein
Leben retten. 28 Sieht er es ein und
lässt sein gesetzwidriges Tun, soll er
am Leben bleiben und nicht sterben.
29 Wenn also das Haus Israel sagt:
›Was der Herr tut, ist nicht recht!‹ –
sollte wirklich meine Handlungsweise
nicht die richtige sein, ihr Leute von
Israel? Sind nicht vielmehr eure
Handlungen falsch?

30 Darum werde ich euch das Urteil
sprechen, ihr Leute von Israel! Jeder
bekommt das, was er durch seine
Taten verdient hat, spricht Jahwe, der
Herr. Kehrt also um und macht
Schluss mit allem Unrecht, damit es

euch nicht zur Schuldfalle wird!
31 Trennt euch von allen Vergehen,
mit denen ihr euch an mir vergangen
habt, und schafft euch so ein neues
Herz und einen neuen Geist! Warum
wollt ihr denn sterben, ihr Leute von
Israel? 32 Mir gefällt es nicht, wenn
ein Mensch sterben muss, spricht
Jahwe, der Herr. Kehrt also um, damit
ihr am Leben bleibt!«

Klagelied über Israels Fürsten

19 1 Stimm du ein Klagelied
über Israels Fürsten an! 2 Es
lautet so:
»Welch eine Löwin war deine
Mutter! / Unter Löwen hatte sie
ihr Lager, / unter jungen Löwen
zog sie ihre Jungen auf. 3 Eins
von ihren Jungen zog sie groß, /
und es wurde ein starker Löwe. /
Er lernte, Beute zu reißen, / und
fraß Menschen. 4 Die Völker
hörten von ihm / und fingen ihn in
ihrer Grube. / Sie schleppten ihn
an Haken nach Ägypten. 5 Als die
Löwin sah, dass sie vergeblich
gehofft, / ja dass ihre Hoffnung
verloren war, / nahm sie noch eins
von ihren Jungen / und machte es
zum starken Löwen. 6 Auch dieser
lebte unter Löwen, / wurde ein
mächtiges Tier. / Er lernte, Beute
zu reißen, / und fraß Menschen.
7 Er kannte ihre Paläste / und
zerstörte ihre Städte. / Das Land
und alles darin erstarrte bei seinem
Gebrüll. 8 Da setzte man Völker
gegen ihn ein / aus den Ländern
ringsum. / Sie warfen ihr Netz
über ihn / und packten ihn in ihrer
Grube. 9 An Haken zerrten sie ihn
in den Käfig / und brachten ihn
zum König von Babel. / Der
sperrte ihn in einen Zwinger. /
Und auf den Bergen Israels hört
man sein Gebrüll nicht mehr.«
10 Deine Mutter war wie
ein Weinstock / am Wasser
gepflanzt, / der Reben trieb /
und voller Früchte hing, / weil er
reichlich Wasser bekam. 11 Seine
Reben wurden stark / und waren
selbst für Zepter gut; / sein Wuchs
war hoch, / er ragte über das
Laubwerk, / weit sichtbar durch
seine Höhe / und die Menge seiner
Reben. 12 Doch im Zorn riss man
ihn aus / und warf ihn auf die
Erde; / der Ostwind dörrte ihn, /
und seine Früchte riss man ab; /
die mächtigen Reben verdorrten /
und wurden vom Feuer verzehrt.
13 Nun war er in die Wüste
gepflanzt, / in ein trockenes,
durstiges Land. 14 Feuer fuhr von
einer seiner Reben aus / und
verzehrte seine Frucht. / Nun war
keine starke Rebe mehr an ihm, /
kein Zepter zum Herrschen
geeignet.«

Dies ist ein Klagelied – es bleibt nur
noch die Klage!

Rebellisches Israel

20 1 Am 10. August* im 7. Jahr
unserer Verbannung kamen
einige von den Ältesten Israels, um

***20,1** August.* Wörtlich: im 5. Monat. Es war im Jahr 591 v. Chr., fünf Jahre vor der Zerstörung Jerusalems.

Jahwe zu befragen. Sie setzten sich
vor mich hin. 2 Da kam das Wort
Jahwes zu mir: 3 »Du Mensch, ant-
worte den Ältesten Israels folgender-
maßen: ›So spricht Jahwe, der Herr:
Um mich zu befragen, kommt ihr? So
wahr ich lebe, ich werde mich keines-
falls von euch befragen lassen, spricht
Jahwe, der Herr.‹ 4 Willst du sie nicht
richten, Mensch? Willst du nicht
über sie Gericht halten? Halte ihnen
die Schändlichkeiten ihrer Väter vor.
5 Sage ihnen: ›So spricht Jahwe, der
Herr:

Als ich Israel erwählte, erhob ich
meine Hand und schwor den Nach-
kommen Jakobs einen Eid, in Ägypten
gab ich mich ihnen zu erkennen und
schwor: Ich bin Jahwe, euer Gott!
6 An dem Tag erhob ich meine Hand
zum Schwur, dass ich sie aus Ägypten
herausführe in ein Land, das ich für
sie ausgesucht hatte, das von Milch
und Honig überfließt und eine Zierde
aller Länder ist. 7 Ich befahl ihnen:
Werft die Scheusale weg, die ihr vor
Augen habt, besudelt euch nicht an
den Götzen Ägyptens! Ich bin Jahwe,
euer Gott! 8 Aber sie widersetzten sich
mir und gehorchten mir nicht. Keiner
warf die Scheusale weg, die er vor
Augen hatte. Sie wollten sich nicht
von den Götzen Ägyptens trennen. Da
wollte ich meinem Zorn freien Lauf
lassen, noch in Ägypten sollten sie ihn
zu spüren bekommen. 9 Aber ich ver-
schonte sie um meiner selbst willen.
Ich wollte nicht, dass mein Ansehen
bei den Völkern, unter denen sie
waren, geschädigt würde. Denn vor
ihren Augen hatte ich geschworen,
mein Volk aus Ägypten heraus zu
führen.

10 So führte ich sie aus Ägypten und
brachte sie in die Wüste. 11 Dort gab
ich ihnen meine Ordnungen und Ge-
bote bekannt, durch die ein Mensch
sein Leben bewahrt, wenn er sie be-
folgt. 12 Ich gab ihnen auch meine
Sabbate als Bundeszeichen zwischen
mir und ihnen. Daran sollte man
erkennen, dass ich, Jahwe, es bin,
der sie heilig macht.

13 Aber die Israeliten trotzten mir in
der Wüste. Sie hielten sich nicht an
meine Ordnungen und verwarfen
meine Gebote, durch die ein Mensch
sein Leben bewahrt, wenn er sie hält.
Auch meine Sabbate entweihten sie
völlig. Da wollte ich meinem Zorn frei-
en Lauf lassen und sie in der Wüste
vernichten. 14 Aber ich verschonte sie
um meiner selbst willen. Ich wollte
nicht, dass mein Ansehen bei den
Völkern beschädigt würde. Denn vor
ihren Augen hatte ich mein Volk aus
Ägypten heraus geführt. 15 Doch in der
Wüste erhob ich meine Hand zum
Schwur, dass ich sie nicht in das Land
bringen würde, das ich ihnen zuge-
dacht hatte, das von Milch und Honig
überfließt und eine Zierde aller Länder
ist. 16 Denn sie hingen immer noch an
ihren Götzen, verwarfen meine Gebo-
te, lebten nicht in meinen Ordnungen
und schändeten meine Sabbate.
17 Doch dann schaute ich sie mitleidig
an und vernichtete sie nicht. Ich rottete
sie in der Wüste nicht völlig aus.

18 Zu ihren Söhnen sagte ich in der
Wüste: Lebt nicht in den Ordnungen
eurer Väter, folgt nicht ihren Geboten
und besudelt euch nicht an ihren
Götzen! 19 Ich bin Jahwe, euer Gott!
Lebt in meinen Ordnungen und haltet
meine Gebote! 20 Haltet auch meine

Sabbate! Denn diese Tage sind mir
geweiht und sollen das Zeichen für
den Bund zwischen mir und euch
sein, damit ihr erkennt, dass ich
Jahwe, euer Gott, bin.
21 Aber auch die Söhne widersetz-
ten sich mir. Sie hielten sich nicht
an meine Ordnungen und verwarfen
meine Gebote, durch die ein Mensch
sein Leben bewahrt, wenn er sie hält.
Auch meine Sabbate schändeten sie.
Da wollte ich meinem Zorn freien
Lauf lassen und sie in der Wüste ver-
nichten. 22 Aber ich hielt mich zurück
und verschonte sie um meiner selbst
willen. Ich wollte nicht, dass mein
Ansehen bei den Völkern beschädigt
würde, vor deren Augen ich mein Volk
aus Ägypten geführt hatte. 23 Doch in
der Wüste erhob ich meine Hand zum
Schwur, dass ich sie unter die Völker
zerstreuen und in alle Länder ver-
treiben werde. 24 Denn sie verwarfen
meine Gebote, lebten nicht in meinen
Ordnungen und schändeten meine
Sabbate. Ihre Augen hingen immer
noch an den Götzen ihrer Väter. 25 Da
lieferte ich sie Ordnungen aus, die
nicht gut waren und Geboten, die es
ihnen unmöglich machten, am Leben
zu bleiben.* 26 Durch ihre Opfer-
gaben besudelte ich sie. Sie brachten
mir nämlich alle Erstgeborenen als
Brandopfer. Ich wollte ihnen Ent-
setzen einjagen, denn sie sollten er-
kennen, dass ich bin, der ich bin –
Jahwe!‹
27 Du Mensch, sag darum zu den
Leuten von Israel: ›So spricht Jahwe,
der Herr: Eure Vorfahren haben mich
auch dadurch beleidigt, dass sie mir
untreu wurden. 28 Als ich sie nämlich
in das Land gebracht hatte – ich hatte
ja meine Hand erhoben und geschwo-
ren, das zu tun –, da begannen sie, auf
jedem hohen Hügel und unter jedem
dichtbelaubten Baum Opfermahle zu
feiern und brachten dort ihre Räu-
cher- und Trankopfer dar. 29 Ich fragte
sie: Was habt ihr da auf der Höhe zu
suchen? – Deshalb nennt man diese
Stätten Opferhöhen* bis heute*.‹
30 Darum sage zu den Leuten von
Israel: ›So spricht Jahwe, der Herr:
Wollt ihr euch genauso besudeln wie
eure Väter und herumhuren mit ihren
abscheulichen Götzen? 31 Ja, da-
durch, dass ihr ihnen eure Gaben
bringt und eure Kinder als Opfer ver-
brennt, besudelt ihr euch an euren
Scheusalen. Und da soll ich mich von
euch befragen lassen, ihr Israeliten?
So wahr ich lebe, spricht Jahwe, der
Herr: Von mir bekommt ihr keine
Auskunft!‹«

Gott bringt sein Volk zur Umkehr

32 »Und was euch in den Sinn gekom-
men ist, darf niemals geschehen. Ihr
sagt nämlich: ›Wir wollen wie die an-
deren Völker sein, wir wollen Holz
und Stein verehren!‹ 33 So wahr ich
lebe, spricht Jahwe, der Herr: ›Ich
werde mich als euer König erweisen;
mit starker Hand und erhobenem Arm
lasse ich meinem Zorn freien Lauf.
34 Ich werde euch aus den Völkern
herausführen und euch aus den
Ländern holen, in die ich euch zer-

20,25 Vergleiche die Handlungsweise Gottes in Römer 1,24-32.

20,29 *Opferhöhen*. Eigentlich: *Höhen*.
heute. Das meint den Zeitpunkt, als das Buch verfasst wurde.

streut habe. Mit starker Hand und er-
hobenem Arm lasse ich meinem Zorn
freien Lauf 35 und führe euch in die
Wüste zwischen den Völkern. Dort
gehe ich persönlich mit euch ins Ge-
richt. 36 Ich werde euch zur Rechen-
schaft ziehen, wie ich es mit euren
Vätern in der Wüste Ägyptens getan
habe‹, spricht Jahwe, der Herr. 37 ›Ich
werde euch zur Einzelprüfung unter
dem Hirtenstab durchziehen lassen
und so in die Ordnungen meines Bun-
des bringen. 38 Und alle, die sich em-
pört und mit mir gebrochen haben,
werde ich von euch trennen. Ich
werde sie zwar aus dem Land heraus-
führen, in dem sie als Fremde gelebt
haben, aber den Boden Israels werden
sie nicht betreten. Dann werdet ihr er-
kennen, dass ich bin, der ich bin –
Jahwe!

39 Aber was euch betrifft, ihr Leute
von Israel‹, spricht Jahwe, der Herr,
›geht doch hin und dient euren
Götzen! Ihr werdet schon sehen, was
ihr davon habt. Zuletzt aber werdet ihr
meinen heiligen Namen nicht mehr
entweihen mit euren Opfergaben und
Götzen. 40 Denn auf meinem heiligen
Berg, dem hohen Berg Israels, spricht
Jahwe, der Herr, wird das ganze Volk
Israel mir dienen, alle, die sich im
Land befinden. Dort werde ich ihnen
meine Gnade schenken. Dort werde
ich eure Opfergaben, die Erstanteile
eurer Ernte und eure Weihgaben an-
nehmen. 41 Dort, beim Opfergeruch,
der mich erfreut, werde ich euch voller
Liebe wieder annehmen, nachdem ich
euch aus den Völkern herausgeführt
und aus den Ländern geholt habe, in
die ich euch zerstreut hatte. So werde
ich mich vor den Augen aller Völker als
der Heilige erweisen. 42 Und wenn ich
euch wieder in das Land Israel bringe,
das ich euren Vorfahren unter Eid zu-
gesagt hatte, werdet ihr erkennen,
dass ich bin, der ich bin – Jahwe!
43 Dort werdet ihr an euer Verhalten
denken und an eure Taten, mit denen
ihr euch besudelt habt. Ihr werdet Ekel
vor euch selbst empfinden, wenn ihr
an all das Böse denkt, das ihr getan
habt. 44 Dann werdet ihr erkennen,
dass ich es bin – Jahwe, wenn ich um
meinetwillen so mit euch umgegangen
bin, ihr Leute von Israel, und nicht,
wie ihr es mit eurem bösen Verhalten
und eurem Verderben bringenden Tun
verdient habt, spricht Jahwe, der
Herr.‹«

Das Gleichnis vom Waldbrand

21 1 Das Wort Jahwes kam zu
mir. Er sagte: 2 »Du Mensch,
blick nach Süden und lass deine Rede
dorthin strömen, weissage gegen den
Wald im Negev, dem heißen Land im
Süden. 3 Sage zum Wald des Negev:
Höre das Wort Jahwes! So spricht
Jahwe, der Herr: ›Pass auf! Ich werde
ein Feuer in dir anzünden, das alle
deine Bäume verzehrt, die grünen
ebenso wie die dürren. Seine lodernde
Flamme wird nicht verlöschen, und
alle Gesichter, vom Süden bis zum
Norden, werden durch sie versengt.
4 Alle Welt soll erkennen, dass ich,
Jahwe, den Brand gelegt habe, der
nicht erlöschen wird.‹« 5 Da erwiderte
ich: »Ach Herr, Jahwe! Sie halten mir
vor, dass ich nur Rätsel dichte!«

6 Da kam das Wort Jahwes zu mir.
Er sagte: 7 »Du Mensch, blick in
Richtung Jerusalem und lass deine
Rede gegen die Heiligtümer strömen,

weissage gegen das Land Israel! 8 Sag
zum Land Israel: ›So spricht Jahwe:
Pass auf! Jetzt gehe ich gegen dich
vor! Ich ziehe mein Schwert und rotte
die Gerechten und die Gottlosen in
dir aus. 9 Alle Menschen, vom Süden
bis zum Norden, wird mein Schwert
treffen, Gerechte und Gottlose.
10 Und alle Welt soll erkennen, dass
ich, Jahwe, mein Schwert gezogen
habe und es nicht wieder in seine
Scheide stecke.‹

11 Doch du, Mensch, stöhne! Vor
ihren Augen sollst du zusammenbre-
chen und vor Schmerz unaufhörlich
stöhnen. 12 Und wenn sie dich fragen:
›Weshalb stöhnst du so?‹, dann sage:
›Wegen der Nachricht, die kommen
wird. Dann werden alle mutlos und
verzagt, alle Hände werden schlaff
und alle Knie werden weich. Ja, es
kommt und geschieht, spricht Jahwe,
der Herr.‹«

Das Lied vom Schwert

13 Das Wort Jahwes kam zu mir. Er
sagte: 14 »Du Mensch, weissage! Du
sollst sagen: So spricht Jahwe:

›Ein Schwert, ein Schwert, /
geschärft und poliert;
15 geschärft für eine Metzelei, /
poliert, dass es blitzt!

Oder sollen wir uns freuen am Stock
für meinen Sohn? Das Schwert ver-
achtet solches Holz.

16 Man gab es zum Schleifen, /
dann packt es die Faust. / Ein
Schwert, geschärft und poliert, /
dem Scharfrichter ist es gegeben.
17 Schrei und heule, Mensch, /
denn es zielt auf mein Volk, / auf
alle Fürsten Israels. / Sie sind dem
Schwert verfallen, / genauso wie
mein Volk. / Schlag dir auf die
Hüfte, 18 denn es wurde erprobt!‹

›Doch was, wenn der verachtete Stock
nicht mehr ist?‹, spricht Jahwe, der
Herr.

19 Weissage, Mensch, / und schlag
die Hände zusammen! / Da ver-
doppelt sich das Schwert, / ja drei-
fach wird es sein! / Es sei das
Schwert der Erschlagenen, / ein
großes Mordschwert, / das sie von
allen Seiten umkreist. 20 Das Herz
sei voller Angst, / und viele sollen
fallen! / An allen ihren Toren wütet
das Schwert. / Ja, zum Blitzen bist
du gemacht, / zum Schlachten ge-
schärft! 21 Zeig, dass du scharf
bist! / Zucke nach rechts, / fahre
nach links, / wohin deine Schneide
sich richtet! 22 Auch ich schlag die
Hände zusammen / und stille
meinen Zorn. / Ich, Jahwe, habe
gesprochen.«

23 Das Wort Jahwes kam zu mir. Er
sagte: 24 »Du Mensch, stell zwei
Wege für dich dar, auf denen der
König von Babylon mit seinem Heer
kommt. Beide Wege gehen vom
selben Land aus. Und stell einen
Wegweiser an der Gabelung auf.
25 Einer soll nach Rabba zeigen, der
Hauptstadt der Ammoniter, und einer
nach Jerusalem, der befestigten jüdi-
schen Stadt. 26 Denn der König von
Babylon bleibt an der Wegscheide
stehen und befragt das Orakel.
Er schüttelt die Pfeile, befragt die

Terafim* und beschaut die Leber.
27 Dann hält er in seiner rechten
Hand den Entscheid des Orakels:
Jerusalem. Jetzt wird er das Kriegs-
geschrei gegen die Stadt erheben,
Sturmböcke an ihre Tore stellen,
Wälle aufschütten und Belagerungs-
türme bauen. 28 Doch die Leute von
Jerusalem bilden sich ein, es sei ein
Lügenorakel, denn man hat ihnen ja
heilige Eide geschworen. Aber der
König von Babel bringt ihre ganze
Schuld ans Licht und nimmt sie ge-
fangen.«

29 Darum spricht Jahwe, der Herr:
»Weil ihr eure Schuld in Erinnerung
brachtet, indem ihr eure Verbrechen
aufdeckt und man die Sünden in all
eurem Tun erkennt, weil ihr euch so in
Erinnerung brachtet, werdet ihr mit
harter Hand gepackt! 30 Und du gott-
loser Schurke, du König Israels, für
den der Tag der endgültigen Abrech-
nung gekommen ist: 31 Weg mit dem
Kopfbund, herunter mit der Krone,
spricht Jahwe, der Herr. Nichts bleibt,
wie es ist! Der Niedrige wird erhöht
und der Mächtige gestürzt! 32 In
Trümmer lege ich Jerusalem, in
Trümmer, in Trümmer! Auch das
bleibt nicht, bis der kommt, dem es
rechtmäßig gehört. Ihm gebe ich es.

33 Du Mensch, weissage Folgendes:
›So spricht Jahwe, der Herr, über die
Ammoniter und ihren Hohn:

Schwert, Schwert, gezückt zum
Schlachten, poliert zum Fressen,
damit es wie ein Blitz einschlägt.
34 Du wirst an die Hälse der schänd-
lichen Frevler gelegt, während man
noch Nichtiges schaut und Lüge
orakelt, denn der Tag der endgültigen
Abrechnung ist da! 35 Doch dann
zurück in deine Scheide, Schwert!
Auch dich will ich richten im Land
deiner Herkunft, am Ort, wo du ge-
schaffen wurdest. 36 Ich lasse meinem
Zorn freien Lauf und fache meinen
Grimm gegen dich an. Ich gebe dich
viehischen Männern in die Hand:
Schmieden des Verderbens. 37 Du
wirst vom Feuer verzehrt, dein eige-
nes Land trinkt dein Blut. Man wird
dich vergessen.‹ Ich habe es gesagt,
ich, Jahwe.«

Das Urteil

22 1 Das Wort Jahwes kam zu
mir. Er sagte: 2 »Mensch,
willst du richten? Willst du die Stadt der
Mörder richten? Dann halte ihr die
Gräueltaten vor, die sie beging, 3 und
sage: ›So spricht Jahwe, der Herr:

Du Stadt, die Blut in ihren Mauern
vergießt und damit ihr Ende herauf-
beschwört, die sich besudelt durch
ihre Götzen! 4 Durch dein Blutver-
gießen bist du schuldig geworden,
und durch deine Götzen hast du dich
besudelt. Damit hast du deinen Un-
tergang herbeigeführt. Du bist ans
Ende deiner Jahre gekommen. Des-
halb mache ich dich zu einem Zeichen
der Schande unter den Völkern und
gebe dich preis ihrem höhnischen
Spott. 5 Die Nahen und die Fernen
verhöhnen dich, denn dein Name ist
besudelt, deine Verbrechen sind groß.
6 Die Fürsten Israels in dir miss-
brauchten ihre Macht, um Blut zu

21,26 *Terafim.* Abbilder oder Figuren von Schutzgeistern bzw. Hausgötzen, die auch zu Orakelzwecken benutzt wurden.

vergießen. 7 In dir verachtet man
Vater und Mutter, in deiner Mitte
erpresst man den Fremden und unter-
drückt Waisen und Witwen. 8 Was
mir heilig ist, verachtest du und
schändest den Sabbat. 9 Es gibt Ver-
leumder in dir, die Menschen dem
Tod ausliefern. Auf deinen Bergen
feiert man Opfermahle, und in deiner
Mitte begeht man die schlimmsten
Untaten. 10 Man schläft mit der Frau
des eigenen Vaters und verkehrt mit
Frauen während ihrer Monatsblu-
tung. 11 Der eine hat Sex mit der Frau
seines Nächsten, der andere schändet
seine Schwiegertochter und der dritte
missbraucht seine Schwester. 12 Be-
stochene Richter sprechen Todes-
urteile aus, man nimmt Wucherzinsen
und erpresst seinen Nächsten. Doch
mich, mich hast du vergessen, spricht
Jahwe, der Herr.

13 Ich schlage die Hände wegen
deiner Raffgier zusammen und wegen
der Morde, die in deiner Mitte ge-
schehen sind. 14 Bildest du dir ein,
du könntest vor mir bestehen? Meinst
du, deine Hände bleiben stark, wenn
ich mich mit dir befasse? Ich, Jahwe,
habe es gesagt, und ich werde es
tun! 15 Ich werde dich unter die Völker
zersprengen, vertreibe dich in alle
Länder und mache deinem gottlosen
Treiben ein Ende. 16 Vor den Augen
aller Völker wirst du durch dich selbst
besudelt werden. Du sollst erkennen,
dass ich bin, der ich bin – Jahwe!‹«

Der Schmelzofen

17 Das Wort Jahwes kam zu mir. Er
sagte: 18 »Du Mensch, das Haus Isra-
el ist für mich wie Schlacke geworden,
wie Schlacke beim Silberschmelzen,
die nur noch Kupfer, Zinn, Eisen und
Blei enthält. 19 Darum spricht Jahwe,
der Herr: ›Weil ihr alle zu Schlacke ge-
worden seid, häufe ich euch in Jerusa-
lem auf. 20 Wie man Silber, Kupfer,
Eisen, Blei und Zinn in einem
Schmelzofen zusammenbringt, um
Feuer darunter anzublasen, so bringe
ich euch zusammen und lasse euch die
Glut meines Zorns spüren. 21 Ja, ich
werde euch zusammenwerfen und
das Feuer meines Grimms unter
euch anblasen, dass ihr darin ausge-
schmolzen werdet. 22 Wie das Silber
im Ofen, so sollt ihr in meinem
Grimm geschmolzen werden. Ihr sollt
erkennen, dass ich, Jahwe, meinen
glühenden Zorn über euch ausge-
gossen habe.‹«

Alle sind schuld

23 Das Wort Jahwes kam zu mir. Er
sagte: 24 »Sprich zum Land Israel,
Mensch: ›Du bist so besudelt, dass ich
am Tag meines Zorns keinen Regen
mehr schicke.‹ 25 Die Rotte seiner
Propheten hat sich verschworen. Sie
verschlingen Seelen wie ein brüllen-
der Löwe, der Beute reißt. Sie rauben
Schätze zusammen und haben viele
Frauen zu Witwen gemacht. 26 Seine
Priester tun meinem Gesetz Gewalt an
und entweihen, was mir heilig ist. Sie
machen keinen Unterschied zwischen
heiligen und unheiligen Dingen, sie
belehren nicht über rein und unrein
und verschließen ihre Augen vor dem
Sabbat. So werde ich unter ihnen ent-
weiht. 27 Seine Oberen sind wie räu-
berische Wölfe. Sie vergießen Blut,
verderben Seelen, nur um sich zu be-
reichern. 28 Und seine Propheten
schmieren Lehm darüber, indem sie

Hirngespinste schauen und ihnen
falsche Orakel verkünden und dabei
sagen: ›So spricht Jahwe, der Herr!‹
Dabei hat Jahwe gar nicht geredet.
29 Das Volk des Landes erpresst
und raubt, es plündert und plagt den
Elenden und Armen und verweigert
dem Fremden sein Recht. 30 Ich
suchte einen Mann unter ihnen, der
die Mauer zumauert oder der für das
Land in die Bresche springt und
mir entgegentritt, damit ich es nicht
vernichten muss. Doch ich fand
keinen. 31 So schütte ich die Glut
meines Zorns über sie aus und ver-
nichte sie in meinem Grimm. Ihr Tun
lasse ich auf sie selbst zurückfallen,
spricht Jahwe, der Herr.«

Die schamlosen Schwestern

23 1 Das Wort Jahwes kam zu
mir. Er sagte: 2 »Du Mensch,
da gab es zwei Frauen, Töchter einer
Mutter. 3 Schon in ihrer Jugend, in
Ägypten, lebten sie in Unmoral und
ließen ihre Brüste betasten. Dort
befühlte man ihren mädchenhaften
Busen. 4 Die ältere Schwester hieß
Ohola*, die jüngere Oholiba*. Ohola
ist Samaria und Oholiba Jerusalem.
Sie wurden meine Frauen und ge-
baren mir Söhne und Töchter.

5 Ohola aber brach die Ehe mit
mir. Sie hofierte ihre Liebhaber, die
kampftüchtigen Assyrer, 6 die in Pur-
pur gekleideten Statthalter und Offi-
ziere, allesamt schöne junge Männer
hoch zu Ross. 7 Mit ihnen ließ sie sich
ein – es war die Elite von Assur –,
ihnen gab sie sich hin, und mit ihren
Götzen besudelte sie sich. 8 Doch
auch das, was sie in Ägypten getrie-
ben hatte, gab sie nicht auf. Denn die
Ägypter hatten schon in ihrer Jugend
bei ihr gelegen, ihren mädchenhaften
Busen befühlt und Verkehr mit ihr ge-
habt. 9 Darum gab ich sie der Gewalt
ihrer Liebhaber preis, der Gewalt der
Assyrer, auf die sie so versessen war.
10 Die zogen sie nackt aus, nahmen
ihr die Söhne und Töchter weg und er-
schlugen sie dann mit dem Schwert.
So vollzogen sie das Strafgericht an
ihr, zum abschreckenden Beispiel für
alle Frauen.

11 Ihre Schwester Oholiba sah das
alles, aber sie trieb es noch ärger mit
ihrer Gier und ihrer sexuellen Un-
moral als sie. 12 Auch sie hofierte die
Söhne Assurs, die Statthalter und
Offiziere, die schönen jungen Män-
ner, die prächtig gekleideten Kämpfer,
hoch zu Ross. 13 Ich sah, wie sie sich
mit ihnen besudelte. Da waren beide
Schwestern gleich. 14 Aber das war
ihr noch nicht genug. Sie sah Wand-
bilder von Männern mit roter Farbe
gemalt, es waren Chaldäer*. 15 Sie
hatten einen Gurt um die Hüfte und
einen Bund um den Kopf. Unter die-
sem quoll ihr langes Haar hervor. Alle
sahen wie Krieger aus, hervorragende
Kämpfer, wie Babylonier, deren Ge-
burtsland Chaldäa ist. 16 Als sie ihre
Bilder sah, packte sie die Gier, und

23,4 *Ohola* = Ihr eigenes Zelt, d.h. »die ihr eigenes Heiligtum (in Bethel) hat«.

Oholiba = Mein Zelt in ihr, d.h. »die, in der mein Heiligtum (in Jerusalem) sich befindet«.

23,14 *Chaldäer.* Bewohner von Süd-Babylonien, später wurden alle Babylonier so genannt.

sie schickte Boten nach Chaldäa.
17 Da kamen die Babylonier zu ihrem
Liebesnest und besudelten sie mit
ihrer sexuellen Unmoral. Doch als sie
sich befleckt hatte, riss sie sich von
ihnen los. 18 Aber da wandte ich mich
jäh von ihr ab, so wie ich mich auch
schon von ihrer Schwester abgewandt
hatte, denn ihre sexuelle Unmoral war
offenkundig, sie hatte ihre Blöße auf-
gedeckt. 19 Doch sie trieb es nur noch
schlimmer. Sie dachte an ihre Jugend-
zeit, wo sie es mit den Ägyptern ge-
trieben hatte. 20 Wieder packte sie die
Gier nach ihren früheren Liebhabern,
deren Glied so groß wie das eines
Esels war und deren Samenerguss so
mächtig wie der von einem Hengst.
21 Du wolltest es wieder mit ihnen
treiben wie in deiner Jugend, als man
in Ägypten deine Brüste betastete
und deinen jungfräulichen Busen
befühlte.

22 Darum Oholiba, spricht Jahwe,
der Herr, pass auf: Deine früheren
Liebhaber, denen du auf einmal den
Rücken gekehrt hast, hetze ich gegen
dich auf. Ich lasse sie von allen Seiten
über dich kommen. 23 Es sind die
Männer aus Babylon und alle Chal-
däer, die Männer aus Pekod, Schoa
und Koa* und dazu die Assyrer, lauter
schöne junge Männer, Statthalter und
Befehlshaber, hervorragende Kämp-
fer und Edelleute, alle hoch zu Ross.
24 In Scharen fallen sie über dich her
mit Reitern und Wagen und einem
Heer aus vielen Völkern. Dann bist du
von Helmen, Rund- und Langschilden
umringt. Ich übergebe dich ihrem Ge-
richt, und nach ihrem Recht bestrafen
sie dich. 25 Ich werde dich meine
Eifersucht fühlen lassen und ein
schweres Strafgericht an dir voll-
ziehen. Nase und Ohren werden sie
dir abschneiden, und deine Nach-
kommenschaft wird mit dem Schwert
getötet werden. Deine Söhne und
Töchter nehmen sie dir weg, und was
dann noch übrig ist von dir, wird vom
Feuer vernichtet. 26 Sie werden dir die
Kleider ausziehen und dir deinen
Schmuck wegnehmen. 27 So mache
ich deinem schändlichen Treiben ein
Ende und deiner sexuellen Unmoral,
die schon in Ägypten begann. Du
sollst nicht mehr nach ägyptischen
Männern Ausschau halten und nicht
einmal mehr an sie denken.«

28 Denn so spricht Jahwe, der Herr:
»Ich gebe dich in die Gewalt deiner
früheren Liebhaber, von denen du
dich auf einmal abgewandt hast und
die du jetzt verabscheust. 29 Hass-
erfüllt werden sie über dich herfallen
und dir alles wegnehmen, was du dir
erworben hast. Sie lassen dich nackt
und bloß daliegen. Deine Scham wird
entblößt und dein schändliches,
lüsternes und widerliches Treiben
kommt an den Tag. 30 So wirst du
dafür bestraft, weil du in deiner
sexuellen Gier den Völkern nachge-
laufen bist und dich mit ihren Götzen
besudelt hast. 31 Du bist denselben
Weg wie deine Schwester gegangen,
darum gebe ich dir jetzt ihren Becher
zu trinken.«

23,23 *Pekod*: Aramäer, die östlich von Baby-
lon lebten. *Schoa und Koa* waren offenbar
babylonische Verbündete.

32 So spricht Jahwe, der Herr:

»Den Becher deiner Schwester
wirst du leeren, / den Riesen-
becher, der viel fasst. / Verspotten
und verhöhnen wird man dich.
33 Von Trunkenheit und Kummer
wirst du voll, / denn ein Becher des
Grauens und Entsetzens / ist der
Becher deiner Schwester Samaria.
34 Du wirst ihn trinken und
schlürfst ihn aus, / du wirst seine
Scherben zerbeißen / und dir die
Brüste zerreißen. / Denn ich habe
gesprochen, sagt Jahwe, der Herr.«

35 Darum spricht Jahwe, der Herr:
»Weil du mich vergessen und mich
völlig verworfen hast, sollst du die Fol-
gen deines schamlosen Treibens und
deiner sexuellen Unmoral tragen.«

36 Darauf sagte Jahwe zu mir:
»Mensch, willst du nicht Ohola und
Oholiba zur Rechenschaft ziehen?
Halte ihnen ihre Gräueltaten vor!
37 Sie haben die Ehe gebrochen, und
Blut klebt an ihren Händen. Den Ehe-
bruch haben sie mit ihren Mistgötzen
begangen und ihnen auch noch die
Kinder, die sie mir geboren hatten,
zum Fraß hingeworfen. 38 Und auch
das haben sie mir angetan: Am selben
Tag haben sie mein Heiligtum be-
sudelt und den Sabbat entweiht.
39 Denn wenn sie ihre Söhne ihren
Götzen schlachteten, kamen sie noch
am selben Tag in mein Heiligtum und
haben es besudelt. So trieben sie es in
meinem Haus.

40 Außerdem haben sie Boten in die
Ferne geschickt und Männer eingela-
den. Als die dann kamen, hattest du
dich für sie gebadet, deine Augen
geschminkt und deinen Schmuck an-
gelegt. 41 Dann hast du dich auf ein
prächtiges Ruhebett niedergelassen.
Davor war ein Tisch zugerichtet, auf
dem du meinen Weihrauch und mein
Öl gestellt hattest. 42 Ihr umgabt euch
mit einer lärmenden ausgelassenen
Menge. Und zu den Männern aus
dem Menschenhaufen ließ man noch
Säufer aus der Wüste kommen. Diese
legten den Schwestern Spangen an
die Arme und setzten ihnen pracht-
volle Kronen auf. 43 Da sagte ich mir:
›Sie sind doch schon verbraucht – und
treiben immer noch Ehebruch? Ihr
Huren muss doch zum Ekel werden,
und sie auch!‹ 44 Doch die Männer
hatten Verkehr mit ihr, wie man es
eben mit einer Prostituierten tut; so
trieben sie es mit Ohola und Oholiba.
45 Aber gerechte Männer werden das
Urteil über sie sprechen nach dem
Gesetz für Ehebrecherinnen und
Mörderinnen. Denn sie haben die
Ehe gebrochen, und Blut klebt an
ihren Händen.«

46 Denn so spricht Jahwe, der Herr:
»Ich bringe eine große Menge Volk
gegen sie zusammen und gebe sie der
Misshandlung und Ausplünderung
preis. 47 Die Versammlung soll sie
steinigen und ihre Leichen mit
Schwertern zerhauen. Ihre Söhne und
Töchter soll man erschlagen und ihre
Häuser niederbrennen. 48 So werde
ich der sexuellen Unmoral im Land ein
Ende machen, dass alle Frauen sich
warnen lassen und eurem schlimmen
Beispiel nicht folgen. 49 Eure Unmo-
ral wird auf euch zurückfallen, und die
Folgen eures sündhaften Götzendiens-
tes müsst ihr tragen. Ihr sollt erken-
nen, dass ich Jahwe, der Herr bin.«

Der rostige Topf

24 1 Am 10. Januar im neunten
Jahr unserer Verbannung*
kam das Wort Jahwes zu mir.
2 »Mensch, schreib dir das Datum
dieses Tages auf, genau den heutigen
Tag! Heute hat der König von Babylon
seinen Angriff auf Jerusalem begon-
nen. 3 Trag dem widerspenstigen Volk
ein Gleichnis vor. Sag zu ihnen: ›So
spricht Jahwe, der Herr:

Stell hin den Topf, stell hin / und
gieße auch Wasser hinein! 4 Lege
Fleisch in den Topf, / lauter gute
Stücke / von Lende und Schulter. /
Gib die besten Knochen dazu.
5 Nimm auserlesene Schafe! / Das
Holz ist darunter zu schichten! /
Lass die Fleischstücke sieden mit
den Knochen darin!‹

6 Darum spricht Jahwe, der Herr:

›Weh der blutbefleckten Stadt! /
Weh dem rostigen Topf, / dessen
Rost nicht abgehen will! / Stück
für Stück nimm wahllos heraus!
7 Denn das Blut, das sie vergoss, /
ist noch mitten in ihr. / Auf die
Felsplatte hat sie es geschüttet /
und es nicht einmal mit Erde
bedeckt. 8 Um Zorn heraufzu-
führen, / um Rache zu nehmen, /
gebe ich auf kahlen Fels ihr Blut; /
es wird nicht mit Erde bedeckt.‹

9 Darum spricht Jahwe, der Herr:

›Weh der blutbefleckten Stadt! /
Auch ich schichte einen großen
Holzstoß auf. 10 Trage nur viel
Holz herbei! / Entzünde das
Feuer! / Siede das Fleisch! /
Verkoche die Brühe, / bis selbst
die Knochen anglühen!
11 Dann stell ihn leer auf seine
Kohlen, / dass der Topf sich er-
hitzt, / seine Bronze erglüht, /
der Rost ausgebrannt wird, / der
ihn besudelt hat. 12 Vergebliche
Mühe! / Er ist so mit Rost
bedeckt, / dass auch die Glut
ihn nicht reinigen kann.‹

13 Ich wollte dich reinigen, aber du
warst nicht rein zu bekommen. Nun
wirst du besudelt bleiben, bis ich mei-
nen ganzen Zorn an dir ausgelassen
habe. 14 Ich, Jahwe, habe es gesagt. Es
kommt und ich werde es tun! Ich lasse
nicht nach, ich schone nicht, habe
keine Bedenken. Nach deinem Verhal-
ten und nach deinen Taten wird man
dich richten, spricht Jahwe, der Herr.«

Der Tod ohne Trauer

15 Das Wort Jahwes kam zu mir. Er
sagte: 16 »Du Mensch, ich nehme dir
jetzt dein Liebstes weg, die Freude
deiner Augen durch plötzlichen Tod.
Doch du sollst nicht klagen und
weinen. Keine Träne soll dir kommen,
17 hemme das Seufzen! Unterlass die
Totenklage! Binde deinen Kopfbund
um und ziehe deine Schuhe an! Ver-
hülle deinen Bart nicht und iss nichts
von dem Trauerbrot, das dir die Leute
bringen!«
18 Am Morgen darauf redete ich
zum Volk. Am Abend starb meine

24,1 *Januar.* Wörtlich: im 10. Monat. Es war das Jahr 588 v. Chr., etwa zwei Jahre vor der Zerstörung Jerusalems.

3 darum spricht Jahwe, der Herr:
›Jetzt gehe ich gegen dich vor, Tyrus!
Wie das Meer gegen deine Klippen
brandet, werde ich viele Völker gegen
dich anstürmen lassen! 4 Sie werden
deine Mauern schleifen, Tyrus, und
deine Türme niederreißen. Ich fege
deine Erde von dir weg und mache
dich zu einem kahlen Felsen im Meer,
5 zu einem Trockenplatz für Fischer-
netze. Ich habe das gesagt‹, spricht
Jahwe, der Herr. ›Völker werden Tyrus
ausplündern, 6 seine Tochterstädte
auf dem Festland zerstören und deren
Einwohner töten. Daran wird man er-
kennen, dass ich es bin – Jahwe!‹«
7 So spricht Jahwe, der Herr: »Ich
werde den Großkönig Nebukadnez-
zar, den König von Babylon, über
Tyrus kommen lassen. Er kommt vom
Norden her mit Pferden, Streitwagen,
Reitern und einem riesigen Heer.
8 Er wird deine Tochterstädte zer-
stören und einen Wall gegen dich
aufschütten, Angriffsrampen gegen
deine Mauern vorantreiben und ein
Schutzdach aus Langschilden gegen
dich aufstellen. 9 Der Stoß seiner
Rammböcke wird deine Mauern tref-
fen. Mit Brecheisen reißt er deine
Türme ein. 10 Eine Staubwolke wird
dich bedecken, wenn er anrückt mit
der Masse seiner Pferde. Der Lärm
seiner Reiter, Räder und Wagen lässt
deine Mauern erbeben, wenn er durch
deine Tore einfährt, wie man in eine
aufgebrochene Stadt einzieht. 11 Die
Hufe seiner Pferde zerstampfen deine
Straßen, dein Volk erschlägt er mit
dem Schwert. Die stolzen Steinsäu-
len, die du verehrst, sinken in Trüm-
mer. 12 Sie plündern deinen Besitz, sie
rauben deine Waren, sie schleifen
deine Mauern und zerstören deine Pa-
läste. Und deine Steine, dein Holz und
deinen Schutt schütten sie ins Meer.
13 Ich lasse den Klang deiner Lieder
verstummen, und die Musik deiner
Harfen wird nicht mehr gehört. 14 Ich
mache dich zu einem kahlen Felsen,
zu einem Trockenplatz für Fischernet-
ze. Du wirst nicht wieder aufgebaut
werden, denn ich, Jahwe, habe das ge-
sagt!«, spricht Jahwe, der Herr.
15 So spricht Jahwe, der Herr, gegen
Tyrus: »Vom Donnergetöse deines
Falls werden die Inseln erbeben, wenn
Mörder in dir wüten und jeder Durch-
bohrte stöhnt. 16 Dann sinken die
Fürsten des Meeres von ihren Thro-
nen. Sie legen ihre Mäntel ab, ziehen
ihre buntgewirkten Kleider aus und
kleiden sich in zitternde Angst. Vor
Entsetzen kauern sie auf dem Boden
und zittern und zittern. 17 Dann stim-
men sie die Totenklage über dich an:

›Ach, wie bist du zerstört, / du
ruhmreiche Stadt, / du Festung am
Meer! / Du hattest solche Macht
auf der See, / hast ihre Anwohner
in Schrecken versetzt. 18 Nun
zittern die Küsten am Tag deines
Falls; / über dein Ende sind die
Inseln entsetzt.‹«

19 Denn so spricht mein Herr, Jahwe:
»Wenn ich dich zu einer verwüsteten
und menschenleeren Stadt mache,
wenn ich die Flut über dich kommen
lasse, sodass du darin untergehst,
20 dann musst du in die Totenwelt
hinab zu den längst Verstorbenen, in
die tiefste Tiefe zu den uralten Ruinen.
Dann wirst du nie mehr bewohnt und
hast keinen Platz mehr im Land der

Lebendigen. 21 Tödlichem Terror gebe ich dich preis, du wirst nicht mehr sein! Man wird dich suchen, aber nicht mehr finden. Das gilt für alle Zeit, spricht Jahwe, der Herr.«

Klagelied über den Untergang von Tyrus

27
1 Das Wort Jahwes kam zu mir. Er sagte: 2 »Du Mensch, stimm ein Klagelied über Tyrus an:

3 Zur Stadt, die den Zugang zum
Meer beherrscht, / die mit den
Seevölkern Handel treibt, / spricht
Jahwe, der Herr: / Du Tyrus, du
sagst: / ›Ich bin die vollkommene
Schönheit!‹ 4 Dein Zuhause ist das
Meer, / deine Erbauer haben dich
zu einem Schmuckstück gemacht.
5 Deine Planken sind Zypressen
vom Hermon* / und eine Zeder
vom Libanon dein Mast. 6 Deine
Ruder sind aus Eichen von
Baschan, / die Aufbauten: Elfenbein und Buchsbaumholz von
den Inseln der Zyprer. 7 Bunte
Leinwand aus Ägypten diente als
Segel und Banner für dich. / Ein
Sonnendach aus Purpur, blau und
rot, / das brachten deine Händler
aus Elischa*. 8 Deine Ruderer
stammten aus Sidon* und
Arwad*, / und deine Besten,
Tyrus, standen am Steuer.
9 Die Ältesten von Byblos* fuhren
mit, / und seine erfahrenen
Männer dichteten die Lecks. /
Aus aller Herren Länder kamen
Schiffe und tauschten Waren
bei dir.
10 Männer aus Persien waren
in deinem Heer, / aus Lydien* und
Libyen kamen deine Soldaten. /
Ihre Schilde und Helme hängten
sie in dir auf / und verliehen dir
prächtigen Glanz. 11 Männer aus
Arwad verstärkten dein Heer /
und standen auf deinen Mauern. /
Wächter auf den Türmen waren
Leute aus Gammad*. / Ihre
Schilde hängten sie an deine
Zinnen / und machten so deine
Schönheit perfekt.«

12 Tarschisch* kaufte deine Waren,
denn du hattest viele Handelsgüter. Es
lieferte dir dafür Silber, Eisen, Zinn
und Blei. 13 Händler aus Griechenland, Tubal und Meschech* tauschten
Sklaven und Kupferwaren in dir.
14 Die von Bet-Torgama* brachten

27,5 *Hermon.* Wörtlich: *Senir*, der amoritische Name für das Hermongebirge. Gemeint sind die Berge des Antilibanon.

27,7 *Elischa* war eine Stadt an der Ostküste von Zypern und gleichzeitig der älteste Name von Zypern.

27,8 *Sidon und Tyrus* waren die wichtigsten Hafenstädte Phöniziens (heute: Libanon).

Arwad. Inselstadt nördlich von Sidon.

27,9 *Byblos.* Hebräisch: *Gebal.* Wichtige Stadt zwischen Sidon und Arwad.

27,10 *Lydien* lag in Kleinasien.

27,11 Die Lage von *Gammad* ist nicht bekannt.

27,12 *Tarschisch.* Von Tyrus gegründete südspanische Küstenstadt.

27,13 *Tubal und Meschech.* Königreiche im nördlichen Kleinasien zwischen dem Schwarzen und dem Kaspischen Meer.

27,14 *Bet-Torgama* war wahrscheinlich die Hauptstadt des anatolischen Königreiches Kammanu, das aus hetitischen und assyrischen Quellen bekannt ist.

Zug- und Reitpferde und Maulesel auf
deine Märkte. 15 Die Kaufleute von
Rhodos und die Bewohner vieler Küs-
ten trieben Handel mit dir. Sie brach-
ten Elfenbein und Ebenholz. 16 Die
Edomiter* kauften aus deinem rei-
chen Angebot und lieferten dafür Ru-
bine, roten Purpur, bunte Stoffe und
feinstes Leinen, Korallen und Edel-
steine. 17 Juda und Israel lieferten
Weizen von Minnit*, Süßigkeiten und
Honig, Öl und duftendes Harz.
18 Auch die Händler aus Damaskus
kauften aus deinem überreichen An-
gebot und lieferten dafür Wein aus
Helbon* und Wolle aus Zahar*.
19 Die Daniter und Griechen von
Usal* brachten Eisenwaren, Zimt
und andere Gewürze zum Tausch.
20 Die Leute von Dedan* verkauften
dir Satteldecken. 21 Die Scheiche von
Arabien und Kedar* standen als
Aufkäufer in deinem Dienst für Mast-
lämmer, Schaf- und Ziegenböcke.
22 Die Kaufleute von Saba* und
Ragma* trieben Handel mit dir und
tauschten die kostbarsten duftenden
Öle, viele Arten von Edelsteinen und
Gold gegen deine Waren ein. 23 Die
Leute von Haran*, Kanne*, Eden*
und Saba, von Assur* und ganz Me-
dien trieben Handel für dich 24 mit
prächtigen Gewändern, Mänteln aus
blauem Purpur, mit bunten Stoffen
und Teppichen aus Mischgewebe, mit
fest gedrehten Tauen. 25 Hochsee-
schiffe waren deine Karawanen und
brachten dir diese Güter. Du wurdest
reich und mächtig auf deiner Insel.
26 Deine Ruderer brachten dich in
viele Gewässer.

Doch der Ostwind zerstörte deine
Flotte auf allen Meeren. 27 Dein
Reichtum, deine Waren, dein Han-
delsgut, deine Seeleute und Matrosen,
deine Schiffsbauer und deine Händler,
all deine Soldaten und das ganze Volk
in dir – sie alle stürzen mit dir ins
Meer. 28 Vom Jammergeschrei deiner
Seeleute erbebt das Land um dich
herum. 29 Alle deine Ruderer, die See-
leute und Matrosen verlassen ihre
Schiffe und bleiben an Land. 30 Sie
schreien laut und klagen bitterlich, sie
streuen Staub auf ihre Köpfe und wäl-
zen sich in Asche, 31 sie scheren sich

27,16 Die *Edomiter* waren Nachkommen Esaus und bewohnten das Land östlich der Araba und südlich vom Toten Meer.

27,17 *Minnit.* Stadt in Ammon, nordöstlich vom Toten Meer.

27,18 *Helbon* liegt nördlich von Damaskus und ist auch heute noch ein Weinbauzentrum.

Zahar liegt nordwestlich von Damaskus und ist heute noch ein Weidegebiet.

27,19 *Usal.* Das Gebiet ist unbekannt.

27,20 *Dedan* war wahrscheinlich eine Wegstation auf der Weihrauchroute von Südarabien nach Syrien. Es kann auch einen arabischen Stamm meinen.

27,21 *Scheiche von Arabien und Kedar.* Nomadisierende Händler der arabischen Wüste.

27,22 *Saba* liegt in der südwestlichen Ecke von Arabien, dem heutigen Jemen.

Ragma ist eine Stadt in Südarabien.

27,23 *Haran* war eine der bekanntesten Städte im Altertum, berühmt für seinen Handel und die Verehrung des Mondgottes. Sie liegt in der östlichen Türkei.

Kanne lag irgendwo in Mesopotamien, es wird manchmal mit Kalne identifiziert.

Eden war ein Gebiet südlich von Haran.

Hier ist mit *Assur* wohl die Stadt südlich von Ninive gemeint.

eine Glatze und ziehen den Trauersack
an. Sie weinen um dich aus verbitter-
ter Seele und halten die Totenklage
über dich. 32 In ihrem Jammer stim-
men sie ein Klagelied über dich an:

»Wer konnte sich je mit Tyrus
vergleichen, / der Stadt, von
Wogen umspült? / Und nun:
Totenstille.«

33 Weil deine Waren über die Meere
kamen, hast du viele Völker satt ge-
macht. Durch die Menge deiner Schät-
ze und deinen Handel hast du die Köni-
ge der Erde reich gemacht. 34 Jetzt
liegst du zerbrochen im Meer, in Was-
sertiefen verschwunden, deine Han-
delswaren und all dein Volk in dir sind
versunken. 35 Alle Bewohner der Küs-
ten sind entsetzt über dich, ihren Köni-
gen stehen die Haare zu Berge. Verstört
sind ihre Gesichter. 36 Die Händler
wenden sich mit Schaudern ab. Zu
einem Bild des Schreckens bist du ge-
worden. Für alle Zeiten ist es aus mit dir.

Gegen den Herrscher von Tyrus

28 1 Das Wort Jahwes kam zu
mir. Er sagte: 2 »Du Mensch,
sag zum Fürsten von Tyrus: So spricht
Jahwe, der Herr: Du wurdest über-
heblich und sagtest: ›Ein Gott bin ich,
einen Göttersitz habe ich mitten im
Meer!‹ Obwohl du nur ein Mensch
bist und kein Gott, setztest du deinen
Verstand dem eines Gottes gleich.

3 Gewiss, du bist weiser als Daniel. /
Kein Geheimnis ist dir verborgen.
4 Durch Weisheit und Verstand hast
du dir Reichtum erworben, / hast
Gold und Silber in deine Schatz-
kammern geschafft. 5 Durch große
Weisheit in deinem Handel / hast du
deinen Reichtum vermehrt. / Doch
dein Reichtum stieg dir zu Kopf /
und du wurdest stolz.«

6 Darum spricht Jahwe, der Herr:

»Weil du ein Herz dir gibst, /
einem Gottesherzen gleich,
7 darum führe ich Fremde gegen
dich, / die Erbarmungslosesten der
Völker. / Sie zücken das Schwert
gegen deine prächtige Weisheit, /
entweihen deinen strahlenden
Glanz. 8 In die Grube werden sie
dich stürzen. / Du stirbst wie ein
Erschlagener in deiner Festung im
Meer. 9 Wirst du dann auch noch
sagen: ›Ich bin Gott‹, / wenn du
deine Mörder siehst? / Du bist nur
ein Mensch und nicht Gott / und
bist in der Gewalt deiner Henker.
10 Du stirbst wie Unbeschnittene*
einen Tod durch Fremde, / denn
ich habe es gesagt, spricht Jahwe,
der Herr.«

11 Das Wort Jahwes kam zu mir.
Er sagte: 12 »Du Mensch, stimm die
Totenklage über den König von Tyrus
an. Sag zu ihm: ›So spricht Jahwe, der
Herr:

Du warst die Vollkommenheit
selbst, / voller Weisheit und
makellos schön. 13 Du lebtest im

28,10 *Unbeschnittener*. Verächtlicher Ausdruck für Menschen, die nicht zum Bund Gottes gehörten. Siehe 1. Mose 17,9-14!

Garten Gottes, in Eden. / Dein
Gewand war mit Edelsteinen jeder
Art geschmückt: / Karneol, Topas
und Diamant, / Türkis, Onyx
und Jade, / Saphir, Rubin und
Smaragd. / Deine Ohrringe waren
aus Gold und Perlen. / Am Tag, als
du geschaffen wurdest, / wurden
auch sie bereitet. 14 Du warst
gesalbt als ein schirmender
Cherub, / und ich hatte dich dazu
gemacht. / Du warst auf Gottes
heiligem Berg. / Zwischen den
feurigen Steinen gingst du umher.
15 Du bliebst vollkommen / vom
Tag deiner Erschaffung an, / bis
man Unrecht an dir fand. 16 Durch
deinen ausgedehnten Handel /
wurdest du mit Frevel erfüllt /
und bist in Sünde gefallen. / Da
verstieß ich dich von Gottes Berg /
und trieb dich ins Verderben, / du
schirmender Cherub. / Ich tilgte
dich aus der Mitte der feurigen
Steine. 17 Deine Schönheit hatte
dich überheblich gemacht, / aus
Eitelkeit hast du deine Weisheit
zerstört. / Deshalb warf ich dich
zu Boden, / gab dich Königen
preis, / damit sie dich alle
begaffen. 18 Durch deine gewaltige
Schuld, / durch unredliche
Handelsgeschäfte / gabst du deine
Heiligtümer preis. / So ließ ich
Feuer aus dir fahren, das dich
verzehrte. / Ich machte dich zu
Asche auf der Erde / vor aller
Augen, die dich sehen. 19 Alle, die
dich kennen unter den Völkern, /
waren entsetzt über dich. / Zu
einem Bild des Schreckens bist
du geworden, / für alle Zeiten ist
es aus mit dir.‹«

Gegen die Stadt Sidon

20 Das Wort Jahwes kam zu mir. Er
sagte: 21 »Du Mensch, blick in Rich-
tung Sidon und weissage Folgendes:
22 ›So spricht Jahwe, der Herr:

Jetzt gehe ich gegen dich vor,
Sidon, / und ich verherrliche mich
in dir. / Dann wird man erkennen,
dass ich es bin – Jahwe, / wenn
ich mein Strafgericht vollstrecke /
und mich heilig an dir erweise.
23 Ich schicke Pest und Blut in
deine Straßen, / viele fallen in dir,
erschlagen vom Schwert, / das von
allen Seiten über dich kommt. /
Dann wird man erkennen, dass
ich es bin – Jahwe!‹«

Israel wird Frieden haben

24 »Dann droht dem Haus Israel
kein stechender Dorn und kein
schmerzender Stachel mehr von
seinen schadenfreudigen Nachbar-
völkern ringsum. Daran wird man
erkennen, dass ich Jahwe, der Herr,
bin.«

25 So spricht Jahwe, der Herr:
»Wenn ich die Leute von Israel aus
den Völkern sammle, unter die sie
zerstreut worden sind, wenn ich
mich so vor den Augen der Völker
als der Heilige erweise, wenn sie
wieder in dem Land wohnen, das
ich meinem Diener Jakob gegeben
habe, 26 und in Sicherheit dort
leben, Häuser bauen und Weinberge
pflanzen, wenn ich an all den
schadenfreudigen Nachbarvölkern
mein Strafgericht vollstreckt habe,
dann wird man erkennen, dass ich,
Jahwe, ihr Gott bin.«

Das Schicksal Ägyptens

29 1 Am 12. Januar* im zehnten
Jahr unserer Verbannung
kam das Wort Jahwes zu mir. Er
sagte: 2 »Du Mensch, wende dich
gegen den Pharao, den König von
Ägypten, und weissage Folgendes
über ihn und ganz Ägypten: 3 ›So
spricht Jahwe, der Herr: Du be-
kommst es mit mir zu tun, Pharao,
König von Ägypten, du großes See-
ungeheuer, das im Nil und seinen
Armen liegt und sagt:

Mir gehört der Strom, / ich habe
ihn selber gemacht.

4 Ich schlage dir Haken durch die
Kinnbacken und lasse die Fische
deiner Ströme* an deinen Schuppen
kleben und ziehe dich mit all den an
dir hängenden Fischen aus ihnen
heraus. 5 Dann werfe ich dich samt
allen deinen Fischen in die Wüste.
Dort bleibst du liegen, niemand
sammelt dich auf. Den wilden Tieren
und den Vögeln bist du zum Fraß
vorgeworfen. 6 Dann werden alle Be-
wohner Ägyptens erkennen, dass ich
Jahwe bin. Denn du bist für das Haus
Israel eine Stütze aus Schilfrohr ge-
wesen: 7 Wenn sie dich in die Hand
nahmen, knicktest du ein und rissest
ihnen die ganze Schulter auf. Und
wenn sie sich auf dich lehnten, zer-
brachst du und durchbohrtest ihnen
die Hüfte. 8 Deshalb spricht Jahwe,
der Herr: Pass auf! Ich bringe das
Schwert über dich und rotte Men-
schen und Vieh in dir aus. 9 Ägypten
wird zu Wüste und Ödland werden,
damit man erkennt, dass ich es bin –
Jahwe! Weil du sagst:

›Mir gehört der Strom, / ich habe
ihn selber gemacht!‹,

10 deshalb gehe ich gegen dich und
deine Ströme vor. Ich mache Ägyp-
ten zum dürren Ödland, zur Wüste,
und zwar von Migdol* bis nach Assu-
an und an die Grenze von Nubien*.
11 Weder Mensch noch Tier ziehen
dort hindurch. 40 Jahre lang wird es
nicht bewohnt sein. 12 Ich mache
Ägypten zur Wüste mitten in verwüs-
teten Ländern. Seine Städte werden
40 Jahre lang als Trümmerhaufen da-
liegen, und seine Bewohner werde ich
in fremde Länder unter fremde Völker
zerstreuen.*

13 Doch so spricht Jahwe, der Herr:
Wenn die 40 Jahre vorbei sind,
14 werde ich das Geschick Ägyptens
zum Guten wenden und sie nach
Oberägypten in das Land Patros, das
Land ihrer Herkunft, zurückbringen.*

29,1 *Januar.* Wörtlich: im 10. Monat. Es war das Jahr 587 v. Chr. Ein Jahr und zwei Tage nach Beginn der Belagerung Jerusalems.

29,4 *Ströme* bedeutet in Ägypten den Nil samt seinen Seitenarmen und Kanälen.

29,10 *Migdol* war eine Stadt im Norden Unterägyptens, in der auch Juden lebten. *Assuan* liegt 880 km südlich von Kairo.

Nubien. Hebräisch: *Kusch.* Land am Oberlauf des Nil, südlich von Ägypten.

29,12 *zerstreuen.* Offenbar hat sich das erfüllt, als Nebukadnezzar Ägypten angriff, siehe Jeremia 43,8-13; 46,1-25. Es ist anzunehmen, dass er auch dort Städte zerstörte und Menschen nach Babylon deportierte. Andere werden in umliegende Länder geflohen sein, zum Beispiel Arabien oder Äthiopien.

29,14 *zurückbringen.* Offenbar durften die Ägypter während der Regierungszeit des Kyrus von Persien (559-530 v.Chr.), der auch Israel die Rückkehr erlaubte, wieder in ihre Heimat zurückkehren.

Dort werden sie ein kleines König-
reich sein, 15 schwächer als alle ande-
ren Königreiche. Es wird sich nicht
mehr über andere Völker erheben,
denn ich vermindere ihre Zahl, damit
sie nicht mehr über andere Völker
herrschen können. 16 Dann wird sich
das Haus Israel auch nicht mehr auf
sie verlassen und sich an sie hängen,
was mich an ihre Schuld erinnern
würde. Und man wird erkennen, dass
ich, Jahwe, der Herr, bin.‹«

Tyrus, Ägypten und Nebukadnezzar

17 Am 1. April* im 27. Jahr unserer
Verbannung kam das Wort Jahwes zu
mir. Er sagte: 18 »Du Mensch, König
Nebukadnezzar von Babylon hat sein
Heer gegen Tyrus eine schwere Arbeit
tun lassen. Jeder Kopf ist dabei kahl
geworden und jede Schulter blank ge-
scheuert. Aber Lohn für ihre schwere
Mühe haben er und sein Heer dort
nicht erhalten.* 19 Darum spricht
Jahwe, der Herr: Passt auf! Ich gebe
König Nebukadnezzar von Babylon
das Land Ägypten. Der ganze Reich-
tum Ägyptens wird ihm zufallen. Er
wird das Land ausplündern, und sein
Heer wird reiche Beute machen. Das
wird ihr Lohn sein. 20 Weil sie für
mich gearbeitet haben, gebe ich ihnen
das Land Ägypten als Lohn, spricht
Jahwe, der Herr.
21 An dem Tag werde ich auch dem
Haus Israel wieder Kraft verleihen,
und dir gebe ich Freimut, zu den Leu-
ten zu reden. Sie sollen erkennen, dass
ich bin, der ich bin – Jahwe!«

Das Strafgericht über Ägypten

30 1 Das Wort Jahwes kam zu
mir. Er sagte: 2 »Du Mensch,
weissage Folgendes: ›So spricht
Jahwe, der Herr:

Jammert und schreit: / O, welch
ein Tag! 3 Denn nah ist der Tag, /
nah der Tag Jahwes, / ein Tag
dunkler Wolken. / Für die Völker
hat die Stunde geschlagen. 4 Das
Schwert dringt ein in Ägypten. /
Zittern überfällt die Nubier, /
wenn Ägypter erschlagen fallen, /
wenn man ihre Schätze weg-
schleppt / und ihre Festungs-
werke zerstört.

5 Söldner aus Nubien, Libyen und
Lydien und das ganze Völkergemisch,
die Männer aus Kub und die Söhne
aus dem Land meines Bundes werden
mit ihnen durch das Schwert nieder-
gemacht.‹
6 So spricht Jahwe: ›Alle Helfer
Ägyptens müssen fallen mit seiner
Armee, dem Stolz seiner Macht. Von
Migdol bis Assuan liegen die Er-
schlagenen, spricht Jahwe, der Herr.
7 Ägypten wird zur Wüste werden
mitten in verwüsteten Ländern, seine
Städte werden Trümmerhaufen sein.
8 Wenn ich Feuer an Ägypten lege und
alle seine Unterstützer zerschmettere,
wird man erkennen, dass ich es

29,17 *April.* Wörtlich: im 1. Monat. Im Jahr 571 v. Chr., 15 Jahre nach der Eroberung Jerusalems.

29,18 *Lohn ... nicht erhalten.* Nebukadnezzar belagerte Tyrus 15 Jahre lang, von 586-571 v.Chr. und fand dann eine fast leere Stadt vor, weil sich die Einwohner mit Booten auf die vorgelagerte Insel gerettet hatten und dort eine neue Stadt befestigten.

bin – Jahwe! 9 An jenem Tag schicke
ich meine Boten auf Schiffen los, um
das sichere Nubien aufzuschrecken.
Ein Zittern überfällt sie am Gerichts-
tag Ägyptens. Passt auf! Genauso
wird es kommen.‹
10 So spricht Jahwe, der Herr: ›Ja,
ich werde den Prunk Ägyptens weg-
schaffen lassen durch Nebukadnez-
zar, den König von Babylon. 11 Die
gewalttätigsten Völker wird er gegen
Ägypten heranführen. Sie werden ihre
Schwerter gegen Ägypten ziehen, das
Land verwüsten und es mit Erschla-
genen füllen. 12 Ich werde den Nil und
seine Arme trockenlegen und das
Land in die Hand grausamer Men-
schen geben. Durch Fremde verwand-
le ich das blühende Land in eine
Wüste. Das sage ich, Jahwe.‹
13 So spricht Jahwe, der Herr: ›Ja,
ich werde die Götzen vernichten! Ver-
schwinden lasse ich die Nichtse aus
Memphis*! Ägypten soll keinen Herr-
scher mehr haben, und ich bringe
Furcht in dieses Land. 14 Patros*
werde ich verwüsten, und Zoan*
brenne ich nieder. Ich vollstrecke das
Gericht an Theben*. 15 Mein Zorn
trifft Sin*, das Bollwerk Ägyptens,
und den Prunk von Theben rotte ich
aus. 16 Ich setze ganz Ägypten in
Brand. Sin wird sich in Krämpfen
winden, und Theben wird aufgebro-
chen sein. Memphis lebt in ständiger
Angst. 17 Die jungen Männer aus
Heliopolis und Bubastis* werden mit
dem Schwert erschlagen, und die üb-
rigen kommen in Gefangenschaft.
18 In Tachpanhes* wird der Tag sich
verfinstern, wenn ich dort die Joche
Ägyptens zerbreche und seiner stolzen
Macht ein Ende setze. Eine dunkle
Wolke wird es bedecken, und seine
Tochterstädte müssen in die Gefan-
genschaft. 19 So werde ich mein Straf-
gericht an Ägypten vollziehen, damit
man erkennt, dass ich es bin –
Jahwe!‹«
20 Am 7. April* im elften Jahr unse-
rer Verbannung kam das Wort Jahwes
zu mir. Er sagte: 21 »Du Mensch, ich
habe dem Pharao, dem König von
Ägypten, den Arm gebrochen. Man
hat ihn nicht geschient und nicht ver-
bunden, man hat ihm keine Heilung
gegönnt, damit er wieder zu Kräften
kommt. Nie mehr soll er zum Schwert
greifen.

30,13 *Memphis* war die alte Hauptstadt Ägyptens 21 km südlich vom heutigen Kairo.

30,14 *Patros* ist Oberägypten, das Land links und rechts des Nil vom heutigen Kairo bis Assuan.

Zoan ist eine Stadt im nordöstlichen Nildelta, am Menzale-See. Die Griechen nannten sie Tanis, heute heißt sie San-el-Hagar.

Theben war die Hauptstadt Oberägyptens, heute: Luxor und Karnak, 530 km stromaufwärts von Kairo entfernt.

30,15 *Sin* wird gewöhnlich mit der Hafenstadt Pelusium gleichgesetzt, die östlich vom Nildelta am Mittelmeer liegt.

30,17 *Bubastis* war eine Zeit lang Hauptstadt von Unterägypten. Die Stadt, in der die katzenköpfige Göttin Bastet verehrt wurde, lag 64 km nordöstlich von Kairo.

30,18 *Tachpanhes* war eine Grenzfestung gegen Syrien und Israel in der Nähe von Pelusium, im äußersten Nordosten von Ägypten.

30,20 *April.* Wörtlich: im 1. Monat. Es war das Jahr 587 v.Chr.

22 Darum spricht Jahwe, der Herr:
Passt auf! Ich werde gegen den Pha-
rao, den König von Ägypten, vorge-
hen. Ich breche ihm die Arme, auch
den, der schon gebrochen ist, und
lasse das Schwert seiner Hand entfal-
len. 23 Ich zerstreue die Ägypter unter
die Völker, versprenge sie in fremde
Länder. 24 Aber die Arme des Königs
von Babylon mache ich stark und gebe
ihm mein Schwert in die Hand. Die
Arme des Pharao jedoch zerbreche
ich, dass er wie ein zu Tode Getroffe-
ner sich vor ihm windet und stöhnt.
25 Ja, die Arme des Königs von Baby-
lon mache ich stark, während die
Arme des Pharao kraftlos herabfallen,
damit man erkennt, dass ich es bin –
Jahwe, wenn ich mein Schwert dem
König von Babylon in die Hand gebe,
damit er es gegen Ägypten gebraucht.
26 Ich zerstreue die Ägypter unter die
Völker, versprenge sie in fremde Län-
der, damit man erkennt, dass ich es
bin – Jahwe!«

Der Pharao:
Gleichnis vom prächtigen Baum

31 1 Am 1. Juni* im 11. Jahr
unserer Verbannung kam
das Wort Jahwes zu mir. Er sagte:
2 »Du Mensch, sag zum Pharao, dem
König von Ägypten, und zu seiner
lärmenden Menge:

›Wem kamst du gleich in deiner
Größe? 3 Schau dir Assur* an! /
Es war wie eine Zeder auf dem
Libanon. / Die Pracht ihrer Äste
gab reichlichen Schatten. / Hoch
war ihr Wuchs, / ihr Wipfel stieß
an die Wolken. 4 Das Wasser
machte sie groß, / das Grund-
wasser trieb sie hoch, / Ströme
flossen rings um die Pflanzen, /
schickten Wasser zu allen Bäumen
im Feld. 5 Darum wuchs sie höher
als alle anderen Bäume / und
breitete ihre vielen Äste weit aus, /
denn sie hatte so viel Wasser.
6 Die Vögel bauten Nester in den
Zweigen, / und das Wild warf
seine Jungen unter ihrem Schutz. /
Ganze Völker wohnten in ihrem
Schatten. 7 Schön war sie in ihrer
Größe und ihrem breiten Geäst, /
denn ihre Wurzeln hatten viel
Wasser. 8 Keine Zeder im Garten
Gottes glich ihr, / keine Zypresse
hatte Zweige wie sie, / keine
Platane so mächtige Äste. /
Kein Baum in Gottes Garten war
so schön wie sie. 9 Ich hatte sie
so schön gemacht mit ihren zahl-
reichen Zweigen, / dass alle in
Eden sie beneideten, / alle Bäume
in Gottes Paradies.‹

10 Doch nun spricht Jahwe, der Herr:
›Weil sie so hoch gewachsen ist, weil
sie ihren Wipfel bis zwischen die
Wolken ausstreckte und ihre Größe
ihr zu Kopf gestiegen ist, 11 liefere ich
sie dem mächtigsten Herrscher der

31,1 *Juni.* Wörtlich: *des 3. Monats.*

31,3 *Assyrien* oder *Assur* (nach der Hauptstadt genannt) war das einzige mesopotamische Volk, das Ägypten bis dahin erobert hatte (633 v.Chr., siehe Nahum 3,8-10), und auch diese Weltmacht war durch Babylon zerstört worden, was damals auch auf Ägypten zukam. Es besteht keine Notwendigkeit, den Text zu verändern, wie es manche Übersetzungen tun.

Völker aus. Er wird sie nach seinem
Belieben behandeln. Wegen ihrer
Gottlosigkeit habe ich sie verstoßen.
12 Fremde werden sie umhauen, die
gewalttätigsten Völker werfen sie auf
die Berge hin. Ihre abgeschlagenen
Zweige füllen Täler und Bachrinnen
aus. Und die Völker, die in ihrem
Schatten gewohnt haben, ergreifen
die Flucht. 13 Auf ihren umgefallenen
Stamm setzen sich die Vögel, und
das Wild läuft über die Äste. 14 Das
geschieht, damit kein Baum am Was-
ser sich mehr überhebt und seinen
Wipfel bis zwischen die Wolken
streckt. Denn alle werden dem Tod
ausgeliefert und müssen unter die
Erde ins Grab, wo die Menschen
sind.‹

15 So spricht Jahwe, der Herr:
›An dem Tag, an dem ich die Zeder
ins Totenreich stürzte, habe ich die
Tiefe in Trauer versetzt; wegen ihr hielt
ich die Ströme zurück und hemmte die
Flüsse, wegen ihr hüllte ich den Liba-
non in Trauer, und wegen ihr verdorr-
ten die Bäume im Wald. 16 Als ich die
Zeder mit gewaltigem Getöse in die To-
tenwelt stürzte – zusammen mit allen,
die ins Grab müssen, – zitterten die
Völker vor Angst. Und dort, im Land
der Tiefe, trösteten sich die Bäume von
Eden, die Prachtbäume des Libanon,
die am Wasser standen, dass auch sie
ihr Schicksal teilt. 17 Auch sie waren
mit ihr ins Totenreich gestürzt, zu den
vom Schwert Erschlagenen. Und alle
Nationen, die im Schatten der Zeder
wohnten, kamen um.‹

18 Welcher von den Bäumen Edens
war so groß und prächtig wie du?
Und doch musst du mit all den Bäu-
men von Eden unter die Erde. Dort
wirst du liegen unter Unbeschnitte-
nen und vom Schwert Erschlagenen.
So geht es dem Pharao samt seinem
lärmenden Gefolge, spricht Jahwe,
der Herr.«

Ein Klagelied über den Pharao

32 1 Am 1. März* im 12. Jahr
unserer Verbannung kam das
Wort Jahwes zu mir. Er sagte: 2 »Du
Mensch, stimm folgende Totenklage
über den Pharao, den König von
Ägypten, an:

›Ein Junglöwe unter den Völkern
warst du, / wie ein Drache in den
Seen. / Du sprudeltest in deinen
Strömen, / trübtest das Wasser
mit deinen Füßen / und wühltest
die Ströme auf. 3 So spricht Jahwe,
der Herr: / Durch ein Heer von
vielen Völkern / spanne ich mein
Netz für dich auf. / Sie ziehen dich
in meinem Fanggarn heraus.
4 Und ich werfe dich aufs Land, /
schleudere dich aufs freie Feld, /
dass sich die Vögel auf dich
setzen / und die Raubtiere dich
fressen. 5 Dein Leichnam wird die
Berge bedecken, / und die Täler
sind mit deinem Aas gefüllt.
6 Bis zu den Bergen hin / tränke ich
das Land mit deinem Blut, / die Ka-
näle werden voll von dir sein.

7 Wenn ich dich erlöschen
lasse, / bedecke ich den Himmel. /
Ich verdunkle seine Sterne, /
überziehe die Sonne mit Wolken /

32,1 *März.* Wörtlich: im 12. Monat. Es handelt sich um das Jahr 585 v. Chr., das Jahr nach der Eroberung Jerusalems.

und lasse den Mond nicht mehr
leuchten. 8 Alle leuchtenden
Lichter am Himmel / verdüstere
ich wegen dir / und lege Finsternis
über dein Land, / spricht Jahwe,
der Herr.
9 Ich bekümmere das Herz
vieler Völker, / wenn ich deinen
Sturz den Nationen vermelde, /
selbst denen, die du nie kanntest.
10 Ich flöße den Völkern Entsetzen
ein. / Ihren Königen stehen die
Haare zu Berge, / wenn sie mich
das Schwert schwingen sehen. /
Sie zittern um ihr Leben am Tag
deines Falls.
11 Denn so spricht Jahwe, der
Herr: / Über dich kommt das
Schwert des Königs von Babel.
12 Deine lärmende Menge fällt /
durch die Schwerter von Helden
erbarmungsloser Völker. / Sie
verwüsten den Stolz von Ägypten /
und seine ganze lärmende Pracht.
13 Auch sein Vieh bringe ich um, /
entferne es von seinem Gewässer. /
Kein Menschenfuß wird das
Wasser mehr trüben, / und kein
Huf wühlt es mehr auf. 14 Ihr
Gewässer wird sich klären, /
ihre Flüsse fließen wie Öl, /
spricht Jahwe, der Herr.
15 Wenn ich Ägypten zur Einöde
mache, / das Land von seiner Fülle
veröde / und alle seine Bewohner
erschlage, / wird man erkennen,
dass ich es bin – Jahwe!‹

16 Das ist ein Klagelied, und man soll
es als Totenklage singen. Die Frauen
aller Völker sollen es anstimmen und
damit über Ägypten und seine lär-
mende Menge klagen, spricht Jahwe,
der Herr.«

Ägypten im Totenreich

17 Am 15. April* im 12. Jahr unserer
Verbannung kam das Wort Jahwes zu
mir. Er sagte: 18 »Du Mensch, stimm
schon die Totenklage an über die lär-
mende Menge Ägyptens und schick
sie so – zusammen mit den Töchtern
mächtiger Völker – unter die Erde zu
denen, die schon in der Grube liegen.
19 ›Wen hast du an Schönheit über-
troffen? Stürze hinab und lege dich
zu den Unbeschnittenen!‹ 20 Sie soll
unter den vom Schwert Gefällten lie-
gen. Für das Schwert ist Ägyptens
ganze lärmende Menge bestimmt.
21 Aus dem Totenreich heraus reden
die mächtigen Führer mit Ägypten
und seiner lärmenden Menge. Sie lie-
gen schon da, die Unbeschnittenen
und Schwertgefällten.
22 Dort liegt Assur und sein ganzes
Heer, alle erschlagen, vom Schwert
gefällt. Rings um ihn her sind seine
Gräber. 23 Als sie noch lebten, haben
sie Schrecken verbreitet. Nun sind
ihnen Gräber in der tiefsten Grube
gegeben.
24 Dort liegt Elam* mit seiner lär-
menden Menge, alle erschlagen, vom
Schwert gefällt. Rings um ihn her sind
seine Gräber. Als sie noch lebten,
haben sie Schrecken verbreitet. Nun

32,17 *April.* Wörtlich: des Monats. Nach der LXX war es der erste Monat. Es handelt sich um das Jahr 586 v. Chr.

32,24 *Elam* ist die persische Provinz, deren Hauptstadt Susa war, siehe Nehemia 1,1; Ester 1,2.

tragen sie die Schmach mit denen, die schon vor ihnen in die Grube geworfen wurden. Als Unbeschnittene sind sie in die Tiefe gestürzt. 25 Mitten unter Erschlagenen hat man ihm ein Lager angewiesen, samt seiner lärmenden Menge, deren Gräber rings um ihn her sind. Es sind alles Unbeschnittene, vom Schwert Gefällte. Weil sie Schrecken verbreitet haben, als sie noch lebten, tragen sie nun die Schmach mit denen, die vor ihnen in die Grube geworfen wurden. Mitten unter Erschlagenen liegt er.

26 Dort liegt Meschesch-Tubal* mit seiner lärmenden Menge, Unbeschnittene, vom Schwert gefällt. Rings um ihn her sind seine Gräber. Als sie noch lebten, haben sie Schrecken verbreitet. 27 Sie liegen nicht bei den Helden, die in der Vorzeit gefallen sind, die mit ihren Kriegswaffen zu den Toten kamen. Ihre Schwerter hatte man ihnen unter den Kopf gelegt, die Schilde auf ihre Knochen. Auch sie verbreiteten Schrecken, als sie noch lebten. 28 So wirst auch du, Ägypten, unter den vom Schwert Gefällten liegen, unter Unbeschnittenen zerschmettert werden.

29 Dort liegt Edom mit seinen Königen und all seinen Fürsten, die samt ihrer Heldenmacht zu den vom Schwert Gefällten gelegt wurden. Sie liegen unter Unbeschnittenen, bei denen, die in die Grube geworfen wurden.

30 Dort liegen alle Fürsten des Nordens und alle Männer von Sidon. Sie liegen unter den Erschlagenen. Trotz ihrer Heldenkraft und des Schreckens, den sie verbreiteten, müssen sie ihre Schande tragen und liegen als Unbeschnittene bei den vom Schwert Gefällten und denen, die in die Grube geworfen wurden.

31 Sie alle wird der Pharao sehen und sich über seine ganze lärmende Menge trösten. Der Pharao und sein ganzes Heer sind vom Schwert gefällt, spricht Jahwe, der Herr. 32 Denn ich habe Schrecken vor ihm verbreitet, als sie noch lebten. Nun werden der Pharao und seine ganze lärmende Menge unter Unbeschnittenen und vom Schwert Gefällten liegen, spricht Jahwe, der Herr.«

Hesekiëls Wächterdienst

33 1 Das Wort Jahwes kam zu mir. Er sagte: 2 »Du Mensch, sag zu den Leuten aus deinem Volk: ›Wenn ich das Schwert über ein Land kommen lasse und das Volk des Landes einen seiner Männer als Wächter wählt, 3 wenn dieser die Gefahr kommen sieht und das Signalhorn* bläst, um das Volk zu warnen, 4 und wenn einer das Signal hört, sich aber nicht warnen lässt und deshalb umkommt, ist er selbst an seinem Tod schuld. 5 Er hat das Signal gehört, aber nicht beachtet, und ist selber schuld. Lässt er sich aber warnen, rettet er sein Leben.

32,26 *Meschesch-Tubal*. Völkerstämme im nördlichen Kleinasien zwischen dem Schwarzen und dem Kaspischen Meer.

33,3 Das *Signalhorn* (Hebräisch: *Schofar*) war aus den gewundenen Hörnern des männlichen Fettschwanzschafes hergestellt und brachte einen dumpfen, durchdringenden Ton hervor.

6 Doch wenn der Wächter die Gefahr
kommen sieht und nicht ins Horn
stößt, um das Volk zu warnen, und
wenn dann einer getötet wird, dann ist
dies zwar die Strafe für dessen
Schuld, aber den Wächter werde ich
für seinen Tod verantwortlich ma-
chen.‹

7 Mensch, dich habe ich zum Wäch-
ter über das Haus Israel bestellt. Du
sollst das Wort von mir hören und
sie von mir aus warnen. 8 Wenn ich
einem Menschen, der sich von mir ge-
löst hat, den Tod androhe, du sagst
ihm aber nichts, um ihn vor seinem
Weg zu warnen, so wird dieser Gott-
lose zwar sterben, wie er es verdient
hat, aber dich werde ich für seinen
Tod verantwortlich machen. 9 Wenn
du den Gottlosen jedoch vor seinem
Weg warnst, damit er umkehrt, er sich
aber nicht von seinem falschen Weg
abbringen lässt, wird er wegen seiner
Schuld sterben. Aber du hast dein
Leben gerettet.

10 Du Mensch, sag zu den Leuten
von Israel: ›Ihr klagt mit dem Spruch:
Unsere Vergehen und Sünden lasten
auf uns, wir gehen daran zugrunde!
Wie sollen wir da am Leben bleiben?‹
11 Sag zu ihnen: ›So wahr ich lebe,
spricht Jahwe, der Herr: Mir gefällt es
nicht, wenn ein Schuldiger stirbt! Im
Gegenteil: Ich freue mich, wenn er von
seinem falschen Weg umkehrt und am
Leben bleibt! Kehrt um! Verlasst eure
bösen Wege! Warum wollt ihr denn
sterben, ihr Leute von Israel?‹

12 Und du, Mensch, sag den Leuten
aus deinem Volk:

An dem Tag, an dem ein Gerechter
in Sünde fällt, wird ihn auch seine
Gerechtigkeit nicht retten. Und an
dem Tag, an dem ein Gottloser von
seinem gottlosen Tun umkehrt, wird
er nicht mehr zu Fall kommen. Der
Gerechte aber kann trotz seiner Ge-
rechtigkeit nicht am Leben bleiben,
sobald er sündigt. 13 Wenn ich zum
Gerechten sage: ›Du wirst am Leben
bleiben!‹, er aber im Vertrauen auf
seine Gerechtigkeit Unrecht tut,
dann zählt sein ganzes vorbildliches
Leben nicht mehr. Weil er Unrecht
getan hat, muss er sterben. 14 Wenn
ich zum Gottlosen sage: ›Du musst
sterben!‹, er aber sein sündhaftes
Leben aufgibt und nach Recht und
Gerechtigkeit handelt, 15 das Pfand
zurückgibt, erstattet, was er sich an-
geeignet hat, nach den Ordnungen
des Lebens lebt und kein Unrecht
mehr tut, dann soll er am Leben blei-
ben und muss nicht sterben. 16 Keine
von den Sünden, die er früher began-
gen hat, wird ihm angerechnet wer-
den. Weil er jetzt das Rechte tut,
wird er am Leben bleiben.

17 Doch die Leute in deinem Volk be-
haupten: ›Es ist nicht richtig, wie der
Herr verfährt!‹ Dabei ist doch ihr ei-
gener Weg nicht richtig. 18 Wenn
jemand, der im richtigen Verhältnis
zu mir lebt, diese seine Gerechtigkeit
aufgibt, und beginnt Unrecht zu tun,
muss er dafür sterben. 19 Und wenn
ein Mensch, der sich von mir gelöst
hat, seine Gottlosigkeit aufgibt und
tut, was recht vor mir ist, wird er dafür
am Leben bleiben. 20 Und da sagt ihr:
›Das Verfahren des Herrn ist nicht
recht.‹ Nein, jeder wird von mir nach
seinem Tun gerichtet, ihr Leute von
Israel!«

Die Nachricht vom Fall Jerusalems

21 Am 5. Januar* im 12. Jahr unserer
Verbannung kam ein Flüchtling aus
Jerusalem zu mir und sagte: »Die
Stadt ist gefallen!« 22 Schon am
Abend vorher hatte sich die Hand
Jahwes auf mich gelegt und mich
stumm gemacht. Als der Flüchtling
dann am Morgen zu mir hereinkam,
wurde mir die Sprache wiederge-
schenkt, und ich konnte frei reden.
23 Das Wort Jahwes kam zu mir. Er
sagte: 24 »Du Mensch, die Bewohner
dieser Trümmer im Land Israel sagen:
›Abraham war auch nur ein Einzelner
und nahm das Land in Besitz. Wir
aber sind viele; uns gehört es also erst
recht!‹ 25 Darum sag zu ihnen:

So spricht Jahwe, der Herr: ›Ihr esst
das Fleisch mit dem Blut, ihr blickt zu
euren Götzen auf, ihr mordet – und
dann wollt ihr das Land besitzen?
26 Ihr verlasst euch auf euer Schwert,
tut gräuliche Dinge und schlaft mit
den Frauen anderer Männer – und
dann wollt ihr das Land besitzen?‹
27 Sag ihnen Folgendes: ›So wahr ich
lebe‹, spricht Jahwe, der Herr, ›wer in
den Ruinen haust, fällt unter dem
Schwert, wer auf freiem Feld lebt,
wird von wilden Tieren zerrissen, und
wer auf Felsennester und in Höhlen
geflohen ist, stirbt an der Pest! 28 Ich
mache das Land zur Einöde, ich ver-
wüste die Schutzwehr, auf die ihr so
stolz seid. Die Berge Israels werden zu
einer Wildnis, durch die niemand
mehr wandert.‹

29 Sie werden erkennen, dass ich
bin, der ich bin – Jahwe, wenn ich das
Land wegen ihrer abscheulichen
Taten verwüste und zur Einöde
mache.«

Scheinheilige Zuhörer

30 »Du Mensch, die Leute aus deinem
Volk reden über dich. Sie stehen vor
ihren Häusern zusammen und sagen
zueinander: ›Kommt doch und lasst
uns zum Propheten gehen und hören,
was für ein Wort Jahwes heraus-
kommt!‹ 31 Dann kommen sie zu dir,
und du hast einen Volksauflauf. Sie
setzen sich als mein Volk vor dich hin
und hören deine Worte an, aber sie be-
folgen sie nicht. Sie tun so, als seien
sie begierig danach, ihr Herz aber
läuft ihrem Gewinn hinterher. 32 Du
bist ihnen wie einer, der mit schöner
Stimme Liebeslieder singt und gut
dazu spielen kann. So hören sie deine
Reden an, nehmen sie aber nicht
ernst. 33 Wenn deine Worte dann aber
eintreffen – und das wird mit Sicher-
heit geschehen –, werden sie erken-
nen, dass ein Prophet unter ihnen
war.«

Die schlechten Hirten

34 1 Das Wort Jahwes kam zu
mir. Er sagte: 2 »Du Mensch,
weissage gegen die Hirten Israels!
Sprich zu ihnen:

So spricht Jahwe, der Herr: ›Weh
den Hirten Israels, die sich nur selbst
versorgen! Müssen die Hirten nicht
die Herde versorgen? 3 Ihr genießt die
Milch, nehmt Wolle für eure Kleidung
und schlachtet die besten Tiere, aber
um die Herde kümmert ihr euch nicht.
4 Den Schwachen habt ihr nicht
geholfen, die Kranken nicht gesund
gepflegt, gebrochene Glieder nicht

33,21 *Januar.* Wörtlich: im 10. Monat. Es handelt sich um das Jahr 585 v. Chr.

geschient, versprengte Tiere nicht zu-
rückgebracht und verloren gegangene
nicht gesucht. Mit Härte und Gewalt
habt ihr über sie geherrscht. 5 Da
verliefen sie sich, denn sie hatten ja
keinen Hirten, und fielen Raubtieren
zum Opfer. So zerstreuten sich
6 meine Schafe und irrten im ganzen
Land umher, auf Bergen und Hügeln.
Niemand fragte nach ihnen und nie-
mand suchte sie.‹
7 Darum ihr Hirten, hört das Wort
Jahwes! 8 ›So wahr ich lebe‹, spricht
Jahwe, der Herr, ›so geht es nicht wei-
ter! Meine Schafe wurden geraubt
und von wilden Tieren gefressen, weil
kein Hirt da war, denn meine Hirten
haben nur für sich selbst gesorgt und
nicht nach meinen Schafen gefragt.‹
9 Darum hört das Wort Jahwes, ihr
Hirten! 10 So spricht Jahwe, der Herr:
›Ich werde gegen die Hirten vorgehen
und meine Schafe von ihnen zurück-
fordern. Ich setze sie ab. Sie dürfen
meine Schafe nicht länger weiden.
Sie sollen auch sich selbst nicht
mehr weiden können. Meine Schafe
reiße ich aus ihrem Rachen. Sie
sollen ihnen nicht länger zum Fraß
dienen.‹«

Der gute Hirt

11 »So spricht Jahwe, der Herr: ›Passt
auf! Ich selbst werde jetzt nach mei-
nen Schafen sehen und für sie sorgen.
12 Wie ein Hirt seine Herde wieder zu-
sammensucht, wenn sich die Schafe
zerstreut haben, so will auch ich mich
meiner Schafe annehmen. Ich hole sie
aus allen Orten zurück, in die sie an
jenem unheilvollen Tag versprengt
worden sind. 13 Ich führe sie aus den
Völkern heraus, hole sie aus den
Ländern zusammen und bringe sie in
ihre Heimat zurück. Auf den Bergen
Israels, in den Talgründen und an
allen bewohnten Plätzen werde ich sie
weiden lassen. 14 Auf saftigen Wiesen
lasse ich sie grasen, und auf den
hohen Bergen Israels finden sie gute
Weide- und Lagerplätze. 15 Ich selbst
will meine Schafe weiden und ruhen
lassen, spricht Jahwe, der Herr. 16 Die
Verlorengegangenen will ich suchen,
die Versprengten zurückbringen, die
sich etwas gebrochen haben, will ich
verbinden und die Kranken gesund
pflegen, aber die Fetten und Starken
werde ich beseitigen. Ich weide sie,
wie es recht ist.‹
17 Und zu euch, meinen Schafen,
spricht Jahwe, der Herr: ›Passt auf!
Ich werde zwischen Schaf und Schaf,
zwischen Widdern und Böcken rich-
ten. 18 Ist es euch nicht genug, eine so
gute Weide abzugrasen? Müsst ihr
auch noch die restliche Weide zer-
stampfen? Ihr trinkt das klare Wasser
und trübt das restliche mit euren
Hufen! 19 Meine Schafe sollen dann
fressen, was eure Hufe zerstampft,
und trinken, was sie verschmutzt
haben?‹
20 Darum spricht Jahwe, der Herr
zu ihnen: ›Passt auf! Ich bin es, ich
werde für Recht sorgen zwischen den
fetten und mageren Tieren. 21 Weil ihr
die Schwachen mit Seite und Schulter
verdrängt und mit euren Hörnern
gestoßen habt, bis ihr sie von der
Herde weggetrieben hattet, 22 will ich
nun meinen Schafen zu Hilfe kom-
men. Sie sollen nicht länger eurer
Willkür ausgeliefert sein. So werde
ich für Recht zwischen den einzelnen
Schafen sorgen.‹«

Das Reich des Friedens

23 »Dann werde ich einen einzigen
Hirten über sie einsetzen, der sie
weiden soll: meinen Diener David.*
Ja, er wird sie weiden und ihr Hirt
sein. 24 Ich selbst, Jahwe, werde ihr
Gott sein, und mein Diener David
wird der Fürst in ihrer Mitte sein. Ich,
Jahwe, habe es gesagt! 25 Ich werde
einen Bund des Friedens mit ihnen
schließen und das Land von wilden
Tieren befreien. Selbst in der Wüste
können sie dann sicher wohnen und
in den Wäldern schlafen. 26 Ich werde
sie und die ganze Umgebung meines
Hügels segnen und den Regen fallen
lassen zur rechten Zeit. Regengüsse
des Segens werden es sein, 27 so dass
die Bäume und Felder reichen Ertrag
bringen. Sie werden auf ihrem Grund
und Boden sicher sein.

Wenn ich die Stangen ihres Jochs
zerbreche und sie aus der Gewalt
ihrer Unterdrücker rette, werden sie
erkennen, dass ich bin, der ich bin –
Jahwe! 28 Sie werden nicht länger
eine Beute der Völker sein und nicht
länger von wilden Tieren gefressen
werden. Nein, sie werden in Sicher-
heit wohnen, und niemand scheucht
sie auf. 29 Ich mache ihr Land zu
einem berühmten Garten. Keiner
von ihnen wird mehr verhungern;
und den Spott der Völker werden sie
nicht mehr ertragen müssen.
30 Dann werden sie erkennen, dass
ich, Jahwe, ihr Gott, bei ihnen bin,
und sie, das Haus Israel, mein Volk
sind, spricht Jahwe, der Herr. 31 Ihr
seid meine Herde, ihr Menschen
seid die Herde, für die ich sorge, und
ich bin euer Gott, spricht Jahwe, der
Herr.«

Drohwort gegen das Bergland Edom

35 1 Das Wort Jahwes kam zu
mir. Er sagte: 2 »Du Mensch,
wende dich gegen die Berge von Seïr
und weissage gegen sie. 3 Sag zu
ihnen: So spricht Jahwe, der Herr:

Pass auf, Bergland von Seïr*, gegen
dich gehe ich vor! Ich werde dich
meine Macht spüren lassen und
mache dich zur Einöde, zu einem Bild
des Schreckens. 4 Deine Städte lege
ich in Trümmer, und du selbst wirst
Ödland sein. Du sollst erkennen, dass
ich es bin – Jahwe! 5 Weil du in be-
ständiger Feindschaft mit den Israeli-
ten lebtest und sie erbarmungslos ans
Messer geliefert hast, als das Unglück
über sie hereinbrach und ihre Schuld
das Ende herbeiführte, 6 darum lasse
ich dich bluten, so wahr ich lebe,
spricht Jahwe, der Herr. Blut soll dich
verfolgen! Weil du Blut vergossen
hast ohne Scheu, soll Blut dich verfol-
gen! 7 Und das Gebirge Seïr mache
ich zur Einöde, zu einem Bild des
Schreckens, und rotte jeden aus, der
dein Gebiet durchzieht. 8 Deine Berge
fülle ich mit Erschlagenen an. Auf dei-
nen Hügeln, in Rinnen und in Tälern
liegen dann vom Schwert Erschlage-
ne. 9 Zum ewigen Ödland mache ich
dich. Niemand wird mehr in deinen
Städten wohnen. Dann werdet ihr er-
kennen, dass ich es bin – Jahwe!

34,23 *Diener David.* Es wird ein Herrscher wie David sein, der auch aus seinem Geschlecht stammt, der Messias; siehe Psalm 89,4; Jeremia 23,5-6.

35,3 *Bergland von Seïr.* Siehe Hesekiel 25,8.

10 Weil du sagst: ›Die beiden Län-
der, Israel und Juda, gehören jetzt mir,
und ich nehme sie in Besitz!‹, wo doch
Jahwe dort war, 11 darum, so wahr ich
lebe, spricht Jahwe, der Herr: Mit dem
gleichen leidenschaftlichen Zorn, mit
dem du aus Hass gegen sie gewütet
hast, werde ich gegen dich vorgehen,
und wenn ich dich gerichtet habe,
mich ihnen zu erkennen geben.
12 Dann wirst du merken, dass ich,
Jahwe, alle deine Lästerreden gehört
habe. Du sagtest: ›Die Berge Israels
sind verwüstet, ein gefundenes Fres-
sen für uns!‹ 13 So habt ihr geprahlt
und das Maul gegen mich aufgeris-
sen. Ich habe es gehört.

14 So spricht Jahwe, der Herr: Weil
du dich über die Einöde freust, werde
auch ich dich dazu machen! 15 Weil
du dich freutest, dass Israels Besitz
verwüstet war, werde auch ich dich
zur Wüste machen; das Bergland von
Seïr und ganz Edom soll zum Ödland
werden. Dann wird man erkennen,
dass ich es bin – Jahwe!«

Verheißung für das Bergland Israel

36 1 »Du Mensch, weissage
über die Berge Israels! Sag:
Ihr Berge Israels, hört das Wort Jah-
wes! 2 So spricht Jahwe, der Herr:
Weil die Feinde über euch sagen:
›Ha, die ewigen Höhen sind jetzt
unser Besitz!‹, 3 weissage Folgendes:
So spricht Jahwe, der Herr:

Ja gerade deshalb, weil man euch
verwüstet, weil man von allen Seiten
nach euch geschnappt hat, so dass
ihr jetzt Besitz der übrigen Völker
seid, weil ihr ins Gerede gekommen
und zum Gespött der Leute gewor-
den seid, 4 gerade deshalb hört das
Wort Jahwes, ihr Berge Israels! So
spricht Jahwe, der Herr, zu den Ber-
gen und Hügeln, den Rinnen und
Tälern, zu den verfallenen Ruinen
und den verlassenen Städten, die von
den Nachbarvölkern ausgeplündert
und zum Spott geworden sind: 5 Mit
Feuereifer habe ich gegen Edom
und den Rest der Völker geredet,
die sich voller Schadenfreude und
Verachtung mein Land als Erbgut
angeeignet und sein Weideland aus-
geplündert haben.

6 Weissage über das Land Israel und
sage zu den Bergen und Hügeln, den
Rinnen und Tälern:

7 So spricht Jahwe, der Herr: Ich
selbst erhebe meine Hand und schwö-
re: ›Was eure Nachbarvölker euch
angetan haben, wird auf sie selbst zu-
rückfallen. Sie werden Schmach und
Schande zu tragen haben!‹ 8 Doch ihr
Berge Israels, ihr werdet wieder grü-
nen und Frucht tragen, denn mein
Volk kommt bald zurück. 9 Passt auf,
ich greife ein und wende mich euch
zu! Dann ackert und sät man wieder
auf euch. 10 Ich werde die Menschen
auf euch vermehren und zwar das
ganze Volk Israel. Die Städte werden
wieder bewohnt und die Ruinen auf-
gebaut sein. 11 Menschen und Tiere
lasse ich zahlreich werden; sie werden
fruchtbar sein und sich vermehren.
Ich mache euch bewohnt wie in frühe-
ren Zeiten und werde euch mehr
Gutes tun als jemals zuvor. Dann wer-
det ihr erkennen, dass ich bin, der ich
bin – Jahwe! 12 Ich lasse wieder Men-
schen auf euch gehen, nämlich mein
Volk Israel. Die sollen euch als Erbgut
besitzen. Und ihr werdet sie nie mehr
kinderlos machen.

13 So spricht Jahwe, der Herr: Weil
sie zu euch Bergen Israels sagen: ›Du
bist ein Land, das seine Bewohner
verschlingt und deinem Volk die
Kinder raubt!‹, 14 spricht Jahwe, der
Herr: ›Das wird in Zukunft nicht
mehr geschehen, du wirst niemand
mehr verschlingen und dein Volk
nicht mehr kinderlos machen!‹ 15 Ihr
werdet nicht mehr anhören müssen,
wie die Völker euch verhöhnen, ihr
werdet ihren Spott nicht mehr ertragen müssen. Du wirst dein Volk nie
mehr zum Stürzen bringen, spricht
Jahwe, der Herr.«

Erneuerung durch Gottes Geist

16 Das Wort Jahwes kam zu mir. Er
sagte: 17 »Du Mensch, als das Volk Israel noch in seinem Land wohnte,
haben sie es durch ihr Tun und Treiben besudelt. Ihr Verhalten macht es
unrein vor mir so wie die Monatsblutung eine Frau. 18 Sie haben Blut im
Land vergossen und es durch ihre
Götzen besudelt. Da schüttete ich
meinen Grimm über sie aus. 19 Ich
versprengte sie unter die Völker, zerstreute sie in fremde Länder. Ich bestrafte sie nach ihrem Tun und Treiben. 20 Aber wohin sie auch kamen,
brachten sie meinen heiligen Namen
in Verruf, denn die Leute dort sagten:
›Das ist das Volk Jahwes, aber sie
mussten aus seinem Land weg!‹ 21 Da
tat es mir um meinen heiligen Namen
leid, denn die Leute von Israel entweihten ihn, wohin sie auch kamen.
22 Darum sage zum Haus Israel:

So spricht Jahwe, der Herr: Ich
mache es nicht wegen euch, ihr Leute
von Israel, sondern ich greife wegen
meines heiligen Namens ein, den ihr
überall, wohin ihr unter den Völkern
gekommen seid, in Verruf gebracht
habt. 23 Ich werde meinen großen
Namen, den ihr unter den Völkern entweiht habt, wieder zu Ehren bringen.
Und wenn ich mich vor den Augen
der Völker an euch als heilig erweise,
werden auch sie erkennen, dass ich es
bin – Jahwe, spricht Jahwe, der Herr.

24 Ich werde euch also aus den Völkern herausholen, euch aus allen Ländern einsammeln und euch auf euren
Grund und Boden zurückbringen.
25 Dann werde ich reines Wasser auf
euch sprengen und euch so von allem
Dreck und allen Götzen reinigen. 26 Ich
gebe euch ein neues Herz und einen
neuen Geist: Das versteinerte Herz
nehme ich aus eurer Brust und gebe
euch ein lebendiges dafür. 27 Ich lege
meinen Geist in euch und bewirke, dass
ihr meinen Gesetzen folgt und euch
nach meinen Rechtsbestimmungen
richtet. 28 Ihr werdet in dem Land wohnen, das ich euren Vorfahren gegeben
habe. Ihr werdet mein Volk sein, und
ich, ich werde euer Gott sein! 29 Ich
werde euch von allem Sündenschmutz
befreien. Ich rufe das Korn herbei und
lasse es wachsen und werde keine Hungersnot mehr über euch bringen. 30 Ich
vermehre die Früchte auf den Bäumen
und den Ertrag der Felder, damit ihr
von den anderen Völkern nicht mehr
als Hungerleider verspottet werdet.
31 Dann werdet ihr an euer böses Tun
und Treiben von früher denken und vor
euch selbst Ekel empfinden wegen
eurer Sünden und Gräueltaten. 32 Ich
tue das nicht wegen euch, spricht
Jahwe, der Herr, das sollt ihr wissen!
Im Gegenteil: Ihr habt allen Grund,
euch zu schämen, ihr Israeliten!

33 So spricht Jahwe, der Herr: Wenn
ich euch von all eurer Schuld gereinigt
habe, werde ich die Städte wieder be-
wohnt und die Ruinen aufgebaut sein
lassen. 34 Das verwüstete Land soll
wieder bestellt werden und einem, der
durchreist, nicht mehr als Einöde er-
scheinen. 35 Dann wird man sagen:
Dieses wüste Land ist wie der Garten
Eden geworden, die verlassenen, ver-
wüsteten und in Trümmern liegenden
Städte sind bewohnt und gut befestigt.
36 Dann werden die Völker, die um
euch herum noch übrig geblieben sind,
erkennen, dass ich, Jahwe, das Nieder-
gerissene aufbaue und das Verwüstete
neu bepflanze. Ich, Jahwe, habe es ge-
sagt, und ich werde es auch tun!
37 So spricht Jahwe, der Herr: Ich
werde den Leuten Israels auch diese
Bitte noch erfüllen: Ich werde sie ver-
mehren wie eine Herde Schafe. 38 Die
verödeten Städte werden so voller
Menschen sein, wie Jerusalem zu sei-
nen Festzeiten von Opferschafen
wimmelt. Dann wird man erkennen,
dass ich bin, der ich bin – Jahwe!«

Menschenknochen werden lebendig

37 1 Die Hand Jahwes legte sich
auf mich. Er entführte mich
im Geist ins Freie und setzte mich mit-
ten in einer Talebene ab, die voller
Menschenknochen lag. 2 Er führte
mich rings um sie herum. Es waren
unzählige, und alle waren völlig aus-
getrocknet. 3 Dann fragte er mich:
»Du Mensch, werden diese Knochen
wohl wieder lebendig?« – »Mein Herr,
Jahwe, du weißt es«, erwiderte ich.
4 Da befahl er mir: »Weissage über
diese Knochen und ruf ihnen zu: ›Ihr
vertrockneten Knochen, hört das
Wort Jahwes! 5 So spricht Jahwe, der
Herr, zu diesen Knochen: Passt auf,
ich bringe Atem und Geist in euch,
dass ihr lebt! 6 Ich lege Sehnen an
euch, lasse Fleisch über euch wachsen
und überziehe euch mit Haut. Dann
gebe ich meinen Geist in euch, dass
ihr lebt. Ihr sollt erkennen, dass ich
bin, der ich bin – Jahwe!‹«
7 Ich weissagte, wie es mir befohlen
war. Während ich das tat, entstand ein
Geräusch, ja ein richtiges Getöse. Die
Knochen rückten zusammen, Gebein
an Gebein. 8 Dann sah ich auf einmal,
wie Sehnen und Muskeln darauf
wuchsen und sich eine Haut darüber
bildete. Doch es war noch kein Atem
und kein Geist in ihnen. 9 Da sagte
er zu mir: »Weissage dem Geist,
Mensch, weissage und sprich zu dem
Geist: ›So spricht Jahwe, der Herr:
Komm von den vier Winden* her,
du Lebensgeist, und hauche diese
Erschlagenen an, dass Leben in sie
kommt!‹« 10 Ich weissagte, wie es mir
befohlen war. Da kam der Lebensgeist
in sie, sie wurden lebendig und stan-
den auf. Es war ein riesiges Heer.
11 Er sagte zu mir: »Mensch, diese
Totenknochen sind das Volk Israel.
Noch sagen sie: ›Unsere Knochen
sind vertrocknet, unsere Hoffnung
ist verloren, es ist aus mit uns!‹
12 Darum weissage ihnen Folgendes:
›So spricht Jahwe, der Herr: Passt auf,
ich öffne eure Gräber und hole euch,

37,9 *Winden.* In diesem Kapitel steht das hebräische Wort *ruach* (siehe 1. Mose 1,2; 2,7), das gleichzeitig Geist, Lebensatem und Wind bedeutet. Die *vier Winde* meinen die vier Himmelsrichtungen.

mein Volk, heraus und bringe euch ins
Land Israel zurück! 13 Ihr werdet er-
kennen, dass ich es bin – Jahwe, wenn
ich eure Gräber öffne und euch, mein
Volk, heraushole. 14 Ich gebe meinen
Geist in euch, dass Leben in euch
kommt, und setze euch in euer Land.
Dann werdet ihr erkennen, dass ich,
Jahwe, es gesagt und auch getan
habe, spricht Jahwe.‹«

Israel und Juda wieder vereint

15 Das Wort Jahwes kam zu mir. Er
sagte: 16 »Du Mensch, nimm dir ein
Stück Holz und schreibe darauf: ›Juda
und die zu ihm gehörenden Leute von
Israel‹! Nimm ein zweites Stück Holz
und schreibe darauf: ›Josef, Efraïm
und das ganze Volk Israel, das zu ihm
gehört‹! 17 Dann halte beide zusam-
men, dass sie in deiner Hand wie ein
einziges Stück Holz aussehen. 18 Und
wenn deine Landsleute dich fragen:
›Willst du uns nicht erklären, was das
bedeuten soll?‹, 19 dann sag zu ihnen:
›So spricht Jahwe, der Herr: Seht, ich
nehme das Holz Josefs, das für Efraïm
und die Stämme Israels steht, die zu
ihm gehören, und füge es mit dem
Holz Judas zusammen, sodass sie in
meiner Hand eins werden.‹ 20 Die
Hölzer, auf die du geschrieben hast,
sollst du vor ihren Augen in deiner
Hand halten. 21 Sag zu ihnen:

›So spricht Jahwe, der Herr: Seht,
ich hole die Israeliten aus den Völkern
heraus, zu denen sie gehen mussten,
und bringe sie von überall her in ihre
Heimat zurück. 22 Dort, auf den Ber-
gen Israels, mache ich sie zu einem
einzigen Volk unter einem einzigen
König. Sie sollen nicht mehr zwei
getrennte Völker und zwei getrennte
Königreiche sein. 23 Sie werden sich
durch ihr böses Tun, ihre Götzen und
Scheusale nicht mehr besudeln. Ich
will ihnen Hilfe in ihren Wohnorten
schaffen, wo sie gesündigt haben, und
mache sie wieder rein. Sie sollen mein
Volk sein, und ich, ich werde ihr Gott
sein. 24 Und mein Diener David* soll
König über sie sein. So werden sie alle
einen einzigen Hirten haben. Sie wer-
den nach meinen Weisungen leben
und meine Gebote befolgen. 25 Sie
werden in dem Land wohnen, das ich
meinem Diener Jakob gegeben habe,
wo auch ihre Vorfahren lebten, ihre
Kinder und Enkel und alle kommen-
den Generationen. Und mein Diener
David wird für immer über sie herr-
schen. 26 Ich schließe einen Friedens-
bund mit ihnen. Es wird ein ewiger
Bund sein. Ich werde sie sich ver-
mehren lassen und lasse mein Heilig-
tum für immer in ihrer Mitte sein.
27 Meine Wohnung wird über ihnen
sein. Ich werde ihr Gott und sie wer-
den mein Volk sein.* 28 Wenn dann
mein Heiligtum für immer in ihrer
Mitte ist, werden die Völker erkennen,
dass ich es bin – Jahwe, der Israel
heilig macht.‹«

37,24 *David.* Siehe Hesekiel 34,23.

37,27 Wird im Neuen Testament von Paulus zusammen mit 3. Mose 26,12 nach der LXX zitiert: 2. Korinther 6,16.

38,2 *Gog.* Es sind verschiedene Identifikationen versucht worden, zum Beispiel mit Gyges, dem König von Lydien (um 600 v.Chr.) in Kleinasien. Wahrscheinlich steht der Name symbolisch für alle Völker der Endzeit, die Gott und seinem Volk feindlich gegenüberstehen.

Der Herrscher Gog aus Magog

38 1 Das Wort Jahwes kam zu
mir. Er sagte: 2 »Du Mensch,
wende dich gegen Gog* aus dem
Land Magog*, gegen den Großfürs-
ten* von Meschech und Tubal* und
weissage Folgendes: 3 So spricht
Jahwe, der Herr: ›Du bekommst es
mit mir zu tun, Gog aus dem Land
Magog, du Großfürst von Meschech
und Tubal! 4 Ich lenke dich herum, ich
schlage dir Haken in deine Kinnlade
und führe dich und dein ganzes
großes Heer heraus, deine Pferde und
Reiter, alle prächtig gekleidet und gut
gerüstet mit Langschild, Rundschild
und Schwert. 5 Auch Söldner aus Per-
sien, Nubien und Libyen mit Helm
und Schild sind dabei, 6 ebenso
Gomer* und seine Schwadronen und
Bet-Torgama* im äußersten Norden
mit seinen Scharen. Viele Völker kom-
men mit dir. 7 Rüste dich und halte
dich mit deiner ganzen Heeresmacht
bereit, die sich bei dir versammelt hat,
und halte sie fest im Griff! 8 Es wer-
den zwar noch viele Jahre vergehen,
bis du den Befehl zum Abmarsch er-
hältst. Du sollst in ein Land kommen,
das sich vom Krieg erholt hat, zu
einem Volk, das aus vielen Nationen
wieder zusammengeführt wurde und
nun auf den Bergen Israels, die lange
Zeit verödet waren, in Sicherheit
wohnt. 9 Du wirst wie ein Gewitter-
sturm über sie kommen und wie eine
Wolke das ganze Land mit deinen
Truppen und Hilfsvölkern bedecken.‹

10 So spricht Jahwe, der Herr: Zu
der Zeit werden böse Gedanken in dei-
nem Herzen aufsteigen, und du wirst
einen boshaften Plan schmieden
11 und denken: ›Ich will ein unge-
schütztes Land überfallen, will über
friedliche Leute herfallen, die ruhig
und sorglos leben und weder Mauern,
noch Tore und Riegel haben.‹ 12 Du
willst reiche Beute machen und über
ein Volk herfallen, das aus fremden
Völkern heimgekehrt ist und die zer-
störten Orte neu besiedelt hat, das
Herden und anderen Besitz erworben
hat und den Nabel der Erde bewohnt.
13 Dann werden Saba* und Dedan*
dich fragen, auch die Händler und
Kaufleute aus Tarschisch*: ›Kommst
du, um Beute zu machen? Hast du

38,2 *Magog*. Nach Hesekiel 39,6 scheint es ein Volk zu sein, es könnte aber nach der hebräischen Vorsilbe (*ma* = Platz von) einfach nur *Land des Gog* heißen.

Großfürsten. Andere übersetzen: *Fürst von Rosch*. Doch ein solcher Ort ist völlig unbekannt. Dass damit Russland gemeint sei, ist reine Spekulation. Das hebräische *Rosch* bedeutet: Kopf, Gipfel, Anführer. Von daher: *Großfürst*.

Meschech und Tubal sind zwei anatolische Königreiche aus dem nördlichen Kleinasien zwischen dem Schwarzen und dem Kaspischen Meer (siehe Hesekiel 27,13; 1. Mose 10,2; 1. Chronik 1,5).

38,6 *Gomer* ist ein Volk, das am Nordufer des Schwarzen Meeres lebte und den Assyrern im 8. Jh. v.Chr. große Probleme bereitet hatte. Später drangen sie durch den Kaukasus nach Kleinasien vor und eroberten 644 v.Chr. auch Sardes.

Bet-Torgama war wahrscheinlich die Hauptstadt des anatolischen Königreiches Kammanu, das aus hetitischen und assyrischen Quellen bekannt ist.

38,13 *Saba* liegt in der südwestlichen Ecke von Arabien, dem heutigen Jemen.

Dedan war eine zentralarabische Oase.

Tarschisch war eine von Tyrus gegründete südspanische Küstenstadt.

deine Heere versammelt, um zu plün-
dern, um Gold und Silber wegzu-
schleppen, Vieh und alles, was Wert
hat? Willst du einen großen Fang
machen?‹
14 Darum weissage, Mensch! Sage
zu Gog: »So spricht Jahwe, der Herr:
›Nicht wahr, dann, wenn mein Volk
Israel in Sicherheit wohnt, wirst du es
erfahren 15 und ziehst aus deinem
Land im äußersten Norden heran, ge-
folgt von deinen Reiterheeren und
einer riesigen Heeresmacht aus vielen
Völkern. 16 Du wirst gegen mein Volk
Israel heranziehen und wie eine
Wolke das ganze Land bedecken. Am
Ende der bestimmten Zeit wird das
geschehen. Dann lasse ich dich gegen
mein Volk Israel heranziehen, damit
die Völker mich erkennen, wenn ich
mich an dir, Gog, als der Heilige er-
weise.‹
17 So spricht Jahwe, der Herr: ›Du
bist doch derjenige, von dem ich
schon früher durch meine Diener, die
Propheten Israels, jahrelang weissa-
gen ließ, dass ich dich über sie bringen
würde.‹
18 Doch an dem Tag, an dem Gog
in das Land Israel einfällt, spricht
Jahwe, der Herr, steigt mir der Zorn
in die Nase. 19 Ich rede mit Eifer und
Zorn und schwöre: An dem Tag wird
das Land Israel von einem schweren
Erdbeben heimgesucht. 20 Men-
schen und Tiere werden vor mir zit-
tern, selbst die Fische im Meer, die
Vögel in der Luft und alles, was auf
dem Erdboden kriecht. Berge reißen
auseinander, Felsterrassen stürzen ein
und jede Mauer bricht zusammen.
21 Dann rufe ich mein ganzes Berg-
land zum Krieg gegen ihn auf,
spricht Jahwe, der Herr. Dann zieht
jeder gegen jeden das Schwert.
22 Ich gehe ins Gericht mit ihm und
richte ein Blutbad unter seinen
Truppen an. Ich lasse die Pest und
Wolkenbrüche über ihn kommen.
Es wird Hagelsteine, Feuer und
Schwefel auf ihn und seine Heere
regnen und auf die vielen Völker, die
mit ihm sind. 23 So werde ich vor
den Augen vieler Nationen meine
Größe und Heiligkeit zeigen, damit
sie erkennen, dass ich bin, der ich
bin – Jahwe!«

Der Untergang von Gog

39 1 »Du Mensch, weissage Fol-
gendes gegen Gog:
So spricht Jahwe, der Herr: Pass auf,
ich gehe gegen dich vor, Großfürst
von Meschech und Tubal. 2 Ich lenke
dich herum und führe dich auf deinem
Weg. Ich lasse dich vom äußersten
Norden her kommen und bringe dich
auf die Berge Israels. 3 Dann schlage
ich dir den Bogen aus der linken Hand
und lasse deiner Rechten die Pfeile
entfallen. 4 Auf den Bergen Israels
wirst du mit deinem riesigen Heer und
allen Hilfsvölkern fallen. Ich werfe
dich den Raubvögeln und den wilden
Tieren zum Fraß vor. 5 Auf freiem Feld
wirst du fallen, denn ich habe es ge-
sagt, spricht Jahwe, der Herr.
6 Und ich lege Feuer an Magog und
die Meeresländer, die sich in Sicherheit
wiegen. Dann werden sie erkennen,
dass ich es bin, Jahwe. 7 Meinen heili-
gen Namen offenbare ich mitten in
meinem Volk Israel, und nie mehr lasse
ich meinen heiligen Namen entwei-
hen. Die Völker werden erkennen, dass

ich es bin, Jahwe, heilig in Israel.
8 Passt auf, es kommt und wird gesche-
hen, spricht Jahwe, der Herr. Das ist
der Tag, von dem ich gesprochen habe.
9 Dann werden die Einwohner der
Städte Israels hinausziehen und die
Waffen auflesen: Rund- und Lang-
schilde, Bogen und Pfeile, Hand-
keulen und Lanzen. Sieben Jahre lang
werden sie damit Feuer machen und
heizen. 10 Sie brauchen kein Holz
mehr auf dem Feld zu sammeln oder
im Wald zu schlagen. Sie werden mit
den Waffen Feuer machen und so ihre
Räuber berauben und ihre Plünderer
plündern, spricht Jahwe, der Herr.
11 An jenem Tag weise ich Gog und
seiner ganzen lärmenden Menge ein
Grab in Israel zu: die Schlucht der
Durchreisenden, östlich vom Toten
Meer. Das Grab wird jedem, der
durchreisen will, den Weg versperren.
Und die Stelle wird man nennen:
›Schlucht der lärmenden Menge
Gogs‹. 12 Sieben Monate wird Israel
brauchen, um die Gefallenen zu be-
graben und das Land zu reinigen.
13 Das ganze Volk im Land wird beim
Begraben helfen. Dadurch machen
auch sie sich am Tag meiner Verherrli-
chung einen Namen, spricht Jahwe,
der Herr. 14 Und nach Ablauf der sie-
ben Monate werden sie Männer be-
auftragen, die ständig durch das Land
ziehen und alle begraben, die irgend-
wo im Land verstreut liegen geblieben
sind, damit das Land rein wird.
15 Wenn einer von ihnen irgendwo
einen Menschenknochen entdeckt,
kennzeichnet er die Stelle, damit die
Totengräber kommen und ihn in der
›Schlucht der lärmenden Menge
Gogs‹ begraben können. 16 Auch eine
Stadt namens Hamona, ›lärmende
Menge‹, wird es geben. So werden sie
das Land reinigen.«
17 »Und du, Mensch«, spricht Jahwe,
der Herr, »ruf den Raubvögeln und den
wilden Tieren zu:

Kommt her und versammelt euch,
kommt von allen Seiten! Ich lade euch
zum großen Opfermahl. Auf den Ber-
gen Israels habe ich es für euch ge-
schlachtet! Fresst Fleisch und trinkt
Blut! 18 Fleisch von Helden dürft ihr
fressen und Blut von den Fürsten der
Erde dürft ihr trinken! Das sind die
Schafböcke und Lämmer, die Ziegen-
böcke und Stiere, das ist das Mastvieh
aus Baschan für euch. 19 Fresst euch
voll mit Fett und berauscht euch am
Blut des Opfers, das ich für euch ge-
schlachtet habe! 20 Sättigt euch an
meinem Tisch mit Reit- und Wagen-
pferden, mit Helden und Kriegern,
spricht Jahwe, der Herr.«

Die Wiederherstellung Israels

21 »So bringe ich meine Herrlichkeit
unter die Völker, und alle Nationen
werden sehen, wie ich mein Straf-
gericht vollstrecke und meine Macht
an ihnen demonstriere. 22 Und die Is-
raeliten werden erkennen, dass ich,
Jahwe, ihr Gott bin, und sie werden das
in Zukunft nie mehr vergessen. 23 Die
anderen Völker werden begreifen, dass
mein Volk Israel wegen seiner Schuld
in die Verbannung musste. Sie waren
mir untreu geworden. Deshalb verbarg
ich mein Gesicht vor ihnen und gab sie
in die Gewalt ihrer Feinde, sodass sie
alle unter dem Schwert fielen. 24 Ich
habe sie so behandelt, wie sie es durch
ihre Beschmutzung und ihre Vergehen

verdienten, und mein Gesicht vor
ihnen verborgen. 25 Jetzt aber – sagt
Jahwe, der Herr – wende ich Jakobs
Geschick. Ich erbarme mich über die
Nachkommen Israels und setze mich
eifersüchtig für meinen heiligen
Namen ein. 26 Nur an ihrer Schande
und Untreue gegen mich werden sie
noch tragen, wenn sie wieder sicher
und ungestört in ihrem Land wohnen
werden, 27 und ich sie aus den Völkern
zurückgebracht, sie aus den Ländern
ihrer Feinde eingesammelt und mich
vor den Augen vieler Völker als der Hei-
lige erwiesen habe. 28 Sie werden er-
kennen, dass ich, Jahwe, ihr Gott bin.
Ich habe sie zwar unter fremde Völker
verschleppt, aber nun habe ich sie wie-
der in ihrem Land versammelt und kei-
nen von ihnen in der Fremde zurückge-
lassen. 29 Ich werde mein Gesicht nie
mehr vor ihnen verbergen, weil ich
meinen Geist über die Israeliten ausge-
gossen habe, spricht Jahwe, der Herr.«

Die Vision vom neuen Tempel*

40 1 Am Jahresanfang, am 10.
April* im 25. Jahr unserer
Verbannung – das war das 14. Jahr
nach dem Fall der Stadt – legte Jahwe
die Hand auf mich und brachte mich
genau dorthin. 2 In göttlichen Visio-
nen brachte er mich ins Land Israel
und setzte mich auf einem sehr hohen
Berg nieder. Auf dessen Südseite war
so etwas wie eine Stadt zu sehen.
3 Dorthin brachte er mich. Am Tor
stand ein Mann, der aussah, als sei er
aus Bronze. In seiner Hand hielt er
eine Schnur aus Flachs und eine
Messrute. 4 Der Mann sagte zu mir:
»Du Mensch, mach deine Augen und
Ohren auf und achte genau auf alles,
was ich dir zeige. Denn dazu bist du
hierher gebracht worden. Berichte
dem Haus Israel alles, was du hier zu
sehen bekommst.«

Das Osttor zum äußeren Vorhof

5 Ich sah, dass der ganze Tempelbe-
zirk von einer Mauer umschlossen
war. Der Mann maß sie mit der Mess-
rute in seiner Hand aus: eine Rute
hoch, eine Rute dick. Die Messrute in
seiner Hand war sechs Ellen lang, die
Elle eine Handbreit länger als ge-
wöhnlich gerechnet*.
6 Dann stieg der Mann die Stufen
hinauf, die zum östlichen Toreingang
führten, und maß die Torschwelle. Sie
war drei Meter breit. 7 Jede Nische
für die Wächter im Tor war drei Meter
lang und drei Meter breit. Die Pfeiler
zwischen den Nischen waren zwei-
einhalb Meter dick. Die Schwelle der
hinteren Toröffnung war, wie die der
vorderen, drei Meter breit. 8 Dann
maß er die Vorhalle des Tores zum
Tempel hin. Sie war drei Meter tief
9 und vier Meter breit. Die Mauerstü-
cke rechts und links am Ausgang

Kapitel 40-48 *Tempel.* Siehe die Rekonstruktionszeichnung im Anhang dieser Bibelausgabe.

40,1 *April.* Wörtlich: am 10. des Monats. Es war das Jahr 573 v. Chr.

40,5 Weil die für eine *Elle* angegebenen Maße zwischen 44,42 und 52,45 cm schwanken, gehen wir für die meisten Umrechnungen von 50 cm aus. Dadurch werden auch die Proportionen deutlicher. Die Rute war demnach drei Meter lang.

waren einen Meter dick. 10 Das Ost-
tor hatte auf jeder Seite drei durch
Pfeiler getrennte gleich große Ni-
schen für die Wächter. 11 Die lichte
Weite der Toröffnung betrug fünf
Meter und die ganze Torbreite sechs-
einhalb Meter. 12 Die Nischen für die
Wächter auf jeder Seite waren zum
Durchgang hin mit einer Mauer von
einem halben Meter Höhe abge-
schlossen. 13 Dann maß er die Breite
des ganzen Tores. Vom Dachansatz
der einen Nische bis zum Dachansatz
der gegenüberliegenden waren es
zwölfeinhalb Meter. 14 Für die vor-
springenden Wände, die auf die Pfei-
ler des Innenhofes zuliefen, machte er
eine Länge von zehn Metern aus.
15 Das ganze Torgebäude vom Vor-
dereingang bis zu dem des Innenhofs
maß 25 Meter. 16 Die Nischen hatten
gerahmte Fenster an den Außen- und
Innenwänden. Auch die Vorhalle
hatte ringsherum Fenster. Und die
Mauerstücke am Torausgang waren
mit Palmen verziert.

Der äußere Vorhof

17 Dann brachte er mich in den äußeren
Vorhof. Dieser war ringsherum von
30 nebeneinander liegenden Räumen
umgeben. Vor diesen Räumen war der
Boden mit Steinplatten belegt. 18 Der
Plattenbelag reichte so weit in den Vor-
hof hinein wie die Torgebäude und lag
tiefer als der innere Vorhof. 19 Er maß
den Abstand zwischen der Innenseite
des unteren Tores bis zur Außenseite
des höher gelegenen Innentores. Es
waren 50 Meter. Nachdem die Ostseite
ausgemessen war, gingen wir auf die
Nordseite.

Das Nordtor

20 Auch dort war ein Tor zum äußeren
Vorhof. Seine Außenseite zeigte nach
Norden. Er maß seine Länge und
Breite. 21 Es hatte drei Nischen auf
jeder Seite für die Wächter. Seine Pfei-
ler und die Vorhalle hatten die glei-
chen Maße wie das erste Tor. Es war
25 Meter lang und halb so breit.
22 Vorhalle, Fenster und Palmen
sahen genauso aus wie beim Osttor.
Auf sieben Stufen stieg man zum Tor-
eingang hinauf, und seine Vorhalle lag
auf der Innenseite. 23 Wie beim Osttor
befand sich genau gegenüber ein Tor,
das zum inneren Vorhof führte. Von
Tor zu Tor waren es 50 Meter.

Das Südtor

24 Dann führte er mich auf die Südsei-
te. Auch dort war ein Tor. Seine Vor-
halle und das Mauerwerk hatten die
gleichen Maße wie die anderen Tore.
25 Auch die Fenster im Torgebäude
und in der Vorhalle waren wie die an-
deren Fenster. Das Tor war 25 Meter
lang und halb so breit. 26 Auf sieben
Stufen stieg man zum Toreingang hi-
nauf, und seine Vorhalle lag auf der
Innenseite. Die Mauerstücke rechts
und links waren mit Palmen verziert.
27 Auch hier hatte es als Gegenstück
in 50 Metern Entfernung ein Tor zum
inneren Vorhof.

Die Tore zum inneren Vorhof

28 Dann führte er mich durch das
Südtor in den inneren Vorhof. Es
hatte die gleichen Maße wie die an-
deren Tore. 29 Die Nischen für die
Wächter, die Mauervorsprünge und
die Vorhalle waren wie dort. Auch
dieses Tor und seine Vorhalle hatten

ringsherum Fenster. Es war 25 Meter
lang und halb so breit. 30 Die Vorhal-
len rings um den Innenhof waren
zwölfeinhalb Meter lang und zweiein-
halb Meter tief. 31 Seine Vorhalle je-
doch lag zum äußeren Vorhof hin.
Seine Mauerstücke waren mit Palmen
verziert, und acht Stufen bildeten den
Aufgang.

32 Dann brachte er mich in den inne-
ren Vorhof auf die Ostseite und vermaß
das dort gelegene Tor. Es hatte die
gleichen Maße wie die anderen Tore.
33 Die Nischen für die Wächter, seine
Vorhalle und das Mauerwerk am Aus-
gang hatten die gleichen Maße. Auch
dieses Tor und seine Vorhalle hatten
ringsherum Fenster. Es war 25 Meter
lang und halb so breit. 34 Seine Vorhal-
le lag zum äußeren Vorhof hin. Seine
Mauerstücke waren mit Palmen ver-
ziert, und acht Stufen bildeten den
Aufgang.

35 Dann führte er mich zum Nordtor
und maß es aus. Es war den anderen
Toren gleich: 36 die Nischen für die
Wächter, seine Vorhalle und das Mau-
erwerk am Ausgang und die Fenster
ringsherum. Es war 25 Meter lang
und halb so breit. 37 Seine Vorhalle
lag zum äußeren Vorhof hin. Seine
beiden Mauerstücke waren mit Pal-
men verziert, und acht Stufen bildeten
den Aufgang.

Räume zur Vorbereitung der Opfer

38 Dort gab es einen Raum, dessen
Türöffnung sich an den Mauervor-
sprüngen der Tore befand. Dort wusch
man das Brandopfer ab. 39 In der Vor-
halle selbst standen auf jeder Seite
zwei Tische. Auf ihnen wurden die
Tiere für das Brand-, Sünd- und
Schuldopfer geschlachtet. 40 An den
beiden Außenwänden der Vorhalle
rechts und links vom Eingang des
Nordtores waren ebenfalls je zwei
Tische aufgestellt. 41 So standen auf
jeder Seite des Tores vier Tische, also
insgesamt acht, auf denen geschlach-
tet wurde. 42 Die Tische für das Brand-
opfer waren aus Quadersteinen ge-
baut. Sie waren dreiviertel Meter lang,
ebenso breit und einen halben Meter
hoch. Auf sie wurde alles hingelegt,
was man zum Schlachten der Opfer-
tiere brauchte. 43 Ringsherum waren
acht Zentimeter lange Haken für
das Opferfleisch befestigt, das auf die
Tische kam.

Räume für die Priester

44 Im Innenhof neben dem Nord- und
Südtor befanden sich je ein Raum, der
sich zum Vorhof hin öffnete. Der eine
war nach Süden hin offen, der andere
nach Norden. 45 Mein Führer sagte
zu mir: »Der Raum, der nach Süden
schaut, ist für die Priester bestimmt,
die für den Tempel zu sorgen haben,
46 und der, der nach Norden offen ist,
für die Priester, die am Altar Dienst
tun. Das sind die Nachkommen
Zadoks, also diejenigen Leviten, die in
die Nähe Jahwes kommen dürfen, um
ihm zu dienen.«

Das Tempelhaus

47 Dann vermaß er den inneren Vor-
hof. Er war 50 Meter lang und 50
Meter breit. Vor dem Tempelhaus
stand der Altar. 48 Nun führte er
mich in die Vorhalle des Tempel-
hauses und maß sie aus. Das Mauer-
werk rechts und links von ihrem

Eingang war je zweieinhalb Meter
dick. Das Eingangstor selbst war sie-
ben Meter breit und die Mauervor-
sprünge je anderthalb Meter. 49 Die
Vorhalle war zehn Meter breit und
sechs Meter tief. Zehn Stufen führten
zu ihr hinauf. Vor den Mauerstücken
auf beiden Seiten stand je eine Säule.

41 1 Dann führte er mich in den
Tempelraum hinein und maß
die Mauerstücke rechts und links. Sie
waren drei Meter dick. 2 Der Eingang
selbst war fünf Meter breit. Die Mau-
erstücke auf beiden Seiten sprangen je
zweieinhalb Meter vor. Er maß die
Länge des Tempelraums. Es waren 20
Meter, seine Breite betrug 10 Meter.
3 Dann ging er in den innersten
Raum und maß das Mauerwerk am
Eingang. Es war auf beiden Seiten
einen Meter dick. Der Eingang selbst
war drei Meter breit. Die Mauern auf
beiden Seiten des Eingangs sprangen
dreieinhalb Meter vor. 4 Der Raum
selbst war zehn Meter tief und zehn
Meter breit. Als er ihn gemessen hatte,
sagte er zu mir: »Das ist das Höchst-
heilige.«
5 Dann maß er die Seitenwände des
Tempelhauses. Sie waren drei Meter
dick. Um das Tempelhaus herum gab
es einen Anbau von zwei Metern Brei-
te. 6 Er bestand aus drei Stockwerken
mit je dreißig Kammern. Die Stock-
werke waren auf der Innenseite nicht
in der Mauer des Tempelhauses veran-
kert, sondern ruhten auf den Mauer-
absätzen an der Außenseite der Tem-
pelwand. 7 Weil die Tempelmauer
nach oben hin zurücktrat, verbreiterte
sich der Innenraum des Anbaus von
Stockwerk zu Stockwerk. Im unteren
war er am schmalsten, im oberen am
breitesten. 8 Ich sah eine Terrasse um
das Haus herum laufen, die von den
Unterbauten der Seitenkammern ge-
bildet wurde und drei Meter hoch war.
9 Die Außenwand des Anbaus selbst
war nur zweieinhalb Meter dick. Zwi-
schen den Seitenkammern des Tem-
pelhauses 10 und den Räumen um das
Tempelhaus herum war ein freigelas-
sener Platz von zehn Metern Breite.
11 Die Eingänge des Anbaus öffneten
sich zur Terrasse hin, die ringsherum
zweieinhalb Meter breit war. 12 Hinter
dem Tempelhaus, also in westlicher
Richtung, stand in einem abgesonder-
ten Bereich ein weiteres Gebäude. Es
war 35 Meter tief und 45 Meter breit.
Seine Außenmauer war zweieinhalb
Meter dick.
13 Nun maß er die ganze Tempel-
anlage aus. Das Tempelhaus war 50
Meter lang. Von seiner Rückseite über
den unbebauten Streifen bis zur
Rückseite des anderen Gebäudes
waren es ebenfalls 50 Meter. 14 Die
Breite des Tempelhauses auf der Ost-
seite einschließlich des unbebauten
Streifens betrug ebenfalls 50 Meter.
15 Weiter maß er die Breite des Hin-
tergebäudes. Es war einschließlich
der Terrassenbauten auf beiden Seiten
50 Meter breit.

Das Innere des Tempelhauses und
seine Vorhalle 16 waren getäfelt, vom
Boden bis hinauf zu den Fenstern.
Diese hatten einen dreifach abgestuf-
ten Rahmen und konnten verschlossen
werden. 17 Oberhalb des Eingangs
innen und außen und auf allen Wän-
den rings herum war die Täfelung in
Felder eingeteilt, 18 in die abwechselnd
Cherubim und Palmen eingeschnitzt

waren. Jeder Cherub hatte zwei Ge-
sichter. 19 Ihr Menschengesicht war
der einen Palme zugewandt und ihr
Löwengesicht der anderen. 20 Vom
Fußboden bis über die Tür hinauf
waren die Cherubim und Palmen an
allen Wänden zu sehen.

21 Die Eingangstür zum Tempel-
raum hatte einen vierfach gestaffelten
Rahmen. Vor dem Höchstheiligen
aber stand etwas, das aussah wie
22 ein Altar aus Holz, anderthalb
Meter hoch, einen Meter lang und
ebenso breit. Seine Ecken, seine
Wände und sein Sockel waren aus
Holz. Der Mann sagte zu mir: »Das ist
der Tisch, der vor Jahwe steht.«
23 Der Tempelraum und das Höchst-
heilige hatten je eine Doppeltür.
24 Rechts und links waren hinterei-
nander je zwei drehbare Türflügel an-
gebracht. 25 Wie die Wände waren
auch die Türflügel mit Cherubim und
Palmen verziert.

Die Vorhalle hatte über ihrem Ein-
gang ein Vordach aus Holz. 26 Auch
ihre Wände waren von gerahmten
Fenstern durchbrochen und bis zum
hölzernen Vordach mit Palmen ver-
ziert. Ebenso war es mit den Seiten-
kammern und ihren Dachbalken.

Räume für die Priester

42 1 Dann führte er mich in den
nördlichen Teil des Vorhofs
hinaus. An der Nordseite des Gebäu-
des, das hinter dem Tempel lag, be-
fand sich ein Bauwerk. Es stand vor
diesem Gebäude und neben dem un-
bebauten Streifen. 2 Der Bau war 50
Meter lang und 25 Meter breit. 3 Er
stand neben dem unbebauten zehn
Meter breiten Streifen des inneren
Vorhofs und dem Steinpflaster des
äußeren Vorhofs und erhob sich in
drei abgestuften Stockwerken. 4 Auf
der Nordseite, wo auch die Eingänge
des Bauwerks waren, verlief ein fünf
Meter breiter Gang. Zum inneren Vor-
hof führte ein Durchgang, einen hal-
ben Meter breit. 5 Die oberen Räume
waren schmaler als die unteren und
mittleren, weil die Galerien ihnen
einen Teil vom Raum wegnahmen,
6 denn das Ganze war dreistöckig an-
gelegt. Die Stockwerke hatten aber
keine Säulen wie der Vorhof, deshalb
wurden sie von unten nach oben
immer kürzer. 7 Eine Mauer von 25
Metern Länge begrenzte die Ein-
gangsseite zum äußeren Vorhof hin.
8 Da die Räume, die zum Vorhof hin
zeigten, ebenfalls 25 Meter lang
waren, war die ganze Mauer 50 Meter
lang. 9 Der Zugang zu den unteren
Räumen lag im Osten, wenn man vom
äußeren Vorhof aus hineinging.

10 Auch auf der Südseite grenzte ein
Bauwerk an die Mauer des äußeren
Vorhofs. 11 Und auch hier führte ein
Gang an der Vorderseite des Gebäu-
des entlang. Der Bau glich in allem
dem auf der Nordseite in Länge, Brei-
te, Ausgängen und Eingängen, 12 die
hier nach Süden hin lagen. Auch hier
gelangte man entlang der Schutz-
mauer von Osten her in das Gebäude,
wenn man aus dem äußeren Vorhof
kam.

13 Der Mann sagte zu mir: »Die
Räume im nördlichen und südlichen
Bau, die vor dem umfriedeten Platz
liegen, sind als heilige Räume für die
Priester bestimmt, die in der Nähe des
Herrn ihren Dienst tun. Dort sollen
sie ihre Anteile an den höchst heiligen

Opfergaben essen. Dorthin sollen
sie auch die höchst heiligen Gaben
vom Speise-, Sünd- und Schuldopfer
bringen, denn es ist ein heiliger Ort.
14 Wenn die Priester im Heiligtum
waren, sollen sie von dort nicht in den
Vorhof hinausgehen, sondern die
Gewänder, in denen sie ihren Dienst
verrichtet haben, in diesen Räumen
ablegen, denn die Gewänder sind
heilig. Erst nachdem sie sich umge-
zogen haben, dürfen sie auf den Platz
gehen, der auch für das Volk zugäng-
lich ist.«

Der Tempelbezirk

15 Als er den inneren Tempelbezirk
vermessen hatte, führte er mich durch
das Osttor hinaus und vermaß den
ganzen äußeren Umfang. 16 Er be-
nutzte die Messrute dazu. Die Ost-
seite war 250 Meter* lang. 17 Auch
die Nordseite war 250 Meter lang,
18 ebenso die Südseite 19 und die
Westseite. 20 Er vermaß den Tempel-
bezirk nach allen vier Windrichtun-
gen hin. Die Außenmauer des Tempel-
bezirks war 250 Meter lang und 250
Meter breit; sie sollte das Heilige vom
Profanen trennen.

Die Herrlichkeit Gottes kehrt in den Tempel zurück

43 1 Dann führte er mich wieder
zum Osttor. 2 Da kam von
Osten her plötzlich Israels Gott in
seiner Herrlichkeit heran. Es rauschte
wie ein riesiger Wasserfall, und die
Erde leuchtete von seiner Herrlich-
keit. 3 Es war dieselbe Erscheinung,
die ich gesehen hatte, als er kam, um
die Stadt zu vernichten, und dieselbe,
die ich am Fluss Kebar gesehen
hatte.* Da warf ich mich nieder
auf mein Gesicht. 4 Die Herrlichkeit
Jahwes zog durch das Osttor in den
Tempel ein. 5 Da hob mich der Geist
hoch und brachte mich in den inneren
Vorhof. Ich sah, dass die Herrlichkeit
Jahwes das ganze Haus erfüllte. 6 Der
Mann, der mich geführt hatte, stand
noch neben mir, da hörte ich jemand
aus dem Haus zu mir reden. 7 »Du
Mensch«, sagte er, »hier ist der Ort,
wo mein Thron steht, und der Ort, wo
meine Füße stehen. Hier, mitten unter
den Israeliten, will ich für immer
wohnen. Nie mehr werden die Leute
von Israel oder ihre Könige meinen
Namen besudeln, weder durch ihre
sexuelle Unmoral noch durch die Lei-
chen ihrer Könige, die sie in meiner
Nähe bestatten.* 8 Sie haben ihre Pa-
läste neben meinen Tempel gebaut
und Tür an Tür mit mir gewohnt, so-
dass nur eine Wand zwischen uns war,
und besudelten so meinen heiligen
Namen durch ihre abscheulichen
Taten. Deshalb habe ich sie in meinem
Zorn vernichtet. 9 Doch jetzt werden
sie ihre sexuelle Unmoral und die Lei-
chen ihrer Könige von mir fernhalten,
und ich werde für immer unter ihnen
wohnen. 10 Du, Mensch, beschreibe

42,16 *250 Meter.* Der hebräische Text hat hier: *500 Ruten* = 1,5 km. In der LXX fehlt die Maßeinheit, sodass man an dieser Stelle von *500 Ellen* ausgehen sollte.

43,3 *gesehen hatte.* Siehe Hesekiel 1,5-21; 8,4.

43,7 *Nähe bestatten.* Oder: ... *durch die Leichen ihrer Melech-Opfer und ihre Kultkammern.*

den Leuten von Israel das Haus,
das du gesehen hast. Wenn sie die
Ausmaße dieses Plans verstehen, wer-
den sie sich ihrer Sünden schämen.
11 Und wenn sie sich all dessen schä-
men, was sie getan haben, dann schil-
dere ihnen den Plan des Hauses in
allen Einzelheiten, seine Einrichtung
und Zugänge, all seine Anordnungen
und Vorschriften. Zeichne es vor ihren
Augen auf, damit sie alle Anordnun-
gen und Vorschriften künftig genau
befolgen. 12 Das Gesetz für den Tem-
pelbezirk lautet: Der gesamte Bezirk
auf der Kuppe des Berges ist mir ge-
weiht und heilig. Das ist das grund-
legende Gesetz für den Tempel.«

Der Brandopferaltar

13 Der Altar hatte folgende Maße, die
Elle eine Handbreit länger als gewöhn-
lich gerechnet*: Rings um den Altar
war ein Graben, einen halben Meter
breit und ebenso tief. Die gemauerte
Einfassung an seinem Rand war 25
Zentimeter* breit. Der unterste Sockel
14 war vom Rand des Grabens an einen
Meter hoch. Der nächste Sockel
sprang einen halben Meter zurück
und war zwei Meter hoch. 15 Der
Opferherd selbst war noch einmal zwei
Meter hoch. An seinen Ecken ragten
vier Hörner auf. 16 Er war quadratisch
gebaut mit einer Seitenlänge von sechs
Metern. 17 Der nächst untere Sockel
war ebenfalls quadratisch. Er hatte
eine Seitenlänge von sieben Metern
und sprang um einen halben Meter vor.
Das Gesims an seinem Rand war 25
Zentimeter breit. An der Ostseite führ-
ten Stufen zum Altar hinauf.

18 Er sagte zu mir: »Mensch, so
spricht Jahwe, der Herr:
Hier sind die Bestimmungen für den
Tag, an dem der Altar fertiggestellt
wird, damit man Brandopfer darauf
opfern und Blut daran sprengen kann.
19 Du sollst den Leviten aus der Nach-
kommenschaft Zadoks, den Priestern,
die in meine Nähe kommen, um mir
zu dienen, einen jungen Stier für das
Sündopfer geben, spricht Jahwe, der
Herr. 20 Mit dessen Blut sollst du die
vier Hörner des Altars, die vier Ecken
seiner Einfassung und die Abgren-
zung ringsum bestreichen. So sollst
du den Altar von Sünde reinigen und
Sühne für ihn erwirken. 21 Dann
nimmst du den Stier des Sündopfers
und lässt ihn außerhalb des Tempel-
hauses an dem dafür bestimmten
Platz verbrennen. 22 Am zweiten Tag
sollst du einen fehlerlosen Ziegenbock
als Sündopfer bringen und den Altar
von Sünde reinigen lassen, wie du es
mit dem Stier getan hast.

23 Wenn du das getan hast, sollst du
einen jungen Stier und einen Schaf-
bock vor mich bringen, beide ohne
Fehler. 24 Die Priester sollen Salz auf
sie streuen und sie mir, Jahwe, als
Opfer verbrennen. 25 Sieben Tage
lang sollst du täglich fehlerfreie Tiere
bringen lassen: einen Ziegenbock,
einen jungen Stier und einen Schaf-
bock aus der Herde. 26 Sieben Tage

43,13 *gerechnet.* Siehe Hesekiel 40,5.

43,13.17 *25 Zentimeter.* Wörtlich: eine Spanne = eine halbe Elle.

43,27 Beim *Freudenopfer* wurde im Gegensatz zum Brandopfer nur das Fett auf dem Altar verbrannt. Der größte Teil des Tieres durfte bei einer fröhlichen Opfermahlzeit gemeinsam mit Verwandten und Freunden verzehrt werden.

lang soll man Sühne für den Altar er-
wirken, ihn reinigen und weihen.
27 Vom achten Tag an sollen die Pries-
ter eure Brand- und Freudenopfer*
auf dem Altar zurichten. Dann werde
ich euch gnädig annehmen, spricht
Jahwe, der Herr.«

Das verschlossene Tor

44 1 Dann führte er mich zum
äußeren Osttor des Heilig-
tums zurück. Es war verschlossen.
2 Jahwe sagte zu mir: »Dieses Tor
soll verschlossen bleiben. Es darf
nie geöffnet werden. Niemand darf
hindurchgehen, nachdem Jahwe, der
Gott Israels, auf diesem Weg in den
Tempel eingezogen ist. Es muss ge-
schlossen bleiben! 3 Der regierende
Fürst allerdings darf darin sitzen,
wenn er seine Opfermahlzeit vor
Jahwe verzehrt. Er betritt es allerdings
von der inneren Vorhalle aus und ver-
lässt es wieder auf dem gleichen Weg.«

Vorschriften für die Leviten

4 Dann führte er mich durch das
Nordtor an die Vorderseite des Tem-
pelhauses. Da sah ich, wie die Herr-
lichkeit Jahwes das Haus erfüllte und
fiel nieder auf mein Gesicht. 5 Jahwe
sagte zu mir: »Du Mensch, sei mit
ganzem Herzen dabei! Sieh genau hin
und hör mir gut zu! Ich sage dir jetzt,
was im Haus Jahwes zu beachten ist.
Merk dir genau, wer dort hineingehen
darf und wer nicht! 6 Sag zu diesen
Rebellen, den Leuten von Israel:

›So spricht Jahwe, der Herr: Lasst es
nun endlich genug sein mit all euren
Gräueln, ihr Israeliten! 7 Ihr habt
Fremde in mein Heiligtum kommen
lassen, die nicht nur am Körper,
sondern auch am Herzen unbeschnit-
ten waren. Sie standen dabei, wenn
ihr mir meine Speise – Fett und Blut –
dargebracht habt und schändetet da-
durch mein Haus. So habt ihr zusätz-
lich zu all euren Gräueln auch noch
meinen Bund gebrochen. 8 Dann habt
ihr sie sogar den Dienst in meinem
Heiligtum verrichten lassen, anstatt
ihn selber zu tun! 9 Darum spricht
Jahwe, der Herr: Kein Fremder darf je
in mein Heiligtum kommen, der am
Körper und am Herzen unbeschnitten
ist, keiner von den Fremden, die unter
euch sind! 10 Sondern die Leviten, die
sich von mir entfernt haben, als Israel
in die Irre ging, die ihren Götzen
nachliefen, die sollen ihre Schuld
auf sich nehmen. 11 Sie dürfen nur
noch Torwächter an den Tempeltoren
und Tempeldiener sein; sie sollen die
Tiere für das Brand- und Freudenop-
fer schlachten und vor den Leuten be-
reitstehen, um sie zu bedienen.
12 Weil sie für das Volk Götzenopfer
dargebracht haben und so dem Haus
Israel eine Schuldfalle geworden sind,
habe ich meine Hand gegen sie erho-
ben, spricht Jahwe, der Herr, und
lasse sie ihre Schuld büßen. 13 Sie
dürfen nicht mehr als Priester vor
mich treten und in die Nähe der heili-
gen und höchst heiligen Dinge kom-
men, sondern müssen die Folgen ihrer
abscheulichen Gräueltaten tragen.
14 Ich mache sie zu Tempeldienern,
damit sie alles erledigen, was im Tem-
pel getan werden muss.‹

Weisungen für die Priester

15 ›Aber die Priester, Leviten aus der
Nachkommenschaft Zadoks, die mir
in meinem Heiligtum treu gedient

haben, als die Israeliten mich ver-
ließen und in die Irre gingen, sie sollen
in meine Nähe kommen. Sie sollen vor
mich hintreten, um mir das Fett und
das Blut darzubringen, spricht Jahwe,
der Herr. 16 Sie dürfen in mein Heilig-
tum kommen und an meinen Tisch
treten, um mir zu dienen.

17 Und wenn sie durch die Tore des
inneren Vorhofs gehen, sollen sie lei-
nene Gewänder tragen. Sie dürfen
keine Kleidung aus Wolle auf dem
Körper haben, wenn sie ihren Dienst
im inneren Vorhof verrichten. 18 Sie
sollen einen Kopfbund aus Leinen
tragen und leinene Hosen anziehen.
Sie dürfen keine Kleidung tragen, in
der man schwitzt. 19 Wenn sie dann
in den äußeren Vorhof zum Volk hi-
nausgehen wollen, müssen sie vorher
die Gewänder, in denen sie den
Dienst verrichtet haben, ausziehen
und in ihren heiligen Räumen able-
gen. Sie müssen andere Gewänder
anziehen, damit sie das Volk durch
diese Kleidung nicht mit dem Heili-
gen in Berührung bringen.

20 Auch dürfen sie sich weder den
Kopf kahl scheren noch die Haare frei
wachsen lassen, sondern sollen ihr
Haar kurz halten. 21 Wenn die Pries-
ter zum Dienst in den inneren Vorhof
hineingehen, dürfen sie vorher keinen
Wein trinken. 22 Sie dürfen keine
Witwe und keine verstoßene Frau
heiraten, sondern nur unberührte
Mädchen aus dem Haus Israel. Die
Witwe eines anderen Priesters aller-
dings dürfen sie heiraten.

23 Sie sollen mein Volk unterweisen,
damit es zwischen heilig und unheilig,
rein und unrein unterscheiden lernt.
24 Wenn es einen Rechtsstreit gibt,
sollen sie nach meinen Bestimmun-
gen Gericht halten. Sie müssen dafür
sorgen, dass meine Gesetze und Ord-
nungen für die Festzeiten beachtet
und meine Sabbate heilig gehalten
werden.

25 Sie dürfen nicht mit einem Toten
in Berührung kommen und sich
dadurch verunreinigen. Nur bei Vater
oder Mutter, Sohn oder Tochter, Bru-
der oder unverheirateter Schwester
dürfen sie unrein werden. 26 Wenn
der Priester sich dann aber wieder ge-
reinigt hat, soll er noch sieben Tage
zusätzlich warten, 27 bevor er wieder
den inneren Vorhof betritt. Und dann
soll er zuerst ein Sündopfer für sich
bringen, damit er wieder Dienst tun
kann, spricht Jahwe, der Herr.

28 Und was den Erbbesitz der Pries-
ter betrifft: Ich selbst bin ihr Besitz.
Ihr sollt ihnen keinen Grundbesitz in
Israel geben, denn ich bin ihr Eigen-
tum. 29 Sie bekommen ihren Teil vom
Speis- und Schuldopfer. Und alles,
was in Israel dem Bann verfallen ist,
soll ihnen gehören. 30 Das Beste von
allen Erstlingsopfern und alle eure be-
sonderen Gaben sollen den Priestern
gehören. Auch das Beste von eurem
Schrotmehl sollt ihr dem Priester
geben, damit Segen auf deinem Haus
ruht. 31 Priester dürfen kein Fleisch
essen, das von einem verendeten oder
gerissenen Tier stammt, egal, ob
Vogel, Wild oder Vieh.‹«

Die Aufteilung des Landes

45 1 »Wenn ihr das Land als
Erbbesitz verlost, sollt ihr
eine Weihgabe für Jahwe vorwegneh-
men, ein Stück Land, das ihm geweiht
ist: zwölfeinhalb Kilometer lang und

zehn Kilometer breit. 2 Davon soll ein
Stück von 250 Metern Länge und
Breite direkt zum Heiligtum gehören
mit einem Weidestreifen von 25 Me-
tern Breite ringsherum. 3 Mein Hei-
ligtum soll als höchst heilige Stätte in
der einen Hälfte des abgemessenen
Stücks stehen, also in der Fläche von
zwölfeinhalb Kilometern Länge und
fünf Kilometern Breite. 4 Diese Fläche
soll den Priestern überlassen sein, die
im Heiligtum, in Jahwes unmittelba-
rer Nähe, Dienst tun. Sie dürfen da-
rauf ihre Häuser bauen, rings um
meine hochheilige Stätte. 5 Das ande-
re Stück Land von zwölfeinhalb Kilo-
metern Länge und fünf Kilometern
Breite soll den Leviten gehören, die
am Tempelhaus Dienst tun. Darauf
können sie ihre Siedlungen bauen.

6 Neben dem geweihten Gebiet sollt
ihr der Stadt einen Grundbesitz von
zwölfeinhalb Kilometern Länge und
fünf Kilometern Breite geben. Hier
können Menschen aus ganz Israel
ihren Grundbesitz haben.

7 Dem Fürsten soll das Land an der
Seite der Weihgabe an das Heiligtum
und dem Grundbesitz der Stadt gehö-
ren und zwar so weit nach Osten und
Westen hin, wie der Landbesitz der
einzelnen Stämme reicht. 8 Nur die-
ses Stück Land soll sein Grundbesitz
sein, damit meine Fürsten mein Volk
nicht mehr unterdrücken, sondern
das Land dem Volk Israel nach seinen
Stämmen überlassen.«

Mahnung an die Fürsten

9 So spricht Jahwe, der Herr: »Lasst
es genug sein, ihr Fürsten von Israel!
Beseitigt Unterdrückung und Gewalt!
Sorgt für Recht und Gerechtigkeit!
Hört auf, mein Volk von seinem
Grund und Boden zu vertreiben,
spricht Jahwe, der Herr! 10 Verwendet
richtige Waagen, richtiges Getreide-
und richtiges Flüssigkeitsmaß. 11 Das
Getreidemaß Efa und das Bat für
Flüssigkeiten sollen von derselben
Größe sein. Als Norm für Hohlmaße
gilt das Homer:* 1 Homer = 10 Efa =
10 Bat. 12 Bei den Gewichten soll ein
Schekel 20 Gera* entsprechen, und
20 + 25 + 15 Schekel eine Mine* sein.

13 Folgende Abgaben sollt ihr ent-
richten: Von Weizen und Gerste je 16
Kilogramm pro Tonne, 14 vom Oliven-
öl ein Prozent* 15 und vom Kleinvieh
auf den gut bewässerten Weiden Isra-
els ein Tier von 200. Alle Abgaben
sind für die Speis-, Brand- und Freu-
denopfer bestimmt. 16 Das ganze Volk
des Landes ist zu dieser Abgabe an
den Fürsten Israels verpflichtet.
17 Doch der Fürst ist verantwortlich
für die Brand-, Speis- und Trankopfer
an den Festen: den Neumondtagen
und Sabbaten und allen anderen Fes-
ten Israels. Er hat für die Sündopfer,
die Speis-, Brand- und Freudenopfer
zu sorgen, die für das Haus Israel
Sühne bewirken.«

45,11 1 *Homer* = 220 Liter.

45,12 1 *Gera* = 0,6 Gramm; 1 *Schekel* = 11,5 Gramm.

Eine *Mine* hat normalerweise 50 Schekel, hier 60, d.h. etwa 700 Gramm.

45,14 Die hebräischen Maßangaben zeigen, wie das praktisch messbar war: *je ein Sechstel Efa auf den Homer*; bzw. *1/10 Bat vom Kor. 10 Bat = 1 Homer = 1 Kor.*

Die großen Feste

18 So spricht Jahwe, der Herr: »Am
1. April* sollst du einen fehlerlosen
jungen Stier bringen, um das Heilig-
tum zu entsündigen. 19 Der Priester
soll mit dem Blut dieses Sündopfers
die Türpfosten des Tempelhauses
bestreichen, die vier Ecken der Altar-
einfassung und die Pfosten des Ost-
tors zum Innenhof. 20 Am 7. April
sollst du das wiederholen für den Is-
raeliten, der unwissentlich oder unab-
sichtlich gesündigt hat, damit das
Heiligtum entsündigt wird.

21 Am 14. April sollt ihr das Passa-
fest* feiern. Es ist ein Fest von sieben
Tagen, an denen ungesäuerte Brot-
fladen gegessen werden sollen. 22 Der
Fürst hat an diesem Tag für sich selbst
und für das ganze Volk einen Stier als
Sündopfer darzubringen. 23 Und an
jedem Tag dieses Festes soll er Jahwe
Brandopfer bringen: täglich sieben
Stiere und sieben Schafböcke – fehler-
freie Tiere – und dazu täglich einen
Ziegenbock. 24 Als Speisopfer soll er
12 Kilogramm Mehl pro Stier und 3½
Liter* Olivenöl pro Schafbock bereit-
stellen, 30 Prozent Ölanteil zur Mehl-
menge*. 25 Genau dasselbe soll er an
dem Fest, das am 15. Oktober* be-
ginnt, sieben Tage lang mit dem Sünd-
und Brandopfer, dem Speisopfer und
dem Öl machen.«

Die regelmäßigen Opfer

46 1 So spricht Jahwe, der Herr:
»Das Osttor des inneren Vor-
hofs soll die Woche über geschlossen
bleiben, nur am Sabbat und am Neu-
mondstag soll es geöffnet werden.
2 Der Fürst soll von außen her eintre-
ten und an der Schwelle der Vorhalle
zum Innenhof stehen bleiben. Von
dort sieht er, wie die Priester sein
Brand- und Freudenopfer darbringen.
Dann soll er sich auf der Schwelle
zur Anbetung niederwerfen und an-
schließend wieder hinausgehen. Das
Tor soll erst am Abend geschlossen
werden. 3 Die Israeliten sollen an den
Sabbaten und Neumondstagen Jahwe
am äußeren Eingang dieses Tores
anbeten.

4 Das Brandopfer, das der Fürst
Jahwe bringen lässt, soll am Sabbat
aus sechs Lämmern und einem Schaf-
bock bestehen, fehlerfreien Tieren.
5 Das Speisopfer beträgt 12 Kilo-
gramm Mehl pro Schafbock und bei
den Lämmern, so viel er geben will,
30 Prozent Ölanteil zur Mehlmenge.
6 Am Neumondstag soll das Opfer aus
einem jungen Stier, sechs Lämmern
und einem Schafbock bestehen, feh-
lerfreien Tieren. 7 Das Speisopfer be-
trägt 12 Kilogramm Mehl pro Stier
und Schafbock und bei den Lämmern,
so viel er geben kann.

8 Der Fürst soll durch das Osttor bis
zu seinem Platz in der Vorhalle gehen
und auf dem gleichen Weg wieder hi-
nausgehen. 9 Und wenn die Israeliten
an den Festtagen kommen, um Jahwe
anzubeten, sollen die, die durch das
Nordtor kommen, wieder zum Südtor

45,18 *April.* Wörtlich: des 1. Monats.

45,21 *Passa.* Siehe 2. Mose 12-13.

45,24 *3½ Liter.* Hebräisch: 1 *Hin.* Flüssigkeitsmaß, etwa 3,5 Liter. 6 Hin = 1 Bat = 22 Liter.

30 Prozent … Mehlmenge. Wörtlich: *Ein Hin Öl für das Efa.*

45,25 *Oktober. Wörtlich: des 7. Monats.*

hinausgehen, und die durch das Südtor kommen, durch das Nordtor. Sie sollen den Vorhof immer durch das gegenüberliegende Tor wieder verlassen. 10 Der Fürst soll mitten unter ihnen sein, wenn sie hineingehen und wenn sie herauskommen.

11 An den Festtagen und während der großen Feste soll das Speisopfer 12 Kilogramm Mehl pro Stier und Schafbock betragen und bei den Lämmern, so viel er geben will, 30 Prozent Ölanteil zur Mehlmenge. 12 Will der Fürst eine freiwillige Gabe für Jahwe bringen, ein Brand- oder Freudenopfer, dann soll man ihm das Osttor öffnen, und das Opfer soll so wie am Sabbat dargebracht werden. Wenn er wieder hinausgegangen ist, soll man das Tor schließen.

13 Jeden Morgen muss Jahwe ein fehlerfreies einjähriges Lamm als Brandopfer dargebracht werden. 14 Dazu jeden Morgen ein Speisopfer für Jahwe, das aus zwei Kilogramm Mehl und einem Liter Olivenöl besteht, das über das Mehl gegossen wird. Diese Ordnung gilt für immer. 15 Jeden Morgen soll das Lamm, das Mehl und das Öl Jahwe als regelmäßiges Brandopfer dargebracht werden.«

Der Grundbesitz des Fürsten

16 So spricht Jahwe, der Herr: »Wenn der Fürst einem seiner Söhne etwas aus seinem Grundbesitz schenkt, geht es für immer in dessen Besitz über. 17 Schenkt er es aber einem seiner Beamten, dann gehört es diesem nur bis zum nächsten Erlassjahr, und kommt dann an den Fürsten zurück. Nur bei seinen Söhnen verbleibt es als Erbbesitz. 18 Der Fürst darf sich nichts vom Grundbesitz des Volkes aneignen, er darf niemand mit Gewalt von seinem Grund und Boden verdrängen. Seine Söhne müssen ihren Teil aus seinem eigenen Grundbesitz bekommen, damit mein Volk nicht von seinem Grund und Boden verdrängt wird.«

Die Opferküchen

19 Dann brachte er mich durch den Eingang des Nordtors zu den dort gelegenen geheiligten Priesterzimmern. Ganz hinten, in westlicher Richtung, war ein besonderer Raum. 20 Er sagte zu mir: »Das ist der Ort, wo die Priester das Fleisch vom Schuld- und Sündopfer kochen, das ihnen zusteht. Hier backen sie auch ihr Brot aus dem Speisopfer, damit man es nicht in den äußeren Vorhof hinaustragen muss und das Volk mit dem Heiligen in Berührung kommt.« 21 Dann führte er mich in den äußeren Vorhof hinaus und zeigte mir die vier Ecken des Hofes. In jeder Ecke war ein kleiner Hof. 22 Jeder dieser Höfe war 20 Meter lang und 15 Meter breit. 23 Und um jeden war eine Steinreihe mit Feuerstellen auf der Innenseite. 24 Er sagte: »Das sind die Küchen, wo die Tempeldiener das Fleisch für die Opfermahlzeit des Volkes kochen.«

Ein Fluss aus dem Tempel

47 1 Dann führte er mich zum Eingang des Tempels zurück und ich sah, wie unter der Türschwelle Wasser hervorquoll. Es kam an der Südseite des Tempels heraus und floss südlich am Altar vorbei nach Osten ab, denn die Vorderseite des

Hauses war nach Osten gerichtet.
2 Dann führte er mich durch das
Nordtor hinaus und ließ mich außen
um die Anlage herumgehen zum
äußeren Osttor. Rechts davon floss
das Wasser hinaus. 3 Als der Mann
mit der Messschnur in der Hand nach
Osten hinausging, maß er 500 Meter
ab und ließ mich durch das Wasser
hindurchgehen. Es reichte mir bis an
die Knöchel. 4 Dann maß er wieder
500 Meter ab und ließ mich durch das
Wasser waten. Es reichte mir bis zu
den Knien. Darauf maß er wieder 500
Meter ab und ließ mich durchwaten.
Das Wasser ging mir bis an die Hüf-
ten. 5 Als er noch einmal 500 Meter
abgemessen hatte, war das Wasser zu
einem Fluss geworden, den ich nicht
mehr durchwaten konnte. Man hätte
schwimmen müssen. 6 »Hast du das
gesehen, Mensch?«, sagte er zu mir
und führte mich zum Ufer zurück.
7 Da sah ich auf beiden Seiten des
Flusses sehr viele Bäume stehen. 8 Er
sagte zu mir: »Das Wasser fließt
immer weiter nach Osten in die
Araba* hinunter und ergießt sich ins
Tote Meer. Dort wird das salzige Was-
ser gesund werden. 9 Überall wohin
der Fluss kommt, bringt er Leben.
Alle Tiere gedeihen – überhaupt alles,
was sich regt. Das Tote Meer wim-
melt von Fischen, weil sein Wasser
gesund geworden ist. 10 An seinem
Ufer werden Fischer stehen. Von En-
Gedi* bis En-Eglajim* breiten sie
ihre Netze zum Trocknen aus. Fische
jeder Art wird es dort wieder geben,
zahlreich wie im Mittelmeer. 11 Nur
die Sümpfe und Tümpel werden nicht
gesund; sie bleiben dem Salz über-
lassen. 12 Aber an beiden Ufern des
Flusses werden Fruchtbäume wach-
sen, die das ganze Jahr über grün sind
und immer Früchte tragen, jeden
Monat frische. Das ist so, weil sie
von Wasser getränkt werden, das aus
dem Heiligtum fließt. Ihre Früchte
dienen als Nahrung und ihre Blätter
als Heilmittel.

Die Grenzen des Landes

13 So spricht Jahwe, der Herr: »Das
ist die Grenze, innerhalb derer ihr das
Land als Grundbesitz an die zwölf
Stämme verteilen sollt, wobei Josef
zwei Teile* erhält. 14 Jeder einzelne
soll darin seinen Erbbesitz erhalten,
denn ich habe es euren Vorfahren
geschworen: Dieses Land soll euer
Erbbesitz sein.
15 Seine Grenze verläuft im Norden
vom Mittelmeer in Richtung Het-
lon bis man nach Zedad kommt,
16 Hamat, Berota, Sibrajim, das zwi-
schen dem Gebiet von Damaskus und
Hamat liegt, Hazar-Enan an der Gren-
ze des Hauran-Gebiets. 17 Die Grenze

47,8 Als *Araba* wird der Jordangraben bezeichnet, der sich von Norden nach Süden durch ganz Israel bis nach Elat am Roten Meer zieht. Sein Boden ist zwischen 12,5 und 22,5 km breit und befindet sich fast überall unter der Höhe des Meeresspiegels, am Toten Meer 394 Meter unter NN.

47,10 *En-Gedi* (Ziegenquell) ist eine Oase etwa in der Mitte des Westufers vom Toten Meer. Heute ist es ein Naturschutzgebiet.

En-Eglajim (Quelle der zwei Kälber) lag wahrscheinlich am Südende des Toten Meeres, einige identifizieren es auch mit *Ain Feschcha* in der Nähe von Qumran.

47,13 *zwei Teile*. Die Nachkommen Josefs bildeten zwei Stämme: Efraïm und Manasse.

läuft also vom Meer nach Hazar-
Enan*, wobei die Gebiete, die Damas-
kus und Hamat gehören, nördlich
davon bleiben. Das ist die Nord-
grenze.
18 Die Ostgrenze verläuft zwischen
dem Hauran-Gebirge und Damaskus
hindurch bis zum Jordan, der dann
auch die Grenze zwischen Gilead und
dem Land Israel bildet. Bis zum öst-
lichen Meer hin sollt ihr sie messen.
19 Die Südgrenze verläuft von Ta-
mar* bis zum Streitwasser von Ka-
desch und folgt dann dem Bachtal*
bis zum großen Meer.
20 Die Westgrenze ist die Mittel-
meerküste bis dorthin, wo man nach
Hamat kommt.«

Die Aufteilung des Landes

21 »Dieses Land sollt ihr unter die
Stämme Israels verteilen. 22 Ihr sollt
es euren Familien als Grundbesitz
verlosen und ebenso den Fremden, die
unter euch leben und eine Familie
gegründet haben. Sie sollen für euch
wie Einheimische sein und sich ge-
nauso wie die Stämme Israels ihren
Erbbesitz erlosen. 23 Im Gebiet des
Stammes, in dem sie leben, sollen sie
ihren Anteil an Grundbesitz bekom-
men, spricht Jahwe, der Herr.«

48 1 »Folgende Aufteilung ist
für die einzelnen Stämme
vorgesehen: Ganz im Norden liegt der
Anteil des Stammes Dan. Die Grenze
verläuft entlang dem Weg von Hetlon
nach Hamat und Hazar-Enan. Das
Gebiet von Damaskus bleibt dabei
nördlich liegen. Dann verläuft die
Grenze vom Osten wieder ganz nach
Westen. 2 Darunter liegt der Anteil
des Gebietes von Ascher, ein Streifen
von Ost nach West, 3 darunter der von
Naftali, 4 dann der von Manasse,
5 von Efraïm, 6 von Ruben 7 und von
Juda.
8 An das Gebiet von Juda schließt
sich nach Süden zu der zwölfeinhalb
Kilometer breite Landstreifen von Ost
nach West an, den ihr mir weihen
sollt. Mitten darin liegt das Heiligtum.
9 Das mir geweihte Stück misst in
Ost-West-Richtung zwölfeinhalb Ki-
lometer und in Nord-Süd-Richtung
zehn Kilometer*. 10 Es soll den Pries-
tern gehören; in seiner Mitte liegt ja
das Heiligtum Jahwes. 11 Die Priester
aus der Nachkommenschaft Zadoks,
die sich nicht wie die Leviten von mir
abwandten, als sich Israel von mir ab-
wandte, sondern treu ihren Dienst
versahen, 12 sollen eine Sonderweih-
gabe von diesem mir geweihten Land
erhalten, ein höchst heiliges Stück
Land neben dem Gebiet der Leviten.
13 Die Leviten haben daneben ein
Gebiet von zwölfeinhalb Kilometern
Länge und fünf Kilometern Breite zur
Verfügung. 14 Es darf nichts davon

47,17 *Hazar-Enan*. Der Ort liegt 120 km nordöstlich von Damaskus. Das beschriebene Gebiet umfasst einen Großteil des Libanon und Syrien, einschließlich von Damaskus.

47,19 *Tamar* ist vielleicht mit *Ein Husb* identisch, 37 km südwestlich von der Südspitze des Toten Meeres.

Bachtal. Das Wadi *El Arisch*, das die Grenze zu Ägypten bildete.

48,9 *10 Kilometer*. 20.000 Ellen mit der LXX wie schon in Hesekiel 45,1. Die meisten hebräischen Manuskripte haben 10 000 Ellen = fünf Kilometer.

verkauft werden, denn es ist der Erst-
teil des Landes, der Jahwe gehört.
15 Der Streifen von zweieinhalb Kilo-
metern Breite, der längs der zwölfein-
halb übrig bleibt, ist kein geweihtes
Land. Er soll der Stadt als Wohnge-
biet und Weideland dienen.

16 Die Nordseite der Stadt ist 2.250
Meter lang, ebenso ihre Süd-, Ost- und
Westseite, 17 und sie ist ringsherum
von einem 125 Meter breiten Streifen
Weideland umgeben. 18 Daran schließt
sich nach Westen und Osten je ein fünf
Kilometer langes Stück Land an, das an
den geweihten Bezirk grenzt. Von sei-
nem Ertrag sollen die, die in der Stadt
arbeiten, leben. 19 Es sind Menschen
aus allen Stämmen Israels, die dieses
Land bebauen werden. 20 Die ganze
Weihgabe zusammen mit dem Grund-
besitz der Stadt ist ein Quadrat von
zwölfeinhalb Kilometern Seitenlänge.
21 Das Gebiet, das sich nach beiden
Seiten an das geweihte Gebiet und den
Grundbesitz der Stadt bis zur Ost- und
Westgrenze anschließt, soll dem Fürs-
ten gehören. Das geweihte Gebiet mit
dem Heiligtum und dem Tempel liegt
in seiner Mitte. 22 Der Grundbesitz der
Leviten und der Stadt liegen mitten in
dem Gebiet, das dem Fürsten gehört,
und beide zusammen liegen zwischen
den Gebieten Judas und Benjamins.

23 Nach Süden zu schließt sich also
der Anteil des Gebiets von Benjamin
an, ein Landstreifen in ganzer Breite
von Ost nach West, 24 daneben der
Anteil von Simeon, 25 der von Issa-
char, 26 Sebulon, 27 und Gad. 28 Die
Südgrenze des Stammesgebietes von
Gad fällt mit der Landesgrenze zu-
sammen. Sie verläuft von Tamar bis
zum Haderwasser von Kadesch und
folgt dann dem Bachtal bis zum
großen Meer. 29 Dieses Land sollt ihr
den einzelnen Stämmen als Grund-
besitz verlosen, das sind ihre Anteile,
spricht Jahwe, der Herr.«

Die heilige Stadt

30 »Die Stadt hat folgende Ausgänge:
Auf der Nordseite – sie ist 2.250 Meter
lang – 31 sind es drei Tore, das Ru-
ben-, das Juda- und das Levi-Tor. Sie
sind alle nach den Stämmen Israels
benannt. 32 Auf der Ostseite befinden
sich das Josef-, das Benjamin- und
das Dan-Tor, 33 auf der Südseite das
Simeon-, das Issachar- und das Sebu-
lon-Tor 34 und auf der Westseite das
Gad-, das Ascher- und das Naftali-Tor.
35 Der ganze Umfang der Stadt be-
trägt neun Kilometer.

Ihr Name heißt künftig: ›Hier ist Jahwe‹.«

Der Prophet Daniel

Daniel wurde als 14-jährige Geisel schon im Jahr 605 v. Chr. nach Babylon verschleppt. Dort bekam er eine dreijährige Ausbildung zum Hofbeamten des Königs und tat sich bald durch seine große Weisheit hervor. Ungefähr 70 Jahre lang bezeugte er den babylonischen Königen die Erhabenheit Gottes über alle Völker, den niemand an der Ausführung seiner Pläne hindern kann.

Von der Bibelkritik wird die Verfasserschaft Daniels mit verschiedenen Argumenten bestritten, die aber alle widerlegbar sind. Das Hauptargument der Kritik ist letztlich die Leugnung echter Prophetie, denn die Vorhersagen in Kapitel 8 und 11 haben sich schon zwischen dem vierten und dem zweiten Jahrhundert v.Chr. bis in Einzelheiten genau erfüllt. Sie weisen aber noch weit darüber hinaus bis in die Zeit unseres Herrn Jesus Christus und seines Wiederkommens.

Das Buch enthält von Kapitel 1-6 die Danielgeschichte, von 7-12 die Danielgesichte (Weissagungen).

Daniel am babylonischen Hof

1 *1* Im dritten Regierungsjahr*
des Königs Jojakim von Juda zog
der babylonische König Nebukad-
nezzar vor Jerusalem und bedrängte
die Stadt*. *2* Der Herr gab König Jo-
jakim in die Gewalt Nebukadnezzars
und ließ auch einen Teil der Tempel-
geräte in seine Hand fallen. Nebu-
kadnezzar brachte sie ins Land Schi-
nar* und ließ sie in der Schatzkam-
mer im Tempel seines Gottes aufbe-
wahren. *3* Seinem obersten Hofbe-
amten Aschpenas befahl er, einige
junge Israeliten aus dem Königshaus
und den vornehmen Familien auszu-
suchen. *4* »Die jungen Männer müs-
sen gesund sein und gut aussehen«,
sagte er. »Sie müssen gut unterrich-
tet, klug und begabt sein, denn sie
sollen in den Dienst am Königshof
treten. Und dann sollen sie in der
Sprache und Literatur der Chaldäer*
unterwiesen werden.« *5* Drei Jahre
lang sollten die jungen Leute ausge-
bildet werden und danach in den
Dienst des Königs treten. Der König

1,1 *Im dritten Regierungsjahr* = 605 v.Chr. Nach jüdischer Zählung war dies das vierte Jahr Jojakims (vgl. Jeremia 25,1; 46,2). In Babylon zählte man die Regierungsjahre erst ab dem nächsten vollen Jahr. Daniel verwendete also die babylonische Zählweise.

bedrängte die Stadt. Das geschah während eines Feldzugs zur Eroberung von Syrien und Israel. Am 15. August 605 v.Chr. starb Nabopolassar, der Vater Nebukadnezzars. Daraufhin eilte der Kronprinz mit kleinem Gefolge zurück, um sich die Herrschaft zu sichern. Nebukadnezzar wurde am 7. September inthronisiert und bestimmte 43 Jahre lang die Geschicke des Orients.

1,2 *Land Schinar.* Das meint die Ebene Babyloniens, wo die Menschen einst in grenzenloser Überheblichkeit den babylonischen Turm gebaut hatten (vgl. 1. Mose 11,1-9).

1,4 Die *Chaldäer* waren aramäisch (syrisch) sprechende Semiten aus dem südlichen Zweistromland.

ordnete an, dass sie von der königlichen Tafel mit Speise und Wein
versorgt würden. 6 Zu den jungen
Juden, die ausgesucht wurden, gehörten auch Daniel, Hananja, Mischaël und Asarja. 7 Aschpenas gab
ihnen babylonische Namen: Daniel nannte er Beltschazzar, Hananja Schadrach, Mischaël Meschach und Asarja Abed-Nego.*

8 Aber Daniel war fest entschlossen, sich nicht mit der Tafelkost des Königs zu verunreinigen*. Deshalb bat er Aschpenas, dass er nicht gezwungen würde, sich vor Gott unrein
zu machen. 9 Gott sorgte dafür, dass
der oberste Hofbeamte Verständnis
für ihn zeigte. 10 Allerdings sagte er
zu Daniel: »Ich habe Bedenken wegen meinem Herrn, dem König, denn er hat selbst bestimmt, was ihr essen und trinken sollt. Wenn er merkt, dass ihr schlechter ausseht als die anderen jungen Leute, lässt er mir
den Kopf abschlagen.« 11 Dann
wandte sich Daniel an den Aufseher, den Aschpenas über ihn, Hananja, Mischaël und Asarja eingesetzt hatte:
12 »Versuch es doch einmal zehn Tage lang mit uns! Gib uns nur Gemüse und Wasser 13 und vergleiche
dann unser Aussehen mit dem der anderen jungen Leute, die von der königlichen Tafel versorgt werden. Triff deine Entscheidung nach dem,
was du dabei feststellst!« 14 Der Aufseher war einverstanden und machte den zehntägigen Versuch mit ihnen.
15 Nach Ablauf der Frist sahen die jungen Männer sogar gesünder und kräftiger aus als die anderen. 16 Von
da an gab ihnen der Aufseher immer Gemüse. Sie mussten nichts von der Tafelkost des Königs essen. 17 Gott
schenkte diesen vier jungen Männern Kenntnis und Verständnis für jede Schrift. Auf allen Wissensgebieten kannten sie sich aus, und Daniel konnte darüber hinaus Visionen und alle Arten von Träumen verstehen.

18 Am Ende der Ausbildungszeit befahl der König, die jungen Leute zu ihm zu bringen. Der oberste Hofbeamte stellte sie Nebukadnezzar vor,
19 und der König redete mit ihnen.
Dabei stellte sich heraus, dass Daniel, Hananja, Mischaël und Asarja alle anderen in den Schatten stellten. Sie wurden in den königlichen Dienst aufgenommen. 20 Und immer, wenn
der König auf ein sicheres Urteil angewiesen war und ihren Rat suchte, fand er sie seinen Magiern und Geisterbeschwörern zehnfach überlegen.

21 Daniel blieb bis zum ersten Regierungsjahr des Königs Kyrus* in königlichen Diensten.

1,7 *... Abed-Nego.* Die Namensänderung drückte einerseits die neue Herrschaft über die jungen Leute aus und stellte sie andererseits in Beziehung zu den babylonischen Göttern. Daniel = Gott ist Richter – Beltschazzar = Bel (Marduk) schütze sein Leben; Hananja = Jahwe ist gnädig – Schadrach = Befehl Akus (sumerischer Mondgott); Mischaël = Wer ist wie Gott? – Meschach = Wer ist wie Aku?; Asarja = Jahwe hilft – Abed-Nego = Diener Negos (Nabus).

1,8 Er würde sich Gott gegenüber *verunreinigen*, weil die Speisen und Getränke immer den babylonischen Göttern geweiht wurden.

1,21 *... des Königs Kyrus.* Das heißt: noch 67 Jahre bis 538 v.Chr.

Nebukadnezzars Traum

2 1 Im zweiten Jahr seiner Re-
gierung* hatte Nebukadnezzar
einen Traum, der ihn so beunruhigte,
dass es mit seinem Schlaf vorbei war.
2 Da ließ der König die Magier, die
Geisterbeschwörer, die Orakelpriester
und die Astrologen zu sich rufen. Sie
sollten ihm Aufschluss über seinen
Traum geben. Als sie sich beim König
versammelt hatten, 3 sagte der König
zu ihnen: »Ich habe einen Traum ge-
habt, der mich sehr beunruhigt. Ich
will wissen, was es damit auf sich
hat.«* 4 Da sagten die Astrologen
zum König auf Aramäisch*: »Der
König lebe ewig! Möge er seinen Die-
nern den Traum erzählen, dann wol-
len wir ihn deuten.« 5 Doch der König
erwiderte: »Nein, ich habe unwider-
ruflich entschieden, dass ihr mir auch
den Traum mitteilen müsst, nicht nur
seine Deutung. Wenn ihr das nicht
könnt, lasse ich euch in Stücke hauen
und eure Häuser in Schutt und Asche
legen. 6 Sagt mir also den Traum und
die Deutung dazu! Dann werde ich
euch reich beschenken und euch hohe
Ehre erweisen. Also los, sagt es mir!«
7 Die Berater sagten noch einmal:
»Der König möge seinen Dienern den
Traum erzählen, dann werden wir ihn
deuten!« 8 Da fuhr der König sie an:
»Ihr macht nur Ausflüchte und wollt
Zeit gewinnen! Ihr habt genau ver-
standen, wie ich die Sache entschie-
den habe! 9 Wenn ihr mir nicht sagt,
was ich geträumt habe, lasse ich das
Urteil vollstrecken. Ihr habt euch ver-
abredet, mir weiter nichts als Lug und
Trug aufzutischen, bis die Zeit sich ge-
ändert hat.* Darum sagt mir den
Traum! Dann weiß ich auch, ob ihr
ihn überhaupt deuten könnt.« 10 Da
entgegneten die Astrologen: »Kein
Mensch auf der ganzen Welt kann
tun, was der König verlangt! Und
noch nie hat ein König von irgendei-
nem Magier, Geisterbeschwörer oder
Astrologen so etwas verlangt. 11 Was
du uns zumutest, ist für Menschen un-
möglich! Nur die Götter könnten es
dem König offenbaren; aber sie woh-
nen nicht unter den Menschen.«
12 Über diese Antwort wurde der
König so wütend, dass er befahl, alle
Weisen von Babel töten zu lassen.
13 Und tatsächlich erging der Befehl:
»Die Weisen sollen getötet werden!«
Auch Daniel und seine Freunde waren
davon betroffen. Man suchte sie, um
sie töten zu lassen. 14 Als Arjoch, der
Befehlshaber der königlichen Leib-
wache, zu Daniel kam, stellte dieser
ihm eine gut überlegte, kluge Frage:
15 »Warum hat der König diesen
strengen Befehl gegeben?« Arjoch be-
richtete ihm, wie es dazu gekommen
war. 16 Sofort ging Daniel zum König

2,1 ... *Regierung.* Das war im Jahr 603/2 v.Chr. Daniel hatte seine Ausbildung also fast abgeschlossen.

2,3 ... *auf sich hat.* Man kann den Grundtext auch so verstehen, dass der König den Traum wirklich vergessen hatte, was als besonders unheilvolles Zeichen galt.

2,4 *Aramäisch.* Die aus verschiedenen Völkern stammenden Astrologen verständigten sich auf Aramäisch. Auch das Buch Daniel ist von hier an bis Kapitel 7,28 nicht mehr in hebräischer, sondern in aramäischer Sprache verfasst.

2,9 *bis die Zeit sich geändert hat.* Damit verdächtigte er sie wahrscheinlich, Umsturzpläne zu verfolgen.

und bat sich eine Frist aus, um ihm
die Deutung verkünden zu können.
17 Dann ging er in sein Haus und be-
richtete es Hananja, Mischaël und
Asarja. 18 Sie sollten den Gott des
Himmels um Gnade bitten, damit er
und seine Freunde nicht mit den an-
deren Weisen umkämen. 19 Darauf
wurde ihm das Geheimnis in einer
nächtlichen Vision enthüllt, und Da-
niel rühmte den Gott des Himmels.
20 Er sagte: »In alle Ewigkeit soll der
Name Gottes gepriesen werden! Ihm
gehören Weisheit und Macht. 21 Er
bestimmt den Wechsel der Zeiten, er
setzt Könige ab und setzt Könige ein.
Er gibt den Weisen ihre Weisheit und
den Klugen ihren Verstand. 22 Er of-
fenbart auch das, was tief verborgen
ist, und weiß, was in der Finsternis
wohnt. Doch ihn selbst umstrahlt das
Licht. 23 Dich, Gott meiner Väter,
rühme und lobe ich! Denn du hast mir
Weisheit und Kraft geschenkt. Und
jetzt hast du mich wissen lassen, was
wir von dir erbaten. Du hast uns den
Traum des Königs enthüllt.«

24 Daraufhin ging Daniel zu Arjoch,
der den Befehl hatte, die Weisen Ba-
bylons zu töten, und sagte zu ihm:
»Bring die Weisen Babylons nicht
um! Führ mich zum König, damit ich
ihm die Deutung angeben kann!«
25 Arjoch brachte ihn sofort zum
König und meldete: »Ich habe unter
den Deportierten aus Judäa einen
Mann gefunden, der dem König die
Deutung seines Traumes mitteilen
kann.« 26 Der König fragte Daniel,
der jetzt Beltschazzar genannt wurde:
»Kannst du mir wirklich sagen, was
ich im Traum gesehen habe, und mir
mitteilen, was es bedeutet?« 27 Daniel
begann vor dem König zu sprechen:
»Das Geheimnis, nach dem der König
verlangt«, sagte er, »können Magier,
Geisterbeschwörer, Orakelpriester
und Astrologen dem König nicht
verkündigen. 28 Aber es gibt einen
Gott im Himmel, der das Verborgene
enthüllt. Er wollte dir zeigen, König
Nebukadnezzar, was am Ende der
von Gott bestimmten Zeit geschehen
wird. Dein Traum, die Schau, die
du auf deinem Lager hattest, war
folgende:

29 Auf deinem Lager kamen dir,
König, Gedanken über das, was künf-
tig geschehen wird. Und der, der
die Geheimnisse offenbart, hat dich
wissen lassen, was geschehen wird.
30 Auch mir ist dieses Geheimnis
nicht offenbar gemacht worden, weil
ich weiser als alle anderen Menschen
wäre, sondern nur, damit der König
die Deutung erfährt und die Gedan-
ken seines Herzens erfasst. 31 Du,
König, sahst auf einmal eine gewalti-
ge Statue vor dir. Es war eine furchter-
regende Erscheinung, denn sie war
riesig groß und ihr Glanz blendete.
32 Der Kopf der Statue bestand aus
gediegenem Gold. Brust und Arme
waren aus Silber, Bauch und Lenden
aus Bronze, 33 die Beine aus Eisen
und ihre Füße zum Teil aus Eisen und
zum Teil aus Ton. 34 Während du sie
noch anschautest, brach auf einmal
ohne Zutun einer Menschenhand ein
Stein los. Er traf die Füße der Statue,
die aus Eisen und Ton bestanden, und
zerschmetterte sie. 35 Da wurden
Eisen und Ton, Bronze, Silber und
Gold miteinander zu Staub zermalmt.
Auf einmal waren sie wie die Spreu
auf dem Dreschplatz im Sommer. Der

Wind trug sie fort, und es war keine
Spur mehr davon übrig. Aber der
Stein, der die Statue zerschlagen
hatte, wuchs zu einem riesigen Berg,
der die ganze Erde ausfüllte.

36 Das war der Traum. Und nun
wollen wir dem König sagen, was er
bedeutet. 37 Du, König, bist der König
der Könige. Der Gott des Himmels hat
dir Herrschaft und Macht, Stärke und
Ehre geschenkt. 38 Und überall, wo
Menschen wohnen, hat er dir auch die
Landtiere und die Vögel in die Hand
gegeben und dich zum Herrscher über
sie alle eingesetzt. Du bist der Kopf
aus Gold.* 39 Auf dein Reich wird ein
anderes folgen, das geringer als deins
sein wird.* Dann folgt ein drittes
Reich – das aus Bronze –, das über die
ganze Erde herrschen wird.* 40 Das
vierte Reich wird hart wie Eisen sein –
Eisen zerschlägt und zermalmt ja alles
– und wird wie Eisen alles zerschmettern, was sich ihm in den Weg stellt.*
41 Dass du aber die Füße und Zehen,
teils aus Töpferton und teils aus Eisen
bestehend, gesehen hast, bedeutet:
Das Reich wird geteilt sein, aber es
wird etwas von der Härte des Eisens in
sich haben. Darum hast du das Eisen
mit Ton vermischt gesehen. 42 Und
dass die Zehen teils von Eisen und
teils von Ton sind, bedeutet: Das
Reich wird zum Teil stark und zum
Teil zerbrechlich sein. 43 Das Nebeneinander von Eisen und Ton bedeutet:
Sie werden versuchen, sich durch Heiraten miteinander zu verbinden, aber
ihre Verbindung wird keinen Bestand
haben, so wie sich Eisen eben nicht
mit Ton verbinden lässt. 44 In der Zeit
dieser Königreiche wird der Gott des
Himmels ein Reich errichten, das niemals untergehen wird. Dieses Reich
wird nie einem anderen Volk überlassen werden, im Gegenteil: Es wird alle
diese Königreiche zermalmen und
zum Verschwinden bringen, selbst
aber ewig bestehen. 45 Das hast du in
dem Stein gesehen, der ohne menschliches Zutun losbrach und Eisen,
Bronze, Ton, Silber und Gold zermalmte. Ein großer Gott hat den
König wissen lassen, was nach dieser
Zeit geschehen wird. Der Traum sagt
die Wahrheit und seine Deutung ist
zuverlässig.«

46 Da warf König Nebukadnezzar
sich vor Daniel nieder, mit dem Gesicht auf dem Boden. Er befahl seinen
Dienern, ihm Opfer und Weihrauch
darzubringen, 47 und sagte zu Daniel:
»Euer Gott ist wirklich ein Gott aller
Götter, ein Herr der Könige und ein
Offenbarer der Geheimnisse! Denn
du hast dieses Geheimnis ja offenbaren können.« 48 Dann machte der
König Daniel groß: Er beschenkte ihn
reich und ernannte ihn zum Statthalter der Provinz Babylon. Außerdem
machte er ihn zum obersten Vorgesetzten für alle Weisen Babylons.
49 Auf Daniels Bitte hin betraute der
König Schadrach, Meschach und

2,38 *Kopf aus Gold.* Gemeint ist das babylonische Weltreich.

2,39 *geringer als deins sein wird.* Das Reich der Meder und Perser, das aber schon nicht mehr die einzige Großmacht des östlichen Mittelmeerraumes war.

... herrschen wird. Das griechische Reich von Alexander dem Großen.

2,40 *... in den Weg stellt.* Das Römische Reich und seine Nachfolgestaaten.

Abed-Nego mit der Verwaltung über
die Provinz Babylon. Daniel selbst
blieb am Hof des Königs.

Drei standhafte junge Männer

3 1 König Nebukadnezzar ließ ein
goldenes Standbild* anfertigen
und in der Ebene von Dura* in der
Provinz Babylon aufstellen. Es war
dreißig Meter hoch und drei Meter
breit. 2 Anschließend berief Nebukad-
nezzar die Satrapen, Präfekten und
Statthalter seines Reiches ein, dazu
die Ratgeber, Schatzmeister und
Richter, die Befehlshaber der Polizei
und alle anderen hohen Beamten.
Sie sollten an der Einweihung des
Standbildes teilnehmen, das er hatte
aufstellen lassen. 3 Sobald sie alle ge-
kommen waren und sich vor dem
Standbild aufgestellt hatten, 4 rief ein
Herold mit lauter Stimme: »Folgender
Befehl gilt allen hier versammelten
Völkern, Nationen und Sprachen:
5 Sobald ihr den Klang der Hörner,
Pfeifen und Zithern, der Leiern und
Lauten, des Orchesters und aller an-
deren Instrumente hört, sollt ihr nie-
derfallen und das goldene Standbild
anbeten, das König Nebukadnezzar
aufgestellt hat. 6 Wer es nicht tut,
wird auf der Stelle in den glühenden
Ofen geworfen.« 7 Als nun die Instru-
mente ertönten, die Hörner, Pfeifen
und Zithern, die Leiern und Lauten
und alle andere Musik, warfen sich
die Menschen aus all den Völkern,
Nationen und Sprachen vor dem gol-
denen Standbild nieder, das Nebu-
kadnezzar aufgestellt hatte, und bete-
ten es an.

8 Bei dieser Gelegenheit traten
einige chaldäische Männer heran
9 und sagten zu Nebukadnezzar: »Der
König lebe ewig! 10 Du, König, hast
ein Edikt erlassen, dass jeder, der
den Klang der Hörner, Pfeifen und
Zithern, der Leiern und Lauten, des
Orchesters und aller anderen Instru-
mente hört, niederfallen und das
goldene Bild anbeten soll. 11 Und wer
es nicht tut, soll auf der Stelle in den
glühenden Ofen geworfen werden.
12 Nun gibt es hier einige jüdische
Männer, denen du die Verwaltung der
Provinz Babylon anvertraut hast:
Schadrach, Meschach und Abed-
Nego. Diese Männer schenken dir
keine Beachtung, sie dienen deinen
Göttern nicht und werfen sich auch
nicht vor deinem goldenen Standbild
nieder!« 13 Da wurde Nebukadnezzar
ärgerlich und befahl wütend, Scha-
drach, Meschach und Abed-Nego her-
zubringen. Als sie ihm vorgeführt
wurden, 14 fuhr er sie an: »Ist es wahr,
Schadrach, Meschach und Abed-
Nego,* dass ihr meinen Göttern keine
Ehre erweist und euch nicht vor mei-
nem goldenen Standbild niederwerft?

3,1 *Standbild.* Aufgrund der Maße handelte es sich hier wohl eher um eine Art Obelisk, ein vergoldeter, mit Bildern versehener vierkantiger Steinpfeiler. Denkbar ist aber auch, dass das goldene Standbild auf einem sehr hohen Sockel stand.

Ebene von Dura. Etwa 9 km südlich von Babel haben Archäologen einen großen quadratischen Block gefunden, der mitten in einem großen weiten Feld steht und die Grundlage für den Obelisk gewesen sein könnte.

3,14 *... Abed-Nego.* Dass der König ihre Namen nennt, ist eine Geste der Achtung.

15 Ihr habt noch eine Gelegenheit!
Wenn ihr jetzt noch einmal den Klang
aller Instrumente hört und euch nie-
derwerft und das Bild anbetet, das
ich gemacht habe, dann ist die Sache
erledigt. Wenn aber nicht, werdet ihr
sofort in den glühenden Ofen gewor-
fen. Welcher Gott soll euch dann noch
aus meiner Hand retten?« 16 Scha-
drach, Meschach und Abed-Nego er-
widerten dem König Nebukadnezzar:
»Wir haben nicht die Absicht, uns vor
dir zu verteidigen. 17 Wenn unser
Gott, dem wir dienen, uns retten will,
dann wird er uns aus dem glühenden
Ofen und aus deiner Gewalt retten.
18 Und wenn nicht, so sollst du,
König, dennoch wissen, dass wir dei-
nen Göttern nicht dienen und dein
goldenes Bild nicht anbeten werden.«
19 Da geriet Nebukadnezzar noch
mehr in Wut. Sein Gesicht verzerrte
sich vor Zorn über Schadrach, Me-
schach und Abed-Nego. Er ließ den
Ofen siebenmal so stark heizen wie
sonst*. 20 Dann befahl er den stärks-
ten Männern in seinem Heer, die drei
zu fesseln und in den glühenden Ofen
zu werfen. 21 Sofort wurden sie in
ihrer Kleidung, ihren Hosen, Mänteln
und Mützen gefesselt und in den
glühenden Ofen geworfen. 22 Und
weil der König befohlen hatte, ihn
besonders stark zu heizen, wurden
die Männer, die Schadrach, Meschach
und Abed-Nego hinaufbrachten, von
den herausschlagenden Flammen
getötet. 23 Die drei aber fielen ge-
fesselt ins Feuer.
24 Da erschrak der König Nebukad-
nezzar. Er fuhr auf und sagte zu seinen
Ratgebern: »Haben wir nicht drei
Männer gefesselt ins Feuer gewor-
fen?« – »Ja, gewiss, König!«, erwider-
ten sie. 25 »Warum sehe ich dann aber
vier Männer ohne Fesseln im Feuer
umhergehen? Sie sind alle unversehrt
und der vierte sieht aus wie ein Götter-
sohn.« 26 Nebukadnezzar trat näher
an die Öffnung des Ofens und rief:
»Schadrach, Meschach, Abed-Nego,
ihr Diener des höchsten Gottes,
kommt heraus!« Da kamen die drei
aus dem Feuer. 27 Die Satrapen und die
Präfekten, die Statthalter und die Rat-
geber des Königs kamen zusammen
und sahen, dass das Feuer diesen Män-
nern nichts hatte anhaben können: Ihr
Haar war nicht versengt, ihre Kleidung
war unversehrt, nicht einmal Brand-
geruch konnte man an ihnen wahrneh-
men. 28 Da rief Nebukadnezzar aus:
»Gepriesen sei der Gott von Scha-
drach, Meschach und Abed-Nego! Er
hat seinen Engel geschickt, um diese
Männer zu retten, die sich auf ihn ver-
ließen und sich dem Befehl des Königs
widersetzten. Sie haben ihr Leben
gewagt, damit sie außer ihrem Gott
keinen anderen verehren oder anbeten
müssten! 29 Darum ergeht folgendes
Edikt an alle Völker, Nationen und
Sprachen: ›Jeder, der etwas Verächtli-
ches über den Gott von Schadrach,
Meschach und Abed-Nego sagt, des-
sen Haus wird zu einem Schutthaufen
gemacht und er selbst wird in Stücke
gehauen werden.‹ Denn es gibt keinen
anderen Gott, der auf solch eine Weise

3,19 *siebenmal so stark heizen wie sonst.* Die Glut war von der Anzahl der Blasebälge abhängig, die gleichzeitig eingesetzt wurden.

retten kann!« 30 Dann gab der König
den drei Männern sehr hohe Ehren-
stellungen in der Provinz Babylon.

Hochmut wird bestraft

31 König Nebukadnezzar wendet sich
an alle Völker, Nationen und Spra-
chen auf der ganzen Erde: Glück und
Frieden euch allen! 32 Ich habe mich
entschlossen, euch von den Zeichen
und Wundern in Kenntnis zu setzen,
die Gott, der Höchste, an mir getan
hat. 33 Wie groß sind seine Zeichen!
Wie gewaltig seine Wunder! Sein
Reich besteht ewig! Seine Herrschaft
hat für immer Bestand!

4 1 Ich, Nebukadnezzar, lebte ruhig
und zufrieden in meinem Palast.
2 Eines Nachts hatte ich einen Traum,
der mich erschreckte. Ich lag auf mei-
nem Bett und geriet durch das, was
ich sah, in Angst. 3 Deshalb ließ ich
alle Weisen von Babylon zu mir kom-
men. Sie sollten meinen Traum deu-
ten. 4 Als die Magier, die Geisterbe-
schwörer, die Orakelpriester und die
Astrologen vor mir standen, erzählte
ich ihnen den Traum. Doch keiner
sagte mir die Deutung. 5 Zuletzt trat
Daniel vor mich, den ich nach mei-
nem Gott Beltschazzar genannt hatte.
In ihm wohnt der Geist der heiligen
Götter. Auch ihm erzählte ich meinen
Traum. 6 »Beltschazzar«, sagte ich,
»du bist der Oberste der Magier. Ich
weiß, dass der Geist der heiligen Göt-
ter in dir wohnt und dir kein Geheim-
nis zu schwer ist. Erkläre mir die Bil-
der, die ich in meinem Traum gesehen
habe, und deute sie mir! 7 Folgende
Schau hatte ich auf meinem Lager:
Mitten auf der Erde sah ich einen sehr
großen Baum. 8 Er wurde immer
größer und gewaltiger, so dass seine
Spitze zuletzt bis an den Himmel
reichte. Und bis ans Ende der Erde
konnte man ihn sehen.* 9 Er hatte
schönes Laub und gab reichlich
Frucht – Nahrung für alle. Den wilden
Tieren bot er Schatten, die Vögel nis-
teten in seinen Zweigen. Alles, was
lebte, bekam Nahrung von ihm. 10 Als
ich das Bild anschaute, kam auf ein-
mal ein Wächterengel vom Himmel
herab. 11 Er rief laut: ›Fällt den Baum
und hackt seine Äste ab! Reißt das
Laub von seinen Ästen und verstreut
die Früchte überall! Die Tiere unter
ihm und die Vögel in seinen Zweigen
sollen in die Flucht gejagt werden.
12 Nur den Wurzelstock lasst in der
Erde, doch fesselt ihn mit Bronze-
und Eisenketten mitten zwischen
Gras und Kräutern! Der Tau soll auf
ihn fallen, und er soll im Gras liegen
wie das Wild. 13 Statt eines Men-
schenverstandes soll ihm der Ver-
stand eines Tieres gegeben werden!
Sieben Zeiten* lang soll das dauern.
14 Dieses Edikt beruht auf einem Be-
schluss der Wächter im Himmel, es ist
ein Befehl der heiligen Engel, damit
alle Menschen erkennen: Der Höchste
hat die Macht über die Reiche der
Welt und kann sie geben, wem er will.
Selbst den Niedrigsten der Menschen

4,8 *konnte man ihn sehen.* In einer der Inschriften Nebukadnezzars wird Babylon mit einem Baum verglichen, der immer größer wird.

4,13 *Zeiten.* Perioden von unbestimmter Länge, vielleicht Jahre.

kann er zum Herrscher über alle
machen.‹ 15 Diesen Traum habe ich,
König Nebukadnezzar, gehabt. Aber
du, Beltschazzar, deute ihn mir! Denn
alle Weisen in meinem Reich können
mir keine Deutung geben. Doch du
kannst es, weil dich der Geist der
heiligen Götter erfüllt.«

16 Da erstarrte Daniel, der auch
Beltschazzar heißt, eine Zeit lang.
Seine Gedanken erschreckten ihn.
Aber der König sagte: »Beltschazzar,
lass dir von dem Traum und seiner
Deutung keine Angst einjagen!« Er
erwiderte: »Mein Herr, ich wünschte,
die Botschaft des Traums würde dei-
nen Feinden gelten und allen, die dich
hassen! 17 Der Baum, den du gesehen
hast, der so groß und stark wurde,
dass seine Spitze bis an den Himmel
reichte, und den man bis ans Ende der
Erde sehen konnte, 18 der schönes
Laub hatte, reichlich Frucht gab und
alle mit Nahrung versorgte, der den
wilden Tieren Schatten bot und in
dessen Zweigen die Vögel nisteten –
19 dieser Baum bist du, König. Du
wurdest groß und mächtig, deine Ge-
walt reichte bis an den Himmel, deine
Herrschaft bis ans Ende der Welt.
20 Dass der König einen der heiligen
Wächterengel vom Himmel kommen
sah, der befahl: ›Fällt den Baum und
zerstört ihn! Doch seinen Wurzel-
stock lasst in der Erde, aber fesselt ihn
mit Bronze- und Eisenketten mitten
zwischen Gras und Kräutern! Der Tau
soll auf ihn fallen, und er soll im Gras
liegen wie das Wild, bis die sieben Zei-
ten vorbei sind!‹, 21 das, mein König,
hat folgende Bedeutung: Der Höchste
hat einen Beschluss gefasst, der mei-
nen Herrn, den König, betrifft. 22 Man
wird dich aus der Gemeinschaft der
Menschen ausstoßen und du wirst
unter den wilden Tieren leben. Man
wird dir Kraut zu essen geben wie den
Rindern und dich nass werden lassen
vom Tau.* Sieben Zeiten werden so
vergehen, bis du erkennst, dass der
Höchste über die Reiche der Men-
schen herrscht und die Herrschaft
gibt, wem er will. 23 Doch weil der
Wurzelstock im Erdreich bleiben
sollte, wird auch dir dein Königreich
erhalten bleiben, sobald du erkennst,
dass der Himmel die Macht hat.
24 Darum König, lass dir meinen Rat
gefallen und sühne deine Sünden
durch Gerechtigkeit, dein Unrecht
durch Erbarmen mit den Armen.
Dann wird es dir auch in Zukunft gut
gehen!«

25 Genauso geschah es dann mit
König Nebukadnezzar. 26 Zwölf Mo-
nate später ging er auf der Dach-
terrasse seines Palastes in Babylon
umher 27 und sagte sich: »Diese
großartige Stadt hier habe ich gebaut!
Es ist meine Residenz! Mit meiner
gewaltigen Macht habe ich das fertig
gebracht, ein würdiges Denkmal
meiner Herrlichkeit!«* 28 Der König
hatte noch nicht ausgeredet, da ertön-
te eine Stimme aus dem Himmel:

4,22 ... *vom Tau.* Nebukadnezzar sollte offenbar von einer Geisteskrankheit befallen werden, der Zwangsvorstellung, ein Tier zu sein. Auch die antiken Schriftsteller Euseb, Abydenus und Josephus zitieren einen Bericht des Griechen Megasthenes aus dem 3. Jh. v.Chr. über ein seltsames Benehmen Nebukadnezzars in seiner späteren Regierungszeit.

»Hiermit wird dir die Herrschaft weg-
genommen, König Nebukadnezzar!
29 Du wirst aus der Gemeinschaft der
Menschen ausgestoßen und musst
unter den wilden Tieren leben!* Man
wird dir Kraut zu essen geben wie dem
Rind und dich nass werden lassen
vom Tau. Sieben Zeiten werden so
vergehen, bis du erkennst, dass der
Höchste über die Reiche der Men-
schen herrscht und die Herrschaft
gibt, wem er will.« 30 Im gleichen Au-
genblick wurde das Urteil an Nebu-
kadnezzar vollstreckt. Er wurde aus
der Gemeinschaft der Menschen aus-
gestoßen, aß Kraut wie das Rind und
wurde nass vom Tau. Seine Haare
wurden wie Adlerfedern und seine
Nägel so lang wie die Krallen der
Vögel.

31 Nach Ablauf der Zeit erhob ich,
Nebukadnezzar, den Blick zum Him-
mel. Da kehrte mein Verstand wieder
zurück und ich pries den Höchsten.
Ich rühmte und verherrlichte den, der
ewig lebt, dessen Herrschaft niemals
aufhört und dessen Reich in Ewigkeit
besteht. 32 Alle Bewohner der Erde
sind vor ihm wie nichts. Er macht mit
ihnen, was er will. Selbst das Heer des
Himmels* ist in seiner Hand. Nie-
mand kann ihm wehren und ihn
fragen, was er da tut. 33 Als mein
Verstand wieder zurückgekehrt war,
kehrten zum Ruhm meines König-
tums auch meine Herrlichkeit und
meine Gesundheit zurück. Meine Rat-
geber und die Großen meines Reiches
suchten mich auf, und ich wurde wie-
der in meine Herrschaft eingesetzt.
Meine Macht wurde noch größer als
vorher. 34 Nun rühme und preise
ich, Nebukadnezzar, den König des
Himmels. Ich ehre ihn, denn er steht
zu seinem Wort, und alles, was er tut,
ist recht. Alle, die sich überheben,
kann er demütigen.

Die Schrift an der Wand

5 1 König Belschazzar* veranstalte-
te ein großes Bankett für die tau-
send Mächtigen seines Reiches und
trank mit ihnen Wein. 2 Unter dem
Einfluss des Weins befahl er, die golde-
nen und silbernen Gefäße herzubrin-
gen, die sein Vater Nebukadnezzar*

4,27 *meiner Herrlichkeit.* Nach der Zerstörung durch den Assyrerkönig Sanherib hatte Nebukadnezzar die Stadt wieder aufgebaut und zu einer der glänzendsten und prächtigsten Städte des Altertums gemacht. Die Stadt war von dreifachen Gräben und Wällen umgeben und hatte bis zu sieben Meter dicke Mauern aus Lehmziegeln mit einer Gesamtlänge von 89 km. Die hängenden Gärten, terassenförmige Gartenanlagen auf dem Gelände des Königspalastes, mit ihrem hoch entwickelten Bewässerungssystem gehörten zu den sieben Weltwundern der Antike.

4,29 *unter den wilden Tieren leben.* Vermutlich im Palastgarten.

4,32 *Heer des Himmels.* Das meint die Bewohner der überirdischen Welt, die Engelmächte, im Gegensatz zu den Bewohnern dieser Welt.

5,1 Um 550 v.Chr. hatte Nabonid seinem Sohn *Belschazzar* die Herrschaft über das babylonische Reich gegeben und war selbst nach Tema gezogen, um ganz Arabien zu unterwerfen. Inzwischen hatte sich der persische König Kyrus erhoben. 539 marschierte er in Babylonien ein, nachdem er den zurückgekehrten Nabonid in zwei Schlachten besiegt hatte. Am 12. Oktober 539 drangen die Perser in Babylon ein. Belschazzar hatte sich in dem riesigen Königspalast verschanzt. Die in Kapitel 5 geschilderte Szene beschreibt den letzten Tag seines Lebens.

5,2 *Vater Nebukadnezzar.* Belschazzars Mutter war eine Tochter Nebukadnezzars.

aus dem Tempel in Jerusalem hatte
wegnehmen lassen. Er wollte mit sei-
nen Mächtigen, seinen Frauen und
Nebenfrauen daraus trinken. 3 Da
brachte man die goldenen Gefäße, die
einst aus dem Tempel Gottes in Jeru-
salem weggenommen worden waren,
und alle tranken Wein daraus. 4 Dabei
rühmten sie die Götter aus Gold und
Silber, aus Bronze, Eisen, Holz und
Stein.

5 Im gleichen Augenblick erschie-
nen die Finger einer menschlichen
Hand und schrieben etwas auf die
weiß verputzte Wand des Königs-
palastes. Es war die Stelle gegenüber
dem Leuchter. Als der König die
schreibende Hand sah, 6 wurde er
bleich. Seine Gedanken erschreckten
ihn so sehr, dass er am ganzen Körper
schlotterte und seine Knie aneinander
schlugen. 7 Laut schrie er nach den
Beschwörungspriestern, den Astro-
logen und Magiern. Als die Weisen
Babylons eintraten, sagte er zu ihnen:
»Wer diese Schrift lesen und mir
deuten kann, soll in Purpur gekleidet
werden und bekommt eine goldene
Ehrenkette um den Hals. Er soll der
dritte Mann* im ganzen Reich wer-
den.« 8 Nun traten die Weisen des
Königs heran, aber sie konnten die
Schrift weder lesen noch deuten.
9 Darüber erschrak König Belschaz-
zar noch mehr; er wurde immer blei-
cher, und auch seine Mächtigen ge-
rieten in Angst.

10 Weil nun die Rufe des Königs und
seiner Mächtigen bis zur Königsmut-
ter drangen, kam sie in den Festsaal
und sagte: »Der König lebe ewig! Lass
dich von deinen Gedanken nicht
schrecken, du musst nicht blass wer-
den. 11 Es gibt einen Mann in deinem
Reich, der vom Geist der heiligen Göt-
ter erfüllt ist. Zur Zeit deines Vaters
Nebukadnezzar* bewies er, dass Er-
leuchtung und Einsicht in ihm wohn-
ten, eine Weisheit, wie sie sonst nur
die Götter haben. Dein Vater hatte ihn
zum Obersten aller Zeichendeuter,
Beschwörungspriester, Astrologen
und Magier gemacht, dein Vater,
König! 12 Er heißt Daniel, und dein
Vater hatte ihm den Namen Belt-
schazzar gegeben. Der Mann ist
außergewöhnlich klug, er hat Ver-
stand und Scharfsinn zum Deuten
von Träumen und kann auch sonst
jedes Rätsel lösen und die geheimnis-
vollsten Dinge erklären. Lass ihn jetzt
rufen! Er wird dir sagen, was die
Schrift bedeutet.« 13 Darauf wurde
Daniel herbeigeholt, und der König
sagte: »Du bist also Daniel*, einer von
den Juden, die mein königlicher Vater
aus Juda hergebracht hat? 14 Ich habe
gehört, dass du vom Geist der Götter
erfüllt und mit außergewöhnlicher
Weisheit, mit Erleuchtung und Ein-
sicht begabt bist. 15 Gerade sind die
Weisen, die Beschwörungspriester
vor mich gebracht worden, um diese
Schrift hier zu lesen und ihren Sinn
zu deuten. Aber sie können es nicht.
16 Aber du – von dir habe ich gehört,

5,7 *dritte Mann.* Weil Belschazzar selbst nur der Zweite war.

5,11 *Nebukadnezzar* war 23 Jahre vorher, im Jahr 562 v.Chr., gestorben.

5,13 *Daniel.* Belschazzar hatte offenbar keine Ahnung von Daniel, der inzwischen mindestens 80 Jahre alt war und nicht mehr im königlichen Dienst stand.

dass du Deutungen geben und
schwierige Rätsel lösen kannst. Wenn
das stimmt und du mir die Schrift
vorlesen und erklären kannst, wirst
du in Purpur gekleidet werden, be-
kommst eine goldene Ehrenkette um
den Hals und sollst als dritter Mann
im Reich herrschen.«

17 Daniel erwiderte dem König:
»Behalte deine Geschenke oder gib sie
einem anderen. Aber die Schrift werde
ich dem König vorlesen und sagen,
was sie bedeutet. 18 Du, König, –
Gott, der Höchste, hatte deinen Vater
Nebukadnezzar zu einem mächtigen
Herrscher gemacht und ihm Ehre und
Ruhm gegeben. 19 Wegen dieser ihm
verliehenen Macht zitterten ganze
Völker, Nationen und Sprachen vor
ihm. Er tötete oder ließ am Leben,
wen er wollte. Er erhöhte die einen
und erniedrigte die anderen – wie es
ihm gefiel. 20 Doch als er überheblich
wurde und sein Geist sich maßlos
überhob, verlor er Thron und Herr-
scherwürde. 21 Er wurde aus der
Gemeinschaft der Menschen ausge-
stoßen und bekam statt eines Men-
schenverstandes den eines Tieres. Er
musste bei den Wildeseln leben und
Gras fressen wie ein Rind. Sein Kör-
per wurde vom Tau des Himmels nass,
bis er erkannte, dass Gott, der Höchs-
te, über die Reiche der Menschen
herrscht und die Herrschaft gibt, wem
er will. 22 Aber du, Belschazzar, sein
Sohn, hast dich nicht gedemütigt, ob-
wohl du das alles wusstest. 23 Du hast
dich gegen den Herrn des Himmels
erhoben und dir die Gefäße aus sei-
nem Tempel herbeischaffen lassen.
Und mit deinen Mächtigen, mit dei-
nen Frauen und Nebenfrauen hast
du Wein daraus getrunken. Und dabei
hast du die Götter aus Gold und Silber,
aus Bronze, Eisen, Holz und Stein ge-
priesen, die weder sehen noch hören
können und keinen Verstand haben.
Aber den Gott, der dein Leben in der
Hand hat und der dein Schicksal
bestimmt, ihn hast du nicht geehrt.
24 Darum hat er diese Hand geschickt
und diese Worte an die Wand schrei-
ben lassen. 25 Sie lauten: ›Mene,
mene, tekel uparsin‹ 26 und haben
folgende Bedeutung: Mene – *gezählt*
hat Gott die Tage deiner Herrschaft
und ihr ein Ende gesetzt. 27 Tekel – *ge-
wogen* hat er dich auf seiner Waage
und dich zu leicht gefunden. 28 Peres
– *zerteilt* hat er dein Reich und es
den Medern und Persern gegeben.«
29 Da befahl Belschazzar, Daniel in
Purpur zu kleiden und ihm eine gol-
dene Halskette umzulegen. Dann ließ
er verkünden, dass er als der Dritte in
seinem Reich herrschen sollte.

30 Noch in derselben Nacht wurde
König Belschazzar, der ein Chaldäer
war, getötet; 6,1 und Darius*, ein
Meder, übernahm im Alter von 62
Jahren die Herrschaft.

Daniel in der Löwengrube

6 2 Darius beschloss, 120 Satrapen
über die Provinzen seines Reiches
einzusetzen. 3 Diese Statthalter un-
terstellte er drei Ministern, von denen

6,1 *Darius*, der Meder, ist wahrscheinlich identisch mit dem Statthalter Gubaru, der am 29. Oktober 539 v.Chr. von Kyrus eingesetzt wurde und 14 Jahre lang über Mesopotamien, Syrien, Phönizien und das Gebiet Israels mit umfassender Machtfülle regierte.

einer Daniel war. Sie hatten ihnen
Rechenschaft abzulegen, damit der
König nicht belästigt würde. 4 Bald
stellte sich heraus, dass Daniel den
anderen Ministern und den Satrapen
weit überlegen war, weil ein außerge-
wöhnlicher Geist in ihm wohnte. Der
König dachte sogar daran, ihm die
Verwaltung des ganzen Reiches zu
übertragen. 5 Da versuchten die an-
deren Minister zusammen mit den
Satrapen, Daniel wegen seiner Amts-
führung anzuklagen. Aber sie konn-
ten keinen Grund zur Anklage und
keine Korruption entdecken, denn er
war weder nachlässig noch bestech-
lich. 6 Da sagten sie sich: »Wir haben
bei diesem Daniel nichts in der Hand,
es sei denn, wir finden im Gesetz sei-
nes Gottes etwas gegen ihn.«

7 Darauf eilten sie aufgeregt zum
König und sagten: »Der König Darius
lebe ewig! 8 Alle Minister des Reiches,
die Statthalter, die Satrapen, die Rat-
geber und Verwalter sind überein-
gekommen, dich zu bitten, folgende
Verordnung zu erlassen: ›Wer in den
kommenden dreißig Tagen eine Bitte
an irgendeinen Gott oder Menschen
richtet außer an dich, König, soll zu
den Löwen in die Grube geworfen
werden.‹ 9 Gib dem Gebot die Form
eines offiziellen königlichen Erlasses,
der nach dem Gesetz der Meder und
Perser nicht geändert oder aufgeho-
ben werden darf!« 10 König Darius
ließ den Erlass ausfertigen und unter-
schrieb ihn.

11 Als Daniel erfuhr, dass der Erlass
abgefasst worden war, ging er in sein
Haus. Im Obergeschoss hatte er offe-
ne Fenster in Richtung Jerusalem.
Dreimal täglich kniete er dort nieder,
um seinen Gott zu preisen und seine
Bitten vor ihn zu bringen. So tat er
es auch jetzt. 12 Da stürmten jene
Männer herein und fanden Daniel,
wie er zu seinem Gott betete und ihn
sogar anflehte. 13 Darauf gingen sie
zum König und brachten das könig-
liche Verbot zur Sprache: »Hast du
nicht einen Erlass unterschrieben,
dass jeder, der in den nächsten dreißig
Tagen von irgendeinem Gott oder
Menschen etwas erbittet außer von
dir, König, zu den Löwen in die Grube
geworfen werden soll?« – »So ist es«,
erwiderte der König. »Es gilt unwi-
derruflich nach dem Gesetz der Meder
und Perser, das nicht aufgehoben
werden darf.« 14 Da sagten sie dem
König: »Daniel, einer von den herge-
brachten Juden, kümmert sich ein-
fach nicht um dich und dein Gebot,
sondern verrichtet dreimal am Tag
sein Gebet.« 15 Als der König das
hörte, wurde er sehr traurig. Den gan-
zen Tag über unternahm er alle An-
strengungen, Daniel zu retten. 16 Bei
Sonnenuntergang kamen die Kläger
wieder zu ihm und hielten ihm vor:
»Du weißt, König, dass nach dem
Gesetz der Meder und Perser kein Er-
lass des Königs widerrufen werden
kann!«

17 Nun musste der König den Befehl
geben, Daniel herzubringen und in
die Grube zu den Löwen zu werfen. Er
sagte zu ihm: »Dein Gott, dem du so
treu dienst, möge er dich retten!«
18 Dann wurde ein Stein auf die Öff-
nung der Grube gewälzt und mit dem
Siegel des Königs und seiner Mächti-
gen versiegelt, damit in Daniels Sache
nichts verändert würde. 19 Danach
zog sich Darius in seinen Palast

zurück. Er verzichtete auf jede Unter-
haltung*, fastete die ganze Nacht und
konnte auch keinen Schlaf finden.
20 In der Morgendämmerung, gerade
als es hell wurde, stand er auf und
ging voller Unruhe zur Löwengrube.
21 Als er in die Nähe der Grube ge-
kommen war, rief er mit schmerzer-
füllter Stimme: »Daniel, du Diener
des lebendigen Gottes! Dein Gott,
dem du so treu dienst – hat er dich vor
den Löwen retten können?« 22 Daniel
antwortete: »Der König lebe ewig!
23 Mein Gott hat seinen Engel ge-
schickt, weil ihm meine Unschuld
bekannt war. Und der hat den Löwen
die Rachen verschlossen, sodass sie
mir nichts antun konnten. Auch dir
gegenüber, König, habe ich kein Un-
recht begangen.« 24 Da freute sich der
König außerordentlich und befahl,
Daniel aus der Grube herauszuholen.
Als man ihn heraufgezogen hatte,
fand man keinerlei Verletzung an ihm,
weil er seinem Gott vertraut hatte.
25 Dann befahl der König, die Män-
ner, die Daniel verleumdet hatten,
samt ihren Frauen und Kindern her-
zuholen und in die Grube zu den
Löwen zu werfen. Und noch ehe sie
den Boden der Grube berührt hatten,
fielen die Löwen über sie her und
zermalmten ihnen alle Knochen.

26 Daraufhin schickte König Darius
ein Schreiben an alle Völker, Nationen
und Sprachen. Es lautete folgen-
dermaßen: »Glück und Frieden euch
allen! 27 Hiermit ordne ich an, dass
man in meinem ganzen Reich den
Gott Daniels scheuen und fürchten
soll. Denn er ist der lebendige, ewige
Gott. Sein Reich geht nie zugrunde,
und seine Herrschaft bleibt für immer
bestehen. 28 Er rettet und befreit;
er wirkt Zeichen und Wunder am
Himmel und auf der Erde; er hat
Daniel aus den Klauen der Löwen
gerettet.«

29 Dieser Daniel war ein einfluss-
reicher Mann unter der Regierung des
Darius und auch unter der des Persers
Kyrus.

Die Schau vom ewigen Reich

7 1 Im ersten Regierungsjahr* des
Königs Belschazzar von Babylon
hatte Daniel im Traum eine Vision. Als
er auf dem Bett lag, gingen Bilder
durch seinen Kopf. Er schrieb auf,
was er gesehen hatte. 2 Hier ist sein
Bericht: Ich sah in meiner nächtlichen
Vision, wie aus allen vier Himmels-
richtungen Stürme kamen, die das
große Meer aufwühlten. 3 Vier große
Tiere stiegen aus dem Meer; jedes
hatte eine andere Gestalt. 4 Das erste
sah aus wie ein Löwe, hatte aber
Flügel wie Adler. Während ich es be-
trachtete, wurden ihm die Flügel aus-
gerissen; es wurde aufgerichtet und
wie ein Mensch auf zwei Füße gestellt.
Es bekam auch das Herz eines Men-
schen. 5 Das zweite Tier sah aus wie
ein Bär. Es hatte sich auf einer Seite
aufgerichtet und hielt drei Rippen
zwischen seinen Zähnen. Man rief

6,19 *Unterhaltung.* Andere übersetzen das unbekannte aramäische Wort mit Nebenfrauen, Speisen oder Musikinstrumenten.

7,1 *Regierungsjahr.* Nach babylonischer Zählweise ist damit das erste volle Regierungsjahr gemeint. Für Belschazzar war es das erste Jahr nach Abreise seines Vaters, der zur Eroberung Arabiens nach Tema aufgebrochen war, 549 v.Chr.

ihm zu: »Steh auf und friss dich voll
mit Fleisch!« 6 Danach sah ich ein
Tier, das wie ein Leopard aussah.
Doch es hatte vier Flügel an seinen
Seiten und auch vier Köpfe. Ihm
wurde eine große Macht anvertraut.
7 Danach erblickte ich in meiner Visi-
on ein viertes Tier, das grauenerre-
gend anzusehen war. Es war außerge-
wöhnlich stark und hatte große eiser-
ne Zähne. Es fraß und zermalmte und
zertrat den Rest mit den Füßen. Es
unterschied sich völlig von den ande-
ren Tieren und hatte auch zehn Hör-
ner. 8 Als ich die Hörner beobachtete,
wuchs auf einmal ein kleines Horn
zwischen ihnen hoch. Seinetwegen
wurden drei andere Hörner herausge-
rissen. Dann sah ich auf einmal Men-
schenaugen an diesem Horn und ein
Maul, das große Reden schwang.

9 Ich sah immer noch hin, bis Thro-
ne aufgestellt wurden und einer, der
uralt war, sich setzte. Sein Gewand
war weiß wie Schnee und sein Haar
so hell wie reine Wolle. Sein Thron
bestand aus Flammen und feurigen
Rädern. 10 Ein ganzer Feuerstrom
flutete aus ihm. Tausende und Aber-
tausende standen zu seinem Dienst
bereit, und eine unzählbare Menge
hatte sich vor ihm versammelt. Das
Gericht setzte sich, und Bücher
wurden aufgeschlagen. 11 Ich schaute
wieder auf das Horn, das so prahle-
risch dahergeredet hatte, und sah,
wie das ganze Tier getötet und sein
Körper in die lodernde Glut geworfen
und vernichtet wurde. 12 Den übrigen
Tieren wurde die Herrschaft genom-
men, doch ließ man jedes bis zu einer
bestimmten Frist am Leben. 13 Immer
noch sah ich die nächtlichen Bilder:
Da kam mit den Wolken des Himmels
einer, der aussah wie der Sohn eines
Menschen.* Man führte ihn zu dem,
der uralt war, 14 und verlieh ihm
Macht und Ehre und übergab ihm die
Herrschaft. Die Menschen aller Völ-
ker, Nationen und Sprachen dienten
ihm. Seine Herrschaft ist ewig, sie
wird nicht vergehen, sein Reich wird
niemals zerstört.

15 Ich, Daniel, litt unter dem, was
ich sah, und die Bilder, die mir durch
den Kopf gingen, erschreckten mich.
16 Ich wandte mich an einen der Um-
stehenden und bat ihn, mir genau zu
erklären, was das alles bedeute. Er
sagte: 17 »Diese großen Tiere, vier an
der Zahl, versinnbildlichen vier Herr-
scher, die nacheinander auftreten
werden. 18 Doch empfangen werden
das Reich die Heiligen des Höchsten*,
und sie werden es für immer und
in alle Ewigkeit besitzen.« 19 Dann
wollte ich Genaueres über das vierte
Tier wissen, das sich so sehr von allen
anderen unterschied – diese schreck-
liche Bestie mit Zähnen aus Eisen und
Krallen aus Bronze –, das fraß und
zermalmte und den Rest mit den
Füßen zertrat. 20 Auch über die zehn
Hörner auf seinem Kopf wollte ich
mehr erfahren und besonders über
das, das zuletzt hervorbrach und drei
andere verdrängt hatte, das Augen

7,13 *Sohn eines Menschen* oder *Menschensohn*. Eine Bezeichnung, die Jesus später häufig auf sich angewandt hat, z.B. Lukas 5,24. Auch den ganzen Vers wendet er auf sich an: Matthäus 24,30; Markus 13,26; Lukas 21,27.

7,18 *Heilige des Höchsten*. Gottes heiliges Volk.

hatte und einen Mund, der großmäuli-
ge Reden schwang, und das größer
aussah als die übrigen Hörner. 21 Ich
hatte gesehen, wie dieses Horn gegen
die Heiligen Krieg führte und sie be-
siegte. 22 Aber dann hatte der einge-
griffen, der uralt war, und den Heili-
gen des Höchsten das Gericht über-
tragen. Die Zeit war gekommen, dass
die Heiligen das Reich in Besitz nah-
men. 23 Auf meine Frage antwortete
er: »Das vierte Tier bedeutet: Ein vier-
tes Reich* wird auf der Erde entste-
hen, das sich von allen früheren unter-
scheidet. Es wird die Völker der Erde
fressen, sie zertreten und zermalmen.
24 Die zehn Hörner bedeuten, dass
zehn Könige in diesem Reich regieren
werden. Aber dann kommt ein König
an die Macht, der ganz anders ist als
seine Vorgänger. Er wird drei Könige
stürzen 25 und es sich erlauben,
Worte gegen den Höchsten zu rich-
ten. Er wird die Heiligen des Höchs-
ten aufreiben und versuchen, Zeiten
und Gesetz zu ändern. Die Heiligen
werden für eine Zeit, zwei Zeiten und
eine halbe Zeit* in seiner Gewalt sein.
26 Dann aber tritt das Gericht zusam-
men. Es nimmt ihm seine Macht und
zerstört sie bis zum letzten Rest.
27 Das Reich und die Herrschaft und
die Macht und Größe aller anderen
Reiche zusammen werden dann dem
Volk der Heiligen des Höchsten gege-
ben. Sein Reich ist ein ewiges Reich
und alle Mächte werden ihm dienen
und gehorchen.«
28 Hier endet mein Bericht.* Mich,
Daniel, schreckten meine Gedanken
sehr, und alle Farbe wich aus meinem
Gesicht. Doch ich behielt die Sache in
meinem Herzen.

Daniels zweite Vision

8 1 Im dritten Regierungsjahr* des
Königs Belschazzar hatte ich,
Daniel, eine zweite Vision. 2 Dabei
sah ich mich selbst, wie ich am Ulai-
Kanal in der Residenz Susa stand, die
sich in der Provinz Elam befindet.
3 Ich blickte auf, da stand auf einmal
ein Schafbock mit zwei mächtigen
Hörnern am Kanal. Das eine Horn
war größer als das andere, obwohl es
erst später gewachsen war. 4 Ich sah,
wie der Schafbock nach Westen, Nor-
den und Süden stieß. Kein Tier konnte
ihm standhalten, und es gab keinen,
der sich aus seiner Gewalt retten
konnte. Er tat, was er wollte, und
machte sich groß. 5 Als ich aufmerk-
sam hinsah, kam plötzlich ein Ziegen-
bock vom Westen her. Er flog nur so
über die Erde, ohne den Boden zu be-
rühren. Zwischen seinen Augen hatte
er ein auffälliges Horn. 6 Als er bei
dem Schafbock angelangt war, den
ich am Kanal gesehen hatte, stürzte
er sich mit voller Wucht auf ihn. 7 Ich
sah ihn auf die Seite des Schafbocks
aufprallen. Voller Erbitterung stieß er
den Schafbock und brach ihm beide

7,23 *viertes Reich.* Vermutlich das Römische Reich, das gleichzeitig eine Art Modell für das antichristliche Reich der Endzeit sein wird, das wiederum aus den Nachfolgestaaten des Römischen Reiches herauswachsen wird.

7,25 *Zeit* meint hier vielleicht Jahr. Es geht dann um eine Zeit von dreieinhalb Jahren wie auch in Offenbarung 12,14, was dort durch die 1260 Tage im gleichen Kapitel (Vers 6) bestätigt wird.

7,28 Kapitel 8,1-12,13 sind wieder in Hebräisch verfasst.

8,1 *dritten Regierungsjahr.* Wahrscheinlich 547/46 v.Chr.

Hörner ab. Der hatte nicht die Kraft,
ihm standzuhalten; er wurde zu
Boden geworfen und zertrampelt.
Niemand kam ihm zu Hilfe. 8 Der
Ziegenbock wurde immer größer. Auf
dem Höhepunkt seiner Macht brach
sein großes Horn ab. An seiner Stelle
wuchsen vier kräftige Hörner in die
vier Himmelsrichtungen hin. 9 Aus
einem von ihnen kam ein weiteres
Horn hervor. Zuerst war es ganz klein,
aber dann wuchs es gewaltig nach
Süden, Osten und dem Land der Zier-
de hin, nach Israel. 10 Ja, es wuchs bis
zum Heer des Himmels hin und
schleuderte einige von diesem Heer
und von den Sternen auf die Erde
und zertrampelte sie. 11 Selbst bis
zum Befehlshaber des Himmelshee-
res reckte es sich empor. Es nahm ihm
das tägliche Opfer weg und verwüste-
te sein Heiligtum. 12 Verbrecherisch
setzte es ein ganzes Heer gegen das
tägliche Opfer ein. So trat es die
Wahrheit mit Füßen. Und bei allem,
was es unternahm, hatte es Erfolg.

13 Dann hörte ich, wie einer der hei-
ligen Engel einen anderen fragte:
»Wie lange soll nach der Vision das
tägliche Opfer unterbunden und das
Heiligtum durch frevelhafte Entwei-
hung verödet sein?« 14 Dieser ant-
wortete mir: »Wenn 2.300 Abend-
und Morgenopfer vergangen sind*,
wird die Ordnung des Heiligtums
wiederhergestellt sein.«

15 Als ich, Daniel, die Vision hatte
und sie zu verstehen suchte, stand
plötzlich einer vor mir, der wie ein
Mann aussah. 16 Gleichzeitig hörte
ich eine Stimme über dem Ulai-Kanal,
die ihm zurief: »Gabriel, erkläre ihm
die Vision!« 17 Da kam er auf mich zu.
Als er näher trat, erschrak ich so sehr,
dass ich zu Boden stürzte. Doch er
sagte zu mir: »Du, Mensch, sollst ver-
stehen, dass diese Vision sich auf die
letzte Zeit bezieht.« 18 Während er
das sagte, lag ich wie betäubt auf der
Erde mit dem Gesicht zum Boden. Da
berührte er mich und stellte mich wie-
der auf die Beine. 19 Dann sagte er:
»Ich will dir erklären, was am Ende
des Strafgerichts geschehen wird.
Denn es geht um die Zeit, in der das
Ende kommt. 20 Der Schafbock mit
den beiden Hörnern meint die Könige
von Medien und Persien, 21 der zotti-
ge Ziegenbock das griechische König-
reich. Das große Horn zwischen den
Augen des Ziegenbocks ist der erste
König des Griechenreiches.* 22 Dass
es abbrach und dass an seiner Stelle
vier andere aufwuchsen, bedeutet:
Aus dem Griechenvolk werden vier
Reiche* entstehen, die aber nicht so
viel Macht haben wie der erste König.
23 Wenn dann die Herrschaft dieser
Reiche zu Ende geht und das Maß

8,14 *vergangen sind.* Das sind 1.150 Tage, die gut in den Zeitraum zwischen der Entweihung des Tempels durch Antiochus Epiphanes IV. am 6. Dezember 167 v. Chr. und seiner Wiedereinweihung am 4. Dezember 164 v.Chr. passen. Streng genommen laufen die Tage erst am 31. Januar 163 v. Chr. aus, was aber genau der Voraussage dieses Verses entspricht.

8,21 *Griechenreiches.* Alexander der Große war von 336-323 v.Chr. König von Griechenland. Er starb im Alter von 32 Jahren in Babylon.

8,22 *vier Reiche.* Das waren die so genannten Diadochenreiche, ehemalige Generäle und Freunde Alexanders, die nach seinem Tod das Reich aufteilten und sich in wechselnden Bündnissen gegenseitig bekämpften.

ihrer Untaten voll ist, wird ein frecher
und hinterlistiger König* auftreten.
24 Er wird sehr mächtig werden, wenn
auch nicht durch eigene Kraft, und
wird ungeheures Verderben anrich-
ten. Was er unternimmt, wird ihm ge-
lingen. Er wird die Starken vernichten
und Gottes heiliges Volk ins Verder-
ben stürzen. 25 Dank seiner Schlau-
heit gelingt ihm der Betrug. In seinem
Größenwahn wird er viele ahnungs-
lose Menschen umbringen. Selbst
gegen den höchsten Herrn wird er
sich erheben, aber schließlich ohne
menschliches Zutun* zerschmettert
werden. 26 Auch was du über die
Abend- und Morgenopfer gehört hast,
ist wahr. Doch du sollst das, was du
gesehen hast, gut verwahren, denn es
bezieht sich auf viele Tage.«

27 Danach war ich, Daniel, völlig er-
schöpft und tagelang krank. Als ich
wieder aufstehen konnte, nahm ich
meinen Dienst beim König wieder
auf. Doch ich war fassungslos über
das Geschaute, und es gab niemand,
der es verstand.

Daniels Gebet und Botschaft

9 1 Im ersten Jahr, nachdem der
Meder Darius*, der Sohn des
Ahasveros*, über das Reich der Chal-
däer zum König eingesetzt worden
war, 2 in seinem ersten Regierungs-
jahr*, forschte ich, Daniel, in den
Schriftrollen nach der Zahl der Jahre,
die Jerusalem nach dem Wort Jahwes
an den Propheten Jeremia in Trüm-
mern liegen sollte; es waren siebzig*.
3 Ich wandte mein Gesicht zu Gott,
dem Herrn, um zu ihm zu beten und
ihn anzuflehen. Dabei fastete ich, hatte
den Trauersack angezogen und saß in
der Asche. 4 Ich betete zu Jahwe, mei-
nem Gott, und bekannte:

»Ach, Herr, du großer und furchter-
regender Gott! In unerschütterlicher
Treue stehst du zu deinem Bund mit
denen, die dich lieben und deine Ge-
bote halten. 5 Doch wir haben gesün-
digt, wir haben uns an dir vergangen
und gottlos gehandelt, wir haben uns
aufgelehnt und sind abgewichen von
deinem Gebot und Gesetz. 6 Wir
haben auch nicht auf die Warnungen
deiner Propheten gehört, die in dei-
nem Auftrag zu unseren Königen,
Fürsten und Vätern und zum ganzen
Volk geredet haben. 7 Du, Herr, bist
im Recht, und wir stehen heute be-
schämt vor dir, wir alle, die Männer
von Juda und die Bewohner von Jeru-
salem und alle Israeliten, ob sie in der
Nähe oder in der Ferne sind, alle, die
du wegen ihres Treuebruchs vertrie-
ben und unter die Völker zerstreut
hast. 8 Jahwe, es muss uns die Scham-
röte ins Gesicht treiben, unseren
Königen, Fürsten und Vätern, weil wir
alle gegen dich gesündigt haben.

8,23 *frecher ... König.* Antiochus Epiphanes IV. (175-164 v.Chr.).

8,25 *ohne menschliches Zutun.* Er starb 164 v.Chr. bei einem Vorstoß nach Persien durch Krankheit oder Unfall.

9,1 *der Meder Darius.* Nicht zu verwechseln mit dem späteren Perserkönig Darius I., vgl. auch die Fußnote zu Daniel 6,1.

Ahasveros. Nicht zu verwechseln mit dem Ahasveros oder Xerxes im Buch Ester.

9,2 *ersten Regierungsjahr.* Das erste volle Jahr seiner Herrschaft war 538/7 v.Chr.

siebzig. Jeremia 25,11-12. Der Prophet weissagte das im Jahr 605 v.Chr. Vergleiche auch Jeremia 29,10!

9 Doch beim Herrn, unserem Gott,
ist Erbarmen und Vergebung. Denn
gegen ihn haben wir uns aufgelehnt.
10 Wir haben nicht auf die Stimme
von Jahwe, unserem Gott, gehört. Wir
haben seine Befehle nicht befolgt, die
er uns durch seine Diener vorgelegt
hat, durch die Propheten. 11 Ganz Is-
rael hat deine Weisungen missachtet
und deine Worte in den Wind geschla-
gen. Und so hat uns der Fluch getrof-
fen, mit dem im Gesetz deines Dieners
Mose jeder bedroht wird, der gegen
dich sündigt. 12 Gott hat seine Dro-
hungen wahr gemacht, die er gegen
uns ausgesprochen hatte und gegen
die, die uns regierten: Er werde so
schweres Unheil über uns bringen,
dass es auf der ganzen Welt seines-
gleichen sucht, – wie es jetzt in Jerusa-
lem geschehen ist. 13 Im Gesetz des
Mose stand schon alles geschrieben,
was nun als Unheil über uns gekom-
men ist. Und wir haben Jahwe, unse-
ren Gott, nicht zur Gnade bewegt,
indem wir von unserer Sünde umge-
kehrt wären und uns nach deiner
Wahrheit gerichtet hätten. 14 So hat
Jahwe das Unheil absichtlich über uns
hereinbrechen lassen, denn Jahwe,
unser Gott, ist gerecht in allem, was er
tut. Aber wir haben nicht auf ihn ge-
hört.

15 Aber du, Herr, unser Gott, bist es
doch, der sein Volk aus Ägypten ge-
führt und sich dadurch bis heute einen
Namen gemacht hat: Ja, wir haben ge-
sündigt, wir sind gottlos gewesen!
16 Herr, lass doch nach all den Bewei-
sen deiner Gerechtigkeit deinen grim-
migen Zorn nicht länger über deiner
Stadt Jerusalem und dem Berg deines
Heiligtums wüten. Denn wegen unse-
rer Sünden und der Schuld unserer
Väter sind Jerusalem und dein Volk
zum Gespött aller Nachbarn gewor-
den. 17 Unser Gott, höre doch jetzt auf
das Flehen deines Dieners und lass
dein Gesicht wieder leuchten über dei-
nem verwüsteten Heiligtum – um dei-
netwillen, Herr! 18 Mein Gott, neige
doch dein Ohr und höre! Öffne deine
Augen und schau dir die Verwüstung
an und die Stadt, die nach deinem
Namen genannt ist! Nicht im Ver-
trauen auf unsere Gerechtigkeit
bringen wir unser Flehen vor dich,
sondern im Vertrauen auf dein großes
Erbarmen. 19 Herr, höre! Herr, ver-
gib! Herr, zögere nicht und greif ein!
Lass uns nicht länger warten! Tu es
um deinetwillen, mein Gott, denn
deine Stadt und dein Volk sind doch
nach deinem Namen genannt.«

20 Während ich noch redete und be-
tete und meine Sünde und die Sünde
meines Volkes Israel bekannte und
mein demütiges Gebet für Gottes hei-
ligen Berg vor Jahwe, meinen Gott,
brachte, 21 während ich also noch
beim Beten war, erreichte mich wie
im raschen Flug der Mann Gabriel,
den ich vorher in der Vision gesehen
hatte. Es war zur Zeit des Abend-
opfers. 22 Er öffnete mir das Verständ-
nis. »Daniel«, sagte er, »ich bin jetzt
losgezogen, um dir klare Einsicht zu
geben. 23 Schon zu Beginn deines Ge-
bets erging ein Wort Gottes. So bin ich
nun gekommen, es dir mitzuteilen,
denn du genießt hohes Ansehen*. Gib

9,23 *hohes Ansehen*. Wörtlich: *Du bist Kost-
barkeiten.*

acht auf das, was ich dir zu sagen
habe, damit du die Vision verstehst!
24 Siebzig Jahrwochen* müssen
vergehen, bis der Frevel zum Ab-
schluss gebracht, die Macht der
Sünde gebrochen und die Schuld
gesühnt ist, bis eine ewige Gerech-
tigkeit herbeigeführt, die Prophetie
endgültig bestätigt und der Höchst-
heilige* gesalbt ist.
25 Du musst Folgendes wissen und
verstehen: Vom Erlass des Befehls
zum Wiederaufbau Jerusalems bis
zu einem Gesalbten, einem Fürsten,
vergehen sieben Jahrwochen*. 62
Jahrwochen lang wird es dann als
wiederaufgebaute und befestigte
Stadt bestehen bleiben*, auch wenn
es schwere Zeiten erleben muss.
26 Aber nach den 62 Jahrwochen
wird ein Gesalbter die Todesstrafe
erleiden* und keine Hilfe finden.
Dann wird das Volk eines kommen-
den Fürsten die Stadt und das Heilig-
tum zerstören.* Das wird wie eine
Überflutung sein. Und bis zum Ende
wird es Krieg und Verwüstungen
geben, wie Gott es beschlossen hat.
27 Für eine Jahrwoche* wird der Fürst
einen starken Bund mit den Vielen
schließen. Doch in der Mitte der Jahr-
woche wird er die Schlacht- und
Speisopfer aufhören lassen.* Dazu
wird er das Heiligtum verwüsten,
indem er ein Gräuelbild dort auf-
stellt.* Schließlich wird die beschlos-
sene Vernichtung auch ihn selbst
treffen.

Ausblick auf die Zukunft

10 1 Im dritten Regierungsjahr*
des Perserkönigs Kyrus emp-
fing Daniel, der auch Beltschazzar
heißt, eine Botschaft Gottes. Was ihm
darin offenbart wurde, ist wahr und
betrifft einen großen Kampf. Daniel
bemühte sich um Verständnis für die
Botschaft und bekam es auch durch

9,24 *Siebzig Jahrwochen.* Wörtlich: *Siebzig Siebenheiten.* Wahrscheinlich sind Jahre gemeint: 70 x 7 = 490 Jahre.

Höchstheilige. Der Begriff kann sich auch auf den Tempel beziehen. Wahrscheinlich ist hier aber der Messias gemeint.

9,25 *sieben Jahrwochen.* Wenn man von Jeremia 30,18 und 31,21-24 ausgeht, ist das Ausgangsjahr 588/87 v.Chr. 49 Jahre später trat Kyrus auf, der in Jesaja 45,1 als Gesalbter Jahwes bezeichnet wird. – Andere Rechnungen gehen von Nehemia 2,1-8 aus. Dann wäre das Ausgangsjahr 444 v.Chr., was aber zu anderen Schwierigkeiten führt.

bestehen bleiben. Der Ausgangspunkt der 434 Jahre (62 Jahrwochen) kann nur in der Zeit Nehemias liegen, wo der Wiederaufbau der Stadt vollendet wurde. Wenn wir dafür das Jahr 441 ansetzen, kommen wir in das Jahr 7 v.Chr., das Geburtsjahr von Jesus Christus.

9,26 *Todesstrafe erleiden.* Das bezieht sich dann auf die Kreuzigung von Jesus Christus.

Zerstörung Jerusalems 70 n.Chr. durch Titus, der später selbst Kaiser wurde.

9,27 Die 7. *Jahrwoche* könnte sich entweder auf die Zeit vom Beginn des Wirkens von Christus 27 n.Chr. bis zum Beginn der Mission 34 n.Chr. erstrecken, oder auf die Zeit des jüdisch-römischen Krieges (66-73 n.Chr.). In jedem Fall aber auch auf das Auftreten des Antichristus am Ende der Zeit.

Speisopfer aufhören lassen. Das kann sich sowohl auf die Kreuzigung von Christus im Jahr 30 n.Chr. beziehen, nach der die Opfer im Tempel sinnlos wurden, als auch auf die Zerstörung Jerusalems und des Tempels, wonach die Opfer endgültig aufhörten.

Gräuelbild dort aufstellt. Darauf spielt Jesus an, siehe Matthäus 24,15; Markus 13,14.

10,1 *dritten Regierungsjahr.* 536/35 v.Chr. Daniel war 82 Jahre alt.

eine Vision. Er berichtet: 2 Damals
trauerte ich, Daniel, drei Wochen
lang. 3 Ich verzichtete auf besondere
Speisen, aß kein Fleisch, trank keinen
Wein und pflegte mich nicht mit Salb-
ölen bis die drei Wochen um waren.
4 Am 24. April* stand ich am Ufer des
großen Stroms, des Tigris, 5 und als
ich aufblickte, sah ich einen Mann
vor mir stehen. Er hatte ein Leinen-
gewand an und war an den Hüften
mit feinstem Gold umgürtet. 6 Sein
Körper glich einem Edelstein, sein
Gesicht leuchtete wie ein Blitz und
seine Augen brannten wie Fackeln.
Seine Arme und Beine glänzten wie
poliertes Kupfer und sein Reden klang
wie das Tosen einer vielstimmigen
Menschenmenge. 7 Nur ich, Daniel,
sah diese Erscheinung. Die Männer
bei mir sahen nichts, sie wurden aber
von einem so großen Schrecken ge-
packt, dass sie davonliefen und sich
versteckten.

8 So blieb ich allein zurück und sah
diese gewaltige Erscheinung. Doch da
verließ mich alle Kraft, das Blut wich
aus meinem Gesicht und ich konnte
mich kaum noch auf den Beinen hal-
ten. 9 Und als ich ihn sprechen hörte,
stürzte ich ohnmächtig zu Boden und
blieb mit dem Gesicht auf der Erde
liegen. 10 Doch eine Hand rührte
mich an und rüttelte mich hoch, so
dass ich auf die Knie und Handflächen
hochkam. 11 »Daniel«, sagte er zu
mir, »du bist hoch geschätzt bei Gott.
Steh auf und höre, was ich dir zu
sagen habe! Gott hat mich zu dir ge-
schickt.« Zitternd richtete ich mich
auf. 12 »Hab keine Angst, Daniel!«,
sagte er zu mir. »Denn vom ersten Tag
an, als du dich vor deinem Gott beug-
test, um seinen Plan zu verstehen, hat
er dein Gebet erhört. Und wegen
deiner Worte bin ich gekommen.
13 Aber der Engelfürst von Persien
hat sich mir 21 Tage lang entgegen-
gestellt. Da kam Michael, einer der
höchsten Engelfürsten, mir zu Hilfe,
sodass ich beim Kampf um Persien
entbehrlich wurde. 14 Nun bin ich
hier, um dich darüber zu unterrichten,
was mit deinem Volk am Ende der
von Gott bestimmten Zeit geschehen
wird. Denn wieder ist es eine Vision,
die sich auf die letzte Zeit bezieht.«

15 Als er so mit mir redete, blickte
ich zu Boden und konnte kein Wort
mehr herausbringen. 16 Da berührte
einer meine Lippen. Er sah aus wie
ein Mensch. Nun konnte ich wieder
sprechen. Ich sagte zu dem, der vor
mir stand: »Mein Herr, bei deiner Er-
scheinung wand ich mich in Schmer-
zen und verlor alle Kraft. 17 Und wie
soll dein Diener auch mit dir reden
können, Herr? Mir fehlt seitdem ja alle
Kraft, und selbst der Atem bleibt mir
weg.« 18 Da berührte mich der, der
wie ein Mensch aussah, erneut und
stärkte mich. 19 »Hab keine Angst!«,
sagte er zu mir. »Du bist hoch ge-
schätzt bei Gott! Friede sei mit dir! Sei
stark und fest!« Als er so mit mir rede-
te, fühlte ich mich gestärkt und sagte:
»Sprich nun, mein Herr! Jetzt hast
du mir die Kraft dazu gegeben!«
20 »Weißt du nun, warum ich zu dir
gekommen bin?«, sagte er. »Schon
bald werde ich wieder zum Fürsten

10,4 *April.* Wörtlich: des 1. Monats. Im Jahr 535 v.Chr.

von Persien zurückgehen, um weiter
gegen ihn zu kämpfen. Und wenn ich
mit ihm fertig geworden bin, muss ich
auch gegen den Fürsten von Griechen-
land antreten. 21 Doch vorher will ich
dir mitteilen, was im Buch der Wahr-
heit aufgezeichnet ist. – Ja, es gibt nie-
mand, der mit mir zusammen seine
Kräfte gegen jene beiden aufbietet,
außer Michael, eurem Fürst. 11,1 Auch
ich habe ihm einmal Hilfe und Schutz
gegeben. Das war im ersten Regie-
rungsjahr des Meders Darius.«

Die große Geschichtsprophetie

11 2 »Aber jetzt will ich dir die
Wahrheit mitteilen: Noch drei
Könige werden in Persien auftreten;
danach kommt ein vierter*, der rei-
cher wird als alle seine Vorgänger.
Wenn er durch seinen Reichtum dann
zu großer Macht gekommen ist, wird
er alles gegen das Reich der Griechen
aufbieten. 3 Dann wird ein großer
Held König* werden und mit großer
Macht herrschen. Er wird durchset-
zen, was er will. 4 Doch auf dem Hö-
hepunkt seiner Macht wird sein Reich
zerbrochen und nach den vier Him-
melsrichtungen zerteilt werden. Es
fällt aber nicht seinen Nachkommen
zu, und es ist auch nicht mehr so
mächtig wie unter seiner Herrschaft.
Denn sein Reich wird zerrissen und
wird anderen gehören, die nicht mit
ihm verwandt sind.* 5 Und der König
vom Süden* wird mächtig werden,
aber einer seiner Generäle wird noch
stärker werden als er und eine eigene
Herrschaft* begründen, ein großes
Reich. 6 Nach Ablauf einer Reihe
von Jahren schließen sie dann ein
Bündnis.* Die Tochter des Königs
vom Süden* wird zum König vom
Norden reisen, um ein Abkommen zu
treffen. Doch sie kann ihren Einfluss
nicht behaupten, und auch er wird
nicht bestehen. Sie wird genauso ster-
ben müssen wie ihr Vater und ihr
Mann, die diese Verbindung gestiftet
haben. 7 Doch ein Sprössling aus der
gleichen Wurzel* wird an die Stelle
ihres Vaters treten. Er wird den König
vom Norden angreifen, in seine befes-
tigte Hauptstadt* eindringen und ihm
seine Macht demonstrieren. 8 Er wird
ihre Götter zusammen mit ihren ge-
gossenen Bildwerken und den kostba-
ren Gefäßen und dazu Silber und Gold

11,2 *ein vierter.* Xerxes I. (486-465 v.Chr.). Unter ihm stand Persien auf dem Gipfel seiner Macht.

11,3 *Held König.* Offenbar ist Alexander der Große von Griechenland gemeint (336-323 v.Chr.).

11,4 *nicht mit ihm verwandt sind.* Das erfüllte sich in den sogenannten Diadochenreichen (siehe Fußnote zu Daniel 8,22).

11,5 *König vom Süden.* Ptolemäus I. (323-283 v.Chr.) hatte sich zum Herrscher von Ägypten gemacht.

eigene Herrschaft. Seleukos I. (vermutlich 312-281 v.Chr.), ein früherer General von Ptolemäus I., machte sich selbständig und errang die Herrschaft über Syrien.

11,6 *Bündnis.* Um 250 v.Chr. Allianz zwischen Ägypten und Syrien.

Die Tochter von Ptolemäus II., Berenike, heiratete Antiochus II., der dafür seine Frau verstieß.

11,7 *Sprössling aus der gleichen Wurzel.* Berenikes Bruder Ptolemäus III. (246-221 v.Chr.).

Hauptstadt. Entweder Seleuzia, die Hafenvorstadt von Antiochia, oder Antiochia selbst.

nach Ägypten schaffen. Dann wird er
jedoch einige Jahre von ihm ablassen.
9 Darauf wird der König vom Nor-
den* in das Reich des Königs vom
Süden einfallen, sich aber wieder in
sein Land zurückziehen.
10 Aber seine Söhne werden den
Kampf aufnehmen und große Heeres-
massen zusammenbringen. Diese
Menge wird wie eine Sturmflut herein-
brechen und alles überfluten, sich
aber wieder zurückziehen. Doch dann
werden sie wieder rüsten und bis
zu seiner Festung vorstoßen.* 11 Da
wird der König vom Süden voller Wut
gegen den König vom Norden kämp-
fen und ihn trotz seiner Übermacht
besiegen.* 12 Doch wenn er die große
Heeresmasse besiegt hat, wird er über-
mütig werden. Er wird Zehntausende
fällen, aber seine Macht nicht lange be-
haupten. 13 Denn einige Jahre später
stellt der König vom Norden ein noch
größeres Heer auf und rückt mit dieser
riesigen Menge und großem Tross
gegen ihn vor. 14 In dieser Zeit werden
sich noch viele andere gegen den König
vom Süden erheben. Sogar aus deinem
Volk werden sich gewalttätige Men-
schen erheben, um die Weissagung zu
erfüllen. Aber sie werden scheitern.
15 Dann wird der König vom Norden
kommen und eine befestigte Stadt bela-
gern und einnehmen.* Die Streitkräfte
des Südens werden nicht standhalten
können, nicht einmal ihre Elitetruppen
sind stark genug, ihm zu widerstehen.
16 Er kann machen, was er will, denn
niemand leistet noch Widerstand.
Auch im herrlichen Israel macht er sich
breit und verwüstet das Land. 17 Dann
fasst er den Plan, das ganze Reich des
Königs vom Süden in seine Gewalt zu
bekommen. Er wird ihm eine seiner
Töchter zur Frau geben*, um sein
Reich zu verderben. Aber er wird sein
Ziel nicht erreichen. 18 Schließlich
wendet er sich gegen die Inseln und er-
obert viele von ihnen. Da wird ihm ein
Heerführer entgegentreten und seinem
Hohnlachen ein Ende bereiten; er wird
es ihm so heimzahlen, dass ihm aller
Übermut vergeht.* 19 Jetzt muss er an-
fangen, die Festungen seines eigenen
Landes auszuplündern.* Doch dabei
wird er stolpern und fallen und nicht
mehr zu finden sein. 20 Sein Nach-
folger wird einen Steuereintreiber
durch Israel, die Zierde seines Reiches,
schicken. Doch wird er schon nach
kurzer Zeit getötet, aber nicht im
Krieg und auch nicht im Zorn.*

11,9 *König vom Norden.* Das war Seleukos II. im Jahr 242 v.Chr.

11,10 Dreimal griff Antiochus III. Ägypten an (221, 219 und 218 v.Chr.).

11,11 *besiegen.* Ptolemäus IV. schlug Antiochus III. 217 v.Chr. in Raphia bei Gaza.

11,15 *einnehmen.* Eroberung von Sidon durch Antiochus III. 198/97 v.Chr.

11,17 *zur Frau geben.* Antiochus III. verheiratete seine Tochter Kleopatra 194 v.Chr. mit Ptolemäus V.

11,18 *Übermut vergeht.* Bei der Eroberung Kleinasiens und Teilen von Griechenland trat ihm der römische Feldherr Lucius Scipio 190 v.Chr. bei Magnesia entgegen und besiegte ihn. Antiochus III. wurden schwere Tribute auferlegt.

11,19 *auszuplündern.* Um die Tribute zu bezahlen, plünderte Antiochus III. befestigte Städte und Tempel seines eigenen Landes. Dabei wurde er 187 v.Chr. getötet.

11,20 *nicht im Zorn.* Der Steuereintreiber Heliodor, Minister von Seleukos IV., lässt später seinen König hinterlistig ermorden.

21 An seine Stelle wird ein nieder-
trächtiger Mensch treten, der keinen
Anspruch auf das Königtum hat, es
aber durch Intrigen an sich reißt.*
22 Ganze Heere werden vor ihm weg-
geschwemmt und vernichtet werden,
ja selbst ein Oberhaupt des Bundes.*
23 Und nachdem er sich mit ihm
verbündet hat, hintergeht er ihn. Nur
mit einer kleinen Truppe wird er die
Macht erringen. 24 Mitten im Frieden
wird er in die reichsten Landstriche
einer Provinz eindringen und tun, was
keiner seiner Vorgänger je getan hat:
Er raubt sie aus und verteilt die Beute
verschwenderisch unter seine Gefolgs-
leute. Seine Pläne richten sich auch
gegen befestigte Städte, allerdings nur
eine Zeit lang. 25 Dann bietet er seine
ganze Kraft und seinen ganzen Mut auf
und zieht mit einem großen Heer
gegen den König vom Süden, der eben-
falls ein großes und überaus starkes
Heer gegen ihn aufstellen wird. Doch
er wird nicht vor ihm standhalten, weil
man Intrigen gegen ihn spinnt.
26 Seine engsten Vertrauten stürzen
ihn, sein Heer zerstreut sich und viele
finden den Tod. 27 Die beiden Könige
sitzen dann am selben Tisch zusam-
men und versuchen sich gegenseitig
hinters Licht zu führen. Doch ihre
Pläne gelingen nicht, weil die Zeit für
das Ende noch nicht gekommen ist.
28 Der König vom Norden wird mit
großer Beute in sein Land zurückkeh-
ren. Doch sein Sinn ist gegen den heili-
gen Bund* gerichtet. Er handelt auch
entsprechend* und kehrt schließlich in
sein Land zurück.

29 Zu einer von Gott bestimmten
Zeit wird er wieder in den Süden zie-
hen. Doch diesmal wird es nicht so
enden wie beim ersten Mal. 30 Es wer-
den nämlich Schiffe aus dem Westen
kommen und ihn bedrohen.* Da wird
er den Mut verlieren und umkehren.
Seinen Zorn aber wird er an dem hei-
ligen Bund auslassen und sich mit
denen verbünden, die diesem Bund
den Rücken kehren. 31 Dann stellt er
Streitkräfte auf, die das befestigte
Heiligtum entweihen. Sie werden das
regelmäßige Opfer abschaffen und
das entsetzliche Scheusal* dort auf-
stellen. 32 Der König wird die, die sich
gegen den Bund vergangen haben,
durch glatte Worte zu Gottlosen ma-
chen. Aber das Volk, das seinen Gott
kennt, wird standhaft bleiben und

11,21 *durch Intrigen an sich reißt.* Der aalglatte Antiochus IV. war nicht als Thronfolger vorgesehen, schaffte es aber mit Hilfe von König Eumenes II. von Pergamon, den syrischen Thron zu besteigen.

11,22 *... Bundes.* Das erfüllt sich an dem Hohenpriester Onias III., der 175 v.Chr. von Antiochus IV. abgesetzt und 171 v.Chr. ermordet wurde.

11,28 *heiligen Bund.* Das meint das Volk, mit dem Gott einen heiligen Bund geschlossen hat, also Israel.

handelt auch entsprechend. Antiochus IV. marschierte auf der Rückreise gegen Jerusalem, richtete dort ein Blutbad an, betrat den Tempel und plünderte ihn. Er war offenbar ein Vorläufer des endzeitlichen Antichristus.

11,30 *ihn bedrohen.* Kurz vor Alexandria trat 168 v.Chr. eine römische Gesandtschaft Antiochus IV. entgegen und forderte ihn ultimativ zur Umkehr auf.

11,31 *das entsetzliche Scheusal.* Der Brandopferaltar wurde von Antiochus IV. zum Zeusaltar gemacht. Es könnte sogar sein, dass er ein Zeusbild, das seine eigenen Züge trug, im Tempel aufstellte.

11,33 *Verständigen.* Menschen, die im Gesetz geschult sind und Gott aufrichtig dienen.

entsprechend handeln. 33 Und die
Verständigen* im Volk bringen viele
zur Einsicht. Dafür werden sie eine
Zeit lang mit Feuer und Schwert
verfolgt, kommen ins Gefängnis und
verlieren ihren Besitz. 34 Doch wäh-
rend dieser Zeit erfahren sie auch ein
wenig Hilfe. Allerdings schließen sich
ihnen viele nur zum Schein an. 35 Und
auch von ihnen selbst werden einige
zugrunde gehen. So sollen die Ver-
ständigen bis zur Zeit des Endes ge-
prüft, geläutert und gereinigt werden,
denn es dauert noch eine Weile bis zu
dieser bestimmten Zeit.

36 Der König aber wird machen,
was er will. Er wird übermütig werden
und sich einbilden, er sei mächtiger
als alle Götter. Selbst gegen Gott,
der über allen Göttern steht, wird er
Ungeheuerliches reden. Und er wird
Erfolg haben, so lange Gott es im
Zorn über sein Volk zulässt, denn alles
geschieht genau nach seinem fest be-
schlossenen Plan. 37 Selbst die Götter
seiner Väter und den Lieblingsgott der
Frauen wird er missachten wie jeden
anderen Gott. Denn er bildet sich ein,
über allen zu stehen. 38 Stattdessen
verehrt er den Gott der Festungen*,
den seine Vorfahren nicht kannten.
Ihn wird er mit Gold und Silber, mit
Edelsteinen und Kostbarkeiten ehren.
39 Mit seiner Hilfe wird er starke Fes-
tungen zu Fall bringen. Wer seinen
Gott anerkennt, den überhäuft er mit
Ehren, lässt ihn über viele Menschen
herrschen und gibt ihm ganze Lände-
reien als Lohn.«

Am Ende der Zeit

40 »Zur Zeit des Endes wird der König
vom Süden* mit ihm zusammen-
stoßen, aber der König vom Norden
wird mit Streitwagen, Reitern und
vielen Schiffen gegen ihn anstürmen.
Wie eine verheerende Flut wird er die
Länder überschwemmen. 41 Er wird
auch in das herrliche Land Israel ein-
dringen, und viele werden dort um-
kommen. Nur die Edomiter, die Moa-
biter und ein Großteil der Ammoniter
werden verschont. 42 Er wird seine
Hand nach weiteren Ländern ausstre-
cken, und Ägypten kann sich nicht vor
seinem Zugriff retten. 43 Er wird sich
aller seiner goldenen und silbernen
Schätze und seiner sonstigen Kost-
barkeiten bemächtigen. Libyer und
Nubier werden dabei in seinem Gefol-
ge sein. 44 Dann aber werden ihn Ge-
rüchte aus dem Osten und Norden er-
schrecken. Wutentbrannt wird er los-
ziehen, um so viel wie möglich von
seinen Feinden und ihren Gütern zu
vernichten*. 45 Und gerade wenn er
seine Prunkzelte zwischen dem Meer
und dem Berg Zion aufgeschlagen
hat, wird das Ende für ihn kommen,
und niemand kann ihm helfen.

12 1 In dieser Zeit wird der große
Engelsfürst Michael auftreten,
der dein Volk beschützt. Denn es wird

11,38 *Gott der Festungen.* Entweder meint das einen Gott, der Macht über Festungen verleiht, oder militärische Macht an sich.

11,40 *König vom Süden.* Es scheint, dass die Prophetie hier nicht mehr auf Antiochus IV. zielt, sondern entweder den Einbruch der römischen Weltmacht schildert oder noch stärker als alles Vorhergehende den letzten Abschnitt der irdischen Geschichte im Blick hat.

11,44 *vernichten.* Wörtlich: *den Bann zu vollstrecken.*

eine Zeit der Bedrängnis sein, wie es
sie seit Menschengedenken noch nie
gegeben hat. Doch dein Volk wird ge-
rettet werden, und zwar jeder, der im
Buch Gottes aufgenommen ist. 2 Und
viele von denen, die in der Erde ruhen,
werden erwachen: die einen zum ewi-
gen Leben und die anderen zur Schan-
de, zur ewigen Abscheu. 3 Doch die
Verständigen werden leuchten wie der
strahlende Himmel; und die, die vielen
anderen zur Gerechtigkeit* verholfen
haben, werden glänzen wie die Sterne,
immer und ewig.

4 Aber du, Daniel, bewahre die
Worte zuverlässig auf und versiegle
das Buch* bis zur Zeit des Endes.
Viele werden darin forschen und das
Verständnis wird zunehmen.«

5 Als ich, Daniel, mich nun um-
schaute, sah ich zwei andere Engel da-
stehen, einer auf dieser und der andere
auf jener Seite des Stromes*. 6 Einer
von ihnen fragte den in Leinen geklei-
deten Mann, der über dem Wasser des
Stromes stand: »Wie lange dauert es
noch, bis diese erstaunlichen Vorgän-
ge ein Ende haben?« 7 Der Mann über
dem Wasser erhob beide Hände zum
Himmel und schwor bei Gott, der ewig
lebt: »Es dauert eine Zeit, zwei Zeiten
und eine halbe Zeit.* Und wenn die
Kraft des heiligen Volkes zerschlagen
ist, wird sich das alles vollenden.«
8 Ich hörte es, verstand es aber nicht.
Deshalb fragte ich: »Mein Herr, wie
wird das alles ausgehen?« 9 Doch er
sagte: »Geh jetzt, Daniel! Denn die
Worte sollen bis zum Ende aufbe-
wahrt und versiegelt bleiben. 10 Viele
Menschen werden geprüft, gereinigt
und geläutert werden. Die Gottlosen
werden weiter gottlos handeln, aber
von ihnen wird es niemand verstehen.
Doch die Verständigen werden es be-
greifen. 11 Wenn das tägliche Opfer
abgeschafft und das entsetzliche
Scheusal aufgestellt wird – von dem
Zeitpunkt an sind es 1290 Tage*.
12 Glücklich, wer es aushält und 1335
Tage erreicht!

13 Aber du, geh deinen Weg bis
zum Ende! Du wirst dich zur Ruhe
legen und am Ende der Zeit aufer-
stehen, um dein Erbe in Empfang
zu nehmen.«

12,3 Das meint die *Gerechtigkeit*, die vor Gott Bestand hat, wie ein Vergleich mit Jesaja 53,11 zeigt.

12,4 *versiegle das Buch.* Offenbar sollte er wie Jeremia 32,10ff ein Original aufbewahren, aber gleichzeitig offene Abschriften davon zugänglich machen.

12,5 *Strom.* Es handelt sich wie in Daniel 10,4 um den Tigris.

12,7 *Zeit.* Siehe Anmerkung zu Daniel 7,25.

12,11 *1290 Tage.* Die Differenz zu den 1335 Tagen von V. 12 bilden offenbar eine Übergangszeit von 45 Tagen zwischen der Zerschlagung Israels und der Aufrichtung des göttlichen Reiches.

Der Prophet Hosea

Noch gegen Ende der Regierungszeit Jerobeams II. wurde Hosea zum Propheten berufen. Er musste den Niedergang des Nordreiches und den Untergang der Hauptstadt Samaria 722 v.Chr. erleben und noch zusehen, wie Israel in die assyrische Gefangenschaft geführt wurde. Von leidenschaftlicher Liebe zu seinem Volk erfüllt, predigte und lebte er ihnen 40 Jahre lang vor, wie Gott über sie dachte. Er ist der einzige der Schriftpropheten, der aus dem Nordreich Israel stammte und dessen Botschaft hauptsächlich an dieses Königreich gerichtet war. Er ließ sein Volk vor Gottes Gericht erschrecken, zeigte den Israeliten aber immer wieder auch die lockende Liebe ihres Gottes. Hosea gilt als der »Johannes des Alten Testaments«. Sein Name bedeutet »Rettung«.

1 *1* Wort Jahwes, das zu Hosea Ben-
Beeri kam, als Usija, Jotam, Ahas
und Hiskija Könige von Juda waren
und als Jerobeam Ben-Joasch* über
Israel regierte.

Hoseas Familie als Bild für Israel

2 Als Jahwes Reden mit Hosea be-
gann, sagte er zu ihm: »Heirate eine
Frau, die es mit vielen treibt, und
zeuge mit ihr Kinder der Geilheit*!
Denn das ganze Land kehrt sich
verhurt und geil von Jahwe ab.« *3* Da
heiratete er Gomer, die Tochter von
Diblajim. Sie wurde schwanger und
brachte einen Jungen zur Welt. *4* Da
sagte Jahwe zu Hosea: »Nenn ihn
Jesreel! Denn bald werde ich das Blut-
bad rächen, das König Jehu in Jesreel
angerichtet hat.* Seine Nachkommen
werden es büßen, und mit dem König-
tum Israels wird es vorbei sein. *5* In
der Ebene Jesreel werde ich den
Bogen Israels zerbrechen.«

6 Gomer wurde wieder schwanger
und brachte ein Mädchen zur Welt.
Da sagte er zu ihm: »Nenn sie Lo-Ru-
hama, ›Kein-Erbarmen‹, denn ich
habe jetzt kein Erbarmen mehr mit
den Leuten von Israel, sondern ver-
werfe sie völlig. *7* Doch mit den Leu-
ten von Juda will ich Mitleid haben.
Ich werde sie retten, denn ich bin
Jahwe, ihr Gott. Aber ich tue es nicht
durch Bogen, Schwert und Kampf,
nicht durch Pferde und Reiter.«

8 Als Gomer Lo-Ruhama nicht
mehr stillte, wurde sie ein drittes Mal

1,1 *Ben Joasch.* Weshalb Hosea die sechs Könige des Nordreiches, die nach Jerobeam II. regierten, nicht erwähnt, ist unbekannt. Vielleicht wollte er auf diese Weise zeigen, dass nur die davidische Königslinie von Gott bestätigt war. Jerobeam regierte 793-753 v.Chr., Hiskija 715-686 v.Chr. Hoseas Wirkungszeit dauerte also mindestens 38 Jahre von 753 bis 715 v.Chr.

1,2 *Geilheit.* Das hebräische Wort *sanah* kommt 19-mal bei Hosea vor. Es kann zwar Prostituierte meinen, bezeichnet aber meist ein illegitimes Sexualverhalten (treibt es mit vielen) oder im übertragenen Sinn den Abfall von Gott.

1,4 *angerichtet hat.* Siehe 2. Könige 10,1-14!

schwanger und brachte einen Jungen
zur Welt. 9 Da sagte Jahwe: »Nenn
ihn Lo-Ammi, ›Nicht-mein-Volk‹,
denn ihr seid nicht mehr mein Volk,
und ich bin nicht mehr für euch da!«

Nach der Strafe ist Gott gnädig

2 1 Die Menge der Israeliten wird
sein / wie der Sand am Ufer des
Meeres, / den man nicht mehr
zählen und nicht messen kann. /
Und statt dass man zu ihnen
sagt: / »Ihr seid nicht mein
Volk!«, / werden sie ›Söhne des
lebendigen Gottes‹ genannt.*
2 Dann versammeln sich die
Nachkommen Judas / und die
Leute von Israel dazu. / Sie werden
sich ein gemeinsames Oberhaupt
geben / und wie junge Pflanzen
das Land bedecken. /
Was für ein großer Tag, wenn
geschieht, was Jesreel heißt*!
3 Sagt zu euren Brüdern: /
»Ammi – ›mein Volk‹!« /
und zu euren Schwestern:
»Ruhama – ›Erbarmen‹!«

Die treulose Frau Israel

4 Verklagt eure Mutter, verklagt
sie! / Denn sie ist nicht meine
Frau, / und ich bin nicht mehr
ihr Mann. / Sie soll den Huren-
schmuck aus dem Gesicht
entfernen, / die Anhänger des
Ehebruchs zwischen den Brüsten.
5 Sonst ziehe ich sie nackt aus /
und lege sie hin wie am Tag der
Geburt. / Ich mache sie zu einer
Wüste, / einem wasserlosen
Land, / und lasse sie sterben vor
Durst. 6 Ich hab auch kein Mitleid
mit all ihren Kindern, / denn
Kinder ihrer Geilheit sind sie. 7 Ja,
ihre Mutter war wie eine Hure, /
sie hat es mit anderen Männern
getrieben. / Sie sagte: »Ich lauf
meinen Liebhabern nach. / Die
geben mir Wasser und Brot, /
Wolle und Leinen, Öl und
Getränke.« 8 Darum versperre
ich ihr den Weg, / verzäune ihn
mit Dornengestrüpp, / verbaue ihn
mit einer Mauer. 9 Wenn sie dann
ihren Liebhabern nachläuft, /
kann sie sie nicht erreichen. /
Sie wird sie suchen, / kann sie
aber nicht finden. / Dann wird sie
sagen: »Ich kehre um / und gehe
wieder zu meinem ersten Mann. /
Denn damals ging es mir besser
als jetzt.« 10 Aber sie erkannte
nicht, dass ich es war, / der ihr das
Korn, den Wein und das Öl gab, /
dass ich ihr das Silber und Gold
vermehrte. / Doch sie hat es für
Baal* vertan.
11 Darum hole ich mein Korn
zurück, wenn es reift, / meinen
Wein zur Erntezeit. / Ich entreiße
ihr Wolle und Flachs, / die ihre
Nacktheit verhüllen sollten.
12 Dann decke ich ihre Scham /
vor den Augen ihrer Liebhaber
auf. / Keiner soll sie aus meiner
Hand reißen. 13 Ich mache all

2,1 Wird im Neuen Testament von Paulus zitiert: Römer 9,26.

2,2 *Jesreel* bedeutet: »Gott sät«.

2,10 *Baal* bedeutet »Herr« oder »Gebieter«. Er wurde als Fruchtbarkeitsgott in Kanaan verehrt.

ihren Freuden ein Ende, / den
Feiern am Neumond und Sabbat, /
den großen Festen im Jahr.
14 Ich verwüste ihr Weinstock
und Feigenbaum, / von denen sie
sagte: »Das ist mein Liebeslohn, /
den ich von meinen Liebhabern
erhielt.« / Ich werde sie zum
Waldgestrüpp machen, / und die
wilden Tiere fressen sie kahl.
15 Dann rechne ich mit ihr die
Tage ab, / wo sie den Baalen
Rauchopfer brachte, / sich
mit Ringen und Halsketten
schmückte / und ihren Lieb-
habern folgte / – und mich
vergaß, spricht Jahwe.
16 Dann aber will ich selbst sie
verlocken. / Ich führe sie in die
Wüste / und rede ihr zu Herzen.
17 Von dort aus gebe ich ihr die
Weinberge zurück / und das Tal
von Achor* als Tor der Hoffnung. /
Dort wird sie meine Liebe
erwidern / wie damals in ihrer
Jugend, / als sie aus Ägypten kam.

Ein neuer Bund

18 An jenem Tag – so spricht
Jahwe – / wirst du zu mir sagen:
»Mein Mann!« / und nennst
mich nicht weiter: »Mein Baal!«
19 Ich lasse die Baalsnamen von
ihren Lippen verschwinden, /
sie wird sie nie mehr erwähnen.
20 Dann schließe ich einen Bund
für sie / mit den wilden Tieren, /
mit den Vögeln und allem
Gewürm. / Ich zerbreche Bogen
und Schwert: / Es gibt keinen
Krieg mehr im Land, / und sie
werden in Sicherheit leben. 21 Ich
will dich für immer gewinnen, /
ich verlobe dich mir / in
Gerechtigkeit und Recht. / Ich
schenke dir Gnade und Erbarmen.
22 Ich verlobe dich mir / und
schenke dir meine Treue. / Dann
wirst du Jahwe erkennen.
23 An jenem Tag – so spricht
Jahwe – / da antworte ich. / Ich
erhöre den Himmel, / und der
erhört die Erde. / 24 Die Erde
erhört das Korn, / den Wein und
das Öl, / und diese erhören
Jesreel*. 25 Und ich will sie mir
säen im Land, / mit Lo-Ruhama
hab ich Erbarmen / und zu Lo-
Ammi* sage ich: / Du bist mein
Volk! / Und es wird sagen: Mein
Gott!*

3 1 Jahwe sagte zu mir: »Geh noch
einmal hin und liebe eine Frau, die
einen Liebhaber hat und im Ehebruch
lebt. Denn genauso liebt Jahwe die Is-
raeliten, obwohl sie sich anderen Göt-
tern zuwenden und Opferkuchen aus
Rosinen mögen.« 2 Da kaufte ich sie
mir für 15 Silberstücke und 250 Kilo*
Gerste. 3 Ich sagte zu ihr: »Du wirst
jetzt lange Zeit bei mir bleiben und
dich mit keinem anderen Mann ein-
lassen. Auch ich werde nicht mit dir

2,17 *Achor* heißt »Unglück«. Siehe Josua 7, 1-26!

2,24 *Jesreel.* Siehe Vers 2!

2,25 *Lo-Ammi.* Siehe Hosea 1,6.9!

Wird im Neuen Testament von Paulus zitiert: Römer 9,25.

3,2 *250 Kilo.* Wörtlich: 1 Homer + 1 Letech (= ½ Homer). Das entspricht 15 Efa und bei 16-17 kg/Efa für Körner etwa 250 kg oder 5 Zentner.

schlafen.« 4 Denn genauso wird es den Israeliten gehen. Sie werden eine lange Zeit ohne König und Obere bleiben, ohne Schlachtopfer und Kultstein, ohne Priesterorakel und Götzenbild. 5 Dann aber werden sie umkehren und sich Jahwe, ihrem Gott, zuwenden und ihrem König aus der Nachkommenschaft Davids. Am Ende der Zeit werden sie zitternd zu Jahwe kommen und seine Güte suchen.

Anklage gegen Israel

4 1 Hört das Wort Jahwes, ihr Israeliten! / Jahwe führt einen Prozess / gegen die Bewohner des Landes, / denn Wahrheit und Liebe / und Gotteserkenntnis / sind nicht mehr im Land. 2 Nein, Fluch und Lüge, / Mord und Diebstahl / und Ehebruch machen sich breit. / Verbrechen reiht sich an Verbrechen. 3 Darum vertrocknet das Land, / und jeder Bewohner welkt dahin. / Auch die wilden Tiere, / die Vögel und die Fische / werden verenden.

4 Doch niemand klage sie an, / niemand weise zurecht! / Dein Volk hat allen Grund, den Priester anzuklagen: 5 Am helllichten Tag kommst du zu Fall, / und der Prophet mit dir in der Nacht. / Und deine Mutter bringe ich um. 6 Mein Volk kommt um aus Mangel an Erkenntnis. / Weil du die Erkenntnis verworfen hast, / habe auch ich dich als Priester verworfen. / Du hast das Gesetz deines Gottes vergessen, / darum vergesse auch ich deine Kinder. 7 Je mehr sie wurden, / desto mehr sündigten sie mir. / Ihre Ehre muss ich durch Schande ersetzen. 8 Sie mästen sich von den Sünden meines Volkes, / sind gierig nach seinen Verfehlungen. 9 Darum geht es dem Priester so wie dem Volk: / Ich bestrafe ihn für sein Verhalten / und zahle ihm sein böses Tun heim.

10 Sie essen zwar, werden aber nicht satt; / sie treiben es mit vielen, vermehren sich aber nicht, / denn sie haben es aufgegeben, Jahwe zu achten. 11 Geilheit und junger Wein rauben den Verstand. 12 Mein Volk pflegt sein Holz zu befragen, / sein Stecken soll ihm Auskunft geben. / Der Geist der Hurerei hat sie in die Irre geführt, / ihr lüsternes Treiben führt sie weg von Gott. 13 Opfermahle feiern sie auf den Höhen der Berge, / auf den Hügeln bringen sie Rauchopfer dar / unter Eichen, Styrax*, Terebinthen*. / Denn deren Schatten ist so schön. / Deshalb treiben es eure Töchter mit vielen, / und eure Schwiegertöchter brechen die Ehe.

14 Nicht eure Töchter ziehe ich zur Rechenschaft, dass sie es so treiben, / nicht eure Schwiegertöchter, dass sie ehebrechen. / Denn ihr selbst geht ja mit Huren beiseite, / feiert Opfermahle mit

---

4,13 Der *Styraxbaum* wird 3-6 Meter hoch, verzweigt sich stark und ist dicht belaubt.

Terebinthe. Belaubter Baum mit breitem Wipfel, der nicht mehr als 7 m hoch und als Schattenspender geschätzt wird.

geweihten Frauen. / So kommt
das Volk ohne Einsicht zu Fall.
15 Auch wenn du, Israel, zur
Hure wirst, / soll Juda doch nicht
schuldig werden. / Kommt nicht
nach Gilgal*, / zieht nicht nach
Götzenhausen* hinauf! / Schwört
auch nicht: So wahr Jahwe lebt!
16 Ja, wie eine störrische Kuh / ist
Israel störrisch geworden. / Soll
Jahwe sie nun weiden lassen /
wie ein Lamm auf freiem Feld?
17 Efraïm* ist mit Götzen
verbunden. / Soll es doch machen,
was es will! 18 Ist ihr Saufen
vorüber, / huren sie maßlos
herum. / Leidenschaftlich lieben
sie / die Schande ihrer Scham-
losigkeit. 19 Ein Sturm fegt sie
hinweg. / Mit ihren Altären ist
es vorbei.

Abrechnung mit dem Volk

5 1 Hört her, ihr Priester! / Passt
auf, ihr Israeliten! / Und ihr vom
Königshaus, nehmt es zu Ohren! /
Denn ihr seid die Hüter des
Rechts. / Doch ihr wart eine Falle
für Mizpa*, / ein ausgespanntes
Fangnetz auf dem Tabor*, 2 eine
tiefe Grube in Schittim*. / Aber
ich werde sie alle bestrafen.
3 Efraïm ist mir gut bekannt, /
Israel kann mir nichts verbergen. /
Jetzt treibst du es mit vielen,
Efraïm, / ja, Israel besudelt sich.
4 Es lassen ihre Taten / sie nicht
zurück zu Gott. / Nur ihre Geilheit
haben sie im Sinn, / und Jahwe
erkennen sie nicht. 5 Der Hochmut
Israels schlägt ihm selber ins
Gesicht. / Israel und Efraïm stür-
zen über die eigene Schuld. / Auch
Juda fällt mit ihnen hin.
6 Mit Schafen und Rindern
ziehen sie aus, / um Jahwe zu
suchen. / Doch sie werden ihn
nicht finden. / Er hat sich ihnen
entzogen. 7 Sie haben Jahwe die
Treue gebrochen / und fremde
Kinder hervorgebracht. / Jetzt
bringt das Neumondfest sie um* /
und vernichtet ihre Felder.
8 Blast in Gibea das Horn*, /
in Rama die Trompete. / Schlagt

4,15 *Gilgal*. Ort in der Nähe von Jericho, wo die Israeliten bei den 12 Steinen aus dem Jordan (Josua 4,19-20) wahrscheinlich eine Kultstätte errichtet hatten (Hosea 9,15; 12,12).

Götzenhausen. Wörtlich: Bet-Awen (Haus des Unheils), eine ironische Bezeichnung für Bet-El (Haus Gottes) unter Verwendung des Namens eines Nachbarorts. Bet-El war das Zentrum des Kults mit den Jahwe-Stierplastiken, die Jerobeam errichtet hatte (1. Könige 12,28-29).

4,17 *Efraïm* war der einflussreichste Stamm im Nordreich Israel. Der Name konnte deshalb auch für das ganze Nordreich stehen.

5,1 *Mizpa*. Entweder ist das Mizpa in Gilead, östlich des Jordan, gemeint (1. Mose 31, 43-49) oder das Mizpa in Benjamin (1. Samuel 7,5-6).

Der Berg *Tabor* liegt 20 Kilometer südwestlich vom See Gennesaret.

5,2 *Schittim*. Letzter Lagerplatz der Israeliten, bevor sie unter Josua den Jordan überquerten. Die Übersetzung dieses Versteils ist aber nicht sicher.

5,7 *das Neumondsfest*. Wörtlich: *der Neumond*. Die Teilnahme an diesem Fest wird ihren Untergang nur noch beschleunigen, ihn aber nicht verhindern.

5,8 Das *Horn* (Hebräisch: *Schofar*) war aus den gewundenen Hörnern des männlichen Fettschwanzschafs hergestellt und brachte einen dumpfen, durchdringenden Ton hervor.

Lärm in Bet-Awen: / Man verfolgt
dich, Benjamin! 9 Für Efraïm
kommt jetzt die Strafe: / Es wird
zur Wüste werden. / Ich kündige
den Stämmen Israels an, / was mit
Sicherheit geschehen wird.
10 Judas Obere sind wie Leute, /
die Grenzsteine verrücken. /
Ich gieße meinen Grimm wie
Wasser über sie aus. 11 Efraïm ist
unterdrückt, / das Recht ist
zerbrochen, / denn sie waren
eifrig dabei, / den Nichtsen* zu
folgen. 12 Für Efraïm bin ich wie
Eiter, / für Juda wie ein böses Ge-
schwür. 13 Als Efraïm seine
Krankheit sah / und Juda sein
Geschwür, / da schickte Efraïm
nach Assur, / ging zu dem kampf-
bereiten König. / Aber der kann
euch nicht helfen, / er kann eure
Wunden nicht heilen. 14 Denn ich
bin für Efraïm wie ein Löwe / und
wie ein Junglöwe für Juda. / Ich
bin es, der sie zerreißt, / und ich
lasse sie liegen. / Ich schleppe sie
weg, / und niemand kann retten.
15 Ich ziehe mich von ihnen zu-
rück, / bis sie mich schuldbewusst
suchen. / Die Not wird sie
lehren, / nach mir zu fragen.

Sie haben ihre Einstellung nicht wirklich geändert

6 1 Kommt, wir kehren zu Jahwe
zurück! / Er hat uns zerrissen, /
er wird uns auch heilen! / Er hat
uns geschlagen, / er verbindet uns
auch! 2 Nach zwei Tagen belebt er
uns neu, / und am dritten richtet
er uns auf, / dass wir in seiner
Gegenwart leben! 3 Lasst uns nach
Erkenntnis streben, / nach der
Erkenntnis Jahwes! / Er kommt
so sicher wie das Morgenrot, / er
kommt zu uns wie der Regen, /
der späte Regen, der die Erde
tränkt.
4 Was soll ich mit dir machen,
Efraïm? / Juda, was soll ich mit
dir tun? / Eure Treue ist wie die
Wolke am Morgen, / wie der Tau,
der rasch vergeht. 5 Darum hieb
ich sie durch Propheten in
Stücke, / und erschlug sie durch
meine Worte, / dass das Recht
euch hell erscheine. 6 Denn Güte
will ich von euch / und nicht
geschlachtete Opfer. / Erkenntnis
Gottes bedeutet mir mehr / als
brennende Opfer auf dem Altar.*

Israel und Juda – reif fürs Gericht

7 Wie Adam* haben sie den Bund
übertreten, / dort sind sie mir
untreu geworden. 8 Gilead* ist
eine Stadt von Verbrechern, /
überall mit Blut befleckt. 9 Die
Rotte der Priester liegt auf der
Lauer / wie eine Bande von
Räubern. / Auf dem Weg nach

5,11 *Nichtse* ist eine verächtliche Bezeichnung für Statuen von Götzen.

6,6 Wird im Neuen Testament zweimal von Jesus Christus zitiert: Matthäus 9,13; 12,7.

6,7 *Adam.* Es ist wohl die Stadt Adam gemeint (Josua 3,16).

6,8 *Gilead.* Stadt im mittleren Ostjordanland, kann auch das ganze Gebiet dort bezeichnen.

Sichem* töten sie, / ja, sie tun
grässliche Dinge. 10 Abscheuliches
erblickte ich in Israel: / Da treibt
Efraïm es mit Huren, / da hat
sich Israel besudelt. 11 Auch dir,
Juda, ist eine schreckliche Ernte
bestimmt, / bevor ich das Geschick
meines Volkes wende.

7 1 Wenn ich Israel heile, / zeigt
sich Efraïms Schuld / und die
Bosheit Samarias. / Denn was
sie tun, ist Betrug. / In der Stadt
gehen die Diebe um, / und
draußen plündern Räuberbanden.
2 Dennoch sehen sie nicht ein, /
dass ich all ihre Bosheit bemerke. /
Jetzt umringen ihre Taten sie /
und stehen auch mir vor Augen.

Königsmacher und Königsmörder

3 Mit Bosheit erheitern sie den
König, / seine Oberen mit ihrer
Schlechtigkeit. 4 Ehebrecher
sind sie alle. / Sie sind wie ein
angeheizter Ofen, / den der Bäcker
nicht mehr schüren muss, /
wenn er den Teig geknetet hat
und gehen lässt. 5 Am Krönungs-
tag des Königs / machen sie die
Oberen schwach / durch die Glut
des Weins, / dessen Kraft die
Schwätzer niederreißt. 6 Sie
nähern sich mit Hinterlist, /
während ihr Herz wie ein
Backofen glüht. / Ihr Zorn, der
schläft die ganze Nacht, / doch
am Morgen brennt er wie ein
loderndes Feuer. 7 Sie alle glühen
wie ein Backofen / und verzehren
ihre Regenten. / All ihre Könige
stürzen, / doch zu mir ruft keiner
von ihnen.

Die verfehlte Politik

8 Efraïm vermischt sich mit den
Völkern. / Es ist wie ein Fladen,
den man beim Backen nicht
wendet. 9 Fremde verzehren seine
Kraft, / er merkt es nicht einmal. /
Auch werden seine Haare grau, /
doch er weiß es nicht. 10 Der
eigene Hochmut klagt Israel an. /
Doch zu Jahwe, ihrem Gott,
bekehren sie sich nicht. / Sie
suchen nicht seine Nähe.

11 Efraïm ist wie eine Taube, /
leicht zu betören, ohne Verstand. /
Erst ruft es die Ägypter an, /
dann läuft es nach Assyrien.
12 Sobald sie laufen, spann ich
mein Netz über sie, / wie Vögel
hol ich sie herunter. / Ich bestrafe
sie, wie es ihnen angekündigt ist.
13 Weh ihnen! Denn von mir
liefen sie weg. / Verderben über
sie! Denn sie brachen mit mir. /
Ich würde sie gern erlösen, / aber
sie reden ja nur Lügen über mich.
14 Sie schreien zu mir um Hilfe, /
aber es kommt ihnen nicht von
Herzen; / sie liegen nur da und
heulen. / Sie ritzen sich wund,
um Korn und Wein zu erflehen, /
und wenden sich doch gegen
mich. 15 Ich hatte sie belehrt
und stark gemacht, / doch sie
planten Böses gegen mich.
16 Sie wandten sich ab, den
Nichtsen zu. / Sie sind wie ein

6,9 *Sichem*, 48 Kilometer nördlich von Jerusalem, war kurze Zeit Hauptstadt des Nordreiches.

Bogen, der nicht trifft. / Ihre
Oberen fallen durchs Schwert /
wegen ihrer frechen Zunge. /
Dafür wird man in Ägypten
über sie spotten.

Abrechnung mit Israel

8 1 Das Signalhorn an den
Mund! / Wie ein Adler stürzt
sich der Feind auf Jahwes Haus, /
weil sie meinen Bund übertreten /
und mein Gesetz nicht achten.
2 Sie schreien zu mir um Hilfe: /
»Mein Gott! Wir kennen dich
doch! / Wir, dein Volk Israel!«
3 Doch Israel hat das Gute
verworfen. / So falle der Feind
über sie her! 4 Sie setzen Könige
ein, / doch ohne meinen Willen, /
sie wählen Obere aus, / ich darf
es nicht wissen. / Ihr Silber und
Gold machen sie zu Götzen-
bildern. / So ist es am sichersten
verloren. 5 Dein Stierkalb widert
mich an, Samaria! / Mein Zorn
lodert gegen sie auf. / Wann
werden sie sich von diesem Dreck
lösen? 6 Denn er stammt auch
aus Israel. / Das ist kein Gott, /
ein Handwerker hat es gemacht! /
In Stücke wird zerschlagen / das
Stierkalb von Samaria.
7 Ja, sie säen Wind, / und sie
ernten den Sturm. / Ein Halm,
der nicht wächst, / bringt auch
kein Mehl. / Und selbst wenn er
etwas brächte, / würden es Fremde
verschlingen. / 8 Israel ist schon
verschlungen. / Es ist wie ein
Gefäß geworden, / das keinem
mehr gefallen will. 9 Sie sind ja
nach Assyrien gezogen! /
Selbst ein Wildesel bleibt allein, /
doch Efraïm versucht Freunde
zu kaufen. 10 Auch wenn sie die
Nationen umwerben, / treibe ich
sie jetzt zusammen. Bald werden
sie sich winden / unter der Last
des Königs der Fürsten.*
11 Ja, Efraïm hat seine Altäre
vermehrt, / zum Sündigen dienen
sie ihm. / Altäre sind ihm zur
Sünde geworden. 12 Schrieb ich
ihm meine Gebote zehntausend-
fach auf, / sie würden denken, es
gehe sie nichts an. 13 Die Schlacht-
opfer, die sie bringen, / opfern sie
nur, weil sie Fleisch essen wollen. /
Jahwe hat keine Freude daran. /
Jetzt denkt er an ihre Schuld /
und bestraft sie für ihre Sünden: /
Sie müssen nach Ägypten zurück.
14 Israel vergaß seinen Schöpfer /
und baute sich Paläste. / Auch
Juda hat die Festungen vermehrt. /
Doch ich werfe Feuer in seine
Städte, / das wird seine Paläste
verzehren.

Die Vergeltung ist da

9 1 Israel, freue dich nicht, / juble
nicht wie die Völker! / Denn du
hast es mit vielen getrieben / und
dich so von deinem Gott entfernt. /
Wo immer man Getreide drosch, /
hast du für Geld geliebt.
2 Dreschplatz und Kelter werden
sie nicht nähren, / der Wein wird
ihnen fehlen. 3 Sie bleiben nicht
im Land Jahwes: / Efraïm muss
nach Ägypten zurück, / in Assyrien

8,10 *Königs der Fürsten.* Gemeint ist der König von Assyrien.

werden sie Unreines essen. 4 Sie
werden Jahwe keinen Wein mehr
spenden, / ihre Schlachtopfer
behagen ihm nicht. / Es wird wie
ein Leichenmahl sein: / Unrein
wird, wer davon isst. / Ihr Brot ist
allein für die eigene Kehle, / nichts
davon kommt in Jahwes Haus.
5 Was tut ihr dann am Feiertag, /
am Tag des Festes für Jahwe?
6 Die aus dem verwüsteten
Land flüchten, / sammeln sich in
Ägypten. / Memphis* wird sie
begraben. / Wo jetzt ihr Silber
glänzt, / wird Unkraut wachsen. /
Dornen werden ihre Häuser
überwuchern.
7 Die Zeit der Abrechnung
ist gekommen, / die Tage der
Vergeltung. / Israel wird es
erkennen. / »Der Prophet ist ein
Narr, / der Mann des Geistes ist
verrückt!« / So große Anfeindung
zeigt nur / die Größe deiner
Schuld. 8 Der Prophet, der
Wächter Efraïms, / ist neben
seinem Gott. / Doch auf allen
seinen Wegen / stellen sie ihm
Fallen auf. / Sogar im Haus seines
Gottes / stößt er auf Feindschaft.
9 Tief verdorben ist ihr Tun, / so
wie damals in Gibea.* Doch er
wird an ihre Schuld denken /
und sie dafür zur Rechenschaft
ziehen.

Israel einst und jetzt

10 Wie man Trauben in der Wüste
findet, / so fand ich Israel. / Wie
die erste Frucht am jungen Feigen-
baum, / so sah ich eure Väter. /
Aber kaum waren sie nach Baal-
Peor* gekommen, / da weihten sie
sich der Schande / und wurden
Scheusale wie ihre Liebhaber.
11 Efraïm – wie ein Vogel-
schwarm / fliegt seine Herrlichkeit
davon. / Keine Geburt mehr, /
keine Schwangerschaft, keine
Empfängnis. 12 Selbst wenn sie
ihre Söhne großziehen sollten, /
mache ich sie kinderlos und
verlassen. / Ja, weh auch ihnen
selbst! / Denn ich wende mich
von ihnen ab.
13 Efraïm ist, wie ich sehe, /
gepflanzt wie eine Palme auf
fruchtbarem Grund. / Nun muss
es seine Söhne dem Schlächter
zuführen. 14 Gib ihnen, Jahwe,
was du geben willst: / einen
unfruchtbaren Schoß und
vertrocknete Brüste.
15 Schon in Gilgal hat sich ihre
Bosheit enthüllt, / dort habe ich
gelernt, sie zu hassen. /
Wegen ihrer schlimmen Taten /
vertreibe ich sie aus meinem
Haus. / Ich kann sie nicht mehr
lieben, / denn Aufrührer sind ihre
Führer. 16 Efraïm ist geschlagen, /
seine Wurzeln verdorrt, /
Frucht bringen sie nicht mehr. /
Selbst wenn es noch Kinder
bekäme, / würde ich seine
Lieblinge töten. 17 Mein Gott

9,6 *Memphis* war die alte Hauptstadt Ägyptens, 21 Kilometer südlich vom heutigen Kairo. Es war berühmt durch sein riesiges Gräberfeld.

9,9 *Gibea.* Siehe Richter 19!

9,10 *Baal-Peor.* Der Peor ist ein Berg in Moab, von dem aus man über das Jordantal blicken konnte. Auf seinem Gipfel befand sich vermutlich ein Baals-Heiligtum.

wird sie verstoßen, / weil sie
nicht auf ihn hören. / Sie werden
Flüchtlinge sein.

Reiche Opfer – falsches Herz

10 1 Israel war ein üppiger
Weinstock, / es trug
genügend Frucht. / Je fruchtbarer
es war, / desto mehr Altäre hatte
es. / Je schöner sein Land wurde, /
desto schöner haben sie die
Steinsäulen geschmückt.
2 Ihr Herz ist geteilt, / jetzt
müssen sie büßen: / Er zerschlägt
ihre Altäre, / verwüstet diese
Götzensteine. 3 Dann werden sie
sagen: / »Wir haben keinen König
mehr, / denn wir haben Jahwe
nicht geehrt. / Aber was kann ein
König schon tun?« 4 Reden halten,
Meineide schwören, / Bündnisse
schließen. / Die Rechtsprechung
wuchert / wie Unkraut in der
Ackerfurche.

5 Die Bewohner von Samaria /
zittern um das Kalb von Bet-
Awen*. / Schon trauern sie
darum. / Seine Priester aber
kreischen noch verzückt. / Doch
seine Herrlichkeit zieht aus, von
ihnen weg. 6 Das Kalb wird nach
Assyrien gebracht / als Tribut für
den kampfbereiten König. /
Efraïm wird Spott dafür ernten /
und Israel sich seiner Ratschläge
schämen.

7 Vernichtet ist Samaria. /
Sein König treibt wie ein Span
auf dem Wasser. 8 Die Opfer-
höhen von Awen sind verwüstet, /
die Israel zur Sünde verführten. /
Es wachsen Dornen und Disteln
auf ihren Altären. / Dann wird
man zu den Bergen sagen: »Deckt
uns zu!«, / und zu den Hügeln:
»Fallt auf uns drauf!«*

9 Ihr ladet Schuld auf euch seit
der Zeit von Gibea, / seit damals
habt ihr euch nicht geändert. /
Wird nicht wie in Gibea / der
Krieg über dieses rebellische Volk
kommen? 10 Ich bin entschlossen,
sie zu bestrafen, / und bringe
Völker gegen sie zusammen, /
denn sie fesselt doppelte Schuld.
11 Efraïm war eine junge Kuh, /
die es gewohnt war, Getreide zu
dreschen, / und die es gerne tat. /
Als ich vorbeiging und ihren
kräftigen Nacken sah, / spannte
ich Efraïm ein. / Juda sollte
pflügen, / Jakob sollte eggen.

12 Sät gerechte Taten aus! /
Erntet nach dem Maß der Liebe! /
Nehmt Neuland unter den Pflug! /
Es ist Zeit, Jahwe zu suchen, bis
er kommt / und euch mit dem
Regen der Gerechtigkeit segnet.
13 Doch ihr habt Unrecht einge-
pflügt und Verbrechen geerntet, /
ihr habt die Frucht eurer
Falschheit gegessen. / Du hast
auf deinen Weg vertraut / und
auf die Menge deiner Helden!
14 Darum wird es Kriegslärm
geben für dein Volk, / und all deine
Festungen werden verwüstet. /
Es wird euch wie Bet-Arbeël*
gehen, / das Schalman am Tag der

10,5 *Bet-Awen.* Siehe Fußnote zu Hosea 4,15!

10,8 Wird im Neuen Testament von Jesus Christus zitiert: Lukas 23,30. Siehe auch Offenbarung 6,16!

Schlacht* zerstörte: / Eine Mutter
liegt zerschmettert über den
Kindern. 15 Das alles hat euch Bet-
El* eingebracht, / wegen eurer
schlimmen Schlechtigkeit. /
Schon am Morgen der Schlacht /
ist Israels König vernichtet.

Gottes große Liebe

11 1 Als Israel jung war, gewann
ich es lieb. / Aus Ägypten
rief ich meinen Sohn.* 2 Doch
sooft ich die Israeliten / durch
Propheten rief, / gingen sie von
ihnen weg. / Sie opferten den
Baalen / und räucherten den
Götzen. 3 Ich, ich lehrte Efraïm
laufen, / ich nahm es auf meine
Arme! / Doch sie begriffen nicht, /
dass ich sie heilte. 4 Mit mensch-
lichen Fesseln zog ich sie herbei, /
mit Seilen der Liebe. / Ich war wie
ein Elternpaar für sie, / das sich
den Säugling an die Wange hebt. /
Ich neigte mich ihm zu und gab
ihm zu essen.
5 Er muss zwar nicht nach
Ägypten zurück, / doch die
Assyrer werden über ihn herr-
schen, / denn er verweigerte es,
sich zu bekehren. 6 Nun wird
das Schwert in seinen Städten
tanzen. / Es macht ein Ende mit
ihrem Geschwätz, / es wird sie
wegen ihrer Ratschläge fressen.
7 Doch mein Volk hängt fest /
am Abfall von mir. / Und ruft man
es zurück, / erhebt sich keiner von
ihnen.
8 Wie könnte ich dich
preisgeben, Efraïm? / Wie
könnte ich dich ausliefern,
Israel? / Ich kann dich doch
nicht vernichten wie Adma, /
dich wie Zebojim* behandeln! /
Das Herz dreht sich mir im Leibe
herum, / mein ganzes Mitleid ist
erregt. 9 Ich will meinen lodernden
Zorn nicht vollstrecken, / will
Efraïm nicht noch einmal
vernichten. / Denn ich bin Gott
und nicht ein Mensch, / ich bin
der Heilige in dir! / Darum
komme ich nicht in der Hitze
des Zorns.
10 Hinter Jahwe gehen
sie her. / Er brüllt wie ein Löwe,
ja er brüllt, / dass die Söhne
zitternd / vom Westmeer her
kommen. 11 Wie Vögel kommen
sie zitternd aus Ägypten herbei, /
wie Tauben aus dem Land
Assyrien. / Ich bringe sie wieder
nach Hause zurück, / spricht
Jahwe.

Das unzuverlässige Volk

12 1 Mit Lügen hat mich Efraïm
umringt, / mit Betrug die
Leute Israels. / Nur Juda schweift
noch um Gott herum, / den

10,14 *Bet-Arbeël*. Dorf im Ostjordanland, 32 Kilometer nordwestlich von Amman.

Schlacht. Das Geschehen und der Name sind sonst unbekannt.

10,15 *Bet-El* (= Haus Gottes) war das Zentrum des Kults um die Stierplastiken, die Jahwe darstellen sollten.

11,1 Wird im Neuen Testament von Matthäus zitiert: Matthäus 2,15.

11,8 *Adma* und *Zebojim* waren die Städte, die zum Gebiet von Sodom und Gomorra gehörten und mit ihnen zusammen vernichtet wurden (1. Mose 10,19; 19,24-25).

Heiligen und Treuen. 2 Efraim weidet Luft und jagt dem Ostwind nach, / täglich mehrt es Lüge und Gewalt. / Mit Assyrien schließt es einen Bund / und liefert Ägypten gleichzeitig Öl. 3 Auch mit Juda geht Jahwe ins Gericht. / Jakob straft er für sein Verhalten / und zahlt ihm heim, wie es seinen Taten entspricht. 4 Im Mutterleib hat er seinen Bruder betrogen / und in seiner Manneskraft mit Gott gekämpft. 5 Er kämpfte mit dem Engel und war überlegen. / Er weinte und flehte ihn um Gnade an. / In Bet-El sollte er ihn finden. / Und dort redete er zu uns.

6 Jahwe, der allmächtige Gott, / Jahwe ist sein Name, sagt: 7 »Du darfst zurückkehren mit Gott! / Bewahre Liebe und Recht / und hoffe stets auf deinen Gott!«

8 Doch dieser Händler hat eine falsche Waage in der Hand, / er liebt es, zu betrügen! 9 Efraïm aber sagte: »Gewiss, reich bin ich geworden, / hab ein Vermögen für mich gewonnen. / Doch in allem, was ich mir erworben habe, / wird man weder Schuld noch Sünde finden!«

10 Doch ich bin Jahwe! / Ich bin dein Gott seit Ägypten. / Ich lasse dich wieder in Zelten wohnen, / wie du es jetzt während der Festtage tust. 11 Ich habe zu den Propheten geredet, / ich gab ihnen viele Visionen / und sprach in Gleichnissen durch sie.
12 Wenn schon Gilead ein Unheil darstellt, / sind sie nun auch zu Nichtsen geworden. / Sie opferten in Gilgal selbst Stiere. / Darum werden ihre Altäre wie die Steinhaufen sein, / die man neben den Äckern aufhäuft.

13 Jakob floh ins Land der Syrer. / Wegen einer Frau hat Israel wie ein Sklave gedient. / Einer Frau zuliebe hütete er Schafe. 14 Aber durch einen Propheten führte Jahwe Israel aus Ägypten, / durch einen Propheten hat er es behütet.

15 Efraïm hat Gott bitter gekränkt. / Sein Herr lässt ihn die Blutschuld büßen, / er zahlt ihm die Beschimpfung heim.

Letzte Abrechnung mit Israel

13 1 Wenn Efraïm redete, zitterten alle. / Der Stamm war in Israel stark. / Durch Baal machte er sich schuldig / und verfiel dem Tod. 2 Dennoch sündigen sie weiter und machen sich ein Gussbild, / Götzen aus Silber, wie sie es verstehen, / alles ein Werk von menschlichen Künstlern. / Dann behaupten sie noch: / Menschen, die Gott opfern, / müssen das Kälbervieh küssen! 3 Deshalb werden sie verschwinden wie die Wolke am Morgen, / wie der Tau, der früh vergeht, / wie Spreu, die vom Dreschplatz weht, / und wie Rauch, der aus der Luke dreht.

4 Doch ich bin Jahwe, dein Gott, / schon seit der Zeit in Ägypten. / Du kennst keinen Gott außer mir, / und es gibt keinen Retter als mich. 5 Ich habe dich

in der Wüste versorgt, / im Land
der glühenden Hitze.
6 Als sie ihre Weide hatten,
wurden sie satt. / Als sie satt
waren, erhob sich ihr Herz. /
Darüber vergaßen sie mich.
7 Darum werde ich ein Löwe für
sie, / lauere wie ein Leopard am
Weg. 8 Ich falle sie an wie eine
Bärin, / der die Jungen geraubt
sind. / Ich reiße ihnen den Brust-
korb auf / und fresse sie wie die
Löwin. / Wilde Tiere zerfleischen
sie.
9 Es ist dein Untergang, Israel, /
dass du gegen mich, deine Hilfe,
bist. 10 Wo ist nun der Schutz
deines Königs, / der dich rettet
in all deinen Städten? / Wo sind
deine Richter, von denen du
sagtest: / »Gib mir Obere und
einen König!« 11 Da gab ich dir
einen König im Zorn / und nahm
ihn zornig wieder weg. 12 Efraïms
Schuld ist verschnürt, /
aufbewahrt ist seine Sünde.
13 Es kommen die Wehen für seine
Geburt, / aber er ist ein törichter
Sohn, / denn er tritt nicht zur
richtigen Zeit / in den Mutter-
mund ein.
14 Aus der Gewalt der Toten /
sollte ich sie befreien, / aus dem
Tod sie erlösen? / Herbei mit
deinen Seuchen, Tod! / Herbei
mit deinem Pestfieber, Gruft!* /
Ich kenne jetzt kein Mitleid mehr.
15 Mag Efraïm auch zwischen
Flussgras gedeihen, / es wird ein
Ostwind kommen, ein Sturm
Jahwes. / Er steigt aus der
Wüste auf, / trocknet seine
Brunnen aus, / lässt alle Quellen
versiegen. / Er plündert euch
aus, / schafft alle eure Schätze
weg.

14 1 Samaria wird es büßen, /
denn es hat sich gegen Gott
empört. / Sie fallen durch das
Schwert, / ihre Kinder werden
zerschmettert, / ihre Schwangeren
aufgeschlitzt.

Umkehr bringt Segen

2 Israel, kehr um zu Jahwe, deinem
Gott! / Denn durch deine Schuld
bist du gestürzt. 3 Nehmt Worte
mit euch und kehrt um zu Jahwe! /
Sagt zu ihm: »Vergib die ganze
Schuld und nimm es gut auf, /
dass wir die Frucht unserer Lippen
dir bringen. 4 Assyrien soll uns
nicht retten, / auf Pferden wollen
wir nicht reiten / und zum Mach-
werk unserer Hände nie mehr
sagen: ›Unser Gott!‹ / Denn
nur bei dir findet der Verwaiste
Erbarmen.«
5 Ich will ihre Untreue heilen, /
sie aus freien Stücken lieben. /
Mein Zorn hat sich von ihnen
abgewandt. 6 Ich werde für Israel
sein wie der Tau. / Es soll blühen
wie eine Lilie, / Wurzeln schlagen
wie der Libanonwald. 7 Seine
Triebe sollen sich ausbreiten, /
dass seine Pracht wie der Ölbaum
sei, / sein Duft wie der vom
Libanonwald.

13,14 Wird im Neuen Testament von Paulus nach der LXX zitiert: 1. Korinther 15,55.

[8] Die in seinem Schatten
wohnen, kehren zurück. / Sie
bauen wieder Getreide an / und
blühen auf wie der Weinstock, /
dessen Ruf wie der Wein vom
Libanon ist. [9] Efraïm wird sagen: /
»Was soll ich noch mit den
Götzen?« / Ich, ich habe ihn
erhört / und freundlich auf ihn
geblickt. / Ich bin wie ein immergrüner Baum, / an mir findest
du reiche Frucht.

[10] Wer weise ist, begreife dies
alles; / wer klug ist, erkenne es! /
Denn gerade sind die Wege
Jahwes, / und die Gerechten
gehen darauf; / doch die Treulosen
kommen dort zu Fall.

Der Prophet Joel

Außer seinem Namen ist vom Prophet Joël nichts bekannt. Nur der Inhalt seines Buches erlaubt Rückschlüsse auf sein Wirken. Einige Ausleger vermuten, dass der Prophet von Gott in den Dienst gerufen wurde, als König Joasch noch minderjährig war, also um das Jahr 835 v.Chr. (2. Chronik 22,10 – 24,1). Sie begründen das damit, dass weder Assyrien noch Babylonien oder Persien erwähnt werden und Joël in der hebräischen Bibel unter den vorexilischen Propheten eingeordnet ist, und weil sowohl Priester als auch Volk erwähnt werden, aber kein König. Doch die Angaben sind zu vage, um eine gesicherte Entstehungszeit für das Buch anzugeben.

Der Prophet Joël sollte das Volk angesichts einer schrecklichen Heuschreckenplage zur Änderung seiner Einstellung mahnen. Außerdem kündigte er den großen Tag Jahwes an und die Ausgießung des Heiligen Geistes. Der Name Joël bedeutet: »Jahwe ist Gott«.

1 *1* Wort Jahwes, das an Joël Ben-
Petuël erging.

Heuschrecken und Dürre

2 Hört her, ihr Ältesten, / horcht
auf, alle Leute im Land! / Kam so
etwas bei euch schon einmal vor? /
Haben eure Vorfahren je so etwas
erlebt? *3* Erzählt euren Kindern
davon, / damit sie es ihren
Kindern weitergeben, / und diese
es der nächsten Generation.
4 Was der Nager* übrig ließ, /
hat die Heuschrecke gefressen; /
was die Heuschrecke übrig ließ, /
hat der Abfresser gefressen; /
was der Abfresser übrig ließ, hat
der Vertilger gefressen.
5 Wacht auf, ihr Betrunkenen,
und weint! / Heult auf, ihr Wein-
säufer alle! / Mit dem Weintrinken
ist es jetzt vorbei. *6* Denn ein Volk
hat mein Land überfallen / mit
einem mächtigen, unzählbaren
Heer. / Es hat Zähne wie die von
Löwen, / ja, ein Löwinnengebiss.
7 Sie haben meine Weinstöcke
verwüstet, / meine Feigenbäume
geknickt, / entlaubt und fort-
geworfen. / Die Zweige starren
bleich in die Luft. *8* Klage wie eine
unberührte junge Frau im Trauer-
sack, / die den Bräutigam ihrer
Jugend verlor! *9* Speis- und
Trankopfer sind Jahwes Haus
entzogen, / und die Diener
Jahwes, die Priester, trauern.
10 Die Felder sind verwüstet, /
der Boden ist verdorrt, / das Korn
vernichtet, / der Most vertrocknet, /

1,4 *Nager, Abfresser, Vertilger.* Die Ausdrücke bezeichnen entweder verschiedene Wachstumsstadien der Heuschrecken oder es sind synonym gebrauchte Ausdrücke, die verschiedene Wellen des Heuschreckensturms bezeichnen.

die Oliven verwelkt. 11 Seid
entsetzt, ihr Bauern; / klagt und
weint, ihr Winzer! / Vernichtet
sind Weizen und Gerste, / die
ganze Ernte ist verloren, 12 der
Weinstock ist vertrocknet, / der
Feigenbaum verwelkt. / Auch
Granat- und Apfelbaum, /
Dattelpalme und alles Gehölz /
sind entlaubt. / Die Freude der
Menschen welkt dahin.

Aufruf zur Umkehr

13 Ihr Priester am Altar, / legt den
Trauersack an! / Zieht ihn auch in
der Nacht nicht aus! / Weint und
klagt, ihr Diener Gottes! / Denn
Speis- und Trankopfer / sind dem
Haus eures Gottes entzogen.
14 Ruft einen Fastentag aus! /
Ordnet einen Feiertag an! /
Ruft die Ältesten zusammen /
und alle Bewohner des Landes! /
Kommt zum Haus von Jahwe,
eurem Gott, / und schreit um Hilfe
zu ihm!

Klage

15 Weh, was steht uns bevor! /
Der Tag Jahwes ist nah! / Er
kommt mit der Gewalt des
Allmächtigen. 16 Vor unseren
Augen wurde unsere Nahrung
vernichtet. / Aus dem Haus
unseres Gottes ist Freude und
Jubel verschwunden. 17 Die Saat
liegt vertrocknet unter den
Schollen, / die Scheunen sind
verödet, / die Speicher zerfallen, /
das Korn ist verdorben.
18 Brüllend irren die Rinder
umher, / weil sie kein Futter mehr
finden. / Selbst Schafherden
gehen zugrunde. – 19 Jahwe, ich
rufe zu dir, / denn die Glut hat die
Viehweiden verzehrt / und alle
Bäume auf dem Feld versengt.
20 Auch die wilden Tiere schreien
zu dir, / denn die Wasserläufe sind
versiegt / und die Viehweiden vom
Feuer verbrannt.

Der Tag Jahwes

2 1 Stoßt in das Horn auf dem
Zion, / schlagt Alarm auf
meinem heiligen Berg! / Die
Bewohner des Landes sollen
zittern. / Denn nah ist der Tag
Jahwes. 2 Dunkel wie die Nacht ist
dieser Tag, / mit finsteren Wolken
verhangen. / Wie das Morgen-
grauen sich über die Berge aus-
breitet, / so fällt ein gewaltiges
Heer ins Land, / ein mächtiges
Volk. / So etwas habt ihr noch nie
erlebt, / und nie wieder wird es so
etwas geben / bis in die fernsten
Generationen.

3 Vor ihm her frisst ein Feuer, /
und nach ihm lodern die Flammen. /
Wie der Garten Eden war das Land
vorher, / nachher ist es eine öde
Wüste. / Es gibt kein Entkommen
vor ihm. 4 Sie sehen aus wie
Pferde, / stürmen wie Schlacht-
rosse daher. / 5 Wie rasselnde
Streitwagen springen sie über
die Kuppen der Berge, / wie eine
prasselnde Flamme, die ein
Stoppelfeld verzehrt, / wie ein
mächtiges Heer, gerüstet zur
Schlacht.

6 Vor ihm zittern die Völker, /
alle Gesichter erbleichen. 7 Sie
greifen wie Elitetruppen an, / wie
erprobte Soldaten ersteigen sie die

Mauer. / Unentwegt ziehen sie
voran, / nichts bringt sie ab vom
Weg, 8 keiner bedrängt den ande-
ren, / jeder geht in seiner Bahn. /
Keine Waffe hält sie auf, / ihre
Reihen brechen nicht. 9 Sie über-
fallen die Stadt, / erstürmen die
Mauer, / ersteigen die Häuser. /
Wie Diebe dringen sie ein.
10 Vor ihnen erbebt die Erde, /
erzittert der Himmel, / verfinstern
sich Sonne und Mond, / erlischt
der Glanz der Sterne. 11 Jahwe
erhebt die Stimme vor seinem
Heer, / denn sein Heer ist überaus
groß, / mächtig der Vollstrecker
seines Befehls. / Ja, groß ist der
Tag Jahwes / und voller
Schrecken. / Wer kann ihn
ertragen?

Kehrt von ganzem Herzen um!

12 Doch auch jetzt noch gilt, was
Jahwe sagt: / »Kehrt mit ganzem
Herzen zu mir um, / mit Fasten,
Weinen und Klagen! 13 Zerreißt
eure Herzen und nicht eure
Kleider!« / Ja, kehrt um zu Jahwe,
eurem Gott! / Denn er ist gnädig
und barmherzig, / voller Güte und
Geduld. / Das Unheil schmerzt ihn
doch selbst. 14 Vielleicht tut es ihm
auch diesmal leid, / und er kehrt
um und lässt euch Segen zurück, /
sodass ihr Jahwe, eurem Gott, /
Speis- und Trankopfer bringen
könnt.
15 Stoßt in das Horn auf dem
Zion! / Ruft einen Fasttag aus! /
Ordnet einen Feiertag an! 16 Ruft
das Volk zusammen und heiligt*
die Gemeinde! / Ruft alle
zusammen, vom Säugling bis
zum Greis, / selbst Bräutigam
und Braut aus ihrer Kammer!
17 Zwischen Vorhalle und Altar /
sollen die Priester klagen, / die
Diener Jahwes sollen sagen: /
»Jahwe, verschone dein Volk! /
Überlass dein Erbe nicht der
Schande, / dass nicht die Völker
über uns spotten. / Warum sollen
Heidenvölker sagen: / ›Wo ist er
denn, ihr Gott?‹«

Gottes Antwort

18 Da erwachte die brennende Liebe
Jahwes für sein Land. Er hatte Mitleid
mit seinem Volk. 19 Jahwe antwortete
ihnen: »Passt auf! Ich gebe euch so
viel Korn, Most und Öl, dass ihr euch
daran satt essen könnt. Ich setze euch
nicht länger dem Spott der anderen
Völker aus. 20 Den Feind aus dem
Norden schicke ich weit von euch
weg. Ich jage ihn in die Wüste. Seine
Vorhut treibe ich ins Tote Meer, seine
Nachhut kommt im Mittelmeer um.
Wegen ihrer Überheblichkeit werden
ihre Leichen die Luft mit ihrem Ge-
stank erfüllen.«

21 Hab keine Angst mehr,
fruchtbares Land! / Freue dich
und brich in Jubel aus, / denn
Jahwe hat Großes getan!
22 Ihr Tiere auf dem freien Feld, /
fürchtet euch nicht mehr! /

2,16 *heiligt.* Das bedeutete für die Israeliten, dass sie ihre Kleider und sich selbst waschen mussten und keinen Geschlechtsverkehr haben durften (siehe 2. Mose 19,10.14-15; 3. Mose 16, 4.24).

Die Weiden in der Steppe sind
wieder grün. / Auch die Bäume
tragen wieder Frucht, / Feigen-
baum und Weinstock bringen
reichen Ertrag. 23 Und ihr
Einwohner Zions, / jubelt und
freut euch in Jahwe, eurem Gott! /
Denn er gibt euch den Herbstregen
zurück, / damit Gerechtigkeit
wächst, / Herbst- und Frühjahrs-
regen / wie in früherer Zeit.
24 Die Dreschplätze sind mit
Getreide gefüllt, / die Kelter-
wannen laufen über, / Ströme
von Most und Öl. 25 Und ich werde
euch die Ernten ersetzen, / die
meine Heere gefressen haben, /
die ich gegen euch schickte: /
Heuschrecke, Abfresser, Vertilger
und Nager. 26 Ihr werdet euch
richtig satt essen können / und
den Namen von Jahwe, eurem
Gott, loben, / der solche Wunder
für euch tat. / Nie mehr soll mein
Volk beschämt werden. 27 Dann
werdet ihr erkennen, dass ich in
eurer Mitte bin / und dass ich,
Jahwe, allein euer Gott bin. /
Mein Volk braucht sich nie mehr
zu schämen.

Gottes Geist

3 1 Und danach werde ich meinen
Geist auf alle Menschen aus-
gießen. Eure Söhne und Töchter wer-
den prophetisch reden. Eure Alten
werden Träume haben und eure
jungen Männer Visionen. 2 Sogar über
die Sklaven und Sklavinnen werde ich
dann meinen Geist ausgießen. 3 Am
Himmel und auf der Erde werde ich
wunderbare Zeichen wirken: Blut,
Feuer und Rauchwolken. 4 Die Sonne
wird sich in Finsternis verwandeln
und der Mond in Blut, bevor der große
und furchtbare Tag Jahwes kommt.
5 Dann wird jeder, der den Namen
Jahwes anruft, gerettet werden*,
denn auf dem Berg Zion und in Jeru-
salem wird es Rettung geben, wie
Jahwe angekündigt hat. Gerettet wird
jeder, den Jahwe ruft.

Das Gericht über die Völker

4 1 Ja, passt auf: Wenn die Zeit
kommt, werde ich für Juda und
Jerusalem alles zum Guten wenden.
2 Dann werde ich alle Völker zusam-
menrufen und ins Tal Joschafat* füh-
ren. Dort werde ich sie zur Rechen-
schaft ziehen für das, was sie meinem
Volk Israel, meinem Eigentum, an-
getan haben. Sie haben es unter die
Völker zerstreut, mein Land haben sie
aufgeteilt 3 und über die Menschen
das Los geworfen. Einen Jungen
gaben sie als Lohn für eine Hure und
mit einem Mädchen bezahlten sie den
Wein für ihre Sauferei.
4 Ihr Leute von Tyrus und Sidon*
und aus allen Philisterbezirken*, was
wollt ihr denn von mir? Wollt ihr euch

3,5 Die Verse 1-5 werden von Petrus während seiner Pfingstpredigt zitiert (Apostelgeschichte 2,17-21). Vers 5 wird außerdem von Paulus Römer 10,13 zitiert.

4,2 *Joschafat* bedeutet: Jahwe richtet.

4,4 *Tyrus und Sidon* waren die wichtigsten Hafenstädte Phöniziens (heute: Libanon).

Die *Philister* bewohnten die südliche Küstenebene Israels in einem Gebiet um fünf Städte herum.

an mir rächen? Wie? Wollt ihr mir
etwas antun? Ganz leicht und schnell
lasse ich eure Taten auf euch selbst zu-
rückfallen. 5 Ihr habt mein Silber und
mein Gold geraubt und meine besten
Schätze in euren Tempel gebracht.
6 Ihr habt die jungen Männer aus Juda
und Jerusalem an die Griechen ver-
kauft, um sie weit von ihrer Heimat zu
entfernen. 7 Passt auf! Ich setze sie
von dort in Bewegung, und eure Taten
fallen auf euch selbst zurück. 8 Ich
werde eure jungen Männer und Mäd-
chen den Leuten von Juda ausliefern,
die sie dann den Sabäern* verkaufen,
einem weit entfernten Volk. Das sage
ich, Jahwe!

9 Ruft es unter den Völkern aus: /
»Rüstet euch zum Kampf! /
Stellt die Elitetruppen auf! /
Mobilisiert alle Soldaten!
10 Schmiedet aus den Pflug-
scharen Schwerter, / macht aus
Winzermessern Lanzen! /
Der Schwache spreche: Ich bin ein
Held! 11 Kommt her, ihr Völker,
kommt von allen Seiten!«

Dorthin führe deine Helden hinab,
Jahwe!

12 »Die Völker sollen aufgeboten
werden / und ins Tal Joschafat
ziehen. / Denn dort sitze ich zu
Gericht / über alle Nationen
ringsum. 13 Nehmt die Sichel, die
Ernte ist reif! / Tretet die Kelter,
sie ist übervoll! / Groß ist die
Bosheit der Völker.«

14 Tosende Mengen im Tal der
Entscheidung, / denn Jahwes
Gerichtstag ist dort nah.
15 Sonne und Mond werden
finster, / der Glanz der Sterne
erlischt. 16 Jahwe brüllt vom Zion
her, / aus Jerusalem dröhnt seine
Stimme.

Doch für sein Volk ist Jahwe
eine Burg, / eine Zuflucht für die
Israeliten. 17 Dann werdet ihr
erkennen, / dass ich, Jahwe,
euer Gott bin, / und dass ich auf
dem Zion wohne, / meinem
heiligen Berg. / Jerusalem wird
unantastbar sein. / Fremde
werden es nicht mehr durch-
ziehen.

18 Dann triefen die Berge von
Most, / die Hügel fließen über von
Milch. / Die Bäche Judas werden
voll mit Wasser sein. / Eine Quelle
entspringt im Haus Jahwes / und
wird das Trockental bewässern.
19 Ägypten wird zur Wüste, /
Edom* zu einer verödeten
Steppe / wegen ihrer Verbrechen
an den Männern von Juda. /
Unschuldiges Blut vergossen
sie in deren Land. 20 Aber Juda
bleibt für alle Zeiten bewohnt, /
Jerusalem wird für immer
bestehen. 21 Ihre Blutschuld
lasse ich ungestraft, / was ich
früher nicht durchgehen ließ. /
Jahwe ist es, der auf dem Zion
wohnt.

4,8 *Sabäer.* Volk auf der südwestlichen arabischen Halbinsel, vielleicht in der Nähe des heutigen Jemen.

4,19 *Edom.* Land östlich der Araba und südlich vom Toten Meer, bewohnt von den Nachkommen Esaus.

Der Prophet Amos

Amos war offenbar ein wohlhabender Mann, der in der Umgebung von Tekoa, 16 Kilometer südlich von Jerusalem, als Züchter und Viehhirt lebte. Gott berief ihn zum Propheten, um dem Nordreich Israel sein Gericht anzukündigen. Das befand sich zu dieser Zeit unter Jerobeam II. auf dem Höhepunkt seiner Macht. Der König hatte Israels Grenzen im Norden bis nach Syrien hinein ausgedehnt und auch Israels Gebiete östlich des Jordans zurückerobert. Der Dienst des Propheten begann zwei Jahre vor dem großen Erdbeben (Amos 1,1), vermutlich im Jahr 762 v. Chr. Zweck seiner Botschaft war es, Israels Gewissen zu wecken und das Volk aus seinem trügerischen Optimismus aufzuschrecken. Man nennt Amos auch den »Jakobus des Alten Testaments«. Der Name Amos bedeutet: »Der (von Jahwe) Getragene«.

1 1 Reden des Amos, eines Schafzüchters aus Tekoa, über Israel. Er empfing die Botschaft in Form von Visionen, als Usija König von Juda und Jerobeam Ben-Joasch König von Israel war, zwei Jahre vor dem Erdbeben.

Das Gericht über Israels Nachbarn

2 Amos sagte:
Jahwe brüllt von Zion her, / aus Jerusalem schallt seine Stimme. / Da vertrocknen die saftigen Weiden, / selbst der Gipfel des Karmel verdorrt.

3 So spricht Jahwe:
Wegen drei Verbrechen, die Damaskus* beging, / wegen vier nehme ich es nicht zurück, / denn mit eisernem Dreschschlitten / zerdroschen sie Gilead*.
4 Darum lege ich Feuer an Hasaëls Haus, / es frisst Ben-Hadads Paläste.
5 Den Riegel von Damaskus werde ich zerbrechen. / Ich rotte den Herrscher von Sündental aus, / den Zepterträger von Lusthausen*. / Die Bevölkerung von Syrien / muss in die Verbannung nach Kir*. / Spruch Jahwes.

6 So spricht Jahwe:
Wegen drei Verbrechen, die Gaza* beging, / wegen vier nehme ich es nicht zurück, / denn ganze Dörfer haben sie entvölkert, /

1,3 *Damaskus* war schon damals die Hauptstadt von Syrien.

Gilead. Landschaft östlich des Jordan, Wohnsitz der Stämme Ruben, Gad und halb Manasse. Dieses Gebiet war von syrischen Truppen zur Zeit von Hasaël (842-796 v.Chr.) und seinem Sohn Ben-Hadad III. (796-775 v.Chr.) grausam erobert worden.

1,5 *Sündental* und *Lusthausen* (Hebräisch: Bikat-Awen; Bet-Eden) sind hier wahrscheinlich symbolische Namen für Damaskus.

Kir. Siehe 2. Könige 16,9!

1,6 *Gaza.* Philisterstadt am Mittelmeer.

und die Verschleppten an Edom*
verkauft.* 7 Darum lege ich Feuer
an die Mauern von Gaza, / damit
es seine Paläste frisst. 8 Ich rotte
den Herrscher von Aschdod aus, /
den Zepterträger von Aschkelon*. /
Ekron wird meine Hand zu spüren
bekommen, / und der Rest der
Philister wird verschwinden.
Spruch Jahwes.

9 So spricht Jahwe:
Wegen drei Verbrechen, die Tyrus*
beging, / wegen vier nehme ich es
nicht zurück, / denn ganze
Dörfer haben sie entvölkert, /
und die Verschleppten an Edom
verkauft,* / und nicht mehr
an den Bruderbund gedacht.
10 Darum lege ich Feuer an die
Mauern von Tyrus, / damit es
seine Paläste frisst.

11 So spricht Jahwe:
Wegen drei Verbrechen, die Edom
beging, / wegen vier nehme ich
es nicht zurück, / denn es hat
seinen Bruder* mit dem Schwert
verfolgt, / hat sein Erbarmen
erstickt, / seinen Hass immer aufs
Neue geschürt. 12 Darum lege ich
Feuer an Teman*, / damit es die
Paläste von Bozra* frisst.

13 So spricht Jahwe:
Wegen drei Verbrechen der Nach-
kommen Ammons*, / wegen vier
nehme ich es nicht zurück, / denn
sie haben Schwangere in Gilead
aufgeschlitzt, / nur um ihr Gebiet
zu erweitern. 14 Darum lege ich
Feuer an die Mauern von
Rabba*, / damit es seine Paläste
frisst / beim Kriegsgeschrei am
Tag der Schlacht, / am Sturmtag
unter Tosen. 15 Ihr König muss in
die Verbannung, / er und seine
Oberen mit ihm. / Spruch Jahwes.

2 1 So spricht Jahwe:
Wegen drei Verbrechen der Leu-
te von Moab*, / wegen vier nehme
ich es nicht zurück, / denn sie ha-
ben die Knochen des Königs von
Edom / zu Kalkstaub verbrannt.
2 Darum lege ich Feuer an Moab, /

1,6 *Edom*. Land östlich der Araba und südlich vom Toten Meer, bewohnt von den Nachkommen Esaus.

verkauft. Als die Philister zur Zeit des Königs Joram (851-845 v.Chr.) in Juda einfielen, haben sie laut Hieronymus ganze Dörfer bis auf den letzten Mann, samt Frauen und Kindern, in die Sklaverei nach Edom verkauft.

1,8 *Aschdod, Aschkelon, Ekron* waren Philisterstädte.

1,9 *Tyrus* war die wichtigste Hafenstadt an der phönizischen Küste, 56 km nördlich vom Berg Karmel.

an Edom verkauft. Siehe Joel 4,3.6!

1,11 *Bruder*. Gemeint ist das Brudervolk Israel (Vers 9), denn Jakob, der Stammvater Israels, und Esau, der Stammvater Edoms, waren Brüder.

1,12 *Teman* ist ein Gebiet mitten in Edom, in der Nähe von Petra.

Bozra. Wichtige edomitische Stadt, Schafzuchtzentrum, 40 km südöstlich vom Süd-Ende des Toten Meeres.

1,13 Die *Ammoniter* waren nordöstliche Nachbarn der Moabiter.

1,14 *Rabba* war die Hauptstadt der Ammoniter, 38 Kilometer östlich vom Jordan, heute: Amman.

2,1 Die *Moabiter* lebten östlich des Toten Meeres zwischen den Flüssen Arnon und Zered.

damit es die Paläste von Keriot*
frisst. / Moab stirbt im Kampfes-
lärm, / beim Kriegsgeschrei und
Hörnerschall. 3 Ich vernichte sei-
nen Herrscher / und alle seine
Oberen mit ihm. / Spruch Jahwes.

Gegen Juda und Israel

4 So spricht Jahwe:
Wegen drei Verbrechen, die Juda
beging, / wegen vier nehme ich es
nicht zurück, / denn sie haben
Jahwes Weisung verworfen, /
seine Gebote übertreten / und
wurden von falschen Göttern
verführt, / denen schon ihre Väter
nachliefen. 5 Darum lege ich Feuer
an Juda, / damit es die Paläste von
Jerusalem frisst.

6 So spricht Jahwe:
Wegen drei Verbrechen, die Israel
beging, / wegen vier nehme ich es
nicht zurück, / denn sie haben den
Gerechten als Sklaven verkauft, /
den Armen wegen einem Paar
Schuhe. 7 Den Kopf der Hilflosen
treten sie in den Staub, / die
Gebeugten bringen sie um ihr
Recht. / Vater und Sohn gehen zur
selben Hure / und entweihen so
meinen heiligen Namen. 8 Sie
strecken sich auf gepfändeten
Kleidern aus. / Das tun sie neben
jedem Altar. / Von Bußgeldern
kaufen sie Wein / und trinken ihn
im Gotteshaus.
9 Dabei hatte ich doch den
Amoriter vor ihnen vernichtet, /
der groß wie eine Zeder war / und
stark wie die Eiche. / Oben rottete
ich seine Früchte aus / und unten
seine Wurzeln. 10 Ich bin es auch
gewesen, / der euch aus Ägypten
herbrachte, / der euch vierzig
Jahre in der Wüste führte, / damit
ihr das Land des Amoriters / in
euren Besitz nehmen konntet.
11 Einige von euren Söhnen ließ
ich als Propheten auftreten, / an-
dere eurer jungen Männer wurden
Nasiräer*. / So ist es doch, ihr
Leute von Israel! / Spruch Jahwes.
12 Doch ihr gabt den Nasiräern
Wein zu trinken / und habt den
Propheten das Weissagen verboten.
13 Passt auf! Ich lasse den Boden
unter euch schwanken, / wie ein
Wagen schwankt, der voll von
Garben ist. 14 Dann kann auch
der Schnellste nicht mehr ent-
kommen, / dem Starken versagen
die Kräfte, / auch der Held kann
sein Leben nicht retten. 15 Der
Bogenschütze wird überrannt, /
der Schnellläufer rettet sich
nicht, / auch der Reiter kann sein
Leben nicht schützen. 16 Selbst der
tapferste Held / flieht nackt an
jenem Tag. / Spruch Jahwes.

Das bevorzugte Volk

3 1 Hört, was Jahwe über euch
sagt, ihr Israeliten, / über das
ganze Geschlecht, das ich aus
Ägypten herausgeführt habe!
2 Von allen Völkern der Erde /
habe ich nur euch ausgewählt. /

2,2 *Keriot*. Heute: El Qereiyat, 13 Kilometer östlich vom Toten Meer.

2,11 *Nasiräer*. Männer, die sich Gott weihten und während dieser Zeit ihre Haare nicht schneiden und keinen Alkohol trinken durften.

Deshalb ziehe ich euch zur
Rechenschaft / für alle eure
Vergehen.

Der Prophet muss reden

3 Gehen wohl zwei miteinander, /
ohne sich begegnet zu sein?
4 Brüllt der Löwe im Wald, /
ohne Beute zu haben? / Brüllt der
Junglöwe im Versteck, / wenn er
nichts gefangen hat? 5 Wird ein
Vogel im Bodennetz gefangen, /
ohne dass es aufgestellt ist? /
Springt das Klappnetz vom Boden
hoch, / wenn sich nichts darin
gefangen hat? 6 Wird in der Stadt
Alarm geblasen, / ohne dass ein
Bewohner erschrickt? / Geschieht
ein Unglück in der Stadt, / ohne
dass Jahwe es bewirkt? 7 Denn
Jahwe, der Herr, tut nichts, / ohne
seinen Dienern, den Propheten, /
das Geheimnis zu enthüllen. 8 Der
Löwe brüllt, / wer fürchtet sich da
nicht? / Jahwe, der Herr, spricht, /
wer wird da nicht zum Propheten?

Der Untergang Samarias

9 Lasst es hören in den Palästen
von Aschdod / und denen im Land
Ägypten: / »Versammelt euch auf
den Bergen um Samaria herum /
und seht euch das wilde Treiben
dort an, / die Unterdrückung im
Innern der Stadt! 10 Sie treten das
Recht mit den Füßen, spricht
Jahwe. / Mit Misshandlung und
Gewalt / sammeln sie Schätze in
ihren Palästen.«
11 Darum spricht Jahwe, der
Herr: / »Feinde werden euer Land
umzingeln, / sie reißen eure
Festung nieder / und plündern
eure Paläste.«
12 So spricht Jahwe: / »Wie ein
Hirt aus dem Rachen des Löwen /
vom Lamm nur zwei Unter-
schenkel rettet / oder einen Zipfel
vom Ohr, / so werden Israels
Söhne gerettet, / die in Samaria in
ihrem Sessel sitzen, / auf Ruhe-
polstern in Damaskus.«
13 »Hört und schärft es dem
Haus Jakob* ein!«, / spricht
Jahwe, der allmächtige Gott.
14 »Es kommt der Tag, an dem
ich Israel / für seine Verbrechen
zur Rechenschaft ziehe. / Dann
rechne ich ab mit den Altären von
Bet-El*: / Ich schlage ihre Hörner
ab / und lasse sie am Boden liegen.
15 Ich zertrümmere Winterhaus
und Sommerpalast, / die Elfen-
beinhäuser werden verschwin-
den!« / Spruch Jahwes.

Gegen die reichen Frauen

4 1 Hört dies Wort, ihr Kühe von
Baschan*, / die ihr auf dem Berg
Samarias wohnt! / Ihr unterdrückt
die Schwachen / und schindet die
Bedürftigen. / Ihr sagt zu euren
Männern: / »Los, schafft uns zu
trinken herbei!«

3,13 *Haus Jakob.* Nachkommen von Jakob (Israel), dem Stammvater Israels.

3,14 *Bet-El* liegt 9 km nördlich von Jerusalem und war das Zentrum des pervertierten israelitischen Gottesdienstes, wobei Jahwe durch ein goldenes Kalb verehrt wurde.

4,1 *Baschan.* Fruchtbare Hochebene östlich und nördlich vom See Gennesaret, bekannt für Rinderzucht.

2 Jahwe, der Herr, schwört
bei seiner Heiligkeit: / »Passt auf,
es werden Tage kommen, / da
schleppt man euch an Haken
weg, / an Fischerangeln die letzten
von euch! 3 Durch Mauerbreschen
müsst ihr hinaus, / eine nach der
anderen, / und werdet zum Bann-
ort gejagt.« / Spruch Jahwes.

Gott will Umkehr, nicht Kult

4 »Geht nach Bet-El und übt
Verbrechen, / nach Gilgal* und
sündigt noch mehr! / Bringt eure
Schlachtopfer am nächsten
Morgen, / euren Zehnten am
übernächsten Tag! 5 Verbrennt als
Dankopfer gesäuertes Brot, / ruft
zu freiwilligen Opfern auf / und
lasst es alle hören! / So liebt ihr es
doch, ihr Israeliten!«, / spricht
Jahwe, der Herr.

6 »So habe auch ich euch nichts zu
beißen gegeben. In euren Städten und
Dörfern gab es Mangel an Brot. Und
doch kehrtet ihr nicht zu mir um!«
Spruch Jahwes.
7 »So hielt auch ich den Regen zu-
rück, drei Monate vor der Ernte. Auf
die eine Stadt ließ ich es regnen, auf
die andere Stadt nicht. Das eine Feld
wurde beregnet; das andere, das
keinen Regen bekam, verdorrte. 8 Von
zwei, drei Städten schleppten sich die
Leute zu einer Stadt hin, die noch
Wasser hatte. Doch es reichte nicht
für so viele. Und doch kehrtet ihr nicht
zu mir um!« Spruch Jahwes.
9 »Ich schickte euch Mehltau und
Getreidebrand. Ich ließ eure Gärten
und Weinberge vertrocknen. Eure
Feigen- und Olivenbäume fraßen die
Heuschrecken kahl. Und doch kehrtet
ihr nicht zu mir um!« Spruch Jahwes.
10 »Ich schickte euch die Pest wie
einst den Ägyptern. Eure jungen
Männer wurden im Kampf erschla-
gen. Eure Pferde gab ich den Feinden
zur Beute. Ich ließ euch den Leichen-
gestank eurer Heerlager in die Nase
steigen. Und doch kehrtet ihr nicht zu
mir um!« Spruch Jahwes.
11 »Ich habe das Unterste bei euch
zuoberst gekehrt, wie damals bei
Sodom und Gomorra*. Ihr wart wie
ein angekohltes Holzscheit, das aus
dem Feuer gerissen wurde. Und doch
kehrtet ihr nicht zu mir um!« Spruch
Jahwes.
12 »Deshalb handle ich so an dir, Is-
rael. Und weil ich dir das alles antun
werde, mach dich bereit, deinem Gott
zu begegnen, Israel!«

13 Denn sieh, er formt die Berge, /
er erschafft den Wind. / Er sagt
dem Menschen, was er im Sinn
hat. / Er macht das Morgenrot zur
Finsternis, / er schreitet über die
Gipfel der Erde. / Er heißt Jahwe,
Gott, der Allmächtige.

4,4 *Gilgal.* Ort in der Nähe von Jericho, wo die Israeliten bei den 12 Steinen aus dem Jordan (Josua 4,19-20) wahrscheinlich eine Kultstätte errichtet hatten (Hosea 9,15; 12,12).

4,11 *Sodom und Gomorra.* Städte, die Gott durch Feuer vernichtet hat (1. Mose 19, 24-25).

5,1 Die Verse 1-17 sind so aufgebaut, dass sich die Gedanken in der Reihenfolge ABCD CBA um die Verse 8-9 (D) gruppieren.

Klagelied über Israel

5 1 (A)* Hört diese Botschaft,
ihr Israeliten! / Ich stimme
die Totenklage über euch an.
2 Erschlagen liegt sie da, / Israel,
die junge Frau, / und sie steht nie
wieder auf. / Verlassen liegt sie auf
eigenem Boden, / und niemand
hilft ihr hoch. 3 Denn so spricht
Jahwe, der Herr: »Die Stadt, die
mit tausend Männern in den
Kampf zieht, / behält nur hundert
übrig, / und die mit hundert
auszieht, / der bleiben nur zehn. /
So wird es überall in Israel sein.«
4 (B) Denn so spricht Jahwe,
der Herr: / »Sucht mich, dann
werdet ihr leben! 5 Sucht nicht
Bet-El auf, / geht nicht nach
Gilgal, / zieht nicht nach Beer-
scheba*! / Denn Gilgal droht die
Verbannung / und Bet-El wird
zum Unheilshaus. 6 Sucht Jahwe,
dann werdet ihr leben! / Sonst
fällt er wie Feuer / über die Nach-
kommenschaft Josefs* her, / und
niemand löscht es für Bet-El aus.«
7 (C) Ihr wandelt Gerechtigkeit
in Bitterkeit um / und tretet das
Recht mit den Füßen.
8 (D) Er, der das Siebengestirn
und den Orion schuf, / der die
Finsternis verwandelt zum
Morgenlicht / und den Tag
verdunkelt zur Nacht, / der das
Meereswasser ruft – und es flutet
über die Erde.* / Er hat
den Namen Jahwe. 9 Er lässt
Vernichtung über dem Starken
aufblitzen, / Verwüstung kommt
über die befestigte Stadt.
10 (C) Beim Gericht im Tor
hassen sie den, / der zur
Gerechtigkeit mahnt. 11 Weil ihr
vom Hilflosen Pachtgeld verlangt /
und Kornabgaben von ihm wollt, /
habt ihr zwar Häuser aus Quadern
gebaut, / werdet aber nicht darin
wohnen, / habt ihr zwar schöne
Weinberge gepflanzt, / werdet
ihren Wein aber nicht trinken.
12 Ja, ich kenne eure Vergehen /
und eure vielen Verbrechen. /
Ihr bedrängt den Gerechten /
und nehmt Bestechungsgelder
an / und verweigert den Armen
das Recht. 13 Darum schweigt der
Kluge / in dieser bösen Zeit.
14 (B) Sucht das Gute und nicht
das Böse, / dann werdet ihr
leben! / Und dann wird, wie ihr
sagt, / Jahwe, der allmächtige
Gott, mit euch sein. 15 Hasst das
Böse und liebt das Gute! / Und
sorgt für das Recht bei Gericht! /
Vielleicht wird Jahwe, der
allmächtige Gott, / dem Rest der
Nachkommen Josefs gnädig sein.
16 (A) Darum spricht Jahwe,
der allmächtige Gott, der Herr: /
»Auf allen Plätzen herrscht
Trauer, / Wehrufe hört man in
allen Gassen. / Man ruft die

5,5 Auch die Stadt *Beerscheba* im Süden von Juda war offenbar ein Zentrum des Götzendienstes geworden.

5,6 *Josef* war der Vater von Efraïm und Manasse, den Stammvätern der größten Stämme des Nordreichs, deren Namen auch für das ganze Nordreich stehen konnten.

5,8 *es flutet über die Erde.* Hier ist wohl nicht der Wasserkreislauf gemeint, sondern eher so etwas wie ein Tsunami.

Bauern zum Trauern herbei, / und zur Totenklage den, der die Klagelieder kennt. 17 Selbst in den Weinbergen wird Wehklage sein, / denn ich werde das Land durchziehen«, / spricht Jahwe.

Frommer Selbstbetrug

18 Ihr wünscht euch den Tag Jahwes herbei, / doch ihr seid zu bedauern. / Was bringt euch der Tag Jahwes? / Er wird Finsternis sein und nicht Licht. 19 Es wird euch wie dem Mann ergehen, / der vor dem Löwen flieht / und einem Bären in die Quere kommt. / Hat er dann glücklich sein Haus erreicht / und lehnt sich an die Wand, / so beißt ihn eine Schlange. 20 So wird der Tag Jahwes Finsternis sein und nicht Licht, / schwarz wie die Nacht, ohne hellen Schimmer.

21 »Ich hasse und verwerfe eure Feste, / eure Feiern kann ich nicht riechen! 22 Eure Brandopfer sind mir zuwider, / eure Speisopfer gefallen mir nicht. / Eure fetten Freudenopfer* mag ich nicht sehen! 23 Hört auf mit dem Geplärr eurer Lieder! / Euer Harfengeklimper ist nicht zu ertragen! 24 Lasst nur das Recht wie Wasser fließen, / die Gerechtigkeit wie einen immer fließenden Bach.

25 Habt ihr mir Schlacht- und Speisopfer gebracht / die vierzig Jahre in der Wüste, Haus Israel? 26 Oder habt ihr nicht schon damals / den Sikkut, euren Himmelskönig, getragen, / und Kiun*, euren Sternengott, / die ihr euch selbst gemacht habt? 27 Darum lasse ich euch in die Gefangenschaft ziehen, / noch über Damaskus hinaus, / spricht Jahwe, es ist Gott, der Allmächtige!«*

Die Selbstsicherheit der Vornehmen

6 1 Weh den Sorglosen in Zion, / den Sicheren auf dem Berg von Samaria, / weh der Elite des ersten unter den Völkern, / an die sich das Haus Israel wendet. 2 Geht hinüber nach Kalne* und seht euch dort um, / geht von da in die große Stadt Hamat*, / steigt hinab ins Gat* der Philister! / Seid ihr besser als diese Reiche, / oder ist ihr Gebiet größer als eures? 3 Ihr wollt den Tag des Unglücks verdrängen / und fördert die Herrschaft der Gewalt. 4 Ihr liegt auf Betten aus Elfenbein / und räkelt euch auf Ruhepolstern. /

5,22 Beim *Freudenopfer* wurde im Gegensatz zum Brandopfer nur das Fett auf dem Altar verbrannt. Der größte Teil des Tieres durfte bei einer fröhlichen Opfermahlzeit gemeinsam mit Verwandten und Freunden verzehrt werden.

5,26 *Sikkut und Kiun* (oder: Sakkut und Kewan) sind assyrisch-babylonische Götter.

5,27 Die Verse 25-27 werden von Stephanus in seiner Rede vor dem Hohen Rat nach der LXX zitiert (Apostelgeschichte 7,42-43).

6,2 *Kalne*. Stadt in Nordsyrien, heute Kullan-Köy, 24 Kilometer nördlich von Aleppo.

Hamat. Heute Labwe, etwa 70 Kilometer nördlich vom Berg Hermon.

Gat. Östlichste Philisterstadt an der Grenze zu Israel. Heimatstadt Goliats (1. Samuel 17).

Ihr verschlingt die Lämmer von
der Herde weg, / die Kälber aus
dem Maststall. 5 Ihr grölt zum
Harfengeklimper, / wollt Lieder
erfinden wie David. 6 Aus Opfer-
schalen schlürft ihr Wein / und
salbt euch mit den besten Ölen. /
Doch der Untergang Josefs*
schert euch nicht.

7 Darum werden sie als erste
verschleppt, / allen Verbannten
voran. / Dann ist es mit dem
Gejohle der Hingelümmelten
vorbei.

Die Zerstörung Samarias

8 Jahwe, der Herr, hat bei sich
selbst geschworen. / Spruch
Jahwes, des allmächtigen Gottes: /
»Ich verabscheue Jakobs Stolz, /
ich hasse seine Paläste. / Die Stadt
und alles darin / liefere ich aus.«

9 Und wenn irgendwo, in einem
einzigen Haus, noch zehn Menschen
übrig geblieben sind, müssen auch sie
sterben. 10 Und wenn ein Verwandter
oder der Bestatter einen Toten auf-
hebt, um ihn aus dem Haus zu schaf-
fen, und einen Überlebenden fragt,
der im hintersten Winkel des Hauses
sitzt: »Ist noch jemand bei dir?«, und
er antwortet: »Niemand!«, dann wird
der andere sagen: »Still! Nur nicht
den Namen Jahwes nennen!«

11 Denn seht: Jahwe befiehlt, /
da schlägt man das große Haus
zu Bruch / und das kleinere in
Trümmer. 12 Laufen Pferde denn
die Felsen hoch, / oder pflügt man
mit Rindern das Meer? / Doch ihr
verwandelt das Recht in Gift /
und was Gerechtigkeit bewirken
soll in Bitterkeit. 13 Ihr freut euch
über ein Unding* und sagt: / »Wir
haben Karnajim* genommen! /
Das haben wir aus eigener Kraft
geschafft!« 14 »Passt auf! Ich
werde gegen euch, Haus Israel«, /
spricht Jahwe, der allmächtige
Gott, / »ein Volk aufstehen lassen,
das euch quält / vom Zugang nach
Hamat bis zum Steppenbach*«.

Die Heuschreckenplage

7 1 So hat mich Jahwe, der Herr,
schauen lassen: Ich sah, wie er
einen Heuschreckenschwarm schuf.
Es war in der Zeit, als das Gras für den
König gemäht worden war und das
Spätgras zu wachsen anfing. 2 Als die
Heuschrecken alles Grün abgefressen
hatten, sagte ich: »Herr, Jahwe, vergib
doch! Wie kann Jakob sonst überle-
ben? Es ist ja so klein.« 3 Da hatte
Jahwe Mitleid mit ihm. »Es soll nicht
geschehen!«, sagte er.

Das Feuer

4 Dann hat mich Jahwe, der Herr, Fol-
gendes schauen lassen: Jahwe, der
Herr, rief das Feuer zum Gericht her-
bei, das alles Wasser aufzehrte. Als es
auch das Ackerland fressen wollte,

6,6 *Untergang Josefs.* Siehe Amos 5,6!

6,13 *Unding.* Hebräisch: Lo-Dabar. Das war ein Ort im Grenzgebiet zu den Ammonitern, dessen Name bedeutete: »keine Sache« oder »kein Wort«.

Karnajim. Stadt im Ostjordanland, deren Name »Hörner«, d.h. »Macht«, bedeutet.

6,14 *Steppenbach.* Wahrscheinlich der Grenzfluss zwischen Moab und Edom.

5 rief ich: »Herr, Jahwe, halt doch ein!
Wie kann Jakob sonst überleben? Es
ist ja so klein.« 6 Da hatte Jahwe Mit-
leid mit ihm. »Auch das soll nicht ge-
schehen!«, sagte Jahwe, der Herr.

Das Senkblei

7 Dann ließ er mich Folgendes sehen:
Der Herr stand auf einer senkrechten
Mauer und hatte ein Lot in der Hand.
8 Jahwe sagte zu mir: »Was siehst du,
Amos?« – »Ein Lot«, sagte ich. Da
sagte der Herr: »Pass auf! Ich lege ein
Lot an mein Volk Israel an, ich werde
es nicht mehr verschonen. 9 Dann
werden die Opferhöhen Isaaks* ver-
öden, und die Heiligtümer Israels wer-
den in Trümmern liegen, und gegen
das Königshaus Jerobeams gehe ich
mit dem Schwert vor.«

Amos wird aus Israel ausgewiesen

10 Amazja, der Oberpriester von Bet-
El, ließ König Jerobeam von Israel
melden: »Amos zettelt mitten in Israel
eine Verschwörung gegen dich an.
Seine Worte sind unerträglich für das
Land. 11 Er hat nämlich gesagt: ›Jero-
beam stirbt durch das Schwert, und
Israel wird aus seinem Land in die
Verbannung geführt.‹«
12 Zu Amos sagte Amazja: »Geh
weg von hier, Seher! Verschwinde
nach Juda! Dort kannst du dein Brot
verdienen und weissagen, was du
willst. 13 In Bet-El jedenfalls wirst du
nicht länger Prophet sein! Denn dies
hier ist ein Staatsheiligtum, das dem
König gehört.«
14 Amos erwiderte Amazja: »Ich bin
weder Berufsprophet noch gehöre
ich zu einer Prophetengemeinschaft,
sondern ich züchte Rinder und Maul-
beerfeigenbäume. 15 Doch Jahwe
holte mich von der Herde weg und
sagte zu mir: ›Geh und rede als Pro-
phet zu meinem Volk Israel!‹ 16 Du
willst mir verbieten, Israel die Bot-
schaft Gottes zu bringen, du ver-
wehrst mir, den Nachkommen Jakobs
zu weissagen? Hör darum, was Jahwe
dir zu sagen hat: 17 ›Deine Frau wird
hier in der Stadt eine Hure werden.
Deine Söhne und Töchter werden
durch den Krieg umkommen. Dein
Grundbesitz wird mit dem Messband
verteilt und du selbst wirst in der
Fremde sterben, in einem unreinen
Land. Denn Israel muss auf jeden Fall
in die Verbannung ziehen, fort von
seinem Land.‹«

Ein Korb mit reifem Obst

8 1 Dann ließ Jahwe, der Herr, mich
Folgendes sehen: Ich sah einen
Korb mit reifem Obst. 2 »Amos, was
siehst du?«, fragte er mich. »Einen
Korb mit reifem Obst«, antwortete
ich. Da sagte Jahwe: »Ja, mein Volk
Israel ist reif für das Ende. Ich werde
es nicht länger verschonen. 3 Dann
werden die Gesänge im Palast zu
Geheul, spricht Jahwe. Leichen in
Menge, hingeworfen überall. Stille.«

Gegen die Ausbeutung

4 Hört her, die ihr die Schwachen
unterdrückt / und die Armen im
Land ruiniert! 5 Ihr sagt:

7,9 Isaak war der Vater von Israel (Jakob).

»Wann ist das Neumondfest
endlich vorbei? / Dann können
wir Getreide verkaufen! /
Wann ist nur der Sabbat
vorüber? / Dann bieten wir
Korn an. / Wir verkleinern das
Getreidemaß, / vergrößern das
Gewicht für das Geld / und stellen
die Waage falsch ein. 6 Wir kaufen
Sklaven für Geld / und Arme
für ein Paar Schuhe / und
verkaufen noch den Abfall vom
Korn.

7 Bei Jakobs Stolz hat Jahwe
geschworen: / »Nie werde ich ihre
Taten vergessen! 8 Erbebt darüber
nicht die Erde, / erschrecken nicht
all ihre Bewohner? / Hebt sie sich
nicht wie der Nil, / ist sie nicht
aufgewühlt und senkt sich
wieder / so wie der Strom von
Ägypten?«

9 »An jenem Tag«, spricht
Jahwe, der Herr, / »geht die
Sonne schon am Mittag unter. /
Am helllichten Tag bringe ich /
Finsternis über die Erde. 10 Ich
verwandle eure Feste in Trauer. /
Eure Gesänge werden Totenlieder
sein. / Auf die Hüften bring ich
euch den Trauersack / und auf
jeden Kopf eine Glatze. / Ich lasse
euch trauern wie um den einzigen
Sohn. / Bitter wird das Ende
dieses Tages sein.«

11 »Seht, es kommen Tage«,
spricht Jahwe, der Herr, / »da
schicke ich Hunger ins Land. /
Es ist nicht ein Hunger nach
Brot, / es ist kein Durst nach
Wasser, / sondern sie lechzen
nach den Worten Jahwes.
12 Dann wanken sie von Meer
zu Meer, / vom Norden bis zum
Osten, / nur um das Wort Jahwes
zu suchen. / Doch finden werden
sie es nicht. 13 An jenem Tag
werden die schönen jungen
Mädchen / und die jungen Männer
ohnmächtig vor Durst, 14 sie,
die bei Samarias Schuldgötzen
schworen / und sagten: ›So wahr
dein Gott lebt, Dan!‹, / und: ›So
wahr der Weg nach Beerscheba
lebt!‹ / Sie werden zu Boden
stürzen / und sich nicht mehr
erheben.«

Jahwe am Altar

9 1 Ich sah den Herrn am Altar vor
dem Tempel stehen. Er befahl:
»Schlag auf die Kapitelle der
Säulen, / dass die Fundamente
erzittern, / zerschmettere ihren
Kopf! / Was dann von ihnen noch
übrig ist, / das töte ich mit dem
Schwert. / Kein Flüchtling wird
entfliehen, / keiner von ihnen
entkommt, / niemand wird sich in
Sicherheit bringen. 2 Und brächen
sie auch in die Totenwelt ein, /
holte ich sie von dort zurück. /
Stiegen sie in den Himmel
hinauf, / holte ich sie von da
herunter. 3 Und wenn sie sich auf
dem Karmel* versteckten, / holte
ich sie von dort hervor. / Selbst
wenn sie sich vor mir / auf dem
Grund des Meeres verbergen, / so
würde sie die Seeschlange beißen /

9,3 *Karmel.* Berg, der die Küstenebene Israels am Mittelmeer durchbricht.

nach meinem Befehl. 4 Und wenn
sie vor ihren Feinden her in die
Gefangenschaft zögen, / würde
ich dort dem Schwert befehlen, /
sie zu töten. / Ich behalte sie im
Auge, / aber nicht zu ihrem
Glück.«

Was für ein Gott

5 Jahwe, der Herr, der Allmächtige: /
Berührt er die Erde, so bebt sie, /
dass all ihre Bewohner trauern. /
Dann hebt sie sich wie der Nil /
und senkt sich wie der Strom von
Ägypten. 6 Er hat das Himmels-
gewölbe über der Erde gegründet /
und sich droben im Himmel seine
Wohnung gebaut. / Er ruft das
Wasser aus dem Meer, / und es
regnet auf die Erde herab.

Kein Sonderrecht für Israel

7 »Seid ihr etwas Besseres als die
Leute von Nubien*, ihr Israeliten?«,
spricht Jahwe. »Gewiss habe ich euch
aus Ägypten geführt, aber auch die
Philister aus Kaftor* und die Syrer
aus Kir*. 8 Passt auf! Jahwe, der Herr,
hat das sündige Königreich im Blick
und wird es von der Erde verschwin-
den lassen. Allerdings rotte ich die
Nachkommen Jakobs nicht völlig
aus.« Spruch Jahwes.

9 »Passt nur auf! Ich werde den Be-
fehl geben, Israel unter die Völker zu
zerstreuen. Sie werden so mit einem
Sieb geschüttelt, dass nicht ein Stein-
chen zur Erde fällt. 10 Alle Sünder
meines Volkes werden im Krieg zu
Tode kommen, alle, die jetzt so sicher
sagen: ›Du wirst das Unglück nicht
herankommen lassen. Bis zu uns wird
es nicht kommen!‹«

Die Wiederherstellung Israels

11 »An dem Tag werde ich die einge-
fallene Hütte Davids wieder aufrich-
ten. Ihre Risse mauere ich zu, und ihre
eingestürzten Wände ziehe ich neu
hoch, sodass sie dasteht wie seit ur-
alter Zeit. 12 Dann werden die Israe-
liten den Rest von Edom in Besitz
nehmen und alle Nachbarländer, über
denen mein Name ausgerufen* war«,
spricht Jahwe, der es auch tun wird.*

13 »Es kommt eine Zeit«, spricht
Jahwe, »da folgt der Pflüger dem
Schnitter auf dem Fuß und die Aus-
saat schließt sich an die Weinlese an.
Die Berge triefen vor Most und alle
Hügel wogen. 14 Dann werde ich für
mein Volk Israel alles wieder zum
Guten wenden. Sie bauen die zer-
störten Städte auf und werden darin
wohnen, sie pflanzen Weinberge an
und werden den Wein davon trinken,
sie legen Gärten an und werden von
ihren Früchten essen. 15 Ich pflanze
sie wieder in ihr Land ein, das ich
ihnen gegeben habe, und lasse sie nie
wieder herausreißen«, spricht Jahwe,
dein Gott.

9,7 *Nubien.* Hebräisch: Kusch. Land am Oberlauf des Nil, südlich von Ägypten.

Kaftor. Heimat der Vorfahren der Philister, vermutlich Zypern.

Kir bedeutet »Stadt«, meint hier vielleicht ein Land, das die Syrer früher bewohnten.

9,12 *Name ausgerufen.* Zum Zeichen der Besitzergreifung.

Die Verse 11-12 werden von Jakobus auf dem Apostelkonzil frei nach der LXX zitiert (Apostelgeschichte 15,16-17).

Der Prophet Obadja

Der Verfasser dieses nur 21 Verse umfassenden Prophetenbuches ist nicht näher bekannt. Er trug den Namen Obadja, »Anbeter Jahwes«, wie viele Personen im Alten Testament. Der Text dieses kürzesten Buches im Alten Testament lässt auch keine eindeutigen Schlüsse auf die Entstehungszeit zu. Am wahrscheinlichsten ist noch die Annahme, dass Obadja in der Zeit Jorams (848-841 v.Chr.) wirkte, nachdem die Edomiter von Juda abgefallen waren und zusammen mit den Arabern und Philistern Jerusalem überfallen hatten. Sein Thema: Die Gerechtigkeit Gottes fordert das Gericht über Edom.

Das Gericht über Edom

1 *1* Vision Obadjas. Von Jahwe
haben wir eine Botschaft gehört,
und ein Bote wurde zu den Völkern
geschickt: »Los, auf zum Kampf
gegen Edom*!« So spricht Jahwe, der
Herr, über Edom:
2 »Pass auf! Ich mache dich klein
vor den Völkern. / Man verachtet
dich tief. *3* Dein Übermut hat
dich getäuscht, / weil du in den
Felsklüften wohnst, / deinen Sitz
auf hohen Bergen hast / und im
Innersten denkst: / ›Wer stürzt
mich schon zu Boden?‹ *4* Auch
wenn du dein Nest so hoch baust
wie der Adler, / ja, wenn du es
zwischen die Sterne setzt: / Selbst
von dort stürze ich dich hinab«,
spricht Jahwe. *5* Wenn Diebe und
Räuber nachts über dich kämen, –
Ach, wie hat man dich zerstört! –
dann nähmen sie nur für ihren
Bedarf. / Wenn Winzer über dich
kämen, / würden sie eine Nachlese
lassen. *6* Wie hat man Esau*
durchsucht, / wie seine Verstecke
durchwühlt! *7* Bis an die Grenze
haben sie dich getrieben, / die mit
dir in einem Bund standen! /
Betrogen, überwältigt haben dich
die, / mit denen du im Frieden
warst. / Einst aßen sie dein Brot, /
jetzt legen sie dir eine Schlinge /
und denken: ›Er merkt es doch
nicht!‹
8 »Ja, an jenem Tag«, spricht
Jahwe, / »lass ich die Weisen aus
Edom verschwinden / und aus
Esaus Bergen die Einsicht.
9 Da packt deine Helden der
Schrecken, Teman*, / dass keiner
im Gebirge Esaus mit dem Leben
davonkommt. / Wegen des
Mordens, *10* der Gewalt an
Jakob*, deinem Bruder, /
deswegen bedeckt dich die
Schande, / deshalb wirst du für
immer beseitigt!

1,1 *Edom*. Land östlich der Araba und südlich vom Toten Meer.

1,6 *Esau* war der Bruder Jakobs und Stammvater der Edomiter.

1,9 *Teman* heißt so viel wie »Süden« und bezeichnet hier wohl ganz Edom als Südland.

1,10 *Jakob* war der Bruder Esaus und Vater der Stammväter der zwölf Stämme Israels.

11 Als Fremde sein Heer in die
Gefangenschaft führten, / als
Ausländer durch seine Tore
zogen / und das Los über
Jerusalem warfen, / warst auch
du wie einer von ihnen, / denn
du standest an dem Tag dabei.
12 Nun weide dich nicht am Tag
deines Bruders, / an seinem
Missgeschick! / Freu dich nicht
über die Judäer / am Tag ihrer
Vernichtung! / Reiß dein Maul
nicht auf am Tag der Not! 13 Tritt
nicht ein ins Tor meines Volkes /
am Tag seines Verderbens! /
Sieh nicht auf sein Unheil herab /
am Tag seines Verderbens / und
vergreif dich nicht an seinem
Vermögen / am Tag seines
Verderbens! 14 Stell dich nicht
am Engpass auf, / um seine
Flüchtlinge niederzumachen, /
und liefere seine Überlebenden
nicht aus / am Tag der Not!«

Das Gericht über die Völker

15 »Denn der Tag Jahwes ist nah, /
der alle Völker trifft. / Dann wird
man dir tun, / wie du es getan
hast. / Dein Tun fällt auf dich
selbst zurück. 16 Denn wie ihr
getrunken habt auf meinem
heiligen Berg, / werden alle
Nationen ohne Unterlass
trinken, / ja, sie werden trinken
und schlürfen / und werden sein,
als wären sie nie gewesen.«

Die Rettung Israels

17 »Doch auf dem Zionsberg*
wird Rettung sein. / Er ist ein
heiliger Ort. / Und die Nach-
kommen Jakobs erben ihre
Besitztümer neu. 18 Dann werden
die Nachkommen Jakobs wie ein
Feuer sein / und die Nachkommen
Josefs wie eine Flamme. / Doch
die Nachkommen Esaus werden
das Stoppelfeld sein. / Es wird
vom Brand erfasst und verzehrt. /
Dem Haus Esau wird kein Über-
lebender bleiben. / Denn Jahwe
hat gesprochen.«

19 Dann werden sie den Negev* besit-
zen und das Bergland von Esau, die
Schefela* und das Gebiet der Philis-
ter, auch die Gebiete Efraïms* und
Samarias. Benjamin wird Gilead*
besitzen. 20 Die Verbannten dieses
Heeres der Israeliten nehmen in Be-
sitz, was den Kanaanitern gehört,
bis Zarpat*, und die Verbannten Jeru-
salems, die in Sefarad* sind, die Städ-
te des Negev. 21 Retter ersteigen den
Berg Zion, um das Bergland Esaus zu
richten. Und das Königtum wird
Jahwe gehören.

1,17 *Zionsberg*. Ein Hügel in Jerusalem, der auch für die ganze Stadt stehen kann.

1,19 *Negev*. Das Südland Israels.

Schefela. Niedriges, sehr fruchtbares Hügelland Judas, das sich in nordsüdlicher Richtung zwischen dem Gebirge und der Küstenebene des Mittelmeeres erstreckt.

Efraïm. Einflussreichster Stamm im Nordreich Israels. Sein Name kann für das ganze Nordreich stehen.

Gilead bezeichnet das mittlere, manchmal auch das ganze Ostjordanland.

1,20 *Zarpat (Sarepta)* war ein Küstenort zwischen Tyrus und Sidon.

Sefarad wird gewöhnlich mit der Stadt Sardis in Kleinasien oder mit Sparta in Griechenland gleichgesetzt.

Der Prophet Jona

Während Jerobeam II. (793-753 v.Chr.) über das Nordreich Israel herrschte, bekam der Prophet Jona den Auftrag, nach Ninive zu gehen. Er sollte den Menschen in der 1000 Kilometer entfernten Hauptstadt Assyriens predigen, dass sie zu Gott umkehren müssen. Doch Jona weigerte sich zunächst, das zu tun. Er wollte nicht, dass diesen Feinden Israels Gottes Gnade geschenkt würde. Wenn wir annehmen, dass Jona im Jahr 759 v.Chr. in Ninive predigte, dann hatte Gott die Stadt offenbar schon auf seine Botschaft vorbereitet. 765 v.Chr. war dort eine Hungersnot ausgebrochen, am 15. Juni 763 v.Chr. gab es eine Sonnenfinsternis und im Jahr 759 v.Chr. war es erneut zu einer Hungersnot gekommen, was die Bevölkerung als Zeichen göttlichen Zorns deutete.

Möglicherweise hat Jona seine Geschichte später selbst aufgeschrieben.

Jonas Flucht

1 1 Das Wort Jahwes kam zu Jona
Ben-Amittai:* 2 »Los, geh nach
Ninive, der großen Stadt, und ruf
mein Urteil gegen sie aus! Denn ihre
Bosheit ist vor mich gekommen.«
3 Aber Jona ging los, um Jahwe zu
entkommen. Er wollte nach Tar-
schisch* fliehen. Deshalb lief er nach
Jafo* hinunter und fand auch ein
Schiff, das nach Tarschisch segeln
wollte. Er bezahlte die Überfahrt und
ging an Bord, um so weit wie möglich
von Jahwe wegzukommen.
4 Aber Jahwe schleuderte einen ge-
waltigen Sturm über das Meer. Das
Unwetter war so schwer, dass das
Schiff auseinanderzubrechen drohte.
5 Die Seeleute hatten große Angst,
und jeder schrie zu seinem Gott um
Hilfe. Um die Gefahr für das Schiff
zu verringern, warfen sie die Ladung
über Bord.

Jona war unter Deck in einen ent-
legenen Raum gestiegen, hatte sich
hingelegt und schlief fest. 6 Der Kapi-
tän kam zu ihm herunter und sagte:
»Wie? Du schläfst? Steh auf und ruf
deinen Gott an! Vielleicht besinnt sich
dieser Gott auf uns, dass wir nicht
umkommen.« 7 Dann sagten sie zu-
einander: »Kommt, lasst uns Lose
werfen, damit wir herausbekommen,
wer an diesem Unglück Schuld ist!«
Sie taten es, und das Los fiel auf Jona.
8 Da fragten sie ihn: »Sag uns:
Warum sind wir in diese Gefahr ge-
raten? Was treibst du eigentlich für
Geschäfte? Wo kommst du her, aus

1,1 *Jona Ben-Amittai.* Zu Jonas Wirken in Israel siehe 2. Könige 14,25.

1,3 *Tarschisch* war die phönizische Kolonie Tartessus in Südspanien, wo Silber abgebaut wurde. Es lag gerade entgegengesetzt zu Ninive, etwa 4000 Kilometer westlich von Jafo. Ninive lag etwa 1000 Kilometer nordöstlich von Jafo.

Jafo/Joppe, heute: Jaffa. Israelische Hafenstadt direkt südlich von Tel Aviv.

welchem Land? Zu welchem Volk ge-
hörst du?« 9 Jona erwiderte: »Ich bin
ein Hebräer und fürchte Jahwe, den
Gott des Himmels, der Land und Meer
geschaffen hat.« 10 Da bekamen die
Männer große Angst und sagten zu
ihm: »Wie konntest du das nur tun?«
Er hatte ihnen nämlich erzählt, dass
er vor Jahwe auf der Flucht war.
11 »Und was sollen wir nun mit dir
machen, damit das Meer uns in Ruhe
lässt?«, fragten sie ihn. Inzwischen
war es noch stürmischer geworden.
12 Jona sagte: »Werft mich ins Meer,
dann wird es euch in Ruhe lassen. Ich
weiß, dass dieser Sturm nur meinet-
wegen über euch gekommen ist.«

13 Die Männer ruderten mit aller
Kraft, um das Land zu erreichen. Aber
sie schafften es nicht, weil das Meer
immer heftiger gegen sie anstürmte.
14 Da riefen sie Jahwe an und sagten:
»Ach, Jahwe! Lass uns doch nicht
umkommen wegen dieses Mannes und
rechne uns seinen Tod nicht als Blut-
schuld an! Denn du, Jahwe, hast getan,
was du wolltest.« 15 Dann packten sie
Jona und warfen ihn über Bord. Sofort
wurde das Meer ruhig. 16 Da bekamen
die Männer große Angst vor Jahwe. Sie
brachten ihm ein Schlachtopfer und
legten Gelübde ab.

Jonas Gebet

2 1 Doch Jahwe hatte einen großen
Fisch* kommen lassen, der Jona
verschlang. Drei Tage und drei Näch-
te lang war Jona im Bauch des Fi-
sches. 2 Von dort aus betete er zu
Jahwe, seinem Gott:

3 »In meiner Not rief ich zu Jahwe,
und er hörte auf mich. / Aus dem
Bauch des Todes schrie ich um
Hilfe, und du hörtest mein Rufen.
4 Mich warf die Flut ins Herz
der Meere, die Strömung schloss
mich ein. / All deine Wogen und
Wellen gingen über mich hin.
5 Ich dachte: ›Jetzt bin ich aus
deiner Nähe verstoßen, / deinen
heiligen Tempel werde ich nie
wieder sehen. 6 Das Wasser
umgibt mein Leben, die Tiefe
schließt mich ein. / Seetang
schlingt sich mir um den Kopf.
7 Bis zu den Wurzeln der Berge
sinke ich hinab. / Hinter mir
schließen sich für immer die
Riegel der Erde.‹

Aber du hast mich lebendig
aus der Grube gezogen, Jahwe,
mein Gott. 8 Als mir die Sinne
schwanden, dachte ich an dich. /
Mein Gebet kam zu dir in deinen
heiligen Tempel. 9 Die den Dunst
des Nichts verehren, verspielen
ihre Gnade. 10 Ich aber will dir
opfern und dich mit lauter Stimme
loben. / Was ich gelobte, will ich
erfüllen. Bei Jahwe ist Rettung!«

11 Da befahl Jahwe dem Fisch, ans
Ufer zu schwimmen und Jona wieder
auszuspucken.

Jona in Ninive

3 1 Dann kam das Wort Jahwes ein
zweites Mal zu Jona: 2 »Los, geh
in die große Stadt Ninive und ruf ihr
die Botschaft zu, die ich dir auftrage!«
3 Da ging Jona los, wie Jahwe es ihm

2,1 Großer Fisch. Das könnte ein Riesenhai oder auch ein großer Zahnwal gewesen sein.

gesagt hatte, und kam nach Ninive.
Ninive war eine sehr große Stadt vor
Gott mit einem Umfang von drei Ta-
gereisen.* 4 Jona begann in die Stadt
hineinzugehen. Er ging einen Tag
lang und rief: »Noch vierzig Tage,
dann ist Ninive völlig zerstört!« 5 Die
Leute von Ninive glaubten Gott und
beschlossen zu fasten. Alle, Groß und
Klein, zogen den Trauersack an.

6 Jonas Botschaft hatte nämlich
den König von Ninive erreicht. Er war
von seinem Thron gestiegen, hatte
sein Herrschergewand ausgezogen,
den Trauersack angelegt und sich in
die Asche gesetzt. 7 Dann hatte er in
der ganzen Stadt ausrufen lassen:
»Hört den Befehl des Königs und
seiner Oberen: ›Menschen und Tiere,
Rinder und Schafe sollen weder essen
noch weiden noch Wasser trinken!
8 Menschen und Tiere sollen mit dem
Trauersack bedeckt sein und mit aller
Macht zu Gott rufen. Alle sollen von
ihren bösen Wegen umkehren und
aufhören, Unrecht zu tun! 9 Wer weiß,
vielleicht tut es Gott dann leid und
er lässt von seinem glühenden Zorn
ab, sodass wir nicht umkommen.‹«

10 Gott sah ihr Tun, er sah, dass sie
umkehrten und sich von ihrem bösen
Treiben abwandten. Da tat es ihm leid,
sie zu vernichten, und er führte die
Drohung nicht aus.

Jonas Ärger

4 1 Jona ärgerte sich sehr darüber.
Voller Zorn 2 betete er zu Jahwe:
»Ach, Jahwe! Genau das habe ich mir
gedacht, als ich noch zu Hause war!
Deshalb wollte ich ja nach Tarschisch
fliehen. Ich wusste doch, dass du ein
gnädiger und barmherziger Gott bist,
dass du große Geduld hast und deine
Güte keine Grenzen kennt, und dass
du einer bist, dem das angedrohte
Unheil leidtut. 3 Nimm jetzt mein
Leben von mir, Jahwe! Denn es wäre
besser für mich, zu sterben als weiter-
zuleben.« 4 Aber Jahwe fragte: »Ist es
recht von dir, so zornig zu sein?«

5 Da verließ Jona die Stadt und
baute sich östlich davon eine Laub-
hütte. Er setzte sich in ihren Schatten,
um zu sehen, was mit der Stadt
passieren würde. 6 Da ließ Gott eine
Rizinusstaude über Jona emporwach-
sen. Sie sollte ihm Schatten spenden
und ihn so von seinem Missmut be-
freien. Jona freute sich riesig über die
Staude. 7 Aber als am nächsten Tag
die Morgenröte heraufzog, schickte
Gott einen Wurm*, der die Rizinus-
staude annagte, sodass sie verdorrte.
8 Als dann die Sonne aufging, ließ
Gott einen heißen Ostwind kommen.
Dazu stach die Sonne auf Jonas Kopf,
sodass er fast ohnmächtig wurde. Da
wünschte er sich den Tod und sagte:
»Es wäre besser für mich zu sterben,
als weiterzuleben!« 9 Aber Gott fragte
Jona: »Ist es recht von dir, wegen dieser

3,3 *drei Tagereisen.* Das antike Ninive selbst hatte mehr als 120.000 Einwohner und wurde von einer zwölf Kilometer langen Stadtmauer umschlossen. Groß-Ninive schloss aber das ganze Gebiet der in 1. Mose 10,11-12 genannten Städte Ninive, Kelach und Resen mit ein und hatte einen Umfang von fast 100 Kilometern.

4,7 *Wurm.* Es handelte sich offenbar um die erst 2005 entdeckte Schmetterlingsart *Olepa schleini Witt et al.*, die sich im Raupenstadium von der giftigen Rizinuspflanze ernährt.

Staude zornig zu sein?« – »Ja«, erwi-
derte Jona, »mit vollem Recht bin ich
zornig und wünsche mir den Tod!«
10 Da sagte Jahwe: »Dir tut es leid
um die Rizinusstaude, um die du
keine Mühe gehabt und die du nicht
großgezogen hast. Sie ist in einer
Nacht entstanden und in einer Nacht
zugrunde gegangen.
11 Und mir sollte
nicht diese große Stadt Ninive leid-
tun, in der mehr als 120.000 Men-
schen leben, die rechts und links nicht
unterscheiden können, und dazu noch
das viele Vieh?«

Der Prophet Micha

Micha wirkte zur gleichen Zeit wie Jesaja im Südreich Juda und wie Amos und Hosea im Nordreich Israel zwischen 740 und 686 v.Chr. Er stammte aus Moreschet, einer Stadt im Südwesten Judas. Seine Botschaft richtete sich an Samaria, die Hauptstadt des Nordreiches, aber auch an Jerusalem. Micha musste ähnlich wie Amos Herrscher, Priester und Propheten, unehrliche Geschäfte, Ausbeutung der Armen und Heuchelei verurteilen. Er verkündigte das nahende Gericht Gottes, aber auch das künftige Heil. In Jeremia 26,16-19 wird ausdrücklich auf Michas Gerichtsbotschaft Bezug genommen. Im Gegensatz zu Jesaja, der Gottes Botschaft den Königen brachte, war Micha ein Bote Gottes für das einfache Volk. Der Name Micha bedeutet: »Wer ist wie Gott?«

1 1 Das ist die Botschaft, die Jahwe Micha aus Moreschet über Samaria und Jerusalem offenbarte, als die Könige Jotam, Ahas und Hiskija über Juda regierten.

Voraussage der Zerstörung

2 Hört zu, all ihr Völker! / Ihr Bewohner der Erde, gebt acht! / Jahwe, der Herr, tritt als Zeuge gegen euch auf, / er tritt heraus aus seinem Heiligtum.
3 Denn seht, Jahwe verlässt seine Wohnung, / er steigt herab und tritt auf die Höhen* der Erde.
4 Die Berge schmelzen unter ihm / wie Wachs vor dem Feuer; / Täler spalten sich auf / wie hinabschießendes Wasser am Hang.
5 Das geschieht wegen Jakobs* Verbrechen / und wegen der Sünden Israels. / Wer hat Schuld am Vergehen Jakobs? / Ist es nicht Samaria? / Wer hat Schuld an Judas Opferhöhen? / Ist es nicht Jerusalem?
6 »Deshalb werde ich Samaria zum Trümmerfeld machen, / zu einem Platz, wo man Weinberge anlegt. / Ich stürze seine Steine ins Tal / und mache es dem Erdboden
gleich! 7 Seine Schnitzbilder werden zerschlagen, / seine Götzengaben verbrannt / und alle seine Götter zerstört. / Sie wurden ja mit Hurenlohn* gekauft / und werden nun wieder zum Hurengeld.«

Klage des Propheten

8 Darüber muss ich klagen und jammern. / Ich laufe barfuß und ohne Obergewand herum. / Ich heule wie ein Schakal, / ich schreie
wie der Vogel Strauß. 9 Denn von

1,3 *Höhen* können allgemeine Erhöhungen in einer Landschaft meinen. Sie wurden aber häufig auch für götzendienerische Kulthandlungen verwendet.

1,5 *Jakob*, der von Gott den Namen Israel erhielt, war der Stammvater des Volkes Israel.

1,7 *Hurenlohn*. Der Verdienst der Tempelprostituierten wurde zur Ausstattung des Heiligtums verwendet.

diesem Schlag erholt sich Samaria
nie. / Der wird auch ganz Juda
treffen; / er reicht bis nach
Jerusalem, / bis an das Tor meines
Volkes. 10 Berichtet es nicht in
Gat, / zeigt ihnen nicht eure
Tränen.* / Wälzt euch voll
Entsetzen in Bet-Leafras* Staub.
11 Zieh fort, du Siedlerin von
Schafir*, / entblößt und voller
Schande! / Doch die Siedlerin von
Zaanan* / kann die Stadt nicht
verlassen. / Die Klage von Bet-Ezel*
nimmt euch dessen Halt. 12 Noch
bangt um das Gute die Siedlerin
von Marot*. / Doch von Jahwe
stieg das Unheil nieder. / Es kam
zu Jerusalems Tor. 13 Spann die
Pferde an den Wagen, / du
Siedlerin von Lachisch*! / Mit dir
fing die Sünde der Zionsstadt*
an. / In dir fanden sich Israels
Verbrechen. 14 Darum musst du
Aussteuer geben / für Moreschet*,
die »Verlobte« von Gat. / Die
Häuser von Achsib* werden zur
Enttäuschung / für die Könige
von Israel. 15 Ich werde dir den
Erben noch bringen / du Siedlerin
von Marescha*. / Bis nach Adul-
lam* / wird Israels Herrlichkeit
kommen. 16 Rauf dich kahl und
schere dein Haar / wegen deiner
geliebten Kinder! / Scher dir eine
Glatze, / so kahl wie die eines Gei-
ers, / denn man hat deine Kinder
verschleppt!

Gegen die Habsucht

2 1 Weh denen, die Unheil
ersinnen, / die Böses ausbrüten
auf ihren Lagern! / Früh am
Morgen tun sie es, / denn sie
haben die Macht. 2 Wollen sie ein
Stück Land, / so rauben sie es; /
begehren sie ein Haus, / dann
nehmen sie es. / Sie unterdrücken
den Mann und sein Haus, / den
Menschen und seinen Besitz.
3 Darum sagt Jahwe: »Passt auf! /
Gegen diese Sippschaft denk
auch ich mir Böses aus! / Dann
zieht ihr den Hals nicht mehr aus
der Schlinge. / Dann tragt ihr
den Kopf nicht mehr so hoch, /
denn die Zeit wird böse sein. 4 An
dem Tag singt man ein Spottlied
auf euch / und äfft euer Klagelied

1,10 ... *Tränen.* Weil die Philister in Schadenfreude ausbrechen könnten.

Bet-Leafra, »Staubhausen«. Der Ort lag vermutlich acht Kilometer nordwestlich von Hebron.

1,11 *Schafir,* »Schmuckburg«, unbekannte Stadt, wahrscheinlich in der Schefela, dem Hügelland zwischen dem Gebirge Judas und der Küstenebene des Mittelmeers.

Zaanan, »Auszug«, unbekannte Stadt.

Bet-Ezel, »Wurzelhausen«, unbekannte Stadt, vermutlich in der Schefela.

1,12 *Marot,* »Bitternis«, unbekannte Stadt, vermutlich in der Schefela.

1,13 *Lachisch.* Stadt in der Schefela, 46 km westlich von Jerusalem.

Zion ist einer der Hügel Jerusalems. Der Name kann für die ganze Stadt stehen.

1,14 *Moreschet-Gat* (so der volle Name) war der Heimatort des Propheten Micha. Er lag in der Schefela, zehn Kilometer nordöstlich von Lachisch.

Achsib, »Trughausen«, Stadt in der Schefela (Josua 15,44).

1,15 *Marescha*, »Erbdorf«, Stadt in der Schefela, 21 Kilometer nordwestlich von Hebron.

Adullam, »Schlupfwinkel«, vergleiche 1. Samuel 22,1; 2. Samuel 23,13-14!

nach: / ›Unser Ende ist ge-
kommen, / Fremde haben
unser Land! / Alles haben sie
genommen, / kein Feld ist mehr
in unsrer Hand!‹« / 5 Darum
wirst du niemand mehr haben, /
der dir in der Gemeinde Jahwes
noch einen Acker vermisst.

Gegen falsche Propheten

6 »Hört auf mit dem Gesabber!«, /
so geifern diese Leute. / »Man
soll nicht prophezeien, / dass
diese Schmach nie enden wird.
7 So spricht man nicht zu den
Nachkommen Jakobs! / Hat
Jahwe etwa die Geduld verloren? /
Das ist doch nicht seine Art!«
Verkündige ich denn nicht
Gutes / für den, der rechtschaffen
lebt? 8 Gestern noch war es mein
Volk, / jetzt steht es da als mein
Feind. / Ihr reißt den sorglos
Wandernden, / den Heimkehrern
vom Krieg, / den Mantel vom
Gewand herunter. 9 Die Frauen
meines Volkes jagt ihr / aus ihrem
gemütlichen Haus, / von ihren
Kindern nehmt ihr / meine Zier-
de* für immer weg: 10 »Macht
euch fort und geht! / Hier habt
ihr keine Ruhe mehr.« / Weil
das Land besudelt ist, kommt
das Verderben, / schlimmes
Verderben.
11 Wenn ich ein windiger Betrü-
ger wäre, / der dich anlügt und dir
sagt: / »Ich will dir sabbern von
Wein und Bier!« – Das wäre ein
Prophet für dieses Volk!

Die versprochene Rettung

12 »Ich werde ganz Jakob
versammeln, / ich vereine den
Rest von Israel. / Ich bringe sie
wie die Schafe von Bozra, / wie
eine Herde auf ihre Weide. / Es
wird nur so wimmeln von Men-
schen.« 13 Ein Durchbrecher
zieht vor ihnen her. / Mit ihm
an der Spitze brechen sie aus. /
Es ist Jahwe, ihr König. / Er zieht
ihnen voraus.

Gegen Führer und Propheten

3 1 Ich sagte: »Hört doch, ihr
Häupter Jakobs, / ihr Mächtigen
von Israel! / Müsstet ihr das Recht
nicht kennen, 2 die ihr das Gute
hasst und das Böse liebt? / Ihr
zieht den Leuten die Haut ab, /
ihr zerrt ihnen das Fleisch von
den Knochen! 3 Ja, ihr fresst das
Fleisch meines Volkes, / zieht
ihnen die Haut ab, / zerbrecht ihre
Knochen, / zerstückelt sie wie
Fleisch / und werft sie in einen
Topf. 4 Dann werdet ihr Jahwe um
Hilfe anrufen, / doch euch wird er
nicht antworten. / Er verbirgt sein
Gesicht vor euch, / denn ihr habt
eure Macht missbraucht.«
5 So spricht Jahwe über die
Propheten, / die mein Volk ver-
führen: / »Haben sie etwas zu
beißen, / verkündigen sie Glück
und Erfolg. / Steckt man ihnen
nichts ins Maul, / drohen sie den
Untergang an.« 6 Darum wird es
Nacht für euch und ihr bleibt ohne

2,9 *Zierde.* Vielleicht ist damit das Land Israel wie in Hesekiel 20,6 gemeint.

2,12 *Bozra.* Wichtige edomitische Stadt, Schafzuchtzentrum, 40 km südöstlich vom Süd-Ende des Toten Meeres.

Vision; / es wird finster werden
und keine Wahrsagung geben. /
Die Sonne geht über den Prophe-
ten unter, / und der Tag wird ihnen
schwarz. 7 Die Seher werden ent-
täuscht, / die Wahrsager müssen
sich schämen. / Voll Trauer verhül-
len sie den Bart, / denn Gottes
Antwort bleibt aus.
8 Doch mich hat Jahwe stark
gemacht, / mich mit seinem Geist
erfüllt, / mit einem Sinn für das
Recht und mit Kraft, / um Jakob
seine Verbrechen zu zeigen / und
Israel seine Vergehen. 9 Hört her,
ihr Führer der Nachkommen
Jakobs, / ihr Mächtigen des
Hauses Israel: / Ihr verabscheut
das Recht, / macht alles, was
gerade ist, krumm! 10 Ihr baut
Zion mit Blut, / Jerusalem mit
Ungerechtigkeit! 11 Seine Führer
richten für Geschenke, / seine
Priester lehren für Bezahlung /
und seine Propheten wahrsagen
für Geld. / Und dann berufen sie
sich noch auf Jahwe: / »Ist Jahwe
denn nicht unter uns? / Was soll
uns dann noch passieren?«
12 Darum wird Zion ein Trümmer-
haufen, / wird umgepflügt wie ein
Acker, / und auf dem Tempelberg
wächst Wald – das geschieht
wegen euch!

Das Friedensreich

4 1 Am Ende der von Gott be-
stimmten Zeit wird Folgendes
geschehen: / Festgegründet an der
Spitze der Berge / steht der Berg
mit dem Haus Jahwes, / erhaben
über alle Hügel, / und alle Völker
strömen ihm zu. 2 Die Menschen
sagen überall: / »Kommt, wir
ziehen zum Berg Jahwes, / zum
Haus, das dem Gott Jakobs ge-
hört. / Er soll uns lehren, was
recht ist; / was er sagt, wollen wir
tun. / Denn von Zion geht die
Weisung aus, / von Jerusalem das
Wort Jahwes.« 3 Er spricht Recht
im Streit der Völker; / er weist
ferne Nationen zurecht. / Dann
schmieden sie die Schwerter zu
Pflugscharen um, / die Speere zu
Messern für Winzer. / Kein Volk
greift mehr das andere an, / und
niemand übt mehr für den Krieg.

4 Jeder wird in Frieden bei seinen
Weinstöcken und Feigenbäumen leben.
Niemand wird aufgeschreckt, denn
Jahwe, der allmächtige Gott, hat es
gesagt. 5 Ja, jedes Volk dient seinem
eigenen Gott, wir aber gehören für
immer Jahwe, unserem Gott. 6 »Es
kommt der Tag«, spricht Jahwe, »da
hole ich die hinkenden und vertrie-
benen Schafe zusammen, alle, denen
ich übel mitgespielt habe. 7 Die
Hinkenden mache ich zu dem heiligen
Rest und die Schwachen zu einem
mächtigen Volk. Dann wird Jahwe auf
dem Zionsberg für alle Zeiten König
über sie sein.«

8 Du Herdenturm, / du Hügel
von Zion, / die Herrschaft kommt
zu dir zurück! / Jerusalem wird
wieder Königsstadt sein.

Zions Bedrohung und Rettung

9 Jetzt aber, warum schreist du so
laut? / Gibt es keinen König bei
dir? / Ist dein Ratgeber tot, / dass
die Wehen dich packen / wie eine

gebärende Frau? 10 Krümme dich
nur, du Zionsstadt, / stöhne wie
eine Frau in den Wehen! / Denn
jetzt musst du hinaus aus der
Stadt, / musst auf freiem Felde
wohnen / und wirst bis nach
Babylon kommen. / Dort wirst du
gerettet werden, / dort befreit dich
Jahwe / aus der Gewalt deiner
Feinde!

11 Aber jetzt ziehen viele Völker gegen
dich und sagen: »Dieses Volk ist ent-
artet! Wir werden uns an Zions Un-
tergang weiden!« 12 Doch sie kennen
die Gedanken Jahwes nicht. Sie wis-
sen nicht, was er vorhat, dass er es
sammeln wollte wie Garben auf dem
Dreschplatz.

13 Steh auf und drisch, du Zions-
stadt! / Ich mache dir Hörner aus
Eisen. / Und Hufe aus Bronze
gebe ich dir, / damit du viele
Völker zermalmst. / Und ihren
Besitz* wirst du Jahwe weihen, /
dem Herrn der ganzen Erde ihre
Habe.

Hoffnung auf den Messias

14 Nun ritze dich wund, du
belagerte Stadt! / Feindliche
Truppen schlossen uns ein. /
Sie schlagen Israels Richter / mit
dem Stock ins Gesicht.

5 1 Doch du Bethlehem in
Efrata*, / so klein unter den
Hauptorten Judas: / Aus dir soll
der hervorgehen, / der mein
Herrscher über Israel wird!* /
Sein Ursprung liegt in der Vor-
zeit, / sein Anfang in der Ewigkeit.
2 Er gibt sein Volk den Fremden
preis, / bis eine Frau den Sohn ge-
biert. / Dann kehrt der Rest seiner
Brüder / zu den Israeliten zurück.
3 Er tritt auf und weidet sie in der
Kraft Jahwes, / im höchsten Auf-
trag seines Gottes. / Sie werden in
Sicherheit leben, / denn jetzt
reicht seine Macht bis ans Ende
der Welt. 4 Er wird der Friedens-
bringer sein, / wenn Assyrien in
unser Land kommt / und in unsere
Paläste eindringt. / Dann stellen
wir sieben Hirten / und acht
fürstliche Männer dagegen auf.
5 Mit dem Schwert werden sie
Assyrien weiden, / Nimrods Land*
mit gezücktem Stahl. / So wird er
uns vor Assyrien retten, / wenn es
unser Land überfällt / und über
unsere Grenzen marschiert.

Der heilige Rest

6 Dann wird der Rest von den
Nachkommen Jakobs / wie Jahwes
Tau unter den Völkern sein, / wie
Regen, der auf die Pflanzen fällt, /
der auf niemand angewiesen ist, /
auf keinen Menschen zu warten
braucht. 7 Der Rest von den Nach-
kommen Jakobs / wird mitten
unter den Völkern sein / wie der

4,13 *Besitz.* Eigentlich: unrechtmäßiger Gewinn.

5,1 *Efrata.* Fruchtbares Gebiet um Bethlehem herum, unterscheidet die acht Kilometer südlich von Jerusalem liegende Stadt von einem Bethlehem in Galiläa.

Wird im NT von jüdischen Gelehrten sinngemäß zitiert: Matthäus 2,6.

5,5 *Nimrods Land* meint Assyrien, vgl. 1. Mose 10,8-11.

Löwe unter den Tieren im Wald, /
wie ein junger Löwe unter Herden
von Schafen. / Er wirft zu Boden
und zerreißt, / was in seine Fänge
kommt. / Niemand rettet sie vor
ihm. 8 Hoch erhebt sich deine
Hand über deine Bedränger, / über
alle deine Feinde, und rottet sie aus.
9 »Es kommt der Tag«, spricht
Jahwe, / »da nehme ich eure
Pferde weg / und zerstöre eure
Streitwagen, / 10 da vernichte ich
eure Städte / und reiße eure
Festungen nieder, 11 da schlage
ich euch die Zaubermittel aus der
Hand / und nehme euch die Wahr-
sager weg, 12 da rotte ich eure
Götzenbilder aus / und zerschlage
eure heiligen Steine, – dann werdet
ihr nicht mehr niederfallen / vor
dem Werk eurer eigenen Hände –,
13 da reiße ich eure Aschera-Pfähle
heraus / und zerstöre eure Städte,
14 da nehme ich in Zornglut
Rache / an den Völkern, die nicht
auf mich hören.«

Was Gott von seinem Volk erwartet

6 1 Hört doch, was Jahwe sagt: /
»Auf, tritt an zum Prozess! /
Die Berge sollen Zeugen sein, /
die Hügel deine Stimme hören!«
2 Hört, ihr Berge, den Rechts-
streit Jahwes, / ihr uralten
Fundamente der Erde! / Denn
Jahwe führt einen Prozess gegen
sein Volk, / zieht Israel zur
Rechenschaft: 3 »Mein Volk,
was habe ich dir getan? / Habe
ich zu viel von dir verlangt? /
Sag ruhig aus gegen mich!
4 Ja, ich habe dich aus Ägypten
befreit, / dich aus der Sklaverei
herausgeführt! / Ich habe dir Mose
als Führer gegeben, / Aaron und
Mirjam dazu. 5 Denk doch daran,
mein Volk, / was der Moabiter-
könig Balak plante, / und was ihm
Bileam Ben-Beor geantwortet
hat!* / Denk daran, wie du von
Schittim nach Gilgal* kamst, /
dann erkennst du die guten Taten
Jahwes!«
6 »Doch womit soll ich zu Jahwe
kommen, / wie mich beugen vor
dem hohen Gott? / Soll ich mit
Brandopfern vor ihn treten, / oder
mit einjährigen Kälbern? 7 Wird
Jahwe sich über Tausende von
Schafböcken freuen, / über zehn-
tausend Bäche von Olivenöl? /
Soll ich meinen Ältesten für meine
Vergehen opfern, / meinen
eigenen Sohn für mein Versagen?«
8 Man hat dir gesagt, Mensch,
was gut ist, / und was Jahwe von
dir erwartet: / Du musst nur das
Rechte tun, / anderen mit Güte
begegnen / und einsichtig gehen
mit deinem Gott.

Gottes Ruf gegen die Stadt

9 Hört! Jahwe ruft in die Stadt –
wer ihn respektiert, ist gerettet: /
Lasst euch warnen durch den
Stock, der euch schlägt, / und
durch den, der ihn zu euch schickt!

6,5 *... geantwortet hat.* Siehe 4. Mose 22-24!

von Schittim nach Gilgal. Gemeint ist der wunderbare Jordandurchgang bei der Eroberung Kanaans (Josua 3-4).

10 »Kann ich die Schätze des
Unrechts vergessen, / die sich im
Haus des Gottlosen stapeln, / und
das fluchwürdig verfälschte
Messgefäß? 11 Kann ich denn
für rein erklären die gefälschte
Waage, / die falschen Gewichts-
steine im Beutel? 12 Ja, die
Reichen in der Stadt / kennen
nichts als Gewalttat. / Ihre
Einwohner belügen einander, /
jedes Wort von ihnen ist Betrug.
13 So werde auch ich dich
unheilbar schlagen, / ich richte
dich zugrunde für deine schlim-
men Taten: 14 Du wirst essen,
wirst aber nicht satt; / es wird dir
flau im Magen sein. / Was du bei-
seite schaffst, wirst du nicht retten
können; / und was du rettest,
übergebe ich dem Schwert.
15 Du wirst säen, / aber nicht
ernten. / Du wirst Oliven aus-
pressen, / aber mit dem Öl dich
nicht salben. / Du wirst Trauben
keltern, / aber den Wein nicht
trinken. 16 Du bist dem schlimmen
Beispiel Omris* gefolgt, / hast
dich nach der Sippe Ahabs gerich-
tet / und hast nach ihren Ratschlä-
gen gelebt. / Darum gebe ich dich
dem Entsetzen preis / und deine
Bewohner dem Gespött! / Ihr
müsst die Verhöhnung ertragen!«

6,16 *Omri* (885-874 v.Chr.) und seine Nachkommen (besonders Ahab, 874-853 v.Chr.) duldeten und förderten heidnische Kulte im Nordreich (1. Könige 16,25-26; 21,25-26).

Michas Klage über sein Volk

7 1 Weh mir! Es ist wie im Herbst
nach der Ernte: / Keine Traube
ist mehr zu finden, / keine Spur
von den köstlichen Feigen.
2 Der Fromme ist aus dem Land
verschwunden, / kein redlicher
Mensch ist mehr da. / Alle lauern
auf Blut, / einer macht Jagd auf
den andern. 3 Zum Bösen brauchen
sie beide Hände; / darin sind sie
wirklich gut! / Die Oberen fordern
Bestechungsgeschenke, / die
Richter sind für Geld zu haben. /
Die Mächtigen entscheiden nach
Willkür und Laune. / So verdrehen
sie alle das Recht. 4 Der Beste von
ihnen ist wie ein Distelstrauch, /
der Redlichste ist wie Dornen-
gestrüpp. / Aber der Tag der
Abrechnung ist da, / eure Wächter
haben ihn schon genannt. /
Nun ist die Bestürzung groß.
5 Trau deinem Nachbarn nicht, /
verlass dich nicht auf den
Freund! / Hüte deine Zunge
vor der Frau in deinen Armen.
6 Denn der Sohn verachtet den
Vater, / die Tochter widersetzt
sich der Mutter / und die Schwieger-
tochter der Schwiegermutter. /
Der Mann hat seine Feinde im
eigenen Haus. 7 Ich aber schaue
aus nach Jahwe, / ich warte auf
den Gott meines Heils. / Mein
Gott wird mich erhören!

Die Zuversicht Jerusalems

8 Freue dich nicht über mich,
meine Feindin! / Denn wenn ich
auch fiel, / ich stehe wieder auf. /
Wenn ich auch im Finstern sitze, /
ist Jahwe doch mein Licht. 9 Ich

will den Zorn Jahwes ertragen –
denn ich habe gegen ihn gesündigt
–, bis er meine Sache vertritt, / bis
er mir wieder Recht verschafft. /
Er führt mich hinaus ins Licht, /
ich werde seine Gerechtigkeit
erfahren. 10 Auch meine Feindin
soll es sehen, / und sie soll vor
Scham vergehen, / denn sie sagte
zu mir: / »Wo ist denn Jahwe, dein
Gott?« / Nun werden sich meine
Augen an ihr weiden! / Wie
Straßendreck wird sie zertreten.

Der Wiederaufbau der Stadt

11 Die Zeit wird kommen, / da
wird man deine Mauern wieder
bauen, / da wird man auch deine
Grenzen erweitern. 12 In der Zeit
kommen alle zu dir, / von Assur
bis Ägypten, / von Ägypten bis
zum Euphrat, / von Meer zu
Meer, / von einem Gebirge zum
anderen. 13 Doch die Erde wird
zur Wüste werden / wegen ihrer
Bewohner; / so ernten sie die
Frucht ihrer Taten.

Das Gebet Israels

14 Weide dein Volk mit deinem
Stab, / die Herde, die dir gehört! /
Sie wohnt einsam im Wald, /
obwohl ringsum guter Boden ist. /
Lass sie wieder in Baschan* und
Gilead* weiden / wie in den Tagen
der Vorzeit. 15 Lass uns deine
Wunder schauen wie damals, /
als du uns aus Ägypten führtest.
16 Die Völker in all ihrer Macht /
sollen es sehen und sich schämen. /
Es soll ihnen die Sprache
verschlagen / und Hören und
Sehen vergehen. 17 Staub sollen
sie lecken wie die Schlange, /
sich wie Würmer auf dem Boden
winden. / Zitternd sollen sie aus
ihren Schlupfwinkeln kriechen /
und sich Jahwe, unserem Gott,
unterwerfen. / Sie sollen Furcht
und Schrecken vor dir haben.

18 Wer ist solch ein Gott wie
du, / der dem Rest seines
Eigentums / die Schuld vergibt
und die Vergehen verzeiht! / Du
hältst nicht für immer an deinem
Zorn fest, / denn du liebst es,
gnädig zu sein. 19 Er wird wieder
Erbarmen mit uns haben, / er wird
niedertreten unsere Schuld! / Ja,
du wirfst all unsere Sünden / in die
Tiefen des Meeres hinab. 20 Du
wirst Jakobs Nachkommen Treue
zeigen, / dem Volk Abrahams
deine Gnade, / wie du es schon
unseren Vätern zugesagt hast /
mit einem Eid in uralter Zeit.

7,14 *Baschan* ist eine fruchtbare Bergregion östlich vom See Gennesaret.

Gilead war die Landschaft östlich des Jordans.

Der Prophet Nahum

Etwa 25 Jahre nach Jesajas Tod berief Gott den Propheten Nahum. Das Assyrische Reich befand sich jetzt auf dem Höhepunkt seiner Macht. Gerade hatte König Assurbanipal die Stadt Theben in Ägypten erobert. Das Nordreich Israel existierte längst nicht mehr. Die aggressive Umsiedlungspolitik der Assyrer war beendet, und es lebten fremde Völker im ehemaligen Nordreich Israel. In Juda herrschte der gottlose König Manasse.

So richtete Nahum um das Jahr 660 v.Chr. seine Botschaft gegen die Stadt Ninive, die mehr als 100 Jahre nach der Predigt Jonas wieder einen gerichtsreifen Zustand erreicht hatte. Durch diese Gerichtsbotschaft in poetischer Sprache sollte Juda getröstet werden.

Wie Nahum vorausgesagt hatte, wurde Ninive erobert und zerstört. Das geschah im Jahr 612 v.Chr. durch den babylonischen König Nabopolassar.

1 1 Wort, das auf Ninive* lastet.
Das Buch der Schau Nahums aus
Elkosch*.

Jahwes Macht

2 Ein eifernder und rächender Gott
ist Jahwe. / Jahwe ist ein Rächer
und der Herr des Zorns. / Jahwe
ist nachtragend gegen seine
Feinde / und rächt sich an seinen
Gegnern. 3 Jahwe ist geduldig,
doch von gewaltiger Kraft, / und
keinen lässt er ungestraft. /
In Sturm und Wetter nimmt er
seinen Weg, / seine Füße wirbeln
Wolken auf. 4 Er droht dem Meer
und trocknet es aus, / lässt alle
Ströme versiegen. / Baschan* und
Karmel* sterben dahin, / ja, die
Blüte des Libanon welkt. 5 Berge
beben vor ihm, / und Hügel
geraten ins Wanken. / Bei seinem
Anblick hebt sich die Erde, / das
Festland mit allen Bewohnern.
6 Wer hält stand vor seiner
Wut, / wer besteht vor diesem
flammenden Zorn? / Wie ein
Feuerstrom ergießt sich sein
Grimm, / die Felsen bersten vor
ihm. 7 Jahwe ist gut, / eine sichere
Zuflucht in Zeiten der Not. /
Er kennt die, die Schutz bei ihm
suchen. 8 Doch durch eine übermächtige Flut / zerstört er die
feindliche Stadt*. / Finsternis
verfolgt seine Feinde.

1,1 *Ninive* war von 700 v.Chr. bis zu ihrem Fall 612 v.Chr. die Hauptstadt Assyriens und steht hier stellvertretend für das ganze Reich.

Elkosch. Die Lage des Ortes ist umstritten. Kafarnaum in Galiläa = Kfar Nahum (Dorf Nahums) könnte ein Hinweis sein.

1,4 *Baschan* ist eine fruchtbare Bergregion östlich vom See Gennesaret.

Der *Karmel* ist ein Berg, der die Mittelmeerebene unterbricht, ein Symbol für Schönheit und Fruchtbarkeit.

1,8 *feindliche Stadt.* Gemeint ist offenbar Ninive.

Ninives Bosheit

9 Was plant ihr gegen Jahwe? /
Er führt doch das Ende herbei! /
Er vernichtet euch mit einem
einzigen Schlag. – 10 Denn wären
sie auch wie Dornen verflochten /
und von ihrem Zechtrank durch-
tränkt: / Wie dürres Stroh werden
sie völlig verzehrt. – 11 Von dir*
kam der, der Böses plante, / der
gegen Jahwe Nutzloses riet.
12 So spricht Jahwe, der Herr: /
»Auch wenn sie unversehrt und
zahlreich sind, / werden sie doch
abgemäht, / es ist mit ihnen
vorbei. / Habe ich dich, Juda*,
auch gebeugt, / werde ich es
nicht noch einmal tun. 13 Ja, jetzt
zerbreche ich sein Joch auf dir, /
deine Fesseln sprenge ich auf.«
14 Doch über dich, Assyrerkönig, /
hat Jahwe bestimmt: / Von dir
gibt es nun keine Nachkommen
mehr! / Und in deinem Götter-
haus / wird Schnitzwerk und
Götterbild zerstört. / Dein Grab
ist schon geschaufelt; / ich
brauche dich nicht mehr.«

Gute Botschaft für Israel

2 1 Seht, da kommt schon über die
Berge / der Freudenbote geeilt, /
der den Frieden verkündet.* /
Feiere deine Feste, Juda, / und
löse deine Versprechen* ein! /
Denn der grausame Feind / wird
nicht mehr zu dir kommen, / er ist
völlig vernichtet. 2 Gegen dich zog
der Zerstörer hinauf, / wachte
vorm Wachtturm, / spähte den
Weg aus, / straffte die Lenden, /
spannte die Kraft. 3 Jahwe stellt
nun Jakobs Stolz, / die Hoheit
Israels, wieder her, / denn
Barbaren hatten es verwüstet /
und alle Weinstöcke zerstört.

Ninives Zerstörung

4 Der Schild deiner Feinde ist rot
gefärbt, / und rot gekleidet sind
seine Krieger. / Die Streitwagen
funkeln wie Feuer / an ihrem
Einsatztag, / und die Speere
schwingen. 5 Auf den Gassen
rasen die Wagen, / überrennen
sich auf den Plätzen, / ein Anblick
wie von Fackeln, / wie Blitze jagen
sie dahin. 6 Der König bietet seine
Getreuen auf. / Sie rennen los, /
stürzen zur Mauer. / Das Schutz-
dach steht! 7 Die Tore am Fluss
springen auf, / Panik ist im Palast,
8 die Königin zur Schau gestellt, /
entblößt und weggeführt. / Die
Mägde sind gurrende Tauben, /
sie schlagen sich verzweifelt an
die Brust.
9 Ninive ist wie ein voller Teich, /
dessen Wasser abfließt. / »Halt,
halt!«, ruft man ihm nach, / aber
keiner dreht sich um. 10 Plündert
das Silber, plündert das Gold! /
Kostbarkeiten ohne Ende! /
Herrliche Dinge, / bezaubernde
Schätze! 11 – Leere, Entleerung,

1,11 *Von dir*. Gemeint ist Ninive.

1,12 *Juda*. Zur Verdeutlichung vom Übersetzer eingefügt, ebenso *Assyrerkönig* in Vers 14.

2,1 Wird ebenso wie Jesaja 52,7 im Neuen Testament von Paulus zitiert: Römer 10,15.

Versprechen. Gelübde, die man in der Not gegeben hatte.

Verheerung! / Das Herz zerfließt, /
die Knie werden weich! / Alle
Leiber sind schmerzgekrümmt, /
alle Gesichter glühen!
12 Wo ist nun das Lager des
Löwen, / der Tummelplatz der
jungen Tiere, / wo sich Löwe und
Löwin verbirgt, / wo das Löwen-
junge bleibt, / dass es niemand
verscheucht? 13 Der Löwe raubte /
genug für seine Jungen, / für
seine Löwinnen mordete er. /
Er füllte seine Höhlen mit Raub, /
mit Beute seine Verstecke.
14 »Pass auf! Jetzt gehe ich gegen
dich vor!«, / spricht Jahwe, der
allmächtige Gott.* / »Deine
Wagen gehen in Rauch auf, /
deine Jungen verzehrt das
Schwert. / Ich mache deinem
Rauben ein Ende, / die Stimme
deiner Boten hört man nicht
mehr.«

Wehruf über Ninive

3 1 Weh der mörderischen Stadt, /
erfüllt mit Lüge und Gewalt! /
Das Rauben lässt sie nicht.
2 Peitschenknall und rasselnde
Räder, / jagende Pferde und
rasende Wagen, 3 galoppierende
Reiter, / flammendes Schwert und
blitzender Speer. / Durchbohrte
Menschen, / Haufen von Toten, /
Leichen ohne Zahl, / man stolpert
über die Körper. 4 Das alles für die
Hurerei / der Edelhure, / der
Zauberkünstlerin, / die durch
Unmoral Völker versklavte, /
ganze Stämme durch ihre
Zauberei.
5 »Pass auf! Jetzt gehe ich gegen
dich vor!«, / spricht Jahwe, der
allmächtige Gott. / »Ich hebe dir
das Kleid hoch bis übers Gesicht, /
ich zeige den Völkern deine
Blöße, / den Königreichen deine
Scham. / 6 Ich werfe Unrat auf
dich, / gebe dich der Verachtung
preis / und stelle dich öffentlich
zur Schau. 7 Dann läuft jeder weg,
der dich erblickt, / und ruft: /
›Ninive ist verwüstet! / Wer wird
wohl sein Beileid bekunden? /
Wo soll ich einen Tröster für dich
finden?‹
8 Bist du denn besser als
Theben*, / das am Nilstrom lag, /
von Wasser umgeben? / Ein Meer
war sein Bollwerk, / das Wasser
seine Mauer. 9 Nubien* war seine
Stärke, / ganz Ägypten verteidigte
es, / Put* und Libyen kamen zur
Hilfe. 10 Auch Theben war der
Verbannung verfallen, / zog in
die Gefangenschaft. / Auch seine
Kinder wurden zerschmettert /
an den Ecken aller Straßen, /
auch seine Vornehmen wurden
verlost, / und alle seine Großen
in Ketten gelegt.

2,14 *der allmächtige Gott.* Hebräisch: *Zebaoth*, das heißt »Heere« oder »Kriege«. In der LXX wird der Begriff immer mit *»pantokrator«*, »Allherrscher« oder »Allmächtiger« wiedergegeben.

3,8 *Theben.* Hebräisch: *No-Amon*, Stadt des Gottes Amon. Theben war die Hauptstadt von Oberägypten im Gebiet zwischen dem heutigen Luxor und Karnak, 640 km südlich von Kairo.

3,9 *Nubien.* Hebräisch: *Kusch.* Land am Oberlauf des Nil, südlich von Ägypten.

Put. Ein Volk, vermutlich aus der Nachbarschaft Ägyptens, das Hilfstruppen stellte.

11 So wirst auch du betrunken
und ohnmächtig sein, / auch du
wirst Zuflucht suchen vor dem
Feind. 12 All deine befestigten
Städte sind Bäume mit frühreifen
Feigen: / Wenn man sie schüttelt, /
fallen sie dem Esser in den Mund.
13 Schau, deine Männer sind
Memmen geworden! / Die Tore
deines Landes stehen offen für den
Feind. / Feuer hat deine Riegel-
balken gefressen.
14 Schöpfe dir Wasser für die
Belagerung! / Verstärke deine
Festungen! / Tritt den Ton, /
stampfe den Lehm, / forme dir
Ziegel daraus! 15 Dort wird dich
das Feuer fressen. / Das Schwert
wird dich vernichten, / dich
verzehren wie der Fresser*. /
Vermehre dich ruhig wie der
Fresser, / werde zahlreich wie
ein Heuschreckenschwarm!
16 Magst du auch mehr Händler
haben, / als Sterne am Himmel
sind: / Die Fresser häuten sich und
fliegen davon. 17 Deine Höflinge
sind wie die Heuschrecken, / deine
Beamten wie ein Heuschrecken-
schwarm, / der sich am frostigen
Tag / auf Mauern niederlässt. /
Geht die Sonne auf, / fliegt er eilig
davon. / Niemand weiß, wohin. /
Ja, wo sind sie geblieben?
18 Deine Hirten schlafen, /
König von Assyrien! / Deine
Mächtigen sind tot. / Dein Volk
ist auf den Bergen zerstreut, /
und niemand führt es wieder
zusammen. 19 Keine Heilung gibt
es für deinen Bruch, / von diesem
Schlag erholst du dich nie! /
Jeder, der die Nachricht hört, /
klatscht vor Freude in die Hände. /
Denn wer wurde nicht / von deiner
ständigen Bosheit getroffen?«

3,15 *Fresser*. Eine kriechende, noch ungeflügelte Heuschrecke.

Der Prophet Habakuk

Der Prophet Habakuk verkündigte den Juden die ungeheuerliche Botschaft, dass Gott ein so sündiges Volk wie die Babylonier dazu benutzen würde, um Israel zu richten (1,5-11). Diese Botschaft passt am ehesten in die Zeit kurz vor der Schlacht von Karkemisch (605 v.Chr.), bei der die Babylonier einen Sieg über die Ägypter errangen und zur Großmacht aufstiegen. Der Prophet fragt Gott wiederholt nach dem Warum und bekommt klare Antworten. Dafür ehrt er Gott im dritten Kapitel mit einem Psalm.

1 1 Botschaft, die dem Propheten Habakuk als Last offenbart wurde:

2 Wie lange schrei ich schon zu dir, Jahwe, / doch du hörst mich nicht! / Ich rufe: »Hilfe« und »Gewalt!«, / doch du rettest nicht.
3 Warum lässt du mich das Unrecht sehen? / Warum schaust du dem Verderben zu? / Warum sehe ich nur Frevel und Gewalt, / erlebe Zwietracht und Streit?
4 Darum ist die Weisung erschlafft, / und das Recht kommt nicht mehr durch. / Der Böse umstellt den Gerechten, / und so wird das Recht verdreht.

Gottes Antwort

5 Seht euch unter den Völkern um, / staunt und erstarrt! / In eurer Zeit geschieht etwas, / das ihr nicht glauben würdet, wenn es jemand erzählt.* 6 Seht her! Ich stachle die Chaldäer* auf, / das grausame, ungestüme Volk, / das die Weiten der Erde durchzieht, / um Länder in Besitz zu nehmen, die ihm nicht gehören,
7 ein schreckliches und furchtbares Volk, / das sich selbst sein Recht herausnimmt und seine Hoheit bestimmt. 8 Schneller als Leoparden sind seine Pferde / und wilder als hungrige Wölfe. / Seine Pferde und Reiter stürmen heran, / sie kommen aus der Ferne. / Wie Geier fliegen sie herbei / und stürzen sich auf den Fraß. 9 Sie sind entschlossen zu roher Gewalt, / ihre Blicke vorwärts gerichtet. / Gefangene schaufeln sie ein wie Sand. 10 Mit Königen treiben sie ihren Spott, / Würdenträger sind ihr Gelächter. / Über jede Festung lachen sie nur, / schütten einen Wall auf und nehmen sie ein. 11 Dann ziehen sie weiter. / Wie der Sturm fegen sie dahin / und machen sich schuldig, / denn ihr Gott ist die eigene Kraft.

1,5 Wird im NT von Paulus sinngemäß nach der LXX zitiert: Apostelgeschichte 13,41.

1,6 *Chaldäer.* Ursprünglich Bewohner von Süd-Babylonien, später wurden alle Babylonier Chaldäer genannt.

Klage des Propheten

12 Bist nicht du, Jahwe, von alters
her mein heiliger Gott? /
Wir werden doch nicht sterben? /
Du hast sie wohl nur zum Gericht
eingesetzt, Jahwe? / Du, unser
Fels, hast du sie nur zur
Züchtigung bestellt? 13 Du hast
zu reine Augen, um Böses mit
anzusehen, / du schaust nicht
bei Misshandlungen zu! /
Warum lässt du dann diese
Räuber gewähren? / Warum
schweigst du, wenn der Gottlose
den Gerechteren verschlingt?
14 Warum behandelst du
Menschen, / als wären sie Fische
im Meer / oder kriechendes Getier,
das keinen Herrscher hat? 15 Er
holt sie alle mit der Angel herauf, /
er schleppt sie mit Netzen davon, /
er sammelt sie in sein Geflecht /
und jubelt über den guten Fang.
16 Deshalb opfert er seinem Netz, /
bringt Rauchopfer für sein
Garn,* / denn durch sie hat er
reichen Gewinn / und ein üppiges
Mahl. 17 Soll er darum sein Netz
leeren, / ohne Erbarmen Völker
hinmorden?

Gottes Antwort

2 1 Ich will auf meinem Posten
stehen, / will auf den Wachtturm
mich stellen, / will spähen, um zu
sehen, was er sagt, / was er auf
meine Klage entgegnet. 2 Jahwe
gab mir Antwort und sagte: /
»Schreib nieder, was du siehst, /
schreib es deutlich auf die Tafeln, /
dass man es fließend lesen kann.
3 Denn was du schaust, gilt zur
bestimmten Zeit, / es weist aufs
Ende hin, / es täuscht dich nicht. /
Und wenn es sich verzögert,
warte darauf, / denn es kommt
bestimmt, / es bleibt nicht aus!*
4 Sieh, die Strafe trifft den, der
nicht aufrichtig ist! / Doch der
Gerechte lebt durch seinen
Glauben.* 5 Ja, tückisch ist der
Wein, / der Mann wird übermütig
und kommt nicht ans Ziel, / auch
wenn er den Rachen aufsperrt
wie die Totenwelt, / wenn er
unersättlich ist wie der Tod, / auch
wenn er alle Völker zusammen-
treibt / und alle Nationen um sich
vereinigt. 6 Werden nicht alle
diesen Spruch auf ihn machen, /
ihn mit spitzen Worten und
Rätseln verhöhnen? / Man wird
sagen:
›Weh dem, der anhäuft, was
ihm nicht gehört, / der sich hohe
Pfänder geben lässt! / Wie lange
will er es treiben? 7 Plötzlich
stehen deine Gläubiger vor dir, /
deine Bedränger erwachen, / und
du wirst ihre Beute! 8 Du hast viele
Völker ausgeraubt, / jetzt plündert
dich der Rest der Völker aus, /
denn du hast Menschenblut
vergossen, / dem Land Gewalt
angetan, / den Städten und ihren
Bewohnern.

1,16 *Netz ... Garn.* Das meint hier die Dinge, denen die Babylonier ihren militärischen Erfolg verdanken.

2,3 Wird im NT sinngemäß nach der LXX zitiert: Hebräer 10,37.

2,4 Wird im NT von Paulus und dem Hebräerbrief sinngemäß nach der LXX zitiert: Römer 1,17; Galater 3,11; Hebräer 10,38.

9 Weh dem, der unrechten
Gewinn macht / – zum Verderben
für sein Haus –, / der hoch oben
sich ein Nest anlegt, / unzugänglich, / um sich so vor Unheil zu
schützen! 10 Zur Schande für
dein eigenes Haus / plantest du
die Vernichtung vieler Völker. /
Damit hast du dein Leben
verwirkt. 11 Da schreit der Stein
aus der Mauer, / und der Sparren
im Gebälk gibt ihm Antwort.
12 Weh dem, der eine Stadt mit
Blut erbaut, / der eine Ortschaft
auf Unrecht gründet. 13 Seht,
kommt es nicht von Jahwe, dem
Allmächtigen, / dass Völker sich
fürs Feuer plagen, / Nationen sich
abmühen für nichts? 14 Denn die
Erde wird voll mit der Erkenntnis
der Herrlichkeit Jahwes sein, / so
wie das Meer mit Wasser voll ist.
15 Weh dem, der anderen
zu trinken gibt / und ihnen
berauschendes Gift beimischt, /
der sie so betrunken macht, /
um sich ihre Blöße anzuschauen!
16 Du hast dich an Schande gesättigt statt an der Ehre. / So trinke
nun auch und zeig deine Vorhaut! /
Der Becher in Jahwes Hand
kommt jetzt zu dir, / und Schande
wird auf deine Herrlichkeit fallen.
17 Die Gewalttat am Libanon
wird dich erdrücken, / die
Misshandlung der Tiere dich
zerschmettern, / denn du hast
Menschenblut vergossen, / dem
Land Gewalt angetan, / den
Städten und ihren Bewohnern.‹«
18 Was nützt ein Götterbild, das
ein Bildhauer macht, / ein Gussbild und ein Lügenorakel? / Wie
kann der Bildner auf sein Gebilde
vertrauen, / den stummen Götzen,
den er selber machte? 19 Weh dem,
der zum Holz sagt: »Erwache!«, /
und zum stummen Stein:
»Wach auf!« / Kann der Götze
ihn unterweisen? / Gewiss, er ist
mit Gold und Silber überzogen, /
doch Geist und Atem hat er nicht.
20 Aber Jahwe ist in seinem heiligen
Palast. / Alle Welt schweige vor
ihm!

Psalmgebet

3 1 Ein Gebet des Propheten
Habakuk auf Schigjonot*.
2 Jahwe, ich habe deine Botschaft bekommen, / was du getan
hast, habe ich gesehen. / Belebe
dein Werk in unseren Jahren, /
mach es offenbar in dieser Zeit! /
Auch wenn du zornig bist – hab
mit uns Erbarmen!
3 Gott kommt von Teman* her, /
der Heilige vom Parangebirge*. ♪*
Seine Hoheit überstrahlt den
Himmel, / sein Ruhm erfüllt die
Erde. 4 Ein Glanz entsteht wie
Sonnenlicht, / Strahlen gehen von
ihm aus. / Darin verbirgt sich

3,1 *Schigjonot* ist offenbar ein Hinweis auf die Melodie oder die musikalische Begleitung.

3,3 *Teman* ist ein Gebiet mitten in Edom, in der Nähe von Petra.

Paran ist ein poetischer Name für das Gebirge Sinai.

♪ steht für das hebräische *Sela*, das vielleicht mit *Empor!* wiedergegeben werden kann, aber nicht sicher zu übersetzen ist. Wahrscheinlich war es ein Zeichen für die Musiker.

seine Macht. 5 Vor ihm her zieht
die Pest, / die Seuche folgt ihm
nach. 6 Tritt er auf, dann bebt die
Erde, / blickt er hin, dann zittern
die Völker. / Da bersten die ewigen
Berge, / versinken die uralten
Hügel. / So schreitet er
seit jeher dahin. 7 Niedergedrückt
vor drohendem Unheil / erzittern
die Hütten in Kuschan* / und in
Midian* die Decken der Zelte.
8 Ist dein Zorn gegen die Flüsse
und Ströme entbrannt, Jahwe? /
Richtet sich dein Grimm gegen das
Meer, / dass du heranstürmst auf
deinen Pferden / und deinen sieg-
reichen Wagen? 9 Deinen Bogen
machtest du frei, / deine Pfeile
sind von Drohworten begleitet. ♪
Du spaltest die Erde, / Ströme
brechen hervor. 10 Bei deinem An-
blick beben die Berge, / tosender
Regen prasselt hernieder. / Die
Urflut brüllt auf, / ihre Wogen
türmen sich. 11 Sonne und Mond
verstecken sich im Haus, / wenn
deine leuchtenden Pfeile fliegen /
und dein blitzender Speer glänzt.
12 Im Grimm schreitest du über
die Erde, / im Zorn zerstampfst
du die Völker. 13 Du ziehst aus,
um dein Volk zu retten, / um
deinem Gesalbten zu helfen. /
Vom Frevlerhaus zerschmetterst
du den First, / entblößt es bis auf
den Grund. ♪ 14 Du durchbohrst
ihm mit seinen eigenen Pfeilen den
Kopf, / seine Anführer rannten
davon. / Sie wollten mich im
Übermut zerstreuen, / den
Elenden im Versteck verschlingen.
15 Du stampftest mit deinen
Pferden ins Meer, / durch die
Brandung gewaltiger Wasser.
16 Ich zitterte am ganzen Leib,
als ich es hörte, / ich vernahm den
Lärm und schrie. / Der Schreck
fuhr mir in die Glieder, / und
meine Knie wurden weich. /
Nun warte ich auf den Tag der
Bedrängnis / für das Volk, das
jetzt gegen uns zieht. 17 Zwar
blüht der Feigenbaum nicht, / der
Weinstock bringt keinen Ertrag, /
der Ölbaum hat keine Oliven, /
die Kornfelder keine Frucht, /
aus dem Pferch sind die Schafe
verschwunden, / kein Rind steht
mehr in den Ställen, 18 dennoch
will ich jubeln über Jahwe, / will
mich freuen über den Gott meines
Heils. 19 Denn Jahwe, der Herr,
ist meine Kraft. / Er macht meine
Füße schnell wie Gazellen, /
lässt mich sicher die Berge
beschreiten.

Zum Vorsingen mit Saiteninstrument.

3,7 *Kuschan.* Vermutlich eine Region in der Nähe von Midian.

Die *Midianiter* waren ein Nomadenvolk, das sein Zentrum östlich des Golfs von Akaba/Elat hatte und auch im Ostjordanland umherzog.

Der Prophet Zefanja

Zefanja war als Nachkomme des Königs Hiskija ein Verwandter von König Joschija, zu dessen Regierungszeit (640 bis 609 v.Chr.) er seine Weissagungen empfing. Vielleicht hatte er mit dazu beigetragen, dass der junge König den Gott seiner Väter suchte und es später wagte, gegen den Götzendienst in Juda und dem Rest Israels vorzugehen. Seine Botschaften könnte Zefanja schon um 630 v.Chr. empfangen haben, denn er spricht vom Gerichtstag Jahwes, der dem jüdischen Volk bevorstand, wenn es nicht umkehrte.

1 1 In der Regierungszeit von Joschija Ben-Amon kam das Wort Jahwes zu Zefanja Ben-Kuschi, einem Enkel von Gedalja, dessen Vorfahren Amarja und Hiskija waren.

2 »Ich raffe, raffe alles weg, /
was auf der Erde lebt«, / spricht
Jahwe. 3 »Menschen und Vieh
raffe ich weg, / die Vögel und die
Fische, / Strauchelnde und
Frevler. / Ich rotte die Menschen
auf der Erde aus«, / spricht Jahwe.

Das Gericht über Juda

4 »Gegen Juda strecke ich
meine Hand aus / und gegen
die Bewohner von Jerusalem. /
Den Rest des Baalskultes* dort
rotte ich aus, / die Namen der
Götzen- und aller anderen
Priester, 5 alle, die sich auf den
Dachterrassen / niederwerfen
vor dem Sternenheer, / auch
alle, die bei Jahwe schwören /
und bei ihrem König* zugleich,
6 und alle, die Jahwe den Rücken
kehren, / die nicht nach ihm
suchen und fragen.«

7 Seid still vor dem Herrn,
vor Jahwe! / Denn sein Gerichts-
tag ist nah. / Jahwe hat ein
Schlachtmahl vorbereitet, / hat
die Eingeladenen* geweiht*.

8 »An diesem Schlachtopfertag werde
ich die Oberen und die Königssöhne
und alle, die ausländische Kleidung
tragen, zur Rechenschaft ziehen. 9 An
dem Tag werde ich mit jedem abrech-
nen, der über die Schwelle springt*

1,4 *Baalskult.* Baal bedeutet »Herr« oder »Gebieter«. Er wurde als Fruchtbarkeitsgott in Kanaan verehrt.

1,5 *König.* Gemeint ist wahrscheinlich Baal oder der ammonitische Gott Milkom (das Wort klingt an das hebräische Wort für König an), dem man auch Kinder opferte (= Moloch).

1,7 *Eingeladene.* Das sind hier die Feinde Judas, die Babylonier.

geweiht. Das heißt, rein gemacht für die Teilnahme an der Opferhandlung.

1,9 Die *Schwelle* galt im damaligen Heidentum als Sitz der Dämonen, denen man nicht auf den Kopf treten wollte, siehe 1. Samuel 5,4-5. – Es kann hier aber auch gewöhnliche Einbrecher meinen, die plötzlich in die Häuser anderer einbrachen und alles wegschleppten, was sie tragen konnten.

und das Haus seines Herrn mit dem
anfüllt, was er durch Gewalt und Be-
trug an sich gebracht hat. 10 An dem
Tag wird Folgendes geschehen«,
spricht Jahwe:

»Wehgeschrei vom Fischtor
her, / aus der Neustadt lautes
Jammern, / von den Hügeln
großes Getöse. 11 Jammert,
ihr Bewohner des Mörsers*, /
denn das ganze Händlervolk
ist vernichtet, / alle, die Silber
abwiegen, beseitigt. 12 Dann
werde ich Jerusalem
durchsuchen, / ich leuchte mit
Lampen hinein / und rechne mit
den Männern ab, / die sorglos
ihren Wohlstand genießen / und
denken: ›Jahwe tut doch nichts, /
nichts Gutes und nichts Böses.‹
13 Dann werden ihre Reichtümer
geplündert / und ihre Häuser
verwüstet. / Sie bauen neue
Häuser, / wohnen aber nicht
darin; / sie legen neue Weinberge
an, / trinken aber keinen Tropfen
davon.«

Der Tag Jahwes

14 Nah ist der große Tag Jahwes,
sehr nah. / Schnell kommt er
heran. / Der Tag Jahwes ist
bitter, / da schreit selbst der Held.
15 Ein Tag des Zorns ist dieser
Tag, / ein Tag der Angst und der
Bedrängnis, / ein Tag des Sturms
und der Verwüstung, / ein Tag des
Dunkels und der Finsternis, / ein
Tag der Wolken und der schwarzen
Nacht, 16 ein Tag des Signalhorns*
und des Kampfgeschreis / gegen
hohe Zinnen und befestigte Städte.
17 »Ich werde den Menschen
Angst einjagen, / dass sie umher-
tappen wie Blinde, / denn sie
haben gegen Jahwe gesündigt. /
Ihr Blut wird wie Staub
hingeschüttet, / ihre Eingeweide
wie Kot.« 18 Auch ihr Silber und
Gold wird sie nicht retten, / wenn
sich Jahwes Zorn entlädt. / Das
Feuer seiner Eifersucht / verzehrt
das ganze Land. / Denn ein
entsetzliches Ende / macht er den
Bewohnern des Landes.

Ruf zur Umkehr

2 1 Versammelt euch und rafft
euch auf, / gleichgültiges Volk,
2 noch ehe der Rat die Tat gebiert /
– die Tage fliegen dahin –, / noch
ehe die Zornglut Jahwes über euch
kommt, / noch vor dem Zornestag
Jahwes! 3 Sucht Jahwe, / ihr
Gebeugten im Land, / die nach
seinen Geboten leben. / Sucht
Demut und Gerechtigkeit! /
Vielleicht bleibt ihr dann ver-
schont, / wenn Jahwe sein Gericht
vollstreckt.

Gericht über Israels Feinde

4 Ja, Gaza wird verlassen sein, /
Aschkelon wird eine Wüste. / Am
Mittag jagt man Aschdod fort, /

1,11 *Mörser*, vermutlich Name eines muldenförmigen Jerusalemer Stadtteils.

1,16 Das *Signalhorn* (Hebräisch *Schofar*) war aus den gewundenen Hörnern des männlichen Fettschwanzschafes hergestellt und brachte einen dumpfen, durchdringenden Ton hervor.

und Ekron wird entwurzelt sein.
5 Weh euch, Bewohner vom
Küstenland, / Eindringlinge aus
Kreta! / Das Wort Jahwes kommt
über euch: / »Kanaan, Philister-
land, / ich richte dich zugrunde, /
dass dir kein Bewohner mehr
bleibt! 6 Das Küstenland wird
zum Weidegebiet, / dort werden
Zisternen für Hirten sein / und
Hürden für das Kleinvieh.
7 Dieser Landstrich fällt dem
Rest des Hauses Juda zu. / Sie
treiben ihre Herden dorthin / und
legen sich am Abend nieder / in
den Häusern Aschkelons.« /
Denn Jahwe, ihr Gott, kümmert
sich um sie / und wendet alles
zum Guten.
8 »Ich habe Moabs*
Beschimpfungen gehört / und
die Lästerungen der Ammoniter*, /
mit denen sie mein Volk
verhöhnten / und prahlten
gegen sein Land. 9 Darum, so
wahr ich lebe«, / spricht Jahwe,
der Allmächtige*, / Israels Gott: /
»Ja, Moab soll wie Sodom
werden, / die Ammoniter wie
Gomorra*, / ein Land voller
Unkraut und Gruben aus Salz, /
eine Wüste für immer. / Der Rest
meines Volkes plündert sie aus, /
und die Übriggebliebenen beerben
sie.« 10 Das ist die Strafe für ihren
Hochmut, / weil sie das Volk
Jahwes, des Allmächtigen,
verhöhnt / und sich prahlerisch
darüber erhoben haben.
11 Furchtbar tritt Jahwe gegen
sie auf, / denn er vernichtet alle
Götter der Welt. / Alle Küsten-
völker werfen sich nieder vor
ihm, / jeder Mensch an seinem
Ort.
12 »Auch euch Nubier / wird
mein Schwert erschlagen!«

13 Er streckt seine Hand nach
Norden aus / und vernichtet
Assyrien. / Ninive* macht er
zur Öde, / dürr wie eine Wüste.
14 Dort lagern Herden, Tiere
aller Art, / auch Wüstenkauz und
Eulen / übernachten auf den
Säulen. / In Fensterlöchern
kreischen Vögel, / die Schwellen
sind mit Trümmern bedeckt, /
die Zederntäfelung ist abgerissen.
15 Das also ist die fröhliche
Stadt, / die sich in Sicherheit
wiegte, / die dachte: »Ich – und
gar nichts sonst!« / Was für eine
Wüste ist sie geworden, / ein
Lagerplatz für wilde Tiere! /
Jeder, der vorübergeht, / hebt
erschrocken die Hand.

2,8 Die *Moabiter* lebten östlich vom Toten Meer zwischen den Flüssen Arnon und Zered.

Die *Ammoniter* waren nordöstliche Nachbarn der Moabiter.

2,9 *der Allmächtige.* Hebräisch *Zebaoth*, das heißt »Heere« oder »Kriege«. In der LXX wird der Begriff immer mit *»pantokrator«*, »Allherrscher« oder »Allmächtiger« wiedergegeben.

Sodom und *Gomorra* waren Städte, die Gott wegen der Bosheit ihrer Bewohner durch Feuer vernichtet hat, siehe 1. Mose 19, 24-25.

2,13 *Ninive* war die zeitweilige Hauptstadt Assyriens, bis sie 612 v.Chr. zerstört und seitdem nicht wieder aufgebaut wurde. Erst im 19. und 20. Jahrhundert wurde Ninive wiederentdeckt und ausgegraben.

Anklage gegen Jerusalem

3 1 Weh der trotzigen und
schmutzigen, / der gewalttätigen
Stadt. 2 Sie hat auf keinen Ruf
gehört, / hat keine Mahnung ernst
genommen. / Sie hat Jahwe nicht
vertraut, / nicht die Nähe Gottes
gesucht. 3 Ihre Oberen sind
brüllende Löwen, / ihre Richter
Wölfe am Abend, / die nichts
für morgen übrig lassen. 4 Ihre
Propheten sind freche Betrüger, /
ihre Priester Heiligtumsschänder, /
die dem Gesetz Gewalt antun.
5 Dabei ist Jahwe doch in ihrer
Mitte, / der Recht und niemals
Unrecht tut. / Morgen für Morgen
stellt er unfehlbar sein Recht ins
Licht. / Doch der Böse kennt
keine Scham.
6 »Ich habe ganze Völker
vernichtet / und ihre Festungen
zerstört. / Ich ließ ihre Straßen
veröden, / keiner geht dort
mehr umher. / Ihre Städte sind
verwüstet, menschenleer; / kein
Bewohner ist mehr da. 7 Ich
dachte: ›Sicher achtest du mich
jetzt, / nimmst dir meine Warnung
zu Herzen. / Dann würde ihre*
Wohnung nicht zerstört, / wie
ich es ihr zugedacht hatte.‹ / Doch
sie taten es nun gerade / und
verschlimmerten ihre Taten.
8 Darum warte nur auf mich«, /
spricht Jahwe, / »und auf den
Tag, / an dem ich mich als
Ankläger erhebe. / Denn mein
Beschluss steht fest: / Ich werde
die Völker versammeln / und
bringe die Reiche zusammen, / um
meine Wut auf sie zu schütten, /
die ganze Glut meines Zorns. /
Denn im Feuer meiner Eifersucht /
wird die ganze Erde verzehrt.«

Göttliche Zusagen für alle Völker

9 Dann aber gebe ich den Völkern /
neue, reine Lippen, / damit sie
den Namen Jahwes anrufen / und
ihm Schulter an Schulter dienen.
10 Noch jenseits von Nubiens
Strömen / bringen meine
Anbeter / mir meine zerstreute
Schar / als Opfergabe dar.*
11 An jenem Tag / musst du dich
nicht mehr deiner Taten schämen, /
durch die du mit mir gebrochen
hast. / Denn dann entferne ich aus
dir / deine hochmütigen Prahler. /
Dann wird es auf meinem heiligen
Berg / keine Überheblichkeit mehr
geben. 12 Übrig lasse ich in dir /
ein demütiges und armes Volk, /
das seine Zuflucht sucht / beim
Namen Jahwes: 13 den Rest von
Israel, / Menschen, die kein
Unrecht tun / und nicht mehr
lügen werden. / Sie wollen nichts
mehr wissen von Betrug, /
sondern wie eine Herde weiden
und lagern, / und niemand
scheucht sie auf.
14 Juble, Tochter Zion, / jauchze,
Israel! / Singe und juble aus
vollem Herzen, / du Tochter von
Jerusalem! 15 Deine Strafe hat
Jahwe entfernt, / deinen Feind

3,7 *ihre.* Hier ist die Stadt aus Vers 1 gemeint.

3,10 *als Opfergabe dar.* Das bedeutet wahrscheinlich: Bekehrte Menschen aus fremden Völkern werden Juden mit zur Anbetung nach Jerusalem nehmen.

fegte er weg. / Der König Israels, /
Jahwe selbst, ist in dir, / du wirst
kein Unglück mehr sehen.

16 An jenem Tag wird man Jerusalem
zurufen:
Zion, fürchte dich nicht! /
Lass deine Hände nicht sinken!
17 Jahwe, dein Gott, ist in dir, /
ein Held, um dir zu helfen. /
Er freut sich mit Begeisterung
an dir. / Musste er in seiner
Liebe auch schweigen, / so
jubelt er nun laut über dich.
18 Die Bekümmerten, die weit
weg von dir waren / und die Fest-
versammlungen vermissten, / die
bringe ich heim von dort, / wo sie
eine Mahnung für dich sind.

19 »Pass auf! Dann rechne ich mit
deinen Unterdrückern ab. Ich werde
den Hinkenden helfen und die Vertrie-
benen zusammenbringen. Und gera-
de in den Ländern, wo man sie ernied-
rigt hat, verschaffe ich ihnen Ruhm
und Ansehen. 20 In dieser Zeit hole ich
euch her. Und dann, wenn ich euch
sammle, verleihe ich euch Ansehen
und Ruhm bei allen Völkern der Erde,
denn vor ihren Augen werde ich euer
Geschick wenden«, spricht Jahwe.

Der Prophet Haggai

Nach jüdischer Überlieferung war Haggai bei Hesekiël in Babylon in die Schule gegangen. Aus Kapitel 2,3 könnte man schließen, dass er den salomonischen Tempel noch gesehen hat. Beide Hinweise lassen auf einen etwa 70-jährigen Mann schließen. Weil er in der Liste von Esra 2 nicht erwähnt wird, war er vielleicht erst gegen Ende des 16-jährigen Baustopps nach Jerusalem gekommen. Er weissagte nur wenige Monate, und zwar vom 1. September bis zum 24. Dezember 520 v. Chr. Doch sein vollmächtiger Dienst brachte das Volk dazu, in kürzester Zeit wieder mit dem Tempelbau zu beginnen.

Der Ruf zur Besinnung

1 1 Am 1. September* im zweiten
Regierungsjahr des Königs Da-
rius* empfing der Prophet Haggai
eine Botschaft für Serubbabel Ben-
Schealtiël*, den Statthalter von Juda,
und für Jeschua Ben-Jozadak*, den
Hohen Priester: 2 »So spricht Jahwe,
der allmächtige Gott*: ›Dieses Volk
behauptet, die Zeit sei noch nicht reif,
das Haus Jahwes zu bauen.‹« 3 Dann
empfing der Prophet ein weiteres
Wort Jahwes: 4 »Für euch ist es
offenbar nicht zu früh, in getäfelten
Häusern* zu wohnen, während mein
Haus noch in Trümmern liegt! 5 Nun
sagt euch Jahwe, der allmächtige
Gott: ›Überlegt doch einmal, was mit
euch passiert! 6 Ihr habt reichlich
gesät, aber nur wenig geerntet; ihr
esst, werdet aber nicht satt; ihr trinkt
und bekommt doch keinen Rausch;
ihr zieht euch an und werdet doch
nicht warm; und wer etwas verdienen
kann, dem zerrinnt es zwischen den
Fingern.‹ 7 Darum sagt Jahwe, der all-
mächtige Gott: ›Nehmt endlich zu
Herzen, was mit euch passiert! 8 Geht
ins Gebirge und schafft Holz herbei
und baut den Tempel wieder auf!
Daran werde ich mich freuen und
damit ehrt ihr mich! 9 Ihr habt viel
erhofft und wenig erreicht, und was
ihr heimbrachtet, blies ich euch aus
der Hand. Und weshalb das alles?‹,
sagt Jahwe, der allmächtige Gott.

1,1 *September.* Wörtlich: des 6. Monats. Zum Datum siehe unter *Schaltmonat* im Vorwort des Übersetzers.

Darius. Das war 520 v. Chr. Der persische König Darius Histaspis regierte von 522-486 v. Chr.

Serubbabel Ben-Schealtiël. Nachkomme des letzten jüdischen Königs, führte 18 Jahre vorher einen Teil des Volkes aus der Gefangenschaft zurück in die Heimat.

Jeschua Ben-Jozadak. Legitimer Nachkomme des letzten Hohenpriesters vor der Gefangenschaft.

1,2 *der allmächtige Gott.* Hebräisch: *Zebaoth*, das heißt »Heere« oder »Kriege«. In der LXX wird der Begriff immer mit *»pantokrator«*, »Allherrscher« oder »Allmächtiger« wiedergegeben.

1,4 *getäfelte Häuser.* Das meint wohl eher die Häuser der Führer und der Wohlhabenden.

›Weil mein Haus in Trümmern liegt
und jeder von euch nur für sein eige-
nes Haus rennt. 10 Darum hat der
Himmel euch den Tau versagt und die
Erde ihren Ertrag. 11 Und ich habe
diese Dürre ins Land gerufen, eine
Dürre über die Berge und über das
Korn, über Weingärten und Oliven-
haine und alles, was die Erde euch
bringt; eine Dürre über Menschen
und Vieh und alles, was ihr mit euren
Händen schafft.‹«

Der neue Anfang

12 Serubbabel Ben-Schealtiël und der
Hohe Priester Jeschua Ben-Jozadak
und das ganze restliche Volk hörten
auf das, was Jahwe, ihr Gott, ihnen
sagen ließ. Sie hörten auf die Worte
des Propheten Haggai, denn sie er-
kannten, dass Jahwe, ihr Gott, ihn
geschickt hatte. Das Volk war er-
schrocken und fürchtete sich vor
Jahwe. 13 Da sagte Haggai, der Bote
Jahwes, in Gottes Auftrag zu ihnen:
»Ich stehe euch bei! Ich, Jahwe, sage
es.« 14 So machte Jahwe Serubba-
bel, den Statthalter von Juda, und
den Hohen Priester Jeschua und das
ganze restliche Volk bereit, das Haus
Jahwes, des allmächtigen Gottes,
ihres Gottes, wieder aufzubauen.
15 Das war am 24. September im
selben Jahr*.

Der neue Tempel

2 1 Am 21. Oktober* empfing der
Prophet Haggai die folgende Bot-
schaft Jahwes: 2 »Sprich zu Serubba-
bel Ben-Schealtiël, dem Statthalter
von Juda, und zu Jeschua Ben-Joza-
dak, dem Hohen Priester, und zu dem
ganzen restlichen Volk: 3 ›Wer von
euch hat diesen Tempel noch in seiner
früheren Pracht gesehen? Und was
seht ihr jetzt? Es ist doch nichts im
Vergleich zu dem, was früher hier
stand. 4 Aber Jahwe sagt dir, Serubba-
bel: Fasse Mut! Und auch du, Jeschua
Ben-Jozadak, du Hoher Priester:
Fasse Mut! Und ihr Leute von Juda:
Fasst Mut und geht ans Werk! Ich
stehe euch bei! Das sage ich, Jahwe,
der allmächtige Gott. 5 Der Bund, den
ich mit euch schloss, als ihr aus Ägyp-
ten gezogen seid, bleibt bestehen!
Und auch mein Geist bleibt bei euch!
Habt also keine Angst! 6 Denn so
spricht Jahwe, der allmächtige Gott:
Es dauert nicht mehr lange, dann
werde ich Himmel und Erde, Land
und Meer erschüttern* 7 und alle Völ-
ker erzittern lassen. Dann wird das
Begehrenswerte* aller Nationen hier-
her kommen und dieses Haus mit
Herrlichkeit füllen. Das sage ich euch
zu! 8 Denn mir, Jahwe, dem allmäch-
tigen Gott, gehört alles Silber und
Gold. 9 Dieser neue Tempel wird viel
herrlicher sein als der alte, spricht
Jahwe, der allmächtige Gott. Und
hier, an diesem Ort schenke ich Frie-
den und Heil. Das sage ich euch zu.

1,15 *September … Jahr.* Wörtlich: des 6. Monats im 2. Regierungsjahr des Königs Darius. Nach dem raschen Einbringen der Ernte begann die Arbeit am Wiederaufbau des Tempels.

2,1 *Oktober.* Wörtlich: *des 7. Monats.*

2,6 Wird im Neuen Testament zitiert: Hebräer 12,26.

2,7 *das Begehrenswerte.* Das kann ein Hinweis auf den Messias oder auf die kostbaren Schätze der Völker sein, die zum Tempel gebracht werden (vgl. Esra 6,8).

Der neue Segen

10 Am 24. Dezember desselben Jah-
res* empfing der Prophet Haggai
folgende Botschaft Jahwes: 11 »So
spricht Jahwe, der allmächtige Gott:
›Bitte doch die Priester um eine
Weisung. Frage sie: 12 Wenn jemand
Fleisch in seinem Gewandzipfel trägt,
das mir geweiht wurde, und er berührt
mit diesem Zipfel ein Stück Brot oder
etwas Gekochtes oder Wein, Öl oder
irgendein Nahrungsmittel – wird das
dann ebenfalls heilig?‹« Haggai legte
den Priestern die Frage vor und
bekam die Antwort: »Nein.« 13 Dann
fragte er sie: »Wenn aber jemand
durch die Berührung eines Leich-
nams unrein wurde und dann an eines
dieser Dinge kommt: Wird das Be-
rührte dann unrein?« Die Priester
antworteten: »Ja.« 14 Da sagte Hag-
gai: »Genauso steht es mit diesem
Volk und mit diesen Leuten, spricht
Jahwe. Unrein ist alles, was sie tun,
selbst das, was sie mir als Opfer
bringen.

15 Nun aber gebt acht, was von
heute an geschieht! Bevor ihr begon-
nen habt, im Tempel Jahwes Stein auf
Stein zu legen, 16 wie erging es euch
da? Kam man zu einem Kornhaufen,
der zwanzig Sack haben sollte, so
waren es nur zehn, kam man zur
Kelter, um fünfzig Krüge* zu schöp-
fen, waren es nur zwanzig. 17 Ich
schickte euch Hagel, Mehltau und
Getreidebrand und machte alle eure
Arbeit zunichte. Trotzdem seid ihr
nicht zu mir umgekehrt, spricht
Jahwe. 18 So ist es geblieben bis
heute, bis zum 24. Dezember, bis zu
dem Tag, an dem das Fundament für
den Tempel Jahwes vollendet wurde.
Gebt acht, was von heute an ge-
schieht, gebt acht! 19 Liegt euer Saat-
gut noch in den Speichern? Haben
eure Weinberge, eure Feigen-, Gra-
natäpfel- und Olivenbäume immer
noch keine Erträge gebracht? Von
heute an will ich euch und euer Land
wieder segnen!«

Gottes Siegelring

20 Am selben Tag* empfing Haggai
noch eine zweite Botschaft Jahwes:
21 »Sag zu Serubbabel, dem Statt-
halter von Juda: Ich werde Himmel
und Erde erzittern lassen. 22 Ich stoße
Throne von Königen um und breche
die Macht der Völker. Ich werfe die
Streitwagen mit ihren Lenkern um,
Pferde und Reiter stürzen zu Boden
und jeder sticht den anderen nieder.
23 An jenem Tag«, erklärt Jahwe,
der allmächtige Gott, »nehme ich
dich, meinen Diener Serubbabel
Ben-Schealtiël, und mache dich zu
meinem Siegelring, denn ich habe
dich erwählt.« Das sagt Jahwe, der
allmächtige Gott.

2,10 *Dezember desselben Jahres.* Wörtlich: des 9. Monats im 2. Regierungsjahr des Darius.

2,16 *Sack, Krug*: die Maße sind unbekannt, die Botschaft ist jedoch klar: 50 % bzw. nur 40 % der erwarteten Ernte.

2,20 *Am selben Tag.* Wörtlich: *Am 24. Tag des Monats.*

Der Prophet Sacharja

Sacharja wurde im November des Jahres 520 v. Chr. von Gott an die Seite Haggais zum Propheten berufen. In Kapitel 2,8 wird er als junger Mann bezeichnet. Seine Botschaften bedeuteten eine entscheidende Ermutigung für das am Tempel bauende Volk. Zuerst empfing er eine Reihe von acht Nachtgesichten, dann gab er die göttliche Antwort auf die Frage nach bestimmten Fastentagen weiter und verkündigte im letzten Teil seines Buches wie Israel in den Strudel internationaler Machtkämpfe hineingerissen, zuletzt aber durch das Kommen seines Messias-Königs errettet werden würde. Man nimmt an, dass der letzte Teil seines Buches aus einer späteren Phase seines Dienstes stammt, vielleicht um 470 v. Chr. Bei Sacharja finden sich auffällig viele Weissagungen über den Messias Israels.

Der Ruf zur Umkehr

1 1 Es war im November* des zweiten Regierungsjahrs von Darius*, als der Prophet Sacharja Ben-Berechja, der Enkel von Iddo, eine Botschaft Jahwes erhielt: 2 »Jahwe ist sehr zornig über eure Vorfahren gewesen. 3 Nun sollst du dem Volk aber sagen: ›So spricht Jahwe, der allmächtige Gott*: Kehrt um zu mir, dann werde auch ich zu euch umkehren! Das versichere ich, Jahwe, der allmächtige Gott! 4 Folgt nicht dem Beispiel eurer Väter! Die Propheten damals hatten sie in meinem Namen immer wieder aufgefordert, ihr verkehrtes Leben zu ändern und mit ihrem bösen Tun Schluss zu machen. Aber eure Vorfahren gehorchten überhaupt nicht, sie achteten nicht einmal auf mich, spricht Jahwe. 5 Wo sind nun eure Väter? Und die Propheten, leben sie vielleicht ewig? 6 Doch meine Worte und meine Gebote, die ich durch meine Diener, die Propheten, verkündigen ließ – haben die sich etwa nicht an euren Vätern erfüllt? Ja, dann kehrten sie um und mussten zugeben: Jahwe, der allmächtige Gott, hat genau das kommen lassen, was er uns angedroht hatte. Unser Leben und unsere Taten haben es so verdient.‹«

Der Reiter (1. Vision)

7 Am 24. Februar des folgenden Jahres* erhielt der Prophet Sacharja wieder eine Botschaft Jahwes. Er berichtet:

1,1 *November.* Wörtlich: im 8. Monat. Zum Datum siehe unter *Schaltmonat* im Vorwort des Übersetzers.

Darius Histaspis, persischer König, regierte von 522-486 v. Chr. Sein zweites Regierungsjahr war also 520 v. Chr.

1,3 *der allmächtige Gott.* Hebräisch: *Zebaoth*, das heißt »Heere« oder »Kriege«. In der LXX wird der Begriff immer mit *»pantokrator«*, »Allherrscher« oder »Allmächtiger« wiedergegeben.

1,7 *Februar ... Jahres.* Wörtlich: des 11. Monats, der Schebat heißt, im 2. Jahr des Darius. 519 v. Chr.

8 Ich hatte in dieser Nacht eine Vision:
Zwischen den Myrtenbüschen*, die
im Talgrund wachsen, war plötzlich
ein Reiter zu sehen, der sein rotes
Pferd zügelte. Hinter ihm konnte man
rote, fuchsige und weiße Pferde er-
kennen. 9 »Mein Herr, was bedeutet
das alles?«, fragte ich den Engel, der
mir zur Seite stand. »Ich werde es dir
gleich zeigen«, erwiderte er. 10 Der
Mann, der zwischen den Myrten ge-
halten hatte, sagte: »Diese Reiter hier
hat Jahwe ausgeschickt, um die Erde
zu erkunden.« 11 Die Reiter meldeten
dem Engel Jahwes, dem, der zwischen
den Myrten gehalten hatte: »Wir
haben die ganze Erde durchzogen,
und überall herrscht Ruhe.« 12 Da rief
dieser: »Jahwe, du allmächtiger Gott,
schon siebzig Jahre lang lastet dein
Zorn auf Jerusalem und den anderen
Städten Judas. Wann wirst du dich
über sie erbarmen?« 13 Jahwe gab
dem Engel, der mir zur Seite stand,
eine gute, tröstliche Antwort. 14 Da-
raufhin sagte dieser zu mir: »Verkün-
de den Leuten: ›So spricht Jahwe, der
allmächtige Gott: Ich brenne vor
Liebe zu Jerusalem und dem Berg
Zion. 15 Doch den selbstherrlichen
Völkern gilt mein glühender Zorn. Sie
sollten meinem Volk zwar eine Lehre
erteilen, aber sie wollten es gleich
ganz vernichten. 16 Darum wende ich
mich Jerusalem wieder liebevoll zu.
Mein Haus soll in der Stadt wieder
aufgebaut werden und ganz Jerusa-
lem wird eine große Baustelle sein.
Das versichert Jahwe, der allmächtige
Gott.‹ 17 Und weiter sollst du verkün-
den: ›So spricht Jahwe, der allmächti-
ge Gott: In den Städten meines Volkes
soll es wieder Überfluss an allen guten
Dingen geben. Zion werde ich trös-
ten, und Jerusalem wird wieder meine
Stadt sein!‹«

Die Hörner (2. Vision)

2 1 Als ich wieder aufblickte, sah
ich vier Hörner*. 2 Ich fragte den
Engel, der mir zur Seite stand: »Was
hat es damit auf sich?« Er erklärte:
»Das sind die Mächte, die Juda, Israel
und Jerusalem niedergeworfen und
ihre Bewohner zerstreut haben.«
3 Dann ließ Jahwe mich vier kräftige
Handwerker sehen, 4 und ich fragte:
»Wozu sind die da?« Er sagte: »Sie
sollen die Hörner abschlagen, die
Juda derartig zerstreut haben, dass
niemand mehr den Kopf zu heben
wagte. Sie sind gekommen, um die
Völker, die sich gegen Juda erhoben
haben, in Schrecken zu versetzen und
ihre Macht zu zerschlagen.«

Die feurige Mauer (3. Vision)

5 Dann sah ich einen Mann mit einem
Bandmaß in der Hand 6 und fragte
ihn: »Wo gehst du hin?« – »Ich will
Jerusalem messen«, erwiderte er. »Ich
will sehen, wie groß die Stadt werden
soll.« 7 Da trat auf einmal der Engel,
der mir zur Seite stand, nach vorn und
ein anderer Engel kam ihm entgegen.
8 Dieser sagte zu ihm: »Lauf und sag
dem jungen Mann dort*: ›Jerusalem

1,8 *Myrtenbusch.* Immergrüner bis zu 2 m hoher Busch mit duftenden Blättern, blüht im Sommer.

2,1 *Hörner.* Symbole für Macht und Stolz.

2,8 *jungen Mann dort.* Vermutlich ist hier Sacharja gemeint, der diese Botschaft dem Volk weitergeben soll.

wird eine offene Stadt ohne Mauern
sein und von Menschen und Tieren
überquellen.‹ 9 Jahwe sagt: ›Ich selbst
werde eine feurige Mauer rings um sie
sein und werde die Stadt mit meiner
Herrlichkeit erfüllen.‹«
10 »Auf, auf! Flieht aus dem Land
im Norden!«, sagt Jahwe. »Denn ich
habe euch nach allen vier Himmels-
richtungen hin Platz geschaffen.
11 Auf, ihr Leute von Zion*! Rettet
euch aus Babylonien!« 12 So spricht
Jahwe, der allmächtige Gott: »Die
Herrlichkeit selbst hat mich* zu den
fremden Völkern geschickt, die euch
ausgeplündert haben. – Denn wer
euch antastet, tastet meinen Augapfel
an! – 13 Ja, ich erhebe meine Hand
gegen sie. Sie sollen eine Beute ihrer
eigenen Sklaven werden. Daran wer-
det ihr erkennen, dass Jahwe, der all-
mächtige Gott, mich zu euch gesandt
hat.«
14 »Freut euch und jubelt, ihr Be-
wohner der Zionsstadt!«, sagt Jahwe.
»Denn ich werde kommen und mitten
unter euch wohnen. 15 Dann werden
viele Völker sich zu Jahwe bekennen
und so auch zu meinem Volk gehören.
Und ich wohne mitten unter euch.
Wenn das geschieht, werdet ihr er-
kennen, dass Jahwe, der allmächtige
Gott, mich zu euch gesandt hat.«
16 Jahwe wird Juda in Besitz nehmen.
Es wird sein Erbteil im heiligen Land
sein. Und Jerusalem wird wieder ganz
seine Stadt. 17 Ihr Menschen, seid still
vor Jahwe, denn er tritt aus seiner hei-
ligen Wohnung hervor!

Der Hohe Priester (4. Vision)

3 1 Jetzt ließ er mich den Hohen
Priester Jeschua* sehen, der vor
dem Engel Jahwes stand, während
sich der Satan rechts neben ihn stellte,
um ihn anzuklagen. 2 Doch Jahwe
sagte zu ihm: »Jahwe verbietet dir das
Wort, Satan! Ja er, der Jerusalem er-
wählt hat, verbietet dir das Wort! Ist
dieser Mann hier nicht ein Holzscheit,
das aus dem Feuer herausgerissen
wurde?« 3 Als Jeschua nämlich so vor
dem Engel Jahwes stand, hatte er Ge-
wänder an, die vor Schmutz stanken*.
4 Da sagte der Engel Jahwes zu den
vor ihm stehenden Engeln: »Zieht
ihm die schmutzigen Gewänder aus!«
Und zu Jeschua gewandt: »Hiermit
nehme ich die Schuld von dir weg und
kleide dich in Festgewänder ein!«
5 Da sagte ich*: »Setzt ihm doch auch
den reinen Kopfbund* auf!« Sie taten
es und kleideten ihn neu ein. Der
Engel Jahwes stand dabei 6 und sagte
feierlich zu Jeschua: 7 »So spricht
Jahwe, der allmächtige Gott: Wenn du

2,11 *Leute von Zion.* Einwohner Jerusalems, die noch in Babylon geblieben sind.

2,12 *mich.* Offenbar der Engel Jahwes, der Jahwe selbst repräsentiert, wie auch V. 13 und 15 und an anderen Stellen. Er kann einerseits so sprechen, als ob er Jahwe selbst ist und andererseits so, als ob er sich von Jahwe unterscheidet.

3,1 *Jeschua.* Legitimer Nachkomme des letzten Hohen Priesters vor der Gefangenschaft.

3,3 *vor Schmutz stanken.* Mit menschlichem Kot beschmutzt, was ihn absolut unrein und unfähig machte, seinen Priesterdienst auszuführen.

3,5 *ich.* Sacharja mischt sich ins Geschehen ein.

Kopfbund. Auf dem das goldene Stirnblatt des Hohen Priesters befestigt war, auf dem stand: »Geheiligt für Jahwe« (2. Mose 28,36f; 29,6).

auf meinen Wegen gehst und meine
Ordnungen befolgst, dann sollst du
auch mein Haus regieren und die Auf-
sicht über die Vorhöfe haben. Und ich
gebe dir trotz allen, die hier stehen,
einen freien Zugang zu mir. 8 Hör zu,
Jeschua, du Hoher Priester, du und
deine Mitpriester, die vor dir sitzen:
Ihr seid ein lebendes Vorzeichen
dafür, dass ich meinen Diener, den
›Spross‹* kommen lassen werde.
9 Seht den Stein, den ich vor Jeschua
hingelegt habe: sieben Augen auf
einem einzigen Stein*! Ich selbst
werde die Gravur in ihn schneiden*,
spricht Jahwe, der allmächtige Gott,
und die Schuld dieses Landes an
einem einzigen Tag wegnehmen.
10 An jenem Tag* werdet ihr euch ge-
genseitig unter Weinstock und Fei-
genbaum einladen.«

Der Leuchter (5. Vision)

4 1 Der Engel, der mir zur Seite
stand und alles erklärt hatte, kam
wieder und rüttelte mich auf wie
einen, der aus dem Schlaf geweckt
wird. 2 Er fragte mich: »Was siehst
du?« – »Einen Leuchter«, erwiderte
ich, »er ist ganz aus Gold. Oben drauf
ist ein Ölbehälter, von dem aus je sie-
ben Röhren zu den Öllampen führen.
3 Rechts und links vom Ölgefäß sehe
ich je einen Ölbaum stehen. – 4 Was
hat das zu bedeuten, mein Herr?«,
fragte ich den Engel. 5 »Verstehst du
das denn nicht?«, erwiderte er. »Nein,
mein Herr«, sagte ich. 6 Da gab er mir
folgende Auskunft:

»So lautet das Wort Jahwes an
Serubbabel*: ›Nicht durch Heeres-
macht und menschliche Gewalt wird
es geschehen, sondern durch meinen
Geist‹, spricht Jahwe, der allmächtige
Gott. 7 Wer bist du, großer Berg? Vor
Serubbabel wirst du zur Ebene! Ja,
mit lautem Jubel wird er den Schluss-
stein in den Tempel einsetzen: ›Die
Gnade, die Gnade sei mit ihm!‹« 8 Ich
empfing auch die folgende Botschaft
Jahwes: 9 »Serubbabel hat den Grund
für den Bau dieses Hauses gelegt. Er
wird ihn auch vollenden! Daran wirst
du erkennen, Serubbabel, dass Jahwe,
der allmächtige Gott, mich* zu euch
geschickt hat. 10 Denn auch der, der
den Tag geringer Anfänge verachtet,
wird mit Freude diesen besonderen
Stein in Serubbabels Hand sehen. –

Diese sieben Öllampen sind die
Augen Jahwes, die über die ganze
Erde schweifen.« 11 Ich fragte weiter:
»Und was bedeuten die beiden Ölbäu-
me rechts und links vom Leuchter?«
12 Und noch einmal: »Was haben die
Zweigbüschel neben den beiden Gold-
trichtern zu bedeuten, durch die das
goldfarbene Öl fließt?« 13 »Verstehst

3,8 *Spross.* Der Messias, der aus der Wurzel der Familie Davids stammt, vgl. Jesaja 4,2; Jeremia 23,5.

3,9 *Stein.* Dieser Stein ist offenbar ein Symbol für den kommenden Messias, in dem Gott gegenwärtig ist.

Gravur in ihn schneiden. Vielleicht ein Hinweis auf die Wundmale des Messias bei seiner Kreuzigung.

3,10 *jenem Tag.* Hier ist wohl die Wiederkunft des Messias gemeint und der Beginn seines Friedensreiches.

4,6 *Serubbabel.* Nachkomme des letzten jüdischen Königs; er führte 18 Jahre vorher einen Teil des Volkes aus der Gefangenschaft zurück in die Heimat.

4,9 *mich.* Offenbar den Engel Jahwes, der Jahwe selbst repräsentiert.

du das nicht?«, fragte er. »Nein, mein
Herr«, erwiderte ich. 14 Er sagte:
»Das sind die beiden Gesalbten*,
die bei dem Herrn der ganzen Erde
stehen.«

Die fliegende Rolle (6. Vision)

5 1 Ich blickte wieder auf und sah
auf einmal eine Schriftrolle durch
die Luft fliegen. 2 Der Engel fragte
mich: »Was siehst du?« – »Ich sehe
eine offene Schriftrolle fliegen, etwa
zehn Meter lang und fünf Meter
breit*.« 3 »Das ist der Fluch«, sagte er
mir, »der über das ganze Land
kommt. Denn nach dem, was auf der
einen Seite geschrieben steht, wird
jeder Dieb weggefegt werden, und
nach dem, was auf der anderen Seite
steht, jeder Meineidige. 4 Ich habe ihn
kommen lassen, spricht Jahwe, der
allmächtige Gott, und schicke ihn
in das Haus jedes Diebes und jedes
Menschen, der in meinem Namen
einen Meineid schwört. Er wird auf
ihren Häusern lasten und jeden
Balken und Stein darin zerfressen,
bis sie zusammenbrechen.«

Die Frau im Fass (7. Vision)

5 Dann trat der Engel, der mir zur
Seite stand, wieder vor und sagte:
»Schau hoch und sieh, was dort zum
Vorschein kommt!« 6 »Was ist denn
das?«, fragte ich. »Das ist ein Fass*«,
erwiderte er, »und so sieht die Sünde
im ganzen Land aus.« 7 Auf einmal
hob sich der runde Bleideckel auf dem
Fass und eine Frau kam zum Vor-
schein. 8 »Das ist die Gottlosigkeit«,
sagte der Engel. Er stieß die Frau
ins Fass zurück und schlug den Blei-
deckel zu. 9 Als ich wieder aufblickte,
sah ich zwei Frauen mit Flügeln,
wie Störche sie haben. Sie rauschten
heran, packten das Fass und flogen
mit ihm davon. 10 »Wohin bringen sie
es?«, fragte ich den Engel. 11 »Sie
bauen ihm einen Tempel im Land
Schinar*», sagte er, »und stellen die
Gottlosigkeit* dort auf ein Podest.«

Die vier Wagen (8. Vision)

6 1 Als ich wieder aufblickte, sah
ich vier Wagen, die zwischen
zwei Bergen aus Bronze hervor-
kamen. 2 Der erste Wagen wurde von
roten Pferden gezogen, der zweite von
schwarzen, 3 der dritte von weißen
und der vierte von gescheckten, alles
starke Tiere. 4 »Was bedeutet das,
mein Herr«?, fragte ich den Engel, der
mir zur Seite stand. 5 Er erwiderte:
»Das sind die vier Winde des Him-
mels. Sie kommen vom Herrn der

4,14 *die beiden Gesalbten.* Wörtlich: *Söhne des Öls.* Das bezieht sich zunächst auf den Nachkommen des Königs David, Serubbabel, und den Hohen Priester Jeschua, im erweiterten Sinn aber auch auf den Messias, der König und Hoher Priester in einer Person sein wird (Sacharja 6,12-13).

5,2 *fünf Meter breit.* 20 x 10 Ellen, das sind die Maße der Vorhalle des Salomonischen Tempels.

5,6 *Fass.* Wörtlich: *Efa.* Das ist ein Getreidemaß in das etwa 3 Eimer hineinpassen (22-45 Liter).

5,11 *Land Schinar.* Das meint die Ebene Babyloniens, wo die Menschen einst in grenzenloser Überheblichkeit den babylonischen Turm gebaut hatten (vergleiche 1. Mose 11,1-9).

Gottlosigkeit. Eigentlich das Fass mit der Frau, welche aber die Gottlosigkeit oder Sünde symbolisieren.

ganzen Erde, von dem sie ihre Befehle
empfangen haben. 6 Das schwarze
Gespann zieht nach Norden und das
weiße hinter ihm her. Das gescheckte
zieht nach Süden.« 7 Die starken Pfer-
de drängten ungeduldig vorwärts. Da
rief der Engel Jahwes: »Los! Durch-
zieht die Erde!« Da galoppierten sie
davon. 8 Und mir rief er laut zu: »Die
nach dem Norden losgezogen sind,
werden meinen Geist über das Land
im Norden bringen und meinen Zorn
stillen.«

Krönung des Hohen Priesters

9 Dann empfing ich die folgende Bot-
schaft Jahwes: 10 »Geh heute noch in
das Haus Joschijas Ben-Zefanja und
lass dir von Heldai, Tobija und Jedaja
das geben, was sie aus Babylonien
mitgebracht haben. 11 Nimm das Sil-
ber und Gold und lass daraus eine
Krone anfertigen. Setze sie dem
Hohen Priester Jeschua Ben-Jozadak
auf 12 und sage zu ihm: ›So spricht
Jahwe, der allmächtige Gott: Es wird
ein Mann kommen, der Spross heißt,
denn wo er steht, wird es sprossen. Er
wird den Tempel Jahwes bauen. 13 Ja,
er wird ihn wieder aufbauen. Er wird
königlichen Schmuck tragen, auf sei-
nem Thron sitzen und herrschen, aber
zugleich wird er auch Priester sein.
Und auf dem Thron wird ein friedli-
ches Einvernehmen bestehen. 14 Die
Krone soll zur Erinnerung an Heldai,
Tobija und Jedaja und die Gastfreund-
schaft Ben-Zefanjas im Tempel Jah-
wes aufbewahrt werden. 15 Aus der
Ferne werden sie kommen und am
Tempel Jahwes bauen. Daran werdet
ihr erkennen, dass Jahwe, der all-
mächtige Gott, mich zu euch gesandt
hat. Das wird aber nur geschehen,
wenn ihr aufmerksam auf Jahwe,
euren Gott, hört.‹«

Die Fastenfrage

7 1 Am 4. Dezember* im vierten
Regierungsjahr des Königs Da-
rius erhielt Sacharja wieder eine
Botschaft Jahwes. 2 An diesem Tag
waren Sarezer, Regem-Melech und
dessen Männer aus Bet-El nach Jeru-
salem gekommen. Sie wollten Jahwe
anflehen 3 und die Priester im Tempel
Jahwes, des allmächtigen Gottes, und
die Propheten fragen: »Sollen wir
auch künftig den Fast- und Trauertag
im August* begehen, wie wir es schon
so viele Jahre getan haben?«

Die erste Antwort

4 Da sprach Jahwe, der allmächtige
Gott, zu mir: 5 »Sag dem ganzen Volk
im Land und den Priestern: ›Wenn ihr
im August und im Oktober* gefastet
und getrauert habt – und das nun
schon siebzig Jahre lang –, habt ihr da
etwa für mich gefastet? 6 Wenn ihr
esst und trinkt, tut ihr es doch auch für
euch selbst! 7 Wisst ihr denn nicht,

7,1 *Dezember.* Wörtlich: des neunten Monats, des Kislew. Das war im Jahr 518 v.Chr.

7,3 *August.* Wörtlich: *5. Monat.* Am 7. August 586 v.Chr. wurden der Tempel und alle wichtigen Gebäude Jerusalems im Auftrag Nebukadnezzars niedergebrannt und die Stadtmauer zerstört; vergleiche 2. Könige 25,8-10.

7,5 *Oktober.* Wörtlich: 7. Monat. Im Oktober 586 v.Chr. wurde Gedalja, der von Nebukadnezzar eingesetzte Statthalter, ermordet, siehe 2. Könige 25,25.

was Jahwe durch die früheren Pro-
pheten sagen ließ, als Jerusalem und
die Städte ringsum, der heiße Süden
und das westliche Hügelland noch
bewohnt waren?‹«
8 Jahwe fuhr fort: 9 »Jahwe, der all-
mächtige Gott, sagte damals zu ihnen:
›Richtet gerecht und geht liebevoll
und barmherzig miteinander um!
10 Unterdrückt die Waisen und Wit-
wen nicht, auch nicht die Ausländer
oder die Armen! Und schmiedet keine
bösen Pläne gegeneinander!‹ 11 Aber
sie wollten nicht einmal zuhören. Sie
zuckten die Schultern und stellten
sich taub. 12 Sie machten ihre Herzen
hart wie Kieselstein und schlugen
meine Weisungen in den Wind. Sie
wollten einfach nicht auf das hören,
was Jahwe, der allmächtige Gott,
ihnen durch die früheren Propheten
sagen ließ. Deshalb traf sie mein Zorn
mit voller Wucht. 13 Es geschah Fol-
gendes: So wie *ich* sie rief und *sie* nicht
hörten, werden *sie* rufen und *ich*
werde nicht hören, spricht Jahwe, der
allmächtige Gott. 14 Da habe ich sie
unter alle Völker verweht, die sie vor-
her nicht einmal kannten. Und hinter
ihnen verödete das Land; niemand
zog mehr hindurch und keiner kam
zurück. So machten sie ein schönes
Land zur schaurigen Öde.«

Fünf Verheißungen

8 1 Doch Jahwe fuhr weiter fort:
2 »So spricht Jahwe, der allmäch-
tige Gott: ›Ich brenne vor Liebe zu
Zion, und ich glühe vor Zorn wegen
seines Zustands.‹
3 So spricht Jahwe: ›Ich kehre nach
Zion zurück und werde in der Stadt
wohnen. *Stadt der Wahrheit* wird
man Jerusalem nennen, und den
Berg, auf dem der allmächtige Gott
wohnt, *Heiliger Berg*.‹
4 So spricht Jahwe, der allmächtige
Gott: ›Auf den Plätzen der Stadt wer-
den wieder hochbetagte Männer und
Frauen sitzen, vor Alter auf ihren Stab
gestützt; 5 und sie werden den spie-
lenden Kindern zusehen, den Jungen
und Mädchen, von denen die Plätze
wimmeln.‹
6 So spricht Jahwe: ›Wenn es dem
Rest dieses Volkes dann auch wunder-
bar erscheinen wird, so doch nicht
mir, dem allmächtigen Gott!‹
7 So spricht Jahwe, der allmächtige
Gott: Ja, ich werde mein Volk vom
Osten bis zum Westen aus allen Län-
dern heraus retten. 8 Ich werde sie
nach Hause bringen und lasse sie in
Jerusalem wohnen. Sie werden mein
Volk und ich werde ihr Gott sein, treu
und gerecht.‹«

Zwei Ermutigungen

9 So spricht Jahwe, der allmächtige
Gott: »Fasst Mut und packt an! Auch
für euch gilt, was die Propheten
gesagt haben, als das Fundament
zum Wiederaufbau des Tempels ge-
legt wurde. 10 Denn vor dieser Zeit
brachte eure Arbeit und die eurer
Tiere keinen Ertrag. Nie fühlte man
sich sicher vor dem Feind, beim
Hinausgehen nicht und beim Heim-
kommen auch nicht. Alle Menschen
ließ ich gegeneinander los. 11 Aber
von jetzt an werde ich dem Rest mei-
nes Volkes anders begegnen, versi-
chert Jahwe, der allmächtige Gott,
12 denn es wird eine Saat des Friedens
geben. Der Weinstock wird seine
Frucht geben, der Boden seinen

Ertrag und der Himmel seinen Tau. Das alles will ich dem Rest dieses Volkes für immer zu eigen geben. 13 Und wie ihr vorher den Völkern als Fluchwort gedient habt, ihr aus Juda und Israel, so werde ich euch retten, damit ihr zum Inbegriff des Segens werdet. Habt also keine Angst und packt an!«

14 Denn das sagt Jahwe, der allmächtige Gott: »So wie ich mir vorgenommen hatte, euch Böses zu tun, als eure Väter mich zum Zorn reizten, und mich durch nichts davon abbringen ließ, 15 so habe ich nun beschlossen, Jerusalem und den Juden Gutes zu tun. Habt also keine Angst! 16 Doch folgende Dinge müsst ihr tun: Sagt einander die Wahrheit! Fällt wahrhaftige Urteile im Gericht! 17 Seid nicht darauf aus, einander zu schaden, und liebt keine verlogenen Schwüre! Denn das ist mir verhasst, sagt Jahwe.«

Die zweite Antwort

18 Dann empfing ich die folgende Botschaft: 19 »So spricht Jahwe, der allmächtige Gott: Die Fast- und Trauertage im Januar*, Juli*, August und Oktober* werden den Juden zu fröhlichen Festtagen mit Jubel und Freude werden. Doch Wahrheit und Frieden müsst ihr lieben!«

Erweckung unter den Völkern

20 So spricht Jahwe, der allmächtige Gott: »Es wird noch geschehen, dass viele Völker herbeikommen und die Bewohner ganzer Städte. 21 Die Einwohner der einen Stadt werden zur anderen gehen und sagen: ›Kommt, wir wollen hingehen, um Jahwe zu besänftigen, wir wollen Jahwe, den allmächtigen Gott, aufsuchen! Auch ich will hingehen!‹ 22 So werden viele und große Völker nach Jerusalem kommen, um den allmächtigen Gott aufzusuchen und ihn gnädig zu stimmen.«

23 So spricht Jahwe, der allmächtige Gott: »Dann wird man es erleben, dass zehn Männer aus ganz unterschiedlichen Völkern sich an einen Juden hängen. Sie werden sich an seinem Gewand festhalten und sagen: ›Lasst uns mit euch gehen, denn wir haben gehört, dass Gott bei euch ist.‹«

Die Nachbarn Israels

9 1 Das Wort Jahwes wird lasten auf dem Land Hadrach* und ruhen auf Damaskus, denn die Blicke aller Menschen sind auf Jahwe gerichtet, nicht nur die der Stämme Israels. 2 Sein Wort erreicht auch Hamat, das an Hadrach grenzt, und kommt ebenso nach Tyrus und Sidon*, wo die Leute so weise sind. 3 Tyrus hat sich

---

8,19 *Januar.* Wörtlich: *10. Monat.* Am 10. Januar 588 v.Chr. begann die Belagerung Jerusalems durch die Truppen Nebukadnezzars, vgl. 2. Könige 25,1-2.

Juli. Wörtlich: *4. Monat.* Zwei Jahre nach Beginn der Belagerung, am 9. Juli 586 v.Chr. wurde die erste Bresche in die Stadtmauer Jerusalems geschlagen, vgl. Jeremia 39, 1-10.

August und Oktober. Siehe Anmerkungen zu Sacharja 7,3-4.

9,1 *Land Hadrach.* Die Region von Hatarika, nördlich der Stadt Hamat, am Fluss Orontes, 200 km nördlich von Damaskus.

9,2 *Sidon und Tyrus* waren die wichtigsten Hafenstädte Phöniziens (heute: Libanon).

zwar eine Festung gebaut und Berge
von Silber und Gold aufgehäuft.*
4 Doch der Herr wird es erobern, seine
Mauer ins Meer stürzen und die ganze
Stadt einäschern.* 5 Wenn die Philis-
ter aus Aschkelon, Gaza und Ekron
das erfahren, werden sie vor Angst
zittern, denn das, worauf sie ihre
Hoffnung setzten, ist jetzt dahin. Aus
Gaza* wird der König verschwinden,
Aschkelon wird unbewohnt sein 6 und
in Aschdod wird nur noch Gesindel
hausen. »So werde ich den Hochmut
der Philister brechen!«, sagt Jahwe.
7 »Ich werde ihnen das blutige Opfer-
fleisch aus dem Mund reißen, das
abscheuliche Mahl aus den Zähnen
zerren.« Ein Rest der Philister wird
dann zu unserem Gott gehören. Diese
Philister werden wie eine Sippe in
Juda sein, und die Leute von Ekron
wie die Jebusiter unter uns. 8 »Und
ich selbst«, sagt Jahwe, »stelle mich
als Wache vor mein Haus Israel,* zum
Schutz vor den Truppen, die hin und
herziehen. Kein fremder Herrscher
soll mehr hindurchziehen, denn ich
achte jetzt auf mein Volk!«

Die Ankunft des Königs

9 Freue dich, du Zionsstadt! Jubelt
laut, ihr Leute von Jerusalem! Seht,
euer König kommt zu euch! Er ist ge-
recht vor Gott, und er bringt die Ret-
tung. Er ist demütig und reitet auf
einem Fohlen, dem männlichen Jung-
tier einer Eselin.* 10 »Ich vernichte
die Streitwagen aus Efraïm* und die
Pferde aus Jerusalem!«, sagt er. Die
Waffen werden zerstört. Er wird den
Völkern Frieden gebieten! Von Meer
zu Meer reicht seine Herrschaft, vom
Strom des Euphrat bis zu den Enden
der Erde.

Gottes Waffe: Israel

11 »Und was dich betrifft, Israel, so
lasse ich deine Gefangenen frei aus
der Grube, die kein Wasser hat* – und
zwar wegen meines Bundes mit dir,
der mit Blut besiegelt ist. 12 Kehrt
heim, ihr Gefangenen voller Hoff-
nung! Kehrt heim in die sichere, be-
festigte Stadt! Auch heute verspreche
ich dir doppelte Entschädigung. 13 Ja,
ich habe mir Juda als Bogen gespannt
und den Köcher mit Efraïm gefüllt.
Und deine Söhne, Zion, werde ich
zum Schwert gegen Griechenlands

9,3 *Tyrus ... aufgehäuft.* Die Stadt hatte sich nach der Zerstörung durch Nebukadnezzar auf der vorgelagerten Insel eine als uneinnehmbar geltende Festung gebaut. Der Reichtum dieses Handelszentrums war sprichwörtlich.

9,4 *Stadt einäschern.* Nach der Schlacht bei Issus (333 v.Chr.) schickte Alexander der Große ein Heer nach Damaskus. Er selbst zog durch Phönizien, das sich ihm ergab, bis auf Tyrus, das erst mit Hilfe eines Dammbaus nach achtmonatiger Belagerung fiel.

9,5 *Gaza.* Von den damals noch bestehenden Philisterstädten leistete Gaza als einzige Widerstand gegen Alexander den Großen und wurde im Sturm erobert.

9,8 *Wache vor mein Haus Israel.* Jerusalem wurde wunderbar bewahrt. Alexander der Große verschonte die Stadt und gewährte den Juden besondere Vergünstigungen.

9,9 Wird im Neuen Testament zitiert: Matthäus 21,5; Johannes 12,15.

9,10 *Efraïm.* Der Name des Stammes stand oft stellvertretend für das ehemalige Nordreich Israel. Jetzt offenbar für die Israeliten, die nördlich von Juda lebten.

9,11 *Grube, die kein Wasser hat.* Wohl eine trockene Zisterne, die als Gefängnis genutzt wurde.

Kämpfer machen, dem Schwert eines
Helden.« 14 Jahwe selbst wird über
ihnen erscheinen, und sein Pfeil fährt
aus wie der Blitz. Jahwe, der Herr,
stößt ins Horn, er fegt einher in den
Stürmen des Südens. 15 Jahwe, der
allmächtige Gott, wird sein Volk be-
schützen. Schleudersteine werden
um sich fressen, Menschen zu Boden
strecken und Blut saufen wie Wein.
Sie werden so voll sein mit Blut wie
die Opferschale und wie die Ecken des
Altars. 16 So wird Jahwe, ihr Gott, die
Herde seines Volkes retten. Dann
werden sie wie die Edelsteine im
Stirnreif funkeln über seinem Land.
17 Wie anmutig und schön! Junge
Männer und Mädchen lässt er heran-
wachsen wie Korn und jungen Wein.

Musterung der Götzendiener

10 1 Bittet Jahwe um Regen,
wendet euch an ihn zur
Regenzeit! Denn Jahwe ist es, der
die Wetterwolken zusammenballt. Er
lässt regnen und er gibt dem Men-
schen das Grün auf dem Feld. 2 Die
Hausgötzen haben nur Unsinn gere-
det und die Wahrsager Trügerisches
geschaut. Sie haben euch erlogene
Träume verkündet und spendeten
windigen Trost. Darum musstet ihr
fortziehen wie Schafe im Elend, um
die sich kein Hirt kümmert. 3 »Über
die Hirten ist mein Zorn entflammt,
über die Leitböcke will ich Musterung
halten!«

Gottes Held: Israel

Denn Jahwe, der allmächtige Gott,
mustert seine Herde aus Juda und
macht ein prächtiges Streitross aus
ihr. 4 Aus Juda kommen Eckstein und
Zeltpflock, Kriegsbogen und Anfüh-
rer. 5 Sie werden wie Helden kämpfen
und die Feinde wie Straßendreck zer-
treten. Ja, sie können kämpfen, denn
Jahwe steht ihnen bei. Selbst die Rei-
ter hoch zu Ross werden an ihnen zu-
schanden. 6 »Ich werde Judas Nach-
kommen stärken und Josefs Nach-
kommen* retten. Ich habe Erbarmen
mit ihnen und lasse sie heimkehren.
Es wird so sein, als hätte ich sie nie
verstoßen. Denn ich bin Jahwe, ihr
Gott, ich erhöre ihre Gebete! 7 Efra-
ïms Männer werden wie Helden
kämpfen und fröhlich sein, als ob sie
Wein getrunken hätten. Ihre Kinder
werden jubeln, wenn sie es sehen, und
von Herzen Jahwe preisen. 8 Ich will
ihnen pfeifen und sie zusammenho-
len, denn ich habe sie erlöst. Und sie
werden so zahlreich sein wie einst.
9 Habe ich sie auch unter die Völker
gesät – wenn sie in der Ferne an mich
denken, werden sie am Leben bleiben
und mit ihren Kindern heimkehren.
10 Ich lasse sie heimkehren aus Ägyp-
ten und Assyrien und siedle sie in Gile-
ad und dem Libanon an,* doch nicht
einmal dort werden sie genug Platz
haben. 11 Sie werden in Angst durchs
Meer gehen, aber ich werde seine
Wogen zurücktreiben und den Nil-
strom versiegen lassen. Der Hochmut
Assyriens wird gestürzt und die Macht
Ägyptens gebrochen. 12 Ich werde sie

10,6 *Josefs Nachkommen.* Meint die Stämme Efraïm und Manasse, die oft stellvertretend für das Nordreich Israel stehen.

10,10 *dem Libanon an.* Israel wird schon so dicht besiedelt sein, dass sie nur noch östlich des Jordan und im Norden Platz finden.

stark machen in Jahwe, und in seinem
Namen werden sie leben!«, spricht
Jahwe, der allmächtige Gott.

Das Heulen der Hirten

11 1 Öffne deine Tore, Libanon, /
dass Feuer deine Zedern*
verzehrt! 2 Heult auf, ihr
Zypressen*: / die Zedern sind
gestürzt, / die Herrlichen dahin. /
Heult, ihr Eichen von Baschan, /
denn niedergelegt wurde der
undurchdringliche Wald.
3 Und hört ihr, wie die Hirten
heulen? / Auch ihre Herrlichkeit
ist dahin. / Hört ihr das Brüllen
der jungen Löwen? / Selbst der
Jordan-Urwald ist nicht mehr.

Zwei Hirten

4 Jahwe, mein Gott, sagte zu mir:
»Weide die Schafe, die zum Schlach-
ten bestimmt sind!« 5 Ihre Besitzer
schlachten sie ab und fühlen sich doch
ohne Schuld; ihre Verkäufer stoßen
sie ab und sagen noch: ›Preis sei
Jahwe, ich bin jetzt reich!‹ Keiner der
Hirten schont seine Tiere. 6 Darum
werde auch ich die Bewohner der
Erde nicht mehr verschonen. Ich lasse
sie in die Hand ihrer Mitmenschen
fallen und liefere sie ihren Königen
aus. Und selbst wenn diese das ganze
Land verwüsten, ich befreie niemand
aus ihrer Gewalt.«
7 Da weidete ich die zum Schlachten
bestimmten Schafe der Viehhändler.
Ich nahm mir zwei Hirtenstäbe, den
einen nannte ich »Freundschaft« und
den anderen »Verbundenheit«. Als ich
nun die Herde weidete 8 und in einem
Monat drei Hirten beseitigt hatte, ver-
lor ich die Geduld mit den Schafen,
und auch sie wollten nichts von mir
wissen. 9 Da sagte ich: »Ich will euch
nicht mehr weiden. Was stirbt, mag
sterben, und was verkommt, mag
verkommen, und der Rest mag sich
gegenseitig auffressen.« 10 Dann
zerbrach ich meinen Stab »Freund-
schaft«, um den Bund zu zerbrechen,
den ich mit allen Völkern geschlossen
hatte. 11 Von diesem Tag an hatte er
keine Gültigkeit mehr. Da erkannten
die Viehhändler, die mich beobachte-
ten, dass ich im Auftrag Jahwes ge-
handelt hatte. 12 Ich sagte zu ihnen:
»Wenn ihr wollt, gebt mir meinen
Lohn, wenn aber nicht, lasst es blei-
ben!« Da zählten sie mir einen Lohn
von 30 Silberstücken* hin. 13 Jahwe
aber sagte zu mir: »Das also bin ich
ihnen wert! Wirf die großartige
Summe dem Töpfer hin!«* Ich nahm
die 30 Silberstücke und warf sie im
Tempel dem Handwerker hin, der das
Gold und Silber einschmolz. 14 Dann
zerbrach ich meinen zweiten Stab
»Verbundenheit«, um die Bruder-
schaft zwischen Juda und Israel zu
zerbrechen.
15 Nun sagte Jahwe zu mir: »Nimm
noch einmal Hirtengeräte in die Hand
und verhalte dich wie ein schlechter

11,1 *Zeder.* Prächtiger Nadelbaum mit ausgebreiteter Krone, kann mehr als 1000 Jahre alt und bis zu 40 m hoch werden.

11,2 *Zypressen.* Schlanke, kegelförmige Nadelbäume, bis zu 50 m hoch.

11,12 *30 Silberstücke.* Nach 2. Mose 21,32 die Entschädigungssumme für einen toten Sklaven.

11,13 Wird im Neuen Testament zusammen mit Aussagen von Jeremia 18,2-3 zitiert: Matthäus 27,9-10.

Hirt! 16 Denn ich werde einen Hirten
im Land auftreten lassen, der die Ver-
missten nicht sucht, die Zerstreuten
nicht sammelt, die Verwundeten nicht
heilt und die Gesunden nicht versorgt,
sondern das Fleisch der besten Tiere
verschlingt, nachdem er ihnen die
Klauen zerrissen hat.*

17 Weh dem nichtsnutzigen Hirten,
der die Schafe verlässt! Das Schwert
treffe seinen Arm und sein rechtes
Auge! Sein Arm sei verkrüppelt und
sein rechtes Auge blind!«

Jerusalem: belagert und gerettet

12 1 Das Wort Jahwes wird las-
ten über Israel. – Es spricht
Jahwe, der den Himmel ausgespannt,
die Erde gegründet und den Geist des
Menschen in dessen Innerem geformt
hat: 2 »Ja, ich werde Jerusalem für alle
Völker ringsum zu einer Taumelschale
machen. Wer daraus trinkt, wird ins
Taumeln kommen. Auch Juda wird
betroffen sein, wenn sie Jerusalem be-
lagern. 3 An jenem Tag mache ich Je-
rusalem zu einem Stemmstein für die
Völker: Jeder, der ihn zu stemmen ver-
sucht, wird sich daran wund reißen.
Alle Völker der Erde werden sich
gegen Jerusalem zusammentun.«
4 An jenem Tag, sagt Jahwe, werde ich
die Pferde scheuen lassen und ihre
Reiter mit Wahnsinn schlagen. Und
während ich die Pferde der Völker
blind mache, halte ich meine Augen
offen über den Juden. 5 Die führenden
Männer von Juda werden denken:
›Die Leute von Jerusalem sind stark,
denn sie vertrauen Jahwe, ihrem all-
mächtigen Gott.‹ 6 An jenem Tag
mache ich die Anführer Judas zu
einem Feuer unter trockenem Holz, zu
einer Fackel unter einem Haufen Stroh.
Sie werden rechts und links alle Völker
verbrennen. Und Jerusalem wird un-
versehrt an seinem Platz bleiben.
7 Doch zuerst wird Jahwe die Juden ret-
ten, damit der Stolz der Nachkommen
Davids und der Einwohner von Jerusa-
lem nicht zu groß wird. 8 An jenem Tag
wird Jahwe die Einwohner Jerusalems
beschützen: Der Schwächste von ihnen
wird stark sein wie David und die
Davidsnachkommen wie eine Gottes-
macht, wie der Engel Jahwes, der ihnen
voranzieht. 9 An jenem Tag werde ich
darauf bedacht sein, alle Völker zu
vernichten, die gegen Jerusalem an-
gerückt sind.

Der Durchbohrte

10 Doch über die Nachkommen Da-
vids und die Einwohner Jerusalems
werde ich den Geist der Gnade kom-
men lassen, dass sie um Gnade flehen.
Dann werden sie zu mir aufblicken,
den sie durchbohrt haben.* Sie wer-
den um ihn trauern und klagen wie
man um den einzigen Sohn trauert;
sie werden bitter um ihn weinen wie
um einen Erstgeborenen. 11 An jenem
Tag wird der Jammer in Jerusalem so
groß sein wie der Jammer von Hadad-
Rimmon in der Ebene von Megiddo.*

11,16 *Klauen zerrissen hat.* Bedeutet vielleicht: Damit sie nicht weglaufen konnten. Der Ausdruck könnte aber auch als extreme Gier aufgefasst werden.

12,10 Wird im Neuen Testament von Johannes zitiert: Johannes 19,37.

12,11 *Jammer ... von Megiddo.* Das war offenbar die Trauer um Joschija, den frömmsten König Judas, der 609 v.Chr. in der Ebene von Megiddo starb, siehe 2. Chronik 35,20-27.

12 Das ganze Land wird trauern, jede
Sippe wird es für sich tun, nach Män-
nern und Frauen getrennt: die Nach-
kommen Davids* und die von Natan,
13 die Nachkommen Levis und die
von Schimi*, 14 und alle übrigen
Sippen in Israel, jeweils Männer und
Frauen für sich.*

13 1 An jenem Tag wird für die
Nachkommen Davids und die
Einwohner Jerusalems eine Quelle als
Mittel gegen Sünde und Unreinheit
vorhanden sein.

Ausrottung der Götzendiener

2 »An jenem Tag«, spricht Jahwe,
der allmächtige Gott, »werde ich die
Namen der Götzen aus dem Land
entfernen, damit sie nicht mehr er-
wähnt werden. Auch die Propheten
und den Geist des Götzendienstes
werde ich aus dem Land wegschaf-
fen. 3 Und wenn sich dann trotzdem
noch jemand als Prophet ausgibt,
werden seine eigenen Eltern zu ihm
sagen: ›Du hast dein Leben verwirkt,
weil du im Namen Jahwes Lügen
verbreitest!‹ Und sein eigener Vater
und seine eigene Mutter werden ihn
durchbohren, bloß weil er als Pro-
phet aufgetreten ist. 4 An jenem Tag
werden die Propheten sich der Visio-
nen, die sie erhalten und verkündigt
haben, schämen. Nie mehr werden
sie im haarigen Prophetenmantel*
auftreten, um die Menschen zu täu-
schen. 5 Und wenn man einen zur
Rede stellt, wird er sagen: ›Ich bin
kein Prophet, ich bin nur ein Mann,
der seinen Acker bebaut. Schon von
Jugend an besitze ich Ackerland.‹
6 Wenn man ihn aber fragt: ›Und
was sind das für Wunden an deinem
Körper*?‹, wird er sagen: ›Das ist
von den Schlägen im Haus meiner
Liebe.‹«

Der geschlagene Hirt

7 »Schwert, stürze dich auf meinen
Hirten, auf den, der mir am nächsten
steht!«, sagt Jahwe, der allmächtige
Gott. »Schlag den Hirten tot, dass die
Schafe auseinanderlaufen!* Auch die
Schwachen werde ich nicht verscho-
nen. 8 Zwei Drittel aller Menschen
im Land werden umkommen, nur ein
Drittel wird überleben. 9 Doch auch
dieser Rest muss die Feuerprobe be-
stehen. Ich werde ihn läutern, wie Sil-
ber geläutert wird, und auf Echtheit
prüfen, wie man das mit Gold macht.
Dieser Rest wird dann meinen Namen
anrufen, und ich werde ihm antwor-
ten. Ich werde sagen: ›Ihr seid mein

12,12 *Nachkommen Davids.* Siehe 2. Samuel 5,13.

12,13 *Schimi.* Enkel Levis, siehe 2. Mose 6, 16-17.

12,14 *für sich.* Das königliche und das priesterliche Geschlecht werden besonders herausgestellt, sie stehen als Teil für das ganze Volk. Offenbar will der Prophet sagen, dass sich eine ganze Generation des Volkes Israel zu dem gekreuzigten und wiederkommenden Messias bekennen wird.

13,4 *haarigen Prophetenmantel.* 2. Könige 1,8; Matthäus 3,4.

13,6 *an deinem Körper.* Wörtlich: *zwischen deinen Händen.* Das meint Wunden an Armen oder Brust, die falsche Propheten sich oft selbst beigebracht haben, siehe 1. Könige 18,28.

13,7 Wird im Neuen Testament von Jesus Christus zitiert: Matthäus 26,31; Markus 14,27.

Volk‹, und er wird erwidern: ›Jahwe
ist unser Gott.‹«

Jerusalem: von Jahwe erhöht

14 1 »Es wird ein Tag für Jahwe
kommen, an dem sofort ver-
teilt wird, was man in deiner Mitte
erbeutet hat. 2 Alle Völker werde ich
zum Kampf gegen Jerusalem versam-
meln. Sie werden die Stadt erobern,
die Häuser plündern und die Frauen
schänden. Die Hälfte aller Einwohner
wird in die Gefangenschaft geführt.
Nur ein Rest des Volkes darf in der
Stadt bleiben. 3 Dann aber wird
Jahwe selbst gegen jene Völker in den
Kampf ziehen, so wie er es schon
früher getan hat.
4 An jenem Tag wird er auf dem Öl-
berg stehen, der östlich von Jerusalem
liegt. Da wird sich der Ölberg von Ost
nach West spalten, die eine Hälfte
wird nach Norden ausweichen und
die andere nach Süden, sodass ein
sehr großes Tal entsteht. 5 In dieses
Tal zwischen meinen Bergen, das bis
nach Azel* reicht, werdet ihr fliehen,
so wie eure Vorfahren zur Zeit des
Königs Usija vor dem Erdbeben* ge-
flohen sind. Dann wird Jahwe, mein
Gott, kommen. Alle Heiligen* werden
bei ihm sein. 6 An jenem Tag wird kein
Licht sein, erstarrt ist alles Prächtige.
7 Ein einzigartiger Tag wird das sein.
Als Jahwes Tag gibt er sich zu erken-
nen. Tag und Nacht wechseln an ihm
nicht ab, und wenn der Abend kommt,
wird Licht. 8 An jenem Tag wird in Je-
rusalem eine Quelle entspringen, die
Sommer und Winter frisches Wasser
führt. Die eine Hälfte davon fließt ins
östliche Meer, die andere ins westli-
che*. 9 Dann wird Jahwe König über
die ganze Erde sein. An jenem Tag
wird Jahwe der Einzigartige sein und
sein Name der alleinige. 10 Das ganze
Land von Geba* bis Rimmon* südlich
von Jerusalem wird sich in eine Niede-
rung verwandeln. Jerusalem selbst
wird dann das Land überragen und an
seinem Platz bleiben vom Benjamin-
Tor über das frühere Tor bis zum
Ecktor, vom Hananel-Turm bis zu den
königlichen Weinkeltern. 11 Ihre Be-
wohner werden in Sicherheit leben,
und die Stadt wird nie mehr zerstört
werden.

Die Herrschaft des Königs

12 Aber gegen die Völker, die gegen Je-
rusalem gekämpft haben, wird Jahwe
einen furchtbaren Schlag führen: Bei
lebendigem Leib wird das Fleisch an
ihrem Körper verfaulen, die Augen
werden in ihren Höhlen verwesen und
die Zunge im Mund. 13 Und dann
wird Jahwe an jenem Tag eine Panik
unter ihnen entstehen lassen, sodass
einer den anderen packt und über ihn
herfällt. 14 Männer aus ganz Juda

14,5 *Azel.* Der Ort ist unbekannt, er markiert vermutlich das östliche Ende des neuen Tals.

Erdbeben. Siehe Amos 1,1.

Heilige. Das kann hier Engel oder Menschen oder beide meinen.

14,8 *östliche ... westliche.* Gemeint sind das Tote Meer und das Mittelmeer.

14,10 *Geba.* 9 km nordöstlich von Jerusalem an der Grenze Judas.

Rimmon. 56 km südwestlich der Stadt, wo das Hügelland Judas in den Negev (die Niederung) übergeht.

werden helfen, Jerusalem zu verteidigen. Dann sammeln sie die Schätze im Lager der feindlichen Völker ein: jede Menge Gold, Silber und kostbare Gewänder.
15 Die Pferde, Maultiere, Kamele, Esel und alle anderen Tiere im Lager wird der gleiche vernichtende Schlag treffen.
16 Die Überlebenden der Völker, die gegen Jerusalem gekämpft haben, werden von da an jedes Jahr nach Jerusalem ziehen, um das Laubhüttenfest zu feiern und Jahwe, den allmächtigen Gott, anzubeten.
17 Wenn aber eins von den Völkern der Erde sich weigert zu kommen, um dem allmächtigen Gott die Ehre zu erweisen, wird kein Regen mehr über dieses Land kommen.
18 Und wenn es die Ägypter sind, die nicht mehr kommen, werden auch sie entsprechend bestraft.* Es wird sie der gleiche Schlag treffen, mit dem Jahwe alle Völker bestrafen wird, die nicht zum Laubhüttenfest kommen.
19 So wird die Strafe für Ägypten und die der anderen Völker aussehen.

Dann wird alles heilig sein

20 An jenem Tag wird selbst auf den Schellen der Pferde stehen: »Geheiligt für Jahwe«*. Und die Kochtöpfe im Tempel Jahwes werden so heilig sein wie die Schalen mit Opferblut vor dem Altar.
21 Ja, jeder Kochtopf in Jerusalem und Juda wird Jahwe, dem allmächtigen Gott, geheiligt sein. Und alle, die zum Opfern kommen, nehmen die Töpfe und kochen darin. Dann wird es auch keinen Händler mehr im Tempel Jahwes, des allmächtigen Gottes, geben.*

14,18 Bei den *Ägyptern* ist es nicht der Entzug des Regens, sondern das Ausbleiben der Nilüberschwemmungen.

14,20 *»Geheiligt für Jahwe«.* Was sonst nur an dem goldenen Stirnblatt des Hohen Priesters stand, siehe 2. Mose 28,36.

14,21 *keinen Händler ... geben.* Vergleiche Matthäus 21,12.

Der Prophet Maleachi

Der Tempel, der von den Rückkehrern aus Babylon wiederaufgebaut worden war, stand nun schon 80 Jahre, aber von dem verheißenen Wohlstand war nichts zu spüren. So nahm das Volk die Gebote Gottes schon nicht mehr so genau. Etwa in dieser Zeit begann der Dienst des Propheten Maleachi, also um 420 v.Chr. Er macht nun seinem Volk klar, dass man von Gott nicht enttäuscht zu sein braucht, und ruft es zu ihm zurück. Maleachi muss dasselbe Problem der Mischehen ansprechen, mit dem auch Nehemia (und 36 Jahre vor ihm schon Esra) zu tun hatte. Die Botschaft des Propheten ist in einem sehr lebendigen Frage-Antwort-Stil verfasst und in einer Art gehobener Prosa.

1 *1* Botschaft an Israel, die Jahwe
seinem Boten* wie eine Last auf-
erlegte:

»Ich habe euch lieb!«

2 »Ich habe euch lieb«, sagt Jahwe,
»doch ihr sprecht: ›Wo liebst du uns
denn?‹« – »Nun«, sagt Jahwe, »war
nicht Esau Jakobs Bruder? Trotzdem
liebte ich Jakob. *3* Doch Esau hasste
ich.* Sein Gebirge hab ich zur Wild-
nis gemacht, sein Erbteil den Scha-
kalen der Wüste geschenkt.« *4* Wenn
Edom* sagt: »Unser Land liegt in
Trümmern, aber wir werden die Rui-
nen wieder aufbauen«, dann sagt
Jahwe, der allmächtige Gott*: »Mö-
gen sie nur bauen, ich werde ab-
reißen! Man wird sie ›Land des Un-
rechts‹ nennen und ›ein von Gott ver-
dammtes Volk‹. *5* Ihr werdet es selber
sehen und sagen: ›Groß erweist
sich Jahwe über Israels Grenzen
hinaus.‹«

»Warum ehrt ihr mich nicht?«

6 »Gewöhnlich ehrt ein Sohn den
Vater und ein Diener seinen Herrn.
Wenn ich nun euer Vater sein soll
– wo ist meine Ehre? Wenn ich Herr
bin – wo ist eure Ehrfurcht vor mir?«
Das sagt Jahwe, der allmächtige Gott,
zu euch Priestern, die ihr seinen
Namen verachtet. Aber ihr sprecht:
»Wieso verachten wir denn deinen
Namen?«

7 »Ihr legt verdreckte Speisen auf
meinen Altar und sagt noch: ›Womit
haben wir dich denn besudelt?‹ Ihr
meint, den Tisch Jahwes verachten zu
können. *8* Wenn ihr ein blindes Tier
opfert, denkt ihr, es sei nicht so
schlimm. Bringt ihr ein lahmes oder

1,1 *Seinem Boten.* Maleachi heißt *mein Bote.*

1,3 *Esau hasste ich.* Edoms (Esaus) Strafe ist der Beweis dafür, dass Gott Israel (Jakob) liebt. Wird im Neuen Testament von Paulus zitiert: Römer 9,13.

1,4 *Edom.* Land östlich der Araba und südlich vom Toten Meer, bewohnt von den Edomitern, den Nachkommen Esaus.

der allmächtige Gott. Hebräisch: *Zebaoth*, das heißt »Heere« oder »Kriege«. In der LXX wird der Begriff immer mit *»pantokrator«* = »Allherrscher« oder »Allmächtiger« wiedergegeben.

krankes, meint ihr: ›Es macht nichts‹.
Bietet so etwas doch einmal eurem
Statthalter an! Denkt ihr wirklich,
dass er euch dann gnädig ansieht?«,
sagt Jahwe, der allmächtige Gott.
9 »Und euren Gott wollt ihr mit sol-
chen Opfern besänftigen und gnädig
stimmen? Ihr meint doch nicht im
Ernst, dass der allmächtige Gott sich
das gefallen lässt? 10 Ich wünschte,
dass einer von euch die Tempeltore
zuschließt, damit nicht umsonst
Feuer auf dem Altar leuchtet. – Ich
habe genug von euch und euren
Opfergaben!«, sagt Jahwe, der all-
mächtige Gott.

11 »Auf der ganzen Welt – von dort,
wo die Sonne aufgeht bis dahin, wo
sie untergeht – wird mein Name unter
den Völkern geehrt. An unzähligen
Orten werden mir würdige Opfer ge-
bracht, weil sie mich, den allmäch-
tigen Gott, ehren. 12 Aber ihr zieht
meinen Namen in den Schmutz und
sagt, dass man es mit dem Tisch des
Herrn nicht so genau nehmen muss,
dass es auf die Opfergaben nicht
besonders ankommt. 13 Und dann
jammert ihr über euren Dienst und
verachtet ihn, denn ihr bringt nicht
nur lahme und kranke Tiere, sondern
lasst sogar geraubte als Opfer zu. Soll
ich, Jahwe, der allmächtige Gott,
mich darüber noch freuen? 14 Nein,
verflucht sei der Betrüger! – Da gibt
es in seiner Herde ein makelloses
männliches Tier, das er mir mit einem
Gelübde versprochen hat. Doch dann
schlachtet er ein beschädigtes Tier
für mich. – Denn ich, Jahwe, der all-
mächtige Gott, bin ein Großkönig
und mein Name wird von den Völkern
gefürchtet.«

2 1 »Nun zu euch, ihr Priester,
denn euch gilt dieses Gebot«,
2 spricht Jahwe, der allmächtige Gott.
»Wenn ihr meine Warnung nicht be-
herzigen und meinen Namen nicht
ehren wollt, werde ich einen Fluch auf
euch werfen. Ich verfluche eure Seg-
nungen, ja, ich verfluche sie, weil ihr
es nicht zu Herzen nehmt. 3 Passt auf!
Ich werde eure Nachkommen auslö-
schen. Die Exkremente eurer Festop-
fer werde ich euch ins Gesicht schleu-
dern, und man wird euch draußen auf
den Misthaufen werfen.«

4 »Dann werdet ihr erkennen: Ich,
Jahwe, der allmächtige Gott, habe die-
ses Urteil an euch vollstreckt, damit
mein Bund mit dem Stamm Levi fort-
bestehen kann. 5 Durch meinen Bund
gab ich ihm Leben und Frieden, damit
er mir ehrfürchtig diene. Damals
fürchtete er mich und zitterte vor mei-
nem Namen. 6 Meine Weisungen ver-
kündigte er unverfälscht und gab zu-
verlässig Auskunft. Er war aufrichtig
und lebte in Frieden mit mir. Viele
brachte er zur Abkehr von Sünde.
7 Die Lippen des Priesters sollen Er-
kenntnis bewahren, und Weisung
sucht man aus seinem Mund, denn er
ist ein Bote Jahwes, des allmächtigen
Gottes.

8 Ihr aber seid vom Weg abgewi-
chen und habt mit falschen Weisun-
gen viele zu Fall gebracht. Ihr habt
meinen Bund mit Levi gebrochen.
Darum sage ich, Jahwe, der allmächti-
ge Gott: 9 Weil ihr meine Wege nicht
achtet und den Menschen nach dem
Mund redet, wenn ihr ihnen Weisun-
gen gebt, habe auch ich euch mit Ver-
achtung gestraft und euch vor dem
ganzen Volk verächtlich gemacht.«

»Warum brecht ihr mir die Treue?«

10 Haben wir nicht alle einen Vater?
Erschuf uns nicht der gleiche Gott?
Warum brechen wir uns gegenseitig
die Treue und entweihen den Bund,
den Gott mit unseren Vätern schloss?
11 Juda hat Gott die Treue gebrochen.
In Jerusalem und ganz Israel ist Ab-
scheuliches geschehen. Männer von
Juda haben das von Jahwe geliebte
Heiligtum entweiht, indem sie Frauen
heirateten, die zu fremden Göttern ge-
hören. 12 Wer so etwas tut, den wird
Jahwe samt seiner Familie aus den
Zelten Jakobs entfernen, selbst dann,
wenn er Jahwe, dem allmächtigen
Gott, ein Opfer bringt.

13 Noch ein Zweites muss ich euch
vorwerfen: Ihr überflutet den Altar
Jahwes mit euren Tränen, ihr weint
und stöhnt, weil er eure Opfer nicht
mehr beachtet und wohlgefällig an-
nimmt. 14 Ihr fragt: »Warum?« Weil
Jahwe als Zeuge gegen dich auftritt.
Du hast der Frau deiner Jugend die
Treue gebrochen, obwohl du den Ehe-
bund mit ihr geschlossen hattest.
15 Das tut keiner, in dem noch ein
Rest von Verstand ist. So einer würde
alles tun, um Nachkommen zu erhal-
ten, die Gott gehören. Darum hüte
dich vor Treulosigkeit und verstoße
deine erste Frau nicht. 16 Denn er
hasst Scheidung, hat Jahwe, der Gott
Israels, gesagt. Er hasst es, wenn je-
mand solch ein Verbrechen begeht.
Darum nehmt euch in acht und wer-
det euren Frauen nicht untreu!

»Ich bin eure Zukunft!«

17 Ihr belästigt Jahwe mit eurem
Gerede, aber ihr sprecht: »Wieso
belästigen wir ihn?« – »Indem ihr be-
hauptet: ›Jahwe gefällt es offenbar,
wenn jemand Unrecht tut. Wo bleibt
denn der Gott des Gerichts?‹«

3 1 »Passt auf!«, sagt Jahwe, der
allmächtige Gott. »Ich sende
meinen Boten. Er wird mir den Weg
bahnen.«* Und ganz plötzlich wird
auch der Herr, auf den ihr wartet, zu
seinem Tempel kommen. Ja, der Bote
des Bundes, den ihr herbeisehnt, wird
kommen. 2 Aber wer wird den Tag sei-
nes Kommens ertragen, und wer wird
vor seinem Erscheinen bestehen kön-
nen? Denn er ist wie das Feuer des
Goldschmieds und wie die Lauge der
Wäscher. 3 Er wird sich setzen, um
das Silber auszuschmelzen und zu
reinigen; er wird die Söhne Levis
läutern, wie man das bei Gold und
Silber macht. Dann wird Jahwe Män-
ner haben, die ihm angemessene
Opfer bringen. 4 Und dann wird er –
so wie es in längst vergangenen Zeiten
war – Freude haben an der Opfer-
gabe, die ihm von Juda und Jerusalem
gebracht wird.

5 »Ich komme zum Gericht«, spricht
Jahwe, der allmächtige Gott, »und ich
werde mit all den Zauberern, Ehebre-
chern und Meineidigen kurzen Pro-
zess machen. Ich werde gegen alle
vorgehen, die keine Ehrfurcht vor mir
haben, die ihre Arbeiter um den ge-
rechten Lohn bringen, die Witwen
und Waisen unterdrücken und die

3,1 Wird im Neuen Testament von Jesus Christus und Markus zitiert: Matthäus 11,10; Markus 1,2; Lukas 7,27.

Ausländer verdrängen. 6 Ich bin
Jahwe, ich habe mich nicht geändert.
Und ihr habt nicht aufgehört, Jakobs-
söhne* zu sein!«

»Kehrt zu mir um!«

7 »Wie alle eure Vorfahren habt ihr
mir nicht gehorcht und meine Wei-
sungen nicht beachtet. Bekehrt euch
zu mir, dann werde auch ich zu euch
umkehren!«, spricht Jahwe, der all-
mächtige Gott. »Aber ihr sagt: ›Wieso
sollen wir umkehren?‹ 8 Darf denn
ein Mensch Gott betrügen? – Ja, ihr
betrügt mich und sagt: ›Wieso betrü-
gen wir dich?‹ Mit dem Zehnten eurer
Erträge und mit den Abgaben für die
Priester! 9 Ihr seid mit einem Fluch
belegt, denn die ganze Nation betrügt
mich. 10 Bringt den ganzen Zehnten
in das Vorratshaus, damit Nahrung in
meinem Tempel ist, und stellt mich
doch damit auf die Probe«, spricht
Jahwe, der allmächtige Gott, »ob ich
dann nicht die Schleusen des Him-
mels öffnen und euch mit Segen über-
schütten werde. 11 Euretwegen werde
ich die Heuschrecken von den Feldern
und Weinbergen fernhalten, damit sie
die Ernte nicht verderben«, spricht
Jahwe, der allmächtige Gott. 12 »Und
alle Völker werden euch glücklich
preisen, weil ihr ein Land seid, das
Gott gefällt.«

»Wer mich fürchtet, hat Zukunft!«

13 »Heftig sind eure Worte mir gegen-
über«, sagt Jahwe, »aber ihr sprecht:
›Was haben wir denn gegen dich ge-
sagt?‹ 14 Ihr sagt: ›Es bringt nichts,
Gott zu dienen. Was haben wir davon,
dass wir seine Anordnungen befolgen
und uns vor Jahwe, dem allmächtigen
Gott, in Demut beugen? 15 Die Fre-
chen sind glücklich zu preisen, denn
den Gottlosen geht es gut. Ja, wer Gott
versucht, kommt ungestraft davon.‹«

16 Jahwe hörte aufmerksam zu, als
die Menschen, die ihn fürchteten und
seinen Namen achteten, so* mitein-
ander redeten. Für sie wurde ein
Gedenkbuch vor ihm geschrieben.
17 »Sie werden mein persönliches Ei-
gentum sein. An dem Tag, an dem ich
eingreife, werde ich sie verschonen,
wie ein Mann seinen gehorsamen
Sohn verschont«, spricht Jahwe, der
allmächtige Gott. 18 »Dann werdet ihr
wieder den Unterschied zwischen
Gerechten und Ungerechten sehen,
zwischen denen, die Gott dienen und
denen, die es nicht tun. 19 * Denn der
Tag kommt, der wie ein Feuer im
Backofen lodert. Er wird alle Frechen
und Gottverächter wie Strohstoppeln
verbrennen und weder Wurzel noch
Zweig übrig lassen«, spricht Jahwe,
der allmächtige Gott. 20 »Aber euch,
die ihr meinen Namen fürchtet, wird
die Sonne aufgehen. Gerechtigkeit
und Heilung strahlen für euch auf,
und ihr werdet Freudensprünge ma-
chen wie Kälber, die man auf die
Weide hinauslässt. 21 Dann werdet

3,6 *Jakobssöhne.* Das heißt, dass auch die Söhne Betrüger sind, wie ihr Stammvater Jakob es war.

3,16 *so.* Ja, auch Fromme können so reden wie in den vorhergehenden Versen beschrieben (vergleiche Psalm 73). – Andere denken, dass ab Vers 16 eine andere Menschengruppe beschrieben ist. Der hebräische Text ist hier nicht eindeutig.

3,19 Ältere (und englische) Bibelausgaben zählen Kapitel 3,19-24 als 4,1-6.

ihr die Gottlosen zertreten. An dem
von mir herbeigeführten Tag werden
sie wie Staub unter euren Fußsohlen
sein«, spricht Jahwe, der allmächtige
Gott. 22 »Denkt an das Gesetz meines
Dieners Mose! Richtet euch nach den
Geboten und Ordnungen, die ich ihm
auf dem Berg Horeb für das ganze
Volk Israel gab!«
23 »Gebt acht! Bevor der große
und schreckliche Tag Jahwes kommt,
sende ich euch den Propheten Elija.
24 Er wird das Herz der Väter den
Söhnen zuwenden und das Herz der
Söhne den Vätern. Er wird sie mit-
einander versöhnen, damit ich nicht
den Bann* am Land vollstrecken
muss, wenn ich komme.«*

3,24 *Bann.* Das bedeutete die vollständige Vernichtung von Menschen, Tieren und Gütern.

Wird im Neuen Testament von den Jüngern des Herrn Jesus Christus erwähnt: Matthäus 17,10-11.

Das Neue Testament

Die gute Botschaft, aufgeschrieben von Matthäus

Um die Zeit der Apostelversammlung herum (48 n.Chr.) muss es dem ehemaligen Zöllner Matthäus von Gott her klar geworden sein, dass er die Botschaft, die er bisher in seiner Heimat nur gepredigt hatte, auch für seine Landsleute aufschreiben sollte. Das Evangelium könnte so durchaus schon im Jahr 50 n.Chr. in aramäischer Sprache vollendet worden sein. Die Datierung stützt sich vor allem auf die Zeugnisse der Kirchenväter. Für den Zeitpunkt um das Jahr 50 herum spricht aber auch, dass eine gewisse Zeit seit der Auferstehung verstrichen sein muss, denn Matthäus verwendet mehrmals die Wendung: »Bis auf den heutigen Tag«. Es ist aber noch nicht so viel Zeit verstrichen, dass die Bräuche oder Geschichten bereits vergessen wären. Andererseits nennt er Jerusalem die Heilige Stadt (Kapitel 4,5; 27,53) und erwähnt ihre Zerstörung im Jahr 70 n.Chr. mit keiner Silbe. Von daher muss das Evangelium etliche Jahre vorher verfasst worden sein.

Später wurde es von dem Apostel Matthäus selbst oder einem anderen in die griechische Sprache übersetzt, wie es bis heute erhalten ist. Matthäus wollte den jüdischen Christen ein Werk in die Hand geben, mit dem sie ihren Landsleuten zeigen konnten, dass Jesus wirklich der im Alten Testament angekündigte Messias war, und mit dem sie außerdem den falschen Gerüchten entgegentreten konnten, die z.B. über die Geburt und Auferstehung von Jesus in Umlauf waren. Deshalb berichtete er als einziger Evangelist vom Traum des Josef (1,20-24), dem Besuch der Weisen (2,1-12), der Bestechung der Wache (28,12-15).

Matthäus beginnt mit dem Geschlechtsregister von Jesus, um seine direkte Abstammung von Abraham, dem Stammvater Israels, zu beweisen, und er zeigt an vielen Beispielen, wie sich die Prophezeiungen des Alten Testaments in seinem Leben erfüllen. Besonders wichtig waren Matthäus die Lehren seines Herrn. Deshalb gruppierte er die Geschehnisse aus dem Leben von Jesus Christus um fünf große Redeblöcke herum. Die bekanntesten davon sind die Bergpredigt (Kapitel 5 - 7) oder auch die Endzeitreden (Kapitel 24 - 25). Sein Text ist also mehr logisch als chronologisch angeordnet.

Die Vorfahren von Jesus

1 1 Buch des Ursprungs von Jesus
Christus, dem Nachkommen von
König David und dem Stammvater
Abraham. 2 Abraham wurde der Vater
von Isaak, Isaak der Vater von Jakob
und Jakob der Vater von Juda und sei-
nen Brüdern. 3 Juda wurde der Vater
von Perez und Serach. Ihre Mutter
war Tamar. Perez wurde der Vater von
Hezron, und Hezron der von Ram.
4 Ram wurde der Vater von Ammina-
dab, Amminadab von Nachschon,
Nachschon von Salmon. 5 Salmon
wurde der Vater von Boas. – Die Mut-
ter war Rahab. – Boas wurde der
Vater von Obed. – Die Mutter war
Rut. – Obed wurde der Vater von Isai

6 und Isai der von König David. David
wurde der Vater von Salomo. Die
Mutter war Urias Frau. 7 Salomo
wurde der Vater von Rehabeam, Re-
habeam der von Abija, Abija der von
Asa, 8 Asa der von Joschafat, Joscha-
fat der von Joram, Joram der von
Usija; 9 Usija der von Jotam, Jotam
der von Ahas, Ahas der von Hiskija.
10 Hiskija wurde der Vater von Ma-
nasse, Manasse der von Amon, Amon
der von Joschija. 11 Joschija wurde
der Vater von Jojachin und seinen
Brüdern. Damals wurde das Volk in
die Verbannung nach Babylon ge-
führt. 12 Danach wurde Jojachin der
Vater von Schealtiël, Schealtiël der
von Serubbabel, 13 Serubbabel der
von Abihud, Abihud der von Eljakim,
Eljakim der von Asor, 14 Asor der von
Zadok, Zadok der von Achim, Achim
der von Eliud, 15 Eliud der von Elea-
sar, Eleasar der von Mattan, Mattan
der von Jakob. 16 Jakob wurde der
Vater von Josef, dem Mann der Maria.
Sie wurde die Mutter von Jesus, der
auch Christus genannt wird.

17 Insgesamt sind es also von Abra-
ham bis David vierzehn Generatio-
nen, von David bis zum Beginn der
Verbannung nach Babylon vierzehn
und von da an bis zum Messias* noch
einmal vierzehn Generationen.*

Die Geburt von Jesus

18 Es folgt die Geschichte der Geburt
von Jesus, dem Messias: Seine Mutter
Maria war mit Josef verlobt.* Da stellte
sich heraus, dass Maria ein Kind
erwartete, obwohl sie noch nicht mit-
einander geschlafen hatten. Sie war
durch den Heiligen Geist schwanger
geworden. 19 Josef, der schon als ihr
Ehemann galt und ein aufrechter Mann
war, wollte den Ehevertrag stillschwei-
gend rückgängig machen, um sie nicht
bloßzustellen. 20 Während er noch dar-
über nachdachte, erschien ihm ein
Engel des Herrn im Traum. »Josef«,
sagte er, »du Sohn Davids, zögere
nicht, Maria als deine Frau zu dir zu
nehmen. Denn das Kind, das sie erwar-
tet, stammt vom Heiligen Geist. 21 Sie
wird einen Sohn zur Welt bringen, den
du Jesus, Retter, nennen sollst, denn er
wird sein Volk von seinen Sünden be-
freien. 22 Das alles ist geschehen, damit
in Erfüllung geht, was der Herr durch
den Propheten angekündigt hat:
23 ›Seht, das unberührte Mädchen wird
schwanger sein und einen Sohn zur
Welt bringen, den man Immanuël nen-
nen wird‹*«, denn das bedeutet: Gott
ist mit uns.* 24 Als Josef aufwachte, be-
folgte er, was der Engel des Herrn ihm
aufgetragen hatte, und holte seine Frau

1,17 *Messias.* Siehe Vorwort des Übersetzers.

Dieses Geschlechtsregister ist bewusst selektiv zusammengestellt und stellt offenbar das Verzeichnis der Erben des davidischen Königshauses dar, wobei diese auch über eine Nebenlinie verwandt sein können. Die Zahl 14 entspricht dem Zahlenwert (siehe die Fußnote zu Offenbarung 13,17) des Namens David.

1,18 Eine *Verlobung* begann mit dem Abschluss eines rechtsgültigen Ehevertrags und dauerte ein Jahr (um festzustellen, ob die Braut wirklich noch Jungfrau war). Dann nahm der Mann seine Braut zu sich.

1,23 Jesaja 7,14

Gott ist mit uns. Der Messias würde den Namen Jesus tragen und der Immanuël sein. Er würde in Person das sein, was Immanuël bedeutet.

zu sich. 25 Er schlief aber nicht mit ihr, bis dieser Sohn geboren war, den er Jesus nannte.

Die Sterndeuter aus dem Osten

2 1 Als Jesus während der Herrschaft von König Herodes* in Bethlehem*, einer Stadt in Judäa*, geboren war, kamen Sterndeuter* aus einem Land im Osten nach Jerusalem.
2 »Wo finden wir den König der Juden, der kürzlich geboren wurde?«, fragten sie. »Wir haben seinen Stern aufgehen sehen und sind hergekommen, um ihn anzubeten.« 3 Als König
Herodes davon hörte, geriet er in Bestürzung und ganz Jerusalem mit ihm.
4 Er befahl alle Hohen Priester* und Gesetzeslehrer des jüdischen Volkes zu sich und erkundigte sich bei ihnen, wo der Messias geboren werden sollte. 5 »In Bethlehem in Judäa«, erwiderten sie, »denn so ist es in der Heiligen Schrift durch den Propheten vorausgesagt:

6 ›Du Bethlehem im Land
Juda, / bist keineswegs die
unbedeutendste / von Judas
führenden Städten, / denn ein
Fürst wird aus dir kommen, /
der als Hirt mein Volk Israel
führt.‹«*

7 Danach rief Herodes die Sterndeuter heimlich zu sich und fragte sie, wann genau sie den Stern zum ersten Mal gesehen hatten. 8 Dann schickte er sie nach Bethlehem. »Geht, und erkundigt euch sorgfältig nach dem Kind«, sagte er, »und gebt mir Nachricht, sobald ihr es gefunden habt, damit ich auch hingehen und ihm die Ehre erweisen kann.« 9 Nach diesen Worten des Königs machten sie sich auf den Weg. Und der Stern, den sie bei seinem Aufgang beobachtet hatten, zog vor ihnen her, bis er schließlich genau über dem Ort stehen blieb, wo das Kind war.
10 Als sie den Stern sahen, kam eine sehr große Freude über sie. 11 Sie gingen in das Haus und fanden das Kind mit seiner Mutter Maria. Da warfen sie sich vor ihm nieder und erwiesen ihm die Ehre. Dann holten sie ihre mitgebrachten Schätze hervor und legten sie dem Kind hin: Gold, Weihrauch* und Myrrhe*. 12 Als sie dann im Traum eine göttliche Weisung erhielten, nicht

---

2,1 Gemeint ist *Herodes* der Große, 37-4 v.Chr., »Freund und Verbündeter Roms«, dessen Reich ganz Israel und Gebiete im Osten und Nordosten des Landes umfasste.

Bethlehem liegt 7 km südlich von Jerusalem und war die Heimatstadt von König David.

Judäa. Von Juden bewohntes Gebiet zwischen dem Toten Meer und dem Mittelmeer. *Sterndeuter* waren Mitglieder einer babylonischen Klasse von Weisen, die für außergewöhnliche Einsichten im Zusammenhang mit Traum- und Sterndeutung bekannt waren.

2,4 *Hoher Priester*. In neutestamentlicher Zeit bestimmten die Römer, wer in Israel Hoher Priester werden konnte. Wenn im Neuen Testament eine Mehrzahl von Hohen Priestern erwähnt wird, sind sowohl der amtierende als auch die inzwischen abgesetzten Hohen Priester gemeint sowie weitere Mitglieder aus deren Familien, die hohe Positionen in der Tempelverwaltung innehatten.

2,6 Micha 5,1

2,11 *Weihrauch*. Weißes Harz eines Strauches, das beim Verbrennen einen aromatisch-duftenden Rauch entwickelte.

Myrrhe. Ein sehr kostbares wohlriechendes Harz afrikanisch-arabischer Herkunft, das in Salbölen und Arzneien verarbeitet wurde.

wieder zu Herodes zurückzukehren,
reisten sie auf einem anderen Weg in
ihr Land zurück.

Die Flucht nach Ägypten

13 Nachdem die Sterndeuter abgereist
waren, erschien auch Josef im Traum
ein Engel, der zu ihm sagte: »Steh auf,
nimm das Kind und seine Mutter, und
flieh nach Ägypten! Und bleib dort,
bis ich dir Bescheid gebe. Denn Hero-
des will das Kind suchen und umbrin-
gen lassen.« 14 Da stand Josef auf und
brach noch in der Nacht mit dem Kind
und seiner Mutter nach Ägypten auf.
15 Dort blieb er dann bis zum Tod von
Herodes. So erfüllte sich, was der
Herr durch den Propheten vorausge-
sagt hat: »Aus Ägypten habe ich mei-
nen Sohn gerufen.«*

16 Als Herodes merkte, dass die
Sterndeuter ihn hintergangen hatten,
war er außer sich vor Zorn. Er befahl,
in Bethlehem und der ganzen Umge-
bung alle Jungen im Alter von zwei
Jahren und darunter zu töten. Das
entsprach dem Zeitpunkt, den er von
den Sterndeutern in Erfahrung ge-
bracht hatte. 17 So erfüllte sich, was
durch den Propheten Jeremia voraus-
gesagt worden war: 18 »Angstschreie
hört man in Rama, lautes Weinen und
Klagen: Rahel weint um ihre Kinder
und lässt sich nicht trösten, denn sie
sind nicht mehr.«*

19 Als Herodes gestorben war, er-
schien Josef wieder ein Engel des
Herrn im Traum. 20 Er sagte: »Steh
auf und bring das Kind mit seiner
Mutter wieder nach Israel! Denn die,
die das Kind töten wollten, sind tot.«
21 Da stand Josef auf und kehrte mit
dem Kind und seiner Mutter nach
Israel zurück. 22 Er fürchtete sich
aber, nach Judäa zu ziehen, weil er ge-
hört hatte, dass Archelaus* anstelle
seines Vaters Herodes jetzt dort herr-
sche. Im Traum erhielt er eine neue
Weisung und zog darauf nach Gali-
läa*. 23 Dort ließ er sich in der Stadt
Nazaret nieder. So erfüllte sich, was
durch die Propheten gesagt ist: »Er
soll Nazarener* genannt werden.«

Johannes der Täufer

3 1 Damals trat Johannes der Täu-
fer in der Wüste von Judäa auf
und predigte: 2 »Ändert eure Ein-
stellung, denn die Herrschaft des
Himmels ist nah!« 3 Johannes war es,
von dem der Prophet Jesaja sagt:

> »Hört, in der Wüste ruft eine
> Stimme: / Bereitet dem Herrn den
> Weg! / Ebnet die Pfade für ihn!«*

4 Johannes trug ein Gewand aus ge-
webtem Kamelhaar und einen Leder-
riemen um die Hüften. Seine Nahrung
bestand aus Heuschrecken und Honig

2,15 Hosea 11,1

2,18 Jeremia 31,15

2,22 *Archelaus* hatte den schlechtesten Ruf aller Herodessöhne. Er regierte von 4 v.Chr. bis 6 n.Chr. über Judäa, Idumäa und Samaria und wurde dann von den Römern abgesetzt.

Galiläa. Von Juden und Griechen bewohntes Gebiet im Norden Israels, etwa zwischen dem See Gennesaret und dem Mittelmeer.

2,23 *Nazarener*. Der Name ist vom hebräischen *Nezer*, das heißt »Zweig« oder »Spross« abgeleitet, was laut Jesaja 11,1 eine Weissagung auf den Messias ist.

3,3 Jesaja 40,3

von wild lebenden Bienen. 5 Die Be-
völkerung von Jerusalem, Judäa und
der ganzen Jordangegend kam zu Jo-
hannes hinaus. 6 Sie ließen sich im
Jordan* von ihm taufen* und bekann-
ten dabei ihre Sünden. 7 Als Johannes
viele von den Pharisäern* und Saddu-
zäern* zu seiner Taufe kommen sah,
sagte er: »Ihr Schlangenbrut! Wer hat
euch eingeredet, dass ihr dem kom-
menden Zorngericht Gottes entgeht?
8 Bringt Früchte hervor, die zeigen,
dass ihr eure Einstellung geändert
habt! 9 Und fangt nicht an zu denken,
dass ihr doch die Nachkommen Abra-
hams seid. Ich sage euch: Gott kann
Abraham aus diesen Steinen hier Kin-
der erwecken! 10 Die Axt ist schon an
die Wurzel der Bäume gelegt. Jeder
Baum, der keine guten Früchte bringt,
wird umgehauen und ins Feuer
geworfen. 11 Ich taufe euch zwar mit
Wasser aufgrund eurer Umkehr, aber
es wird einer kommen, der mächtiger
ist als ich. Ich bin nicht einmal gut
genug, ihm die Sandalen auszuzie-
hen. Er wird euch mit dem Heiligen
Geist und mit Feuer taufen. 12 Er hat
die Worfschaufel* in der Hand, um
alle Spreu vom Weizen zu trennen.
Den Weizen wird er in die Scheune
bringen, die Spreu aber wird er mit
einem Feuer verbrennen, das nie mehr
ausgeht.«

13 Dann kam Jesus aus Galiläa zu
Johannes an den Jordan, um sich von
ihm taufen zu lassen. 14 Aber Johan-
nes versuchte ihn davon abzubringen
und sagte: »Ich hätte es nötig, von dir
getauft zu werden, und du kommst
zu mir?« 15 Doch Jesus antwortete:
»Lass es für diesmal geschehen. Denn
nur so können wir alles erfüllen, was
Gottes Gerechtigkeit fordert.« Da
fügte sich Johannes. 16 Als Jesus nach
seiner Taufe aus dem Wasser stieg,
öffnete sich der Himmel über ihm und
er sah den Geist Gottes wie eine Taube
auf sich herabkommen. 17 Und aus
dem Himmel sprach eine Stimme:
»Das ist mein lieber Sohn. An ihm
habe ich meine Freude!«

Jesus wird auf die Probe gestellt

4 1 Dann wurde Jesus vom Geist
Gottes ins Bergland der Wüste
hinaufgeführt, weil er dort vom Teufel
versucht werden sollte. 2 Vierzig Tage
und Nächte lang aß er nichts. Als der
Hunger ihn quälte, 3 trat der Versu-
cher an ihn heran und sagte: »Wenn
du Gottes Sohn bist, dann befiehl,
dass diese Steine hier zu Brot wer-
den.« 4 Aber Jesus antwortete: »Nein,

3,6 Der *Jordan* ist der wichtigste Fluss Israels, der als geologisches Phänomen das tiefstgelegene Tal der Erde durchfließt. Er entspringt im Norden im Gebiet des Berges Hermon, etwa 500 m über dem Meeresspiegel, und mündet 200 km südlich ins Tote Meer, dessen Wasserspiegel sich 392 m unter Meeresniveau befindet. Die Taufstelle ist traditionell 7 km nördlich vom Toten Meer zu suchen.

taufen. Symbolische Handlung, bei der ein Mensch kurz unter Wasser getaucht wurde.

3,7 *Pharisäer.* Religionspartei, die auf genaue Einhaltung der Gesetze und Überlieferungen Wert legte.

Sadduzäer. Politisch einflussreiche, römerfreundliche religiöse Gruppe, deren Mitglieder aus den vornehmen Familien stammten. Sie behaupteten, es gäbe keine Auferstehung nach dem Tod.

3,12 *Worfschaufel.* Hölzerne Schaufel, mit der die ausgedroschenen Getreidekörner durch Hochwerfen im Wind von der groben Spreu getrennt wurden.

in der Schrift steht: ›Der Mensch lebt
nicht nur von Brot, sondern von
jedem Wort, das aus Gottes Mund
kommt.‹*« 5 Daraufhin ging der Teu-
fel mit ihm in die Heilige Stadt, stellte
ihn auf den höchsten Vorsprung im
Tempel 6 und sagte: »Wenn du Gottes
Sohn bist, dann stürz dich hier hin-
unter! Es steht ja geschrieben:

›Er schickt seine Engel für dich
aus, / um dich zu beschützen. /
Auf den Händen werden sie dich
tragen, / damit dein Fuß nicht an
einen Stein stößt.‹*«

7 Jesus gab ihm zur Antwort: »Es
heißt aber auch: ›Du sollst den Herrn,
deinen Gott, nicht herausfordern!‹«*
8 Schließlich ging der Teufel mit ihm
auf einen sehr hohen Berg, zeigte ihm
alle Königreiche der Welt 9 und sagte:
»Das alles will ich dir geben, wenn du
dich vor mir niederwirfst und mich
anbetest.« 10 Da sagte Jesus: »Weg
mit dir, Satan! Es steht geschrieben:
›Du sollst den Herrn, deinen Gott, an-
beten und ihm allein dienen!‹*« 11 Da
ließ der Teufel von Jesus ab, und Engel
kamen und versorgten ihn.

Erste Taten in Galiläa

12 Als Jesus hörte, dass man Johannes
ins Gefängnis geworfen hatte, zog er
sich nach Galiläa zurück. 13 Er blieb
aber nicht in Nazaret, sondern verleg-
te seinen Wohnsitz nach Kafarnaum*
am See im Gebiet der Stämme Sebu-
lon und Naftali. 14 So erfüllte sich,
was durch den Propheten Jesaja vor-
ausgesagt wurde:

15 »Du Land Sebulon und Naftali, /
am See gelegen und jenseits des
Jordan, / Galiläa der heidnischen
Völker: 16 Das Volk, das im Finstern
lebte, / hat ein großes Licht
gesehen. / Über denen, die im
Land der Todesschatten wohn-
ten, / ist Licht aufgegangen.«*

17 Von da an begann Jesus zu verkün-
digen: »Ändert eure Einstellung, denn
die Herrschaft des Himmels ist nah!«

18 Als Jesus am See von Galiläa* ent-
langging, sah er Fischer, die ihre run-
den Wurfnetze auswarfen. Es waren
Simon und sein Bruder Andreas.
19 Jesus sagte zu ihnen: »Auf, mir
nach! Ich werde euch zu Menschen-
fischern machen.« 20 Sofort ließen sie
die Netze liegen und folgten ihm.
21 Als er ein Stück weitergegangen
war, sah er wieder zwei Brüder, Jako-
bus und Johannes, die Söhne des Zebe-
däus. Sie waren mit ihrem Vater im
Boot und brachten die Netze in Ord-
nung. Auch sie forderte er auf, mit ihm
zu kommen. 22 Da verließen sie das
Boot und ihren Vater und folgten ihm.

23 Jesus zog in ganz Galiläa umher.
Er lehrte in den Synagogen und ver-
kündigte die gute Botschaft vom Reich

4,4 5. Mose 8,3

4,6 Psalm 91,11-12

4,7 5. Mose 6,16

4,10 5. Mose 6,13

4,13 *Kafarnaum*. Stadt am Nordwestufer des Sees Gennesaret.

4,16 Jesaja 8,23 - 9,1

4,18 *See von Galiläa*. Das ist der See Gennesaret im Norden Israels, 21 km lang und bis zu 14 km breit. Er wird vom Jordan durchflossen und liegt etwa 209 m unter dem Meeresspiegel.

4,23 *Reich Gottes*. Herrschaft Gottes, das Reich, das von Gott (bei Matthäus steht meist: vom Himmel) regiert wird.

Gottes* und heilte alle Kranken und Leidenden im Volk. 24 Bald wurde überall von ihm gesprochen, selbst in Syrien. Man brachte alle Leidenden zu ihm, Menschen, die an den unterschiedlichsten Krankheiten und Beschwerden litten, auch Besessene, Epileptiker und Gelähmte. Er heilte sie alle. 25 Große Menschenmengen folgten ihm aus Galiläa, aus dem Zehnstädtegebiet*, aus Jerusalem und aus der Gegend jenseits des Jordan.

Die Bergpredigt

5 1 Als Jesus die vielen Menschen sah, stieg er auf den Berg dort und setzte sich. Da versammelten sich seine Jünger um ihn, 2 und er begann, sie zu lehren. Er sagte:

3 »Wie glücklich sind die, die
anerkennen, wie arm sie vor Gott
sind! / Ihnen gehört das Reich,
das der Himmel regiert. 4 Wie
glücklich sind die, die Leid über
Sünde* tragen, / denn Gott wird
sie trösten! 5 Wie glücklich sind
die, die sich nicht selbst durchsetzen! / Sie werden das Land
besitzen. 6 Wie glücklich sind die,
die nach Gerechtigkeit hungern
und dürsten! / Gott macht sie
satt. / Sie werden satt. 7 Wie
glücklich sind die Barmherzigen! /
Ihnen wird Gott seine Zuwendung
schenken. 8 Wie glücklich sind die,
die ein reines Herz haben! / Sie
werden Gott sehen. 9 Wie
glücklich sind die, von denen Frieden ausgeht! / Sie werden Kinder
Gottes genannt. 10 Wie glücklich
sind die, die man verfolgt, weil sie
Gottes Willen tun. / Ihnen gehört
das Reich, das der Himmel regiert.

11 Wie beneidenswert glücklich seid ihr, wenn sie euch beschimpfen, verfolgen und verleumden, weil ihr zu mir gehört. 12 Freut euch und jubelt! Denn im Himmel wartet ein großer Lohn auf euch. Und genauso haben sie vor euch schon die Propheten verfolgt.«

Von Salz und Licht

13 »Ihr seid das Salz der Erde. Wenn das Salz aber seine Wirkung verliert, womit soll man es wieder salzig machen? Es taugt zu nichts anderem mehr, als auf den Weg geschüttet und von den Leuten zertreten zu werden. 14 Ihr seid das Licht der Welt. Eine Stadt, die auf einem Berg liegt, kann nicht verborgen bleiben. 15 Man zündet auch nicht eine Lampe an und stellt sie unter den Eimer, im Gegenteil, man stellt sie auf den Lampenständer, damit sie allen im Haus Licht gibt. 16 So soll euer Licht vor den Menschen leuchten: Sie sollen eure guten Werke sehen und euren Vater im Himmel preisen.«

Über das Gesetz

17 »Denkt nicht, dass ich gekommen bin, um das Gesetz oder die Propheten außer Kraft zu setzen. Ich bin nicht gekommen, ihre Forderungen abzuschaffen, sondern um sie zu erfüllen. 18 Denn ich versichere euch: Solange Himmel und Erde bestehen, wird auch nicht ein Punkt oder Strich vom Gesetz

---

4,25 *Zehnstädtegebiet.* Bund von zehn freien Städten im Ostjordanland, die von griechischer Kultur geprägt waren.

5,4 Wegen des Zusammenhangs hier und in Jesaja 61,3 wurde *über Sünde* hinzugefügt.

vergehen; alles muss sich erfüllen.
19 Wer auch nur eins von den kleinsten
Geboten aufhebt und die Menschen in
diesem Sinn lehrt, der gilt in dem
Reich, das der Himmel regiert, als der
Geringste. Wer aber danach handelt
und entsprechend lehrt, der wird in
diesem Reich hochgeachtet sein. 20 Ich
sage euch: Wenn es um eure Gerech-
tigkeit nicht viel besser bestellt ist als
bei den Gesetzeslehrern und Phari-
säern, werdet ihr nie in das Reich kom-
men, das der Himmel regiert.«

Wo Mord beginnt

21 »Ihr habt gehört, dass zu den Vor-
fahren gesagt worden ist: ›Du sollst
keinen Mord begehen.* Wer mordet,
soll vor Gericht gestellt werden.‹
22 Ich aber sage euch: Schon wer auf
seinen Bruder zornig ist, gehört vor
Gericht. Wer aber zu seinem Bruder
›Schwachkopf‹ sagt, der gehört vor
den Hohen Rat*. Und wer zu ihm
sagt: ›Du Idiot!‹, gehört ins Feuer der
Hölle. 23 Wenn du also deine Opferga-
be zum Altar bringst und es fällt dir
dort ein, dass dein Bruder etwas
gegen dich hat, 24 dann lass deine
Gabe vor dem Altar liegen; geh und
versöhne dich zuerst mit deinem Bru-
der! Dann komm und bring Gott dein
Opfer. 25 Wenn du jemand eine
Schuld zu bezahlen hast, einige dich
schnell mit deinem Gegner, solange
du noch mit ihm auf dem Weg zum
Gericht bist. Sonst wird er dich dem
Richter ausliefern, und der wird dich
dem Gerichtsdiener übergeben, und
du kommst ins Gefängnis. 26 Ich ver-
sichere dir, du kommst erst dann wie-
der heraus, wenn du den letzten Cent*
bezahlt hast.«

Wo Ehebruch beginnt

27 »Ihr wisst, dass es heißt: ›Du sollst
nicht Ehebruch begehen!‹* 28 Ich
aber sage euch: Wer die Frau eines
anderen begehrlich ansieht, hat in sei-
nem Herzen schon Ehebruch mit ihr
begangen. 29 Wenn du durch dein
rechtes Auge verführt wirst, dann reiß
es aus und wirf es weg! Es ist besser
für dich, du verlierst eins deiner Glie-
der, als dass du mit unversehrtem
Körper in die Hölle kommst. 30 Und
wenn dich deine rechte Hand zur
Sünde verführt, dann hau sie ab und
wirf sie weg. Es ist besser für dich, du
verlierst eins deiner Glieder, als dass
du mit unversehrtem Körper in die
Hölle kommst.
31 Es heißt: ›Wer sich von seiner
Frau trennen will, muss ihr einen
Scheidebrief ausstellen* 32 Ich aber
sage euch: Jeder, der sich von seiner
Frau trennt – es sei denn, sie ist ihm
untreu geworden –, treibt sie in
den Ehebruch. Und wer eine geschie-
dene Frau heiratet, begeht auch
Ehebruch.«

5,21 2. Mose 20,13

5,22 Der *Hohe Rat*, das Synedrium, war zu jener Zeit der oberste Gerichtshof Israels. Er bestand aus 70 Personen und dem Hohen Priester. Die Mitglieder gehörten zu drei Gruppen: den ehemaligen Hohen Priestern (und Angehörigen der Tempelhierarchie), den Ältesten (geachtete Männer aus den führenden Familien) und den Gesetzeslehrern (hauptsächlich Pharisäer).

5,26 *Cent.* Wörtlich: Quadrans, die kleinste römische Münze. Der 64. Teil eines Tagesverdienstes.

5,27 2. Mose 20,14

5,31 5. Mose 24,1

Schwur und Vergeltung

33 »Ihr wisst auch, dass zu den Vor-
fahren gesagt worden ist: ›Du sollst
keinen Meineid schwören; was du
aber dem Herrn geschworen hast,
musst du halten!‹* 34 Ich aber sage
euch: Schwört überhaupt nicht,
weder beim Himmel – er ist ja Gottes
Thron – 35 noch bei der Erde – sie ist
der Schemel seiner Füße –, noch bei
Jerusalem, denn sie ist die Stadt des
großen Königs. 36 Nicht einmal mit
deinem Kopf sollst du dich verbürgen,
wenn du etwas schwörst, denn du
kannst nicht ein einziges Haar weiß
oder schwarz werden lassen. 37 Euer
Ja sei ein Ja und euer Nein ein
Nein! Alles, was darüber hinausgeht,
stammt vom Bösen.

38 Ihr wisst, dass es heißt: ›Auge um
Auge, Zahn um Zahn.‹* 39 Ich aber
sage euch: Verzichtet auf Gegenwehr,
wenn euch jemand Böses antut! Mehr
noch: Wenn dich jemand auf die rech-
te Wange schlägt, dann halte ihm
auch die linke hin. 40 Und wenn dich
einer vor Gericht bringen will, um dir
das Hemd wegzunehmen, dem lass
auch den Mantel. 41 Und wenn dich
jemand zwingt, eine Meile* mitzuge-
hen, mit dem geh zwei. 42 Gib dem,
der dich bittet, und weise den nicht ab,
der etwas von dir borgen will.

43 Ihr wisst, dass es heißt: ›Du sollst
deinen Nächsten lieben und deinen
Feind hassen!‹* 44 Ich aber sage euch:
Liebt eure Feinde und betet für die, die
euch verfolgen. 45 So erweist ihr euch
als Kinder eures Vaters im Himmel.
Denn er lässt seine Sonne über Bösen
und Guten aufgehen und lässt regnen
über Gerechte und Ungerechte.
46 Wenn ihr nur die liebt, die euch
lieben, welchen Lohn habt ihr dafür
wohl verdient? Denn das machen auch
die Zöllner. 47 Und wenn ihr nur zu
euren Brüdern freundlich seid, was tut
ihr damit Besonderes? Das tun auch
die, die Gott nicht kennen. 48 Deshalb
sollt ihr vollkommen sein, wie euer
Vater im Himmel vollkommen ist.«

Falsche und wahre Frömmigkeit

6 1 »Hütet euch, eure Frömmigkeit
vor den Menschen zur Schau zu
stellen. Sonst könnt ihr keinen Lohn
vom Vater im Himmel erwarten.
2 Wenn du zum Beispiel den Armen
etwas gibst, dann lass es nicht vor dir
her ausposaunen, wie es die Heuchler
in den Synagogen und auf den Gassen
tun, um von den Leuten geehrt zu
werden. Ich versichere euch: Diese
Ehrung ist dann schon ihr ganzer
Lohn. 3 Wenn du den Armen etwas
gibst, dann soll deine linke Hand nicht
wissen, was die rechte tut, 4 damit
deine Mildtätigkeit im Verborgenen
bleibt. Dann wird dein Vater, der ins
Verborgene sieht, dich belohnen.

5 Wenn ihr betet, macht es nicht so
wie die Heuchler, die sich dazu gern in
die Synagogen und an die Straßen-
ecken stellen, damit sie von den Leu-
ten gesehen werden. Ich versichere
euch: Diese Ehrung ist dann schon ihr

5,33 Nach 3. Mose 19,12 und 4. Mose 30,3.

5,38 2. Mose 21,24

5,41 *eine Meile.* Römische Soldaten konnten einen Juden jederzeit zu einer wegkundigen Begleitung oder zum Lastentragen zwingen, allerdings nur für eine Meile = 1478,5 m.

5,43 Nach 3. Mose 19,18 und 5. Mose 23,6-7.

ganzer Lohn. 6 Wenn du betest, geh in
dein Zimmer, schließ die Tür, und bete
zu deinem Vater, der im Verborgenen
ist. Dann wird dein Vater, der ins Ver-
borgene sieht, dich belohnen. 7 Beim
Beten sollt ihr nicht plappern wie die
Menschen, die Gott nicht kennen. Sie
denken, dass sie erhört werden, wenn
sie viele Worte machen. 8 Macht es
nicht wie sie! Denn euer Vater weiß ja,
was ihr braucht, noch bevor ihr ihn
bittet. 9 Ihr sollt vielmehr so beten:

Unser Vater im Himmel! /
Dein heiliger Name werde geehrt!
10 Deine Herrschaft komme! /
Dein Wille geschehe auf der Erde /
so wie er im Himmel geschieht!
11 Gib uns, was wir heute
brauchen! 12 Und vergib uns
unsere ganze Schuld! / Auch wir
haben denen vergeben, / die an
uns schuldig geworden sind.
13 Und führe uns nicht in
Versuchung, / sondern befreie uns
von dem Bösen!*

14 Denn wenn ihr den Menschen ihre
Verfehlungen vergebt, wird euer Vater
im Himmel euch auch vergeben.
15 Wenn ihr den Menschen aber nicht
vergebt, dann wird euer Vater auch
eure Verfehlungen nicht vergeben.

16 Wenn ihr fastet, dann setzt keine
wehleidige Miene auf wie die Heuch-
ler. Sie vernachlässigen ihr Äußeres,
damit die Leute ihnen ansehen, dass
sie fasten. Ich versichere euch: Diese
Ehrung ist dann auch ihr ganzer
Lohn. 17 Wenn du fastest, dann pflege
dein Haar und wasche dein Gesicht,
18 damit die Leute nicht merken, dass
du fastest, sondern nur dein Vater, der
im Verborgenen ist. Und dein Vater,
der auch das Verborgene sieht, wird
dich belohnen.

19 Sammelt euch keine Reichtümer
hier auf der Erde, wo Motten und Rost
sie zerfressen oder Diebe einbrechen
und stehlen. 20 Sammelt euch lieber
Schätze im Himmel, wo sie weder
von Motten noch von Rost zerfressen
werden können und auch vor Dieben
sicher sind. 21 Denn wo dein Schatz
ist, da wird auch dein Herz sein.
22 Dein Auge vermittelt dir das Licht.
Wenn dein Auge klar ist, kannst du
dich im Licht bewegen. 23 Ist es
schlecht, dann steht dein Körper im
Finstern. Wenn nun das Licht in dir
Dunkelheit ist, welch eine Finsternis
wird das sein!

24 Niemand kann gleichzeitig zwei
Herren unterworfen sein. Entweder
wird er den einen bevorzugen und den
anderen vernachlässigen, oder dem
einen treu sein und den anderen hinter-
gehen. Ihr könnt nicht Gott und dem
Mammon* gleichzeitig dienen. 25 Des-
halb sage ich euch: Sorgt euch nicht
um Essen und Trinken zum Leben und
um die Kleidung für den Körper. Das
Leben ist doch wichtiger als die Nah-
rung und der Körper wichtiger als die
Kleidung. 26 Schaut euch die Vögel an!
Sie säen nicht, sie ernten nicht und
haben auch keine Vorratsräume, und
euer himmlischer Vater ernährt sie

6,13 Spätere Handschriften haben hier noch einen Lobpreis wie 1. Chronik 29,11-13 eingefügt: »Denn dein ist das Reich und die Kraft und die Herrlichkeit in Ewigkeit. Amen.«

6,24 *Mammon*. Aramäischer Begriff für Besitz oder Vermögen.

doch. Und ihr? Ihr seid doch viel mehr
wert als diese Vögel! 27 Wer von euch
kann sich denn durch Sorgen das
Leben auch nur um einen Tag* verlän-
gern? 28 Und warum macht ihr euch
Sorgen um die Kleidung? Seht euch
die Wiesenblumen an, wie sie ohne An-
strengung wachsen und ohne sich
Kleider zu nähen. 29 Ich sage euch,
selbst Salomo war in all seiner Pracht
nicht so schön gekleidet wie eine von
ihnen. 30 Wenn Gott sogar das wilde
Gras, das heute steht und morgen in
den Backofen gesteckt wird, so schön
schmückt, wie viel mehr wird er sich
dann um euch kümmern, ihr Klein-
gläubigen! 31 Macht euch also keine
Sorgen! Fragt nicht: Was sollen wir
essen? Was sollen wir trinken? Was
sollen wir anziehen? 32 Denn damit
plagen sich die Menschen dieser Welt
herum. Euer Vater weiß doch, dass ihr
das alles braucht! 33 Euch soll es zuerst
um Gottes Reich und um seine Gerech-
tigkeit gehen, dann wird er euch alles
Übrige dazugeben. 34 Sorgt euch also
nicht um das, was morgen sein wird!
Denn der Tag morgen wird für sich
selbst sorgen. Die Plagen von heute
sind für heute genug!«

7 1 »Richtet nicht, damit ihr nicht
gerichtet werdet! 2 Denn so wie
ihr über andere urteilt, wird man auch
euch beurteilen, und das Maß, mit
dem ihr bei anderen messt, wird auch
euch zugemessen werden. 3 Weshalb
siehst du den Splitter im Auge deines
Bruders, bemerkst aber den Balken in
deinem eigenen Auge nicht? 4 Wie
kannst du zu deinem Bruder sagen:
›Halt still, ich will dir den Splitter aus
dem Auge ziehen!‹ –, und dabei ist der
Balken doch in deinem Auge? 5 Du
Heuchler! Zieh zuerst den Balken aus
deinem Auge! Dann wirst du klar
sehen und den Splitter aus dem Auge
deines Bruders ziehen können.

6 Gebt das Heilige nicht den Hun-
den, und werft eure Perlen nicht vor
die Schweine. Die trampeln doch nur
auf ihnen herum und versuchen dann,
euch selbst in Stücke zu reißen.

7 Bittet, und ihr werdet bekommen,
was ihr braucht; sucht, und ihr werdet
finden; klopft an, und es wird euch ge-
öffnet! 8 Denn wer bittet, empfängt;
wer sucht, findet; und wer anklopft,
dem wird geöffnet. 9 Würde jemand
unter euch denn seinem Kind einen
Stein geben, wenn es ihn um ein Stück
Brot bittet? 10 Würde er ihm denn
eine Schlange geben, wenn es ihn um
einen Fisch bittet? 11 So schlecht wie
ihr seid, wisst ihr doch, was gute
Gaben für eure Kinder sind, und gebt
sie ihnen auch. Wie viel mehr wird der
Vater im Himmel denen Gutes geben,
die ihn darum bitten.

12 Alles, was ihr von anderen erwar-
tet, das tut auch für sie! Das ist es, was
das Gesetz und die Propheten fordern.

13 Geht durch das enge Tor! Denn
das weite Tor und der breite Weg füh-
ren ins Verderben, und viele sind dort-
hin unterwegs. 14 Wie eng ist das Tor
und wie schmal der Weg, der ins
Leben führt, und nur wenige sind es,
die ihn finden!

15 Hütet euch vor den falschen Pro-
pheten! Sie sehen aus wie sanfte

6,27 *Einen Tag.* Wörtlich: eine Elle. Der Ausdruck ist hier im übertragenen Sinn gebraucht.

Schafe, in Wirklichkeit aber sind sie
reißende Wölfe. 16 An ihren Früchten
werdet ihr sie erkennen. Von Dornen
erntet man keine Weintrauben, und von
Disteln kann man keine Feigen lesen.
17 So trägt jeder gute Baum gute Früch-
te und ein schlechter Baum schlechte.
18 Ein guter Baum wird keine schlech-
ten Früchte tragen und ein schlechter
Baum keine guten. 19 Jeder Baum, der
keine guten Früchte bringt, wird abge-
hauen und ins Feuer geworfen. 20 Des-
halb sage ich: An ihren Früchten wer-
den sie erkannt.

21 Nicht jeder, der dauernd ›Herr‹
zu mir sagt, wird in das Reich kom-
men, das der Himmel regiert, sondern
nur der, der den Willen meines Vaters
im Himmel tut. 22 An jenem Tag des
Gerichts werden viele zu mir sagen:
›Herr, haben wir nicht mit deinem
Namen geweissagt? Herr, haben wir
nicht mit deinem Namen Dämonen
ausgetrieben und mit deinem Namen
Wunder getan?‹ 23 Doch dann werde
ich ihnen unmissverständlich erklä-
ren: ›Ich habe euch nie gekannt!
Macht euch fort, ihr Schufte!‹*«

Wer ein festes Fundament hat

24 »Darum gleicht jeder, der auf
meine Worte hört und tut, was ich
sage, einem klugen Mann, der sein
Haus auf felsigen Grund baut.
25 Wenn dann ein Wolkenbruch
niedergeht und die Wassermassen
heranfluten, wenn der Sturm tobt und
an dem Haus rüttelt, stürzt es nicht
ein, denn es ist auf Felsen gegründet.
26 Doch wer meine Worte hört und
sich nicht danach richtet, gleicht
einem unvernünftigen Mann, der sein
Haus einfach auf den Sand setzt.
27 Wenn dann ein Wolkenbruch
niedergeht und die Wassermassen
heranfluten, wenn der Sturm tobt
und an dem Haus rüttelt, bricht es
zusammen und wird völlig zerstört.«
28 Als Jesus seine Rede beendet
hatte, war die Menge überwältigt von
seiner Lehre, 29 denn er sprach mit
Vollmacht – ganz anders als ihre
Gesetzeslehrer.

Heilungen

8 1 Als Jesus vom Berg herunterge-
stiegen war, zog er weiter und
eine große Menschenmenge folgte
ihm. 2 Da kam ein Aussätziger zu
ihm, warf sich vor ihm nieder und
sagte: »Herr, wenn du willst, kannst
du mich rein machen.« 3 Da berührte
Jesus ihn mit der Hand und sagte:
»Ich will es, sei rein!« Sofort ver-
schwand der Aussatz*, und er war
rein. 4 Jesus schärfte ihm ein: »Pass
auf, dass du niemand davon erzählst!
Geh stattdessen zum Priester, zeig
dich ihm und bring das Opfer für
deine Reinigung, wie Mose es an-
geordnet hat! Das soll ein Beweis für
sie sein.«

5 Als Jesus in Kafarnaum eintraf,
trat der dort stationierte Hauptmann
an ihn heran. 6 »Herr«, sagte er,
»mein Diener liegt gelähmt zu Hause
und hat furchtbare Schmerzen.«
7 Jesus erwiderte: »Ich will kommen
und ihn heilen.« 8 Da entgegnete der
Hauptmann: »Herr, ich bin es nicht
wert, dass du unter mein Dach

7,23 Psalm 6,9.

8,3 *Aussatz.* Bezeichnung für rasch um sich greifende Hautkrankheiten, Lepra eingeschlossen.

kommst. Sprich nur ein Wort, und
mein Diener wird gesund! 9 Ich unter-
stehe ja auch dem Befehl von Vorge-
setzten und habe meinerseits Solda-
ten unter mir. Sage ich zu einem von
ihnen: ›Geh!‹, dann geht er, und zu
einem anderen: ›Komm!‹, dann
kommt er. Und wenn ich zu meinem
Diener sage: ›Tu das!‹, dann tut er
es.« 10 Jesus war sehr erstaunt, das zu
hören, und sagte zu der Menschen-
menge, die ihm folgte: »Ich versichere
euch: Solch einen Glauben habe ich in
ganz Israel bei niemand gefunden.
11 Und ich sage euch: Aus allen Him-
melsrichtungen werden Menschen
kommen und zusammen mit Abra-
ham, Isaak und Jakob ihre Plätze im
Königreich der Himmel einnehmen.
12 Aber die Bürger des Reiches wer-
den hinausgeworfen in die tiefste
Finsternis. Dort wird dann das große
Weinen und Zähneknirschen anfan-
gen.« 13 Darauf wandte sich Jesus
dem Hauptmann zu und sagte: »Geh
nach Hause! Was du mir zugetraut
hast, soll geschehen!« Zur gleichen
Zeit wurde der Diener gesund.

14 Jesus ging in das Haus von Pe-
trus. Dessen Schwiegermutter war
von einem heftigen Fieber befallen
und lag im Bett. 15 Jesus berührte ihre
Hand. Da verschwand das Fieber, und
sie stand auf und sorgte für sein Wohl.

16 Am Abend brachte man viele Be-
sessene zu ihm. Er vertrieb ihre bösen
Geister durch sein Wort und heilte alle
Kranken. 17 So erfüllte sich, was
durch den Propheten Jesaja vorausge-
sagt worden war: »Er hat unsere Lei-
den auf sich genommen und unsere
Krankheiten getragen.«*

Armut und Vollmacht

18 Als Jesus die vielen Menschen sah,
die sich um ihn drängten, befahl er sei-
nen Jüngern, mit ihm an die andere
Seite des Sees zu fahren. 19 Da sagte
ein Gesetzeslehrer zu ihm: »Rabbi*,
ich will dir folgen, wohin du auch
gehst.« 20 »Die Füchse haben ihren
Bau«, entgegnete ihm Jesus, »und die
Vögel haben ihre Nester, aber der Men-
schensohn* hat keinen Platz, wo er
sich ausruhen kann.« 21 Ein anderer –
es war einer von seinen Jüngern – sagte
zu Jesus: »Herr, erlaube mir, zuerst
nach Hause zu gehen und meinen
Vater zu begraben.« 22 »Lass die Toten
ihre Toten begraben!«, entgegnete ihm
Jesus. »Folge du mir nach!«

23 Danach stieg Jesus ins Boot und
seine Jünger folgten ihm. 24 Als sie
auf dem See waren, kam plötzlich ein
schwerer Sturm auf, so dass die Wel-
len das Boot zu begraben drohten.
Aber Jesus schlief. 25 Die Jünger
stürzten zu ihm und weckten ihn auf:
»Herr«, schrien sie, »rette uns! Wir
gehen unter!« 26 Aber Jesus sagte zu
ihnen: »Warum habt ihr solche Angst,
ihr Kleingläubigen?« Dann stand er
auf und bedrohte den Wind und den
See. Da trat eine große Stille ein.
27 Die Menschen fragten sich voller
Staunen: »Wer ist das nur, dass ihm
sogar Wind und Wellen gehorchen?«

8,17 Jesaja 53,4-5

8,19 *Rabbi*. Respektvolle Anrede im Judentum: *Mein Lehrer*.

8,20 *Menschensohn* ist eine von Jesus bevorzugte Selbstbezeichnung. Er knüpft damit an ein Wort Daniels (7,13) an, wo der zukünftige Herrscher des Gottesreiches angekündigt wird.

28 So kamen sie in das Gebiet der
Gadarener* auf der anderen Seite des
Sees. Dort begegnete er zwei Besesse-
nen. Sie kamen von den Grabhöhlen
und waren so gefährlich, dass nie-
mand es wagte, auf diesem Weg vor-
beizugehen. 29 »Was willst du von
uns, Sohn Gottes?«, schrien sie. »Bist
du hergekommen, um uns schon vor
der Zeit zu quälen?« 30 Nun weidete
in einiger Entfernung eine große
Herde Schweine. 31 Die Dämonen
baten ihn: »Wenn du uns austreibst,
lass uns doch in die Schweine fah-
ren!« 32 »Geht!«, sagte Jesus. Da ver-
ließen sie die Männer und fuhren in
die Schweine. Daraufhin raste die
ganze Herde den Abhang hinunter in
den See, und die Tiere ertranken in
den Fluten. 33 Die Schweinehirten lie-
fen davon und erzählten in der Stadt
alles, was geschehen war, auch das
mit den Besessenen. 34 Da machte
sich die ganze Stadt auf den Weg, um
Jesus zu begegnen. Als sie sahen, was
geschehen war, baten sie Jesus, ihr
Gebiet zu verlassen.

9 1 Jesus stieg wieder ins Boot, fuhr
über den See und kehrte in seine
Stadt zurück. 2 Da brachten einige
Männer einen Gelähmten zu ihm. Er lag
auf einer Matte. Als Jesus ihren Glauben
sah, sagte er zu dem Gelähmten: »Du
musst keine Angst haben, mein Sohn,
deine Sünden sind dir vergeben.« 3 Ei-
nige Gesetzeslehrer dachten im Stillen:
»Das ist ja Gotteslästerung!« 4 Jesus
durchschaute, was sie dachten, und
sagte: »Warum gebt ihr so schlechten
Gedanken Raum in euch? 5 Was ist
leichter zu sagen: ›Deine Sünden sind
dir vergeben‹ oder ›Steh auf und geh
umher‹? 6 Doch ihr sollt wissen, dass
der Menschensohn die Vollmacht hat,
hier auf der Erde Sünden zu vergeben.«
Damit wandte er sich zu dem Gelähm-
ten und befahl ihm: »Steh auf, nimm
deine Matte und geh nach Hause!«
7 Der Mann stand auf, nahm seine
Matte und ging nach Hause. 8 Die
Leute waren erschrocken und priesen
Gott, der den Menschen solche Voll-
macht gegeben hat.

Matthäus folgt Jesus

9 Als Jesus weiterging und an der Zoll-
stelle vorbeikam, sah er dort einen
Mann sitzen, der Matthäus hieß. Er
sagte zu ihm: »Folge mir nach!«
Matthäus stand auf und folgte ihm.
10 Später war Jesus in seinem Haus zu
Gast. Mit ihm und seinen Jüngern
waren noch viele Zolleinnehmer ein-
geladen und andere, die einen ebenso
schlechten Ruf hatten. 11 Als einige
Pharisäer das sahen, sagten sie zu sei-
nen Jüngern: »Wie kann euer Rabbi
sich nur mit Zöllnern und Sündern an
einen Tisch setzen?« 12 Jesus hörte das
und erwiderte: »Nicht die Gesunden
brauchen den Arzt, sondern die Kran-
ken. 13 Nun geht und denkt einmal
darüber nach, was mit dem Wort ge-
meint ist: ›Barmherzigkeit will ich und
nicht Opfer!‹* Dann versteht ihr auch,
dass ich nicht gekommen bin, die Ge-
rechten zu rufen, sondern die Sünder.«

8,28 *Gebiet der Gadarener.* Südöstlicher Uferstreifen des Sees Gennesaret mit Hafen. Das Gebiet gehörte zu Gadara, die als mächtigste Stadt im Zehnstädtegebiet selbst Kriegsschiffe auf dem See unterhielt.

9,13 Hosea 6,6

14 Einmal kamen die Jünger des Jo-
hannes zu Jesus und fragten: »Wie
kommt es, dass wir und die Pharisäer so
viel fasten, deine Jünger aber nicht?«
15 Jesus erwiderte: »Können die Hoch-
zeitsgäste denn trauern, wenn der Bräu-
tigam bei ihnen ist? Die Zeit kommt
früh genug, dass der Bräutigam von
ihnen weggenommen sein wird. Dann
werden sie fasten. 16 Niemand näht
doch ein neues Stück Stoff auf ein altes
Gewand*, sonst reißt das neue Stück
aus, und der Riss im alten Stoff wird
noch größer. 17 Und niemand wird
doch neuen Wein in alte Schläuche fül-
len. Er gärt ja noch und würde die
Schläuche zum Platzen bringen. Dann
würde der Wein auslaufen und die
Schläuche wären verdorben. Nein,
neuen Wein füllt man in neue Schläu-
che, und beide bleiben erhalten.«

Jesus heilt durch Glauben

18 Während Jesus ihnen das erklärte,
kam einer der führenden Männer des
Ortes zu ihm. Er warf sich vor ihm nie-
der und rief: »Meine Tochter ist eben
gestorben. Aber komm bitte und lege
ihr die Hand auf, dann wird sie wieder
leben!« 19 Jesus stand auf und folgte
ihm. Auch seine Jünger kamen mit.

20 Unterwegs drängte sich eine Frau
von hinten heran und berührte einen
Zipfel seines Gewandes. Sie litt seit
zwölf Jahren an starken Blutungen
21 und sagte sich: »Wenn ich nur sein
Gewand berühre, werde ich wieder ge-
sund.« 22 Jesus drehte sich um, sah die
Frau an und sagte: »Du musst keine
Angst haben, meine Tochter, dein
Glaube hat dich gerettet.« Im selben
Augenblick war die Frau geheilt.

23 Als Jesus in das Haus des Vor-
stehers kam und die Flötenspieler
und die aufgeregten Menschen sah,
24 sagte er: »Hinaus mit euch! Das
Mädchen ist nicht gestorben, es
schläft nur.« Da lachten sie ihn aus.
25 Als die Leute endlich draußen
waren, ging Jesus zu dem Mädchen
hinein und fasste es bei der Hand. Da
stand es auf. 26 Die Nachricht davon
verbreitete sich in der ganzen Gegend.

27 Als Jesus von dort weiterging,
folgten ihm zwei Blinde und schrien:
»Sohn Davids, hab Erbarmen mit
uns!« 28 Sie folgten ihm bis in das
Haus, wo er wohnte. Er fragte sie:
»Glaubt ihr, dass ich euch helfen
kann?« – »Ja, Herr«, sagten sie. 29 Da
berührte er ihre Augen und sagte:
»Weil ihr glaubt, soll es geschehen.«
30 Sofort konnten sie sehen. Doch
Jesus verbot ihnen streng, jemand
davon zu erzählen. 31 Aber kaum
waren sie aus dem Haus, machten sie
Jesus in der ganzen Gegend bekannt.

32 Als die beiden gegangen waren,
brachten die Leute einen Stummen zu
ihm, der von einem Dämon besessen
war. 33 Als der böse Geist von dem
Mann ausgefahren war, konnte der
Stumme reden. Die Leute staunten
und sagten: »So etwas hat man in
Israel noch nie gesehen!« 34 Die Pha-
risäer aber behaupteten: »Kein Wun-
der, er treibt die Dämonen ja durch
den Oberdämon aus.«

Der Auftrag der Apostel

35 Jesus zog durch alle Städte und
Dörfer in dieser Gegend. Er lehrte
in den Synagogen, verkündigte die

9,16 *Gewand.* Denn der Flicken wird beim Waschen einlaufen.

Botschaft vom Reich Gottes und heil-
te alle Kranken und Leidenden. 36 Als
er die vielen Menschen sah, ergriff ihn
tiefes Mitgefühl, denn sie waren hilf-
los und erschöpft wie Schafe ohne
Hirten. 37 Dann sagte er zu seinen
Jüngern: »Die Ernte ist groß, aber es
gibt nur wenig Arbeiter. 38 Bittet des-
halb den Herrn der Ernte, mehr Arbei-
ter auf seine Felder zu schicken!«

10 1 Jesus rief die zwölf Jünger
zusammen und gab ihnen
Vollmacht, die bösen Geister auszu-
treiben und jede Krankheit und jedes
Leiden zu heilen. 2 Die Namen der
zwölf Apostel sind folgende: An erster
Stelle Simon, der Petrus genannt
wird, und sein Bruder Andreas, Jako-
bus Ben-Zebedäus und sein Bruder
Johannes, 3 Philippus und Bartholo-
mäus, Thomas und der Zöllner Mat-
thäus, Jakobus Ben-Alphäus und
Thaddäus, 4 Simon, der zu den Zelo-
ten* gehört hatte, und Judas, der ein
Sikarier* gewesen war und Jesus
später verraten hat.

5 Diese Zwölf sandte Jesus mit fol-
gendem Auftrag aus: »Meidet die
Orte, wo Nichtjuden wohnen, und
geht auch nicht in die Städte der Sa-
maritaner, 6 sondern geht zu den ver-
lorenen Schafen des Volkes Israel!
7 Geht und verkündigt ihnen: ›Die
Herrschaft des Himmels steht bevor!‹
8 Heilt Kranke, weckt Tote auf, macht
Aussätzige rein, treibt Dämonen aus!
Was ihr kostenlos bekommen habt,
das gebt kostenlos weiter. 9 Besorgt
euch kein Reisegeld, weder Gold noch
Silberstücke oder Kupfermünzen!
10 Besorgt euch auch keine Vorrats-
tasche, kein zweites Hemd, keine
Sandalen und keinen Wanderstab.
Denn wer arbeitet, hat Anspruch auf
seinen Lebensunterhalt.

11 Wenn ihr in eine Stadt oder ein
Dorf kommt, findet heraus, wer es
wert ist, euch aufzunehmen; und
bleibt dann, bis ihr weiterzieht.
12 Wenn ihr das Haus betretet, grüßt
seine Bewohner und wünscht ihnen
Frieden. 13 Wenn sie es wert sind,
wird der Frieden, den ihr bringt, bei
ihnen einziehen. Wenn sie es nicht
wert sind, wird euer Gruß wirkungs-
los sein. 14 Und wenn die Leute euch
nicht aufnehmen oder anhören wol-
len, dann geht aus jenem Haus oder
jenem Ort und schüttelt den Staub
von euren Füßen ab. 15 Ich versichere
euch: Sodom und Gomorra wird es
am Tag des Gerichts erträglicher erge-
hen als solch einer Stadt.

Die Anforderungen des Auftrags

16 Seht, ich sende euch wie Schafe
mitten unter Wölfe. Seid deshalb klug
wie die Schlangen und aufrichtig wie
die Tauben! 17 Nehmt euch in acht vor
den Menschen! Sie werden euch in
ihren Synagogen vor Gericht stellen
und auspeitschen. 18 Und weil ihr zu
mir gehört, werdet ihr vor Macht-

10,4 *Zeloten.* Wörtlich: Kananäer, wahrscheinlich von hebr. *kana*, »eifern«. Simon gehörte wohl zur jüdischen Partei der »Eiferer«, die aktiven Widerstand gegen die Römer leistete, es ablehnte, Steuern zu zahlen, und das messianische Reich mit Gewalt herbeizwingen wollte.

Sikarier. Die militanteste Gruppe unter den Zeloten, Dolchmänner (von *sika* = Dolch), die römerfreundliche Juden umbrachten (vgl. Apostelgeschichte 21,38). Andere deuten *Judas Iskariot* als *Mann aus Kariot.*

haber und Könige geführt werden.
Doch auch sie und alle Völker müssen
ein Zeugnis von mir hören. 19 Und
wenn sie euch vor Gericht stellen,
dann macht euch keine Sorgen, wie
ihr reden oder was ihr sagen sollt.
Sagt einfach das, was euch dann ein-
gegeben wird. 20 Denn nicht ihr seid
dann die Redenden, sondern der Geist
eures Vaters redet durch euch. 21 Brü-
der werden einander dem Tod auslie-
fern und Väter ihre Kinder. Kinder
werden sich gegen ihre Eltern stellen
und sie in den Tod schicken. 22 Und
weil ihr euch zu mir bekennt, werdet
ihr von allen gehasst werden. Aber
wer bis zum Ende standhaft bleibt,
wird gerettet.

23 Wenn sie euch in der einen Stadt
verfolgen, dann flieht in eine andere!
Ich versichere euch: Noch bevor ihr
mit den Städten Israels zu Ende seid,
wird der Menschensohn kommen.
24 Ein Jünger ist doch nicht besser als
sein Lehrer, und ein Diener steht doch
nicht über seinem Herrn. 25 Der Jün-
ger muss sich damit begnügen, dass
es ihm so geht wie seinem Lehrer,
und der Diener, dass es ihm so geht
wie seinem Herrn. Wenn sie schon
den Hausherrn Beelzebul* genannt
haben, wie viel mehr dann seine
Leute?

26 Doch fürchtet euch nicht vor
denen, die euch bedrohen. Es kommt
die Zeit, da wird alles offenbar wer-
den. Alles, was jetzt noch geheim ist,
wird öffentlich bekannt gemacht
werden. 27 Was ich euch im Dunkeln
sage, gebt am hellen Tag weiter, und
was ihr ins Ohr geflüstert hört, ruft
von den Dachterrassen herunter.
28 Habt keine Angst vor denen, die
nur den Leib töten, der Seele aber
nichts anhaben können. Fürchtet aber
den, der Seele und Leib dem Verder-
ben in der Hölle preisgeben kann.
29 Ihr wisst doch, dass zwei Spatzen
für ein paar Cent* verkauft werden.
Doch nicht einer von ihnen fällt auf
die Erde, ohne dass euer Vater es zu-
lässt. 30 Und bei euch sind selbst die
Haare auf dem Kopf alle gezählt.
31 Habt also keine Angst! Ihr seid
doch mehr wert als noch so viele
Spatzen.«

32 »Wer sich vor den Menschen zu
mir bekennt, zu dem werde auch ich
mich vor meinem Vater im Himmel
bekennen. 33 Wer mich aber vor den
Menschen nicht kennen will, den
werde auch ich vor meinem Vater im
Himmel nicht kennen.

34 Denkt nicht, dass ich gekommen
bin, Frieden auf die Erde zu bringen.
Ich bin nicht gekommen, Frieden zu
bringen, sondern das Schwert. 35 Ich
bin gekommen, den Sohn mit seinem
Vater zu entzweien, die Tochter mit
ihrer Mutter und die Schwieger-
tochter mit ihrer Schwiegermutter;
36 die eigenen Angehörigen werden
zu Feinden.

37 Wer Vater oder Mutter mehr liebt
als mich, ist es nicht wert, mein Jün-
ger zu sein. Wer Sohn oder Tochter
mehr liebt als mich, ist es nicht wert,
mein Jünger zu sein. 38 Und wer nicht
sein Kreuz aufnimmt und mir folgt, ist
es nicht wert, mein Jünger zu sein.

10,25 *Beelzebul.* Ein anderer Name für Satan, den Obersten aller Dämonen.

10,29 *ein paar Cent.* Wörtlich: *ein Assarion.* Die Kupfermünze Assarion war 1/16 Denar wert, d.h. 1/16 Tageslohn eines Arbeiters.

39 Wer sein Leben festhalten will,
wird es verlieren. Wer sein Leben aber
meinetwegen verliert, der wird es
finden.
40 Wer euch aufnimmt, nimmt mich
auf; und wer mich aufnimmt, nimmt
den auf, der mich gesandt hat. 41 Wer
einen Propheten aufnimmt, weil er ein
Prophet ist, wird den Lohn eines Pro-
pheten erhalten. Wer einen Gerechten
aufnimmt, weil er ein Gerechter ist,
wird den Lohn eines Gerechten erhal-
ten. 42 Und wer einem von diesen Ge-
ringgeachteten hier auch nur einen
Becher kalten Wassers zu trinken
gibt, weil er mein Jünger ist – ich ver-
sichere euch: Er wird gewiss nicht
ohne Lohn bleiben.«

11 1 Als Jesus den zwölf Jüngern
seine Anweisungen gegeben
hatte, zog er weiter, um in den Städten
des Landes zu lehren und zu predigen.

Jesus über den Täufer

2 Johannes der Täufer hörte im Ge-
fängnis vom Wirken des Messias und
schickte einige seiner Jünger zu ihm.
3 Er ließ ihn fragen: »Bist du wirklich
der, der kommen soll, oder müssen
wir auf einen anderen warten?«
4 Jesus gab ihnen zur Antwort: »Geht
zu Johannes und berichtet ihm, was
ihr hört und seht: 5 Blinde sehen,
Lahme gehen, Aussätzige werden
rein, Taube hören, Tote werden aufer-
weckt, Armen wird gute Botschaft
verkündigt. 6 Und glücklich ist der
zu nennen, der sich nicht von mir
abwendet.«
7 Als die Boten gegangen waren,
wandte sich Jesus an die Menge und
fing an, über Johannes zu sprechen:
»Was wolltet ihr eigentlich sehen, als
ihr in die Wüste hinausgezogen seid?
Ein Schilfrohr vielleicht, das vom
Wind hin- und herbewegt wird?
8 Oder was wolltet ihr sonst dort
draußen sehen? Einen fein angezoge-
nen Mann? Nein, Leute mit teuren
Kleidern und Luxus findet man in den
Königspalästen. 9 Aber was wolltet
ihr dann dort draußen sehen? Einen
Propheten? Ja, ich versichere euch:
Ihr habt mehr als einen Propheten ge-
sehen. 10 Johannes ist der, von dem es
in der Heiligen Schrift heißt: ›Ich
sende meinen Boten vor dir her. Er
wird dein Wegbereiter sein.‹* 11 Ich
versichere euch: Unter allen Men-
schen, die je geboren wurden, gibt es
keinen Größeren als Johannes den
Täufer. Und doch ist der Kleinste im
Reich Gottes größer als er. 12 Von der
Zeit Johannes' des Täufers an bis
heute bricht sich das Reich, das vom
Himmel regiert wird, mit Gewalt
Bahn, und die Menschen drängen
sich mit aller Gewalt hinein. 13 Denn
alle Propheten und das Gesetz haben
diese Zeit angekündigt, bis Johannes
kam. 14 Und wenn ihr es sehen wollt:
Er ist Elija, dessen Kommen voraus-
gesagt ist.* 15 Wer hören kann, der
höre zu!
16 Mit wem soll ich die Menschen
dieser Generation nur vergleichen?
Sie sind wie Kinder, die auf dem
Markt herumsitzen und sich gegen-
seitig zurufen: 17 ›Wir haben euch auf
der Flöte Hochzeitslieder gespielt,
aber ihr habt nicht getanzt; wir haben

11,10 Maleachi 3,1
11,14 Maleachi 3,23

euch Klagelieder gesungen, aber ihr
habt nicht geweint.‹ 18 Als Johannes
der Täufer kam, der fastete und keinen
Wein trank, sagten sie: ›Er ist von
einem Dämon besessen.‹ 19 Als der
Menschensohn kam, der ganz normal
isst und trinkt, sagtet ihr: ›Seht, was
für ein Schlemmer und Säufer, dieser
Freund von Zöllnern und Sündern!‹
Und doch bestätigt sich die Weisheit
Gottes durch das, was sie bewirkt.«

Die richtige Einstellung

20 Dann begann Jesus den Städten, in
denen er die meisten Wunder getan
hatte, vorzuwerfen, dass sie ihre
Einstellung nicht geändert hatten:
21 »Weh dir, Chorazin*! Weh dir, Bet-
saida*! Wenn in Tyrus und Sidon* die
Wunder geschehen wären, die unter
euch geschehen sind, sie hätten längst
ihre Einstellung geändert, einen Trau-
ersack angezogen und sich Asche auf
den Kopf gestreut. 22 Doch Tyrus und
Sidon wird es im Gericht erträglicher
ergehen als euch. 23 Und du, Kafar-
naum, meinst du etwa, du wirst zum
Himmel erhoben werden? Nein, in
die Hölle* musst du hinunter. Wenn
in Sodom* die Wunder geschehen
wären, die in dir geschehen sind, es
würde heute noch stehen. 24 Ich sage
euch, es wird Sodom am Tag des Ge-
richts erträglicher ergehen als dir.«
25 Damals rief Jesus aus: »Vater, du
Herr über Himmel und Erde, ich preise
dich, dass du das alles den Klugen und
Gelehrten verborgen, aber den Un-
mündigen offenbar gemacht hast.
26 Ja, Vater, so hast du es gewollt.
27 Alles ist mir von meinem Vater über-
geben worden. Niemand außer dem
Vater kennt den Sohn wirklich, und
niemand kennt den Vater wirklich
außer dem Sohn und denjenigen,
denen der Sohn es offenbaren will.
28 Kommt alle zu mir, die ihr geplagt
und mit Lasten beschwert seid! Bei mir
erholt ihr euch. 29 Unterstellt euch mir
und lernt von mir! Denn ich bin
freundlich und von Herzen zum Die-
nen bereit. Dann kommt Ruhe in euer
Leben. 30 Denn *mein* Joch trägt sich
gut und *meine* Last ist leicht.«

Herr über den Sabbat

12 1 In dieser Zeit ging Jesus an
einem Sabbat durch Kornfel-
der. Seine Jünger waren hungrig. Des-
halb fingen sie an, Ähren abzurupfen
und die Körner zu essen. 2 Als einige
Pharisäer das sahen, sagten sie zu
ihm: »Was deine Jünger da tun, ist
doch am Sabbat nicht erlaubt*!«
3 Jesus entgegnete: »Habt ihr denn
nie gelesen, was David getan hat, als
er und seine Begleiter hungrig waren?

11,21 *Chorazin*. Stadt in Obergaliläa, 5 km nördlich von Kafarnaum.

Betsaida. Fischerdorf an der Mündung des Jordan in den See Gennesaret. Heute wahrscheinlich El-Aradsch.

Tyrus und Sidon waren die wichtigsten Hafenstädte Phöniziens (heute: Libanon).

11,23 *Hölle*. Griechisch: Hades. Das Neue Testament meint damit aber kein neutrales Totenreich, sondern den Todeszustand, der für Ungläubige schon vor dem Endgericht eine schreckliche Qual bedeutet (Lukas 16,23).

Sodom. Stadt im Tal Siddim, die wegen der Sünde ihrer Bewohner von Gott vernichtet wurde, heute vermutlich unter dem Toten Meer; vgl. 1. Mose 13,10-13 und 1. Mose 19.

12,2 *nicht erlaubt*. Sie fassten das als »ernten« auf, was als Arbeit am Sabbat verboten war.

4 Wie er ins Haus Gottes ging und von
den geweihten Broten aß, die weder er
noch seine Begleiter essen durften,
sondern nur die Priester? 5 Oder habt
ihr nie im Gesetz gelesen, dass die
Priester auch am Sabbat im Tempel
Dienst tun? Damit übertreten sie die
Sabbatvorschriften und werden doch
nicht schuldig. 6 Und ich sage euch:
Hier ist einer, der mehr ist als der Tem-
pel. 7 Wenn ihr begriffen hättet, was
das heißt: ›Barmherzigkeit ist mir
lieber als Opfer!‹, dann hättet ihr
nicht Unschuldige verurteilt. 8 Denn
der Menschensohn ist Herr über den
Sabbat.«

9 Nach diesen Worten ging er weiter
und kam in ihre Synagoge. 10 Dort
saß ein Mann, dessen Hand verkrüp-
pelt war. Da fragten sie ihn: »Ist es er-
laubt, am Sabbat zu heilen?«, denn sie
wollten einen Grund finden, ihn anzu-
klagen. 11 Jesus erwiderte: »Wenn am
Sabbat einem von euch ein Schaf in
eine Grube stürzt, zieht er es dann
nicht sofort wieder heraus? 12 Nun ist
ein Mensch doch viel mehr wert als
ein Schaf. Also ist es erlaubt, am Sab-
bat Gutes zu tun.« 13 Dann befahl er
dem Mann: »Streck die Hand aus!«
Der gehorchte, und seine Hand war
heil und gesund wie die andere. 14 Da
verließen die Pharisäer die Synagoge
und berieten miteinander, wie sie ihn
umbringen könnten.

Gottes Beauftragter

15 Jesus wusste, was sie vorhatten,
und ging weg. Scharen von Menschen
folgten ihm, und er heilte sie alle.
16 Aber er verbot ihnen nachdrück-
lich, in der Öffentlichkeit von ihm zu
reden. 17 Damit sollte in Erfüllung
gehen, was der Prophet Jesaja ange-
kündigt hatte:

18 »Seht, das ist mein Diener,
den ich erwählte, / den ich liebe
und über den ich mich freue. /
Ich werde meinen Geist auf ihn
legen, / und er verkündet den
Völkern das Recht. 19 Er wird
nicht streiten und herumschrei-
en. / Man wird seine Stimme
nicht auf den Straßen hören.
20 Ein geknicktes Rohr wird er
nicht zerbrechen, / einen glimmen-
den Docht löscht er nicht aus. / So
verhilft er dem Recht zum Sieg.
21 Und auf ihn werden die Völker
hoffen.«*

Wer Böses in sich hat

22 Damals brachte man einen Beses-
senen zu Jesus, der blind und stumm
war. Als er ihn geheilt hatte, konnte
der Mann wieder reden und sehen.
23 Die Leute waren außer sich vor
Staunen und sagten: »Ist das etwa der
Sohn Davids?« 24 Doch als die Phari-
säer es hörten, sagten sie: »Der treibt
die Dämonen ja nur durch Beelzebul,
den Oberdämon, aus.« 25 Jesus wuss-
te genau, was sie dachten, und sagte
zu ihnen: »Ein Königreich, das gegen
sich selbst kämpft, ist dem Untergang
geweiht. Eine Stadt oder eine Familie,
die in sich zerstritten ist, geht zugrun-
de. 26 Und wenn der Satan den Satan
austreibt, wäre er in sich zerstritten.
Wie soll sein Reich dann bestehen
können? 27 Und – wenn ich die Dä-
monen tatsächlich mit Hilfe von Beel-
zebul austreibe, wer gibt dann euren

12,21 Jesaja 42,1-4

Leuten die Macht, Dämonen auszu-
treiben? Sie selbst werden deshalb das
Urteil über euch sprechen. 28 Wenn
ich aber die Dämonen durch den Geist
Gottes austreibe, dann ist doch das
Reich Gottes zu euch gekommen!
29 Oder wie kann jemand in das Haus
eines Starken eindringen und ihm sei-
nen Besitz rauben, wenn er ihn nicht
vorher fesselt? Erst dann kann er sein
Haus ausrauben. 30 Wer nicht auf
meiner Seite steht, ist gegen mich,
und wer nicht mit mir sammelt, zer-
streut.

31 Deshalb sage ich: Alle Sünden
können den Menschen vergeben wer-
den, selbst die Gotteslästerungen, die
sie aussprechen. Wer aber den Heili-
gen Geist lästert, wird keine Verge-
bung finden. 32 Wer etwas gegen den
Menschensohn sagt, dem kann verge-
ben werden. Wer aber gegen den Hei-
ligen Geist redet, dem wird nicht ver-
geben werden, weder in dieser Welt
noch in der kommenden.

33 Wenn ein Baum gut ist, sind auch
seine Früchte gut, ist er schlecht, sind
auch seine Früchte schlecht. An den
Früchten erkennt man den Baum.
34 Ihr Giftschlangenbrut! Wie könnt
ihr Gutes reden, wenn ihr böse seid?
Denn aus dem Mund kommt das, was
das Herz erfüllt. 35 Ein guter Mensch
bringt Gutes hervor, weil er mit
Gutem erfüllt ist. Ein böser Mensch
bringt Böses hervor, weil er Böses
in sich hat. 36 Ich sage euch: Am Tag
des Gerichts werden die Menschen
Rechenschaft über jedes nutzlose
Wort ablegen müssen, das sie gesagt
haben. 37 Denn aufgrund deiner eige-
nen Worte wirst du freigesprochen
oder verurteilt werden.«

38 Daraufhin sagten einige der Ge-
setzeslehrer und Pharisäer zu ihm:
»Rabbi, wir wollen ein Zeichen von
dir sehen!« 39 »Diese verdorbene Ge-
neration, die von Gott nichts wissen
will, verlangt nach einem Zeichen!«,
antwortete Jesus. »Doch es wird
ihnen keins gegeben werden, nur das
des Propheten Jona. 40 Denn wie Jona
drei Tage und drei Nächte* im Bauch
des großen Fisches war, so wird der
Menschensohn drei Tage und drei
Nächte im Schoß der Erde sein. 41 Im
Gericht werden die Männer von Nini-
ve auftreten und diese Generation
schuldig sprechen. Denn sie haben
ihre Einstellung auf Jonas Predigt hin
geändert – und hier steht einer, der
mehr bedeutet als Jona. 42 Die Köni-
gin des Südens wird beim Gericht
gegen die Männer dieser Generation
auftreten und sie verurteilen. Denn sie
kam vom Ende der Erde, um die Weis-
heit Salomos zu hören – und hier steht
einer, der mehr bedeutet als Salomo.

43 Wenn ein böser Geist einen Men-
schen verlässt, zieht er durch öde Ge-
genden und sucht nach einem Ruhe-
platz, findet aber keinen. 44 Dann sagt
er sich: ›Ich werde wieder in die Be-
hausung zurückgehen, die ich verlas-
sen habe.‹ Er kehrt zurück und findet
alles leer, sauber und aufgeräumt.
45 Dann geht er los und holt sieben
andere Geister, die noch schlimmer
sind als er selbst, und sie ziehen

12,40 *Drei Tage und drei Nächte.* Altjüdische Redewendung, die drei Zeiteinheiten (*Ona*) meint, wobei eine angebrochene *Ona* immer als Ganze gezählt wurde. Es ist eine ungefähre Zeitangabe und meint nicht exakt 72 Stunden.

gemeinsam dort ein. So ist dieser
Mensch am Ende schlechter dran als
am Anfang. Genauso wird es auch
dieser bösen Generation ergehen.«
46 Während Jesus noch zu der Men-
schenmenge sprach, waren seine Mut-
ter und seine Brüder angekommen.
Sie blieben vor dem Haus und verlang-
ten, ihn zu sprechen. 47 »Deine Mutter
und deine Brüder sind draußen und
fragen nach dir«, sagte ihm einer.
48 »Wer ist meine Mutter und wer sind
meine Brüder?«, antwortete ihm
Jesus. 49 Dann wies er mit der Hand
auf seine Jünger und sagte: »Das hier
ist meine Mutter und das sind meine
Brüder! 50 Jeder, der nach dem Willen
meines Vaters im Himmel lebt, ist mir
Bruder, Schwester und Mutter.«

Gleichnisse vom Säen

13 1 Noch am selben Tag verließ
Jesus das Haus und setzte
sich ans Ufer des Sees. 2 Es versam-
melten sich so viele Menschen um ihn,
dass er sich in ein Boot setzen musste,
um von dort aus zur Menge am Ufer
sprechen zu können. 3 Er redete lange
und erklärte vieles in Gleichnissen.
Unter anderem sagte er: »Hört zu!
Ein Bauer ging zum Säen auf sein
Feld. 4 Beim Ausstreuen fiel ein Teil
der Körner auf den Weg. Da kamen
die Vögel und pickten sie auf. 5 Ein
anderer Teil fiel auf felsigen Boden,
der nur von einer dünnen Erdschicht
bedeckt war. Weil die Saat dort wenig
Erde hatte, ging sie bald auf. 6 Als
dann aber die Sonne höher stieg, ver-
brannten die jungen Pflanzen und ver-
trockneten, weil sie keine tiefer ge-
henden Wurzeln hatten. 7 Wieder ein
anderer Teil fiel unter Disteln, die die
Saat bald überwucherten und erstick-
ten. 8 Ein anderer Teil schließlich fiel
auf guten Boden und brachte Frucht:
zum Teil hundertfach, zum Teil sech-
zig- oder dreißigfach.« 9 Jesus schloss:
»Wer Ohren hat und hören kann, der
höre zu!«
10 Da kamen seine Jünger zu ihm
und fragten: »Warum sprichst du in
Gleichnissen zu ihnen?« 11 Er er-
widerte: »Euch hat Gott die Geheim-
nisse des Reiches anvertraut, das der
Himmel regiert; ihnen ist es nicht
gegeben. 12 Denn wer hat, dem wird
gegeben, und er wird im Überfluss
haben, wer aber nicht hat, dem wird
auch das genommen, was er hat.
13 Deshalb verwende ich Gleichnisse,
wenn ich zu ihnen rede. Sie sehen und
sehen doch nichts, sie hören und
hören und verstehen trotzdem nichts.
14 An ihnen erfüllt sich die Prophezei-
ung Jesajas:

›Hört nur zu, ihr versteht doch
nichts; / seht nur hin, ihr werdet
trotzdem nichts erkennen.
15 Denn das Herz dieses Volkes
ist verstockt, / ihre Ohren hören
schwer, / und ihre Augen sind zu. /
Sie wollen mit ihren Augen nichts
sehen, / mit ihren Ohren nichts
hören / und mit ihrem Herz nichts
verstehen. / Sie wollen nicht
umkehren, dass ich sie heile.‹*

16 Ihr aber seid glücklich zu preisen!
Denn eure Augen sehen und eure
Ohren hören. 17 Denn ich versichere
euch: Viele Propheten und Gerechte
hätten gern gesehen, was ihr seht,

13,15 Jesaja 6,9-10

und haben es nicht gesehen; gern
hätten sie gehört, was ihr hört, doch
sie haben es nicht gehört.
18 Ich will euch nun das Gleichnis
vom Säen erklären. 19 Wenn jemand
die Botschaft vom Himmelreich hört
und nicht versteht, bei dem ist es wie
mit der Saat, die auf den Weg fällt.
Der Böse kommt und reißt weg, was
in das Herz dieses Menschen gesät
wurde. 20 Die Saat auf dem felsigen
Boden entspricht Menschen, die das
Wort hören und es gleich freudig auf-
nehmen. 21 Doch weil sie unbeständig
sind, kann es bei ihnen keine Wurzeln
schlagen. Wenn sie wegen der Bot-
schaft in Schwierigkeiten geraten
oder gar verfolgt werden, wenden sie
sich gleich wieder ab. 22 Andere Men-
schen entsprechen der Saat, die unter
die Disteln fällt. Sie haben die Bot-
schaft gehört, doch dann gewinnen
die Sorgen ihres Alltags und die Ver-
lockungen des Reichtums die Ober-
hand und ersticken das Wort. Es
bleibt ohne Frucht. 23 Die Menschen
schließlich, die dem guten Boden ent-
sprechen, hören die Botschaft und
verstehen sie und bringen auch
Frucht, einer hundertfach, einer sech-
zig- und einer dreißigfach.«

24 Jesus stellte ihnen noch ein ande-
res Gleichnis vor: »Mit dem Reich, das
der Himmel regiert, verhält es sich wie
mit einem Mann, der guten Samen auf
seinen Acker säte. 25 Eines Nachts, als
alles schlief, kam sein Feind und säte
Unkraut* zwischen den Weizen und
machte sich davon. 26 Als die Saat auf-
ging und Ähren ansetzte, kam auch
das Unkraut zum Vorschein. 27 Da
gingen die Arbeiter zum Gutsherrn
und fragten: ›Herr, hast du nicht guten
Samen auf deinen Acker gesät? Woher
kommt jetzt das Unkraut?‹ 28 ›Das hat
einer getan, der mir schaden will‹, er-
widerte er. ›Sollen wir das Unkraut
entfernen?‹, fragten die Arbeiter.
29 ›Nein‹, entgegnete er, ›ihr würdet
mit dem Unkraut auch den Weizen
ausreißen. 30 Lasst beides wachsen bis
zur Ernte. Wenn es dann so weit ist,
werde ich den Erntearbeitern sagen:
Sammelt zuerst das Unkraut auf und
bindet es zum Verbrennen in Bündel.
Und dann bringt den Weizen in meine
Scheune.‹«
31 Jesus vertraute ihnen ein weiteres
Gleichnis an: »Mit dem Reich, das der
Himmel regiert, verhält es sich wie mit
einem Senfkorn*, das ein Mann auf sei-
nen Acker sät. 32 Es ist zwar das kleinste
aller Samenkörner, aber was daraus
wächst, wird größer als alle anderen
Gartenpflanzen. Es wird ein richtiger
Baum daraus, so dass die Vögel kom-
men und in seinen Zweigen nisten.«
33 Und noch ein Gleichnis erzählte
er ihnen: »Mit dem Reich, das der
Himmel regiert, ist es wie mit dem
Sauerteig, den eine Frau nimmt und
unter einen halben Sack* Mehl
mischt. Am Ende ist die ganze Masse
durchsäuert.«

13,25 *Unkraut.* Wahrscheinlich ist damit Taumellolch gemeint (*lolium temulentum*), eine 70 cm hohe weizenähnliche Grasart, deren Körner das Mehl verderben, wenn sie mitgemahlen werden.

13,31 *Senfkorn.* Gemeint ist wahrscheinlich der »Schwarze Senf« (*Brassica nigra*), dessen 1 mm großes Samenkorn in Israel für seine Kleinheit sprichwörtlich war.

13,33 *halben Sack.* Wörtlich: *drei Sata.* Ein Saton war ein Hohlmaß und fasste etwa 13 Liter.

Der Sinn der Gleichnisse

34 Das alles sagte Jesus der Men-
schenmenge, er gebrauchte dabei
aber nur Gleichnisse. 35 So erfüllte
sich, was durch den Propheten ange-
kündigt ist:

»Ich will in Gleichnissen reden
und verkündige so, was seit
Erschaffung der Welt verborgen
war.«*

36 Dann schickte Jesus die Leute weg
und ging ins Haus. Dort wandten sich
die Jünger an ihn: »Erkläre uns das
Gleichnis vom Unkraut auf dem
Acker!«, baten sie. 37 Jesus antworte-
te: »Der Mann, der den guten Samen
aussät, ist der Menschensohn. 38 Der
Acker ist die Welt. Der gute Same sind
die Menschen, die zur Herrschaft Got-
tes gehören. Das Unkraut sind die
Menschen, die dem Bösen gehören.
39 Der Feind, der das Unkraut gesät
hat, ist der Teufel. Die Ernte ist das
Ende der Welt, und die Erntearbeiter
sind die Engel. 40 So wie das Unkraut
aufgesammelt und verbrannt wird, so
wird es auch am Ende der Welt sein:
41 Der Menschensohn wird seine
Engel schicken, und sie werden aus
seinem Reich alle entfernen, die ein
gesetzloses Leben geführt und andere
zur Sünde verleitet haben, 42 und wer-
den sie in den glühenden Ofen werfen.
Dann wird das große Weinen und
Zähneknirschen anfangen. 43 Und
dann werden die Gerechten im Reich
ihres Vaters leuchten wie die Sonne.
Wer Ohren hat, der höre zu!

44 Mit dem Reich, das der Himmel
regiert, verhält es sich wie mit einem
im Acker vergrabenen Schatz, der von
einem Mann entdeckt wird. Voller
Freude versteckt er ihn wieder. Dann
geht er los, verkauft alles, was er hat,
und kauft jenen Acker. 45 Mit diesem
Reich ist es auch wie mit einem Kauf-
mann, der schöne Perlen sucht. 46 Als
er eine besonders wertvolle entdeckt,
geht er los, verkauft alles, was er hat,
und kauft sie.

47 Mit dem Reich, das der Himmel
regiert, ist es auch wie mit einem
Schleppnetz, das im See ausgebracht
wird. Mit ihm fängt man Fische jeder
Art. 48 Wenn es voll ist, ziehen es die
Männer ans Ufer. Dann setzen sie sich
hin und sortieren die Fische aus. Die
guten lesen sie in Körbe und die unge-
nießbaren werfen sie weg. 49 So wird
es auch am Ende der Welt sein. Die
Engel werden die Menschen, die
Böses getan haben, von den Gerech-
ten trennen 50 und in den glühenden
Ofen werfen. Dann wird das große
Weinen und Zähneknirschen an-
fangen.«

51 »Habt ihr alles verstanden?«,
fragte Jesus seine Jünger. »Ja!«, er-
widerten sie. 52 Da sagte er zu ihnen:
»Also ist jeder Gesetzeslehrer, der ein
Jünger des Reiches geworden ist, das
der Himmel regiert, einem Hausherrn
gleich, der aus seinem Schatz Neues
und Altes hervorholt.«

53 Im Anschluss an diese Gleichnis-
reden zog Jesus weiter. 54 Er kam in
seinen Heimatort und ging in die Syn-
agoge und lehrte. Erstaunt fragten
seine Zuhörer: »Wo hat er diese Weis-
heit nur her? Und woher hat er die
Kraft, solche Wunder zu tun? 55 Ist er

13,35 Psalm 78,2

denn nicht der Sohn des Bauhand-
werkers*? Ist nicht Maria seine Mut-
ter, und sind nicht Jakobus, Josef,
Simon und Judas seine Brüder?
56 Und seine Schwestern leben doch
auch bei uns! Wo hat er das alles nur
her?« 57 Und sie ärgerten sich über
ihn. Da sagte Jesus zu ihnen: »Überall
wird ein Prophet geehrt, nur nicht
in seinem Heimatort und in seiner
Familie.« 58 Wegen ihres Unglaubens
tat er dort nicht viele Wunder.

Der Tod des Täufers

14 1 Um diese Zeit hörte auch
Herodes Antipas, der Landes-
herr* von Galiläa, was man über Jesus
erzählte. 2 »Das ist niemand anderes
als Johannes der Täufer«, sagte er zu
seinen Leuten. »Er ist von den Toten
auferstanden, deshalb gehen solche
Kräfte von ihm aus.« 3 Herodes hatte
Johannes nämlich festnehmen und
gefesselt ins Gefängnis bringen las-
sen. Schuld daran war Herodias*, die
Frau seines Stiefbruders Philippus,
4 denn Johannes hatte ihm gesagt:
»Du hattest kein Recht, sie zur Frau
zu nehmen.« 5 Herodes hätte ihn am
liebsten umgebracht, fürchtete aber
das Volk, das Johannes für einen Pro-
pheten hielt. 6 Die Gelegenheit kam,
als Herodes Geburtstag hatte. Dabei
trat die Tochter der Herodias als Tän-
zerin auf. Sie gefiel Herodes so gut,
7 dass er ihr mit einem Eid versprach,
ihr alles zu geben, was sie sich wünsch-
te. 8 Da sagte sie, von ihrer Mutter an-
gestiftet: »Ich will, dass du mir hier auf
einer Schale den Kopf von Johannes
dem Täufer überreichst.« 9 Der König
war bestürzt, aber weil er vor allen
Gästen einen Eid abgelegt hatte, be-
fahl er, ihr den Wunsch zu erfüllen,
10 und ließ Johannes im Gefängnis
enthaupten. 11 Sein Kopf wurde auf
einer Schale hereingebracht und dem
Mädchen übergeben, das ihn seiner
Mutter weiterreichte. 12 Dann kamen
die Jünger des Johannes, holten den
Toten und begruben ihn. An-
schließend gingen sie zu Jesus und be-
richteten ihm, was geschehen war.

Jesus speist 5000 Menschen

13 Als Jesus das hörte, zog er sich zu-
rück; er fuhr mit dem Boot an eine ein-
same Stelle, um dort allein zu sein.
Aber die Leute in den umliegenden
Städten hörten davon und gingen ihm
auf dem Landweg nach. 14 Als Jesus
aus dem Boot stieg und die vielen
Menschen sah, ergriff ihn tiefes Mit-
gefühl, und er heilte ihre Kranken.
15 Am Abend kamen seine Jünger zu
ihm und sagten: »Wir sind hier an
einem einsamen Fleck, und es ist
schon spät. Schick die Leute weg,
damit sie in den Dörfern etwas zu
essen kaufen können.« 16 Aber Jesus
erwiderte: »Sie brauchen nicht weg-
zugehen. Gebt ihr ihnen doch zu

13,55 *Sohn des Bauhandwerkers.* Den Beruf des Zimmermanns im Sinn eines Holzfacharbeiters gab es damals noch nicht. Holz war im 1. Jahrhundert eine ausgesprochene Mangelware.

14,1 *Landesherr.* Wörtlich: *Tetrarch*, Regent über den vierten Teil eines Landes. Herodes Antipas war unter römischer Oberherrschaft Fürst von Galiläa und Peräa.

14,3 *Herodias.* Die Enkelin von Herodes, dem Großen, war zunächst mit ihrem Onkel Herodes Philippus (nicht dem Fürsten Philippus) verheiratet. Auch Herodes Antipas, ihr jetziger Ehemann, war ein Onkel von ihr.

essen!« 17 »Wir haben aber nur fünf
Fladenbrote und zwei Fische hier«,
hielten sie ihm entgegen. 18 »Bringt
sie mir her!«, sagte Jesus. 19 Dann
forderte er die Leute auf, sich auf dem
Gras niederzulassen, und nahm die
fünf Fladenbrote und die zwei Fische
in die Hand. Er blickte zum Himmel
auf und dankte Gott. Dann brach er
die Brote in Stücke und gab sie den
Jüngern, damit sie diese an die Leute
austeilten. 20 Und alle aßen sich satt.
Zum Schluss sammelten sie ein, was
von den Brotstücken übrig geblieben
war – zwölf Tragkörbe voll. 21 Etwa
fünftausend Männer hatten an dem
Essen teilgenommen, Frauen und
Kinder nicht gerechnet.

Jesus kommt auf dem Wasser

22 Gleich darauf nötigte Jesus seine
Jünger, ins Boot zu steigen und an das
gegenüberliegende Ufer vorauszu-
fahren. Er wollte inzwischen die Leute
nach Hause schicken. 23 Nachdem er
sich von der Menge verabschiedet
hatte, stieg er auf den Berg, um unge-
stört beten zu können. Beim Einbruch
der Dunkelheit war Jesus allein an
Land. 24 Das Boot war schon mitten
auf dem See und musste schwer
mit den Wellen kämpfen, weil ein star-
ker Gegenwind aufgekommen war.
25 Zwischen drei und sechs Uhr in der
Nacht kam er dann zu ihnen. Er ging
über den See. 26 Als die Jünger ihn auf
dem Wasser gehen sahen, schrien sie
von Furcht gepackt auf: »Es ist ein
Gespenst!« 27 Sofort rief er ihnen zu:
»Erschreckt nicht! Ich bin's! Habt
keine Angst!« 28 Da sagte Petrus:
»Herr, wenn du es bist, dann befiehl
mir, auf dem Wasser zu dir zu
kommen!« 29 »Komm!«, sagte Jesus.
Da stieg Petrus aus dem Boot und
ging auf dem Wasser auf Jesus zu.
30 Doch als er merkte, wie stark der
Wind war, bekam er es mit der Angst
zu tun. Er fing an zu sinken und
schrie: »Herr, rette mich!« 31 Sofort
streckte Jesus ihm die Hand hin und
hielt ihn fest. »Du Kleingläubiger«,
sagte er, »warum hast du gezweifelt?«
32 Als sie ins Boot gestiegen waren,
legte sich der Wind. 33 Und alle, die
im Boot waren, warfen sich vor ihm
nieder. »Du bist wirklich Gottes
Sohn!«, sagten sie.

34 Sie fuhren hinüber ans Land und
legten in der Nähe von Gennesaret*
an. 35 Als ihn die Leute dort erkann-
ten, verbreitete sich das in der ganzen
Gegend. Schon bald brachten sie alle
ihre Kranken zu ihm 36 und baten ihn,
er möge sie nur den Saum seines Ge-
wandes berühren lassen. Und alle, die
ihn berührten, wurden völlig geheilt.

Was Menschen unrein macht

15 1 Damals kamen Pharisäer
und Gesetzeslehrer aus Jeru-
salem zu Jesus und sagten: 2 »Warum
halten deine Jünger sich nicht an
die überlieferten Vorschriften* und
waschen nicht die Hände vor dem
Essen?« 3 Jesus entgegnete: »Und ihr,

14,34 *Gennesaret.* Ort und Landschaft am Westufer des Sees.

15,2 Mündlich überlieferte *Vorschriften* der großen jüdischen Gesetzeslehrer regelten das Leben gesetzestreuer Juden bis ins Einzelne. Sie gingen über das alttestamentliche Gesetz hinaus und galten als verbindliche Norm.

warum haltet ihr euch mit euren
Überlieferungen nicht an Gottes Ge-
bote? 4 Gott hat doch gesagt: ›Ehre
Vater und Mutter!‹* und ›Wer Vater
oder Mutter verflucht, wird mit dem
Tod bestraft!‹* 5 Ihr aber lehrt, dass
man zu seinem Vater oder seiner
Mutter sagen kann: ›Was du von mir
bekommen müsstest, habe ich als
Opfer für Gott bestimmt.‹ 6 Dann
brauche man seine Eltern nicht mehr
zu unterstützen. So setzt ihr Gottes
Wort durch eure Vorschriften außer
Kraft. 7 Ihr Heuchler! Auf euch trifft
genau zu, was Jesaja geweissagt hat:

8 ›Dieses Volk ehrt mich mit den
Lippen, / aber sein Herz ist weit
von mir fort. 9 Ihr Dienst an mir
ist ohne Wert, / denn sie lehren,
was Menschen erdachten.‹*«

10 Dann rief Jesus die Menge wieder
zu sich und sagte: »Hört mir zu und
versteht, was ich euch sage! 11 Nicht
das, was der Mensch durch den Mund
aufnimmt, macht ihn vor Gott unrein,
sondern das, was aus seinem Mund
herauskommt, verunreinigt ihn.«

12 Da kamen die Jünger zu ihm und
sagten: »Weißt du, dass die Pharisäer
sich sehr über deine Worte geärgert
haben?« 13 Jesus erwiderte: »Jede
Pflanze, die nicht mein himmlischer
Vater gepflanzt hat, wird ausgerissen
werden. 14 Lasst sie! Sie sind blinde
Blindenführer. Und wenn ein Blinder
einen Blinden führt, werden beide in
die nächste Grube fallen.«

15 Da bat ihn Petrus: »Erkläre uns
doch, was du mit deinem Bild vorhin
meintest!« 16 »Habt ihr das auch
nicht begriffen?«, erwiderte Jesus.
17 »Versteht ihr nicht, dass alles, was
in den Mund kommt, in den Magen
geht und im Abort wieder ausgeschie-
den wird? 18 Doch was aus dem Mund
herauskommt, kommt aus dem Her-
zen. Das macht den Menschen unrein.
19 Denn aus dem Herzen des Men-
schen kommen die bösen Gedanken
und mit ihnen alle Arten von Mord,
Ehebruch, sexueller Unmoral, Dieb-
stahl, falschen Aussagen, Verleum-
dungen. 20 Das ist es, was den Men-
schen vor Gott unrein macht; aber
wenn er mit ungewaschenen Händen
isst, wird er nicht unrein.«

Der Glaube einer Nichtjüdin

21 Jesus brach von dort auf und zog
sich in die Gegend von Tyrus und
Sidon zurück. 22 Da kam eine kanaa-
näische Frau aus dem Gebiet und rief:
»Herr, du Sohn Davids, hab Erbar-
men mit mir! Meine Tochter wird von
einem bösen Geist furchtbar gequält.«
23 Aber Jesus gab ihr keine Antwort.
Schließlich drängten ihn seine Jün-
ger: »Fertige sie doch ab, denn sie
schreit dauernd hinter uns her!« 24 Er
entgegnete: »Ich bin nur zu den verlo-
renen Schafen des Hauses Israel ge-
sandt.« 25 Da kam die Frau näher und
warf sich vor Jesus nieder. »Herr«,
sagte sie, »hilf mir!« 26 Er entgegnete:
»Es ist nicht recht, den Kindern das
Brot wegzunehmen und es den Haus-
hunden vorzuwerfen.« 27 »Das ist
wahr, Herr«, erwiderte sie, »aber die
Hündchen unter dem Tisch dürfen
doch die Brotkrumen fressen, die ihre

15,4 2. Mose 20,12; 5. Mose 5,16
2. Mose 21,17; 3. Mose 20,9
15,8-9 Jesaja 29,13

Herren fallen lassen.« 28 Da sagte
Jesus zu ihr: »Frau, dein Vertrauen ist
groß! Was du willst, soll geschehen!«
Von diesem Augenblick an war ihre
Tochter gesund.

4000 Menschen werden satt

29 Jesus zog weiter und ging zum See
von Galiläa zurück. Dort stieg er auf
einen Berg und setzte sich. 30 Da
strömten Scharen von Menschen her-
bei und brachten Gelähmte, Blinde,
Krüppel, Stumme und viele andere
Kranke zu ihm und legten sie vor
seinen Füßen nieder. Er heilte sie
alle, 31 so dass die Leute nicht aus
dem Staunen herauskamen. Stumme
konnten wieder sprechen, Krüppel
wurden wiederhergestellt, Gelähmte
konnten wieder gehen und Blinde
wieder sehen. Und sie priesen den
Gott Israels.
32 Da rief Jesus die Jünger zu sich
und sagte: »Diese Leute tun mir sehr
leid. Seit drei Tagen sind sie hier bei
mir und haben nichts zu essen. Ich
will sie nicht hungrig nach Hause
schicken, damit sie nicht unterwegs
zusammenbrechen.« 33 »Wo sollen
wir denn hier in der Einöde so viel
Brot hernehmen, um diese Menschen
alle satt zu machen?«, fragten die Jün-
ger. 34 Doch Jesus fragte zurück:
»Wie viele Brote habt ihr?« – »Sie-
ben«, antworteten sie, »und ein paar
kleine Fische.« 35 Da forderte er die
Leute auf, sich auf die Erde zu setzen.
36 Er nahm die sieben Fladenbrote
und die Fische, dankte Gott dafür,
brach sie in Stücke und gab sie seinen
Jüngern zum Austeilen. Die Jünger
verteilten sie an die Menge, 37 und die
Leute aßen, bis sie satt waren. Am
Schluss sammelten sie auf, was übrig
geblieben war: sieben Körbe voll.
38 Viertausend Männer hatten an der
Mahlzeit teilgenommen, Frauen und
Kinder nicht gerechnet. 39 Als Jesus
die Leute dann nach Hause geschickt
hatte, stieg er ins Boot und fuhr in die
Gegend von Magadan*.

Jesus verweigert ein Zeichen

16 1 Da kamen die Pharisäer und
Sadduzäer zu Jesus. Sie woll-
ten ihn auf die Probe stellen und ver-
langten ein Zeichen vom Himmel.
2 Er erwiderte: »Wenn sich der Him-
mel am Abend rot färbt, sagt ihr: ›Es
gibt schönes Wetter.‹ 3 Doch wenn er
sich am Morgen rot färbt und trübe
ist, sagt ihr: ›Heute gibt es Sturm.‹
Das Aussehen des Himmels könnt ihr
richtig einschätzen. Wieso könnt ihr
dann die Zeichen dieser Zeit nicht be-
urteilen? 4 Eine verdorbene Genera-
tion, die von Gott nichts wissen will,
verlangt nach einem Zeichen! Doch
es wird ihnen keins gegeben werden,
nur das des Propheten Jona.« Damit
ließ er sie stehen und ging weg.

Gefährlicher Sauerteig

5 Bei der Fahrt auf die andere Seite
des Sees hatten die Jünger vergessen,
Brot mitzunehmen. 6 Als Jesus nun
warnend sagte: »Hütet euch vor dem

15,39 *Magadan* bedeutet »die (glücklichen) Wasser des Gad«. Markus 8,10 gebraucht den Begriff *Dalmanuta*. Beides deutet auf Tabgha hin, das damals zu Kafarnaum gehörte. Der Platz, zwei Kilometer südlich von Kafarnaum in der Nähe von sieben Quellen, war der Ort, an den Jesus sich gern zurückzog.

Sauerteig der Pharisäer und Saddu-
zäer!«, 7 dachten sie, er sage das, weil
sie kein Brot mitgenommen hatten.
8 Als Jesus merkte, was sie beschäftig-
te, sagte er: »Was macht ihr euch Ge-
danken darüber, dass ihr kein Brot
habt? Ihr Kleingläubigen! 9 Begreift
ihr es immer noch nicht? Erinnert ihr
euch nicht daran, wie viel Körbe voll
Brotstücke ihr eingesammelt habt, als
ich die fünf Brote für die Fünftausend
austeilte? 10 Und bei den sieben Bro-
ten für die Viertausend, wie viel Körbe
voll Brocken habt ihr da eingesam-
melt? 11 Begreift ihr denn immer
noch nicht, dass ich nicht vom Brot zu
euch geredet habe, als ich euch vor
dem Sauerteig der Pharisäer und Sad-
duzäer warnte?« 12 Da endlich ver-
standen sie, dass er die Lehre der Pha-
risäer und Sadduzäer gemeint hatte
und nicht den Sauerteig, der zum
Brotbacken verwendet wird.

Der Messias und das Kreuz

13 Als Jesus in das Gebiet von Cäsarea
Philippi* kam, fragte er seine Jünger:
»Für wen halten die Leute den Men-
schensohn?« 14 »Einige halten dich
für Johannes den Täufer«, antworte-
ten sie, »andere für Elija und wieder
andere für Jeremia oder einen der
alten Propheten.« 15 »Und ihr«, frag-
te er weiter, »für wen haltet ihr
mich?« 16 »Du bist der Messias«, er-
widerte Petrus, »der Sohn des leben-
digen Gottes.« 17 Darauf sagte Jesus
zu ihm: »Wie glücklich bist du, Simon
Ben-Jona; denn das hat dir mein Vater
im Himmel offenbart. Von einem
Menschen konntest du das nicht
haben. 18 Deshalb sage ich dir jetzt:
Du bist Petrus*, und auf diesen Fel-
sen* werde ich meine Gemeinde
bauen, und alle Mächte des Todes
können ihr nichts anhaben. 19 Ich
werde dir die Schlüssel zu dem Reich
geben, das der Himmel regiert. Was
du auf der Erde bindest, wird im
Himmel gebunden sein, und was du
auf der Erde löst, das wird im Himmel
gelöst sein.*«

20 Anschließend schärfte Jesus sei-
nen Jüngern ein, niemand zu sagen,
dass er der Messias sei. 21 Und dann
begann er ihnen klarzumachen, dass er
nach Jerusalem gehen und dort von
den Ratsältesten, den Hohen Priestern
und Gesetzeslehrern vieles erleiden
müsse. »Ich muss getötet werden«,
sagte er, »und am dritten Tag* werde
ich auferweckt.« 22 Da nahm Petrus
ihn beiseite und fuhr ihn an. »Niemals,
Herr!«, sagte er. »Das darf auf keinen
Fall mit dir geschehen!« 23 Doch Jesus
drehte sich um und sagte zu Petrus:
»Geh mir aus den Augen, du Satan! Du

16,13 *Cäsarea Philippi.* Philippus II. hatte die Stadt Paneas am südwestlichen Abhang des Hermon im Quellgebiet des Jordan zur Hauptstadt seines Herrschaftsgebietes gemacht und zu Ehren des Kaisers Cäsarea genannt. Die Stadt, die aus einer Anhäufung kleinerer Siedlungseinheiten bestand, lag etwa 45 km nördlich von Betsaida.

16,18 *Petrus.* Das heißt *Stein* oder *Felsbrocken.*

Felsen. Griechisch: *petra* = Felsmassiv.

16,19 *Binden und Lösen.* Vergleiche die Fußnote zu Matthäus 18,18.

16,21 *am dritten Tag.* Nach jüdischer Zählweise bedeutet das nicht drei, sondern zwei Tage später, weil die angebrochenen Tage gewöhnlich als volle Tage gerechnet wurden. Am ersten Tag würde er sterben, am dritten Tag auferstehen.

willst mich zu Fall bringen. Was du
denkst, kommt nicht von Gott, son-
dern von Menschen.«
24 Dann sagte Jesus zu seinen Jün-
gern: »Wenn jemand mein Jünger
sein will, dann muss er sich selbst
verleugnen, er muss sein Kreuz auf-
nehmen und mir folgen. 25 Denn wer
sein Leben* unbedingt bewahren will,
wird es verlieren. Wer aber sein Leben
meinetwegen verliert, der wird es ge-
winnen. 26 Denn was hat ein Mensch
davon, wenn er die ganze Welt ge-
winnt, dabei aber das Leben einbüßt?
Was könnte er schon als Gegenwert
für sein Leben geben?
27 Denn der Menschensohn wird in
der Herrlichkeit seines Vaters mit sei-
nen Engeln kommen und jedem nach
seinem Tun vergelten. 28 Ich versiche-
re euch: Einige von denen, die hier
stehen, werden nicht sterben, bis sie
den Menschensohn in seiner könig-
lichen Macht kommen sehen.«

Zeugen seiner Herrlichkeit

17 1 Sechs Tage später nahm
Jesus Petrus, Jakobus und
dessen Bruder Johannes mit und führ-
te sie auf einen hohen Berg*, wo sie
allein waren. 2 Dort, vor ihren Augen,
veränderte sich sein Aussehen. Sein
Gesicht begann zu leuchten wie die
Sonne, und seine Kleidung wurde
blendend weiß wie das Licht. 3 Dann
erschienen Mose und Elija vor ihnen
und fingen an, mit Jesus zu reden.
4 »Herr, wie gut, dass wir hier sind!«,
rief Petrus da, »wenn du willst, werde
ich hier drei Hütten bauen: eine für
dich, eine für Mose und eine für
Elija.« 5 Während er noch redete, fiel
der Schatten einer lichten Wolke auf
sie, und aus der Wolke sagte eine
Stimme: »Das ist mein lieber Sohn, an
dem ich meine Freude habe. Hört auf
ihn!« 6 Diese Stimme versetzte die
Jünger in solchen Schrecken, dass sie
sich zu Boden warfen, mit dem Ge-
sicht zur Erde. 7 Da trat Jesus zu
ihnen, rührte sie an und sagte: »Steht
auf! Ihr müsst keine Angst haben.«
8 Als sie sich umschauten, sahen sie
niemand mehr. Nur Jesus war noch
bei ihnen. 9 Während sie den Berg
hinabstiegen, sagte Jesus den drei
Jüngern mit Nachdruck: »Sprecht mit
niemand über das, was ihr gesehen
habt, bis der Menschensohn von den
Toten auferstanden ist!« 10 Da frag-
ten ihn die Jünger: »Warum behaup-
ten die Gesetzeslehrer, dass Elija
zuerst kommen muss?« 11 »Das
stimmt schon, Elija kommt zuerst«,
erwiderte Jesus, »und er wird alles
wiederherstellen. 12 Aber ich sage
euch, Elija ist schon gekommen, doch
sie haben ihn nicht erkannt, sondern
mit ihm gemacht, was sie wollten. Ge-
nauso wird auch der Menschensohn
durch sie zu leiden haben.« 13 Da ver-
standen die Jünger, dass er von Johan-
nes dem Täufer sprach.

16,25 *Leben*. Wörtlich: *psyche* = Leben und Seele bzw. das wahre Selbst, die Persönlichkeit.

17,1 *hoher Berg*. Traditionell wird darunter der Berg Tabor in Galiläa verstanden, doch damals befand sich auf dessen runder Kuppe eine befestigte Burg – kein Ort, wo man allein sein konnte. Die vorherige Erwähnung von Cäsarea Philippi verweist eher auf den Berg Hermon nordöstlich dieses Ortes, und wir sollten uns das Geschehen an einem der Hänge jenes majestätischen Berges vorstellen.

Mangelndes Vertrauen

14 Als sie zu der Menschenmenge zu-
rückkehrten, kam ein Mann zu Jesus.
Er warf sich vor ihm auf die Knie
15 und sagte: »Herr, erbarme dich
über meinen Sohn. Er hat schwere
Anfälle und leidet furchtbar. Oft fällt
er sogar ins Feuer oder ins Wasser.
16 Ich habe deine Jünger gebeten, ihn
zu heilen, aber sie konnten es nicht.«
17 »Was seid ihr nur für ein ungläu-
biges und verkehrtes Geschlecht!«,
sagte Jesus zu ihnen. »Wie lange
muss ich denn noch bei euch sein und
euch ertragen? Bring deinen Sohn
her!« 18 Jesus bedrohte den bösen
Geist, der den Jungen in seiner Gewalt
hatte; da verließ er ihn. Von diesem
Augenblick an war der Junge gesund.
19 Als sie später wieder unter sich
waren, fragten die Jünger Jesus:
»Warum haben wir den Dämon nicht
austreiben können?« 20 »Wegen eu-
res Kleinglaubens«, antwortete er.
»Ich versichere euch: Wenn euer Ver-
trauen nur so groß wäre wie ein Senf-
korn, könntet ihr zu diesem Berg
sagen: ›Rück weg von hier nach dort!‹
Und er wird wegrücken. Nichts wird
euch unmöglich sein.« *(21)**

22 Als sie durch Galiläa zogen, sagte
Jesus zu ihnen: »Der Menschensohn
wird den Händen von Menschen aus-
geliefert werden, 23 und die werden
ihn töten. Aber am dritten Tag
wird er auferstehen.« Da wurden die
Jünger sehr traurig.

Tempelsteuer

24 Als sie nach Kafarnaum kamen, tra-
ten die Beauftragten für die Tempel-
steuer* zu Petrus und fragten: »Zahlt
euer Rabbi eigentlich keine Tempel-
steuer?« 25 »Natürlich!«, sagte Petrus.
Doch als er dann ins Haus kam, sprach
Jesus ihn gleich an: »Was meinst du
Simon, von wem erheben die Könige
der Erde Zölle oder Steuern? Von ihren
eigenen Söhnen oder von den anderen
Leuten?« 26 »Von den anderen Leu-
ten«, sagte Petrus. Da sagte Jesus zu
ihm: »Also sind die Söhne davon be-
freit. 27 Damit wir sie aber nicht vor
den Kopf stoßen, geh an den See und
wirf die Angel aus. Öffne dem ersten
Fisch, den du fängst, das Maul. Dort
wirst du einen Stater* finden. Nimm
ihn und bezahle damit die Tempelsteu-
er für mich und für dich.«

Der Größte

18 1 Etwa zu dieser Zeit kamen
die Jünger zu Jesus und frag-
ten: »Wer ist eigentlich der Größte im
Reich, das der Himmel regiert?« 2 Da
rief Jesus ein Kind herbei, stellte es in
ihre Mitte 3 und sagte: »Ich versiche-
re euch: Wenn ihr nicht umkehrt und
wie die Kinder werdet, könnt ihr nicht
in das Reich kommen, das der Him-
mel regiert. 4 Darum ist einer, der es
auf sich nimmt, vor den Menschen so
gering dazustehen wie dieses Kind,

17,21 Spätere Handschriften haben hier eingefügt: »Diese Art von Dämonen aber kann nur durch Beten und Fasten ausgetrieben werden.«

17,24 *Tempelsteuer*. Wörtlich: Doppeldrachme, das ist der Betrag, den jeder männliche Jude jedes Jahr im Februar/März für den Tempel zu zahlen hatte. Er entsprach dem Wert von zwei Tagelöhnen eines Arbeiters.

17,27 *Stater*. Silbermünze im Wert von vier Drachmen.

der Größte in diesem Reich. 5 Und
wer einen solchen Menschen in mei-
nem Namen aufnimmt, nimmt mich
auf. 6 Wer aber einen von diesen Ge-
ringgeachteten, die an mich glauben,
zu Fall bringt, für den wäre es besser,
wenn er mit einem Mühlstein* um
den Hals ins tiefe Meer geworfen
würde. 7 Weh der Welt wegen all der
Dinge, durch die Menschen zu Fall
kommen! Es ist zwar unausweichlich,
dass solche Dinge geschehen, doch
weh dem Menschen, der daran schuld
ist! 8 Und wenn es deine Hand oder
dein Fuß ist, die dich zum Bösen ver-
führen, dann hack sie ab und wirf sie
weg! Es ist besser, du gehst verstüm-
melt oder als Krüppel ins Leben ein,
als mit beiden Händen und beiden
Füßen in die Hölle zu kommen, in das
ewige Feuer. 9 Und wenn es dein Auge
ist, das dich verführt, so reiß es heraus
und wirf es weg! Es ist besser für dich,
du gehst einäugig in das Leben ein, als
dass du beide Augen behältst und in
das Feuer der Hölle geworfen wirst.

10 Hütet euch davor, einen dieser
Geringgeachteten überheblich zu be-
handeln! Denn ich sage euch: Ihre
Engel im Himmel haben jederzeit Zu-
gang zu meinem himmlischen Vater.
(11)* 12 Was meint ihr? Wenn jemand
hundert Schafe hat und eins davon
verirrt sich, lässt er dann nicht die
neunundneunzig in den Bergen zu-
rück und zieht los, um das verirrte
Schaf zu suchen? 13 Und wenn er es
dann findet – ich versichere euch: Er
wird sich über das eine Schaf mehr
freuen als über die neunundneunzig,
die sich nicht verlaufen haben.
14 Genauso ist es bei eurem Vater
im Himmel: Er will nicht, dass auch
nur einer von diesen Geringgeachte-
ten ins Verderben geht.«

Der Bruder

15 »Wenn dein Bruder sündigt, dann
geh zu ihm und stell ihn unter vier
Augen zur Rede. Wenn er mit sich
reden lässt, hast du deinen Bruder zu-
rückgewonnen. 16 Wenn er nicht auf
dich hört, dann nimm einen oder zwei
andere mit und geht noch einmal zu
ihm, damit alles von zwei oder drei
Zeugen bestätigt wird. 17 Wenn er
auch dann nicht hören will, bring die
Angelegenheit vor die Gemeinde.
Wenn er nicht einmal auf die Gemein-
de hört, dann behandelt ihn wie einen
Gottlosen oder Betrüger.

18 Ich versichere euch: Alles, was ihr
hier auf der Erde binden werdet, wird
im Himmel gebunden sein, und was
ihr auf der Erde lösen werdet, wird im
Himmel gelöst sein.* 19 Und auch das
versichere ich euch: Wenn zwei von
euch hier auf der Erde sich einig wer-
den, irgendeine Sache zu erbitten,
dann wird sie ihnen von meinem Vater
im Himmel gegeben werden. 20 Denn

18,6 *Mühlstein.* Wörtlich: *Eselsmühlstein*, gemeint ist der obere Mühlstein, der bei einer großen Mühle nicht von Menschen, sondern von einem Esel bewegt wurde.

18,11 Einige spätere Handschriften haben hier wie Lukas 19,10 eingefügt: »Denn der Menschensohn ist gekommen, das Verlorene zu retten.«

18,18 Die Bedeutung der Ausdrücke *binden* und *lösen* ist umstritten. Manche deuten sie auf die Lehrautorität – *verbieten* und *erlauben*, andere auf die Gemeinde – *ausschließen* und *aufnehmen*, und wieder andere auf *vergeben* und die *Vergebung verweigern* (evtl. durch Verkündigung oder Nichtverkündigung des Evangeliums).

wo zwei oder drei in meinem Namen
zusammenkommen, da bin ich in
ihrer Mitte.«
21 Dann kam Petrus zu Jesus und
fragte: »Herr, wie oft darf mein Bru-
der gegen mich sündigen und ich
muss ihm vergeben? Siebenmal?«
22 »Nein«, antwortete Jesus, »nicht
siebenmal, sondern siebenundsieb-
zigmal.* 23 Deshalb ist es mit dem
Reich, das der Himmel regiert, wie mit
einem König, der von seinen Dienern
Rechenschaft verlangte. 24 Gleich am
Anfang brachte man einen zu ihm, der
ihm zehntausend Talente* schuldete.
25 Und weil er nicht zahlen konnte,
befahl der Herr, ihn mit seiner Frau,
den Kindern und seinem ganzen Be-
sitz zu verkaufen, um die Schuld zu
begleichen. 26 Der Mann warf sich vor
ihm nieder und bat ihn auf Knien:
›Herr, hab Geduld mit mir! Ich will ja
alles bezahlen.‹ 27 Da bekam der Herr
Mitleid. Er gab ihn frei und erließ ihm
auch noch die ganze Schuld. 28 Doch
kaum war der Diener zur Tür hinaus,
traf er einen anderen Diener, der ihm
hundert Denare schuldete. Er packte
ihn an der Kehle, würgte ihn und
sagte: ›Bezahle jetzt endlich deine
Schulden!‹ 29 Da warf sich der Mann
vor ihm nieder und bat ihn: ›Hab
Geduld mit mir! Ich will ja alles bezah-
len.‹ 30 Er aber wollte nicht, sondern
ließ ihn auf der Stelle ins Gefängnis
werfen, bis er ihm die Schulden be-
zahlt hätte. 31 Als die anderen Diener
das sahen, waren sie entsetzt. Sie
gingen zu ihrem Herrn und berichte-
ten ihm alles. 32 Da ließ sein Herr ihn
rufen und sagte zu ihm: ›Was bist du
für ein böser Mensch! Deine ganze
Schuld habe ich dir erlassen, weil
du mich angefleht hast. 33 Hättest
du nicht auch mit diesem anderen
Diener Erbarmen haben müssen, so
wie ich es mit dir gehabt habe?‹
34 Der König war so zornig, dass er
ihn den Folterknechten übergab, bis
er alle seine Schulden zurückgezahlt
haben würde. 35 So wird auch mein
Vater im Himmel jeden von euch
behandeln, der seinem Bruder nicht
von Herzen vergibt.«

Ehescheidung

19 1 Als Jesus diese Rede been-
det hatte, zog er weiter. Er
verließ Galiläa und kam in das Gebiet
von Judäa und das Ostjordanland.
2 Die Menschen kamen in Scharen zu
ihm, und er heilte sie. 3 Dann kamen
einige Pharisäer und wollten ihm
eine Falle stellen. Sie fragten: »Darf
ein Mann aus jedem beliebigen
Grund seine Frau aus der Ehe entlas-
sen?« 4 »Habt ihr nie gelesen«, er-
widerte Jesus, »dass Gott die Men-
schen von Anfang an als Mann und
Frau geschaffen hat?* 5 Und dass er
dann sagte: ›Deshalb wird ein Mann
seinen Vater und seine Mutter verlas-
sen und sich an seine Frau binden,
und die zwei werden eine Einheit
sein.‹*? 6 Sie sind also nicht mehr

18,22 *siebenundsiebzigmal.* Andere überset-zen mit Einfügung eines zweiten »mal«: *siebzig mal siebenmal.* Siehe aber das biblische Gegenstück in 1. Mose 4,24!

18,24 *Talente.* Größte damalige Geldeinheit. 1 *Talent* = 6000 Denare = Arbeitslohn für 20 Jahre Arbeit. 10.000 Talente wäre also eine Schuld von 200.000 Jahren Arbeit.

19,4 1. Mose 1,27; 5,4

19,5 1. Mose 2,24

zwei, sondern eine Einheit. Und was
Gott zusammengefügt hat, sollen
Menschen nicht scheiden!« 7 »Wa-
rum hat Mose dann aber gesagt«,
entgegneten sie, »dass man der Frau
einen Scheidebrief ausstellen soll,
bevor man sie wegschickt?«* 8 Jesus
erwiderte: »Nur, weil ihr so harte
Herzen habt, hat Mose euch erlaubt,
eure Frauen wegzuschicken. Von An-
fang an ist das aber nicht so gewesen.
9 Doch ich sage euch: Wer sich von
seiner Frau trennt und eine andere
heiratet – es sei denn, sie wäre ihm
untreu geworden –, begeht Ehe-
bruch. Auch wer eine Geschiedene
heiratet, begeht Ehebruch.*« 10 Da
sagten die Jünger: »Dann wäre es ja
besser, gar nicht zu heiraten!«
11 Jesus erwiderte: »Das ist etwas,
was nicht alle fassen können, son-
dern nur die, denen es von Gott gege-
ben ist. 12 Manche sind nämlich von
Geburt an unfähig zur Ehe, andere
sind es durch einen späteren Eingriff
geworden, und wieder andere ver-
zichten von sich aus auf die Ehe, weil
sie ganz für das Reich da sein wollen,
das der Himmel regiert. Wer es fas-
sen kann, der fasse es!«

Jesus und die Kinder

13 Danach wurden Kinder zu Jesus
gebracht, damit er ihnen die Hände
auflege und für sie bete. Doch die
Jünger wiesen sie unfreundlich ab.
14 Aber Jesus sagte: »Lasst doch die
Kinder zu mir kommen, und hindert
sie nicht daran! Das Reich, das der
Himmel regiert, ist ja gerade für
solche wie sie bestimmt.« 15 Und er
legte den Kindern die Hände auf.
Dann zog er weiter.

Nachfolge und Reichtum

16 Da kam ein Mann zu ihm und fragte:
»Rabbi, was muss ich Gutes tun, um
das ewige Leben zu bekommen?«
17 »Was fragst du mich nach dem
Guten?«, entgegnete Jesus. »Gut ist nur
einer. Doch wenn du das Leben bekom-
men willst, dann halte die Gebote!«
18 »Welche denn?«, fragte der Mann.
Jesus antwortete: »Du sollst nicht mor-
den, nicht die Ehe brechen, nicht steh-
len und keine Falschaussagen machen.
19 Ehre deinen Vater und deine Mutter,
und liebe deinen Nächsten wie dich
selbst!« 20 Der junge Mann erwiderte:
»Das alles habe ich befolgt. Was fehlt
mir noch?« 21 »Wenn du vollkommen
sein willst«, sagte Jesus zu ihm, »dann
geh, und verkaufe alles, was du hast,
und gib den Erlös den Armen – du wirst
dann einen Schatz im Himmel haben –,
und komm, folge mir nach!« 22 Als der
junge Mann das hörte, ging er traurig
weg, denn er hatte ein großes Vermö-
gen. 23 Da sagte Jesus zu seinen Jün-
gern: »Ich versichere euch: Für einen
Reichen ist es schwer, in das Reich hin-
einzukommen, das der Himmel regiert.
24 Ich sage es noch einmal: Eher kommt
ein Kamel durch ein Nadelöhr als ein
Reicher in Gottes Reich.« 25 Als die
Jünger das hörten, gerieten sie völlig
außer sich und fragten: »Wer kann
dann überhaupt gerettet werden?«
26 Jesus blickte sie an und sagte: »Für
Menschen ist das unmöglich, nicht aber
für Gott. Für Gott ist alles möglich.«

19,7 5. Mose 24,1.

19,9 Der letzte Satz fehlt in namhaften Handschriften.

27 Da erklärte Petrus: »Du weißt,
wir haben alles verlassen und sind dir
gefolgt. Was werden wir dafür bekom-
men?« 28 »Ich versichere euch«, er-
widerte Jesus, »wenn der Menschen-
sohn in der kommenden Welt auf dem
Thron seiner Herrlichkeit sitzt, wer-
det auch ihr, die ihr mir nachgefolgt
seid, auf zwölf Thronen sitzen, um die
zwölf Stämme Israels zu richten.
29 Und jeder, der um meinetwillen
Haus, Brüder, Schwestern, Vater,
Mutter, Kinder oder Äcker verlassen
hat, bekommt es hundertfach zurück
und wird das ewige Leben erhalten.
30 Aber viele, die jetzt die Großen
sind, werden dann die Geringsten
sein, und die jetzt die Letzten sind,
werden dann die Ersten sein.«

Arbeiter im Weinberg

20 1 »Denn mit dem Reich, das
der Himmel regiert, ist es wie
mit einem Gutsherrn, der sich früh am
Morgen aufmachte, um Arbeiter für
seinen Weinberg einzustellen. 2 Er
einigte sich mit ihnen auf den üb-
lichen Tageslohn von einem Denar
und schickte sie in seinen Weinberg.
3 Als er gegen neun Uhr noch einmal
auf den Marktplatz ging, sah er dort
noch andere arbeitslos herumstehen.
4 ›Ihr könnt in meinem Weinberg ar-
beiten‹, sagte er zu ihnen, ›ich werde
euch dafür geben, was recht ist.‹ 5 Da
gingen sie an die Arbeit. Genauso
machte er es um die Mittagszeit und
gegen drei Uhr nachmittags. 6 Als er
gegen fünf Uhr das letzte Mal hinaus-
ging, fand er immer noch einige her-
umstehen. ›Warum tut ihr den ganzen
Tag nichts?‹, fragte er sie. 7 ›Weil uns
niemand eingestellt hat‹, gaben sie
zur Antwort. ›Ihr könnt auch noch in
meinem Weinberg arbeiten!‹, sagte
der Gutsherr.
8 Am Abend sagte er dann zu seinem
Verwalter: ›Ruf die Arbeiter zusam-
men und zahle ihnen den Lohn aus.
Fang bei denen an, die zuletzt gekom-
men sind, und hör bei den Ersten auf.‹
9 Die Männer, die erst gegen fünf Uhr
angefangen hatten, bekamen je einen
Denar. 10 Als nun die Ersten an der
Reihe waren, dachten sie, sie würden
mehr erhalten. Aber auch sie beka-
men je einen Denar. 11 Da murrten sie
und beschwerten sich beim Guts-
herrn. 12 ›Diese da, die zuletzt gekom-
men sind‹, sagten sie, ›haben nur eine
Stunde gearbeitet, und du behandelst
sie genauso wie uns. Dabei haben wir
den ganzen Tag über geschuftet und
die Hitze ertragen.‹ 13 Da sagte der
Gutsherr zu einem von ihnen: ›Mein
Freund, ich tue dir kein Unrecht. Hat-
ten wir uns nicht auf einen Denar ge-
einigt? 14 Nimm dein Geld und geh!
Ich will nun einmal dem Letzten hier
genauso viel geben wie dir. 15 Darf ich
denn mit meinem Geld nicht machen,
was ich will? Oder bist du neidisch,
weil ich so gütig bin?‹ 16 – So wird es
kommen, dass die Letzten die Ersten
sind und die Ersten die Letzten.«

Der bittere Becher

17 Auf dem Weg nach Jerusalem hin-
auf nahm Jesus die zwölf Jünger bei-
seite und sagte zu ihnen: 18 »Passt
auf, wenn wir jetzt nach Jerusalem
kommen, wird der Menschensohn an
die Hohen Priester und die Gesetzes-
lehrer ausgeliefert. Die werden ihn
zum Tod verurteilen 19 und den Frem-
den übergeben, die Gott nicht kennen.

Diese werden ihren Spott mit ihm
treiben, ihn auspeitschen und töten.
Aber am dritten Tag wird er wieder
auferstehen.«
20 Da trat die Mutter der Zebedäus-
söhne in Begleitung ihrer Söhne an
Jesus heran und warf sich vor ihm nie-
der. Sie wollte etwas von ihm erbitten.
21 »Was möchtest du?«, fragte er. Sie
antwortete: »Erlaube doch, dass
meine beiden Söhne in deinem Reich
links und rechts neben dir sitzen!«
22 Aber Jesus erwiderte: »Ihr wisst
nicht, was ihr da verlangt! Könnt ihr
den bitteren Becher austrinken, den
ich trinken werde?« – »Ja, das können
wir«, erklärten sie. 23 Jesus erwiderte:
»Aus dem Leidensbecher, den ich aus-
trinken muss, werdet ihr auch trin-
ken, aber ich kann trotzdem nicht be-
stimmen, wer auf den Plätzen links
und rechts von mir sitzen wird. Das
hat mein Vater entschieden.«
24 Die anderen zehn hatten das Ge-
spräch mit angehört und ärgerten sich
über die beiden Brüder. 25 Da rief
Jesus sie zu sich und sagte: »Ihr wisst,
wie die Herrscher sich als Herren auf-
spielen und die Großen ihre Macht
missbrauchen. 26 Bei euch aber soll es
nicht so sein. Wer bei euch groß sein
will, soll euer Diener sein, 27 und wer
bei euch der Erste sein will, soll euer
Sklave sein. 28 Auch der Menschen-
sohn ist nicht gekommen, um sich
bedienen zu lassen, sondern um zu
dienen und sein Leben als Lösegeld
für viele zu geben.«

Erbarmen

29 Als Jesus mit seinen Jüngern und
einer großen Menschenmenge Jericho
wieder verließ, 30 saßen da zwei Blinde
am Weg. Sie hörten, dass Jesus vorbei-
kam, und riefen laut: »Herr, Sohn Da-
vids, hab Erbarmen mit uns!« 31 Die
Leute fuhren sie an, still zu sein. Doch
sie schrien nur umso lauter: »Herr,
Sohn Davids, hab Erbarmen mit uns!«
32 Jesus blieb stehen und ließ sie rufen.
»Was möchtet ihr von mir?«, fragte er
sie. 33 »Herr«, sagten die Blinden,
»wir möchten sehen können!« 34 Da
hatte Jesus Mitleid mit ihnen und be-
rührte ihre Augen. Im gleichen Augen-
blick konnten sie sehen, und von da an
folgten sie Jesus.

Triumphzug nach Jerusalem

21 1 Als sie in die Nähe von Jeru-
salem kamen, kurz vor Betfa-
ge* am Ölberg, schickte Jesus zwei
Jünger voraus. 2 »Geht in das Dorf«,
sagte er, »das ihr dort vor euch seht!
Gleich, wenn ihr hineingeht, werdet
ihr eine Eselin angebunden finden
und ein Fohlen bei ihr. Bindet sie los
und bringt sie her. 3 Sollte jemand
etwas zu euch sagen, dann antwortet
einfach: ›Der Herr braucht sie und
wird sie nachher gleich wieder zurük-
kbringen lassen.‹« 4 Das geschah,
weil sich erfüllen sollte, was der Pro-
phet gesagt hat:
5 »Sagt der Tochter Zion*: /
Dein König kommt zu dir. / Er ist
sanftmütig und reitet auf einem

21,1 *Betfage.* »Haus der unreifen Feigen«, Dorf am östlichen Abhang des Ölbergs, 1,5 km von Jerusalem entfernt.

21,5 *Zion.* Einer der Hügel von Jerusalem, oft als Bezeichnung für die ganze Stadt gebraucht.

Sacharja 9,9

Esel, / und zwar auf dem Fohlen,
dem Jungen des Lasttiers.«*

6 Die beiden machten sich auf den
Weg und führten alles so aus, wie
Jesus es ihnen aufgetragen hatte.
7 Sie brachten die Eselin und das
Fohlen. Dann legten sie ihre Umhänge* über die Tiere, und er setzte
sich auf das Fohlen. 8 Sehr viele Men-
schen breiteten jetzt ihre Umhänge auf dem Weg aus, andere hieben Zweige von den Bäumen ab und
legten sie auf den Weg. 9 Die Leute,
die vorausliefen, und auch die, die Jesus folgten, riefen: »Hosianna* dem Sohn Davids! Gesegnet sei er, der
kommt im Namen des Herrn! Hosianna, Gott in der Höhe!« 10 Als
Jesus in Jerusalem einzog, kam die ganze Stadt in Aufregung, und alle fragten: »Wer ist dieser Mann?«
11 Die Menge, die Jesus begleitete, antwortete: »Das ist der Prophet Jesus aus Nazaret in Galiläa.«

Tempelreinigung

12 Jesus ging in den Tempel und fing an, die Händler und die Leute, die bei ihnen kauften, hinauszujagen. Die Tische der Geldwechsler und die Sitze der Taubenverkäufer stieß er um.
13 »In der Schrift heißt es:«, rief er, »›Mein Haus soll ein Ort des Gebets sein. Aber ihr habt eine Räuberhöhle daraus gemacht.‹«* 14 Als er im Tem-
pel war, kamen Blinde und Gelähmte zu ihm, und er machte sie gesund.
15 Als die Hohen Priester und Gesetzeslehrer die Wunder sahen, die er tat, und den Jubel der Kinder hörten, die im Tempel riefen: »Hosianna dem Sohn Davids!«, wurden sie wütend
16 und sagten zu Jesus: »Hörst du, was die da schreien?« – »Gewiss«, erwiderte Jesus, »aber habt ihr denn nie gelesen: ›Unmündigen und kleinen Kindern hast du dein Lob in den Mund gelegt‹*?« 17 Er ließ sie stehen
und ging aus der Stadt nach Betanien*, um dort zu übernachten.

Vollmacht von Gott

18 Als er am Morgen in die Stadt zurükkehrte, hatte er Hunger. 19 Da sah er
einen einzelnen Feigenbaum am Weg stehen. Er ging auf ihn zu, fand aber nur Blätter daran.* Da sagte Jesus zu dem Baum: »Nie wieder sollst du Früchte tragen!« Und augenblicklich

---

21,7 *Umhänge* oder Mäntel. Großes quadratisches Stück festen Stoffs, das über dem Untergewand (eine Art Hemd, das bis zu den Knien reichte) getragen wurde. Man konnte auch Gegenstände darin tragen, und die Armen, z.B. Hirten, wickelten sich nachts darin ein.

21,9 *Hosianna.* Hebräisch: *Hilf doch!* Aus Psalm 118,25 stammender Hilferuf an Gott, der als feststehende Formel und schließlich auch als Lobpreis verwendet wurde.

21,13 Mischzitat aus Jesaja 56,7 und Jeremia 7,11.

21,16 Psalm 8,3

21,17 *Betanien.* »Haus des Ananja«, 3 km östlich von Jerusalem, einer der drei Orte, in denen nach der Tempelrolle von Qumran Aussätzige wohnen sollten.

21,19 *nur Blätter daran.* Jesus suchte nach den kleinen, trockenen »Vorfeigen« (*paggim*), die aus Blütenanlagen des Vorjahres entstehen und schon Anfang April unter den neuen Trieben des Baumes zu finden sind. Sie werden dann abgeworfen, wenn später an der gleichen Stelle die sogenannten »Frühfeigen« (*bikkurah*) wachsen, die Anfang Juni reif sind. Im August sind dann die Feigen reif, die an den neuen Trieben gewachsen sind (*tena*).

verdorrte der Feigenbaum. 20 Als die
Jünger das sahen, fragten sie erstaunt:
»Wie konnte der Feigenbaum so
plötzlich verdorren?« 21 Jesus ant-
wortete: »Ich versichere euch: Wenn
ihr Vertrauen zu Gott habt und nicht
zweifelt, könnt ihr nicht nur das tun,
was ich mit dem Feigenbaum getan
habe; ihr könnt dann sogar zu diesem
Berg hier sagen: ›Heb dich hoch
und stürz dich ins Meer!‹, und es
wird geschehen. 22 Alles, was ihr beim
Beten erbittet, werdet ihr bekommen,
wenn ihr glaubt.«

23 Als Jesus in den Tempel ging und
anfing, dort zu lehren, traten die
Hohen Priester und Ältesten des Vol-
kes zu ihm und fragten: »Mit wel-
chem Recht tust du das alles? Wer hat
dir die Vollmacht dazu gegeben?«
24 »Ich will euch nur eine Frage stel-
len«, erwiderte Jesus, »wenn ihr sie
mir beantwortet, werde ich euch
sagen, wer mir die Vollmacht gegeben
hat, so zu handeln. 25 Taufte Johannes
im Auftrag Gottes oder im Auftrag
von Menschen?« Sie überlegten mit-
einander: »Wenn wir sagen, ›im Auf-
trag Gottes‹, wird er fragen: ›Warum
habt ihr ihm dann nicht geglaubt?‹
26 Wenn wir aber sagen: ›Von Men-
schen‹, dann müssen wir uns vor
dem Volk fürchten, denn sie glauben
alle, dass Johannes ein Prophet war.«
27 So sagten sie zu Jesus: »Wir wissen
es nicht.« – »Nun«, erwiderte Jesus,
»dann sage ich euch auch nicht, von
wem ich die Vollmacht habe, das alles
zu tun.

28 Doch was haltet ihr von folgender
Geschichte? Ein Mann hatte zwei
Söhne und sagte zu dem älteren:
›Mein Sohn, geh heute zum Arbeiten
in den Weinberg!‹ 29 ›Ich will aber
nicht!‹, erwiderte der. Aber später be-
reute er seine Antwort und ging doch.
30 Dem zweiten Sohn gab der Vater
denselben Auftrag. ›Ja, Vater!‹, ant-
wortete dieser, ging aber nicht. 31 –
Wer von den beiden hat nun dem
Vater gehorcht?« – »Der Erste«, ant-
worteten sie. Da sagte Jesus zu ihnen:
»Ich versichere euch, dass die Zöllner
und die Huren eher ins Reich Gottes
kommen als ihr. 32 Denn Johannes
hat euch den Weg der Gerechtigkeit
gezeigt, aber ihr habt ihm nicht ge-
glaubt. Die Zöllner und die Huren
haben ihm geglaubt. Ihr habt es ge-
sehen und wart nicht einmal dann
bereit, eure Haltung zu ändern und
ihm Glauben zu schenken.«

Der Eckstein

33 »Hört noch ein anderes Gleichnis:
Ein Gutsherr legte einen Weinberg
an, zog eine Mauer darum, hob eine
Grube aus, um den Wein darin zu kel-
tern, und baute einen Wachtturm.
Dann verpachtete er ihn an Winzer
und reiste ins Ausland. 34 Als die Zeit
der Weinlese gekommen war, schickte
er seine Arbeiter zu den Winzern, um
seinen Anteil an der Ernte abzuholen.
35 Doch die Winzer fielen über seine
Arbeiter her; den einen verprügelten
sie, einen anderen schlugen sie tot,
und wieder einen anderen steinigten
sie. 36 Da schickte der Gutsherr noch
einmal Arbeiter, mehr als beim ersten
Mal. Aber mit denen machten sie es
genauso. 37 Zuletzt schickte er seinen
Sohn zu ihnen, weil er dachte: ›Mei-
nen Sohn werden sie sicher nicht an-
tasten.‹ 38 Doch als die Winzer den
Sohn sahen, sagten sie zueinander:

›Das ist der Erbe! Kommt, wir brin-
gen ihn um und behalten das Land für
uns!‹ 39 So fielen sie über ihn her,
stießen ihn zum Weinberg hinaus und
brachten ihn um.« 40 – »Was wird
nun der Eigentümer des Weinbergs
mit diesen Winzern machen, wenn er
kommt?«, fragte Jesus. 41 »Er wird
diesen bösen Leuten ein böses Ende
bereiten und den Weinberg an andere
verpachten, die ihm den Ertrag pünkt-
lich abliefern«, antworteten sie. 42 Da
sagte Jesus zu ihnen: »Habt ihr denn
nie die Stelle in der Schrift gelesen:
›Der Stein, den die Fachleute als un-
brauchbar verworfen haben, ist zum
Eckstein geworden; das hat der Herr
getan; es ist ein Wunder für uns‹*?
43 Deshalb sage ich euch: Das Reich
Gottes wird euch weggenommen und
einem Volk gegeben werden, das
die rechten Früchte hervorbringt.
44 Jeder, der auf diesen Stein fällt,
wird zerschmettert, und jeder, auf den
er fällt, wird zermalmt.« 45 Als die
Hohen Priester und die Pharisäer das
hörten, war ihnen klar, dass er sie mit
diesen Gleichnissen gemeint hatte.
46 Daraufhin hätten sie Jesus am
liebsten festgenommen, aber sie
fürchteten das Volk, denn das hielt
Jesus für einen Propheten.

Die Einladung zur Hochzeit

22 1 Jesus sagte ihnen noch ein
Gleichnis: 2 »Mit dem Reich,
das der Himmel regiert, verhält es sich
wie mit einem König, der seinem
Sohn die Hochzeit ausrichtete. 3 Als
es so weit war, schickte er seine Die-
ner los, um die, die er zum Fest einge-
laden hatte, rufen zu lassen. Doch sie
wollten nicht kommen. 4 Da schickte
er noch einmal Diener los und ließ den
Eingeladenen sagen: ›Das Festmahl
ist angerichtet, Ochsen und Mastkäl-
ber geschlachtet, alles ist bereit. Beeilt
euch und kommt!‹ 5 Doch sie küm-
merten sich überhaupt nicht darum.
Der eine hatte auf dem Feld zu tun, der
andere im Geschäft. 6 Einige jedoch
packten die Boten, misshandelten sie
und brachten sie um. 7 Da wurde der
König zornig. Er schickte seine Trup-
pen aus, ließ jene Mörder umbringen
und ihre Stadt in Brand stecken.
8 Dann sagte er zu seinen Dienern:
›Das Hochzeitsfest ist vorbereitet,
aber die Gäste, die ich eingeladen
hatte, waren es nicht wert. 9 Geht jetzt
auf die Straßen und ladet alle ein, die
ihr trefft.‹ 10 Das taten sie und holten
alle herein, die sie fanden, Böse und
Gute. So füllte sich der Hochzeitssaal
mit Gästen. 11 Als der König herein-
kam, um zu sehen, wer da gekommen
war, fand er einen, der kein festliches
Gewand anhatte. 12 ›Mein Freund‹,
sagte er zu ihm, ›wie bist du über-
haupt ohne Festgewand hereinge-
kommen?‹ Der Mann wusste darauf
nichts zu antworten. 13 Da befahl der
König seinen Dienern: ›Fesselt ihm
Hände und Füße, und werft ihn hin-
aus in die Finsternis.‹ Da wird das
große Weinen und Zähneknirschen
anfangen. 14 Denn viele sind gerufen,
aber nur wenige sind erwählt.«

Steuern zahlen?

15 Da kamen die Pharisäer zusammen
und berieten, wie sie Jesus mit seinen

21,42 Psalm 118,22-23

eigenen Worten in eine Falle locken könnten, 16 und schickten dann ihre Jünger zusammen mit einigen Anhängern des Herodes* zu ihm. »Rabbi«, sagten diese, »wir wissen, dass du aufrichtig bist und uns wirklich zeigst, wie man nach Gottes Willen leben soll. Du fragst nicht nach der Meinung der Leute und bevorzugst niemand. 17 Nun sage uns, was du darüber denkst: Ist es richtig, dem Kaiser Steuern zu zahlen, oder nicht?« 18 Jesus durchschaute ihre Bosheit sofort und sagte: »Ihr Heuchler, warum wollt ihr mir eine Falle stellen? 19 Zeigt mir die Münze, mit der ihr die Steuern bezahlt!« Sie reichten ihm einen Denar*. 20 Da fragte er: »Wessen Bild und Name ist darauf?« 21 »Des Kaisers«, erwiderten sie. »Nun«, sagte Jesus, »dann gebt dem Kaiser, was dem Kaiser gehört, und Gott, was Gott gehört.« 22 Über diese Antwort waren sie so verblüfft, dass sie sprachlos weggingen.

Gibt es eine Auferstehung?

23 An diesem Tag kamen auch noch einige der Sadduzäer* zu Jesus, die behaupteten, es gäbe keine Auferstehung nach dem Tod. Sie fragten: 24 »Rabbi, Mose hat uns vorgeschrieben: Wenn ein Mann stirbt und keine Kinder hat, dann soll sein Bruder die Frau heiraten und seinem Bruder Nachkommen verschaffen.* 25 Nun waren da sieben Brüder. Der Älteste von ihnen heiratete, starb jedoch kinderlos und hinterließ die Frau seinem Bruder. 26 Ebenso ging es auch dem Zweiten, dem Dritten, bis zum Siebten. 27 Zuletzt starb auch die Frau. 28 Wessen Frau wird sie nun nach der Auferstehung sein? Denn alle waren ja mit ihr verheiratet.« 29 Jesus erwiderte: »Ihr irrt euch, weil ihr weder die Schrift noch die Kraft Gottes kennt. 30 Denn wenn die Toten auferstehen, heiraten sie nicht mehr, sondern werden wie die Engel im Himmel sein. 31 Was aber die Auferstehung der Toten überhaupt betrifft: Habt ihr nicht gelesen, was Gott euch sagt: 32 ›Ich bin der Gott Abrahams, der Gott Isaaks und der Gott Jakobs‹*? Das heißt doch: Er ist nicht ein Gott von Toten, sondern von Lebenden!« 33 Die ganze Menschenmenge, die ihm zugehört hatte, war von seinen Worten tief beeindruckt.

Fangfragen

34 Als die Pharisäer hörten, dass Jesus die Sadduzäer zum Schweigen gebracht hatte, kamen sie zusammen. 35 Nun versuchte einer von ihnen, ein Gesetzeslehrer, Jesus eine Falle zu stellen. 36 »Was ist das wichtigste Gebot von allen?«, fragte er ihn.

22,16 *Anhänger des Herodes*. Jüdische Minderheit, die römerfreundlich eingestellt war und die Herrschaft des Herodes Antipas unterstützte.

22,19 *Denar*. Römische Silbermünze, die dem Tageslohn eines gut bezahlten Arbeiters entsprach.

22,23 *Sadduzäer*. Politisch einflussreiche, römerfreundliche religiöse Gruppe, deren Mitglieder aus den vornehmen Familien stammten.

22,24 5. Mose 25,5

22,32 2. Mose 3,6

37 Jesus antwortete: »›Du sollst den
Herrn, deinen Gott, lieben von ganzem
Herzen, mit ganzer Seele, mit ganzem
Verstand!‹* 38 Das ist das erste und
wichtigste Gebot. 39 Das zweite ist
ebenso wichtig: ›Du sollst deinen
Nächsten lieben wie dich selbst!‹*
40 Mit diesen beiden Geboten ist alles
gesagt, was das Gesetz und die Pro-
pheten wollen.«

41 Nun fragte Jesus die versammelten
Pharisäer: 42 »Was denkt ihr über den
Messias? Wessen Sohn ist er?« –
»Der Sohn Davids«, erwiderten sie.
43 Da sagte Jesus: »Warum hat ihn
David dann aber – durch den Heiligen
Geist geleitet – Herr genannt? Er
sagte nämlich: 44 ›Der Herr sprach zu
meinem Herrn: Setz dich an meine
rechte Seite, bis ich deine Feinde zum
Fußschemel für dich gemacht habe.‹*
45 Wenn David ihn also Herr nennt,
wie kann er dann gleichzeitig sein
Sohn sein?« 46 Keiner konnte ihm
darauf eine Antwort geben. Und von
da an wagte auch niemand mehr, ihm
eine Frage zu stellen.

Pharisäer und Gesetzeslehrer im Urteil von Jesus

23 1 Dann wandte sich Jesus an
die Menschenmenge und an
seine Jünger: 2 »Die Gesetzeslehrer
und die Pharisäer«, sagte er, »sitzen
heute auf dem Lehrstuhl des Mose.
3 Richtet euch deshalb nach dem, was
sie sagen, folgt aber nicht ihrem Tun.
Denn sie selbst handeln nicht nach
dem, was sie euch sagen. 4 Sie bürden
den Menschen schwere, fast unerträg-
liche Lasten auf, denken aber nicht
daran, die gleiche Last auch nur mit
einem Finger anzurühren. 5 Und was
sie tun, machen sie nur, um die Leute
zu beeindrucken. So machen sie ihre
Gebetsriemen* besonders breit und
die Quasten* an ihren Gewändern be-
sonders lang. 6 Bei Festessen und in
Synagogen lieben sie es, die Ehren-
plätze einzunehmen. 7 Sie genießen es,
wenn sie auf der Straße ehrfurchtsvoll
gegrüßt und Rabbi genannt werden.

8 Ihr jedoch sollt euch niemals
Rabbi nennen lassen, denn nur einer
ist euer Rabbi, und ihr alle seid
Brüder. 9 Ihr sollt auch niemand von
euren Brüdern auf der Erde mit
›Vater‹ anreden, denn nur einer ist
euer Vater, nämlich der im Himmel.
10 Lasst euch auch nicht Lehrer nen-
nen, denn nur einer ist euer Lehrer:
der Messias. 11 Der Größte unter euch
soll euer Diener sein. 12 Denn wer
sich selbst erhöht, wird von Gott er-
niedrigt werden, wer sich aber selbst
gering achtet, wird von Gott erhöht
werden.

13 Weh euch, ihr Gesetzeslehrer und
Pharisäer, ihr Heuchler! Ihr ver-
schließt den Menschen das Reich, das
der Himmel regiert, denn ihr selbst

22,37 5. Mose 6,5

22,39 3. Mose 19,18

22,44 Psalm 110,1

23,5 *Gebetsriemen.* Kapseln, die ein kleines Stück Pergament mit vier Stellen aus dem Gesetz enthielten (2. Mose 13,1-10.11-16; 5. Mose 6,4-9; 11,13-21) und mit Lederriemen am linken Oberarm und an der Stirn befestigt wurden.

Quasten oder Troddeln. Nach 4. Mose 15,37-41 wurden sie an den vier Ecken des Obergewandes zur Erinnerung an Gottes Gebote getragen.

geht nicht hinein, und die, die hinein-
wollen, lasst ihr nicht hinein. *(14)**

15 Weh euch, ihr Gesetzeslehrer
und Pharisäer, ihr Heuchler! Ihr reist
über Land und Meer, um einen einzi-
gen Menschen für euren Glauben zu
gewinnen; und wenn ihr ihn gewon-
nen habt, dann macht ihr ihn zu
einem Anwärter auf die Hölle, der
doppelt so schlimm ist wie ihr.

16 Weh euch, ihr verblendeten Füh-
rer! Ihr sagt: ›Wenn jemand beim
Tempel schwört, muss er seinen Eid
nicht halten; wenn er aber beim Gold
des Tempels schwört, ist er an den Eid
gebunden.‹ 17 Ihr verblendeten Nar-
ren! Was ist denn wichtiger: das Gold
oder der Tempel, der das Gold erst hei-
ligt? 18 Ihr sagt auch: ›Wenn jemand
beim Altar schwört, muss er seinen
Eid nicht halten; wenn er aber beim
Opfer auf dem Altar schwört, ist er an
den Eid gebunden.‹ 19 Wie verblendet
seid ihr nur! Was ist denn wichtiger:
die Opfergabe oder der Altar, der das
Opfer heiligt? 20 Wer beim Altar
schwört, schwört doch nicht nur beim
Altar, sondern auch bei allem, was
darauf liegt. 21 Und wer beim Tempel
schwört, schwört nicht nur beim Tem-
pel, sondern auch bei dem, der darin
wohnt. 22 Und wer beim Himmel
schwört, der schwört bei Gottes
Thron und bei dem, der darauf sitzt.

23 Weh euch, ihr Gesetzeslehrer und
Pharisäer, ihr Heuchler! Ihr gebt noch
von Gartenminze, Dill und Kümmel
den zehnten Teil, lasst aber die wichti-
geren Forderungen des Gesetzes
außer acht: Gerechtigkeit, Barmher-
zigkeit und Treue! Das eine hättet ihr
tun und das andere nicht lassen sol-
len! 24 Ihr verblendeten Führer! Die
Mücke siebt ihr aus, aber das Kamel
verschluckt ihr.

25 Weh euch, ihr Gesetzeslehrer und
Pharisäer, ihr Heuchler! Ihr reinigt
das Äußere von Becher und Schüssel,
aber was ihr drin habt, zeigt eure Gier
und Maßlosigkeit. 26 Du blinder Pha-
risäer! Wasch den Becher doch zuerst
von innen aus, dann wird auch das
Äußere rein sein.

27 Weh euch, ihr Gesetzeslehrer und
Pharisäer, ihr Heuchler! Ihr seid wie
weiß getünchte Gräber*: von außen
ansehnlich, von innen aber voller
Totenknochen und allem möglichen
Unrat. 28 Von außen erscheint ihr den
Menschen gerecht, von innen aber
seid ihr voller Heuchelei und Gesetz-
losigkeit.

29 Weh euch, ihr Gesetzeslehrer und
Pharisäer, ihr Heuchler! Ihr baut ja
die Grabmäler für die Propheten und
schmückt die Gräber der Gerechten.
30 Und dann behauptet ihr noch:
›Wenn wir zur Zeit unserer Vorfahren
gelebt hätten, hätten wir niemals mit-
gemacht, als sie die Propheten ermor-
deten.‹ 31 Damit bestätigt ihr aller-
dings, dass ihr die Nachkommen der
Prophetenmörder seid. 32 Ja, macht
nur das Maß eurer Vorfahren voll!

23,14 Spätere Handschriften haben hier wie Markus 12,40 und Lukas 20,47 eingefügt: »Weh euch, ihr Gesetzeslehrer und Pharisäer, ihr Heuchler! Ihr bringt Witwen um ihren Besitz und sprecht zum Schein lange Gebete. Deshalb erwartet euch ein besonders hartes Urteil.«

23,27 *getünchte Gräber* Gräber lagen manchmal dicht neben einem Weg und waren mit Steinplatten oder Rollsteinen verschlossen. Diese wurden weiß gekalkt, damit Fremde sich nicht durch Berührung verunreinigten.

33 Ihr Nattern und Giftschlangen-
brut! Wie wollt ihr dem Strafgericht
der Hölle entkommen? 34 Deshalb
hört zu: Ich werde Propheten, Weise
und echte Gesetzeslehrer zu euch
schicken. Einige von ihnen werdet ihr
töten, ja sogar kreuzigen, andere wer-
det ihr in euren Synagogen auspeit-
schen und von einer Stadt zur anderen
verfolgen. 35 So werdet ihr schließlich
an der Ermordung aller Gerechten*
mitschuldig, angefangen vom gerech-
ten Abel bis hin zu Secharja Ben-Be-
rechja, den ihr zwischen dem Brand-
opferaltar und dem Haus Gottes um-
gebracht habt. 36 Ich versichere euch:
Diese Generation wird die Strafe für
alles das bekommen.

Jerusalem wird verwüstet werden

37 Jerusalem, Jerusalem, du tötest die
Propheten und steinigst die Boten,
die zu dir geschickt werden. Wie oft
wollte ich deine Kinder sammeln, wie
die Henne ihre Küken unter die Flügel
nimmt. Doch ihr habt nicht gewollt.
38 Seht, euer Haus wird verwüstet
und verlassen sein. 39 Denn ich sage
euch: Von jetzt an werdet ihr mich
nicht mehr sehen, bis ihr ruft: ›Ge-
priesen sei er, der kommt im Namen
des Herrn!‹«

24 1 Jesus wollte den Tempel
verlassen. Als er gerade im
Begriff war wegzugehen, kamen
seine Jünger zu ihm und machten
ihn auf die Pracht der Tempelbauten
aufmerksam. 2 »Ihr bewundert das
alles?«, erwiderte Jesus. »Doch ich
versichere euch: Hier wird kein Stein
auf dem anderen bleiben; es wird alles
zerstört werden.« 3 Als er später auf
dem Ölberg saß und mit seinen
Jüngern allein war, fragten sie ihn:
»Wann wird das alles geschehen?
Gibt es ein Zeichen, an dem wir deine
Wiederkehr und das Ende der Welt er-
kennen können?«

Nicht irreführen lassen!

4 »Gebt acht, dass euch niemand
irreführt!«, erwiderte Jesus. 5 »Viele
werden unter meinem Namen auf-
treten und von sich sagen: ›Ich bin der
Messias!‹ Damit werden sie viele ver-
führen. 6 Erschreckt nicht, wenn ihr
von Kriegen hört oder wenn Kriegs-
gefahr droht. Das muss so kommen,
aber es ist noch nicht das Ende. 7 Ein
Volk wird sich gegen das andere er-
heben und ein Staat den anderen an-
greifen. In vielen Teilen der Welt wird
es Hungersnöte und Erdbeben geben.
8 Doch das ist erst der Anfang, es ist
wie bei den Geburtswehen.

9 Dann wird man euch bedrängen,
misshandeln und töten. Die ganze
Welt wird euch hassen, weil ihr zu mir
gehört. 10 Viele werden sich von mir
abwenden; sie werden einander verra-
ten und sich hassen. 11 Viele falsche
Propheten werden auftreten und viele
in die Irre führen. 12 Und weil die Ge-
setzlosigkeit überhand nehmen wird,
wird auch die Liebe bei den meisten

23,35 Gemeint sind wohl alle Gerechten seit Erschaffung der Menschen bis in die Zeit von Jesus Christus. Damit bestätigt der Herr die Gültigkeit des gesamten Alten Testaments, weil er ein Ereignis aus dem ersten (1. Mose 4,8.10: *Abel*) und eins aus dem letzten Buch (2. Chronik 24,20-21: *Secharja Ben-Jojada*. Jojada könnte hier den Großvater dieses Secharja meinen, dessen Vater dann auch Berechja hieß) der hebräischen Bibel aufgreift.

erkalten. 13 Wer aber bis zum Ende
standhaft bleibt, wird gerettet. 14 Und
diese gute Botschaft vom Reich Got-
tes wird in der ganzen Welt gepredigt
werden, damit alle Völker sie hören.
Dann erst kommt das Ende.

15 Wenn ihr aber das ›Scheusal der
Verwüstung‹, von dem der Prophet
Daniel geredet hat*, am heiligen Ort
stehen seht – wer das liest, der merke
auf! –, 16 dann sollen die Einwohner
Judäas in die Berge fliehen. 17 Wer auf
seiner Dachterrasse sitzt, soll keine
Zeit damit verlieren, noch etwas aus
dem Haus zu holen; 18 und wer auf
dem Feld ist, soll nicht mehr zurück-
laufen, um seinen Umhang zu holen.
19 Am schlimmsten wird es dann für
schwangere Frauen und stillende
Mütter sein. 20 Betet darum, dass ihr
nicht im Winter oder am Sabbat flie-
hen müsst! 21 Denn dann wird die Not
so schrecklich sein, dass sie alles über-
trifft, was je seit Erschaffung der Welt
geschah. Auch danach wird es eine
solche Bedrängnis nie mehr geben.
22 Würde diese Schreckenszeit nicht
verkürzt, würde kein Mensch gerettet
werden. Seinen Auserwählten zuliebe
aber hat Gott die Zeit verkürzt.

23 Wenn dann jemand zu euch sagt:
›Schaut her, da ist der Messias!‹, oder:
›Seht, er ist dort!‹, so glaubt es nicht!
24 Denn mancher falsche Messias und
mancher falsche Prophet wird auf-
treten. Sie werden sich durch große
Zeichen und Wundertaten ausweisen
und würden sogar die Auserwählten
verführen, wenn sie es könnten.
25 Denkt daran: Ich habe euch alles
vorausgesagt.

26 Wenn sie also zu euch sagen:
›Seht, er ist in der Wüste draußen!‹,
dann geht nicht hinaus! Oder: ›Seht,
hier im Haus ist er!‹, dann glaubt es
nicht! 27 Denn wenn der Menschen-
sohn wiederkommt, wird es wie bei
einem Blitz den ganzen Horizont
erhellen. 28 Wo das Aas liegt, da
sammeln sich die Geier.

29 Doch unmittelbar nach dieser
schrecklichen Zeit wird sich die
Sonne verfinstern und der Mond wird
nicht mehr scheinen. Die Sterne wer-
den vom Himmel stürzen und die
Kräfte des Himmels aus dem Gleich-
gewicht geraten. 30 Und dann wird
das Zeichen des Menschensohns am
Himmel erscheinen. Alle Völker der
Erde werden jammern und klagen,
und dann werden sie den Menschen-
sohn mit großer Macht und Herrlich-
keit von den Wolken her kommen
sehen. 31 Dann wird er die Engel
mit mächtigem Posaunenschall aus-
senden, um seine Auserwählten aus
allen Himmelsrichtungen und von
allen Enden der Welt zusammen zu
bringen.

32 Vom Feigenbaum könnt ihr Fol-
gendes lernen: Wenn seine Zweige
weich werden und die Blätter zu
sprießen beginnen, wisst ihr, dass es
bald Sommer wird. 33 Genauso ist es,
wenn ihr seht, dass diese Dinge ge-
schehen. Dann steht sein Kommen
unmittelbar bevor. 34 Ich versichere
euch: Dieses Geschlecht* wird nicht

24,15 Daniel 11,31

24,34 *Geschlecht* (griechisch: *genea*) meint entweder Menschen, die in der gleichen Zeit geboren wurden (= Generation, Zeitgenossen) oder die durch gemeinsame Abstammung verbunden sind (= Sippe, Stamm, Volk).

untergehen, bis das alles geschieht.
35 Himmel und Erde werden verge-
hen, aber meine Worte vergehen nie.
36 Doch Tag und Stunde von diesen
Ereignissen weiß niemand, nicht
einmal die Engel im Himmel;* nur der
Vater weiß es.«

Bereit sein!

37 »Und wenn der Menschensohn
kommt, wird es so wie in Noahs Zeit
sein. 38 Damals, vor der großen Flut,
aßen und tranken die Menschen, sie
heirateten und wurden verheiratet –
bis zu dem Tag, an dem Noah in die
Arche ging. 39 Sie ahnten nichts
davon, bis die Flut hereinbrach und
alle umbrachte. So wird es auch bei
der Ankunft des Menschensohnes
sein. 40 Wenn dann zwei Männer auf
dem Feld arbeiten, wird der eine an-
genommen und der andere zurück-
gelassen. 41 Wenn zwei Frauen an
derselben Handmühle* mahlen, wird
die eine angenommen und die andere
zurückgelassen werden. 42 Seid also
wachsam! Denn ihr wisst nicht, an
welchem Tag euer Herr kommt.

43 Und das ist doch klar: Wenn ein
Hausherr wüsste, zu welchem Zeit-
punkt der Dieb kommt, würde er
wach bleiben und nicht zulassen, dass
in sein Haus eingebrochen wird. 44 So
solltet auch ihr immer bereit sein,
denn der Menschensohn wird dann
kommen, wenn ihr es gerade nicht
erwartet.«

Treu sein!

45 »Wer ist denn der treue und kluge
Diener, dem sein Herr aufgetragen
hat, der ganzen Dienerschaft zur
rechten Zeit das Essen zuzuteilen?
46 Wenn nun sein Herr kommt und
ihn bei dieser Arbeit findet – wie sehr
darf sich dieser Diener freuen! 47 Ich
versichere euch: Sein Herr wird ihm
die Verantwortung über seine ganze
Habe übertragen. 48 Wenn der Diener
aber ein böser Mensch ist und denkt:
›Mein Herr kommt noch lange nicht‹,
49 und anfängt, die anderen Diener zu
schlagen, während er sich selbst üppi-
ge Mahlzeiten gönnt und sich gemein-
sam mit anderen Trunkenbolden be-
trinkt, 50 dann wird sein Herr an
einem Tag zurückkommen, an dem er
es nicht erwartet hat, und zu einer
Stunde, die er nicht vermutet. 51 Er
wird diesen Diener hart bestrafen und
ihn dorthin bringen lassen, wo die
Heuchler sind und wo das große Wei-
nen und Zähneknirschen anfängt.«

Wachsam sein!

25 1 »In dieser Zeit wird es mit
dem Reich, das der Himmel
regiert, wie mit zehn Brautjung-
fern sein, die ihre Fackeln* nahmen
und dem Bräutigam entgegengingen.
2 Fünf von ihnen handelten klug und
fünf waren gedankenlos. 3 Die Ge-
dankenlosen nahmen zwar ihre Fa-

24,36 Wenige Handschriften fügen nach Markus 13,32 hinzu: oder der Sohn selbst.

24,41 *Handmühle*, die aus zwei runden Steinscheiben von 50 cm Durchmesser bestand. Der obere Stein wurde mit einem Holzgriff um eine Achse gedreht, die im unteren Stein befestigt war.

25,1 *Fackeln*. Stöcke, an deren oberem Ende in Öl getränkte Lappen (vielleicht in einer Schale) angebracht waren. Von Zeit zu Zeit mussten die Lappen neu mit Öl versorgt werden.

ckeln mit, aber keinen Ölvorrat. 4 Die
Klugen dagegen hatten neben ihren
Fackeln auch Ölgefäße mit. 5 Als nun
der Bräutigam lange nicht kam, wur-
den sie alle müde und schliefen ein.
6 Um Mitternacht ertönte plötzlich der
Ruf: ›Der Bräutigam kommt! Geht
ihm entgegen!‹ 7 Da standen die Braut-
jungfern auf und richteten ihre Fa-
ckeln her. 8 Die Gedankenlosen sagten
zu den Klugen: ›Gebt uns etwas von
eurem Öl; unsere Fackeln gehen aus!‹
9 Doch diese entgegneten: ›Das geht
nicht! Unser Öl reicht unmöglich für
alle. Geht doch zu einem Kaufmann
und holt euch welches!‹ 10 Während
sie noch unterwegs waren, um Öl zu
kaufen, kam der Bräutigam. Die fünf,
die bereit waren, gingen mit in den
Hochzeitssaal. Dann wurde die Tür
verschlossen. 11 Schließlich kamen
die anderen Brautjungfern und riefen:
›Herr, Herr, mach uns auf!‹ 12 Doch
der Bräutigam wies sie ab: ›Ich kann
euch nur sagen, dass ich euch nicht
kenne.‹« 13 – »Seid also wachsam!«,
schloss Jesus, »denn ihr kennt weder
den Tag noch die Stunde.«

Zuverlässig sein!

14 »Es ist wie bei einem Mann, der
vorhatte, ins Ausland zu reisen. Er rief
seine Diener zusammen und vertraute
ihnen sein Vermögen an, 15 so
wie es ihren Fähigkeiten entsprach.
Einem gab er fünf Talente*, einem an-
deren zwei und noch einem anderen
eins. Dann reiste er ab. 16 Der Diener
mit den fünf Talenten begann sofort,
damit zu handeln, und konnte das
Geld verdoppeln. 17 Der mit den zwei
Talenten machte es ebenso und ver-
doppelte die Summe. 18 Der dritte
grub ein Loch und versteckte das Geld
seines Herrn.

19 Nach langer Zeit kehrte der Herr
zurück und wollte mit ihnen abrech-
nen. 20 Zuerst kam der, dem die fünf
Talente anvertraut worden waren. Er
brachte die anderen fünf Talente mit
und sagte: ›Herr, fünf Talente hast du
mir gegeben. Hier sind weitere fünf,
die ich dazugewonnen habe.‹ 21 ›Her-
vorragend!‹, sagte sein Herr. ›Du bist
ein guter Mann! Du hast das Wenige
zuverlässig verwaltet, ich will dir viel
anvertrauen. Komm herein zu mei-
nem Freudenfest!‹ 22 Dann kam der,
dem die zwei Talente anvertraut wor-
den waren. Er brachte die anderen
zwei Talente mit und sagte: ›Herr,
zwei Talente hast du mir gegeben.
Hier sind weitere zwei, die ich dazu-
gewonnen habe.‹ 23 ›Hervorragend!‹,
sagte sein Herr. ›Du bist ein guter
Mann! Du hast das Wenige zuverläs-
sig verwaltet, ich will dir viel anver-
trauen. Komm herein zu meinem
Freudenfest!‹

24 Schließlich kam der, dem das eine
Talent anvertraut worden war. ›Herr‹,
sagte er, ›ich wusste, dass du ein
strenger Mann bist. Du forderst Ge-
winn, wo du nichts angelegt hast, und
erntest, wo du nicht gesät hast. 25 Da
hatte ich Angst und vergrub dein Ta-
lent in der Erde. Hier hast du das
Deine zurück.‹ 26 ›Du böser und fau-
ler Mensch!‹, sagte der Herr. ›Du

25,15 *Talent.* Größte damalige Geldeinheit. 1 *Talent* = 6000 Denare = Arbeitslohn für 20 Jahre Arbeit. Fünf Talente entsprechen also einer Summe für die ein Tagelöhner 100 Jahre arbeiten müsste.

wusstest also, dass ich Gewinn fordere, wo ich nichts angelegt, und ernte, wo ich nichts gesät habe? 27 Warum hast du mein Geld dann nicht auf eine Bank gebracht? Dann hätte ich es wenigstens mit Zinsen zurückbekommen.‹ 28 ›Nehmt ihm das Talent weg, und gebt es dem, der die fünf Talente erworben hat! 29 Denn jedem, der einen Gewinn vorweisen kann, wird noch mehr gegeben werden, und er wird Überfluss haben. Aber von dem, der nichts gebracht hat, wird selbst das, was er hatte, weggenommen. 30 Doch diesen nichtsnutzigen Sklaven werft in die Finsternis hinaus, wo dann das große Weinen und Zähneknirschen anfangen wird.‹«

Das Gericht über die Völker

31 »Wenn der Menschensohn in seiner Herrlichkeit kommt und mit ihm alle Engel, wird er auf seinem Thron der Herrlichkeit sitzen. 32 Dann werden alle Völker der Erde vor ihm zusammengebracht, und er wird sie in zwei Gruppen teilen, so wie ein Hirt die Schafe von den Ziegen trennt.* 33 Die Schafe wird er rechts von sich aufstellen, die Ziegen links.

34 Dann wird der König zu denen auf seiner rechten Seite sagen: ›Kommt her! Euch hat mein Vater gesegnet. Nehmt das Reich in Besitz, das von Anfang der Welt an für euch geschaffen worden ist! 35 Denn als ich Hunger hatte, habt ihr mir zu essen gegeben; als ich Durst hatte, gabt ihr mir zu trinken; als ich fremd war, habt ihr mich aufgenommen; 36 als ich nackt war, habt ihr mir Kleidung gegeben; als ich krank war, habt ihr mich besucht, und als ich im Gefängnis war, kamt ihr zu mir.‹ 37 ›Herr‹, werden dann die Gerechten fragen, ›wann haben wir dich denn hungrig gesehen und dir zu essen gegeben oder durstig und dir zu trinken gegeben? 38 Wann haben wir dich als Fremden bei uns gesehen und aufgenommen? Wann hattest du nichts anzuziehen und wir haben dir Kleidung gegeben? 39 Wann haben wir dich krank gesehen oder im Gefängnis und haben dich besucht?‹ 40 Darauf wird der König erwidern: ›Ich versichere euch: Was ihr für einen meiner gering geachteten Geschwister getan habt, das habt ihr für mich getan.‹

41 Dann wird er zu denen auf der linken Seite sagen: ›Geht mir aus den Augen, ihr Verfluchten! Geht in das ewige Feuer, das für den Teufel und seine Engel vorbereitet ist! 42 Denn als ich Hunger hatte, habt ihr mir nichts zu essen gegeben; als ich Durst hatte, gabt ihr mir nichts zu trinken; 43 als ich fremd war, habt ihr mich nicht aufgenommen; als ich nackt war, habt ihr mir nichts zum Anziehen gegeben; als ich krank und im Gefängnis war, habt ihr mich nicht besucht.‹ 44 Dann werden auch sie fragen: ›Herr, wann haben wir dich denn hungrig gesehen oder durstig oder als Fremden oder nackt oder krank oder im Gefängnis, und haben dir nicht geholfen?‹ 45 Darauf wird er ihnen erwidern: ›Ich versichere euch: Was ihr für einen meiner gering geachteten Geschwister zu tun

---

25,32 In Israel trennten die Hirten nachts die Ziegen von den Schafen und trieben sie eng zusammen, weil sie die Kälte nicht so gut vertrugen wie die Schafe.

versäumt habt, das habt ihr auch an
mir versäumt.‹ 46 So werden diese an
den Ort der ewigen Strafe gehen, die
Gerechten aber in das ewige Leben.«

Mordplan gegen Jesus

26 1 Als Jesus seine Reden abge-
schlossen hatte, sagte er zu
den Jüngern: 2 »Ihr wisst, dass in zwei
Tagen das Passafest* beginnt. Dann
wird der Menschensohn ausgeliefert
und ans Kreuz genagelt werden.«
3 Etwa um die gleiche Zeit kamen
die Hohen Priester und die Ältesten
des Volkes im Palast des Hohen Prie-
sters Kajafas zusammen 4 und fassten
den Beschluss, Jesus heimlich festzu-
nehmen und dann zu töten. 5 »Auf
keinen Fall darf es während des Festes
geschehen«, sagten sie, »sonst gibt es
einen Aufruhr im Volk.«

Ein Vermögen für Jesus

6 Jesus war in Betanien bei Simon
dem Aussätzigen zu Gast. 7 Während
des Essens kam eine Frau herein, die
ein Alabastergefäß* mit sehr kost-
barem Salböl* mitbrachte. Sie goss
Jesus das Öl über den Kopf. 8 Als die
Jünger das sahen, waren sie empört.
»Was soll diese Verschwendung?«,
sagten sie. 9 »Man hätte dieses Öl
teuer verkaufen und das Geld den
Armen geben können.« 10 Jesus
merkte es und sagte zu ihnen:
»Warum macht ihr es der Frau so
schwer? Sie hat ein gutes Werk an
mir getan. 11 Arme wird es immer bei
euch geben, aber mich habt ihr nicht
mehr lange bei euch. 12 Als sie das Öl
über mich goss, hat sie meinen Kör-
per im Voraus zum Begräbnis gesalbt.
13 Und ich versichere euch: Überall in
der Welt, wo man die gute Botschaft
predigen wird, wird man auch von
dem reden, was diese Frau getan
hat.«

Judas wird zum Verräter

14 Danach ging einer der Zwölf, es war
Judas, der Sikarier, zu den Hohen Prie-
stern 15 und sagte: »Was gebt ihr mir,
wenn ich euch Jesus ausliefere?« Sie
zahlten ihm dreißig Silberstücke.
16 Von da an suchte er nach einer güns-
tigen Gelegenheit, Jesus zu verraten.

Passamahl

17 Am ersten Tag der Festwoche der
»Ungesäuerten Brote« fragten die
Jünger Jesus: »Wo sollen wir das Pas-
samahl vorbereiten?« 18 Er sagte:
»Geht in die Stadt zu dem und dem
und sagt ihm: ›Der Rabbi lässt sagen:
Meine Zeit ist gekommen. Ich will mit
meinen Jüngern bei dir das Passamahl
feiern.‹« 19 Die Jünger machten alles
genauso, wie Jesus es ihnen gesagt
hatte, und bereiteten das Passa vor.

26,1 *Passa.* Siehe 2. Mose 12-13.

26,7 *Alabaster* ist ein marmorähnlicher Gips, der sich leicht bearbeiten und gut polieren lässt. Er wurde deshalb gern zu henkellosen Gefäßen für Salben verarbeitet.

Salböl. Nach Markus 14,3 war es Nardenöl. Narde ist eine duftende aromatische Pflanze, die in den Bergen des Himalaja in Höhen zwischen 3500 und 5000 m wächst. Mit dem aus der indischen Narde gewonnenen Öl wurde schon zur Zeit Salomos gehandelt.

26,20 *Tisch.* Bei festlichen Anlässen lag man auf Polstern, die um einen niedrigen Tisch in der Mitte gruppiert waren. Man stützte sich auf den linken Ellbogen und langte mit der rechten Hand zu. Die Füße waren nach hinten vom Tisch weg ausgestreckt.

20 Am Abend legte sich Jesus mit
den Zwölf zu Tisch*. 21 Während der
Mahlzeit sagte er: »Ich versichere
euch: Einer von euch wird mich aus-
liefern.« 22 Sie waren bestürzt, und
einer nach dem anderen fragte ihn:
»Das bin doch nicht ich, Herr?«
23 Jesus erwiderte: »Einer, der mit mir
die Hand in die Schüssel taucht, wird
mich ausliefern. 24 Der Menschen-
sohn geht zwar den Weg, der ihm in
der Schrift vorausgesagt ist; doch weh
dem Menschen, durch den er ausge-
liefert wird. Für diesen Menschen
wäre es besser, er wäre nie geboren.«
25 Da sagte auch Judas, der Verräter,
zu ihm: »Ich bin es doch nicht etwa,
Rabbi?« – »Doch«, antwortete Jesus,
»du bist es.«

26 Noch während sie aßen, nahm
Jesus ein Fladenbrot, dankte Gott
dafür, brach es in Stücke und gab es
seinen Jüngern mit den Worten:
»Nehmt und esst, das ist mein Leib!«
27 Dann nahm er einen Kelch, sprach
das Dankgebet, reichte ihn an sie wei-
ter und sagte: »Trinkt alle daraus!
28 Das ist mein Blut, das Blut, das für
viele zur Vergebung der Sünden ver-
gossen wird und den Bund zwischen
Gott und Menschen besiegelt. 29 Und
ich versichere euch, dass ich bis zu
dem Tag, an dem Gott seine Herr-
schaft aufrichtet, keinen Wein mehr
trinken werde. Dann allerdings, im
Reich meines Vaters, werde ich neuen
Wein mit euch trinken.« 30 Als sie
dann ein Loblied gesungen hatten,
gingen sie zum Ölberg hinaus.

Petrus wird Jesus verleugnen

31 »In dieser Nacht werdet ihr mich
alle verlassen«, sagte Jesus unterwegs
zu ihnen, »denn es steht geschrieben:
›Ich werde den Hirten erschlagen,
und die Schafe werden sich zerstreu-
en.‹* 32 Aber nach meiner Auferste-
hung werde ich euch nach Galiläa vor-
ausgehen.« 33 Da sagte Petrus zu ihm:
»Und wenn alle an dir irre werden –
ich werde dich nie verlassen!« 34 »Ich
versichere dir«, erwiderte Jesus,
»noch heute Nacht, noch bevor der
Hahn kräht, wirst du mich dreimal
verleugnen.« 35 »Nein!«, erklärte Pe-
trus. »Und wenn ich mit dir sterben
müsste! Niemals werde ich dich ver-
leugnen!« Das Gleiche beteuerten
auch alle anderen.

Jesus in Getsemani

36 Dann kamen sie zu einem Oliven-
hain namens Getsemani. Dort sagte
Jesus zu seinen Jüngern: »Setzt euch
hier her! Ich gehe noch ein Stück wei-
ter, um zu beten.« 37 Petrus, Jakobus
und Johannes jedoch nahm er mit.
Auf einmal wurde er von schrek-
klicher Angst und von Grauen gepackt
38 und sagte zu ihnen: »Die Qualen
meiner Seele bringen mich fast um.
Bleibt hier und wacht mit mir!« 39 Er
ging noch ein paar Schritte weiter,
warf sich nieder, mit dem Gesicht zur
Erde, und betete: »Mein Vater, wenn
es möglich ist, lass diesen bitteren
Kelch an mir vorübergehen! Aber
nicht wie ich will, sondern wie du
willst.« 40 Als er zurückkam, fand er
die Jünger schlafend und sagte zu Pe-
trus: »Konntet ihr nicht eine einzige
Stunde mit mir wachen? 41 Seid
wachsam und betet, damit ihr nicht in

26,31 Sacharja 13,7

Versuchung kommt! Der Geist ist wil-
lig, aber der Körper ist schwach.«
42 Danach ging er ein zweites Mal
weg und betete: »Mein Vater, wenn es
nicht anders sein kann und ich diesen
Kelch austrinken muss, dann gesche-
he dein Wille!« 43 Als er zurückkam,
fand er sie wieder eingeschlafen. Sie
konnten ihre Augen vor Müdigkeit
nicht offen halten. 44 Er ließ sie schla-
fen, ging wieder weg und betete zum
dritten Mal dasselbe. 45 Dann kehrte
er zu den Jüngern zurück und sagte zu
ihnen: »Schlaft ihr denn immer noch?
Ruht ihr euch immer noch aus?
Genug damit, es ist so weit! Die Stun-
de ist gekommen. Jetzt wird der Men-
schensohn den Sündern in die Hände
gegeben. 46 Steht auf, lasst uns
gehen! Der Verräter ist schon da.«

Die Verhaftung

47 Kaum hatte er das gesagt, kam
Judas, einer der Zwölf, mit einer
großen Schar von Bewaffneten. Sie
trugen Schwerter und Knüppel und
waren von den Hohen Priestern und
Ältesten geschickt. 48 Der Verräter
hatte ein Zeichen mit ihnen verab-
redet: »Der, den ich zur Begrüßung
küssen werde, der ist es. Den müsst
ihr festnehmen.« 49 Judas ging gleich
auf Jesus zu. »Sei gegrüßt, Rabbi!«,
sagte er und küsste ihn. 50 Jesus ent-
gegnete ihm: »Dazu bist du gekom-
men, Freund?« Da traten die Männer
heran, packten Jesus und nahmen ihn
fest. 51 Doch einer von den Männern,
die bei Jesus waren, zog ein Schwert.
Er schlug auf den Sklaven des Hohen
Priesters ein und hieb ihm ein Ohr ab.
52 »Steck dein Schwert weg!«, sagte
Jesus zu ihm. »Denn alle, die zum
Schwert greifen, werden durchs
Schwert umkommen. 53 Meinst du
nicht, dass ich meinen Vater um Hilfe
bitten könnte und er mir sofort mehr
als zwölf Legionen* Engel stellen
würde? 54 Wie könnten sich dann
aber die Aussagen der Schrift erfül-
len, nach denen es so geschehen
muss?«

55 Dann wandte sich Jesus an die
Bewaffneten und sagte: »Bin ich denn
ein Verbrecher, dass ihr mit Schwer-
tern und Knüppeln auszieht, um mich
zu verhaften? Ich saß doch täglich bei
euch im Tempel und lehrte. Da habt
ihr mich nicht festgenommen. 56 Aber
es muss sich natürlich erfüllen, was in
den Prophetenschriften über mich
vorausgesagt ist.« Da ließen ihn alle
Jünger im Stich und flohen.

Verhör vor Kajafas

57 Die, die Jesus festgenommen hat-
ten, brachten ihn zu dem Hohen Pries-
ter Kajafas, wo sich bereits die Rats-
ältesten und die Gesetzeslehrer ver-
sammelt hatten. 58 Petrus folgte ihnen
in weitem Abstand bis in den Innen-
hof des Palastes. Dort setzte er sich zu
den Dienern und wärmte sich am
Feuer. Er wollte sehen, wie alles aus-
gehen würde.

59 Währenddessen suchten die Ho-
hen Priester und der ganze Hohe Rat
nach einer Zeugenaussage gegen
Jesus, die es rechtfertigen würde, ihn
zum Tod zu verurteilen. 60 Doch ihre
Bemühungen waren vergeblich, ob-
wohl viele falsche Zeugen gegen Jesus

26,53 *Legion* war die größte römische Heereseinheit von etwa 6000 Mann.

aussagten. Schließlich standen zwei
falsche Zeugen auf *61* und sagten:
»Der da hat behauptet: ›Ich kann den
Tempel Gottes niederreißen und in
drei Tagen wieder aufbauen.‹« *62* Da
erhob sich der Hohe Priester und frag-
te Jesus: »Hast du darauf nichts zu
sagen? Wie stellst du dich zu diesen
Anklagen?« *63* Aber Jesus schwieg.
Darauf fragte ihn der Hohe Priester
noch einmal: »Ich beschwöre dich bei
dem lebendigen Gott: Bist du der
Messias, der Sohn Gottes, oder
nicht?« *64* »Ich bin es!«, erwiderte
Jesus. »Doch ich sage euch: In Zu-
kunft werdet ihr den Menschensohn
sehen, wie er an der rechten Seite des
Allmächtigen sitzt und mit den Wol-
ken des Himmels kommt.« *65* Da riss
der Hohe Priester sein Gewand am
Halssaum ein* und rief: »Er hat ge-
lästert! Was brauchen wir noch Zeu-
gen? Jetzt habt ihr die Gotteslässte-
rung gehört! *66* Was ist eure Mei-
nung?« – »Schuldig!«, riefen sie. »Er
muss sterben!« *67* Dann spuckten
sie Jesus ins Gesicht und schlugen
ihn mit Fäusten. Andere gaben ihm
Ohrfeigen *68* und höhnten: »Na, wer
war es, Messias? Du bist doch ein
Prophet!«

Petrus verleugnet Jesus

69 Während Petrus noch draußen im
Hof saß, kam eine Dienerin auf ihn zu
und sagte: »Du warst doch auch mit
dem Jesus aus Galiläa zusammen!«
70 Aber Petrus stritt es vor allen ab.
»Ich weiß nicht, wovon du redest!«,
sagte er *71* und ging zum Torgebäude
hinaus. Dabei sah ihn eine andere
Dienerin und sagte zu denen, die
herumstanden: »Der war auch mit
dem Jesus aus Nazaret zusammen.«
72 Wieder stritt Petrus das ab und
schwor: »Ich kenne den Mann über-
haupt nicht!« *73* Kurz darauf fingen
auch die Umstehenden an: »Sicher
gehörst du zu ihnen, dein Dialekt ver-
rät dich ja.« *74* Da fing Petrus an zu
fluchen und schwor: »Ich kenne den
Mann nicht!« In diesem Augenblick
krähte ein Hahn. *75* Da erinnerte sich
Petrus an das, was Jesus zu ihm ge-
sagt hatte: »Bevor der Hahn kräht,
wirst du mich dreimal verleugnen.«
Und er ging hinaus und fing an, bitter-
lich zu weinen.

Judas bringt sich um

27 *1* Früh am nächsten Morgen
traten die Hohen Priester mit
den Ratsältesten zusammen und fass-
ten den offiziellen Beschluss, Jesus
hinrichten zu lassen. *2* Dann ließen
sie ihn fesseln, führten ihn ab und
übergaben ihn Pilatus*.

3 Als Judas nun klar wurde, dass
sein Verrat zur Verurteilung von Jesus
geführt hatte, bereute er seine Tat und
brachte den Hohen Priestern und Äl-
testen die dreißig Silberstücke zurück.
4 »Ich habe gesündigt«, sagte er. »Ich
habe einen Unschuldigen verraten.« –
»Was geht uns das an?«, erwiderten

26,65 Er griff in seinen Halsausschnitt und riss den Stoff mit einem heftigen Ruck eine Handlänge ein, so dass ein Teil der Brust bloß lag. Ein frommer Mann durfte eine Gotteslästerung nicht ohne diese Gebärde des Entsetzens anhören. Nach 3. Mose 10,6; 21,10 war dies aber dem Hohen Priester verboten.

27,2 *Pilatus.* Von 26-36 n.Chr. Statthalter des römischen Kaisers für Judäa und Samaria.

sie, »das ist deine Sache.« 5 Da nahm
Judas das Geld und warf es in den
Tempel. Dann ging er weg und er-
hängte sich. 6 Die Hohen Priester
nahmen die Silberstücke an sich und
sagten: »Das Geld darf man nicht zum
Tempelschatz tun, weil Blut daran
klebt.« 7 Sie beschlossen, den soge-
nannten »Töpferacker« dafür zu kau-
fen, als Friedhof für die Ausländer.
8 Deshalb heißt dieses Stück Land
heute noch »Blutacker«. 9 So erfüllte
sich die Voraussage des Propheten
Jeremia: »Sie nahmen die dreißig
Silberstücke – die Summe, die er den
Israeliten wert war – 10 und kauften
davon den Töpferacker, wie mir der
Herr befohlen hatte.«*

Das Pilatusurteil

11 Als Jesus dem Statthalter vorgeführt
wurde, fragte ihn dieser: »Bist du der
König der Juden?« – »Es ist so, wie du
sagst«, erwiderte Jesus. 12 Daraufhin
brachten die Hohen Priester und Älte-
sten schwere Beschuldigungen gegen
ihn vor. Doch Jesus gab keine Antwort.
13 Pilatus fragte ihn: »Hörst du nicht,
was sie alles gegen dich vorbringen?«
14 Aber zu seinem Erstaunen gab Jesus
auch ihm keine einzige Antwort.
15 Nun war es üblich, dass der Statt-
halter jedes Jahr zum Passafest einen
Gefangenen freiließ, den das Volk
selbst bestimmen durfte. 16 Damals
saß gerade ein berüchtigter Aufrührer
namens Jesus Barabbas* im Gefäng-
nis. 17 Da fragte Pilatus in die Menge,
die sich versammelt hatte: »Wen soll
ich euch losgeben – Jesus Barabbas
oder Jesus, den man den Messias
nennt?« 18 Er wusste ja, dass sie ihm
Jesus nur aus Neid ausgeliefert hatten.
19 Während Pilatus auf dem Rich-
terstuhl saß, ließ seine Frau ihm aus-
richten: »Lass die Hände von diesem
Mann, er ist unschuldig! Seinetwegen
hatte ich heute Nacht einen schlim-
men Traum.« 20 Doch die Hohen
Priester und Ratsältesten hetzten die
Menge auf, die Freilassung von Bar-
abbas und die Hinrichtung von Jesus
zu fordern. 21 Der Statthalter fragte:
»Wen von beiden soll ich euch frei-
geben?« – »Barabbas!«, schrien sie.
22 »Was soll ich dann mit Jesus tun,
der Messias genannt wird?« – »Kreu-
zigen!«, schrien sie alle. 23 »Aber
warum?«, fragte Pilatus. »Was hat er
denn verbrochen?« Doch sie schrien
nur noch lauter: »Kreuzige ihn!«
24 Als Pilatus sah, dass er nichts er-
reichte und der Tumult immer schlim-
mer wurde, ließ er sich Wasser brin-
gen. Vor den Augen der Menge wusch
er sich die Hände und sagte: »Ich bin
schuldlos am Tod dieses Mannes! Das
müsst ihr verantworten!« 25 Da schrie
das ganze Volk: »Wir und unsere Kin-
der wollen schuldig sein an seinem
Tod!« 26 Daraufhin gab Pilatus ihnen
den Barabbas frei. Jesus aber ließ er

27,10 Es handelt sich hier um ein Mischzitat, bei dem nur der bekannteste der zitierten Autoren genannt wird. Der Wortlaut findet sich in Sacharja 11,12-13. Doch Matthäus findet auch Parallelen in Jeremia 19,1-13 und 32,6-15.

27,16 *Barabbas* heißt: *Sohn des Vaters*. Mehrere Handschriften haben tatsächlich auch den Vornamen des Barabbas verzeichnet: *Jesus*.

27,26 *schwere Lederpeitsche*. In die Riemen waren Bleistücke oder scharfe Knochensplitter eingeflochten.

mit der schweren Lederpeitsche*
geißeln und übergab ihn dann den
Soldaten zur Kreuzigung.

Die Soldaten

27 Die führten ihn zunächst in den Pa-
last des Statthalters, das sogenannte
Prätorium, und riefen die ganze
Mannschaft zusammen. 28 Sie zogen
ihn aus und hängten ihm ein schar-
lachrotes Gewand um. 29 Dann floch-
ten sie eine Krone aus Dornenzwei-
gen und setzten sie ihm auf.
Schließlich drückten sie einen Stock
in seine rechte Hand, salutierten und
riefen: »Sei gegrüßt, König der
Juden!« 30 Sie spuckten ihn an, nah-
men ihm den Stock aus der Hand und
schlugen ihn damit auf den Kopf.
31 Als sie genug davon hatten, ihn zu
verspotten, nahmen sie ihm den Um-
hang wieder ab, zogen ihm seine eige-
nen Gewänder an und führten ihn ab,
um ihn zu kreuzigen. 32 Unterwegs
begegnete ihnen ein Mann namens
Simon. Er stammte aus Zyrene. Die
Soldaten zwangen ihn, das Kreuz für
Jesus zu tragen.

33 So brachten sie ihn bis zu der
Stelle, die Golgota heißt, das bedeutet
»Schädelplatz«. 34 Dann wollten sie
ihm Wein zu trinken geben, mit einem
Zusatz, der bitter war wie Galle*. Als
er gekostet hatte, wollte er aber nicht
davon trinken. 35 So nagelten sie ihn
ans Kreuz und verlosten dann seine
Kleidung unter sich. 36 Dann setzten
sie sich hin und bewachten ihn.
37 Über seinem Kopf hatten sie ein
Schild angebracht, auf dem der An-
klagegrund für seine Hinrichtung
stand: »Das ist Jesus, der König der
Juden.« 38 Zusammen mit Jesus kreu-
zigten sie zwei Räuber, einen rechts
und einen links von ihm.

Die Leute

39 Die Leute, die vorbeikamen, schüt-
telten den Kopf 40 und riefen höh-
nisch: »Du wolltest ja den Tempel
abreißen und in drei Tagen wieder
aufbauen! Rette dich doch selbst!
Wenn du Gottes Sohn bist, steig vom
Kreuz herab!« 41 Auch die Hohen
Priester, die Gesetzeslehrer und die
Ratsältesten machten sich über ihn
lustig. 42 »Andere hat er gerettet«,
riefen sie, »sich selbst kann er nicht
retten! Er ist ja der König von Israel.
Soll er doch jetzt vom Kreuz herab-
steigen, dann werden wir an ihn
glauben! 43 Er hat auf Gott vertraut,
soll der ihm jetzt helfen, wenn er
wirklich Freude an ihm hat. Er hat ja
gesagt: ›Ich bin Gottes Sohn.‹«
44 Auch die Verbrecher, die mit ihm
gekreuzigt waren, beschimpften ihn
so.

Tod am Kreuz

45 Um zwölf Uhr mittags wurde der
Himmel über dem ganzen Land plötz-
lich finster. Das dauerte drei Stunden.
46 Dann, gegen drei Uhr, schrie Jesus
laut: »Eli, Eli, lema sabachthani?«
Das heißt: »Mein Gott, mein Gott,
warum hast du mich verlassen?«
47 Einige der Herumstehenden hör-
ten das und sagten: »Seht, er ruft
Elija!« 48 Einer von ihnen holte

27,34 *Galle*. Offenbar war das als zusätzliche Quälerei gedacht. Manche denken auch an ein Betäubungsmittel. Es ist außerdem eine Anspielung auf Psalm 69,22.

schnell einen Schwamm, tauchte ihn
in sauren Wein, steckte ihn auf einen
Stock und hielt ihn Jesus zum Trinken
hin. 49 »Wartet!«, riefen die anderen,
»wir wollen doch sehen, ob Elija
kommt, um ihn zu retten.« 50 Jesus
aber stieß einen lauten Schrei aus und
starb.

51 In diesem Augenblick riss der
Vorhang im Tempel von oben bis
unten entzwei. Die Erde fing an zu
beben, Felsen zerrissen 52 und Grüfte
öffneten sich. Viele verstorbene Heili-
ge wurden auferweckt. 53 Nach der
Auferstehung von Jesus kamen sie aus
ihren Grüften, gingen in die Heilige
Stadt und erschienen vielen Men-
schen.
54 Der Hauptmann und die Soldaten,
die mit ihm Jesus bewachten, erschra-
ken sehr, als sie das Erdbeben erlebten
und die anderen Dinge wahrnahmen.
»Dieser Mann war wirklich Gottes
Sohn«, sagten sie.

55 Es standen auch viele Frauen
dort, die von weitem zugesehen hat-
ten. Sie waren Jesus seit der Zeit sei-
nes Wirkens in Galiläa gefolgt und
hatten ihm gedient. 56 Unter ihnen
waren Maria aus Magdala, Maria, die
Mutter von Jakobus und Josef, sowie
die Mutter der Zebedäussöhne.

Das Begräbnis

57 Als es Abend wurde, kam Josef,
ein reicher Mann aus Arimathäa,
der auch ein Jünger von Jesus war.
58 Er ging zu Pilatus und bat ihn
um den Leichnam von Jesus. Pilatus
ordnete an, Josef den Leib zu über-
lassen. 59 Da nahm Josef ihn, wickelte
ihn in reines Leinentuch 60 und legte
ihn in seine eigene Gruft, die neu aus
dem Felsen gehauen war. Bevor er
ging, wälzte er einen großen Stein vor
den Eingang. 61 Maria aus Magdala
und die andere Maria waren dabei.
Sie hatten sich dem Grab gegenüber
hingesetzt.

Die Wache am Grab

62 Am nächsten Tag – es war der
Sabbat – kamen die Hohen Priester
und Pharisäer bei Pilatus zusammen.
63 »Herr«, sagten sie, »uns ist einge-
fallen, dass dieser Verführer, als er
noch lebte, behauptet hat: ›Nach drei
Tagen werde ich wieder auferstehen.‹
64 Gib deshalb bitte den Befehl, dass
die Gruft bis zum dritten Tag bewacht
wird! Sonst könnten seine Jünger
kommen und ihn stehlen und dann
dem Volk gegenüber behaupten, er
sei von den Toten auferstanden. Die
zweite Verführung wäre dann noch
schlimmer als die erste.« 65 »Ihr sollt
eure Wache haben«, erwiderte Pilatus.
»Geht und sichert die Gruft, so gut
ihr könnt!« 66 So zogen sie los, ver-
siegelten den Stein am Eingang und
sicherten das Grab mit der Wache.

Das leere Grab

28 1 Nach dem Sabbat, in der
Dämmerung* des ersten
Tags der neuen Woche, machten sich
Maria aus Magdala und die andere
Maria auf den Weg, um nach dem
Grab zu sehen. 2 Plötzlich gab es ein
starkes Erdbeben. Ein Engel des
Herrn war vom Himmel gekommen
und zum Grab getreten. Er wälzte den

28,1 Die *Dämmerung* beginnt eine knappe Stunde vor Sonnenaufgang.

Stein weg und setzte sich darauf.
3 Seine Gestalt flammte wie ein Blitz,
und sein Gewand war weiß wie
Schnee. 4 Da zitterten und bebten die
Wächter vor Angst und fielen wie tot
zu Boden. 5 Aber zu den Frauen sagte
der Engel: »Ihr müsst nicht erschre-
cken! Ich weiß, ihr sucht Jesus, den
Gekreuzigten. 6 Er ist nicht hier, er ist
auferstanden, wie er es gesagt hat.
Kommt her, und seht euch die Stelle
an, wo er gelegen hat. 7 Und nun geht
schnell zu seinen Jüngern und sagt
ihnen, dass er von den Toten aufer-
standen ist. Er geht euch nach Galiläa
voraus. Dort werdet ihr ihn sehen. Ihr
könnt euch auf meine Worte verlas-
sen!« 8 Erschrocken und doch voller
Freude liefen die Frauen von der Gruft
weg. Sie eilten zu den Jüngern, um
ihnen alles zu berichten.

9 Auf einmal kam Jesus ihnen
entgegen. »Seid gegrüßt!«, sagte er.
Da liefen sie zu ihm hin, warfen
sich nieder und umfassten seine
Füße. 10 »Habt keine Angst!«, sagte
Jesus zu ihnen. »Geht und sagt
meinen Brüdern, sie sollen nach Ga-
liläa gehen! Dort werden sie mich
sehen.«

Die Bestechung der Wache

11 Während die Frauen noch auf dem
Weg waren, kamen einige Soldaten
von der Wache in die Stadt und
berichteten den Hohen Priestern
alles, was geschehen war. 12 Sofort
versammelten sie sich mit den Rats-
ältesten und fassten den Beschluss,
die Soldaten zu bestechen. Sie gaben
ihnen viel Geld 13 und vereinbarten
mit ihnen: »Ihr müsst sagen: ›Seine
Jünger kamen in der Nacht, als wir
schliefen, und haben den Leichnam
gestohlen.‹ 14 Wenn der Statthalter
davon erfährt, werden wir mit ihm
reden und ihn beschwichtigen, so
dass ihr nichts zu befürchten habt.«
15 Die Soldaten nahmen das Geld
und machten es so, wie man es
ihnen erklärt hatte. Auf diese Weise
wurde das Gerücht in Umlauf ge-
bracht, das bei den Juden noch heute
verbreitet ist.

Der Auftrag

16 Die elf Jünger gingen dann nach
Galiläa und stiegen auf den Berg, auf
den Jesus sie bestellt hatte. 17 Als sie
ihn dort sahen, warfen sie sich vor
ihm nieder, doch einige andere zau-
derten. 18 Da trat Jesus auf sie zu und
sagte: »Mir ist alle Macht im Himmel
und auf der Erde gegeben. 19 Darum
geht zu allen Völkern und macht die
Menschen zu meinen Jüngern. Dabei
sollt ihr sie auf den Namen des Vaters,
des Sohnes und des Heiligen Geistes
taufen 20 und sie belehren, alles zu
befolgen, was ich euch geboten habe.
Und seid gewiss: Ich bin jeden Tag bei
euch, bis zum Ende der Zeit.«

Die gute Botschaft, aufgeschrieben von Markus

Der aus Jerusalem stammende Johannes Markus begleitete den Apostel Petrus wahrscheinlich schon, als dieser die Stadt im Jahr 42 n.Chr. verlassen musste und nach Rom reiste. Als Petrus wieder zurückkehren wollte, baten die Gläubigen dort Markus, das, was Petrus predigte, für sie aufzuschreiben, was er auch tat. So könnten die ersten Teile seines Evangeliums bereits um das Jahr 45 in Rom entstanden sein. Markus war zwar kein Augenzeuge der Worte und Taten des Herrn, aber als Begleiter des Apostels schrieb er zuverlässig alles auf, woran dieser sich erinnerte. Er vollendete sein Evangelium wohl um das Jahr 57 als er mit Petrus wieder in Rom war und dieser es für die Lesung in den Gemeinden freigab. Das Markusevangelium stellt besonders die Taten von Jesus Christus in den Vordergrund. Der Stil ist lebendig und anschaulich.

Johannes der Täufer

1 1 Anfang der guten Botschaft von
Jesus Christus, dem Sohn Gottes:
2 Es begann, wie es beim Propheten
Jesaja geschrieben steht: »Ich werde
meinen Boten vor dir hersenden. Er
wird dein Wegbereiter sein.* 3 Hört,
in der Wüste ruft eine Stimme: ›Bereitet dem Herrn den Weg! Ebnet
seine Pfade!‹«*
4 Das erfüllte sich, als Johannes der
Täufer in der Wüste* auftrat. Er predigte den Menschen, sie sollten zu
Gott umkehren und sich als Zeichen
dafür taufen lassen, damit sie Vergebung ihrer Sünden empfingen. 5 Aus
ganz Judäa* und Jerusalem kamen die
Leute zu Johannes in die Wüste. Sie
ließen sich im Jordan* von ihm taufen
und bekannten dabei ihre Sünden.
6 Johannes trug ein Gewand aus
Kamelhaar und hatte einen Ledergürtel um seine Hüfte gebunden. Seine
Nahrung bestand aus Heuschrecken
und Honig von wild lebenden Bienen.
7 Er kündigte an: »Nach mir kommt
einer, der ist mächtiger als ich. Ich bin
nicht einmal gut genug, mich zu
bücken und ihm die Riemen seiner
Sandalen zu lösen. 8 Ich habe euch
mit Wasser getauft, er wird euch mit
dem Heiligen Geist taufen.«

1,2 Bei einem zusammengesetzten Zitat aus dem Alten Testament wird nach jüdischem Brauch lediglich ein Autor genannt, gewöhnlich der bekannteste von ihnen. Der erste Teil des Zitats stammt hier vom Propheten Maleachi, Kapitel 3,1 seines Buches.

1,3 Jesaja 40,3

1,4 Vermutlich in der *Wüste* Juda, einem gebirgigen Dürregebiet westlich und nordwestlich des Toten Meeres.

1,5 *Judäa*. Von Juden bewohntes Gebiet zwischen dem Toten Meer und dem Mittelmeer.

Der *Jordan* ist der wichtigste Fluss Israels, der als geologisches Phänomen das tiefstgelegene Tal der Erde durchfließt. Er entspringt im Norden im Gebiet des Berges Hermon, etwa 500 m über dem Meeresspiegel, und mündet 200 km südlich ins Tote Meer, dessen Wasserspiegel sich 392 m unter Meeresniveau befindet. Die Taufstelle ist etwa 7 km nördlich vom Toten Meer zu suchen.

9 Damals kam auch Jesus aus Naza-
ret* in Galiläa* und ließ sich im Jor-
dan von Johannes taufen. 10 Noch
während er aus dem Wasser stieg, sah
er, wie der Himmel aufriss und der
Geist Gottes wie eine Taube auf ihn
herabfuhr. 11 Und aus dem Himmel
sprach eine Stimme: »Du bist mein
lieber Sohn. An dir habe ich meine
Freude!«

12 Bald darauf wurde Jesus vom
Geist gedrängt, in die Wüste hinaus-
zugehen. 13 Vierzig Tage blieb er dort
und in dieser Zeit versuchte der Satan,
ihn zur Sünde zu verführen. Jesus
lebte bei den wilden Tieren, und Engel
dienten ihm.

Erste Aufgaben in Galiläa

14 Nachdem Johannes dann verhaftet
worden war, ging Jesus nach Galiläa
und verkündigte dort die gute Bot-
schaft von Gott. 15 Er sagte dabei: »Es
ist jetzt so weit, die Herrschaft Gottes
ist nah. Ändert eure Einstellung und
glaubt diese gute Botschaft!«

16 Als Jesus am See von Galiläa*
entlangging, sah er Fischer, die ihre
runden Wurfnetze auswarfen. Es
waren Simon und sein Bruder Andre-
as. 17 Jesus sagte zu ihnen: »Kommt,
folgt mir! Ich werde euch zu Men-
schenfischern machen.« 18 Sofort
ließen sie die Netze liegen und folgten
ihm. 19 Als er ein Stück weiterge-
gangen war, sah er Jakobus und
Johannes, die Söhne des Zebedäus, in
einem Boot die Netze in Ordnung
bringen. 20 Auch sie forderte er gleich
auf, mit ihm zu kommen. Da ließen
sie ihren Vater Zebedäus mit den
Lohnarbeitern im Boot zurück und
folgten ihm.

21 Sie kamen nach Kafarnaum*.
Gleich am folgenden Sabbat ging er in
die Synagoge und sprach zu den Men-
schen dort. 22 Die waren sehr über-
rascht von seiner Lehre, denn er lehr-
te nicht, wie sie es von den Gesetzes-
lehrern kannten, sondern sprach mit
Vollmacht. 23 Nun war da gerade in
ihrer Synagoge ein Mann, der von
einem bösen Geist besessen war. Der
schrie plötzlich auf: 24 »Was willst du
von uns, Jesus von Nazaret? Bist du
gekommen, uns zu vernichten? Ich
weiß, wer du bist: Der Heilige Got-
tes.« 25 »Schweig!«, befahl ihm Jesus
da. »Verlass den Mann!« 26 Darauf
zerrte der böse Geist den Mann hin
und her und verließ ihn mit einem
lauten Schrei. 27 Die Leute waren so
überrascht und erschrocken, dass sie
sich gegenseitig fragten: »Was ist
das? Eine neue Lehre mit göttlicher
Vollmacht? Sogar den bösen Geistern
gibt er Befehle, und sie gehorchen
ihm.« 28 Sein Ruf verbreitete sich mit
Windeseile im ganzen galiläischen
Umland.

29 Nachdem sie die Synagoge ver-
lassen hatten, gingen sie zusammen

1,9 Der kleine Ort *Nazaret* mit etwa 150 Einwohnern lag in der Mitte zwischen dem Mittelmeer und dem See Gennesaret und war etwa 100 km von der Taufstelle entfernt.

Galiläa. Von Juden und Griechen bewohntes Gebiet im Norden Israels, etwa zwischen dem See Gennesaret und dem Mittelmeer.

1,16 *See von Galiläa.* Das ist der See Gennesaret im Norden Israels, 21 km lang und bis zu 14 km breit. Er wird vom Jordan durchflossen und liegt etwa 209 m unter dem Meeresspiegel.

1,21 *Kafarnaum* war eine Stadt am Westufer des Sees Gennesaret.

mit Jakobus und Johannes in das
Haus von Simon und Andreas. 30 Si-
mons Schwiegermutter lag mit Fieber
im Bett, und gleich erzählten sie es
ihm. 31 Da ging er zu ihr hin, fasste
sie bei der Hand und richtete sie auf.
Im selben Augenblick verschwand
das Fieber und sie konnte ihre Gäste
bewirten.

32 Am Abend, es war nach Sonnen-
untergang, brachte man alle Kranken
und Besessenen zu Jesus. 33 Die
ganze Stadt war vor der Haustür ver-
sammelt. 34 Und Jesus heilte viele
Menschen, die an den verschiedens-
ten Krankheiten litten. Er trieb auch
viele Dämonen aus, die er aber nicht
zu Wort kommen ließ, weil sie wuss-
ten, wer er war.

35 Früh am Morgen, als es noch völlig
dunkel war, stand er auf und ging aus
dem Haus fort an eine einsame Stelle,
um dort zu beten. 36 Simon und die, die
bei ihm waren, eilten ihm nach. 37 Als
sie ihn gefunden hatten, sagten sie zu
ihm: »Alle suchen dich!« 38 Doch er er-
widerte: »Lasst uns anderswohin
gehen, in die umliegenden Ortschaf-
ten, damit ich auch dort predige; denn
dazu bin ich gekommen.«

39 So zog er durch ganz Galiläa, pre-
digte in den Synagogen und trieb die
Dämonen aus. 40 Einmal kam ein
Aussätziger. Er kniete sich vor ihm
hin und bat ihn flehentlich: »Wenn du
willst, kannst du mich rein machen.«
41 Jesus hatte Mitleid mit ihm, be-
rührte ihn mit seiner Hand und sagte:
»Ich will es, sei rein!« 42 Sofort ver-
schwand der Aussatz*, und der Mann
war geheilt. 43 Jesus schickte ihn auf
der Stelle weg und befahl ihm mit aller
Entschiedenheit: 44 »Pass auf, dass
du niemand auch nur ein Wort davon
sagst. Geh stattdessen zum Priester,
zeig dich ihm und bring das Opfer für
deine Reinigung, wie Mose es ange-
ordnet hat. Das soll ein Beweis für sie
sein.« 45 Der Mann ging weg, erzählte
aber überall von seiner Heilung und
machte die Sache bekannt, so dass
Jesus in keine Stadt mehr gehen konn-
te, ohne Aufsehen zu erregen. Er hielt
sich nur noch außerhalb der Ortschaf-
ten an einsamen Stellen auf. Doch die
Leute kamen von überall her zu ihm.

Jesus vergibt Schuld und heilt

2 1 Einige Tage später kehrte Jesus
nach Kafarnaum zurück. Schnell
sprach sich herum, dass er wieder
zu Hause sei. 2 Da kamen so viele Men-
schen bei ihm zusammen, dass sie kei-
nen Platz mehr hatten, nicht einmal
vor der Tür. Während er ihnen die Bot-
schaft Gottes verkündigte, 3 trugen
vier Männer einen Gelähmten heran.
4 Doch es herrschte ein solches Ge-
dränge, dass sie nicht zu ihm durchka-
men. Da brachen sie die Lehmdecke
über der Stelle auf, wo Jesus sich be-
fand. Durch das Loch ließen sie den
Gelähmten auf seiner Matte hinunter.
5 Als Jesus ihren Glauben sah, sagte er
zu dem Gelähmten: »Mein Sohn, deine
Sünden sind dir vergeben.«

6 Es saßen jedoch einige Gesetzes-
lehrer dabei, die im Stillen dachten:
7 »Was bildet der sich ein? Das ist
ja Gotteslästerung! Niemand kann
Sünden vergeben außer Gott!« 8 Jesus

1,42 *Aussatz*. Bezeichnung für rasch um sich greifende Hautkrankheiten, Lepra eingeschlossen.

hatte sofort erkannt, was in ihnen vor-
ging, und sprach sie an: »Warum gebt
ihr solchen Gedanken Raum in euch?
9 Ist es leichter, zu einem Gelähmten
zu sagen: ›Deine Sünden sind dir ver-
geben‹, oder: ›Steh auf, nimm deine
Matte und geh umher‹? 10 Doch ihr
sollt wissen, dass der Menschensohn*
die Vollmacht hat, hier auf der Erde
Sünden zu vergeben.« Damit wandte
er sich dem Gelähmten zu: 11 »Ich be-
fehle dir: Steh auf, nimm deine Matte
und geh nach Hause!« 12 Der Mann
stand sofort auf, nahm seine Matte
und ging vor den Augen der ganzen
Menge hinaus. Da gerieten alle außer
sich; sie priesen Gott und sagten: »So
etwas haben wir noch nie gesehen!«

13 Danach ging Jesus wieder einmal
an den See hinaus. Die ganze Men-
schenmenge kam zu ihm, und er be-
lehrte sie. 14 Als er weiterging und an
der Zollstelle vorbei kam, sah er Levi,
den Sohn von Alphäus, dort sitzen
und sagte zu ihm: »Komm, folge
mir!« Der stand auf und folgte ihm.
15 Später war Jesus in seinem Haus zu
Gast. Mit ihm und seinen Jüngern
waren auch viele Zolleinnehmer ein-
geladen und andere, die einen ebenso
schlechten Ruf hatten. Viele von ihnen
gehörten schon zu denen, die ihm
nachfolgten. 16 Als die Gesetzeslehrer
von der Partei der Pharisäer* sahen,
dass Jesus mit solchen Leuten aß, sag-
ten sie: »Wie kann er sich nur mit
Zöllnern und Sündern an einen Tisch
setzen?« 17 Jesus hörte das und ent-
gegnete: »Nicht die Gesunden brau-
chen den Arzt, sondern die Kranken.
Ich bin nicht gekommen, um Gerech-
te zu rufen, sondern Sünder.«

Was ist mit Fasten und Sabbat?

18 Die Jünger des Johannes und die
Pharisäer pflegten regelmäßig zu
fasten. Einige Leute kamen deshalb
zu Jesus und fragten: »Wie kommt
es, dass die Jünger des Johannes und
die der Pharisäer fasten, deine Jünger
aber nicht?« 19 Jesus erwiderte: »Kön-
nen die Hochzeitsgäste denn fasten,
wenn der Bräutigam noch bei ihnen
ist? Nein, solange der Bräutigam da
ist, können sie nicht fasten. 20 Die
Zeit kommt früh genug, dass der
Bräutigam von ihnen weggenommen
sein wird. Dann werden sie fasten.
21 Niemand näht doch ein neues
Stück Stoff auf ein altes Gewand*,
sonst reißt das neue Stück aus und der
Riss im alten Stoff wird noch größer.
22 Und niemand wird doch neuen
Wein, der noch gärt, in alte Schläuche
füllen. Der junge Wein würde die
Schläuche zum Platzen bringen.
Dann wären Wein und Schläuche
verdorben. Nein, neuen Wein füllt
man in neue Schläuche.«

23 An einem Sabbat ging Jesus
durch Kornfelder. Seine Jünger fingen
unterwegs an, Ähren abzurupfen und
die Körner zu essen. 24 Da sagten die
Pharisäer zu ihm: »Sieh mal, was sie

2,10 *Menschensohn* ist eine von Jesus bevorzugte Selbstbezeichnung. Er knüpft damit an Daniel 7,13 an, wo der zukünftige Herrscher des Gottesreiches angekündigt wird.

2,16 *Pharisäer.* Religionspartei, die auf genaue Einhaltung der Gesetze und Überlieferungen Wert legte.

2,21 *Gewand.* Denn der Flicken wird beim Waschen einlaufen.

2,24 *nicht erlaubt.* Sie fassten das als »ernten« auf, was als Arbeit am Sabbat verboten war.

da tun! Das ist doch am Sabbat nicht
erlaubt.«* 25 Jesus entgegnete: »Habt
ihr nie gelesen, was David getan hat,
als er und seine Begleiter hungrig
waren und etwas zu essen brauchten?
26 Wie er damals – als der Hohe Pries-
ter Abjatar lebte* – ins Haus Gottes
ging, von den geweihten Broten aß
und auch seinen Begleitern davon
gab, obwohl nach dem Gesetz doch
nur die Priester davon essen dürfen?«
27 Und Jesus fügte hinzu: »Der Sabbat
wurde für den Menschen geschaffen
und nicht der Mensch für den Sabbat.
28 Darum kann der Menschensohn
auch über den Sabbat bestimmen.«

3 1 Als Jesus ein anderes Mal in eine
Synagoge ging, saß dort ein Mann
mit einer gelähmten Hand. 2 Seine
Gegner passten genau auf, ob er ihn am
Sabbat heilen würde, denn sie wollten
einen Grund finden, ihn anzuklagen.
3 Jesus sagte zu dem Mann mit der ge-
lähmten Hand: »Steh auf und stell dich
in die Mitte!« 4 Dann fragte er die An-
wesenden: »Soll man am Sabbat Gutes
tun oder Böses? Soll man ein Leben ret-
ten oder es zugrunde gehen lassen?«
Sie schwiegen. 5 Da sah er sie zornig
der Reihe nach an und war zugleich
traurig über ihre verstockten Herzen.
Dann befahl er dem Mann: »Streck die
Hand aus!« Der gehorchte, und seine
Hand war geheilt. 6 Die Pharisäer gin-
gen sofort hinaus und berieten mit den
Anhängern von Herodes Antipas*, wie
sie ihn umbringen könnten.

Wer wirklich zu Jesus gehört

7 Jesus zog sich mit seinen Jüngern an
den See zurück. Eine Menschenmen-
ge aus Galiläa folgte ihm. Auch aus
Judäa, 8 Jerusalem und Idumäa*, aus
dem Ostjordanland und der Gegend
von Tyrus und Sidon* kamen sie in
Scharen zu ihm, weil sie von seinen
Taten gehört hatten. 9 Da befahl er
seinen Jüngern, ihm ein Boot bereitzu-
halten, damit die Menge ihn nicht so
bedrängte, 10 denn er heilte viele. Und
alle, die ein Leiden hatten, drängten
sich an ihn heran, um ihn zu berüh-
ren. 11 Und wenn von bösen Geistern
besessene Menschen ihn sahen, war-
fen sie sich vor ihm nieder und
schrien: »Du bist der Sohn Gottes!«
12 Doch Jesus verbot ihnen streng,
ihn bekannt zu machen.

13 Dann stieg Jesus auf einen Berg
und rief die zu sich, die er bei sich
haben wollte. Sie traten zu ihm, 14 und
er wählte zwölf von ihnen aus, die er
ständig um sich haben und später
aussenden wollte, damit sie predigten
15 und in seiner Vollmacht Dämonen
austrieben. 16 Die Zwölf, die er dazu
bestimmte, waren: Simon, den er
Petrus nannte, 17 Jakobus Ben-Zebe-
däus und Johannes, sein Bruder – die

2,26 *Abjatar.* Amtierender Hoher Priester war zu dieser Zeit noch der Vater Abjatars, Ahimelech (siehe 1. Samuel 21,1-7).

3,6 *Anhänger von Herodes Antipas.* Antipas war ein Sohn von Herodes dem Großen. Er regierte unter römischer Oberherrschaft die Gebiete Galiläa und Peräa. Seine Anhänger bildeten eine romfreundliche Partei, die den Pharisäern normalerweise feindlich gegenüberstand.

3,8 *Idumäa.* Von Edomitern bewohntes Gebiet südlich von Juda und westlich des Toten Meeres, etwa 200 km südlich vom See Gennesaret.

Tyrus und Sidon waren die wichtigsten Hafenstädte Phöniziens (heute: Libanon).

er übrigens Boanerges nannte, das
heißt »Donnersöhne« –, 18 Andreas,
Philippus und Bartholomäus, Mat-
thäus, Thomas und Jakobus Ben-
Alphäus, Thaddäus, Simon, der zu
den Zeloten* gehört hatte, 19 und
Judas, der ein Sikarier* gewesen war
und ihn später verraten hat.

20 Jesus ging nach Hause, und wie-
der strömten so viele Menschen bei
ihm zusammen, dass er mit seinen
Jüngern nicht einmal zum Essen kam.
21 Als seine Angehörigen das erfuh-
ren, machten sie sich auf, um ihn mit
Gewalt zurückzuholen, denn sie sag-
ten sich: »Er muss den Verstand ver-
loren haben.«

22 Die Gesetzeslehrer, die von Jeru-
salem hergekommen waren, sagten:
»Er ist mit Beelzebul* im Bund. Und
die Dämonen treibt er nur mit Hilfe
des Obersten aller bösen Geister aus.«
23 Jesus rief sie zu sich und gab ihnen
durch einige Vergleiche Antwort:

»Wie kann denn Satan den Satan
austreiben? 24 Wenn ein Reich mit
sich selbst im Streit liegt, kann es
nicht bestehen. 25 Und eine Familie,
die sich zerstreitet, zerfällt. 26 Wenn
also der Satan gegen sich selbst
aufsteht und mit sich selbst in Streit
gerät, kann sein Reich nicht bestehen;
es ist aus mit ihm. 27 Andererseits
kann niemand einfach so in das Haus
eines starken Mannes einbrechen und
ihm den Besitz rauben. Erst wenn der
Starke gefesselt ist, kann man sein
Haus ausrauben. 28 Ich versichere
euch: Alle Sünden können den Men-
schen vergeben werden, selbst die
Gotteslästerungen, die sie ausspre-
chen. 29 Wer aber den Heiligen Geist
lästert, wird in Ewigkeit keine Verge-
bung finden. Mit dieser Sünde hat er
ewige Schuld auf sich geladen.«
30 Das sagte er zu ihnen, weil sie be-
hauptet hatten, er sei von einem bösen
Geist besessen.

31 Inzwischen waren seine Mutter
und seine Brüder angekommen. Sie
blieben vor dem Haus und ließen ihn
herausrufen. 32 Die Menschen, die
dicht gedrängt um Jesus herumsaßen,
gaben ihm die Nachricht weiter:
»Deine Mutter und deine Brüder sind
draußen und fragen nach dir.«
33 »Wer ist meine Mutter, und wer
sind meine Brüder?«, antwortete
Jesus. 34 Er sah die Menschen an,
die im Kreis um ihn herum saßen:
»Das hier ist meine Mutter, und das
sind meine Brüder! 35 Jeder, der nach
Gottes Willen lebt, ist mir Bruder,
Schwester und Mutter.«

Das Geheimnis vom Reich Gottes

4 1 Wieder einmal war Jesus am
See und lehrte. Diesmal hatten
sich so viele Menschen um ihn
versammelt, dass er sich in ein Boot
setzen musste, um vom See aus zur
Menge am Ufer sprechen zu können.
2 Er redete lange und erklärte vieles in

3,18 *Zeloten*. Wörtlich: *Kananäer*. Wahrscheinlich von *kana* (eifern) abgeleitet. Es handelte sich offenbar um die Jüdische Partei der »Eiferer«, die aktiven Widerstand gegen die Römer leistete, es ablehnte, Steuern zu zahlen, und das messianische Reich mit Gewalt herbeizwingen wollte.

3,19 *Sikarier*. Die militanteste Gruppe unter den Zeloten, Dolchmänner (von *sika* = Dolch), die römerfreundliche Juden umbrachten (vgl. Apostelgeschichte 21,38).

3,22 *Beelzebul*. Ein anderer Name für Satan, den Obersten aller Dämonen.

Gleichnissen. Unter anderem sagte er: 3 »Hört zu! Ein Bauer ging auf den Acker, um zu säen. 4 Beim Ausstreuen fiel ein Teil der Körner auf den Weg. Da kamen die Vögel und pickten sie auf. 5 Ein anderer Teil fiel auf felsigen Boden, der nur von einer dünnen Erdschicht bedeckt war. Weil die Wurzeln nicht tief in den Boden dringen konnten, ging die Saat zwar bald auf, 6 als dann aber die Sonne höher stieg, wurde sie versengt und vertrocknete, weil sie keine tiefer gehenden Wurzeln hatte. 7 Wieder ein anderer Teil fiel unter Disteln, die die Saat bald überwucherten und erstickten, so dass sie keine Frucht brachte. 8 Ein anderer Teil schließlich fiel auf guten Boden. Die Saat ging auf, wuchs und brachte Frucht: dreißig-, sechzig- oder sogar hundertfach.« 9 Jesus schloss: »Wer Ohren hat und hören kann, der höre zu!«

10 Als die Zwölf und die anderen Jünger wieder mit Jesus allein waren, fragten sie ihn nach dem Sinn der Gleichnisse. 11 Er sagte: »Euch hat Gott das Geheimnis seines Reiches anvertraut; den Außenstehenden wird alles nur in Gleichnissen gegeben, 12 ›damit sie mit sehenden Augen sehen und doch nichts erkennen, damit sie mit hörenden Ohren hören und doch nichts verstehen, damit sie nicht etwa umkehren und ihnen vergeben wird.‹*« 13 Dann fuhr er fort: »Ihr versteht das Gleichnis nicht? Wie wollt ihr dann die anderen alle verstehen?

14 Der Bauer mit dem Saatgut sät das Wort. 15 Das, was auf den Weg gefallen ist, meint Menschen, die Gottes Botschaft hören. Aber dann kommt gleich der Satan und nimmt ihnen das gesäte Wort wieder weg. 16 Das, was auf den felsigen Boden fiel, meint Menschen, die das Wort hören und es gleich freudig aufnehmen. 17 Doch weil sie unbeständig sind, kann es bei ihnen keine Wurzeln schlagen. Wenn sie wegen der Botschaft in Schwierigkeiten geraten oder gar verfolgt werden, wenden sie sich gleich wieder ab. 18 Andere Menschen entsprechen der Saat, die unter die Disteln fällt. Sie haben die Botschaft gehört, 19 doch dann gewinnen die Sorgen ihres Alltags, die Verlockungen des Reichtums und andere Begierden die Oberhand und ersticken das Wort. Es bleibt ohne Frucht. 20 Die Menschen schließlich, die dem guten Boden gleichen, hören die Botschaft, nehmen sie auf und bringen Frucht: dreißig-, sechzig- und hundertfach.«

21 Er fuhr fort: »Bringt man denn eine Lampe herbei, um sie unter den Eimer oder das Bett zu stellen? Natürlich nicht! Man stellt sie auf den Lampenständer. 22 So wird auch alles, was jetzt noch verborgen ist, ans Licht kommen; was jetzt noch geheim ist, soll bekannt gemacht werden. 23 Wer Ohren hat und hören kann, der höre zu!« 24 Und weiter sagte er: »Passt auf, was ihr jetzt hört! Nach dem Maß, mit dem ihr messt, wird euch zugeteilt werden, und ihr werdet noch mehr bekommen. 25 Denn wer hat, dem wird gegeben, wer aber nicht hat, dem wird auch das genommen, was er hat.«

26 »Mit dem Reich Gottes«, erklärte er, »verhält es sich wie mit einem Bauern, der seinen Acker besät hat. 27 Er

4,12 Jesaja 6,9-10 auszugsweise zitiert.

legt sich schlafen, steht wieder auf, ein
Tag folgt dem anderen. Währenddessen
geht die Saat auf und wächst – wie, das
weiß er selber nicht. 28 Die Erde bringt
von selbst die Frucht hervor: zuerst den
Halm, dann die Ähre und zuletzt das
volle Korn in der Ähre. 29 Und sobald
das Korn reif ist, lässt er es schneiden.
Die Ernte ist gekommen.«

30 »Womit sollen wir die Herrschaft
Gottes noch vergleichen?«, fragte
Jesus. »Mit welchem Gleichnis sollen
wir sie darstellen? 31 Es ist wie bei
einem Senfkorn*. Das ist das kleinste
aller Samenkörner, die man in die
Erde sät. 32 Und wenn es gesät ist,
geht es auf und wird größer als alle
anderen Gartenpflanzen. Es treibt so
große Zweige, dass Vögel in seinem
Schatten nisten können.«

33 Jesus gebrauchte viele solcher
Gleichnisse, um den Menschen die
Botschaft Gottes verständlich zu ma-
chen. 34 Er verwendete immer Gleich-
nisse, wenn er zu den Leuten sprach.
Aber seinen Jüngern erklärte er alles,
wenn er mit ihnen allein war.

Wie Jesus seine Macht zeigt

35 Am Abend jenes Tages sagte Jesus
zu seinen Jüngern: »Wir wollen ans
andere Ufer fahren!« 36 Sie schickten
die Leute nach Hause und nahmen
ihn, so wie er war, im Boot mit. Einige
andere Boote fuhren Jesus nach.
37 Plötzlich brach ein schwerer Sturm
los, so dass die Wellen ins Boot schlu-
gen und es mit Wasser voll lief.
38 Jesus aber schlief im Heck auf
einem Kissen. Die Jünger weckten ihn
und schrien: »Rabbi*, macht es dir
nichts aus, dass wir umkommen?«
39 Jesus stand auf, bedrohte den
Sturm und sagte zum See: »Schweig!
Sei still!« Da legte sich der Wind, und
es trat völlige Stille ein. 40 »Warum
habt ihr solche Angst?«, fragte Jesus.
»Habt ihr immer noch keinen Glau-
ben?« 41 Da wurden sie erst recht von
Furcht gepackt und flüsterten einan-
der zu: »Wer ist das nur, dass ihm
sogar Wind und Wellen gehorchen?«

5 1 So kamen sie in das Gebiet der
Gerasener* auf der anderen Seite
des Sees. 2 Als er aus dem Boot stieg,
rannte ihm ein Besessener entgegen.
Er kam von den Grabhöhlen, 3 in
denen er hauste, und niemand konnte
ihn mehr bändigen, nicht einmal mit
Ketten. 4 Schon oft hatte man ihn an
Händen und Füßen gefesselt, doch
jedes Mal hatte er die Ketten zerrissen
und die Fußfesseln zerrieben. Keiner
wurde mit ihm fertig. 5 Tag und Nacht
war er in den Grabhöhlen oder auf den
Bergen, und immer schrie er und
schlug sich mit Steinen. 6 Schon von
weitem hatte er Jesus erblickt, rannte
auf ihn zu, warf sich vor ihm hin 7 und
schrie mit lauter Stimme: »Was willst
du von mir, Jesus, Sohn Gottes, du
Sohn des Allerhöchsten? Ich beschwö-
re dich bei Gott, quäle mich nicht!«
8 Jesus hatte dem bösen Geist nämlich

4,31 *Senfkorn*. Gemeint ist wahrscheinlich der »Schwarze Senf« (*Brassica nigra*), dessen *ein* Millimeter großes Samenkorn in Israel für seine Kleinheit sprichwörtlich war.

4,38 *Rabbi*. Respektvolle Anrede im Judentum: *Mein Lehrer*.

5,1 *Gerasener*. Bewohner des südöstlichen Uferstreifens des Sees Gennesaret mit Hafen. Das Gebiet gehörte zu Gadara, die als mächtigste Stadt im Zehnstädtegebiet selbst Kriegsschiffe auf dem See unterhielt.

befohlen, den Mann zu verlassen.
9 Nun fragte er ihn: »Wie heißt du?« –
»Ich heiße Legion«, antwortete der,
»denn wir sind viele.« 10 Und dann
flehte er Jesus an, sie nicht aus der Ge-
gend fortzuschicken. 11 Nun weidete
dort in der Nähe eine große Herde
Schweine an einem Berghang. 12 Da
baten sie ihn: »Lass uns doch in die
Schweine fahren!« 13 Jesus erlaubte es
ihnen und die bösen Geister verließen
den Mann und fuhren in die Schweine.
Da raste die ganze Herde den Abhang
hinunter in den See und ertrank. Es
waren immerhin 2000 Tiere. 14 Die
Schweinehirten liefen davon und er-
zählten in der Stadt und auf den Dör-
fern alles, was geschehen war. Die
Leute wollten das mit eigenen Augen
sehen und machten sich gleich auf den
Weg. 15 Als sie zu Jesus kamen, sahen
sie den, der bisher von einer Legion
böser Geister besessen gewesen war,
bekleidet und vernünftig bei ihm sit-
zen. Da bekamen sie es mit der Angst
zu tun. 16 Und nachdem ihnen Augen-
zeugen berichtet hatten, was mit dem
Besessenen und den Schweinen pas-
siert war, 17 baten sie Jesus, ihr Gebiet
zu verlassen. 18 Als Jesus dann ins
Boot stieg, bat ihn der Geheilte, bei
ihm bleiben zu dürfen. 19 Doch er ge-
stattete es nicht, sondern sagte: »Geh
nach Hause zu deinen Angehörigen
und berichte ihnen, wie viel der Herr in
seinem Erbarmen an dir getan hat.«
20 Der Mann gehorchte und fing an, im
ganzen Zehnstädtegebiet* zu verkün-
den, was Jesus an ihm getan hatte. Und
alle wunderten sich.

21 Jesus fuhr mit dem Boot wieder ans
andere Ufer, wo sich bald eine große
Menschenmenge um ihn versammelte.
Er war noch am See, 22 als ein Syna-
gogenvorsteher kam und sich vor ihm
niederwarf. Er hieß Jaïrus23 und bat
ihn sehr: »Meine kleine Tochter liegt
im Sterben. Komm und leg ihr die
Hände auf, damit sie gesund wird und
am Leben bleibt.« 24 Jesus ging mit,
und viele Leute folgten und drängten
sich um ihn.

25 Darunter war auch eine Frau, die
seit zwölf Jahren an starken Blutun-
gen litt. 26 Sie war schon bei vielen
Ärzten gewesen und dabei sehr ge-
plagt worden. Ihr ganzes Vermögen
hatte sie aufgewendet, und es hatte ihr
nichts geholfen, im Gegenteil: Es war
noch schlimmer geworden. 27 Diese
Frau hatte von Jesus gehört und
drängte sich nun durch die Menge von
hinten heran. Sie berührte sein Ge-
wand, 28 denn sie dachte: »Wenn ich
nur sein Gewand anfasse, werde ich
geheilt.« 29 Sofort hörte die Blutung
auf, und sie spürte, dass sie ihre Plage
los war. 30 Im selben Augenblick spür-
te auch Jesus, dass eine Kraft von ihm
ausgegangen war. Er drehte sich in
der Menge um und fragte: »Wer hat
mein Gewand berührt?« 31 Da sagten
seine Jünger zu ihm: »Du siehst doch,
wie die Menge dich drängt, und da
fragst du, wer dich berührt hat?«
32 Aber Jesus blickte sich nach der
um, die das getan hatte. 33 Zitternd
vor Angst trat die Frau vor, die ja wus-
ste, was mit ihr vorgegangen war. Sie
warf sich vor ihm nieder und erzählte

5,20 *Zehnstädtegebiet.* Die Dekapolis, ein Verband von ursprünglich zehn Städten im Ostjordangebiet mit Griechisch sprechender Bevölkerung und hellenistischer Kultur.

ihm alles. 34 »Meine Tochter«, sagte
Jesus da zu ihr, »dein Glaube hat dich
gerettet. Geh in Frieden! Du bist ge-
sund!«
35 Während Jesus noch mit ihr
sprach, kamen Leute aus dem Haus
des Synagogenvorstehers und sagten
zu Jaïrus: »Deine Tochter ist gestor-
ben. Du brauchst den Rabbi nicht
weiter zu bemühen.« 36 Jesus hatte
mitgehört und sagte zu dem Vorste-
her: »Fürchte dich nicht, glaube nur!«
37 Dann ging er weiter, erlaubte aber
niemand, ihn zu begleiten, außer
Petrus, Jakobus und dessen Bruder
Johannes. 38 Als sie zum Haus des
Vorstehers kamen und Jesus die Auf-
regung sah und die laut weinenden
und klagenden Menschen, 39 ging er
hinein und sagte: »Was soll der Lärm?
Warum weint ihr? Das Kind ist nicht
tot, es schläft nur.« 40 Da lachten sie
ihn aus. Er aber warf sie alle hinaus
und ging nur mit dem Vater und der
Mutter des Kindes und mit den
Jüngern, die bei ihm waren, zu dem
Mädchen hinein. 41 Er fasste es bei
der Hand und sagte: »Talita kum!« –
Das heißt übersetzt: »Mädchen, steh
auf!« 42 Mit fassungslosem Erstau-
nen sahen alle, wie das Mädchen sich
sofort erhob und anfing umherzu-
gehen; es war nämlich zwölf Jahre alt.
43 Jesus verbot ihnen nachdrücklich,
anderen davon zu erzählen, und ord-
nete an, dem Kind etwas zu essen zu
geben.

Jünger im Praktikum

6 1 Jesus brach von dort auf und
kam wieder in seinen Heimatort.
Seine Jünger begleiteten ihn. 2 Am
Sabbat lehrte er in der Synagoge.
Viele seiner Zuhörer fragten sich er-
staunt: »Wo hat er das nur her? Was
ist das für eine Weisheit, die ihm da
gegeben ist? Und erst die Wunder,
die durch ihn geschehen! 3 Ist das
denn nicht der Bauhandwerker*, der
Sohn von Maria* und ein Bruder von
Jakobus, Joses, Judas und Simon?
Und seine Schwestern leben doch
auch alle bei uns!« Und sie ärgerten
sich über ihn. 4 Da sagte Jesus zu
ihnen: »Überall wird ein Prophet ge-
ehrt, nur nicht in seiner Heimatstadt,
seiner Verwandtschaft und seiner Fa-
milie.« 5 Deshalb konnte er dort
überhaupt kein Wunder tun; nur eini-
gen Kranken legte er die Hände auf
und heilte sie. 6 Er wunderte sich
über ihren Unglauben und zog weiter
durch die umliegenden Dörfer und
lehrte dort.
7 Dann rief er die Zwölf zu sich und
fing an, sie zu zweit auszusenden. Er
gab ihnen Vollmacht über die bösen
Geister 8 und befahl ihnen, außer
einem Wanderstab nichts mitzuneh-
men, kein Brot, keine Vorratstasche,
kein Geld. 9 »Sandalen dürft ihr
anziehen, aber nicht zwei Hemden
übereinander. 10 Wenn ihr in ein Haus
aufgenommen werdet, dann bleibt
dort, bis ihr den Ort wieder verlasst.

6,3 *Bauhandwerker.* Den Beruf des Zimmermanns im Sinn eines Holzfacharbeiters gab es damals noch nicht. Holz war im 1. Jahrhundert eine ausgesprochene Mangelware.

Dass einige Jesus als *Marias Sohn* bezeichneten, war eine bewusste Diffamierung, denn ein Mann wurde in Israel auch dann nicht als Sohn seiner Mutter bezeichnet, wenn diese bereits Witwe war, es sei denn, man wollte ihn beleidigen.

11 Und wenn ihr in einen Ort kommt,
wo die Leute euch nicht aufnehmen
und auch nicht anhören wollen, dann
zieht gleich weiter und schüttelt den
Staub von euren Füßen ab, um ihnen
deutlich zu machen, dass das Gericht
auf sie wartet.« 12 Die Zwölf machten
sich auf den Weg und predigten, dass
die Leute ihre Einstellung ändern
sollten. 13 Sie trieben viele Dämonen
aus, rieben viele Kranke mit Öl ein
und heilten sie.

Herodes und der Täufer

14 Inzwischen hatte auch König Hero-
des von Jesus gehört, denn überall
sprach man von ihm. Die einen sag-
ten: »Johannes der Täufer ist von den
Toten auferstanden, deshalb kann er
solche Wunder tun.« 15 Andere mein-
ten: »Es ist Elija.« Wieder andere sag-
ten: »Es ist ein Prophet wie einer der
früheren Propheten.« 16 Doch Hero-
des sagte, als er von ihm hörte: »Das
ist Johannes, den ich enthaupten ließ.
Und jetzt ist er auferweckt worden.«

17 Herodes hatte Johannes nämlich
festnehmen und gefesselt ins Gefäng-
nis bringen lassen. Schuld daran war
Herodias*, die Frau seines Stiefbru-
ders Philippus. Herodes hatte sie
zu seiner Frau gemacht, 18 worauf
Johannes ihm sagen musste: »Du
hattest kein Recht, die Frau deines
Bruders zu nehmen.« 19 Die Herodias
verzieh ihm das nicht und wollte ihn
umbringen lassen. Doch sie konnte
sich nicht durchsetzen, 20 denn Hero-
des hatte Hochachtung vor ihm. Er
wusste, dass Johannes ein gerechter
und heiliger Mann war, und schützte
ihn deshalb. Er wurde zwar sehr un-
ruhig, wenn er mit ihm sprach, hörte
ihm aber trotzdem gern zu. 21 Eines
Tages ergab sich für Herodias die Ge-
legenheit. Herodes hatte Geburtstag
und gab dazu ein Festessen für seine
hohen Regierungsbeamten, die Offi-
ziere und die angesehensten Bürger
von Galiläa. 22 Dabei trat die Tochter
der Herodias als Tänzerin auf. Sie ge-
fiel Herodes und den Gästen so gut,
dass der König zu dem Mädchen
sagte: »Wünsch dir, was du willst; ich
werde es dir geben!« 23 Er schwor ihr
sogar: »Ich werde dir alles geben, was
du willst, und wenn es die Hälfte mei-
nes Reiches wäre.« 24 Sie ging hinaus
und fragte ihre Mutter: »Was soll ich
mir wünschen?« – »Den Kopf von Jo-
hannes dem Täufer«, erwiderte diese.
25 Schnell ging das Mädchen wieder
zum König hinein und sagte: »Ich
will, dass du mir hier sofort auf einer
Schale den Kopf von Johannes dem
Täufer überreichst.« 26 Der König war
bestürzt, aber weil er vor allen Gästen
einen Eid abgelegt hatte, wollte er sie
nicht zurückweisen. 27 Er schickte
den Henker los und befahl ihm, den
Kopf des Täufers zu bringen. Der ging
ins Gefängnis und enthauptete Johan-
nes. 28 Dann brachte er den Kopf auf
einer Schale herein und überreichte
ihn dem Mädchen. Und das Mädchen
gab ihn an seine Mutter weiter. 29 Als
die Jünger des Johannes davon hör-
ten, holten sie den Toten und legten
ihn in ein Grab.

6,17 *Herodias.* Enkelin Herodes des Großen, war zunächst mit ihrem Onkel Herodes Philippus (nicht dem Fürsten Philippus) verheiratet. Auch Herodes Antipas, ihr jetziger Ehemann, war ein Onkel von ihr.

Rückkehr vom Praktikum

30 Die Apostel versammelten sich
dann wieder bei Jesus und berichteten
ihm alles, was sie in seinem Auftrag
gelehrt und getan hatten. 31 Da sagte
er zu ihnen: »Kommt mit an einen ein-
samen Platz, wo wir allein sind, und
ruht ein wenig aus.« Denn es war ein
ständiges Kommen und Gehen, so
dass sie nicht einmal Zeit zum Essen
fanden. 32 Sie fuhren also mit dem
Boot an eine einsame Stelle, um dort
allein zu sein. 33 Doch viele sahen sie
wegfahren und hatten ihre Absicht
bemerkt. So kam es, dass die Men-
schen aus allen Orten am See ange-
laufen kamen und auf dem Landweg
noch vor ihnen dort waren.

Jesus speist 5000 Menschen

34 Als Jesus aus dem Boot stieg und die
vielen Menschen sah, ergriff ihn tiefes
Mitgefühl, denn sie waren wie Schafe
ohne Hirten. Da nahm er sich viel Zeit,
um sie zu belehren. 35 Am Abend
kamen seine Jünger zu ihm und sag-
ten: »Wir sind hier an einem einsamen
Fleck, und es ist schon spät. 36 Schick
die Leute weg, damit sie sich in den
umliegenden Bauernhöfen und Dör-
fern etwas zu essen kaufen können.«
37 Aber Jesus erwiderte: »Gebt ihr
ihnen doch zu essen!« – »Sollen wir
wirklich losgehen«, sagten sie da,
»und für 200 Denare* Brot kaufen,
damit wir ihnen zu essen geben kön-
nen?« 38 »Wie viel Brote habt ihr?«,
fragte er zurück. »Geht und seht
nach!« Sie taten es und sagten dann zu
ihm: »Fünf und zwei Fische.« 39 Dann
befahl er ihnen, dafür zu sorgen, dass
die Leute sich in Tischgemeinschaften
ins grüne Gras niedersetzten. 40 Als sie
sich in Gruppen zu hundert und
zu fünfzig zusammengesetzt hatten,
41 nahm Jesus die fünf Brote und die
zwei Fische in die Hand. Er blickte zum
Himmel auf und dankte Gott dafür.
Dann brach er die Fladenbrote in Stü-
cke und gab sie den Jüngern, damit sie
diese an die Leute austeilten. Auch die
zwei Fische ließ er unter alle verteilen.
42 Und alle aßen sich satt. 43 Sie füllten
sogar noch zwölf Tragkörbe mit den
Resten, die von den Brotstücken
und Fischen übrig geblieben waren.
44 Etwa fünftausend Männer hatten an
der Mahlzeit teilgenommen.

Jesus kommt auf dem Wasser

45 Gleich darauf nötigte Jesus seine
Jünger, unverzüglich ins Boot zu stei-
gen und an das gegenüberliegende
Ufer Richtung Betsaida* vorauszu-
fahren. Er wollte inzwischen die Leute
nach Hause schicken. 46 Nachdem er
sich von der Menge verabschiedet
hatte, stieg er auf den Berg, um zu
beten. 47 Bei Einbruch der Dunkelheit
war das Boot mitten auf dem See und
Jesus allein an Land. 48 Er sah, wie
sich seine Jünger beim Rudern ab-
mühten, weil sie gegen den Wind an-
kämpfen mussten. Zwischen drei und
sechs Uhr in der Nacht kam er dann
zu ihnen. Er ging über den See, und es
schien, als wollte er an ihnen vorüber-
laufen. 49 Als die Jünger ihn auf dem
Wasser gehen sahen, meinten sie, es
sei ein Gespenst, und schrien auf,

6,37 Ein *Denar* entsprach einem vollen Tageslohn.

6,45 *Betsaida*. Fischerdorf an der Mündung des Jordan in den See Gennesaret. Heute wahrscheinlich El-Aradsch.

50 denn alle sahen ihn und wurden
von Furcht gepackt. Sofort rief er sie
an: »Erschreckt nicht! Ich bin's! Habt
keine Angst!« 51 Dann stieg er zu
ihnen ins Boot, und der Wind legte
sich. Da gerieten sie vor Entsetzen
ganz außer sich, 52 denn selbst nach
dem Wunder mit den Broten hatten
sie noch nichts begriffen, weil ihre
Herzen immer noch verschlossen
waren.

53 Sie fuhren hinüber ans Land und
legten in der Nähe von Gennesaret an.
54 Als sie aus dem Boot stiegen, wurde
Jesus von den Leuten dort gleich er-
kannt. 55 Sofort liefen sie los, um die
Kranken aus der ganzen Gegend zu
holen. Sie brachten sie auf Trag-
bahren immer an den Ort, von dem sie
erfuhren, dass Jesus dort sei. 56 In
allen Dörfern, Städten oder Einzel-
höfen, in die er kam, legten sie die
Kranken ins Freie und baten ihn, sie
nur den Saum seines Gewandes
berühren zu lassen. Und alle, die ihn
berührten, wurden geheilt.

Was wirklich unrein macht

7 1 Einige Pharisäer und Gesetzes-
lehrer aus Jerusalem kamen ge-
meinsam zu Jesus. 2 Sie hatten gese-
hen, dass seine Jünger mit unreinen,
das heißt mit ungewaschenen Händen
aßen. 3 Denn die Pharisäer und alle
Juden essen nichts, wenn sie sich nicht
vorher in der vorgeschriebenen Weise
die Hände gewaschen haben. So halten
sie sich an die Überlieferungen der
Alten. 4 Auch wenn sie vom Markt
kommen, essen sie nichts, ohne sich
vorher einer Reinigung zu unterzie-
hen. So befolgen sie noch eine Reihe
anderer überlieferter Vorschriften über
das Reinigen von Bechern, Krügen,
Kupfergefäßen und Sitzpolstern. 5 Die
Pharisäer und die Gesetzeslehrer frag-
ten ihn also: »Warum richten deine
Jünger sich nicht nach den Vorschrif-
ten, die uns von den Vorfahren überlie-
fert sind, und essen mit ungewasche-
nen?« 6 »Ihr Heuchler! Auf euch trifft
genau zu, was Jesaja geweissagt hat«,
gab Jesus zur Antwort. »So steht es
nämlich geschrieben:

›Dieses Volk ehrt mich mit den
Lippen, / aber sein Herz ist weit
von mir fort. 7 Ihr Dienst an mir
ist ohne Wert, / denn sie lehren,
was sich Menschen erdachten.‹*

8 Ja, ihr gebt Gottes Gebot preis und
haltet dafür die Vorschriften, die
sich Menschen ausgedacht haben.«
9 Dann fügte Jesus hinzu: »Sehr ge-
schickt setzt ihr Gottes Gebot außer
Kraft und haltet dafür eure eigenen
Vorschriften ein. 10 Mose hat zum
Beispiel gesagt: ›Ehre deinen Vater
und deine Mutter!‹* und ›Wer Vater
oder Mutter verflucht, wird mit dem
Tod bestraft!‹* 11 Ihr aber lehrt, dass
man zu seinem Vater oder seiner
Mutter sagen kann: ›Was du von mir
bekommen müsstest, habe ich als
Opfer für Gott bestimmt.‹ 12 Auf diese
Weise lasst ihr ihn nichts mehr für
seine Eltern tun 13 und setzt so Gottes
Wort durch eure eigenen Vorschriften
außer Kraft. Das ist nur ein Beispiel
für viele.«

14 Dann rief Jesus die Menge wieder
zu sich und sagte: »Hört mir alle zu

7,7 Jesaja 29,13

7,10 2. Mose 20,12; 5. Mose 5,16
2. Mose 21,17; 3. Mose 20,9

und versteht, was ich euch sage!
15 Nichts, was von außen in den
Menschen hineinkommt, kann ihn
vor Gott unrein machen. Unrein
macht ihn nur, was aus ihm selber
kommt.« (16)*
17 Als er sich von der Menge zurück-
gezogen hatte und ins Haus gegangen
war, fragten ihn seine Jünger, wie er
das gemeint habe. 18 »Habt ihr das
auch nicht begriffen?«, erwiderte
Jesus. »Versteht ihr nicht, dass alles,
was von außen in den Menschen hin-
einkommt, ihn nicht unrein machen
kann? 19 Denn es kommt ja nicht
in sein Herz, sondern geht in den
Magen und wird im Abort wieder aus-
geschieden.« Damit erklärte Jesus
alle Speisen für rein. 20 Dann fuhr er
fort: »Was aus dem Menschen her-
auskommt, das macht ihn unrein.
21 Denn von innen, aus dem Herzen
des Menschen, kommen die bösen
Gedanken und mit ihnen alle Arten
von sexueller Unmoral, Diebstahl,
Mord, 22 Ehebruch, Habgier und Bos-
heit. Dazu Betrug, Ausschweifung,
Neid, Verleumdung, Überheblichkeit
und Unvernunft. 23 All dieses Böse
kommt von innen heraus und macht
den Menschen vor Gott unrein.«

Jesus im Ausland

24 Jesus brach von dort auf und ging in
die Gegend von Tyrus*. Weil er nicht
wollte, dass jemand von seiner Anwe-
senheit erfuhr, zog er sich in ein Haus
zurück. Doch es ließ sich nicht verber-
gen, dass er da war. 25 Schon hatte
eine Frau von ihm gehört, deren kleine
Tochter von einem bösen Geist beses-
sen war. Sie kam und warf sich Jesus
zu Füßen. 26 Die Frau war eine Grie-
chin und stammte aus dieser Gegend,
dem syrischen Phönizien*. Sie bat
ihn, den Dämon aus ihrer Tochter aus-
zutreiben. 27 Aber Jesus wehrte ab:
»Zuerst müssen die Kinder satt wer-
den. Es ist nicht recht, ihnen das Brot
wegzunehmen und es den Haushun-
den hinzuwerfen.« 28 »Das ist wahr,
Herr«, erwiderte sie, »aber die Hünd-
chen unter dem Tisch fressen doch
auch die Brotkrumen, die die Kinder
fallen lassen.« 29 »Richtig«, sagte
Jesus zu ihr. »Und wegen dieser Ant-
wort kannst du getrost nach Hause
gehen. Der Dämon hat deine Tochter
verlassen.« 30 Als die Frau nach Hause
kam, lag das Mädchen ruhig im Bett
und der Dämon war fort.
31 Jesus verließ die Gegend von
Tyrus und ging über Sidon* zum See
von Galiläa, mitten in das Zehnstädte-
gebiet*. 32 Dort brachten sie einen
tauben Mann zu ihm, der nur müh-
sam reden konnte, und baten Jesus,
ihm die Hand aufzulegen. 33 Jesus
führte ihn beiseite, weg von der
Menge. Er legte seine Finger in die

7,16 Spätere Handschriften haben hier noch einmal die Formel, wie sie in Markus 4,9.23 steht.

7,24 *Tyrus.* Phönizische Hafenstadt, etwa 65 km nordwestlich des Sees Gennesaret.

7,26 *Phönizien.* Landstrich am Mittelmeer nördlich von Israel mit den Städten Tyrus und Sidon im Gebiet des heutigen Libanon. Phönizien gehörte zur römischen Provinz Syrien.

7,31 *Sidon.* Er ging zunächst 40 km nach Norden und dann wieder 120 km in südliche Richtung.

Zehnstädtegebiet. Das Gebiet, in dem der ehemals besessene Gerasener überall von Jesus und seiner Heilung erzählt hatte (siehe Markus 5,20).

Ohren des Kranken und berührte
dann dessen Zunge mit Speichel.
34 Schließlich blickte er zum Himmel
auf, seufzte und sagte zu dem Mann:
»Effata!« – »Öffne dich!« 35 Im sel-
ben Augenblick konnte der Mann
hören und normal sprechen. 36 Jesus
verbot den Leuten, etwas davon
weiterzusagen. Doch je mehr er es
ihnen verbot, desto mehr machten sie
es bekannt, 37 weil sie vor Staunen
völlig außer sich waren. Immer wieder
sagten sie: »Wie wunderbar ist alles,
was er macht! Tauben gibt er das
Gehör und Stummen die Sprache.«

4000 Menschen werden satt

8 1 Damals war wieder eine große
Menschenmenge bei Jesus, die
nichts zu essen hatte. Da rief Jesus die
Jünger zu sich und sagte: 2 »Diese
Leute tun mir leid. Seit drei Tagen sind
sie hier bei mir und haben nichts zu
essen. 3 Und wenn ich sie jetzt hungrig
nach Hause schicke, werden sie unter-
wegs zusammenbrechen, denn sie sind
zum Teil von weit her gekommen.«
4 »Wo soll man denn hier in dieser Ein-
öde Brot hernehmen, um all die Men-
schen satt zu machen?«, fragten die
Jünger. 5 Doch Jesus fragte zurück:
»Wie viel Brote habt ihr?« – »Sieben«,
antworteten sie. 6 Da forderte er die
Leute auf, sich auf die Erde zu setzen.
Er nahm die sieben Fladenbrote, dank-
te Gott dafür, brach sie in Stücke und
gab sie seinen Jüngern zum Austeilen.
Die Jünger verteilten sie an die Menge.
7 Sie hatten auch noch einige kleine Fi-
sche dabei. Jesus ließ sie ebenfalls aus-
teilen, nachdem er sie gesegnet hatte.
8 Die Leute aßen, bis sie satt waren,
und füllten sogar noch sieben große
Körbe mit den übrig gebliebenen Brok-
ken. 9 Es waren wenigstens viertau-
send Menschen.

Es geht um Zeichen

Als Jesus dann die Leute nach Hause
geschickt hatte, 10 stieg er mit seinen
Jüngern in ein Boot und fuhr in die
Gegend von Dalmanuta*. 11 Gleich
kamen die Pharisäer und begannen
ein Streitgespräch mit ihm. Sie woll-
ten ihn auf die Probe stellen und ver-
langten ein Zeichen vom Himmel.
12 Da seufzte er tief und sagte: »Was
verlangt diese Generation ständig
nach einem Zeichen? Ich versichere
euch: Dieses Geschlecht wird niemals
ein Zeichen bekommen.« 13 Dann
ließ er sie stehen, stieg wieder ins
Boot und fuhr ans gegenüberliegende
Ufer. 14 Die Jünger vergaßen, Brote
mitzunehmen. Nur ein einziges Fla-
denbrot hatten sie bei sich im Boot.
15 Als Jesus nun warnend sagte:
»Hütet euch vor dem Sauerteig der
Pharisäer und dem Sauerteig des He-
rodes!«, 16 dachten sie, er sage das,
weil sie kein Brot mitgenommen hat-
ten. 17 Als Jesus merkte, was sie be-
schäftigte, sagte er: »Was macht ihr
euch Gedanken darüber, dass ihr kein
Brot habt? Begreift ihr es immer noch

8,10 *Dalmanuta*. Das ist wohl eine aramäische Wendung, die den Jüngern bekannt war, und bedeutet »sein Zufluchtsort«. Der Begriff *Magadan*, den Matthäus 15,39 für die gleiche Stelle verwendet, bedeutet »die (glücklichen) Wasser des Gad«. Beides deutet auf Tabgha hin, das damals zu Kafarnaum gehörte. Der Platz, 2 km südlich von Kafarnaum in der Nähe von sieben Quellen, war der Ort, an den Jesus sich gern zurückzog.

nicht? Versteht ihr denn gar nichts?
Sind eure Herzen so verschlossen?
18 Ihr habt doch Augen – könnt ihr
nicht sehen? Ihr habt Ohren – könnt
ihr nicht hören? Erinnert ihr euch
nicht daran, 19 wie viel Körbe voll
Brotstücke ihr eingesammelt habt, als
ich die fünf Brote für die Fünftausend
austeilte?« – »Zwölf«, antworteten
sie. 20 »Und als ich die sieben Brote
für die Viertausend teilte, wie viel
Körbe voll Brocken habt ihr da aufge-
sammelt?« – »Sieben«, antworteten
sie. 21 Da sagte er: »Begreift ihr es
immer noch nicht?«

22 Als sie nach Betsaida kamen,
brachten die Leute einen Blinden zu
Jesus und baten ihn, den Mann anzu-
rühren. 23 Jesus fasste ihn an der
Hand und führte ihn aus dem Dorf
hinaus. Dort benetzte er die Augen
des Blinden mit Speichel, legte ihm
die Hände auf und fragte dann:
»Siehst du etwas?« 24 Der Mann blik-
kte auf und sagte: »Ja, ich sehe Men-
schen, aber sie sehen aus wie
umhergehende Bäume.« 25 Da legte
Jesus ihm noch einmal die Hände auf
die Augen. Nun war er geheilt und
konnte alles genau und deutlich er-
kennen. 26 Jesus schickte ihn nach
Hause und sagte: »Geh aber nicht
durchs Dorf!«

Wer ist Jesus?

27 Jesus zog mit seinen Jüngern weiter
in die Dörfer von Cäsarea Philippi*.
Unterwegs fragte er sie: »Für wen
halten mich die Leute?« 28 »Einige
halten dich für Johannes den Täufer«,
antworteten sie, »andere für Elija und
wieder andere für einen der alten
Propheten.« 29 »Und ihr«, fragte er
weiter, »für wen haltet ihr mich?« –
»Du bist der Messias«, erwiderte
Petrus. 30 Aber Jesus schärfte ihnen
ein, mit niemand darüber zu reden.
31 Dann begann er ihnen klarzuma-
chen, dass der Menschensohn vieles
erleiden und von den Ratsältesten,
den Hohen Priestern* und Gesetzes-
lehrern verworfen werden müsse, er
müsse getötet werden und nach drei
Tagen* auferstehen. 32 Als er ihnen
das so offen sagte, nahm Petrus ihn
beiseite und machte ihm Vorwürfe.
33 Doch Jesus drehte sich um, sah die
anderen Jünger an und wies Petrus
scharf zurecht: »Geh mir aus den
Augen, du Satan! Was du denkst,
kommt nicht von Gott, sondern von
Menschen.«

34 Dann rief Jesus seine Jünger und
die Menge zu sich und sagte: »Wenn
jemand mein Jünger sein will, dann
muss er sich selbst verleugnen, er muss

8,27 *Cäsarea Philippi.* Philippus II. hatte die Stadt Paneas am südwestlichen Abhang des Hermon im Quellgebiet des Jordan zur Hauptstadt seines Herrschaftsgebietes gemacht und zu Ehren des Kaisers Cäsarea genannt. Die Stadt, die aus einer Anhäufung kleinerer Siedlungseinheiten bestand, lag etwa 45 km nördlich von Betsaida.

8,31 In neutestamentlicher Zeit bestimmten die Römer, wer in Israel *Hoher Priester* werden konnte. Wenn im Neuen Testament eine Mehrzahl von Hohen Priestern erwähnt wird, sind sowohl der amtierende als auch die inzwischen abgesetzten Hohen Priester gemeint sowie weitere Mitglieder der hohenpriesterlichen Familien, die hohe Positionen in der Tempelverwaltung inne hatten.

drei Tage. Nach jüdischer Zählweise bedeutet das nicht drei Tage später, weil die angebrochenen Tage gewöhnlich als volle Tage gerechnet wurden. Am ersten Tag würde er sterben, am dritten Tag auferstehen.

sein Kreuz aufnehmen und mir folgen.
35 Denn wer sein Leben unbedingt
bewahren will, wird es verlieren. Wer
aber sein Leben meinetwegen und
wegen der guten Botschaft verliert, der
wird es retten. 36 Denn was hat ein
Mensch davon, wenn er die ganze Welt
gewinnt, dabei aber seine Seele verliert?
37 Was könnte er denn als Gegenwert
für sein Leben geben? 38 Denn wer in
dieser von Gott abgefallenen sündigen
Welt nicht zu mir und meiner Botschaft
steht, zu dem wird auch der Menschen-
sohn nicht stehen, wenn er in der Herr-
lichkeit seines Vaters mit den heiligen
Engeln kommt.«

9 1 Und er fuhr fort: »Ich versiche-
re euch: Einige von denen, die
hier stehen, werden noch zu ihren
Lebzeiten sehen, wie Gottes Herr-
schaft machtvoll sichtbar wird.«
2 Sechs Tage später nahm Jesus
Petrus, Jakobus und Johannes mit
und führte sie auf einen hohen Berg*,
nur sie allein. Dort, vor ihren Augen,
veränderte sich plötzlich sein Ausse-
hen. 3 Seine Kleidung wurde blen-
dend weiß, so weiß, wie sie kein Wal-
ker* der ganzen Erde hätte bleichen
können. 4 Dann erschienen Elija und
Mose vor ihnen und fingen an, mit
Jesus zu reden. – 5 »Rabbi, wie gut,
dass wir hier sind!«, rief Petrus da.
»Wir wollen drei Hütten bauen: eine
für dich, eine für Mose und eine für
Elija.« 6 Er wusste nämlich nicht, was
er sagen sollte, denn er und die beiden
anderen Jünger waren vor Schreck
ganz verstört. 7 Da fiel der Schatten
einer Wolke auf sie und aus der Wolke
sagte eine Stimme: »Das ist mein lieber
Sohn. Hört auf ihn!« 8 Sie schauten
sich um und sahen auf einmal nie-
mand mehr. Nur Jesus war noch bei
ihnen. 9 Als sie dann den Berg hinab-
stiegen, schärfte ihnen Jesus ein, mit
niemand über das zu reden, was sie
gesehen hatten, bis der Menschen-
sohn von den Toten auferstanden sei.
10 Diese letzte Bemerkung ließ die
Jünger nicht los, und sie überlegten
miteinander, was er wohl mit der Auf-
erstehung aus den Toten gemeint
habe. 11 Schließlich fragten sie:
»Warum behaupten die Gesetzesleh-
rer, dass Elija zuerst kommen muss?«
12 »Das stimmt schon, Elija kommt
zuerst«, erwiderte Jesus, »und er wird
alles vorbereiten. Und doch heißt es in
der Schrift, dass der Menschensohn
vieles leiden muss und verachtet sein
wird. 13 Aber ich sage euch, Elija ist
schon gekommen, und sie haben mit
ihm gemacht, was sie wollten, so wie
es geschrieben steht.«

Anschauungsunterricht

14 Als sie dann zu den anderen Jün-
gern kamen, fanden sie diese von
einer großen Menge umringt und im
Streit mit einigen Gesetzeslehrern.
15 Als die Leute Jesus sahen, wurden
sie ganz aufgeregt; sie liefen auf ihn

9,2 *Berg*. Traditionell wird darunter der Berg Tabor in Galiläa verstanden, doch zur Zeit des Herrn befand sich auf dessen runder Kuppe eine befestigte Burg - kein Ort, wo man allein sein konnte. Die vorherige Erwähnung von Cäsarea Philippi verweist eher auf den Berg Hermon nordöstlich dieses Ortes, und wir sollten uns das Geschehen an einem der Hänge jenes majestätischen Berges vorstellen.

9,3 Ein *Walker* im Altertum reinigte, bleichte und verfilzte Stoffe.

zu und begrüßten ihn. 16 »Worüber
streitet ihr euch denn?«, fragte er sie.
17 Einer aus der Menge erwiderte:
»Rabbi, ich bin mit meinem Sohn her-
gekommen und wollte ihn zu dir brin-
gen. Er kann nicht sprechen, weil er
von einem bösen Geist besessen ist.
18 Und immer, wenn dieser Geist
ihn packt, zerrt er ihn zu Boden. Er
hat dann Schaum vor dem Mund,
knirscht mit den Zähnen und wird
ganz starr. Ich habe deine Jünger ge-
beten ihn auszutreiben, aber sie konn-
ten es nicht.« 19 »Was seid ihr nur für
ein ungläubiges Geschlecht!«, sagte
Jesus zu ihnen. »Wie lange muss ich
denn noch bei euch sein! Wie lange
muss ich euch bloß noch ertragen!
Bringt den Jungen zu mir!« 20 Sie
brachten den Jungen zu ihm. Als der
böse Geist Jesus sah, schüttelte er den
Jungen mit so heftigen Krämpfen,
dass er hinfiel und sich mit Schaum
vor dem Mund auf der Erde wälzte.
21 »Wie lange hat er das schon?«,
fragte Jesus den Vater. »Von klein
auf«, antwortete dieser, 22 »und oft
hat der Geist ihn schon ins Feuer oder
ins Wasser geworfen, weil er ihn um-
bringen wollte. Aber wenn du etwas
kannst, dann hab Erbarmen mit uns
und hilf uns!« 23 »Wenn du etwas
kannst?«, erwiderte Jesus. »Was soll
das heißen? Für den, der Gott ver-
traut, ist alles möglich!« 24 Da schrie
der Vater des Jungen: »Ich glaube ja!
Hilf mir bitte aus dem Unglauben!«
25 Als Jesus sah, dass immer mehr
Leute zusammenliefen, bedrohte er
den bösen Geist: »Du stummer und
tauber Geist«, sagte er, »ich befehle
dir, aus diesem Jungen auszufahren
und nie wieder zurückzukommen!«
26 Da schrie der Geist anhaltend auf,
zerrte den Jungen wie wild hin und
her und verließ ihn schließlich. Der
Junge lag regungslos da, so dass die
meisten dachten, er sei gestorben.
27 Doch Jesus fasste ihn bei der Hand
und richtete ihn auf. Da stand der
Junge auf. 28 Als Jesus später im Haus
allein war, fragten ihn die Jünger:
»Warum konnten wir den Geist nicht
austreiben?« 29 »Solche Geister kön-
nen nur durch Gebet* ausgetrieben
werden«, erwiderte Jesus.

30 Sie gingen von dort weiter und
zogen durch Galiläa. Jesus wollte aber
nicht, dass jemand davon erfuhr,
31 denn er hatte vor, seine Jünger zu
unterrichten. Er sagte ihnen: »Der
Menschensohn wird den Menschen
ausgeliefert werden, und die werden
ihn töten. Doch drei Tage nach seinem
Tod wird er auferstehen.« 32 Aber die
Jünger wussten nicht, was er damit
sagen wollte, wagten aber auch nicht,
ihn danach zu fragen.

Die Maßstäbe Gottes

33 Dann kamen sie nach Kafarnaum.
Zu Hause fragte er sie: »Worüber habt
ihr unterwegs gesprochen?« 34 Sie
schwiegen, denn sie hatten sich auf
dem Weg gestritten, wer von ihnen
der Größte wäre. 35 Da setzte er sich,
rief die Zwölf herbei und sagte:
»Wenn jemand der Erste sein will,
muss er den letzten Platz einnehmen
und der Diener von allen sein.«
36 Dann winkte er ein Kind heran,
stellte es in ihre Mitte, nahm es

9,29 Spätere Handschriften haben hier eingefügt: »und Fasten«.

in seine Arme und sagte: 37 »Wer
solch ein Kind in meinem Namen
aufnimmt, nimmt mich auf; und wer
mich aufnimmt, nimmt nicht nur
mich auf, sondern auch den, der mich
gesandt hat.«

38 Johannes sagte zu ihm: »Rabbi,
wir haben gesehen, wie jemand in dei-
nem Namen Dämonen ausgetrieben
hat, und haben versucht, ihn daran
zu hindern, weil er sich nicht zu uns
hält.« 39 »Lasst ihn doch!«, sagte Jesus.
»Denn wer meinen Namen gebraucht,
um Wunder zu tun, kann nicht gleich-
zeitig schlecht von mir reden. 40 Wer
nicht gegen uns ist, ist für uns.
41 Selbst wenn jemand euch nur einen
Becher Wasser zu trinken gibt, weil ihr
zum Messias gehört, dann wird er ganz
gewiss – das versichere ich euch –
nicht ohne Lohn bleiben.

42 Doch wer Schuld daran ist, dass
einer von diesen Geringgeachteten,
die an mich glauben, zu Fall kommt,
für den wäre es besser, wenn er mit
einem Mühlstein* um den Hals ins
Meer geworfen würde. 43 Und wenn
deine Hand dich zum Bösen verführt,
dann hack sie ab! Es ist besser, du
gehst verstümmelt ins Leben ein, als
mit beiden Händen in die Hölle zu
kommen, in das nie erlöschende
Feuer. (44)* 45 Und wenn dein Fuß dir
Anlass zur Sünde wird, dann hack ihn
ab! Es ist besser, du gehst als Krüppel
ins Leben ein, als mit zwei Füßen in
die Hölle geworfen zu werden. (46)*
47 Und wenn dein Auge dich verführt,
so reiß es heraus! Es ist besser für
dich, einäugig in das Reich Gottes zu
kommen, als dass du beide Augen be-
hältst und in die Hölle geworfen wirst,
48 wo die Qual nicht endet und das
Feuer nicht erlischt. 49 Jeder muss mit
Feuer gesalzen werden, und jedes
Schlachtopfer mit Salz.* 50 Salz ist
etwas Gutes. Wenn es aber seinen Ge-
schmack verliert, womit wollt ihr es
würzen? Ihr müsst die Kraft des Sal-
zes in euch haben und Frieden unter-
einander halten.«

Gottes Gebote

10 1 Jesus zog von dort in das Ge-
biet von Judäa und das Ost-
jordanland. Wieder kamen die Men-
schen in Scharen zu ihm, und er unter-
richtete sie nach seiner Gewohnheit.
2 Da kamen einige Pharisäer und frag-
ten: »Darf ein Mann seine Frau aus der
Ehe entlassen?« Damit wollten sie
ihm eine Falle stellen. 3 »Was hat
Mose über die Scheidung gesagt?«,
fragte Jesus zurück. 4 »Er hat sie er-
laubt«, erwiderten sie, »wenn man der
Frau einen Scheidebrief ausstellt.«
5 Da entgegnete Jesus: »Diese Anord-
nung gab er euch nur, weil ihr so harte
Herzen habt. 6 Aber Gott hat die Men-
schen von Anfang an als Mann und
Frau geschaffen.* 7 ›Deshalb wird ein

9,42 Wörtlich: *Eselsmühlstein*, gemeint ist der obere *Mühlstein*, der bei einer großen Mühle nicht von Menschen, sondern von einem Esel bewegt wurde.

9,44 In späteren Abschriften steht hier auch der Satz von Vers 48.

9,46 In späteren Abschriften steht hier ebenfalls der Satz von Vers 48.

9,49 Der zweite Satzteil fehlt in einigen Handschriften. Zum Salzen vergleiche 3. Mose 2,13.

10,4 5. Mose 24,1

10,6 1. Mose 5,2

10,8 1. Mose 2,24

Mann seinen Vater und seine Mutter
verlassen und sich an seine Frau bin-
den, 8 und die zwei werden eine Ein-
heit sein.‹* Sie sind also nicht mehr
zwei, sondern eins. 9 Und was Gott
zusammengefügt hat, sollen Men-
schen nicht scheiden!« 10 Im Haus
wollten die Jünger dann noch mehr
darüber wissen. 11 Jesus sagte ihnen:
»Wer sich von seiner Frau trennt und
eine andere heiratet, begeht Ehebruch
gegenüber seiner ersten Frau. 12 Auch
eine Frau begeht Ehebruch, wenn sie
sich von ihrem Mann trennt und einen
anderen heiratet.«

13 Eines Tages wollten einige Leute
Kinder zu Jesus bringen, damit er
sie mit der Hand berührte. Doch die
Jünger wiesen sie unfreundlich ab.
14 Als Jesus das sah, sagte er den Jün-
gern ärgerlich: »Lasst doch die Kinder
zu mir kommen, und hindert sie nicht
daran! Gottes Reich ist ja gerade für
solche wie sie bestimmt. 15 Ich ver-
sichere euch: Wer sich Gottes Reich
nicht wie ein Kind schenken lässt, wird
nie hineinkommen.« 16 Dann nahm er
die Kinder in die Arme, legte ihnen die
Hände auf und segnete sie.

17 Als Jesus sich gerade wieder auf
den Weg machte, kam ein Mann ange-
laufen, warf sich vor ihm auf die Knie
und fragte: »Guter Rabbi, was muss
ich tun, um das ewige Leben zu be-
kommen?« 18 »Was nennst du mich
gut?«, entgegnete Jesus. »Gut ist nur
Gott, sonst niemand! 19 Du kennst
doch die Gebote: ›Du sollst nicht mor-
den, nicht die Ehe brechen, nicht steh-
len, du sollst keine Falschaussagen
machen und niemand um das Seine
bringen; ehre deinen Vater und deine
Mutter!‹« 20 »Rabbi«, erwiderte der
Mann, »das alles habe ich von Jugend
an befolgt.« 21 Jesus sah ihn voller
Liebe an. »Eins fehlt dir«, sagte er,
»geh und verkaufe alles, was du hast,
und gib den Erlös den Armen – du
wirst dann einen Schatz im Himmel
haben –, und komm, folge mir nach!«
22 Der Mann war entsetzt, als er das
hörte, und ging traurig weg, denn er
hatte ein großes Vermögen. 23 Da
blickte Jesus seine Jünger der Reihe
nach an und sagte: »Wie schwer ist es
doch für Menschen, in Gottes Reich
hineinzukommen, wenn sie viel be-
sitzen!« 24 Die Jünger waren bestürzt.
Aber Jesus wiederholte: »Kinder, wie
schwer ist es, in das Reich Gottes zu
kommen! 25 Eher kommt ein Kamel
durch ein Nadelöhr, als ein Reicher
in Gottes Reich.« 26 Da gerieten die
Jünger völlig außer sich und fragten
einander: »Wer kann dann überhaupt
gerettet werden?« 27 Jesus blickte sie
an und sagte: »Für Menschen ist das
unmöglich, nicht aber für Gott. Für
Gott ist alles möglich.«

28 Da sagte Petrus: »Du weißt, wir
haben alles verlassen und sind dir
gefolgt.« 29 »Ich versichere euch«, er-
widerte Jesus, »jeder, der meinet-
wegen oder wegen der guten Bot-
schaft Haus, Brüder, Schwestern,
Mutter, Vater, Kinder oder Äcker ver-
lassen hat, 30 wird das Hundertfache
dafür empfangen: jetzt in dieser Zeit
Häuser, Brüder, Schwestern, Mütter,
Kinder und Äcker – wenn auch unter
Verfolgungen – und in der kommen-
den Welt das ewige Leben. 31 Aber
viele, die jetzt die Großen sind, wer-
den dann die Geringsten sein, und die
jetzt die Letzten sind, werden dann die
Ersten sein.«

Auf dem Weg nach Jerusalem

32 Als sie auf dem Weg nach Jerusa-
lem hinauf waren, ging Jesus voran.
Die Jünger waren sehr beunruhigt,
und die, die mitgingen, hatten Angst.
Da nahm er die Zwölf noch einmal
beiseite und machte ihnen klar, was
mit ihm geschehen werde: 33 »Passt
auf, wenn wir jetzt nach Jerusalem
kommen, wird der Menschensohn an
die Hohen Priester und die Gesetzes-
lehrer ausgeliefert. Die werden ihn
zum Tod verurteilen und den Fremden
übergeben, die Gott nicht kennen.
34 Diese werden ihren Spott mit ihm
treiben, ihn anspucken, auspeitschen
und töten. Doch drei Tage später wird
er wieder auferstehen.«

35 Da traten Jakobus und Johannes,
die Söhne von Zebedäus, an Jesus
heran und sagten: »Rabbi, wir wollen,
dass du uns eine Bitte erfüllst.«
36 »Was wollt ihr?«, fragte er. »Was
soll ich für euch tun?« 37 Sie sagten:
»Wir möchten, dass du uns in deiner
Herrlichkeit links und rechts neben dir
sitzen lässt!« 38 Doch Jesus erwiderte:
»Ihr wisst nicht, was ihr da verlangt!
Könnt ihr den bitteren Becher austrin-
ken, den ich trinken werde, und die
Taufe auf euch nehmen, mit der ich ge-
tauft werden muss?« 39 »Ja, das kön-
nen wir«, erklärten sie. Jesus erwider-
te: »Aus dem Leidensbecher, den ich
austrinken muss, werdet ihr auch trin-
ken, und die Taufe, die mir bevorsteht,
werdet ihr auch empfangen, 40 aber
ich kann trotzdem nicht bestimmen,
wer auf den Plätzen links und rechts
von mir sitzen wird. Das hat mein
Vater entschieden.«

41 Die anderen zehn hatten das Ge-
spräch mit angehört und ärgerten sich
über Jakobus und Johannes. 42 Da rief
Jesus sie zu sich und sagte: »Ihr wisst,
wie die Herrscher sich als Herren auf-
spielen und die Großen ihre Macht
missbrauchen. 43 Bei euch aber soll es
nicht so sein. Wer bei euch groß sein
will, soll euer Diener sein, 44 und wer
bei euch der Erste sein will, soll der
Sklave von allen sein. 45 Auch der
Menschensohn ist nicht gekommen,
um sich bedienen zu lassen, sondern
um zu dienen und sein Leben als Löse-
geld für viele zu geben.«

46 So erreichten sie Jericho*. Als
Jesus mit seinen Jüngern und einer
großen Menschenmenge die Stadt
wieder verließ, saß da ein blinder
Bettler am Weg, Bartimäus, der Sohn
von Timäus. 47 Er hörte, dass es Jesus
von Nazaret war, der da vorbeizog,
und fing an zu rufen: »Jesus, Sohn
Davids, hab Erbarmen mit mir!«
48 Viele ärgerten sich darüber und
fuhren ihn an, still zu sein. Doch er
schrie nur umso lauter: »Sohn Da-
vids, hab Erbarmen mit mir!« 49 Jesus
blieb stehen und sagte: »Ruft ihn
her!« Da liefen einige zu dem Blinden
und sagten: »Nur Mut! Komm, er ruft
dich!« 50 Der warf seinen Umhang
ab, sprang auf und kam zu Jesus.
51 »Was möchtest du von mir?«, frag-
te Jesus ihn. »Rabbuni*«, sagte der

10,46 Die Palmenstadt *Jericho* liegt 10 km nördlich des Toten Meeres und 8 km westlich des Jordan, eine Oase in öder Landschaft. Sie ist mit etwa 250 Metern unter dem Meeresspiegel die tiefstgelegene Stadt der Erde und etwa 25 km von Jerusalem (750 Meter über dem Meeresspiegel) entfernt.

10,51 *Rabbuni.* Ehrenvolle Anrede für hervorragende Gesetzeslehrer.

Blinde, »ich möchte sehen können!«
52 Jesus sagte ihm: »Geh nur! Dein
Glaube hat dich geheilt!« Im gleichen
Augenblick konnte der Mann sehen
und folgte Jesus auf dem Weg.

Jesus reitet in Jerusalem ein

11 1 Als sie in die Nähe von Jeru-
salem kamen, kurz vor Betfa-
ge* und Betanien* am Ölberg, schick-
te Jesus zwei Jünger voraus. 2 »Geht
in das Dorf«, sagte er, »das ihr dort
vor euch seht! Gleich, wenn ihr hin-
eingeht, werdet ihr ein Fohlen ange-
bunden finden, auf dem noch nie je-
mand geritten ist. Bindet es los und
bringt es her. 3 Wenn jemand fragt,
was ihr da tut, sagt einfach: ›Der Herr
braucht das Tier und wird es nachher
sofort wieder zurückbringen lassen.‹«
4 Die beiden machten sich auf den
Weg und fanden das Fohlen in der
Gasse. Es war an ein Tor angebunden.
Als sie es losmachten, 5 fragten eini-
ge, die dort herumstanden: »Was
macht ihr da? Warum bindet ihr das
Tier los?« 6 Sie sagten, was Jesus
ihnen aufgetragen hatte, und man ließ
sie gehen. 7 Dann brachten sie das
Jungtier zu Jesus und warfen ihre
Umhänge* darüber. Jesus setzte sich
darauf. 8 Viele Menschen breiteten
jetzt ihre Umhänge auf dem Weg aus,
andere hieben Zweige auf den Feldern
ab und legten sie auf den Weg. 9 Die
Leute, die vorausliefen, und auch die,
die Jesus folgten, riefen: »Hosianna*,
gepriesen sei Gott! Gesegnet sei er,
der kommt im Namen des Herrn!
10 Gepriesen sei das Reich unseres
Vaters David, das nun kommt! Hosi-
anna, Gott in der Höhe!« 11 So zog
Jesus in Jerusalem ein. Dann ging er
in den Tempel und sah sich alles
genau an. Weil es aber schon spät ge-
worden war, ging er mit den zwölf
Jüngern nach Betanien zurück.

Göttliche Autorität

12 Als sie am nächsten Tag Betanien
wieder verließen, hatte Jesus Hunger.
13 Da sah er von weitem einen Feigen-
baum, der schon Blätter trug. Er ging
hin, um zu sehen, ob auch Früchte
dran wären. Er fand aber nur Blätter,
denn es war nicht die Jahreszeit für
Feigen*. 14 Da sagte Jesus zu dem
Baum: »Nie wieder soll jemand von
dir Früchte essen.« Seine Jünger
konnten es hören.

11,1 *Betfage.* »Haus der unreifen Feigen«, Dorf am östlichen Abhang des Ölbergs, 1,5 km von Jerusalem entfernt.

Betanien. »Haus des Ananja«, 3 km östlich von Jerusalem, einer der drei Orte, in denen nach der Tempelrolle von Qumran Aussätzige wohnen sollten.

11,7 *Umhänge* oder: *Mäntel.* Großes quadratisches Stück festen Stoffs, das über dem Untergewand (eine Art Hemd, das bis zu den Knien reichte) getragen wurde. Man konnte auch Gegenstände darin tragen, und die Armen, z.B. Hirten, wickelten sich nachts darin ein.

11,9 *Hosianna.* Hebräisch: *Hilf doch!* Aus Psalm 118,25 stammender Hilferuf an Gott, der als feststehende Formel und schließlich auch als Lobpreis verwendet wurde.

11,13 *Feigen.* Jesus suchte nach den kleinen, trockenen »Vorfeigen« (*paggim*), die aus Blütenanlagen des Vorjahres entstehen und schon Anfang April unter den neuen Trieben des Baumes zu finden sind. Sie werden dann abgeworfen, wenn später an der gleichen Stelle die sogenannten »Frühfeigen« (*bikkurah*) wachsen, die Anfang Juni reif sind. Im August sind dann die Feigen reif, die an den neuen Trieben gewachsen sind (*tena*).

15 In Jerusalem angekommen, ging
Jesus in den Tempel und fing an, die
Händler und die Leute, die bei ihnen
kauften, hinauszujagen. Die Tische
der Geldwechsler und die Sitze der
Taubenverkäufer stieß er um. 16 Er
duldete auch nicht, dass jemand
etwas über den Tempelhof trug,
17 und erklärte: »In der Schrift heißt
es: ›Mein Haus soll ein Ort des Gebets
für alle Völker sein. Aber ihr habt ei-
ne Räuberhöhle daraus gemacht.‹«*
18 Als die Hohen Priester und Ge-
setzeslehrer davon hörten, suchten sie
nach einer Möglichkeit, Jesus zu
beseitigen, denn sie fürchteten ihn,
weil er das ganze Volk mit seiner
Lehre tief beeindruckte.

19 Abends verließ Jesus mit seinen
Jüngern immer die Stadt. 20 Als sie
am nächsten Morgen wieder an dem
Feigenbaum vorbeikamen, sahen sie,
dass er bis zu den Wurzeln verdorrt
war. 21 Da erinnerte sich Petrus und
rief: »Rabbi, sieh nur, der Feigen-
baum, den du verflucht hast, ist ver-
dorrt!« 22 Jesus sagte zu ihnen: »Ihr
müsst Vertrauen zu Gott haben! 23 Ich
versichere euch: Wenn jemand zu die-
sem Berg hier sagt: ›Heb dich hoch
und stürz dich ins Meer!‹, und dabei
keinen Zweifel in seinem Herzen hat,
sondern fest darauf vertraut, dass
geschieht, was er sagt, dann wird es
geschehen. 24 Darum sage ich euch:
Worum ihr im Gebet auch bittet,
glaubt, dass ihr es empfangen habt,
dann werdet ihr es auch erhalten.
25 Doch wenn ihr betet, müsst ihr
zuerst jedem vergeben, gegen den
ihr etwas habt, damit euer Vater im
Himmel auch euch eure Verfehlungen
vergeben kann.« *(26)**

27 Dann gingen sie wieder nach Je-
rusalem hinein. Als Jesus im Tempel
umherging, traten die Hohen Priester,
die Gesetzeslehrer und Ältesten zu
ihm 28 und fragten: »Mit welchem
Recht tust du das alles? Wer hat dir
die Vollmacht dazu gegeben?« 29 »Ich
will euch nur eine Frage stellen«, er-
widerte Jesus, »wenn ihr sie mir be-
antwortet, werde ich euch sagen, wer
mir die Vollmacht gegeben hat.
30 Taufte Johannes im Auftrag Gottes
oder im Auftrag von Menschen? Ant-
wortet mir!« 31 Sie überlegten mitein-
ander. »Wenn wir sagen, ›im Auftrag
Gottes‹, wird er fragen: ›Warum habt
ihr ihm dann nicht geglaubt?‹ 32 Sol-
len wir also sagen: ›Von Menschen‹?«
Doch das wagten sie nicht, weil sie
Angst vor dem Volk hatten, denn das
hielt Johannes wirklich für einen Pro-
pheten. 33 So sagten sie zu Jesus:
»Wir wissen es nicht.« – »Gut«, er-
widerte Jesus, »dann sage ich euch
auch nicht, von wem ich die Voll-
macht habe, das alles zu tun.«

Eine Geschichte gegen Israels Führer

12 1 Dann fing Jesus an, ihnen
Gleichnisse zu erzählen. Er
begann: »Ein Mann legte einen Wein-
berg an, zog eine Mauer darum, hob
eine Grube aus, um den Wein darin zu
keltern, und baute einen Wachtturm.
Dann verpachtete er den Weinberg an

11,17 Mischzitat aus Jesaja 56,7 und Jeremia 7,11.

11,26 Spätere Handschriften haben hier wie Matthäus 6,15 eingefügt: »Wenn ihr aber nicht vergebt, dann wird auch euer Vater im Himmel eure Verfehlungen nicht vergeben.«

Winzer und reiste ab. 2 Als die Zeit ge-
kommen war, schickte er einen seiner
Arbeiter zu den Pächtern, um seinen
Anteil an der Ernte zu erhalten. 3 Doch
die packten den Mann, verprügelten
ihn und jagten ihn mit leeren Händen
fort. 4 Da schickte der Eigentümer
einen zweiten Arbeiter. Dem schlugen
sie den Kopf blutig und beschimpften
ihn. 5 Danach schickte er einen dritten;
den töteten sie. Ähnlich ging es vielen
anderen; die einen wurden verprügelt,
die anderen umgebracht. 6 Schließlich
blieb ihm nur noch einer, sein über
alles geliebter Sohn. Den schickte er
als Letzten zu ihnen, weil er dachte:
›Meinen Sohn werden sie sicher nicht
antasten.‹ 7 Aber die Winzer sagten
zueinander: ›Das ist der Erbe! Kommt,
wir bringen ihn um und behalten das
Land für uns!‹ 8 So fielen sie über ihn
her, töteten ihn und warfen ihn aus
dem Weinberg hinaus. 9 Was wird nun
der Eigentümer des Weinbergs tun?«,
fragte Jesus. »Ich sage euch, er wird
kommen, sie alle töten und den Wein-
berg anderen geben. 10 Habt ihr denn
nie die Stelle in der Schrift gelesen:
›Der Stein, den die Fachleute als un-
brauchbar verworfen haben, ist zum
Eckstein geworden; 11 das hat der Herr
getan; es ist ein Wunder für uns.‹*?«
12 Daraufhin hätten sie Jesus am
liebsten festgenommen, denn es war
ihnen klar, dass er sie mit diesem
Gleichnis gemeint hatte. Aber sie
fürchteten das Volk, deshalb ließen
sie ihn in Ruhe und gingen weg.

Fangfragen

13 Später schickten sie einige Phari-
säer und dazu einige Anhänger des
Herodes zu Jesus. Sie hofften, ihn mit
seinen eigenen Worten in eine Falle
locken zu können, 14 und legten ihm
folgende Frage vor: »Rabbi«, sagten
sie, »wir wissen, dass du aufrichtig
bist und nicht nach der Meinung der
Leute fragst. Du zeigst uns wirklich,
wie man nach Gottes Willen leben
soll. Ist es nun richtig, dem Kaiser
Steuern zu zahlen, oder nicht? Sollen
wir sie ihm geben oder nicht?«
15 Jesus durchschaute ihre Heuchelei
sofort und sagte: »Warum wollt ihr
mir eine Falle stellen? Zeigt mir einen
Denar*, ich will ihn sehen.« 16 Als sie
es taten, fragte er: »Wessen Bild und
Name ist darauf?« – »Des Kaisers«,
erwiderten sie. 17 »Nun«, sagte Jesus,
»dann gebt dem Kaiser, was dem
Kaiser gehört, und Gott, was Gott ge-
hört.« Über diese Antwort waren sie
sehr erstaunt.

18 Dann kamen einige Sadduzäer*
zu Jesus. Diese religiöse Gruppierung
behauptete, es gäbe keine Aufer-
stehung nach dem Tod. Sie fragten:
19 »Rabbi, Mose hat uns vorgeschrie-
ben: Wenn ein Mann stirbt und eine
Frau hinterlässt, aber keine Kinder,
dann soll sein Bruder die Frau heira-
ten und seinem Bruder Nachkommen
verschaffen.* 20 Nun waren da sieben
Brüder. Der älteste von ihnen heirate-
te und starb kinderlos. 21 Daraufhin

12,11 Psalm 118,22-23

12,15 *Denar*. Römische Silbermünze, die dem Tageslohn eines gut bezahlten Arbeiters entsprach.

12,18 *Sadduzäer*. Politisch einflussreiche, römerfreundliche religiöse Gruppe, deren Mitglieder aus den vornehmen Familien stammten.

12,19 Siehe 5. Mose 25,5-10.

nahm der zweite Bruder die Witwe zur Frau. Doch auch er starb bald und hinterließ keine Kinder. Beim dritten war es ebenso. 22 Keiner der sieben hinterließ Nachkommen. Zuletzt starb auch die Frau. 23 Wessen Frau wird sie nun nach der Auferstehung sein? Denn alle waren ja mit ihr verheiratet.« 24 Jesus erwiderte: »Ihr irrt euch, weil ihr weder die Schrift noch die Kraft Gottes kennt. 25 Denn wenn die Toten auferstehen, heiraten sie nicht mehr, sondern werden wie die Engel im Himmel sein. 26 Was aber nun die Auferstehung der Toten überhaupt betrifft: Habt ihr nicht bei Mose gelesen, wie Gott am Dornbusch zu ihm sagte: ›Ich bin der Gott Abrahams, der Gott Isaaks und der Gott Jakobs.‹*? 27 Das heißt doch: Er ist nicht ein Gott von Toten, sondern von Lebenden! Ihr seid schwer im Irrtum!«

28 Einer der Gesetzeslehrer hatte ihrem Streitgespräch zugehört und bemerkt, wie treffend Jesus den Sadduzäern antwortete. Nun trat er näher und fragte ihn: »Was ist das wichtigste Gebot von allen?« 29 »Das wichtigste«, erwiderte Jesus, »ist: ›Höre Israel! Der Herr, unser Gott, ist der alleinige Herr. 30 Und du sollst den Herrn, deinen Gott, lieben von ganzem Herzen, mit ganzer Seele, mit ganzem Verstand und mit all deiner Kraft!‹* 31 An zweiter Stelle steht: ›Du sollst deinen Nächsten lieben wie dich selbst!‹* Kein anderes Gebot ist wichtiger als diese beiden.« 32 Da sagte der Gesetzeslehrer: »Rabbi, das hast du sehr gut gesagt. Es ist wirklich so, wie du sagst: Es gibt nur einen einzigen Gott und außer ihm keinen. 33 Und ihn zu lieben von ganzem Herzen, mit all seinen Gedanken und mit ganzer Kraft und seinen Nächsten zu lieben wie sich selbst, das ist viel mehr wert als alle unsere Opfer.« 34 Als Jesus sah, mit welcher Einsicht der Mann geantwortet hatte, sagte er zu ihm: »Du bist nicht weit weg vom Reich Gottes.« Danach wagte niemand mehr, ihm eine Frage zu stellen.

35 Als Jesus später im Tempel lehrte, stellte er eine Frage an alle: »Wie können die Gesetzeslehrer behaupten, der Messias sei der Sohn Davids? 36 David selbst hat doch, geleitet vom Heiligen Geist, gesagt: ›Der Herr sprach zu meinem Herrn: Setz dich an meine rechte Seite, bis ich deine Feinde zum Fußschemel für dich gemacht habe.‹* 37 Wenn David ihn also Herr nennt, wie kann er dann gleichzeitig sein Sohn sein?« Die große Menschenmenge hörte ihm begierig zu. 38 Er belehrte sie weiter und sagte: »Hütet euch vor den Gesetzeslehrern! Sie zeigen sich gern in ihren langen Gewändern und erwarten, dass man sie auf den Märkten ehrerbietig grüßt. 39 In der Synagoge sitzen sie in der vordersten Reihe, und bei Gastmählern beanspruchen sie die Ehrenplätze. 40 Gleichzeitig aber verschlingen sie den Besitz schutzloser Witwen und sprechen scheinheilig lange Gebete. – Ein sehr hartes Urteil wird sie erwarten!«

12,26 2. Mose 3,6
12,30 5. Mose 6,4-5
12,31 3. Mose 19,18
12,36 Psalm 110,1

Der Wert einer Spende

41 Dann setzte sich Jesus in die Nähe
des Opferkastens und sah zu, wie
die Leute Geld hineinwarfen. Viele
Reiche legten viel ein. 42 Dann kam
eine arme Witwe und steckte zwei
kleine Kupfermünzen, zwei Lepta,
hinein. Das entspricht dem Wert von
einem Quadrans* in römischem Geld.
43 Jesus rief seine Jünger herbei und
sagte zu ihnen: »Ich versichere euch,
diese arme Witwe hat mehr in den
Opferkasten gesteckt als alle anderen.
44 Denn die anderen haben nur etwas
von ihrem Überfluss gegeben. Aber
diese arme Frau, die nur das Nötigste
zum Leben hat, hat alles gegeben,
was sie besaß, ihren ganzen Lebens-
unterhalt.«

Was kommen wird

13 1 Als Jesus den Tempel verließ,
sagte einer von seinen Jün-
gern: »Rabbi, sieh doch! Was für ge-
waltige Steine und was für herrliche
Bauten.« 2 Jesus sagte zu ihm: »Du be-
wunderst diese großen Gebäude? Hier
wird kein Stein auf dem anderen blei-
ben; es wird alles zerstört werden.«
3 Als er später auf dem Ölberg saß und
zum Tempel hinüberblickte, kamen Pe-
trus, Jakobus, Johannes und Andreas
zu ihm und fragten: 4 »Wann wird das
alles geschehen? Gibt es ein Zeichen,
an dem wir erkennen können, wann es
sich erfüllen wird?« 5 »Gebt acht, dass
euch niemand irreführt!«, erwiderte
Jesus. 6 »Viele werden unter meinem
Namen auftreten und von sich sagen:
›Ich bin es!‹ Damit werden sie viele
verführen. 7 Erschreckt nicht, wenn
ihr von Kriegen hört oder wenn Kriegs-
gefahr droht. Das muss so kommen,
aber es ist noch nicht das Ende. 8 Ein
Volk wird sich gegen das andere er-
heben, und ein Staat den anderen an-
greifen. In vielen Teilen der Welt wird
es Erdbeben und Hungersnöte geben.
Doch das ist erst der Anfang – der Be-
ginn von Geburtswehen.

9 Und was euch angeht, so macht
euch darauf gefasst, vor Gericht ge-
stellt und in Synagogen ausgepeitscht
zu werden. Weil ihr zu mir gehört,
werdet ihr euch vor Machthabern und
Königen verantworten müssen. Doch
auch sie müssen ein Zeugnis von mir
hören. 10 Aber zuerst muss allen Völ-
kern die gute Botschaft verkündigt
werden. 11 Und wenn sie euch verhaf-
ten und vor Gericht stellen, dann
macht euch vorher keine Sorgen, was
ihr sagen sollt. Sagt einfach das, was
euch dann eingegeben wird. Denn
nicht ihr seid dann die Redenden,
sondern der Heilige Geist.

12 Brüder werden einander dem Tod
ausliefern und Väter ihre Kinder.
Kinder werden sich gegen ihre Eltern
stellen und sie in den Tod schicken.
13 Und weil ihr euch zu mir bekennt,
werdet ihr von allen gehasst werden.
Aber wer bis zum Ende standhaft
bleibt, wird gerettet.

14 Wenn ihr aber das ›Scheusal der
Verwüstung‹* stehen seht, wo es nicht
stehen sollte – Wer das liest, der merke
auf! –, dann sollen die Einwohner Ju-
däas in die Berge fliehen. 15 Wer auf
seiner Dachterrasse sitzt, soll keine
Zeit damit verlieren, noch etwas aus

12,42 *Quadrans*. Das entspricht etwa dem 64. Teil eines Tagelohns.

13,14 Vergleiche Daniel 11,31.

dem Haus zu holen; 16 und wer auf dem
Feld ist, soll nicht mehr zurücklaufen,
um seinen Umhang zu holen. 17 Am
schlimmsten wird es dann für schwan-
gere Frauen und stillende Mütter sein.
18 Betet darum, dass das alles nicht im
Winter geschieht! 19 Denn jene Tage
werden so schrecklich sein, dass sie
alles übertreffen, was je geschah, seit
Gott die Welt geschaffen hat. Auch da-
nach wird es eine solche Bedrängnis
nie mehr geben. 20 Wenn der Herr
diese Zeit nicht verkürzt hätte, würde
kein Mensch gerettet werden. Seinen
Auserwählten zuliebe aber hat er die
Zeit verkürzt.

21 Wenn dann jemand zu euch sagt:
›Schaut her, da ist der Messias!‹, oder:
›Seht, er ist dort!‹, so glaubt es nicht!
22 Denn mancher falsche Messias und
mancher falsche Prophet wird auftre-
ten. Sie werden sich durch Zeichen
und Wundertaten ausweisen und
würden sogar die Auserwählten ver-
führen, wenn sie es könnten. 23 Ge-
rade ihr müsst euch also vorsehen!
Ich habe euch alles vorausgesagt.

24 Doch dann, nach dieser schreck-
lichen Zeit, wird sich die Sonne ver-
finstern und der Mond wird nicht
mehr scheinen. 25 Die Sterne werden
vom Himmel stürzen und die Kräfte
des Himmels aus dem Gleichgewicht
geraten. 26 Dann werden sie den
Menschensohn mit großer Macht
und Herrlichkeit von den Wolken her
kommen sehen. 27 Und dann wird er
die Engel in alle Himmelsrichtungen
aussenden, um seine Auserwählten
von überall her zusammenzubringen.

28 Vom Feigenbaum könnt ihr Fol-
gendes lernen: Wenn seine Knospen
weich werden und die Blätter zu
sprießen beginnen, wisst ihr, dass es
bald Sommer wird. 29 Genauso ist es,
wenn ihr seht, dass diese Dinge ge-
schehen. Dann steht sein Kommen
unmittelbar bevor. 30 Ich versichere
euch: Dieses Geschlecht* wird nicht
untergehen, bis das alles geschieht.
31 Himmel und Erde werden verge-
hen, aber meine Worte gelten allezeit,
sie vergehen nie. 32 Doch Tag und
Stunde von diesen Ereignissen weiß
niemand, nicht einmal die Engel im
Himmel oder der Sohn selbst; nur der
Vater weiß es. 33 Seht euch also vor
und seid wachsam! Ihr wisst ja nicht,
wann das alles geschieht.

34 Es ist wie bei einem Mann, der
verreist. Er verlässt das Haus und
überträgt die Verantwortung dafür
seinen Bediensteten. Jedem teilt er
seine Aufgabe zu. Dem Türhüter
schärft er ein, besonders wachsam zu
sein. 35 Darum seid auch ihr wach-
sam! Ihr wisst ja nicht, wann der Herr
des Hauses kommt – ob am Abend,
mitten in der Nacht, beim ersten
Hahnenschrei oder früh am Morgen.*
36 Sorgt dafür, dass er euch nicht im
Schlaf überrascht. 37 Was ich euch
hier sage, das sage ich allen: Seid
wachsam!«

13,30 *Geschlecht* (griechisch: *genea*) meint entweder Menschen, die in der gleichen Zeit geboren wurden (= Generation, Zeitgenossen) oder die durch gemeinsame Abstammung verbunden sind (= Sippe, Stamm, Volk).

13,35 Das sind die Namen der vier römischen Nachtwachen von jeweils drei Stunden: Abend 18-21 Uhr, Mitternacht 21-24 Uhr, Hahnenschrei 0-3 Uhr, Morgen 3-6 Uhr.

14,1 *Passa.* Siehe 2. Mose 12-13.

Verschwörung gegen Jesus

14 1 Es waren nur noch zwei
Tage bis zum Passafest* und
der darauf folgenden Festwoche der
»Ungesäuerten Brote«. Die Hohen
Priester und die Gesetzeslehrer such-
ten immer noch nach einer Gelegen-
heit, Jesus heimlich festnehmen und
dann töten zu können. 2 »Auf keinen
Fall darf es während des Festes ge-
schehen«, sagten sie, »sonst gibt es
einen Aufruhr.«
3 Jesus war in Betanien bei Simon
dem Aussätzigen zu Gast. Während
des Essens kam eine Frau herein, die
ein Alabastergefäß* mit reinem, kost-
barem Nardenöl* in der Hand hatte.
Sie brach den Hals des Fläschchens ab
und goss Jesus das Öl über den Kopf.
4 Einige am Tisch waren empört.
»Was soll diese Verschwendung?«,
sagten sie zueinander. 5 »Man hätte
dieses Öl für mehr als 300 Denare*
verkaufen und das Geld den Armen
geben können.« Und sie machten der
Frau heftige Vorwürfe. 6 Aber Jesus
sagte: »Lasst sie in Ruhe! Warum
bringt ihr sie in Verlegenheit? Sie hat
ein gutes Werk an mir getan. 7 Es wird
immer Arme bei euch geben, und
sooft ihr wollt, könnt ihr ihnen Gutes
tun. Aber mich habt ihr nicht mehr
lange bei euch. 8 Sie hat getan, was sie
konnte, und meinen Körper im Voraus
zum Begräbnis gesalbt. 9 Und ich ver-
sichere euch: Überall in der Welt, wo
man die gute Botschaft predigen wird,
wird man auch von dem reden, was
diese Frau getan hat.«
10 Danach ging einer der Zwölf, es
war Judas, der Sikarier, zu den Hohen
Priestern und bot ihnen an, Jesus an
sie auszuliefern. 11 Sie waren hoch-
erfreut, als sie das hörten, und ver-
sprachen ihm Geld dafür. Von da an
suchte er nach einer günstigen Ge-
legenheit, Jesus zu verraten.

Das letzte Passamahl

12 Am ersten Tag der Festwoche der
»Ungesäuerten Brote«, an dem die
Passalämmer geschlachtet wurden,
fragten die Jünger Jesus: »Wo sollen
wir das Passamahl für dich vorberei-
ten?« 13 Jesus schickte zwei von ihnen
los und sagte: »Geht in die Stadt! Dort
werdet ihr einen Mann sehen, der
einen Wasserkrug trägt. Folgt ihm,
14 bis er in ein Haus hineingeht. Sagt
dort zu dem Hausherrn: ›Unser Rabbi
lässt fragen, wo der Raum ist, in dem
er mit seinen Jüngern das Passamahl
feiern kann.‹ 15 Er wird euch einen
großen Raum im Obergeschoss zei-
gen, der für das Festmahl ausgestattet
und hergerichtet ist. Dort bereitet
alles für uns vor.« 16 Die Jünger
machten sich auf den Weg in die Stadt
und fanden alles genauso, wie Jesus es
ihnen gesagt hatte, und bereiteten das
Passa vor. 17 Am Abend kam Jesus mit
den Zwölf. 18 Während der Mahlzeit
sagte er: »Ich versichere euch: Einer
von euch wird mich verraten, einer,

14,3 *Alabaster* ist ein marmorähnlicher Gips, der sich leicht bearbeiten und gut polieren lässt. Er wurde deshalb gern zu henkellosen Gefäßen für Salben verarbeitet.

Narde ist eine duftende aromatische Pflanze, die in den Bergen des Himalaja in Höhen zwischen 3500 und 5000 m wächst. Mit dem aus der indischen Narde gewonnenen Öl wurde schon zur Zeit Salomos gehandelt.

14,5 *300 Denare*. Das war etwa der Jahresverdienst eines damaligen Arbeiters.

der hier mit mir isst.« 19 Sie waren be-
stürzt, und einer nach dem anderen
fragte ihn: »Das bin doch nicht ich,
oder?« 20 »Es ist einer von euch
zwölf«, sagte Jesus, »einer, der das
Brot mit mir in die Schüssel taucht.
21 Der Menschensohn geht zwar den
Weg, der ihm in der Schrift vorausge-
sagt ist; doch für seinen Verräter
wird es furchtbar sein. Für diesen
Menschen wäre es besser, er wäre nie
geboren.«

22 Noch während sie aßen, nahm
Jesus ein Fladenbrot, dankte Gott
dafür, brach es in Stücke und gab es
seinen Jüngern mit den Worten:
»Nehmt, das ist mein Leib.« 23 Dann
nahm er einen Kelch, sprach das
Dankgebet und reichte ihnen auch
den; und alle tranken daraus. 24 Er
sagte: »Das ist mein Blut, das Blut,
das für viele vergossen wird und den
Bund zwischen Gott und Menschen
besiegelt. 25 Und ich versichere euch,
dass ich bis zu dem Tag, an dem Gott
seine Herrschaft aufrichtet, keinen
Wein mehr trinken werde. Dann
allerdings werde ich neuen Wein trin-
ken.« 26 Als sie noch ein Loblied ge-
sungen hatten, gingen sie zum Ölberg
hinaus.

27 »Ihr werdet mich alle verlassen«,
sagte Jesus zu ihnen, »denn es steht
geschrieben: ›Ich werde den Hirten er-
schlagen und die Schafe werden sich
zerstreuen.‹* 28 Aber nach meiner
Auferstehung werde ich euch nach
Galiläa vorausgehen.« 29 Da sagte
Petrus zu ihm: »Und wenn alle an dir
irre werden – ich werde dich nie ver-
lassen!« 30 »Ich versichere dir«, er-
widerte Jesus, »noch heute Nacht,
noch bevor der Hahn zweimal gekräht
hat, wirst du mich dreimal verleug-
nen.« 31 »Nein!«, erklärte Petrus mit
aller Entschiedenheit. »Und wenn ich
mit dir sterben müsste! Niemals
werde ich dich verleugnen!« Das
Gleiche beteuerten auch alle anderen.

Jesus in Getsemani

32 Sie kamen in einen Olivenhain na-
mens Getsemani. Dort sagte Jesus zu
seinen Jüngern: »Setzt euch hier her, bis
ich gebetet habe.« 33 Petrus, Jakobus
und Johannes jedoch nahm er mit. Auf
einmal wurde er von schrecklicher
Angst und von Grauen gepackt 34 und
sagte zu ihnen: »Die Qualen meiner
Seele bringen mich fast um. Bleibt hier
und haltet euch wach!« 35 Er selbst
ging noch ein paar Schritte weiter, warf
sich auf die Erde und bat Gott, ihm
diese Leidensstunde zu ersparen, wenn
es möglich wäre. 36 »Abba*, Vater«,
sagte er, »dir ist alles möglich. Lass die-
sen bitteren Kelch an mir vorüberge-
hen! Aber nicht, wie ich will, sondern
wie du willst.« 37 Als er zurückging,
fand er die Jünger schlafend. »Simon«,
sagte er zu Petrus, »du schläfst? Konn-
test du nicht eine einzige Stunde mit mir
wachen? 38 Seid wachsam und betet,
damit ihr nicht in Versuchung kommt!
Der Geist ist willig, aber der Körper ist
schwach.« 39 Danach ging er wieder
weg und betete noch einmal dasselbe.
40 Als er zurückkam, fand er sie wieder
eingeschlafen. Sie konnten ihre Augen
vor Müdigkeit nicht offen halten und

14,27 Sacharja 13,7

14,36 *Abba* (aramäisch) bedeutet Vater. Der Ausdruck wurde als liebe- und respektvolle Anrede nur im Familienkreis gebraucht.

wussten nicht, was sie ihm antworten
sollten. 41 Als er das dritte Mal zurük-
kkam, sagte er zu ihnen: »Schlaft ihr
denn immer noch? Ruht ihr euch
immer noch aus? Genug damit, es ist so
weit! Die Stunde ist gekommen. Jetzt
wird der Menschensohn den Sündern
in die Hände gegeben. 42 Steht auf, lasst
uns gehen! Der Verräter ist schon da.«

Verraten, verhaftet und verleugnet

43 Kaum hatte er das gesagt, kam
Judas, einer von den zwölf Jüngern,
mit einer großen Schar von Bewaff-
neten. Sie trugen Schwerter und
Knüppel und waren von den Hohen
Priestern, den Gesetzeslehrern und
Ältesten geschickt. 44 Der Verräter
hatte ein Zeichen mit ihnen verab-
redet: »Der, den ich zur Begrüßung
küssen werde, der ist es. Den müsst
ihr festnehmen und gut bewacht ab-
führen.« 45 Sobald sie angekommen
waren, ging Judas auf Jesus zu.
»Rabbi!«, rief er und küsste ihn. 46 Da
packten sie ihn und nahmen ihn fest.
47 Doch einer von den Männern, die
bei Jesus waren, zog ein Schwert. Er
schlug auf den Sklaven des Hohen
Priesters ein und hieb ihm ein Ohr ab.
48 Jesus sagte zu den Männern: »Bin
ich denn ein Verbrecher, dass ihr mit
Schwertern und Knüppeln auszieht,
um mich zu verhaften? 49 Ich war
doch täglich bei euch im Tempel und
lehrte dort. Da habt ihr mich nicht
festgenommen. Aber es muss sich
natürlich erfüllen, was die Schrift
über mich vorausgesagt hat.« 50 Da
ließen ihn alle seine Jünger im Stich
und flohen. 51 Ein junger Mann aller-
dings folgte Jesus. Er hatte nur einen
Leinenkittel über den bloßen Leib
geworfen, und als man ihn packte,
52 ließ er den Kittel fahren und rannte
nackt davon.

53 Jesus wurde zum Palast des
Hohen Priesters gebracht, wo sich alle
Hohen Priester, die Ratsältesten und
die Gesetzeslehrer versammelten.
54 Petrus folgte ihnen in weitem
Abstand bis in den Innenhof des
Palastes. Dort setzte er sich zu den
Dienern und wärmte sich am Feuer.
55 Währenddessen suchten die Hohen
Priester und der ganze Hohe Rat nach
einer Zeugenaussage gegen Jesus, die
es rechtfertigen würde, ihn zum Tod
zu verurteilen. Doch ihre Bemühun-
gen waren vergeblich. 56 Es sagten
zwar viele falsche Zeugen gegen Jesus
aus, aber ihre Aussagen stimmten
nicht überein. 57 Schließlich standen
einige falsche Zeugen auf und sagten:
58 »Wir haben ihn sagen hören:
›Ich werde diesen Tempel, der von
Menschenhand errichtet wurde, nie-
derreißen und in drei Tagen einen
anderen aufrichten, der nicht von
Menschenhand erbaut ist.‹« 59 Doch
auch ihre Aussagen stimmten nicht
überein.

60 Da erhob sich der Hohe Priester,
trat in die Mitte und fragte Jesus:
»Hast du nichts zu diesen Anklagen
zu sagen? Wie stellst du dich dazu?«
61 Aber Jesus schwieg und sagte kein

14,63 *riss ... ein.* Er griff in seinen Halsausschnitt und riss den Stoff mit einem heftigen Ruck eine Handlänge ein, so dass ein Teil der Brust bloß lag. Ein frommer Mann durfte eine Gotteslästerung nicht ohne diese Gebärde des Entsetzens anhören. Nach 3. Mose 10,6; 21,10 war dies aber dem Hohen Priester verboten.

Wort. Darauf fragte ihn der Hohe
Priester noch einmal: »Bist du der
Messias, der Sohn des Hochgelob-
ten?« 62 »Ich bin es!«, erwiderte
Jesus. »Und ihr werdet den Men-
schensohn sehen, wie er an der
rechten Seite des Allmächtigen sitzt
und mit den Wolken des Himmels
kommt.« 63 Da riss der Hohe Priester
sein Gewand am Halssaum ein* und
rief: »Was brauchen wir noch Zeu-
gen? 64 Ihr habt die Gotteslästerung
gehört. Was ist eure Meinung?« Alle
erklärten, er sei schuldig und müsse
sterben. 65 Einige begannen, Jesus
anzuspucken; sie verbanden ihm
die Augen, schlugen ihn mit Fäusten
und sagten: »Na, wer war es, du
Prophet?« Auch die Wachen schlugen
ihm ins Gesicht.
66 Während sich Petrus noch unten
im Hof aufhielt, kam eine von den
Dienerinnen des Hohen Priesters vor-
bei. 67 Als sie Petrus wahrnahm, der
sich am Feuer wärmte, sah sie ihn ge-
nauer an und meinte: »Du warst doch
auch mit dem Jesus aus Nazaret zu-
sammen!« 68 Aber Petrus stritt es ab.
»Ich weiß nicht, wovon du redest!«,
sagte er. »Ich verstehe überhaupt
nicht, was du willst!«, und ging in den
Vorhof hinaus. Da krähte ein Hahn.
69 Als die Dienerin ihn sah, fing sie
wieder an und sagte zu denen, die
herumstanden: »Das ist einer von
ihnen!« 70 Doch Petrus stritt es wie-
der ab. Kurz darauf fingen auch die
Umstehenden an: »Sicher gehörst du
zu ihnen, du bist doch auch ein Ga-
liläer*!« 71 Da begann Petrus zu
fluchen und schwor: »Ich kenne den
Mann überhaupt nicht, von dem ihr
redet!« 72 In diesem Augenblick kräh-
te der Hahn zum zweiten Mal. Da er-
innerte sich Petrus an das, was Jesus
zu ihm gesagt hatte: »Bevor der Hahn
zweimal kräht, wirst du mich dreimal
verleugnen.« Da fing er an zu weinen.

Das Verhör

15 1 Früh am nächsten Morgen
traten die Hohen Priester mit
den Ratsältesten und den Gesetzes-
lehrern – also der ganze Hohe Rat –
zusammen und fassten den offiziellen
Beschluss gegen Jesus. Dann ließen
sie ihn fesseln, führten ihn ab und
übergaben ihn Pilatus*. 2 Pilatus
fragte ihn: »Bist du der König der
Juden?« – »Es ist so, wie du sagst«,
erwiderte Jesus. 3 Daraufhin brachten
die Hohen Priester schwere Beschul-
digungen gegen ihn vor. 4 Doch Pila-
tus fragte ihn noch einmal: »Hast
du nichts dazu zu sagen? Hörst
du nicht, was sie alles gegen dich
vorbringen?« 5 Aber zu seinem Er-
staunen sagte Jesus kein Wort mehr.
6 Nun war es üblich, dass der Statt-
halter jedes Jahr zum Passafest einen
Gefangenen freiließ, den das Volk
selbst bestimmen durfte. 7 Damals
saß gerade ein Mann namens Barab-
bas im Gefängnis, der bei einem Auf-
stand zusammen mit anderen einen
Mord begangen hatte. 8 Eine große
Menschenmenge bedrängte nun Pila-
tus und bat ihn, wie üblich einen Ge-
fangenen zu begnadigen. 9 »Soll ich

***

14,70 Einen *Galiläer* erkannte man an seinem unverwechselbaren Dialekt.

15,1 *Pilatus*. Von 26-36 n.Chr. Statthalter des römischen Kaisers für Judäa und Samaria.

euch den König der Juden losge-
ben?«, fragte Pilatus die Menge. 10 Er
wusste, dass die Hohen Priester Jesus
nur aus Neid ihm ausgeliefert hatten.
11 Doch die Hohen Priester hetzten
die Menge auf, lieber die Freilassung
von Barabbas zu fordern. 12 »Wenn
ich den freilasse«, sagte Pilatus, »was
soll ich dann mit dem tun, den ihr
König der Juden nennt?« 13 »Kreuzi-
gen!«, schrien sie. 14 »Aber warum?«,
fragte Pilatus. »Was hat er denn ver-
brochen?« Doch sie schrien nur noch
lauter: »Kreuzige ihn!« 15 Pilatus
wollte die Menge zufriedenstellen und
gab ihnen Barabbas frei. Jesus aber
ließ er mit der schweren Lederpeit-
sche* geißeln und übergab ihn dann
den Soldaten zur Kreuzigung.

Die Kreuzigung

16 Die führten ihn in den Palast, das
sogenannte Prätorium, und riefen die
ganze Mannschaft zusammen. 17 Sie
hängten ihm einen purpurroten Um-
hang um, flochten eine Krone aus
Dornenzweigen und setzten sie ihm
auf. 18 Dann salutierten sie und rie-
fen: »Sei gegrüßt, König der Juden!«
19 Mit einem Stock schlugen sie Jesus
auf den Kopf und spuckten ihn an.
Dann knieten sie sich vor ihm hin und
huldigten ihm wie einem König.
20 Als sie genug davon hatten, ihn zu
verspotten, nahmen sie ihm den Um-
hang wieder ab, zogen ihm seine eige-
nen Gewänder an und führten ihn ab,
um ihn zu kreuzigen. 21 Unterwegs
begegnete ihnen ein Mann, der gerade
vom Feld kam. Es war Simon aus Zy-
rene, der Vater von Alexander und
Rufus. Die Soldaten zwangen ihn, das
Kreuz für Jesus zu tragen. 22 So
brachten sie ihn bis zu der Stelle, die
Golgota heißt, das bedeutet »Schädel-
stätte«. 23 Dann wollten sie ihm Wein
zu trinken geben, der mit Myrrhe*
vermischt war, doch er nahm ihn
nicht. 24 So nagelten sie ihn ans Kreuz
und verteilten dann seine Kleidung
unter sich. Sie losten aus, was jeder
bekommen sollte. 25 Es war neun Uhr
morgens, als sie ihn kreuzigten. 26 Als
Grund für seine Hinrichtung hatten
sie auf ein Schild geschrieben: »Der
König der Juden.« 27 Zusammen mit
Jesus kreuzigten sie zwei Verbrecher,
einen rechts und einen links von ihm.
*(28)**

Lebendig angenagelt

29 Die Leute, die vorbeikamen, schüt-
telten den Kopf und riefen höhnisch:
»Ha! Du wolltest den Tempel ab-
reißen und in drei Tagen wieder auf-
bauen! 30 Rette dich doch selbst und
steig vom Kreuz herab!« 31 Auch die
Hohen Priester und Gesetzeslehrer
machten sich über ihn lustig. »Ande-
re hat er gerettet«, riefen sie, »sich
selbst kann er nicht retten! 32 Der

15,15 *Lederpeitsche.* Die Peitsche der Römer hatte an einem Stock schmale Lederriemen, in die Bleistücke oder scharfe Knochensplitter eingeflochten waren. Die Zahl der Schläge war, anders als bei den Juden, unbegrenzt. Die Geißelung endete oft mit dem Tod des Gequälten.

15,23 *Myrrhe.* Wohlriechendes Harz, hier als Bitterstoff verwendet. Offenbar war das als zusätzliche Quälerei gedacht. Manche denken auch an ein Betäubungsmittel.

15,28 Manche spätere Handschriften haben hier wie in Lukas 22,37 eingefügt: »So wurde das Wort der Schrift erfüllt: ›Er wurde zu den Gesetzlosen gezählt.‹«

Messias, der König von Israel möge
doch jetzt vom Kreuz herabsteigen.
Wenn wir das sehen, werden wir
an ihn glauben!« Auch die Männer,
die mit ihm gekreuzigt waren, be-
schimpften ihn.
33 Um zwölf Uhr mittags wurde der
Himmel über dem ganzen Land plötz-
lich finster. Das dauerte drei Stunden.
34 Dann, gegen drei Uhr, schrie Jesus
laut: »Eloi, Eloi, lema sabachthani?«
Das heißt: »Mein Gott, mein Gott,
warum hast du mich verlassen?«
35 Einige der Herumstehenden hörten
das und sagten: »Seht, er ruft Elija!«
36 Einer von ihnen holte schnell einen
Schwamm, tauchte ihn in sauren
Wein, steckte ihn auf einen Stock und
hielt ihn Jesus zum Trinken hin.
»Wartet«, rief er, »wir wollen doch
sehen, ob Elija kommt, um ihn herab-
zuholen!« 37 Jesus aber stieß einen
lauten Schrei aus und starb. 38 In
diesem Augenblick riss der Vorhang
im Tempel von oben bis unten ent-
zwei.

Das Begräbnis

39 Als der Hauptmann, der vor dem
Kreuz stand, Jesus so sterben sah,
sagte er: »Dieser Mann war wirklich
Gottes Sohn.« 40 Einige Frauen hat-
ten von weitem zugesehen. Unter
ihnen waren Maria aus Magdala,
Maria, die Mutter von Jakobus, dem
Kleinen, und von Joses, und Salome,
41 Frauen, die ihm schon gefolgt
waren und gedient hatten, als er noch
in Galiläa war. Und noch viele andere
standen dabei, die alle mit Jesus nach
Jerusalem hinaufgezogen waren.
42 Es wurde nun schon Abend, und es
war Rüsttag, der Tag vor dem Sabbat.
43 Da wagte es Josef aus Arimathäa,
zu Pilatus zu gehen und ihn um den
Leichnam von Jesus zu bitten. Er war
ein angesehenes Mitglied des Hohen
Rates und einer von denen, die auf
das Kommen des Reiches Gottes
warteten. 44 Pilatus war erstaunt zu
hören, dass Jesus schon tot sein solle.
Er ließ den Hauptmann kommen und
fragte ihn, ob Jesus wirklich schon
gestorben sei. 45 Als der das bestätig-
te, überließ er Josef den Leib. 46 Josef
kaufte ein Leinentuch, nahm Jesus
vom Kreuz ab und wickelte ihn darin
ein. Dann legte er ihn in eine aus
dem Felsen gehauene Grabhöhle und
wälzte einen Stein vor den Eingang.
47 Maria aus Magdala und Maria,
die Mutter von Joses, beobachteten,
wohin der Leichnam von Jesus gelegt
wurde.

Die Auferstehung

16 1 Am nächsten Abend, als
der Sabbat vorüber war,
kauften Maria aus Magdala, Salome
und Maria, die Mutter von Jakobus,
wohlriechende Öle, um zum Grab zu
gehen und den Leichnam von Jesus
zu salben. 2 Sehr früh am Sonntag-
morgen machten sie sich auf den
Weg zum Grab. Die Sonne war gera-
de aufgegangen, als sie dort anka-
men. 3 Unterwegs hatten sie sich
noch gefragt: »Wer wird uns den
Stein vom Eingang des Grabes weg-
wälzen?« 4 Doch als sie jetzt hinblik-
kten, sahen sie, dass der riesige Stein
zur Seite gewälzt war. 5 Sie gingen in
die Grabkammer hinein und erschra-
ken sehr, als sie innen auf der rechten
Seite einen jungen Mann in weißem
Gewand sitzen sahen. 6 Der sprach

sie gleich an und sagte: »Erschreckt nicht! Ihr sucht Jesus von Nazaret, den Gekreuzigten. Er ist auferstanden, er ist nicht hier. Seht, das ist die Stelle, wo sie ihn hingelegt hatten. 7 Und nun geht zu seinen Jüngern und sagt ihnen und dem Petrus: ›Er geht euch nach Galiläa voraus. Dort werdet ihr ihn sehen, wie er es euch angekündigt hat.‹« 8 Zitternd vor Furcht und Entsetzen stürzten die Frauen aus der Gruft und liefen davon. Sie hatten solche Angst, dass sie mit niemand darüber redeten.*

9 Nach seiner Auferstehung am frühen Sonntagmorgen erschien Jesus zuerst der Maria aus Magdala, aus der er sieben Dämonen ausgetrieben hatte. 10 Sie ging zu den Jüngern, die um ihn trauerten und weinten und berichtete ihnen, 11 dass Jesus lebe und sie ihn gesehen habe. Doch sie glaubten ihr nicht. 12 Danach zeigte sich Jesus in anderer Gestalt zwei von ihnen, die zu einem Ort auf dem Land unterwegs waren. 13 Sie kehrten gleich zurück und berichteten es den anderen. Doch auch ihnen glaubten sie nicht. 14 Schließlich zeigte sich Jesus den elf Jüngern selbst, als sie beim Essen waren. Er rügte ihren Unglauben und Starrsinn, weil sie denen nicht hatten glauben wollen, die ihn als Auferstandenen gesehen hatten. 15 Dann sagte er zu ihnen: »Geht in die ganze Welt und verkündet allen Menschen die gute Botschaft. 16 Wer glaubt und sich taufen lässt, wird gerettet werden. Wer aber ungläubig bleibt, wird von Gott verurteilt werden. 17 Folgende Zeichen werden die begleiten, die glauben: Sie werden in meinem Namen Dämonen austreiben, sie werden in neuen Sprachen reden, 18 wenn sie Schlangen anfassen oder etwas Tödliches trinken, wird es ihnen nichts schaden, Kranken, denen sie die Hände auflegen, wird es gut gehen.«

19 Nachdem der Herr mit ihnen gesprochen hatte, wurde er in den Himmel aufgenommen und setzte sich an die rechte Seite Gottes. 20 Sie aber gingen überall hin und predigten die gute Botschaft. Der Herr wirkte durch sie und bestätigte ihr Wort durch wunderbare Zeichen.

16,8 Hier bricht das Markus-Evangelium nach den ältesten und besten Textzeugen ab. Die Verse 9-20 sind jedoch schon sehr früh entstanden und wurden bereits in der 1. Hälfte des 2. Jahrhunderts von den Christen einmütig als kanonisch anerkannt. Das spricht stark für eine apostolische Herkunft. In einigen Handschriften findet sich jedoch auch ein kürzerer Schluss des Evangeliums. Er lautet: »Schließlich berichteten sie Petrus und den anderen Jüngern alles, was ihnen aufgetragen war. Später beauftragte Jesus seine Jünger selbst, überall in der Welt die heilige und unvergängliche Botschaft von der Erlösung weiterzusagen.«

Die gute Botschaft, aufgeschrieben von Lukas

Der griechische Arzt Lukas hatte Paulus bis nach Jerusalem begleitet. Nachdem dieser verhaftet und verhört worden war, kam es zu einer Verschwörung von 40 jüdischen Männern. Daraufhin wurde Paulus stark bewacht nach Cäsarea überführt und blieb dort in Haft. Der Statthalter Felix verzögerte jedoch eine gerichtliche Entscheidung bis zu seiner Ablösung, obwohl er von der Unschuld des Angeklagten überzeugt war. So vergingen zwei Jahre. In dieser Zeit hatte Lukas Gelegenheit zu gründlichen Nachforschungen und Zeugenbefragungen in Israel. Wir können annehmen, dass sein Evangelium in dieser Zeit, also zwischen 57 und 59 n.Chr., in Cäsarea entstand.

Lukas widmete sein Werk einem gewissen Theophilus, der dann wohl auch für die Vervielfältigung und Verbreitung sorgte. Theophilus sollte erkennen, dass sein Glaube auf sicheren historischen Tatsachen beruhte. In seinem Evangelium zeigt Lukas Jesus als den Menschensohn, der die Verlorenen suchen und retten wollte, aber von Israel abgelehnt wurde.

Vorwort

1 *1* Schon viele haben sich daran-
gesetzt, einen Bericht über die Er-
eignisse zu schreiben, die bei uns ge-
schehen sind *2* und die wir von denen
erfahren haben, die von Anfang an als
Augenzeugen dabei waren und dann
den Auftrag erhielten, die Botschaft
weiterzusagen. *3* Nun habe auch ich
mich dazu entschlossen, allem von
Anfang an sorgfältig nachzugehen
und es für dich, verehrter Theophilus,
der Reihe nach aufzuschreiben. *4* So
kannst du dich von der Zuverlässigkeit
der Dinge überzeugen, in denen du
unterwiesen worden bist.

Ankündigung der Geburt des Boten

5 Es begann in der Zeit, als Herodes*
König von Judäa* war. Damals lebte
dort ein Priester namens Zacharias,
der zur Priesterabteilung des Abija*
gehörte. Seine Frau hieß Elisabet und
stammte aus dem Priestergeschlecht
Aarons*. *6* Beide führten ein Leben in
Verantwortung vor Gott und richteten
sich in allem nach den Geboten und
Anweisungen des Herrn. *7* Sie waren
kinderlos geblieben, weil Elisabet
keine Kinder bekommen konnte. Und
nun waren beide schon alt geworden.
8 Als seine Abteilung wieder einmal
an der Reihe war, den Dienst im Tem-
pel zu verrichten, *9* wurde Zacharias
nach priesterlichem Brauch durch ein

1,5 Gemeint ist *Herodes* der Große, der von 37 bis 4 v.Chr. lebte und unter römischer Oberherrschaft das Gebiet Israels regierte.

Judäa. Von Juden bewohntes Gebiet zwischen dem Toten Meer und dem Mittelmeer.

Seit der Zeit Davids war die Priesterschaft Israels in 24 Abteilungen gegliedert. *Abija* war nach 1. Chronik 24,10 und Nehemia 12,12 das Oberhaupt einer dieser Abteilungen.

Aaron, der Bruder Moses, war der erste Hohe Priester Israels, vgl. 2. Mose 28,1.

Los dazu bestimmt, das Räucher-
opfer* im Heiligtum darzubringen.
10 Während er opferte, stand eine
große Menschenmenge draußen und
betete.
11 Doch ihm erschien auf einmal ein
Engel des Herrn. Er stand rechts
neben dem Altar. 12 Zacharias er-
schrak, als er ihn wahrnahm, und
bekam es mit der Angst zu tun.
13 Doch der Engel sagte zu ihm:
»Fürchte dich nicht, Zacharias! Gott
hat dein Gebet erhört. Deine Frau Eli-
sabet wird dir einen Sohn schenken,
und den sollst du Johannes nennen.
14 Du wirst überglücklich sein, und
auch viele andere werden sich über
seine Geburt freuen, 15 denn vor Gott
wird er ein Großer sein. Er wird kei-
nen Wein und auch keine anderen be-
rauschenden Getränke anrühren und
von Mutterleib an mit dem Heiligen
Geist erfüllt sein. 16 Und viele Israeli-
ten wird er zum Herrn, ihrem Gott, zu-
rückführen. 17 Im Geist und in der
Kraft des Propheten Elija wird er
dem Herrn als Bote vorausgehen. Er
wird die Herzen der Väter zu ihren Kin-
dern umkehren lassen und Ungehorsa-
me zur Gesinnung von Gerechten
zurückführen, um so das Volk für
das Kommen des Herrn bereit zu
machen.«
18 »Wie kann ich sicher sein, dass
das wirklich geschieht?«, fragte Za-
charias. »Schließlich bin ich ein alter
Mann und auch meine Frau ist nicht
mehr jung.« 19 »Ich bin Gabriel!«, er-
widerte der Engel. »Ich stehe un-
mittelbar vor Gott und bin extra zu dir
geschickt worden, um mit dir zu reden
und dir diese gute Nachricht zu brin-
gen! 20 Was ich gesagt habe, wird zur
gegebenen Zeit eintreffen. Aber du
wirst stumm sein, weil du mir nicht
geglaubt hast! Du wirst so lange nicht
mehr sprechen können, bis alles ge-
schehen ist, was ich dir angekündigt
habe.«
21 Draußen wartete das Volk auf
Zacharias und wunderte sich, dass er
so lange im Tempel blieb. 22 Als er
dann herauskam, konnte er nicht zu
ihnen sprechen. Er machte sich durch
Handzeichen verständlich, blieb aber
stumm. Da merkten sie, dass er im
Tempel eine Erscheinung gehabt
hatte.
23 Als seine Dienstwoche vorüber
war, ging er wieder nach Hause.
24 Bald darauf wurde seine Frau Eli-
sabet schwanger und zog sich fünf
Monate völlig zurück. Sie sagte:
25 »Der Herr hat mir geholfen. Er hat
meinen Kummer gesehen und die
Schande meiner Kinderlosigkeit von
mir genommen.«

Ankündigung der Geburt des Herrschers

26 Als Elisabet im sechsten Monat
schwanger war, sandte Gott den
Engel Gabriel nach Galiläa* in eine

1,9 *Räucheropfer.* Der Räucheraltar stand im Tempel unmittelbar vor dem Vorhang, der das Höchstheilige vom Heiligtum trennte. Dort musste jeden Morgen und Abend Weihrauch angezündet werden (2. Mose 30,6-8).

1,26 *Galiläa.* Von Juden und Griechen bewohntes Gebiet im Norden Israels, etwa zwischen dem See Gennesaret und dem Mittelmeer.

Stadt namens Nazaret* 27 zu einer
jungen Frau, die Maria hieß. Sie war
noch unberührt und mit einem Mann
namens Josef verlobt, einem Nachfah-
ren Davids.

28 Der Engel kam zu ihr herein und
sagte: »Sei gegrüßt, du mit Gnade Be-
schenkte! Der Herr ist mit dir!«
29 Maria erschrak, als sie so angespro-
chen wurde und überlegte, was der
Gruß bedeuten sollte. 30 »Hab keine
Angst, Maria!«, sagte der Engel.
»Gott hat dich mit seiner Gunst be-
schenkt. 31 Du wirst schwanger wer-
den und einen Sohn zur Welt bringen,
den du Jesus nennen sollst. 32 Er wird
große Autorität haben und Sohn des
Höchsten genannt werden. Gott wird
ihn die Königsherrschaft seines
Stammvaters David* weiterführen
lassen. 33 Für immer wird er die Nach-
kommenschaft Jakobs* regieren und
seine Herrschaft wird nie mehr zu
Ende gehen.«

34 »Wie wird das geschehen?«,
fragte Maria. »Ich habe ja noch nie
mit einem Mann geschlafen.« 35 »Der
Heilige Geist wird über dich kom-
men«, erwiderte der Engel, »die Kraft
des Höchsten wird dich überschatten.
Deshalb wird das Kind, das du zur
Welt bringst, heilig sein und Sohn
Gottes genannt werden. 36 Sieh doch,
auch deine Verwandte Elisabet ist
noch in ihrem Alter schwanger gewor-
den und erwartet einen Sohn. Von ihr
hieß es ja, sie könne keine Kinder be-
kommen. Und jetzt ist sie schon im
sechsten Monat. 37 Für Gott ist nichts
unmöglich.« 38 Da sagte Maria: »Ich
gehöre ganz dem Herrn. Was du ge-
sagt hast, soll mit mir geschehen.«
Darauf verließ sie der Engel.

Maria besucht Elisabet

39 Nicht lange danach machte sich
Maria auf den Weg ins Bergland von
Judäa. So schnell wie möglich wollte
sie in die Stadt kommen, 40 in der Za-
charias wohnte. Als sie das Haus be-
trat und Elisabet begrüßte, 41 hüpfte
das Kind in Elisabets Leib. In diesem
Augenblick wurde Elisabet mit dem
Heiligen Geist erfüllt 42 und rief laut:
»Du bist die gesegnetste aller Frauen,
und gesegnet ist das Kind in deinem
Leib! 43 Welche Ehre, dass die Mutter
meines Herrn mich besucht! 44 Als
ich deinen Gruß vernahm, hüpfte
das Kind vor Freude in meinem Leib.
45 Wie glücklich bist du, dass du
geglaubt hast! Denn was der Herr
dir sagen ließ, wird sich erfüllen.«
46 Da sagte Maria:

»Meine Seele staunt über die
Größe des Herrn 47 und mein Geist
freut sich über Gott, meinen Retter!
48 Seiner geringsten Sklavin hat
er Beachtung geschenkt! / Noch
künftige Generationen werden
mein Glück preisen! 49 Heilig ist
der Mächtige, der Großes an mir
getan hat!

50 Sein Erbarmen gilt jedem,
der sich ihm unterstellt, / in jeder
Generation. 51 Hoch hebt er seinen
gewaltigen Arm / und fegt die
Hochmütigen weg. 52 Mächtige
stürzt er vom Thron / und Geringe

1,26 *Nazaret.* Der kleine Ort mit etwa 150 Einwohnern lag in der Mitte zwischen dem Mittelmeer und dem See Gennesaret.

1,32 *David* war Israels zweiter und größter König (ca. 1040-970 v.Chr.).

1,33 *Jakob* war einer der Stammväter des Volkes Israel.

setzt er darauf. 53 Hungrige
macht er mit guten Dingen satt /
und Reiche schickt er mit leeren
Händen fort.

54 Und Israel, sein Kind, nimmt
er selbst an die Hand / und schenkt
ihm seine Barmherzigkeit, 55 denn
so hatte er es für immer verspro-
chen / dem Abraham und seiner
ganzen Nachkommenschaft.«

56 Maria blieb ungefähr drei Monate
bei Elisabet und kehrte dann wieder
nach Hause zurück.

Die Geburt des Boten

57 Für Elisabet kam nun die Zeit der
Entbindung, und sie brachte einen
Sohn zur Welt. 58 Als ihre Nachbarn
und Verwandten davon hörten, dass
der Herr sich so großartig über sie er-
barmt hatte, freuten sie sich mit ihr.
59 Und als das Kind acht Tage alt war,
kamen sie zu seiner Beschneidung*
zusammen. Dabei wollten sie ihm den
Namen seines Vaters Zacharias geben.
60 »Nein!«, widersprach da seine
Mutter. »Er soll Johannes heißen.«
61 »Aber es gibt doch niemand in dei-
ner Verwandtschaft, der so heißt«,
wandten sie ein. 62 Durch Zeichen
fragten sie den Vater, wie das Kind
heißen sollte. 63 Der ließ sich ein
Schreibtäfelchen geben und schrieb
zum Erstaunen aller darauf: »Sein
Name ist Johannes.« 64 Im gleichen
Augenblick konnte er wieder sprechen
und fing an, Gott zu loben. 65 Alle, die
in jener Gegend wohnten, wurden von
einem ehrfürchtigen Staunen ergriffen,
und im ganzen Bergland von Judäa
sprachen die Leute über das, was ge-
schehen war. 66 Alle, die es hörten,
wurden nachdenklich und fragten
sich: »Was wird wohl aus diesem Kind
einmal werden?« Denn es war offen-
sichtlich, dass der Herr etwas Großes
mit ihm vorhatte.

67 Sein Vater Zacharias wurde mit
dem Heiligen Geist erfüllt und begann
als Prophet zu sprechen:

68 »Gepriesen sei der Herr, Israels
Gott! / Er hat sein Volk wieder
beachtet / und ihm die Erlösung
gebracht: 69 Aus Davids Geschlecht
ging ein starker Retter hervor, /
ein Horn des Heils aus dem Haus
seines Dieners. 70 So hat er es uns
vor sehr langer Zeit / durch heilige
Propheten gesagt. 71 Er ist die
Rettung vor unseren Feinden, /
vor unserer Hasser Gewalt. 72 So
zeigte sich sein Erbarmen an
uns, / das er schon unseren Vätern
erwies, / so bestätigte er seinen
heiligen Bund 73 und den Eid, den
er unserem Stammvater Abraham
schwor. 74 Befreit aus der Hand
unserer Feinde / dürfen wir ihm
nun ohne Furcht dienen , 75 in
Heiligkeit und Gerechtigkeit, /
so lange wir am Leben sind.

76 Und du, mein Kind, wirst ein
Prophet des Höchsten sein, / ein
Wegbereiter des Herrn. 77 Du
wirst sein Volk zur Einsicht
bringen, / dass die Vergebung der
Schuld ihre Rettung ist. 78 Weil
unser Gott voller Barmherzigkeit
ist, / kommt das Licht des
Himmels zu uns. 79 Es wird denen
leuchten, die im Finstern sitzen

1,59 *Beschneidung*. Siehe 1. Mose 17,9-14!

und in Furcht vor dem Tod, / und
uns wird es leiten, den Weg des
Friedens zu gehen.«

80 Johannes wuchs heran, und sein Geist wurde stark. Dann zog er sich in die Wüste zurück und lebte dort bis zu dem Tag, an dem er öffentlich in Israel auftrat.

Die Geburt des Messias

2 1 Damals befahl der Kaiser Augustus*, alle Bewohner des Römischen Reiches zu zählen und in Steuerlisten einzutragen. 2 Es war das erste Mal, dass solch eine Volkszählung durchgeführt wurde. Sie geschah, als Quirinius* Statthalter der Provinz Syrien war. 3 So ging jeder in die Stadt, aus der er stammte, um sich eintragen zu lassen. 4 Auch Josef machte sich auf den Weg. Er gehörte zur Nachkommenschaft Davids und musste deshalb aus der Stadt Nazaret in Galiläa nach der Stadt Bethlehem* in Judäa reisen, 5 um sich dort mit Maria, seiner Verlobten, eintragen zu lassen. Maria war schwanger, 6 und als sie in Bethlehem waren, kam für sie die Zeit der Entbindung. 7 Sie brachte ihr erstes Kind zur Welt. Es war ein Sohn. Sie wickelte ihn in Windeln und legte ihn dann in eine Futterkrippe, weil in der Unterkunft kein Platz für sie war.

8 In der gleichen Nacht hielten ein paar Hirten draußen auf dem freien Feld Wache bei ihren Herden. 9 Plötzlich trat ein Engel des Herrn zu ihnen, und das Licht der Herrlichkeit Gottes umstrahlte sie. Sie erschraken sehr und hatten Angst, 10 aber der Engel sagte zu ihnen: »Ihr müsst euch nicht fürchten, denn ich bringe euch eine gute Nachricht, über die sich das ganze Volk freuen wird. 11 Heute Nacht ist in der Stadt Davids euer Retter geboren worden. Es ist der Messias, der Herr. 12 Ihr werdet ihn daran erkennen, dass ihr ein Kind findet, das in Windeln gewickelt in einer Krippe liegt.« 13 Plötzlich waren sie von ganzen Heerscharen des Himmels umgeben, die alle Gott lobten und riefen:

14 »Ehre und Herrlichkeit Gott
in der Höhe / und Frieden den
Menschen im Land, / auf denen
sein Gefallen ruht.«

15 Als die Engel in den Himmel zurückgekehrt waren, sagten die Hirten zueinander: »Kommt, wir gehen nach Bethlehem! Sehen wir uns an, was da geschehen ist, was der Herr uns sagen ließ.« 16 Schnell brachen sie auf und fanden Maria und Josef und auch das Kind, das in der Futterkrippe lag. 17 Als sie es gesehen hatten, erzählten sie, was ihnen über dieses Kind gesagt worden war. 18 Und alle, mit denen sie sprachen, wunderten sich über das, was ihnen die Hirten berichteten. 19 Maria aber bewahrte das Gehörte in ihrem Herzen und dachte immer

---

2,1 *Augustus.* Vom römischen Senat verliehener Ehrentitel »Erhabener«. Gemeint ist hier Octavian, er lebte von 63 v.Chr. bis 14 n.Chr.

2,2 Der römische Feldherr und Konsul Publius Sulpicius *Quirinius* wurde 11 v.Chr. Legat von Syrien und leitete bis 16 n.Chr. in verschiedenen amtlichen Stellungen den orientalischen Teil des Imperiums. Die Steuerschätzung begann 8 v.Chr. in Ägypten und Syrien und erreichte 7 v.Chr. das Gebiet Israels.

2,4 *Bethlehem* liegt 7 km südlich von Jerusalem und war die Heimatstadt von König David.

wieder darüber nach. 20 Die Hirten
gingen dann wieder zu ihren Herden
zurück. Sie priesen und lobten Gott
für alles, was sie gehört und gesehen
hatten. Es war genauso gewesen, wie
der Engel es ihnen gesagt hatte.

Jesus wird im Tempel Gott geweiht

21 Als das Kind acht Tage später be-
schnitten wurde, gab man ihm den
Namen Jesus, den Namen, den der
Engel genannt hatte, noch bevor Maria
schwanger war. 22 Und als dann die im
Gesetz des Mose festgelegte Zeit der
Reinigung* vorüber war, trugen Josef
und Maria das Kind nach Jerusalem,
um es dem Herrn zu weihen. 23 So war
es im Gesetz vorgeschrieben: »Jede
männliche Erstgeburt soll Gott gehö-
ren.«* 24 Dabei brachten sie auch das
Opfer dar, wie es im Gesetz des Herrn
steht: ein Paar Turteltauben oder zwei
junge Tauben.*

25 Damals lebte in Jerusalem ein ge-
rechter und gottesfürchtiger Mann na-
mens Simeon. Er wartete auf die An-
kunft des Messias, der Israel Trost und
Rettung bringen würde. Der Heilige
Geist ruhte auf ihm 26 und hatte ihm
die Gewissheit gegeben, dass er nicht
sterben werde, bevor er den vom Herrn
gesandten Messias gesehen habe.
27 Als die Eltern von Jesus das Kind
hereinbrachten, um mit ihm zu tun,
wie es nach dem Gesetz üblich war,
kam Simeon, vom Geist Gottes ge-
führt, gerade in den Tempel. 28 Er
nahm das Kind in seine Arme und pries
Gott: 29 »Herr«, sagte er, »nun kann
dein Diener in Frieden sterben, denn
du hast deine Zusage erfüllt. 30 Mit
meinen eigenen Augen habe ich die
Rettung gesehen, 31 die du für alle Völ-
ker vorbereitet hast – 32 ein Licht, das
die Nationen erleuchten und dein Volk
Israel zu Ehren bringen wird.«

33 Josef und die Mutter von Jesus*
wunderten sich, als sie hörten, was
Simeon über dieses Kind sagte.
34 Simeon segnete sie und sagte zu
Maria, seiner Mutter: »Er ist dazu
bestimmt, dass viele in Israel an ihm
zu Fall kommen und viele durch ihn
aufgerichtet werden. Er wird ein
Zeichen Gottes sein, gegen das viele
sich auflehnen werden 35 – so sehr,
dass der Kummer deine Seele wie ein
Schwert durchbohren wird. Doch so
kommt an den Tag, welche Gedanken
in ihren Herzen sind.«

36 Damals lebte auch eine alte Pro-
phetin in Jerusalem. Sie hieß Hanna
und war eine Tochter Penuëls aus dem
Stamm Ascher. Nur sieben Jahre war
sie verheiratet gewesen 37 und war
jetzt eine Witwe von 84 Jahren. Sie
verließ den Tempel gar nicht mehr
und diente Gott Tag und Nacht mit
Fasten und Beten. 38 Auch sie kam
jetzt dazu und lobte Gott. Und zu
allen, die auf die Erlösung Jerusalems
warteten, sprach sie über dieses Kind.

39 Als Maria und Josef alles getan
hatten, was das Gesetz des Herrn ver-
langte, kehrten sie nach Galiläa in ihre
Heimatstadt Nazaret zurück. 40 Das
Kind wuchs heran und wurde kräftig.

2,22 *Zeit der Reinigung.* Das waren 40 Tage ab der Geburt, wie 3. Mose 12,2-4 vorschrieb.

2,23 2. Mose 13,2.12

2,24 *Tauben.* Nach 3. Mose 12,8 war das ein Opfer armer Menschen.

2,33 Nach anderen Handschriften: *Sein Vater und seine Mutter.*

Es war mit Weisheit erfüllt und Gottes
Gnade ruhte sichtbar auf ihm.

Der zwölfjährige Jesus im Tempel

41 Jedes Jahr zum Passafest* reisten
seine Eltern nach Jerusalem. *42* Als
Jesus zwölf Jahre alt war, gingen sie
wieder zum Fest, wie es der Sitte ent-
sprach, und nahmen auch den Jungen
mit. *43* Nach den Festtagen machten
sie sich auf den Heimweg. Doch Jesus
blieb in Jerusalem, ohne dass die El-
tern davon wussten. *44* Sie dachten, er
sei irgendwo in der Reisegesellschaft.
Nach der ersten Tagesetappe suchten
sie ihn unter den Verwandten und Be-
kannten. *45* Als sie ihn nicht fanden,
kehrten sie am folgenden Tag nach Je-
rusalem zurück und suchten ihn dort.
46 Nach drei Tagen endlich entdek-
kten sie ihn im Tempel. Er saß mitten
unter den Gesetzeslehrern, hörte
ihnen zu und stellte ihnen Fragen.
47 Alle, die zuhörten, staunten über
sein Verständnis und seine Antwor-
ten. *48* Seine Eltern waren sehr über-
rascht, ihn hier zu sehen. »Kind«,
sagte seine Mutter zu ihm, »wie konn-
test du uns das antun? Dein Vater und
ich haben dich verzweifelt gesucht.«
49 »Warum habt ihr mich denn ge-
sucht?«, erwiderte Jesus. »Wusstet
ihr nicht, dass ich im Haus meines Va-
ters sein muss?« *50* Doch sie verstan-
den nicht, was er damit meinte.
51 Jesus kehrte mit seinen Eltern nach
Nazaret zurück und war ihnen ein ge-
horsamer Sohn. Seine Mutter aber be-
wahrte das alles in ihrem Herzen.
52 Jesus nahm weiter an Weisheit zu
und wuchs zu einem jungen Mann
heran. Gott und die Menschen hatten
ihre Freude an ihm.

Johannes, der Wegbereiter

3 *1* Es war im 15. Regierungsjahr
des Kaisers Tiberius*; Pontius
Pilatus* war Statthalter von Judäa;
Herodes Antipas* regierte als Fürst*
in Galiläa, sein Bruder Philippus in
Ituräa* und Trachonitis* und Lysani-
as in Abilene*. *2* Hohe Priester waren
Hannas und Kajafas. In dieser Zeit er-
hielt Johannes, der Sohn des Zachari-
as, draußen in der Wüste einen Auf-
trag von Gott. *3* Daraufhin durchzog
er die ganze Jordangegend und pre-
digte den Menschen, sie sollten zu
Gott umkehren und sich als Zeichen
dafür taufen lassen, damit sie Verge-
bung ihrer Sünden empfingen. *4* So
steht es schon im Buch des Propheten
Jesaja: »Hört, in der Wüste ruft eine
Stimme: ›Bereitet den Weg für den
Herrn! Ebnet seine Pfade! *5* Die Täler
sollen aufgefüllt, die Berge und Hügel
eingeebnet werden. Krumme Wege
sollen begradigt werden und holprige
eben gemacht. *6* Dann werden alle

2,41 *Passa*. Siehe 2. Mose 12-13!

3,1 *Tiberius*. Römischer Kaiser, war seit Oktober 12 n.Chr. Mitregent und regierte von 14-37 n.Chr. allein. Sein *15. Regierungsjahr* war also 27 n.Chr.

Pontius Pilatus. Kaiserlicher Statthalter in Judäa und Samaria von 26-36 n.Chr.

Herodes Antipas, Sohn Herodes des Großen (4 v.Chr. bis 39 n.Chr.).

Fürst. Eigentlich »Vierfürst«, das war ursprünglich der Titel eines Fürsten, der den vierten Teil eines Reiches regierte.

Ituräa. Gebiet nördlich von Israel um den Antilibanon herum.

Trachonitis. Landschaft nordöstlich vom See Genezaret.

Abilene. Landschaft zwischen Ituräa und Damaskus.

Menschen das Heil sehen, das von
Gott kommt.‹*«
7 Die Menschen kamen in Scharen
zu Johannes, um sich von ihm taufen
zu lassen. Doch er sagte zu ihnen: »Ihr
Schlangenbrut! Wer hat euch eingere-
det, dass ihr dem kommenden Zorngе-
richt Gottes entgehen werdet? 8 Bringt
die Früchte hervor, die beweisen, dass
ihr eure Einstellung geändert habt!
Und fangt nicht an zu denken, dass ihr
doch Abraham zum Vater habt. Ich
sage euch: Gott kann Abraham aus die-
sen Steinen hier Kinder erwecken!
9 Die Axt ist schon an die Wurzel der
Bäume gelegt. Jeder Baum, der keine
guten Früchte bringt, wird umgehauen
und ins Feuer geworfen.« 10 Da frag-
ten ihn die Leute: »Was sollen wir denn
tun?« 11 »Wer zwei Hemden hat«, gab
er zur Antwort, »soll dem eins geben,
der keins hat! Wer zu essen hat, soll es
mit dem teilen, der nichts hat!«
12 Auch Zolleinnehmer wollten sich
taufen lassen. »Rabbi*«, fragten sie,
»und was sollen wir tun?« 13 »Fordert
nicht mehr, als euch zusteht!«, er-
widerte Johannes. 14 »Und wir«, frag-
ten einige Soldaten, »was sollen wir
tun?« »Beraubt und erpresst nie-
mand«, war seine Antwort. »Gebt euch
mit eurem Sold zufrieden!«
15 Das Volk war voller Erwartung,
und alle fragten sich, ob Johannes
etwa der Messias, der versprochene
Retter, sei. 16 Doch Johannes erklärte
vor allen: »Ich taufe euch zwar mit
Wasser, aber es wird einer kommen,
der mächtiger ist als ich. Ich bin nicht
einmal gut genug, mich zu bücken
und ihm die Riemen seiner Sandalen
zu lösen. Er wird euch mit dem Heili-
gen Geist und mit Feuer taufen. 17 Er
hat die Worfschaufel in der Hand, um
die Spreu vom Weizen zu trennen.
Den Weizen wird er in die Scheune
bringen, die Spreu aber wird er mit
einem Feuer verbrennen, das nie mehr
ausgehen wird.«
18 Mit diesen und vielen anderen
mahnenden Worten verkündigte er
dem Volk die gute Botschaft. 19 Jo-
hannes wies auch Herodes Antipas
zurecht. Der Fürst hatte nämlich sei-
nem Bruder die Frau weggenommen,
Herodias*, und auch sonst viel Un-
recht getan. 20 Deswegen ließ Hero-
des ihn ins Gefängnis werfen und
fügte das zu allem Unrecht noch
hinzu.

Taufe und Ahnentafel von Jesus

21 Zusammen mit den vielen Men-
schen hatte auch Jesus sich taufen
lassen. Als er danach betete, riss der
Himmel auf, 22 und der Heilige Geist
kam sichtbar auf ihn herab, anzu-
sehen wie eine Taube. Und aus dem
Himmel sprach eine Stimme: »Du
bist mein lieber Sohn. An dir habe
ich meine Freude!«
23 Als Jesus öffentlich zu wirken be-
gann, war er ungefähr dreißig Jahre
alt. Man hielt ihn für den Sohn Josefs,
dessen Vater Eli hieß. 24 Seine weite-
ren Vorfahren waren Mattat, Levi,
Melchi, Jannai, Josef, 25 Mattitja,

3,6 Jesaja 40,3-5

3,12 *Rabbi*. Respektvolle Anrede im Judentum: *Mein Lehrer*.

3,19 *Herodias*. Enkelin Herodes des Großen, war zunächst mit ihrem Onkel Herodes Philippus (nicht dem Fürsten Philippus) verheiratet. Auch Herodes Antipas, ihr jetziger Ehemann, war ein Onkel von ihr.

Amos, Nahum, Hesli, Naggai,
26 Mahat, Mattitja, Schimi, Josech,
Joda, 27 Johanan, Resa, Serubbabel,
Schealtiël, Neri, 28 Melchi, Addi,
Kosam, Elmadam, Er, 29 Joschua, Eli-
ëser, Jorim, Mattat, Levi, 30 Simeon,
Juda, Josef, Jonam, Eljakim,
31 Melea, Menna, Mattata, Natan,
David, 32 Isai, Obed, Boas, Salmon,
Nachschon, 33 Amminadab, Admin,
Arni, Hezron, Perez, Juda, 34 Jakob,
Isaak, Abraham, Terach, Nahor,
35 Serug, Regu, Peleg, Eber, Sche-
lach, 36 Kenan, Arpachschad, Sem,
Noah, Lamech, 37 Metuschelach,
Henoch, Jered, Mahalalel, Kenan,
38 Enosch, Set, Adam – Gott.*

Versuchung in der Wüste

4 1 Vom Heiligen Geist erfüllt, ver-
ließ Jesus den Jordan und ging in
die Wüste. Der Geist hatte ihn dazu
gedrängt. Vierzig Tage blieb er dort
2 und wurde vom Teufel versucht.
Während der ganzen Zeit hatte er
nichts gegessen, so dass er am Ende
sehr hungrig war. 3 Da sagte der Teu-
fel zu ihm: »Wenn du Gottes Sohn
bist, dann befiehl diesem Stein hier,
dass er zu Brot werde.« 4 Aber Jesus
antwortete: »Nein, in der Schrift
steht: ›Der Mensch lebt nicht nur von
Brot.‹*« 5 Der Teufel führte ihn auch
auf einen hohen Berg, zeigte ihm in
einem einzigen Augenblick alle Kö-
nigreiche der Welt 6 und sagte: »Diese
ganze Macht und Herrlichkeit will ich
dir geben, denn sie ist mir überlassen
worden und ich gebe sie, wem ich will.
7 Alles soll dir gehören, wenn du dich
vor mir niederwirfst und mich anbe-
test.« 8 Aber Jesus entgegnete: »Es
steht geschrieben: ›Du sollst den
Herrn, deinen Gott, anbeten und ihm
allein dienen!‹*« 9 Der Teufel brachte
Jesus sogar nach Jerusalem, stellte
ihn auf den höchsten Vorsprung im
Tempel und sagte: »Wenn du Gottes
Sohn bist, dann stürz dich hier hinun-
ter! 10 Es steht ja geschrieben: ›Er
wird seine Engel aufbieten, um dich
zu beschützen. 11 Auf den Händen
werden sie dich tragen, damit du mit
deinem Fuß nicht an einen Stein
stößt.‹*« 12 Jesus gab ihm zur Ant-
wort: »Es heißt aber auch: ›Du sollst
den Herrn, deinen Gott, nicht heraus-
fordern!‹*« 13 Als der Teufel sah, dass
er mit keiner Versuchung zum Ziel
kam, ließ er ihn für einige Zeit in
Ruhe.

Ein Prophet gilt nichts im Heimatort

14 Jesus kehrte in der Kraft, die ihm
der Geist Gottes verlieh, nach Galiläa
zurück. Bald sprach man in der gan-
zen Gegend von ihm. 15 Er lehrte in
den Synagogen und wurde von allen
hoch geachtet. 16 So kam er auch nach
Nazaret, wo er aufgewachsen war.
Wie gewöhnlich ging er am Sabbat
in die Synagoge. Als er aufstand, um
aus der Heiligen Schrift vorzulesen,

3,38 Dieses Geschlechtsregister unterscheidet sich von dem des Matthäus dadurch, dass es rückwärts läuft und entweder Josefs physischen Stammbaum darstellt oder den von Maria.

4,4 5. Mose 8,3

4,8 5. Mose 6,13

4,11 Psalm 91,11-12

4,12 5. Mose 6,16

17 reichte man ihm die Schriftrolle des
Propheten Jesaja. Er rollte sie auf und
fand die Stelle, wo es heißt: 18 »Der
Geist des Herrn ruht auf mir, weil er
mich gesalbt hat. Er hat mich ge-
sandt, den Armen gute Botschaft zu
bringen, den Gefangenen ihre Freilas-
sung zu verkünden, den Blinden zu
sagen, dass sie sehend werden, den
Unterdrückten die Freiheit zu bringen
19 und ein Jahr der Gnade des Herrn
auszurufen.«* 20 Er rollte das Buch
zusammen, gab es dem Synagogen-
diener zurück und setzte sich. Alle in
der Synagoge sahen ihn erwartungs-
voll an. 21 »Heute ist dieses Schrift-
wort, das ihr eben gehört habt, in
Erfüllung gegangen«, fing er an.
22 Seine Zuhörer waren beeindruckt
und wunderten sich zugleich über die
Worte, die ihm geschenkt wurden.
»Ist das nicht der Sohn von Josef?«,
fragten sie. 23 Da sagte er zu ihnen:
»Sicher werdet ihr mir jetzt mit dem
Sprichwort kommen: ›Arzt, hilf dir
selbst!‹ und denken: ›Du musst auch
hier bei dir, in deiner Vaterstadt, das
tun, was wir von Kafarnaum* gehört
haben.‹ 24 Aber ihr wisst doch, dass
ein Prophet in seinem Heimatort
nichts gilt. 25 Und es ist auch wahr,
dass es zur Zeit des Propheten Elija
viele Witwen in Israel gab, damals, als
es drei Jahre und sechs Monate lang
nicht regnete und im ganzen Land
eine große Hungersnot herrschte.
26 Trotzdem wurde Elija zu keiner von
ihnen geschickt, sondern zu einer
Witwe in Sarepta*, im Gebiet von
Sidon. 27 Und viele Aussätzige gab es
zur Zeit des Propheten Elischa in Is-
rael, aber keiner von ihnen wurde ge-
heilt, nur der Syrer Naaman.« 28 Als
sie das hörten, gerieten alle in der Syn-
agoge in Wut. 29 Sie sprangen auf,
zerrten Jesus zur Stadt hinaus und
führten ihn bis zum Abhang des Ber-
ges, auf dem ihre Stadt erbaut war;
dort wollten sie ihn hinabstürzen.
30 Aber Jesus schritt mitten durch die
Menge hindurch und zog weg.

Erstaunen in Kafarnaum

31 Er ging dann nach Kafarnaum
hinab, das ist eine Stadt in Galiläa,
und sprach dort am Sabbat zu den
Menschen. 32 Seine Lehre wühlte sie
auf, denn er redete mit Vollmacht.
33 Es gab auch einen Mann in der Sy-
nagoge, der von einem bösen Geist,
einem Dämon, besessen war. Der fing
plötzlich laut zu schreien an: 34 »Was
willst du von uns, Jesus von Nazaret?
Bist du hergekommen, um uns zu ver-
nichten? Ich weiß genau, wer du bist:
der Heilige Gottes.« 35 »Schweig!«,
herrschte Jesus ihn an. »Verlass ihn
sofort!« Da warf der Dämon den
Mann mitten unter ihnen zu Boden,
verließ ihn aber, ohne ihm weiter zu
schaden. 36 Die Leute erschraken sehr
und sagten zueinander: »Was für ein
Wort! Welche Vollmacht und Kraft!
Er befiehlt den bösen Geistern und

4,19 Jesaja 61,1-2

4,23 *Kafarnaum.* Der Ort am See Gennesaret war von Nazaret etwa 50 km entfernt und lag 560 Meter tiefer (etwa 210 Meter unter dem Meeresspiegel).

4,26 *Sarepta* oder *Zarpat* (1. Könige 17). Phönizischer Ort im heutigen Libanon, 13 km südlich von Sidon, also im heidnischen Ausland. Elija half der Witwe in einer Hungersnot und erweckte ihren Sohn vom Tod.

sie fahren tatsächlich aus.« 37 Bald
sprach man in der ganzen Gegend
von ihm.

38 Nachdem er die Synagoge ver-
lassen hatte, ging Jesus in das Haus
Simons. Dessen Schwiegermutter
war von einem heftigen Fieber befal-
len und man bat ihn, ihr zu helfen.
39 Er trat an ihr Bett und bedrohte das
Fieber. Es verschwand sofort. Gleich
stand sie auf und bediente ihre Gäste.

40 Als die Sonne unterging, brach-
ten die Leute ihre Kranken zu Jesus –
Menschen mit den verschiedensten
Leiden. Jedem von ihnen legte er die
Hände auf und heilte sie. 41 Von vielen
fuhren auch Dämonen aus und
schrien: »Du bist der Sohn Gottes!«
Aber Jesus herrschte sie an und verbot
ihnen, weiterzureden, weil sie wuss-
ten, dass er der Messias war.

42 Bei Tagesanbruch ging er aus
dem Haus fort an eine einsame Stelle.
Doch die Leute suchten ihn, bis sie
ihn gefunden hatten. Sie wollten ihn
festhalten und verhindern, dass er von
ihnen wegging. 43 Aber er sagte zu
ihnen: »Ich muss auch den anderen
Städten die gute Botschaft vom Reich
Gottes verkündigen, denn dazu hat
Gott mich gesandt.« 44 So predigte er
in allen Synagogen des Landes.

Die ersten Jünger

5 1 Eines Tages stand Jesus am Ufer
des Sees Gennesaret. Die Men-
schen drängten sich um ihn und woll-
ten das Wort Gottes hören. 2 Da be-
merkte er zwei Boote am Ufer. Die Fi-
scher waren ausgestiegen und reinig-
ten ihre Netze. 3 Jesus stieg in eins der
Boote, das Simon gehörte, und bat ihn,
ein Stück auf den See hinauszufahren.
So konnte er sich setzen und die Menge
vom Boot aus unterweisen. 4 Als er
aufgehört hatte zu reden, sagte er zu
Simon: »Fahr hinaus auf den See und
wirf mit deinen Leuten die Netze zum
Fang aus!« 5 »Aber Rabbi«, wandte
Simon ein, »wir haben die ganze Nacht
gearbeitet und nichts gefangen. Doch
weil du es sagst, will ich die Netze noch
einmal auswerfen.« 6 Als sie es dann
getan hatten, umschlossen sie eine sol-
che Menge Fische, dass die Netze zu
reißen begannen. 7 Deshalb winkten
sie ihren Mitarbeitern im anderen
Boot, sie sollten kommen und ihnen
helfen. Zusammen füllten sie beide
Boote bis zum Rand, so dass sie fast
sanken. 8 Als Simon Petrus das sah,
kniete er sich vor Jesus hin und sagte:
»Herr, geh weg von mir! Ich bin ein
sündiger Mensch!« 9 Denn er und
seine Begleiter waren tief erschrocken,
weil sie einen solchen Fang gemacht
hatten. 10 Und genauso ging es Jako-
bus und Johannes, den Söhnen von Ze-
bedäus, die mit Simon zusammenar-
beiteten. Doch Jesus sagte zu Simon:
»Du musst dich nicht fürchten. Von
jetzt an wirst du ein Menschenfischer
sein.« 11 Dann zogen sie die Boote an
Land, ließen alles zurück und folgten
Jesus.

Ein Beweis für die Priester

12 In einer der Städte war ein Mann,
der am ganzen Körper Aussatz* hatte.
Als der Jesus sah, warf er sich vor ihm
nieder, beugte das Gesicht zur Erde

5,12 *Aussatz.* Bezeichnung für rasch um sich greifende Hautkrankheiten, Lepra eingeschlossen.

und bat ihn flehentlich: »Herr, wenn
du willst, kannst du mich rein ma-
chen.« 13 Da berührte Jesus ihn mit
seiner Hand und sagte: »Ich will es,
sei rein!« Sofort verschwand der Aus-
satz. 14 Jesus verbot dem Geheilten,
mit jemand darüber zu sprechen.
»Geh stattdessen zum Priester«, sagte
er, »zeig dich ihm und bring das Opfer
für deine Reinigung, wie Mose es an-
geordnet hat. Das soll ein Beweis für
sie sein.« 15 Doch die Nachricht von
Jesus verbreitete sich umso mehr. Die
Menschen strömten in Scharen her-
bei, um ihn zu hören und von ihren
Krankheiten geheilt zu werden.
16 Jesus aber zog sich in die Einsam-
keit zurück, um zu beten.

Jesus darf Sünden vergeben

17 Eines Tages, als Jesus wieder lehr-
te, saßen unter den Zuhörern auch
Pharisäer* und Gesetzeslehrer. Sie
waren aus allen Dörfern Galiläas, aus
Judäa und Jerusalem gekommen. Und
die Kraft des Herrn drängte Jesus zu
heilen. 18 Da brachten einige Männer
einen Gelähmten auf einer Trage her-
bei. Sie wollten ihn ins Haus hinein-
tragen und vor Jesus hinlegen. 19 Weil
sie aber wegen des Gedränges der
Leute keinen Weg fanden, wie sie ihn
hineinbringen sollten, stiegen sie aufs
Dach, deckten einige Ziegel ab und
ließen die Trage mit dem Kranken
mitten unter sie hinunter, genau vor
Jesus. 20 Als Jesus ihren Glauben sah,
sagte er zu dem Mann: »Deine Sün-
den sind dir vergeben.« 21 Die Ge-
setzeslehrer und Pharisäer fragten
sich empört: »Was bildet der sich ein?
Das ist ja Gotteslästerung! Niemand
kann Sünden vergeben außer Gott!«
22 Jesus wusste, was sie dachten, und
fragte sie: »Was macht ihr euch da für
Gedanken? 23 Was ist leichter – zu
sagen: ›Deine Sünden sind dir ver-
geben‹, oder: ›Steh auf und geh!‹?
24 Doch ihr sollt sehen, dass der Men-
schensohn* die Vollmacht hat, hier
auf der Erde Sünden zu vergeben!«
Dann wandte er sich zu dem Gelähm-
ten und sagte: »Ich befehle dir: Steh
auf, nimm deine Trage und geh nach
Hause!« 25 Sofort stand der Mann
auf, nahm vor aller Augen die Trage,
auf der er gelegen hatte, und ging
nach Hause. Dabei pries er Gott un-
aufhörlich. 26 Alle gerieten außer
sich, lobten Gott und sagten voller
Furcht: »Unglaubliches haben wir
heute gesehen.«

Neuer Wein in neue Schläuche

27 Später, als Jesus die Stadt verließ,
sah er am Zollhaus einen Steuerein-
nehmer sitzen. Er hieß Levi. Jesus
sagte zu ihm: »Komm, folge mir
nach!« 28 Ohne zu zögern ließ er alles
zurück, stand auf und folgte Jesus.
29 Später gab er ihm zu Ehren ein
großes Festessen in seinem Haus und
lud dazu noch viele Zolleinnehmer
und andere Leute mit zweifelhaftem
Ruf ein. 30 Aber die Pharisäer und
die Gesetzeslehrer, die zu ihrer Partei
gehörten, sagten ärgerlich zu den
Jüngern von Jesus: »Wie könnt ihr nur

5,17 *Pharisäer.* Religionspartei, die auf genaue Einhaltung der Gesetze und Überlieferungen Wert legte.

5,24 *Menschensohn* ist eine von Jesus bevorzugte Selbstbezeichnung. Er knüpft damit an Daniel 7,13 an, wo der zukünftige Herrscher des Gottesreiches angekündigt wird.

mit Steuereintreibern und diesem Ge-
sindel zusammen essen und trinken!«
31 Da griff Jesus ein und gab ihnen zur
Antwort: »Nicht die Gesunden brau-
chen den Arzt, sondern die Kranken.
32 Ich bin nicht gekommen, um Ge-
rechten zu sagen, dass sie ihre Einstel-
lung ändern müssen, sondern Sün-
dern.« 33 Daraufhin sagten sie zu
Jesus: »Die Jünger des Johannes fasten
oft und beten viel. Die der Pharisäer
tun das auch, aber deine Jünger essen
und trinken.« 34 Jesus erwiderte:
»Könnt ihr die Hochzeitsgäste denn
fasten lassen, wenn der Bräutigam bei
ihnen ist? 35 Die Zeit kommt früh
genug, dass der Bräutigam ihnen ent-
rissen wird; dann werden sie fasten.«

36 Er machte es ihnen auch noch mit
einem Vergleich deutlich: »Niemand
schneidet ein Stück Stoff aus einem
neuen Kleid, um damit ein altes zu flik-
ken. Dann hätte er das neue Kleid zer-
schnitten und das Stück würde ja auch
nicht zu dem alten passen. 37 Und nie-
mand füllt jungen Wein, der noch gärt,
in alte Weinschläuche. Der Wein
würde die Schläuche zerreißen und
auslaufen. So wären Wein und
Schläuche verdorben. 38 Nein, jungen
Wein füllt man in neue Schläuche!
39 Aber niemand, der alten Wein ge-
trunken hat, will anschließend neuen.
›Der alte ist besser‹, wird er sagen.«

Herr über den Sabbat

6 1 An einem Sabbat ging Jesus
durch Kornfelder. Seine Jünger
rupften unterwegs Ähren ab, zerrieben
sie mit den Händen und aßen die Kör-
ner. 2 Da sagten einige Pharisäer zu
ihnen: »Was tut ihr da? Das ist doch
am Sabbat nicht erlaubt!«* 3 Jesus
entgegnete: »Habt ihr denn nie gele-
sen, was David getan hat, als er und
seine Begleiter hungrig waren? 4 Wie
er ins Haus Gottes ging und von den
geweihten Broten aß, die nach dem
Gesetz doch nur die Priester essen dür-
fen, und dass er auch seinen Begleitern
davon gab?« 5 Und Jesus fügte hinzu:
»Der Menschensohn kann auch über
den Sabbat bestimmen!«

6 An einem anderen Sabbat, als
Jesus in die Synagoge ging und zu den
Menschen sprach, saß dort ein Mann,
dessen rechte Hand gelähmt war.
7 Die Gesetzeslehrer und die Phari-
säer passten genau auf, ob er ihn am
Sabbat heilen würde, denn sie wollten
einen Grund finden, ihn anzuklagen.
8 Jesus wusste, was sie dachten, und
sagte deshalb zu dem Mann mit der
gelähmten Hand: »Steh auf und stell
dich in die Mitte!« Der Mann stand
auf und trat vor. 9 Dann fragte Jesus
die Anwesenden: »Soll man am Sab-
bat Gutes tun oder Böses? Soll man
ein Leben retten oder es zugrunde
gehen lassen?« 10 Er sah sie der Reihe
nach an und befahl dem Mann: »Strk-
ck die Hand aus!« Der gehorchte und
seine Hand war geheilt. 11 Da wurden
sie von sinnloser Wut gepackt und be-
rieten miteinander, was sie gegen ihn
unternehmen könnten.

Auswahl der Zwölf

12 Damals zog Jesus sich auf einen
Berg zurück, um zu beten. Er betete
die ganze Nacht. 13 Als es Tag wurde,
rief er seine Jünger herbei und wählte

6,2 *nicht erlaubt.* Sie fassten das als »ernten« auf, was als Arbeit am Sabbat verboten war.

zwölf von ihnen aus. Er nannte sie Apostel.
14 Es waren: Simon, dem er den Namen Petrus gab, und Andreas, sein Bruder, Jakobus und Johannes, Philippus und Bartholomäus,
15 Matthäus, Thomas und Jakobus Ben-Alphäus, Simon, der zu den Zeloten* gehört hatte,
16 Judas Ben-Jakobus und Judas, der ein Sikarier* gewesen war und ihn später verraten hat.

Die Bergpredigt

17 Mit ihnen stieg Jesus den Berg hinunter bis zu einem ebenen Platz, wo sich eine große Schar seiner Jünger versammelt hatte. Sie hatten zusammen mit einer großen Menschenmenge aus ganz Judäa, aus Jerusalem und dem Küstengebiet von Tyrus und Sidon* auf ihn gewartet
18 und waren gekommen, um ihn zu hören und von ihren Krankheiten geheilt zu werden. Auch Menschen, die von bösen Geistern geplagt waren, wurden geheilt.
19 Alle versuchten, ihn zu berühren, denn es ging eine Kraft von ihm aus, die alle gesund machte.

20 Jesus sah seine Jünger an und sagte:

»Wie beneidenswert glücklich
seid ihr Armen, / denn euch
gehört das Reich Gottes!
21 Wie glücklich seid ihr, die ihr
jetzt hungert, / denn Gott wird
euch satt machen! / Wie glücklich
seid ihr, die ihr jetzt weint, /
denn ihr werdet lachen!

22 Wie glücklich seid ihr, wenn die Menschen euch hassen, wenn sie euch ausstoßen und euren Namen in den Schmutz ziehen, weil ihr zum Menschensohn gehört!
23 Freut euch, wenn das geschieht, springt vor Freude! Denn im Himmel wartet eine große Belohnung auf euch. Mit den Propheten haben ihre Vorfahren es nämlich genauso gemacht.

24 Aber weh euch, ihr Reichen, /
denn ihr habt euren Anteil schon
kassiert!
25 Weh euch, ihr Satten, /
denn ihr werdet hungern! / Weh
euch, ihr Lachenden, / denn ihr
werdet trauern und weinen!
26 Und weh euch, wenn alle
Menschen gut von euch reden, /
denn genauso haben es ihre
Vorfahren mit den falschen
Propheten gemacht.«

27 »Doch euch, die ihr mir wirklich zuhört, sage ich: Liebt eure Feinde, tut denen Gutes, die euch hassen!
28 Segnet die, die euch verfluchen! Betet für die, die euch beleidigen!
29 Schlägt dir jemand ins Gesicht, dann halt ihm auch die andere Wange hin! Wenn jemand deinen Umhang* will, dann

---

6,15 *Zeloten*. Jüdische Partei der *Eiferer*, die aktiven Widerstand gegen die Römer leistete, es ablehnte, Steuern zu zahlen, und das messianische Reich mit Gewalt herbeizwingen wollte.

6,16 *Sikarier*. Die militanteste Gruppe unter den Zeloten, Dolchmänner (von *sika* = Dolch), die römerfreundliche Juden umbrachten (siehe Apostelgeschichte 21,38).

6,17 *Tyrus und Sidon*. Phönizische Städte am Mittelmeer, etwa 60 und 90 km nordwestlich vom See Gennesaret.

6,29 *Umhang* oder *Mantel*. Großes quadratisches Stück festen Stoffs, das über dem Untergewand (eine Art Hemd, das bis zu den Knien reichte) getragen wurde. Man konnte auch Gegenstände darin tragen, und die Armen, z.B. Hirten, wickelten sich nachts darin ein.

lass ihm auch das Hemd! 30 Gib jedem,
der dich bittet! Und wenn dir etwas
weggenommen wird, dann versuche
nicht, es wiederzubekommen! 31 Be-
handelt alle Menschen so, wie ihr von
ihnen behandelt werden wollt!

32 Wenn ihr nur die liebt, die euch lie-
ben, welche Anerkennung habt ihr
wohl dafür verdient? Denn so handeln
auch die Sünder. 33 Und wenn ihr nur
denen Gutes tut, die euch Gutes tun,
welche Anerkennung habt ihr dafür
verdient? Denn das tun auch die Sün-
der. 34 Und wenn ihr nur denen etwas
leiht, von denen ihr es sicher zurück-
bekommt, welche Anerkennung ver-
dient ihr dafür? Auch die Sünder leihen
Sündern in der Hoffnung, alles wieder-
zubekommen. 35 Ihr aber sollt gerade
eure Feinde lieben! Ihr sollt Gutes tun,
ihr sollt leihen und euch keine Sorgen
darüber machen, ob ihr es wiederbe-
kommt. Dann wartet eine große Beloh-
nung auf euch und ihr handelt als Kin-
der des Höchsten. Denn er ist auch
gütig gegen die Undankbaren und
Bösen. 36 Seid barmherzig, wie euer
Vater barmherzig ist!

37 Richtet nicht, dann werdet auch
ihr nicht gerichtet werden! Verurteilt
niemand, dann werdet auch ihr nicht
verurteilt! Sprecht frei, dann werdet
auch ihr freigesprochen werden!
38 Gebt, und es wird euch gegeben: Ein
volles, gedrücktes, gerütteltes und
überlaufendes Maß wird man euch in
den Schoß schütten. Denn das Maß,
mit dem ihr bei anderen messt, wird
auch für euch verwendet werden.«

39 Er machte es noch an einigen Ver-
gleichen deutlich: »Kann denn ein
Blinder einen Blinden führen? Wer-
den nicht beide in die nächste Grube
fallen? 40 Ein Jünger ist doch nicht
besser als sein Lehrer. Erst wenn er
alles von ihm gelernt hat, wird er so
weit sein wie dieser. 41 Was kümmerst
du dich um den Splitter im Auge
deines Bruders, bemerkst aber den
Balken in deinem eigenen Auge nicht?
42 Wie kannst du zu deinem Bruder
sagen: ›Halt still, ich will dir den Split-
ter aus dem Auge ziehen!‹ – siehst
aber den Balken in deinem eigenen
Auge nicht? Du Heuchler! Zieh zuerst
den Balken aus deinem Auge! Dann
wirst du klar sehen und den Splitter
aus dem Auge deines Bruders ziehen
können. 43 Ein guter Baum trägt
keine schlechten Früchte und ein
schlechter Baum keine guten. 44 Ei-
nen Baum erkennt man an seinen
Früchten. Von Dornen pflückt man
keine Feigen und von Gestrüpp kann
man keine Weintrauben ernten.
45 Ein guter Mensch bringt Gutes her-
vor, weil er in seinem Herzen gut ist.
Ein böser Mensch bringt Böses her-
vor, weil sein Herz mit Bösem erfüllt
ist. Dein Reden ist von dem bestimmt,
was in deinem Herzen ist.

46 Was nennt ihr mich immerzu
›Herr‹, wenn ihr doch nicht tut, was
ich sage? 47 Ich will euch zeigen, mit
wem ich den vergleiche, der zu mir
kommt, auf meine Worte hört und tut,
was ich sage: 48 Er gleicht einem
Mann, der ein Haus baut und dabei so
tief ausschachtet, dass er das Funda-
ment auf Felsengrund legen kann.
Wenn dann das Hochwasser kommt
und die Flut gegen das Haus drückt,
bleibt es stehen, denn es ist gut ge-
gründet. 49 Doch wer meine Worte
hört und sich nicht danach richtet, ist
wie ein Mann, der sein Haus ohne

Fundament einfach auf die Erde setzt.
Wenn dann die Flut gegen das Haus
drückt, stürzt es in sich zusammen
und wird völlig zerstört.«

Ein frommer Hauptmann und sein Sklave

7 1 Nachdem Jesus das alles vor
dem Volk gesagt hatte, ging er
nach Kafarnaum. 2 Der dort statio-
nierte Hauptmann hatte einen Diener,
der ihm viel bedeutete; dieser war
schwer krank und lag im Sterben.
3 Als der Hauptmann von Jesus hörte,
schickte er einige von den jüdischen
Ältesten zu ihm. Sie sollten ihn bitten,
zu kommen und seinem Diener das
Leben zu retten. 4 Die Männer kamen
zu Jesus und baten ihn inständig. »Er
verdient es, dass du ihm diese Bitte
erfüllst«, sagten sie. 5 »Er liebt unser
Volk und hat uns sogar die Synagoge
gebaut.« 6 Jesus ging mit ihnen. Als er
nicht mehr weit vom Haus entfernt
war, schickte der Hauptmann einige
seiner Freunde zu ihm und ließ ihm
sagen: »Herr, bemühe dich nicht! Ich
bin es nicht wert, dass du unter mein
Dach kommst. 7 Deshalb bin ich auch
nicht persönlich zu dir gekommen.
Sprich nur ein Wort und mein Diener
wird gesund. 8 Ich unterstehe ja auch
dem Befehl von Vorgesetzten und
habe meinerseits Soldaten unter mir.
Sage ich zu einem von ihnen: ›Geh!‹,
dann geht er, und zu einem anderen:
›Komm!‹, dann kommt er. Und wenn
ich zu meinem Diener sage: ›Tu
das!‹, dann tut er es.« 9 Jesus war sehr
erstaunt, das zu hören. Er drehte sich
um und sagte zu der Menschenmen-
ge, die ihm folgte: »Ich versichere
euch: Solch einen Glauben habe ich in
ganz Israel nicht gefunden.« 10 Als die
Freunde des Hauptmanns in dessen
Haus zurückkamen, war der Diener
gesund.

Eine Witwe und ihr einziger Sohn

11 Einige Zeit später ging er, begleitet
von seinen Jüngern und einer großen
Menschenmenge, nach Naïn*. 12 Als
er sich dem Stadttor näherte, kam
ihm ein Trauerzug entgegen. Der Tote
war der einzige Sohn einer Witwe ge-
wesen. Viele Menschen aus der Stadt
begleiteten die Mutter. 13 Als der Herr
die Witwe sah, wurde er von tiefem
Mitgefühl ergriffen. »Weine nicht!«,
sagte er zu ihr. 14 Dann trat er an die
Bahre und berührte sie. Die Träger
blieben stehen. »Junger Mann, ich be-
fehle dir, steh auf!«, sagte er zu dem
Toten. 15 Da setzte sich der Tote auf
und fing an zu reden, und Jesus gab
ihn seiner Mutter zurück. 16 Alle wur-
den von Angst und Ehrfurcht gepackt.
Sie priesen Gott und sagten: »Ein
großer Prophet ist unter uns aufge-
treten. Heute hat Gott sein Volk be-
sucht.« 17 Die Nachricht von dem,
was Jesus getan hatte, verbreitete sich
im ganzen jüdischen Land und darü-
ber hinaus.

Der Täufer und seine Fragen

18 Durch seine Jünger erfuhr auch Jo-
hannes der Täufer von diesen Dingen.
19 Er rief zwei von ihnen zu sich, schik-
kte sie zum Herrn und ließ ihn fragen:
»Bist du wirklich der, der kommen soll,
oder müssen wir auf einen anderen

7,11 *Naïn.* Kleiner galiläischer Ort, 8 km südöstlich von Nazaret.

warten?« 20 Die beiden Männer
kamen zu Jesus und sagten: »Johannes
der Täufer hat uns zu dir geschickt und
lässt dich fragen: ›Bist du wirklich der,
der kommen soll, oder müssen wir auf
einen anderen warten?‹« 21 Während
sie bei ihm waren, heilte Jesus gerade
viele Kranke und Leidende und von
bösen Geistern Geplagte, und vielen
Blinden schenkte er das Augenlicht.
22 Jesus gab ihnen zur Antwort: »Geht
zu Johannes und berichtet ihm, was ihr
gesehen und gehört habt: Blinde
sehen, Lahme gehen, Aussätzige wer-
den rein, Taube hören, Tote werden
auferweckt, Armen wird gute Bot-
schaft verkündigt. 23 Und glücklich ist
der zu nennen, der nicht an mir irre
wird.«

24 Als die Boten gegangen waren,
wandte sich Jesus an die Menge und
fing an, über Johannes zu sprechen:
»Was wolltet ihr eigentlich sehen, als
ihr in die Wüste hinausgezogen seid?
Ein Schilfrohr vielleicht, das vom
Wind hin und her bewegt wird?
25 Oder was wolltet ihr sonst dort
draußen sehen? Einen fein angezoge-
nen Mann? Nein, Leute mit teuren
Kleidern und Luxus findet man in den
Königspalästen. 26 Aber was wolltet
ihr dann dort draußen sehen? Einen
Propheten? Ja, ich versichere euch:
Ihr habt mehr als einen Propheten ge-
sehen. 27 Johannes ist der, von dem es
in der Heiligen Schrift heißt: ›Ich
sende meinen Boten vor dir her. Er
wird dein Wegbereiter sein.‹* 28 Ich
sage euch: Unter allen Menschen, die
je geboren wurden, gibt es keinen
Größeren als Johannes den Täufer.
Und doch ist der Kleinste im Reich
Gottes größer als er. 29 Alle, die ihm
zugehört hatten – selbst die Zöllner –,
unterwarfen sich dem Urteil Gottes
und ließen sich von Johannes taufen.
30 Doch die Pharisäer und Gesetzes-
lehrer lehnten Gottes Plan zu ihrer
Rettung hochmütig ab und ließen sich
nicht taufen.

31 Mit wem soll ich die Menschen
dieser Generation nur vergleichen?
Welches Bild trifft auf sie zu? 32 Sie
sind wie Kinder, die auf dem Markt
herumsitzen und sich gegenseitig zu-
rufen: ›Wir haben euch auf der Flöte
Hochzeitslieder gespielt, aber ihr habt
nicht getanzt; wir haben euch Klage-
lieder gesungen, aber ihr habt nicht
geweint.‹ 33 Als Johannes der Täufer
kam, der fastete und keinen Wein
trank, sagtet ihr: ›Er ist von einem
Dämon besessen.‹ 34 Als der Men-
schensohn kam, der ganz normal isst
und trinkt, sagtet ihr: ›Seht, was für
ein Schlemmer und Säufer, dieser
Freund von Zöllnern und Sündern!‹
35 Und doch bestätigt sich die Weis-
heit Gottes im Werk von beiden – je-
denfalls für die, die sie annehmen.«

Die Hure und der Pharisäer

36 Ein Pharisäer hatte Jesus zum Essen
eingeladen. Jesus war in sein Haus ge-
kommen und hatte sich zu Tisch ge-
legt.* 37 In dieser Stadt lebte auch eine
Frau, die für ihren unmoralischen

7,27 Maleachi 3,1

7,36 *zu Tisch gelegt.* Bei festlichen Anlässen lag man auf Polstern, die um einen niedrigen Tisch in der Mitte gruppiert waren. Man stützte sich auf den linken Ellbogen und langte mit der rechten Hand zu. Die Füße waren nach hinten vom Tisch weg ausgestreckt.

Lebenswandel bekannt war. Als sie er-
fahren hatte, dass Jesus im Haus des
Pharisäers zu Gast war, nahm sie ein
Alabastergefäß* voll Salböl und ging
dorthin. 38 Sie trat an das Fußende
des Liegepolsters, auf dem Jesus sich
ausgestreckt hatte, kniete sich hin
und fing so sehr zu weinen an, dass
ihre Tränen seine Füße benetzten. Sie
trocknete sie dann mit ihren Haaren
ab, küsste sie immer wieder und salb-
te sie mit dem Öl.

39 Als der Pharisäer, der Jesus einge-
laden hatte, das sah, sagte er sich:
»Wenn der wirklich ein Prophet wäre,
würde er doch merken, was für eine
Frau das ist, die ihn da berührt. Er
müsste doch wissen, dass das eine
Sünderin ist.« 40 »Simon, ich habe dir
etwas zu sagen«, sprach Jesus da sei-
nen Gastgeber an. »Sprich, Rabbi«,
sagte dieser. 41 Jesus begann: »Zwei
Männer hatten Schulden bei einem
Geldverleiher. Der eine schuldete ihm
fünfhundert Denare*, der andere
fünfzig. 42 Doch keiner von ihnen
konnte ihm das Geld zurückzahlen.
Da erließ er es beiden. Was meinst du,
wer von beiden wird wohl dankbarer
sein?« 43 »Ich nehme an, der, dem
die größere Schuld erlassen wurde«,
antwortete Simon. »Richtig!«, sagte
Jesus 44 zu Simon und drehte sich zu
der Frau um. »Siehst du diese Frau?
Ich bin in dein Haus gekommen, und
du hast mir nicht einmal Wasser ange-
boten, dass ich den Staub von meinen
Füßen waschen konnte. Doch sie hat
meine Füße mit ihren Tränen ge-
waschen und mit ihren Haaren ge-
trocknet. 45 Du hast mir keinen Be-
grüßungskuss gegeben, aber sie hat
gar nicht aufgehört, mir die Füße zu
küssen, seit ich hier bin. 46 Du hast
mir den Kopf nicht einmal mit ge-
wöhnlichem Öl gesalbt, aber sie hat
meine Füße mit teurem Balsam einge-
rieben. 47 Ich kann dir sagen, woher
das kommt: Ihre vielen Sünden sind
ihr vergeben worden, darum hat sie
mir viel Liebe erwiesen. Wem wenig
vergeben wird, der zeigt auch wenig
Liebe.« 48 Dann sagte er zu der Frau:
»Ja, deine Sünden sind dir vergeben!«

49 Die anderen Gäste fragten sich:
»Für wen hält der sich eigentlich, dass
er auch Sünden vergibt?« 50 Doch
Jesus sagte zu der Frau: »Dein Glaube
hat dich gerettet. Geh in Frieden!«

Das Gleichnis von der Saat

8 1 In der folgenden Zeit zog Jesus
durch viele Städte und Dörfer und
verkündigte überall die gute Botschaft
vom Reich Gottes. Begleitet wurde er
von den zwölf Jüngern 2 und von eini-
gen Frauen, die er von bösen Geistern
befreit und von Krankheiten geheilt
hatte. Es waren Maria aus Magdala*,
aus der er sieben Dämonen ausgetrie-
ben hatte, 3 Johanna, die Frau Chuzas,
eines hohen Beamten von Herodes
Antipas, und Susanna und viele ande-
re. All diese Frauen dienten Jesus und
seinen Jüngern mit ihrem Besitz.

4 Einmal hatte sich eine große Men-
schenmenge um ihn versammelt. Aus

7,37 *Alabaster* ist ein marmorähnlicher Gips, der sich leicht bearbeiten und gut polieren ließ. Er wurde deshalb gern zu henkellosen Gefäßen für Salben verarbeitet.

7,41 Ein *Denar* entsprach einem vollen Tageslohn.

8,2 *Magdala*. Ort am Westufer des Sees Gennesaret.

allen Orten waren sie herbeigeströmt.
Da erzählte er ihnen folgendes Gleich-
nis: 5 »Ein Bauer ging auf seinen
Acker, um zu säen. Beim Ausstreuen
fiel ein Teil der Körner auf den Weg.
Dort wurden sie zertreten und von
den Vögeln aufgefressen. 6 Andere
Körner fielen auf felsigen Boden. Sie
gingen auf, vertrockneten aber bald,
weil sie nicht genug Feuchtigkeit be-
kamen. 7 Wieder ein anderer Teil fiel
mitten unter Disteln, die dann mit der
Saat in die Höhe wuchsen und sie
erstickten. 8 Ein anderer Teil schließ-
lich fiel auf guten Boden. Die Saat
ging auf und brachte hundertfache
Frucht.« Jesus schloss: »Wer Ohren
hat und hören kann, der höre zu!«

9 Die Jünger fragten Jesus später,
was er mit diesem Gleichnis sagen
wollte. 10 Er sagte: »Euch hat Gott
das Geheimnis seines Reiches anver-
traut, aber den Außenstehenden wird
alles nur in Gleichnissen gesagt, denn
›sie sollen sehen und doch nichts er-
kennen, hören und doch nichts verste-
hen‹*. 11 Das Gleichnis bedeutet Fol-
gendes: Das Saatgut ist Gottes Wort.
12 Das, was auf den Weg gefallen ist,
meint Menschen, die Gottes Botschaft
hören. Aber dann kommt der Teufel
und nimmt ihnen das gesäte Wort
wieder aus dem Herzen weg, so dass
sie nicht glauben und deshalb auch
nicht gerettet werden. 13 Die Men-
schen, die dem felsigen Boden ent-
sprechen, hören das Wort und neh-
men es freudig auf. Aber sie haben
keine Wurzeln. Eine Zeitlang glauben
sie, doch wenn eine Zeit der Prüfung
kommt, wenden sie sich wieder ab.
14 Andere Menschen entsprechen der
Saat, die unter die Disteln fällt. Sie
haben die Botschaft gehört, sie aber
im Lauf der Zeit von den Sorgen, vom
Reichtum und den Genüssen des Le-
bens ersticken lassen, so dass keine
Frucht reifen kann. 15 Die Menschen
schließlich, die dem guten Boden
gleichen, hören die Botschaft und
nehmen sie mit aufrichtigem Herzen
bereitwillig auf. Sie halten daran fest,
lassen sich nicht entmutigen und
bringen durch ihre Ausdauer Frucht.

Wer richtig hört

16 Niemand zündet eine Lampe an
und stellt sie dann unter einen Eimer
oder unters Bett. Im Gegenteil: Man
stellt sie auf den Lampenständer,
damit die Hereinkommenden Licht
haben. 17 Denn alles, was verborgen
oder geheim ist, wird irgendwann ans
Licht kommen und bekannt werden.
18 Passt also auf, was ihr jetzt hört!
Denn wer hat, dem wird gegeben, wer
aber nicht hat, dem wird auch das ge-
nommen, was er zu haben meint.«

19 Einmal kamen seine Mutter und
seine Brüder. Doch wegen der Men-
schenmenge konnten sie nicht zu ihm
durchkommen. 20 Da sagte man ihm:
»Deine Mutter und deine Brüder ste-
hen draußen und wollen dich sehen.«
21 Doch Jesus erwiderte: »Meine Mut-
ter und meine Brüder sind die, die das
Wort Gottes hören und befolgen.«

Herr über den Sturm

22 Eines Tages stieg er mit seinen
Jüngern in ein Boot und sagte: »Fah-
ren wir ans andere Ufer hinüber!« So
fuhren sie ab, 23 und während der

8,10 Jesaja 6,9

Fahrt schlief Jesus ein. Plötzlich kam
ein Sturm auf, ein Fallwind von den
Bergen. Die Wellen schlugen ins Boot
und sie kamen in Gefahr. 24 Die
Jünger stürzten zu Jesus, weckten ihn
und riefen: »Rabbi, Rabbi, wir sind
verloren!« Da stand er auf und be-
drohte den Wind und die tosenden
Wellen. Da hörten sie auf zu toben
und es wurde ganz still. 25 »Wo ist
euer Glaube?«, fragte Jesus seine
Jünger. Doch sie waren sehr erschro-
cken und sagten erstaunt zueinander:
»Wer ist das nur, dass er sogar dem
Wind und dem Wasser befehlen kann,
und die gehorchen ihm auch?«

Der Besessene

26 Sie kamen in das Gebiet der Gera-
sener* auf der anderen Seite des Sees,
gegenüber von Galiläa. 27 Als er aus
dem Boot stieg, rannte ihm ein Mann
aus der Stadt entgegen, der von Dä-
monen besessen war. Er trug schon
lange keine Kleidung mehr und haus-
te abseits von den Häusern in Grab-
höhlen. 28 Als er Jesus erblickte,
schrie er auf, warf sich vor ihm hin
und rief laut: »Was willst du von mir,
Jesus, Sohn Gottes, du Sohn des Aller-
höchsten? Bitte, quäle mich nicht!«
29 Jesus hatte dem bösen Geist näm-
lich befohlen, den Mann zu verlassen,
den er schon so lange in seiner Gewalt
hatte. Wiederholt war der Besessene
wie ein Gefangener an Händen
und Füßen gefesselt worden, doch
jedes Mal hatte er die Ketten zerbro-
chen, und der Dämon hatte ihn in
menschenleere Gegenden getrieben.
30 Nun fragte ihn Jesus: »Wie heißt
du?« – »Ich heiße Legion«, antworte-
te der; denn es waren viele Dämonen
in ihn gefahren. 31 Diese flehten Jesus
an, sie nicht in den Abgrund zu schik-
ken. 32 Nun weidete dort in der Nähe
eine große Herde Schweine an einem
Berghang. Sie baten ihn, in die
Schweine fahren zu dürfen. Er er-
laubte es. 33 Da verließen die bösen
Geister den Mann und fuhren in die
Schweine. Daraufhin raste die ganze
Herde den Abhang hinunter in den
See und ertrank.

34 Als die Schweinehirten das sa-
hen, liefen sie davon und erzählten in
der Stadt und auf den Dörfern alles,
was geschehen war. 35 Die Leute woll-
ten das mit eigenen Augen sehen und
machten sich auf den Weg. Als sie zu
Jesus kamen, sahen sie den Mann, aus
dem die bösen Geister ausgefahren
waren, bekleidet und vernünftig bei
ihm sitzen. Sie bekamen es mit der
Angst zu tun, 36 und die Augenzeugen
berichteten ihnen, wie der Besessene
geheilt worden war. 37 Daraufhin
drängte die ganze Menge der Gerase-
ner Jesus, ihr Gebiet zu verlassen, so
sehr hatte die Angst sie gepackt. Jesus
stieg ins Boot, um wieder zurück-
zufahren. 38 Da bat ihn der Mann,
aus dem die Dämonen ausgefahren
waren, bei ihm bleiben zu dürfen.
Doch er schickte ihn weg und sagte:
39 »Geh nach Hause und erzähle, wie
viel Gott an dir getan hat!« Der Mann
gehorchte und verbreitete in der gan-
zen Stadt, was Jesus an ihm getan
hatte.

8,26 *Gebiet der Gerasener*. Südöstlicher Uferstreifen des Sees Gennesaret mit Hafen. Das Gebiet gehörte zu Gadara, die als mächtigste Stadt im Zehnstädtegebiet selbst Kriegsschiffe auf dem See unterhielt.

Jesus heilt, weil Menschen glauben

40 Als Jesus ans andere Ufer zurück-
kam, empfing ihn eine große Men-
schenmenge, denn sie hatten auf ihn
gewartet. 41 Da kam ein Synagogen-
vorsteher zu ihm, namens Jaïrus. Er
warf sich vor ihm nieder und bat ihn, in
sein Haus zu kommen, 42 weil seine
einzige Tochter, ein Mädchen von zwölf
Jahren, im Sterben lag.

Auf dem Weg dorthin drängte sich
die Menge um Jesus. 43 Darunter war
auch eine Frau, die seit zwölf Jahren
an starken Blutungen litt. Ihr ganzes
Vermögen hatte sie für die Ärzte auf-
gewendet, doch niemand hatte sie hei-
len können. 44 Sie kam von hinten
heran und berührte einen Zipfel sei-
nes Gewandes. Sofort hörte die Blu-
tung auf. 45 »Wer hat mich berührt?«,
fragte Jesus. Doch niemand wollte es
gewesen sein. Petrus sagte: »Rabbi,
die Menge drängt und drückt dich von
allen Seiten!« 46 Doch Jesus bestand
darauf: »Es hat mich jemand ange-
rührt, denn ich habe gespürt, dass
eine Kraft von mir ausgegangen ist.«
47 Als die Frau sah, dass sie nicht
verborgen bleiben konnte, fiel sie
zitternd vor Jesus nieder. Vor allen
Leuten erklärte sie, warum sie ihn
berührt hatte und dass sie im sel-
ben Augenblick geheilt worden war.
48 »Meine Tochter«, sagte Jesus da zu
ihr, »dein Glaube hat dich gerettet.
Geh in Frieden!«

49 Während Jesus noch mit ihr
sprach, kam jemand aus dem Haus
des Synagogenvorstehers und sagte
zu Jaïrus: »Deine Tochter ist gestor-
ben. Du brauchst den Rabbi nicht
weiter zu bemühen.« 50 Jesus hörte es
und sagte zu dem Vorsteher: »Hab
keine Angst! Vertrau mir, dann wird
sie gerettet werden!« 51 Er ging in das
Haus, erlaubte aber niemand, ihn zu
begleiten, außer Petrus, Johannes und
Jakobus und den Eltern des Kindes.
52 Das ganze Haus war voller Men-
schen, die laut weinten und das Mäd-
chen beklagten. »Hört auf zu wei-
nen!«, sagte Jesus zu ihnen. »Das
Kind ist nicht tot, es schläft nur.«
53 Da lachten sie ihn aus, denn sie
wussten, dass es gestorben war.
54 Doch Jesus fasste es bei der Hand
und rief: »Kind, steh auf!« 55 Da kehr-
te Leben in das Mädchen zurück und
es stand gleich auf. Jesus ordnete an,
ihr etwas zu essen zu geben. 56 Die
Eltern konnten kaum fassen, was da
geschehen war, aber Jesus verbot
ihnen, anderen davon zu erzählen.

Aussendung der Zwölf

9 1 Jesus rief die Zwölf zusammen
und gab ihnen Kraft und Voll-
macht, alle bösen Geister auszutrei-
ben und die Kranken zu heilen. 2 Er
beauftragte sie, die Botschaft von
Gottes Herrschaft zu verkündigen
und die Kranken gesund zu machen.
3 »Nehmt nichts mit auf den Weg«,
sagte er ihnen, »keinen Wanderstab,
keine Vorratstasche, kein Brot, kein
Geld und auch nicht zwei Hemden!
4 Wenn ihr in ein Haus aufgenommen
werdet, dann bleibt dort, bis ihr den
Ort wieder verlasst. 5 Und wenn ihr in
einen Ort kommt, wo die Leute euch
nicht aufnehmen wollen, dann zieht
gleich weiter und schüttelt den Staub
von euren Füßen ab, um ihnen deut-
lich zu machen, dass das Gericht auf
sie wartet.« 6 Die Zwölf machten sich
auf den Weg und zogen von Dorf zu

Dorf. Sie verkündigten die gute Botschaft und heilten die Kranken.

Herodes fragt nach Jesus

7 Herodes Antipas, der Fürst* von Galiläa, hörte von diesen Dingen. Er wusste nicht, was er davon halten sollte. Denn die einen sagten: »Johannes der Täufer ist von den Toten auferweckt worden«, 8 andere meinten: »Elija ist wieder erschienen.« Wieder andere sagten: »Einer der früheren Propheten ist wieder auferstanden.« 9 Herodes sagte: »Johannes habe ich enthaupten lassen. Aber wer ist das, von dem ich solche Dinge höre?« Und er wollte ihn unbedingt sehen.

Fünftausend Menschen werden satt

10 Die Apostel kamen dann wieder zu Jesus zurück und berichteten ihm alles, was sie getan hatten. Da nahm er sie mit und zog sich mit ihnen allein in die Nähe der Stadt Betsaida* zurück. 11 Als die Leute das merkten, folgten sie ihm in Scharen. Jesus wies die Menschen nicht ab, sondern redete zu ihnen über das Reich Gottes. Und alle, die Heilung brauchten, machte er gesund. 12 Als es auf den Abend zuging, kamen die Zwölf zu ihm und sagten: »Schick die Leute weg, damit sie sich in den umliegenden Bauernhöfen und Dörfern etwas zu essen kaufen und übernachten können, denn wir sind hier an einem einsamen Fleck.« 13 Aber Jesus erwiderte: »Gebt ihr ihnen doch zu essen!« – »Wir haben aber nicht mehr als fünf Fladenbrote und zwei Fische«, entgegneten sie. »Sollen wir wirklich losgehen und für dieses ganze Volk Essen kaufen?« 14 Es waren etwa 5000 Männer dort. Jesus sagte zu seinen Jüngern: »Sorgt dafür, dass die Leute sich hinsetzen. Sie sollen Gruppen zu je fünfzig Personen bilden!« 15 Das taten die Jünger. Und als sich alle gesetzt hatten, 16 nahm Jesus die fünf Brote und die zwei Fische in die Hand. Er blickte zum Himmel auf und dankte Gott dafür. Dann brach er die Fladenbrote in Stücke und gab alles den Jüngern, damit sie es an die Leute austeilten. 17 Und alle aßen sich satt. Sie füllten sogar noch zwölf Körbe mit den Resten, die von den Brotstücken übrig geblieben waren.

Jesus ist der Messias

18 Einmal hatte Jesus sich zum Gebet zurückgezogen, und nur seine Jünger waren bei ihm. Da fragte er sie: »Für wen halten mich die Leute?« 19 »Einige halten dich für Johannes den Täufer«, antworteten sie, »andere für Elija und wieder andere denken, es sei einer der alten Propheten auferstanden.« 20 »Und ihr«, fragte er weiter, »für wen haltet ihr mich?« »Du bist der von Gott gesandte Messias«, erwiderte Petrus. 21 Aber Jesus schärfte ihnen nachdrücklich ein, mit niemand darüber zu reden: 22 »Denn der Menschensohn wird vieles erleiden müssen«, sagte er, »und von den

9,7 *Fürst*. Wörtlich: *Tetrarch*, Regent über den vierten Teil eines Landes. Herodes Antipas war unter römischer Oberherrschaft Fürst von Galiläa und Peräa.

9,10 *Betsaida*. Fischerdorf an der Mündung des Jordan in den See Gennesaret. Heute wahrscheinlich El-Aradsch.

Ratsältesten, den Hohen Priestern*
und Gesetzeslehrern verworfen wer-
den. Er wird getötet werden und drei
Tage* danach auferstehen.«
23 Und zu allen sagte er: »Wenn je-
mand mein Jünger sein will, dann
muss er sich selbst verleugnen, er
muss täglich sein Kreuz aufnehmen
und mir folgen. 24 Denn wer sein
Leben retten will, wird es verlieren.
Wer aber sein Leben meinetwegen
verliert, der wird es retten. 25 Denn
was hat ein Mensch davon, wenn er
die ganze Welt gewinnt, dabei aber
sich selbst verliert oder unheilbaren
Schaden nimmt? 26 Denn wer nicht
zu mir und meiner Botschaft steht, zu
dem wird auch der Menschensohn
nicht stehen, wenn er in seiner Herr-
lichkeit und der Herrlichkeit seines
Vaters und der heiligen Engel
kommt.« 27 Und er fuhr fort: »Ich ver-
sichere euch: Einige von denen, die
hier stehen, werden noch zu ihren
Lebzeiten sehen, wie Gottes Herr-
schaft machtvoll sichtbar wird.«

Die Herrlichkeit des Messias

28 Etwa acht Tage, nachdem Jesus
das gesagt hatte, nahm er Petrus, Ja-
kobus und Johannes mit und stieg
auf einen Berg*, um zu beten. 29 Und
als er betete, veränderte sich plötz-
lich das Aussehen seines Gesichts.
Sein Gewand wurde strahlend weiß.
30 Auf einmal standen zwei Männer
dort und sprachen mit ihm. Es waren
Mose und Elija. 31 Auch sie waren
von himmlischem Glanz umgeben
und redeten mit ihm über das Ende,
das er nach Gottes Plan in Jerusalem
nehmen sollte. 32 Doch Petrus und
die zwei anderen Jünger waren vom
Schlaf überwältigt worden. Als sie
wieder wach wurden, sahen sie Jesus
in seiner Herrlichkeit und die zwei
Männer bei ihm. 33 Als diese gerade
weggehen wollten, sagte Petrus zu
Jesus: »Rabbi, wie gut, dass wir hier
sind. Wir wollen drei Hütten bauen:
eine für dich, eine für Mose und eine
für Elija.« Doch Petrus wusste selbst
nicht, was er da sagte. 34 Und noch
während er redete, fiel der Schatten
einer Wolke auf sie. Als die Wolke sie
dann ganz einhüllte, bekamen sie
Angst. 35 Da sagte eine Stimme aus
der Wolke: »Das ist mein Sohn, mein
Auserwählter, hört auf ihn!« 36 Als
die Stimme verhallt war, stand Jesus
wieder allein da. Die Jünger schwie-
gen über das, was sie erlebt hatten
und erzählten damals niemand etwas
davon.

9,22 Hohe Priester. In neutestamentlicher Zeit verfügten die Römer über die Besetzung des Hohen-Priester-Amtes. Wenn eine Mehrzahl von Hohen Priestern erwähnt wird, sind sowohl der amtierende als auch die inzwischen abgesetzten Hohen Priester gemeint.

Drei Tage. Nach jüdischer Zählweise bedeutet das nicht drei Tage später, weil die angebrochenen Tage gewöhnlich als volle Tage gerechnet wurden. Am ersten Tag würde er sterben, am dritten Tag auferstehen.

9,28 Berg. Traditionell wird darunter der Berg Tabor in Galiläa verstanden, doch zur Zeit des Herrn befand sich auf dessen runder Kuppe eine befestigte Burg – kein Ort, wo man allein sein konnte. Die vorherige Erwähnung von Cäsarea Philippi verweist eher auf den Berg Hermon nordöstlich dieses Ortes, und wir sollten uns das Geschehen an einem der Hänge jenes majestätischen Berges vorstellen.

Die Macht des Messias

37 Als sie am folgenden Tag den Berg
hinabstiegen, kam ihnen eine große
Menschenmenge entgegen. 38 Einer
aus der Menge rief: »Rabbi, ich bitte
dich, sieh nach meinem Sohn. Er ist
mein einziges Kind. 39 Immer wieder
wird er von einem bösen Geist gepak-
kt. Dann schreit er plötzlich auf, wird
von dem Geist hin und her gezerrt und
hat Schaum vor dem Mund. Der Geist
lässt ihn kaum wieder los und richtet
ihn noch ganz zugrunde. 40 Ich habe
deine Jünger gebeten, ihn auszutrei-
ben, aber sie konnten es nicht.«
41 »Was seid ihr nur für ein ungläubi-
ges Geschlecht!«, sagte Jesus zu
ihnen. »Wie lange muss ich denn
noch bei euch sein und euch ertragen?
Bring deinen Sohn her!« 42 Als der
Junge in die Nähe von Jesus kam, warf
der Dämon ihn zu Boden und schüt-
telte ihn mit heftigen Krämpfen. Jesus
bedrohte den bösen Geist, heilte den
Jungen und gab ihn seinem Vater zu-
rück. 43 Alle waren überwältigt von
der herrlichen Macht Gottes. Und
während die Leute sich noch über alle
seine Taten wunder-ten, sagte Jesus
zu seinen Jüngern: 44 »Merkt euch
gut, was ich jetzt sage: Der Men-
schensohn muss den Menschen aus-
geliefert werden.« 45 Doch sie konn-
ten den Sinn seiner Worte nicht ver-
stehen, er blieb ihnen verborgen. Sie
begriffen ihn nicht, wagten aber auch
nicht, Jesus danach zu fragen.

Jünger müssen viel lernen

46 Unter den Jüngern kam die Frage
auf, wer von ihnen wohl der Größte
sei. 47 Jesus wusste, was sie dachten.
Er nahm ein Kind, stellte es neben
sich 48 und sagte zu ihnen: »Wer
dieses Kind in meinem Namen auf-
nimmt, nimmt mich auf; und wer
mich aufnimmt, nimmt den auf, der
mich gesandt hat. Wer also der Ge-
ringste unter euch ist, der ist wirklich
groß.«

49 Johannes sagte zu ihm: »Rabbi,
wir haben gesehen, wie jemand in
deinem Namen Dämonen ausgetrie-
ben hat, und wir haben versucht, ihn
daran zu hindern, weil er dir nicht mit
uns nachfolgt.« 50 »Lasst ihn doch!«,
sagte Jesus. »Denn wer nicht gegen
euch ist, ist für euch.«

51 Als die Zeit näherrückte, in der
Jesus in den Himmel zurückkehren
sollte, machte er sich entschlossen auf
den Weg nach Jerusalem. 52 Er schik-
kte Boten voraus. Diese kamen in ein
Dorf in Samarien* und wollten eine
Unterkunft für ihn vorbereiten.
53 Doch die Samaritaner nahmen ihn
nicht auf, weil er nach Jerusalem zie-
hen wollte. 54 Als die beiden Jünger
Jakobus und Johannes das hörten,
sagten sie zu Jesus: »Herr, sollen wir
befehlen, dass Feuer vom Himmel fällt
und sie vernichtet?« 55 Doch Jesus
drehte sich zu ihnen um und wies sie
streng zurecht. 56 Sie übernachteten
dann in einem anderen Dorf.

57 Als sie weitergingen, wurde Jesus
von einem Mann angesprochen: »Ich
will dir folgen, wohin du auch gehst«,
sagte er. 58 Doch Jesus entgegnete
ihm: »Die Füchse haben ihren Bau
und die Vögel haben ihre Nester, aber

9,52 *Samarien.* Landschaft zwischen Galiläa im Norden und Judäa im Süden Israels.

der Menschensohn hat keinen Platz,
wo er sich ausruhen kann.« 59 Zu
einem anderen sagte Jesus: »Komm,
folge mir nach!« Doch der antwortete:
»Herr, erlaube mir, zuerst nach Hause
zu gehen und meinen Vater zu begra-
ben.« 60 »Lass die Toten ihre Toten
begraben!«, entgegnete ihm Jesus.
»Deine Aufgabe ist es, die Botschaft
vom Reich Gottes zu verkündigen.«
61 Wieder ein anderer sagte: »Herr,
ich will ja gerne mit dir gehen, aber
erlaube mir doch, erst noch von mei-
ner Familie Abschied zu nehmen.«
62 Doch Jesus sagte: »Wer seine Hand
an den Pflug legt und dann nach hin-
ten sieht, der ist für das Reich Gottes
nicht brauchbar.«

Aussendung der Siebzig

10 1 Danach wählte der Herr
siebzig andere Jünger aus und
schickte sie zu zweit voraus in alle
Städte und Dörfer, die er später selbst
aufsuchen wollte. 2 Er sagte zu ihnen:
»Die Ernte ist groß, aber es gibt nur
wenig Arbeiter. Bittet deshalb den
Herrn der Ernte, mehr Arbeiter auf
seine Felder zu schicken. 3 Geht! Ich
sende euch wie Lämmer unter Wölfe.
4 Nehmt keinen Geldbeutel mit, keine
Vorratstasche und keine Sandalen.
Und haltet euch unterwegs nicht auf,
um Leute zu begrüßen. 5 Wenn ihr in
ein Haus kommt, sagt zuerst: ›Friede
sei mit diesem Haus!‹ 6 Wenn dort
jemand bereit ist, den Frieden zu
empfangen, wird euer Friede auf ihm
ruhen, andernfalls wird er zu euch
zurückkehren. 7 Bleibt in diesem
Haus, esst und trinkt, was sie euch
vorsetzen; denn wer arbeitet, hat
Anspruch auf Lohn.* Geht aber nicht
von Haus zu Haus! 8 Wenn ihr in eine
Stadt kommt und sie euch dort auf-
nehmen, dann esst, was man euch an-
bietet, 9 heilt die Kranken, die da sind,
und sagt den Leuten: ›Jetzt beginnt
Gottes Herrschaft bei euch!‹

10 Wenn ihr in eine Stadt kommt,
wo euch niemand aufnehmen will,
dann geht durch ihre Straßen und
sagt: 11 ›Selbst den Staub eurer Stadt
schütteln wir von unseren Füßen,
damit ihr gewarnt seid. Doch das eine
sollt ihr wissen: Gottes Herrschaft
bricht an.‹ 12 Ich sage euch, es wird
Sodom* am Tag des Gerichts erträg-
licher ergehen, als solch einer Stadt.

13 Weh dir, Chorazin*! Weh dir,
Betsaida! Wenn in Tyrus und Sidon
die Wunder geschehen wären, die
unter euch geschehen sind, sie hätten
längst ihre Einstellung geändert,
einen Trauersack angezogen und sich
Asche auf den Kopf gestreut. 14 Doch
Tyrus und Sidon wird es im Gericht er-
träglicher ergehen als euch. 15 Und
du, Kafarnaum, meinst du etwa, du
wirst zum Himmel erhoben werden?
In die Hölle* musst du hinunter.

16 Wer auf euch hört, hört auf mich;
und wer euch ablehnt, lehnt mich ab.

10,7 Wird von Paulus in 1. Timotheus 5,18 zitiert.

10,12 *Sodom.* Stadt im Tal Siddim, die wegen der Sünde ihrer Bewohner von Gott vernichtet wurde (1. Mose 13,10-13; 19). Heute liegt sie vermutlich unter dem Toten Meer.

10,13 *Chorazin.* Stadt in Obergaliläa, 5 km nördlich von Kafarnaum.

10,15 *Hölle.* Griechisch: *Hades.* Das Neue Testament meint damit aber kein neutrales Totenreich, sondern den Todeszustand, der für Ungläubige schon vor dem Endgericht eine schreckliche Qual bedeutet (Lukas 16,23).

Doch wer mich ablehnt, lehnt auch
den ab, der mich gesandt hat.«
17 Die Siebzig kehrten voller Freude
zurück. »Herr«, sagten sie, »selbst die
Dämonen müssen uns gehorchen,
wenn wir sie in deinem Namen an-
sprechen!« 18 Jesus sagte ihnen: »Ich
sah den Satan wie einen Blitz vom
Himmel fallen. 19 Ja, ich habe euch
Vollmacht gegeben, auf Schlangen
und Skorpione zu treten und die
ganze Macht des Feindes zunichte zu
machen. Nichts wird euch schaden
können. 20 Aber nicht darüber sollt ihr
euch freuen, dass euch die Geister ge-
horchen. Freut euch viel mehr, dass
eure Namen im Himmel aufgeschrie-
ben sind.«
21 In derselben Stunde wurde Jesus
von der Freude des Heiligen Geistes
erfüllt und rief: »Vater, du Herr über
Himmel und Erde, ich preise dich,
dass du das alles den Klugen und
Gelehrten verborgen, aber den Un-
mündigen offenbar gemacht hast. Ja,
Vater, so hast du es gewollt.« 22 Dann
sagte er: »Alles ist mir von meinem
Vater übergeben worden. Niemand
außer dem Vater kennt den Sohn
wirklich, und niemand kennt den
Vater, außer dem Sohn und denen,
welchen der Sohn es offenbaren will.«
23 Zu seinen Jüngern sagte Jesus
dann: »Glücklich zu preisen sind die,
die sehen, was ihr seht. 24 Denn ich
sage euch: Viele Könige und Prophe-
ten hätten gern gesehen, was ihr seht,
und haben es nicht gesehen; gern
hätten sie gehört, was ihr hört, doch
sie haben es nicht gehört.«

Das Liebesgebot

25 Ein Gesetzeslehrer wollte Jesus auf
die Probe stellen. »Rabbi«, fragte er,
»was muss ich getan haben, um das
ewige Leben zu bekommen?« 26 Jesus
fragte zurück: »Was steht denn im
Gesetz? Was liest du dort?« 27 Er er-
widerte: »Du sollst den Herrn, deinen
Gott, lieben von ganzem Herzen, mit
ganzer Hingabe, mit all deiner Kraft
und mit deinem ganzen Verstand.
Und deinen Nächsten sollst du lieben
wie dich selbst.«* 28 »Du hast richtig
geantwortet«, sagte Jesus. »Tu das,
dann wirst du leben!« 29 Doch der Ge-
setzeslehrer wollte sich rechtfertigen.
Deshalb fragte er Jesus: »Und wer ist
mein Nächster«?
30 Jesus nahm die Frage auf und
erzählte die folgende Geschichte:
»Ein Mann ging von Jerusalem nach
Jericho* hinunter. Unterwegs wurde
er von Räubern überfallen. Sie nah-
men ihm alles weg, schlugen ihn zu-
sammen und ließen ihn halbtot liegen.
31 Zufällig ging ein Priester den glei-
chen Weg hinunter. Er sah den Mann
liegen und machte einen Bogen um
ihn. 32 Genauso verhielt sich ein Levit.
Auch er machte einen großen Bogen
um den Überfallenen. 33 Schließlich
näherte sich ein Samaritaner. Als er
den Mann sah, empfand er tiefes Mit-
leid. 34 Er ging zu ihm hin, behandelte
seine Wunden mit Öl und Wein und
verband sie. Dann setzte er ihn auf

10,27 3. Mose 19,18

10,30 Die Palmenstadt *Jericho* liegt 10 km nördlich des Toten Meeres und 8 km westlich des Jordans, eine Oase in öder Landschaft. Sie ist mit etwa 250 Metern unter dem Meeresspiegel die tiefstgelegene Stadt der Welt und etwa 25 km von Jerusalem (750 Meter über dem Meeresspiegel) entfernt.

sein eigenes Reittier, brachte ihn in
ein Gasthaus und versorgte ihn dort.
35 Am nächsten Morgen zog er zwei
Denare aus seinem Geldbeutel, gab
sie dem Wirt und sagte: ›Kümmere
dich um ihn! Wenn du noch mehr
brauchst, will ich es dir bezahlen,
wenn ich zurückkomme.‹ – 36 Was
meinst du?«, fragte Jesus den Geset-
zeslehrer. »Wer von den dreien hat als
Nächster an dem Überfallenen gehan-
delt?« 37 »Der, der barmherzig war
und ihm geholfen hat«, erwiderte er.
»Dann geh und mach es genauso!«,
sagte Jesus.

Marta und Maria

38 Auf ihrer Weiterreise kam Jesus in
ein Dorf, wo ihn eine Frau mit Namen
Marta in ihr Haus einlud. 39 Sie hatte
eine Schwester, die Maria hieß. Maria
setzte sich dem Herrn zu Füßen und
hörte ihm zu. 40 Marta dagegen war
sehr mit der Vorbereitung des Essens
beschäftigt. Schließlich stellte sie
sich vor Jesus hin. »Herr«, sagte sie,
»findest du es richtig, dass meine
Schwester mich die ganze Arbeit al-
lein tun lässt? Sag ihr doch, sie soll
mir helfen!« 41 »Aber Marta«, ent-
gegnete ihr Jesus, »Marta, du bist be-
unruhigt und machst dir Sorgen um
so viele Dinge! 42 Notwendig ist aber
nur eins. Maria hat das Bessere ge-
wählt, und das soll ihr nicht ge-
nommen werden.«

Beten lernen

11 1 Einmal hatte Jesus sich ir-
gendwo zum Gebet zurückge-
zogen. Als er damit fertig war, sagte
einer seiner Jünger zu ihm: »Herr,
lehre uns beten. Johannes hat seine
Jünger auch beten gelehrt.« 2 Jesus
sagte zu ihnen: »Wenn ihr betet, dann
sprecht:

Vater, dein heiliger Name werde
geehrt! / Deine Herrschaft
komme! 3 Gib uns jeden Tag, was
wir zum Leben brauchen! 4 Und
vergib uns unsere Sünden! / Auch
wir vergeben jedem, der an uns
schuldig geworden ist. / Und
führe uns nicht in Versuchung!«

5 Dann sagte er zu seinen Jüngern:
»Angenommen, einer von euch geht
mitten in der Nacht zu seinem Freund
und sagt: ›Bitte leih mir doch drei
Fladenbrote! 6 Ein Freund von mir ist
unerwartet auf Besuch gekommen
und ich habe nichts zu essen im
Haus.‹ 7 Und stellt euch vor, jener
würde von innen rufen: ›Lass mich in
Ruhe! Die Tür ist schon abgeschlos-
sen und meine Kinder liegen bei mir
im Bett. Ich kann jetzt nicht aufstehen
und dir etwas geben.‹ 8 Ich sage euch,
er wird es ihm schließlich doch geben
– wenn auch nicht gerade aus Freund-
schaft. Aber schon wegen seiner Un-
verschämtheit wird er aufstehen und
ihm geben, was er braucht.

9 Und ich sage euch: Bittet, und ihr
werdet bekommen, was ihr braucht;
sucht, und ihr werdet finden, klopft an,
und es wird euch geöffnet! 10 Denn
wer bittet, empfängt; wer sucht, findet;
und wer anklopft, dem wird geöffnet.
11 Welcher Vater würde seinem Kind
denn eine Schlange geben, wenn es
ihn um einen Fisch bittet? 12 Oder
einen Skorpion, wenn es ihn um ein
Ei bittet? 13 So schlecht wie ihr seid,
wisst ihr doch, was gute Gaben für
eure Kinder sind, und gebt sie ihnen

auch. Wie viel eher wird dann der Vater
aus dem Himmel denen den Heiligen
Geist geben, die ihn bitten.«

Die Macht hinter Jesus

14 Einmal trieb Jesus einen stummen
Dämon aus. Als der böse Geist von
dem Mann ausgefahren war, konnte
der Stumme reden. Die Leute staun-
ten, 15 aber einige sagten: »Kein
Wunder, er treibt die Dämonen ja
durch Beelzebul, den Oberdämon,
aus.« 16 Andere wollten ihn auf die
Probe stellen und forderten ein Zei-
chen aus dem Himmel von ihm.
17 Jesus wusste genau, was sie dach-
ten, und sagte zu ihnen: »Ein König-
reich, das gegen sich selbst kämpft, ist
dem Untergang geweiht, und seine
Familien richten sich gegenseitig zu-
grunde. 18 Wenn also der Satan gegen
sich selbst kämpft und mir erlaubt,
seine Dämonen auszutreiben, wie soll
sein Reich dann bestehen können?
19 Und wenn ich die Dämonen tat-
sächlich mit Hilfe von Beelzebul aus-
treibe, wer gibt dann euren Leuten die
Macht, Dämonen auszutreiben? Sie
werden deshalb das Urteil über euch
sprechen. 20 Wenn ich aber die Dä-
monen mit dem Finger Gottes austrei-
be, dann ist doch das Reich Gottes zu
euch gekommen!

21 Solange ein starker Mann gut
bewaffnet sein Grundstück bewacht,
ist sein Besitz in Sicherheit. 22 Wenn
ihn jedoch ein Stärkerer angreift und
besiegt, nimmt er ihm alle seine Waf-
fen weg, auf die er sich verlassen hat,
und verteilt die Beute.

23 Wer nicht auf meiner Seite steht,
ist gegen mich, und wer nicht mit mir
sammelt, zerstreut.

24 Wenn ein böser Geist einen
Menschen verlässt, zieht er durch öde
Gegenden und sucht nach einer Blei-
be. Weil er aber keine findet, sagt er:
›Ich werde wieder in meine alte Be-
hausung zurückgehen.‹ 25 Er kehrt
zurück und findet alles sauber und
aufgeräumt. 26 Dann geht er los und
holt sieben andere Geister, die noch
schlimmer sind als er selbst, und sie
ziehen gemeinsam dort ein. So ist
dieser Mensch am Ende schlechter
dran, als am Anfang.«

Das Zeichen Jonas

27 Als Jesus das sagte, rief eine Frau
aus der Menge: »Wie glücklich ist die
Frau, die dich geboren hat und stillen
durfte!« 28 »Ja«, sagte Jesus, »doch
wirklich glücklich sind die Menschen,
die das Wort Gottes hören und be-
folgen.«

29 Als immer mehr Leute sich heran-
drängten, sagte er: »Diese verdorbene
Generation verlangt dauernd nach
einem Zeichen. Doch es wird ihnen
keins gegeben werden – nur das des
Propheten Jona. 30 Denn wie Jona für
die Menschen von Ninive ein Zeichen
war, so wird es der Menschensohn für
diese Generation sein. 31 Die Königin
des Südens wird beim Gericht gegen
die Männer dieser Generation auftre-
ten und sie verurteilen. Denn sie kam
vom Ende der Erde, um die Weisheit
Salomos zu hören – und hier steht
einer, der mehr bedeutet als Salomo.
32 Im Gericht werden auch die Männer
von Ninive auftreten und diese Gene-
ration schuldig sprechen. Denn sie
haben ihre Einstellung auf Jonas
Predigt hin geändert – und hier steht
einer, der mehr bedeutet als Jona.

33 Niemand zündet eine Lampe an
und versteckt sie dann irgendwo oder
stellt sie unter einen Eimer, sondern er
stellt sie auf den Lampenständer,
damit die Hereinkommenden Licht
haben. 34 Dein Auge vermittelt dir das
Licht. Wenn dein Auge klar ist, kannst
du dich im Licht bewegen. Ist es
schlecht, dann steht dein Körper im
Finstern. 35 Pass auf, dass das Licht,
das du hast, nicht Dunkelheit ist!
36 Wenn du ganz vom Licht durch-
drungen bist und nichts mehr finster
in dir ist, dann ist es so, als ob dich
eine Lampe mit ihrem hellen Schein
anstrahlt: Alles steht im Licht.«

Bei Pharisäern zu Gast

37 Kaum hatte Jesus aufgehört zu
reden, bat ihn ein Pharisäer, zu ihm
zum Essen zu kommen. Jesus ging
mit ins Haus und legte sich zu Tisch.
38 Der Pharisäer war überrascht,
dass Jesus vor dem Essen nicht die üb-
liche Waschung vorgenommen hatte.
39 Da sagte der Herr zu ihm: »So seid
ihr Pharisäer! Das Äußere von Be-
chern und Schüsseln haltet ihr sauber,
was ihr aber drin habt, ist voller Hab-
gier und Bosheit. 40 Wie dumm von
euch! Hat Gott, der das Äußere schuf,
nicht auch das Innere gemacht?
41 Gebt einmal den Armen, was ihr
in den Bechern und Schüsseln habt,
dann werdet ihr sehen, wie schnell
euch alles rein wird.

42 Doch weh euch, ihr Pharisäer!
Von den kleinsten Küchenkräutern
gebt ihr noch den zehnten Teil ab und
lasst doch die Forderungen der Ge-
rechtigkeit und Liebe Gottes außer
acht. Das eine hättet ihr tun und das
andere nicht lassen sollen. 43 Weh
euch Pharisäer! Ihr liebt die Ehren-
plätze in den Synagogen und die
Grüße auf den Märkten. 44 Weh euch!
Ihr seid wie unkenntlich gemachte
Gräber. Die Menschen laufen darüber
hinweg und merken nicht, wie sie
verunreinigt werden.«

45 »Rabbi«, sagte einer der Geset-
zeslehrer, »damit greifst du auch uns
an!« 46 Jesus erwiderte: »Ja, weh auch
euch, ihr Gesetzeslehrer! Ihr ladet den
Menschen kaum tragbare Lasten auf
und macht selbst keinen Finger dafür
krumm. 47 Weh euch! Ihr baut Grab-
mäler für die Propheten, die doch von
euren Vorfahren umgebracht wurden.
48 Damit bestätigt ihr die Schandta-
ten eurer Vorfahren und heißt sie auch
noch gut, denn *sie* haben die Prophe-
ten getötet, und *ihr* errichtet die Grab-
mäler. 49 Deshalb hat die Weisheit
Gottes auch gesagt: ›Ich werde Pro-
pheten und Apostel zu ihnen schi-
cken; einige von ihnen werden sie um-
bringen, andere verfolgen.‹ 50 Darum
wird diese Generation zur Rechen-
schaft gezogen werden für die Ermor-
dung aller Propheten seit Erschaffung
der Welt, 51 angefangen bei Abel bis
hin zu Secharja*, der zwischen dem
Brandopferaltar und dem Haus Gottes
umgebracht wurde. 52 Weh euch, ihr
Gesetzeslehrer! Ihr habt den Schlüssel
zur Erkenntnis beiseite geschafft.

11,51 *Secharja.* Vergleiche 1. Mose 4,8.10 und 2. Chronik 24,20-21! Gemeint sind wohl alle Gerechten seit Erschaffung der Menschen bis in die Zeit von Jesus Christus. Damit bestätigt der Herr die Gültigkeit des gesamten Alten Testaments, weil er ein Ereignis aus dem ersten und eins aus dem letzten Buch der hebräischen Bibel aufgreift.

Selbst seid ihr nicht hineingegangen,
und die hineingehen wollten, habt ihr
daran gehindert.«
53 Als Jesus das Haus wieder ver-
ließ, setzten ihm die Gesetzeslehrer
und die Pharisäer mit vielen Fragen
hart zu. 54 Sie lauerten darauf, ihn
bei einer verfänglichen Äußerung zu
ertappen.

Wen man wirklich fürchten muss

12 1 Inzwischen waren Tausen-
de von Menschen herbeige-
strömt, so dass sie im Gedränge ein-
ander auf die Füße traten. Da wandte
sich Jesus an seine Jünger. »Hütet
euch vor dem Sauerteig der Pharisäer
– vor der Heuchelei!«, sagte er. 2 »Es
kommt die Zeit, da wird alles offenbar
werden. Alles, was jetzt noch geheim
ist, wird öffentlich bekannt gemacht
werden. 3 Deshalb lasst euch warnen:
Alles, was ihr im Dunkeln sagt, wird
am hellen Tag zu hören sein; und was
ihr hinter verschlossenen Türen flüs-
tert, wird man von den Dachterrassen
rufen. 4 Meine Freunde, ich sage
euch: Habt keine Angst vor denen, die
nur den Leib töten, euch darüber hin-
aus aber nichts anhaben können. 5 Ich
will euch sagen, wen ihr fürchten
müsst: Fürchtet den, der euch nach
dem Töten auch noch in die Hölle wer-
fen kann. Den müsst ihr fürchten!
6 Ihr wisst doch, dass fünf Spatzen für
ein paar Cent* verkauft werden. Doch
nicht einer wird von Gott vergessen.
7 Und selbst die Haare auf eurem
Kopf sind alle gezählt. Habt also keine
Angst! Ihr seid doch mehr wert als
noch so viele Spatzen.
8 Ich sage euch: Wer sich vor den
Menschen zu mir, dem Menschen-
sohn, bekennt, zu dem werde auch
ich mich vor den Engeln Gottes be-
kennen. 9 Wer mich aber vor den
Menschen nicht kennen will, den
wird man auch vor den Engeln Gottes
nicht kennen. 10 Wer etwas gegen den
Menschensohn sagt, dem kann ver-
geben werden. Wer aber den Heiligen
Geist lästert, dem wird nicht vergeben
werden.
11 Wenn sie euch vor die Synago-
gengerichte zerren oder euch bei den
Behörden und Machthabern anzei-
gen, dann macht euch keine Sorgen,
wie ihr euch verteidigen oder was ihr
sagen sollt. 12 Der Heilige Geist wird
euch in jenem Moment eingeben, was
ihr sagen könnt.«

Habgier ist gefährlich

13 »Rabbi«, wandte sich einer aus der
Menge an Jesus, »sag meinem Bruder
doch, er soll das Erbe mit mir teilen!«
14 »Lieber Mann«, erwiderte Jesus,
»wer hat mich denn als Richter für
eure Erbstreitigkeiten eingesetzt?«
15 Dann sagte er zu allen: »Passt auf,
und nehmt euch vor jeder Art von
Habsucht in acht! Denn auch wenn
einer noch so viel besitzt, kann er sich
das Leben nicht kaufen.«
16 Dann erzählte er ihnen ein
Gleichnis: »Ein reicher Bauer hatte
eine gute Ernte zu erwarten. 17 Er
überlegte hin und her: ›Was kann
ich tun? Ich weiß gar nicht, wo ich
das alles unterbringen soll.‹ 18 Dann
sagte er sich: ›Ich werde meine

12,6 *Cent.* Wörtlich: *zwei Assaria.* Die Kupfermünze Assarion war 1/16 Denar wert, d.h. 1/16 Tageslohn eines Arbeiters.

Scheunen niederreißen und größere
bauen. Dort werde ich mein ganzes
Getreide und alle meine Vorräte unter-
bringen können. 19 Und dann werde
ich mir sagen, so, jetzt hast du es ge-
schafft! Du bist auf viele Jahre ver-
sorgt. Ruh dich aus, iss und trink und
genieße das Leben!‹ 20 Da sagte Gott
zu ihm: ›Du Narr! Noch in dieser
Nacht wird man das Leben von dir
fordern! Wem gehört dann alles, was
du dir aufgehäuft hast?‹ 21 – So geht
es jedem, der nur auf seinen Gewinn
aus ist, aber bei Gott nichts besitzt.«

22 Dann wandte sich Jesus wieder an
seine Jünger: »Deshalb sage ich euch:
Sorgt euch nicht um das Essen, das ihr
zum Leben, und die Kleidung, die ihr
für den Körper braucht. 23 Das Leben
ist doch wichtiger als das Essen und
der Körper wichtiger als die Kleidung.
24 Schaut euch die Raben an! Sie säen
nicht, sie ernten nicht; sie haben
weder Vorratskammern noch Scheu-
nen; und Gott ernährt sie doch. Und
ihr? Ihr seid doch viel mehr wert als
diese Vögel! 25 Wer von euch kann
sich denn durch Sorgen das Leben
auch nur um einen Tag* verlängern?
26 Wenn ihr also nicht einmal
solch eine Kleinigkeit zustandebringt,
warum macht ihr euch dann Sorgen
um all das andere? 27 Seht euch die
Wiesenblumen an, wie sie ohne An-
strengung wachsen und ohne sich
Kleider zu nähen. Ich sage euch:
Selbst Salomo war in all seiner Pracht
nicht so schön gekleidet wie eine von
ihnen. 28 Wenn Gott sogar das wilde
Gras, das heute steht und morgen in
den Backofen gesteckt wird, so schön
schmückt, wie viel mehr wird er sich
dann um euch kümmern, ihr Klein-
gläubigen! 29 Und ihr? Ihr sollt euch
nicht von der Sorge um Essen oder
Trinken in Unruhe versetzen lassen.
30 Denn damit plagen sich die Men-
schen dieser Welt herum. Euer Vater
weiß doch, dass ihr das alles braucht!
31 Euch soll es vielmehr um das Reich
Gottes gehen, dann wird er euch das
andere dazugeben. 32 Hab also keine
Angst, du kleine Herde! Euer Vater hat
Freude daran, euch sein Reich zu
geben. 33 Verkauft euren Besitz und
gebt das Geld für die Armen. Und
macht euch Geldbeutel, die keine
Löcher bekommen; legt euch einen
unvergänglichen Schatz im Himmel
an, wo kein Dieb ihn findet und keine
Motte ihn zerfrisst. 34 Denn euer Herz
wird immer dort sein, wo ihr euren
Schatz habt.«

Immer bereit sein!

35 »Haltet euch bereit und sorgt dafür,
dass eure Lampen brennen. 36 Ihr
müsst wie Diener sein, die auf ihren
Herrn warten, der auf der Hochzeit ist.
Wenn er dann zurückkommt und an
die Tür klopft, können sie ihm sofort
aufmachen. 37 Sie dürfen sich freuen,
wenn der Herr sie bei seiner Ankunft
wach und dienstbereit findet. Ich ver-
sichere euch: Er wird sich die Schürze
umbinden, sie zu Tisch bitten und sie
selbst bedienen. 38 Vielleicht kommt
er spät in der Nacht oder sogar erst am
frühen Morgen. Sie dürfen sich jeden-
falls freuen, wenn er sie bereit findet.

12,25 *einen Tag.* Wörtlich: *eine Elle.* Der Ausdruck ist hier im übertragenen Sinn gebraucht.

39 Und das ist doch klar: Wenn ein
Hausherr wüsste, zu welchem Zeit-
punkt der Dieb kommt, würde er wach
bleiben und nicht zulassen, dass in sein
Haus eingebrochen wird. 40 So solltet
auch ihr immer bereit sein, denn der
Menschensohn wird dann kommen,
wenn ihr es gerade nicht erwartet.«

41 »Herr«, fragte Petrus, »meinst
du mit diesem Gleichnis uns oder auch
alle anderen?« 42 Der Herr aber sagte:
»Wer ist denn der treue und kluge Ver-
walter, dem sein Herr die Verantwor-
tung überträgt, der ganzen Diener-
schaft zur rechten Zeit das Essen zu-
zuteilen? 43 Wenn nun sein Herr
kommt und ihn bei dieser Arbeit findet
– wie sehr darf sich dieser Diener dann
freuen! 44 Ich versichere euch: Sein
Herr wird ihm die Verantwortung
über seine ganze Habe übertragen.
45 Wenn jener Diener aber denkt:
›Mein Herr kommt noch lange nicht‹,
und anfängt, die Dienerschaft zu schi-
kanieren, während er sich selbst üppi-
ge Mahlzeiten gönnt und sich betrinkt,
46 dann wird sein Herr an einem Tag
zurückkommen, an dem er es nicht
erwartet, und zu einer Stunde, die er
nicht vermutet. Er wird diesen Diener
hart bestrafen und ihm dasselbe
Los bereiten wie den Ungläubigen.
47 Jeder Diener, der den Willen seines
Herrn kennt, sich aber nicht darauf
einstellt und tut, was sein Herr will,
wird hart bestraft werden. 48 Wer ihn
dagegen nicht kennt und etwas tut,
wofür er Strafe verdient hätte, wird
mit einer leichteren Strafe davon-
kommen. Wem viel gegeben wurde,
von dem wird viel gefordert werden,
und wem viel anvertraut ist, von dem
wird man umso mehr verlangen.«

Zeit der Entzweiung

49 »Ich bin gekommen, um ein Feuer
auf der Erde anzuzünden, und ich
wünschte, es würde schon brennen.
50 Aber mir steht eine Taufe bevor,
und ich bin sehr bedrückt, bis sie voll-
zogen ist. 51 Denkt ihr vielleicht, dass
ich gekommen bin, Frieden auf die
Erde zu bringen? Nein, sage ich euch,
sondern Entzweiung. 52 Denn von
jetzt an wird es so sein: Wenn fünf
Menschen in einem Haus wohnen,
werden sich drei gegen zwei stellen
und zwei gegen drei. 53 Der Vater wird
gegen den Sohn sein und der Sohn
gegen den Vater, die Mutter gegen die
Tochter und die Tochter gegen die
Mutter; die Schwiegermutter wird
gegen die Schwiegertochter sein
und die Schwiegertochter gegen die
Schwiegermutter.«

Zeit der Entscheidung

54 Jesus wandte sich wieder an die
Menschenmenge und sagte: »Wenn
ihr im Westen eine Wolke aufsteigen
seht, sagt ihr gleich: ›Es gibt Regen‹,
und dann regnet es auch. 55 Und
wenn ihr merkt, dass der Südwind
weht, sagt ihr: ›Es wird Hitze geben‹,
und so kommt es dann auch. 56 Ihr
Heuchler! Das Aussehen von Himmel
und Erde könnt ihr richtig einschät-
zen. Wieso könnt ihr dann die Zei-
chen dieser Zeit nicht beurteilen?
57 Warum könnt ihr nicht selbst ent-
scheiden, was vor Gott recht ist?

58 Wenn du jemand eine Schuld
zu bezahlen hast und mit ihm vor
Gericht musst, dann gib dir unter-
wegs alle Mühe, dich mit ihm zu ei-
nigen, damit er dich nicht vor den
Richter schleppt. Denn dort wirst du

womöglich verurteilt, dem Gerichts-
diener übergeben und ins Gefängnis
geworfen. 59 Ich sage dir, du kommst
dort erst wieder heraus, wenn du den
letzten Cent* bezahlt hast.«

Umkehren oder umkommen

13 1 Um diese Zeit kamen einige
Leute zu Jesus und berichteten
ihm von den Galiläern, die Pilatus beim
Opfern umbringen ließ, so dass sich ihr
Blut mit dem ihrer Opfertiere vermisch-
te. 2 Da sagte Jesus zu ihnen: »Meint
ihr, diese Leute seien schlimmere Sün-
der gewesen als die anderen Galiläer,
weil sie so grausam zu Tode kamen?
3 Nein, sage ich euch; und wenn ihr
eure Einstellung nicht ändert, werdet
ihr alle ebenso umkommen! 4 Oder
denkt an die achtzehn, die beim Ein-
sturz des Schiloach-Turms* ums Leben
kamen. Meint ihr, dass sie mehr Schuld
auf sich geladen hatten als die anderen
Einwohner Jerusalems? 5 Nein, sage
ich euch; und wenn ihr eure Einstellung
nicht ändert, werdet ihr alle ebenso um-
kommen!«

6 Dann erzählte Jesus folgendes
Gleichnis: »Ein Mann hatte einen Fei-
genbaum in seinem Weinberg stehen.
Doch wenn er kam, um nach Früchten
zu sehen, fand er keine. 7 Schließlich
sagte er zu seinem Gärtner: ›Seit drei
Jahren suche ich Frucht an diesem
Feigenbaum und finde keine. Hau ihn
um! Wozu soll er den Boden aussau-
gen?‹ 8 ›Herr‹, erwiderte der Gärtner,
›lass ihn dieses Jahr noch stehen! Ich
will den Boden um ihn herum aufgra-
ben und düngen. 9 Vielleicht trägt
er dann im nächsten Jahr Frucht –
wenn nicht, kannst du ihn umhauen
lassen.‹«

Jesus heilt eine Frau, und das am Sabbat!

10 Als Jesus am Sabbat in einer Syna-
goge lehrte, 11 befand sich eine Frau
unter den Zuhörern, die seit achtzehn
Jahren krank war. Ein böser Geist hatte
sie verkrüppeln lassen. Sie war ganz
verkrümmt und konnte sich nicht
mehr aufrichten. 12 Als Jesus sie sah,
rief er sie zu sich: »Frau«, sagte er, »du
bist frei von deinem Leiden!« 13 Dann
legte er seine Hände auf sie. Da konnte
sie sich wieder aufrichten, und sie lobte
und rühmte Gott. 14 Der Synagogen-
vorsteher aber ärgerte sich darüber,
dass Jesus am Sabbat heilte, und sagte
zu der versammelten Menge: »Es gibt
sechs Tage, die zum Arbeiten da sind.
Kommt an diesen Tagen, um euch hei-
len zu lassen, aber nicht am Sabbat.«
15 Der Herr entgegnete ihm: »Ihr
Heuchler! Jeder von euch bindet am
Sabbat seinen Ochsen oder Esel von
der Krippe los und führt ihn zur Trän-
ke. 16 Und diese Frau hier, die der
Satan achtzehn Jahre lang gebunden
hatte, und die doch auch zu Gottes
Volk gehört, sie sollte an einem Sabbat
nicht von ihrer Fessel befreit werden
dürfen?« 17 Diese Antwort beschämte
seine Widersacher. Aber das ganze
Volk freute sich über die wunderbaren
Dinge, die durch Jesus geschahen.

Das Reich Gottes

18 Dann sagte Jesus: »Welches Bild
kann das Reich Gottes am besten

12,59 *Cent.* Wörtlich: *Lepton*, die kleinste damalige Münze. Ein Lepton ist der 128. Teil eines Denars, eines Tagelohns.

13,4 Der *Schiloach-Turm* stand in der Nähe des Schiloach-Teichs im Süden Jerusalems.

wiedergeben? Womit soll ich es ver-
gleichen? 19 Es gleicht einem Senf-
korn*, das ein Mann in seinen Garten
sät. Es geht auf und wächst und wird
zu einem Baum, in dessen Zweigen
Vögel nisten können.« 20 »Womit soll
ich das Reich Gottes noch verglei-
chen?«, sagte Jesus. 21 »Es ist wie mit
dem Sauerteig, den eine Frau nimmt
und unter einen halben Sack* Mehl
mischt. Am Ende ist die ganze Masse
durchsäuert.«

22 Auf dem Weg nach Jerusalem zog
Jesus durch Städte und Dörfer und
lehrte überall. 23 Einmal sagte jemand
zu ihm: »Herr, sind es nur wenige,
die gerettet werden?« Er erwiderte:
24 »Die Tür ist eng. Setzt alles dran,
hineinzukommen! Denn ich sage euch:
Viele werden es versuchen, aber es wird
ihnen nicht gelingen. 25 Wenn der
Hausherr aufgestanden ist und die
Haustür abgeschlossen hat, werdet ihr
draußen stehen, klopfen und bitten:
›Herr, mach uns auf!‹ Doch er wird
euch antworten: ›Ich kenne euch nicht
und weiß auch nicht, wo ihr her seid!‹
26 Dann werdet ihr sagen: ›Aber wir
haben doch mit dir gegessen und ge-
trunken, und auf unseren Straßen hast
du gelehrt.‹ 27 Doch er wird antworten:
›Ich kenne euch nicht und weiß auch
nicht, wo ihr her seid! Macht euch fort,
ihr Schufte!‹ 28 Wenn ihr dann sehen
werdet, dass Abraham, Isaak und
Jakob zusammen mit allen Propheten
im Reich Gottes sind, ihr selbst
aber draußen, dann wird das große
Weinen und Zähneknirschen anfan-
gen. 29 Doch dann werden Menschen
aus allen Himmelsrichtungen kommen
und ihre Plätze im Reich Gottes ein-
nehmen. 30 Und denkt daran: Es gibt
Letzte, die werden Erste sein und Erste,
die werden Letzte sein.«

Jesus trauert über Jerusalem

31 Da kamen einige Pharisäer zu Jesus
und warnten ihn: »Verlass die Ge-
gend, Herodes Antipas will dich
töten!« 32 Jesus erwiderte: »Geht und
sagt diesem Fuchs: Heute treibe ich
Dämonen aus und morgen heile ich
Kranke und am dritten Tag bin ich am
Ziel. 33 Ja, heute und morgen und
auch am folgenden Tag noch muss ich
meinen Weg gehen. Denn es kann ja
nicht sein, dass ein Prophet außerhalb
von Jerusalem umkommt.

34 Jerusalem, Jerusalem, du tötest
die Propheten und steinigst die, die
Gott dir schickt. Wie oft wollte ich
deine Kinder sammeln, wie eine
Henne ihre Küken unter ihre Flügel
bringt. Aber ihr habt nicht gewollt.
35 Seht, euer Haus wird verlassen
sein! Und ich sage euch: Ihr werdet
mich erst wiedersehen, wenn ihr
rufen werdet: ›Gepriesen sei er, der
kommt im Namen des Herrn!‹«

Bei einem Pharisäer zu Gast

14 1 An einem Sabbat ging Jesus
zum Essen in das Haus eines
führenden Pharisäers. Er wurde auf-
merksam beobachtet. 2 Da stand

13,19 *Senfkorn*. Gemeint ist wahrscheinlich der »Schwarze Senf« (*Brassica nigra*), dessen *ein* Millimeter großes Samenkorn in Israel für seine Kleinheit sprichwörtlich war.

13,21 *halber Sack*. Wörtlich: *drei Sata*. Ein Saton war ein Hohlmaß und fasste etwa 13 Liter.

14,2 *Wassersucht*. Abnorme, krankhafte Ansammlung von Flüssigkeit im Körper.

auf einmal ein Mann vor ihm, der an Wassersucht* litt. 3 Jesus fragte die anwesenden Gesetzeslehrer und Pharisäer: »Ist es erlaubt, am Sabbat zu heilen oder nicht?« 4 Als sie ihm keine Antwort gaben, berührte er den Kranken, heilte ihn und ließ ihn gehen. 5 Dann sagte er zu den Anwesenden: »Wenn einem von euch der eigene Sohn in den Brunnen stürzt oder auch nur ein Rind, zieht er sie dann nicht sofort wieder heraus, auch wenn Sabbat ist?« 6 Sie konnten ihm nichts darauf antworten.

7 Als er bemerkte, wie die Eingeladenen sich die Ehrenplätze aussuchten, machte er sie mit einem Vergleich auf ihr Verhalten aufmerksam. 8 »Wenn du von jemand zur Hochzeit eingeladen wirst, dann besetze nicht gleich den Ehrenplatz. Es könnte ja sein, dass noch jemand eingeladen ist, der angesehener ist als du. 9 Der Gastgeber, der euch beide eingeladen hat, müsste dann kommen und dir sagen: ›Mach ihm bitte Platz!‹ Dann müsstest du beschämt ganz nach unten rücken. 10 Nimm lieber von vornherein den letzten Platz ein. Wenn dann der Gastgeber kommt und zu dir sagt: ›Mein Freund, nimm doch weiter oben Platz!‹, wirst du vor allen Gästen geehrt sein. 11 Denn jeder, der sich selbst erhöht, wird erniedrigt werden, und wer sich selbst erniedrigt, wird erhöht werden.«

12 Dann wandte er sich an seinen Gastgeber: »Wenn du mittags oder abends ein Essen gibst, dann lade nicht deine Freunde, deine Brüder oder deine Verwandten ein, auch nicht deine reichen Nachbarn. Denn sie würden dich wieder einladen, und das wäre dann deine Belohnung. 13 Nein, wenn du ein Essen gibst, dann lade Arme, Behinderte, Gelähmte und Blinde ein! 14 Dann wirst du dich freuen können, weil sie nichts haben, um sich zu revanchieren. Gott aber wird es dir bei der Auferstehung der Gerechten vergelten.«

15 Da sagte einer von den anderen Gästen zu Jesus: »Was für ein Glück muss es sein, im Reich Gottes zum Essen eingeladen zu werden!« 16 Ihm antwortete Jesus folgendermaßen: »Ein Mann plante ein großes Festessen für den Abend und lud viele dazu ein. 17 Als das Fest beginnen sollte, schickte er seinen Diener und ließ den Eingeladenen sagen: ›Kommt, es ist alles bereit!‹ 18 Doch jetzt begann sich einer nach dem anderen zu entschuldigen. Der Erste erklärte: ›Ich habe einen Acker gekauft, den ich mir unbedingt ansehen muss. Bitte entschuldige mich.‹ 19 Ein anderer sagte: ›Ich habe fünf Ochsengespanne gekauft, die ich gleich prüfen muss. Bitte entschuldige mich.‹ 20 Und ein Dritter sagte: ›Ich habe gerade erst geheiratet, darum kann ich nicht kommen.‹ 21 Als der Diener zurückkam und das seinem Herrn berichtete, wurde dieser zornig. Er befahl ihm: ›Lauf schnell auf die Straßen und Gassen der Stadt und hole die Armen, die Behinderten, die Blinden und die Gelähmten herein!‹ 22 Bald meldete der Diener: ›Herr, es ist geschehen, was du befohlen hast, aber es ist noch Platz für weitere Gäste.‹ 23 Da befahl ihm der Herr: ›Geh schnell auf die Landstraßen und an die Zäune und dränge alle, die du dort findest, hereinzukommen, damit mein Haus voll wird. 24 Denn das eine sage ich euch: Keiner von denen, die

ich zuerst eingeladen hatte, wird an
meinen Tisch kommen!‹«

Kosten der Nachfolge

25 Als Jesus weiterzog, begleiteten ihn
viele Menschen. Er drehte sich zu
ihnen um und sagte: 26 »Wenn je-
mand zu mir kommen will, muss ich
ihm wichtiger sein als sein eigener
Vater, seine Mutter, seine Frau, seine
Kinder, seine Geschwister und selbst
sein eigenes Leben; sonst kann er
nicht mein Jünger sein. 27 Wer nicht
sein Kreuz trägt und mir nachkommt,
kann nicht mein Jünger sein.

28 Wenn jemand von euch ein hohes
Haus bauen will, muss er sich doch
vorher hinsetzen und die Kosten über-
schlagen, um zu sehen, ob sein Geld
dafür reicht. 29 Sonst hat er vielleicht
das Fundament gelegt, kann aber
nicht weiterbauen. Und alle, die das
sehen, fangen an zu spotten. 30 ›Das
ist der‹, sagen sie, ›der ein hohes Haus
bauen wollte und es nicht weiterge-
bracht hat.‹

31 Oder stellt euch einen König vor,
der gegen einen anderen König Krieg
führen muss. Wird er sich nicht vor-
her hinsetzen und überlegen, ob er
mit zehntausend Mann stark genug
ist, sich seinem Gegner zu stellen, der
mit zwanzigtausend Mann anrückt?
32 Wenn nicht, wird er, solange der
andere noch weit weg ist, eine Ge-
sandtschaft schicken und Friedens-
bedingungen aushandeln.

33 Darum kann auch keiner von
euch mein Jünger sein, der nicht von
allem Abschied nimmt, was er hat.
34 Salz ist etwas Gutes. Wenn es aber
seinen Geschmack verliert, womit soll
man es wieder salzig machen? 35 Es
ist nicht einmal mehr als Dünger für
den Acker tauglich. Man kann es nur
noch wegschütten.

Wer Ohren hat und hören kann, der
höre zu!«

Verloren und wiedergefunden

15 1 Immer wieder hielten sich
auch Zolleinnehmer und an-
dere Leute mit schlechtem Ruf in der
Nähe von Jesus auf; auch sie wollten
ihn hören. 2 Die Pharisäer und die
Gesetzeslehrer waren darüber em-
pört. »Der nimmt Sünder auf«, sagten
sie, »und isst sogar mit ihnen!«
3 Da erzählte Jesus ihnen folgendes
Gleichnis:

4 »Wenn jemand von euch hundert
Schafe hat und eins davon sich verirrt,
lässt er dann nicht die neunundneun-
zig in der Steppe weitergrasen und
geht dem verlorenen nach, bis er es
findet? 5 Und wenn er es gefunden
hat, trägt er es voller Freude auf sei-
nen Schultern nach Hause. 6 Dann
ruft er seine Freunde und Nachbarn
zusammen und sagt zu ihnen: ›Freut
euch mit mir! Ich habe mein verlore-
nes Schaf wiedergefunden!‹ 7 Ich
sage euch: Im Himmel wird man
sich genauso freuen. Die Freude über
einen Sünder, der seine Einstellung
geändert hat, ist größer als über neun-
undneunzig Gerechte, die es nicht
nötig haben, umzukehren.

8 Oder wenn eine Frau zehn Drach-
men* hat und eine davon verliert,
zündet sie dann nicht eine Lampe an,
fegt das ganze Haus und sucht in allen

***15,8** Drachme.* Griechische Silbermünze vom gleichen Wert wie der römische Denar.

Ecken, bis sie die Münze findet?
9 Und wenn sie sie dann gefunden
hat, ruft sie ihre Freundinnen und
Nachbarinnen zusammen und sagt
zu ihnen: ›Freut euch mit mir! Ich
hab die verlorene Drachme wiederge-
funden!‹ 10 Ich sage euch: Genauso
freuen sich die Engel Gottes über
einen Sünder, der seine Einstellung
geändert hat.«

11 Jesus fuhr fort: »Ein Mann hatte
zwei Söhne. 12 Der jüngere sagte zu
seinem Vater: ›Ich möchte schon jetzt
den Teil der Erbschaft haben, der mir
zusteht.‹ Da teilte der Vater seinen
Besitz unter seine Söhne auf.* 13 Weni-
ge Tage später hatte der jüngere seinen
ganzen Anteil zu Geld gemacht und rei-
ste in ein fernes Land. Dort lebte er in
Saus und Braus und vergeudete sein
ganzes Vermögen. 14 Als er alles ausge-
geben hatte, brach in jenem Land eine
große Hungersnot aus, und es ging ihm
schlecht. 15 Da ging er zu einem Bürger
jenes Landes und drängte sich ihm auf.
Der schickte ihn zum Schweinehüten
aufs Feld. 16 Gern hätte er seinen Hun-
ger mit den Schoten* für die Schweine
gestillt. Aber er bekam nichts davon.
17 Jetzt kam er zur Besinnung. ›Alle Ta-
gelöhner meines Vaters haben mehr als
genug zu essen‹, sagte er sich, ›aber ich
komme hier vor Hunger um. 18 Ich will
mich aufraffen und zu meinem Vater
gehen. Dann werde ich ihm sagen:
Vater, ich habe mich versündigt –
gegen den Himmel und auch gegen
dich. 19 Ich bin es nicht mehr wert, dein
Sohn genannt zu werden. Mach mich
doch zu einem deiner Tagelöhner!‹
20 So machte er sich auf den Weg zu
seinem Vater. Er war noch weit ent-
fernt, als der Vater ihn kommen sah.
Das bewegte sein Herz, er fiel ihm um
den Hals und küsste ihn. 21 ›Vater‹,
sagte der Sohn, ›ich habe mich gegen
den Himmel versündigt und auch
gegen dich; ich bin es nicht mehr wert,
dein Sohn genannt zu werden.‹
22 Doch der Vater befahl seinen Die-
nern: ›Bringt schnell das beste Gewand
heraus und zieht es ihm an! Steckt ihm
einen Ring an den Finger und bringt
ihm ein Paar Sandalen! 23 Holt das
Mastkalb und schlachtet es! Wir wollen
ein Fest feiern und uns freuen. 24 Denn
mein Sohn hier war tot und ist ins
Leben zurückgekehrt. Er war verloren
und ist wiedergefunden worden.‹ Dann
begannen sie zu feiern.

25 Der ältere Sohn war noch auf
dem Feld. Als er zurückkam, hörte er
schon von weitem Musik und Reigen-
tanz. 26 Er rief einen Diener herzu und
erkundigte sich, was das sei. 27 ›Dein
Bruder ist zurückgekommen‹, sagte
dieser, ›und dein Vater hat das ge-
mästete Kalb schlachten lassen, weil
er ihn gesund wiederhat.‹ 28 Da
wurde der ältere Sohn zornig und
wollte nicht hineingehen. Sein Vater
kam heraus und redete ihm zu.
29 Doch er hielt seinem Vater vor: ›So
viele Jahre habe ich wie ein Sklave für
dich geschuftet und mich nie deinen
Anordnungen widersetzt. Aber mir
hast du nie auch nur einen Ziegen-
bock gegeben, dass ich mit meinen

15,12 *Besitz ... auf.* Bei zwei Söhnen bekam der ältere Sohn normalerweise zwei Drittel, der jüngere ein Drittel des Erbes.

15,16 *Schoten.* Die Früchte des Johannesbrotbaums wurden wohl auch von armen Menschen verzehrt.

Freunden hätte feiern können.
30 Und nun kommt der da zurück,
dein Sohn, der dein Geld mit Huren
durchgebracht hat, und du schlachtest
ihm gleich das Mastkalb!‹ 31 ›Aber
Kind‹, sagte der Vater zu ihm, ›du bist
doch immer bei mir, und alles, was mir
gehört, gehört auch dir! 32 Jetzt muss-
ten wir doch feiern und uns freuen!
Denn dein Bruder war tot und ist ins
Leben zurückgekommen, er war ver-
loren und ist nun wiedergefunden.‹«

Der kluge Verwalter

16 1 Dann wandte sich Jesus sei-
nen Jüngern zu: »Ein reicher
Mann hatte einen Verwalter. Der
wurde bei ihm angeklagt, er würde
sein Vermögen verschwenden. 2 Sein
Herr stellte ihn zur Rede: ›Was muss
ich von dir hören? Leg die Abrech-
nung über deine Arbeit vor! Du wirst
nicht länger mein Verwalter sein.‹
3 Der Verwalter sagte sich: ›Was soll
ich machen, wenn mein Herr mir die
Verwaltung abnimmt? Für schwere
Arbeit tauge ich nicht, und zu betteln
schäme ich mich. 4 Doch! Jetzt weiß
ich, was ich tun muss, damit sie mich
in ihre Häuser aufnehmen, wenn ich
entlassen werde.‹ 5 Er rief nacheinan-
der alle zu sich, die bei seinem Herrn
Schulden hatten. ›Wie viel schuldest
du meinem Herrn?‹, fragte er den
Ersten. 6 ›Hundert Fass* Olivenöl‹,
sagte dieser. ›Hier ist dein Schuld-
schein‹, sagte der Verwalter, ›setz dich
hin und schreib fünfzig!‹ 7 Dann
fragte er den Nächsten: ›Und du, wie
viel Schulden hast du?‹ ›Fünfhundert
Sack* Weizen‹, antwortete der. ›Hier
ist dein Schuldschein‹, sagte der Ver-
walter, ›setz dich hin und schreib vier-
hundert*!‹«
8 Der Herr lobte den unehrlichen
Verwalter, weil er klug gehandelt
hatte. »Denn«, sagte er, »die Men-
schen dieser Welt sind klüger im Um-
gang miteinander als die Menschen
des Lichts. 9 Und ich sage euch:
Macht euch Freunde mit dem Mam-
mon*, an dem so viel Unrecht hängt,
damit man euch dann, wenn es damit
zu Ende ist, in die ewigen Wohnungen
aufnimmt. 10 Wer in den kleinen Din-
gen treu ist, ist auch in großen treu;
und wer in den kleinen Dingen un-
zuverlässig ist, ist es auch in den
großen. 11 Wenn ihr also im Umgang
mit dem ungerechten Mammon nicht
treu seid, wer soll euch dann die
wahren Güter anvertrauen? 12 Und
wenn ihr mit fremdem Eigentum
nicht treu seid, wer soll euch dann das
anvertrauen, was euch gehören soll?
13 Kein Diener kann zwei Herren die-
nen. Entweder wird er den einen be-
vorzugen und den anderen vernach-
lässigen oder dem einen treu sein und
den anderen hintergehen. Ihr könnt
nicht Gott dienen und gleichzeitig
dem Mammon.«

16,6 *Hundert Fass.* Wörtlich: *Hundert Bat*, das sind etwa 3600 Liter, eine Ölmenge, die aus der Frucht von 450 Ölbäumen gewonnen werden konnte.

16,7 *Fünfhundert Sack.* Wörtlich: *Hundert Kor.* Das Trockenhohlmaß fasste etwa 10 Bat, das sind 360 Liter oder 275 Kilogramm Weizen. 100 Kor entspricht also 27,5 Tonnen Weizen.

vierhundert. Wörtlich: *achtzig.* Das bezieht sich auf die Einheit »Kor«.

16,9 *Mammon.* Aramäischer Begriff für Besitz oder Vermögen.

14 Das alles hatten auch die Phari-
säer mitgehört, die sehr an ihrem Geld
hingen, und sie machten sich über ihn
lustig. 15 Da sagte er zu ihnen: »Ihr
wollt den Leuten weismachen, dass
ihr die Gerechten seid! Aber Gott
kennt eure Herzen. Was bei den
Menschen Eindruck macht, ist Gott
ein Gräuel.«

Das Gesetz hat Bestand

16 »Bis Johannes der Täufer zu predi-
gen begann, hattet ihr nur Mose und
die Propheten. Seitdem wird die gute
Botschaft vom Reich Gottes verkün-
digt, und die Menschen drängen sich
mit Gewalt hinein. 17 Doch eher ver-
gehen Himmel und Erde, als dass
auch nur ein Strichlein vom Gesetz
hinfällig wird. 18 Zum Beispiel begeht
jeder, der sich von seiner Frau schei-
den lässt und eine andere heiratet,
Ehebruch. Und wer eine geschiedene
Frau heiratet, begeht ebenfalls Ehe-
bruch.

19 Da war ein reicher Mann, der
teure Kleidung trug und jeden Tag im
Luxus lebte. 20 Vor dem Tor seines
Hauses lag ein Armer namens Laza-
rus. Sein Körper war voller Geschwü-
re. 21 Gern hätte er seinen Hunger mit
den Küchenabfällen gestillt, doch nur
die Hunde kamen und leckten an
seinen Geschwüren. 22 Der Arme
starb und wurde von den Engeln zu
Abraham gebracht. Er erhielt dort den
Ehrenplatz an seiner Seite. Auch der
Reiche starb und wurde begraben.
23 Als er in der Hölle* wieder zu sich
kam und Folterqualen litt, sah er in
weiter Ferne Abraham und Lazarus an
seiner Seite. 24 Da rief er: ›Vater Abra-
ham, hab Erbarmen mit mir! Schick
mir doch Lazarus! Lass ihn seine Fin-
gerspitze ins Wasser tauchen und
meine Zunge kühlen, denn ich werde
in der Glut dieser Flammen sehr ge-
quält.‹ 25 Doch Abraham erwiderte:
›Mein Kind, denk daran, dass du
schon in deinem Leben alles Gute be-
kommen hast, Lazarus aber nur das
Schlechte. Jetzt wird er dafür hier ge-
tröstet, und du hast zu leiden.
26 Außerdem liegt zwischen uns und
euch ein so tiefer Abgrund, dass nie-
mand von uns zu euch hinüberkom-
men kann, selbst wenn er es wollte;
und auch von euch kann niemand zu
uns herüberkommen.‹ 27 ›Vater Abra-
ham‹, bat der Reiche, ›dann schick
ihn doch wenigstens in das Haus mei-
nes Vaters! 28 Denn ich habe noch
fünf Brüder. Er soll sie warnen, damit
sie nicht auch an diesen Ort der Qual
kommen.‹ 29 Doch Abraham sagte:
›Sie haben die Weisung von Mose und
den Propheten, auf die sollen sie
hören.‹ 30 ›Nein, Vater Abraham‹,
wandte er ein, ›es müsste einer von
den Toten zu ihnen kommen, dann
würden sie ihre Einstellung ändern.‹
31 Darauf sagte Abraham zu ihm:
›Wenn sie nicht auf Mose und die Pro-
pheten hören, werden sie sich auch
nicht überzeugen lassen, wenn einer
von den Toten aufersteht.‹«

Vergeben und glauben

17 1 Jesus sagte zu seinen Jün-
gern: »Es wird immer Verfüh-
rungen geben, doch wehe dem, der
daran schuld ist. 2 Für den wäre es bes-
ser, er würde mit einem Mühlstein um

16,23 *Hölle.* Siehe Fußnote zu Lukas 10,15.

den Hals ins Meer geworfen, als dass er
einen dieser Geringgeachteten hier zu
Fall bringt. 3 Seht euch also vor!

Wenn dein Bruder sündigt, weise
ihn zurecht; und wenn er Reue zeigt,
vergib ihm. 4 Und wenn er siebenmal
am Tag an dir schuldig wird und
siebenmal wieder zu dir kommt und
sagt: ›Es tut mir leid!‹, sollst du ihm
vergeben!«

5 Die Apostel baten den Herrn:
»Stärke unseren Glauben!« 6 Da sagte
der Herr: »Wenn euer Vertrauen nur
so groß wäre wie ein Senfkorn, könn-
tet ihr zu diesem Maulbeerfeigenbaum
hier sagen: ›Zieh deine Wurzeln aus
der Erde und pflanze dich ins Meer!‹
Er würde euch gehorchen.«

Dienst und Dankbarkeit

7 »Wenn einer von euch einen Skla-
ven hat und dieser vom Pflügen oder
Schafehüten zurückkommt, wird er
ihm vielleicht sagen: ›Komm gleich
zum Essen!‹? 8 Vielmehr wird er zu
ihm sagen: ›Mach das Abendessen
fertig, binde dir eine Schürze um und
bediene mich am Tisch! Wenn ich
fertig bin, kannst du auch essen und
trinken!‹ 9 Und bedankt er sich viel-
leicht bei seinem Sklaven, dass er das
Befohlene getan hat? 10 So soll es
auch bei euch sein. Wenn ihr alles
getan habt, was euch aufgetragen
war, dann sagt: ›Wir sind Sklaven,
weiter nichts. Wir haben nur unsere
Pflicht getan.‹«

11 Auf dem Weg nach Jerusalem
zog Jesus durch das Grenzgebiet von
Samarien und Galiläa. 12 Kurz vor
einem Dorf kamen ihm zehn Aussätzi-
ge entgegen. Sie blieben in einiger Ent-
fernung stehen 13 und riefen: »Jesus,
Herr, hab Erbarmen mit uns!« 14 Jesus
sah sie an und sagte zu ihnen: »Geht zu
den Priestern und stellt euch ihnen
vor!« Auf dem Weg dorthin wurden sie
gesund. 15 Einer aus der Gruppe kam
zurück, als er es merkte, und lobte Gott
mit lauter Stimme. 16 Er warf sich vor
Jesus nieder und dankte ihm. Und das
war ein Samaritaner. 17 Da sagte
Jesus: »Sind denn nicht alle zehn ge-
heilt worden? Wo sind die anderen
neun? 18 Ist es keinem in den Sinn ge-
kommen, Gott die Ehre zu erweisen,
als nur diesem Fremden hier?«
19 Dann sagte er zu dem Mann: »Steh
auf und geh nach Hause! Dein Glaube
hat dich gerettet.«

Das Reich Gottes kommt

20 Einige Pharisäer fragten Jesus,
wann das Reich Gottes komme. Er
antwortete: »Das Reich Gottes
kommt nicht so, dass man es an
äußeren Zeichen erkennen kann.
21 Man wird auch nicht sagen kön-
nen: ›Seht, hier ist es!‹, oder: ›Seht
einmal, dort!‹ Nein, das Reich Gottes
ist schon jetzt mitten unter euch.«

22 Dann sagte Jesus zu seinen Jün-
gern: »Es wird eine Zeit kommen, wo
ihr euch danach sehnt, auch nur einen
Tag des Menschensohnes zu erleben,
aber es wird euch nicht vergönnt sein.
23 Sie werden zu euch sagen: ›Seht
einmal, dort ist er!‹, oder: ›Seht hier!‹
Geht dann nicht hin, und lauft auch
niemand nach! 24 Denn wenn der
Menschensohn kommt, wird es wie
bei einem Blitz den ganzen Horizont
erhellen. 25 Vorher muss er aber noch
vieles leiden und von der jetzigen Ge-
neration verworfen werden. 26 Und
wenn der Menschensohn kommt,

wird es so wie in Noahs Zeit sein.
27 Die Menschen aßen, tranken, hei-
rateten und wurden verheiratet – bis
zu dem Tag, an dem Noah in die Arche
ging. Dann kam die Flut und brachte
alle um. 28 Und es wird so sein wie in
Lots Zeit: Die Menschen aßen und
tranken, sie kauften und verkauften,
sie pflanzten und bauten 29 – bis zu
dem Tag, an dem Lot Sodom verließ.
Da regnete es Feuer und Schwefel
vom Himmel und brachte alle um.
30 Genauso wird es an dem Tag sein,
an dem der Menschensohn für alle
sichtbar werden wird. 31 Wer sich
dann gerade auf der Dachterrasse sei-
nes Hauses aufhält und seine Sachen
im Haus hat, soll nicht erst hinunter-
steigen, um sie zu holen; und wer auf
dem Feld ist, soll nicht erst zurückkeh-
ren. 32 Denkt an Lots Frau! 33 Wer
sein Leben zu retten versucht, wird es
verlieren, wer es aber verliert, wird es
bewahren. 34 Ich sage euch: Wenn in
jener Nacht zwei in einem Bett liegen,
wird der eine angenommen und der
andere zurückgelassen. 35 Wenn zwei
an derselben Mühle mahlen, wird die
eine angenommen und die andere zu-
rückgelassen werden.« *(36)** 37 »Herr,
wo wird das geschehen?«, fragten die
Jünger. Er erwiderte: »Wo das Aas
liegt, da sammeln sich die Geier.«

Hartnäckig beten

18 1 Durch folgendes Gleichnis
machte er ihnen deutlich,
dass sie immer beten sollten, ohne
sich entmutigen zu lassen: 2 »In einer
Stadt lebte ein Richter«, sagte er, »der
achtete weder Gott noch die Men-
schen. 3 In der gleichen Stadt lebte
auch eine Witwe, die immer wieder
zu ihm kam und ihn aufforderte, ihr
zum Recht gegen jemand zu verhel-
fen, der ihr Unrecht getan hatte.
4 Lange Zeit wollte der Richter nicht,
doch schließlich sagte er sich: ›Ich
mache mir zwar nichts aus Gott,
und was die Menschen denken, ist
mir egal, 5 doch diese aufdringliche
Witwe wird mir lästig. Ich muss ihr
zum Recht verhelfen, sonst wird sie
am Ende noch handgreiflich.‹«

6 Der Herr fuhr fort: »Habt ihr ge-
hört, was dieser Richter sagt, dem es
ja gar nicht um Gerechtigkeit geht?
7 Sollte Gott da nicht erst recht seinen
Auserwählten zu ihrem Recht verhel-
fen, die Tag und Nacht zu ihm rufen?
Wird er sie etwa lange warten lassen?
8 Ich sage euch: Er wird dafür sorgen,
dass sie schnell zu ihrem Recht kom-
men. Aber wird der Menschensohn
wohl solch einen Glauben auf der
Erde finden, wenn er kommt?«

9 Dann wandte sich Jesus einigen
Leuten zu, die voller Selbstvertrauen
meinten, in Gottes Augen gerecht zu
sein, und deshalb für die anderen nur
Verachtung übrig hatten. Er erzählte
ihnen folgendes Gleichnis: 10 »Zwei
Männer, ein Pharisäer und ein Zoll-
einnehmer, gingen zum Gebet in den
Tempel. 11 Der Pharisäer stellte sich
hin und betete für sich: ›Ich danke dir,
Gott, dass ich nicht so bin wie die
anderen Menschen, all diese Räuber,
Betrüger, Ehebrecher oder wie dieser

17,36 Spätere Handschriften haben hier wie Matthäus 24,40 eingefügt: »Wenn zwei Männer auf dem Feld arbeiten, wird der eine angenommen und der andere zurückgelassen werden.«

Zolleinnehmer dort. 12 Ich faste zwei-
mal in der Woche und spende den
zehnten Teil von all meinen Einkünf-
ten.‹ 13 Der Zolleinnehmer jedoch
blieb weit entfernt stehen und wagte
nicht einmal, zum Himmel aufzublik-
ken. Er schlug sich an die Brust und
sagte: ›Gott, sei mir gnädig. Ich bin
ein Sünder.‹ 14 Ich sage euch: Dieser
Mann wurde von Gott für unschuldig
erklärt, der andere nicht. Denn jeder,
der sich selbst erhöht, wird von Gott
erniedrigt werden; und wer sich
selbst erniedrigt, wird von Gott er-
höht werden.«

Wer ins Reich Gottes kommt

15 Es wurden auch kleine Kinder
zu Jesus gebracht, damit er sie mit
der Hand berührte. Als die Jünger
das sahen, fuhren sie die Leute an.
16 Doch Jesus rief sie zu sich und
sagte: »Lasst doch die Kinder zu mir
kommen und hindert sie nicht daran!
Gottes Reich ist ja gerade für solche
wie sie bestimmt. 17 Ich versichere
euch: Wer Gottes Reich nicht wie
ein Kind annimmt, wird nie hinein-
kommen.«

18 Einmal wurde Jesus von einem
angesehenen Mann gefragt: »Guter
Rabbi, was muss ich tun, um das
ewige Leben zu bekommen?« 19 »Was
nennst du mich gut?«, entgegnete
Jesus. »Gut ist nur Gott, sonst nie-
mand. 20 Du kennst doch die Gebote:
›Du sollst die Ehe nicht brechen, nicht
morden, nicht stehlen, du sollst keine
Falschaussagen machen, ehre deinen
Vater und deine Mutter!‹« 21 »Das
alles habe ich von Jugend an befolgt«,
erwiderte der Mann. 22 Da sagte Jesus
zu ihm: »Eins fehlt dir noch: Verkaufe
alles, was du hast, und gib den Erlös
den Armen – du wirst dann einen
Schatz im Himmel haben – und
komm, folge mir nach!« 23 Der Mann
wurde sehr traurig, als er das hörte,
denn er hatte ein großes Vermögen.
24 Als Jesus ihn so traurig sah, sagte
er: »Wie schwer ist es doch für Wohl-
habende, in Gottes Reich zu kommen!
25 Eher kommt ein Kamel durch ein
Nadelöhr, als ein Reicher in Gottes
Reich.« 26 Da fragten die Zuhörer:
»Wer kann dann überhaupt gerettet
werden?« 27 Jesus sagte: »Das für
Menschen Unmögliche ist möglich
bei Gott.«

28 Da erklärte Petrus: »Du weißt,
wir haben alles verlassen und sind
dir gefolgt.« 29 »Ich versichere euch«,
erwiderte Jesus, »jeder, der wegen
Gottes Reich Haus, Frau, Brüder,
Eltern oder Kinder verlassen hat,
30 bekommt jetzt in dieser Zeit alles
vielfach wieder und in der kommen-
den Welt das ewige Leben.«

Auf dem Weg zum Leiden

31 Dann nahm er die Zwölf beiseite
und sagte: »Passt auf, wir gehen jetzt
nach Jerusalem hinauf. Dort wird
sich alles erfüllen, was die Propheten
über den Menschensohn geschrieben
haben. 32 Er wird den Fremden über-
geben, die Gott nicht kennen. Er wird
verspottet, gedemütigt und ange-
spuckt werden. 33 Und wenn sie ihn
ausgepeitscht haben, werden sie ihn
töten. Doch am dritten Tag wird er
wieder auferstehen.« 34 Die Jünger
verstanden kein Wort. Der Sinn des
Gesagten blieb ihnen verborgen; sie
verstanden einfach nicht, was damit
gemeint war.

Wunder in Jericho

35 Als Jesus in die Nähe von Jericho
kam, saß ein Blinder an der Straße
und bettelte. 36 Er hörte eine große
Menschenmenge vorbeiziehen und
erkundigte sich, was das zu bedeuten
habe. 37 »Jesus von Nazaret kommt
vorbei«, erklärte man ihm. 38 Da fing
er an zu rufen: »Jesus, Sohn Davids,
hab Erbarmen mit mir!« 39 Die Vor-
übergehenden fuhren ihn an, still zu
sein. Doch er schrie nur umso lauter:
»Sohn Davids, hab Erbarmen mit
mir!« 40 Jesus blieb stehen und be-
fahl, den Mann zu ihm zu bringen. Als
er herangekommen war, fragte Jesus:
41 »Was möchtest du von mir?« –
»Herr, dass ich wieder sehen kann!«,
erwiderte der Blinde. 42 »Du sollst
wieder sehen können«, sagte Jesus,
»dein Glaube hat dich geheilt!« 43 Im
gleichen Augenblick konnte der Mann
sehen. Er folgte Jesus und pries Gott.
Und auch die ganze Menge, die dabei
war, pries Gott.

19 1 Jesus kam nach Jericho
und zog mitten durch die
Stadt. 2 Dort gab es einen reichen
Mann namens Zachäus. Er war der
oberste Zolleinnehmer 3 und wollte
unbedingt sehen, wer Jesus war. Aber
es gelang ihm nicht, weil er klein war
und die vielen Leute ihm die Sicht
versperrten. 4 Da lief er voraus und
kletterte auf einen Maulbeerfeigen-
baum. Er hoffte, ihn dann sehen zu
können, denn Jesus sollte dort vorbei
kommen. 5 Als Jesus an die Stelle
kam, blickte er hoch, sah ihn an und
rief. »Zachäus, komm schnell herun-
ter! Ich muss heute noch zu dir kom-
men!« 6 Schnell stieg Zachäus vom
Baum herunter und nahm Jesus voller
Freude bei sich auf. 7 Die Leute waren
empört, als sie das sahen. »Bei einem
ausgemachten Sünder ist er einge-
kehrt!«, murrten sie. 8 Zachäus aber
trat vor den Herrn und sagte: »Herr,
die Hälfte meines Vermögens werde
ich den Armen geben, und wenn ich
von jemand etwas erpresst habe,
werde ich es ihm vierfach zurücker-
statten.« 9 Da sagte Jesus zu ihm:
»Heute hat dieses Haus Rettung er-
fahren.« Und dann fügte er hinzu: »Er
ist doch auch ein Sohn Abrahams.
10 Der Menschensohn ist ja gekom-
men, um zu suchen und zu retten, was
verloren ist.«

Das anvertraute Geld

11 Weil Jesus schon nahe bei Jeru-
salem war, meinten die Leute, die
ihm zuhörten, dass das Reich Gottes
nun anbrechen würde. Deshalb fügte
Jesus noch folgendes Gleichnis an:
12 »Ein Mann aus fürstlichem Haus
wollte in ein fernes Land reisen, um sich
dort zum König über sein eigenes Land
krönen zu lassen. 13 Er rief zehn seiner
Diener zu sich und gab jedem ein Pfund
Silbergeld*. ›Arbeitet damit, bis ich
wiederkomme!‹, sagte er. 14 Aber seine
Landsleute hassten ihn. Sie schickten
eine Abordnung hinter ihm her und
ließen sagen: ›Diesen Mann wollen wir
nicht als König über uns haben!‹
15 Trotzdem wurde er zum König einge-
setzt. Als er zurückkam, ließ er die Die-
ner, denen er das Geld gegeben hatte, zu

19,13 *ein Pfund Silbergeld.* Wörtlich: *eine Mine*, das ist Silbergeld im Gewicht von etwa 600 Gramm und im Wert von hundert Tagesverdiensten.

sich rufen. Er wollte erfahren, welchen
Gewinn jeder erzielt hatte. 16 Der Erste
kam und berichtete: ›Herr, dein Pfund
hat weitere zehn eingebracht.‹ 17 Da
sagte der König zu ihm: ›Hervorragend,
du bist ein guter Mann! Weil du im
Kleinsten zuverlässig warst, sollst du
Verwalter von zehn Städten werden.‹
18 Der Zweite kam und berichtete:
›Herr, dein Pfund hat weitere fünf ein-
gebracht.‹ 19 Auch ihn lobte der König:
›Du sollst Herr über fünf Städte wer-
den.‹ 20 Doch der Nächste, der kam, er-
klärte: ›Herr, hier ist dein Pfund Silber-
geld. Ich habe es in einem Schweiß-
tuch* aufbewahrt, 21 denn ich hatte
Angst vor dir, weil du ein so strenger
Mann bist. Du forderst Gewinn, wo du
nichts angelegt hast, und erntest, wo du
nicht gesät hast.‹ 22 ›Du nichtsnutziger
Sklave!‹, sagte der König. ›Mit deinen
eigenen Worten verurteilst du dich. Du
wusstest also, dass ich ein strenger
Mann bin, dass ich Gewinn fordere, wo
ich nichts angelegt, und ernte, wo ich
nichts gesät habe? 23 Warum hast du
mein Geld dann nicht auf eine Bank ge-
bracht? Dann hätte ich es wenigstens
mit Zinsen zurückbekommen.‹ 24 Dann
wandte er sich zu den Herumstehen-
den: ›Nehmt ihm das Pfund weg‹, sagte
er, ›und gebt es dem, der die zehn Pfund
erworben hat!‹ 25 ›Aber Herr‹, sagten
sie, ›er hat doch schon zehn Pfund!‹
26 ›Ja‹, erwiderte der König, ›aber
denen, die einen Gewinn vorweisen
können, wird noch mehr gegeben wer-
den, und denen, die nichts gebracht
haben, wird selbst das, was sie hatten,
weggenommen. 27 Und nun zu meinen
Feinden, die mich nicht zum König
haben wollten: Holt sie her und bringt
sie hier vor mir um!‹«

Einzug in Jerusalem

28 Nachdem er das erzählt hatte, setzte
Jesus seine Reise nach Jerusalem fort.*
29 Als er in die Nähe von Betfage* und
Betanien* am Ölberg kam, schickte er
zwei seiner Jünger mit dem Auftrag
los: 30 »Geht in das Dorf dort drüben.
Gleich, wenn ihr hineingeht, werdet
ihr ein Fohlen angebunden finden, auf
dem noch niemand geritten ist. Bindet
es los und bringt es her. 31 Wenn je-
mand fragt, warum ihr es losbindet,
sagt einfach: ›Der Herr braucht es.‹«
32 Die beiden machten sich auf den
Weg und fanden alles so, wie Jesus es
ihnen beschrieben hatte. 33 Als sie das
Fohlen losmachten, fragten die Leute,
denen es gehörte: »Warum bindet ihr
das Tier los?« 34 »Der Herr braucht
es!«, antworteten sie. 35 Dann brach-
ten sie das Jungtier zu Jesus, warfen
ihre Mäntel darüber und ließen Jesus
aufsteigen. 36 Während er so seinen
Weg fortsetzte, breiteten andere ihre
Mäntel auf dem Weg aus. 37 Als Jesus
an die Stelle kam, wo der Weg vom Öl-
berg in die Stadt hinabführte, brach die
ganze Menge der Jünger in Freuden-
rufe aus. Sie lobten Gott mit lauter
Stimme für all die Wunder, die sie
miterlebt hatten:

19,20 Das *Schweißtuch* war eine Art großes Taschentuch, mit dem man sich den Schweiß vom Gesicht wischte.

19,28 Das war eine Strecke von etwa 25 km bei einem Höhenunterschied von mehr als 1000 m.

19,29 *Betfage.* Dorf am Osthang des Ölbergs, ganz in der Nähe der Römerstraße nach Jericho.

Betanien. Dorf am Osthang des Ölbergs, etwa 3 km von Jerusalem entfernt.

38 »Gepriesen sei der König, / der kommt im Namen des Herrn! / Frieden dem, der im Himmel ist, / Ehre dem, der in der Höhe wohnt!«

39 Da riefen ihm einige Pharisäer aus der Menge zu: »Rabbi, bring deine Jünger doch zur Vernunft!« 40 Doch er erwiderte: »Ich sage euch: Würden sie schweigen, dann würden die Steine schreien.« 41 Als er näher kam und die Stadt vor sich liegen sah, weinte er über sie 42 und sagte: »Wenn du wenigstens heute noch erkennen würdest, was dir den Frieden bringt! Doch du bist blind dafür. 43 Es kommt für dich eine Zeit, da werden deine Feinde einen Wall um dich bauen; sie werden dich belagern und dich von allen Seiten bedrängen. 44 Sie werden dich und deine Bewohner niederwerfen und in der ganzen Stadt keinen Stein mehr auf dem anderen lassen, weil du die Gelegenheit, in der Gott dich besuchte, verpasst hast.«

Auseinandersetzungen im Tempel

45 Dann ging er in den Tempel und fing an, die Händler hinauszujagen. 46 »In der Schrift heißt es«, rief er, »›Mein Haus soll ein Haus des Gebets sein. Aber ihr habt eine Räuberhöhle daraus gemacht.‹*« 47 Jeden Tag lehrte Jesus im Tempel, aber die Hohen Priester, die Gesetzeslehrer und die führenden Männer des Volkes suchten nach einer Möglichkeit, ihn zu beseitigen. 48 Doch sie wussten nicht, wie sie es anfangen sollten, denn das ganze Volk war dauernd um ihn und ließ sich keins seiner Worte entgehen.

20 1 Als Jesus an einem der Tage wieder im Tempel lehrte und dem Volk die gute Botschaft verkündigte, traten die Hohen Priester und die Gesetzeslehrer in Begleitung der Ältesten zu ihm 2 und fragten: »Mit welchem Recht tust du das alles? Wer hat dir die Vollmacht dazu gegeben?« 3 Auch ich will euch eine Frage stellen«, erwiderte Jesus. 4 »Taufte Johannes im Auftrag des Himmels oder im Auftrag von Menschen?« 5 Sie überlegten miteinander. »Wenn wir sagen, ›im Auftrag des Himmels‹, wird er fragen: ›Warum habt ihr ihm dann nicht geglaubt?‹ 6 Wenn wir aber sagen: ›Von Menschen‹, dann wird uns das ganze Volk steinigen, denn sie alle sind überzeugt, dass Johannes ein Prophet war.« 7 So erwiderten sie, sie wüssten es nicht. 8 »Gut«, entgegnete Jesus, »dann sage ich euch auch nicht, von wem ich die Vollmacht habe, das alles zu tun.«

9 Daraufhin erzählte Jesus dem Volk ein Gleichnis. Er begann: »Ein Mann legte einen Weinberg an, verpachtete ihn an Winzer und reiste für längere Zeit ins Ausland. 10 Als die Zeit gekommen war, schickte er einen seiner Arbeiter zu den Pächtern, um seinen Anteil an der Ernte zu erhalten. Doch die Winzer verprügelten den Mann und jagten ihn mit leeren Händen fort. 11 Da schickte der Eigentümer einen zweiten Arbeiter. Aber auch den verprügelten sie, beschimpften ihn und schickten ihn mit leeren Händen fort. 12 Er schickte noch

19,46 Mischzitat aus Jesaja 56,7 und Jeremia 7,11.

einen dritten. Aber auch den schlugen
sie blutig und warfen ihn aus dem
Weinberg hinaus. 13 ›Was soll ich
tun?‹, fragte sich der Eigentümer des
Weinbergs. ›Ich will meinen Sohn
schicken, dem meine ganze Liebe gilt.
Ihn werden sie sicher nicht antasten.‹
14 Als die Winzer den Sohn sahen, über-
legten sie miteinander: ›Das ist der
Erbe! Kommt, wir bringen ihn um,
dann gehört das Erbe uns.‹ 15 Sie war-
fen ihn aus dem Weinberg hinaus und
töteten ihn. Was wird nun der Eigentü-
mer des Weinbergs mit ihnen tun?«,
fragte Jesus. 16 »Er wird kommen, diese
Winzer umbringen und den Weinberg
anderen geben.« – »Das darf nicht ge-
schehen!«, sagten die Zuhörer. 17 Jesus
sah sie an und sagte dann: »Was bedeu-
ten denn diese Worte in der Schrift:
›Der Stein, den die Fachleute als un-
brauchbar verworfen haben, ist zum
Eckstein geworden.‹*? 18 Jeder, der auf
diesen Stein fällt, wird zerschmettert
und jeder, auf den er fällt, wird zer-
malmt.« 19 Daraufhin hätten die Hohen
Priester und Gesetzeslehrer Jesus am
liebsten gleich festgenommen, denn es
war ihnen klar, dass er sie mit diesem
Gleichnis gemeint hatte.

Steuern zahlen?

20 Doch ließen sie ihn nicht mehr aus
den Augen und schickten Spitzel zu
ihm, die sich den Anschein geben
sollten, als meinten sie es ehrlich. Sie
hofften, ihn mit seinen eigenen Worten
zu fangen, damit sie ihn der Gerichts-
barkeit des römischen Statthalters
ausliefern könnten. 21 »Rabbi«, sagten
sie, »wir wissen, dass du aufrichtig bist
und nicht nach der Meinung der Leute
fragst. Du zeigst uns wirklich, wie man
nach Gottes Willen leben soll. 22 Ist es
nun richtig, dem Kaiser Steuern zu
zahlen oder nicht?« 23 Jesus durch-
schaute ihre Heuchelei und sagte:
24 »Zeigt mir einen Denar*! Wessen
Bild und Name ist darauf?« – »Des
Kaisers«, erwiderten sie. 25 »Nun«,
sagte Jesus, »dann gebt dem Kaiser,
was dem Kaiser gehört, und Gott, was
Gott gehört.« 26 Sie konnten ihn zu
keiner verfänglichen Aussage vor dem
Volk verleiten. Im Gegenteil, sie waren
von seiner Antwort so überrascht, dass
sie nichts mehr zu sagen wussten.

Gibt es eine Auferstehung?

27 Dann kamen einige Sadduzäer*
zu Jesus. Diese religiöse Gruppe be-
hauptete, es gäbe keine Auferstehung
nach dem Tod. Sie fragten: 28 »Rabbi,
Mose hat uns vorgeschrieben: Wenn
ein verheirateter Mann kinderlos
stirbt, dann soll sein Bruder die Frau
heiraten und seinem Bruder Nach-
kommen verschaffen.* 29 Nun waren
da sieben Brüder. Der älteste von ihnen
heiratete und starb kinderlos. 30 Dar-
aufhin nahm der zweite Bruder die
Witwe zur Frau. Doch auch er starb
bald und hinterließ keine Kinder.
31 Nach ihm der dritte und so alle

20,17 Psalm 118,22

20,24 *Denar*. Römische Silbermünze, die dem Tageslohn eines gut bezahlten Arbeiters entsprach.

20,27 *Sadduzäer*. Politisch einflussreiche, römerfreundliche religiöse Gruppe, deren Mitglieder aus den vornehmen Familien stammten.

20,28 5. Mose 25,5

sieben. Sie heirateten die Frau, hinter-
ließen keine Kinder und starben. 32 Zu-
letzt starb auch die Frau. 33 Wessen
Frau wird sie nun nach der Auferste-
hung sein? Denn alle sieben waren ja
mit ihr verheiratet.« 34 Jesus sagte zu
ihnen: »Heiraten ist eine Sache für die
gegenwärtige Welt. 35 Aber die Men-
schen, die für würdig gehalten werden,
in der kommenden Welt leben zu dür-
fen und von den Toten aufzuerstehen,
werden nicht mehr heiraten. 36 Sie
können dann auch nicht mehr sterben,
sondern sind den Engeln gleich. Als
Menschen der Auferstehung sind sie
dann Söhne Gottes. 37 Dass aber die
Toten auferstehen, hat schon Mose
deutlich werden lassen, als er in der Ge-
schichte vom Dornbusch den Herrn als
den Gott Abrahams, den Gott Isaaks
und den Gott Jakobs bezeichnet.* 38 Er
ist also nicht ein Gott von Toten, son-
dern von Lebenden; denn für ihn sind
alle lebendig.« 39 Da sagten einige von
den Gesetzeslehrern: »Rabbi, das war
eine gute Antwort!« 40 Denn sie wag-
ten es nicht mehr, ihn über irgendetwas
zu befragen.

41 Nun wandte sich Jesus an alle
und fragte: »Wieso wird eigentlich
behauptet, der Messias sei der Sohn
Davids? 42 David selbst sagt doch im
Buch der Psalmen: ›Der Herr sprach
zu meinem Herrn: Setze dich an
meine rechte Seite, 43 bis ich deine
Feinde zum Fußschemel für dich ge-
macht habe.‹* 44 Wenn David ihn
also Herr nennt, wie kann er dann
gleichzeitig sein Sohn sein?«

45 Vor dem ganzen versammelten
Volk warnte Jesus seine Jünger:
46 »Hütet euch vor den Gesetzesleh-
rern! Sie zeigen sich gern in ihren
langen Gewändern und erwarten,
dass man sie auf den Märkten ehrer-
bietig grüßt. In der Synagoge sitzen
sie in der ersten Reihe, und bei Gast-
mählern beanspruchen sie die Ehren-
plätze. 47 Gleichzeitig aber verschlin-
gen sie den Besitz schutzloser Witwen
und sprechen scheinheilig lange Ge-
bete. Darum erwartet sie ein sehr
hartes Urteil.«

Der Wert einer Spende

21 1 Jesus blickte auf und sah,
wie reiche Leute Geld in den
Opferkasten warfen. 2 Er sah auch,
wie eine arme Witwe zwei kleine
Kupfermünzen, zwei Lepta*, hin-
einsteckte. 3 Da sagte er: »Ich ver-
sichere euch, diese arme Witwe hat
mehr eingelegt als alle anderen.
4 Denn die anderen haben nur etwas
von ihrem Überfluss abgegeben. Sie
aber hat alles hergegeben, was sie
selbst dringend zum Lebensunterhalt
gebraucht hätte.«

Die Zeichen des Endes

5 Als einige sich über den Tempel
unterhielten und die herrlichen Steine
bewunderten, mit denen er gebaut,
und die Weihgaben, mit denen er ge-
schmückt war, sagte er: 6 »Es kommt
eine Zeit, da wird von dem, was ihr
hier seht, kein Stein auf dem anderen
bleiben; es wird alles zerstört wer-
den.« 7 Da fragten sie ihn: »Rabbi,
wann wird das alles geschehen? Gibt

20,37 2. Mose 3,6.

20,43 Psalm 110,1

21,2 *zwei Lepta.* Das entspricht etwa dem 64. Teil eines Tagelohns.

es ein Zeichen, an dem wir erkennen
können, wann es sich erfüllen wird?«
8 »Gebt acht, dass euch niemand irre-
führt!«, erwiderte Jesus. »Viele wer-
den unter meinem Namen auftreten
und von sich sagen: ›Ich bin es!‹, und:
›Die Zeit ist da!‹ Lauft ihnen nicht
nach! 9 Erschreckt nicht, wenn ihr von
Kriegen und Unruhen hört! Das muss
vorher geschehen, aber das Ende
kommt nicht gleich danach.« 10 Dann
fügte er hinzu: »Ein Volk wird sich
gegen das andere erheben, und ein
Staat den anderen angreifen. 11 Es
wird schwere Erdbeben geben und in
vielen Teilen der Welt Hungersnöte
und Seuchen. Furchtbare Dinge ge-
schehen, und am Himmel werden ge-
waltige Zeichen zu sehen sein.

12 Aber bevor das alles passiert,
werden sie gewaltsam gegen euch
vorgehen und euch verfolgen. Man
wird euch vor Synagogengerichte
stellen und ins Gefängnis werfen.
Und weil ihr zu mir gehört, werdet ihr
auch vor Machthaber und Könige ge-
stellt werden. 13 Das wird euch aber
Gelegenheit zum Zeugnis für mich
geben. 14 Verzichtet bewusst darauf,
im Voraus festzulegen, wie ihr euch
verteidigen sollt. 15 Denn ich selbst
werde euch Worte in den Mund legen,
denen eure Gegner nichts entgegen-
zusetzen haben. Ich werde euch eine
Weisheit geben, der sie nicht wider-
sprechen können. 16 Sogar eure El-
tern und Geschwister, eure Verwand-
ten und Freunde werden euch auslie-
fern. Und einige von euch wird man
töten. 17 Weil ihr euch zu mir be-
kennt, werdet ihr von allen gehasst
werden. 18 Doch nicht ein Haar von
eurem Kopf wird verloren gehen.
19 Bleibt also standhaft, dann werdet
ihr das Leben gewinnen.

20 Wenn ihr seht, dass Jerusalem
von feindlichen Heeren eingeschlos-
sen ist, könnt ihr sicher sein, dass
seine Zerstörung unmittelbar bevor-
steht. 21 Dann sollen die Bewohner
Judäas in die Berge fliehen. Wer in der
Stadt ist, soll sie verlassen, und wer
auf dem Land ist, soll nicht Schutz in
der Stadt suchen. 22 Denn dann sind
die Tage der Bestrafung da, an denen
alles in Erfüllung geht, was in der
Schrift darüber gesagt ist. 23 Am
schlimmsten wird es dann für
schwangere Frauen und stillende
Mütter sein. Denn das ganze Land
wird in schreckliche Not kommen,
weil der Zorn Gottes über dieses Volk
hereinbricht. 24 Die Menschen wer-
den mit dem Schwert erschlagen oder
als Gefangene in alle Länder ver-
schleppt. Jerusalem wird so lange von
fremden Völkern niedergetreten wer-
den, bis auch deren Zeit abgelaufen
ist. 25 An Sonne, Mond und Sternen
werden Zeichen erscheinen, und auf
der Erde werden die Völker in Angst
und Schrecken geraten und nicht
mehr aus und ein wissen vor dem
tobenden Meer und seinen Wellen.
26 In Erwartung der schrecklichen
Dinge, die noch über die Erde kom-
men, werden die Menschen vor Angst
vergehen, denn sogar die Kräfte des
Himmels werden aus dem Gleichge-
wicht geraten. 27 Dann werden sie
den Menschensohn mit großer Macht
und Herrlichkeit auf einer Wolke
kommen sehen. 28 Wenn das alles an-
fängt, dann hebt den Kopf und richtet
euch auf, denn dann ist eure Erlösung
nicht mehr weit.«

29 Jesus gebrauchte noch einen Ver-
gleich: »Seht euch den Feigenbaum
oder irgendeinen anderen Baum an.
30 Wenn sie ausschlagen, wisst ihr,
dass es bald Sommer wird. 31 Genau-
so ist es, wenn ihr seht, dass diese
Dinge geschehen. Dann ist das Reich
Gottes ganz nahe. 32 Ich versichere
euch: Dieses Geschlecht* wird nicht
untergehen, bis das alles geschieht.
33 Himmel und Erde werden verge-
hen, aber meine Worte vergehen nie.
34 Seht euch also vor, und lasst euch
nicht vom Rausch eines ausschwei-
fenden Lebens umnebeln oder von
Lebenssorgen gefangen nehmen, da-
mit jener Tag dann nicht plötzlich
über euch hereinbricht 35 wie eine
Falle, die zuschnappt. Denn er wird
über alle Bewohner der Erde kom-
men. 36 Seid wachsam und hört nicht
auf zu beten, damit ihr die Kraft habt,
all dem, was geschehen wird, zu ent-
kommen, und damit ihr zuversicht-
lich vor den Menschensohn treten
könnt.«

37 Tagsüber lehrte Jesus im Tempel,
doch abends verließ er die Stadt und
übernachtete auf dem Ölberg. 38 Und
schon frühmorgens kam das ganze
Volk, um ihn im Tempel zu hören.

Das letzte Passamahl

22 1 Das Fest der ungesäuerten
Brote, das man auch Passa
nennt, stand unmittelbar bevor. 2 Die
Hohen Priester und die Gesetzes-
lehrer suchten nach einer Gelegen-
heit, Jesus umbringen zu können. Sie
wollten das aber heimlich tun, weil sie
das Volk fürchteten. 3 Da fuhr der
Satan in Judas, der zu den zwölf
Jüngern gehörte und Iskariot genannt
wurde. 4 Er ging zu den Hohen Pries-
tern und den Hauptleuten der Tempel-
wache und machte ihnen einen Vor-
schlag, wie er Jesus an sie ausliefern
könnte. 5 Sie freuten sich und ver-
sprachen ihm eine Geldsumme als
Belohnung. 6 Judas war einverstan-
den und suchte von da an nach einer
günstigen Gelegenheit, Jesus an sie
auszuliefern, ohne dass das Volk
etwas merkte.

7 Es kam nun der erste Tag vom Fest
der ungesäuerten Brote, an dem das
Passalamm geschlachtet werden
musste. 8 Jesus schickte Petrus und
Johannes in die Stadt. »Geht und be-
reitet das Passamahl für uns vor!«,
sagte er. 9 »Wo sollen wir das tun?«,
fragten sie. 10 »Hört zu! Wenn ihr in
die Stadt kommt, werdet ihr einen
Mann sehen, der einen Wasserkrug
trägt. Folgt ihm in das Haus, in das er
hineingeht, 11 und sagt dort zu dem
Hausherrn: ›Der Rabbi lässt fragen,
wo der Raum ist, in dem er mit seinen
Jüngern das Passa feiern kann.‹ 12 Er
wird euch einen großen, mit Polstern
ausgelegten Raum im Obergeschoss
zeigen. Dort bereitet alles für uns
vor!« 13 Die beiden Jünger machten
sich auf den Weg und fanden alles ge-
nauso, wie Jesus es ihnen gesagt
hatte, und bereiteten das Passa vor.

14 Als es dann so weit war, legte sich
Jesus mit den Aposteln zu Tisch und

21,32 *Geschlecht* (griechisch: *genea*) meint entweder Menschen, die in der gleichen Zeit geboren wurden (= Generation, Zeitgenossen) oder die durch gemeinsame Abstammung verbunden sind (= Sippe, Stamm, Volk).

sagte: 15 »Ich habe mich sehr danach
gesehnt, dieses Passamahl mit euch
zu genießen, bevor ich leiden muss.
16 Denn ich sage euch: Ich werde die-
ses Fest nicht mehr feiern, bis es im
Reich Gottes seine volle Erfüllung
findet.« 17 Dann nahm er einen
Kelch, sprach das Dankgebet und
sagte: »Nehmt ihn und trinkt alle dar-
aus! 18 Denn ich sage euch: Bis zu
dem Tag, an dem Gott seine Herr-
schaft aufrichtet, werde ich vom Saft
der Reben nichts mehr trinken.«
19 Dann nahm Jesus ein Fladenbrot,
dankte Gott dafür, brach es in Stücke
und gab es seinen Jüngern mit den
Worten: »Das ist mein Leib, der für
euch hingegeben wird. Nehmt und
esst! Tut es zu meinem Gedächtnis!«
20 Nachdem sie gegessen hatten,
nahm er in gleicher Weise den Kelch
und gab ihn den Jüngern. »Dieser
Kelch steht für den neuen Bund«,
sagte er, »der mit meinem Blut be-
siegelt wird, das ich für euch ver-
gießen werde. 21 Doch ihr müsst wis-
sen, der Verräter ist hier an diesem
Tisch. 22 Der Menschensohn geht
zwar den Weg, der ihm bestimmt ist,
aber wehe dem Menschen, der ihn
ausliefern wird!« 23 Da fingen die
Jünger an, sich gegenseitig zu fragen,
wer von ihnen wohl so etwas tun
würde.

24 Es kam auch zu einem Streit unter
ihnen über die Frage, wer von ihnen
wohl der Größte sei. 25 Da sagte Jesus:
»In der Welt herrschen die Könige über
ihre Völker, und die Mächtigen lassen
sich Wohltäter nennen. 26 Doch bei
euch soll es nicht so sein. Im Gegenteil:
Der Größte unter euch soll sich auf eine
Stufe mit dem Geringsten stellen, und
der Führer sei wie ein Diener. 27 Wer ist
denn größer: der, der zu Tisch liegt oder
der, der ihn bedient? Natürlich der am
Tisch! Aber ich bin unter euch wie ein
Diener. 28 Doch ihr seid in allem, was
ich durchmachen musste, treu bei mir
geblieben. 29 Dafür werde ich euch
an der Herrschaft beteiligen, die mir
mein Vater übertragen hat. 30 Ihr
werdet in meinem Reich an meinem
Tisch essen und trinken und auf
Thronen sitzen, um die zwölf Stämme
Israels zu richten.«

Prophetische Worte

31 Dann sagte der Herr: »Simon,
Simon, der Satan hat euch haben wol-
len, um euch durchsieben zu können
wie den Weizen. 32 Doch ich habe für
dich gebetet, dass du deinen Glauben
nicht verlierst. Wenn du also später
umgekehrt und zurechtgekommen
bist, stärke den Glauben deiner Brü-
der!« 33 »Herr«, sagte Petrus, »ich bin
bereit mit dir ins Gefängnis und sogar
in den Tod zu gehen.« 34 Doch Jesus
erwiderte: »Ich sage dir, Petrus: Noch
heute Nacht, bevor der Hahn kräht,
wirst du dreimal geleugnet haben,
mich überhaupt zu kennen.«

35 Dann fragte Jesus die Jünger:
»Als ich euch ohne Geldbeutel, Vor-
ratstasche und Sandalen aussandte,
habt ihr da etwas entbehren müs-
sen?« – »Nein, gar nichts«, antworte-
ten sie. 36 »Aber jetzt«, sagte er,
»nehmt Geldbeutel und Vorratstasche
mit, wenn ihr sie habt. Und wer nichts
davon hat, soll seinen Mantel verkau-
fen und sich ein Schwert kaufen.
37 Denn auch das folgende Schrift-
wort muss sich noch an mir erfüllen:
›Er wurde unter die Verbrecher

gezählt.‹* Doch alles, was mich be-
trifft, ist jetzt bald vollendet.« 38 Die
Jünger sagten: »Herr, hier sind zwei
Schwerter.« – »Das genügt«, sagte er.

Auf dem Ölberg

39 Dann verließ er die Stadt und ging
wie gewohnt zum Ölberg. Die Jünger
folgten ihm. 40 Als er dort war, sagte
er zu seinen Jüngern: »Betet darum,
dass ihr nicht in Versuchung geratet.«
41 Dann zog er sich ungefähr einen
Steinwurf weit von den Jüngern zu-
rück. Er kniete sich hin und betete:
42 »Vater, wenn du willst, erspare es
mir, diesen bitteren Kelch auszutrin-
ken! Doch nicht mein Wille soll ge-
schehen, sondern der deine.« 43 Da
erschien ihm ein Engel vom Himmel
und stärkte ihn. 44 Jesus betete mit
solcher Anspannung, dass sein
Schweiß wie Blut auf den Erdboden
tropfte.* 45 Als er vom Gebet aufstand
und wieder zu den Jüngern kam, fand
er sie vor Kummer eingeschlafen.
46 »Wie könnt ihr nur schlafen?«,
sagte er. »Steht auf und betet, dass ihr
nicht in Versuchung geratet!«

47 Kaum hatte er das gesagt,
tauchte eine große Schar von Män-
nern auf, an ihrer Spitze Judas, einer
der Zwölf. Er ging auf Jesus zu und
wollte ihn mit einem Kuss begrüßen.
48 »Judas«, sagte Jesus zu ihm, »mit
einem Kuss verrätst du den Men-
schensohn?« 49 Als die, die bei Jesus
waren, merkten, in welcher Absicht
die Männer gekommen waren, frag-
ten sie: »Herr, sollen wir kämpfen?
Wir haben die Schwerter mitge-
bracht.« 50 Einer von ihnen ging
auch gleich auf den Sklaven des
Hohen Priesters los und schlug ihm
das rechte Ohr ab. 51 Aber Jesus rief:
»Hört auf damit!« Er berührte das
Ohr und heilte den Mann. 52 Zu den
Hohen Priestern, den Hauptleuten
der Tempelwache und den Ältesten,
die gegen ihn angerückt waren,
sagte er: »Bin ich denn ein
Verbrecher, dass ihr mit Schwertern
und Knüppeln auszieht, um mich zu
verhaften? 53 Ich war doch täglich
bei euch im Tempel. Da habt ihr
mich nicht festgenommen. Aber das
ist eure Stunde und die der Finster-
nismacht.«

Im Palast des Hohen Priesters

54 Sie packten Jesus, führten ihn ab
und brachten ihn in den Palast des
Hohen Priesters. Petrus folgte ihnen
in weitem Abstand. 55 Im Innenhof
war ein Feuer angezündet worden,
und viele saßen darum herum. Petrus
setzte sich zu ihnen. 56 Eine Dienerin
bemerkte ihn im Schein des Feuers,
blickte ihn scharf an und sagte: »Der
war auch mit ihm zusammen!«
57 Aber Petrus stritt es ab: »Frau, den
Mann kenne ich gar nicht!« 58 Kurz
danach schaute ihn jemand anderes
an und sagte: »Du musst auch einer
von ihnen sein.« – »Mensch!«, sagte
Petrus. »Das stimmt nicht.« 59 Etwa
eine Stunde später behauptete ein
Dritter: »Natürlich war der auch mit
ihm zusammen, er ist ja auch ein Gali-
läer!« 60 Aber Petrus wehrte ab: »Ich
weiß gar nicht, wovon du redest,

22,37 Jesaja 53,12

22,43-44 Die Verse 43 und 44 fehlen zwar in mehreren alten Handschriften, werden aber schon sehr früh von Kirchenvätern zitiert.

Mensch!« In diesem Augenblick,
noch während Petrus redete, krähte
der Hahn. 61 Der Herr wandte sich um
und blickte Petrus an. Da erinnerte
sich Petrus an das, was der Herr zu
ihm gesagt hatte: »Bevor der Hahn
heute kräht, wirst du mich dreimal
verleugnen.« 62 Und er ging hinaus
und fing an, bitterlich zu weinen.
63 Die Männer, die Jesus bewach-
ten, trieben ihren Spott mit ihm und
schlugen ihn. 64 Sie verhüllten sein
Gesicht und sagten: »Du bist ja ein
Prophet. Sag uns doch, wer dich ge-
schlagen hat!« 65 Und noch viele
andere Entwürdigungen musste er
ertragen.

Vor dem Hohen Rat

66 Als es Tag wurde, versammelten
sich die Ältesten des Volkes, die Ho-
hen Priester und die Gesetzeslehrer,
die zum Hohen Rat gehörten, zu einer
Sitzung. Sie ließen Jesus vorführen
67 und forderten ihn auf: »Wenn du
der Messias bist, dann sag es uns!«
Jesus erwiderte: »Wenn ich es euch
sage, so würdet ihr mir doch nicht
glauben, 68 und wenn ich euch frage,
antwortet ihr ja nicht. 69 Doch von
jetzt an wird der Menschensohn an
der rechten Seite des allmächtigen
Gottes sitzen.« 70 Da riefen sie alle:
»Dann bist du also der Sohn Gottes?«
– »Ihr sagt es«, erwiderte er, »ich bin
es.« 71 Da riefen sie: »Was brauchen
wir noch Zeugen? Wir haben es ja
selbst aus seinem Mund gehört!«

Vor Pilatus und Herodes

23 1 Der gesamte Rat erhob sich
und führte Jesus zu Pilatus*.
2 Dort trugen sie ihre Anklage vor:
»Wir haben festgestellt, dass dieser
Mann unser Volk verführt. Er hält
die Leute davon ab, dem Kaiser Steu-
ern zu zahlen, und behauptet, der
Messias, also ein König, zu sein.«
3 Pilatus fragte Jesus: »Bist du der
König der Juden?« – »Es ist so, wie
du sagst«, erwiderte dieser. 4 Dar-
aufhin erklärte Pilatus den Hohen
Priestern und der Volksmenge: »Ich
finde keine Schuld an diesem
Mann.« 5 Doch sie widersprachen
heftig und erklärten: »Er wiegelt das
Volk auf und verbreitet seine Lehre
in ganz Judäa. Angefangen hat er
damit in Galiläa, und jetzt ist er bis
hierher gekommen.«
6 Als Pilatus das hörte, fragte er, ob
der Mann aus Galiläa sei. 7 Man be-
stätigte ihm, dass Jesus aus dem Herr-
schaftsbereich des Herodes Antipas
stamme. Da ließ er ihn zu Herodes
führen, der sich in diesen Tagen eben-
falls in Jerusalem aufhielt. 8 Herodes
freute sich sehr, als er Jesus sah, denn
er wollte ihn schon lange einmal
kennenlernen. Er hatte viel von ihm
gehört und hoffte nun, eines seiner
Wunder mitzuerleben. 9 Er stellte ihm
viele Fragen, aber Jesus gab ihm nicht
eine Antwort. 10 Dann standen die
Hohen Priester und Gesetzeslehrer
auf und klagten ihn scharf an.
11 Schließlich begannen Herodes und
seine Soldaten, Jesus zu verhöhnen.
Sie trieben ihren Spott mit ihm und
schickten ihn schließlich zu Pilatus
zurück, nachdem sie ihm ein Pracht-
gewand umgehängt hatten. 12 Pilatus

23,1 *Pilatus.* Von 26-36 n.Chr. Statthalter des römischen Kaisers für Judäa und Samaria.

und Herodes Antipas, die bisher ver-
feindet gewesen waren, wurden an
diesem Tag Freunde.

Das Urteil

13 Pilatus ließ die Hohen Priester,
die anderen Ratsmitglieder und das
Volk zusammenrufen 14 und erklärte
ihnen: »Ihr habt diesen Mann vor
mich gebracht und behauptet, er
würde das Volk aufhetzen. Nun, ich
habe ihn in eurem Beisein verhört
und keine einzige von euren Anklagen
bestätigt gefunden. 15 Auch Herodes
hat nichts herausgefunden, sonst
hätte er ihn nicht zu uns zurückge-
schickt. Ihr seht also: Der Mann hat
nichts getan, wofür er den Tod ver-
dient hätte. 16 Darum werde ich ihn
jetzt auspeitschen lassen und dann
freigeben.« (17)* 18 Da ging ein Auf-
schrei durch die Menge: »Weg mit
ihm! Gib uns Barabbas frei!« 19 Bar-
abbas war in einen Aufruhr in der
Stadt verwickelt gewesen und hatte
dabei einen Mord begangen. Des-
wegen saß er im Gefängnis. 20 Pilatus
wollte Jesus freilassen und redete der
Menge zu. 21 Aber sie schrien noch
lauter: »Ans Kreuz mit ihm! Lass ihn
kreuzigen!« 22 Da machte Pilatus
noch einen dritten Versuch. »Was hat
er denn verbrochen?«, fragte er sie.
»Ich habe keinen Grund für ein To-
desurteil gefunden. Darum werde ich
ihn auspeitschen lassen und an-
schließend freigeben.« 23 Doch sie
setzten ihm mit lautem Geschrei zu
und forderten mit aller Macht, dass
Jesus gekreuzigt würde. Schließlich
beugte sich Pilatus der schreienden
Menge 24 und entschied, dass ihre
Forderung erfüllt werde. 25 Den
Mann, der wegen Aufruhr und Mord
im Gefängnis saß, ließ er auf ihr Ver-
langen hin frei; Jesus dagegen opferte
er ihrem Willen.

Die Kreuzigung

26 Als sie ihn dann abführten, kam ge-
rade ein gewisser Simon, der aus Zy-
rene stammte, vom Feld zurück. Den
packten sie und luden ihm das Kreuz
auf. Er musste es hinter Jesus hertra-
gen. 27 Eine große Menschenmenge
folgte Jesus, darunter viele Frauen,
die laut klagten und jammerten.
28 Jesus drehte sich zu ihnen um und
sagte: »Ihr Frauen von Jerusalem,
weint nicht über mich! Weint über
euch selbst und über eure Kinder!
29 Denn es kommt die Zeit, da wird
man sagen: ›Wie gut sind die Frauen
dran, die keine Kinder bekommen
konnten, die nie ein Kind geboren und
gestillt haben!‹ 30 Dann wird man zu
den Bergen sagen: ›Fallt auf uns
herab!‹, und zu den Hügeln: ›Begrabt
uns unter euch!‹ 31 Denn wenn dies
hier dem lebendigen Baum geschieht,
wie wird es dann erst dem verdorrten
ergehen?«

32 Zusammen mit Jesus wurden
auch zwei Verbrecher zur Hinrichtung
geführt. 33 Als sie an die Stelle kamen,
die »Schädel« genannt wird, kreuzig-
ten sie ihn und die beiden Verbrecher,

23,17 Manche alte Handschriften haben hier eingefügt: »Denn er musste ihnen aus Anlass des Festes einen Gefangenen freigeben«, wie es Matthäus und Markus berichten.

23,38 Spätere Handschriften haben hier nach Johannes 19,20 eingefügt: *auf Griechisch, Lateinisch und Hebräisch.*

den einen rechts und den anderen
links von ihm. 34 Jesus sagte: »Vater,
vergib ihnen, denn sie wissen nicht,
was sie tun!« Aber die Soldaten verlos-
ten seine Kleidung unter sich. 35 Das
Volk stand da und sah zu. Ihre führen-
den Männer aber spotteten: »Anderen
hat er geholfen, jetzt soll er sich selbst
helfen, wenn er wirklich der Auser-
wählte ist, der von Gott gesandte Mes-
sias!« 36 Auch die Soldaten verspotte-
ten ihn. Sie brachten ihm sauren Wein
37 und sagten: »Wenn du der König
der Juden bist, dann hilf dir selbst!«
38 Über ihm hatte man eine Tafel an-
gebracht. Darauf stand*: »Dies ist der
König der Juden.« 39 Einer der beiden
Verbrecher höhnte: »Bist du nun der
Messias oder nicht? Dann hilf dir
selbst und auch uns!« 40 Doch der an-
dere fuhr ihn an: »Nimmst du Gott
immer noch nicht ernst? Du bist doch
genauso zum Tod verurteilt wie er,
41 aber du bist es mit Recht! Wir beide
bekommen den Lohn für das, was wir
getan haben, aber der da hat nichts
Unrechtes getan.« 42 Dann sagte er:
»Jesus, denk an mich, wenn du deine
Herrschaft antrittst!« 43 Jesus er-
widerte ihm: »Ich versichere dir:
Heute noch wirst du mit mir im Pa-
radies sein.«

23,51 *Arimathäa.* Der Ort ist vermutlich mit Ramathajim Zophim identisch, dem Geburtsort Samuels (1. Samuel 1,1), und liegt 15 km nordöstlich von Lydda.

23,54 *Rüsttag.* Der Tag, an dem man sich auf den Sabbat vorbereitete. Der Sabbat begann am Freitag gegen 18 Uhr und dauerte bis Sonnabend, 18 Uhr.

Der Tod

44 Gegen zwölf Uhr mittags wurde
plötzlich der Himmel über dem
ganzen Land dunkel. Das dauerte bis
drei Uhr nachmittags. 45 Die Sonne
hatte sich verfinstert. Dann riss der
Vorhang im Tempel mitten entzwei
und 46 Jesus schrie: »Vater, in deine
Hände gebe ich meinen Geist.« Mit
diesen Worten starb er. 47 Als der
Hauptmann ihn so sterben sah, gab
er Gott die Ehre und sagte: »Dieser
Mann war wirklich ein Gerechter!«
48 Und die vielen Leute, die zu dem
Schauspiel der Kreuzigung gekom-
men waren und alles miterlebt hatten,
schlugen sich an die Brust und kehr-
ten voller Reue in die Stadt zurück.
49 Aber alle, die mit Jesus bekannt ge-
wesen waren, standen weitab, darun-
ter auch die Frauen, die ihm seit der
Zeit seines Wirkens in Galiläa gefolgt
waren. Sie hatten alles mit angesehen.

Das Begräbnis

50 Unter den Mitgliedern des Hohen
Rates war ein Mann von edler und ge-
rechter Gesinnung. Er hieß Josef
51 und stammte aus Arimathäa*,
einer jüdischen Stadt. Er wartete auf
das Kommen des Reiches Gottes und
hatte den Beschlüssen und dem Vor-
gehen der anderen Ratsmitglieder
nicht zugestimmt. 52 Dieser Josef
ging zu Pilatus und bat um den Leich-
nam von Jesus. 53 Dann nahm er den
Toten vom Kreuz, wickelte ihn in ein
Leinentuch und legte ihn in eine Fel-
sengruft, in der noch niemand bestat-
tet worden war. 54 Das geschah noch
am Rüsttag*, unmittelbar vor Beginn
des Sabbats. 55 Die Frauen aus Gali-
läa waren Josef gefolgt. Sie sahen die

Grabhöhle und schauten zu, wie der
Leichnam von Jesus hineingelegt
wurde. 56 Nachdem sie in die Stadt
zurückgekehrt waren, bereiteten sie
wohlriechende Öle und Salben zu.
Doch den Sabbat verbrachten sie in
Ruhe, wie es das Gesetz vorschreibt.

Das leere Grab

24 1 Am ersten Tag der neuen
Woche, ganz in der Frühe,
nahmen die Frauen die wohlriechen-
den Öle, die sie zubereitet hatten, und
gingen zur Felsengruft. 2 Da sahen
sie, dass der Stein, der den Eingang
verschlossen hatte, weggewälzt war.
3 So gingen sie in die Grabhöhle hi-
nein, fanden den Leib von Jesus,
ihrem Herrn, aber nicht. 4 Während
sie noch ratlos dastanden, traten
plötzlich zwei Männer zu ihnen, die
in strahlend helle Gewänder geklei-
det waren. 5 Die Frauen erschraken
und blickten zu Boden. Doch die bei-
den Männer sagten zu ihnen: »Was
sucht ihr den Lebendigen bei den
Toten? 6 Er ist nicht hier, er ist aufer-
standen. Erinnert ihr euch nicht an
das, was er euch in Galiläa sagte,
7 dass der Menschensohn in die
Hände sündiger Menschen ausgelie-
fert und gekreuzigt werden muss,
und dass er am dritten Tag auferste-
hen würde?« 8 Da erinnerten sie sich
an seine Worte. 9 Sie verließen die
Felsengruft und berichteten alles den
elf Aposteln und den übrigen Jün-
gern. 10 Es waren Maria aus Magda-
la, Johanna und Maria, die Mutter
des Jakobus, und noch einige andere.
Sie erzählten den Aposteln, was sie
erlebt hatten. 11 Doch die hielten das
für leeres Geschwätz und glaubten
ihnen nicht. 12 Petrus allerdings
sprang auf und lief zum Felsengrab.
Er beugte sich vor, um hineinzu-
schauen, sah aber nur die Leinenbin-
den daliegen. Dann ging er wieder
zurück und fragte sich verwundert,
was da wohl geschehen war.

Auf dem Weg nach Emmaus

13 Am gleichen Tag gingen zwei von
den Jüngern nach dem Dorf Emmaus,
das elf Kilometer* von Jerusalem ent-
fernt liegt. 14 Unterwegs unterhielten
sie sich über alles, was in den letzten
Tagen geschehen war. 15 Als sie so
miteinander sprachen und sich Ge-
danken machten, kam Jesus selbst
hinzu und schloss sich ihnen an.
16 Aber sie waren wie mit Blindheit
geschlagen und erkannten ihn nicht.
17 »Was beschäftigt euch denn so
sehr?«, fragte Jesus. »Worüber redet
ihr?« Da blieben sie traurig stehen,
18 und einer von ihnen – er hieß
Kleopas – sagte: »Du bist wohl der
einzige Mensch in Jerusalem, der
nicht weiß, was sich in den letzten
Tagen dort abgespielt hat?« 19 »Was
denn?«, fragte Jesus. Sie erwiderten:
»Das, was mit Jesus von Nazaret ge-
schehen ist. Er war ein Prophet und
hat in seinen Worten und Werken vor
Gott und dem ganzen Volk seine
Macht erwiesen. 20 Unsere Hohen
Priester und die anderen Oberen
haben ihn zum Tod verurteilt und ans

24,13 *elf Kilometer*. Wörtlich: *60 Stadien*. Stadion ist ein griechisches Längenmaß, das nach der Länge des Stadions in Olympia benannt ist und 600 griechische Fuß (= rund 185 Meter) betrug.

Kreuz nageln lassen. 21 Dabei haben
wir gehofft, dass er der sei, der Israel
erlösen würde. Heute ist außerdem
schon der dritte Tag, seitdem dies ge-
schehen ist. 22 Dann haben uns auch
noch einige Frauen von uns, die am
frühen Morgen an der Felsengruft ge-
wesen sind, aus der Fassung gebracht.
23 Sie haben seinen Leichnam nicht
gefunden, und als sie dann zurück-
kamen, erzählten sie, Engel wären
ihnen erschienen und hätten gesagt,
dass er lebe. 24 Daraufhin gingen
einige von uns zur Gruft und fanden
es so, wie die Frauen berichtet hatten.
Aber ihn selbst sahen sie nicht.«

25 Da sagte Jesus zu ihnen: »Was
seid ihr doch schwer von Begriff!
Warum fällt es euch nur so schwer, an
alles zu glauben, was die Propheten
gesagt haben? 26 Musste der Messias
nicht das alles erleiden, bevor er ver-
herrlicht wird?« 27 Dann erklärte er
ihnen in der ganzen Schrift alles, was
sich auf ihn bezog; er fing bei Mose an
und ging durch sämtliche Propheten.
28 So erreichten sie das Dorf, zu dem
sie unterwegs waren. Jesus tat so, als
wollte er weitergehen, 29 doch die Jün-
ger hielten ihn zurück und baten:
»Bleib doch bei uns! Es ist schon
Abend und gleich wird es dunkel.« Da
ging er mit ihnen ins Haus. 30 Als sie
sich dann am Tisch niedergelassen
hatten, nahm Jesus das Fladenbrot,
sprach das Segensgebet darüber,
brach es in Stücke und reichte es
ihnen. 31 Da gingen ihnen die Augen
auf, und sie erkannten ihn. Doch im
selben Augenblick wurde er vor ihnen
unsichtbar. 32 »Brannte nicht unser
Herz, als er unterwegs mit uns sprach
und uns den Sinn der Schrift auf-
schloss?«, sagten sie da zueinander.
33 Unverzüglich brachen sie auf und
kehrten nach Jerusalem zurück. Dort
fanden sie alle versammelt, die Elf und
alle, die sich zu ihnen hielten. 34 »Der
Herr ist wirklich auferstanden«, riefen
diese ihnen entgegen, »er ist Simon er-
schienen!« 35 Da berichteten die bei-
den, was sie selbst unterwegs erlebt
hatten und wie sie ihn am Brechen des
Brotes erkannten.

Der Auferstandene bei den Jüngern

36 Während sie noch erzählten, stand
der Herr plötzlich selbst in ihrer
Mitte. »Friede sei mit euch!«, grüßte
er sie. 37 Doch sie erschraken sehr
und bekamen Angst, weil sie mein-
ten, einen Geist zu sehen. 38 »Warum
seid ihr so erschrocken?«, sagte Jesus
zu ihnen. »Warum kommen euch
solche Gedanken? 39 Seht euch
meine Hände an und meine Füße: Ich
bin es ja! Fasst mich an und über-
zeugt euch selbst! Ein Geist hat doch
nicht Fleisch und Knochen, wie ihr
sie an mir seht.« 40 Mit diesen Wor-
ten hielt er ihnen seine Hände hin und
zeigte ihnen seine Füße. 41 Und als
sie es in ihrer Freude und Verwunde-
rung immer noch nicht glauben
konnten, fragte er: »Habt ihr etwas zu
essen hier?« 42 Da gaben sie ihm ein
Stück gebratenen Fisch. 43 Er nahm
es und aß es vor ihren Augen auf.
44 Dann sagte er zu ihnen: »Nun ist in
Erfüllung gegangen, was ich euch ge-
sagt habe, als ich noch bei euch war:
›Alles, was im Gesetz des Mose, in
den Propheten und Psalmen über
mich geschrieben steht, musste sich
erfüllen.‹« 45 Dann öffnete er ihnen
die Augen für die Schrift und half

ihnen, sie zu verstehen. 46 »So steht
es geschrieben«, erklärte er ihnen,
»und so musste der Messias leiden
und sterben und am dritten Tag da-
nach von den Toten auferstehen.
47 Und in seinem Namen wird man
allen Völkern, angefangen in Jeru-
salem, predigen, dass sie zu Gott
umkehren sollen, um Vergebung der
Sünden empfangen zu können. 48 Ihr
seid Zeugen für das alles. 49 Und
seid gewiss: Was mein Vater euch ver-
sprochen hat, werde ich zu euch
herabsenden. Bleibt so lange hier in
der Stadt, bis ihr mit der Kraft aus der
Höhe ausgerüstet worden seid.«
50 Jesus führte seine Jünger noch
aus der Stadt hinaus bis in die Nähe
von Betanien. Dort erhob er die
Hände, um sie zu segnen. 51 Und
während er sie segnete, wurde er von
ihnen weggenommen und zum Him-
mel emporgehoben. 52 Die Jünger
warfen sich vor ihm nieder. Und dann
kehrten sie mit großer Freude nach
Jerusalem zurück. 53 Von da an waren
sie ständig im Tempel und priesen
Gott.

Die gute Botschaft, aufgeschrieben von Johannes

Wenn die Nachrichten der Alten Kirche richtig sind, schrieb der Apostel Johannes um das Jahr 85 n.Chr. das letzte der vier Evangelien, vermutlich in der Großstadt Ephesus. Der Geist Gottes machte ihm dabei deutlich, keinen Lebensabriss von Jesus Christus zu zeichnen, sondern die drei Evangelien, die schon seit Jahrzehnten in Umlauf waren, zu ergänzen. In einer Zeit, in der die Gemeinde durch falsche Heilsangebote und Verfolgung gefährdet war, zielte das Johannes-Evangelium darauf ab, den Glauben zu erwecken und zu erhalten.

Das Wort des Lebens

1 1 Im Anfang war das Wort. Das
Wort war bei Gott, ja das Wort
war Gott. 2 Von Anfang an war es bei
Gott. 3 Alles ist dadurch entstanden.
Ohne das Wort entstand nichts von
dem, was besteht. 4 In ihm war Leben
und dieses Leben war Licht für die
Menschen. 5 Das Licht scheint in der
Finsternis und die Finsternis hat es
nicht erfasst.

6 Da trat ein Mensch auf. Er war von
Gott gesandt und hieß Johannes. 7 Er
kam, um als Zeuge auf das Licht hin-
zuweisen. Alle sollten durch ihn daran
glauben. 8 Er war nicht selbst das
Licht, er sollte nur darauf hinweisen.
9 Der, auf den er hinwies, war das
wahre Licht, das in die Welt kommen
und jeden Menschen erleuchten sollte.
10 Er war schon immer in der Welt,
doch die Welt, die durch ihn geschaffen
wurde, erkannte ihn nicht. 11 Er kam
in sein Eigentum, aber sein Volk woll-
te nichts von ihm wissen. 12 Doch
allen, die ihn aufnahmen, die an
seinen Namen glaubten, gab er das
Recht, Kinder Gottes zu werden.
13 Sie wurden das nicht auf Grund
natürlicher Abstammung, durch
menschliches Wollen oder den Ent-
schluss eines Mannes, sondern durch
eine Geburt aus Gott.

14 Er, das Wort, wurde Mensch und
lebte unter uns. Wir haben seine Herr-
lichkeit gesehen, eine Herrlichkeit vol-
ler Gnade* und Wahrheit, wie sie nur
der einzigartige Sohn vom Vater be-
kommen hat. 15 Johannes trat als
Zeuge für ihn auf. »Der ist es!«, rief er,
»von ihm habe ich gesagt: ›Nach mir
kommt einer, der weit über mir*
steht!‹, denn er war schon vor mir da.«
16 Und wir alle haben aus seinem un-
endlichen Reichtum Gnade und immer
wieder Gnade empfangen. 17 Durch
Mose wurde das Gesetz gegeben, aber
durch Jesus Christus sind Gnade und
Wahrheit zu uns gekommen. 18 Nie-
mand hat Gott jemals gesehen. Nur
der Eine und Einzige seiner Art, der an
der Seite des Vaters selbst Gott ist, hat
uns Aufklärung über Gott gegeben.

1,14 *Gnade.* Gunst, die völlig umsonst erwiesen wird und beim Empfänger Freude auslöst.

1,15 *über mir.* Wörtlich: »der vor mir war«. Im Altertum wurde jemand, der älter war, immer als der Größere angesehen.

Johannes der Täufer

19 Folgende Begebenheit macht klar,
wie Johannes auf ihn hinwies: Die
Juden von Jerusalem hatten Priester
und Leviten zu ihm geschickt, die ihn
fragen sollten, wer er sei. 20 »Ich bin
nicht der Messias«, machte er ihnen
unmissverständlich klar. 21 »Was
denn?«, fragten sie weiter. »Bist du
Elija?« – »Nein, der bin ich auch
nicht«, erwiderte er. »Bist du der Pro-
phet?« »Nein!« 22 »Dann sag uns
doch, wer du bist«, entgegneten sie,
»wir müssen ja denen, die uns ge-
schickt haben, eine Antwort bringen.
Was sagst du über dich selbst?« 23 Jo-
hannes antwortete mit den Worten
des Propheten Jesaja: »Ich bin eine
Stimme, die in der Wüste ruft: ›Ebnet
den Weg für den Herrn!‹«*

24 Unter den Abgesandten waren
auch einige Pharisäer*, 25 die jetzt
weiterfragten: »Wenn du weder der
Messias bist, noch Elija und auch
nicht der Prophet, weshalb taufst du
dann?« 26 »Ich taufe mit Wasser«,
entgegnete Johannes, »aber mitten
unter euch steht jemand, den ihr nicht
kennt. 27 Es ist der, der nach mir
kommt. Ich bin nicht einmal würdig,
ihm die Riemen seiner Sandalen zu
lösen.« 28 Das spielte sich in Beta-
nien* ab, einem Dorf auf der ande-
ren Seite des Jordan*, wo Johannes
taufte.

29 Am nächsten Tag sah Johannes
Jesus auf sich zukommen und sagte:
»Seht, das ist das Opferlamm Gottes,
das die Sünde der ganzen Welt weg-
nimmt. 30 Ihn meinte ich, als ich sagte:
›Nach mir kommt einer, der weit über
mir steht, denn er war schon vor mir
da.‹ 31 Auch ich kannte ihn nicht. Aber
gerade deshalb bin ich gekommen und
taufe mit Wasser, damit Israel erkennt,
wer er ist.« 32 Dann machte Johannes
diese Aussage: »Ich sah den Geist Got-
tes wie eine Taube vom Himmel herab-
schweben und auf ihm bleiben. 33 Ich
hätte nicht gewusst, wer es war, aber
der, der mir den Auftrag gab, mit Was-
ser zu taufen, hatte mir gesagt: ›Wenn
du den Geist auf jemand herabschwe-
ben und auf ihm bleiben siehst, dann
ist das der, der mit dem Heiligen Geist
tauft.‹ 34 Ich habe es gesehen und
bezeuge: ›Dieser Mann ist der Sohn
Gottes.‹«

35 Am nächsten Tag war Johannes
mit zwei von seinen Jüngern wieder
dort. 36 Als er Jesus vorbeigehen sah,
sagte er: »Seht, das Opferlamm Got-
tes!« 37 Die zwei Jünger hörten das und
gingen Jesus nach. 38 Jesus drehte sich
um und sah, dass sie ihm folgten. Da
fragte er: »Was sucht ihr?« – »Rabbi*,
wo wohnst du?«, entgegneten sie.

1,23 Jesaja 40,3

1,24 *Pharisäer.* Religionspartei, die auf genaue Einhaltung der Gesetze und Überlieferungen Wert legte.

1,28 Dieses *Betanien* darf nicht mit dem verwechselt werden, das nur drei Kilometer von Jerusalem entfernt am Hang des Ölbergs lag (Johannes 11,18).

Der *Jordan* ist der wichtigste Fluss Israels, der als geologisches Phänomen das tiefstgelegene Tal der Erde durchfließt. Er entspringt im Norden im Gebiet des Berges Hermon, etwa 500 Meter über dem Meeresspiegel und mündet 200 km südlich ins Tote Meer, dessen Wasserspiegel sich 392 Meter unter Meeresniveau befindet. Die Taufstelle ist etwa 7 km nördlich vom Toten Meer zu suchen.

1,38 *Rabbi.* Respektvolle Anrede im Judentum: *Mein Lehrer.*

– Rabbi heißt übrigens »Lehrer«. –
39 »Kommt mit«, erwiderte er, »dann
werdet ihr es sehen.« So kamen sie mit.
Das war nachmittags gegen vier Uhr.
Sie sahen, wo er sich aufhielt und
blieben den Tag über bei ihm.

Die ersten Jünger

40 Einer von den beiden, die Jesus ge-
folgt waren, weil sie das Zeugnis von
Johannes gehört hatten, war Andreas,
der Bruder von Simon Petrus. 41 Der
fand gleich darauf seinen Bruder
Simon und sagte zu ihm: »Wir haben
den Messias gefunden!« – Messias ist
das hebräische Wort für »Christus«*.
42 Dann brachte er ihn zu Jesus. Jesus
sah ihn an und sagte: »Du bist Simon
Ben-Johannes. Man wird dich einmal
Kephas nennen.« – Kephas bedeutet
»Fels«, griechisch: »Petrus«.

43 Als Jesus am nächsten Tag nach
Galiläa* aufbrechen wollte, traf er
Philippus und sagte zu ihm: »Komm,
folge mir!« 44 Philippus stammte wie
Andreas und Petrus aus der Stadt Bet-
saida*. 45 Danach traf Philippus Na-
tanaël und sagte zu ihm: »Wir haben
den gefunden, von dem Mose im Ge-
setz schreibt und den auch die Prophe-
ten angekündigt haben: Es ist Jesus
aus Nazaret*, ein Sohn von Josef.«
46 »Nazaret? Kann von da etwas
Gutes kommen?«, fragte Natanaël.
Philippus erwiderte nur: »Komm und
sieh selbst!« 47 Als Jesus Natanaël
kommen sah, sagte er: »Das ist ein
wahrer Israelit, ein Mann ohne Falsch-
heit.« 48 »Woher kennst du mich?«,
fragte Natanaël. Jesus antwortete:
»Ich sah dich, als du noch unter dem
Feigenbaum saßt, bevor Philippus
dich rief.« 49 Da erklärte Natanaël:
»Rabbi, du bist der Sohn Gottes! Du
bist der König Israels!« 50 Jesus er-
widerte: »Das glaubst du, weil ich dir
gesagt habe, dass ich dich unter dem
Feigenbaum sah. Du wirst noch viel
größere Dinge sehen.« 51 Dann fügte
er hinzu: »Ja, ich versichere euch: Ihr
werdet den Himmel offen sehen und
erleben, wie die Engel Gottes vom
Menschensohn* zum Himmel aufstei-
gen und wieder herabkommen.«

Das erste Wunder: 600 Liter Wein

2 1 Am dritten Tag fand in Kana*,
in Galiläa, eine Hochzeit statt.
Die Mutter von Jesus nahm daran
teil 2 und auch Jesus war mit seinen
Jüngern dazu eingeladen. 3 Als wäh-
rend des Festes der Wein ausging,
sagte seine Mutter zu ihm: »Sie haben
keinen Wein mehr!« 4 »Frau, in was
für eine Sache willst du mich da
hineinziehen?«, entgegnete Jesus.

1,41 *Christus* Siehe Vorwort des Übersetzers.

1,43 *Galiläa.* Von Juden und Griechen bewohntes Gebiet im Norden Israels, etwa zwischen dem See Gennesaret und dem Mittelmeer.

1,44 *Betsaida.* Fischerdorf an der Mündung des Jordan in den See Gennesaret. Heute wahrscheinlich El-Aradsch.

1,45 *Nazaret.* Der kleine Ort mit etwa 150 Einwohnern lag in der Mitte zwischen dem Mittelmeer und dem See Gennesaret und wurde im Alten Testament nie erwähnt.

1,51 *Menschensohn* ist eine von Jesus bevorzugte Selbstbezeichnung. Er knüpft damit an Daniel 7,13 an, wo der zukünftige Herrscher des Gottesreiches angekündigt wird.

2,1 *Kana.* Der Ort liegt etwa 14 km nördlich von Nazaret.

»Meine Zeit ist noch nicht gekom-
men.« 5 Da wandte sich seine Mutter
an die Diener und sagte: »Tut alles,
was er euch aufträgt.« 6 In der Nähe
standen sechs Wasserkrüge aus Stein,
wie sie von den Juden für zeremoniel-
le Waschungen benötigt wurden.
Jeder von ihnen fasste etwa 100
Liter*. 7 Jesus sagte zu den Dienern:
»Füllt die Krüge mit Wasser!« Sie füll-
ten die Gefäße bis zum Rand. 8 Dann
befahl er ihnen: »Nun schöpft etwas
und bringt es dem Küchenmeister.«
Sie taten das; 9 und als der Küchen-
meister von dem Wasser, das Wein ge-
worden war, gekostet hatte, rief er den
Bräutigam. Er wusste ja nicht, woher
der Wein kam. Nur die Diener, die das
Wasser geschöpft hatten, wussten
davon. 10 Er sagte zu ihm: »Jeder
bringt doch zunächst den guten Wein
auf den Tisch und setzt erst dann den
weniger guten vor, wenn die Gäste
schon betrunken sind. Aber du hast
den guten Wein bis jetzt aufgehoben.«
11 Dieses Wunderzeichen in Kana in
Galiläa war das erste, das Jesus tat.
Damit offenbarte er seine Herrlich-
keit, und seine Jünger glaubten an
ihn. 12 Danach ging er mit seiner Mut-
ter, seinen Brüdern und seinen Jün-
gern nach Kafarnaum hinunter*.
Seine Angehörigen blieben aber nur
wenige Tage dort.

Die erste Konfrontation

13 Als das jüdische Passafest* näher
kam, zog Jesus nach Jerusalem hinauf.
14 Auf dem Tempelgelände sah er
Geldwechsler sitzen und Händler, die
Rinder, Schafe und Tauben verkauf-
ten. 15 Da machte er sich eine Peitsche
aus Stricken und jagte sie alle mit den
Schafen und Rindern aus dem Tempel
hinaus. Die Münzen der Wechsler
fegte er auf den Boden und ihre Tische
kippte er um. 16 Den Taubenverkäu-
fern befahl er: »Schafft das weg von
hier und macht das Haus meines Va-
ters nicht zu einer Markthalle«!
17 Seine Jünger erinnerten sich dabei
an das Schriftwort: »Der Eifer um
dein Haus wird mich verzehren«.*
18 Die Juden aber stellten ihn zur
Rede: »Mit welchem Wunderzeichen
kannst du beweisen, dass du das Recht
hast, so etwas zu tun?« 19 Jesus ent-
gegnete: »Zerstört diesen Tempel, und
ich werde ihn in drei Tagen wieder auf-
bauen.« 20 »Sechsundvierzig Jahre ist
an diesem Tempel gebaut worden«, er-
widerten die Juden, »und du willst das
in drei Tagen schaffen?« 21 Mit dem
Tempel hatte Jesus aber seinen eige-
nen Körper gemeint. 22 Als er von den
Toten auferstanden war, dachten seine
Jünger an diesen Satz. Da glaubten sie
den Worten der Schrift und dem, was
Jesus gesagt hatte.
23 Jesus hielt sich während des gan-
zen Passafestes in Jerusalem auf. Viele
glaubten in dieser Zeit an ihn, weil sie
die Wunder sahen, die er tat. 24 Doch
Jesus vertraute sich diesen Leuten
nicht an, weil er sie alle durchschaute.

2,6 *100 Liter.* Wörtlich: *zwei oder drei Metretes.* Metretes ist ein Hohlmaß von etwa 39 Litern Inhalt.

2,12 *Kafarnaum* lag am See Genesaret, ungefähr 200 Meter unter dem Meeresspiegel, während Kana etwa 300 Meter darüber liegt.

2,13 *Passa.* Siehe 2. Mose 12-13.

2,17 Psalm 69,10

25 Niemand musste ihm etwas über
die Menschen sagen, weil er wusste,
was in ihrem Innern vorging.

Die neue Geburt

3 1 Einer der führenden Juden, ein
Pharisäer namens Nikodemus,
2 kam eines Nachts zu Jesus. »Rab-
bi«, sagte er, »wir alle wissen, dass du
ein Lehrer bist, den Gott uns geschik-
kt hat, denn deine Wunderzeichen be-
weisen, dass Gott mit dir ist.« 3 »Ich
versichere dir«, erwiderte Jesus,
»wenn jemand nicht von neuem gebo-
ren wird, kann er das Reich Gottes
nicht einmal sehen.« 4 »Wie kann ein
Mensch denn geboren werden, wenn
er schon alt ist?«, wandte Nikodemus
ein. »Er kann doch nicht in den Bauch
seiner Mutter zurückkehren und ein
zweites Mal geboren werden!« 5 »Ja,
ich versichere dir«, erwiderte Jesus,
»und bestätige es noch einmal: Wenn
jemand nicht aus Wasser und Geist
geboren wird, kann er nicht in das
Reich Gottes kommen. 6 Menschli-
ches Leben wird von Menschen gebo-
ren, doch geistliches Leben von Got-
tes Geist. 7 Wundere dich also nicht,
dass ich dir sagte: Ihr müsst von
neuem geboren werden. 8 Der Wind
weht, wo er will. Du hörst ihn zwar,
aber du kannst nicht sagen, woher er
kommt und wohin er geht. So ist es
bei jedem, der aus dem Geist geboren
ist.«
9 »Wie ist so etwas möglich?«, frag-
te Nikodemus. 10 Jesus erwiderte:
»Du als Lehrer Israels weißt das
nicht? 11 Ja, ich versichere dir: Wir
reden nur von dem, was wir kennen.
Und was wir bezeugen, haben wir ge-
sehen. Doch ihr nehmt unsere Worte
nicht ernst. 12 Ihr glaubt ja nicht ein-
mal, wenn ich über Dinge rede, die
hier auf der Erde geschehen. Wie
wollt ihr mir dann glauben, wenn ich
euch sage, was im Himmel geschieht?
13 Es ist noch nie jemand in den Him-
mel hinaufgestiegen. Der einzige, der
dort war, ist der, der aus dem Himmel
herabgekommen ist, der Menschen-
sohn. 14 Und wie Mose damals in der
Wüste die Schlange für alle sichtbar
aufgerichtet hat, so muss auch der
Menschensohn sichtbar aufgerichtet*
werden, 15 damit jeder, der ihm ver-
traut, ewiges Leben hat. 16 Denn so
hat Gott der Welt seine Liebe gezeigt:
Er gab seinen einzigen Sohn dafür,
dass jeder, der an ihn glaubt, nicht ins
Verderben geht, sondern ewiges
Leben hat. 17 Gott hat seinen Sohn ja
nicht in die Welt geschickt, um sie zu
verurteilen, sondern um sie durch ihn
zu retten. 18 Wer ihm vertraut, wird
nicht verurteilt, wer aber nicht glaubt,
ist schon verurteilt. Denn der, an des-
sen Namen er nicht geglaubt hat, ist
der einzigartige Sohn Gottes. 19 Und
so vollzieht sich das Gericht: Das
Licht ist in die Welt gekommen, aber
die Menschen liebten die Finsternis
mehr als das Licht, denn ihre Taten
waren schlecht. 20 Wer Böses tut,
scheut das Licht. Er kommt nicht ans
Licht, damit seine Taten nicht aufge-
deckt werden. 21 Wer sich aber nach
der Wahrheit richtet, tritt ans Licht,

3,14 *aufgerichtet*. Eigentlich: erhöht, erhaben gemacht. Das Wort kann im direkten oder übertragenen Sinn verstanden werden und bezieht sich hier auf das Aufrichten des Kreuzes mit dem daran angenagelten Körper.

denn so wird sichtbar, dass sein Tun in
Gott gegründet ist.«

Der Täufer über Jesus

22 Danach ging Jesus mit seinen
Jüngern in das Gebiet von Judäa*. Er
blieb einige Zeit dort, um Menschen
zu taufen. 23 Auch Johannes taufte da-
mals in Änon, nicht weit von Salim*,
weil es dort reichlich Wasser gab.
Immer noch kamen Menschen zu
ihm, um sich taufen zu lassen, 24 denn
er war noch nicht im Gefängnis. 25 Da
kam es zwischen einigen Jüngern des
Johannes und einem Juden zu einem
Streit über die Reinigungsvorschrif-
ten. 26 Deshalb gingen sie zu Johan-
nes. »Rabbi«, sagten sie, »der Mann,
der auf der anderen Jordanseite zu dir
gekommen ist und auf den du hinge-
wiesen hast, der tauft jetzt auch, und
alle gehen zu ihm.« 27 Johannes ent-
gegnete: »Kein Mensch kann sich
auch nur das Geringste nehmen,
wenn es ihm nicht vom Himmel gege-
ben ist. 28 Ihr selbst könnt bezeugen,
dass ich sagte: ›Ich bin nicht der Mes-
sias, sondern ich bin nur geschickt
worden, ihm den Weg zu bahnen.‹
29 Wer die Braut bekommt, ist der
Bräutigam. Der Freund des Bräuti-
gams steht dabei und freut sich von
Herzen, wenn er dessen Stimme hört.
Das ist auch jetzt meine ganze Freude.
30 Er muss immer größer werden, ich
dagegen geringer.«

Johannes* über Jesus

31 Ja, er ist von oben gekommen und
größer als alle anderen. Wer von der
Erde stammt, redet aus irdischer
Sicht. Der vom Himmel kommt, steht
über allen 32 und bezeugt, was er dort
gesehen und gehört hat, aber keiner
nimmt ihm seine Botschaft ab.
33 Doch wer auf ihn hört, bestätigt
damit, dass Gott wahrhaftig ist.
34 Denn er ist von Gott gesandt und
verkündigt Gottes eigene Worte, weil
Gott ihm den Geist ohne jede Ein-
schränkung gegeben hat. 35 Der Vater
liebt den Sohn und hat alles in seine
Hand gelegt. 36 Wer an den Sohn
glaubt, wer ihm vertraut, hat ewiges
Leben. Wer dem Sohn aber nicht ge-
horcht, wird das ewige Leben nie zu
sehen bekommen, denn Gottes Zorn
wird auf ihm bleiben.

Reise durch Samarien: die Frau am Brunnen

4 1 Jesus erfuhr, dass die Pharisäer
auf ihn aufmerksam wurden, weil
er mehr Menschen zu Jüngern machte
und taufte als Johannes. – 2 Er taufte
allerdings nicht selbst; das taten seine
Jünger. – 3 Da verließ er Judäa und
ging wieder nach Galiläa. 4 Dabei fühl-
te er sich gedrängt, den Weg durch Sa-
marien* zu nehmen. 5 So kam er zu
einem samaritanischen Ort namens
Sychar*. Er lag in der Nähe des Grund-
stücks, das Jakob einst seinem Sohn

3,22 *Judäa.* Von Juden bewohnte Gegend zwischen dem Mittelmeer und dem Toten Meer.

3,23 *Salim* liegt 12 km südlich von Skythopolis (dem alttestamentlichen Beth-Schean), der einzigen westjordanischen Stadt des Zwölfstädtegebietes. Änon meint die Quellen beim heutigen Tell Schalem, die so stark sind, dass sie große Fischteiche speisen.

3,31 Hier fügt *Johannes*, der Verfasser des Evangeliums, offenbar sein eigenes Zeugnis über Jesus an.

Josef vererbt hatte. 6 Dort ist auch der
Jakobsbrunnen. Ermüdet von der lan-
gen Wanderung hatte sich Jesus an den
Brunnen gesetzt. Das war gegen zwölf
Uhr mittags. 7 Kurz darauf kam eine
samaritanische Frau, um Wasser zu
holen. Jesus bat sie: »Gib mir etwas zu
trinken!« 8 Seine Jünger waren näm-
lich in den Ort gegangen, um etwas zu
essen zu kaufen. 9 Überrascht fragte
die Frau: »Wie kannst du mich um
etwas zu trinken bitten? Du bist doch
ein Jude und ich eine Samariterin.« –
Die Juden vermeiden nämlich jeden
Umgang mit Samaritern. 10 Jesus ant-
wortete: »Wenn du wüsstest, welche
Gabe Gott für dich bereit hält und wer
es ist, der zu dir sagt: ›Gib mir zu trin-
ken‹, dann hättest du ihn gebeten und
er hätte dir lebendiges Wasser gege-
ben.« 11 »Herr«, sagte die Frau, »du
hast doch nichts, womit du Wasser
schöpfen kannst; und der Brunnen ist
tief. Woher willst du denn das Quell-
wasser haben? 12 Bist du etwa größer
als unser Stammvater Jakob, der uns
diesen Brunnen hinterließ? Kannst du
uns besseres Wasser geben, als das,
was er mit seinen Söhnen und seinen
Herden trank?« 13 Jesus erwiderte:
»Jeder, der von diesem Wasser trinkt,
wird wieder durstig werden. 14 Wer
aber von dem Wasser trinkt, das ich
ihm geben werde, wird niemals mehr
Durst bekommen. Das Wasser, das ich
ihm gebe, wird in ihm eine Quelle wer-
den, aus der Wasser für das ewige
Leben heraussprudelt.« 15 »Herr, gib
mir dieses Wasser«, bat die Frau.
»Dann werde ich keinen Durst mehr
haben und muss nicht mehr zum Was-
serholen herkommen.«

16 »Geh und hole deinen Mann hier-
her!«, sagte Jesus. 17 »Ich habe kei-
nen Mann«, entgegnete die Frau.
»Das ist richtig«, erwiderte Jesus.
»Du hast keinen Mann. 18 Fünf Män-
ner hast du gehabt, und der, den du
jetzt hast, ist nicht dein Mann. Da hast
du etwas Wahres gesagt.« 19 »Herr,
ich sehe, dass du ein Prophet bist«,
sagte die Frau darauf. 20 »Unsere Vor-
fahren haben Gott auf diesem Berg
hier angebetet. Ihr Juden aber sagt,
dass nur in Jerusalem der Ort ist, wo
man Gott anbeten darf.« 21 »Glaube
mir, Frau«, gab Jesus zur Antwort, »es
kommt die Zeit, wo ihr den Vater
weder auf diesem Berg* noch in Jeru-
salem anbeten werdet. 22 Ihr Samari-
taner betet zu Gott, ohne ihn zu ken-
nen. Wir jedoch wissen, wen wir an-
beten, denn die Rettung für die Men-
schen kommt von den Juden. 23 Doch
es wird die Zeit kommen – sie hat
sogar schon angefangen –, wo die
wahren Anbeter den Vater anbeten,
weil sie von seinem Geist erfüllt sind
und die Wahrheit erkannt haben. Von
solchen Menschen will der Vater an-
gebetet werden. 24 Gott ist Geist, und
die, die ihn anbeten wollen, müssen

4,4 *Samarien.* Von Samaritanern bewohnte Gegend zwischen Galiläa im Norden und Judäa im Süden. Die Samaritaner waren ein Mischvolk aus Israeliten und Heiden (vgl. 2. Könige 17,24-40) und wurden von Juden verachtet.

4,5 *Sychar.* Stadt am Osthang des Berges Ebal.

4,21 *Berg.* Gemeint ist der 881 Meter hohe und direkt gegenüberliegende Berg Garizim, auf dem das Hauptheiligtum der Samaritaner bis 128 v.Chr. gestanden hatte.

dabei von seinem Geist bestimmt und
von der Wahrheit erfüllt sein.«
25 »Ich weiß, dass der Messias
kommt!«, sagte die Frau darauf. –
Messias bedeutet »der Gesalbte« und
heißt auf griechisch: »Christus«. –
»Wenn er kommt, wird er uns all diese
Dinge erklären.« 26 Da sagte Jesus zu
ihr: »Du sprichst mit ihm; ich bin es.«
27 In diesem Augenblick kamen
seine Jünger zurück. Sie wunderten
sich, dass er mit einer Frau sprach.
Doch keiner wagte ihn zu fragen, was
er von ihr wolle oder worüber er mit
ihr rede. 28 Die Frau nun ließ ihren
Wasserkrug neben dem Brunnen ste-
hen, ging in den Ort und verkündete
den Leuten: 29 »Da ist einer, der mir
alles auf den Kopf zugesagt hat, was
ich getan habe. Kommt mit und seht
ihn euch an! Vielleicht ist er der Mes-
sias.« 30 Da strömten die Leute aus
dem Ort hinaus, um Jesus zu sehen.
31 Inzwischen drängten die Jünger
Jesus: »Rabbi, iss doch etwas!«
32 Aber Jesus sagte: »Ich lebe von
einer Nahrung, die ihr nicht kennt.«
33 »Wer hat ihm denn etwas zu essen
gebracht?«, fragten sich die Jünger.
34 Da erklärte Jesus: »Meine Nahrung
ist, dass ich den Willen Gottes tue, der
mich gesandt hat, und das Werk voll-
ende, das er mir aufgetragen hat.
35 Sagt ihr nicht: ›Es braucht vier
Monate bis zur Ernte?‹ Nun, ich sage
euch: Blickt euch doch um und seht
euch die Felder an. Sie sind reif für die
Ernte. 36 Er, der sie einbringt, erhält
schon jetzt seinen Lohn und sammelt
Frucht für das ewige Leben. So freuen
sich Sämann und Schnitter gemein-
sam. 37 Das Sprichwort trifft hier
genau zu: Einer sät, und ein anderer
erntet. 38 Ich habe euch zum Ernten
auf ein Feld geschickt, auf dem ihr
nicht gearbeitet habt. Andere haben
sich vor euch dort abgemüht, und ihr
erntet die Frucht ihrer Mühe.«
39 Viele Samaritaner aus dem Ort
glaubten an Jesus, weil die Frau ihnen
bestätigt hatte: »Er hat mir alles ge-
sagt, was ich getan habe.« 40 Als sie
dann zu Jesus hinauskamen, baten sie
ihn, länger bei ihnen zu bleiben. Er
blieb zwei Tage dort, 41 und auf sein
Wort hin glaubten noch viel mehr
Menschen an ihn. 42 »Nun glauben
wir, weil wir ihn selbst gehört haben
und nicht nur aufgrund deiner Worte.
Jetzt wissen wir, dass er wirklich der
Retter der Welt ist«, sagten sie zu der
Frau.
43 Nach diesen zwei Tagen setzte
Jesus seine Reise nach Galiläa fort.
44 Jesus hatte selbst einmal erklärt,
dass ein Prophet in seiner Heimat
nicht geachtet wird. 45 Doch als er
jetzt dort ankam, nahmen ihn die Ga-
liläer freundlich auf. Denn sie waren
zum Passafest in Jerusalem gewesen
und hatten gesehen, was er dort getan
hatte.

Das zweite Wunder in Galiläa

46 Er kam nun wieder nach Kana, dem
Ort in Galiläa, wo er das Wasser zu
Wein gemacht hatte. Zu dieser Zeit
lebte ein Beamter des Königs in Ka-
farnaum, dessen Sohn schwer er-
krankt war. 47 Als er hörte, dass Jesus
von Judäa zurück nach Galiläa ge-
kommen war, suchte er ihn auf und
bat ihn, mit nach Kafarnaum hinunter
zu kommen und seinen Sohn zu
heilen, der schon im Sterben lag.
48 Jesus sagte zu ihm: »Wenn ihr

keine außergewöhnlichen Zeichen
und Wunder seht, glaubt ihr nicht.«
49 Doch der Beamte des Königs flehte
ihn an: »Herr, bitte komm, bevor mein
Kind stirbt!« 50 »Geh ruhig heim«,
sagte Jesus da zu ihm, »dein Sohn
lebt.« Der Mann glaubte an das, was
Jesus ihm gesagt hatte, und machte
sich wieder auf den Weg. 51 Unter-
wegs kamen ihm einige seiner Diener
entgegen und verkündeten: »Dein
Junge lebt und ist gesund!« 52 Er frag-
te sie aus, seit wann genau es dem
Jungen besser gehe. »Gestern Mittag
um ein Uhr verschwand das Fieber.«
53 Da wusste der Vater, dass das
genau der Zeitpunkt war, an dem
Jesus zu ihm gesagt hatte: »Dein
Sohn lebt.« Und er glaubte an Jesus,
er und alle in seinem Haus. 54 Dieses
außergewöhnliche Zeichen tat Jesus,
als er von Judäa wieder zurückgekom-
men war, und bewies so ein zweites
Mal in Galiläa seine Macht.

Heilung am Sabbat

5 1 Einige Zeit später ging Jesus zu
einem der jüdischen Feste nach
Jerusalem hinauf. 2 Dort gab es in der
Nähe des Schaftors eine Teichanlage
mit fünf Säulenhallen, die auf hebrä-
isch »Betesda« genannt wird. 3 In
diesen Hallen lagen Scharen von
kranken Menschen, Blinde, Gelähm-
te, Verkrüppelte. (4)* 5 Einer der
Männer dort war seit achtunddreißig
Jahren krank. 6 Als Jesus ihn sah,
wurde ihm klar, dass er schon lange
krank war, und er fragte ihn: »Willst
du gesund werden?« 7 »Herr«, er-
widerte der Kranke, »ich habe nie-
mand, der mir hilft, in den Teich zu
kommen, wenn das Wasser sich be-
wegt. Und wenn ich es selbst versu-
che, kommt immer schon ein anderer
vor mir hinein.« 8 »Steh auf, nimm
deine Matte und geh!«, sagte Jesus da
zu ihm. 9 Im selben Augenblick war
der Mann geheilt. Er nahm seine
Matte und konnte wieder gehen. Das
geschah an einem Sabbat.

10 Einige von den führenden Män-
nern unter den Juden sagten deshalb
zu dem Geheilten: »Heute ist Sabbat!
Da darfst du deine Matte nicht tra-
gen.« 11 Er antwortete: »Der Mann,
der mich geheilt hat, sagte zu mir:
›Nimm deine Matte und geh!‹«
12 »Welcher Mensch hat dir denn so
etwas befohlen?«, fragten die Juden.
13 Aber der Geheilte wusste nicht, wer
es war, denn Jesus hatte den Ort
wegen der vielen Menschen schon
wieder verlassen.

14 Später traf Jesus den Mann im
Tempel und sagte: »Hör zu! Du bist
jetzt gesund. Sündige nicht mehr,
damit dir nicht noch Schlimmeres
passiert!« 15 Danach ging der Geheil-
te zu den führenden Juden und sagte
ihnen, dass Jesus ihn gesund gemacht
hatte.

Jesus ist der Sohn Gottes

16 Von da an begannen die führenden
Juden Jesus zu verfolgen, weil er sol-
che Dinge am Sabbat tat. 17 Doch
Jesus sagte ihnen: »Mein Vater ist

5,4 Spätere Handschriften fügen zu V. 3 hinzu: »die auf die Bewegung des Wassers warteten. 4 Denn von Zeit zu Zeit kam ein Engel des Herrn und bewegte das Wasser. Und wer danach als Erster ins Wasser stieg, wurde geheilt.«

ständig am Werk, und deshalb bin ich
es auch.« 18 Das brachte sie noch
mehr gegen ihn auf. Sie waren jetzt
entschlossen, ihn zu töten. Denn
Jesus hatte nicht nur ihre Sabbatvor-
schriften außer Kraft gesetzt, sondern
Gott sogar als seinen eigenen Vater
bezeichnet und sich damit Gott
gleichgestellt.

19 Auf ihre Anschuldigungen er-
widerte Jesus: »Ja, ich versichere euch:
Der Sohn kann nichts von sich aus tun;
er tut nur, was er den Vater tun sieht.
Was der Vater tut, das genau tut auch
der Sohn. 20 Denn der Vater hat den
Sohn lieb und zeigt ihm alles, was er
selber tut. Und er wird ihm noch viel
größere Dinge zu tun zeigen – Dinge,
über die ihr staunen werdet. 21 Denn
wie der Vater die Toten zum Leben er-
weckt, so gibt auch der Sohn das
Leben, wem er will, 22 weil nicht der
Vater das Urteil über die Menschen
spricht, sondern der Sohn. Der Vater
hat die ganze richterliche Macht dem
Sohn übertragen, 23 damit alle den
Sohn ebenso ehren wie den Vater. Doch
wer den Sohn nicht ehrt, ehrt auch den
Vater nicht, der ihn gesandt hat.

24 Ja, ich versichere euch: Wer auf
meine Botschaft hört und dem glaubt,
der mich gesandt hat, der hat das
ewige Leben. Auf ihn kommt keine
Verurteilung mehr zu; er hat den
Schritt vom Tod ins Leben schon hin-
ter sich. 25 Ja, ich versichere euch: Die
Zeit kommt, ja sie ist schon da, dass
die Toten die Stimme des Gottessoh-
nes hören. Wer auf sie hört, wird
leben. 26 Denn wie der Vater aus sich
selbst heraus Leben hat, hat auch der
Sohn Leben aus sich selbst heraus,
weil der Vater es ihm gegeben hat.
27 Und er hat ihm auch die Vollmacht
gegeben, Gericht zu halten; denn er ist
der angekündigte Menschensohn.

28 Ihr müsst euch darüber nicht
wundern, denn es wird die Stunde
kommen, in der alle Toten in den Grä-
bern seine Stimme hören 29 und her-
auskommen werden. Diejenigen, die
das Gute getan haben, werden zum
ewigen Leben auferweckt werden,
und diejenigen, die das Böse getan
haben, zu ihrer Verurteilung. 30 Ich
kann nichts von mir aus tun; selbst
dann, wenn ich urteile, höre ich auf
den Vater. Und mein Urteil ist ge-
recht, weil es nicht meinem eigenen
Willen entspricht, sondern dem mei-
nes Vaters, der mich gesandt hat.

Zeugen für Jesus

31 Wenn ich als Zeuge für mich selbst
auftreten würde, wäre mein Zeugnis
nicht glaubwürdig. 32 Es gibt einen
anderen Zeugen, der für mich aus-
sagt, und ich weiß, dass er die Wahr-
heit sagt. 33 Ihr habt eure Leute zu
Johannes geschickt, und er hat euch
die Wahrheit bezeugt. 34 Nicht, dass
ich auf die Aussage eines Menschen
angewiesen wäre; ich sage das nur,
weil ich möchte, dass ihr gerettet
werdet. 35 Johannes war wie eine
brennende, hell scheinende Lampe.
Aber ihr wolltet euch nur eine Zeit
lang an seinem Licht erfreuen.

36 Doch ich habe ein größeres Zeug-
nis als das des Johannes: Das sind die
Werke, die der Vater mir zu tun auf-
gibt. Diese Taten bezeugen, dass er
mich gesandt hat. 37 Auch der Vater
selbst hat als Zeuge für mich gespro-
chen. Ihr habt seine Stimme nie ge-
hört und seine Gestalt nie gesehen.

38 Und nun habt ihr auch sein Wort
nicht länger in euch. Denn ihr glaubt
ja nicht an den, den er gesandt hat.
39 Ihr forscht in der Schrift, weil ihr
meint, in ihr das ewige Leben zu fin-
den, doch sie spricht ja gerade von
mir. 40 Und doch wollt ihr nicht zu mir
kommen, wo ihr das Leben erhalten
würdet.

41 Ich bin nicht darauf aus, von euch
geehrt zu werden, 42 weil ich weiß, dass
ihr Gottes Liebe nicht in euch habt.
43 Ich bin im Namen meines Vaters ge-
kommen, und ihr lehnt mich ab. Wenn
dann ein anderer in seinem eigenen
Namen kommt, werdet ihr ihn mit
offenen Armen aufnehmen. 44 Kein
Wunder, dass ihr nicht glauben könnt,
denn bei euch will ja nur einer vom
anderen Anerkennung bekommen.
Nur die Anerkennung bei dem einen
wahren Gott sucht ihr nicht.

45 Denkt nicht, dass ich euch beim
Vater anklagen werde. Mose wird das
tun, der Mose, auf den ihr eure Hoff-
nung setzt. 46 Denn wenn ihr Mose
wirklich geglaubt hättet, würdet ihr
auch mir glauben, denn er hat ja von
mir geschrieben. 47 Wenn ihr aber
nicht einmal glaubt, was Mose ge-
schrieben hat, wie wollt ihr dann
meinen Worten glauben?«

5000 Männer werden satt

6 1 Einige Zeit später fuhr Jesus an
das Ostufer des Sees von Galiläa,
den man auch See von Tiberias*
nennt. 2 Eine große Menge Menschen
folgte ihm, weil sie die Wunder Gottes
an den geheilten Kranken sahen.
3 Jesus stieg auf einen Berg und setzte
sich dort mit seinen Jüngern. 4 Es war
kurz vor dem Passafest, das die Juden
jährlich feiern.

5 Als Jesus aufblickte und die Men-
schenmenge auf sich zukommen sah,
fragte er Philippus: »Wo können wir
Brot kaufen, dass all diese Leute zu
essen bekommen?« 6 Er sagte das
aber nur, um ihn auf die Probe zu stel-
len, denn er wusste schon, was er tun
wollte. 7 Philippus entgegnete: »Es
würde mehr als zweihundert Denare*
kosten, um jedem auch nur ein kleines
Stück Brot zu geben.« 8 Ein anderer
Jünger namens Andreas, es war der
Bruder von Simon Petrus, sagte zu
Jesus: 9 »Hier ist ein Junge, der fünf
Gerstenbrote und zwei Fische hat.
Aber was ist das schon für so viele.«

10 »Sorgt dafür, dass die Leute sich
setzen!«, sagte Jesus. Es waren allein
an Männern ungefähr fünftausend.
Dort, wo sie sich niederließen, gab es
viel Gras. 11 Jesus nahm nun die Fla-
denbrote, sprach das Dankgebet dar-
über und verteilte sie an die Menge.
Ebenso machte er es mit den Fischen.
Alle durften so viel essen, wie sie woll-
ten. 12 Als sie satt waren, sagte er zu
seinen Jüngern: »Sammelt auf, was
übrig geblieben ist, damit nichts um-
kommt!« 13 Die Jünger füllten zwölf
Handkörbe mit den Brotstücken. So
viel war von den fünf Gerstenbroten
übrig geblieben.

14 Als die Leute begriffen, was für ein
Wunder Gottes Jesus getan hatte, sag-
ten sie: »Das ist wirklich der Prophet,
auf den wir schon so lange warten!«

6,1 *Tiberias.* Neue Landeshauptstadt des Herodes Antipas am See von Galiläa, 18 n.Chr. gegründet.

6,7 Ein *Denar* entsprach einem vollen Tageslohn.

15 Jesus merkte, dass sie als Nächstes
kommen und ihn mit Gewalt zu ihrem
König machen wollten. Deshalb zog
er sich wieder auf den Berg zurück, er
ganz allein.

Angst auf dem Wasser

16 Am Abend gingen seine Jünger
zum See hinunter. 17 Sie stiegen ins
Boot und fuhren Richtung Kafar-
naum los, denn es war inzwischen
finster geworden, und Jesus war
immer noch nicht zu ihnen gekom-
men. 18 Der See wurde durch einen
starken Wind aufgewühlt. 19 Als sie
dann eine Strecke von etwa fünf Kilo-
metern* gerudert waren, sahen sie auf
einmal Jesus, wie er über das Wasser
ging und auf ihr Boot zukam. Sie er-
schraken fürchterlich, 20 doch er rief
ihnen zu: »Ich bin's, habt keine
Angst!« 21 Sie nahmen ihn zu sich ins
Boot, und da waren sie auch schon an
dem Ufer, das sie erreichen wollten.

Verwirrung an Land

22 Am nächsten Tag warteten die Men-
schen auf der anderen Seite des Sees
wieder auf Jesus, denn sie hatten gese-
hen, dass die Jünger allein losfuhren
ohne dass Jesus zu ihnen in das Boot ge-
stiegen war, das als einziges am Ufer ge-
legen hatte. 23 Inzwischen legten meh-
rere Boote aus Tiberias an der Stelle an,
wo die Menge das Brot nach dem Dank-
gebet des Herrn gegessen hatte. 24 Als
die Leute nun merkten, dass Jesus und
seine Jünger nicht mehr da waren, stie-
gen sie in diese Boote, setzten nach Ka-
farnaum über und suchten dort nach
ihm. 25 Als sie ihn endlich gefunden
hatten, fragten sie ihn: »Rabbi, wann
bist du denn hierhergekommen?«
26 Jesus erwiderte: »Ich kann euch
mit Sicherheit sagen, warum ihr mich
sucht. Ihr sucht mich nur, weil ihr von
den Broten gegessen habt und satt ge-
worden seid. Was Gott euch mit die-
sem Wunder sagen wollte, interessiert
euch nicht. 27 Ihr solltet euch nicht so
viel Mühe um die vergängliche Speise
machen, sondern euch um die bemü-
hen, die für das ewige Leben vorhält.
Diese Nahrung wird der Menschen-
sohn euch geben, denn dazu hat Gott,
der Vater, ihn als seinen Gesandten
beglaubigt.« 28 Da fragten sie ihn:
»Was müssen wir denn tun, um Got-
tes Willen zu erfüllen?« 29 Jesus ant-
wortete ihnen: »Gottes Wille wird da-
durch erfüllt, dass ihr dem vertraut,
den er gesandt hat.« 30 Doch da sag-
ten sie zu ihm: »Wenn wir dir glauben
sollen, dann musst du uns ein Wunder
sehen lassen. Was wirst du tun?
31 Unsere Vorfahren haben immerhin
das Manna in der Wüste gegessen,
wie es ja auch in der Schrift heißt:
›Brot vom Himmel gab er ihnen zu
essen.‹*« 32 Jesus erwiderte: »Ich ver-
sichere euch nachdrücklich, es war
nicht Mose, der euch das Brot aus
dem Himmel gegeben hat, sondern es
ist mein Vater, der euch das wahre
Brot aus dem Himmel gibt. 33 Denn
das Brot, das Gott schenkt, ist der, der
vom Himmel herabkommt und der
Welt das Leben gibt.«

6,19 *fünf Kilometern.* Wörtlich: *25 oder 30 Stadien.* Stadion ist ein griechisches Längenmaß, das nach der Länge des Stadions in Olympia benannt ist und 600 griechische Fuß (= rund 185 Meter) betrug.

6,31 Psalm 78,24

Jesus, das Brot des Lebens

34 »Herr«, sagten sie da zu ihm, »gib
uns immer von diesem Brot!« 35 Jesus
entgegnete: »Ich bin das Brot des Le-
bens. Wer zu mir kommt, wird nie
mehr hungrig sein, und wer an mich
glaubt, wird nie wieder Durst haben.
36 Aber ich habe es euch ja schon ge-
sagt: Trotz allem, was ihr an mir gese-
hen habt, glaubt ihr nicht. 37 Alle, die
der Vater mir gibt, werden zu mir
kommen und ich werde sie niemals
zurückweisen. 38 Denn ich bin nicht
vom Himmel herabgekommen, um
meinen Willen durchzusetzen, son-
dern um zu tun, was der will, der mich
geschickt hat. 39 Und er will, dass ich
keinen von denen verliere, die er mir
gegeben hat, sondern sie an jenem
letzten Tag von den Toten auferwecke.
40 Denn mein Vater will, dass jeder,
der den Sohn sieht und an ihn glaubt,
das ewige Leben hat. Und an jenem
letzten Tag werde ich ihn von den
Toten auferwecken.«

41 Seine jüdischen Zuhörer waren
empört darüber, dass er gesagt hatte:
»Ich bin das Brot, das vom Himmel
herabgekommen ist.« 42 »Ist das
nicht Jesus, der Sohn Josefs?«, murr-
ten sie. »Wir kennen doch seinen
Vater und seine Mutter! Wie kann er
da behaupten, aus dem Himmel ge-
kommen zu sein?« 43 »Ihr müsst euch
darüber nicht beschweren«, sagte
Jesus. 44 »Es kann sowieso niemand
zu mir kommen, ohne dass der Vater,
der mich gesandt hat, ihn zu mir zieht.
Und wer zu mir kommt, den werde ich
an jenem letzten Tag von den Toten
auferwecken. 45 In den Propheten-
schriften heißt es ja: ›Sie werden alle
von Gott unterwiesen sein.‹* Wer also
auf den Vater hört und von ihm lernt,
kommt zu mir. 46 Das heißt natürlich
nicht, dass jemand den Vater gesehen
hat. Nur der Eine, der von Gott ge-
kommen ist, hat den Vater gesehen.
47 Ja, ich versichere euch: Wer mir
vertraut, hat das ewige Leben. 48 Ich
bin das Brot des Lebens. 49 Eure Vor-
fahren haben das Manna in der Wüste
gegessen und sind dann doch gestor-
ben. 50 Aber hier ist das wahre Brot,
das vom Himmel kommt, damit man
davon essen kann und nicht sterben
muss. 51 Ich bin das lebendige Brot,
das vom Himmel gekommen ist.
Wenn jemand von diesem Brot isst,
wird er ewig leben. Und das Brot, das
ich ihm gebe, ist mein Fleisch hier. Ich
gebe es für das Leben der Welt.«

52 Das löste einen heftigen Streit
unter den Juden aus. »Wie kann der
uns sein Fleisch zu essen geben?«,
schimpften sie. 53 Aber Jesus fuhr fort:
»Ich versichere euch mit allem Nach-
druck: Wenn ihr das Fleisch des Men-
schensohnes nicht esst und sein Blut
nicht trinkt, könnt ihr das ewige Leben
nicht in euch haben. 54 Wer mein
Fleisch isst und mein Blut trinkt, hat
das ewige Leben und ich werde ihn an
jenem letzten Tag von den Toten aufer-
wecken. 55 Denn mein Fleisch ist wirk-
liche Speise und mein Blut wirklicher
Trank. 56 Wer mein Fleisch isst und
mein Blut trinkt, bleibt innerlich mit
mir verbunden und ich mit ihm. 57 Ge-
nauso wie ich durch den lebendigen
Vater lebe, der mich gesandt hat, so
wird auch der, der mich isst, durch
mich leben. 58 So verhält es sich mit

6,45 Jesaja 54,13

dem Brot, das vom Himmel gekom-
men ist. Wer von diesem Brot isst, wird
ewig leben und nicht wie eure Vor-
fahren sterben, obwohl sie doch das
Manna gegessen hatten.« 59 Das alles
sagte Jesus in seinem Lehrgespräch in
der Synagoge von Kafarnaum.

Viele Jünger verlassen Jesus

60 Darüber ärgerten sich selbst viele
seiner Jünger: »Was er da sagt, geht
zu weit! Das kann man ja nicht an-
hören!« 61 Jesus wusste gleich, dass
seine Jünger sich über seine Worte be-
schwerten und sagte zu ihnen: »Daran
nehmt ihr Anstoß? 62 Wartet doch,
bis ihr den Menschensohn in den Him-
mel zurückkehren seht! 63 Der Geist
macht lebendig, ihr selber könnt das
nicht. Aber die Worte, die ich euch
gesagt habe, sind von diesem Geist
erfüllt und bringen das Leben. 64 Al-
lerdings gibt es einige unter euch, die
glauben trotzdem nicht.« Jesus wusste
nämlich von Anfang an, wer die
waren, die nicht glaubten. Und er
wusste auch, wer ihn später seinen
Verfolgern ausliefern würde. 65 Er
schloss: »Deshalb habe ich zu euch ge-
sagt: Niemand kann von sich aus zu
mir kommen. Das kann nur mein
Vater bewirken.« 66 Von da an zogen
sich viele seiner Jünger zurück und
folgten ihm nicht mehr.

67 Da fragte Jesus die Zwölf: »Und
ihr, wollt ihr mich etwa auch verlas-
sen?« 68 »Herr, zu wem sollen wir
denn gehen?«, antwortete Simon Pe-
trus. »Du hast Worte, die zum ewigen
Leben führen. 69 Und wir glauben
und wissen, dass du der Heilige bist,
der das Wesen Gottes in sich trägt.«
70 Daraufhin sagte Jesus zu ihnen:
»Euch Zwölf habe ich doch selber
ausgewählt. Und doch ist einer von
euch ein Teufel.« 71 Damit meinte
er Judas Ben-Simon, den Sikarier*.
Denn Judas, einer der Zwölf, war es,
der ihn später verriet.

Ungläubige Brüder

7 1 Jesus blieb noch eine Zeit lang
in Galiläa und zog von Ort zu Ort.
Er mied Judäa, weil die führenden
Männer des jüdischen Volkes seinen
Tod beschlossen hatten. 2 Kurz bevor
die Juden ihr Laubhüttenfest feierten,
3 sagten seine Brüder zu ihm: »Geh
nach Judäa, damit deine Jünger auch
dort sehen können, was für Wunder
du tust. 4 Wer bekannt werden möch-
te, versteckt seine Taten doch nicht.
Falls du wirklich so wunderbare
Dinge tust, dann zeige dich auch vor
aller Welt.« 5 Denn nicht einmal seine
Brüder glaubten an ihn.

6 Doch Jesus erwiderte: »Für mich
ist die richtige Zeit noch nicht gekom-
men, aber ihr könnt jederzeit gehen.
7 Euch kann die Welt nicht hassen,
aber mich hasst sie, weil ich ihr immer
wieder bezeuge, dass ihre Taten böse
sind. 8 Ihr könnt ruhig zu dem Fest
gehen. Ich komme jetzt nicht. Für
mich ist die Zeit noch nicht da.« 9 Mit
dieser Antwort ließ er sie gehen und
blieb in Galiläa.

10 Nachdem seine Brüder zum Fest
gezogen waren, machte sich Jesus
auch auf den Weg nach Jerusalem.*

6,71 Die *Sikarier* waren die militanteste Gruppe unter den Zeloten, Dolchmänner (von *sika* = Dolch), die römerfreundliche Juden umbrachten (vgl. Apostelgeschichte 21,38).

Er zeigte sich dabei aber nicht in der
Öffentlichkeit. 11 Während des Festes
suchten ihn die führenden Juden.
»Wo ist er nur?«, fragten sie. 12 Über-
all tuschelten die Leute über ihn. »Er
ist ein guter Mensch«, meinten die
einen. »Nein«, widersprachen die
anderen, »er verführt das Volk!«
13 Doch keiner sagte seine Meinung
öffentlich, denn sie hatten Angst vor
den führenden Juden.

Diskussionen im Tempel

14 In der Mitte der Festwoche ging
Jesus zum Tempel hinauf und begann
dort das Volk zu unterrichten. 15 Da
wunderten sich die Juden: »Wie
kommt es, dass er die Schriften so gut
kennt? Er hat doch keinen Lehrer
gehabt!« 16 Jesus ging gleich darauf ein
und sagte: »Meine Lehre stammt nicht
von mir. Ich habe sie von dem, der mich
gesandt hat. 17 Wer bereit ist, das zu
tun, was Gott will, wird erkennen, ob
meine Lehre von Gott ist oder ob ich sie
mir selbst ausgedacht habe. 18 Wer
seine eigenen Ansichten vorträgt, dem
geht es um seine eigene Ehre. Glaub-
würdig ist jemand, dem es um die Ehre
eines anderen geht, um die Ehre von
dem, der ihn gesandt hat. Der hat keine
falschen Absichten. 19 Mose hat euch
doch das Gesetz gegeben. Aber keiner
von euch lebt danach und mich wollt
ihr sogar töten.«

20 »Du bist ja besessen!«, riefen die
Zuhörer. »Wer will dich denn töten?«
21 Jesus gab ihnen zur Antwort: »Ich
habe nur eine einzige Sache am Sabbat
getan, und ihr alle wundert euch immer
noch darüber. 22 Ihr beschneidet eure
Söhne doch auch am Sabbat, wenn
es sein muss, denn Mose hat euch die
Beschneidung* vorgeschrieben, und
eigentlich geht sie sogar auf unsere
Stammväter zurück. 23 Wenn ein
Mensch also auch am Sabbat beschnit-
ten wird, um das Gesetz des Mose nicht
zu brechen, warum seid ihr dann so
aufgebracht, weil ich einen ganzen
Menschen am Sabbat gesund gemacht
habe? 24 Urteilt nicht nach dem
äußeren Eindruck, sondern so, wie
es wirklich dem Gesetz entspricht.«

25 Einige Jerusalemer sagten zuein-
ander: »Ist das nicht der, den sie um-
bringen wollten? 26 Da lehrt er hier in
aller Öffentlichkeit und sie sagen kein
Wort. Sollten unsere Oberen wirklich
erkannt haben, dass er der Messias ist?
27 Doch den hier kennen wir ja und
wissen, woher er ist. Wenn der Messias
kommt, weiß aber niemand, woher er
stammt.« 28 Da rief Jesus, während er
das Volk im Tempel unterwies: »Ja, ihr
denkt, ihr kennt mich und wisst, woher
ich komme. Aber ich bin nicht in mei-
nem eigenen Auftrag gekommen. Der
wahrhaftige Gott hat mich gesandt,
und den kennt ihr nicht! 29 Ich aber
kenne ihn, weil ich von ihm komme.
Und er ist es, der mich geschickt hat.«
30 Da wollten sie ihn festnehmen las-
sen. Doch keiner wagte es, Hand an
ihn zu legen, weil seine Stunde noch
nicht gekommen war.

31 Viele in der Menge glaubten an ihn.
Sie sagten zueinander: »Wird der Mes-
sias, wenn er kommt, wohl mehr Wun-
der tun, als dieser Mann sie getan hat?«
32 Als die Pharisäer dieses Gerede im

7,10 *Jerusalem* lag 4 bis 5 Tagereisen entfernt.

7,22 *Beschneidung*. Siehe 1. Mose 17,9-14!

Volk mitbekamen, sorgten sie dafür,
dass die obersten Priester einige Män-
ner von der Tempelwache losschickten
um Jesus verhaften zu lassen.
33 Währenddessen sagte Jesus zu
der Menschenmenge: »Ich werde nur
noch kurze Zeit hier bei euch sein,
dann gehe ich zu dem zurück, der
mich gesandt hat. 34 Ihr werdet mich
suchen, aber nicht finden. Und wo ich
dann bin, da könnt ihr nicht hinkom-
men.« 35 »Wo will er denn hin?«,
fragten sich die Juden verständnislos.
»Wo sollen wir ihn nicht finden kön-
nen? Will er etwa ins Ausland gehen
und den fremden Völkern seine Lehre
bringen? 36 Was soll das heißen,
wenn er sagt: ›Ihr werdet mich su-
chen, aber nicht finden‹? und: ›Wo ich
bin, da könnt ihr nicht hinkommen‹?«
37 Am letzten Tag, dem Höhepunkt
des Festes, stellte sich Jesus vor die
Menge hin und rief: »Wenn jemand
Durst hat, soll er zu mir kommen und
trinken! 38 Wenn jemand an mich
glaubt, werden Ströme von lebendi-
gem Wasser aus seinem Inneren
fließen, so wie es die Schrift sagt«*.
39 Er meinte damit den Heiligen
Geist, den die erhalten sollten, die an
ihn glauben würden. Der Geist war zu
diesem Zeitpunkt noch nicht gekom-
men, weil Jesus noch nicht in Gottes
Herrlichkeit zurückgekehrt war.
40 Als sie das gehört hatten, sagten
einige aus der Menge: »Das ist wirk-
lich der Prophet, der kommen soll.«
41 Manche sagten sogar: »Er ist der
Messias!« – »Der Messias kommt
doch nicht aus Galiläa!«, entgegneten
andere. 42 »Hat die Schrift nicht ge-
sagt, dass der Messias ein Nachkom-
me Davids sein und aus Bethlehem*
kommen wird, dem Dorf, in dem
David lebte?« 43 So kam es wegen
Jesus zu einer Spaltung in der Menge.
44 Einige wollten ihn verhaften lassen,
aber keiner wagte es, ihn anzufassen.
45 Als die Männer der Tempelwache
zu den obersten Priestern und den Pha-
risäern zurückkamen, fragten diese:
»Warum habt ihr ihn nicht herge-
bracht?« 46 »Noch nie haben wir einen
Menschen so reden hören«, erwider-
ten die Männer. 47 »Hat er euch denn
auch verführt?«, herrschten die Phari-
säer sie an. 48 »Glaubt denn ein einzi-
ger von den oberen Priestern oder den
Pharisäern an ihn? 49 Das macht doch
nur dieses verfluchte Volk, das keine
Ahnung vom Gesetz hat!«
50 Da sagte Nikodemus, der selbst
ein Pharisäer war und Jesus einmal
aufgesucht hatte: 51 »Verurteilt unser
Gesetz denn einen Menschen, ohne
dass man ihn vorher verhört und seine
Schuld festgestellt hat?« 52 »Bist du
etwa auch aus Galiläa?«, gaben sie zu-
rück. »Untersuch doch die Schriften,
dann wirst du sehen, dass kein Pro-
phet aus Galiläa kommen kann!«
53 Dann gingen sie alle nach Hause.*

7,38 *wie es die Schrift sagt.* Jesus bezieht sich hier offenbar auf mehrere Stellen im Alten Testament, wie zum Beispiel Jesaja 58,11 und Sacharja 14,8.

7,42 *Bethlehem* liegt 7 km südlich von Jerusalem. Es war schon im Alten Testament eine ummauerte Stadt, zur Zeit des Herrn aber so sehr heruntergekommen, dass Johannes es hier als *Dorf* bezeichnet.

7,53 Der Abschnitt von Kapitel 7,53 bis 8,11 fehlt in den ältesten uns erhaltenen Handschriften. Der Text ist jedoch mit großer Wahrscheinlichkeit authentisch, da er schon von den frühen Christen als apostolisch anerkannt wurde.

Jesus und die Ehebrecherin

8 1 Jesus aber ging zum Ölberg.
2 Doch schon früh am nächsten
Morgen war er wieder im Tempel. Als
dann das ganze Volk zu ihm kam, setz-
te er sich und begann sie zu unterwei-
sen. 3 Da führten die Gesetzeslehrer
und die Pharisäer eine Frau herbei,
die beim Ehebruch ertappt worden
war. Sie stellten sie in die Mitte 4 und
sagten zu ihm: »Rabbi, diese Frau
wurde beim Ehebruch auf frischer Tat
ertappt. 5 Im Gesetz schreibt Mose
vor, solche Frauen zu steinigen. Was
sagst du nun dazu?« 6 Mit dieser
Frage wollten sie ihm eine Falle stel-
len, um ihn dann anklagen zu können.
Aber Jesus beugte sich vor und
schrieb mit dem Finger auf die Erde.
7 Doch sie ließen nicht locker und
wiederholten ihre Frage. Schließlich
richtete er sich auf und sagte: »Wer
von euch noch nie gesündigt hat, soll
den ersten Stein auf sie werfen!«
8 Dann beugte er sich wieder vor und
schrieb auf die Erde. 9 Von seinen
Worten getroffen, zog sich einer nach
dem anderen zurück, die Ältesten
zuerst. Schließlich war Jesus mit der
Frau allein. Sie stand immer noch an
der gleichen Stelle. 10 Er richtete sich
wieder auf und sagte: »Frau, wo sind
sie hin? Hat keiner dich verurteilt?«
11 »Keiner, Herr«, erwiderte sie. Da
sagte Jesus: »Ich verurteile dich auch
nicht. Du kannst gehen. Doch hör auf
zu sündigen.«

Jesus, das Licht der Welt

12 Dann sagte Jesus wieder zu allen
Leuten: »Ich bin das Licht der Welt!
Wer mir folgt, wird nicht mehr in der
Finsternis umherirren, sondern wird
das Licht haben, das zum Leben führt.«
13 Da sagten die Pharisäer zu ihm:
»Jetzt bist du unglaubwürdig, denn du
trittst als Zeuge für dich selbst auf.«
14 Jesus erwiderte: »Auch wenn ich als
Zeuge für mich selbst spreche, ist
meine Aussage dennoch wahr. Denn
ich weiß, woher ich gekommen bin und
wohin ich gehe. Aber ihr wisst nicht,
woher ich komme und wohin ich
gehe. 15 Ihr urteilt nach menschlichen
Maßstäben, ich verurteile niemand.
16 Und selbst wenn ich ein Urteil aus-
spreche, so ist es doch richtig, weil ich
nicht allein dastehe, sondern in Über-
einstimmung mit dem Vater bin, der
mich gesandt hat. 17 Auch in eurem
Gesetz steht ja geschrieben, dass die
übereinstimmende Aussage von zwei
Zeugen gültig ist. 18 Der eine Zeuge bin
ich und der andere ist der Vater, der
mich gesandt hat.« 19 »Wo ist denn
dein Vater?«, fragten sie. Jesus erwider-
te: »Weil ihr nicht wisst, wer ich bin,
wisst ihr auch nicht, wer mein Vater
ist. Würdet ihr mich kennen, dann
würdet ihr auch meinen Vater kennen.«
20 Diese Worte sagte Jesus als er im
Tempel lehrte. Das geschah in der
Nähe der Stelle, wo die Kästen für die
Geldspenden aufgestellt waren. Aber
niemand nahm ihn fest, denn seine
Stunde war noch nicht gekommen.

21 Jesus wandte sich wieder an seine
Zuhörer. »Ich werde fortgehen«,
sagte er. »Ihr werdet mich suchen,
aber ihr werdet in eurer Sünde ster-
ben, denn ihr könnt nicht dorthin
kommen, wo ich hingehe.« 22 »Will er
sich etwa das Leben nehmen?«, frag-
ten sich die Juden. »Warum sagt er
sonst: ›Da wo ich hingehe, da könnt
ihr nicht hinkommen‹?« 23 Doch

Jesus fuhr fort: »Ihr seid von hier
unten, aber ich komme von oben. Ihr
seid von dieser Welt, aber ich bin nicht
von dieser Welt. 24 Aus diesem Grund
sagte ich, dass ihr in euren Sünden
sterben werdet. Denn wenn ihr nicht
glaubt, dass ich der bin, auf den es an-
kommt, werdet ihr in euren Sünden
sterben!« 25 »Wer bist du denn?«,
fragten sie. »Ich bin der, als den ich
mich immer bezeichnet habe«, er-
widerte Jesus. 26 »Ich hätte noch viel
über euch zu sagen und allen Grund,
euch zu verurteilen, aber ich sage der
Welt nur das, was ich von dem gehört
habe, der mich gesandt hat; und was
er sagt, ist wahr.« 27 Aber sie verstan-
den immer noch nicht, dass er von
Gott, dem Vater, zu ihnen sprach.
28 Deshalb sagte er zu ihnen: »Wenn
ihr den Menschensohn erhöht habt,
werdet ihr begreifen, dass ich der bin,
auf den es ankommt, und werdet er-
kennen, dass ich nichts von mir selbst
aus tue, sondern nur das sage, was der
Vater mich gelehrt hat. 29 Und er, der
mich gesandt hat, steht mir bei und
lässt mich nicht allein. Denn ich tue
immer, was ihm gefällt.« 30 Als Jesus
das sagte, glaubten viele an ihn.

Diskussion: Freiheit oder Sklaverei

31 Zu den Juden, die an ihn geglaubt
hatten, sagte Jesus nun: »Wenn ihr
bei dem bleibt, was ich euch gesagt
habe, seid ihr wirklich meine Jünger.
32 Dann werdet ihr die Wahrheit er-
kennen und die Wahrheit wird euch
frei machen.« 33 »Aber wir sind doch
Nachkommen Abrahams!«, entgeg-
neten sie. »Wir sind nie Sklaven von
irgendjemand gewesen. Wie kannst
du da sagen: Ihr müsst frei werden?«
34 »Ich versichere euch nachdrück-
lich«, erwiderte Jesus: »Jeder, der
sündigt, ist Sklave der Sünde. 35 Ein
Sklave gehört nicht für immer zur
Familie, nur der Sohn gehört immer
dazu. 36 Wenn euch also der Sohn frei
macht, seid ihr wirklich frei.

37 Ich weiß, dass ihr Nachkommen
Abrahams seid. Trotzdem wollt ihr
mich umbringen, und zwar deshalb,
weil meine Worte keinen Raum in
euch finden. 38 Ich rede von dem, was
ich bei meinem Vater gesehen habe.
Auch ihr tut, was ihr von eurem Vater
gehört habt.« 39 »Unser Vater ist
Abraham!«, protestierten sie. »Nein«,
erwiderte Jesus, »wenn ihr wirklich
Nachkommen Abrahams wärt, wür-
det ihr auch so handeln wie er. 40 Statt
dessen versucht ihr, mich zu töten –
mich, der ich euch die Wahrheit von
Gott gesagt habe. So etwas hätte Abra-
ham nicht getan. 41 Nein, ihr handelt
so wie euer wirklicher Vater!« – »Wir
stammen doch nicht aus einem
Ehebruch!«, protestierten sie. »Wir
haben nur einen einzigen Vater, und
das ist Gott!« 42 »Wenn Gott euer
Vater wäre«, hielt Jesus ihnen entge-
gen, »dann würdet ihr mich lieben.
Denn ich bin von Gott zu euch gekom-
men, in seinem Auftrag und nicht aus
eigenem Entschluss. 43 Warum ver-
steht ihr denn nicht, was ich sage?
Weil ihr gar nicht fähig seid, mein
Wort zu hören! 44 Euer Vater ist
nämlich der Teufel und ihr wollt das
tun, was euer Vater will. Er war von
Anfang an ein Mörder und hat die
Wahrheit immer gehasst, weil keine
Wahrheit in ihm ist. Wenn er lügt, ent-
spricht das seinem ureigensten
Wesen. Er ist der Lügner schlechthin

und der Vater jeder Lüge. 45 Und gera-
de weil ich die Wahrheit sage, glaubt
ihr mir nicht. 46 Wer von euch kann
mir auch nur eine Sünde nachweisen?
Wenn ich aber die Wahrheit sage,
warum glaubt ihr mir dann nicht?
47 Wer Gott zum Vater hat, hört auf
das, was Gott sagt. Aber ihr hört es
nicht, weil ihr nicht von Gott stammt.«

48 »Haben wir nicht recht?«, em-
pörten sich die Juden. »Du bist ein
samaritanischer Teufel, ein Dämon
hat dich in seiner Gewalt!« 49 »Nein«,
sagte Jesus, »ich bin nicht von einem
Dämon besessen, sondern ich ehre
meinen Vater. Aber ihr beleidigt mich!
50 Doch ich suche keine Ehre für mich
selbst. Das tut ein anderer für mich –
und das ist der Richter! 51 Ja, ich
versichere euch: Wer sich nach mei-
nen Worten richtet, wird niemals
sterben.«

52 Da sagten die Juden: »Jetzt sind
wir sicher, dass du von einem Dämon
besessen bist. Abraham ist gestorben
und die Propheten auch, aber du
sagst: ›Wer sich nach meinen Worten
richtet, wird niemals sterben.‹ 53 Bist
du etwa größer als unser Vater Abra-
ham und die Propheten, die alle
gestorben sind? Für wen hältst du
dich eigentlich?« 54 Jesus erwiderte:
»Wenn ich mich selbst ehren würde,
wäre meine Ehre nichts wert. Doch es
ist mein Vater, der mich ehrt, es ist der,
von dem ihr behauptet, er sei euer
Gott. 55 Und dabei habt ihr ihn nie ge-
kannt. Doch ich kenne ihn. Wenn ich
sagen würde, dass ich ihn nicht
kenne, wäre ich ein Lügner wie ihr.
Aber ich kenne ihn und richte mich
nach seinem Wort. 56 Euer Vater Ab-
raham sah dem Tag meines Kommens
mit Jubel entgegen. Er sah ihn dann
auch und war froh.« 57 »Du bist noch
keine fünfzig Jahre alt und willst Ab-
raham gesehen haben?«, hielten ihm
die Juden entgegen. 58 »Ja, ich versi-
chere euch«, sagte Jesus, »ich war
schon da*, bevor Abraham überhaupt
geboren wurde.« 59 Da hoben sie
Steine auf, um ihn damit zu töten.
Doch Jesus entzog sich ihren Blicken
und verließ den Tempel.

Der Sehende und die Blinden

9 1 Im Vorbeigehen sah Jesus
einen Mann, der von Geburt an
blind war. 2 »Rabbi«, fragten ihn
seine Jünger, »wie kommt es, dass er
blind geboren wurde? Hat er selbst
gesündigt oder seine Eltern?« 3 »Es
ist weder seine Schuld noch die seiner
Eltern«, erwiderte Jesus. »Er ist
blind, damit Gottes Macht an ihm
sichtbar wird. 4 Wir müssen den Auf-
trag von dem, der mich gesandt hat,
ausführen, solange es noch Tag ist. Es
kommt die Nacht, in der niemand
mehr wirken kann. 5 Doch solange
ich noch in der Welt bin, bin ich das
Licht der Welt.«

6 Dann spuckte er auf den Boden,
machte einen Brei aus seinem Spei-
chel und strich ihn auf die Augen des
Blinden. 7 »Geh zum Teich Schilo-
ach«*, befahl er ihm, »und wasch dir
das Gesicht!« – Schiloach bedeutet
»Gesandter«. Der Mann ging hin,
wusch sich und kam sehend zurück.

8 Seine Nachbarn und andere, die
ihn bisher nur als Bettler gekannt

8,58 *Ich war schon da.* Wörtlich: »Ich bin«, was nach 2. Mose 3,14 ein Titel Gottes ist.

hatten, fragten sich verwundert: »Ist
das nicht der, der hier immer bettel-
te?« 9 Einige meinten: »Er ist es!«,
andere sagten: »Nein, er sieht ihm nur
ähnlich.« – »Doch, ich bin es!«, er-
klärte der Blindgeborene. 10 »Aber
wieso kannst du auf einmal sehen?«,
fragten sie ihn. 11 »Der Mann, der
Jesus heißt«, erwiderte er, »machte
einen Brei, strich ihn auf meine Augen
und sagte: ›Geh zum Schiloach und
wasch dir dort das Gesicht!‹ Das tat
ich und konnte auf einmal sehen.«
12 »Und wo ist er jetzt?«, fragten sie.
»Ich weiß es nicht«, erwiderte er.

13 Daraufhin brachten sie den ehe-
maligen Blinden zu den Pharisäern.
14 Es war nämlich ein Sabbat gewe-
sen, als Jesus den Brei gemacht und
den Blinden geheilt hatte. 15 Nun frag-
ten auch die Pharisäer den Mann, wie
es kam, dass er nun sehen könne. »Er
strich einen Brei auf meine Augen, ich
wusch mich und konnte sehen.« 16 Da
sagten einige der Pharisäer: »Dieser
Mensch kann nicht von Gott sein,
denn er hält den Sabbat nicht ein.« –
»Aber wie kann ein sündiger Mensch
solche Wunder vollbringen?«, hielten
andere entgegen. Ihre Meinungen
waren geteilt. 17 Da fragten sie den
Blindgeborenen noch einmal: »Was
sagst du von ihm? Dich hat er ja se-
hend gemacht.« – »Er ist ein Pro-
phet«, gab dieser zur Antwort.

18 Aber die führenden Juden wollten
dem Geheilten nun nicht glauben,
dass er blind gewesen war. Deshalb
ließen sie seine Eltern holen 19 und
fragten: »Ist das euer Sohn? Stimmt
es, dass er blind geboren wurde? Wie
kommt es, dass er jetzt sehen kann?«
20 Seine Eltern antworteten: »Das
ist unser Sohn und wir wissen, dass
er blind geboren wurde. 21 Wie es
kommt, dass er jetzt sehen kann, wis-
sen wir nicht. Wir haben auch keine
Ahnung, wer ihn geheilt hat. Fragt ihn
doch selbst! Er ist alt genug und kann
am besten Auskunft darüber geben.«
22 Sie sagten das aus Angst vor den
führenden Juden, denn die hatten be-
reits beschlossen, jeden aus der Syn-
agoge auszuschließen, der sich zu ihm
als dem Messias bekennen würde.
23 Aus diesem Grund hatten die El-
tern gesagt: »Er ist alt genug, fragt
ihn doch selbst.«

24 Da riefen sie den Blindgeborenen
zum zweiten Mal herein. »Gib Gott die
Ehre und sag die Wahrheit!«, forder-
ten sie ihn auf. »Wir wissen, dass die-
ser Mensch ein Sünder ist.« 25 »Ob er
ein Sünder ist, weiß ich nicht«, entgeg-
nete der Geheilte. »Ich weiß nur, dass
ich blind war und jetzt sehen kann.«
26 »Was hat er mit dir gemacht?«,
fragten sie. »Wie hat er dich von deiner
Blindheit geheilt?« 27 »Das habe ich
euch doch schon gesagt«, entgegnete
er. »Habt ihr denn nicht zugehört?
Warum wollt ihr es noch einmal
hören? Wollt ihr vielleicht auch seine
Jünger werden?«

28 Da beschimpften sie ihn. »Du bist
ein Jünger von diesem Menschen! Wir
sind Jünger von Mose! 29 Wir wissen,
dass Gott zu Mose geredet hat. Aber bei

9,7 *Schiloach.* Ein aus der Gihon-Quelle gespeister Teich im Süden Jerusalems. Den Tunnel von der außerhalb der Stadt liegenden Quelle durch den Felsen des Stadthügels hindurch hatte schon König Hiskia um 705 v.Chr. bauen lassen (vgl. 2. Chronik 32,30).

diesem Menschen wissen wir nicht,
woher er kommt.« 30 Der Geheilte ent-
gegnete: »Das ist aber erstaunlich! Er
hat mich von meiner Blindheit geheilt,
und ihr wisst nicht, woher er kommt?
31 Wir wissen doch alle, dass Gott nicht
auf Sünder hört. Er hört nur auf Men-
schen, die gottesfürchtig leben und tun,
was er will. 32 Und noch nie hat man
davon gehört, dass jemand einen blind
geborenen Menschen von seiner Blind-
heit geheilt hat. 33 Wenn dieser Mann
nicht von Gott käme, könnte er so
etwas nicht tun.« 34 »Du Sünder, du
willst uns belehren?«, fuhren sie ihn
an. »Du bist ja schon in Sünde ge-
boren!« Dann warfen sie ihn hinaus.

35 Jesus hörte von seinem Hinaus-
wurf und suchte ihn auf. »Glaubst du
an den Menschensohn*?«, fragte er.
36 »Herr, wenn du mir sagst, wer es
ist, will ich an ihn glauben.« 37 »Er
steht vor dir und spricht mit dir«,
sagte Jesus. 38 »Herr, ich glaube an
dich!«, rief da der Geheilte und warf
sich vor ihm nieder.

39 »An mir müssen die Geister sich
scheiden!«, sagte Jesus. »Ich bin in die
Welt gekommen, um solche, die nicht
sehen können, zum Sehen zu bringen
und denen, die sich für sehend halten,
zu zeigen, dass sie blind sind.« 40 Eini-
ge Pharisäer, die in der Nähe standen,
hörten das. »Sind wir etwa auch
blind?«, sagten sie zu Jesus. 41 »Wenn
ihr blind wärt«, entgegnete Jesus,
»dann wärt ihr ohne Schuld. Weil ihr
aber behauptet, Sehende zu sein,
bleibt eure Schuld bestehen.«

Der gute Hirt

10 1 »Ich versichere euch mit
allem Nachdruck: Wer nicht
durch das Tor in den Pferch für die
Schafe hineingeht, sondern anderswo
über die Mauer klettert, ist ein Dieb
und ein Räuber. 2 Der Hirt geht durch
das Tor zu den Schafen hinein. 3 Ihm
öffnet der Wächter am Eingang, und
auf seine Stimme hören auch die
Schafe. Er ruft seine Schafe mit
Namen einzeln aus der Herde heraus
und führt sie ins Freie. 4 Wenn er sie
dann draußen hat, geht er vor ihnen
her. Und sie folgen ihm, weil sie seine
Stimme kennen. 5 Einem Fremden
würden sie nicht folgen, sondern weg-
laufen, weil sie seine Stimme nicht
kennen.«

6 Die Zuhörer verstanden nicht, was
Jesus mit diesem Bild meinte. 7 Jesus
begann noch einmal: »Ja, ich versi-
chere euch: Ich bin das Tor zu den
Schafen. 8 Alle, die vor mir gekom-
men sind, sind Diebe und Räuber.
Aber die Schafe haben nicht auf sie
gehört. 9 Ich bin das Tor. Wenn je-
mand durch mich hineinkommt, wird
er gerettet. Er wird ein- und ausgehen
und gute Weide finden. 10 Ein Dieb
kommt nur, um Schafe zu stehlen und
zu schlachten und Verderben zu brin-
gen. Ich bin gekommen, um ihnen
Leben zu bringen und alles reichlich
dazu. 11 Ich bin der gute Hirt. Ein
guter Hirt setzt sein Leben für die
Schafe ein. 12 Ein bezahlter Hirt, dem
die Schafe nicht selbst gehören, läuft
davon, wenn er den Wolf kommen
sieht. Dann fällt der Wolf über die
Schafe her und jagt die Herde ausein-
ander. 13 Einem bezahlten Hirten
geht es nur um die Bezahlung. Die

9,35 *Menschensohn.* Nach anderen Handschriften: *Sohn Gottes.*

Schafe sind ihm gleichgültig. 14 Ich
bin der gute Hirt; ich kenne meine
Schafe, und meine Schafe kennen
mich 15 – so wie der Vater mich kennt
und ich den Vater kenne. Und ich
lasse mein Leben für die Schafe. 16 Ich
habe auch noch andere Schafe, die
nicht aus diesem Pferch sind. Auch sie
muss ich herführen. Sie werden auf
meine Stimme hören, und alle werden
eine einzige Herde unter einem Hirten
sein.

17 Und weil ich mein Leben herge-
be, liebt mich mein Vater. Ich gebe es
her, um es wiederzunehmen. 18 Nie-
mand nimmt es mir, sondern ich gebe
es freiwillig her. Ich habe die Macht,
es zu geben, und die Macht, es wieder
an mich zu nehmen. So lautet der Auf-
trag, den ich von meinem Vater erhal-
ten habe.«

19 Wegen dieser Worte entstand
wieder ein Zwiespalt unter den Juden.
20 Viele von ihnen sagten: »Er ist von
einem bösen Geist besessen! Er ist
verrückt! Warum hört ihr ihm über-
haupt zu?« 21 Aber andere meinten:
»Nein, so redet kein Besessener. Kann
etwa ein Dämon Blinden das Augen-
licht geben?«

Vorwurf der Gotteslästerung

22 Damals war gerade Winter, und in
Jerusalem fand das Fest der Tempel-
weihe* statt. 23 Auch Jesus hielt sich
im Tempel auf, in der Säulenhalle Sa-
lomos. 24 Da umringten ihn die Juden
und fragten: »Wie lange willst du uns
noch hinhalten? Wenn du der Messias
bist, dann sage es frei heraus!« 25 »Ich
habe es euch doch schon gesagt«,
erwiderte Jesus, »aber ihr glaubt
mir ja nicht. Alles, was ich im Namen
meines Vaters tue, beweist, wer ich
bin. 26 Aber ihr gehört nicht zu meiner
Herde, wie ich euch schon gesagt
habe, und darum glaubt ihr nicht.
27 Meine Schafe hören auf meine
Stimme. Ich kenne sie, sie folgen mir
28 und ich gebe ihnen das ewige
Leben. Sie werden niemals verloren-
gehen und niemand wird sie mir ent-
reißen. 29 Denn mein Vater, der sie
mir gegeben hat, ist größer als alles,
was es gibt; niemand kann sie ihm
entreißen. 30 Ich und der Vater sind
eins.«

31 Da hoben die Juden wieder Steine
auf, um ihn damit zu töten. 32 Jesus
sagte ihnen: »Viele gute Werke habe
ich im Auftrag meines Vaters unter
euch getan. Für welches davon wollt
ihr mich steinigen?« 33 »Wegen eines
guten Werkes steinigen wir dich
nicht«, wüteten die Juden, »sondern
wegen Gotteslästerung! Denn du
machst dich selbst zu Gott, obwohl du
nur ein Mensch bist.« 34 Jesus er-
widerte: »Steht in eurem Gesetz nicht
auch der Satz: ›Ich habe gesagt, ihr
seid Götter!‹*? 35 Wenn also diejeni-
gen Götter genannt werden, an die
das Wort Gottes erging – und die
Schrift kann nicht außer Kraft gesetzt
werden – 36 wie könnt ihr da behaup-
ten: ›Du lästerst Gott!‹, weil ich sagte:
›Ich bin Gottes Sohn‹; ich, der vom
Vater gerade dazu erwählt und in die

10,22 *Tempelweihe.* Das Fest wurde zur Erinnerung an die Wiedereinweihung des Tempels 164 v.Chr. durch die Makkabäer gefeiert. Seine Entweihung durch den heidnischen Herrscher Antiochus Epiphanes IV. führte 167 v.Chr. zum Makkabäeraufstand.

10,34 Psalm 82,6

Welt gesandt wurde? 37 Wenn das,
was ich tue, nicht die Werke meines
Vaters sind, müsst ihr mir nicht glau-
ben. 38 Sind sie es aber, dann lasst
euch wenigstens von den Werken
überzeugen, wenn ihr schon mir nicht
glauben wollt. An ihnen müsstet
ihr doch erkennen, dass der Vater in
mir ist, und dass ich im Vater bin.«
39 Da versuchten sie wieder, ihn fest-
zunehmen. Aber er entzog sich ihren
Händen.

40 Er überquerte den Jordan und
ging an die Stelle, an der Johannes ge-
tauft hatte. Dort blieb er, 41 und viele
Menschen kamen zu ihm. »Johannes
hat zwar keine Wunder getan«, sagten
sie, »aber alles, was er über diesen
Mann gesagt hat, entspricht der
Wahrheit.« 42 So kamen dort viele
zum Glauben an Jesus.

Dafür muss er sterben!

11 1 Nun wurde ein Mann in Be-
tanien krank. Er hieß Laza-
rus. Betanien war das Dorf, in dem
auch Maria und ihre Schwester Marta
wohnten. 2 Maria war die Frau, die
dem Herrn das kostbare Salböl über
die Füße gegossen und sie dann mit
ihren Haaren abgetrocknet hatte. La-
zarus war ihr Bruder. 3 Da schickten
die Schwestern eine Botschaft zu
Jesus und ließen ihm sagen: »Herr,
der, den du lieb hast, ist krank!«

4 Als Jesus das hörte, sagte er: »Am
Ende dieser Krankheit steht nicht der
Tod, sondern die Herrlichkeit Gottes.
Der Sohn Gottes soll dadurch geehrt
werden.« 5 Jesus liebte Marta und
ihre Schwester und den Lazarus. 6 Als
er nun hörte, dass Lazarus krank sei,
blieb er noch zwei Tage an dem Ort,
wo er war. 7 Erst dann sagte er zu sei-
nen Jüngern: »Wir gehen wieder nach
Judäa zurück!« 8 »Rabbi«, wandten
die Jünger ein, »eben noch haben die
Juden dort versucht, dich zu steini-
gen. Und jetzt willst du wieder
dahin?« 9 Jesus entgegnete: »Ist es
am Tag nicht zwölf Stunden hell? So-
lange es hell ist, kann ein Mensch si-
cher seinen Weg gehen, ohne anzu-
stoßen, weil er das Tageslicht hat.
10 Wer aber in der Nacht unterwegs
ist, stolpert, weil er kein Licht bei sich
hat.« 11 Dann sagte er zu seinen Jün-
gern: »Unser Freund Lazarus ist ein-
geschlafen. Aber ich gehe jetzt hin,
um ihn aufzuwecken.« 12 »Herr,
wenn er schläft, wird er gesund wer-
den«, sagten die Jünger. 13 Sie dach-
ten, er rede vom natürlichen Schlaf.
Jesus hatte aber von seinem Tod ge-
sprochen. 14 Da sagte er es ihnen ganz
offen: »Lazarus ist gestorben. 15 Und
wegen euch bin ich froh, dass ich
nicht dort war, damit ihr glauben
lernt. Aber kommt, lasst uns zu ihm
gehen!« 16 Thomas, den man auch
Zwilling nannte, sagte zu den anderen
Jüngern: »Ja, lasst uns mitgehen und
mit ihm sterben!«

17 Als Jesus ankam, erfuhr er, dass
Lazarus schon vier Tage in der Grab-
höhle lag. 18 Betanien war nur drei
Kilometer* von Jerusalem entfernt,
19 und viele Leute aus der Stadt waren
zu Marta und Maria gekommen, um
sie wegen ihres Bruders zu trösten.
20 Als Marta hörte, dass Jesus auf
dem Weg zu ihnen war, lief sie ihm

11,18 *drei Kilometer.* Wörtlich: *fünfzehn Stadien.* Siehe Fußnote zu Johannes 6,19.

entgegen. Maria blieb im Haus.
21 »Herr«, sagte Marta zu Jesus,
»wenn du hier gewesen wärst, dann
wäre mein Bruder nicht gestorben.
22 Aber ich weiß, dass Gott dir auch
jetzt keine Bitte abschlagen wird.«
23 »Dein Bruder wird auferstehen!«,
sagte Jesus zu ihr. 24 »Ich weiß, dass
er auferstehen wird«, entgegnete
Marta, »bei der Auferstehung an
jenem letzten Tag.« 25 Da sagte Jesus:
»Ich bin die Auferstehung und das
Leben. Wer an mich glaubt, wird
leben, auch wenn er stirbt. 26 Und wer
lebt und an mich glaubt, wird niemals
sterben. Glaubst du das?« 27 »Ja,
Herr!«, antwortete sie, »ich glaube,
dass du der Messias bist, der Sohn
Gottes, der in die Welt kommen soll.«

28 Danach ging sie weg, um ihre
Schwester Maria zu holen. »Der
Rabbi ist da!«, sagte sie unbemerkt zu
ihr. »Er will dich sehen!« 29 Da stand
Maria sofort auf und lief ihm entge-
gen. 30 Jesus war noch nicht ins Dorf
hineingekommen. Er war immer noch
an der Stelle, wo Marta ihn getroffen
hatte. 31 Die Juden, die bei Maria im
Haus gewesen waren, um sie zu trös-
ten, sahen, wie sie plötzlich aufstand
und hinausging. Sie dachten, sie wolle
zur Gruft gehen, um dort zu weinen,
und folgten ihr.

32 Als Maria nun an die Stelle kam,
wo Jesus war, warf sie sich ihm zu
Füßen und sagte: »Herr, wenn du hier
gewesen wärst, dann wäre mein Bru-
der nicht gestorben.« 33 Als Jesus die
weinende Maria sah und die Leute,
die mit ihr gekommen waren, wurde
er zornig und war sehr erregt. 34 »Wo
habt ihr ihn hingelegt?«, fragte er sie.
»Komm und sieh selbst«, antworteten
die Leute. 35 Da brach Jesus in Tränen
aus. 36 »Seht einmal, wie lieb er ihn
gehabt hat«, sagten die Juden. 37 Aber
einige von ihnen meinten: »Er hat
doch den Blinden geheilt. Hätte er
nicht auch Lazarus vor dem Tod be-
wahren können?«

38 Da wurde Jesus wieder zornig und
ging zur Gruft. Das war eine Höhle,
die mit einem Stein verschlossen war.
39 »Hebt den Stein weg!«, sagte Jesus.
Doch Marta, die Schwester des Ver-
storbenen wandte ein: »Herr, der Ge-
ruch! Er liegt ja schon vier Tage hier.«
40 Jesus erwiderte: »Ich habe dir doch
gesagt, dass du die Herrlichkeit Gottes
sehen wirst, wenn du mir vertraust!«
41 Da nahmen sie den Stein weg. Jesus
blickte zum Himmel auf und sagte:
»Vater, ich danke dir, dass du mich er-
hört hast. 42 Ich weiß, dass du mich
immer erhörst. Aber wegen der Men-
schenmenge, die hier steht, habe ich
es laut gesagt. Sie sollen glauben, dass
du mich gesandt hast.« 43 Danach rief
er mit lauter Stimme: »Lazarus,
komm heraus!« 44 Da kam der Tote
heraus, Hände und Füße mit Grabbin-
den umwickelt und das Gesicht mit
einem Schweißtuch* zugebunden.
»Macht ihn frei und lasst ihn gehen!«,
sagte Jesus.

45 Als sie das gesehen hatten, glaub-
ten viele der Juden, die zu Maria gekom-
men waren, an Jesus. 46 Doch einige
von ihnen gingen zu den Pharisäern
und berichteten, was Jesus getan hatte.
47 Da riefen die Hohen Priester und
Pharisäer den Hohen Rat zusammen.
»Was sollen wir tun?«, fragten sie.
»Dieser Mensch tut viele aufsehen-
erregende Dinge! 48 Wenn wir ihn
so weitermachen lassen, werden

schließlich noch alle an ihn glauben.
Und dann werden die Römer eingrei-
fen. Sie werden unseren Tempel und das
ganze Volk vernichten.« 49 Einer von
ihnen, Kajafas, der in jenem Jahr der
amtierende Hohe Priester war, sagte:
»Ihr begreift aber auch gar nichts!
50 Versteht ihr denn nicht, dass es viel
besser für uns ist, wenn einer für alle
stirbt und nicht das ganze Volk um-
kommt?« 51 Er hatte das nicht von sich
aus gesagt, sondern in seiner Eigen-
schaft als Hoher Priester die Weissa-
gung ausgesprochen, dass Jesus für
diese Nation sterben sollte. 52 Jesus
starb allerdings nicht nur für das jüdi-
sche Volk, sondern auch, um die in aller
Welt verstreuten Kinder Gottes zu
einem Volk zusammenzuführen. 53 Von
diesem Tag an waren sie fest entschlos-
sen, ihn zu töten.

54 Jesus zeigte sich deshalb nicht
mehr öffentlich unter den Juden, son-
dern hielt sich mit seinen Jüngern in
einer Gegend am Rand der Wüste auf,
in einer Ortschaft namens Ephraim*.
55 Doch das jüdische Passafest kam
näher und viele Menschen aus dem
ganzen Land zogen nach Jerusalem,
um sich dort den Reinigungszeremo-
nien für das Fest zu unterziehen. 56 Sie
hielten Ausschau nach Jesus. Wenn
sie im Tempel zusammenstanden,
fragten sie einander: »Was meint ihr?
Ob er wohl zum Fest kommen wird?«
57 Die Hohen Priester und die Phari-
säer hatten angeordnet, dass jeder es
melden müsste, wenn ihm der Aufent-
haltsort von Jesus bekannt wäre. Denn
sie wollten ihn verhaften.

Begräbnisvorbereitung mit Salböl

12 1 Sechs Tage vor dem Passa-
fest kam Jesus wieder nach
Betanien, wo Lazarus wohnte, den er
vom Tod auferweckt hatte. 2 Die Ge-
schwister gaben Jesus zu Ehren ein
Festmahl. Marta bediente und Laza-
rus lag mit den anderen zu Tisch*.
3 Maria aber nahm eine Flasche mit
einem Pfund* Salböl, es war echte,
sehr kostbare Narde*, und salbte
Jesus damit die Füße. Dann tupfte
sie diese mit ihrem Haar ab. Der Duft
des Salböls erfüllte das ganze Haus.
4 Da sagte einer von den Jüngern är-
gerlich – es war Judas, der Jesus spä-
ter verriet: 5 »Warum hat man dieses
Salböl nicht verkauft? Man hätte drei-
hundert Denare* dafür bekommen
und das Geld den Armen geben kön-
nen.« 6 Er sagte das nicht etwa, weil
er sich um die Armen sorgte, sondern
weil er ein Dieb war. Er verwaltete die

11,44 Das *Schweißtuch* war eine Art großes Taschentuch, mit dem man sich den Schweiß vom Gesicht wischte.

11,54 *Ephraim.* Der kleine Ort liegt etwa 20 km nördlich von Jerusalem auf einem Bergrücken und ist mit dem alttestamentlichen Ofra bzw. Efron gleichzusetzen.

12,2 *lag ... zu Tisch.* Bei festlichen Anlässen lag man auf Polstern, die um einen niedrigen Tisch in der Mitte gruppiert waren. Man stützte sich auf den linken Ellbogen und langte mit der rechten Hand zu. Die Füße waren nach hinten vom Tisch weg ausgestreckt.

12,3 Gemeint ist das römische *Pfund* mit einem Gewicht von 327 Gramm.

Narde ist eine duftende aromatische Pflanze, die in den Bergen des Himalaja in Höhen zwischen 3500 und 5000 Metern wächst. Mit dem aus der indischen Narde gewonnenen Öl wurde schon zur Zeit Salomos gehandelt.

12,5 *dreihundert Denare.* Ein guter Jahresverdienst eines Arbeiters.

gemeinsame Kasse und bediente sich
daraus. 7 »Lass sie in Ruhe!«, sagte
Jesus. »Sie hat das als Vorbereitung
für mein Begräbnis getan. 8 Es wird
immer Arme geben, um die ihr euch
kümmern könnt. Aber mich habt ihr
nicht mehr lange bei euch.«

9 Als es sich herumgesprochen
hatte, dass Jesus in Betanien war,
strömten die Leute in Scharen dort-
hin. Sie kamen nicht nur wegen Jesus,
sondern auch, weil sie Lazarus sehen
wollten, den Jesus vom Tod auferwek-
kt hatte. 10 Da beschlossen die Hohen
Priester, auch Lazarus zu töten,
11 weil seinetwegen so viele Juden
hingingen und anfingen, an Jesus zu
glauben.

Triumphaler Einzug in Jerusalem

12 Am nächsten Tag erfuhren viele
von denen, die zum Passafest gekom-
men waren, dass Jesus sich auf den
Weg nach Jerusalem gemacht hatte.
13 Da nahmen sie Palmzweige in die
Hand und zogen ihm entgegen. »Ho-
sianna!«*, riefen sie. »Gelobt sei
Gott! Gepriesen sei der da kommt im
Namen des Herrn! Heil dem König
von Israel!« 14 Jesus hatte einen jun-
gen Esel geliehen und ritt auf ihm in
die Stadt, wie es schon in der Heiligen
Schrift steht: 15 »Fürchte dich nicht,
Tochter von Zion*! Dein König
kommt zu dir! Er reitet auf einem
Eselsfohlen.«* 16 Doch das verstan-
den seine Jünger damals noch nicht.
Erst nachdem Jesus in Gottes Herr-
lichkeit zurückgekehrt war, erinner-
ten sie sich, dass man ihn genauso
empfangen hatte, wie es in der Schrift
vorausgesagt war. 17 Die Leute in der
Menge, die dabei gewesen waren, als
Jesus Lazarus aus dem Grab gerufen
und vom Tod auferweckt hatte, hatten
überall davon erzählt. 18 Deswegen
zogen ihm jetzt so viele Menschen
entgegen. Sie hatten alle von dem
Wunder gehört. 19 Da sagten die Pha-
risäer zueinander: »Ihr seht doch,
dass wir so nicht weiterkommen. Alle
Welt läuft ihm nach.«

Jesus spricht von seinem Tod

20 Unter den Festbesuchern, die zur
Anbetung Gottes nach Jerusalem
kamen, waren auch einige Griechen.
21 Sie wandten sich an Philippus, der
aus Betsaida in Galiläa stammte, und
sagten: »Herr, wir möchten Jesus
sehen!« 22 Philippus sprach mit An-
dreas darüber, dann gingen beide zu
Jesus und sagten es ihm. 23 Doch
Jesus erwiderte: »Die Zeit ist gekom-
men, in der die Herrlichkeit des Men-
schensohnes sichtbar wird. 24 Ja, ich
versichere euch: Wenn das Weizen-
korn nicht in die Erde kommt und
stirbt, bleibt es allein. Wenn es aber
stirbt, wird es viele neue Körner her-
vorbringen. 25 Wer sein Leben liebt,
wird es verlieren. Aber wer sein Leben
in dieser Welt gering achtet, wird
es für das ewige Leben erhalten.
26 Wenn jemand mir dienen will,
muss er mir auf meinem Weg folgen.

12,13 *Hosianna.* Hebräisch: *Hilf doch!* Aus Psalm 118,25 stammender Hilferuf an Gott, der als feststehende Formel und schließlich auch als Lobpreis verwendet wurde.

12,15 *Zion* ist einer der Hügel Jerusalems, der für die ganze Stadt stehen kann. *Tochter von Zion* meint also die Einwohner der Stadt.

Sacharja 9,9

Mein Diener wird dann auch dort
sein, wo ich bin, und mein Vater wird
ihn ehren.

27 Ich bin jetzt voller Angst und Un-
ruhe. Soll ich beten: ›Vater, rette mich
vor dem, was auf mich zukommt?‹
Aber deswegen bin ich ja gerade in
diese Zeit hineingekommen. 28 Vater,
offenbare die Herrlichkeit deines Na-
mens!« Da sprach eine Stimme vom
Himmel: »Das habe ich bis jetzt getan
und werde es auch diesmal tun.«
29 Von den Menschen, die dort stan-
den und zuhörten, sagten einige: »Es
hat gedonnert.« Andere meinten:
»Ein Engel hat mit ihm geredet.«
30 Aber Jesus sagte: »Diese Stimme
wollte nicht mir etwas sagen, sondern
euch! 31 Für die Welt ist jetzt die
Stunde des Gerichts gekommen. Jetzt
wird der Herrscher dieser Welt ver-
trieben werden. 32 Aber ich werde von
der Erde erhöht werden und dann alle
zu mir ziehen.« 33 Mit diesen Worten
deutete er an, auf welche Weise er
sterben würde.

34 Die Menge hielt ihm entgegen:
»Das Gesetz sagt uns, dass der Messias
ewig leben wird. Wie kannst du da be-
haupten, der Menschensohn müsse er-
höht werden? Wer ist überhaupt dieser
Menschensohn?« 35 »Das Licht wird
nur noch kurze Zeit für euch leuchten«,
sagte Jesus. »Nutzt das Licht, solange
ihr es habt, damit euch die Dunkelheit
nicht überfällt! Wer in der Dunkelheit
unterwegs ist, weiß nicht, wohin er
geht. 36 Glaubt an das Licht solange ihr
es noch habt, damit ihr Menschen des
Lichts werdet!« Nachdem er das gesagt
hatte, zog Jesus sich aus der Öffentlich-
keit zurück.

An Jesus glauben!

37 Obwohl Jesus so viele Wunderzei-
chen vor den Menschen getan hatte,
glaubten sie ihm nicht. 38 Es sollte
nämlich so kommen, wie der Prophet
Jesaja vorausgesagt hat: »Herr, wer hat
unserer Botschaft geglaubt? Wer er-
kennt, dass Gott hinter diesen mächti-
gen Taten steht?«* 39 Sie konnten
nicht glauben, weil Jesaja auch Folgen-
des vorausgesagt hat: 40 »Er hat ihre
Augen geblendet und ihr Herz hart ge-
macht. So kommt es, dass ihre Augen
nichts sehen und ihr Herz nichts ver-
steht und sie nicht umkehren, um sich
von mir heilen zu lassen.«* 41 Jesaja
sprach hier von Jesus, denn er hatte
seine Herrlichkeit gesehen.

42 Dennoch glaubten sogar von den
führenden Männern viele an Jesus.
Aber wegen der Pharisäer bekannten
sie sich nicht öffentlich dazu, denn sie
befürchteten, aus der Synagoge ausge-
schlossen zu werden. 43 Ihr Ansehen
bei den Menschen war ihnen wichtiger
als die Anerkennung von Gott.

44 Jesus rief laut: »Wer an mich
glaubt, der glaubt nicht nur an mich,
sondern auch an den, der mich gesandt
hat. 45 Und wer mich sieht, sieht den,
der mich gesandt hat. 46 Ich bin als
Licht in die Welt gekommen, damit
jeder, der an mich glaubt, von der
Finsternis frei wird. 47 Wer hört, was
ich sage, und sich nicht danach richtet,
den verurteile nicht ich. Denn ich bin
nicht in die Welt gekommen, um die
Welt zu richten, sondern um sie zu ret-
ten. 48 Wer mich verachtet und nicht

12,38 Jesaja 53,1
12,40 Jesaja 6,10

annimmt, was ich sage, hat seinen
Richter schon gefunden: Das Wort,
das ich gesprochen habe, wird ihn an
jenem letzten Tag verurteilen. 49 Denn
ich habe ja nicht aus eigener Vollmacht
gesprochen. Der Vater, der mich ge-
sandt hat, hat mir aufgetragen, was ich
sagen und reden soll. 50 Und ich weiß:
Seine Weisung führt zum ewigen
Leben. Ich gebe euch also genau das
weiter, was mir der Vater gesagt hat.«

Eine Sklavenarbeit als Vorbild

13 1 Das Passafest stand jetzt un-
mittelbar bevor. Jesus wusste,
dass die Zeit für ihn gekommen war,
diese Welt zu verlassen und zum Vater
zu gehen. Nun bewies er den Seinen
in dieser Welt das ganze Ausmaß sei-
ner Liebe. 2 Es war beim Abendessen.
Der Teufel hatte den Sikarier Judas
Ben-Simon schon zu dem Plan ver-
leitet, Jesus zu verraten. 3 Jesus aber
wusste, dass der Vater ihm uneinge-
schränkte Macht über alles gegeben
hatte und dass er von Gott gekommen
war und bald wieder zu Gott zurück-
kehren würde. 4 Er stand vom Tisch
auf, zog sein Obergewand aus und
band sich ein Leinentuch um. 5 Dann
goss er Wasser in eine Schüssel und
begann, den Jüngern die Füße zu wa-
schen und mit dem Tuch abzutrock-
nen, das er sich umgebunden hatte.
6 Als er zu Simon Petrus kam, wehrte
der ab und sagte: »Herr, du willst mir
die Füße waschen?« 7 Jesus erwiderte
ihm: »Was ich tue, verstehst du jetzt
nicht. Du wirst es aber später begrei-
fen.« 8 »Nie und nimmer wäschst du
mir die Füße!«, widersetzte sich Pe-
trus. Doch Jesus antwortete: »Wenn
ich sie dir nicht wasche, hast du keine
Gemeinschaft mit mir!« 9 »Dann,
Herr, wasch mir nicht nur die Füße,
sondern auch die Hände und den
Kopf!«, sagte Simon Petrus. 10 Jesus
entgegnete: »Wer gebadet hat, ist
ganz rein, er muss sich später nur
noch die Füße waschen. Ihr seid rein,
allerdings nicht alle.« 11 Jesus wusste
nämlich, wer ihn verraten würde.
Darum hatte er gesagt: »Nicht alle
von euch sind rein.«

12 Nachdem Jesus ihnen die Füße
gewaschen hatte, zog er sich das
Obergewand wieder an und legte sich
an seinen Platz am Tisch. »Versteht
ihr, was ich eben gemacht habe? 13 Ihr
nennt mich Rabbi und Herr. Das ist
auch in Ordnung so, denn ich bin es
ja. 14 Wenn nun ich, der Herr und der
Rabbi, euch die Füße gewaschen
habe, dann seid auch ihr verpflichtet,
euch gegenseitig die Füße zu wa-
schen. 15 Ich habe euch ein Beispiel
gegeben, damit ihr genauso handelt.
16 Ja, ich versichere euch: Ein Diener
ist nicht größer als sein Herr und ein
Gesandter nicht größer als sein Auf-
traggeber. 17 Das wisst ihr jetzt. Nun
handelt auch danach, denn das ist der
Weg zum wahren Glück.«

Jesus und sein Verräter

18 »Doch ich rede nicht von euch
allen. Ich kenne alle, die ich erwählt
habe, aber was die Schrift sagt, muss
sich erfüllen: ›Der, der mein Brot isst,
tritt nach mir.‹* 19 Ich sage euch das
schon jetzt, bevor es eintrifft, damit
ihr dann, wenn es geschieht, nicht
daran irre werdet, dass ich wirklich
der bin, der ich bin. 20 Ich versichere
euch und verbürge mich dafür: Wer
einen Menschen aufnimmt, den ich

senden werde, nimmt mich auf. Und
wer mich aufnimmt, nimmt den auf,
der mich gesandt hat.«
21 Nach diesen Worten sagte Jesus
im Innersten erschüttert: »Ja, ich ver-
sichere euch: Einer von euch wird
mich ausliefern.« 22 Die Jünger blick-
ten sich ratlos an und konnten sich
nicht denken, wen er meinte. 23 Der
Jünger, den Jesus besonders lieb
hatte, lag direkt neben ihm zu Tisch.
24 Diesem Jünger gab Petrus einen
Wink, er solle fragen, von wem er
reden würde. 25 Da lehnte sich der
Jünger etwas zurück an die Brust von
Jesus* und fragte: »Herr, wer ist es?«
26 »Ich werde ein Stück Brot in die
Schüssel tauchen«, erwiderte Jesus,
»und es dem geben, der es ist.« Er
nahm ein Stück von dem Fladenbrot,
tauchte es in die Schüssel und gab es
Judas Ben-Simon, dem Sikarier.
27 Als Judas das Brotstück genommen
hatte, fuhr der Satan in ihn und nahm
ihn in Besitz. Jesus sagte zu ihm: »Be-
eile dich und tue, was du tun willst!«
28 Keiner von denen, die mit zu Tisch
lagen, verstand, weshalb er das zu
ihm gesagt hatte. 29 Weil Judas die
Kasse verwaltete, dachten einige, Je-
sus habe ihn aufgefordert, noch einige
Einkäufe für das Fest zu machen, oder
ihn beauftragt, den Armen etwas zu
bringen. 30 Als Judas den Bissen ge-
gessen hatte, ging er sofort hinaus in
die Nacht.

Das Liebesgebot

31 Nachdem Judas den Raum verlas-
sen hatte, sagte Jesus: »Jetzt wird der
Menschensohn in seiner Herrlichkeit
sichtbar und auch die Herrlichkeit
Gottes wird durch ihn offenbar.
32 Und wenn der Menschensohn die
Herrlichkeit Gottes sichtbar gemacht
hat, dann wird auch Gott die Herrlich-
keit des Menschensohnes offenbar
machen. Das wird bald geschehen.
33 Ich bin nicht mehr lange bei euch,
meine Kinder. Ihr werdet mich su-
chen, aber was ich schon den Juden
sagte, muss ich auch euch sagen: Da,
wo ich hingehe, könnt ihr nicht mit-
kommen. 34 Ich gebe euch jetzt ein
neues Gebot: Liebt einander! Genau-
so wie ich euch geliebt habe, sollt ihr
einander lieben! 35 An eurer Liebe zu-
einander werden alle erkennen, dass
ihr meine Jünger seid.«
36 »Herr«, sagte Simon Petrus, »wo
gehst du hin?« – »Wo ich hingehe«,
erwiderte Jesus, »dahin kannst du
jetzt nicht mitkommen. Aber später
wirst du mir dorthin nachfolgen.«
37 »Herr«, entgegnete Petrus, »wa-
rum kann ich dir jetzt nicht folgen?
Ich bin auch bereit, für dich zu ster-
ben.« 38 »Dein Leben willst du für
mich lassen?«, erwiderte Jesus. »Ja,
ich versichere dir: Noch bevor der
Hahn kräht, wirst du mich dreimal
verleugnen.«

Der Weg zum Vater zurück

14 1 »Lasst euch nicht in Ver-
wirrung bringen. Glaubt an
Gott und glaubt auch an mich! 2 Im
Haus meines Vaters gibt es viele
Wohnungen. Wenn es nicht so wäre,
dann hätte ich es euch gesagt. Ich

13,18 Psalm 41,10

13,25 *Brust von Jesus.* Das erklärt sich von der damaligen Tischsitte her. Johannes lag praktisch »vor« Jesus (siehe Fußnote zu Kapitel 12,2).

gehe jetzt voraus, um einen Platz für
euch vorzubereiten. 3 Und wenn ich
dann alles vorbereitet habe, komme
ich zurück und werde euch zu mir
holen, damit auch ihr da seid, wo ich
bin. 4 Den Weg dorthin kennt ihr ja.«
5 »Herr«, sagte Thomas, »wir wissen
nicht einmal, wo du hingehst. Wie
sollen wir da den Weg kennen?«
6 »Ich bin der Weg!«, antwortete
Jesus. »Ich bin die Wahrheit und das
Leben! Zum Vater kommt man nur
durch mich. 7 Wenn ihr erkannt
habt, wer ich bin, dann habt ihr auch
meinen Vater erkannt. Schon jetzt er-
kennt ihr ihn und habt ihn bereits ge-
sehen.« 8 »Herr, zeige uns den
Vater«, sagte Philippus, »das genügt
uns«. 9 »So lange bin ich schon bei
euch, Philippus, und du kennst mich
immer noch nicht?«, erwiderte Jesus.
»Wer mich gesehen hat, hat den
Vater gesehen! Wie kannst du da
sagen: ›Zeige uns den Vater!‹?
10 Glaubst du denn nicht, dass ich im
Vater bin und der Vater in mir ist?
Was ich zu euch gesprochen habe,
stammt doch nicht von mir. Der
Vater, der in mir ist, handelt durch
mich. Es ist sein Werk! 11 Glaubt mir,
dass ich im Vater bin und der Vater in
mir ist! Wenn aber nicht, dann glaubt
wenigstens aufgrund dessen, was ich
getan habe! 12 Ja, ich versichere
euch: Wer mir vertraut und glaubt,
wird auch solche Dinge tun, ja sogar
noch größere Taten vollbringen.
Denn ich gehe zum Vater, 13 und
alles, worum ihr dann in meinem
Namen bittet, werde ich tun. Denn so
wird der Vater im Sohn geehrt.
14 Was ihr also in meinem Namen er-
bittet, werde ich tun.

Jesus kündigt seinen Stellvertreter an

15 Wenn ihr mich liebt, werdet ihr
meine Gebote befolgen. 16 Und ich
werde den Vater bitten, dass er euch
an meiner Stelle einen anderen Bei-
stand gibt, der für immer bei euch
bleibt. 17 Das ist der Geist der Wahr-
heit, den die Welt nicht bekommen
kann, weil sie ihn nicht sieht und ihn
nicht kennt. Aber ihr kennt ihn, denn
er bleibt bei euch und wird in euch
sein. 18 Ich werde euch nicht allein
und verwaist zurücklassen. Ich kom-
me zu euch! 19 Es dauert nur noch
eine kurze Zeit, dann wird die Welt
mich nicht mehr sehen. Ihr aber wer-
det mich sehen. Und weil ich lebe,
werdet auch ihr leben. 20 Wenn dieser
Tag kommt, werdet ihr erkennen, dass
ich in meinem Vater bin und ihr in mir
seid und ich in euch. 21 Wer meine Ge-
bote kennt und sie befolgt, der liebt
mich wirklich. Und wer mich liebt,
wird von meinem Vater geliebt wer-
den. Und ich werde ihn lieben und
mich ihm zu erkennen geben.«

22 Da fragte ihn Judas (nicht der
Sikarier): »Herr, wie kommt es, dass du
dich nur uns zu erkennen geben willst
und nicht der Welt?« 23 »Wenn jemand
mich liebt«, gab Jesus ihm zur Antwort,
»wird er sich nach meinem Wort rich-
ten. Mein Vater wird ihn lieben, und wir
werden kommen und bei ihm wohnen.
24 Wer mich nicht liebt, wird sich nicht
nach meinen Worten richten – und
dabei kommt das Wort, das ihr hört,
nicht einmal von mir, sondern vom
Vater, der mich gesandt hat.

25 Ich habe euch das gesagt, solange
ich noch bei euch bin. 26 Aber der
Beistand, den der Vater in meinem
Namen senden wird, der Heilige

Geist, wird euch alles Weitere lehren
und euch an alles erinnern, was ich
euch gesagt habe. 27 Was ich euch
hinterlasse, ist mein Frieden. Ich gebe
euch einen Frieden, wie die Welt ihn
nicht geben kann. Lasst euch nicht
in Verwirrung bringen, habt keine
Angst. 28 Denkt an das, was ich euch
gesagt habe: Ich gehe weg und
komme wieder zu euch. Wenn ihr
mich wirklich liebt, dann werdet ihr
euch für mich freuen, weil ich jetzt
zum Vater gehe, denn der Vater ist
größer als ich. 29 Ich habe euch das
alles im Voraus gesagt, damit ihr
dann, wenn es geschieht, im Glauben
fest bleibt. 30 Viel werde ich nicht
mehr mit euch reden können, denn
der Herrscher dieser Welt ist schon
gegen mich unterwegs. Er wird zwar
nichts an mir finden, 31 aber die Welt
soll erkennen, dass ich den Vater liebe
und das tue, was er mir aufgetragen
hat. – Steht auf, wir wollen gehen!«

Weinstock und Reben

15 1 »Ich bin der wahre Wein-
stock und mein Vater ist der
Weingärtner. 2 Jede Rebe an mir, die
keine Frucht bringt, schneidet er weg,
und jede, die Frucht bringt, schneidet
er zurück und reinigt sie so, damit sie
noch mehr Frucht bringt. 3 *Ihr* aller-
dings seid schon rein; ihr seid es auf-
grund der Botschaft, die ich euch an-
vertraut habe. 4 Bleibt in mir, und ich
bleibe in euch! Eine Rebe kann nicht
aus sich selbst heraus Frucht bringen;
sie muss am Weinstock bleiben. Auch
ihr könnt keine Frucht bringen, wenn
ihr nicht mit mir verbunden bleibt.
5 *Ich* bin der Weinstock; *ihr* seid die
Reben. Wer in mir bleibt und ich in
ihm, der bringt reichlich Frucht. Denn
getrennt von mir könnt ihr gar nichts
bewirken. 6 Wenn jemand nicht mit
mir verbunden bleibt, der wird wegge-
worfen und verdorrt wie eine nutzlose
Rebe. Solche Reben sammelt man nur
noch auf, um sie zu verbrennen.
7 Wenn ihr in mir bleibt und wenn
meine Worte in euch bleiben, dann
könnt ihr bitten, um was ihr wollt: Ihr
werdet es bekommen. 8 Die Herrlich-
keit meines Vaters wird dadurch sicht-
bar, dass ihr viel Frucht bringt und
euch so als meine Jünger erweist.

9 Ich habe euch genauso geliebt, wie
der Vater mich geliebt hat. Bleibt in
meiner Liebe! 10 Ihr bleibt darin,
wenn ihr meinen Anweisungen folgt.
Auch ich habe immer die Weisungen
meines Vaters befolgt und bin so in
seiner Liebe geblieben. 11 Ich habe
euch das gesagt, damit meine Freude
euch erfüllt und eure Freude vollkom-
men wird. 12 *Meine* Weisung an euch
lautet: ›Liebt einander so, wie ich
euch geliebt habe!‹ 13 Die größte
Liebe beweist der, der sein Leben für
seine Freunde hingibt. 14 Und *ihr* seid
meine Freunde, wenn ihr meinen An-
weisungen folgt. 15 Ich nenne euch
Freunde und nicht mehr Diener. Denn
einem Diener sagt sein Herr nicht,
was er vorhat. Aber euch habe ich
alles anvertraut, was ich von meinem
Vater gehört habe. 16 Nicht *ihr* habt
mich erwählt, sondern *ich* euch. Ich
habe euch dazu bestimmt, dass ihr
losgeht und Frucht bringt – Frucht,
die Bestand hat. Wenn ihr dann den
Vater in meinem Namen um irgendet-
was bittet, wird er es euch geben.
17 Ich befehle euch, einander zu
lieben!«

Der Hass der Welt

18 »Wenn die Welt euch hasst, denkt
daran, dass sie mich vor euch gehasst
hat. 19 Wenn ihr zur Welt gehören wür-
det, würde sie euch als ihre Kinder lie-
ben. Doch ihr gehört nicht zur Welt,
denn ich habe euch ja aus der Welt her-
aus erwählt. Das ist der Grund, warum
sie euch hasst. 20 Denkt an das, was ich
euch gesagt habe: ›Ein Diener ist nicht
größer als sein Herr.‹ Wenn sie mich
verfolgt haben, werden sie auch euch
verfolgen. Wenn sie auf mein Wort ge-
hört haben, werden sie auch auf das
eure hören. 21 Aber alles, was sie euch
antun, ist gegen meinen Namen gerich-
tet, denn sie kennen den nicht, der mich
gesandt hat. 22 Sie hätten keine Schuld,
wenn ich nicht gekommen wäre und zu
ihnen gesprochen hätte. Doch so haben
sie keine Entschuldigung mehr für ihre
Sünde. 23 Wer mich hasst, hasst auch
meinen Vater. 24 Sie hätten keine
Schuld, wenn ich nicht die Wunder
unter ihnen getan hätte, die noch kein
Mensch getan hat. Doch jetzt haben sie
diese Dinge gesehen und hassen mich
trotzdem, mich und meinen Vater.
25 Aber das musste so kommen, damit
sich erfüllen würde, was in ihrem Ge-
setz steht: ›Sie haben mich ohne Grund
gehasst.‹* 26 Wenn dann der Beistand
gekommen ist, wird er mein Zeuge sein.
Es ist der Geist der Wahrheit, der vom
Vater ausgeht. Ich werde ihn zu euch
senden, wenn ich beim Vater bin.
27 Aber auch ihr seid meine Zeugen,
weil ihr von Anfang an bei mir gewesen
seid.«

16 1 »Ich habe euch das gesagt,
damit ihr nicht unsicher wer-
det. 2 Man wird euch aus den
Synagogen ausschließen. Ja, es
kommt sogar eine Zeit, in der die, die
euch töten, meinen, Gott einen Dienst
damit zu tun. 3 Sie werden euch das
antun, weil sie weder den Vater noch
mich kennen. 4 Ich habe euch das ge-
sagt, damit ihr euch, wenn die Zeit
dafür gekommen ist, an meine Worte
erinnert.«

Der Beistand wird kommen

»Bisher habe ich nicht mit euch darü-
ber gesprochen, weil ich ja bei euch
war. 5 Aber jetzt gehe ich zu dem zu-
rück, der mich gesandt hat. Doch kei-
ner von euch fragt mich, wohin ich
gehe. 6 Stattdessen hat Traurigkeit
euer Herz erfüllt. 7 Doch glaubt mir:
Es ist das Beste für euch, wenn ich
fortgehe. Denn wenn ich nicht weg-
ginge, käme der Beistand nicht zu
euch. Wenn ich jedoch fortgehe, wird
er kommen, denn ich werde ihn zu
euch senden. 8 Und wenn er gekom-
men ist, wird er die Welt überführen.
Er wird den Menschen die Augen öff-
nen über Sünde, Gerechtigkeit und
Gericht. 9 Ihre Sünde besteht darin,
dass sie nicht an mich glauben. 10 Die
Gerechtigkeit erweist sich dadurch,
dass ich zum Vater gehe, und ihr mich
nicht mehr seht. 11 Und das Gericht
werden sie daran erkennen, dass der
Fürst dieser Welt schon verurteilt ist.

12 Ich hätte euch noch so viel zu
sagen, aber ihr könnt es jetzt noch
nicht tragen. 13 Wenn dann jedoch
der Geist der Wahrheit gekommen ist,
wird er euch zum vollen Verständnis
der Wahrheit führen. Denn er wird

15,25 Psalm 35,19; 69,5

nicht seine eigenen Anschauungen
vertreten, sondern euch nur sagen,
was er gehört hat, und euch verkündi-
gen, was die Zukunft bringt. 14 Er
wird meine Herrlichkeit sichtbar ma-
chen, denn was er euch verkündigt,
hat er von mir empfangen. 15 Alles,
was der Vater hat, gehört ja auch mir.
Deshalb habe ich gesagt: Was er euch
verkündigen wird, hat er von mir.«

Aus Trauer wird Freude werden

16 »Es dauert nur noch ein wenig,
dann werdet ihr mich nicht mehr
sehen. Doch eine Weile danach wer-
det ihr mich wiedersehen.« 17 »Wie
sollen wir das verstehen?«, sagten
einige seiner Jünger zueinander. »›Es
dauert nur noch ein wenig, dann wer-
det ihr mich nicht mehr sehen. Doch
eine Weile danach werdet ihr mich
wiedersehen.‹ Und was bedeutet: ›Ich
gehe zum Vater.‹?« 18 Sie überlegten
hin und her: »Was ist das für eine
›kleine Weile‹, von der er gesprochen
hat? Wir verstehen nicht, was er
damit meint.« 19 Jesus merkte, dass
sie ihn fragen wollten, und sagte:
»Überlegt ihr miteinander, was ich
damit meinte: ›Es dauert nur noch ein
wenig, dann werdet ihr mich nicht
mehr sehen. Doch eine Weile danach
werdet ihr mich wiedersehen‹? 20 Ja,
ich versichere euch: Ihr werdet wei-
nen und klagen, aber die Welt wird
sich freuen. Ihr werdet traurig sein,
doch eure Trauer wird sich in Freude
verwandeln. 21 Wenn eine Frau ein
Kind bekommt, macht sie bei der Ge-
burt Schweres durch. Wenn das Kind
jedoch geboren ist, hat sie vor Freude,
dass ein Mensch zur Welt gekommen
ist, alle Schmerzen vergessen.
22 Auch ihr seid jetzt traurig, aber ich
werde euch wiedersehen. Dann wird
euer Herz voller Freude sein, die euch
niemand wegnehmen kann. 23 Wenn
es soweit ist, werdet ihr mich nichts
mehr fragen müssen. Ja, ich versiche-
re euch: Wenn ihr dann den Vater in
meinem Namen um etwas bittet, wird
er es euch geben. 24 Bis jetzt habt
ihr noch nichts in meinem Namen
erbeten. Bittet nur – ihr werdet es be-
kommen. Und dann wird eure Freude
vollkommen sein.

25 Ich habe euch das alles in Bildern
gesagt. Aber es kommt eine Zeit, in
der ich nicht mehr in Rätseln zu euch
rede, sondern offen über den Vater
sprechen werde. 26 Dann werdet ihr
ihn in meinem Namen bitten. Ich sage
nicht, dass ich dann den Vater für
euch bitten werde, 27 denn der Vater
selbst hat euch lieb. Denn ihr liebt
mich ja und glaubt, dass ich von Gott
gekommen bin. 28 Ja, ich bin vom
Vater aus in die Welt gekommen, und
ich werde die Welt verlassen und zum
Vater zurückkehren.«

29 Da sagten seine Jünger: »Endlich
sprichst du offen und nicht mehr in
Rätselworten. 30 Jetzt verstehen wir,
dass du alles weißt und unsere Fragen
kennst, bevor wir sie stellen. Darum
glauben wir, dass du von Gott gekom-
men bist.« 31 »Jetzt glaubt ihr?«,
sagte Jesus. 32 »Passt auf, es kommt
die Zeit – sie ist sogar schon da – wo
ihr auseinanderlaufen werdet, jeder
dorthin, wo er herkommt. Und ihr
werdet mich allein lassen. Aber ich bin
nicht allein; der Vater ist ja bei mir.
33 Ich habe euch das gesagt, damit ihr
in meinem Frieden geborgen seid. In
der Welt wird man Druck auf euch

ausüben. Aber verliert nicht den Mut!
Ich habe die Welt besiegt!«

Jesus betet für seine Jünger

17 1 Nachdem Jesus das gesagt
hatte, blickte er zum Himmel
auf und betete: »Vater, die Stunde ist
gekommen. Offenbare die Herrlich-
keit deines Sohnes, damit auch der
Sohn deine Herrlichkeit offenbar ma-
chen kann. 2 Du hast ihm die Macht
über alle Menschen anvertraut, damit
er denen, die du ihm gegeben hast,
ewiges Leben schenkt. 3 Das ewige
Leben bedeutet ja, dich zu erkennen,
den einzigen wahren Gott, und den,
den du gesandt hast, Jesus Christus.
4 Ich habe deine Herrlichkeit hier auf
der Erde sichtbar gemacht. Ich habe
das Werk vollendet, das du mir aufge-
tragen hast. 5 Vater, gib mir erneut die
Herrlichkeit, die ich schon vor Er-
schaffung der Welt bei dir hatte.

6 Ich habe dich den Menschen be-
kannt gemacht, die du mir aus der
Welt gegeben hast. Sie gehörten
schon immer dir, und du hast sie mir
gegeben. Sie haben sich nach deinem
Wort gerichtet. 7 Sie wissen jetzt, dass
alles, was du mir gegeben hast, von dir
kommt. 8 Denn ich habe ihnen das
weitergegeben, was du mir gesagt
hast. Und sie haben es angenommen
und erkannt, dass ich wirklich von dir
gekommen bin. Sie glauben auch
daran, dass du mich gesandt hast.

9 Für sie bete ich. Ich bitte nicht für
die Welt, sondern für die, die du mir
gegeben hast, denn sie gehören dir.
10 Alles, was mir gehört, gehört auch
dir, und was dir gehört, gehört auch
mir. Durch sie wird meine Herrlich-
keit offenbar. 11 Bald bin ich nicht
mehr in der Welt, ich komme ja zu dir,
Vater, du heiliger Gott. Sie aber sind
noch in der Welt. Bewahre sie durch
die Macht, die du mir gegeben hast,
die Macht deines Namens, damit sie
eins sind so wie wir. 12 Solange ich bei
ihnen war, habe ich sie durch die
Macht deines Namens bewahrt. Ich
habe über sie gewacht, dass nicht
einer von ihnen verloren ging – außer
dem, der den Weg des Verderbens ge-
gangen ist, so wie es die Schrift vor-
ausgesagt hat.

13 Doch jetzt komme ich zu dir. Aber
dies alles wollte ich sagen, solange ich
noch hier in der Welt bin, damit sie
ganz von meiner Freude erfüllt sind.
14 Ich habe ihnen dein Wort weiter-
gegeben, und nun hasst sie die Welt.
Denn sie gehören nicht zu ihr, sowenig
wie ich zur Welt gehöre. 15 Ich bitte
dich nicht darum, sie aus der Welt
wegzunehmen, aber ich bitte dich, sie
vor dem Bösen zu bewahren. 16 Sie ge-
hören genauso wenig zur Welt wie ich.
17 Führe sie durch die Wahrheit ganz
auf deine Seite! Dein Wort ist Wahr-
heit. 18 So wie du mich in die Welt ge-
sandt hast, habe auch ich sie in die
Welt gesandt. 19 Und für sie gebe ich
mich dir hin, damit auch sie durch die
Wahrheit dir hingegeben sind.

20 Ich bitte aber nicht nur für sie, son-
dern auch für die Menschen, die durch
ihr Wort an mich glauben werden.
21 Ich bete, dass sie alle eins sind, und
zwar so wie du, Vater, in mir bist und
ich in dir, so sollen sie in uns eins sein.
Dann wird die Welt glauben, dass du
mich gesandt hast. 22 Ich habe ihnen
die Herrlichkeit geschenkt, die du mir
gegeben hast, damit sie eins sind, so
wie wir eins sind – 23 ich in ihnen und

du in mir, damit sie die vollkommene Einheit gewinnen und damit die Welt erkennt, dass du mich gesandt und sie geliebt hast, so wie ich von dir geliebt bin. 24 Vater, ich will, dass alle, die du mir gegeben hast, dort bei mir sind, wo ich bin. Sie sollen nämlich meine Herrlichkeit sehen können, die du mir gegeben hast, weil du mich liebtest – schon vor Erschaffung der Welt.

25 Gerechter Vater, die Welt kennt dich nicht, aber ich kenne dich; und diese hier haben erkannt, dass du mich gesandt hast. 26 Ich habe ihnen deinen Namen bekannt gemacht und werde das auch weiterhin tun. Ich tue das, damit die Liebe, die du zu mir hast, auch sie erfüllt und ich selbst in ihnen bin.«

Jesus lässt sich verhaften

18 1 Nach diesem Gebet verließ Jesus mit seinen Jüngern die Stadt. Sie überquerten den Kidronbach* und gingen in einen Olivenhain, der sich auf der anderen Seite des Tals befand. 2 Weil Jesus oft mit seinen Jüngern dort gewesen war, kannte auch der Verräter Judas den Platz. 3 Und Judas kam jetzt dorthin. Er wurde von einem Trupp römischer Soldaten begleitet und von Männern der Tempelwache, die ihm die Hohen Priester und Pharisäer zur Verfügung gestellt hatten. Sie waren bewaffnet und trugen Laternen und Fackeln. 4 Jesus wusste, was nun mit ihm geschehen würde, und ging ihnen bis vor den Eingang des Gartens entgegen. »Wen sucht ihr?«, fragte er sie. 5 »Jesus von Nazaret«, gaben sie ihm zur Antwort. »Ich bin es«, sagte er. Der Verräter Judas stand bei ihnen. 6 Als nun Jesus zu ihnen sagte: »Ich bin es«, wichen sie zurück und fielen zu Boden. 7 Da fragte er sie noch einmal: »Wen sucht ihr?« – »Jesus von Nazaret«, antworteten sie wieder. 8 »Ich habe euch doch gesagt, dass ich es bin«, entgegnete Jesus. »Wenn ihr also mich sucht, dann lasst diese hier gehen.« 9 So sollte sich das Wort erfüllen, das Jesus selbst gesagt hatte: »Von denen, die du mir gegeben hast, habe ich keinen verloren.«

10 Plötzlich zog Simon Petrus das Schwert, das er bei sich hatte, und hieb damit auf den Sklaven des Hohen Priesters ein. Dabei schlug er ihm das rechte Ohr ab. Der Mann hieß Malchus. 11 »Steck das Schwert weg!«, befahl Jesus seinem Jünger. »Soll ich den Kelch etwa nicht austrinken, den mir der Vater gegeben hat?«

12 Die Soldaten, ihr Befehlshaber und die Männer der jüdischen Tempelwache nahmen Jesus fest. Sie fesselten ihn 13 und brachten ihn zuerst zu Hannas. Hannas war der Schwiegervater von Kajafas, der in jenem Jahr als Hoher Priester amtierte. 14 Kajafas war es gewesen, der den Juden klargemacht hatte, dass es besser sei, wenn ein Einzelner für das Volk stirbt.

Petrus verleugnet seinen Herrn

15 Simon Petrus und noch ein anderer Jünger folgten Jesus. Dieser andere Jünger war mit dem Hohen Priester bekannt und konnte deshalb mit Jesus in den Palasthof hineingehen.

18,1 *Kidronbach.* Bach, der im Winter das gleichnamige Tal durchfließt, das den Tempelberg vom Ölberg trennt. Im Sommer ist das Tal trocken.

16 Petrus musste draußen vor dem Tor
stehen bleiben. Da kam der andere
Jünger, der Bekannte des Hohen
Priesters, wieder zurück, verhandelte
mit der Pförtnerin, und nahm Petrus
dann mit hinein. 17 Es war diese Die-
nerin, die Petrus fragte: »Bist du nicht
auch einer von den Jüngern dieses
Mannes?« – »Nein«, sagte Petrus,
»das bin ich nicht.« 18 Es war kalt. Die
Sklaven und die Diener hatten ein
Kohlenfeuer gemacht und standen
nun darum herum und wärmten sich.
Petrus stellte sich zu ihnen und wärm-
te sich ebenfalls.

19 Inzwischen begann der Hohe
Priester, Jesus über seine Lehre und
seine Jünger zu befragen. 20 Jesus er-
klärte: »Ich habe immer offen vor aller
Welt geredet und nie im Geheimen ge-
lehrt, sondern immer in den Synago-
gen und im Tempel, wo alle Juden zu-
sammenkommen. 21 Warum fragst
du dann mich? Frag doch die, die
mich gehört haben; sie wissen, was
ich gesagt habe.« 22 Empört über
diese Worte schlug ihn einer der da-
beistehenden Wächter ins Gesicht
und sagte: »Wie kannst du so mit dem
Hohen Priester reden?« 23 Jesus ent-
gegnete: »Wenn ich etwas Unrechtes
gesagt habe, dann beweise es mir! Bin
ich aber im Recht, warum schlägst
du mich dann?« 24 Hannas ließ Jesus
dann gefesselt zu Kajafas, dem amtie-
renden Hohen Priester, bringen.

25 Simon Petrus stand immer noch
am Feuer und wärmte sich. »Bist du
nicht auch einer von seinen Jüngern?«,
wurde er da gefragt. »Nein, ich bin
es nicht!«, log Petrus. 26 Einer der
Sklaven des Hohen Priesters, ein Ver-
wandter von dem, dem Petrus das Ohr
abgehauen hatte, hielt ihm entgegen:
»Habe ich dich nicht dort im Garten
bei ihm gesehen?« 27 Wieder stritt
Petrus es ab. In diesem Augenblick
krähte ein Hahn.

Das Verhör vor Pilatus

28 Frühmorgens führten sie Jesus von
Kajafas zum Prätorium, dem Amtssitz
des römischen Statthalters. Sie selbst
betraten das Amtsgebäude nicht, um
sich nicht zu verunreinigen*, denn
sonst hätten sie nicht am Passamahl*
teilnehmen dürfen. 29 Deshalb kam
Pilatus* zu ihnen heraus und fragte:
»Was habt ihr gegen diesen Mann
vorzubringen?« 30 »Wir hätten ihn
nicht vorgeführt, wenn er kein Ver-
brecher wäre«, gaben sie zurück.
31 »Dann nehmt ihn doch und richtet
ihn nach eurem Gesetz!«, sagte Pila-
tus. »Wir dürfen ja niemand hinrich-
ten«, erwiderten sie. 32 So sollte sich
die Voraussage erfüllen, mit der Jesus
die Art seines Todes angedeutet hatte.

18,28 *verunreinigen.* Die Wohnungen von Nichtjuden in Israel wurden grundsätzlich als unrein betrachtet, weil die Juden befürchteten, in Haus oder Hof könnte eine Fehlgeburt vergraben sein. Dann hätten sie sich beim Betreten dieser Stelle für sieben Tage lang unrein gemacht.

Passamahl. Der Hohe Priester und seine Anhänger hatten im Gegensatz zu den anderen Juden ihr Passamahl also noch vor sich (siehe auch Johannes 19,14). Das hatte seinen Grund vermutlich in den Kalenderstreitigkeiten zwischen den Pharisäern und den Sadduzäern, die erst mit der Zerstörung des Tempels endeten.

18,29 *Pilatus.* Vom Kaiser in Rom eingesetzter Statthalter über Judäa und Samaria. Er war von 26-36 n.Chr. im Amt.

33 Pilatus ging ins Prätorium zurück
und ließ Jesus vorführen. »Bist du der
König der Juden?«, fragte er. 34 »Bist
du selbst auf diesen Gedanken ge-
kommen oder haben andere dir das
gesagt?«, fragte Jesus zurück. 35 »Bin
ich etwa ein Jude?«, entgegnete Pila-
tus. »Dein eigenes Volk und die
Hohen Priester haben dich mir ausge-
liefert. Was hast du getan?« 36 »Mein
Reich ist nicht von dieser Welt«, ant-
wortete Jesus. »Wenn es so wäre, hät-
ten meine Diener gekämpft, damit ich
den Juden nicht in die Hände gefallen
wäre. Doch jetzt ist mein Königreich
nicht von hier.« 37 »Also bist du doch
ein König«, sagte Pilatus. »Du hast
Recht«, erwiderte Jesus, »ich bin ein
König, ich bin dazu geboren. Und ich
bin in die Welt gekommen, um für die
Wahrheit einzustehen. Wem es um
die Wahrheit geht, der hört auf mich.«
38 »Wahrheit?«, meinte Pilatus, »was
ist das schon?« Dann ging er wieder
zu den Juden hinaus und erklärte:
»Ich kann keine Schuld an ihm fin-
den. 39 Es gibt aber doch den Brauch,
dass ich euch am Passafest einen Ge-
fangenen freilasse. Wollt ihr nun, dass
ich euch den König der Juden freige-
be?« 40 »Nein, den nicht!«, schrien
sie. »Wir wollen Barabbas!« Barab-
bas war ein Straßenräuber.

Das Todesurteil

19 1 Daraufhin ließ Pilatus Jesus
auspeitschen. 2 Dann floch-
ten die Soldaten eine Krone aus
Dornenzweigen und setzten sie Jesus
auf den Kopf. Sie hängten ihm einen
Purpurmantel um, 3 stellten sich vor
ihn hin und schrien: »Hoch lebe der
Judenkönig!« Dabei schlugen sie ihm
ins Gesicht.
4 Dann ging Pilatus noch einmal zu
den Juden hinaus und sagte: »Seht
her, ich bringe ihn jetzt zu euch, denn
ihr sollt wissen, dass ich keine Schuld
an ihm finde.« 5 Als Jesus herauskam,
trug er die Dornenkrone und den Pur-
purmantel. »Da, seht den Men-
schen«, sagte Pilatus zu ihnen. 6 Als
die Hohen Priester und ihre Leute
Jesus erblickten, schrien sie: »Kreuzi-
gen! Kreuzigen!« – »Nehmt ihn doch
selbst und kreuzigt ihn!«, rief Pilatus.
»Ich jedenfalls finde keine Schuld an
ihm!« 7 »Nach unserem Gesetz muss
er sterben«, hielten ihm die Juden
entgegen, »denn er hat sich selbst zu
Gottes Sohn gemacht.«
8 Als Pilatus das hörte, geriet er erst
recht in Panik. 9 Er ging ins Prätorium
zurück und fragte Jesus: »Woher
kommst du?« Aber Jesus gab ihm
keine Antwort. 10 »Willst du denn
nicht mit mir reden?«, sagte Pilatus
zu ihm. »Weißt du nicht, dass ich die
Macht habe, dich freizulassen? Ich
kann dich aber auch ans Kreuz brin-
gen!« 11 »Du hättest keine Macht
über mich«, erwiderte Jesus, »wenn
sie dir nicht von oben gegeben wäre.
Deshalb hat der, der mich dir ausge-
liefert hat, größere Schuld.« 12 Dar-
aufhin versuchte Pilatus noch einmal,
ihn freizulassen. Doch die Juden
schrien: »Wenn du den freilässt, bist
du kein ›Freund des Kaisers‹*! Wer
sich als König ausgibt, stellt sich
gegen den Kaiser!«

19,12 *Freund des Kaisers* war ein Ehrentitel, dessen Aberkennung schlimme Folgen haben konnte.

13 Auf diese Worte hin ließ Pilatus Jesus auf den Platz hinausführen, den man »Steinpflaster« nannte, auf Hebräisch: »Gabbata«. Dort setzte er sich auf den Richterstuhl. 14 Das war am Tag vor dem Passa gegen zwölf Uhr mittags. Pilatus sagte zu den Juden: »Da, seht euren König!« 15 »Weg mit ihm, weg!«, schrien sie. »Ans Kreuz mit ihm!« – »Euren König soll ich kreuzigen lassen?«, rief Pilatus. Die Hohen Priester entgegneten: »Wir haben keinen König außer dem Kaiser.« 16 Da gab Pilatus ihrer Forderung nach und befahl, Jesus zu kreuzigen.

Die Hinrichtung

Jesus wurde abgeführt. 17 Er trug sein Kreuz selbst und schleppte sich aus der Stadt hinaus zu dem sogenannten Schädelplatz, der auf Hebräisch »Golgota« heißt. 18 Dort nagelten sie ihn ans Kreuz, ihn und noch zwei andere links und rechts von ihm. Jesus hing in der Mitte.

19 Pilatus ließ auch ein Schild an das Kreuz von Jesus nageln, auf dem stand: »Jesus von Nazaret, König der Juden.« 20 Dieses Schild wurde von vielen Juden gelesen, denn der Ort, wo Jesus gekreuzigt wurde, war ganz in der Nähe der Stadt, und der Text war auf Hebräisch, Lateinisch und Griechisch abgefasst. 21 Die Hohen Priester erhoben Einspruch bei Pilatus. »Nicht ›König der Juden‹ muss da stehen«, sagten sie, »sondern: ›Er behauptete, König der Juden zu sein.‹« 22 Doch Pilatus erwiderte: »Geschrieben bleibt geschrieben!«

23 Die vier Soldaten, die Jesus gekreuzigt hatten, teilten seine Kleidung unter sich auf. Auch sein Untergewand nahmen sie an sich. Es war von oben bis unten durchgehend gewebt, ohne Naht. 24 »Das zerreißen wir nicht«, sagten sie zueinander, »lassen wir das Los entscheiden, wer es bekommt!« Damit erfüllte sich, was die Schrift vorausgesagt hatte: »Sie haben meine Kleider unter sich verteilt und über mein Gewand das Los geworfen.«* Und genau das haben die Soldaten getan.

25 In der Nähe des Kreuzes, an dem Jesus hing, standen seine Mutter Maria und ihre Schwester. Außerdem Maria, die Frau des Klopas und Maria aus Magdala. 26 Als Jesus seine Mutter neben dem Jünger stehen sah, den er besonders liebte, sagte er zu ihr: »Das ist jetzt dein Sohn!« 27 Und zu dem Jünger sagte er: »Das ist nun deine Mutter!« Der Jünger nahm sie zu sich und sorgte von da an für sie.

28 Weil Jesus wusste, dass nun alles vollbracht war, sagte er: »Ich habe Durst!« Denn er wollte auch in diesem Punkt die Voraussagen der Schrift erfüllen. 29 Da tauchten die Soldaten einen Schwamm in das Gefäß mit Weinessig*, das dort stand, steckten ihn auf einen Ysopstängel* und hielten ihn Jesus an den Mund. 30 Als Jesus von dem Essig genommen hatte, sagte er: »Es ist vollbracht!« Dann ließ er den Kopf sinken und starb.

19,24 Psalm 22,19

19,29 *Weinessig* oder Saurer Wein, ein beliebter Durstlöscher bei Soldaten.

Ysop, ein Busch mit stark riechenden Blättern, der bei Reinigungsopfern zum Besprengen verwendet wurde. Seine *Stängel* werden bis zu 80 Zentimeter lang.

31 Es war der Tag vor dem Sabbat, der
diesmal ein hoher Festtag sein würde.
Deshalb baten die führenden Juden Pi-
latus, dass den Gekreuzigten die Beine
gebrochen* würden. Man wollte sie
vom Kreuz abnehmen lassen, damit
sie nicht den Sabbat über dort hängen
blieben*. 32 Die Soldaten gingen nun
zunächst zu dem einen, der mit Jesus
gekreuzigt war, und brachen ihm die
Beine, und dann zu dem anderen. 33 Als
sie an Jesus vorbeikamen, merkten sie,
dass er schon gestorben war. Deshalb
brachen sie ihm die Beine nicht.
34 Einer von den Soldaten stach ihm
allerdings mit dem Speer in die Seite.
Da kamen Blut und Wasser heraus.

35 Dieser Bericht stammt von einem
Augenzeugen. Was er sagt, ist zuver-
lässig, und er weiß, dass es wahr ist.
Er bezeugt es, damit auch ihr zum
Glauben findet. 36 Denn das alles ge-
schah, damit die Voraussagen der
Schrift erfüllt würden: »Es wird ihm
kein Knochen gebrochen werden.«*
37 Und an einer anderen Stelle: »Sie
werden auf den schauen, den sie
durchbohrt haben.«*

Das Begräbnis

38 Danach bat Josef von Arimathäa Pi-
latus um die Erlaubnis, den Leichnam
von Jesus abnehmen zu dürfen. Josef
war auch ein Jünger, allerdings nur
heimlich, weil er sich vor den füh-
renden Juden fürchtete. Als er von Pila-
tus die Genehmigung erhalten hatte,
ging er zum Hinrichtungsplatz und
nahm den Leichnam von Jesus ab.
39 Auch Nikodemus, der Jesus einmal
in der Nacht aufgesucht hatte, kam
dazu. Er brachte eine Mischung von
Myrrhe* und Aloë* mit, ungefähr 33
Kilogramm*. 40 Sie wickelten den Leib
unter Beigabe der wohlriechenden Öle
in Leinenbinden, wie es der jüdischen
Begräbnissitte entsprach. 41 Der Ort
der Kreuzigung lag in der Nähe eines
Gartens. Dort befand sich eine neu aus-
gehauene Grabhöhle, in der noch nie-
mand gelegen hatte. 42 In dieses Grab
legten sie Jesus, weil es ganz in der
Nähe war und er dort noch vor dem
Ende des Rüsttags* der Juden begra-
ben werden konnte.

Das leere Grab

20 1 Früh, am ersten Wochentag,
als es noch dunkel war, ging
Maria aus Magdala zum Grab. Sie sah,
dass der Stein, der den Eingang zur
Grabhöhle verschloss, weggerollt war.
2 Da lief sie schnell zu Simon Petrus
und dem anderen Jünger, den Jesus

19,31 *Beine gebrochen.* Manchmal brach man den Gekreuzigten die Beine, indem man sie mit Keulen zerschlug. Denn dann konnten sie sich beim Atmen nicht mehr abstützen und starben schnell.

hängen blieben. Sie hätten das Land nach 5. Mose 21,23 kultisch verunreinigt.

19,36 2. Mose 12,46; 4. Mose 9,12; Psalm 34,21

19,37 Sacharja 12,10

19,39 *Myrrhe.* Öl aus wohlriechendem Harz arabisch-afrikanischer Herkunft.

Aloë. Öl aus dem Harz eines Baumes, der in Indien wuchs.

33 Kilogramm. Wörtlich: hundert Pfund. Das war eine ungeheure Menge und erinnert an das Begräbnis von Königen (vgl. 2. Chronik 16,14).

19,42 *Rüsttag.* Der Tag, an dem man sich auf den Sabbat oder ein Fest vorbereitete. Der Sabbat begann am Freitag gegen 18 Uhr und dauerte bis Sonnabend, 18 Uhr.

besonders lieb hatte, und sagte: »Sie
haben den Herrn aus der Gruft wegge-
nommen, und wir wissen nicht, wo sie
ihn hingebracht haben.« 3 Die beiden
Jünger brachen sofort auf und eilten
zum Grab. 4 Sie liefen miteinander los,
aber der andere Jünger war schneller
als Petrus und kam zuerst an der Grab-
höhle an. 5 Er beugte sich vor und sah
die Leinenbinden daliegen, ging aber
noch nicht hinein. 6 Als Simon Petrus
ankam, ging er gleich in die Grabkam-
mer. Er sah die Leinenbinden daliegen
7 und auch das Schweißtuch, das man
dem Toten um den Kopf gebunden
hatte. Es lag nicht bei dem Leinen-
zeug, sondern zusammengewickelt an
einer anderen Stelle. 8 Jetzt ging auch
der andere Jünger, der zuerst ange-
kommen war, hinein. Er sah es sich an
und glaubte. 9 Denn bis dahin hatten
sie noch nicht verstanden, dass Jesus
nach dem Zeugnis der Schrift von den
Toten auferstehen musste.

Der Auferstandene

10 Die beiden Jünger gingen wieder
nach Hause, 11 aber Maria stand in-
zwischen wieder draußen an der Grab-
höhle und weinte. Weinend beugte sie
sich vor, um in die Gruft hineinzuse-
hen. 12 Auf einmal sah sie zwei weiß
gekleidete Engel dasitzen, wo der Kör-
per von Jesus gelegen hatte, einer am
Kopfende und der andere am Fuß-
ende. 13 »Frau, warum weinst du?«,
fragten sie. Maria erwiderte: »Sie
haben meinen Herrn fortgetragen und
ich weiß nicht, wo sie ihn hingelegt
haben.« 14 Als sie über die Schulter
zurückblickte, sah sie auf einmal Jesus
dastehen, erkannte ihn aber nicht.
15 Er sagte: »Frau, warum weinst du?
Wen suchst du?« Sie dachte, es sei der
Gärtner und sagte: »Herr, wenn du ihn
fortgenommen hast, sag mir bitte, wo
er jetzt liegt. Dann gehe ich und werde
ihn holen.« 16 »Maria!«, sagte Jesus.
Da drehte sie sich um und rief: »Rab-
buni*!« Das ist Hebräisch und heißt:
Lehrer! 17 »Lass mich los!«, sagte
Jesus zu ihr. »Ich bin noch nicht zum
Vater im Himmel zurückgekehrt. Geh
zu meinen Brüdern und sag ihnen von
mir: Ich kehre zurück zu meinem Vater
und eurem Vater, zu meinem Gott und
eurem Gott.« 18 Da ging Maria aus
Magdala zu den Jüngern. »Ich habe
den Herrn gesehen!«, verkündete sie
und richtete ihnen aus, was er ihr auf-
getragen hatte.

Der Unglaube der Jünger

19 Am Abend jenes Sonntags trafen
sich die Jünger hinter verschlossenen
Türen, weil sie Angst vor den Juden hat-
ten. Plötzlich stand Jesus mitten unter
ihnen und sagte: »Friede sei mit euch!«
20 Dann zeigte er ihnen seine Hände
und seine Seite. Da wurden die Jünger
froh, als sie den Herrn sahen. 21 »Frie-
de sei mit euch!«, sagte er noch einmal
zu ihnen. »Wie der Vater mich gesandt
hat, sende ich nun euch.« 22 Dann
hauchte er sie an und sagte: »Empfangt
den Heiligen Geist! 23 Wem ihr die
Sünden vergebt, dem sind sie vergeben,

20,16 *Rabbuni*. Ehrenvolle Anrede für hervorragende Gesetzeslehrer.

20,23 *vergeben*. Ein Jünger des Herrn darf einem Menschen die Vergebung der Sünden zusprechen, wenn dieser Mensch an Jesus glaubt. Wenn er dessen Opfer jedoch verwirft, muss er ihm sagen, dass seine Sünden dann auch nicht vergeben sind.

und wem ihr sie nicht vergebt, dem sind sie nicht vergeben*.«

24 Thomas, der auch »Zwilling« genannt wurde, einer der Zwölf, war nicht dabei gewesen, als Jesus zu den Jüngern gekommen war. 25 Die anderen erklärten ihm: »Wir haben den Herrn gesehen!« Doch Thomas erwiderte: »Erst muss ich die Nagelwunden in seinen Händen sehen und mit meinen Fingern berühren und meine Hand in seine durchbohrte Seite legen. Vorher glaube ich das keinesfalls.« 26 Acht Tage später waren seine Jünger wieder beisammen. Diesmal war auch Thomas dabei. Die Türen waren verschlossen, doch plötzlich stand Jesus genau wie zuvor in ihrer Mitte und sagte: »Friede sei mit euch!« 27 Dann wandte er sich an Thomas und sagte: »Leg deinen Finger hier auf die Stelle und sieh dir meine Hände an! Gib deine Hand her und lege sie in meine Seite! Und sei nicht mehr ungläubig, sondern glaube!« 28 »Mein Herr und mein Gott!«, gab Thomas ihm da zur Antwort. 29 Jesus erwiderte: »Du glaubst, weil du mich gesehen hast. Glücklich zu nennen sind die, die mich nicht sehen und trotzdem glauben.«

30 Jesus tat vor den Augen seiner Jünger noch viele andere Wunderzeichen, die aber nicht in diesem Buch aufgeschrieben sind. 31 Was hier berichtet ist, wurde aufgeschrieben, damit ihr glaubt, dass Jesus der Messias ist, der Sohn Gottes, und damit ihr durch den Glauben an ihn in seinem Namen das Leben habt.

Der Auferstandene in Galiläa

21 1 Später zeigte sich Jesus den Jüngern noch einmal am See von Tiberias. Das geschah so: 2 Simon Petrus und Thomas, der auch »Zwilling« genannt wurde, Natanaël aus Kana in Galiläa, die Söhne des Zebedäus und noch zwei andere Jünger waren zusammen. 3 Petrus sagte: »Ich gehe fischen.« – »Wir kommen mit«, meinten die anderen. Also fuhren sie im Boot hinaus, fingen in dieser Nacht aber nichts. 4 Als es Tag wurde, stand Jesus am Ufer, doch die Jünger erkannten ihn nicht. 5 »Kinder, habt ihr vielleicht etwas zu essen dabei?«, rief er ihnen zu. »Nein!«, riefen sie zurück. 6 »Werft das Netz auf der rechten Seite des Bootes aus!«, forderte er sie auf. »Dort werdet ihr welche finden.« Das taten sie. Doch dann konnten sie das Netz nicht mehr ins Boot ziehen, so viele Fische hatten sie gefangen.

7 Da sagte der Jünger, den Jesus besonders lieb hatte, zu Petrus: »Es ist der Herr!« Daraufhin warf sich Simon Petrus das Obergewand über, das er bei der Arbeit abgelegt hatte, band es hoch und sprang ins Wasser. 8 Die anderen Jünger kamen mit dem Boot nach, das Netz mit den Fischen im Schlepptau. Sie waren ja nur noch hundert Meter* vom Land entfernt.

9 Als sie ausstiegen und an Land gingen, sahen sie ein Kohlenfeuer, auf dem Fische brieten; auch Fladenbrot lag dabei. 10 »Holt ein paar von den Fischen, die ihr gerade gefangen habt!«, sagte Jesus zu ihnen. 11 Da ging Petrus zum Boot und zog das Netz an Land. Und obwohl es mit 153 großen Fischen gefüllt war, zerriss es nicht. 12 »Kommt

21,8 *hundert Meter.* Wörtlich: Zweihundert Ellen.

her und frühstückt!«, sagte Jesus. Am
liebsten hätten die Jünger ihn gefragt,
wer er sei. Doch keiner von ihnen wagte
es, denn sie wussten, dass es der Herr
war. 13 Jesus trat zum Feuer, nahm das
Brot und reichte es ihnen und ebenso
den Fisch. 14 Das war nun schon das
dritte Mal, dass Jesus sich den Jüngern
nach seiner Auferweckung von den
Toten zeigte.

Das Gespräch mit Petrus

15 Als sie gefrühstückt hatten, sagte
Jesus zu Simon Petrus: »Simon Ben-
Johannes, liebst du mich mehr als die
anderen hier*?« – »Gewiss, Herr«,
antwortete Petrus, »du weißt, dass ich
dich lieb habe.« – »Dann weide meine
Lämmer!«, sagte Jesus. 16 Gleich dar-
auf wiederholte er die Frage: »Simon
Ben-Johannes, liebst du mich?« – »Ja,
Herr«, antwortete Petrus, »du weißt,
dass ich dich lieb habe.« – »Dann hüte
meine Schafe!«, sagte Jesus. 17 Noch
einmal fragte er ihn: »Simon Ben-Jo-
hannes, hast du mich lieb?« Petrus
wurde traurig, weil Jesus ihn zum drit-
ten Mal fragte, ob er ihn lieb habe, und
sagte: »Herr, du weißt alles. Du weißt,
dass ich dich lieb habe.« – »Dann
sorge für meine Schafe!«, sagte Jesus.
18 »Und ich muss dir noch etwas
sagen: Als du jung warst, hast du dir
selbst den Gürtel gebunden und bist
gegangen, wohin du wolltest. Doch
wenn du alt bist, wirst du deine Hände
ausstrecken und ein anderer wird dir
den Gürtel binden und dich dorthin
bringen, wo du nicht hingehen willst.«
19 Jesus wollte damit andeuten, auf
welche Weise Petrus sterben würde,
um Gott damit zu verherrlichen. Dann
sagte er ihm: »Komm, folge mir!«
20 Petrus drehte sich um und sah,
dass der Jünger, den Jesus besonders
lieb hatte, hinter ihnen herging. Es
war derselbe Jünger, der sich damals
beim Abendessen zu Jesus hinüberge-
lehnt und ihn gefragt hatte: ›Herr, wer
von uns wird dich verraten?‹ 21 Petrus
fragte Jesus: »Herr, was wird denn aus
ihm?« 22 Jesus erwiderte: »Wenn ich
will, dass er am Leben bleibt, bis ich
wiederkomme, was geht dich das an?
Folge du mir nach!« 23 So entstand
das Gerücht unter den Brüdern, jener
Jünger würde nicht sterben. Aber
Jesus hatte nicht gesagt, dass er nicht
sterben würde, sondern nur: »Wenn
ich will, dass er am Leben bleibt, bis
ich wiederkomme, was geht dich das
an?«

Schlusswort

24 Der Jünger, von dem Jesus das
sagte, ist auch der, der bezeugt, was in
diesem Buch steht. Er hat es niederge-
schrieben und wir* wissen, dass alles
wahr ist. 25 Es gibt aber noch vieles
andere, was Jesus getan hat. Wenn
das alles einzeln aufgeschrieben
würde – ich denke, die ganze Welt
könnte die Bücher nicht fassen, die
dann geschrieben werden müssten.

21,15 *die anderen hier.* Wörtlich: diese. Das könnte sich sprachlich auch auf das Vorherige, also den Fischereibetrieb, beziehen. Dann müsste man übersetzen: »diese anderen Dinge hier«.

21,24 *wir.* Entweder deutet das eine Bestätigung der Herausgeber an oder Johannes meint das Gesamtzeugnis seiner Mitapostel wie in Kapitel 1,14; 1. Johannes 1,1-4; 3. Johannes 12.

Die Taten der Apostel, aufgeschrieben von Lukas

Der Arzt Lukas hatte Paulus begleitet, als dieser im Jahr 60 n.Chr. mit anderen Gefangenen nach Rom gebracht wurde. Auch vorher war er bei vielen seiner Reisen dabei und konnte auf diese Weise die notwendigen Informationen sammeln. So war er in der Lage, im Jahr 62 n.Chr. in Rom sein zweites Werk zu vollenden: die Apostelgeschichte. Er widmete sie wie schon das Evangelium einem gewissen Theophilus. Das war offenbar ein hochgestellter Römer, der die Schrift des Lukas gezielt verbreiten sollte, vielleicht auch, um am kaiserlichen Hof Verständnis für den »Fall Paulus« zu erwecken.

Die Apostelgeschichte berichtet über den Lauf des Evangeliums von Jerusalem bis zur damaligen Welthauptstadt Rom. Im ersten Teil, der über die Entstehung von Gemeinden in Jerusalem, Judäa, Samarien und Syrien berichtet, steht der Apostel Petrus im Mittelpunkt. Im zweiten Teil, Kapitel 13-28, zeigt Lukas, wie durch den Dienst des Paulus und seiner Mitarbeiter Gemeinden in Kleinasien, Mazedonien, Griechenland und Rom entstehen. Viele Ereignisse (16,10-17; 20,5 - 21,8; 27,1 - 28,16) berichtet Lukas in der 1. Person Plural (»wir«, »uns«), weil er sie als Augenzeuge miterlebte.

1 1 In meinem ersten Buch, verehr-
ter Theophilus, habe ich über alles
berichtet, was Jesus getan und gelehrt
hat, und zwar von Anfang an 2 bis zu
dem Tag, an dem er in den Himmel
aufgenommen wurde. Vorher gab er
den Aposteln, die er sich ausgewählt
hatte, noch einige klare Anweisungen.
Er war vom Heiligen Geist dazu ange-
leitet worden. 3 Diesen Männern
hatte er sich nach seinem Leiden ge-
zeigt und ihnen viele sichere Beweise
dafür geliefert, dass er wieder am
Leben war. Vierzig Tage lang ließ er
sich unter ihnen sehen und redete mit
ihnen über die Herrschaft Gottes.
4 Einmal aß er mit ihnen zusammen.
Dabei wies er sie an, Jerusalem nicht
zu verlassen. »Wartet bis die Zusage
des Vaters in Erfüllung geht, die
ihr von mir vernommen habt: 5 ›Jo-
hannes hat mit Wasser getauft, aber
ihr werdet schon bald – in ein paar
Tagen – mit dem Heiligen Geist ge-
tauft werden.‹«

Zwischen Himmelfahrt und Pfingsten

6 Deshalb fragten sie ihn bei nächster
Gelegenheit: »Herr, wirst du dann
das Reich Israel wiederherstellen?«
7 Jesus erwiderte: »Der Vater hat die
Zeiten und Fristen dafür selbst be-
stimmt. Ihr müsst das nicht wissen.
8 Wenn aber der Heilige Geist auf
euch gekommen ist, werdet ihr Kraft
empfangen und als meine Zeugen auf-
treten: in Jerusalem, in ganz Judäa
und Samarien und bis in den letzten
Winkel der Welt.« 9 Als er das sagte,
sahen sie, wie er emporgehoben
wurde. Dann verhüllte ihn eine
Wolke vor ihren Augen. 10 Als sie
nach seinem Weggang immer noch

gespannt zum Himmel aufschauten, da standen auf einmal zwei Männer bei ihnen. Sie waren in leuchtendes Weiß gekleidet. *11* »Ihr Männer von Galiläa«, sagten sie, »was steht ihr hier und starrt in den Himmel? Dieser Jesus, der von euch weg in den Himmel aufgenommen wurde, wird genauso wiederkommen, wie ihr ihn habt in den Himmel gehen sehen.«

12 Dann kehrten die Jünger* vom Ölberg nach Jerusalem zurück. Der Berg liegt nur einen Sabbatweg* von der Stadt entfernt. *13* Als sie angekommen waren, stiegen sie in den Obersaal hinauf, in dem sie sich gewöhnlich aufhielten. Es waren Petrus und Johannes, Jakobus und Andreas, Philippus und Thomas, Bartholomäus und Matthäus, Jakobus Ben-Alphäus, Simon der Zelot* und Judas Ben-Jakobus. *14* Es waren auch einige Frauen dabei, darunter Maria, die Mutter von Jesus, und außerdem seine Brüder. Sie waren einmütig beieinander und beteten beharrlich miteinander.

Ersatz für Judas

15 An einem dieser Tage hatten sich etwa 120 Personen versammelt, als Petrus aufstand und sagte: *16* »Liebe Brüder! Was in der Schrift steht, musste sich erfüllen; es musste so kommen, wie es der Heilige Geist schon durch David über Judas vorausgesagt hat. Er wurde ein Führer für die, die Jesus festnahmen, *17* obwohl er zu uns gehörte und denselben Auftrag empfangen hatte wie wir. *18* Von der Belohnung, die er für seine Untat bekam, wurde dann in seinem Namen* ein Acker gekauft. Er selbst wurde ja kopfüber hinabgestürzt, sodass sein Leib zerbarst und alle seine Eingeweide heraustraten. *19* Alle Einwohner von Jerusalem haben davon erfahren und jenen Acker in ihrer Sprache ›Hakeldamach‹, das heißt ›Blutacker‹, genannt. *20* Im Buch der Psalmen steht das so: ›Seine Wohnung soll öde werden, niemand wohne mehr darin.‹ Und: ›Sein Leitungsamt soll ein anderer bekommen.‹* *21* Das muss nun einer von den Männern sein, die zusammen mit uns die ganze Zeit dabei waren, als der Herr Jesus bei uns ein- und ausging *22* vom Tag seiner Taufe durch Johannes an bis zum Tag seiner Aufnahme in den Himmel. Von denen muss einer Zeuge seiner Auferstehung mit uns werden.«

1,12 Die *Jünger* waren Schüler von Jesus, die ihm auf seinen Wanderungen gefolgt waren und sich völlig seiner Autorität unterstellten. Nachfolge im übertragenen Sinn und Gehorsam gegenüber dem Wort ihres Herrn zeichnet auch die Christen aus, die deshalb von Lukas oft Jünger genannt werden, vgl. Apostelgeschichte 6,1.7; 9,1.10.36 usw. Eine andere Bezeichnung für die Christen war »Heilige«, siehe die Fußnote zu Apostelgeschichte 9,13.

Sabbatweg. Höchstens einen Kilometer weit durfte sich ein frommer Jude am Sabbat von seiner Wohnung entfernen. Man hatte das von 4. Mose 35,5 abgeleitet.

1,13 *Zelot.* »Eiferer«. Der Beiname verweist entweder auf frommen Eifer dieses Simon oder darauf, dass er früher Mitglied der Zeloten war, einer Terrorgruppe, die die römische Herrschaft mit Gewalt beseitigen wollte.

1,18 *in seinem Namen.* Wörtlich: »hat er ... gekauft«. Nach Matthäus 27,6-8 taten das die Priester mit seinem Geld, sozusagen in seinem Namen.

1,20 Psalm 69,26 und 109,8

23 So stellten sie denn zwei Männer
auf. Es waren Josef, der auch Barsabbas
und mit Beinamen Justus genannt
wurde, und Matthias. 24 Dann beteten
sie: »Herr, du, der die Herzen aller Men-
schen kennt, zeige uns, welchen von
beiden du ausgewählt hast, 25 diesen
apostolischen Dienst zu übernehmen.
Judas hat ihn ja verlassen, um dahin zu
gehen, wohin er gehört.« 26 Dann ließ
man das Los über sie entscheiden. Es
fiel auf Matthias, der nun als Zwölfter
zu den Aposteln gezählt wurde.

Das Eintreffen des Heiligen Geistes

2 1 Als der Pfingsttag anbrach,
waren wieder alle am selben Ort
zusammen. 2 Plötzlich setzte vom
Himmel her ein Brausen ein. Es klang
wie das Tosen eines heftigen Sturms
und erfüllte das ganze Haus, in dem sie
waren. 3 Sie sahen etwas, das wie Feu-
erzungen aussah, sich zerteilte und
sich auf jeden Einzelnen von ihnen
setzte. 4 Alle wurden mit dem Heiligen
Geist erfüllt und fingen auf einmal an,
in fremden Sprachen zu reden, so wie
es ihnen der Geist eingab.

5 Zu dieser Zeit hielten sich gottes-
fürchtige jüdische Männer aus aller
Welt in Jerusalem auf. 6 Als dann die-
ses Geräusch entstand, lief die Menge
zusammen. Fassungslos hörte jeder
die Apostel in seiner eigenen Sprache
reden. 7 Außer sich vor Staunen riefen
sie: »Sind denn das nicht alles Galiläer,
die hier reden? 8 Wie kann es sein, dass
wir sie in unserer Muttersprache
hören? 9 Wir sind hier Parther, Meder
und Elamiter. Wir kommen aus Meso-
potamien, aus Judäa, Kappadozien,
Pontus und aus der Asia, 10 aus Phry-
gien, Pamphylien, Ägypten und aus der
Gegend um Zyrene in Libyen. Dazu
kommen noch die hier ansässigen
Römer, egal, ob gebürtige Juden oder
zum Judentum Übergetretene.
11 Selbst Kreter und Araber sind hier.
Wie kann es nur sein, dass wir sie in
unseren eigenen Sprachen von den
großen Taten Gottes reden hören?«
12 Sie waren bestürzt. »Was ist das
nur?«, fragte einer den anderen ratlos
und erstaunt. 13 Einige allerdings
sagten spöttisch: »Die haben nur zu
viel vom süßen Wein getrunken.«

Die Pfingstpredigt des Petrus

14 Da trat Petrus mit den anderen elf
Aposteln vor die Menge und rief mit
Begeisterung: »Ihr Männer von Juda
und ihr alle in Jerusalem! Ich will euch
erklären, was hier geschieht! Hört mir
zu! 15 Diese Männer hier sind nicht
betrunken, wie ihr denkt, es ist ja erst
um neun Uhr früh. 16 Nein, hier er-
füllt sich, was Gott durch den Prophe-
ten Joël gesagt hat:

17 ›In den letzten Tagen werde ich
meinen Geist auf alle Menschen aus-
gießen, spricht Gott. Eure Söhne und
Töchter werden prophetisch reden,
eure jungen Männer werden Visionen
sehen und eure Ältesten Traumgesich-
te haben. 18 Sogar auf die Sklaven*
und die Sklavinnen, die mir gehören,

2,18 *Ein Sklave* (griech. *doulos*) ist ein Mensch, der rechtlich und wirtschaftlich als Eigentum eines anderen Menschen völlig von diesem abhängt. Der zeitgenössischen Wertung des Sklavenstandes tritt Jesus dadurch entgegen, dass er einen Menschen in seinem Verhältnis zu Gott als Sklave bezeichnet. Die Apostel verstehen diese Abhängigkeit als Auszeichnung und bezeichnen sich selbst als *Sklaven von Jesus Christus.*

werde ich dann meinen Geist aus-
gießen, und auch sie werden prophe-
tisch reden. 19 Oben am Himmel
werde ich Wunder tun und Zeichen
unten auf der Erde: Blut, Feuer und
Rauchwolken; 20 die Sonne wird sich
in Finsternis verwandeln und der
Mond in Blut, bevor der große und
strahlende Tag des Herrn kommt.
21 Jeder, der dann den Namen des
Herrn anruft, wird gerettet werden.‹*

22 Männer von Israel, hört zu! Ihr
wisst selbst, dass Gott durch Jesus
von Nazaret mächtige Taten, Wunder
und Zeichen unter euch vollbracht
hat. Auf diese Weise hat Gott ihn vor
euch bestätigt. 23 Und diesen Mann
habt ihr durch Menschen, die nichts
vom Gesetz wissen, ans Kreuz nageln
und töten lassen. Allerdings war es so
von Gott beschlossen und vorherbe-
stimmt. 24 Und dann hat Gott ihn aus
der Macht des Todes befreit und aufer-
weckt. Wie hätte er auch vom Tod
festgehalten werden können, denn
25 schon David sagt von ihm: ›Ich
sehe den Herrn immer vor mir. Er
steht mir zur Seite, damit ich nicht
falle. 26 Das macht mein Herz froh
und lässt mich jubelnd singen. Selbst
im Grab wird mein Leib noch in Hoff-
nung ruhen, 27 denn du lässt mich
nicht im Tod zurück, gibst deinen
Frommen der Verwesung nicht preis.
28 Du hast mir den Weg zum Leben
gezeigt. Vor dir zu sein, das macht
mich froh.‹*

29 Liebe Brüder, es sei mir gestattet
ganz offen zu reden. Unser Stamm-
vater David ist gestorben und wurde
begraben. Sein Grabmal ist heute
noch bei uns zu sehen. 30 Weil David
nun ein Prophet war und wusste, dass
Gott ihm unter Eid zugesichert hatte,
einen seiner Nachkommen auf seinen
Thron zu setzen, 31 hat er voraus-
schauend von der Auferstehung des
Messias geredet. Von ihm sagte er: ›Er
wurde nicht im Tod zurückgelassen,
sein Körper ist der Verwesung nicht
preisgegeben worden.‹* 32 Diesen
Jesus hat Gott auferweckt. Wir alle
sind Zeugen davon. 33 Nun hat Gott
ihn auf den Platz an seiner rechten
Seite erhöht. Dort hat er die vom Vater
versprochene Gabe des Heiligen Geis-
tes erhalten und ihn jetzt über uns
ausgegossen – wie ihr hier sehen und
hören könnt. 34 Denn David ist nicht
in den Himmel aufgestiegen. Er hat
ja selbst gesagt: ›Der Herr sprach
zu meinem Herrn: ›Setz dich an mei-
ne rechte Seite, 35 bis ich dir deine
Feinde zur Fußbank gemacht habe.‹*
36 Ganz Israel soll nun mit Sicherheit
wissen: Diesen Jesus, den ihr gekreu-
zigt habt, den hat Gott zum Herrn und
zum Messias gemacht.«

Die Entstehung der ersten Gemeinde

37 Von diesen Worten waren die Zu-
hörer bis ins Innerste getroffen.
»Liebe Brüder, was sollen wir jetzt
tun?«, fragten sie Petrus und die an-
deren Apostel. 38 »Kehrt um«, er-
widerte Petrus, »und lasst euch im
Namen von Jesus, dem Messias, auf
die Sündenvergebung hin taufen!

2,21 Joel 3,1-5

2,28 Psalm 16,8-11

2,31 Psalm 16,10

2,35 Psalm 110,1

Dann werdet ihr den Heiligen Geist
geschenkt bekommen. 39 Denn diese
Zusage gilt euch und euren Kindern
und allen, die jetzt noch weit weg sind.
Sie gilt allen, die der Herr, unser Gott,
noch hinzurufen wird.« 40 Er redete
ihnen lange eindringlich zu und er-
mahnte sie: »Lasst euch aus dieser
schuldbeladenen Generation heraus-
retten!« 41 Alle nun, die seine Bot-
schaft bereitwillig annahmen, wurden
getauft. Etwa 3000 Personen kamen
an jenem Tag dazu.

42 Sie hielten beharrlich an der
Lehre der Apostel fest, an der ge-
schwisterlichen Gemeinschaft, am
Brechen des Brotes* und an den ge-
meinsamen Gebeten. 43 Jeden Einzel-
nen ergriff eine tiefe Ehrfurcht vor
Gott, und durch die Apostel gescha-
hen viele Wunder und außergewöhn-
liche Zeichen. 44 Alle Gläubiggewor-
denen aber bildeten eine Gemein-
schaft und hatten alles gemeinsam.
45 Wer ein Grundstück oder anderen
Besitz hatte, verkaufte es und verteilte
den Erlös an die Bedürftigen. 46 Tag
für Tag kamen sie einmütig im Tempel
zusammen, und in ihren Häusern bra-
chen sie das Brot* und trafen sich mit
jubelnder Freude und redlichem Her-
zen zu gemeinsamen Mahlzeiten.
47 Sie lobten Gott und waren im gan-
zen Volk angesehen. Täglich fügte der
Herr solche, die gerettet wurden*,
ihrer Gemeinschaft hinzu.

Die Folgen einer Heilung

3 1 Eines Tages stiegen Petrus und
Johannes zum Tempel hinauf. Es
war gegen drei Uhr, zur Stunde des
Nachmittagsgebets. 2 Da wurde ge-
rade ein Mann herbeigetragen, der
von Geburt an gelähmt war. Man setz-
te ihn täglich an die sogenannte
»Schöne Pforte«*, damit er von den
Leuten, die in den Tempel gingen, Al-
mosen erbitten konnte. 3 Als er Petrus
und Johannes ins Tempeltor eintreten
sah, bat er sie gleich um eine Gabe.
4 Die beiden blickten ihn scharf an,
und Petrus sagte: »Sieh uns an!«
5 Der tat es in der Erwartung, etwas
von ihnen zu bekommen. 6 Doch Pe-
trus sagte: »Silber und Gold habe ich
nicht. Aber was ich habe, werde ich
dir geben: Im Namen von Jesus aus
Nazaret, dem Messias: Steh auf und
geh!« 7 Dabei fasste er seine rechte
Hand und half ihm auf. Sofort wurden
die Füße und Gelenke des Mannes
kräftig. 8 Er sprang auf und konnte
tatsächlich stehen und gehen. Mit Pe-
trus und Johannes ging er in den Tem-
pelhof, lief herum, sprang in die Luft
und lobte Gott. 9 Die ganze Men-
schenmenge dort sah ihn herumlau-
fen und Gott loben. 10 Als die Leute in
ihm den Bettler erkannten, der sonst
immer an der »Schönen Pforte« ge-
sessen hatte, waren sie fassungslos
vor Staunen und wunderten sich über

2,42 *Brechen des Brotes.* Sie taten das, was Jesus beim letzten Abendmahl seinen Jüngern zum regelmäßigen Tun angewiesen hatte, vgl. Lukas 22,14-20.

2,46 Siehe Fußnote zu Vers 42!

2,47 *gerettet wurden.* Oder: gerettet werden würden.

3,2 *Schöne Pforte.* Das war der volkstümliche Name für eines der vielen Tempeltore, das aber heute nicht mehr genau identifiziert werden kann.

das, was mit ihm geschehen war.
11 Der Geheilte wich Petrus und Jo-
hannes nicht mehr von der Seite, und
das ganze Volk strömte zu ihnen hin in
die sogenannte Säulenhalle Salomos.

Stegreifrede auf dem Tempelplatz

12 Als Petrus die vielen Menschen
sah, sprach er zu ihnen: »Ihr Männer
Israels, warum seid ihr so überrascht?
Was seht ihr uns so erstaunt an?
Denkt ihr vielleicht, wir hätten es mit
unserer Kraft oder unserer Frömmig-
keit zustande gebracht, dass er hier
gehen kann? 13 Nein, es war der Gott
Abrahams, Isaaks und Jakobs, der auf
diese Weise seinen Diener, Jesus, ver-
herrlicht hat. Diesen Jesus habt ihr an
Pilatus ausgeliefert. Ihr habt ihn
preisgegeben, obwohl Pilatus schon
entschieden hatte, ihn freizulassen.
14 Von dem Heiligen und Gerechten
habt ihr nichts wissen wollen und
stattdessen die Freigabe eines Mör-
ders verlangt. 15 Den Urheber des
Lebens aber habt ihr getötet. Das ist
der, den Gott aus den Toten erweckt
hat. Wir sind Zeugen davon. 16 Und
dieser Mann hier, den ihr ja kennt und
vor euch seht, ist durch den Glauben
an den Namen von Jesus wieder zu
Kraft gekommen. Der Glaube, den
Jesus ihm geschenkt hat, hat ihn ge-
sund gemacht, wie ihr alle sehen
könnt.

17 Ich weiß, liebe Brüder, dass ihr
so wie eure Obersten nicht wirklich
wusstet, was ihr getan habt. 18 Aber
Gott hat das, was er durch alle seine
Propheten schon lange angekündigt
hatte, auf diese Weise in Erfüllung
gehen lassen: Sein Messias sollte
leiden!

Aufforderung zur Umkehr

19 So ändert nun eure Einstellung und
kehrt zu ihm um, damit der Herr eure
Schuld auslöscht und die Zeit der Er-
holung anbrechen lässt; 20 und damit
er euch den Messias sende, den er für
euch bestimmt hat, nämlich Jesus.
21 Freilich musste er zunächst in den
Himmel zurückkehren, bis wirklich
alles wiederhergestellt ist, was Gott
schon lange durch seine heiligen Pro-
pheten angekündigt hat. 22 Schon
Mose hat gesagt*: ›Einen Propheten
wie mich wird der Herr, euer Gott, aus
eurem Volk für euch berufen. Auf ihn
sollt ihr hören und alles tun, was er
euch sagt. 23 Wer nicht auf diesen
Propheten hört, soll völlig aus dem
Volk Gottes ausgelöscht werden.‹
24 Ebenso haben alle anderen Prophe-
ten seit Samuel angekündigt, was in
diesen Tagen in Erfüllung geht. 25 Ihr
seid die Nachkommen der Propheten
und gehört auch zu dem Bund, den
Gott mit euren Vorfahren geschlossen
hat, als er zu Abraham sagte: ›Durch
einen von deinen Nachkommen wer-
den alle Völker und Stämme der Erde
gesegnet werden.‹* 26 Als Gott nun
seinen Diener berief, hat er ihn zuerst
zu euch gesandt. Euch wollte er seg-
nen, indem er jeden von seinen bösen
Taten abbringt.«

4 1 Während Petrus und Johannes
noch zu den Leuten redeten,
kamen Priester mit dem Tempelhaupt-
mann* und einigen Sadduzäern* zu

3,22 5. Mose 18,15.18.19

3,25 1. Mose 22,18

ihnen heran. 2 Sie waren empört darüber, dass die Apostel das Volk belehrten und am Beispiel von Jesus die Auferstehung aus den Toten verkündeten. 3 So nahmen sie beide fest und sperrten sie bis zum nächsten Morgen ins Gefängnis. Es war nämlich schon Abend geworden. 4 Aber viele von den Zuhörern kamen zum Glauben und die Zahl der gläubigen Männer wuchs dadurch auf etwa fünftausend an.

Zwei Apostel vor Gericht

5 Am nächsten Morgen kam der Hohe Rat in Jerusalem zusammen. Dazu gehörten die führenden Beamten, die Ratsältesten und die Gesetzeslehrer, 6 und außerdem der Hohe Priester Hannas, sowie Kajafas, Johannes und Alexander und die anderen Mitglieder der hohepriesterlichen Familien. 7 Sie ließen Petrus und Johannes vorführen und fragten sie: »Mit was für einer Kraft habt ihr diesen Mann geheilt? In wessen Namen habt ihr das getan?«

8 Vom Heiligen Geist erfüllt erwiderte Petrus: »Führer des Volkes, verehrte Ratsälteste! 9 Wir werden heute wegen der Wohltat an einem kranken Menschen verhört. Wir werden gefragt, wodurch dieser Mann gesund wurde. 10 Nun, ihr sollt es wissen und das ganze Volk Israel auch: Es geschah im Namen von Jesus, dem Messias aus Nazaret, im Namen dessen, den ihr gekreuzigt habt, den Gott aber wieder aus den Toten auferstehen ließ. In der Kraft seines Namens steht dieser Mann hier gesund vor euch. 11 Ja, das ist der Stein, der von euch, den Fachleuten, als unbrauchbar verworfen wurde, der nun zum Eckstein geworden ist.* 12 In keinem anderen ist Rettung zu finden, denn unter dem ganzen Himmelsgewölbe gibt es keinen vergleichbaren Namen. Nur dieser Name ist den Menschen gegeben worden. Durch ihn müssen wir gerettet werden.«

13 Es beeindruckte die Mitglieder des Hohen Rates, wie furchtlos Petrus und Johannes sich verteidigten, denn es waren offensichtlich einfache Leute, keine Gelehrten. Sie wussten auch, dass beide mit Jesus zusammen gewesen waren. 14 Weil sie aber den Geheilten neben ihnen stehen sahen, konnten sie nichts dagegen vorbringen. 15 So ließen sie beide aus dem Sitzungssaal führen, um miteinander zu beraten: 16 »Was sollen wir nur mit diesen Leuten machen? Alle Jerusalemer wissen, dass ein offensichtliches Wunder durch sie geschehen ist. Wir können das nicht leugnen. 17 Damit sich die Sache aber nicht noch weiter im Volk ausbreitet, müssen wir ihnen strengstens verbieten, in diesem Namen zu irgendeinem Menschen zu reden.«

4,1 *Tempelhauptmann.* Das war der zweithöchste Tempelbeamte. Er hatte für die Ordnung im Tempelbezirk zu sorgen, stand der Tempelpolizei vor und war für die Verwaltung der Tempelsteuern verantwortlich.

Sadduzäer. Politisch einflussreiche römerfreundliche religiöse Gruppe, zu der hauptsächlich die oberen Priester und Vertreter hochgestellter Familien gehörten. Sie glaubten nicht an eine Auferstehung der Toten, weil sie alle Lehren ablehnten, die nicht wörtlich in der Thora, den fünf Büchern Mose, enthalten waren. Vergleiche auch Lukas 20,27 und Apostelgeschichte 23,8!

4,11 Petrus spielt auf Psalm 118,22 an.

Die Urteilsverkündigung

18 Als sie die Apostel wieder hereinge-
rufen hatten, untersagten sie ihnen,
diesen Namen jemals wieder zu er-
wähnen oder gar im Namen von Jesus
zu lehren. 19 Doch Petrus und Johan-
nes erwiderten: »Entscheidet selbst,
ob es vor Gott recht ist, euch mehr zu
gehorchen als ihm. 20 Was wir gese-
hen und gehört haben, können wir un-
möglich verschweigen.«

21 Da drohten sie ihnen noch einmal
und ließen sie dann gehen. Sie fanden
einfach keine Möglichkeit, sie zu be-
strafen, um das Volk nicht gegen sich
aufzubringen. Denn alle lobten Gott
für das, was sich ereignet hatte.
22 Schließlich war der Mann, an dem
dieses Heilungswunder geschehen
war, über vierzig Jahre alt.

Gebet der Gemeinde

23 Nach ihrer Freilassung gingen
Petrus und Johannes zu ihren Mit-
christen und berichteten alles, was die
Hohen Priester und Ratsältesten zu
ihnen gesagt hatten. 24 Als Reaktion
darauf beteten alle miteinander ein-
mütig zu Gott. Sie sagten:

»Du alleiniger Herrscher! Du hast
den Himmel, die Erde und das Meer
geschaffen und alles, was in ihnen ist.
25 Durch den Heiligen Geist hast du
unseren Vater David, deinen Diener,
sagen lassen: ›Was soll das Toben der
Völker? Weshalb schmieden sie nutz-
lose Pläne? 26 Die Herrscher der Erde
empörten sich und die Machthaber
verbündeten sich gegen den Herrn
und seinen Messias.‹* 27 Tatsächlich
haben sich hier in dieser Stadt
Herodes und Pontius Pilatus mit
den Heidenvölkern und den Stämmen
Israels gegen deinen heiligen Diener
verbündet, gegen den, den du gesalbt
hast, Jesus. 28 Doch haben sie damit
nur das getan, was du in deiner Macht
schon längst beschlossen und be-
stimmt hattest. 29 Und jetzt, Herr,
sieh ihre Drohungen an und hilf dei-
nen Sklaven, die Botschaft von dir
mutig und frei zu verkündigen. 30 Er-
weise deine Macht und lass durch den
Namen deines heiligen Dieners Jesus
Heilungen, Zeichen und Wunder ge-
schehen.«

31 Als sie so gebetet hatten, bebte
die Erde an dem Ort, wo sie versam-
melt waren. Sie alle wurden mit dem
Heiligen Geist erfüllt und verkündig-
ten die Botschaft Gottes mutig und
frei.

Harmonie in der Gemeinde

32 Die ganze Menge der Gläubigen
war ein Herz und eine Seele. Niemand
betrachtete etwas von seinem Besitz
als privates Eigentum. Was sie be-
saßen, gehörte ihnen gemeinsam.
33 Machtvoll bezeugten die Apostel die
Auferstehung des Herrn Jesus und ein
großer Segen* lag auf ihnen allen.
34 Keiner in der Gemeinde musste Not
leiden, denn wer ein Haus oder ein
Grundstück besaß, verkaufte es, wenn
nötig, und stellte das Geld der Ge-
meinde zur Verfügung. 35 Man tat das,
indem man es vor die Apostel hinlegte.
Davon wurde jedem Bedürftigen

4,26 Psalm 2,1-2.

4,33 *großer Segen*, wörtlich: große Gnade. Das kann auch so aufgefasst werden: »Sie erfreuten sich großer Beliebtheit.«

zugeteilt, was er brauchte. 36 So
machte es auch Joseph, ein Levit, der
aus Zypern stammte und von den Apo-
steln den Beinamen Barnabas erhal-
ten hatte, was bedeutet, »einer, der an-
dere ermutigt«. 37 Er besaß ein
Grundstück, verkaufte es und legte
das Geld vor die Apostel hin.

Selbstsucht und Heuchelei

5 1 Auch ein Mann namens Hana-
nias verkaufte mit seiner Frau
Saphira ein Grundstück. 2 Mit ihrem
Wissen schaffte er einen Teil des Er-
löses beiseite. Den Rest legte er als
Gesamterlös vor die Apostel hin.
3 Doch Petrus sagte zu ihm: »Warum
hat der Satan dein Herz erfüllt?
Warum hast du den Heiligen Geist be-
logen und etwas von dem Erlös eures
Grundstücks beiseite geschafft? 4 Du
hättest es doch behalten können. Und
selbst nach dem Verkauf stand das
Geld zu deiner freien Verfügung.
Warum hast du dich nur auf so etwas
eingelassen? Du hast nicht Menschen
belogen, sondern Gott.«

5 Bei diesen Worten brach Hananias
zusammen und starb. Ein tiefes Er-
schrecken erfasste alle, die davon
hörten. 6 Die jungen Männer, die in
der Versammlung waren, wickelten
den Toten in ein Tuch, trugen ihn
hinaus und begruben ihn.

7 Etwa drei Stunden später kam
seine Frau Saphira völlig ahnungslos
herein. 8 »Sag mir«, fragte Petrus sie,
»habt ihr das Grundstück für diesen
Betrag hier verkauft?« – »Ja«, er-
widerte sie, »das ist der Betrag.« 9 Da
sagte Petrus: »Warum habt ihr euch
nur verabredet, den Geist des Herrn zu
versuchen? – Hörst du die Schritte?
Die, die deinen Mann begraben
haben, stehen schon vor der Tür. Sie
werden auch dich hinaustragen.«
10 Im selben Augenblick brach Saphi-
ra zusammen und starb. Als die
jungen Männer hereinkamen, sahen
sie ihren Leichnam auf dem Boden
vor Petrus liegen. Sie trugen auch sie
hinaus und begruben sie neben ihrem
Mann. 11 Ein tiefes Erschrecken er-
fasste die ganze Gemeinde und alle,
die davon hörten.

Das Ansehen der Gemeinde wächst

12 Durch die Apostel geschahen unter
dem Volk eine Menge erstaunlicher
Zeichen und Wunder. Die Gläubigen
waren eines Sinnes und trafen sich
regelmäßig in der Säulenhalle, die
man Salomohalle nannte. 13 Das Volk
sprach voller Hochachtung von ihnen,
aber niemand wagte, ihnen zu nahe zu
treten. 14 Umso mehr kamen Men-
schen dazu, die an den Herrn glaub-
ten, Scharen von Männern und Frau-
en. 15 Es kam soweit, dass die Leute
Kranke auf die Straßen brachten und
dort auf Betten und Matten legten. Sie
hofften, dass wenigstens der Schatten
von Petrus auf einen von ihnen fallen
würde. 16 Selbst aus der Umgebung
von Jerusalem strömten die Leute zu-
sammen. Sie brachten Kranke und
von bösen Geistern Geplagte herbei,
die dann alle geheilt wurden.

Alle Apostel verhaftet

17 Der Hohe Priester und die ganze
Partei der Sadduzäer, die auf seiner
Seite stand, wurden eifersüchtig und
beschlossen einzugreifen. 18 Sie lie-
ßen die Apostel festnehmen und
ins öffentliche Gefängnis bringen.

19 Doch in der Nacht öffnete ein
Engel des Herrn die Gefängnistüren
und führte sie hinaus. 20 »Geht in den
Tempel«, sagte er zu ihnen, »stellt
euch vor die Leute und verkündet
ihnen die Botschaft vom Leben.«
21 Die Apostel gehorchten den An-
weisungen. Sie gingen bei Tagesan-
bruch in den Tempel und begannen,
die Menschen zu unterweisen. Der
Hohe Priester und sein Anhang hatten
inzwischen den Hohen Rat mit der
ganzen Ältestenschaft des Volkes Is-
rael einberufen. Nun schickten sie ins
Gefängnis, um die Apostel vorführen
zu lassen. 22 Als die Männer der Tem-
pelwache hinkamen, konnten sie die
Apostel dort nicht vorfinden. Sie kehr-
ten unverrichteter Dinge zurück und
meldeten: 23 »Das Gefängnis war ord-
nungsgemäß verschlossen und die
Wachen standen vor den Türen. Als
wir aber aufgeschlossen hatten, war
niemand drin.« 24 Der Tempelhaupt-
mann und die Hohen Priester waren
sprachlos, als sie das hörten. Betreten
überlegten sie, wie das wohl enden
würde. 25 Da kam plötzlich einer und
meldete: »Die Männer, die ihr ins Ge-
fängnis gebracht habt, stehen im
Tempel und belehren das Volk.«
26 Der Tempelhauptmann ging mit
der Wache hin, um sie zu holen. Sie
vermieden es aber, Gewalt anzuwen-
den, weil sie befürchteten, von der
Menge gesteinigt zu werden. 27 So
brachten sie die Apostel herbei und
stellten sie vor den Hohen Rat. Der
Hohe Priester begann das Verhör:
28 »Haben wir euch nicht ausdrück-
lich verboten, im Namen dieses Man-
nes aufzutreten und zu lehren? Und
ihr, ihr habt ganz Jerusalem mit eurer
Lehre erfüllt und wollt uns für den
Tod dieses Menschen verantwortlich
machen.« 29 Doch Petrus und die an-
deren Apostel entgegneten: »Man
muss Gott mehr gehorchen als den
Menschen. 30 Der Gott unserer Väter
hat Jesus vom Tod auferweckt, den
Jesus, den ihr an ein Holz gehängt*
und so umgebracht habt. 31 In seiner
Macht hat Gott ihn zum Führer und
Retter erhoben, dass Israel seine Ein-
stellung ändern und Vergebung seiner
Schuld erhalten kann. 32 Für diese
Tatsachen stehen wir als Zeugen und
ebenso der Heilige Geist, den Gott
denen gegeben hat, die ihm gehor-
chen.« 33 Als sie das hörten, gerieten
sie in Wut und beschlossen, die Apos-
tel zu beseitigen.
34 Da stand ein Pharisäer im Rat
auf und verlangte, die Angeklagten
vorübergehend hinauszubringen. Er
hieß Gamaliel und war ein im ganzen
Volk angesehener Gesetzeslehrer.
35 »Männer von Israel«, sagte er
dann, »seht euch bei diesen Men-
schen vor! Überlegt genau, was ihr
mit ihnen tun wollt. 36 Es ist schon
einige Zeit her, als Theudas auftrat
und behauptete etwas Besonderes zu
sein. Ungefähr 400 Männer hatten
sich ihm angeschlossen. Doch er
wurde getötet und alle seine Anhän-
ger zerstreuten sich und die Sache
war zu Ende. 37 Später, zur Zeit der
Volkszählung*, zettelte Judas, der Ga-
liläer, einen Aufstand an und scharte
eine Menge Leute um sich. Auch der

5,30 *Holz gehängt.* Mit der Kreuzigung erklärten sie Jesus nach 5. Mose 21,23 auch zu einem von Gott Verfluchten.

kam um und alle seine Anhänger wurden auseinandergetrieben. 38 Im vorliegenden Fall rate ich deshalb: Lasst diese Leute in Ruhe! Lasst sie gehen! Denn wenn das, was sie wollen, und das, was sie tun, von Menschen kommt, wird es scheitern. 39 Wenn es aber von Gott kommt, werdet ihr es nicht zerstören können. Vielleicht steht ihr dann als solche da, die gegen Gott kämpfen.«

Das überzeugte sie. 40 Sie riefen die Apostel wieder herein und ließen die Strafe der Geißelung* an ihnen vollstrecken. Dann verboten sie ihnen nochmals, im Namen von Jesus aufzutreten und ließen sie frei. 41 Die Apostel verließen den Hohen Rat und waren voller Freude, dass Gott sie gewürdigt hatte, für den Namen ihres Herrn gedemütigt zu werden. 42 Sie hörten keinen Tag damit auf, im Tempel und in Privathäusern zu lehren und die gute Botschaft zu verkündigen, dass Jesus der Messias ist.

5,37 Nach Josephus fand eine solche *Volkszählung* mit Vermögenseinschätzung für die Steuerzahlung zuletzt 6 n.Chr. statt. Er berichtet auch von einem Judas aus Gamla, der bei dieser (oder einer früheren Volkszählung, die 8 v.Chr. begann) einen Aufstand gegen die Römer anführte.

5,40 Die *Geißelung* der Juden wurde mit einer Peitsche aus weichen breiten Lederriemen durchgeführt und durfte nach 5. Mo 25,3 höchstens 40 Schläge betragen. Um ein Verzählen zu vermeiden, gab man dem Verurteilten nur 39 (40-1) Schläge.

6,1 *Hellenisten.* Griechisch sprechende Juden, die außerhalb Israels geboren und erst im Alter nach Jerusalem gezogen waren.

Hebräer. In Israel geborene Juden, die Hebräisch bzw. Aramäisch sprachen.

Spannung in der Gemeinde

6 1 Damals vermehrte sich die Zahl der Jünger ständig. Doch gab es auch Unzufriedenheit in der Gemeinde. Die Hellenisten* beschwerten sich nämlich über die Hebräer*, weil ihre Witwen bei der täglichen Versorgung übersehen wurden. 2 Da riefen die Zwölf die ganze Versammlung der Jünger zusammen und sagten: »Es ist nicht richtig, dass wir die Verkündigung des Wortes Gottes vernachlässigen und uns um die Verteilung der Lebensmittel kümmern. 3 Seht euch deshalb nach sieben Männern unter euch um, liebe Brüder, denen wir diese Aufgabe übertragen können. Sie müssen einen guten Ruf haben und mit dem Heiligen Geist und mit Weisheit erfüllt sein. 4 Wir selbst werden uns weiterhin auf das Gebet und die Verkündigung des Wortes Gottes konzentrieren.« 5 Mit diesem Vorschlag waren alle einverstanden. Sie wählten Stephanus, einen glaubensvollen und mit dem Heiligen Geist erfüllten Mann, dann Philippus, Prochorus und Nikanor, Timon und Parmenas und Nikolaus, einen Mann aus Antiochia, der zum Judentum übergetreten war. 6 Diese sieben stellten sie vor die Apostel, die ihnen betend die Hände auflegten.

7 Das Wort Gottes breitete sich immer weiter aus und die Zahl der Jünger in Jerusalem vermehrte sich stark. Selbst eine große Zahl von Priestern folgte gehorsam dem Ruf zum Glauben.

Stephanus vor Gericht

8 Stephanus war besonders begnadet. Gott hatte ihn mit einer Kraft erfüllt,

in der er Wunder und erstaunliche
Zeichen unter den Menschen wirkte.
9 Doch eines Tages verwickelten ihn
Leute, die zur Synagoge der Freige-
lassenen* gehörten, in ein Streitge-
spräch. Es waren Juden aus Zyrene
und Alexandria, Zilizien und der
Asia.* 10 Doch sie waren der Weis-
heit, mit der Stephanus redete, und
dem Geist, der aus ihm sprach, nicht
gewachsen. 11 Da hetzten sie heim-
lich ein paar Männer auf, die das Ge-
rücht verbreiten sollten: »Wir haben
gehört, wie er Mose und Gott gelästert
hat.« 12 Damit brachten sie das Volk,
die Ratsältesten und die Gesetzesleh-
rer gegen ihn auf. Sie fielen über ihn
her und schleppten ihn vor den Hohen
Rat. 13 Dort ließen sie falsche Zeugen
auftreten, die aussagten: »Dieser
Mensch greift in seinen Reden immer
wieder unseren heiligen Tempel und
das Gesetz an. 14 Wir haben ihn selbst
sagen hören: ›Der Jesus von Nazaret
wird diesen Tempel hier niederreißen
und die Gebräuche verändern, die
Mose uns im Auftrag Gottes über-
geben hat.‹« 15 Alle im Rat blickten
gespannt auf Stephanus und sahen
sein Gesicht wie das eines Engels
leuchten.

Verteidigung als Bekenntnis

7 1 Dann fragte der Hohe Priester:
»Ist das wahr?« 2 Stephanus ant-
wortete: »Ihr Männer Israels, meine
Brüder und Väter, hört mich an! Der
Gott, dem alle Herrlichkeit gehört, er-
schien unserem Vater Abraham in
Mesopotamien, als er noch nicht nach
Haran gezogen war. 3 Er sagte zu ihm:
›Verlass deine Heimat und deine Ver-
wandtschaft und zieh in das Land, das
ich dir zeigen werde.‹* 4 Da verließ
Abraham das Land der Chaldäer und
zog nach Haran. Nach dem Tod seines
Vaters führte Gott ihn in dieses Land,
in dem ihr heute lebt. 5 Er gab ihm
aber keinen Grundbesitz darin, nicht
einen Fußbreit. Doch er versprach,
ihm und seinen Nachkommen das
Land zu geben – obwohl Abraham
damals noch kein Kind hatte. 6 Die
Worte Gottes lauteten folgender-
maßen: ›Deine Nachkommen werden
als Fremde in einem fremden Land
leben. Vierhundert Jahre lang wird
man sie versklaven und misshandeln.
7 Doch ich werde das Volk, das sie
zum Sklavendienst zwingt, zur Re-
chenschaft ziehen‹, sagte Gott. ›Da-
nach werden sie aus dem Land ziehen
und mir an diesem Ort dienen.‹*
8 Dann gewährte Gott Abraham den
Bund, dessen Zeichen die Beschnei-
dung* ist. Deshalb beschnitt Abra-
ham den Isaak am achten Tag, nach-
dem er geboren wurde. Isaak tat es ge-
nauso mit Jakob, und Jakob mit unse-
ren zwölf Stammvätern.

6,9 *Freigelassene.* Es handelt sich wahrscheinlich um ehemalige jüdische Sklaven bzw. deren Nachkommen, vermutlich um die, die 63 v.Chr. von Pompejus als Kriegsbeute nach Rom gebracht und später freigelassen worden waren.

Asia. Es lässt sich aus dem Text nicht klären, ob es sich um mehrere Griechisch sprechende Synagogengemeinschaften handelt, oder um die der Freigelassenen, die aus verschiedenen Gegenden nach Jerusalem gezogen waren.

7,3 1. Mose 12,1

7,7 1. Mose 15,13-14

7,8 *Beschneidung.* Siehe 1. Mose 17,9-14!

9 Unsere Stammväter waren jedoch
neidisch auf Josef und verkauften ihn
als Sklaven nach Ägypten. Doch Gott
stand ihm bei 10 und half ihm aus
allen Schwierigkeiten heraus. Er ließ
ihn die Gunst des Pharao gewinnen
und schenkte ihm Weisheit vor ihm.
So setzte ihn der König von Ägypten
als Verwalter über das Land und den
ganzen königlichen Haushalt ein.

11 Dann brach eine Hungersnot in
ganz Ägypten und Kanaan aus und
brachte großes Elend. Auch unsere
Väter hatten nichts mehr zu essen.
12 Als Jakob erfuhr, dass es in Ägypten
noch Getreide gab, schickte er unsere
Stammväter das erste Mal hin. 13 Beim
zweiten Mal gab Josef sich seinen
Brüdern zu erkennen und so erfuhr
der Pharao, wo Josef herkam. 14 Dann
ließ Josef seinen Vater Jakob und die
ganze Verwandtschaft zu sich rufen,
75 Menschen*. 15 So kam Jakob nach
Ägypten. Dort starben er und auch
unsere Väter. 16 Später wurden ihre
Leichname nach Sichem überführt
und in dem Familiengrab beigesetzt,
das Abraham von den Söhnen Hamors
dort gekauft hatte.

17 Als dann die Zeit näher kam, in
der Gott seine Zusage an Abraham
einlösen wollte, wuchs und vermehrte
sich unser Volk in Ägypten, 18 bis ein
König auf den ägyptischen Thron
kam, der nichts mehr von Josef
wusste. 19 Heimtückisch und grau-
sam ging er gegen unser Volk vor. Er
zwang unsere Vorfahren, ihre Säug-
linge auszusetzen. Keiner sollte am
Leben bleiben. 20 In dieser Zeit wurde
Mose geboren, ein Kind, an dem Gott
Gefallen hatte. Drei Monate lang
konnten seine Eltern für ihn sorgen.
21 Als sie ihn dann doch aussetzen
mussten, wurde er von der Tochter
des Pharao aufgenommen, die ihn als
ihren Sohn aufzog. 22 So erhielt Mose
eine umfassende ägyptische Ausbil-
dung und zeichnete sich durch seine
Worte und Taten aus.

23 Mit vierzig Jahren fasste er den
Entschluss, sich nach seinen Brüdern
und Schwestern, den Israeliten, umzu-
sehen. 24 Als er einmal sah, wie einer
von ihnen ohne Grund misshandelt
wurde, griff er ein. Er rächte den Unter-
drückten und schlug den Ägypter nie-
der. 25 Mose dachte, seine Landsleute
würden verstehen, dass Gott sie durch
ihn retten wollte. Aber sie verstanden
das nicht. 26 Am nächsten Tag kam er
nämlich gerade dazu, wie zwei von
ihnen miteinander stritten. Er wollte sie
versöhnen, damit sie Frieden hielten.
›Männer‹, sagte er, ›ihr seid doch Brü-
der! Warum schlagt ihr euch?‹ 27 Aber
der, der den Streit angefangen hatte,
stieß ihn zur Seite und schrie: ›Wer hat
dich eigentlich zum Aufseher und Rich-
ter über uns gemacht? 28 Willst du
mich etwa auch umbringen, wie du ges-
tern den Ägypter umgebracht hast?‹
29 Als Mose das hörte, floh er ins Land
Midian. Dort lebte er als Ausländer und
zeugte zwei Söhne.

30 So vergingen 40 Jahre. Eines
Tages erschien ihm in der Wüste
am Berg Sinai ein Engel in der Flam-
me eines brennenden Dornbuschs.
31 Mose wunderte sich über die Er-
scheinung. Er ging näher heran, um
sich das genauer anzusehen. Da hörte

7,14 *75 Menschen.* Siehe Fußnote zu 1. Mose 46,27.

er die Stimme des Herrn: 32 ›Ich bin
der Gott deiner Väter, der Gott Abra-
hams, Isaaks und Jakobs.‹* Mose zit-
terte vor Angst und wagte nicht hinzu-
sehen. 33 Der Herr aber sagte: ›Zieh
deine Sandalen aus, denn der Ort, auf
dem du stehst, ist heiliges Land. 34 Ich
habe sehr wohl gesehen, wie mein
Volk Israel in Ägypten misshandelt
wird, und habe sein Stöhnen gehört.
Nun bin ich zu seiner Befreiung ge-
kommen. Und jetzt geh: Ich will dich
nach Ägypten senden.‹

35 Gerade den Mose, den sie abge-
lehnt hatten, als sie sagten: ›Wer hat
dich als Aufseher und Richter ein-
gesetzt?‹, gerade den schickte Gott
ihnen jetzt als Anführer und Befreier.
Er beauftragte ihn durch den Engel,
der ihm im Dornbusch erschienen war.
36 Gerade dieser Mose führte sie aus
dem Land heraus. Er vollbrachte dabei
Wunder und außergewöhnliche Zei-
chen in Ägypten, im Roten Meer und
während der 40 Jahre in der Wüste.
37 Gerade dieser Mose sagte zu den Is-
raeliten: ›Einen Propheten wie mich
wird Gott aus eurer Mitte erwecken.‹
38 Und als unsere Vorfahren sich in der
Wüste vor Gott versammelten, war es
gerade dieser Mose, der Vermittler zwi-
schen ihnen und dem Engel wurde, der
auf dem Berg zu ihm redete. Dort er-
hielt er Worte, die zum Leben führen,
und gab sie uns weiter.

39 Doch unsere Vorfahren wollten
Mose nicht gehorchen. Sie lehnten
sich gegen ihn auf und waren mit
ihrem Herzen schon auf dem Rück-
weg nach Ägypten, 40 als sie zu
Aaron sagten: ›Mach uns Götter, die
uns führen können! Denn was aus die-
sem Mose geworden ist, der uns aus
Ägypten herausgeführt hat, weiß kei-
ner.‹ 41 So machten sie sich damals ein
Götzenbild – die Nachbildung eines
jungen Stiers –, brachten ihm Opfer
und feierten das Werk ihrer Hände.

42 Da wandte sich Gott von ihnen ab
und gab sie preis, das Himmelsheer zu
verehren, wie es im Zwölfpropheten-
buch* geschrieben steht: ›Habt ihr
etwa für mich 40 Jahre in der Wüste
Schlacht- und Speisopfer dargebracht,
ihr Israeliten? 43 Ihr habt das Zelthei-
ligtum des Moloch mitgenommen und
das Sternbild des Gottes Räfan verehrt!
Götzenbilder habt ihr euch gemacht,
um sie anzubeten! Deshalb werde ich
euch in die Verbannung schicken –
noch über Babylon hinaus.‹*

44 In der Wüste hatten unsere Vor-
fahren das Zelt mit dem Bundesgesetz
dabei, das nach den Anweisungen Got-
tes und dem Modell, das Mose gesehen
hatte, angefertigt worden war. 45 Un-
sere Väter hatten es übernommen und
mitgebracht, als sie mit Josua das Land
in Besitz nahmen, deren Bewohner
Gott vor ihnen vertrieb. Noch bis zur
Zeit Davids wurde es benutzt. 46 Gott
war David besonders gnädig. Und
David bat ihn, ein festes Heiligtum für
die Israeliten bauen zu dürfen. 47 Salo-
mo durfte es dann für Gott bauen.
48 Aber der Höchste wohnt doch nicht
in Häusern, die Menschenhände ge-
baut haben! Der Prophet sagt das so:

7,32 2. Mose 3,6

7,42 *Zwölfprophetenbuch.* Die Texte der zwölf sogenannten »kleinen Propheten« (Hosea bis Maleachi) waren ursprünglich in einer einzigen Schriftrolle zusammengefasst.

7,43 Amos 5,25-27

49 ›Der Himmel ist mein Thron und die
Erde ist meine Fußbank. Was für ein
Haus wollt ihr mir denn bauen, sagt
der Herr, wo wollt ihr denn eine Bleibe
für mich finden? 50 Habe ich nicht
mit eigener Hand das All und alles er-
schaffen?‹*

51 Ihr Unbelehrbaren und Unbe-
schnittenen! Ja, unbeschnitten seid
ihr an Herz und Ohren! Andauernd
widersetzt ihr euch dem Heiligen
Geist – genauso wie eure Väter. 52 Gibt
es einen Propheten, den eure Väter
nicht verfolgt haben? Sie haben sogar
die getötet, die das Kommen des Ge-
rechten ankündigten – des Gerechten,
den ihr nun verraten und ermordet
habt. 53 Ihr habt das Gesetz durch
Vermittlung von Engeln erhalten –
und doch nicht befolgt!«

Stephanus wird gesteinigt

54 Als die Mitglieder des Hohen Rates
das hörten, gerieten sie in solche Wut
über Stephanus, dass sie mit den Zäh-
nen knirschten. 55 Aber Stephanus
war mit dem Heiligen Geist erfüllt und
schaute gespannt zum Himmel hin-
auf. Er sah die Herrlichkeit Gottes
und Jesus an Gottes rechter Seite ste-
hen. 56 »Ich sehe den Himmel offen«,
sagte er, »und der Menschensohn
steht an der rechten Seite Gottes.«
57 Da schrien sie laut auf, hielten sich
die Ohren zu und stürzten sich mitein-
ander auf ihn. 58 Dann zerrten sie ihn
aus der Stadt hinaus und steinigten
ihn. Dabei legten die Zeugen* ihre
Obergewänder vor einen jungen
Mann hin, der Saulus hieß. 59 Ste-
phanus betete, als sie ihn steinigten:
»Herr Jesus«, sagte er, »nimm mei-
nen Geist auf!« 60 Auf die Knie ge-
stürzt rief er noch einmal laut:
»Herr, rechne ihnen diese Sünde
nicht an!« Mit diesen Worten starb
er. Saulus aber war mit dieser Hin-
richtung einverstanden.

Die erste Christenverfolgung

8 1 Von diesem Tag an wurde die
Gemeinde in Jerusalem schwer
verfolgt, und die Gläubigen zerstreu-
ten sich über ganz Judäa und Sama-
rien. Nur die Apostel blieben in der
Stadt. 2 Einige fromme Juden be-
statteten den Stephanus und veran-
stalteten eine große Trauerfeier.
3 Saulus jedoch wollte die Gemeinde
vernichten. Überall durchsuchte er
die Häuser der Gläubigen und ließ
Männer wie Frauen gewaltsam ab-
führen und ins Gefängnis bringen.

Verfolgung als Missionsstrategie Gottes

4 Die zerstreuten Gläubigen aber
machten das Evangelium bekannt.
5 Philippus zum Beispiel ging in eine
Stadt von Samarien* und predigte,
dass Jesus der Messias ist. 6 Die
Menge hörte Philippus mit großer Auf-
merksamkeit zu, denn sie hatten von
den Wunderzeichen gehört, die er tat,
und waren sogar selbst Augenzeugen

7,50 Jesaja 66,1-2

7,58 Die *Zeugen* der Anklage, die nach 5. Mose 17,7 mit der Exekution beginnen mussten.

8,5 *Stadt von Samarien.* Wahrscheinlich ist Sychar gemeint, die am Osthang des Berges Ebal gelegene »religiöse Hauptstadt« der Samariter, die wenige Jahre vorher auch Jesus gern aufgenommen hatten (Johannes 4,5.39-41).

geworden. 7 Sie hatten bei vielen Be-
sessenen miterlebt, wie Dämonen laut
schreiend ausgefahren waren und hat-
ten gesehen, wie viele Gelähmte und
Verkrüppelte geheilt wurden. 8 Es
herrschte große Freude in der Stadt.
9 Nun hatte schon vorher ein Mann
namens Simon in der Stadt gelebt, der
sich mit okkulten Dingen befasste. Er
behauptete, ein großer Magier zu
sein, und hatte das Volk von Sama-
rien in Begeisterung versetzt. 10 Alle
waren von ihm eingenommen, Groß
und Klein. »Dieser Mann ist die so-
genannte ›Große Kraft‹ Gottes«,
sagten sie. 11 Sie standen ganz in
seinem Bann, weil er sie lange Zeit
mit seinen okkulten Machenschaften
beeindruckt hatte.
12 Als sie dann aber dem Philippus
Glauben schenkten, der ihnen die
gute Botschaft von der Herrschaft
Gottes verkündigte und über die Per-
son und das Werk von Jesus, dem
Messias, sprach, ließen sich Männer
und Frauen taufen. 13 Sogar Simon
selbst kam zum Glauben. Er wurde
getauft und schloss sich eng an Philip-
pus an. Die großartigen Zeichen und
Wunder versetzten ihn in höchstes Er-
staunen.
14 Als nun die Apostel in Jerusalem
hörten, dass die Leute in Samarien die
Botschaft Gottes angenommen hat-
ten, schickten sie Petrus und Johan-
nes zu ihnen. 15 Nach ihrer Ankunft
beteten beide für sie, dass Gott ihnen
den Heiligen Geist geben möge,
16 denn er war noch auf keinen von
ihnen herabgekommen. Sie waren
nur auf den Namen des Herrn Jesus
getauft worden. 17 Nach dem Gebet
legten Petrus und Johannes ihnen die
Hände auf, und jetzt empfingen sie
den Heiligen Geist.
18 Als Simon sah, dass der Heilige
Geist denen gegeben wurde, denen die
Apostel die Hände auflegten, bot er
ihnen Geld an 19 und sagte: »Gebt
auch mir diese Macht, dass jeder, dem
ich die Hände auflege, den Heiligen
Geist bekommt.« 20 »Zur Hölle mit dir
und deinem Geld!«, fuhr Petrus ihn an.
»Glaubst du wirklich, du kannst die
Gabe Gottes kaufen? 21 Nein, du hast
keinen Anteil daran und kein Recht
darauf, denn du bist nicht aufrichtig
vor Gott! 22 Ändere deine Einstellung,
wende dich von deiner Bosheit ab und
bete zum Herrn. Vielleicht vergibt er
dir deine bösen Absichten. 23 Ich sehe
ja, dass deine Gedanken völlig vergiftet
sind und du im Bösen verstrickt bist.«
24 Da bat Simon die Apostel: »Betet ihr
für mich zum Herrn. Betet bitte, dass
nichts von dem eintrifft, was ihr gesagt
habt.«
25 Nachdem Petrus und Johannes
den Herrn bezeugt und seine Bot-
schaft bekannt gemacht hatten, kehr-
ten sie nach Jerusalem zurück. Auf
dem Weg durch Samarien verkündig-
ten sie das Evangelium noch in vielen
Dörfern.

Der erste Nichtjude wird Christ

26 Philippus aber wurde von einem
Engel des Herrn beauftragt: »Geh
Richtung Süden* auf die selten be-
nutzte Straße, die von Jerusalem nach
Gaza* hinunterführt.« 27 Philippus
machte sich sofort auf. Unterwegs
traf er einen Äthiopier. Das war ein
Eunuch, ein hoher Würdenträger: der
oberste Finanzverwalter der Kandake,
der äthiopischen Königin*. Er war

nach Jerusalem gekommen, um dort
Gott anzubeten, 28 und befand sich
jetzt auf der Rückreise. Der Mann saß
auf seinem Wagen und las in der
Schriftrolle des Propheten Jesaja.
29 Gottes Geist sagte zu Philippus:
»Lauf hin und folge diesem Wagen!«
30 Philippus lief hin und hörte den
Mann halblaut aus Jesaja lesen. Er
fragte: »Verstehst du denn, was du
liest?« 31 »Wie soll ich das können«,
erwiderte dieser, »wenn es mir nie-
mand erklärt.« So bat er Philippus
aufzusteigen und sich zu ihm zu
setzen. 32 Er hatte gerade folgenden
Abschnitt gelesen:

»Er wurde wie ein Schaf zum
Schlachten weggeführt, und wie ein
Lamm, das beim Scheren stumm ist,
kam kein Klagelaut aus seinem Mund.
33 In seiner Erniedrigung wurde das
Strafgericht über ihm aufgehoben.
Wer wird seine Nachkommen zählen
können? Denn sein Leben wurde von
der Erde weg emporgehoben.«*

34 Der Eunuch wandte sich an Phi-
lippus: »Sag mir bitte, von wem hier
die Rede ist! Spricht der Prophet von
sich selbst oder von einem anderen?«
35 Da begann Philippus zu reden. Er
knüpfte an dieses Schriftwort an und
erklärte dem Äthiopier das Evange-
lium von Jesus. 36 Als sie nun so auf
der Straße dahinfuhren, kamen sie an
ein Gewässer. »Hier gibt es Wasser«,
sagte der Eunuch, »was steht meiner
Taufe noch im Weg?« *(37)** 38 Er ließ
den Wagen anhalten, und beide, Phi-
lippus und der Äthiopier, stiegen ins
Wasser, und Philippus taufte ihn.
39 Als sie wieder aus dem Wasser
kamen, wurde Philippus vom Geist
des Herrn entrückt. Der Eunuch sah
ihn nicht mehr, trotzdem setzte er vol-
ler Freude seine Reise fort. 40 Und
Philippus fand sich in Aschdod wie-
der. Er zog von Stadt zu Stadt und ver-
kündigte überall die gute Botschaft.
Schließlich kam er nach Cäsarea*.

Der Verfolger wird Christ

9 1 Saulus, der die Jünger des Herrn
immer noch mit großer Wut ver-
folgte und sie mit dem Tod bedrohte,
ging zum Hohen Priester 2 und erbat
sich Schreiben an die Synagogen von
Damaskus. Die Briefe würden ihn be-
vollmächtigen, Männer und Frauen
aufzuspüren, die Anhänger des neuen

8,26 *Süden.* Das kann auch bedeuten: »um die Mittagszeit«.

Gaza. Ehemalige Philisterstadt an der Mittelmeerküste, etwa 80 km von Jerusalem entfernt. Sie war 57 v.Chr. als römische Stadt wieder aufgebaut worden.

8,27 *äthiopischen Königin.* Das Königreich Äthiopien, südlich von Assuan im heutigen Sudan, bestand seit dem 8. Jahrhundert v.Chr. Die wichtigsten Städte waren Meroe und Napata. *Kandake* war der Titel der äthiopischen Königinnen, wie »Pharao« in Ägypten.

8,33 *emporgehoben.* Das könnte sich auch auf die Himmelfahrt beziehen, denn Jesaja 53,7-8 wurde nach der LXX zitiert.

8,37 Spätere Handschriften fügen hinzu: »Wenn du von ganzem Herzen glaubst«, sagte Philippus, »kannst du getauft werden.« - »Ja«, sagte der Äthiopier, »ich glaube, dass Jesus Christus der Sohn Gottes ist.« (Diese Frage und die Antwort entsprachen der altkirchlichen Praxis und sind wahrscheinlich von daher in einige Handschriften hineingeraten.)

8,40 *Cäsarea.* Hafenstadt am Meer. Sitz der römischen Prokuratoren. Wurde von Herodes dem Großen an Stelle einer älteren phönizischen Siedlung als neue Stadt erbaut (20-10 v.Chr.).

Weges waren, und sie gefesselt nach
Jerusalem zu bringen. 3 Auf dem Weg
nach Damaskus, kurz vor der Stadt,
strahlte plötzlich ein Licht aus dem
Himmel. Es blendete ihn von allen
Seiten, 4 sodass er zu Boden stürzte.
Gleichzeitig hörte er, wie eine Stimme
zu ihm sagte: »Saul, Saul, warum ver-
folgst du mich?« 5 »Wer bist du,
Herr?«, fragte er. »Ich bin Jesus, den
du verfolgst«, erwiderte dieser.
6 »Steh jetzt auf und geh in die Stadt.
Dort wird man dir sagen, was du tun
sollst.« 7 Die Männer, die ihn auf der
Reise begleiteten, standen sprachlos
da. Sie hörten zwar eine Stimme,
sahen aber niemand. 8 Saulus richte-
te sich vom Boden auf und öffnete
seine Augen – doch er konnte nichts
sehen. Man musste ihn an der Hand
nach Damaskus führen. 9 Drei Tage
lang war er blind und aß und trank
nichts.

10 In Damaskus lebte ein Jünger
namens Hananias. Dem erschien der
Herr in einer Vision. »Hananias!«,
sagte er. »Ja, Herr«, antwortete dieser.
11 »Steh auf und geh in die ›Gerade
Straße‹ in das Haus von Judas«, befahl
ihm der Herr. »Frage dort nach einem
Saulus aus Tarsus. Er betet nämlich
12 und hat in einer Vision einen Mann
namens Hananias gesehen, der herein-
kam und ihm die Hände auflegte,
damit er wieder sehen könnte.«
13 »Herr«, entgegnete Hananias, »ich
habe von vielen Seiten gehört, wie viel
Böses dieser Mann deinen Heiligen* in
Jerusalem angetan hat. 14 Und auch
hier ist er von den Hohen Priestern
bevollmächtigt, alle zu verhaften, die
deinen Namen anrufen.« 15 Doch der
Herr sagte: »Geh nur hin! Denn gerade
ihn habe ich als Werkzeug für mich
ausgewählt. Er soll meinen Namen bei
Nichtjuden und ihren Königen genau-
so bekannt machen wie bei den Israeli-
ten. 16 Ich werde ihm zeigen, wie viel er
nun für meinen Namen leiden muss.«
17 Da ging Hananias in jenes Haus. Er
legte Saulus die Hände auf und sagte:
»Saul, mein Bruder! Der Herr hat
mich geschickt – Jesus, der dir auf dem
Weg hierher erschienen ist. Du sollst
wieder sehen können und mit dem
Heiligen Geist erfüllt werden.« 18 Im
selben Augenblick fiel es Saulus wie
Schuppen von den Augen und er
konnte wieder sehen. Er stand auf und
ließ sich taufen. 19 Dann aß er etwas
und kam wieder zu Kräften.

Er war erst einige Tage bei den Jün-
gern in Damaskus, 20 da predigte er
auch schon in den Synagogen, dass
Jesus der Sohn Gottes ist. 21 Alle, die
ihn hörten, waren fassungslos. »Ist das
nicht der Mann, der in Jerusalem alle
erbarmungslos verfolgte, die diesen
Namen anrufen?«, sagten sie. »Und ist
er nicht deswegen hierher gekommen,
um sie als Gefangene den Hohen Pries-
tern auszuliefern?« 22 Saulus aber trat
umso entschiedener auf und brachte
die Juden von Damaskus durcheinan-
der, weil er ihnen beweisen konnte,
dass Jesus der Messias ist.

9,13 *Heilige* sind alle, die an Jesus Christus glauben, nicht etwa nur einige besonders Fromme, weil alle Christen als Volk Gottes dazu berufen sind, heilig zu sein, wie Gott selbst heilig ist (siehe auch Vers 32, 41 usw.). Eine andere Bezeichnung für die Christen ist »Jünger« (siehe Fußnote zu Apostelgeschichte 1,12).

Saulus wird nach Hause geschickt

23 Als nun eine geraume Zeit vergan-
gen war, fassten die Juden den Be-
schluss, Saulus zu töten, 24 aber er
hatte davon erfahren. Sie bewachten
nämlich Tag und Nacht die Stadttore,
um ihn nicht entkommen zu lassen.
25 Seine Anhänger aber ließen ihn
eines Nachts in einem Korb die Stadt-
mauer hinab.

26 Als Saulus wieder nach Jerusalem
kam, versuchte er, sich dort den Jün-
gern anzuschließen. Aber sie alle hat-
ten Angst vor ihm, weil sie nicht wirk-
lich glaubten, dass er ein Jünger ge-
worden war. 27 Da nahm sich Barna-
bas seiner an. Er brachte ihn zu den
Aposteln und erzählte ihnen, wie Sau-
lus auf seiner Reise den Herrn gese-
hen und wie der Herr zu ihm gespro-
chen hatte. Er schilderte auch, wie
mutig Saulus in Damaskus im Namen
von Jesus aufgetreten war. 28 Von da
an ging Saulus bei den Jüngern in Je-
rusalem aus und ein. Mit ihnen zu-
sammen trat er unerschrocken im
Namen des Herrn auf. 29 Er redete
und diskutierte auch mit den grie-
chisch sprechenden Juden. Doch sie
versuchten ihn umzubringen. 30 Als
die führenden Brüder in der Gemein-
de das erfuhren, brachten sie ihn nach
Cäsarea und schickten ihn von dort
nach Tarsus weg.

Zwischenbilanz in Israel

31 Nun erlebte die Gemeinde in ganz
Judäa, Galiläa und Samarien eine
friedliche Zeit. Die Christen wurden
gefestigt und lebten in Ehrfurcht vor
dem Herrn. Und weil der Heilige Geist
ihnen zur Seite stand, vermehrte sich
ihre Zahl.

Petrus in Judäa

32 Auf einer Reise durch das ganze
Gebiet kam Petrus zu den Heiligen in
Lydda*. 33 Er erfuhr dort von einem
gelähmten Mann namens Äneas, der
seit acht Jahren ans Bett gefesselt war.
34 Petrus sagte zu ihm: »Äneas, Jesus ,
der Messias, heilt dich jetzt! Steh auf
und mach dein Bett selbst!« Im selben
Augenblick stand Äneas auf. 35 Alle
Bewohner von Lydda und der ganzen
Scharon-Ebene* sahen ihn gesund
umherlaufen. Da wandten sie sich
dem Herrn zu.

36 In Joppe* lebte eine Jüngerin mit
Namen Tabita. Das heißt soviel wie
»Gazelle«. Sie tat viel Gutes und half
den Armen, wo sie nur konnte. 37 Nun
war sie gerade in dieser Zeit krank ge-
worden und gestorben. Man wusch
den Leichnam und bahrte ihn im obe-
ren Stockwerk des Hauses auf. 38 Als
die Jünger in Joppe gehört hatten,
dass Petrus sich in Lydda aufhielt,
schickten sie sofort zwei Männer zu
ihm und ließen ausrichten: »Bitte
komm so schnell wie möglich zu uns.«
Von Joppe war es nicht weit* nach
Lydda. 39 Petrus ging sofort mit
ihnen. Als er angekommen war, führ-
ten sie ihn gleich in das Obergemach.

9,32 *Lydda*. Das heutige Lod, 18 km südlich von Tel Aviv.

9,35 Die *Scharon-Ebene* ist ein 15 km breiter und 75 km langer sehr fruchtbarer Streifen am Mittelmeer von Lydda im Süden bis zum Berg Karmel im Norden.

9,36 *Joppe*. Heute Jaffa, arabische Vorstadt südlich des modernen Tel Aviv.

9,38 *nicht weit*. Etwa 17 Kilometer.

Dort hatten sich viele Witwen einge-
funden. Weinend traten sie zu Petrus
und zeigten ihm die Unter- und Ober-
gewänder, die Tabita für sie gemacht
hatte, als sie noch lebte. 40 Doch Pe-
trus schickte alle hinaus. Dann kniete
er nieder und betete. Schließlich
wandte er sich zu dem Leichnam und
sagte: »Tabita, steh auf!« Da öffnete
sie die Augen. Und als sie Petrus er-
blickte, setzte sie sich auf. 41 Er fasste
sie an der Hand und half ihr auf die
Füße. Dann rief er die Witwen und die
anderen Heiligen herein und gab
ihnen Tabita lebend zurück. 42 Bald
wusste ganz Joppe, was geschehen
war, und viele kamen zum Glauben
an den Herrn. 43 Petrus blieb noch
lange in der Stadt und wohnte wäh-
rend dieser Zeit bei einem Gerber
namens Simon.

Dürfen Nichtjuden zur Gemeinde gehören?

10 1 In Cäsarea lebte damals ein
römischer Offizier namens
Kornelius. Er war Hauptmann der
sogenannten Italischen Kohorte*,
2 ein frommer Mann, der mit seiner
ganzen Hausgemeinschaft Gott ver-
ehrte. Er tat viel für Not leidende
Juden und betete regelmäßig. 3 An
einem Nachmittag gegen drei Uhr
hatte er eine Vision und sah deutlich,
wie ein Engel Gottes zu ihm herein-
kam und ihn hörbar ansprach: »Kor-
nelius!« 4 Erschrocken starrte er den
Engel an: »Was ist, Herr?« – »Gott
hat deine Gebete gehört und gesehen,
wie viel Gutes du den Armen tust«,
sagte der Engel. 5 »Schick jetzt einige
Männer nach Joppe* und lass einen
gewissen Simon, den man auch
Petrus nennt, zu dir kommen. 6 Er
wohnt bei einem Gerber, der auch
Simon heißt und dessen Haus direkt
am Meer liegt.« 7 Gleich nachdem der
Engel wieder gegangen war, rief er
zwei seiner Hausdiener und einen
gläubigen Soldaten aus seinem Ge-
folge. 8 Er berichtete ihnen alles, was
geschehen war, und schickte sie nach
Joppe.
9 Am nächsten Tag gegen zwölf Uhr
näherten sich die Männer bereits der
Stadt. Um diese Zeit ging Petrus zum
Beten auf die Dachterrasse hinaus.
10 Kurz darauf bekam er Hunger und
wollte essen. Während ihm etwas zu-
bereitet wurde, hatte er eine Vision.
11 Er sah den Himmel offen und etwas
wie ein großes leinenes Tuch auf die
Erde herabkommen. Es wurde an vier
Zipfeln gehalten, und 12 in ihm befan-
den sich alle möglichen Arten von
Vierfüßlern, Kriechtieren und Vögeln.
13 Eine Stimme sagte: »Los, Petrus,
schlachte und iss!« 14 »Auf keinen
Fall, Herr!«, sagte Petrus. »In meinem
ganzen Leben habe ich noch niemals
etwas Verbotenes oder Unreines ge-
gessen!« 15 Doch die Stimme forderte
ihn ein zweites Mal heraus: »Was Gott
für rein erklärt hat, halte du nicht für
unrein.« 16 Das alles geschah drei
Mal, dann wurde das Tuch wieder in
den Himmel hinaufgezogen. 17 Wäh-
rend Petrus noch darüber rätselte,

10,1 Kornelius war einer von zehn römischen Offizieren in der *Italischen Kohorte*, einem militärischen Verband von Hilfstruppen, ca. 500 bis 1000 Mann.

10,5 *Joppe*. Etwa 45 Kilometer südlich von Cäsarea, anderthalb Tagereisen.

was die Vision wohl bedeuten sollte,
standen die Männer, die Kornelius ge-
schickt hatte, schon vor dem Tor. Sie
hatten sich nach Simons Haus durch-
gefragt. 18 Durch Rufen machten sie
sich bemerkbar und fragten: »Ist hier
ein Simon zu Gast, der Petrus genannt
wird?« 19 Petrus dachte immer noch
über die Vision nach, als der Geist
Gottes zu ihm sagte: »Pass auf! Da
sind drei Männer, die dich suchen.
20 Steh auf und geh nach unten! Du
kannst ihnen ohne Bedenken folgen,
denn ich habe sie geschickt.« 21 Pe-
trus ging jetzt zu den Männern hinun-
ter und sagte: »Ich bin der, den ihr
sucht. Was führt euch zu mir?«
22 »Der Hauptmann Kornelius«, sag-
ten sie, »ein gerechter, gottesfürch-
tiger und bei der ganzen jüdischen
Bevölkerung angesehener Mann hat
uns geschickt. Er ist von einem heili-
gen Engel angewiesen worden, dich
in sein Haus holen zu lassen, um zu
hören, was du zu sagen hast.« 23 Da
ließ Petrus die Männer eintreten und
sorgte für ein Quartier.

Am nächsten Morgen machte er
sich mit ihnen auf den Weg. Einige
Brüder aus Joppe begleiteten sie.
24 Am folgenden Tag erreichten sie
Cäsarea. Kornelius hatte sie schon er-
wartet und seine Verwandten und
engsten Freunde bei sich eingeladen.
25 Als Petrus durchs Hoftor trat, kam
Kornelius ihm entgegen und warf sich
ehrfürchtig vor ihm nieder. 26 Doch
Petrus zog ihn hoch und sagte: »Steh
auf! Ich bin doch nur ein Mensch.«
27 Während sie sich unterhielten, be-
traten sie das Haus. Petrus fand dort
viele Leute versammelt. 28 »Ihr wisst
ja«, sagte er, »dass es für einen Juden
nicht erlaubt ist, engen Kontakt mit
einem Nichtjuden zu haben oder ihn
gar zu besuchen. Doch Gott hat mir
gezeigt, keinen Menschen als unrein
oder unberührbar zu betrachten.
29 Darum kam ich auch ohne Wider-
rede, als ich geholt wurde. Nun möch-
te ich fragen, warum ihr mich geholt
habt.«

30 Kornelius erwiderte: »Vor vier
Tagen betete ich in meinem Haus bis
zu dieser Zeit gegen drei Uhr nach-
mittags. Plötzlich stand ein Mann in
einem leuchtend weißen Gewand
vor mir 31 und sagte: ›Kornelius! Gott
hat deine Gebete gehört und gesehen,
wie viel Gutes du den Armen tust.
32 Schick Boten nach Joppe und lass
einen gewissen Simon, den man auch
Petrus nennt, zu dir kommen. Er
wohnt bei einem Gerber namens
Simon, dessen Haus direkt am Meer
liegt.‹ 33 Da habe ich sofort einige
Leute zu dir geschickt. Und es ist sehr
schön, dass du gleich gekommen bist.
Nun haben wir uns hier in der Gegen-
wart Gottes versammelt, um all das zu
hören, was der Herr dir aufgetragen
hat.«

34 Petrus begann: »Jetzt begreife ich,
wie wahr es ist, dass Gott nicht be-
stimmte Menschen anderen vorzieht.
35 Er nimmt aus jedem Volk alle an, die
in Ehrfurcht vor ihm leben und seinen
Willen tun. 36 Ihr kennt ja die Bot-
schaft, die Gott dem Volk Israel ge-
sandt hat. Es ist das Evangelium des
Friedens durch den, der Herr über alle
Menschen ist: Jesus, der Messias.
37 Ebenso kennt ihr die Ereignisse, die
sich in ganz Judäa zugetragen haben.
Angefangen hat es schon in Galiläa,
nachdem Johannes die Menschen zur

Taufe aufgerufen hatte: 38 Gott hatte
Jesus von Nazaret mit dem Heiligen
Geist gesalbt und mit Kraft erfüllt. Gott
war mit ihm, und so zog er umher, tat
den Menschen Gutes und heilte alle,
die der Teufel in seiner Gewalt hatte.
39 Wir sind Zeugen für alles, was er im
ganzen jüdischen Land und in Jerusa-
lem getan hat. Dann haben sie ihn ans
Kreuz gehängt und getötet. 40 Aber
Gott hat ihn am dritten Tag wieder zum
Leben erweckt und ihn als Auferstan-
denen präsentiert 41 – allerdings nicht
dem ganzen Volk, sondern nur den
Zeugen, die Gott schon vorher dazu
bestimmt hatte. Das waren wir, die mit
ihm gegessen und getrunken haben,
nachdem er vom Tod auferstanden
war. 42 Er hat uns beauftragt, dem Volk
Israel zu predigen und eindringlich zu
bezeugen, dass er der von Gott be-
stimmte Richter über Lebende und
Tote ist. 43 Schon die Propheten haben
von ihm geredet. Sie bezeugen über-
einstimmend, dass jeder, der an ihn
glaubt, die Vergebung für seine Sün-
den erhält.«

44 Während Petrus diese Worte
sagte, kam der Heilige Geist auf alle,
die seine Ansprache hörten. 45 Die
Gläubigen jüdischer Herkunft, die mit
Petrus gekommen waren, konnten es
kaum fassen, dass die Gabe des Heili-
gen Geistes auch nichtjüdischen Men-
schen geschenkt worden war. 46 Sie
hörten nämlich, wie die Versammelten
Gottes Größe in nichtgelernten Spra-
chen priesen. Da sagte Petrus zu sei-
nen Begleitern: 47 »Kann denn je-
mand diesen Menschen das Wasser
zur Taufe verweigern? Sie haben doch
genau wie wir den Heiligen Geist emp-
fangen.« 48 Und er ordnete an, sie auf
den Namen von Jesus, dem Messias,
zu taufen. Danach baten sie Petrus,
noch einige Tage bei ihnen zu bleiben.

Petrus muss sich rechtfertigen

11 1 Die Apostel und die Brüder
in Judäa hörten bald davon,
dass auch die Nichtjuden Gottes Bot-
schaft angenommen hatten. 2 Als
dann Petrus nach Jerusalem kam,
stritten die Verfechter der Beschnei-
dung mit ihm. 3 »Du bist bei unbe-
schnittenen Leuten eingekehrt und
hast sogar mit ihnen gegessen«, hiel-
ten sie ihm vor.

4 Da setzte Petrus es ihnen der
Reihe nach auseinander. Er erklärte:
5 »Ich war in der Stadt Joppe und be-
tete gerade, da hatte ich eine Vision:
Ich sah etwas wie ein großes leinenes
Tuch, das an seinen vier Zipfeln gehal-
ten und vom Himmel zu mir herab-
gelassen wurde. 6 Gespannt sah ich
hinein und erblickte alle möglichen
Vierfüßler, Wildtiere, Kriechtiere und
Vögel. 7 Dann hörte ich auch eine
Stimme zu mir sagen: ›Los, Petrus,
schlachte und iss!‹ 8 ›Auf keinen Fall,
Herr!‹, sagte ich. ›In meinem ganzen
Leben habe ich noch nie etwas Ver-
botenes oder Unreines gegessen!‹
9 Doch die Stimme wiederholte die
Aufforderung: ›Was Gott für rein er-
klärt hat, halte du nicht für unrein.‹
10 Das alles geschah drei Mal, dann
wurde das Tuch wieder in den Himmel
hinaufgezogen. 11 In diesem Augen-
blick kamen drei Männer vor das
Haus, in dem ich wohnte. Sie waren
von Cäsarea aus zu mir geschickt
worden. 12 Der Geist Gottes sagte mir,
ich solle ohne Bedenken mit ihnen

gehen. Auch diese sechs Brüder hier
kamen mit und so kehrten wir in das
Haus des Mannes ein, der nach mir
geschickt hatte.
13 Er erzählte uns, dass er gesehen
habe, wie ein Engel in sein Haus kam
und sagte: ›Schick nach Joppe und lass
einen Simon holen, der Petrus genannt
wird! 14 Er wird euch eine Botschaft
übermitteln, die dir und allen anderen
in deinem Haus die Rettung bringt.‹
15 Ich hatte kaum mit dem Reden be-
gonnen, da kam der Heilige Geist auf
sie, genauso wie damals am Anfang
auf uns. 16 Mir fiel gleich das Wort ein,
das der Herr gesagt hatte: ›Johannes
hat mit Wasser getauft, ihr aber, ihr
werdet mit dem Heiligen Geist getauft
werden.‹ 17 Gott hat ihnen also die
gleiche Gabe gegeben wie auch uns, als
wir zum Glauben an den Herrn Jesus,
den Messias, kamen. Wer bin ich, dass
ich es mir da hätte erlauben dürfen,
Gott im Weg zu stehen?«
18 Als sie das gehört hatten, beru-
higten sie sich. Sie priesen Gott und
sagten: »Gott hat also auch den
Nichtjuden die Umkehr zum Leben
ermöglicht!«

Gemeinde aus Nichtjuden

19 Die Christen nun, die sich wegen der
Verfolgung, die beim Tod des Stepha-
nus entstanden war, von Jerusalem aus
zerstreut hatten, kamen zum Teil bis
nach Phönizien*, Zypern und Antio-
chia*. Die gute Botschaft sagten sie
aber nur den Juden weiter. 20 Einige
von ihnen – sie kamen ursprünglich
von der Insel Zypern und aus der Ge-
gend von Zyrene in Nordafrika – ver-
kündigten auch den nichtjüdischen
Einwohnern Antiochias die gute Bot-
schaft von Jesus, dem Herrn. 21 Der
Herr stand ihnen zur Seite und eine
große Zahl von Nichtjuden glaubte
ihrer Botschaft und bekehrte sich zum
Herrn.

Barnabas in Antiochia

22 Als die Gemeinde in Jerusalem davon
hörte, schickte sie Barnabas hin. 23 Der
war sehr glücklich, als er sah, was durch
die Gnade Gottes entstanden war. Er
machte allen Mut, dem Herrn mit gan-
zem Herzen treu zu bleiben. 24 Denn er
war ein vortrefflicher Mann, erfüllt mit
dem Heiligen Geist und festem Glau-
ben. Viele Menschen kamen damals
zum Glauben an den Herrn.
25 Barnabas reiste dann nach Tar-
sus*, um Saulus zu suchen. 26 Als
er ihn gefunden hatte, nahm er ihn
mit nach Antiochia. Ein ganzes Jahr
lang waren sie mit der Gemeinde
zusammen und unterwiesen viele
Menschen im Glauben. In Antiochia
wurden die Jünger übrigens zuerst
Christen genannt.

11,19 *Phönizien.* Landstrich am Mittelmeer nördlich von Israel mit den Städten Tyrus und Sidon im Gebiet des heutigen Libanon. Phönizien gehörte zur römischen Provinz Syrien.

Antiochia war die drittgrößte Stadt des römischen Reiches, am Fluss Orontes gelegen, etwa 500 km nördlich von Jerusalem. Sie war die berühmteste der 16 Städte gleichen Namens, die der mazedonische Reiterführer Seleukos I. Nikator um 300 v. Chr. gründete und nach seinem Vater Antiochus benannte.

11,25 *Tarsus* lag etwa 200 km nordwestlich von Antiochia. Die Heimatstadt des Paulus am Kydnos-Fluss (16 km vom Mittelmeer entfernt) war ein bedeutendes wirtschaftliches und kulturelles Zentrum.

27 Während dieser Zeit kamen einige Propheten von Jerusalem nach Antiochia. 28 Einer von ihnen hieß Agabus. Er stand in einer Gemeindeversammlung auf und sagte – vom Geist Gottes geführt – eine schwere Hungersnot über die ganze Welt voraus, die dann auch unter Kaiser Klaudius* eintrat. 29 Da beschlossen die Jünger, den Geschwistern in Judäa eine Unterstützung zukommen zu lassen; jeder von ihnen sollte nach seinen finanziellen Möglichkeiten dazu beitragen. 30 Das taten sie dann auch und schickten Barnabas und Saulus mit dem Geld zu den Ältesten.

Gewalt gegen die führenden Männer

12 1 Um diese Zeit ging König Herodes* gegen Mitglieder der Gemeinde vor und ließ sie misshandeln. 2 Jakobus, den Bruder von Johannes, ließ er enthaupten. 3 Als er merkte, dass das den Juden gefiel, ließ er auch Petrus festnehmen. Das geschah während des Festes der ungesäuerten Brote.* 4 Er ließ ihn ins Gefängnis schaffen und von vier Gruppen zu je vier Soldaten bewachen. Nach dem Passafest wollte er ihn vor dem Volk aburteilen. 5 Während Petrus streng bewacht im Gefängnis saß, betete die Gemeinde inständig für ihn zu Gott. 6 In der Nacht vor der von Herodes geplanten Verurteilung schlief Petrus zwischen zwei Soldaten. Er war an jeden mit einer Kette gefesselt, während zwei andere vor der Tür seiner Zelle Wache hielten. 7 Plötzlich stand ein Engel des Herrn vor ihm und ein helles Licht erfüllte die Zelle. Er stieß Petrus in die Seite, um ihn zu wecken. »Steh schnell auf!«, sagte er. Sofort fielen ihm die Ketten von den Handgelenken ab. 8 »Binde den Gürtel um und zieh deine Sandalen an!«, befahl der Engel. Petrus tat es. »Wirf den Mantel über und komm!« 9 Petrus folgte dem Engel hinaus. Doch er wusste nicht, ob es Wirklichkeit war, was er mit dem Engel erlebte. Er meinte zu träumen. 10 Sie gingen an der ersten Wache vorbei, dann an der zweiten und kamen an das eiserne Tor, das in die Stadt führte. Das öffnete sich ihnen von selbst. Sie traten hinaus und gingen eine Gasse hinunter. Da verschwand der Engel neben ihm plötzlich. 11 Jetzt kam Petrus zu sich. »Nun weiß ich wirklich, dass der Herr seinen Engel geschickt hat«, sagte er. »Er hat mich vor Herodes gerettet und vor dem, was die Juden sich erhofften.«

12 Als ihm das klar geworden war, ging er zum Haus der Maria, der Mutter von Johannes Markus*. Dort

---

11,28 *Klaudius* war von 41-54 n.Chr. römischer Kaiser. Die Hungersnot fiel wahrscheinlich in die Jahre 45 bis 48. Missernten in Ägypten führten zu einer starken Verteuerung der Lebensmittel im ganzen Römischen Reich.

12,1 *Herodes* Agrippa I., ein Enkel von Herodes dem Großen, dem Kindesmörder von Bethlehem, und ein Neffe von Herodes Antipas, der Johannes den Täufer hinrichten ließ.

12,3 *Fest der ungesäuerten Brote.* Das war die Festwoche, die sich an das Passa (2. Mose 12-13) anschloss (3. Mose 23,5-8). Manchmal wurden beide Feste zusammen wie in Vers 4 »Passa« genannt.

12,12 *Johannes Markus.* Der spätere Verfasser des Markus-Evangeliums.

waren viele zum Gebet versammelt.
13 Petrus klopfte ans Tor, und eine
Dienerin namens Rhode kam und
wollte nachsehen, wer da wäre. 14 Als
sie die Stimme des Petrus erkannte,
lief sie gleich ins Haus und rief: »Es ist
Petrus! Petrus steht vor dem Tor!« Vor
lauter Freude hatte sie vergessen, das
Tor zu öffnen. 15 »Du bist wohl nicht
ganz bei Verstand«, sagten sie zu ihr.
Doch sie behauptete steif und fest,
dass es Petrus sei. Da meinten sie:
»Dann ist es sein Engel.« 16 Aber Pe-
trus klopfte unaufhörlich weiter, bis
sie schließlich aufmachten. Als sie ihn
sahen, gerieten sie vor Staunen außer
sich. 17 Doch er brachte sie mit einer
Handbewegung zum Schweigen und
erzählte ihnen dann, wie der Herr ihn
aus dem Gefängnis herausgeführt
hatte. »Berichtet das auch Jakobus
und den Brüdern!«, bat er sie. Dann
ging er hinaus und verließ die Stadt.

18 Als es Tag wurde, gerieten die
Soldaten in große Bestürzung. Keiner
wusste, was mit Petrus geschehen
war. 19 Und als Herodes ihn holen las-
sen wollte, war er nirgends zu finden.
Da verhörte er die Wachen und be-
fahl, sie abzuführen. Anschließend
begab er sich von Judäa wieder in
seine Residenzstadt Cäsarea.

Tod von Herodes Agrippa I.

20 Damals lag Herodes im Streit mit
den Bewohnern von Tyrus und
Sidon*. Nun schickten diese eine ge-
meinsame Delegation zu ihm. Der
Abordnung gelang es, den könig-
lichen Palastverwalter Blastus als Für-
sprecher zu gewinnen. So baten sie
um Frieden, weil ihr Gebiet von den
Lebensmittellieferungen des könig-
lichen Landes abhängig war. 21 An
dem Tag, an dem die Beilegung des
Streits verkündet werden sollte, hielt
Herodes eine öffentliche Ansprache
an sie. Er erschien dazu in königli-
chem Prunk auf der Tribüne des Thea-
ters. 22 Das Volk von Cäsarea schrie
begeistert: »So spricht ein Gott und
nicht ein Mensch!« 23 Im gleichen
Augenblick aber schlug ihn ein Engel
des Herrn, weil er sich als Gott feiern
ließ und nicht Gott die Ehre gab. Von
Würmern zerfressen starb er unter
Qualen.

24 Immer mehr Menschen hörten
das Wort Gottes und kamen zum
Glauben.

25 Nachdem Barnabas und Saulus
ihre Aufgabe in Jerusalem erfüllt
hatten, kehrten sie in Begleitung von
Johannes-Markus nach Antiochia
zurück.

Die Ältesten von Antiochia

13 1 In der Gemeinde von Antio-
chia gab es damals folgende
Propheten und Lehrer: Barnabas und
Simeon, genannt Niger*, Luzius von
Zyrene und Manaën, der zusammen
mit dem Vierfürsten Herodes* aufge-
wachsen war, und Saulus. 2 Als sie
einmal für einige Zeit fasteten und
sich ganz dem Gebet widmeten,

12,20 *Tyrus und Sidon* waren die wichtigsten Hafenstädte Phöniziens (heute: Libanon).

13,1 *Niger*. Lateinisch: der Schwarze.

Herodes Antipas, der Sohn von Herodes dem Großen und Onkel von Agrippa I. Er herrschte von 4 v.Chr. bis 39 n.Chr. über Galiläa und Peräa, also nur über einen Teil des Landes. Deswegen war er nur »Tetrarch«, das heißt eigentlich »Viertelfürst«.

sprach der Heilige Geist: »Stellt mir
doch Barnabas und Saulus für die
Aufgabe frei, zu der ich sie berufen
habe.« 3 Nach einer weiteren Zeit des
Fastens und Betens legten sie ihnen
die Hände auf und ließen sie ziehen.

Beginn der ersten Missionsreise

4 So vom Heiligen Geist ausgesandt,
gingen die beiden nach Seleuzia* und
nahmen dort ein Segelschiff nach
Zypern. 5 In Salamis* angekommen,
verkündigten sie die Botschaft Gottes
in den jüdischen Synagogen der
Stadt. Als Helfer hatten sie Johannes
Markus dabei. 6 Sie durchzogen die
ganze Insel bis nach Paphos*. Dort
trafen sie auf einen Juden, der sich
Barjesus nannte. Das war ein Magier
und falscher Prophet, 7 der zum Ge-
folge des römischen Statthalters der
Insel gehörte. Dieser Prokonsul*, Ser-
gius Paulus, war ein gebildeter und
vernünftiger Mann. Er hatte Barna-
bas und Saulus zu sich gerufen, weil
er die Botschaft von Gott hören woll-
te. 8 Doch Elymas, der Zauberer, – so
heißt nämlich sein Name übersetzt –
trat ihnen entgegen und versuchte mit
allen Mitteln, den Prokonsul vom
Glauben abzuhalten. 9 Aber Saulus,
der auch Paulus genannt wird, blickte
ihn scharf an. Vom Heiligen Geist er-
füllt 10 sagte er: »Du elender und ge-
rissener Betrüger, du Sohn des Teufels
und Feind aller Gerechtigkeit! Wann
hörst du endlich auf, die geraden
Wege des Herrn krumm zu machen.
11 Doch jetzt wirst du die Hand des
Herrn zu spüren bekommen. Du wirst
blind sein! Eine Zeit lang wirst du die
Sonne nicht sehen.« Im selben Au-
genblick fand sich der Magier von
tiefster Dunkelheit umgeben. Er tapp-
te umher und suchte jemand, der ihn
an der Hand führte. 12 Als der Prokon-
sul sah, was geschehen war, kam er
zum Glauben, höchst erstaunt über
die Lehre des Herrn.

13 Von Paphos stachen Paulus und
seine Begleiter wieder in See und
kamen nach Perge* in Pamphylien*.
Hier trennte sich Johannes von ihnen
und kehrte wieder nach Jerusalem zu-
rück. 14 Paulus und Barnabas aber
zogen von Perge aus landeinwärts
weiter, bis sie in das pisidische* Anti-
ochia* kamen. Am Sabbat gingen sie
in die dortige Synagoge und setzten
sich unter die Zuhörer. 15 Nach der

13,4 *Seleuzia.* Die Hafenstadt von Antiochia, etwa 30 km entfernt.

13,5 *Salamis.* Damalige Hauptstadt von Zypern, an der Ostküste gelegen, etwa 150 km von Seleuzia entfernt.

13,6 Die Hafenstadt *Paphos* liegt an der Südwestspitze von Zypern und war Sitz der römischen Verwaltung.

13,7 Ein *Prokonsul* (nur hier und 13,8.12 und 19,38) wurde vom römischen Senat bestimmt und verwaltete vorwiegend friedliche Provinzen. Im Gegensatz dazu wurde ein Prokurator (sonst immer mit *Statthalter* übersetzt) vom Kaiser in unruhigen Provinzen eingesetzt, z.B. in Judäa.

13,13 *Perge.* Metropole der Provinz Pamphylien, 15 km nordöstlich der heutigen Stadt Antalya.

Pamphylien. Küstenregion im Süden Kleinasiens, 130 km lang und an der breitesten Stelle 30 km breit.

13,14 *Pisidien.* Hochlandgebiet in Kleinasien 190 km lang und 80 km breit, nördlich von Pamphylien.

Antiochia. Stadt in der römischen Provinz Galatien dicht an der Grenze zu der Landschaft Pisidien, etwa 1000 Meter hoch gelegen, römische Kolonie.

Schriftlesung aus dem Gesetz und den
Propheten ließen die Synagogenvor-
steher ihnen ausrichten: »Liebe Brü-
der, wenn ihr ein Wort der Ermuti-
gung für unsere Leute habt, dann
redet!«

Im südlichen Galatien*: Antiochia

16 Da stand Paulus auf, bat mit einer
Handbewegung um Ruhe und be-
gann: »Männer von Israel und alle, die
ihr Gott fürchtet, hört mir zu! *17* Der
Gott unseres Volkes, der Gott Israels,
hat unsere Vorfahren erwählt. Er ließ
sie in der Fremde Ägyptens zu einem
großen Volk werden und führte sie
dann mit gewaltiger Macht von dort
weg. *18* Vierzig Jahre lang ertrug er sie
in der Wüste. *19* Dann vernichtete er
sieben Nationen und gab deren Land
unserem Volk zum Besitz. *20* All das
geschah in einem Zeitraum von etwa
450 Jahren.* Danach gab Gott ihnen
Richter bis zur Zeit des Propheten Sa-
muel. *21* Jetzt wollten sie einen König
haben, und Gott gab ihnen Saul Ben-
Kisch, einen Mann aus dem Stamm
Benjamin. Der regierte sie vierzig
Jahre, *22* dann verstieß Gott ihn und
machte David zu ihrem König. Ihm
stellte er das Zeugnis aus: ›In David
Ben-Isai habe ich einen Mann gefun-
den, der alles tut, was ich von ihm
will.‹* *23* Und einen von den Nach-
kommen dieses Mannes hat Gott dem
Volk Israel, wie er es versprochen
hatte, als Retter gesandt: Jesus.
24 Bevor er aber auftrat, predigte Jo-
hannes dem ganzen Volk Israel, dass
sie ihre Einstellung ändern und sich
taufen lassen sollten. *25* Johannes
sagte am Ende seines Wirkens: ›Der,
für den ihr mich haltet, bin ich nicht,
aber seid euch im Klaren darüber:
Nach mir kommt der Erwartete, und
ich bin nicht einmal würdig, ihm die
Riemen seiner Sandalen zu lösen.‹*«

26 »Liebe Brüder, ihr Nachkommen
Abrahams, und ihr, die ihr Gott fürch-
tet: Uns allen hat Gott die rettende
Botschaft gesandt. *27* Die Einwohner
Jerusalems und ihre führenden Män-
ner haben Jesus nicht erkannt. Sie
verstanden auch die Worte der Pro-
pheten nicht, die doch jeden Sabbat
vorgelesen werden. Trotzdem haben
sie deren Ankündigungen erfüllt, als
sie Jesus den Prozess machten. *28* Ob-
wohl sie keine todeswürdige Schuld
an ihm fanden, verlangten sie seine
Hinrichtung von Pilatus. *29* Nachdem
sie dann alles ausgeführt hatten, was
über ihn geschrieben steht, nahmen
sie ihn vom Kreuz herunter und legten
ihn in ein Grab. *30* Aber Gott hat ihn
von den Toten auferweckt. *31* Und er
hat sich als Auferstandener etliche
Tage denen gezeigt, die ihm von Gali-
läa nach Jerusalem gefolgt waren. Das
sind jetzt seine Zeugen vor dem Volk
Israel.

13,16 *Galatien* ist der Name einer Landschaft im nördlichen Kleinasien. Die römische Provinz Galatien schloss aber seit einigen Jahrzehnten auch die südlicher liegenden Landschaften Pisidien, Phrygien und Lykaonien ein.

13,20 *450 Jahren.* Die Zahl ergibt sich aus den 400 Jahren in Ägypten (Apostelgeschichte 7,6), den 40 Jahren Wüstenwanderung und etwa 10 Jahren von der Eroberung des Landes bis zur Landverteilung (Josua 14,1-17,18).

13,22 Nach Psalm 89,21 und 1. Samuel 13,14

13,25 Markus 1,7

32 So bringen wir euch nun diese
gute Botschaft: Gott hat die Zusage,
die er unseren Vätern gegeben hat,
33 an uns, ihren Nachkommen, einge-
löst. Er tat das, indem er Jesus berief.
So steht es auch im zweiten Psalm:
›Du bist mein Sohn; ich habe dich
heute gezeugt!‹* 34 Dass er ihn mit
der Auferweckung aus den Toten aber
für immer der Verwesung entrissen
hat, kündigte er so an: ›Ich gebe euch
die heiligen und unvergänglichen
Güter, die ich David versprochen
habe.‹* 35 Deshalb heißt es auch an
einer anderen Stelle: ›Du wirst deinen
heiligen Diener nicht der Verwesung
preisgeben.‹* 36 David freilich ist ge-
storben, nachdem er seiner eigenen
Generation nach Gottes Willen ge-
dient hat. Er wurde neben seinen Vor-
fahren beigesetzt, und sein Körper
verweste. 37 Der aber, den Gott aufer-
weckt hat, ist nicht verwest. 38 Ihr
sollt deshalb wissen, liebe Brüder:
Durch diesen Jesus wird euch Verge-
bung der Sünden angeboten. Das Ge-
setz des Mose konnte euch nicht von
ihnen freisprechen. 39 Durch Jesus
aber ist das möglich. Jeder, der an ihn
glaubt, wird von aller Schuld frei-
gesprochen. 40 Seht zu, dass nicht
eintrifft, was im Zwölfprophetenbuch
geschrieben steht: 41 ›Schaut her,
ihr Verächter, wundert euch und ver-
schwindet! Denn schon bald werde
ich etwas tun, das ihr nicht glauben
würdet, wenn es euch jemand er-
zählte.‹*«

Auch Nichtjuden gilt die Botschaft

42 Als Paulus und Barnabas die Syn-
agoge verließen, wurden sie gebeten,
am nächsten Sabbat weiter über diese
Dinge zu reden. 43 Und als die Ver-
sammlung sich aufgelöst hatte,
kamen viele mit Paulus und Barnabas
mit, Juden und Nichtjuden, die sich
zur Synagoge gehalten hatten. Die
beiden sprachen lange mit ihnen und
ermahnten sie, sich immer ganz auf
die Gnade Gottes zu verlassen. 44 Am
nächsten Sabbat aber kam fast die
ganze Stadt zusammen, um die Bot-
schaft Gottes zu hören. 45 Als die
Juden die vielen Menschen sahen,
wurden sie eifersüchtig. Sie wider-
sprachen dem, was Paulus sagte, und
beschimpften ihn.

46 Schließlich erklärten Paulus und
Barnabas fest und offen: »Zuerst
musste euch das Wort Gottes gesagt
werden. Weil ihr es aber abweist und
euch des ewigen Lebens nicht für
würdig haltet, wenden wir uns jetzt
den Nichtjuden zu, 47 wie der Herr
uns beauftragt hat. Er sagte: ›Ich
mache dich zum Licht für die anderen
Völker. Du sollst das Heil bis ans Ende
der Welt bringen.‹*« 48 Als die Nicht-
juden in der Synagoge das hörten,
freuten sie sich und priesen das Wort
des Herrn. Und alle, die zum ewigen
Leben bestimmt waren, kamen zum
Glauben.

49 Das Wort des Herrn verbreitete
sich in der ganzen Gegend. 50 Aber die
Juden hetzten die vornehmen griechi-
schen Frauen, die sich zur Synagoge

13,33 Psalm 2,7

13,34 Jesaja 55,3

13,35 Psalm 16,10

13,41 Habakuk 1,5 sinngemäß nach der LXX zitiert.

13,47 Jesaja 49,6

hielten, und die führenden Männer
der Stadt gegen Paulus und Barnabas
auf. Sie zettelten eine Verfolgung an
und vertrieben sie aus der Gegend.
51 Da schüttelten beide den Staub von
ihren Füßen – ihnen zur Warnung –
und zogen nach Ikonion* weiter.
52 Die Jünger in Antiochia aber wur-
den mit Freude und mit dem Heiligen
Geist erfüllt.

Im südlichen Galatien: Ikonion

14 1 In Ikonion gingen Paulus
und Barnabas wie gewöhn-
lich in die Synagoge der Juden. Sie
sprachen dort in derselben Weise wie
in Antiochia und eine große Menge
von Juden und Nichtjuden kam zum
Glauben. 2 Aber die Juden, die nicht
auf die Botschaft hören wollten, hetz-
ten die nichtjüdische Bevölkerung
gegen die Christen auf und verleum-
deten sie. 3 Paulus und Barnabas hiel-
ten sich ja eine längere Zeit dort auf
und verkündigten im Vertrauen auf
den Herrn unerschrocken die Bot-
schaft von seiner Gnade. Der Herr be-
stätigte die Botschaft, indem er Zei-
chen und Wunder durch sie gesche-
hen ließ. 4 Die Einwohner der Stadt
spalteten sich in zwei Lager: die einen
hielten es mit den Juden, die anderen
mit den Aposteln. 5 Als nun die feind-
lich gesinnte Gruppe – Nichtjuden
und Juden einschließlich ihrer führen-
den Männer – einen Anschlag auf die
Apostel vorbereitete, um sie zu miss-
handeln und zu steinigen, 6 flohen sie
nach Lykaonien* in die Städte Lys-
tra* und Derbe*. Dort und in der wei-
teren Umgebung 7 verkündigten sie
nun das Evangelium.

Im südlichen Galatien: Lystra

8 In Lystra lebte ein Mann, der keine
Kraft in den Beinen hatte. Er war von
Geburt an gelähmt und hatte noch nie
einen Schritt getan. 9 Der hörte zu,
wie Paulus redete. Als der ihn fest
anblickte und sah, dass er den Glau-
ben hatte, er könne geheilt werden,
10 sagte er mit lauter Stimme zu ihm:
»Steh auf! Stell dich gerade auf die
Beine!« Da sprang der Mann auf
und begann umherzugehen. 11 Viele
Leute hatten gesehen, was Paulus da
tat, und riefen auf Lykaonisch: »Die
Götter sind als Menschen zu uns
herabgekommen!« 12 Sie nannten
Barnabas Zeus und Paulus Hermes*,
weil er das Wort geführt hatte. 13 Der
Priester des Zeustempels vor der

13,51 *Ikonion.* Die Stadt, das heutige Konja, lag 140 km südöstlich vom pisidischen Antiochia, in der römischen Provinz Galatien an der »Via Sebaste«. Als römische Ehrenkolonie erhielt sie die Verfassung einer hellenistischen Stadt. Man sprach Griechisch.

14,6 *Lykaonien.* Landschaft im südlichen Innern Kleinasiens, Hochebene nördlich des Taurus-Gebirges, Teil der römischen Provinz Galatien. Es gab nämlich die Regionen »Lycaonia Galatica«, wozu Lystra und Derbe gehörten und wo die meisten Einwohner Lykaonisch sprachen, und »Phrygia Galatica«, wozu Ikonion gehörte.

Lystra. 30 km südwestlich von Ikonion, römische Kolonie, Heimatstadt des Timotheus.

Derbe liegt 100 Kilometer südöstlich von Lystra.

14,12 *Hermes.* Zeus galt als höchster Gott der Griechen und zugleich als örtliche Gottheit von Lystra. Hermes galt als der Götterbote. Nach einer alten Sage waren sie schon einmal in menschlicher Gestalt in Lystra gewesen - und abgewiesen worden, was Unglück über die Stadt gebracht hatte. Jetzt wollten die Einwohner es also besser machen.

Stadt ließ Stiere und Kränze zum
Stadttor schaffen und wollte den
Aposteln zusammen mit der Bevöl-
kerung Opfer bringen. 14 Als Barna-
bas und Paulus davon hörten, rissen
sie entsetzt ihre Obergewänder ein,
rannten in die Menge und riefen:
15 »Ihr Leute, was macht ihr da? Wir
sind doch auch nur Menschen, genau
wie ihr! Und wir verkündigen euch
die Heilsbotschaft, dass ihr euch ge-
rade von diesen Nichtigkeiten zu dem
lebendigen Gott bekehren sollt, zu
dem Gott, der den Himmel, die Erde
und das Meer mit allem, was darin ist,
geschaffen hat. 16 Zwar ließ er in der
Vergangenheit alle nichtjüdischen
Völker ihre eigenen Wege gehen,
17 doch hat er sie nicht ohne Zeugnis
von sich gelassen, indem er ihnen
Gutes tat. Er hat euch vom Himmel
her Regen geschenkt. Er gab euch
immer wieder reiche Ernten. Er gab
euch Nahrung und machte euch froh
und glücklich.« 18 Selbst mit diesen
Worten konnten sie die Volksmenge
nur mühsam davon abhalten, ihnen
Opfer zu bringen.

19 Aber dann kamen Juden aus Anti-
ochia und Ikonion. Sie schafften es, die
Bevölkerung auf ihre Seite zu ziehen.
Dann steinigten sie Paulus. Und als sie
ihn für tot hielten, schleiften sie ihn zur
Stadt hinaus. 20 Doch während ihn die
Jünger umringten, stand er wieder auf
und ging in die Stadt zurück.

Im südlichen Galatien: Derbe

Am nächsten Tag zog er mit Barnabas
weiter nach Derbe. 21 Auch in Derbe
verkündigten sie das Evangelium,
und viele Einwohner wurden durch
sie zu Jüngern des Herrn.

Rückreise nach Antiochia in Syrien

Dann kehrten sie nach Lystra, Ikonion
und schließlich nach Antiochia zu-
rück. 22 Überall ermutigten sie die
Jünger und ermahnten sie, im Glau-
ben standhaft zu bleiben. »Wir müs-
sen durch manche Bedrängnis hin-
durch«, sagten sie, »bevor wir in
Gottes Reich einkehren.« 23 In jeder
Gemeinde wählten sie Älteste aus und
befahlen sie mit Fasten und Gebet dem
Herrn an, an den sie nun glaubten.

24 Sie zogen dann weiter durch Pisi-
dien nach Pamphylien. 25 Nachdem
sie auch in Perge Gottes Botschaft ge-
predigt hatten, gingen sie hinunter
nach Attalia*. 26 Dort nahmen sie ein
Schiff zurück nach Antiochia, wo man
sie der Gnade Gottes für die Aufgabe
anvertraut hatte, die nun von ihnen
erfüllt worden war. 27 In Antiochia an-
gekommen, riefen sie die Gemeinde
zusammen und berichteten alles, was
Gott durch sie getan hatte. »Gott hat
den Nichtjuden wirklich die Tür zum
Glauben geöffnet«, schlossen sie.

28 Paulus und Barnabas blieben nun
für längere Zeit bei den Jüngern in
Antiochia.

Die Apostelversammlung in Jerusalem

15 1 Dann kamen einige Leute
aus Judäa nach Antiochia und
erklärten den Brüdern in der Gemein-
de: »Wenn ihr euch nicht nach mosai-
schem Brauch beschneiden lasst,
könnt ihr nicht gerettet werden.«

14,25 *Attalia.* Bester Hafen an der Küste von Pamphylien, etwa 15 km von Perge entfernt, heute: Antalya.

2 Paulus und Barnabas bestritten
das energisch und hatten deshalb
eine heftige Auseinandersetzung mit
ihnen. Schließlich wurden Paulus und
Barnabas zusammen mit einigen an-
deren aus der Gemeinde beauftragt,
zu den Aposteln und Ältesten nach Je-
rusalem zu reisen, um diese Streitfra-
ge zu klären. 3 Sie wurden also von
der Gemeinde feierlich verabschiedet
und machten sich auf den Weg. Als
sie durch Phönizien und Samarien
zogen, erzählten sie überall in den
Gemeinden von der Bekehrung der
Nichtjuden. Damit machten sie allen
Geschwistern eine große Freude. 4 In
Jerusalem wurden sie von den Apos-
teln und Ältesten und der ganzen Ge-
meinde freundlich aufgenommen. Sie
berichteten ihnen alles, was Gott
durch sie getan hatte. 5 Einige, die zur
Partei der Pharisäer gehört hatten und
zum Glauben an Jesus gekommen
waren, standen auf und erklärten:
»Man muss die Nichtjuden beschnei-
den und sie anweisen, das Gesetz
Moses zu halten.«

6 Daraufhin setzten sich die Apostel
und Ältesten zusammen, um diese
Frage zu beraten. 7 Nach einer langen
Diskussion stand Petrus auf und
sagte: »Liebe Brüder! Gott hat euch
schon vor langer Zeit seine Entschei-
dung klar gemacht. Ihr wisst, dass die
Nichtjuden durch mich die Heils-
botschaft hören und zum Glauben
kommen sollten. 8 Und Gott, der die
Herzen aller Menschen kennt, hat
bestätigt, dass auch sie dessen würdig
sind, indem er ihnen genauso wie uns
den Heiligen Geist gegeben hat.
9 Gott machte zwischen ihnen und
uns keinen Unterschied. Durch den
Glauben reinigte er ihre Herzen.
10 Warum wollt ihr Gott jetzt heraus-
fordern und ein Joch auf den Hals die-
ser Jünger legen, ein Joch, das weder
unsere Vorfahren noch wir selbst
tragen konnten? 11 Im Gegenteil:
Wir sind davon überzeugt, dass wir –
genauso wie sie – allein durch die
Gnade des Herrn gerettet werden.«

12 Da beruhigte sich die ganze Ver-
sammlung, und alle hörten Barnabas
und Paulus zu, die von all den Zeichen
und Wundern erzählten, die Gott
durch sie unter den Nichtjuden getan
hatte. 13 Als sie schwiegen, ergriff
Jakobus das Wort:

»Liebe Brüder, hört mir zu! 14 Si-
mon hat gerade berichtet, wie Gott
selbst die Initiative ergriffen hat, um
aus den Nichtjuden ein Volk zu gewin-
nen, das seinen Namen trägt. 15 Das
stimmt auch mit den Worten der Pro-
pheten überein, denn so steht es ge-
schrieben: 16 ›Danach will ich zurück-
kehren, sagt der Herr, und die zerfalle-
ne Hütte Davids wieder aufbauen. Aus
ihren Trümmern werde ich sie wieder
errichten, 17 damit auch die übrigen
Menschen nach mir fragen, die Men-
schen aller Völker, die ich zu meinem
Eigentum erklärt habe. Ich, der Herr,
werde tun‹*, 18 was ich von jeher an-
gekündigt habe. 19 Darum halte ich
es für richtig, dass wir den Nichtju-
den, die sich zu Gott bekehren, nicht
unnötige Lasten aufbürden, 20 son-
dern ihnen schreiben, dass sie folgen-
de Dinge unterlassen sollen: jede

15,17 Jakobus zitiert Amos 9,11-12 nach der LXX und wendet den Text auf die aktuelle Situation an.

Verunreinigung durch Götzenvereh-
rung, jede Form von sexueller Unmo-
ral, den Genuss von nicht ausgeblute-
tem Fleisch und von Tierblut über-
haupt. 21 Denn diese Forderungen, die
sich im Gesetz Moses finden,* werden
von alters her in jeder Stadt gepredigt,
weil das Gesetz jeden Sabbat in den
Synagogen vorgelesen wird.«
22 Daraufhin beschlossen die Apostel
und die Ältesten im Einvernehmen mit
der ganzen Gemeinde, zwei Männer aus
ihrer Mitte zusammen mit Paulus und
Barnabas nach Antiochia zu schicken.
Sie wählten Judas mit dem Beinamen
Barsabbas und Silas, führende Männer
unter den Brüdern, 23 und gaben ihnen
folgendes Schreiben mit:
»Die Apostel und die Ältesten, eure
Brüder, grüßen ihre nichtjüdischen
Geschwister in Antiochia, ganz Syrien
und Zilizien*. 24 Wir haben gehört,
dass einige Leute aus unserer Gemein-
de ohne unseren Auftrag zu euch ge-
reist sind und euch durch ihre Lehren
verwirrt und verunsichert haben.
25 Nachdem wir in dieser Frage zu
einer Meinung gekommen sind, haben
wir beschlossen, zwei Männer von uns
auszuwählen und zu euch zu schicken.
Sie reisen zusammen mit unseren lie-
ben Brüdern Barnabas und Paulus,
26 die ihr Leben ganz für unseren
Herrn Jesus Christus einsetzen. 27 Un-
sere beiden Abgesandten Judas und
Silas werden euch mündlich alles be-
stätigen und erklären. 28 Es erschien
dem Heiligen Geist nämlich gut – und
er führte auch uns zu dieser Überzeu-
gung –, euch keine größeren Lasten
aufzulegen als die folgenden unerläss-
lichen Dinge: 29 Esst kein Fleisch, das
Götzen geopfert wurde, verzehrt kein
Blut und kein Fleisch, das nicht ausge-
blutet ist, und haltet euch fern von
jeder sexuellen Unmoral. Wenn ihr
euch vor diesen Dingen in acht nehmt,
werdet ihr recht tun. Lebt wohl!«
30 Die Reisenden wurden nun von
der Gemeinde verabschiedet und
kamen nach Antiochia. Dort beriefen
sie eine Gemeindeversammlung ein
und übergaben den Brief. 31 Er wurde
vorgelesen und alle freuten sich über
die Ermutigung. 32 Judas und Silas,
die selbst auch Propheten waren, er-
mutigten die Geschwister mit vielen
Worten und stärkten sie im Glauben.
33 Sie blieben noch einige Zeit dort
und wurden dann mit Segenswün-
schen von den Brüdern verabschiedet,
um zu denen zurückzukehren, die sie
geschickt hatten. (34)* 35 Paulus und
Barnabas blieben zunächst in Antio-
chia. Zusammen mit vielen anderen
unterrichteten sie die Gläubigen in der
Botschaft des Herrn und verkündigten
das Evangelium in der ganzen Stadt.

Beginn der zweiten Missionsreise

36 Einige Zeit später sagte Paulus
zu Barnabas: »Lass uns wieder

15,21 Siehe 3. Mose 17,8-18,23. Es waren die vier Forderungen, die auch für Nichtjuden galten, die in jüdischen Häusern verkehrten: Kein Verzehr von Götzenopferfleisch, von Blut und von unkoscher geschlachteten Tieren, sowie Enthaltung von sexueller Unmoral einschließlich Inzucht.

15,23 *Zilizien.* Heimatprovinz des Paulus zwischen Kleinasien und Syrien. Hier mussten inzwischen auch Gemeinden entstanden sein.

15,34 Spätere Handschriften vermerken hier in mehreren Varianten, dass Silas in Antiochia geblieben sei.

aufbrechen und all die Städte besu-
chen, in denen wir das Wort des Herrn
gepredigt haben. Wir sollten sehen,
wie es den Geschwistern dort geht.«
37 Doch Barnabas wollte auch den Jo-
hannes Markus wieder mitnehmen.
38 Paulus aber hielt es nicht für richtig,
den mitzunehmen, der sie in Pamphy-
lien im Stich gelassen und die Zu-
sammenarbeit abgebrochen hatte.
39 Es kam nun zu einer so heftigen
Auseinandersetzung, dass beide sich
trennten. Barnabas nahm Markus mit
sich und segelte nach Zypern. 40 Pau-
lus dagegen wählte sich Silas zum Be-
gleiter. Und nachdem er von den
Geschwistern der Gnade Gottes anbe-
fohlen worden war, reiste er ab. 41 Er
zog durch Syrien und Zilizien und
stärkte die Gemeinden im Glauben.

16 1 Paulus kam auch wieder
nach Derbe und dann nach
Lystra. In Lystra wohnte ein Jünger
mit Namen Timotheus. Er war der
Sohn einer gläubig gewordenen jüdi-
schen Frau und eines griechischen
Vaters. 2 Diesen Timotheus, der einen
guten Ruf bei den Geschwistern in
Lystra und Ikonion hatte, 3 wollte
Paulus auf seine Reise mitnehmen.
Weil die Juden in diesem Gebiet wuss-
ten, dass sein Vater ein Grieche war,
ließ Paulus ihn beschneiden.
4 In allen Städten, durch die sie
kamen, teilten sie den Gläubigen die
Beschlüsse mit, die die Apostel und
Ältesten in Jerusalem gefasst hatten,
und trugen ihnen auf, sich daran zu
halten. 5 So wurden die Gemeinden
im Glauben gefestigt und die Zahl der
Christen wuchs täglich.

Der Ruf aus Mazedonien

6 Danach zogen sie durch das phrygi-
sche Galatien* weiter, denn der Heili-
ge Geist hatte ihnen nicht erlaubt, die
Botschaft in die Provinz Asia* zu tra-
gen. 7 Als sie dann an die Grenze von
Mysien* kamen, versuchten sie nach
Bithynien* weiterzureisen, aber
durch seinen Geist erlaubte ihnen
Jesus das auch nicht. 8 So zogen sie
ohne Aufenthalt durch Mysien, bis sie
in die Hafenstadt Troas* kamen.
9 Dort hatte Paulus in der Nacht eine
Vision. Er sah einen Mazedonier vor
sich stehen, der ihn bat: »Komm nach
Mazedonien* herüber und hilf uns!«
10 Daraufhin suchten wir* unverzüg-
lich nach einem Schiff, das uns nach
Mazedonien mitnehmen konnte,
denn wir hatten aus der Vision ge-
schlossen, Gott habe uns gerufen,
den Menschen dort das Evangelium
zu bringen.

16,6 Die römische Provinz *Galatien* schloss seit 25 v.Chr. den größten Teil des Königreichs Galatien in der zentralen Hochebene der heutigen Türkei ein, wozu auch die südlicher liegenden Landschaften Pisidien, Lykaonien und Teile von Phrygien gehörten.

Asia. Römische Provinz, die den westlichen Teil Kleinasiens umfasste.

16,7 *Mysien*. Landschaft im Westen Kleinasiens, Teil der Provinz Asia.

Bithynien. Gebiet im nördlichen Kleinasien, südlich des Schwarzen Meeres.

16,8 *Troas*. Ein bedeutender Hafen im Nordwesten der römischen Provinz Asia, 20 km südlich von Troja.

16,9 *Mazedonien*. Römische Provinz auf der Balkanhalbinsel. Sie umfasste den nördlichen Teil des heutigen Griechenland.

16,10 Die *Wir*-Form deutet an, dass von diesem Zeitpunkt an Lukas, der Verfasser der Apostelgeschichte, an der Reise teilnahm.

Das Evangelium kommt nach Europa

11 So fuhren wir von Troas ab und
segelten auf kürzestem Weg zur Insel
Samothrake. Am nächsten Tag erreich-
ten wir schon Neapolis*. 12 Von dort
ging es landeinwärts nach Philippi*,
der bedeutendsten römischen Kolonie
in diesem Teil Mazedoniens. Hier
blieben wir einige Tage. 13 Am Sabbat
gingen wir vor das Stadttor hinaus an
den Fluss, wo wir eine jüdische Gebets-
stätte vermuteten. Nachdem wir sie
gefunden hatten, setzten wir uns und
sprachen zu den Frauen, die dort zu-
sammenkamen. 14 Eine dieser Frauen
hieß Lydia und war eine Purpurhänd-
lerin aus Thyatira*. Sie glaubte an den
Gott Israels. Der Herr öffnete ihr das
Herz, so dass sie gut zuhörte und be-
reitwillig aufnahm, was Paulus sagte.
15 Sie ließ sich dann mit allen, die in
ihrem Haus lebten, taufen. Danach lud
sie uns ein und sagte: »Wenn ihr wirk-
lich überzeugt seid, dass ich an den
Herrn glaube, dann kommt in mein
Haus und seid meine Gäste.« Sie nötig-
te uns geradezu.

16 Als wir einmal auf dem Weg zu der
Gebetsstätte waren, begegnete uns eine
Sklavin. Sie war von einem Wahrsage-
geist besessen und brachte ihren Besit-
zern viel Geld mit Wahrsagen ein. 17 Die
Frau lief dem Paulus und uns hinterher
und schrie: »Diese Leute sind Sklaven
des höchsten Gottes! Sie können euch
den Weg zur Rettung zeigen!« 18 So
ging das viele Tage, bis Paulus es nicht
mehr ertragen konnte. Er drehte sich um
und sagte zu dem Geist: »Im Namen von
Jesus Christus befehle ich dir: Verlass
diese Frau!« Im gleichen Augenblick
fuhr der Wahrsagegeist von ihr aus.

Im Gefängnis

19 Als die Besitzer der Sklavin begrif-
fen, dass damit auch ihre Hoffnung
auf Gewinn ausgefahren war, packten
sie Paulus und Silas und schleppten
sie auf den Marktplatz, wo die Behör-
de ihren Sitz hatte. 20 Sie führten sie
den beiden Stadtobersten* vor und
sagten: »Diese Juden hier bringen un-
sere ganze Stadt in Aufruhr! 21 Sie
wollen Sitten einführen, die wir als rö-
mische Bürger keinesfalls annehmen
dürfen.« 22 Als dann die aufgebrachte
Menschenmenge ebenfalls ihre Be-
strafung verlangte, ließen die Stadt-
obersten Paulus und Silas die Klei-
dung vom Leib reißen und befahlen,
sie mit Stöcken zu schlagen. 23 Nach-
dem man ihnen viele Schläge verab-
reicht hatte, ließen die Obersten sie
ins Gefängnis schaffen und befahlen
dem Aufseher, sie sicher zu verwah-
ren. 24 Auf diesen Befehl hin sperrte

16,11 *Neapolis.* »Neue Stadt«, Hafen von Philippi. Die Häuser der Stadt liegen wie ein Amphitheater in Felshängen. Heute: Kavalla. Von hier aus konnten die Missionare der berühmten Straße *Via Egnatia* folgen, die sie über Philippi bis nach Thessalonich führte.

16,12 *Philippi.* 16 Kilometer von Neapolis entfernt. In Erinnerung an seinen Sieg über die Cäsarmörder Brutus und Cassius 42 v.Chr. hatte Augustus die Stadt zur Kolonie erhoben. Dort wurden römische Veteranen (ausgediente Soldaten) angesiedelt, erhielten Haus und Land als eine Art Pension. Die Stadt bekam das römische Bürgerrecht.

16,14 *Thyatira.* Stadt in der Provinz Asia, etwa 200 km südöstlich von Troas, Handelszentrum für Purpurstoffe. Heute: Akhisar in der Türkei.

16,20 *Stadtobersten.* Das waren hier in Philippi römische Beamte.

er beide in die innerste Zelle und
schloss ihre Füße in den Block.

Eine doppelte Befreiung

25 Es war gegen Mitternacht, als
Paulus und Silas beteten und Gott mit
Lobliedern priesen. Die anderen Ge-
fangenen hörten zu. 26 Plötzlich bebte
die Erde so heftig, dass selbst die
Grundmauern des Gefängnisses er-
schüttert wurden. Gleichzeitig spran-
gen alle Türen auf und von allen Ge-
fangenen fielen die Ketten ab. 27 Der
Gefängnisaufseher fuhr aus dem
Schlaf hoch. Und als er die Türen des
Gefängnisses offen sah, zog er sein
Schwert und wollte sich töten, denn er
dachte, die Gefangenen wären entflo-
hen. 28 Aber Paulus rief, so laut er
konnte: »Tu dir nichts an! Wir sind
alle noch hier!« 29 Da forderte der
Aufseher Licht, stürzte ins Gefängnis
und warf sich zitternd vor Paulus und
Silas zu Boden. 30 Dann führte er sie
heraus und fragte: »Ihr Herren, was
muss ich tun, um gerettet zu werden?«
31 Sie sagten: »Glaube an Jesus, den
Herrn! Dann wirst du gerettet und
deine ganze Familie mit dir.« 32 Und
sie verkündeten ihm und allen, die
in seinem Haus lebten, die Botschaft
des Herrn. 33 Der Gefängnisaufseher
nahm Paulus und Silas noch in der-
selben Nachtstunde zu sich und
wusch ihnen die blutigen Striemen
ab. Dann ließ er sich mit allen, die in
seinem Haus lebten, taufen. 34 An-
schließend führte er die beiden in
sein Haus hinauf und ließ ihnen den
Tisch decken. Er und alle, die zu ihm
gehörten, waren überglücklich, dass
sie zum Glauben an Gott gefunden
hatten.

Die Entschuldigung der Richter

35 Als es Tag geworden war, schick-
ten die Stadtobersten die Gerichtsdie-
ner mit der Weisung zum Gefängnis-
aufseher, die beiden Männer zu ent-
lassen. 36 Der Aufseher berichtete es
Paulus: »Die Stadtobersten haben
eben befohlen, euch freizulassen. Ver-
lasst also das Gefängnis und zieht im
Frieden Gottes weiter.« 37 Doch Pau-
lus sagte den Gerichtsdienern: »Erst
haben sie uns ohne richterliches Ur-
teil öffentlich auspeitschen lassen, ob-
wohl wir doch römische Bürger* sind,
dann haben sie uns ins Gefängnis ge-
worfen und jetzt wollen sie uns heim-
lich abschieben. Das kommt nicht
in Frage. Sie sollen persönlich her-
kommen und uns freilassen.« 38 Die
Gerichtsdiener meldeten den Stadt-
obersten, was Paulus gesagt hatte.
Die bekamen es mit der Angst zu tun,
als sie hörten, dass Paulus und Silas
das römische Bürgerrecht besaßen.
39 Sie kamen persönlich und ent-
schuldigten sich für das Geschehene.
Dann führten sie beide aus dem Ge-
fängnis und baten sie, die Stadt zu
verlassen. 40 Vom Gefängnis aus gin-
gen sie zunächst zum Haus der Lydia.
Dort trafen sie sich mit den Geschwis-
tern und machten ihnen Mut. Dann
verließen sie die Stadt.

16,37 Ein *römischer Bürger* hatte Anrecht auf ein besonderes Rechtsverfahren, er war gegen die Willkür der Provinzbehörden in mancher Hinsicht geschützt und konnte an den Kaiser als obersten Richter appellieren (Apg 25,11). Das Auspeitschen eines römischen Bürgers galt als ein Verbrechen, das mit dem Tod bestraft wurde.

Die Arbeit in Thessalonich

17 1 Über Amphipolis* und Apollonia* kamen Paulus und Silas nach Thessalonich*. Dort gab es eine jüdische Gemeinde. 2 Wie gewohnt ging Paulus als Erstes in ihre Synagoge. An drei aufeinander folgenden Sabbaten redete er mit den Versammelten. Auf der Grundlage der Heiligen Schrift 3 öffnete er ihnen das Verständnis für den Messias. Er legte ihnen dar, dass der Messias nach Gottes Plan leiden, sterben und danach vom Tod auferstehen müsse. »Und dieser Jesus, von dem ich zu euch spreche, ist der Messias«, sagte Paulus. 4 Einige von den jüdischen Zuhörern ließen sich überzeugen und schlossen sich Paulus und Silas an. Auch von den Griechen, die sich zur Synagoge hielten, kamen viele zum Glauben, darunter eine ganze Reihe prominenter Frauen.

5 Das machte die Juden eifersüchtig. Sie holten sich einige skrupellose Männer, die auf dem Markt herumlungerten, und wiegelten mit ihrer Hilfe die Menschenmenge auf, so dass die ganze Stadt in Aufruhr geriet. Dann zogen sie vor das Haus Jasons, um Paulus und Silas dort herauszuholen und vor die Bürgerversammlung* zu stellen. 6 Als sie die beiden aber nicht fanden, schleppten sie Jason und einige andere Brüder vor die Politarchen, die Stadtobersten*, und schrien: »Die Leute, die die ganze Welt in Aufruhr bringen, sind auch hierher gekommen. 7 Jason hat sie bei sich aufgenommen! Sie alle verstoßen gegen die Verordnungen des Kaisers, denn sie behaupten, ein anderer sei der wahre König, nämlich Jesus!« 8 Damit versetzten sie die Menschenmenge und die Stadtobersten in große Aufregung. 9 Und erst als Jason und die anderen Christen eine Bürgschaft gestellt hatten, wurden sie wieder freigelassen.

10 Noch in derselben Nacht brachten die Brüder Paulus und Silas auf den Weg nach Beröa*. Als die beiden dort angekommen waren, suchten sie als Erstes wieder die Synagoge auf. 11 Die Juden in Beröa aber waren unvoreingenommener als die in Thessalonich. Sie nahmen die Botschaft bereitwillig auf und studierten täglich die Heiligen Schriften, um zu sehen, ob das, was Paulus lehrte, wirklich

---

17,1 *Amphipolis.* Alle drei genannten Städte lagen an der römischen Straße »Via Egnatia«. Amphipolis befand sich etwa 50 km südwestlich von Philippi. Es war die Hauptstadt des ersten Bezirks von Mazedonien, 5 km von der Strymonmündung entfernt. Der Fluss umströmte fast die ganze Stadt, von daher auch der Name. Heute: Neochori.

Apollonia. Die Stadt war nach dem Sonnengott Apollos benannt und lag inmitten von Eichen-, Akazien- und Kastanienwäldern, 44 km westlich von Amphipolis und 56 km östlich von Thessalonich. Heute: Pollino.

Thessalonich. Bedeutendste Stadt Mazedoniens, etwa 200.000 Einwohner, Hauptstadt des zweiten mazedonischen Bezirks, wichtiger Seehafen. Heute: Thessaloniki.

17,5 *Bürgerversammlung.* Weil Thessalonich seit 42 v.Chr. eine freie Stadt war, hatte die Bürgerversammlung gesetzgeberische und richterliche Kompetenz.

17,6 *Stadtobersten.* Das waren in Thessalonich - im Unterschied zur römischen Kolonie Philippi - einheimische Beamte.

17,10 *Beröa.* Die wohlhabende Stadt lag 80 km südwestlich von Thessalonich am Fuß des Berimos, 40 km vom Ägäischen Meer entfernt. Heute: Veria.

zutraf. 12 Viele von ihnen kamen dar-
aufhin zum Glauben, auch nicht we-
nige prominente griechische Frauen
und Männer.
13 Als die Juden von Thessalonich
aber erfuhren, dass Paulus auch in
Beröa die Botschaft Gottes verkün-
digte, reisten sie ebenfalls dorthin, um
die Masse mit ihren Hetzreden aufzu-
wiegeln. 14 Da schickten die Brüder
Paulus fort an die Küste. Silas und
Timotheus blieben jedoch in Beröa.
15 Die Brüder, die Paulus begleiteten,
brachten ihn bis nach Athen* und
kehrten dann wieder zurück. Für Silas
und Timotheus nahmen sie den Auf-
trag mit, dass sie so bald wie möglich
nachkommen sollten.

In Athen

16 Während Paulus nun in Athen auf
die beiden wartete, stellte er fest, dass
die Stadt voll von Götzenbildern war.
Das empörte und erschütterte ihn im
Innersten. 17 So redete er mit den
Juden und den griechischen Gottes-
fürchtigen in der Synagoge und disku-
tierte jeden Tag auf dem Markt mit
denen, die er dort antraf. 18 Dabei
wurde er auch von epikureischen*
und stoischen* Philosophen angegrif-
fen. Einige von ihnen sagten: »Was
will dieser komische Vogel* eigent-
lich?« Andere meinten: »Er scheint
Propaganda für fremde Götter zu ma-
chen.« Das sagten sie, weil Paulus das
Evangelium von Jesus und der Aufer-
stehung verkündigte. 19 Schließlich
nahmen sie ihn mit auf den Areopag*.
»Wir wollen erfahren«, sagten sie,
»was das für eine neue Lehre ist, die
du da vorträgst. 20 Denn du bringst
etwas Fremdes vor unsere Ohren und
wir möchten wissen, worum es dabei
geht.« 21 Die Athener nämlich und
alle Fremden in der Stadt hatten für
nichts so viel übrig, als Neuigkeiten zu
erzählen oder zu hören.
22 Da stellte sich Paulus mitten auf
den Areopag und begann: »Ihr Män-
ner von Athen, nach allem, was ich
sehe, seid ihr außergewöhnlich religi-
öse Leute. 23 Denn als ich durch die
Straßen ging und eure Heiligtümer
betrachtete, stieß ich auf einen Altar
mit der Inschrift: ›Dem unbekannten
Gott‹. Diese Gottheit, die ihr ohne zu
kennen verehrt, verkündige ich euch.
24 Meine Botschaft handelt von dem
Gott, der die Welt geschaffen hat und
alles, was dazu gehört. Als Herr von
Himmel und Erde wohnt er natürlich

17,15 *Athen*, mehr als 350 km südlich von Beröa, war eine der berühmtesten Städte der Gelehrsamkeit im Altertum. Sie genoss den Status einer freien, mit Rom verbündeten Stadt. Sie war voll von Altären und Götterbildern (etwa 3000), Statuen, Tempeln und Säulenhallen.

17,18 *Epikureer*. Schüler des Epikur (341-270 v.Chr.), dessen ethisches System Freude und Ausgeglichenheit zum Lebensziel erklärte und dessen Götter sich nicht um menschliche Angelegenheiten kümmern würden.

Stoiker. Schüler des Zenon von Kition (334-263 v.Chr.), die ihren Namen von ihrem Versammlungsort, der Stoa ableiteten. Sie lehrten, dass ein pantheistisch gedachter Gott die Seele des Kosmos sei. Die Menschen sollten in Harmonie mit der Natur leben, ihre eigene Unabhängigkeit erkennen und jede Leidenschaft unterdrücken.

komischer Vogel. Wörtlich: Körnerpicker, d.h. einer der herumliegende Brocken sammelt, Schwätzer.

17,19 *Areopag*. Ein dem griechischen Kriegsgott Ares geweihter Hügel in der Stadt, westlich der Akropolis, auf dem seit alter Zeit Recht gesprochen wurde. Dort tagte die höchste politische und richterliche Instanz des römischen Athen.

nicht in Tempeln, die Menschen ge-
baut haben. 25 Er braucht auch keine
Bedienung von Menschen, so als ob er
noch etwas nötig hätte. Denn er ist es
ja, der uns das Leben und die Luft zum
Atmen und überhaupt alles gibt.
26 Aus einem einzigen Menschen hat
er alle Völker hervorgehen lassen. Er
wollte, dass sie die Erde bewohnen, er
bestimmte die Zeit ihres Bestehens
und die Grenzen ihres Gebietes. 27 Er
wollte, dass sie nach ihm fragen, dass
sie sich bemühen, ihn irgendwie zu
finden, obwohl er keinem von uns
wirklich fern ist. 28 Denn ›durch ihn
leben wir, bestehen wir und sind
wir‹*. Oder wie es einige eurer Dich-
ter* ausgedrückt haben: ›Denn auch
wir sind von seiner Art.‹ 29 Wenn
wir nun von Gott abstammen, sollten
wir nicht denken, das Göttliche sei so
wie ein goldenes, silbernes oder stei-
nernes Gebilde, das menschliche Er-
findungskunst hervorgebracht hat.
30 Gott hat zwar über die Unwissen-
heit vergangener Zeiten hinweggese-
hen, doch jetzt fordert er alle Men-
schen überall auf, ihre Einstellung zu
ändern. 31 Er hat nämlich einen Tag
festgesetzt, an dem er über die ganze
Menschheit Gericht halten und ein ge-
rechtes Urteil sprechen wird. Und
zum Richter hat er einen Mann be-
stimmt, den er für die ganze Welt da-
durch beglaubigte, dass er ihn von
den Toten auferweckt hat.«

32 Als sie von einer Auferstehung
der Toten hörten, lachten ihn einige
der Zuhörer aus. Andere aber sagten:
»Darüber wollen wir später noch
mehr von dir hören.« 33 Als Paulus
dann die Versammlung verließ,
34 schlossen sich ihm einige Leute an
und kamen zum Glauben. Unter
ihnen war Dionysius*, ein Mitglied
des Gerichts auf dem Areopag, eine
Frau namens Damaris und noch
einige andere.

In Korinth

18 1 Danach verließ Paulus
Athen und kam nach Ko-
rinth*. 2 Dort lernte er Aquila kennen,
einen Juden, der aus der Landschaft
Pontus* stammte. Kurz vorher war er
zusammen mit seiner Frau Priszilla
aus Italien gekommen, weil Kaiser
Klaudius* ein Gesetz erlassen hatte,
das alle Juden aus Rom verbannte.
Paulus suchte die beiden auf, 3 und
weil er das gleiche Handwerk wie
sie ausübte – sie waren Zeltmacher –,
blieb er dort und arbeitete mit ihnen
zusammen.

17,28 Das klingt an ein Zitat des kretischen Dichters Epimenides (6. Jh. v.Chr.) an, der auch in Athen wirkte.

Dichter. Gemeint sind der stoische Dichter Aratus aus Soloni in Zilizien, der Heimat des Paulus (3. Jh. v.Chr.) und Kleanthes aus Assos in Kleinasien (304-233 v.Chr.).

17,34 *Dionysius*. Er gehörte dem Gerichtshof über Religion und Erziehung an und wurde später der führende Älteste der Gemeinde Athen.

18,1 *Korinth* war eine wichtige Stadt in Griechenland, die auf der Landenge zum Peloponnes den Handel vom Norden nach dem Süden beherrschte und durch zwei Häfen auch den Seehandel von Ost nach West. Hauptstadt der römischen Provinz Achaja.

Pontus. Landschaft, die südlich an das Schwarze Meer grenzt. Aus den Stadtstaaten an der Küste zogen Juden zum Pfingstfest nach Jerusalem, vgl. Apostelgeschichte 2,9.

18,2 Dieses Gesetz hatte *Klaudius*, der von 41-54 n.Chr. Kaiser war, im Jahr 49 n.Chr. erlassen.

4 An jedem Sabbat sprach Paulus in
der Synagoge mit Juden und Griechen
und versuchte sie zu überzeugen.
5 Als dann Silas und Timotheus aus
Mazedonien nachkamen, konnte Pau-
lus sich ganz der Verkündigung wid-
men. Nachdrücklich bezeugte er den
Juden, dass Jesus der Messias ist.
6 Weil sie aber nichts davon wissen
wollten und ihn beschimpften, schüt-
telte er den Staub aus seinen Gewän-
dern und sagte zu ihnen: »Wenn das
Gericht euch trifft, seid ihr selbst
daran schuld. Ich habe meine Pflicht
getan und werde mich jetzt an die
Nichtjuden wenden.« 7 Er verließ die
Synagoge und predigte von da an bei
Titius Justus, einem Griechen, der an
den Gott Israels glaubte und dessen
Haus unmittelbar an die Synagoge
stieß. 8 Schließlich kam sogar der
Synagogenvorsteher Krispus zum
Glauben an den Herrn – er und alle,
die in seinem Haus wohnten. Auch
viele andere Korinther, die Gottes Bot-
schaft hörten, kamen zum Glauben
und ließen sich taufen.

9 Eines Nachts, in einer Vision,
sagte der Herr zu Paulus: »Fürchte
dich nicht! Verkündige das Evange-
lium und lass dich durch nichts zum
Schweigen bringen. 10 Ich bin bei dir!
Niemand wird sich an dir vergreifen
und dir ein Leid antun. Denn in dieser
Stadt gehört mir ein großes Volk.«
11 So blieb Paulus noch anderthalb
Jahre in Korinth und unterrichtete
die Menschen über die Botschaft
Gottes.

12 Nachdem Gallio* Prokonsul von
Achaja* geworden war, verschworen
sich die Juden gegen Paulus und
brachten ihn vor seinen Richterstuhl.
13 Sie erklärten: »Dieser Mann über-
redet die Menschen, Gott in einer
Weise zu verehren, die gegen das Ge-
setz verstößt.« 14 Paulus wollte gera-
de mit seiner Verteidigung beginnen,
da sagte Gallio zu den Juden: »Wenn
es sich um ein Verbrechen oder einen
böswilligen Anschlag handeln würde,
ihr Juden, dann wäre es meine Pflicht,
euch anzuhören. 15 Wenn es sich aber
nur um Begriffe und Namen handelt,
die mit eurem Gesetz zu tun haben,
müsst ihr euch schon selbst darum
kümmern. Ich gedenke jedenfalls
nicht, dafür den Richter zu spielen.«
16 Damit ließ er sie vom Richterstuhl
wegführen.

17 Da packten sie alle Sosthenes,
den Synagogenvorsteher, und verprü-
gelten ihn noch auf dem Gerichts-
platz. Gallio aber kümmerte sich nicht
darum.

Rückreise nach Antiochia

18 Paulus jedoch blieb noch etliche
Tage in Korinth, bis er schließlich von
den Geschwistern Abschied nahm
und zusammen mit Priszilla und Aqui-
la nach Syrien absegelte. Bevor sie in
Kenchreä* an Bord gingen, ließ Pau-
lus sich noch das Haar abschneiden,
das er aufgrund eines Gelübdes hatte

18,12 Lucius Iunius *Gallio* Annaeus, der Bruder des römischen Philosophen Seneca, war von 51-52 (oder 52/53) n.Chr. im Auftrag des römischen Senats Prokonsul. Der Vorfall gehört wahrscheinlich an den Anfang seiner Amtszeit.

Achaja. Römische Provinz, die den südlichen Teil Griechenlands umfasste.

18,18 *Kenchreä*. Der östliche Hafen von Korinth am Sarinischen Golf, etwa 7 km von der Stadt entfernt.

wachsen lassen. 19 Sie kamen dann
nach Ephesus*, wo Paulus seine Be-
gleiter zurückließ. Vor seiner Weiter-
reise suchte er aber die Synagoge auf
und sprach zu den Juden. 20 Als
diese ihn baten, länger in der Stadt zu
bleiben, willigte er nicht ein, 21 son-
dern verabschiedete sich von ihnen.
»Wenn Gott will«, sagte er, »werde
ich zu euch zurückkommen.« Dann
reiste er von Ephesus ab. 22 Mit dem
Schiff fuhr er bis nach Cäsarea und
ging von dort zu Fuß nach Jerusalem
hinauf. Er begrüßte die Gemeinde
und kehrte schließlich nach Antiochia
zurück.

Aufbruch zur dritten Missionsreise

23 Nachdem er einige Zeit dort ver-
weilt hatte, brach er wieder auf. Er
reiste zunächst durch das Gebiet von
Galatien und anschließend durch
Phrygien*. Überall ermutigte er die
Jünger im Glauben.

24 Inzwischen war ein Jude namens
Apollos nach Ephesus gekommen. Er
stammte aus Alexandria* und war ein
gebildeter, wortgewandter Mann, der
eine umfassende Kenntnis der Heili-
gen Schriften besaß 25 und außerdem
in der Lehre des Herrn unterwiesen
war. Er sprach mit glühender Begeis-
terung und belehrte seine Zuhörer
genau über das Leben von Jesus, ob-
wohl er keine andere Taufe als die von
Johannes kannte. 26 Dieser Apollos
begann freimütig in der Synagoge zu
sprechen. Als Priszilla und Aquila ihn
dort hörten, luden sie ihn zu sich nach
Hause ein und erklärten ihm die Lehre
Gottes noch genauer. 27 Als Apollos
dann in die Provinz Achaja reisen
wollte, bestärkten ihn die Brüder in
dieser Absicht. Sie schrieben an die
Jünger dort und baten sie, ihn freund-
lich aufzunehmen. Tatsächlich konnte
er den Gläubigen in Achaja mit seiner
besonderen Gabe eine große Hilfe
sein. 28 In öffentlichen Streitgesprä-
chen widerlegte er die Juden und be-
wies ihnen anhand der Schrift, dass
Jesus der Messias ist.

Missionsarbeit in Ephesus

19 1 Während Apollos in Korinth
war, zog Paulus durch das klein-
asiatische Hochland und dann hinunter
in die Küstenstadt Ephesus. Dort traf
er einige Männer, die er zunächst für
Jünger des Herrn hielt. 2 Er fragte sie:
»Habt ihr den Heiligen Geist empfan-
gen, als ihr zum Glauben gekommen
seid?« Sie erwiderten: »Wir haben
noch nicht einmal gehört, dass der Hei-
lige Geist schon gekommen ist.«
3 »Was für eine Taufe habt ihr denn
empfangen?«, fragte er weiter. »Die

18,19 *Ephesus* war die Hauptstadt der Provinz Asia und zweitgrößte Stadt des römischen Reiches. Der reiche Handelsknotenpunkt lag etwa 5 km vom Meer entfernt am Fluss Kaystros, auf dem man praktisch bis in den Hafen der Stadt segeln konnte. Berühmt war Ephesus durch seinen Artemis-Tempel (römisch: Diana), der zu den sieben Weltwundern zählte.

18,23 *Phrygien*. Hier wahrscheinlich der von Phrygiern bewohnte Teil der Provinz Asia, eine große gebirgige Region, deren bedeutendste Städte Laodizea, Kolossä und Hierapolis waren.

18,24 *Alexandria*. Die Kulturmetropole, die 331 v.Chr. von Alexander dem Großen im Nildelta gegründet wurde, hatte in ihrer Blütezeit 700.000 Einwohner. Hier entstand im 3. Jahrhundert v.Chr. die griechische Übersetzung des Alten Testaments, die sogenannte Septuaginta (LXX).

Taufe des Johannes«, erwiderten sie.
4 Da sagte Paulus: »Johannes rief die
Menschen auf, ihre Einstellung zu än-
dern, und taufte sie dann. Doch er sagte
ihnen dabei, dass sie an den glauben
sollten, der nach ihm kommen würde:
an Jesus.« 5 Als sie das hörten, ließen
sie sich auf den Namen von Jesus, dem
Herrn, taufen. 6 Und als Paulus ihnen
die Hände aufgelegt hatte, kam der
Heilige Geist auf sie. Da redeten sie in
Fremdsprachen und machten pro-
phetische Aussagen. 7 Etwa zwölf
Männer gehörten zu dieser Gruppe.

8 In den nächsten drei Monaten ging
Paulus regelmäßig in die Synagoge
und sprach dort ohne jede Hemmung
über das Reich Gottes. Er diskutierte
mit den Juden und versuchte sie zu
überzeugen. 9 Doch einige von ihnen
verschlossen sich der Botschaft und
waren nicht bereit, sich ihr zu unter-
stellen. Als sie dann den Weg des
Glaubens vor der ganzen Versamm-
lung verspotteten, brach Paulus den
Kontakt mit ihnen ab. Zusammen mit
denen, die Jünger des Herrn geworden
waren, trennte er sich von der Synago-
gengemeinde und sprach von nun an
täglich im Lehrsaal eines gewissen Ty-
rannus*. 10 Das tat er zwei Jahre lang,
so dass im Laufe der Zeit die gesamte
Bevölkerung der Provinz Asia – Juden
wie Nichtjuden – die Botschaft des
Herrn hörte. 11 Außerdem ließ Gott
ganz ungewöhnliche Wunder durch
Paulus geschehen. 12 Die Leute nah-
men sogar Schweißtücher* oder
Schürzen, die er getragen hatte, und
legten sie auf Kranke, worauf die
Krankheiten verschwanden und böse
Geister ausfuhren. 13 Nun versuchten
auch einige der umherziehenden jüdi-
schen Geisterbeschwörer den Namen
des Herrn, den Namen Jesus, bei ihren
Geisteraustreibungen zu benutzen.
Sie sagten dann: »Ich beschwöre euch
bei dem Jesus, den Paulus verkün-
digt.« 14 Es waren besonders die sie-
ben Söhne eines gewissen Skevas,
eines jüdischen Hohen Priesters*, die
das taten. 15 Doch bei einer dieser Ge-
legenheiten sagte der böse Geist in
dem Besessenen: »Jesus kenne ich,
und wer Paulus ist, weiß ich auch.
Aber ihr, wer seid denn ihr?« 16 Und
der Besessene stürzte sich auf sie und
warf sie zu Boden. Er richtete sie der-
artig zu, dass sie blutend und halbnak-
kt aus dem Haus flüchteten. 17 Die Ge-
schichte war bald in ganz Ephesus be-
kannt. Juden und Nichtjuden wurden
von Furcht gepackt, und der Name des
Herrn Jesus wurde geehrt und geprie-
sen.

18 Nun traten viele von denen, die
zum Glauben gekommen waren, vor
die Gemeinde und bekannten, sich
auch mit okkulten Praktiken abgege-
ben zu haben. 19 Eine ganze Anzahl

19,9 *Tyrannus*. Philosophen hielten ihre Vorlesungen häufig in gemieteten Sälen. Gewöhnlich endeten sie gegen Mittag. Deshalb ist der Zusatz in einem griechischen Manuskript, dass Paulus täglich von 11 bis 16 Uhr lehrte, durchaus einleuchtend. Paulus wird die »Jünger« dort nicht nur ausgebildet, sondern sie auch zum Verkündigungsdienst in die Provinz geschickt haben.

19,12 Das Schweißtuch war eine Art großes Taschentuch, mit dem man sich den Schweiß vom Gesicht wischte.

19,14 *Hohen Priesters*. Entweder war er tatsächlich ein Mitglied der jüdischen Tempelaristokratie oder er hatte sich diesen Titel einfach angeeignet, was bei Magiern durchaus üblich war.

von ihnen brachte ihre Zauberbücher
und verbrannte sie öffentlich. Man
schätzte ihren Wert auf 50.000 Sil-
berdrachmen.* 20 So erwies die Bot-
schaft des Herrn ihre Macht und brei-
tete sich immer weiter aus.

Aufstand der Silberschmiede

21 Nach diesen Ereignissen beschloss
Paulus, über Mazedonien und Achaja
nach Jerusalem zu reisen. Er sagte:
»Und wenn ich dort gewesen bin,
muss ich auch Rom sehen.« 22 Er
schickte zwei seiner Mitarbeiter, Timo-
theus und Erastus, nach Mazedonien
voraus, blieb selbst aber noch eine Zeit
lang in der Provinz Asia.

23 Um jene Zeit kam es in Ephesus
wegen des neuen Glaubens zu schwe-
ren Unruhen. 24 Ein Silberschmied
namens Demetrius verschaffte den
Kunsthandwerkern in der Stadt mit
Nachbildungen vom Tempel der Arte-
mis* einen guten Gewinn. 25 Eines
Tages rief Demetrius alle, die in die-
sem Gewerbe beschäftigt waren, zu-
sammen. »Männer«, sagte er, »ihr
wisst, dass wir diesem Gewerbe unse-
ren Wohlstand verdanken. 26 Nun
habt ihr sicher schon erfahren, dass
dieser Paulus den Leuten einredet,
Götter, die von Menschen geformt
werden, seien keine Götter. Mit die-
sem Gerede hat er nicht nur hier in
Ephesus Erfolg, sondern fast in der
ganzen Provinz Asia. 27 Aber es geht
ja nicht nur darum, dass unser Berufs-
stand in Misskredit gerät, nein, es be-
steht auch die Gefahr, dass die Ach-
tung vor dem Tempel der großen Göt-
tin Artemis verloren geht. Am Ende
kommt es noch dahin, dass die Göttin
selbst ihr Ansehen einbüßt – sie, die
heute in der ganzen Asia und überall
in der Welt für ihre herrliche Größe
verehrt wird.«

28 Als sie das hörten, wurden sie
von Wut gepackt und schrien: »Groß
ist die Artemis von Ephesus!« 29 Die
ganze Stadt geriet in Aufruhr und
alle stürmten einmütig ins Theater.*
Dabei schleppten sie zwei Reise-
gefährten des Paulus, die Mazedonier
Gajus und Aristarch, mit. 30 Als Pau-
lus selbst unter das Volk gehen wollte,
ließen die Jünger es nicht zu. 31 Einige
von den obersten Beamten der Pro-
vinz, die Paulus freundschaftlich ver-
bunden waren, warnten ihn durch
Boten davor, ins Theater zu gehen.
32 Dort herrschte ein großes Durch-
einander. Die einen schrien dies,
die anderen das, und die meisten
wussten nicht einmal, weshalb sie
zusammengekommen waren. 33 Die
Juden schickten Alexander nach vorn,
und einige aus der Menge erklärten
ihm den Anlass. Alexander wollte sich
dann mit einer Handbewegung Gehör
verschaffen, um eine Erklärung abzu-
geben. 34 Doch als sie merkten, dass
er ein Jude war, begannen alle wie aus
einem Mund zwei Stunden lang zu
schreien: »Groß ist die Artemis von
Ephesus!« 35 Schließlich gelang es

19,19 Die *Drachme*, eine Silbermünze, entsprach etwa dem Tageslohn eines Arbeiters. 50.000 Drachmen waren mehr als acht Talente, etwa 4 Millionen Euro.

19,24 *Artemis*. Göttin der Jagd und der Fruchtbarkeit (römisch: Diana). Ihr Tempel in Ephesus galt als eines der sieben Weltwunder der Antike.

19,29 *Theater*. Das Amphitheater fasste etwa 25.000 Menschen.

dem Stadtsekretär*, die Menge zu
beruhigen. »Männer von Ephesus«,
rief er, »gibt es denn einen Menschen
in der Welt, der nicht wüsste, dass
die Stadt Ephesus die Beschützerin
der großen Artemis und ihres vom
Himmel gefallenen Standbildes ist?
36 Weil das völlig unbestreitbar ist,
beruhigt euch also und lasst euch zu
keiner unüberlegten Sache hinreißen.
37 Ihr habt diese Männer herge-
schleppt, obwohl sie weder den Tem-
pel beraubt noch unsere Göttin ge-
lästert haben. 38 Wenn Demetrius
und seine Kunsthandwerker Anklage
gegen jemand erheben wollen, so gibt
es dafür Gerichtstage und den Pro-
konsul*. Dort können sie sich gegen-
seitig verklagen. 39 Wenn ihr aber
irgendwelche anderen Forderungen
habt, so wird das in einer ordentli-
chen Bürgerversammlung entschie-
den. 40 Wir stehen nämlich in Gefahr,
dass man uns wegen der heutigen
Vorkommnisse der Rebellion anklagt,
denn wir können keinen triftigen
Grund für diesen Aufruhr nennen.«
Danach löste er die Versammlung auf.

Paulus in Mazedonien und Griechenland

20 1 Als der Tumult sich gelegt
hatte, ließ Paulus die Jünger
zu sich kommen und sprach ihnen
Mut zu. Dann nahm er Abschied und
machte sich auf die Reise nach Maze-
donien. 2 Dort besuchte er die Gläubi-
gen und nahm sich viel Zeit, sie zu
ermutigen. Schließlich kam er nach
Griechenland 3 und hielt sich drei
Monate dort auf. Als er dann mit dem
Schiff nach Syrien fahren wollte,
planten die Juden einen Anschlag auf
ihn. So entschloss er sich, den Rück-
weg wieder über Mazedonien zu neh-
men.

4 Auf dieser Reise begleiteten ihn
Sopater, der Sohn von Pyrrhus, aus
Beröa, Aristarch und Sekundus aus
Thessalonich und Gajus aus Derbe,
außerdem Timotheus und schließlich
Tychikus und Trophimus aus der Pro-
vinz Asia. 5 Sie reisten voraus und
wollten in Troas auf uns warten. 6 Wir
selbst segelten erst nach dem Fest der
ungesäuerten Brote* von Philippi ab.
Nach fünftägiger Fahrt erreichten wir
Troas und blieben eine Woche dort.

Abschiedsbesuch in Troas

7 Am letzten Abend – es war Sonntag,
der erste Tag der Woche – kamen wir
zum Mahl des Herrn zusammen. Pau-
lus, der am nächsten Tag weiterreisen
wollte, sprach zu den Versammelten.
Und weil sie noch so viele Fragen hat-
ten, blieb er bis Mitternacht. 8 In un-
serem Versammlungsraum im Ober-
geschoss brannten viele Lampen.
9 Ein junger Mann – er hieß Eutychus
– saß auf der Fensterbank. Weil Pau-
lus nun so lange redete, wurde er vom

19,35 *Stadtsekretär.* Einer der höchsten Verwaltungsbeamten, verantwortlich für die Einberufung von Volksversammlungen.

19,38 *Prokonsul.* Der Statthalter einer Provinz, die hier dem römischen Senat unterstand, sprach regelmäßig in der Hauptstadt des Gerichtsbezirks Recht und war für die Aufrechterhaltung von Ruhe und Ordnung zuständig.

20,6 *Fest der ungesäuerten Brote.* Dieses siebentägige Fest schloss sich direkt an das Passafest an. Während dieser Zeit durfte nur solches Brot gegessen werden, das ohne Sauerteig zubereitet war.

Schlaf überwältigt und fiel drei Stock-
werke tief aus dem Fenster. Als die
Gläubigen hinuntereilten und ihn auf-
hoben, war er tot. 10 Paulus, der eben-
falls hinabgegangen war, legte sich
auf ihn und umfasste den leblosen
Körper. Dann sagte er: »Beruhigt
euch, er lebt!« 11 Nachdem er wieder
hinaufgestiegen war und mit den Ge-
schwistern das Mahl des Herrn ge-
feiert hatte, nahm er einen Imbiss
und redete noch lange mit ihnen. Erst
als der Tag anbrach, verabschiedete
er sich. 12 Den jungen Mann aber
konnten sie lebendig und gesund
nach Hause bringen, was sie sehr
ermutigte.

Treffen mit den Ältesten von Ephesus

13 Wir anderen waren inzwischen an
Bord eines Schiffes gegangen und
nach Assos* abgesegelt. Paulus wollte
den Landweg nehmen und dort an
Bord kommen. 14 Als er in Assos wie-
der zu uns stieß, nahmen wir ihn an
Bord und fuhren miteinander weiter
nach Mitylene*. 15 Am nächsten Tag
kamen wir auf die Höhe von Chios*.
Am Tag darauf legten wir in Samos*
an und einen Tag später erreichten wir
Milet*. 16 Um nicht zu viel Zeit in der
Provinz Asia zu verlieren, hatte Paulus
beschlossen, an Ephesus vorbeizu-
fahren, denn er wollte schnell weiter-
kommen, um möglichst am Pfingst-
tag in Jerusalem zu sein.

17 Von Milet aus schickte Paulus je-
doch eine Nachricht an die Ältesten
von Ephesus und bat sie, zu ihm
zu kommen. 18 Als sie sich bei ihm
eingefunden hatten, sagte er ihnen
Folgendes:

»Ihr wisst, wie ich vom ersten Tag
an, als ich in die Asia kam, unter euch
gelebt habe, 19 wie ich dem Herrn de-
mütig wie ein Sklave diente, manch-
mal unter Tränen und schweren
Anfechtungen, in die ich durch die
Angriffe der Juden kam. 20 Ihr wisst,
dass ich euch nichts von dem ver-
schwiegen habe, was wichtig für euch
ist. Ich habe euch öffentlich und in
den Häusern alles verkündigt und ge-
lehrt. 21 Juden und Nichtjuden habe
ich beschworen, ihre Einstellung zu
Gott zu ändern und ihr Vertrauen
auf Jesus, unseren Herrn, zu setzen.
22 Seht, durch die Weisung des Geis-
tes gebunden, gehe ich jetzt nach Je-
rusalem und weiß nicht, was mir dort
begegnen wird. 23 Aber ich weiß, dass
der Heilige Geist mir in jeder Stadt,
durch die ich komme, ankündigt, dass
Gefangenschaft und Leiden dort
auf mich warten. 24 Doch halte ich
mein persönliches Ergehen und mein

20,13 *Assos.* Die kleine Hafenstadt lag am Golf von Adramyttion (heute: Edremit) am Hang eines vulkanischen Felsens. Das heutige Behramköy liegt etwa 25 Kilometer von Troas entfernt.

20,14 *Mitylene.* Hauptstadt der Insel Lesbos mit einem großen Hafen.

20,15 *Chios.* Die Insel liegt westlich von Smyrna. Der Stadt Chios hatte Herodes d. Gr. einmal eine Spende zur Erneuerung der Säulengänge gegeben.

Samos. Insel im ägäischen Meer, südwestlich von Ephesus.

Milet. Alte griechische Hafenstadt, 48 km südlich von Ephesus. Vor der Zeit des Paulus war es die bedeutendste Stadt Ioniens, von der aus 80 Kolonien gegründet wurden, und Heimatstadt einiger bekannter Philosophen. Inzwischen war Ephesus die wichtigste Stadt. Heute ist Milet nur noch ein Dorf.

Leben für nicht der Rede wert. Wich-
tig ist nur, dass ich das Ziel erreiche
und den Auftrag erfülle, den mir
Jesus, der Herr, aufgetragen hat: den
Menschen die gute Botschaft von Got-
tes Gnade zu bringen. 25 Und nun
muss ich euch noch etwas sagen: Ich
weiß, dass ihr und alle, bei denen ich
gewesen bin und die Botschaft von
der Herrschaft Gottes gepredigt habe,
mich nicht wiedersehen werdet.
26 Deshalb erkläre ich heute vor euch
allen: Mich trifft keine Schuld, wenn
einer von euch ins Verderben geht.
27 Denn ich habe euch nichts vorent-
halten, sondern euch den Heilswillen
Gottes vollständig verkündigt.

28 Gebt acht auf euch selbst und auf
die ganze Herde, in die euch der Heili-
ge Geist als Aufseher eingesetzt hat,
damit ihr treue Hirten der Gemeinde
Gottes seid. Gott hat sie ja durch das
Blut seines eigenen Sohnes erworben.
29 Ich weiß, dass nach meinem Ab-
schied gefährliche Wölfe bei euch ein-
dringen und erbarmungslos unter der
Herde wüten werden. 30 Selbst aus
euren eigenen Reihen werden Männer
auftreten und die Wahrheit verdre-
hen, um die Jünger des Herrn zu *ihren*
Nachfolgern zu machen. 31 Seid also
wachsam und denkt daran, dass ich
mich drei Jahre lang Tag und Nacht
um jeden Einzelnen in der Gemeinde
bemüht habe, manchmal sogar unter
Tränen.

32 Und nun vertraue ich euch Gott
und dem Wort seiner Gnade an, das
die Kraft hat, euch im Glauben wach-
sen zu lassen und euch das Erbe unter
denen zu geben, die auch zu seinem
heiligen Volk gehören. – 33 Noch
etwas: Nie habe ich Geld oder Klei-
dung von jemand gefordert. 34 Ihr
wisst, dass diese meine Hände für
alles gesorgt haben, was ich und
meine Begleiter zum Leben brauch-
ten. 35 Mit meiner ganzen Lebensfüh-
rung habe ich euch gezeigt, dass wir
hart arbeiten müssen, um den Bedürf-
tigen etwas abgeben zu können.
Dabei sollen wir immer an die Worte
denken, die Jesus, unser Herr, gesagt
hat: ›Auf dem Geben liegt mehr Segen
als auf dem Nehmen.‹*«

36 Nachdem Paulus geendet hatte,
kniete er sich zusammen mit allen hin
und betete. 37 Da fingen sie alle an zu
weinen, fielen ihm um den Hals und
küssten ihn. 38 Am meisten bedrückte
sie, dass er gesagt hatte, sie würden
ihn nicht wiedersehen. Dann begleite-
ten sie ihn zum Schiff.

Reise nach Jerusalem

21 1 Schließlich rissen wir uns
von ihnen los. Unser Schiff
legte ab und wir segelten direkt zur
Insel Kos*. Am nächsten Tag kamen
wir nach Rhodos* und von da nach

20,35 Es handelt sich offenbar um einen mündlich überlieferten Ausspruch des Herrn, der nicht in den Evangelien enthalten ist, man vergleiche aber Lukas 6,38; 11,9; Johannes 13,34.

21,1 *Kos.* Die Insel liegt 150 km südlich von Ephesus, nordwestlich von Knidos. Sie war berühmt durch das Heiligtum des Asklepios, des Gottes der Heilkunst.

Rhodos. Die wasser- und waldreiche Insel liegt 150 km südöstlich von Kos und ist selbst etwa 80 km lang und bis zu 30 km breit. Die Hafenstadt Rhodos liegt an der nördlichen Inselspitze. Der berühmte Koloss von Rhodos, der wohl als Leuchtturm an der Hafeneinfahrt diente, war allerdings schon im Jahr 85 v.Chr. durch ein Erdbeben zerstört worden.

Patara*. 2 Dort fanden wir ein Schiff,
das direkt nach Phönizien segelte und
gingen an Bord. 3 Als Zypern in Sicht
kam, ließen wir es links liegen und
hielten weiter Kurs auf Syrien, bis wir
in Tyrus* anlegten. Dort musste das
Schiff seine Ladung löschen.

4 In Tyrus suchten wir die Jünger
auf und blieben eine Woche bei
ihnen. Der Heilige Geist zeigte diesen
Jüngern, dass Paulus in Jerusalem
Gefahren drohten. Deshalb warnten
sie ihn wiederholt vor der Weiterrei-
se. 5 Trotzdem brachen wir nach Ab-
lauf der Woche wieder auf. Die Jün-
ger begleiteten uns mit ihren Frauen
und Kindern bis vor die Stadt. Am
Strand knieten wir nieder und bete-
ten. 6 Dann nahmen wir Abschied
von ihnen und gingen wieder an
Bord, während sie nach Hause zu-
rückkehrten.

7 Von Tyrus aus fuhren wir noch bis
nach Ptolemais*, wo die Schiffsreise
für uns zu Ende war. Wir begrüßten
die Brüder und blieben einen Tag bei
ihnen. 8 Am nächsten Morgen zogen
wir nach Cäsarea* weiter. Dort an-
gekommen kehrten wir in das Haus
des Evangelisten Philippus ein. Das
war einer aus dem Kreis der Sieben.
9 Er hatte vier Töchter, die unverheira-
tet geblieben waren und die Gabe der
Prophetie besaßen.

10 Wir blieben ein paar Tage bei
ihnen. In dieser Zeit traf der Prophet
Agabus aus Judäa hier ein. 11 Er trat
in unsere Mitte, nahm den Gürtel des
Paulus, fesselte sich damit Füße und
Hände und sagte: »So spricht der
Heilige Geist: ›Genauso wird es dem
Mann ergehen, dem dieser Gürtel
gehört. Er wird von den Juden in
Jerusalem gefesselt und den Fremden,
die Gott nicht kennen, ausgeliefert
werden.‹« 12 Als wir das hörten, baten
wir und die einheimischen Geschwis-
ter ihn dringend, nicht nach Jerusa-
lem hinaufzuziehen. 13 Paulus er-
widerte: »Was weint ihr? Warum
macht ihr mir das Herz so schwer? Ich
bin nicht nur bereit, mich in Jerusa-
lem verhaften zu lassen, sondern auch
für den Namen unseres Herrn Jesus
zu sterben.« 14 Weil er sich nicht um-
stimmen ließ, beruhigten wir uns
schließlich und sagten: »Dann soll
geschehen, was der Herr will.«

15 Nach Ablauf dieser Tage machten
wir uns reisefertig und zogen nach
Jerusalem hinauf. 16 Einige von den
Jüngern aus Cäsarea begleiteten uns
und brachten uns zu einem gewissen
Mnason, der aus Zypern stammte und
ein Jünger aus der Anfangszeit war.
Bei ihm übernachteten wir. 17 Als
wir dann in Jerusalem angekommen
waren, bereiteten uns die Geschwister
einen herzlichen Empfang.

Der Rat des Jakobus

18 Gleich am nächsten Tag ging Pau-
lus mit uns zu Jakobus, wo sich auch

21,1 *Patara* war eine bedeutende Hafenstadt im Südwesten von Kleinasien, etwa 100 km von Rhodos entfernt.

21,3 *Tyrus.* Siehe Apostelgeschichte 12,20. Von Patara bis Tyrus sind es etwa 650 km über das offene Meer.

21,7 *Ptolemais.* Griechischer Name für das phönizische Akko, Hafenstadt am Nordende der Bucht von Haifa, etwa 50 km südlich von Tyrus.

21,8 *Cäsarea.* Fast 60 km von Akko entfernt (Apostelgeschichte 8,40).

alle Ältesten der Gemeinde einfanden.
19 Paulus begrüßte die Versammelten
und berichtete dann ausführlich, was
Gott durch seinen Dienst unter den
Nichtjuden getan hatte. 20 Seine Zu-
hörer priesen Gott dafür. Dann aber
sagten sie zu ihm:
»Du siehst, lieber Bruder, dass
auch bei den Juden Zehntausende
zum Glauben gekommen sind, und
alle halten sich nach wie vor streng
an das Gesetz. 21 Nun hat man ihnen
über dich erzählt, du würdest den
Juden im Ausland Abfall vom Gesetz
des Mose predigen; du würdest sie
auffordern, ihre Kinder nicht mehr
zu beschneiden und sich überhaupt
nicht länger an unsere Bräuche zu
halten. 22 Was können wir dagegen
tun? Auf jeden Fall werden sie hören,
dass du gekommen bist. 23 Wir raten
dir nun Folgendes: Bei uns sind vier
Männer, die ein Gelübde einlösen
müssen. 24 Kümmere dich um sie!
Unterziehe dich gemeinsam mit
ihnen der vorgeschriebenen Reini-
gung und übernimm die Kosten,
damit sie sich das Haar schneiden
lassen und die vorgeschriebenen
Opfer bringen können. Dann werden
alle erkennen, dass die Berichte über
dich falsch sind und du sehr wohl
zum Gesetz stehst und seine Vor-
schriften befolgst. 25 Und was die
Nichtjuden betrifft, die zum Glauben
gekommen sind, haben wir ja schon
eine Entscheidung getroffen. Wir
haben ihnen brieflich mitgeteilt, dass
sie kein Fleisch von Götzenopfern
essen sollen, dass sie kein Blut
genießen und kein Fleisch, das nicht
richtig ausgeblutet ist, und dass sie
sich vor jeder Unmoral hüten.«

Verhaftung des Paulus

26 Paulus folgte dem Rat und half den
Männern bei der Erfüllung ihres Ge-
lübdes. Gleich am nächsten Tag be-
gann er mit den Vorbereitungen für
das Reinigungsritual. Dann ging er
in den Tempel und meldete den Pries-
tern, wann die siebentägige Frist
für die Reinigung abgelaufen sein
würde, damit dann für jeden von
ihnen das vorgeschriebene Opfer
dargebracht werden könnte. 27 Die
sieben Tage waren schon fast vorü-
ber, da wurde Paulus von Juden aus
der Provinz Asia im Tempel gesehen.
Die packten ihn und hetzten das Volk
auf, 28 indem sie schrien: »Männer
von Israel, helft uns! Das ist der Ver-
räter, der mit seiner Lehre überall in
der Welt gegen unser Volk, gegen das
Gesetz und gegen diesen Tempel
hetzt. Jetzt hat er sogar Nichtjuden in
den Tempel mitgebracht und diesen
heiligen Ort entweiht!« 29 Sie hatten
ihn nämlich vorher in der Stadt zu-
sammen mit Trophimus aus Ephesus
gesehen und angenommen, Paulus
hätte ihn mit in den Tempel gebracht.
30 Bald war die ganze Stadt auf den
Beinen. Von allen Seiten strömten die
Leute zusammen. Sie packten Paulus
und zerrten ihn aus dem inneren
Tempelhof. Sobald er draußen war,
wurden die Tore geschlossen.
31 Die Menge schlug auf ihn ein
und war schon dabei ihn umzubrin-
gen; da wurde dem Kommandanten
der römischen Garnison gemeldet:
»Ganz Jerusalem ist in Aufruhr!«
32 Sofort rief der Kommandant einen
Trupp Soldaten und einige Offiziere
herbei und rannte mit ihnen zum
Tempelplatz hinunter. Als die Leute

den Kommandanten und die Soldaten
sahen, ließen sie von Paulus ab. 33 Der
Kommandant bahnte sich einen Weg
zu Paulus, nahm ihn fest und ließ ihn
mit zwei Ketten fesseln. Dann wollte
er von den Umstehenden wissen, wer
der Mann sei und was er getan habe.
34 Doch der Tumult war so groß, dass
er nichts Sicheres herausbekommen
konnte. Die einen schrien dies, die anderen das. Deshalb befahl er, ihn in
die Burg zu bringen. 35 Als die Soldaten zu der Freitreppe kamen, die vom
Tempelplatz zur Burg hinaufführte,
mussten sie Paulus tragen, um ihn vor
der tobenden Menge zu schützen.
36 Denn das ganze Volk drängte nach
und schrie: »Weg mit ihm!«

Rede an eine tobende Menge

37 Bevor Paulus in die Burg geführt
wurde, wandte er sich an den Kommandanten und sagte: »Darf ich ein
Wort mit dir reden?« – »Du sprichst
Griechisch?«, wunderte sich der
Kommandant. 38 »Dann bist du also
nicht der Ägypter, der vor einiger
Zeit einen Aufstand angezettelt und
die 4000 Sikarier* in der Wüste um
sich gesammelt hatte?« 39 Paulus
entgegnete: »Ich bin ein Jude aus Zilizien, Bürger von Tarsus, einer
nicht gerade unbekannten Stadt. Erlaube mir bitte, zu den Leuten zu
sprechen.« 40 Der Kommandant
war einverstanden. Paulus stellte
sich auf die oberste Stufe der Freitreppe und bat die Menge mit einer
Handbewegung um Ruhe. Als sich
der Lärm ganz gelegt hatte, begann
er in hebräischer Sprache* zu ihnen
zu reden:

22 1 »Liebe Brüder und Väter!
Hört, was ich zu meiner Verteidigung sagen kann.« 2 Als sie
merkten, dass er sie in ihrer Muttersprache anredete, wurden sie ganz
still. Er fuhr fort: 3 »Ich bin ein Jude
wie ihr. Geboren wurde ich in Tarsus
in der Provinz Zilizien, aber aufgewachsen bin ich hier in Jerusalem.
Mein Lehrer war Gamaliel. Bei ihm
erhielt ich eine gründliche Ausbildung
im Gesetz unserer Väter, und ich
kämpfte leidenschaftlich für die Ehre
Gottes, so wie ihr es heute auch tut.
4 Mit allen Mitteln bin ich gegen die
neue Lehre vorgegangen und habe sie
bis auf den Tod bekämpft. Männer
und Frauen ließ ich in Ketten legen
und ins Gefängnis bringen. 5 Der
Hohe Priester und die ganze Ältestenschaft können mir das bezeugen. Von
ihnen ließ ich mir Empfehlungsbriefe
an die jüdische Gemeinde in Damaskus geben, um auch dort die Anhänger der neuen Lehre gefesselt zur Bestrafung nach Jerusalem zu bringen.
6 Doch auf dem Weg nach Damaskus, kurz vor der Stadt, geschah etwas.
Es war um die Mittagszeit, als plötzlich vom Himmel her ein helles Licht
aufleuchtete; ein unbeschreiblicher
Glanz umstrahlte mich von allen Seiten. 7 Ich stürzte geblendet zu Boden

---

21,38 *Sikarier.* »Dolchmänner«, jüdische Nationalisten, erbitterte Feinde von römerfreundlichen Juden. Unter anderem mischten sie sich während der Festzeiten unter die Menge und stachen jüdische Römerfreunde nieder.

21,40 *hebräischer Sprache.* Gemeint ist wohl das dem Hebräischen verwandte Aramäisch, das damals in Israel gesprochen wurde.

und hörte eine Stimme zu mir sagen:
›Saul, Saul, warum verfolgst du
mich?‹ 8 ›Wer bist du, Herr?‹, fragte
ich, und die Stimme erwiderte: ›Ich
bin der, den du verfolgst – Jesus von
Nazareth.‹ 9 Meine Begleiter sahen
zwar das Licht, verstanden aber nicht,
was die Stimme sagte. 10 Ich fragte:
›Was soll ich tun, Herr?‹ – ›Steh auf
und geh nach Damaskus‹, erwiderte
der Herr. ›Dort wirst du alles erfah-
ren, was dir zu tun aufgetragen ist.‹

11 Von dem strahlenden Glanz des
Lichtes war ich aber so geblendet,
dass ich nichts mehr sehen konnte.
Meine Begleiter mussten mich bei der
Hand nehmen und nach Damaskus
führen. 12 Dort wohnte ein gewisser
Hananias, ein frommer und gesetzes-
treuer Mann, der bei allen Juden in der
Stadt hoch angesehen war. 13 Der
suchte mich auf und sagte zu mir:
›Lieber Bruder Saul, du sollst wieder
sehen können!‹ Im gleichen Augen-
blick sah ich ihn vor mir stehen. Ich
konnte wieder sehen. 14 Er sagte:
›Der Gott unserer Väter hat dich er-
wählt, seinen Willen zu erkennen. Er
hat dich dazu bestimmt, den Gerech-
ten zu sehen und einen Ruf aus sei-
nem Mund zu hören. 15 Denn du sollst
sein Zeuge sein und allen Menschen
von dem berichten, was du gesehen
und gehört hast. 16 Also, was zögerst
du noch? Steh auf und lass dich tau-
fen! Und rufe dabei den Namen des
Herrn an! Dann wirst du von deinen
Sünden reingewaschen werden.‹

17 Als ich dann wieder nach Jerusa-
lem zurückgekehrt war und im Tempel
betete, hatte ich eine Vision. 18 Ich sah
den Herrn und der sagte zu mir: ›Ver-
lass Jerusalem auf dem schnellsten
Weg, denn die Leute hier werden
nicht annehmen, was du ihnen als
mein Zeuge über mich sagst.‹ 19 Ich
erwiderte: ›Herr, sie wissen aber doch,
dass ich von einer Synagoge zur ande-
ren ging, um die, die an dich glauben,
verhaften und auspeitschen zu lassen.
20 Und sie wissen auch, dass ich da-
mals, als dein Zeuge Stephanus sein
Leben ließ, ganz damit einverstanden
war und die Kleidung seiner Mörder
bewachte.‹ 21 Doch er befahl mir:
›Geh, denn ich will dich weit weg zu
den anderen Völkern senden!‹«

Paulus und der Kommandant

22 Bis zu diesem Wort hatte die
Menge ruhig zugehört. Doch jetzt be-
gannen sie zu schreien: »Weg mit
ihm! Bringt ihn um! So einer darf
nicht leben!« 23 Sie tobten, rissen sich
die Kleider vom Leib und warfen
Staub in die Luft. 24 Da befahl der
Kommandant, Paulus in die Burg
zu bringen. Er wollte ihn unter Peit-
schenhieben verhören lassen, um her-
auszubringen, weshalb die Menge ihn
so hasserfüllt angeschrien hatte.
25 Als die Soldaten ihn für die Aus-
peitschung festbanden, sagte Paulus
zu dem dabeistehenden Hauptmann:
»Ist es bei euch denn erlaubt, einen
römischen Bürger auszupeitschen,
noch dazu ohne Gerichtsverfahren?«
26 Als der Hauptmann das hörte, lief
er zum Kommandanten und sagte:
»Weißt du, was du da tust? Der Mann
hat das römische Bürgerrecht!« 27 Da
ging der Kommandant selbst zu
Paulus und fragte ihn: »Stimmt es,
dass du römischer Bürger bist?« –
»Ja, das stimmt«, erwiderte Paulus.
28 »Mich hat es eine Menge Geld

gekostet, dieses Bürgerrecht zu be-
kommen«, sagte der Kommandant. –
»Und ich besitze es seit meiner
Geburt«, entgegnete Paulus. 29 Die
Männer, die ihn verhören sollten,
ließen sofort von ihm ab. Und der
Kommandant bekam es mit der Angst
zu tun, weil er einen römischen Bür-
ger hatte fesseln lassen. 30 Weil er
aber genau wissen wollte, was die
Juden ihm vorwarfen, ordnete er am
nächsten Tag eine Zusammenkunft
der Hohen Priester und des ganzen
Hohen Rates an. Er ließ Paulus die
Ketten abnehmen und stellte ihn vor
die Versammlung.

Rede vor dem Hohen Rat

23 1 Paulus sah die Mitglieder
des Hohen Rates mit festem
Blick an. »Meine Brüder«, begann er,
»ich habe Gott immer mit einem rei-
nen Gewissen gedient und daran hat
sich bis heute nichts geändert.«
2 »Schlagt ihm auf den Mund!«, be-
fahl da der Hohe Priester Hananias
den dabeistehenden Gerichtsdienern.
3 »Dich wird Gott schlagen, du über-
tünchte Wand!«, sagte Paulus zu ihm.
»Du sitzt scheinheilig da, um mich im
Namen des Gesetzes zu richten, und
missachtest selbst das Gesetz, indem
du mich schlagen lässt!« 4 »Wie
kannst du es wagen, den Hohen Pries-
ter Gottes zu beleidigen?«, fuhren die
Umstehenden ihn an. 5 Da erwiderte
Paulus: »Ich wusste nicht, Brüder,
dass er der Hohe Priester ist. Denn ich
weiß natürlich, dass in der Schrift
steht: ›Du sollst nicht abfällig über
einen Führer deines Volkes reden.‹*«
6 Weil Paulus nun aber wusste,
dass der Hohe Rat zum Teil aus
Sadduzäern* und zum anderen Teil
aus Pharisäern bestand, rief er in die
Versammlung hinein: »Brüder, ich
bin ein Pharisäer und stamme aus
einer Pharisäerfamilie. Wegen der
messianischen Hoffnung Israels stehe
ich hier vor Gericht und weil ich glau-
be, dass die Toten auferstehen!«
7 Kaum hatte Paulus das gesagt, da
brach ein Streit zwischen den Phari-
säern und den Sadduzäern los und der
Rat spaltete sich in zwei Lager. 8 Im
Gegensatz zu den Pharisäern behaup-
ten die Sadduzäer nämlich, es gäbe
keine Auferstehung, und bestreiten
die Existenz von Engeln und anderen
unsichtbaren Wesen. 9 So kam es zu
einer lautstarken Auseinanderset-
zung. Und einige Gesetzeslehrer von
der Partei der Pharisäer sprangen
sogar auf und erklärten kampfbereit:
»Wir können an diesem Menschen
kein Unrecht finden. Vielleicht hat ja
tatsächlich ein Engel oder ein Geist zu
ihm gesprochen.« 10 Der Tumult
wurde am Ende so heftig, dass der
Kommandant fürchtete, sie würden
Paulus in Stücke reißen. Er ließ seine
Mannschaft ausrücken und befahl
ihnen, Paulus herauszuholen und
wieder in die Burg zu bringen.
11 In der folgenden Nacht trat der
Herr zu Paulus und sagte zu ihm:
»Nur Mut! Denn genauso wie du in
Jerusalem mein Zeuge warst, wirst du
auch in Rom für mich eintreten.«

23,5 2. Mose 22,27

23,6 *Sadduzäern.* Angehörige einer politisch einflussreichen religiösen Richtung des Judentums, deren Mitglieder aus den vornehmen Familien stammten und offen für hellenistisches Denken waren.

Verschwörung gegen Paulus

12 Bei Tagesanbruch trafen sich eine
Anzahl Juden zu einer geheimen Ab-
sprache. Sie schworen unter feier-
licher Selbstverfluchung, nichts zu
essen und zu trinken, bis sie Paulus
getötet hätten. 13 Mehr als 40 Männer
beteiligten sich an dieser Verschwö-
rung. 14 Sie gingen zu den Hohen
Priestern und Ratsältesten und sag-
ten: »Wir haben feierlich geschworen,
nichts zu essen und zu trinken, bis wir
diesen Paulus getötet haben. 15 Ihr
könnt uns dabei helfen, wenn ihr im
Namen des Hohen Rates zum Kom-
mandanten geht und ihn auffordert,
Paulus noch einmal vorzuführen; ihr
wolltet seinen Fall genauer untersu-
chen. Und wir werden uns bereit-
halten ihn umzubringen, noch bevor
er bei euch eingetroffen ist.«

16 Aber ein Neffe von Paulus, der
Sohn seiner Schwester, hörte von dem
geplanten Anschlag. Er machte sich
sofort auf den Weg in die Burg und
erzählte es Paulus. 17 Der rief einen
von den Offizieren herbei und sagte:
»Bring diesen jungen Mann hier zum
Kommandanten! Er hat eine wichtige
Nachricht für ihn.« 18 Der Offizier
ging mit Paulus' Neffen zum Kom-
mandanten und sagte: »Der Gefange-
ne Paulus bat mich, diesen jungen
Mann zu dir zu führen. Er soll eine
wichtige Nachricht für dich haben.«
19 Der Kommandant fasste den Nef-
fen des Paulus am Arm, führte ihn bei-
seite und fragte: »Was hast du mir zu
berichten?« 20 »Die Juden«, sagte er,
»wollen dich bitten, Paulus morgen
noch einmal dem Hohen Rat vorzu-
führen, angeblich um die Vorwürfe
gegen ihn genauer zu untersuchen.
21 Aber du darfst ihnen nicht glauben!
Denn in Wirklichkeit planen mehr als
40 Männer einen Anschlag gegen ihn.
Sie haben mit Selbstverfluchung ge-
schworen, nichts zu essen und zu trin-
ken, bis sie ihn umgebracht haben.
Alle sind bereit und warten nur dar-
auf, dass du ihre Bitte erfüllst.« 22 Der
Kommandant schärfte dem jungen
Mann ein: »Verrate keinem, dass du
mir davon erzählt hast!« Dann ließ er
ihn gehen. 23 Gleich darauf ließ er
zwei von seinen Offizieren kommen
und befahl ihnen: »Zweihundert Sol-
daten sollen sich zum Abmarsch nach
Cäsarea bereit machen, dazu siebzig
Reiter und zweihundert Leichtbe-
waffnete. Ihr brecht heute Abend um
neun Uhr auf! 24 Haltet auch Reittiere
für Paulus bereit und bringt ihn sicher
zum Statthalter Felix*.«

Überführung nach Cäsarea

25 Dann schrieb er folgenden Brief:
26 »Klaudius Lysias grüßt den hoch-
verehrten Statthalter Felix. 27 Den
Mann, den ich hier zu dir schicke,
hatten die Juden in ihrer Gewalt und
hätten ihn beinahe getötet. Als ich er-
fuhr, dass er das römische Bürger-
recht besitzt, ließ ich ihn durch meine
Soldaten in Sicherheit bringen.
28 Und weil ich herausbekommen
wollte, weshalb sie ihn verfolgen,
brachte ich ihn vor ihren Hohen Rat.
29 Dabei zeigte sich, dass er nichts
getan hat, was ein Todesurteil oder
auch nur eine Gefängnisstrafe recht-
fertigen würde. Ihre Vorwürfe bezogen

23,24 *Felix*, ein ehemaliger Sklave, war von 52-59/60 n.Chr. Statthalter von Judäa.

sich nur auf strittige Fragen ihres
Gesetzes. 30 Nun ist mir gemeldet
worden, dass ein Anschlag auf ihn
vorbereitet wurde. Deshalb habe ich
ihn sofort zu dir geschickt, und die
Kläger werde ich anweisen, ihre
Sache gegen ihn bei dir vorzutragen.«
31 Die Soldaten übernahmen Paulus
und brachten ihn befehlsgemäß noch
in der Nacht bis nach Antipatris*.
32 Am nächsten Tag kehrten die
Fußtruppen nach Jerusalem in die
Burg zurück und ließen die Reiter al-
lein mit Paulus weiterziehen. 33 Diese
brachten ihn nach Cäsarea, übergaben
dem Statthalter den Brief und führten
den Gefangenen vor. 34 Der Statthal-
ter las den Brief und fragte Paulus, aus
welcher Provinz er stamme. Als er
hörte, dass er aus Zilizien* kam, 35 er-
klärte er: »Ich werde deine Angelegen-
heit klären, sobald deine Ankläger hier
eingetroffen sind.« Dann ordnete er
an, Paulus bis dahin in seinem Amts-
sitz, dem ehemaligen Palast des Hero-
des, gefangen zu halten.

Paulus vor dem Statthalter

24 1 Fünf Tage später kam der
Hohe Priester Hananias mit
einigen Ratsältesten und Tertullus,
einem Anwalt, nach Cäsarea, um
beim Statthalter Anklage gegen
Paulus zu erheben. 2 Nachdem man
Paulus herbeigeholt hatte, begann
Tertullus seine Anklagerede:
»Hochverehrter Felix! Dein Ver-
dienst ist es, dass wir schon so lange
in Frieden leben. Deiner Umsicht ver-
danken wir zahlreiche Reformen zum
Wohl unseres Volkes. 3 Das erkennen
wir immer und überall mit großer
Dankbarkeit an. 4 Um deine kostbare
Zeit aber nicht unnötig in Anspruch
zu nehmen, bitte ich dich, uns für
einen Augenblick freundlich anzuhö-
ren. 5 Wir haben nämlich festgestellt,
dass dieser Mann hier gefährlich ist
wie die Pest: Er stiftet die Juden in der
ganzen Welt zum Aufruhr an und ist
der führende Kopf der Nazarener-
Sekte. 6 Er hat sogar versucht, den
Tempel zu entweihen. Dabei haben
wir ihn festgenommen. (7)* 8 Wenn
du ihn verhörst, kannst du dir selbst
ein Urteil bilden und wirst feststellen,
dass unsere Anklagen in jedem Punkt
zutreffen.«
9 Die mitgereisten Juden schlossen
sich der Anklage an und behaupteten,
dass es so sei. 10 Dann wurde Paulus
durch einen Wink des Statthalters
aufgefordert zu sprechen. Er begann:
»Weil ich weiß, dass du in unserem
Volk seit vielen Jahren Recht sprichst,
verteidige ich meine Sache voller Zu-
versicht. 11 Wie du leicht nachprüfen
kannst, bin ich erst vor zwölf Tagen
nach Jerusalem gekommen, um dort
im Tempel anzubeten. 12 Niemand

23,31 *Antipatris.* Die Stadt liegt etwa 55 km von Jerusalem entfernt. Herodes d. Gr. baute sie anstelle des alten Afek als wichtigen Militärstützpunkt aus und nannte sie nach seinem Vater Antipater.

23,34 *Zilizien* und Syrien (wozu auch Israel gehörte) bildeten damals zusammen eine römische Provinz, sodass auch ein Unterstatthalter wie Felix befugt war, diesen Rechtsfall zu entscheiden.

24,7 Einige spätere Handschriften fügen hier ein: »und wollten ihn nach unserem Gesetz richten. (7) Doch der Kommandant Lysias kam mit einem großen Aufgebot an Soldaten und entriss ihn uns. (8) Er befahl, dass seine Ankläger zu dir kommen sollten.«

hat gesehen, dass ich in dieser Zeit
mit Leuten diskutiert oder sie gar auf-
gehetzt hätte – weder im Tempel noch
in einer der Synagogen noch sonst
irgendwo in der Stadt. 13 Sie können
dir keinerlei Beweise für ihre Anschul-
digungen gegen mich vorbringen.
14 Das eine allerdings bekenne ich dir:
Ich diene dem Gott meiner Väter in
der Weise der neuen Glaubensrich-
tung, die sie eine Sekte nennen, und
ich glaube an alles, was im Gesetz und
den Schriften der Propheten steht.
15 Und ich habe die gleiche Hoffnung
auf Gott wie meine Ankläger auch,
nämlich dass es eine Auferstehung
der Gerechten und der Ungerechten
geben wird. 16 Deshalb bemühe ich
mich auch immer, vor Gott und den
Menschen ein reines Gewissen zu
haben. 17 Nachdem ich nun mehrere
Jahre im Ausland verbracht habe, bin
ich hergekommen, um meinem Volk
Spenden zu übergeben und Gott
Opfer zu bringen. 18 Als ich dazu ge-
rade im Tempel war – ich hatte mich
der vorgeschriebenen Reinigung
unterzogen, war von keiner Men-
schenmenge umgeben und in keinen
Tumult verwickelt –, 19 da sahen mich
einige Juden aus der Asia. Diese Leute
sollten jetzt eigentlich hier sein und
ihre Anklage vorbringen, falls sie mir
etwas vorzuwerfen haben. 20 Du
kannst aber auch diese Männer hier
fragen, was für ein Vergehen sie mir
nachweisen konnten, als ich vor dem
Hohen Rat stand. 21 Es könnte höchs-
tens der eine Satz sein, den ich damals
in die Versammlung hineinrief: ›Weil
ich an die Auferstehung der Toten
glaube, stehe ich heute vor eurem
Gericht!‹«

22 Felix, der über die neue Glaubens-
richtung ziemlich genau Bescheid
wusste, vertagte den Fall und sagte:
»Wenn der Kommandant Lysias aus
Jerusalem herkommt, werde ich eure
Sache entscheiden.« 23 Den zuständi-
gen Offizier wies er an, Paulus in
leichter Haft zu halten und keinen von
seinen Freunden daran zu hindern,
für ihn zu sorgen.

24 Einige Tage später erschien Felix
mit seiner Frau Drusilla*, einer Jüdin,
in seinem Amtssitz und ließ Paulus zu
sich kommen, weil er noch mehr über
den Glauben an Jesus, den Messias,
erfahren wollte. 25 Doch als Paulus
dann von Gerechtigkeit und Enthalt-
samkeit sprach und von dem künfti-
gen Gericht, bekam Felix es mit der
Angst zu tun. Er sagte zu Paulus: »Für
diesmal ist es genug, du kannst gehen.
Wenn ich später Gelegenheit habe,
werde ich dich wieder rufen lassen.«
26 Gleichzeitig hoffte er auch, von
Paulus Bestechungsgelder zu be-
kommen. Deshalb ließ er ihn öfter
kommen und unterhielt sich mit
ihm. 27 Als Felix zwei Jahre später*
von Porzius Festus* abgelöst wurde,
wollte er den Juden noch einen Ge-
fallen tun und ließ Paulus weiter im
Gefängnis.

24,24 *Drusilla*, die jüngere Schwester von Agrippa II. und Berenike, war zunächst mit Azizus von Emesa in Syrien verheiratet, ließ sich aber von Felix überreden, ihren Mann zu verlassen, um seine Frau zu werden.

24,27 *zwei Jahre später*. Er musste sich in Rom wegen Aufruhr und Unregelmäßigkeiten in seiner Herrschaft verantworten.

Festus. Wohl von 59-61 n.Chr. Statthalter in Judäa.

Paulus vor dem Nachfolger angeklagt

25 1 Drei Tage nach seinem
Amtsantritt in der Provinz
reiste Festus von Cäsarea nach Jerusa-
lem. 2 Die Hohen Priester und die an-
gesehensten Männer des jüdischen
Volkes sprachen bei ihm vor und er-
neuerten ihre Anzeige gegen Paulus.
3 Sie baten ihn um den Gefallen, den
Gefangenen nach Jerusalem verlegen
zu lassen. Sie planten nämlich einen
Anschlag und wollten ihn unterwegs
umbringen. 4 Festus erklärte jedoch,
Paulus werde in Cäsarea bleiben, und
er selbst kehre in Kürze wieder dort-
hin zurück. 5 »Eure Bevollmächtig-
ten«, sagte er, »können ja mit mir
reisen und ihre Anklage vorbringen,
wenn wirklich etwas gegen den Mann
vorliegt.«

6 Festus hielt sich nicht länger als
acht oder zehn Tage bei ihnen auf und
kehrte dann nach Cäsarea zurück.
Gleich am nächsten Tag eröffnete er
die Gerichtsverhandlung und ließ
Paulus vorführen. 7 Als dieser im Ge-
richtssaal erschien, umringten ihn die
Juden, die von Jerusalem mitgekom-
men waren, und beschuldigten ihn
zahlreicher schwerer Vergehen, die
sie aber alle nicht beweisen konnten.
8 Paulus setzte sich entschieden zur
Wehr: »Ich habe mich weder gegen
das Gesetz der Juden noch gegen den
Tempel oder den Kaiser in irgendeiner
Weise vergangen.« 9 Festus wollte
den Juden nun doch einen Gefallen
tun und fragte Paulus: »Wärst du
damit einverstanden, dass wir deinen
Prozess unter meinem Vorsitz in Jeru-
salem weiterführen?« 10 Aber Paulus
erwiderte: »Ich stehe hier vor dem kai-
serlichen Gericht, und vor ihm muss
mein Fall entschieden werden. Den
Juden habe ich kein Unrecht getan,
wie du selbst genau weißt. 11 Sollte
ich wirklich ein Unrecht begangen
haben, das mit dem Tod bestraft
werden muss, dann bin ich bereit zu
sterben. Wenn aber nichts an der
Anklage dieser Leute dran ist, darf
mich niemand ihnen ausliefern. Ich
berufe mich hiermit auf den Kaiser!«
12 Festus besprach sich mit seinen Be-
ratern und entschied: »Auf den Kaiser
hast du dich berufen – vor den Kaiser
sollst du kommen!«

König Agrippa interessiert sich für Paulus

13 Ein paar Tage später kamen König
Agrippa* und Berenike* nach Cäsa-
rea, um Festus anlässlich seines Amts-
antritts zu besuchen. 14 Da sie einige
Tage in Cäsarea blieben, informierte
Festus den König über Paulus: »Felix
hat mir einen Gefangenen zurückge-
lassen. 15 Und als ich in Jerusalem
war, sprachen die Hohen Priester und
die Ratsältesten der Juden bei mir vor,
klagten ihn an und drängten mich, ihn
zu verurteilen. 16 Ich habe ihnen ge-
sagt, dass es bei den Römern nicht
üblich ist, einen Angeklagten abzu-
urteilen, nur, um jemand einen

25,13 Herodes *Agrippa* II. (28-100 n.Chr.), Sohn von Agrippa I., ein treuer Freund Roms (auch im jüdischen Krieg), regierte ein kleines Königreich nördlich und nordöstlich vom See Genezareth. Er hatte zu dieser Zeit die Oberaufsicht über den Tempel und das Recht, Hohe Priester zu ernennen.

Berenike, die Schwester Agrippas II., war verschiedentlich verheiratet, lebte aber meist im Haus ihres Bruders.

Gefallen zu tun. Erst müsse dieser sei-
nen Anklägern gegenübergestellt wer-
den und Gelegenheit bekommen, sich
zu verteidigen. 17 Als sie dann hierher
kamen, habe ich am nächsten Tag
gleich eine Verhandlung angesetzt
und den Mann vorführen lassen.
18 Doch bei der Gegenüberstellung
brachten die Kläger keine Beschuldi-
gungen wegen irgendwelcher Rechts-
verletzungen vor, wie ich erwartet
hatte. 19 Alles drehte sich nur um
Streitfragen ihrer Religion und betraf
einen gewissen Jesus, der längst ge-
storben ist und von dem Paulus be-
hauptet, dass er lebe. 20 Weil ich von
diesen Dingen zu wenig verstehe, um
eine angemessene Untersuchung füh-
ren zu können, schlug ich vor, die Ver-
handlung in Jerusalem weiterzufüh-
ren. 21 Als Paulus dann aber Berufung
einlegte und verlangte, dass er bis zur
Entscheidung der kaiserlichen Majes-
tät in Haft bleiben müsse, ordnete ich
an, ihn hier in Haft zu behalten, bis
ich ihn zum Kaiser schicken kann.«
22 »Ich würde diesen Mann gern ken-
nenlernen«, sagte Agrippa zu Festus,
»und hören, was er zu sagen hat.« –
»Morgen sollst du Gelegenheit dazu
bekommen«, erwiderte Festus.

Rede vor Agrippa und Gästen des Festus

23 Am folgenden Tag erschienen
Agrippa und Berenike in prunkvoller
Aufmachung und betraten, von hohen
römischen Offizieren* und den an-
gesehensten Männern der Stadt be-
gleitet, den Gerichtssaal. Auf Befehl
des Festus wurde Paulus vorgeführt.
24 Dann ergriff Festus das Wort:
»König Agrippa! Meine verehrten
Gäste! Hier seht ihr den Mann, wegen
dem mich die ganze Judenschaft in Je-
rusalem und auch hier bestürmt hat,
dass er nicht am Leben bleiben dürfe.
25 Ich bin mir jedoch klar darüber ge-
worden, dass er kein todeswürdiges
Verbrechen begangen hat. Doch weil
er sich auf die kaiserliche Majestät be-
rufen hat, habe ich beschlossen, ihn
nach Rom zu schicken. 26 Ich habe
allerdings kaum etwas Stichhaltiges,
das ich unserem Herrn schreiben
könnte. Darum habe ich ihn euch und
vor allem dir, König Agrippa, vorfüh-
ren lassen, damit ich nach dieser Ver-
nehmung weiß, was ich schreiben
kann. 27 Denn es scheint mir unsin-
nig, einen Gefangenen nach Rom zu
schicken, ohne zugleich die gegen
ihn erhobenen Beschuldigungen an-
zugeben.«

26 1 Darauf sagte Agrippa zu
Paulus: »Es ist dir gestattet in
eigener Sache zu sprechen.« Paulus
hob die Hand und begann seine Ver-
teidigungsrede: 2 »König Agrippa!
Ich schätze mich glücklich, dass ich
mich heute vor dir gegen die Angriffe
der Juden verteidigen kann, 3 vor
allem, weil du ein hervorragender
Kenner aller jüdischen Sitten und
Streitfragen bist. Bitte, hör mich ge-
duldig an!
4 Mein Leben, wie ich es seit meiner
Jugend unter meinem Volk und in Je-
rusalem geführt habe, ist allen Juden

25,23 *Offiziere.* Nach Josephus gab es fünf Kohorten in Cäsarea, jede unter dem Kommando eines Chiliarchen (Führer einer Tausendschaft).

von Anfang an bekannt. 5 Alle wissen
es – und können, wenn sie es wollen,
jederzeit bezeugen –, dass ich damals
nach der strengsten Richtung unserer
Religion gelebt habe, nämlich als
Pharisäer. 6 Und wenn ich jetzt vor
Gericht stehe, dann nur, weil ich der
festen Überzeugung bin, dass Gott die
Zusage, die er unseren Vätern gege-
ben hat, erfüllen wird. 7 Unser ganzes
zwölfstämmiges Volk dient Gott Tag
und Nacht in der Hoffnung, diese Er-
füllung erleben zu dürfen. Und wegen
dieser Hoffnung, o König, werde ich
ausgerechnet von den Juden ange-
klagt. 8 Warum fällt es euch Juden
denn so schwer zu glauben, dass Gott
Tote auferweckt?

9 Zunächst allerdings hatte ich auch
gemeint, ich müsste den Glauben an
diesen Jesus von Nazaret mit allen
Mitteln bekämpfen. 10 Das habe ich
auch getan. Ausgestattet mit einer
Vollmacht der Hohen Priester, brachte
ich in Jerusalem viele Christen ins
Gefängnis; und wenn sie hingerichtet
werden sollten, stimmte ich dafür.
11 Und in allen Synagogen habe ich
immer wieder versucht, sie durch
Strafen zur Lästerung zu zwingen. In
maßloser Wut verfolgte ich sie sogar
bis in die ausländischen Städte.

12 In dieser Absicht reiste ich dann
auch im Auftrag der Hohen Priester
und mit ihrer Vollmacht ausgestattet
nach Damaskus. 13 Auf dem Weg
dorthin sah ich mitten am Tag plötz-
lich vom Himmel her ein Licht auf-
leuchten, o König, heller als die
Sonne, das mich und meine Begleiter
umstrahlte. 14 Wir alle stürzten zu
Boden, und ich hörte eine Stimme
auf Hebräisch zu mir sagen: ›Saul,
Saul, warum verfolgst du mich? Du
schlägst vergeblich gegen den Och-
senstachel* aus!‹ 15 ›Wer bist du,
Herr?‹, fragte ich. Der Herr antworte-
te: ›Ich bin Jesus! Ich bin der, den du
verfolgst. 16 Doch jetzt steh auf! Denn
ich bin dir erschienen, um dich zu
meinem Diener zu machen. Du sollst
mein Zeuge von dem sein, was du
heute erlebt hast und was ich dir noch
offenbaren werde. 17 Ich werde dich
zu deinem Volk und zu fremden
Völkern senden und dich vor ihnen
beschützen. 18 Du sollst ihnen die
Augen öffnen, dass sie umkehren,
dass sie aus der Finsternis zum Licht
kommen, aus der Gewalt Satans zu
Gott. So werden ihnen die Sünden
vergeben, und sie erhalten ein ewiges
Erbe zusammen mit denen, die durch
den Glauben an mich zu Gottes heili-
gem Volk gehören.‹

19 Deshalb habe ich mich der
himmlischen Erscheinung nicht
widersetzt, König Agrippa, 20 und
verkündete die Botschaft zuerst in
Damaskus und in Jerusalem, dann in
Judäa und schließlich unter den
nichtjüdischen Völkern. Ich sagte den
Menschen, dass sie ihre Einstellung
ändern, zu Gott umkehren und ein
Leben führen sollen, das ihre verän-
derte Einstellung beweist. 21 Aus die-
sem Grund sind die Juden im Tempel
über mich hergefallen und haben ver-
sucht mich umzubringen. 22 Aber
Gott kam mir zu Hilfe, und deshalb
stehe ich bis heute als sein Zeuge vor

26,14 *Ochsenstachel.* Zum Antreiben der Rinder gebrauchte man einen Stab mit einer scharfen Spitze.

den Menschen. Und ich bezeuge den
Geringen und den Mächtigen nichts
anderes als das, was die Propheten an-
gekündigt haben und wovon bereits
Mose gesprochen hat. 23 Der Messias,
sagten sie, muss leiden und sterben,
und er wird als Erster von den Toten
auferstehen, um dem jüdischen Volk
und allen anderen Nationen das Licht
des Evangeliums zu bringen.«
24 »Paulus, du bist verrückt gewor-
den«, unterbrach Festus ihn lautstark
in seiner Verteidigungsrede, »deine
große Gelehrsamkeit treibt dich in
den Wahnsinn!« 25 Doch Paulus ent-
gegnete: »Ich bin nicht verrückt,
hochverehrter Festus. Was ich sage,
ist wahr und vernünftig. 26 Der
König, zu dem ich so freimütig spre-
che, weiß, wovon ich rede. Ich bin
überzeugt, dass ihm nichts von diesen
Dingen entgangen ist. Das alles hat
sich ja nicht in irgendeinem Winkel
abgespielt. 27 König Agrippa, glaubst
du den Propheten? Ich weiß, dass du
ihnen glaubst.« 28 Agrippa erwiderte:
»Gleich überredest du mich noch,
Christ zu werden.« 29 Darauf sagte
Paulus: »Ich bete zu Gott, dass früher
oder später nicht nur du, sondern alle,
die mich heute hören, das werden,
was ich geworden bin – ausgenom-
men natürlich diese Fesseln.« 30 Dar-
auf standen der König, der Statthal-
ter, Berenike und die anderen auf.
31 Beim Hinausgehen unterhielten sie
sich über Paulus. »Der Mann verdient
weder den Tod noch das Gefängnis«,
war das einmütige Urteil. 32 Und
Agrippa sagte zu Festus: »Der Mann
könnte jetzt frei sein, wenn er sich
nicht auf den Kaiser berufen hätte.«

Abreise nach Rom

27 1 Als unsere Abreise nach Ita-
lien beschlossen war, wurden
Paulus und einige andere Gefangene
einem Hauptmann namens Julius aus
der sogenannten »Kaiserlichen Ko-
horte«* übergeben. 2 Wir gingen an
Bord eines Schiffes aus Adramyttion*,
das die Küstenstädte der Provinz Asia
anlaufen sollte. Aristarch, ein Maze-
donier aus Thessalonich, begleitete
uns. 3 Am nächsten Tag legten wir in
Sidon an. Julius behandelte Paulus
sehr entgegenkommend und erlaubte
ihm, seine Freunde aufzusuchen und
sich von ihnen mit allem Nötigen ver-
sorgen zu lassen. 4 Wieder auf See
zwang uns ein Gegenwind, im Schutz
der Ostküste von Zypern weiterzuse-
geln. 5 Wir durchfuhren das Meer ent-
lang der Küste von Zilizien und Pam-
phylien und erreichten schließlich
Myra* in Lyzien. 6 Dort fand der
Hauptmann ein Schiff aus Alexandria,
das nach Italien segelte, und brachte
uns an Bord. 7 Viele Tage machten wir
nur wenig Fahrt und kamen mit Mühe
auf die Höhe von Knidos*. Weil wir
Knidos wegen des starken Windes
aber nicht anlaufen konnten, nahmen

27,1 *Kaiserliche Kohorte*. Syrische Hilfstruppe von 500-1000 Mann.

27,2 *Adramyttion*. Seehafen in der Ägäis, etwa 50 km nördlich von Pergamon, heute: Edremit.

27,5 *Myra*. Wichtiger Umschlaghafen der Getreideflotte von Alexandria in Ägypten. Das dazugehörige Küstengebiet hieß Lycien und grenzte westlich an Pamphylien.

27,7 *Knidos*. Stadt am Ende der weit vorspringenden Südwestspitze Kleinasiens mit zwei guten Häfen.

wir Kurs auf Kreta. Wir steuerten an Kap Salmone* vorbei und segelten dann an der windgeschützten Seite der Insel entlang.
8 Mit großer Mühe erreichten wir so einen Ort namens Kaloi Limenes*, nicht weit von der Stadt Lasäa entfernt.
9 Inzwischen war geraume Zeit verflossen; sogar der jüdische Fastentag im Herbst* war schon vorüber. Weil jetzt die Schifffahrt gefährlich zu werden begann, warnte Paulus die Besatzung.
10 »Männer«, sagte er, »ich sehe große Gefahren auf uns zukommen, wenn wir die Reise fortsetzen. Wir riskieren nicht nur die Ladung und das Schiff, sondern auch unser Leben.«
11 Aber der Hauptmann schenkte dem Steuermann und dem Schiffseigentümer mehr Vertrauen als den Worten des Paulus.
12 Außerdem war der Hafen zum Überwintern nicht geeignet. So sprach sich die ganze Mannschaft dafür aus, noch einmal in See zu stechen. Man wollte versuchen, bis nach Phönix zu gelangen, einem griechischen Hafen für Kreta*, der nach Südwesten und Nordwesten hin offen ist. Dort wollte man überwintern.

Irrfahrt im Sturm

13 Als dann ein leichter Südwind einsetzte, meinten sie, ihr Vorhaben sei schon geglückt. Sie lichteten die Anker und segelten so dicht wie möglich an der Küste Kretas entlang.
14 Doch kurz darauf brach von den Bergen der Insel her ein Wirbelsturm los, der sogenannte Eurakylon,
15 und riss das Schiff mit. Weil wir dem Sturm gegenüber machtlos waren, mussten wir uns treiben lassen.
16 Im Schutz der kleinen Insel Kauda* gelang es uns mit größter Mühe, das Beiboot unter Kontrolle zu bringen
17 und an Bord zu ziehen. Dann sicherten die Seeleute das Schiff, indem sie Taue um den Rumpf spannten. Und weil sie fürchteten, in die Syrte* verschlagen zu werden, brachten sie einen Treibanker* aus und ließen das Schiff treiben.
18 Weil der Sturm uns stark zusetzte, warfen die Seeleute am

27,7 *Kap Salmone.* Heute: Kap Sideron an der Nordostspitze der Insel Kreta.

27,8 *Kaloi Limenes.* »Gute Häfen«, kleine bogenförmige Bucht, gilt als bester Naturhafen Südkretas, ist aber Stürmen aus östlicher Richtung schutzlos preisgegeben.

27,9 *Fastentag im Herbst.* Der Jom Kippur, der große Versöhnungstag, der im Jahr 59 n.Chr. auf einen besonders späten Zeitpunkt (Anfang Oktober) fiel.

27,12 *Hafen für Kreta.* Damit ist kein Hafen *auf* Kreta gemeint (man wollte Kreta ja verlassen, wie Paulus Vers 21 sagt), sondern ein Hafen für den Seeverkehr von und nach Kreta. Wahrscheinlich handelt es sich um den Hafen von Phönikus an der Südspitze von Messenien. Das ist die westlichste der drei Südspitzen der griechischen Halbinsel Peloponnes (170 km südwestlich von Korinth).

27,16 *Kauda.* Kleine Insel, etwa 60 km westlich von Kaloi Limenes und 50 km südlich der Küstenlinie von Kreta.

27,17 Die Große *Syrte*, die sich westlich der Kyrenaika befindet, war wegen ihrer wandernden Sandbänke und unberechenbaren Strömungen von den Seeleuten gefürchtet (heute: Golf von Bengasi).

Treibanker. Eine große Holzplanke, die durch Gewichte unten und eine leere Tonne oben senkrecht im Wasser gehalten wurde und die Fahrtgeschwindigkeit des Schiffes abbremste.

27,18 *Ladung.* Es war Getreide (vgl. Vers 38), das durch die zunehmende Feuchtigkeit im Laderaum aufquellen und den Rumpf bersten lassen könnte.

nächsten Tag einen Teil der Ladung*
ins Meer, 19 und einen Tag später war-
fen sie sogar Teile der Schiffsausrü-
stung eigenhändig über Bord. 20 Ta-
gelang waren weder Sonne noch Ster-
ne zu sehen.* Der Sturm ließ nicht
nach, und so schwand zuletzt jede
Hoffnung auf Rettung.

21 Niemand wollte mehr essen. Da
erhob sich Paulus und sagte: »Ihr
Männer! Man hätte allerdings auf
mich hören und nicht von Kreta ab-
fahren sollen. Dann wären uns dieses
Unglück und der Schaden erspart ge-
blieben. 22 Doch jetzt ermahne ich
euch, nicht den Mut zu verlieren, denn
keiner von euch wird umkommen.
Nur das Schiff wird verloren gehen.
23 Letzte Nacht kam nämlich ein
Engel Gottes zu mir, des Gottes, dem
ich gehöre und dem ich diene. 24 Er
sagte zu mir: ›Paulus, du musst dich
nicht fürchten! Gott will, dass du vor
den Kaiser trittst, und er wird deinet-
wegen allen, die mit dir fahren, das
Leben schenken.‹ 25 Habt also Mut,
Männer! Ich vertraue Gott, dass es so
kommen wird, wie er mir sagen ließ.
26 Und er hat bestimmt, dass wir an
einer Insel stranden.«

Der Schiffbruch

27 In der vierzehnten Nacht, als wir
auf dem adriatischen Meer* dahin-
trieben, merkten die Seeleute gegen
Mitternacht, dass wir uns der Küste
näherten.* 28 Sie warfen das Lot aus
und maßen eine Wassertiefe von 37
Metern. Kurze Zeit später warfen sie
das Lot noch einmal aus und kamen
auf 28 Meter. 29 Weil sie nun fürchte-
ten auf Klippen aufzulaufen, warfen
sie vom Heck vier Anker aus und
wünschten sich den Tag herbei.
30 Dann aber machten sie einen Ver-
such, das Schiff zu verlassen und zu
fliehen. Unter dem Vorwand, auch
vom Bug aus Anker auszubringen,
ließen sie das Beiboot ins Wasser
hinab. 31 Da warnte Paulus den
Hauptmann und die Soldaten: »Wenn
diese Männer nicht auf dem Schiff
bleiben, könnt ihr nicht gerettet wer-
den.« 32 Da kappten die Soldaten die
Taue des Beiboots und ließen es weg-
treiben.

33 Kurz vor Tagesanbruch redete
Paulus allen zu, unbedingt noch etwas
zu essen. »Ihr wartet nun schon 14
Tage auf Rettung«, sagte er, »und
habt die ganze Zeit überhaupt nichts
gegessen. 34 Deshalb bitte ich euch
jetzt dringend, etwas zu essen. Ihr
müsst euch stärken, weil das zu eurer
Rettung nötig ist! Ich versichere euch,
niemand wird ein einziges Haar von
seinem Kopf verlieren.« 35 Mit diesen
Worten nahm Paulus Brot, dankte
Gott vor aller Augen dafür, brach ein
Stück ab und begann zu essen. 36 Da
fassten alle neuen Mut und fingen

27,20 Im Spätherbst entwickelten sich im östlichen Mittelmeer Tiefdruckwirbel mit großer Gewalt, die eine dichte Wolkenhülle mit sich brachten und alle Landmarken verschleierten. Zusammen mit dem peitschenden Regen und der Verdüsterung des Tageslichts machten sie eine Orientierung unmöglich.

27,27 *adriatisches Meer.* Entgegen der Befürchtung der Seeleute war das Schiff nicht südwärts in die Syrte getrieben, sondern nordwärts Richtung Adria.

der Küste näherten. Untiefen machen sich bei bewegter See durch eine Krone weißer Brandung und deren Geräusch bemerkbar.

ebenfalls an zu essen. *37* Wir waren insgesamt 276 Personen an Bord. *38* Als sich alle satt gegessen hatten, schütteten sie die restliche Getreideladung ins Meer, um das Schiff zu erleichtern.

39 Als es dann endlich Tag wurde, sahen die Seeleute eine unbekannte Küste vor sich. Doch als sie eine Bucht mit flachem Strand entdeckten, wollten sie das Schiff dort auf Grund laufen lassen. *40* Sie kappten die Ankertaue, sodass die Anker im Meer zurückblieben. Gleichzeitig lösten sie die Taue, mit denen sie die beiden Steuerruder während des Sturms festgebunden hatten, und hissten das Vorsegel. Als das Schiff im Wind wieder Fahrt machte, hielten sie auf die Küste zu. *41* Dabei gerieten sie aber auf einen Sandrücken* und liefen auf Grund. Der Bug rammte sich so fest ein, dass das Schiff nicht wieder flott zu machen war und das Heck unter der Wucht der Wellen zerschlagen wurde. *42* Da beschlossen die Soldaten, alle Gefangenen zu töten, damit keiner schwimmend entkommen könnte. *43* Doch der Hauptmann, der Paulus das Leben retten wollte, verhinderte es. Er befahl den Schwimmern, als Erste über Bord zu springen und sich an Land zu retten. *44* Die anderen sollten auf Planken und Wrackteilen folgen. *45* Und tatsächlich konnten sich alle an Land retten.

Aufenthalt auf Melite

28 *1* Nach unserer Rettung erfuhren wir, dass die Insel Melite* hieß. *2* Die Inselbewohner* waren überaus freundlich zu uns. Sie machten ein Feuer im Freien und holten uns dazu, denn es hatte angefangen zu regnen, und es war kalt. *3* Als nun Paulus einen Haufen Reisig zusammenraffte und aufs Feuer legte, schoss eine Sandviper* heraus und biss sich an seiner Hand fest. Die Hitze hatte sie aufgescheucht. *4* Als die Inselbewohner die Schlange an seiner Hand hängen sahen, sagten sie zueinander: »Der Mann muss ein Mörder sein! Aus dem Meer hat er sich noch retten können, doch jetzt fordert Dike* sein Leben.« *5* Aber Paulus schleuderte die Schlange ins Feuer und erlitt keinen Schaden. *6* Die Leute erwarteten, dass er plötzlich anschwellen oder tot umfallen würde. Nachdem sie ihn aber eine Zeitlang beobachtet hatten, ohne dass etwas

---

27,41 *Sandrücken.* Sandige Landzunge zwischen dem Ufer und einem aufragenden Felsenriff, die teilweise überspült wurde. Der griechische Ausdruck bedeutet eine »auf beiden Seiten vom Meer umspülte Stelle«. Solch eine Stelle befindet sich im Livadi-Golf von Kephallenia.

28,1 *Melite.* Damit ist sehr wahrscheinlich der südliche Rumpf der westgriechischen Insel Kephallenia gemeint, der bis in die Neuzeit hinein den Namen Melite trug und nicht Malta, mit dem es üblicherweise identifiziert wird. Kephallenia entspricht exakt allen Angaben der Apostelgeschichte.

28,2 *Inselbewohner.* Wörtlich: Barbaren. Das bezeichnete im Altertum alles Nichtgriechische, dann aber auch den Bildungsstand. Auch alle westgriechischen Volksstämme wurden damals so bezeichnet. Die Wasserstraße östlich von Kephallenia bildete die Grenze zwischen Barbaren und Hellenen.

28,3 *Sandviper.* Eine gefährliche Giftschlange. Auch das spricht für Kephallenia, denn auf Malta gab es schon im Altertum nur ungiftige Schlangen.

28,4 *Dike.* Die griechische Göttin der Gerechtigkeit, bzw. der Rache.

Ungewöhnliches mit ihm geschah, änderten sie ihre Meinung und sagten, er sei ein Gott.

7 In der Gegend, in der wir gestrandet waren, lagen die Landgüter von Publius, dem obersten Regierungsbeamten der Insel. Der nahm uns freundlich bei sich auf. Für drei Tage waren wir seine Gäste. 8 Der Vater des Publius hatte allerdings gerade die Ruhr und lag mit hohem Fieber im Bett. Paulus ging zu ihm ins Zimmer und betete für ihn. Dann legte er ihm die Hände auf, und der Kranke war wieder gesund. 9 Darauf kamen alle anderen Kranken der Insel und ließen sich heilen. 10 Die Folge war, dass sie uns mit ehrenvollen Geschenken überschütteten und uns bei der Abreise alles mitgaben, was wir brauchten.

Von Melite nach Rom

11 Drei Monate* später verließen wir die Insel jedoch mit einem Schiff aus Alexandria, das auf der Insel überwintert hatte und die Dioskuren als Galionsfigur* führte. 12 Wir liefen Syrakus* an und blieben drei Tage dort. 13 Von dort aus segelten wir am Küstenbogen entlang nach Rhegion*. Einen Tag, nachdem wir dort angelegt hatten, kam Südwind auf, sodass wir nur noch zwei Tage bis nach Puteoli* brauchten. 14 Hier trafen wir Christen, die uns einluden, sieben Tage bei ihnen zu bleiben. Und so kamen wir nach Rom: 15 Die Christen dort hatten von unserer Ankunft in Puteoli gehört und kamen uns bis Tres Tabernae* entgegen, einige sogar bis Forum Apii*. Als Paulus sie sah, dankte er Gott und fasste Mut.

Als Gefangener in Rom

16 In Rom angekommen, bekam Paulus die Erlaubnis, zusammen mit dem Soldaten, der ihn bewachte, in eine eigene Wohnung zu ziehen. 17 Drei Tage später lud er die führenden Juden der Stadt zu einem Treffen bei sich ein. Als sie alle zusammengekommen waren, sagte er: »Liebe Brüder, ich habe nichts gegen unser Volk getan und auch nicht gegen das Gesetz unserer Vorfahren verstoßen. Trotzdem wurde ich in Jerusalem festgenommen und an die römischen Behörden ausgeliefert. 18 Die Römer verhörten mich und wollten mich wieder freilassen, weil sie nichts fanden, was die geforderte Todesstrafe

---

28,11 *Drei Monate*. Es war jetzt Mitte Januar. Um diese Zeit, mitten im Winter, pflegt sich im kephallenischen Raum eine Periode schöner freundlicher Tage einzustellen, die man die Eisvogeltage nannte, und die der Kapitän für die Überquerung des Ionisch-sizilischen Meeres nutzte.

Galionsfigur. Eine geschnitzte Figur am Bug des Schiffes, das in diesem Fall die Zwillinge Kastor und Pollux, die Söhne des Zeus, darstellte, die als Beschützer der Seefahrt galten.

28,12 *Syrakus*. Berühmter Hafen an der Ostküste Siziliens, 450 km von Melite entfernt. Die Überfahrt dauerte gewöhnlich 2-3 Tage.

28,13 *Rhegion*. Hafen an der südlichen »Stiefelspitze« Italiens, 120 km von Syrakus entfernt.

Puteoli. Hafenstadt in der Bucht von Neapel, 350 km von Rhegion entfernt.

28,15 *Tres Tabernae*. »Drei Tavernen«, 49 km südlich von Rom, Station an der Via Appia, der Straße, die von Rom bis nach Capua führt (das 30 km nördlich von Puteoli liegt).

Forum Apii. »Appiusmarkt«, Marktflecken, 64 km südlich von Rom an der Via Appia.

rechtfertigen würde. 19 Doch als die
Juden Einspruch erhoben, war ich ge-
zwungen, den Kaiser anzurufen. Ich
hatte also nicht die Absicht, mein Volk
anzuklagen. 20 Das wollte ich euch
sagen und deshalb habe ich euch her-
gebeten. Denn wegen der Hoffnung
Israels trage ich diese Ketten hier.«
21 Sie erwiderten ihm: »Aus Judäa hat
uns niemand etwas über dich ge-
schrieben. Es ist auch keiner von un-
seren Brüdern gekommen, um offi-
ziell oder privat etwas Belastendes
über dich auszusagen. 22 Wir würden
aber gern von dir hören, welche An-
sichten du vertrittst. Denn bisher ist
uns nur bekannt, dass diese Glau-
bensrichtung überall auf Wider-
spruch stößt.«

23 Sie vereinbarten ein weiteres Tref-
fen mit Paulus und kamen dann in
noch größerer Zahl zu ihm ins Quar-
tier. Vom Morgen bis in den Abend hin-
ein sprach er mit ihnen über das Reich
Gottes. Er erklärte ihnen, wie Gott
seine Herrschaft aufrichtet, und ver-
suchte, sie vom Gesetz Moses her und
aus den Schriften der Propheten zu
überzeugen, dass Jesus der Messias ist.
24 Einige von ihnen ließen sich durch
seine Worte tatsächlich überzeugen.
Die anderen glaubten ihm nicht.
25 Sie konnten sich darüber nicht
einig werden und brachen schließlich
auf. Paulus sagte ihnen noch: »Wie
zutreffend hat der Heilige Geist
durch den Propheten Jesaja doch zu
euren Vorfahren geredet: 26 ›Geh zu
diesem Volk‹, befahl er Jesaja, ›und
sage zu ihnen: Hört nur zu, ihr ver-
steht ja doch nichts; seht nur hin, ihr
werdet nichts erkennen! 27 Denn das
Herz dieses Volkes ist hart, ihre
Ohren sind verstopft und ihre Augen
machen sie zu. Sie wollen mit den
Augen nichts sehen, mit den Ohren
nichts hören und mit dem Herzen
nichts verstehen. Sie wollen sich
nicht bekehren, dass ich sie heilen
könnte.‹*« 28 Und Paulus fügte
hinzu: »Ihr sollt wissen, dass Gott
sein Heil jetzt den anderen Völkern
anbietet. Und bei ihnen wird er offe-
ne Ohren finden.«*(29)**

30 Paulus blieb zwei volle Jahre in
der von ihm gemieteten Wohnung
und konnte dort alle empfangen, die
ihn aufsuchen wollten. 31 Er predigte
ihnen frei und offen und völlig unge-
hindert die Botschaft vom Reich Got-
tes und lehrte sie alles, was Jesus
Christus, unseren Herrn, betraf.

28,27 Jesaja 6,9-10

28,29 Spätere Handschriften fügen hinzu: »(29) Als Paulus das gesagt hatte, gingen die Juden weg und diskutierten heftig miteinander.«

Brief des Paulus an die Christen in Rom

Im Winter 56/57 n.Chr. besuchte der Apostel Paulus das dritte Mal die Gemeinde in Korinth. Er wohnte bei Gajus , in dessen Haus auch die Gemeinde zusammenkam, und blieb etwa drei Monate in der Stadt. Weil er seine Missionsarbeit in den Städten der ägäischen Küste nun als abgeschlossen ansah, hielt er nach einem neuen Arbeitsfeld Ausschau. Das sah er in Spanien und hoffte für die Arbeit dort auf die Unterstützung der Gemeinde in Rom. Weil er vorher aber noch nie in dieser Gemeinde gewesen war, wollte er sich und seine Lehre ausführlich vorstellen. Das tat er in einem Brief an die Christen in Rom, den er von Phöbe, einer Diakonin der Gemeinde Kenchreä, überbringen ließ. Er selbst wollte allerdings zunächst die Geldsammlung der Gemeinden Mazedoniens und Achajas nach Jerusalem bringen. Auf dem Weg nach Spanien wollte er dann in Rom vorbeikommen.

Als Paulus den Brief schrieb, bestand die Gemeinde in Rom offenbar schon länger als zwei Jahrzehnte, so lange, wie er bekehrt war. Sie war ganz unabhängig von ihm gewachsen und hatte sich in verschiedenen Hauskreisen organisiert.

Das Hauptthema des Römerbriefes könnte man so formulieren: Die Gerechtigkeit, die vor Gott Bestand hat. Paulus entfaltet diesen Gedanken in vier Hauptpunkten: Die Gerechtigkeit, die vor dem Zorn Gottes rettet (1-5); die Gerechtigkeit, die das Leben des Christen regiert (5-8); die Gerechtigkeit, die für das Volk Israel gilt (9-11) und die Gerechtigkeit, die im Alltag des Christen sichtbar wird (12-15).

Paulus und sein Auftrag in Rom

1 1 Es schreibt Paulus, ein Sklave*
von Jesus Christus, zum Apostel
berufen und dazu bestimmt, Gottes
gute Botschaft bekannt zu machen.
2 Dieses Evangelium hat Gott schon
vor langer Zeit durch seine Propheten
in heiligen Schriften angekündigt.
3 Es ist die Botschaft von seinem
Sohn, der als Mensch ein Nachkomme
Davids ist 4 und sich durch die Auferstehung
aus den Toten und in der Kraft
des Heiligen Geistes als Sohn Gottes
erwiesen hat: die Botschaft von Jesus
Christus, unserem Herrn. 5 Er hat uns
in seiner Gnade zu Aposteln gemacht
und uns beauftragt, Menschen aus
allen Völkern zum Gehorsam des
Glaubens zu führen, damit sein Name
dadurch geehrt wird. 6 Auch ihr gehört
zu ihnen, denn auch ihr wurdet
von Jesus Christus berufen.
7 Mein Brief geht an euch, von Gott
geliebte und berufene Heilige in Rom.

1,1 *Sklave* (griech. *doulos*) ist ein Mensch, der rechtlich und wirtschaftlich Eigentum eines anderen Menschen ist. Christen verstanden sich als Sklaven von Jesus Christus, weil dieser sie aus der Sklaverei der Sünde »freigekauft« hatte, und betrachteten diesen Titel als Auszeichnung.

Gnade und Frieden wünschc ich euch
von Gott, unserem Vater, und von
Jesus Christus, dem Herrn.
8 Als Erstes danke ich meinem Gott
durch Jesus Christus für euch alle,
denn in der ganzen Welt spricht man
von eurem Glauben. 9 Gott, dem ich
mit ganzem Herzen diene, indem ich
das Evangelium seines Sohnes verkün-
dige, ist mein Zeuge, dass ich euch
ständig erwähne, 10 wenn ich zu ihm
bete. Und ich flehe ihn an, dass er es
mir doch endlich ermöglicht, zu euch
zu kommen, wenn das seinem Willen
entspricht. 11 Denn ich sehne mich
sehr danach, euch persönlich kennen-
zulernen, damit ich euch etwas von
dem weitergeben kann, was Gott mir
geschenkt hat, und ihr gestärkt werdet
– 12 besser gesagt, damit wir, wenn ich
bei euch bin, durch unseren gemeinsa-
men Glauben gegenseitig ermutigt
werden. 13 Ihr sollt wissen, liebe Ge-
schwister, dass ich es mir schon oft vor-
genommen habe, zu euch zu kommen,
damit ich wie bei den anderen Völkern
auch unter euch einige Frucht ernten
kann. Doch bis jetzt wurde ich daran
gehindert. 14 Denn ich fühle mich allen
Menschen verpflichtet: solchen aus zi-
vilisierten genauso wie solchen aus un-
zivilisierten Völkern, Gebildeten eben-
so wie Ungebildeten. 15 Darum möch-
te ich auch euch in Rom gern die gute
Botschaft verkündigen.

Gottes Botschaft bringt Rettung

16 Denn ich bekenne mich offen und
ohne Scham zu dieser Botschaft: Sie
ist ja Gottes Kraft und rettet jeden, der
ihr glaubt. Das gilt zunächst für
Juden, aber auch für alle anderen
Menschen. 17 Denn im Evangelium
zeigt Gott uns seine Gerechtigkeit,
eine Gerechtigkeit, die aus dem Ver-
trauen auf Gott kommt und zum Glau-
ben hinführt, wie es in der Schrift
steht: »Der Gerechte wird leben, weil
er glaubt.«*

Die Ungerechtigkeit der Menschen

18 Gott lässt nämlich seinen Zorn
sichtbar werden. Vom Himmel her
wird er über alle Gottlosigkeit und
Ungerechtigkeit der Menschen he-
reinbrechen, die durch Unrecht die
Wahrheit niederhalten. 19 Denn was
Menschen von Gott wissen können,
ist ihnen bekannt, er selbst hat es
ihnen vor Augen gestellt. 20 Denn
seine unsichtbare Wirklichkeit, seine
ewige Macht und sein göttliches
Wesen sind seit Erschaffung der Welt
in seinen Werken zu erkennen. Die
Menschen haben also keine Ent-
schuldigung. 21 Trotz allem, was sie
von Gott wussten, ehrten sie ihn
nicht als Gott und brachten ihm kei-
nerlei Dank. Stattdessen verloren
sich ihre Gedanken ins Nichts, und in
ihren uneinsichtigen Herzen wurde
es finster. 22 Sie hielten sich für
Weise und wurden zu Narren. 23 Die
Herrlichkeit des unvergänglichen
Gottes vertauschten sie mit Bildern
von sterblichen Menschen, mit Abbil-
dern von Vögeln, vierfüßigen und
kriechenden Tieren.
24 Darum hat Gott sie den Begier-
den ihrer Herzen ausgeliefert; er hat
sie ihrer Unsittlichkeit preisgegeben,

1,17 Habakuk 2,4 sinngemäß nach der LXX zitiert.

so dass sie ihre eigenen Körper
schändeten. 25 Sie vertauschten die
Wahrheit Gottes mit der Lüge. Sie bete-
ten die Geschöpfe an und verehrten sie
anstelle des Schöpfers, der doch für
immer und ewig zu preisen ist. Amen*!
26 Darum hat Gott sie entehrenden
Leidenschaften ausgeliefert. Ihre
Frauen vertauschten den natürlichen
Geschlechtsverkehr mit dem widerna-
türlichen, 27 und ihre Männer mach-
ten es genauso. Sie gaben den natürli-
chen Verkehr mit den Frauen auf und
wurden von wildem Verlangen zuein-
ander gepackt. Männer trieben es
schamlos mit Männern. So empfingen
sie den gebührenden Lohn für ihre
Verirrung* an sich selbst.
28 Und weil sie es nicht für gut hiel-
ten, Gott anzuerkennen, lieferte Gott
sie einem verworfenen Denken aus, so
dass sie tun, was man nicht tun darf.
29 Jede Art von Unrecht, Bosheit,
Habsucht und Gemeinheit ist bei
ihnen zu finden. Sie sind voller Neid,
Mord, Streit, List und Tücke. 30 Sie
reden gehässig über andere und ver-
leumden sie. Sie hassen Gott, sind ge-
walttätig, hochmütig und prahlerisch.
Im Bösen sind sie sehr erfinderisch,
und ihre Eltern verachten sie. 31 Sie
sind unbelehrbar, unzuverlässig, ge-
fühllos und kennen kein Erbarmen.
32 Obwohl sie wissen, dass jeder, der
so handelt, nach Gottes Gesetz den
Tod verdient, tun sie es nicht nur
selbst, sondern finden es auch noch
gut, wenn andere es ebenso machen.

Die Selbstgerechtigkeit der Juden

2 1 Deshalb bist du nicht zu
entschuldigen, lieber Mensch,
auch wenn du das alles verurteilst.
Du sitzt zwar über einen anderen zu
Gericht, doch verurteilst du dich
damit selbst, denn du tust ja genau
das, was du verurteilst. 2 Nun wissen
wir natürlich, dass Gott die verur-
teilt, die so etwas tun, und dass sein
Urteil absolut gerecht ist. 3 Meinst
du nun, du könntest dem Gericht
Gottes dadurch entgehen, dass du
die verurteilst, die so etwas tun, aber
doch genau dasselbe machst? 4 Oder
verachtest du nur seine große Güte,
Nachsicht und Geduld? Begreifst du
denn nicht, dass er dich mit seiner
Güte zur Umkehr bringen will?
5 Doch du bist starrsinnig und nicht
bereit, deine Einstellung zu ändern.
So lädst du dir selbst den Zorn Got-
tes auf und vermehrst ihn noch, bis
er schließlich am »Tag des Zorns«
über dich hereinbricht, an dem Tag,
an dem offenbar wird, dass Gottes
Urteil gerecht ist.
6 Gott wird jedem das geben, was er
für sein Tun verdient hat. 7 Den einen,
die unermüdlich das Gute tun und
alles dransetzen, um an Gottes Herr-
lichkeit, Ehre und Unvergänglichkeit
teilzuhaben, gibt er das ewige Leben.
8 Den anderen aber, die nur an sich
selbst denken und sich weigern, der
Wahrheit zu gehorchen, stattdessen
aber dem Unrecht gehorsam sind,
gilt sein grimmiger Zorn. 9 Bedrän-
gende Angst wird über die Menschen

1,25 *Amen.* Hebräisch: *Es werde wahr!* Oder: *So sei es!*

1,27 *Verirrung.* Gemeint ist offenbar die Verirrung ihrer Gottesverehrung, wie es der Zusammenhang nahelegt.

kommen, die Böses tun. Das gilt zu-
erst für Juden, aber auch für alle an-
deren Menschen. 10 Ewige Herrlich-
keit jedoch und Ehre und Frieden
werden die erhalten, die Gutes tun.
Auch das gilt zuerst für Juden, dann
aber auch für alle anderen Menschen.
11 Denn bei Gott gibt es keinerlei
Bevorzugung.

12 Alle Menschen, die sündigen und
keine Beziehung zum Gesetz Gottes
haben, werden auch ohne Gesetz ins
Verderben gehen. Und alle, die trotz
des Gesetzes sündigen, werden durch
dieses Gesetz verurteilt werden.
13 Denn nicht die, die hören, was das
Gesetz sagt, werden von Gott für un-
schuldig erklärt, sondern die, die tun,
was es verlangt. 14 Und wenn nun
Menschen aus nichtjüdischen Völ-
kern, die keine Beziehung zum Gesetz
Gottes haben, von sich aus so handeln,
wie es das Gesetz fordert, dann tragen
sie das Gesetz in sich. 15 Sie beweisen
damit, dass ihnen die Forderungen des
Gesetzes ins Herz geschrieben sind.
Das zeigt sich auch an der Stimme
ihres Gewissens und am Widerstreit
ihrer Gedanken, die sich gegenseitig
anklagen oder auch entschuldigen.
16 Der Tag des Gerichts wird das ans
Licht bringen, der Tag, an dem Gott
durch Jesus Christus die verborgens-
ten Dinge der Menschen richten wird.
So entspricht es der guten Botschaft,
die mir anvertraut ist.

17 Nun zu dir: Du kannst von dir
sagen, ein Jude zu sein, und fühlst
dich sicher, weil du das Gesetz hast.
Du bist stolz auf deine Beziehung zu
Gott. 18 Aus dem Gesetz kennst du
seinen Willen und kannst beurteilen,
worauf es ankommt. 19 Du traust
dir zu, die Blinden zu führen und
denen im Dunkeln das Licht zu brin-
gen; 20 du willst ein Erzieher für die
Unverständigen und ein Lehrer für
die Unwissenden sein, weil du das Ge-
setz Gottes hast, den Inbegriff von Er-
kenntnis und Wahrheit.

21 Du belehrst andere, warum nicht
auch dich selbst? Du predigst, man
dürfe nicht stehlen – und warum
stiehlst du? 22 Du sagst, man soll die
Ehe nicht brechen – warum brichst du
sie? Du verabscheust die Götzen – und
warum bereicherst du dich dann an
ihren Tempeln? 23 Du bist stolz auf
das Gesetz – und warum brichst du es
selbst und machst Gott Schande
damit? 24 So steht es schon in der
Schrift: »Euretwegen wird der Name
Gottes bei den Völkern verlästert.«*

25 Auch die Beschneidung nützt dir
nur dann etwas, wenn du das Gesetz
befolgst. Übertrittst du das Gesetz,
bist du praktisch ein Unbeschnitte-
ner* geworden. 26 Und wenn ein Un-
beschnittener die Forderungen des
Gesetzes erfüllt, gilt er vor Gott dann
etwa nicht als Beschnittener? 27 So
wird der Unbeschnittene, der das Ge-
setz gehalten hat, über dich das Urteil
sprechen, der das Gesetz zwar buch-
stabengenau kennt und auch be-
schnitten ist, es aber doch übertreten
hat. 28 Nicht der ist nämlich ein Jude,
der es nach außen hin ist, und nicht

2,24 Jesaja 52,5 nach der LXX zitiert; siehe auch Hesekiel 36,20-23.

2,25 *Unbeschnittener.* Ausdruck für einen Menschen, der nicht zum Bund Gottes gehört. Siehe 1. Mose 17,9-14!

der körperliche Vollzug ist die wirkli-
che Beschneidung. 29 Ein wahrer
Jude ist der, der es innerlich ist, und
die wahre Beschneidung ist die, die
am Herzen geschieht. Sie kommt
nicht durch die genaue Befolgung der
Vorschrift zustande, sondern durch
den Geist Gottes. Ein solcher Jude
sucht nicht den Beifall von Menschen.
Sein Lob kommt von Gott.

Die Gerechtigkeit Gottes

3 1 Aber was für einen Vorteil
haben dann die Juden noch, und
was nützt dann noch die Beschnei-
dung? 2 Nun, die Juden haben den an-
deren Völkern in jeder Hinsicht viel
voraus, vor allem, dass Gott ihnen
seine Worte anvertraut hat. 3 Es
stimmt zwar, dass einige dieses Ver-
trauen enttäuscht haben. Aber kann
ihr Unglaube etwa die Treue Gottes
aufheben? 4 Auf keinen Fall! Vielmehr
sollte dadurch klar werden, dass Gott
zuverlässig und wahrhaftig ist, jeder
Mensch aber letztlich ein Lügner, so
wie es in der Schrift heißt: »Du sollst
Recht behalten mit deinen Worten, sie
werden sich als zuverlässig erweisen,
und du wirst dich siegreich behaup-
ten, wenn man dich zur Rechenschaft
ziehen will.«*

5 Wenn aber unsere Ungerechtig-
keit Gottes Gerechtigkeit erst richtig
zur Geltung bringt, was sagen wir
dann? Ist Gott vielleicht ungerecht,
wenn er seinen Zorn über uns kom-
men lässt? – Ich frage sehr mensch-
lich. – 6 Auf keinen Fall! Denn wie
könnte Gott sonst die Welt richten?
7 Wenn nun aber die Wahrheit Gottes
erst dadurch richtig zur Geltung
kommt, dass ich ein Lügner bin, und
sein Ruhm erst dadurch richtig groß
wird, warum werde ich dann noch als
Sünder gerichtet? 8 Könnten wir dann
nicht gleich sagen: »Tun wir doch das
Böse, damit Gutes dabei heraus-
kommt!«? Einige verleumden uns ja
und behaupten, das sei es, was wir
lehren. Gottes Gericht wird sie zu
Recht treffen.

9 Aber wie ist es nun? Machen wir
etwa Ausflüchte? Ganz und gar nicht.
Wir haben ja schon den Beweis er-
bracht, dass die Juden genauso wie die
anderen Völker in der Gewalt der
Sünde sind. 10 So steht es in der
Schrift: »Keiner ist gerecht, auch nicht
einer. 11 Keiner hat Einsicht und fragt
nach Gott. 12 Alle haben sie den rech-
ten Weg verlassen und sind unbrauch-
bar geworden. Niemand ist da, der
Gutes tut, kein Einziger.«* 13 »Ihre
Kehle ist ein offenes Grab und mit
ihrer Zunge formen sie Lügen.«*
»Schlangengift verbirgt sich hinter
ihren Lippen.«* 14 »Ihr Mund ist vol-
ler Flüche und Drohungen.«* 15 »Ihre
Füße sind schnell, wenn es darum
geht, Blut zu vergießen. 16 Sie hinter-
lassen Verwüstung und Elend, 17 und
was zum Frieden führt, kennen sie
nicht.«* 18 »Von Gottesfurcht wissen
sie nichts.«*

3,4 Psalm 51,6

3,12 Psalm 14,1-3; 53,4

3,13 Psalm 5,10; Psalm 140,4

3,14 Psalm 10,7

3,17 Jesaja 59,7-8

3,18 Psalm 36,2

19 Das sagt das Gesetz, und wir wis-
sen: Alles, was es sagt, richtet sich an
die, denen es verordnet wurde. So
wird jeder Mund gestopft und die
ganze Welt sieht sich dem Urteil Got-
tes verfallen. 20 Denn durch das Hal-
ten von Geboten wird kein Mensch
vor Gott gerecht. Das Gesetz führt nur
dazu, dass man seine Sünde erkennt.

Gerecht werden durch Glauben

21 Doch jetzt ist die Gerechtigkeit
Gottes sichtbar geworden, und zwar
unabhängig vom Gesetz, aber in
Übereinstimmung mit dem Gesetz
und den Worten der Propheten. 22 Es
ist die Gerechtigkeit Gottes, die durch
den Glauben an Jesus Christus ge-
schenkt wird und allen zugutekommt,
die glauben. Da ist kein Unterschied
zwischen Jude und Nichtjude, 23 denn
alle haben gesündigt und die Herrlich-
keit Gottes* verloren. 24 Doch werden
sie allein durch seine Gnade ohne ei-
gene Leistung gerecht gesprochen,
und zwar aufgrund der Erlösung, die
durch Jesus Christus geschehen ist.
25 Ihn hat Gott zu einer Stätte für
Sühne gemacht. Durch sein vergosse-
nes Blut ist die Sühne vollzogen wor-
den, und durch den Glauben kommt
sie uns zugut. So hat Gott auch den
Beweis erbracht, dass er gerecht ge-
handelt hatte, obwohl er die bis dahin
begangenen Sünden der Menschen
ungestraft ließ. 26 Und heute beweist
er seine Gerechtigkeit dadurch, dass
er den für gerecht erklärt, der aus dem
Glauben an Jesus lebt.

27 Kann man da noch selbst auf
etwas stolz sein? Das ist ausge-
schlossen. Durch was für ein Gesetz
kommt das? Durch das Gesetz, das
Werke fordert? Nein! Es kommt
durch das Gesetz, das auf den Glau-
ben abzielt. 28 Denn wir sind zu dem
Schluss gekommen, dass ein Mensch
durch Glauben für gerecht erklärt
wird und nicht durch das Einhalten
von Gesetzesvorschriften. 29 Ist Gott
denn nur ein Gott der Juden und
nicht auch der Gott der anderen Völ-
ker? Natürlich auch der anderen
Völker! 30 Denn es gibt nur den einen
Gott. Er wird die Beschnittenen
ebenso wie die Unbeschnittenen auf
der gleichen Grundlage des Glaubens
für gerecht erklären. 31 Setzen wir
nun aber durch den Glauben das Ge-
setz außer Kraft? Im Gegenteil: Wir
bestätigen das Gesetz!

Abraham der Vater des Glaubenst

4 1 Was hat denn bei unserem
Stammvater Abraham – von dem
wir Juden ja abstammen – dazu ge-
führt, 2 dass er für gerecht erklärt
wurde? Etwa seine eigenen Leistun-
gen? Dann hätte er Grund, stolz auf
sich zu sein. Aber das zählt nichts vor
Gott, 3 denn die Schrift sagt: »Abra-
ham glaubte Gott, und das ist ihm als
Gerechtigkeit angerechnet worden.«*
4 Wenn jemand Leistungen erbracht
hat, erhält er den Arbeitslohn, den er
verdient. Er bekommt ihn nicht ge-
schenkt. 5 Wenn aber jemand keine
Leistungen vorweisen kann, sondern

3,23 *Herrlichkeit Gottes.* Damit ist wohl die ursprüngliche Herrlichkeit gemeint, die der Mensch als Ebenbild Gottes hatte.

4,3 1. Mose 15,6

sein Vertrauen auf den setzt, der den
Gottlosen gerecht spricht, dann wird
ihm sein Glaube als Gerechtigkeit an-
gerechnet. 6 Im gleichen Sinn nennt
auch David den beneidenswert glück-
lich, dem Gott ohne Gegenleistung
Gerechtigkeit zuspricht: 7 »Wie glück-
lich ist der, dem die Übertretung des
Gesetzes vergeben und dem die Sünde
zugedeckt ist. 8 Wie sehr ist der zu
beneiden, dem der Herr die Sünde
nicht anrechnet.«*

9 Werden hier nur die glücklich ge-
nannt, die beschnitten sind, oder gilt
das auch für die Unbeschnittenen?
Wir haben ja schon gesagt, dass
Abraham der Glaube als Gerechtig-
keit angerechnet wurde. 10 Wann ge-
schah das eigentlich? Als er beschnit-
ten oder als er unbeschnitten war? Er
war noch unbeschnitten! 11 Das Zei-
chen der Beschneidung besiegelte
für ihn die Tatsache, dass Gott ihn
schon vor seiner Beschneidung auf-
grund seines Glaubens gerecht ge-
sprochen hatte. Er sollte nämlich der
Vater für alle werden, die Gott ver-
trauen, ohne beschnitten zu sein,
und denen der Glaube als Gerechtig-
keit angerechnet wird. 12 Durch
seine Beschneidung ist Abraham
aber auch der Vater der Beschnitte-
nen geworden, vor allem, wenn sie
dem Beispiel des Glaubens folgen,
den unser Vater Abraham hatte, als
er noch unbeschnitten war.

13 Dasselbe gilt für die Zusage, die
Abraham und seinen Nachkommen
die Welt als Besitz versprach. Diese
Zusage wurde ihm nicht gegeben,
weil er das Gesetz befolgte, sondern
weil ihm aufgrund seines Glaubens
die Gerechtigkeit zugesprochen wur-
de. 14 Wenn dieser Besitz nämlich
denen zugesprochen würde, die auf
das Gesetz vertrauen, dann wäre der
Glaube wertlos und die Zusage hinfäl-
lig. 15 Denn das Gesetz führt durch
seine ständige Übertretung nur zu
Gottes Zorn. Wo es das Gesetz aber
nicht gibt, da gibt es auch keine Über-
tretung. 16 Das Prinzip des Glaubens
gilt deshalb, damit alles auf Gnade be-
ruhe. Nur so bleibt die Zusage für alle
Nachkommen gültig, und zwar nicht
nur für die, die nach dem Gesetz
leben, sondern auch für die, die wie
Abraham der Zusage Gottes vertrau-
en. So ist Abraham der Vater von uns
allen, 17 wie es in der Schrift heißt:
»Ich habe dich zum Vater vieler Völker
gemacht.«* Vor Gott ist er das auch,
denn er vertraute auf den, der die
Toten lebendig macht und das Nicht-
existierende ins Dasein ruft. 18 Ob-
wohl nichts mehr zu hoffen war, gab
er die Hoffnung nicht auf und glaubte,
dass Gott ihn zum Vater vieler Völker
machen würde, denn er hatte ihm ge-
sagt: »So zahlreich werden deine
Nachkommen sein.«* 19 Obwohl er
damals schon fast hundert Jahre alt
war und wusste, dass er keine Kinder
mehr zeugen und seine Frau Sara
keine Kinder mehr bekommen könn-
te, wurde er im Glauben nicht
schwach 20 und zweifelte nicht an der
Zusage Gottes. Er ehrte Gott, indem
er ihm vertraute, und wurde so im

4,8 Psalm 32,1-2
4,17 1. Mose 17,5
4,18 1. Mose 15,5

Glauben gestärkt. 21 Er war sich völlig
gewiss, dass Gott auch tun kann, was
er verspricht. 22 Eben darum wurde
ihm der Glaube als Gerechtigkeit an-
gerechnet.

23 Dass Abraham der Glaube ange-
rechnet wurde, steht aber nicht nur
seinetwegen in der Schrift, 24 son-
dern auch wegen uns. Auch uns wird
der Glaube als Gerechtigkeit ange-
rechnet werden, weil wir auf den ver-
trauen, der Jesus, unseren Herrn, aus
den Toten auferweckt hat, 25 ihn, der
ausgeliefert wurde wegen unserer
Verfehlungen und auferweckt wurde
für unseren Freispruch.

Für gerecht erklärt und mit Hoffnung erfüllt

5 1 Nachdem wir nun aufgrund des
Glaubens für gerecht erklärt wur-
den, haben wir Frieden mit Gott durch
unseren Herrn Jesus Christus. 2 Durch
ihn haben wir auch freien Zugang zu
der Gnade bekommen, in der wir jetzt
leben. Das geschah im Glauben, und
wir sind stolz auf die Hoffnung, mit
der wir nun der Herrlichkeit Gottes
entgegengehen dürfen. 3 Aber nicht
nur das: Wir sind auch stolz auf die
Bedrückungen, denen wir ausgesetzt
sind, denn wir wissen, dass wir durch
Leiden Geduld lernen; 4 und wer Ge-
duld gelernt hat, ist bewährt, und das
wiederum festigt die Hoffnung. 5 Und
in dieser Hoffnung werden wir nicht
enttäuscht, denn Gott hat uns mit
dem Heiligen Geist, den er uns ge-
schenkt hat, auch seine Liebe ins Herz
ausgegossen.

6 Christus ist ja schon zu einer Zeit
gestorben, als wir noch ohnmächtig
der Sünde ausgeliefert waren. Und er
starb für gottlose Menschen. 7 Nun
wird sich kaum jemand finden, der für
einen Gerechten stirbt; eher noch
würde sich jemand für einen besonders
gütigen Menschen opfern. 8 Aber
Gott hat seine Liebe zu uns dadurch
bewiesen, dass Christus für uns starb,
als wir noch Sünder waren. 9 Und
nachdem wir jetzt durch sein Blut
gerechtfertigt sind, werden wir durch
ihn erst recht vor dem kommenden
Strafgericht gerettet. 10 Denn durch
den Tod seines Sohnes hat Gott uns ja
schon versöhnt, als wir noch seine
Feinde waren. Deshalb werden wir
jetzt, nachdem wir versöhnt sind, erst
recht durch die Kraft seines Lebens
gerettet werden. 11 Aber es ist nicht
nur diese Hoffnung, die uns mit Stolz
und Freude erfüllt, sondern auch die
Beziehung zu Gott, die uns durch
Jesus Christus geschenkt ist. Denn
durch ihn sind wir schon jetzt mit Gott
versöhnt.

Christus anstelle von Adam

12 Durch einen einzigen Menschen
ist die Sünde in die Welt gekommen
und mit der Sünde der Tod. Und auf
diese Weise ist der Tod zu allen Men-
schen hingekommen. Deswegen hat
auch jeder gesündigt. 13 Selbst als es
das Gesetz noch nicht gab, war die
Sünde schon in der Welt. Doch wird
sie da, wo es kein Gesetz gibt, nicht
als Schuld angerechnet. 14 Trotzdem
herrschte schon in der Zeit zwischen
Adam und Mose der Tod auch über
die Menschen, die kein ausdrückli-
ches Gebot übertraten, also nicht in
derselben Weise wie Adam sündig-
ten. Mit seinem Ungehorsam ist

Adam das genaue Gegenteil von dem,
der kommen soll. 15 Doch die Begna-
digung ist nicht einfach ein Gegen-
stück für die Übertretung. Denn
wenn die Übertretung eines Einzigen
der ganzen Menschheit den Tod
brachte, so wird das durch die Gnade
Gottes mehr als aufgewogen, denn
die ganze Menschheit wird durch die
Gnade eines einzigen Menschen,
nämlich durch Jesus Christus, über-
aus reich beschenkt. 16 Dieses Ge-
schenk ist nicht vergleichbar mit
dem, was durch den einen Sünder
verursacht wurde. Denn das Urteil
Gottes, das der Übertretung des
einen folgte, führt zur Verdammnis.
Aber der Gnadenerweis, der auf zahl-
lose Verfehlungen folgte, führt zum
Freispruch. 17 Ist durch die Verfeh-
lung eines Einzigen der Tod zur Herr-
schaft gekommen, so werden erst
recht alle, die Gottes Gnade und das
Geschenk der Gerechtigkeit in so rei-
chem Maß empfangen haben, durch
den Einen, durch Jesus Christus,
leben und herrschen. 18 So wie eine
einzige Verfehlung allen Menschen
die Verdammnis brachte, so bringt
eine einzige Tat, die Gottes Rechts-
forderung erfüllte, allen Menschen
den Freispruch und das Leben.
19 Genauso wie durch den Ungehor-
sam eines einzigen Menschen alle zu
Sündern wurden, so werden durch
den Gehorsam eines Einzigen alle zu
Gerechten.

20 Das Gesetz ist erst nachträglich
dazugekommen, um die Tragweite der
Übertretungen deutlich zu machen.
Und gerade dort, wo sich die ganze
Macht der Sünde zeigte, ist die Gnade
noch sehr viel mächtiger geworden.
21 Denn genauso wie die Sünde ge-
herrscht und den Menschen den Tod
gebracht hat, soll die Gnade herr-
schen und uns durch die geschenkte
Gerechtigkeit zum ewigen Leben
führen durch Jesus Christus, unseren
Herrn.

Frei von der Sklaverei der Sünde

6 1 Was heißt das nun? Sollen wir
an der Sünde festhalten, damit
die Gnade sich noch mächtiger aus-
wirken kann? 2 Auf keinen Fall! Für
die Sünde sind wir doch schon gestor-
ben, wie können wir da noch in ihr
leben? 3 Oder wisst ihr nicht, dass alle
von uns, die auf Jesus Christus getauft
wurden, in seinen Tod mit eingetaucht
worden sind? 4 Durch die Taufe sind
wir also mit Christus in den Tod
hinein begraben worden, damit so,
wie Christus durch die herrliche
Macht des Vaters von den Toten auf-
erweckt wurde, wir nun ebenfalls in
dieser neuen Wirklichkeit leben.
5 Denn wenn wir mit seinem Tod ver-
einigt worden sind, werden wir auch
eins mit seiner Auferstehung sein.

6 Wir sollen also begreifen, dass
unser alter Mensch mit Christus ge-
kreuzigt worden ist, damit unser sün-
diges Wesen unwirksam gemacht
wird und wir der Sünde nicht mehr
wie Sklaven dienen. 7 Denn wer ge-
storben ist, ist vom Herrschaftsan-
spruch der Sünde befreit. 8 Wenn wir
nun mit Christus gestorben sind, ver-
trauen wir darauf, dass wir auch mit
ihm leben werden. 9 Wir wissen ja,
dass Christus von den Toten aufer-
weckt wurde und nie mehr stirbt. Der
Tod hat keine Gewalt mehr über ihn.
10 Denn sein Sterben war ein Sterben

für die Sünde, und zwar ein für alle
Mal. Aber sein Leben ist ein Leben
für Gott. 11 Auch ihr sollt von dieser
Tatsache ausgehen, dass ihr für die
Sünde tot seid, aber in Jesus Christus
für Gott lebt.

12 Die Sünde soll euren vergängli-
chen Körper also nicht mehr beherr-
schen und euch dazu bringen, seinen
Begierden zu gehorchen. 13 Und stellt
eure Glieder nicht mehr der Sünde
zur Verfügung als Werkzeuge des Un-
rechts, sondern stellt euch selbst Gott
zur Verfügung als Menschen, die vom
Tod zum Leben gekommen sind, und
bietet ihm eure Glieder als Werkzeuge
der Gerechtigkeit an. 14 Dann wird
die Sünde ihre Macht über euch ver-
lieren, denn ihr lebt ja nicht mehr
unter dem Gesetz, sondern unter der
Gnade.

15 Heißt das nun, dass wir einfach
weiter sündigen, weil wir nicht mehr
unter der Herrschaft des Gesetzes,
sondern unter der Gnade stehen? Auf
keinen Fall! 16 Überlegt doch einmal:
Wenn ihr euch jemand unterstellt und
als Sklaven zum Gehorsam verpflich-
tet, dann seid ihr damit seine Sklaven.
Entweder seid ihr Sklaven der Sünde,
dann wird euch das zum Tod führen,
oder ihr gehorcht Gott und werdet zur
Gerechtigkeit geführt. 17 Aber Gott
sei Dank: Ihr, als frühere Sklaven der
Sünde, gehorcht jetzt von Herzen der
Lehre, von der ihr inzwischen geprägt
worden seid. 18 Von der Sünde befreit
seid ihr nun in den Dienst der Gerech-
tigkeit gestellt.

19 Ich gebrauche das Bild vom Skla-
vendienst, damit ihr versteht, was ich
meine. Früher hattet ihr eure Glieder
in den Sklavendienst von Unmoral
und Zügellosigkeit gestellt und führ-
tet ein Leben gegen Gottes Gesetz.
Jetzt sollt ihr eure Glieder in den
Dienst der Gerechtigkeit stellen, was
euch zu einem Leben in Übereinstim-
mung mit Gott führt. 20 Als ihr Skla-
ven der Sünde wart, wart ihr von jeder
Gerechtigkeit frei. 21 Und was kam
dabei heraus? Ihr habt Dinge getan,
für die ihr euch jetzt schämt und die
euch letztlich nur den Tod gebracht
hätten. 22 Aber jetzt seid ihr vom
Dienst der Sünde befreit und Sklaven
Gottes geworden. Das bringt euch
den Gewinn eines geheiligten Lebens
und im Endergebnis das ewige Leben.
23 Denn der Gewinn aus der Sünde ist
nur der Tod; das Gnadengeschenk
Gottes aber ist das ewige Leben in
Jesus Christus, unserem Herrn.

Frei von der Herrschaft des Gesetzes

7 1 Nun ist euch doch klar, liebe
Geschwister – ich rede ja zu Leu-
ten, die das Gesetz kennen –, dass das
Gesetz für einen Menschen nur so
lange Geltung hat, wie er lebt. 2 So ist
zum Beispiel eine verheiratete Frau
durch das Gesetz an ihren Mann ge-
bunden, so lange er lebt. Stirbt ihr
Mann, ist sie frei von dem Gesetz, das
sie an ihn band. 3 Wenn sie sich also
zu Lebzeiten ihres Mannes mit einem
anderen einlässt, gilt sie als Ehebre-
cherin. Stirbt aber der Mann, ist sie
nicht mehr durch das Gesetz gebun-
den. Es steht ihr frei, einen anderen zu
heiraten. Sie wird deswegen nicht zur
Ehebrecherin.

4 So ist es auch mit euch, liebe Ge-
schwister. Durch den körperlichen Tod

des Messias seid ihr dem Gesetz gegen-
über zu Tode gekommen, so dass ihr
jetzt einem anderen angehören könnt,
nämlich dem, der von den Toten auf-
erweckt wurde. Und das bedeutet:
Jetzt kann unser Leben für Gott
Frucht bringen. 5 Denn als wir noch
unserem natürlichen Wesen folgten,
war alles, was wir taten, von den
durch das Gesetz erregten sündigen
Leidenschaften bestimmt. Die einzige
Frucht, die das brachte, war der Tod.
6 Doch jetzt sind wir vom Gesetz frei-
gekommen, wir sind tot für das Ge-
setz, das uns früher gefangen hielt.
Jetzt stehen wir im Dienst einer neuen
Ordnung, der des Geistes, und wer-
den nicht mehr von der alten be-
herrscht, die vom Buchstaben des Ge-
setzes bestimmt war.

7 Heißt das nun, dass das Gesetz
Sünde ist? Auf keinen Fall! Aber ohne
Gesetz hätte ich nie erkannt, was
Sünde ist. Auch die Begierde wäre nie
in mir erwacht, wenn das Gesetz nicht
gesagt hätte: »Du sollst nicht begeh-
ren!«* 8 Doch die Sünde nutzte die
Gelegenheit und stachelte durch das
Gebot jede Begierde in mir auf. Ohne
Gesetz ist die Sünde tot. 9 Ich dagegen
lebte, solange ich noch ohne Gesetz
war. Als dann aber das Gebot kam,
fing die Sünde an zu leben – 10 und ich
starb. Das Gebot, das mir das Leben
erhalten sollte, brachte mir den Tod.
11 Denn die Sünde ergriff die Gele-
genheit und benutzte das Gesetz, um
mich zu täuschen und zu töten.

12 Es bleibt also dabei: Das Gesetz
ist heilig, und seine Forderungen sind
heilig, gerecht und gut. 13 Hat nun das
Gute mir den Tod gebracht? Auf
keinen Fall! Schuld war die Sünde. Sie
hat mir den Tod gebracht und das
Gute dazu benutzt. So hat sie ihr wah-
res Gesicht gezeigt. Die Forderungen
des Gesetzes haben nur die Abscheu-
lichkeit der Sünde ans Licht gebracht.

14 Wir wissen ja, dass das Gesetz
vom Geist Gottes erfüllt ist. Ich dage-
gen bin von meiner Natur bestimmt
und der Sünde unterworfen. 15 Ich
verstehe ja selbst nicht, was ich tue.
Denn ich tue nicht das, was ich will,
sondern gerade das, was ich hasse.
16 Wenn ich aber das tue, was ich gar
nicht tun will, gebe ich dem Gesetz
Recht und heiße es gut. 17 Dann aber
bin nicht mehr ich es, der so handelt,
sondern die Sünde, die in mir wohnt.

18 Denn ich weiß, dass in mir, das
heißt in meiner Natur, nichts Gutes
wohnt. Es fehlt mir nicht am Wollen,
aber ich bringe es nicht fertig, das Gute
zu tun. 19 Ich tue nicht das Gute, das ich
tun will, sondern das Böse, das ich nicht
will. 20 Wenn ich aber das tue, was ich
gar nicht will, dann bin nicht mehr ich
der Handelnde, sondern die Sünde, die
in mir wohnt.

21 Ich stelle also ein Gesetz des
Bösen in mir fest, obwohl ich doch das
Gute tun will. 22 Denn meiner inners-
ten Überzeugung nach stimme ich
dem Gesetz Gottes freudig zu, 23 aber
in meinen Gliedern sehe ich ein ande-
res Gesetz wirken, das mit dem Gesetz
in meinem Innern in Streit liegt und
mich zu seinem Gefangenen macht:
das Gesetz der Sünde. 24 Ich un-
glückseliger Mensch! Gibt es denn

7,7 2. Mose 20,17

niemand, der mich aus dieser tödli-
chen Verstrickung befreit? 25 Doch!
Und dafür danke ich Gott durch Jesus
Christus, unseren Herrn.

Es gilt also beides: Meiner innersten
Überzeugung nach diene ich dem
Gesetz Gottes, meiner Natur nach
aber bin ich dem Gesetz der Sünde
versklavt.

Der Gottesgeist regiert mein Leben

8 1 Es gibt demnach kein Verdam-
mungsurteil mehr für die, die ganz
mit Jesus Christus verbunden* sind.
2 Denn das Gesetz des Geistes, das
dich mit Jesus Christus zum Leben
führt, hat dich von dem Gesetz befreit,
das nur Sünde und Tod bringt. 3 Das
Gesetz des Mose war dazu nicht im-
stande. Es scheiterte am Widerstand
unserer Natur. Deshalb hat Gott sei-
nen Sohn gegen die Sünde in die Welt
geschickt. Er kam in der gleichen Ge-
stalt, wie sie die Menschen haben, die
im Widerspruch zu Gott leben, und
machte der Sünde in der menschlichen
Natur den Prozess. 4 Damit kann jetzt
die Rechtsforderung des göttlichen
Gesetzes in uns erfüllt werden, und
zwar dadurch, dass wir uns nicht mehr
von unserer Natur, sondern vom Geist
Gottes bestimmen lassen. 5 Denn alle,
die sich von ihrer Natur bestimmen
lassen, sind auf das bedacht, was ihre
eigene Natur will. Wer sich aber vom
Geist Gottes bestimmen lässt, ist auf
das ausgerichtet, was der Geist will.
6 Was die menschliche Natur will,
bringt den Tod, was aber der Geist will,
bringt Leben und Frieden. 7 Denn der
menschliche Eigenwille steht dem Wil-
len Gottes feindlich gegenüber, denn er
unterstellt sich dem Gesetz Gottes
nicht und kann das auch nicht. 8 Wer
also von seiner eigenen Natur be-
stimmt ist, kann Gott nicht gefallen.

9 Ihr jedoch steht nicht mehr unter
der Herrschaft eurer Natur, sondern
unter der des Geistes, wenn wirklich
Gottes Geist in euch wohnt. Denn
wenn jemand diesen Geist von Chris-
tus nicht hat, gehört er auch nicht zu
ihm. 10 Wenn nun also Christus in
euch ist, bleibt der Körper zwar dem
Tod verfallen aufgrund der Sünde, der
Geist aber erfüllt euch mit Leben auf-
grund der Gerechtigkeit, die Gott euch
geschenkt hat. 11 Wenn nun der Geist
von dem, der Jesus aus den Toten auf-
erweckt hat, in euch wohnt, dann wird
er durch den Geist, der in euch wohnt,
auch euren sterblichen Körper leben-
dig machen, eben weil er Christus aus
den Toten auferweckt hat.

12 Darum sind wir jetzt nicht mehr
unserer eigenen Natur verpflichtet,
liebe Geschwister, als müssten wir uns
von ihr bestimmen lassen! 13 Denn
wenn ihr euer Leben von eurer Natur
bestimmen lasst, werdet ihr sterben.
Wenn ihr aber durch den Geist die
alten Verhaltensweisen tötet, werdet
ihr leben. 14 Denn diejenigen, die von
Gottes Geist gelenkt werden, sind
Kinder Gottes. 15 Der Geist, den ihr
empfangen habt, macht euch ja nicht
wieder zu Sklaven, dass ihr wie früher
in Furcht leben müsstet. Nein, ihr

8,1 *ganz mit Jesus Christus verbunden.* Wörtlich: *in Christus Jesus.*

8,15 *Abba* (aramäisch) bedeutet Vater. Der Ausdruck wurde als liebe- und respektvolle Anrede nur im Familienkreis gebraucht.

habt den Geist empfangen, der euch
zu Kindern Gottes macht, den Geist,
in dem wir »Abba!«, Vater*, zu Gott
sagen. 16 So macht sein Geist uns im
Innersten gewiss, dass wir Kinder
Gottes sind. 17 Wenn wir aber Kinder
sind, dann sind wir auch Erben,
Erben Gottes und Miterben mit Chris-
tus, die jetzt mit ihm leiden, um dann
auch an seiner Herrlichkeit teilzu-
haben.

Die ganze Schöpfung darf hoffen

18 Übrigens meine ich, dass die Lei-
den der jetzigen Zeit im Vergleich zu
der Herrlichkeit, die an uns sichtbar
werden wird, überhaupt nicht ins Ge-
wicht fallen. 19 Die gesamte Schöp-
fung wartet ja sehnsüchtig auf den
Tag, an dem die Kinder Gottes in ihrer
ganzen Herrlichkeit erkennbar wer-
den. 20 Denn die Schöpfung ist gegen
ihren Willen der Nichtigkeit unter-
worfen worden. Siemusste sich dem
beugen, der sie unterworfen hat. Al-
lerdings hat sie eine Hoffnung:
21 Auch die Schöpfung wird von der
Versklavung in die Vergänglichkeit
zur Herrlichkeit der Kinder Gottes be-
freit werden. 22 Denn wir wissen, dass
die gesamte Schöpfung bis heute
unter ihrem Zustand seufzt, als würde
sie in Geburtswehen liegen.

23 Aber nicht nur das, auch wir
selbst, denen Gott doch schon seinen
Geist gegeben hat – als Vorschuss auf
das künftige Erbe –, auch wir seufzen
innerlich und warten sehnsüchtig auf
das Offenbarwerden unserer Kind-
schaft: die Erlösung unseres Körpers.
24 Denn mit dieser Hoffnung sind wir
gerettet worden. Aber eine Hoffnung,
die man schon erfüllt sieht, ist keine
Hoffnung. Denn warum sollte man
auf etwas hoffen, was man schon
verwirklicht sieht? 25 Wenn wir aber
auf etwas hoffen, was wir noch nicht
sehen können, warten wir geduldig,
bis es sich erfüllt.

26 In gleicher Weise nimmt sich der
Geist Gottes auch unserer Schwach-
heit an, denn wir wissen nicht, wie
man richtig beten soll. Er tritt mit
einem Seufzen für uns ein, das man
nicht in Worte fassen kann. 27 Und
Gott, der die Herzen erforscht, weiß,
was der Geist damit sagen will, denn
der Geist tritt für die Heiligen* so ein,
wie es vor Gott angebracht ist.

Wenn Gott für uns ist ...

28 Wir wissen aber, dass Gott bei
denen, die ihn lieben, alles zum Guten
mitwirken lässt. Das sind ja die Men-
schen, die er nach seinem freien Ent-
schluss berufen hat. 29 Denn sie, die
er im Voraus erwählt hat, die hat er
auch im Voraus dazu bestimmt, in
Wesen und Gestalt seinem Sohn
gleich zu werden, denn er sollte der
Erstgeborene unter vielen Brüdern
sein. 30 Und alle, die er dazu erwählt
hat, die hat er auch berufen, und die er
berufen hat, die hat er auch für ge-
recht erklärt, und die er für gerecht er-
klärt hat, denen hat er auch Anteil an
seiner Herrlichkeit gegeben.

31 Was sollen wir jetzt noch dazu
sagen? Wenn Gott für uns ist, wer
könnte dann gegen uns sein? 32 Er hat

8,27 *Heilige.* Gemeint sind die Christen, alle, die zu dem heiligen Gott gehören.

nicht einmal seinen eigenen Sohn
verschont, sondern ihn für uns alle
ausgeliefert: Wird er uns dann noch
irgendetwas vorenthalten? 33 Wer
wird es wagen, diese Auserwählten
Gottes anzuklagen? Gott selbst erklärt
sie ja für gerecht. 34 Wer kann sie ver-
urteilen? Jesus Christus ist doch für
sie gestorben, ja noch mehr: Er ist auf-
erweckt und sitzt an Gottes rechter
Seite und tritt dort für uns ein. 35 Was
kann uns da noch von Christus und
seiner Liebe trennen? Bedrängnis?
Angst? Verfolgung? Hunger? Kälte?
Lebensgefahr? Das Schwert des Hen-
kers? 36 Es kann uns so ergehen, wie
es in der Schrift heißt: »Weil wir zu dir
gehören, sind wir mit dem Tod be-
droht; man behandelt uns wie Schafe,
die zum Schlachten bestimmt sind.«*
37 Aber durch den, der uns geliebt hat,
sind wir in all diesen Dingen überlege-
ne Sieger. 38 Denn ich bin überzeugt:
Weder Tod noch Leben, weder Engel
noch Teufel, weder Gegenwärtiges
noch Zukünftiges, 39 weder hohe
Kräfte noch tiefe Gewalten – nichts in
der ganzen Schöpfung kann uns von
der Liebe Gottes trennen, die uns ver-
bürgt ist in Jesus Christus, unserem
Herrn.

Israel und Gottes Versprechen

9 1 Was ich jetzt sage, sage ich vor
Christus. Mein Gewissen bestä-
tigt es, und der Heilige Geist bezeugt
mir, dass es die Wahrheit ist: 2 Mein
Herz ist von tiefer Traurigkeit erfüllt,
und es quält mich unablässig, 3 wenn
ich an die Angehörigen meines Volkes
denke, an meine Brüder und Schwes-
tern, mit denen ich durch die gemein-
same Abstammung verbunden bin.
Für sie hätte ich es auf mich genom-
men, verflucht und für immer von
Christus getrennt zu sein. 4 Sie sind ja
Israeliten; ihnen hat Gott das Vorrecht
geschenkt, seine Kinder zu sein. Ihnen
hat er seine Herrlichkeit gezeigt; mit
ihnen hat er seine Bündnisse geschlos-
sen; ihnen hat er das Gesetz und die
Ordnungen des Gottesdienstes gege-
ben; ihnen gelten seine Zusagen. 5 Sie
sind die Nachkommen der von Gott
erwählten Väter, und aus ihrer Mitte
ist auch der Messias seiner menschli-
chen Herkunft nach hervorgegangen.
Er ist Gott, der über allem steht und
für immer und ewig zu preisen ist.
Amen!

6 Ich will damit nicht gesagt haben,
dass das von Gott gegebene Wort
keine Gültigkeit mehr hätte. Aber es
gehören eben nicht alle Israeliten
zum eigentlichen Israel. 7 Nicht weil
sie von Abraham abstammen, sind sie
seine Kinder, denn Gott sagte zu ihm:
»Durch Isaak gebe ich dir die Nach-
kommen, die ich dir versprochen
habe.«* 8 Mit anderen Worten: Nicht
die Abstammung macht zu Gottes
Kindern, sondern die göttliche Zusa-
ge führt zur eigentlichen Nachkom-
menschaft. 9 Die Zusage lautete: »In
einem Jahr werde ich wiederkom-
men, und dann wird Sara einen Sohn
haben.«* 10 Aber nicht nur bei ihr,
sondern auch bei Rebekka war es so,
als sie von unserem Stammvater

8,36 Psalm 44,23
9,7 1. Mose 21,12
9,9 1. Mose 18,10.14

Isaak schwanger war. 11 Denn als die
Zwillinge noch nicht geboren waren
und noch nichts Gutes oder Böses
getan hatten – damit sollte der Plan
Gottes bekräftigt werden, dass seine
Wahl nicht von menschlichen Leis-
tungen abhängig ist, sondern allein
von seiner freien Entscheidung –,
12 sagte Gott zu Rebekka: »Der Äl-
tere wird dem Jüngeren dienen.«*
13 Darum heißt es auch in der Schrift:
»Jakob habe ich meine Liebe ge-
schenkt, aber Esau habe ich von mir
gestoßen.«*

Gott schenkt sein Erbarmen, wem er will

14 Heißt das nun, dass Gott ungerecht
ist? Auf keinen Fall! 15 Er sagte ja zu
Mose: »Ich schenke mein Erbarmen
dem, über den ich mich erbarmen
will, und mein Mitleid dem, den ich
bemitleiden will.«* 16 Es kommt also
nicht auf das Wollen und Bemühen
eines Menschen an, sondern allein auf
Gott und sein Erbarmen. 17 Auch wird
in der Schrift zum Pharao gesagt:
»Nur deshalb habe ich dich als Herr-
scher auftreten lassen, um dir meine
Macht zu demonstrieren und meinen
Namen in der ganzen Welt bekannt zu
machen.«* 18 Wir sehen also: Gott
handelt ganz nach seinem Ermessen:
Dem einen schenkt er sein Erbarmen,
den anderen macht er starrsinnig und
lässt ihn ins Verderben laufen.

19 Nun wirst du einwenden: »Wie
kann er uns dann noch Vorwürfe ma-
chen? Es kann sich doch niemand
seinem Willen widersetzen!« 20 So?
Wer bist du eigentlich? Du Mensch
willst anfangen, mit Gott zu streiten?
Sagt das Werk zu seinem Meister:
»Warum hast du mich so gemacht?«
21 Ist der Töpfer nicht Herr über den
Ton und kann aus derselben Masse
ein Gefäß machen, das auf der Festta-
fel zu Ehren kommt, und ein anderes,
das für den Abfall dienen soll? 22 Und
was sagst du dazu, dass Gott die
Gefäße, die zur Vernichtung in sei-
nem Zorngericht bereitgestellt sind,
mit großer Geduld erträgt? Er will
zwar, dass sie seinen Zorn und seine
Macht zu spüren bekommen, 23 an-
dererseits will er aber auch an den
Gefäßen, die er in seinem Erbarmen
zur Herrlichkeit vorherbestimmt hat,
zeigen, wie unerschöpflich reich
seine Herrlichkeit ist. 24 Das sind
nämlich wir, die er nicht nur aus dem
jüdischen Volk, sondern auch aus an-
deren Völkern berufen hat. 25 Das hat
er schon durch den Propheten Hosea
angekündigt: »Ich werde als mein
Volk berufen, was nicht mein Volk
war, und als geliebte Frau die, die
nicht geliebt war.«* 26 »Gerade dort,
wo zu ihnen gesagt wurde: ›Ihr seid
nicht mein Volk‹, werden sie ›Kinder
des lebendigen Gottes‹ genannt wer-
den.«* 27 Und Jesaja ruft über Israel
aus: »Selbst wenn es Israeliten gäbe
wie Sand am Meer, nur ein Rest von
ihnen wird gerettet werden. 28 Denn

9,12 1. Mose 25,23
9,13 Maleachi 1,2-3
9,15 2. Mose 33,19
9,17 2. Mose 9,16
9,25 Hosea 2,25
9,26 Hosea 2,1

der Herr wird auf der Erde handeln.
Er wird sein Wort einlösen und rasch
durchsetzen.«* 29 Es ist so, wie es
Jesaja an anderer Stelle vorausgesagt
hat: »Hätte der Herr, der allmächtige
Gott, nicht einen Rest von unse-
rem Volk übrig gelassen, so wäre
es uns wie Sodom und Gomorra
ergangen.«*

30 Was heißt das nun? Menschen
aus allen Völkern sind vor Gott gerecht
geworden, ohne sich darum bemüht
zu haben. Sie haben die Gerechtigkeit
erhalten, die aus dem Glauben kommt.
31 Das Volk Israel aber, das durch das
Gesetz gerecht werden wollte, hat das
Ziel des Gesetzes nicht erreicht.
32 Und warum nicht? Weil sie mein-
ten, es durch ihre eigenen Leistungen
zu erreichen und nicht durch den
Glauben. Sie haben sich am »Stein des
Anstoßes« gestoßen, 33 von dem ge-
schrieben steht: »Seht her, ich lege in
Zion einen Grundstein, an dem man
sich stoßen wird, einen Felsblock, an
dem man zu Fall kommt. Doch wer
ihm vertraut, wird nicht enttäuscht
werden.«*

Die Rettung kommt nur durch den Glauben

10 1 Liebe Geschwister, ich
wünsche von Herzen und
flehe zu Gott, dass die Angehörigen
meines Volkes gerettet werden.
2 Denn ich kann ihnen bezeugen,
dass sie sich mit großem Eifer für
Gott einsetzen. Doch was ihnen fehlt,
ist die richtige Erkenntnis. 3 Sie be-
greifen nicht, worum es bei der Ge-
rechtigkeit Gottes geht, und versu-
chen, durch ihre eigene Gerechtigkeit
vor Gott zu bestehen. Damit haben sie
sich der Gerechtigkeit, die Gott ihnen
schenken will, verweigert. 4 Denn mit
Christus ist der Weg des Gesetzes zu
Ende. Jetzt wird jeder, der an ihn
glaubt, für gerecht erklärt.

5 Mose beschreibt die Gerechtig-
keit, die auf dem Gesetz beruht, so:
»Wer sich nach seinen Vorschriften
gerichtet hat, gewinnt das Leben.«*
6 Aber die Gerechtigkeit, die auf dem
Glauben beruht, sagt: »Du musst
dich nicht fragen: ›Kann denn je-
mand in den Himmel hinaufstei-
gen?‹« – als müsste man Christus von
dort herabholen –, 7 »oder: ›Kann
jemand in den Abgrund hinunter-
steigen?‹« – als müsste man Christus
von den Toten heraufholen. 8 Im Ge-
genteil, sie sagt: »Das Wort ist dir
ganz nahe. Es ist in deinem Mund
und in deinem Herzen.«* Mit diesem
Wort ist die Botschaft vom Glauben
gemeint, die wir predigen. 9 Wenn du
mit deinem Mund bekennst, dass
Jesus der Herr ist, und in deinem Her-
zen glaubst, dass Gott ihn aus den
Toten auferweckt hat, wirst du geret-
tet werden. 10 Denn man wird für
gerecht erklärt, wenn man mit dem
Herzen glaubt, man wird gerettet,
wenn man seinen Glauben mit dem
Mund bekennt. 11 Denn die Schrift

9,28 Jesaja 10,22-23

9,29 Jesaja 1,9 nach der LXX zitiert.

9,33 Jesaja 8,14; 28,16

10,5 3. Mose 18,5 nach der LXX zitiert.

10,8 Die Zitate stammen alle aus 5. Mose 30,12-14.

sagt: »Wer ihm vertraut, wird nicht
enttäuscht werden.«* 12 Es gibt da
keinen Unterschied zwischen Juden
und Nichtjuden, denn sie haben alle
denselben Herrn und er lässt alle an
seinem Reichtum Anteil haben, alle,
die ihn anrufen. 13 Denn »jeder, der
den Namen des Herrn anruft, wird
gerettet werden.«*
14 Doch wie sollen sie den anrufen,
an den sie nicht glauben? Und wie sol-
len sie an den glauben, von dem sie
nichts gehört haben? Und wie sollen
sie von ihm hören, wenn ihnen keiner
die Botschaft bringt? 15 Aber wie soll
die Botschaft verkündigt werden,
wenn niemand den Auftrag dazu be-
kommen hat? Doch das ist gesche-
hen. Es ist eingetroffen, was geschrie-
ben steht: »Was für eine Freude ist es,
wenn die Boten kommen und die gute
Nachricht bringen.«*
16 Leider haben nicht alle diese gute
Nachricht angenommen. Schon Jesaja
sagt: »Herr, wer hat unserer Botschaft
geglaubt?«* 17 Der Glaube kommt
also aus dem Hören der Botschaft und
die Verkündigung aus dem Wort von
Christus. 18 Nun frage ich: »Haben sie
die Botschaft etwa nicht gehört?«
Aber natürlich haben sie sie gehört!
»Ihr Ruf ging ja über die ganze Erde,
die Nachricht ist bis in die entlegens-
ten Ecken der Welt gekommen.«*
19 Ich frage weiter: »Hat Israel sie
etwa nicht verstanden?« Die Antwort
steht schon bei Mose: »Ich werde euch
eifersüchtig machen über ein Nicht-
Volk. Ich werde euch zum Zorn über
eine Nation reizen, die gar nichts von
mir weiß.«* 20 Und Jesaja wagt sogar
zu sagen: »Ich ließ mich von denen fin-
den, die nicht einmal nach mir such-
ten, ich habe mich denen gezeigt, die
nicht nach mir fragten.«* 21 Über
Israel aber sagt er: »Den ganzen Tag
habe ich meine Hände nach einem
Volk ausgestreckt, das ungehorsam
und widerspenstig ist.«*

Gott hat sein Volk nicht verstoßen

11 1 Ich frage nun: »Hat Gott
sein Volk etwa verstoßen?«
Auf keinen Fall! Ich bin ja selbst ein Is-
raelit, ein Nachkomme Abrahams aus
dem Stamm Benjamin. 2 Nein, Gott
hat sein Volk nicht verstoßen. Er hat
es doch von Anfang an erwählt. Oder
wisst ihr nicht, was die Schrift von
Elija sagt, als er sich bei Gott über das
Volk beklagt? 3 »Herr, sie haben deine
Propheten getötet und deine Altäre
niedergerissen. Ich allein bin übrig ge-
blieben und nun wollen sie auch mich
noch töten.«* 4 Und was gab Gott
ihm zur Antwort? »Ich habe 7000
Männer für mich übrig gelassen, die
sich nicht vor dem Götzen Baal auf die

10,11 Jesaja 28,16

10,13 Joel 3,5. Den Namen Gottes, der bei Joël *Jahwe* lautet, bezieht Paulus hier eindeutig auf den Herrn Jesus Christus (vergleiche die Verse 9-12). Petrus tut das ebenso in Apostelgeschichte 2,21.

10,15 Jesaja 52,7; Nahum 2,1

10,16 Jesaja 53,1.

10,18 Psalm 19,5.

10,19 5. Mose 32,21.

10,20 Jesaja 65,1

10,21 Jesaja 65,2

11,3 1. Könige 19,10.14

11,4 1. Könige 19,18

Knie geworfen haben.«* 5 So ist es
auch jetzt: Gott hat einen Rest von
seinem Volk übrig gelassen, einen
Rest, den er aus Gnade ausgewählt
hat – 6 aus Gnade, also nicht aufgrund
von Werken, sonst wäre die Gnade ja
nicht mehr Gnade.

7 Was heißt das nun? Was Israel er-
strebt, hat nicht das ganze Volk, son-
dern nur der auserwählte Rest er-
langt. Die Übrigen sind starrsinnig
geworden, 8 wie die Schrift sagt:
»Gott hat einen Geist der Betäubung
über sie kommen lassen. Sie haben
Augen, die nicht sehen, und Ohren,
die nicht hören, und so ist es bis zum
heutigen Tag.«* 9 Und David sagt:
»Ihre Opfer sollen ihnen zur Schlinge
und zum Fangnetz werden, zur Falle
und zum Strafgericht. 10 Ihre Augen
sollen erblinden, dass sie nichts mehr
sehen, und ihr Rücken soll sich beu-
gen unter der ständigen Last.«*

11 Nun frage ich: Sind sie etwa
gestrauchelt, um nie wieder aufzu-
stehen? – Auf keinen Fall! Vielmehr
hat ihr Fehltritt den anderen Völkern
die Rettung gebracht, um die Juden
wiederum eifersüchtig zu machen.
12 Wenn nun schon die Welt durch
ihren Fehltritt reich gemacht wurde
und ihr Verlust für die anderen Völker
einen großen Gewinn brachte, was
wird es dann erst sein, wenn Israel in
voller Zahl umkehrt?

13 Euch Nichtjuden aber sage ich:
Als Apostel für die Völker bin ich froh
über meinen Dienst. 14 Denn viel-
leicht kann ich dadurch mein eigenes
Volk eifersüchtig machen und einige
von ihnen retten. 15 Denn wenn schon
die Verstoßung Israels der Welt die
Versöhnung mit Gott brachte, was
wird dann erst Israels Wiederannah-
me bringen? Nicht weniger als dass
Tote lebendig werden. 16 Wenn das
erste Brot der neuen Ernte Gott ge-
weiht ist, dann ist alles Korn dieser
Ernte geheiligt. Wenn die Wurzel des
Baumes Gott geweiht ist, dann sind es
auch die Zweige.

17 Nun sind einige Zweige ausgebro-
chen worden; und du wurdest als neuer
Zweig unter die übrigen eingepfropft.
Obwohl du von einem wilden Ölbaum
stammst, hast du jetzt Anteil am Saft
aus der Wurzel des edlen Ölbaums.
18 Du hast keinen Grund, verächtlich
auf die anderen Zweige herabzusehen.
Und wenn du es dennoch tust, sollte dir
klar sein: Nicht du trägst die Wurzel,
sondern die Wurzel trägt dich! 19 Viel-
leicht wirst du nun sagen: »Die Zweige
sind ja herausgebrochen worden,
damit ich eingepfropft werden konn-
te.« 20 Das ist richtig. Aber dass sie
ausgebrochen wurden, lag an ihrem
Unglauben. Und du hast deinen Stand
nur durch den Glauben. Sei also nicht
überheblich, sondern pass auf, dass es
dir nicht genauso geht. 21 Denn wenn
Gott die natürlichen Zweige nicht ver-
schont hat, warum sollte er dann dich
verschonen?

22 Du siehst hier also die Güte und
die Strenge Gottes: Seine Strenge gilt
denen, die sich von ihm abgewandt
haben, aber seine Güte gilt dir, sofern
du dich auf seine Güte verlässt; sonst
wirst auch du herausgeschnitten wer-
den. 23 Doch auch die anderen Zweige

11,8 5. Mose 29,3

11,10 Psalm 69,23-24

können wieder eingepfropft werden, vorausgesetzt, sie halten nicht an ihrem Unglauben fest. Gott hat sehr wohl die Macht dazu.
24 Denn wenn du aus dem wilden Ölbaum, zu dem du von Natur aus gehörtest, ausgeschnitten und gegen die natürliche Ordnung in den edlen Ölbaum eingepfropft wurdest, wie viel leichter wird es dann sein, die Zweige, die natürlicherweise zum edlen Ölbaum gehören, wieder an ihre Stelle einzupfropfen.

25 Und damit ihr euch nichts auf eure Klugheit einbildet und falsche Schlüsse daraus zieht, will ich euch das folgende Geheimnis bekannt machen: Ein Teil von Israel hat sich verhärtet. Aber das gilt nur so lange, bis die volle Zahl von Menschen aus den anderen Völkern zum Glauben gekommen ist.
26 Dann wird Israel als Ganzes gerettet werden, wie es in der Schrift heißt: »Aus Zion wird der Retter kommen, der alle Gottlosigkeit von Jakobs Nachkommen entfernt.
27 Und der Bund, den ich mit ihnen schließen werde, besteht darin, dass ich sie von ihren Sünden befreie.«*

28 Ihre Einstellung zum Evangelium macht sie zwar zu Feinden – was euch zugutekommt –, aber von der Erwählung her gesehen sind sie Geliebte – wegen ihrer Stammväter.
29 Denn Gott nimmt seine Gnadenerweise nicht zurück und bereut seine Berufungen nie.
30 Früher hattet ihr Gott nicht gehorcht und habt jetzt doch – wegen Israels Ungehorsam – Gottes Erbarmen gefunden.
31 So sind auch sie jetzt ungehorsam geworden, damit sie dadurch, dass *ihr* Gottes Erbarmen gefunden habt, schließlich ebenso Erbarmen finden.
32 Denn Gott hat alle zusammen zu Gefangenen ihres Ungehorsams gemacht, weil er allen sein Erbarmen schenken will.

33 Wie unermesslich reich
ist Gottes Weisheit, / wie
abgrundtief seine Erkenntnis! /
Wie unergründlich sind seine
Entscheidungen, / wie
unerforschlich seine Wege!
34 Denn wer hat jemals die
Gedanken des Herrn erkannt, /
wer ist je sein Berater gewesen?
35 Wer hat ihm je etwas gegeben, /
das Gott ihm zurückgeben müsste?
36 Denn von ihm kommt alles, /
durch ihn steht alles / und zu ihm
geht alles. / Ihm gebührt die Ehre
für immer und ewig! Amen.

Die Gerechtigkeit im Alltag des Christen

12 1 Weil Gott uns solches Erbarmen geschenkt hat, liebe Geschwister, ermahne ich euch nun auch, dass ihr euch mit Leib und Leben Gott als lebendiges und heiliges Opfer zur Verfügung stellt. An solchen Opfern hat er Freude, und das ist der wahre Gottesdienst.
2 Und richtet euch nicht nach den Maßstäben dieser Welt, sondern lasst die Art und Weise, wie ihr denkt, von Gott erneuern und euch dadurch umgestalten, sodass ihr prüfen könnt, ob etwas Gottes Wille ist – ob es gut ist, ob es Gott gefallen würde und ob es zum Ziel führt.

11,27 Jesaja 59,20-21; 27,9

3 Aufgrund der Gnade, die Gott mir
gegeben hat, warne ich jeden Einzel-
nen von euch: Denkt nicht höher von
euch, als es angemessen ist, und seid
besonnen! Maßstab dafür ist der
Glaube, von dem Gott jedem ein be-
stimmtes Maß zugeteilt hat. 4 Es ist
wie bei unserem Körper. Er bildet ein
lebendiges Ganzes, hat aber viele
Glieder, von denen jedes seine beson-
dere Aufgabe hat. 5 Genauso sind wir
alle in Verbindung mit Christus ein
einziger Leib und einzeln genommen
Glieder, die voneinander abhängig
sind. 6 Wir haben ganz verschiedene
Gaben, so wie Gott sie uns in seiner
Gnade gegeben hat. Der eine hat die
Gabe, Worte Gottes weiterzugeben.
Er soll das in Übereinstimmung mit
dem Glauben tun! 7 Ein anderer ist
befähigt, praktische Aufgaben zu
übernehmen. Er soll diese Gabe ein-
setzen! Wenn jemand die Gabe des
Lehrens hat, soll er lehren! 8 Wenn je-
mand die Gabe der Seelsorge hat,
dann soll er sie ausüben. Wer Bedürf-
tige unterstützt, tue das uneigennüt-
zig! Wer Verantwortung übernimmt,
muss fleißig sein! Wer sich um Notlei-
dende kümmert, soll es mit fröhli-
chem Herzen tun!

9 Liebe muss echt sein, ohne Heu-
chelei! Verabscheut das Böse, haltet
am Guten fest! 10 Seid einander in
herzlicher geschwisterlicher Liebe
zugetan! Übertrefft euch in gegensei-
tigem Respekt! 11 Werdet im Fleiß
nicht nachlässig, lasst den Geist
Gottes in euch brennen und dient so
dem Herrn! 12 Freut euch, weil ihr
Hoffnung habt, bleibt standhaft in
Bedrängnis, seid treu im Gebet!
13 Nehmt Anteil an den Nöten der
Gläubigen und helft ihnen! Bemüht
euch um Gastfreundschaft! 14 Segnet
eure Verfolger, wünscht ihnen Gutes
und verflucht sie nicht! 15 Freut euch
mit denen, die sich freuen; weint mit
denen, die weinen! 16 Seid miteinan-
der auf das gleiche Ziel bedacht!
Strebt nicht hoch hinaus, sondern
lasst euch auch von geringen Dingen
in Anspruch nehmen! Haltet euch
nicht selbst für klug!

17 Vergeltet niemand Böses mit
Bösem! Bemüht euch um ein vorbild-
liches Verhalten gegenüber jeder-
mann! 18 Soweit es irgend möglich
ist, und soweit es auf euch ankommt,
lebt mit allen Menschen in Frieden!
19 Rächt euch nicht selbst, ihr Lieben,
sondern lasst Raum für den Zorn
Gottes! Denn in der Schrift steht: »Es
ist meine Sache, das Unrecht zu rä-
chen, sagt der Herr, ich werde Vergel-
tung üben!«* 20 »Wenn dein Feind
hungrig ist, gib ihm zu essen, wenn er
Durst hat, gib ihm zu trinken! Denn
wenn du das tust, wirst du ihn zutiefst
beschämen. 21 Lass dich nicht vom
Bösen besiegen, sondern besiege das
Böse mit dem Guten!«*

Umgang mit Behörden und anderen Menschen

13 1 Jeder soll sich den Trägern
der staatlichen Gewalt unter-
ordnen. Denn alle staatliche Gewalt
kommt von Gott, und jede Regierung
ist von Gott eingesetzt. 2 Wer sich

12,19 5. Mose 32,35

12,21 Sprüche 25,21-22

daher der staatlichen Gewalt wider-
setzt, stellt sich gegen die von Gott
eingesetzte Ordnung und wird zu
Recht bestraft werden. 3 Denn wer
Gutes tut, hat von den Regierenden
nichts zu befürchten. Das hat nur der,
der Böses tut. Wenn du also nicht in
Furcht vor der Regierung leben willst,
dann tue Gutes, und du wirst von ihr
gelobt werden. 4 Sie steht ja zu dei-
nem Besten im Dienst Gottes. Tust du
aber Böses, hast du allen Grund, sie
zu fürchten, schließlich ist sie nicht
umsonst die Trägerin von Polizei- und
Strafgewalt. Auch darin ist sie Gottes
Dienerin. Sie zieht den Schuldigen
zur Verantwortung und vollstreckt
damit Gottes Urteil an denen, die
Böses tun. 5 Es ist also notwendig,
sich dem Staat unterzuordnen, nicht
nur aus Angst vor Strafe, sondern
auch wegen des Gewissens. 6 Deshalb
zahlt ihr ja auch Steuern, denn die Be-
amten sind Gottes Diener und haben
sich berufsmäßig damit zu befassen.
7 Gebt jedem das, was ihm zusteht:
Steuer, dem die Steuer, Zoll, dem der
Zoll, Respekt, dem Respekt, und
Ehre, dem die Ehre gebührt.

8 Abgesehen davon, dass ihr einan-
der lieben sollt, bleibt keinem etwas
schuldig! Wer den anderen liebt, hat
das Gesetz erfüllt. 9 Denn das Gesetz
sagt: »Du sollst die Ehe nicht brechen,
du sollst niemand ermorden, du sollst
nicht stehlen, du sollst der Begierde
keinen Raum geben.«* Diese und
alle anderen Gebote sind in dem
einen Satz zusammengefasst: »Liebe
deinen Nächsten wie dich selbst!«*
10 Die Liebe tut dem Nächsten nichts
Böses an. Darum wird durch die Liebe
das ganze Gesetz erfüllt.

11 Achtet also auf die Gelegenhei-
ten, die Gott euch gibt. Es ist höchste
Zeit, aus dem Schlaf aufzuwachen,
denn jetzt ist unsere Rettung noch
näher als damals, als wir zum Glauben
kamen. 12 Die Nacht geht zu Ende,
bald ist es Tag. Darum wollen wir uns
von allem trennen, was man im
Dunkeln tut, und die Waffen des
Lichts ergreifen! 13 Lasst uns ein
Leben führen, wie es zum hellen Tag
passt, ein Leben ohne Fress- und
Saufgelage, ohne Bettgeschichten
und Sexorgien, ohne Streit und
Rechthaberei. 14 Zieht vielmehr den
Herrn Jesus Christus an und trefft
keine Vorkehrungen für die Begier-
den, die in euch sind!

Die Schwachen und die Starken im Glauben

14 1 Nehmt den, der im Glau-
ben schwach ist, vorbehalt-
los an und streitet nicht über seine
Ansichten mit ihm. 2 Einer glaubt
zum Beispiel, er dürfe alles essen.
Der Schwache jedoch ernährt sich
rein vegetarisch. 3 Wer alles isst,
darf den nicht verachten, der nicht
alles isst. Und wer nicht alles isst,
darf den nicht verurteilen, der alles
isst, denn Gott hat ihn genauso an-
genommen wie dich. 4 Wie kommst
du denn dazu, den Diener eines an-
deren zur Rechenschaft zu ziehen?
Ob er mit seinem Tun bestehen kann
oder nicht, geht nur seinen Herrn
etwas an. Und er *wird* bestehen,

13,9 2. Mose 20,13-17; 3. Mose 19,18

denn sein Herr ist in der Lage, dafür
zu sorgen.
5 Der eine hebt bestimmte Tage her-
vor, für den anderen ist jeder Tag
gleich. Aber jeder soll mit voller Über-
zeugung zu seiner Auffassung stehen.
6 Wer einen bestimmten Tag bevor-
zugt, tut das zur Ehre des Herrn. Ge-
nauso ist es bei dem, der alles isst. Er
tut es zur Ehre des Herrn, denn er
dankt Gott dafür. Und auch der, der
nicht alles isst, tut das zur Ehre des
Herrn und sagt Gott Dank.
7 Denn keiner von uns lebt für sich
selbst und keiner von uns stirbt für sich
selbst. 8 Wenn wir leben, leben wir für
den Herrn, und wenn wir sterben, ge-
hören wir dem Herrn. Im Leben und im
Tod gehören wir dem Herrn. 9 Dazu ist
Christus ja gestorben und wieder le-
bendig geworden, dass er über Tote
und Lebende der Herr sei. 10 Warum
verurteilst du dann deinen Bruder?
Und du, warum verachtest du ihn? Wir
werden doch alle vor den Richterstuhl
Gottes gestellt werden. 11 Denn es
heißt in der Schrift: »So wahr ich lebe,
sagt der Herr: Alle Knie werden sich
vor mir beugen, und jede Zunge
wird Gott anerkennen und preisen.«*
12 Also wird jeder von uns für sich
selbst vor Gott Rechenschaft abzu-
legen haben.
13 Hören wir doch auf, uns gegen-
seitig zu verurteilen! Achten wir viel-
mehr darauf, dass wir unserem Bru-
der kein Hindernis in den Weg legen
und ihn zu Fall bringen! 14 Ich weiß
und bin durch den Herrn Jesus fest
davon überzeugt, dass nichts von
Natur aus unrein ist. Aber für den, der
etwas als unrein ansieht, ist es auch
unrein. 15 Wenn du also deinen Bru-
der wegen einer Speise in innere Not
bringst, dann lebst du nicht mehr in
der Liebe. Bring ihn mit deinem Essen
nicht ins Verderben! Christus ist doch
auch für ihn gestorben. 16 Lasst das
Gute, das Gott euch geschenkt hat,
nicht in Verruf kommen! 17 Denn im
Reich Gottes geht es doch nicht um
Essen und Trinken, sondern um das,
was der Heilige Geist bewirkt: Ge-
rechtigkeit, Frieden und Freude.
18 Wer Christus auf diese Weise dient,
wird von Gott anerkannt und von den
Menschen geachtet.
19 Lasst uns also nach dem streben,
was zum Frieden und zum Aufbau der
Gemeinde beiträgt! 20 Zerstöre nicht
wegen einer Essensfrage das Werk
Gottes! Gewiss, es ist alles rein, aber
es ist verwerflich, einen anderen
durch sein Essen zu Fall zu bringen.
21 Deshalb isst du am besten kein
Fleisch und trinkst keinen Wein und
vermeidest überhaupt alles, was dei-
nen Bruder zu Fall bringen könnte.
22 Behandle deine Überzeugung als
eine Sache zwischen dir und Gott!
Wohl dem, der sich in seiner Überzeu-
gung nicht anklagen muss! 23 Wer
aber beim Essen ein schlechtes Ge-
wissen hat, ist schon verurteilt, denn
er handelt nicht aus der Überzeugung
des Glaubens. Und alles, was nicht
aus dem Glauben kommt, ist Sünde.

15 1 Wir, die Starken, haben die
Pflicht, die Schwächen der
Schwachen zu tragen, anstatt selbst-

14,11 Jesaja 45,23
15,3 Psalm 69,10

gefällig nur an uns zu denken. 2 Jeder
von uns soll auf den anderen Rück-
sicht nehmen, damit es ihm gut geht
und er gefördert wird. 3 Auch der
Messias hat nicht für sich selbst ge-
lebt, sondern so, wie es in der Schrift
heißt: »Die Beschimpfungen von
denen, die dich beschimpfen, haben
mich getroffen.«* 4 Und alles, was in
der Heiligen Schrift steht, wurde frü-
her aufgeschrieben, damit wir daraus
lernen. Die Schrift ermutigt uns zum
Durchhalten, bis sich unsere Hoff-
nung erfüllt. 5 Und der Gott, von dem
Geduld und Ermutigung kommen,
gebe euch die Einmütigkeit, wie sie
Jesus Christus entspricht, 6 damit ihr
ihn, den Vater unseres Herrn Jesus
Christus, einmütig wie aus einem
Mund preist.

7 Deshalb nehmt euch gegenseitig
an, wie auch Christus euch angenom-
men hat, damit Gott geehrt wird!

Der Auftrag des Völkerapostels

8 Denn ich sage euch: der Messias ist
ein Diener der Juden geworden, um
die Wahrhaftigkeit Gottes zu bezeu-
gen. Er wollte die Zusagen bestäti-
gen, die er ihren Vätern gegeben
hatte, 9 und wollte, dass die Nichtju-
den Gott für seine Barmherzigkeit
ehren, wie auch geschrieben steht:
»Darum will ich dich preisen unter
den Völkern. Zum Ruhm deines Na-
mens will ich Loblieder singen.«*
10 An anderer Stelle heißt es: »Freut
euch mit seinem Volk, ihr Völker
alle!«* 11 Und weiter: »Lobt den
Herrn, all ihr Völker, alle Nationen
sollen ihn preisen!«* 12 Und Jesaja
sagt: »Es kommt der Spross, der aus
der Wurzel Isais hervorwächst. Er
steht auf, um über die Völker zu
herrschen. Auf ihn werden die Völker
hoffen.«*

13 Möge Gott, die Quelle der Hoff-
nung, euch im Glauben mit Freude
und Frieden erfüllen, damit eure Hoff-
nung durch die Kraft des Heiligen
Geistes immer stärker wird.

14 Ich bin aber persönlich davon
überzeugt, liebe Geschwister, dass
ihr selbst in der Lage seid zu tun, was
gut und richtig ist. Es mangelt euch
an keiner Erkenntnis, und ihr seid
auch fähig, euch gegenseitig zu er-
mahnen. 15 Ich habe euch teilweise
recht offen geschrieben, weil ich
euch einiges in Erinnerung rufen
wollte. Gott hat mich in seiner Gnade
ja berufen, 16 ein Diener von Jesus
Christus unter den nichtjüdischen
Völkern zu sein. Wie ein Priester im
Dienst der guten Nachricht Gottes
arbeite ich darauf hin, dass sie eine
Opfergabe werden, an der Gott Freu-
de hat, weil sie durch den Heiligen
Geist geheiligt ist. 17 Dass ich vor
Gott darauf stolz sein kann, habe ich
allein Jesus Christus zu verdanken.
18 Denn ich würde niemals wagen,
von etwas zu reden, was nicht Chris-
tus durch mich gewirkt hätte:

15,9 Psalm 18,50

15,10 5. Mose 32,43

15,11 Psalm 117,1

15,12 Jesaja 11,10 nach der LXX zitiert.

15,19 *Illyrien.* Römische Provinz nördlich von Mazedonien (heute Albanien).

Menschen aus nichtjüdischen Völ-
kern wurden Gott gehorsam, und
zwar durch sein Wort und Werk,
19 in der Kraft von Zeichen und
Wundern und in der Kraft des Heili-
gen Geistes. So habe ich von Jerusa-
lem aus in der ganzen Gegend die
Botschaft des Messias bekannt ge-
macht – bis an die Grenze von Illy-
rien*. 20 Ich habe darauf geachtet,
diese gute Botschaft nicht dort zu
verkündigen, wo er schon bekannt
war, um nicht auf einem fremden
Fundament zu bauen. 21 Ich hielt
mich an das, was geschrieben steht:
»Gerade die, denen noch nicht von
ihm gesagt wurde, sollen ihn ken-
nenlernen, gerade die, die noch nicht
von ihm gehört haben, sollen verste-
hen.«*

Reisepläne des Apostels

22 Das ist es auch, was mich immer
wieder gehindert hat, zu euch zu
kommen, 23 obwohl ich mich seit
vielen Jahren danach sehne, euch zu
sehen. Aber jetzt habe ich in diesen
Gegenden kein neues Arbeitsfeld
mehr 24 und plane, nach Spanien zu
reisen. Auf dem Weg dorthin hoffe
ich, euch zu besuchen und dann mit
eurer Unterstützung die Reise fort-
zusetzen. Doch vorher möchte ich
mich einige Zeit an der Gemein-
schaft mit euch erfreuen. 25 Jetzt
reise ich aber erst einmal nach Jeru-
salem, um den Gläubigen dort Hilfe
zu bringen. 26 Denn die Gemeinden
in Mazedonien* und Achaja* haben
beschlossen, etwas für die Armen
unter den Gläubigen in Jerusalem
zusammenzulegen. 27 Sie haben das
gern getan und stehen ja auch in
ihrer Schuld. Denn wenn die Völker
Anteil an den geistlichen Gütern der
Jerusalemer Gläubigen bekommen
haben, sind sie auch verpflichtet,
ihnen mit irdischen Gütern zu die-
nen. 28 Aber wenn ich diese Sache
zum Abschluss gebracht und ihnen
den Ertrag der Sammlung versiegelt
übergeben habe, will ich auf dem
Weg nach Spanien bei euch vorbei-
kommen. 29 Und ich weiß, dass ich
euch die ganze Fülle des Segens von
Christus mitbringen werde.

30 Ich bitte euch dringend, liebe
Geschwister: Helft mir zu kämpfen,
und betet für mich zu Gott. Denn
durch unseren Herrn Jesus Christus
und durch die Liebe, die der Geist
wirkt, sind wir doch miteinander
verbunden. 31 Betet, dass ich vor
den Gefahren geschützt bin, die
mir von den Ungläubigen in Judäa
drohen, und dass meine Hilfe für
Jerusalem von den Gläubigen dort
gut aufgenommen wird! 32 Dann
kann ich, wenn es Gottes Wille ist,
mit Freude zu euch kommen und
mich bei euch etwas erholen. 33 Der
Gott des Friedens sei mit euch allen!
Amen.

15,21 Jesaja 52,15

15,26 *Mazedonien.* Römische Provinz auf der Balkanhalbinsel. Sie umfasste den nördlichen Teil des heutigen Griechenland.

Achaja. Römische Provinz, die den südlichen Teil Griechenlands umfasste.

16,1 *Mitarbeiterin.* Eigentlich: Dienerin, Diakonin.

Kenchreä. Der östliche Hafen von Korinth am Sarinischen Golf, etwa 7 km von der Stadt entfernt.

Empfehlungen und viele Grüße

16 1 Ich empfehle euch aus-
drücklich unsere Schwester
Phöbe, Mitarbeiterin* in der Gemein-
de in Kenchreä*. 2 Nehmt sie im
Namen des Herrn auf, wie es Heilige
tun sollen, und steht ihr in jeder Sache
bei, in der sie euch braucht. Auch sie
ist vielen – nicht zuletzt mir selbst –
eine große Stütze gewesen.

3 Grüßt Priska und ihren Mann
Aquila, meine Mitarbeiter im Dienst
für Jesus Christus. 4 Für mein Leben
haben sie ihren Kopf hingehalten.
Nicht nur ich habe ihnen dafür zu
danken, sondern auch alle nichtjüdi-
schen Gemeinden. 5 Grüßt auch die
Gemeinde, die in ihrem Haus zusam-
menkommt. Grüßt meinen lieben
Epänetus. Er war der erste in der Pro-
vinz Asia*, der zum Glauben an Chris-
tus kam. 6 Grüßt Maria, die so viel für
euch gearbeitet hat. 7 Grüßt Androni-
kus und Junias, meine Landsleute, die
schon vor mir an Christus geglaubt
haben. Sie waren auch mit mir im Ge-
fängnis und sind unter den Aposteln
sehr angesehen.

8 Grüßt meinen lieben Ampliatus,
mit dem ich durch den Herrn verbun-
den bin. 9 Grüßt Urbanus, unseren
Mitarbeiter im Dienst für Christus,
und meinen lieben Stachys. 10 Grüßt
Apelles, der sich im Glauben an
Christus bewährt hat. Grüßt die im
Haus des Aristobul. 11 Grüßt meinen
Landsmann Herodion. Grüßt die, die
zum Haus des Narzissus gehören und
an den Herrn glauben. 12 Grüßt Try-
phäna und Tryphosa, die sich für den
Herrn mühen, und die liebe Persis, die
so unermüdlich für den Herrn gear-
beitet hat. 13 Grüßt Rufus, den der
Herr erwählt hat, und seine Mutter,
die auch mir eine Mutter gewesen
ist. 14 Grüßt Asynkritus, Phlegon,
Hermes, Patrobas, Hermas und die
anderen Geschwister bei ihnen.
15 Grüßt Philologus und Julia, Nereus
und seine Schwester, auch Olympas
und alle Gläubigen bei ihnen.

16 Grüßt einander mit einem heili-
gen Kuss!* Alle Gemeinden, die zu
Christus gehören, grüßen euch.

17 Ich bitte euch, Brüder, nehmt
euch vor denen in acht, die von der
Lehre abweichen, wie ihr sie gelernt
habt! Sie rufen nur Spaltungen hervor
und bringen den Glauben der Ge-
schwister in Gefahr. Geht ihnen aus
dem Weg! 18 Solche Menschen dienen
nicht Christus, unserem Herrn, son-
dern dem eigenen Bauch*. Mit ein-
drucksvollen Reden und schmeich-
lerischen Worten führen sie arglose
Menschen in die Irre.

19 Über euch aber kann ich mich nur
freuen, denn jeder weiß, dass ihr dem
Wort Gottes gehorsam seid. Doch ich
möchte euch auch weise zum Guten
und unbeeinflusst vom Bösen wissen.
20 Es wird nicht lange dauern, bis der
Gott des Friedens den Satan unter
euren Füßen zermalmt hat. Die Gnade

16,5 *Asia.* Römische Provinz im westlichen Teil Kleinasiens.

16,16 *Kuss.* Der Begrüßungskuss auf Stirn oder Wange war unter Familienangehörigen und Freunden üblich. Unter Gläubigen drückte ein keuscher Kuss die geistliche Verwandtschaft aus.

16,18 *Bauch.* Gemeint sind: Wohlergehen, Interessen, Begierden.

unseres Herrn Jesus Christus sei mit
euch!
21 Mein Mitarbeiter Timotheus lässt
euch grüßen und ebenso meine
Landsleute Luzius, Jason und Sosi-
pater.
22 Auch ich, Tertius, dem Paulus
diesen Brief diktiert hat, grüße euch,
verbunden durch den Herrn.
23 Mein Gastgeber Gajus, in dessen
Haus die ganze Gemeinde zusammen-
kommt, lässt euch ebenfalls grüßen.
Auch der Stadtkämmerer Erastus
und der Bruder Quartus lassen euch
grüßen. (24)*
25 Dem Gott, der die Macht hat,
euch durch das Evangelium, das mir
anvertraut ist, und durch die Predigt
von Jesus Christus im Glauben zu
festigen; dem Gott, der uns das Ge-
heimnis offenbart hat, das seit un-
denklichen Zeiten verborgen war;
26 dem ewigen Gott, der befohlen hat,
diese Botschaft jetzt durch propheti-
sche Schriften allen Völkern bekannt
zu machen, damit sie ihr glauben und
gehorchen; 27 dem allein weisen Gott,
den wir durch Jesus Christus preisen,
gebührt alle Ehre in alle Ewigkeit!
Amen.

16,24 Spätere Handschriften fügen hier oder nach V. 27 ein: Die Gnade unseres Herrn Jesus Christus sei mit euch allen! Amen.

Erster Brief des Paulus an die Christen in Korinth

Der erste Besuch des Paulus in Korinth dauerte anderthalb Jahre. In dieser Zeit war die Gemeinde dort entstanden. Anschließend reiste er nach Jerusalem und kehrte dann nach Antiochia zurück, in die Gemeinde, die ihn zum Missionsdienst ausgesandt hatte. Noch im gleichen Jahr brach er zu seiner dritten Missionsreise auf. Gegen Ende des Jahres traf er in Ephesus ein. Er ging dort regelmäßig in die Synagoge und versuchte, die Juden davon zu überzeugen, dass Jesus ihr Messias war. Als es dann zu Spannungen kam, brach er den Kontakt zur Synagoge ab und versammelte die Gemeinde im Lehrsaal eines gewissen Tyrannus. Das tat er zwei Jahre lang.

In dieser Zeit, es wird im Jahr 54 n.Chr. gewesen sein, schrieb Paulus einen ersten Brief nach Korinth, den er in Kapitel 5,9 erwähnt. Im Winter kamen dann Besucher aus Korinth zu ihm, die Nachrichten aus der Gemeinde übermittelten und auch einen Brief mitbrachten. Daraufhin schrieb Paulus einen zweiten Brief an die Gemeinde und ließ ihn von Timotheus überbringen. Dieser Brief aus dem Jahr 55 n.Chr. ist uns als 1. Korintherbrief überliefert.

Ich danke Gott für euch!

1 1 Es schreiben Paulus, der nach
dem Willen Gottes zum Apostel
von Jesus Christus berufen wurde, und
Sosthenes*, der Bruder. 2 An die Ge-
meinde Gottes in Korinth*, an die, die
Jesus Christus geheiligt hat, die berufe-
nen Heiligen*, und an alle, die irgend-
wo den Namen von Jesus Christus
anrufen, den Namen ihres und unseres
Herrn: 3 Gnade und Friede seien mit
euch von Gott, unserem Vater, und von
Jesus Christus, dem Herrn.
4 Immer wieder danke ich Gott für
euch und für die Gnade, die Gott
euch durch Jesus Christus geschenkt
hat. 5 Denn durch ihn seid ihr in
jeder Beziehung und jeder Art von
geistgewirktem Wort und geistlicher
Erkenntnis reich gemacht worden.
6 Die Botschaft von Christus hat
festen Boden unter euch gewonnen.
7 Deshalb fehlt euch keine der
Gaben, die Gottes Geist schenkt.
Und so wartet ihr zuversichtlich auf
das Erscheinen unseres Herrn Jesus
Christus. 8 Er wird euch bis ans Ende
Festigkeit verleihen, so dass ihr am
Tag unseres Herrn Jesus Christus frei
von jedem Tadel dasteht. 9 Ja, Gott,

1,1 *Sosthenes.* Es ist möglich, dass es sich bei ihm um den ehemaligen Synagogenvorsteher von Korinth handelt (Apostelgeschichte 18,17).

1,2 *Korinth* war eine wichtige Stadt in Griechenland, die auf der Landenge zum Peloponnes den Handel von Nord nach Süd beherrschte und durch zwei Häfen auch den Seehandel von Ost nach West. Sie war die Hauptstadt der römischen Provinz Achaja.

Heilige. Gemeint sind die Christen, alle, die zu dem heiligen Gott gehören dürfen.

der euch dazu berufen hat, mit seinem Sohn verbunden zu sein, mit unserem Herrn Jesus Christus, ist wirklich treu!

Duldet keine Spaltungen unter euch!

10 Liebe Geschwister, im Namen unseres Herrn Jesus Christus bitte ich euch dringend: Sprecht alle mit einer Stimme und lasst keine Spaltungen unter euch sein! Haltet in derselben Gesinnung und Überzeugung zusammen! 11 Durch Leute aus dem Haushalt von Cloë habe ich nämlich erfahren, dass es Zank und Streit unter euch gibt. 12 Ich meine damit: Jeder von euch sagt etwas anderes – der eine: »Ich gehöre zu Paulus«, der andere: »Ich zu Apollos*«, »Ich zu Kephas*«, »Ich zu Christus.« 13 Ist Christus denn zerteilt? Wurde Paulus etwa für euch gekreuzigt oder seid ihr vielleicht auf den Namen von Paulus getauft worden?

14 Ich bin Gott dankbar, dass ich außer Krispus und Gaius niemand von euch getauft habe, 15 damit keiner auf die Idee kommen kann, er sei auf meinen Namen getauft worden. 16 Da fällt mir ein, dass ich auch den Stephanas und seine Hausgemeinschaft getauft habe. Ob ich sonst noch jemand getauft habe, weiß ich nicht mehr. 17 Christus hat mich ja nicht zum Taufen ausgesandt, sondern zur Verkündigung des Evangeliums.

Habt ihr die Botschaft vom Kreuz richtig verstanden?

Diese Botschaft darf ich aber nicht mit kunstfertigen Worten menschlicher Weisheit weitergeben, denn sonst verliert das Kreuz des Christus seinen Inhalt. 18 Die Botschaft vom Kreuz ist nämlich für die, die ins Verderben gehen, eine Dummheit, aber für uns, die gerettet werden, ist sie Gottes Kraft. 19 Denn Gott hat gesagt: »Ich werde die Weisheit der Weisen zunichtemachen und die Klugheit der Klugen verwerfen.«* 20 Wo bleiben da die Weisen? Wo die Schriftgelehrten? Wo die Wortführer unserer Welt? Hat Gott nicht gerade das als Dummheit entlarvt, was diese Welt für Weisheit hält? 21 Denn obwohl die Welt von Gottes Weisheit umgeben ist, hat sie mit ihrer Weisheit Gott nicht erkannt. Und darum hat Gott beschlossen, alle zu retten, die seiner scheinbar so törichten Botschaft glauben. 22 Die Juden wollen Wunder sehen, die Nichtjuden suchen Weisheit, 23 aber wir verkünden, dass gerade der Gekreuzigte der von Gott versprochene Retter ist. Für die Juden ist das ein Skandal, für die anderen Völker eine Dummheit, 24 aber für die, die Gott berufen hat – Juden oder Nichtjuden – ist der gekreuzigte Christus Gottes Kraft und Gottes Weisheit. 25 Denn was an Gott töricht erscheint, ist weiser als die Menschen, und was an Gott schwach erscheint, ist stärker als die Menschen.

26 Denkt einmal an das, was ihr vor eurer Berufung wart, liebe Geschwister! Da gab es nicht viele, die nach

1,12 *Apollos*. An Christus gläubiger Jude aus Alexandria, vgl. Apostelgeschichte 18, 24-28.

1,12 *Kephas*. Hebräischer Name von Petrus, vgl. Johannes 1,42.

1,19 Jesaja 29,14

menschlichen Maßstäben weise, ein-
flussreich oder prominent gewesen
wären, 27 sondern Gott hat das ausge-
wählt, was nach dem Maßstab der
Welt einfältig und schwach ist – um
die Weisen und Mächtigen zu beschä-
men. 28 Er erwählte das, was in der
Welt als niedrig und bedeutungslos
gilt; das, was für sie nichts zählt, um
das, was für sie zählt, zunichte zu ma-
chen. 29 Niemand soll sich vor Gott
rühmen können. 30 Euch aber hat
Gott mit Jesus Christus verbunden,
der uns zur Weisheit wurde, die von
Gott kommt, zur Gerechtigkeit, die
vor ihm gilt, zur Heiligkeit und zur Er-
lösung. 31 Es sollte so kommen, wie
geschrieben steht: »Wer sich rühmen
will, der rühme sich des Herrn.«*

2 1 Als ich zu euch kam, liebe Ge-
schwister, um euch das Zeugnis*
von Gott weiterzugeben, tat ich das
nicht mit überragender Redekunst
oder tiefer Gelehrsamkeit. 2 Denn ich
hatte mich entschlossen, unter euch
nichts anderes zu kennen außer Jesus
Christus und ihn als den Gekreuzig-
ten. 3 Als schwacher Mensch trat ich
vor euch auf und zitterte innerlich vor
Angst. 4 Mein Wort und meine Pre-
digt beruhten nicht auf der Überre-
dungskunst menschlicher Weisheit,
sondern auf der Beweisführung des
Geistes und der Kraft Gottes. 5 Euer
Glaube sollte sich nicht auf menschli-
che Weisheit gründen, sondern auf
die Kraft Gottes.

Das Geheimnis der verborgenen Weisheit Gottes

6 Und doch verkündigen auch wir
Weisheit – für die, die dafür reif sind.
Das ist jedoch nicht die Weisheit der
heutigen Welt, auch nicht die der
Machthaber dieser Welt, die ja irgend-
wann entmachtet werden, 7 sondern
wir predigen das Geheimnis der ver-
borgenen Weisheit Gottes. Dass diese
Weisheit für uns sichtbar wurde, hat
Gott schon vor aller Zeit bestimmt,
damit wir an seiner Herrlichkeit An-
teil bekommen. 8 Keiner von den
Machthabern dieser Welt hat sie er-
kannt – denn wenn sie diese Weisheit
erkannt hätten, dann hätten sie den
Herrn der Herrlichkeit nicht gekreu-
zigt. 9 Nein, wir verkündigen, wie in
der Schrift steht: »Was kein Auge je
gesehen und kein Ohr jemals gehört,
was keinem Menschen je in den Sinn
kam, das hält Gott für die bereit, die
ihn lieben.«* 10 Denn durch seinen
Geist hat Gott uns dieses Geheimnis
offenbart. Der Geist ergründet näm-
lich alles, auch das, was in den Tiefen
Gottes verborgen ist. 11 Wer von den
Menschen weiß denn, was im Innern
eines anderen vorgeht – doch nur der
Geist, der in dem betreffenden Men-
schen wohnt. Ebenso weiß auch nur
der Geist Gottes, was in Gott vorgeht.
12 Wir haben aber nicht den Geist die-
ser Welt empfangen, sondern den
Geist, der von Gott kommt. So können
wir erkennen, was Gott uns geschenkt
hat. 13 Und davon reden wir auch,
doch nicht in Worten, wie sie mensch-
liche Weisheit lehrt, sondern in
Worten, wie sie der Geist lehrt. Was
der Geist gewirkt hat, erklären wir
Menschen, die den Geist empfangen

1,31 Jeremia 9,23

2,1 Nach anderen Handschriften: »Geheimnis«.

2,9 Jesaja 64,3

haben. 14 Ein natürlicher Mensch
kann nicht erfassen, was vom Geist
Gottes kommt. Er hält es für Unsinn
und kann nichts damit anfangen, weil
es eben durch den Geist beurteilt wer-
den muss. 15 Doch ein Mensch, der
den Geist Gottes empfangen hat, kann
das alles richtig beurteilen. Er selbst
kann allerdings nicht wirklich von
einem anderen beurteilt werden, der
den Geist nicht hat. 16 Es heißt ja:
»Wer kennt die Einsicht des Herrn?
Wer will ihn denn belehren?«* Wir
aber haben die Einsicht von Christus
empfangen.

Einer ist so notwendig wie der andere

3 1 Zu euch konnte ich bisher aber
nicht wie zu Geisterfüllten spre-
chen, sondern ich musste euch wie
Menschen behandeln, die von ihrer ei-
genen Natur bestimmt und im Glau-
ben an Christus noch Kinder sind.
2 Ich musste euch Milch zu trinken
geben, nicht feste Nahrung, weil ihr
die noch nicht vertragen konntet. Lei-
der könnt ihr das auch jetzt noch
nicht, 3 denn ihr seid immer noch von
eurer eigenen Natur bestimmt. Solan-
ge Eifersucht und Streit unter euch
herrschen, beweist ihr ja nur, dass ihr
eigenwillig seid und euch wie die an-
deren Menschen benehmt.

4 Denn wenn einer sagt: »Ich halte
mich an Paulus!«, ein anderer: »Ich
stehe zu Apollos!« – seid ihr da nicht
genauso wie die anderen? 5 Was ist
denn schon Apollos? Und was ist Pau-
lus? Sie sind doch nichts als Diener,
durch die ihr zum Glauben gekom-
men seid. Jeder von uns hat nur das
getan, was ihm der Herr aufgetragen
hat. 6 Ich habe gepflanzt, Apollos hat
gegossen; aber Gott hat es wachsen
lassen. 7 So ist weder der, der pflanzt,
von Bedeutung, noch der, der es
begießt, sondern Gott, der das
Wachstum gibt. 8 Der, der pflanzt,
und der, der es begießt, arbeiten zwar
beide an demselben Werk, aber jeder
wird seinen besonderen Lohn erhal-
ten, wie es seinem persönlichen Ein-
satz entspricht.

Ihr seid doch Gottes Bauwerk!

9 Wir sind also Gottes Mitarbeiter –
ihr seid Gottes Ackerfeld und Gottes
Bau. 10 Nach der mir verliehenen
Gnade Gottes habe ich als weiser Bau-
meister das Fundament gelegt. Ein
anderer baut auf dieser Grundlage
weiter. Aber jeder soll darauf achten,
wie er weiterbaut. 11 Das Fundament
ist schon gelegt, es ist Jesus Christus.
Niemand kann ein anderes legen.
12 Ob aber jemand auf dieses Funda-
ment Gold, Silber oder wertvolle Stei-
ne verbaut oder nur Holz, Heu und
Stroh, 13 das wird der Tag des Ge-
richts durch Feuer offenbar machen.
Das Werk jedes Einzelnen wird im
Feuer auf seine Qualität geprüft.
14 Hält das, was er auf das Fundament
gebaut hat, stand, wird er belohnt.
15 Wenn es verbrennt, wird er den
Schaden zu tragen haben. Er selbst
wird zwar gerettet werden, aber so
wie jemand, den man aus dem Feuer
reißt.

16 Wisst ihr nicht, dass ihr Gottes
Tempel seid und der Geist Gottes
in euch wohnt? 17 Gott wird jeden

2,16 Jesaja 40,13f

verderben, der den Tempel Gottes ver-
dirbt, denn Gottes Tempel ist heilig –
und der seid ihr!
18 Niemand soll sich etwas vorma-
chen. Wenn jemand meint, in der heu-
tigen Welt als weise zu gelten, dann
soll er sich doch für töricht halten las-
sen, damit er wirklich weise wird.
19 Denn was diese Welt für weise hält,
ist nichts als Dummheit vor Gott. So
steht es auch in der Schrift: »Er fängt
die Klugen mit ihrer eigenen Schlau-
heit.«* 20 Und: »Der Herr kennt die
Gedanken der Weisen, er weiß, wie
hohl sie sind.«* 21 Deshalb schwärme
niemand für einen Menschen, denn
euch gehört doch alles: 22 Paulus,
Apollos, Kephas; euch gehört die
ganze Welt, das Leben und der Tod,
die Gegenwart und die Zukunft.
23 Doch ihr gehört Christus und
Christus gehört Gott.

Überlasst das Urteil Gott!

4 1 Uns soll man als Diener be-
trachten: als Diener von Christus
und Verwalter von Gottes Geheimnis-
sen. 2 Von Verwaltern verlangt man
außerdem, dass sie zuverlässig sind.
3 Doch was mich betrifft, so ist mir
völlig gleichgültig, ob ich von euch
oder irgendeinem menschlichen Ge-
richt beurteilt werde. Ja, ich maße mir
nicht einmal selbst ein Urteil über
mich an. 4 Ich bin mir zwar keiner
Schuld bewusst, aber dadurch bin ich
noch nicht gerechtfertigt, denn der
Herr ist mein Richter. 5 Verurteilt also
nichts vor der von Gott bestimmten
Zeit, wartet bis der Herr kommt! Er
wird das im Finstern Verborgene ans
Licht bringen und die geheimen Mo-
tive der Menschen offenbaren. Dann
wird jeder das Lob von Gott erhalten,
das er verdient.

Ihr könnt von uns lernen!

6 Das habe ich auf mich bezogen,
Brüder, und auf Apollos. An unserem
Beispiel solltet ihr lernen, nicht über
das hinauszugehen, was in der Schrift
steht. Dann werdet ihr euch nicht für
den einen auf Kosten des anderen
wichtig machen. 7 Wer sollte dir denn
den Vorzug geben? Hast du etwas,
was du nicht von Gott bekommen
hast? Und wenn du es bekommen
hast, was gibst du damit an, als hättest
du es selbst gehabt?
8 Ihr seid ja so satt! Ihr seid schon
so reich! Ihr habt die Herrschaft an-
getreten – ohne uns. Ach hättet ihr
es wirklich schon getan, dann könn-
ten wir ja mit euch herrschen.
9 Denn mir scheint, Gott hat uns,
die Apostel, auf den letzten Platz
gestellt. Wie zum Tod verurteilte
Verbrecher stehen wir in der Arena.
Für die ganze Welt sind wir ein
Schauspiel geworden, für Engel
und Menschen. 10 Wir stehen als
Narren da, weil wir mit Christus
verbunden sind, aber ihr seid durch
Christus klug, wir sind schwach, ihr
natürlich stark; ihr seid berühmt,
wir verachtet. 11 Bis zu diesem Au-
genblick leiden wir Hunger und
Durst und haben nicht genügend
anzuziehen, wir werden misshan-
delt und haben nirgendwo ein Zu-
hause. 12 Wir plagen uns ab, um mit
den eigenen Händen das tägliche

3,19 Hiob 5,13
3,20 Psalm 94,11

Brot zu verdienen. Wenn wir beschimpft werden, segnen wir die Leute, wenn man uns verfolgt, halten wir still aus. 13 Beleidigt man uns, antworten wir freundlich. Bis jetzt sind wir für die ganze Welt wie der letzte Dreck geworden, ein Abschaum für alle.

14 Ich schreibe das nicht, um euch zu beschämen, sondern um euch auf den rechten Weg zu bringen. Ihr seid doch meine geliebten Kinder! 15 Und selbst wenn ihr Tausende von strengen Aufsehern durch Christus hättet, so doch nicht viele Väter. Denn durch Jesus Christus und durch das Evangelium bin ich euch zum Vater geworden. 16 So bitte ich euch: Nehmt mich zum Vorbild!

Wir werden euch helfen!

17 Aus diesem Grund habe ich auch Timotheus* zu euch geschickt. Durch den Herrn ist er ein geliebtes und treues Kind für mich geworden. Er wird euch an meine Weisungen für das Leben mit Christus erinnern. Sie entsprechen genau dem, was ich überall in jeder Gemeinde lehre.

18 Einige von euch machen sich wichtig und behaupten, ich würde es nicht wagen, zu euch zu kommen. 19 Doch, wenn der Herr will, werde ich sehr bald bei euch eintreffen. Und dann werde ich nicht nur sehen, was an den Worten dieser Wichtigtuer dran ist, sondern auch, ob Kraft dahinter steckt. 20 Denn die Herrschaft Gottes ist keine Sache des Redens, sondern der Kraft. 21 Was ist euch lieber? Soll ich mit dem Stock zu euch kommen oder mit Liebe und Nachsicht?

Ein krasser Fall von Unsittlichkeit

5 1 Man hört überhaupt schlimme Dinge von euch. Ihr duldet eine derartige sexuelle Unmoral in der Gemeinde, wie sie nicht einmal unter gottlosen Völkern vorkommt, dass nämlich einer mit seiner Stiefmutter zusammenlebt. 2 Und dann seid ihr noch eingebildet! Ihr solltet vielmehr traurig sein und den, der so etwas getan hat, aus eurer Gemeinschaft ausstoßen. 3 Ich bin zwar nicht persönlich bei euch, doch im Geist bin ich anwesend und habe schon das Urteil über den gefällt, der so etwas Schlimmes getan hat. 4 Wenn ihr im Namen unseres Herrn Jesus Christus zusammenkommt und ich im Geist bei euch bin und der Herr Jesus mit seiner Kraft gegenwärtig ist, 5 dann soll dieser Mensch im Namen unseres Herrn Jesus dem Satan ausgeliefert werden, damit sein Körper zugrunde gerichtet, sein Geist aber am Gerichtstag des Herrn gerettet wird.

6 Euer Selbstruhm ist wirklich unangebracht! Wisst ihr denn nicht, dass ein wenig Sauerteig den ganzen Teig durchsäuert? 7 Reinigt euch also vom alten Sauerteig, fegt jeden Krümel davon aus*, damit ihr wieder ein frischer, ungesäuerter Teig seid,

---

4,17 *Timotheus*. Ausgezeichneter Mitarbeiter des Paulus aus Lystra, vgl. Apostelgeschichte 16,1-3; Adressat der Timotheusbriefe.

5,7 *Sauerteig ausfegen*. Vor dem Passafest reinigten die Juden ihre Wohnung so gründlich, dass kein Krümel eines mit Sauerteig gebackenen Brotes mehr zu finden war.

denn auch unser Passalamm* ist geschlachtet worden: Christus. 8 Darum lasst uns das Fest feiern – nicht mit Brot aus dem alten Sauerteig der Schlechtigkeit und Bosheit, sondern mit dem ungesäuerten Brot von Reinheit und Wahrheit.

9 In meinem vorigen Brief habe ich euch geschrieben, dass ihr keinen Umgang mit Menschen haben sollt, die in sexueller Unmoral leben. 10 Damit habe ich nicht die unmoralischen Menschen dieser Welt gemeint, die Habgierigen, die Räuber oder die Götzenanbeter. Sonst müsstet ihr diese Welt ja verlassen. 11 Nein, ich meinte in dem Brief, dass ihr keinen Umgang mit jemand haben sollt, der sich Bruder nennen lässt und trotzdem in sexueller Unmoral lebt oder ein habgieriger Mensch ist oder ein Götzenanbeter, ein Verleumder, ein Trinker oder ein Räuber. Mit solch einem Menschen sollt ihr nicht einmal zusammen essen.

12 Weshalb sollte ich denn über Außenstehende zu Gericht sitzen? Ihr richtet ja nicht einmal die, die zur Gemeinde gehören. 13 Über die draußen wird Gott Gericht halten. Schafft also den Bösen aus eurer Mitte weg!

Weshalb streitet ihr euch vor Gericht?

6 1 Wenn jemand von euch mit einem Gläubigen Streit hat, wie bringt er es dann fertig, vor das Gericht der Ungläubigen zu gehen, anstatt sich von den Heiligen* Recht sprechen zu lassen? 2 Wisst ihr denn nicht, dass die Heiligen die Welt richten werden? Und wenn durch euch sogar die Welt gerichtet wird, seid ihr dann nicht zuständig für solche Kleinigkeiten? 3 Wisst ihr nicht, dass wir sogar über Engel zu Gericht sitzen werden? Wie viel mehr dann über die Dinge des täglichen Lebens? 4 Wie könnt ihr nur bei diesen alltäglichen Dingen solche Menschen über euch Recht sprechen lassen, die in der Gemeinde nichts gelten? 5 Ihr solltet euch schämen! Gibt es denn keinen unter euch, der weise genug ist, um ein unparteiisches Urteil zwischen Brüdern fällen zu können? 6 Stattdessen zieht ein Bruder den anderen vor Gericht – und das vor Ungläubigen! 7 Es ist schon schlimm genug, dass ihr überhaupt Rechtshändel miteinander austragt. Warum lasst ihr euch nicht lieber Unrecht tun? Warum lasst ihr euch nicht lieber benachteiligen? 8 Stattdessen tut ihr selbst Unrecht und benachteiligt andere – und das unter Brüdern!

9 Wisst ihr denn nicht, dass ungerechte Menschen keinen Platz im Reich Gottes haben werden? Täuscht euch nicht: Menschen, die in sexueller Unmoral leben, Götzen anbeten oder die Ehe brechen, Lustknaben und Knabenschänder*, 10 Diebe oder Habsüchtige, Trinker, Lästerer oder Räuber werden keinen Platz im Reich

---

5,7 *Passalamm.* Beim Passafest, das die Juden in Erinnerung an die göttliche Verschonung Israels beim Auszug aus Ägypten feierten, wurde ein Lamm geschlachtet.

6,1 *Heilige.* Gemeint sind die Christen, alle, die zu dem heiligen Gott gehören dürfen.

6,9 *Knabenschänder.* Gemeint sind homosexuelle Männer - die, die sich missbrauchen lassen, und die, die es aktiv tun.

Gottes haben. 11 Und das sind man-
che von euch gewesen. Aber durch
den Namen des Herrn Jesus Christus
und durch den Geist unseres Gottes
seid ihr reingewaschen, seid ihr
geheiligt, seid ihr gerecht gesprochen
worden.

Haltet euch von sexuellen Sünden fern!

12 Alles steht mir frei, aber nicht alles
ist förderlich. Alles ist mir erlaubt,
aber ich darf mich von nichts beherr-
schen lassen. 13 Das Essen ist für den
Magen bestimmt und der Magen für
das Essen. Gott wird beides einmal
beseitigen. Aber unser Körper ist
nicht für sexuelle Unmoral bestimmt,
sondern für den Herrn und der ist
der Herr über den Körper. 14 Gott hat
den Herrn auferweckt und wird in sei-
ner Macht auch uns auferwecken.
15 Wisst ihr nicht, dass eure Körper
wie Glieder zum Leib von Christus ge-
hören? Wollt ihr nun die Glieder von
Christus nehmen und sie mit denen
einer Hure vereinigen? Auf keinen
Fall! 16 Wer sich mit einer Hure ein-
lässt, wird praktisch ein Leib mit ihr –
wisst ihr das nicht? Es heißt doch in
der Schrift: »Die zwei werden *ein*
Fleisch sein.«* 17 Wer sich aber mit
dem Herrn vereint, ist *ein* Geist mit
ihm. 18 Flieht vor den sexuellen Sün-
den! Alle anderen Sünden spielen sich
außerhalb vom Körper des Menschen
ab. Wer aber seine Sexualität freizü-
gig auslebt, sündigt gegen den eige-
nen Körper. 19 Wisst ihr denn nicht,
dass euer Körper ein Tempel des Heili-
gen Geistes ist, der in euch wohnt und
den ihr von Gott bekommen habt? Ist
euch nicht klar, dass ihr euch nicht
selbst gehört? 20 Denn ihr seid für ein
Lösegeld gekauft worden. Macht also
Gott mit eurem Körper Ehre.

Über Ehe und Ehelosigkeit

7 1 Nun zu dem, was ihr mir ge-
schrieben habt. Ihr sagt: ›Es ist
gut für einen Mann, überhaupt keine
sexuelle Beziehung zu einer Frau zu
haben.‹ 2 Meine Antwort ist: Um se-
xuelle Unmoral zu vermeiden, sollte
jeder Mann seine Ehefrau haben und
jede Frau ihren Ehemann. 3 Der
Mann soll der Frau die eheliche Pflicht
erfüllen, aber auch die Frau dem
Mann. 4 Die Frau verfügt nicht über
ihren Körper, sondern der Mann,
ebenso aber verfügt auch der Mann
nicht über seinen Körper, sondern die
Frau. 5 Verweigert euch einander
nicht – höchstens für eine begrenzte
Zeit und im gegenseitigen Einver-
ständnis, wenn ihr für das Gebet frei
sein wollt. Aber danach sollt ihr wie-
der zusammenkommen, damit euch
der Satan nicht verführt, weil ihr euch
ja doch nicht enthalten könnt. 6 Ich
sage das als Zugeständnis, nicht als
Gebot. 7 Ich wünschte zwar, alle Men-
schen wären so wie ich, doch dem
einen hat Gott diese besondere Gabe
geschenkt, dem anderen jene.

8 Zu den Unverheirateten und Wit-
wen sage ich: Es ist gut, wenn sie ehe-
los bleiben wie ich. 9 Wenn sie aber
nicht enthaltsam leben können, dann
sollen sie heiraten. Das ist besser, als
vor Begierde zu brennen.

6,16 1. Mose 2,24

Ehe und Scheidung

10 Für die Verheirateten aber gilt ein
Gebot – es stammt nicht von mir, son-
dern vom Herrn: Eine Frau soll sich
nicht von ihrem Mann scheiden las-
sen. 11 Hat sie sich aber doch von ihm
getrennt, dann soll sie unverheiratet
bleiben oder sich wieder mit ihm ver-
söhnen. Auch ein Mann darf seine
Frau nicht verstoßen.

12 Den anderen aber sage ich – hier
habe ich kein Wort des Herrn: Wenn
ein Bruder eine ungläubige Frau hat,
die weiter bei ihm bleiben will, so soll
er sich nicht von ihr trennen. 13 Das-
selbe gilt für eine gläubige Frau, die
einen ungläubigen Mann hat: Wenn er
weiter bei ihr bleiben will, soll sie sich
nicht von ihm trennen. 14 Denn der un-
gläubige Ehemann ist durch die Frau
in die Nähe Gottes gebracht* und die
ungläubige Frau ist durch den Bruder
in die Nähe Gottes gebracht. Sonst
müsstet ihr ja auch eure Kinder als fern
von Gott betrachten. Nun aber sind
auch sie in die Nähe Gottes gebracht.
15 Wenn aber der ungläubige Partner
auf einer Trennung besteht, dann wil-
ligt in die Scheidung ein. Der Bruder
oder die Schwester ist in diesem Fall
nicht wie ein Sklave an die Ehe gebun-
den. Gott hat uns doch zu einem Leben
in Frieden berufen! 16 Wie willst du
denn wissen, Frau, ob du deinen Mann
zu Christus führen und retten kannst?
Oder weißt du, Mann, etwa, dass dir
das bei deiner Frau gelingt?

17 Grundsätzlich soll jeder so leben,
wie der Herr es ihm zugemessen hat,
das heißt, er soll da bleiben, wo Gottes
Ruf ihn traf. So ordne ich es in allen
Gemeinden an. 18 Wenn einer be-
schnitten war, als er berufen wurde,
soll er nicht versuchen, seine Be-
schneidung* rückgängig zu machen.
Wenn er nicht beschnitten war, soll er
sich auch nicht beschneiden lassen.
19 Die Beschneidung hat keinen Wert
an sich und das Unbeschnittensein
auch nicht. Was zählt, ist das Halten
der Gebote Gottes. 20 Jeder soll in dem
Stand bleiben, in dem er berufen
wurde. 21 Wenn du Sklave warst, als
Gott dich berief, mach dir nichts dar-
aus. Wenn du aber tatsächlich frei
werden kannst, nutze die Gelegenheit
umso lieber. 22 Denn wer als Sklave in
die Gemeinschaft des Herrn gerufen
wurde, ist vor dem Herrn ein freier
Mensch. Und wer frei war, als Gott
ihn rief, ist jetzt ein Sklave von Chris-
tus. 23 Gott hat einen hohen Preis für
euch bezahlt. Macht euch also nicht
zu Sklaven von Menschen! 24 Liebe
Geschwister, jeder soll in Verantwor-
tung vor Gott in dem Stand leben, in
dem er berufen wurde.

Die Vorteile der Ehelosigkeit

25 Nun zu den Unverheirateten*: Ich
habe hier kein Gebot des Herrn, aber
ich gebe euch einen Rat als einer, den

7,14 *in die Nähe Gottes gebracht*. Wörtlich: *geheiligt*. Das kann nicht in dem strengen Sinn gemeint sein, in dem die Christen als Heilige (für Gott Ausgesonderte) bezeichnet werden, denn die Voraussetzung dazu ist Glaube und Bekehrung.

7,18 *Beschneidung*. Siehe 1. Mose 17,9-14!

7,25 *Unverheirateten*. Im Grundtext steht hier und in den Versen 28, 34 und 36-38 *Jungfrau*, was immer eine ledige unberührte Frau meint. In den Versen 36-38 könnte die Verlobte oder auch ein Mädchen gemeint sein, das dem Betreffenden anvertraut ist und für dessen Verheiratung er sorgt.

der Herr durch sein Erbarmen vertrau-
enswürdig gemacht hat. 26 Wenn ich
an die gegenwärtige Not denke, meine
ich, es ist besser, unverheiratet zu blei-
ben. 27 Bist du aber schon mit einer
Frau verbunden, dann versuche nicht,
dich von ihr zu lösen. Bist du allerdings
noch frei, dann suche keine Frau.
28 Wenn du aber doch heiratest, sün-
digst du nicht, und auch ein junges
Mädchen sündigt nicht, wenn es heira-
tet. Freilich werden solche dann in
ihrem irdischen Leben manchen Be-
drängnissen ausgesetzt sein, und das
würde ich euch gern ersparen. 29 Denn
ich sage euch, Brüder, die Zeit ist kurz
bemessen: In Zukunft sollten die, die
Frauen haben, so sein, als hätten sie
keine. 30 Wer weint, soll sich nicht von
Trauer überwältigen lassen, und wer
fröhlich ist, nicht von Freude. Wer ein-
kauft, rechne damit, es nicht zu behal-
ten; 31 und wer sich die Welt zunutze
macht, soll sich nicht von ihr beschlag-
nahmen lassen. Denn die Welt in ihrer
jetzigen Gestalt wird vergehen.

32 Ich möchte, dass ihr euch keine
unnötigen Sorgen machen müsst. Der
Unverheiratete sorgt sich um die An-
gelegenheiten des Herrn – wie er dem
Herrn gefallen kann; 33 der Verheira-
tete sorgt sich um die Angelegenhei-
ten der Welt – wie er der Frau gefallen
kann – 34 und so zieht es ihn nach bei-
den Seiten. Ebenso ist es mit der al-
leinstehenden oder einer noch ledigen
Frau: Sie sorgen sich um die Ange-
legenheiten des Herrn – dass sie mit
Körper und Geist für ihn da sind. Die
verheiratete Frau aber sorgt sich um
die Angelegenheiten der Welt – wie
sie ihrem Mann gefallen kann. 35 Ich
sage das zu eurem Besten und nicht,
um euch eine Schlinge um den Hals zu
legen. Ihr sollt vielmehr mit allem An-
stand leben und ohne Ablenkung treu
für den Herrn da sein können.

36 Wenn jemand denkt, er handelt
unrecht an seiner Verlobten*, wenn
sie über die Jahre der Reife hinaus-
kommt und meint, er müsste sie heira-
ten, dann soll er tun, was er will; er
sündigt nicht. 37 Wer aber in seinem
Herzen fest bleibt, weil er sich in der
Gewalt hat, und nicht von seinem
Verlangen bedrängt wird, wer also in
seinem Herzen entschlossen ist, seine
Verlobte unberührt zu lassen, der
handelt richtig. 38 Also: Wer seine
Verlobte heiratet, handelt gut; doch
wer ledig bleibt, handelt besser.

39 Eine Frau ist gebunden, so lange
ihr Mann lebt. Wenn er stirbt, ist sie
frei zu heiraten, wen sie will. Es muss
nur in Verbindung mit dem Herrn ge-
schehen. 40 Doch ist sie glücklicher zu
preisen, wenn sie bleibt, wie sie ist.
Das ist jedenfalls meine Meinung,
aber ich denke, dass ich ja auch den
Geist Gottes habe.

Freiheit und Gewissen am Beispiel des Götzenopferfleisches

8 1 Ich komme zu der Frage, ob
man Fleisch von Tieren essen
darf, die Götzen geopfert wurden. Ge-
wiss, wir alle haben Erkenntnis. Aber
Erkenntnis macht überheblich, nur
die Liebe baut auf. 2 Wenn jemand
meint, etwas Besonderes erkannt zu
haben, dann hat er noch nicht einmal
erkannt, wie man erkennen soll.
3 Wenn aber jemand Gott liebt, dann

7.36 Verlobte. Siehe Anmerkung zu V. 25.

ist er von *ihm* erkannt worden. 4 Was
nun das Essen von Götzenopferfleisch
betrifft, wissen wir doch, dass es gar
keine Götzen in der Welt gibt und
keinen Gott, außer dem einen. 5 Selbst
wenn es Größen im Himmel und auf
der Erde gibt, die Götter genannt wer-
den – und solche Götter und Herren
gibt es viele –, 6 so haben wir doch nur
einen Gott, den Vater, von dem alles
kommt und zu dem wir gehen. Und wir
haben nur *einen* Herrn, Jesus Christus,
durch den alles entstand und durch
den wir leben.

7 Aber nicht alle wissen das. Man-
che essen das Fleisch immer noch als
Götzenopferfleisch, weil sie bisher an
die Götzen gewöhnt waren, und be-
lasten so ihr schwaches Gewissen.
8 Doch ein Nahrungsmittel wird uns
nicht vor Gottes Gericht bringen. Wir
haben keinen Nachteil, wenn wir
nicht davon essen, und keinen Vorteil,
wenn wir davon essen.

9 Ihr müsst aber darauf achten, dass
diese eure Freiheit nicht die Schwa-
chen zu Fall bringt. 10 Wenn nämlich
einer mit einem schwachen Gewissen
dich, der diese Erkenntnis hat, im
Götzentempel beim Mahl sieht, wird
er dann nicht verleitet, auch Götzen-
opferfleisch zu essen, obwohl er dabei
gegen sein Gewissen handelt? 11 So
geht der Schwache an deiner Erkennt-
nis zugrunde, dein Bruder, für den
Christus gestorben ist. 12 Wenn ihr so
gegen eure Geschwister sündigt und
ihr schwaches Gewissen verletzt, sün-
digt ihr gegen Christus. 13 Wenn ein
Nahrungsmittel dazu führt, dass mein
Bruder zu Fall kommt, dann will ich
nie und nimmermehr Fleisch essen.
Ich will für meinen Bruder doch nicht
zur Falle werden.

Der Umgang mit Freiheit und Privilegien

9 1 Bin ich nicht frei? Bin ich nicht
Apostel? Habe ich nicht Jesus,
unseren Herrn, gesehen? Seid ihr
nicht das Ergebnis meiner Arbeit für
den Herrn? 2 Wenn ich auch für ande-
re kein Apostel sein sollte, so doch we-
nigstens für euch. Durch den Herrn
seid ihr das Siegel meines Apostel-
amts. 3 Hier ist meine Antwort an die,
die mich zur Rechenschaft ziehen
wollen: 4 Haben wir etwa kein Recht
zu essen und zu trinken? 5 Haben wir
etwa kein Recht, eine Schwester als
Ehefrau ständig bei uns zu haben, wie
die anderen Apostel, die Brüder des
Herrn und Kephas? 6 Oder müssen
nur ich und Barnabas* selbst für un-
seren Lebensunterhalt aufkommen?
7 Wer ist denn auf eigene Kosten Sol-
dat? Wer pflanzt denn einen Wein-
berg, ohne von seinen Früchten zu
essen? Wer hütet denn eine Herde
und trinkt nicht von ihrer Milch? 8 Ich
sage das nicht nur von einem mensch-
lichen Standpunkt aus; das Gesetz
sagt es genauso. 9 Im Gesetz des Mose
steht nämlich geschrieben: »Du sollst
einem Ochsen, der drischt, nicht das
Maul zubinden.«* Geht es Gott viel-
leicht um die Ochsen 10 oder sagt er
das nicht vielmehr uns? Denn es
wurde für uns geschrieben. Jeder, der
pflügt und das Getreide drischt, darf
doch damit rechnen, seinen Anteil am
Ernteertrag zu bekommen. 11 Wenn

9.6 *Barnabas*. Mitarbeiter des Paulus aus Jerusalem, vgl. Apostelgeschichte 4,36-37.

9,9 5. Mose 25,4

wir geistlichen Samen unter euch ausgestreut haben, ist es dann zu viel erwartet, wenn wir natürliche Gaben von euch ernten? 12 Andere nehmen dieses Recht in Anspruch und lassen sich von euch versorgen. Hätten wir das nicht erst recht tun können? Aber wir haben keinen Gebrauch von unserem Recht gemacht. Wir nehmen lieber alle Mühen und Entbehrungen auf uns, damit wir dem Evangelium von Christus kein Hindernis in den Weg legen.

13 Wisst ihr nicht, dass alle, die im Tempel Dienst tun, von den Einkünften des Tempels essen, und alle, die am Altar Dienst tun, ihren Anteil von den Opfergaben erhalten? 14 So hat auch der Herr angeordnet, dass die, die das Evangelium verkündigen, auch vom Evangelium leben sollen. 15 Doch ich habe von keinem dieser Rechte für mich Gebrauch gemacht. Ich schreibe das auch nicht, weil ich es jetzt in Anspruch nehmen will. Lieber würde ich sterben, als dass man mir diesen Ruhm zunichte macht. 16 Denn wenn ich die gute Botschaft verkünde, kann ich mich deswegen nicht rühmen, denn ich muss sie predigen. Wehe mir, wenn ich es nicht tue! 17 Wäre es mein freier Entschluss gewesen, könnte ich Lohn dafür erwarten. Weil das aber nicht so ist, habe ich eine Aufgabe bekommen. 18 Worin besteht nun mein Lohn? Er besteht darin, dass ich das Evangelium kostenfrei weitergebe und auf das verzichte, was mir dafür zusteht.

19 Denn obwohl ich frei und von niemand abhängig bin, habe ich mich allen zum Diener gemacht, um so viele wie möglich zu gewinnen. 20 Den Juden bin ich wie ein Jude geworden, um Juden zu gewinnen. Unter denen, die sich an das Gesetz des Mose halten, lebe ich nach Moses Gesetz, obwohl ich nicht mehr diesem Gesetz unterstellt bin –, nur um sie zu gewinnen. 21 Bei Menschen, die das Gesetz nicht kennen, lebe ich nicht nach dem Gesetz, um sie für Christus zu gewinnen –, obwohl ich keineswegs gesetzlos vor Gott bin, ich stehe ja unter dem Gesetz von Christus. 22 Den Schwachen bin ich wie ein Schwacher geworden, um die Schwachen zu gewinnen. Ich bin allen alles geworden, um unter allen Umständen wenigstens einige zu retten. 23 Das alles tue ich für das Evangelium, damit ich selbst an seinen Segnungen Anteil bekomme.

24 Ihr wisst doch, dass von allen Läufern bei einem Wettkampf im Stadion nur einer den Siegeskranz bekommt. Darum lauft so, dass ihr ihn bekommt! 25 Jeder Wettkämpfer verzichtet auf viele Dinge –, nur um einen vergänglichen Siegeskranz zu bekommen. Wir aber werden einen unvergänglichen erhalten. 26 Darum laufe ich nicht wie ins Blaue hinein und kämpfe nicht wie ein Faustkämpfer, der Luftschläge macht, 27 sondern ich treffe mit meinen Schlägen den eigenen Körper und mache ihn mit Gewalt gefügig. Ich will nicht anderen predigen und selbst disqualifiziert werden.

Lasst euch nicht wie die Israeliten zum Bösen verleiten!

10 1 Denn das sollte euch klar sein, liebe Geschwister: Unsere Vorfahren waren alle unter dem

Schutz der Wolke und gingen alle
durchs Meer.* 2 Und alle wurden in
der Wolke und dem Meer auf Mose
getauft. 3 Sie alle aßen dieselbe geist-
liche Speise 4 und tranken denselben
geistlichen Trank. Sie tranken ja aus
dem geistlichen Felsen, der mit ihnen
ging. Und dieser Fels war Christus.
5 Trotzdem hatte Gott an den meisten
von ihnen kein Gefallen, denn er ließ
sie in der Wüste sterben.

6 Das soll uns als warnendes Bei-
spiel dienen, damit wir uns nicht vom
Verlangen nach dem Bösen beherr-
schen lassen, wie sie es in ihrer Gier
taten. 7 Betet auch keine Götzen an,
wie es einige von ihnen getan haben,
denn es steht in der Schrift: »Sie setz-
ten sich hin, um zu essen und zu trin-
ken, und danach standen sie auf, um
sich zu vergnügen.«* 8 Lasst uns
auch keinen außerehelichen Sex
haben, wie ein Teil von ihnen es mach-
te und deshalb an einem einzigen Tag
23.000 Menschen umkamen. 9 Wir
wollen auch Christus nicht herausfor-
dern wie einige von ihnen das taten
und von den Schlangen umgebracht
wurden. 10 Lehnt euch nicht gegen
Gott auf wie manche von ihnen, die
deshalb vom Strafengel Gottes umge-
bracht wurden.

11 Diese Dinge sind beispielhaft an
ihnen geschehen, um uns, über die das
Ende der Zeiten gekommen ist, als
Warnung zu dienen. 12 Wer daher
meint, er stehe fest, der gebe acht,
dass er nicht fällt! 13 Bisher ist noch
keine Versuchung über euch gekom-
men, die einen Menschen überfordert.
Und Gott ist treu; er wird nicht zulas-
sen, dass die Prüfung über eure Kraft
geht. Er wird euch bei allen Versu-
chungen den Weg zeigen, auf dem ihr
sie bestehen könnt.

Der Umgang mit Götzen und dem Opferfleisch

14 Haltet euch von allem Götzendienst
fern, liebe Geschwister! 15 Ich rede
doch zu verständigen Menschen: Be-
urteilt selbst, was ich sage! 16 Der
Kelch des Segens*, für den wir Gott
loben, bedeutet er nicht Gemeinschaft
mit dem Blut des Christus? Das Brot,
das wir brechen, bedeutet es nicht Ge-
meinschaft mit dem Leib des Chris-
tus? 17 Es ist ein einziges Brot. So
sind wir als viele Menschen ein einzi-
ger Leib, denn wir alle haben Anteil an
dem einen Brot. 18 Schaut auf das ir-
dische Israel: Sind nicht alle, die vom
Fleisch der Opfertiere essen, in Ver-
bindung mit dem Altar? 19 Will ich
damit sagen, dass das Götzenopfer-
fleisch oder ein Götzenbild etwas be-
deutet? 20 Nein! Aber was sie opfern,
das opfern diese Leute Dämonen und
nicht Gott. Ich will aber nicht, dass ihr
in Kontakt mit Dämonen kommt!
21 Ihr könnt doch nicht aus dem Kelch
des Herrn trinken und aus dem von
Dämonen! Ihr könnt doch nicht am
Tisch des Herrn Anteil haben und am
Tisch von Dämonen! 22 Oder wollen
wir den Herrn zur Eifersucht reizen?
Sind wir etwa stärker als er?

10,1 Siehe 2. Mose 13,21 und 14,19-22.

10,7 2. Mose 32,6

10,16 *Kelch des Segens.* Beim jüdischen Passafest heißt der dritte Becher Wein, der getrunken wird, ›Becher des Segens‹, weil bei ihm der Tischsegen, das Dankgebet für die genossenen Speisen, gesprochen wird.

23 Alles ist uns erlaubt! – Ja, aber
nicht alles ist nützlich. Alles ist er-
laubt! – Ja, aber nicht alles baut auf.
24 Ihr sollt nicht euren eigenen Vor-
teil suchen, sondern den des ande-
ren! 25 Was auf dem Fleischmarkt
verkauft wird, könnt ihr alles essen.
Ihr müsst nicht aus Gewissensgrün-
den nachforschen, woher es kommt.
26 Denn »dem Herrn gehört die
Erde und alles, was sie erfüllt«.*
27 Wenn Ungläubige euch zum
Essen einladen und ihr die Einla-
dung annehmen wollt, dann esst,
ohne viel zu fragen, alles, was euch
vorgesetzt wird. Ihr müsst euch kein
Gewissen darüber machen. 28 Nur
wenn dort jemand zu euch sagt:
»Das ist Opferfleisch!«, dann esst
nichts davon – aus Rücksicht auf
den, der euch den Hinweis gab, und
wegen des Gewissens. 29 Ich meine
nicht das eigene Gewissen, sondern
das des anderen. – Aber warum soll-
te ich meine Freiheit vom Gewissen
eines anderen abhängig machen?
30 Wenn ich Gott für das Essen ge-
dankt habe, warum werde ich dann
dafür verleumdet? 31 Es ist so: Ob
ihr nun esst oder trinkt oder sonst
etwas tut – tut alles zur Ehre Gottes!
32 Ihr dürft durch euer Verhalten
niemand zur Sünde verleiten –
weder Juden noch Griechen noch
sonst jemand von Gottes Gemeinde.
33 So mache ich es auch. Ich versu-
che, in allen Dingen auf alle Rück-
sicht zu nehmen. Dabei suche ich
nicht meinen eigenen Vorteil, son-
dern den Vorteil aller, damit sie ge-
rettet werden. 11,1 Nehmt mich zum
Vorbild, so wie ich Christus zum
Vorbild nehme!

Mann und Frau beim Beten und Weissagen

11 2 Ich lobe euch, dass ihr in
allen Dingen an mich denkt
und so an den Überlieferungen fest-
haltet, wie ich sie euch übergeben
habe. 3 Nun möchte ich aber, dass ihr
auch Folgendes wisst: Christus ist das
Oberhaupt jedes Mannes, der Mann
das Oberhaupt der Frau und Gott das
Oberhaupt von Christus.

4 Jeder Mann, der beim Beten oder
Weissagen* eine Kopfbedeckung
trägt, entehrt sein Oberhaupt. 5 Und
jede Frau, die ihren Kopf beim Beten
oder Weissagen nicht verhüllt, ent-
ehrt ihr Oberhaupt, denn das wäre so,
als ob sie kahl geschoren herumliefe.
6 Wenn eine Frau sich also nicht ver-
hüllt, kann sie sich auch gleich die
Haare abschneiden lassen. Wenn es
für sie aber entehrend ist, das Haar
abgeschnitten oder den Kopf rasiert
zu bekommen wie ein Mann, dann soll
sie sich verhüllen. 7 Der Mann freilich
darf sich den Kopf nicht verhüllen,
denn er ist Gottes Abbild und spiegelt
seine Herrlichkeit wider. In der Frau
spiegelt sich die Herrlichkeit des Man-
nes. 8 Denn der Mann stammt nicht
von der Frau, sondern die Frau vom
Mann; 9 denn der Mann wurde ja
nicht für die Frau geschaffen, sondern
die Frau für den Mann. 10 Deshalb soll
eine Frau mit Rücksicht auf die Engel
das Zeichen ihrer Vollmacht auf dem
Kopf tragen.

10,26 Psalm 24,1

11,4 *Beten* ist das Reden zu Gott hin, *Weissagen* das Reden von Gott her, das Reden im Auftrag Gottes.

11 Allerdings gibt es vor dem Herrn
weder die Frau ohne den Mann noch
den Mann ohne die Frau. 12 Denn wie
die Frau vom Mann abstammt, so wird
der Mann durch die Frau zur Welt ge-
bracht. Und beide kommen von Gott.
13 Urteilt doch selbst: Gehört es sich
für eine Frau, unverhüllt zu Gott zu
beten? 14 Lehrt euch nicht selbst die
Natur, dass es für den Mann eine
Schande ist, 15 für die Frau aber eine
Ehre, langes Haar zu tragen? Denn
das lange Haar ist ihr anstelle eines
Umhangs gegeben. 16 Wenn jemand
unbedingt auf dem Gegenteil beste-
hen will, soll er wissen: Wir und auch
die Gemeinden Gottes haben eine
andere Gewohnheit.

Missstände beim gemeinsamen Mahl

17 Im Zusammenhang mit diesen An-
weisungen kann ich euch aber nicht
loben, denn ihr kommt nicht zu
eurem Nutzen, sondern zum Schaden
zusammen. 18 Zuerst höre ich, dass
es Spaltungen in euren Gemeinde-
versammlungen gibt, und zum Teil
glaube ich das. 19 Denn es müssen
ja Parteien unter euch sein, damit
sichtbar wird, wer von euch sich im
Glauben bewährt.
20 Wenn ihr nun auch am gleichen
Ort zusammenkommt, so ist es doch
nicht mehr das Mahl des Herrn, das
ihr da esst. 21 Denn vor dem Essen isst
jeder schon sein Mitgebrachtes auf, so
dass wer später kommt, noch hungrig
ist, und andere schon betrunken sind.
22 Habt ihr denn keine Häuser, um zu
essen und zu trinken? Oder verachtet
ihr die Gemeinde Gottes und wollt die
beschämen, die nichts haben? Was
soll ich dazu sagen? Soll ich euch etwa
loben? In diesem Punkt sicher nicht!
23 Denn ich habe es vom Herrn über-
liefert bekommen, was ich auch euch
weitergegeben habe: In der Nacht, in
der er ausgeliefert wurde, nahm der
Herr Jesus Brot, 24 dankte Gott, brach
es und sagte: »Das ist mein Leib für
euch. Nehmt und esst! Tut es zu mei-
nem Gedächtnis!« 25 Ebenso nahm er
den Kelch nach dem Mahl und sagte:
»Dieser Kelch ist der neue Bund, der
durch mein Blut begründet wird. Sooft
ihr daraus trinkt, tut es zu meinem Ge-
dächtnis!« 26 Denn sooft ihr dieses
Brot esst und aus dem Kelch trinkt, ver-
kündigt ihr den Tod des Herrn bis er
wiederkommt.
27 Wer darum in unwürdiger Weise
vom Brot isst und aus dem Kelch des
Herrn trinkt, macht sich am Leib und
am Blut des Herrn schuldig. 28 Jeder
prüfe sich also selbst, bevor er vom Brot
isst und aus dem Kelch trinkt. 29 Denn
wer isst und trinkt, ohne zu bedenken,
dass es um den Leib des Herrn geht, isst
und trinkt sich zum Gericht. 30 Aus die-
sem Grund sind ja so viele von euch
schwach und krank, und nicht wenige
sind schon gestorben. 31 Doch wenn
wir mit uns selbst ins Gericht gingen,
würden wir nicht gerichtet. 32 Aber
selbst wenn wir jetzt vom Herrn gerich-
tet werden, dann ist das eine Zurecht-
weisung für uns, damit wir nicht zu-
sammen mit der Welt verurteilt wer-
den. 33 Wenn ihr also zum Essen zu-
sammenkommt, liebe Geschwister,
dann wartet aufeinander. 34 Wer Hun-
ger hat, der soll zu Hause etwas essen;
sonst wird euch die Zusammenkunft
zum Strafgericht. Alles andere werde
ich anordnen, wenn ich komme.

Der Stellenwert der Geistesgaben

12 1 Auch über die Wirkungen
des Geistes will ich euch, liebe
Geschwister, nicht im Unklaren lassen.
2 Ihr wisst ja, wie es euch zu den stum-
men Götzenbildern hinzog, als ihr
noch Ungläubige wart, und wie ihr ge-
radezu hingerissen wurdet. 3 Deshalb
erkläre ich euch ausdrücklich: Keiner,
der durch den Geist Gottes redet, wird
jemals sagen, Jesus sei verflucht. Und
ohne den Heiligen Geist kann keiner
sagen: »Jesus ist der Herr!«
4 Nun gibt es verschiedene Zutei-
lungen an geistlichen Gaben, doch
nur ein und denselben Geist; 5 es
gibt verschiedene Dienste, doch nur
ein und denselben Herrn; 6 es gibt
verschiedene Kräfte, doch nur ein
und denselben Gott, der alles in allen
wirkt. 7 Und an jedem von uns will
sich der Geist zum Nutzen der Ge-
meinde offenbaren: 8 Dem einen
wird vom Geist das Wort der Weis-
heit gegeben, ein anderer kann
durch denselben Geist Einsicht ver-
mitteln, 9 einem dritten wird eine be-
sondere Glaubenskraft geschenkt,
einem anderen wieder Heilungsga-
ben – alles durch denselben Geist.
10 Der Geist ermächtigt den einen,
Wunder zu wirken, einen anderen
lässt er Weisungen Gottes verkündi-
gen. Ein dritter erhält die Fähigkeit
zu unterscheiden, was vom Geist
Gottes kommt und was nicht. Einer
wird befähigt, in nicht gelernten
fremden Sprachen zu reden, und ein
anderer, sie zu übersetzen. 11 Das
alles wird von ein und demselben
Geist bewirkt, der jedem seine be-
sondere Gabe zuteilt, wie er es be-
schlossen hat.
12 Denn der menschliche Körper ist
eine Einheit und besteht doch aus vie-
len Teilen. Aber all die vielen Teile des
Körpers bilden zusammen den einen
Organismus. So ist es auch bei Chris-
tus. 13 Denn wir alle sind durch den
einen Geist in einen einzigen Leib ein-
gegliedert und mit dem einen Geist
getränkt worden: Juden und Nichtju-
den, Sklaven und freie Bürger. 14 Ein
menschlicher Körper besteht ja auch
nicht nur aus einem Teil, sondern aus
vielen. 15 Wenn nun der Fuß behaup-
ten würde: »Weil ich nicht Hand bin,
gehöre ich nicht zum Leib«, hört er
damit auf, Teil des Körpers zu sein?
16 Und wenn das Ohr erklären würde:
»Weil ich kein Auge bin, gehöre ich
nicht zum Leib«, gehört es deshalb
nicht dazu? 17 Wenn der ganze Kör-
per aus einem Auge bestünde, wo
wäre dann sein Gehör? Und wenn
alles Gehör wäre, womit könnte er rie-
chen? 18 Nun hat aber Gott jedes Teil
so in den Leib eingefügt, wie es sei-
nem Plan entsprach. 19 Wären alle zu-
sammen nur ein einziges Glied, wo
wäre dann der Leib? 20 Aber nun gibt
es viele Glieder und alle gehören zu
dem einen Körper. 21 Das Auge kann
doch nicht zur Hand sagen: »Ich brau-
che dich nicht«, und der Kopf doch
nicht zu den Füßen: »Ich verzichte auf
euch«. 22 Im Gegenteil, gerade die
scheinbar schwächeren Glieder des
Körpers sind unentbehrlich. 23 Die
unansehnlichen kleiden wir mit
größerer Sorgfalt, und die, deren wir
uns schämen, mit besonderem An-
stand. 24 Die ansehnlichen Glieder
brauchen das ja nicht. Gott hat den
Leib so zusammengefügt, dass die
geringeren Teile besonders geehrt

werden, 25 denn er wollte keine Spal-
tung im Körper. Alle Glieder sollen ein-
trächtig füreinander sorgen. 26 Wenn
ein Glied leidet, leiden alle anderen
mit; und wenn eins besonders geehrt
wird, freuen sich die anderen mit.
27 Zusammen seid ihr der Leib von
Christus und einzeln genommen
Glieder davon. 28 Einige hat Gott in
der Gemeinde eingesetzt: Das sind
erstens die Apostel, zweitens Prophe-
ten, drittens Lehrer. Dann kommen
die, die Wunder tun; dann die, die
Gnadengaben zum Heilen, zu Hilfe-
leistungen oder zum Leiten haben;
schließlich die, die in ungelernten
fremden Sprachen reden. 29 Sind
nun etwa alle Apostel, alle Prophe-
ten, alle Lehrer? Können alle Wunder
tun? 30 Haben alle Gnadengaben
zum Heilen? Reden alle in fremden
Sprachen? Können alle sie überset-
zen? 31 Ihr bemüht euch um die
größeren Gaben? Dann zeige ich
euch einen Weg, der weit besser ist.

Folgt dem Weg der Liebe!

13 1 Wenn ich die Sprachen von
Menschen und Engeln spre-
chen könnte, aber keine Liebe hätte,
wäre ich ein schepperndes Blech, eine
lärmende Klingel. 2 Und wenn ich
weissagen könnte und alle Geheim-
nisse wüsste und jede Erkenntnis
besäße; und wenn ich alle Glaubens-
kraft hätte und Berge versetzte, aber
keine Liebe hätte, wäre ich nichts.
3 Und wenn ich meinen ganzen Besitz
zur Armenspeisung verwendete, ja
wenn ich mich selbst aufopferte, um
verbrannt zu werden*, aber keine
Liebe hätte, nützte es mir nichts.
4 Liebe hat Geduld. Liebe ist freund-
lich. Sie kennt keinen Neid. Sie macht
sich nicht wichtig, ist nicht arrogant;
5 sie ist nicht taktlos und sucht nicht
sich selbst; sie lässt sich nicht reizen
und trägt Böses nicht nach; 6 sie freut
sich nicht, wenn Unrecht geschieht,
sie freut sich, wenn die Wahrheit
siegt. 7 Sie erträgt alles; sie glaubt und
hofft immer. *Sie* hält allem stand.
8 Die Liebe wird niemals aufhören.
Prophetische Eingebungen werden
aufhören, Sprachenrede wird ver-
stummen, die Gabe der Erkenntnis
wird es nicht mehr geben. 9 Denn wir
erkennen und weissagen nur unvoll-
ständig. 10 Wenn dann aber das Voll-
ständige kommt, wird alles Unvollstän-
dige beseitigt werden. 11 Als ich Kind
war, redete ich wie ein Kind, dachte und
urteilte wie ein Kind. Als ich Mann
wurde, tat ich das Kindliche ab.
12 Jetzt sehen wir wie in einem blank
polierten Stück Metall nur rätselhafte
Umrisse, dann aber werden wir alles
direkt zu Gesicht bekommen. Jetzt er-
kenne ich nur Teile des Ganzen, dann
werde ich alles erkennen, wie auch ich
völlig erkannt worden bin. 13 Was bis
dahin bleibt, sind Glaube, Hoffnung
und Liebe, diese drei. Und die größte
davon ist die Liebe.

Weissagen ist wichtiger, als in Sprachen zu reden

14 1 Folgt also dem Weg der Lie-
be und bemüht euch um die
Geistesgaben, ganz besonders aber
um die Weissagung. 2 Denn wer in

13,3 *verbrannt zu werden.* Nach anderen Handschriften: »um Ruhm zu gewinnen«.

Sprachen* redet, spricht nicht zu
Menschen, sondern zu Gott. Niemand
versteht ihn. Durch Wirkungen des
Geistes redet er geheimnisvolle Wor-
te. 3 Wer aber weissagt, redet zu den
Menschen, baut auf, ermahnt und
tröstet. 4 Wer in Sprachen redet, hat
nur selbst etwas davon*, wer aber
weissagt, erbaut die Gemeinde. 5 Ich
wollte, dass ihr alle in Sprachen redet,
aber noch viel mehr wollte ich, dass
ihr weissagt. Das hat mehr Gewicht
als in Sprachen zu reden, es sei denn,
dass sie übersetzt werden, damit die
Gemeinde etwas davon hat.*

6 Wenn ich jetzt zu euch käme, liebe
Geschwister, und in Sprachen reden
würde, was hättet ihr davon, wenn ich
keine Offenbarung, keine Erkenntnis,
keine Weissagung, keine Lehre brin-
ge? 7 Es ist so wie bei einem toten
Instrument, zum Beispiel einer Flöte
oder Harfe. Wenn man die einzelnen
Töne nicht unterscheiden kann, wie
soll man dann erkennen, was auf der
Flöte oder Harfe gespielt wird? 8 Und
wenn die Trompete kein klares Signal
gibt, wer wird sich dann zum Kampf
fertig machen? 9 So ist es auch bei
euch. Wenn ihr beim Reden in Spra-
chen keine verständlichen Worte von
euch gebt, kann euch niemand ver-
stehen. Ihr werdet nur in den Wind
reden. 10 Es gibt wer weiß wie viele
Sprachen in der Welt und keine ist an
und für sich unverständlich. 11 Wenn
ich aber die Bedeutung der Wörter
nicht kenne, werde ich den Redenden
nicht verstehen können und er mich
auch nicht. 12 So ist es auch bei euch.
Wenn ihr schon solchen Wert auf die
Geistesgaben legt, dann bemüht euch
vor allem um die, die dem Aufbau der
Gemeinde dienen. 13 Wer in Sprachen
redet, soll dann auch darum beten, sie
recht übersetzen zu können. 14 Denn
wenn ich in Sprachen bete, betet mein
Geist, aber meine Aussage bringt
keine Frucht. 15 Was soll ich nun tun?
Ich will mit dem Geist beten, aber
auch mit verständlicher Aussage, ich
will mit dem Geist singen, aber auch
mit verständlichem Sinn. 16 Denn
wenn du mit dem Geist Gott rühmst,
wie soll dann jemand, der nicht ver-
steht, was du sagst*, das Amen zu
deiner Danksagung sprechen? Er
weiß doch nicht, was du gesagt hast.
17 Es kann sein, dass du gut gedankt
hast, aber er hat nichts davon.

18 Gott sei Dank rede ich mehr in
Sprachen als ihr alle. 19 Aber in der
Gemeinde will ich lieber fünf ver-
ständliche Sätze sagen, um andere zu
unterweisen, als zehntausend Wörter,
die niemand versteht. 20 Seid doch
nicht Kinder im Verstand, liebe Ge-
schwister. In der Bosheit, da sollt ihr
wie kleine Kinder sein, im Verstand
aber seid erwachsen! 21 Im Gesetz
steht: »Durch Menschen mit anderen

14,2 *Sprachen.* Bei der *Sprachenrede* im Neuen Testament handelt es sich um das Gottesgeschenk, eine nicht erlernte Fremdsprache bei völliger Selbstkontrolle aktiv sprechen zu können, wie die nachfolgenden Verse deutlich machen (vgl. auch Apostelgeschichte 2,1-21).

14,4 *hat nur selbst etwas davon.* Er wurde dadurch, dass er verstand, was er sagte, »erbaut«. Auch die Gemeinde konnte nur »erbaut werden«, wenn sie verstand, was gesagt wurde (Vers 5). Von der Fähigkeit an sich hat man nichts.

14,16 *nicht versteht, was du sagst.* Wörtlich: der die Stelle des Unkundigen einnimmt.

Sprachen und fremden Worten will
ich zu diesem Volk reden, sagt der
Herr. Aber auch dann werden sie nicht
auf mich hören.«* 22 Von daher ist
das Reden in Sprachen kein Zeichen
für die Gläubigen, sondern eins für
die Ungläubigen.* Das prophetische
Reden aber ist kein Zeichen für die
Ungläubigen, sondern für die Gläubi-
gen. 23 Wenn also die ganze Gemein-
de zusammenkommt und alle fangen
an, in Sprachen zu reden, und es
kommen Unkundige oder Ungläubige
dazu, würden sie euch nicht für ver-
rückt erklären? 24 Wenn ihr aber mit
verständlichen Worten Gottes Wei-
sung weitergebt, wenn ihr also pro-
phetisch redet, und irgendein Unkun-
diger oder Ungläubiger kommt dazu,
dann wird ihm von allen ins Gewissen
geredet. Er fühlt sich von allen ins
Gericht genommen, und 25 seine ge-
heimsten Gedanken kommen ans
Licht. Er wird sich niederwerfen, wird
Gott anbeten und ausrufen: »Gott ist
wirklich unter euch!«

Ordnungen für die Gemeindeversammlung

26 Was folgt nun daraus, Brüder?
Wenn ihr zusammenkommt, hat jeder
von euch einen Psalm, eine Lehre, eine
Offenbarung, eine Sprachenrede, eine
Übersetzung. Alles muss dem geist-
lichen Aufbau der Gemeinde dienen!
27 Wenn einige in Sprachen reden
wollen, dann sollen es zwei oder
höchstens drei der Reihe nach tun,
und einer soll es übersetzen. 28 Wenn
kein Übersetzer da ist, soll der Spra-
chenredner in der Versammlung
schweigen und nur für sich zu Gott
reden. 29 Auch von denen, die eine von
Gott empfangene Botschaft weiterge-
ben, sollen zwei oder drei reden, und
die anderen Propheten sollen das Ge-
sagte beurteilen. 30 Und wenn einer
von diesen anderen, die da sitzen, eine
Offenbarung empfängt, soll der erste
schweigen. 31 Ihr könnt doch alle der
Reihe nach weissagen, damit alle
etwas lernen und alle ermutigt wer-
den. 32 Die Propheten haben ja die
Kontrolle über ihre Eingebungen.
33 Denn Gott ist nicht ein Gott der
Unordnung, sondern ein Gott des
Friedens.

Wie in allen Gemeinden der Heili-
gen 34 sollen die Frauen in den Ver-
sammlungen schweigen. Es ist ihnen
nicht gestattet, zu reden, vielmehr sol-
len sie sich unterordnen, wie es auch
das Gesetz sagt.* 35 Wenn sie etwas
wissen wollen, sollen sie zu Hause
ihre Ehemänner fragen, denn es ge-
hört sich nicht für eine Frau, in der
Versammlung zu reden. 36 Ist das
Wort Gottes denn von euch ausgegan-
gen? Oder ist es nur zu euch gekom-
men? 37 Wenn jemand meint, ein Pro-
phet zu sein, oder denkt, dass er mit
dem Geist erfüllt sei, dann wird er
auch erkennen, dass das, was ich euch
hier schreibe, eine Anweisung des
Herrn ist. 38 Wer das nicht anerkennt,
wird auch von Gott nicht anerkannt

14,21 Jesaja 28,11-12

14,22 *Zeichen für ... die Ungläubigen.* Vorausgesetzt, dass diese Ungläubigen wie in Apostelgeschichte 2,8-10 die Fremdsprache verstehen, denn sonst würden sie wie in Vers 23 beschrieben reagieren.

14,34 1. Mose 3,16

werden. 39 Bemüht euch also eifrig um das Weissagen, liebe Brüder, und haltet niemand davon ab, in Sprachen zu reden. 40 Nur soll alles anständig und geordnet zugehen.

Die Lehre von der Auferstehung des Christus

15 1 Ich weise euch noch einmal auf die gute Botschaft hin, die ich euch gebracht habe, liebe Geschwister. Ihr habt sie angenommen und steht darin fest. 2 Durch diese Botschaft werdet ihr gerettet, wenn ihr sie unverfälscht festhaltet und in keinem Punkt davon abweicht. Andernfalls wäret ihr vergeblich zum Glauben gekommen. 3 Ich habe euch in erster Linie das weitergegeben, was ich auch empfangen habe: Christus ist für unsere Sünden gestorben, wie es die Schriften gesagt haben. 4 Er wurde begraben und am dritten Tag auferweckt, wie es die Schriften gesagt haben. 5 Er ist dem Kephas erschienen, dann dem Kreis der Zwölf. 6 Danach erschien er mehr als 500 Brüdern auf einmal, von denen die meisten noch am Leben sind; nur einige sind schon gestorben. 7 Danach erschien er dem Jakobus, dann allen Aposteln. 8 Zuallerletzt erschien er auch mir, dieser »Fehlgeburt«. 9 Denn ich bin der Geringste unter den Aposteln. Ich verdiene es gar nicht, Apostel genannt zu werden, weil ich die Gemeinde Gottes verfolgt habe. 10 Durch Gottes Gnade aber bin ich, was ich bin; und sein gnädiges Eingreifen ist an mir nicht vergeblich gewesen. Ich habe mich viel mehr gemüht als sie alle – doch nicht ich; es war die Gnade Gottes mit mir. 11 Aber ob ich es bin oder die anderen: So jedenfalls predigen wir, und so seid ihr zum Glauben gekommen.

Die Lehre von der Auferstehung der Toten

12 Wenn nun aber gepredigt wird, dass Christus von den Toten auferweckt wurde, wie können da einige von euch sagen: »Es gibt keine Auferstehung der Toten.«? 13 Wenn es nämlich keine Auferstehung der Toten gibt, dann ist auch Christus nicht auferweckt worden. 14 Ist aber Christus nicht auferweckt worden, dann ist auch unsere Predigt sinnlos und euer Glaube ist ohne Inhalt. 15 Wir würden dann auch als falsche Zeugen für Gott dastehen, denn wir hätten etwas über Gott ausgesagt, das nicht stimmt. Wir haben ja versichert, dass er Christus auferweckt habe, den er aber nicht auferweckt haben kann, wenn Tote überhaupt nicht auferweckt werden. 16 Denn wenn Tote nicht auferweckt werden, ist auch Christus nicht auferweckt worden. 17 Wenn aber Christus nicht auferweckt wurde, ist euer Glaube vergeblich und ihr steckt immer noch in euren Sünden. 18 Und die, die im Vertrauen auf Christus gestorben sind, wären alle verloren. 19 Wenn wir nur für dieses Leben auf Christus hoffen, sind wir die bedauernswertesten von allen Menschen.

20 Nun ist Christus aber von den Toten auferweckt worden und zwar als »Erstling«* der Entschlafenen. 21 Weil durch einen Menschen der Tod kam, kommt auch die Auferstehung vom Tod durch einen Menschen. 22 Denn wie durch die Verbindung mit Adam alle sterben, so werden durch

die Verbindung mit Christus alle le-
bendig gemacht werden; 23 und zwar
jeder in der ihm bestimmten Reihen-
folge: als Erstling Christus, bei seiner
Wiederkunft dann die, die zu ihm ge-
hören. 24 Dann kommt die Vollen-
dung, wenn Christus die Herrschaft
Gott, dem Vater, übergibt, sobald er
jede andere Herrschaft, Gewalt und
Macht beseitigt hat. 25 Denn Christus
muss herrschen, bis er alle Feinde
unter seinen Füßen hat. 26 Als letzten
Feind vernichtet er den Tod, 27 denn:
»Alles hat Gott ihm unterworfen, alles
unter seine Füße gestellt.«* Wenn es
nun heißt, dass ihm alles unterworfen
ist, dann ist selbstverständlich der
ausgenommen, der ihm alles unter-
worfen hat. 28 Und wenn ihm dann
alles unterworfen ist, wird auch der
Sohn selbst dem unterworfen sein,
der ihm alles unterworfen hat, damit
Gott alles in allem sei.

29 Was haben sonst die davon, die
sogar die Todestaufe* auf sich nehmen?
Wenn Tote überhaupt nicht auferweckt
werden, warum sind die Gläubigen
dann zu dieser Taufe bereit? 30 Und
warum sind auch wir stündlich in
Gefahr? 31 Täglich sehe ich dem Tod
ins Auge, liebe Geschwister; das ist
die Wahrheit, so gewiss ihr durch un-
seren Herrn Jesus Christus die Ursa-
che meines Ruhmes seid. 32 Was
hätte ich davon, dass ich in Ephesus
als Mensch mit Bestien gekämpft
habe? Wenn Tote nicht auferweckt
werden, dann »lasst uns essen und
trinken, denn morgen sterben wir«*.

33 Täuscht euch nicht! »Schlechter
Umgang verdirbt gute Sitten.«*
34 Werdet wieder richtig nüchtern
und hört auf zu sündigen! Denn zu
eurer Schande muss ich sagen, dass
einige von euch Gott überhaupt nicht
kennen.

Die Lehre von der Auferstehung des Körpers

35 Es wird aber jemand fragen: »Wie
werden denn die Toten auferweckt,
und was für einen Körper werden sie
dann haben?« 36 Wie töricht! Was du
säst, muss doch erst sterben, damit es
lebendig wird. 37 Du säst doch nicht
die Pflanze, die erst entstehen soll,
sondern ein nacktes Weizenkorn oder
irgendeinen anderen Samen. 38 Gott
gibt ihm dann eine neue Gestalt.
Jede Samenart wird so eine andere
Pflanze.

39 Nicht jedes Fleisch hat die glei-
che Beschaffenheit. Das Fleisch der
Menschen ist anders als das des
Viehs, der Vögel und der Fische.
40 Dann gibt es himmlische und irdi-
sche Körper. Die Himmelskörper
haben eine andere Schönheit als die

15,20 *Erstling.* Das Erlesenste und Beste einer Sache, das Gott geopfert wurde, bevor der Rest für den eigenen Gebrauch verwendet werden durfte, vergleiche 4. Mose 15,18-21. Dadurch wurde das Ganze geheiligt.

15,27 Psalm 8,7

15,29 *Todestaufe.* Wörtlich: *Sich in Bezug auf die Toten taufen lassen.* Gemeint ist vielleicht das Martyrium. Das passt am besten in den Zusammenhang, und auch Jesus hat den Begriff Taufe so gebraucht (Lukas 12,50; Markus 10,39).

15,32 Sprichwort nach Jesaja 22,13.

15,33 Zum Sprichwort gewordenes Zitat des Athener Komödiendichters Menander (um 270 v.Chr.).

Körper auf der Erde. 41 Der Glanz
der Sonne ist anders als der des
Mondes und der von den Sternen.
Auch die Sterne selbst unterscheiden
sich in ihrer Helligkeit.

42 So ähnlich könnt ihr euch die
Auferstehung von den Toten vorstel-
len: Was in die Erde gelegt wird, ist
vergänglich, was auferweckt wird,
unvergänglich. 43 Was in die Erde
gelegt wird, ist armselig, was aufer-
weckt wird, voll Herrlichkeit. Was in
die Erde gelegt wird, ist hinfällig,
was auferweckt wird, voller Kraft.
44 Was in die Erde gelegt wird, ist
ein natürlicher Leib, was auferweckt
wird, ein himmlischer Leib. Wenn
es einen natürlichen Leib, einen der
Seele entsprechenden Körper gibt,
muss es auch einen himmlischen
Leib, einen dem Geist entsprechen-
den Körper geben. 45 So steht
es auch geschrieben: »Der erste
Mensch, Adam, wurde zu einer le-
bendigen Seele.«* Der letzte Adam
jedoch wurde zu einem lebendig ma-
chenden Geist. 46 Doch das Geistli-
che war nicht zuerst da. Zuerst kam
das von der Seele bestimmte Leben
und dann erst das vom Geist
bestimmte. 47 Der erste Mensch
stammt von der Erde, vom Staub,
der zweite Mensch vom Himmel.
48 Wie der Irdische beschaffen
war, so sind auch die irdischen
Menschen beschaffen; und wie der
Himmlische beschaffen ist, so wer-
den auch die himmlischen Men-
schen beschaffen sein. 49 Und so,
wie wir jetzt dem gleichen, der von
der Erde genommen wurde, werden
wir künftig dem gleichen, der vom
Himmel ist.

50 Ich versichere euch, liebe Ge-
schwister: Menschen aus Fleisch und
Blut können keinen Anteil am Reich
Gottes erhalten; ein vergänglicher
Körper kann nicht unsterblich wer-
den. 51 Hört zu! Ich sage euch jetzt
ein Geheimnis: Wir werden nicht alle
sterben, wir werden aber alle verwan-
delt werden – 52 blitzartig, in einem
Augenblick, beim Ton der letzten Po-
saune. Denn die Posaune wird ertö-
nen, und die Toten werden auferwek-
kt – unvergänglich! Und wir, wir wer-
den verwandelt. 53 Denn dieser ver-
wesliche Körper hier muss Unver-
weslichkeit anziehen, dieses Sterbli-
che Unsterblichkeit.

54 Wenn das geschieht, wenn das
Vergängliche Unvergänglichkeit und
das Sterbliche Unsterblichkeit anzie-
hen wird, dann werden sich die
Schriftworte der Propheten erfüllen:
»Der Tod ist verschlungen vom Sieg.«
55 »Tod, wo ist denn dein Sieg? Tod,
wo bleibt dein Stachel?«* 56 Der Gift-
stachel des Todes ist die Sünde, und
die Kraft der Sünde kommt durch das
Gesetz. 57 Doch Gott sei Dank! Durch
Jesus Christus, unseren Herrn, gibt er
uns den Sieg!

58 Darum bleibt standhaft, liebe
Geschwister, lasst euch nicht erschüt-
tern! Tut euer Bestes für die Sache
des Herrn, denn ihr wisst: In Verbin-
dung mit dem Herrn ist eure Mühe nie
umsonst.

15,45 1. Mose 2,7

15,55 Jesaja 25,8; Hosea 13,14

Die Sammlung für Jerusalem

16 1 Nun zur Geldsammlung für
das Volk Gottes: Macht es am
besten so, wie ich es für die Gemein-
den in Galatien* angeordnet habe.
2 Jeden Sonntag lege jeder von euch
so viel Geld zurück, wie es seinen
Möglichkeiten entspricht. Dann muss
nicht erst gesammelt werden, wenn
ich komme. 3 Gleich nach meiner An-
kunft will ich dann Brüder, die ihr für
geeignet haltet, mit euren Gaben und
Empfehlungsschreiben nach Jerusa-
lem schicken. 4 Wenn es sich emp-
fiehlt, dass auch ich hinreise, dann
sollen sie mich begleiten.

Reisepläne

5 Ich habe vor, über Mazedonien* zu
euch zu kommen. Dort werde ich nur
durchreisen, 6 bei euch aber will ich
eine Zeit lang bleiben, vielleicht sogar
über den Winter. Dann könnt ihr mich
für meine Weiterreise aussenden und
unterstützen. 7 Diesmal will ich euch
nicht nur auf der Durchreise besu-
chen. Wenn der Herr es erlaubt,
möchte ich gern eine Zeit lang bei
euch bleiben. 8 Bis Pfingsten bleibe
ich aber zunächst in Ephesus*, 9 denn
der Herr hat mir die Tür für eine wirk-
same Arbeit geöffnet und es gibt auch
eine Menge Gegner.

10 Wenn Timotheus zu euch kommt,
achtet darauf, dass er ohne Angst bei
euch sein kann! Denn er arbeitet ge-
nauso für den Herrn wie ich. 11 Keiner
soll ihn verächtlich behandeln. Seht
zu, dass er in Frieden zu mir zurück-
kommen kann, und gebt ihm, was er
für die Reise braucht. Ich erwarte ihn
zusammen mit den Brüdern.

12 Nun zu unserem Bruder Apollos:
Ich habe ihn immer wieder gebeten,
mit den Brüdern zu euch zu kommen,
aber er wollte jetzt noch nicht. Doch
sobald er Gelegenheit dazu findet,
wird er kommen.

Letzte Mahnungen und Grüße

13 Seid wachsam, steht fest im Glau-
ben, zeigt euch mannhaft und stark.
14 Alles, was ihr tut, soll von der Liebe
bestimmt sein.

15 Noch eins, liebe Geschwister: Ihr
kennt die Familie des Stephanas. Das
waren die ersten, die in Achaja* an
Jesus Christus glaubten, und sie
haben sich ganz in den Dienst für das
Volk Gottes gestellt. Ich bitte euch:
16 Ordnet euch solchen Menschen
unter. Begegnet allen, die in der Ge-
meinde mitarbeiten und sich ab-
mühen, mit Achtung.

16,1 *Galatien* ist der Name einer Landschaft im nördlichen Kleinasien. Die römische Provinz Galatien schloss aber seit einigen Jahrzehnten auch die südlicher liegenden Landschaften Pisidien, Phrygien und Lyakonien ein. Dort befanden sich die Gemeinden, von denen Paulus hier schreibt.

16,5 *Mazedonien*. Römische Provinz auf der Balkanhalbinsel. Sie umfasste den nördlichen Teil des heutigen Griechenland.

16,8 *Ephesus*. Hauptstadt der Provinz Asia, zweitgrößte Stadt des römischen Reiches. Der reiche Handelsknotenpunkt lag etwa 5 km vom Meer entfernt am Fluss Kaystros, von dem aus man praktisch bis in den Hafen der Stadt segeln konnte. Berühmt war Ephesus durch seinen Artemis-Tempel (römisch: Diana), der zu den sieben Weltwundern zählte.

16,15 *Achaja*. Römische Provinz, die den südlichen Teil Griechenlands umfasste und von Korinth aus von einem Prokonsul regiert wurde.

17 Ich freue mich, dass Stephanas,
Fortunatus und Achaikus zu mir
gekommen sind, denn sie haben mir
eure Abwesenheit ersetzt. 18 Sie
haben mich wie auch euch geistlich
erfrischt. Solche Menschen sollt ihr
anerkennen.

19 Die Gemeinden der Provinz
Asia* lassen euch grüßen. Im Herrn
verbunden grüßen euch Aquila und
Priska ganz herzlich, dazu auch die
Gemeinde, die sich in ihrem Haus
trifft. 20 Alle Brüder hier lassen euch
grüßen. Grüßt euch mit dem Bruder-
kuss. 21 Auch ich, Paulus, schreibe
euch meinen Gruß mit eigener
Hand.

22 Wer den Herrn nicht liebt, der sei
verflucht!* »Maranatha – unser Herr,
kommt!«*

23 Die Gnade des Herrn Jesus sei
mit euch! 24 Meine Liebe gilt euch
allen, denen ich durch Jesus Christus
verbunden bin.

16,19 *Asia.* Römische Provinz, die den westlichen Teil Kleinasiens umfasste.

16,22 *verflucht.* Das heißt: dem Untergang geweiht. Es entspricht dem Bann im Alten Testament.

Maranatha kann auch bedeuten: »Unser Herr, komm!« oder: »Unser Herr ist gekommen.«

Zweiter Brief des Paulus an die Christen in Korinth

Leider bewies die Gemeinde in Korinth keine besondere Festigkeit gegen die Versuchungen der vergnügungssüchtigen Stadt. Von Timotheus erfuhr Paulus, dass auch sein letzter Brief die Probleme keineswegs gelöst hatte. Deshalb entschloss er sich, die Gemeinde persönlich aufzusuchen. Von Ephesus aus setzte er mit dem Schiff direkt nach Korinth über. Doch es war ein trauriger Besuch. Paulus musste unverrichteter Dinge wieder zurückkehren und schrieb dann von Ephesus aus in innerer Beklemmung einen dritten Brief an die Gemeinde, bei dem er viel geweint hat (2. Korinther 2,4). Darin ordnete er strenge disziplinarische Maßnahmen an, die auch den Korinthern wehtun würden, und ließ ihn diesmal von seinem Mitarbeiter Titus überbringen. Auch dieser Brief ist uns nicht erhalten geblieben.

Im Frühjahr 56 n.Chr. brach auf Betreiben der Silberschmiede in Ephesus ein Aufstand aus, der sich gegen die Arbeit des Apostels richtete. Kurz danach verließ Paulus die Stadt und reiste nach Troas. Dort begann er eine erfolgreiche Missionsarbeit. Er hatte mit Titus vereinbart, sich in dieser Stadt wieder mit ihm zu treffen. Doch als die Zeit verging und Titus nicht kam, brach der Apostel sehr beunruhigt die Arbeit ab und reiste nach Mazedonien weiter. Er hoffte, seinem Mitarbeiter unterwegs zu begegnen und traf ihn dann auch irgendwo in Mazedonien. Titus brachte gute Nachrichten aus Korinth mit. Die Einstellung der Korinther gegen den Apostel hatte sich grundlegend gewandelt. Nur eine Gruppe in der Gemeinde stand ihm noch entgegen.

Daraufhin schrieb Paulus von Mazedonien aus seinen vierten Brief an die Gemeinde, der uns als 2. Korintherbrief überliefert ist.

Absender und Gruß

1 1 Es schreiben Paulus, der nach
dem Willen Gottes zum Apostel
von Jesus Christus berufen wurde,
und Timotheus*, der Bruder. An die
Gemeinde Gottes in Korinth* und an
alle Heiligen in der Provinz Achaja*:
2 Gnade und Frieden wünschen wir
euch von Gott, unserem Vater, und
von Jesus Christus, dem Herrn.

Wir sind voller Zuversicht für euch

3 Gepriesen sei der Gott und Vater un-
seres Herrn Jesus Christus. Er ist ein
Vater von unendlichem Erbarmen
und ein Gott voller Trost. 4 In allem
Druck, unter dem wir stehen, ermu-
tigt er uns, damit wir unsererseits
die ermutigen können, die irgendwie

1,1 *Timotheus.* Ausgezeichneter Mitarbeiter des Paulus aus Lystra, vgl. Apostelgeschichte 16,1-3; Adressat der Timotheusbriefe.

Korinth war eine wichtige Stadt in Griechenland, die auf der Landenge zum Peloponnes den Handel vom Norden nach dem Süden beherrschte und durch zwei Häfen auch den Seehandel von Ost nach West. Es war die Hauptstadt der römischen Provinz Achaja.

Achaja. Römische Provinz, die den südlichen Teil Griechenlands umfasste und von Korinth aus von einem Prokonsul regiert wurde.

bedrückt werden. Weil Gott uns ge-
tröstet und ermutigt hat, können wir
andere trösten und ermutigen. 5 Denn
wie die Leiden des Christus mehr als
genug über uns ausgeschüttet wer-
den, so überaus reich ergießt sich
auch der Trost über uns, den wir
durch Christus empfangen. 6 Wenn
wir also bedrängt werden, geschieht
das, damit ihr Mut bekommt und ge-
rettet werdet, und wenn wir ermutigt
werden, geschieht das, damit ihr den
Mut bekommt, die gleichen Leiden
wie wir geduldig zu ertragen. 7 Wir
sind voller Zuversicht für euch, denn
wir sind sicher, dass ihr nicht nur an
den Leiden Anteil habt, sondern auch
an dem Trost.

8 Wir wollen euch, liebe Geschwis-
ter, nämlich nicht in Unkenntnis las-
sen über die schlimme Notlage, in die
wir in der Provinz Asia* gekommen
sind. Was uns dort passierte, war so
übermächtig, so unerträglich schwer,
dass wir sogar unser Leben verloren
gaben. 9 Tatsächlich fühlten wir uns
schon dem Tod geweiht. Wir sollten
eben lernen, unser Vertrauen nicht auf
uns selbst zu setzen, sondern auf Gott,
der die Toten lebendig macht. 10 Und
er hat uns ja vor dem sicheren Tod ge-
rettet und rettet uns noch. Auf ihm
ruht unsere Hoffnung: Er wird uns
auch in Zukunft retten, 11 wenn auch
ihr durch eure Gebete mithelft, dass
viele Gott für das Gnadengeschenk
danken, das wir erhalten haben.

12 Denn unser Ruhm besteht im
Zeugnis unseres Gewissens: Überall
in der Welt und besonders bei euch
war unser Verhalten von Aufrichtig-
keit und Lauterkeit Gott gegenüber
bestimmt. Wir ließen uns nicht von
eigener Klugheit leiten, sondern von
der Gnade Gottes. 13 Und wenn wir
euch schreiben, denken wir nichts an-
deres, als was ihr hier wiedererkennt.
Ich hoffe aber, dass ihr ganz verstehen
werdet, 14 was ihr zum Teil ja schon
verstanden habt; dass ihr beim Wieder-
kommen unseres Herrn Jesus auf uns
stolz sein dürft – und wir auf euch.

Warum ich nicht nach Korinth gekommen bin

15 In dieser Überzeugung wollte ich
zunächst zu euch kommen und euch
zum zweiten Mal die Gnade Gottes
bringen. 16 Von euch aus wollte ich
dann nach Mazedonien reisen und
von dort wieder zu euch zurückkom-
men, damit ihr mich für die Reise
nach Judäa ausstattet. 17 War ich
etwa leichtfertig, als ich mir das vor-
genommen habe? Plane ich denn so,
wie gewisse Menschen planen, dass
mein Ja-ja auch ein Nein-nein sein
könnte? 18 Gott ist treu, und er bürgt
dafür, dass unser Wort euch gegen-
über nicht Ja und Nein zugleich ist.
19 Denn Jesus Christus, der Sohn Got-
tes, den Silvanus*, Timotheus und ich
bei euch gepredigt haben, ist nicht als
Ja und Nein gekommen: Nur das Ja ist
in ihm verwirklicht. 20 In ihm ist das Ja
zu allen Zusagen Gottes. Darum spre-
chen wir durch ihn auch das Amen zur
Ehre Gottes. 21 Gott hat uns mit euch
zusammen fest auf Christus, den
Gesalbten, gegründet. Ja, er hat uns

1,8 *Asia.* Römische Provinz im westlichen Teil Kleinasiens.

1,19 *Silvanus (Silas)* stammte aus Jerusalem und war ein Mitarbeiter des Paulus.

gesalbt, 22 uns sein Siegel aufgedrückt und als Anzahlung seinen Geist in unsere Herzen gegeben.

23 Ich rufe Gott zum Zeugen für mich an: Nur um euch zu schonen bin ich noch nicht nach Korinth gekommen. 24 Wir sind nicht Herren über euren Glauben, sondern Helfer zu eurer Freude, denn im Glauben steht ihr ja fest.

2 1 Ich entschloss mich also, nicht noch einmal zu euch zu kommen, um euch nur wieder traurig zu machen. 2 Denn wenn ich euch Kummer bereite, wer soll mich dann wieder froh machen? Etwa der, der durch mich betrübt wurde? 3 Genau das habe ich euch ja geschrieben. Ich wollte nicht kommen und erleben, dass die, die mir eigentlich Freude bereiten sollten, mich traurig machen. Denn ich bin sicher, dass ihr euch freut, wenn ich mich freuen kann. 4 Ich schrieb euch damals aus großer Bedrängnis und innerer Beklemmung mit vielen Tränen. Aber ich wollte euch nicht traurig machen. Ihr solltet vielmehr sehen, wie sehr ich gerade euch liebe.

Verzeiht dem, der seine Einstellung geändert hat!

5 Wenn jemand Kummer gemacht hat, dann hat er nicht mich betrübt, sondern mehr oder weniger – damit ich nicht zu viel sage – euch alle. 6 Für den Betreffenden genügt nun die Bestrafung durch die Mehrheit von euch. 7 Jetzt solltet ihr eher verzeihen und trösten, damit er nicht in Verzweiflung getrieben wird. 8 Deshalb bitte ich euch: Beschließt, ihn wieder in Liebe anzunehmen. 9 Denn ich habe euch ja auch deshalb geschrieben, weil ich prüfen wollte, ob ihr meinen Weisungen in allem Folge leistet. 10 Aber wem ihr verzeiht, dem verzeihe auch ich. Denn auch ich habe vor Christus um euretwillen verziehen – wenn ich hier überhaupt etwas zu verzeihen hatte –, 11 damit wir nicht vom Satan überlistet werden. Wir wissen ja, was seine Absichten sind.

Der Triumphzug des Christus

12 Als ich nach Troas* gekommen war, um die gute Botschaft von Christus zu verkündigen, und der Herr mir dort die Tür zu den Menschen weit aufgetan hatte, 13 hatte ich innerlich doch keine Ruhe, weil mein Bruder Titus* nicht kam. Deshalb nahm ich Abschied von ihnen und reiste nach Mazedonien* weiter.*

14 Gott sei Dank, der uns immer im Triumphzug* von Christus mitführt und durch uns an allen Orten den Duft von der Erkenntnis des Christus verbreitet. 15 Denn durch Christus sind wir ein Wohlgeruch für Gott. Dieser

---

2,12 *Troas.* Ein bedeutender Hafen im Nordwesten der römischen Provinz Asia, 20 km südlich von Troja.

2,13 *Titus.* Wichtiger Mitarbeiter des Paulus, Adressat des Titusbriefes.

Mazedonien. Römische Provinz auf der Balkanhalbinsel. Sie umfasste den nördlichen Teil des heutigen Griechenland.

... weiter. In Kapitel 7,5 nimmt Paulus den Bericht wieder auf.

2,14 Nach einem großen Sieg zogen römische Heerführer mit ihren Soldaten und den Gefangenen in einem *Triumphzug* durch Rom. Dabei wurde wohlriechendes Räucherwerk verbrannt. Einige der Gefangenen wurden anschließend hingerichtet, vergleiche Vers 15 und 16.

Duft erreicht sowohl die, die gerettet
werden, als auch die, die ins Verderben
gehen. 16 Für die einen sind wir ein To-
desgeruch, der den Tod bringt, für die
anderen ein Lebensduft, der Leben
verheißt. Und wer ist dieser Aufgabe
gewachsen? 17 Nun, wir machen je-
denfalls keine Geschäfte mit der Bot-
schaft von Gott wie viele andere. Wir
reden völlig aufrichtig und zwar so, als
ob unsere Worte von Gott selbst kom-
men würden. Wir stehen vor Gott und
sind ganz mit Christus verbunden.

3 1 Fangen wir schon wieder an,
uns selbst zu empfehlen? Oder
brauchen wir vielleicht Empfehlungs-
schreiben an euch oder von euch, wie
gewisse Leute das nötig haben? 2 Ihr
seid unser Empfehlungsbrief: ge-
schrieben in unsere Herzen, aner-
kannt und gelesen von allen Men-
schen. 3 Ihr zeigt ja selbst, dass ihr ein
Brief von Christus seid, ausgefertigt
durch unseren Dienst, geschrieben
nicht mit Tinte, sondern mit dem
Geist des lebendigen Gottes, einge-
prägt nicht in Steintafeln, sondern in
menschliche Herzen.

Wir sind Diener des neuen Bundes

4 Solch ein Vertrauen haben wir durch
Christus zu Gott! 5 Nicht dass wir von
uns aus dazu fähig gewesen wären
und uns selbst etwas zuschreiben
könnten: Nein, unsere Befähigung
kommt von Gott. 6 Er hat uns befä-
higt, Diener des neuen Bundes zu
sein, des Bundes, der nicht vom Buch-
staben, sondern vom Geist gekenn-
zeichnet ist. Denn der Buchstabe des
Gesetzes bringt den Tod, der Geist
Gottes aber führt zum Leben. 7 Schon
der Dienst für das Gesetz, das mit
Buchstaben in Steintafeln eingraviert
war und den Tod brachte, hatte eine so
herrliche Ausstrahlung – die später
allerdings wieder verging –, dass die
Israeliten Mose nicht ins Gesicht
sehen konnten. 8 Welche Herrlichkeit
muss dann der Dienst haben, der in
der Kraft des Geistes geschieht!
9 Wenn schon der Dienst, der den
Menschen die Verurteilung brachte,
mit solcher Herrlichkeit ausgestattet
war, welche herrliche Ausstrahlung
wird dann der Dienst haben, der den
Menschen den Freispruch bringt.
10 Im Vergleich mit dieser überragen-
den Herrlichkeit ist jene Herrlichkeit
gar nichts. 11 Wenn schon das, was
vergehen muss, durch Herrlichkeit
gekennzeichnet war, wie viel mehr
wird die Herrlichkeit Gottes dann von
dem ausstrahlen, was bleibt.

12 Weil wir eine solche Hoffnung
haben, treten wir mit großer Offen-
heit auf. 13 Wir müssen nicht wie
Mose das Gesicht mit einem Tuch be-
decken. Er tat das damals, damit die
Israeliten das Verblassen des Glanzes
nicht sehen konnten. 14 Doch bis
heute sind sie wie mit Blindheit ge-
schlagen. Ihre Einstellung hat sich
verhärtet, denn wenn die Schriften
des Alten Testaments vorgelesen
werden, liegt für sie eine Decke da-
rüber, die nur durch eine Verbindung
mit Christus weggenommen werden
kann. 15 Ja, bis heute liegt diese
Decke auf ihrem Herzen, wenn aus
den Schriften Moses gelesen wird.
16 Sie wird erst weggenommen,
wenn das Volk sich zum Herrn wen-
det. 17 Der Herr ist aber der Geist
Gottes, und wo dieser Geist des

Herrn ist, da ist Freiheit. 18 Deshalb
schauen wir alle die Herrlichkeit des
Herrn mit aufgedecktem Gesicht an.
Wir sehen sie wie in einem Spiegel
und werden so seinem Bild immer
ähnlicher, denn seine Herrlichkeit
verwandelt uns. Das alles bewirkt der
Geist des Herrn.

Wir Apostel haben nichts zu verbergen

4 1 Deshalb lassen wir uns in diesem
Dienst, den wir durch die Barm-
herzigkeit Gottes empfangen haben,
nicht entmutigen. 2 Wir haben uns von
allen beschämenden Heimlichkeiten
losgesagt. Wir arbeiten weder mit Trik-
ks noch verfälschen wir das Wort Got-
tes, sondern lehren die Wahrheit ganz
offen. Dadurch empfehlen wir uns vor
den Augen Gottes dem Gewissensur-
teil aller Menschen. 3 Wenn unsere
gute Botschaft dennoch verhüllt er-
scheint, so ist das nur bei denen der
Fall, die ins Verderben gehen, 4 bei den
Ungläubigen, bei denen der Gott die-
ser Welt das Denken verdunkelt hat,
damit sie das helle Licht des Evangeli-
ums nicht sehen: die Botschaft von der
Herrlichkeit des Christus, der Gottes
Ebenbild ist. 5 Denn wir predigen
nicht uns selbst, sondern Jesus Chris-
tus als den Herrn. Und weil wir zu ihm
gehören, betrachten wir uns als eure
Diener. 6 Denn der Gott, der einst aus
der Finsternis heraus Licht aufleuch-
ten ließ, hat das Licht auch in unseren
Herzen erstrahlen und uns die Herr-
lichkeit Gottes auf dem Angesicht von
Jesus Christus erkennen lassen.

Wir dienen Gott in Schwachheit und Leiden

7 Diesen Schatz tragen wir aber in
zerbrechlichen Tongefäßen, wie wir
es sind, damit deutlich wird, dass die
alles überragende Kraft von Gott
stammt und nicht von uns. 8 Von allen
Seiten werden wir bedrängt, sind aber
nicht erdrückt; wir sind oft ratlos,
aber nicht verzweifelt, 9 wir werden
verfolgt, sind aber nicht verlassen, wir
werden niedergestreckt, gehen aber
nicht zugrunde. 10 Immer und überall
tragen wir das Sterben von Jesus an
unserem Körper herum, damit auch
sein Leben an uns deutlich sichtbar
wird. 11 Weil wir zu Jesus gehören,
werden wir als Lebende ständig dem
Tod ausgeliefert, damit sein Leben
auch an unserem sterblichen Körper
offenbar wird. 12 So wirkt nun also
der Tod in uns, das Leben aber in
euch. 13 Doch weil wir denselben
Geist des Glaubens besitzen, von dem
es in der Schrift heißt: »Ich vertraute
auf Gott, darum habe ich geredet«*,
so glauben auch wir und darum reden
wir auch. 14 Denn wir wissen, dass
der, der den Herrn Jesus auferweckt
hat, auch uns mit Jesus auferwecken
und zusammen mit euch vor sich
hintreten lassen wird. 15 Das alles ge-
schieht für euch, damit immer mehr
Menschen von der Gnade Gottes er-
reicht werden und den Dank zur Ehre
Gottes vervielfachen.

16 Deshalb verlieren wir nicht den
Mut. Denn wenn wir auch äußerlich
aufgerieben werden, so werden wir
doch innerlich jeden Tag erneuert.
17 Denn die kleine Last unserer
gegenwärtigen Not schafft uns ein
unermessliches ewiges Gewicht an

4,13 Psalm 116,10

Herrlichkeit – 18 uns, die nicht auf das
Sichtbare starren, sondern nach dem
Unsichtbaren Ausschau halten. Denn
alles, was wir jetzt sehen, vergeht
nach kurzer Zeit. Das Unsichtbare
aber hat ewig Bestand.

Die Perspektive der Ewigkeit

5 1 Wir wissen ja: Wenn unser irdi-
sches Haus, das Zelt unseres
Körpers, abgebrochen wird, erhalten
wir eine Wohnung von Gott, ein nicht
von Menschen gebautes ewiges Haus
im Himmel. 2 Deshalb sehnen wir
uns danach, diesen himmlischen Leib
anzuziehen wie ein Kleid. 3 So wer-
den wir nicht nackt dastehen, wenn
wir den irdischen Körper ablegen
müssen. 4 Aber solange wir in diesem
Zelt hier leben, sind wir bedrückt,
denn wir möchten ja nicht entkleidet,
sondern überkleidet werden, damit
das Sterbliche vom Leben verschlun-
gen wird. 5 Darauf hat Gott uns vor-
bereitet und als Garantie dafür schon
seinen Geist gegeben. 6 Deshalb sind
wir voller Zuversicht, auch wenn wir
wissen, dass wir in diesem Körper
noch nicht beim Herrn zu Hause sind.
7 Wir leben ja im Glauben und noch
nicht im Schauen. 8 Aber wir rechnen
fest damit und möchten am liebsten
diesen Leib verlassen, um endlich da-
heim beim Herrn zu sein. 9 Deshalb
setzen wir unsere Ehre darein, ihm zu
gefallen, ganz gleich, ob wir noch in
der Fremde sind oder schon bei ihm
zu Hause. 10 Denn wir alle müssen
vor dem Richterstuhl des Christus er-
scheinen. Und dann wird jeder den
Lohn für das bekommen, was er in
seinem Leben getan hat, mag es nun
gut oder schlecht gewesen sein.

11 Weil wir nun wissen, wie sehr der
Herr zu fürchten ist, versuchen wir
Menschen zu überzeugen. Vor Gott
aber sind wir völlig offenbar und – wie
ich hoffe – auch vor eurem Gewissen.
12 Damit empfehlen wir uns nicht
wieder selbst bei euch, sondern wol-
len euch einen Grund liefern, stolz auf
uns zu sein. So könnt ihr denen ant-
worten, die nur auf ihre äußeren Vor-
züge stolz sind, ihr Herz aber nicht
zeigen dürfen. 13 Sollten wir nämlich
je »von Sinnen gewesen« sein, so geht
das allein Gott etwas an, und wenn
wir »bei klarem Verstand« sind, ist
das für euch.

14 Denn die Liebe des Christus um-
fängt uns, wenn wir erklären: Einer
ist für alle gestorben, also sind sie alle
gestorben. 15 Er ist für sie gestorben,
damit sie nicht mehr für sich selbst
leben, sondern für den, der für sie ge-
storben und auferweckt worden ist.
16 Deshalb beurteilen wir jetzt nie-
mand mehr nach menschlichen Maß-
stäben. Auch wenn wir Christus frü-
her so angesehen haben, so tun wir
das jetzt nicht mehr. 17 Wenn also
jemand mit Christus verbunden ist,
ist er eine neue Schöpfung: Was er
früher war, ist vergangen, etwas
Neues ist entstanden.

18 Aber das alles kommt von Gott,
der uns durch Christus mit sich selbst
ausgesöhnt und uns aufgetragen hat,
anderen mit dieser Versöhnung zu
dienen: 19 Gott war in der Person von
Christus als er durch ihn die Men-
schen mit sich versöhnte. Er rechnete
ihnen ihre Verfehlungen nicht an, und
übergab uns die Botschaft der Versöh-
nung. 20 So sind wir nun Botschafter
für Christus, und es ist Gott, der durch

uns mahnt. Wir bitten im Auftrag von
Christus: Nehmt die Versöhnung an,
die Gott euch anbietet! 21 Er hat den,
der ohne Sünde war, für uns zur
Sünde gemacht, damit wir durch ihn
zu der Gerechtigkeit kommen, mit der
wir vor Gott bestehen können.

Wir empfehlen uns als Gottes Diener!

6 1 Als Mitarbeiter Gottes ermah-
nen wir euch, die Gnade Gottes
nicht vergeblich empfangen zu haben,
2 denn er sagt: »Ich habe dich recht-
zeitig erhört, am Tag der Rettung
habe ich dir geholfen.«* Gebt acht:
Jetzt ist die richtige Zeit, jetzt ist der
Tag der Rettung! 3 Und dabei geben
wir in keiner Hinsicht irgendeinen
Anstoß, damit der Dienst nicht in Ver-
ruf gerät, 4 sondern wir empfehlen
uns in allem als Diener Gottes: durch
große Standhaftigkeit in Bedrückun-
gen, Notlagen und Ängsten, 5 bei
Schlägen, in Gefängnissen und unter
aufgehetztem Volk, bei mühevoller
Arbeit, in Wachen und Fasten, 6 in
Reinheit, Verständnis, Geduld und
Güte, durch Heiligen Geist und unge-
heuchelte Liebe, 7 im Reden der
Wahrheit und in der Kraft Gottes, im
Gebrauch der Waffen der Gerechtig-
keit zum Angriff und zur Verteidi-
gung, 8 in Ehre und Unehre, bei böser
und guter Nachrede, als Verführer
verdächtigt und doch wahrhaftig,
9 als Verkannte und Anerkannte, als
Sterbende, die doch leben; als miss-
handelt und nicht getötet; 10 als Trau-
rige, die sich doch allezeit freuen;
als Arme, die viele reich machen; als
solche, die nichts haben und doch
alles besitzen.

11 Wir haben kein Blatt vor den
Mund genommen, ihr Korinther,
und unser Herz ist weit geöffnet für
euch. 12 In uns ist es nicht zu eng für
euch, eng ist es nur in euren Herzen.
13 Als Gegenleistung – ich rede wie
zu Kindern – macht auch ihr die
Herzen weit. 14 Lasst euch nicht mit
Ungläubigen in dasselbe Joch span-
nen. Wie passen denn Gerechtigkeit
und Gesetzlosigkeit zusammen?
Oder was haben Licht und Finster-
nis gemeinsam? 15 Welche Überein-
stimmung gibt es zwischen Christus
und dem Teufel? Was verbindet
einen Gläubigen mit einem Ungläu-
bigen? 16 Und wie verträgt sich der
Tempel Gottes mit Götzen? Wir sind
doch der Tempel des lebendigen
Gottes, wie Gott gesagt hat: »Ich
werde in ihnen wohnen und unter
ihnen sein. Ich bin dann ihr Gott und
sie sind mein Volk.«* 17 Darum
»zieht weg und trennt euch von
ihnen«, spricht der Herr, »und rührt
nichts Unreines an, dann werde ich
euch aufnehmen. 18 Ich werde euer
Vater und ihr sollt meine Söhne und
Töchter sein«, spricht der Herr, der
Allmächtige.*

7 1 Diese Zusagen gelten uns, liebe
Geschwister. Darum wollen wir
uns von allem rein halten, was Körper

***

6,2 Jesaja 49,8

6,16 3. Mose 26,12 und Hesekiel 37,27 nach der LXX zitiert.

6,18 Die Verse 17-18 enthalten ein Mischzitat aus Jesaja 52,11; Hesekiel 20,40-41; 2. Samuel 7,14.

und Geist beschmutzt, und in Ehrfurcht
vor Gott die Heiligung verwirklichen.
2 Gebt uns doch Raum in euren Her-
zen! Wir haben niemand von euch
Unrecht getan. Wir haben niemand
zugrunde gerichtet, niemand ausge-
beutet. 3 Ich sage das nicht, um je-
mand zu verurteilen, denn ich habe ja
schon vorhin erklärt, dass wir euch
auf Tod und Leben in unserem Herzen
tragen. 4 Ich habe großes Zutrauen
und bin sehr stolz auf euch. Trotz all
unserer Bedrängnis bin ich zuver-
sichtlich und mit überaus großer
Freude erfüllt.

Wir freuen uns, dass ihr umgekehrt seid

5 Denn als wir nach Mazedonien ge-
kommen waren,* fanden wir körper-
lich keine Ruhe. Von allen Seiten wur-
den wir bedrängt: von außen Kämpfe,
von innen Ängste. 6 Doch Gott, der
die Niedergeschlagenen ermutigt, hat
uns durch die Ankunft des Titus wie-
der aufgerichtet – 7 nicht nur durch
seine Ankunft, sondern auch durch
die Ermutigung, die er bei euch erfah-
ren hat. Er hat uns nämlich von eurer
Sehnsucht nach mir, eurer Klage, dass
ihr mir Kummer bereitet habt, eurem
Eifer für mich erzählt. Das hat mich
noch glücklicher gemacht. 8 Denn
wenn ich euch durch meinen letzten
Brief auch wehgetan habe, tut mir
das nicht leid. Es tat mir zwar leid,
als ich hörte, wie hart er euch zuerst
getroffen hat, 9 doch jetzt freue ich
mich darüber – nicht dass ich euch
Schmerz bereitet habe, sondern dass
der Schmerz eure Einstellung ver-
ändert hat. Ihr habt ganz im Sinn
Gottes Schmerzen ertragen und damit
in keiner Weise Schaden durch uns
genommen.
10 Denn ein gottgewollter Schmerz
führt zu einer veränderten Einstellung
und so zu der Rettung, die man nie be-
reut. Doch der Schmerz, der von der
Welt verursacht wird, führt zum Tod.
11 Seht doch, was für ein eifriges Be-
mühen dieser gottgewollte Schmerz
bei euch bewirkt hat: Wie aufrichtig
war eure Entschuldigung, euer Unwil-
le über den Schuldigen, eure Furcht
vor und eure Sehnsucht nach uns;
wie wirksam eure Anstrengung, den
Schuldigen zu bestrafen. Damit habt
ihr bewiesen, dass ihr in dieser Sache
unschuldig seid. 12 Es ging mir in mei-
nem Brief ja nicht um den, der das Un-
recht getan hat, auch nicht um den, der
so schwer beleidigt wurde, sondern um
euch. Ich schrieb, damit ihr vor Gott
und euch selbst beweisen könnt, dass
ihr zu uns steht. 13 Deswegen sind wir
jetzt getröstet, aber nicht nur das: Wir
haben uns noch viel mehr über die
Freude des Titus gefreut, denn sein
Geist wurde durch euch sehr erfrischt.
14 Ich hatte euch vor ihm gerühmt und
bin nicht enttäuscht worden, im
Gegenteil: Unser Lob vor Titus erwies
sich als volle Wahrheit wie alles, was
wir zu euch gesagt haben. 15 Er ist
euch von Herzen zugetan, wenn er an
den Gehorsam von euch allen denkt,
und wie ihr ihn mit Angst und Bangen
aufgenommen habt. 16 Ich freue mich,
dass ich mich in jeder Hinsicht auf
euch verlassen kann.

7,5 *gekommen waren.* Hier nimmt Paulus den Bericht von Kapitel 2,13 wieder auf.

Aufruf zum Spenden

8 1 Wir wollen euch jetzt berichten, liebe Geschwister, was die Gnade Gottes in den Gemeinden Mazedoniens bewirkt hat. 2 Sie haben sich nicht nur in schwerer Bedrängnis bewährt, sondern ihre übergroße Freude und ihre tiefe Armut hat sich in den Reichtum ihrer Freigebigkeit verwandelt. 3 Ich bezeuge, dass sie gaben, so viel sie konnten, ja noch mehr: Über ihre Kräfte haben sie freiwillig gegeben. 4 Sie haben sich geradezu aufgedrängt und uns darum gebeten, sich an diesem Werk der Gnade, dem Hilfsdienst für die Heiligen, beteiligen zu dürfen. 5 Sie haben mehr getan, als wir erhofft hatten, denn sie gaben sich geradezu selbst hin – zuerst dem Herrn und dann nach Gottes Willen auch uns.

6 Deshalb haben wir Titus zugeredet, dieses Werk der Gnade, mit dem er schon früher bei euch angefangen hat, zu Ende zu führen. 7 Aber so, wie ihr euch in jeder Beziehung hervortut: im Glauben, in der Redegabe und der Erkenntnis, in allem Fleiß und der gegenseitigen Liebe, die wir in euch geweckt haben, so solltet ihr euren Reichtum auch in diesem Gnadenwerk zeigen. 8 Ich sage das nicht als Befehl, sondern ich gebe euch Gelegenheit, durch den Eifer der anderen die Echtheit eurer Liebe zu prüfen. 9 Ihr kennt ja die Gnadentat unseres Herrn Jesus Christus: Er, der reich war, wurde bettelarm für euch, damit ihr durch seine Armut reich würdet. 10 Nach meiner Meinung kann es nur gut für euch sein, euch an der Sammlung zu beteiligen. Ihr wolltet es ja bereits im vorigen Jahr und habt auch schon damit angefangen. 11 Jetzt solltet ihr das Begonnene zum Abschluss bringen, damit die Ausführung nicht hinter dem guten Vorsatz zurückbleibt – natürlich nur nach dem, was ihr habt. 12 Denn wenn der gute Wille da ist, dann ist er willkommen mit dem, was einer hat, und nicht mit dem, was er nicht hat. 13 Es geht nicht darum, dass ihr Mangel leiden sollt, damit andere Erleichterung haben, sondern es geht um einen Ausgleich: 14 Jetzt soll euer Überfluss ihrem Mangel abhelfen, damit auch ihr Überfluss einmal eurem Mangel dient. So soll es zu einem Ausgleich kommen, 15 wie geschrieben steht: »Wer viel sammelte, hatte keinen Überfluss, und wer wenig sammelte, hatte keinen Mangel.«*

16 Gott sei Dank, dass er Titus den gleichen Eifer für euch ins Herz gegeben hat, 17 denn Titus war mit meinem Vorschlag einverstanden, ja noch mehr: Er hatte schon von sich aus beschlossen, zu euch zu reisen. 18 Und wir haben den Bruder mit ihm geschickt, der wegen seiner Verkündigung des Evangeliums in allen Gemeinden sehr gelobt wird. 19 Aber nicht nur das: Die Gemeinden haben ihn auch zu unserem Reisegefährten bestimmt, wenn wir diese Liebesgabe zur Ehre des Herrn und als Zeichen unseres guten Willens überbringen. 20 Denn wir wollen vermeiden, dass man uns verdächtigt, wenn wir diese große Spende allein verwalten. 21 Es

8,15 2. Mose 16,18

liegt uns sehr daran, dass alles ein-
wandfrei abläuft, nicht nur vor Gott,
sondern auch vor den Menschen.
22 Zusätzlich schicken wir einen Bru-
der mit, der seine Tüchtigkeit bei sehr
vielen Gelegenheiten bewiesen hat
und sich in diesem Fall noch eifriger
zeigt, weil er großes Vertrauen zu
euch hat.

23 Wenn ich für Titus eintrete, so tue
ich das, weil er mein Gefährte und
Mitarbeiter im Dienst an euch ist; und
was unsere anderen Brüder betrifft:
Sie sind Abgesandte der Gemeinden,
Menschen, die Christus Ehre machen.
24 Zeigt ihnen, dass eure Liebe echt
ist, und beweist so den anderen Ge-
meinden, dass wir euch zu Recht ge-
lobt haben.

9 1 Eigentlich ist es unnötig, euch
über den Liebesdienst für die Hei-
ligen noch mehr zu schreiben. 2 Ich
kenne ja eure Bereitwilligkeit, die ich
auch den Mazedoniern gegenüber ge-
lobt habe: »Die Geschwister von
Achaja sind schon seit vorigem Jahr
bereit.« Euer Eifer hat die meisten von
ihnen angesteckt. 3 Trotzdem habe ich
die Brüder zu euch geschickt, damit
wir nicht enttäuscht werden, weil wir
euch gelobt und erklärt haben, dass ihr
bereit seid. 4 Denn wenn die Mazedo-
nier mit mir kommen und euch unvor-
bereitet finden sollten, werden wir in
dieser Erwartung beschämt und erst
recht ihr. 5 Darum hielt ich es für
nötig, die Brüder zu bitten, dass sie zu
euch vorausreisen und die angekün-
digte Segensgabe einsammeln, damit
sie dann wirklich bereitliegt und eine
echte Gabe des Segens und nicht des
Geizes ist.

Wie Christen geben sollen

6 Denkt daran: Wer sparsam sät,
wird auch sparsam ernten. Aber wer
reichlich sät, wird auch reichlich
ernten. 7 Jeder gebe so viel, wie er
sich im Herzen vorgenommen hat –
nicht mit Verdruss oder aus Zwang.
Gott liebt fröhliche Geber, 8 und er
hat die Macht, alle Gaben über euch
auszuschütten, so dass ihr nicht nur
jederzeit genug für euch selbst habt,
sondern auch noch anderen reichlich
Gutes tun könnt. 9 So steht es auch
geschrieben: »Er hat den Armen
reichlich gegeben, seine Gerechtig-
keit besteht ewig.«* 10 Gott, der dem
Sämann Samen und Brot gibt, der
wird auch euch Saatgut geben und es
aufgehen lassen, damit die Früchte
eurer Gerechtigkeit wachsen. 11 Er
wird euch so reich machen, dass ihr
jederzeit freigiebig sein könnt, was
durch uns wieder zum Dank an Gott
führt. 12 Denn die Hilfeleistung, die
in diesem »Gottesdienst« besteht,
hilft nicht nur dem Mangel der Hei-
ligen ab, sondern bewegt darüber
hinaus viele Menschen zum Dank an
Gott. 13 Wenn ihr euch in diesem
Dienst bewährt, werden sie Gott
dafür preisen, dass ihr euch gehor-
sam zum Evangelium von Christus
bekannt und ihnen und allen anderen
so freigiebig geholfen habt. 14 Sie
werden für euch beten und wären
gern mit euch zusammen, weil Gott
euch seine Gnade in so überreichem
Maß erwiesen hat. 15 Gott sei Dank
für seine unsagbar reiche Gabe!

9,9 Psalm 112,9

Paulus verteidigt seine Autorität

10 1 Ich, Paulus, der im persön-
lichen Umgang mit euch so
demütig auftreten, aber aus der Ferne
den starken Mann spielen soll, ich er-
mahne euch mit der Güte und Freund-
lichkeit von Christus: 2 Zwingt mich
bitte nicht, meine Stärke zu zeigen,
wenn ich komme. Denn ich habe vor,
energisch gegen die aufzutreten, die
behaupten, wir würden nach den
Maßstäben dieser Welt leben. 3 Na-
türlich sind wir auch nur Menschen,
aber wir kämpfen nicht wie die Men-
schen dieser Welt. 4 Denn die Waffen
unseres Kampfes sind nicht mensch-
lich, sondern es sind die mächtigen
Waffen Gottes, geeignet zur Zerstö-
rung von Festungen. 5 Mit ihnen zer-
stören wir Gedankengebäude und
jedes Bollwerk, das sich gegen die Er-
kenntnis Gottes erhebt, wir nehmen
jeden solcher Gedanken gefangen und
unterstellen sie Christus. 6 Wir stehen
bereit, jeden Ungehorsam zu bestra-
fen, sobald euer Gehorsam vollendete
Tatsache ist.

7 Seht doch, was vor Augen ist!
Wenn jemand überzeugt ist, Christus
zu gehören, dann sollte er sich überle-
gen, dass das auch bei uns der Fall ist.
8 Denn selbst wenn ich etwas mehr
auf unsere Vollmacht pochen sollte, so
brauchte ich mich nicht zu schämen.
Aber der Herr hat sie uns zum Aufbau
verliehen und nicht zu eurer Zerstö-
rung. 9 Ihr sollt aber nicht denken, ich
wollte euch mit den Briefen ein-
schüchtern. 10 Man sagt ja schon bei
euch: »Seine Briefe sind gewichtig
und stark, aber sein persönliches Auf-
treten ist schwach, und was er sagt, ist
kläglich.« 11 Wer so etwas sagt, soll
wissen: Genauso wie wir durch das
geschriebene Wort aus der Ferne wir-
ken, werden wir es in der Tat bewei-
sen, wenn wir bei euch sind.

12 Wir würden es natürlich niemals
wagen, uns mit gewissen Leuten zu
vergleichen, die sich selbst empfeh-
len, oder uns gar auf eine Stufe mit
ihnen stellen. Sie messen sich an sich
selbst, vergleichen sich mit sich, so
dumm sind sie. 13 Wir wollen uns
nicht so maßlos überschätzen, son-
dern den Maßstab anlegen, den uns
Gott zugeteilt hat: dass wir nämlich
bis zu euch gekommen sind. 14 Denn
wir maßen uns doch nicht zu viel an,
so als wären wir gar nicht bis zu euch
gekommen, denn wir sind ja mit dem
Evangelium von Christus bis zu euch
gelangt. 15 Wir rühmen uns also nicht
maßlos und prahlen mit fremden Lei-
stungen. Aber wir haben die Hoff-
nung, dass euer Glaube wächst und
wir dann unseren Wirkungskreis zu-
sammen mit euch noch viel weiter
ausdehnen können 16 und das Evan-
gelium weit über eure Grenzen hin-
austragen; nicht in einen fremden
Wirkungskreis, um uns nicht der Ar-
beit zu rühmen, die andere schon
getan haben. 17 »Wer sich aber rüh-
men will, der rühme sich des
Herrn!«* 18 Denn wer vom Herrn
empfohlen wird, ist anerkannt; nicht
wer sich selbst empfiehlt.

Paulus und die »Superapostel«

11 1 Lasst euch doch ein wenig
Dummheit von mir gefallen.
Aber das tut ihr ja schon! 2 Denn ich

10,17 Jeremia 9,23

liebe euch eifersüchtig mit der Eifer-
sucht Gottes. Ich habe euch einem ein-
zigen Mann verlobt, nämlich Christus,
und ihm will ich euch als unberührte
Braut zuführen. 3 Ich fürchte nur,
dass es euch wie Eva geht, die damals
durch die Falschheit der Schlange ver-
führt wurde. Genauso könnten eure
Gedanken von der aufrichtigen Hin-
gabe an Christus abkommen. 4 Denn
wenn einer zu euch kommt und einen
anderen Jesus predigt als den, den wir
euch vorgestellt haben; und wenn ihr
einen andersartigen Geist empfangt
als den, den ihr erhalten habt, oder ein
anderes Evangelium als ihr angenom-
men habt, dann ertragt ihr das ganz
gern. 5 Ich denke aber, dass ich nicht
schlechter war als eure Superapostel.
6 Und wenn ich auch kein Meister in
der Rede bin, so doch in der Erkennt-
nis. Das habe ich euch oft genug und
in jeder Hinsicht bewiesen.

7 Oder war es vielleicht unrecht von
mir, dass ich mich selbst erniedrigt
habe, um euch zu erhöhen, und euch
das Evangelium ohne jede Gegenleis-
tung verkündigt habe? 8 Andere Ge-
meinden habe ich »ausgeplündert«.
Ich habe Geld von ihnen angenom-
men, um euch dienen zu können.
9 Und als ich bei euch in Not geriet,
fiel ich niemand zur Last, denn die
Brüder, die aus Mazedonien kamen,
ergänzten, was ich zu wenig hatte. Ich
habe nichts von euch in Anspruch
genommen und werde das auch in
Zukunft nicht tun. 10 So gewiss die
Wahrheit von Christus in mir ist:
Diesen Ruhm wird mir im Gebiet von
Achaja keiner nehmen können!
11 Warum tue ich das? Liebe ich euch
etwa nicht? Gott weiß, wie es damit
steht. 12 Wenn ich auch in Zukunft
nichts von euch annehme, dann tue
ich das nur, um denen, die sich selbst
anpreisen, die Gelegenheit zu neh-
men, so aufzutreten wie wir. 13 Denn
diese Leute sind falsche Apostel,
unehrliche Arbeiter, die sich freilich
als Apostel von Christus ausgeben.
14 Aber das ist kein Wunder. Auch der
Satan tarnt sich ja als Engel des
Lichts. 15 Es ist also nichts Besonde-
res, wenn auch seine Diener mit der
Maske von Dienern der Gerechtigkeit
auftreten. Doch ihr Ende wird ihrem
ganzen Tun entsprechen.

16 Ich sage noch einmal: Keiner soll
mich für einen Dummkopf halten!
Wenn aber doch, dann lasst euch
meine Dummheit einmal gefallen,
damit auch ich mich ein wenig anprei-
sen kann. 17 Was ich jetzt sage, will
der Herr eigentlich nicht, sondern ich
rede in der Rolle des Narren, damit
auch ich ein wenig großtun kann.
18 Und weil so viele sich ihrer äußer-
lichen Vorzüge rühmen, will ich das
auch einmal tun. 19 Ihr klugen Leute
lasst euch ja die Narren gern gefallen,
20 denn ihr ertragt es, wenn jemand
euch versklavt, ausnützt und einfängt,
wenn jemand euch verachtet und ins
Gesicht schlägt. 21 Zu meiner Schan-
de muss ich gestehen: Dazu waren wir
zu schwach!

Doch wozu andere sich erdreistet
haben – ich rede einmal närrisch –,
damit kann ich auch angeben! 22 Sie
sind Hebräer? Ich auch. Sie sind Is-
raeliten? Ich auch. Sie sind Nachkom-
men Abrahams? Ich auch. 23 Sie die-
nen Christus? – Ich rede jetzt unsin-
nig. – Ich noch sehr viel mehr: Ich
habe weit mehr Mühsal auf mich

geladen, bin öfter im Gefängnis gewe-
sen, viel mehr geschlagen worden und
war häufig in Todesgefahr. 24 Fünfmal
habe ich von den Juden die 39 Schlä-
ge* bekommen. 25 Dreimal wurde ich
mit Stöcken geprügelt, und einmal bin
ich gesteinigt worden. Dreimal habe
ich Schiffbruch erlitten. Eine Nacht
und einen Tag trieb ich auf hoher See.
26 Ich habe viele Reisen gemacht und
kam in Gefahr durch Flüsse und in Ge-
fahr durch Räuber. Ich wurde bedroht
durch mein eigenes Volk und durch
fremde Nationen, kam in Gefahr in der
Stadt, in der Wüste und auf dem Meer
und auch durch falsche Brüder. 27 Wie
oft ertrug ich Mühsal und Plage und
durchwachte ganze Nächte; ich litt
Hunger und Durst und ertrug alle
möglichen Entbehrungen; ich fror
und hatte nicht genug anzuziehen.
28 Und zu allem kommt noch das, was
täglich auf mich eindringt: die Sorge
um alle Gemeinden. 29 Wo ist jemand
schwach und ich bin es nicht auch?
Wo wird jemand zur Sünde verführt
und es brennt nicht wie Feuer in mir?
30 Wenn schon geprahlt werden muss,
dann will ich mit meiner Schwäche
prahlen. 31 Gott, der Vater unseres
Herrn Jesus, der in Ewigkeit gepriesen
sei, er weiß, dass ich nicht lüge. 32 In
Damaskus ließ der Statthalter des
Königs Aretas* die Damaszenerstadt
bewachen, weil er mich verhaften
wollte. 33 Ich entkam ihm nur, weil ich
durch ein Fenster kletterte und in
einem Korb die Mauer hinunterge-
lassen wurde.

Wenn ich schwach bin, bin ich stark

12 1 Ich muss mich noch weiter
rühmen. Zwar weiß ich, dass
es niemand nützt, trotzdem will ich
auf Erscheinungen und Offenbarun-
gen des Herrn zu sprechen kommen.
2 Ich kenne jemand, der in enger Ver-
bindung mit Christus lebt und vor
vierzehn Jahren bis in den dritten
Himmel* hinein versetzt wurde. Ich
weiß allerdings nicht, ob das körper-
lich oder nur im Geist geschah. Das
weiß allein Gott. 3 Jedenfalls weiß ich
von dem Betreffenden – wie gesagt,
nur Gott weiß, ob es körperlich oder
im Geist geschah –, 4 dass er bis ins
Paradies entrückt wurde und dort un-
sagbare Worte hörte, die ein Mensch
nicht aussprechen darf. 5 Für den
will ich mich rühmen, im Blick auf
mich aber rühme ich nur meine
Schwachheit. 6 Wenn ich mich aber
doch rühmen wollte, hätte ich zwar
nicht den Verstand verloren, denn ich
würde ja die Wahrheit sagen. Ich ver-
zichte aber darauf, denn jeder soll

11,24 *Schläge.* Geißelung, die auch zum Tod führen konnte. 39 Schläge wurden verabreicht, damit man nicht aus Versehen die vom Gesetz vorgeschriebene Zahl von 40 überschritt, vgl. 5. Mose 25,3.

11,32 *Aretas.* Aretas IV., Schwiegervater von Herodes Antipas, herrschte über Nabatäa, das östlich von Israel liegt. Die Römer hatten zwischen 34 und 40 n.Chr. offenbar auch Damaskus seiner Herrschaft unterstellt. Dafür spricht, dass in dieser Zeit dort kein römisches Münzgeld geprägt wurde.

12,2 *dritten Himmel.* Die Bibel unterscheidet drei Dimensionen des Himmels, die im Deutschen alle mit dem gleichen Wort bezeichnet werden: Die Atmosphäre (engl. *sky*), das Weltall (engl. *space*), die unsichtbare Welt Gottes, das Paradies (engl. *heaven*).

mich nur nach dem beurteilen, was er
an mir sieht oder aus meinem Mund
hört. *7* Ja, ich habe außerordentliche
Offenbarungen gehabt. Damit ich
mir darauf aber nichts einbilde, hat
Gott mir einen Dorn ins Fleisch ge-
drückt. Ein Engel Satans darf mich
mit Fäusten schlagen, damit ich nicht
überheblich werde. *8* Dreimal habe
ich den Herrn angefleht, mich davon
zu befreien. *9* Doch er sagte zu mir:
»Meine Gnade muss dir genügen,
denn meine Kraft ist in den Schwa-
chen mächtig.« Jetzt bin ich sogar
stolz auf meine Schwachheit, weil so
die Kraft von Christus auf mir ruht.
10 Deshalb freue ich mich über meine
körperlichen Schwächen, ja selbst
über Misshandlungen, Notlagen,
Verfolgungen und Ängste, die ich für
Christus ertrage; denn wenn ich
schwach bin, bin ich stark.

11 Jetzt bin ich wirklich ein Narr ge-
worden. Aber ihr habt mich ja dazu
gezwungen. Eigentlich hätte ich von
euch empfohlen werden sollen; denn
wenn ich auch nichts bin, stehe ich
euren »Superaposteln« doch in keiner
Weise nach. *12* Das, woran man einen
Apostel erkennt, habe ich mit großer
Ausdauer in Zeichen, Wundern und
Machttaten unter euch gewirkt.
13 Worin seid ihr denn im Vergleich
mit den anderen Gemeinden zu kurz
gekommen? Das einzige ist, dass ich
euch nicht zur Last gefallen bin. Ver-
zeiht mir dieses Unrecht!

14 Nun bin ich schon dabei, euch
das dritte Mal zu besuchen – und ich
werde euch nicht zur Last fallen. Ich
suche ja nicht euer Geld, sondern
euch. Die Kinder sollen nicht für die
Eltern sparen, sondern die Eltern für
die Kinder. *15* Ich will sehr gern alles
aufwenden und mich für euch aufop-
fern. Sollte ich denn weniger Liebe bei
euch erfahren, wenn ich euch mehr
liebe? *16* Nun gut, ich bin euch nicht
zur Last gefallen. Weil ich aber
schlau bin, habe ich euch dann mit
List gefangen? *17* Habe ich euch etwa
durch einen meiner Boten ausgebeu-
tet? *18* Ja, ich habe Titus und den Bru-
der zu euch geschickt. Hat Titus euch
nun etwa ausgenutzt? Haben wir
nicht beide im gleichen Geist gehan-
delt? Sind wir nicht in den gleichen
Fußspuren gegangen?

19 Ihr denkt vielleicht schon lange,
dass wir uns vor euch verteidigen.
Nein, wir reden vor Gott als solche,
die mit Christus verbunden sind.
Und alles geschieht doch nur, um
euch aufzubauen, meine Lieben.
20 Denn ich fürchte, dass ich euch bei
meinem Kommen nicht so vorfinde,
wie ich es möchte, und dass ihr mich
auch nicht so findet, wie ihr wollt. Ich
fürchte, dass Streit und Eifersucht,
Zorn und Zänkereien, Verleumdun-
gen und üble Nachrede, Überheb-
lichkeit und große Unordnung da
sein werden. *21* Ich fürchte, dass
mein Gott mich nochmals vor euch
demütigen wird und ich über viele
von euch trauern muss. Ich meine
die, die schon früher gesündigt und
ihre Einstellung zu diesem schmut-
zigen, sexuell unmoralischen und
zügellosen Leben immer noch nicht
geändert haben.

13,1 5. Mose 19,15

Der abschließende Rat

13 1 Jetzt komme ich schon das
dritte Mal zu euch. »Durch
die Aussage von zwei oder drei Zeu-
gen wird jede Sache festgestellt.«*
2 Schon bei meinem zweiten Besuch
habe ich es denen, die gesündigt
haben, angekündigt, und ich wieder-
hole es jetzt aus der Ferne: Wenn ich
noch einmal komme, werde ich keine
Nachsicht mehr üben! 3 Ihr verlangt
ja einen Beweis dafür, dass Christus
durch mich redet, Christus, der nicht
in seiner Schwachheit, sondern in
seiner Kraft unter euch wirkt. 4 Er
wurde zwar in Schwachheit gekreu-
zigt, aber er lebt aus Gottes Kraft. So
sind auch wir mit Christus schwach,
werden aber vor euch mit ihm aus
Gottes Kraft leben. 5 Fragt euch doch
einmal selbst, ob ihr im Glauben
steht, und prüft euch! Erfahrt ihr
dann nicht an euch selbst, dass Chris-
tus in euch ist? Wenn nicht, dann
hättet ihr euch nicht bewährt. 6 Ich
hoffe nur, dass ihr erkennt: Wir haben
nicht versagt! 7 Doch wir beten zu
Gott, dass ihr nichts Böses tut, – nicht
damit wir als Bewährte erscheinen,
sondern dass ihr das Gute tut und wir
wie Versager dastehen. 8 Denn wir
können nichts gegen die Wahrheit
tun, sondern uns immer nur für sie
einsetzen. 9 Deshalb freuen wir uns,
wenn wir als Schwache erscheinen
und ihr als die Starken, denn wir
beten ja um eure Vervollkommnung.
10 Deswegen schreibe ich diesen
Brief noch aus der Ferne, damit ich
nicht Strenge gebrauchen muss,
wenn ich komme. Die Vollmacht, die
der Herr mir gab, habe ich ja zum
Aufbau und nicht zur Zerstörung der
Gemeinde erhalten.
11 Ich komme zum Schluss, liebe
Geschwister. Freut euch! Lasst euch
ermutigen und zurechtbringen! Seid
eines Sinnes und lebt in Frieden.
Dann wird der Gott der Liebe und des
Friedens mit euch sein. 12 Grüßt ein-
ander mit einem heiligen Kuss!* Es
grüßen euch alle Heiligen von hier.
13 Die Gnade unseres Herrn Jesus
Christus und die Liebe Gottes und die
Gemeinschaft des Heiligen Geistes sei
mit euch allen!

13,12 Kuss. Der Begrüßungskuss auf Stirn oder Wange war unter Familienangehörigen und Freunden üblich. Unter Gläubigen drückte ein keuscher Kuss die geistliche Verwandtschaft aus.

Brief des Paulus an die Gemeinden in Galatien

Im Jahr 45 n.Chr. waren Barnabas und Paulus von der Gemeinde Antiochia zum Missionsdienst ausgesandt worden. Durch ihre Arbeit kam es im Lauf des nächsten Jahres zur Gründung einiger Gemeinden, vor allem im südlichen Teil der römischen Provinz Galatien. Anfang des Jahres 48 n.Chr. kehrten sie wieder nach Antiochia zurück.

Inzwischen waren Berichte von den Gemeindegründungen nach Jerusalem gekommen und hatten viele jüdische Christen verunsichert, vor allem ehemalige Pharisäer. Sie konnten sich nicht vorstellen, dass Nichtjuden, wenn sie das Gesetz nicht halten, überhaupt so leben können, wie es Gott gefällt. Einige von ihnen machten sich deshalb auf und besuchten die von Paulus gegründeten Gemeinden, um sie im Gesetz zu unterweisen.

In dieser Zeit war auch Petrus in Antiochia und freute sich über die Gemeinschaft mit allen Christen dort. Doch dann kamen einige Juden aus Jerusalem, die behaupteten, von Jakobus geschickt worden zu sein. Sie erklärten den Christen, dass sie nicht gerettet werden können, wenn sie sich nicht beschneiden lassen. Dadurch verunsicherten sie selbst Petrus so sehr, dass er die Tischgemeinschaft mit den nichtjüdischen Christen aufgab und Paulus ihm öffentlich entgegentreten musste. Es kam jetzt zu heftigen Auseinandersetzungen mit den Vertretern der Beschneidung.

Durch Nachrichten aus Galatien verschärfte sich die Spannung noch. Dort waren viele Gläubige auf die Argumente der judenchristlichen Gesetzeslehrer hereingefallen. Paulus und Barnabas stellten sich den Jerusalemer Vertretern massiv entgegen. Als der Streit nicht aufhörte, wurden Paulus und Barnabas zusammen mit einigen anderen Brüdern beauftragt, nach Jerusalem zu reisen, um diese Streitfrage von den Aposteln und Ältesten dort klären zu lassen (siehe Apostelgeschichte 15). Kurz vor der Abreise im Jahr 48 n.Chr. schrieb Paulus diesen leidenschaftlichen Brief an die Christen in Galatien, um sie vor den judaistischen Lehren zu warnen, die für den Glauben tödlich sind. Mit aller Energie verteidigte er die christliche Freiheit gegen jede Form judenchristlich-pharisäischer Gesetzlichkeit.

Briefgruß

1 *1* Es schreibt Paulus, einer der Apostel. Ich wurde nicht von Menschen geschickt oder durch einen Menschen zum Apostel gemacht, sondern durch Jesus Christus* selbst und durch Gott, den Vater, der Jesus aus den Toten auferweckt hat. *2* Mit allen Brüdern, die hier bei mir sind, grüße ich die Gemeinden von Galatien*.

1,1 *Christus.* Griechisches Wort für *Gesalbter.* Hebräisch: Messias (siehe Vorwort des Übersetzers).

3 Ich wünsche euch Gnade und Frie-
den von Gott, unserem Vater, und dem
Herrn Jesus Christus. 4 Er hat sich
selbst für unsere Sünden hingegeben,
um uns aus der gegenwärtigen bösen
Welt herauszureißen. So wollte es
Gott, unser Vater. 5 Ihm gebührt die
Ehre in alle Ewigkeit. Amen*.

Es gibt nur ein Evangelium

6 Ich muss mich wundern, wie schnell
ihr Gott den Rücken zukehrt. Er hat
euch in die Gnade des Messias hinein-
gerufen, und ihr, ihr wendet euch
einer anderen Heilsbotschaft zu.
7 Dabei gibt es doch keine andere. Es
gibt nur ein paar Leute, die euch ver-
wirren und die Heilsbotschaft des
Messias auf den Kopf stellen wollen.
8 Aber nicht einmal wir selbst oder ein
Engel aus dem Himmel darf euch
irgendetwas als Evangelium verkün-
digen, das dem widerspricht, was wir
euch gebracht haben. Wer das tut, der
soll verflucht sein! 9 Ich sage es noch
einmal: Wer euch etwas als Evange-
lium verkündigt, was dem wider-
spricht, das ihr empfangen habt, der
soll verflucht sein! 10 Versuche ich so
etwa, den Beifall von Menschen zu ge-
winnen und Menschen zu gefallen –
oder nicht doch vielmehr Gott? Wenn
ich jetzt Menschen gefallen wollte,
dann wäre ich kein Diener von Chri-
stus mehr.

Wem ich das Evangelium verdanke

11 Es muss euch klar sein, liebe Ge-
schwister: Das Evangelium, das ich
euch verkündigt habe, ist kein Men-
schenwort. 12 Ich habe es nicht von
Menschen empfangen oder gelernt,
sondern ich erhielt es durch Offenba-
rung von Jesus Christus.

13 Ihr habt ja gehört, wie ich früher
für die jüdische Religion gelebt habe
und wie unbarmherzig ich die Ge-
meinde Gottes verfolgte und sie mit
aller Macht zu vernichten suchte.
14 In meinem Eintreten für die jüdi-
sche Religion übertraf ich viele mei-
ner Altersgenossen. Ich war ein fana-
tischer Eiferer für die überlieferten
Vorschriften meines Volkes. 15 Aber
Gott hatte mich schon im Mutterleib
ausgewählt und in seiner Gnade be-
rufen. Als es ihm dann gefiel, 16 mir
seinen Sohn zu offenbaren, damit
ich die gute Botschaft von ihm unter
den nichtjüdischen Völkern bekannt
machte, habe ich nicht erst Men-
schen um Rat gefragt. 17 Ich reiste
nicht einmal zu denen nach Jerusa-
lem, die schon vor mir Apostel wa-
ren, sondern ging nach Arabien und
kehrte dann wieder nach Damaskus
zurück.

18 Erst drei Jahre später kam ich
nach Jerusalem, um Kephas* kennen-
zulernen. Fünfzehn Tage war ich bei
ihm. 19 Von den anderen Aposteln
habe ich außer Jakobus, den Bruder

1,2 *Galatien* ist der Name einer Landschaft im nördlichen Kleinasien um das heutige Ankara in der Türkei herum. Die römische Provinz Galatien schloss aber seit einigen Jahrzehnten vor der Entstehung dieses Briefes auch die südlicher liegenden Landschaften Pisidien, Phrygien und Lykaonien ein.

1,5 *Amen.* Hebräisch: *Es werde wahr!* Oder: *So sei es!*

1,18 *Kephas.* Hebräischer Name von Petrus, vgl. Johannes 1,42.

des Herrn, niemand gesehen. 20 Was
ich euch hier schreibe – ich versichere
es euch vor Gott –, ist die reine Wahr-
heit. 21 Danach bin ich in der Gegend
von Syrien* und Zilizien* gewesen.
22 Den christlichen Gemeinden in
Judäa* blieb ich persönlich unbe-
kannt. 23 Sie hatten nur gehört:
»Unser ehemaliger Verfolger ver-
kündigt jetzt den Glauben, den er
früher vernichten wollte, als gute
Botschaft.« 24 Und sie priesen Gott
meinetwegen.

Die Vereinbarung in Jerusalem

2 1 Erst vierzehn Jahre später* kam
ich wieder nach Jerusalem. Ich
reiste mit Barnabas und hatte auch
Titus mitgenommen. 2 Diese Reise
unternahm ich aufgrund einer gött-
lichen Offenbarung. In Jerusalem trug
ich vor, was ich als Evangelium unter
den nichtjüdischen Völkern predige.
Ich tat das besonders vor den Angese-
henen in der Gemeinde, damit ich
nicht ins Leere laufen würde oder
bisher vergeblich gearbeitet hätte.
3 Doch nicht einmal mein griechi-
scher Begleiter Titus wurde gezwun-
gen, sich beschneiden* zu lassen.
4 Wegen dieser Sache hatten sich
nämlich falsche Brüder eingeschli-
chen. Sie waren eingedrungen, um
die Freiheit auszuspionieren, die wir
durch Christus haben, und uns wieder
zu versklaven. 5 Denen haben wir kei-
nen Augenblick nachgegeben, damit
die Wahrheit des Evangeliums euch
ganz erhalten bleibt. 6 Auch von den
Angesehenen in der Gemeinde wurde
uns nichts auferlegt. – Was sie früher
einmal waren, ist mir übrigens gleich-
gültig, denn vor Gott ist das Ansehen
einer Person ohne Bedeutung. –
7 Ganz im Gegenteil: Als sie sahen,
dass mir die Heilsbotschaft für die
nichtjüdischen Völker anvertraut war,
so wie sie Petrus für die Juden emp-
fangen hatte – 8 denn Gott bestätigte
den Petrus als Apostel für die Juden
und wirkte durch mich unter den
nichtjüdischen Völkern –, 9 als sie die
mir verliehene Gnade erkannten,
gaben Jakobus, Kephas und Johan-
nes, die ja als Säulen der Gemeinde
angesehen werden, mir und Barnabas
als Zeichen der Gemeinschaft die
Hand. Wir sollten weiter unter den
nichtjüdischen Völkern arbeiten, und
sie würden es unter den Juden tun.
10 Sie baten uns nur darum, die
Armen in Jerusalem nicht zu verges-
sen. Dafür habe ich mich auch immer
eingesetzt.

Zusammenstoß mit Petrus in Antiochia

11 Als dann aber Kephas nach Antio-
chia kam, musste ich ihn öffentlich

1,21 *Syrien.* Land am Mittelmeer, nördlich von Israel.

Zilizien. Römische Provinz im Südosten Kleinasiens, Heimat des Paulus.

1,22 *Judäa.* Von Juden bewohntes Gebiet zwischen dem Toten Meer und dem Mittelmeer.

2,1 *vierzehn Jahre später.* Das kann sich auf seinen ersten Besuch beziehen (Galater 1,18) oder auf seine Bekehrung drei Jahre vorher.

2,3 *beschneiden.* Siehe 1. Mose 17,9-14.

zur Rede stellen, weil er durch sein
Verhalten im Unrecht war. 12 Zu-
nächst hatte er ohne Bedenken mit den
nichtjüdischen Geschwistern zusam-
men gegessen. Als dann aber einige
Leute von Jakobus kamen, zog er sich
aus Furcht vor diesen Verteidigern der
Beschneidung von den gemeinsamen
Mahlzeiten zurück. 13 Auch die ande-
ren Juden in der Gemeinde hatten sich
von dieser Heuchelei anstecken las-
sen. Selbst Barnabas ließ sich dazu
hinreißen. 14 Als ich merkte, dass sie
nicht mehr den geraden Weg zur
Wahrheit des Evangeliums gingen,
sagte ich in aller Öffentlichkeit zu Ke-
phas: »Wenn du als Jude wie ein
Nichtjude lebst, warum zwingst du
dann Nichtjuden, jüdisch zu leben?«

15 Natürlich sind wir von Geburt
an Juden und keine nichtjüdischen
Sünder. 16 Trotzdem wissen wir, dass
kein Mensch vor Gott bestehen kann,
wenn er versucht, das Gesetz zu hal-
ten. Bestehen kann er nur durch den
Glauben an Jesus Christus. Darum
haben wir ja Christus vertraut, um
durch den Glauben an ihn bei Gott an-
genommen zu werden – und nicht
durch Erfüllung des Gesetzes. Kein
Mensch kann durch Gesetzeserfül-
lung die Gerechtigkeit erreichen, die
vor Gott gilt.

17 Wenn sich nun aber herausstellt,
dass wir Sünder sind, wir, die durch
Christus vor Gott als gerecht beste-
hen wollen, ist dann vielleicht Chris-
tus ein Diener der Sünde geworden?
Das ist völlig ausgeschlossen! 18 Ich
würde vielmehr selbst zum Gesetzes-
brecher, wenn ich dem wieder Gel-
tung verschaffte, was ich vorher für
ungültig erklärt habe. 19 Denn das
Gesetz hat mich dazu gebracht, für
das Gesetz gestorben zu sein, damit
ich für Gott lebe. Ich bin mit Christus
gekreuzigt 20 und lebe praktisch
nicht mehr. Christus lebt in mir. Und
das Leben, das ich jetzt noch in
meinem sterblichen Körper führe,
das lebe ich im Glauben an den Sohn
Gottes, der mich geliebt und sich
selbst für mich geopfert hat. 21 Diese
Gnade Gottes werde ich doch nicht
zurückweisen. Denn wenn wir durch
Erfüllung des Gesetzes vor Gott be-
stehen könnten, dann wäre Christus
umsonst gestorben.

Vertrauen auf Christus oder auf das Gesetz?

3 1 Ihr törichten Galater! Wer hat
euch nur verzaubert? Euch
wurde Jesus Christus doch als ge-
kreuzigt vor Augen gemalt! 2 Nur das
eine will ich von euch wissen: Habt
ihr den Geist empfangen, weil ihr das
Gesetz befolgt oder weil ihr die Bot-
schaft vom Glauben gehört habt?
3 Begreift ihr das nicht? Wollt ihr
wirklich in eigener Kraft zu Ende
bringen, was ihr im Geist angefangen
habt? 4 Habt ihr so große Dinge ver-
geblich erfahren? Falls es wirklich
vergeblich war! 5 Gab Gott euch denn
seinen Geist und wirkt er Wunder
unter euch, weil ihr das Gesetz befolgt
oder weil ihr die Botschaft vom Glau-
ben gehört habt?

6 Denkt an Abraham: »Er glaubte,
was Gott ihm versprach, und das

3,6 1. Mose 15,6

wurde ihm als Gerechtigkeit ange-
rechnet.«* 7 Begreift doch: Die aus
dem Glauben leben, sind Abrahams
Kinder! 8 Die Schrift hat vorausge-
sehen, dass Gott die nichtjüdischen
Völker durch den Glauben gerecht
sprechen würde, und verkündigte
deshalb dem Abraham schon im Vor-
aus die gute Botschaft: »Durch dich
werden alle Völker gesegnet wer-
den.«* 9 Folglich werden die, die auf
den Glauben bauen, zusammen mit
dem gläubigen Abraham gesegnet.
10 Denn alle, die auf die Erfüllung des
Gesetzes vertrauen, sind unter einem
Fluch, denn es steht geschrieben:
»Fluch über jeden, der nicht alles, was
im Gesetzbuch geschrieben ist, er-
füllt.«* 11 Es ist klar, dass mit Hilfe
des Gesetzes niemand vor Gott ge-
recht werden kann, denn »der Ge-
rechte wird aus Glauben leben«.*
12 Das Gesetz jedoch gründet sich
nicht auf den Glauben. Hier gilt: »Wer
seine Vorschriften befolgt, wird durch
sie leben.«* 13 Von diesem Fluch des
Gesetzes hat Christus uns freigekauft,
indem er an unserer Stelle den Fluch
auf sich genommen hat, denn es steht
geschrieben: »Wer am Kreuz hängt,
ist verflucht.«* 14 So sollte der Segen,
den Abraham erhielt, durch Jesus
Christus zu allen Völkern kommen,
damit wir durch den Glauben den zu-
gesagten Geist empfingen.

Das Gesetz hebt die Zusagen Gottes nicht auf

15 Liebe Geschwister, nehmen wir ein
Beispiel aus dem täglichen Leben:
Wenn jemand ein Testament rechts-
kräftig aufgesetzt hat, dann kann
niemand es für ungültig erklären oder
etwas hinzufügen. 16 So ist es auch
mit den Zusagen, die Gott dem Abra-
ham und seinem Nachkommen ge-
schenkt hat. Er sagt übrigens nicht:
»den Nachkommen«, als ob es viele
wären, sondern es ist von *einem* die
Rede, »deinem Nachkommen«*. Und
das ist Christus. 17 Ich will damit
sagen: Wenn Gott einen Bund rechts-
kräftig bestätigt hat, dann wird er
durch das 430 Jahre später entstande-
ne Gesetz nicht für ungültig erklärt.
Das Gesetz kann die Zusage nicht
außer Kraft setzen. 18 Denn wenn der
Erhalt des Erbes von der Erfüllung
des Gesetzes abhinge, dann käme es
nicht mehr aus einer Zusage. Gott hat
es Abraham aber durch ein Verspre-
chen zugesagt.

19 Aber was für einen Sinn hat dann
das Gesetz? Es wurde hinzugefügt,
um die Gesetzesübertretungen sicht-
bar zu machen, und zwar so lange, bis
der Nachkomme käme, dem das Ver-
sprechen galt. Es ist ja auch durch
Engel mit Hilfe eines Vermittlers er-
lassen worden. 20 Ein Vermittler steht
jedoch nie nur für eine der Parteien.
Gott ist aber nur Einer.*

3,8 1. Mose 12,3; 18,18

3,10 5. Mose 27,26

3,11 Habakuk 2,4 sinngemäß nach der LXX zitiert.

3,12 3. Mose 18,5 nach der LXX zitiert.

3,13 5. Mose 21,23

3,16 1. Mose 13,15; 17,7; 22,18; 24,7

3,20 *Einer.* Das heißt: Es braucht keinen Vermittler, wenn Gott selbst handelt.

21 Spricht das Gesetz denn gegen
die Zusagen Gottes? Natürlich nicht!
Das wäre nur der Fall, wenn es zum
Leben führen könnte. Nur dann wür-
den Menschen durch Erfüllung des
Gesetzes von Gott als gerecht ange-
sehen. 22 Aber die Schrift erklärt,
dass die ganze Welt von der Sünde
gefangen gehalten wird. So sollte das
Zugesagte durch den Glauben an
Jesus Christus denen geschenkt
werden, die glauben.

Das Gesetz führt zu Christus

23 Bevor es diesen Glauben gab,
wurden wir vom Gesetz gefangen
gehalten. Wir waren eingeschlossen
bis zu der Zeit, in der der Glaube be-
kannt gemacht werden sollte. 24 So
führte das Gesetz uns wie ein streng
ermahnender Erzieher zu Christus,
damit wir durch den Glauben von
Gott als gerecht anerkannt würden.
25 Nachdem nun der Glaube gekom-
men ist, stehen wir nicht mehr unter
einem Erzieher, 26 denn durch den
Glauben an Jesus Christus seid ihr
mündige Kinder Gottes geworden.
27 Denn ihr alle, die ihr auf Christus
getauft wurdet, habt euch mit Chris-
tus bekleidet. 28 Da gibt es keine
Juden oder Nichtjuden mehr, Skla-
ven oder Freie, Männer oder Frauen,
denn durch eure Verbindung mit
Jesus Christus seid ihr alle zu Einem
geworden. 29 Wenn ihr aber Chris-
tus gehört, seid ihr Abrahams Nach-
kommen und habt Anspruch auf das
zugesagte Erbe.

Aus der Sklaverei des Gesetzes befreit

4 1 Ich will Folgendes sagen: So-
lange der Erbe minderjährig ist,
unterscheidet er sich in nichts von
einem Sklaven, obwohl ihm doch alles
gehört. 2 Bis zu dem Termin, den der
Vater bestimmt hat, ist er von Vor-
mündern und Vermögensverwaltern
abhängig. 3 Genauso ging es auch
uns. Als Unmündige waren wir unter
die Prinzipien der Welt versklavt. 4 Als
dann aber die Zeit herangekommen
war, sandte Gott seinen Sohn. Er
wurde von einer Frau geboren und
unter das Gesetz gestellt. 5 Er sollte
die loskaufen, die unter der Herrschaft
des Gesetzes standen, damit wir das
Sohnesrecht bekämen. 6 Weil ihr nun
Söhne seid, gab Gott euch den Geist
seines Sohnes ins Herz, der »Abba!*
Vater!« in uns ruft. 7 Du bist also nicht
länger ein Sklave, sondern Sohn! Und
wenn du Sohn bist, dann hat Gott dich
auch zum Erben gemacht.

8 Früher, als ihr Gott nicht kann-
tet, habt ihr Göttern, die in Wirk-
lichkeit gar keine sind, wie Sklaven
gedient. 9 Aber jetzt kennt ihr Gott –
besser gesagt: Gott kennt euch –,
wie kann es da sein, dass ihr euch
wieder diesen armseligen und
schwachen Prinzipien zuwendet
und ihnen erneut wie Sklaven die-
nen wollt? 10 Ihr fangt an, auf be-
sondere Tage, Monate, Zeiträume
und Jahre zu achten. 11 Ich fürchte,

4,6 *Abba* (aramäisch) bedeutet Vater. Der Ausdruck wurde als liebe- und respektvolle Anrede nur im Familienkreis gebraucht.

4,12 *so wie ihr geworden.* nämlich frei vom Gesetz.

dass meine Arbeit an euch vergeb-
lich gewesen ist.

Wo ist eure Freude geblieben?

12 Ich bitte euch, liebe Geschwister,
werdet so wie ich, denn auch ich bin
so wie ihr geworden.* Nein, ihr habt
mir kein Unrecht getan. 13 Ihr wisst
doch, wie ich zum ersten Mal bei
euch war und euch das Evangelium
verkündigte. Ich war krank, 14 und
mein Zustand war anstößig für euch.
Dennoch habt ihr mich nicht verach-
tet oder verabscheut. Im Gegenteil,
ihr habt mich wie einen Engel Gottes
aufgenommen, ja, wie Jesus Chris-
tus selbst. 15 Wo ist die glückliche
Freude von damals nur geblieben?
Ich kann euch bezeugen: Wenn es
möglich gewesen wäre, hättet ihr
euch die Augen ausgerissen und mir
gegeben. 16 Bin ich jetzt euer Feind
geworden, weil ich euch die Wahr-
heit vorhalte?

17 Diese Leute wollen euch gewin-
nen, aber nicht für etwas Gutes. Sie
wollen einen Keil zwischen uns trei-
ben*, damit ihr euch um sie bemüht.
18 Natürlich ist es immer gut, sich für
einen guten Zweck zu bemühen, und
das auch nicht nur, wenn ich bei euch
bin. 19 Meine lieben Kinder, euret-
wegen erleide ich noch einmal Ge-
burtsschmerzen, bis Christus in euch
Gestalt gewinnt. 20 Gern wäre ich
jetzt bei euch, um in anderem Ton zu
euch zu sprechen, denn ich weiß
nicht, woran ich mit euch bin.

Sinnbilder aus dem Gesetz

21 Ihr wollt euch dem Gesetz unter-
werfen? Sagt mir: Hört ihr denn das
Gesetz nicht? 22 Es steht doch ge-
schrieben, dass Abraham zwei
Söhne hatte. Einer war von seiner
Sklavin und einer von seiner Frau.
23 Der Sohn der Sklavin wurde auf
die gewöhnliche Weise geboren. Der
Sohn seiner Frau aber war die Folge
einer Zusage Gottes. 24 Das muss im
übertragenen Sinn verstanden wer-
den: Die zwei Frauen bedeuten näm-
lich zwei Bundesschlüsse. Der eine
vom Berg Sinai bringt Kinder zur
Welt, die Sklaven sind. Das ist
Hagar. 25 Hagar steht für den Berg
Sinai in Arabien, entspricht aber
gleichzeitig dem jetzigen Jerusalem,
weil es mit seinen Kindern in Skla-
verei lebt. 26 Das Jerusalem droben
im Himmel ist jedoch frei. Und das
ist unsere Mutter. 27 Von ihr steht
geschrieben: »Freue dich, du Un-
fruchtbare, obwohl du keine Kinder
gebierst. Juble und jauchze, obwohl
du keine Wehen bekommst. Denn
die vereinsamte Ehefrau hat viel
mehr Kinder als die von ihrem Mann
vorgezogene.«* 28 Doch ihr, liebe
Geschwister, seid wie Isaak Kinder
der Zusage Gottes. 29 Allerdings ver-
folgte schon damals der auf normale
Weise geborene Sohn den, der sein
Leben dem Geist Gottes verdankt. So
ist es auch heute. 30 Aber was sagt
die Schrift dazu? »Jage die Sklavin
und ihren Sohn fort! Der Sohn der

4,17 *Keil ... treiben.* Wörtlich: euch aus-schließen, aussperren (von der Gemeinschaft mit dem Apostel).

4,27 Jesaja 54,1

4,30 1. Mose 21,10

Sklavin soll nicht mit dem Sohn der
freien Frau zusammen Erbe wer-
den.«* 31 Deshalb sind wir, liebe
Geschwister, nicht die Kinder einer
Sklavin, sondern die einer freien
Frau.

Lebt als befreite Menschen

5 1 Christus hat uns befreit, damit
wir als Befreite leben. Bleibt
also standhaft und lasst euch nicht
wieder in ein Sklavenjoch spannen!
2 Merkt euch meine Worte! Ich, Pau-
lus, erkläre: Wenn ihr euch be-
schneiden lasst, dann wird Christus
für euch wertlos sein. 3 Und ich er-
kläre noch einmal: Jeder, der sich be-
schneiden lässt, ist verpflichtet, das
ganze Gesetz zu befolgen. 4 Wenn
ihr durch das Gesetz vor Gott beste-
hen wollt, habt ihr euch von Christus
getrennt und die Gnade verloren.
5 Wir dagegen haben folgende Hoff-
nung: Wir erwarten aufgrund des
Glaubens durch den Geist Gottes die
Gerechtigkeit, die vor Gott Bestand
hat. 6 Denn wenn jemand mit Chri-
stus verbunden ist, hat weder die Be-
schneidung noch das Unbeschnit-
tensein irgendeinen Wert. Das Ein-
zige, was zählt, ist der Glaube, der
durch Liebe wirkt.

7 Es lief so schön bei euch. Wer hat
euch nur daran gehindert, der
Wahrheit zu folgen? 8 Was man
euch da einredet, kommt nicht von
dem, der euch berufen hat. 9 Schon
ein wenig Sauerteig durchsäuert
den ganzen Teig. 10 Doch ich ver-
traue dem Herrn, dass ihr nicht
anders denkt als ich. Wer euch aber
durcheinander bringt, wird das
Urteil zu tragen haben, ganz gleich,
wer er ist.

11 Was aber mich betrifft, liebe
Brüder: Wenn ich wirklich selbst
noch die Beschneidung fordern
würde, warum werde ich dann immer
noch verfolgt? Dann wäre das Är ger-
nis des Kreuzes ja beseitigt. 12 Von
mir aus sollen sich die, die euch
durcheinander bringen, auch noch
kastrieren lassen.

Freiheit, nicht Zügellosigkeit!

13 Ihr seid ja zur Freiheit berufen,
liebe Geschwister! Nur benutzt die
Freiheit nicht als Freibrief für eure
eigenwillige Natur, sondern dient
einander in Liebe. 14 Denn das ganze
Gesetz ist erfüllt, wenn ihr das eine
Gebot haltet: »Liebe deinen Nächs-
ten wie dich selbst!« 15 Wenn ihr
euch aber kratzt und beißt, dann
passt nur auf, dass ihr euch nicht
gegenseitig auffresst.

16 Ich will damit nur sagen: Der
Geist Gottes soll euer Leben bestim-
men, dann werdet ihr den eigenen Be-
gierden widerstehen können. 17 Denn
die menschliche Natur widerstrebt
dem Geist Gottes und der Geist Gottes
ebenso der menschlichen Natur.
Beide stehen gegeneinander, damit
ihr nicht einfach tut, was ihr wollt.
18 Wenn ihr aber vom Geist geführt
werdet, seid ihr nicht mehr dem Ge-
setz unterstellt.

19 Was unsere Natur hervorbringt,
ist offensichtlich: sexuelle Unmoral,
Unsittlichkeit und Ausschweifung,
20 Götzendienst und Zauberei, Feind-
seligkeit, Streit und Eifersucht, Zorn-
ausbrüche, Intrigen, Zwistigkeiten

und Spaltungen, 21 Neidereien, Sauf-
orgien, Fressgelage und ähnliche
Dinge. Ich warne euch, wie ich das
schon früher getan habe: Wer so lebt,
wird in Gottes Reich keinen Platz
haben.

Die Frucht des Geistes

22 Doch die Frucht, die der Geist
wachsen lässt, ist: Liebe, Freude,
Frieden, Geduld, Freundlichkeit,
Güte, Treue, 23 Sanftmut und Selbst-
beherrschung. Dagegen hat das Ge-
setz nichts einzuwenden. 24 Men-
schen, die zu Jesus Christus gehören,
haben die eigene Natur mitsamt den
Leidenschaften und Begierden ge-
kreuzigt.

25 Wenn wir nun durch den Geist
Gottes das neue Leben haben, so
wollen wir es auch in diesem Geist
führen. 26 Wir wollen nicht ehrgeizig
unsere Eitelkeit befriedigen und uns
gegenseitig herausfordern oder be-
neiden.

Tragt die Lasten gemeinsam

6 1 Liebe Geschwister, wenn je-
mand von euch in eine Sünde
hineinstolpert, dann müsst ihr, als
vom Geist bestimmte Menschen, ihn
verständnisvoll auf den rechten Weg
zurückbringen. Du solltest dabei
aber gut aufpassen, dass du nicht
selbst zu Fall kommst. 2 Helft euch
gegenseitig, die Lasten zu tragen.
Auf diese Weise erfüllt ihr das Gesetz
des Christus. 3 Wenn jemand sich
einbildet, etwas zu bedeuten, obwohl
er doch nichts darstellt, betrügt er
sich selbst. 4 Jeder prüfe sein eigenes
Tun, dann mag er stolz auf sich sein,
ohne sich über einen anderen zu er-
heben. 5 Denn jeder hat genug an
seiner eigenen Verantwortung vor
Gott zu tragen.

6 Jeder, der im Wort Gottes unter-
wiesen wird, soll auch zum Lebens-
unterhalt seines Lehrers beitragen.
7 Täuscht euch nicht: Gott lässt sich
nicht verspotten! Was der Mensch
sät, wird er auch ernten. 8 Wer auf
seine eigene Natur sät, wird von ihr
den Tod ernten. Wer auf den Geist
Gottes sät, wird von ihm das ewige
Leben ernten. 9 Wir wollen also nicht
müde werden, Gutes zu tun, denn
wenn die Zeit gekommen ist, werden
wir die Ernte einbringen, falls wir
nicht aufgeben. 10 Solange wir also
noch Gelegenheit haben, wollen wir
allen Menschen Gutes tun, am meis-
ten natürlich denen, die zur Glaubens-
familie gehören.

Eigenhändiger Briefschluss

11 Seht, mit was für großen Buchsta-
ben ich euch eigenhändig geschrieben
habe. 12 Die Leute, die euch dazu
drängen, dass ihr euch beschneiden
lasst, wollen nur vor den Menschen
gut dastehen. Sie wollen für ihr Be-
kenntnis zum gekreuzigten Christus
nicht verfolgt werden. 13 Doch nicht
einmal sie, die ja beschnitten sind, be-
folgen das Gesetz. Sie wollen aber,
dass ihr euch beschneiden lasst, damit
sie auf das Stück Haut, das euch ent-
fernt wurde, stolz sein können. 14 Ich
jedoch will auf nichts anderes stolz
sein als auf das Kreuz unseres Herrn
Jesus Christus. In diesem Kreuz ist
die Welt für mich gekreuzigt und ich
für sie. 15 Schließlich kommt es nicht

darauf an, beschnitten oder unbeschnitten zu sein, sondern allein darauf, in Christus neu geschaffen zu sein.
16 Frieden und Barmherzigkeit wünsche ich allen, die diesem Grundsatz folgen, und auch Gottes Volk Israel.
17 Künftig möge mir niemand mehr Schwierigkeiten machen, denn ich trage die Brandmale* an meinem Körper, die mich als Eigentum des Herrn Jesus kennzeichnen.
18 Die Gnade unseres Herrn Jesus Christus sei mit euch, liebe Geschwister. Amen.

***6,17** Brandmale.* Der Begriff wurde für die Brandzeichen gebraucht, mit denen Sklaven oder Tiere als Eigentum gekennzeichnet wurden. Paulus verweist damit auf die Narben, die er während seines missionarischen Dienstes davontrug und die ihn als Eigentum von Jesus Christus kennzeichneten.

Brief des Paulus an die Christen in Ephesus

Es kam anders, als Paulus in seinem Brief an Titus vermutete (Titus 3,12). Mitten im Winter segelte das Gefangenenschiff von Melite, dem südlichen Rumpf der westgriechischen Insel Kephallenia, in Richtung Italien ab. Paulus durfte seine Freunde mitnehmen, musste aber einen von ihnen, Trophimus, wegen einer schweren Erkrankung auf der Insel zurücklassen. Er konnte gerade noch eine Nachricht an Timotheus weitergeben, möglichst umgehend zu ihm nach Rom zu kommen. In Rom durfte Paulus dann mit dem Soldaten, der ihn bewachte, in eine eigene Wohnung ziehen und dort die gute Botschaft von Jesus Christus zwei Jahre lang ungehindert lehren.

In dieser Zeit, also um das Jahr 60 n.Chr., ist der Epheserbrief wahrscheinlich als erster der »Gefangenenbriefe« entstanden, denn Paulus schrieb ihn allein. Er richtete ihn als Rundbrief an die von Ephesus aus entstandenen Gemeinden in der Provinz Asia. Tychikus (6,21) würde den Brief auf seiner Reise nach Kolossä (Kolosser 4,7-8) überbringen.

Im ersten Teil des Briefes (Kapitel 1 - 3) beschreibt Paulus die Herrlichkeit der Erlösung, die die Christen durch Jesus Christus erhalten haben, und im zweiten Teil (Kapitel 4 - 6) die Praxis der Erlösung, das Verhalten, das sich für die Christen aus der Erlösung ergibt.

1 *1* Es schreibt Paulus, der nach dem Willen Gottes ein Apostel von Jesus Christus ist. An alle, die an Jesus Christus glauben, an die Heiligen,* die Gott für sich ausgesondert hat. *2* Ich wünsche euch Gnade und Frieden von Gott, unserem Vater, und von Jesus Christus, dem Herrn.

Was Gott uns geschenkt hat

3 Gelobt sei Gott, der Vater unseres Herrn Jesus Christus, der uns mit allem Segen seines Geistes gesegnet hat – durch unsere Beziehung zu Christus im Himmel. *4* Denn in ihm hat er uns schon vor Erschaffung der Welt erwählt, einmal heilig und tadellos vor ihm zu stehen. *5* Und aus Liebe hat er uns schon damals dazu bestimmt, durch Jesus Christus seine Kinder zu werden. Das war sein eigener gnädiger Wille *6* und es diente zum Lob seiner herrlichen Gnade, mit der er uns durch seinen geliebten Sohn beschenkt hat. *7* Durch ihn wurden wir freigekauft – um den Preis seines Blutes –, und in ihm sind uns alle Vergehen vergeben. Das verdanken wir allein Gottes unermesslich großer Gnade, *8* mit der er uns überschüttet hat. Er schenkte uns Einsicht und ließ

1,1 *die Heiligen.* Spätere Handschriften fügen »in Ephesus« hinzu. In den ältesten Manuskripten war dieser Zusatz jedoch unbekannt, wie auch einige Kirchenväter bestätigen. Der »Epheserbrief« war wohl ein Rundbrief an die Gemeinden der Provinz Asia, einschließlich ihrer Hauptstadt Ephesus.

uns seine Wege erkennen. 9 Und weil
es ihm so gefiel, hat er uns in das Ge-
heimnis seines Willens, den er in
Christus verwirklichen wollte, Ein-
blick nehmen lassen. 10 Er wollte
dann, wenn die richtige Zeit dafür ge-
kommen sein würde, seinen Plan aus-
führen: alles unter das Haupt von
Christus zu bringen, alles was im
Himmel und auf der Erde existiert.
11 In ihm haben wir auch ein Erbe zu-
gewiesen bekommen. Dazu hat er uns
von Anfang an bestimmt. Ja, das war
die Absicht dessen, der alles nach sei-
nem Plan verwirklicht. 12 Er wollte,
dass wir zum Lob seiner Herrlichkeit
da sind, wir, die schon vorher auf den
Messias gehofft haben. 13 Und nach-
dem ihr das Wort der Wahrheit, die
gute Botschaft von eurer Rettung, ge-
hört habt und zum Glauben gekom-
men seid, wurdet auch ihr durch ihn
mit dem versprochenen Heiligen
Geist versiegelt. 14 Dieser Geist ist der
erste Anteil an unserem künftigen
Erbe, der vollkommenen Erlösung,
die wir noch erhalten werden und die
uns ganz zu Gottes Eigentum macht.
Und auch das wird zum Lobpreis sei-
ner Herrlichkeit dienen.

Was wir erkennen sollen

15 Das ist auch der Grund, warum ich
nicht aufhöre, für euch zu danken,
nachdem ich von eurem Glauben an
den Herrn Jesus und von eurer Liebe
zu allen Heiligen gehört habe.
16 Immer wieder denke ich in meinen
Gebeten an euch. 17 Und ich bitte den
Gott unseres Herrn Jesus Christus,
den Vater der Herrlichkeit, dass er
euch durch seinen Geist Weisheit gibt
und euch zeigt, wie er selbst ist, dass
ihr ihn erkennen könnt. 18 Er gebe
euren Herzen erleuchtete Augen,
damit ihr seht, zu welch großartiger
Hoffnung er euch berufen hat, und
damit ihr wisst, wie reich das herrli-
che Erbe ist, das auf euch, die Heili-
gen, wartet; 19 damit ihr erkennt, wie
überwältigend groß die Kraft ist, die
in uns Gläubigen wirkt; die Kraft, die
nur zu messen ist an der gewaltigen
Macht, 20 die er an dem Messias wir-
ken ließ, als er ihn von den Toten auf-
erweckte und ihn in den himmlischen
Welten an seine rechte Seite setzte.
21 Dort thront er jetzt, hoch über allen
Gewalten, allen Mächten und Auto-
ritäten; über allem, was Rang und
Namen in dieser und auch in der zu-
künftigen Welt hat. 22 Gott hat ihm
alles zu Füßen gelegt, und er hat ihn,
der über alles herrscht, auch zum
Kopf der Gemeinde gemacht. 23 Die
Gemeinde stellt seinen Körper dar
und seine Fülle. Es ist die Fülle von
dem, der das All und alles erfüllt.

Wozu Gott uns geschaffen hat

2 1 Auch euch hat er mit Christus
lebendig gemacht, obwohl ihr
durch eure Sünden und Verfehlungen
tot wart. 2 Darin habt ihr früher ge-
lebt, abhängig vom Zeitgeist der Welt,
abhängig von der Geistesmacht, die in
der Luft herrscht und jetzt noch in den
Menschen wirksam ist, die Gott nicht
gehorchen wollen. 3 Zu ihnen haben
wir früher auch gehört und wurden
wie sie von unseren eigenen Begierden
beherrscht. Wir lebten unsere Triebe
und Ideen aus und waren genauso wie
die anderen von unserem Wesen her
dem Zorn Gottes ausgeliefert. 4 Aber
Gott ist reich an Erbarmen und hat

uns seine ganze große Liebe ge-
schenkt 5 und uns mit dem Messias le-
bendig gemacht – ja, auch uns, die
aufgrund ihrer Verfehlungen für ihn
tot waren. Bedenkt: Aus reiner Gnade
seid ihr gerettet! 6 Er hat uns mit Jesus
Christus auferweckt und uns mit ihm
einen Platz in der Himmelswelt gege-
ben, 7 damit er auch in den kommen-
den Zeitaltern den unendlichen Reich-
tum seiner Gnade und Güte in Jesus
Christus an uns deutlich machen
kann. 8 Denn durch die Gnade seid ihr
gerettet worden aufgrund des Glau-
bens. Dazu habt ihr selbst nichts
getan, es ist Gottes Geschenk 9 und
nicht euer eigenes Werk. Denn nie-
mand soll sich etwas auf seine guten
Taten einbilden können. 10 In Jesus
Christus sind wir Gottes Meisterstück.
Er hat uns geschaffen, dass wir gute
Werke tun, gute Taten, die er für uns
vorbereitet hat, damit wir sie in unse-
rem Leben ausführen.

Was Gott aus uns gemacht hat

11 Deshalb denkt daran, dass ihr frü-
her zu den Völkern gehörtet, die von
den Juden die »Unbeschnittenen« ge-
nannt werden, obwohl sie selbst nur
äußerlich beschnitten sind. 12 Ihr
wart damals von Christus getrennt,
vom Bürgerrecht Israels ausgeschlos-
sen und standet den Bündnissen Got-
tes und den damit verbundenen Zusa-
gen als Fremde gegenüber. Ihr hattet
keine Hoffnung und lebtet ohne Gott
in der Welt. 13 Doch jetzt seid ihr, die
ihr damals Fernstehende wart, durch
die Verbindung mit Jesus Christus
und durch sein Blut zu Nahestehen-
den geworden. 14 Denn er selbst ist
unser Friede, er, der aus beiden eine
Einheit gemacht und durch sein kör-
perliches Sterben die Mauer der Feind-
schaft niedergebrochen hat. 15 Da-
durch hat er das Gesetz mit seinen
Vorschriften und Geboten beseitigt,
um zwischen Juden und Nichtjuden
Frieden zu stiften; ja, um die beiden in
seiner Person zu dem einen neuen
Menschen zu formen 16 und um sie in
diesem einen Leib mit Gott zu versöh-
nen – durch seinen Tod am Kreuz, wo-
durch er auch die Feindschaft getötet
hat. 17 So ist er gekommen und hat
euch, den Fernstehenden, die gute
Nachricht vom Frieden gebracht und
den Nahestehenden ebenso. 18 Denn
durch ihn haben wir beide in einem
Geist freien Zugang zum Vater. 19 So
seid ihr also keine Fremden mehr, ge-
duldete Ausländer, sondern ihr seid
Mitbürger der Heiligen und gehört
zur Familie Gottes. 20 Ihr seid auf dem
Fundament der Apostel und Prophe-
ten aufgebaut, in dem Jesus Christus
selbst der Eckstein ist. 21 Durch ihn,
den Herrn, wächst der ganze Bau fest
zusammengefügt zu einem heiligen
Tempel hoch. 22 Und mit ihm verbun-
den werdet auch ihr als Bausteine in
diese geistliche Wohnstätte Gottes
eingefügt.

Was unsere Aufgabe ist

3 1 Das ist auch der Grund, weshalb
ich, Paulus, nach dem Willen von
Jesus Christus euch nichtjüdischen
Völkern zugute im Gefängnis bin. 2 Ihr
habt doch wohl von der Aufgabe ge-
hört, die mir in Bezug auf euch gege-
ben ist: Verwalter der Gnade Gottes zu
sein. 3 Denn durch eine Offenbarung
hat er mir das Geheimnis enthüllt, wie
ich es eben kurz beschrieben habe.

4 Wenn ihr meinen Brief lest, werdet
ihr merken, welche Einsicht Gott mir
in das Messiasgeheimnis geschenkt
hat. 5 Früheren Generationen war
das nicht bekannt, er hat es aber jetzt
seinen heiligen Aposteln und Prophe-
ten durch den Geist enthüllt: 6 Die
nichtjüdischen Völker sollen mit am
Erbe teilhaben und mit zu dem einen
Leib gehören. Und die Zusagen Got-
tes, die in Christus Wirklichkeit wur-
den, sollten durch das Evangelium
auch ihnen gelten. 7 Durch die Gabe
der Gnade Gottes bin ich ein Diener
dieser Botschaft geworden. So hat er
an mir seine gewaltige Macht erwie-
sen. 8 Mir, dem Geringsten von allen,
die Gott geheiligt hat, wurde die
Gnade geschenkt, den nichtjüdi-
schen Völkern verkündigen zu dür-
fen, dass der unfassbare Reichtum
des Messias auch für sie da ist, 9 und
ans Licht zu bringen, wie Gott dieses
Geheimnis nun verwirklicht hat; die-
sen Plan, den der Schöpfer aller
Dinge vor aller Zeit gefasst hat und
bis jetzt verborgen hielt. 10 Erst
durch die Gemeinde sollte das den
Mächten und Gewalten in der Him-
melswelt bekannt werden. Auf diese
Weise sollten sie die vielfältige Weis-
heit Gottes kennen lernen, 11 denn so
entsprach es dem ewigen Plan Got-
tes, den er in Jesus Christus, unserem
Herrn, verwirklicht hat. 12 Und weil
wir uns auf ihn verlassen, haben wir
den freien Zugang zu Gott, den wir in
aller Offenheit und voller Zuversicht
nutzen. 13 Darum bitte ich euch:
Lasst euch nicht irre machen durch
das, was ich leiden muss, denn ich er-
trage es euretwegen, zur Ehre für
euch.

Wofür wir beten sollen

14 Deshalb knie ich mich hin vor dem
Vater, 15 von dem alle Wesenheiten im
Himmel und auf der Erde ihren
Namen bekamen: 16 Er möge euch
nach dem Reichtum seiner Herrlich-
keit mit Kraft beschenken, dass ihr
durch seinen Geist innerlich stark
werdet; 17 dass Christus durch den
Glauben in euren Herzen wohnt und
ihr in seiner Liebe fest eingewurzelt
und gegründet seid; 18 damit ihr zu-
sammen mit allen, die von Gott gehei-
ligt sind, imstande seid, das ganze
Ausmaß zu erfassen, seine Breite,
Länge, Höhe und Tiefe; 19 und zu er-
kennen, was alle Erkenntnis über-
steigt: die unermessliche Liebe, die
Christus zu uns hat. So werdet ihr
bis zur ganzen Fülle Gottes erfüllt
werden.

20 Dem, der so unendlich viel mehr
tun kann als wir erbitten oder erden-
ken und der mit seiner Kraft in uns
wirkt, 21 ihm gebührt die Ehre in der
Gemeinde und in Jesus Christus von
Generation zu Generation in alle
Ewigkeit. Amen.

Bewahrt die Einheit!

4 1 Als einer, der für den Herrn im
Gefängnis ist, ermahne ich euch:
Lebt so, wie es der Berufung ent-
spricht, die an euch erging: 2 Seid
euch der eigenen Niedrigkeit bewusst
und begegnet den anderen freundlich,
habt Geduld miteinander und ertragt
euch gegenseitig in Liebe. 3 Bemüht
euch sehr darum, die Einheit, die der
Geist Gottes gewirkt hat, im Verbund
des Friedens zu bewahren. 4 Ihr seid
ja *ein* Leib; in euch lebt der *eine* Geist
und ihr habt die *eine* Hoffnung bei

eurer Berufung bekommen. 5 Ihr habt
nur *einen* Herrn, *einen* Glauben, *eine*
Taufe. 6 Und über allen ist der *eine*
Gott, der Vater von allen, der durch
alle und in allen wirkt.

Dient euch gegenseitig!

7 Jeder von uns hat den Anteil an der
Gnade erhalten, so wie er ihm von
Christus zugemessen wurde. 8 Darum
heißt es ja in der Schrift: »Er stieg hin-
auf in den Himmel, hat Gefangene mit
sich geführt und den Menschen
Gaben gegeben.«* 9 Wenn er aber
hinaufgestiegen ist, muss er ja zuerst
auf die Niederungen der Erde herab-
gestiegen sein. 10 Der, der zu uns her-
abstieg, ist auch der, der hoch über
alle Himmel aufgestiegen ist und alles
Geschaffene mit seiner Macht erfüllt.
11 Und er hat die einen als Apostel ge-
geben und andere als Propheten. Er
gab Evangelisten, Hirten und Lehrer,
12 damit sie die, die Gott geheiligt hat,
zum Dienst ausrüsten und so der Leib
des Christus aufgebaut wird 13 mit
dem Ziel, dass wir alle die Einheit im
Glauben und in der Erkenntnis des
Sohnes Gottes erreichen; dass wir zu
mündigen Christen heranreifen und
in die ganze Fülle hineinwachsen, die
Christus in sich trägt. 14 Dann sind
wir keine unmündigen Kinder mehr,
die sich vom Wind aller möglichen
Lehren umtreiben lassen und wie
Wellen hin- und hergeworfen werden.
Dann fallen wir nicht mehr auf das fal-
sche Spiel von Menschen herein, die
andere hinterlistig in die Irre führen.

15 Lasst uns deshalb fest zur Wahr-
heit und zur Liebe stehen und in jeder
Hinsicht zu Christus, unserem Haupt,
hinwachsen. 16 Von ihm her wird der
ganze Leib zusammengefügt und
durch verbindende Glieder zusam-
mengehalten. Das geschieht in der
Kraft, die jedem der einzelnen Teile
zugemessen ist. So bewirkt Christus
das Wachstum seines Leibes: Er baut
sich auf durch Liebe.

Lebt als neue Menschen!

17 Ich muss euch nun Folgendes sagen
und ermahne euch im Auftrag des
Herrn: Ihr dürft nicht mehr so leben
wie die Menschen, die Gott nicht ken-
nen. Ihr Leben und Denken ist von
Nichtigkeiten bestimmt, 18 und in
ihrem Verstand ist es finster, weil sie
vom Leben mit Gott ausgeschlossen
sind. Das kommt von der Unwissen-
heit, in der sie befangen sind, und von
ihrem verstockten Herzen. 19 So sind
sie in ihrem Gewissen abgestumpft
und haben sich ungezügelten Lüsten
hingegeben, sind unersättlich in sexu-
eller Unmoral und Habgier. 20 Aber
ihr habt gelernt, dass so etwas mit
Christus nichts zu tun hat. 21 Ihr habt
von ihm gehört und auch verstanden,
was in Jesus Wirklichkeit ist; 22 dass
ihr in Hinsicht auf euer früheres Leben
den alten Menschen abgelegt habt.
Denn der richtet sich in Verblendung
und Begierden zugrunde. 23 Ihr dage-
gen werdet in Geist und Sinn erneuert,
24 da ihr ja den neuen Menschen ange-
zogen habt, den Gott nach seinem Bild
erschuf und der von wirklicher Ge-
rechtigkeit und Heiligkeit bestimmt
ist.

25 Als Menschen, die das Lügen
abgelegt haben, müsst ihr einander

4,8 Nach Psalm 68,19.

die Wahrheit sagen. Wir sind doch
als Glieder miteinander verbunden.
26 Versündigt euch nicht, wenn
ihr zornig werdet! Die Sonne darf
über eurem Zorn nicht untergehen!
27 Gebt dem Teufel keinen Raum in
euch! 28 Wer ein Dieb war, soll nicht
mehr stehlen, sondern hart arbeiten
und mit eigenen Händen seinen Le-
bensunterhalt verdienen, damit er
Notleidenden davon abgeben kann.
29 Lasst kein hässliches Wort über
eure Lippen kommen, sondern habt
da, wo es nötig ist, ein gutes Wort, das
weiterhilft und allen wohltut. 30 Sonst
kränkt ihr den Heiligen Geist, den
Gott euch als Siegel aufgeprägt hat
und der euch die volle Erlösung
garantiert. 31 Fort also mit aller Bitter-
keit, mit Wut, Zorn und gehässigem
Gerede. Schreit euch nicht gegensei-
tig an und verbannt jede Bosheit aus
eurer Mitte. 32 Seid vielmehr um-
gänglich und hilfsbereit. Vergebt euch
gegenseitig, weil Gott auch euch
durch Christus vergeben hat.

Seid Nachahmer Gottes!

5 1 Werdet also Nachahmer Gottes
– ihr seid doch seine geliebten
Kinder – 2 und lasst euer Verhalten
von der Liebe bestimmen, so wie auch
der Messias seine Liebe bewiesen hat,
als er sein Leben für uns hingab. Er
brachte sich als Opfergabe dar, an der
Gott großes Gefallen hatte.

3 Von sexueller Unmoral jedoch,
von Schamlosigkeit jeder Art und von
Habsucht soll bei euch nicht einmal
geredet werden. Das schickt sich
nicht für Menschen, die Gott geheiligt
hat. 4 Auch Unanständigkeit, dum-
mes Geschwätz und derbe Späße pas-
sen nicht zu euch. Benutzt eure Zunge
lieber zum Danken! 5 Denn ihr müsst
wissen, dass keiner von denen, die in
sexueller Unmoral leben, ein aus-
schweifendes Leben führen oder von
Habgier erfüllt sind – Habgier ist näm-
lich eine Form von Götzendienst –,
einen Platz im ewigen Reich des Mes-
sias und Gottes haben wird. 6 Lasst
euch von niemand einreden, dass das
alles harmlos sei! Denn gerade wegen
dieser Dinge ziehen sich die ungehor-
samen Menschen den Zorn Gottes zu.
7 Habt also nichts mit ihnen zu tun!
8 Früher gehörtet ihr zwar zur Fins-
ternis, aber jetzt gehört ihr durch den
Herrn zum Licht. Lebt nun auch als
Menschen des Lichts! 9 Ein solches
Leben bringt als Frucht jede Art von
Güte, Gerechtigkeit und Wahrheit
hervor. 10 Fragt immer danach, was
dem Herrn gefällt, 11 und beteiligt
euch nicht an den nutzlosen Dingen,
die aus der Finsternis kommen, son-
dern stellt sie vielmehr bloß. 12 Denn
was manche heimlich tun, ist schon
auszusprechen unanständig. 13 Wird
es aber bloßgestellt, dann wird es
durch Gottes Licht offenbar; 14 denn
alles, was ans Licht kommt, kann
selbst Licht werden. Deshalb heißt es:
»Wach auf, du Schläfer, steh auf vom
Tod! Und der Messias wird dein Licht
sein.«*

Lasst euch vom Geist Gottes erfüllen!

15 Achtet also genau darauf, wie ihr
euer Leben führt – nicht als törichte,
sondern als weise Menschen! 16 Nutzt

5,14 Jesaja 60,1

die Gelegenheiten, die Gott euch gibt,
denn wir leben in einer bösen Zeit.
17 Seid also nicht leichtsinnig und ge-
dankenlos, sondern begreift, was der
Herr von euch will! 18 Und betrinkt
euch nicht, denn das führt zu einem
zügellosen und verschwenderischen
Leben, sondern lasst euch vom Geist
Gottes erfüllen! 19 Das geschieht,
indem ihr euch gegenseitig mit Psal-
men, Lobliedern und anderen geist-
lichen Liedern ermutigt*; indem ihr
aus vollem Herzen dem Herrn singt
und musiziert; 20 indem ihr Gott, un-
serem Vater, und dem Herrn Jesus
Christus allezeit und für alles dankt;
21 indem ihr euch in der Ehrfurcht vor
Christus einander unterordnet.

Unterordnung und Liebe

22 Ihr Frauen, unterstellt euch euren
Männern, so wie ihr euch dem Herrn
unterstellt. 23 Denn so wie Christus
das Oberhaupt der Gemeinde ist – er
hat sie ja gerettet und zu seinem Leib
gemacht –, so ist der Mann das Ober-
haupt der Frau. 24 Und wie die Ge-
meinde sich Christus unterordnet, so
sollen sich auch die Frauen ihren
Männern unterordnen, und zwar in
allen Dingen.
25 Ihr Männer, liebt eure Frauen,
und zwar so, wie der Christus die Ge-
meinde geliebt und sein Leben für sie
hingegeben hat. 26 Er tat das, um sie
zu heiligen, und reinigte sie dazu
durch Gottes Wort wie durch ein Was-
serbad. 27 Denn er wollte die Gemein-
de wie eine Braut in makelloser
Schönheit präsentieren; ohne Fle-
cken, Falten oder sonstige Fehler,
heilig und tadellos. 28 So sind auch
die Männer verpflichtet, ihre Frauen
zu lieben wie ihren eigenen Körper.
Wer seine Frau liebt, liebt sich selbst.
29 Niemand hasst doch seinen Kör-
per, sondern ernährt und pflegt ihn.
So macht es auch Christus mit der Ge-
meinde, 30 denn wir sind ja die Glie-
der seines Leibes. 31 »Darum wird ein
Mann seinen Vater und seine Mutter
verlassen und sich mit seiner Frau ver-
binden. Und die zwei werden völlig
eins sein.«* 32 Darin liegt ein tiefes
Geheimnis. Ich beziehe es auf Chris-
tus und die Gemeinde. 33 Für euch gilt
jedenfalls: Jeder liebe seine Frau so
wie sich selbst, und die Frau soll ihren
Mann achten.

Gehorsam und Erziehung

6 1 Ihr Kinder, gehorcht euren
Eltern, weil ihr mit dem Herrn
verbunden seid. Das ist nur recht und
billig. 2 »Ehre deinen Vater und deine
Mutter« – so lautet das erste Gebot,
dem eine Zusage folgt –, 3 »damit es
dir gut geht und du ein langes Leben
auf der Erde hast.«*
4 Ihr Väter, reizt eure Kinder nicht,
sondern erzieht sie nach den Maßstä-
ben und Ermahnungen des Herrn.

Ehrlichkeit und Nachsicht

5 Ihr Sklaven, gehorcht euren irdi-
schen Herren mit aller Ehrerbietung
und Gewissenhaftigkeit. Dient ihnen
mit aufrichtigem Herzen, als würdet
ihr dem Christus dienen. 6 Tut es

5,19 *Liedern ermutigt.* Das kann durch das Singen geschehen, durch die Texte der Lieder oder auch durch geistlichen Zuspruch.

5,31 1. Mose 2,24.

6,3 2. Mose 20,12.

nicht, um gesehen zu werden und
euch bei ihnen einzuschmeicheln. Be-
trachtet euch vielmehr als Sklaven des
Messias, die Gottes Willen von Her-
zen gern tun. 7 Seid euren Herren
wohlgesonnen und dient ihnen in der
Überzeugung, dass ihr es für den
Herrn und nicht für Menschen tut.
8 Ihr wisst doch, dass jeder, der Gutes
tut, vom Herrn dafür belohnt wird,
egal ob er Sklave ist oder ein freier
Mensch.

9 Und ihr Herren, behandelt eure
Sklaven im gleichen Sinn. Lasst das
Drohen sein! Denkt daran, dass ihr im
Himmel einen gemeinsamen Herrn
habt, vor dem alle Menschen gleich
sind.

Kämpft mit Gottes Waffen!

10 Und schließlich: Lasst euch stark
machen durch den Herrn, durch seine
gewaltige Kraft! 11 Zieht die volle
Rüstung Gottes an, damit ihr den
heimtückischen Anschlägen des Teu-
fels standhalten könnt. 12 Wir kämp-
fen ja nicht gegen Menschen aus
Fleisch und Blut, sondern gegen dä-
monische Mächte und Gewalten,
gegen die Weltherrscher der Finster-
nis, gegen die bösartigen Geistwesen
in der unsichtbaren Welt. 13 Greift
darum zu den Waffen Gottes, damit
ihr standhalten könnt, wenn der böse
Tag kommt, und dann, wenn ihr alles
erledigt habt, noch steht!
14 Steht also bereit: die Hüften um-
gürtet mit Wahrheit; den Brustpanzer
der Gerechtigkeit angelegt; 15 die
Füße mit der Bereitschaft beschuht,
die gute Botschaft vom Frieden mit
Gott weiterzutragen! 16 Greift vor
allem zum Großschild des Glaubens,
mit dem ihr die Brandpfeile des Bösen
auslöschen könnt. 17 Setzt auch den
Helm des Heils* auf und nehmt das
Schwert* des Geistes, das Wort Got-
tes, in die Hand! 18 Und betet dabei zu
jeder Zeit mit jeder Art von Gebeten
und Bitten in der Kraft des Heiligen
Geistes, und seid dabei wachsam und
hört nicht auf, für alle Gläubigen zu
beten.

19 Betet auch für mich, dass Gott
mir das rechte Wort schenkt, wenn
ich meinen Mund aufmache, um das
Geheimnis des Evangeliums offen be-
kannt zu machen 20 – als Gesandter
des Evangeliums bin ich ja im Gefäng-
nis –, damit ich so freimütig davon
rede, wie ich reden soll.

21 Unser lieber Bruder Tychikus, ein
treuer Helfer im Dienst für den Herrn,
wird euch erzählen, wie es mir geht
und was ich tue. 22 Deshalb habe ich
ihn auch zu euch geschickt, damit ihr
erfahrt, wie es um uns steht, und er
euch ermutigen kann. 23 Allen Ge-
schwistern wünsche ich von Gott,
dem Vater, und dem Herrn Jesus
Christus Frieden und Liebe verbun-
den mit dem Vertrauen zu ihm. 24 Die
Gnade sei mit allen, die unseren Herrn
Jesus Christus in unvergänglicher
Treue lieben.

6,17 Jesaja 59,17
Das *Schwert* ist ein Kurzschwert oder ein kurzer, einschneidiger Dolch, eine Waffe für den Nahkampf.

Brief des Paulus an die Christen in Philippi

Kurz nachdem Tychikus, einer der Mitarbeiter des Paulus, abgereist war, kam Epaphroditus mit einer Spende der Gemeinde aus Philippi nach Rom und blieb ein paar Wochen bei dem gefangenen Apostel. In dieser Zeit wurde er schwer krank. Nach seiner Genesung schickte Paulus ihn wieder nach Philippi zurück und gab ihm den Brief mit, den er inzwischen zusammen mit Timotheus an die Gemeinde geschrieben hatte. Das wird um das Jahr 61 n.Chr. gewesen sein. In diesem »Philipperbrief« bedankte er sich für die Unterstützung der Gemeinde und kündigte einen Besuch des Timotheus in Philippi an.

1 1 Es schreiben Paulus und Timo-
theus, Sklaven* von Jesus Chri-
stus. An alle Gläubigen in Philippi*;
an alle, die durch Jesus Christus gehei-
ligt sind, samt ihren Ältesten und Dia-
konen. 2 Wir wünschen euch Gnade
und Frieden von Gott, unserem Vater,
und von Jesus Christus, dem Herrn.

Ich bete mit Freude für euch

3 Jedes Mal, wenn ich an euch denke,
danke ich meinem Gott. 4 Und immer,
wenn ich Gott bitte, bete ich mit Freu-
de für euch. 5 Denn ihr habt euch vom
ersten Tag an mit mir für die gute Bot-
schaft eingesetzt. Und das tut ihr bis
heute. 6 Ich bin ganz sicher, dass Gott
das gute Werk, das er in euch ange-
fangen hat, auch weiterführen und am
Tag, an dem Jesus Christus wieder-
kommt, vollenden wird. 7 Es ist
durchaus angemessen, wenn ich so
über euch denke, denn ihr liegt mir be-
sonders am Herzen. Und ihr habt An-
teil an derselben Gnade wie ich, auch
wenn ich jetzt im Gefängnis die gute
Botschaft verteidige und mich für sie
verbürge. 8 Gott weiß, wie sehr ich
mich nach euch allen sehne – mit der
herzlichen Liebe von Jesus Christus.
9 Und ich bete auch darum, dass eure
Liebe immer reicher an Verständnis
und Einsicht wird, 10 damit ihr euch
für das entscheidet, worauf es an-
kommt, und am Tag von Christus rein
und tadellos vor ihm steht; 11 erfüllt
mit dem, was aus der Gerechtigkeit
gewachsen ist, die Jesus Christus
euch geschenkt hat. So wird Gott ge-
ehrt und gelobt.

Hauptsache, die gute Botschaft wird verkündigt

12 Ihr sollt wissen, liebe Geschwister,
dass alles, was mir hier zugestoßen

1,1 Ein *Sklave* (griech. *doulos*) ist ein Mensch, der rechtlich und wirtschaftlich Eigentum eines anderen Menschen ist. Christen verstanden sich als Sklaven von Jesus Christus, weil dieser sie aus der Sklaverei der Sünde »freigekauft« hatte, und betrachteten diesen Titel als Auszeichnung.

Philippi. Bedeutendste römische Kolonie in diesem Teil Mazedoniens. In Erinnerung an seinen Sieg 42 v.Chr. über die Cäsarmörder Brutus und Cassius hatte Augustus die Stadt zur Kolonie erhoben. Dort wurden römische Veteranen (ausgediente Soldaten) angesiedelt, erhielten Haus und Land als eine Art Pension. Die Stadt bekam das römische Bürgerrecht.

ist, die Verbreitung des Evangeliums gefördert hat; 13 denn hier weiß jeder, dass ich für Christus in Ketten liege, sogar die Soldaten der Palastwache. 14 Und die meisten der Brüder hier haben durch meine Gefangenschaft Mut gefasst und wagen es, das Wort Gottes ohne Furcht weiterzusagen. 15 Es gibt zwar einige, die aus Neid und Eifersucht predigen; andere aber verkündigen die Botschaft von Christus mit guten Absichten. 16 Sie tun es aus Liebe zu mir, weil sie wissen, dass ich zur Verteidigung des Evangeliums bestimmt bin. 17 Die anderen verkündigen das Wort von Christus aus selbstsüchtigen Motiven. Sie sind nicht aufrichtig, weil sie mir die Fesseln noch schmerzhafter machen wollen. 18 Aber was macht das schon? Es wird doch Christus verkündigt! Ob es nun aus ehrlichen Beweggründen getan wird oder nicht, Hauptsache es wird getan. Und darüber freue ich mich. Ja, ich werde mich auch künftig darüber freuen, 19 denn ich weiß, dass dies alles zu meiner Rettung führen wird – durch euer Gebet und durch die Hilfe des Geistes, der von Jesus Christus kommt.

Hauptsache, Christus wird geehrt

20 Ich erwarte und hoffe sehr, dass ich nichts tun werde, dessen ich mich schämen müsste, sondern dass jetzt genauso wie bisher Christus an mir und durch mich in aller Öffentlichkeit groß gemacht wird – sei es durch mein Leben oder durch meinen Tod. 21 Denn das Leben heißt für mich Christus und das Sterben Gewinn! 22 Wenn ich am Leben bleibe, bedeutet das fruchtbare Arbeit für mich. Und dann weiß ich nicht, was ich wählen soll. 23 Ich fühle mich hin- und hergerissen. Einerseits sehne ich mich danach, hinüberzugehen und bei Christus zu sein, denn das wäre bei weitem das Beste; 24 andererseits ist es wegen euch nötiger, am Leben zu bleiben. 25 Darauf baue ich und bin deshalb gewiss, dass ich euch zu eurer Förderung und Freude im Glauben erhalten bleibe. 26 Und wenn ich dann wieder zu euch komme, werdet ihr noch weit mehr Grund haben stolz und froh zu erzählen, was Jesus Christus alles an mir getan hat.

27 Auf jeden Fall müsst ihr so leben, wie es der Botschaft von Christus entspricht – ob ich nun komme und euch wiedersehe oder nur aus der Ferne von euch höre. Haltet in einem Geist fest zusammen und kämpft in derselben Gesinnung für den Glauben an die gute Botschaft. 28 Und lasst euch keinesfalls von den Widersachern einschüchtern. Für sie ist das ein Zeichen, dass sie verurteilt sind, für euch aber ein Beweis von Gott, dass ihr begnadigt seid. 29 Denn ihr habt das Vorrecht, nicht nur an Christus zu glauben, sondern auch für ihn zu leiden. 30 Diesen Kampf kämpfen wir gemeinsam. Und wie er aussieht, habt ihr schon früher an mir gesehen und jetzt hört ihr davon.

Nehmt euch ein Beispiel an Christus!

2 1 Gilt bei euch so etwas wie eine Ermutigung, Christus zu folgen? Gilt ein tröstender Zuspruch, der aus der Liebe kommt; eine Gemeinschaft durch den Heiligen Geist, ein herzliches Erbarmen? 2 Dann macht doch

meine Freude vollkommen, indem ihr
in derselben Einstellung und Liebe von
ganzem Herzen zusammensteht 3 und
nichts aus Streitsucht oder Ehrgeiz
tut! Seid vielmehr bescheiden und
achtet andere höher als euch selbst!
4 Denkt nicht nur an euer eigenes
Wohl, sondern auch an das der ande-
ren! 5 Eure Einstellung soll der von
Jesus Christus gleichen:

6 Er war genauso wie Gott / und
hielt es nicht gewaltsam fest, Gott
gleich zu sein. 7 Er legte alles ab
und wurde einem Sklaven gleich. /
Er wurde Mensch und alle sahen
ihn auch so. 8 Er erniedrigte sich
selbst und gehorchte Gott bis zum
Tod – zum Verbrechertod am
Kreuz. 9 Darum hat Gott ihn über
alles erhöht / und ihm den Namen
geschenkt, der über allen Namen
steht: 10 Denn vor dem Namen
Jesus wird einmal jedes Knie
gebeugt; / von allen, ob sie im
Himmel sind, auf der Erde oder
unter ihr. 11 Undjeder Mund wird
anerkennen: / »Jesus Christus
ist der Herr!« So wird Gott,
der Vater, geehrt.

Seid Vorbilder in der Welt!

12 Meine Lieben! Als ich bei euch war,
habt ihr meine Anweisungen immer
befolgt. Jetzt, in meiner Abwesenheit,
müsst ihr noch mehr darauf achten,
euch mit aller Ehrfurcht und Gewis-
senhaftigkeit darum zu bemühen,
dass eure Rettung sich auswirkt.
13 Denn Gott bewirkt den Wunsch in
euch, ihm zu gehorchen, und gibt
euch auch die Kraft, zu tun, was
ihm gefällt. 14 Tut alles ohne Murren
und Diskussion, 15 damit euch nie-
mand Vorwürfe machen kann. Als un-
tadelige Kinder Gottes sollt ihr wie
Himmelslichter mitten unter den
verdrehten und verdorbenen Men-
schen dieser Welt leuchten, 16 indem
ihr die Botschaft des Lebens darstellt.
Dann werdet ihr am Tag, an dem
Christus wiederkommt, Grund mei-
ner stolzen Freude sein, dass ich das
Rennen nicht verloren habe und
meine Arbeit nicht vergeblich war.
17 Und wenn mein Leben auch wie
bei einer Opferzeremonie als Trank-
opfer für euren Glauben ausgeschüt-
tet wird, so bin ich doch froh und
freue mich mit euch allen. 18 Und
auch ihr solltet glücklich darüber sein
und euch mit mir freuen.

Zwei meiner treuesten Mitarbeiter

19 Im Vertrauen auf Jesus, unseren
Herrn, hoffe ich, Timotheus bald zu
euch zu schicken; damit auch ich er-
mutigt werde, wenn er mir dann be-
richten kann, wie es euch geht. 20 Ich
habe sonst niemand, der so ganz mei-
nes Sinnes ist und sich so aufrichtig
um euch kümmern wird wie er. 21 Alle
anderen sind nur auf sich selbst be-
dacht und kümmern sich nicht um
das, was Jesus Christus wichtig ist.
22 Aber ihr wisst ja selbst, wie gut Ti-
motheus sich bewährt hat. Wie ein
Sohn seinem Vater hilft, so hat er sich
mit mir zusammen für die gute Bot-
schaft eingesetzt. 23 Ihn also hoffe ich
zu euch schicken zu können, sobald
ich meine Lage hier übersehe. 24 Ich
vertraue aber dem Herrn, dass ich
auch selbst bald zu euch kommen
kann.

25 In der Zwischenzeit hielt ich es
allerdings für nötig, Epaphroditus zu
euch zurückzuschicken, meinen Bru-
der, Mitarbeiter und Mitkämpfer. Ihr
hattet ihn als Helfer in meiner Not zu
mir geschickt. 26 Und jetzt hat er
große Sehnsucht nach euch und war
sehr beunruhigt, weil ihr von seiner
Krankheit erfahren hattet. 27 Er war
auch wirklich sehr krank und wäre
fast gestorben. Aber Gott hatte Erbar-
men mit ihm – und auch mit mir,
damit ich nicht von Kummer überwäl-
tigt würde. 28 Umso schneller schicke
ich ihn jetzt zu euch zurück, damit ihr
durch seinen Anblick wieder froh wer-
det und auch ich eine Sorge weniger
habe. 29 Nehmt ihn also im Namen
des Herrn mit Freude in Empfang und
haltet solche Männer in Ehren.
30 Denn er hat sein Leben für Christus
aufs Spiel gesetzt und hat sich an
eurer Stelle für mich aufgeopfert. Er
tat für mich das, was ihr aus der Ferne
nicht tun konntet.

Baut nicht auf menschliche Vorzüge!

3 1 Noch eins, liebe Geschwister,
freut euch, dass ihr mit dem Herrn
verbunden seid! Das zu schreiben ist
mir keine Last, und euch macht es si-
cher. 2 Doch nehmt euch in acht vor
diesen bösartigen Kötern, den falschen
Missionaren, den Propheten der Ver-
stümmelung*! 3 Ich nenne sie so, weil
wir die echten Beschnittenen sind, wir,
die Gott durch den Geist anbeten. Wir
verlassen uns nicht auf menschliche
Anstrengungen, sondern sind stolz
darauf, zu Jesus Christus zu gehören.
4 Natürlich könnte ich mich auch auf
menschliche Vorzüge berufen. Wenn
andere Grund haben, darauf zu ver-
trauen, hätte ich das noch viel mehr.
5 Ich wurde beschnitten, als ich acht
Tage alt war. Von Geburt bin ich ein
Israelit aus dem Stamm Benjamin,
ein Hebräer reinster Abstammung.
Und was das Gesetz betrifft, gehörte
ich zur strengen Richtung der Phari-
säer. 6 Dem Eifer nach war ich ein un-
erbittlicher Verfolger der Gemeinde;
und gemessen an der Gerechtigkeit,
die aus der Befolgung des Gesetzes
kommt, war ich ohne Tadel.

7 Früher hielt ich diese Dinge für
einen Gewinn, aber jetzt, wo ich
Christus kenne, betrachte ich sie als
Verlust. 8 Ja wirklich, alles andere er-
scheint mir wertlos, wenn ich es mit
dem unschätzbaren Gewinn verglei-
che, Jesus Christus als meinen Herrn
kennen zu dürfen. Durch ihn habe ich
alles andere verloren und betrachte es
auch als Dreck. Nur er besitzt Wert
für mich. 9 Und zu ihm möchte ich
um jeden Preis gehören. Deshalb ver-
traue ich nicht mehr auf meine Ge-
rechtigkeit, die aus dem Befolgen des
Gesetzes kam, sondern auf die Ge-
rechtigkeit, die ich durch den Glau-
ben an Christus habe, auf die Gerech-
tigkeit, die von Gott kommt und
dem Glaubenden zugesprochen wird.
10 Ich möchte nichts anderes mehr
kennen als Christus, und ich will die

3,2 *Verstümmelung*. Sarkastisches Wortspiel. Es meint die »Verstümmelung« des männlichen Gliedes bei der Beschneidung von nichtjüdischen Erwachsenen durch Abtrennen der Vorhaut. Gott hatte die Beschneidung für die Israeliten, aber nicht für alle Völker angeordnet (1. Mose 17,9-14).

mächtige Kraft, die ihn aus den Toten
auferstehen ließ, an meinem eigenen
Leib erfahren. Ich möchte lernen, was
es heißt, mit ihm zu leiden und in ihm
zu sterben, 11 um dann auch unter
denen zu sein, die aus den Toten her-
aus auferstehen* werden.

Lauft wie ich auf das Ziel zu!

12 Ich will nicht behaupten, das Ziel
schon erreicht zu haben oder schon
vollkommen zu sein; doch ich strebe
danach, das alles zu ergreifen, nach-
dem auch Christus von mir Besitz
ergriffen hat. 13 Nein, ich bilde mir
nicht ein, es schon geschafft zu
haben, liebe Geschwister; aber eins
steht fest: Ich vergesse das Vergange-
ne und schaue auf das, was vor
mir liegt. 14 Ich laufe mit aller Kraft
auf das Ziel zu, um den Siegespreis
droben zu gewinnen, für den Gott
uns durch Jesus Christus bestimmt
hat. 15 Und zu allen »Vollkomme-
nen« sage ich: Lasst uns das beden-
ken! Doch wenn ihr in irgendeinem
Punkt anderer Meinung seid, wird
Gott euch auch darüber Klarheit
schenken. 16 Auf jeden Fall sollen wir
festhalten, was wir schon erreicht
haben.

17 Nehmt mich als Vorbild, Ge-
schwister; und lernt auch von denen,
die unserem Beispiel folgen. 18 Denn
es gibt viele, vor denen ich euch
schon oft gewarnt habe und es jetzt
unter Tränen wiederholen muss.
Durch ihr Verhalten zeigen sie, dass
sie Feinde der Kreuzesbotschaft von
Christus sind. 19 Sie werden im
Verderben enden, denn ihr Bauch ist
ihr Gott, und sie sind stolz auf das,
was ihre Schande ist. Sie denken
nur an die irdischen Dinge. 20 Doch
wir haben unser Bürgerrecht im
Himmel. Von dort her erwarten wir
auch unseren Retter und Herrn
Jesus Christus. 21 Er wird unseren
armseligen vergänglichen Leib ver-
wandeln, sodass er dann seinem
verherrlichten Körper entsprechen
wird. Das geschieht mit der Kraft,
mit der er sich alle Dinge unterwer-
fen kann.

4 1 Deshalb bleibt dem Herrn abso-
lut treu, meine lieben Geschwis-
ter! Ich sehne mich nach euch, denn
ihr seid meine Freude und die Beloh-
nung für meine Arbeit.*

Vertragt euch!

2 Und nun habe ich eine herzliche
Bitte an Evodia und Syntyche: Bitte
vertragt euch als Schwestern im
Glauben! 3 Und dich, mein treuer
Syzygus*, bitte ich, den beiden zu
helfen! Sie haben ja mit mir zusam-
men für die Verbreitung der guten
Botschaft gekämpft; auch mit Kle-
mens und meinen anderen Mitar-
beitern, deren Namen im Buch des
Lebens stehen.

3,11 *heraus auferstehen.* Der Begriff »Heraus-Auferstehung« kommt nur hier vor und bezieht sich auf die Auferstehung der Gläubigen wie 1. Thessalonicher 4,16; 1. Korinther 15,23.

4,1 *und ... Arbeit.* Wörtlich: Und mein Siegeskranz.

4,3 *Syzygus* heißt »Gefährte«. Hier als Eigenname gebraucht.

Freut euch!

4 Freut euch jeden Tag, dass ihr mit
dem Herrn verbunden seid! Ich sage
es noch einmal: Freut euch! 5 Lasst
alle sehen, wie herzlich und freund-
lich ihr seid! Der Herr kommt bald.
6 Macht euch keine Sorgen, sondern
bringt eure Anliegen im Gebet mit
Bitte und Danksagung vor Gott!
7 Und sein Frieden, der alles mensch-
liche Denken weit übersteigt, wird
euer Innerstes und eure Gedanken
beschützen, denn ihr seid ja mit Jesus
Christus verbunden.

8 Ansonsten denkt über das nach,
meine Geschwister, was wahr, was an-
ständig und gerecht ist! Richtet eure
Gedanken auf das Reine, das Liebens-
werte und Bewundernswürdige; auf
alles, was Auszeichnung und Lob ver-
dient! 9 Und handelt nach dem, was
ihr von mir gelernt und gehört, und
was ihr auch an mir gesehen habt!
Dann wird der Gott des Friedens mit
euch sein.

Ich danke euch herzlich

10 Es war mir eine große Freude und
ein Geschenk vom Herrn, dass eure
Fürsorge für mich wieder aufgeblüht
ist. Ich weiß natürlich, dass ihr immer
um mich besorgt wart, aber eine Zeit
lang hattet ihr keine Gelegenheit
dazu. 11 Ich sage das nicht, weil ich
unbedingt etwas gebraucht hätte;
denn ich habe gelernt, mit dem zufrie-
den zu sein, was ich habe. 12 Ich kann
in Armut leben und mit Überfluss
umgehen. Ich bin in alles eingeweiht.
Ich weiß, wie es ist, satt zu sein oder
zu hungern; ich kenne Überfluss und
Mangel. 13 Durch den, der mich stark
macht, kann ich in allem bestehen.
14 Aber es war sehr lieb von euch, dass
ihr an meinen Schwierigkeiten Anteil
genommen habt. 15 Ihr wisst ja, dass
ihr Philipper am Beginn meines
Dienstes, damals, als ich das Evange-
lium von Mazedonien aus weitertrug,
die einzige Gemeinde wart, die mich
finanziell unterstützt hat. 16 Schon
nach Thessalonich habt ihr mir mehr-
mals Hilfe zukommen lassen. 17 Nicht
dass ich es auf euer Geld abgesehen
hätte; mir liegt viel mehr daran, dass
euer Guthaben reichlich Zinsen trägt.
18 Im Augenblick habe ich alles, was
ich brauche. Es ist mehr als genug.
Durch das, was Epaphroditus von
euch überbracht hat, bin ich reichlich
versorgt. Diese Gabe ist wie der Duft
eines Opfers, das Gott sehr erfreut.
19 Mein Gott wird euch durch Jesus
Christus aus seiner überaus reichen
Herrlichkeit alles geben, was ihr
braucht. 20 Gott, unserem Vater, ge-
bührt alle Ehre für immer und ewig.
Amen.

21 Grüßt alle Gläubigen, alle, die
Jesus Christus für sich ausgesondert
hat! Es grüßen euch die Brüder, die
bei mir sind. 22 Auch alle anderen
Gläubigen hier lassen euch grüßen;
besonders die, die im kaiserlichen
Dienst sind. 23 Die Gnade des Herrn
Jesus Christus sei mit euch!

Brief des Paulus an die Christen in Kolossä

Kurze Zeit nachdem Paulus seinen Brief an die Epheser geschrieben hatte, trafen Timotheus, einer der treusten Mitarbeiter des Paulus, und Epaphras, der Gründer der Gemeinde von Kolossä, in Rom ein. Als der Apostel den Bericht des Epaphras vernommen hatte, verfasste er zusammen mit Timotheus einen Brief an die Gemeinde in Kolossä. Dieser Brief ist dem Epheserbrief sehr ähnlich, ist aber kein Rundschreiben, sondern richtet sich an eine einzelne Gemeinde. Tychikus wird ihn zusammen mit dem Epheserbrief (Epheser 6,21) überbringen und dabei von Onesimus begleitet werden (Kolosser 4,7-9).

1 1 Es schreiben Paulus, der nach
dem Willen Gottes ein Apostel
von Jesus Christus ist, und Timo-
theus, der Bruder. 2 An die treuen Ge-
schwister in Kolossä*, die mit Chri-
stus verbunden sind. Wir wünschen
euch Gnade und Frieden von Gott, un-
serem Vater.

Dank und Fürbitte für die Gemeinde

3 Immer, wenn wir für euch beten, dan-
ken wir Gott, dem Vater unseres Herrn
Jesus Christus, 4 weil wir von eurem
Glauben an Christus gehört haben und
von eurer Liebe zu allen, die Gott gehei-
ligt hat. 5 Und wir danken für die Hoff-
nung, deren Erfüllung euch im Himmel
erwartet. Davon habt ihr ja schon ge-
hört, als euch die Wahrheit der guten
Botschaft erreichte. 6 Diese Botschaft
ist nicht nur bei euch, sondern auch in
der ganzen Welt bekannt. Überall brei-
tet sie sich aus und bringt Frucht. So ist
es ja auch bei euch geschehen, seit ihr
sie gehört und die Wahrheit der Gnade
Gottes erkannt habt. 7 Es war Epa-
phras, unser lieber Mitarbeiter, der
euch diese Lehre gebracht hat. Er ist ein
treuer Diener von Christus; und das
kommt euch zugute. 8 Er hat uns auch
von der Liebe erzählt, die der Heilige
Geist euch geschenkt hat.

9 Seitdem hören wir nicht auf, in-
ständig für euch zu beten. Wir bitten
Gott, dass er euch erkennen lässt, was
sein Wille ist, und dass er euch mit
Weisheit und geistlichem Verständnis
erfüllt. 10 Denn ihr sollt den Herrn mit
eurem Leben ehren und ihn erfreuen
mit allem, was ihr tut. Euer Leben
wird dann als Frucht alle Art von
guten Werken hervorbringen, und ihr
werdet Gott immer besser verstehen.
11 Und ihr werdet auch die herrliche
Kraft Gottes an euch erfahren, damit

1,2 Jahrhunderte lang war *Kolossä* eine führende Stadt in Kleinasien. Sie lag im fruchtbaren Tal des Lykos-Flusses und an der großen west-östlichen Handelsroute, die bis zum Euphrat ging. Zur Zeit des Paulus hatte Kolossä an Bedeutung verloren, war aber immer noch eine wohlhabende Stadt. Etwa ein Jahr, nachdem Paulus diesen Brief geschrieben hatte, wurde Kolossä durch ein Erdbeben zerstört, wovon sich die Stadt nie mehr erholte.

ihr alles geduldig und standhaft er-
tragen könnt. 12 Dann werdet ihr mit
Freude dem Vater danken, dass er
euch fähig gemacht hat, an dem Erbe
teilzuhaben, das für sein heiliges Volk
im Licht bestimmt ist. 13 Er hat uns
aus der Gewalt der Finsternismächte
befreit und uns unter die Herrschaft
seines lieben Sohnes gestellt. 14 Ja,
durch ihn, unseren Herrn, wurden wir
freigekauft, und durch ihn sind uns
die Sünden vergeben.

Was für einen großartigen Herrn wir haben

15 Er, Christus, ist das Abbild des
unsichtbaren Gottes und steht über
allem Geschaffenen. 16 Denn durch
ihn ist alles, was es im Himmel und auf
der Erde gibt, erschaffen worden: das
Sichtbare und das Unsichtbare; Thro-
nende und Herrschende; Mächte und
Gewalten; alles ist durch ihn und für
ihn geschaffen. 17 Er steht über allem
und alles besteht durch ihn. 18 Er ist
auch das Haupt der Gemeinde, und
die Gemeinde ist sein Leib. Er ist der
Anfang, und er ist als Erster von den
Toten zu einem unvergänglichen
Leben auferstanden. In jeder Hinsicht
sollte er der Erste sein. 19 Denn Gott
wollte mit seiner ganzen Fülle in ihm
wohnen 20 und durch ihn alles mit sich
versöhnen. Durch sein Blut am Kreuz
schloss er Frieden mit allem, was es
auf der Erde und im Himmel gibt.
21 Das gilt auch für euch. Ihr wart weit
von Gott entfernt, ihr wart seine Fein-
de; und diese Gesinnung zeigte sich in
eurem bösen Tun. 22 Doch nun hat
Gott euch mit sich ausgesöhnt. Dafür
hat er seinen Körper in den Tod
gegeben. So steht ihr heilig, unan-
greifbar, ohne jeden Makel vor ihm,
23 wenn ihr wirklich im Glauben fest
gegründet bleibt und euch auch nicht
von der Hoffnung abbringen lasst, die
euch mit dem Hören des Evangeliums
geschenkt wurde. Diese gute Bot-
schaft ist in der ganzen Welt gepredigt
worden; und ich, Paulus, stehe in
ihrem Dienst.

Wie Paulus für die Gemeinde kämpft

24 Jetzt freue ich mich in den Leiden,
die ich für euch ertrage. Ich setze also
meinen Körper für das ein, was von
den Leiden des Messias für seine Ge-
meinde noch aussteht. 25 Gott hat
mich beauftragt, ihr zu dienen und so
auch bei euch sein Wort voll und ganz
zu verkündigen. 26 Es geht nämlich
um das Geheimnis, das seit ewigen
Zeiten und Generationen verborgen
war, jetzt aber denen enthüllt wurde,
die zu ihm gehören. 27 Ihnen, seinen
Heiligen, wollte Gott diesen herrlichen
Reichtum zeigen. Denn sein Geheim-
nis ist auch für die anderen Völker be-
stimmt: und das ist Christus – Chris-
tus, der in euch lebt und nun auch
euch die Hoffnung schenkt, an seiner
Herrlichkeit teilzuhaben. 28 Diesen
Christus verkündigen wir, indem wir
die Menschen ermahnen und sie mit
aller Weisheit, die Gott uns geschenkt
hat, belehren. Denn wir möchten sie
als Menschen, die in Christus erwach-
sen geworden sind, vor Gott hinstel-
len. 29 Für dieses Ziel setze ich mich
mit aller Kraft ein und vertraue dabei
auf das, was er in mir schafft, er, der so
mächtig in mir wirkt.

2 1 Ihr sollt wissen, wie sehr ich
um euch und um die Geschwister
in Laodizea* kämpfe und um viele
andere, die mich nie persönlich ge-
sehen haben. 2 Denn ich möchte,
dass sie ermutigt werden und in Liebe
zusammenhalten, um die tiefe und
reiche Gewissheit zu erhalten, die mit
der Erkenntnis von Christus zu-
sammenhängt. Denn er ist das Ge-
heimnis Gottes, 3 und in ihm sind alle
Schätze der Weisheit und Erkenntnis
verborgen. 4 Ich sage das, damit euch
niemand durch seine Überredungs-
künste zu Trugschlüssen verleitet.
5 Denn obwohl ich nicht direkt bei
euch sein kann, im Geist bin ich euch
nah. Und ich freue mich, weil ich euer
ordentliches Leben und die Festigkeit
eures Glaubens an Christus sehe.
6 Lebt nun auch so mit Jesus Chris-
tus, wie ihr ihn als Herrn angenom-
men habt! 7 Seid in ihm verwurzelt,
und gründet euch ganz auf ihn!
Steht fest in dem Glauben, der euch
gelehrt worden ist, und seid immer
voller Dankbarkeit!

Woran man Verführer erkennt

8 Lasst euch nicht durch spekula-
tive Weltanschauungen und anderen
hochtrabenden Unsinn einfangen.
So etwas kommt nicht von Christus,
sondern beruht nur auf menschli-
chen Überlieferungen und ent-
springt den Prinzipien dieser Welt.
9 Denn in Christus allein wohnt die
ganze Fülle des Göttlichen, 10 und
durch die Verbindung mit ihm seid
auch ihr mit diesem Leben erfüllt. Er
ist der Herr über alle Herrscher und
alle Mächte.
11 Und weil ihr ihm gehört, seid ihr
auch beschnitten*, aber nicht durch
einen äußeren Eingriff. Eure Be-
schneidung kam durch Christus
und besteht im Ablegen eurer alten
Natur. 12 In der Taufe wurdet ihr ja
mit ihm begraben. Durch ihn wurdet
ihr auch zu neuem Leben erweckt,
weil ihr auf die wirksame Kraft Got-
tes vertraut habt, der Christus aus
den Toten auferweckte. 13 Ihr wart ja
auch tot in Schuld und eurer unbe-
schnittenen sündigen Natur. Doch
nun hat Gott euch mit ihm lebendig
gemacht und uns die ganze Schuld
vergeben. 14 Er hat den Schuld-
schein, der mit seinen Forderungen
gegen uns gerichtet war, für ungültig
erklärt. Er hat ihn ans Kreuz genagelt
und damit für immer beseitigt. 15 Er
hat die Herrscher und Gewalten völ-
lig entwaffnet und vor aller Welt an
den Pranger gestellt. Durch das
Kreuz hat er einen triumphalen Sieg
über sie errungen.

16 Lasst euch deshalb von niemand
verurteilen, nur weil ihr bestimmte
Dinge esst oder trinkt, oder weil ihr
bestimmte Feste oder Feiertage oder
Sabbate nicht beachtet. 17 Denn das
alles sind nur Schattendinge von dem,
was in Christus leibhaftige Wirklich-
keit geworden ist. 18 Und lasst euch
durch niemand von eurem Ziel ablen-
ken, durch keinen, der sich in Demuts-
übungen gefällt und Engel verehrt

2,1 *Laodizea* lag nur 15 km nordwestlich von Kolossä. Auch dort gab es eine Gemeinde (Offenbarung 3,14-22).

2,11 *beschnitten.* Siehe 1. Mose 17,9-11.

und das mit Visionen begründet, die
er gesehen haben will. Solche Men-
schen haben eine ungeistliche Gesin-
nung und sind ganz ohne Grund stolz
und aufgeblasen. 19 Sie halten sich
nicht an das Haupt, von dem doch
der ganze Leib zusammengehalten
und durch Gelenke und Bänder ge-
stützt wird und nach Gottes Willen
wächst.

20 Wenn ihr zusammen mit Christus
den Prinzipien dieser Welt weggestor-
ben seid, weshalb tut ihr dann so, als
würdet ihr noch unter ihrer Herr-
schaft leben? Ihr lasst euch vorschrei-
ben: 21 »Mit diesem sollst du nichts zu
tun haben! Das darfst du nicht essen
und jenes nicht berühren!« 22 Solche
Regeln sind nichts als menschliche
Vorschriften für Dinge, die doch nur
dazu da sind, um von uns benutzt und
verbraucht zu werden. 23 Es sieht
zwar so aus, als ob solche eigenwilli-
gen Gottesdienste, Demutsübungen
und Misshandlungen des Körpers
Zeichen besonderer Weisheit seien.
Aber in Wirklichkeit haben sie keinen
Wert, sondern dienen nur zur Be-
friedigung der menschlichen Natur.

Wie man als neuer Mensch lebt

3 1 Wenn ihr nun zusammen mit
dem Messias zu einem neuen
Leben auferstanden seid, dann richtet
euch auch ganz nach dem aus, was
oben ist, wo Christus, der Messias,
sitzt: auf dem Ehrenplatz neben Gott.
2 Seid auf das Himmlische bedacht
und nicht auf das Irdische. 3 Denn ihr
seid gestorben und euer Leben ist zu-
sammen mit Christus verborgen in
Gott. 4 Wenn Christus, euer Leben,
einmal allen sichtbar werden wird,
dann wird auch offenbar werden, dass
ihr seine Herrlichkeit mit ihm teilt.

5 Darum tötet alles, was zu eurer
irdischen Natur gehört: sexuelle Un-
moral, Schamlosigkeit, Leidenschaft,
böse Lüste und Habgier, die Götzen-
dienst ist. 6 Diese Dinge ziehen Gottes
Zorn nach sich.* 7 Auch ihr habt frü-
her so gelebt, als ihr noch ganz vom Ir-
dischen bestimmt wart. 8 Doch jetzt
müsst ihr solche Dinge wie Zorn,
Wut, Bosheit, Beleidigungen und
hässliche Redensarten aufgeben. So
etwas darf nicht mehr über eure Lip-
pen kommen. 9 Hört auf, euch gegen-
seitig zu belügen, denn ihr habt doch
den alten Menschen mit seinen Ge-
wohnheiten ausgezogen 10 und seid
neue Menschen geworden, die stän-
dig erneuert werden und so immer
mehr dem Bild entsprechen, das der
Schöpfer schon in euch sieht. 11 Dann
kommt es nicht mehr darauf an, ob ihr
Juden oder Griechen seid, beschnitten
oder unbeschnitten, ob euer Volk zivi-
lisiert oder primitiv ist, ob ihr Sklaven
oder freie Bürger seid; entscheidend
ist allein, ob Christus in uns lebt und
alles wirkt.

12 Weil Gott euch nun auserwählt
hat, zu seinen Heiligen und Geliebten
zu gehören, bekleidet euch mit barm-
herziger Zuneigung, mit Güte, De-
mut, Milde und Geduld! 13 Ertragt
einander und vergebt euch gegensei-
tig, wenn einer dem anderen etwas
vorzuwerfen hat! Wie der Herr euch

3,6 Spätere Handschriften fügen hinzu: »Er wird die treffen, die ihm nicht gehorchen.«

vergeben hat, müsst auch ihr ver-
geben! 14 Doch das Wichtigste von
allem ist die Liebe, die wie ein Band
alles umschließt und vollkommen
macht. 15 Wir wünschen euch, dass
der Frieden, der von Christus kommt,
eure Herzen regiert, denn als Glieder
des einen Leibes seid ihr zum Frieden
berufen. Und seid dankbar! 16 Gebt
dem Wort von Christus viel Raum und
lasst es seinen ganzen Reichtum in
euch entfalten! Belehrt und ermahnt
euch gegenseitig mit aller Weisheit!
Und weil ihr Gottes Gnade erfahren
habt, singt Gott aus vollem Herzen
Psalmen, Lobgesänge und geistliche
Lieder! 17 Doch alles, was ihr tut und
sagt, sollt ihr im Namen des Herrn
Jesus tun und durch ihn Gott, dem
Vater, danken!

Wie das neue Leben in der Familie sichtbar wird

18 Ihr Frauen, ordnet euch euren
Männern unter, wie es der Herr von
euch erwartet!

19 Ihr Männer, liebt eure Frauen und
lasst euch nicht gegen sie aufbringen!

20 Ihr Kinder, gehorcht euren Eltern
in allem, denn das gefällt dem Herrn!

21 Ihr Väter, provoziert eure Kinder
nicht, sonst verlieren sie den Mut!

22 Ihr Sklaven, gehorcht euren irdi-
schen Herren in jeder Hinsicht! Tut
es aber nicht nur, wenn ihr gesehen
werdet, um euch anzubiedern, son-
dern gehorcht ihnen bereitwillig,
weil ihr Furcht vor dem Herrn im
Himmel habt! 23 Bei allem, was ihr
tut, arbeitet von Herzen, als würdet
ihr dem Herrn dienen und nicht den
Menschen! 24 Ihr wisst ja, dass ihr
vom Herrn mit dem himmlischen
Erbe belohnt werdet. Ihr dient doch
Christus, dem Herrn! 25 Wer jedoch
Unrecht tut, wird den Lohn für sein
Unrecht erhalten, da wird niemand
bevorzugt.

4 1 Ihr Herren, behandelt eure Skla-
ven gerecht. Denkt daran, dass
auch ihr einen Herrn im Himmel
habt!

Wie man beten und reden soll

2 Seid treu, ausdauernd und wach im
Gebet und im Dank an Gott! 3 Ver-
gesst auch nicht, für uns zu beten,
dass Gott uns eine Tür öffnet und wir
die Botschaft vom Geheimnis des
Messias weiter bekannt machen dür-
fen, für die ich auch im Gefängnis bin!
4 Betet, dass ich diese Botschaft so
klar verkündige, wie ich sollte!

5 Seid weise im Umgang mit Men-
schen von draußen und nutzt die Ge-
legenheiten, die Gott euch gibt! 6 Eure
Worte seien immer freundlich und
angenehm gewürzt! Ihr sollt wissen,
wie ihr jedem Einzelnen antworten
müsst!

Grüße und Segenswünsche

7 Wie es mir geht, wird euch mein
geliebter Bruder Tychikus ausführ-
lich berichten. Er ist ein treuer Diener
und mit mir zusammen ein Sklave*
für den Herrn. 8 Ich habe ihn gerade
deshalb zu euch geschickt, damit ihr

4,7 Ein *Sklave* (griech. *doulos*) ist ein Mensch, der rechtlich und wirtschaftlich Eigentum eines anderen Menschen ist. Christen verstanden sich als Sklaven von Jesus Christus, weil dieser sie aus der Sklaverei der Sünde »freigekauft« hatte, und betrachteten diesen Titel als Auszeichnung.

alles über uns erfahrt und er euch
ermutigen kann. 9 Außerdem schicke
ich euch den treuen und lieben Bru-
der Onesimus mit, der ja einer von
euch ist. Sie werden euch alles berich-
ten, was hier geschehen ist. 10 Arist-
arch, der mit mir im Gefängnis sitzt,
lässt euch grüßen, ebenso Markus,
der Neffe von Barnabas. Seinetwegen
habt ihr ja schon Anweisungen erhal-
ten. Nehmt ihn freundlich auf, wenn
er zu euch kommt! 11 Auch Jesus, den
wir Justus nennen, lässt euch grüßen.
Von den Juden sind sie die einzigen,
die hier mit mir für das Reich Gottes
arbeiten. Sie sind mir ein wirklicher
Trost. 12 Es grüßt euch auch Epa-
phras, der ja ebenfalls von euch
kommt. Er ist ein treuer Diener von
Jesus Christus und kämpft in seinen
Gebeten ständig für euch, damit ihr
euch als gereifte Christen voller Über-
zeugung nach Gottes Willen richtet.
13 Ich kann bezeugen, dass er viel
Mühe für euch und auch für die
Gläubigen in Laodizea* und Hierapo-
lis* auf sich nimmt. 14 Unser lieber
Arzt Lukas grüßt euch und ebenso
Demas. 15 Grüßt auch ihr die Ge-
schwister in Laodizea, besonders
auch Nympha* und die Gemeinde in
ihrem Haus! 16 Und wenn ihr diesen
Brief bei euch vorgelesen habt, sorgt
dafür, dass er auch in der Gemeinde
von Laodizea gelesen wird! Und lest
auch den Brief, den ich an sie ge-
schrieben habe! 17 Sagt Archippus:
»Bemühe dich, die Aufgabe zu erfül-
len, die der Herr dir aufgetragen hat!«
18 Und hier mein Gruß an euch mit ei-
gener Hand. Denkt an meine Fesseln!
Gottes Gnade sei mit euch!

4,13 *Laodizea.* Die Stadt am unteren Ende des fruchtbaren Lykos-Tals war durch Wollindustrie und eine medizinische Schule bekannt. Sie besaß nicht genügend Wasserquellen und musste das Wasser aus 10 km nördlich gelegenen Heißwasserquellen über Aquädukte heranleiten.

Hierapolis. 10 km von Laodizäa und 23 km von Kolossä entfernt. Der Ort ist durch seine heißen Quellen berühmt, die über Terrassen von Tropfsteinbildungen herabfließen.

4,15 *Nympha.* Vom Grundtext her ist nicht sicher zu entscheiden, ob es sich um einen Mann oder eine Frau handelt.

Erster Brief des Paulus an die Christen in Thessalonich

Einige Zeit nach der Apostelversammlung im Jahr 48 n.Chr. besuchte Paulus die von ihm gegründeten Gemeinden im südlichen Galatien. In Lystra gewann er Timotheus als Mitarbeiter und zog mit ihm und Silas weiter bis nach Troas. Von dort setzten sie ihre Reise nach Philippi fort, wo ebenfalls eine Gemeinde entstand. Als sie die Stadt verlassen mussten, reisten sie auf der »Via Egnatia« Richtung Westen über Amphipolis nach Thessalonich weiter. Nachdem Paulus an drei aufeinander folgenden Sabbaten in der Synagoge gepredigt hatte, kamen viele von den Griechen, die sich der Synagoge angeschlossen hatten, zum Glauben an Jesus Christus. Das machte die Juden eifersüchtig, und sie sorgten dafür, dass Paulus die Stadt verlassen musste. Doch inzwischen war eine Gemeinde entstanden, die aber jederzeit mit Verfolgung rechnen musste.

In dem 80 km entfernten Beröa arbeiteten die Missionare weiter und es entstand durch die Gnade Gottes wieder eine Gemeinde. Aber die Juden aus Thessalonich stifteten auch hier Unruhe, sodass Männer der Gemeinde Paulus nach Athen brachten. Dorthin ließ Paulus seine Mitarbeiter später nachkommen. Aus der Sorge um die weitere Entwicklung der Gemeinden schickte er sie aber bald wieder nach Mazedonien zurück. Er selbst reiste nach seiner berühmten Areopag-Rede weiter nach Korinth und wartete dort sehnsüchtig auf die Rückkehr seiner Mitarbeiter.

Endlich trafen Silas und Timotheus in Korinth ein und brachten gute Nachrichten von den Gemeinden – besonders aus Thessalonich – mit, und außerdem eine finanzielle Unterstützung. Voller Freude setzte sich Paulus hin und schrieb mit ihnen zusammen einen ersten Brief an die Christen in Thessalonich. Das wird im Jahr 50 oder 51 n.Chr. geschehen sein.

1 1 Es schreiben Paulus, Silvanus* und Timotheus*. An die Gemeinde der Thessalonicher*, die in Gott, dem Vater, und dem Herrn Jesus Christus geborgen ist. Gnade und Frieden seien mit euch!

Eine vorbildliche Gemeinde

2 Jeden Tag danken wir Gott für euch alle und erwähnen euch jedes Mal in unseren Gebeten. 3 So erinnern wir uns vor Gott, unserem Vater, an euer tatkräftiges Glaubensleben, eure aufopfernde Liebe und eure

1,1 *Silvanus (Silas)* stammte aus Jerusalem und war ein enger Mitarbeiter des Paulus.

Timotheus. Ausgezeichneter Mitarbeiter des Paulus aus Lystra, vgl. Apostelgeschichte 16,1-3.

Thessalonich war die bedeutendste Stadt Mazedoniens, etwa 200.000 Einwohner groß. Es war Hauptstadt des zweiten mazedonischen Bezirks und ein wichtiger Seehafen. Heute: Thessaloniki.

unerschütterliche Hoffnung, die ganz
auf Jesus Christus, unseren Herrn,
ausgerichtet ist. 4 Ihr seid von Gott
geliebt, Geschwister, und wir wissen,
dass er euch erwählt hat. 5 Das wurde
schon deutlich, als wir euch die gute
Botschaft brachten. Gott sprach da-
mals nicht nur durch unsere Worte zu
euch; seine Macht zeigte sich auch im
Wirken des Heiligen Geistes und in
der großen Zuversicht, mit der wir bei
euch auftreten konnten. Ihr wisst ja,
dass es uns um euch ging. 6 Und als
ihr das Wort trotz vieler Anfeindun-
gen mit einer Freude aufgenommen
habt, wie sie nur der Heilige Geist
schenken kann, seid ihr unserem Bei-
spiel gefolgt und auch dem des Herrn.
7 So wurdet ihr für alle Gläubigen in
Mazedonien und Achaja* selbst zu
Vorbildern. 8 Ja, von euch aus hat sich
die Botschaft des Herrn in ganz Maze-
donien und Achaja verbreitet. Es gibt
inzwischen kaum noch einen Ort, wo
man nicht von eurem Glauben an Gott
gehört hätte. Wir brauchen niemand
etwas davon zu erzählen. 9 Denn wo
wir hinkommen, redet man davon,
welche Wirkung unser Besuch bei
euch hatte. Die Leute erzählen, wie
ihr euch von den Götzen abgewandt
habt und zu dem wahren und lebendi-
gen Gott umgekehrt seid, um ihm zu
dienen 10 und auf seinen Sohn zu war-
ten, der aus dem Himmel zurückkom-
men wird, das ist der, den er aus den
Toten erweckt hat, Jesus, der uns vor
dem kommenden Gericht rettet.

Das Vorbild der Mitarbeiter

2 1 Ihr wisst ja selbst, liebe Ge-
schwister, dass unser Besuch bei
euch nicht vergeblich war. 2 Vorher, in
Philippi*, hatten wir noch viel zu lei-
den und waren misshandelt worden,
wie ihr ebenfalls wisst. Doch dann
schenkte Gott uns neuen Mut, euch
trotz vieler Widerstände das Evange-
lium offen zu verkündigen. 3 Denn
unsere mahnende Botschaft ist kei-
nem Irrtum entsprungen, und wir hat-
ten auch keine unsauberen oder be-
trügerischen Absichten dabei. 4 Nein,
Gott hat uns geprüft, für geeignet ge-
halten, und uns so das Evangelium
anvertraut. Deshalb verkünden wir
diese Botschaft – nicht um Menschen
zu gefallen, sondern wir tun es in der
Verantwortung vor Gott, der unsere
Motive hinterfragt. 5 Ihr wisst, dass
wir nie versucht haben, uns mit schö-
nen Worten bei euch einzuschmei-
cheln oder uns gar an euch zu berei-
chern. Dafür ist Gott unser Zeuge.
6 Wir haben auch niemals die Ehre
von Menschen gesucht – weder von
euch noch von anderen. 7 Obwohl wir
als Apostel des Messias mit Autorität
hätten auftreten können, sind wir be-
hutsam mit euch umgegangen wie
eine Mutter, die liebevoll für ihre Klei-
nen sorgt. 8 Wir hatten euch so sehr
ins Herz geschlossen, dass wir bereit
waren, euch nicht nur die gute Bot-
schaft von Gott weiterzugeben, son-
dern unser eigenes Leben mit euch zu
teilen.

9 Ihr erinnert euch doch noch an un-
sere Mühe und Anstrengung, liebe

1,7 *Mazedonien und Achaja.* Römische Provinzen, die den nördlichen bzw. südlichen Teil Griechenlands umfassten.

2,2 *Philippi.* Vergleiche Apostelgeschichte 16,12-14!

Geschwister, dass wir – als wir euch
die gute Botschaft Gottes predigten –
Tag und Nacht gearbeitet haben, um
niemand von euch zur Last zu fallen.
10 Ihr selbst könnt es bestätigen und
auch Gott ist unser Zeuge, wie unser
Verhalten in jeder Hinsicht korrekt
und tadellos war, und von der Ehr-
furcht zu Gott bestimmt wurde. 11 Ihr
wisst ja, dass wir uns um jeden Einzel-
nen von euch gekümmert haben wie
ein Vater um seine Kinder 12 und dass
wir euch ermahnt, ermutigt und be-
schworen haben, so zu leben, dass es
Gott Ehre macht; dem Gott, der euch
dazu beruft, an seiner Herrschaft und
Herrlichkeit teilzuhaben.

13 Immer wieder danken wir Gott
dafür, dass ihr die Botschaft, die wir
euch in seinem Auftrag gebracht
haben, nicht als Lehre von Menschen
aufgenommen habt, sondern als das,
was sie tatsächlich ist: als Wort Got-
tes. Und weil ihr diesem Wort glaubt,
wirkt es auch an euch. 14 Denn ihr,
liebe Geschwister, seid dem Beispiel
der Gemeinden Gottes in Judäa ge-
folgt, die mit Christus verbunden
sind. Ihr habt von euren Landsleuten
dasselbe erdulden müssen wie die
Christen in Judäa von den Juden.
15 Das sind die Juden, die unseren
Herrn Jesus getötet und das Gleiche
schon mit den Propheten gemacht
haben und auch uns verfolgen. Sie
missfallen Gott und sind mit allen
Menschen verfeindet, 16 weil sie uns
hindern wollen, den anderen Völkern
die rettende Botschaft zu verkündi-
gen. So machen sie das Maß ihrer
Sünden endgültig voll, und der Zorn
Gottes wird unweigerlich über sie her-
einbrechen.*

17 Nachdem wir von euch getrennt
worden waren, liebe Geschwister,
kamen wir uns richtig verwaist vor –
natürlich nur äußerlich und nicht in
unseren Herzen. Wir sehnten uns da-
nach, euch wiederzusehen, und haben
schon alles Mögliche dazu unternom-
men. 18 Wir waren entschlossen, zu
euch zu kommen. Ich, Paulus, habe es
mehr als einmal versucht, aber der
Satan hat uns daran gehindert. 19 Wer
ist denn unsere Hoffnung und unsere
Freude? Wer ist unser Ehrenkranz,
wenn unser Herr Jesus wieder-
kommt? Seid nicht gerade ihr das?
20 Ja, ihr seid unsere Ehre und unsere
Freude.

Nachsorge für die Gemeinde

3 1 Schließlich hielten Silvanus
und ich es nicht länger aus und
beschlossen, allein in Athen zurück-
zubleiben. 2 Wir schickten Timo-
theus, unseren Bruder, der als Mit-
arbeiter Gottes die gute Botschaft des
Messias verkündigt, zu euch. Er sollte
euch im Glauben stärken und er-
mutigen, 3 damit niemand von euch
unsicher wird – bei allem, was ihr
jetzt ertragen und erleiden müsst. Ihr
wisst ja selbst, dass wir als Christen
leiden müssen. 4 Schon als wir bei
euch waren, haben wir euch immer
wieder gesagt, dass sie uns verfolgen
werden. Und was das bedeutet, wisst
ihr jetzt.

2,16 *hereinbrechen.* Paulus war keineswegs Antisemit. Schließlich war er selbst Jude und liebte sein Volk sehr (siehe Römer 9, 1-3). Doch er berichtet die Tatsachen, wie sie waren, und hat vor allem die Juden im Auge, die das Evangelium ablehnten.

5 Aus diesem Grund habe ich Timo-
theus zu euch geschickt. Ich wollte
unbedingt erfahren, wie es um euren
Glauben steht. Meine Sorge war, dass
es dem Versucher gelungen sein könn-
te, euch zu Fall zu bringen, und unsere
Arbeit vergeblich gewesen wäre.

6 Doch jetzt ist Timotheus mit
guten Nachrichten von eurem Glau-
ben und eurer Liebe zu uns zurück-
gekommen. Er hat uns erzählt, dass
ihr uns in guter Erinnerung habt und
euch ebenso wie wir nach einem
Wiedersehen sehnt. 7 Dass ihr euren
Glauben bewahrt habt, liebe Ge-
schwister, das hat uns in unserer eige-
nen Not und Bedrängnis getröstet.
8 Ja, wir leben richtig auf, wenn wir
wissen, dass ihr treu zum Herrn steht.
9 Wie können wir unserem Gott nur
genug für die Freude danken, die ihr
uns gemacht habt? 10 Tag und Nacht
bitten wir ihn inständig um ein
Wiedersehen mit euch. Gern würden
wir euch an den Punkten weiterhel-
fen, wo es euch im Glauben vielleicht
noch fehlt. 11 Wir bitten Gott, unse-
ren Vater, und Jesus, unseren Herrn,
dass er uns den Weg zu euch frei
macht. 12 Und für euch erbitten wir
eine immer größere Liebe zueinander
und zu allen Menschen; eine Liebe,
wie wir sie auch für euch empfinden.
13 Unser Herr möge euch innerlich so
stark machen, dass ihr in untadeliger
Heiligkeit vor Gott, unseren Vater,
treten könnt, wenn Jesus, unser Herr,
mit allen seinen Heiligen wieder-
kommt.

Ein ordentlicher Lebenswandel

4 1 Noch eins, liebe Geschwister:
Wir haben euch gelehrt, wie ihr
euch verhalten sollt, um Gott zu
gefallen. Und ihr tut das ja auch. Nun
bitten und ermahnen wir euch im
Namen unseres Herrn Jesus, dass ihr
weitere Fortschritte darin macht. 2 Ihr
wisst ja, welche Anweisungen wir
euch im Auftrag des Herrn Jesus gege-
ben haben. 3 Gott will, dass ihr heilig
lebt, dass ihr ihm ganz gehört. Das be-
deutet, dass ihr euch von allen sexuel-
len Sünden fernhaltet. 4 Jeder von
euch soll seinen eigenen Körper so un-
ter Kontrolle haben*, dass es Gott und
den Menschen gefällt. 5 Lasst euch
nicht von Leidenschaften und Begier-
den beherrschen wie Menschen, die
Gott nicht kennen. 6 Keiner darf sich
in dieser Sache Übergriffe erlauben
und seinen Bruder betrügen. Denn
solche Vergehen wird der Herr selbst
rächen. All das haben wir euch auch
schon früher mit aller Deutlichkeit ge-
sagt. 7 Gott hat uns nicht dazu beru-
fen, ein unmoralisches, sondern ein
geheiligtes Leben zu führen. 8 Wer
sich deshalb über diese Anweisungen
hinwegsetzt, verachtet nicht einen
Menschen, sondern den, der seinen
Heiligen Geist in euch wohnen lässt –
Gott.

9 Was allerdings die geschwisterli-
che Liebe betrifft, muss man euch
nicht extra schreiben. Denn Gott
selbst hat euch schon gelehrt,

4,4 *unter Kontrolle haben.* Wörtlich: *sein eigenes Gefäß gewinnen.* Das kann den Körper, aber auch die Ehefrau meinen. Andere übersetzen deshalb: Jeder von euch soll seine Ehefrau so zu gewinnen suchen (so mit ihr zusammenleben), dass es Gott und Menschen gefällt.

einander zu lieben, 10 und das befolgt
ihr ja auch gegenüber allen Geschwi-
stern in ganz Mazedonien. Wir bitten
euch aber dringend, liebe Geschwi-
ster, darin noch vollkommener zu
werden. 11 Und setzt eure Ehre dar-
ein, ruhig und besonnen zu leben.
Kümmert euch um eure eigenen
Angelegenheiten, wie wir euch das ge-
sagt haben, und sorgt selbst für euren
Lebensunterhalt, 12 damit ihr auch
für Außenstehende als anständige
Menschen geltet und niemand zur
Last fallt.

Das Wiederkommen des Herrn

13 Nun zur Frage nach den Gläubigen,
die schon gestorben sind. Wir wollten
euch darüber nicht im Unklaren las-
sen, liebe Geschwister, denn ihr müsst
nicht traurig sein wie die Menschen,
die keine Hoffnung haben. 14 Wenn
wir nämlich glauben, dass Jesus ge-
storben und wieder auferstanden ist,
dann können wir auch darauf vertrau-
en, dass Gott die, die im Glauben an
Jesus gestorben sind, ebenso aufer-
wecken wird. 15 Denn mit einem Aus-
spruch des Herrn kann ich euch versi-
chern, dass sie uns gegenüber – soweit
wir bei der Wiederkunft des Herrn
noch am Leben sind – nicht benachtei-
ligt sein werden. 16 Denn der Herr
selbst wird vom Himmel herabkom-
men. Ein Kommando wird gerufen
und die Stimme eines Engelfürsten
und der Schall der Posaune Gottes
werden zu hören sein. Dann werden
zuerst die Menschen auferstehen, die
im Glauben an Christus gestorben
sind. 17 Danach werden wir, die noch
am Leben sind, mit ihnen zusammen
in Wolken fortgerissen werden zur
Begegnung mit dem Herrn in der Luft.
Und dann werden wir für immer bei
ihm sein. 18 Damit sollt ihr euch
gegenseitig trösten.

5 1 Was aber die Frage nach Zeit
und Stunde betrifft, brauche ich
euch nichts zu schreiben, liebe Ge-
schwister. 2 Ihr wisst ja genau, dass
der Tag des Herrn so unerwartet kom-
men wird wie ein Dieb in der Nacht.
3 Wenn die Leute sagen: »Jetzt haben
wir Frieden und Sicherheit!«, wird
plötzlich Gottes vernichtendes Straf-
gericht über sie hereinbrechen wie die
Wehen über eine Schwangere. Da gibt
es kein Entkommen. 4 Doch ihr lebt
ja nicht in der Finsternis, liebe Ge-
schwister, dass euch der Tag wie ein
Dieb überraschen könnte, 5 denn ihr
seid Menschen des Lichts und Kinder
des kommenden Tages. Nein, wir ge-
hören nicht zu Finsternis und Nacht!
6 Deshalb wollen wir auch nicht schla-
fen, wie die anderen, sondern wachen
und nüchtern sein. 7 Denn wer schläft,
schläft in der Nacht, und wer sich be-
trinkt, tut es in der Nacht. 8 Wir aber
gehören zum Tag und wollen darum
nüchtern sein, gerüstet mit dem Brust-
panzer des Glaubens und der Liebe
und mit dem Helm der Hoffnung auf
Rettung. 9 Denn Gott hat uns nicht
dazu bestimmt, dass wir seinem Zorn-
gericht verfallen, sondern dass wir
durch unseren Herrn Jesus Christus
das Heil in Besitz nehmen. 10 Er ist ja
für uns gestorben, damit wir für
immer mit ihm leben, ganz gleich, ob
wir noch am Leben sind, wenn er
kommt, oder nicht. 11 Macht also ein-
ander Mut und baut euch gegenseitig
auf, wie ihr es ja auch jetzt schon tut.

Gemeinderegeln

12 Wir bitten euch aber, liebe Ge-
schwister: Erkennt die an, die sich be-
sonders für euch einsetzen und sich
im Auftrag des Herrn um euch küm-
mern und euch den rechten Weg zei-
gen. 13 Wegen ihrer Mühe sollt ihr
ihnen besondere Achtung und Liebe
entgegenbringen. Haltet Frieden un-
tereinander!
14 Außerdem bitten wir euch, liebe
Geschwister: Weist die zurecht, die
ein ungeordnetes Leben führen! Er-
mutigt die Ängstlichen! Helft den
Schwachen! Habt Geduld mit allen!
15 Achtet darauf, dass niemand von
euch Böses mit Bösem vergilt! Be-
müht euch vielmehr bei jeder Gele-
genheit, einander und auch allen
Menschen Gutes zu tun!
16 Freut euch allezeit! 17 Hört nie-
mals auf zu beten! 18 Dankt Gott
unter allen Umständen! Das will Gott
von euch und das ermöglicht er euch
durch Christus.
19 Unterdrückt nicht das Wirken
des Heiligen Geistes! 20 Verachtet
prophetische Aussagen nicht, 21 prüft
aber alles und behaltet das Gute!
22 Meidet das Böse in jeder Gestalt!
23 Gott selbst, der Gott des Friedens,
möge euch geben, ein völlig geheilig-
tes Leben zu führen. Er bewahre euch
ganz nach Geist, Seele und Leib,
damit bei der Wiederkunft unseres
Herrn Jesus Christus nichts Tadelns-
wertes an euch ist. 24 Der, der euch
beruft, ist treu. Er wird euch auch ans
Ziel bringen.
25 Betet auch für uns, liebe Ge-
schwister! 26 Grüßt alle in der Gemein-
de mit einem heiligen Kuss!* 27 Ich be-
schwöre euch beim Herrn, diesen Brief
allen Brüdern und Schwestern vorzu-
lesen. 28 Die Gnade unseres Herrn
Jesus Christus sei mit euch!

5,26 *einem heiligen Kuss.* Der Begrüßungskuss auf Stirn oder Wange war unter Familienangehörigen und Freunden üblich. Unter Gläubigen drückte ein keuscher Kuss die geistliche Verwandtschaft aus.

Zweiter Brief des Paulus an die Christen in Thessalonich

In der Folgezeit predigte Paulus mit großer innerer Freiheit in der Synagoge in Korinth und machte den Juden deutlich, dass der Messias, den sie erwarteten, schon gekommen war und Jesus hieß, Jesus von Nazaret. Daraufhin kam es – wie überall – zur Trennung von der Synagoge. So entstand in Korinth eine große Gemeinde, die anderthalb Jahre lang von Paulus betreut wurde. In dieser Zeit erhielt der Apostel wieder Nachrichten aus der Gemeinde in Thessalonich, die einerseits sehr erfreulich waren, ihn andererseits aber veranlassten, zusammen mit Silas und Timotheus einen zweiten Brief an die Christen dort zu schreiben. In der Gemeinde waren nämlich falsche Lehren über den sogenannten »Tag des Herrn« aufgetaucht, hatten die Gläubigen verwirrt und einige sogar dazu gebracht, ihren Beruf aufzugeben.

1 1 Es schreiben Paulus, Silvanus*
und Timotheus*. An die Gemein-
de der Thessalonicher*, die in Gott,
unserem Vater, und dem Herrn Jesus
Christus geborgen ist.
2 Gnade und Frieden sei mit euch
von Gott, dem Vater, und von Jesus
Christus, dem Herrn.

Verfolgung und Vergeltung

3 Wir müssen Gott immerzu für euch
danken, liebe Geschwister. Und das
ist richtig so, denn euer Glaube
wächst überaus stark und die gegen-
seitige Liebe nimmt bei jedem Ein-
zelnen von euch zu. 4 Mit stolzer
Freude erzählen wir den Gemeinden
Gottes von eurer Standhaftigkeit
und Glaubenstreue in allen Verfol-
gungen und Bedrückungen, denen
ihr ausgesetzt seid. 5 Daran lässt
sich jetzt schon erkennen, dass Got-
tes Entscheidung gerecht ist und ihr
gewürdigt seid, zum Reich Gottes zu
gehören, für das ihr ja auch leidet.*
6 Denn so zeigt sich, dass Gott
gerecht ist: Er wird es denen, die
euch unter Druck setzen, mit Unter-
drückung heimzahlen 7 und euch,
den Bedrängten, mit dem Ende alles
Leidens. Das werden wir miteinan-
der erleben, wenn sich der Herr
Jesus vom Himmel her mit den En-
geln seiner Macht 8 in loderndem
Feuer zeigen wird. Dann wird er es
denen heimzahlen, die von Gott
nichts wissen wollten und dem
Evangelium unseres Herrn Jesus

1,1 *Silvanus (Silas)* stammte aus Jerusalem und war ein enger Mitarbeiter des Paulus.

Timotheus. Ausgezeichneter Mitarbeiter des Paulus aus Lystra, vgl. Apostelgeschichte 16,1-3.

Thessalonich war die bedeutendste Stadt Mazedoniens, etwa 200.000 Einwohner groß. Es war Hauptstadt des zweiten mazedonischen Bezirks und ein wichtiger Seehafen. Heute: Thessaloniki.

1,5 *leidet*. Wer bereitwillig Nachteile auf sich nimmt, beweist damit, dass er zu Gott gehört.

nicht gehorcht haben. 9 Sie werden mit ewigem Verderben bestraft: Sie sind dann für immer vom Herrn getrennt und von seiner Macht und Herrlichkeit ausgeschlossen. 10 Das wird an dem Tag geschehen, an dem er kommt und seine Herrlichkeit sich in seinen Heiligen spiegelt. Dann wird er von denen, die ihm geglaubt haben, umjubelt werden – auch von euch, denn ihr habt ja unserem Zeugnis Glauben geschenkt.

11 Im Blick darauf beten wir immer für euch. Wir bitten Gott, dass er euch dieser Berufung würdige und durch seine Macht jede gute Absicht und jede Tat des Glaubens zur Vollendung führe. 12 So soll der Name unseres Herrn Jesus durch euch geehrt werden und auch ihr durch ihn – wie es der Gnade unseres Gottes und des Herrn Jesus Christus entspricht.

Der große Verführer

2 1 Was nun das Kommen unseres Herrn Jesus Christus und unsere Vereinigung mit ihm betrifft, bitten wir euch, liebe Geschwister: 2 Lasst euch durch die Behauptung, der Tag des Herrn wäre schon angebrochen, nicht so schnell aus der Fassung bringen oder gar in Schrecken versetzen. Glaubt es nicht, auch wenn sich jemand auf eine Geistesoffenbarung, eine angebliche Aussage oder einen Brief von uns beruft. 3 Lasst euch von niemand und auf keine Weise täuschen! Zuerst muss es zum Aufruhr gegen Gott kommen und der »Mensch der Gesetzlosigkeit«*, der zur Vernichtung bestimmt ist, muss auftreten. 4 Er wird sich auflehnen und über alles hinwegsetzen, was Gott oder Heiligtum genannt wird, bis er sich schließlich im Tempel Gottes niederlässt und für Gott ausgibt.

5 Erinnert ihr euch nicht, dass ich euch das alles schon gesagt habe, als ich noch bei euch war? 6 Und nun wisst ihr ja, wodurch es noch zurückgehalten wird, denn er soll erst dann auftreten, wenn seine Zeit gekommen ist. 7 Zwar ist die geheime Kraft der Gesetzlosigkeit schon am Werk, doch muss erst der, der sie noch zurückhält, aus dem Weg sein. 8 Dann erst wird der Gesetzlose offen hervortreten. Aber der Herr Jesus wird ihn durch einen Hauch seines Mundes beseitigen, ihn vernichten durch die Erscheinung seiner Wiederkunft.

9 Dieser Gesetzlose wird mit Satans Hilfe auftreten und alle möglichen Machttaten, Zeichen und Wunder vollbringen und die Menschen verblenden. 10 Alle, die ins Verderben gehen, wird er mit seinen Verführungskünsten zum Bösen verleiten. Sie werden ihm erliegen, weil sie es abgelehnt haben, die Wahrheit zu lieben, die sie gerettet hätte. 11 Aus diesem Grund liefert Gott sie der Macht der Täuschung aus, dass sie der Lüge glauben. 12 Denn alle, die der Wahrheit nicht geglaubt und Gefallen am Unrecht gefunden haben, werden verurteilt werden.

2,3 *Mensch der Gesetzlosigkeit.* Ein Mensch, der alles Böse verkörpert und der Anführer der endzeitlichen Rebellion gegen Gott sein wird.

Fest im Glauben bleiben!

13 Aber für euch, vom Herrn geliebte
Geschwister, sind wir immer zum
Dank verpflichtet. Denn Gott hat euch
von Anfang an dazu ausgewählt, dass
ihr gerettet werdet, gerettet durch das
heiligende Wirken des Geistes und
durch den Glauben an die Wahrheit.
14 Und durch unser Evangelium hat
er euch dazu berufen, denn ihr sollt
einmal an der Herrlichkeit unseres
Herrn Jesus Christus teilhaben.
15 Bleibt also standhaft, liebe Ge-
schwister, und haltet euch an die
Überlieferungen, an alles, was wir
euch mündlich oder schriftlich gelehrt
haben. 16 Gott, unser Vater, hat uns
geliebt und uns in seiner Gnade ewi-
gen Trost und gute Hoffnung ge-
schenkt. 17 Er möge zusammen mit
unserem Herrn Jesus Christus eure
Herzen ermutigen und sie in jedem
guten Werk und Wort stark machen.

Gebetsanliegen

3 1 Noch eins, liebe Geschwister,
betet für uns, dass die Botschaft
des Herrn sich schnell ausbreitet und
in ihrer Herrlichkeit offenbar wird,
wie es auch bei euch geschehen ist.
2 Betet darum, dass Gott uns vor
den niederträchtigen und bösartigen
Menschen bewahrt. Denn nicht alle
wollen etwas vom Glauben wissen.

Anweisungen und Mahnungen

3 Aber der Herr ist treu. Er wird euch
stärken und vor dem Bösen beschüt-
zen. 4 In ihm haben wir das Vertrauen
zu euch, dass ihr jetzt und auch in Zu-
kunft tun werdet, was wir euch anwei-
sen. 5 Der Herr lenke eure Herzen zur
Liebe Gottes und zur Geduld des
Messias. 6 Im Namen unseres Herrn
Jesus Christus ordnen wir an: Zieht
euch von jedem Bruder und von
jeder Schwester zurück, die unor-
dentlich leben und den Anweisun-
gen, die ihr von uns bekommen habt,
nicht folgen. 7 Ihr wisst ja, wie ihr
unserem Beispiel folgen müsst, denn
wir haben weder unsere Pflichten bei
euch vernachlässigt 8 noch je auf
Kosten anderer gelebt. Im Gegenteil:
Wir haben mit Mühe und Anstren-
gung Tag und Nacht gearbeitet, um
keinem von euch zur Last zu fallen.
9 Nicht dass wir kein Recht auf eure
Hilfe gehabt hätten, nein, wir woll-
ten euch ein Vorbild sein, damit ihr
uns folgt. 10 Denn schon als wir bei
euch waren, haben wir ausdrücklich
gesagt: »Wer nicht arbeiten will, der
soll auch nicht essen.« 11 Nun hören
wir, dass einige von euch ein unor-
dentliches Leben führen: Sie arbei-
ten nicht, sondern treiben sich nur
herum. 12 Solchen Leuten befehlen
wir im Namen des Herrn Jesus Chri-
stus mit allem Nachdruck: Sie sollen
Ordnung in ihr Leben bringen, einer
geregelten Arbeit nachgehen und
sich ihren Lebensunterhalt selbst
verdienen.

13 Doch ihr, liebe Geschwister, wer-
det nicht müde, das zu tun, was gut
und richtig ist. 14 Sollte aber jemand
unserer brieflichen Weisung nicht ge-
horchen wollen, dann merkt ihn euch*

3,14 *merkt ihn euch.* Oder: *kennzeichnet ihn.* Das könnte dadurch geschehen, dass die Gemeinde sich öffentlich von seinem Verhalten distanziert.

und geht ihm aus dem Weg, damit er
beschämt wird. 15 Betrachtet ihn aber
nicht als Feind, sondern weist ihn als
Bruder zurecht.

Gruß und Unterschrift

16 Der Herr des Friedens selbst schen-
ke euch allezeit und auf jede Weise
seinen Frieden. Der Herr sei mit euch
allen.

17 Den Gruß schreibe ich, Paulus,
mit eigener Hand. So sieht meine
Handschrift aus, das Kennzeichen in
jedem meiner Briefe. 18 Die Gnade
unseres Herrn Jesus Christus sei mit
euch allen.

Erster Brief des Paulus an Timotheus

Während Lukas noch an seinem Evangelium arbeitete, wartete Paulus im Gefängnis in Cäsarea auf seine Freilassung. Von dort aus schrieb er um das Jahr 58 n.Chr. einen Brief an Timotheus, den er gebeten hatte in Ephesus zu bleiben. Zu dieser Zeit hoffte er noch, Timotheus bald besuchen zu können. Falls sich dieser Besuch aber verzögern würde, wollte Paulus seinem Mitarbeiter noch einige Instruktionen über die geistlichen Ordnungen im Haus Gottes geben.

Bemerkenswert ist, dass Paulus in diesem Brief ein Jesus-Wort als Schriftwort zitiert, das sich aber nur im Lukasevangelium findet (1Tim 5,18; Lk 10,7). Das bedeutet, er könnte das gerade verfasste Evangelium seines Mitarbeiters Lukas schon als Heilige Schrift betrachtet haben.

1 1 Es schreibt Paulus, ein Apostel
von Jesus Christus, der diesen
Dienst im Auftrag von Gott, unserem
Retter, ausübt und im Auftrag von Jesus
Christus, der unsere Hoffnung ist. 2 An
Timotheus, der durch den Glauben ein
richtiger Sohn für mich geworden ist.

Ich wünsche dir Gnade, Barmherzigkeit und Frieden von Gott, unserem Vater, und von Jesus Christus, unserem Herrn.

Warnung vor falschen Lehrern

3 Schon als ich nach Mazedonien reis-
te, bat ich dich, in Ephesus zu bleiben.
Du solltest einigen Leuten dort ver-
bieten, falsche Lehren zu verbreiten.
Das gilt immer noch. 4 Sie sollten sich
nicht mit jüdischen Legenden und
endlosen Abstammungsregistern ab-
geben, denn das führt nur zu spekula-
tiven Streitereien und fördert nicht
den Heilsplan Gottes, der zum Glau-
ben führt. 5 Das Ziel jeder Anweisung
und Unterweisung ist aber die Liebe,
und zwar Liebe aus reinem Herzen,
gutem Gewissen und ungeheucheltem
Glauben. 6 Dieses Ziel haben einige
Leute aus den Augen verloren und sich
nutzlosem Geschwätz hingegeben.
7 Sie bilden sich ein, Lehrer des Geset-
zes zu sein, und verstehen überhaupt
nichts von dem, was sie sagen und was
sie so sicher behaupten.

8 Wir alle wissen, dass das Gesetz
gut ist, wenn man es sachgemäß ge-
braucht. 9 Man muss sich nämlich
darüber im Klaren sein, für wen es be-
stimmt ist. Es ist nicht für Menschen
da, die tun, was vor Gott recht ist,
sondern für die, die nicht nach Gottes
Willen leben und sich gegen ihn auf-
lehnen. Es richtet sich an gottlose und
sündige Menschen, denen nichts hei-
lig ist, die keine Ehrfurcht kennen, die
sich an Vater und Mutter vergreifen
und selbst vor einem Mord nicht
zurückschrecken. 10 Es gilt für Men-
schen, die in sexueller Unmoral leben
und für Männer, die sich an Knaben
oder ihresgleichen vergehen, für
solche, die Menschenhandel trei-
ben, Lügen verbreiten, falsche Eide
schwören oder sonst etwas tun, was
mit der gesunden Lehre nicht verein-
bar ist. 11 Es richtet sich gegen alles,

was dem Evangelium nicht entspricht; dem Evangelium, das mir anvertraut wurde und in dem Gott seine Herrlichkeit sichtbar macht; Gott, der in sich selbst vollkommen glücklich ist.

Dankbarkeit für Gottes Gnade

12 Ich danke unserem Herrn Jesus Christus, der mir die nötige Kraft schenkt, dass er mich überhaupt für vertrauenswürdig hielt und in seinen Dienst genommen hat, 13 obwohl ich ihn doch früher verhöhnt und seine Gemeinde mit grausamer Härte verfolgt habe. Doch er hat sich über mich erbarmt, weil ich in meinem Unglauben nicht wusste, was ich tat. 14 Die Gnade unseres Herrn hat mich förmlich überschüttet. Er hat mir einen Glauben und eine Liebe geschenkt, wie nur Jesus Christus sie geben kann.

15 Ja, diese Botschaft ist absolut zuverlässig und verdient unser volles Vertrauen: »Jesus Christus ist in die Welt gekommen, um Sünder zu retten.« Ich war der schlimmste von ihnen. 16 Aber gerade deshalb hatte er Erbarmen mit mir. Jesus Christus wollte an mir demonstrieren, welche Menschen durch den Glauben ins ewige Leben hineingerettet werden können.

17 Dem König der Ewigkeit, dem unvergänglichen, unsichtbaren, alleinigen Gott gebührt Ehre und Herrlichkeit für immer und ewig! Amen.

Verantwortung des Timotheus

18 Diese Anordnung lege ich dir ans Herz, Timotheus, mein lieber Sohn. Sie schließt sich genau an die prophetischen Worte an, die damals über dich gesagt wurden. Lass dich von ihnen ermutigen, den guten Kampf zu kämpfen. 19 Bleib in deinem Glauben fest und bewahre dir ein reines Gewissen. Einige haben das leider von sich gestoßen und dadurch im Glauben Schiffbruch erlitten. 20 Zu ihnen gehören auch Hymenäus und Alexander, die ich dem Satan ausgeliefert habe, damit sie erzogen werden, Gott nicht mehr zu lästern.

Gebete im Gottesdienst

2 1 Zuallererst fordere ich die Gemeinde zum Gebet für alle Menschen auf: zum Bitten und Flehen, zu Fürbitten und Danksagungen, 2 besonders für die Regierenden, und alle, die Macht haben. Wir beten für sie, damit wir in Ruhe und Frieden ein Leben führen können, das Gott in jeder Hinsicht ehrt und das auch von Menschen geachtet werden kann. 3 Das ist gut, und es gefällt Gott, unserem Retter. 4 Er will ja, dass alle Menschen gerettet werden und die Wahrheit erkennen. 5 Denn es gibt nur einen Gott und nur einen Vermittler zwischen Gott und den Menschen: Das ist Jesus Christus, der Mensch wurde 6 und sich selbst als Lösegeld für alle ausgeliefert hat. Damit wurde zur rechten Zeit das Zeugnis erbracht, dass Gott die Menschen retten will. 7 Und dafür hat er mich als Verkündiger und Apostel eingesetzt – das ist die Wahrheit, ich lüge nicht – als Lehrer, der die nichtjüdischen Völker im Glauben und in der Wahrheit unterrichten soll.

8 Ich will nun, dass die Männer an jedem Versammlungsort beten und dabei ihre Hände mit reinem Gewissen

erheben, frei von Zorn und Streit. 9 Ebenso will ich, dass die Frauen sich anständig kleiden und sich mit Schamgefühl und Zurückhaltung schmücken. Sie sollen nicht durch aufwendige Frisuren, Gold, Perlen oder teure Kleider auffallen, 10 sondern durch gute Werke. Das ist der Schmuck von Frauen, die Ehrfurcht vor Gott haben. 11 Eine Frau suche Belehrung durch stilles Zuhören in aller Unterordnung. 12 Zu lehren erlaube ich einer Frau jedoch nicht, auch nicht, über den Mann zu herrschen, sondern ich will, dass sie sich still zurückhält. 13 Denn zuerst wurde Adam geschaffen, dann Eva. 14 Es war auch nicht Adam, der betrogen wurde. Die Frau ließ sich verführen und übertrat das Gebot. 15 Doch auch sie wird gerettet werden – gerade wenn sie Kinder zur Welt bringt – vorausgesetzt, dass sie im Glauben und in der Liebe bleibt und verantwortungsbewusst ein geheiligtes Leben führt.

Leiter in der Gemeinde

3 1 Es ist ein wahres Wort: Wenn sich jemand um einen Aufseherdienst in der Gemeinde bemüht, dann sucht er eine schöne Aufgabe. 2 Doch ein Aufseher muss ein Mann ohne Tadel sein, der seiner Frau treu ist. Er muss sich besonnen und verantwortungsbewusst verhalten, darf keinen Anstoß erregen, muss gastfreundlich und zum Lehren befähigt sein. 3 Er soll kein Trinker und gewalttätiger Mensch sein, sondern ein freundlicher und rücksichtsvoller Mann. Er darf auch nicht am Geld hängen. 4 Er muss sich in vorbildlicher Weise um seine Familie kümmern und seine Kinder mit aller Ehrbarkeit zum Gehorsam erziehen. 5 Denn wenn jemand seiner eigenen Familie nicht vorstehen kann, wie soll der für die Gemeinde Gottes sorgen können? 6 Er darf nicht erst vor Kurzem zum Glauben gekommen sein, sonst könnte er sich schnell etwas einbilden und zu Recht vom Teufel angeklagt werden. 7 Auch außerhalb der Gemeinde muss er einen guten Ruf haben, damit er nicht in übles Gerede kommt und der Teufel ihm daraus einen Strick drehen kann.

8 Auch die Diakone müssen ehrbare Männer sein. Auf ihr Wort muss man sich verlassen können. Sie dürfen weder dem Alkohol noch dem Geld verfallen sein 9 und müssen das Geheimnis des Glaubens in einem reinen Gewissen bewahren. 10 Doch auch sie müssen zuerst auf ihre Eignung geprüft werden. Nur wenn nichts an ihnen auszusetzen ist, sollen sie ihren Dienst ausüben.

11 Dasselbe gilt für Frauen, denen eine solche Aufgabe übertragen wird. Man muss sie achten können. Sie dürfen nicht verleumderisch sein und müssen sich durch Besonnenheit und Zuverlässigkeit in jeder Hinsicht auszeichnen.

12 Verheiratete Diakone müssen ihrer Frau treu sein und sich in vorbildlicher Weise um ihre Kinder und die ganze Familie kümmern. 13 Wer seinen Diakonendienst gut versieht, erwirbt sich hohes Ansehen und große Zuversicht im Glauben an Jesus Christus.

Jesus, die Wahrheit des Glaubens

14 Lieber Timotheus, ich schreibe dir
das alles, obwohl ich hoffe, dich bald
besuchen zu können. 15 Wenn sich
mein Kommen aber verzögert, dann
sollst du durch den Brief wissen, wie
man sich im Haus Gottes verhalten
muss. Damit meine ich die Gemeinde
des lebendigen Gottes, den Stützpfei-
ler und das Bollwerk der Wahrheit.
16 Und niemand kann bestreiten, wie
groß und einzigartig die geheimnis-
volle Wahrheit unseres Glaubens ist:

Er hat sich gezeigt in Fleisch
und Blut / und wurde beglaubigt
durch Gottes Geist, / und so
haben ihn die Engel gesehen. /
Er wird gepredigt unter den
Völkern / und findet Glauben in
aller Welt / und ist im Himmel
mit Ehre gekrönt.

Am Ende der Zeit

4 1 Der Geist Gottes sagt ausdrück-
lich, dass am Ende der Zeit man-
che vom Glauben abfallen werden. Sie
werden auf betrügerische Geister ach-
ten und den Lehren dunkler Mächte
folgen – 2 getäuscht von scheinheili-
gen Lügnern, die in ihrem eigenen
Gewissen gebrandmarkt sind. 3 Diese
Lügner verbieten das Heiraten und
fordern den Verzicht auf bestimmte
Speisen, die Gott doch geschaffen hat,
damit sie von denen, die an ihn glau-
ben und die Wahrheit erkannt haben,
mit Dankbarkeit genossen werden.
4 Denn alles, was Gott geschaffen hat,
ist gut. Wir müssen nichts davon ab-
lehnen, wenn wir es mit Dank an Gott
angenommen haben. 5 Es wird ja
durch Gottes Wort für rein erklärt und
durch das Gebet geheiligt.

Ein guter Diener von Christus

6 Wenn du das den Geschwistern ans
Herz legst, wirst du ein guter Diener
von Jesus Christus sein. Du zeigst
damit, dass du von den Worten des
Glaubens lebst, von der guten Lehre,
der du gefolgt bist. 7 Doch all die gottlo-
sen und kindischen Legenden jener
Lügner weise ab. Übe dich aber darin,
Gott immer eine liebevolle Ehrerbie-
tung entgegenzubringen. 8 Sich in kör-
perlichen Entbehrungen zu üben,
bringt nur wenig Nutzen. Aber zu üben,
wie man Gott liebt und ehrt, ist in jeder
Hinsicht nützlich, weil das ein Verspre-
chen für das jetzige und das zukünftige
Leben in sich trägt. 9 Das ist ein wahres
Wort und verdient unser volles Vertrau-
en. 10 Denn dafür arbeiten und kämp-
fen wir, weil wir unsere Hoffnung auf
den lebendigen Gott gesetzt haben, den
Wohltäter für alle Menschen und be-
sonders die Gläubigen.

11 Das sollst du lehren und den Ge-
schwistern einschärfen. 12 Niemand
soll dich wegen deiner Jugend verach-
ten! Du musst aber den Gläubigen in
allem, was du sagst und tust, ein Vor-
bild sein, ein Vorbild in deiner Liebe,
in deinem Glauben, in deiner Rein-
heit. 13 Widme dich bis zu meinem
Kommen ganz dem Vorlesen der
Heiligen Schrift, dem Ermutigen
der Gläubigen und dem Lehren.
14 Lass die Gabe nicht ungenutzt, die
Gott dir aufgrund eines propheti-
schen Wortes und durch Handaufle-
gung der Ältesten geschenkt hat!
15 Mühe dich um das, was dir
aufgetragen ist! Dann werden deine

Fortschritte allen offenbar sein. 16 Pass
immer gut auf dich auf und auf das,
was du lehrst. Wenn du das tust, wirst
du sowohl dich selbst retten als auch
die, die auf dich hören.

5 1 Wenn du einen Älteren ermah-
nen musst, dann fahre ihn nicht
hart an, sondern rede mit ihm, als
wäre er dein Vater. Jüngere ermahne
wie Brüder, 2 ältere Frauen wie Müt-
ter, jüngere wie Schwestern mit allem
Anstand!

Umgang mit Witwen

3 Kümmere dich darum, dass die Wit-
wen, die auf sich allein gestellt sind,
versorgt werden! 4 Wenn eine Witwe
nämlich Kinder oder Enkel hat, dann
sollen diese zuerst lernen, ihre Pflicht
in der eigenen Familie zu erfüllen. Sie
sollen ihre Ehrfurcht vor Gott dadurch
zeigen, dass sie für ihre Eltern und
Großeltern sorgen. So können sie sich
dankbar für das erweisen, was sie von
ihnen empfangen haben, denn das ge-
fällt Gott. 5 Die Gemeinde soll nur für
die Witwen sorgen, die wirklich auf
sich allein gestellt sind. Solche Wit-
wen hoffen auf Gott. Sie bitten ihn Tag
und Nacht um Hilfe und hören über-
haupt nicht auf, zu ihm zu beten.
6 Wenn eine Witwe jedoch ihrem Ver-
gnügen nachgeht, ist sie schon bei le-
bendigem Leibe tot.

7 Wenn du ihnen das einschärfst,
wird man ihnen nichts vorwerfen kön-
nen. 8 Wenn aber jemand sich weigert,
für seine Angehörigen zu sorgen – vor
allem für die, die mit ihm unter einem
Dach leben –, dann hat er seinen Glau-
ben verleugnet und ist schlimmer als
ein Ungläubiger.

9 Eine Frau darf erst dann in das
Witwenverzeichnis aufgenommen
werden, wenn sie mindestens 60
Jahre alt ist und ihrem Mann treu war.
10 Sie muss bekannt dafür sein, dass
sie Gutes getan hat, dass sie zum
Beispiel Kinder aufgezogen hat und
gastfreundlich gewesen ist, dass sie
Gläubigen die Füße gewaschen* und
Menschen in Not geholfen hat. Sie
muss sich in jeder Hinsicht bemüht
haben, Gutes zu tun.

11 Nimm keine jüngeren Witwen in
das Verzeichnis auf. Denn das Verlan-
gen nach einem Mann kann bei ihnen
dazu führen, die Verpflichtung zu ver-
gessen, die sie Christus gegenüber ein-
gegangen sind, als sie sich ins Verzeich-
nis aufnehmen ließen. Dann wollen sie
wieder heiraten 12 und ziehen sich den
Vorwurf zu, ihrem vorher gegebenen
Versprechen untreu geworden zu sein.
13 Außerdem werden sie faul und ge-
wöhnen sich daran, in den Häusern von
anderen herumzusitzen. Dann werden
sie geschwätzig, mischen sich in frem-
de Angelegenheiten ein und reden über
Dinge, die sie nichts angehen. 14 Ich
möchte deshalb, dass jüngere Witwen
heiraten, Kinder bekommen und sich
um ihren Haushalt kümmern. Dann
werden sie auch einem Gegner des
Evangeliums keinen Anlass zu übler
Nachrede geben. 15 Denn einige haben
sich tatsächlich schon abgewandt und
sind dem Satan gefolgt.

5,10 *Füße gewaschen.* Einem Besucher die staubig gewordenen Füße zu waschen war ein Zeichen der Gastfreundschaft (vgl. Lukas 7,44; Johannes 13,4-5).

16 Wenn also eine gläubige Frau
Witwen in ihrer Verwandtschaft hat,
soll sie für sie sorgen. Dadurch wird
die Gemeinde nicht belastet und kann
den alleinstehenden Witwen helfen.

Umgang mit Ältesten

17 Älteste, die gute Vorsteher in der
Gemeinde sind, haben nicht nur Anerkennung verdient, sondern auch
den entsprechenden Lohn, besonders
wenn sie im Predigt- und Lehrdienst
arbeiten.
18 Denn die Schrift sagt:
»Du sollst einem Ochsen beim Dreschen nicht das Maul zubinden« und:
»Wer arbeitet, hat Anspruch auf
Lohn.«*
19 Anschuldigungen gegen
Älteste höre dir nur dann an, wenn sie
durch zwei oder drei Zeugen bestätigt
werden.
20 Doch wenn ein Ältester
sich wirklich etwas zuschulden kommen lässt, dann weise ihn vor allen*
zurecht, damit auch die anderen gewarnt sind.
21 Ich beschwöre dich vor
Gott, vor Christus und den auserwählten Engeln: Befolge dies alles ohne
Vorurteil und begünstige niemand.
22 Lege niemand vorschnell die Hände auf, um ihm so eine Aufgabe in
der Gemeinde zu übertragen, sonst
machst du dich mitschuldig, wenn er
sich versündigt. Bewahre dich rein.

Eigene Krankheit und fremde Sünde

23 Trink übrigens nicht immer nur
Wasser. Nimm aus Rücksicht auf deinen Magen und dein häufiges Kranksein auch ein wenig Wein zu dir.
24 Bei einigen Menschen liegen die
Sünden schon jetzt offen zutage. Sie
laufen dem Gericht Gottes gleichsam
voraus. Bei anderen kommen sie erst
dann ans Licht.
25 Ebenso sind auch
die guten Taten schon jetzt für alle
sichtbar. Und selbst wenn es einmal
nicht so ist, können sie doch nicht verborgen bleiben.

Ratschläge für Sklaven

6
1 Alle, die das Joch der Sklaverei
zu tragen haben, sollen ihren
Herren uneingeschränkte Achtung
entgegenbringen, damit der Name
Gottes und die Lehre des Evangeliums nicht in Verruf kommen.
2 Und
wer einen gläubigen Herrn hat, soll
sich ihm gegenüber nicht weniger respektvoll verhalten, nur weil er sein
Bruder ist. Er muss ihm sogar noch
besser dienen, denn sein Dienst
kommt jemand zugute, der an Christus glaubt und von ihm geliebt wird.

Hochmut und Habsucht

Das sollst du lehren und alle in diesem
Sinn ermutigen.
3 Wenn jemand von
den gesunden Worten unseres Herrn
Jesus Christus nichts wissen will und
sich nicht an die Lehre hält, die einer
liebevollen Ehrfurcht vor Gott entspricht,
4 dann ist er von Hochmut
verblendet und weiß überhaupt nichts.
Er hat einen krankhaften Hang zu
Streitfragen und Wortgefechten. Das

5,18 5. Mose 25,4. Das zweite Zitat findet sich nicht im Alten Testament, sondern wörtlich in Lukas 10,7 (und sinngemäß in Matthäus 10,10). Das ist bemerkenswert, weil dadurch im Neuen Testament eine neutestamentliche Schrift dem Alten Testament gleichgestellt wird.

5,20 *vor allen*. Es ist nicht sicher zu entscheiden, ob hier die ganze Gemeinde oder die ganze Ältestenschaft gemeint ist.

führt aber nur zu Neid und Streit, Be-
leidigungen, bösen Verdächtigungen
5 und endlosen Auseinandersetzun-
gen. Das Denken solcher Menschen
ist so verdorben, dass sie von der
Wahrheit abgekommen sind und mei-
nen, die Gottesfurcht sei ein Mittel,
um sich zu bereichern. 6 Freilich ist
die Ehrfurcht vor Gott ein großer Ge-
winn, aber nur wenn sie mit persön-
licher Genügsamkeit verbunden ist.
7 Was haben wir denn in die Welt mit-
gebracht? Nichts! Und wir werden
auch nichts mitnehmen können, wenn
wir sie verlassen. 8 Wenn wir also
Nahrung und Kleidung haben, soll
uns das genügen. 9 Wer unbedingt
reich werden will, wird sich in einem
Netz von Versuchungen verfangen
und allen möglichen unsinnigen und
schädlichen Wünschen erliegen, die
einen Menschen zugrunde richten und
ins Verderben stürzen. 10 Denn die
Liebe zum Geld ist eine Wurzel für
alles Böse. Manche sind ihr so verfal-
len, dass sie vom Glauben abgeirrt
sind und sich selbst die schlimmsten
Qualen bereitet haben.

Hinweise für Timotheus

11 Aber du, als Mann Gottes, fliehe
vor alldem. Strebe dagegen nach
Gerechtigkeit, Ehrfurcht vor Gott,
Glauben, Liebe, Standhaftigkeit und
Freundlichkeit. 12 Kämpfe den guten
Kampf, der zu einem Leben im Glau-
ben gehört, und ergreife das ewige
Leben, zu dem Gott dich berufen hat
und für das du vor vielen Zeugen das
gute Bekenntnis abgelegt hast. 13 Vor
dem Gott, von dem alles Leben
kommt, und vor Jesus Christus, der
vor Pontius Pilatus das klare Bekennt-
nis abgelegt hat, fordere ich dich auf:
14 Erfülle deinen Auftrag vorbildlich
und untadelig, bis unser Herr Jesus
Christus wiederkommt. 15 Wann das
geschieht, wird bestimmen

der in sich vollkommene und
alleinige Herrscher, / der König
aller Könige und Herr aller Herren,
16 der als einziger Unsterblichkeit
besitzt / und ein unzugängliches
Licht bewohnt, / den kein Mensch
je gesehen hat und kein Mensch
jemals sehen kann. / Ihm gebührt
Ehre und ewige Macht! Amen.

17 Ermahne die, die nach den Maßstä-
ben dieser Welt reich sind, nicht über-
heblich zu sein und ihre Hoffnung
nicht auf den unsicheren Reichtum zu
setzen, sondern auf Gott. – Denn Gott
gibt uns alles reichlich, was wir brau-
chen, und wir dürfen es genießen. –
18 Sie sollen Gutes tun, freigebig sein
und ihren Besitz mit anderen teilen.
Wenn sie so in guten Werken reich
werden, 19 schaffen sie sich einen si-
cheren Grundstock für die Zukunft
und werden das wirkliche Leben ge-
winnen.

20 Lieber Timotheus, bewahre, was
dir anvertraut ist, und meide das gott-
lose Geschwätz dieser Leute und die
fragwürdigen Behauptungen einer
fälschlich so genannten »Erkennt-
nis«. 21 Schon manche, die sich dar-
auf eingelassen haben, sind vom Weg
des Glaubens abgekommen.

Die Gnade sei mit euch allen!

Zweiter Brief des Paulus an Timotheus

Als Paulus diesen Brief schrieb, war er in Ketten gelegt (2,9) und Onesiphorus musste lange suchen, bis er ihn im Gefängnis in Rom gefunden hatte (1,16-17). Die Haftbedingungen des Apostels hatten sich sehr verschlechtert, und er erwartete seine Hinrichtung (4,6). Es war wohl im Herbst 62 n.Chr. als er Timotheus bat, möglichst bald zu ihm zu kommen (4,21). Nach der Überlieferung wurde die Todesstrafe dann auch bald unter Nero vollstreckt.

1 1 Es schreibt Paulus, der durch
den Willen Gottes ein Apostel von
Jesus Christus wurde und den Auftrag
erhielt, das Leben zu verkünden, das
in Jesus Christus versprochen ist. 2 An
Timotheus, seinen lieben Sohn. Ich
wünsche dir Gnade, Barmherzigkeit
und Frieden von Gott, dem Vater, und
von Jesus Christus, unserem Herrn.

Ermutigung zur Treue

3 In meinen Gebeten denke ich immer
wieder an dich. Tag und Nacht danke
ich Gott, dem ich wie meine Vorfahren
mit reinem Gewissen diene. 4 Und
wenn ich an deine Abschiedstränen
denke, sehne ich mich nach der
Freude des Wiedersehens. 5 Ich habe
deinen aufrichtigen Glauben vor
Augen, den Glauben, der zuerst deine
Großmutter Loïs und deine Mutter
Eunike erfüllte und der nun auch – da
bin ich ganz sicher – dein Leben bestimmt.

6 Darum erinnere ich dich an die
Gabe Gottes, die du empfangen hast,
als ich dir die Hände auflegte: Entfache
sie neu in dir! 7 Denn Gott hat uns
nicht einen Geist der Zaghaftigkeit gegeben, sondern den Geist der Kraft,
der Liebe und der Selbstbeherrschung.
8 Darum schäme dich nicht, unseren
Herrn zu bekennen und auch zu mir
zu stehen, seinem Gefangenen. Sei
bereit, für die Heilsbotschaft zu leiden. Gott wird dir die Kraft dazu
geben – 9 Gott, der uns gerettet und
berufen hat, zu seinem heiligen Volk
zu gehören. Er hat sich dabei nicht
nach unseren Leistungen gerichtet,
sondern nach dem, was er lange vorher selbst beschlossen hatte, und der
Gnade, die er uns in Jesus Christus
schon vor allen Zeiten geben wollte.
10 Das ist jetzt mit dem Kommen unseres Retters Jesus Christus Wirklichkeit geworden. Er hat den Tod entmachtet und uns durch die gute Botschaft unvergängliches Leben geschenkt. 11 Für diese Heilsbotschaft
bin ich als Verkündiger, Apostel und
Lehrer eingesetzt. 12 Deshalb muss
ich auch dies alles hier erdulden. Aber
dafür schäme ich mich nicht, denn ich
weiß ja, wem ich geglaubt habe, und
ich bin überzeugt, dass er die Macht
hat, das mir anvertraute Gut bis
zum Tag seines Kommens sicher zu
verwahren. 13 Nimm die gesunden
Worte, die du von mir gehört hast, als
Muster für deine eigene Verkündigung, und tritt für diese Botschaft mit

dem Glauben und der Liebe ein, die in Jesus Christus zu finden sind. 14 Verwahre dieses kostbare Gut, das dir anvertraut wurde, sicher durch den Heiligen Geist, der in uns wohnt.

15 Wie du weißt, haben sich alle in der Provinz Asia* von mir abgewandt, auch Phygelus und Hermogenes. 16 Nur Onesiphorus stand mir bei. Möge der Herr seiner Familie Barmherzigkeit schenken. Er hat mich oft ermutigt und sich meiner Ketten nicht geschämt. 17 Im Gegenteil: Als er in Rom war, hat er so lange nach mir gesucht, bis er mich gefunden hatte. 18 Der Herr möge ihm sein Erbarmen an jenem großen Tag schenken, an dem er vor dem Herrn stehen wird. Und was er in Ephesus* für die Gemeinde getan hat, weißt du besser als ich.

Weisungen zum Glaubenskampf

2 1 Timotheus, mein lieber Sohn, sei stark in der Gnade, die uns in Jesus Christus gegeben ist. 2 Und die Wahrheit, die du vor vielen Zeugen von mir gehört hast, sollst du treuen und zuverlässigen Menschen anvertrauen, die fähig sind, wieder andere zu belehren. 3 Und sei als ein guter Soldat von Jesus Christus bereit, die dazugehörigen Leiden auf dich zu nehmen. 4 Kein Soldat, der in den Krieg zieht, lässt sich in Alltagsgeschäfte verwickeln, denn er will dem gefallen, der ihn angeworben hat. 5 Auch wenn jemand an einem sportlichen Wettkampf teilnimmt, kann er nur dann den Siegeskranz gewinnen, wenn er sich an die Regeln des Kampfes gehalten hat. 6 Ein Bauer, der sich auf dem Feld abmüht, hat immer das erste Anrecht an den Früchten seiner Arbeit. 7 Ich denke, du verstehst, was ich damit sagen will. Der Herr wird dir in allem das nötige Verständnis geben.

8 Richte deine Gedanken immer wieder auf Jesus Christus aus – auf ihn, der von den Toten auferweckt wurde und aus der Nachkommenschaft Davids stammt. Er ist der Inhalt der guten Botschaft, die mir anvertraut wurde. 9 Ihretwegen habe ich Böses erfahren und bin jetzt wie ein Verbrecher gefesselt. Doch das Wort Gottes kann man nicht in Fesseln legen. 10 Deshalb ertrage ich das alles für die, die Gott erwählt hat, damit auch sie durch Jesus Christus gerettet werden und an der ewigen Herrlichkeit teilhaben. 11 Es ist ein wahres Wort:

Wenn wir mit Christus gestorben
sind, / werden wir auch mit ihm
leben. 12 Wenn wir standhaft
bleiben, / werden wir auch mit
ihm herrschen. / Wenn wir ihn
aber verleugnen, / wird er auch
uns verleugnen, 13 und wenn wir
untreu sind, / bleibt er dennoch
treu, / denn er kann sich selbst
nicht verleugnen.

1,15 *Asia.* Römische Provinz, die den westlichen Teil Kleinasiens umfasste.

1,18 *Ephesus* war die Hauptstadt der Provinz Asia und zweitgrößte Stadt des römischen Reiches. Der reiche Handelsknotenpunkt lag etwa 5 km vom Meer entfernt am Fluss Kaystros, auf dem man praktisch bis in den Hafen der Stadt segeln konnte. Berühmt war Ephesus durch seinen Artemis-Tempel (römisch: Diana), der zu den sieben Weltwundern zählte.

Umgang mit Irrlehrern

14 Daran musst du sie immer wieder erinnern. Beschwöre sie vor Gott, sich nicht auf Diskussionen einzulassen, bei denen nur um Worte gezankt wird. Das führt zu nichts und schadet den Zuhörenden. 15 Setze alles daran, dich Gott als bewährter Mitarbeiter zur Verfügung zu stellen, der sich für sein Tun nicht schämen muss und das Wort der Wahrheit klar und unverkürzt vertritt. 16 Lass dich nicht auf das leere Geschwätz gewisser Leute ein, die alles Heilige in den Schmutz ziehen. Solche Menschen werden immer tiefer in der Gottlosigkeit versinken 17 und ihre Lehre wird wie ein Krebsgeschwür um sich fressen. Hymenäus und Philetus gehören auch zu ihnen. 18 Sie haben sich so weit von der Wahrheit entfernt, dass sie behaupten, die Auferstehung sei schon geschehen. Und damit zerstören sie bei manchen den Glauben. 19 Aber Gott hat ein massives, unverrückbares Fundament gelegt. Es trägt den Abdruck seines Siegels mit folgender Inschrift: »Der Herr kennt die, die zu ihm gehören« und: »Wer den Namen des Herrn nennt, meide das Unrecht.«

20 In einem großen Haushalt gibt es nicht nur Gefäße aus Gold und Silber, sondern auch aus Holz und Ton. Die einen sind für besondere Anlässe bestimmt, die anderen dienen als Behälter für den Abfall. 21 Wer sich nun von Menschen fernhält, die Abfallbehältern gleichen, wird ein Gefäß sein, das ehrenvollen Zwecken dient, das heilig ist, dem Hausherrn nützt und zu jedem guten Werk bereitsteht.

22 Hüte dich vor den Leidenschaften, die besonders junge Menschen in Gefahr bringen! Strebe zusammen mit denen, die den Herrn aufrichtig und mit reinem Gewissen anbeten, nach einem Leben, das von Gerechtigkeit, Glauben, Liebe und Frieden erfüllt ist! 23 Weise dumme Spitzfindigkeiten und unsinnige Spekulationen ab! Du weißt ja, dass sie nur zu Streitigkeiten führen.

24 Ein Diener des Herrn darf aber nicht streiten, sondern soll allen freundlich begegnen. Er muss die Lehre klar vermitteln, darf sich aber nicht provozieren lassen, 25 sondern muss die Widerspenstigen mit Güte und Geduld zurechtweisen. Vielleicht gibt ihnen Gott die Möglichkeit zur Änderung ihrer Einstellung, dass sie die Wahrheit erkennen, 26 wieder zur Besinnung kommen und sich aus der Schlinge befreien, in der sie der Teufel gefangen hält, um sie für seine Absichten zu missbrauchen.

Zeichen der Zeit vor dem Ende

3 1 Du musst wissen, dass die Zeit vor dem Ende sehr schlimme Phasen haben wird. 2 Die Menschen werden selbstsüchtig sein, geldgierig, großtuerisch und eingebildet. Sie werden Gott und Menschen beleidigen, ihren Eltern nicht gehorchen und vor nichts mehr Ehrfurcht haben. Sie sind undankbar, 3 lieblos und unversöhnlich. Sie werden ihre Mitmenschen verleumden und sich hemmungslos ausleben. Sie sind gewalttätig und hassen das Gute. 4 Zu jedem Verrat bereit, sind sie leichtsinnig und werden vom Hochmut verblendet. Sie leben nur für ihr Vergnügen und kümmern sich nicht um Gott. 5 Sie geben sich zwar einen

frommen Anschein, aber von der Kraft wahrer Gottesfurcht wollen sie nichts wissen.

Halte dich von solchen Menschen fern! 6 Zu ihnen gehören nämlich auch die, die sich in Häuser einschleichen und das Vertrauen von Frauen gewinnen, in deren Leben sich viel Sünde angesammelt hat. Solche Weibsbilder werden von allen möglichen Begierden getrieben. 7 Sie wollen immerzu etwas Neues hören und sind doch unfähig, jemals zur Erkenntnis der Wahrheit zu kommen. 8 So wie Jannes und Jambres* sich einst gegen Mose stellten, so widersetzen sich auch diese Verführer der Wahrheit. Es sind durch und durch verdorbene Menschen, deren Glaube keiner Prüfung standhält. 9 Doch sie werden nicht weit damit kommen, denn ihr Unverstand wird sich allen zeigen, wie es auch bei jenen Ägyptern der Fall war.

10 Doch du bist meiner Lehre treu gefolgt. Du hast dir mein Verhalten und mein Lebensziel zu eigen gemacht und dir meinen Glauben, meine Geduld und meine Liebe zum Vorbild genommen. Du kennst meine Standhaftigkeit 11 in den Verfolgungen und Leiden, wie sie mir in Antiochia*, Ikonion* und Lystra* widerfahren sind. Welche Verfolgungen ertrug ich da! Und aus allen hat der Herr mich gerettet. 12 Übrigens werden alle, die zu Jesus Christus gehören und so leben wollen, wie es Gott gefällt, mit Verfolgung rechnen müssen. 13 Böse und betrügerische Menschen dagegen werden es immer schlimmer treiben, andere in die Irre führen und selbst irregeführt werden.

Die Bedeutung der Heiligen Schrift

14 Du aber bleib bei dem, was du gelernt hast und was dir zur völligen Gewissheit wurde! Du weißt ja, wer deine Lehrer waren, 15 und bist von frühester Kindheit an mit den heiligen Schriften vertraut, die dir die Weisheit vermitteln können, die zur Rettung nötig ist – zur Rettung durch den Glauben an Jesus Christus. 16 Die ganze Schrift ist von Gottes Geist gegeben und von ihm erfüllt. Ihr Nutzen ist entsprechend: Sie lehrt uns die Wahrheit zu erkennen, überführt uns von Sünde, bringt uns auf den richtigen Weg und erzieht uns zu einem Leben, wie es Gott gefällt. 17 Mit der

---

3,8 *Jannes* (etwa: der Verführer) *und Jambres* (etwa: der Rebell). Wahrscheinlich waren das symbolische Namen für die ägyptischen Zauberer, die die Wunder Moses nachahmten (siehe 2. Mose 7-9).

3,11 *Antiochia.* Stadt in der römischen Provinz Galatien dicht an der Grenze zu der Landschaft Pisidien, etwa 1000 Meter hoch gelegen, römische Kolonie. Die Juden dort hatten dafür gesorgt, dass Paulus aus der Stadt vertrieben wurde (Apostelgeschichte 13,50-52).

Ikonion, das heutige Konja, lag 140 km südöstlich vom pisidischen Antiochia, in der römischen Provinz Galatien an der »Via Sebaste«. Als römische Ehrenkolonie erhielt es die Verfassung einer hellenistischen Stadt. Man sprach Griechisch. Von den Juden war ein Teil der Bevölkerung gegen Paulus aufgehetzt worden, um ihn zu misshandeln und zu steinigen, sodass er aus der Stadt fliehen musste (Apostelgeschichte 14,1-6).

Lystra. 30 km südwestlich von Ikonion, römische Kolonie, Heimatstadt des Timotheus. In Lystra schafften es die Juden aus Antiochia und Ikonion, die Bevölkerung zu überreden, und Paulus wirklich zu steinigen (Apostelgeschichte 14,19-20).

Schrift ist der Mensch, der Gott gehört und ihm dient, allen seinen Aufgaben gewachsen und zu jedem guten Werk gerüstet.

Das Vermächtnis des Apostels

4 1 Ich beschwöre dich vor Gott
und vor Jesus Christus, der über
die Lebenden und die Toten Gericht
halten wird; und im Blick auf seine
sichtbare Wiederkunft und die Auf-
richtung seines Reiches flehe ich dich
an: 2 Verkündige die Botschaft Got-
tes! Tritt für sie ein, ob es den Leuten
passt oder nicht. Rede ihnen ins Ge-
wissen, warne und ermahne sie! Ver-
liere dabei aber nicht die Geduld;
unterweise sie gründlich! 3 Denn es
wird eine Zeit kommen, da werden sie
die gesunde Lehre unerträglich finden
und sich Lehrer nach ihrem Ge-
schmack aussuchen, die ihnen nur
das sagen, was sie gern hören wollen.
4 Vor der Wahrheit werden sie dann
ihre Ohren verschließen und sich
stattdessen mit Legenden und Speku-
lationen abgeben.
5 Doch du musst in jeder Hinsicht
nüchtern bleiben! Sei bereit, Druck
zu ertragen, und erfülle deinen Auf-
trag als Verkündiger des Evangeli-
ums. Tu alles, was zu deinem Dienst
gehört! 6 Für mich ist die Zeit des
Abschieds gekommen. Denn mein
Leben wird bereits wie ein Trankop-
fer ausgegossen. 7 Ich habe einen
guten Kampf gekämpft und habe
das Ziel erreicht! Den Glauben habe
ich unversehrt bewahrt. 8 Jetzt liegt
der Ehrenkranz für mich bereit, die
Gerechtigkeit, die der Herr als ge-
rechter Richter mir an jenem
großen Tag zuerkennen wird – aber
nicht nur mir, sondern auch allen
anderen, die sich auf sein sichtbares
Wiederkommen freuen.

Persönliches

9 Beeile dich und komm so bald wie
möglich zu mir! 10 Denn Demas hat
mich verlassen und ist nach Thessalo-
nich* gegangen. Ihm war diese Welt
lieber. Kreszens ging nach Galatien*
und Titus nach Dalmatien*. 11 Nur
Lukas ist noch bei mir. Wenn du
kommst, bring Markus mit,* denn ich
könnte ihn hier gut gebrauchen. 12 Ty-
chikus habe ich nach Ephesus ge-
schickt. 13 Bring auch den Rollenbe-
hälter mit, wenn du kommst, – ich
habe ihn bei Karpus in Troas* liegen

4,10 *Thessalonich.* Bedeutendste Stadt Mazedoniens, etwa 200.000 Einwohner, Hauptstadt des zweiten mazedonischen Bezirks, wichtiger Seehafen. Heute: Thessaloniki.

Galatien ist der Name einer Landschaft im nördlichen Kleinasien. Die römische Provinz Galatien schloss aber seit einigen Jahrzehnten auch die südlicher liegenden Landschaften Pisidien, Phrygien und Lykaonien ein.

Dalmatien. Römische Provinz im Gebirge nordöstlich der Adria.

4,11 *bring Markus mit.* Wahrscheinlich hielt Markus sich noch in Kolossä auf, wohin er nach Aussage von Kolosser 4,10 kommen sollte.

4,12 *Tychikus* war zuletzt in Kolossä gewesen und hatte dort Onesimus seinem Herrn zurückgebracht und den Kolosserbrief übergeben (Kolosser 4,7-9). Nun sollte er offenbar Timotheus in Ephesus ablösen.

4,13 *Troas.* Ein bedeutender Hafen im Nordwesten der römischen Provinz Asia, 20 km südlich von Troja.

gelassen – und dazu die Schriftrollen,
vor allem aber die Notizhefte*.
14 Alexander, der Schmied, hat mir
viel Böses angetan. Der Herr wird ihm
seine Untaten vergelten. 15 Nimm
dich sehr in acht vor ihm, denn er
hat sich unserer Verkündigung heftig
widersetzt.
16 Als ich das erste Mal vor Gericht
stand und mich verteidigen musste,
stand mir niemand bei. Sie haben
mich alle im Stich gelassen. Möge es
ihnen nicht angerechnet werden.
17 Aber der Herr stand mir zur Seite
und gab mir Kraft, sodass ich mei-
nen Auftrag, allen Völkern seine
Botschaft zu verkündigen, auch bei
dieser Gelegenheit zu Ende führen
konnte. Und so hat er mich noch ein-
mal aus dem Rachen des Löwen ge-
rettet. 18 Er wird mich auch weiter-
hin vor allen bösen Anschlägen ret-
ten und mich sicher in sein himm-
lisches Reich bringen. Ihm gebührt
die Ehre für immer und ewig. Amen.
19 Grüße Priska und Aquila* und die
Familie des Onesiphorus. 20 Erastus
ist in Korinth* geblieben, und Trophi-
mus habe ich krank in Milet* zurück-
lassen müssen. 21 Beeile dich, dass
du noch vor dem Winter hier bist. Eu-
bulus, Pudens, Linus, Klaudia und
alle anderen Geschwister lassen dich
grüßen. 22 Der Herr sei mit dir und
seine Gnade mit euch allen!

4,13 *Notizhefte.* Das waren zusammengeheftete Pergamentblätter, die Vorläufer für unsere Bücher.

4,19 *Priska und Aquila.* Das missionarische Ehepaar, das die letzten fünf Jahre in der Gemeinde in Rom mitgearbeitet hatte (Römer 16,3-5), wohnte inzwischen wieder in Ephesus.

4,20 *Erastus ist in Korinth.* Paulus gibt Timotheus nun zwei Nachrichten von Mitarbeitern weiter, die er gut kennt. Erastus war mit ihm zusammen auf eine Reise nach Mazedonien geschickt worden (Apostelgeschichte 19,22). Er befindet sich jetzt in Korinth, dieser wichtigen Stadt in Griechenland, die auf der Landenge zum Peloponnes den Handel vom Norden nach dem Süden beherrschte und durch zwei Häfen auch den Seehandel von Ost nach West. Es war Hauptstadt der römischen Provinz Achaja.

Trophimus stammte aus Ephesus und hatte Paulus auf der Rückreise von Griechenland (bis nach Ephesus war auch Timotheus dabei, Apostelgeschichte 20,4) bis nach Jerusalem begleitet, wo er ungewollt der Anlass für dessen Gefangennahme gewesen war (Apostelgeschichte 21,29). Vermutlich hatte er ihn dann mit dem Gefangenentransport noch bis nach Milet begleiten können.

krank in Milet. Hier ist wahrscheinlich das Melite von Apostelgeschichte 28,1-10 gemeint, nämlich der südliche Rumpf der westgriechischen Insel Kephallenia, an der das Schiff mit dem gefangenen Paulus gestrandet war. Dort grassierte alljährlich im Herbst die gefährliche Malaria, deren Hauptsymptome hohes wiederkehrendes Fieber und kolikartige Durchfälle und Krämpfe sind. Weil Paulus selbst als Gefangener weiter nach Rom gebracht wurde, musste er seinen Mitarbeiter Trophimus krank zurücklassen.

Brief des Paulus an Titus

Nach dem Amtsantritt des Prokurators Porcius Festus im Jahr 59 n.Chr. in Cäsarea fand endlich die öffentliche Gerichtsverhandlung gegen Paulus statt. Dabei berief sich dieser auf den Kaiser in Rom und wurde deshalb in einem Gefangenentransport nach Rom eingeschifft. Einige Freunde begleiteten den Apostel, unter ihnen waren Lukas, Titus und Aristarch. Widrige Winde zwangen die Seeleute, Kurs auf Kreta zu nehmen. Dort hatten Paulus und seine Freunde offenbar genügend Zeit, die christlichen Gemeinden auf der Insel zu besuchen und vielleicht sogar einige zu gründen (Apostelgeschichte 2,11; 27,3; Titus 3,13). Deswegen ließ der Apostel seinen Mitarbeiter Titus auf Kreta zurück, um die Missionsarbeit fortzusetzen und die Gemeinden zu stabilisieren. Doch kurz nach seiner Abreise geriet das Schiff in einen schweren Sturm. Das Schiff trieb nach Nordwesten in die äußere Adria und strandete nach 14-tägiger Irrfahrt an einer Insel. Die Gestrandeten wurden von den Inselbewohnern sehr freundlich behandelt und erfuhren, dass sie auf Melite gelandet waren, einem Küstenstreifen der westgriechischen Insel Kephallenia (Apostelgeschichte 28,1).

Paulus vermutete, dass der Hauptmann in der aufstrebenden westgriechischen Großstadt Nikopolis überwintern wollte. Diese war nur 60 Kilometer entfernt und verfügte über geeignete Unterkünfte für die mehr als 200 Gefangenen und Soldaten. Deshalb schrieb Paulus bald nach der Ankunft auf Kephallenia den Titusbrief, in dem er seinen Mitarbeiter auf Kreta bittet, zu ihm nach Nikopolis zu kommen.

1 *1* Es schreibt Paulus, ein Sklave* Gottes und Apostel von Jesus Christus. Gott hat mich dazu berufen, den Glauben der Menschen zu fördern, die er sich erwählt hat, und sie in der Erkenntnis jener Wahrheit voranzubringen, die der Ehrfurcht vor Gott entspricht. *2* So wird auch ihre Hoffnung auf das ewige Leben gestärkt, auf dieses Leben, das Gott schon vor dem Anfang der Zeit versprochen hat – und er lügt nie. *3* Aber jetzt ist die Zeit dafür gekommen. Unser Retter, Gott selbst, hat diese Botschaft ans Licht gebracht und mich beauftragt, sie zu verkündigen.

4 An Titus, der mir im Glauben wie ein echter Sohn verbunden ist. Ich wünsche dir Gnade und Frieden von Gott, dem Vater, und von Jesus Christus, unserem Retter.

1,1 Ein *Sklave* (griech. *doulos*) ist ein Mensch, der rechtlich und wirtschaftlich Eigentum eines anderen Menschen ist. Christen verstanden sich wie Mose, Josua, die Propheten als Sklaven Gottes, der sie in seinen Dienst gestellt hatte, und betrachteten diesen Titel als Auszeichnung.

Schwierige Aufgaben anpacken

5 Ich habe dich auf Kreta zurück-
gelassen, damit du das noch nicht
Erledigte in Ordnung bringst und so,
wie ich es dir aufgetragen habe, in den
einzelnen Städten Älteste einsetzt.
6 Einem Ältesten darf niemand etwas
nachsagen können. Er muss seiner
Frau treu sein und vertrauenswürdige
Kinder haben, die nicht als zügellos
oder ungehorsam bekannt sind.
7 Denn ein Aufseher in der Gemeinde,
darf keinerlei Anlass zum Tadel
geben, denn er verwaltet das Haus
Gottes. Er darf nicht eigenmächtig
oder jähzornig sein, kein Trinker und
kein Schläger. Er darf nicht darauf aus
sein, sich zu bereichern*, 8 sondern
soll gastfreundlich und ein Freund des
Guten sein. Er soll einen gesunden
Menschenverstand besitzen, gerecht
und gottgefällig leben und sich selbst
beherrschen können. 9 Es muss ein
Mann sein, der sich an das zuverlässi-
ge Wort Gottes hält, wie es gelehrt
worden ist. Dann wird er in der Lage
sein, die Gläubigen mit der gesunden
Lehre zu ermahnen und die Gegner zu
widerlegen.

10 Es gibt ja viele Schwätzer und
Schwindler, die sich nicht unterord-
nen wollen, besonders unter denen,
die sich früher beschneiden* ließen.
11 Ihnen muss man den Mund stop-
fen, weil sie ganze Hauskreise mit
ihren ungehörigen Lehren durchein-
anderbringen, und das nur in der
schändlichen Absicht, sich zu be-
reichern. 12 Einer von den Kretern
muss ein Prophet gewesen sein, als
er sagte: »Die Kreter sind immer
Lügner, wilde Bestien und faule
Bäuche.«* 13 Er hat die Wahrheit
gesagt. Darum musst du diese Leute
scharf zurechtweisen, damit ihr
Glaube gesund wird. 14 Sie dürfen
sich nicht mehr mit jüdischen Fabe-
leien beschäftigen und sich von Leu-
ten, die der Wahrheit den Rücken
gekehrt haben, Vorschriften machen
lassen. 15 Für Reine ist nämlich alles
rein; für Ungläubige und Unreine
dagegen ist nichts rein. Ihr Denken
ist genauso beschmutzt wie ihr Ge-
wissen. 16 Sie behaupten zwar, Gott
zu kennen, verleugnen ihn aber
durch ihr ganzes Tun. Solch unbe-
lehrbare Menschen sind abscheu-
lich; sie sind nicht in der Lage,
irgendetwas Gutes zu tun.

Gesunde Lehre fördern

2 1 Aber du musst ihnen sagen, was
der gesunden Lehre entspricht:
2 Die älteren Männer sollen sachlich
sein, ehrbar und besonnen, außerdem
gesund im Glauben, in der Liebe und
in der Standhaftigkeit. 3 Den älteren
Frauen musst du sagen, dass ihre Le-
bensführung dem Heiligen angemes-
sen sein soll. Dazu gehört, dass sie
niemand verleumden und sich nicht
dem Trunk ergeben. Als Lehrmeiste-
rinnen guten Verhaltens 4 sollen sie
die jungen Frauen anleiten, ihre Män-
ner und Kinder zu lieben, 5 besonnen,

1,7 *sich zu bereichern.* Oder: Er darf kein unsauberes Gewerbe treiben.

1,10 *beschneiden.* Siehe 1. Mose 17,9-14!

1,12 Das Zitat stammt von dem Dichterphilosophen Epimenides aus Knossos auf Kreta, 6. Jh. v.Chr.

zuchtvoll und gütig zu sein, ihren
Haushalt gut zu versorgen und sich
ihren Männern unterzuordnen, und
zwar deshalb, damit das Wort Gottes
nicht in Verruf kommt. 6 Die jüngeren
Männer ermahne ebenfalls, vernünf-
tig zu sein; 7 und sei du selbst ihnen
ein Vorbild im Tun des Guten. In dei-
ner Lehre zeige Unverdorbenheit und
den gebührenden Ernst 8 in gesun-
den, unanfechtbaren Worten, damit
jeder Gegner sich beschämt fühlt und
uns nichts Schlechtes nachsagen
kann. 9 Die Sklaven sollen ihren Her-
ren in allem gehorchen und ihnen ge-
fällig sein. Sie sollen nicht widerspre-
chen 10 und nichts unterschlagen,
sondern ihnen treu und zuverlässig
dienen, damit sie in allem der Lehre
von unserem Gott und Retter Ehre
machen.

11 Denn die Gnade Gottes ist jetzt
sichtbar geworden, um allen Men-
schen die Rettung zu bringen. 12 Sie
erzieht uns dazu, die Gottlosigkeit
und die weltlichen Begierden zu ver-
leugnen und besonnen, gerecht und
mit Ehrfurcht vor Gott in der heutigen
Welt zu leben, 13 als Menschen, die
auf die beglückende Erfüllung ihrer
Hoffnung warten und auf das Erschei-
nen der Herrlichkeit unseres großen
Gottes und Retters Jesus Christus.
14 Er hat sich für uns ausgeliefert,
damit er uns von aller Gesetzlosigkeit
loskaufen und sich ein reines Volk
schaffen könne, das darauf brennt,
Gutes zu tun. 15 So sollst du zu ihnen
reden, sie ermahnen und zurechtwei-
sen. Rede ihnen mit allem Nachdruck
ins Gewissen und lass dich von nie-
mand geringschätzig behandeln.

Gute Werke tun

3 1 Schärfe ihnen ein, sich den
staatlichen Autoritäten und den
Behörden unterzuordnen. Sie sollen
die Gesetze befolgen und zu jedem
guten Werk bereit sein. 2 Ermahne
sie, über niemand schlecht zu reden,
nicht streitsüchtig zu sein und allen
Menschen gütig und freundlich zu
begegnen. 3 Denn auch wir waren
früher unverständig und ungehor-
sam und waren vom rechten Weg
abgeirrt. Wir waren Sklaven aller
möglichen Leidenschaften und Be-
gierden. Unser Leben war von Bos-
heit und Neid erfüllt, wir waren ver-
hasst und hassten uns gegenseitig.
4 Als dann aber die Güte und Men-
schenliebe von Gott, unserem Retter,
sichtbar wurde, 5 hat er uns aus
reinem Erbarmen gerettet und nicht,
weil wir gute und gerechte Taten vor-
weisen konnten. Durch die Wieder-
geburt hat er uns gewaschen und
durch den Heiligen Geist uns erneu-
ert. 6 Diesen Geist hat er durch Jesus
Christus, unseren Retter, in reichem
Maß über uns ausgegossen. 7 So sind
wir durch seine Gnade gerecht ge-
sprochen und zu Erben des ewigen
Lebens eingesetzt worden, auf das
wir voller Hoffnung warten.

8 Diese Botschaft ist absolut ver-
trauenswürdig und ich will, dass du
mit Nachdruck dafür eintrittst,
damit alle, die zum Glauben an Gott
gekommen sind, sich ernsthaft um
gute Werke bemühen. Das ist gut
und bringt den Menschen Nutzen.
9 Beteilige dich dagegen nicht an tö-
richten Streitfragen, Diskussionen
über Geschlechtsregister und Aus-

einandersetzungen über das jüdi-
sche Gesetz. Das ist nutzlos und
führt zu nichts. 10 Einen Menschen,
der Irrlehren in der Gemeinde ver-
breitet, verwarne einmal und noch
ein zweites Mal. Dann weise ihn ab,
11 denn du weißt ja, dass er auf ver-
kehrte Wege geraten ist und sündigt.
Damit spricht er sich selbst das
Urteil.

12 Wenn ich Artemas oder Tychikus
zu dir schicke, komm so bald wie
möglich zu mir nach Nikopolis*,
wo ich voraussichtlich den Winter
verbringen* werde. 13 Sorge dafür,
dass der gesetzeskundige Zenas und
Apollos alles bekommen, was sie für
ihre Weiterreise brauchen. 14 Auch
unsere Leute sollen lernen, überall da,
wo es die Bedürfnisse erfordern,
Gutes zu tun, damit sie kein frucht-
loses Leben führen.

15 Alle, die hier bei mir sind, lassen
dich grüßen. Grüße unsere Freunde
im Glauben. Die Gnade sei mit euch
allen!

3,12 *Nikopolis.* Westgriechische Küstenmetropole, die durch eine wichtige Straße mit Apollonia verbunden war, das gegenüber der süditalienischen Hafenstadt Brundusium lag.

Winter verbringen. Offenbar änderte der Hauptmann seine Meinung, nachdem Paulus den Titusbrief abgeschickt hatte, und entschloss sich den großen Frachter, der im Hafen von Kephallenia lag und bei günstigem Wetter nach Italien auslaufen sollte, zur Weiterreise zu benutzen (Apostelgeschichte 28,11).

Brief des Paulus an Philemon

Ein Mitarbeiter des Paulus, Tychikus, brach wahrscheinlich noch im Jahr 60 n.Chr. von Rom auf und nahm den Epheserbrief, den Kolosserbrief und den entlaufenen Sklaven Onesimus mit nach Kleinasien. Für Onesimus gab Paulus ein Begleitschreiben an dessen Herrn Philemon mit. In diesem Brief setzte sich Paulus mit großer seelsorgerlicher Weisheit bei seinem Freund Philemon für dessen entlaufenen Sklaven Onesimus ein.

1 *1* Es schreibt Paulus, der für Jesus
Christus im Gefängnis sitzt, und
Timotheus, der Bruder. An Philemon,
unseren geliebten Mitarbeiter, *2* sowie
an unsere Schwester Aphia, unseren
Mitstreiter Archippus und an die Ge-
meinde, die sich in deinem Haus ver-
sammelt. *3* Ich wünsche euch Gnade
und Frieden von Gott, unserem Vater,
und von Jesus Christus, unserem
Herrn.
4 Immer wenn ich für dich bete,
Philemon, danke ich meinem Gott,
5 denn ich höre ja von deinem Glau-
ben an Jesus, den Herrn, und deiner
Liebe zu allen Heiligen*. *6* Ich bete,
dass unser gemeinsamer Glaube in dir
zunimmt und du erkennst, wie viel
Gutes wir in Christus haben. *7* Es hat
mir viel Freude und Trost gebracht,
Bruder, dass durch dich und deine
Liebe die Heiligen ermutigt worden
sind.
8 Nun könnte ich dir als Apostel von
Christus befehlen, was sich eigentlich
von selbst versteht. *9* Doch um der
Liebe Raum zu geben, bitte ich dich
nur – ich, Paulus, ein alter Mann, der
jetzt für Jesus Christus im Gefängnis
sitzt. *10* Ich bitte dich für meinen
geistlichen Sohn Onesimus, der hier
durch mich zum Glauben gefunden
hat. *11* Er war ein Nichtsnutz, als er
noch bei dir war; doch jetzt ist er für
uns beide ein wirklich brauchbarer
Mitarbeiter, ein rechter Onesimus*
geworden. *12* Ich schicke ihn zu dir
zurück und damit mein eigenes Herz.
13 Eigentlich wollte ich ihn bei mir be-
halten, damit er mir an deiner Stelle
dient, jedenfalls solange ich für die
Verbreitung der guten Botschaft im
Gefängnis bin. *14* Aber ohne deine
Zustimmung wollte ich nichts tun,
denn du solltest dich nicht gezwungen
fühlen, mir Gutes zu erweisen. *15* Viel-
leicht ist er ja nur deshalb eine Zeit
lang von dir getrennt gewesen, damit
du ihn für immer zurückbekommst,
16 jetzt aber nicht mehr als einen
Sklaven, sondern viel mehr als das: als
einen geliebten Bruder. Das ist er be-
sonders für mich, wie viel mehr aber
für dich – als Mensch und als Christ.

1,5 *Heilige*. Damit sind im Neuen Testament immer alle gemeint, die an Jesus Christus glauben und den Heiligen Geist empfangen haben, nicht etwa nur einige besonders Fromme.

1,11 *Onesimus* heißt »der Nützliche«.

17 Wenn du mich nun als Freund
betrachtest, dann nimm ihn auf wie
mich. 18 Wenn er dir aber in irgend-
einer Weise Schaden zugefügt hat
oder dir etwas schuldet, dann stell
es mir in Rechnung. 19 Ich, Paulus,
schreibe das hier mit eigener Hand:
Ich werde es dir erstatten. – Natürlich
brauche ich dir nicht zu sagen, dass
du dich selbst mir schuldig bist.
20 Ja, Bruder, lass mich Nutznießer
deiner Liebe zum Herrn sein. Mach
mir doch diese Freude, Christus
zuliebe.

21 Im Vertrauen auf deine Einwilli-
gung und in der Zuversicht, dass du
noch mehr tust, als ich erbitte, schrei-
be ich dir diesen Brief. 22 Halt bitte
ein Gästezimmer für mich bereit,
denn ich hoffe, dass Gott eure Gebete
erhört und mich bald zu euch zu-
rückkehren lassen wird. 23 Epaphras,
der mit mir für Christus im Gefäng-
nis sitzt, lässt dich grüßen, 24 eben-
so Markus, Aristarch, Demas und
Lukas, meine Mitarbeiter. 25 Die
Gnade unseres Herrn Jesus Christus
sei mit euch!

Brief an die Hebräer

Der jüdische Aufstand gegen die Römer, der im Jahr 66 n.Chr. begonnen hatte, wurde immer blutiger. Auch jüdische Parteien bekämpften sich untereinander. In Galiläa mussten Christen für einige Zeit ins Ostjordanland flüchten. Erst als die Römer die entsprechenden Gebiete erobert hatten, konnten sie zurückkommen.

Gegen Ende des Jahres 67 wurde Petrus in Rom hingerichtet. Timotheus, der dort eine Zeit lang in Haft war, kam nach dem Tod des Kaisers Nero im Jahr 68 frei (13,23). Irgendwo in Italien (13,24) wurde in dieser Zeit der Hebräerbrief geschrieben. Wer der Verfasser war, ist uns nicht bekannt. Der Brief ist an Christen gerichtet, die stark vom jüdischen Denken herkamen und in Gefahr standen, in ihren alten Glauben zurückzufallen.

Jetzt redet Gott durch seinen Sohn

1 *1* Früher hat Gott viele Male und auf vielfältige Weise durch Propheten zu unseren Vorfahren gesprochen. *2* Doch am Ende dieser Zeiten sprach er durch den Sohn zu uns, den er zum Erben über alles eingesetzt hat und durch den er das ganze Universum erschuf. *3* Seine Herrlichkeit leuchtet aus ihm und sein Wesen ist ihm völlig aufgeprägt. Durch die Macht seines Wortes trägt er das All. Und nachdem er das Opfer gebracht hat, das von Sünden reinigt, hat er den Ehrenplatz im Himmel eingenommen, den Platz an der rechten Seite der höchsten Majestät.

4 Er steht so hoch über den Engeln, wie der Sohnesname, den er erbte, jeden Engelsnamen übertrifft. *5* Oder hat Gott je zu einem der Engel gesagt: »Du bist mein Sohn. Ich habe dich heute gezeugt.«*? Oder: »Ich werde ihm Vater und er wird mir Sohn sein.«*? *6* Wenn er den Erstgeborenen aber wieder in die Welt einführt, sagt er: »Alle Engel Gottes sollen ihn anbeten!«* *7* Von den Engeln heißt es zwar: »Seine Engel macht er zu Sturmwinden, seine Diener zu Feuerflammen«*, *8* vom Sohn aber: »Gott, dein Thron hat für immer Bestand. Dein Zepter bürgt für eine Herrschaft in Gerechtigkeit. *9* Du hast das Recht geliebt und das Unrecht gehasst. Darum, Gott, hat dein Gott dich gesalbt mit dem Öl der Freude wie keinen deiner Begleiter.«* *10* Und: »Du, Herr, hast am Anfang die Erde geschaffen und die Himmel mit deinen Händen geformt. *11* Sie werden vergehen, du aber bleibst. Sie werden veralten wie ein Gewand. *12* Wie einen Umhang wirst du sie zusammenrollen und wie ein Kleidungsstück sie auswechseln. Du aber bleibst der, der du

1,5 Psalm 2,7; 2. Samuel 7,14; 1. Chronik 17,13

1,6 Psalm 97,7

1,7 Psalm 104,4

1,9 Psalm 45,7-8

bist, und deine Jahre enden nicht.«*
13 Oder hätte Gott jemals zu einem
Engel gesagt: »Setz dich an meine
rechte Seite, bis ich deine Feinde zur
Fußbank für dich gemacht habe.«*?
14 Nein, die Engel sind alle nur Die-
ner. Es sind Wesen der himmlischen
Welt, die Gott als Helfer zu denen
schickt, die an der kommenden Ret-
tung teilhaben sollen.

Wir müssen ihm unbedingt zuhören!

2 1 Deshalb müssen wir im höchs-
ten Maß auf das achten, was
wir gehört haben, damit wir nicht am
Ziel vorbeitreiben. 2 Denn schon das
Gesetz, das durch Engel verkündet
wurde, war verbindlich, und wer es
übertrat oder nicht darauf hören woll-
te, erhielt die verdiente Strafe. 3 Wie
sollen wir da der Strafe entgehen,
wenn wir eine so großartige Rettungs-
botschaft missachten? Es war ja der
Herr selbst, durch den die Rettung
zuerst verkündet wurde. Und uns
wurde die Botschaft von denen bestä-
tigt, die ihn mit eigenen Ohren gehört
haben. 4 Deren Zeugnis wiederum
hatte Gott selbst durch Zeichen und
Wundertaten und viele Beweise seiner
Macht bestätigt, und auch dadurch,
dass er den Heiligen Geist nach sei-
nem Ermessen austeilte.

5 Außerdem sind es nicht die Engel,
denen er die zukünftige Welt, von der
wir hier sprechen, unterstellt hat,
6 denn es gibt eine Stelle in der
Schrift, an der ausdrücklich gesagt
wird: »Was ist der Mensch, dass du,
Gott, an ihn denkst? Was ist der Men-
schensohn, dass du für ihn sorgen
solltest? 7 Für kurze Zeit hast du ihn
geringer gemacht als die Engel, dann
aber hast du ihn mit Herrlichkeit und
Ehre gekrönt 8 und hast ihm alles
unter die Füße gelegt.«* Ihm hat Gott
alles unterworfen. Es gibt nichts, wo-
rüber er nicht Herr wäre. Im Moment
können wir das freilich noch nicht er-
kennen. 9 Doch Jesus sehen wir be-
reits, der für kurze Zeit geringer als
die Engel gemacht wurde und jetzt
wegen seines Todesleidens mit Herr-
lichkeit und Ehre gekrönt ist. Denn er
hatte den Tod auf sich genommen,
damit auf diese Weise Gottes Gnade
zu allen Menschen käme.

10 Weil Gott viele Menschen als
seine Kinder in die Herrlichkeit füh-
ren wollte, hat er den Wegbereiter
ihrer Rettung durch Leiden vollkom-
men gemacht. Das war der angemes-
sene Weg für ihn, der Ursprung und
Ziel aller Dinge ist. 11 Er, der heilig
macht, und die, die von ihm geheiligt
werden, haben nämlich alle denselben
Vater. Deshalb schämt er sich auch
nicht, sie seine Geschwister zu nen-
nen. 12 So sagt er zum Beispiel: »Dei-
nen Namen will ich meinen Brüdern
bekannt machen; mitten in der Ge-
meinde will ich dir Loblieder sin-
gen.«* 13 oder: »Ich will mein Ver-
trauen auf ihn setzen!« und dann:
»Hier bin ich mit den Kindern, die
Gott mir gegeben hat.«*

14 Weil diese Kinder nun Menschen
von Fleisch und Blut sind, ist auch er

1,12 Psalm 102,26-28
1,13 Psalm 110,1
2,8 Psalm 8,5-7
2,12 Psalm 22,23
2,13 Jesaja 8,17-18

ein Mensch von Fleisch und Blut ge-
worden. So konnte er durch seinen
Tod den Teufel entmachten, der die
Macht über den Tod hatte, 15 und
konnte die befreien, die durch Angst
vor dem Tod ihr ganzes Leben lang
versklavt waren. 16 Außerdem wissen
wir ja, dass er sich nicht für Engel ein-
setzt, sondern für die Nachkommen
Abrahams. 17 Deshalb musste er sei-
nen Geschwistern in jeder Hinsicht
gleich werden, um vor Gott ein barm-
herziger und treuer Hoher Priester für
uns sein zu können; ein Hoher Prie-
ster, durch den die Sünden des Volkes
gesühnt werden. 18 Und weil er selbst
gelitten hat, als er versucht wurde,
kann er auch denen helfen, die in Ver-
suchungen geraten.

Auf Jesus sehen!

3 1 Aus diesem Grund sollt ihr euer
Augenmerk auf Jesus richten,
liebe Geschwister, auf den Apostel*
und Hohen Priester unseres Bekennt-
nisses. Ihr seid ja auch für Gott ausge-
sondert und zur Teilnahme an der
himmlischen Welt berufen. 2 Haltet
euch vor Augen, wie treu er dem dient,
der ihn eingesetzt hat. In dieser Hin-
sicht war er wie Mose, der ein treuer
Diener für das ganze Haus Gottes war.
3 Ihm jedoch kommt größere Ehre zu
als Mose. Denn der Erbauer eines
Hauses genießt größeren Ruhm als
das Haus. 4 Jedes Haus hat ja einen
Erbauer, aber der, der alles erbaut hat,
ist Gott. 5 Und wenn Mose sich in
Gottes ganzem Haus als treu erwies,
bezieht sich das auf seinen Dienst als
Verwalter. Damit war er ein Hinweis
auf das, was später verkündigt wer-
den sollte. 6 Christus aber erweist
seine Treue als Sohn und damit als
Herr über das Haus Gottes. Und die-
ses Haus sind wir – vorausgesetzt, wir
halten voll Zuversicht und Stolz an
der Hoffnung fest bis wir am Ziel sind.

Auf Gott hören!

7 Darum beherzigt, was der Heilige
Geist sagt: »Wenn ihr heute die Stim-
me Gottes hört, 8 verschließt euch sei-
nem Reden nicht, wie es das Volk in
der Wüste an dem Tag tat, als es gegen
ihn rebellierte.« 9 »Damals«, sagt
Gott, »haben eure Vorfahren mich
herausgefordert und meine Geduld
auf die Probe gestellt, obwohl sie vier-
zig Jahre lang meine Wunder gesehen
hatten. 10 Deshalb hat mich diese
ganze Generation angewidert. ›Ihr Ei-
genwille führt sie ständig in die Irre‹,
sagte ich, ›sie begreifen einfach nicht,
welche Wege ich sie leiten will.‹
11 Schließlich schwor ich in meinem
Zorn: ›Sie werden niemals die Ruhe
finden, die ich ihnen geben wollte!‹«*

12 Achtet also darauf, liebe Ge-
schwister, dass keiner von euch durch
inneren Widerspruch dem Unglauben
Raum gibt und sich von dem lebendi-
gen Gott abwendet. 13 Ermahnt euch
gegenseitig jeden Tag, solange es die-
ses »Heute«, von dem die Schrift
spricht, noch gibt, damit niemand auf
den Betrug der Sünde hereinfällt und
hart wird. 14 Denn wir gehören wirk-
lich zum Messias und haben Anteil an

3,1 *Apostel.* Jesus wird hier selbst Apostel, Gesandter, genannt, weil er vom Vater auf die Erde gesandt worden war (siehe Johannes 20,21).

3,11 Psalm 95,7-11

allem, was ihm gehört – vorausge-
setzt, wir halten die Zuversicht, die
wir am Anfang hatten, mit aller Ent-
schiedenheit fest.
15 Noch einmal zu dem, was gesagt
ist: »Wenn ihr heute die Stimme Got-
tes hört, verschließt euch seinem
Reden nicht, wie bei jener Rebellion.«
16 Wer waren denn die Menschen, die
sich gegen Gott auflehnten, obwohl
sie seine Stimme hörten? Waren es
nicht gerade die Leute, die Mose aus
Ägypten geführt hatte? 17 Und wer er-
regte vierzig Jahre lang den Zorn Got-
tes? Waren es nicht gerade die, die ge-
sündigt hatten und deren Leiber dann
tot in der Wüste lagen? 18 Und wen
meinte Gott mit seinem Schwur, dass
sie nie die von ihm versprochene Ruhe
finden würden – wenn nicht die, die
ihm den Gehorsam verweigerten?
19 Wir sehen also, dass sie wegen
ihres Unglaubens nicht hineinkamen.

Das Ziel erreichen!

4 1 Hüten wir uns also davor, zu
meinen, jemand sei zu spät ge-
kommen. Denn die Zusage, in Gottes
Ruhe hineinzukommen, gilt ja noch.
Wir müssen deshalb alles tun, dass so
etwas nicht geschieht. 2 Denn die gute
Botschaft wurde uns genauso verkün-
digt, wie jenen damals in der Wüste.
Aber ihnen nützte es nichts, weil ihr
Hören nicht mit Glauben verbunden
war. 3 Denn nur wir, die zum Glauben
gefunden haben, werden in Gottes
Ruhe hineinkommen, in die Ruhe, auf
die Gott sich bezog als er sagte: »So
schwor ich in meinem Zorn: ›Sie wer-
den niemals in meine Ruhe hinein-
kommen!‹«* Nun sind Gottes Werke
zwar schon seit Vollendung der
Schöpfung fertig, 4 denn wo vom
siebten Schöpfungstag die Rede ist,
steht geschrieben: »Am siebten Tag,
nach Vollendung seiner Werke, ruhte
Gott.«* 5 Doch an der vorhin genann-
ten Stelle sagte Gott: »Sie werden nie-
mals in meine Ruhe hineinkommen!«

6 Es bleibt also dabei, dass einige in
die Ruhe hineinkommen werden,
obwohl die, denen die gute Botschaft
damals gesagt wurde, durch ihren Un-
gehorsam ausgeschlossen blieben.
7 Gott hat nun für eine neue Gelegen-
heit gesorgt, ein neues »Heute«, von
dem er lange nach jenem Geschehen
durch David gesagt hat: »Wenn ihr
heute Gottes Stimme hört, verschließt
euch seinem Reden nicht!« 8 Denn
wenn Josua das Volk schon in die ei-
gentliche Ruhe hineingeführt hätte,
würde Gott nicht später von einem an-
deren Tag geredet haben. 9 Es gibt also
noch eine besondere Ruhe* für das
Volk Gottes. 10 Denn wer in diese
Ruhe hineinkommt, wird sich von all
seiner Arbeit ausruhen so wie Gott von
der seinen ruht. 11 Wir wollen deshalb
alles dransetzen, zu dieser Ruhe zu ge-
langen, um nicht wie jene frühere Ge-
neration durch den gleichen Ungehor-
sam zu Fall zu kommen.
12 Das Wort Gottes ist lebendig und
wirksam. Es ist schärfer als das
schärfste zweischneidige Schwert,
das die Gelenke durchtrennt und das
Knochenmark freilegt. Es dringt bis in
unser Innerstes ein und trennt das

4,3 Psalm 95,11
4,4 1. Mose 2,2
4,9 *besondere Ruhe.* Wörtlich: Sabbatruhe.

Seelische vom Geistlichen. Es richtet
und beurteilt die geheimen Wünsche
und Gedanken unseres Herzens.
13 Vor Gott ist ja nichts verborgen.
Alles liegt nackt und bloß vor den
Augen dessen da, vor dem wir Re-
chenschaft ablegen müssen.

Am Bekenntnis festhalten!

14 Weil wir nun einen großen Hohen
Priester haben, der alle Himmel bis
zum Thron des Höchsten durchschrit-
ten hat – Jesus, den Sohn Gottes –,
lasst uns am Bekenntnis zu ihm fest-
halten! 15 Dieser Hohe Priester ver-
steht unsere Schwächen, weil ihm
die gleichen Versuchungen begegnet
sind, wie uns – aber er blieb ohne
Sünde. 16 Darum wollen wir mit
Zuversicht vor den Thron unseres
überaus gnädigen Gottes treten, da-
mit wir Gnade und Erbarmen finden
und seine Hilfe zur rechten Zeit
empfangen.

5 1 Denn jeder menschliche Hohe
Priester wird für seine Mitmen-
schen eingesetzt. Er hat die Aufgabe,
vor Gott für sie einzutreten und Gaben
und Opfer für ihre Sünden darzubrin-
gen. 2 Und weil er die menschliche
Schwäche aus eigener Erfahrung
kennt, kann er nachsichtig mit denen
umgehen, die aus Unwissenheit oder
Versehen vom richtigen Weg abge-
kommen sind. 3 Deshalb muss er
nicht nur für ihre, sondern auch für
seine eigenen Sünden opfern.
4 Niemand kann sich selbst zum
Hohen Priester ernennen; man muss
von Gott zu diesem Dienst berufen
werden – wie es einst bei dem ersten
Hohen Priester Aaron geschah. 5 So
hat auch der Messias sich nicht selbst
die Würde eines Hohen Priesters ver-
liehen, sondern es war der, der zu ihm
gesagt hatte: »*Du* bist mein Sohn. *Ich*
habe dich heute gezeugt.«* 6 An einer
anderen Stelle sagt Gott nämlich: »*Du*
sollst für immer Priester sein, ein Pries-
ter nach der Art des Melchisedek.«*

7 Als Jesus noch hier auf der Erde
lebte, hat er unter Tränen und mit lau-
tem Schreien gebetet und zu dem ge-
fleht, der ihn aus der Gewalt des Todes
retten konnte. Und wegen seiner ehr-
erbietigen Scheu vor Gott wurde er
auch erhört. 8 Obwohl er Gottes Sohn
war, hat er an dem, was er durchma-
chen musste, gelernt, was Gehorsam
bedeutet. 9 Doch jetzt, wo er zur Voll-
endung gelangt ist, wurde er für alle,
die ihm gehorchen, der Begründer
des ewigen Heils. 10 Und Gott selbst
hat ihn als Hohen Priester begrüßt,
einen Hohen Priester nach der Art des
Melchisedek.

Im Glauben erwachsen werden!

11 Darüber könnten wir noch viel
sagen, aber es lässt sich schwer dar-
legen, weil ihr nicht mehr richtig
hinhören wollt. 12 Eigentlich müsstet
ihr längst andere unterrichten können,
stattdessen braucht ihr jemand, der
euch noch einmal die Anfangselemente
der Botschaft Gottes beibringt. Ihr
braucht wieder Milch statt fester Nah-
rung. 13 Wer aber nur Milch verträgt,
ist noch ein Kind. Er ist nicht in der
Lage, die Lehre von der Gerechtigkeit

5,5 Psalm 2,7

5,6 Psalm 110,4; vergleiche 1. Mose 14, 18-20.

Gottes zu begreifen. 14 Feste Nahrung
dagegen ist für Erwachsene, für reife
Menschen, die durch ständigen
Gebrauch geschärfte Sinne haben,
um zwischen Gut und Böse zu unter-
scheiden.

6 1 Deshalb wollen wir jetzt die
Lektionen vom Anfang unseres
Lebens mit Christus hinter uns lassen
und im Glauben erwachsen werden.
Wir müssen euch doch nicht immer
wieder erklären, wie wichtig es ist,
sich von toten religiösen Werken ab-
zuwenden und an Gott zu glauben.
2 Ihr braucht keine weitere Unterwei-
sung über die Bedeutung der Taufe im
Unterschied zu anderen Waschun-
gen, über die Handauflegung, die Auf-
erstehung der Toten und das letzte Ge-
richt mit seinem ewig gültigen Urteil.
3 Nein, wir werden jetzt weitergehen;
und wenn Gott will, wird es gelingen.

4 Denn eins steht fest: Wenn Men-
schen schon einmal die Augen für die
Wahrheit geöffnet bekamen, wenn sie
die gute Gabe des Himmels gekostet
haben und Anteil am Wirken des Hei-
ligen Geistes erhielten, 5 wenn sie
schon Erfahrungen mit dem guten
Wort Gottes und den Kräften der kom-
menden Welt machten 6 und sich
dann doch wieder abgewendet haben,
ist es unmöglich, sie wieder zur Ände-
rung ihrer Einstellung zu bewegen.
Denn sie nageln den Sohn Gottes
praktisch noch einmal ans Kreuz und
setzen ihn dem öffentlichen Spott aus.
7 Wenn ein Stück Land durch häufi-
gen Regen gut bewässert wird und
nützliche Pflanzen für die wachsen
lässt, die es bebaut haben, ist es von
Gott gesegnet. 8 Wenn es aber nichts
als Dornen und Disteln hervorbringt,
ist es unbrauchbar. Es zieht den Fluch
Gottes auf sich und wird am Ende ab-
gebrannt.

9 Doch wir sind trotz des Gesagten
überzeugt, liebe Geschwister, dass für
euch der bessere Teil dieses Vergleichs
zutrifft und eure Rettung keineswegs
in Frage gestellt ist. 10 Denn Gott ist
nicht ungerecht. Er vergisst nicht, wie
ihr ihm eure Liebe bewiesen und für
ihn gearbeitet habt, indem ihr den an-
deren Gläubigen dientet und das noch
immer tut. 11 Wir wünschen nur, dass
jeder von euch diesen Eifer bis ans
Ende beweist, damit ihr voller Zuver-
sicht an der Hoffnung festhalten
könnt. 12 Dann werdet ihr auch nicht
träge, sondern folgt dem Vorbild
derer, die durch Glauben und Geduld
empfingen, was Gott ihnen zugesagt
hatte.

13 Ein Beispiel dafür ist Abraham.
Als Gott ihm die Zusage machte,
schwor er bei sich selbst, weil es kei-
nen Größeren gibt, bei dem er hätte
schwören können: 14 »Ich versichere
dir«, sagte er, »ich werde dich mit
Segen überschütten und dir eine zahl-
lose Nachkommenschaft geben.«*
15 Und so wartete Abraham geduldig
und empfing schließlich, was Gott
ihm versprochen hatte.

16 Wenn Menschen schwören, tun
sie das bei einem Größeren. Ihr Eid
bekräftigt die Aussage und beseitigt
jeden Widerspruch. 17 So hat auch
Gott sich mit einem Eid für seine Zu-
sage verbürgt, denn er wollte den

6,14 1. Mose 22,16-17

Erben dieses Versprechens die feste
Gewissheit geben, dass er seine Zu-
sage wirklich einlöst. 18 Zwar ist es
sowieso unmöglich, dass Gott lügen
kann, doch hier wollte er sich in
doppelter Weise festlegen – durch die
Zusage und den Eid, die beide un-
umstößlich sind. Das ist für uns eine
starke Ermutigung, denn wir haben ja
unsere Zuflucht zu dieser Hoffnung
genommen und wollen alles daran
setzen, sie zu erreichen. 19 In ihr
haben wir einen sicheren und festen
Anker, der uns mit dem Innersten des
himmlischen Heiligtums verbindet.
20 Dorthin ist Jesus bereits voraus-
gegangen, er, der unser ewiger Ho-
her Priester geworden ist, ein Hoher
Priester nach der Art des Melchisedek.

Unser Hoher Priester ist wie Melchisedek

7 1 Denn dieser Melchisedek war
König von Salem und Priester des
höchsten Gottes. Er ging Abraham
entgegen, als dieser vom siegreichen
Kampf gegen die Könige heimkehrte,
und segnete ihn. 2 Abraham gab ihm
damals den zehnten Teil von seiner
Beute. Der Name Melchisedek bedeu-
tet »König der Gerechtigkeit«, und
König von Salem bedeutet »König des
Friedens«. 3 Es gibt keinen Hinweis
auf seinen Vater, seine Mutter oder
einen seiner Vorfahren. Es wird uns
weder der Anfang noch das Ende sei-
nes Lebens mitgeteilt. Darin gleicht er
dem Sohn Gottes und bleibt sozusa-
gen für immer Priester. 4 Wie groß
dieser Mann war, seht ihr daran, dass
selbst Abraham, der Stammvater un-
seres Volkes, ihm den zehnten Teil von
seiner Beute gab. 5 Nach den Bestim-
mungen des Gesetzes steht der Zehn-
te den Nachkommen Levis zu, denen
das Priesteramt übertragen ist. Sie er-
heben ihn vom Volk, obwohl das ihre
eigenen Brüder sind, also auch Nach-
kommen Abrahams wie sie. 6 Melchi-
sedek aber gehörte gar nicht zu Abra-
hams Volk und hat dennoch den
Zehnten von Abraham entgegenge-
nommen. Und außerdem hat er den
Träger der Zusage gesegnet. 7 Dabei
ist zweifellos derjenige, der segnet,
größer als der, der gesegnet wird. 8 Im
Fall der Leviten nehmen sterbliche
Menschen den Zehnten entgegen,
doch im Fall von Melchisedek einer,
von dem bezeugt wird, dass er lebt.
9 Man könnte sogar sagen, dass durch
Abraham auch Levi den Zehnten ge-
geben hat, obwohl der doch normaler-
weise den Zehnten empfängt; 10 denn
als Melchisedek und Abraham sich
begegneten, war Levi als späterer
Nachkomme Abrahams sozusagen
schon dabei.

11 Wenn nun das levitische Priester-
tum zur Vollkommenheit hätte führen
können – denn das Gesetz, das unse-
rem Volk gegeben wurde, beruhte ja
darauf – warum hätte Gott dann noch
einen Priester einsetzen sollen, der zu
einer ganz anderen Priesterordnung
gehört, nämlich zu der von Melchi-
sedek, anstatt zu der von Aaron?
12 Denn sobald das Priestertum geän-
dert wird, ändert sich notwendiger-
weise auch das Gesetz. 13 Denn der,
von dem wir reden, gehört zu einem
anderen Stamm, von dem nie jemand
den Dienst am Altar versehen hat.
14 Denn wie wir wissen, kommt unser
Herr aus Juda. Doch Mose hat Juda

nie in Verbindung mit dem Priester-
tum erwähnt.
15 Das Ganze wird noch viel deut-
licher, wenn sich die Einsetzung die-
ses Priesters – genau wie bei Melchi-
sedek – 16 nicht auf eine vom Gesetz
vorgeschriebene Abstammung grün-
det, sondern auf die Kraft eines unzer-
störbaren Lebens. 17 Denn die Schrift
sagt über ihn: »Du sollst für immer
Priester sein, ein Priester nach der Art
des Melchisedek.«* 18 Damit wird die
frühere Bestimmung außer Kraft ge-
setzt, weil sie schwach und nutzlos
war. 19 Denn das Gesetz hat nichts zur
Vollkommenheit führen können.
Stattdessen wird etwas eingeführt,
das uns eine viel bessere Hoffnung
gibt und uns den ungehinderten Zu-
gang zu Gott verschafft.

20 Außerdem wurde der neue Pries-
ter durch einen Eid bestätigt. Bei den
früheren Priestern gab es keinen sol-
chen Eid. 21 Nur ihm sagte Gott das
Priestertum mit einem Eid zu: »Der
Herr hat geschworen und wird diese
Zusage nie zurücknehmen: ›Du sollst
für immer Priester sein, ein Priester
nach der Art des Melchisedek.‹«*
22 Deshalb ist Jesus auch der Garant
eines besseren Bundes geworden.

23 Es gibt noch einen weiteren Unter-
schied: Nach der alten Ordnung musste
es viele Priester geben, denn wenn einer
starb, musste ein anderer seinen Platz
einnehmen. 24 Jesus aber bleibt in
Ewigkeit, sein Priestertum wird nie
enden. 25 Deshalb kann er auch alle, die
durch ihn zu Gott kommen, vollkom-
men retten, weil er immer lebt, um sich
für sie einzusetzen.

26 Ein solcher Hoher Priester war
auch für uns notwendig, einer der
vollkommen heilig und ohne Sünde
ist, an dem Gott nichts auszusetzen
hat; einer, der sich grundsätzlich von
uns sündigen Menschen unterschei-
det und den höchsten Ehrenplatz über
allen Himmeln erhalten hat. 27 Er
muss nicht Tag für Tag Opfer darbrin-
gen wie die Hohen Priester vor ihm.
Er muss auch nicht zuerst für die eige-
nen Sünden und dann für die des gan-
zen Volkes opfern. Nein, er hat das ein
für allemal getan, als er sich selbst
zum Opfer brachte.

28 Das Gesetz konnte nur schwache,
mit Fehlern behaftete Menschen zu
Hohen Priestern machen, das Wort
des Eidschwurs aber, das viel später
als das Gesetz kam, ernannte den
Sohn, der für immer und ewig voll-
kommen ist.

Unser Hoher Priester ist Vermittler eines besseren Bundes

8 1 Der entscheidende Punkt bei
allem Gesagten ist der: Wir haben
diesen Hohen Priester, der sich auf
den höchsten Ehrenplatz an der rech-
ten Seite der göttlichen Majestät im
Himmel gesetzt hat, 2 und der seinen
Dienst im wahren Heiligtum versieht,
in dem Zelt, das nicht von Menschen,
sondern von Gott, dem Herrn, errich-
tet wurde. 3 Jeder Hohe Priester wird
ja eingesetzt, um Gaben und Opfer
darzubringen. Deshalb muss auch
unser Hoher Priester etwas haben, das
er Gott opfern kann. 4 Wäre er hier auf
der Erde, dann wäre er nicht einmal

7,17 Psalm 110,4
7,21 Psalm 110,4

Priester, denn hier gibt es schon Prie-
ster, die vom Gesetz dazu bestimmt
sind, die Opfer darzubringen. 5 Ihr
Dienst vollzieht sich allerdings in
einem Heiligtum, das nur ein Schat-
ten, eine unvollkommene Nachbil-
dung des himmlischen Heiligtums ist.
Denn als Mose daranging, das heilige
Zelt zu errichten, erhielt er von Gott
die Weisung: »Achte darauf, dass
alles genau nach dem Vorbild angefer-
tigt wird, das dir auf dem Berg gezeigt
wurde.«*

6 Der Dienst, der Jesus übertragen
wurde, hat dagegen eine unvergleich-
lich größere Bedeutung. Er ist ja auch
der Vermittler eines viel besse-
ren Bundes geworden, der sich auf
viel weitreichendere Zusagen stützt.
7 Hätte der erste Bund keine Mängel
gehabt, so wäre kein zweiter nötig ge-
wesen. 8 Denn Gott tadelte sein Volk
als er sagte: »Es wird ein Tag kommen,
sagt der Herr, an dem ich mit dem Volk
von Israel und dem Volk von Juda
einen neuen Bund schließen werde.
9 Er wird anders sein als der, den ich
damals mit ihren Vätern schloss, als
ich sie bei der Hand nahm und aus
Ägypten herausführte. Denn diesem
Bund sind sie nicht treu geblieben,
und ich habe auch nicht mehr auf sie
geachtet, spricht der Herr.

10 Der neue Bund, den ich dann mit
dem Volk Israel schließen will, wird so
aussehen: Ich werde ihnen meine Ge-
setze in Herz und Gewissen schreiben.
Ich werde ihr Gott, und sie werden
mein Volk sein. 11 Keiner muss dann
noch seinen Mitbürger belehren und
niemand zu seinem Bruder sagen:
›Komm und lerne den Herrn kennen!‹
Denn alle – vom Kleinsten bis zum
Größten – werden mich bereits ken-
nen, 12 weil ich ihnen ihr Unrecht ver-
gebe und nie mehr an ihre Sünden
denke.«* 13 Wenn Gott also von
einem neuen Bund spricht, hat er den
ersten für veraltet erklärt. Was aber alt
ist und ausgedient hat, wird bald ver-
schwunden sein.

Der alte Bund hat ausgedient

9 1 Nun hatte auch schon der erste
Bund Vorschriften für den Got-
tesdienst und das irdische Heiligtum,
2 das damals ein Zelt war. Es hatte
einen vorderen Teil, das Heiligtum, in
dem sich der Leuchter und der Tisch
mit den geweihten Broten befanden.
3 Dahinter lag, durch einen weiteren
Vorhang abgetrennt, das sogenannte
Höchstheilige. 4 Dazu gehörten der
goldene Räucheraltar und die ganz
mit Gold überzogene Bundeslade, in
der sich ursprünglich der goldene
Krug mit dem Manna befand, der
Stab Aarons, der Blüten getrieben
hatte, und die beiden Steintafeln mit
dem Bundesgesetz. 5 Auf der Bundes-
lade standen zwei Cherubim*, die auf
die Anwesenheit Gottes hinwiesen.
Ihre Flügel breiteten sie über die
Deckplatte der Lade aus, den Ort der
Versöhnung. Aber davon soll jetzt
nicht im Einzelnen die Rede sein. 6 So

8,5 2. Mose 25,40

8,12 Jeremia 31,31-34

9,5: *Cherub,* Mehrzahl: *Cherubim*: Majestätisches (Engel-)Wesen, das Gottes Herrlichkeit repräsentiert. Sie erscheinen vor allem dort, wo Gott persönlich gegenwärtig ist, vgl. 2. Mose 25,17-21; Hesekiel 1 und 10.

jedenfalls sah das Heiligtum aus.
Jeden Tag gingen die Priester in den
vorderen Teil des Zeltes, um dort ihre
Pflichten zu erfüllen. 7 Den hinteren
Teil aber durfte nur der Hohe Priester
betreten, und zwar nur ein einziges
Mal im Jahr, und auch nicht ohne
Blut. Dieses Blut opferte er für sich
und für die Verfehlungen des Volkes.
8 Damit macht der Heilige Geist deut-
lich, dass der Weg ins eigentliche Hei-
ligtum solange nicht offen ist, wie die
Bestimmungen des vorderen Zeltes
gelten. 9 Das Ganze ist nämlich ein
Bild für unsere heutige Zeit: Die vom
Gesetz verlangten Gaben und Opfer
können das Gewissen der Opfernden
nicht wirklich von Schuld befreien.
10 Denn diese Vorschriften beziehen
sich auf Essen und Trinken und rituel-
le Waschungen, also auf äußere Be-
stimmungen, die nur so lange gelten,
bis eine neue und bessere Ordnung
eingeführt wird.

Christus bringt den neuen Bund

11 Aber jetzt ist Christus als Hoher
Priester der wirklichen Heilsgüter ge-
kommen. Er hat das größere und voll-
kommenere Zelt durchschritten, das
nicht von Menschen gemacht wurde –
also nicht von dieser Schöpfung ist –
12 und hat das eigentliche Heiligtum
ein für alle Mal betreten. Er kam auch
nicht mit dem Blut von Böcken und
Kälbern, sondern mit seinem eigenen
Blut, und hat uns eine Erlösung ge-
bracht, die für immer gilt. 13 Zwar
konnte auch das Blut von Böcken und
Stieren oder die in Wasser aufgelöste
Asche einer jungen Kuh einen Men-
schen von ritueller Unreinheit reini-
gen. Doch diese Reinheit war nur
äußerlich. 14 Das Blut des Christus
bewirkt viel mehr, weil er sich in der
Kraft des ewigen Geistes Gott als feh-
lerloses Opfer dargebracht hat. Sein
Blut reinigt unser Gewissen von all
diesen toten Werken, damit wir nun
dem lebendigen Gott dienen.

15 Christus ist also der Vermittler
eines neuen Bundes, damit alle, die
Gott berufen hat, als Erlöste das ewige
Erbe empfangen können, das er ihnen
zugesagt hat. Denn Christus ist in den
Tod gegangen, um so für die Übertre-
tungen zu bezahlen, die unter dem
ersten Bund begangen wurden. 16 Mit
dem neuen Bund ist es wie mit einem
Testament. Ein Testament kann erst
vollstreckt werden, wenn der gestor-
ben ist, der es aufgesetzt hat. 17 Erst
durch seinen Tod tritt es in Kraft; so-
lange er lebt, hat es keine Bedeutung.

18 Aus demselben Grund konnte
schon der erste Bund nicht ohne Blut
als Beweis für den Tod in Kraft treten.
19 Denn nachdem Mose dem Volk alle
Bestimmungen des Gesetzes vorgele-
sen hatte, nahm er das Blut von Käl-
bern und Böcken und besprengte mit
Hilfe von Wasser, roter Wolle und
Ysopzweigen* das Gesetzbuch und
das ganze Volk. 20 Dabei erklärte er:
»Das ist das Blut des Bundes, auf den
Gott euch verpflichtet hat.«* 21 Auch
das heilige Zelt und alles, was für den
Gottesdienst gebraucht wurde, be-
sprengte Mose mit dem Blut. 22 Nach

9,19 *Ysop*, ein Busch mit stark riechenden Blättern, der bei Reinigungsopfern zum Besprengen verwendet wurde. Seine Stängel werden bis zu 80 Zentimeter lang.

dem Gesetz muss fast alles mit Blut
gereinigt werden. Und ohne das Blut
eines Opfers gibt es keine Vergebung.

Christus, das endgültige Opfer

23 Mit solchen Mitteln müssen also
die Einrichtungen des alten Bundes,
die ja nur Abbilder der himmlischen
Dinge sind, gereinigt werden. Die
himmlischen Dinge selbst brauchen
bessere Opfer. 24 Denn um sich vor
Gott für uns einzusetzen, ist Christus
ja nicht in ein von Menschen gemach-
tes Heiligtum eingetreten, eine Nach-
bildung des eigentlichen Heiligtums,
sondern in den Himmel selbst. 25 Er
ging aber nicht in den Himmel, um
sich immer wieder zu opfern, so wie
der irdische Hohe Priester Jahr für
Jahr mit dem Blut von Tieren das
Höchstheilige betritt. 26 Wenn das
nötig gewesen wäre, hätte Christus
seit Erschaffung der Welt viele Male
leiden und sterben müssen. Er kam
aber nur einmal in die Welt, jetzt, am
Ende der Zeiten, um durch seinen
Opfertod die Sünde zu beseitigen.
27 Und so wie jeder Mensch nur ein-
mal sterben muss und dann vor das
Gericht Gottes gestellt wird, 28 so
wurde auch der Messias nur einmal
geopfert, um die Sünden vieler Men-
schen wegzunehmen. Wenn er zum
zweiten Mal erscheinen wird, kommt
er nicht mehr wegen der Sünde, son-
dern wird die endgültige Rettung für
die bringen, die auf ihn warten.

Nur Christus macht uns vollkommen

10 1 Das Gesetz lässt also nur ein
Schattenbild der künftigen
Güter erkennen, nicht die Gestalt der
Dinge selbst. Deshalb kann es die
Menschen, die Jahr für Jahr mit den-
selben Opfern vor Gott hintreten, nie-
mals völlig von ihrer Schuld befreien.
2 Hätte man sonst nicht längst mit
den Opfern aufgehört? Denn der Op-
fernde wäre ja mit einem Mal rein,
weil die Sünden sein Gewissen dann
nicht mehr belasten würden. 3 Doch
das Gegenteil ist der Fall. Durch das
Opfer wurden die Menschen jedes
Jahr nur wieder an ihre Sünden er-
innert. 4 Das Blut von Stieren und
Böcken ist eben nicht imstande,
Sünden wegzunehmen.

5 Deshalb sagte Christus bei sei-
nem Eintritt in die Welt: »Opfer
und Gaben hast du nicht verlangt,
doch einen Leib hast du mir gege-
ben. 6 Über Brand- und Sündopfer
freust du dich nicht. 7 Da habe ich
gesagt: ›Ja, ich bin bereit, mein
Gott! Ich werde tun, was du willst –
so wie es in der Schrift von mir
steht.‹«* 8 Zuerst sagte er: »Opfer
und Gaben hast du nicht verlangt,
über Brand- und Sündopfer freust
du dich nicht«, obwohl diese Opfer
doch vom Gesetz vorgeschrieben
sind. 9 Und dann fährt er fort: »Ja,
ich bin bereit! Ich werde tun, was
du willst.« Auf diese Weise hebt er
die erste Ordnung auf, um die zwei-
te in Kraft zu setzen. 10 Und auf-
grund dieses Willens sind wir ge-
heiligt, weil Jesus Christus seinen
Leib ein für alle Mal als Opfer dar-
gebracht hat.

9,20 2. Mose 24,8
10,7 Psalm 40,7-9

11 Jeder andere Priester steht Tag
für Tag vor dem Altar und bringt Gott
viele Male die gleichen Opfer, die
doch niemals Sünden wegnehmen
können. 12 Dieser Hohe Priester aber
hat nur ein einziges Opfer für die
Sünden dargebracht und sich dann
für immer auf den Ehrenplatz an Got-
tes rechter Seite gesetzt. 13 Dort war-
tet er, bis Gott ihm seine Feinde als
Schemel unter die Füße legt. 14 Denn
mit einem einzigen Opfer hat er alle,
die er für sich ausgesondert hat, völlig
und für immer von ihrer Schuld be-
freit. 15 Auch der Heilige Geist versi-
chert uns das, denn er hat in der
Schrift gesagt: 16 »Der neue Bund,
den ich dann mit ihnen schließen will,
wird so aussehen: ›Ich werde ihnen
meine Gesetze in Herz und Gewissen
schreiben‹, spricht der Herr.« 17 Und
dann fährt er fort: »Nie mehr werde
ich an ihre Sünden und ihre Gesetz-
widrigkeiten denken.«* 18 Wo aber
die Sünden vergeben sind, ist kein
Opfer mehr nötig.

Wir haben freien Zugang zu Gott

19 Wir haben also jetzt einen freien und
ungehinderten Zugang zum wirk-
lichen Heiligtum, liebe Geschwister.
Jesus hat ihn durch sein Blut für uns
eröffnet. 20 Er hat uns einen neuen
Weg durch den Vorhang hindurch ge-
bahnt, einen Weg, der zum Leben
führt. Das war sein eigener Körper.
21 Und wir haben auch einen Hohen
Priester, dem das ganze Haus Gottes
unterstellt ist. 22 Deshalb wollen wir
mit aufrichtigem Herzen voller Ver-
trauen und Zuversicht in die Gegen-
wart Gottes treten. Denn unsere
Herzen wurden ja mit dem Blut von
Christus* besprengt. Damit ist unser
Gewissen von Schuld befreit und
unser Körper mit dem Reinigungs-
wasser gewaschen.

23 Wir wollen unbeirrbar an der
Hoffnung festhalten, zu der wir uns
bekennen. Denn auf Gott ist Verlass;
er hält, was er zugesagt hat. 24 Und
lasst uns aufeinander achten und uns
gegenseitig zur Liebe und zu guten
Taten anspornen. 25 Deshalb ist es
wichtig, unsere Zusammenkünfte
nicht zu versäumen, wie es sich schon
einige angewöhnt haben. Wir müssen
uns doch gegenseitig ermutigen, und
das umso mehr, je näher ihr den Tag
heranrücken seht, an dem der Herr
kommt.

Werft das Vertrauen auf Christus nicht weg!

26 Denn wenn wir absichtlich in
Sünde leben, nachdem wir mit Gottes
Hilfe die Wahrheit erkannt haben, ver-
werfen wir das einzige Opfer, das Sün-
den wegnehmen kann. 27 Dann bleibt
nur noch das furchtbare Warten auf das
Gericht und das wütende Feuer, das die
verzehren wird, die sich gegen Gott ge-
stellt haben. 28 Schon wenn jemand
das Gesetz des Mose absichtlich über-
trat, gab es kein Mitgefühl. Er musste
auf die Aussage von zwei oder drei Zeu-
gen hin sterben. 29 Was meint ihr denn,
um wie viel schlimmer der bestraft wer-
den muss, der den Sohn Gottes mit
Füßen tritt und das Blut des Bundes
entweiht, das ihn doch geheiligt hat,

10,17 Jeremia 31,33-34

10,22 *mit dem Blut von Christus.* Zusatz zur Verdeutlichung.

und der den Heiligen Geist verhöhnt,
ohne den er Gottes Gnade nie erkannt
hätte? 30 Denn wir kennen den, der ge-
sagt hat: »Die Rache gehört mir; ich
werde vergelten!«, und auch: »Der
Herr wird sein Volk richten!«* 31 Es
wird schrecklich sein, dem lebendigen
Gott in die Hände zu fallen.

32 Denkt doch einmal an die Zeit zu-
rück, als Gott euch die Augen für die
Wahrheit geöffnet hat. Damals muss-
tet ihr so viel ertragen, und wie stand-
haft habt ihr durchgehalten. 33 Einige
von euch wurden öffentlich beleidigt
und misshandelt; und die anderen
standen denen, die das ertragen muss-
ten, treu zur Seite. 34 Ihr habt mit den
Gefangenen mitgelitten. Und als man
euch den Besitz wegnahm, habt ihr
das mit Freude ertragen. Denn ihr
wusstet, dass ihr etwas Besseres be-
sitzt, das ihr nie verlieren werdet.

35 Werft diese Zuversicht doch jetzt
nicht weg – und mit ihr eine so große
Belohnung! 36 Was ihr braucht, ist
Standhaftigkeit. Denn wenn ihr weiter-
hin nach Gottes Willen handelt, werdet
ihr alles bekommen, was er euch zuge-
sagt hat. 37 »Es ist nur noch eine ganz,
ganz kurze Zeit, dann wird der kom-
men, der kommen soll«, hat Gott ge-
sagt, 38 und: »Durch seinen Glauben
wird der Gerechte leben.« Und: »Wenn
er sich abwendet, werde ich keine Freu-
de an ihm haben.«* 39 Doch wir gehö-
ren nicht zu denen, die sich abwenden
und so in ihr Verderben rennen. Nein,
wir gehören zu denen, die glauben und
so das Leben gewinnen.

Was Glaube ist

11 1 Was ist also der Glaube?
Er ist die Grundlage unserer
Hoffnung, ein Überführtsein von
Wirklichkeiten, die man nicht sieht.
2 Darin haben unsere Vorfahren ge-
lebt und die Anerkennung Gottes
gefunden.

3 Aufgrund des Glaubens verstehen
wir, dass die Welt durch Gottes Befehl
entstand, dass also das Sichtbare aus
dem Unsichtbaren kam.

Vorbilder des Glaubens

4 Aufgrund des Glaubens brachte
Abel ein besseres Opfer dar als Kain.
Deshalb nahm Gott seine Gaben an
und stellte ihm das Zeugnis aus, vor
ihm bestehen zu können. Durch sei-
nen Glauben redet er heute noch,
obwohl er doch gestorben ist.

5 Aufgrund des Glaubens wurde
Henoch in den Himmel aufgenom-
men, ohne zu sterben. Niemand
konnte ihn mehr finden, weil Gott ihn
zu sich genommen hatte. Bevor die
Schrift von diesem Geschehen be-
richtet, stellt sie ihm das Zeugnis aus,
dass sein Leben Gott gefallen hatte.*
6 Aber ohne Glauben ist es unmög-
lich, Gott zu gefallen. Wer zu Gott
kommen will, muss glauben, dass es
ihn gibt und dass er die belohnt, die
ihn aufrichtig suchen.

7 Aufgrund des Glaubens baute
Noah eine Arche, um seine Familie zu
retten. Er gehorchte der göttlichen
Weisung in ehrfürchtiger Scheu, ob-
wohl von dem angedrohten Unheil

10,30 5. Mose 32,35-36; Psalm 135,14

10,38 Habakuk 2,3-4; sinngemäß nach der LXX zitiert.

11,5 1. Mose 5,24

noch nichts zu sehen war. Durch die-
ses Vertrauen auf Gott verurteilte er
die damalige Welt und wurde ein Erbe
jener Gerechtigkeit, die aus dem Glau-
ben stammt.

8 Aufgrund des Glaubens gehorchte
Abraham dem Ruf Gottes. Er verließ
seine Heimat und zog in ein anderes
Land, das Gott ihm zum Erbbesitz
geben wollte. Er ging, ohne zu wissen,
wohin er kommen würde. 9 Aufgrund
des Glaubens siedelte er sich in dem
zugesagten Land an, auch wenn er dort
wie ein Fremder lebte und mit Isaak
und Jakob, denen Gott dieselbe Zusage
gegeben hatte, in Zelten wohnte. 10 Er
wartete auf die Stadt, die feste Funda-
mente hat, deren Baumeister und
Schöpfer Gott selbst ist. 11 Aufgrund
des Glaubens erhielt selbst Sara die
Kraft, Mutter zu werden, obwohl sie
unfruchtbar war und schon ein Alter
erreicht hatte, in dem sie nicht mehr
schwanger werden konnte. Sie war
nämlich überzeugt, dass Gott sein Ver-
sprechen halten würde. 12 Deshalb
stammt auch von einem einzigen
Mann, noch dazu von einem, der schon
so gut wie tot war, ein ganzes Volk ab,
ein Volk, so unzählbar wie die Sterne
am Himmel und wie die Sandkörner
am Ufer des Meeres.

13 All diese Menschen haben Gott
bis zu ihrem Tod vertraut, obwohl sie
noch nicht erhielten, was er ihnen zu-
gesagt hatte. Doch sie sahen die Erfül-
lung der Zusagen von fern und freuten
sich darauf. Ganz offen sagten sie,
dass sie hier auf der Erde nur Gäste
und Fremde seien. 14 Damit gaben sie
zu verstehen, dass sie noch auf der
Suche nach einer Heimat waren.
15 Hätten sie dabei an das Land
gedacht, aus dem sie gekommen
waren, dann hätten sie genügend Zeit
gehabt, dorthin zurückzukehren.
16 Aber sie suchten nach etwas Besse-
rem, einer Heimat im Himmel. Des-
halb schämt Gott sich nicht, ihr Gott
genannt zu werden, denn er hat ihnen
eine Stadt im Himmel gebaut.

17 Aufgrund des Glaubens war Ab-
raham bereit, Isaak zu opfern, als Gott
ihn auf die Probe stellte. Abraham, der
die Zusage Gottes empfangen hatte,
war bereit, seinen einzigen Sohn zu
opfern, 18 obwohl Gott ihm verspro-
chen hatte: »Durch Isaak gebe ich dir
die zugesagte Nachkommenschaft.«*
19 Denn Abraham ging davon aus,
dass Gott Isaak wieder zum Leben
erwecken konnte. Und bildlich ge-
sprochen hat er seinen Sohn ja auch
vom Tod zurückerhalten.

20 Aufgrund des Glaubens segnete
Isaak seine Söhne Jakob und Esau im
Blick auf das, was kommen würde.

21 Aufgrund des Glaubens segnete
Jakob auf seinem Sterbebett jeden
der Söhne Josefs besonders; und auf
seinen Stab gestützt neigte er sich
anbetend vor Gott.

22 Aufgrund des Glaubens sprach
Josef kurz vor seinem Tod vom Aus-
zug der Israeliten aus Ägypten und
bestimmte, was dann mit seinen Ge-
beinen geschehen sollte.

23 Aufgrund des Glaubens wurde
Mose nach seiner Geburt drei Monate
lang von seinen Eltern versteckt ge-
halten. Sie sahen seine Schönheit und
hatten keine Angst, dem Befehl des
Königs zu trotzen.

11,18 1. Mose 21,12

24 Aufgrund des Glaubens wollte
Mose, als er groß geworden war, sich
nicht mehr Sohn der Pharaotochter
nennen lassen. 25 Lieber wollte er mit
dem Volk Gottes misshandelt wer-
den, als sich dem flüchtigen Genuss
der Sünde hinzugeben. 26 Er war si-
cher, dass die Schätze Ägyptens nicht
so viel wert waren wie die Schmach,
die auch der Messias trug. Denn er
sah auf die Belohnung, die Gott für
ihn bereithielt. 27 Aufgrund des Glau-
bens verließ er Ägypten, ohne sich vor
dem Zorn des Königs zu fürchten. Er
ging entschlossen seinen Weg, weil er
den unsichtbaren Gott vor Augen
hatte. 28 Aufgrund des Glaubens
führte er das Passafest* ein und ließ
das Blut der Passalämmer an die Tür-
pfosten streichen, damit der todbrin-
gende Engel ihre Erstgeborenen
nicht antastete.

29 Aufgrund des Glaubens zogen die
Israeliten durch das Rote Meer als
wäre es trockenes Land. Als die Ägyp-
ter das auch versuchten, gingen sie
unter. 30 Aufgrund des Glaubens
stürzten die Mauern Jerichos ein,
nachdem die Israeliten sieben Tage
um die Stadt gezogen waren.

31 Aufgrund des Glaubens blieb die
Hure Rahab vor dem Untergang Jeri-
chos bewahrt. Sie hatte die Kund-
schafter freundlich aufgenommen,
während die anderen Einwohner sich
Gott widersetzten.

32 Wie viele andere wären noch
zu nennen! Doch die Zeit würde mir
fehlen, wenn ich von Gideon und
Barak erzählen wollte, von Simson,
Jiftach und David, von Samuel und
den Propheten. 33 Aufgrund des Glau-
bens haben sie Königreiche niederge-
zwungen, für Gerechtigkeit gesorgt
und bekommen, was Gott ihnen ver-
sprochen hatte. Sie verschlossen
Löwen das Maul, 34 löschten glühen-
des Feuer und entkamen dem töd-
lichen Schwert. Aus Schwäche ge-
wannen sie Kraft, im Kampf wurden
sie stark und schlugen feindliche
Heere zurück. 35 Es kam sogar vor,
dass Frauen ihre verstorbenen Ange-
hörigen durch Auferstehung zurück-
erhielten.

Andere dagegen, die auch Gott ver-
trauten, wurden zu Tode gefoltert. Sie
wollten eine bessere Auferstehung er-
halten als sich von Gott loszusagen
und freizukommen. 36 Wieder andere
ertrugen Spott und Auspeitschungen,
Ketten und Gefängnis. 37 Sie wurden
gesteinigt, zersägt und mit dem
Schwert umgebracht. Heimatlos
zogen sie umher, in Schaf- und Zie-
genfelle gehüllt, Not leidend, be-
drängt, misshandelt. 38 Die Welt war
es nicht wert, solche Menschen zu
tragen, die dann auch noch in der
Wüste und in den Bergen, in Höhlen
und in Klüften ihre Zuflucht suchen
mussten.

39 Doch sie alle, die durch ihr Ver-
trauen auf Gott ein rühmliches Zeug-
nis erhielten, haben die Erfüllung der
Zusagen nicht erlebt, 40 und zwar des-
halb, weil Gott für unsere Zeit etwas
Besseres vorgesehen hat. Deshalb
können sie erst zusammen mit uns die
Vollendung erreichen.

11,28 *Passa.* Siehe 2. Mose 12-13.

Werdet nicht müde!

12 1 Wir sind also von einer gan-
zen Wolke von Zeugen umge-
ben. Deshalb wollen auch wir den
Wettkampf bis zum Ende durchhalten
und jede Last ablegen, die uns behin-
dert, besonders die Sünde, die uns so
leicht umschlingt. 2 Und dabei wollen
wir auf Jesus schauen. Er hat gezeigt,
wie der Glaubenslauf beginnt und wie
er zum Ziel führt. Weil er wusste, wel-
che Freude auf ihn wartete, hat er das
Kreuz und die Schande dieses Todes
auf sich genommen. Nun sitzt er auf
dem Ehrenplatz an Gottes rechter
Seite. 3 Schaut euch an, wie er die An-
feindung sündiger Menschen ertragen
hat. Dann werdet auch ihr nicht müde
und verliert nicht den Mut. 4 Immer-
hin habt ihr im Kampf gegen die
Sünde noch nicht das Leben lassen
müssen. 5 Trotzdem werdet ihr schon
mutlos. Habt ihr denn ganz vergessen,
was Gott zu seinen Kindern sagt:
»Mein Sohn, missachte nicht die
strenge Hand des Herrn, werde nicht
mutlos, wenn er dich zurechtweist!
6 Denn es ist so: Wen der Herr liebt,
den erzieht er streng, und wen er als
Sohn annimmt, dem gibt er auch
Schläge.«* 7 Was ihr ertragen müsst,
dient also eurer Erziehung. Gott be-
handelt euch so wie ein Vater seine
Söhne. Oder habt ihr je von einem
Sohn gehört, der nie bestraft wurde?
8 Wenn Gott euch nicht mit strenger
Hand erziehen würde, wie er das bei
allen macht, dann hätte er euch nicht
als Kinder anerkannt.

9 Auch unsere menschlichen Väter
hatten uns streng erzogen. Trotzdem
achteten wir sie. Müssen wir uns nicht
noch viel mehr dem Vater des Geistes
unterordnen, um geistliches Leben zu
haben? 10 Unsere leiblichen Väter
haben uns auch nur für kurze Zeit in
Zucht genommen, und zwar so, wie es
ihren Vorstellungen entsprach. Unser
himmlischer Vater aber weiß wirklich,
was zu unserem Besten dient. Er er-
zieht uns, damit wir Anteil an seiner
Heiligkeit bekommen. 11 Jede Bestra-
fung tut weh. Sie ist alles andere als
eine Freude. Später jedoch trägt eine
solche Erziehung reiche Frucht: Men-
schen, die durch diese Schule gegan-
gen sind, führen ein friedfertiges und
gerechtes Leben.

12 Stärkt also eure müden Hände und
die zitternden Knie 13 und geht auf ge-
raden Wegen, damit lahm gewordene
Füße nicht auch noch verrenkt, son-
dern vielmehr geheilt werden!

14 Bemüht euch ernstlich um Frie-
den mit allen und um ein geheiligtes
Leben, ohne das niemand den Herrn
sehen wird. 15 Achtet aufeinander,
damit niemand sich von Gottes Gnade
ausschließt! Lasst nicht zu, dass eine
bittere Wurzel zur Giftpflanze wird,
durch die dann viele von euch zu Scha-
den kommen! 16 Achtet auch darauf,
dass keiner von euch ein ausschweifen-
des Leben führt oder mit heiligen Din-
gen so geringschätzig umgeht wie
Esau, der für eine einzige Mahlzeit sein
Erstgeburtsrecht verkaufte! 17 Ihr
wisst, wie es ihm später erging, als er
den Segen von seinem Vater bekom-
men wollte: Er wurde von Gott verwor-
fen und fand keine Möglichkeit mehr,
das rückgängig zu machen, obwohl er
sich unter Tränen darum bemühte.

12,6 Sprüche 3,11-12; nach der LXX zitiert.

18 Nun habt ihr Gott nicht so erfah-
ren wie die Israeliten damals am Berg
Sinai. Sie kamen zu einem Berg, den
man anfassen konnte, auf dem ein
Feuer loderte und der in dunkle Wol-
ken gehüllt war. Es herrschte Finster-
nis und ein Sturm tobte. 19 Sie hörten
einen gewaltigen Posaunenschall und
eine mächtige Stimme, vor der sie sich
so fürchteten, dass sie darum baten,
kein weiteres Wort mehr hören zu
müssen. 20 Sie wichen zurück, als Gott
anordnete: »Wenn auch nur ein Tier
den Berg berührt, soll es gesteinigt
werden.«* 21 Das ganze Geschehen
war so Furcht erregend, dass selbst
Mose sagte: »Ich zittere vor Angst.«*

22 Ihr dagegen seid zum Berg Zion
und zur Stadt des lebendigen Gottes
gekommen, zu dem Jerusalem im
Himmel, wo sich unzählbare Engel-
scharen zu einem Fest versammelt
haben. 23 Ihr seid zur Gemeinde der
erstgeborenen Kinder Gottes gekom-
men, deren Namen im Himmel aufge-
schrieben sind. Ihr seid zu Gott selbst
gekommen, dem Richter von allen
und zu den Gerechten, die schon am
Ziel sind, denn ihr Geist ist bei Gott.
24 Ihr seid zu Jesus gekommen, dem
Vermittler eines neuen Bundes, und
zu dem Reinigungsblut, das viel bes-
ser redet als das Blut Abels.

25 Hütet euch also davor, den abzu-
weisen, der zu euch spricht. Schon die
Israeliten entkamen ihrer Strafe nicht,
als sie den abwiesen, der von einem
Ort auf der Erde zu ihnen sprach. Wie
viel schlimmer wird es uns ergehen,
wenn wir den ablehnen, der vom Him-
mel her zu uns spricht. 26 Damals er-
schütterte seine Stimme die Erde,
aber jetzt hat er angekündigt: »Ich
werde noch einmal eine Erschütte-
rung kommen lassen, aber nicht nur
über die Erde, sondern auch über den
Himmel.«* 27 Die Worte »noch ein-
mal« zeigen, dass bei dieser Erschüt-
terung die ganze geschaffene Welt
umgewandelt werden soll; bleiben
wird nur das, was nicht erschüttert
werden kann. 28 Auf uns wartet also
ein unerschütterliches Reich. Deshalb
wollen wir dankbar sein, denn da-
durch dienen wir Gott wie es ihm ge-
fällt: in Ehrfurcht und heiliger Scheu.
29 Denn auch unser Gott ist ein ver-
zehrendes Feuer.

Lebt so, wie es Christus gefällt!

13 1 Die geschwisterliche Liebe
möge euch ganz erhalten blei-
ben! 2 Vergesst nicht, Gastfreund-
schaft zu üben! Denn auf diese Weise
haben einige, ohne es zu wissen,
Engel bei sich aufgenommen. 3 Denkt
an die Gefangenen, als wärt ihr selbst
mit im Gefängnis, und an die Miss-
handelten, als wär's euer eigener Kör-
per!

4 Haltet die Ehe in Ehren und bleibt
einander treu! Denn Menschen, die in
sexueller Unmoral und fortwähren-
dem Ehebruch leben, werden von
Gott gerichtet. 5 Lasst nicht die Geld-
gier euer Leben bestimmen! Begnügt
euch mit dem, was ihr habt! Denn
Gott hat gesagt: »Nie werde ich dich
aufgeben, niemals dich im Stich

***

12,20 2. Mose 19,13

12,21 5. Mose 9,19

12,26 Haggai 2,6

13,5 5. Mose 31,6

lassen.«* 6 Deshalb können wir ge-
trost sagen: »Der Herr steht mir bei,
nun fürchte ich nichts! Was kann ein
Mensch mir schon tun?«*

7 Denkt an eure Führer, die euch da-
mals das Wort Gottes gebracht haben.
Erinnert euch an das, was aus ihrem
Leben hervorgegangen ist, und nehmt
euch ihren Glauben zum Vorbild.
8 Denn Jesus Christus ist immer
derselbe – gestern, heute und in alle
Ewigkeit. 9 Lasst euch nicht von
irgendwelchen fremden Lehren mit-
reißen! Denn es ist gut, durch die
Gnade Gottes stark zu werden und
nicht durch das Befolgen von Speise-
geboten. Sich daran zu halten hat
noch niemand Nutzen gebracht.

10 Wir haben einen Altar, an dem die
Priester des irdischen Heiligtums kei-
nen Anteil haben. 11 Denn die Körper
der Tiere, deren Blut vom Hohen
Priester zur Sühnung der Sünden
ins innere Heiligtum hineingebracht
wird, werden ja draußen vor dem
Lager verbrannt. 12 Deshalb musste
auch Jesus außerhalb der Stadtmau-
ern leiden, um durch sein Blut das
Volk zu heiligen. 13 Lasst uns also zu
ihm hinausgehen, vor das Lager, und
die Schande ertragen, die auch er ge-
tragen hat! 14 Denn hier auf der Erde
haben wir keine Heimat. Unsere
Sehnsucht gilt jener künftigen Stadt,
zu der wir unterwegs sind.

15 Durch Jesus wollen wir Gott ein
immer währendes Dankopfer brin-
gen, denn das Lob aus unserem Mund
ist unser Bekenntnis zu ihm. 16 Ver-
gesst auch nicht, Gutes zu tun und mit
anderen zu teilen! Denn solche Opfer
gefallen Gott.

17 Hört auf eure Führer in der Ge-
meinde und fügt euch ihren Weisun-
gen! Es ist ihre Aufgabe, über eure
Seelen zu wachen, und sie werden
Gott einmal Rechenschaft über ihren
Dienst geben müssen. Sorgt also
dafür, dass sie ihre Aufgabe mit Freu-
de tun können, anstatt mit Seufzen
und Stöhnen, denn das wäre sicher
nicht gut für euch.

18 Betet für uns! Wir sind über-
zeugt, ein gutes Gewissen zu haben,
denn wir möchten in jeder Weise ein
Leben führen, wie es gut und richtig
ist. 19 Gerade jetzt brauche ich eure
Gebete besonders, weil ich hoffe,
dann umso eher wieder zu euch zu
kommen.

20 Es ist der Gott des Friedens, der
den großen Hirten seiner Schafe von
den Toten zurückbrachte, unseren
Herrn Jesus, und der mit dessen Blut
den ewigen Bund in Kraft setzte. 21 Er
rüste euch mit allem Guten aus, damit
ihr seinen Willen tun könnt. Durch
Jesus Christus möge er das, was ihm
gefällt, in euch bewirken. Ihm sei die
Ehre für immer und ewig. Amen.

22 Ich bitte euch, liebe Geschwister,
weist dieses Wort der Ermutigung
nicht ab! Ich habe mich ja so kurz wie
möglich gefasst. 23 Ihr sollt wissen,
dass unser Bruder Timotheus freige-
lassen worden ist. Wenn er rechtzeitig
hier eintrifft, werden wir euch ge-
meinsam besuchen.

24 Grüßt eure Führer und die ganze
Gemeinde der Heiligen. Die Geschwis-
ter aus Italien lassen euch grüßen.
25 Die Gnade sei mit euch allen!

13,6 Psalm 118,6 nach der LXX zitiert.

Brief des Jakobus an das Volk Gottes

Jakobus stammte aus der gleichen Familie, in der auch Jesus Christus aufgewachsen war. Doch erst nach der Auferstehung seines Halbbruders Jesus begann er an ihn zu glauben. Von Anfang an gehörte er aber zur Gemeinde der »Nazoräer« in Jerusalem. So nannte man die Christen damals in Israel. Als nach zwei bis drei Jahren ungestörten Wachstums die erste Verfolgung über die Gemeinde hereinbrach, blieb er mit den anderen Aposteln in der Stadt. Sein Dienst in der weiter wachsenden Gemeinde bestand vor allem im Gebet und der persönlichen Seelsorge. Nachdem im Jahr 42 n.Chr. Jakobus Ben-Zebedäus hingerichtet worden war und Petrus die Stadt verlassen musste, wurde Jakobus eine der »Säulen« der Gemeinde. Auch von seinen jüdischen Mitbürgern wurde er so hoch geachtet, dass sie ihm den Beinamen »der Gerechte« verliehen.

Jakobus hatte sich nie eine Führerrolle angemaßt. Dennoch wurde er für fast 30 Jahre der anerkannte Führer der Gemeinde in Jerusalem. Seine Autorität reichte noch weit darüber hinaus und übertraf sogar die von Petrus und Johannes. Tausende von Juden, die an Jesus Christus gläubig geworden waren, hatten in ihm einen Hirten, der die Liebe zu seinem Herrn, zu seinen jüdischen und nichtjüdischen Glaubensgeschwistern und zu seinem eigenen Volk jeden Tag neu unter Beweis stellte. Seine tiefe Demut, sein großer Eifer zum Gebet, seine herzliche Brüderlichkeit und seine praktische Art machen ihn bis heute zu einem ausgezeichneten Vorbild für alle Gläubigen.

Etwa 15 Jahre nach der Auferstehung des Herrn, um 45 n.Chr., schrieb Jakobus einen Brief an jüdische Christen, von denen sich ein Großteil wohl schon während der ersten Verfolgung in jüdische und ausländische Städte geflüchtet hatte. Jakobus ermutigte sie, die Echtheit ihres Glaubens an den Messias Jesus vor allem durch ihr Handeln zu beweisen. Nur so würden sie ihren jüdischen Mitbürgern zeigen können, dass ihr Glaube an den gekreuzigten und auferstandenen Herrn nicht tot war.

Bewährungsproben und Versuchungen

1 1 Es schreibt Jakobus, ein Skla-
ve* Gottes und des Herrn Jesus,
des Messias. An das Volk Gottes, das
in der Fremde lebt*.

2 Haltet es für reine Freude, meine
Geschwister*, wenn ihr in verschiede-
ner Weise auf die Probe gestellt
werdet. 3 Ihr wisst ja, dass ihr durch
solche Bewährungsproben für euren
Glauben Standhaftigkeit erlangt.

1,1 Ein *Sklave* (griech. *doulos*) ist ein Mensch, der rechtlich und wirtschaftlich Eigentum eines anderen Menschen ist. Christen verstanden sich als Sklaven von Jesus Christus, weil dieser sie aus der Sklaverei der Sünde "freigekauft" hatte, und betrachteten diesen Titel als Auszeichnung.

in der Fremde lebt. Wörtlich: *die zwölf Stämme in der Diaspora.* Gemeint sind jüdische Christen, die sich in der ersten Christenverfolgung von Jerusalem aus in ausländische Städte geflüchtet und an vielen Stellen neue christliche Gemeinden gegründet hatten (Apostelgeschichte 8,1; 11,19).

4 Die Standhaftigkeit wiederum
bringt das Werk zum Ziel: Ihr sollt zu
einer Reife kommen, der es an nichts
mehr fehlt und die kein Makel ent-
stellt. 5 Wenn jemand von euch nicht
weiß, wie er das tun soll, dann darf er
Gott um diese Weisheit bitten. Er wird
sie ihm ohne weiteres geben und ihm
deshalb keine Vorwürfe machen, denn
er gibt allen gern. 6 Doch wenn er
diese Bitte vorbringt, soll er das mit
Gottvertrauen tun und sich nicht
Zweifeln hingeben. Ein Zweifler ist
nämlich wie eine vom Wind ge-
peitschte hin- und herwogende Mee-
reswelle. 7 Ein solcher Mensch kann
nicht erwarten, etwas vom Herrn zu
empfangen. 8 Er ist in sich gespalten
und unbeständig in allem, was er
unternimmt.

9 Wenn ein Bruder niedrig gestellt
ist, rühme er sich des Ansehens, das er
bei Gott genießt. 10 Wenn er reich ist,
rühme er sich seiner Armseligkeit vor
Gott, denn er wird wie eine Wiesen-
blume vergehen. 11 Wenn nämlich die
Sonne aufgeht und mit ihr die Hitze
kommt, lässt sie das Gras verdorren.
Die Blüte verwelkt und es ist vorbei
mit ihrer ganzen Schönheit. So wird
auch der Reiche samt seinen Unter-
nehmungen verschwinden.

12 Wie glücklich ist der, der die Er-
probung standhaft erträgt. Denn
nachdem er sich so bewährt hat, wird
er den Ehrenkranz des Lebens erhal-
ten, den Gott denen versprochen hat,
die ihn lieben.

13 Wenn jemand in Versuchung
gerät, soll er nicht sagen: »Gott hat
mich in die Versuchung geführt.«
Denn Gott kann nicht vom Bösen
verführt werden und führt auch
selbst niemand in Versuchung.
14 Nein, jeder wird von seiner eige-
nen Begierde in die Falle gelockt.
15 Wenn die Lust auf diese Weise
schwanger geworden ist, bringt sie
Sünde zur Welt, und die Sünde, wenn
sie voll ausgewachsen ist, den Tod.
16 Täuscht euch nicht, liebe Ge-
schwister! 17 Vom Vater der Him-
melslichter kommen nur gute und
vollkommene Gaben. Bei ihm gibt es
keine Veränderung, auch nicht den
Schatten eines Wechsels. 18 Aus
freiem Liebeswillen hat er uns durch
das Wort der Wahrheit neues Leben
geschenkt, damit wir gewissermaßen
die ersten Geschöpfe seiner neuen
Schöpfung wären.

Täter des Wortes sein

19 Denkt daran, liebe Geschwister:
»Jeder Mensch sei schnell zum Hören
bereit – zum Reden und zum Zorn, da
lasse er sich Zeit.« 20 Denn im Zorn
tut keiner, was vor Gott recht ist.
21 Legt deshalb jede Gemeinheit und
alle Bosheit von euch ab und nehmt
das Wort, das in euch hineingepflanzt
wurde, bereitwillig auf. Denn das hat
die Macht, euch zu retten. 22 Es ge-
nügt aber nicht, das Wort nur zu
hören, denn so betrügt man sich
selbst. Man muss danach handeln.
23 Jeder, der das Wort nur hört und

1,2 *Geschwister.* Wörtlich: *Brüder.* Die Mehrzahlform des griechischen Wortes für Bruder meint je nach Zusammenhang auch Geschwister. Hier ist die ganze christliche Gemeinschaft am Ort angesprochen, nicht nur die Männer.

nicht in die Tat umsetzt, ist wie
ein Mann, der in den Spiegel sieht.
24 Er betrachtet sich, läuft davon und
hat schon vergessen, wie er aussah.
25 Doch wer sich in das vollkommene
Gesetz vertieft, in das Gesetz der Frei-
heit*, wer es immer vor Augen hat
und nicht vergisst was er wahrnimmt,
sondern danach handelt, der wird
dabei glücklich und gesegnet sein.
26 Wenn jemand sich einbildet, Gott
zu dienen, aber seine Zunge nicht im
Zaum hält, der macht sich selbst
etwas vor. Sein Dienst für Gott hat
keinen Wert. 27 Wer Gott, dem Vater,
wirklich gefallen will, der helfe Wai-
sen und Witwen in ihrer Not und be-
schmutze sich nicht am Treiben der
Welt.

Das königliche Gesetz

2 1 Meine Brüder, haltet den
Glauben an Jesus, den Messias,
unseren herrlichen Herrn, frei von
jeder Parteilichkeit. 2 Nehmen wir
an, es kommt ein Mann in eure Ver-
sammlung, der goldene Ringe an
den Fingern hat und teure Sachen
trägt, und dann kommt ein Armer in
schmutziger Kleidung herein. 3 Und
ihr wendet euch dem gut gekleideten
Mann zu und sagt: »Hier ist ein schö-
ner Platz für dich!« Zu dem Armen
aber sagt ihr: »Du kannst dort ste-
hen bleiben!« oder: »Setz dich hier
an meinen Fußschemel!« 4 Seid ihr
da nicht in Widerspruch mit euch
selbst geraten und zu Richtern mit
bösen Hintergedanken geworden?
5 Hört zu, meine lieben Brüder! Hat
Gott nicht gerade die, die in den
Augen der Welt arm sind, ausge-
wählt, reich im Glauben und Erben
jenes Reiches zu sein, das er denen
versprochen hat, die ihn lieben?
6 Aber ihr habt den Armen zurückge-
setzt! Sind es nicht gerade die Rei-
chen, die euch tyrannisieren? Ziehen
nicht sie euch vor die Gerichte?
7 Sind nicht sie es, die den guten
Namen dessen, dem ihr gehört*, in
Verruf bringen?

8 Wenn ihr wirklich das königliche
Gesetz in der Schrift erfüllt: »Liebe
deinen Nächsten wie dich selbst!«*,
dann tut ihr recht. 9 Wenn ihr aber be-
stimmte Menschen bevorzugt, dann
begeht ihr eine Sünde und werdet
vom Gesetz als Übertreter überführt.
10 Denn wer das ganze Gesetz hält,
und nur in einem Punkt dagegen ver-
stößt, ist an allen Geboten schuldig
geworden. 11 Denn der, der gesagt
hat: »Du sollst die Ehe nicht bre-
chen!«, hat auch gesagt: »Du sollst
nicht morden!«* Wenn du nun keinen
Ehebruch begehst, aber jemand um-
bringst, dann hast du das Gesetz
übertreten. 12 Redet und handelt als
Menschen, die im Begriff stehen,
durch das Gesetz der Freiheit* gerich-
tet zu werden. 13 Denn das Gericht

2,7 *dem ihr gehört.* Wörtlich: *der über euch ausgerufen wurde.* Das ist vielleicht ein Hinweis auf die Taufe, denn die Gläubigen wurden auf den Namen von Jesus Christus getauft (Apostelgeschichte 2,38).

2,8 3. Mose 19,18.

2,11 2. Mose 20,13-14.

1,25 + 2,12 *Gesetz der Freiheit* meint den Willen Gottes wie ihn Jesus und die Apostel gelehrt haben, wodurch die Menschen befreit werden, nach ihrer Bestimmung zu leben.

wird erbarmungslos mit dem verfah-
ren, der kein Erbarmen gezeigt hat.*
Barmherzigkeit aber ist dem Gericht
überlegen.

Ein Glaube ohne Werke ist tot

14 Was für einen Wert hat es, liebe
Geschwister, wenn jemand behaup-
tet, Glauben zu haben, aber keine
Werke aufweisen kann? Kann sol-
cher Glaube ihn etwa retten?
15 Stellt euch vor, jemand von euren
Brüdern oder Schwestern hat nicht
genug anzuziehen und zu essen.
16 Und dann sagt einer von euch zu
ihnen: »Lasst es euch gut gehen!
Hoffentlich könnt ihr euch warm an-
ziehen und habt genug zu essen!«,
aber er gibt ihnen nicht, was sie zum
Leben brauchen. Was nützt ihnen
das? 17 Genauso ist es mit einem
Glauben, der keine Werke aufweist.
Für sich allein ist er tot.

18 Aber es könnte jemand sagen:
»Der eine hat eben Glauben und der
andere Werke.« Zeig mir doch einmal
deinen Glauben, wenn du keine
Werke vorweisen kannst. Und ich
werde dir meinen Glauben aus mei-
nen Werken beweisen. 19 Du glaubst,
dass es nur einen Gott gibt. Gut!
Aber die Dämonen glauben das auch
– und zittern vor Angst. 20 Du ge-
dankenloser Mensch! Willst du nicht
begreifen, dass der Glaube ohne
Werke tot ist?

21 Wurde unser Stammvater Abra-
ham nicht wegen seines Handelns
als gerecht betrachtet – eben weil er
Isaak, seinen Sohn, auf den Opferal-
tar legte? 22 Du siehst also: Der Glau-
be wirkte mit seinem Tun zusammen.
Erst durch das Tun wurde der Glaube
vollendet. 23 Erst so erfüllte sich das
Wort der heiligen Schrift: »Abraham
glaubte Gott, und das wurde ihm
als Gerechtigkeit angerechnet.«* Er
wurde sogar »Freund Gottes« ge-
nannt*. 24 Ihr seht also, dass ein
Mensch durch seine Taten gerecht ge-
sprochen wird und nicht aus Glauben
allein.

25 Wurde nicht sogar die Hure
Rahab aufgrund ihrer Taten gerecht
gesprochen? Denn sie nahm die
Boten auf und ließ sie auf einem an-
deren Weg entkommen.*

26 Genauso wie der Körper ohne
Geist tot ist, so ist auch der Glaube
ohne Werke tot.

Die gefährliche Macht der Worte

3 1 Drängt euch nicht danach, Leh-
rer zu sein, meine Brüder. Ihr
wisst ja, dass wir als Lehrer ein stren-
geres Gericht zu erwarten haben,
2 denn wir alle machen oft Fehler. Wer
beim Reden keine Fehler macht, der
ist ein vollkommener Mann und kann
auch seinen Körper im Zaum halten.
3 Wenn wir den Pferden Zaumzeug
ins Maul legen, um sie uns gefügig zu
machen, lenken wir damit das ganze
Tier. 4 Seht euch die großen Schiffe
an, die von starken Winden getrieben
werden. Von einem sehr kleinen
Ruder werden sie dorthin gesteuert,

2,13 *gezeigt hat.* Denn solch ein Mensch beweist damit, dass er weder Glauben noch Liebe im Herzen hat.

2,23 1. Mose 15,6; 2. Chronik 20,7

2,25 *entkommen.* Vergleiche die Begebenheit, die in Josua 2 berichtet wird.

wohin der Steuermann es will. 5 So ist
auch die Zunge nur ein kleines Glied
und kann sich doch großer Wirkun-
gen rühmen. Und ein kleines Feuer
kann einen großen Wald in Brand
stecken. 6 Auch die Zunge ist so ein
Feuer, das von der Hölle angezündet
wird, eine Welt voll Unrecht unter un-
seren Gliedern. Sie beschmutzt den
ganzen Menschen und macht ihm das
Leben zur Hölle. 7 Der Mensch hat es
gelernt, jede Art von wilden Tieren,
Vögeln, Schlangen und Seetieren zu
bändigen. 8 Aber die Zunge, dieses
rastlose Übel voll tödlichen Giftes,
kann kein Mensch bändigen. 9 Mit ihr
preisen wir unseren Herrn und Vater
und mit ihr verfluchen wir andere
Menschen, die nach Gottes Bild ge-
schaffen sind. 10 Aus demselben
Mund kommt Segen und Fluch her-
aus. Aber so sollte es gerade nicht
sein, liebe Geschwister. 11 Eine Quelle
lässt doch nicht aus derselben Öff-
nung süßes und bitteres Wasser her-
vorsprudeln. 12 Ein Feigenbaum trägt
doch keine Oliven, meine Geschwi-
ster, und ein Weinstock keine Feigen.
Und eine Salzquelle kann niemals
Süßwasser geben.

Die Weisheit von oben

13 Wer von euch ist denn weise und
verständig? Er soll das durch seinen
Lebenswandel zeigen, und zwar
in der Bescheidenheit, die aus der
Weisheit kommt. 14 Wenn ihr aber
bittere Eifersucht und Eigenliebe in
eurem Herzen habt, dann rühmt euch
nicht und verdreht nicht die Wahr-
heit! 15 Solch eine Weisheit kommt
nicht von Gott. Sie ist irdisch, sinnlich
und teuflisch. 16 Wo nämlich Eifer-
sucht und Eigenliebe herrschen, gibt
es Unfrieden und jede Art von Ge-
meinheit. 17 Dagegen ist die Weisheit
von oben erst einmal rein, dann fried-
fertig, gütig und nachgiebig. Sie ist
voller Erbarmen und guter Früchte,
unparteiisch und ohne Heuchelei.
18 Gerechtigkeit ernten werden nur
die, die auf Frieden aus sind.

Die Liebe zur Welt

4 1 Woher kommen denn die Krie-
ge und Streitereien unter euch?
Sind es nicht eure eigenen Begier-
den, die sich regelrechte Schlachten
in euren Gliedern liefern? 2 Ihr seid
gierig und bekommt doch nichts. Ihr
mordet und neidet und könnt auch
so eure Wünsche nicht erfüllen. Ihr
streitet und bekriegt euch – und habt
nichts, weil ihr nicht darum bittet.
3 Und selbst wenn ihr betet, be-
kommt ihr nichts, weil ihr in böser
Absicht bittet und nur eure Gier be-
friedigen wollt. 4 Wisst ihr Treulo-
sen* denn nicht, dass Freundschaft
mit der Welt Feindschaft gegen Gott
bedeutet? Wer also ein Freund der
Welt sein will, stellt sich als Feind
Gottes dar. 5 Meint ihr denn, die
Schrift redet umsonst? Gott wacht ei-
fersüchtig über den Geist, den er in
uns wohnen ließ. 6 Aber Gnade gibt
er umso mehr. Deshalb sagt er: »Den
Hochmütigen widersteht Gott, aber
den Demütigen gibt er Gnade.«* 7 So

4,4 *Treulosen*. Wörtlich: *Ehebrecherinnen*. Gemeint sind Menschen, die durch ihr Verhalten das Liebesverhältnis zu Gott aufkündigen.

4,6 Sprüche 3,34; nach der LXX zitiert.

unterwerft euch nun Gott! Stellt euch dem Teufel entgegen, dann wird er von euch fliehen. 8 Nähert euch Gott, dann wird er sich euch nähern. Wascht die Hände, ihr Sünder, reinigt eure Herzen, ihr Zwiespältigen! 9 Fühlt euer Elend, trauert und weint! Euer Lachen sollte sich in Trauer verwandeln und eure Freude in Kummer*. 10 Demütigt euch vor dem Herrn, dann wird er euch erhöhen.

11 Redet nicht schlecht übereinander, liebe Geschwister. Wer seinen Bruder verleumdet oder seine Schwester verurteilt, der verleumdet und verurteilt das königliche Gesetz der Liebe. Wenn du freilich über das Gesetz urteilst, machst du dich zu seinem Richter, anstatt es zu befolgen. 12 Es gibt aber nur einen Gesetzgeber und Richter. Nur er kann freisprechen oder verurteilen. Wer bist du eigentlich, der sich da zum Richter über seinen Nächsten aufspielt?

13 Nun zu euch, die ihr sagt: »Heute oder morgen wollen wir in die und die Stadt ziehen. Wir werden ein Jahr dort bleiben, Geschäfte machen und Geld verdienen.« 14 Ihr wisst doch nicht einmal, was morgen sein wird. Was ist denn euer Leben? Es ist nur ein Dampf, der kurze Zeit sichtbar ist und dann verschwindet. 15 Ihr solltet vielmehr sagen: »Wenn der Herr es will, werden wir leben und dieses oder jenes tun.« 16 Aber so gebt ihr großtuerisch mit euren Plänen an. Doch solche Angebereien sind ausnahmslos böse.

17 Wer also weiß, was richtig ist, und tut es nicht, für den ist es Sünde.

Die Ankunft des Herrn

5 1 Nun zu euch, ihr Reichen. Weint und klagt über das Elend, das mit dem Gericht Gottes über euch kommen wird! 2 Euer Reichtum wird dann verfault und eure Kleidung ein Fraß für die Motten geworden sein. 3 Euer Gold und Silber wird verrostet sein, und dieser Rost wird euch anklagen und euer Fleisch wie Feuer fressen. Selbst in diesen Tagen des Endes* habt ihr Reichtümer gehortet. 4 Hört doch, wie der Lohn, um den ihr die Erntearbeiter betrogen habt, zum Himmel schreit. Das Geschrei der Arbeiter ist vor den Herrn, den Allmächtigen, gekommen. 5 Ihr habt allen Luxus auf der Erde genossen und euch noch am Tag eurer Schlachtung gemästet*. 6 Ihr habt den Unschuldigen verurteilt und zu Tode gebracht. Er hat sich nicht gewehrt.

7 Haltet also geduldig aus, liebe Geschwister. Wartet auf das Wiederkommen des Herrn. Seht, wie der Bauer auf die köstliche Frucht der Erde wartet und sich ihretwegen geduldet, bis sie den Herbst- und Frühjahrsregen bekommt. 8 So habt auch ihr Geduld und fasst Mut, denn das Kommen des Herrn steht bevor. 9 Jammert nicht übereinander, liebe

---

4,9 *Kummer.* Sie sollen endlich ihre Sünde einsehen.

5,3 *Tagen des Endes.* Wörtlich: *letzten Tagen.* Gemeint sind die letzten Tage vor dem versprochenen Wiederkommen des Herrn Jesus Christus.

5,5 *gemästet.* Das heißt: Sie handeln wie unvernünftige Tiere, die nicht wissen, dass sie bald geschlachtet werden.

Geschwister. Ihr wollt doch nicht gerichtet werden. Seht, der Richter steht schon vor der Tür! 10 Nehmt euch die Propheten, die im Namen des Herrn gesprochen haben, als Beispiel. Wie standhaft haben sie ihre Leiden getragen. 11 Ihr wisst ja, dass wir die glücklich preisen, die durchhalten. Von der Standhaftigkeit Hiobs habt ihr gehört und gesehen, wie der Herr ihn am Ende belohnt hat. Der Herr ist voller Mitgefühl und Erbarmen.

12 Vor allem aber lasst das Schwören, liebe Geschwister! Schwört weder beim Himmel noch bei der Erde noch sonst einen Eid. Lasst vielmehr euer Ja ein Ja sein und euer Nein ein Nein! Ihr wollt doch nicht dem Gericht verfallen!

Gebet für Schwache und Kranke

13 Wenn jemand von euch Schweres durchmacht, soll er beten. Ist jemand voller Zuversicht, soll er Loblieder singen. 14 Wenn jemand von euch schwach oder krank ist, soll er die Ältesten der Gemeinde zu sich rufen, damit sie ihn im Namen des Herrn mit Öl einreiben und über ihm beten. 15 Das vertrauensvolle Gebet wird den Kranken retten. Der Herr wird ihn aufrichten und ihm vergeben, wenn er Sünden begangen hat. 16 Bekennt also einander die Sünden und betet füreinander, damit ihr geheilt werdet. Das Gebet eines Gerechten vermag viel und erweist sich als wirksam. 17 Elija war genauso ein Mensch wie wir. Als er einmal dringend betete, dass es nicht regnen solle, da regnete es dreieinhalb Jahre lang nicht mehr im Land. 18 Er betete noch einmal, da schenkte der Himmel Regen, und die Erde brachte ihre Frucht.

19 Wenn jemand unter euch von der Wahrheit abirrt, meine Brüder, und einer bringt ihn zur Umkehr, 20 dann denkt daran: Wer einen Sünder von seinem falschen Weg zurückbringt, wird dessen Seele vom Tod retten und eine Menge Sünden zudecken.

Erster Brief des Petrus

»Durch den Bruder Silvanus, dessen Treue ich sehr schätze, habe ich euch diese wenigen Zeilen geschrieben ... Die Gemeinde in dem Babylon hier lässt euch grüßen, auch Markus, der mir wie ein Sohn ist«, schreibt Petrus am Ende seines Briefes. Silvanus (Silas), der auch mit Paulus zusammengearbeitet hatte, verfasste den Brief für Petrus auf Griechisch. Sie befanden sich damals offenbar in Rom, das wegen seinem dekadenten Luxus auch von römischen Schriftstellern mehrfach als »babylonisch« bezeichnet wurde.

Der Brief könnte schon im Jahr 59 entstanden sein, kurz bevor der Apostel Paulus als Gefangener in Rom eintraf.

Petrus will die Gläubigen in der Erkenntnis ihres Heils befestigen und ihnen die Größe ihrer gegenwärtigen und zukünftigen Rettung zeigen, damit sie die Kraft haben, bei allen Anfeindungen und Bedrohungen ihrem Herrn treu zu bleiben. Die im ersten Vers genannten Provinzen und Landschaften umfassen praktisch die ganze nördliche Hälfte der heutigen Türkei, ein Gebiet von etwa 300 km Breite und 1500 km Länge südlich des Schwarzen Meeres, das westlich von dem Ägäischen Meer und östlich von Armenien begrenzt wird.

1 1 Es schreibt Petrus, ein Apostel
von Jesus Christus. An die von
Gott Erwählten, die als Fremde unter
ihren Landsleuten leben und zwar in
Pontus, Galatien, Kappadozien, der
Provinz Asia und in Bithynien. 2 Gott,
der Vater, hat euch aufgrund seiner
Allwissenheit erwählt und durch das
Wirken seines Geistes zu geheiligten
Menschen gemacht. Ihr seid Men-
schen geworden, die Jesus Christus
gehorsam sind und durch sein Blut
gereinigt werden. Mögen Gnade und
Frieden sich bei euch immer weiter
vermehren.

Das Ziel des Glaubens

3 Gepriesen sei Gott, der Vater unseres
Herrn Jesus Christus! In seinem
großen Erbarmen hat er uns wiederge-
boren und uns mit einer lebendigen
Hoffnung erfüllt. Sie gründet sich
darauf, dass Jesus Christus von den
Toten auferstanden ist, 4 und richtet
sich auf das unvergängliche, unbeflek-
kte und unverderbliche Erbe, das Gott
im Himmel für euch bereithält. 5 Und
weil ihr an ihn glaubt, wird Gott euch
durch seine Macht für die Rettung be-
wahren, die schon bereitliegt, um
dann in der letzten Zeit offenbar zu
werden. 6 Deshalb jubelt ihr voller
Freude, obwohl ihr jetzt für eine Weile
den unterschiedlichsten Prüfungen
ausgesetzt seid. 7 Doch dadurch soll
sich euer Glaube bewähren und es
wird sich zeigen, dass er wertvoller ist
als das vergängliche Gold, das ja auch
durch Feuer geprüft wird. Denn wenn
Jesus Christus sich offenbart, wird
auch die Echtheit eures Glaubens
sichtbar werden und euch Lob, Ehre
und Herrlichkeit einbringen. 8 Ihn
liebt ihr ja, obwohl ihr ihn noch nie

gesehen habt, an ihn glaubt ihr, ob-
gleich ihr ihn auch jetzt nicht seht, und
jubelt in unsagbarer, von Herrlichkeit
erfüllter Freude. 9 So werdet ihr das
Ziel eures Glaubens erreichen: eure
Rettung.

10 Nach dieser Rettung suchten und
forschten schon die Propheten, die
angekündigt haben, welches Gnaden-
geschenk für euch bestimmt ist. 11 Sie
forschten danach, auf welche Zeit
und welche Umstände der Geist von
Christus, der schon in ihnen wirkte,
hinwies. Er zeigte ihnen nämlich im
Voraus die Leiden, die über Christus
kommen, und die Herrlichkeiten, die
danach folgen würden. 12 Gott ließ sie
erkennen, dass sie nicht sich selbst,
sondern euch dienten. Euch ist das
alles jetzt von denen verkündigt wor-
den, die euch mit der guten Botschaft
vertraut gemacht haben. Sie taten das
in der Kraft des Heiligen Geistes, den
Gott vom Himmel gesandt hat. Selbst
Engel brennen darauf, Einblick in
diese Dinge zu bekommen.

Das heilige Leben

13 Deshalb kontrolliert eure persönli-
che Einstellung und seid immer zum
Aufbruch bereit. Bleibt nüchtern und
setzt eure Hoffnung ganz auf die
Gnade, die euch beim Offenbarwer-
den von Jesus Christus erwartet.
14 Und weil ihr jetzt vom Gehorsam
bestimmt seid, lasst euch nicht mehr
von den Begierden beherrschen, wie
ihr das früher getan habt, als ihr noch
unwissend wart. 15 Im Gegenteil: Euer
Leben soll jetzt ganz von dem heiligen
Gott geprägt sein, der euch berufen
hat. 16 Denn die Schrift sagt: »Seid
heilig, denn ich bin heilig!*«

17 Und weil ihr den als Vater anruft,
der ein unparteiisches Urteil über die
Taten jedes Menschen sprechen wird,
führt ein Leben in Gottesfurcht, so
lange ihr noch hier in der Fremde
seid. 18 Ihr wisst ja, dass ihr nicht mit
vergänglichen Dingen wie Silber
oder Gold von dem sinnlosen Leben
befreit worden seid, wie ihr es von
euren Vorfahren übernommen hat-
tet, 19 sondern mit dem kostbaren
Blut eines reinen, makellosen Opfer-
lammes, dem Blut von Christus.
20 Schon vor Erschaffung der Welt
ist er zu diesem Opfer ausgesucht
worden, wegen euch aber ist er erst in
dieser letzten Zeit erschienen.
21 Durch ihn glaubt ihr an Gott, der
Jesus aus den Toten auferweckt und
ihm dann die Herrlichkeit verliehen
hat. Damit ist euer Glaube zugleich
Hoffnung auf Gott.

22 Ihr habt der Wahrheit gehorcht
und euch dadurch gereinigt, sodass
ihr jetzt zu aufrichtiger geschwister-
licher Liebe fähig seid. Bleibt nun
auch dabei, euch gegenseitig mit rei-
nem Herzen zu lieben, 23 denn ihr seid
ja von neuem geboren worden. Dazu
kam es nicht durch die Zeugung eines
sterblichen Menschen, sondern durch
den Samen des unvergänglichen, le-
bendigen und bleibenden Wortes
Gottes. 24 Denn »alle Menschen sind
wie das Gras und ihre ganze Schön-
heit wie die Blumen auf der Wiese.
Das Gras vertrocknet und die Blumen
verwelken, 25 aber das Wort des
Herrn bleibt ewig in Kraft.«* Und

1,16 3. Mose 19,2

1,25 Jesaja 40,6-8

genau dieses Wort ist euch als gute
Botschaft verkündigt worden.

2 1 Legt also alle Bosheit von euch
ab, alle Falschheit und Heuchelei,
allen Neid und alle Verleumdungen!
2 Verlangt stattdessen wie Neugebo-
rene nach der unverfälschten Milch
des Wortes Gottes, damit ihr durch sie
heranwachst und das Ziel, eure end-
gültige Rettung, erreicht. 3 Ihr habt ja
schon erfahren, wie gütig der Herr ist.

Der lebendige Stein

4 Kommt zu ihm, dem lebendigen
Stein! Die Menschen haben ihn zwar
als unbrauchbar weggeworfen, vor
Gott aber ist er eine ausgesuchte
Kostbarkeit. 5 Und lasst euch selbst
als lebendige Steine zu einem geist-
lichen Haus aufbauen, zu einer heili-
gen Priesterschaft, die geistliche
Opfer bringt. Durch Jesus Christus
nimmt Gott solche Opfer gern an.
6 Darum steht auch in der Schrift:
»Seht her, ich lege in Zion einen aus-
gesucht kostbaren Eckstein als
Grund. Wer sich auf ihn verlässt,
wird nicht zugrunde gehen.«* 7 Für
euch, die ihr glaubt, ist dieser Stein
eine Kostbarkeit. Für die Ungläubi-
gen aber gilt: »Gerade der Stein, der
von den Fachleuten als unbrauchbar
verworfen wurde, ist zum Eckstein
geworden.* 8 Er ist ein Stein, an
dem die Menschen sich stoßen, ein
Felsblock, an dem sie zu Fall kom-
men.«* Weil sie dem Wort Gottes
nicht gehorchen, stoßen sie sich an
ihm. Doch dazu sind sie auch be-
stimmt. 9 Aber ihr seid ein ausge-
wähltes Geschlecht, eine königliche
Priesterschaft, ein heiliges Volk, das
Gott selbst gehört. Er hat euch aus
der Finsternis in sein wunderbares
Licht gerufen, damit ihr verkündigt,
wie unübertrefflich er ist. 10 Früher
wart ihr nicht sein Volk, aber jetzt
seid ihr Gottes Volk, früher gab es
für euch kein Erbarmen, aber jetzt
habt ihr sein Erbarmen gefunden.

Christen im Staat

11 Ihr wisst, liebe Geschwister, dass
ihr in dieser Welt nur Ausländer und
Fremde seid. Deshalb ermahne ich
euch: Gebt den Leidenschaften eurer
eigenen Natur nicht nach, denn sie
kämpft gegen euch. 12 Euer Leben
muss gerade unter Menschen, die
Gott nicht kennen, einwandfrei sein.
Wenn sie euch als Böse verleumden,
sollen sie eure guten Taten sehen,
damit sie zur Einsicht kommen und
Gott preisen, wenn er einmal in ihr
Leben eingreift.

13 Fügt euch allen von Menschen
gesetzten Ordnungen, weil der Herr
das so will. Das gilt sowohl dem König
gegenüber, der an höchster Stelle
steht, 14 als auch seinen Statthaltern.
Er hat sie eingesetzt, um Verbrecher
zu bestrafen und Menschen, die Gutes
tun, zu belohnen. 15 Denn Gott will,
dass ihr durch gute Taten das dumme
Gerede unwissender Menschen zum
Schweigen bringt. 16 Lebt als freie
Menschen, die Sklaven Gottes sind,
und missbraucht eure Freiheit nicht
als Deckmantel für das Böse. 17 Be-
gegnet allen mit Achtung, liebt die

2,6 Jesaja 28,16

2,7 Psalm 118,22

2,8 Jesaja 8,14

Gemeinschaft mit den Glaubensgeschwistern, habt Ehrfurcht vor Gott und ehrt auch den König!

Abhängige Christen

18 Ihr Sklaven in den Häusern! Gehorcht euren Dienstherren mit aller Ehrerbietung, und zwar nicht nur den guten und gerechten, sondern auch den verbogenen. 19 Es ist nämlich eine Freundlichkeit Gottes, wenn jemand Kränkungen erträgt und unschuldig leidet, weil er in seinem Gewissen an Gott gebunden ist. 20 Denn was wäre das für ein Ruhm, wenn ihr wegen einer Verfehlung Misshandlungen ertragt? Wenn ihr aber Gutes tut und dafür leiden müsst, dann ist das eine Gnade von Gott, 21 denn genau dazu seid ihr berufen worden. Auch Christus hat für euch gelitten und euch ein Beispiel gegeben, damit ihr seinen Fußspuren folgt. 22 Er hat keine Sünde begangen und kein unwahres Wort ist je über seine Lippen gekommen.* 23 Er wurde beleidigt und schimpfte nicht zurück, er litt und drohte nicht mit Vergeltung, sondern überließ seine Sache dem, der gerecht richtet. 24 In seinem Körper hat er unsere Sünden auf das Holz hinaufgetragen,* damit wir – für die Sünden gestorben – nun so leben, wie es vor Gott recht ist. Durch seine Striemen seid ihr heil geworden. 25 Denn ihr wart wie Schafe, die sich verlaufen haben. Jetzt aber seid ihr zu eurem Hirten, dem Hüter eurer Seelen, zurückgekehrt.

Christen in der Ehe

3 1 In derselben Weise sollt auch ihr Frauen euch euren Männern unterordnen. Damit werden auch solche Männer gewonnen, die nicht auf das Wort Gottes hören wollen. Das geschieht ohne Worte, einfach durch das Verhalten ihrer Frauen, 2 denn sie sehen, wie rein und gottesfürchtig ihr lebt. 3 Ihr sollt nicht durch äußerlichen Schmuck wirken wollen, durch aufwendige Frisuren, durch Gold oder prächtige Kleider. 4 Vor Gott ist der Mensch wertvoll, der das, was man nicht sehen kann, sein Herz, mit den unvergänglichen Werten eines sanften und stillen Geistes schmückt. 5 Das ist die Schönheit, mit der die heiligen Frauen sich früher geschmückt haben. Sie haben ihre Hoffnung auf Gott gesetzt und sich ihren Männern untergeordnet. 6 Sara, zum Beispiel, gehorchte Abraham und nannte ihn »Herr«. Und wenn ihr Gutes tut und euch nicht von Furcht überwältigen lasst, dann seid ihr ihre Töchter geworden.

7 Ihr Männer müsst euch entsprechend verhalten, damit eure Gebete nicht vergeblich sind. Seid also rücksichtsvoll im Umgang mit euren Frauen, denn sie sind die Schwächeren. Achtet und ehrt sie, denn sie haben genau so wie ihr Anteil am Geschenk des ewigen Lebens.

Christen untereinander

8 Schließlich sage ich euch allen: Seid euch in der gleichen Gesinnung einig,

---

2,22 Das ist ein Zitat aus Jesaja 53,9

2,24 Andere übersetzen: »auf dem Holz getragen«. In der LXX wird diese Wendung für das Darbringen des Opfers gebraucht (Hesekiel 43,18; Psalm 51,21; Esra 3,2).

habt Mitgefühl füreinander und be-
gegnet euch in geschwisterlicher
Liebe. Seid barmherzig und demütig.
9 Vergeltet Böses nicht mit Bösem
und Schimpfwort nicht mit Schimpf-
wort, sondern tut das Gegenteil:
wünscht ihnen Gutes und segnet sie
so. Das erwartet Gott von euch, damit
er euch an seinem Segen teilhaben
lässt.

10 »Denn wer das Leben liebt und
gute Tage sehen will, der hüte seine
Zunge. Kein böses Wort und keine
Lüge verlasse seinen Mund. 11 Er
wende sich vom Bösen ab und tue das
Gute und mühe sich um Frieden!
12 Denn der Herr hat die im Blick, die
das Rechte tun, und für deren Bitten
ein offenes Ohr. Doch wer Böses tut,
hat ihn immer gegen sich.«*

Leiden für gute Taten

13 Und wer würde euch schaden wol-
len, wenn ihr euch bemüht das Gute
zu tun? 14 Wenn ihr aber trotzdem
leiden müsst, weil ihr tut, was vor
Gott recht ist, dann dürft ihr euch
glücklich preisen. ›Habt also keine
Angst und seid unbesorgt. 15 Lasst
Christus, den Herrn, die Mitte eures
Lebens sein!‹* Und wenn man euch
nach eurer Hoffnung fragt, seid
immer zur Rechenschaft bereit.
16 Doch antwortet freundlich und mit
dem gebotenen Respekt. Bewahrt
euch ein reines Gewissen! Wenn die
Leute euch dann etwas Böses nachsa-
gen, werden sie beschämt werden,
weil euer vorbildliches Leben mit
Christus sie Lügen straft. 17 Auf
jeden Fall ist es besser, für gute Taten
zu leiden, wenn Gott das so will, als
für schlechte.

18 Auch Christus hat einmal für die
Sünden gelitten, der Gerechte starb
für die Ungerechten, um uns zu Gott
hinführen zu können. Als Mensch
wurde er getötet, durch den Geist aber
wieder lebendig gemacht. 19 In die-
sem Geist hatte er auch den in der
Sünde gefangenen Geistern gepre-
digt*, 20 den Menschen, die zur Zeit
Noahs ungehorsam waren. Damals
wartete Gott geduldig auf ihre Um-
kehr, bis Noah die Arche fertig gebaut
hatte. Doch nur acht Menschen wur-
den in der Arche durch das Wasser der
Sintflut hindurch gerettet. 21 Das ist
ein Bild für die Taufe, die jetzt euch
rettet. Die Taufe dient ja nicht zur kör-
perlichen Reinigung. Sie ist vielmehr
Ausdruck einer Bitte an Gott um ein
gutes Gewissen. Diese Rettung ver-
danken wir der Auferstehung von
Jesus Christus, 22 der jetzt auf dem
Ehrenplatz an Gottes rechter Seite
sitzt, und dem nach seinem Weggang
in den Himmel die Engel, Gewalten
und Mächte unterworfen sind.

Leben für Gott

4 1 Weil nun Christus als Mensch
gelitten hat, solltet auch ihr dazu
bereit sein. Denn wer körperlich lei-
det, hat von der Sünde abgelassen.

3,12 Psalm 34,13-17

3,15 Jesaja 8,12-13

3,19 *Geistern gepredigt.* Offenbar tat Christus das durch Noah. Dass er ins Totenreich gegangen wäre, um den Toten dort zu predigen, geht weder aus dem Wortlaut noch aus dem Zusammenhang dieser Stelle hervor.

2 Der Rest eures Lebens wird dann
nicht mehr von euren Leidenschaften
bestimmt, sondern von dem, was Gott
will. 3 Es ist schlimm genug, dass ihr
früher getan habt, was die Menschen
ohne Gott von euch wollten. In hem-
mungsloser Gier habt ihr euch mit
ihnen zusammen Ausschweifungen
hingegeben, ihr habt euch betrunken,
habt an wüsten Fress- und Saufge-
lagen teilgenommen und wart in
einem abscheulichen Götzendienst
gefangen. 4 Eure früheren Freunde
sind jetzt natürlich befremdet, dass
ihr euch nicht mehr in diesen Strudel
der Leidenschaften hineinreißen
lasst, und beschimpfen euch des-
wegen. 5 Aber sie werden sich vor
dem verantworten müssen, der bald
sein Urteil über alle Menschen spre-
chen wird, über die Lebenden und
über die Toten. 6 Denn aus diesem
Grund ist die gute Botschaft auch
denen gepredigt worden, die inzwi-
schen gestorben sind, damit sie wie
Gott das Leben im Geist haben, ob-
wohl ihr Körper wie bei allen Men-
schen mit dem Tod bestraft werden
musste.

7 Das Ende aller Dinge ist nahe.
Seid also besonnen und klar in euren
Gebeten. 8 Vor allem aber hört nicht
auf, euch gegenseitig zu lieben, denn
die Liebe deckt viele Sünden zu.
9 Seid gastfrei untereinander, ohne
zu murren.

10 Gott hat jedem von euch Gaben
geschenkt, mit denen ihr einander die-
nen könnt. Tut das als gute Verwalter
der vielfältigen Gnade Gottes.
11 Wenn jemand redet, soll Gott
durch ihn sprechen können. Wenn je-
mand anderen hilft, soll er es in der
Kraft tun, die Gott ihm schenkt. Dann
wird Gott in allem geehrt werden.
Möglich ist das durch Jesus Christus
geworden, dem die Herrlichkeit ge-
hört und die Macht in alle Ewigkeit.
Amen.

Christen unter Druck

12 Liebe Geschwister, wundert euch
nicht über die Anfeindungen, die wie
ein Feuersturm über euch gekommen
sind, als wäre das etwas Außerge-
wöhnliches. 13 Freut euch vielmehr
darüber, dass ihr so Anteil an den Lei-
den des Messias habt. Denn wenn er
dann in seiner Herrlichkeit erscheint,
werdet ihr mit Jubel und Freude er-
füllt sein. 14 Wenn ihr beschimpft
werdet, weil ihr zu Christus gehört,
seid ihr glücklich zu nennen, denn
dann ruht der Geist der Herrlichkeit
Gottes auf euch. 15 Natürlich darf es
nicht sein, dass jemand von euch lei-
den muss, weil er ein Mörder ist oder
ein Dieb oder ein anderer Verbrecher,
oder weil er sich in fremde Angele-
genheiten einmischt. 16 Wenn er aber
leidet, weil er Christ ist, muss er sich
nicht schämen. Er preise vielmehr
Gott, dass er diesen Namen tragen
darf. 17 Denn in der jetzigen Zeit
nimmt das Gericht bei der Familie
Gottes seinen Anfang. Wenn aber
selbst wir gerichtet werden müssen,
was wird dann erst die erwarten, die
der guten Botschaft Gottes nicht ge-
horchen wollten? 18 Denn »wenn
schon die Gerechten kaum auf Ret-
tung hoffen dürfen, wo werden sich

4,18 Sprüche 11,31; nach der LXX zitiert.

dann die Gottlosen und Sünder
wiederfinden?«* 19 Wer also nach
dem Willen Gottes zu leiden hat, soll
sich seinem treuen Schöpfer anbefeh-
len und nicht aufhören, Gutes zu tun.

Die Hirten und die Herde

5 1 Als Mitältester wende ich mich
jetzt an eure Gemeindeältesten,
weil ich sowohl Zeuge vom Leiden des
Messias bin als auch Teilhaber an sei-
ner Herrlichkeit, die bald erscheinen
wird. 2 Sorgt gut für die Herde Gottes,
die euch anvertraut ist. Tut es nicht,
weil ihr euch dazu gezwungen fühlt,
sondern freiwillig, wie es Gott gefällt.
Hütet sie aber nicht, um euch Vorteile
zu verschaffen, sondern weil ihr dem
Herrn dienen wollt. 3 Führt euch auch
nicht als Herrscher in euren Gemein-
den auf, sondern seid Vorbilder für
eure Geschwister. 4 Dann werdet ihr
den unvergänglichen Ehrenkranz
der Herrlichkeit erhalten, wenn der
höchste Hirt erscheinen wird.

5 Euch Jüngeren sage ich: »Ordnet
euch den Ältesten unter!« Doch alle
müsst ihr im Umgang miteinander
Bescheidenheit an den Tag legen.
Denn »Gott widersetzt sich den Hoch-
mütigen, nur den Demütigen erweist
er Gnade.«* 6 Demütigt euch deshalb
unter Gottes mächtige Hand, dann
wird er euch auch zur richtigen Zeit
erhöhen. 7 Und werft in Demut alle
eure Sorgen auf ihn, denn er sorgt sich
um alles, was euch betrifft.

8 Seid nüchtern und wachsam! Euer
Todfeind, der Teufel, streicht wie ein
brüllender Löwe herum und sucht nach
einem Opfer, das er verschlingen kann.
9 Dem müsst ihr im Glauben wider-
stehen! Dabei sollt ihr wissen, dass
eure Geschwister in der ganzen Welt
die gleichen Leiden durchmachen.

10 Der Gott, von dem alle Gnade
kommt, hat euch berufen, mit Chris-
tus zusammen für immer in seiner
Herrlichkeit zu leben. Er wird euch
aufbauen, stärken, kräftigen und
auf festen Grund stellen, auch, wenn
ihr jetzt eine Weile leiden musstet.
11 Ihm gehört die Macht in Zeit und
Ewigkeit! Amen.

Briefschluss

12 Durch den Bruder Silvanus, dessen
Treue ich sehr schätze, habe ich euch
diese wenigen Zeilen geschrieben. Ich
wollte euch ermutigen und euch be-
stätigen, dass es die wahre Gnade
Gottes ist, die ihr erlebt.

13 Die Gemeinde in dem Babylon
hier* lässt euch grüßen, auch Markus,
der mir wie ein Sohn ist. 14 Grüßt
euch mit dem Kuss geschwisterlicher
Liebe. Friede sei mit euch allen, die
ihr in Christus verbunden seid!

5,5 Sprüche 3,34 nach der LXX zitiert.

5,13 *Babylon hier.* Damit meint Petrus offenbar Rom, siehe Einleitung zum Brief.

Zweiter Brief des Petrus

Petrus, der sich immer noch in Rom aufhielt, hatte bisher der Verfolgung durch Kaiser Nero im Jahr 64 n.Chr. entkommen können, der Paulus bereits zum Opfer gefallen war. Inzwischen wusste er aber, dass auch er nicht mehr lange zu leben hatte (1,14-15) und verfasste deshalb einen zweiten Brief an die Christen in Kleinasien (3,1). Diesmal schrieb er ihn entweder selbst oder bediente sich eines anderen Sekretärs als im ersten Brief.

Petrus hatte erfahren, dass falsche Lehrer in einige Gemeinden Kleinasiens eingedrungen waren. Leider musste er davon ausgehen, dass diese Lehrer in Zukunft noch mehr Ärger machen würden und wollte die Gläubigen deshalb dringend warnen.

Der Brief ist so etwas wie das geistliche Vermächtnis des Petrus. Es ist bemerkenswert, dass er ebenso wie Paulus in seinem letzten Brief die Gläubigen auf die Heilige Schrift verweist. Kurze Zeit später (67 n.Chr.) wurde auch er hingerichtet.

1 1 Es schreibt Simon Petrus, ein Sklave* und Apostel von Jesus Christus. An alle, die den gleichen wertvollen Glauben empfangen haben wie wir. Das ist der Glaube, der uns durch die Gerechtigkeit unseres Gottes und Retters Jesus Christus geschenkt wurde. 2 Gnade und Frieden vermehre sich bei euch dadurch, dass ihr Gott und unseren Herrn Jesus immer besser erkennt.

Geistliches Wachstum

3 In seiner göttlichen Macht hat er uns alles geschenkt, was wir zu einem Leben in liebevoller Ehrfurcht vor Gott brauchen. Er hat uns den erkennen lassen, der uns kraft seiner Herrlichkeit und Wundermacht berufen hat. 4 Auf diese Weise hat er uns die allergrößten und wertvollsten Zusagen gegeben. Dadurch hat er nämlich versprochen, dass ihr Anteil an seiner göttlichen Natur bekommt. Ihr seid ja dem Verderben entflohen, dem diese Welt durch ihre Leidenschaften verfallen ist.

5 Deshalb müsst ihr nun auch allen Fleiß daransetzen, eurem Glauben ein vorbildliches Leben beizufügen, und diesem Leben die Erkenntnis. 6 Der Erkenntnis muss die Selbstbeherrschung folgen, der Selbstbeherrschung die Geduld und der Geduld die liebevolle Ehrfurcht vor Gott. 7 Diese Ehrfurcht wiederum führt zur geschwisterlichen Liebe und aus der Liebe zu den Gläubigen folgt schließlich die Liebe zu allen Menschen. 8 Je

1,1 *Sklave* (griech. *doulos*) ist ein Mensch, der rechtlich und wirtschaftlich Eigentum eines anderen Menschen ist. Christen verstanden sich als Sklaven von Jesus Christus, weil dieser sie aus der Sklaverei der Sünde »freigekauft« hatte, und betrachteten diesen Titel als Auszeichnung.

mehr ihr in dieser Hinsicht voran-
kommt, desto mehr wird sich das aus-
wirken und Frucht bringen, und ihr
werdet unseren Herrn Jesus Christus
immer besser erkennen. 9 Wer das
alles aber nicht hat, ist blind oder doch
sehr kurzsichtig. Er hat vergessen,
dass Gott ihn von seinen früheren
Sünden gereinigt hat. 10 Ihr müsst
deshalb alles daransetzen, liebe Ge-
schwister, eure Berufung und Erwäh-
lung fest zu machen. Dann werdet ihr
auch nicht ins Stolpern kommen,
11 und Gott wird euch die Tore weit
öffnen und euch in das ewige Reich
unseres Herrn und Retters Jesus
Christus einziehen lassen.

Glaubwürdige Zeugen

12 Aus diesem Grund will ich euch
immer wieder an diese Dinge erin-
nern, auch wenn ihr die Wahrheit
schon kennt und fest in ihr gegründet
seid. 13 Aber ich halte es für meine
Pflicht, euch durch die Erinnerung
wach zu halten, so lange ich lebe.
14 Denn ich weiß, dass mein Zelt hier
auf der Erde bald abgebrochen wird.
Das hat unser Herr Jesus Christus
mir zu erkennen gegeben. 15 Deshalb
will ich dafür sorgen, dass ihr euch
auch nach meinem Tod jederzeit an
diese Dinge erinnern könnt.

16 Denn wir haben uns keineswegs
auf Mythen oder frei erfundene Ge-
schichten gestützt, als wir euch von
der Macht unseres Herrn Jesus
Christus und seinem Wiederkom-
men erzählten. Nein, wir haben seine
herrliche Größe mit eigenen Augen
gesehen. 17 Denn er empfing von
Gott, dem Vater, Ehre und Herrlich-
keit, damals, als Gott diese Worte mit
herrlicher hoheitsvoller Stimme an
ihn richtete: »Dies ist mein lieber
Sohn. An ihm habe ich meine Freu-
de.« 18 Wir haben diese himmlische
Stimme gehört, als wir mit ihm auf
dem heiligen Berg waren.* 19 Aber
eine noch festere Grundlage haben
wir im prophetischen Wort, und ihr
tut gut daran, darauf zu achten wie
auf ein Licht, das an einem dunklen
Ort leuchtet, bis der Tag anbricht und
der Morgenstern in euren Herzen
aufgeht. 20 Vor allem aber müsst ihr
wissen, dass keine prophetische Aus-
sage der Schrift aus einer eigenen
Deutung stammt.* 21 Denn niemals
wurde eine Weissagung aus-
gesprochen, weil der betreffende
Mensch das wollte. Diese Menschen
wurden vielmehr vom Heiligen Geist
gedrängt, das zu sagen, was Gott
ihnen aufgetragen hatte.

Gefährliche Irrlehrer

2 1 Doch es gab in Israel auch fal-
sche Propheten, so wie es unter
euch falsche Lehrer geben wird. Sie
werden ihre verderblichen Sonder-
lehren heimlich einschleusen. Damit
verleugnen sie ihren eigenen Herrn*,
der sie doch freigekauft hat, und zie-
hen sich selbst ein schnelles Verderben
zu. 2 Mit ihrem zügellosen Lebensstil
werden sie jedoch viele Anhänger
finden, und ihretwegen wird der Weg

1,18 Siehe Markus 9,2-9!

1,20 *aus einer eigenen Deutung stammt.* Entweder ist gemeint: aus einer eigenen Deutung (Erfindung) des Propheten, oder: eine eigene (eigenwillige) Deutung zulässt.

2,1 *eigenen Herrn.* Wörtlich den Herrscher, den Gebieter.

der Wahrheit in Verruf geraten. 3 In
ihrer Habgier werden sie geschickte
Lügen erfinden, um an euer Geld zu
kommen. Doch das Urteil über sie ist
längst gefällt, sie werden ihrem Ver-
derben nicht entgehen.

Göttliches Urteil

4 Gott hat nicht einmal die Engel ver-
schont, die sich gegen ihn vergangen
hatten, sondern hat sie bis zum Tag des
Gerichts mit Finsternis gefesselt und in
Höhlen des Abgrunds verwahrt. 5 Er
hat auch die frühere Welt nicht ver-
schont. Nur Noah, der die Menschen
ermahnte, Gott zu gehorchen, wurde
mit den sieben Mitgliedern seiner Fa-
milie gerettet, als Gott die Flut über die
Welt der Gottlosen brachte. 6 Auch die
Städte Sodom und Gomorra hat Gott
in Schutt und Asche sinken lassen, um
an ihrem Beispiel zu zeigen, wie es den
Gottlosen künftiger Zeiten ergehen
würde. 7 Nur Lot hat er gerettet, weil
der ein gerechter Mann war, der unter
dem zügellosen Leben der Gottesve-
rächter litt. 8 Denn täglich musste die-
ser Mann bei seinen Mitbürgern Dinge
sehen und hören, die seinem Gewissen
Qualen bereiteten, obwohl er selber
tat, was vor Gott recht war. 9 Ihr seht
also, dass der Herr weiß, wie er die
Gottesfürchtigen aus der Versuchung
retten, die Ungerechten aber bis zum
Tag des Gerichts festhalten kann, wo
sie bestraft werden, 10 und zwar be-
sonders die, die ihren schmutzigen Be-
gierden folgen und niemand als Herrn
über sich anerkennen.

Verkommene Menschen

Solche Menschen sind frech und
anmaßend. Sie schrecken nicht davor
zurück, überirdische Mächte zu läs-
tern. 11 Das wagen nicht einmal die
Engel, die doch viel stärker und mäch-
tiger sind. Niemals würden sie solche
Mächte mit ihrem Urteil vor Gott lä-
cherlich machen. 12 Aber diese Men-
schen handeln wie unvernünftige
Tiere, die nur geschaffen sind, um ge-
fangen und getötet zu werden. Sie ma-
chen sich über Mächte lustig, die sie
nicht einmal kennen, und sie werden
mit ihnen zusammen umkommen.
13 So bekommen sie den verdienten
Lohn für ihre Bosheit. Sie lieben es ja
sogar, schon am helllichten Tag üp-
pige Gelage zu veranstalten. Diese
Schmutz- und Schandflecken schwel-
gen in ihren Betrügereien und mästen
sich auch noch genüsslich an euren
Liebesmahlen. 14 Keine leichtsinnige
Frau entgeht ihren lüsternen Blicken.
Ständig sind sie auf Sünde aus. Es
macht ihnen Freude, unsichere Men-
schen zur Sünde zu verleiten. Habgier
ist ihre zweite Natur geworden; sie
sind verloren und verflucht. 15 Wie
Bileam haben sie den geraden Weg
verlassen. Ja, sie sind dem Sohn Beors
gefolgt, der das Geld liebte, das er für
seine böse Tat bekommen sollte.
16 Doch er musste sich sein Unrecht
vorhalten lassen: Ein stummes Last-
tier, ein Esel, sprach ihn mit der Stim-
me eines Menschen an und stellte
sich dem irrsinnigen Vorhaben des
Propheten in den Weg. 17 Diese
Menschen sind wie Brunnen, die kein
Wasser haben, wie Nebelschwaden
im Sturm. Sie werden in der dunkels-
ten Finsternis enden. 18 Mit hochtra-
benden Worten schwingen sie große
Reden, und durch die Verlockung
ihres ausschweifenden Lebens ziehen

sie Menschen an, die doch gerade erst
solch einem falschen Leben entkom-
men sind. 19 Sie versprechen ihnen
Freiheit und sind doch selbst Sklaven
ihrer moralischen Verkommenheit.
Wovon man sich beherrschen lässt,
von dem ist man versklavt. 20 Denn
wenn sie vom Schmutz der Welt losge-
kommen sind, weil sie Jesus Christus,
unseren Herrn und Retter, kennen-
gelernt haben, sich dann aber wieder
davon fangen und überwältigen las-
sen, dann wären sie am Ende schlim-
mer dran als am Anfang. 21 Dann
wäre es besser für sie gewesen, sie
hätten den rechten Weg nie gekannt,
als ihn zu erkennen und sich dann
doch von der heiligen göttlichen Wei-
sung, die ihnen übergeben wurde,
wieder abzuwenden. 22 Es ist ihnen
genauso ergangen wie das Sprichwort
sagt: »Ein Hund kommt zum Erbro-
chenen zurück und eine gewaschene
Sau wälzt sich wieder im Dreck:«*

Leichtfertige Spötter

3 1 Das ist bereits mein zweiter
Brief an euch, liebe Geschwister.
Durch meine Schreiben wollte ich
längst Bekanntes auffrischen und
euch in eurer guten Einstellung be-
stärken. 2 Ich möchte, dass ihr euch
an das erinnert, was die heiligen Pro-
pheten vor langer Zeit sagten, und an
das, was die Apostel euch als Weisung
unseres Herrn und Retters übergeben
haben. 3 Vor allen Dingen müsst ihr
wissen, dass in den letzten Tagen
Spötter auftreten werden, die sich
über die Wahrheit lustig machen, aber
doch nur ihren selbstsüchtigen Wün-
schen folgen. 4 Sie werden sagen: »Er
hat doch versprochen wiederzukom-
men! Wo bleibt er denn? Inzwischen
sind unsere Väter gestorben, aber alles
ist immer noch so, wie es seit Anfang
der Schöpfung war.« 5 Wer das be-
hauptet, will nicht wahrhaben, dass es
die Himmel schon längst gab und die
Erde aus dem Wasser hervorgetreten
und mit Wasser umgeben war. Gott
hatte sie durch sein Wort geschaffen.
6 Dennoch wurde die Welt damals bei
der großen Flut auf Gottes Wort hin
durch Wasser überschwemmt und
vernichtet. 7 Durch dasselbe Wort
Gottes werden nun auch die jetzigen
Himmel und die jetzige Erde für das
Feuer aufgespart. Sie werden bewahrt
bis zum Tag des Gerichts, an dem die
Gottlosen zugrunde gehen.

Gnädige Verzögerung

8 Eins dürft ihr dabei nicht übersehen,
liebe Geschwister: Für den Herrn ist
das, was für uns ein Tag ist, wie tau-
send Jahre und was für uns tausend
Jahre sind, ist für ihn wie ein einziger
Tag. 9 Der Herr verzögert seine Zu-
sage nicht, wie manche das meinen.
Im Gegenteil: Er hat Geduld mit euch,
denn er will nicht, dass irgendjemand
ins Verderben geht, sondern dass alle
Gelegenheit haben, zu ihm umzukeh-
ren. 10 Der Tag des Herrn wird aber so
unerwartet kommen wie ein Dieb.
Dann wird der Himmel unter schreck-
lichem Lärm vergehen und die
Himmelskörper im Feuer verglühen.

2,22 Sprüche 26,11

3,10 Nach anderen Handschriften: »nicht mehr gefunden«.

Die Erde und alles, was der Mensch
auf ihr gemacht hat, werden dann ver-
brannt* werden. 11 Wenn sich das
alles nun so auflösen wird, was für ein
Anliegen müsste es euch dann sein,
ein Leben in Heiligkeit und Ehrfurcht
vor Gott zu führen, 12 den Tag Gottes
zu erwarten und seine Ankunft zu be-
schleunigen – den Tag, an dem die
Himmel im Feuer verbrennen und die
Elemente im Brand zerschmelzen
werden. 13 Aber nach dem, was Gott
uns versprochen hat, erwarten wir
neue Himmel und eine neue Erde, in
denen Gerechtigkeit regiert.

Heilige Konsequenzen

14 Weil ihr das alles erwartet, liebe Ge-
schwister, beeilt euch, dass ihr rein und
tadellos und innerlich im Frieden vor
euren Herrn hintreten könnt. 15 Und
haltet die Geduld unseres Herrn für
eine Chance zur Rettung. Genau das
hat euch auch unser lieber Bruder Pau-
lus geschrieben, dem Gott in all diesen
Fragen viel Weisheit geschenkt hat.
16 In seinen Briefen redet er mehrfach
davon. Freilich ist einiges darin auch
schwer zu verstehen, was dann von
unverständigen oder im Glauben nicht
gefestigten Leuten verdreht wird. Aber
so machen sie es ja auch mit den ande-
ren Texten der Heiligen Schrift – zu
ihrem eigenen Verderben.

17 Weil ihr das alles jetzt schon
wisst, liebe Geschwister, passt auf,
dass ihr nicht von dem Irrsinn der
Gesetzesverächter mitgerissen wer-
det und euren festen Stand verliert.
18 Nehmt vielmehr in der Gnade zu
und lernt unseren Herrn und Retter
Jesus Christus immer besser kennen.
Ihm gehört alle Herrlichkeit und Ehre,
schon jetzt und auch in alle Ewigkeit!
Amen.

Erster Brief des Johannes

Um das Jahr 90 herum schrieb Johannes seine drei Briefe, vermutlich von Ephesus aus. Bei den Empfängern handelte es sich wahrscheinlich um Christen in der römischen Provinz Asia. Vermutlich sind es dieselben Empfänger, die auch die Offenbarung erhielten. Anlass seines Schreibens war die mangelnde Heilsgewissheit bei den Gläubigen und das Eindringen von Irrlehren in den Gemeinden.

Das Leben

1 1 Es war von Anfang an da; wir haben es gehört und mit eigenen Augen gesehen; wir haben es angeschaut und mit unseren Händen berührt: das Wort des Lebens. 2 Ja, das Leben ist erschienen. Das können wir bezeugen. Wir haben es gesehen und verkündigen es euch: das ewige Leben, das beim Vater war und bei uns sichtbar geworden ist. 3 Und was wir selbst gesehen und gehört haben, verkündigen wir auch euch, denn wir möchten, dass ihr mit uns verbunden seid. Und die Gemeinschaft, die uns verbindet, ist zugleich Gemeinschaft mit dem Vater und mit seinem Sohn Jesus Christus. 4 Wir schreiben euch das, damit unsere gemeinsame Freude vollkommen wird.

Das Licht

5 Folgende Botschaft haben wir von ihm gehört und geben sie hiermit an euch weiter: »Gott ist Licht; in ihm gibt es keine Spur von Finsternis.« 6 Wenn wir behaupten, mit Gott Gemeinschaft zu haben und trotzdem in der Finsternis leben, dann lügen wir: Unser Tun steht im Widerspruch zur Wahrheit. 7 Wenn wir aber im Licht leben, so wie Gott im Licht ist, sind wir miteinander verbunden, und das Blut seines Sohnes Jesus macht uns von jeder Sünde rein. 8 Wenn wir behaupten, ohne Schuld zu sein, betrügen wir uns selbst und verschließen uns der Wahrheit. 9 Wenn wir unsere Sünden eingestehen, zeigt Gott, wie treu und gerecht er ist: Er vergibt uns die Sünden und reinigt uns von jedem begangenen Unrecht. 10 Wenn wir behaupten, wir hätten nicht gesündigt, machen wir Gott zum Lügner. Dann lebt sein Wort nicht in uns.

Unser Anwalt

2 1 Meine lieben Kinder, ich schreibe euch das, damit ihr nicht sündigt. Wenn es aber doch geschieht, sollt ihr wissen: Wir haben einen Anwalt beim Vater – Jesus Christus, den Gerechten. Er, der nie Unrecht getan hat, 2 ist zum Sühnopfer für unsere Sünden geworden und nicht nur für unsere Sünden, sondern auch für die der ganzen Welt.

Seine Gebote

3 Wenn wir seine Gebote halten, wird uns bewusst, dass wir ihn kennen. 4 Wenn jemand behauptet: »Ich kenne Gott!«, aber seine Gebote nicht

hält, ist er ein Lügner. In ihm wohnt
die Wahrheit nicht. 5 Wer sich aber
nach seinem Wort richtet, bei dem ist
die Liebe Gottes zum Ziel gekommen.
Und genau daran erkennen wir, dass
wir mit Christus verbunden sind.
6 Wer also behauptet, mit Christus
verbunden zu sein, soll auch so leben
wie Christus gelebt hat.

7 Was ich euch jetzt schreibe, meine
Lieben, ist kein neues Gebot, sondern
das alte, das ihr von Anfang an kennt.
Es ist die Botschaft, die euch verkün-
digt wurde. 8 Und doch ist es auch ein
neues Gebot, das ich euch schreibe.
Das Neue ist eine Tatsache, die sich in
Christus und in euch als wahr erweist.
Die Finsternis weicht ja zurück und
das wahre Licht leuchtet schon. 9 Wer
behauptet, im Licht zu leben und
dabei seinen Bruder oder seine
Schwester hasst, ist immer noch in
der Dunkelheit. 10 Doch wer seine Ge-
schwister liebt, lebt im Licht und dort
gibt es nichts, was ihn zu Fall bringen
kann. 11 Wer seine Geschwister hasst,
lebt in der Finsternis. Er tappt im
Finstern umher und weiß nicht,
wohin er geht. Die Dunkelheit hat ihn
blind gemacht.

Die Briefempfänger

12 Euch, meinen Kindern, schreibe
ich, weil euch die Sünden vergeben
sind. Das verbürgt uns sein Name.
13 Euch Vätern schreibe ich, weil ihr
den erkannt habt, der von Anfang an
da ist. Euch Jugendlichen schreibe
ich, weil ihr den Bösen besiegt habt.

14 Ich will es noch einmal sagen: Ihr
Kinder, ich erinnere euch daran, dass
ihr den Vater kennt. Ihr Väter, ich erin-
nere euch daran, dass ihr den erkannt
habt, der von Anfang an da ist. Ihr Ju-
gendlichen, ich erinnere euch daran,
dass ihr stark seid und das Wort Got-
tes in euch lebt und in euch bleibt und
ihr den Bösen überwunden habt.

Die Welt

15 Hängt euer Herz nicht an die Welt
und an nichts, was zu ihr gehört!
Wenn jemand die Welt liebt, hat er
keinen Platz für die Liebe zum Vater.
16 Denn diese Welt wird von der Sucht
nach körperlichem Genuss bestimmt,
von gierigen Augen und einem un-
verschämten Geltungsdrang. Nichts
davon kommt vom Vater. Es gehört
alles zur Welt. 17 Und diese Welt mit
ihren Begierden wird verschwinden.
Doch wer tut, was Gott will, bleibt und
lebt in Ewigkeit.

Die Christusfeinde

18 Kinder, die letzte Stunde ist da. Ihr
habt gehört, dass der Antichristus
kommen wird. Und inzwischen sind
viele solche Christusfeinde aufge-
treten. Daran erkennen wir, dass
die letzte Stunde angebrochen ist.
19 Diese Christusfeinde waren früher
mit uns zusammen, aber sie gehörten
nie wirklich zu uns. Hätten sie zu uns
gehört, wären sie bei uns geblieben.
Doch sie haben sich von uns getrennt
damit jedem klar würde, dass sie nie
zu uns gehörten. 20 Ihr aber habt
vom Heiligen den Heiligen Geist*

***2,20** den Heiligen Geist.* Wörtlich: das Salböl, bzw. die Salbung. Im Alten Testament wurden König und Hoher Priester bei ihrer Einsetzung gesalbt. Diese Symbolik sollte daran erinnern, dass Gott sie berufen und für ihren Auftrag ausgerüstet hatte.

erhalten. Und durch diese Salbung kennt ihr alle die Wahrheit. 21 Ich schreibe euch also nicht, weil ihr die Wahrheit nicht kennt, sondern weil ihr sie kennt und wisst, dass aus der Wahrheit keine Lüge hervorgehen kann. 22 Wer ist nun der Lügner? Es ist der, der abstreitet, dass Jesus der Messias*, der Christus, ist. Wer das leugnet, ist der Christusfeind. Er lehnt nicht nur den Sohn, sondern auch den Vater ab. 23 Denn wer den Sohn leugnet, hat keine Verbindung zum Vater. Wer sich aber zum Sohn bekennt, gehört auch zum Vater.

24 Doch ihr, haltet an der Botschaft fest, die ihr von Anfang an gehört habt! Wenn ihr das tut, dann bleibt ihr mit dem Sohn und mit dem Vater verbunden. 25 Und durch diese Verbindung erfüllt sich seine Zusage: Wir haben das ewige Leben.

26 Soviel zu denen, die euch verführen wollen. 27 Für euch aber gilt: Der Heilige Geist, mit dem Christus euch gesalbt hat, bleibt in euch! Deshalb braucht ihr keinen, der euch darüber belehrt, sondern der Geist* lehrt euch das alles. Und was er lehrt, ist wahr, es ist keine Lüge. Bleibt also bei dem, was er euch lehrt und lebt mit Christus vereint.

Gottes Kinder

28 Ja, meine lieben Kinder, bleibt in Christus, denn wenn wir so mit ihm verbunden sind, werden wir bei seinem Wiederkommen zuversichtlich vor ihn treten können und müssen nicht fürchten, beschämt zu werden. 29 Wenn ihr wisst, dass der Sohn Gottes gerecht ist, dann könnt ihr auch sicher sein, dass jeder, der sich wie Christus nach dem Willen Gottes richtet, die Neugeburt aus Gott empfangen hat.

3 1 Seht doch, welche Liebe der Vater uns erwiesen hat: Wir sollen seine Kinder heißen – und wir sind es tatsächlich! Die Menschen dieser Welt verstehen das nicht, weil sie den Vater nicht kennen. 2 Ihr Lieben, schon jetzt sind wir Kinder Gottes und was das in Zukunft bedeuten wird, können wir uns jetzt noch nicht einmal vorstellen. Aber wir wissen, dass wir von gleicher Art sein werden wie er, denn wir werden ihn so sehen wie er wirklich ist. 3 Wer auf so etwas hofft, wird immer darauf achten, sich von Sünde zu reinigen, um rein zu sein wie er.

Die Sünde

4 Wer absichtlich sündigt*, lehnt sich gegen Gottes Ordnung auf, denn Sünde ist Auflehnung gegen Gott. 5 Und ihr wisst, dass Jesus auf der Erde erschien, er, der selbst ganz ohne Sünde ist, um die Sünden der Menschen wegzunehmen. 6 Wer mit ihm verbunden lebt, der sündigt nicht bedenkenlos weiter*. Wer

---

2,22 *der Messias.* Siehe Vorwort des Übersetzers.

2,27 *der Geist.* Wörtlich: das Salböl. Siehe Fußnote zu Vers 20.

3,4 *absichtlich sündigt.* Wörtlich: »der die Sünde Tuende«. Es kann auch übersetzt werden: »Wer gewohnheitsmäßig sündigt«.

3,6 *bedenkenlos weiter.* Der Zusatz ergibt sich aus der grammatischen Form des Verbs. Ebenso die Beifügung »gewohnheitsmäßig« im nächsten Satz.

gewohnheitsmäßig sündigt, hat ihn
nie gesehen und nie begriffen wer er
ist. 7 Meine Kinder, lasst euch doch
von niemand verführen! Nur wer das
Rechte tut, ist gerecht, und kann wie
Christus vor Gott bestehen. 8 Wer in
der Sünde lebt, stammt vom Teufel,
denn der sündigt von Anfang an. Der
Sohn Gottes ist jedoch erschienen, um
die Taten des Teufels zu vernichten.
9 Wer Gott zum Vater hat, lebt nicht
mehr in der Sünde, weil das Erbgut
seines Vaters jetzt in ihm wirkt. Deshalb kann er nicht immer weiter* sündigen, denn er stammt von Gott.
10 Man kann also erkennen, wer ein
Kind Gottes und wer ein Kind des Teufels ist: Wer nicht das Rechte tut,
stammt nicht von Gott, und wer
seinen Bruder und seine Schwester
nicht liebt, auch nicht.

Die Liebe

11 Denn darum geht es bei der Botschaft, die ihr von Anfang an gehört
habt: Wir sollen einander lieben.
12 Wir dürfen nicht wie Kain sein,
der zum Bösen gehörte und seinen
Bruder umbrachte. Und weshalb ermordete er ihn? Weil die Taten Kains
böse waren, die seines Bruders aber
gerecht. 13 Wundert euch also nicht,
Geschwister, wenn die Welt euch
hasst. 14 Wir sind ja aus dem geistlichen Tod ins Leben übergewechselt.
Das wissen wir, weil wir unsere
Geschwister lieben. Wer nicht liebt,
ist noch immer tot. 15 Jeder, der seinen Bruder oder seine Schwester
hasst, ist ein Mörder. Und ihr wisst,
dass kein Mörder ewiges Leben in sich
trägt. 16 Die Liebe haben wir ja daran
erkannt, dass Christus sein Leben für
uns hergegeben hat. So müssen auch
wir bereit sein, das Leben für unsere
Geschwister herzugeben. 17 Stellt
euch vor, da ist jemand, der seinen
Lebensunterhalt gut verdienen kann,
und er sieht einen von den Gläubigen
in Not; aber er verschließt sein Herz
vor ihm und hat kein Mitleid. Wie
kann da Gottes Liebe in ihm bleiben?
18 Meine Kinder, unsere Liebe darf
nicht nur in schönen Worten bestehen; unser Tun muss ein echter Beweis dafür sein.

Das Gewissen

19 Denn daran erkennen wir, dass die
Wahrheit Gottes unser Leben bestimmt. Wir bringen unser Gewissen
vor ihm zur Ruhe, 20 warum auch
immer es uns anklagen mag, denn
Gott ist größer als unser Gewissen
und weiß um alles. 21 Wenn das Gewissen uns nicht verurteilt, liebe Geschwister, können wir uns voller Zuversicht an Gott wenden 22 und werden alles bekommen, was wir von ihm
erbitten, denn wir halten ja seine Gebote und tun, was ihm gefällt. 23 Sein
Gebot ist: Wir sollen an seinen Sohn
Jesus Christus glauben und einander
lieben, wie er es uns aufgetragen hat.
24 Wer Gottes Gebote befolgt, lebt in
Gemeinschaft mit Gott und Gott lebt
in ihm. Dass Gott wirklich in uns lebt,
wissen wir durch den Heiligen Geist,
den er uns gegeben hat.

3,9 *immer weiter*. Der Zusatz ergibt sich aus der grammatischen Form des Verbs. Gemeint ist: Er kann in seinem Leben keine Sünde mehr dulden.

Falsche Propheten

4 1 Ihr Lieben, glaubt nicht jedem,
der behauptet, er sei mit Gottes
Geist erfüllt, sondern prüft, was er
sagt, ob es wirklich von Gott kommt.
Denn viele falsche Propheten verbrei-
ten ihre Lehren in der Welt. 2 Ob je-
mand den Geist Gottes hat, könnt ihr
an diesem Merkmal erkennen: Wer
bekennt, dass Jesus Christus als wirk-
licher Mensch zu uns kam, hat den
Geist Gottes. 3 Wer sich nicht zu Jesus
bekennt, gehört nicht zu Gott. Aus
ihm spricht der Geist des Antichris-
tus. Ihr habt ja gehört, dass dieser
Geist in die Welt kommen soll, und er
ist auch schon da. 4 Ihr gehört zu
Gott, Kinder, und habt diese Lügen-
propheten besiegt, weil der, der in
euch lebt, stärker ist als der in der
Welt. 5 Jene gehören zur Welt, und
was sie sagen, hat seinen Ursprung in
der Welt, und deshalb hört alle Welt
auf sie. 6 Wir dagegen gehören zu
Gott. Wer Gott kennt, hört auf uns.
Wer nicht zu Gott gehört, hört nicht
auf uns. So können wir den Geist der
Wahrheit vom Geist der Verführung
unterscheiden.

Einander lieben

7 Liebe Geschwister, wir wollen ein-
ander lieben, denn die Liebe kommt
von Gott. Jeder, der liebt, ist von
Gott geboren und kennt Gott. 8 Wer
nicht liebt, hat Gott nicht erkannt,
denn Gott ist Liebe. 9 Gottes Liebe
zu uns ist darin sichtbar geworden,
dass er seinen einzigen Sohn in die
Welt sandte, um uns in ihm das
Leben zu geben. 10 Die Liebe hat
ihren Grund nicht darin, dass wir
Gott geliebt haben, sondern dass er
uns geliebt und seinen Sohn als
Sühnopfer für unsere Sünden ge-
sandt hat.

11 Ihr Lieben, wenn Gott uns so ge-
liebt hat, müssen auch wir einander
lieben. 12 Ihn selbst hat nie jemand ge-
sehen. Doch wenn wir einander lie-
ben, lebt Gott in uns und seine Liebe
ist in uns zum Ziel gekommen.
13 Dass wir in ihm leben und er in uns,
erkennen wir an dem Anteil, den er
uns von seinem Geist gegeben hat.

14 Außerdem haben wir mit eigenen
Augen gesehen und können bezeu-
gen, dass der Vater den Sohn als Ret-
ter der Welt gesandt hat. 15 Und wenn
sich jemand zu Jesus als dem Sohn
Gottes bekennt, dann lebt Gott in ihm
und er in Gott. 16 Wir haben jedenfalls
erkannt, dass Gott uns liebt; und wir
glauben an seine Liebe. Gott ist Liebe
und wer in der Liebe lebt, der lebt in
Gott und Gott lebt in ihm.

17 Auch darin ist die Liebe in uns
zum Ziel gekommen. Und dem Tag
des Gerichts können wir mit Zuver-
sicht entgegensehen, denn wir sind
hier in dieser Welt ebenso mit dem
Vater verbunden, wie Jesus es war.
18 In der Liebe gibt es keine Furcht,
denn Gottes vollkommene Liebe ver-
treibt jede Angst. Wer noch Angst hat,
rechnet mit Strafe. Bei ihm hat die
Liebe ihr Ziel noch nicht erreicht.
19 Wir lieben doch, weil er uns zuerst
geliebt hat.

20 Wenn jemand sagt: »Ich liebe
Gott!«, aber seinen Bruder oder seine
Schwester hasst, ist er ein Lügner.
Denn wer seine Geschwister nicht
liebt, die er ja sieht, wie kann er da
Gott lieben, den er nie gesehen hat?

21 Denkt an das Gebot, das Gott uns
gegeben hat: Wer Gott liebt, soll auch
seine Geschwister lieben.

Der Sieg

5 1 Wer glaubt, dass Jesus der Mes-
sias, der Christus, ist, der wurde
aus Gott geboren. Und jeder, der Gott
als seinen Vater liebt, liebt auch die
anderen Kinder dieses Vaters. 2 Dass
wir die Kinder Gottes lieben, erken-
nen wir daran, dass wir Gott lieben
und seine Gebote halten. 3 Unsere
Liebe zu Gott zeigt sich im Befolgen
seiner Gebote, und das ist nicht
schwer. 4 Denn jeder, der aus Gott ge-
boren ist, siegt über die Welt; er be-
siegt sie durch den Glauben. 5 Aber
wer würde denn die Welt besiegen
können, wenn nicht der, der glaubt,
dass Jesus der Sohn Gottes ist?

Drei Zeugen

6 Jesus Christus ist gekommen mit der
Bestätigung Gottes durch das Wasser
seiner Taufe* und das Blut seines
Kreuzes*; nicht nur durch das Was-
ser, sondern durch das Wasser und
das Blut*. Auch der Geist bestätigt
uns das, denn der Geist Gottes ist die
Wahrheit. 7 Wir haben also drei Zeu-
gen – 8 den Geist, das Wasser und das
Blut – und alle drei stimmen überein.
9 Wenn wir schon menschlichen Zeu-
gen Glauben schenken, wie viel mehr
dann dem Zeugnis Gottes. Gottes
Aussage hat ungleich größeres Ge-
wicht, zumal er damit für seinen Sohn
eingetreten ist. 10 Wer an den Sohn
Gottes glaubt, weiß in seinem Inne-
ren, dass wahr ist, was Gott sagt. Wer
es nicht glaubt, macht Gott zum Lüg-
ner, weil er nicht wahrhaben will, was
Gott über seinen Sohn ausgesagt hat.
11 Und was bedeutet das für uns? Es
besagt: Gott hat uns ewiges Leben ge-
schenkt, denn dieses Leben haben wir
durch seinen Sohn. 12 Wer mit dem
Sohn verbunden ist, hat das Leben.
Wer nicht mit dem Sohn Gottes ver-
bunden ist, hat das Leben nicht.

Zuversichtlich beten

13 Ich habe euch das alles geschrie-
ben, damit ihr wisst, dass ihr das
ewige Leben habt, denn ihr glaubt ja
an Jesus als den Sohn Gottes. 14 Des-
halb können wir auch voller Zuver-
sicht sein, dass Gott uns hört, wenn
wir ihn um etwas bitten, das seinem
Willen entspricht. 15 Und wenn wir
wissen, dass er uns bei allem erhört,
was wir erbitten, können wir auch si-
cher sein, dass er uns das Erbetene
gibt – so, als hätten wir es schon er-
halten.

16 Wenn jemand sieht, dass sein
Bruder oder seine Schwester sündigt,
und es sich dabei um eine Sünde han-
delt, die nicht zum Tod führt, dann soll

5,6 *seiner Taufe.* Zusatz zur Verdeutlichung.

seines Kreuzes. Zusatz zur Verdeutlichung, weil Johannes mit Wasser und Blut offenbar den Anfang und die Vollendung des irdischen Dienstes unseres Herrn meint.

Blut. Diese Bemerkung bezieht sich wahrscheinlich auf eine frühgnostische Irrlehre (Doketismus), die behauptete, dass bei der Taufe ein vom Himmel kommender Christus auf den Menschen Jesus herabkam und diesen vor seinem Tod am Kreuz wieder verlassen habe. Johannes betont deshalb, dass gerade auch der Kreuzestod, also das Blut, das Jesus vergossen hat, ihn als Sohn Gottes bestätigte.

er für sie bitten und Gott wird ihnen
das Leben geben. Das betrifft aber nur
die, deren Sünde nicht zum Tod führt.
Denn es gibt auch Sünde, die den Tod
nach sich zieht*. Die habe ich nicht
gemeint, wenn ich sagte, dass ihr
beten sollt. 17 Zwar ist jedes Unrecht
Sünde, aber nicht jede Sünde führt
zum Tod.

Dreifache Gewissheit

18 Wir wissen, dass jemand, der ein
Kind Gottes geworden ist, nicht be-
denkenlos weiter* sündigt, denn wer
von Gott gezeugt worden ist, hütet
sich vor der Sünde und der Böse tastet
ihn nicht an.

19 Wir wissen, dass wir von Gott
stammen und dass die ganze Welt um
uns herum vom Bösen beherrscht
wird.

20 Und wir wissen, dass der Sohn
Gottes gekommen ist und uns fähig
gemacht hat, den einzig wahren Gott
zu erkennen. Mit ihm, dem Wahrhafti-
gen, sind wir durch seinen Sohn Jesus
Christus verbunden, der selbst der
wahre Gott und das ewige Leben ist.

21 Kinder, hütet euch vor den fal-
schen Göttern!

5,16 *Tod nach sich zieht.* Johannes meint hier vielleicht das bewusste Festhalten an einem Leben in Sünde, wie es bei vielen Anhängern gnostischer Irrlehren der Fall war, die sich selbst ja als Christen betrachteten. Die vorsätzliche Weigerung, wirklich zu Christus umzukehren, führt in die Gottesferne, den ewigen Tod. Es ist aber auch möglich, dass Johannes hier Gläubige meint, die Gott mit dem physischen Tod bestraft, weil sie trotz grundsätzlicher Bekehrung immer weiter sündigten (1. Korinther 11,30).

5,18 *bedenkenlos weiter.* Der Zusatz ergibt sich aus der grammatischen Form des nachfolgenden Verbs.

Zweiter Brief des Johannes

Der zweite Johannesbrief sieht wie ein persönlicher Brief aus, ist vom Inhalt und den Anredeformen her aber wohl eher an eine Gemeinde gerichtet. Er warnt vor der Gefahr, reisende Irrlehrer aufzunehmen.

1 1 Es schreibt der Älteste. An die
von Gott erwählte Herrin und
ihre Kinder, an die Gemeinde*, die ich
aufrichtig liebe, wie es alle tun, die
Gottes Wahrheit kennen. 2 Denn
diese Wahrheit bleibt in uns und wird
für immer in unseren Herzen sein.
3 Gnade, Barmherzigkeit und Frieden
von Gott, dem Vater, und von Jesus
Christus, seinem Sohn, werden auch
künftig mit uns sein, und damit auch
die Wahrheit und die Liebe.

Das grundlegende Gebot

4 Ich habe mich sehr gefreut, unter
deinen Kindern einige zu finden, die
so in der Wahrheit leben, wie es uns
der Vater aufgetragen hat. 5 Und
damit bin ich bei dem eigentlichen
Anliegen meines Schreibens, liebe
Herrin. Freilich sage ich dir dadurch
nichts Neues; ich möchte dich aber an
das Gebot erinnern, das uns von Anfang an gegeben war. Es lautet: Wir
sollen einander lieben! 6 Und die
Liebe wird gerade darin deutlich, dass
wir uns nach Gottes Geboten richten.
Einander zu lieben, ist nämlich das
Gebot, das ihr von Anfang an gehört
habt, das alle anderen zusammenfasst
und das euer Leben bestimmen soll.

Vorsicht vor Verführern!

7 Ich schreibe euch das, weil viele
Verführer in der Welt unterwegs sind.
Sie leugnen, dass Jesus Christus ein
Mensch von Fleisch und Blut wurde. Wer das tut, ist der Verführer
schlechthin, der Antichristus. 8 Achtet darauf, dass ihr nicht verliert, was
wir erarbeitet haben, sondern sorgt
dafür, dass ihr einst den vollen Lohn
empfangt. 9 Denn wer nicht bei der
Lehre vom menschgewordenen Christus bleibt, sondern darüber hinausgeht, wird keine Gemeinschaft mit
Gott haben. Aber wer bei dieser Lehre
bleibt, bleibt auch mit dem Vater und
dem Sohn verbunden. 10 Wenn jemand zu euch kommt und diese Lehre
nicht vertritt, dann nehmt ihn nicht
auf und heißt ihn nicht willkommen,
11 denn wer ihn willkommen heißt,
macht sich mitschuldig an seinem
bösen Tun.

12 Ich hätte euch noch viel zu sagen,
will das aber nicht mit Papier und
Tinte tun. Ich hoffe vielmehr, dass
ich zu euch kommen und persönlich
mit euch sprechen kann. Dann wird
nichts mehr unsere Freude trüben.
13 Die Kinder deiner ebenfalls von
Gott erwählten Schwester, der Gemeinde, lassen dich grüßen.

1,1 *an die Gemeinde* ist hinzugefügt. Entweder schreibt Johannes an eine unbekannte Christin in Kleinasien oder – was nach dem übrigen Text wahrscheinlicher ist – an eine örtliche Gemeinde und ihre Mitglieder.

Dritter Brief des Johannes

Der dritte Johannesbrief ist an einen Mann namens Gajus gerichtet, der sich um durchreisende Missionare kümmerte. Es ist ein sehr persönliches Schreiben, setzt sich aber zugleich mit einem innergemeindlichen Problem auseinander.

Gajus

1 1 Es schreibt der Älteste. An seinen lieben Freund Gajus, dem ich durch die Wahrheit verbunden bin. 2 Mein lieber Gajus, ich wünsche, dass es dir in jeder Hinsicht gut geht und dass dein Körper so gesund ist wie deine Seele. 3 Vor Kurzem kamen einige Brüder zu mir und berichteten, wie treu du zur Wahrheit stehst. Darüber habe ich mich sehr gefreut. 4 Es gibt keine größere Freude für mich, als zu hören, dass meine Kinder der Wahrheit gemäß leben.

5 Mein Lieber, du bist sehr treu in deinen Bemühungen um die Brüder, selbst wenn sie dir unbekannt sind. 6 Sie haben hier vor der ganzen Gemeinde von deiner liebevollen Freundlichkeit berichtet. Es ist gut und richtig, wenn du sie auch künftig mit allem versorgst, was sie für ihre Reisc brauchen. Damit ehrst du Gott, 7 denn sie sind unterwegs, um den Namen unseres Herrn bekannt zu machen, und sie nehmen nichts von Leuten an, die den Herrn nicht kennen. 8 Ja, wir sind verpflichtet, solche Menschen aufzunehmen, denn so werden wir Mitarbeiter im Dienst für die Wahrheit.

Diotrephes

9 Ich habe der Gemeinde einen Brief geschrieben. Aber Diotrephes, der sich für den ersten Mann in der Gemeinde hält, will nicht auf uns hören. 10 Ich werde deshalb sein Verhalten zur Sprache bringen, wenn ich komme. Denn er lügt und verbreitet unglaubliche Dinge über uns. Vor allem aber verweigert er den durchreisenden Brüdern die Gastfreundschaft. Und wenn andere sie aufnehmen wollen, hindert er sie nicht nur daran, sondern stößt sie sogar aus der Gemeinde.

Demetrius

11 Lieber Gajus, lass dich aber nicht vom Bösen beeinflussen, sondern vom Guten. Denk daran: Wer Gutes tut, ist Gottes Kind. Wer Böses tut, hat Gott nie gekannt. 12 Von Demetrius berichten alle nur Gutes. Ja, die Wahrheit selbst, die sich in seinem Leben zeigt, stellt ihm das beste Zeugnis aus. Auch wir verbürgen uns für ihn, und du weißt, dass wir wahrhaftig sind.

Die Freunde

13 Ich hätte dir noch viel zu sagen, will das aber nicht mit Tinte und Feder tun. 14 Ich hoffe vielmehr, dass ich bald zu dir kommen und persönlich mit dir reden kann. 15 Friede sei mit dir! Deine Freunde hier lassen dich grüßen. Grüße auch unsere Freunde persönlich von mir!

Der Brief des Judas

Nach mehrjähriger Belagerung wurde Jerusalem im Jahr 70 n.Chr. von den Römern erobert. Der Tempel ging in Flammen auf. 73 n.Chr. fiel die letzte jüdische Festung Massada. Um diese Zeit kehrte ein Teil der Gemeinde nach Jerusalem zurück, fing an, die Ruinen zu bewohnen und baute den Abendmahlssaal wieder auf.

Um das Jahr 80 n.Chr. schrieb Judas, der Halbbruder des Herrn, einen Brief an jüdische und nichtjüdische Christen. Er stellte fest, dass die falschen Lehrer, die Petrus in seinem zweiten Brief angekündigt hatte, sich bereits in die Gemeinde eingeschlichen hatten und ermutigte die Gläubigen, für den Glauben, den Gott uns übergeben hat, zu kämpfen.

1 1 Es schreibt Judas, ein Sklave
von Jesus Christus und Bruder
von Jakobus. An die zum Glauben Be-
rufenen, die von Gott, dem Vater, ge-
liebt und durch Jesus Christus be-
wahrt werden. 2 Die Barmherzigkeit
Gottes, sein Friede und seine Liebe
mögen euch immer mehr erfüllen.

Setzt euch für den Glauben ein!

3 Liebe Geschwister, ich hatte schon
lange vor, euch über unsere gemein-
same Rettung zu schreiben, sah
mich aber jetzt genötigt, euch mit
diesem Brief zu ermahnen. Kämpft
für den Glauben, der allen, die Gott
für sich ausgesondert hat, ein für alle
Mal übergeben worden ist! 4 Bei
euch haben sich nämlich gewisse
Leute eingeschlichen, die schon
längst für das Gericht Gottes vor-
gemerkt sind. Es sind Menschen,
denen die Ehrfurcht vor Gott fehlt.
Sie missbrauchen die Gnade Gottes,
um ein zügelloses Leben zu führen,
und verleugnen damit Jesus Chris-
tus, unseren einzigen Herrscher und
Herrn.

Die Schandflecke unter euch

5 Und obwohl ihr das Folgende alles
wisst, will ich euch dennoch daran er-
innern: Zunächst hat der Herr sein
Volk aus Ägypten gerettet, dann aber
doch alle vernichtet, die ihm nicht
glauben wollten. 6 Auch die Engel,
die ihre Vollmacht überschritten und
den Platz verließen, den Gott ihnen
zugewiesen hatte, hat er mit ewigen
Fesseln in der Finsternis verwahrt,
um sie an jenem großen Tag zu rich-
ten. 7 Mit Sodom und Gomorra und
mit ihren Nachbarstädten war es ähn-
lich. Ihre Bewohner lebten in maß-
loser sexueller Unmoral und trieben
widernatürlichste Dinge. Sie sind ein
warnendes Beispiel und müssen die
Strafe ewigen Feuers erleiden.

8 Genauso schänden diese Wirr-
köpfe auch ihren eigenen Körper. Sie
ordnen sich keiner Herrschaft unter
und verspotten überirdische Mächte.
9 Selbst der Engelsfürst Michael wagte
es nicht, ein abwertendes Urteil über
den Teufel zu fällen, als er mit ihm über
den Leichnam von Mose stritt. Er sagte
nur: »Der Herr bestrafe dich!« 10 Aber

diese Menschen machen alles schlecht,
was sie nicht kennen. Wie unvernünfti-
ge Tiere folgen sie ihrem inneren Trieb
und laufen so in ihr eigenes Verderben.
11 Es wird ihnen schlimm ergehen! Sie
haben denselben Weg eingeschlagen
wie Kain. Wie Bileam waren sie für
Geld zu allem bereit und wie Korach
gehen sie an ihrer Aufsässigkeit zu-
grunde. 12 Diese Leute sind Schand-
flecke bei euren Liebesmahlen. Sie be-
sitzen die Frechheit, überhaupt daran
teilzunehmen und mästen sich an
euch. Es sind Wolken ohne Wasser,
die der Wind vorbeitreibt, Bäume
ohne Frucht, kahl, tot und entwurzelt.
13 Es sind wilde Meereswogen, die den
Schmutz ihrer Schändlichkeiten auf-
schäumen, aus der Bahn geworfene
Kometen. Sie werden für immer in der
dunkelsten Finsternis bleiben müssen.
14 Schon Henoch, der Nachkomme
Adams in siebter Generation, hat
ihnen diese Strafe angekündigt: »Passt
auf! Der Herr kommt mit Abertausen-
den, die alle zu ihm gehören, 15 und
wird Gericht halten. Er wird all die
Gottlosen von ihrer Auflehnung gegen
ihn überführen und sie für ihr bös-
artiges Treiben und ihr gottloses Re-
den verurteilen.« 16 Diese Menschen
haben ständig etwas zu meckern, sie
begehren auf und sind mit ihrem
Schicksal unzufrieden. Dabei folgen
sie doch nur ihren Begierden. Sie sind
großspurige Angeber und schleimige
Schmeichler, die nur auf den eigenen
Vorteil aus sind.

17 Doch ihr, liebe Geschwister,
solltet euch daran erinnern, was die
Apostel unseres Herrn Jesus Christus
euch vorausgesagt haben. 18 Sie sag-
ten nämlich, dass in der letzten Zeit
Spötter auftreten werden, die nur
ihren gottlosen Begierden folgen.
19 Und genau diese Leute sind es, die
Spaltungen unter euch verursachen.
Es sind triebhafte Menschen, die den
Geist Gottes nicht besitzen.

Baut auf das richtige Fundament!

20 Doch ihr, meine lieben Geschwis-
ter, habt euer Leben auf das Funda-
ment eures höchst heiligen Glaubens
gegründet. Baut weiter darauf und
betet so, wie der Heilige Geist es euch
lehrt. 21 Bleibt im Schutz der Liebe
Gottes und wartet darauf, dass unser
Herr Jesus Christus euch in seiner
Barmherzigkeit zum ewigen Leben
bringen wird. 22 Seid auch selbst
barmherzig mit denen, die ins Zwei-
feln gekommen sind! 23 Andere könnt
ihr vielleicht gerade noch aus den
Flammen des Gerichts herausreißen.
Mit wieder anderen sollt ihr zwar
Erbarmen haben, müsst euch aber
sehr vorsehen und den Kontakt mit
ihnen meiden, dass ihr nicht von ihren
Sünden angesteckt* werdet.

24 Dem, der die Macht hat, euch vor
jedem Fehltritt zu bewahren, und der
euch makellos und mit Freude erfüllt
vor seine Herrlichkeit treten lassen
kann, 25 diesem einzigartigen und
alleinigen Gott, der durch unseren
Herrn Jesus Christus unser Retter ge-
worden ist, ihm gehört Herrlichkeit,
Majestät, Gewalt und Macht – vor aller
Zeit, jetzt und in alle Ewigkeit! Amen.

1,23 *Sünden angesteckt.* Wörtlich: *indem ihr das vom Fleisch befleckte Kleid hasst.* Vermutlich sind vor allem sexuelle Sünden gemeint, von denen man Abstand halten muss.

Offenbarung von Jesus Christus an Johannes

Anfang der 90er Jahre begann Kaiser Domitian das Denunziantentum im Römischen Reich zu fördern und ließ die Christen systematisch verfolgen. So musste sich um 95 n.Chr. ein Enkel jenes Judas, der den Judasbrief verfasst hatte und ein Halbbruder von Jesus war, vor Domitian verantworten.

Zur gleichen Zeit wurde der Apostel Johannes auf die Insel Patmos verbannt. Dort empfing er eine besondere Offenbarung seines Herrn und schrieb auf, was ihn Gott sehen und hören ließ. Anschließend schickte er das Buch als Rundschreiben an sieben ausgewählte Gemeinden in Kleinasien.

Diese Offenbarung hat als letztes inspiriertes Buch der Bibel eine besondere Bedeutung, weil in ihm die Linien der Heilsgeschichte, die im 1. Buch Moses beginnen, zusammengeführt werden.

Für wen diese prophetischen Worte bestimmt sind

1 1 In diesem Buch enthüllt Jesus
Christus, was Gott ihm für seine
Diener anvertraut hat. Sie sollten wis-
sen, was bald geschehen muss. Des-
halb schickte er seinen Engel mit dem
Auftrag zu seinem Diener Johannes,
ihn das alles sehen zu lassen. 2 Dieser
Johannes berichtet nun alles genauso,
wie es ihm gezeigt worden ist und wie
er es als Wort Gottes von Jesus Chri-
stus empfangen hat. 3 Glücklich ist,
wer diese prophetischen Worte liest,
und alle, die sie hören und danach
handeln. Denn schon bald wird sich
alles erfüllen.
4 Johannes an die sieben Gemein-
den in der Provinz Asia*: Gnade und
Frieden wünsche ich euch von dem,
der immer gegenwärtig ist, der schon
immer war und der kommen wird, von
den sieben Geistern vor seinem Thron
5 und von Jesus Christus, dem ver-
trauenswürdigen Zeugen für diese
Dinge, der als Erster von den Toten zu
dauerndem Leben auferstand und
Herr ist über die Herrscher der Erde.
Ihm, der uns liebt und uns durch sein
Blut von unseren Sünden gereinigt
hat; 6 ihm, der uns zu Königen ge-
macht hat und zu Priestern für seinen
Gott und Vater: Ihm sei Ehre und
Macht für immer und ewig! Amen*.
7 Passt auf! Mit den Wolken wird er
wiederkommen. Alle werden ihn
sehen, auch die, die ihn durchbohrt
haben! Sein Anblick wird alle Völker
auf der Erde in schmerzliche Trauer
versetzen. Das ist gewiss! Amen.
8 »Ich bin der Ursprung und das
Ziel«, sagt Gott, der Herr, der immer
gegenwärtig ist, der immer war und
der kommen wird, der Allmächtige.

Wie Johannes den Auftrag bekam

9 Ich, Johannes, euer Bruder, teile mit
euch die Bedrängnis, aber auch den

1,4 *Asia.* Römische Provinz im westlichen Teil Kleinasiens.

1,6 *Amen.* Hebräisch: *Es werde wahr!* Oder: *So sei es!*

Anteil an Gottes Reich und das geduldi-
ge Warten darauf, weil ich wie ihr mit
Jesus verbunden bin. Und weil ich das
Wort Gottes verkündige und für die
Botschaft von Jesus eintrete, bin ich auf
die Insel Patmos* verbannt worden.
10 An einem Sonntag*, dem Tag des
Herrn, wurde ich vom Geist Gottes er-
griffen: Ich hörte hinter mir eine laute
Stimme, die wie eine Fanfare klang
11 und mir befahl: »Schreibe das, was
du siehst, in ein Buch und schicke es an
die sieben Gemeinden in den Städten*
Ephesus, Smyrna, Pergamon, Thyatira,
Sardes, Philadelphia und Laodizea.«

12 Als ich mich umdrehte, um zu
sehen, wer da mit mir sprach, sah ich
sieben goldene Leuchter 13 und mit-
ten zwischen den Leuchtern jemand,
der aussah wie der Menschensohn*.
Er trug ein Gewand, das bis zu seinen
Füßen reichte, und ein breites golde-
nes Band um die Brust. 14 Das Haar
auf seinem Kopf war weiß wie schnee-
weiße Wolle. Seine Augen brannten
wie lodernde Flammen. 15 Seine Füße
glänzten wie leuchtendes Gold, das im
Schmelzofen glüht, und seine Stimme
klang wie das Donnern der Brandung.
16 Sieben Sterne hielt er in seiner
rechten Hand und aus seinem Mund
kam ein scharfes, auf beiden Seiten
geschliffenes Schwert. Sein Gesicht
leuchtete wie die Sonne in ihrem
höchsten Stand.

17 Als ich ihn sah, fiel ich wie tot vor
seine Füße. Aber er legte seine rechte
Hand auf mich und sagte: »Hab keine
Angst! Ich bin der Erste und der Letz-
te 18 und der Lebendige. Ich war tot,
aber jetzt lebe ich in alle Ewigkeit und
habe die Schlüssel für Hölle* und Tod.
19 Schreib alles auf, was du gezeigt
bekommst, ob es die Gegenwart be-
trifft oder erst in späteren Zeiten ge-
schehen wird. 20 Ich will dir erklären,
was das Geheimnis der sieben Sterne
ist, die du in meiner rechten Hand ge-
sehen hast, und was die sieben golde-
nen Leuchter bedeuten: Die sieben
Sterne sind die Engel* der sieben Ge-
meinden und die sieben Leuchter sind
die sieben Gemeinden.«

1,9 *Patmos.* Felsige Insel in der Ägäis, 90 km südwestlich von Ephesus, 12 km lang und 7 km breit.

1,10 *einem Sonntag.* Hinzufügung, weil von frühester nachapostolischer Zeit an der erste Tag der Woche als Tag des Herrn bezeichnet wurde. Vergleiche auch Johannes 20,19; Apostelgeschichte 20,7; 1. Korinther 16,2.

1,11 Die *Städte* lagen alle in der römischen Provinz Asia.

1,13 *Menschensohn* ist eine von Jesus bevorzugte Selbstbezeichnung. Er knüpft damit an Daniel 7,13 an, wo der zukünftige Herrscher des Gottesreiches angekündigt wird.

1,18 *Hölle.* Griechisch: *Hades.* Das Neue Testament meint damit aber kein neutrales Totenreich, sondern den Todeszustand, der für Ungläubige schon vor dem Endgericht eine schreckliche Qual bedeutet (Lukas 16,23).

1,20 *Engel.* Oder: Boten. Entweder handelt es sich um Boten der Gemeinden, die bei Johannes waren oder zu ihm kommen würden, oder um himmlische Repräsentanten der genannten Gemeinden oder der Begriff ist ein symbolischer Ausdruck für die jeweilige Gemeinde selbst.

2,1 *Ephesus* war die Hauptstadt der Provinz Asia und zweitgrößte Stadt des römischen Reiches. Der reiche Handelsknotenpunkt lag etwa 5 km vom Meer entfernt am Fluss Kaystros, auf dem man praktisch bis in den Hafen der Stadt segeln konnte. Berühmt war Ephesus durch seinen Artemis-Tempel (römisch: Diana), der zu den sieben Weltwundern zählte.

Die Botschaft an die Gemeinde in Ephesus

2 1 »Schreibe an den Engel der Ge-
meinde in Ephesus*: Der, der die
sieben Sterne in seiner rechten Hand
hält und zwischen den sieben golde-
nen Leuchtern umhergeht, lässt der
Gemeinde Folgendes sagen: 2 Ich
kenne dein Tun, deinen unermüd-
lichen Einsatz und deine Ausdauer.
Ich weiß auch, dass du niemand ertra-
gen kannst, der Böses tut. Du hast die,
die sich als Apostel ausgeben, geprüft
und sie als Lügner entlarvt. 3 Du hast
geduldig für mich gelitten und nicht
aufgegeben. 4 Doch den einen Vor-
wurf muss ich dir machen: Du hast
deine Anfangsliebe vernachlässigt!
5 Denk einmal darüber nach, wie weit
du davon abgekommen bist! Ändere
deine Einstellung und handle so wie
am Anfang! Wenn du dich nicht än-
derst, werde ich gegen dich vorgehen
und deinen Leuchter von seinem Platz
unter den Gemeinden wegstoßen.
6 Doch es spricht für dich, dass du die
Taten der Nikolaiten* genauso ver-
abscheust wie ich. 7 Wer hören will,
achte auf das, was der Geist den
Gemeinden sagt! Wer den Kampf
besteht, dem werde ich im Paradies
Gottes vom Baum des Lebens zu
essen geben.«

Die Botschaft an die Gemeinde in Smyrna

8 »Schreibe an den Engel der Gemein-
de in Smyrna*: Der Erste und der
Letzte, der tot war und wieder leben-
dig wurde, lässt der Gemeinde Fol-
gendes sagen: 9 Ich weiß von deiner
Bedrängnis und Armut – obwohl du
eigentlich reich bist! Ich weiß auch,
wie bösartig du von Leuten verleum-
det wirst, die behaupten, Juden zu
sein, aber in Wirklichkeit eine Syn-
agoge des Satans sind. 10 Es werden
noch manche Leiden auf dich zukom-
men. Der Teufel wird einige von euch
ins Gefängnis bringen, um euch auf
die Probe zu stellen, und ihr werdet
zehn Tage lang Schweres durchma-
chen. Hab keine Angst davor und blei-
be mir treu, selbst wenn es dich das
Leben kostet. Dann werde ich dir als
Ehrenkranz das ewige Leben geben.
11 Wer hören will, achte auf das, was
der Geist den Gemeinden sagt! Wer
den Kampf besteht, dem wird der
zweite Tod nichts anhaben können.«

Die Botschaft an die Gemeinde in Pergamon

12 »Schreibe an den Engel der Ge-
meinde in Pergamon*: Der, der das
scharfe zweischneidige Schwert hat,
lässt der Gemeinde Folgendes sagen:
13 Ich weiß, dass du dort wohnst, wo

2,6 *Nikolaiten*. Anhänger einer frühchristlichen Irrlehre, die freizügig okkulte und sexuelle Praktiken ihrer ungläubigen Umwelt mit dem Glauben verbinden wollten.

2,8 *Smyrna*. Die Stadt lag etwa 55 km nördlich von Ephesus und war für ihre Schönheit berühmt. Das heutige Izmir war damals eine wohlhabende Stadt und stark mit dem römischen Kaiserkult verbunden. Die große jüdische Bevölkerungsgruppe war der Gemeinde feindlich gesonnen.

2,12 *Pergamon*. Die Stadt lag ungefähr 80 km nördlich von Smyrna und war auf einem kegelförmigen Hügel erbaut, der sich 300 Meter über dem umliegenden Tal erhob.

der Thron des Satans* steht. Trotzdem hast du dich zu mir bekannt und den Glauben an mich nicht verleugnet, auch damals nicht, als mein treuer Zeuge Antipas in eurer Stadt, dieser Hochburg Satans, ermordet wurde.
14 Doch den einen Vorwurf muss ich dir machen: Du duldest Leute in deiner Mitte, die an der Lehre Bileams* festhalten. Bileam hatte Balak gezeigt, wie er die Israeliten zu Fall bringen könnte. Er verführte sie zum Essen von Opferfleisch, das den Götzen geweiht war, und zu sexueller
Zügellosigkeit. 15 Demnach gibt es bei euch auch Leute, die den Lehren
der Nikolaiten folgen. 16 Ändere deine Einstellung! Wenn du nicht umkehrst, werde ich nicht zögern, gegen dich vorzugehen und diese Leute mit dem Schwert meines Mundes zu be-
kämpfen. 17 Wer hören will, achte auf das, was der Geist den Gemeinden sagt! Wer den Kampf besteht, dem werde ich von dem Manna zu essen geben, das jetzt noch verborgen ist. Und ich werde ihm einen weißen Stein geben, auf dem ein neuer Name eingraviert sein wird, den nur der kennt, der ihn empfängt.«

Die Botschaft an die Gemeinde in Thyatira

18 »Schreibe an den Engel der Gemeinde in Thyatira*: Der Sohn Gottes, dessen Augen wie lodernde Flammen brennen und dessen Füße wie leuchtendes Gold glänzen, lässt der
Gemeinde Folgendes sagen: 19 Ich kenne dein Tun, dein Lieben, deinen Glauben, dein Dienen und deine Geduld. Ich weiß auch, dass du heute
noch mehr tust als früher. 20 Doch
den einen Vorwurf muss ich dir machen: Du unternimmst nichts gegen diese Isebel, die sich als Prophetin ausgibt. Und dabei verführt sie mit ihrer Lehre meine Leute zu sexueller Zügellosigkeit und zum Essen von
Götzenopferfleisch. 21 Ich habe ihr Zeit gelassen, ihre Einstellung zu ändern. Doch sie weigert sich, ihre unmoralische Lebensweise aufzugeben.
22 Darum werfe ich sie jetzt aufs Krankenbett. Und alle, die Sex mit ihr hatten, lasse ich in größte Not geraten, es sei denn, sie ändern ihre Einstellung und wenden sich von dem ab,
was diese Frau tut. 23 Isebels Kinder werde ich nicht am Leben lassen. Sie müssen sterben. Dann werden alle Gemeinden wissen, dass mir auch die geheimsten Gedanken und Wünsche nicht verborgen bleiben und dass ich jedem von euch das gebe, was er ver-
dient. 24 Aber ihr anderen in Thyatira, die dieser Lehre nicht gefolgt sind und von den sogenannten ›Tiefen des Satans‹ nichts wissen wollten, euch sage ich: Ich werde nichts weiter von euch

---

2,13 *Thron des Satans.* Pergamon war das Zentrum des Kaiserkultes in der Provinz Asia. Auf der Akropolis stand der berühmte Zeusaltar, der sich heute im Pergamonmuseum in Berlin befindet. Außerdem besaß die Stadt ein Heiligtum des Asklepios Soter, des Gottes der Heilkunst. Welcher dieser Tempel oder Altäre mit dem Thron Satans gemeint ist, bleibt unsicher.

2,14 *Bileam.* Vergleiche die Geschichte Bileams 4. Mose 22-24 und besonders 4. Mose 25,1-3 und 31,16.

2,18 *Thyatira.* Handels- und Industriestadt mit Färbereien, Textilproduktion, Kupferverarbeitung, 60 km südöstlich von Pergamon.

verlangen; 25 haltet nur fest, was ihr
habt, bis ich komme. 26 Wer den
Kampf besteht und bis zuletzt das tut,
was ich will, dem werde ich Macht
über die Völker geben. 27 Er wird sie
mit eisernem Zepter beherrschen und
wie Tontöpfe zerschmettern. 28 Ich
verleihe ihm die Macht, die auch ich
von meinem Vater bekommen habe.
Und als Zeichen dafür werde ich ihm
den Morgenstern geben. 29 Wer hören
will, achte auf das, was der Geist den
Gemeinden sagt!«

Die Botschaft an die Gemeinde in Sardes

3 1 »Schreibe an den Engel der Ge-
meinde in Sardes*: Der, bei dem
die sieben Geister Gottes sind und der
die sieben Sterne in seiner Hand hält,
lässt der Gemeinde Folgendes sagen:
Ich kenne dein Tun und weiß, dass du
im Ruf stehst, eine lebendige Gemein-
de zu sein, aber in Wirklichkeit bist du
tot. 2 Werde wach und stärke den
Rest, der noch Leben hat, damit er
nicht vollends stirbt! Was du tust,
kann vor meinem Gott noch nicht be-
stehen. 3 Denk daran, wie bereitwillig
du die Botschaft gehört und ange-
nommen hast. Daran halte fest und
ändere deine jetzige Einstellung!
Wenn du weiter schläfst, werde ich
dich wie ein Dieb überraschen und du
weißt nicht, wann ich komme. 4 Doch
einige bei euch in Sardes haben sich
nicht besudelt. Sie werden einmal in
weißen Festgewändern neben mir
hergehen, denn sie sind es wert. 5 Wer
den Kampf besteht, wird mit einem
weißen Festgewand bekleidet werden.
Ich werde seinen Namen nicht aus
dem Buch des Lebens streichen, son-
dern mich vor meinem Vater und sei-
nen Engeln zu ihm bekennen. 6 Wer
hören will, achte auf das, was der
Geist den Gemeinden sagt!«

Die Botschaft an die Gemeinde in Philadelphia

7 »Schreibe an den Engel der Gemein-
de in Philadelphia*: Der Heilige und
Wahrhaftige, der den Schlüssel Davids
hat, der öffnet, so dass niemand
schließen kann, und der zuschließt, so
dass niemand öffnen kann, lässt der
Gemeinde Folgendes sagen: 8 Ich
kenne dein Tun und ich habe dir eine
Tür geöffnet, die niemand schließen
kann. Du hast nur wenig Kraft, aber du
hast dich nach meinem Wort gerichtet
und dich zu meinem Namen bekannt.
9 Pass auf, ich werde dafür sorgen,
dass Leute aus der Synagoge des Sa-
tans zu dir kommen und sich vor dir
niederwerfen. Diese Leute behaupten,
Juden zu sein, obwohl sie das gar nicht
wirklich sind. Sie sollen erkennen,
dass ich dich liebe. 10 Weil du meine
Aufforderung zur Standhaftigkeit be-
herzigt hast, werde auch ich dich be-
wahren vor der Zeit der Versuchung, in
der die ganze Menschheit den Mäch-
ten der Verführung ausgesetzt sein
wird. 11 Ich komme bald. Halte fest,
was du hast, damit dir niemand deinen
Ehrenkranz nimmt. 12 Wer den Kampf
besteht, den werde ich zu einer Säule

3,1 *Sardes.* 50 km südlich von Thyatira. Der Wohlstand von Sardes galt zur Zeit des Königs Krösus als sprichwörtlich für Reichtum.

3,7 *Philadelphia.* 50 km südöstlich von Sardes. Philadelphia war auf Textil- und Lederproduktion spezialisiert.

im Tempel meines Gottes machen und er wird diesen Platz für immer behalten. Ich werde ihn mit dem Namen meines Gottes kennzeichnen und mit dem Namen der Stadt meines Gottes, des neuen Jerusalem, das von ihm aus dem Himmel herabkommen wird. Und mein eigener, neuer Name wird auf ihm geschrieben stehen. *13* Wer hören will, achte auf das, was der Geist den Gemeinden sagt!«

Die Botschaft an die Gemeinde in Laodizea

14 »Schreibe an den Engel der Gemeinde in Laodizea*: Der, der Amen heißt, der treue und wahrhaftige Zeuge, der Ursprung von allem, was Gott geschaffen hat, lässt der Gemeinde Folgendes sagen: *15* Ich kenne dein Tun und weiß, dass du weder heiß noch kalt bist. Wenn du doch das eine oder andere wärst! *16* Doch du bist lau, weder heiß noch kalt. Darum werde ich dich aus meinem Mund ausspucken. *17* Du sagst: ›Ich bin reich und wohl versorgt; mir fehlt nichts.‹ Aber du weißt nicht, wie erbärmlich und jämmerlich du dran bist: arm, nackt und blind. *18* Ich rate dir, Gold von mir zu kaufen, Gold, das im Feuer geläutert ist, damit du reich wirst, und weiße Kleider, damit du etwas anzuziehen hast und man die Schande deiner Nacktheit nicht sieht, und Salbe für deine Augen, damit du sie einsalben und dann wieder sehen kannst. *19* Alle, die ich gern habe, weise ich zurecht und erziehe sie. Mach darum Ernst und ändere deine Einstellung. *20* Merkst du nicht, dass ich vor der Tür stehe und anklopfe? Wer mich rufen hört und mir öffnet, zu dem gehe ich hinein und wir werden miteinander essen – ich mit ihm und er mit mir. *21* Wer den Kampf besteht, dem werde ich das Recht geben, mit mir auf meinem Thron zu sitzen, so wie auch ich den Kampf bestanden und mich mit meinem Vater auf seinen Thron gesetzt habe. *22* Wer hören will, achte auf das, was der Geist den Gemeinden sagt!«

Der Thron im Himmel

4 *1* Danach blickte ich auf und sah im Himmel eine offene Tür. Die gleiche Stimme, die schon vorher mit mir gesprochen hatte, und die wie eine Fanfare klang, sagte: »Komm hier herauf! Ich werde dir zeigen, was nach diesen Dingen geschehen muss.« *2* Im gleichen Augenblick wurde ich vom Geist ergriffen. Ich sah einen Thron im Himmel stehen, und auf dem Thron saß jemand. *3* Seine Gestalt funkelte wie ein Diamant und glühte wie ein roter Karneol. Über dem Thron leuchtete ein Regenbogen wie ein grüner Smaragd. *4* Um den Thron herum standen im Kreis 24 andere Throne. Darauf saßen 24 Älteste, die in weiße Gewänder gehüllt waren und goldene Siegeskränze trugen. *5* Aus dem Thron in der Mitte zuckten Blitze, man hörte ein Dröhnen und Donnerschläge. Vor dem Thron loderten sieben Fackeln. – Das sind die sieben Geister Gottes. – *6* Die Fläche vor dem Thron war wie ein gläsernes Meer von kristallener Klarheit. In der Mitte, im innersten

---

3,14 *Laodizea.* Reiche Handelsstadt, 50 km südlich von Philadelphia. Sie wurde von lauwarmem Wasser aus den 10 km nördlich gelegenen Heißwasserquellen versorgt.

Kreis um den Thron, standen vier
mächtige Wesen, die vorn und hinten
voller Augen waren. 7 Das erste Wesen
glich einem Löwen, das zweite einem
jungen Stier. Das dritte hatte ein Ge-
sicht wie ein Mensch und das vierte
glich einem fliegenden Adler. 8 Jedes
der vier hatte sechs Flügel, die eben-
falls innen und außen mit Augen be-
setzt waren. Und immer wieder, bei
Tag und Nacht, rufen diese mächtigen
Wesen:

»Heilig, heilig, heilig / ist Gott,
der Herr, / der allmächtige
Herrscher, / der war, der ist
und der kommt!«

9 Immer wenn diese Wesen dem, der
auf dem Thron sitzt und in alle Ewig-
keit lebt, Ehre erweisen, wenn sie ihn
rühmen und ihm ihren Dank bringen,
10 werfen sich auch die 24 Ältesten
nieder und beten ihn an – ihn, der auf
dem Thron sitzt und in alle Ewigkeit
lebt. Sie legen ihre Siegeskränze vor
dem Thron nieder und sagen:
11 »Würdig bist du, unser Herr und
Gott, dir gebührt Ehre und Ruhm und
alle Macht, denn du hast alle Dinge er-
schaffen. Du hast es gewollt, und die
Schöpfung entstand.«

Wer die sieben Siegel brechen darf

5
1 Jetzt sah ich eine Schriftrolle
auf der rechten Hand dessen lie-
gen, der auf dem Thron saß. Sie war
innen und außen beschrieben und mit
sieben Siegeln verschlossen. 2 Dann
sah ich, wie ein mächtiger Engel mit
lauter Stimme ausrief: »Wer ist wür-
dig, das Buch zu öffnen? Wer hat das
Recht, die Siegel zu lösen?« 3 Aber im
ganzen Himmel, auf der Erde und
selbst unter der Erde war niemand,
der das Buch öffnen und hineinblicken
konnte. 4 Es war keiner zu finden, der
würdig gewesen wäre, das Buch zu
öffnen und zu sehen, was darin stand.
Deshalb weinte ich sehr. 5 Da sagte
einer der Ältesten zu mir: »Weine nicht!
Einer hat gesiegt. Es ist der Löwe aus
dem Stamm Juda, der Spross, der aus
dem Wurzelstock Davids herauswuchs.
Er wird die sieben Siegel aufbrechen
und das Buch öffnen.«

6 Da sah ich mitten im Thron, in der
Mitte der vier mächtigen Wesen und
der Ältesten, ein Lamm stehen, das wie
geschlachtet aussah. Es hatte sieben
Hörner und sieben Augen. – Die sieben
Augen sind die sieben Geister Gottes,
die in alle Teile der Erde ausgesandt
sind. – 7 Das Lamm trat zu dem, der auf
dem Thron saß und nahm das Buch aus
seiner rechten Hand. 8 Als das geschah,
warfen sich die vier mächtigen Wesen
und die 24 Ältesten vor dem Lamm nie-
der. Jeder von den Ältesten hatte eine
Harfe und außerdem goldene Schalen,
die mit Weihrauch gefüllt waren. – Das
sind die Gebete der von Gott geheilig-
ten Menschen. – 9 Und sie singen ein
neues Lied:

»Du bist würdig, das Buch zu
nehmen / und seine Siegel zu
öffnen! / Denn du wurdest als
Opfer geschlachtet. / Und mit
deinem vergossenen Blut /
hast du Menschen erkauft, /
Menschen aus allen Stämmen
und Völkern, / aus jeder Sprache
und Kultur. / Du hast sie freige-
kauft für unseren Gott 10 und sie
zu Mitherrschern und Priestern
für ihn gemacht. / Sie regieren
in Zukunft die Welt.«

11 Dann sah und hörte ich eine unzähl-
bar große Schar von Engeln, es waren
Tausende und Abertausende. Sie stan-
den im Kreis um den Thron, um die
mächtigen Wesen und die Ältesten
12 und riefen in gewaltigem Chor:

»Würdig ist das Lamm,
das geopfert worden ist, /
würdig zu empfangen die Macht /
und Reichtum und Weisheit, /
Stärke und Ehre, /
Ruhm und Anbetung!«

13 Und jedes Geschöpf, das es gibt –
im Himmel und auf der Erde, unter
der Erde und im Meer – hörte ich mit
einstimmen: »Dem, der auf dem
Thron sitzt und dem Lamm gebühren
Preis und Ehre, Ruhm und Macht für
immer und ewig!« 14 »Amen!«, sag-
ten die vier mächtigen Wesen. Und
die Ältesten warfen sich nieder und
beteten an.

Das Lamm bricht die ersten sechs Siegel

6 1 Dann sah ich, wie das Lamm
das erste von den sieben Siegeln
der Schriftrolle aufbrach, und ich
hörte eines der vier mächtigen Wesen
mit Donnerstimme rufen: »Komm!«
2 Da erblickte ich ein weißes Pferd.
Der Reiter auf ihm trug einen Bogen
und erhielt jetzt einen Siegeskranz.
Triumphierend ritt er hinaus, um den
Sieg zu erringen.

3 Als das Lamm das zweite Siegel auf-
brach, hörte ich das zweite mächtige
Wesen rufen: »Komm!« 4 Wieder er-
schien ein Pferd. Es war feuerrot. Sei-
nem Reiter wurde ein großes Schwert
gegeben und er bekam die Macht, den
Frieden von der Erde wegzunehmen, so
dass die Menschen sich gegenseitig
abschlachten würden.

5 Dann brach das Lamm das dritte
Siegel auf und ich hörte das dritte der
mächtigen Wesen rufen: »Komm!«
Jetzt sah ich ein schwarzes Pferd. Sein
Reiter hatte eine Waage in der Hand.
6 Und eine Stimme, die aus der Mitte
der vier Lebewesen zu kommen schien,
rief: »Ein Kilo* Weizen für einen
Denar*! Drei Kilo Gerste für einen
Denar! Öl und Wein zum alten Preis!«

7 Als das Lamm das vierte Siegel
aufbrach, hörte ich das vierte mäch-
tige Wesen rufen: »Komm!« 8 Dann
sah ich ein leichenfahles Pferd. Sein
Reiter hieß Tod und der Hades*
folgte ihm. Sie wurden ermächtigt,
ein Viertel der Menschen durch Krieg,
Hunger, tödliche Seuchen und wilde
Tiere umkommen zu lassen.

9 Nun brach das Lamm das fünfte
Siegel auf. Da sah ich unten am Altar
die Seelen der Menschen, die man um-
gebracht hatte, weil sie an Gottes Wort
festhielten und ihm als seine Zeugen
treu geblieben waren. 10 Sie riefen mit
lauter Stimme: »Du heiliger und wahr-
haftiger Herrscher! Wie lange dauert
es noch, bis du unser Blut an den

6,6 *Kilo*. Griechisch: *Choinix*. Das Getreidemaß fasste etwa einen Liter und stellte eine Tagesration für eine Person dar.

Denar. Tageslohn eines Arbeiters. Eine Tagesration Weizen für einen Tageslohn entsprach einer acht- bis zwölffachen Verteuerung.

6,8 *Tod* und *Hades* werden hier symbolisch personifiziert. Zu Hades siehe Fußnote zu Offenbarung 1,18!

Bewohnern der Erde rächst und sie
richtest?« 11 »Habt noch eine kurze
Zeit Geduld!«, bekamen sie zur Ant-
wort, während jeder von ihnen ein
weißes Gewand erhielt. Erst müsse
noch eine bestimmte Zahl ihrer Glau-
bensgeschwister zum Ziel kommen
und so wie sie getötet werden.

12 Als das Lamm das sechste Siegel
aufbrach, erschütterte ein schweres
Beben die Erde. Die Sonne wurde dun-
kel wie ein Trauersack und der Mond
erschien auf einmal rot wie von Blut.
13 Dann fielen Sterne vom Himmel auf
die Erde wie vom Sturm geschüttelte
Feigen. 14 Der Himmel verschwand
wie eine Schriftrolle, die man zu-
sammenrollt, und kein Berg und keine
Insel blieben an ihrer Stelle. 15 Da ver-
steckten sich die Könige der Erde, die
Herrscher und die Generäle, die Rei-
chen und die Mächtigen, aber auch alle
anderen Menschen – Sklaven wie
Freie. Sie versteckten sich in Höhlen
und Felsspalten 16 und flehten die
Berge und Felsen an: »Fallt auf uns und
verbergt uns vor den Blicken dessen,
der auf dem Thron sitzt, und vor dem
Zorn des Lammes! 17 Denn jetzt ist der
furchtbare Tag ihres Zorns gekom-
men. Wer kann da bestehen?«

Wer das besondere Siegel Gottes bekommt

7 1 Danach sah ich vier Engel an
den äußersten Enden der Erde
stehen. Sie hielten die Winde zurück,
die aus allen vier Himmelsrichtungen
über das Land, das Meer und die
Bäume kommen wollten. 2 Und von
da, wo die Sonne aufgeht, sah ich
noch einen anderen Engel herkom-
men, der das Siegel des lebendigen
Gottes in der Hand hatte. Er rief den
vier Engeln, denen Gott die Macht ge-
geben hatte, der Erde und dem Meer
Schaden zuzufügen, mit lauter Stim-
me zu: 3 »Verwüstet weder das Land
noch das Meer und richtet auch an
den Bäumen noch keinen Schaden
an! Erst müssen wir allen, die Gott ge-
hören und ihm dienen, sein Siegel auf
die Stirn drücken.« 4 Ich hörte, wie
viele Menschen das Siegel bekamen:
Es waren 144.000 aus allen Stämmen
Israels: 5 12.000 aus Juda, 12.000
aus Ruben, 12.000 aus Gad, 6 12.000
aus Ascher, 12.000 aus Naftali,
12.000 aus Manasse, 7 12.000 aus Si-
meon, 12.000 aus Levi, 12.000 aus Is-
sachar, 8 12.000 aus Sebulon, 12.000
aus Josef, 12.000 aus Benjamin.

Die Menschenmenge vor dem Thron Gottes

9 Danach sah ich eine riesige Men-
schenmenge aus allen Stämmen und
Völkern, Sprachen und Kulturen. Es
waren so viele, dass niemand sie zäh-
len konnte. Sie standen mit Palmzwei-
gen in den Händen weißgekleidet vor
dem Thron und dem Lamm 10 und
riefen mit lauter Stimme: »Die Ret-
tung kommt von unserem Gott, von
dem, der auf dem Thron sitzt, und
dem Lamm!« 11 Und alle Engel, die
vier mächtigen Wesen und die Ältes-
ten, die um den Thron herum standen,
warfen sich nieder und beteten Gott
an. 12 »Amen!«, sagten sie.

»Anbetung, Ehre und Dank, /
Herrlichkeit und Weisheit, /
Macht und Stärke / gehören ihm,
unserem Gott, / für immer und
ewig! / Amen!«

13 Dann fragte mich einer der Ältes-
ten: »Weißt du, wer diese weißge-
kleideten Menschen sind und woher
sie kommen?« 14 Ich erwiderte: »Du
musst es mir sagen, mein Herr, du
weißt es.« Er sagte: »Diese Menschen
haben die größte Bedrängnis über-
standen, die es je gegeben hat. Sie
haben ihre Gewänder gewaschen und
im Blut des Lammes weiß gemacht.
15 Darum stehen sie vor dem Thron
Gottes und dienen ihm Tag und Nacht
in seinem Tempel. Und der, der auf
dem Thron sitzt, wird ihnen seine
Gegenwart schenken. 16 Sie werden
keinen Hunger mehr haben und auch
Durst wird sie nie mehr quälen. Die
Sonne wird nicht mehr auf sie herab-
brennen und auch keine andere Glut
wird sie versengen. 17 Denn das
Lamm, das mitten auf dem Thron
sitzt, wird sie weiden und zu den
Quellen führen, wo das Wasser des
Lebens ist. Und Gott wird jede Träne
von ihren Augen abwischen.«

Der Aufbruch des letzten Siegels löst sieben weitere Katastrophen aus

8 1 Als das Lamm das siebte Sie-
gel aufbrach, war es im Himmel
eine halbe Stunde lang völlig still.
2 Dann sah ich die sieben Engel, die
zum Dienst für Gott abgestellt sind.
Ich sah, wie ihnen sieben Posaunen
gegeben wurden. 3 Dann trat ein an-
derer Engel, der ein goldenes Räu-
cherfass trug, an den Altar. Er bekam
eine große Menge Weihrauch und
sollte ihn zusammen mit den Gebe-
ten aller Menschen, die Gott geheiligt
hat, auf dem goldenen Altar darbrin-
gen, der vor dem Thron stand. 4 So
stiegen die Gebete der Heiligen mit
dem Duft des Weihrauchs zu Gott
auf. 5 Dann füllte der Engel das Räu-
cherfass mit Glut vom Altar und
schleuderte es auf die Erde. Da don-
nerte und dröhnte es heftig, es blitzte
und die Erde bebte. 6 Jetzt machten
sich die sieben Engel bereit, die sie-
ben Posaunen zu blasen.

7 Nachdem der erste Engel die
Posaune geblasen hatte, prasselten
Hagel und Feuer mit Blut vermischt
auf die Erde. Ein Drittel der Erdober-
fläche und ein Drittel aller Bäume und
alles Gras verbrannten.

8 Nachdem der zweite Engel die Po-
saune geblasen hatte, wurde etwas ins
Meer gestürzt, das wie ein großer
brennender Berg aussah. Ein Drittel
des Meeres wurde zu Blut. 9 Ein Drit-
tel aller Lebewesen im Meer starb und
ein Drittel aller Schiffe wurde zerstört.

10 Nachdem der dritte Engel die Po-
saune geblasen hatte, stürzte ein
großer Stern vom Himmel herab, der
wie eine Fackel brannte. Er fiel auf ein
Drittel aller Flüsse und auf die Quel-
len. 11 Der Stern hieß Wermut und
machte ein Drittel von allem Süßwas-
ser bitter. Viele Menschen starben an
diesem verseuchten Wasser.

12 Nachdem der vierte Engel die
Posaune geblasen hatte, wurde ein
Drittel der Sonne, des Mondes und
der Sterne getroffen, sodass ein Drit-
tel des Tages und ein Drittel der Nacht
kein Licht mehr schien. 13 Dann sah
ich einen Adler hoch am Himmel
fliegen und hörte ihn mit lauter
Stimme schreien: »Weh denen, die
auf der Erde leben! Weh ihnen, wenn
die letzten drei Engel in ihre Posaunen
stoßen, weh ihnen!«

9 1 Nachdem der fünfte Engel die Posaune geblasen hatte, sah ich einen Stern, der vom Himmel auf die Erde gestürzt war. Dieser Stern erhielt den Schlüssel zum Schacht in den Abgrund 2 und öffnete ihn. Da quoll Rauch heraus wie von einem riesigen Schmelzofen und verdunkelte die Luft und die Sonne. 3 Aus dem Rauch kamen Heuschrecken hervor, die wie Skorpione stechen konnten, und schwärmten über die ganze Erde aus. 4 Doch es wurde ihnen verboten, das Gras abzufressen oder an Bäumen und anderen Pflanzen irgendwelchen Schaden anzurichten. Sie durften nur Menschen angreifen und zwar die Menschen, die das Siegel Gottes nicht auf der Stirn trugen. 5 Töten durften sie diese Menschen zwar nicht, aber sie hatten die Macht, sie fünf Monate lang zu quälen. Die Menschen würden unerträgliche Schmerzen erleiden, wie durch den Stich eines Skorpions. 6 In dieser Zeit werden die Menschen den Tod suchen, aber nicht finden. Sie werden sich danach sehnen zu sterben, aber der Tod wird vor ihnen fliehen. 7 Die Heuschrecken sahen aus wie Pferde, die in die Schlacht ziehen. Auf ihren Köpfen hatten sie etwas, das wie ein goldener Kranz aussah, und ihre Gesichter glichen denen von Menschen. 8 Sie hatten lange Haare wie Frauen und Zähne wie Löwen. 9 Ihr Rumpf war wie mit eisernen Rüstungen gepanzert und ihre Flügel machten einen Lärm wie ein Heer von Pferden und Streitwagen, die in die Schlacht ziehen. 10 Ihre Hinterleiber waren wie die Schwänze eines Skorpions geformt und mit Stacheln bestückt. Damit verursachen sie die Qualen, denen die Menschen fünf Monate lang ausgesetzt sein werden. 11 Als König haben sie den Engel des Abgrunds über sich. Er heißt »Verderber«, auf Hebräisch Abaddon, auf Griechisch Apollyon.

12 Das erste Unheil, das der Weheruf angekündigt hat, ist vorüber, doch zwei weitere stehen noch bevor.

13 Nachdem der sechste Engel die Posaune geblasen hatte, hörte ich eine Stimme, die aus den vier Hörnern des goldenen Altars zu kommen schien, der vor Gott stand. 14 Sie sagte zu dem sechsten Engel mit der Posaune: »Lass die vier Engel frei, die am großen Strom, dem Euphrat, in Ketten liegen!« 15 Da wurden die vier Engel von ihren Fesseln befreit. Auf dieses Jahr, diesen Monat, diesen Tag, ja genau auf diese Stunde hatten sie gewartet, um ein Drittel der Menschen zu töten. 16 Sie verfügten über ein Heer von zweihundert Millionen berittenen Soldaten – ich hörte, wie ihre Zahl genannt wurde. 17 Und dann sah ich sie in meiner Vision: Die Reiter trugen feuerrote, violette und schwefelgelbe Brustpanzer. Die Köpfe der Pferde sahen wie Löwenköpfe aus und aus ihren Mäulern schossen Feuer, Rauch und Schwefel. 18 Mit diesen drei Waffen – dem Feuer, dem Rauch und dem Schwefel – töteten sie ein Drittel der Menschheit. 19 Die tödliche Macht der Pferde geht sowohl von ihrem Maul als auch von ihren Schwänzen aus, denn diese Schwänze glichen Schlangen mit Köpfen, die ebenfalls Menschen angriffen. 20 Aber die Menschen, die diese Plage überlebten, waren nicht bereit, ihre Einstellung zu ändern. Sie

hörten nicht auf, Dämonen anzubeten
und sich vor Götterbildern aus Gold,
Silber, Bronze, Stein und Holz nieder-
zuwerfen, die sie mit eigenen Händen
gemacht hatten und die weder sehen
noch hören noch gehen können.
21 Nein, sie kehrten nicht um, sie
hörten nicht auf zu morden, sich mit
okkulten Dingen zu beschäftigen,
außerehelichen Sex zu haben und zu
stehlen.

Der Engel mit dem kleinen Buch

10 1 Dann sah ich, wie ein ande-
rer mächtiger Engel aus dem
Himmel herabkam. Er war von einer
Wolke umgeben und ein Regenbogen
stand über seinem Kopf. Sein Gesicht
leuchtete wie die Sonne und seine
Beine glichen Feuersäulen. 2 Er hielt
eine kleine geöffnete Schriftrolle in
der Hand und setzte seinen rechten
Fuß auf das Meer und seinen linken
auf das Festland. 3 Seine Stimme
dröhnte wie das Brüllen eines Löwen
und laut krachend antworteten ihm
sieben Donnerschläge. 4 Als es wieder
still war, wollte ich aufschreiben, was
die sieben Donner gesagt hatten. Aber
da hörte ich eine Stimme aus dem
Himmel rufen: »Halte geheim, was
die sieben Donner gesagt haben.
Schreibe es nicht auf!«

5 Der Engel, den ich auf dem Meer
und auf dem Festland stehen sah, hob
jetzt seine rechte Hand zum Himmel
6 und sagte: »Ich schwöre bei dem,
der in alle Ewigkeit lebt, der den Him-
mel, die Erde, das Meer und alles Le-
bendige in ihnen geschaffen hat, ich
schwöre: Die Frist ist abgelaufen!
7 Denn wenn der siebte Engel seine
Posaune geblasen hat, wird Gottes
geheimer Plan zur Vollendung kom-
men, so, wie er es seinen Dienern, den
Propheten, als gute Botschaft verkün-
digt hat.« 8 Dann sprach die Stimme
aus dem Himmel mich noch einmal
an. Sie sagte: »Geh zu dem Engel, der
auf dem Meer und dem Land steht
und lass dir die kleine offene Schrif-
trolle geben!« 9 Ich ging zu dem Engel
und bat ihn um die kleine Schriftrolle.
Er sagte: »Nimm und iss sie auf! Sie
ist so bitter, dass sich dein Magen zu-
sammenziehen wird, aber solange du
sie im Mund hast, wird sie süß wie
Honig sein.« 10 Ich nahm die kleine
Schriftrolle aus seiner Hand und aß
sie auf. Tatsächlich war sie so süß wie
Honig, als ich sie im Mund hatte. Aber
als ich sie hinunterschluckte, war sie
so bitter, dass sich mir der Magen zu-
sammenkrampfte. 11 Dann wurde mir
gesagt: »Du musst noch mehr pro-
phetische Worte aussprechen und
verkünden, was Gott mit den Völkern,
Sprachen, Kulturen und mit vielen
Königen vorhat.«

Die zwei Zeugen

11 1 Dann wurde mir eine Art
Messstab aus Schilfrohr gege-
ben und jemand sagte: »Geh und miss
den Tempel Gottes, auch den Altar, und
zähle die Menschen, die dort anbeten!
2 Den äußeren Vorhof des Tempels lass
beim Messen aus, denn er ist den nicht-
jüdischen Völkern preisgegeben wor-
den. Sie werden die heilige Stadt unter-
werfen und 42 Monate lang besetzt hal-
ten. 3 Doch ich werde meine beiden
Zeugen zu ihnen schicken und sie wer-
den die ganze Zeit, nämlich 1260 Tage
lang, mit dem Trauersack bekleidet als
Propheten zu ihnen reden.«

4 Diese zwei Zeugen sind die zwei
Ölbäume und die zwei Leuchter, die
vor dem Herrn der Erde stehen. 5 Und
wenn ihnen jemand schaden will,
wird Feuer aus ihrem Mund fahren
und ihn vernichten. So wird es allen
ihren Feinden gehen, die ihnen scha-
den wollen; sie werden umkommen.
6 Sie haben die Macht, den Himmel zu
verschließen, damit in der Zeit ihres
prophetischen Wirkens kein Regen
fällt, sie haben auch die Macht, jedes
Gewässer in Blut zu verwandeln. Sie
können jedes erdenkliche Unheil über
die Erde bringen. 7 Und wenn sie
ihren Auftrag erfüllt haben, wird das
Tier aus dem Abgrund kommen und
gegen sie kämpfen. Es wird sie besie-
gen und sie töten. 8 Ihre Leichen wird
man auf offener Straße mitten in der
großen Stadt liegen lassen, in der
Stadt, in der auch ihr Herr gekreuzigt
wurde und die geistlich gesprochen
Sodom oder auch Ägypten heißt.
9 Dreieinhalb Tage lang werden Men-
schen aus allen Völkern und Stäm-
men, Sprachen und Kulturen sich am
Anblick ihrer Leichen ergötzen. Sie
werden nicht gestatten, dass sie in ein
Grab gelegt werden. 10 Überall auf
der Welt werden die Menschen jubeln
und feiern und sich gegenseitig Ge-
schenke schicken, denn diese beiden
Propheten hatten ihnen das Leben zur
Qual gemacht.

11 Doch nach den dreieinhalb Tagen
wird der Lebensgeist Gottes in die
Propheten zurückkehren. Sie werden
lebendig werden und aufstehen. Das
blanke Entsetzen wird alle überfallen,
die das beobachten. 12 Dann werden
die beiden Propheten eine mächtige
Stimme aus dem Himmel hören:
»Kommt hier herauf!« Und vor den
Augen ihrer Feinde werden sie in einer
Wolke zum Himmel hinaufsteigen.
13 In diesem Augenblick wird ein hef-
tiges Erdbeben die Stadt erschüttern
und ein Zehntel von ihr vernichten.
7000 Menschen werden dabei um-
kommen. Die Überlebenden werden
zu Tode erschrocken sein und Gott im
Himmel die Ehre erweisen, die ihm
zusteht. 14 Das zweite Unheil, das der
Wehruf angekündigt hat, ist vorüber,
doch das dritte steht unmittelbar
bevor.

Das Unheil, das die siebente Posaune bringt

15 Nachdem nun der siebte Engel die
Posaune geblasen hatte, erklang ein
mächtiger Lobgesang im Himmel:
»Jetzt gehört die Herrschaft über die
Welt unserem Herrn und seinem Mes-
sias*! Und er wird in alle Ewigkeit re-
gieren!« 16 Die 24 Ältesten, die vor
Gott auf ihren Thronen sitzen, warfen
sich nieder und beteten ihn an:

17 »Wir danken dir, Herr,
unser Gott, / du allmächtiger
Herrscher, / der du bist und immer
warst! / Denn nun hast du deine
große Macht bewiesen / und die
Herrschaft angetreten. 18 Die
Völker hatten sich wütend gegen
dich aufgelehnt, / doch jetzt
entlädt sich dein Zorn über sie. /
Jetzt ist die Zeit gekommen, / wo
du Gericht über die Toten hältst /
und wo du die verdirbst, die die

11,15 *Messias.* Siehe Vorwort des Überset-
zers.

Erde verderben*. / Doch es
ist auch die Zeit, / wo deine
Diener ihren Lohn erhalten: /
die Propheten und alle, die du
geheiligt hast, / alle Kleinen
und Großen, / alle, die deinen
Namen ehren.«

19 Dann wurde der Tempel Gottes im
Himmel geöffnet und man konnte die
Lade seines Bundes sehen. Blitze zuk-
kten auf, Donnerschläge dröhnten,
die Erde bebte und ein schwerer Hagel
ging nieder.

Die Frau und der Drache

12 1 Dann war am Himmel eine
außergewöhnliche Erschei-
nung zu sehen: Eine Frau, die mit der
Sonne bekleidet war; unter ihren
Füßen hatte sie den Mond und auf
dem Kopf trug sie einen Kranz von
zwölf Sternen. 2 Sie war schwanger
und stand kurz vor der Geburt. Die
Wehen hatten bereits begonnen und
sie schrie vor Schmerzen. 3 Dann kam
es zu einer anderen Erscheinung am
Himmel: Man sah einen riesigen feu-
erroten Drachen, der sieben Köpfe
und zehn Hörner hatte und auf jedem
seiner Köpfe ein Diadem* trug. 4 Mit
seinem Schwanz fegte er ein Drittel
der Sterne vom Himmel und schleu-
derte sie auf die Erde. Dann stellte er
sich vor die Frau hin und wollte das
Kind gleich nach der Geburt ver-
schlingen. 5 Doch ihr Kind wurde so-
fort zu Gott hinaufgenommen und vor
seinen Thron gebracht. Es war der
Sohn, der einmal alle Völker der Erde
mit eisernem Stab regieren würde.
6 Die Frau selbst floh in die Wüste, wo
ihr Gott einen Zufluchtsort geschaf-
fen hatte, an dem sie 1260 Tage lang
mit allem Nötigen versorgt würde.
7 Dann brach im Himmel ein Krieg
aus: Der Engelfürst Michael kämpfte
mit seinen Engeln gegen den Drachen.
Der Drache und seine Engel wehrten
sich, 8 aber sie konnten nicht standhal-
ten. Von da an war für ihn und seine
Engel kein Platz mehr im Himmel.
9 Der große Drache, die uralte Schlan-
ge, die auch Teufel oder Satan genannt
wird und die ganze Welt verführt hatte,
wurde mit all seinen Engeln auf die
Erde hinabgestürzt.

10 Da hörte ich eine laute Stimme
im Himmel rufen:

»Jetzt ist es geschehen! / Die
Rettung ist da! / Gott hat seine
Macht unter Beweis gestellt / und
die Herrschaft gehört ihm. / Von
jetzt an regiert Christus, / sein
gesalbter König! / Und der, der
unsere Geschwister Tag und Nacht
bei Gott verklagt hat, / ist aus dem
Himmel hinausgeworfen worden.
11 Doch sie haben ihn besiegt, /
weil das Lamm sein Blut für sie
vergossen hat / und weil sie ohne
Rücksicht auf ihr Leben / sich
zur Botschaft des Lammes
bekannten, / bereit, auch dafür zu
sterben. 12 Darum freue dich,

11,18 *die Erde verderben.* Damit sind nicht etwa Verursacher von Umweltschäden gemeint, sondern solche, die Gottlosigkeit und Götzendienst gefördert haben, vergleiche 1. Mose 6,11.

12,3 Ein *Diadem* ist keine Krone sondern ein schmales Band aus Seide, Leinen oder Edelmetall, das oft mit Perlen oder Edelsteinen besetzt ist. Es symbolisiert königliche Würde und Macht.

Himmel! / Jubelt, die ihr darin
wohnt! / Doch wehe dir, Erde, /
und wehe dir, Meer! / Denn der
Teufel ist zu euch herabgekommen /
und rast vor Wut, / weil er weiß,
dass er nicht mehr viel Zeit hat.«

13 Als der Drache nun sah, dass er
auf die Erde geworfen war, begann
er, die Frau zu verfolgen, die den
Sohn geboren hatte. 14 Aber der
Frau wurden Flügel gegeben, die
beiden Flügel des großen Adlers. So
konnte sie an den Ort in der Wüste
fliehen, wo sie vor der Schlange si-
cher war, und dreieinhalb Jahre
lang* mit allem Nötigen versorgt
werden würde. 15 Da spie die
Schlange einen mächtigen Wasser-
strom hinter der Frau her, der sie mit
sich fortreißen sollte. 16 Aber die
Erde kam der Frau zur Hilfe. Sie öff-
nete sich und schluckte den Strom,
den der Drache aus seinem Rachen
stieß. 17 Da geriet der Drache außer
sich vor Wut und bekämpfte jetzt
alle, die zu dieser Frau gehörten. Das
sind die Menschen, die nach den Ge-
boten Gottes leben und sich zur Bot-
schaft von Jesus bekennen. 18 Dann
trat der Drache ans Ufer des Meeres.

Das Tier aus dem Meer

13 1 Da sah ich ein Tier aus dem
Meer heraufsteigen, das zehn
Hörner und sieben Köpfe hatte. Auf
jedem Horn trug es ein Diadem und auf
den Köpfen standen gotteslästerliche
Namen. 2 Das Tier sah aus wie ein Leo-
pard, aber es hatte Tatzen wie ein Bär
und ein Maul wie ein Löwe. Der Drache
übergab ihm seine Macht, seinen Thron
und alle Befehlsgewalt. 3 An einem sei-
ner Köpfe hatte das Tier eine schwere, ja
tödliche Verletzung. Aber seine Todes-
wunde wurde geheilt und die ganze
Welt folgte ihm mit staunender Bewun-
derung. 4 Den Drachen beteten sie an,
weil er dem Tier die Macht gegeben
hatte. Und das Tier beteten sie an, weil
sie sagten: »Wer kann sich denn mit
dem Tier vergleichen? Wer kann es
überhaupt mit ihm aufnehmen?«

5 42 Monate lang durfte es seinen
Einfluss ausüben und anmaßende
gotteslästerliche Reden führen. Nie-
mand hinderte es daran. 6 Es riss
sein Maul auf und stieß Lästerungen
gegen Gott aus, es verhöhnte seinen
Namen und sein Heiligtum und alle,
die im Himmel wohnen. 7 Es wurde
ihm erlaubt, mit allen Menschen,
Krieg zu führen, mit allen, die zu Gott
gehören – und sie zu besiegen. Über
jeden Stamm und jedes Volk, jede
Sprache und jede Kultur durfte es
seine Macht ausüben. 8 Alle Menschen
auf der Erde werden das Tier* an-
beten, alle außer denen, deren Namen
seit Erschaffung der Welt im Lebens-
buch des geopferten Lammes stehen.

9 Wer hören will, achte auf das, was
gesagt wird! 10 Wenn einer zur Ge-
fangenschaft bestimmt ist, kommt er
in Gefangenschaft. Wer für den Tod
durch das Schwert bestimmt ist, wird
mit dem Schwert getötet werden. Hier
muss sich der Glaube und die Stand-
haftigkeit der Menschen bewähren,
die zu Gott gehören.

12,14 *dreieinhalb Jahre lang.* Wörtlich: eine, zwei und eine halbe Zeit. Vergleiche Daniel 7,25.

13,8 *Tier.* Wörtlich: *ihn.* Das Tier symbolisiert eine männliche Person.

Das Tier aus der Erde

11 Dann sah ich ein anderes Tier aus der
Erde heraufsteigen. Es hatte zwei Hör-
ner wie ein Lamm, aber es redete wie ein
Drache. 12 Es handelte unter Aufsicht
und mit Vollmacht des ersten Tieres und
brachte die ganze Erde und alle ihre Be-
wohner dazu, das erste Tier anzubeten,
das Tier, dessen Todeswunde geheilt
worden war. 13 Dieses zweite Tier tat
große Wunder und ließ vor den Augen
der Menschen sogar Feuer vom Himmel
fallen. 14 Mit Hilfe dieser außergewöhn-
lichen Dinge, zu denen es das erste Tier
befähigt hatte, verführte es die Bewoh-
ner der Erde. Es überredete sie, ein
Standbild zu Ehren jenes ersten Tieres
zu errichten, das von einem Schwert
tödlich getroffen und doch wieder le-
bendig geworden war. 15 Es bekam
sogar die Macht, das Standbild des er-
sten Tieres zu beleben, so dass das
Standbild reden konnte und bewirkte,
dass alle getötet wurden, die das Bild
nicht anbeteten. 16 Außerdem sorgte
das zweite Tier dafür, dass sich alle
Menschen – Hohe und Niedrige, Rei-
che und Arme, Freie und Sklaven – ein
Kennzeichen an ihre rechte Hand oder
ihre Stirn machen ließen. 17 Ohne die-
ses Kennzeichen – das war der Name
des Tieres beziehungsweise die Zahl
seines Namens* – würde niemand
mehr etwas kaufen oder verkaufen kön-
nen. 18 Hier ist Weisheit gefragt! Wer
Verstand hat, kann herausfinden, was
die Zahl des Tieres bedeutet, denn sie
steht für den Namen eines Menschen.
Die Zahl ist 666.

Das Lamm

14 1 Dann sah ich das Lamm
auf dem Zionsberg stehen.
Bei ihm waren 144000 Menschen, auf
deren Stirn sein Name und der Name
seines Vaters geschrieben waren.
2 Dann hörte ich vom Himmel her ein
Geräusch, das wie das Tosen einer
mächtigen Brandung und wie ein ge-
waltiges Donnerrollen klang, sich
aber gleichzeitig wie Gesang von Har-
fenspielern anhörte. 3 Dieser große
Chor sang ein neues Lied vor dem
Thron, den vier mächtigen Wesen und
den Ältesten. Und niemand außer den
144000 Erlösten, die Gott aus der
Menschheit freigekauft hat, konnte
dieses Lied lernen. 4 Sie hatten sich
dem Lamm gegenüber durch keinerlei
Untreue schuldig gemacht, sondern
sich wie eine Braut unberührt und
rein gehalten, und sie folgen dem
Lamm, wohin es auch geht. Als Erst-
lingsgabe waren sie für Gott und das
Lamm freigekauft worden. 5 Sie sind
ohne Tadel. Keine Falschheit kann
ihnen vorgeworfen werden.

Die drei Engel

6 Dann sah ich einen anderen Engel
hoch am Himmel fliegen. Er hatte
eine Botschaft von ewiger Bedeutung,
die er allen Bewohnern der Erde
verkündigen sollte, allen Völkern und
Stämmen, den Menschen jeder Spra-
che und Kultur. 7 Laut rief er: »Fürch-
tet Gott und gebt ihm die Ehre, die
ihm gebührt! Denn jetzt ist die Stunde

13,17 *Zahl seines Namens*. Weil die Buchstaben des hebräischen und griechischen Alphabets auch Zahlenwerten entsprechen, lässt sich aus einem Namen eine Zahl errechnen, zum Beispiel: Jesus, Griechisch: *IESOUS* = 10 + 8 + 200 + 70 + 400 + 200 = 888.

gekommen, in der er Gericht hält.
Betet den an, der Himmel und Erde,
das Meer und alle Quellen geschaffen
hat!«
8 Ein zweiter Engel folgte dem
ersten und rief: »Gefallen! Gefallen
ist das mächtige Babylon, das mit
dem Wein seiner leidenschaftlichen
sexuellen Unmoral alle Völker getränkt hat.«
9 Ein dritter Engel folgte ihnen und
rief mit lauter Stimme: »Jeder, der das
Tier und sein Standbild anbetet und
das Kennzeichen seines Namens an
Hand oder Stirn anbringen lässt,
10 jeder von ihnen wird den unverdünnten Wein von Gottes furchtbarem Grimm aus seinem Zornesbecher
trinken müssen. Vor den Augen des
Lammes und der heiligen Engel wird
er mit Feuer und brennendem Schwefel gequält werden.
11 Keiner von
denen, die sich vor dem Tier und seinem Standbild niederwerfen und das
Kennzeichen seines Namens tragen,
wird jemals wieder Ruhe finden,
weder am Tag noch in der Nacht. Der
Rauch von diesem schrecklichen
Feuer ihrer Qual wird für immer und
ewig zum Himmel aufsteigen.«
12 Hier muss sich die Standhaftigkeit der Menschen bewähren, die zu
Gott gehören, die seine Gebote befolgen und auf Jesus vertrauen.

13 Aus dem Himmel hörte ich eine
Stimme sagen: »Schreibe: Wie glücklich sind die, die dem Herrn treu
bleiben bis zu ihrem Tod. Das gilt
jetzt mehr als je zuvor.« – »Ja«, erwiderte der Geist, »sie werden sich
von aller Mühe ausruhen, denn ihre
Taten sprechen für sie.«

Die Ernte

14 Dann sah ich eine leuchtende
Wolke, auf der jemand thronte, der
wie ein Menschensohn aussah. Er
trug einen goldenen Kranz und hielt
eine scharfe Sichel in seiner Hand.
15 Nun kam ein Engel aus dem Tempel und rief dem, der auf der Wolke
saß mit lauter Stimme zu: »Gebrauche deine Sichel, denn die Zeit zum
Ernten ist gekommen! Die Erde ist
überreif für die Ernte.«
16 Da ließ
der, der auf der Wolke saß, seine Sichel über die Erde fahren und erntete
sie ab.
17 Noch ein anderer Engel
kam aus dem Tempel im Himmel.
Auch er hatte eine scharfe Sichel bei
sich.
18 Schließlich kam ein Engel
vom Altar – es war der, dem das Feuer
unterstellt war – und rief dem, der die
scharfe Sichel hatte, mit lauter Stimme zu: »Lass deine scharfe Sichel
schneiden und ernte die Trauben vom
Weinstock der Erde ab! Seine Beeren
sind reif.«
19 Da ließ der Engel seine
Sichel durch den Weinstock der Erde
fahren und erntete ihn ab. Die Trauben warf er in die große Weinpresse
des göttlichen Zorns
20 außerhalb
der Stadt. Als sie gekeltert wurden,
schoss das Blut aus der Presse bis an
die Zügel der Pferde hoch. Das
Ganze erstreckte sich 300 Kilometer* weit.

14,20 *300 Kilometer*. Wörtlich: *1600 Stadien*, das entspricht etwa der Nord-Süd-Länge Israels. Die große endzeitliche Schlacht (Offenbarung 16,16; 19,11-21; Hesekiel 39) wird offenbar außerhalb der Stadt Jerusalem im ganzen Gebiet von Israel wüten.

Ankündigung der letzten schrecklichen Plagen

15 1 Dann sah ich am Himmel eine andere außergewöhnliche Erscheinung: Sieben Engel standen bereit, die letzten sieben schrecklichen Plagen auszulösen, die den Zorn Gottes vollenden würden. 2 Dazu sah ich etwas wie ein Meer, durchsichtig wie Glas und leuchtend wie Feuer. An seinem Ufer sah ich die stehen, die dem Tier standgehalten hatten – alle, die sein Bild nicht angebetet und die Zahl seines Namens nicht angenommen hatten. Sie hatten von Gott Harfen bekommen 3 und sangen das Lied von Mose, dem Diener Gottes, und das Lied vom Lamm.

»Groß und wunderbar sind deine
Werke, / Herr, du allmächtiger
Gott! / Gerecht und wahrhaftig
ist alles, was du planst und tust, /
du König aller Völker! 4 Wer sollte
dich nicht fürchten, Herr, / und
deinen Namen nicht preisen? /
Denn du allein bist heilig! /
Alle Völker werden kommen /
und vor dir niederfallen, / sie beten
dich an, / weil dein gerechtes
Tun offen vor ihnen liegt.«

5 Dann sah ich, wie der Tempel im Himmel, die heilige Wohnung des Gesetzes, sich öffnete 6 und die sieben Engel mit den sieben schrecklichen Plagen kamen heraus. Jeder war in ein strahlend weißes Leinengewand gehüllt und hatte ein breites goldenes Band um die Brust. 7 Eines der vier mächtigen Wesen reichte den Engeln sieben goldene Schalen, die mit dem Zorn Gottes gefüllt waren, dem Zorn dessen, der in alle Ewigkeit lebt. 8 Da füllte sich der ganze Tempel mit dem Rauch der Herrlichkeit und Macht Gottes. Und niemand konnte ihn betreten, bis die sieben schrecklichen Plagen der sieben Engel ihr Ziel erreicht hatten.

Die sieben Schalen voller Unheil

16 1 Dann hörte ich aus dem Inneren des Tempels eine laute Stimme, die den sieben Engeln zurief: »Geht jetzt und gießt die sieben Schalen mit dem Glutfluss von Gottes Zorn über die Erde!«

2 Der erste Engel trat vor und goss seine Schale über dem Festland aus. Da brach an allen Menschen, die das Malzeichen des Tieres trugen und sein Standbild anbeteten, ein schlimmes bösartiges Geschwür aus.

3 Der zweite Engel trat vor und goss seine Schale über das Meer. Da wurde das Wasser im Meer zu Blut, das wie das geronnene Blut einer Leiche aussah; und alle Lebewesen dort gingen zugrunde.

4 Der dritte Engel goss seine Schale über die Flüsse und Quellen aus. Da wurde alles Wasser zu Blut, 5 und ich hörte den Engel, dem die Gewässer unterstellt waren, sagen: »Gerecht bist du, heiliger Gott, der da ist und schon immer war! Dein Gericht ist gerecht! 6 Denn Blut hast du denen zu trinken gegeben, die das Blut deiner Heiligen* und Propheten vergossen

16,6 *Heilige* sind Menschen, die Gott geheiligt hat, also alle, die zu seinem Volk gehören.

haben. Sie haben es nicht anders ver-
dient!« 7 Dann hörte ich eine Stimme
vom Altar her sagen: »Ja, Herr, du all-
mächtiger Gott! Wahr und gerecht
sind die Urteile deines Gerichts.«

8 Der vierte Engel goss seine Schale
über der Sonne aus und die Menschen
wurden von ihrer Glut versengt. 9 Die
Hitze war so schlimm, dass ihnen die
Haut am Körper verbrannte. Da läs-
terten sie Gott, der für diese Plagen
verantwortlich war, und verfluchten
seinen Namen. Doch ihre Einstellung
änderten sie nicht und verweigerten
Gott die Ehre, die ihm gebührt.

10 Der fünfte Engel goss seine Scha-
le über den Thron des Tieres aus. Da
wurde sein ganzes Reich in Finsternis
gestürzt und die Menschen zerbissen
sich die Zunge vor Qual. 11 Sie ver-
fluchten Gott im Himmel wegen ihrer
Schmerzen und ihrer Geschwüre.
Doch ihre Taten bereuten sie nicht.

12 Der sechste Engel goss seine
Schale über den großen Strom aus,
den Euphrat. Da trocknete dieser
völlig aus, so dass ein Weg für die Kö-
nige gebahnt wurde, die vom Osten
her kommen würden. 13 Dann sah ich
aus dem Rachen des Drachen, aus
dem Maul des Tieres und aus dem
Mund des falschen Propheten drei
böse Geister hervorkommen, die wie
Frösche aussahen. 14 Es waren Dä-
monen, die Aufsehen erregende Wun-
der taten. Sie brachten alle Könige
der Erde dazu, ihre Truppen zu dem
Krieg aufmarschieren zu lassen, der
an jenem großen Tag des allmäch-
tigen Gottes beginnt.

– 15 »Passt auf! Ich komme so un-
erwartet wie ein Dieb. Wie glücklich
wird dann der sein, der wach geblie-
ben ist und seine Kleidung bei sich
hat. Dann wird er nicht nackt daste-
hen und sich schämen müssen, wenn
ich komme.«*

16 Jene Geistesmacht führte die Kö-
nige an einen Ort, der auf Hebräisch
Harmagedon*, Berg von Megiddo,
heißt.

17 Der siebte Engel goss seine Scha-
le in die Luft aus. Da verkündete eine
mächtige Stimme, die vom Thron aus
dem Tempel herkam: »Jetzt ist alles
geschehen!« 18 Blitze zuckten über
dem Himmel auf, der Donner krachte
und dröhnte und ein schreckliches
Beben erschütterte die Erde. Seit
Menschen auf der Erde leben, hat es
noch nie ein so schweres Erdbeben
gegeben. 19 Die große Stadt zerriss in
drei Teile und die Städte aller Völker
wurden zerstört. Jetzt wurde mit dem
großen Babylon abgerechnet. Gott
ließ es den Kelch austrinken, der mit
dem Wein seines unerbittlichen Zorns
gefüllt war. 20 Alle Inseln versanken
im Meer und auch die Berge ver-
schwanden spurlos. 21 Ein furchtba-
rer Hagel ging über die Erde nieder;
zentnerschwer fielen die Eisbrocken
vom Himmel auf die Menschen. Und
die Menschen verfluchten Gott wegen
des Hagels, der eine außerordentlich
schreckliche Plage für sie war.

16,15 Das ist eine Zwischenbemerkung für die Leser der Offenbarung.

16,16 *Harmagedon.* Eine strategisch wichtige Stadt in der Jesreel-Ebene im Norden Israels, die auch Schauplatz wichtiger Schlachten in der alttestamentlichen Geschichte war.

Die große Hure auf dem Tier

17 1 Nun trat einer von den sie-
ben Engeln, die die Schalen
gehabt hatten, zu mir. »Komm«, sagte
er, »ich will dir zeigen, wie Gott die
große Hure richten wird, die an den
vielen Wasserläufen thront, 2 mit der
sich die Mächtigen der Erde eingelas-
sen haben und die mit dem Wein ihrer
sexuellen Unmoral die ganze Mensch-
heit betrunken gemacht hat.«

3 Da versetzte mich der Engel im
Geist in eine Wüste. Dort sah ich eine
Frau auf einem scharlachroten Tier
sitzen, das über und über mit Namen
bedeckt war, die Gott beleidigen soll-
ten. Es hatte sieben Köpfe und zehn
Hörner. 4 Die Frau selbst trug Purpur
und scharlachrote Kleidung und alles
an ihr glitzerte von Gold, Edelsteinen
und Perlen. Sie hielt einen goldenen
Becher in der Hand, der von Abscheu-
lichkeiten überquoll und mit dem
widerlichen Dreck ihrer sexuellen Un-
moral gefüllt war. 5 Ein geheimnisvol-
ler Name stand auf ihrer Stirn: »Baby-
lon, die Große, die Mutter aller Huren
und Abscheulichkeiten der Erde.«

6 Ich sah, dass die Frau betrunken
war, berauscht vom Blut der Men-
schen, die Gott geheiligt hat und die
als Zeugen für Jesus umgebracht wor-
den waren. Erschüttert und betroffen
starrte ich sie an. 7 »Warum bist du so
betroffen?«, fragte mich der Engel.
»Ich werde dir zeigen, was das Ge-
heimnis dieser Frau ist und was sich
hinter dem Tier mit den sieben Köpfen
und zehn Hörnern verbirgt, auf dem
sie sitzt. 8 Das Tier, das du gesehen
hast, war schon einmal da. Jetzt ist es
nicht mehr da, aber es wird wieder aus
dem Abgrund heraufsteigen, um dann
endgültig ins Verderben zu gehen.
Alle Bewohner der Erde – alle außer
denen, deren Namen seit Erschaffung
der Welt im Lebensbuch stehen – wer-
den über die Rückkehr des Tieres
staunen, das schon einmal da war.

9 Hier braucht es einen Verstand,
der Weisheit von Gott hat. Die sieben
Köpfe bedeuten zunächst die sieben
Hügel, auf denen die Frau thront.
Gleichzeitig stehen sie für sieben Kö-
nige, 10 von denen fünf schon gestürzt
sind. Einer ist gerade an der Macht
und der letzte ist noch nicht gekom-
men. Wenn er dann kommt, wird er
nur eine kurze Zeit herrschen. 11 Und
das Tier, das schon einmal da war, ist
der achte König, aber zugleich auch
einer von den sieben, und es läuft sei-
nem Untergang entgegen. 12 Die zehn
Hörner, die du gesehen hast, sind
zehn Könige, die ihre Herrschaft noch
nicht angetreten haben. An der Seite
des Tieres werden sie für eine Stunde
königliche Macht erhalten. 13 Alle
verfolgen sie das gleiche Ziel und stel-
len ihre Macht und ihren ganzen Ein-
fluss dem Tier zur Verfügung. 14 Ge-
meinsam werden sie gegen das Lamm
Krieg führen. Doch das Lamm wird
sie besiegen, denn es ist Herr über alle
Herren und König über alle Könige.
Und bei ihm sind die, die Gott berufen
und ausgewählt hat, seine treuen Mit-
streiter.«

15 Und weiter erklärte mir der
Engel: »Die Wasserläufe, die du gese-
hen hast, an denen die Hure thront,
bedeuten Scharen von Menschen und
Völkern aller Sprachen und Kulturen.
16 Und die zehn Hörner, die du gese-
hen hast, und das Tier selbst werden
von Hass auf die Hure erfüllt sein. Sie

werden sie verwüsten und nackt dastehen lassen. Sie werden ihr Fleisch fressen und alles Übrige im Feuer verbrennen. 17 Denn Gott hat ihnen den Plan eingegeben, mit dem Tier gemeinsame Sache zu machen und ihm ihre Herrschaftsgewalt zu überlassen, bis sich Gottes Voraussagen erfüllt haben. 18 Die Frau, die du gesehen hast, ist die große Stadt, die über alle Könige der Erde herrscht.«

Der Untergang Babylons

18 1 Danach sah ich einen anderen Engel vom Himmel herabkommen. Er war mit großer Vollmacht ausgestattet, und die Erde wurde von seiner Herrlichkeit erleuchtet. 2 Er rief mit mächtiger Stimme: »Babylon ist gefallen! Die große Stadt ist gefallen! Sie ist zu einer Behausung für Dämonen geworden, zu einem Schlupfwinkel für böse Geister aller Art, zu einem Tummelplatz für alles unreine und Abscheu erregende Getier. 3 Alle Völker haben von dem schweren Wein ihrer gierigen sexuellen Unmoral getrunken. Die Könige der Erde haben es mit ihr getrieben, und die Kaufleute der Welt sind durch ihren verschwenderischen Luxus reich geworden.« 4 Dann hörte ich eine andere Stimme aus dem Himmel sagen: »Verlass die Stadt, mein Volk! Komm heraus, damit du nicht in ihre Sünden verstrickt wirst und ihre Plagen nicht dich treffen! 5 Denn ihre Sünden türmen sich bis zum Himmel auf, und Gott wird sie dafür zur Rechenschaft ziehen.

6 Vergeltet ihr, wie sie auch euch
vergolten hat! / Zahlt ihr doppelt
heim, was sie anderen antat! /
Gießt ihr ein doppelt so starkes
Getränk in ihren eigenen Kelch!
7 Gebt ihr so viel Qual und Trauer
wie sie in Prunk und Luxus
schwelgte!

Denn sie dachte ja: ›Ich bin Königin auf meinem Thron! Ich bin keine hilflose Witwe, mir wird nichts geschehen!‹ 8 Darum werden die Nöte des Todes und der Trauer und des Hungers an einem einzigen Tag über sie kommen und sie wird in Schutt und Asche gelegt. Denn stark ist Gott, der Herr, der sie gerichtet hat.

9 Wenn dann die Mächtigen der Erde, die sich mit ihr eingelassen und das ausschweifende Leben in vollen Zügen genossen haben, wenn sie dann den Rauch sehen, der von den brennenden Trümmern aufsteigt, werden sie klagen und jammern. 10 ›Was für ein Unglück!‹, werden sie rufen und aus Furcht vor ihrer Qual weit entfernt stehen bleiben. ›Was für ein Unglück! Babylon, du große und mächtige Stadt! In einer einzigen Stunde ist das Unglück über dich gekommen!‹

11 Auch die Kaufleute in aller Welt werden um sie klagen und trauern, denn niemand kauft ihnen ihre Waren mehr ab: 12 das Gold und das Silber, die Edelsteine und Perlen, die Gewänder aus Seide und feinem Leinen, die Purpurstoffe und scharlachroten Kleider, das Sandelholz, die Gegenstände aus Elfenbein, Edelholz, Bronze, Eisen und Marmor, 13 den Zimt und den Haarbalsam, Duftstoffe, Salböl und Weihrauch, Wein und Olivenöl, Feinmehl und Weizen, Rinder und Schafe, Pferde und Wagen, Leibeigene und Sklaven.

14 Auch dic Früchte, die du so sehr
liebtest, / gibt es nicht mehr! /
Dahin ist all dein Glanz und deine
Pracht! / Und nichts davon
kommt jemals zurück!

15 So werden die Kaufleute jammern,
die durch ihren Handel mit Babylon
reich geworden sind. Aus Furcht vor
ihrer Qual sehen sie alles aus der
Ferne an und weinen vor Trauer und
Schmerz. 16 ›Was für ein Unglück!‹,
werden sie rufen. ›Was für ein Un-
glück! Diese mächtige Stadt! Sie war
es gewohnt, sich in feines Leinen zu
kleiden, sie hüllte sich in Purpur und
scharlachrote Stoffe und schmückte
sich mit Gold, Edelsteinen und Perlen.
17 In einer einzigen Stunde ist solch
ein Reichtum verschwunden!‹
Und alle Steuerleute, alle Handels-
reisenden, alle Matrosen, überhaupt
alle, die auf See ihren Unterhalt ver-
dienten, beobachteten von fern
18 den Rauch, der von den bren-
nenden Trümmern aufstieg, und
riefen: ›An diese großartige Stadt
kam keiner heran!‹ 19 Vor Trauer
streuten sie sich Staub auf den Kopf
und klagten weinend: ›Was für ein
Unglück! Wie furchtbar für diese
großartige Stadt. Durch ihre Schät-
ze sind alle reich geworden, die
Schiffe auf dem Meer haben. Und
nun ist sie in einer einzigen Stunde
vernichtet worden!‹

20 Ihr Himmel, jubelt über ihren
Untergang! / Freut euch ihr
Heiligen, freut euch Apostel und
Propheten! / Für alles, was sie
euch antat, / hat Gott nun sein
Urteil an ihr vollstreckt!«

21 Dann hob ein starker Engel einen
Felsbrocken hoch, der so groß wie ein
Mühlstein war, und warf ihn ins Meer.
Dabei sagte er: »Genauso wird es
Babylon, der großen Stadt, ergehen.
Mit Gewalt wird sie in die Tiefe
geschleudert werden und für immer
verschwinden.

22 Nie mehr wird man Harfenklän-
ge / und Gesang in deinen Mauern
hören, / nie mehr Flötenspiel und
Trompetenklang! / Nie mehr wird
ein Handwerker in dir arbeiten; /
und das Geräusch der Mühle wird
verstummen. 23 Das Licht der
Lampen ist für immer erloschen; /
und der Jubel von Bräutigam und
Braut für immer verstummt. /
Denn deine Kaufleute waren die
Großen der Welt / und mit deiner
Magie hast du alle Völker verführt.

24 Blut klebt an ihren Händen, das
Blut von Propheten und von Men-
schen, die Gott geheiligt hat, ja das
Blut von allen, die auf der Erde er-
mordet worden sind.«

Jubel über den gerechten Richter

19 1 Danach hörte ich im Him-
mel einen gewaltigen Chor
singen und jubeln:

»Halleluja!* Gepriesen sei Gott! /
Die Rettung kommt von ihm
allein! / Unserem Gott gehört alle

19,1 *Halleluja.* Hebräischer Jubelruf: »Lobt Jahwe!«, kommt im Neuen Testament nur in diesem Kapitel vor.

Ehre und Macht! 2 Denn seine
Urteile sind wahr und gerecht. /
Die große Hure hat er hingerichtet, / die mit ihrer Unmoral die
ganze Erde verdarb, / und das
Blut seiner Diener hat er an ihr gerächt.«

3 Und von neuem klangen die Jubelrufe auf:

»Halleluja! Gepriesen sei Gott! /
Der Rauch dieser Stadt / wird
aufsteigen in alle Ewigkeit!«

4 Auch die 24 Ältesten und die vier mächtigen Wesen beteten Gott an. Sie fielen vor seinem Thron nieder und
sagten: »Amen! Halleluja!« 5 Dann
war eine Stimme zu hören, die vom Thron herkam und rief: »Lobt unseren Gott, ihr Geringen und ihr Großen, alle, die ihr ihm gehört und ihm ehrfürchtig dient!«

Die Hochzeit des Lammes

6 Dann hörte ich einen Jubelgesang, der von einem vielstimmigen Chor zu kommen schien. Er klang wie das Tosen einer starken Brandung und gleichzeitig wie lautes Donnerrollen:

»Halleluja! Gepriesen sei Gott! /
Unser Herr, der allmächtige
Gott, / hat nun die Herrschaft
angetreten! 7 Wir wollen uns
freuen und jubeln / und ihm die
Ehre geben! / Denn jetzt ist
die Hochzeit des Lammes
gekommen / und seine Braut
hat sich dafür schön gemacht,
8 eingekleidet in strahlend
weißes Leinen.«

Die feine Leinwand steht für die gerechten Taten der Heiligen.

9 Dann befahl mir der Engel: »Schreibe: Glücklich sind alle, die zum Hochzeitsmahl des Lammes eingeladen sind!« Und er fügte hinzu: »Das sind Gottes zuverlässige Worte.«
10 Da warf ich mich ihm zu Füßen, um ihn anzubeten. Aber er sagte zu mir: »Tu das nicht! Ich bin auch nur ein Diener Gottes wie du und deine Brüder, die ihr an der Botschaft von Jesus festhaltet. Bete Gott an! Denn die prophetische Botschaft ist die Botschaft von Jesus.«

Christus, der Sieger

11 Dann sah ich den Himmel geöffnet und auf einmal erschien ein weißes Pferd. Der Reiter heißt »der Treue und Wahrhaftige«. Er führt einen gerechten Krieg und richtet gerecht. 12 Seine
Augen lodern wie Feuerflammen, auf seinem Kopf trägt er eine Krone, die aus vielen Diademen* besteht, und an seiner Stirn steht ein Name, dessen Bedeutung nur er selber kennt.
13 Sein Mantel ist voller Blut. Er heißt
»das Wort Gottes«. 14 Die Heere des
Himmels folgen ihm. Sie reiten auf weißen Pferden und sind in reines
weißes Leinen gekleidet. 15 Aus dem
Mund des Reiters kommt ein scharfes Schwert heraus, mit dem er die Völker besiegen wird. Und mit eisernem Zepter wird er über sie herrschen. Er

19,12 Ein *Diadem* ist keine Krone sondern ein schmales Band aus Seide, Leinen oder Edelmetall, das oft mit Perlen oder Edelsteinen besetzt ist. Es symbolisiert königliche Würde und Macht.

vollstreckt den furchtbaren Zorn des
allmächtigen Gottes und wird die
Völker wie reife Trauben in der Kelter
zertreten. 16 Auf der Seite seines
Mantels steht noch ein Name: »König
der Könige und Herr der Herren!«

17 Dann sah ich einen Engel in der
Sonne stehen, der allen Vögeln, die
oben am Himmel flogen, laut zurief:
»Kommt her! Sammelt euch zum
großen Mahl, das Gott euch gibt.
18 Fresst euch satt am Fleisch von
Königen und Generälen, fresst das
Fleisch von Mächtigen, von Pferden
und ihren Reitern, fresst das Fleisch
von Freien und Sklaven, von Großen
und Geringen!«

19 Schließlich sah ich, wie das Tier
die Könige der Erde zusammen-
brachte, und wie sie mit ihren Hee-
ren gegen den Reiter auf dem weißen
Pferd und seinem Heer in den Kampf
zogen. 20 Doch das Tier wurde ge-
fangen genommen und mit ihm
der falsche Prophet, der unter den
Augen des Tieres all die auffälligen
Wunder getan hatte, durch die alle
verführt worden waren, die das Zei-
chen des Tieres angenommen und
sein Standbild angebetet hatten.
Beide wurden lebendig in den Feuer-
see geworfen, einen See der mit
brennendem Schwefel gefüllt ist.
21 Alle anderen wurden mit dem
Schwert umgebracht, das aus dem
Mund des Reiters auf dem weißen
Pferd kam. Und alle Vögel fraßen
sich an ihrem Fleisch satt.

Die tausendjährige Herrschaft

20 1 Dann sah ich einen Engel
aus dem Himmel herabstei-
gen, der den Schlüssel zum Abgrund
und eine schwere Kette in der Hand
hatte. 2 Er packte den Drachen, die
uralte Schlange, die auch Teufel oder
Satan genannt wird, und legte ihn
für tausend Jahre in Ketten. 3 Dann
warf er ihn in den Abgrund, ver-
schloss den Eingang und versiegelte
ihn, sodass der Teufel bis zum Ablauf
der tausend Jahre die Völker nicht
mehr verführen konnte. Danach
muss er nach dem Willen Gottes
noch einmal für kurze Zeit losgelas-
sen werden.

4 Dann sah ich Throne und sah,
wie alle, die darauf Platz nahmen, er-
mächtigt wurden, Gericht zu halten.
Ich sah auch die Seelen derer, die
enthauptet worden waren, weil sie
sich zur Botschaft von Jesus bekannt
hatten und öffentlich für Gottes
Wort eingetreten waren. Sie hatten
das Tier und sein Standbild nicht an-
gebetet und das Kennzeichen des
Tieres an Hand oder Stirn nicht an-
genommen. Jetzt wurden sie wieder
lebendig und herrschten tausend
Jahre lang zusammen mit dem
Messias. 5 Das ist die erste Aufer-
stehung. Die übrigen Toten wurden
erst nach dem Ende der tausend
Jahre zum Leben erweckt. 6 Alle, die
an dieser ersten Auferstehung teil-
haben dürfen, sind glücklich zu prei-
sen. Sie gehören zu Gottes heiligem
Volk und der zweite Tod wird keine
Macht über sie haben. Sie werden
Gott und Christus als Priester dienen
und die tausend Jahre zusammen
mit Christus regieren.

Der letzte Aufstand gegen Gott

7 Wenn die tausend Jahre dann
vorüber sind, wird Satan aus seinem

Gefängnis freigelassen. 8 Er wird in
alle vier Himmelsrichtungen loszie-
hen, um die Völker der ganzen Erde,
die Gog und Magog* genannt wer-
den, zu verführen. Er wird sie dazu
bringen, gemeinsam in den Krieg zu
ziehen. Ihre Zahl wird sein wie der
Sand am Meer. 9 Sie werden die Erde
überschwemmen und das Heerlager
der Heiligen und die von Gott geliebte
Stadt umzingeln. Doch dann wird
Feuer vom Himmel fallen und sie ver-
nichten. 10 Und der Teufel, der sie ver-
führt hatte, wird in den Feuersee ge-
worfen, den See, der mit brennendem
Schwefel gefüllt ist, in dem sich schon
das Tier und der falsche Prophet be-
finden. Dort werden sie für immer
und ewig Tag und Nacht schreckliche
Qualen erleiden.

Das Weltgericht

11 Dann sah ich einen großen weißen
Thron und sah, wie Erde und Himmel
vor dem, der darauf saß, entflohen.
Sie konnten seine Gegenwart nicht
ertragen und verschwanden ohne
Spur. 12 Vor dem Thron aber sah
ich die Toten stehen, die Geringen
und die Großen. Es wurden Bücher
aufgeschlagen, in denen alle Taten
aufgeschrieben sind. Und aufgrund
dieser Eintragungen wurden die
Toten gerichtet. Jeder bekam das
Urteil, das seinen Taten entsprach.
Gleichzeitig wurde noch ein anderes
Buch geöffnet: das Buch des Lebens.
13 Auch das Meer gab seine Toten her-
aus, ebenso der Tod und der Hades.
Jeder Einzelne bekam das Urteil, das
seinen Taten entsprach. 14 Schließlich
wurde der Tod selbst in den Feuersee
geworfen, und der Hades* dazu. Der
Feuersee ist der zweite Tod. 15 Wenn
also jemand nicht im Buch des Lebens
eingetragen war, wurde er in den
Feuersee geworfen.

Das neue Jerusalem

21 1 Dann sah ich einen ganz
neuen Himmel und eine völlig
neuartige Erde. Der erste Himmel und
die erste Erde waren vergangen, auch
das Meer gab es nicht mehr. 2 Ich sah,
wie die heilige Stadt, das neue Jerusa-
lem, von Gott aus dem Himmel herab-
kam. Sie war schön wie eine Braut, die
sich für ihren Bräutigam geschmückt
hat. 3 Und vom Thron her hörte ich
eine laute Stimme rufen: »Jetzt ist
Gottes Wohnung* bei den Menschen.
Unter ihnen wird er wohnen und sie
werden alle sein Volk sein. Gott selbst
wird als ihr Gott bei ihnen sein. 4 Jede
Träne wird er von ihren Augen
wischen. Es wird keinen Tod mehr
geben und auch keine Traurigkeit,
keine Klage, keinen Schmerz. Was
früher war, ist für immer vorbei.«

Wort an die Leser

5 »Seht, ich mache alles ganz neu!«,
sagte der, der auf dem Thron saß, und
wandte sich dann zu mir: »Schreib

20,8 *Gog und Magog*. Symbolische Namen für alle Völker der Endzeit, die Gott feindlich gegenüberstehen. Vergleiche Hesekiel 38-39.

20,14 *Hades*. Siehe Fußnote zu Offenbarung 6,8.

21,3 Das griechische Wort für *Wohnung* bedeutet auch Zelt und ruft das Zeltheiligtum der Israeliten in der Zeit der Wüstenwanderung in Erinnerung.

diese Worte auf! Sie sind wahr und
zuverlässig.« 6 Und er fuhr fort: »Nun
ist alles erfüllt. Ich bin das Alpha und
das Omega*, der Ursprung und das
Ziel. Wer Durst hat, dem werde ich
umsonst zu trinken geben: Wasser
aus der Quelle des Lebens. 7 Wer den
Kampf besteht, wird das alles erben.
Ich werde sein Gott und er wird mein
Sohn sein. 8 Aber die Feiglinge, die
Treulosen und die, die sich mit ab-
scheulichen Dingen abgeben, die se-
xuell unmoralisch leben, und alle, die
okkulte Praktiken ausüben, die Mör-
der, die Götzendiener und alle Lügner
– sie erwartet der See, der mit bren-
nendem Schwefel gefüllt ist, das
heißt: der zweite Tod.«

Beschreibung der Stadt

9 Einer von den sieben Engeln, die die
Schalen mit den sieben letzten Plagen
ausgeschüttet hatten, kam zu mir und
sagte: »Komm her! Ich will dir die
Braut des Lammes zeigen, die Frau,
die zu ihm gehört.« 10 Dann nahm er
mich im Geist auf einen sehr hohen
Berg mit und zeigte mir die heilige
Stadt Jerusalem, die von Gott aus dem
Himmel herabgekommen war. 11 Got-
tes Herrlichkeit erfüllte sie, und sie
leuchtete wie ein überaus kostbarer
Edelstein, sie funkelte wie ein Dia-
mant. 12 Die Stadt war von einer sehr
hohen Mauer umgeben und hatte
zwölf Tore, auf denen zwölf Namen
standen, die Namen der zwölf Stämme
Israels. Sie wurden von zwölf Engeln
bewacht. 13 Drei Tore gingen nach
Osten, drei nach Norden, drei nach
Süden und drei nach Westen. 14 Die
Stadtmauer war auf zwölf Grund-
steinen errichtet, auf denen ebenfalls
zwölf Namen standen, die Namen der
zwölf Apostel des Lammes.

15 Der Engel, der mit mir sprach,
hatte einen goldenen Messstab in der
Hand, womit er die Stadt, die Tore und
ihre Mauern ausmessen wollte. 16 Die
Stadt war quadratisch angelegt,
Länge und Breite waren gleich. Als er
die Stadt ausmaß, ergaben sich je
2200 Kilometer* in Länge, Breite und
Höhe. 17 Dann maß er die Höhe der
Stadtmauer. Sie betrug, nach mensch-
lichem Maß gerechnet, wie der Engel
es gebrauchte, 72 Meter*. 18 Die
Mauer bestand aus Diamant*. Die
Stadt selbst war aus reinem Gold ge-
baut, das wie Kristallglas schimmerte.
19 Die Fundamente der Stadtmauer
waren mit verschiedenartigsten kost-
baren Steinen geschmückt. Beim ers-
ten Grundstein war es Diamant, beim
zweiten Saphir, beim dritten Rubin,
beim vierten Smaragd, 20 beim fünf-
ten Achat, beim sechsten Karneol,
beim siebten Chrysolith, beim achten
Beryll, beim neunten Topas, beim

21,6 *Alpha und Omega*. Erster und letzter Buchstabe des griechischen Alphabets.

21,16 *2200 Kilometer*. 12.000 Stadien. Ein Stadion ist die Strecke von 185 m. Alle im Text angegebenen Maße sind durch 12 teilbar.

21,17 *72 Meter*. Wörtlich: 144 Ellen.

21,18 *Diamant*. Der in Offenbarung 21, 11.18-19 erwähnte Edelstein wird im Griechischen als *Jaspis* bezeichnet, aber gleichzeitig als überaus glänzend und wertvoll beschrieben. Diese Eigenschaften treffen viel mehr auf den *Diamant* zu, als auf den heute bekannten minderwertigen Halbedelstein Jaspis, der undurchsichtig und bräunlich bis grün gefärbt ist.

zehnten Chrysopras, beim elften Hya-
zinth, beim zwölften Amethyst. 21 Die
zwölf Stadttore bestanden aus zwölf
Perlen, jedes Tor war aus einer einzi-
gen Perle geformt. Die Hauptstraße
war aus reinem Gold, durchsichtig wie
Kristallglas.
22 Einen Tempel sah ich nicht in der
Stadt. Der Herr selbst ist ihr Tempel,
der allmächtige Gott und das Lamm.
23 Die Stadt braucht weder Sonne
noch Mond, damit es hell in ihr wird.
Ihr Licht ist das Lamm, und die Herr-
lichkeit Gottes erleuchtet sie. 24 Die
Völker der Erde werden in ihrem Licht
leben, und ihre Könige werden kom-
men und ihren Reichtum in die Stadt
tragen. 25 Ihre Tore werden den gan-
zen Tag offen stehen, ja noch mehr:
Weil es dort keine Nacht gibt, werden
sie immer offen sein. 26 Die herrlichs-
ten Schätze und Kostbarkeiten der
Völker werden in die Stadt gebracht.

Wort an die Leser

27 In diese Stadt wird nie etwas Un-
reines kommen. Wer immer wieder
tut, was Gott verabscheut, wer vom
Lügen bestimmt ist, wird niemals
dort hineinkommen, sondern nur
der, der im Lebensbuch des Lammes
eingetragen ist.

Beschreibung der Stadt

22 1 Der Engel zeigte mir auch
einen kristallklaren Strom,
der aus dem Thron von Gott und dem
Lamm hervorkam. Es war der Strom
mit dem Wasser des Lebens, 2 der in
der Mitte der Hauptstraße durch die
Stadt floss. An seinen beiden Ufern
wuchs der Baum des Lebens, der
zwölfmal im Jahr Früchte trägt,
jeden Monat einmal, und dessen
Blätter zur Gesundheit der Völker
dienen. 3 Dort wird es nichts mehr
geben, was unter dem Fluch Gottes
steht. Der Thron von Gott und dem
Lamm wird in der Stadt sein und ihre
Bewohner werden ihm als Priester
dienen. 4 Sie werden sein Gesicht
sehen und seinen Namen an ihren
Stirnen tragen. 5 Dann wird es keine
Nacht mehr geben, so dass man
keine Beleuchtung mehr braucht,
nicht einmal das Sonnenlicht. Denn
Gott, der Herr, wird über ihnen
leuchten. Und sie werden als Könige
in alle Ewigkeit herrschen.

Schlusswort an die Leser

6 Er sprach zu mir: »Alles, was dir ge-
sagt wurde, ist wahr und zuverlässig.
Der Herr selbst – der Gott, dessen
Geist durch die Propheten spricht –
hat seinen Engel gesandt, um seinen
Dienern zu zeigen, was bald ge-
schehen muss. 7 Gebt acht! Ich
komme bald! Jeder, der sich nach den
prophetischen Worten dieses Buches
richtet, ist glücklich zu nennen.«
8 Ich, Johannes, habe alles gesehen
und gehört, was hier berichtet ist.
Überwältigt von dem, was ich gehört
und gesehen hatte, warf ich mich vor
dem Engel nieder, der mir das alles ge-
zeigt hatte, und wollte ihn anbeten.
9 Doch er sagte: »Tu das nicht! Ich bin
ein Diener Gottes genauso wie du und
deine Brüder, die Propheten, und wie
alle, die sich nach den Worten dieses
Buches richten. Bete Gott an!«
10 Dann sagte er zu mir: »Versiegle
dieses Buch nicht! Halte seine prophe-
tischen Worte nicht geheim, denn sie

werden sich bald erfüllen! *11* Wer
Böses tut, mag es weiterhin tun, wer
an schmutzigen Dingen Gefallen hat,
mag sich weiter beschmutzen. Wer
aber gerecht ist, soll weiter gerecht
handeln und wer heilig ist, soll weiter-
hin ein geheiligtes Leben führen. *12* Ja,
ich komme bald. Und ich bringe jedem
den Lohn mit, der seinen Taten ent-
spricht. *13* Ich bin das Alpha und das
Omega, der Erste und der Letzte, der
Ursprung und das Ziel.«

14 Wie glücklich werden dann alle
sein, die ihre Kleider gewaschen
haben. Die Tore der Stadt werden
ihnen offenstehen und sie haben das
Recht, vom Baum des Lebens zu
essen. *15* Doch die Hunde* müssen
draußen bleiben und mit ihnen alle,
die okkulte Praktiken betreiben oder
in sexueller Unmoral leben, alle Mör-
der und Götzenanbeter, überhaupt
alle, die sich für die Lüge entschieden
haben, die sie lieben und tun.

Jesus selbst bürgt für die Wahrheit

16 »Ich, Jesus, habe meinen Engel
gesandt, damit diese Botschaft den
Gemeinden bekanntgemacht wird.
Ich bin der Wurzelspross und Nach-
komme Davids, der glänzende Mor-
genstern.«

17 Der Geist Gottes und die Braut
rufen: »Komm!« Und wer es hört, soll
in den Ruf mit einstimmen: »Komm!«
Und wer Durst hat, der komme.
Wer will, der trinke vom Wasser des
Lebens! Er bekommt es umsonst.

18 Ich erkläre jedem, der die prophe-
tische Botschaft dieses Buches hört:
»Wenn jemand etwas zu dem hinzu-
fügt, was hier geschrieben steht, dem
wird Gott die Plagen zufügen, die
in diesem Buch beschrieben sind.
19 Und wenn jemand irgendetwas von
den prophetischen Worten dieses
Buches unterschlägt, dem wird Gott
das wegnehmen, was ihm in diesem
Buch als Anteil zugesprochen ist,
das Recht, in der heiligen Stadt zu
wohnen und vom Baum des Lebens
zu essen.«

20 Der, der sich für die Wahrheit
dieser Dinge verbürgt, sagt: »Ja, ich
komme bald!« – »Amen, komm doch,
Herr Jesus!« *21* Die Gnade des Herrn
Jesus sei mit allen!

22,15 *Hunde.* Ein Ausdruck, der nach Philipper 3,2 dem Evangelium feindliche Personen bezeichnet, nach 5. Mose 23,18-19 sogar männliche Prostituierte.

Bibelleseplan

In einem Jahr durch die ganze Bibel

Mit dem nachstehenden Bibelleseplan kann man in einem Jahr die ganze Bibel lesen. Die Reihenfolge und Zusammenstellung der Texte richtet sich nach dem Bibellesebuch »Neue Tiefenschärfe« von Karl-Heinz Vanheiden (Christliche Verlagsgesellschaft mbH, Dillenburg 2010, ISBN 978-3-89436-818-0). Die Einteilung versucht, Zusammenhänge der Bibel zu bewahren und für Abwechslung beim Lesen zu sorgen, indem z. B. die Psalmen (ausgenommen Psalm 119) über das ganze Jahr hinweg verteilt gelesen werden. Den Psalm 119 liest man am besten versweise an den ersten 176 Tagen dazu (an jedem Tag einen Vers).

Die Tage eines Jahres sind in der Tabelle von 1 bis 365 durchgezählt (**Spalte 2**). Die Kapitelangaben (**Spalte 3**) beziehen sich jeweils auf das vorher fett gedruckte Bibelbuch. Über den ganzen Plan hinweg gestreute einzelne Texte wie z.B. die Psalmen sind kursiv gedruckt. Die Gesamtzahl der an einem Tag zu lesenden Verse ist in **Spalte 4** angegeben und soll den Leseumfang vermitteln. Jede angegebene Textpassage kann mit Hilfe des Kästchens in **Spalte 1** als gelesen markiert werden. So bleiben ggf. nicht gelesene Texte erkennbar und können später noch gelesen werden.

	Tag	Bibeltexte	Verse
		1. Mose	
☐	001	1-3	80
☐	002	4-6	80
☐	003	7-9	
☐		*Psalm 104*	110
☐	004	10-11	
☐		*Psalm 5*	77
☐	005	12-14	62
☐	006	15-17	64
☐	007	18-20	89
☐	008	21-23	78
☐	009	24	
		Hiob	
☐		1-2	102
☐	010	3-5	74
☐	011	6-8	73
☐	012	9-11	77
☐	013	12-15	110
☐	014	16-19	88
☐	015	20-22	93
☐	016	23-26	62
☐	017	27-30	107
☐	018	31-33	95
☐	019	34-37	110
☐	020	*Psalm 88*	

	Tag	Bibeltexte	Verse
☐		38-39	90
☐	021	40-42	75
		1. Mose	
☐	022	25-27	115
☐	023	28-30	100
☐	024	31-33	107
☐	025	34-36	103
☐	026	37-40	112
☐	027	41-43	129
☐	028	44-46	
☐		*Psalm 128*	102
☐	029	47-50	112
		Lukas	
☐	030	1-2	132
☐	031	3-5	121
☐	032	6-7	99
☐	033	8-9	118
☐	034	10-11	96
☐	035	12-13	
☐		*Psalm 117*	96
☐	036	14-16	98
☐	037	17-19	128
☐	038	20-22,1-38	123
☐	039	22,39-71	
☐		23,1-43	

	Tag	Bibeltexte	Verse
☐		*Psalm 31*	101
☐	040	23,44-56	
☐		24	
☐		*Psalm 24*	119
		2. Mose	
☐	041	1-4	100
☐	042	5-7	82
☐	043	8-10	92
☐	044	11-13	83
☐	045	14-16	94
☐	046	17-19	68
☐	047	20-23	126
☐	048	24-26	95
☐	049	27-28	
☐		*Psalm 11*	71
☐	050	29-30	
☐		*Psalm 15*	89
☐	051	31-34	111
☐	052	35-36	
☐		*Psalm 84*	86
☐	053	37-38	
☐		*Psalm 20*	70
☐	054	39-40	
☐		4Mo 9,15-23	
☐		*Psalm 23*	96

Bibelleseplan

		Apostelgeschichte	
☐	055	1-2	
☐		*Psalm 16*	84
☐	056	3-4	
☐		*Psalm 2*	
☐		5	117
☐	057	6-8	115
☐	058	9-11	121
		3. Mose	
☐	059	1-3	
☐		*Psalm 6*	61
☐	060	4-5	
☐		*Psalm 25*	83
☐	061	6-7	
☐		*Psalm 33*	83
☐	062	8-10	80
☐	063	11-13	114
☐	064	14-15	
☐		*Psalm 130*	98
☐	065	16-18	80
☐	066	19-20	
☐		*Psalm 36*	77
☐	067	21-22	
☐		*Psalm 47*	67
☐	068	*Psalm 92*	
☐		23-24	83
☐	069	25	
☐		*Psalm 105*	100
☐	070	*Psalm 50*	
☐		26-27	103
		Apostelgeschichte	
☐	071	12	
		Jakobus	
☐		1-2	78
☐	072	*Psalm 133*	
☐		3-5	58
		4. Mose	
☐	073	9,1-14	
☐		1-2	102
☐	074	3-4	
☐		*Psalm 37*	140
☐	075	5-6	
☐		*Psalm 38*	
☐	076	7-8	
☐		*Psalm 42*	127
☐	077	10-11	
☐		*Psalm 12*	80
☐	078	12-14	
☐		*Psalm 13*	100
☐	079	15-17	104
☐	080	18-19	
☐		*Psalm 27*	68
☐	081	20-21	
☐		*Psalm 39*	78
☐	082	22-24	
☐		*Psalm 131*	99
☐	083	25-27	106
☐	084	28-29	

☐		*Psalm 65*	84
☐	085	30-31	
☐		*Psalm 58*	84
☐	086	32-33,1-49	
☐		*Psalm 66*	111
☐	087	33,50-56	
☐		34-36	
☐		*Psalm 81*	100
		Apostelgeschichte	
☐	088	13-14	
☐		*Gal 2,1-14*	94
		Galater	
☐	089	1-4	105
☐	090	5-6	
☐		*Apg. 15,1-35*	79
		5. Mose	
☐	091	1-2	
☐		*Psalm 106*	131
☐	092	3-4	
☐		*Psalm 68*	114
☐	093	5-7	84
☐	094	8-10	
☐		*Psalm 10*	89
☐	095	11-12	
☐		*Psalm 9*	84
☐	096	13-14	
☐		*Psalm 64*	59
☐	097	15-16	
☐		*Psalm 63*	57
☐	098	17-19	
☐		*Psalm 49*	84
☐	099	20-22	
☐		*Psalm 53*	79
☐	100	23-24	
☐		*Psalm 17*	63
☐	101	25-27	64
☐	102	28	
☐		*Psalm 73*	97
☐	103	29-31,1-8	
☐		*Psalm 43*	62
☐	104	31,9-30	
☐		32	
☐		*Psalm 67*	82
☐	105	33-34	
☐		*Psalm 90*	58
		Matthäus	
☐	106	1-4	90
☐	107	5-7	111
☐	108	8-10	114
☐	109	11-13	138
☐	110	14-16	103
☐	111	17-19	92
☐	112	20-22	
☐		*Psalm 110*	133
☐	113	23-25	136
☐	114	26-28	161
		Josua	
☐	115	1-4	83

☐	116	5-7	68
☐	117	8-10	105
☐	118	11-12	
☐		*Psalm 91*	63
☐	119	13-14	
☐		*Psalm 71*	72
☐	120	15	
☐		*Psalm 78*	135
☐	121	16-19	
☐		*Psalm 100*	112
☐	122	20-21	
☐		*Psalm 28*	63
☐	123	22-24	83
		Apostelgeschichte	
☐	124	16-18	102
		1. Thessalonicher	
☐	125	1-5	89
		2. Thessalonicher	
☐	126	1-3	47
		Richter	
☐	127	1-3	90
☐	128	4-5	
☐		*Psalm 114*	63
☐	129	6-8	100
☐	130	9-11	115
☐	131	12-15	80
☐	132	16-18	75
☐	133	19-21	103
		Rut	
☐	134	*Richter 6,1-5*	
☐		1-4	90
		1. Samuel	
☐	135	1-3	85
☐	136	4-7	72
☐	137	8-11	91
☐	138	12-14	100
☐	139	15-17	116
☐	140	18-20	
☐		*Psalm 59*	114
☐	141	21	
☐		*Psalm 34*	
☐		22	
☐		*Psalm 52*	73
☐	142	23	
☐		*Psalm 54*	
☐		24	
☐		*Psalm 57*	72
☐	143	25-27	
☐		*Psalm 56*	95
☐	144	28-31	80
		2. Samuel	
☐	145	1-3	98
☐	146	4	
☐		*Psalm 26*	
☐		5-6	72
☐	147	7	
☐		*Psalm 21*	
☐		8-9	74

☐	148	10-12	
☐		*Psalm 51*	98
☐	149	13-14	
☐		*Psalm 120*	79
☐	150	15	
☐		*Psalm 3*	
☐		16	
☐		*Psalm 7*	87
☐	151	17	
☐		*Psalm 41*	
☐		18	75
☐	152	19-20	
☐		*Psalm 109*	101
☐	153	21-22	
☐		*Psalm 139*	97
☐	154	23-24	
☐		*Psalm 62*	77
		1. Korinther	
☐	155	1-3	70
☐	156	4-6	54
☐	157	7-9	80
☐	158	10-11	
☐		*Psalm 141*	77
☐	159	12-14	84
☐	160	15-16	82
		1. Könige	
☐	161	1-3	127
		Hoheslied	
☐	162	1-4	61
☐	163	5-8	56
		1. Könige	
☐	164	4-6	90
☐	165	7-8	117
		Sprüche	
☐	166	1-4	117
☐	167	5-6	58
☐	168	7-9	81
☐	169	10-12	91
☐	170	*1. Könige 9*	
☐		13-14	88
☐	171	15-17	94
☐	172	*1. Könige 10*	
☐		18-20	112
☐	173	21-22,1-16	
☐		*1. Könige 11*	90
		Prediger	
☐	174	1-4	83
☐	175	5-8	77
☐	176	9-12	62
		Sprüche	
☐	177	22,17-29	
☐		23-24,1-34	82
☐	178	25-28	111
☐	179	29-31	91
		2. Korinther	
☐	180	*Apostelg. 19*	
☐		1-2	82
☐	181	3-6	75

☐	182	7-9	55
☐	183	10-13	85
		1. Könige	
☐	184	Psalm 127	
☐		12-14	103
☐	185	15-17	92
☐	186	18-19	
☐		*Psalm 55*	91
☐	187	20-22	126
		2. Könige	
☐	188	1-3	70
☐	189	4-5	71
☐	190	6-8,1-24	
☐		*Psalm 83*	96
	191	**Obadja** 1	
☐		8,25-29	
☐		9-10	99
☐	192	11	
☐		**Joel** 1-4	93
		Römer	
☐	193	1-3	
☐		*Psalm 14*	99
☐	194	4-5	
☐		*Psalm 32*	57
☐	195	6-8	87
☐	196	9-11	
☐		*Psalm 19*	105
☐	197	12-14	58
☐	198	*Psalm 69*	
☐		15-16	97
		2. Könige	
☐	199	12-14	76
		Jona	
☐	200	1-4	48
		Amos	
☐	201	1-4	59
☐	202	5-9	87
		Hosea	
☐	203	1-4	58
☐	204	5-9	73
☐	205	10-14	66
		Micha	
☐	206	1-7	105
		Apostelgeschichte	
☐	207	20-22	108
☐	208	23-25	89
		1. Timotheus	
☐	209	1-3	
☐		*Psalm 103*	73
☐	210	4-6	62
		2. Könige	
☐	211	15-17	100
		Jesaja	
☐	212	1-3	79
☐	213	4-5	
☐		*Psalm 75*	
☐		6	60
☐	214	7-9	68

☐	215	10-12	56
☐	216	13-16	77
☐	217	17-20	52
☐	218	21-23	60
☐	219	24-27	69
☐	220	28-30	86
☐	221	31-35	80
☐	222	36-39	90
☐	223	40-41	60
☐	224	42-44	81
☐	225	45-48	75
☐	226	49-51	60
☐	227	52-54	44
☐	228	55-57	46
☐	229	58-60	57
☐	230	61-63	42
☐	231	64-66	60
		Markus	
☐	232	1-3	108
☐	233	4-6,1-29	113
☐	234	6,30-56	
☐		7-8	102
☐	235	9-11,1-11	103
☐	236	11,12-44	
☐		12-13	103
☐	237	14-15,1-38	110
☐	238	*Psalm 22*	
☐		15,39-47	
☐		16	61
		2. Könige	
☐	239	18-20	
☐		*Psalm 87*	102
☐	240	21-23	83
		Nahum	
☐	241	1-3	47
		1. Petrus	
☐	242	1-2	
☐		*Psalm 129*	58
☐	243	3-5	55
		Jeremia	
☐	244	1-3	81
☐	245	4-6	92
☐	246	7-10	107
☐	247	11,1-17	
☐		*Psalm 35*	
☐		11,18-23	
☐		12,1-13	64
☐	248	**Zefanja** 1-3	53
		Jeremia	
☐	249	*Psalm 79*	
☐		12,14-17	
☐		13-15	87
☐	250	16-18	71
☐	251	19-21	47
☐	252	22-23	
☐		*Psalm 45*	88
☐	253	24-26	72
☐	254	27-29	71

Bibelleseplan

☐	255	30-31	
☐		*Psalm 125*	69
☐	256	32-33	
☐		*Psalm 111*	80
☐	257	34-36	73
☐	258	37-39	67
☐	259	40-42	56
☐	260	43-45	
☐		*Psalm 124*	54
		Apostelgeschichte	
☐	261	26-28	107
☐	262	**Titus** 1-3	46
☐	263	**Habakuk** 1-3	56
		Epheser	
☐	264	1-3	66
☐	265	4-6	89
		Jeremia	
☐	266	46-48	82
☐	267	49-50	85
☐	268	51	
☐		*2. Kön. 24-25*	114
		Kolosser	
☐	269	1-2	52
☐	270	3-4	
		Philemon 1	68
		Jeremia	
☐	271	52	
		Klagelieder	
☐		1-2	78
☐	272	3-5	110
☐	273	**Philipper** 1-4	104
		Hesekiel	
☐	274	1-3	
☐		*Psalm 99*	74
☐	275	4-7	75
☐	276	8-11	76
☐	277	12-14	
☐		*Psalm 102*	103
☐	278	15-16	
☐		*Psalm 112*	81
☐	279	17-18	
☐		*Psalm 1*	62
☐	280	19-20	
☐		*Psalm 115*	76
☐	281	21-22	
☐		*Psalm 86*	85
☐	282	23-24	
☐		*Psalm 116*	95
☐	283	25-26	
☐		*Psalm 94*	61
☐	284	27-28	
☐		*Psalm 93*	67
☐	285	29-30	
☐		*Psalm 97*	59
☐	286	31-32	
☐		*Psalm 101*	58
☐	287	33-34	
☐		*Psalm 107*	107
☐	288	35-36	
☐		*Psalm 108*	67
☐	289	37-39	80
		2. Timotheus	
☐	290	1-2	
☐		*Psalm 143*	56
☐	291	3-4	
☐		*Psalm 70*	45
		Hesekiel	
	292	40-41	
☐		*Psalm 132*	93
☐	293	42-43	
☐		*Psalm 74*	70
☐	294	44-45	
☐		*Psalm 122*	65
☐	295	46-48	82
☐	296	**2. Petrus** 1-3	
☐		*Psalm 148*	75
		Daniel	
☐	297	1-2	
☐		*Psalm 121*	78
☐	298	3-4	
☐		*Psalm 146*	77
☐	299	5-6	
☐		*Psalm 142*	67
☐	300	7-9	82
☐	301	10-12	79
		Hebräer	
☐	302	1-3	
☐		*Psalm 8*	61
☐	303	4-6	
☐		*Psalm 95*	61
☐	304	7-9	69
☐	305	10-11	
☐		*Psalm 40*	97
☐	306	12-13	
☐		**Judas** 1	79
		Esra	
☐	307	1-3	94
☐	308	*Psalm 126*	
☐		4,1-5.26	
☐		**Haggai** 1-2	50
		Sacharja	
☐	309	1-4	58
☐	310	5-8	
☐		*Psalm 96*	76
☐	311	9-11	
☐		*Psalm 44*	73
☐	312	12-14	
☐		*Psalm 77*	65
		Esra	
☐	313	5-6	
☐		*Psalm 118*	68
		Johannes	
☐	314	1-3	112
☐	315	4-5	
☐		*Psalm 136*	127
☐	316	6-7	124
☐	317	8-9	
☐		*Psalm 4*	109
☐	318	10-12	149
☐	319	13-15	96
☐	320	16-18	99
☐	321	19-21	98
		Ester	
☐	322	1-5	91
☐	323	6-10	76
☐		**Esra**	
☐	324	7-8	
☐		*Psalm 85*	78
☐	325	4,6-23	
☐		9-10	77
		Nehemia	
☐	326	1-3	69
☐	327	4-6	55
☐	328	7-9	128
☐	329	10-13	154
		Maleachi	
☐	330	**Maleachi** 1-3	55
	331	**1. Johannes**	
☐		1-3	
☐		*Psalm 30*	76
☐	332	4-5	
☐		**2. Johannes** 1	
☐		**3. Johannes** 1	70
		1. Chronik	
☐	333	1-2	
☐		*Psalm 76*	122
☐	334	3-4	
☐		*Psalm 29*	78
☐	335	5-6	
☐		*Psalm 80*	127
☐	336	7-8	
☐		*Psalm 123*	84
☐	337	9-10	
☐		*Psalm 18*	109
☐	338	11-12	
☐		*Psalm 61*	97
☐	339	13-16	103
☐	340	17-20	71
☐	341	*Psalm 60*	
☐		21-22	63
☐	342	23-24	
☐		*Psalm 134*	66
☐	343	25-27	
☐		*Psalm 82*	105
☐	344	28-29	
☐		*Psalm 72*	71
		2. Chronik	
☐	345	1-3	
☐		*Psalm 46*	64
☐	346	4-5	
☐		*Psalm 113*	45
☐	347	6-7	
☐		*Psalm 137*	73
☐	348	8-9	

☐		*Psalm 138*	57
☐	349	10-12	
☐		*Psalm 89*	111
☐	350	13-16	70
☐	351	17-19	101
☐	352	*Psalm 48*	
☐		20-23	105
☐	353	24-26	78
☐	354	27-28	
☐		*Psalm 140*	50
☐	355	29-30	
☐		*Psalm 135*	84
☐	356	31-32	
☐		*Psalm 149*	63
☐	357	33-34	
☐		*Psalm 145*	79
☐	358	35	
☐		*Psalm 144*	
☐		36	65
☐		**Offenbarung**	
☐	359	1-3	71
☐	360	4-7	59
☐	361	8-10	45
☐	362	11-13	55
☐	363	14-16	
☐		*Psalm 98*	58
☐	364	17-19	
☐		*Psalm 147*	83
☐	365	20-22	
☐		*Psalm 150*	69

Karten und Übersichten

Der Kalender Israels im Vergleich zum christlichen Kalender

Das israelische Jahr zählt 353-355 Tage, d.h. 12 Monate mit je 29 bzw. 30 Tagen. Um den Unterschied zum Sonnenjahr auszugleichen, wird in jedem 3., 6., 8., 11., 14., 17. und 19. Jahr ein zusätzlicher zweiter Monat Adar eingeschoben.

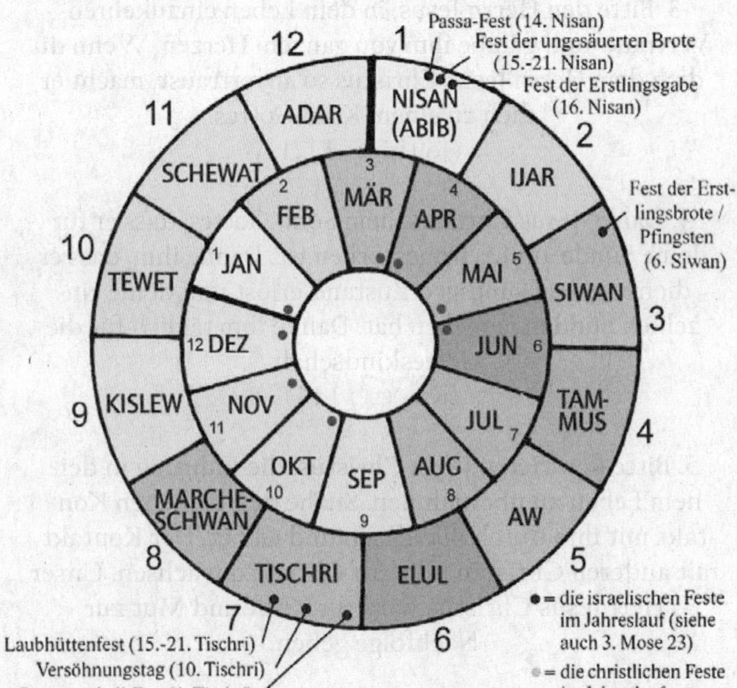

Wie werde ich Christ?

Du hältst die Bibel – Gottes Wort – in deinen Händen. Doch was heißt das für dich? Wie geht es mit deinem Leben nun weiter?
Wenn du wissen möchtest, wie du dein Leben ganz persönlich mit Jesus beginnen kannst, können dir diese 5 Schritte dabei helfen:

1. Wende dich an Jesus Christus und sag ihm alles im Gebet. Er versteht und liebt dich. (Matthäus 11,28)

2. Sag ihm, dass du bisher in Trennung von Gott gelebt hast und ein Sünder bist. Bekenne ihm deine Schuld. Nenne konkret, was dir an Fehlern bewusst ist. (1. Johannes 1,9)

3. Bitte den Herrn Jesus, in dein Leben einzukehren. Vertraue und glaube ihm von ganzem Herzen. Wenn du dich dem Herrn Jesus Christus so anvertraust, macht er dich zu einem Kind Gottes. (Johannes 1,12)

4. Danke Jesus Christus, dem Sohn Gottes, dass er für deine Sünde am Kreuz gestorben ist. Danke ihm, dass er dich aus dem sündigen Zustand erlöst und deine einzelnen Sünden vergeben hat. Danke ihm täglich für die Gotteskindschaft. (Kolosser 1,14)

5. Bitte den Herrn Jesus Christus, die Führung in deinem Leben zu übernehmen. Suche den täglichen Kontakt mit ihm durch Bibellesen und Gebet. Der Kontakt mit anderen Christen hilft, als Christ zu wachsen. Unser Herr Jesus Christus wird dir Kraft und Mut zur Nachfolge geben.

Wir wünschen dir von Herzen Gottes reichen Segen!

Wenn du zu Jesus gehörst, bist du ...

... erwählt vor Erschaffung der Welt
Johannes 15,16
Epheser 1,4
2. Thessalonicher 2,13

... ein Kind Gottes
Johannes 1,12
Römer 8,14-16
Galater 4,6

... ein neuer Mensch
2. Korinther 5,17
Epheser 4,24

... Teil der Familie Gottes
Epheser 2,19
Philipper 3,20

... sicher und geborgen in Jesus
1. Petrus 1,5
1. Johannes 5,18

... verwurzelt und fest in Christus
Epheser 3,17
Kolosser 2,7

... Gottes Eigentum
1. Korinther 6,20
Titus 2,14

... Freund Jesu
Johannes 15,15

... eins mit Christus
Johannes 14,20
1. Korinther 6,17

... angenommen und geliebt von Gott
Epheser 2,4
Kolosser 3,12
1. Johannes 3,1-2

... gerecht gemacht
Römer 5,1
2. Korinther 5,21

... frei von Sünde und Verdammnis
Römer 6,14
Römer 8,1

... befreit aus dem Machtbereich der Finsternis
Kolosser 1.13

... Teilhaber der göttlichen Natur
2. Petrus 1,4

... Salz und Licht
Matthäus 5,13-14

... Tempel des Heiligen Geistes
1. Korinther 3,16
1. Korinther 6,19

... König und Priester
1. Petrus 2,9
Offenbarung 1,6

... Diener Gottes
Römer 6,22
1. Korinther 4,1

... Mitarbeiter Gottes
1. Korinther 3,9

... Zeuge und Repräsentant Jesu
Apostelgeschichte 1,8

... Gottes Werkzeug, geschaffen zu guten Werken
Epheser 2,10

... mehr als ein Überwinder
Römer 8,37
1. Korinther 15,57

2000 v. Chr. | 1900 | 1800 | 1700

Zeittafel zum Alten Testament

Vom Buch 1. Mose abgedeckte Zeit

2. Mose

Erzväterzeit

Israel

Abraham (ca. 2150) · Isaak · Jakob · Josef

Abraham verlässt Ur

Jakobs Familie lässt sich in Ägypten nieder

Sklaverei in Ägypten. Der Pharao setzt Aufseher über die Israeliten und verpflichtet sie zu Zwangsarbeit. Sie erbauen die Städte Pitom und Ramses

Der Nahe Osten im Altertum

Mittleres Reich – die zweite große Blütezeit der ägyptischen Kultur (2134–1786)

Gründung des Hetiterreichs

Gesetze des Hammurabi von Babylon

2000 v. Chr. | 1900 | 1800 | 1700

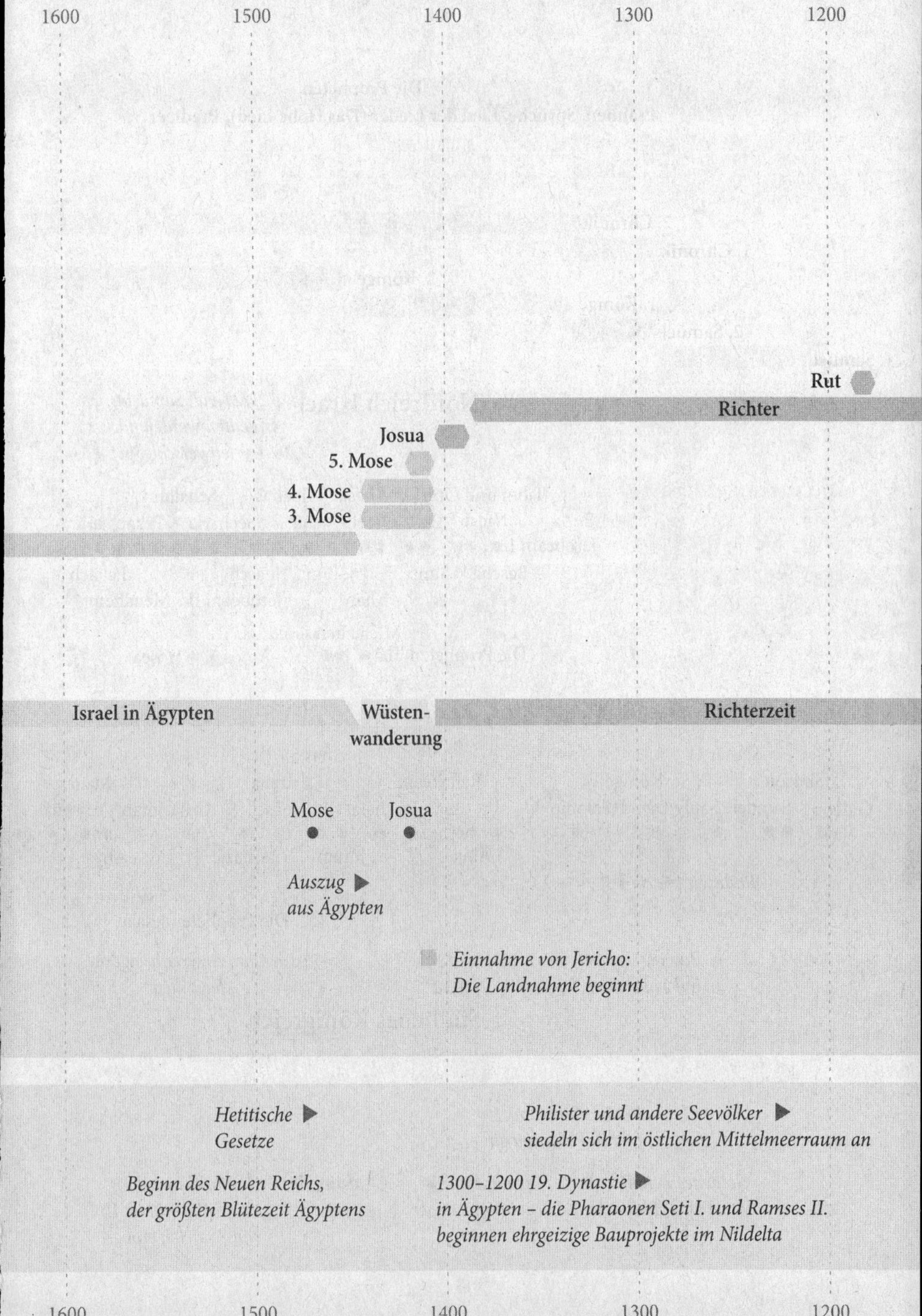
1600
1500
1400
1300
1200
Rut
Richter
Josua
5. Mose
4. Mose
3. Mose
Israel in Ägypten
Wüsten-
wanderung
Richterzeit
Mose
Josua
Auszug
aus Ägypten
Einnahme von Jericho:
Die Landnahme beginnt
Hetitische
Gesetze
Philister und andere Seevölker
siedeln sich im östlichen Mittelmeerraum an
Beginn des Neuen Reichs,
der größten Blütezeit Ägyptens
1300–1200 19. Dynastie
in Ägypten – die Pharaonen Seti I. und Ramses II.
beginnen ehrgeizige Bauprojekte im Nildelta
1600
1500
1400
1300
1200

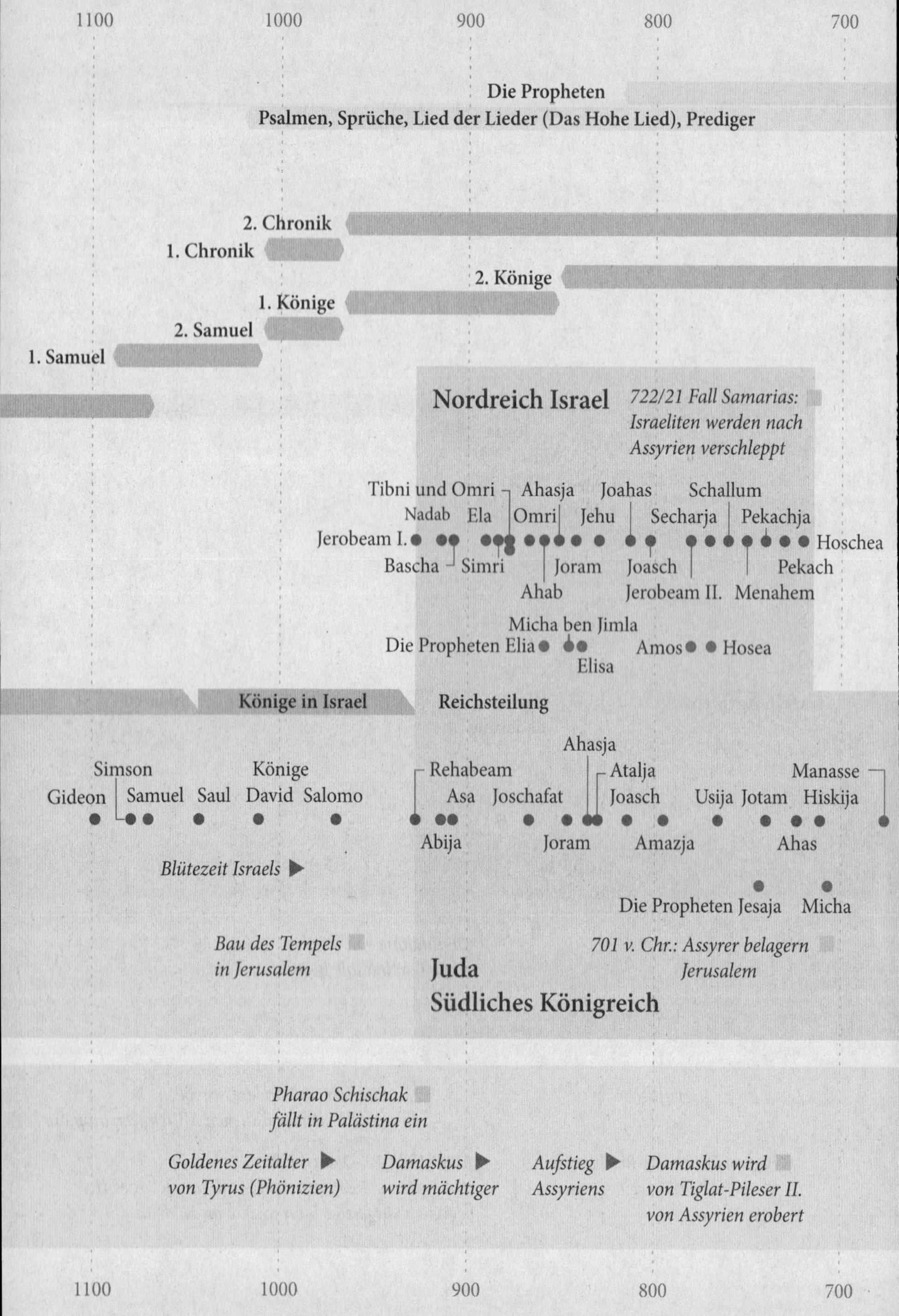
1100
1000
900
800
700
Die Propheten
Psalmen, Sprüche, Lied der Lieder (Das Hohe Lied), Prediger
2. Chronik
1. Chronik
2. Könige
1. Könige
2. Samuel
1. Samuel
Nordreich Israel
722/21 Fall Samarias: Israeliten werden nach Assyrien verschleppt
Tibni und Omri
Ahasja
Joahas
Schallum
Nadab
Ela
Omri
Jehu
Secharja
Pekachja
Jerobeam I.
Hoschea
Bascha
Simri
Joram
Joasch
Pekach
Ahab
Jerobeam II.
Menahem
Micha ben Jimla
Die Propheten Elia
Amos
Hosea
Elisa
Könige in Israel
Reichsteilung
Ahasja
Simson
Könige
Rehabeam
Atalja
Manasse
Gideon
Samuel
Saul
David
Salomo
Asa
Joschafat
Joasch
Usija
Jotam
Hiskija
Abija
Joram
Amazja
Ahas
Blütezeit Israels
Die Propheten Jesaja
Micha
Bau des Tempels in Jerusalem
701 v. Chr.: Assyrer belagern Jerusalem
Juda
Südliches Königreich
Pharao Schischak fällt in Palästina ein
Goldenes Zeitalter von Tyrus (Phönizien)
Damaskus wird mächtiger
Aufstieg Assyriens
Damaskus wird von Tiglat-Pileser II. von Assyrien erobert
1100
1000
900
800
700

600 500 400 300

Ester

Nehemia

Esra

Könige Judas

Rehabeam	(931/30–913)
Abija	(913–911/10)
Asa	(911/10–870/69)
Joschafat	(870/69–848)
Joram	(848–841)
Ahasja	(841)
Atalja	(841–835)
Joasch	(835–796)
Amazja	(796–767)
Usija	(767–740/39)
Jotam	(740/39–732/1)
Ahas	(732/1–716/5)
Hiskija	(716/5–687/6)
Manasse	(687/6–643/2)
Amon	(643/2–641/40)
Josia	(641/40–609)
Joahas	(609)
Jojakim	(609–598)
Jojachin	(598–597)
Zedekia	(597–586)

Könige Israels

Jerobeam I.	(931/30–910/9)
Nadab	(910/9–909/8)
Bascha	(909/8–886/5)
Ela	(886/5–885/4)
Simri	(885/4)
Tibni und Omri	(885/4–880)
Omri	(880–874/3)
Ahab	(874/3–853)
Ahasja	(853–852)
Joram	(852–841)
Jehu	(841–814/3)
Joahas	(814/3–798)
Joasch	(798–782/1)
Jerobeam II.	(782–753)
Secharja	(753–752)
Schallum	(752)
Menahem	(752–742/1)
Pekachja	(742/1–740/39)
Pekach	(740/39–732/1)
Hoschea	(732/1–723/2)

Exil **Rückkehr aus dem Exil**

Joahas, Jojakim, Josia, Jojachim, Amon, Zedekia

Serubbabel und die größte Gruppe der Exiljuden kehren aus Babylon zurück

Wiederaufbau des Tempels in Jerusalem

Zefanja, Nahum, Hesekiel, Jeremia

Haggai und Sacharja, Maleachi

Josias Reformen

Daniel wird nach Babylon deportiert

Esra kehrt zurück

Nehemia kehrt nach Jerusalem zurück Wiederaufbau der Stadtmauer

587/86 v. Chr.: Jerusalem und der Tempel werden von den Babyloniern zerstört

Babylonier besiegen die Ägypter bei Karkemisch

Xerxes (Ahasveros), König von Persien, mit Königin Ester

Fall Ninives

Aufstieg Babylons

Kyrus, König von Persien, besiegt Babylon

600 500 400 300

40 v. Chr. 30 20 10 10 n. Chr. 20 30 40

Zeittafel zum Neuen Testament

Apostelgeschichte
Johannes
Lukas
Markus
Matthäus

Das Leben Jesu

Jesu Geburt ●
Taufe Jesu ●
● Jesu Tod und Auferstehung

Bekehrung des Paulus

6 n. Chr. Judäa, Samaria und Idumäa bilden eine römische Provinz

Herrscher in Israel/Palästina

● Herodes der Große (37 v. Chr. – 4 v. Chr.)

Nach dem Tod Herodes' des Großen wird das Reich geteilt
● Archelaus (4 v. Chr. – 6 n. Chr.)
● Herodes Antipas (Galiläa, Peräa) (4 v. Chr. – 39 n. Chr.)
● Philippus (Ituräa) (4 v. Chr. – 34 n. Chr.)

Statthalter in Israel/Palästina

Pontius Pilatus verwaltet Judäa (26–36 n. Chr.) ●
● Pilatus wird durch Marcellus ersetzt (36 n. Chr.)

Römische Herrschaft

● Augustus (31 v. Chr. – 14 n. Chr.)
● Tiberius (14–37 n. Chr.)
Caligula (37–41 n. Chr.) ●
Claudius (41–54 n. Chr.)

30 v. Chr. Eroberung Alexandrias; Tod Antonius' und Kleopatras

44 v. Chr. Mord an Julius Cäsar

40 v. Chr. 30 20 10 10 n. Chr. 20 30 40

50 60 70 80 90 100 110 120 130

Hebräer ?

Offenbarung

Jakobus, 1. und 2. Petrus, 1.–3. Johannes, Judas

Paulusbriefe

Die frühe Gemeinde

67 n. Chr. Jüdischer Aufstand

70 n. Chr. Titus nimmt Jerusalem ein; Zerstörung des Tempels

ca. 115–118 JüdischerAufstand in den Provinzen

Erste Missionsreise des Paulus (ca. 46–47)

Christenverfolgung unter Domitian

Zweite Missionsreise des Paulus (ca. 48–51)

132–135 Bar-Kochba-Aufstand, Jerusalem wird erobert und umbenannt

Dritte Missionsreise des Paulus (ca. 53)

Paulus wird in Cäsarea inhaftiert

Paulus trifft in Rom ein

Tod des Paulus?

Tod des Johannes?

Herodes Agrippa I. (41–44 n. Chr.)

Herodes Agrippa II. (49/50–93 n. Chr.)

Felix verwaltet Judäa (52–60)

Festus (60–62)

Nero (54–68)

Galba (68-69)

Otho (69)

Vitellius (69)

Vespasian (69-79)

Titus (79–81)

Domitian (81–96)

Nerva (96–98)

Trajan (98–117)

Hadrian (117–138)

79 n. Chr. Ausbruch des Vesuv; Pompeji und Herculaneum werden zerstört

64 n. Chr. Großer Brand in Rom; Christenverfolgung

Vierkaiserjahr

80 n. Chr. Pest und Feuer in Rom

50 60 70 80 90 100 110 120 130

Jerusalem in alttestamentlicher Zeit

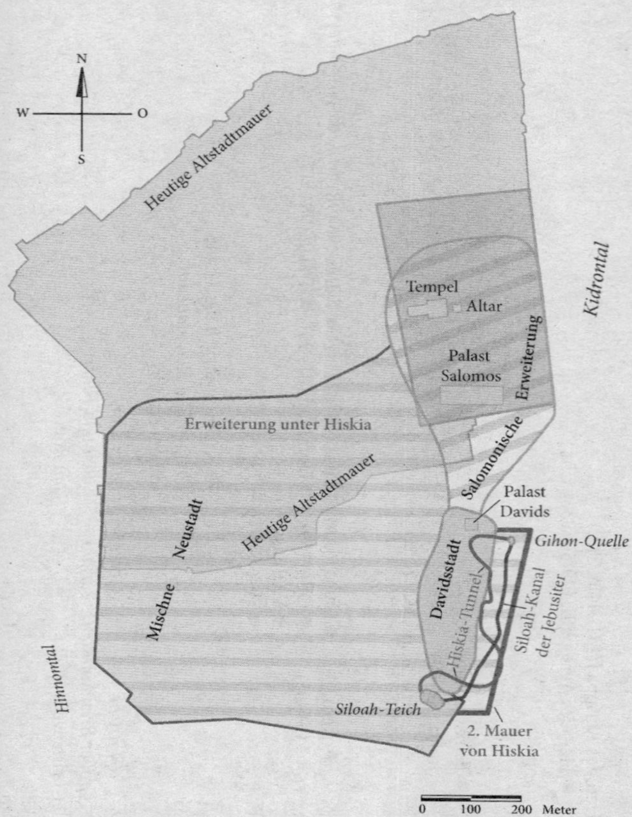

Der Tempel Salomos

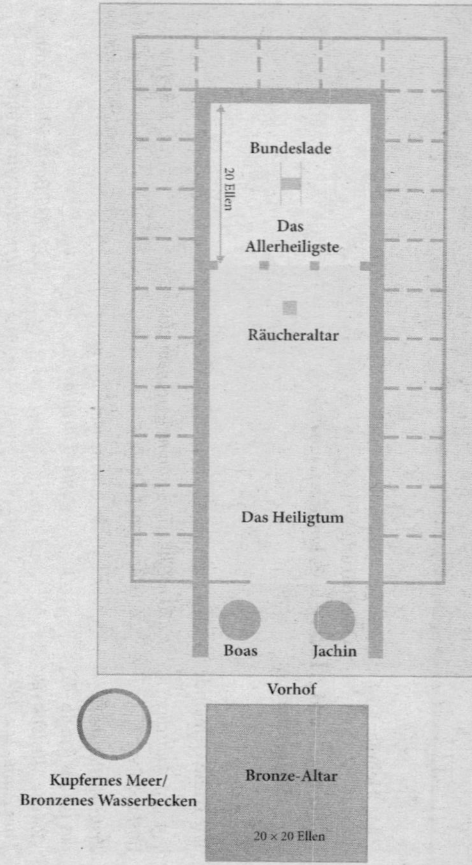

Jerusalem in neutestamentlicher Zeit

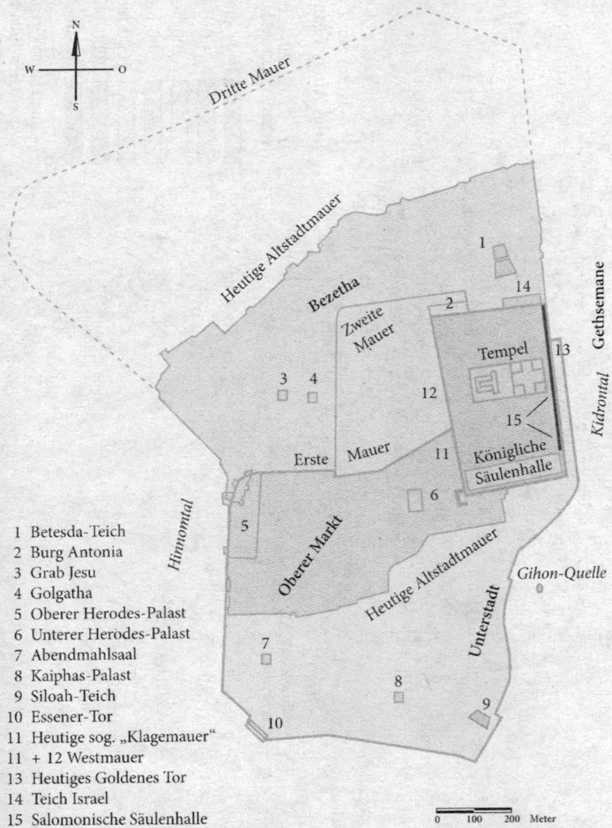

1 Betesda-Teich
2 Burg Antonia
3 Grab Jesu
4 Golgatha
5 Oberer Herodes-Palast
6 Unterer Herodes-Palast
7 Abendmahlsaal
8 Kaiphas-Palast
9 Siloah-Teich
10 Essener-Tor
11 Heutige sog. „Klagemauer“
11 + 12 Westmauer
13 Heutiges Goldenes Tor
14 Teich Israel
15 Salomonische Säulenhalle

Der Tempel des Herodes

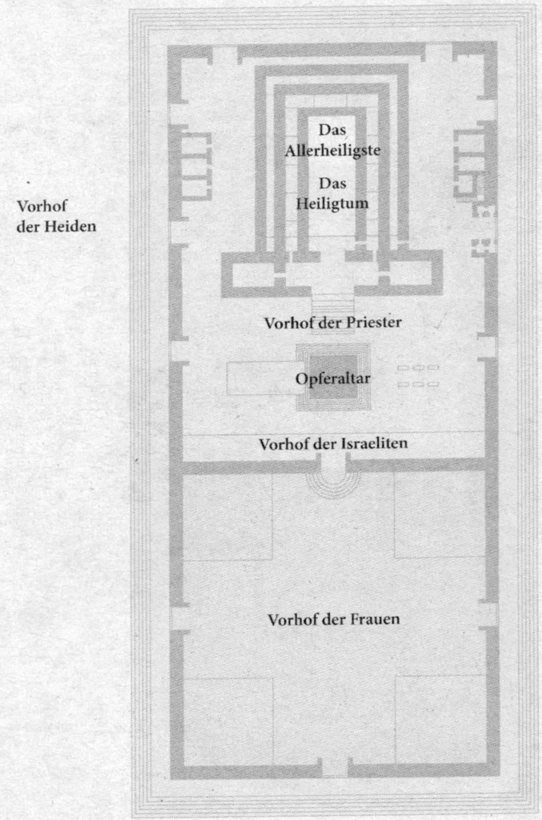

Israel zur Zeit
des Alten Testaments
0 10 20 30 km
unter 0 m
0 bis 200 m
200 bis 500 m
500 bis 1000 m
1000 bis 2000 m
2000 bis 3000 m
über 3000 m
ungefähre Grenze zwischen Juda und Israel in der Königszeit
Handels- und Verbindungswege
MITTELMEER
Libanon-Gebirge
1940
BET-REHOB
Amana
Antilibanon-Geb.
Helbon
Abana
Damaskus
Sidon
Zarpat (Sarepta)
Hermon
2814
Ijon
Tyrus
Abel-Bet-Maacha
DAN
Lajisch, Dan
Kedesch
See Semacho-nitis
1204
Jiron
Achsib
1208
Hazor
Geschur
Adami-Nekeb
Akko
Rama
Kabul
Kinneret
See Kinneret
-209 m
Kana
ASSER
NAFTALI
Jiftach-El
Rakkat
Karnajim
Aschtarot
546
Karmel
SE-BULON
Gat-Hefer
Hammat
Afek
Yarmuk
Argob
Baschan
Daberat
Tabor 588 m
ISSA-SCHAR
Jokneam
Sarid
Kischon
En-Dor
Edreï
Dor
Megiddo
Schunem
Jesreel
Gilboa
Bet Schean
Taanach
Ramot?
Jibleam
Dotan
MANASSE
Jabesch
Socho
Besek
Scharon
Tebez
Abel-Mehola
Samaria
Gilead
Tirza
1247
Ebal
940
Zafon
Sichem
881
Sukkot
Pnuël
Piraton
Garizim
Taanat-Silo
Mahanajim
Jabbok
Jarkon
Bach Kana
Tappuach
Aruna
Mizpa
Afek
Zaretan
Adam(a)
Gilead
Lebona
Jafo
Ono
EPHRAIM
Silo
Timnat-Heres/Serach
Jordan
Jogboha
AMMONITER
1016
Lod
Hadid
Rabba(t-Ammon)
Bethel
Nied. Ob.
Michmas
Gilgal?
Bet-Nimra
Jaser?
Jabneël
Bet-Horon
Rama
Jericho
Abel-Schittim
Abel-Keramim
Elteke
Geser
Gibeon
Geba
Bet-Hogla
Elale
BENJAMIN
Bet-Peor
Heschbon
Timna?
Bet-Jeschimot
Pisga
821
RUBEN
Aschdod
Ekron
Bet-Schemesch
997
Jerusalem
Tal Achor?
Nebo
802
Nebo
Aschkelon
PHILISTER
Gat
Sechacha
Medeba
Aseka
Bethlehem
Kirjatajim
(Bet-)
Libna
Tekoa
GAD
Baal-Meon
Marescha
Hügelland
Keïla
JUDA
Bet-Zur
Salzstadt
Lachisch
1019
Jahaz
Adorajim
Atarot
Hebron
Gaza
Totes Meer
Dibon
Kerijot
Sif
En-Gedi
Jutta
Aroër
Eglon?
Debir
Karmel
Wüste Juda
Meer
Gerar?
Maon
MOABITER
Ziklag?
Eschtemoa
– 392 m
Arnon
Beërscheba
SIMEON?
Arad
Rama(t-Negev)
Horma
Kina
Horonajim
Aroër
Luhit
Südland
Negev
Zoar
Tamar
Salztal